COLLECTION

DES

AUTEURS LATINS

AVEC LA TRADUCTION EN FRANÇAIS

PUBLIÉE SOUS LA DIRECTION

DE M. NISARD

DE L'ACADÉMIE FRANÇAISE
INSPECTEUR GÉNÉRAL DE L'ENSEIGNEMENT SUPÉRIEUR

LES
AGRONOMES LATINS

PARIS. — TYPOGRAPHIE DE FIRMIN DIDOT FRÈRES, FILS ET Cⁱᴱ, RUE JACOB, 56

LES
AGRONOMES LATINS

CATON, VARRON, COLUMELLE

PALLADIUS

AVEC LA TRADUCTION EN FRANÇAIS

PUBLIÉS SOUS LA DIRECTION

DE M. NISARD
DE L'ACADÉMIE FRANÇAISE
INSPECTEUR GÉNÉRAL DE L'ENSEIGNEMENT SUPÉRIEUR

PARIS
CHEZ FIRMIN DIDOT FRÈRES, FILS ET Cⁱᵉ, LIBRAIRES
IMPRIMEURS DE L'INSTITUT DE FRANCE
RUE JACOB, 56

M DCCC LXIV

AVERTISSEMENT DES ÉDITEURS.

Ce volume est le recueil complet des quatre agronomes latins, Caton, Varron, Columelle, Palladius. Nous n'avons pas cru devoir y joindre le *Traité de l'Art vétérinaire* de Végèce, moins parce que la matière ne s'en rattache pas exclusivement à l'agriculture, qu'à cause du peu d'estime qu'en font les hommes compétents, et du mauvais état du texte qui est corrompu en mille endroits, et rempli d'interpolations. L'art vétérinaire moderne trouverait fort peu de lumières dans un ouvrage où l'on devine à grand'peine, à travers les obscurités d'un texte si souvent douteux, quelques notions médicales encore plus imparfaites que les notions anatomiques qui y sont mêlées.

Il n'en est pas de même des traités d'agronomie, sauf peut-être celui de Palladius qui ajoute trop peu d'observations personnelles à celles qu'il reproduit de Columelle. L'agriculture moderne y peut trouver d'utiles enseignements. En Italie, Caton, Varron, Columelle, Palladius, sont toujours les classiques de l'agriculture. La plupart des procédés qu'ils indiquent sont encore pratiqués utilement sur le même sol qu'a sillonné la charrue de Caton. En France, un autre climat, une autre nature de terrain, ont demandé et suggéré d'autres procédés; mais bon nombre des procédés anciens y sont et y seront toujours en usage. Ces procédés forment comme la tradition technique de l'agriculture. On en peut aussi reconnaître la tradition morale dans les excellentes règles de conduite que contiennent ces traités en ce qui regarde les rapports du maître et des serviteurs, esclaves chez les anciens, chez nous compagnons libres du travail de l'agriculteur. Il y aura toujours profit à suivre cette double tradition.

C'est à nos agriculteurs que nous adressons ce recueil. Il en est un grand nombre, l'honneur de notre société, qui joignent à des connaissances théoriques une pratique intelligente de leur art, et qui donnent tout autour d'eux des exemples bienfaisants, dont l'effet est d'améliorer

de proche en proche les héritages, et d'ajouter à l'aisance des petits cultivateurs. Ils ne verront pas sans intérêt, en une infinité d'endroits de ce recueil, la science agronomique latine conseiller ce qu'ils pratiquent, et enseigner ce qu'ils font.

Quant aux lecteurs qui recherchent dans les ouvrages spéciaux cette partie des généralités qui en est la philosophie, ou à ceux qu'intéresse plus particulièrement la langue, Caton dans sa brièveté si originale, Varron dans son exactitude méthodique, Columelle dans son abondance ingénieuse et souvent poétique, même quand il n'écrit pas en vers (1), Palladius enfin, quoique plus sec, leur offriront un grand nombre de vérités générales exprimées avec éloquence, et dans une langue quelquefois égale à celle des grands modèles de la latinité.

Le texte que nous avons suivi, en nous réservant la liberté d'y faire des changements toujours autorisés par les manuscrits, est celui de la collection si justement estimée de Gottlob Schneider.

(1) Le xme livre de Columelle est en vers. Il y traite des jardins.

NOTICE SUR CATON.

Le premier des écrivains latins qui redigea par écrit ses expériences agronomiques fut M. P. Caton, dit Major ou l'Ancien, surnommé aussi Censorius. De tous les ouvrages qu'il a publiés, celui qui traite de l'économie rurale est le seul que le temps ait épargné.

Caton naquit l'an 520 de Rome, 234 avant J. C., d'une famille peu illustre, à Tusculum, aujourd'hui Frascati, petite ville située à quelques lieues de Rome. Après avoir passé sa première jeunesse à la campagne, il se rendit à Rome, et y fréquenta le barreau. Quoiqu'il ne tînt à aucune famille distinguée, il parvint aux plus grandes dignités de l'État. Il fit plusieurs campagnes dans la seconde guerre punique. En 549, il fut adjoint comme questeur au grand Scipion l'Africain, avec lequel il se brouilla, pendant l'exercice de ses fonctions, pour le reste de sa vie. En quittant l'Afrique, il trouva Ennius en Sardaigne; il l'amena à Rome, et reçut de lui les premières leçons de grec. Neuf ans après, il fut consul, fit une campagne glorieuse en Espagne, et obtint l'honneur du triomphe. En 570, il fut censeur; dans l'exercice de cette fonction, il ne montra pas moins de passion que de sévérité. Il mourut en 605, au moment où éclata la troisième guerre punique. Comme magistrat, comme général d'armée, comme jurisconsulte, comme orateur, Caton acquit une grande considération, que sa justice rigoureuse et l'austérité de ses mœurs contribuaient à augmenter. Il était l'ennemi du luxe et de tous les arts qui amollissent le caractère; mais il ne haïssait pas les lettres; il les cultiva au contraire pendant toute sa vie, et ne dédaigna pas d'apprendre le grec à l'âge de trente ans. Sa passion pour le bien public le rendit souvent injuste en politique et irréconciliable dans ses inimitiés. On connait la haine qu'il portait à la ville de Carthage, dont il ne cessait de demander la destruction.

Caton possédait dans le pays des Sabins un bienfonds qu'il cultivait dans les intervalles de loisir que lui laissaient les affaires de la République. Les expériences qu'il avait recueillies dans ses travaux rustiques furent consignées dans son ouvrage intitulé *De Re rustica*; mais il ne se donna pas la peine de les rédiger avec méthode ou en suivant un plan général. Les cent soixante-deux chapitres dont ce recueil est composé, sont autant de recettes, de remarques ou de préceptes, qui ont été mis par écrit à mesure que les travaux des champs en fournissaient l'occasion. Ce sont de courtes phrases succinctes, jetées sur le papier sans que l'auteur se soit donné la peine de les orner par des transitions, ou de varier son style, qui n'est ni pur ni élégant.

Les défauts de diction de cet ouvrage et la comparaison qu'on en a faite avec des passages d'autres écrits de Caton, cités par les écrivains postérieurs, ont fait penser à plusieurs critiques que ce recueil n'est pas authentique. Les raisons qu'on donne à l'appui de cette conjecture ne sont pas de nature à prévaloir contre l'opinion commune, qui attribue à ce grand homme un recueil d'observations écrit sans prétention littéraire, et qui est moins un ouvrage *ex professo*, qu'une espèce de journal qu'il tenait probablement pour l'usage de son fils, de ses fermiers et de ses esclaves.

M. PORCIUS CATON.
ÉCONOMIE RURALE.

Le négoce serait une carrière lucrative, si elle n'était pas si chanceuse; il en serait de même de l'usure, si ce métier était aussi honnête qu'il est avantageux. Les lois de nos ancêtres condamnaient le voleur à l'amende du double, tandis qu'elles imposaient celle du quadruple à l'usurier. Cette disposition nous montre combien l'usurier était à leurs yeux un citoyen plus pernicieux que le voleur. Lorsqu'ils voulaient louer un bon citoyen, ils lui donnaient les titres de bon agriculteur, de bon fermier : ces expressions étaient pour eux la dernière limite de la louange. Pour moi, j'estime un négociant actif, désireux d'accroître sa fortune; mais, comme je l'ai dit, cette carrière est semée d'écueils et de périls. C'est parmi les cultivateurs que naissent les meilleurs citoyens et les soldats les plus courageux; que les bénéfices sont honorables, assurés, et nullement odieux : ceux qui se vouent à la culture n'ourdissent point de dangereux projets. Maintenant j'arrive à mon but, et ces réflexions sont les préliminaires de l'ouvrage que j'ai promis.

I. — Achat et disposition du domaine.

Lorsque vous vous décidez à faire l'acquisition d'un domaine, gardez-vous de l'acheter à tout prix; n'épargnez pas les visites, et ne vous contentez pas de l'explorer une fois. Plus vous le verrez, plus vous lui trouverez de charmes s'il est fertile. Examinez soigneusement les apparences extérieures des voisins; elles sont brillantes dans une bonne contrée. Lorsque vous y entrez, ménagez-vous les moyens d'en sortir : choisissez un ciel serein, peu troublé par les tempêtes; que le sol soit excellent, et renferme en lui-même toutes ses qualités. Autant que possible, il sera au pied d'une montagne, il regardera le midi; la situation en sera saine; il sera entouré d'une population laborieuse, auprès d'une eau salutaire, non loin d'une ville populeuse, au bord d'une mer ou d'une rivière navigable et renommée. Le domaine sera de ceux qui changent rarement de propriétaires, qu'on vend à regret, et qui possèdent des bâtiments commodes. On recherchera pour prédécesseur un homme qui mette beaucoup de sagacité dans ses cultures et dans ses constructions. Quand vous ferez vos visites, portez votre attention sur le nombre des pressoirs et des futailles : s'ils sont en petit nombre, vous pouvez en conclure que le rendement est modique. Regardez moins la quantité que l'arrangement convenable des attirails. Rejetez également la pénurie et le luxe dans le nombre des instruments. Souvenez-vous qu'un champ très-productif, comme un homme prodigue, est ruineux, s'il occasionne un excès de dépense.

M. PORCIUS CATO.
DE RE RUSTICA.

Est interdum præstare mercaturis rem quærere ni tam periculosum siet; et item fœnerari, si tam honestum siet. Majores enim nostri hoc sic habuerunt, et ita in legibus posuerunt, furem dupli condemnari, fœneratorem quadrupli. Quanto pejorem civem existimarint fœneratorem, quam furem, hinc licet existimari. Et virum bonum cum laudabant, ita laudabant, bonum agricolam bonumque colonum. Amplissime laudari existimabatur, qui ita laudabatur. Mercatorem autem strenuum studiosumque rei quærendæ existimo; verum (ut supra dixi) periculosum et calamitosum. At ex agricolis et viri fortissimi et milites strenuissimi gignuntur, maximeque pius quæstus stabilissimusque consequitur, minimeque invidiosus : minimeque male cogitantes sunt, qui in eo studio occupati sunt. Nunc (ut ad rem redeam) quod promisi institutum principium hoc erit.

I. — Quomodo agrum emi pararique oporteat.

Prædium quum parare cogitabis, sic in animo habeto, uti ne cupide emas, neve opera tua parcas visere, et ne satis habeas semel circumire. Quoties ibis, toties magis placebit, quod bonum erit. Vicini quo pacto niteant, id animum advertit : in bona regione bene nitere oportebit : et uti eo cum introeas, circumspicias, uti inde exiri possit : uti bonum cælum habeat, ne calamitosum siet. Solo bono, sua virtute valeat. Si poteris, sub radice montis siet, in meridem spectet, loco salubri, operariorum copia siet, bonumque aquarium, oppidum validum prope siet, aut mare, aut amnis, qua naves ambulant, aut via bona, celebrisque. Siet in iis agris, qui non sæpe dominos mutant : qui in his agris prædia vendiderint, quos pigeat vendidisse : uti bene ædificatum siet. Caveto alienam disciplinam temere contemnas. De domino bono colono, bonoque ædificatore melius emetur. Ad villam cum venies, videto vasa torcula et dolia multane sient. Ubi non erunt, scito pro ratione fructuum esse. Instrumenti ne magni siet, loco bono siet. Videto quam minimi instrumenti, sumptuosusque ager ne siet. Scito idem agrum quod hominem, quamvis quæstuosus siet, si sumptuosus erit, relinquere non multum. Prædium quod primum siet, si me rogabis, sic dicam. De omnibus agris, optimoque loco si emeris jugera agri centum, vinea est prima, si vino

Si vous me demandez quel est le meilleur domaine, je vous répondrai : Sur un domaine de cent arpents et bien situé, la vigne est la meilleure récolte, si elle est productive : je place ensuite un potager arrosable ; au troisième rang, une oseraie ; au quatrième, l'olivier ; au cinquième, une prairie ; au sixième, les céréales ; au septième, un taillis ; puis un verger, et enfin une forêt de chênes.

II. — Devoirs du chef de famille.

Arrivé à sa maison de campagne, le premier devoir du propriétaire est de saluer ses pénates ; puis le même jour, s'il en a le loisir, il fait le tour de son domaine ; sinon il remet cette besogne au lendemain. Dès qu'il a bien examiné l'état des cultures, les travaux achevés, et ceux qui ne le sont pas, il fait venir le lendemain son intendant, lui demande ce qui a été fait, ce qui reste à faire ; si chaque travail a été fait à temps, et s'il est possible de terminer ce qui est incomplet : il l'interroge sur la quantité de vin, de blé ou d'autres denrées qu'on a récoltées. Une fois ces particularités connues, il fait la supputation des travaux et des jours. Si le travail ne lui paraît pas suffisant, l'intendant cherche à se faire absoudre en alléguant les maladies des esclaves, leurs désertions, l'inclémence de la température, les corvées publiques. Quand il a fait l'énumération de tous ces contre-temps et d'autres semblables, repassez le compte en présence de l'intendant. Lorsque le temps a été à la pluie, cherchez combien de jours ont été pluvieux ; rappelez les travaux qu'on peut exécuter alors, le lavage et le goudronnage des futailles, le balayage des bâtiments, la ventilation des grains, la récolte des fumiers et leur stratification, le nettoyage des semences, le raccommodage des vieilles cordes et la fabrication des neuves : les gens devaient rajuster leurs capuches et leurs hardes. Ne fallait-il pas aux jours fériés curer les anciens fossés, paver la voie publique, couper les buissons, bêcher le jardin, nettoyer les prairies, tresser les haies, extirper les épines, broyer les grains, enfin nettoyer partout ? Si les esclaves ont été malades, pourquoi donner tant de nourriture ? Après avoir mis beaucoup de calme dans ces informations, on donnera ses ordres pour achever ce qui reste à faire ; on fera le compte de la caisse, du grain en magasin, de tous les fourrages en provision, des vins, des huiles ; on prendra note de ce qui a été vendu, de ce qui a été payé, de ce qui reste à percevoir, de ce qu'il y a encore à vendre. Il recevra les cautions qui sont à présenter : il passera la revue des denrées en provision ; s'il juge quelque objet nécessaire pour l'année courante, il le fait acheter ; s'il y a du superflu, il le fait vendre : il met en location ce qui est à louer ; qu'il prescrive (et son ordre doit être confié à ses tablettes) les ouvrages qui seront exécutés à la ferme, et ceux qui le seront à forfait. Il fera la revue du bétail, afin de constater les ventes à effectuer. Si les prix sont suffisants, il vendra ce qui lui reste en huile, vin et froment. Il mettra en vente les bœufs en retour d'âge, les veaux et les agneaux sevrés, la laine, les peaux, les attirails hors de service, la ferraille, les esclaves vieux ou maladifs, enfin tout ce dont il n'a pas besoin. Le maître de la maison sera marchand plutôt qu'acheteur.

III. — Travaux que le débutant doit faire exécuter sur son domaine.

Dès son début, le propriétaire s'occupera de

---

multo siet; secundo loco hortus irriguus, tertio salictum, quarto oletum, quinto pratum, sexto campus frumentarius, septimo silva cædua, octavo arbustum, nono glandaria silva.

II. — Patris familias officia.

Pater familias ubi ad villam venit, ubi larem familiarem salutavit, fundum eodem die, si potest, circumeat : si non eo die, at postridie. Ubi cognovit quomodo fundus cultus siet, operaque quæ facta infectaque sient, postridie ejus diei vilicum vocet, roget quid operis siet factum, quid restet. Satisne tempori opera sient confecta, possitne quæ reliqua sient conficere : et quid factum vini, frumenti, aliarumque rerum omnium. Ubi ea cognovit, rationem inire oportet operarum, dierum, si ei opus non appareat. Dicit vilicus sedulo se fecisse, servos non valuisse, tempestates malas fuisse, servos aufugisse, opus publicum effecisse. Ubi eas aliasque causas multas dixerit, ad rationem operum operarumque vilicum revoca. Cum tempestates pluviæ fuerint, videto quot dies, quæve opera per imbrem fieri potuerint, dolia lavari, picari, villam purgari, frumentum transferri, stercus foras efferri, sterquilinium fieri, semen purgari, funes veteres sarciri, novosque fieri : centones, cuculiones familiam oportuisse sibi sarcire. Per ferias potuisse fossas veteres tergeri, viam publicam muniri, vepres recidi, hortum fodiri, pratum purgari, virgas vinciri, spinas runcari, expinsi far, mundicias fieri. Cum servi ægrotarint, cibaria tanta dari non oportuisse. Ubi hæc cognita æquo animo sient, quæve reliqua opera sient, curare uti perficiantur : rationes putare argentariam, frumentariam, pabuli causa quæ parata sunt ; rationem vinariam, oleariam, quid venierit, quid exactum siet, quid reliquum siet, quid siet quod veneat ; quæ satis accipiunda sient, satis accipiantur. Reliqua quæ sient, ut compareant. Si quid desit in annum, uti paretur ; quæ supersint, uti veneant : quæ opus sient locato, locentur : quæ opera fieri velit, et quæ locare velit, uti imperet, et ea scripta relinquat : pecus consideret. Auctionem uti faciat. Vendat oleum, si precium habeat, vinum frumentumque quod supersit. Vendat boves vetulos, armenta delicula, oves deliculas, lanam, pelles, plostrum vetus, ferramenta vetera, servum senem, servum morbosum, et si quid aliud supersit, vendat. Patrem familias vendacem, non emacem, esse oportet.

III. — Quomodo agrum in adolescentia conserere (patremfamilias) oporteat.

Prima adolescentia patrem familiæ agrum conserere

planter; mais il réfléchira longtemps avant de bâtir. Pour planter, ce n'est pas la réflexion qu'il faut, c'est l'action. Si son domaine est planté, l'agriculteur pourra songer à bâtir lorsqu'il aura atteint sa trente-sixième année. Bâtissez dans de telles proportions que votre domaine soit en rapport avec vos constructions, et vos constructions avec votre domaine. Il faut qu'un père de famille possède de beaux bâtiments d'exploitation, qu'il y réunisse des celliers pour l'huile, pour le vin, des futailles nombreuses, afin qu'il puisse attendre la hausse; ce qui augmentera sa fortune, et donnera du relief à sa prudence et à sa réputation. Il aura de bons pressoirs, afin que le travail soit bon. De peur qu'elle ne s'altère, l'olive sera pressée immédiatement après la récolte. Songez aux grandes tempêtes qui arrivent tous les ans, et qui ne manquent pas de faire tomber les olives. Si vous faites la récolte de bonne heure, et que vos ustensiles soient en ordre, vous n'aurez rien à redouter des tempêtes, votre huile sera meilleure et plus verte. Si au contraire l'olive séjourne trop longtemps sur le sol ou sur un plancher, elle pourrit, et ne produit qu'une huile désagréable. Toute espèce d'olive donne une huile verte et de bon choix, si on la fabrique à propos. Sur une surface de cent vingt arpents plantés d'oliviers, il faut avoir deux assortiments d'ustensiles. Si les arbres sont vigoureux, les rangs serrés et la culture judicieuse, il faudra trois machines solides et isolées, afin que si les meules venaient à se briser, on puisse en avoir de rechange; chaque machine aura ses lanières de cuir; on réunira six leviers, douze aiguilles, des câbles particuliers, deux moufles grecques glissant sous des cordes de genêt. On marchera plus vite avec huit poulies en haut et six en bas; si on veut faire des roues, le travail est moins expéditif, mais aussi moins pénible.

IV. — Il faut avoir des étables bien construites, et un bon voisinage.

Ayez de bonnes étables, de bonnes écuries, et des râteliers : les barres de ceux-ci seront distantes d'un pied; avec cette disposition, les bœufs ne gaspilleront point leur nourriture. Ayez des bâtiments de maître en rapport avec votre fortune. Si votre campagne est assise sur un bon fond, bien construite et orientée; si elle est meublée convenablement, vous la visiterez plus souvent et plus volontiers; elle s'améliorera, on commettra moins de fautes, et on récoltera davantage, car rien ne remplace l'œil du maître. Soyez affable à l'égard de vos voisins, et n'offensez pas vos gens sans raison. Si vous obtenez l'affection du voisinage, vous écoulerez plus facilement vos produits, et vous trouverez sans peine des bras pour exécuter vos travaux à la journée ou à forfait. Si vous bâtissez, ils vous aideront en payant de leur personne, ou en vous donnant leurs attelages et leurs matériaux. S'il vous arrive quelque chose de fâcheux (ce qu'à Dieu ne plaise!), ils vous prêteront une assistance bienveillante.

V. — Devoir de l'intendant.

Voici les devoirs de l'intendant : toute sa conduite sera bien réglée; il observera les jours de fêtes, respectera le bien d'autrui et fera respecter le sien. Il apaisera les disputes de ses domestiques; si quelqu'un a commis une faute, la punition sera équitablement proportionnée au délit. Il veillera à ce qu'ils soient bien entretenus, qu'ils ne souffrent ni la faim ni la soif, et surtout

---

studiose oportet, ædificare diu cogitare oportet; conserere cogitare non oportet, sed facere oportet. Ubi ætas accessit ad annos XXXVI, tum ædificare oportet, si agrum consitum habeas. Ita ædifices, in villa fundum quærat, neve fundus villam. Patrem familiæ villam rusticam bene ædificatam habere expedit, cellam olearam, vinariam, dolia multa, uti lubeat caritatem expectare; et rei et virtuti et gloriæ erit. Torcularia bona habere oportet ut opus bene effici possit. Olea ubi lecta siet, oleum fiat continuo, ne corrumpatur. Cogitato quotannis tempestates magnas venire, et oleam dejicere solere. Si cito sustuleris, et vasa parata erunt, damni nihil erit ex tempestate, et oleum viridius et melius fiet. Si in terra et tabulato olea nimium diu erit, putescet, oleum fœtidum fiet. Ex quavis olea oleum viridius et bonum fieri potest, si tempori facias. In jugera oleti CXX. vasa bina esse oportet. Si oletum bonum beneque frequens, cultumque erit, trapetos bonos, privos, impares esse oportet : si orbes contriti sient, ut commutare possis; funes loreos privos, vectes senos, fibulas duodenas, medipontos privos loreos, trochleas græcanicas binas, quæ funibus sparteis ducantur. Orbiculis superioribus octonis, inferioribus senis citius duces. Si rotas voles facere, tardius ducentur, sed minore labore.

IV. — Bubilia uti bene ædificata habeantur, et vicinia bona.

Bubilia bona, bonas præsepis, faliscas clatratas. Clatros interesse oportet pede. Si ita feceris, pabulum boves non ejicient. Villam urbanam pro copia ædificato. In bono prædio si bene ædificaveris, beneque posiveris : ruri si recte habitaveris, libentius et sæpius venies, fundus melior erit, minus peccabitur, fructi plus capies. Frons occipitio prior est. Vicinis bonus esto. Familiam ne siveris peccare. Si te libenter vicinitas videbit, facilius tua vendes, operas facilius locabis, operarios facilius conduces. Si ædificabis, operis, jumentis, materia adjuvabunt. Si quid (bona salute) usus venerit, benigne defendent.

V. — Villici officia. (qualia oportet fiant.)

Hæc erunt vilici officia. Disciplina bona utatur. Feriæ serventur. Alieno manum abstineat. Sua servet diligenter. Litibus familiæ supersedeat. Si quis quid deliquerit, pro noxa bono modo vindicet. Familiæ male ne sit, ne algeat, ne esuriat; opere bene exerceat : facilius malo et

à ce qu'ils s'abstiennent de mal faire ou de voler. Le mal ne se fera qu'autant qu'il le voudra bien ; et s'il l'a permis, le maître ne laissera pas son indulgence impunie. Qu'il soit reconnaissant du bien qu'on lui a fait, afin de stimuler les autres à bien faire. L'intendant sera sédentaire, toujours sobre, et n'ira pas ailleurs quêter un festin. Qu'il tienne les domestiques en haleine, et fasse exécuter les ordres du maître. Qu'il ne se croie pas plus habile que le propriétaire ; qu'il traite les amis de sa maison comme les siens propres. Qu'il écoute ceux qu'il lui aura donnés pour conseils. Que ses pratiques religieuses soient confinées dans les carrefours, ou près de son foyer. Qu'il ne prête à personne ni semence, ni aliments, ni grain, ni vin, ni huile. Qu'il soit seulement en relations avec deux ou trois fermes, pour prêter ou pour emprunter ce dont on a besoin ; après cela il n'aura d'affaires avec qui que ce soit. Qu'il compte souvent avec le maître. Qu'il ne retienne pas contre les conventions ni les ouvriers, ni les journaliers, ni les vignerons. Qu'il n'achète ou ne récolte rien à l'insu du maître. Qu'il éloigne les parasites ; qu'il ne consulte ni aruspice, ni augure, ni devin, ni astrologue. Qu'il n'épargne pas sur la semence, c'est une mauvaise économie. Qu'il surveille tous les travaux, afin qu'il sache comment ils s'exécutent ; et que, sans se fatiguer, il paye souvent de sa personne. Ce faisant, il connaîtra les dispositions de ses gens, qui n'en seront que plus ardents au travail : il n'aura pas autant de loisir pour se promener, mais sa santé sera plus robuste et son sommeil plus paisible. Debout le premier, il se couchera le dernier : auparavant il s'assurera si les portes de la ferme sont closes, si chacun est couché à son poste, et si les animaux sont affourragés. Il aura le plus grand soin des bœufs, et flattera les bouviers, afin que leurs animaux soient bien tenus. Il tiendra en bon état les charrues et les socs. Il ne conduira ni troupeaux, ni chariots, ni charrues, sur la terre détrempée ; sans cette précaution, les endroits piétinés seront stériles pour trois ans. Les troupeaux et les bœufs recevront régulièrement de la litière ; leurs pieds seront nettoyés. Qu'il éloigne la gale des moutons et du gros bétail ; que tous les travaux se fassent à propos ; car en agriculture tout s'enchaîne de telle sorte, qu'un travail retardé retarde tous les autres. Si la litière manque, on prendra des feuilles de chêne, et on les mettra sous les pieds des moutons et des bœufs. Qu'il ait soin d'amasser un bon tas de fumier ; qu'il le conserve avec soin ; et lorsqu'il le transportera, qu'il l'étende et l'éparpille. L'automne est le moment du transport. C'est à l'automne qu'on découvre les racines des oliviers et qu'on les fume. Qu'il coupe les ramilles de peuplier, d'orme et de chêne ; qu'il les entasse pour les donner aux brebis avant qu'elles ne soient complètement séchées. Quant au regain et aux herbes de la seconde coupe, elles seront bien sèches, dans le même but. Après les pluies d'automne il sèmera les raves, les fourrages, et les lupins.

VI. — Destination des différentes pièces de terre.

Voici ce qu'il faut observer dans la destination des terres aux différents produits. On réservera au froment les terres riches, aérées, dépouillées d'arbres. Si le sol est souvent couvert de brouillards, il faudra surtout y semer des raves, des radis, du millet, et du sorghs. Le sol

alieno prohibebit. Vilicus si nolet male facere, non faciet. Si passus erit, dominus impune ne sinat esse. Pro beneficio gratiam referat, ut aliis recte facere libeat. Vilicus ne sit ambulator, sobrius siet semper, ad cœnam ne quo eat. Familiam exerceat : consideret, quæ dominus imperaverit, fiant. Ne plus censeat sapere se, quam dominus. Amicos domini, eos habeat sibi amicos. Cui jussus siet, auscultet. Rem divinam nisi compitalibus in compito aut in foco ne faciat. Injussu domini credat nemini. Quod dominus crediderit, exigat. Sutui semen, cibaria, far, vinum, oleum mutuum dederit nemini. Duas aut tres familias habeat, unde utenda roget, et quibus det : præterea nemini. Rationem cum domino crebro putet. Operarium, mercenarium politorem diutius eundem ne habeat die. Ne quid emisse velit insciente domino, ne quid dominum celavisse velit. Parasitum ne quem habeat. Haruspicem, augurem, hariolum, chaldeum ne quem consuluisse velit. Segetem ne defrudet : nam id infelix est. Opus rusticum omne curet uti sciat facere, et id faciat sæpe, dum ne lassus fiat. Si fecerit, scibit in mente familiæ quid siet, et illi animo æquiore facient. Si hoc faciet, minus libebit ambulare, et valebit rectius, et dormibit libentius. Primus cubitu surgat : postremus cubitum eat. Prius villam videat clausa uti siet, et uti suo quisque loco cubet, et uti jumenta pabulum habeant. Boves maxima diligentia curatos habeto. Bubulcis obsequitor, partim, quo libentius boves curent. Aratra vomeresque facito uti bonos habeas. Terram cariosam caveto ne ares, neve plostrum, neve pecus impellas. Si ita non caveris, quo impuleris, triennii fructum amittes. Pecori et bubus diligenter substernatur ; ungulæ curentur. Scabiem pecori et jumentis caveto. Id ex fame, et si impluit, fieri solet. Opera omnia mature conficias face. Nam res rustica sic est : si unam rem sero feceris, omnia opera sero facies. Stramenta si deerunt, frondem ligneam legito ; eam substernito ovibus bubusque. Sterquilinium magnum stude ut habeas. Stercus sedulo conserva, cum exportabis, spargito et comminuito. Per autumnum evehito. Circum oleas autumnitate ablaqueato, et stercus addito. Frondem populneam, ulmeam, querneam cædito, per tempus eam condito, non peraridam, pabulum ovibus. Item fœnum cordum, sicilimenta de prato ea arida condito. Post imbrem autumni rapinam, pabulum, lupinumque serito.

VI. — Quibus locis agrum conseri oporteat.

Agrum quibus locis conseras, sic observari oportet : Ubi ager crassus, et lætus est sine arboribus, eum agrum frumentarium esse oportet. Idem ager si nebulosus est,

qui sera en même temps gras et chaud recevra les olives de conserve, les longues, les salentines, les orchites, les posea, celles de Sergianum, de Colminium, et les blanches. Multipliez surtout celle qu'on s'accorde à regarder comme la plus productive dans cette circonstance. Les espèces se plantent à une distance de vingt-cinq à trente pieds. On ne trouve pas pour une plantation d'oliviers de meilleure exposition que celle qui est exposée au vent de l'ouest et regarde le soleil.

Si le terrain est plus maigre et plus froid, on y plantera l'olivier Licinius; si vous plantez cette variété dans une terre grasse et chaude, votre huile sera mauvaise, l'arbre s'épuisera en produisant, et se couvrira d'une mousse roussâtre et parasite. Sur les lisières des champs et au bord des chemins, plantez des ormes et des peupliers, afin d'avoir des feuillards pour vos troupeaux et vos bœufs, et afin d'avoir du bois sous la main lorsque le besoin se présente. Sur les portions humides et longeant les rivières, plantez des cimes de peuplier et des roseaux. Plantez ceux-ci de la manière suivante : avec le tranchant de la houe vous faites des trous dans lesquels vous insérez des stolons de roseaux, à une distance de trois pieds les uns des autres. Plantez-y l'asperge sauvage, d'où naîtront des asperges ordinaires; car le roseau s'associe bien à l'asperge sauvage, parce qu'on le bine, qu'on le brûle, et qu'il donne de l'ombre à propos. Entourez votre plantation de roseaux d'un rideau de saules grecs, qui vous donneront des ligatures pour la vigne.

Voici ce qu'il faut observer dans le choix du terrain des vignobles : dans celui qui est estimé le meilleur pour la vigne, et qui est exposé au soleil, plantez la petite race d'Aminée, l'Albe double, et le petit gris. Le sol riche, couvert de brouillards, convient spécialement à la grande race d'Aminée, au murgentin, à l'apicien et au lucanien; les autres vignes, surtout les espèces bâtardes, prospèrent partout.

VII. — Lieux où il faut planter les arbustes et les arbrisseaux.

La terre qui est peu éloignée des villes veut être plantée en vergers; le bois ou les ramilles peuvent ou être vendues, ou être réservées pour l'usage du maître. Voici ce qu'il faut semer dans ce même terrain, et quelle espèce de vigne il faut marier aux arbres : c'est le grand et le petit aminéen, et l'apicien. On conserve ces raisins dans des pots noyés au milieu des mares, ou dans du vin cuit, ou dans du moût, ou bien dans de la piquette. Ceux que vous suspendrez seront les raisins à graines fermes, et les gros aminéens. On peut également les sécher au foyer d'un forgeron, aussi bien qu'au soleil. Les fruits seront les pommes de coing, la cognasse des Cantius, les Quiriniennes, et d'autres fruits de garde, telles que les pommes vineuses et les grenades. Pour que ces fruits ne tombent point prématurément, on enfouira au pied des arbres de l'urine ou du fumier de porc. Les poires seront celles d'Anicius, (et des semailles excellentes confites dans du vin cuit), la tarentine, la vendange et la courge. Plantez aussi et greffez bon nombre d'autres espèces, des olives orchites, et posiennes, qui sont les meilleures à confire, soit entières dans la saumure, soit meurtries dans l'huile de lentisque. Dès que les orchites seront noires et sèches, saupoudrez-les de sel que vous secouerez cinq jours après; exposez-les au soleil pendant deux jours, ou bien mettez-les dans du vin cuit

---

rapa, raphanos, milium, panicum id maxime seri oportet. In agro crasso, et caldo oleam conditivam, radium majorem, Salentinam, orchitem, poseam, Sergianam colminianam, albicerem. Quam earum in his locis optimam dicent esse, eam maxime serito. Hoc genus oleæ in xxv aut in xxx pedes conserito. Ager oleto conserundo, qui in ventum Favonium spectabit, et soli ostentus erit, alius bonus nullus erit. Qui ager frigidior et macrior erit, ibi oleam Licinianam seri oportet. Sin in loco crasso aut caldo severis, hostus nequam erit, et ferundo arbor peribit, et muscus ruber molestus erit. Circum coronas, et circum vias ulmos serito, et partim populos, uti frondem ovibus et bubus habeas, et materia, si quæ opus sit, parata erit. Sicubi in his locis ripæ, aut locus humectus erit, ibi cacumina populorum serito et arundinetum. Id hoc modo serito : bipalio vortito, ibi oculos arundinis pedes ternos alium ab alio serito. Ibi corudam serito, unde asparagi fiant. Nam convenit arundinetum cum coruda, eo quia foditur, et incenditur, et umbram per tempus habet. Salicem græcam circum arundinetum serito, uti siet qui vineam alliges. Vineam quo in agro conseri oportet, sic observato. Qui locus vino optimus dicetur esse, et ostentus soli, ibi Amineum minusculum, et geminum eugeneum, helveolum minusculum conserito. Qui locus crassus erit, aut nebulosior, ibi Amineum majus, aut Murgentinum, Apicium, Lucanum serito. Cæteræ vites, misceliæ maxime, in quamvis agrum conveniunt.

VII. — Quo in loco arbusta et virgæ serantur.

Fundo suburbano arbustum maxime convenit habere, et ligna et virgæ venire possunt, et domino erit, qui utatur. In eodem fundo suum quidquid conseri oportet, arbustoque vitem copulari. Amineum minusculum, et majusculum, et Apicium. Hæc in ollis, ollæ in vinaceis conduntur; eadem in sapa, in musto, in lora recte conduntur; quas suspendas duracinas, amineas majores, vel ad fabrum ferrarium pro passis eæ recte servantur. Poma, mala struthea, cotonea scantiana, Quiriniana, item alia conditiva mala mustea, et Punica, (eo lotinum suillum aut stercus ad radicem addere oportet, uti stabilia mala fiant,) Pira volema, Aniciana, et sementiva, (hæc conditiva in sapa bona erunt,) Tarentina, mustea, et cucurbitina. Item alia genera quamplurima serito, aut inserito. Oleas orchites, posias, eæ optime conduntur vel virides

sans les saler. Lorsque vous voudrez conserver des cormes, soit par la dessiccation, soit dans une infusion de vin cuit, faites-les bien sécher auparavant : agissez de même pour les poires.

VIII. — Dans quelles terres il faut mettre les différentes espèces d'oliviers.

Mettez la figue marisque dans un sol crayeux et découvert : mettez au contraire dans une terre riche ou fermée les espèces d'Afrique, de Cadix, de Sagonte, les télanes noires à longs pédoncules. Si vous avez un pré arrosé, vous ne manquerez pas de foin ; s'il ne l'est pas, fumez-le afin d'avoir du foin. Près de la ville, vous aurez des jardins dans tous les styles, toutes sortes d'arbres d'ornement, des oignons de Mégare, le myrte palissadé, soit le noir, soit le blanc, le laurier de Delphes, celui de Cypre, celui des forêts, des noix nues, des avelines de Préneste et de Grèce. Un jardin de ville, surtout pour celui qui n'en a point d'autre, doit être planté et orné avec tout le soin possible.

IX. — Il faut confier les saussaies aux terrains humides.

Il convient de planter les saules dans les terres aquatiques, humides, ombragées, et près des rivières. Examinez si vous en avez besoin chez vous, ou si vous les destinez à la vente. Si vous avez de l'eau, attachez-vous surtout aux prairies arrosées. Si vous n'avez pas d'eau, faites encore des prairies sèches autant que vous pourrez ; c'est le meilleur usage que vous puissiez faire de votre domaine.

X. — Nombre d'aides, de bœufs, d'ânes, de domestiques et d'instruments dont il faut se pourvoir.

Mobilier et personnel pour deux cent quarante arpents en oliviers : Un intendant, une surveillante, cinq manœuvres, trois bouviers, un porcher, un ânier, un berger; en tout treize personnes. Trois paires de bœufs, trois ânes avec bâts, pour le transport des engrais; un autre âne, cent brebis. Instruments pour l'huile : cinq rouleaux montés, une chaudière de trente quadrantals (28 pintes parisiennes), son couvercle, trois crochets en fer, trois vases pour l'eau, deux entonnoirs, une chaudière de cinq quadrantals, son couvercle; trois crochets, une petite cuvette, deux amphores à huile, une urne de cinquante pots, trois écumoires, un seau à puiser de l'eau, un bassin, un pot, un vase à laver les mains, un bassin en écu, un pot à l'eau, un vase à trois becs, un chandelier, un boisseau, trois grands chars, six araires avec leurs socs, trois jougs avec leurs lanières, six harnais de bœufs, un râteau en fer, quatre civières à fumier, six paniers à fumier, trois demi-bâts, trois couvertures pour les ânes. Ustensiles en fer : huit fourches, huit sarcloirs, quatre pelles, cinq houes, deux râteaux à quatre dents, trois faux à foin, six faux à chaume, cinq croissants, trois haches, trois coins, un pilon à blé, deux pelles à feu, un fourgon, deux réchauds ; cent tonnes pour l'huile, douze bassins, dix tonneaux pour les marcs, dix pour les fèves, dix tonnes à vin, vingt pour le froment, une pour les lupins, six cruches à vin, une aiguière, une baignoire,

in muria, vel in lentisco contusæ. Orchites ubi nigræ erunt et siccæ, sale confriato dies v. postea salem excutito, in solem ponito biduum, vel sine sale in defrutum condito. Sorba in sapa cum vis condere, vel siccare, arida facias item pira eodem modo facias.

VIII. — Ficos plurium generum quo loco serere oporteat.

Ficos mariscas in loco cretoso et aperto serito : Africanas, et Herculanas, Saguntinas, hibernas, Telanas atras pediculo longo, eas in loco crasso, aut stercorato serito. Pratum si irriguum habebis, fœnum non deficiet. Si non erit, siccum, ne fœnum desiet, summittito. Sub urbe hortum omne genus, coronamenta omne genus, bulbos megaricos, murtum conjugulum et album et nigrum, laurum Delphicam, et Cypricam, et silvaticam, nuces calvas, avellanas Prænestinas, et Græcas, hæc facito uti serantur. Fundum urbanum, et qui eum fundum solum habebit, ita paret, itaque conserat, uti quam solertissimum habeat

IX. — Uti salicta locis aquosis serantur.

Salicta locis aquosis, humectis, umbrosis, propter amnes ibi seri oportet. Et id videto, uti aut domum opus sient, aut ut venire possint. Prata irrigua, si aquam habebis, potissimum facito : si aquam non habebis, sicca quam plurima facito. Hoc est prædium quod ubi vis expedit facere.

X. — Quot conservos, quot boves asinosque et ministros atque utensilia habere oporteat.

Quomodo oletum agri jugerum ccxl. instruere oportet : vilicum, vilicam, operarios v. bubulcos III. subulcum I. asinarium I. opilionem I. Summa hominum XIII. boves trinos, asinos ornatos clitellarios, qui stercus vectent, III. asinum unum, oves c. vasa olearia instructa juga v. ahenum quod capiat quadrantalia xxx. operculum aheni, uncos ferreos III. urceos aquarios III, infidibula II. ahenum quod capiat quadrantalia v. aheni operculum, uncos III. labellum pollulum, amphoras olearias II. urnam quinquagenariam unam, trullas III. situlum aquarium unum, pelvim unam, matellionem, trullium, scutriscum, matellam, nasiternam, candelabrum, sextarium, plostra majora III. aratra cum vomeribus vi. juga cum loris ornata III. ornamenta bubus vi. irpicem unum, crates stercorarias iv. sirpeas stercorarias III. semuncias III. instrata asinis III. ferramenta, ferreas vIII. sarcula vIII. palas iv. rutra v. rastros quadridentes II. falces fœnarias III. stramentarias vi. arborarias v. secures III. cuneos III. fistulam farrariam I. forpices II. rutabulum I. foculus II. dolia olearia c. labra XII. dolia quo vinaceos condat x. amurcaria x. vinaria x. frumentaria xx. labrum lupinarium unum, ascres vi. labrum eluacrum unum, solium unum, labra aquaria II. opercula doliis, seriis priva plura, molas asinarias unas, et trusatiles unas, hispanienses unas, molilia III. abacum

deux bassins pour l'eau; des couvercles pour les tonneaux et les futailles; une paire de meules tournées par les ânes, une paire tournée à bras d'hommes, une paire à l'espagnole; trois colliers, un buffet, deux plats en cuivre, deux tables; trois grands bancs, un siége dans la chambre à coucher, trois escabelles, quatre tabourets, deux fauteuils; un lit dans la chambre à coucher, quatre lits de sangle et trois autres lits; un pilon en bois, un pour fouler la laine, un métier à tisserand; quatre pilons, l'un pour les fèves, l'autre pour le froment, un pour les semences, un pour concasser les noyaux; un boisseau, un demi-boisseau; huit matelas, huit couvertures, seize oreillers; dix draps, trois serviettes, six casaques pour les esclaves.

XI. — Dans un autre système, nombre d'aides et d'ouvriers qu'il faut mettre à la disposition de l'intendant.

Pour cent arpents de vigne on aura : un intendant, une surveillante, dix ouvriers, un bouvier, un ânier, un homme pour les saules, un berger : en tout, seize personnes; deux bœufs, deux ânes pour les chars, un pour la meule; trois attirails de pressoirs avec leurs agrès; des futailles suffisantes pour recevoir le produit de cinq vendanges, et donnant chacune huit cents mesures; vingt futailles pour les marcs, vingt pour le froment; pour chacune d'elles les couvercles et chaperons nécessaires; six urnes couvertes de genêt, quatre amphores du même genre; deux entonnoirs, trois passoirs à osier, trois passoirs pour arrêter les fleurs; dix vaisseaux pour le moût; deux chars, deux charrues; un joug pour les chars, un joug pour la vigne, un pour les ânes; un disque d'airain; un collier de meule; une chaudière de la contenance d'un culleus, avec son couvercle, pour la cuisine; trois crochets en fer; deux vases pour l'eau; une amphore à trois anses, un bassin, un pot à l'eau, une aiguière, un seau à puiser l'eau, un rafraîchissoir, une écumoire; un chandelier, un vase de nuit; quatre lits, un banc, deux tables, un buffet, un garde-manger, une garde-robe, six grands bancs, une roue à puiser l'eau, un boisseau ferré, un demi-boisseau; une auge à lessive; un détrempoir, une auge à lupins, dix cruches à vin; dix couvertures pour les bœufs et les ânes; trois demi-bâts; trois corbeilles pour les lies, trois roues tournées par les ânes, une roue à bras. Ustensiles en fer : six serpettes pour la vigne; cinq serpettes pour les ligatures, trois croissants, trois serpes, cinq haches et quatre coins; dix socs en fer, six bêches, quatre houes, deux râteaux à quatre dents, quatre hottes à fumier, un panier pour le même usage; quarante faucilles pour la vigne, six croissants pour les frayons; deux réchauds, deux pinces à feu, un fourgon; vingt paniers d'Améria, sept paniers de semeur; quarante baquets, quarante pelles de bois, deux auges; quatre matelas, quatre couvertures, six oreillers, six couvre-pieds; trois serviettes, six casaques d'esclaves.

XII. — Quantité et dénominations des ustensiles pour le pressoir.

Il faudra pour le pressoir cinq séries d'ustensiles; cinq arbres montés, trois de rechange, cinq treuils, un de rechange; cinq courroies, cinq cordes de retour, cinq câbles, cinq poulies, dix cordes d'attache, cinq leviers et cinq assiettes pour les arbres; trois cuves, quarante blocs, quarante boucles, quarante frettes en bois, pour

1. orbes aheneos II. mensas II. scamna magna III. scamnum in cubiculo unum, scabilla III. sellas IV. solia II. Lectum in cubiculo I. lectos loris subtentos IV. et lectos tres communes, pilam ligneam unam, fullonicam unam, telam jogalem unam, pilas duas, pilum fabarium unum, farrearium unum, seminarium unum, qui nucleos succernat unum, modium unum, semodium unum, culcitas VIII. instragula VIII. pulvinos XVI. operimenta X. mappas III. centones pueris VI.

XI. — Alia institutio, quot et quibus conservis atque operis instrui villicum oporteat.

Quomodo vineam jugerum c. instruere oportet : vilicum, vilicam, operarios X. bubulcum I. asinarium I. salictarium I. subulcum I. Summa homines XVI. boves III. asinos plostrarios II. asinum molarium I. vasa torcula instructa III. dolia V. ubi vindemiæ esse possint, culleum DCCC. dolia ubi vinaceos condat, XX. frumentaria XX. opercula doliorum, et tectoria priva. Urnas sparteas VI. amphoras sparteas IV. infidibula II. cola vitilia III. cola, qui florem demant, tria, urceos mustarios decem. Plostra duo. aratra duo. juga plostraria duo, iugum vinarium I. jugum asinarium I. orbem aheneum I. molile I. aheneum, quod capit culleum unum. operculum aheni unum, uncos ferreos III. ahenum coculum, quod capiat culleum, urceos aquarios II. Amphoram, nasiternam I. pelvim I. matellionem I. trullium I. situlum aquarium I. scutriscum, trullam, candelabrum, matellam, lectos IV. scamnum I. mensas II. abacum I. arcam vestiariam I. armarium promptuarium I. scamna longa VI. rotam aquariam I. modium præferratum I. semodium I. labrum eluacrum I. solium. labrum lupinarium I. serias X. Ornamenta bobus II. ornamenta asinis instrata III. semuncias III. sportas fæcarias III. molas asinarias unas, trusatiles unas. Ferramenta, falces vineaticas VI. sirpiculas V. falces silvaticas V. arborarias III. secures V. et cuneos IV. vomeres ferreos X. palas VI. rutra quatuor, rastros quadridentes II. crates stercorarias IV. sirpeam stercorariam I. falculas vineaticas XL. falculas ruscarias X. Foculos II. forpices II. rutabulum, curbulas Amerinas XX. quala satoria VII. alveos XL. palas ligneas XL. lintres II. culcitas IV. instragula IV. pulvinos VI. operimenta VI. mappas III. centones pueris VI.

XII. — Quot et quæ in torculari parari vasa oporteat.

In torculariam quæ opus sunt vasis quinis. Prela temperata V. supervacanea III. suculas V. supervacaneam I. funes loreos V. subductarios V. medipontos V. trochleas X. capistra V. assercula V. ubi prela sita sient V. serias

empêcher les arbres de se fendre; cinq meules, dix seaux à puiser, dix baquets, dix pelles en bois, cinq râbles en fer.

XIII. — Disposition du pressoir et du cellier à olives.

A l'époque du pressurage voici ce qu'il faut avoir au pressoir : un vase en cuivre de la contenance de cinq quadrantals; trois crocs en fer, un disque d'airain; une paire de meules, un crible, un tamis; une hache, une cruche à vin, un levier, un lit monté pour les hommes libres faisant l'office de gardiens; un esclave du troisième degré couchera avec les ouvriers; de vieilles et de neuves corbeilles; une corde de hamac; un oreiller, un cuir, deux lampes grillées, un charnier; une échelle, des futailles à huile, leurs couvercles; quatorze bassins à huile, deux grandes gondoles, deux petites; trois écumoires d'airain; deux amphores à huile, un vase pour l'eau, une urne de quarante mesures; un setier pour l'huile, une cuvette; deux entonnoirs, deux éponges; deux pots en terre, un autre de la contenance d'une urne (quatre conges), trois barres avec leurs clavettes; deux tabourets, une balance, un poids unique de cent livres, une série de divers poids.

XIV. — Clauses à proposer à l'architecte pour bâtir une maison de campagne.

Si vous faites bâtir à forfait une campagne entièrement neuve, voici les obligations de l'entrepreneur. Conformément au désir, il construira toutes les murailles en moellons unis avec de la chaux, les piliers en pierres solides, les poutres qui sont nécessaires, les seuils, les jambages de porte, les linteaux, les lambourdes, les étais, les étables d'hiver pour les bœufs, les râteliers pour l'été, l'écurie, les chambrettes pour les esclaves, trois garde-mangers, une table ronde, deux chaudières, dix toits à porc, un foyer, une porte cochère et une autre à la disposition du maître, les fenêtres, dix barreaux de dix pieds pour les grandes fenêtres et pour les petites, six lucarnes; trois bancs, cinq chaises; deux métiers de tisserand, six carreaux transparents, un petit mortier à piler le grain, un métier de foulon; les chambranles; deux pressoirs. Le propriétaire fournira les matériaux, les objets nécessaires à la main d'œuvre; il fera tailler et polir, il sera tenu de fournir une scie et un cordeau; cependant il n'est tenu qu'à couper et à travailler les matériaux. C'est l'entrepreneur qui fournit la pierre, la chaux, le sable, l'eau, la paille, et la terre employée au mortier. Si l'édifice vient à être frappé de la foudre, il faut y prononcer des paroles sacrées. Voici le prix du travail pour un honnête homme qui fournit largement tout ce qui est nécessaire, et qui paye consciencieusement : les pannes occupent deux pieds sur le toit, et on supputera ainsi : celle qui ne sera pas entière, et qui aura été échancrée d'un quart, sera comptée comme une demi. Les faîtières seront comptées pour deux pannes; toutes celles qui auront de plus grandes dimensions seront comptées pour quatre. Faites conduire de la chaux et des pierres jusqu'à un pied au-dessus du sol, et ne mettez aux parties latérales, aux chambranles et aux croisées que ce qui est strictement nécessaire. Les autres conditions consistent à composer toute la bâtisse de moellons unis à la chaux. Le prix des ouvrages énoncés ci-des-

---

III. vectes XL. fibulas XL. confibulas ligneas, qui arbores comprimat, si dishiascent, et cuneos VI. trapetos V. cupas minusculas X. alveos X. palas ligneas X. rutra ferrea V.

XIII. — Quomodo torcularium et cellam oleariam parare oporteat.

In torculario in usu quod opus est. Urceum, ahenum I. quod capiat quadrantalia quinque, uncos ferreos tres, orbem aheneum unum, molas unas, cribrum unum, incerniculum unum, securim unam, scamnum unum, seriam vinariam unam, clavam torcularii unam, lectum stratum, ubi duo custodes liberi cubent, et tertius servus una cum factoribus uti cubet. fiscinas novas veteres. epidromum, pulvinum, corium unum, lucernas craticulas duas, carnarium unum, scalas unas. In cellam oleariam hæc opus sunt. Dolia olearia, opercula, labra olearia XIV. conchas majores duas, et minores duas, trullas aheneas tres, amphoras olearias duas, urceum aquarium unum, urnam quinquagenariam unam, sextarium olearium unum, labellum unum, infidibula duo, spongias duas, urceos fictiles II. urnales II. trullas ligneas duas, claves cum clostris in cellas duas, trutinam unam, centumpondium incertum unum, et pondera certa.

XIV. - Villam ædificandam fabro quomodo locaveris.

Villam ædificandam si locabis novam ab solo, faber hæc faciat oportet. Parietes omnes (uti jussitur) calce et cementis, pilas ex lapide angulari, tigna omnia quæ opus sunt, limina, postes, jugamenta, asseres, fulmentas, præsepis bubus hibernas, et æstivas faliscas, equile, cellas familiæ, carnaria III. orbem, ahena II. haras X. focum, januam maximam, et alteram quam volet dominus, fenestras, clatros in fenestris majores, et minores bipedales X. lumina VI. scamna III. sellas V. telas jogales duas, luminaria VI. paullulam pilam, ubi triticum pinsant, unam, fullonicam unam, antepagmenta, vasa torcula duo. Hæc rei materiem, et quæ opus sunt dominus præbebit, et ad opus dabit, (succidet, dolabit lineabit secabitque materiam duntaxat conductor) lapidem, calcem, arenam, aquam, paleas, terram, unde lutum fiat. Si de cælo villa tacta siet, de ea re verba divina uti fiant. Huic operi precium ab domino bono, qui bene præbeat quæ opus sunt, et numos fide bona solvat. In tegulas singulas II. in tectum: sic numerabitur tegula : integra quæ non erit, unde quarta pars aberit, duæ pro una, conficiares quæ erunt, pro binis putabuntur : in aliis quot erunt, in singulas quaternæ numerabuntur. Villa, lapide calce fundamenta supra terram pede, cæteros parietes ex latere, jugamenta et antepagmenta, quæ opus erunt, indito. Cætera lex uti villa ex calce cementis; pretium in tegulas singulas N. S. loco salubri bono domino hæc, quæ supra precia posita

sus s'évalue à un nummus sestertius par panne. La main-d'œuvre se calcule sur ce pied, si l'on bâtit dans un canton salubre et pour un homme de bon accord ; mais tout propriétaire consciencieux ajoutera un quart en sus s'il fait bâtir dans une contrée malsaine où l'on ne peut travailler pendant l'été.

XV. — *Manière de construire les murailles.*

Les murs auront cinq pieds de hauteur, et seront faits avec des moellons liés avec du sable et de la chaux; la pièce de comble aura un pied d'épaisseur, sur un pied et demi de hauteur, quatorze de longueur, et on devra exiger sur le devis qu'elle soit créple. S'il exige qu'on donne aux murailles de la campagne cent pieds carrés, c'est-à-dire dix pieds en tout sens, ou une figure ayant cinq pieds d'une face et une perche de vingt pieds de l'autre, il faudra payer dix nummus ; et s'il veut une fondation ayant un pied et demi d'épaisseur, il devra fournir par chaque pied de longueur un boisseau de chaux et deux de sable.

XVI. — *Conditions à imposer pour la cuisson de la chaux.*

Quand on fait cuire la chaux à charge de partage, voici les conditions des deux parties. Le chaufournier monte le four, le chauffe, en retire la chaux et débite le bois ; le maître fournit la pierre, le bois, en un mot tout ce qui est nécessaire.

XVII. — *Époque convenable pour l'abattage des bois.*

Le temps le plus favorable à la coupe du chêne rouvre, et des essences à échalas, c'est depuis le solstice jusqu'aux frimas. Quant aux essences qui portent du fruit, c'est l'époque de la maturité de ceux-ci qui est la meilleure. Les essences qui ne fructifient point sont bonnes à couper lorsque la séve monte. On peut abattre en toute saison les essences qui portent en même temps des fruits verts et des semences mûres : tels sont les cyprès et les pins. En effet, dans ces arbres il y a deux sortes de fruits ; l'un mûr, bon à cueillir et près de tomber, lorsqu'il touche à la fin de la première année : alors il faut couper l'arbre à l'époque des semailles ; si l'on attendait plus tard, il faudrait reculer de huit mois. L'autre n'a pas encore un an, et a une couleur verte. Il est avantageux de couper l'orme quand ses feuilles commencent à tomber.

XVIII. — *Construction du pressoir.*

Si vous voulez construire un pressoir à quatre cuves, que celles-ci soient opposées les unes aux autres, et montées ainsi qu'il suit : Les arbres auront deux pieds d'équarrissage sur neuf de longueur, y compris les mortaises, et les tenons qui les termineront supérieurement, et la portion de leur pied qui sera engagée dans le patin ; ouvrez le logement des aiguilles de trois pieds neuf pouces en hauteur, sur six doigts de largeur ; ouvrez une mortaise à un pied et demi du sol ; donnez deux pieds à l'entre-jumelles, écartez-les de deux pieds des murs ; mettez dix-huit pieds entre ces jumelles et la paire de poteaux qui appartient à ce même pressoir ; donnez à chaque poteau deux pieds de diamètre et dix pieds de hauteur, y compris les tenons qui doivent les terminer supérieurement, et la partie qui sera engagée dans le patin. Le treuil doit avoir neuf pieds de longueur, sans compter celle de ses tourillons. L'arbre doit avoir vingt-cinq pieds

---

sunt, ex signo manupretium erit : pestilenti, ubi æstate fieri non potest, bono domino pars quarta precii accedat.

XV. — *Maceriæ quomodo ædificentur.*

Macerias ex calce, cementis, silice, uti dominus omnia ad opus præbeat, altam P. V. facito, et columen P. I. crassam P. I. S. longam P. XIV. et uti sublinat locari oportet. Parietes villæ si locet in pedes C. id est, P. X. quoquovorsum, libellis in pedes V. et perticam unam P. VIC. N. X. Sesquipedalem parietem dominus fundamenta faciat, ad opus præbeat calcis in P. singulos longitudinem opus est modium unum, arenæ modios duos.

XVI. — *Calx quo pacto locetur.*

Calcem partiario coquendam qui dant, ita dant. Perficit, et coquit, et ex fornace calcem eximit calcarius, et ligna conficit ad fornacem. Dominus lapidem, ligna ad fornacem, quod opus siet, præbet.

XVII. — *Materies qui tempore anni tempestiva sit.*

Robus, materies item pro ridica, ubi solstitium fuerit ad brumam semper tempestiva est. Quæ materies semen habet, cum semen maturum habet, tum tempestiva est. Quæ materies semen non habet, cum glubet, tum tempestiva est. Ea quæ semen viride et maturum habet, uti de cupresso, de pino, quidvis anni legere possis item quidvis anni matura est, et tempestiva, ibi dum sunt nuces bimæ, inde semen excidet, et anniculæ eæ ubi primum incipiunt hiascere, tum legi oportet, per sementim primum incipiunt maturæ esse. Postea usque adeo sunt plus menses VIII. Hornotinæ nuces virides sunt. Ulmus, cum folia cadunt, tum utraque tempestiva est.

XVIII. — *Torcularium quomodo ædifices.*

Torcularium si ædificare voles, quadrinis vasis uti contra ora sient, ad hunc modum vasa componito : arbores crassas P. II. altas P. IX. cum cardinibus, foramina longa P. III. S. — exculpta digitos VI. Ab solo foramen primum, P. I. S. inter arbores et arbores, et parietes P. II. in II. arbores P. I. — arbores ad stipitem primum directos P. XVI. stipites crassi P. II. alti cum cardinibus P. X. sucula præter cardines P. IX. prelum longum P. XXV. inibi lingulam P. II. S. pavimentum binis vasis cum canalibus duobus P. XXXIV. trapetibus locum dextra, sinistra,

de longueur, y compris la partie engagée entre les jumelles, laquelle aura deux pieds et demi de longueur. La surface du hangar qu'occupent deux pressoirs, y compris leurs deux bassins et deux trapètes, aura trente-trois pieds de largeur, prise sur la longueur du hangar; dans cette surface seront pris, entre un pressoir à droite et un à gauche, vingt pieds pour placer les deux trapètes appartenant à ces deux pressoirs; entre les poteaux d'un pressoir et ceux du pressoir de la seconde couple qui est sur le même alignement, il faut un espace de dix-huit pieds pour les charrois. Entre ces derniers poteaux appartenant à la seconde couple des pressoirs et le mur qui est derrière leurs jumelles, il y aura vingt-deux pieds: ainsi le total de l'emplacement qu'il faut pour loger ces quatre équipages est de soixante-six pieds de longueur sur trente-six pieds de largeur entre murs. Aux places où vous dresserez vos jumelles, faites de bons fondemens, de cinq pieds de profondeur; couvrez-en, d'une pierre dure d'un pied et demi d'épaisseur, la superficie, qui sera de six pieds et demi de longueur sur deux pieds et demi de largeur. Vous creuserez dans cette pierre un logement pour les pieds des deux jumelles; établissez donc dans ce logement vos deux jumelles. Ce qu'il y restera de vide entre le pied de l'une et celui de l'autre doit être rempli par une pièce de chêne; et s'il s'y trouve quelque faux joint, on coulera du plomb. Les tenons supérieurs des jumelles auront six doigts de hauteur, et elles seront coiffées d'un chapeau de chêne. Vous ferez de même de bons fondemens de cinq pieds de profondeur, pour placer les poteaux; vous y poserez sur son lit de carrière, et bien de niveau, une pierre de taille longue de deux pieds et demi, large de deux pieds et demi, et épaisse d'un pied et demi. Sur cette pierre vous poserez un poteau; et sur une pierre semblable, et assise de même, vous poserez l'autre poteau de cette paire. Sur les jumelles et les poteaux de chacun des deux pressoirs, vous poserez une poutre horizontalement, large de deux pieds, grosse d'un pied et longue de trente-sept pieds, ou deux poutres de cette même longueur et jumellées, si vous n'en avez pas d'assez grosses. Sur ces poutres vous poserez, entre les murs qui terminent la longueur du hangar et le passage des voitures (c'est l'emplacement des trapètes), vous poserez, dis-je, une poutre de vingt-quatre pieds de longueur, et d'un pied et demi d'équarrissage en une pièce, s'il se peut, sinon en deux pièces jumellées. Sur ces poutres posez des bouts d'autres poutres, qui s'appuieront indirectement, par le moyen du poitrail, sur les jumelles et les poteaux; et sur cette charpente élevez une maçonnerie pour en joindre le poids à celui des bois, et l'augmenter jusqu'à ce qu'il y en ait assez. L'aire de chaque pressoir sera fondée à cinq pieds de profondeur; elle sera ronde, et aura six pieds de diamètre; le bassin, qui sera rond aussi, n'aura que trois pieds de diamètre, et un pied trois quarts de profondeur. Le pavé de la totalité du hangar aura été creusé de deux pieds de profondeur, et le fond en aura été assuré à l'aide de la hie; après quoi l'on aura étendu une couche de demi-pied d'épaisseur en menu ciment, avec chaux et sable, et d'autres couches semblables, jusqu'à ce qu'on ait regagné son premier niveau. Mais pour les aires et les bassins, voici la façon de les paver: lorsque vous aurez bien nivelé et aplani la surface des fondemens, couchez une première assise de gravier, sable et chaux, et la battez. Faites une seconde assise pareille, recouvrez celle-ci d'une couche épaisse de deux doigts, en chaux et ciment, de tessons passés au crible; cette couche faite, battez-la, frottez-

---

pavimentum p. xx. inter binos stipites vectibus locum p. xviii. Alteris vasis ex adversum ab stipite extremo ad parietem, qui pone arbores est, p. xxii. Summa torculario, vasis quadrinis longitudine p. lxvi, latitudine p. xxxvi inter parietes. Arbores ubi statues, fundamenta bona facito alta p. v. inibi lapides silices totum forum longum p. v. latum p. ii. s. crassum p. i. s. Ibi foramen pedicinis duobus facito. Ibi arbores pedicino in lapide statuito. Inter duas arbores, quod loci supererit, robore expleto, eo plumbum infundito, superiorem partem arborum digitos sex altam facito siet, eo capitulum robustum indito. Uti siet stipites ubi stendamini p. v. facit, funto; ibi silicem longum p. ii. s. latum p. ii. s. crassum p. ii. s. planum statuito, ibi stipites statuito. Item alterum stipitem statuito. Insuper arbores stipitesque trabem planam imponito, latam p. ii. crassam p. i. longam p. xxxvii. vel duplices indito, si solidas non habebis. Sub eas trabes inter canales, et parietes extremos, ubi trapeti stent, trabeculam pedum xxiii. s. imponito sesquipedalem, aut binas pro singulis eo supponito. In iis trabeculis trabes, quæ insuper arbores stipites stant, collocato. In iis tignis parietes extruito, jungitoque materiæ, uti oneris satis habeat. Aream ubi facies, p. v. fundamenta alta facito, lata p. vi. aream, et canalem rotundam facito latam p. iv. s. — Cæterum pavimentum totum fundamenta pedum duorum facito. Fundamenta primum fistucato, postea cementis minutis, et calce arenato semipedem unumquodque corium struito. Pavimenta ad hunc modum facito, ubi libraveris, de glarea, et calce arenato primum corium facito; id pilis subigito, item alterum corium facito. eo calcem cribro succretam indito alte digitos duo. Ibi de testa arida pavimentum struito. Ubi structum erit, pavito; fricatoque oleo, uti pavimentum bonum siet. Arbores, stipitesque robustas facito, aut pineas. Si trabes minores facere voles, canales extra columnam expolito. Si ita feceris, trabes pedum xxii. longæ opus erunt. Orbem olearium latum pedibus iv. punicanis coagmentis facito, crassum digitos vi. facito,

ÉCONOMIE RURALE.

la et polissez-la à l'huile, et vous aurez de bonnes aires de pressoirs et de bons bassins. Vous choisirez entre le chêne ou le pin pour faire vos jumelles et vos poteaux. Si vous voulez vous dispenser d'employer des poutres aussi longues que le porte la fixation précédente, entez-les par entailles; et dès lors il suffira d'avoir des poutres de vingt-cinq pieds. La table qui couvrira les tas à pressurer aura quatre pieds de diamètre; les pièces en seront jointes et assemblées par clefs à la carthaginoise; elles auront six doigts d'épaisseur, elles seront liées extérieurement par clefs à queue d'aronde de bois d'yeuse, maintenues en place par des chevilles de cornouiller. Elles seront encore affermies dans leur assemblage par trois barres fixées par des clous de fer. Cette table sera d'orme, ou de cornouiller. Si vous avez de l'un et de l'autre bois, entremêlez-les.

XIX. — Ustensiles pour la fabrication du vin : poteaux, et leur disposition.

Si ces équipages sont destinés au pressurage du raisin, les jumelles et les poteaux auront deux pieds de hauteur de plus; on terminera les entr'ouvertures des jumelles à un pied au-dessous du chapeau, par un logement ouvert d'un demi-pied en hauteur comme en largeur, pour recevoir une aiguille particulière. Chaque tête du treuil sera percée de trois trous de part en part, ce qui produira six orifices pour recevoir les barres; le premier trou sera percé à un demi-pied du tourillon, les autres seront distribués avec égalité sur la longueur de la tête. Le croc sera sur le point milieu de la longueur totale du treuil, et le milieu de l'intervalle qui se trouvera entre les poteaux doit être marqué par ce croc. Pour que l'arbre soit bien établi dans sa juste direction, vous aurez soin, en taillant le pied, de vous jauger fidèlement sur le milieu de la largeur de l'arbre, à l'effet que ce milieu concoure précisément avec le milieu de l'entre-jumelle. Vous laisserez un travers de pouce de jeu entre cette pièce et les jumelles. Les plus longs leviers dont on puisse faire usage ont dix-huit pieds, les seconds seize, les troisièmes quatorze; ceux dont on use le plus communément sont de douze, de dix, et de huit pieds seulement.

XX. — Ajustage du pilier pour le pressoir.

Comment il faut ajuster le trapète. Il faut que la petite colonne de fer qui s'élève sur le miliaire soit fixée invariablement, et bien verticalement : pour cet effet, enfoncez des coins de bois de saule tout autour, dans la boîte où elle est engagée; gardez-vous d'y couler du plomb, pour l'affermir : si elle vacille, arrachez-la plutôt, et posez-la de nouveau avec des coins de bois de saule, jusqu'à ce que vous soyez parvenu à la rendre stable et bien d'aplomb. Faites les moyeux des meules d'olivier orchite, et assurez-les dans la pierre, à l'aide du plomb que vous coulerez entre la pierre et le bois; ayez soin d'éviter qu'ils ne ballottent : s'ils viennent à vaciller à l'essieu, remboîtez les boîtes d'une seule pièce épaisses d'un travers de pouce, et faites en sorte que les deux orifices de chacune s'effleurent exactement de chaque côté, et puissent tous deux être fixés par clous, crainte que la boîte ne se dérange.

XXI. — Commissure de la cuve avec le pressoir.

Donnez dix pieds de longueur à l'essieu : qu'il soit de la grosseur que demandent les moyeux des meules : donnez à la partie qui en formera le milieu, et séparera les meules l'une de l'autre, toute la grosseur que demandera la colonne de fer pour y être reçue : faites dans cette même partie le logement du sommet de la colonne; garnissez-le intérieurement d'une boîte de fer ajus-

---

subscudes iligneas adindito. Eas ubi confixeris, clavis corneis occludito. In eum orbem tris catenas indito. Eas catenas cum orbibus clavis ferreis corrigito. Orbem ex ulmo, aut ex corylo facito. Si utrumque habebis, alternas indito.

XIX. — Quot vasa vinaria, quibus stipitibus et qualiter facias.

In vasa vinaria stipites arboresque binis pedibus altiores facito, supra foramina arborum pedem quæque uti absient. Unæ fibulæ locum facito semi pedem quoquoversum. In suculam sena foramina indito. Foramen, quod primum facies, semipedem ab cardine facito, cætera dividito quam rectissime. Porculum in media sucula facito. Inter arbores medium quod erit, id ad medium collibrato, ubi porculum figere oportebit. Uti in medio prelum recte situm siet. Lingulam cum facies, de medio prelo collibrato, ut inter arbores bene conveniat. Digitum pollicem laxamenti facito. Vectes longissimos pedum XVIII. secundos pedum XVI. tertios pedum XIV. remissarios pedum XII. alteros pedum X. tertios pedum VIII.

XX. — Trapeti columnella quo sit concinnanda modo.

Trapetum quomodo concinnare oporteat. Columnam ferream, quæ in miliario stat, eam rectam stare oportet in eum ad perpendiculum, cuneis salignis circumfigi oportet bene. Eo plumbum effundere caveto, ne labet columella. Si movebitur, eximito, denuo eodem modo facito, ne moveat. Modiolos in orbis oleaginos ex orchite olea facito, et eos circumplumbato, caveto ne laxi sient. Si autem labent in cupam, eo indito tunicas solidas et latas digitum pollicem. Facito labeam, bifariam habeant, quas ligas clavis duplicibus, ne cadant.

XXI. — Cupa trapeti quomodo fabrefiat.

Cupam facito P. X. tam crassam quam modioli postulabunt, mediam inter orbis quæ conveniat, tam crassam quam columella ferrea erit. Eam mediam pertundito, uti columellam indere possis. Eo fistulam ferream indito, quæ in columellam conveniat, et in cupam. Inter cupam dextra sinistra pertundito late digitos primoris IV. alte digitos

tée au diamètre de la colonne et à celui de l'essieu. Vers le milieu de cet essieu, tant à droite qu'à gauche, faites des trous larges de quatre pointes de doigts, et profonds de trois ; attachez sous cette pièce, qui est suffisamment large dans cette partie, une platine de fer percée, pour livrer passage à la colonne ; garnissez de lames de fer les quatre parois latérales de chacun des trous que vous aurez pratiqués de droite et de gauche dans la face intérieure de l'essieu. Repliez sur cette surface chacune de ces quatre lames introduites dans chaque trou. Sur les parties repliées de toutes les lames insérées dans les trous de droite et de gauche, appliquez-en d'autres plus minces, que vous clouerez ensemble, pour contenir les premières, dont la destination est d'empêcher que les trous ne s'élargissent ; quant à la destination de ces trous, elle est de recevoir les pieds-pendants. Armez les parties de cet essieu qui doivent être engagées dans les moyeux, chacune de quatre pièces de fer en forme de gouttières, que vous entaillerez dans le bois de toute leur épaisseur, et percerez dans le milieu, pour les fixer à l'aide de petits clous. Vous percerez chaque fusée de l'essieu à sa sortie de la meule, et en même temps deux des pièces de l'armature pour placer l's, qui s'opposera à ce que la meule ne s'éloigne trop de l'épaulement. Pour assurer mieux ces armatures, embrassez-en les bouts extérieurs au moyen d'une frette du poids d'une livre, et large de six doigts, percée dessus et dessous au droit du trou de l's ; tout cela est nécessaire pour empêcher que l'essieu ne soit mâché par la pierre. Mettez entre l'épaulement de chaque fusée et la meule, ainsi qu'entre la meule et l's, des rondelles de fer bien lissées, crainte que cette partie de l'essieu et l's ne soient promptement usées. Le corps de cet essieu peut être d'orme ou de hêtre. Il en coûtera, pour le fer façonné et posé par le même ouvrier, soixante nummi ; pour le plomb, quatre ; pour le salaire de l'ouvrier qui aura ajusté l'essieu et les moyeux dans la pierre, huit ; pour le maître ouvrier s'entend. Il faut que le même ouvrier ajuste aussi le trapète : la somme totale de la dépense sera de soixante-douze nummi, sans compter le salaire des aides dont on aura eu besoin.

XXII. — Comment l'ouvrier doit disposer le pressoir.

Voici à quoi il faut prendre garde, quand on ajuste ces sortes de machines : que le bassin soit bien de niveau ; que les meules en roulant soient constamment éloignées du rebord d'un travers de petit doigt ; qu'elles ne touchent point au champ du bassin, de peur qu'elles ne le meurtrissent : qu'il y ait entre la meule et le miliaire un doigt de jeu ; s'il y en a trop, on le revêtira d'une corde dont la grosseur sera égale à ce qu'il y a de trop au jeu ; on roulera cette corde autour du miliaire, en le serrant fortement, et en pressant le plus qu'on pourra les révolutions de la corde les unes auprès des autres. Si les meules portent sur le champ du bassin, rehaussez le miliaire à l'aide de tourteaux de bois percés pour être enfilés par la colonne, et dont l'épaisseur soit telle, que les meules se trouvent suspendues à la hauteur convenable ; de même, pour ajuster les meules relativement aux rayons du bassin, ayez recours aux rondelles de bois ou de fer de diverses épaisseurs, que vous mettrez entre l'épaulement et la meule, ou entre la meule et l's, suivant l'exigence du cas, à l'effet que les meules suivent exactement leur chemin, sans trop s'approcher ni s'écarter du rebord ou du miliaire. Une de ces machines a été vendue, aux environs de Suessa, quatre cents nummi et une livre d'huile ; il en a coûté soixante nummi pour l'ajuster en place, soixante-deux tant pour le transport qui en a été fait par les bœufs, que pour

---

primoris tres, sub cupa tabulam ferream lata cupa media erit, pertusam figito, quæ in columellam conveniat. Dextra sinistra foramina ubi feceris, laminis circumplectito, replicato in interiorem partem cupæ omnis quatuor laminis : dextra sinistra foramina utrinque secus laminas. Sublaminas polulas minutas supponito, eas inter sese configito, ne foramina majora fiant, quo copulæ minusculæ indentur. Cupam, qua fini in modiolos erit, utrinque secus imbricibus ferreis quatuor desnes, ibi utrinque secus facito, qui figas. Imbrices medias clavulis figito. Supra imbrices extrinsecus cupam pertundito, qua clavus eat qui orbem cludat. Insuper foramen librarium ferreum digitos sex latum indito, pertusum utrinque secus qua clavus eat. Hæc omnia ejus rei causa fiunt, uti ne cupa in lapide conteratur. Armillas IV. facito, quas circum orbem indas, ne cupa et clavus conterantur intrinsecus. Cupam materia ulmea aut faginea facito. Ferrum factum, quod opus erit, uti idem faber ligat. HS. LX. opus sunt, cum plumbum cupam emito HS IV. cupam qui concinnet, et modiolos qui indat, et plumbet, operas fabri duntaxat HS. VIII. Idem trapetum oportet accommodet. Summa sumpti HS. LXXII. præter adjutores.

XXII. — Quomodo faber trapetum accommodet.

Trapetum hoc modo accommodare oportet : libratur uti statuatur pariter. Ab labris digitum minimum orbem abesse oportet. Ab solo mortarii orbes cavere oportet, ne quid mortarium terant. Inter orbem, et miliarium unum digitum interesse oportet. Si plus intererit, atque orbes nimium aberunt, funi circumligato miliarium arcte crebro, uti expleas quod nimium interest. Si orbes altiores erunt, atque nimium mortarium deorsum teret, orbiculos ligneos pertusos in miliarium, in columellam supponito, eo altitudinem temperato. Eodem modo latitudinem orbiculis ligneis, aut armillis ferreis temperato, usque dum recte temperabitur. Trapetus emptus est in Suessano HS. CCCC. et olei p. l. composturæ HS. LX. vectura boum, operas sex homines VI. cum bubulcis HS. LXII cupam or-

les journées de six hommes, y compris les bouviers. L'essieu tout appareillé a coûté soixante-douze nummi en argent, et vingt-cinq pour l'huile : ainsi le tout se monte à six cent dix-neuf nummi. Il en a été vendu une tout appareillée à Pompéi, qui a coûté trois cent quatre-vingt-quatre nummi d'achat, et deux cent quatre-vingts pour le transport. Il est toujours indispensable de faire ajuster ces machines chez soi en les y mettant en place, et pour cela il en coûte soixante nummi pour les frais ; ainsi toutes montées elles reviennent à sept cent vingt-quatre nummi. Si vous voulez remonter de vieux trapètes avec de moyennes meules, qui n'aient qu'un pied et trois doigts d'épaisseur sur un pied de diamètre, et dont l'ouverture ait un demi-pied de diamètre de part en part, il faudra, lorsque vous les aurez fait apporter chez vous, les faire ajuster relativement aux rayons des bassins de vos trapètes. On trouve de ces moyennes meules près des murs de Rufrus, pour cent quatre-vingts nummi, et il en coûte trente pour les faire ajuster : on les achète le même prix à Pompéi.

XXIII. — Préparatifs pour la vendange.

Au moment de la vendange, faites toutes les dispositions nécessaires ; faites laver les vases, raccommoder les paniers, enduire de poix les fûts et autres ustensiles ; pendant les jours pluvieux on préparera et on raccommodera les corbeilles : achetez des charrettes, salez les olives qui se détachent. Coupez les raisins demi-mûrs pour faire du vin précoce, qui servira de boisson aux ouvriers lorsque le moment en sera venu. Distribuez dans les futailles tout le raisin intact et sec que vous aurez coupé chaque jour. Si cela est nécessaire, mettez dans le moût du vin cuit provenant de mère-goutte à la dose d'une partie sur quarante, ou une livre et demie de sel par culléus. Si vous le traitez avec du marbre pulvérisé, n'en mettez qu'une livre, que vous délayerez préalablement dans une urne avec du moût, et que vous introduirez ensuite dans le fût. Si on y met de la résine, on la pulvérisera soigneusement, et on l'emploiera à raison de trois livres par culléus ; on la mettra dans une clisse en jonc qu'on suspendra dans le tonneau : on l'agitera de temps à autre, pour en hâter la dissolution. Du reste, quelle que soit la nature du mélange, vin cuit, craie ou résine, il faut le remuer fréquemment pendant vingt jours, et le maintenir continuellement en mouvement. Il faut aussi ajouter dans chaque futaille et par portions égales le vin de second pressurage.

XXIV. — Fabrication du vin grec et du vin de paille.

Recette pour faire du vin grec : Prenez des raisins apicius à leur complète maturité ; mêlez au moût deux quadrantals de vieille eau de mer ou un boisseau de sel. Suspendez-le dans un sac, et le laissez fondre dans le moût. Si vous voulez avoir un vin paillet, prenez moitié de vin apicius et moitié de vin gris, et ajoutez-y un trentième de vin vieux cuit. Règle générale : dans toute espèce de vin artificiel mettez-y un trentième de vin cuit.

XXV. — Fabrication du vin cuit.

Lorsque le raisin sera mûr et la vendange arrivée, gardez le premier pour votre maison et vos gens ; ayez soin de ne faire la cueillette que par un temps sec et lorsque le fruit est bien mûr, de peur que le vin ne mente à sa réputation. Étendez tous les jours les marcs nouveaux sur un lit de sangle, qui servira de crible ; foulez-les

---

natam HS. LXXII. pro oleo HS. XXV. S. S. HS. DCXXIX. Pompeiis emptus ornatus HS. CCCXXCIV vectura HS. CCXXC. Domi melius concinnatur, et accommodatur. Eo sumpti opus est HS. LX. Summa HS. DCCXXIV. Si orbes in veteres trapetos parabis medios crassos P. I. digitos III. altos P. I. foramen semipedem quoquoversum ; eos cum advexeris, ex trapeto temperato. Ii emuntur ad Rufri macerias HS. CXXC. temperantur HS. XXX. tantidem Pompeiis emitur.

XXIII. — Quæ ad vindemiam in tempore parari opus sit

Face ad vindemiam, quæ opus sunt, uti parentur, vasa laventur : corbulæ sarciantur : picentur dolia : quæ opus sunt, picentur, cum pluet ; quala parentur, sarciantur. Far molatur. Menæ emantur. Oleæ caducæ saliantur. Uvas miscellas ad vinum præliganeum, quod operarii bibant, ubi tempus erit, legito. Succum puriter omnium dierum pariter in dolia dividito. Si opus erit, defrutum indito in mustum, cineris lixivi cocti partem quadragesimam addito defruto, vel salis sesquilibram in culleum. Marmor si indes, in culleum libram indito. Id indito in urnam, misceto cum musto. Id indito in dolium. Resinam si indes, in culleum musti P. III. bene comminuito, indito in fiscellam et facito uti in dolio musti pendeat. Eam quassato crebro, uti resina condeliquescat. Si indideris defrutum, aut marmor, aut resinam, dies XX. permisceto crebro, tribulato quotidie. Tortivum mustum circumcidaneum suo cuique dolio dividito, additoque pariter.

XXIV. — Vinum græcum et helveolum quo fiat modo.

Vinum græcum hoc modo fieri oportet : Uvas Apicias percoctas bene legito. Ubi delegeris, in ejus musti culleum aquæ mariæ veteris quadrantalia II. vel salis puri modium. Eum in fiscella suspendito, sinitoque cum musto distabescat. Si helveolum vinum facere voles, dimidium helveoli, dimidium apicii vini indito, defruti veteris partem trigesimam addito. Quicquid vini defrutabis partem trigesimam defruti addito.

XXV. — Vinum coctum quo fiat modo.

Quum vinum coctum erit, et quum legetur, facito uti servetur familiæ primum. Sicque facito studeat bene percoctum siccumque legere, ne vinum nomen perdat. Vinaceos quotidie recentes succernito, lecto cæstibus sub-

dans des futailles ou dans des cuves enduites de poix, couvertes ensuite ermétiquement avec un lut, et pendant l'hiver vous les ferez donner aux bœufs : ou bien trempez-les dans de l'eau, et dans peu vous en aurez une piquette pour vos esclaves.

XXVI. — Mettre les vases en ordre après la vendange.

Après la vendange mettez en place tous les vases du pressoir, les paniers, les cabas, les câbles, les barres et les aiguilles; faites nettoyer deux fois par jour les futailles remplies. Qu'à chaque tonneau soit affecté un balai pour en frotter l'extérieur. Trente jours après l'entonnage, lorsque les futailles ont rejeté toutes les pellicules, placez les bondes, si vous voulez tirer au clair; c'est ici le moment le plus convenable.

XXVII. — Semailles.

Semez pour la nourriture des bœufs l'ocimum, la vesce, le fenugrec, la féverolle, l'ers. Semez ces fourrages à trois reprises différentes. Vous songerez ensuite à la semaille des autres récoltes. En même temps creusez dans une terre reposée des fosses pour les oliviers, les ormes, la vigne, et les figuiers. Si le terrain n'est pas humide, plantez des oliviers pendant la semaille, bourgeonnez les jeunes pousses de ceux qui ont été plantés auparavant, et déchaussez les arbres.

XXVIII. — Comment il faut planter l'olivier, la vigne, le figuier et les autres arbres.

Quand vous transplanterez des oliviers, des ormes, des figuiers, des arbres fruitiers, des pins et des cyprès, enlevez-les avec leurs racines et le plus de terre possible, entourez-les de ligaments, afin de pouvoir les transporter. Craignez surtout de les arracher ou de les transporter lorsqu'il vente ou qu'il pleut. Une fois placés dans la fosse, couvrez-les avec la terre de la surface : couvrez toutes les racines avec de la terre, que vous foulerez soigneusement sous vos pieds, et qu'enfin vous passerez de votre mieux avec des dames et des battes; vous couperez la flèche des arbres qui auront plus de cinq pieds de hauteur, vous placerez à la cicatrice un lut que vous assurerez avec des feuilles.

XXIX. — Répartition du fumier entre les arbres cultivés.

Enfouissez-en la moitié dans la terre destinée aux plantes fourragères; si cette terre est déjà emplantée d'oliviers, déchaussez les pieds et mettez-y de l'engrais; semez vos graines, mettez un quart de fumier sur les oliviers déchaussés, là où ils en auront un pressant besoin, et enterrez-le. Réservez l'autre quart pour les prairies, surtout pour les parties qui sont exposées au vent Favonius; charriez vos engrais lorsqu'il n'y a pas de lune.

XXX. — Des feuillards comme nourriture des bœufs et des moutons.

Donnez à vos bœufs des feuilles d'orme, de peuplier, de chêne, de figuier, autant que vous en aurez. Distribuez aux brebis toutes vos feuilles vertes. Jusqu'à ce que les autres fourrages soient mûrs, distribuez votre feuillage aux brebis dans des parcs établis sur les terres que vous devez ensemencer. Si vous réfléchissez combien nos hivers sont longs, vous conserverez autant que possible les fourrages secs amassés pour la froide saison.

tento cribrum illito, vel rei parato, eos conculcato in dolia picata, vel in lacum vinarium picatum. Id bene operito, jubeto oblini, quod des bubus per hiemem. Indidem, si voles, lavito paulatim. Erit lorea familiæ, quod bibat.

XXVI. — Quod, vindemia facta, vasa reponantur.

Vindemia facta vasa torcula, corbulas fiscinas, funes, patibula, fibulas jubeto suo quidquid loco condi. Dolia cum vino bis in die face extergeantur. Privasque scopulas in dolia facito habeas illi rei, qui labra doliorum circumfrices, ubi erit lectum dies triginta; si bene deacinata erunt dolia, oblinito. Si voles de fæce demere vinum, tum erit ei rei optimum tempus.

XXVII. — Sementim, uti facias.

Sementim facito, ocinum, viciam, fœnum Græcum, fabam, ervum, pabulum bubus. Alteram, et tertiam pabuli sationem facito. Deinde alias fruges serito. Scrobis in vervacto oleis, ulmis, vitibus, ficis, simul cum semine serito. Si erit locus siccus, tum oleas per sementim serito, et quæ ante satæ erunt, teneras tum suppytato, et arbores ablaqueato.

XXVIII. — Oleas, vites, ficos, ceterasque arbores cum seres, quomodo seras.

Oleas, ulmos, ficos, poma, vites, pinos, cupressos cum seres, bene cum radicibus eximito cum terra sua quam plurima, circumligatoque uti ferre possis. In alveo aut in corbula ferri jubeto. Caveto cum ventus siet aut imber, effodias, aut seras. Nam id maxime cavendum est. In scrobe cum pones, summam terram subdito. Postea operito terra radicibus fini, deinde calcato pedibus bene, deinde fistucis vectibusque calcato quamoptime poteris. Id erit ei rei primum. Arbores crassiores digitis v. quæ erunt, eas præcisas serito, oblinitoque fimo summas, et foliis alligato.

XXIX. — Stercus ad arbores colendas uti dividas.

Stercus dividito sic. Partem dimidiam in segetem, ubi pabulum seras, invehito. Et si ibi olea erit, simul ablaqueato, stercusque addito. Postea pabulum serito, partem quartam circum oleas ablaqueatas, qua maxime opus erit, addito, terraque stercus operito. Alteram quartam partem in pratum reservato, idque tum maxime opus erit, ubi favonius flabit. Evehito luna silenti.

XXX. — Quomodo bubus des et ovibus frondem.

Bubus frondem ulmeam, populneam, querneam, ficulneam, usquedum habebis, dato. Ovibus frondem viridem, usquedum habebis, præbeto. Ubi sementim facturus eris, ibi oves delectato, et frondem usque ad pabula matura dato. Pabulum aridum quod condideris in hieme, quam maxime conservato, cogitatoque hiems quam longa siet.

XXXI. — Choses nécessaires pour la récolte des olives.

Préparez tout ce qui est nécessaire pour la récolte des olives : les osiers bien aoûtés, des saules coupés en un temps opportun pour tresser les paniers, raccommoder les vieux, et pour faire des aiguilles. Faites enfouir dans les fumiers ou plonger dans les marcs les fascines trop sèches d'yeuse, d'orme, de noyer et de figuier, afin de les en tirer au besoin pour faire les aiguilles. Taillez des leviers d'yeuse, d'olivier, de laurier et d'orme, afin qu'ils soient prêts à temps. Le charme noir est le meilleur bois pour les arbres du pressoir. Abattez les troncs d'ormes, de pins, de noyers et d'autres espèces au dernier quartier de la lune, après midi, lorsque le vent du sud ne souffle pas. La meilleure époque est celle de la maturité des semences. Il ne faut ni les couper ni les façonner lorsque la pluie vient de tomber. Les essences qui ne fructifient point sont bonnes à couper quand l'écorce se détache. Quand le vent du sud souffle, ne touchez pas sans nécessité ni aux bois, ni aux vins.

XXXII. — Époque convenable à l'élagage des arbres.

Commencez de bonne heure la taille des vignes et des arbres. Multipliez la vigne au moyen de tranchées, et autant que possible élevez-la verticalement au-dessus de l'ouverture. Dans la taille des arbres, faites en sorte que les rameaux épargnés s'étalent, qu'ils soient coupés convenablement et pas trop multipliés, que les sarments soient bien accolés à toutes les branches. Craignez surtout que la vigne ne pende en festons ou ne soit étranglée sur les nœuds ; que les sarments soient également répartis sur les arbres et en nombre suffisant : et si vous le jugez nécessaire, détachez-en quelques-uns, mettez-les en terre, et deux ans après vous les séparerez de la mère-souche.

XXXIII. — Soins à donner à la vigne et à son rajeunissement.

Déliez soigneusement la vigne qui aura été bien attachée ; et afin que les sarments ne se jettent point de côté, conduisez-la toujours en ligne verticale, si rien ne l'empêche ; et réservez d'espace en espace des branches à fruit et de réserve. Élancez-la le plus haut possible, liez-la fortement, mais pourtant sans l'étrangler. Voici les soins que vous lui donnerez ensuite. A l'époque des semailles découvrez les racines. Quand elle est taillée, travaillez à la bêche tout le circuit, labourez la terre des intervalles, et promenez-y le soc en long et en large. Plantez les jeunes vignes le plus tôt possible, rabattez les anciennes, et taillez-les le moins que vous pourrez : vous ferez mieux néanmoins, si vous en avez besoin, de les coucher en terre, et de séparer de la souche les rejetons qui en proviendront. C'est alors le moment favorable pour tailler les jeunes vignes bien portantes. Si les ceps sont rares dans votre vigne, creusez des fosses, mettez-y du vif, plant que vous aurez soin d'aérer en abattant tout ce qui l'ombragerait, et en le binant fréquemment. Semez de la dragée dans les vignes au retour d'âge ; si la terre est épuisée, n'y laissez mûrir aucune plante ; enfouissez près des souches du fumier, de la paille, des marcs, ou tout autre engrais qui en ranime la végétation. Quand la vigne se couvrira de feuilles, épamprez-la. Aux jeunes vignes multipliez les ligatures, afin que les pousses ne se brisent point. Quant à celle

XXXI. — Ad oleam cogendam quæ opus sint.

Ad oleam cogendam quæ opus erunt, parentur. Vimina matura, salix per tempus legatur, uti siet unde corbulæ fiant, et veteres sarciantur. Fibulæ unde fiant, aridæ iligneæ, ulmeæ, nuceæ, ficulneæ, face uti in stercus, aut in aquam conjiciantur. Inde ubi opus erit, fibulas facito. Vectes iligneos, aquifolias, laureos, ulmeos facito, uti sient parati. Prelum de carpino atra potissimum facito ; ulmeam, pineam, nuceam, hanc atque aliam materiem omnem cum effodies, luna decrescente, eximito, post meridiem, sine vento austro. Tum erit tempestiva, cum semen suum maturum erit. Cavetoque per rorem trahas, aut doles. Quæ materies semen non habebit, cum glubet, tempestiva erit. Vento austro caveto, ne quam materiem, neve vinum tractes, nisi necessario.

XXXII. — Uti mature arbores putentur.

Vineas, arboresque mature face ut incipias putare. Vites propages sulcos, sursum vorsum, quo ad ejus facere poteris, vitis facito uti ducas. Arbores hoc modo putentur, rami uti divaricentur, quos relinques, et uti recte cædantur, et ne nimium crebri relinquantur. Vites bene nodentur per omnes ramos. Diligenter caveto ne vitem præcipites, et ne nimium præstringas. Arbores facito uti bene maritæ sint, vitesque uti satis multæ asserantur, et sicubi opus erit, de arbore dejiciantur, et in terram deprimantur, et biennio post præcidito veteres.

XXXIII. — Vinea quomodo curetur, et vetus renovetur.

Vineam sic facito, uti curetur : Vitem bene enodatam deligato recte, flexuosa uti ne siet, sursum vorsum semper ducito, quoad ejus poteris, vinarios, custodesque recte relinquito. Quam altissimam vineam facito, alligatoque recte, dum ne nimium constringas. Hoc modo eam curato. Capita vitium per sementim ablaqueato. Vineam putatam circumfodito. Arare incipito, ultro citroque sulcos perpetuos ducito. Vites teneras quamprimum propagato, sic occato, veteres quam minimum castrato ; potius, si opus erit, dejicito, biennioque post præcidito. Vitem novellam resecari tum erit tempus, ubi valebit. Si vinea a vite calva erit, sulcos interponito, ibique viviradicem serito, umbram ab sulcis removeto crebroque fodito. In vinea vetere serito ocimum, si macra erit ; quod granum capiat ne serito, et circum capita addito stercus, paleas, vinaceas, aliquid horum, quo rectius valeat. Ubi vinea frondere cœperit, pampinato. Vineas novellas alligato crebro, ne caules præfringantur. Et quæ jam in perticam ibit, ejus pampinos teneros alligato leviter, corrigitoque, uti recte

qui commencera déjà à courir sur la perche, vous lierez légèrement ses jeunes bourgeons, vous les redresserez afin qu'ils s'élancent droits. Quand enfin le raisin se colore, relevez les sarments, dépouillez-les de leurs feuilles, dégagez les grappes, et sarclez au pied des souches. Coupez et dénudez les saules à temps opportun, puis vous les mettrez en paquets; conservez l'écorce, et quand vous en aurez besoin pour la vigne, faites-la macérer dans l'eau, pour en faire des liens. Vous conserverez également l'osier à panier.

XXXIV. — Exécution des semailles : terrains où on les fait.

Je reviens à la semaille; semez d'abord les terrains froids et marécageux : vous sèmerez ensuite les terres plus sèches. Gardez-vous de remuer une terre boueuse. Le lupin prospère dans un sol ferrugineux, friable, consistant, caillouteux et sablonneux, pourvu qu'il ne soit pas humide. Semez de préférence le froment épeautre dans un terrain crayeux, uligineux, ferrugineux et humide. Partout où la terre sera sèche, sans mauvaises herbes, découverte, il faudra préférer le froment ordinaire.

XXXV. — Terrains propres aux fèves, au seigle et à l'orge.

Semez les féveroles dans les terres compactes, à l'abri des intempéries; le fenugrec et la vesce dans les terres les plus propres; le seigle, le froment, dans les lieux découverts, élevés, exposés à de longues insolations; la lentille dans un sol rocailleux et ferrugineux; l'orge dans les défrichements nouveaux, ou sur un champ indéfiniment productif; les plantes estivales dans les pièces qui n'ont pu être emblavées assez tôt, et qui sont assez fertiles pour ne pas demeurer improductives. Les navets, les colraves, dans un terrain naturellement riche ou bien fumé.

XXXVI. — Quel est le meilleur fumier pour les céréales.

Répandez la colombine sur les prés, les jardins ou les moissons. Entassez judicieusement le fumier de chèvres, de moutons, de bœufs, et tous les engrais analogues. Répandez ou versez l'amourque au pied des arbres, à la dose d'une amphore sur les pieds les plus forts, et d'une urne sur les individus les moins développés, après y avoir ajouté la moitié de son poids d'eau, et après avoir déchaussé modérément les racines.

XXXVII. — Ennemis des céréales.

Ce qui nuit au sol, c'est de le labourer quand il est mouillé, d'y semer du pois chiche qu'on arrache, et qui est salé. L'orge, le fenugrec, l'ers, épuisent la terre, ainsi que toutes les récoltes qu'on arrache. Ne plantez pas de fruits à noyau dans les terres destinées aux moissons. Le lupin, la fève, la vesce, servent d'engrais. Il en est de même des chaumes, des tiges de lupin, des pailles de céréales, des féverolles, des balles, des feuilles d'yeuses et de chêne. Détruisez dans vos récoltes l'ièble et la ciguë; dans les saussaies, les herbes élevées et les glaïeuls. Comme ces plantes ont une odeur désagréable, faites-en de la litière pour les brebis et les bœufs. Détachez le brou des fruits à noyaux, jetez-le dans un réservoir; ajoutez-y de l'eau, et mélangez exactement le tout ensemble avec un râble. Vous mettez cette pâte, ainsi que les noyaux torréfiés; au pied des oliviers que vous aurez préalablement

spectent. Ubi uva varia fieri cœperit, vites subligato, pampinato, uvasque expellito, circum capita sarito. Salictum suo tempore cædito, glubito, arcteque alligato. Librum conservato, cum opus erit in vinea, ex eo in aquam conjicito, alligato. Vimina unde corbulæ fiant, conservato.

XXXIV. — De sementi facianda, et quo loco.

Redeo ad sementim. Ubi quisque locus frigidissimus, aquosissimusque erit, ibi primum serito. In calidissimis locis sementim postremum fieri oportet. Terram cave cariosam tractes. Ager rubricosus et terra pulla, materina, rudecta, arenosa: item quæ aquosa non erit, ibi lupinum bonum fiet. In creta, et uligine, et rubrica, et agro qui aquosus erit, semen adoreum potissimum serito; quæ loca sicca et non herbosa erunt, aperta ab umbra, ibi triticum serito.

XXXV. — Quis locis faba, siligo et hordeum seri debeat

Fabam in locis validis non calamitosis serito. Viciam et fœnum Græcum quam minime herbosis locis serito. Siligenem, triticum in loco aperto, celso, ubi sol quam diutissime siet, seri oportet. Lentim in rudecto et rubricoso loco, qui herbosus non siet, serito. Hordeum qui locus novus erit, aut qui restibilis fieri poterit, serito. Trime-

strem quo in loco sementim maturam facere non potueris, et qui locus restibilis crassitudine fieri poterit, seri oportet. Rapinam (et) coles rapicii unde fiant, et raphanum in loco stercorato bene aut in loco crasso serito.

XXXVI. — Quod stercus præstantius ad segetem.

(Quæ segetem stercorant.) Stercus columbinum spargere oportet in pratum, vel in hortum, vel in segetem. Caprinum, ovillum, bubulum, item cæterum stercus omne sedulo conservato. Amurcam spargas, vel irriges ad arbores, circum capita majora amphoras, ad minora urnas cum aquæ dimidio addito, ablaqueato prius non alte.

XXXVII. — Quæ mala in segete sint.

Si cariosam terram tractes, cicer quod vellitur, et quod salsum est, eo malum est. Hordeum, fœnum Græcum, ervum, hæc omnia segetem exsugunt, et omnia quæ velluntur. Nucleos in segetem ne indideris. Quæ segetem stercorant fruges, lupinum, faba, vicia. Stercus unde facias, stramenta, lupinum, paleas, fabalia, acus, frondem ligneam, querneam. Ex segete vellito ebulum, cicutam, et circum salicta herbam altam, ulvamque. Eam substernito ovibus, bubusque frondem putidam. Partem de nucleis succernito et in lacum conjicito : eo aquam ad-

déchaussés. Si vous avez une vigne souffrante, coupez-en des sarments en tronçons, que vous enfouirez selon le sillon de la charrue ou dans une tranchée. Travaux à faire pendant les veillées d'hiver. Façonnez en pieux et en échalas les bois que vous aurez mis à couvert pour les faire sécher ; liez les fagots ; sortez les fumiers. Ne touchez pas au bois tant que la lune n'est pas visible, ou qu'elle n'est pas arrivée à sa dernière phase. La meilleure époque pour couper et déraciner les arbres, c'est pendant les sept jours qui suivent la pleine lune. Attachez-vous principalement à ne couper, à ne charpenter, et même, autant que possible, à ne pas toucher de bois qui soit humide, gelé ou couvert de rosée. Sarclez et binez deux fois le froment, hersez l'avoine. Les branches provenant de la taille de la vigne et des arbres seront rassemblées et tressées en panier ; le bois de figuier sera mis au feu ; et on mettra les autres bois en monceaux pour l'usage du propriétaire.

XXXVIII. — Four à chaux.

Donnez au four à chaux dix pieds de largeur, vingt pieds de hauteur, et diminuez la largeur jusqu'au sommet, qui ne doit avoir que trois pieds. Si vous n'avez qu'un seul foyer, ménagez à l'intérieur un espace suffisant pour contenir la cendre, afin de n'être pas contraint de la tirer au-dehors ; mettez beaucoup de soin à cette construction ; donnez au mur d'appui des dimensions assez grandes pour embrasser tout le contour de la partie inférieure. Si vous avez deux foyers, le cendrier devient superflu. Si on a besoin d'enlever de la cendre, on fait le feu dans un foyer, pendant qu'on décharge l'autre. Chauffez sans cesse, et entretenez le feu pendant la nuit et à toute heure. Ne chargez la fournaise que de bonnes pierres, très-blanches, et sans marbrures. Lorsque vous creuserez le four, faites l'ouverture verticale. Une fois le déblai fini, disposez l'emplacement du four dans la région la plus basse et la moins exposée aux vents. Si votre four est peu élevé, ménagez une assise pour l'exhausser avec des briques, ou des moellons que vous relierez extérieurement avec du mortier. Quand le feu sera introduit, si la flamme s'échappe ailleurs qu'au cratère par quelque fissure, vous fermerez le passage avec du mortier. Prenez bien garde que le vent ne s'engouffre dans le foyer. Abritez-vous surtout contre le vent du midi. La calcination des fragments voisins du cratère vous annoncera que toute la masse est calcinée : alors aussi les pierres inférieures s'affaissent, et la flamme ne sort plus avec des tourbillons de fumée. Si vous ne trouvez pas de débouché pour vos bois et vos bourrées, et que vous n'ayez pas non plus de pierres à chaux, convertissez vos bois en charbons, et brûlez sur vos champs les broussailles et les sarments auxquels vous ne trouverez pas d'emploi. La combustion terminée, semez des pavots.

XXXIX. — Travaux à faire pendant le mauvais temps.

Lorsque les temps seront mauvais, et le travail des champs impossible, amoncelez les engrais sur le tas à fumier. Nettoyez les étables, les bergeries, la basse-cour et toute la ferme. Entourez les futailles de cercles en plomb, en bois de chêne, ou avec des tresses de sarments. Vous pourrez vous servir de toute espèce de vaisselle vinaire, si vous avez soin de la raccom-

---

dito, permisceto rutro bene. Inde lutum circum oleas ablaqueatas addito, nucleos combustos item addito. Vitis si macra erit, sarmenta sua concidito minute, et ibidem inarato, aut infodito. Per hiemem lucubratione hæc facito. Ridicas et palos quos pridie in tecto posueras, siccos dolato, faculas facito, stercus egerito, nisi intermestri, lunaque dimidiata. Tum ne tangas materiem, quam effodies aut præcides abs terra : diebus septem proximis, quibus luna plena fuerit, optime eximetur. Omnino caveto, ne quam materiam doles, neu cædas, neu tangas si potes, nisi siccam, neu gelidam, neu rorulentam. Frumenta face bis sarias runcesque, avenamque distringas. De vinea et arboribus putatis sarmenta degere, et fascinam face, et vitis, et ligna in caminum ficulna, et codicillos domino in acervum componeto.

XXXVIII. — De fornace calcaria.

Fornacem calcariam pedes latam x. facito, altam pedes xx. usque ad pedes III. summam latam redigito. Si uno præfurnio coques, lacunam intus magnam facito, uti satis siet, ubi cinerem concipiat, ne foras sit educendus. Fornacemque bene struito. Facito fortax totam fornacem infimam complectatur. Si duobus præfurniis coques, lacuna nihil opus erit. Cum cinere eruto opus erit, altero præfurnio eruito, in altero ignis erit. Ignem caveto ne intermittas, quin semper siet, neve noctu, neve ullo tempore intermittatur, caveto. Lapidem bonum in fornacem quam candissimum, quam minime varium indito. Cum fornacem facies, fauces præcipites deorsum facito. Ubi satis foderis, tum fornaci locum facito, uti quam altissima et quam minime ventosa siet. Si parum altam fornacem habebis, ubi facies, lateribus summam struito, aut cementis cum luto summam extrinsecus oblinito. Cum ignem subdideris, si qua flamma exibit, nisi per orbem summum, luto oblinito. Ventus ad præfurnium caveto ne accedat. Inibi austrum caveto maxime. Hoc signi erit, ubi calx cocta erit, summos lapides coctos esse oportebit. Item infimi lapides cocti cadent, et flamma minus fumosa exibit. Si ligna et virgas non poteris vendere, neque lapidem habebis unde calcem coquas, de lignis carbones coquito, virgas et sarmenta, quæ tibi usioni supererunt, in segete comburito. Ubi eas combusseris, ibi papaver serito.

XXXIX. — Quid confici per tempestatem debeat.

Ubi tempestates malæ erunt, cum opus fieri non poterit, stercus in sterquilinium egerito. Bubile, ovile, cortem, villam bene purgato. Dolia plumbo vincito, vel materie quernea, viti sicca alligato. Si bene sarseris, aut bene

moder, de la cercler, de fermer les fentes avec du lut, de les enduire exactement avec de la poix. Voici la formule du lut pour les tonneaux : une livre de cire, une de résine, et deux fois moins de soufre. On dispose toutes ces substances dans un vase nouveau, on y ajoute du gypse pulvérisé, et on amalgame le tout jusqu'à consistance d'un plâtre pour raccommoder les futailles. Dès que vous aurez appliqué le lut, prenez deux parties de craie brute et une de chaux, faites un mélange que vous moulerez en forme de petites briques, que vous cuirez au four, et qui, après avoir été pulvérisées, seront appliquées sur le lut, pour en masquer la couleur. Pendant la pluie cherchez quels travaux restent à faire dans l'intérieur ; curez les réservoirs, plutôt que de demeurer inoccupé : songez que l'oisiveté n'arrête pas le cours des dépenses.

XL. — Travaux du printemps.

Creusez les tranchées et les sillons des pépinières. Changez de place les plants de vigne : provignez les vignes ; plantez dans les lieux fertiles et humides des ormes, des figuiers, des arbres fruitiers, des oliviers. Après midi, quand le vent du sud ne souffle pas et qu'il n'y a point de lune, greffez les figuiers, les oliviers, les poiriers, les pommiers et les vignes. Greffez de la manière suivante les oliviers, les figuiers, les poiriers et les pommiers. Coupez le scion par une section un peu oblique, afin que l'eau trouve un écoulement. Quand vous le coupez, prenez bien garde de léser le liber. Munissez-vous d'un bâton de bois dur et bien effilé, ainsi que d'osier grec fendu en deux, prenez encore de l'argile ou de la craie, un peu de sable et de la fiente de bêtes à cornes. Pétrissez le tout jusqu'à consistance gluante. Prenez l'osier fendu, roulez-le sur la souche coupée, afin que l'écorce ne se lacère point. Cela fait, vous insérerez le bâton sec et effilé jusqu'à la profondeur de deux pouces entre l'écorce et le bois : saisissant le scion de l'arbre que vous voulez propager, vous lui faites obliquement une entaille de deux pouces, vous retirez le bâton sec que vous aviez enfoncé, et vous insérez à sa place la branche que vous voulez greffer. Appliquez l'écorce contre l'écorce, et enfoncez jusqu'à la partie où commence l'entaille. Opérez de même pour une seconde, une troisième, une quatrième, ou pour tel nombre de greffes que vous voudrez multiplier. Serrez plus fortement la branche avec l'osier grec, enduisez la tige avec le lut que vous avez pétri jusqu'à l'épaisseur de trois bons doigts : couvrez le tout d'une étoffe spongieuse que vous liez autour de l'écorce, afin qu'elle ne tombe point. Entourez le sujet de paille bien ficelée, afin que la gelée ne puisse lui nuire.

XLI. — Manière de greffer la vigne, le poirier et le pommier.

La vigne se greffe au printemps ou pendant la fleur ; cette dernière époque est la plus favorable. On greffe les poiriers et les pommiers au printemps, pendant cinquante jours, au solstice et à la vendange ; la greffe de l'olivier et du figuier se pratique au printemps. Voici comment on greffe la vigne : coupez la tige que vous voulez greffer, et fendez-la par le milieu de la cavité médullaire ; insérez dans la fente les scions que vous aurez taillés en biset, en appliquant moelle contre moelle. Il y a encore une autre méthode.

---

alligaveris, et in rimas medicamentum indideris, beneque picaveris, quodvis dolium vinarium facere poteris. Medicamentum in dolium hoc modo facito : Ceræ p. ɩ. resinæ p. ɩ. sulfuris p,¹,². Hæc omnia in calicem novum indito. Eo addito gypsum contritum, uti crassitudo fiat quasi emplastrum, eo dolia sarcito. Ubi sarseris, qui colorem eumdem facias, cretæ crudæ partes duas, calcis tertia commisceto : inde latercuios facito, coquito in fornacem, tum conterito, idque inducito. Per imbrem in villam quærito quid fieri possit. Ne cessetur, munditias facito. Cogitato, si nihil fiet, nihilo minus sumtum futurum.

XL. — Quid veris tempore fiat.

Per ver hæc fieri oportet. Sulcos et scrobes fieri seminariis. Vitiariis locum verti. Vites propagari. In locis crassis et humectis ulmos, ficos, poma, oleas seri oportet. Ficos, oleas, mala, pira, vites inseri oportet luna silenti post meridiem, sine vento austro. Oleas, ficos, pira, mala hoc modo inserito : Quem ramum insiturus eris, præcidito, inclinato aliquantum, ut aqua defluat. Cum præcidas, caveto ne librum convellas. Sumito tibi surculum durum, eum præacuito, salicem græcam discindito. Argillam, vel cretam coaddito, arenæ paululum, et fimum bubulum. Hæc una bene condepsito, quam maxime uti lentum fiat. Capito tibi scissam salicem, ea stirpem præcisum circumligato, ne liber frangatur. Ubi id feceris, surculum aridum præacutum inter librum et stirpem artito primores digitos duos. Postea capito tibi surculum, quod genus inserere voles, eum priorem præacuito obliquum primores digitos duos. Surculum aridum quem artiveras eximito, eo artito surculum, quem inserere voles. Librum ad librum vorsum facito, artito usque adeo quo præacueris. Idem alterum surculum, tertium, quartum facito. Quot genera voles, tot indito. Salicem græcam amplius circumligato, luto depsto stirpem oblinito, digitos crassum III. Insuper lingua bubula obtegito, si pluat, ne aqua in librum permanet. Eam linguam insuper librum alligato ne cadat. Postea stramentis circumdato, alligatoque, ne gelus noceat.

XLI. — Vitis insitio, pirorumque et malorum, quali modo fiat.

Vitis insitio una est per ver, altera est cum uva floret, ea optima est. Pirorum ac malorum insitio per ver, et per solstitium dies quinquaginta, et per vindemiam. Oleæ et ficorum insitio est per ver. Vitem sic inserito. Præcidito quam inseres. Eam mediam diffindito per medullam. Eo surculos præacutos artito, quos inseres, medullam cum

Si les deux ceps sont contigus, on prend de chacun une jeune branche qu'on taille obliquement, et qu'on tient collées l'une contre l'autre avec une lanière d'écorce. Troisième méthode. Perforez avec une tarière la souche que vous voulez y greffer; insérez dans la cavité deux scions de l'espèce que vous voulez multiplier, après les avoir taillés obliquement jusqu'à la moelle. Faites en sorte que les moelles soient en contact, et qu'en les enfonçant les faces obliques des scions coïncident l'une sur l'autre dans le trou qui a été perforé. Donnez à chaque scion une longueur de deux pieds, couchez-les dans la terre, relevez-en l'extrémité vers la souche, en les maintenant dans cette position au moyen de crossettes fixées au milieu de leur longueur, et en les couvrant de terre. Enduisez toutes les parties de lut bien pétri, liez-les et les recouvrez comme pour les oliviers.

XLII. — Autre manière de greffer l'olivier et le figuier.

Enlevez avec l'écussonnier l'écorce du figuier ou de l'olivier sur lequel vous vous proposez de greffer. Enlevez pareillement un morceau d'écorce avec un œil à l'arbre que vous voulez propager; mettez à la place du premier celui que vous avez enlevé en dernier lieu, et faites qu'il recouvre parfaitement la portion dénudée, qui devra avoir trois doigts et demi de long sur trois de large; enduisez-le de lut, et couvrez comme pour les autres greffes.

XLIII. — Plantation de la vigne et de l'olivier.

Dans les terrains aquatiques, il faudra creuser des fossés trapézoïdes, larges de trois pieds de gueule, profonds de quatre pieds; le fond n'aura de largeur qu'un pied et une palme. Vous les comblerez avec des pierrailles, et si vous n'avez pas de pierres, avec des perches de saules placées longitudinalement et transversalement par lits alternatifs; ou bien, à défaut de perches, avec des fagots de sarment. Vous ferez ensuite des tranchées de trois pieds de gueule, de quatre pieds de profondeur, et dirigées de telle sorte que l'eau s'en écoule dans les fossés : c'est là qu'on plante l'olivier. Aux tranchées et aux fosses pour les vignes on ne donnera pas moins de deux pieds et demi en tout sens. Si l'on veut que la vigne et l'olivier prennent un développement rapide, il faut bêcher une fois par mois les tranchées où on les aura plantés, ainsi qu'autour des pieds d'oliviers, jusqu'à ce qu'ils soient arrivés à l'âge de trois ans. Adoptez aussi cette pratique pour les autres arbres.

XLIV. — Époque de l'élagage de l'olivier.

Commencez la taille des oliviers quinze jours avant l'équinoxe du printemps; on pourra encore tailler avantageusement quarante-cinq jours après cette époque. Voici la manière de procéder, si le sol est fertile : retranchez les rameaux secs et tous ceux que le vent aura brisés. Si la terre est ingrate, coupez des branches vives, labourez, élaguez, afin de décharger les souches.

XLV. — Longueur des boutures d'olivier.

Donnez trois pieds de long aux boutures d'olivier destinées à être plantées dans des fossés, et, en les coupant et les habillant, prenez bien garde d'offenser l'écorce. Ne donnez qu'un pied de long à celles que vous mettrez en pépinière, et plantez-les de cette manière. Le terrain devra être meuble, remué avec le bident et bien

medulla componito. Altera insitio est : Si vitis vitem continget, vitem utrinque teneram praeacuito oblique, inter sese medullam cum medulla libro colligato. Tertia insitio est : Terebra vitem quam inseres, pertundito, eo duos surculos vitigineos, quod genus esse voles, insectos obliquos artito ad medullam. Facito iis medullam cum medulla conjungas, artitoque ea qua terebraveris, alterum ex altera parte. Eos surculos facito sint longi pedes binos : eos in terram dimittito, replicatoque ad vitis caput, medias vitis vinclis in terram defigito, terraque operito. Haec omnia luto depsto oblinito, alligato, integitoque ad eundem modum, tanquam oleas.

XLII. — Ficorum et olearum insitio alio modo.

Ficos et oleas altero modo. Quod genus aut ficum, aut oleam esse voles, inde librum scalpro eximito, alterum librum cum gemma de eo fico, quod genus esse voles, eximito; apponito in eum locum, unde excaveris in alterum genus, facitoque uti conveniat. Librum longum facito digitos III. s. latum digitos tres. Ad eundem modum oblinito, integito, uti caetera.

XLIII. — Vites et oleæ quomodo infodiantur.

Sulcos, si locus aquosus erit, alveatos esse oportet latos summos pedes III. altos pedes IV. infimum latum pedem unum, et palmum, eos lapide consternito. Si lapis non erit, perticis salignis viridibus controversis collatis consternito : si pertica non erit, sarmentis colligatis. Postea scrobes facito altos P. III. S. latos pedes IV. et facito de scrobe aqua in sulcum defluat, ita oleas serito. Vitibus sulcos et propagines, ne minus pedibus II. S. quoquoversus facito. Si voles vinea cito crescat, et olea quam severis, semel in mense sulcos sarrito, et circum capita oleagina quot mensibus usque donec trimae erunt, fodere oportet. Eodem modo caeteras arbores procurato.

XLIV. — Olivetum quo tempore putetur.

Olivetum diebus xv. ante aequinoctium vernum incipito putare. Ex eo die dies xLV. recte putabis. Id hoc modo putato. Qua locus recte ferax erit, quae arida erunt, et siquid ventus interfregerit, ea omnia eximito. Qua locus ferax non erit, id plus concidito, aratoque. Bene enodato, stirpesque leveis facito.

XLV. — Quantam taleam oleaginam decidas.

Taleas oleaginas, quas in scrobe saturus eris, tripedaneas decidito, diligenterque tractato, ne liber laboret, cum dolabis aut secabis. Quas in seminario saturus eris,

2.

nivelé. Pour planter la bouture, on l'enfoncera avec le pied. Si elle ne descend pas assez profondément, il faut la faire entrer de force avec un maillet ou la tête de la houe, en faisant attention de ne pas déchirer l'écorce. Ne faites jamais de trou avec un pied pour y placer la bouture : en plantant ainsi, le scion reprendra mieux, si on le place dans la position qu'il avait sur l'arbre. Les boutures sont assez fortes à la troisième année, lorsque leur écorce commence à changer. Soit que l'on transplante dans des fossés ou dans des sillons, il faut mettre trois boutures à la fois, en les distançant quelque peu. Il ne convient pas que les scions aient plus de trois pouces ou de trois yeux hors de terre.

XLVI. — Formation de la pépinière.

Choisissez le terrain le mieux composé, le plus découvert et le plus abondamment fumé, dont la nature se rapproche de celle du sol où les plants seront transportés, et qui ne soit pas éloigné de celui-ci. Cultivez-le au bident, épierrez-le, entourez-le de bonnes clôtures; plantez en lignes de telle sorte que les boutures soient espacées d'un pied et demi en tout sens ; enfoncez les boutures avec le pied ; si vous ne pouvez le faire pénétrer assez, aidez-vous du maillet ou de la tête du bident. Disposez vos plants de manière qu'ils ne sortent de terre que de la hauteur du doigt. Couvrez de fiente de vache la section supérieure de la bouture; placez une marque à chaque pied; sarclez fréquemment, si vous voulez activer la végétation. Suivez le même procédé pour les autres semailles.

XLVII. — Pépinière de roseaux et de vigne.

Plantez les œilletons à trois pieds les uns des autres. Suivez la même méthode et la même disposition pour les plants de vigne. Rabattez la vigne à sa deuxième année, transplantez à la troisième année, si les troupeaux y ont accès. Quand vous serez disposé à planter la vigne, ayez soin qu'elle ait été recepée trois fois avant de l'accoler aux arbres. Quand elle aura cinq œils sur vieux bois, mariez-la : semez-y tous les ans des poireaux, afin d'en tirer quelque produit.

XLVIII. — Exécution et entretien des semis de cyprès, de poirier, de noyer, de pin et d'autres arbres.

Établissez les pépinières d'arbres fruitiers comme celles d'olivier. Plantez séparément chaque espèce de bouture. Cultivez au bident le terrain réservé aux cyprès, et semez au commencement du printemps. Élevez vos billons à la hauteur de cinq pieds, ajoutez-y un engrais bien divisé, sarclez, et brisez les mottes. Aplanissez l'arête du billon, et ménagez-y une faible dépression. Semez alors aussi dru que pour le lin, et criblez au-dessus de la terre à l'épaisseur d'un travers de doigt. Vous aplanirez la surface avec vos pieds ou avec des semelles en planches, vous entourerez le carré avec des crosses, sur lesquelles vous placerez des perches, qui elles-mêmes porteront une couverture de sarments ou des claies de figuier, pour abriter les semis contre le froid et le soleil. Elles seront assez élevées pour permettre à un homme de cheminer dessous. Sarclez souvent, et arrachez-les mauvaises herbes aussitôt qu'elles se hasardent à poindre : car en enlevant une herbe déjà bien enra-

---

pedalis facito, eas sic inserito. Locus bipalio subactus siet, beneque terra tenera siet beneque glutus siet. Cum taleam demittis, pede taleam opprimito. Si parum descendet, malleolo aut mateola adigito, cavetoque ne librum scindas cum adiges. Palo prius locum ne feceris, quo taleam demittas : si ita severis uti stet talea melius vivet. Taleæ ubi trimæ sunt, tum denique maturæ sunt, ubi liber sese vertet. Si in scrobibus aut in sulcis seres, ternas taleas ponito, easque divaricato. Supra terram, ne plus IV. digitos transversos emineant, vel oculos serito.

XLVI. — Seminarium quo fiat modo.

Seminarium ad hunc modum facito : Locum quam optimum et apertissimum et stercorosissimum poteris, et quam simillimum genus terræ eæ, ubi semina positurus eris, et uti ne nimis longe semina ex seminario ferantur, eum locum bipalio vortito, delapidato, circumque sepito bene, et in ordine serito, in sesquipedem quoquovorsum taleam demittito, opprimitoque pede. Si parum deprimere poteris, malleo aut mateola adigito. Digitum supra terram facito semina emineant, fimoque bubulo summam taleam oblinito, signumque apud taleam apponito, crebroque sarito, si voles cito semina crescant. Ad eundem modum alia semina serito.

XLVII. — Arundinetum et vitiarium uti seratur.

(Harundinem sic serito. Ternos pedes oculos disponito.) Vitiarium eodem modo facito, seritoque. Ubi vitis bima erit, resecato. Ubi trima erit, eximito. Si pecus pascetur, ubi vitem serere voles, ter prius resecato, quam ad arborem ponas. Ubi V nodos veteres habebit, tum ad arborem ponito. Quotannis porrinam inserito, quotannis habebis quod eximas.

XLVIII. — Semina cupressi, piri, nucis, et pini, ceterarumque arborum qualiter serantur ac foveantur.

Pomarium seminarium ad eundem modum, atque oleaginum facito. Suum quidquid genus talearum serito. Semen cupressi ubi seres, bipalio vortito. Vere primo serito. Porcas pedes quinos latas facito. Eo stercus minutum addito, consarito, glebasque comminuito. Porcam planam facito, paulum concavam. Tum semen serito crebrum tanquam linum, eo terram cribro incernito, altam digitum transversum. Eam terram tabula aut pedibus complanato, furcas circum offigito. Eo perticas intendito. Eo sarmenta aut crates ficarias imponito, quæ frigus defendant, et solem. Uti subtus homo ambulare possit, facito. Crebro runcato. Simul herbæ inceperint nasci, eximito. Nam si herbam duram velles, cupressos simul evelles. Ad eun-

cinée, vous arracherez en même temps les cyprès. Suivez le même procédé pour la semaille et la couverture de la semence des poiriers et des pommiers. Semez de même le pin pignon, comme étant de la même famille.

XLIX. — Transplantation d'une vieille vigne.

Si vous voulez transporter ailleurs une vigne déjà vieille, il faut que les sarments en soient vigoureux. Taillez-la d'abord, et ne lui laissez pas plus de deux yeux. Déchaussez-la jusqu'aux racines, et prenez garde de léser les radicules. Cela étant, disposez le plant dans une fosse ou une tranchée ; couvrez la terre que vous foulez aux pieds. Traitez comme à l'ordinaire cette nouvelle vigne, liez-la, donnez-lui une bonne direction, et béchez-la souvent.

L. — Manière de semer les prés.

Fumez vos prés au commencement du printemps, lorsque la lune n'est pas visible ; ceux qui sont arrosables, aussitôt que le vent de l'ouest soufflera. Dès que vous aurez mis vos prairies en défense, vous les nettoierez des mauvaises herbes, que vous arracherez jusqu'à la racine. Dès que vous aurez taillé la vigne, mettez en monceaux les souches et les sarments. Élaguez les figuiers, tenez élevée la tête de ces arbres, afin que la vigne ne les domine point. Établissez des pépinières ; sarclez les anciennes. Toutes les opérations seront terminées avant qu'on ne commence la culture de la vigne. Aussitôt que le festin sacré aura été béni et consommé, ouvrez les travaux de culture, mettez la charrue dans les terrains les plus secs, et labourez en dernier lieu les plus tenaces et les plus humides, pourvu qu'ils ne se durcissent point auparavant.

LI. — Multiplication de l'olivier et du pommier.

Vous coucherez en terre les drageons qui sortent du sol ; vous mettrez la flèche à l'air, afin qu'ils puissent s'enraciner ; arrachez et plantez-les deux ans après. Il faut multiplier de la même manière en plantant des bourgeons, le figuier, l'olivier, le grenadier, le cognassier, et les autres pommiers, le laurier, le myrte, le noyer de Préneste et le platane.

LII. — Procédé plus compliqué de multiplication.

Si vous voulez mettre plus de soin dans vos procédés de multiplication, il faudra déposer vos plants dans des pots ou des paniers troués, et les enterrer ainsi dans les fosses. Afin que les boutures s'enracinent sur l'arbre même, percez le fond du panier ou le pot, et insérez-y le rameau que vous avez dessein de faire enraciner. Remplissez de terre le pot ou le panier, foulez-le, et laissez-le sur l'arbre. Quand la bouture a pris racine, coupez la branche au-dessus du vase. Coupez le panier de haut en bas ; si c'est un pot, cassez-le, et placez dans la terre la bouture avec le vase ou le panier. Faites la même chose pour la vigne ; coupez la bouture à la deuxième année, et plantez avec le vase. Ce procédé s'emploie pour la multiplication de toute espèce de végétal.

LIII. — Fenaison.

Coupez le foin à temps, et n'attendez pas trop tard. Fauchez avant la maturité des semences, et mettez à part le meilleur, que vous donnerez aux bœufs à l'époque des labours de printemps, avant que la dragée ne soit mûre.

---

dem modum semen pirorum, malorum, serito, tegitoque. Nuces pineas ad eundem modum, nisi tanquam alium serito.

XLIX. — Uti vinea vetus de loco transferatur.

Vineam veterem si in alium locum transferre voles, duntaxat brachium crassam licebit. Primum deputato, binas gemmas ne amplius relinquito. Ex radicibus bene effodito, usque radices persequitor, et caveto ne radices saucies. Ita uti fuerit, ponito in scrobe, aut in sulco, operitoque, et bene occulcato. Eodem modo vineam statuito, alligato, flexatoque uti fuerat, crebroque fodito.

L. — Prata quo modo serantur.

Prata primo vere stercorato luna silenti, quæ irrigua non erunt, ubi favonius flare cœperit. Cum prata defendes, depurgato, herbasque malas omneis radicitus effodito. Ubi vineam deputaveris, acervum lignorum virgarumque facito. Ficos interputato, et in vinea ficos subradito sæpe, ne eas vitis scandat. Seminaria facito, et vetera resarcito. Hoc facito antequam vineam fodere incipias. Ubi daps profanata comestaque erit, verno arare incipito, et loca primum arato quæ siccissima erunt : et quæ crassissima et aquosissima erunt, ea postremum arato, dum ne prius obdurescant.

LI. — Propagatio oleæ pomorumque.

Propagatio pomorum, aliarum arborum. Ab arbore abs terra pulli qui nascentur, eos in terram deprimito, extollitoque primorem partem, uti radicem capiat : inde biennio post effodito, seritoque. Ficum, oleam, malum Punicum, cotoneum, aliaque mala omnia, laurum, myrtum, nuces Prænestinas, platanum. Hæc omnia a capite propagari eximique, serique eodem modo oportet.

LII. — Quæ diligentius propagari voles.

Quæ diligentius propagari voles, in aulas, aut in qualos pertusos propagari oportet, et cum iis in scrobem deferri oportet. In arboribus, ubi radices capiant, calicem pertundito per fundum, aut qualum. Ramum, quem radicem capere voles, trajicito. Eum qualum, aut calicem terra impleto, calcatoque bene, in arbore relinquito. Ubi ita fuerit ramum sub qualo præcidito. Qualum incidito ex una parte per imum. Si vero calix erit, conquassato. Cum eo qualo, aut calice in scrobem ponito. Eodem modo vitem facito, eam anno post præcidito, seritoque cum qualo. Hoc modo quod genus vis propagabis.

LIII. — De fœnisicio.

Fœnum, ubi tempus erit, secato, cavetoque ne sero seces. Priusquam semen maturum siet, secato : et quod optimum fœnum erit, seorsum condito. Per ver cum arabitur, antequam ocinum nascatur, des quod edant bubus.

LIV. — Nourriture des bœufs.

Voici comment il convient de préparer le fourrage des bœufs. Une fois les semailles terminées, cueillez, serrez, et faites macérer les glands. Il faut donner à chaque tête un demi-boisseau par jour; et, s'ils ne sont pas occupés, il sera préférable de les envoyer eux-mêmes à la glandée, ou bien on leur donnera des marcs de raisin qu'on aura entassés dans des futailles. Pendant le jour ils seront au pâturage, et pendant la nuit ils recevront chacun vingt-cinq livres de foin : si l'on n'en a pas, on y suppléera par des feuillards d'yeuse et de lierre terrestre. Conservez les pailles de froment et d'orge, les gousses de fèves, de lupin, les vesces, et les tiges des autres végétaux. On abritera sous le toit celles de ces pailles qui ont le fanage le plus abondant; on les saupoudrera de sel, et on les administrera en guise de foin. Quand on commencera au printemps à leur en faire la distribution, on y ajoutera un boisseau de glands, ou de marcs ou de lupins macérés, avec quinze livres de foin. La dragée est le premier fourrage à donner aussitôt qu'il est mûr. Récoltez-le à la main, afin qu'il repousse; car elle ne monte plus après la faux. Vous donnerez de la dragée jusqu'à ce qu'elle se sèche, puis la vesce, le panis, et après celui-ci les feuilles d'orme; mêlez-y des feuillards de peuplier, si vous en avez, afin que la feuille d'orme dure plus longtemps. A défaut de feuilles d'orme, affourragez avec celles de chêne et de figuier. Il n'y a rien de plus lucratif que les soins que l'on prodigue aux bœufs. On ne doit les laisser en pâture que pendant l'hiver lorsqu'ils ne labourent plus; car, lorsqu'ils ont une fois consommé du vert, ils en espèrent toujours; et lorsqu'ils sont au travail, il faut les museler avec des paniers, afin qu'ils ne puissent brouter l'herbe.

LV. — Bois pour le maître.

Serrez dans la bûcherie le bois destiné au propriétaire; laissez au grand air les troncs d'oliviers, et les racines disposées en monceaux.

LVI. — Quantité de nourriture pour les gens.

Les travailleurs recevront pour l'hiver quatre boisseaux de froment, et quatre et demi pour l'été; l'intendant et son épouse, l'agent et le bouvier, chacun trois boisseaux; les esclaves entravés, quatre livres de pain pendant l'hiver, cinq livres depuis l'instant où ils commencent à bêcher jusqu'à la maturité des figues : pour le reste du temps la ration sera réduite à quatre livres.

LVII. — Quantité de vin pour les gens.

Après la vendange, ils ont de la piquette pour boisson pendant trois mois. Au quatrième mois, ils auront par jour une hémine de vin, c'est-à-dire deux conges et demi par mois; au cinquième, sixième, septième, huitième mois, ils en auront un setier par jour, c'est-à-dire cinq conges par mois, enfin pour le neuvième, dixième et onzième mois, ils en recevront trois hémines par jour, c'est-à-dire une amphore par mois. En outre on donnera un congé à chaque individu pour les Saturnales et les Compitales. Telle est la quantité de vin que chaque homme consomme dans l'année. On y ajoutera pour les esclaves entravés une ration proportionnée à la somme des travaux : le chiffre de dix quadrantals par année n'est pas trop élevé.

LIV. — Bubus pabulum.

Pabulum hoc modo parari darique oportet. Ubi sementim patraveris, glandem parari legique oportet, et in aquam conjici. Inde semodios singulis bubus in dies dari oportet; et si non laborabunt, pascantur, satius erit. Aut modium vinaciorum quos in dolium condideris. Interdiu pascito, noctu fœni pondo xxv. uni bovi dato. Si fœnum non erit, frondem iligneam et ederaceam dato. Paleas triticeas, et ordeaceas, acus fabaginum, viciam, vel de lupino : item de cæteris frugibus omnia condito. Cum stramenta condes, quæ herbosissima erunt, in tecto condito, et sale spargito : deinde ea pro fœno dato. Ubi verno dare cœperis, modium glandis aut vinaciorum dato, aut modium lupini macerati, et fœni pondo xv. Ubi ocinum tempestivum erit, dato primum. Manibus carpito, id renascetur. Quod falcula secueris, non renascetur. Usque ocinum dato, donec arescat, ita temperato, postea viciam dato, postea panicum dato, secundum panicum frondem ulmeam dato. Si populneam habebis, admisceto, ut ulmea satis siet. Ubi ulmeam non habebis, querneam et ficulneam dato. Nihil est quod magis expediat, quam boves bene curare. Boves nisi per hiemem, cum non arabunt, pasci non oportet. Nam viride cum edunt, id semper expectant. Et fiscellas habere oportet, ne herbam sectentur cum arabunt.

LV. — De lignis domini.

Ligna domino in tabulato condito, codicillos oleaginos, radices in acervo sub dio metas facito.

LVI. — Familiæ cibaria quanta dentur.

Familiæ cibaria qui opus facient per hiemem, tritici modios iv. per æstatem modios iv. s. vilico, vilicæ, epistatæ, opilioni modios iii. compeditis per hiemem panis p. iv. Ubi vineam fodere cœperint, panis p. v. usque adeo dum ficus esse cœperint, deinde ad p. iv. redito.

LVII. — Vinum familiæ quantum detur.

Vinum familiæ. Ubi vindemia facta erit, loram bibant menses iii. Mense quarto heminas in dies, id est, in mense congios ii. s. Mense quinto, sexto, septimo, octavo, in dies sextarios, id est, in mense congios quinque. Nono, decimo, undecimo et duodecimo, in dies heminas ternas : id est amphoram. Hoc amplius Saturnalibus, et Compitalibus in singulos homines congios. Summa vini in homines singulos inter annum (Q. viii) compeditis uti quicquid operis facient pro portione addito : eos non est nimium in annos singulos vini quadrantalia x. ebibere.

ÉCONOMIE RURALE.

LVIII. — Bonne chère pour les gens.

Conservez la plus grande masse que vous pourrez d'olives tombées spontanément, pour la cuisine des domestiques. Serrez également les olives récoltées à propos, et dont on ne peut tirer qu'une faible quantité d'huile, et ménagez-les, afin que la provision s'épuise le moins qu'il sera possible. Quand les olives seront consommées, donnez de la saumure et du vinaigre. Distribuez à chaque personne un setier d'huile par mois. Un boisseau de sel suffira aux besoins annuels de chaque consommateur.

LIX. — Vêtements des gens.

On leur donnera tous les deux ans une tunique de trois pieds et demi de long et des saies. Toutes les fois qu'on leur fournira une tunique ou une saie neuve, on reprendra la vieille pour en faire des casaques. On leur fournira aussi tous les deux ans une bonne paire de forts souliers.

LX. — Aliments des bœufs.

La consommation annuelle de chaque paire de bœufs s'élève à cent vingt muids de lupins, ou deux cent quarante de glands, cinq cent quatre-vingts livres de foin et autant de dragée, vingt muids de féverolles, trente muids de vesces. Semez donc assez de vesces pour pouvoir en laisser monter en graines. Pour le fourrage, semez-le à plusieurs reprises différentes.

LXI. — Manière de cultiver les champs.

Quel est le premier principe d'une bonne agriture? c'est de bien labourer. Quel est le second? c'est de labourer. Quel est le troisième? c'est de fumer. Celui qui remuera fréquemment et profondément la terre couverte d'oliviers, détruira jusqu'aux moindres chevelus des racines; celui qui labourera superficiellement, forcera les racines à ramper à la surface, à prendre un développement exagéré, qui absorbera la force végétative de l'olivier. (Quand vous labourerez pour du froment, faites-le convenablement, à temps opportun, et non lorsque la terre est à moitié trempée). Les autres soins de culture consistent à beaucoup planter, à enlever soigneusement les jeunes sujets, et à les replacer à propos, en laissant beaucoup de terre autour de leurs nombreuses racines. Une fois les racines bien couvertes, piétinez la terre, afin d'empêcher l'eau de leur nuire. Si l'on veut savoir à quelle époque il convient de planter les oliviers, je répondrai que c'est pendant la semaille si le terrain est sec, et au printemps s'il est gras.

LXII. — Nombre de chars.

Vous aurez autant de chars que de paires de bœufs, de mulets, et d'ânes.

LXIII. — Longueur des courroies.

Le câble de pressoir aura cinquante-cinq pieds de long; la courroie des chars aura soixante pieds, les guides vingt-six pieds; les courroies de jougs pour les chars dix-huit pieds; la petite corde quinze pieds; les courroies de jougs pour les charrues auront seize pieds, et la courroie huit pieds.

LXIV. — Cueillette de l'olive.

Cueillez l'olive aussitôt qu'elle est mûre, et ne la laissez que le moins possible sur la terre et sur le plancher, car elle y pourrit. Ceux qui font la récolte désirent qu'il y ait beaucoup d'olives tombées, afin d'aller plus vite en besogne. Les

---

LVIII. — Pulmentarium familiæ quantum detur.

Pulmentarium familiæ, oleæ caducæ quam plurimum condito. Postea oleas tempestivas, unde minimum olei fieri poterit, eas condito, parcito, uti quam diutissime durent. Ubi oleæ comesæ erunt, halecem et acetum dato. Oleum dato in menses unicuique sextarium I. Salis unicuique in anno modium satis est.

LIX. — Vestimenta familiæ.

Vestimenta familiæ tunicam P. III. S. saga alternis annis. Quoties cuique tunicam aut sagum dabis, prius veterem accipito, unde centones fiant. Sculponeas bonas alternis annis dare oportet.

LX. — Bubus cibaria.

Bubus cibaria annua in juga singula lupini modios CXX. aut glandis modios CCXL. fœni pondo, DXXX ocini, fabæ modios XX. viciæ modios XXX. Præterea granatui (generatim) videto uti satis viciæ seras. Pabulum cum seres, multas sationes facito.

LXI. — Quomodo ager colatur.

Quid est agrum bene colere? bene arare. Quid secundum? Arare; tertio, Stercorare. Qui oletum sæpissime et altissime miscebit, is tenuissimas radices exarabit. Si male arabit, radices sursum adibunt, crassiores fient, et in radices vires oleæ abibunt. (Agrum frumentarium cum ares, bene et tempestive ares, sulco vario ne ares.) Cætera cultura est multum serere, et diligenter eximere semina, et per tempus radices plurimas cum terra ferre. Ubi radices bene operueris, calcare bene, ne aqua noceat. Siquis quærat, quod tempus oleæ serendæ siet, agro sicco per sementim, agro læto per ver.

LXII. — Quot plostra habere oporteat.

Quot juga boverum, mulorum, asinorum habebis, totidem plostra esse oportet.

LXIII. — Funem quam longum esse oporteat.

Funem torculum esse oportet extentum. P. EV. Funem loreum in plostrum P. LX. lorea retinacula longa P. XXVI. subjugia in plostrum P. XVIII. funiculum P. XV. in aratrum subjugia lorum P. XVI. funiculum P. VIII.

LXIV. — De olea legenda.

Olea ubi matura erit, quam primum cogi oportet, quam minimum in terra et in tabulato esse oportet. In terra et in tabulato putescit. Leguli volunt, uti olea caduca quam plurima sit, quo plus legatur. Factores, ut in tabulato diu

pressureurs souhaitent qu'elles séjournent longtemps sur le plancher, afin qu'elles blétissent et s'expriment avec plus de facilité. Ne croyez pas que l'olive prenne de l'accroissement sur le plancher. Plus vous mettrez de promptitude dans le travail, mieux vous vous en trouverez, soit pour la quantité, soit pour la qualité de l'huile que vous obtiendrez du même nombre de boisseaux d'olives récoltées. L'olive qui a séjourné longtemps sur la terre ou sur le plancher donne une huile moins abondante et moins délicate. Transvasez l'huile deux fois par jour, si vous le pouvez ; car l'huile qui demeure longtemps en contact avec les marcs et les lies devient très-mauvaise.

LXV. — Manière de faire l'huile verte.

On ne laisse l'olive que le moins de temps possible sur la terre. Si elle est sale, lavez-la, séparez-la des feuilles et des impuretés ; travaillez-la le surlendemain ou le troisième jour. Cueillez l'olive dès qu'elle est noire. L'huile sera d'autant plus estimée que l'olive sera plus acerbe : néanmoins le propriétaire trouvera un très-grand avantage à ne travailler que des fruits bien mûrs. Si lors de la récolte les olives sont frappées par la gelée, il ne faut les pressurer que le troisième ou le quatrième jour. Si vous le jugez convenable, vous les saupoudrerez de sel. Ayez soin que les celliers et les pressoirs soient portés à une chaleur très-élevée.

LXVI. — Devoirs du surveillant et du livreur.

Il aura un œil vigilant sur le pressoir et sur le cellier. Autant que possible il n'y laissera pénétrer aucun étranger. Il fera apporter dans toutes les manipulations la plus sévère propreté et les soins les plus minutieux ; il aura soin qu'on ne se serve que de vases en cuivre, et que les noyaux n'entrent pas dans la composition de l'huile ; s'il en était autrement, l'huile aurait une saveur désagréable. Revêtez de plomb la fosse où doit couler l'huile. Aussitôt que les pressureurs ont donné une pression avec le levier, le sommelier saisit son bassin, et enlève l'huile rapidement et soigneusement, et sans interruption. Qu'il prenne garde de ne pas enlever l'amourque. On déposera d'abord l'huile dans une cuve, puis dans une jatte. On sortira toujours de ces vases les lies et l'amourque. Sitôt que l'huile sera sortie de la fosse, on enlèvera tous les dépôts.

LXVII. — Devoirs du surveillant au pressoir.

Les ouvriers occupés au pressoir tiendront toujours leurs vases propres, et s'efforceront de bien pressurer les olives jusqu'à ce qu'elles soient épuisées. Ils ne devront pas charpenter de bois dans le pressoir, mais enlever souvent l'huile fabriquée. Pour chaque pain pressuré on donnera aux ouvriers un setier d'huile, et de plus ce qui est nécessaire pour alimenter la lampe. Tous les jours on emportera les lies, et on enlèvera l'amourque qui s'est déposée jusqu'à ce que l'huile ait été transvasée dans la dernière tonne qui se trouve dans le cellier. On passera l'éponge dans les cabacs. Tous les jours on transvasera l'huile jusqu'à ce qu'elle soit entonnée. On surveillera sévèrement au pressoir et au cellier, afin qu'on ne dérobe aucune portion d'huile fabriquée.

LXVIII. — Suspendre les ustensiles employés à la fabrication de l'huile et du vin.

Après la récolte du vin et de l'olive, relevez les arbres des pressoirs, serrez dans le garde-man-

---

sit, ut fracida sit, quo facilius efficiant. Nolito credere oleum in tabulato posse crescere. Quam citissime conficies, tam maxime expediet, et totidem modiis collectæ plus olei efficient, et melius. Olea quæ diu fuerit in terra, aut in tabulato, inde olei minus fiet et deterius. Oleum si poteris, bis in die depleto. Nam oleum quam diutissime in amurca et in fracibus erit, tam deterrimum erit.

LXV. — Oleum viride quomodo fiat.

Oleum viride sic facito : Oleam quam primum ex terra tollito. Si inquinata erit, lavito, a foliis et stercore purgato. Postridie aut post diem tertium, quam lecta erit, facito. Oleum ubi nigra erit, stringito. Quam acerbissima olea oleum facies, tam oleum optimum erit. Domino de matura olea oleum fieri maxime expediet. Si gelicidia erunt, cum oleam coges, triduum, aut quatriduum post oleum facito. Eam oleam, si voles, sale inspergito. Quam calidissimum torcularium et cellam habeto.

LXVI. — Custodis et capulatoris officia.

Custodis et capulatoris officia. Servet diligenter cellam et torcularium. Caveat quam minimum in torcularium et in cellam introeatur. Quam mundissime purissimeque fiat, vase aheneo, neque nucleis ad oleum ne utatur. Nam si utetur, oleum male sapiet. Cortinam plumbeam in lacum ponito, quo oleum fluat. Ubi factores vectibus prement, continuo capulator concha oleum, quam diligentissime poteris, tollat nec cesset. Amurcam caveat ne tollat. Oleum in labrum primum indito. Inde in alterum dolium indito. De iis labris fraces amurcamque semper subtrahito. Cum oleum sustuleris de cortina, amurcam dehorito.

LXVII. — Custodis in torculari officia.

Qui in torculario erunt, vasa pura habeant, curentque uti olea bene perficiatur, beneque siccetur. Ligna in torculario ne cadant. Oleum frequenter capiant. Factoribus det in singulos factus, olei sextarios, et in lucernam quod opus siet. Fraces quotidie rejiciat. Amurcam commutet usque adeo, donec in lacum, qui in cella est, postremum pervenerit. Fiscinas spongia effingat. Quotidie oleo lacum commutet, donec in dolium pervenerit. In torculario et in cella caveat diligenter, ne quid olei surripiatur.

LXVIII. — Vasa olearia et vinaria extollere.

Ubi vindemia et oleitas facta erit, prela extollito, funes torculos, medipontos, subductarios in carnario, aut in

ger ou sur les arbres eux-mêmes, les câbles et les cordages; remettez à leur place les poulies, les aiguilles, les leviers, les rouleaux de bois, les cabacs, les paniers, les corbeilles, les pressoirs, les échelles, et toutes les barres qu'on aura employées.

LXIX. — Manière d'enduire les futailles.

Laissez-les pendant sept jours remplies d'amurque, mouillez tous les jours, soutirez ensuite l'amurque, et laissez sécher les futailles. Lorsqu'elles seront asséchées, enduisez-les avec une dissolution de gomme préparée deux jours auparavant. Chauffez les futailles un peu moins que pour les enduire de poix; de légers copeaux suffiront. Lorsqu'elles seront modérément échauffées, on les aspergera d'eau de gomme et on frictionnera. Quatre livres de gomme suffiront pour un fût de cinquante setiers, si l'on a soin de bien frotter.

LXX. — Recette contre les maladies des bœufs.

Si vous redoutez l'invasion d'une maladie, administrez-leur une potion formée de trois grains de sel, de trois feuilles de laurier, de trois feuilles de poireaux, trois gouttes de rocamboles, trois d'ail, trois grains d'encens, trois tiges de sabine, trois feuilles de rue, trois tiges de bryonne, trois fèves blanches, trois charbons ardents et trois setiers de vin. On se tiendra debout pendant qu'on récoltera, qu'on broiera et qu'on administrera cette potion; on devra aussi être à jeun. On la fera avaler à chaque bœuf pendant trois jours en trois fois, et on aura soin de fractionner la dose de manière qu'il ne reste plus rien après en avoir administré trois fois à chacun. Recommandez que le bœuf qu'on médicamente et celui qui le sert soient debout, et qu'on emploie un vase en bois.

LXXI. — Traitement des bœufs au début d'une maladie.

Si les animaux sont déjà souffrants, donnez-leur immédiatement un œuf cru de poule, qu'ils avaleront sans le briser. Le lendemain faites-leur prendre une tête d'oignon broyée dans une hémine de vin. Le bœuf et l'opérateur seront debout et à jeun pendant l'opération.

LXXII. — Manière de prévenir les fissures des sabots.

Afin que les bœufs ne dégradent point leurs sabots, enduisez de poix fluide le dessous de la corne avant qu'ils n'entreprennent quelque voyage que ce soit.

LXXIII. — Manière d'administrer les médicaments aux bœufs.

Tous les ans, aussitôt que les raisins commenceront à noircir, administrez aux bœufs un médicament qui les préserve de maladie. Quand vous verrez la dépouille d'un serpent, prenez-la et mettez-la en réserve, pour ne pas la chercher au moment du besoin. Broyez cette peau avec de la farine, du sel, et du serpolet; délayez dans du vin, et vous donnerez à boire cette potion à tous vos bœufs. Veillez à ce que pendant l'été vos bœufs reçoivent une eau salubre et limpide; leur santé est à ce prix.

LXXIV. — Recette pour faire le pain *depsiticus*.

Faites ainsi le pain depsiticus. Lavez proprement vos mains et le mortier. Mettez la farine, ajoutez-y de l'eau peu à peu, et mélangez bien le tout. Une fois la pâte faite, moulez-la, et faites cuire sous la tuile.

LXXV. — Du *libum*.

Manière de faire le pain de sacrifice. Broyez

---

prelo suspendito. Orbes, fibulas, vectes, scutulas, fiscinas, corbulas, quala, scalas, patibula, omnia, queis usus erit, in suo quidque loco reponito.

LXIX. — Dolia quomodo imbuantur.

Dolia olearia nova sic imbuito. Amurca impleto dies VII. Facito ut amurcam quotidie suppleas. Postea amurcam eximito et arfacito. Ubi arebit, cummim pridie in aquam infundito. Ea postridie diluito. Postea dolium calfacito. Minus quam si picare velis tepeat, satis est. Lenibus lignis facito calescat. Ubi temperate tepebit, tum cummim indito, postea linito. Si recte liveris, in dolium quinquagenarium cummim p. IV. satis erit.

LXX. Bubus medicamentum.

Bubus medicamentum. Si morbum metues, sanis dato salis micas III, folia laurea III, porri fibras III, ulpici spicas III, alii spicas III, thuris grana III, herbæ sabinæ plantas III, rutæ folia III, vitis albæ caules III, fabulos albos III, carbones vivos III, vini S. III Hæc omnia sublimiter legi, teri, darique oportet. Jejunus siet qui dabit. Ter triduum de ea potione unicuique bovi dato. Ita dividito, cum ter unicuique dederis, omnem absumas. Bosque ipsus, et qui dabit, facito ut uterque sublimiter stent. Vase ligneo dato.

LXXI. — Bos si ægrotare cœperit.

Bos si ægrotare cœperit, dato continuo ei unum ovum gallinaceum crudum, integrum facito devoret. Postridie caput ulpici conterito, cum hemina vini, facitoque ebibat. Sublimiter terat et vase ligneo det. Bosque ipsus, et qui dabit, sublimiter stet. Jejunus jejuno bovi dato.

LXXII. — Boves ne pedes subterant.

Boves ne pedes subterant, priusquam in viam quoquam ages, pice liquida cornua infima unguito.

LXXIII. — Quomodo bubus medicamentum detur.

Ubi uvæ variæ cœperint fieri, bubus medicamentum dato quotannis, uti valeant. Pellem anguinam ubi videris, tollito et condito, ne quæras cum opus siet. Eam pellem, et far, et salem, et serpullum, hæc omnia una conterito, cum vino dato bubus bibant omnibus. Per æstatem boves aquam bonam et liquidam bibant semper curato. Ut valeant refert.

LXXIV. — Panem depsiticum sic facito.

Panem depsiticum sic facito. Manus, mortariumque bene lavato. Farinam in mortarium indito, aquæ paulatim addito, subigitoque pulchre. Ubi bene subegeris, defingito, coquitoque sub testu.

bien deux livres de fromage dans le mortier ; quand il y sera, mêlez-y une livre de farine de froment, ou seulement une demi-livre de fleur de farine, si vous le désirez moins compact, et incorporez le tout avec soin. Moulez vos pains, placez-les sur des feuilles, et laissez les cuire lentement sous la tuile et sur une plaque chaude.

LXXVI. — De la *placenta*.

Prenez deux livres de farine de seigle pour faire l'assise des boulettes, et quatre livres de gruaux de première sorte que vous faites macérer dans l'eau. Aussitôt qu'ils se seront amollis, placez-les dans un pétrin bien propre, et laissez-les se ressuyer. Pétrissez ensuite à la main. Quand vous les aurez bien travaillés, ajoutez-y peu à peu quatre livres de farine, et faites vos boulettes avec le mélange. On les arrange dans une corbeille pour les faire sécher, et on polit les contours aussitôt qu'elles sont ressuyées ; ce travail se fait sur chaque bol en particulier. Cette besogne terminée, effleurez et frottez avec une étoffe imbibée d'huile toute la surface des boulettes et l'assise où elles seront placées. Chauffez le foyer et le surtout qui serviront à la cuisson. Humectez ensuite et mélangez les deux livres de farine de seigle, qui serviront à faire l'assise, après les avoir mêlées à quatorze livres de fromage de brebis. Il faut que ce fromage ne soit ni acide, ni vieux. Laissez macérer le mélange, et changez-le trois fois dans de nouvelle eau. Retirez-le ensuite, et exprimez-en l'eau avec vos mains ; et une fois bien égoutté, placez-le dans un pétrin bien propre, sans laisser de grumeaux. Prenez ensuite un tamis à farine, et tamisez le fromage sur le pétrin. Ajoutez quatre livres de miel fin,

et incorporez-le soigneusement avec le fromage. Placez sur une table propre, d'un pied carré, le pavé de la placenta, que vous aromatiserez avec des feuilles de laurier trempées dans l'huile. Placez un premier lit de boulettes sur tout le fond du pavé, et saupoudrez-les avec le mélange de miel et de fromage que vous prendrez dans le pétrin ; ajoutez une seconde couche de boulettes que vous saupoudrerez avec ce qui vous restera de miel et de fromage mélangés. Mettez encore une rangée de boulettes sur le rebord que vous replierez ensuite vers l'intérieur, et préparez le foyer. Aussitôt qu'il a acquis une chaleur modérée, placez-y votre placenta, couvrez d'un couvercle chaud sur lequel vous mettrez de la braise, ainsi que tout autour. Prenez votre temps pour opérer la cuisson ; soulevez deux ou trois fois le couvercle, pour voir comment elle marche ; aussitôt qu'elle sera à son terme, enlevez la placenta, enduisez-la de miel : telle est la placenta d'un sémodius.

LXXVII. — De la *spira*.

Disposez tout dans les mêmes proportions que pour la placenta, si ce n'est que vous rangez autrement les boulettes sur l'assise : enduisez-les bien de miel ; tressez-les ensuite comme une corde que vous placez sur l'assise, en mettant soigneusement des boulettes simples dans les interstices. Dans tout le reste agissez et cuisez comme pour la placenta.

LXXVIII. — De la *scriblita*.

On met sur le moule les boulettes qu'on saupoudre de fromage, comme une placenta faite sans miel.

LXXV. — Libum hoc modo facito.

Libum hoc modo facito. Casei P. II. bene disterat in mortario. Ubi bene distriverit, farinæ siligineæ libram, aut si voles tenerius esse, selibram similaginis solum eodem indito, permiscetoque cum caseo bene. Ovum I. addito, et una permisceto bene. Inde panem facito. Folia subdito. In foco caldo sub testu coquito leniter.

LXXVI. — Placentam sic facito.

Placentam sic facito. Farinæ siligineæ L. II. unde solum facias, in tractal facinæ L. IV. et alicæ primæ L. II. alicam in aquam infundito. Ubi bene mollis erit, in mortarium purum indito, siccatoque bene. Deinde manibus depsito. Ubi bene subactum erit, farinæ L. IV. paulatim addito. Id utrunque tracta facito. In qualo, ubi arescant, componito. Ubi arebunt, componito puriter. Tum facies in singula tracta. Ubi depsueris, panno oleo uncto tangito, et circumtergeto, unguitoque, ubi tracta erunt, focum, ubi coquas ; calfacito bene et testum. Postea farinæ L. II. conspergito, condepsitoque. Inde facito farinæ tenue. Casei ovilli P. XIV. ne acidum siet et bene recens, in aquam indito. Ibi macerato, aquam ter mutato. Inde eximito, siccatoque bene paulatim [manibus,] siccum bene in mortarium imponito. Ubi omne caseum bene siccaveris, in mortarium purum manibus condepsito, comminuitoque quam maxime. Deinde cribrum farinarium purum sumito,

caseumque per cribrum facito transeat in mortarium. Postea indito mellis boni P. IV. S. id una bene commisceto cum caseo. Postea in tabula pura, quæ pateat P. I. ibi balteum ponito, folia laurea uncta supponito, placentam fingito. Tracta singula in totum solum primum ponito, deinde de mortario tracta linito, tracta addito singulatim, item linito usque adeo, donec omne caseum cum melle adusus eris. In summum tracta singula indito, postea solum contrahito ornatoque focum. * De ve primo, temperatoque, tunc placentam imponito testo caldo, operito pruna insuper, et circum operito. Videto ut bene, et otiose percoquas. Aperito, dum inspicias, bis aut ter. Ubi cocta erit, eximito, et melle unguito : hæc erit placenta semodialis.

LXXVII. — Spiram sic facito.

Spiram sic facito. Quantum voles pro ratione, ita uti placenta fit, eadem omnia facito, nisi alio modo fingito in solo tracta. Cum melle oblinito bene. Inde tamquam restim tractes facito, ita imponito in solo, dein plicis completo bene arcte. Cætera omnia quasi placentam facias, facito, coquitoque.

LXXVIII. — Scriblitam sic facito.

Scriblitam sic facito. In balteo tracta ex caseo, ad eundem modum facito, uti placentam sine melle.

LXXIX. — Des boulettes.

Mélangez pareillement du fromage avec du gruau ; faites-en autant de beignets que vous jugerez à propos. Versez de l'huile dans une chaudière bien chaude ; ne cuisez à la fois qu'un ou deux beignets : retournez-les fréquemment avec deux baguettes ; lorsqu'ils sont cuits, retirez-les et enduisez-les de miel, saupoudrez-les de pavots et servez ainsi.

LXXX. — De l'encytus.

Faites l'encytus de la même manière que les beignets, si ce n'est que vous vous servez d'un vase creux et percé ; vous mettez également dans de l'huile chaude, et vous donnez une forme élégante. Retournez-le à différentes reprises avec deux baguettes, frottez-le d'huile, dorez-le ; et quand il ne sera plus trop chaud, servez-le avec du miel ou du vin miellé.

LXXXI. — De l'ernéum.

L'ernéum se fait comme la placenta, et avec les mêmes ingrédients. Après les avoir bien mêlés dans une auge, on les introduit dans le moule de terre appelé hirnéa, qu'on plonge dans une marmite en cuivre remplie d'eau chaude. On fait cuire à la flamme. Après la cuisson on brise l'hirnéa, et on sert.

LXXXII. — De la poule.

Faites la *spærita* comme la *spira*, si ce n'est que vous n'employez ni fromage ni miel, et que les boulettes sont grosses comme le poing. Placez-les sur l'assise, aussi épaisse que pour la spire, et faites cuire de même.

LXXXIII. — Prière pour les bœufs.

Manière de faire des vœux pour la santé des bœufs. Au milieu du jour transportez-vous dans une forêt, offrez à Mars Silvanus pour chacun de vos bœufs trois livres de farine de froment, quatre livres et demi de lard, quatre livres et demi de viandes succulentes, et trois setiers de vin. Vous ferez déposer le vin dans un vase, et les autres offrandes dans un autre. Peu importe que cette besogne soit faite par un esclave ou par un homme libre. La cérémonie terminée, vous consommerez l'offrande sur le lieu même. Écartez du lieu du sacrifice la présence et les regards des femmes. Vous pourrez faire cette offrande une fois tous les ans, si vous le jugez à propos.

LXXXIV. — Du savillum.

Manière de le faire. Mélangez exactement une demi-livre de farine, deux livres et demi de fromages, trois onces de miel, comme pour le libum, et ajoutez un œuf. Frottez d'huile un plat de terre, dans lequel vous déposerez tous vos ingrédients préalablement mélangés. Fermez le vase avec son couvercle, et tâchez que la cuisson pénètre jusqu'au centre du gâteau ; c'est là qu'il a le plus d'épaisseur. Aussitôt qu'il est cuit retirez-le du plat, enduisez-le d'huile, saupoudrez-le de pavots, remettez-le quelque temps sous le couvercle ; retirez-le sur le plat avec des cuillers.

LXXXV. — Potage à la carthaginoise.

Sa cuisson. Faites bien digérer dans l'eau une livre de gruau, placez-le ensuite dans une auge

LXXIX. — Globos sic facito.

Globos sic facito. Caseum cum alica ad eundem modum misceto. Inde quantos voles facere facito. In ahenum caldum unguen indito. Singulos aut binos coquito, versatoque crebro duabus rudibus ; coctos eximito. Eos melle unguito, papaver infriato, ita ponito.

LXXX. — Encytum uti facias.

Encytum ad eundem modum facito, uti globos, nisi calicem pertusum cavum habeas. Ita in unguen caldum fundito. Hoc in restim quasi spiram facito. Idque duabus rudibus vorsato, præstatoque. Item unguito, coloratoque, caldum ne nimium. Id cum melle, aut cum mulso apponito.

LXXXI. — Erneum sic facito.

Erneum tanquam placentam facito, eadem omnia indito quæ in placentam. Id permisceto in alveo. Indito in hirneam fictilem, eam demittito in aulam aheneam aquæ calidæ plenam. Ita coquito ad ignem. Ubi coctum erit, hirneam confringito, ita ponito.

LXXXII. — Spæritam quomodo facies.

Spæritam sic facito, ita uti spiram, nisi sic fingito. De fractis, caseo, melle, sphæras pugnum altas facito. Eas in solo componito, densas eodem modo componito atque spiram, itemque coquito.

LXXXIII. — Votum pro bubus.

Votum pro bubus, ut valeant, sic facito. Marti Silvano in silva interdius, in capita singula boum votum facito farris adorei libras III. et lardi P. IV. S. et pulpæ P. IV. S. vini sextarios tres. Id in unum vas liceto conjicere, et vinum item in unum vas liceto conjicere. Eam rem divinam vel servus, vel liber licebit faciat. Ubi res divina facta erit, statim ibidem consumito. Mulier ad eam rem divinam ne adsit, neve videat quomodo fiat. Hoc votum in annos singulos, si voles, licebit vovere.

LXXXIV. — Savillum sic facito.

Savillum hoc modo facito. Farinæ selibram, cæsei P. II. S. una commisceto quasi libum, mellis. P $\overline{-}$ — et ovum unum Catinum fictile oleo unguito. Ubi omnia bene commiscueris in catinum, indito catinum testo, operito. Videto ut bene percoquas medium, ubi altissimum est. Ubi coctum erit, catinum eximito, melle unguito, papaver infriato, sub testum subde paulisper, postea eximito. Ita pone cum catillo, et lingulis.

LXXXV. — Pultem Punicam sic facito.

Pultem Punicam sic coquito. Libram alicæ in aquam indito, facito uti bene madeat. Id infundito in alveum purum, eo casei recentis P. III. mellis. P. S. ovum unum,

propre, incorporez-y trois livres de fromage nouveau, une demi-livre de miel, et faites cuire dans une marmite neuve.

LXXXVI. — Bouillie de froment.

Manière de la préparer. On met une demi-livre de pur froment dans un mortier propre, on le lave bien, on en détache l'écorce, et on le tamise; après l'avoir mis dans une marmite, on le fait cuire dans de l'eau pure. Après la cuisson on y ajoute du lait peu, à peu jusqu'à ce qu'il s'y forme une crème épaisse.

LXXXVII. — Amyllum.

Manière de le préparer. Nettoyez votre seigle, mettez-le dans un cuvier, et ajoutez-y de l'eau deux fois par jour. Décantez dix jours après; et quand le grain sera gonflé, broyez-le dans un cuvier propre, et laissez-le déposer comme des lies. Placez le dépôt dans un linge, exprimez-en la fécule dans une casserole neuve, ou dans un pétrin. Opérez de même sur la totalité, et faites macérer dans l'eau ce nouveau produit. Exposez la casserole au soleil, afin de faire sécher la fécule. Après la dessiccation on la serre dans un second cuvier, et on la fait cuire avec du lait.

LXXXVIII. — Blanchiment du sel.

Remplissez d'eau pure une amphore dont le goulot soit cassé, et exposez-le au soleil; suspendez-y un sachet de sel commun, que vous aurez soin d'agiter et de remplacer à mesure qu'il se fondra. Répétez cette opération plusieurs fois par jour, jusqu'à ce que pendant deux jours le sel refuse de se fondre. Vous reconnaîtrez le point de saturation à ce signe. Si vous projetez dans l'eau un *mœna* sec ou un œuf, et qu'il surnage, vous obtiendrez une saumure convenable pour assaisonner la viande, le fromage et la marée. Cette saumure placée dans des plats demeurera exposée au soleil, jusqu'à ce qu'elle se solidifie et donne la fleur de sel. Quand le ciel se couvrira de nuages et pendant la nuit vous mettrez les vases à couvert; vous ne les abandonnerez à l'air que lorsque le soleil luira.

LXXXIX. — Engraissement des poules et des oies.

On enferme les jeunes poules qui commencent à pondre, et on leur prépare une pâtée de folle farine ou de farine d'orge. On en fera des boulettes, qu'on trempera dans l'eau avant de les leur glisser dans le gosier. Tous les jours on augmentera la dose, et leur ration n'aura d'autre limite que leur appétit. On les servira deux fois par jour, et à midi on leur donnera à boire en ne laissant l'eau à leur disposition que pendant une heure. On engraissera les oies de la même manière, si ce n'est qu'avant tout on les fera boire, et que tous les jours on leur servira deux fois de la boisson et de la nourriture.

XC. — Engraissement des pigeonneaux.

Aussitôt que vous aurez pris un jeune ramier, donnez-lui des fèves torréfiées par la cuisson; insufflez-lui de l'eau dans le bec, et cela pendant sept jours. Triturez ensuite des fèves et du froment, et faites bouillir en mettant les fèves dans la proportion d'un tiers. Lorsque la farine est dans le vase, manipulez-la et faites-la cuire proprement. La cuisson achevée, travaillez la pâte après avoir trempé vos mains dans l'huile. Au commencement vous pétrirez grossièrement, et vous ferez ensuite une pâte plus homogène en trempant toujours vos mains dans l'huile, jusqu'à ce que vous puissiez faire des boulettes. Vous

omnia una permisceto bene. Ita insipito in aulam novam.

LXXXVI. — Graneam triticeam sic facito.

Graneam triticeam sic facito. Selibram tritici puri in mortarium purum indat, lavet bene, corticemque deterat bene, eluatque bene. Postea in aulam indat, et aquam puram, coquatque. Ubi coctum erit, lacte addat paulatim usque adeo, donec cremor crassus erit factus.

LXXXVII. — Amyllum sic facito.

Amyllum sic facito. Siliginem purgato bene, postea in alveum indat, eo addat aquam bis in die. Die decimo aquam exsiccato, exurgeto bene, in alveo puro misceto bene, facito tanquam fæx fiat. Id in linteum novum indito, exprimito cremorem in patinam novam, aut in mortarium. Id omne ita facito, et refricato denuo. Eam patinam in sole ponito, arescat. Ubi arebit, in aulam novam indito, inde facito cum lacte coquat.

LXXXVIII. — Salem candidum sic facito.

Salem candidum sic facito. Amphoram defracto collo puram impleto aquæ puræ, in sole ponito : ibi fiscellam cum sale populari suspendito, et quassato, suppletoque identidem. Id aliquoties in die [quotidie] facito, usque adeo donec sal desiverit tabescere biduum. Id signi erit, mænam aridam, vel ovum demittito : si natabit, ea muries erit, qua vel carnem, vel caseos, vel salsamenta condias. Eam muriam in labella, vel in patinas in sole ponito. Usque adeo in sole habeto, donec concreverit. Inde flos salis fiet. Ubi nubilabitur, et noctu sub tecto ponito. Quotidie, cum sol erit, in sole ponito.

LXXXIX. — Gallinas et anseres sic farcito.

Gallinas et anseres sic farcito. Gallinas teneras, quæ primum parient, concludat, polline, vel farina ordeacea conspersa turundas faciat. Eas in aquam intinguat, in os indat. Paulatim quotidie addat. Ex gula consideret, quod satis siet. Bis in die farciat, et meridie bibere dato, nec plus aqua sita siet horam unam. Eodem modo anserem alito, nisi prius dato bibere, et bis in die, bis escam.

XC. — Palumbum recentem sic farcito.

Palumbum recentem sic farcito. Uti prensus erit, ei fabam coctam tostam primum dato. Ex ore in ejus os inflato item aquam. Hoc dies vii. facito. Postea fabam fresam puram, et far purum facito, et fabæ tertia pars ut infervescat. Cum far insipiat, puriter facito, et coquito bene. Id ubi excoxeris depsito bene, oleo manum unguito. Primum pusillum, postea magis depses, oleo tangito depsitoque, dum poteris facere turundas, ex aqua dato, escam temperato.

donnez de l'eau et de la nourriture sans la prodiguer.

XCI. — Construction de l'aire.

Bêchez la place destinée à l'aire, arrosez-la d'amurque jusqu'à saturation. Ensuite pulvérisez les mottes; nivelez et frappez avec la batte. Arrosez encore d'amurque, et laissez sécher. Avec ces précautions vous n'avez à redouter ni les ravages des fourmis ni l'envahissement des herbes.

XCII. — Préservatif contre le charançon.

Pour prévenir les attaques du charançon et les dégats des campagnols, faites un lut avec de l'amurque et de la paille hachée, que vous laissez détremper et que vous gâchez convenablement : vous en étendez une couche épaisse sur tout le grenier, vous ajoutez par-dessus une couche d'amurque. Lorsque le lut sera sec, vous pourrez déposer dans votre grenier du froment non échauffé sans avoir à redouter le charançon.

XCIII. — Traitement des oliviers stériles.

Déchaussez les oliviers stériles et entourez-les de paille. Arrosez ensuite le pied de l'arbre avec un mélange composé de parties égales d'eau et d'amurque. Une urne suffit aux plus grands arbres; on proportionne la dose aux plus petits. Cette opération augmente encore le produit des arbres qui ne sont pas stériles, mais il ne faut pas les envelopper de paille.

XCIV. — Traitement du figuier qui ne tient pas ses fruits.

Opérez de même sur les figuiers afin que leur fruits ne tombent pas prématurément; de plus à l'approche du printemps battez leurs pieds. Avec cette précaution les figues tiendront, les arbres ne se couvriront point de chancres et seront beaucoup plus productifs.

XCV. — Moyen d'éloigner le ver coquin de la vigne.

Pour soustraire la vigne aux ravages du ver coquin, laissez déposer les fèces de l'amurque, mettez-en deux conges dans un vase d'airain, et faites cuire à une douce chaleur, en remuant avec une spatule jusqu'à la consistance du miel. Pulvérisez ensuite séparément dans un mortier un tiers de bitume et un quart de soufre, et pendant que l'amurque est chaude encore, versez-y cette poudre par petites portions; remuez avec la spatule, et faites cuire derechef en plein air; car dans un appartement le mélange s'enflammerait au moment où l'on ajouterait le soufre et le bitume. Laissez refroidir dès que la préparation a acquis la consistance de la glu. Étendez une couche du mélange sur le cep et sous les branches, et le vercoquin ne paraîtra pas.

XCVI. — Préservatif contre la gale des moutons.

Le meilleur préservatif contre la gale des moutons consiste à prendre et épurer de l'amurque, qu'on mélange avec des lies de bon vin et de l'eau dans laquelle on a fait macérer des graines de lupin. Après la tonte on enduit de cette composition tout le corps des moutons, qu'on tient ensuite en moiteur pendant deux ou trois jours. Lavez-les ensuite dans de l'eau de mer, ou si vous n'en avez pas à proximité, employez de l'eau tenant du sel en dissolution. Ce traitement prévient non-seulement la gale, mais il favorise en-

XCI. — Aream sic facito.

Aream sic facito. Locum ubi facies confodito, postea amurca conspergito bene, sinitoque combibat. Postea comminuito glebas bene. Deinde coæquato, et paviculis verberato. Postea denuo amurca conspergito, sinitoque arescat. Si ita feceris, neque formicæ nocebunt, neque herbæ nascentur.

XCII. — Frumento ne noceat curculio.

Frumento ne noceat curculio, neu mures tangant, lutum de amurca facito, palearum paulum addito, sinito macerescant bene, et subigito bene, eo granarium totum oblinito crasso luto, postea conspergito amurca omne quod lutaveris. Ubi aruerit, eo frumentum refrigeratum condito, curculio non nocebit.

XCIII. — Olea si fructum non ferat.

Olea si fructum non feret, ablaqueato. Postea stramenta circumponito. Postea amurcam cum aqua commisceto æquas partes. Deinde ad oleam circumfundito, ad arborem maximam amphoram unam commixti sat est. Ad minores arbores pro ratione indito. Et idem hoc si facies ad arbores feraces, eæ quoque meliores fient. Ad eas stramenta ne addideris.

XCIV. — Fici uti grossos teneant.

Fici uti grossos teneant, facito omnia, quo modo oleæ, et hoc amplius. Cum ver adpetet, terram adaggerato bene. Si ita feceris, et grossi non cadent, et fici scabræ non fient, et multo feraciores erunt.

XCV. — Convolvulus in vinea ne fiat.

Convolvulus in vinea ne siet, amurcam condito, puram bene facito, in vas ahenum indito congios II. Postea igni leni coquito, rudicula agitato crebro usque adeo, dum fiat tam crassum, quam mel. Postea sumito bituminis tertiarium, et sulfuris quartarium. Conterito in mortario seorsum utrumque. Postea infriato quam minutissime in amurcam caldam, et simul rudicula misceto, et denuo coquito sub dio. Nam si in tecto coquas, cum bitumen et sulfur additum est, excandescet. Ubi erit tam crassum, quam viscum, sinito frigescat. Hoc vitem circum caput, et sub brachia unguito, convolvulus non nascetur.

XCVI. — Oves ne scabræ fiant.

Oves ne scabræ fiant, amurcam condito, puram bene facito, aquam, ubi lupinus deferverit, et fæcem de vino bono inter se omnia commisceto pariter. Postea cum detonderis, unguito totas, sinito biduum aut triduum consudent. Deinde lavito in mari : si aquam marinam non habebis, facito aquam salsam, ea lavito. Si hæc sic feceris, neque scabræ fient, et lanam plus, et meliorem habebunt, et ricini non erunt molesti. Eodem in omnes quadrupedes utito, si scabræ erunt.

core la production d'une laine plus abondante et meilleure, et empêche les piqûres des tiques. Employez également le remède contre la gale de tous les quadrupèdes.

XCVII. — Application de l'amurque.

Frottez d'amurque bouillie les essieux, les courroies, les souliers et les cuirs, vous en augmenterez la durée.

XCVIII. — Recette contre la teigne des habits.

Les artisons ne rongeront point les vêtements que vous serrerez dans un buffet dont l'intérieur, les pieds, le fond et les coins auront été frottés d'amurque réduite à moitié de son volume par la cuisson. Lorsque cet enduit sera sec, mettez vos habits dans le buffet : les artisons ne s'en approcheront point. Si vous enduisez de cette manière tous vos meubles en bois, ils seront préservés de la pourriture, et ils deviendront brillants quand vous les nettoierez. Donnez aussi une couche à votre vaisselle d'airain après l'avoir nettoyée. Une fois qu'elle sera enduite, frottez-la de nouveau avant de vous en servir; elle deviendra brillante, et la rouille n'en ternira point l'éclat.

XCIX. — Conservation des figues sèches.

On conserve saines les figues sèches qu'on met dans un vase en terre dont on a enduit les parois intérieurs d'amurque bouillie.

C. — Précaution pour remplir une jatte d'huile.

Quand vous voudrez emplir d'huile une jatte nouvelle, lavez-la soigneusement auparavant avec de l'amurque non épurée ; remuez jusqu'à ce qu'elle soit bien imbibée. Par ce moyen l'huile n'est pas absorbée par le vase, elle devient plus délicate, et ce vase lui-même est moins fragile.

CI. — Conservation des branches de myrte et autres.

Pour conserver des branches de myrte avec leurs baies, des rameaux de figuiers avec leurs fruits, ou telle autre espèce de fruit qu'il vous plaira, rassemblez et liez-les en petits paquets, que vous plongerez dans l'amurque de manière que celle-ci déborde. Vous prendrez un peu sur le vert les fruits que vous voudrez ainsi conserver. Fermez hermétiquement le vase qui les contient.

CII. — Détruire les effets de la morsure des serpents sur les bœufs et autres animaux.

Quand un bœuf ou un autre quadrupède a été mordu par un serpent, prenez un verre de cette semence de cumin que les médecins nomment *smyrneum*, et broyez-la dans une hémine de bon vin. Injectez-la par les narines, et appliquez sur la morsure de la fiente de porc. Employez le même remède pour l'homme, si le même cas arrive.

CIII. — Hygiène des bœufs.

Aspergez d'amurque la nourriture des bœufs que vous désirez voir frais et vigoureux, et de ceux qui refusent de manger, afin de réveiller leur appétit. Pour qu'ils s'y accoutument vous en donnerez peu d'abord, et vous augmenterez graduellement la dose. Plus rarement chaque cinquième ou sixième jour vous en mettrez dans leur boisson, composée de parties égales d'eau et d'amurque. Ce traitement maintiendra vos bœufs en meilleur état, et à l'abri des maladies.

CIV. — Vin des gens pour l'hiver.

Mettez dans une futaille dix quadrantals de vin doux, et deux quadrantals de fort vinaigre. Versez-y également deux quadrantals de vin cuit,

XCVII. — Amurcæ unguentum.

Amurca decocta axem unguito, et lora, et calciamenta, et coria : omnia meliora facies.

XCVIII. — Vestimenta ne tineæ tangant.

Vestimenta ne tineæ tangant, amurcam decoquito ad dimidium; ea unguito fundum arcæ, et extrinsecus, et pedes, et angulos. Ubi ea aduerit, vestimenta condito. Si ita feceris, tineæ non nocebunt. Et item ligneam suppellectilem omnem si ungues, non putescet : et cum ea terseris, splendidior fiet. Item ahenea omnia unguito, sed prius extergeto bene. Postea cum unxeris, cum, uti voles, extergeto, spendidior erit, et ærugo non erit molesta.

XCIX. — Fici aridæ ut integræ sint.

Fici aridæ si voles ut integræ sint, in vas fictile condito. Id amurca decocta unguito.

C. — Oleum sic in metretam indes.

Oleum sic in metretam novam inditurus eris : amurca ita uti est cruda prius colluito, oppilato ; agitatoque diu, ut bene combibat. Id si feceris, metreta oleum non bibet, et oleum melius faciet, et ipsa metreta firmior erit.

CI. — Virgas myrteas uti serves; item aliud genus.

Virgas murteas si voles cum bacis servare, (et) item aliud genus quod vis, et si ramulos ficulneos voles cum foliis, inter se alligato, fasciculos facito, eos in amurcam demittito, supra stet amurca facito. Sed ea quæ demissurus eris, sumito paulo acerbiora. Vas, quo condideris, oblinito plane.

CII. — Si bovem aliamve quadrupedem serpens momorderit.

Si bovem, aut aliam quamvis quadrupedem serpens momorderit, Melanthii acetabulum, et, quod medici vocant smyrneum, conterito in vini veteris hemina. Id per nares indito, et ad ipsum morsum stercus suillum apponito. Et idem hoc (si usus venerit) homini facito.

CIII. — Boves uti valeant.

Boves uti valeant, et curati bene sient, et qui fastidient cibum, uti magis cupide appetant, pabulum, quod dabis, amurca spargito ; primo paululum, dum consuescant, postea magis ; et dato rarenter bibere commixtam cum aqua, æquabiliter quarto quintoque die. Hoc si feceris ita, boves et corpore curatiores erunt, et morbus aberit.

CIV. — Vinum familiæ per hiemem.

Vinum familiæ per hiemem qui utatur. Musti quadrantalia x. in dolium indito, aceti acris quadrantalia ii. Eodem infundito sapæ quadrantalia duo, aquæ dulcis quadranta-

et cinquante d'eau douce. Avec un bâton brassez le mélange trois fois par jour et pendant cinq jours consécutifs. Ajoutez-y soixante-quatre setiers d'eau de mer puisée depuis quelque temps. Placez le couvercle sur le tonneau, et tenez-le fermé pendant dix jours. Ce vin se consommera jusqu'au solstice; s'il en reste après cette époque, ce sera un vinaigre très-fort et très-limpide.

CV. — Procédé pour faire du vin grec sur un terroir éloigné de la mer.

Si votre domaine est éloigné de la mer, préparez du vin grec de la manière suivante : versez vingt quadrantals de moût dans une chaudière d'airain ou de plomb, et mettez sur le feu, que vous éteindrez aussitôt que le vin bouillonnera. Après le refroidissement vous le transvaserez dans un fût de la contenance de quarante setiers. Vous ferez dissoudre dans un vase à part un boisseau de sel dans un quadrantal d'eau douce; cette saumure faite, vous l'introduirez dans le tonneau. Broyez dans un mortier du souchet odorant et du calamus, et vous en introduirez un setier dans le liquide pour l'aromatiser. Trente jours après vous placerez la bonde, et au printemps vous le mettrez dans des amphores. Après l'avoir laissé pendant deux ans exposé au soleil vous le mettrez à couvert. Ce vin rivalisera avec celui de l'île de Cos.

CVI. — Confection de l'eau de mer.

Prenez un quadrantal d'eau en pleine mer dans un endroit où l'eau douce n'a pas d'accès, ajoutez-y une demi livre de sel égrugé, agitez le mélange avec un bâton, et ne cessez que lorsqu'un œuf de poule cuit surnage. Versez dans le liquide deux conges de vin vieux, soit d'Aminée, soit de vin blanc mêlé, et brassez soigneusement le mélange. Mettez le tout dans un vase enduit de poix que vous boucherez. Quand on veut préparer une plus grande quantité d'eau de mer, on augmente les doses à proportion.

CVII. — Composition pour enduire les futailles afin qu'elles parfument et conservent le vin.

Mettez six conges de vin cuit dans une chaudière de cuivre ou de plomb. Prenez une hémine de racines d'iris en poudre et cinq livres de mélilot odorant, que vous broierez le plus exactement possible avec l'iris; tamisez et faites cuire avec le vin déjà rapproché à un feu clair de sarment. Remuez afin qu'il ne se forme pas d'empâtement. Lorsque le liquide est réduit à moitié, laissez-le refroidir, versez-le dans un vase enduit de poix et parfumé, que vous boucherez. Frottez de cette composition les bords de vos futailles.

CVIII. — Manière de déterminer si un vin sera de garde ou non.

Pour essayer si votre vin est de garde ou non, mettez dans une coupe neuve la moitié d'un acetabulum de fin gruau et un setier de vin nouveau soumis à l'essai; mettez le tout sur des charbons ardents jusqu'à ce qu'il donne deux ou trois bouillons; filtrez, et enlevez le gruau. Après avoir exposé le liquide à l'air, goûtez-le le lendemain matin. S'il paraît bon, le vin renfermé dans la futaille sera de durée; s'il est aigrelet, il ne sera pas de garde.

---

lia L. Hæc rude misceto ter in die dies V. continuos. Eo addito aquæ marinæ veteris sextarios LXIV. et operculum in dolium imponito, et oblinito dies X. Hoc sinum durabit tibi usque ad solstitium. Si quid superfuerit post solstitium, acetum acerrimum et pulcherrimum erit.

CV. — Si ager a mari longe aberit, vinum græcum sic facito.

Qui ager longe a mari aberit, ibi vinum Græcum sic facito. Musti quadrantalia XX. in ahenum, aut plumbeum infundito, ignem subdito. Ubi bullabit vinum, ignem subducito. Ubi id vinum refrixerit, in dolium quadragenarium infundito; seorsum in vas aquæ dulcis quadrantal I. infundito. Salis mod. I. sinito muriam fieri. Ubi muria facta erit, eodem in dolium infundito. Schœnum, et calamum in pila contundito, quod siet sextarium unum eodem in dolium infundito, et odoratum siet. Post dies XXX. dolium oblinito. Ad ver diffundito in amphoras. Biennium in sole sinito positum esse. Deinde in tectum conferto. Hoc vinum deterius non erit quam Coum.

CVI. — Aquæ marinæ concinnatio.

Aquæ marinæ quadrantal I. ex alto sumito, quo aqua dulcis non accedit, sesquilibram salis frigito, eodem indito, et rude misceto usque adeo, donec ovum gallinaceum coctum natabit, desinito miscere. Eodem vini veteris, vel aminei, vel miscelli albi congios II. infundito, misceto probe. Postea in vas picatum confundito, et oblinito. Si quis plus voles aquæ marinæ concinnare, pro portione ea omnia facito.

CVII. — Quomodo labra doliorum circumlinias, odorata ut sint, et ne quid vitii in vinum accedat.

Quo labra doliorum circumlinas, odorata sient, et nequid vitii in vinum accedat. Sapæ congios VI. quam optime infundito in ahenum, aut in plumbeum et iris aridæ contusæ heminam, et sertam Campanicam P. V. bene odoratam, una cum iri contundas quam minutissime, per cribrum cernas, et una cum sapa coquas sarmentis, et levi flamma. Commoveto, videto, ne aduras. Usque coquito, dum dimidium excoquas. Ubi refrixerit, confundito in vas picatum bene odoratum, et oblinito, et utito in labra doliorum.

CVIII. — Vinum si voles experiri duraturum sit, nec ne.

Vinum si voles experiri duraturum sit, nec ne, polentam grandem dimidium acetabuli in caliculum novum indito, et vini sextarium de eo vino quod voles experiri, eodem infundito, et imponito in carbones, facito bis, aut ter inferveat. Tum id percolato, polentam abjicito. Vinum ponito sub dio. Postridie mane gustato. Si id sapiet, quod in dolio est, scito duraturum. Si subacidum erit, non durabit.

CIX. — Manière de rendre doux un vin dur.

Préparez quatre livres de farine de lentille, et faites-les digérer dans quatre cyathus de vin cuit : faites ensuite des massepains, et laissez-les macérer un jour et une nuit. Jetez le tout dans votre vin en futaille, et tenez fermé pendant deux mois. Ce vin sera distingué par sa douceur et par son bouquet, autant que par sa belle coloration et son arome.

CX. — Procédé pour enlever au vin sa mauvaise odeur.

Si vous voulez enlever au vin une odeur désagréable, faites rougir au feu un fragment de tuile neuve, enduisez-le ensuite de poix, suspendez-le à une petite corde, et laissez-le seulement plonger jusqu'au fond du tonneau, que vous tiendrez bouché pendant deux jours. L'opération a très-bien réussi lorsqu'une seule fois la mauvaise odeur a disparu : si elle persiste, répétez l'opération jusqu'à ce qu'elle disparaisse totalement.

CXI. — Manière de découvrir si on a mêlé ou non de l'eau au vin.

Voulez-vous savoir si on a mêlé ou non de l'eau à votre vin? préparez un vase en bois de lierre, et emplissez-le avec le vin que vous soupçonnez avoir été sophistiqué. Quand il contient de l'eau, le vin filtre au travers des parois du vase et l'eau reste, car le bois de lierre laisse passer le vin.

CXII. — Fabrication du vin de Cos.

Si vous voulez faire du vin de Cos, prenez de l'eau de mer loin des rivages, lorsque les flots ne sont point agités, lorsqu'aucun vent ne les soulève, et dans un endroit où elle ne soit point altérée par une eau douce. Après l'avoir puisée trente jours avant la vendange, on la verse dans un tonneau sans le remplir, en laissant sur sa contenance un espace vide de cinq quadrantals. Placez la bonde, en ménageant toutefois un accès à l'air. Après un espace de trente jours, tirez au clair et transvasez doucement dans une autre futaille, en laissant au fond les matières déposées. Vingt jours après, transvasez encore l'eau de mer dans un autre tonneau où elle séjournera jusqu'à la vendange. Laissez bien mûrir sur tiges le raisin que vous destinez à la fabrication du vin de Cos. Lorsqu'une fois il aura été alternativement exposé à la pluie et à la sécheresse, récoltez-le, et exposez-le au soleil pendant deux jours, ou à l'air pendant trois jours, si le temps n'est pas pluvieux : mais s'il vient à pleuvoir, étendez-le sur des claies à l'abri, et retranchez les grappes qui pourriraient. C'est alors que dans une futaille de cinquante setiers on met dix quadrantals d'eau de mer. Égrappez à la main les graines de raisins noirs, et mettez-les dans le tonneau jusqu'à ce qu'il soit plein, afin qu'elles s'imprègnent d'eau de mer. Le tonneau rempli, vous placez la bonde sans intercepter tout à fait l'accès à l'air. Au bout de trois jours retirez les graines, foulez-les sur le pressoir, et serrez votre vin dans des futailles bien sèches, saines et propres.

CXIII. — Recette pour communiquer au vin une odeur agréable.

Pour donner au vin un arome délicat, employez le procédé suivant. Prenez une brique enduite de poix, couvrez-la de braise doucement

---

CIX. — Vinum asperum lene fieri.

Vinum asperum quod erit, lene et suave si voles facere, sic facito. De ervo farinam facito lib. IV. et vini cyathos IV. conspergito sapa. Postea facito laterculos. Sinito combibant noctem et diem. Postea commisceto cum eo vino in dolio, et oblinito dies LX. Id vinum erit lene, et suave, et bono colore, et bene odoratum.

CX. — Odorem deteriorem vino demere.

Odorem deteriorem demere vino si voles, testam de tegula crassam puram calfacito in igni bene. Ubi calebit, eam picato, resticula alligato, testam demittito in dolium intimum leniter, sinito biduum oblitum dolium : si demptus erit odor deterior, id optime; si non, sæpius facito, usque dum odorem malum dempseris.

CXI. — Si voles scire in vinum aqua addita sit, nec ne.

Si voles scire in vinum aqua addita sit, nec ne, vasculum facito de materia ederacea. Vinum id, quod putabis aquam habere, eodem mittito. Si habebit aquam, vinum effluet, aqua manebit. Nam non continet vinum vas ederaceum.

CXII. — Vinum Coum si facere voles.

Vinum Coum si voles facere, aquam ex alto marinam sumito, mari tranquillo, cum ventus non erit, dies LXX. ante vindemiam, quo aqua dulcis non perveniet. Ubi hauseris de mari, in dolium fundito, nolito implere, quadrantalibus V minus sit, quam plenum. Operculum imponito, relinquito qua interspiret. Ubi dies XXX præterierint, transfundito in alterum dolium puriter, et leviter. Reliquito in imo quod desederit. Post dies XX in alterum dolium item transfundito, ita relinquito usque ad vindemiam. Unde vinum Coum facere voles, uvas relinquito in vinea, sinito bene coquantur. Et ubi pluerit, et siccaverit, tum deligito. Et ponito in sole biduum, aut triduum sub dio, si pluviæ non erunt, si pluvia erit, in tecto in cratibus componito, et si qua acina corrupta erunt, depurgato. Tum sumito aquam marinam Q. S. S. E. in dolium quinquagenarium infundito aquæ marinæ Q. X. Tum acina de uvis miscellis decerpito de scopione, in idem dolium usque dum impleveris, manu comprimito, ut combibant aquam marinam. Ubi impleveris dolium, operculo operito, relinquito qua interspiret. Ubi triduum præterierit, eximito de dolio, calcato in torculario, et id vinum condito in dolia lauta, et pura, et sicca.

CXIII. — Ut odoratum bene sit.

Ut odoratum bene siet, sic facito : sumito testam picatam : eo prunam lenem indito, suffito serta, et schœno, et palma, quam habent unguentarii, ponito in dolio, et

chauffée, parfumez-la de mélilot, de jonc, et de cette espèce de baume que l'on trouve chez les marchands de cosmétiques. Placez-la dans un tonneau et fermez, afin que l'odeur ne disparaisse pas avant de l'emplir. Ces préliminaires terminés un jour avant le pressurage, entonnez le vin aussitôt qu'il passera du pressoir dans le bassin, couvrez la futaille pendant quinze jours, en ménageant une entrée à l'air, et placez la bonde. Quarante jours après vous transvaserez dans des amphores en ajoutant dans chacune un setier de vin cuit, et en prenant la précaution de ne l'emplir que jusqu'à l'origine des anses. Exposez vos amphores au soleil sur le sol nu, de peur que l'humidité ne s'y introduise, et abandonnez-les ainsi pendant quatre jours seulement. Après ce temps transportez et entassez-les au cellier.

CXIV. — Vin pour les maux d'estomac.

Si vous voulez obtenir un vin qui fasse un bon estomac, aussitôt après la vendange, au moment où l'on déchausse les vignes, découvrez les racines des ceps en nombre suffisant pour faire la quantité de vin que vous jugez nécessaire, et faites-leur une marque. Isolez et débarbez les racines. Répandez au pourtour du cep de la racine d'ellébore, que vous aurez préalablement broyée dans un mortier. Répandez-y également du fumier fait, de la cendre vieille et deux parties de terre, et réchaussez. Récoltez à part les raisins de ces ceps. Ce vin conservé pendant longtemps est laxatif, pourvu qu'on ne le mélange pas à l'autre. Buvez avant vos repas un verre de ce vin trempé d'eau : il vous relâchera sans suite fâcheuse.

CXV. — Vin contre les obstructions.

Introduisez encore dans une amphore de vin doux une poignée d'ellébore noire que vous retirez du vase après la fermentation ; gardez ce vin pour rendre l'estomac plus libre. Si vous désirez préparer un vin purgatif, à l'époque des déchaussages marquez de craie rouge les ceps que vous réservez à cet usage, pour ne pas les confondre avec les autres. Disposez au tour des racines trois petits paquets d'ellébore noire, et recouvrez-les de terre. Mettez à part la récolte de ces ceps, mêlez-en un cyathus dans votre boisson ordinaire : ce sera un relâchant et un purgatif innocent.

CXVI. — Conservation des lentilles.

Faites infuser du laser dans du vinaigre, mettez vos lentilles dans ce vinaigre ainsi préparé, et exposez au soleil. Faites-les ensuite tremper dans de l'huile, et quand elles auront été séchées, elles se conserveront bien saines.

CXVII. — Manière de confire les olives blanches.

Il faut les abattre avant qu'elles se colorent, et les faire macérer dans une eau qu'on change souvent. Une fois bien macérées, il faut les faire égoutter, les mettre dans du vinaigre ; ajoutez de l'huile et une demi-livre de sel par boisseau d'olives. On aura préparé séparément un vinaigre aromatisé avec du fenouil et des lentisques ; si vous voulez y mettre vos olives, servez-vous-en de suite, foulez-les avec vos mains bien sèches dans un vase de terre, et ne les enlevez qu'au moment de servir.

operito, ne odor exeat, ante quam vinum indas. Hoc facito pridie quam vinum infundere voles; de lacu quam primum vinum in dolia indito, sinito dies xv. operta ante quam oblinas, relinquito qua interspiret vinum. Postea oblinito. Post dies xl. diffundito in amphoras, et addito in singulas amphoras sapæ sextarium unum. Amphoras nolito implere nimium, ansarum infimarum fini. Et amphoras nolito implere nimium, ansarum infimarum fini. Et amphoras in sole ponito, ubi herba non siet; et amphoras operito, ne aqua accedat, et ne plus quadriduum in sole siveris. Post quatriduum in culleum componito, et instipato.

CXIV. — Vinum si voles concinnare ad alvum.

Vinum si voles concinnare, ut alvum bonum faciat, secundum vindemiam, ubi vites ablaqueantur, quantum putabis ei rei satis esse vini, tot vites ablaqueato, et signato. Earum radices circumsecato, et purgato. Veratri radices contundito in pila, eas radices dato circum vitem. Et stercus vetus, et cinerem veterem, et duas partes terræ circundato radices vitis. Terram insuper injicito. Hoc vinum seorsum legito. Si voles servare in vetustatem, ad alvum movendam servato, nec commisceas cum cætero vino. De eo vino cyathum sumito, et misceto aqua, et bibito ante cœnam. Sine periculo alvum movebit.

CXV. — Vinum ad alvum movendam.

In vinum mustum veratri atri manipulum conjicito in amphoram. Ubi satis efferverit, de vino manipulum ejicito, id vinum servato ad alvum movendam. Vinum ad alvum movendam concinnare si voles : Vites cum ablaqueabuntur, signato rubrica, ne admisceas cum cætero vino. Treis fasciculos veratri atri circumponito circum radices, et terram insuper injicito. Per vindemiam de iis vitibus, quod delegeris, seorsum servato, cyathum in cæteram potionem indito, alvum movebit, et postridie perpurgabit sine periculo.

CXVI. — Lentim quomodo servari oporteat.

Lentim quomodo servari oporteat. Laserpitium aceto diluito, permisceto lentim aceto laserpitiato, et ponito in sole. Postea lentim oleo perfricato, sinito arescat, ita integra servabitur recte.

CXVII. — Oleæ albæ quomodo condiantur.

Oleæ albæ quemadmodum condiantur. Ante quam nigræ fiant contundantur, et in aquam dejiciantur. Crebro aquam mutes, deinde ubi satis maceratæ erunt, exprimas, et in acetum conjicias, et oleum addas, salis selibram in modium olearum. Fœniculum, et lentiscum seorsum condas in acetum. Si una admiscere voles, cito utitor, in orculam calcato, manibus siccis, cum uti voles, sumito.

CXVIII. — Manière de confire les olives blanches, pour les consommer aussitôt après la vendange.

Prenez parties égales de vin doux et de vinaigre. Traitez-les ensuite de la manière que nous venons de décrire.

CXIX. — Manière de faire l'épityrum blanc, noir et bigarré.

Recette pour faire l'épityrum, soit blanc, soit noir, soit marbré. Assaisonnez de la manière suivante des olives blanches, noires et bigarrées, après en avoir ôté les noyaux. Coupez-les, mettez-les dans un assaisonnement d'huile, de vinaigre, de coriandre, de cumin, de fenouil, de rue et de menthe. Faites-les confire dans un vase de terre, laissez-les baigner dans l'huile, et servez ainsi.

CXX. — Procédé pour avoir du vin doux toute l'année.

Si vous voulez conserver au vin sa douceur pendant toute une année, mettez-le dans une amphore dont les parois auront été enduites de poix, et descendez-le dans un puits; après qu'il y aura séjourné pendant trente jours, retirez-le : il sera doux pendant toute l'année.

CXXI. — Gâteau au vin doux.

Arrosez de moût un boisseau de farine de seigle, ajoutez-y de l'anis, du cumin, deux livres de graisse, une livre de fromage et de la sciure de bois de laurier; moulez le gâteau, mettez-y des feuilles de laurier en le faisant cuire.

CXXII. — Vin contre les rétentions d'urine.

Broyez dans un mortier du chèvrefeuille ou du genévrier, mettez-en une livre dans deux conges de vin vieux, et faites-les bouillir dans un vase d'airain ou de plomb. Après le refroidissement, mettez-le dans une lagœna, et prenez-en un verre le matin à jeun : cela vous fera du bien.

CXXIII. — Vin pour les sciatiques.

Mettez en copeaux un morceau de bois de genévrier de la grosseur d'un demi-pied. Faites bouillir dans une conge de vin vieux; après le refroidissement, versez dans une lagœna, et dans la suite vous en prendrez un verre tous les matins à jeun : cela vous fera du bien.

CXXIV. — Renfermer les chiens pendant le jour.

Renfermez vos chiens pendant le jour, afin que pendant la nuit ils soient plus ardents et plus vigilants.

CXXV. — Vin de myrte.

Faites sécher à l'ombre des branches de myrte noir, et couvrez-les ainsi jusqu'à la vendange. Broyez-en alors un demi-boisseau dans une urne de vin, et bouchez le vase. Aussitôt que la fermentation se calme, enlevez le bois de myrte. Cette potion est excellente quand on est resserré, contre les maux de côtés et contre les coliques.

CXXVI. — Préservatif contre la colique, la dyssenterie, les teignes et les vers.

Si vous souffrez d'une indigestion, de la dyssenterie, si les teignes et les vers vous tourmentent, prenez trente grenades sures, broyez-les, mettez-les dans un vase avec trois conges d'un vin noir et dur, et bouchez. Trente jours après vous pouvez le déboucher et vous en servir, en le prenant à jeun à la dose d'une hémine.

CXVIII. — Oleam albam secundum vindemiam qua utaris.

Oleam albam quam vindemiam uti voles, sic condito. Musti tantumdem addito, quantum aceti. Cætera item condito ita, uti supra scriptum est.

CXIX. — Epityrum album, nigrum, et varium.

Epityrum album, nigrum, variumque sic facito. Ex oleis albis, nigris variisque nucleos ejicito. Sic condito. Concidito ipsas : addito oleum, acetum, coriandrum, cuminum, fœniculum, rutam, mentam. In orculam condito, oleum supra siet, ita utitor.

CXX. — Mustum si voles totum annum habere.

Mustum si voles totum annum habere, in amphoram mustum indito, et corticem oppicato, demittito in piscinam. Post xxx. diem eximito. Totum annum mustum erit.

CXXI. — Mustaceos sic facito.

Mustaceos sic facito. Farinæ siligineæ modium unum musto conspergito. Anisum, cuminum, adipis P. II. casei libram, et de virga lauri deradito, eodem addito. Et ubi definxeris, lauri folia subtus addito, cum coques.

CXXII. — Vinum concinnare ad lotium.

Vinum concinnare, si lotium difficilius transibit. Capreidam, vel juniperum contundito in pila, libram indito in duobus congiis vini veteris in vase aheneo, vel in plumbeo defervefacito. Ubi refrixerit, in lagœnam indito. Id mane jejunus cyathum sumito : proderit.

CXXIII. — Vinum ad ischiacos.

Vinum ad ischiacos sic facito. De junipero materiam semipedem crassam concidito minutim. Eam infervefacito cum congio vini veteris. Ubi refrixerit, in lagœnam confundito, et postea id utito vini cyathum mane jejunus: proderit.

CXXIV. — Ut interdiu canes clausos habeas.

Canes interdiu clausos esse oportet, ut noctu acriores et vigilantiores sint.

CXXV. — Vinum myrteum sic facito.

Vinum myrteum sic facito : Myrtam nigram arfacito in umbra. Ubi jam passa erit, servato ad vindemiam : in urnam musti contundito myrtæ semodium, id oblinito. Ubi desiverit fervere mustum, myrtam eximito. Id est ad alvum crudam, et ad lateris dolorem, et ad cœliacum.

CXXVI. — Ad tormina, et si alvus non consistat, et si tineæ ac lumbrici molesti exsistant.

Ad tormina, et si alvus non consistet, et si teniæ, et lumbrici molesti erunt, xxx mala Punica acerba sumito, contundito, indito in urceum, et vini nigri austeri congios tres, vas oblinito. Post dies xxx. aperito, et utito : jejunus heminam bibito.

CXXVII. — Remède contre les indigestions et les rétentions d'urine.

Cueillez des fleurs de grenadier lorsqu'elles s'épanouiront, mettez-en trois mines dans une amphore, ajoutez-y un quadrantal de vin vieux et une mine de racine de fenouil. Bouchez l'amphore, ne l'ouvrez qu'après un mois, et servez-vous de la liqueur. Quand vous voudrez digérer ou uriner, vous pourrez en boire à volonté sans aucun danger. Le vin préparé de cette manière est également un préservatif contre la teigne et les vers. Quand un enfant en est tourmenté, ne le laissez pas souper. Le lendemain prenez une drachme d'encens, une drachme de miel cuit, et un setier de vin d'origan, administrez-lui le remède à jeun à la dose de trois oboles, suivant son âge, et une hémine de vin. Faites-le monter dix fois sur la pierre à moudre et sauter en bas; ordonnez-lui là promenade.

CXXVIII. — Crépissage des habitations.

Si vous voulez crépir votre habitation, choisissez une terre où domine soit la craie, soit l'ocre; mêlez-y de l'amurque et de la paille hachée. Laissez fermenter le tout pendant quatre jours. Après quoi vous le travaillerez avec le râble, et vous vous en servirez pour crépir. Cet enduit éloignera l'humidité nuisible, ne se laissera pas entamer par les rats, empêchera l'herbe de croître et les murs de se lézarder.

CXXIX. — Aire à battre le blé.

Béchez la terre en la pulvérisant, arrosez-la d'amurque en telle abondance, qu'elle en soit saturée autant que possible, pulvérisez-la de nouveau, et nivelez-la à l'aide du cylindre ou de la batte. Ce nivellement empêchera les fourmis de la soulever, et les pluies de la détremper.

CXXX. — Répandre de l'amurque au pied des arbres.

Arrosez d'amurque crue les troncs d'olivier et les autres bois; exposez-les au soleil pour favoriser l'imbibition. Cela les empêchera de fumer, et en facilitera la combustion.

CXXXI. — Offrande pour les bœufs.

Faites aux dieux une offrande pour la santé de vos bœufs. Commencez à labourer au printemps : débutez par les sols pierreux et sablonneux, et terminez par ceux qui sont les plus compactes et les plus humides.

CXXXII. — Manière de la faire.

Voici comment il faut faire cette offrande : présentez à Jupiter Dapalis une coupe de quelque vin que ce soit. Ce jour sera chômé par les bœufs, par les bouviers, et par ceux qui feront le sacrifice. Au moment du sacrifice vous ferez cette prière : « Jupiter Dapalis, je remplis mon devoir en t'offrant cette coupe de vin dans ma maison et au sein de ma famille; à cette cause daigne l'avoir pour agréable. » Lavez ensuite vos mains, prenez le vin, et dites : « Jupiter Dapalis, agrée ce festin que je dois t'offrir. Reçois ce vin placé devant toi. » Si vous le trouvez bon, présentez une offrande à Vesta. Le festin présenté à Jupiter consiste en un morceau de porc rôti, et en une coupe de vin intacte. Faites cette offrande sans y toucher; le festin terminé, semez le millet, le panis, l'ail et la lentille.

CXXVII. — Ad dyspepsiam et stranguriam.

Ad dyspepsiam et stranguriam [mederi]. Malum Punicum ubi florebit, colligito. Tris minas in amphoram infundito. Vini q. I. veteris addito, et fœniculi radicem puram contusam minam. Oblinito amphoram, et post dies xxx aperito et utitor. Ubi voles cibum concoquere, et lotium facere, hinc bibito quantum voles sine periculo. Idem vinum tenias perpurgat, et lumbricos, si sic concinnes. Incenatum jube esse, postridie thuris drachmam I; conterito, et mel coctum drachmam unam, et vini sextarium origaniti, dato jejuno, et puero pro aetate triobolum, et vini heminam. Supra pilam inscendat, et saliat decies, et deambulet.

CXXVIII. — Habitationem delutare.

Si habitationem delutare vis, terram quam maxime cretosam, vel rubricosam sumito, eo amurcam infundito, paleas iudito. Sinito quatriduum fracescat. Ubi bene fracuerit, rutro concidito; ubi concideris, delutato. Ita neque aspergo nocebit, neque mures cava facient, neque herba nascetur, neque lutamenta scindent se.

CXXIX. — Area frumentaria quomodo fiat.

Aream ubi frumentum teratur, sic facito : Confodiatur minute terra, amurca bene conspergatur, ut combibat quam plurimum. Comminuito terram, et cylindro aut pavicula coæquato. Ubi coæquata erit, neque formicæ molestæ erunt, et cum pluerit, lutum non erit.

CXXX. — Ligna amurca aspargantur.

Codicillos oleaginos, et cætera ligna amurca cruda perspergito, et in sole ponito, perbibant bene. Ita neque fumosa erunt, et ardebunt bene.

CXXXI. — Dapem pro bubus.

Dapem pro bubus piro florente facito. Postea verno arare incipito. Ea loca primum arato quæ rudecta arenosaque erunt. Postea uti quæque gravissima atque aquosissima erunt, ita postremo arato.

CXXXII. — Dapem quomodo facias.

Dapem hoc modo fieri oportet. Jovi dapali culignam vini quantum vis polluceto. Eo die feriæ bubus et bubulcis, et qui dapem facient. Cum polluceri oportebit, sic facies. Jupiter dapalis, quod tibi fieri oportet, in domo familia mea culignam vini dapi, ejus rei ergo macte hac illace dape pollucenda esto. Manus interluito. Postea vinum sumito. Jupiter dapalis, (macte istace dape pollucenda esto.) Macte vino inferio esto. Vestæ si voles dato. Daps Jovi assaria pecuina, urna vini Jovi caste. Profanato sine contagione. Postea dape facta serito milium, panicum, alium, lentim.

2.

CXXXIII. — Multiplication des arbres fruitiers et autres.

Les drageons que poussent les racines des arbres seront couchés en terre, et leur sommet relevé, afin qu'ils puissent prendre racines. Levez-les en temps propice et plantez-les soigneusement. Le figuier, l'olivier, le grenadier, le cognassier, le poirier-coin, tous les pommiers, le laurier de Cypre, celui de Delphes, le myrte épithalame, le myrte blanc et le noir, le noyer d'Avelino, celui de Préneste, le platane, se propagent de boutures enlevées à la souche principale. Les arbres qu'on affectionne seront plantés soigneusement dans des pots. Pour leur faire prendre racines sur l'arbre même, on se munit d'un pot troué ou d'un petit panier. On y fait passer la branche, on les remplit de terre qu'on a soin de tasser, et on les laisse sur l'arbre. Deux ans après on coupe la branche au-dessous du point d'insertion, et on la plante avec le panier. On pourra ainsi faire prendre des racines vigoureuses à toute espèce d'arbres. Pour multiplier la vigne on emploie aussi ces paniers, qu'on remplit bien de terre; on sèvre l'année suivante, et on plante un pieu

CXXXIV. — Avant la moisson immoler la truie précidanée.

Avant la moisson, faites de la manière suivante le sacrifice de la truie précidanée : immolez à Cérès la truie précidanée, femelle du porc, avant de couper l'épeautre, le blé, l'orge, la fève, et la semence de raves Le vin et l'encens nous rendront propices Janus, Jupiter et Junon. Avant de sacrifier la truie, présentez un gâteau à Janus en lui faisant cette prière : « Janus, notre père, au nom de mon humble offrande, je te présente mes supplications afin que tu m'accordes ta protection pour moi, pour mes enfants, pour ma maison et mes gens : » Offrez aussi à Jupiter un gâteau et cette prière : « Jupiter, au nom de ce gâteau, je te conjure d'écouter mes prières, et de nous accorder ta protection, à moi, à mes enfants, à ma maison, et à mes gens. » Présentez ensuite le vin à Janus en lui disant : « Janus, notre père, avec un gâteau je t'ai adressé ma prière suppliante : reçois de même avec bonté ce vin que je t'offre. » Adressez-vous ensuite à Jupiter : « Jupiter, reçois ce gâteau, reçois ce vin placé devant toi. » Alors immolez la truie précidanée. Aussitôt que les entrailles auront été divisées, on présentera à Janus son gâteau, et on l'adorera comme précédemment. On offrira de même à Jupiter des prières et le gâteau, comme on l'a déjà fait. On présentera du vin à Janus et à Jupiter, comme lorsqu'on leur offrait les gâteaux. Ensuite on consacre à Cérès les entrailles de la victime, et du vin.

CXXXV. — Lieux où il faut acheter les tuniques, les casaques, les ustensiles de fer et autres.

On se pourvoira à Rome de tuniques, de toges, de saies, de casaques et de sabots; à Calvi et à Minturne, de capuchons, d'ustensiles en fer, de faux, de pelles, de houes, de haches, de harnais, de chausse-trapes, de chaînettes ; à Vénafre, de pelles; à Suesse et en Lucanie, de chars ; à Albe, de traîneaux ; à Rome, de futailles et de bassins; de tuiles à Venafre. Pour les terres compactes les araires devront être tirés de Rome, et de la Campanie pour les terres poreuses : les meilleurs jougs se tirent de Rome; on y trouvera

---

CXXXIII. — Propagatio pomorum, cæterarumque arborum.

Propagatio pomorum, cæterarumque arborum. Arboribus ab terra pulli qui nati erunt, eos in terram deprimito, extollito uti radicem capere possint. Inde ubi tempus erit, effodito, seritoque recte. Ficum, oleam, malum Punicum, mala struthea, cotonea, aliaque mala omnia, laurum Cypriam, Delphicam, prunum, myrtum conjugulum, et myrtum album et nigrum, nuces Avellanas, Prænestinas, platanum, hæc omnia genera a capitibus propagari eximique ad hunc modum oportebit. Quæ diligentius seri voles, in calicibus seri oportet. In arboribus radices uti capiant, calicem pertusum sumito tibi, aut quasillum, per eum ramulum transerito, eum quasillum terra impleto calcatoque, in arborem relinquito. Ubi biennium erit, ramum tenerum infra præcidito, cum quasillo serito. Eo modo quod vis genus arborum facere poteris, uti radices bene habeant. Item vitem in quasillum propagato terraque bene operito, anno post præcidito, cum qualo serito.

CXXXIV. — Antequam messem incipias, uti porcum præcidaneum facias.

Priusquam messim facies, porcam præcidaneam hoc modo fieri oportet. Cereri porca præcidanea, porco fœmina, priusquam hasce fruges condantur, far, triticum, ordeum, fabam, semen rapicium; thure, vino, Jano, Jovi, Junoni præfato. Priusquam porcam fœminam immolabis, Jano struem commoveto sic : Jane pater, te hac strue commovenda bonas preces precor, uti sies volens propitius mihi, liberisque meis, domo familiæque meæ. Ferctum Jovi moveto et mactato sic : Jupiter te hoc fercto obmovendo bonas preces precor, uti sies volens propitius mihi liberisque meis, domo familiæque meæ. Factus hoc fercto. Postea Jano vinum dato sic : Jane pater, uti te strue commovenda bonas preces bene precatus sum, ejusdem rei ergo macte vino inferio esto. Postea Jovi sic : Jupiter macte fecto esto. Macte vino inferio esto. Postea porcam præcidaneam immolato. Ubi exta prosecta erunt, Jano struem commoveto, mactatoque item uti prius obmoveris. Jovi ferctum obmoveto, mactatoque item uti prius feceris. Item Jano vinum dato, et Jovi vinum dato, ita uti prius datum ob struem obmovendam, et ferctum libandum. Postea Cereri exta et vinum dato.

CXXXV. — Tunicæ et centones, ferramenta et reliqua utensilia ubi emantur.

Romæ tunicas, togas, saga, centones, sculponeas : Calibus et Minturnis cucullones, ferramenta, falces, palas, ligones, secures, ornamenta, murices, catellas : Venafro, palas. Suessæ, et in Lucanis plostra, treblæ Albæ: Romæ dolia, labra : tegulæ ex Venafro. Aratra in terram validam Romanica bona erunt, in terram pullam Campanica, juga Romanica optima erunt. Vomis indutilis optimus erit.

aussi les socs les plus acérés. On tirera les trapètes de Pompeïa; les clous, de Nole, près des murs de Rufrus; les serrures, de Rome. On trouvera à Capoue des seaux, des jattes à huile, des vases pour l'eau, des urnes pour le vin, et tous les autres ustensiles en cuivre. On trouvera à Nole les corbeilles de Campanie, et ce sont les meilleures. Les cordes de poulies et toute la corderie se tirent de Capoue. Les corbeilles romaines viennent de Suesse et de Casinum : mais celles de Rome sont préférables. Celui qui fait faire à Casinum des câbles de pressoir les payera cinquante écus chez Tunnius; à Vénafre, C. Mennius les fait payer cent écus. Huit bons cuirs ne sont pas de trop pour ces câbles. Les nôtres ne devront être ni vieux, ni maniés, ni imprégnés d'une trop grande quantité de sel. On les tannera et on les huilera, puis on les fera sécher. On devra couper le câble sur une longueur de soixante-douze pieds, et lui donner trois tourons, dont chacun aura neuf courroies de deux doigts de large. Quand il sera câblé, il ne mesurera plus que quarante-neuf pieds en longueur. La jonction sur les coutures aura une course de trois pieds; il ne restera ainsi que quarante-six pieds. En le violentant par l'extension, il s'allongera de cinq pieds et aura une longueur totale de cinquante et un pieds. Pour les plus grands pressoirs il faut que le câble ait cinquante-cinq pieds; cinquante-un suffisent pour les petits. La longueur la plus convenable de la courroie pour les charrettes est de soixante pieds; la petite corde aura quarante-cinq pieds : les guides pour la charrette auront trente-six pieds; les guides pour l'araire vingt-six, les traits vingt-sept et demi; les cuirs qui fixent le timon aux jougs auront dix-neuf pieds; la petite corde quinze pieds. Pour la charrue les premiers auront douze pieds, et la seconde huit

pieds. Les pressoirs les plus grands auront quatre pieds et demi, les meules auront trois pieds et demi de diamètre, sur un pied et une palme d'épaisseur par le milieu, au sortir de la carrière; il y aura deux doigts de distance entre le miliaire et le rebord du bassin; ce rebord aura cinq doigts d'épaisseur. Ceux du second ordre auront quatre pieds et une palme de largeur; il y aura un pied un doigt entre le miliaire et le rebord du bassin; ce rebord aura cinq doigts d'épaisseur; leurs meules auront trois pieds et cinq doigts d'épaisseur. Vous ferez dans les meules un trou rond qui les traversera de part en part, en conservant d'un côté à l'autre le même rayon de six pouces. Ceux du troisième ordre auront quatre pieds de largeur. Il y aura un pied entre le miliaire et le rebord du bassin; ce rebord aura cinq doigts d'épaisseur; la meule aura trois pieds deux doigts de diamètre et un pied et deux doigts d'épaisseur. Lorsque le trapète aura été amené à l'endroit où vous voudrez le placer, vous le monterez et l'ajusterez sur le lieu même.

CXXXVI. — Conditions à imposer au colon partiaire.

Dans le territoire de Cassinum et de Vénafre on donnera au métayer le huitième du produit dans un bon sol, le septième dans un sol ordinaire, le sixième dans un sol médiocre si le partage se fait au panier, et le cinquième s'il se fait au boisseau. Dans les meilleurs terrains de Vénafre on ne donne au colon que la neuvième partie mesurée avant le dépicage. Si l'on fait moudre en commun, le métayer payera son droit de mouture proportionnellement à la part qui lui est attribuée. Il aura la cinquième partie du produit de l'orge et des fèves après le battage.

Trapeti Pompeiis. Nolæ ad Rufri maceriam claves. Clostra Romæ. Hamæ, urnæ oleariæ, urcei aquarii, urnæ vinariæ, alia vasa ahenea Capuæ. Nolæ fiscinæ Campanicæ. Hæ hamæ utiles sunt. Funis subductarius, spartum omne Capuæ. Fiscinas Romanicas Suessæ, Casino. Eæ optimæ erunt Romæ. Funem torculum si quis faciet Casini L. Tunnius. Venafri C. Mennius L. F. eo indere oportet coria bona VIII. Nostratia recentia quæ depsta sient, quam minimum salis habeant, ea depsere et unguere unguine prius oportet, tum siccare. Funem exordiri oportet longum pedes LXXII. toros III. habeat, lora in toros singulos IX. lata digitos II. Cum tortus erit longus pedes XLIX. In commissura abibunt pedes III, reliquum erit pedes XLVI. Ubi extentus erit, accedent P. V. longus erit P. LI. Funem torculum extentum longum esse oportet pedes LV, maximis vasis : minoribus pedes LI. Funem loreum in plostrum justum pedes LX. Semifunium pedes XLV. Lorea retinacula in plostrum ped. XXXVI, ad aratrum ped. XXVI lora præductoria ped. XXVII. s. subjugia in plostrum lora P. XIX. funiculum ped. XV., in aratrum subjugia lora P. XII. Funiculum

ped. VIII. Trapetos latos maximos ped. IV. s. orbis altos ped. III. s. orbis medios (ex lapicidinis cum eximet) crassos pedem, et palmum. Inter miliarium et labrum ped. I. digitos II. labra crassa digitos V. Secundarium trapetum latum ped. IV. et palmum. Inter miliarium et labrum pedem unum, digitum unum, labra crassa digitos V. orbes altos ped. III. et digitos V. crassos ped. I, et digitos III. Foramen in orbes semiped. quoquoversum facito. Tertium trapetum latum ped. IV. inter miliarum et labrum ped. I. labrum dig. V. orbis altus ped. III. digitos III. crassos ped. I. digitos II. Trapetum ubi arvectum erit, ubi statues, ibi et commodato, concinnatoque.

CXXXVI. — Pollintionem quo pacto dari oporteat.

Politionem quo pacto dari oporteat. In agro Casinate et Venafro in loco bono parte octava corbi dividat, satis bono septima, tertio loco sexta; si granum modio dividat, parti quinta. In Venafro ager optimus IX parti corbi dividat. Si communiter pisunt, qua ex parte politori pars est, eam partem in pistrinum politor. Ordeum quinta modio, fabam quinta modio dividat.

CXXXVII. — Conditions à imposer au vigneron partiaire.

Que le propriétaire surveille d'une manière sévère les vignes, les terres, les arbres et les cultures qu'il laissé en métayage. Il abandonnera au colon le foin et les fourrages nécessaires à l'entretien des bœufs que réclament les travaux. Tout le reste sera partagé sans distinction.

CXXXVIII. — Travaux permis aux bœufs les jours de fête.

Il est permis d'atteler les bœufs pendant les jours fériés, pourvu que ce soit pour le transport du bois, des pailles et du blé qu'on ne donne point. Les mulets, les chevaux, les ânes ne chôment jamais que les fêtes de famille.

CXXXIX. — Manière d'élaguer un bois.

Préliminaires usités à Rome avant d'élaguer un bois. Offrez un porc en expiation, et prononcez ces paroles : « Qui que tu sois, dieu ou déesse, divinité à qui ce bois a été consacré, accepte l'offrande que je te fais avant de l'élaguer. En mémoire de ce sacrifice pardonne cet élagage que nous ferons, moi ou les miens sous mes ordres. C'est dans ce but qu'en t'offrant ce porc en expiation, je te conjure d'accorder ta protection à moi, à ma maison, à mes gens et à mes enfants. Agrée l'offrande expiatoire de ce porc que je vais te sacrifier. »

CXL. — Sacrifice expiatoire a offrir en cas de défrichement.

Si vous voulez défricher, faites un autre sacrifice expiatoire de la même manière, si ce n'est que vous y ajoutez ces paroles : « En cas qu'on vienne à y travailler. » Une fois la besogne commencée, travaillez tous les jours sur quelque partie; car s'il y a interruption à cause des fêtes publiques ou de famille, il faut recommencer le sacrifice.

CXLI. — Purification des terres.

Faites circuler autour de la terre la victime suovitaurilienne. Je t'ordonne, Manius, de promener cette triste victime autour de mon domaine et de ma terre, soit en totalité, soit seulement sur la partie que tu jugeras à propos de purifier, afin qu'à l'aide des dieux le succès couronne mes entreprises. Auparavant offrez du vin à Janus et à Jupiter, et dites : Mars notre père, je te conjure d'être propice à moi, à ma maison et à mes gens; c'est dans cette intention que j'ai fait promener une triple victime autour de mes champs, de mes terres et de mes biens, afin que tu en écartes, éloigne et détourne les maladies visibles et invisibles, la stérilité, la dévastation, les calamités et les intempéries : afin que tu fasses grandir et prospérer mes fruits, mes grains, mes vignes et mes arbres : afin que tu conserves la vigueur à mes bergers et à mes troupeaux, et que tu accordes santé et prospérité à moi, à ma maison et à mes gens. Aussi, pour purifier mes champs, mes terres et mes biens, et pour faire un sacrifice expiatoire, daigne agréer ces trois victimes à la mamelle que je vais immoler. Mars notre père, agréez dans ce but ces trois jeunes victimes. Saisissez le couteau pour empiler les galettes et le gâteau, et offrez-les. A mesure qu'on immolera le porc, l'agneau et le veau, on dira : Sois glorifié par cette victime suovitaurilienne.

CXXXVII. — Vineam redemptori partiario quomodo des.

Vineam curandam partiario bene curet; fundum, arbustum, agrum frumentarium. Partiario fœnum et pabulum, quod bubus satis siet, qui illic sient. Cætera omnia pro indiviso.

CXXXVIII. — Boves quomodo feriis conjungere licet.

Boves feriis conjungere licet. Hoc licet facere, arvehant ligna, fabalia, frumentum, quod non daturus erit. Mulis, equis, asinis feriæ nullæ, nisi si in familia sunt.

CXXXIX. — Quemadmodum lucum collucare debeas.

Lucum conlucare Romano more sic oportet. Porco piaculo facito. Sic verba concipito : Si deus, si dea es, quojum illud sacrum est, uti tibi jus siet porco piaculo facere, illiusce sacri coercendi ergo. Harumce rerum ergo sive ego sive quis jussu meo fecerit, uti id recte factum siet. Ejus rei ergo te hoc porco piaculo immolando bonas preces precor, uti sies volens propitius mihi, domo familiæque meæ, liberisque meis. Harumce rerum ergo macte hoc porco piaculo immolando esto.

CXL. — Si fodere velis altero piaculo quid facere debeas.

Si fodere velis, altero piaculo, eodem modo facito; hoc amplius dicito, operis faciundi causa : tum opus quotidie per partes facito; si intermiseris, aut feriæ publicæ aut familiares intercesserint, altero piaculo facito.

CXLI. — Si agrum lustraveris, quid tunc facere debeas.

Agrum lustrare sic oportet. Impera suovitaurilia circumagi. Cum divis volentibus, quodque bene eveniat, mando tibi Mani, uti illace suovitaurilia fundum, agrum, terramque meam quota ex parte sive circumagi, sive circumferenda censeas, uti cures lustrare. Janum, Jovemque vino præfamino, (sic dicito :) Mars pater te precor, quæsoque uti sies volens propitius mihi, domo, familiæque nostræ, quojus rei ergo agrum, terram, fundumque meum suovitauralia circumagi jussi. Ut tu morbos visos, invisosque, viduertatem, vastitudinemque, calamitates, intemperiasque prohibessis, defendas, averruncesque. Utique tu fruges, frumenta, vineta, virgultaque grandire, beneque evenire sinas. Pastores, pecuaque salva servassis, quisque bonam salutem valetudinemque mihi, domo, familiæque nostræ. Harumce rerum ergo fundi, terræ agrique mei lustrandi, lustrique faciundi ergo sicuti dixi macte hisce suovitaurilibus lactentibus immolandis esto. Mars pater ejusdem rei ergo, macte hisce suovitaurilibus lactentibus esto. Item cultro facito struem, et fertum uti adsiet. Inde obmoveto. Ubi porcum immolabis, agnum, vitulumque, sic oportet, Ejusque rei ergo macte hisce suovitaurilibus immolandis esto. Nominare vetat matrem, neque agnum, vitulumque. Si minus in omnes litabit, sic verba concipito : Mars pater,

Il n'est point permis de prononcer les mots porc, agneau, veau. Si ces victimes n'ont point apaisé la divinité, on fait cette prière : Mars notre père, si quelque chose t'a déplu dans ce sacrifice des trois jeunes victimes, accepte en expiation ces trois autres. Si on présume que l'une ou deux des victimes n'a pas été agréée, on fait cette prière: Mars notre père, puisque le sacrifice de ce porc ne t'a pas été agréable, accepte ce porc en expiation.

CXLII. — Devoirs de l'Intendant.

Il fera ce que le maître commande, exécutera les travaux que réclame la terre. Il fera les achats et les préparatifs convenables ; il se procurera et soignera les provisions de bouche et les vêtements pour les gens de la ferme ; il écoutera surtout attentivement les ordres du maître. Il faut de plus qu'il se mette en rapport avec la ménagère, et qu'il sache lui donner ses ordres pour que le maître, à son arrivée, trouve préparé et bien en ordre ce dont il a besoin.

CXLIII. — Devoirs de la première servante.

Il surveillera la ménagère, afin qu'elle remplisse ses devoirs. Si le maître te l'a donnée pour épouse, n'en cherche point d'autres. Inspire-lui de la crainte, et fais en sorte qu'elle ne soit point prodigue ; qu'elle voie le moins possible ses voisines ou d'autres femmes ; qu'elle ne reçoive personne ni à la ferme, ni chez elle ; qu'elle ne mange point ailleurs et ne soit pas coureuse : qu'elle ne fasse point de sacrifice ; qu'elle ne charge personne d'en faire pour elle ; sans l'ordre du maître ou de la maîtresse ; qu'elle se souvienne que le propriétaire offre des sacrifices pour tous ses gens. Amie de la propreté, qu'elle tienne toujours la ferme propre et balayée ; que tous les jours avant de prendre son repos l'âtre soit propre et balayé. A l'arrivée des kalendes, des ides, des nones et des jours de fête, elle suspendra au foyer une couronne de fleurs. Dans ces jours elle consacrera tous ses loisirs à prier les lares de la maison. Que toujours elle ait des aliments préparés pour toi et pour les gens ; qu'elle ait un poulailler bien peuplé et des œufs en abondance ; qu'elle fasse une ample provision de poires sèches, de sorbes, de figues, de raisins cuits au soleil, de sorbes confites dans du vin cuit, des poires et des raisins en caisse, et des coings. Qu'elle enfouisse dans la terre des pots contenant des raisins stratifiés avec des marcs. Qu'elle tienne également sous la terre des noix fraîches de Préneste enfermées dans des pots de terre. Qu'elle ait en réserve des coings de Scantium, des coings sauvages, et tous les autres fruits de garde. Cette provision doit se renouveler avec soin toutes les années. Elle saura se procurer de bonne farine et du gruau fin.

CXLIII. — Conditions pour la récolte des olives.

Voici à quelles conditions il convient de donner à forfait la récolte des olives. Que toutes les olives soient diligemment récoltées à la guise du propriétaire, ou de son remplaçant, ou de celui à qui les fruits ont été vendus. On ne les pincera point, on ne les gaulera pas non plus sans l'ordre du maître. Si quelqu'un enfreint la loi, son travail ne sera payé ni à lui, ni à l'entrepreneur de la cueillette. Ceux qui sont occupés à la récolte jureront devant le maître, ou devant son préposé, qu'ils n'ont soustrait, ni eux ni leurs camarades, aucune portion de la récolte d'olives faite sur le domaine de L. Manlius. Si quelqu'un refuse le serment, ni le propriétaire ni l'entrepreneur ne lui payeront point sa part pro-

---

si quid tibi in illisce suovitaurilibus lactentibus, neque satisfactum est, te hisce suovitaurilibus piaculo. Si uno, duobusve dubitaverit, sic verba concipito : Mars pater, quod tibi illoce porco, neque satisfactum est, te hocce porco piaculo.

CXLII. — Vilici officia.

Vilici officia quæ sunt, quæ dominus præcepit, ea omnia quæ in fundo fieri oportet, quæque emi pararique oportet, quomodoque cibaria, vestimenta familiæ dari oportet, eadem uti curet, faciatque moneo, dominoque dicto audiens sit. Hoc amplius, quomodo vilicam uti oportet, et quomodo eæ imperari oportet, uti adventu domini, quæ opus sunt, parentur, curenturque diligenter.

CXLIII. — Vilicæ officia.

Vilicæ quæ sunt officia, curato faciat. Si eam tibi dederit dominus uxorem, ea esto contentus. Ea te metuat. Facito ne nimium luxuriosa siet. Vicinas aliasque mulieres quam minimum utatur. Neve domum, neve ad sese recipiat. Ad cœnam nequo eat, neve ambulatrix siet. Rem divinam ni faciat, neve mandet, qui pro ea faciat, injussu domini, aut dominæ. Scito dominum pro tota familia rem divinam facere. Munda siet. Villam conversam mundamque habeat. Focum purum circumversum quotidie, priusquam cubitum eat, habeat. Kalendis, Idibus, Nonis, festus dies cum erit, coronam in focum indat. Per eosdemque dies Lari familiari pro copia supplicet. Cibum tibi et familiæ curet uti coctum habeat. Gallinas multas, et ova uti habeat. Pira arida, sorba, ficos, uvas passas, sorba in sapa, et pira, et uvas in doliis, et mala struthea. Uvas in vinaceis, et in urceis, in terra obrutas. Et nuces Prænestinas recentes in urceo in terra obrutas habeat. Mala Scantiana in doliis, et alia, quæ condi solent, et silvatica. Hæc omnia quotannis diligenter uti condita habeat. Farinam bonam, et far subtile sciat facere.

CXLIV. — Lex oleæ legendæ.

Oleam legendam hoc modo locare oportet. Oleam cogito recte omnem arbitratu domini, aut quem custodem fecerit, aut cui olea venierit. Oleam ne stringito, neve verberato injussu domini aut custodis. Si adversus ea quis fecerit, quod ipse eo die delegerit, pro eo nemo solvet, neque debebitur. Olcam qui legerint, omnes juranto ad dominum, aut ad custodem, sese oleam non surripuisse, neque quemquam suo dolo malo, ea oleitate ex fundo L.

portionnelle, et il ne lui sera rien dû. Il présentera une caution pour la bonne récolte des olives, et cette caution devra être agréée par L. Manlius. Les échelles seront rendues dans le même état qu'elles auront été prêtées, excepté celles qui auraient été brisées par suite de vétusté. Si elles sont détériorées, on en rendra de pareilles, ou bien le prix en sera déduit par experts. Si par la faute de l'entrepreneur le propriétaire éprouve quelque dommage, il faut entrer en composition. On prendra pour arbitre un homme bien famé. L'entrepreneur est tenu d'avoir assez de monde pour cueillir et pour amasser les olives; s'il ne le fait pas, on diminue sur le prix la valeur du travail qu'il a cédé ou sous-loué. Il ne s'appropriera ni fruit, ni bois provenant de la plantation. Si quelqu'un de ses ouvriers en emporte, on déduira sur le prix convenu quarante sestertii pour chaque soustraction, et l'entrepreneur ne donnera pas cette somme à l'ouvrier. Toutes les olives seront mesurées bien propres dans le boisseau à olives. Il occupera constamment cinquante personnes, dont les deux tiers pour faire la récolte à la main. Il ne faut pas permettre qu'un ouvrier employé à la récolte ou au pressurage des olives soit payé plus cher que de coutume, à moins que l'entrepreneur n'affirme qu'il se l'est associé pour ce moment. Si cela a lieu, le maître ou son préposé peut exiger le serment de tous les associés. S'ils refusent de jurer, personne ne paye ni ne doit payer le travail qu'exigent la récolte et la manipulation des olives. La bonne main pour une récolte de douze cents muids sera de cinq muids d'olives salées, neuf livres d'huile épurée, cinq sestertii et cinq quadrantals de vinaigre pour toute la récolte; si l'on ne donne point d'olives salées, on payera chaque muid à raison de cinq sestertii.

CXLV. — Conditions pour la fabrication de l'huile.

Marché à forfait pour le pressurage de l'olive. Travaillez consciencieusement au gré du propriétaire ou de l'homme à qui il a confié la surveillance de la fabrication. Employez, si cela est nécessaire, des séries d'ustensiles. Choisissez pour ouvriers des hommes agréables au surveillant ou à celui qui a acheté l'huile. Servez-vous du trapète. Si le propriétaire a été forcé de louer des ouvriers supplémentaires, ou de faire marché avec un autre, entrez en composition, ou le prix convenu vous sera forcément diminué. Ne détournez aucune portion de l'huile, ni pour vous en servir ni pour la dérober, et n'employez que celle qui vous aura été donnée par le surveillant ou par le propriétaire. Si on a volé de l'huile, chaque soustraction sera punie d'une amende de quarante sestertii, ou d'une égale diminution sur le prix. Ceux qui fabriquent l'huile jureront devant le propriétaire ou devant son intendant qu'ils n'ont soustrait, eux ni personne, ni huile ni olive de la provenance du domaine de L. Manlius. Ceux qui ne prêteront point ce serment ne recevront pas de l'entrepreneur le prix de leur travail, et le propriétaire ne le devra pas à l'entrepreneur. Ne vous associez personne sans l'agrément du propriétaire ou du surveillant. Si par la faute de l'entrepreneur le propriétaire a éprouvé quelque dommage, on fera une déduction sur l'estimation d'un homme d'une probité reconnue. S'il demande de l'huile verte, le propriétaire donnera de l'huile et du sel pour prix supplémentaire et deux victoires.

Manlii. Qui eorum non ita juraverit, quod is legerit omne, pro eo argentum nemo dabit, neque debebitur. Oleam cogi recte, satisdato arbitratu L. Manlii. Scalæ ita uti datæ erunt, ita reddito, nisi quæ vetustate fractæ erunt. Si non erunt, reddet æquas, aut arbitratu deducetur. Si quid redemtoris opera domino damni datum erit, resolvito. Id viri boni arbitratu deducetur. Legulos quot opus erunt, præbeto, et strictores. Si non præbuerit, quanti conductum erit, aut locatum erit, deducetur, tanto minus debebitur. De fundo ligna et oleam ne deportato. Qui oleam legerit, qui deportarit, in singulas deportationes ss. N. II. deducentur, neque id debebitur. Omnem oleam puram metietur modio oleario. Assiduos homines quinquaginta præbeto, duas partes strictorum præbeto. Ne quis concedat, quo olea legunda et faciunda carius locetur. Extraquam si quem socium impræsentiarum dixerit. Si quis adversum ea fecerit, si dominus aut custos volent, jurent omnes socii. Si non ita juraverint, pro ea olea legunda, et faciunda nemo dabit, neque debebitur ei, qui non ita juraverit. Accessiones in mod. M. CC. accedit oleæ salsæ mod. V. olei puri P. IX. In tota oleitate ss. V. aceti quadrantalia V. Quod oleæ salsæ non acceperint, dum oleam legent, in modios singulos ss. S. S. dabuntur.

CXLV. — Lex oleæ faciundæ.

Oleam faciundam hac lege oportet locare. Facito recte arbitratu domini, aut custodis, qui id negotium curabit. Si sexjugis vasis opus erit, facito. Homines eos dato, qui placebunt aut custodi, aut qui eam oleam emerit. Trapeti facito. Si operarii conducti erunt, aut facienda locata erit, pro eo resolvito, aut deducetur. Oleum ne tangito utendi causa, neque furandi causa, nisi quod custos dederit, aut dominus. Si sumpserit, in singulas sumpsiones ss. N. XL. deducentur, neque debebitur. Factores, qui oleum fecerint, omnes juranto aut ad dominum, aut ad custodem, sese de fundo L. Manlii, neque alium quemquam suo dolo malo, oleum, neque oleam surripuisse. Qui eorum non ita juraverit, quæ ejus pars erit, omne deducetur, neque debebitur. Socium nequem habeto, nisi quem dominus jusserit, aut custos. Si quid redemtoris opera domino damni datum erit, viri boni arbitratu deducetur. Si viride oleum opus siet, facito. Accedet oleum, et sal suæ usioni, quod satis siet, vasarium vict. II.

CXLVI. — Vente des olives sur pied.

Olives à vendre sur pied dans le territoire de Vénafre. L'acheteur ajoutera au prix d'adjudication le centième pour franc-vingt. L'enchère actuelle est à cinquante sesterlii, quinze cents livres d'huile poids de Rome, deux cents livres d'huile verte, cinquante muids d'olives tombées, dix muids d'olives cueillies à la main, le tout mesuré avec le muid à olives, dix livres d'huile à graisser. Pour l'usage des poids et des muids on abandonnera au maître deux cotyla de la première huile qui coulera. L'adjudicataire, quand même il aurait sous-loué, payera les olives récoltées et pressurées dans l'espace de dix mois à partir des calendes de novembre, sans reculer le payement après les ides. Ces fournitures seront livrées de bonne foi et sans retenue soit au maître, soit à son préposé, et on sera tenu de présenter une caution. Jusqu'à ce que l'acheteur se soit libéré en totalité ou du moins en grande partie, les ustensiles qu'il aura apportés sur le fonds serviront de nantissement, et on ne pourra en emporter quoi que ce soit. Si l'on en emporte, ils appartiendront au maître. Les pressoirs, les câbles, les échelages, les trapètes, et tous les objets qui auront été prêtés par le maître seront remis en bon état, à l'exception de ceux qui auront été brisés par vétusté. Si l'adjudicataire ne paye pas ce qu'il doit aux ouvriers employés à la récolte et au pressurage, le propriétaire payera, s'il le juge à propos; mais l'adjudicataire devra et remboursera cette somme au propriétaire, et ses ustensiles cautionneront cette somme, comme il a été dit ci-dessus.

CXLVII. — Vente des raisins pendants.

L'acheteur laissera sur place les lies et les marcs de raisin, sans les épuiser. Il emportera son vin aux premières calendes d'octobre; s'il n'est pas emporté, le maître en disposera à son gré; les autres conditions sont les mêmes que pour les olives sur pied.

CXLVIII. — Vente du vin en cercles.

Chaque culleus livré à l'acheteur se mesurera sur le pied de quarante-une urnes de vin qui ne sera ni acide ni graisseux. On le fera déguster trois jours avant la vente par un gourmet expert. Si l'acheteur ne le fait pas, le vin sera tenu pour dégusté. Si par le fait du propriétaire la dégustation n'a pu être effectuée sous trois jours, il sera laissé à l'acheteur un délai proportionnel au retard. Le vin sera mesuré avant les calendes de janvier qui suivront la vente; sinon, il sera mesuré aux risques du propriétaire, en lui comptant néanmoins ce qui aura été mesuré auparavant. Si l'acheteur l'exige, le propriétaire jurera qu'il l'a fait en conscience. L'acheteur enlèvera le vin aux calendes d'octobre. S'il ne le fait pas, le propriétaire en disposera; les autres charges sont les mêmes que pour l'olive sur pied.

CXLIX. — Location d'un pâturage.

Conditions de louage pour un pâturage d'hiver. Déterminez les limites du pâturage, et permettez-en la dépaissance aux calendes de septembre; si l'herbage est sec, défendez-en l'entrée lorsque les poiriers commenceront à fleurir; si la prairie est arrosée, la dépaissance cessera aussitôt que les voisins de chaque côté le permettront, ou bien prenez avec eux un jour fixé d'avance. Dans tout autre cas, le pâturage cessera aux calendes de mars. Le maître se réservera le droit,

---

CXLVI. — Lex oleæ pendentis.

Oleam pendentem hac lege venire oportet. Olea pendens in fundo Venafro venibit. Qui oleam emerit, amplius, quam quanti emerit, omnis pecuniæ centesima accedet. Præconium præsens ss. L. et oleum, Romanici pondo M. D. viridis P. CC. oleæ caducæ mod. L. strictivæ mod. X. modio oleario mensum dato. Unguinis pondo X. Ponderibus modiisque domini dato * iri primæ cotulas duas. Dies argento ex K. Nov. mensium X. oleæ legendæ faciundæ quæque locata est, et si emtor locarit Idibus solvito. Recte hæc dari, fierique, satisque dari domino, aut cui jusserit, promittito, satisque dato arbitratu domini. Donicum solutum erit, aut ita satis datum erit, quæ in fundo illata erunt, pigneri sunto. Ne quid eorum de fundo deportato. Si quid deportaverit, domini erito. Vasa torcula, funes, scalas, trapetos, si quid et aliud datum erit, salva recte reddito, nisi quæ vetustate fracta erunt. Si non reddet, æquum solvito. Si emtor legulis et factoribus qui illic opus fecerint, non solverit, cui dari oportebit, si dominus volet, solvat. Emtor domino debeto, et id satis dato. proque ea re ita, uti s. s. E, item pigneri sunto.

CXLVII. — Lex vini pendentis.

Hac lege vinum pendens venire oportet. Vinaceos illutos, et fæcem relinquito. Locus vinis ad K. Octob. primas dabitur. Si non ante ea exportaveris, dominus vino, quod volet, faciet. Cætera lex quæ oleæ pendenti.

CXLVIII. — Lex vino in doliis.

Vinum in doliis hoc modo venire oportet. Vini in culleos singulos quadragenæ et singulæ urnæ dabuntur; quod neque aceat, neque muceat, id dabitur. In triduo proximo, viri boni arbitratu, degustato. Si non ita fecerit, vinum pro degustato erit Quot dies per dominum mora fuerit, quo minus vinum degustet, totidem dies emtori procedent. Vinum accipito ante K. Jan. primas. Si non ante acceperit, dominus vinum admetietur. Quod admensum erit, pro eo dominus resolvito. Si emtor postularit, dominus jusjurandum dabit, verum fecisse. Locus vinis ad K. Octobres primas dabitur. Si ante non deportaverit, dominus vino quod volet faciet. Cætera lex quæ oleæ pendenti.

CXLIX. — Lex pabulo.

Qua lege pabulum hibernum venire oporteat. Qua vendas fini, dicito. Pabulum frui occipito ex Kalend. Septembribus. Prato sicco decedat, ubi pirus florere cœperit : prato irrigno, ubi super inferque vicinus permittet tum decedito, vel diem certam utrique facito. Cætera pabulo. Kalend. Martiis cedito. Bubus domitis binis, canterio uni,

pendant toute la durée du pacage, de mettre sur son terrain une paire de bœufs domptés et un cheval de somme : il se réservera également l'usage des légumes, des asperges, des bois, de l'eau, et le droit de passage. Si l'herbager ou les gardiens font éprouver quelque dommage au propriétaire, on s'en référera à la décision d'un homme juste : il en sera de même si le locataire a été lésé soit par le propriétaire, soit par ses gens, soit par ses troupeaux. Jusqu'à ce que le prix de location ait été payé en numéraire ou par hypothèque, les troupeaux et ceux qui les soignent servent de nantissement au propriétaire ; s'il s'élève des contestations sur différents points, elles seront portées au tribunal de Rome.

CL. — Cession du revenu d'un troupeau.

Conditions pour la cession du rendement d'un troupeau de brebis. L'usufruitier donnera au propriétaire pour chaque tête une livre et demi de fromage mi-sec, la moitié du lait qu'on traira les jours de fêtes, et de plus une urne de lait. A ces conditions on comptera comme faisant partie de l'usufruit tout agneau qui aura vécu un jour et une nuit, et l'usufruit finira aux calendes de juin ; ce sera à celles de mai si l'année est intercalaire. Le preneur ne promettra pas plus de trente agneaux. Les brebis non fécondes seront comptées sur le pied de deux pour une, relativement à la rente. Les agneaux et la laine ne se vendront qu'en plein jour. La caution ne sera levée qu'après dix mois. Le petit-lait de dix brebis servira à l'engraissement d'un porc. Le preneur fournira aussi pendant deux mois un berger qui servira de gage jusqu'à ce que le propriétaire soit payé ou soldé en hypothèques.

CLI. — Manière de semer le cyprès.

Je dois à M. Percennius Nolanus la manière de recueillir et de semer la semence de cyprès, de multiplier cet arbre et de le disposer en bosquets. La semence du cyprès de Tarente se récolte au printemps, tandis que le bois ne s'abat qu'au moment où l'orge jaunit. On expose au soleil la semence ainsi récoltée ; on la nettoie, et on la serre bien sèche dans un endroit chaud. On sème au printemps dans cette terre très-légère que nous nommons friable, et dans un endroit peu éloigné de l'eau. On commence par distribuer sur le terrain une bonne couche de fumier de chèvre ou de moutons. Vous retournerez le terrain avec le bident, vous incorporerez l'engrais avec le sol, que vous débarrassez des plantes adventices et des gramens. Après avoir exactement pulvérisé la terre, disposez-la par planches de quatre pieds de large, et légèrement concaves afin qu'elles puissent retenir l'eau, et entre chacune desquelles vous ménagerez un sentier, afin de pouvoir arracher les mauvaises herbes ; sur les planches ainsi arrangées vous répandrez la semence de cyprès, aussi drue que pour le lin. Vous la recouvrirez, à l'épaisseur d'un demi-travers de doigt, avec de la terre que vous ferez passer par le crible. Vous aplanirez la surface soit avec une planche, soit avec vos mains, soit avec vos pieds. Si les pluies se font attendre au point que la terre se dessèche, introduisez sur les planches une légère lame d'eau. Si vous n'avez pas un cours d'eau, transportez-en sur vos planches, et arrosez doucement. Il faut arroser chaque fois que le besoin s'en fait sentir. Arrachez les mauvaises herbes aussitôt qu'elles paraissent, et si faibles qu'elles soient ; arrachez-les

cum emtor pascet, domino pascere recipitur. Oleris, asparagis, lignis, aqua, itinere, actu domini usioni recipitur. Si quid emtor, aut pastores aut pecus emtoris domino damni dederit, boni viri arbitratu resolvat. Si quid dominus, aut familia, aut pecus emtoris damni dederit, viri boni arbitratu resolvetur. Donicum pecuniam satisfecerit, aut delegarit, pecus et familia, quæ illic erit, pigneri sunto. Si quid de iis rebus controversiæ erit, Romæ judicium fiat.

CL. — Fructus ovium qua lege venierit.

Fructum ovium hac lege venire oportet. In singulas casei p. I. s. dimidium aridum, lacte feriis quod mulserit dimidium, et præterea lactis urnam I. Hisce legibus agnus diem et noctem qui vixerit, in fructum, et Kal. Jun. emtor fructu decedat. Si interkalatum erit, K. Maiis. Agnos xxx, ne amplius promittat. Oves quæ non pepererint, binæ pro singulis in fructu cedent. Die lanam et agnos vendat. Menses x ab coactore releget. Porcos serarios in oves denas singulos pascat. Conductor II. menses pastorem præbeat. Donec domino satisfecerit, aut solverit, pigneri esto.

CL. — Quo pacto cupresseta seri oporteat.

Semen cupressi quando legi, seri, propagarique oporteat, et quo pacto cupresseta seri oporteat, Manius Percennius Nolanus ad hunc modum monstravit. Semen cupressi Tarentinæ per ver legi oportet, maturum, ubi hordeum flavescit. Id ubi legeris, in sole ponito, semen purgato. Id aridum condito : uti aridum expositum siet. Per ver serito in loco ubi terra tenerrima erit, quam pullam vocant, ubi aqua propter siet. Eum locum stercorato primum bene stercore caprino, aut ovillo. Tum vortito bipalio, terram cum stercore bene permisceto, depurgato ab herba graminibusque. Bene terram comminuito. Areas facito pedes latas quaternos : subcavas facito, uti aquam continere possint. Inter eas sulcos facito, qua herbas de areis purgare possis. Ubi areæ factæ erunt, semen serito crebrum, ita uti linum seri solet. Eo cribro terram incernito, dimidiatum digitum terram altam succernito. Id bene tabula, aut manibus, aut pedibus complanato. Si quando non pluet, uti terra sitiat, aquam irrigato leniter in areas. Si non habebis unde iriges, gerito, inditoque leniter. Quotiescunque opus erit, facito uti aquam addas. Si herbæ natæ erunt, facito uti ab herbis purges. Quam tenerri-

surtout pendant l'été, et toutes les fois que vous en sentirez la nécessité. Ces précautions sont de rigueur; et dès que la semaille est faite il faut couvrir la terre d'un paillis, qu'on enlève dès que les cyprès commencent à germer.

CLII. — Balais suivant la méthode de Memius et de Manlius.

Procédés des Manlius pour faire les balais de branchages. Pendant les trente jours qui suivent la vendange, il faut faire des balais avec des ramilles sèches prises sur un orme, et liées autour d'un bâton. On s'en sert pour frotter les flancs intérieurs des futailles, afin que les lies ne s'attachent pas à leurs parois.

CLIII. — Vin de lies.

Ayez pour cela deux cabacs à olives de Campanie, remplissez-les de lies, placez-les sous le pressoir, et exprimez-en le vin.

CLIV. — Manière de mesurer le vin aux acheteurs.

Manière commode de délivrer le vin aux acheteurs. Ayez pour cela une cuve de la contenance d'un culleus, munie sur ses bords de quatre anses qui en faciliteront le déplacement. Percez-la au fond d'un trou exactement fermé par un robinet. Percez-la également d'un trou affleurant la contenance d'un culleus. Placez-la au milieu des futailles sur une élévation, afin que le vin qui y est contenu puisse s'écouler dans le culleus de l'acheteur : quand celui-ci sera rempli, fermez votre cuve.

CLV. — Pendant l'hiver procurer un écoulement à l'eau des champs.

Il faut dessécher les terres arables pendant l'hiver. Sur les hauteurs on tiendra bien évidées les rigoles d'écoulement. C'est surtout à l'entrée de l'automne, quand la terre est pulvérulente, qu'il faut redouter la présence de l'eau. Lorsque la pluie s'annoncera, on emmènera tous ses gens avec des fourches et des sarcloirs, pour ouvrir les canaux d'écoulement et conduire l'eau sur les chemins, afin qu'elle ne séjourne pas sur les récoltes. Quand il pleuvra sur la ferme, on explorera tous les bâtiments; et si l'eau filtre quelque part, on indiquera avec du charbon les endroits où les tuiles demandent à être remplacées. Pendant la moisson, si l'eau demeure stagnante, soit sur les javelles, soit sur les blés en tige, soit dans les rigoles, il faut écarter et détourner les obstacles qui s'opposent à son écoulement.

CLVI. — Remèdes préparés avec les choux.

Le chou est le premier de tous nos légumes. On le mange cru ou cuit. Si on veut le manger cru, on le fait macérer dans du vinaigre. Il se digère à merveille, relâche le ventre et les voies urinaires; c'est, dans tous les cas, une nourriture saine. Si dans un repas vous désirez boire largement et manger avec appétit, mangez auparavant des choux confits dans du vinaigre, et autant que bon vous semblera; et de même après le repas mangez-en cinq feuilles environ, vous serez comme si vous n'aviez ni bu ni mangé, et vous pourrez de nouveau boire à votre aise. Si vous

---

mis herbis, et quoties opus erit purges per æstatem. Ita uti dictum est, fieri oportet, et ubi semen satum siet, stramentis operiri oportet, ubi germen nascere cœperit, tum demi.

CLII. — Quæ Memius et M. Manlius de vino emtoribus admetiendo monstraverint.

De scopis virgeis Q. A. M. Manlii monstraverunt. In diebus xxx, quibus vinum legeris, aliquoties facito scopas virgeas ulmeas aridas, in asserculo alligato, eabus latera doliis intrinsecus usque bene perfricato, ne fæx in lateribus adhærescat.

CLIII. — De vino fæcato.

Vinum fæcatum sic facito. Fiscinas olearias Campanicas duas illæ rei habeto. Eas fœcis impleto, sub prelumque subdito, exprimitoque.

CLIV. — Vinum emtoribus quomodo admetiaris.

Vinum emtoribus sine molestia quomodo admetiaris. Labrum culleare illæ rei facito. Id habeat ad summum ansas iv. uti transferri possitur. Id imum pertundito. Ea fistulam subdito uti obturarier recte possit. Et ad summum, qua fini culleum capiet, pertundito. Id in suggestu, inter dolia positum habeto, uti in culleum, de dolio vinum salire possit. Id impleto. Postea obturato.

CLV. — Per hiemem de agro aquam pellere.

Per hiemem aquam de agro depelli oportet. In monte fossas inciles puras habere oportet. Prima autumnitate cum pluvius est, tum maxime ab aqua periculum est. Cum pluere incipiet familiam cum ferreis sarculis exire oportet, incilia aperire, aquam deducere in vias, et segetem curare oportet, uti fluat. In villa cum pluet, circumire oportet, sicubi perpluat, et signare carbone, cum desierit pluere, uti tegula mutetur. Per segetem in frumentis, aut in segete, aut in fossis sicubi aqua constat, aut aliquid aquæ obstat, id emittere, patefieri, removerique oportet.

CLVI. — Medicamenta brassicæ.

[De brassica quod concoquit.] Brassica est, quæ omnibus oleribus antistat. Eam esto vel coctam, vel crudam. Crudam si edes, in acetum intinguito. Mirifice concoquit. Alvum bonam facit, lotiumque ad omnes res salubre est. Si voles in convivio multum bibere, cœnareque libenter, ante cœnam esto crudam quantum voles ex aceto. Et item, ubi cœnaveris, comesto aliqua v. folia, reddent te quasi nihil ederis, (biberisque,) bibesque quantum voles. Alvum si voles dejicere superiorem, sumito brassicæ quæ levissima erit, P. IV. Inde facito manipulos æquales tres, colligatoque. Postea ollam statuito cum aqua. Ubi occipiet fervere paulisper, demittito unum ma-

avez l'épigastre embarrassé, prenez quatre livres d'une espèce de chou très-légère, faites en trois bouquets égaux; ficelez-les. Mettez ensuite sur le feu une marmite pleine d'eau, et jetez-y un des bouquets dès que le premier bouillon paraîtra. Lorsqu'ensuite elle recommencera à bouillir, enfoncez-le un peu, et laissez-le pendant que vous compterez jusqu'à vingt-cinq : retirez-le alors. Procédez de même pour le second et pour le troisième bouquet; mettez-les ensuite ensemble et pilez-les. Après les avoir retirés, exprimez-en le suc à travers un linge dans une petite coupe en terre, à la quantité d'une hémine. Jetez-y un grain de sel gros comme une lentille, du cumin grillé seulement pour lui en donner l'odeur : exposez ensuite la coupe à l'air pendant une nuit sereine. Celui qui voudra boire de cette liqueur prendra auparavant un bain chaud, boira de l'eau miellée, et se couchera à jeun. Le lendemain il prendra la potion, se promènera pendant quatre heures, et vaquera à ses affaires s'il en a à soigner. Aussitôt que l'envie de vomir le saisira, il se couchera et se purgera. Il évacuera une si grande quantité de bile et de pituite, que lui-même se demandera avec surprise d'où elle peut provenir. Lorsqu'ensuite il ira à la selle, il boira une hémine d'eau, ou un peu plus. S'il continue à être relâché, il prendra deux conges de fine farine, qu'il jettera dans l'eau; il en boira un peu, et ne sera plus tourmenté. Si on est travaillé par la colique, on fera macérer des choux dans de l'eau; après la macération on les jettera dans de l'eau chaude, et on les fera cuire jusqu'à ce qu'ils s'amollissent. Après avoir décanté l'eau, on assaisonnera avec du sel, un peu de cumin et de fin gruau. On y ajoutera aussi de l'huile, et on fera bouillir; après quoi on versera sur un plat pour laisser refroidir. On les mêlera, pour les manger, avec tel autre aliment qu'on voudra : mais on fera mieux de manger les choux seuls, si on le peut. Si l'on n'a point de fièvre, on les prendra avec un vin noir et dur, et on ne boira que le moins d'eau possible, mais s'il y a fièvre, il faudra adopter l'eau. On en fera prendre tous les matins, mais peu à la fois, afin de ne pas provoquer le dégoût, et qu'on les trouve toujours agréables. On les administrera de la même manière aux hommes, aux femmes et aux enfants. J'arrive maintenant à ceux qui ont les voies urinaires trop resserrées et embarrassées. Prenez des choux et jetez-les dans l'eau bouillante, faites-les cuire un peu, pour leur enlever leur crudité : ensuite décantez presque toute l'eau; ajoutez-y beaucoup d'huile, du sel, et un peu de cumin; faites bouillir. On en avalera le bouillon froid et on mangera les choux, et cela tous les jours, afin que le remède soit plus prompt.

CLVII. — Variétés et qualités des choux.

Avant tout il convient de connaître le caractère et les propriétés des diverses espèces de choux. Il entretient la santé, et s'allie merveilleusement avec le chaud, le sec, l'humide, le doux, l'amer et l'âcre : il réunit à lui seul les propriétés de ce remède composé qu'on appelle des sept vertus. Abordons maintenant l'étude des espèces. La première est nommée lisse; elle est grande, à feuillage étalé, à tige haute. Elle est robuste et possède une grande vertu. La seconde espèce est crispée et se nomme apiacon; le port de cette espèce en révèle les propriétés médicinales; elle est plus énergique que la précédente. La troisième, que l'on appelle douce, a une tige

nipulum, fervere desistet. Postea ubi occipiet fervere, paulisper demittito usque admodum dum quinquies quinque numeres. Tum eximito. Item facito alterum manipulum, item tertium, postea conjicito et contundito. Item eximito, in linteum exugeto sucum, quasi heminam, in pocillum fictile. Eo indito salis micam quasi ervum, et cumini fricti tantum quod oleat. Postea ponito pocillum in sereno noctu. Qui poturus erit, lavet calida, bibat aquam mulsam, cubet incoenatus. Postea mane bibat sucum, deambuletque horas iv. Agat, negotii si quid habebit. Ubi libido veniet nauseæ, eumque apprehendet, decumbat, purgetque sese. Tantum bilis, pituitæque ejiciet, uti ipse miretur, unde tantum siet. Postea ubi deorsum versus ibit, heminam, aut paulo plus bibat. Si amplius ibit, sumito farinæ minutæ conchas duas, infriet in aquam, paulum bibat, consistet. Verum quibus tormina molesta erunt, brassicam in aquam macerare oportet. Ubi macerata erit, conjicito in aquam calidam, coquito usque donec ea commadebit bene. Aquam defundito. Postea salem addito, et cumini paululum, et pollinem polentæ. Eodem addito et oleum, postea fervefacito. Infundito in catinum, uti frigescat. Eo interito, quod volet, cibi postea edit. Sed si poterit solam brassicam esse, edit. Et si sine febre erit, dato vini atri duri. Aquatum bibat quam minimum. Si febris erit, aquam. Id facito quotidie mane. Nolito multum dare, ne pertædescat, uti possit porro libenter esse. Ad eundem modum viro et mulieri, et puero dato. Nunc de illis quibus ægre lotium it, quibusque subsilium est. Sumito brassicam, conjicito in aquam ferventem, coquito paulisper, uti suberuda siet. Postea aquam defundito non omnem. Eo addito oleum bene, et salem, et cumini paululum infervefacito paulisper, postea inde jusculum frigidum sorbere, et ipsam brassicam esse oportet. Uti quam primum excoquat, quotidie id facito.

CLVII. — Quot brassicæ genera, et quæ natura.

Principium te cognoscere oportet, quæ genera brassicæ sint, et cujusmodi naturam habeant. Omnia ad salutem temperat, commutatque sese semper cum calore, (et rigore) arido, simul humido, et dulci, et amaro, et acri. Sed quæ vocatur * septem bona in commixturam, natura omnia hæc habet brassica. Nunc uti cognoscas naturam earum, prima est, levis quæ nominatur. Ea est grandis, latis foliis, caule magno : validam habet naturam, et vim magnam habet. Altera est crispa, apiacon vocatur. Hæc est aspera et natura bona ad curationem.

courte; sa feuille est tendre, mais la plus amère de toutes, et son suc peu abondant a un effet violent. Sachez d'abord qu'elle possède plus de propriétés médicinales que les autres espèces de choux. On l'applique pilée sur toutes les plaies et sur toutes les tumeurs. Ce topique nettoiera tous les ulcères, et les guérira sans douleurs. Elle travaille les abcès et les ouvre. Elle nettoie et guérit les plaies infectes, et les cancers qui résistent aux autres remèdes. Mais avant de l'appliquer, passez-la à l'eau chaude, et faites-en deux cataplasmes par jour : vous enlèverez ainsi toute l'infection. Le cancer noir sent mauvais, et jette une sanie dégoûtante. Le cancer blanc est aussi purulent; mais le cancer fistuleux ne s'épure que sous la chair à l'intérieur. Pilez du chou sur toutes ces sortes de maux, et vous les guérirez : c'est ce qu'il y a de mieux pour ces affections. Vous guérirez pareillement les luxations en les lavant deux fois par jour avec de l'eau chaude, et en y appliquant du chou pilé. Si vous en mettez deux fois par jour, vous couperez la douleur, et s'il y a contusion vous la résoudrez et la guérirez. Le chou broyé guérit aussi les ulcères et les chancres qui naissent aux mamelles. Si l'ulcère ne peut supporter l'acrimonie du chou, mêlez à celui-ci de la farine d'orge, et appliquez-le ensuite : il guérira tous les ulcères de cette nature, tandis qu'aucun autre remède n'eût pu ni les guérir ni les nettoyer. Pour guérir les ulcères des enfants et des jeunes filles, mêlez au chou de la farine d'orge. Si vous voulez couper, laver et faire sécher des feuilles de chou que vous faites digérer dans du sel et du vinaigre, vous obtiendrez un aliment des plus sains. Pour le rendre plus agréable, vous l'arroserez de vinaigre miellé, vous l'aromatiserez de menthe sèche, de rue, de coriandre pilée, et vous y mettrez du sel. Cet aliment est excellent, détruit la source de toutes les maladies ; il a des propriétés laxatives, et guérit les maux dont le corps contiendrait déjà le germe. Maux de tête, maux d'yeux, il chasse tout, il guérit tout. Il faut le prendre à jeun le matin. Il guérit la mélancolie, le spleen, les palpitations de cœur, les maladies du foie, des poumons, les tiraillements des entrailles, et toutes les douleurs internes. Ratissez dessus du laser, et vous le rendrez meilleur. Lorsque tous les viscères gorgés de nourriture ne peuvent s'insinuer dans toute la masse du corps, il en résulte toujours quelque maladie. Lorsque votre estomac surchargé par un excès d'aliments ne peut évacuer, mangez du chou préparé comme il a été dit, et en proportion de la consommation que vous avez faite; et vous n'aurez à redouter aucune maladie. Rien n'est si efficace contre la goutte que le chou cru, si on le mange associé à la rue et à la coriandre, ou bien assaisonné de laser ratissé, d'oxymel et de sel. Ce remède rendra le mouvement à toutes les phalanges végétales ; il n'est pas dispendieux; et d'ailleurs, le fût-il, il faudrait en essayer pour sa santé. C'est à jeun qu'il faut le prendre. On guérira par le même moyen les personnes sujettes aux insomnies, en leur administrant du chou grillé, frotté d'huile lorsqu'il est chaud, et légèrement salé. Plus elles en mangeront, plus prompte sera leur guérison. Ordonnez le traitement suivant à ceux qui ont des tranchées : Faire bien macérer des feuilles de chou, les mettre dans

Validior est, quam quæ supra scripta est. Item est tertia, quæ lenis vocatur, minutis caulibus, tenera, et acerrima omnium est istarum, tenui succo vehementissima. Et primum scito, de omnibus brassicis nulla est illiusmodi medicamentosior. Ad omnia vulnera, tumores eam contritam imponito. Hæc omnia ulcera purgabit, sanaque faciet sine dolore. Eadem tumida concoquit, eadem erumpit. Eadem vulnera putida, canceresque purgabit, sanosque faciet, quod medicamentum aliud facere non potest. Verum priusquam id imponas, aqua calida multa lavato. Postea bis in die contritam imponito. Ea omnem putorem adimet. Cancer ater, is olet, et saniem spurcam mittit. Albus purulentus est. Sed fistulosus subtus suppurat sub carne. In ea vulnera hujuscemodi teras brassicam, sanum faciet. Optima est ad hujuscemodi vulnus. Et luxatum si quod est, bis die aqua calida foveto, brassicam tritam opponito, cito sanum faciet. Si bis die apponitur, dolores auferet. Et si quid contusum est, erumpet. Si brassicam tritam apposueris, et sanum faciet : et si quid in mammis ulceris natum, et carcinoma, brassicam tritam opponito, sanum faciet. Et si ulcus acrimoniam ejus ferre non poterit, farinam hordeaceam misceto, ita opponito. Hujuscemodi ulcera omnia hæc sana faciet : quod aliud medicamentum facere non potest, neque purgare. Et puero, et puellæ si ulcus erit hujuscemodi, farinam hordeaceam addito. Et si voles eam consectam, lautam, (siccam,) sale, aceto sparsam esse, salubrius nihil erit. Quo libentius edas, aceto mulso spargito, mentam siccam, et rutam, coriandrum sectam, sale sparsam paulo. Libentius edes. Id bene faciet, et mali nihil sinet in corpore consistere, et alvum bonam faciet. Si quid antea mali intus erit, omnia sana faciet. De capite, et de oculis omnia deducet, et sanum faciet. Hanc mane esse oportet jejunum. Et si bilis atra est, et si lienes turgent, et si cor dolet, et si jecur, aut pulmones, aut præcordia, uno verbo omnia sana faciet, intro quæ dolitabunt. Eodem silphium inradito, bonum est. Nam venæ omnes, ubi sufflatæ sunt ex cibo, non possunt perspirare in toto corpore, inde aliqui morbus nascitur. Ubi ex multo cibo alvus non it, pro portione brassica si uteris, (id ut te moneo) nihil istorum usu veniet morbis. Verum morbum articularium nulla res tantum purgat, quantum brassica cruda, si eam edes cum ruta et coriandro concisam. Sic et laserpitium inrasum cum brassica ex (aceto) oxymeli, et sale sparsa. Hac si uteris, omnes articulos poteris experiri. Nullus sumptus est : et si sumptus esset, tamen valetudinis causa experiar. Hanc oportet mane jejunum esse. Omnis qui insomniosus est, hac eadem curatione sanum facies. Verum assam brassicam, et unctam caldam, salis paulum dato homini jejuno. Quam plurimum

une marmite, et les laisser bouillir ; décanter l'eau après la cuisson, ajouter beaucoup d'huile, un peu de sel, du cumin et du fin gruau ; faire bouillir de nouveau, puis dresser sur un plat. On mangera le chou sans pain, s'il est possible ; sinon on y fera tremper un peu de pain : s'il n'y a pas de fièvre, on donnera du vin bien coloré. La guérison sera prompte. Si une personne débile fait usage du chou ainsi apprêté, elle reprendra bientôt ses forces. Voici qui est plus surprenant : Conservez l'urine d'une personne qui aura mangé des choux, faites-la chauffer, préparez-en un bain à une personne malade : elle sera guérie. Cela est sanctionné par l'expérience. Si vous lavez de cette urine les enfants d'une constitution débile, ils deviendront robustes pour toujours, et ceux dont la vue sera affaiblie verront plus clair en frottant leurs yeux de ce liquide. Les maux de tête et de cerveau disparaîtront, si on lave ces parties avec cette urine. Jamais la femme ne manifestera d'exhalaisons spéciales à certaines régions quand elles auront été lavées avec cette urine ; et voici comment elle devra s'y prendre. Aussitôt que l'urine aura bouilli dans un vase en cuivre, on placera celui-ci sous une chaise percée sur laquelle la femme s'asseoira, et on l'enveloppera de ses vêtements. Le chou sauvage possède les propriétés les plus énergiques. Il faut le faire sécher, et le broyer bien menu. Si l'on veut purger quelqu'un, on lui défend de souper la veille, et le lendemain matin on lui administre à jeun le chou broyé, à la dose de quatre cyathus d'eau. Ce purgatif, supérieur à l'ellébore et à la sammonée, n'a pas de suite fâcheuse, et fortifie le corps : il opérera même sur les malades désespérés. Voici comment il convient de traiter celui qui prend le remède. Administrez-le sous forme liquide pendant sept jours : si le malade veut manger, donnez-lui du rôti ; si cette nourriture lui répugne, donnez-lui du chou cuit et du pain, du vin trempé : défendez le bain et prescrivez les frictions huileuses. Celui qui se sera ainsi purgé jouira longtemps d'une bonne santé, et ne sera jamais malade que par sa faute. Si quelqu'un est affligé d'un ulcère récent ou invétéré, appliquez-lui de ce chou sauvage, sur lequel vous aurez versé de l'eau, et il sera guéri. Si c'est une fistule, introduisez à l'intérieur une tente de ce chou ; si la fistule ne peut recevoir la tente, délayez le chou, introduisez-le dans une vessie à laquelle vous adapterez un tuyau; pressez les flancs de la vessie, afin que la préparation entre dans la fistule. Ce remède sera infaillible. Le chou broyé avec du miel guérit aussi les ulcérations récentes et invétérées sur lesquelles il a été appliqué. S'il vous est venu un polype dans le nez, mettez dans le creux de la main du chou sauvage broyé, et approchez-le des fosses nasales : aspirez fortement. Au bout de trois jours le polype disparaîtra. Aussitôt qu'il sera tombé, continuez encore le remède pendant quelques jours, afin de détruire les racines mêmes du polype. Si vous êtes quelque peu sourd, broyez des feuilles de chou avec du vin, exprimez le suc, que vous instillerez tiède dans votre oreille ; et vous sentirez aussitôt que vous entendez plus clairement. Appliqué à faible dose sur les dartres, le chou les fait disparaître sans déterminer d'ulcération.

ederit, tam citissime sanus fiet ex eo morbo. Tormina quibus molesta erunt, sic facito : brassicam macerato bene, postea in aulam conjicito, defervefacito bene. Ubi cocta erit bene, aquam defundito. Eo addito oleum bene, et salis paululum, et cuminum, et pollinem polentæ. Postea ferve bene facito. Ubi ferverit, in catinum indito. Dato edit, si poterit, sine pane; si non, dato panem purum. Ibidem madefaciat. Et si febrim non habebit, dato vinum atrum bibat. Cito sanus fiet. Et hoc, si quando usus venerit, qui debilis erit, hæc res sanum facere potest. Brassicam edit ita, uti s. s. e. Et hoc amplius. Lotium conservato ejus, qui brassicam esitarit. Id calfacito. Eo hominem demittito, cito sanum facies hac cura. Expertum hoc est. Item pueros pusillos, si laves eo lotio, nunquam debiles fient. Et quibus oculi parum clari sunt, eo lotio inungito, plus videbunt. Si caput aut cervices dolent, eo lotio caldo lavito, desinent dolere. Et si mulier eo lotio locos fovebit, nunquam ii virosi fient. Et fovere sic oportet : ubi in scutra fervefeceris, fœtæ sub sellam supponito pertusam. Eo mulier assidat, (operito,) circum vestimenta eam dato. Brassica erratica maximam vim habet. Eam arfacere, et conterere oportet bene minutam. Si quidem purgare voles, pridie ne cœnet, mane jejuno dato brassicæ tritæ decoctæque aquæ cyathos iv. Nulla res tam bene purgabit, neque elleborum, neque scamoneum, et sine periculo ; et scito salubrem esse corpori. Quos diffidas sanos facere, facies. Qui hac purgatione purgandus erit, sic eum curato : sorbitione liquida hoc per dies vii. dato. Ubi esse volet, carnem assam dato. Si esse non volet, dato brassicam coctam, et panem, et bibat vinum lene dilutum, lavet raro, utatur unctiône. Qui sic purgatus erit, diutina valetudine utetur, neque ullus morbus veniet nisi sua culpa. (Et) si quis ulcus tetrum, vel recens habebit, hanc brassicam erraticam aqua spargito, opponito, sanum facies. Et si fistula erit, turundam intro trudito. Si turundam non recipiet, diluito, indito in vesicam, eo calamum alligato. Ita premito, in fistulam introeat. Ea res sanum faciet cito. Et ad omnia ulcera vetera et nova contritam cum melle opponito, sanum faciet. Et si polypus in naso introierit, brassicam erraticam aridam tritam in malum conjicito, et ad nasum admoveto. Ita subducito susum animam quam plurimum poteris. In triduo polypus excidet. Et ubi exciderit, tamen aliquot dies item facito, ut radices polypi persanas facias. Auribus si parum audies, terito cum vino brassicam, succum exprimito, in aurem intro tepidum instillato. Cito te intelliges plus audire. Depetigini spurcæ brassicam opponito, sanam faciet, et ulcus non faciet.

ÉCONOMIE RURALE.

CLVIII. — Préparations laxatives.

Si vous voulez que le canal digestif demeure libre, mettez dans une marmite six setiers d'eau, et l'extrémité osseuse d'un jambon. A défaut de cette dernière partie employez un morceau de jambon d'une demi-livre, et coupé dans la partie la moins grasse. Lorsque la cuisson touche à son terme, ajoutez-y deux petites têtes de choux, deux bettes avec leurs racines, un peu de polypode, de mercuriale, deux livres de muscles, un têtard, un scorpion, six escargots, et une poignée de lentilles. Faites réduire toutes ces substances jusqu'à trois setiers, sans y mettre d'huile. Prenez un setier de ce breuvage lorsqu'il sera tiède; ajoutez-y un cyathus de vin de Cos; buvez et reposez-vous. Prenez de même la seconde et la troisième portion, et vous serez purgé. Si vous voulez boire par-dessus du vin de Cos, vous en avez la liberté. De toutes les substances que je viens d'indiquer, une seule suffirait pour relâcher; mais leur réunion constitue un breuvage aussi efficace qu'agréable.

CLIX. — Remèdes contre les écorchures.

Quand on voyage, on préviendra les écorchures en portant sous l'anus un petit rameau de grande absynthe.

CLX. — Charme contre les luxations.

Le charme suivant guérit les luxations : Prenez un roseau vert de quatre ou cinq pieds de long; coupez-le par le milieu, et que deux hommes le tiennent sur vos cuisses; commencez à chanter : IN ALIO. S. F. MOTAS VÆTA, DARIES DARDARIES ASTATARIES DISSUNAPITER, et continuez le charme jusqu'à ce que les deux morceaux soient réunis; agitez un fer au-dessus; lorsque les deux parties seront réunies et se toucheront, saisissez-les, et coupez-les en tous sens : vous en ferez une ligature sur le membre cassé ou fracturé, et il sera guéri. Cependant pour un membre démis ou cassé, répétez tous les jours le même charme : ou le suivant, pour une fracture : HUAT HANAT HUAT ISTA PISTA SISTA, DOMIABO DAMNAUSTRA; ou bien encore : HUAT HAUT HAUT ISTA SIS TAR SIS ARDANNABON DUNNAUSTRA.

CLXI. — Manière de cultiver les asperges.

Il faut défoncer un sol convenablement humide, ou un terrain bien engraissé. Après le défoncement, on le disposera en planches, afin qu'on puisse sarcler et nettoyer à droite et à gauche sans piétiner la terre. Dans la formation des planches, on ménagera autour de chacune d'elles un sentier d'un demi-pied de largeur; on sème ensuite en ligne, en mettant deux ou trois semences dans un trou fait au plantoir, et qu'on recouvre ensuite de terre. L'ensemencement terminé, on éparpille du fumier sur la surface des planches vers l'équinoxe du printemps; lorsque le germe poussera, on sarclera fréquemment, en faisant attention de ne pas arracher les asperges avec les mauvaises herbes. La première année de la plantation, on couvrira le semis de paillis pendant l'hiver, pour le préserver des gelées. Au printemps on le découvrira, on le sarclera et on le nettoiera.

CLVIII. — Alvum dejicere hoc modo oportet.

Alvum dejicere hoc modo oportet. Si vis bene tibi dejicere, sume tibi ollam, addito eo aquæ sestarios VI. et eo addito ungulam de perna. Si ungulam non habebis, addito de perna frustum. P. S. quam minime pingue. Ubi jam coctum incipit esse, eo addito brassicæ coliculos II. betæ coliculos II. cum radice sua feliculæ paulum, herbæ mercurialis non multum. Mutulorum L. II. piscem capitonem, et scorpionem I. cochleas VI. et lentis pugillum. Hæc omnia decoquito usque ad sestarios tres juris. Oleum ne addideris. Indidem sume tibi sestarium unum tepidum. Adde vini Coi cyathum unum. Bibe, interquiesce. Deinde iterum eodem modo, deinde tertium. Purgabis te bene. Et si voles insuper vinum Coum mixtum bibere, licebit bibas. Ex iis tot rebus, quot scriptum est, unum, quod eorum vis, alvum dejicere potest. Verum ea re tot res sunt, uti bene dejicias, et suave est.

CLIX. Ad intertriginem remedia.

Intertrigini remedium in viam cum ibis, absinthii Pontici surculum sub anulo habeto.

CLX. — Luxum ut excantes.

Luxum si quod est, hac cantione sanum fiet. Harundinem prende tibi viridem P. IV. aut V. longam. Mediam diffinde, et duo homines teneant ad coxendices. Incipe cantare, IN ALIO. S. F. MOTAS VÆTA, DARIES DARDARIES ASTATARIES DISSUNAPITER, usque dum coeant. Ferrum insuper jactato. Ubi coierint, et altera alteram tetigerit; id manu prende, et dextra sinistra præcide. Ad luxum, aut ad fracturam alliga, sanum fiet. Et tamen quotidie cantato in alio, S. F. vel luxato. Vel hoc modo, HUAT HANAT HUAT ISTA PISTA SISTA, DOMIABO DAMNAUSTRA, et luxato. Vel hoc modo, HUAT HAUT HAUT ISTA SIS TAR SIS ARDANNABON DUNNAUSTRA.

CLXI. — Asparagus quomodo seratur.

Asparagus quomodo seratur. Locum subigere oportet bene, qui habeat humorem, aut loco crasso : ubi erit subactus, areas facito, ut possis dextra sinistraque sarire, runcare, ne calcetur. Cum areas deformabis, intervallum facito inter eas semipedem latum in omnes partes. Deinde serito. Ad lineam palo grana bina aut terna demittito. Et eodem palo cavum terræ operito. Deinde supra areas stercus spargito, bene serito. Secundum æquinoctium vernum, ubi erit natum, herbas crebro purgato, cavetoque ne asparagus una cum herba vellatur. Quo anno severis, substramentis per hiemem operito, ne peruratur. Deinde primo vere aperito, sarito, runcatoque. Post annum tertium, quam severis, incendito vere primo. Deinde ne ante sarueris, quam asparagus natus erit, ne in sariendo radices lædas. Tertio, aut quarto anno asparagum vellito

Après la troisième année qui suit l'ensemencements on brûle les tiges au printemps. Gardez-vous bien de sauler avant la poussée des tiges, car le saulage pourrait offenser les racines. A la troisième ou à la quatrième année, vous couperez les asperges sur les racines; car si vous les cassez, il se formera de nouvelles souches qui s'étoufferont. Vous pourrez les couper jusqu'à ce qu'ils montent en graine. Les semences murissent à l'automne; lorsqu'elles auront été récoltées, on mettra le feu aux tiges et on recommencera à sarcler et à fumer dès que l'asperge poussera. L'asperge est déjà au déclin vers la huitième ou la neuvième année; on l'arrache alors, pour la transporter dans un autre terrain bien défoncé et bien fumé. On fait des tranchées destinées à recevoir les pattes d'asperge. On ne doit pas laisser entre celles-ci un intervalle de moins d'un pied. En les arrachant creusez tout autour, afin que l'extraction ne présente pas de difficultés; prenez garde surtout de les déchirer. Entourez-les d'une bonne dose de fumier de mouton, c'est le meilleur pour cet objet : tout autre engrais favorise la multiplication des mauvaises herbes.

CLXII. — Salage des jambons, fricandeaux de Pouzzoles.

Procédé pour saler les jambons dans une futaille ou dans un saloir. Lorsque vos jambons seront achetés, retranchez-en l'extrémité osseuse. Employez pour chacun un muid de sel romain trituré. Mettez-en un lit au fond de la tonne ou du saloir : stratifiez vos jambons en plaçant la peau en bas, et mettez une seconde couche de sel. Faites un second lit de jambons, que vous couvrez de la même manière. Prenez bien garde que les chairs ne soient en contact, et couvrez-les tous de sel. Lorsque tous les jambons seront entonnés, mettez au-dessus une couche de sel qui les couvrira et que vous égaliserez. Après qu'ils auront séjourné dans le sel pendant cinq jours, enlevez-les avec le sel. Replacez au fond du saloir les jambons qui étaient à la surface, couvrez-les et stratifiez-les comme précédemment. Après l'intervalle de douze jours retirez définitivement les jambons, secouez-en le sel, et mettez-les à un courant d'air pendant deux jours. Essuyez-les avec une éponge le troisième jour, et frottez-les d'huile; suspendez-les à la fumée pendant deux jours, après quoi vous les retirerez. Frottez-les d'huile et de vinaigre mêlés ensemble, suspendez-les au garde-manger : ils ne seront attaqués ni par les teignes ni par les vers.

---

ab radice. Nam si defringes, stirpes fient, et intermorientur. Usque licebit vellas, donicum in semen videris ire. Semen maturum fit ad autumnum. Ita cum sumpseris semen, incendito, et cum cœperit asparagus nasci, sarito, et stercorato. Post annos VIII. aut IX. cum jam est vetus, digerito, et in quo loco positurus eris, terram bene subigito, et stercorato. Deinde fossulas facito, qua radices asparagi demittas. Intervallum sit ne minus pedes singulos inter radices asparagi. Vellito, sic circumfodito, ut facile evellere possis. Caveto ne frangatur. Stercus ovillum quam plurimum fac ingeras : id est optimum ad eam rem. Aliud stercus herbas creat.

CLXII. Salsura pernarum et offellæ Puteolanæ.

Pernas sallire sic oportet, in dolio, aut in seria. Cum pernas emeris, ungulas earum præcidito. Salis Romaniensis moliti in singulas semodius. In fundo dolii, aut serie salem sternito. Deinde pernam ponito. Cutis deorsum spectet. Sale obruito totam. Deinde alteram insuper ponito. Eodem modo obruito. Caveto, ne caro carnem tangat. Ita omnes obruito. Ubi jam omnes composueris, sale insuper obrue, ne caro appareat. Æqualem facito. Ubi jam dies v. in sale fuerint, eximito omnes cum suo sale. Quæ tum summæ fuerint, imas facito. Eodemque modo obruito, et componito. Post diem omnino duodecimum pernas eximito, et salem omnem detergeto, et suspendito in vento biduum. Die tertio extergeto spongia bene, perunguito oleo. Suspendito in fumo biduum. Tertio die demito. Perunguito oleo et aceto commixto. Suspendito in carnario. Nec tinea, nec vermes tangent.

NOTES
SUR L'ÉCONOMIE RURALE DE CATON.

Introduction. *Majores enim nostri hoc sic habuerunt, et ita in legibus posuerunt, furem dupli, fœneratorem quadrupli.* On a lieu de supposer que Caton fait allusion aux lois des Douze Tables. Tacite nous apprend que ces lois défendaient l'usure; mais ni lui ni d'autres ne font mention de la peine qu'elles prononçaient contre les usuriers. Pour ce qui concerne les voleurs, il nous reste un fragment de ces lois, où nous lisons : « Si adorat furto, quod nec manifestum escit, duplionem luito. » L'aversion que notre auteur avait d'ailleurs pour l'usure était telle, que lorsqu'on lui demandait un jour ce que c'était que faire l'usure, il ne répondit qu'en demandant à son tour ce que c'était que tuer un homme.

Chap. I. *De omnibus agris, optimoque,* etc... Nous voyons par ce passage qu'une récolte d'osier était regardée comme une chose si intéressante, que Caton met une oseraie immédiatement après la vigne et le jardin, pour la valeur de son produit.

Chap. II. *Centones, cuculiones familiam oportuisse sibi sarcire...* Le *cento* était l'habillement des gens de la campagne qui leur couvrait tout le corps, tandis que le *cuculio* leur enveloppait seulement la tête et les épaules.

Chap. III. Les Romains, comme nous l'apprend Columelle, I, 6, divisaient leurs métairies en trois parties : l'une, qu'ils appelaient *villa rustica*, était destinée aux opérations rustiques, et comprenait l'habitation du métayer et de tous ceux qui étaient employés sous ses ordres, les basses-cours, les étables, les hangars pour mettre à couvert les voitures et les instruments de culture; l'autre, qu'ils désignaient sous le nom de *villa fructuaria*, servait de réserve aux productions de la terre. Cette partie de la métairie se composait des greniers, des celliers, des pressoirs, etc. La troisième partie, appelée *villa urbana*, était réservée à l'habitation du propriétaire.

Chap. V. *Rem divinam, nisi compitalibus in compito aut in foco ne faciat.* Les *compitalia* étaient des fêtes qui se célébraient dans les carrefours en l'honneur des dieux lares. Varron nous explique très-bien l'étymologie de ce mot, qu'il fait dériver de *compitus*, carrefour, (ubi viæ competunt), où deux chemins se rencontrent. Voici ses expressions : « Compitalia, deis attributus laribus — ubi viæ competunt, tum in compitis sacrificatur : quotannis is dies conciptur. »

Chap. IX. *Si aquam non habebis, sicca quam plurima facito. Hoc est prædium quod ubi vis expedit facere.* Le précepte renfermé dans ces paroles est la conséquence naturelle de la manière de voir de Caton. D'après lui, le produit le plus sûr est celui qu'on retire de l'éducation des bestiaux. Quelqu'un lui demandant un jour quel était le meilleur moyen de s'enrichir promptement, il répondit que c'était de s'appliquer à nourrir des bestiaux. La même personne insistant encore pour savoir quel était le moyen qui approchait le plus de celui-là, il répondit que c'était encore de nourrir des bestiaux, mais d'une manière moins parfaite. Cicéron, en rapportant cette anecdote dans ses Offices, II, 25, lui fait même ajouter que le troisième moyen serait de nourrir des bestiaux, quoiqu'on le fit mal. Mais on suppose avec raison que ces dernières paroles sont de l'invention de l'orateur romain, puisque Pline, en citant le même trait, XVIII, 5, n'en fait aucune mention. Columelle même, liv. VI, dans la préface, assure qu'il est impossible qu'un homme aussi expérimenté que Caton ait donné cette troisième réponse, puisqu'on perdrait plus à mal nourrir des bestiaux qu'on ne peut gagner à le bien faire.

Chap. XXXVI. Au sujet de ce chapitre, Dickson (Traité de l'agriculture des anciens) nous fait observer que l'usage établi en Angleterre de semer quelquefois du sarrasin, du froment, du trèfle, des pois et d'autres légumes, pour être retournés comme engrais, nous a été transmis par les anciens, qui avaient souvent recours à cet expédient. Les Grecs employaient ordinairement les fèves à cet effet; et Théophraste nous apprend que dans la Macédoine et en Thessalie les cultivateurs les retournaient en fleur. Au lieu de fèves, les Romains employaient généralement des lupins. Varron, liv. I, ch. 23, nous dit : « Il y a des
« plantes qu'on cultive moins pour en tirer du profit dans
« le moment présent, que pour augmenter celui de l'an-
« née suivante : ce sont celles qui, laissées sur la terre
« après avoir été coupées, contribuent à la rendre d'un
« meilleur rapport. C'est par cette raison que, lorsqu'une
« terre est trop maigre, on emploie en guise de fumier le
« lupin qui n'est pas encore monté en graine, ou bien même
« la tige des fèves dont les cosses ne sont pas encore
« assez formées, pour qu'il y ait plus de profit à récolter
« la fève elle-même. »

Columelle, en parlant de ce genre d'engrais, nous dit aussi : « Je pense que lorsque le cultivateur manque de
« fumier, il ne doit pas oublier d'avoir recours aux lu-
« pins; car si on les sème dans un champ stérile vers
« le 18 de septembre, et qu'on les retourne à la charrue
« ou à la bêche, ils produiront l'effet des meilleurs
« engrais. Il faut les retourner lorsqu'ils sont en fleur
« pour la seconde fois, dans les terrains sablonneux; et
« à leur troisième floraison dans les terres fortes. Dans le
« premier cas, on les enterre lorsqu'ils sont tendres en-
« core, afin qu'ils pourrissent plus promptement, et se
« mêlent avec le sol franc. Dans le second, on les laisse
« devenir durs et roides, afin qu'ils puissent soutenir plus
« longtemps les mottes solides dans un état de division,
« jusqu'à ce que les vapeurs que les chaleurs de l'été
« font exhaler aux plantes qui se putréfient puissent les
« pénétrer et les dissoudre. »

Nous voyons par là que les Romains étaient très-attentifs à la manière de retourner des végétaux pour servir d'engrais : et peut-être est-ce le défaut du même soin qui a fait manquer tant de fois une expérience dont le succès ne saurait être douteux. Les terres légères d'Italie ont beaucoup à souffrir de l'action du soleil pendant la saison chaude; pour cette raison, lorsqu'on y semait des lupins pour les fertiliser, on les retournait pendant qu'ils étaient tendres, afin qu'ils pussent se mêler promptement à la terre, et avant que le soleil en eût fait évaporer les sucs. Il n'en est pas de même des terres fortes :

elles ont besoin d'être divisées, ce qui ne se fait pas sans difficulté : aussi, lorsqu'on y semait des lupins pour engrais, on ne les retournait que lorsqu'ils avaient acquis une consistance qui les rendait capables de supporter la terre et de la tenir ouverte. Par là, les rayons du soleil s'y introduisaient, et faisaient exhaler, des plantes en putréfaction, des vapeurs qui humectaient et dissolvaient cette terre dure et compacte.

Pline conseille de faire labourer immédiatement un champ de lupins qui a été mangé en vert. C'est ici une circonstance à laquelle les anciens paraissent avoir donné beaucoup plus d'attention que les modernes. En effet, l'objet paraît assez important. Lorsqu'une plante est coupée verte, comme le fourrage, il y a certainement une grande quantité de sève dans la portion de la tige qui est laissée sur pied, ainsi que dans la racine. Or, si cette partie de la plante est abandonnée dans cette situation à la chaleur du soleil, il est probable que non-seulement toute cette sève sera évaporée, mais encore qu'aussi longtemps que la plante conservera cette puissance de succion par laquelle elle tire sa nourriture de la terre, elle continuera de la pomper en pure perte, puisqu'elle épuisera ainsi la terre d'une sève que le soleil fera évaporer. Mais lorsque ces racines encore pleines de suc sont labourées et enfouies, elles se pourrissent et rendent tous ces sucs à la terre, en même temps qu'elles y excitent une fermentation utile. Nous coupons aussi quelquefois l'ivraie et les légumes verts pour fourrage ; nous devrions, dans ce cas, suivre le conseil des anciens, d'autant plus que, quel que soit l'effet de la racine de l'ivraie sur la terre lorsqu'on la laisse se flétrir d'elle-même, il est certain que plus tôt une terre, après avoir été récoltée, est labourée, et plus tôt elle se répare.

CHAP. XXXVIII. La description que nous fait Caton de la manière de construire les fours et de cuire la chaux est très-importante. Nous voyons par là que la chaux était bien connue des Romains, quoique avant le temps de Pline ils ne paraissent pas l'avoir employée comme engrais. Le procédé dont nous nous servons aujourd'hui pour cuire notre chaux est très-différent de celui que nous donne Caton. En Angleterre, nous dit Dickson, on mêle les matières combustibles avec la pierre destinée à faire la chaux, au lieu que les anciens les séparaient. Il est naturel de penser que les premiers essais pour cuire la chaux furent de placer la pierre dans le feu, ou de mêler les matières calcaires et combustibles. Dans cette supposition, leur séparation, suivant la méthode romaine, était un degré de perfection.

Du temps de Pline, on se servait de chaux dans quelques parties des Gaules pour fumer les terres à blé, et on l'avait reconnue très-bonne en Italie pour la vigne et l'olivier. Ce même auteur cite également la chaux comme très-favorable aux cerisiers : « Cerasos præcoces facit, cogitque maturescere calx admota radicibus. » (En couvrant de chaux la racine des cerisiers, on hâte la croissance de cet arbre, et on avance la maturité de ses fruits.)

Ce passage nous montre donc que l'usage de cette substance était connue des Romains comme engrais. Les cerises ne furent connues en Italie qu'après les victoires de Lucullus sur Mithridate; or, ce Romain les apporta l'an 680 de la république, ou environ deux cents ans avant Pline. Nous pouvons supposer que puisque de son temps l'on avait reconnu l'efficacité de la chaux pour les cerisiers, on avait fait plusieurs tentatives de ce genre ; et il est probable qu'à cette époque son usage comme engrais aurait été aussi répandu en Italie qu'il l'est parmi nous, s'il eût autant convenu à son climat qu'il convient au nôtre.

CHAP. LXXIV. *Panis depsticius*, que porte le texte de Gessner, signifie tout simplement un pain pétri. Il est plus probable que Caton entend parler du *panis testitius* (ou *testnatius*), pain cuit sous la cloche, qui se distinguait du pain ordinaire, appelé *furnaceus* (cuit dans le four), par son excellente qualité. Nous lisons en effet dans Varron, liv. IV : « Testuatium, quod in testu caldo coquebatur, ut etiam nunc id faciunt matronæ. »

CHAP. LXXV. Sur le *libum*, la *placenta*, les *tracta* et l'*alica*. Le libum était, ainsi que son origine l'indique (*libare*), une espèce de gâteau offert aux dieux dans les libations usitées dans les sacrifices. Ces gâteaux étaient faits de farine, de miel et d'huile. Les *placenta* (du mot πλάξ, πλάκος, croûte) semblent avoir été des gâteaux plus compactes. D'autres font dériver le mot *placenta* de celui de *placare*, comme pour indiquer qu'ils servaient à apaiser les dieux auxquels on les offrait en sacrifice.

Les *tracta* sont une espèce de gaufres, ou plutôt de masse-pains d'une pâte croquante, puisque les Romains s'en servaient pour épaissir les sauces, comme nous nous servons de chapelure de pain. *Tracta* provient sans doute de *tractare* qui veut dire manier, parce qu'il fallait beaucoup pétrir cette pâte pour la rendre légère : on prétend que notre mot *tarte* a la même origine.

L'*alica*, selon Pline, XVIII, 11, était une composition faite de grains d'épeautre concassés, auxquels on ajoutait, pour les attendrir et pour les blanchir, une espèce de craie particulière qui se trouvait entre Puteoli (aujourd'hui Pouzzoles) et Naples, sur le mont Leucogée (aujourd'hui la Lumera). Cette craie était si essentielle à la composition de l'*alica*, et l'*alica* elle-même si précieuse, qu'Auguste fit payer une somme considérable par an sur son trésor aux Napolitains, pour qu'ils en approvisionnassent une colonie qu'il avait établie à Capoue. Pline assure en effet que cette composition était très-saine, et il lui donne la palme sur toutes les espèces de ragoûts que l'on faisait avec les grains. Quand les grains d'épeautre concassés n'avaient été que dépouillés de leur enveloppe, comme ici, c'était de l'*alica prima* ; ensuite on les concassait de nouveau, on les faisait passer par un crible : ceux qui étaient trop gros pour passer donnaient l'*alica secunda*, et les plus raffinés l'*alica tertia*.

CHAP. LXXVII. La *spira* (σπεῖρα) était, ainsi que le mot l'indique, un gâteau d'une forme spirale.

CHAP. LXXVIII. Les *scriblitæ* (du mot *scribillare*, *scribo*) étaient des pièces de pâtisserie sur lesquelles il y avait toutes sortes de dessins ou d'inscriptions : *Circumlata diu mensis scriblita secundis*. (Martial., lib. III.) *Dum scriblitæ scriblitæ æstuant occurrite*. (Plaut. Pœn.)

CHAP. LXXX. Les *encyta* sont des espèces de beignets. Il paraît que ce mot provient de ἐγχυτεύειν (verser dans), parce que ces pièces de pâtisserie étaient trempées dans l'huile : après quoi on les faisait passer à travers un moule.

CHAP. LXXXI. L'*erneum* était encore une pièce de pâtisserie qui, d'après Turnebus, tirait son nom de *hir*, *hirnea* (petit vase plat), et, d'après Scaliger, de ὄρνεον.

CHAP. LXXXII. La *sphærita* ou *spærita* doit son nom aux pièces de pâtisserie sphériques qui entraient dans sa composition.

CHAP. LXXXIV. *Savillum*, pièce de pâtisserie appelée ainsi à cause de sa douceur et de sa suavité (*Savior et saviata* se disaient autrefois pour *suavior* et *suavitas*). D'après la recette que nous donne Caton pour préparer ce gâteau, il n'est guère probable qu'il serait encore du goût de nos jours, au point de mériter le titre de *savillum*.

CHAP. LXXXVII. Quant à l'*amulum*, Pline nous dit que cette pâte était appelée ainsi, parce que pour la fabriquer

on employait le grain sans le moudre : *Appellatum ab eo quod sine mola* (*a* privatif et *mola*) *fiat*.

Chap. CXXXII. *Jovi dapali culignam et...* Jupiter était appelé *Dapalis*, parce qu'on lui donnait un repas splendide à l'occasion de ces fêtes ; et on le plaçait entre Minerve et Junon.

Chap. CXXXIV. *Priusquam messim facies, porcam præcidaneam hoc modo fieri oportet*. On appelait *præcidanea* (*præ cædo*) toute victime qu'on immolait avant les autres ; mais la truie *præcidanea* était en particulier celle qu'on offrait à Cérès avant de couper le blé. C'était un sacrifice imposé à celui qui n'avait pas rendu les derniers devoirs à quelqu'un de sa famille.

Chap. CXXXVI et CXXXVII. Relativement au partage de la récolte, dont nous parle Caton dans ces deux chapitres, Dickson nous fait observer que les premiers fermiers qui aient existé chez les Romains se trouvaient placés sous d'autres conditions que chez nous. Il appartenait au propriétaire de pourvoir la ferme de tous les instruments nécessaires, et le fermier recevait en échange une certaine portion des produits pour les travaux de culture. Il s'appelait tantôt *politor*, par rapport à l'occupation à laquelle il se livrait (*polire terram*) ; tantôt *partuarius* par rapports à sa position vis-à-vis du propriétaire dont il était en quelque sorte l'associé en recevant une partie du produit de la ferme pour prix de son travail.

Quant à la portion même de la récolte qui revenait au *politor*, elle était, ainsi que nous le voyons dans le chapitre CXXXVI, extrêmement faible ; ce qui nous fait supposer que le fermier ne faisait aucune dépense pour la culture, et que cette portion lui était livrée exempte de toute déduction. En Égypte, le roi, comme propriétaire, ne recevait que la cinquième partie. Mais cette convention avait été établie par Joseph pendant la grande famine, et elle n'avait dû souffrir aucune difficulté : d'ailleurs le roi n'avait aucune dépense à faire, et recevait le cinquième du produit comme rente du fond. En Angleterre, quelquefois on afferme sur le même pied que le *politor* romain, pour ce qui concerne le mode de payement. Mais au lieu du sixième, qui était le maximum du droit du *politor*, le fermier anglais reçoit six dixièmes ou trois cinquièmes, la rente payée au propriétaire étant un tiers ; ce qui avec la dîme fait quatre dixièmes ou deux cinquièmes. Lorsqu'une terre est affermée sur ce pied, non-seulement le fermier cultive, mais il fournit le bétail, les ustensiles et la semence ; et excepté le transport à la grange, le battage et le vannage, le propriétaire a ses deux cinquièmes exempts de toute charge. Il est impossible de supposer que le *politor* dût fournir tout ce que fournit le fermier anglais ; la portion dans la récolte était trop faible pour cela. Caton ne dit pas par qui la semence était fournie. Était-elle prélevée sur la récolte avant le partage, ou était-ce le propriétaire qui la donnait ? Il est évident que ce ne pouvait être le *politor*, car cela lui eût enlevé la moitié de sa portion ; il est probable même qu'elle n'était pas fournie en commun, et que c'était le propriétaire seul qui la prenait sur sa part.

Les *coloni* dont parle Columelle paraissent avoir été sur un autre pied que les *politores* ou *partuarii*. Ils payaient une rente pour leur ferme, comme font nos fermiers actuels. Columelle les appelle fermiers libres (*subliberis colonis*) pour les distinguer des *politores* ou *partuarii*. Ceux-ci étaient sous la direction absolue des propriétaires dans toute la conduite de la ferme, tandis que les fermiers libres n'étaient tenus qu'aux conditions de leur bail.

Il paraît, d'après Caton et Columelle, que les fermiers romains étaient astreints à certaines cultures sur leurs fermes ; de sorte qu'ils étaient soumis non-seulement à un plan établi pour la succession des récoltes, mais encore ils étaient dans l'obligation de cultiver d'une manière déterminée les différentes productions. Cette circonstance s'explique par le haut degré de perfection auquel l'agriculture était parvenue en Italie. Les opérations étaient bien entendues, la culture était réglée suivant la nature du sol et des productions, et l'ordre des saisons permettait de fixer avec plus de précision les temps convenables pour les différents travaux. Ces restrictions d'ailleurs imposées aux fermiers pouvaient être très-avantageuses à l'agriculture ; et Columelle conseille même aux propriétaires d'être plus exacts à exiger la culture que le payement, parce que le fermier, recueillant de bonnes récoltes, oserait moins solliciter l'indulgence du maître pour le payement de la rente.

Chap. CXLI. Les *suovitaurilia* étaient le plus grand et le plus considérable sacrifice que l'on offrait au dieu Mars. Ce sacrifice se faisait pour la lustration ou l'expiation des champs, des fonds de terre, des armées, des villes et pour attirer la protection des dieux par cet acte de religion. Les *suovitaurilia* étaient distingués en grands et petits : les petits étaient ceux où l'on immolait de jeunes animaux, un jeune cochon, un agneau, un veau ; les grands étaient ceux où l'on immolait des animaux parfaits, qui avaient toute leur taille, comme le verrat, le bélier, le taureau. Avant les sacrifices on faisait faire à anima ux trois fois le tour de la chose dont on voulait faire l'expiation, comme le dit Virgile : « Que la victime qui doit « être offerte soit promenée trois fois autour des mois- « sons. » Le verrat était toujours immolé le premier, comme l'animal qui nuit le plus aux semences et aux moissons, et successivement le bélier et le taureau. Les *suovitaurilia* étaient chez les Romains, comme nous l'avons dit, un sacrifice offert à Mars ; mais chez les Grecs le même sacrifice se faisait en l'honneur d'autres dieux encore ; comme, par exemple, en l'honneur de Neptune, dans Homère, et en celui d'Esculape dans Pausanias.

Chap. CXLIII. *Kalendis, idibus, nonis, festus dies cum erit, coronam in focum indat*. Cette couronne de fleurs était mise dans l'âtre en l'honneur des dieux lares, dont le siége principal était dans le foyer. Elle était d'une grandeur extraordinaire ; et Festus nous dit : « *Donaticæ coronæ dictæ, quod his victores in ludis donabantur, quæ postea magnificentiæ causa institutæ sunt super modum aptarum capitibus, quali amplitudine fiunt, cum lares ornantur*. » Suétone nous apprend que cette coutume étant tombée dans l'oubli, Auguste la rétablit, en ordonnant qu'on déposât ces couronnes dans l'âtre deux fois l'an, au printemps et à l'été : « *Compitalitiis lares ornari bis anno instituit, vernis floribus et æstivis*. »

VARRON.

NOTICE

SUR VARRON [1].

M. Térentius Varron, le plus savant des Romains, au jugement de Cicéron, s'était rendu célèbre par un grand nombre d'ouvrages, dont la plupart ne sont pas parvenus jusqu'à nous. Parmi ces derniers, on doit citer l'histoire de sa vie : le grammairien Charisius faisait un grand éloge de ce morceau, dont la perte est si regrettable. On sait donc fort peu de chose sur Varron, et le peu qu'on sait ne repose que sur des conjectures tirées soit des auteurs anciens, soit de ses propres écrits. Nous ne laisserons pas de rapporter ici tous les passages qui peuvent jeter quelque lumière sur sa vie et ses travaux, en indiquant autant qu'il nous sera possible la date de ses principaux ouvrages et la nature de ceux qui ont été perdus.

Nous trouvons d'abord dans Pline, l. VII, § 53, un passage où il est question de ses parents. C'est Varron lui-même qui parle, citant comme un double exemple de mort subite celle du mari de sa tante maternelle Corfidius et celle du frère de ce Corfidius. Tous deux étaient chevaliers romains. Ernesti pense que c'est le Corfidius dont Cicéron a fait mention dans sa harangue pour Ligarius : on voit même dans une de ses lettres (*ad Att.* XIII, 44) qu'il voulait supprimer son nom, parce que Corfidius était mort quand la harangue fut prononcée. Varron parle encore dans son traité *De re rustica* (liv. II) de Caïus Fundanius son beau-père, et de Fundania, femme de celui-ci. Nous supposons que c'est ce Fundanius qui avait écrit un ouvrage sur les *phénomènes de la nature*, imité de celui d'Aristote, et qui a été fort loué par les grammairiens. Varron ajoute (liv. III *De re rust.*) que le fonds de terre appartenant à sa tante était situé dans la Sabine. Il était lui-même de Réatine, et Sidoine Apollinaire lui donne toujours le surnom de Réatinus, pour le distinguer de Publius Térentius Varron Atacinus. Symmaque le désigne aussi par ce surnom.

On ignore quelles charges il brigua, et quelles sont celles dont il fut revêtu. Suivant Fabricius, il aurait été tribun, et cet honneur n'est pas le seul qu'il aurait obtenu. Cette conjecture nous paraît fondée, en ce qui concerne le tribunat, sur un passage des *Antiquités* de Varron (*apud Gellium*) qui se trouve placé parmi les fragments, à la suite de ses ouvrages.

Nous voyons dans Pline (liv. XXXV, § 49) un autre passage qui semblerait prouver que Varron exerça l'édilité. « On trouva, dit-il, dans une maison de « Lacédémone un plafond remarquable par l'excel- « lence du travail et la beauté des peintures. Ce « plafond ayant été détaché de la muraille, et mis « dans une caisse, fut transporté à Rome par les « soins des édiles Muréna et Varron, qui en ornè- « rent la salle des comices. » Mais on peut douter que ce Varron soit le savant écrivain qui nous occupe. Le même Pline (liv. II) nomme Vitruve à la place de Varron. Ernesti, s'appuyant sur une lettre de Cicéron (XIII, 10), fait de Varron le questeur de M. Brutus lorsque celui-ci partit pour la Gaule. Mais il est certain que le M. Térentius Varron qui accompagna Brutus dans la Gaule n'avait rien de commun que le nom avec le Varron de Réatine. Ernesti aurait pu s'en assurer par la lettre même de Cicéron dont nous reproduisons ici les termes (*Ep.* l. 13-10) :

« Lorsque M. Térentius Varron, dit Cicéron, « vint au Forum, il rechercha mon amitié. Cette « amitié s'est accrue avec le temps. Il se plaît aux « mêmes études que moi ; il s'en occupe avec ar- « deur, ainsi que j'ai pu le voir souvent, et même « avec succès. Il était en relations très-assidues avec « les fermiers de la république, ce qui ne laissait « pas de me faire quelque peine. Il éprouva de « grandes pertes, et se jeta dans la carrière du bar- « reau, avant les changements survenus dans la « république. Il s'y distingua par sa probité autant « que par ses talents, regardant comme très-hono- « rable et très-légitimement acquis le gain qu'il « retirait de sa profession. »

Cicéron parle encore (*ad Div.* XIII, 2) d'un A. Térentius Varron Muréna qui faisait le commerce en Achaïe, et lui recommande son affranchi Tiron, alors dans cette province, et malade ; mais on ne sait quel est ce T. Varron Muréna. On ne sait pas non plus que conclure de ce passage de Cicéron (*ad Div.* IX, 10), où Décimus Brutus lui dit : « Je ne pourrais suffire « à la dépense, eussé-je à ma disposition les trésors « de Varron. » Corradus pense que c'est une allusion au traité de Varron sur *les richesses*. Manutius n'est pas de cet avis : il prétend qu'il s'agit d'Antoine, et qu'à la place de *Varronis* il faut mettre *Baronis*, terme de mépris dont Brutus se serait servi pour flétrir son ennemi. Quant au poëte Térentius Varron Atacinus, ainsi appelé du nom d'un fleuve ou d'un village de la province de Narbonne, il vivait dans le même temps. Horace et Ovide ont célébré ses louanges. Wernsdorff a donné la liste

---

[1] Cette notice est un résumé du savant travail dont Schneider a fait précéder son édition de *Varron*, dans la collection qu'il a donnée des *Scriptores rei rusticæ*.

de ses ouvrages dans son Épître critique sur les poëtes latins du second ordre, adressée à Ruhnkenius. Sidoine Apollinaire (liv. vi, 32) cite les deux Varron, mais sans savoir comment on doit les distinguer. « De quel Varron veut-on parler? dit-il ; est-ce « de Varron Atacinus, ou bien de Térentius Varron? » A quoi Ruhnkenius répond très-justement, en s'appuyant sur un passage de Symmaque (*Epist.* ix-32) : « Tu sais bien que ce n'est pas de Térentius le Co« mique qu'il s'agit, mais de Varron de Réatine, le « père de l'érudition latine. »

Varron s'était acquis les bonnes grâces de Pompée, dont il embrassa le parti contre César. Il lui resta fidèle jusqu'au moment où sa cause fut perdue sans ressources. Pompée l'avait employé dans la guerre contre les pirates et contre Mithridate. Appien, *De bell. Mithridat.*, dit que Cnéus Statius Varus confia à Varron la garde des mers d'Ionie et de Sicile, jusqu'à l'Acarnanie; d'où l'on peut conclure qu'il fut préteur. En effet, Appien ajoute que les préteurs avaient été envoyés pour garder ces deux mers. Varron, dans son traité *De re rust.*, (l. 11) a fixé d'une manière très-précise les limites de son commandement maritime. « Je n'ai rien avancé, « dit-il, qui ne m'ait été assuré par ceux qui possè« dent les plus beaux pâturages en Épire, lorsque « je commandais la flotte entre la Sicile et l'île de « Délos, pendant la guerre contre les pirates. » On peut rapporter à cette époque ce que dit Varron de certains poissons (*De re rust.*, liv. iii, ch. 17, § 4). Il suppose que c'est Accius qui parle : « Ces poissons, « dit-il, ne sont-ils pas encore plus sacrés que ceux « que tu as vus en Lydie, qui, accourant par trou« pes au son de la flûte grecque, vinrent jusqu'à « l'extrémité du rivage, et même près de l'autel « où tu sacrifiais : personne n'osait les toucher. » Pline parle aussi du commandement exercé par Varron, comme chef de la flotte, dans la mer de Sicile (l. iii, § 16) : « Pyrrhus, roi d'Épire, eut, dit« il, le projet d'unir ces deux rivages au moyen « d'un pont jeté sur le détroit (le détroit qui sépare « l'Adriatique de la mer Ionienne, entre Apollo« nie et Hydronte, et qui a cinquante mille pas « de largeur). Varron avait eu le même dessein « lorsqu'il commandait la flotte de Pompée, pen« dant la guerre contre les pirates ; mais d'autres « soins l'en empêchèrent. » On voit encore dans Pline (l. vi, § 19) un passage où il est question de Varron ; c'est au sujet de la mer Caspienne. Il rapporte une observation faite par Varron sur la qualité des eaux de cette mer : « L'eau de cette mer, dit-il, est « douce, au rapport de Varron, qui en fit porter à « Pompée, pendant la guerre contre les pirates. « C'est sans doute l'énorme masse d'eau apportée « par les fleuves qui s'y jettent, qui l'empêche « d'être salée. Varron ajoute qu'il fut reconnu « alors qu'on pouvait en sept jours transporter « les marchandises indiennes de l'Inde à la Bac« triane et au fleuve Icare, lequel vient se per« dre dans l'Oxus pour passer à la mer Caspienne, « dans les eaux du Cyrus, et, au bout d'un voyage « par terre de cinq jours au plus, déboucher dans « le Pont par le Phase. » C'est encore d'après Varron qu'il parle des Ophiogènes, habitants des bords de l'Hellespont, dont la salive guérissait la morsure des serpents. Enfin, s'il faut l'en croire, Varron aurait écrit que le roi Ptolémée, lors de l'expédition de Judée, avait fourni à Pompée un corps de huit mille cavaliers entretenus à ses frais, et qu'il lui avait donné un festin où se trouvaient mille convives, ayant chacun devant eux un vase d'or qu'on changeait à mesure que les services se succédaient. Ce fait semble remonter à l'an 691 de la fondation de Rome.

Varron mérita dans cette guerre la couronne navale qui lui fût décernée au retour (Plin., vii, § 31; xvi, § 3). On y ajouta de l'argent. Pline donne le chiffre de la somme (l. xxxvii, § 6) : « On accorda, « dit-il, à la république et aux questeurs qui avaient « défendu les côtes, une somme de mille talents : « chaque soldat eut six mille sesterces. » On trouve une leçon différente dans une ancienne édition de Pline. Suivant cette leçon, on n'aurait donné que deux mille sesterces à chacun des soldats. Appien, de son côté, dit quinze cents drachmes. Quoi qu'il en soit, nous croyons qu'on a eu tort de joindre ici la république aux questeurs.

Nous avons dit que Varron embrassa le parti de Pompée dans la guerre civile. Il commandait les troupes que ce dernier avait en Espagne. Cicéron en parle dans une de ses lettres à Dolabella (*Fam.* ix, 13) : « Caïus Subérinus Calénus, voulant rester « neutre, dit-il, s'était retiré en Espagne avec Var« ron, avant le commencement des hostilités. Per« sonne ne pouvait supposer, après la défaite d'A« franius, que la guerre dût s'étendre jusque dans « cette province. Mais à peine arrivé, il tomba dans « le malheur qu'il voulait éviter : en effet, Pompée le « supplia si instamment de prendre les armes, que, « sous aucun prétexte, il ne put s'y refuser. » César fit la guerre à Afranius et à Pétréius en Espagne, l'an 705 de Rome. Varron avec ses légions défendait l'Espagne inférieure (*Bell. civ.*, l. i-xxxviii) ; et César (id., xvii-xx) ne laisse pas de lui donner de grands éloges. Plus tard, lorsqu'il n'y eut plus d'espoir, Varron lui livra ses troupes, et vint au-devant de lui jusqu'à Cordoue, où il lui rendit un compte fidèle de l'état de la province, et lui remit l'argent qu'il en avait tiré. Il tenait encore pour Pompée à l'époque où fut livrée la bataille de Pharsale (Cic., *De div.*, i, 32). Cicéron raconte qu'étant à Dyrrachium, où il commandait la flotte des Rhodiens, un des partisans de Pompée vint le trouver, et dit qu'un des rameurs, qui avait le don de divination, lui avait annoncé qu'avant trente jours la Grèce nagerait dans le sang ; que Dyrrachium serait livré au pillage, toute la flotte brûlée et mise en fuite. Cicéron ajoute que cette prédiction lui causa une grande terreur, ainsi qu'à Marcus Varron et à M. Caton, qui étaient avec lui. Peu de jours après on vit arriver Labiénus, échappé du désastre de Pharsale. Ces événements se passèrent en l'an 706 de Rome, et Varron a paru y faire allusion dans un passage de ses *Agronomiques* (l, 4, § 5).

Après avoir déposé les armes, il s'était retiré à Cumes et à Tusculum, où il cultivait en paix les belles-lettres, quoiqu'il ne fût pas sans inquiétude sur les dispositions du dictateur à son égard. Mais César, lui ayant pardonné, le chargea, sur sa demande, d'organiser les bibliothèques grecques et latines qu'il avait l'intention de fonder, et qui furent ouvertes peu de temps après, vers l'an 707 de la fondation de Rome.

Les premières bibliothèques grecques et latines établies à Rome avaient été fondées par Pollion, qui fit placer dans l'atrium les bustes des écrivains les plus célèbres. Il l'avait en outre décoré des dépouilles prises sur les Dalmates. Tous les anciens auteurs sont d'accord pour célébrer la magnificence de cette partie du monument. Il est à croire que c'est cette galerie de bustes qui donna à Varron l'idée de son traité *sur les Images*, désigné par les grammairiens sous le titre d'*Hebdomades*. Aulu-Gelle parle avec éloge des deux livres d'Homère et d'Hésiode qui faisaient partie de cet ouvrage.

Quant aux livres sur les *Bibliothèques*, cités par le grammairien Sosipater, nous ignorons s'ils furent composés en même temps que les *Hebdomades*, ou si Varron les y réunit plus tard. Suivant Nonius, Varron disait, dans le premier livre des *Hebdomades*, qu'il avait divisé son traité en sept parties, pour imiter les alcyons, qui mettent sept jours à faire leur nid sur la mer. Aulu-Gelle (l. III, ch. 11) rapporte encore quelques lignes de Varron tirées du livre *des Jours*, et qui s'appliquent à la statue de Démétrius. C'est une inscription placée au-dessous de cette statue, et dont voici le sens :

« Celui-ci est Démétrius, qui en a eu autant que
« l'année a de jours. »

C'est du moins ce que porte la première édition de Mercurius. Scaliger, dans ses *Catalectes*, complète l'idée :

« Celui-ci est Démétrius, à qui on éleva autant
« de statues en airain qu'il y a de jours dans l'an-
« née, » ce qui a été entendu de Démétrius de Phalère. Ce passage de Pline (l. XXXIV, § 12) paraît autoriser l'explication de Scaliger : « Je pense, dit-il,
« qu'il n'y a point d'homme à qui on ait élevé au-
« tant de statues qu'à Démétrius de Phalère. On
« lui en avait érigé trois cent soixante, d'après le
« nombre des jours qu'on donnait alors à l'année.
« Ces statues furent bientôt renversées. » A propos du livre Ier, Aulu-Gelle (LIII, ch. II) dit que M. Varron avait mis sous le portrait d'Homère une inscription conçue en ces termes : « Cette chèvre blan-
« che indique la place où repose Homère; car une
« chèvre blanche est la victime que les habitants
« d'Ios offrent en sacrifice à sa mémoire. »

On voit dans le poëme d'Ausone sur la Moselle (v. 306) que le dixième livre des *Hebdomades* était consacré aux architectes; et Symmaque (l. II, *Epist.* 2) dit que ce livre contenait l'éloge de plusieurs personnages célèbres.

Le passage suivant nous fait connaître quel était l'âge de Varron lorsqu'il termina les *Hebdomades*. C'est Aulu Gelle qui parle (l. III, ch. 10) : « Varron « dit, à la fin des *Hebdomades*, qu'il est sur le point
« d'avoir parcouru sept fois douze années (il avait
« alors 78 ans), et qu'il a écrit sept fois soixante-dix
« livres, dont il a perdu un assez grand nombre
« lorsqu'il était proscrit, et que sa bibliothèque fut
« pillée. » On verra plus bas que sa maison de Casinate fut occupée et détruite par Antoine pendant la guerre civile.

Il avait quatre-vingts ans lorsqu'il écrivit ses *Agronomiques*, ainsi qu'il le dit lui-même dans sa préface; d'où l'on peut conclure que cet ouvrage fut composé vers l'an 717 de Rome. Les *Hebdomades*, ou livres sur *les Images*, durent être composés deux ans auparavant. Aulu-Gelle a tiré de cette préface les observations qu'il a faites sur la vertu du nombre sept, et dont quelques-unes témoignent d'une rare sagacité. Pour les autres, il est permis de douter de leur exactitude.

Les *Questions épistolaires*, adressées par Varron à Appianus, furent composées après la mort de César. Aulu-Gelle (l. XIV, ch. 7) cite plusieurs passages du livre IV, où il est question de la curie Hostilia, de la curie Pompéia, et de la nouvelle coutume qui s'était introduite dans le sénat, pour demander l'avis des sénateurs. On ne lira pas sans intérêt le passage d'Aulu-Gelle : « Cn. Pompée, dit-
« il, fut nommé consul pour la première fois avec
« M. Crassus. Occupé jusqu'ici des soins de la guerre,
« il ignorait, au moment d'entrer en charge, de
« quelle manière on doit convoquer le sénat, et en
« général tout ce qui concerne l'administration
« intérieure. Il pria son ami Varron de lui faire un
« mémoire sur le cérémonial à observer, où il pût
« apprendre ce qu'il devait faire et dire en consul-
« tant le sénat. Varron fit le mémoire; mais, dans
« le quatrième livre des *Questions épistolaires*, il
« nous apprend lui-même que cet ouvrage a péri.
« Pour réparer cette perte, il donne dans ses lettres
« de nombreuses instructions sur le même sujet. »

Outre ce mémoire, Varron avait composé pour Pompée un traité des règles de la navigation, au moment où celui-ci allait partir pour la guerre d'Espagne. Ce traité, auquel l'auteur avait donné le nom d'*Éphémérides*, a été perdu. Suivant toute apparence, il aurait été écrit en l'an 677 de Rome, époque de l'expédition de Pompée en Espagne.

Il n'y a point d'ouvrage où l'on trouve de meilleurs renseignements sur les écrits de Varron, sur les époques où ils ont été composés, et la manière dont on doit les classer, que le livre qui nous est resté des Académiques de Cicéron. Cicéron avait dédié ce livre ainsi que les trois autres, aujourd'hui perdus, à T. Varron, d'après le conseil de son ami Atticus, dont les instances avaient pu seules l'y décider. En effet, il y avait de la répugnance, à cause du caractère de Varron, qu'il n'a pas flatté dans une de ses lettres à Atticus (l. XIII, 25) où il le dépeint comme un esprit chagrin, difficile, et très-jaloux de sa supériorité dans les lettres. « Tu sais comme il est, dit-il à son ami :

« Son esprit soupçonneux accuse l'innocent (1).

(1) Traduit d'un vers grec cité par Cicéron.

« Il me semble que je l'entends se plaindre de ce « que je défends mieux ma cause que lui la sienne. »
Toutefois nous le voyons, dans ses Académiques, prier Varron de vouloir bien prendre le parti d'Antiochus contre Philon, dans la querelle qui s'était élevée entre ces deux philosophes sur diverses questions de morale et de métaphysique. Il se charge à son tour de faire valoir les raisons de Philon. En outre, il rappelle à Varron une promesse qu'Atticus, leur ami commun, lui a faite de sa part. Il s'agissait d'un livre que Varron devait soumettre à son jugement. Il lui annonce qu'il est impatient de le voir, et d'annoter l'ouvrage d'un écrivain πολυγραφοτάτῳ, ainsi qu'il l'appelle dans ses lettres à Atticus. Voici ce qu'il lui fait dire à cette occasion (*Académiq.*, ch. 1); c'est Varron qui parle : « J'ai, dit-il, entre les « mains un grand ouvrage que je veux soumettre à « notre ami (désignant ainsi Cicéron), mais je m'oc- « cupe en ce moment de le revoir et de le polir. » Cicéron répond que Libon, leur ami commun, lui a dit qu'il connaissait déjà cet ouvrage; et Varron, de son côté, ajoute qu'il y travaille sans relâche, et ne le quittera point qu'il ne l'ait terminé. Ce que dit Atticus, à la suite de cette conversation, prouve qu'il était question du Traité sur la langue latine, que Varron adressa depuis à Cicéron, et qui demanda beaucoup de temps à son auteur. « Les muses de Varron, « dit-il, se taisent bien plus longtemps qu'à l'ordi- « naire. Je ne crois pourtant pas qu'il demeure « oisif : je crois plutôt qu'il ne veut pas nous mettre « dans la confidence. »

Varron possédait, à cette époque, une maison dans la terre de Cumes, près celle de Cicéron. Mais il s'en défit bientôt, à cause de la guerre qui désolait ces campagnes, et alla se fixer dans une des provinces les plus éloignées de l'Italie, à Casinate. Cicéron l'en félicite dans une de ses lettres. « Je désire, lui « écrit-il, que vous soyez satisfait de votre nouvelle « acquisition; je ne puis qu'approuver la résolu- « tion que vous avez prise de vous retirer au loin. » Mais il n'y avait pas lieu de le féliciter. En effet, c'est cette maison de Casinate qui fut pillée environ un an après par Antoine, lorsque César était occupé au siège d'Alexandrie; ce qui ferait remonter cet événement à l'an 708 de la fondation de Rome.

Nous avons dit que Varron travailla pendant longtemps à son traité sur la langue latine. On peut déterminer d'une manière assez précise le temps qu'il apporta à la composition de cet ouvrage. Cicéron (*ad Att.*, l. XIII, 12) dit : « Voilà deux ans que Varron m'a « promis de me dédier son ouvrage; mais depuis « ce temps, il n'a pas avancé d'un pas. » Il nous apprend dans une autre lettre qu'il a fini les Académiques. Or cette lettre, (l. XIII, 23) ainsi que toutes les autres du même livre, appartient à l'année 708. Il est naturel de supposer qu'il envoya son ouvrage à Varron peu de temps après l'avoir terminé; et l'on sait que Varron répondit à ce présent par un autre, c'est-à-dire en envoyant à Cicéron le Traité sur la langue latine. Ce serait donc en l'an 708 de Rome, ou tout au plus l'année suivante, que Varron aurait mis la dernière main à ce traité, qui l'aurait ainsi occupé pendant près de trois ans.

Quant aux *Agronomiques*, on croit que cet ouvrage suivit de très-près le Traité sur la langue latine. Ce n'est pas l'opinion de certains commentateurs, qui le supposent écrit huit ans après, en l'an 716 de Rome. Mais si l'on veut faire attention que Varron avait quatre-vingts ans lorsqu'il publia le Traité sur la langue latine, on admettra difficilement qu'il ait commencé un autre ouvrage à quatre-vingt-huit ans, presque à la veille de sa mort, pour ainsi dire; car il mourut à quatre-vingt-dix ans. Il paraît impossible de rien affirmer à ce sujet.

Après avoir indiqué, autant qu'il était en nous, à quelle époque ont été composés les ouvrages qui nous sont parvenus, nous allons essayer de retrouver la date de ceux qui ont été perdus, en nous guidant sur les Académiques de Cicéron, l'un des monuments de l'antiquité qui renferment le plus de détails sur la personne et les écrits de Varron.

Cicéron (*Académ.*, liv. I, ch. 1) lui fait tenir ces paroles : « Quant aux choses que personne n'avait « encore enseignées, et que les amis de la science ne « pouvaient trouver nulle part, j'ai tâché autant que « je l'ai pu (car je n'ai pas une grande admiration « pour mes ouvrages) de les faire connaître à mes « concitoyens. Ce sont des recherches qu'on ne pou- « vait demander aux Grecs, ni même aux Latins, « depuis la mort de notre ami Ælius. »

Cicéron lui répond (ch. 3) : « Oui, Varron, vous « avez réussi. Étrangers dans notre ville, nous er- « rions comme des voyageurs; vos ouvrages nous « ont pour ainsi dire conduits par la main au sein « de nos foyers, et, grâce à vous, nous pouvons en- « fin reconnaître qui nous sommes et où nous vi- « vons. C'est vous qui nous avez révélé l'âge de no- « tre patrie, la succession des temps, les droits de « la religion et du sacerdoce; vous nous avez fait « connaître l'administration intérieure, la discipline « militaire, l'emplacement des quartiers et des lieux « les plus remarquables : vous nous avez dévoilé « les choses divines et humaines, les noms, les espè- « ces, les fonctions et les causes. »

Il est évident que ce passage s'applique à l'ouvrage connu sous le nom d'*Antiquités*. Les anciens auteurs l'ont tous désigné ainsi, et rappellent même le titre de chacun des livres qui le composaient. Saint Augustin (*C. Div.*, VI, 3) dit que Varron avait consacré vingt-cinq livres aux antiquités humaines, et seize livres aux antiquités divines. Il ajoute qu'il dédia l'ouvrage à César, lorsque celui-ci était grand pontife. Lactance, qui s'accorde sur ce point avec saint Augustin, rapporte les premières lignes du traité sur les *choses divines*. « J'ai parlé, dit « Varron, des choses humaines : je vais parler des « choses divines, qui ont été instituées par les hom- « mes. » Il se décida à écrire cet ouvrage sur les exhortations d'Ælius Stilo, son ami, qui l'aida de ses conseils. Cet Ælius, dont le nom a été cité plus haut, était de la classe des chevaliers. Cicéron a fait connaître son mérite dans le *Brutus* (p. 56). « C'é- « tait, dit-il, un homme éminent, aussi remarquable

« par la pureté de ses mœurs que par son savoir.
« Il était également versé dans les lettres grecques
« et latines, et connaissait à fond tout ce qui se rap-
« porte à notre histoire, soit dans les temps an-
« ciens, soit dans les temps modernes. Nul ne dé-
« chiffrait plus habilement les anciens manuscrits.
« C'est lui qui a formé notre Varron, » etc.

Ce passage, où il est question des *Antiquités*, fut écrit en 707, ce qui prouve que l'ouvrage avait paru avant cette époque. Il résulte d'un autre passage cité par Aulu-Gelle (l. XIII, ch. 13), que Varron avait exercé les fonctions de tribun. « Lorsque
« j'étais triumvir, dit-il, je fus cité par le tribun
« Porcius ; je pris l'avis des principaux magistrats,
« me conformant au droit ancien. *Quand j'ai été*
« *tribun du peuple*, je n'ai fait citer personne, et
« j'ai laissé libres ceux que mes collègues citaient. »
Il dédia toute la partie des *Antiquités* qui regarde les choses divines à J. César, auprès duquel il était rentré en grâce vers l'an 706, ainsi que nous l'avons dit plus haut. Le traité des *Choses divines* paraît l'avoir occupé pendant deux ans.

On voit encore dans Cicéron que Varron avait composé des satires dans sa jeunesse. Ces satires, imitées de Ménippe, et dont on a recueilli quelques fragments, étaient écrites en vers de six pieds. Il les avait appelées les Ménippées, du nom du poëte grec qu'il avait pris pour modèle. D'autres les ont désignées sous le titre de Cyniques. C'est le nom que leur donne Aulu-Gelle dans les citations qu'il en fait. Il y en avait une qui faisait allusion à ce qu'on appelait la conspiration de C. Pompée, de César et de Crassus (an 694 de Rome); et Appien (*Bell. civ.* II, 9) dit que l'auteur l'avait publiée sous le titre de τρικάρανον. On en peut voir la raison dans un passage de Varron (*De vit a populi romani, ad Nonium*), où l'on rencontre cette phrase à propos du mot *biceps* : « Et il fit deux villes d'une seule : c'est
« là le principe de nos discordes civiles. »

Cicéron (*Epist. ad. Att.*, XIII, 48) cite encore un ouvrage de Varron ; c'est un éloge de Porcia, sœur de Caton, et femme de Domitius Ænobarbus. On voit par la date de la lettre que cet éloge fut composé par Varron vers l'an 709 de la fondation de Rome.

On ne trouve rien de plus dans Cicéron qui ait rapport à Varron, et nous n'avons plus pour nous guider que de simples fragments. Nous allons essayer, à l'aide de ces fragments, de retrouver la date des ouvrages dont nous avons encore à nous occuper.

Dans le traité *De lingua latina*, Varron parle de son livre *de Æstuariis*; d'où il faut conclure que ce livre a été composé avant l'an 708, le traité *De lingua latina* ayant été publié à cette époque.

Dans le même traité (page 16), il cite son livre sur l'organisation du peuple romain en tribus. Notre observation s'applique également à cet ouvrage.

Vitruve, dans la préface de son liv. VII, parle des dix-neuf livres de Varron connus sous le titre de *Libri disciplinarum*, dédiés à M. C. Rufus. Aulu-Gelle (l. X, 101) cite un fragment du liv. V : « Et
« Pompée se montra timide, lorsque, pour ne mettre
« ni *tertium*, ni *tertio* consul, il supprima les der-

« nières lettres. » Cette phrase se rapporte évidemment à l'érection du théâtre de Pompée. Cn. Pompée, qui avait été élu le troisième, se trouva, par le fait, être le seul consul, les deux autres ayant été condamnés pour cause de brigue. Cette élection eut lieu en l'an de Rome 699. D'un autre côté, on voit dans les Commentaires de César (*Bell. civ.*) que M. Rufus, partisan de Pompée, et l'un des hommes les plus instruits de son temps dans tout ce qui concernait l'antiquité, fut tué en 706 ; d'où il résulte que les 19 livres *Disciplinarum*, adressés à M. Rufus, furent composés entre les années 699 et 706 de la fondation de Rome.

Arnobius, en parlant de l'ouvrage *De gente populi romani*, dit que Varron avait embrassé un espace de deux mille années, depuis le déluge de Deucalion et Pyrrha, jusqu'au consulat d'Hirtius et de Pansa; ce qui fait supposer que cet ouvrage avait déjà été publié en l'an 710 de Rome.

Les livres *Sur la vie et les usages du peuple romain*, dédiés à Pomponius Atticus, paraissent avoir été écrits en l'an 704, époque de la mort de l'orateur Hortensius. Pline (l. XIV, 17) fait parler ainsi Varron : « Hortensius laisse à son héritier plus de
« dix mille amphores de vin. » Nonius dit que ce passage est extrait du livre III. Il en cite un autre du liv. IV, à l'occasion du verbe *obstrigillare*. « Lors-
« que Curion imita cet exemple, il disait à ses amis,
« pour les empêcher d'insister, qu'il s'opposerait à
« ce qu'on lui décernât le triomphe, et qu'il aimait
« mieux n'être pas consul une seconde fois. »
Ceci se rapporte à l'année 703 de Rome. Nonius cite encore un passage tiré du liv. IV, où il est question du mot *cæcum*, à l'occasion des ordres secrets donnés par les consuls à T. Ampius, et auxquels Cicéron fait allusion dans sa lettre à Atticus (VIII, 2). Or cette lettre a été écrite en l'an 704 de Rome. Enfin nous trouvons dans Nonius une dernière citation extraite du même livre, où il est dit que César, ne voulant pas laisser en Espagne le corps de troupes qui formait sa réserve, revint sur ses pas pour envelopper Pompée, et le presser des deux côtés. Il est évident que ce fait remonte à l'an 705. Les livres *Sur la vie et les usages du peuple romain* ont donc été composés entre les années 703 et 705, comme nous venons de le dire tout à l'heure.

Appien (*Bell. civ.*, IV, 47) parle d'un Varron qui fut mis au nombre des citoyens proscrits par les triumvirs, après la mort de César. Il aurait même été massacré en présence d'Antoine. Mais on ne peut rien affirmer à ce sujet. Il y avait plusieurs Varron à Rome du temps des proscriptions ; et peut-être le passage d'Appien, et celui de Velléius Paterculus, qui rapporte le même fait, s'appliquent-ils à un de ceux-là plutôt qu'à notre Varron.

Pline (l. XXXV, 46) dit quelques mots de la mort de Varron. « Varron, dit-il, voulut être enseveli à
« la manière pythagoricienne, c'est-à-dire dans des
« feuilles de myrte et d'olivier noir. » Valère Maxime en parle aussi à propos de ses nombreux ouvrages. « T. Varron, dit-il, peut être cité comme exem-
« ple d'une vie aussi longue que bien remplie. Il

« vécut près d'un siècle, sans cesser un instant de « produire; et l'on peut dire que la maladie qui mit « fin à son existence arrêta en même temps le cours « de sa vie et celui de ses travaux. » C'est le seul renseignement qu'on ait sur la mort d'un homme dont la vie, malgré les citations assez nombreuses à l'aide desquelles nous en avons cherché les traces, restera toujours à peu près inconnue. Ce qui nous reste de ses ouvrages n'est pas d'ailleurs marqué de ces qualités qui permettent de deviner le caractère de l'homme d'après le style de l'écrivain, et qui suppléent au manque de renseignements authentiques.

M. T. VARRON.
DE L'AGRICULTURE.

LIVRE I.

I. Si j'avais du loisir, Fundania, je donnerais une meilleure forme à cet ouvrage. Tu l'auras tel que peut le faire un homme qui se dépêche : car si l'on peut dire que l'existence n'est qu'une bulle d'air, c'est encore plus vrai quand on est vieux. J'ai quatre-vingts ans; c'est l'annonce de plier bagage et de se tenir prêt à partir. Tu viens d'acheter un fonds de terre, dont tu voudrais, par une culture bien entendue, tirer le meilleur parti possible; et tu réclames à ce sujet mes soins et mes conseils. J'y ferai de mon mieux : je tâcherai même que mes instructions te profitent et pendant ma vie et après ma mort. Les paroles de la Sibylle ont bien pu être l'oracle non-seulement de ses contemporains tant qu'elle a vécu, mais, après sa mort, de générations auxquelles elle ne pensait guère. Ses livres, après tant de siècles, sont encore solennellement consultés chaque fois qu'il y a parti à prendre par suite d'événements surnaturels. Ne pourrais-je pas, moi, de mon vivant, donner quelques avis utiles à ceux qui me touchent de si près? Je vais donc composer pour toi trois livres qui te serviront de guide, et auxquels tu pourras recourir au besoin pour toutes les indications relatives à la culture. Et puisque les dieux, dit-on, viennent en aide à qui s'adresse à eux, je commencerai par invoquer, non pas les Muses, à l'exemple d'Homère et d'Ennius, mais bien les douze grands dieux qui composent le conseil céleste. Je n'entends pas ces divinités citadines, six d'un sexe et six de l'autre, dont les statues dorées se dressent au Forum; mais bien les douze intelligences qui président aux travaux des laboureurs. Je commencerai donc par invoquer Jupiter et Tellus, dont la puissance embrasse le ciel, la terre, et tout ce que produit l'un et l'autre; parce que ce sont les générateurs de l'humanité, et que nous leur donnons les noms de père et de mère. J'invoquerai en second lieu le Soleil et la Lune dont nous observons le cours quand il s'agit d'ensemencer ou de récolter; en troisième lieu, Cérès et Bacchus, puisque les fruits qu'ils nous donnent sont indispensables à la vie. C'est par eux que la terre nous fournit aliments et boisson. En quatrième lieu, j'invoquerai le dieu Robigus et la déesse Flore, puisque l'un préserve de la rouille les blés et les arbres, et que l'autre les fait fleurir à temps : d'où les *fêtes robigales* en l'honneur de Robigus, et les *jeux floraux* en l'honneur de Flore. J'invoquerai encore Minerve et Vénus, dont l'une veille sur les plants d'oliviers, et l'autre préside au jardinage. C'est en leur honneur qu'on institua les fêtes appelées

M. TERENTII VARRONIS
RERUM RUSTICARUM
DE AGRICULTURA.

LIBER I.

I. Otium si essem consecutus, Fundania, commodius tibi hæc scriberem, quæ nunc, ut potero, exponam, cogitans, esse properandum, quod [ut dicitur] si est homo bulla, eo magis senex. Annus enim octogesimus admonet me, ut sarcinas colligam ante quam proficiscar e vita. Quare, quoniam emisti fundum quem bene colendo, fructuosum cum facere velis, neque ut id mihi habeam curare roges, experiar. Et non solum, ut ipse quoad vivam, quid fieri oporteat ut te moneam, sed etiam post mortem. Neque patiar Sibyllam non solum cecinisse, quæ, dum viveret, prodessent hominibus, sed etiam quæ cum perisset ipsa, et id etiam ignotissimis quoque hominibus; ad cujus libros tot annis post publice solemus redire, cum desideramus quid faciendum sit nobis ex aliquo portento : me, ne dum vivo quidem, necessariis meis quod prosit facere. Quo circa scribam tibi tres libros indices, ad quos revertare, si qua in re quæres, quemadmodum quidque te in colendo oportet facere. Et quoniam [ut aiunt] dei facientes adjuvant, prius invocabo eos; nec, ut Homerus et Ennius, Musas, sed xii deos consentis : neque tamen eos urbanos, quorum imagines ad forum auratæ stant, sex mares, et fœminæ totidem, sed illos xii. Deos, qui maxime agricolarum duces sunt. Primum, qui omnes fructus agriculturæ cælo et terra continent, Iovem, et Tellurem. Itaque quod il parentes magni dicuntur, Iuppiter, pater appellatur, Tellus, terra mater. Secundo Solem et Lunam, quorum tempora observantur, cum quædam seruntur et conduntur. Tertio Cererem et Liberum, quod horum fructus maxime necessarii ad victum. Ab his enim cibus et potio venit e fundo. Quarto Robigum ac Floram, quibus propitiis, neque robigo frumenta atque arbores corrumpit, neque non tempestive florent. Itaque publicæ Robigo feriæ robigaria; Floræ ludi floralia instituti. Item adveneror Minervam et Venerem, quarum unius procuratio oliveti alterius hortorum; quo nomine

rustica vinalia. Enfin j'adresserai mes prières à la déesse *Lympha* et au dieu *Bonus Eventus :* car de même que sans l'eau toute végétation est chétive et misérable, de même sans *le bon succès* point de culture qui vienne à bien. Maintenant que j'ai invoqué toutes ces divinités, je vais te faire part d'entretiens que j'eus dernièrement sur l'agriculture, et qui contiennent tout l'enseignement pratique dont tu peux avoir besoin. En cas d'insuffisance, j'indiquerai les ouvrages tant grecs que latins auxquels tu pourrais avoir recours. Les auteurs grecs qui ont traité incidemment de diverses parties de l'agriculture sont au nombre de plus de cinquante. Voici ceux que tu pourras, dans l'occasion, consulter avec fruit : Hiéron de Sicile et Attalus Philométor; parmi les philosophes, Démocrite le physicien, Xénophon, disciple de Socrate, et les péripatéticiens Aristote et Théophraste; Architas le pythagoricien; ainsi qu'Amphilochus d'Athènes, Anaxipolis de Thase, Apollodorus de Lemnos, Aristophane de Mallus, Antigonus de Cyme, Agathocle de Chio, Apollonius de Pergame, Aristandre d'Athènes, Bacchius de Milet, Bion de Solos, Cheresté et Chéréas d'Athènes, Diodore de Prienne, Dion de Colophon, Déophane de Nicée, Épigène de Rhodes, Évagon de Thase; les deux Euphronius, celui d'Athènes et celui d'Amphipolis, Hégésias de Maronéa, deux Ménandre, l'un de Brienne et l'autre d'Héraclée; Nicésius de Maronéa, Pythion de Rhodes. Parmi les autres dont la patrie m'est inconnue, je citerai Androtion, Æschrion, Aristomène, Athénagoras, Cratès, Dadis, Denys, Euphiton, Euphorion, Eubolus, Lisimaque, Mnaséas, Ménestrate, Pleutiphane, Persis, et Théophile. Tous les auteurs que je viens de nommer ont écrit en prose; d'autres ont écrit en vers sur le même sujet : tels sont Hésiode d'Ascra et Ménécrate d'Éphèse. Le plus en réputation de tous est Magon de Carthage, qui a écrit en langue punique, et renfermé dans vingt-huit livres tout ce qui se trouvait avant lui épars çà et là dans différents ouvrages. Plus tard Cassius Denys d'Utique en fit une traduction grecque en vingt livres, qu'il dédia au préteur Sextilius, et dans laquelle, nonobstant ce retranchement de huit livres sur l'œuvre de Magon, il sut fondre de nombreux emprunts faits aux auteurs grecs dénommés ci-dessus. Vint ensuite Diophane de Bithynie, qui fit de ces vingt livres un bon abrégé en six, offert par lui au roi Déjotarus. Je veux enchérir encore sur sa brièveté, et resserrer en trois livres la substance de son ouvrage. Le premier traitera de l'agriculture, le second du régime des troupeaux, et le troisième en général de l'engrais des animaux dans une métairie. J'élaguerai dès le premier tout ce qui, selon moi, n'a pas un rapport direct avec l'agriculture. Ainsi je commencerai par circonscrire la matière; puis je la traiterai suivant ses divisions naturelles. Mes observations seront puisées à trois sources : ma propre pratique, mes lectures, et ce que j'ai recueilli de vive voix de l'expérience d'autrui.

II. Je m'étais rendu au temple de Tellus le jour de la fête des semailles, sur l'invitation du gardien, que nous appelons avec nos ancêtres *œditimus,* et dont nos puristes ont changé le nom en celui d'*œdituus.* J'y trouvai C. Fundanius mon beau-père, C. Agrius, chevalier romain, de la

doctrine de Socrate, et le partisan P. Agrasius. Tous trois regardaient une carte d'Italie tracée sur la muraille. — Que faites-vous ici? leur dis-je. Est-ce la fête des semailles qui vous amène, pour employer vos vacances comme faisaient nos pères et nos ancêtres? Notre présence, dit Agrius, a, j'imagine, la même cause que la vôtre, l'invitation du gardien. Et si j'ai rencontré juste, attendez avec nous son retour. Il a dû comparaître devant l'édile, à qui appartient la surintendance de ce temple, et nous a fait prier de l'attendre ici. Eh bien, leur dis-je, faisons, en l'attendant, application du vieux proverbe : Le Romain triomphe assis. Très-volontiers, dit Agrius; et comme il est de ceux qui pensent que le plus long d'un voyage c'est de franchir le seuil, il prit sans façon place sur un banc, et nous l'imitâmes. Quand nous fûmes assis, Agrasius, prenant la parole, nous dit : Vous autres qui avez parcouru tant de pays, en avez-vous vu de mieux cultivés que l'Italie? Pour moi, dit Agrius, je ne pense pas qu'il y en ait un seul où le sol soit comme chez nous, universellement en rapport. Par une division très-naturelle, Ératosthène a fait de notre globe deux parties, dont l'une s'étend vers le midi, et l'autre vers le nord. Incontestablement la partie septentrionale est la plus saine des deux, et conséquemment la plus fertile. Il faut donc reconnaître cette partie, et l'Italie notamment, comme plus propre à la culture que l'Asie. L'Italie d'abord est en Europe; en second lieu, on y trouve une température plus douce qu'en pénétrant dans l'intérieur de cette partie du monde, où règne un hiver permanent. Ce qui est tout simple, puisqu'elle a des régions situées entre le cercle polaire et l'axe même du ciel,

où le soleil est invisible six mois de l'année. On dit même que des glaces éternelles couvrent la mer dans ces parages, et y rendent la navigation impossible. Eh bien! dit Fundanius, croyez-vous un tel sol capable de produire, ou ses productions susceptibles de culture? Pacuvius l'a dit : Sous un soleil ou sous une nuit sans fin, toute végétation périrait par le chaud ou par le froid. Même dans ce pays, où le jour et la nuit nous sont mesurés convenablement par alternative, je ne puis vivre pendant l'été à moins de couper, par un somme, la journée en deux parties. Comment donc faire là où l'année n'a qu'un jour et une nuit de six mois chacun, pour semer, cultiver et recueillir? En Italie au contraire, quelle est la production utile à la vie qui ne croisse et ne prospère? Quel froment comparable au froment de Campanie? quel blé, au blé d'Apulie? quel vin, au vin de Falerne? quelle huile, à l'huile de Venafre? A cette multitude d'arbres qui couvre le sol de notre pays, ne dirait-on pas d'une vaste fruiterie? Est-elle plus peuplée de vignes, cette Phrygie ἀμπελόεσσα (vinicole), comme l'appelle Homère? ou cette Argos que le même poëte appelle πολύπυρος, (frugifère) est-elle plus abondante en blé? Dans quel pays du monde un arpent de terre produit-il dix et même quinze culleï de vin, comme certaines contrées de l'Italie? M. Caton n'a-t-il pas écrit ces mots dans son livre des Origines : « On appelle gallo-romaines les terres comprises « entre Riminum et le Picentin, et qui furent « distribuées à l'armée des Gaules. Là on récolte « quelquefois dix culleï par chaque arpent de « terre. » D'ailleurs, ne voyons-nous pas à Faenza (Faventia) des vignobles rapporter, par arpent, trois cents amphores; ce qui leur a fait donner

---

pariete pictam Italiam. Quid vos hic, *inquam*, num feriæ sementivæ otiosos huc adduxerunt, ut patres, et avos solebant nostros? Nos vero (inquit Agrius) ut arbitror, eadem causa, quæ te, rogatio ædilitimi. Itaque si ita est, ut annuis, morere oportet nobiscum, dum ille revertatur. Nam accersitus ab ædile, cujus procuratio hujus templi est, nondum rediit, et nos, ut expectaremus se, reliquit qui rogaret. Vultis igitur interea vetus proverbium, quod est, Romanus sedendo vincit, usurpemus, dum ille venit? Sane, inquit Agrius, et simul cogitans, portam itineri dici longissimam esse, ad subsellia sequentibus nobis procedit. Cum consedissemus, Agrasius, Vos, qui multas perambulastis terras, ecquam cultiorem Italia vidistis, inquit? Ego vero, Agrius, nullam arbitror esse, quæ tam tota sit culta. Primum cum orbis terræ divisus sit in duas partes ab Eratosthene, maxime secundum naturam ad meridiem versus, et ad septentriones, et sine dubio quoniam salubrior pars septentrionalis est, quam meridiana; et quæ salubrior, illa fructuosior : dicendum magis eam fuisse opportunam ad colendum quam Asiam, ibique Italiam. Primum quod est in Europa : secundo, quod hæc temperatior pars est, quam inferior. Nam intus pene sempiternæ hyemes. Neque mirum, quod sunt regiones inter circulum septentrionalem, et inter cardi-

nem cæli, ubi sol etiam sex mensibus continuis non videtur. Itaque in oceano in ea parte no navigari quidem posse dicunt propter mare congelatum. Fundanius. Em ibi tu quicquam nasci putas posse, aut coli natum? Verum enim est illud Pacuvii, Sol si perpetuo sit, aut nox, flammeo vapore, aut frigore terræ fructus omnes interire. Ego hic, ubi nox et dies modice redit, et abit, tamen æstivo diem si non diffinderem meo insititio somno meridie, vivere non possem. Illic in semestri die, aut nocte, quemadmodum quicquam seri, aut alescere, aut meti possit? Contra quid in Italia utensile non modo non nascitur, sed etiam non egregium fit? quod far conferam Campano? quod triticum Appulo? quod vinum Falerno? quod oleum Venafro? Non arboribus consita Italia est, ut tota pomarium videatur? An Phrygia magis vitibus cooperta, quam Homerus appellat ἀμπελόεσσαν, quam hæc? aut Argos, quod idem poeta πολύπυρον? In qua terra jugerum unum denos et quinos denos culleos fert vini, quos quædam in Italia regiones? An non M. Cato scribit in libro Originum sic? ager gallicus romanus vocatur, qui viritim eis Ariminum datus est ultra agrum Picentium. In eo agro aliquotfariam in singula jugera dena cullea vini fiunt. Nonne item in agro Faventino; a quo ibi trecenariæ appellantur vites, quod jugerum trecenas amphoras red-

le nom de *trécennaires?* Votre ami L. Martius, ajouta-t-il en me regardant, qui est préposé à la surveillance des arsenaux, m'a certainement dit que ses vignes de Faenza lui rendaient tout autant. Le cultivateur en Italie considère avant tout deux choses : D'abord, la récolte donnera-t-elle l'équivalent des avances et de la peine? Puis, l'air du pays est-il salubre? Quiconque néglige au préalable un de ces deux points est un fou. Qu'on lui cherche des tuteurs dans ses parents de l'une ou de l'autre branche. Nul homme sensé ne peut vouloir se mettre à découvert des frais de culture, si d'avance il voit qu'il n'a pas de récolte à attendre, ou qu'il risque de la perdre par l'insalubrité du pays. Mais voici, je pense, des hommes plus compétents que moi sur cette matière; car je vois venir C. Licinius Stolon et Cn. Tremellius Scrofa. Le premier compte parmi ses ancêtres les auteurs de nos lois sur la mesure des terres. Cette loi, qui défend à tout citoyen romain de posséder plus de cinq cents arpents, est d'un Licinius qui acquit le surnom de Stolon par les soins qu'il donnait à la culture; soins qu'il portait à ce degré de minutie qu'on n'aurait pu trouver le moindre rejeton (*stolon*) inutile dans toutes ses propriétés. Il fouillait autour des arbres pour arracher cette végétation parasite qu'on appelle *stolon*. C'est encore de cette même race que tire son origine, cet autre C. Licinius qui, étant tribun du peuple 365 ans après l'expulsion des rois, conduisit le premier le peuple romain du lieu des comices dans le Forum, et y fit accepter la loi qui assignait à chaque citoyen sept arpents de terre. L'autre est Cn. Tremellius Scrofa, votre collègue dans la commission des vingt distributeurs des terres de la Campanie. C'est un homme rempli de qualités, et qui passe pour le Romain le plus versé dans la science de l'agriculture. Et ce n'est pas sans cause, repartis-je; car ses terres doivent à ses soins un aspect que bien des gens préfèrent à celui des royales constructions de tant d'autres. J'entends ceux qui visitent une maison de campagne non pour y chercher, comme dans celles de Lucullus, des galeries de tableaux, mais des greniers bien garnis. D'ailleurs, ajoutai-je, ses fruiteries ont l'avantage d'être situées au bout de la voie Sacrée où les fruits se vendent au poids de l'or. Là-dessus les deux nouveaux venus nous rejoignent, et Stolon nous dit : Arrivons-nous trop tard? le dîner est-il déjà mangé? Où est donc L. Fundilius, notre hôte? Rassurez-vous, reprit Agrius; on n'a pas encore ôté l'œuf qui, dans les jeux du Cirque, annonce la clôture des courses. Nous n'avons même pas vu encore celui qui est le signal des pompes du banquet. En attendant qu'il apparaisse, et que notre hôte soit de retour, parlez-nous de l'utilité de l'agriculture, ou de ses jouissances, ou des deux choses à la fois. Car c'est dans vos mains qu'est aujourd'hui le sceptre de cette science, comme autrefois dans celles de Stolon. Il y a, dit Scrofa, une distinction à faire. Bornons-nous l'agriculture à ce qui est relatif à l'ensemencement des terres? ou faut-il comprendre dans cette dénomination ce qui touche à la population animale des campagnes, les troupeaux, le gros bétail? Je vois que tous ceux qui ont écrit sur cette science en langue punique, en grec ou en latin, ont dépassé les limites de leur sujet. C'est en quoi je pense qu'il ne faut pas les imiter, reprit Stolon. Je suis de l'avis de ceux qui ont resserré

dat? Simul aspicit me, Certe, inquit, L. Martius præfectus fabrum tuus in fundo suo Faventiæ hanc multitudinem dicebat suas reddere vites. Duo in primis spectasse videntur Italici homines colendo, possentne fructus pro impensa ac labore redire, et utrum saluber locus esset an non? quorum si alterutrum decollat, et nihilominus quis vult colere, mente est captus, atque ad agnatos et gentiles est deducendus. Nemo enim sanus debet velle impensam ac sumptum facere in culturam, si videt non posse refici : nec, si potest reficere fructus, si videt eos fore, ut pestilentia dispereant. Sed opinor qui hæc commodius ostendere possint, adsunt. Nam C. Licinium Stolonem, et Cn. Tremellium Scrofam video venire. Unum cujus majores de modo agri legem tulerunt. Nam Stolonis illa lex, quæ vetat plus D. jugera habere civem R., et qui propter diligentiam culturæ Stolonum confirmavit cognomen, quod nullus in ejus fundo reperiri poterat stolo, quod effodiebat circum arbores, e radicibus, quæ nascerentur e solo, quos stolones appellabant. Ejusdem gentis C. Licinius, tribunus pleb. cum esset, post reges exactos annis CCCLXV. primus populum ad leges accipiundas in septem jugera forensia, e comitio eduxit. Alterum collegam tuum, XX vir qui fuit ad agros dividundos Campanos, video huc venire, Cn. Tremellium Scrofam, virum omnibus virtutibus politum, qui de agricultura Romanus peritissimus existimatur. An non jure? *inquam*. Fundi enim ejus propter culturam jucundiore spectaculo sunt multis, quam regie polita ædificia aliorum, cum hujus spectatum veniant villas, non ut apud Lucullum, ut videant pinacothecas, sed oporothecas. Hujusce, *inquam*, pomaria summa sacra via, ubi poma veneunt, contra auream imaginem. Illi interea ad nos. Et Stolo, Num cœna comesa inquit venimus? nam non L. videmus Fundilium, qui nos advocavit. Bono animo este, inquit Agrius. Nam non modo ovum illud sublatum est, quod ludis circensibus novissimi curriculi finem facit quadrigis, sed ne illud quidem ovum vidimus, quod in ceriali pompa solet esse primum. Itaque dum id nobiscum una videatis, ac venit ædituus, docete nos, agricultura quam summam habeat utilitatemve an voluptatem, an utrumque. Ad te enim rudem esse agriculturæ nunc, olim ad Stolonem fuisse dicunt. Scrofa, Prius, inquit, discernendum, utrum quæ serantur in agro, ea sola sint in cultura, an etiam quæ inducantur in rura, ut oves, et armenta. Video enim qui de agricultura scripserunt, et punice, et græce, et latine, latius vagatos, quam oportuerit. Ego vero, inquit Stolo, eos non in omni re imitandos arbitror, et eo melius fecisse quosdam, qui minore pomœrio finierunt, ex-

le domaine de la science, en écartant tout ce qui n'a pas avec elle une relation immédiate. Ainsi le soin des troupeaux, que nombre d'auteurs ont rattaché à l'agriculture, me paraît appartenir plutôt au régime pastoral qu'au régime agricole. Aussi avons-nous des noms différents pour les préposés en chef à l'un et l'autre office. Nous appelons les uns *villici*, les autres *magistri pecorum* (maîtres des troupeaux). Le *villicus* est celui qui est spécialement chargé de la culture de la terre. (Le nom lui vient de *villa* (exploitation rurale), parce que c'est lui que regarde le soin de la rentrée des récoltes à la villa et de leur sortie pour la vente. C'est ainsi qu'aujourd'hui encore les paysans, au lieu de dire *via* (route), disent *vea*, dérivé de *vectura* (transport); de même qu'ils disent *vella* au lieu de *villa*, dérivé de *veho* (je transporte), comprenant par *vella* le lieu où l'on porte, et d'où l'on transporte. C'est par la même analogie que le métier de voiturer (*vectura*) se dit *vellaturam facere*. Assurément, dit Fundanius, l'agriculture est une chose, et le nourrissage une autre; mais ces choses se touchent. La flûte de droite et la flûte de gauche sont distinctes, mais connexes. L'une est là pour le chant, l'autre pour l'accompagnement. Ajoutez, repris-je, qu'à la vie pastorale appartient la première partie; à la vie agricole la seconde. C'était là du moins le sentiment du savant Dicéarque, qui, dans son tableau des mœurs primitives de la Grèce, nous apprend qu'en ces temps reculés les hommes menaient la vie des pasteurs; qu'ils ne savaient ni labourer la terre, ni planter, ni tailler les arbres; et qu'il faut rapporter à une période plus récente les premiers essais de la culture. Ainsi ce dernier art est subordonné au premier, comme la flûte de gauche l'est à la flûte de droite. Avec votre musique, dit Agrius, non-seulement vous enlevez au maître les troupeaux qu'il possède, et à l'esclave le pécule que le maître lui abandonne, mais encore vous annulez la loi rurale qui défend de mener paître, sur un terrain de nouvelle plantation cette race d'animaux que l'astrologie a placée dans le ciel près du Taureau, je veux dire les *chèvres*. Prenez garde de citer exactement, interrompit Fundanius. La loi dit encore : Et autres espèces de bétail. Car il y a certainement des animaux qui sont le fléau de la culture, notamment les chèvres, dont vous venez de parler. Elles ont la dent venimeuse, et détruisent, en broutant, toutes les jeunes plantes, et surtout les vignes et les oliviers. Aussi est-il reçu parmi nous qu'à telle divinité on sacrifie un bouc, tandis que telle autre en repousse l'offrande; symbole d'aversion pour l'animal chez toutes deux. L'une veut sa mort; l'autre ne veut pas même le voir. C'est ainsi qu'on immole les boucs à Bacchus, père de la vigne, comme pour leur faire payer de leur tête les torts qu'ils lui font : tandis qu'au contraire nous ne voyons jamais immoler à Minerve aucun individu de cette race, précisément parce qu'on prétend que l'olivier devient stérile du moment que la dent d'un bouc y a touché, rien que la salive de l'animal étant un poison pour cette plante. C'est encore pour la même raison qu'il n'entre de chèvres pour victimes qu'une seule fois par an dans le temple d'Athènes. Et encore n'est-ce là qu'un sacrifice qu'on a jugé nécessaire pour empêcher cette race de nuire à l'olivier, qu'on dit avoir pris naissance dans cette ville. Il n'y a, repris-je, de bestiaux utiles à l'agriculture que ceux dont le travail contribue à rendre les

---

clusis partibus, quæ non pertinent ad hanc rem. Quare tota pastio, quæ conjungitur a plerisque cum agricultura, magis ad pastorem, quam ad agricolam pertinere videtur. Quocirca principes, qui utrique rei præponuntur, vocabulis quoque sunt diversi, quod unus vocatur vilicus, alter magister pecoris. Vilicus agri colendi causa constitutus, atque appellatus a villa quod ab eo in eam convehuntur fructus, et evehuntur ab ea, quo veneunt. A quo rustici etiam nunc quoque viam, veam appellant, propter vecturas; et vellam non villam, quo vehunt, et unde vehunt. Item dicuntur, qui vecturis vivunt, vellaturam facere. Certe, inquit Fundanius, aliud pastio, et aliud agricultura, sed affinis. Et ut dextera tibia alia quam sinistra, ita ut tamen sit quodam modo conjuncta, quod est altera ejusdem carminis modorum incentiva, altera succentiva. Et quidem licet adjicias, *inquam*, pastorum vitam esse incentivam, agricolarum succentivam, auctore doctissimo homine Dicæarcho, qui Græciæ vita qualis fuerit ab initio, nobis ostendit, ut superioribus temporibus fuisse doceat, cum homines pastoriciam vitam agerent, neque scirent etiam arare terram, aut serere arbores, aut putare; ab his inferiore gradu ætatis susceptam agriculturam. Quocirca et succinit pastorali, quod est inferior, ut tibia sinistra a dextræ foraminibus. Agrius, Tu, inquit, tibicen non solum adimis domino pecus, sed etiam servis peculium, quibus domini dant, ut pascant, atque etiam leges colonicas tollis, in quibus scribimus, Colonus in agro surculario ne capra natum pascat : quas etiam astrologia in cœlum recepit, non longe ab Tauro. Cui Fundanius, Vide, inquit, Agri, ne istuc sit ab hoc, cum in legibus etiam scribatur, pecus quoddam. Quædam enim pecudes culturæ sunt inimicæ, ac veneno, ut istæ, quas dixisti, capræ. Eæ enim omnia novella sata carpendo corrumpunt, non minimum vites, atque oleas. Itaque propterea institutum diversa de causa, ut ex caprino genere ad alii dei aram hostia adduceretur, ad alii non sacrificaretur, cum ab eodem odio alter videre nollet, alter etiam videre pereuntem vellet. Sic factum, ut Libero patri repertori vitis hirci immolarentur, proinde ut capite darent pœnas; contra, ut Minervæ caprini generis nihil immolaretur, propter oleam, quod eam, quam læserit, fieri dicunt sterilem : ejus enim salivam esse fructis venenum. Hoc nomine etiam Athenis in arcem non inigi, præterquam semel ad necessarium sacrificium, ne arbor olea, quæ primum dicitur ibi nata, a capra tangi possit. Nec ullæ, *inquam*, pecudes agriculturæ sunt propriæ, nisi quæ agrum opere, quo cultior sit, ad-

champs fertiles; et ce sont ceux qu'on attelle à la charrue. S'il en est ainsi, dit Agrasius, comment une terre se passerait-elle de bestiaux, puisque l'engrais, cet élément si essentiel de toute culture, ce sont les bestiaux qui le produisent? Alors, dit Agrius, il faut admettre aussi qu'un troupeau d'esclaves fait partie de l'exploitation agricole, si l'on juge à propos d'en entretenir un pour le même motif. Vous errez en ce que vous dites : Ces troupeaux peuvent être utiles; donc il faut avoir des troupeaux. Ce n'est pas une conséquence. Avec ce raisonnement on arriverait à encombrer une métairie des professions les plus étrangères au travail des champs, de tisserands, d'ouvriers en draps, et autres. Eh bien, dit Scrofa, séparons de l'agriculture proprement dite le nourrissage des bestiaux. Quelle distinction faut-il faire encore? Irons-nous, repris-je alors, imiter les deux Saserna, et discuter, comme ils l'ont fait dans leurs livres, si l'art du potier n'a pas plus d'analogie que la science des mines avec l'agriculture? Sans contredit la matière vient du sol, mais n'est pas plus pour cela du ressort de l'agriculture que ne le sont les carrières et les sablonnières. Ce n'est pas que si tel fonds de culture peut admettre concurremment ce genre d'exploitation, je prétende qu'il faille l'exclure, et négliger le profit qu'on peut en tirer. Sans doute si, dans un fonds qui avoisine une grande route, il se trouve un emplacement propice à la réception des voyageurs, on fera bien d'y construire une auberge. Mais ce genre d'entreprise, quels qu'en soient les bénéfices, ne saurait être considéré comme du domaine de l'agriculture. Car, dans les profits qu'on peut tirer directement ou indirectement de sa terre, il n'y a de vraiment agricole que ce qui est produit d'ensemencement. Stolon m'interrompit. Vous êtes jaloux de ce grand auteur, dit-il. Ce n'est que par esprit de critique que vous l'attaquez à l'endroit des poteries. Il a dit ailleurs d'excellentes choses qui rentrent certainement dans notre sujet, et dont vous ne parlez pas, afin de n'être pas obligé d'en faire l'éloge. Cette saillie fit sourire Scrofa, qui connaissait l'ouvrage et ne l'estimait guère; mais Agrasius, qui en jugeait différemment, croyant aussi le connaître, demanda à Stolon ce qu'il en pensait. Voici, dit Stolon, la recette que donne cet auteur pour détruire les punaises : « Faites infuser dans de l'eau « un concombre sauvage. Partout où vous répan- « drez de cette eau, les punaises n'approcheront « point. » Ou bien encore: « Frottez votre lit avec du « fiel de bœuf délayé dans du vinaigre. » Eh bien, dit alors Fundanius s'adressant à Scrofa, voilà pourtant qui touche à l'agriculture. Oui, dit Scrofa, autant que son onguent épilatoire : « Prenez « une grenouille jaune; faites-la bouillir dans l'eau « jusqu'à réduction des deux tiers, et frottez-vous « avec le résidu. » Moi, repris-je, je citerais plus volontiers le passage qui traite de l'incommodité dont est affligé Fundanius. Il souffre des pieds au point que la douleur lui fait rider le front. Vite la citation, s'écria Fundanius. J'aime mieux apprendre à guérir mes pieds qu'à planter des pieds de poirée. Quant à cela, dit Stolon en souriant, je me fais fort de vous communiquer la formule telle que l'auteur l'a déposée dans son livre, et que je l'ai entendue lire par Torquenna. Il faut d'abord que le malade, sitôt qu'il commence à sentir des douleurs aux pieds, pense à celui qui doit opérer sa guérison. Eh bien, reprit Fundanius, je pense à vous; guérissez mes

juvare, ut eæ, quæ junctæ arare possunt. Agrasius, si istuc ita est, inquit, quomodo pecus removeri potest ab agro, cum stercus, quod plurimum prodest, greges pecorum ministrent? Sic, inquit Agrius, venalium greges dicemus agriculturam esse, si propter istam rem habendum statuerimus. Sed error hinc, quod pecus in agro esse potest, et fructus in agro ferre. Quod non sequendum. Nam sic etiam res aliæ diversæ ab agro erunt assumendæ : ut si habeas plures in fundo textores, atque institutos histonas, sic alios artifices. Scrofa, Dijungamus igitur, inquit, pastionem a cultura, et si quis quid vult aliud. Anne ego, *inquam*, sequar Sasernarum patris et filii libros? ac magis putem pertinere, figlinas quemadmodum exerceri oporteat, quam argenti fodinas, aut alia et alia metalla, quæ sine dubio in aliquo agro fiunt? Sed ut neque lapicidinæ, neque arenariæ ad agriculturam pertinent, sic figlinæ. Neque ideo non in quo agro idoneæ possunt esse, [non] exercendæ, atque ex eis capiundi fructus : ut etiam si ager secundum viam, et opportunus viatoribus locus, ædificandæ tabernæ diversoriæ, quæ tamen quamvis sint fructuosæ, nihilo magis sunt agriculturæ partes. Non enim si quis propter agrum aut etiam in agro profectus domino, agriculturæ acceptum referre debet, sed id modo, quod ex satione terra sit natum ad fruendum. Suscipit Stolo, Tu, inquit, invides tanto scriptori, et obstrigillandi causa figlinas reprehendis, cum præclara quædam, ne laudes, prætermittas, quæ ad agriculturam vehementer pertineant. Cum subrisisset Scrofa, quod non ignorabat libros, et despiciebat, et Agrasius se scire modo putaret, ac Stolonem rogasset, ut diceret, cœpit: Scribit cimices quemadmodum interfici oporteat his verbis. Cucumerem anguinum condito in aquam, eamque infundito quo voles, nulli accedet. Vel fel bubulum cum aceto mixtum, unguito lectum. Fundanius aspicit ad Scrofam, Et, tamen verum dicit, inquit, hic, ut hoc scripserit in agricultura? *Ille*, Tam hercle quam hoc si quem glabrum facere velis, quod jubet ranam luridam conjicere in aquam, usque quo ad tertiam partem decoxeris, eoque unguere corpus. Ego quod magis, *inquam*, pertineat ad Fundanii valetudinem, et in eo libro est, satius dicam: nam hujusce pedes solent dolere, et in fronte contrahere rugas. Dic sodes, inquit Fundanius : nam malo de meis pedibus audire, quam quemadmodum pedes betaceos seri oporteat. Stolo subridens, Dicam, inquit, eisdem, quibus ille verbis scripsit, vel Tarquennam audivi. Cum homini pedes dolere cœpissent, qui tui me-

pieds. Écoutez donc, continua Stolon : « Que la terre garde la maladie, et que la santé reste ici! » Il nous recommande de dire à jeun ces paroles trois fois neuf fois, de toucher la terre, et de cracher en même temps. Vous trouverez encore, repris-je, dans le livre des Saserna beaucoup d'autres secrets miraculeux également étrangers à l'agriculture, et qu'il faut laisser où ils sont. D'ailleurs, ajoutai-je, de semblables digressions se rencontrent dans beaucoup d'auteurs. Le traité d'agriculture de Caton lui-même en fourmille. On y trouve entre autres des procédés pour faire la placenta, pour apprêter le libum, pour saler les jambons. Vous oubliez, dit Agrius, un article important : « Voulez-vous, dit Caton, boire beaucoup et manger encore davantage? Avalez avant de vous mettre à table du chou cru, macéré dans du vinaigre, et prenez-en cinq feuilles encore après le repas. »

III. Nous venons, dit Agrius, d'écarter de l'agriculture tout ce qui lui est étranger : il nous reste à parler de ce qui forme le domaine de la science. Qu'est-ce que l'agriculture ? Est-ce un art? et si c'est un art, quel est son principe et sa fin? Stolon se tournant vers Scrofa, C'est à vous, notre supérieur à tous en rang, en âge et en lumières, à nous résoudre ces diverses questions. Scrofa, sans se faire prier, s'exprima ainsi : L'agriculture est un art, et un art aussi grand qu'il est nécessaire. Il nous apprend quel sol est propice à telle semence, quels travaux sa culture exige, et quelles qualités de terroir promettent des récoltes abondantes et continues.

IV. Les éléments de cet art sont les mêmes dont Ennius a dit qu'ils constituent le monde : l'eau, la terre, l'air, et le feu. Avant donc de confier vos semences à la terre, il importe d'étudier ces différents éléments, source première de toute production. C'est de cette connaissance que devront partir les agriculteurs pour conduire leurs travaux au double but d'être utile et de plaire : l'un solide, l'autre agréable. Mais au solide est due la préférence sur ce qui est de pur agrément. Il peut résulter toutefois de la même disposition, qu'une terre gagne à la fois en aspect et en produit; qu'elle soit de meilleure défaite et augmente de valeur réelle. De belles lignes d'oliviers, par exemple, ou d'autres arbres à fruit, auront cet avantage. A égalité de valeur entre deux objets, qui n'aime mieux payer plus cher celui qui flatte la vue? Sous le rapport d'utilité, préférez le fonds de terre le plus salubre; car, sans salubrité, point de récolte assurée. Dans un sol malsain, si fertile qu'il soit, le fruit du travail, à chaque instant, peut être détruit par des fléaux de tout genre. Là où l'on a sans cesse à compter avec le trépas, il s'agit, pour le cultivateur, non de recueillir, mais de vivre. Ainsi, dans toute contrée malsaine la culture n'est en quelque sorte qu'un jeu de hasard, auquel le propriétaire risque sa vie et sa fortune.

La science toutefois peut atténuer le mal ; car, sans avoir d'action directe sur l'insalubrité, dont les conditions résident dans le sol et l'atmosphère, et procèdent de la nature, nous y pouvons beaucoup cependant. On parvient par une attention intelligente à en atténuer les effets. Les influences malignes ou du sol ou des eaux, les miasmes fétides qui s'exhalent en certaines localités, l'exposition à un soleil trop ardent ou à des vents

minisset, ei mederi posse. Ego tui memini, medere meis pedibus. TERRA PESTEM TENETO. SALUS HIC MANETO [*in meis pedibus.*] Hoc ter novies cantare jubet, terram tangere, despuere, jejunum cantare. Multa, *inquam*, item alia miracula apud Sasernas invenies, quæ omnia sunt diversa ab agricultura, et ideo repudianda. Quasi vero, *inquam*, non apud cæteros quoque scriptores talia reperiantur. An non in magni illius Catonis libro, qui de agricultura est editus, scripta sunt permulta similia? ut hæc, quemadmodum placentam facere oporteat, quo pacto libum, qua ratione pernas salire. Illud non dicis, inquit Agrius. Quod scribit, Si velis in convivio multum bibere, cœnareque libenter, ante esse oportet brassicam crudam ex aceto, et post aliqua folia.

III. Igitur, inquit Agrasius, quæ dijungenda essent a cultura cujusmodi sint, quoniam discretum, de iis rebus dicendum, quæ in scientia sint. Ecquis in colendo nos docet ars sit an quid aliud, et a quibus carceribus decurrat ad metas. Stolo cum aspexisset Scrofam, Tu, inquit, et ætate, et honore, et scientia quod præstas, dicere debes. Ille non gravatus, Primum, inquit, non modo est ars, sed etiam necessaria ac magna. Eaque est scientia, quæ docet, quæ sint in quoquo agro serunda ac facienda, quæque terra maximos perpetuo reddat fructus.

IV. Ejus principia sunt eadem, quæ mundi esse Ennius scribit, aqua, terra, anima, et sol. Hæc enim cognoscenda prius, quam jacias semina, quod initium fructuum oritur. Hinc profecti agricolæ ad duas metas dirigere debent, ad utilitatem et voluptatem. Utilitas quærit fructum, voluptas delectationem. Priores partes agit, quod utile est, quam quod delectat. Nec non ea quæ faciunt [cultura] honestiorem agrum, pleraque non solum fructuosiorem eumdem faciunt; ut cum in ordinem sunt consita arbusta atque oliveta, sed etiam vendibiliorem, atque adjiciunt ad fundi pretium. Nemo enim eadem utilitate non formosius quod est, emere mavult pluris, quam si est fructuosus turpis. Utilissimus autem is ager qui salubrior est, quam alii, quod ibi fructus certus. Contra quod in pestilenti quamvis in feraci agro calamitas colonum ad fructus pervenire non patitur. Etenim ubi ratio cum orco habetur, ibi non modo fructus est incertus, sed etiam colentium vita. Quare ubi salubritas non est, cultura non aliud est, atque alea domini vitæ, ac rei familiaris. Nec hæc non deminuitur scientia. Ita enim salubritas, quæ ducitur e cælo ac terra, non est in nostra potestate, sed in naturæ, ut tamen multum sit in nobis ; quod graviora quæ sunt, ea diligentia leviora facere possumus. Etenim si propter terram aut aquam, odoremve, quem aliquo loco eructat, pestilentior est fundus, aut propter cæli regionem ager calidior sit, aut ventus non bonus flet ; hæc vitia emendari solent domini

contraires, tous ces inconvénients se corrigent par des dépenses bien entendues. On voit de quelle importance est la position topographique des bâtiments d'exploitation, leur étendue, et l'exposition de leurs ouvertures, portes, portiques et fenêtres. N'a-t-on pas vu la science d'Hippocrate, dans un temps de peste, préserver de la contagion non-seulement une maison, des champs, mais des villes entières? Mais où vais-je chercher le témoignage d'Hippocrate? N'avons-nous pas ici notre ami Varron, qui, lorsque l'armée et la flotte se trouvaient à Corcyre, et que toutes les maisons regorgeaient de malades et de morts, fit percer de nouvelles fenêtres pour donner passage au vent du nord, murer les anciennes qui laissaient pénétrer l'air infecté, pratiquer de nouvelles portes, et qui, par mille autres soins de ce genre, parvint à ramener ses compagnons sains et saufs dans leur patrie?

V. Nous avons déterminé les principes de l'agriculture et son but : il nous reste à examiner les différentes parties dont sa science se compose. Quant à moi, dit Agrius, je suppose que le nombre doit en être infini, quand je vois cette multitude de livres que Théophraste a composés sous les titres d'*histoire des plantes* et des causes de la *végétation en général*. A mon avis, reprit Stolon, ces livres conviennent bien moins aux hommes qui cultivent la terre qu'à ceux qui fréquentent les écoles des philosophes. Ce qui ne veut pas dire que les uns et les autres ne puissent y rencontrer des enseignements utiles. Quoi qu'il en soit, veuillez nous expliquer vous-même les différentes parties de l'agriculture. Elle en comprend, dit Scrofa, quatre principales. Elles consistent à bien connaître : la première, le fonds à exploiter, la nature du sol et ses éléments constitutifs; la seconde, le personnel et le matériel nécessaires à son exploitation; la troisième, les façons que le terrain exige; la quatrième enfin, quelles époques de l'année conviennent à chacune d'elles. Chacune de ces quatre parties se subdivise elle-même au moins en deux autres. Les deux subdivisions de la première ont pour objet, l'une la terre elle-même, et l'autre les bâtiments et les étables. La seconde partie principale, qui embrasse tout l'effectif d'un fonds de culture, a également deux subdivisions, dont la première comprend les travailleurs, et la seconde les instruments aratoires. La troisième partie principale, qui a pour objet la direction des travaux, renferme d'une part les opérations préparatoires, et, de l'autre, le choix des lieux où l'on doit les exécuter. La quatrième partie, qui traite des différentes époques de l'année, comprend, dans sa première subdivision, tout ce qui a rapport à la révolution annuelle du soleil et au cours mensuel de la lune. Je commencerai par parler de ces quatre parties principales; puis je traiterai avec plus de détail les huit subdivisions.

VI. En considérant un fonds sous le rapport du sol, nous avons à examiner quatre points principaux, savoir la configuration du terrain, sa qualité, l'étendue de la propriété, et quelles chances de sécurité elle offre par elle-même. Un terrain doit sa configuration à la nature, qui l'a bien ou mal disposé, ou à la main de l'homme, qui l'a transformé pour la culture en bien ou en mal. Parlons d'abord de la configuration naturelle. Nous reconnaissons trois genres de terrains simples : celui des plaines, celui des collines, et celui des montagnes; des mixtes, qui se combinent de deux de ces genres ou des trois ensemble. On en trouve de fréquents exemples. Il y a pour chacun des

---

scientia ac sumptu; quod permagni interest, ubi sint positæ villæ, quantæ sint, quo spectent porticibus, ostiis ac fenestris. An non ille Hippocrates medicus in magna pestilentia non unum agrum sed multa oppida scientia servavit? Sed quid ego illum voco ad testimonium? Non hic Varro noster, cum Corcyræ esset exercitus ac classis, et omnes domus repletæ essent ægrotis ac funeribus, immisso fenestris novis aquilone, et obstructis pestilentibus, januaque permutata, cæteraque ejus generis diligentia, suos comites ac familiam incolumes reduxit?

V. Sed quoniam agriculturæ, quod esset initium et finis dixi, relinquitur quot partes ea disciplina habeat, ut sit videndum. Equidem innumerabiles mihi videntur, inquit Agrius, cum lego libros Theophrasti complures, qui inscribuntur, Φυτῶν Ἱστορίας, et alteri Φυτικῶν αἰτίων. Stolo, Isti, inquit, libri non tam idonei iis, qui agrum colere volunt, quam qui scholas philosophorum. Neque eo dico, quod non habeant et utilia, et communia quædam. Quapropter tu potius agriculturæ partes nobis expone. Scrofa, Agriculturæ, inquit, quatuor sunt partes summæ : e queis prima cognitio fundi; solum partesque ejus quales sint; secunda, quæ in eo fundo opus sint ac debeant esse culturæ causa; tertia, quæ in eo prædio colendi causa sint facienda; quarta, quo quidquid tempore in eo fundo fieri conveniat. De his quatuor generibus singulæ minimum in binas dividuntur species. Quod habet prima ea, quæ ad solum pertinent terræ, et quæ ad villas, et stabula. Secunda pars, quæ moventur, atque in fundo debent esse culturæ causa, est item bipartita : de hominibus, per quos colendum, et de reliquo instrumento. Tertia pars, quæ de rebus, dividitur; quæ ad quamque rem sint præparanda, et ubi quæque facienda. Quarta pars de temporibus, quæ ad solis circumitum annuum sint referenda, et quæ ad Lunæ menstruum cursum. De primis quatuor partibus prius dicam, deinde subtilius de octo secundis.

VI. Igitur primum de solo fundi videndum hæc quatuor. Quæ sit forma, quo in genere terræ, quantus, quam per se tutus. Formæ cum duo genera sint, una quam natura dat, altera quam sationes imponunt : prior, quod alius ager bene natus, alius male; posterior, quod alius fundus bene consitus est, alius male : dicam prius de naturali. Igitur cum tria genera sint a specie simplicia agrorum, campestre, collinum, et montanum, est ex iis tribus quartum, ut in eo fundo, in quo hæc duo vel tria sunt,

trois genres simples des systèmes de culture différents. Sans contredit celui qui convient aux plaines ne peut s'appliquer, soit aux montagnes où la température est bien moins élevée, soit aux collines, où elle est plus froide que dans les premières localités, et plus chaude que dans les secondes. Cette différence entre les fonds de terrain simple est d'autant plus sensible qu'ils occupent respectivement plus de superficie. Plus le sol est découvert, plus la chaleur a d'intensité. C'est ce qui fait qu'en certains cantons l'atmosphère est si ardente et si lourde, et que dans les régions élevées, sur le Vésuve, par exemple, l'air est plus léger, et par conséquent plus sain. Ceux qui cultivent des terrains bas souffrent pendant l'été, au lieu que ceux qui cultivent des terrains élevés souffrent davantage pendant l'hiver. L'hiver est la saison propice pour ceux qui cultivent des plaines, parce qu'alors les prés sont en herbe, et les arbres en état d'être taillés. L'été au contraire est favorable à ceux qui cultivent les hauteurs, parce que durant cette saison les pâturages y abondent, tandis qu'ils sont brûlés dans les plaines. D'ailleurs l'air alors n'y est que frais ; ce qui convient aux opérations forestières. Pour le sol des plaines, le plan incliné vaut mieux que l'absolu niveau ; car le défaut de pente tend à former des marécages, les eaux ne trouvant pas d'écoulement. Aussi le terrain est-il d'autant plus défectueux qu'il est plus inégal ; ce qui multiplie les bas fonds où l'eau séjourne. L'époque des semailles arrive plus tôt dans les plaines que sur les hauteurs, où l'on est obligé de gagner de vitesse, et d'attendre plus tard les récoltes. Certains arbres, comme l'érable et le sapin, n'atteignent toute leur hauteur, tout leur développement, que sur les montagnes, grâce à l'air vif qui y domine. D'autres, tels que les peupliers et les saules, ne prospèrent que dans les températures moyennes, comme la nôtre. Il en est qui ne réussissent que dans les terrains élevés, comme l'arbousier et le chêne. D'autres enfin n'aiment que les terrains bas, comme l'amandier et le figuier. Les productions des collines, suivant leur degré d'élévation, se rapprochent plus ou moins de celles des plaines et des montagnes. La culture varie suivant ces trois conditions du sol : on préfère les plaines pour le blé, les coteaux pour la vigne, et, pour les forêts, les montagnes. Toutes ces considérations doivent être respectivement pesées pour la culture de chaque ordre de terrain.

VII. En ce qui concerne la configuration naturelle, dit Stolon, je suis assez de l'avis de Caton, que le meilleur fonds de terre est celui qui se trouve placé au pied d'une montagne, et exposé au midi. Mais je soutiens, répond Scrofa, qu'en fait de culture, le produit est en raison de ce que l'aspect plaît plus à l'œil. C'est l'effet de la plantation en quinconce, et de l'observation des distances pour les pépinières. Aussi nos pères, avec leurs méthodes vicieuses, ne tiraient-ils, d'une égale superficie de terrain, que des blés et des vins inférieurs aux nôtres en quantité comme en qualité. C'est qu'avec la symétrie on ménage mieux l'espace, et que, par suite, chaque plant est moins exposé à se voir intercepter par son voisin l'influence du soleil, de la lune ou de l'air. Un exemple va rendre ceci plus sensible. La même quantité de noix, qui se tasse parfaitement dans un boisseau avec les coques entières, va difficilement entrer dans une mesure d'un boisseau et demi, quand vous l'aurez concassée. Vos plants,

---

ut multis locis licet videri. E quibus tribus fastigiis simplicibus, sine dubio intimis alia cultura aptior, quam summis, quod hæc calidiora quam summa : sic collinis, quod ea tepidiora quam infima, aut summa. Hæc apparent magis ita esse in latioribus regionibus, simplicia cum sunt. Itaque ubi lati campi, ibi magis æstus. Et eo in Apulia loca calidiora ac graviora. Et ubi montana, ut in Vesuvio, quod leviora, et ideo salubriora. Qui colunt deorsum, magis æstate laborant : qui sursum, magis hieme : verno tempore in campestribus maturius eadem illa seruntur, quam in superioribus : et celerius hic, quam illic coguntur. Nec non sursum, quam deorsum, tardius seruntur ac metuntur. Quædam in montanis prolixiora nascuntur ac firmiora, propter frigus, ut abietes ac sappini. Hic, quod tepidiora, populi ac salices : sursum fertiliora, ut arbutus ac quercus : deorsum, ut nuces græcæ ac mariscæ fici. In collibus humilibus societas major cum campestri fructu, quam cum montano : in altis contra. Propter hæc tria fastigia formæ, discrimina quædam fiunt sationum, quod segetes meliores existimantur esse campestres, vineæ collinæ, silvæ montanæ : plerumque hiberna iis esse meliora, qui colunt campestria, quod tunc prata ibi herbosa, putatio arborum tolerabilior. Contra æstiva montana his locis commodiora, quod ibi tum et pabulum multum, quod in campis aret : ac cultura arborum aptior, quod tum illic frigidior aer. Campester locus is melior, qui totus æquabiliter in unam partem vergit, quam is qui est ad libellam æquus, quod is, cum aquæ non habeat delapsum, fieri solet uliginosus. Eo magis si quis est inæqualibis, eo deterior, quod fit propter lacunas aquosus. Hæc atque hujuscemodi tria fastigia agri ad colendum dispariliter habent momentum.

VII. Stolo, Quod ad hanc formam naturalem pertinet, de eo non incommode Cato videtur dicere, cum scribit optimum agrum esse, qui sub radice montis situs sit, et spectet ad meridianam cæli partem. Subjicit Scrofa, De formæ cultura hoc dico, quæ specie fiant venustiora, sequi, ut majore quoque fructu sint : ut qui habent arbusta, si sata sunt in quincuncem propter ordines, atque intervalla modica. Itaque majores nostri ex arvo æque magno, sed male consito, et minus multum, et minus bonum faciebant vinum et frumentum, quod quæ suo quidque loco sunt posita, ea minus loci occupant, et minus officit aliud alii ab sole ac luna, et vento. Hoc licet conjectura videre ex aliquot rebus, ut nuces integras, quas uno modio comprehendere possis, quod putamina suo loco quæ-

dûment alignés, en seront plus accessibles à l'action du soleil et de la lune, vous donneront plus de raisins ou d'olives, qui viendront mieux à maturité; double résultat entrainant ces deux conséquences, meilleure récolte d'huile et de vin, augmentation de profit. Nous voici arrivés à la seconde partie, qui traite des indications auxquelles on reconnaît qu'une terre est bonne ou mauvaise. C'est en effet de la qualité de la terre que dépend le choix des fruits qu'on peut y semer et recueillir, et le genre de culture qui lui est applicable. Le même sol ne convient point également à toutes sortes de productions. Celui-ci est spécialement propre à la vigne; celui-là au blé; et tel, à telle autre production. C'est ce qui fait sans doute qu'il y a dans l'île de Crète, près de Cortynia, un platane qui, même en hiver, ne se dépouille point de ses feuilles. Théophraste en mentionne un pareil dans l'île de Cypre. Il y a aussi devant la ville de Sybaris, que l'on appelle aujourd'hui Thurium, un chêne qui offre le même phénomène. Nous voyons enfin, dans les campagnes d'Éléphantine, des figuiers et des vignes qui ne s'effeuillent jamais. C'est encore par la même raison que beaucoup d'arbres portent des fruits deux fois par an, comme les vignes de Smyrne près la mer, et les pommiers dans les champs de Consentinum. Autre preuve de cette observation. La culture donne en meilleure qualité les fruits que la nature sauvage produit en plus grande abondance. On peut citer encore les plantes qui ne peuvent vivre que dans un terrain aqueux, ou même au milieu de l'eau. Encore ne viennent-elles pas indistinctement dans toute espèce d'eau, puisque les unes réussissent mieux dans les lacs, comme les roseaux dans le pays de Réate; les autres en eau courante, comme les aunes d'Épire; d'autres enfin dans la mer, comme les squilles et les palmiers, au dire de Théophraste. Quand j'étais à la tête de l'armée, j'ai vu dans l'intérieur de la Gaule Transalpine, près du Rhin, des contrées où il ne croît ni vignes, ni oliviers, ni pommiers; où l'on emploie une sorte de craie blanche pour fumer la terre; et où les habitants, au lieu de sel marin ou fossile, se servaient de charbons salés, qu'ils obtenaient de la combustion de certains bois. Stolon prit alors la parole, et dit : Caton, en examinant l'une après l'autre les différentes espèces de terres, les échelonne suivant leur qualité, et les divise en neuf classes. Dans la première, il met les terres à vignes, qui rapportent avec abondance un vin de bonne qualité; dans la seconde, les terres de jardin d'une irrigation facile; dans la troisième, les terrains propres aux saules; dans la quatrième, les terres qui conviennent aux plants d'oliviers. Dans la cinquième classe sont les prairies; dans la sixième, les terres à blé; dans la septième, les bois en coupe réglée; dans la huitième, les vergers; dans la neuvième enfin, les terres où l'on récolte le gland. Je sais bien, dit Scrofa, que Caton a écrit cela; mais ce n'est pas l'avis de tout le monde. Il en est qui mettent les bonnes prairies en première ligne; et je suis de ce nombre. Nos pères les appelaient *parata*, et non *prata* à cause de leur production spontanée. César Vopiscus, en plaidant un jour devant les censeurs, cita la campagne de Roséa comme la nourricière de l'Italie. L'échalas qu'on y oubliait la veille, disait-il, ne se retrouvait plus le lendemain; parce que l'herbe l'avait recouvert entièrement.

VIII. Les vignobles ont des adversaires qui prétendent que les frais de culture absorbent le

---

que habet natura composita, cum easdem si fregeris, vix sesquimodio concipere possis. Præterea quæ arbores in ordinem satæ sunt, eas æquabiliter ex omnibus partibus sol ac luna coquunt. Quo fit, ut uvæ et oleæ plures nascantur, et ut celerius coquantur; quas res duas sequuntur altera illa duo, ut plus reddant musti et olei, et pretii pluris. Sequitur secundum illud, quali terra solum sit fundi, a qua parte vel maxime bonus ait non bonus appellatur. Refert enim, quæ res in eo seri nascique, et cujusmodi possint. Non enim eadem omnia in eodem agro recte possunt. Nam ut alius est ad vitem appositus, alius ad frumentum, sic de cæteris alius ad aliam rem. Itaque Cretæ ad Cortyniam dicitur platanus esse, quæ folia hieme non amittat. Itemque in Cypro, ut Theophrastus ait, una. Item Sybari, qui nunc Thurii dicuntur, quercus simili esse natura, quæ est in oppidi conspectu. Item contra atque apud nos fieri ad Elephantinen, neque ficus neque vites amittant folia. Propter eandem causam multa sunt bifera, ut vites apud mare Smyrnæ : malus bifera, ut in agro Consentino. Idem ostendit, quod in locis feris plura ferunt : in iis quæ sunt culta, meliora. Eadem de causa sunt, quæ non possunt vivere nisi in loco aquoso, aut etiam aqua. Et id discriminatim, ut alia in lacubus, ut arundines in Reatino; alia in fluminibus, ut in Epeiro arbores alni; alia in mari, ut scribit Theophrastus, palmas et squillas. In Gallia transalpina intus ad Rhenum, cum exercitum ducerem, aliquot regiones accessi, ubi nec vitis nec olea nec poma nascerentur; ubi agros stercorarent candida fossicia creta : ubi salem nec fossicium, nec maritimum haberent, sed ex quibusdam lignis combustis carbonibus salsis pro eo uterentur. Stolo, Cato quidem, inquit, gradatim præponens, alium alio agrum meliorem dicit esse in novem discriminibus, quod sit primus, ubi vineæ possint esse bono vino et multo; secundus, ubi hortus irriguus; tertius, ubi salicta; quartus, ubi oliveta; quintus, ubi pratum; sextus, ubi campus frumentarius; septimus, ubi cædua silva; octavus, ubi arbustum; nonus, ubi glandaria silva. Scrofa, Scio, inquit, scribere illum. Sed de hoc non consentiunt omnes, quod alii dant primatum bonis pratis, ut ego quoque : a quo antiqui prata parata appellarunt. Cæsar Vopiscus ædilicius, causam cum ageret apud censores, campos Roseæ Italiæ dixit esse sumen, in quo relicta pertica postridie non appareret propter herbam.

produit. Les vignobles de quelle espèce dis-je? car il y en a plusieurs. L'espèce rampante, qui n'a pas besoin d'échalas, et qu'on rencontre en Espagne; et l'espèce à haute tige, si commune en Italie, et dont les ceps sont isolés et maintenus en direction verticale par des échalas, ou assujettis ensemble par le haut à l'aide de traverses. C'est ce qu'on appelle marier la vigne. On emploie comme traverses, ou des perches, ou des roseaux, ou des cordes, ou la vigne elle-même. Le premier de ces moyens est en usage à Falerne; le second à Arpinum; le troisième à Brindes, et le quatrième dans la campagne de Milan. On procède à cette opération de deux manières, par lignes directes, ou par lignes croisées. C'est la plus ordinaire en Italie. Si le maître de la vigne tire de son propre fonds la matière qu'il emploie comme soutien, il n'a plus à redouter la dépense. Elle n'est même qu'insensible, au cas où il peut s'approvisionner dans le voisinage. Pour qu'il ait cette matière à sa disposition, il suffit, dans l'un des trois premiers cas, que sa propriété produise, soit du saule, soit des roseaux, soit du jonc ou quelque plante analogue. Dans le quatrième, il faut des arbustes propres à servir aux ceps de conducteurs. Dans la campagne de Milan on se sert à cet effet des érables; à Canusium, on emploie les figuiers, dont on entrelace les branches aux vignes. Quant aux échalas, il y en a quatre espèces. D'abord ceux qu'on tire du cœur de chêne ou de genévrier; ce sont les plus solides et ceux qui servent le mieux. Puis ceux qui proviennent de branches façonnées en pieux ou perches, qu'il faut choisir de bois compact, pour plus de durée, et qu'on retourne quand l'humidité de la terre les a pourris d'un bout, pour les enfouir par l'autre. Il s'en fabrique subsidiairement d'une troisième espèce avec des roseaux, quand on manque de matériaux pour les deux premières. On prend plusieurs tiges de roseaux, qu'on assujettit ensemble avec un lien d'écorce d'arbre et qu'on introduit dans des tubes de terre cuite, pour faire écouler l'humidité. La quatrième espèce pourrait être qualifiée d'échalas naturels. Ce sont les arbres qui en font l'office. Les rameaux de la vigne, qui s'élancent de l'un à l'autre, sont appelés par les uns *traduces*, et par les autres *rumpi*. Il faut que la vigne s'élève à hauteur d'homme, et que les échalas soient espacés de manière à ce qu'un attelage de bœufs puisse labourer dans les intervalles. C'est un vignoble peu coûteux que celui qui, sans exiger de soutiens, rend la contenance d'un acratophore. On distingue deux sortes de vignes. Les grappes de l'une rampent sur le sol. Cette espèce est commune dans certains cantons d'Asie, et les renards y vendangent autant que les hommes. La présence des souris est encore une cause de déchet; à moins qu'on n'ait le soin de multiplier les souricières dans les vignobles, ainsi que cela se pratique dans l'île de Pandataire. Quant à l'autre espèce de vignes, on éloigne de la terre, en les élevant, les pousses qui promettent du raisin. On place à cet effet, au-dessous de ces pousses, à l'endroit où se forment les grappes, de petites branches en fourche de deux pieds de longueur environ. Par ce moyen, les sarments ainsi soutenus deviennent insensiblement, pour les vendanges à venir, des branches à fruit, que l'on attache en conséquence au cep avec une petite corde, ou cet autre lien que nos ancêtres appelaient *cestus*. Dans les pays qui produisent cette espèce de vignes, quand le dernier vendangeur a montré ses talons, le maître prend soin de faire rentrer chez lui toutes ces

VIII. Contra vineam sunt qui putent sumptu fructum devorare. Refert, *inquam*, quod genus vineæ sit, quod sunt multæ species ejus. Aliæ enim humiles ac sine ridicis, ut in Hispania : aliæ sublimes, ut quæ appellantur jugatæ, ut pleræque in Italia. Quarum nomina duo, pedamenta et juga. Quibus stat recta vinea, dicuntur pedamenta. Quæ transversa junguntur, juga : ab eo quoque vineæ jugatæ. Jugorum genera fere quatuor, pertica, arundo, restes, vites. Pertica, ut in Falerno; arundo, ut in Arpino; restes, ut in Brundisino; vites, ut in Mediolanensi. Jugationis species duæ, una directa, ut in agro Canusino : altera compluviata, in longitudinem et latitudinem jugata, ut in Italia pleræque. Hæc ubi domo nascuntur, vinea non metuit sumptuli; ubi multa ex propinqua villa, non valde. Primum genus quod dixi, maxime quærit salicta. Secundum, arundineta. Tertium juncta, aut ejus generis rem aliquam. Quartum arbusta, ubi traduces possint fieri vitium, ut Mediolanenses faciunt in arboribus, quas vocant opulos; Canusini in harundulatione in ficis. Pedamentum item fere quatuor generum. Unum robustum, quod optimum solet afferri in vineam e quercu ac junipero, et vocatur ridica. Alterum palus e pertica, melior e dura, quod diuturnior : quem cum infimum terra volult, puter evertitur, et fit solum summum. Tertium quod horum inopiæ subsidio misit arundinetum. Inde enim aliquot colligatas libris demittunt in tubulos fictiles cum fundo pertuso, quos cuspides appellant, qua humor adventicius transire possit. Quartum est pedamentum nativum ejus generis, ubi ex arboribus in arbores traductis vitibus vinea sit : quos traduces, quidam rumpos appellant. Vineæ altitudinis modus, longitudo hominis. Intervalla pedamentorum, qua boves juncti arare possint. Ea minus sumptuosa vinea, quæ sine jugo ministrat acratophoro vinum. Hujus genera duo, unum, in quo terra cubilia præbet uvis, ut in Asia multis locis, quæ sæpe vulpibus et hominibus fit communis. Nec non, si parit humus mures, minor fit vindemia : nisi totas vineas oppleris muscipulis, quod in insula Pandataria faciunt. Alterum genus vineti, ubi ea modo removetur a terra vitis, quæ ostendit se afferre uvam. Sub eam, ubi nascitur uva, subjiciuntur circiter bipedales e surculis furcillæ, ne vindemia pereat, et vindemia facta denique discat pendere in palmam aut funiculo aut vinctu, quod antiqui vocabant cestum. Ibi dominus simul ac vidit occipitium vindemiatoris furcillas reducit hibernatum in tecta, ut sine sumptu earum opera altero anno uti possit. Hac consuetudine in

fourches, afin de les remettre en œuvre, sans nouveaux frais, l'année suivante. A Réate on n'y manque jamais. Du reste, le mode de culture appliqué à la vigne dépend surtout de la nature du sol. En effet, dans les terrains humides il importe d'élever davantage la vigne ; car le jus de la treille, lorsque la grappe se forme et grossit, ce n'est pas de l'eau qu'il demande, comme lorsqu'il est dans la coupe, mais du soleil ; et c'est pour cela que les ceps tendent continuellement à grimper après les arbres.

IX. Il importe donc, comme je viens de le dire, de bien connaître la qualité de la terre, et à quel genre de production elle est propre ou impropre. Le mot terre a trois acceptions différentes, un sens général, un sens propre, et un sens mixte. Il est pris dans le sens général, lorsqu'on dit le globe de la terre, la terre d'Italie, ou de toute autre contrée ; car alors on comprend dans cette dénomination la pierre, le sable, et les éléments divers dont la terre est composée. Le mot est pris dans le sens propre, lorsqu'on dit la terre d'une manière absolue, sans qualification ni épithète. Enfin il est pris dans le sens mixte, lorsqu'on parle de la terre comme propre à recevoir les semences et à les développer. C'est ainsi qu'on dit : une terre argileuse, une terre pierreuse, etc. Le mot terre, pris dans ce dernier sens, présente une idée non moins complexe que dans le sens général, et suppose un même composé de diverses substances. En effet, tout cet amalgame de corps étrangers que la terre, prise dans le sens général, renferme dans son sein, suivant les variétés de sa puissance génératrice, pierre, marbre, moellon, silex, sable, argile, rubrique, poussière, craie, gravier, charbon (résidu de la combustion des racines quand la terre est chauffée par le soleil jusqu'à l'incandescence), tout cet amalgame, dis-je, se retrouve dans ce qu'on appelle terre pris dans le sens propre, et la fait qualifier d'argileuse, de sablonneuse, etc., suivant l'élément qui domine. Ces différentes espèces de substances constituent donc autant d'espèces de terre, dont chacune comporte au moins trois degrés dans son essence. Un terrain pierreux, par exemple, ou l'est excessivement, ou l'est médiocrement, ou ne l'est presque point. Mêmes distinctions à faire dans chacune des autres espèces. De plus, chacun de ces degrés de relation est lui-même subdivisible en trois, puisqu'on y rencontre ou l'extrême sécheresse, ou l'extrême humidité ou l'habitude intermédiaire, toutes modifications qui n'ont pas une médiocre influence sur le revenu. Aussi le cultivateur expérimenté sèmera plutôt du froment que du blé commun dans un terrain humide, donnera, si son terrain est sec, la préférence à l'orge sur le blé, et confiera indifféremment l'un ou l'autre à un terrain mixte.

Il est d'autres distinctions à faire, plus subtiles encore que les précédentes. Pour un terrain sablonneux, par exemple, il importe de savoir si le sable est blanc ou rouge ; car le sable blanc ne convient pas aux pépinières, qui réussissent parfaitement dans le sable rouge. Il importe encore beaucoup de classer les terres selon qu'elles sont grasses ou maigres, ou entre les deux. Autant les grasses sont fertiles, autant les maigres le sont peu. Dans ces dernières point d'arbres touffus, point de vignes de rapport, point de paille fournie, point de grosses figues. Témoin les champs de Pupinia : on n'y voit qu'arbres chétifs, que prés arides, et envahis par la mousse. Dans les cantons, au contraire, où la terre est grasse, comme en Etrurie, partout de belles récoltes, et belles tous les ans ; des arbres à feuillage épais, et de la mousse nulle part. Le parti qu'on tire d'une terre moyenne

Italia utuntur Reatini. Hæc ideo varietas maxime, quod terra ejusmodi sit, refert. Ubi enim natura humida, ibi altius vitis tollenda, quod in partu et alimonio vinum non, ut in calice, quærit aquam, sed solem. Itaque ideo, ut arbitror, primum e vinea in arbores ascendit vitis.

IX. Terra, *inquam*, cujusmodi sit refert, et ad quam rem bona, aut non bona sit. Ea tribus modis dicitur, communi, proprio, et mixto. Communi, ut cum dicimus orbem terræ, et terram Italiam, aut quam aliam. In ea enim et lapis et arena et cætera ejus generis sunt in nominando comprehensa. Altero modo dicitur terra proprio nomine, quæ nullo alio vocabulo neque cognomine adjecto appellatur. Tertio modo dicitur terra, quæ est mixta, in qua seri potest quid et nasci ; ut argillosa, aut lapidosa, sic aliæ ; cum in hac specie non minus sint multæ, quam in illa communi, propter admixtiones, in illa enim, cum sit dissimili vi ac potestate, partes permultæ, in queis lapis, marmor, rudus, arena, sabulo, argilla, rubrica, pulvis, creta, glarea, carbunculus : [id est, quæ sole perferve ita fit, ut radices satorum comburat] ab iis, quæ proprio nomine dicitur terra, cum est admixta ex his generibus aliqua re, tum dicitur aut cretosa, aut glareosa, et sic ab aliis generum discriminibus mixta. Et uti horum varietates, ita genera hæc, ut præterea subtiliora sint alia. Nam minimum in singula facies terna, quod alia terra est valde lapidosa, alia mediocriter, alia prope pura. Sic de aliis generibus reliquis admixtæ terræ tres gradus ascendunt eosdem. Præterea hæ ipsæ ternæ species ternas in se habent alias, quod partim sunt humidiores, partim aridiores, partim mediocres. Neque non hæc discrimina pertinent ad fructus vehementer. Itaque periti in loco humidiore far adoreum potius serunt, quam triticum ; contra in aridiore hordeum potius, quam far, in mediocri utrunque. Præterea etiam discrimina omnium horum generum subtiliora alia, ut in sabulosa terra, quod ibi refert, sabulo albus sit, an rubicundus : quod subalbus ad serendos surculos alienus, contra rubicundior appositus. Sic magna tria discrimina terræ, quod refert utrum sit macra, an pinguis, an mediocris. Quod (ad culturam) pinguis fœcundior ad multa, macra contra. Itaque in iis, ut in Pupinia, neque arbores prolixas, neque vites feraces, neque stramenta videre crassa possis, neque ficum mariscam, et arbores plerasque, ac

comme celle des environs de Tibur, est en raison de sa plus grande affinité avec les grasses qu'avec les maigres. Diophane de Bithynie, reprit alors Stolon, dit avec assez de raison qu'on peut juger de la qualité d'une terre par induction tirée de son apparence extérieure, ou de ce qu'elle produit naturellement. On examine, dans le premier cas, si sa couleur est claire ou foncée, si elle est légère, facile à remuer, friable ou compacte; dans le second cas, si sa végétation spontanée est abondante et promet maturité. Mais continuez, parlez-nous maintenant de la troisième partie, qui a pour objet les différentes mesures établies dans chaque pays.

X. Scrofa reprit en ces termes : Chaque pays a sa mesure particulière. Dans l'Espagne ultérieure, on mesure les terres par *jugum*; en Campanie, par *versus*; et, dans la campagne romaine, ainsi que dans tout le Latium, nous procédons par *jugerum*. On appelle *jugum* l'étendue que deux bœufs attelés ensemble peuvent labourer en un jour; *versus*, une superficie de cent pieds carrés. Le *jugerum* contient deux *actus quadratus*; et un *actus quadratus* est de cent vingt pieds carrés. L'*actus quadratus* est appelé en latin *acnua*. La moindre des fractions d'un jugerum s'appelle *scrupulum*, et a dix pieds en longueur et autant en largeur. D'après ces bases, les arpenteurs comptent habituellement l'excédant du jugerum par onces, *sextant*, ou quelque autre partie aliquote de l'as, puisque le jugerum se compose de deux cent quatre-vingt-huit scrupules, ce qui forme précisément le même nombre d'unités qu'en contenait notre ancien as avant la guerre punique. Deux *jugera* réunis, du temps de Romulus, formaient un *héritage*. C'était, dit-on, la part que Romulus avait affectée à chaque citoyen, comme transmissible à ses héritiers. Dans la suite, cent *héritages* prirent le nom de centurie. La centurie est une surface carrée, dont chacun des côtés a *deux mille quatre cents pieds* de longueur. Quatre de ces centuries jointes ensemble, de manière à ce qu'il y en ait deux de chaque côté, s'appellent *saltus* dans les partages publics des terres.

XI. Il est arrivé souvent que, faute de mesure exacte de la propriété, on a donné aux bâtiments plus ou moins d'étendue qu'il ne fallait : deux erreurs très-préjudiciables à la bonne gestion du bien et à son revenu. En effet, lorsque les bâtiments sont plus grands que la terre ne comporte, les frais de construction et d'entretien sont relativement trop considérables aussi. Quand ils sont trop petits pour la grandeur du fonds, la récolte peut se perdre. Qui doute en effet qu'il ne faille donner plus de développement aux celliers quand on a des vignobles, aux greniers quand on a des terres à grain? Quand vous construirez une métairie, ayez soin de vous ménager une prise d'eau dans son enceinte, ou le plus possible à proximité. Le mieux est d'avoir chez soi la source; sinon, qu'elle ait du moins un cours constant. A défaut d'eau vive, établissez des citernes intérieures, et des abreuvoirs à ciel ouvert; les unes pour vos gens, les autres pour votre bétail.

XII. Pour vos constructions, choisissez de préférence le pied d'un coteau boisé, riche en pâturages, et l'exposition la plus saine. La meilleure

---

prata retorrida, et muscosa. Contra in agro pingui, ut in Hetruria, licet videre segetes fructuosas, ac restibiles, et arbores prolixas, et omnia sine musco. In mediocri autem terra, ut in Tiburti, quo propius accedit, ut non sit macra, quam ut sit jejuna, eo ad omnes res commodior, quam si inclinavit ad illud quod deterius. Stolo, Non male, inquit, quæ sit idonea terra ad colendum, aut non, Diophanes Bithynius scribit, signa sumi posse aut ex ipsa, aut ex iis quæ nascuntur ex ea. Ex ipsa, si sit terra alba, si nigra, si levis, quæ cum fodiatur, facile frietur, naturaque non sit cineritia neve vehementer densa. Ex iis autem, quæ enata sunt fera, si sunt prolixa, atque ea quæ ex iis nasci debent, earum rerum feracia. Sed quod sequitur, tertium illud de modis dice.

X. Ille, Modos, quibus metirentur rura, alius alios constituit. Nam in Hispania ulteriore metiuntur jugis, in Campania versibus, apud nos in agro romano ac latino jugeris. Jugum vocant, quod juncti boves uno die exarare possint. Versum dicunt centum pedes quoquoversum quadratum. Jugerum, quod quadratos duos actus habeat. Actus quadratus, qui et latus est pedes CXX, et longus totidem. Is modus acnua latine appellatur. Jugeri pars minima dicitur scripulum, id est decem pedes in longitudinem et latitudinem quadratum. Ab hoc principio mensores nonnunquam dicunt in subsicivum esse unciam agri, aut sextantem, aut quid aliud, cum ad jugerum pervenerunt : id habet scripula CCLXXXVIII. quantum as antiquus noster ante bellum Punicum pendebat. Bina jugera quod a Romulo primum divisa [dicebantur] viritim, quæ [quod] hæredem sequerentur, hæredium appellarunt. Hæc postea centum Centuria dicta. Centuria est quadrata in omnes quatuor partes, ut habeat latera longa pedum ∞ ∞ C. B. Hæ porro quatuor centuriæ conjunctæ, ut sint in utramque partem binæ, appellantur in agris divisis viritim publice saltus.

XI. In modo fundi non animadverso lapsi sunt multi, quod alii villam minus magnam fecerunt quam modus postulavit, alii majorem, cum utrumque sit contra rem familiarem ac fructum. Majora enim tecta et ædificamus pluris, et tuemur, sumptu majore. Minora cum sunt quam postulat fundus, fructus solent disperire. Dubium enim non est, quin cella vinaria major sit faciunda in eo agro, ubi vineta sunt ampliora : ut horrea, si frumentarius ager est. Villam ædificandum potissimum, ut intra septa (villæ) habeat aquam : si non, quam proxime. Primum, quæ ibi sit nata; secundum, quæ influat perennis. Si omnino aqua non est viva, cisternæ faciundæ sub tectis, et lacus sub dio, ex altero loco ut homines, ex altero ut pecus uti possit.

XII. Dandum operam, ut potissumum sub radicibus montis silvestris villam ponas, ubi pastiones sint latæ, ita ut contra ventos, qui saluberrimi in agro flabunt. Quæ

de toutes est le levant d'équinoxe; car on y a de l'ombre en été et du soleil en hiver. Etes-vous forcé de bâtir au bord d'un fleuve? ouvrez vos jours de l'autre côté, sans quoi les habitations seraient froides pendant l'hiver et peu saines pendant l'été. Il faut éviter avec un soin égal le voisinage des lieux marécageux : d'abord, parce que les mêmes inconvénients s'y trouvent; et puis, parce que les marais venant à se dessécher engendrent une multitude d'insectes imperceptibles qui s'introduisent par la bouche et les narines avec l'air que l'on respire, et occasionnent ainsi des maladies graves. Mais, dit Fundanius, si j'héritais d'une terre dans cette condition, qu'aurais-je à faire pour me préserver de ses malignes influences? A cette question, dit Agrius, la réponse est facile. Vendre le plus cher, et, si l'on ne trouve acheteur, déguerpir le plus tôt possible. Scrofa continua en ces termes : Il faut encore éviter que la façade ne se trouve dans la direction d'un vent pernicieux ; et ne point bâtir dans le creux d'un vallon. Une assiette élevée est préférable, le moindre souffle suffisant pour dissiper les émanations inférieures, s'il y en a. Un bâtiment où le soleil donne tout le jour est dans la condition la plus saine. Il ne craint pas l'invasion des insectes : le vent les emporte, ou la sécheresse les tue. Les inondations, les débordements sont à craindre pour ceux qui habitent les lieux bas et les gorges profondes. Ajoutez que les voleurs peuvent plus facilement les y surprendre. Double danger, dont on se préserve en se plaçant sur les lieux élevés.

XIII. Dans la distribution des étables, réservez aux bœufs la partie qui est la plus chaude en hiver. Pour les liquides, tels que le vin et l'huile, ayez des celliers au niveau du sol. Les vases destinés à les contenir devront également être placés à ras de terre. Pour les denrées sèches, tels que les fèves, les lentilles, l'orge et le blé, on établira des espèces de planchers. Ménagez à vos domestiques un lieu de réunion où, lorsqu'ils souffrent de la fatigue, de la chaleur, ou du froid, ils puissent se reposer et se remettre. Logez le *villicus* près de la porte d'entrée, afin qu'il ait l'œil sur ce qui entre et sort pendant la nuit, hommes et choses. Précaution indispensable, quand il n'y a pas de portier surtout. La cuisine encore devra être placée à proximité de sa surveillance. En temps d'hiver on y vaque à divers soins avant le jour : on y prépare, on y fait un premier repas. On devra ménager dans la basse-cour des remises spacieuses pour les charrettes et les autres ustensiles, afin qu'ils soient à couvert de la pluie. En les laissant en plein air, on s'expose à les voir enlever par les voleurs, ou endommager par les injures du temps. Dans les grandes exploitations il est bon d'avoir deux basses-cours, l'une intérieure, l'autre extérieure. Dans la basse-cour intérieure on devra ménager un bassin destiné à recevoir les eaux pluviales, qui en passant près des stylobates, et coulant sur un plan incliné, formeront un abreuvoir, où les bœufs, revenant des champs, pourront boire et se baigner pendant l'été, ainsi que les oies, et les porcs lorsqu'ils reviendront des pâturages. Il en faut un également dans la cour extérieure, pour faire tremper les lupins, et autres graines dont l'emploi exige un séjour sous l'eau. Cette cour, étant continuellement jonchée de litière et de paille que les bestiaux foulent sous leurs pieds, devient comme une fabrique d'engrais pour les champs. Chaque

posita est ad exortus æquinoctiales, aptissima, quod æstate habet umbram, hieme solem. Sin cogare secundum flumen ædificare, curandum ne adversum eum ponas. Hieme enim flet vehementer frigida, et æstate non salubris. Advertendum etiam si qua erunt loca palustria, et propter easdem causas, et quod arescunt, crescunt animalia quædam minuta, quæ non possunt oculi consequi, et per aëra intus in corpus per os ac nares perveniunt, atque efficiunt difficiles morbos. Fundanius, Quid potero, inquit, facere, si istiusmodi mi fundus hæreditate obvenerit, quo minus pestilentia noceat? istuc vel ego possum respondere, inquit Agrius. Vendas quot assibus possis : aut si nequeas, relinquas. At Scrofa, Vitandum, inquit, ne in eas partes spectet villa, ex quibus ventus gravior afflare soleat; neve in convalli cava. Et ut potius in sublimi loco ædificess. Qui quod perflatur, si quod est, quod adversarium inferatur, facilius discutitur. Præterea, quod ab sole toto die illustratur, salubrior est, quod et bestiolæ si quæ prope nascuntur aut inferuntur, aut efflantur, aut aritudine cito pereunt. Nimbi repentini, ac torrentes fluvii periculosi illis, qui in humilibus ac cavis locis ædificia habent, et repentinæ prædonum manus, quod improvisos facilius opprimere possunt. Ab hoc utroque superiora loca tutiora.

XIII. In villa facienda stabula, ita ut bubilia sint ibi, hieme quæ possunt esse caldiora. Fructibus (humidis,) ut est vinum et oleum, loco plano potius cellas faciundum, item ubi vasa vinaria et olearia (stent;) aridis ut est faba, lens hordeum far (et triticum) in tabulatis. Familia ubi versetur providendum, si fessi opere, aut frigore, aut calore, et ubi commodissime possint se quiete reciperare. Vilici proxime januam cellam esse oportet, eumque scire, qui introeat aut exeat noctu, quidve ferat : præsertim si ostiarius est nemo. In primis culina videnda, ut sit admota, quod ibi hieme antelucanis temporibus aliquot res conficiuntur, cibus paratur, ac capitur. Faciundum etiam plaustris ac cætero instrumento omni, quibus cælum pluvium inimicum, in cohorte ut satis magna sint tecta. Hæc enim si intra clausum in consepto, et sub dio, furem non modo metuunt, sed adversus tempestatem nocentem non resistunt. Cohortes in fundo magno duæ aptiores. Una, ut interius compluvium habeat lacum, ubi aqua saliat, quæ intra stylobatas cum venit, sit semipiscina. Boves enim ex arvo æstate reducti hic bibunt, hic perfunduntur. Nec minus e pabulo cum redierunt anseres, sues, porci. In cohorte exteriore lacum esse oportet, ubi maceretur lupinum, item alia, quæ demissa in aquam ad usum aptiora fiunt. Cohors exterior crebro operta stramentis ac

ferme doit avoir deux fosses à fumier, ou une fosse unique divisée en deux compartiments. L'un des côtés est destiné à recevoir le fumier nouveau que l'on apportera des étables ; et c'est dans l'autre que l'on prendra l'ancien fumier, pour le porter dans les champs. Plus le fumier est récent, moins il est bon ; et plus il est macéré, meilleur il est pour engraisser les terres. Il faudra surtout le garantir du soleil, en l'entourant de tous côtés de branches et de feuillages, afin d'empêcher que le soleil n'en retire le suc, qui est le principe de l'engrais. Aussi les agriculteurs expérimentés ne négligent-ils jamais de ménager l'écoulement des eaux, de façon à entretenir l'humidité dans ces réserves. Il en est même qui y font déposer la vidange des lieux d'aisance. Il faut, en outre, construire un vaste bâtiment, où l'on puisse mettre à couvert toute la récolte. Ce local, qu'on appelle *nubilarium*, doit être voisin de l'aire où l'on bat le blé. Il doit être d'une dimension proportionnée à l'étendue de la propriété, et ne s'ouvrir que d'un seul côté, qui est celui de l'aire. Le déplacement des gerbes de l'un à l'autre en devient plus facile et plus prompt en temps de pluie. Les fenêtres du nubilarium devront être percées de manière à laisser l'air y circuler aisément. Les constructions, dit Fundanius, influent sans contredit beaucoup sur le rapport, quand elles sont conçues suivant l'intelligente simplicité de nos ancêtres, plutôt que suivant les idées de luxe d'aujourd'hui. On travaillait alors en vue de l'utile ; on ne songe maintenant qu'à satisfaire aux fantaisies les plus extravagantes. Alors le propriétaire avait de grands bâtiments de ferme, et se logeait en ville à l'étroit. C'est généralement le contraire aujourd'hui. A cette époque, une métairie était citée quand elle avait de vastes étables, un bon office, des celliers à vin et à huile proportionnés à la grandeur du fond, avec un plancher incliné venant aboutir à un réservoir ; précaution d'autant plus nécessaire, que la fermentation du vin nouveau brisant souvent les tonneaux d'Espagne et même les futailles d'Italie, le vin se trouvait recueilli dans cette espèce de récipient. C'est ainsi que nos ancêtres avaient soin de pourvoir une métairie de tout ce qui répondait aux besoins de la culture. Aujourd'hui, au contraire, on ne vise qu'à rendre l'habitation du maître aussi vaste et aussi élégante que possible. On rivalise de luxe avec ces *villa* que les Métellus et les Lucullus ont élevées pour le malheur de la république. De nos jours, le point essentiel est d'exposer au vent frais de l'orient les salles où l'on prend les repas pendant l'été, et au couchant celles où se tiennent les festins pendant l'hiver. Nul ne songe à donner une exposition convenable aux fenêtres des celliers à vin et à huile, ainsi que le faisaient nos ancêtres ; ce qui est fort important, puisque le vin, renfermé dans les tonneaux, a besoin de fraîcheur, tandis que l'huile demande un air plus chaud. Ajoutons qu'une colline est, sauf empêchement, l'emplacement le plus convenable à l'établissement d'une ferme.

XIV. Je vais parler maintenant des clôtures qu'il faut établir pour la sûreté générale ou partielle de l'établissement. Il y en a quatre espèces : la clôture naturelle, la clôture champêtre, la clôture militaire, et enfin la clôture artificielle. Chacune de ces espèces peut se subdiviser en plusieurs autres. La première espèce, faite de haies vives, s'appelle clôture naturelle, parce qu'elle est formée d'épines et de broussailles, et qu'elle a ra-

---

palea, occulcata pedibus pecudum, fit ministra fundo, ex ea quod evehatur. Secundum villam duo habere oportet sterquilinia, aut unum bifariam divisum. Alteram enim in partem ferri oportet e villa novum fimum, ex altera veterem tolli in agrum. Quod enim infertur recens, minus bonum. Id cum flacuit, melius. Necnon sterquilinium melius illud, cujus latera et summum virgis ac fronde vindicatum ab sole. Non enim sucum quem quærit terra, solem ante exugere oportet. Itaque periti qui possint ut eo aqua influat, eo nomine faciunt. Sic enim maxime retinetur sucus ; in eoque quidam sellas familiaricas ponunt. Ædificium facere oportet, sub quod tectum totam fundi subjicere possis messem, quod vocant quidam nubilarium. Id secundum aream faciundum, ubi trituras sis frumentum, magnitudine pro modo fundi ex una parti apertum, et id ab area, quo et in trituram prorure facile possis, et si nubilare cœperit, inde ut rursus celeriter rejicere. Fenestras habere oportet ex ea parti, unde commodissime perflari possit. Fundanius, Fructuosior, inquit, est certe fundus propter ædificia, si potius ad antiquorum diligentiam, quam ad horum luxuriam dirigas ædificationem. Illi enim faciebant ad fructuum rationem, hi faciunt ad libidines indomitas. Itaque illorum villæ rusticæ erant majoris quam urbanæ, quæ nunc sunt plerœque contra. Illic laudabatur villa, si habebat culinam rusticam bonam, præsepias laxas, cellam vinariam et oleariam ad modum agri conditam novum vinum, orcæ ut in Hispania fervore musti ruptæ, nec non dolia ut in Italia, ne vinum porlueret. Item cætera ut essent in villa hujuscemodi, quæ cultura quæreret, providebant. Nunc contra villam urbanam quam maximam ac politissimam habeant, dant operam : ac cum Metelli ac Luculli villis pessimo publico ædificatis certant. Quo hi laborant, ut spectent sua æstiva triclinaria ad frigus orientis, hiberna ad solem occidentem, potius quam, ut antiqui, in quam partem cella vinaria aut olearia fenestras haberet, cum fructus in ea vinarius quærat ad dolia æra frigidiorem, ita olearia caldiorem. [Item videre oportet, si est collis, nisi quid impedit, ut ibi potissimum ponatur villa.]

XIV. Nunc de septis, quæ tutandi causa fundi, aut partis fiant, dicam. Earum tutelarum genera IV. unum naturale, alterum agreste, tertium militare, quartum fabrile. Horum unumquodque species habet plures. Primum naturale sepimentum vivæ sepis, quod obseri solet virgultis aut spinis, quod habet radices, ac viatoris prætereuntis

cine en terre. C'est celle qui redoute le moins que les passants, par imprudence, n'y mettent le feu. La seconde espèce est faite de bois coupé. On emploie, à cet effet, des pieux que l'on entrelace de broussailles, ou que l'on perce de deux ou trois trous dans leur épaisseur, pour y faire passer transversalement autant de longues perches. On peut également construire cette clôture avec des troncs d'arbres horizontalement superposés, et assujettis l'un à l'autre. La troisième espèce, appelée clôture milliaire, consiste en un fossé avec remblais en terrasse. Le fossé, pour avoir les conditions voulues, doit être assez profond pour contenir toutes les eaux des pluies, ou recevoir celles provenant de la propriété. Le remblai ne forme bonne clôture qu'autant qu'il est pratiqué en deçà du fossé, ou qu'il s'élève assez haut pour ne pouvoir être aisément franchi. Cette clôture est principalement adaptée aux propriétés riveraines d'une grande route, ou de quelque cours d'eau. On peut voir dans les environs de *Crustumium*, non loin de la voie qui conduit aux *salines*, plus d'un exemple de l'emploi du fossé conjointement avec le remblai, comme précaution contre les débordements. On appelle murs les remblais sans fossés, qui sont en usage dans la campagne de Réate. La quatrième et dernière espèce, la clôture artificielle, est en maçonnerie, et de quatre sortes de matériaux : savoir, de pierres de taille, comme à Tusculum; de briques cuites, comme dans la Gaule; de briques crues, comme dans les champs sabins; enfin de blocs composés de terre et de cailloux jetés en moule, comme en Espagne et dans la plaine de Tarente.

XV. A défaut de clôtures, on marque encore les limites d'une propriété par des pieds d'arbres; ce qui évite les querelles de voisinage, et prévient les procès. Quelques-uns plantent des pins tout autour, comme l'a fait ma femme dans une terre qu'elle possède au pays des Sabins. D'autres se servent de cyprès, comme j'ai fait moi-même dans une propriété près du Vésuve; d'autres encore emploient les ormes, comme plus d'un propriétaire de Crustumium. Et en effet, il n'y a pas d'arbre préférable à celui-là dans tout pays de plaines comme celui dont nous venons de parler. Nul n'est plus profitable comme soutien des haies et des vignes, comme abri le plus recherché par le gros bétail et les troupeaux, et comme pourvoyeur de menu bois pour la haie, l'âtre et le four. Voilà bien, dit Scrofa, mes quatre points principaux d'observation pour les agriculteurs : configuration de la propriété, qualité du sol, dimension, et clôture.

XVI. Il nous reste à considérer ce qui est en dehors de la propriété; car la propriété est singulièrement intéressée aux conditions d'entourage. Ces conditions sont encore au nombre de quatre : Le pays est-il sûr? Offre-t-il débouchés et ressources? A-t-on à proximité les voies de communication, routes ou rivières navigables? Enfin y a-t-il avantage à espérer, ou préjudice à craindre du voisinage? D'abord, en ce qui concerne la sûreté, il est tel fonds d'une excellente nature que je ne conseillerais pas d'exploiter, à cause des déprédations auxquelles sa situation l'expose. Il en est plus d'un qui ont cet inconvénient, près de Célie en Sardaigne, et, en Espagne, sur les confins de la Lusitanie. En ce qui touche au second point, les terres les plus avantageuses sont celles qui offrent le plus de facilités pour la vente de ce qu'elles produisent, et l'acqui-

---

lascivi non metuit facem ardentem. Secunda sepes est ex agresti ligno, sed non vivit. Fit aut palis statutis crebris, ac virgultis implicatis; aut latis perforatis, et per ea foramina trajectis longuriis fere binis aut ternis : aut ex arboribus truncis demissis in terram deinceps constitutis. Tertium militare sepimentum est fossa et terreus agger. Sed fossa ita idonea, si omnem aquam, quæ e cælo venit, recipere potest, aut fastigium habet, ut exeat e fundo. Agger is bonus, qui intrinsecus junctus fossa, aut ita arduus, ut eum transcendere non sit facile. Hoc genus sepes fieri secundum vias publicas solent, et secundum amnes. Ad viam salariam, in agro Crustumino, videre licet locis aliquot conjunctos aggeres cum fossis, ne flumen agris noceat. Aggeres qui faciunt sine fossa, eos quidam vocant muros, ut in agro Reatino. Quartum fabrile sepimentum est novissimum, maceria. Hujus fere species quatuor : quod fiunt e lapide, ut in agro Tusculano : quod e lateribus coctilibus, ut in agro gallico : quod e lateribus crudis, ut in agro Sabino : quod ex terra et lapillis compositis in formis, ut in Hispania et agro Tarentino.

XV. Præterea sine septis fines prædii, sationis, notis arborum tutiores fiunt, ne familia rixentur cum vicinis, ac limites ex litibus judicem quærant. Serunt alii circum pinos, ut habet uxor in Sabinis. Alii cupressos, ut ego habui in Vesuvio. Alii ulmos, ut multi habent in Crustumino : quod ubi id pote, ut ibi, quod est campus, nulla potior arbor serunda, quod maxime fructuosa, quod et sustinet sepem, ac colit aliquot corbulas uvarum, et frondem jucundissimam ministrat ovibus ac bubus, ac virgas præbet sepibus et foco ac furno. Scrofa, igitur primum hæc, quæ dixi, quatuor videnda agricolæ, de fundi forma, terræ natura, de modo agri, de finibus tuendis.

XVI. Relinquitur altera pars, quæ est extra fundum. Cujus appendices vehementer pertinent ad culturam propter affinitatem. Ejus species totidem : Si vicina regio est infesta. Si quo neque fructus nostros exportare expediat, neque inde quæ opus sunt, apportare. Tertium, si viæ aut fluvii qua portentur, aut non sunt, aut idonei non sunt. Quartum, si quid ita est in confinibus fundis, ut nostris agris prosit aut noceat. E queis quatuor, quod est primum, refert, infesta regio sit necne. Multos enim agros egregios colere non expedit propter latrocinia vicinorum, ut in Sardinia quosdam qui sunt prope Celiem, et in Hispania prope Lusitaniam. Quæ vicinitatis evectos habent idoneos, quæ ibi nascuntur ubi vendant, et illinc evectos opportunos ad ea quæ in fundo opus sunt, quod

sition de tout ce qu'exigent les besoins de l'exploitation. Il est des fonds de terre, en effet, où le blé et le vin manquent, et doivent être tirés d'ailleurs. En d'autres, au contraire, on est obligé à trafiquer d'un excédant de ces mêmes denrées. Ainsi, dans le voisinage des villes, on cultive avantageusement dans les jardins les violettes, les roses, et autres fleurs qui sont recherchées sur leurs grands marchés; tandis que le même genre de culture ne conviendrait point à une ferme éloignée de tout pareil centre de débit. J'ajoute qu'avec la proximité d'une ville, d'un bourg, ou seulement d'une maison de campagne ou terre opulente, où l'on trouve, d'une part, à acheter à bas prix ce qui manque, et, de l'autre, à placer son superflu, comme échalas, perches, roseaux, un fonds est placé dans une condition plus avantageuse non-seulement que celui où l'on a de grandes distances à franchir, mais que souvent où l'on aurait tout sous la main. Aussi, beaucoup de propriétaires préfèrent-ils louer à l'année, de leurs voisins, les médecins, les foulons et les ouvriers dont ils pourraient avoir besoin, que d'entretenir ces professions en permanence dans leurs domaines. La mort d'un seul ouvrier, dans le premier cas, entraîne les plus graves préjudices. Les riches seuls, exploitant sur une grande échelle, peuvent se permettre cette complication de leur personnel domestique.

Il se peut cependant que la nécessité en fasse une loi à d'autres que les riches. En cas d'éloignement de toute ville ou bourg, par exemple, il est bon d'avoir des forgerons, ou gens d'autres métiers, à demeure. On évite par là que les domestiques de la ferme ne suspendent leur travail, et ne perdent en allées et venues un temps qui serait mieux employé au profit de l'établissement.

C'est en ce sens que Saserna défend dans son livre que personne ne sorte de la ferme, excepté le villicus ou intendant, ou celui qu'il aura lui-même désigné. La défense serait encore mieux conçue en ces termes : Nul domestique sans l'ordre du métayer, ni le métayer lui-même sans l'ordre du maître. Saserna veut de plus qu'aucune absence n'excède un jour de durée, ou ne se répète plus fréquemment que le service ne l'exige. En troisième lieu, le voisinage de routes praticables pour les voitures, ou de fleuves navigables, augmente beaucoup la valeur d'une terre; car ce sont là, comme on sait, les deux grands moyens de communication. Enfin l'essence même des plantations limitrophes doit encore être prise en considération. Si c'est une chenaie, par exemple, qui vous avoisine, vous auriez tort de mettre des oliviers auprès; car ce bois leur est antipathique au point que vous verriez vos arbres, non-seulement diminuer de produit, mais éviter le contact des chênes, en se rejetant en arrière. C'est ce que fait la vigne, lorsqu'elle se trouve placée auprès des plantes potagères. Par une propriété semblable à celle des chênes, la présence d'un gros noyer ou d'un certain nombre de plants du même arbre suffit pour frapper de stérilité tout l'entourage.

XVII. J'ai traité spéculativement des quatre conditions intrinsèques de la culture, et de quatre ordres de considérations extérieures qui s'y rattachent. Je vais parler maintenant de la pratique, où quelques-uns veulent faire la distinction de deux parties, à savoir les bras qui travaillent, et les instruments sans lesquels ils ne peuvent travailler; ce sont les instruments que d'autres veulent diviser en trois genres, savoir, le genre parlant, qui comprend les esclaves; le genre

propterea sunt fructuosa. Multi enim habent in prædiis, quibus frumentum aut vinum aliudve quid desit importandum. Contra non pauci, quibus aliquid sit exportandum. Itaque sub urbe colere hortos late expedit, sic violaria, ac rosaria, item multa, quæ urbs recipit, cum eadem in longinquo prædio, ubi non sit quo deferri possit venale, non expediat colere. Item, si ea oppida aut viciniæ aut etiam divitum copiosi agri ac villæ, unde non care emere possis, quæ opus sunt in fundum, quibusque quæ supersint venire possint; ut quibusdam pedamenta, aut perticæ, aut arundo; fructuosior sit fundus, quam si longe sint importanda, nonnunquam etiam, quam si colendo in tuo ea parare possis. Itaque in hoc genus coloni potius anniversarios habent vicinos, quibus imperant medicos, fullones, fabros, quam in villa suos habeant : quorum nonnunquam unius artificis mors tollit fundi fructum. Quam partem latifundii divites domesticæ copiæ mandare solent. Si enim ab fundo longius absunt oppida aut vici, fabros parant, quos habeant in villa; sic cæteros necessarios artifices, ne de fundo familia ab opere discedat, ac profestis diebus ambulet feriata potius, quam opere faciundo agrum fructuosiorem reddat. Itaque ideo Sasernæ

liber præcipit, ne quis de fundo exeat præter vilicum e promum, et unum, quem vilicus legat. Si quis contra exierit, ne impune abeat. Si abierit, ut in vilicum animadvertatur. Quod potius ita præcipiendum fuit, ne quis injussu vilici exierit, neque vilicus injussu domini longius, quam ut eodem die rediret, neque id crebrius, quam opus esset fundo. Tertio eundem fundum fructuosiorem faciunt vecturæ, si viæ sunt, qua plaustra agi facile possint : aut flumina propinqua, qua navigari possit. Quibus utrisque rebus evehi atque invehi ad multa prædia scimus. Quarto refert etiam ad fructus, quemadmodum vicinus in confinio consitum agrum habeat. Si enim ad limitem querquetum habet, non possis recte secundum eam silvam serere oleam, quod usque eo est contrarium natura, ut arbores non solum minus ferant, sed etiam fugiant, ut introrsum in fundum se reclinent, ut vitis adsita ad olus facere solet. Ut quercus, sic juglandes magnæ et crebræ finitimæ, fundi oram faciunt sterilem.

XVII. De Fundi IV partibus, quæ cum solo hærent, et alteris IV, quæ extra fundum sunt, et ad culturam pertinent, dixi. Nunc dicam agri quibus rebus colantur. Quas res alii dividunt in duas partes, in homines et admi-

à voix inarticulée, qui comprend les bœufs; le genre muet, qui comprend les véhicules. La culture s'exerce, ou par des esclaves, ou par des hommes libres, ou par un mélange des uns et des autres. Les hommes libres, qui cultivent eux-mêmes la terre, sont pour la plupart de pauvres gens, aidés de leur famille, ou des journaliers qui se chargent, moyennant salaire, de travaux, tels que les vendanges et la fenaison. Il y a encore une troisième classe de gens employés aux travaux de la terre. Ce sont ceux que nos ancêtres désignaient sous le nom d'*obœrarii* (travailleurs à forfait), qu'on rencontre en grand nombre en Asie, en Égypte et dans l'Illyrie. J'ai à dire des uns et des autres que, dans les terrains insalubres, il vaut mieux employer des gens à gages; et que, même dans les lieux sains, on fait bien de leur donner encore de préférence les gros ouvrages, tels que la rentrée des vendanges et des moissons. Voici ce que recommande Cassius, à propos de ces manœuvres. Choisissez des sujets propres à la fatigue, au-dessus de vingt-deux ans, et qui montrent des dispositions pour l'agriculture. On juge de leur aptitude par des travaux d'essai, ou en les questionnant sur ce qu'ils faisaient chez leur précédent maître. Prenez pour les diriger des esclaves qui ne soient ni insolents, ni timides; qui aient une teinture d'instruction, de bonnes manières, de la probité, et qui soient plus âgés que ceux qu'ils surveillent : ils en seront mieux écoutés. Cette position, par-dessus tout, exige l'intelligence des travaux rustiques : car l'esclave n'est pas là seulement pour donner des ordres : il doit mettre la main à l'œuvre; montrer par l'exemple ce qu'il faut faire, afin que ses subordonnés comprennent que ce sont ses talents et son expérience qui le placent au-dessus d'eux. Il ne faut pas permettre au chef d'employer les coups pour se faire obéir, quand il peut arriver au même but par de simples remontrances. Évitez également d'avoir plusieurs esclaves de la même nation; car c'est une source continuelle de querelles domestiques. Il est bon de stimuler, par des récompenses, le zèle des chefs; de leur former un pécule, de leur faire prendre des femmes parmi leurs campagnes de servitude. Les enfants qui naissent de ces unions attachent les pères au sol; et c'est par suite de ces mariages que les esclaves d'Épire sont si réputés et se vendent si cher. Quant aux chefs, on fera bien de flatter leur amour-propre, en leur donnant de temps à autre quelque marque de considération. Il est bon également quand un ouvrier se distingue, de le consulter sur la direction des ouvrages. Cette déférence le relève à ses propres yeux, en lui prouvant qu'on fait cas de lui, qu'on le compte pour quelque chose. Stimulez encore son zèle par de meilleurs traitements, une nourriture plus choisie, des vêtements moins grossiers, l'exemption de certains travaux; ou bien encore par la permission de faire paître à son profit quelques bestiaux sur la propriété du maître. C'est ainsi qu'on tempère l'effet d'un ordre un peu dur, d'une punition un peu sévère, et qu'on leur inspire le bon vouloir, et l'affection que le domestique doit toujours avoir pour son maître.

XVIII. Pour limiter le personnel d'une exploitation rurale, Caton prend pour base l'étendue et le genre de culture. C'est sur celle des oliviers

---

nicula hominum, sine quibus rebus colere non possunt. Alii in tres partes instrumenti genus vocale, et semivocale, et mutum. Vocale, in quo sunt servi. Semivocale, in quo sunt boves. Mutum, in quo sunt plaustra. Omnes agri coluntur hominibus servis aut liberis aut utrisque. Liberis, aut cum ipsi colunt, ut plerique pauperculi cum sua progenie : aut mercenariis, cum conducticiis liberorum operis res majores, ut vindemias, ac fœnisicia administrant : iique quos obærarios nostri vocitarunt, et etiam nunc sunt in Asia, atque Ægypto, et in Illyrico complures. De quibus universis hoc dico : Gravia loca utilius esse mercenariis colere, quam servis, et in salubribus quoque locis opera rustica majora, ut sunt in condendis fructibus vindemiæ aut messis. De his cujusmodi esse oporteat, Cassius scribit hæc : Operarios parandos esse, qui laborem ferre possint, ne minores annorum XXII, et ad agriculturam dociles. Eam conjecturam fieri posse ex aliarum rerum imperatis, et uno eorum e novitiis requisito, ad priorem dominum quid factitarent. Mancipia esse oportere neque formidolosa, neque animosa. Qui præsint esse oportere, qui literis et aliqua sint humanitate imbuti, frugi, ætate majore, quam operarios, quos dixi. Facilius enim his, quam minore natu sunt dicto audientes. Præterea potissimum eos præesse oportet, qui periti sint rerum rusticarum. Non solum enim debere imperare,
sed etiam facere, ut facientem imitentur, et ut animadvertant eum cum causa sibi præesse, quod scientia præstet et usu. Neque illi concedendum ita imperare, ut verberibus coerceat potius quam verbis, si modo idem efficere possis. Neque ejusdem nationis plures parandos esse. Ex eo enim potissimum solere offensiones domesticas fieri. Præfectos alacriores faciundum præmiis : dandaque opera, ut habeant peculium, et conjunctas conservas, e quibus habeant filios. Eo enim fiunt firmiores, ac conjunctiores fundo. Itaque propter has cognationes Epiroticæ familiæ sunt illustriores ac cariores. Ad injiciendum voluptatem his præfecturæ, honore aliquo habendi sunt : et de operariis, qui præstabunt alios, communicandum quoque cum iis, quæ faciunda sunt opera. Quod ita cum fit, minus se putant despici, atque aliquo numero haberi a domino. Studiosiores ad opus fieri liberalius tractando, aut cibariis, aut vestitu largiore, aut remissione operis, concessioneve, ut peculiare aliquid in fundo pascere liceat, aut hujuscemodi rerum aliis, ut quibus quid gravius sit imperatum, aut animadversum, qui consolando eorum restituat voluntatem, ac benevolentiam in dominum.

XVIII. De familia : Cato dirigit ad duas metas, ad certum modum agri, et genus sationis, scribens de olivetis, et vinetis, ut duas formulas. Unam in qua præcipit quomodo olivetum agri jugerum CCXL instruere oporteat. Li

et des vignes qu'il raisonne. Mais les deux formules qu'il nous a données sont d'une application générale. La première suppose un plant d'oliviers de deux cent quarante jugera, et il porte à treize le nombre des esclaves ; à savoir, un villicus et sa femme, cinq ouvriers, trois bouviers, un ânier, un porcher, un berger. L'autre formule est basée sur un lot de cent jugera de vignes, pour lequel il faut avoir quinze esclaves; savoir, un villicus et sa femme, dix ouvriers, un bouvier, un ânier, un porcher. En traitant du même sujet, Saserna nous dit dans son livre qu'un seul homme suffit pour labourer huit *jugera* de terre en quarante-cinq jours. Car, bien que quatre journées suffisent rigoureusement pour chaque jugerum, l'auteur alloue treize jours de plus pour maladies, mauvais temps, négligence du serviteur, ou excès d'indulgence chez le maître. Licinius prenant alors la parole : Ni l'un ni l'autre de ces auteurs, dit-il, ne s'est montré fort clair dans son système. Si Caton a voulu faire entendre (comme c'était sans doute son intention) que l'on doit augmenter ou diminuer le nombre des esclaves en raison de l'étendue de la propriété, il n'aurait dû comprendre, dans cette catégorie, ni le villicus ni sa femme. Et, en effet, dans le cas même où une plantation d'oliviers aurait moins de deux cent quarante jugera, on ne peut toujours avoir moins d'un villicus. Et dans le cas où l'étendue serait double ou triple de cette mesure, il ne faudrait pas prendre deux ou trois villicus pour cela. C'est donc le nombre des ouvriers, ou simplement bouviers, qu'on augmente ou restreint, suivant l'étendue du fonds de terre. Encore faut-il que tout le terrain soit d'une même nature. S'il est assez inégal, âpre et montagneux pour ne pouvoir être labouré dans toutes ses parties, il s'ensuit naturellement qu'un moindre nombre de bœufs, et par conséquent de bouviers, devient nécessaire. Je n'insiste pas sur un autre inconvénient du calcul de Caton. C'est qu'il a pris pour exemple une superficie de deux cent quarante *jugera*, qui n'est pas unité de mesure. Il eût dû compter par centurie, ou contenance de deux cents jugera. Or, comme pour arriver à ce chiffre il faut retrancher, des deux cent quarante jugera de Caton, quarante, c'est-à-dire le sixième de deux cent quarante, comment s'y prendra-t-on, voulant être conséquent, pour retrancher des treize esclaves la sixième partie ? L'embarras ne serait pas moindre à prendre le sixième de onze, chiffre des esclaves, non compris le villicus et sa femme. Veut-on admettre avec Caton que, pour cultiver cent jugera de vignes, il faut un personnel de quinze esclaves ? Alors, pour une centurie de terre plantée moitié en vignes, moitié en oliviers, il faudrait avoir deux villicus avec leurs femmes; ce qui serait absurde. Il nous faut donc chercher une autre base pour déterminer proportionnellement le nombre d'individus nécessaires. Et Saserna en indique une préférable à celle de Caton, quand il dit qu'il faut pour le labour de chaque *jugerum* quatre journées du travail d'un homme. Maintenant, pour convenir aux domaines de Saserna, qui étaient situés dans la Gaule, ce chiffre n'est pas nécessairement applicable, comme conséquence, aux terrains montagneux de Ligurie. En résumé, l'on arrive plus facilement à déterminer l'importance, tant du personnel que du matériel, nécessaire à l'exploitation, en portant son attention sur trois choses principales; savoir, la nature des propriétés environnantes; leur étendue; le nombre d'individus employés à leur culture; et enfin les modifications en plus ou en moins que ce nombre peut subir avec avantage. La nature nous a montré

---

cit enim in eo modo hæc mancipia xiii habenda, vilicum, vilicam, operarios v, bubulcos iii, asinarium i, subulcum i, opilionem i. Alteram formulam scribit de vinearum jugeribus centum, ut dicat haberi oportere hæc xv mancipia, vilicum, vilicam, operarios x, bubulcum, asinarium, subulcum. Saserna scribit, satis esse ad jugera viii hominem unum : ea debere enim confodere diebus xlv, tametsi quaternis operis jugera possit. Sed relinquere se operas xiii, valetudini, tempestati, inertiæ, indulgentiæ. Licinius, Horum neuter satis dilucide modulos reliquit nobis. Quod Cato si voluit (ut debuit) uti pro portione ad majorem fundum vel minorem adderemus, vel demeremus, extra familiam debuit dicere vilicum et vilicam. Neque enim, si minus ccxl jugera oliveti colas, non possis minus uno vilico habere : nec si bis tanto ampliorem fundum aut eo plus colas, ideo duo vilici aut tres habendi fuere. Operarii modo, et bubulci pro portione demendi, vel addendi, ad minores, majoresve modos fundorum. Ili quoque si similis est ager. Sin est ita dissimilis, ut totus arari non possit, ut si sit confragosus, atque arduus clivis, minus multi opus sunt boves et bubulci. Mitto illud, quod modum, neque unum nec modium proposuit ccxl jugerum. Modius enim centuria, et ea cc jugerum, e quo quum sexta pars sit ea xl, quæ a ccxl demuntur, non video quemadmodum ex ejus præcepto demam sextam partem (et) de xiii mancipiis : nihilo magis, si vilicum et vilicam removero, quemadmodum ex xi sextam partem demam. Quod autem ait in c jugeribus vinearum opus esse xv mancipia, si quis habebit centuriam, quæ sit dimidium vineti, dimidium oliveti, sequetur, ut duo vilicos, et duas vilicas habeat : quod est deridiculum. Quare alia ratione modus mancipiorum generatim est animadvertendus, et magis in hoc Saserna probandus, qui ait singula jugera quaternis operis uno operario ad conficiendum satis esse. Sed si hoc in Saserna fundo in Gallia satis fuit, non continuo idem in agro Ligustico montano. Itaque de familiæ magnitudine et reliquo instrumento commodissime scies, quantum pares, si tria animadverteris diligenter. In vicinitate prædia cujusmodi sint, et quanta, et quot quæque hominibus colantur; et quot additis operis aut demtis melius, aut deterius habeas cultum. Bivium enim nobis ad culturam

deux voies à suivre pour la culture de la terre ; les expériences, et l'imitation. C'est en tâtonnant que les premiers agriculteurs ont établi les principes : leurs enfants n'ont guère fait qu'imiter. Nous devons, nous, procéder par les deux voies : imiter d'une part nos prédécesseurs, et, sur quelques points, essayer d'innover; tout en prenant toujours, non le hasard, mais le raisonnement pour guide. Si, par exemple, nous nous décidons à donner, au second labour de nos vignes, plus ou moins de profondeur que ne font les autres; que ce ne soit jamais par simple caprice. C'est en vue d'un résultat positif qu'ont agi ceux qui les premiers sarclèrent deux fois ou trois fois la terre, ceux qui tentèrent la greffe des figuiers en été, ce qu'on n'avait coutume de faire qu'au printemps.

XIX. En ce qui concerne les instruments dits à voix inarticulée, Saserna prétend que deux attelages de bœufs suffisent pour deux *jugera* de terre; tandis que Caton exige trois attelages pour un plant d'oliviers de deux cent quarante *jugera*. De sorte que, si nous en croyons Saserna, il ne faut qu'un attelage pour cent jugera; et si nous nous en rapportons à Caton, un attelage ne suffit que pour quatre-vingts. Quant à moi, je pense que ni le calcul de Caton, ni celui de Saserna, ne s'appliquent universellement à toutes espèces de terre ; mais que l'un ou l'autre peut se trouver juste pour quelques fonds de terre en particulier. Les terrains sont plus ou moins difficiles à labourer. Il en est que les bœufs ne parviennent à ouvrir qu'avec des efforts inouïs, et tels que souvent la charrue se brise, laissant son soc dans le sillon. D'où il suit que tant que la nature du sol à cultiver ne nous est pas parfaitement connue, le plus sûr est de prendre pour règle la coutume du propriétaire qui nous a précédés, ou celle des propriétaires voisins; et de ne se permettre d'abord que de rares expériences. Caton dit plus loin que, dans un plan d'oliviers de deux cent quarante jugera, il faut trois ânes pour porter le fumier, et un quatrième pour tourner la meule. Il ajoute que dans une vigne de cent *jugera* on a besoin d'un attelage de bœufs, d'un attelage d'ânes, et enfin d'un âne qui tourne la meule. En parlant de ces instruments à voix inarticulée, Caton n'aurait-il pas dû ajouter, touchant le bétail, qu'il faut en restreindre le nombre au strict nécessaire, afin de simplifier le service des instruments qui se soignent eux-mêmes; c'est-à-dire les esclaves. En fait d'espèces, les brebis sont toujours préférables aux cochons; non pas seulement pour ceux qui ont des prés, mais pour ceux même qui n'en ont pas; car, en élevant des moutons, on ne songe pas seulement à tirer parti de son fourrage, on veut encore se procurer un engrais.

XX. Touchant les quadrupèdes, il faut s'assurer en premier lieu des qualités requises pour les bœufs de labour. Ceux qu'on achète avant qu'ils n'aient travaillé ne doivent pas avoir moins de trois ans, ni plus de quatre. Il les faut robustes et bien appareillés, sans quoi le plus fort, au travail, épuiserait le plus faible ; qu'ils soient larges de front, avec les cornes écartées et noires autant que possible, le poitrail large et les cuisses charnues. Si les animaux ont déjà servi, n'employez pas en pays rudes et montagneux ceux qui n'auraient labouré qu'en pays de plaines, et réciproquement. Si ce sont de jeunes bœufs n'ayant point encore senti le joug, il faudra leur engager le cou dans des fourches, et ne les laisser manger qu'en cette posture. Quelques jours de cette pratique les rendront maniables et faciles à dompter. Ensuite on les accoutumera insensiblement

---

dedit natura, experientiam et imitationem. Antiquissimi agricolæ tentando pleraque constituerunt, liberi eorum magnam partem imitando. Nos utrumque facere debemus, et imitari alios, et aliter ut faciamus experientia tentare quædam; sequentes non aleam, sed rationem aliquam : ut si altius repastinaverimus, aut minus, quam alii, quod momentum ea res habeat. Ut fecerunt ii in sariendo iterum et tertio, et qui insitiones ficulnas ex verno tempore in æstivum contulerunt.

XIX. De reliqua parte instrumenti, quod semivocale appellatur, Saserna ad jugera CC arvi boum juga duo satis esse scribit; Cato in olivetis CCXL jugerum boves trinos. Ita si Saserna dicit verum, ad centum jugera jugum opus est, si Cato, ad octogena. Sed ego neutrum modum horum ad omnem agrum convenire puto, et utrumque ad aliquem. Alia enim terra facilior aut difficilior est. Aliam terram boves proscindere nisi magnis viribus non possunt, et sæpe fracta bura relinquunt vomeres in arvo. Quo sequendum nobis in singulis fundis, dum sumus novicii, triplicem regulam, superioris domini institutum, et vicinorum, et experientiam quandam. Quod addit asinos, qui stercus vectent, treis, asinum molarium, in vinea jugerum c jugum boum, asinorum jugum, asinum molarium; in hoc genere semivocalium, adjiciendum de pecore, ea sola, quæ agri colendi causa erunt, (ut solent esse pecuaria,) pauca habenda, quo facilius mancipia, quæ solent se tueri, et assidua esse possint. In eo numero non modo qui prata habent, ut potius oves quam sues habeant, curant, sed etiam qui prata non habent, quia non solum pratorum causa habere debent, sed etiam propter stercus.

XX. Igitur de omnibus quadrupedibus prima est probatio, qui idonei sint boves, qui arandi causa emuntur, quos rudis, neque minoris trimos, neque majoris quadrimos parandum, ut viribus magnis sint ac pares, ne in opere firmior imbecilliorem conficiat : amplis cornibus, et nigris potius quam aliter : ut sint lata fronte, naribus simis, lato pectore, crassis coxendicibus. Hos veteranos ex campestribus locis non ememdum in dura ac montana : nec non, ita si incidit ut sit, vitandum. Novellos cum quis emerit juvencos, si eorum colla in furcas destitutas incluserit, ac dederit cibum, diebus paucis erunt man-

au joug, en attelant toujours un jeune bœuf avec un bœuf déjà rompu au service, dont l'exemple l'habitue d'abord à la soumission. On commencera par les faire marcher sur un sol uni, sans leur faire encore tirer de charrue ; puis on les attellera à une charrue légère, qu'ils ne tireront d'abord que dans du sable, ou dans une terre qui cède aisément. Quant aux bœufs destinés aux charrois, on commencera également par les faire tirer d'abord des voitures sans charge, en les conduisant de préférence au milieu des villes ou des bourgs. Ils se familiarisent ainsi avec les bruits et le mouvement des lieux habités ; ce qui est un grand pas de fait pour leur éducation. Lorsqu'on aura commencé par mettre un bœuf à la droite, il ne faut point l'y remettre toujours : c'est lui ménager une espèce de repos dans le travail, que de le changer de côté de temps à autre. Dans les contrées où la terre est peu compacte, comme dans les champs de Campanie, on remplace les bœufs par des vaches ou des ânes, qu'il sera d'autant plus facile d'accoutumer à tirer une charrue légère. Pour tourner la meule, et pour faire les transports nécessaires dans la propriété même, les uns se servent d'ânons, les autres de vaches ; d'autres encore emploient des mulets, selon que le fourrage est plus ou moins abondant. Il est, par exemple, plus aisé de nourrir un ânon qu'une vache ; mais la vache est d'un plus grand rapport. Dans le choix de ses animaux de trait, le cultivateur aura toujours égard à la nature du sol. S'il est montueux et difficile à labourer, il faut des bêtes plus robustes, et dont on puisse tirer autant de travail et plus de profit.

XXI. Il est bon d'avoir des chiens, en petit nombre, et de bonne garde. On les dresse à veiller la nuit et à dormir le jour, renfermés et à la chaîne ; quand ils sont lâchés, leur activité en redouble. Voilà tout ce que nous avons à dire des quadrupèdes que l'on ne soumet point au joug, ainsi que des troupeaux. Un propriétaire de prés, qui n'a pas de bestiaux à lui lorsqu'il a vendu ses fourrages, doit se procurer des troupeaux étrangers, pour les faire paître et parquer dans ses prairies.

XXII. Quant aux instruments dits muets, comme paniers, futailles, etc., voici les principales recommandations que nous avons à faire. En premier lieu, ne rien acheter de ce qu'on peut recueillir ou confectionner sur les lieux ; ce qui comprend toute espèce d'ustensile qui se fabrique en osier, ou dont on a sous la main la matière première ; tels que paniers, corbeilles, traîneaux, maillets, râteaux. Il en est de même de tout ce qu'on fait de chanvre, lin, jonc, genêt, feuilles de palmier ; comme les câbles, les cordes, et les nattes. Quant aux divers ustensiles qu'on ne peut point tirer de son fonds, il faut, en les achetant, regarder moins à l'apparence qu'à l'utilité ; car on paye moins cher, et le revenu s'en trouve mieux. Proximité, qualité et bon marché ; voilà les conditions essentielles pour les acquisitions de ce genre. Le choix et le nombre des différents instruments est subordonné à l'importance de l'exploitation, et se multiplie en raison de son étendue. C'est ce qui fait sans doute, dit Stolon, que Caton raisonne sur une superficie donnée, quand il dit que celui qui cultive un plant d'oliviers de deux cent quarante jugera doit avoir, au nombre de cinq, chaque espèce de vases nécessaires à la confection de l'huile, dont il donne ainsi l'énumération : chaudières, pots, vases à trois anses, etc., le tout en cuivre. En fait d'ustensiles en bois et fer, il veut

---

sueti, et ad domandum proni. Tum ita subigendum, ut minutatim assuefaciant, et ut tironem cum veterano adjungant. Imitando enim facilius domatur. Et primum in æquo loco, et sine aratro, tum eo levi simul gradi faciant, ut principio per arenam aut molliorem terram leniter procedant. Quos ad vecturas item instituendum, ut inania primum ducant plaustra, et si possis, per vicum aut oppidum. Creber crepitus, ac varietas rerum consuetudine celerrima ad utilitatem adducit. Neque pertinaciter, quem feceris dexterum, in eo manendum. Quod si alternis fit sinister, fit laboranti in alterutra parte requies. Ubi terra levis, ut in Campania, ibi bubus gravibus, sed vaccis aut asinis adarant, eo facilius ad aratrum leve adduci possunt. Ad molas, et ad ea, si quæ sunt, quæ in fundo convehuntur, [in qua re] alii asellis, alii vaccis ac mulis utuntur, exinde ut pabuli facultas est. Nam facilius asellus, quam vacca alitur; sed fructuosior hæc. In eo agricolæ hoc spectandum, quo fastigio sit fundus. In confragoso enim ac difficili hæc valentiora parandum, et potius ea, quæ plus fructum reddere possint, cum idem operis faciant.

XXI. Canes potius cum dignitate et acres paucos habendum, quam multos. Quos consuefacias potius noctu vigilare, et interdiu clausos dormire catena vinctos, ut soluti acriores fiant. De indomitis quadrupedibus, ac pecore [faciundum.] Si prata sunt in fundo, neque pecus dominus habet, danda opera ut pabulo vendito, alienum pecus in suo fundo pascat, ac stabulet.

XXII. De reliquo instrumento muto, in quo sunt corbulæ, et dolia et alia, hæc præcipienda. Quæ nasci in fundo ac fieri a domesticis poterunt, eorum ne quid ematur, ac fere sunt, quæ ex viminibus et materia rustica fiunt, ut corbes, fiscinæ, tribula, mallei, rastelli. Sic quæ fiunt de cannabi, lino, junco, palma, scirpo, ut funes, restes, tegetes. Quæ cum fundo sumi non poterunt, ea si empta potius ad utilitatem, quam ob speciem, sumptu fructum non extenuabunt. Eo magis, si inde empta erunt potissimum, ubi ea et bona, et proxime, et vilissimo emi poterunt. Cujus instrumenti varia discrimina ac multitudo agri magnitudine finitur, quod plura opus sunt, si fines distant late. Itaque, Stolo inquit, proposita magnitudine fundi, de eo genere Cato scribit. Oliveti jugera CCXL qui coleret, eum instruere ita oportere ut faceret vasa olearia juga V, quæ membratim enumerat. Ut ex ære ahenea, urceos, nasiternam, item alia. Sic e ligno et ferro, ut plostra majora tria, aratra cum vome-

qu'on ait trois grandes charrettes, six charrues avec leurs socs, quatre civières à fumier, etc. Passant ensuite aux différents instruments de fer seulement, huit fourches, autant de sarcloirs, quatre bêches, etc. Quant au mobilier d'exploitation d'un vignoble, Caton l'a déterminé comme il suit, en calculant sur une superficie de cent *jugera:* trois pressoirs complets, des futailles garnies de leur couvercle, en nombre suffisant pour contenir huit cents *cullei;* vingt vaisseaux à transporter le raisin pendant les vendanges; vingt autres réservés pour le blé, etc. Si Caton, contrairement à d'autres auteurs, exige un si grand nombre de cullei, c'est, je crois, pour qu'on ne soit pas forcé de faire argent, chaque année, du produit de ses vignes; car le vin se vend plus cher quand il est vieux, et la même qualité se place avec plus ou moins d'avantage, suivant le cours du moment. Caton entre ensuite dans de grands détails touchant les quantités et espèces d'instruments de fer, tels que serpes, bêches, râteaux. Il descend même jusqu'aux subdivisions de quelques espèces. Ainsi, sous le nom générique de faux, il distingue différentes sous-espèces, dont voici les quantités pour chacune : six serpes à tailler la vigne; cinq à couper les liens des ceps; pareil nombre de serpes à faire du bois; trois à émondage, et dix propres à couper les ronces. Scrofa prenant alors la parole, nous dit : Tout propriétaire devra faire un inventaire détaillé de tout ce mobilier rustique, et en emporter une copie à la ville. Le villicus, de son côté, aura soin que tous ces ustensiles soient disposés avec ordre, chacun à la place qui lui a été assignée. Il devra surtout avoir autant que possible sous ses yeux tous les objets qu'il ne pourra garder sous clef, notamment ceux d'un usage moins habituel; comme les paniers et les vases, dont on n'a besoin qu'au temps des vendanges, etc. Car plus les objets sont en vue, moins ils sont exposés aux déprédations des voleurs.

XXIII. Agrasius prit alors la parole, et dit : Vous nous avez parlé jusqu'à présent du fonds de terre en général, et des divers instruments nécessaires à sa culture : de sorte que, des quatre parties de l'agriculture, vous avez épuisé les deux premières. J'attends maintenant la troisième partie. Comme je n'entends par revenu, dit Scrofa, que ce que la terre produit quand elle a été ensemencée, nous n'avons réellement que deux points à examiner; savoir, la qualité de la semence et celle du sol. Telle terre conviendra particulièrement au foin, telle autre au blé; celle-ci à l'olive, celle-là au raisin. Il en est de même de tout ce qui appartient à la dénomination générique de fourrage, comme le basilic, les céréales coupées en vert, la vesce, le sainfoin, le cytise, le lupin. C'est une erreur de croire qu'une terre grasse puisse recevoir indifféremment toute semence, et qu'en une terre maigre on ne puisse rien semer. On fera bien au contraire de choisir une terre maigre pour tout ce qui ne demande pas beaucoup de suc, comme le cytise et les légumes; à l'exception toutefois des pois chiches, qu'il faut cependant considérer comme légume, si l'on comprend sous ce nom tout ce qui se récolte par extraction de la tige, par opposition à ce qui se cueille seulement; car *légume* vient de *legere,* cueillir. Dans les terres grasses on pourra semer tout ce qui demande plus de nourriture; comme les racines potagères, le froment, le seigle, le lin. Certaines plantes sont cultivées, non pas tant pour le produit immédiat qu'on en retire, que pour l'amélioration d'une récolte à venir; parce que leurs fanes coupées et laissées sur la terre y servent d'engrais. C'est par cette raison que

---

ribus sex, crates stercorarias quatuor, item alia. Sic de ferramentis quæ sint et quot opus ad multitudinem, ut furcas ferreas octo, sarcula totidem, dimidio minus palas, item alia. Item alteram formulam instrumenti fundi vinarii fecit, in qua scribit : Si sit centum jugerum, habere oportet vasa torcularia instructa trina, dolia cum operculis culleorum octingentorum, acinaria xx, frumentaria xx. Item ejusmodi alia. Quæ minus multa quidem alii, sed tantum numerum culleorum scripsisse puto, ne cogeretur quotannis vendere vinum. Vetera enim quam nova, et eadem alio tempore quam alio pluris. Item sic de ferramentorum varietate scribit permulta, et genere, et multitudine qua sint, ut falces, palas, rastros. Sic alia, quorum nonnulla genera species habent plures, ut falces. Nam dicuntur ab eodem scriptore vineaticae opus esse sex, sirpiculæ v, silvaticae v, arborariæ iii, et ruscariae x. Hic hæc. At Scrofa, instrumentis et supellectilem rusticam omnem oportet habere scriptam in urbe et rure dominum. Vilicum contra ea ruri omnia certo suo quæque loco ad villam [debent esse] posita. Quæ non possunt esse sub clavi, quam maxime facere ut sint in conspectu oportet. Eo magis ea, quæ in rariore sunt usu, ut quibus in vindemia utuntur, ut corbulæ, et sic alia. Quæ enim requotidie videntur, minus metuunt furem.

XXIII. Suscipit Agrasius : Et quoniam habemus illa duo prima ex divisione quadripartita, de fundo, et de instrumento, quo coli solet; de tertia parte expecto. Scrofa : Quoniam fructum, inquit, arbitror esse fundi eum, qui ex eo satus nascitur utilis ad aliquam rem : duo consideranda restant, quæ, et quo quidque loco maxime expediat serere. Alia enim loca apposita sunt ad fœnum, alia ad frumentum, alia ad vinum, alia ad oleum. Sic ad pabulum quæ pertinent, in quo est ocimum, farrago, vicia, Medica, cytisum, lupinum. Neque in pingui terra omnia seruntur recte, neque in macra nihil. Rectius enim in tenuiore terra ea quæ non multo indigent suco, ut cytisum, et legumina, præter cicer : hoc enim quoque legumen, ut cætera, quæ velluntur e terra, non subsecantur : quæ quod ita leguntur, legumina dicta. In pingui terra, quæ cibi sunt majoris, ut holus, triticum, siligo, linum. Quædam etiam serunda non tam propter præsentem fructum, quam in annum prospicientem, quod ibi subsecta atque relicta terram faciunt meliorem. Itaque lupinum cum necdum siliculam cepit, et nonnunquam fabalia, si

dans une terre trop maigre on emploie, en guise de fumier, des tiges de lupin non encore monté en graine, ou bien même celles des fèves, avant que la cosse n'ait atteint le degré de formation où elle est bonne à cueillir. Mettons à part les plantes dont le produit est de pur agrément, et qui peuplent nos jardins et nos parterres, aussi bien que celles qui, sans contribuer à l'alimentation, sont cependant indispensables à l'économie rurale; tels que les saules et les roseaux, et autres végétations qui exigent un sol humide. Certaines plantes se plairont dans un terrain sec; d'autres préféreront des lieux ombragés, comme l'asperge sauvage et l'asperge domestique; d'autres enfin ne devront être semées que dans des lieux exposés au soleil, dont la chaleur est indispensable à leur croissance; telles sont, par exemple, les violettes et les autres plantes des jardins. Mais l'osier, dont on fait des paniers, des claies et des vans, demande un autre sol et une autre culture. Les bois en coupe réglée, et ceux qu'on laisse croître pour les chasses, veulent aussi des terroirs et des régimes différents. Il faudra également réserver des endroits convenables au chanvre, au lin, au jonc, au sparte, d'où l'on tire les matériaux employés à botteler la paille des bœufs, à faire des ficelles, des cordes et des câbles. D'autres terrains reçoivent indifféremment diverses espèces de plantes. C'est ainsi que nous voyons souvent introduire des plantes de jardin et autres dans les vergers de formation nouvelle, dont les arbres, récemment alignés, n'ont pas encore eu le temps d'étendre leurs racines; pratique dont on s'abstient soigneusement quand les arbres ont pris du développement, de crainte de leur nuire. Ceci, reprit Stolon, se concilie assez bien avec ce qu'a écrit Caton, à propos des semailles, qu'une terre grasse, bien fumée, où l'on ne voit aucun arbre, est ce qu'il faut au froment; et qu'un sol ombragé convient aux raves, au raifort, au millet et au panais.

XXIV. Les espèces d'olives qui prospèrent en terre grasse et chaude sont, l'olive à confire, le *radius major* de Salente, l'*orchis*, la *posea*, la *sergiane*, la *colminienne* et l'*albicère* (blanc de cire). Entre toutes ces variétés, cultivez de préférence celle qui flatte le plus le goût local. L'exposition au vent d'ouest, et en plein soleil, est la plus favorable à cet arbre. Le sol est-il quelque peu froid et maigre? plantez-y l'olive *licinienne*. Dans un terrain de qualités contraires, cette espèce ne rend jamais l'*hostus* complet, malgré un luxe de fruits qui l'épuise; et l'arbre est bientôt rongé d'une mousse rougeâtre. L'*hostus* est ce qui s'exprime d'huile à chaque *factus*; et l'on appelle *factus* un tour de pressoir. La contenance d'un *factus* est, suivant les uns, de cent soixante *modius* d'huile; d'autres le font descendre à cent vingt seulement, et réduisent en proportion le nombre et la contenance des mesures fractionnaires. Caton conseille plus loin de former un rideau d'ormes et de peupliers autour de son domaine : on en tire des feuilles pour la nourriture des bœufs et brebis, et du bois pour son usage. Mais nous pensons, quant à nous, que cette prescription n'est rien moins que générale; et que là où elle est utilement appliquée, ce n'est pas en vue seulement du feuillage, qu'on se procure par ce moyen. On peut d'ailleurs, sans inconvénient, border d'arbres sa propriété du côté du nord; car, ainsi placés, ils n'interceptent pas les rayons du soleil. Si le terrain est humide, ajouta Stolon, toujours d'après la même autorité, choisissez de préférence les peupliers

---

ad siliquas non ita pervenit ut fabam legere expediat, si ager macrior est, pro stercore inarare solent. Nec minus ea discriminanda in conserundo, quæ sunt fructuosa, propter voluptatem, ut quæ pomaria ac floralia appellantur. Item illa quæ ad hominum victum ac sensum delectationemque non pertinent, neque ab agri utilitate sunt dijuncta. Idoneus locus eligendus ubi facias salicetum et arundinetum, sic alia, quæ humidum locum quærunt. Contra alia segetes frumentarias, ibi fabam potissimum seras. Item alia, quæ arida loca sequuntur : sic ut umbrosis locis alia seras, ut corrudam, quod ita petit asparagus : et apricis, ut ibi seras violam et hortos facias, quod ea sole nutricantur. Sic alia et alio loco serunda, ut habeas vimina, unde viendo quid facias, ut sirpeas, vallos, crates. Alio loco ut seras ac colas silvam cæduam, alio ubi aucupare. Sic ubi cannabim, linum, juncum, spartum, unde nectas bubus paleas, lineas, restes, funes. Quædam loca eadem alia ad serundum idonea. Nam et in recentibus pomariis desitis seminibus, in ordinemque arbusculis positis primis annis ante quam radices longius procedere possint, alii conserunt hortos, alii quid aliud. Neque cum convaluerunt arbores, idem faciunt, ne violent radices. Stolo ad hæc : Quod ad hæc pertinet, Cato non male, quod scribit de sationibus, ager crassus et lætus, si sit sine arboribus, eum agrum frumentarium fieri oportere. Idem ager si nebulosus sit, rapa, raphanos, milium, panicum.

XXIV. In agro crasso et calido oleam conditaneam, radium majorem, Sallentinam, orchitem, poseam, sergianam, colminiam, albicerem : quam earum in his locis optimam dicent esse, eam maxime serere. Agrum oliveto conserundo, nisi qui in ventum favonium spectet, et soli ostentus sit, alium bonum nullum esse. Qui ager frigidior et macrior sit, ibi oleam Licinianam seri oportere. Si in loco crasso aut calido posueris, hostum nequam fieri, et ferendo arborem perire, et muscum rubrum molestum esse. Hostum vocant, quod ex uno facto olei reficitur. Factum dicunt, quod uno tempore conficiunt. Quem alii cLx aiunt esse modiorum, alii ita minus magnum, ut ad cxx descendat et exinde, ut vasa olearia quot et quanta habeant, quibus conficiunt illud. Quod Cato ait circum fundum ulmos et populos, unde frons ovibus et bubus sit, et materies, seri oportere. Sed hoc neque in omnibus fundis opus est, neque in quibus est opus, propter frondem maxime. Sine detrimento ponuntur ab septentrionali plaga, quod non officiunt soli. Ille adjicit ab eodem scrip

et les roseaux. A cet effet, on retournera la terre avec une houe, puis on mettra les boutures de roseaux à trois pieds l'un de l'autre, en les entremêlant d'asperges sauvages, qui en produiront de bonnes à manger; car roseaux et asperges exigent à peu près même culture. On entourera ces plantations d'osier franc, dont on pourra se servir plus tard pour lier les vignes.

XXV. Ce que doit observer, quant au choix du terrain, celui qui plante de la vigne, le voici : L'exposition la plus chaude et conséquemment la plus vineuse doit être réservée au petit aminéen, au raisin double dit fortuné, et au petit raisin gris. Où le terrain est gras et le ciel nébuleux, il faut mettre le gros aminéen, le murgantin, l'apicius et le lucanien. Les autres espèces, et surtout les raisins noirs, se plaisent indifféremment partout.

XXVI. Les vignerons apportent un soin particulier à placer l'échalas de telle sorte que la vigne en soit abritée du côté du septentrion. Lorsqu'on se sert de cyprès vif en guise d'échalas, on plante alternativement une rangée de ceps et une rangée de cyprès, en empêchant toutefois ces derniers de dépasser la hauteur d'un échalas ordinaire. Il ne faut pas non plus que la vigne soit trop rapprochée des choux et autres légumes; ce voisinage lui est antipathique. Je crains bien, dit Agrius, se tournant vers Fundanius, que le gardien du temple ne revienne avant que nous soyons arrivés à la quatrième partie, c'est-à-dire aux vendanges, que j'attends avec impatience. Rassurez-vous, dit Scrofa, il va lui-même apprêter les paniers et les urnes.

XXVII. Nous avons deux divisions du temps : l'année, ou la révolution complète du soleil; et le mois qui suit celle de la lune. Je parlerai d'abord du cours annuel du soleil. Cet espace de temps, considéré par rapport aux fruits de la terre, est divisé en quatre parties, chacune à peu près de trois mois; ou, plus exactement encore, en huit, dont chacune est d'un mois et demi environ. La première division est celle des saisons : le printemps, l'été, l'automne et l'hiver. Le printemps est l'époque de certaines semailles, et celle du premier labour donné à la terre, afin d'en extirper toutes les mauvaises herbes avant qu'elles aient jeté leur graine. Le sol, soulevé en glèbe par le labour, devient alors plus accessible à l'action du soleil et des pluies, et plus maniable pour les façons ultérieures. Il faut à la terre deux labours au moins; et trois valent encore mieux. On fera la moisson en été; et c'est en automne, et par un temps bien sec, qu'il faudra faire la vendange et procéder aux coupes des bois. On abat l'arbre à ras de terre; mais il ne faut déterrer la souche qu'après les premières pluies, afin d'empêcher la pousse de nouveaux rejetons. C'est en hiver qu'on fera la taille des arbres, en choisissant toutefois le moment où il n'y a sur leur écorce ni frimas, ni pluie, ni glaçons.

XXVIII. Le printemps commence lorsque le soleil est dans le Verseau; l'été, lorsqu'il entre dans le Taureau; l'automne, lorsqu'il passe dans le Lion; et l'hiver, lorsqu'il atteint le Scorpion. Mais comme le premier jour de chaque saison est le 23e de l'entrée successive du soleil dans chaque signe, il s'ensuit que le printemps est de 91 jours; l'été, de 94; l'automne, de 91; et l'hiver, de 89. Ce calcul étant mis en rapport avec les divisions de notre année civile, le premier jour

---

lore : Si locus humectus sit, ibi cacumina populorum serunda et arundinetum. Id prius bipalio verti, ibi oculos arundinis pedes ternos alium ab alio seri, ibi quoque corrudam, unde asparagi fiant; aptam esse utrique eandem fere culturam. Salicem græcam circum arundinetum seri oportere, uti sit, qui vitis alligari possit.

XXV. Vinea, quo in agro serunda sit, sic observandum. Qui locus optimus vino sit, et ostentus soli, Amineum minusculum, et geminum eugeneum, helveolum minusculum seri oportere. Qui locus crassior sit, aut nebulosus, ibi Amineum majus, aut Murgentinum, Apicium, Lucanum seri. Cæteras vites, et de his miscellas maxime, in omne genus agri convenire.

XXVI. In omni vinea diligenter observant, ut ridica vitis ab septentrione versus tegatur. Et si cupressos vivas pro ridicis inserunt, alternos ordines imponunt: neque eas crescere altius, quam ridicas patiuntur; neque propter olus adserunt vites, quod inter se hæc inimica. Agrius Fundanio, vereor, inquit, ne ante æditimus veniat huc, quam hinc ad quartum actum accedamus. Vindemiam enim expecto. Bono animo es, inquit Scrofa : fiscinas expediet ac urnam.

XXVII. Et quoniam tempora duorum generum sunt, unum annale, quod sol circuito suo finit : alterum menstruum, quod luna circumiens comprehendit : prius dicam de sole. Ejus cursus annalis primum fere circiter ternis mensibus ad fructus est divisus in IV partes, et idem subtilius sesquimensibus in VIII. In quatuor, quod dividitur in ver, et æstatem, et autumnum, et hiemem. Vere sationes quædam fiunt, terram rudem proscindere oportet, quæ sunt ex ea enata, prius quam ex iis quid seminis cadat, ut sint exradicata; et simul glæbas ab sole percalefactas aptiores facere ad accipiundum imbrem, et ad opus faciliores, relaxatas. Neque eam minus bis arandum, ter melius. Æstate fieri messes oportere. Autumno siccis tempestatibus vindemias, ac silvas excoli commodissime : tunc præcidi arbores oportere secundum terram. Radices autem prioribus imbribus nt effodiantur, ne quid ex his nasci possit. Hieme putari arbores duntaxat his temporibus cum gelo cortices et imbribus careant, et glacie.

XXVIII. Dies primus est veris in Aquario, æstatis in Tauro, autumni in Leone, hiemis in Scorpione. Cum uniuscujusque horum quatuor signorum dies tertius et vicesimus quatuor temporum sit primus; efficitur, ut ver dies habeat XCI, æstas XCIV, autumnus XCI, hiems XCIX. Quæ redacta ad dies civiles nostros, qui nunc sunt, primi verni temporis ex a. d. VII Id. Feb. æstivi ex a. d. VII Id.

du printemps correspondra au 8ᵉ des ides de février ; le premier de l'été, avec le 8ᵉ des ides de mai ; le premier de l'automne, avec le 4ᵉ des ides d'août ; et le premier de l'hiver, avec le 5ᵉ des ides de novembre. Il est plus exact encore de partager l'année entière en huit périodes distinctes. La première, de 45 jours, commence lorsque le soleil se couche au point d'où s'élève le vent Favonius, et dure jusqu'à l'équinoxe du printemps. La seconde, de 46 jours, dure de l'équinoxe du printemps jusqu'à l'ascension des Pléiades. La troisième, de 48 jours, du lever des Pléiades au solstice ; la quatrième, de 24 jours, du solstice à l'arrivée de la Canicule. La cinquième, de 68 jours, de l'arrivée de la Canicule à l'équinoxe d'automne. La sixième, de 45 jours, de l'équinoxe d'automne à la disparition des Pléiades. La septième, de 44 jours, de la disparition des Pléiades au solstice d'hiver ; et la huitième enfin, de 45 jours, commençant au solstice d'hiver, et durant jusqu'au temps où le soleil se couche au point d'où s'élève le vent Favonius.

XXIX. La première période est le temps d'établir des pépinières de toute espèce, de tailler la vigne et de la déchausser, de couper les racines qui sortent de terre, d'échardonner les prés, de planter des saussaies, de sarcler les terres qui sont déjà labourées et ensemencées, et qu'on appelle *segetes*, pour les distinguer des *arva*, qui sont des terres labourées, mais non encore ensemencées. Quant aux terres appelées *novales*, on comprend sous ce nom toutes celles qui ne sont ensemencées et renouvelées, pour ainsi dire, que tous les deux ans. Remarquons encore que, donner le premier labour, s'exprime par le mot *proscindere* (fendre), tandis qu'on désigne le second par le mot *offringere* (briser), parce que cette dernière façon a pour but de briser la glèbe que la première n'aura fait que soulever. On emploie le mot *lirare* (sillonner) pour désigner l'acte par lequel on donne le troisième labour, au terrain déjà ensemencé. Cette opération se fait au moyen de deux planches attachées au soc, et disposées de telle sorte que, tout en recouvrant les semences jetées sur les arrêtes, on creuse en même temps des sillons qui donnent un écoulement facile aux eaux pluviales. Ceux qui n'ont à cultiver qu'une propriété de médiocre étendue, comme on en trouve beaucoup en Apulie, font d'ordinaire passer la herse sur leurs terres, afin de mieux atteindre les mottes qui pourraient être restées sur les arêtes. La trace profonde que laisse en terre le soc de la charrue s'appelle *sulcus* (sillon), et la saillie qui se forme entre deux sillons s'appelle *porca* (arête), de *porricere* (mettre à distance, élevé), parce que la semence se trouve pour ainsi dire exhaussée au-dessus du sol. C'est encore dans le même sens qu'on se sert du mot *porricere* pour signifier l'action d'offrir aux dieux les entrailles des victimes.

XXX. Dans la seconde période, comprise entre l'équinoxe de printemps et le lever des Pléiades, on vaquera aux travaux que voici : sarcler les terres labourées, ou leur donner le premier labour ; couper les saules et enclore les prés ; mettre la dernière main à ce qui resterait imparfait des travaux de la période précédente ; planter les arbres avant la germination et la floraison ; car tout arbre qui ne garde ses feuilles qu'une partie de l'année n'est plus propre à être planté, lorsqu'il en a pris de nouvelles. Il y a encore le travail de plantation et de taille des oliviers.

XXXI. Durant la troisième période, comprise entre le lever des Pléiades et le solstice, on devra bêcher ou labourer les jeunes vignes, et les

---

Maii ; autumnales ex a. d. III Id. Sext. ; hiberni ex a. d. IV Id. Novemb. Subtilius discretis temporibus observanda quædam sunt, eaque in partes VIII dividuntur. Primum a favonio ad æquinoctium vernum dies XLV. Hinc ad Vergiliarum exortum dies XLVI. Ab hoc ad solstitium dies XLVIII. Inde ad Caniculæ signum dies XXIV. Dein ad æquinoctium autumnale dies LXVIII. Exin ad Vergiliarum occasum dies XLV. Ab hoc ad brumam dies XLIV. Inde ad favonium dies XLV.

XXIX. In primo intervallo, inter favonium et æquinoctium vernum, hæc fieri oportet. Seminaria omne genus ut serantur, putari in primis, circum vites ablaqueari, radices, quæ in summa terra sunt, præcidi, prata purgari, salicta seri, segetes sariri. Seges dicitur, quod aratum satum est : arvum, quod aratum, nec dum satum est. Novalis, ubi satum fuit ante quam secunda aratione renovetur. Rursum terram cum primum arant, proscindere appellant ; cum iterum, offringere dicunt ; quod prima aratione glæbæ grandes solent excitari, [cum iteratur, offringere vocant.] Tertio cum arant jacto semine, [boves] lirare dicuntur : id est, cum tabellis additis ad vomerem simul et satum frumentum operiunt in porcis, et sulcant fossas, quo pluvia aqua delabatur. Nonnulli postea, qui segetes non tam latas habent (ut in Appulia) id genus prædii per saritores occare solent, si quæ in porcis relictæ grandiores sunt glæbæ. Qua aratrum vomere lacunam striam facit, sulcus vocatur. Quod est inter duos sulcos, elata terra, dicitur porca, quod ea seges frumentum porricit. Sic quoque exta deis cum dabant, porricere dicebant.

XXX. Secundo intervallo inter vernum æquinoctium, et Vergiliarum exortum hæc fieri debent. Segetes runcari, boves terram proscindere, salicem cædi, prata defendi. Quæ superiore tempore fieri oportuerit, et non sunt absoluta ; ante quam gemmas agant ac florescere incipiant, seri. Quod si, quæ folia mittere solent, ante frondem florere inceperint, statim ad serendum idoneæ non sunt. Oleam seri interputarique oportet.

XXXI. Tertio intervallo, inter Vergiliarum exortum et solstitium, hæc fieri debent. Vineas novellas fodere, aut arare, et postea occare, id est comminuere, ne sit glæba. Quod ita occidunt, occare dictum. Vites pampinari, sed a sciente. Nam id quam putare majus ; neque in arbusto,

herser; c'est-à-dire briser les mottes sans en laisser une seule. On désigne cette dernière opération par le mot *occare*, dérivé lui-même d'*occidere* (détruire); comme pour faire entendre qu'on anéantit les mottes de terre. C'est encore le moment d'épamprer les vignes, soin qu'il ne faut confier qu'à des mains intelligentes; car cette opération, exclusivement propre à la vigne, est d'une plus grande importance encore que celle de la taille des arbres à fruits. Épamprer c'est ne laisser sur un sarment que les deux ou même les trois premiers brins que vous aurez reconnus comme les plus forts, et retrancher tous les autres, de crainte que le cep ne soit pas en état de fournir à tous une nourriture suffisante. C'est dans cette vue qu'on commence par couper les pieds de vigne au moment où ils sortent de terre, afin qu'à la seconde pousse on ait un sarment plus vigoureux, et qui donne des bourgeons mieux nourris. Quand le cep sort de terre mince et effilé comme un jonc, cette faiblesse le rend impuissant à pousser des rameaux productifs; on l'appelle alors *flagellum*. Mais le cep vigoureux, et qui promet des grappes, s'appelle *palma*. *Flagellum* vient de *flatus* (souffle), en changeant une lettre; mot qui signifie objet de peu de consistance. Le *palma* (cep à porter fruit) tire son nom probablement du mot *parilema*, dérivé de *parire* (produire), dont, par une suppression de lettre assez commune dans notre langue, on aura fait *palma*.

Il y a aussi les pousses appelées *capreoli* (vrilles de la vigne), espèce de filament en forme de spirale, ou de boucles de cheveux. Cette végétation de la vigne s'enroule comme autant de serpents autour de ce qui croît près d'elle ; d'où le nom de *capreoli*, dont la racine est *capere*, prendre.

Toute espèce de fourrage, basilic des champs (*ocimum*), dragée, vesce, etc., se coupe à la même époque. Le foin proprement dit se fauche en dernier. *Ocimum* vient du grec ὠκύς (hâtif). Son homonyme des jardins a la même propriété. Ce nom vient peut-être aussi de ce que cette plante lâche le ventre aux bœufs, à qui on en donne, comme purgation, par ce motif. C'est une espèce de fève que l'on récolte en vert, avant que la cosse ne soit formée. Le *farrago* (dragée) est un mélange d'orge, de vesce et autres plantes légumineuses, qui se sème à la fois, et se coupe également en vert pour nourrir les bestiaux. Le nom de *ferrago* lui vient, ou de l'instrument de fer avec lequel on le coupe, ou de ce que, primitivement, c'étaient les terres, ayant produit du blé (*farraciæ segetes*); qu'on choisissait pour cette culture. Ce mélange se donne, au printemps, aux chevaux et bêtes de somme. Il commence par les purger, et ensuite il les engraisse. *Vicia* (la vesce) tire son nom de *vincere* (lier), parce que cette plante a, comme la vigne, des vrilles (*capreoli*) avec lesquelles elle s'accroche aux tiges des lupins ou autres plantes voisines, qu'elle enveloppe de ses étreintes. Si vos prairies sont arrosables, il faudra procéder à leur irrigation aussitôt que vous en aurez enlevé le foin. Ne manquez pas, surtout en temps de sécheresse, d'arroser chaque soir les arbres fruitiers, dont le nom *poma* vient probablement de leur besoin continuel de boire (*potare*, *potus*.)

XXXII. La plupart des cultivateurs font la moisson pendant la quatrième période, du solstice d'été à la canicule ; parce qu'ils prétendent que le blé, pour acquérir la consistance de la maturité, doit rester quinze jours dans sa *balle*, quinze jours en fleur, et quinze jours en graine. C'est aussi le moment d'achever ce qui reste de labours à faire, et qui sont alors d'autant plus profitables que la terre est plus échauffée. Un premier labour étant donné à la terre, faites y repasser la charrue, afin d'écraser les mottes que le premier n'aura fait que soulever. C'est en-

---

sed in vinea fieri. Pampinare est ex sarmento coles qui nati sunt, de iis, qui plurimum valent, primum ac secundum, nonnunquam etiam tertium relinquere, reliquos decerpere, ne relictis colibus sarmentis nequeat ministrare sucum. Ideo in vitiario primitus, eum exit vitis, tota resecari solet, ut firmiore sarmento e terra exeat, atque in pariendis colibus vires habeat majores. Ejuncidum enim sarmentum propter infirmitatem sterile, neque ex se potest ejicere vitem. Quam vocant minorem flagellum, majorem etiam unde uvæ nascuntur, palmam. Prior, litera una mutata, declinata a venti flatu, similiter flabellum ac flagellum. Posterior quo ea vitis immittitur ad uvas pariundas, dicta primo videtur a pariendo parilema : exin mutatis literis, ut in multis, dici cœpta palma. Ex altera parte parit capreolum. Is est coliculus viteus intortus, ut cincinnus. Is enim vites ut teneat, serpit ad locum capiundum. Ex quo a capiendo capreolus dictus. Omne pabulum, primum ocimum, farraginem, viciam, novissime fœnum secari. Ocimum dictum a græco verbo ὠκύς, quod venit cito. Similiter quo ocimum in horto. Hoc amplius dictum ocimum, quod citat alvum bubus, et ideo iis datur ut purgentur. Id ex fabuli segete viride sectum ante quam genat siliquas. Contra, ex segete, ubi sata admixta ordeum et vicia et legumina pabuli causa, viridia quod ferro cæsa, ferrago dicta, aut nisi quod primum in farracia segete seri cœptum. Ab equi et jumenta cætera verno tempore purgantur, ac saginantur. Vicia dicta a vinciendo, quod item capreolos habet ut vitis, quibuscum sursum vorsum serpit ad scapum lupini, aliumve quem, ut hæreat, id solet vincire. Si prata irrigua habebis, simulac fœnum sustuleris, irrigare. In poma, quæ insita erunt, siccitatibus aquam addi quotidie vesperi. A quo, quod indigent potu, poma dicta esse possunt.

XXXII. Quarto intervallo inter solstitium et caniculam plerique messem faciunt, quod frumentum dicunt quindecim diebus esse in vaginis, quindecim florere, quindecim exarescere, cum sit maturum. Arationes absolvi, quæ eo fructuosiores fiunt, quo calidiore terra aratur. Cum

core l'époque des semailles pour la vesce, les lentilles, les pois chiches, la cicerole, et autres plantes comprises sous le nom générique, soit de *legumina*, soit de *legaria* (qu'on leur donne dans quelques contrées de la Gaule). Ces deux mots ont une origine commune, *legere* (cueillir), parce qu'en récoltant on cueille au lieu de couper. Reste-t-il encore des mottes dans vos vignes, après le second labour? passez-y la herse deux fois, si le plant est vieux; trois fois, s'il est nouveau.

XXXIII. Pendant la cinquième période, c'est-à-dire depuis la canicule jusqu'à l'équinoxe d'automne, il faut couper la paille, la botteler, achever les labours, émonder les arbres, et faire la seconde coupe des prairies arrosables.

XXXIV. Dès le commencement de la sixième période, c'est-à-dire, à partir de l'équinoxe d'automne, il faut (suivant nos auteurs) procéder aux semailles, y consacrer les quatre-vingt-onze jours qui suivent, et ne semer, une fois venu le solstice d'hiver, que dans le cas de nécessité absolue. L'observation est importante; car ce qu'on sème avant lève en sept jours, et tout ce qui se sème après se montre à peine au bout de quarante. Il ne faut cependant pas, d'après les mêmes auteurs, semer avant l'équinoxe, parce que la semence est exposée à pourrir, si le temps devient contraire. L'époque du coucher des Pléiades doit être choisie pour semer la fève; mais c'est entre l'équinoxe d'automne et le coucher des Pléiades qu'il faut cueillir le raisin et faire les vendanges. Immédiatement après, on commence à tailler la vigne, à provigner, et à planter les arbres à fruit. Dans les contrées où le froid se fait sentir de bonne heure, il vaut mieux ajourner ces travaux au printemps de l'autre année.

XXXV. Pendant la septième période, c'est-à-dire depuis le coucher des Pléiades jusqu'au solstice d'hiver, il faut (toujours d'après les mêmes autorités) planter les lis et le safran. Pour faire un plant de rosiers, on choisit des pieds qui aient déjà pris racine; on en fend la tige, dans sa longueur, en brins d'une palme environ, qu'on couvre de terre, et qu'on transplante après, lorsqu'ils ont pris racine à leur tour. Quant aux violettes, leur culture a le grave inconvénient d'exiger des planches surélevées. A cet effet, on ramasse la terre à l'entour. Or, cette terre est entraînée et balayée par les arrosements ou les pluies, et le sol de la propriété s'appauvrit d'autant. Quand le soleil s'est couché au point de l'horizon d'où s'élève Favonius, c'est le temps, jusqu'au lever de l'Arcture, de transplanter le serpolet venu de graine. Cette herbe doit son nom à ses habitudes rampantes (*quod serpit*). On peut encore creuser de nouveaux fossés, nettoyer les anciens, tailler la vigne et les arbres auxquels elle est mariée; mais il faut suspendre tout travail durant les quinze jours qui précèdent et les quinze jours qui suivent le solstice d'hiver. Certains arbres cependant, les ormes, par exemple, peuvent encore être plantés dans cet intervalle.

XXXVI. Dans la huitième période, c'est-à-dire depuis le solstice d'hiver jusqu'au lever du Favonius, il faut faire écouler du sol les eaux qui y séjournent, et le sarcler, si la saison a été sèche et que la terre soit friable. Il faut encore tailler les vignes et les arbres fruitiers; et quand on ne peut plus travailler aux champs, expédier, au logis, tout ce qui peut se faire sous un toit pendant les veillées d'hiver. Toutes ces règles doivent être consignées par écrit, et la copie doit en être placée en vue dans la ferme, afin que tous, et notamment le villicus, puissent bien s'en pénétrer.

XXXVII. Les jours lunaires doivent encore

---

proscideris, offringi oportet, id est iterare, ut frangantur glæbæ. Prima enim aratione grandes glæbæ ex terra scinduntur. Serendum viciam, lentem, cicerculam, erviliam, cæteraque, quæ alii legumina, alii (ut Gallicani quidam) legaria appellant, utraque dicta a legendo, quod ea non secantur, sed vellendo leguntur. Vineas veteres iterum occare, novellas etiam tertio, si sunt etiam tum glæbæ.

XXXIII. Quinto intervallo inter caniculam et æquinoctium autumnale oportet stramenta desecari, et acervos construi, aratro offringi, frondem cædi, prata irrigua iterum secari.

XXXIV. Sexto intervallo ab æquinoctio autumnali incipere (scribunt) oportere serere, usque ad diem XCI post brumam, nisi quæ necessaria causa coegerit, non serere: quod tantum intersit, ut ante brumam sata septimo die; quæ a bruma sata, XL die vix existant. Neque ante æquinoctium incipi oportere putant, quod si minus idoneæ tempestates sint consecutæ, putescere semina soleant. Fabam optime seri in Vergiliarum occasu. Uvas autem legere et Vindemiam facere inter æquinoctium autumnale et vergiliarum occasum. Dein vites putare incipere, et propagare, et serere poma. Hæc aliquot regionibus, ubi maturius frigora fiunt asperiora, melius verno tempore.

XXXV. Septimo intervallo inter Vergiliarum occasum, et brumam, hæc fieri oportere [dicunt.] Serere lilium, et crocum; quod jam egit radicem, rosetum conciditur radicitus in virgulas palmares, et obruitur. Hæc eadem postea transfertur facta vividradix. Violaria in fundo facere non est utile, ideo quod necesse est terra adrunda pulvinos fieri, quos irrigationes, et pluviæ tempestates abluunt, et agrum faciunt macriorem. Ab favonio usque ad Arcturi exortum recte serpullum e seminario transferri: quod dictum ab eo quod serpit. Fossas novas fodere, veteres tergere, vineas arbustumque putare, dum in XV diebus ante et post brumam ut pleraque ne facias: nec non tum aliquid recte seritur, ut ulmi.

XXXVI. Octavo intervallo inter brumam et favonium hæc fieri oportet. De segetibus, si qua est aqua, deduci; sin siccitates sunt, et terra teneritudinem habet, sarire. Vineas, arbustaque putare. Cum in agris opus fieri non potest, quæ sub tecto possunt, tunc conficienda antelucano tempore hiberno. Quæ dixi, scripta, et proposita habere in villa oportet, maxime ut villicus norit.

XXXVII. Dies lunares quoque observandi, qui quodam-

être l'objet d'une attention toute spéciale. Ils se partagent en deux séries : l'une, où la lune nouvelle va toujours croissant jusqu'à ce qu'elle soit pleine ; et l'autre, où elle décroît successivement jusqu'au jour intermédiaire de l'ancienne et nouvelle lune. Ce jour, dernier d'une lunaison et premier d'une autre, s'appelle à Athènes ἔνη καὶ νέα (ancien et nouveau), et, dans le reste de la Grèce, τριακάς (le trentième). Il y a des travaux qu'il vaut mieux faire pendant la croissance de la lune que sur son déclin, et réciproquement. La moisson des blés par exemple, et les coupes de bois, sont dans cette dernière catégorie. Pour moi, dit Agrasius, je tiens de mon père, et j'ai pour principe de ne jamais faire tondre mes brebis quand la lune décroît. Je ne me ferais pas même couper les cheveux, de peur de devenir chauve. Qu'est-ce, demanda Agrius, que les quartiers de la lune, et quelle est leur influence relative sur l'agriculture? Comment, dit Tremellius, n'avez-vous donc jamais entendu parler à la campagne du troisième jour avant que la lune ne croisse, et du huitième avant qu'elle ne décline ? Et ne savez-vous pas qu'en fait des travaux qui ne se font qu'en croissance il en est qu'il vaut mieux entreprendre avant qu'après ce huitième jour? et qu'en fait de travaux à faire en décroissance, le moment qu'il faut choisir est celui où l'astre jette le moins de lumière? C'est là tout ce que je puis vous dire touchant les quartiers de la lune, et leur influence sur les travaux rustiques. On pourrait, dit Stolon, diviser encore l'année en six parties, en faisant acception à la fois du cours de la lune et de celui du soleil. En effet, tous les biens de la terre passent successivement par cinq phases, dont la dernière est leur entrée dans le modius ou la futaille, en état de maturité. Ils en sortent ensuite pour les besoins de la vie. C'est la sixième et dernière de leurs phases, dont voici l'énumération : savoir première phase, préparation ; deuxième phase, ensemencement ou plantation ; troisième, nutrition ; quatrième, récolte ; cinquième, emmagasinement ; sixième, consommation.

Les soins de préparation varient suivant l'espèce de culture : creuser des fosses, biner, aliguer, voilà pour les vignobles ou le verger ; labourer, bêcher, voilà pour les céréales et plantes potagères. Certains arbres veulent que le terrain soit remué plus ou moins profondément avec le hoyau, suivant le plus ou le moins d'extension de leurs racines. Celles du cyprès, par exemple, en ont fort peu ; tandis que les racines d'un platane sont susceptibles d'un développement extraordinaire. C'est au point qu'au dire de Théophraste, on voyait à Athènes, dans le Lycée, un platane encore jeune, dont les racines n'avaient pas en longueur moins de trente-trois coudées. Telle culture exige un double labour à la charrue, avant que la semence ne soit confiée à la terre. Quant aux prairies, il ne leur faut aucun travail préparatoire, si ce n'est d'en fermer l'entrée aux bestiaux dès que le poirier est en fleur, et de les arroser en temps opportun, quand on a des moyens d'irrigation.

XXXVIII. Examinons maintenant comment il faut engraisser les champs, et quelle espèce de fumier est préférable. Cette distinction n'est rien moins qu'indifférente. Suivant Cassius, il n'y a pas de meilleur engrais que la fiente des volatiles en général, les oiseaux aquatiques exceptés. Mais celle des pigeons a la supériorité, à cause de cette chaleur qui lui est propre, et qui excite puissamment la fermentation dans la terre. Il faut l'éparpiller dans les champs comme de la graine, et non l'y mettre en tas comme le fumier des bestiaux. Quant à moi, je pense que la fiente provenant des volières de grives et de merles mé-

---

modo bipartiti. Quod a nova luna crescit ad plenam, et inde rursus ad novam lunam decrescit, quoad veniat ad intermenstruum, quo die dicitur luna esse extrema et prima; a quo eum diem Athenis appellant ἔνην καὶ νέαν, τριακάδα alii. Quædam faciunda in agris potius crescente luna quam senescente. Quædam contra, quæ metas, ut frumenta, et cædunt silvam. Ego ista etiam, inquit Agrasius, non solum in ovibus tondendis, sed in meo capillo a patre acceptum servo, ut decrescente luna tondens calvus fiam. Agrius : Quemadmodum, inquit, luna quadripartita? et quid ea divisio ad agros pollet? Tremellius : Nunquam rure audisti, inquit, octavo Janam [lunam] et crescentem, et contra senescentem ; et quæ crescente luna fieri oporteret, [et] tamen quædam melius fieri post octavo Janam [lunam,] quam ante? et si quæ senescente fieri conveniret, melius quanto minus haberet ignis id astrum? Dixi de quadripartita forma culturæ agri. Stolo : Est altera, inquit, temporum divisio conjuncta quodammodo cum sole et luna, quæ in sex partita, quod omnis fere fructus quinto denique gradu pervenit ad perfectum, ac videt in villa dolium ac modium ; unde sexto prodit ad usum.

Primo præparandum, secundo serendum, tertio nutricandum, quarto legendum, quinto condendum, sexto promendum. Ad alia in præparando faciendi scrobes, aut repastinandum, aut sulcandum, ut si arbustum aut pomarium facere velis. Ad alia arandum, aut fodiendum, ut si segetes instituas. Ad quædam bipalio vertenda terra, plus aut minus. Aliæ enim radices angustius diffundunt, ut cupressi, aliæ latius, ut platani, usque eo, ut Theophrastus scribat, Athenis in Lycæo, cum etiam tunc platanus novella esset, radices trium et triginta cubitorum egisse. Quædam si bubus et aratro prosciderus, et iterandum ante, quam semen jactes. Item præparatio si quæ fit in pratis, id est, ut defendantur a pastione, quod fere observant a piro florente : si irrigua sunt, ut tempestive irrigentur.

XXXVIII. Quæ loca in agro stercoranda videndum, et qui, et quo genere potissimum facias : nam discrimina ejus aliquot. Stercus optimum scribit esse Cassius volucrium, præter palustrium ac nantium. De hisce præstare columbinum, quod sit calidissimum, ac fermentare possit terram. Id ut semen aspergi oportere in agro, non ut de pe-

rite la préférence, parce qu'elle forme non-seulement un bon engrais pour les terres, mais encore une nourriture pour les bœufs et les cochons, qu'elle rend plus gras. Aussi les prix de baux de ces volières sont-ils moins élevés quand le propriétaire s'en réserve les ordures. Cassius place comme fumier après la fiente des pigeons, les excréments humains; et, en troisième ligne, ceux des chèvres, brebis et ânes. Le fumier de cheval est moins bon pour la culture des céréales, tandis qu'il convient parfaitement aux prairies; comme en général tout fumier provenant de la litière des bêtes de somme; car l'orge dont on les nourrit active singulièrement la pousse de l'herbe. Pour ménager les bras, la fosse à fumier doit être à proximité de la ferme. Voulez-vous empêcher que les serpents n'y pullulent? enfoncez au milieu un morceau de bois de chêne.

XXXIX. Pour la seconde phase (ensemencement ou plantation), tout dépend de saisir le moment propice. Autant que l'exposition des lieux, il importe d'observer la saison favorable à la semence ou plant qu'on va confier à la terre. Ne voyons-nous pas en effet telle plante fleurir au printemps, et telle autre en été? ce ne sont pas les mêmes non plus qui fleurissent en automne et en hiver. On les sème, greffe et récolte plus tôt ou plus tard, suivant leur nature. En général, le printemps, pour greffer, est préférable à l'automne; ce qui n'empêche pas d'attendre le solstice pour le figuier, et même les jours d'hiver pour le cerisier.

Les végétaux se propagent de quatre manières différentes : savoir, par la voie de nature d'abord; en second lieu, par moyens artificiels, tels que transplantation d'une racine toute formée d'un terrain dans un autre; enfouissement par un bout d'un rameau détaché d'une plante, et qui devient plante lui-même; enfin, insertion sur un arbre d'une branche empruntée à un autre arbre. Examinons maintenant les conditions de lieux et de temps qu'exige chacune de ces opérations.

XL. La semence, principe de toute végétation, est ou visible ou invisible. Elle est invisible lorsqu'elle est répandue dans l'air, comme le prétend le physicien Anaxagore; et apportée sur les champs par la pluie qui tombe, suivant l'opinion de Théophraste. Les semences visibles méritent la plus grande attention du cultivateur. Il en est de tellement menues que l'œil ne peut les saisir; celles de cyprès, par exemple. Car les noix rondes comme des balles, à écorce mince, que produit cet arbre, ne sont pas sa semence; elles n'en sont que l'enveloppe. La nature nous a donné les germes; c'est à l'expérience à faire le reste. Il est une végétation spontanée qui naît sans que personne s'en mêle; et une production artificielle procédant de la première, et qu'il faut la main de l'homme pour féconder. Quand on emploie la semence naturelle, il faut prendre garde qu'elle soit passée ou mélangée, et surtout ne pas prendre par ressemblance une graine pour une autre. L'action du temps sur certaines semences va jusqu'à en changer la nature. Ainsi la graine de chou produit des raves, et celle des raves des choux, si l'on a laissé vieillir l'une et l'autre. Quant au second mode de propager les plantes au moyen de racines toutes formées, ayez soin que la transplantation ne s'opère ni trop tôt ni trop tard. Les époques favorables, selon Théophraste, sont le printemps, l'automne, et le lever de la Ca-

---

core acervatim poni. Ego arbitror præstare ex aviariis turdorum ac merularum, quod non solum ad agrum utile, sed etiam ad cibum ita bubus ac subus, ut fiant pingues. Itaque qui aviaria conducunt, si caveat dominus, stercus ut in fundo maneat, minoris conducunt quam ii, quibus id accedit. Cassius secundum columbinum scribit esse hominis. Tertio caprinum, et ovillum, et asininum. Minime bonum equinum, sed in segetes. In prata enim vel optimum ut cæterarum veterinarum, quæ ordeo pascuntur, quod multam facit herbam. Sterquilinium secundum villam facere oportet, ut quam paucissimis operis egeratur. In eo si in medio robusta aliqua materia sit depacta, negant serpentem nasci.

XXXIX. Sationis autem gradus secundus hanc habet naturam, ad quod tempus cujusque seminis apta sit ad serendum. Nam refert in agro ad quam partem cæli quisque locus spectet, sic ad quod quæque tempus res facillime crescat. Nonne videmus alia florere verno tempore, alia æstivo : neque eadem autumnali, quæ hiberno? Itaque alia seruntur, atque inseruntur, et metuntur ante, aut post, quam alia, et cum pleraque vere melius, quam autumno inserantur, circiter solstitium inseri ficos, nec non brumalibus diebus cerasos. Quare cum semina fere quatuor sint generum, quæ per se fiunt a natura, alia ex industria, quæ transferuntur e terra in terram, ut faciunt viviradices; quæ ex arboribus dempta demittuntur in humum; quæ inseruntur ex arboribus in arbores; de singulis rebus videndum, quæ quoque tempore locoque facias.

XL. Primum semen quod est principium generandi, id duplex; unum, quod latet nostrum sensum; alterum, quod apertum. Latet, si sunt semina in aere, ut ait physicus Anaxagoras; et si aqua quæ influit in agrum inferre solet, ut scribit Theophrastus. Illud quod apparet ad agricolas, id videndum diligenter. Quædam enim ad cernendum usque adeo parva, ut sint obscura, ut cupressi. Non enim galbuli, qui nascuntur, id est tanquam pilæ parvæ corticiæ id semen; sed in iis intus. Primigenia semina dedit natura, reliqua invenit experientia coloni. Nam prima, quæ sine colono, priusquam sata, nata; secunda, quæ ex iis collecta, neque priusquam sata nata. Prima semina videre oportet, ne vetustate sint exsucta, aut ne sint admixta aut ne propter similitudinem sint adulterina. Semen vetus tantum valet in quibusdam rebus, ut naturam commutet. Nam ex semine brassicæ vetere sato nasci aiunt rapa, et contra ex raporum brassicam. Secunda semina videre oportet, ne unde tollas, nimium cito, aut tarde tollas. Tempus enim idoneum, quod scribit Theophrastus, vere et autumno et Caniculæ exortu : neque omnibus locis ac generibus idem. In sicco et

nicule. Mais il y a des distinctions à faire, suivant la qualité du sol et l'espèce de la plante. Ainsi lorsque le sol est aride, maigre, argileux, et dépourvu conséquemment d'humidité naturelle, il faut choisir le printemps. Ce sera l'automne, si la terre est bonne et grasse, au contraire; car elle serait trop humide au printemps. Quelques-uns fixent à trente jours la période d'exécution de ces travaux. Le troisième mode, où l'on procède par bouture, c'est-à-dire en détachant d'un arbre des branches qu'on met provisoirement en terre, exige une attention toute particulière à bien choisir le moment de la transplantation; ce qui doit avoir lieu avant que les boutures aient poussé fleurs ou bourgeons. Avant tout, il aura fallu les séparer délicatement de l'arbre, et non les en arracher; car plus on leur a laissé de pied, plus elles ont de consistance, et plus vite elles prennent racine. Il faut aussi se dépêcher de les mettre en terre avant que la sève ne se dessèche. Pour se procurer des boutures d'oliviers, il suffit de couper une jeune branche de grosseur égale aux deux extrémités, et d'un pied environ de longueur; c'est ce que les uns appellent *clavola*, et les autres *talea*. Quant au quatrième mode de propagation, qui consiste à prendre une branche sur un arbre pour l'insérer dans un autre, l'arbre sur lequel on prend la greffe, celui sur lequel on ente, le moment où l'on fait cette opération, et le procédé qu'on emploie, sont autant d'objets de sérieuse considération. On ne saurait greffer le poirier sur le chêne par exemple; ni sur le pommier non plus. C'est ce qu'observe religieusement quiconque a foi dans les augures : car autant de greffes différentes sur un arbre, nous disent-ils, autant de coups de foudre qui doivent le frapper. Si l'on greffe sur un poirier sauvage un autre poirier, si bonne d'ailleurs qu'en soit l'espèce, on obtient un fruit moins savoureux qu'en opérant sur un poirier cultivé. Règle générale : quand on greffe un arbre sur un autre de même essence, pommier sur pommier, par exemple, il faut que l'arbre dont on emprunte la greffe soit d'une espèce meilleure que celui sur lequel on l'applique. On a dernièrement imaginé une nouvelle manière de greffer, qui exige deux arbres voisins. Au moyen d'une ouverture pratiquée dans l'arbre qu'on désire greffer, on introduit une petite branche attirée de l'arbre dont on veut avoir le fruit. Cette branche doit être entaillée des deux côtés, au point de contact, avec une serpette; de sorte qu'à l'endroit où elle ressort son écorce s'adapte parfaitement à l'écorce de la branche qu'elle traverse. On aura soin encore que l'extrémité de la branche entée se dresse vers le ciel. L'année suivante, lorsque la greffe a bien pris, on opère sa séparation de l'arbre auquel elle a d'abord appartenu.

XLI. A quelle époque faut-il greffer chaque espèce? c'est la première considération. Nous devons remarquer à ce sujet que nombre d'essences d'arbres qui étaient greffées jadis au printemps, le sont aujourd'hui pendant le solstice d'été : tels sont les figuiers, dont le bois a peu de densité, et conséquemment besoin de chaleur. Aussi cette culture ne peut-elle réussir dans les pays froids; l'humidité est encore nuisible à leurs greffes récentes. Ce bois pourrit vite quand il est jeune; on pense donc avec raison que le meilleur moment pour le greffer est l'époque de la canicule. Quant aux plantes moins délicates de leur nature, on attache au-dessus de leurs greffes un vase rempli d'eau, dont on laisse tomber le

---

macro loco, et argilloso, vernum tempus idoneum, quo minus habet humoris. In terra bona ac pingui, autumno, quod vere multus humor; quam sationem quidam metiuntur fere diebus xxx. Tertium genus seminis, quod ex arbore per surculos defertur in terram, [sic in humum demittitur, in quibusdam tamen] est videndum, ut eo tempore sit deplantatum quo oportet. Id enim fit ante quam gemmare aut florere quid incipit : et quæ de arbore transferas, ut ea deplantes potius quam defringas : quod plantæ solum stabilius, quod latius, et radices facilius mittat. Ea celeriter antequam sucus exarescat, in terram demittendum. In oleagineis seminibus [arbores] videndum, ut sit de tenero ramo ex utraque parte æquabiliter præcisum, quas alii clavolas, alii taleas appellant, ac faciunt circiter pedales. Quartum genus seminis, quod transit ex arbore in aliam, videndum, qua ex arbore in quam transferatur, et quo tempore, et quemadmodum obligetur. Non enim pirum recipit quercus; quod genus si in malus pirum. Hoc sequuntur multi, qui aruspices audiunt multum, a quibus proditum, in singulis arboribus quot genera insita sint, uno ictu tot fulmina fieri illud, quod fulmen concepit. Si in pirum silvaticam inseveris pirum quamvis bonam, non fore tam jucundam, quam si in eam, quæ silvestris non sit. In quamcunque arborem inseras, si ejusdem generis est duntaxat, ut si utraque malus, ita inserere oportet referentem ad fructum, meliori genere ut sit surculus, quam est, quo veniat, arbor. Est altera species ex arbore in arborem inserendi nuper animadversa in arboribus propinquis. Ex arbore, e qua quis vult habere surculum, in eam, quam inserere vult, ramulum traducit, et in ejus ramo præciso, ac difisso implicat. Eum locum qui contingit, ex utraque parte, quod intro est, facto extenuatur, ita ut ex una parti, quod cælum visurum est, corticem cum cortice exæquatum habeat. Ejus ramuli, quam inseret, cacumen ut directum sit ad cælum, curat. Postero anno cum comprehendit, unde propagatum est ab altera arbore præcidit.

XLI. Quo tempore quæque transferas, hæc in primis videnda, quod quæ prius verno tempore inserebantur, nunc etiam solstitiali, ut ficus, quod densa materia non est, et ideo sequitur calidorem. A quo fit, ut in locis frigidis ficeta fieri non possint. Aqua recenti insito inimica. Tenellum enim cito facit putre. Itaque quod inseritur Caniculæ signo, commodissime existimatur inseri. Quæ autem natura minus sunt mollia, vas aliquod supra alligant, unde stillet lente aqua, ne prius exarescat surculus, quam

contenu goutte à goutte, afin que le rameau inséré ne se dessèche point avant son incorporation à l'arbre. Il faut conserver intacte l'écorce des greffes, et se garder, lorsqu'on les apprête, d'en mettre la moelle à nu. Il est bon même qu'elles soient enduites d'argile, et assujetties avec une lanière d'écorce, pour les garantir au dehors de la pluie ou de la chaleur. Par une précaution du même genre, on fait l'incision de la vigne trois jours avant de la greffer, afin de débarrasser le cep de son humidité surabondante ; ou bien si on a commencé par greffer, on place l'incision un peu au-dessus de la greffe, pour ménager un écoulement à l'humidité en cas de besoin. Les figuiers, les grenadiers, et en général tous les arbres d'une nature moins aqueuse, se greffent sans exiger ces précautions. Quelques boutures, par exception celles de figuier, sont de ce nombre, et ne se transplantent que lorsqu'elles sont en bourgeons.

Des modes de propagation, la greffe est celui qu'on applique de préférence aux plantes qui sont, comme les figuiers, trop tardives pour venir de semence. La semence naturelle de cet arbre est cette graine qu'on trouve dans la figue quand on la mange, et qui est si menue qu'à peine elle pourrait produire quelques chétifs rejetons. En général, toute semence sèche et compacte est lente à pousser. Plus sa substance est relâchée, plus son développement est hâtif. C'est le même rapport qui existe, dans le règne animal du mâle, à la femelle. Ainsi le figuier, le grenadier, et la vigne, dont la nature est analogue à la mollesse féminine, croissent-ils plus rapidement que le palmier, le cyprès, et l'olivier, qui sont d'une consistance plutôt sèche qu'humide. Aussi, pour avoir des figuiers, vaut-il mieux recourir aux boutures que d'attendre à voir lever la graine ; à moins toutefois qu'on ne puisse faire autrement, et qu'il y ait nécessité de recevoir son plant d'outre-mer, ou d'en expédier à cette destination. Dans ce cas, on attache en colliers, au moyen de petites cordes, des figues bonnes à manger ; et quand elles sont bien sèches, on peut les empaqueter et les envoyer où l'on veut. On n'a plus qu'à les mettre en terre pour obtenir une pépinière de figuiers. C'est ainsi que les figues de Chio, de Chalcis, de Lydie, d'Afrique, et d'autres contrées d'outre-mer, ont émigré en Italie. La même observation s'applique à l'olivier, dont la semence est un noyau. Le germe étant bien plus lent à se développer par le moyen de ce noyau mis en terre que par l'usage du *talea* dont nous avons parlé, c'est le *talea* qu'on emploie pour former les pépinières.

XLII. Pour le sainfoin il faut une terre qui n'ait ni trop de sécheresse ni trop d'humidité, et soit d'une nature intermédiaire. Les auteurs prétendent qu'un sol dans cette condition n'exige comme semence qu'un modius et demi de sainfoin par *jugerum*. On sème cette plante comme le blé et le foin c'est-à-dire en jetant la graine sur la terre.

XLIII. On sème la graine de cytise, comme celle de chou, dans une terre bien labourée. Lorsqu'ensuite le cytise est venu, on le transplante, en mettant entre chaque plant un pied et demi de distance ; ou bien on prend d'un cytise vigoureux de petites boutures que l'on met en terre, en les espaçant de même que les tiges qui viennent de graine.

XLIV. La semence d'un *jugerum* est, en fèves, de quatre *modii* ; en blé, de cinq ; en orge, de dix ; en froment, de dix. Cette proportion cependant varie selon la qualité du sol ; en plus, si la terre est grasse ; en moins, si elle est maigre. Pour

---

coalescat. Cujus surculi corticem integrum servandum, et eum sic exacuendum, ut non denudes medullam. Ne extrinsecus imbres noceant, aut nimius calor, argilla oblinendum, ac libro obligandum. Itaque vitem triduo ante quam inserunt, desecant, ut qui in ea nimius est humor diffluat ante, quam inseratur. Aut in qua inserunt, in ea paullo infra, quam insitum est, incidunt : unde humor adventicius effluere possit. Contra in fico et malo punica, et si qua etiam horum natura aridiora, continuo. In aliis translationibus videndum, ut quod transfertur cacumen, habeat gemmam, ut in ficis. De his [primis] quatuor generibus seminum, quædam quod tardiora, surculis potius utendum, ut in ficetis faciunt. Fici enim semen naturale intus in ea fico, quam edimus. Quæ sunt minuta grana, e quibus parvis, quod enasci coliculi vix queunt. Omnia enim minuta et arida ad crescendum tarda ; ea quæ laxiora, et fœcundiora ; ut fœmina, quam mas. Et proportione in virgultis item. Itaque ficus malus punica et vitis propter fœmineam mollitiam ad crescendum prona. Contra palma et cupressus et olea in crescendo tarda. In hoc enim humidiora quam aridiora. Quare ex terra potius in seminariis surculos de ficeto, quam grana de fico expedit obruere : præter si aliter nequeas : ut si quando quis trans mare semina mittere, aut inde petere vult. Tum enim resticulas per ficos, quas edimus, maturas perserunt, et eas cum inaruerunt, complicant, ac quo volunt mittunt, ubi obrutæ in seminario pariant. Sic genera ficorum, Chiæ, ac Chalcidicæ, et Lydiæ, et Africanæ : item cætera transmarina in Italiam perlata. Simili de causa oleæ semen cum sit nucleus, quod ex eo tardius enascebatur colis, quam e taleis, ideo potius in seminariis taleas, quas dixi, serimus.

XLII. De Medica in primis observes, ne in terram nimium aridam aut variam, sed temperatam semen demittas. In jugerum unum, si est natura temperata terra, scribunt opus esse Medicæ sesquimodium. Id seritur ita, ut semen jactatur quemadmodum scilicet cum pabulum et frumentum seritur.

XLIII. Cytisum seritur in terra bene subacta tanquam semen brassicæ : inde differtur, et in sesquipedem ponitur. Aut etiam de cytiso duriore virgulæ deplantantur, et ita pangitur in serendo.

XLIV. Seruntur fabæ modii IV in jugero, tritici V, ordei VI, farris X. Sed nonnullis locis paullo amplius aut

cette appréciation on fera bien d'observer les habitudes locales, et, avec d'autant plus de raison, que la même quantité de semence rend en certains endroits dix pour un, et quinze en d'autres; comme en Étrurie par exemple, et en quelques cantons d'Italie. A Sybaris, dit-on, le rendement ordinaire est du centuple. Il en est de même à Garada en Syrie, et à Bysacium en Afrique. Il importe encore beaucoup de distinguer pour l'ensemencement, entre les terres neuves, celles qu'on appelle *restibiles* et qui rapportent tous les ans, et les jachères, où la production n'est qu'alternative. A Olynthe, dit alors Agrius, on moissonne tous les ans; mais on dit que de trois ans en trois ans la récolte est plus abondante. Après chaque récolte, dit Licinius, il faudrait toujours laisser un an de repos à la terre, ou au moins, de deux années l'une, ne lui confier que des semences assez légères pour ne point l'épuiser.

Parlez-nous maintenant, dit Agrius, de la troisième phase, des productions de la terre, c'est-à-dire de la nutrition. Toute plante, reprit Licinius, reçoit de la terre sa nourriture et son accroissement. Devenue adulte, elle conçoit; et, après avoir porté le temps nécessaire, elle enfante des fruits ou des épis : en sorte qu'elle reproduit un germe en tout semblable à celui dont elle est née. Si vous arrachez une fleur de poirier ou de tout autre arbre, si vous en cueillez le fruit encore vert, il ne pousse plus rien de toute l'année à l'endroit de cette mutilation ; car les plantes ne peuvent avoir deux portées en un an. Elles produisent comme les femmes accouchent, à leur époque.

XLV. L'orge lève habituellement le septième jour; le blé le suit de près. Les légumes sortent presque tous de terre au bout de quatre ou cinq jours ; à l'exception cependant de la fève, qui pousse un peu plus tard. La germination pour le millet, le sésame, et les graines analogues, est à peu près de la même durée, à moins de retard provenant de la température ou de la condition du sol. Les plantes élevées en pépinières sont d'une délicatesse extrême. Si le pays est froid, il faut dans la saison d'hiver les couvrir de feuilles ou de paille. Il faut encore, quand le froid est suivi de pluie, prendre garde que l'eau ne séjourne auprès; car la gelée est un poison pour leurs tendres racines aussi bien que pour leurs jeunes pousses, qui même en sont arrêtées davantage dans leur développement. Les plantes en automne et en hiver profitent plus dans la partie qui est sous terre, et qui conserve toujours un certain degré de chaleur vivifiante, que dans la partie qui est au-dessus, et que le froid de l'air frappe de tous côtés. C'est ce qu'on voit dans toute végétation de nature que la main de l'homme n'a pas encore touchée. La croissance dans les racines est bien plus rapide que dans la partie supérieure de la tige, sans toutefois dépasser le point où s'arrête l'influence des rayons du soleil. L'extension que prennent les racines est subordonnée à deux causes différentes, à leur essence d'abord, ensuite à la nature du sol, où elles s'ouvrent plus aisément passage les unes que les autres.

XLVI. Nous voyons parfois des effets surprenants de ces mêmes causes. Ainsi les feuilles de certaines plantes indiquent, par leur seule position, l'époque de l'année où l'on se trouve. On est sûr par exemple que le solstice d'été est passé, si

minus. Si enim locus crassus, plus : si macer, minus. Quare observabis, quantum in ea regione consuetudno erit serendi : ut tantum facias, quantum valet regio ac genus terræ; ut ex eodem semine aliubi cum decimo redeat, aliubi cum quintodecimo, ut in Hetruria, et locis aliquot in Italia. In Sybaritano dicunt etiam cum centesimo redire solitum. In Syria ad Garada, et in Africa ad Byzacium item ex modio nasci centum. Illud quoque multum interest in rudi terra, an in ea seras, quæ quotannis obsita sit, quæ vocatur restibilis : an in vervacto, quæ interdum requierit. Cui Agrius : In Olynthia quotannis restibilia esse dicunt, sed ita ut tertio quoque anno uberiores ferant fructus. Licinius : Agrum alternis annis relinqui oportet, aut paullo levioribus sationibus serere, id est, quæ minus sugunt terram. Dicetur, inquit Agrius, de tertio gradu, De nutricationibus, atque alimoniis eorum. Licinius : Quæ nata sunt, inquit, in fundo alescunt, adulta concipiunt, prægnantia, cum sunt matura, pariunt poma, aut spicam : sic alia simile ei, a quo profectum, reddunt semen. Itaque si florem, acerbumve pirum, aliudve quid decerpseris, in eodem loco eodem anno nihil renascitur, quod prægnationis diem idem bis habere non potest. Ut enim mulieres habent ad partum dies certos, sic arbores ac fruges.

XLV. Primum plerumque e terra exit ordeum diebus vii, nec multo post triticum. Legumina fere quatriduo aut quinque diebus, præterquam faba. Ea enim serius aliquanto prodit seges. Ostendit idem milium, et sesama, et cætera similiter æquis fere diebus, præterquam si quid regio aut tempestas vitii attulit, quo minus ita fiat. Quæ in seminario nata, si loca erunt frigidiora, quæ molli natura sunt, per brumalia tempora tegere oportet fronde aut stramentis : si erunt imbres secuti, videndum necubi aqua consistat. Venenum enim gelum radicibus tenellis sub terra, et supra virgultis, quæ nec eodem tempore æque crescunt. Nam radices autumno aut hieme magis sub terra, quam quæ supra adolescunt, quod tectæ terræ tepore propagantur, supra terram aere frigidiore cinguntur. Idque ita esse docent silvestria, ad quæ sator non accessit. Nam prius radices, quam ea quæ ex iis solent nasci, crescunt. Neque radices longius procedunt, nisi quo tepor venit solis. Duplex causa radicum, quod et radices materia alia, quam alia longius projicit natura : et quod alia terra alia facilius viam dat.

XLVI. Propter ejusmodi res admiranda discrimina sunt naturalia, quod ex quibusdam foliis propter eorum versuram, quod sit anni tempus, dici possit, ut olea et populus alba et salix. Horum enim folia cum converterunt

tôt que les feuilles de l'olivier, du peuplier blanc et du saule se sont retournées. Un phénomène non moins singulier est celui qu'offre la fleur appelée tournesol, que nous voyons se tourner le matin vers le soleil levant, et le suivre dans sa course jusqu'à son coucher, le calice toujours ouvert de son côté.

XLVII. Les plantes élevées et greffées dans des pépinières, comme le figuier et l'olivier, étant, ainsi que nous l'avons dit, d'une délicatesse extrême, il faudra avoir soin de leur former un abri de deux planches, attachées de gauche et de droite. On devra également arracher toutes les herbes autour de leur pied, et s'y prendre pour cela de bonne heure, car si on laisse fortifier cette végétation parasite, elle résiste et se rompt, plutôt que de céder à la main. Quant à l'herbe des prairies, qui croît pour la fenaison seulement, il ne faut pas l'arracher quand elle se forme, mais il faut craindre de marcher dessus, et en éloigner les troupeaux et toute espèce de bétail. Les hommes eux-mêmes doivent s'interdire d'y passer. L'herbe disparaît sous les pas, et la trace devient sentier.

XLVIII. On appelle épi dans le blé le point culminant de la tige. Lorsque l'épi d'orge ou de froment est entier, il se compose de trois parties adhérentes l'une à l'autre, savoir le grain, la balle et les barbes, sans compter la gaîne qui enveloppe le grain au commencement de sa formation. On appelle grain le corps solide qui se trouve dans l'intérieur de l'épi; balle, la pellicule qui renferme le grain; et barbes, ces sortes d'aiguilles longues et fines dont la balle est comme défendue. La balle est donc l'étui du grain, et les barbes en forment la palissade. Les barbes et le grain sont choses assez connues; mais peu de gens savent ce que c'est que la balle. Aucun auteur, à ma connaissance, n'en a parlé, excepté Ennius dans sa traduction des livres d'Évhémerus. L'étymologie du mot *gluma* (balle) paraît être *glubere* (écorcer, peler), parce qu'en effet il faut dépouiller le grain de cette pellicule qui le couvre. On donne par la même raison le nom de gluma à la peau qui couvre la pulpe de nos figues. *Arista* (barbe) vient du mot *arescere*, sécher, parce que c'est la partie de l'épi qui se sèche la première. *Granum* (grain) vient de *gerere*, porter; car c'est pour le grain que l'épi doit porter, et non pour la balle ou les barbes, que l'on sème le blé; de même qu'on plante la vigne afin qu'elle porte non pas des pampres, mais des grappes. *Spica*, l'épi que les paysans par tradition appellent encore *speca*, paraît être dérivé de *spes* (espérance), parce qu'on sème avec l'espoir de recueillir. On appelle *muticus* (écorné) l'épi qui n'a point de barbes, parce qu'elles font aux épis l'office de cornes. Lorsque l'épi commence à se former, il est renfermé dans une petite enveloppe verte qui le dérobe entièrement; c'est ce qu'on appelle *vagina*, gaîne, nom qu'on donne également au fourreau qui contient l'épée. L'extrémité supérieure de l'épi mûr, et qui est d'un volume moindre que le grain, est ce qu'on appelle *frit*; l'extrémité inférieure au point de sa jonction avec la tige, et qui est également moindre que le grain, s'appelle *urruncum*.

XLIX. Stolon avait fini de parler; et personne ne le questionnant, il pensa qu'on ne désirait pas en savoir davantage sur la nutrition des plantes. Alors il annonça l'intention de passer aux récoltes. Dans les prairies basses, dit-il, l'herbe doit être fauchée au moment où elle commence à se sécher. On la retourne avec la fourche jusqu'à

---

se, solstitium dicitur fuisse. Nec minus admirandum, quod fit in floribus quos vocant heliotropia, ab eo quod ad solis ortum mane spectant, et ejus iter ita sequuntur ad occasum, ut ad eum semper spectent.

XLVII. In seminario quæ surculis consita, et eorum molliora erunt natura cacumina, ut olea ac ficus, ea summa integenda binis tabellis dextra et sinistra deligatis, herbæque eligendæ : eæ dum teneræ sunt vellendæ. Prius enim aridæ factæ rixantur, ac celerius rumpuntur, quam sequuntur. Contra herba in pratis ad spem fœnisiciæ nata non modo non evellenda in nutricatu, sed etiam non calcanda. Quo pecus a prato ablegandum, et omne jumentum, (ac) etiam homines. Solum enim hominis exitium herbæ, et semitæ fundamentum.

XLVIII. In segetibus autem frumentum, in quo culmus extulit spicam : ea quæ mutilata non est, in ordeo et tritico tria habet continentia, granum, glumam, aristam : et etiam primitus spica cum oritur, vaginam. Granum dictum, quod est intimum solidum. Gluma, qui est folliculus ejus. Arista, quæ ut acus tenuis longa eminet e gluma. Proinde ut grani theca sit gluma, et apex arista. Arista et granum omnibus fere notum : gluma paucis.

Itaque id apud Ennium solum scriptum scio esse in Evhemeri libris versis. Videtur vocabulum etymon habere a glubendo, quod eo folliculo deglubitur granum. Itaque eodem vocabulo appellant fici ejus, quam edimus, folliculum. Arista dicta, quod arescit prima. Granum a gerendo. Id enim ut gerat spica, seritur frumentum, non ut glumam aut aristam gerat : ut vitis seritur, non ut pampinum ferat, sed uvam. Spica autem, quam rustici, ut acceperunt antiquitus, vocant specam, a spe videtur nominata. Eam enim quod sperant fore, serunt. Spica mutica dicitur, quæ non habet aristam : eæ enim quasi cornua sunt spicarum, quæ primitus cum oriuntur, neque plane apparent, qua sub latent herba, ea vocatur vagina, ut in qua latet conditum gladium. Illud autem summa in spica jam matura, quod est minus quam granum, vocatur frit. Quod in infima spica, ad culmum stramenti summum, item minus quam granum est, appellatur urruncum.

XLIX. Cum conticuisset nec interrogaretur, de nutricatu credens nihil desiderari : Dicam, inquit, de fructibus maturis capiendis. Et ille, primum de pratis summissis, herba cum crescere desiit, et æstu arescit, subsecari

complète dessiccation. Il faut alors la botteler avant de la transporter à la ferme; puis on passe le râteau sur le pré pour ramasser l'herbe qui sera restée à terre, que l'on ajoute aux meules de foin. La fenaison terminée, viennent les regains; opération qui consiste à passer une seconde fois la faux avec plus de soin, afin d'atteindre les herbes qui ont échappé à la première coupe, et qui forment de petites touffes à la superficie du pré; c'est, je crois, du mot *sectio* (coupe) qu'est venu celui de *sicilire*, faire le regain.

L. *Messis*, moisson, dont *meto* est la racine, se dit proprement de tout ce qu'on moissonne, et notamment du blé. On moissonne les grains de trois manières. La première, usitée dans l'Ombrie, consiste à couper le tuyau à ras de terre, et à lier sur place au fur et à mesure. Quand on a formé un certain nombre de javelles, on les reprend une à une pour séparer l'épi de sa tige. On réunit tous les épis dans un panier qu'on porte à l'aire. La paille qu'on a laissée se met ensuite en tas. Pour la seconde manière, en usage dans le Picénum, on se sert d'un instrument de bois recourbé, à l'extrémité duquel est adaptée une petite scie de fer. Cet instrument réunit en faisceau les épis qu'il hache sur pied, laissant la paille debout, pour être sciée plus tard. La troisième manière, qui se pratique aux environs de Rome, et dans beaucoup d'autres contrées, est celle-ci. On coupe la paille par le milieu, en tenant la tige par le bout de la main gauche; et c'est là, je pense, l'origine du mot *messis* (moisson), qui viendrait alors de *medium* (milieu). On coupe ensuite le chaume ou la partie qui se trouvait au-dessous de la main, et qui tient encore à la terre par sa racine. Quant à la paille adhérente à l'épi, on la met dans des paniers, et on la porte à l'aire. Là on la sépare pour la serrer dans un lieu découvert, *palam;* ce qui peut bien être l'étymologie de *palea* (paille) : quelques-uns dérivent son autre nom *stramentum* du verbe *stare* (être debout), et de *stamen* son substantif. D'autres le font venir de *stratus* (étendu), parce qu'on étend la paille quand elle sert de litière aux troupeaux. La moisson se fait dès que le blé est mûr. Dans les conditions ordinaires, un homme peut, dit-on, expédier son arpent en un jour, ramasser les épis dans une corbeille, et les porter à l'aire.

LI. L'aire doit être en plein champ et placée sur une éminence, afin que le vent y souffle de tous côtés. Donnez-lui une dimension proportionnée à l'importance de la récolte; que sa surface soit circulaire de préférence, et légèrement exhaussée au centre, pour ménager aux eaux un prompt écoulement en cas de pluie; car du centre à la circonférence rien de plus court que le rayon. Formez-en le sol de terre bien battue, de glaise s'il est possible : autrement la chaleur y opère des gerçures où l'eau séjourne, ou qui servent de retraite aux rats et aux fourmis. On prévient ces inconvénients en enduisant l'aire de marc d'huile. Rien n'empêche mieux l'herbe de pousser, et c'est la mort aux fourmis et aux taupes. Quelques-uns, pour plus de solidité, ont des aires pavées ou même carrelées. D'autres, comme les Bagiennis, poussent l'attention jusqu'à les couvrir, pour les mettre à l'abri des orages, très-fréquents dans cette contrée vers l'époque de la moisson. En pays chaud, quand l'aire est sans toit, il faut ménager dans le voisinage des espèces

falcibus debet, et quoad perarescat, furcillis versari. Cum peraruit, de his manipulos fieri ac vehi ad villam. Tum de pratis stipulam rastellis eradi, atque addere fœnisiciæ cumulum. Quo facto sicilienda prata, id est, falcibus consectanda, quæ fœniseces præterierunt, ac quasi herba tuberosum reliquerunt campum. A qua sectione arbitror dictum sicilire pratum.

L. Messis proprio nomine dicitur in iis, quæ metuntur, maxime in frumento, et ab eo est vocabulo declinata. Frumenti tria genera sunt messionis, unum, ut in Umbria, ubi falce secundum terram succidunt stramentum; et manipulum, ut quemque subsecuerunt, ponunt in terra. Ubi eos fecerunt multos, iterum eos percensent, ac de singulis secant inter spicas et stramentum : spicas conjiciunt in corbem, atque in aream mittunt. Stramenta relinquunt in segete, unde tollantur in acervum. Altero modo metunt, ut in Piceno, ubi ligneum habent incurvum batillum, in quo sit extremo serrula ferrea. Hæc cum comprehendit fascem spicarum, desecat, et stramenta stantia in segete relinquit, ut postea subsecentur. Tertio modo metitur, ut sub urbe Roma, et locis plerisque, ut stramentum medium subsecent, quod manu sinistra summum prehendunt : a quo medio messem dictam puto. Infra manum stramentum, quod terræ hæret, postea subsecatur. Contra quod cum spica stramentum hæret, corbibus in aream defertur. Ubi discedit in aperto loco palam : a quo potest nominata esse palea. Alii stramentum a stando, ut stamen dictum putant. Alii ab stratu, quod id substernatur pecori. Cum est matura seges, metendum, cum in ea jugerum fere una opera propemodum in facili agro satis esse dicatur : messas spicas corbibus in aream deferre debent.

LI. Aream esse oportet in agro sublimiori loco, quam perflare possit ventus. Hanc esse modicam pro magnitudine segetis, potissimum rotundam, et mediam paullo extumidam, ut, si pluerit, non consistat aqua, et quam brevissimo itinere extra aream defluere possit. Omne porro brevissimum in rotundo e medio ad extremum) solidam terra pavita, maxime si est argilla, ne æstu pœminosa in rimis ejus grana obliterescant, et recipiant aquam, et ostia aperiant muribus ac formicis. Itaque amurca solent perfundere. Ea enim herbarum est inimica, et formicarum, et talparum venenum. Quidam aream ut habeant solidam, muniunt lapide, aut etiam faciunt pavimentum. Nonnulli etiam tegunt areas, ut in Bagiennis, quod ibi sæpe id temporis anni oriuntur nimbi. Ubi ea retecta, et loca calida, prope aream faciundum umbracula, quo succedant homines in æstu tempore meridiano.

d'abris, où les ouvriers puissent se mettre à l'ombre pendant l'ardeur du jour.

LII. La plus belle partie de la récolte et la plus forte en épis doit être mise à part pour semences. C'est dans l'aire qu'on sépare le grain de l'épi ; ce qui s'opère au moyen d'un traîneau qu'on fait tirer par des bêtes de somme. Le traîneau est formé d'une planche garnie en dessous de fer ou de pierres pointues, laquelle supporte le conducteur ou quelque poids équivalent. Cette machine, qui se promène sur les épis, en détache le grain qu'ils contiennent. Le traîneau consiste quelquefois en une réunion de soliveaux garnis de dents et de roulettes. C'est alors ce qu'on appelle le chariot à la carthaginoise. Cette forme comporte de même un conducteur assis, et un attelage de bêtes de somme. Elle est usitée dans l'Espagne citérieure, et autres lieux. Quelques-uns se contentent de faire fouler les épis par leurs bêtes, qu'ils poussent à coups de gaule, et dont le trépignement remplit le même office. Quand le blé est bien battu, on le vanne avec un instrument appelé *vallum* ou *vallabrum*, en ayant soin de choisir pour cette opération un moment où le vent n'ait qu'assez de force pour emporter les parties légères qu'on appelle *acus*, en sorte que le froment reste par l'effet de son poids, et arrive à la corbeille épuré.

LIII. La moisson faite, on vend le droit de glaner, ou bien l'on arrache le chaume pour le porter à la métairie. S'il reste trop peu d'épis, et que la main-d'œuvre soit chère, il vaut mieux y faire paître les troupeaux. Car la considération dominante est que le bénéfice ne soit pas absorbé par les frais.

LIV. Lorsque le raisin est mûr, on procède aux vendanges. Il faut examiner d'abord par quelle espèce de raisin, et dans quelle partie du vignoble, la récolte doit commencer. Car le raisin précoce, ainsi que le miscella (mélange), qu'on appelle vulgairement raisin noir, mûrissent longtemps avant les autres espèces. Il faut donc les cueillir les premiers. On doit aussi débuter par le côté du vignoble le plus exposé au soleil. On fait ensuite un triage du raisin à manger en grappe, et de celui dont on fait du vin. Le premier choix va droit au pressoir, et de là au tonneau. Le raisin de table est mis à part dans des paniers, puis renfermé dans des vases de terre, qu'on dépose au fond d'une futaille où le marc est resté. On le garde aussi dans des amphores enduites de poix, que l'on descend au fond d'un réservoir d'eau ; ou bien on le fait sécher dans l'aire, avant qu'il n'entre au garde-manger. Quand le raisin est foulé, remettez sous le pressoir les pédicules et les peaux ; on en exprime ainsi ce qui peut y rester de vin doux, et l'on augmente d'autant la cuve. Lorsque le marc ne rend plus, on coupe tout ce qui déborde le pressoir, pour le presser de nouveau. Le résultat de ce dernier tour du pressoir s'appelle *circumcisitum* (vin de rognure) ; mais on le met à part, parce qu'il sent le fer. Quand le marc a été bien pressuré, on le jette dans des tonneaux qu'on remplit d'eau. On obtient par là une boisson du nom de *lota* (piquette), contraction de *lota acina* (lavure de marc), et qui se donne aux ouvriers en guise de vin pendant l'hiver.

LV. Nous arrivons maintenant à la récolte des olives. Tant que le fruit se trouve à portée, ou qu'on peut y atteindre avec le secours d'une échelle, il vaut mieux la cueillir que le gauler ; l'olive froissée se dessèche, et rend moins d'huile. Il vaut mieux encore la cueillir à la main

---

LII. Quæ seges grandissima atque optima fuerit, seorsum in aream secerni oportet spicas, ut semen optimum habeat. E spicis in area excuti grana. Quod fit apud alios jumentis junctis ac tribulo. Id fit e tabula lapidibus aut ferro asperata, quo imposito auriga aut pondere grandi trahitur jumentis junctis, quo discutiat e spica grana : aut ex assibus dentatis cum orbiculis, quod vocant plostellum pœnicum. In eo quis sedeat atque agitet, quæ trahant, jumenta, ut in Hispania citeriore, et aliis locis faciunt. Apud alios exteritur grege jumentorum inacto, et ibi agitato perticis, quod ungulis e spica exteruntur grana. Iis tritis, oportet e terra subjactari vallis aut ventilabris, cum ventus spirat lenis : ita fit, ut quod levissimum est in eo, atque appellatur acus, evannatur foras extra aream, ac frumentum quod est ponderosum, purum veniat ad corbem.

LIII. Messi facta, spicilegium venire oportet, aut domi legere stipulam : aut si sunt spicæ raræ, et operæ caræ, compasci. Summa enim spectanda, ne in ea re sumtus fructum superet.

LIV. In vinetis uva cum erit matura, vindemiam ita fieri oportet, ut videas a quo genere uvarum, et a quo loco vineti incipias legere. Nam et præcox et miscella, quam vocant nigram, multo ante coquitur ; quo prior legenda : et quæ pars arbusti ac vineæ magis aprica, prius debet descendere de vite. In vindemia diligentius uva non solum legitur ad bibendum, sed eligitur ad edendum. Itaque lectius defertur in forum vinarium, unde in dolium inane veniat : electa in secretam corbulam, unde in ollulas addatur, et in dolia plena vinaceorum contrudatur ; alia, quæ in piscinam in amphoram picatam descendat ; alia, quæ in aream, ut in carnarium ascendat. Quæ calcatæ uvæ erunt, earum scopi cum folliculis subjiciendi sub prelum, ut si quid reliqui habeant musti exprimatur in eundem lacum. Cum desiit sub prelo fluere, quidam circuncidunt extrema, et rursus premunt : et rursus cum expressum, circuncisium appellant, ac seorsum, quod expressum est, servant, quod resipit ferrum. Expressis acinorum folliculi in dolia conjiciuntur, eoque aqua additur : ea vocatur lora, quod lota acina, ac pro vino operariis datur hieme.

LV. De oliveto. Oleam quam manu tangere possis e terra ac scalis, legere oportet potius quam quatere ; quod ea, quæ vapulavit, macescit, nec dat tantum olei. Quæ

nue qu'avec le doigtier, dont la dureté meurtrit la baie et même écorce les branches de l'arbre, qui en sont plus exposées à l'action du froid. Quand le fruit se trouve hors de portée, on doit se servir plutôt de roseaux que de perches pour l'abattre ; car de deux inconvénients, il faut choisir le moindre. Il faut surtout avoir soin de ne point gauler à rebours, afin que le fruit en tombant n'entraîne pas avec lui le bourgeon ; sans quoi l'arbre serait frappé de stérilité l'année suivante. On dit communément que les oliviers ne donnent de récolte, de pleine récolte au moins, que de deux années l'une. L'habitude de gauler n'en est pas certainement la moindre cause. Comme le fruit de la vigne, l'olive quand elle est rentrée sert à deux fins : ou on la mange en nature, ou l'on la convertit en un liquide onctueux que le corps humain s'applique concurremment en dedans et en dessus ; car il nous suit au bain et au gymnase. L'olive à faire de l'huile est jour par jour mise en tas sur des planches, où on la laisse quelque temps macérer. Ensuite chaque tas, par ordre de formation, se transporte au trapèze. C'est ainsi qu'on appelle un appareil composé de deux meules, d'une pierre dure et rocailleuse. L'olive qu'on laisse en tas trop longtemps fermente, et donne de l'huile rance. Aussi, dans le cas où l'on ne pourrait l'employer dans le temps voulu, il est bon de remuer les tas pour faire prendre l'air au fruit. On tire de l'olive deux produits différents, savoir, l'huile que tout le monde connaît, et le marc, dont l'utilité est trop ignorée ; car on le voit généralement couler sans profit des pressoirs dans les champs, où il laisse de larges places noires, et parfois stériles, quand la terre a été profondément imbibée. Or cette substance a, pour qui sait en faire usage, une sorte d'application utile, principalement en matière d'agriculture. Répandue au pied d'un arbre, d'un olivier notamment, partout où on l'emploie, elle détruit toute végétation nuisible.

LVI. Agrius s'adressant alors à Stolon. Me voilà, dit-il, assis depuis longtemps dans la ferme, les clefs à la main, et attendant toujours que vous y fassiez entrer la récolte. Eh bien, dit Stolon, me voilà ; je suis sur le seuil, ouvrez la porte. En ce qui concerne le foin, il vaut mieux le rentrer directement que le laisser en meules à découvert : les bestiaux du moins l'aiment mieux ainsi, comme on peut s'en assurer en leur donnant le choix de l'un et de l'autre.

LVII. Pour le blé, il faut le serrer dans de hauts greniers, où les vents soufflent du nord et de l'est, et où l'humidité ne puisse pénétrer d'aucun côté. Que les murailles et le sol en soient revêtus d'un mastic composé de marbre pilé, ou du moins de glaise mêlée à de la paille de froment et du marc d'huile. Cet enduit préserve les greniers des rats ou des vers, et contribue en même temps à donner au grain de la consistance et de la fermeté. Quelques personnes humectent leur grain de marc d'huile, dans la proportion d'un *quadrantal* par mille *modii* environ ; d'autres répandent ou plutôt égruent au-dessus de la craie de Chalcis ou de Carie, de l'absinthe, et autres substances analogues. Certains cultivateurs ont des greniers souterrains ou caveaux appelées σειροι, comme on en voit en Cappadoce et en Thrace ; ailleurs on se sert de puits, comme dans l'Espagne citérieure, et aux environs d'Osca et de Carthage.

---

manu stricta, melior ea, quæ digitis nudis legitur, quam illa quæ cum digitalibus. Durices enim eorum non solum stringit bacam, sed etiam ramos glubit, ac relinquit ad gelicidium retectos. Quæ manu tangi non poterunt, ita quati debent, ut arundine potius quam pertica feriantur. Gravior enim plaga medicum quærit Qui quatiet, ne adversum cædat. Sæpe enim ita percussa olea secum defert de ramulo plantam. Quod facto, fructum amittunt posteri anni. Ut hæc non minima causa, quod oliveta dicant alternis annis non ferre fructus, aut non æque magnos. Olea ut uva per idem bivium redit in villam, alia ad cibum eligitur, alia ut eliquescat, ac non solum corpus intus unguat, sed etiam extrinsecus : itaque dominum et in balneas, et gymnasium sequitur. Hæc, de qua fit oleum, congeri solet acervatim per dies singulos in tabulata, uti ibi mediocriter fracescat, ac primus quisque acervus demittatur per serias ac vasa olearia ad trapetas, quæ res molæ oleariæ e duro et aspero lapide. Olea lecta si nimium diu fuit in acervis, caldore fracescit, et oleum fœtidum fit. Itaque si nequeas mature conficere, in acervis jactando ventilare oportet. Ex olea fructus duplex ; oleum, quod omnibus notum, et amurca, cujus utilitatem quod ignorant plerique, licet videre e torculis oleariis fluere in agros, ac non solum denigrare terram, sed multitudine facere sterilem : cum is humor modicus, cum ad multas res, tum ad agriculturam pertineat vehementer, quod circum arborum radices infundi solet, maxime ad oleam, et ubicunque in agro herba nocet.

LVI. Agrius : Jam dudum, inquit, in villa sedens expecto cum clavi te Stolo, dum fructus in villam referas. Ille : Em quin adsum. Venio, inquit, ad limen, fores aperi. Primum fœnisiclæ conduntur melius sub tecto, quam in acervis, quod ita fit jucundius pabulum. Ex eo intelligitur, quod pecus utroque posito libentius est.

LVII. At triticum condi oportet in granaria sublimia, quæ perflentur vento ab exortu ac septentrionum regione, ad quæ nulla aura humida ex propinquis locis adspiret. Parietes et solum opere tectorio marmorato loricandi : si minus, ex argilla mixto acere e frumento et amurca, quod murem et vermem non patitur esse, et grana facit solidiora ac firmiora. Quidam ipsum triticum conspergunt, cum addant in circiter mille modium quadrantal amurcæ. Item alius aliud adfriat, aut aspergit, ut Chalcidicam aut Caricam cretam, aut absinthium. Item hujus generis alia. Quidam granaria habent sub terris, speluncas, quas vocant σειρούς, ut in Cappadocia, ac Thracia. Alii, ut in Hispania citeriore, puteos, ut in agro Carthaginiensi, et Oscensi. Horum solum paleis substernunt : et curant

Le sol au fond de ces puits est couvert de paille; aucune humidité n'y pénètre, car on ne les ouvre jamais; ni même un souffle d'air, si ce n'est lorsqu'il y a nécessité de recourir à la réserve. L'air en étant exclu, il n'est pas à craindre que le charançon s'y mette. Le blé dans les puits se conserve cinquante ans, et le millet pourrait même s'y garder plus d'un siècle. D'autres enfin construisent dans leurs champs mêmes des greniers qui sont comme suspendus. On en voit de ce modèle dans l'Espagne citérieure, et dans certaines contrées de l'Apulie. Ces greniers sont éventés non-seulement des côtés par les courants qui viennent des fenêtres, mais encore par l'air qui frappe dessous en leur plancher.

LVIII. Les fèves et autres légumes se conservent très-longtemps, sans se gâter, dans des vaisseaux à huile que l'on recouvre de cendre. Caton dit aussi que le petit et le gros aminéen, ainsi que le raisin dit apicius, se gardent très-bien dans des pots de terre; mais qu'on les conserve également ou dans du vin cuit jusqu'à la diminution des deux tiers, ou tout simplement dans du vin doux. Il ajoute que le *lucarina* (raisin ferme) et l'aminéen scantien sont de toutes les espèces de raisins ceux qui se conservent le mieux suspendus.

LIX. Quant aux autres fruits, comme les poires, coings, les scantiennes, les quiriniennes, les pommes rondes, les pommes appelées autrefois *mustea* (douces comme le moût), et qu'on appelle aujourd'hui *melimela* (douces comme le miel), tous se conservent très-bien sur la paille en lieu sec et frais. Aussi quand on fait construire un fruitier, il faut avoir soin d'en ouvrir les fenêtres au nord, et de laisser un libre accès aux vents qui soufflent de ce côté. Il importe toutefois de les garnir de volets; car le vent continu finit par ôter aux fruits leur suc, et les rendre insipides. Pour plus de fraîcheur encore, on recouvre en stuc les voûtes, les murailles et même les planchers de ces fruiteries. On voit même certaines personnes y faire dresser des lits pour prendre leurs repas. Et en effet quand on est assez riche pour forcer l'art à faire d'une salle à manger une galerie de peintures, pourquoi se refuserait-on la jouissance toute naturelle de contempler en dînant une variété de beaux fruits rangés dans une agréable symétrie? N'imitons pas toutefois ceux qui, donnant un dîner à la campagne, étalent somptueusement dans leur fruiterie la dépouille de tous les marchés de Rome. Quant à la manière de conserver les pommes, les uns les posent sur des planches ou tablettes de marbre; d'autres préfèrent les mettre sur de la paille ou des cardes de laine. On conserve les grenades en les mettant avec la branche dans des futailles remplies de sable. Les poires aniciennes, ainsi que celles qui mûrissent au temps des semailles, se conservent mieux confites dans du vin cuit jusqu'à la diminution des deux tiers. Quant aux cormes et aux poires, on les coupe ordinairement par morceaux qu'on fait dessécher au soleil. On pourra même conserver les cormes sans les couper, pourvu qu'on les place dans quelque lieu sec et frais. Les raves sont coupées par morceaux, et conservées dans la graine de moutarde. Les noix se gardent mieux dans du sable. Il en est de même des grenades qu'on cueille à leur point de maturité. Pour les grenades qui ne sont pas encore mûres et qui tiennent à la branche, il faudra les mettre dans un pot sans fond qu'on enfoncera dans la terre, après avoir enduit la branche de poix, pour la soustraire à l'influence de l'air exté-

---

ne humor, aut aer tangere possit, nisi cum promitur ad usum. Quo enim spiritus non pervenit, ibi non oritur curculio. Sic conditum triticum manet vel annos quinquaginta : milium vero plus annos centum. Supra terram granaria in agro quidam sublimia faciunt, ut in Hispania citeriore, et in Appulia quidam, quæ non solum a lateribus per fenestras, sed etiam subtus a solo ventus refrigerare possit.

LVIII. Faba et legumina in oleariis vasis oblita cinere perdiu incolumia servantur. Cato ait unam Amineam minusculam et majorem et Apiciam in ollis commodissime condi. Eadem in sapa et musto in lora, recte. Quas suspendas opportunissimas esse duracinas et Amineas Scantianas.

LIX. De pomis, conditiva mala struthea, cotonea, Scantiana, Quiriniana, orbiculata, et quæ antea mustea vocabant, nunc melimela appellant, hæc omnia in loco arido et frigido supra paleas posita servari recte putant. Et ideo oporothecas qui faciunt, ad aquilonem ut fenestras habeant, atque ut eæ perflentur, curant. Neque tamen sine foriculis : ne cum humorem amiserint, pertinaci vento vieta fiant. Ideoque in iis, camaras marmorato, et parietes, pavimentaque faciunt, quo frigidius sit : in quo etiam quidam triclinium sternere solent cœnandi causa. Etenim in quibus luxuria concesserit, ut in pinacothece faciant, quod spectaculum datur ab arte, cur non quod natura datum utantur in venustate disposita pomorum? præsertim quidem, cum id non sit faciendum, quod quidam fecerunt, ut Romæ cœmta poma rus intulerint in oporothecen instruendam convivii causa. In oporothece mala manere putant satis commode alii in tabulis, ut in opere marmorato, alii substrata palea, vel etiam floccis : mala punica demissis suis surculis in dolio arenæ : mala cotonea, struthea in pensilibus junctis : contra in sapa condita manere pira Aniciana, et sementiva. Sorba quidam dissecta, et in sole macerata, ut pira; et sorba per se ubicunque sint posita in arido facile durare. Servare rapa consecta in sinape, nuces juglandes in arena, punica mala et in arena jam decerpta, ac matura, (ut dixi,) et etiam immatura cum hærent in sua virga, si demiseris in ollam sine fundo, eamque si conjeceris in terram, et obteris circum ramum, ne extrinsecus spiritus afflet, ea non modo integra eximi, sed etiam majora, quam in arbore unquam pependerint.

rieur : quand vous le retirez ensuite, le fruit se présente non-seulement intact, mais d'une grosseur qu'il n'eût jamais acquise sur l'arbre.

LX. A l'égard des olives de table, Caton nous dit que l'on conserve très-bien les orchites et les *posea* tant sèches que vertes dans de la saumure, ou dans de l'huile de lentisque, si elles sont meurtries. Il ajoute que si l'on veut que l'orchite conserve son beau noir, il faut la mettre dans du sel, dont on la laisse s'imprégner pendant cinq jours ; puis on jette le sel, et on expose le fruit pendant deux jours au soleil. On peut aussi confire la même espèce sans sel, en la faisant infuser dans du vin doux cuit jusqu'à réduction de moitié.

LXI. Les agriculteurs expérimentés ont bien raison de conserver le marc d'huile en tonneaux avec autant de soin que l'huile et le vin : voici comme il faut s'y prendre. On le fait bouillir aussitôt qu'il sort du pressoir, et on le verse dans des vaisseaux, après l'avoir laissé refroidir. Il y a encore d'autres manières d'apprêter le marc d'huile ; on le mélange avec du moût par exemple.

LXII. Comme on ne met les fruits en serre qu'en vue de les en tirer plus tard, il nous reste encore à faire quelques observations sur ce qui constitue la sixième et dernière phase des productions de la terre. On retire les fruits de l'endroit où l'on les a serrés, soit pour les consommer, soit pour les vendre, ou bien encore pour les mieux garder. Quant à l'époque à laquelle il faudra les retirer, elle dépend de la nature même des fruits qu'on veut livrer à la consommation, ou préserver de tout accident.

LXIII. Il faut tirer le blé du grenier sitôt que le charançon commence à le ronger. On l'exposera alors au soleil, en plaçant à proximité des bassins pleins d'eau, où ces insectes ne tarderont pas à venir se noyer. Ceux qui ont leur blé sous terre, dans des caveaux appelés σειροί, ne devront y entrer qu'après les avoir laissés ouverts pendant quelque temps. Car si l'on voulait s'y introduire immédiatement après leur ouverture, on courrait risque de suffoquer, comme il en est des exemples. Le blé que vous aurez conservé en épis pour le faire servir à votre consommation doit être retiré pendant l'hiver ; on le fait moudre et ensuite on le torréfie.

LXIV. Le marc d'huile est un résidu de substance aqueuse, mêlé aux matières que l'huile dépose au fond des vaisseaux de terre où on la renferme. Voici comme on s'y prend d'ordinaire pour le conserver : on dégage le marc en soufflant dessus du liquide qui surnage au bout de quinze jours de dépôt : on le transvase ensuite. Et la même opération se répète jusqu'à douze fois pendant six mois consécutifs, de quinze jours en quinze jours, de façon que la dernière ait lieu dans le déclin de la lune. On fait ensuite bouillir le marc dans des chaudières à un feu doux jusqu'à réduction de moitié, puis on le met en réserve pour s'en servir au besoin.

LXV. Quand le moût est mis en tonneau pour faire du vin, on doit s'abstenir de tirer tant que dure l'ébullition, même lorsqu'elle est assez avancée pour que le vin puisse être regardé comme fait. Si l'on veut boire du vin vieux, il ne faudra le tirer qu'au bout d'une année ; car le vin n'est réputé vieux qu'après un an d'existence. Si le cru tourne à l'aigre, il faut consommer de suite, ou vendre le raisin en grappe. Il y a des vins dont la qualité augmente par la durée ; tels sont ceux de Falerne par exemple.

LXVI. Les olives blanches, quand on les em-

LX. De olivitate, oleas esui optime condi scribit Cato, orchites, et pauseas aridas, vel virides in muria, vel in lentisco contusas. Orchites nigras, sale si sint confriatæ dies quinque, et tum sale excusso, biduum si in sole positæ fuerint, manere idoneas solere : easdem sine sale in defrutum condi.

LXI. Recte amurcam periti agricolæ tam in doliis condunt, quam oleum, et vinum. Ejus conditio, cum expressa olea, quod statim effluxerit de ea, decoquuntur duæ partes, et refrigeratum conditur in vasa. Sunt item aliæ conditiones, ut ea, in qua adjicitur mustum.

LXII. Quod nemo fructus condit, nisi ut promat, de eo quoque vel sexto gradu animadvertenda pauca. Promunt condita aut propterea, quod sint tuenda, aut quod utenda, aut quod vendenda. Ea quæ dissimilia sunt inter se, aliud alio tempore tuendum et utendum.

LXIII. Tuendi causa promendum id frumentum, quod curculiones exesse incipiunt. Id enim cum promptum est, in sole ponere oportet, atque aquæ catinos, quod eo conveniunt, ut ipsi se necent, curculiones. Sub terra qui habent frumentum in iis, quos vocant σειρούς, quod cum periculo introitur recenti apertione, ita ut quibusdam sit interclusa anima, aliquanto post promere, quam aperuerint, oportet. Far, quod in spicis condideris per messem, et ad usus cibatus expedire velis, promendum hieme, ut in pistrino pinsatur ac torreatur.

LXIV. Amurca cum ex olea expressa, qui est humor aquatilis ac retrimentum, conditum in vas fictile, id quidam sic solent tueri, diebus xv ex eo, quod est levissimum ac summum, deflatum, ut trajiciant in alia vasa, et hoc iisdem intervallis, duodecies sex mensibus proximis, item faciant. Cum id novissime, potissimum trajiciant, eum senescit luna. Tunc decoquunt in ahenis levi igni duas partes quoad regerunt, tum denique ad usum recte promitur.

LXV. Quod mustum conditur in dolium, ut habeamus vinum, non promendum dum fervet, neque etiamdum processit ita, ut sit vinum factum. Si vetus bibere velis, quod non fit ante, quam accesserit annus, tum, cum fuerit anniculum, promito. Si vero est ex eo genere uvæ, quod mature coacescat, ante vindemiam consumi, aut venire oportet. Genera sunt vini, in quo Falerna, quæ quanto plures annos condita habuerunt, tanto cum prompta sunt fructuosiora.

ploie avant qu'elles ne soient parfaitement confites, ont un goût amer qui rebute le palais. Il en est de même des noires, à moins qu'on ne les trempe dans le sel avant de s'en servir. Cette précaution les rend très-mangeables.

LXVII. Moins on conserve les noix, les dattes et les figues, et plus elles sont savoureuses ; si la garde se prolonge, les figues perdent leur goût, les dattes moisissent et les noix se dessèchent.

LXVIII. Quant aux fruits qu'on suspend pour les faire sécher, raisins, pommes et cormes, les yeux seuls indiquent le moment de les livrer à la consommation. En effet, on voit aisément, par le degré d'altération de leur couleur et le point de leur dessication, quand il faut les manger, pour ne pas attendre qu'ils ne soient plus bons qu'à jeter. Les cormes rentrées tout à fait mûres doivent être mangées promptement ; vertes, elles sont plus de garde ; car il leur faut le temps d'acquérir la maturité qu'on ne leur a pas laissé prendre sur l'arbre.

LXIX. C'est pendant l'hiver qu'on tire du grenier le blé destiné à la consommation domestique, qu'on doit torréfier pour le rendre propre à la panification. Le blé de semence y reste jusqu'au moment où la terre est préparée pour le recevoir : il en est de même en général de toute espèce de graine. Il ne faut leur faire voir le jour qu'au moment de les employer. Pour ce qu'on destine au marché, il faut attendre le moment de vendre avec avantage. Telle production ne peut se conserver sans s'altérer ; il faut se presser de s'en défaire. Cette autre est plus de garde, attendez que son prix s'élève. Qui sait attendre, non-seulement retire l'intérêt de sa marchandise, mais en obtient quelquefois un prix double. Stolon parlait encore, lorsqu'un affranchi du gardien entre tout en pleurs, en nous suppliant d'excuser si l'on nous a fait si longtemps attendre ; et en même temps il nous invite aux funérailles de son maître pour le lendemain. Nous nous levons tous en nous écriant : Quoi ! à ses funérailles ? Quelles funérailles ? Alors l'esclave nous raconte, toujours pleurant, que son maître vient d'être frappé d'un coup de couteau, et que le meurtrier s'est perdu dans la foule. Seulement, par une exclamation qu'il avait faite, on jugeait que le crime était l'effet d'une méprise. L'esclave ajoutait que, tout occupé de reconduire son maître au logis, d'envoyer chercher promptement un médecin, il n'avait pas eu le temps de nous avertir plus tôt, et que nous serions sans doute disposés à trouver sa conduite naturelle. Son empressement, il est vrai, n'avait pas empêché son patron de rendre l'âme peu de temps après ; mais il croyait néanmoins n'avoir fait en cela que son devoir. Nous ne le trouvâmes que trop excusé, et nous descendîmes tous du temple pour retourner chez nous, plus émus de l'accident, par rapport à l'humanité, que surpris de ce que Rome en était le théâtre.

LXVI. Oleas albas, quas condideris, novas si celeriter promas, nisi condieris, propter amaritudinem illas respuit palatum. Item nigras, nisi prius eas sale maceraris, ut libenter in os recipiantur.

LXVII. Nucem juglandem, et palmulam, et ficum Sabinam quanto citius promas, jucundiore utare, quod vetustate ficus fit pallidior, palmula cariosior, nux aridior.

LXVIII. Pensilia, ut uvæ, mala, et sorba, ipsa ostendunt, quando ad usum oporteat promi : quod siccitate mutato et contractu acinorum, si non demseris ad edendum, ad abjiciendum descensurum se minitantur. Sorbum maturum mite conditum citius promi oportet : acerbum enim suspensum lentius est. Quod prius domi maturitatem assequi vult, quam nequit in arbore, quam mitescat.

LXIX. Messum far promendum hieme in pistrino ad torrendum, quod ad cibatum expeditum esse velis. Quod ad sationem, tum promendum, cum segetes maturæ sunt ad accipiendum. Item quæ pertinent ad sationem, suo quoque tempore promenda. Quæ vendenda, videndum, quæ quoque tempore oporteat promi. Alia enim, quæ manere non possunt, ante quam se commutent, ut celeriter promas, ac vendas : alia quæ servari possunt, ut tum vendas, cum caritas est. Sæpe enim diutius servata non modo usuram adjiciunt ; sed etiam fructum duplicant, si tempore promas. Cum hæc diceret Stolo, venit libertus ædituini ad nos flens, et rogat ut ignoscamus quod simus retenti, et ut ei in funus postridie prodeamus. Omnes consurgimus, ac simul exclamamus, quid ? in funus ? quod funus ? quid est factum ? Ille flens narrat ab nescio quo percussum cultello concidisse, quem qui esset, animadvertere in turba non potuisse, sed tantummodo exaudisse vocem, perperam fecisse. Ipse, cum patronum domum sustulisset, et pueros dimisisset ut medicum requirerent, ac mature adducerent ; quod potius illud administrasset, quam ad nos venisset, æquum esse sibi ignosci. Nec si eum servare non potuisset, quin non multo post animam efflaret, tamen putare se fecisse recte. Non moleste ferentes descendimus de æde, et de casu humano magis querentes, quam admirantes id Romæ factum, discedimus omnes.

LIVRE II.

DE L'ÉDUCATION DES BESTIAUX.

Nos grands aïeux avaient bien raison de mettre l'homme des champs au-dessus de l'homme des villes. En effet autant les habitudes d'une maison de plaisance semblent oiseuses à nos campagnards, s'ils les comparent à la laborieuse agitation d'une ferme, autant cette première existence paraissait-elle active à nos ancêtres auprès de la paresse des citadins. Aussi avaient-ils partagé leur temps de façon à ne donner aux affaires de la ville que deux jours sur neuf, consacrant les sept autres exclusivement aux occupations rurales. Tant qu'ils sont restés fidèles à cette coutume, ils y ont gagné sous deux rapports : d'abord leurs champs rapportaient davantage, et eux-mêmes se portaient mieux. En second lieu, ils pouvaient se passer de ces gymnases de toute espèce dont le raffinement des Grecs a rempli leurs maisons de villes, et qu'il nous faut avoir, nous, maintenant dans nos demeures, depuis le premier jusqu'au dernier. On ne croirait pas avoir de maison de campagne, si l'on ne pouvait se donner le plaisir d'en décorer de noms grecs toutes les distributions. Προκοιτῶν (antichambre) παλαίστρα (palestre), ἀποδυτήριον (vestiaire), περίστυλον (colonnade), ὀρνιθῶν (volière) περιστερεῶν (colombier) ὀπωροθήκη (fruiterie). Comme de nos jours il n'est guère de chefs de famille qui, laissant là faux et charrue, n'ait émigré dans l'enceinte de Rome, et ne consacre à applaudir au cirque et au théâtre les mains jadis occupées aux champs et aux vignobles, il en résulte qu'aujourd'hui nous payons pour qu'on nous apporte d'Afrique et de Sardaigne le blé qui nous nourrit, et que nous allons par mer faire vendange à Cos et à Chio. Les fondateurs de cette ville, qui n'étaient eux que des pâtres, avaient voulu que leurs descendants fussent des cultivateurs ; et, au mépris de leurs lois, l'ambition de leurs descendants a converti les champs en prairie, sans même faire de différence entre paître des troupeaux et labourer la terre. Autre chose cependant est le laboureur et le pâtre. Pour se nourrir aussi des champs, le bœuf de labour n'en diffère pas moins du bœuf de pâturage. Le bœuf en troupeau ne produit pas ; il consomme. Le bœuf sous le joug, au contraire, contribue à la production du blé dans les guérets et du fourrage dans les jachères. Je le répète, la science du cultivateur diffère essentiellement de celle du pâtre. Le but du cultivateur est de tourner à son profit tout ce qu'il fait produire à la terre ; celui du pâtre, de retirer tout le parti possible de son troupeau. Mais comme il y a un rapport intime entre ces deux choses, puisque d'un côté le profit peut être plus grand à faire consommer le fourrage sur place qu'à le vendre ; et que de l'autre l'engrais, l'élément de fécondation le plus indispensable à la terre, est essentiellement une provenance du bétail, il s'ensuit que tout possesseur de biens fonds doit embrasser les deux sciences, être à la fois agriculteur et éleveur de troupeaux, et porter ses soins même sur toute espèce animale qui peut se trouver dans une ferme et ses dépendances. Car les volières, les garennes, les viviers, sont toutes industries dont le profit n'est rien moins que méprisable. J'ai traité de l'agriculture dans un premier livre dédié à ma femme Fundania, qui fait elle-même valoir une terre. Celui-ci, mon cher Niger Tur-

LIBER II.

DE RE PECUARIA.

Viri magni nostri majores non sine causa præponebant rusticos Romanos urbanis. Ut ruri enim, qui in villa vivunt ignaviores, quam qui in agro versantur in aliquo opere faciundo : sic qui in oppido sederent, quam qui rura colerent, desidiosiores putabant. Itaque annum ita diviserunt, ut nonis modo diebus urbanas res usurparent, reliquis vii ut rura colerent. Quod dum servaverunt institutum, utrumque sunt consecuti, ut et cultura agros fœcundissimos haberent, et ipsi valetudine firmiores essent : ac ne Græcorum urbana desiderarent gymnasia, quæ nunc vix satis singula sunt : nec putant se habere villam, si non multis vocabulis retineant Græcis, quum vocent particulatim loca, προκοιτῶνα, παλαίστραν, ἀποδυτήριον, περίστυλον, ὀρνιθῶνα, περιστερεῶνα, ὀπωροθήκην. Igitur quod nunc intra murum fere patres familiæ correpserunt relictis falce et aratro, et manus movere maluerunt in theatro ac circo, quam in segetibus ac vineis, frumentum locamus, qui nobis advehat, qui saturi fiamus ex Africa, et Sardinia : et navibus vindemiam condimus ex insula Coa, et Chia. Itaque in qua terra culturam agri docuerunt pastores progeniem suam, qui condiderunt urbem, ibi contra progenies eorum, propter avaritiam contra leges ex segetibus fecit prata, ignorantes non idem esse agriculturam et pastionem. Alius enim opilio, et arator : nec si possit in agro pasci, armentarius non aliud ac bubulcus. Armentum enim id, quod in agro natum non creat, sed tollit dentibus. Contra, bos domitus causa fit, ut commodius nascatur frumentum in segete, et pabulum in novali. Alia, *inquam*, ratio ac scientia coloni, alia pastoris ; coloni, ut ea quæ in agricultura nascuntur e terra fructum faciant. Contra pastoris, ut ea quæ nata ex pecore. Quarum quoniam societas inter se magna, propterea quod pabulum in fundo compascere, quam vendere plerumque magis expedit domino fundi ; et stercoratio ad fructus terrestres aptissima, et maxime ad id pecus appositum : qui habet prædium, habere utramque debet disciplinam, et agriculturæ, et pecoris pascendi, et etiam villaticæ pastionis. Ex ea enim quoque fructus tolli possunt non mediocres, ex ornithonibus, ac lepora- riis, et piscinis. E queis quoniam de agricultura librum Fundaniæ uxori propter ejus fundum feci : tibi Niger Turrani noster, qui vehementer delectaris pecore, prop-

ranius, je l'écris pour vous, amateur passionné de tout ce qui touche au régime pastoral; vous, que ce goût conduit si souvent aux foires de Macra, et qui trouvez dans ce genre de spéculation de quoi satisfaire à de très-coûteuses exigences. La tâche ne sera pas difficile pour moi, possesseur autrefois de bétail sur une grande échelle; car j'ai eu de nombreux troupeaux de l'espèce ovine en Apulie, et à Réate, des haras considérables. Je ne traiterai toutefois que sommairement la matière, me bornant à recueillir ici des entretiens que j'ai eus avec quelques amis, grands propriétaires de bestiaux en Épire, à l'époque de la guerre des pirates, lorsque je commandais les flottes de la Grèce, entre la Cilicie et l'île de Délos.

I. Ménas venait de se retirer; et Cossinius se tournant vers moi. Nous ne vous laisserons pas partir, me dit-il, que vous n'ayez achevé de nous expliquer ces trois parties dont vous aviez déjà commencé à nous entretenir, lorsque vous avez été interrompu. Qu'est-ce que ces trois parties? dit Murrius; ne serait-ce point celles dont vous me parliez hier, et qui concernent l'éducation des bestiaux? — Précisément, reprit Cassinius. Nous étions allés voir Pétus qui était indisposé; et là, Varron avait commencé une dissertation sur l'origine de cette science, sur la haute considération qu'elle mérite, et sur toutes les conditions de sa pratique. Il a été interrompu par l'arrivée du médecin. Je ne veux me charger, repris-je alors, que des deux premières parties composant l'historique (ἱστορικὸν) de la science. Je vous dirai ce que je sais; quelle est son origine, et combien d'estime lui est due. Quant à la troisième, qui est la partie pratique, c'est à Scrofa de s'en tirer... ὅσπέρ μου πολλὸν ἀμείνων (lui qui s'y entend bien mieux que moi). On peut bien parler grec à des gens qui sont Grecs à moitié. Scrofa, en effet, n'en a-t-il pas remontré à C. Lucilius Hirpus, votre gendre, si célèbre par les beaux troupeaux qu'il possède au pays des Brutiens? — Très-volontiers, dit Scrofa; mais à la condition qu'en retour vous autres Épirotes et pâtres par excellence, vous nous ferez part de tout ce que vous savez sur ce sujet, pour me récompenser de ma complaisance; car on a toujours quelque chose à apprendre. Je m'étais donc ainsi renfermé, de mon choix, dans la partie purement théorique de la science : ce n'est pas que je ne fusse aussi propriétaire de troupeaux en Italie; mais n'est pas joueur de cithare quiconque a l'instrument en main, et je pris la parole ainsi : L'homme et les animaux doivent avoir été de tout temps dans l'ordre de la nature. Soit que l'on admette un principe générateur, avec Thalès de Milet et Zénon de Cittium; soit qu'avec Pythagore de Samos et Aristote de Stagire, on en veuille nier l'existence, il faut convenir avec Dicéarque que la vie humaine, en remontant jusqu'à sa condition le plus anciennement connue, a successivement passé par bien des transformations, avant d'arriver à sa forme actuelle; et que, dans cette condition primitive, l'homme se nourrissait des productions spontanées de la terre, vierge de tout ensemencement. A l'état de nature a succédé la vie pastorale; seconde période, où l'homme, au lieu de se repaître exclusivement de glands, d'arbouses, de mûres et autres fruits sauvages, enlevés aux forêts et aux buissons, choisit parmi les animaux, hôtes des bois comme lui, les espèces dont il peut s'approprier la substance, les emprisonne, et les apprivoise. On suppose avec assez de raison qu'il s'empara d'abord des brebis, comme étant la conquête

---

terea quod te emturientem in campos Macros ad mercatum adducunt crebro pedes, quo facilius sumtibus multa poscentibus ministres, quod eo facilius faciam, quod et ipse pecuarias habui grandes, in Appulia oviarias, et in Reatino equarias : [qua] de re pecuaria breviter ac summatim percurram, ex sermonibus nostris collatis cum iis, qui pecuarias habuerunt in Epeiro magnas, tum cum piratico bello inter Delum et Ciliciam Græciæ classibus præessem, incipiam hinc.

CAP. I. Cum Menas discessisset, Cossinius mihi, Nos te non dimittemus, inquit, ante quam tria illa explicaris, quæ cœperas nuper dicere, cum sumus interpellati. Quæ tria? inquit Murrius. An ea, quæ mihi heri dixisti de pastoricia re? Ista, *inquit ille*, quæ cœperat hic disserere, quæ esset origo, quæ dignitas, quæ ars : cum Petam fessum visere venissemus, ni medici adventus nos interrupisset. Ego vero, *inquam*, dicam duntaxat, quod est ἱστορικὸν, de duabus rebus primis, quæ accepi, de origine, et de dignitate. De tertia parte, ubi est de arte, Scrofa suscipiet : ut semigræcis pastoribus dicam græce, ὅσπέρ μου πολλὸν ἀμείνων. Nam is magister C. Lucilii Hirpi generi tui, cujus nobiles pecuariæ in Brutiis habentur. Sed hæc ita a nobis accipietis, inquit Scrofa ut vos, qui estis Epirotici, pecuarii athletæ, remuneremini nos, ac quæ scitis, proferatis in medium. Nemo enim omnia potest scire. Cum accepissem conditionem, ut meæ partes essent primæ, non quo non ego pecuarias in Italia habeam, sed non omnes qui habent citharam, sunt citharœdi : igitur, *inquam*, et homines et pecua cum semper fuisse sit necesse natura. Sive enim aliquod fuit principium generandi animalium, ut putavit Thales Milesius, et Zeno Citticus : sive contra principium horum extitit nullum, ut credidit Pythagoras Samius, et Aristoteles Stagerites; necesse est humanæ vitæ a summa memoria gradatim descendisse ad hanc ætatem, ut scribit Dicæarchus : et summum gradum fuisse naturalem, cum viverent homines ex iis rebus, quæ inviolata ultro ferret terra : ex hac vita in secundam descendisse pastoriciam, e feris atque agrestibus, ut ex arboribus ac virgultis decerpendo glandem, arbutum, mora, pomaque colligerent ad usum; sic ex animalibus, cum propter eandem utilitatem quæ possent silvestria deprehenderent, ac concluderent, et mansuescerent. In queis primum non sine causa putant oves assumptas, et propter utilitatem, et propter

la plus facile et la plus profitable. Ces animaux en effet, d'un naturel si doux, convenaient parfaitement à la condition primitive de l'homme, à qui ils fournissaient du lait et du fromage pour sa nourriture, des peaux et de la laine pour couvrir son corps. Après la vie pastorale vint la vie agricole, troisième période de l'humanité, qui garda longtemps plus d'un trait des deux précédentes. De nos jours encore on retrouve plusieurs espèces de bétail à l'état sauvage dans certaines contrées. Les brebis par exemple en Phrygie, où on les voit errer par troupeaux, et les chèvres dans l'île de Samothrace. Ces dernières, dont l'espèce s'appelle en latin *rota*, abondent en Italie, sur les monts Fiscellum et Tetrica. Quant aux porcs, tout le monde sait qu'il y en a de sauvages, à moins qu'on ne veuille regarder le sanglier comme un autre animal. Les bœufs se trouvent également à l'état le plus sauvage en Dardanie, en Médie, et en Thrace. Les ânes sauvages (onagres) ne sont pas rares dans la Phrygie et la Lycaonie; il y a des chevaux sauvages dans quelques contrées de l'Espagne citérieure. Voilà pour l'origine de la science, je passe à l'estime qui lui est due. Les plus illustres personnages de l'antiquité étaient tous des pâtres; les langues grecque et latine en portent toutes deux témoignage. Voyez les anciens poëtes qui appellent leur héros tantôt πολύαρνος (riche en agneaux), tantôt πολύμηλος (riche en brebis), tantôt enfin πολυσούτης (riche en troupeaux de bœufs.) Ces mêmes poëtes nous parlent de brebis dont la toison était d'or, par allusion sans doute à leur extrême cherté. Telle était la brebis d'Atrée à Argos, dont ce prince se plaint d'avoir été dépouillé par Thyeste; et le bélier qu'Éétès possédait en Colchide, but de l'expédition de ces fils de rois connus sous le nom d'Argonautes. Enfin telles étaient, en Libye, celles qu'enfermait le jardin des Hespérides, d'où Hercule ravit les pommes d'or (*mala*); c'est-à-dire, suivant la tradition, des troupeaux de chèvres et de brebis, qu'il transporta d'Afrique en Grèce. Et en effet les Grecs, pour rappeler par le son le cri de ces animaux, leur ont donné le nom de μῆλα, onomatopée que les Latins ont rendue plus expressive en changeant une seule lettre, *bela*. Car on entend plutôt *bee* que *me* quand une brebis crie. De ce mot on a fait ensuite le verbe *belare*, en retranchant une lettre, comme dans beaucoup d'autres dérivés. Si le bétail n'eût pas été en honneur chez les anciens, les astronomes ne lui auraient certes pas emprunté plusieurs noms de signes, dans la description qu'ils ont faite du ciel. Loin d'avoir la moindre hésitation à placer ces noms au zodiaque, plus d'un auteur, en énumérant les douze signes, commence par ceux qui portent des noms d'animaux, et donne ainsi le pas au Bélier et au Taureau sur Apollon et sur Hercule, qui, tout dieux qu'ils sont, ne viennent qu'en troisième lieu, sous le nom de Gémeaux. Et, peu contents de n'avoir en noms de bétail qu'un sixième du nombre des signes, ils y ont introduit le Capricorne pour compléter le quart.

Les noms de chèvre, de bouc et de chien, que portent différentes constellations, sont également empruntés au bétail. Des terres, qui plus est, et des mers ne tirent-elles pas leurs noms de la même source, témoin la mer Égée, qui doit le sien à l'espèce chèvre (αἴγειος), le mont Taurus en Syrie, le mont Canterius dans le pays des Sabins, le Bosphore de Thrace et le Bosphore cimmérien. Il y a des villes dont les noms n'ont pas d'autre origine : par exemple, la ville grecque qu'on nomme

---

placiditatem. Maxime enim hæ naturæ quietæ, et aptissimæ ad vitam hominum. Ad cibum enim lacte et caseum adhibitum, ad (corpus) vestitum et pelles (et lanam) attulerunt. Tertio denique gradu a vita pastorali ad agriculturam descenderunt. In qua ex duobus gradibus superioribus retinuerunt multa. Et quo descenderant, ibi processerunt longe, dum ad nos perveniret. Etiam nunc in locis multis genera pecudum ferarum sunt aliquot, ut in Phrygia ex ovibus, ubi greges videntur complures ; ut in Samothrace caprarum, quas latine rotas appellant. Sunt enim in Italia circum Fiscellum et Tetricam montes multæ. De suibus nemini ignotum, nisi qui apros non putat sues vocari. Boves perferi etiam nunc sunt multi in Dardania, et Medica, et Thracia. Asini feri in Phrygia, et Lycaonia. Equi feri in Hispaniæ citerioris regionibus aliquot. Origo, quam dixi : dignitas, quam dicam. De antiquis illustrissimus quisque pastor erat, ut ostendit græca et latina lingua, et veteres poetæ, qui alios vocant πολύαρνας, alios πολύμηλους, alios πολυβούτας, qui ipsas pecudes propter caritatem aureas habuisse pelles tradiderunt, ut Argis Atreus, quam sibi Thyestem subduxe queritur : ut in Colchide Æeta, ad cujus arietis pellem profecti regio genere dicuntur Argonautæ : ut in Libya (ad) Hesperidas, unde aurea mala, id est, secundum antiquam consuetudinem, capras et oves, [quas] Hercules ex Africa in Græciam exportavit. Ea enim (a) sua voce Græci appellarunt μῆλα. Nec multo secus nostri ab eadem voce, sed alia litera bela vocarunt. Non enim me, sed bee sonare videntur oves vocem efferentes : a quo belare dicunt, extrita litera, ut in multis. Quod si apud antiquos non magnæ dignitatis pecus esset, in cælo describendo astrologi non appellassent eorum vocabulis signa, quæ non modo non dubitarunt ponere, sed etiam ab his principibus xii signa multi numerant : ut ab ariete et tauro, cum ea præponerent Apollini, et Herculi. Ii enim dii ea sequuntur, sed appellantur Gemini. Nec satis putarunt de xii signis sextam partem obtinere pecudum nomina, nisi adjecissent, ut quartam tenerent, capricornum. Præterea a pecuariis addiderunt capram, hœdos, canes. An non item in mari terraque ab his regionum notæ? [a pecore] in mari, quod nominaverunt a capris Ægeum pelagus : ad Syriam montem Taurum : in Sabinis Canterium montem : Bosphorum unum Thracium, alterum Cimmerium. Nonne in terris multa, ut oppidum in Græcia ἵππιον Ἄργος? Deni-

ἵππιον Ἄργος. Enfin l'Italie ne doit-elle pas elle-même son nom aux veaux (*vituli*), comme le prétend Pison? Qui oserait nier que le peuple romain n'ait eu des pâtres pour ancêtres? Qui ne sait que Faustulus, père nourricier de Romulus et Remus, et l'instructeur de leur jeunesse, était un simple pâtre? N'étaient-ils pas des pâtres eux-mêmes ces fondateurs de notre ville, comme le prouve leur choix pour la fonder, du jour même des Parilia? Ne dit-on pas encore aujourd'hui, suivant l'ancienne coutume, *tant de bœufs, tant de brebis*, pour exprimer la valeur de certaines choses? Notre plus ancienne monnaie n'a-t-elle pas une figure de bétail pour effigie? Et n'était-ce pas avec une charrue attelée d'un bœuf et d'une vache qu'autrefois on traçait l'enceinte d'une ville, et qu'on marquait l'emplacement de ses portes? Enfin les *suovitaurilia*, c'est-à-dire les victimes solennelles que l'on promène autour du peuple romain pour le purifier, qu'est-ce autre chose qu'un verrat, un bélier, et un taureau? Combien n'avons-nous pas de noms propres empruntés soit au gros, soit au petit bétail? au petit bétail, comme ceux de Porcius, d'Ovinius, de Caprilius; au gros bétail, comme ceux de Taurius, d'Equitius. Enfin les Annius n'ont-ils pas reçu le surnom de Capra, les Statilius celui de Taurus, et les Pomponius celui de Vitulus? Et combien en citerait-on d'autres! Reste à dire en quoi consiste la science même du nourrissage; c'est ce dont notre ami Scrofa, à qui la palme est décernée par le siècle en fait d'économie rurale, va s'acquitter beaucoup mieux que moi. Tout le monde alors tourna les yeux vers Scrofa, qui commença en ces termes : Cette science consiste à se procurer du bétail et à le nourrir, afin de tirer le plus d'argent possible de la chose même

d'où vient le mot argent. Car *pecunia* (argent monnayé) est dérivé de *pecus*; le bétail étant regardé comme la base de toute richesse. Cette science se divise en neuf parties, ou, si l'on veut, en trois, qui se subdivisent chacune en trois autres. La première de ces trois parties comprend le petit bétail, dont on compte trois espèces, savoir : les brebis, les chèvres, et les porcs; la seconde comprend le gros bétail, qui se forme également de trois espèces, savoir, les bœufs, les ânes et les chevaux; la troisième et dernière partie, qui n'est qu'accessoire et non d'un produit immédiat, mais qui cependant est inhérente à la matière, comprend les mulets, les chiens et les bergers. Chacune de ces neuf parties en renferme neuf autres relatives, savoir, quatre à l'acquisition du bétail, quatre à son entretien, et une dernière qui se rapporte à ces deux objets à la fois; ce qui ne fait pas moins de quatre-vingt-une parties, toutes indispensables, et d'une importance majeure. D'abord, pour se procurer de bon bétail, il importe avant tout de savoir à quel âge on doit prendre chaque espèce. Les bœufs, par exemple, se payent moins cher en deçà d'un an et passé dix, parce que le bœuf ne commence à servir qu'à sa seconde ou à sa troisième année, et ne sert plus après sa dixième. En général, la première et les dernières années des bestiaux sont toujours stériles. La seconde des quatre parties qui se rattachent à l'acquisition a pour objet la forme extérieure du bétail, considération qui influe beaucoup sur la qualité. Pour l'acheteur, un bœuf aux cornes noirâtres vaut mieux qu'un bœuf aux cornes blanches; une chèvre de grande taille, qu'une petite chèvre. Quant au porc, il doit être long de corps et court de tête. La troisième partie consiste à s'as-

---

que Italia a vitulis, ut scribit Piso. Romanorum vero populum a pastoribus esse ortum quis non dicit? quis Faustulum nescit pastorem fuisse nutricium, qui Romulum et Remum educavit? non ipsos quoque fuisse pastores obtinebit, quod Parilibus potissimum condidere urbem? non item, quod multa etiam nunc ex vetere instituto bubus et ovibus dicitur? et quod æs antiquissimum, quod est flatum, pecore est notatum? Et quod urvo urbis, cum condita est, tauro, et vacca (junctis), qui essent muri et portæ definitum? Et quod populus Rom. cum lustratur, suovitaurilibus circumaguntur verres, aries, taurus? Et quod nomina multa habemus ab utroque pecore, a majore et a minore? A minore, Porcius, Ovinius, Caprilius : sic a majore Equitius, Taurius.... cognomina adsignificari, quod dicuntur ut Annii Capræ, Statilii Tauri, Pomponii Vituli : sic a pecudibus alii multi. Reliquum est de scientia pastorali, de qua quod est dicendum, Scrofa noster, cui ætas defert rerum rusticarum omnium palmam, quo melius potest, dicet. Cum convertissent in eum ora omnes, Scrofa : Igitur, inquit, est scientia pecoris parandi, ac pascendi, ut fructus quam possunt maximi capiantur ex ea, a quibus ipsa

pecunia nominata est. Nam omnis pecuniæ pecus fundamentum. Ea partes habet novem discretas, ter ternas; ut sit una de minoribus pecudibus : cujus genera tria, ovis, capra, sus. Altera de pecore majore, in quo sunt item ad tres species natura discreti, boves, asini, equi. Tertia pars est in pecuaria, quæ non paratur, ut ex iis capiatur fructus, sed propter ea, ut ex ea sint, muli, canes, pastores. Harum unaquæque in se generales partes habet novenas, quarum in pecore parando necessariæ quatuor; alteræ in pascendo totidem; præterea communis una. Ita fiunt omnes partes minimum octoginta et una, et quidem necessariæ, nec parvæ. Primum ut bonum pares pecus, unum scire oportet, qua ætate quamque pecudem parare, habereque expediat. Itaque in bubulo pecore minoris emitis anniculum et supra decem annorum, quod a bima, aut trima fructum ferre incipit, neque longius post decimum annum procedit. Nam prima ætas omnis pecoris et extrema sterilis. E quatuor altera pars est cognitio formæ uniuscujusque pecudis, qualis sit. Magni enim interest, cujusmodi quæque sit, ad fructum. Ita potius bovem emunt cornibus nigrantibus, quam albis : capram amplam, quam parvam : sues procero corpore, capitibus

surer de la race. Celle des ânes d'Arcadie est célèbre dans la Grèce comme en Italie celle des ânes de Réate. C'est au point que j'ai vu un âne se vendre soixante mille sesterces, et deux paires de chevaux, à Rome, aller jusqu'à quatre cent mille. La quatrième partie se rapporte aux formes de droit qui régissent l'acquisition du bétail, et aux précautions légales dont cette propriété s'entoure. Pour qu'elle passe sûrement d'une main à une autre, il faut bien faire intervenir quelques formalités. Ce n'est pas tout, en fait de transaction, qu'on soit convenu d'un prix et qu'on le paye. L'état sanitaire, bon, mauvais ou douteux, amène autant de stipulations différentes dans un marché de bétail. Viennent après l'achat quatre ordres de considérations d'une autre nature. Il s'agit de nourrir son bétail, de le faire multiplier, d'élever les petits, de le conserver sain. Touchant la nourriture, qui est le premier de ces quatre ordres, il y a trois choses à observer relativement aux espèces : les conditions de lieux de parcours, l'époque de l'année où le bétail y doit être conduit, et ce qu'il faut qu'il y trouve à paître. Ainsi des localités montueuses et du feuillage à brouter, voilà ce qui convient aux chèvres, plutôt que de gras pâturages.

C'est le contraire pour les cavales. Il y a encore, suivant les localités, pacage d'été et pacage d'hiver. Ainsi les troupeaux de brebis de l'Apulie vont passer la campagne d'été dans le Samnium, après que la déclaration en a été faite aux fermiers de la république, qui l'enregistrent ; car il ne faut pas encourir les peines portées par la loi des censeurs. Ainsi, pendant la même saison, les mulets quittent les plaines de Roséa pour les hautes montagnes de Gurgur. Il faut en dernier lieu faire acception des aliments particulièrement propres à chaque espèce de bétail, ce qui ne se borne pas à donner du foin aux chevaux et aux bœufs, et du gland aux porcs, à qui le foin ne saurait convenir. Il faut encore savoir à propos ajouter de l'orge et des fèves à la provende, et faire manger aux bœufs du lupin ; du cytise et du sain-foin aux bêtes laitières. Un mois avant la saillie, on augmente la ration des béliers et des taureaux, pour leur donner des forces, tandis qu'on diminue celle des vaches et des brebis ; car on prétend, avec raison, que les femelles conçoivent mieux quand elles sont maigres. La génération est l'objet de la seconde partie ; et j'appelle génération la période intermédiaire entre la conception et l'instant où la bête met bas ; car c'est le commencement et le but de la génération. Il faut s'occuper avant tout de l'accouplement et de l'époque où la femelle admet le mâle. Pour la race portant soie, c'est depuis le lever de Favonius jusqu'à l'équinoxe du printemps ; pour la race ovine, du coucher de l'Arcture à celui de l'Aigle. Il faut en outre observer préalablement un temps de séparation nécessaire entre les mâles et les femelles, lequel est ordinairement de deux mois pour toute espèce de troupeaux. La gestation a aussi des soins particuliers, la délivrance arrivant plus tôt ou plus tard, suivant les espèces. La jument par exemple porte un an, la vache dix mois, la truie quatre, la brebis cinq, et la chèvre autant. Un phénomène de génération qui passe toute croyance, et qui est cependant de toute vérité, se voit sur les côtes de Lusitanie en Espagne, près de la ville d'Olysippe, sur le mont Tagro. Là les cavales conçoivent du vent, comme il arrive assez souvent chez nous

---

ut sint parvis. Tertia pars est, quo sint seminio quærendum. Hoc nomine enim asini Arcadici in Græcia nobilitati, in Italia Reatini, usque eo, ut mea memoria asinus venierit sextertiis millibus LX, et unæ quadrigæ Romæ constiterint quadringentis millibus. Quarta pars est de jure in parando, quemadmodum quamque pecudem emi oporteat civili jure. Quod enim alterius fuit, id ut fiat meum, necesse est aliquid intercedere. Neque in omnibus satis est stipulatio, aut solutio nummorum ad mutationem domini. In emtione alias stipulandum statim, esse e valetudinario, alias e sano pecore, alias e neutro. Alteræ partes quatuor sunt, cum jam emeris, observandæ, de pastione, de fœtura, de nutricatu, de sanitate. Pascendi primus locus est, cujus ratio triplex. In qua regione quamque potissimum pascas, et quando, et queis ? ut capras in montuosis potius locis et fruticibus, quam in herbidis campis ; equas contra. Neque eadem loca, æstiva et hiberna idonea omnibus ad pascendum. Itaque greges ovium longe abiguntur ex Appulia in Samnium æstivatum, atque ad publicanum profitentur, ne, si inscriptum pecus paverit, lege censoria committant. Muli e Rosea campestri æstate exiguntur in Gurgures altos montes. Qui potissimum quæque pecudum pascatur, habenda ratio. Nec solum, quod fœno fit satura equa, aut bos, cum sues hoc vitent, et quærant glandem : sed quod ordeum, et faba interdum sit quibusdam objiciendum, et dandum bubus lupinum, et lactariis Medica, et cytisum. Præterea quod ante admissuram diebus XXX arietibus, ac tauris datur plus cibi, ut vires habeant : fœminis bubus demitur, quod macescentes melius concipere dicuntur. Secunda pars est de fœtura. Nunc appello fœturam a conceptu ad partum : hi enim prægnationis primi et extremi fines. Quare primum videndum de admissione, quo quæque tempore ut ineant facere oporteat. Nam, ut suillo pecori a favonio ad æquinoctium vernum putant aptum, sic ovillo ab Arcturi occasu, usque ad Aquilæ occasum. Præterea habenda ratio, quanto ante quam incipiat admissura fieri, mares a fœminis secretos habeant : quod fere in omnibus binis mensibus ante faciunt et armentarii, et opiliones. Altera pars est in fœtura, quæ sint observanda, quod alia alio tempore parere solet. Equa enim ventrem fert XII menses, vacca decem, ovis et capra quinque, sus quatuor. In fœtura res incredibilis est in Hispania, sed est vera, quod in Lusitania ad oceanum in ea regione, ubi est oppidum Olysippo, monte Tagro, quædam e vento certo tempore concipiunt equæ, ut hic gallinæ quo-

aux poules dont les œufs sont appelés ὑπηνέμιος (conçus du vent); mais les poulains conçus de cette manière ne vivent pas plus de trois ans. Quant aux petits qui viennent à terme, ou après, il faut les nettoyer et les faire lever avec précaution, de crainte qu'ils ne soient (pendant la nuit) écrasés sous la mère. Les agneaux qui naissent après terme, et qui ont conséquemment séjourné plus que le temps normal dans les flancs de la mère, s'appellent *chordi*, mot dérivé de χόριον (arrière-faix). La troisième partie, la formation des élèves consiste à examiner combien durera, à quelles heures, et en quel lieu se fera l'allaitement des petits; et si la mère manque de lait, à leur donner une nourrice. Les élèves qu'on fait de cette façon sont appelés *subrumi*, ce qui veut dire, sous la mamelle. *Rumis* était, à ce que je crois, l'ancien mot usité pour exprimer mamelle. On sèvre ordinairement les agneaux au bout de quatre mois, les boucs au bout de trois, et les porcs au bout de deux mois. Comme à cet âge ces derniers sont assez purs pour pouvoir être offerts en sacrifice, on les appelait autrefois *sacres* (sacrés); c'est à eux que Plaute fait allusion, lorsqu'il dit : Combien coûtent les porcs sacrés? On appelle dans le même sens *opimi* les bœufs d'engrais que l'on destine aux sacrifices publics. La quatrième partie concerne le régime sanitaire, matière aussi importante que complexe; car une bête malade peut vicier tout un troupeau, et d'un mal individuel faire un désastre général. Il faut distinguer deux sortes de maladies : celles qui, de même que les maladies des hommes, réclament la présence du médecin; et celles qui, pour leur guérison, ne demandent que les soins du pâtre. Cette partie en renferme trois autres :

savoir, les causes des maladies, les symptômes qui les annoncent, et le traitement qu'il faut appliquer à chacune. En général, les maladies du bétail ont pour cause l'excès du chaud ou du froid; quelquefois l'excès de travail ou son contraire, le manque d'exercice, ou bien encore l'inobservation d'un temps de repos, quand on les fait boire ou manger immédiatement après le travail. La présence d'une maladie se manifeste par des symptômes. Ceux de la fièvre occasionnée par l'excès de chaleur ou de froid sont : la bouche béante, la respiration entrecoupée : et le corps brûlant. Voici le traitement qu'il faut suivre dans ce cas : On baigne l'animal, on le frotte avec de l'huile et du vin tiède; on le met à la diète, on le couvre bien pour que le froid ne puisse l'atteindre, et on ne lui donne à boire que de l'eau qu'on a fait tiédir. Si ce traitement ne fait point d'effet, pratiquez une saignée; des veines de la tête surtout. Les autres maladies ont également des causes et des signes particuliers. Le pasteur en chef doit en avoir par écrit le détail circonstancié. Reste la question du nombre; neuvième subdivision, commune, ainsi que nous l'avons dit, aux deux premières. Lorsqu'on veut élever des bestiaux, il importe avant tout d'en fixer les quantités, d'examiner combien de troupeaux le fonds comporte, et de combien de têtes chacun doit se composer, afin de n'avoir en terrains ni déficit ni superflu; car il y a perte dans les deux cas. Il faudra de plus, pour chaque troupeau, avoir des notes exactes du nombre des brebis en état de porter, de celui des béliers, de leurs petits mâles et femelles, et enfin des bêtes de rebut, dont il faut se défaire. Quand une mère a trop de nourrissons, certains pâtres lui en reti-

---

que solent, quarum ova ὑπηνέμια appellant. Sed ex his equis, qui nati pulli, non plus triennium vivunt. Quæ nata sunt matura, et chorda, ut pure et molliter stent, videndum, et ne obterantur. Dicuntur agni chordi, qui post tempus nascuntur, ac remanserunt in volvis intimis. Vocant χόριον, a quo chordi appellati. Tertia res est, de nutricatu quid observari oporteat, in quo, quot diebus matris sugant mammam, et id quo tempore, et ubi : et si parum habet lactis mater, ut subjiciat sub alterius mammam, qui appellantur subrumi, id est sub mamma. Antiquo enim vocabulo mamma rumis, ut opinor. Fere ad quatuor menses a mamma non dijunguntur agni, hœdi tres, porci duo; e queis, quom puri sunt ad sacrificium, ut immolentur, olim appellati sacres, quos appellat Plautus, cum ait : Quanti sunt porci sacres? sic boves altiles, ad sacrificia publica saginati, dicuntur opimi. Quarta pars est de sanitate : res multiplex, ac necessaria; quod morbosum pecus, et vitiosum, et quando non valet, sæpe magna gregem afficit calamitate. Cujus scientiæ genera duo : unum ut in homine, ad quem adhibendi medici; alterum, quo ipse etiam pastor diligens mederi possit. Ejus partes sunt tres; nam animadvertendum, quæ cujusque morbi sint causæ, quæque signa earum causarum

sint, et quæ quemque morbum ratio curandi sequi debeat. Fere morborum causæ erunt, quod laborant propter æstus, aut propter frigora, nec non etiam propter nimium laborem, aut contra, propter nullam exercitationem, aut si cum exercueris, statim sine intervallo cibum aut potionem dederis. Signa autem sunt, ut eorum, qui sive ex æstu, sive a labore febrem habent, adapertum os, humido spiritu crebro, et corpore calido. Curatio autem, cum hic est morbus, hæc. Perfunditur aqua, et perungitur oleo et vino tepefacto, et item cibo sustinetur, et injicitur aliquid ne frigus cædat, sitienti aqua tepida datur. Si hoc genus rebus non proficitur, demitur sanguis, maxime e capite. Item ad alios morbos aliæ causæ, etiam alia signa in omni pecore, quæ scripta habere oportet magistrum pecoris. Relinquitur nonum, quod dixi, de numero, utriusque partis commune. Nam et qui parat pecus, necesse est constituat numerum, quot greges, et quantos sit pasturus, ne aut saltus desint, aut supersint, et ideo fructus dispereant. Præterea scire oportet in grege quot fœminas habeat, quæ parere possunt, quot arietes, quot utriusque generis soboles, quot rejiculæ sint alienandæ. In alimoniis, si sunt plures nati, ut quidam faciunt, sequendum, ut

rent. Imitez-les. Ce qui reste profite mieux. Prenez-y garde, dit Atticus. Il y a dans vos catégories quelque chose qui cloche, qui cadre mal avec vos définitions de gros et petit bétail. Essayez, par exemple, d'appliquer vos neuf divisions aux chapitres des pasteurs et des mulets : vos principes sur l'accouplement et la gestation y feraient une belle figure! Passe pour les chiens, à qui ces notions sont du moins applicables. Je vous concède même les pasteurs, parce qu'on leur permet dans les fermes, et même dans leurs stations d'été, d'avoir des femmes avec eux. L'on gagne à cela de les attacher davantage à leurs troupeaux, et d'obtenir des naissances un accroissement de son domestique ; ce qui fait fructifier l'exploitation. Cette multiplication de neuf par neuf, repris-je, peut bien n'être pas tout à fait rigoureuse. C'est une façon de parler, comme on dit les mille vaisseaux de l'expédition de Troie, le tribunal des *centumvirs* (des cent juges) à Rome. Il n'y a qu'à retrancher, en ce qui concerne les mulets, les deux parties relatives à la conception et à la gestation. Du mulet? s'écria Vaccius. Est-ce qu'on n'a pas vu à Rome des mules porter et mettre bas? Je m'empressai de chanter sur le même ton, en citant un passage de Magon et un de Dionysius, où il est dit que la gestation est d'un an chez les juments et les mules. Or, si c'est un prodige en Italie, ajoutai-je, comment ailleurs la chose est-elle trouvée toute naturelle? N'est-il pas vrai que les hirondelles et les cigognes, qui produisent en Italie, ne pondent point en d'autres contrées? Ignorez-vous encore que le palmier-datte, qui donne des fruits en Syrie et en Judée, ne rapporte pas en Italie? Allons, dit alors Scrofa, si vous tenez absolument à avoir nos quatre-vingt-une divisions complètes, abstraction faite de la faculté reproductive des mulets, nous avons de quoi remplir la double lacune. Il est en effet deux espèces de produits qu'on tire par surcroît des troupeaux, et qui constituent deux nouveaux sujets de considérations supplémentaires. L'un de ces produits provient de la tonte qu'on fait aux brebis et aux chèvres, en coupant ou arrachant leur toison. L'autre, plus généralement pratiqué, consiste dans le lait et le fromage. Les Grecs ont honoré cette matière d'un nom particulier, τυροποιία (fabrication des fromages) et leurs auteurs en ont beaucoup parlé.

II. Voilà ma tâche accomplie; j'ai posé les questions et leurs limites : à votre tour, célèbres Épirotes. Développez devant nous chaque division de la matière, et voyons un peu quelle est la portée des pasteurs de Pergame et de Malède. Alors Atticus, dont le nom de famille était encore T. Pomponius, et qui s'appelle, Cécilius Atticus aujourd'hui, prit la parole et dit : Je vois bien que c'est à moi de parler le premier, puisque vous semblez me désigner des yeux. Je traiterai donc des troupeaux que j'appelle, d'après vous, primitifs. Vous venez de nous dire en effet que, parmi ces animaux sauvages, les brebis furent les premières dont l'homme se soit emparé, qu'il ait apprivoisées. Il faut avant tout n'acheter que de bonnes brebis : elles sont réputées telles quant à l'âge, lorsqu'elles ne sont ni trop vieilles, ni trop jeunes. Les unes ne sont pas actuellement, les autres ne sont plus de rapport. Préférez cependant l'âge où le produit est en expectative, à celui qui n'a d'avenir que la mort. Voici les conditions quant aux formes extérieures des

---

quosdam subducas. Quæ res facere solet, ut reliqui melius crescant. Vide, inquit Atticus, ne te fallat, et novenæ istæ partes non exeant extra pecoris minoris ac majoris nomen. Quo pacto enim erunt in mulis et pastoribus novenæ partes, ubi nec admissuræ, nec fœturæ observantur? In canibus enim video posse dici. Sed do etiam in hominibus posse novenarium retineri numerum, quod in hibernis habent in villis mulieres, quidam etiam in æstivis, et id pertinere putant, quo facilius ad greges pastores retineant, et puerperio familiam faciant majorem, et rem pecuariam fructuosiorem. Si, *inquam*, numerus non est, ut sit ad amussim, ut non est, cum dicimus mille naves iisse ad Troiam, centumvirale esse judicium Romæ: deme (si vis) duas res de mulis, admissuram et parturam. Vaccius : Parturam, inquit? proinde ut non aliquoties dicatur Romæ peperisse mulam. Cui *ego* ut succinerem, subjicio, Magonem et Dionysium scribere, mulam et equam, cum conceperint, duodecimo mense parere. Quare non, si hic in Italia cum peperit mula sit portentum, adsentiri omnes terras. Neque enim hirundines et ciconiæ, quæ in Italia pariunt, in omnibus terris pariunt. Non scitis palmulas caryotas in Syria parere in Judæa, in Italia non posse? Sed Scrofa : Si exigere mavis sine mularum fœtura et nutricatu numerum octoginta et unum, est qui expleas duplicem istam lacunam : quod extraordinariæ fructuum species duæ accedunt magnæ. Quarum una est tonsura, quod oves ac capras detondent, aut vellunt : altera, quæ latius patet, est de lacte et caseo, quam scriptores græci separatim τυροποιίαν appellaverunt ac scripserunt de ea re permulta.

II. Sed quoniam nos nostrum pensum absolvimus, ac limitata est pecuaria quæstio : nunc rursus vos reddite nobis, o Epeirotæ, de una quaque re, ut videamus, quid pastores a Pergamide, Maledove potis sint. Atticus, qui tunc T. Pomponius, nunc Q. Cæcilius cognomine eodem : Ego opinor, inquit, incipiam primus, quoniam in me videre conjecisse oculos : et dicam de primigenia pecuaria. E feris enim pecudibus primum dicis oves comprehensas ab hominibus, ac mansuefactas. Has primum oportet bonas emere. Quæ ita (cognoscuntur) ab ætate, si neque vetulæ sunt, neque meræ agnæ : quod alteræ jam nondum, alteræ jam non possunt dare fructum. Sed ea melior ætas, quam sequitur spes, quam ea quam mors. De forma, ovem esse oportet corpore amplo, quæ lana multa sit et molli, villis altis, et densis toto corpore, maxime circum cervicem et collum, ventrem quoque ut habeat pilo-

brebis: grande taille, laine abondante et soyeuse, et touffue par tout le corps, mais principalement vers la tête et autour du cou ; le dessous du ventre bien fourni. Nos ancêtres nommaient *apicæ* les brebis au ventre dégarni, et les mettaient au rebut. Ayez soin qu'elles soient basses sur jambes, et à queue longue, si elles sont de race italienne ; à queue courte, si elles sont originaires de Syrie. Le premier point à constater, c'est la qualité de la race ; il y a deux moyens d'en juger. En premier lieu, le bélier a-t-il le front bien garni, les cornes torses tendant à se réunir vers le museau, l'œil roux, les oreilles fournies, beaucoup d'ampleur de poitrine, d'épaules et de croupe, une longue et large queue ? En second lieu, les agneaux issus de lui sont-ils de belle venue ? Il faut voir encore si le bélier a la langue noire ou mouchetée, car les agneaux qu'il produira seront respectivement de laine noire ou mouchetée. Quant à l'achat, les formes en sont réglées par la loi, dont les dispositions sont plus ou moins modifiées par la coutume des lieux. Quelques-uns, en fixant un prix par tête, stipulent que deux agneaux choisis (venus après terme), ou deux brebis éventées, ne seront comptés que pour un. On se sert d'ailleurs pour cette espèce de transaction d'une forme traditionnelle, que voici : L'acheteur dit au vendeur : « Me les vendez-vous pour tant ? » et, après réponse affirmative et engagement de l'acheteur d'en payer le prix, ce dernier ajoute, suivant la teneur de la formule : « Me garantissez-vous loya-
« lement que ces brebis sont saines, selon les
« conditions requises pour cette espèce de bétail,
« qu'il n'en est aucune de borgne, sourde, ni
« de pelée sous le ventre, ou qui provienne de
« troupeau malade ; et que j'en serai bien dû-
« ment propriétaire ? » Ces formalités accomplies, le troupeau n'est encore considéré comme ayant changé de maître, qu'après le recensement ; mais elles suffisent, d'après la législation, de contrats pour qu'acheteur ou vendeur puissent être judiciairement contraints, le premier à livrer même avant d'avoir reçu le prix ; le second, à payer ledit prix. Je vais traiter maintenant des quatre autres parties : de l'alimentation, de la propagation, de l'éducation des jeunes, et de l'état sanitaire. Le premier soin est de bien pourvoir à la nourriture des brebis, autant au dedans qu'au dehors. Les étables devront être bien situées, à l'abri du vent, et tournées au levant plutôt qu'au midi. Le sol en devra être uni, et de plan incliné, afin d'être facilement balayé et tenu propre ; car, dans l'humidité, la laine des brebis s'altère, la corne de leurs pieds se pourrit, et inévitablement les bêtes deviennent galeuses. Le feuillage de leur litière doit être renouvelé au bout de quelques jours, pour leur procurer un coucher plus doux et plus propre : elles n'en mangent que mieux. Il faut encore séparer du reste par des cloisons les brebis malades, ou prêtes de mettre bas : cette précaution n'est guère praticable qu'aux troupeaux qui séjournent dans les fermes. Mais dans les bois et loin des habitations on aura soin de se prémunir de claies, filets, et autres ustensiles propres à construire des parcs d'isolement. Le pacage des troupeaux exige des excursions tellement lointaines, qu'il y a quelquefois plusieurs milles entre les stations d'été et celles d'hiver. Qui le sait mieux que moi ? disje ; car j'ai des troupeaux qui paissent l'hiver en Apulie, et l'été sur la montagne de Réate. Le

---

sum. Itaque quæ id non haberent, majores nostri apicas appellabant, ac rejiciebant. Esse oportet cruribus humilibus, caudis observare ut sint in Italia prolixis, in Syria brevibus. In primis videndum, ut boni seminis pecus habeas. Id fere ex duabus rebus potest animadverti, ex forma, et progenie. Ex forma, si arietes sint fronte lana vestiti bene, tortis cornibus pronis ad rostrum, ravis oculis, lana opertis auribus, amplo pectore, scapulis et clunibus latis, cauda lata et longa. Animadvertendum quoque linguane nigra, aut varia sit, quod fere qui eam habent, nigros aut varios procreant agnos. Ex progenie autem animadvertitur, si agnos procreant formosos. In emtionibus jure utimur eo, quod lex præscripsit. In ea enim alii plura, alii pauciora excipiunt. Quidam enim pretio facto in singulas oves, ut agni chordi duo pro una ove annumerentur, et si cui vetustate dentes absunt, item binæ pro singulis ut procedant. De reliquo antiqua fere formula utuntur. Cum emtor dixit : Tanti sunt mi emtæ ? et ille respondit : Sunt, et expromisit nummos : emtor stipulatur prisca formula sic : Illasce oves, qua de re agitur, sanas recte esse, uti pecus ovillum, quod lex præscripsit sanum est, extra luscam, surdam, minam, (id est, ventre glabro,) neque de pecore morboso esse, habereque recte licere, hæc sic recte fieri spondesne ? Cum id factum est, tamen grex dominum non mutavit, nisi si est adnumeratum. Nec non emptor pote ex emto vendito illum damnare, si non tradet, quamvis non solverit numos : ut ille emtorem simili judicio, si non reddit pretium. De alteris quatuor rebus deinceps dicam, de pastione, fœtura, nutricatu, sanitate. Primum providendum, ut totum annum recte pascantur intus, et foris. Stabula idoneo loco ut sint : ne ventosa : quæ spectent magis ad orientem, quam ad meridianum (tempus.) ubi stent, solum oportet esse eruderatum, et proclivum, ut everri facile possit, ac fieri purum. Non enim solum ea uligo lanam corrumpit ovium, sed etiam ungulas, ac scabras fieri cogit. Cum aliquot dies steterint, subjicere oportet virgulta alia, quo mollius requiescant, purioresque sint. Libentius enim ita pascuntur. Faciendum quoque septa secreta ab aliis, quo incientes secludere possis, item quo corpore ægro. Hæc magis ad villaticos greges animadvertenda. Contra illi in saltibus qui pascuntur, et a tectis absunt longe, portant secum crates, aut retia, quibus cohortes in solitudine faciant, cæteraque utensilia. Longe enim et late in diversis locis pasci solent, ut multa millia absint sæpe hibernæ pastiones ab æstivis. Ego vero scio, *inquam*, nam mihi greges in Appulia hibernabant, qui

sentier, *calles publica*, chemin réservé aux troupeaux, qui relie ces deux stations ensemble, pourrait être assimilé à un joug, aux extrémités duquel sont assujettis deux paniers qu'on veut porter ensemble.

Quand on fait paître les brebis sans changer de contrée, il y a, suivant les saisons, des distinctions à faire dans les heures de la journée. L'été, c'est au point du jour qu'on mène le troupeau au pâturage. L'herbe, alors humide de rosée, est bien plus savoureuse qu'à l'heure de midi, où la chaleur l'a desséchée. Quand le soleil a paru, c'est le moment de le conduire à l'abreuvoir : il retourne, après, plus gaillard à la pâture. Vers midi on le met à l'ombre sous des rochers ou des arbres touffus, en attendant que la grande ardeur soit passée. Puis aux approches de la soirée, quand l'air est rafraîchi, on le fait paître de nouveau jusqu'au coucher du soleil. On aura soin qu'il aie toujours les rayons à dos, car les moutons ont la tête d'une sensibilité extrême. Le soleil couché, après un intervalle de repos, on fait encore boire ses bêtes, et paître de nouveau jusqu'à nuit fermée, parce qu'alors l'herbe aura repris la saveur du matin. Cette pratique doit s'observer scrupuleusement depuis le lever des Pléiades jusqu'à l'équinoxe de l'automne. Dans un champ récemment moissonné, la présence d'un troupeau est doublement avantageuse. Il s'engraisse des épis tombés; et, par le fumier qu'il y dépose, mêlé à la paille broyée sous ses pieds, la terre se trouve tout amendée pour une récolte à venir. Le régime de pacage pour l'hiver et le printemps offre les différences que voici. On mène au pâturage les brebis à l'heure où les frimats de la nuit ont disparu, et on les y laisse tout le jour, ne les faisant boire qu'une fois vers l'heure de midi. C'est à peu près là tout ce qu'on peut dire touchant l'alimentation des brebis. Je passe à la propagation de l'espèce. Il faut, deux mois à l'avance, séparer le bélier étalon du reste du troupeau, et le nourrir plus largement que de coutume. Le soir, au retour du pâturage, mettez devant lui une ration d'orge : il en aura plus de force, et supportera mieux les fatigues de son rôle. Le véritable moment de la monte est depuis le coucher de l'Arcture jusqu'à celui de l'Aigle : tout agneau conçu plus tard est chétif et grêle. La brebis porte cent cinquante jours, et conséquemment mettra bas à la fin de l'automne, époque où la température est assez douce, et où l'herbe, renouvelée par les premières pluies, commence à sortir de la terre. Pendant tout le temps de la monte les brebis ne doivent boire qu'à la même source; un changement d'eau ne manquerait pas d'altérer leur laine et de nuire à leur fruit. Sitôt que toutes les brebis sont pleines, de nouveau on les sépare des béliers, dont l'importunité ne leur est plus que nuisible. Ne souffrez jamais qu'elles subissent le mâle avant l'âge de deux ans : plus tôt, elles ne donnent que des agneaux imparfaits, et elles-mêmes s'épuisent. L'âge de trois ans va encore mieux pour produire. Pour empêcher les approches du bélier, on enferme aux brebis les parties sexuelles dans de petits paniers de joncs, ou de toute autre matière; mais le meilleur préservatif, c'est de faire paître séparément mâles et femelles. J'arrive maintenant à l'éducation. Quand les brebis sont prêtes à mettre bas, on les fait entrer dans des étables réservées à cet effet. Là on tient les nouveau-nés près du feu deux ou trois jours, au bout des-

---

in Reatinis montibus æstivabant. Cum inter hæc bina loca, ut jugum continet sirpiculos, sic calles publicæ distantes pastiones; casque ibi, ubi pascuntur in eadem regione, tamen temporibus distingunt, ut æstate, quod cum prima luce exeunt pastum, propterea quod tunc herba roscida meridianam, quæ est aridior, jucunditate præstat : sole exorto potum propellunt, ut redintegrantes rursus ad pastum alacriores faciant. Circiter meridianos æstus, dum defervescant, sub umbriferas rupes, et arbores patulas subjiciunt, quoad refrigeratur aer, et vespertino rursus pascunt ad solis occasum. Ita pascere pecus oportet, ut averso sole agat. Caput enim maxime ovis molle est. Ab occasu parvo intervallo interposito ad bibendum appellunt, et rursus pascunt, quoad contenebravit. Iterum enim tum jucunditas in herba redintegrabit. Hæc ab vergiliarum exortu ad æquinoctium autumnale maxime observant. Quibus in locis messes sunt factæ, inigere est utile duplici de causa, quod et caduca spica saturantur, et obtritis stramentis, et stercoratione faciunt in annum segetes meliores. Reliquæ pastiones hiberno ac verno tempore hoc mutant, quod pruina jam exhalata, propellunt in pabulum, et pascunt diem totum, ac meridiano tempore semel agere potum satis habent. Quod ad pastiones attinet, hæc fere sunt : quod ad fœturam, quæ dicam. Arietes, quibus sis usurus ad fœturam, bimestri tempore ante secernendum, et largius pabulo explendum. Cum redierunt ad stabula e pastu, ordeum si est datum, firmiores fiunt ad laborem sustinendum. Tempus optimum ad admittendum ab Arcturi occasu ad Aquilæ occasum, quod quæ postea concipiuntur, fiunt vegrandes, atque imbecillæ. Ovis prægnans est diebus cL. Itaque fit partus exitu autumnali, cum aer est modice temperatus, et primitus oritur herba imbribus primoribus evocata. Quamdiu admissura fit, eadem aqua uti oportet, quod commutatio et lanam facit variam, et corrumpit uterum. Cum omnes conceperunt, rursus arietes secernendi : ita factis prægnantibus quod (si) sunt molesti, obsunt. Neque pati oportet minores, quam bimas saliri, quod neque natum ex his idoneum est, neque non ipsæ fiunt (etiam) deteriores : et non meliores, quam trimæ admissæ. Deterrent ab saliendo fiscellis e junco, aliave qua re, quod alligant ad naturam. Commodius servantur, si secretas pascunt. In nutricatu cum parere cœperunt, inigunt in stabula ea, quæ habent ad eam rem seclusa, ibique nata recentia ad ignem prope ponunt, quoad convaluerunt, biduum aut triduum retinent; dum agnoscant matrem agni, et pabulo

quels ils sont en état de reconnaître leur mère, et de manger seuls. Les mères brebis sont en état d'aller paître avec le reste du troupeau : on retient les petits à l'étable, pour les faire téter le soir, au retour. Puis on les met de nouveau à part, de crainte qu'ils ne soient foulés aux pieds pendant la nuit. Le matin, avant de conduire les mères au pâturage, on fait encore téter les agneaux, afin qu'ils soient allaités pour toute la journée. Au bout de dix jours environ, on les attache, avec des écorces d'arbres ou quelques autres liens légers, à des pieux plantés à quelque distance les uns des autres, de crainte qu'en courant çà et là tout le jour, ils ne fassent injure à leurs faibles membres. S'ils ne cherchent pas le pis d'eux-mêmes, il faut les en approcher, en leur frottant les lèvres de beurre ou de saindoux, et en leur faisant ensuite flairer le lait quelque temps. Après on mettra devant eux de la vesce moulue, ou de l'herbe tendre, le matin avant le pâturage, et le soir au retour. On continuera ce régime jusqu'au quatrième mois inclusivement : quelques-uns s'abstiennent de tirer leurs brebis pendant ce temps, mais il vaut mieux ne point discontinuer de les traire : les laines n'en sont que plus belles et les bêtes que plus fécondes. Lorsqu'on sèvre les agneaux, il y a des soins à prendre pour les empêcher de dépérir par envie de téter. Il faut les affriander par un choix de nourriture, et veiller à ce qu'ils ne souffrent jamais du froid ou du chaud. Quand ce besoin a cessé de se faire sentir, alors laissez-les se mêler avec le reste du troupeau. On ne châtre les agneaux qu'à l'âge de cinq mois, en choisissant, pour cette opération, une température moyenne. En fait de bélier, il faut choisir de préférence, pour élever, ceux dont les mères font habituellement deux agneaux d'une seule portée. Les recommandations sont pour la plupart applicables à l'espèce qu'on appelle *pellita*, à cause des peaux dont on l'enveloppe ; précaution que l'on prend pour les brebis d'Attique et de Tarente, afin de mieux conserver la finesse de leur laine, et faire qu'elle se tonde, lave et teigne mieux. Les étables et mangeoires exigent également plus de soin, de propreté que celles des brebis à grosse laine. Le sol en doit être pavé, afin que l'urine n'y séjourne point. Les brebis ne refusent aucune nourriture ; paille, feuilles de figuiers, feuilles de vigne. On peut aussi leur donner du son, mais par mesure réglée, pour qu'elles n'en aient ni trop ni trop peu ; car l'un ou l'autre excès en fait un aliment contraire. Le cytise et la cyzeine sont ce qui leur convient le mieux. Cette nourriture les engraisse, et leur donne du lait en abondance. Quant à l'état sanitaire, il y aurait beaucoup à dire ; mais, je le répète, celui qui a charge de troupeau devra avoir par écrit, dans un livre, tout ce qui concerne ce sujet, et porter avec lui sa pharmacie. Reste à déterminer le nombre de têtes d'un troupeau : c'est tantôt plus, tantôt moins. Il n'y a pas là-dessus de règle positive. En Épire, on confie d'ordinaire cent brebis à grosses laines à un seul berger ; et l'on a deux bergers pour le même nombre de chèvres.

III. Cossinius prenant alors la parole : Allons, mon cher Faustulus, dit-il, assez bêlé comme cela. C'est à mon tour ; permettez-moi de vous parler des chèvres avec le Mélanthius d'Homère, et prenez en même temps une leçon de brièveté. Pour former un troupeau de chèvres, il faut les choisir avant tout d'âge à produire, et à pro-

se saturent. Deinde dum matres cum grege pastum prodeunt, retinent agnos, ad quos cum reductæ ad vesperum, aluntur lacte, et rursus discernuntur, ne noctu a matribus conculcentur. Hoc item faciunt mane ante quam matres in pabulum exeant, ut agni satulli fiant lacte. Circiter decem dies cum præterierunt, palos offigunt, et ad eos alligant libro, aut qua alia re levi distantes, ne toto die cursantes inter se teneri delibent aliquid membrorum. Si ad matris mammam non accedat, admovere oportet, et labra agni unguere butyro aut adipe suilla, et olfacere labra lacte. Diebus post paucis objicere his viciam molitam, aut herbam teneram, ante quam exeunt pastum, et cum reverterunt. Et sic nutricantur quoad facti sunt quadrimestres. Interea matres eorum his temporibus non mulgent quidam, melius qui omnino perpetuo, quod et lanæ plus ferunt, et agnos plures. Cum depulsi sunt agni a matribus, diligentia adhibenda est, ne desiderio senescant. Itaque deliniendum in nutricatu pabuli bonitate : et a frigore et æstu ne quid laborent, curandum. Cum oblivione jam lactis non desiderant matrem, tum denique compellendum in gregem ovium. Castrare oportet agnum non minorem quinque mensium, neque ante quam calores aut frigora se fregerunt. Quos arietes submittere volunt, potissimum eligunt ex matribus, quæ geminos parere solent. Pleraque similiter faciendum in ovibus pellitis, quæ propter lanæ bonitatem, ut sunt Tarentinæ et Atticæ, pellibus integuntur, ne lana inquinetur, quo minus vel infici recte possit vellus, vel lavari ac putari. Harum præsepia ac stabula ut sint pura, majorem adhibent diligentiam, quam hirtis. Itaque faciunt lapide strata, ut urina necubi in stabulo consistat. His quæcunque jubentur, vescuntur, ut folia ficulnea, et palea, et vinaceæ. Furfures objiciuntur modice, ne parum, aut nimium saturentur. Utrumque enim ad corpus alendum inimicum. At maxime amicum cytisum, et Medica. Nam et pingues facit facillime, et genit lac. De sanitate sunt multa, sed ea (ut dixi) in libro scripta magister pecoris habet : et quæ opus ad medendum, portat secum. Relinquitur de numero, quem faciunt alii majorem, alii minorem. Nulli enim hujus moduli naturales. Illud fere omnes in Epeiro facimus, ne minus habeamus in centenas oves hirtas singulos homines : in capras binos.

III. Cui Cossinius : Quoniam satis balasti, inquit, O Faustule noster, accipe a me cum Homerico Melanthio chordo de capellis, et quemadmodum oporteat breviter dicere, disce. Qui caprinum gregem constituere vult, in

duire le plus longtemps possible. Il les faut donc plutôt jeunes que vieilles. Quant aux conditions extérieures, prenez des bêtes grandes et fortes, qui aient la taille effilée et la toison épaisse, à moins que ce ne soit de l'espèce à poil ras; car l'une et l'autre existe. Elles devront en outre avoir sous le museau deux excroissances de chair : c'est un signe de fécondité. Plus la chèvre a les mamelles grosses, plus elle a de lait, et plus son lait a de consistance. Les indices de qualité supérieure chez le bouc sont le poil blanc, la tête et le cou ramassés, et l'épiglotte allongée. On forme un meilleur troupeau par achat en bloc d'animaux habitués à être ensemble, qu'en allant les recruter de côté et d'autre. Je m'en réfère, quant à la race, à ce qu'Atticus vient de dire touchant celle des brebis : avec cette différence toutefois que la première espèce est dans ses habitudes aussi calme que l'autre est remuante. Voici ce que dit Caton, dans ses Origines, de sa singulière agilité : « Sur les monts de Soracte et Fiscella on voit des chèvres sauvages sauter de rochers en rochers, franchissant un intervalle de soixante pieds et plus. » Nos brebis et nos chèvres domestiques ont une origine sauvage. C'est de ces dernières que l'île de Caprée, sur les côtes d'Italie, tire son nom. Comme les chèvres qui donnent deux petits à la fois sont sans contredit d'une meilleure race que les autres, les mâles qui en proviennent doivent être destinés de préférence à la propagation de l'espèce. Quelques personnes tiennent à se procurer des chèvres de l'île de Média, qui passe pour fournir les plus beaux sujets de l'espèce. En ce qui concerne les achats, on devrait, selon moi, s'écarter un peu de la formule ordinaire; car affirmer que des chèvres sont saines, c'est ce que nulle personne d'esprit sain ne peut faire entendre, puisque cet animal n'est jamais sans fièvre. Il y a donc quelques mots à retrancher aux termes généraux du contrat, et c'est le sens de la rédaction que Manilius nous en donne dans ses livres : « Me répondez-vous que ces chèvres sont aujourd'hui en bon état, qu'elles boivent, et qu'elles sont bien et dûment ma propriété ? » De subtils physiologistes prétendent, et c'est un fait consigné dans les écrits d'Archélaüs, que les chèvres ne respirent pas, comme le reste des animaux, par les narines, et que chez elles cette fonction se fait par l'oreille. Quant à l'entretien, ce qui forme la première partie du second ordre de considérations, voici ce que j'ai à en dire : L'exposition convenable pour les étables à chèvres est le levant d'hiver; car ces animaux sont très-sensibles au froid. Comme pour le bétail en général, le sol de ces étables sera pavé de pierres ou de briques, afin qu'elles soient plus exemptes d'humidité et plus facilement tenues propres. On choisira la même exposition pour les parcs où les chèvres stationnent la nuit dans les lointains pâturages, et le sol en devra être couvert d'une litière de feuillage. Du reste, ce qu'on vient de dire sur le régime alimentaire de la race ovine est également applicable aux chèvres, si ce n'est qu'elles aiment mieux gravir des hauteurs boisées que paître de plain pied dans les prairies. Elles broutent avec une prédilection marquée les pousses d'arbrisseaux sauvages, et s'attaquent volontiers aux plans cultivés : d'où est venu le nom de *capra* (chèvre), dérivé de *carpere* (cueillir). Aussi, dans les baux de location, stipule-t-on d'ordinaire l'interdiction de faire paître les chèvres, dont la dent est fatale aux plantations. Et les astronomes n'admettent cet animal dans le ciel qu'en dehors

eligendo animadvertat oportet, primum ætatem, ut eam paret, quæ jam ferre possit fructum, et de iis eam potius, quæ diutius : novella enim quam vetus utilior. De forma videndum, ut sint firmæ, magnæ, corpus lene ut habeant, crebro pilo, nisi si glabræ sunt. Duo enim genera earum. Sub rostra duas ut mammulas pensiles habeant : quod eæ fœcundiores sunt. Ubere sint grandiore, ut et lac multum, et pingue habeant pro portione. Hircus melior is et potissimum pilo albo, ac cervice et collo brevi, gurgulione longiore. Melior fit grex, si non est ex collectis comparatus, sed ex consuetis una. De seminio dico eadem, quæ Atticus in ovibus. Hoc aliter, ovium semen tardius esse, quo hæ sunt placidiores; contra caprile mobilius esse. De quarum velocitate in Originum libro Cato scribit hæc : In Sauracti, Fiscello capræ feræ sunt, quæ saliunt e saxo pedes plus sexagenos. Oves enim, quas pascimus, ortæ sunt ab ovibus feris, sic capræ, quas alimus, a capris feris sunt ortæ, a queis propter Italiam Caprasia insula est nominata. De capris quod meliore semine eæ, quæ bis pariant, ex his potissimum mares solent submitti ad admissuras. Quidam etiam dant operam, ut ex insula Media capras habeant, quod ibi maximi ac pulcherrimi existimantur fieri hædi. De emtione aliter dico atque fit, quod capras sanas sanus nemo promittit. Nunquam enim sine febri sunt. Itaque stipulantur paucis exceptis verbis : ac Mamilius scriptum reliquit sic : Illas capras hodie recte esse, et bibere posse, habereque recte licere, hæc spondesne? De quibus admirandum illud, quod etiam Archelaus scribit, non ut reliqua animalia naribus, sed auribus spiritum ducere solere pastores curiosiores aliquot dicunt. De alteris quidquid, quod est de pastu hoc dico. Stabulatur pecus melius ad hibernos exortus si spectat, quod est alsiosum. Id ut pleraque lapide, aut testa substerni oportet, caprile quo minus sit uliginosum, ac lutulentum. Foris cum est pernoctandum, item in eandem partem cæli quæ spectent, septa oportet substerni virgultis, ne oblinantur. Nec multo aliter tuendum hoc pecus in pastu, atque ovillum, quod tamen habet sua propria quædam, quod potius silvestribus saltibus delectantur, quam pratis. Studiose enim de agrestibus fruticibus pascuntur, atque in locis cultis virgulta carpunt : itaque a carpendo capræ nominatæ. Ob hoc in lege locationis fundi excipi solet, ne colonus capra natum in fundo pascat. Harum enim dentes inimici sationis, quas etiam astrologi ita rece-

du cercle aux douze signes (les deux Chevreaux et la Chèvre ne sont pas loin du Taureau). En ce qui concerne la propagation, les boucs destinés à la monte sont, comme les béliers, séparés quelque temps du troupeau, et on les présente aux chèvres à la fin de l'automne ; les femelles couvertes à cette époque mettent bas au bout de quatre mois, c'est-à-dire dans la saison du printemps. Touchant l'éducation des jeunes boucs, nous nous bornerons à faire remarquer qu'à l'âge de trois mois ils peuvent déjà faire partie du troupeau. Que pourrais-je dire de la santé de ce bétail, qui, en quelque sorte, n'est jamais sain? Toutefois celui qui a la charge du troupeau devrait avoir par écrit, dans son livre, des recettes pour certaines de leurs maladies, ainsi que pour guérir les blessures qu'elles se font en se battant, ou en paissant dans les buissons épineux. Reste à déterminer la force d'un troupeau. Elle doit être moindre pour les chèvres que pour les brebis. L'instinct des unes est de se disperser capricieusement et d'errer à l'aventure; celui des autres est de se réunir et de se masser en quelque sorte sur un même point. Aussi, dans la Gaule, préfère-t-on diviser les troupeaux de chèvres. Les grands troupeaux sont trop sujets à la contagion, et exercent de trop grands ravages; cinquante têtes sont censées suffire pour en former un. Et l'accident arrivé dernièrement à Galérius vient à l'appui de cette opinion : ce chevalier romain possède environ mille *jugera* de terre dans les environs de Rome. Il entend dire un jour à un berger qui amenait dix chèvres à la ville, qu'elles lui rapportaient chacune un denier par jour. Galérius aussitôt de se former un troupeau de mille chèvres, espérant ainsi retirer chaque jour mille deniers de son fonds. Mais il lui fallut en rabattre; car une maladie vint peu après enlever tout son troupeau. Cependant du côté de Sallence et de Casinum on a des troupeaux de cent têtes. La même divergence d'opinion se rencontre touchant le nombre des femelles que l'on peut faire couvrir par un même mâle. Quelques personnes, et je suis de ce nombre, comptent dix chèvres pour un bouc ; d'autres, comme Ménus, en comptent quinze ; d'autres, vingt, comme Murrius.

IV. Maintenant qu'un de nos porchers italiens entre en scène, et nous expose la théorie de son état : mais qui peut en parler plus pertinemment que l'homme qui a Scrofa (truie) pour surnom? Afin que vous le sachiez, dit alors Trémellius, vous et tous ceux qui m'écoutent, ce surnom n'est pas originaire dans ma famille, et je ne suis rien moins qu'un descendant d'Eumée. Le premier de nous qui l'ait porté est mon grand-père. Il était questeur de Licinius Nerva, préteur de Macédoine, et se trouvait commander l'armée en l'absence de ce dernier. Les ennemis, croyant l'occasion favorable pour un coup de main, entreprirent de forcer son camp. Mon grand-père, en exhortant les siens à courir aux armes et à faire une sortie contre les assaillants, se vanta de les repousser comme la truie chasse ses petits d'auprès d'elle. Il tint parole : l'ennemi fut battu et dispersé ; si bien que le préteur en recueillit le titre d'Imperator, et mon grand-père eut le surnom de Scrofa. Mais ni mon bisaïeul, ni aucun des Trémellius, ne l'ont porté antérieurement; et je ne suis pas moins que le septième préteur de ma famille. Ce n'est pas que je refuse de vous dire ce que je sais du bétail portant soies. Je me suis toujours

perunt in cælum, ut extra limbum xii signorum excluserint. [Sunt duo Hœdi, et Capra non longe a Tauro.] Quod ad fœturam pertinet, desistente autumno exigunt a grege in campos, hircos in caprilia, item ut in arietibus dictum. Quæ concepit, post quartum mensem reddit tempore verno. In nutricatu hœdi, trimestres cum sunt facti, tum submittuntur, et in grege incipiunt esse. Quid dicam de earum sanitate, quæ nunquam sunt sanæ? nisi tamen illud unum, quædam scripta habere magistros pecoris, quibus remediis utantur ad morbos quosdam earum, ac vulneratum corpus, quod usu venit iis sæpe, quod inter se cornibus pugnant, atque in spinosis locis pascuntur. Relinquitur de numero, qui in gregibus eis minor caprino, quam in ovillo, quod capræ lasciviæ, et quæ dispergant se. Contra oves, quæ se congregant et condensant in locum unum. Itaque in agro gallico greges plures potius faciunt, quam magnos, quod in magnis cito existat pestilentia, quæ ad perniciem eos perducat. Satis magnum gregem putant esse circiter quinquagenas. Quibus assentiri putant id, quod usu venit Gaberio equiti R. Is enim, cum in suburbano mille jugerum haberet, et a caprario quodam, qui adduxit capellas ad urbem x, sibi in dies singulos denarios (singulos) dare audisset, coegit mille caprarum, sperans se capturum de prædio in dies singulos denarium mille.

Tantum enim fefellit, ut brevi omnes amiserit morbo. Contra in Sallentinis et in Casinati ad centenas pascunt. De maribus et fœminis idem fere discrimen, ut alii ad denas capras singulos parent hircos, ut ego : alii etiam ad xv, ut Menas : nonnulli etiam, ut Murrius, ad viginti.

IV. Sed quis e porculatoribus italicis prodit, ac de suillo pecore expedit? tametsi Scrofam potissimum de ea re dicere oportere, cognomen ejus significat. Cui Tremellius : Ignorare, inquit, videre, cur appeller Scrofa. Itaque ut etiam hi propter te sciant, cognosce meam gentem suillam cognomen non habere, nec me esse ab Eumæo ortum. Avus meus primum appellatus est Scrofa, qui quæstor cum esset Licinio Nervæ prætori in Macedonia provincia relictus, ut præesset exercitui, dum prætor rediret, hostes arbitrati occasionem se habere victoriæ, impressionem facere cœperunt in castra. Avus, cum cohortaretur milites, ut caperent arma, atque exirent contra, dixit, celeriter se illos ut Scrofa porcos disjecturum. Id quod fecit. Nam eo prælio hostes ita fudit, ac fugavit, ut eo Nerva prætor Imperator sit appellatus, avus cognomen invenerit, ut diceretur Scrofa. Itaque proavus, de superiores, de Tremelliis nemo appellatus Scrofa; nec minus septimus sum deinceps prætorius in gente nostra. Nec tamen defugio, quin dicam quæ scio de suillo

beaucoup occupé d'agriculture, et conséquemment je ne puis être étranger à ce sujet, non plus que vous autres grands nourrisseurs de bestiaux. Quel cultivateur en effet n'a pas de porcs chez lui? et qui de nous n'a pas entendu dire à son père : « Bien insouciant ou bien peu économe, est celui qui tire de la boucherie et non de son fonds le lard de son garde-manger! » Pour avoir un troupeau de porcs dans une bonne condition, il faut que chaque bête qui le compose soit d'âge et de forme convenables. Par formes convenables on entend ampleur de membres, tête et pieds compris, et robe unicolore plutôt que bigarrée. Le verrat, avec ces mêmes qualités, doit avoir la tête particulièrement grosse. Les présomptions touchant la qualité de la race se forment sur l'aspect des animaux, leur progéniture et leur origine. Sur l'aspect, sont-ils verrat ou truie, la beauté relative de l'espèce; sur la progéniture, font-ils beaucoup de petits? sur l'origine; leur pays natal est-il réputé pour en produire de gros plutôt que de petits? Pour l'achat on se sert de la formule suivante : « Me répondez-vous que ces truies sont saines, que la propriété m'en est bien et dûment acquise, franche de toute répétition; et qu'enfin elles ne proviennent point de troupeau malade? Quelques personnes y ajoutent : « Et qu'elles ne sont pas atteintes de la fièvre ni de la diarrhée? » En fait de pâturages, ce sont les endroits marécageux qui conviennent à cette espèce de bétail, qui se plaît dans l'eau et même dans la fange. On dit que les loups, lorsqu'ils ont trouvé un porc, traînent cette proie jusqu'à ce qu'ils trouvent de l'eau, leurs dents ne pouvant supporter l'extrême chaleur de sa chair. Les porcs se repaissent surtout de glands, mais aussi de fèves, d'orge, et de toute autre espèce de grain. Cette nourriture non-seulement les engraisse, mais donne à leur chair un goût très-agréable. En été, on les mène paître le matin, et à midi on les fait stationner quelque part, où il y ait de l'ombrage et surtout de l'eau. Dans l'après-midi on les fait paître de nouveau lorsque la chaleur est tombée. Dans l'hiver le pâturage ne leur convient que lorsque la gelée blanche a disparu, et que la glace est fondue entièrement. On enferme deux mois à l'avance les verrats qu'on destine à la monte. L'époque la plus favorable pour l'accouplement est depuis Favonius jusqu'à l'équinoxe du printemps; car comme les truies portent quatre mois, elles mettront bas au moment où la terre abonde en pâturages. Il faut qu'elles aient un an avant d'être couvertes; et mieux serait d'attendre vingt mois, afin qu'elles aient deux ans à l'époque de mettre bas. La période de leur fécondité dure, dit-on, sept ans après la première portée. Pour les disposer à être saillies, on les mène dans des endroits humides et marécageux, où elles puissent se vautrer dans la fange, ce qui produit sur elles l'effet d'un bain pour l'homme. Quand toutes les truies sont pleines, on les sépare encore des verrats. Ces derniers commencent à saillir à huit mois, et cette faculté leur dure un an dans sa plénitude et va ensuite déclinant jusqu'à ce qu'ils ne soient plus bons qu'à en voyer au boucher, par qui leur chair est distribuée au peuple. Les Grecs appellent le porc ὖς; ils l'appelaient autrefois θῦς, dérivé du verbe θύειν, immoler, comme pour faire entendre que ces animaux ont été les premières victimes immolées aux autels des dieux. La coutume en a subsisté dans les mystères de Cérès, dans les solennités qui accompagnent la

---

pecore. Agri enim culturæ ab initio fui studiosus : nec de pecore suillo mihi et vobis, magnis pecuariis, ea res non est communis. Quis enim fundum colit nostrum, quin sues habeat, et qui non audierit patres nostros dicere, ignavum, et sumptuosum esse, qui succidiam in carnario suspenderit potius ab laniario, quam ex domestico fundo? Ergo qui suum gregem vult habere idoneum, eligere oportet primum bona ætate, secundo bona forma. Ea est, cum amplitudine membrorum, præterquam pedibus et capite, unicoloris potius quam varias. Cum hæc eadem ut habeant verres videndum, tum utique sint cervicibus amplis. Boni seminis sues animadvertuntur a facie, et progenie, et regione (cæli.) A facie, si formosi sunt verres, et scrofa. A progenie, si porcos multos pariunt. A regione, si potius ex his locis, ubi nascuntur, amplas quam exilis pararis. Emi solent sic : Illasce sues sanas esse, habereque recte licere, noxisque præstari, neque de pecore morboso esse, spondesne? Quidam adjiciunt perfunctas esse a febri, et a foria. In pastu locus huic pecori aptus uliginosus, quod delectatur non solum aqua, sed etiam luto. Itaque ob eam rem aiunt lupos cum sint nacti sues, trahere usque ad aquam, quod dentes fervorem carnis ferre nequeant. Hoc pecus alitur maxime glande, deinde faba, et ordeo, et cætero frumento. Quæ res non modo pinguitudinem efficiunt, sed etiam carnis jucundum saporem. Pastum exigunt æstate mane, et antequam æstus incipiat, (meridie) subigunt in umbrosum locum, maxime ubi aqua sit. Post meridiem rursus lenito fervore pascunt. Hiberno tempore non prius exigunt pastum, quam pruina evanuit, ac colliquefacta est glacies. Ad fœturam verres duobus mensibus ante secernendi. Optimum ad admissuram tempus a favonio ad æquinoctium vernum : ita enim contingit, ut æstate pariat. Quatuor enim menses est prægnans. Et tunc parit, cum pabulo abundat terra. Neque minores admittendæ quam anniculæ. Melius xx menses expectare, ut bimæ pariant. Cum cœperunt, id facere dicuntur usque ad septimum annum recte. Admissuras cum faciunt, prodigunt in lutosos limites ac lustra, ut volutentur in luto, quæ est illorum requies, ut lavatio hominis. Cum omnes conceperunt, rursus segregant verres. Verris octo mensium incipit salire : permanet, ut id recte facere possit, ad primum. Deinde it retro, quoad perveniat ad lanium. Hic enim conciliator suillæ carnis datus populo. Sus græce dicitur ὖς olim θῦς dictus, ab illo verbo quod dicunt θύειν, quod est immolare. Ab suillo enim genere pecoris im-

conclusion d'un traité de paix ; et la tradition nous en fait retrouver des vestiges dans les cérémonies de mariage des anciens rois et des hauts personnages d'Étrurie, dont le sacrifice d'un porc pour les nouveaux mariés, chacun de leur côté, était la cérémonie préalable. Le même usage existait chez les habitants du Latium, et dans les colonies grecques d'Italie. Le nom de *porcus* chez nous et celui de χοῖρος chez les Grecs est même encore employé par les femmes, les nourrices principalement, pour désigner les parties sexuelles d'une fille nubile. C'est une expression figurée de l'aptitude aux rites de l'hymen. On a dit que le porc était prédestiné par la nature à paraître sur nos tables, et qu'elle avait animé sa substance, comme l'homme la sale, dans ce seul but de conservation. La charcuterie des Gaules a toujours été renommée pour l'excellence et la quantité de ses produits. L'exportation considérable de jambons, de saucissons et autres confections de ce genre, qui se fait annuellement de ce pays à Rome, témoigne de leur supériorité comme goût. Voici en quels termes parle Caton de leur quantité : On voit en Italie des fosses à conserver le lard, qui contiennent jusqu'à trois et quatre mille pièces de lard gaulois. Le porc arrive quelquefois à un tel degré d'embonpoint qu'il ne peut plus marcher ni même se tenir sur ses pattes, et qu'il faut le transporter en charrette. Attilius, Espagnol aussi instruit que digne de foi, parle d'un porc tué en Lusitanie dans l'Espagne citérieure, dont le sénateur L. Volumnius reçut deux côtes avec une très-petite partie de filet, le tout pesant vingt-trois livres. Le groin de l'animal, depuis le cou jusqu'au boutoir, avait, disait-il, un pied et trois doigts de longueur. Voici, dis-je,

un fait qui n'est pas moins curieux, et dont j'ai été témoin oculaire. En Arcadie une truie avait tellement engraissé, qu'elle ne pouvait plus se lever ; si bien qu'une souris avait fait un trou dans sa chair et s'y était mise en gésine. La même chose, dit-on, est arrivée chez les Vénètes. La première portée d'une truie donne la mesure de sa fécondité ultérieure, car les suivantes n'en diffèrent pas beaucoup. En ce qui concerne l'alimentation des pourceaux, autrement dite *porculation*, on laisse les petits pendant deux mois avec leur mère, et on ne les en sépare que lorsqu'ils sont en état de manger seuls. Les pourceaux nés en hiver sont toujours chétifs : la cause en est d'abord dans la rigueur de la saison ; puis dans le peu de lait que peut leur fournir à cette époque la mère, dont ils mordillent quelquefois les tettes au point de la blesser avec leurs dents. Il faut donner à chaque truie une cabute à part, où elle puisse élever ses petits séparément ; autrement ceux-ci s'attacheraient à des truies étrangères, et il en résulterait un mélange qui finirait par détériorer la race.

L'année se trouve naturellement divisée en deux pour les truies. Elles mettent bas deux fois l'an, ont quatre mois de gestation à chaque portée, nourrissent pendant les deux autres. Les cahutes où elles sont enfermées doivent avoir trois pieds en hauteur, et un peu plus en largeur ; le degré d'élévation au-dessus du sol y doit être calculé de manière à empêcher de la part de la truie les mouvements qui la feraient avorter ; mais il doit être suffisant pour que le porcher puisse aisément voir dans l'intérieur quand il y a risque pour les petits d'être écrasés par la mère. Pour la facilité du nettoiement, on y ménagera une

---

molandi initium primum sumptum videtur, cujus vestigia, quod initiis Cereris porci immolantur, et quod initiis pacis fœdus cum feritur, porcus occiditur, et quod nuptiarum initio antiqui reges ac sublimes viri in Hetruria in conjunctione nuptiali nova nupta et novus maritus primum porcum immolant. Prisci quoque latini, et etiam Græci in Italia idem factitasse videntur. Nam et nostræ mulieres, maxime nutrices, naturam, qua fœminæ sunt, in virginibus appellant porcum, et græcæ χοῖρον, significantes esse dignum insigni nuptiarum. Suillum pecus donatum ab natura dicunt ad epulandum. Itaque iis animam datam esse proinde ac salem, quæ servaret carnem. E queis succidias Galli optimas et maximas facere consueverunt. Optimarum signum, quod etiam nunc quotannis e Gallia apportantur Romam pernæ tomacinæ, et taniacæ, et petasones. De magnitudine Gallicarum succidiarum Cato scribit his verbis : In Italia in scrobes terna atque quaterna millia aulia succidia. Vere sus usqueadeo pinguitudine crescere solet, ut se ipsa stans sustinere non possit, neque progredi usquam. Itaque eas si quis quo trajicere vult, in plostrum imponit. In Hispania ulteriore, in Lusitania, sus cum esset occisus, Attilius Hispaniensis minime mendax, et multarum rerum peritus in doctrina, dicebat

L. Volumnio senatori missam esse offulam cum duabus costis quæ penderet III et XX pondo : ejusque suis a cute ad os pedem et III digitos fuisse. Cui *ego :* non minus res admiranda, quum mi esset dicta, in Arcadia scio me esse spectatum suem, quæ præ pinguitudine carnis non modo surgere non posset, sed etiam ut in ejus corpore sorex exesa carne nidum fecisset, et peperisset mures. Hoc etiam in vineta factum accepi. Sus ad fœturam quæ sit fecunda, animadvertunt fere ex primo partu, quod non multum in reliquis mutat. In nutricatu quam porculationem appellabant, binis mensibus porcos sinunt cum matribus. Secundum ea cum jam pasci possunt, secernunt. Porci qui nati hieme, fiunt exiles propter frigora, et quod matres aspernantur, propter exiguitatem lactis, et quod dentibus sauciantur propterea mammæ. Scrofa in sua quæque hara suos alat oportet porcos, quia alienos non aspernantur : et ideo si conturbati sunt in fœtura, fit deterius. Natura divisus earum annus bilariam, quod bis parit in anno, quaternis mensibus fert ventrem, binis nutricat. Haram facere oportet circiter trium pedum altam, et latam amplius paulo, ea altitudine abs terra ne dum exilire velit prægnans, abortet. Altitudinis modus sit ut subulcus facile circumspicere possit, ne qui por-

porte dans le seuil, qui sera élevée d'un pied et une palme de hauteur ; ce qui empêche les pourceaux de sortir avec leur mère. Le porcher, chaque fois qu'il nettoiera les cahutes, devra y répandre du sable, ou toute autre matière propre à dessécher l'humidité. Il faut donner aux truies qui ont mis bas une nourriture plus abondante, afin qu'elles puissent fournir du lait suffisamment à leurs petits. On y mettra chaque jour environ deux livres d'orge détrempée, et la ration est doublée, c'est-à-dire répétée soir et matin, quand on n'a pas autre chose à leur donner. On appelle les petits *lactentes* (cochons de lait) tant qu'ils tettent ; et quelquefois *delici* (*de lacte*) après le sevrage. Dix jours après leur naissance, ils sont regardés comme purs ; et nos ancêtres les appelaient alors *sacrés*, c'est-à-dire propres à servir de victimes. Et nous trouvons ici le commentaire d'un passage des Ménechmes de Plaute. L'un des personnages de la pièce, dont la scène est à Epidamne, croyant qu'un autre est fou, et a besoin d'un sacrifice expiatoire, demande : « Combien coûtent ici les porcs sacrés » ? Ceux qui ont des vignes donnent à leurs porcs le marc et les épluchures de raisin. Dès que les pourceaux ne sont plus *lactentes* (cochons de lait), ils deviennent *nefrendes*, c'est-à-dire qui ne peuvent encore *frendere* (casser la fève).

Porcus est un vieux mot grec tombé en désuétude, qu'on a remplacé dans ce pays par celui de χοῖρον. Il faut faire boire deux fois par jour les truies pendant leur nourriture : elles en ont plus de lait. La truie doit faire autant de petits qu'elle a de mamelles. Si elle en fait moins, on la regarde comme n'étant point de bon rapport ; si elle en fait davantage, on crie au prodige.

Nous avons en ce genre la vieille tradition de la truie d'Énée, qui mit bas à Lavinium trente pourceaux blancs. Et le miracle se trouva confirmé, quand trente ans plus tard Albe fut fondée par les habitants de Lavinium. On voit encore dans cette dernière ville des monuments publics de cette truie et de ses pourceaux. Leur effigie y est coulée en bronze, et les prêtres nous montrent le corps de la mère conservé dans la saumure. Dans les premiers jours les truies peuvent nourrir jusqu'à huit pourceaux. Passé ce moment, les éleveurs entendus ne manquent pas d'en soustraire la moitié, à mesure qu'ils grandissent ; car la mère ne peut avoir assez de lait pour que toute la portée réussisse. Pendant les dix premiers jours, les truies ne devront point quitter leurs cahutes, si ce n'est pour aller boire aux abreuvoirs. Au bout de ce temps on peut les mener paître, mais seulement dans le voisinage, afin qu'elles puissent revenir souvent allaiter leurs petits. Ceux-ci, quand ils ont pris une certaine croissance, suivent volontiers la mère au pâturage : alors on les enferme à part ou on les fait paître séparément, pour les accoutumer à supporter facilement cette privation : ils y sont faits au bout de dix jours. Le porcher devra ainsi habituer les porcs à obéir au son du cornet. Pour y parvenir il aura soin de faire retentir une fois cet instrument avant d'ouvrir la porte, et de leur faire trouver en sortant de l'orge répandue en traînées. On en perd moins de cette manière qu'en leur présentant le grain en tas, et tous peuvent en approcher plus aisément ; on les habitue ainsi à se réunir au son du cornet, et l'on n'a plus à craindre qu'ils ne s'égarent lorsqu'ils sont dispersés dans les bois. Un an est le bon âge pour châtrer les verrats ; au moins faut-il qu'ils

---

cellus a matre opprimatur ; et ut facile purgare possit cubile, in haris ostium esse oportet, et limen inferius altum palmipedale, ne porci ex hara, cum mater prodit, transilire possint. Quotiescunque haras subulcus purgat, toties in singulas arenam injicere oportet, aut quid aliud quod exugat humorem ; et cum pepererit, largiore cibatu sustentare, quo facilius lac suppeditare possit. In quibus hordei circiter binas libras aqua madefactas dare solent, et hoc quoque conduplicant, ut sit mane et vesperi, si alia quæ objiciant non habuerint. Cum porci depulsi sunt a mamma, a quibusdam delici appellantur, neque jam lactentes dicuntur. Qui a partu decimo die habentur puri, et ab eo appellantur ab antiquis sacres, quod tum ad sacrificium idonei dicuntur primum. Itaque apud Plautum in Menæchmis, cum insanum quem putat, ut pietur in oppido Epidamno, interrogat : Quanti hic porci sunt sacres ? Si fundus ministrat, dari solent vinacea, ac scopii ex uvis. Amisso nomine lactentis, dicuntur nefrendes, ab eo quod nondum fabam frendere possunt, id est, frangere. Porcus græcum est nomen antiquum, sed obscuratum, quod nunc eum vocant χοῖρον. In eorum fœtu scrofæ bis die ut bibant, curant, lactis causa. Parere tot oportet porcos, quot mammas habeat. Si minus pariat, fructuarium idoneam non esse. Si plures pariat, esse portentum. In quo illud antiquissimum fuisse scribitur, quod sus Æneæ Lavinii xxx porcos pepererit albos. Itaque quod portenderit, factum xxx annis, ut Lavinienses condiderint oppidum Albam. Hujus suis, ac porcorum etiam nunc vestigia apparent Lavinii : quod et simulacra eorum ahenea etiam nunc in publico posita, et corpus matris ab sacerdotibus, quod in salsura fuerit, demonstratur. Nutricari octonos porcos parvulos primo possunt : incremento facto, a peritis dimidia pars removeri solet, quod nec mater potest sufferre lac, neque congenerati alescendo roborari. A partu decem diebus proximis non producunt ex haris matrem præterquam potum. Præteritis decem diebus sinunt exire pastum in propinquum locum villæ, ut crebro reditu lacte alere possit porcos. Cum creverunt, cupiunt sequi matrem pastum : domique secernunt a matribus, ac seorsum pascunt, ut desiderium ferre possint parentis, quod decem diebus assequuntur. Nutrices subulcus debet consuefacere, omnia ut faciant ad bucinam. Primo cum incluserunt, cum bucinatum est, aperiunt, ut exire possint in eum locum, ubi ordeum fusum sit in longitudine. Sic enim minus disperit, quam si in acervos positum, et plures facilius accedunt. Ideo ad bucinam

n'aient pas moins de six mois. Ils quittent le nom de verrat après cette opération, pour prendre celui de *maïales*. Touchant le régime sanitaire, je me borne à une observation. Si le lait de la mère vient à manquer aux petits, donnez-leur jusqu'à l'âge de trois mois du froment rôti (cru, il relâche trop le ventre). Reste encore la question du chiffre. Généralement on compte dix verrats par cent truies; d'autres en veulent moins de dix. On n'est pas fixé non plus sur la force du troupeau : je regarde, moi, cent têtes comme un nombre convenable. Quelques-uns le font plus grand, et vont à cent cinquante. Il en est qui doublent le premier nombre; d'autres vont même encore plus loin. En général, plus un troupeau est restreint, moins il est coûteux, et moins le porcher a besoin d'aides. Or la question pour chacun est celle des plus grands profits, et non du plus ou moins grand nombre de têtes : c'est donc par les circonstances qu'il faut se déterminer. Ainsi parla Scrofa.

V. En ce moment survient le sénateur Q. Luciénus, l'homme du monde le plus aimable et le plus enjoué, et notre ami commun à tous. Salut, chers Co-Epirotes, dit-il en entrant; salut aussi à Varron, ποιμένα λαῶν (pasteur des peuples). Quant à Scrofa, je lui ai déjà donné le bonjour ce matin : on lui rend des saluts, non sans le gronder d'arriver si tard au rendez-vous. Patience, dit-il, mauvais sujet que vous êtes, voici mon dos et un fouet; vous, Murrius, venez çà, et voyez-moi payer rançon à la déesse Palès, afin d'en pouvoir témoigner, au cas où ces gens-là voudraient me faire payer deux fois. Atticus se tournant alors vers Murrius, Veuillez, lui dit-il, mettre Lucié-nus au fait, tant de ce qui a été dit que de ce qui reste à dire, afin qu'il puisse prendre rôle dans l'entretien. En attendant nous allons passer au second acte, c'est-à-dire mettre en scène le gros bétail. Ceci est mon rôle, dit Vaccius, puisqu'il est question de bœufs et de vaches. Je vous ferai part de mes notions sur cette matière : ceux qui y sont étrangers pourront s'instruire; les autres me relèveront, si je me trompe. Vaccius, lui dis-je, prenez-y garde. C'est un sujet capital que le bœuf en fait de bétail; en Italie surtout, pays qui lui doit le nom qu'il porte. Car en Grèce autrefois, si l'on en croit Timée, un taureau s'appelait ἰταλὸς; de là le nom d'Italie, contrée où bœufs et veaux (*vituli*) abondent, et sont d'une beauté extraordinaire. Selon d'autres, l'Italie doit son nom au fameux taureau Italus, qu'Hercule poursuivit depuis la Sicile jusqu'en ce pays. Le bœuf est le ministre de Cérès, et l'associé de l'homme dans les travaux rustiques. Les anciens le regardaient comme inviolable, et ils punissaient de mort quiconque tuait un de ces animaux : témoin les lois de l'Attique et du Péloponnèse. C'est encore au taureau que Buzugès d'Athènes et Onogure d'Argos doivent leur célébrité. Je sais, dit Vaccius, que le taureau a quelque chose de majestueux; que son nom (βοῦς), en composition, est significatif de grandeur; exemples : βούσυκος (grosse figue), βούπαις (enfant d'une belle venue), βούλιμος (grande famine), βοῶπις (qui a de grands yeux;) et que de plus on appelle *bumamma* (pis de vache) le raisin à gros grains. Je sais encore que c'est sous la forme d'un taureau que Jupiter, amoureux d'Europe, enleva de son

---

convenire dicuntur, ut silvestri loco dispersi ne dispereant. Castrantur verres commodissime anniculi, utique ne minores, quam semestres : quo facto nomen ipsi mutant, atque e verribus dicuntur maiales. De sanitate suum unum modo exempli causa dicam. Porcis lactentibus si scrofa lac non potest suppeditare, triticum frictum dari oportet, (crudum enim solvit alvum) vel ordeum objici ex aqua, quoad fiant trimestres. De numero, in centum sues decem verres satis esse putant. Quidam etiam hinc demunt. Greges majorum inaequabiles habent. Sed ego modicum puto centenarium. Aliquot majores faciunt, ita ut ter quinquagenos habeant. Porcorum gregem alii duplicant, alii etiam majorem faciunt. Minor grex, quam major, minus sumptuosus, quod comites subulcus pauciores quaerit. Itaque gregis numerum pastor ab sua utilitate constituit, non ut quot verres habeat : id enim a natura sumendum. Haec huc.

V. At Q. Luciénus senator, homo quamvis humanus, ac jocosus, introiens, familiaris omnium nostrum, συνηπειρῶται, inquit, χαίρετε, et Varronem nostrum, inquit, ποιμένα λαῶν. Scrofam enim mane salutavi. Cum alius eum salutasset, alius conviciatus esset, qui tam sero venisset ad constitutum : Videbo jam vos, inquit, balatrones, et huc afferam meum corium, et flagra. Tu vero, Murri, veni mi advocatus, dum asses solvo Palilibus, si postea a me repetant, ut testimonium perhibere possis. Atticus Murrio : Narra isti, inquit, eadem, qui sermones sint habiti, et quid reliqui sit, ut ad partes paratus veniat : nos interea secundum actum de majoribus adtexamus. In quo quidem, inquit Vaccius, meae partes, quoniam boves ibi. Quare dicam, de bubulo pecore, quam acceperim scientiam : ut si quis quid ignoret, discat; si quis scit, nuncubi labar observet. Vide quid agas, *inquam*, Vacci. Nam bos in pecuaria maxima debet esse auctoritate : praesertim in Italia, quae a bubus nomen habere si existimata. Graecia enim antiqua (ut scribit Timaeus) tauros vocabant ἰταλοὺς, a quorum multitudine, pulchritudine, et foetu vitulorum, Italiam dixerunt. Alii scripserunt, quod e Sicilia Hercules persecutus sit eo nobilem taurum, qui diceretur Italus. Hic socius hominum in rustico opere, et Cereris minister. Ab hoc antiqui manus ita abstineri voluerunt, ut capite sanxerint, si quis occidisset. Qua in re testis Attice, testis Peloponnesos. Nam ab hoc pecore Athenis Buzuges nobilitatus, Argis Ὀνόγυρος. Novi, *inquit ille*, majestatem boum, et ab his dici pleraque magna, ut βούσυκος, βούπαιδα, βούλιμον, βοῶπιν, uvam quoque bumammam. Praeterea scio hunc esse, in quem potissimum Juppiter se convertit, cum exportavit per mare e Phoenice amans Europam; hunc esse, qui filios Neptuni e Menalippa servarit, ne in stabulo infan-

pays cette belle Phénicienne, et traversa la mer avec elle. Je n'ignore pas non plus que c'est un taureau qui empêcha les enfants de Neptune et de Ménalippe d'être écrasés dans une étable par un troupeau de bœufs. Je sais enfin que les abeilles qui nous donnent le miel le plus doux naissent du cadavre d'un bœuf en putréfaction ; ce qui fait que les Grecs les appellent βούγονας (nées d'un bœuf), expression que Plautius a latinisée, lorsqu'il disait au préteur Illyrius, accusé d'avoir écrit contre le sénat : Soyez tranquille, je vous rendrai aussi innocent que celui qui a écrit la *Bugonia* (naissance des abeilles).

Il y a quatre âges pour la race bovine. Au premier âge, l'animal s'appelle veau ; au deuxième, *juvencus* (bouvillon) ; au troisième, taureau jeune ; au quatrième, taureau fait. La femelle prend successivement, suivant l'âge, les dénominations de génisse, de jeune vache, et de vache. *Taura* est le nom qu'on donne à une vache stérile. Une vache pleine se nomme *horda* ; d'où le mot *hordicalia*, fêtes où l'on immole des vaches pleines. Quand on veut acheter un troupeau de gros bétail, il faut d'abord s'assurer que les bêtes ont atteint l'âge de génération, et sont encore en état de produire. On les choisira saines et bien prises dans leurs membres, de grande taille et de forme allongée, noires par les cornes, larges du front, avec les yeux grands et noirs, les oreilles velues, les joues raplaties, l'épine dorsale plutôt concave que convexe, les naseaux ouverts, les lèvres noirâtres, le cou long et musculeux, le fanon pendant, le coffre développé, les côtes bien attachées, les épaules larges, le fessier charnu, une queue qui balaye leurs sabots et se termine en bouquet de poils légèrement frisés, les jambes courtes et droites, légèrement renflées au genou, et tournées en dehors, les pieds étroits, et qui ne s'entrechoquent point dans la marche ; les ongles lisses, serrés et bien égaux ; le poil uni et doux au toucher. En fait de couleur, le noir a le premier rang ; le poil rouge foncé, le second ; le rouge pâle, le troisième ; le blanc ne vient que le quatrième : ce pelage leur indique donc le dernier, et le noir, le premier degré dans l'échelle de force des animaux. Des deux intermédiaires, le second vaut mieux que le troisième ; et tous sont préférables en pelage pie (tacheté de noir et de blanc). Il ne faut prendre les mâles que de bonne race ; ce dont on juge par leurs formes extérieures, et par celles des veaux issus d'eux, qui doivent leur ressembler en tout. Leur provenance est aussi un point essentiel. La race gauloise est généralement la meilleure que nous ayons en Italie, et la plus propre au travail ; le bœuf ligurien est paresseux. Ceux d'Épire sont les meilleurs de toute la Grèce, et l'emportent même sur ceux d'Italie ; quelques personnes cependant accordent à ces derniers, comme victimes à offrir dans les sacrifices et les prières publiques, une préférence méritée, par leurs formes colossales et leur pelage éclatant. C'est ce qui fait que les bœufs de poil blanc sont moins communs en Italie que dans la Thrace, notamment vers le golfe Mélas, où l'on n'en rencontre guère d'une autre couleur. Voici les termes de marché usités pour ce genre de bétail, lorsqu'il a déjà subi le joug : « Me répondez-vous que ces bœufs sont sains, et qu'en les prenant je suis à l'abri de toute répétition ultérieure ? S'ils ne sont pas domptés, on stipule comme il suit : Me répondez-vous

tes grex boum obtereret. Denique ex hoc putrefacto nasci dulcissimas apes mellis matres, a quo eas Græci βούγοvας appellant, et hinc Plautium locutum esse latine, cum Hirrium prætorem renunciatum Romam in Senatum scriptum habere. Sed bono animo es, non minus satisfaciam tibi, quam qui Bugoniam scripsit. Primum in bubulo genere ætatis gradus dicuntur quatuor. Prima vitulorum, secunda juvencorum, tertia boum novellorum, quarta vetulorum. Discernuntur in prima vitulus et vitula ; in secunda juvencus et juvenca ; in tertia et quarta, taurus et vacca. Quæ sterilis est vacca, taura appellata ; quæ prægnans, horda. Ab eo in fastis dies hordicalia nominantur, quod tunc hordæ boves immolantur. Qui gregem armentorum emere vult, observare debet primum, ut sint hæ pecudes ætate potius ad fructus ferendos integræ, quam jam expartæ ; ut sint bene compositæ, ut integris membris, oblongæ, amplæ, nigrantibus cornibus, latis frontibus, oculis magnis et nigris, pilosis auribus, compressis malis, subsimi, ne gibberi, sed spina leviter remissa, apertis naribus, labris subnigris, cervicibus crassis ac longis, a collo palearibus demissis, corpore amplo, bene costatis, latis humeris, bonis clunibus, codam profusam usque ad calces ut habeant, inferiorem partem frequentibus pilis subcrispam, cruribus potius minoribus, rectis, genibus eminulis, distantibus inter se, pedibus non latis, neque ingredientibus qui displodantur, nec cujus ungulæ divaricent, et cujus ungues sint leves et pares, corium attactu non asperum ac durum, colore potissimum nigro, dein robeo, tertio helvo, quarto albo. Mollissimus enim hic, ut durissimus primus. De mediis duobus prior quam posterior melior ; utrique pluris quam nigri, et albi. Neque non præterea, ut mares seminis boni sint, quorum et forma est spectanda, et qui ex his orti sunt, ut respondeant ad parentum speciem : et præterea quibus regionibus nati sunt, refert. Boni enim generis in Italia plerique Gallici ad opus : contra nugatorii Ligustici. Transmarini Epirotici non solum meliores totius Græciæ, sed etiam Italiæ. Tametsi quidam de Italicis, quos propter amplitudinem præstare dicunt, ad victimas faciunt, atque ad deorum servant supplicia. Qui sine dubio ad res divinas propter dignitatem amplitudinis et coloris præponendi : quod eo magis fit, quod albi in Italia non tam frequentes, quam qui in Thracia ad μέλανα κόλπον, ubi alio colore pauci. Eos cum emimus domitos, stipulamur, sic : Illosce boves sanos esse, noxisque præstari ? cum emimus indomitos, sic : Illosce juvencos sanos recte,

que ces bouvillons sont sains, qu'ils proviennent d'un troupeau sain, et qu'en les prenant je suis à l'abri de toute répétition ultérieure? » Les formules sont moins concises, si l'on suit les prescriptions de Manilius. L'on retranche la clause de santé, quand les animaux sont achetés pour la boucherie ou pour les autels. Les forêts où les bœufs trouvent abondamment de jeunes pousses et du feuillage à leur portée sont les lieux de pâturage qui leur conviennent le mieux. Aussi on les tient l'hiver au bord de la mer, et l'été sur les hauteurs boisées. Quant à la propagation de l'espèce, voici les règles que j'observe. Un mois avant l'accouplement, j'empêche mes vaches de se gorger de nourriture, parce que, maigres, elles conçoivent plus facilement. Mes taureaux, au contraire, sont engraissés deux mois à l'avance, avec force paille et foin, et fourrage vert; et pendant tout ce temps je m'attache à les séparer des femelles, comme Atticus. Je prends pour soixante-dix vaches deux taureaux, l'un d'un an, l'autre de deux; j'attends pour leur livrer la femelle, le lever de l'astre que les Grecs appellent Λύρα et les Romains *Fides*, et je réunis ensuite mes taureaux au reste du troupeau. On tient comme indicatif de sexe, pour le fruit conçu, le côté par où le taureau se retire après l'acte consommé, prenant la droite de la vache, si c'est un mâle; et la gauche, si c'est une femelle. A vous, lecteurs d'Aristote, ajouta-t-il en se tournant vers moi, d'expliquer cette circonstance. Ne faites pas saillir une vache avant deux ans, afin qu'elle en ait trois lorsqu'elle vêle pour la première fois. Mieux serait encore qu'elle en eût quatre. Les vaches sont fécondes dix ans, et quelquefois plus. L'époque de conception la plus favorable pour elles est la période de quarante jours que suit le lever du Dauphin, un peu après. Car une vache qui aura conçu à cette époque vêlera dans la saison la plus tempérée de l'année, le temps de sa gestation étant de dix mois. J'ai trouvé dans un livre à ce sujet, une assertion bien singulière : c'est qu'un taureau châtré est encore prolifique quand on le mène saillir immédiatement après l'opération. On choisira pour faire paître les vaches des lieux bas, abondants en herbe, et assez spacieux pour qu'elles ne se gênent, ne se heurtent, ni ne se battent. Quelques-uns, pour éviter la piqûre des taons, et de certains insectes qui les attaquent sous la queue et les rendent furieuses, les tiennent enfermées pendant l'ardeur du jour, et mollement couchées sur une litière de feuilles ou de verdure. En été on doit les mener boire deux fois par jour, et une seule fois en hiver. Lorsqu'elles sont prêtes à vêler, il faudra mettre du fourrage frais près des étables, pour les affriander quand elles sortent; car en cet état elles sont sujettes à être dégoûtées. Les lieux où elles se retirent doivent être préservés du froid, qui les maigrit autant que la faim. Durant l'allaitement il faut séparer à l'étable les petits de leurs mères, de crainte qu'ils ne soient écrasés pendant la nuit. On ne les laissera approcher d'elles qu'une fois le matin, et une fois au retour des pâturages. A mesure que les veaux grandissent, il faut soulager les mères, en leur mettant du fourrage vert dans la crêche. Le sol, dans les étables à vaches comme dans toutes autres, doit être construit en pierre ou matériaux équivalents, afin de conserver saine la corne de leurs pieds. A partir de l'équinoxe d'automne, les veaux paissent avec leurs mères. Il ne faut pas les châtrer avant l'âge de deux ans. Si l'opération a lieu plus tôt, ils ont peine à s'en remettre plus

---

deque pecore sano esse, noxiusque præstari spondesne? Paulo verbosius hæc, qui Mamilii actiones sequuntur. Lanii, qui ad cultrum bovem emunt, et qui ad altaria, hostiæ sanitatem non solent stipulari. Pascuntur armenta commodissime in nemoribus, ubi virgulta, et frons multa : hieme [cum hibernant] secundum mare, æstu abiguntur in montes frondosos. Propter fœturam hæc servare soleo. Ante admissuram mensem unum, ne cibo et potione se impleant, quod existimantur facilius macræ concipere. Contra, tauros duobus mensibus ante admissuram herba et palea ac fœno facio pleniores, et a fœminis secerno. Habeo tauros totidem, quot Atticus, ad matrices LXX duo, unum anniculum, alterum bimum. Hoc secundum astri exortum facio, quod Græci vocant Λύρν, Fidem nostri. Tum denique tauros in gregem redigo. Mas an fœmina sit concepta, significat descensu taurus cum init. Siquidem, si mas est, in dexteriorem partem abit : si fœmina, in sinisteriorem. Cur hoc fiat, vos videritis, inquit mihi, qui Aristotelem legitis. Non minores oportet inire bimas, ut trimæ pariant; eo melius si quadrimæ. Pleræque pariunt in decem annos, quædam etiam in plures. Maxime idoneum tempus ad concipiendum a Delphini exortu usque ad dies XL, aut paulo plus. Quæ enim ita conceperunt, temperatissimo anni tempore pariunt. Vaccæ enim mensibus decem sunt prægnantes. De quibus admirandum scriptum inveni, exemptis testiculis, si statim admiseris taurum, concipere. Eas pasci oportet in locis viridibus, et aquosis. Cavere oportet, ne aut angustius stent, aut feriantur, aut concurrant. Itaque quod eas æstate tabani concitare solent, et bestiolæ quædam minutæ sub cauda, ne concitentur, aliqui solent includere septis. Iis substerni oportet frondem, aliudve quid in cubilia, quo mollius conquiescant. Æstate ad aquam appellendum bis, hieme semel. Cum parere cœperunt, secundum stabula pabulum servari oportet integrum, quod egredientes degustare possint : fastidiosæ enim fiunt. Et providendum quo recipiunt se, ne frigidus locus sit. Algor enim eas et famis macrescere cogit. In alimoniis armentini pecus sic contuendum, lactentes cum matribus ne cubent : obteruntur enim. Ad eas mane adigi oportet, et cum redierunt e pastu. Cum creverunt vituli, levandæ matres pabulo viridi objiciendo in præsepiis. Item his, ut fere in omnibus stabulis, lapides substernendi, aut quid item, ne ungulæ putrescant. Ab æquinoctio autumnali una pas-

rd; ils deviennent indociles, et impropres au avail. Chaque année, suivant la pratique adoptée pour toute espèce de bétail, on fait un triage des bêtes de rebut, que l'on retranche du troupeau; car elles y tiennent inutilement la place qu'occuperaient des sujets productifs. Lorsqu'une vache a perdu son veau, remplacez-le par une autre dont la mère n'a pas assez de lait pour le nourrir. Aux veaux de six mois on donne du son de froment, de la farine d'orge, de l'herbe bien tendre, et on les fait boire matin et soir. Les précautions sanitaires sont multipliées. J'ai extrait des livres de Magon toutes les prescriptions qui s'y rapportent, et je les fais lire souvent à mon bouvier. J'ai déjà dit que le rapport du nombre des taureaux à celui des vaches est de deux pour soixante, et qu'il faut un mâle d'un an, et un de deux. Certaines personnes cependant veulent que la proportion soit plus ou moins forte. Notre Atticus, par exemple, n'a que deux taureaux pour soixante-dix vaches. La force du troupeau varie également. Moi, je suis de l'avis de ceux qui regardent cent têtes comme un nombre suffisant. Atticus et Luciénus, ont des troupeaux de cent vingt têtes chacun. Ainsi parla Vaccius.

VI. Murrius, qui était revenu avec Luciénus, pendant que Vaccius parlait, dit alors: Moi, je me propose de traiter les ânes; car je suis de Réate, c'est-à-dire d'un pays d'où viennent les meilleurs et les plus grands. J'y ai fait des sujets que j'ai vendus même à des Arcadiens. Celui qui veut former un beau troupeau d'ânes doit avant tout prendre les mâles et les femelles à l'âge où l'on peut en tirer lignée le plus longtemps possible. Il les choisira robustes, de belle forme, de bonne taille et de bonne race, c'est-à-dire originaires d'un pays réputé pour cette production. C'est ce qui fait que l'Arcadie est le marché aux ânes pour le Péloponnèse, et Réate pour l'Italie; car de ce que les murènes ont si bon goût sur les côtes de Sicile, et les esturgeons sur celles de Rhodes, il ne s'ensuit pas qu'on trouve ces poissons de même qualité dans toutes les mers. Il y a deux espèces d'ânes: les ânes sauvages qu'on appelle onagres, et qui abondent en Phrygie et Lycaonie, et les ânes privés, comme ils sont tous en Italie. L'âne sauvage est propre à la propagation de l'espèce, car sa progéniture s'apprivoise facilement; tandis que celle d'un âne privé n'est jamais sauvage. Les petits ressemblent toujours à leurs père et mère. Il faut donc bien choisir ceux-ci sous le rapport des formes extérieures. Les conditions de vente et de livraison sont à peu près les mêmes que pour tout autre bétail, et contiennent également des clauses de garantie sanitaire, et contre toute répétition ultérieure.

La farine et le son d'orge conviennent parfaitement aux ânes pour nourriture. Les ânesses doivent être couvertes avant le solstice, pour mettre bas au solstice de l'année suivante; car elles portent une année entière. On fera bien de ne point les faire travailler pendant la durée de la gestation, car la fatigue nuit à leur fruit. Quant au mâle, il faut continuer à l'employer, car pour lui ce sont les intermittences de travail qui sont nuisibles. Pour nourrir les petits, on suit les mêmes règles que pour les poulains. La première année, on les laisse avec leur mère. A partir de la seconde, on ne les en sépare pas sauf, la nuit, ayant toutefois soin de les attacher avec un licou un peu lâche, ou quelque lien analogue. La

---

untur cum matribus. Castrare non oportet ante bimatum; quod difficulter, si aliter feceris, se recipiunt. Qui autem postea castrantur, duri et inutiles fiunt. Item ut in reliquis gregibus pecuariis, delectus quotannis habendus, et rejiculæ rejiciundæ, quod locum occupant earum quæ ferre possunt fructus. Si quæ amisit vitulum, ei supponere oportet eos, quibus non satis lactis præbent matres. Semestribus vitulis objiciunt furfures triticeos, et farinam ordeaceam, et teneram herbam : et ut bibant mane et vesperi, curant. De sanitate sunt complura, quæ exscripta de Magonis libris, armentarium meum crebro ut aliquid legat, curo. Numerus de tauris et vaccis sic habendus, ut in sexaginta unus sit anniculus, alter bimus. Quidam habent aut minorem, aut majorem numerum [gregum]. Nam apud eum duo tauri in septuaginta matribus sunt. Numerum gregum alius facit alium. Quidam centenarium modicum putant esse, ut ego. Atticus centumviginti habet, ut Lucienus. Hæc ille.

VI. At Murrius, qui, dum loquitur Vaccius, cum Lucieno rediisset, Ego, inquit, de asinis potissimum dicam, quod sum Reatinus, ubi optimi et maximi fiunt, e quo seminio ego hic procreavi pullos, et ipsis Arcadibus vendidi aliquoties. Igitur asinorum gregem qui facere vult bonum, primum videndum, ut mares fœminasque bona ætate sumat, utique ut quam diutissime fructum ferre possint : firmos, omnibus partibus honestos, corpore amplo, seminio bono : ex his locis, unde optimi exeunt, quod faciunt Peloponnesii, cum potissimum eos ex Arcadia emant; in Italia ex agro Reatino. Non enim si murænæ optimæ flutæ sunt in Sicilia, et ellops ad Rhodon, continuo hi pisces in omni mari similes nascuntur. Horum genera duo. Unum ferum, quos vocant onagros, in Phrygia et Lycaonia sunt greges multi. Alterum mansuetum, ut sunt in Italia omnes. Ad seminationem onagrus idoneus, quod e fero fit mansuetus facile, et e mansueto ferus nunquam. Quod similes parentum genuntur, eligendi et mares et fœmina, cum dignitate ut sint. In mercando item ut cæteræ pecudes emtionibus, et traditionibus dominium mutant, et de sanitate ac noxa solet caveri. Commode pascuntur farre, et furfuribus ordeaceis. Admittuntur ante solstitium, ut eodem tempore alterius anni pariant. Duodecimo enim mense conceptum semen reddunt. Prægnantes opere levant. Venter enim labore nationem reddit deteriorem. Marem non dijungunt ab opere, quod remissione laboris fit deterior. In pastu eadem fere observant, quæ in equis. Secundum partum pullos anno non

troisième année, on commence à les dresser pour l'espèce de travail à laquelle on les destine. Touchant la quantité, on n'a pas ordinairement d'ânes en grande réunion, si ce n'est pour le transport des marchandises. Leur occupation la plus ordinaire est de traîner la meule, de porter aux champs, de labourer même, dans les terres légères, comme celles de Campanie. On ne les voit guère en nombre que dans les convois organisés pour amener à dos d'âne de Brindes ou d'Apulie à la côte, les huiles, les vins, les blés, et autres denrées.

VII. A mon tour, dit alors Luciénus, d'ouvrir la barrière, et de lancer mes chevaux. Et je ne prends pas seulement pour texte les coursiers mâles dont, comme Atticus, je ne veux comme étalon qu'un pour dix juments; je vais aussi parler des cavales, que le vaillant Q. Modius Équiculus n'estimait pas moins pour la guerre. Veut-on former des troupeaux de chevaux et de cavales, tels qu'on en voit dans le Péloponnèse et dans l'Apulie? Avant tout il faut s'assurer de l'âge des individus, qui, dit-on, ne doit pas être au-dessous de trois ans ni au-dessus de dix. C'est aux dents qu'on reconnaît l'âge du cheval, ainsi que de tout animal qui a le pied fendu, et même celui des bêtes à cornes. A deux ans et demi le cheval commence à perdre les quatre dents du milieu, deux d'en haut, et deux d'en bas. En entrant dans sa quatrième année, il lui tombe encore, à chaque mâchoire, les deux voisines de celles qu'il a déjà perdues; et les grosses dents appelées molaires commencent alors à pousser. Quand il atteint sa cinquième année, il en perd encore deux autres de la même manière. Il en repousse en place, qui, creuses d'abord, commencent à se remplir dans la sixième année; de sorte qu'à sept ans le cheval a son râtelier complet. A partir de cette époque, il n'y a plus de signe certain de son âge; seulement lorsque la bête a les dents saillantes hors de la bouche, les sourcils blancs, et que ses salières se creusent au-dessous des sourcils, on suppose qu'elle a seize ans. Il faut aux cavales une taille moyenne, c'est-à-dire ni grande ni petite; la croupe et les flancs larges. L'étalon, au contraire, doit être choisi de haute taille, d'une belle structure, et toutes ses proportions doivent être en harmonie. Un poulain promet de devenir beau cheval, s'il a la tête petite, les membres bien attachés, les yeux noirs, les naseaux ouverts, les oreilles bien plantées, le cou large et souple, la crinière fournie, brune, frisée, d'un crin soyeux, et qui retombe du côté droit; le poitrail plein et développé, les épaules fortes, le ventre effacé, les reins serrés par le bas, le dos large, l'épine double, et le moins possible en saillie; la queue ample et légèrement frisée, les jambes droites, égales et plutôt longues; les genoux arrondis, étroits et surtout point cagneux; la corne dure, et le corps parsemé de petites veines qui s'aperçoivent au travers de la peau; circonstance qui rend son traitement beaucoup plus facile en cas de maladie. L'origine du cheval est un point de la dernière importance, car il y a des races sans nombre. Les plus estimées prennent le nom des contrées dont elles sont originaires; ainsi on dit en Grèce la race thessalienne ou de Thessalie, et chez nous les races apulienne, roséanienne, d'Apulie, de Roséa.

removent a matre. Proximo anno noctibus patiuntur esse cum his, et leniter capistris, aliave qua re habent vinctos. Tertio anno domare incipiunt ad eas res, ad quas quisque eos vult habere in usu. Relinquitur de-numero, quorum greges non sane fiunt, nisi ii, qui onera portent : ideo quod plerique deducuntur ad molas, aut ad agriculturam, ubi quid vehendum est; aut etiam ad arandum, ubi levis est terra, ut in Campania. Greges fiunt fere mercatorum, ut eorum qui e Brundisino, aut Appulia asellis dossuariis comportant ad mare oleum aut vinum, itemque frumentum, aut quid aliud.

VII. Lucienus : Ego quoque adveniens aperiam carceres, inquit, et equos emittere incipiam, nec solum mares, quos admissarios habeo, ut Atticus singulos in fœminas denas, e queis fœminas Q. Modius Equiculus vir fortissimus etiam patre militari putabat ad mares habere solebat. Horum equorum, et equarum greges qui habere voluerint, ut habent aliqui in Peloponneso, et in Appulia, primum spectare oportet ætatem, quam præcipiunt videndam ne sint minores trimæ, majores decem annorum. Ætas cognoscitur equorum, et fere omnium quæ ungulas indivisas habent, et etiam cornutorum, quod equus triginta mensium primum dentes medios dicitur amittere, duo superiores, totidem inferiores. Incipientes quartum agere annum iidem ejiciunt, et totidem proximos eorum quos amiserunt, et incipiunt nasci quos vocant columellares. Quinto anno incipienti item eodem modo amittere binos. Quos cavos habent tum renascentes eis, sexto anno implere, septimo omnes habere solent renatos, et completos. His majores qui sunt, intelligi negant posse. Præterquam cum dentes sint facti brocchi, et supercilia cana, et sub ea lacunæ, ex observato dicunt eum equum habere annos sedecim. Forma esse oportet magnitudine media, quod nec vastas nec minutas decet esse equas : clunibus ac ventribus latis. Equos ad admissuram quos velis habere, legere oportet amplo corpore, formosos, nulla parte corporis inter se non congruenti. Qualis futurus sit equus, e pullo conjectari potest, si caput habet non magnum, nec membris confusis : si est oculis nigris, naribus non angustis, auribus applicatis, (cervice molli,) non angusta, juba crebra, fusca, subcrispa, subtenuibus setis, implicata in dexteriorem partem cervicis, pectus latum et plenum, humeris latis, ventre modico, lumbis deorsum versum pressis, scapulis latis, spina maxime duplici; sin minus, non extanti, coda ampla subcrispa, cruribus rectis æqualibus, potius figura altis, genibus rotundis, nec magnis, nec introversus spectantibus, ungulis duris : toto corpore ut habeat venas, quæ animadverti possint, quod qui hujuscemodi sit, et cum est æger, ad medendum est appositus : corpore multo. De stirpe magni interest qua sint,

Un bon augure dans un jeune cheval, c'est lorsqu'en paissant avec les autres, il se montre empressé à disputer la supériorité à la course ou dans toute autre circonstance; ou bien encore lorsqu'en traversant un fleuve il devance tous les autres à la tête du troupeau, sans regarder derrière lui. L'achat des chevaux se fait à peu près de la même manière que celui des bœufs et des ânes; et la propriété en change de mains, à peu près dans les formes qu'on trouve consignées dans le livre de Manilius. Il n'y a pas de meilleure nourriture pour les chevaux que l'herbe dans les prés, le foin sec à l'écurie. Lorsqu'une cavale a pouliné, il faut ajouter de l'orge à sa provende, et la faire boire deux fois par jour. Quant à la propagation, l'époque de la monte est de l'équinoxe du printemps au solstice, afin que les juments puissent mettre bas en temps propice pour le poulain, qui vient au monde le dixième jour du douzième mois après l'accouplement. Les chevaux qui proviennent d'une conception postérieure à l'époque marquée sont en général défectueux, et plus ou moins impropres à l'usage qu'on se propose d'en faire. Ainsi, dès que le printemps sera venu, le *peroriga* devra présenter l'étalon à la jument deux fois par jour. On appelle *peroriga* celui qui est chargé de faire accomplir aux chevaux l'acte générateur. Sa présence est nécessaire pour tenir les cavales à l'attache, afin qu'elles soient saillies plus promptement, et que l'étalon ne perde point sa semence par excès d'ardeur. Quand les juments se défendent de l'approche du mâle, c'est un avertissement qu'elles ont été suffisamment saillies. Si l'étalon montre quelque répugnance pour la jument, on frotte les parties naturelles de cette dernière, au moment de ses pertes annuelles, avec de la moelle d'oignon marin pilée dans l'eau jusqu'à ce qu'elle ait acquis la densité du miel; puis on les fera flairer à l'étalon. Je citerai à ce propos un fait incroyable, mais qui n'en est pas moins réel. Un étalon se refusait obstinément à saillir sa mère. Le *peroriga* s'avisa de lui couvrir la tête, le ramena en cet état auprès d'elle, et l'accouplement eut lieu. Mais on n'eut pas plutôt enlevé le bandeau qui cachait les yeux de l'animal, qu'il se jeta sur le *peroriga*, et le déchira à belles dents. Quand les cavales sont pleines, il faut les ménager au travail, et ne pas les exposer au froid, ce qui leur serait fatal pendant la gestation. Par ce motif, il faut préserver de toute humidité le sol de leurs écuries, et tenir closes portes et fenêtres. On adaptera aussi de longues barres aux mangeoires pour séparer les cavales, et les empêcher de se battre entre elles. Pendant tout le temps de leur portée, il ne faut pas qu'elles soient poussées de nourriture, ni qu'elles souffrent de la faim. Il y a des personnes qui ne font saillir les cavales que de deux années l'une : les mères, disent-ils, s'en conservent plus longtemps, et les poulains en sont plus forts. Suivant eux, il en est des cavales comme des terres qu'on ne laisse pas reposer : cette production continue les épuise. Les poulains de dix jours vont paître avec leur mère. Évitez qu'ils stationnent dans l'étable, dont le fumier brûle leurs pieds délicats. A cinq mois, on leur donne, chaque fois qu'ils rentrent à l'écurie, de la farine d'orge avec du son, ou toute autre production végétale de leur goût. A l'âge d'un an, on leur donne de l'orge en nature et du son, jusqu'à ce qu'ils ne tettent plus; ce n'est qu'après deux ans révolus qu'on les sèvre. De temps à autre il faut les flatter de la main pendant qu'ils sont avec la mère, afin que plus tard ils ne s'effarouchent

---

quod genera sunt multa. Itaque ad hoc nobiles a regionibus dicuntur, in Græcia Thessalici equi, a terra Appuli, ab Rosea Roseani. Equi boni futuri signa sunt, si cum gregalibus in pabulo contendit in currendo, aliave qua re, quo potior sit ; si, cum flumen trajiciendum est, gregi in primis prægreditur, ac non respectat alios. Emtio equina similis fere ac boum, et asinorum, quod eisdem rebus in emtione dominum mutant, ut in Manilii actionibus sunt perscripta. Equinum pecus pascendum in pratis potissimum herba; in stabulis ac præsepibus, arido fœno. Cum pepererunt, ordeo adjecto bis die danda aqua. Horum fœturæ initium admissionis facere oportet ab æquinoctio verno ad solstitium, ut partus idoneo tempore fiat. Duodecimo enim mense, die decimo, aiunt nasci. Quæ post tempus nascuntur, fere vitiosa, atque inutilia existunt. Admittere oportet, cum tempus anni venerit, bis in die, mane et vesperi per origam. Is ita appellatur, quiqui admittit. Eo enim adjutante equæ alligatæ celerius admittuntur, neque equi frustra cupiditate impulsi semen ejiciunt. Quoad satis sit admitti, ipsæ significant, quod se defendunt. Si fastidium saliendi est, scillæ medium conterunt cum aqua ad mellis crassitudinem: tum ea re naturam equæ, cum menses ferunt, tangunt; contra, ab locis equæ nares equi tangunt. Tametsi incredibile, quod usu venit, memoriæ mandandum. Cum equus matrem ut saliret adduci non posset, et eum capite obvoluto peroriga adduxisset, et coegisset matrem inire, cum descendenti demisisset ab oculis, ille impetum fecit in eum, ac mordicus interfecit. Cum conceperunt equæ, videndum ne aut laborent plusculum, aut ne frigidis locis sint, quod algor maxime prægnantibus obest. Itaque in stabulis ab humore prohibere oportet humum, clausa habere ostia, ac fenestras, et inter singulas a præsepibus interjicere longurios, qui eas discernant, ne inter se pugnare possint. Prægnantem neque impleri cibo, neque esurire oportet. Alternis qui admittant, diuturniores equas, et meliores pullos fieri dicunt, itaque ut restibiles segetes essent exuciores, sic quotannis quæ prægnantes fiant. In decem diebus secundum partum cum matribus in pabulum prodigendum. Ne ungulas comburat stercus cavendum tenellas. Quinquemestribus pullis factis, cum redacti sunt in stabulum, objiciendum farinam ordeaceam molitam cum furfuribus ;

pas d'être touchés. Par le même motif, on suspend des mors dans leurs écuries, pour qu'ils s'accoutument, dès le jeune âge à en supporter la vue et à en entendre le cliquetis. Lorsque les poulains auront pris l'habitude d'approcher quand on leur tend la main, il faudra de temps à autre leur mettre sur le dos un enfant, qui d'abord s'y couche à plat ventre, et ensuite s'y tient assis. Pour ce manége, il faut que le cheval ait trois ans. C'est l'âge où sa croissance est faite et où il commence à avoir des muscles. Il en est qui prétendent qu'un cheval peut être dressé à un an et demi; mais le plus sûr est d'attendre qu'il ait trois ans : à partir de ce moment, on lui donne du fourrage composé de céréales de toute espèce coupées en vert; ce qui est pour l'animal une purgation très-salutaire. Il faut pendant dix jours le mettre à ce régime pour toute nourriture. Le onzième jour on lui donnera de l'orge, dont on augmentera graduellement la mesure jusqu'au quatorzième. La ration de ce jour servira de base pour les dix suivants. Il faut lui faire prendre ensuite un exercice modéré, le frotter d'huile quand il sera en sueur, et, si le temps est froid, allumer du feu dans l'écurie. Parmi les jeunes chevaux, les uns sont plus propres pour la guerre et les autres pour les transports, ceux-ci pour la monte et ceux-là pour la course, ou à la voiture. Il s'ensuit qu'il faut varier entre eux les soins de l'éducation. L'homme de guerre choisit et dresse les chevaux suivant des conditions tout autres que l'écuyer ou le conducteur des chars du cirque. On comprendra également que le cheval qu'on destine au transport à dos doit être dressé d'autre façon que le cheval de selle ou de trait. On veut sur le champ de bataille un coursier plein de feu. Pour faire route, on préfère un cheval paisible. C'est afin de répondre à cette diversité de vues que l'on a imaginé de châtrer les chevaux. Privé de ses testicules, et conséquemment de liqueur séminale, l'animal devient plus maniable. On appelle *canterii* les chevaux châtrés, de même que *maïales* les porcs, et *capi* les coqs rendus, par cette opération, impropres à la propagation de l'espèce. Quant à la médecine des chevaux, la multitude des maladies et la diversité des symptômes en rendent la science très-compliquée; et il est indispensable que le chef d'un haras en ait les différentes prescriptions couchées par écrit. C'est ce qui nous explique pourquoi les Grecs appellent ἱππίατροι (médecins des chevaux) ceux qui traitent les maladies du bétail en général.

VIII. Pendant ce discours, un affranchi de Ménate vint nous avertir, de la part de son maître, que les *liba* étaient achevés, et que tout était prêt pour le sacrifice : ceux qui voudraient y prendre part n'avaient donc qu'à venir. Quant à moi, m'écriai-je, je ne vous laisse point partir que vous ne m'ayez donné le troisième acte dans lequel figurent les mulets, les chiens et les pâtres. En ce qui touche les mulets, dit Murrius, il y a peu à dire. Les mulets et les bardeaux sont des bâtards engendrés de deux espèces différentes, et entés pour ainsi dire sur une souche hétérogène, puisque le mulet provient d'une cavale et d'un âne, et que le bardeau est le produit d'un cheval et d'une ânesse. Tous deux sont de bon usage, mais nuls pour la propagation. On fait nourrir un ânon nouveau-né par une jument; il en devient plus fort, car le lait de jument est meilleur que celui d'ânesse, et, dit-on, que tout autre lait.

---

et si quid aliud terra natum libenter edent. Anniculis jam factis dandum ordeum et furfures, usque quoad erunt lactentes. Neque prius biennio confecto a lacte removendum. Eosque cum stent cum matribus, interdum tractandum, ne cum sint dijuncti, exterreantur. Eademque causa ibi frenos suspendendum, ut equuli consuescant et videre eorum faciem, et e motu audire crepitus. Cum jam ad manus accedere consuerint, interdum imponere iis puerum, bis aut ter pronum in ventrem, postea jam sedentem. Hæc facere cum sit trimus; tum enim maxime crescere, ac lacertosum fieri. Sunt qui dicant post annum et sex menses equulum domari posse, sed melius post trimum, a quo tempore farrago dari solet. Hæc enim purgatio maxime necessaria equino pecori. Quod diebus decem facere oportet, nec pati alium ullum cibum gustare. Ab undecimo die usque ad quartum decimum dandum ordeum, quotidie adjiciendum minutatim. Quod quarto die feceris, in eo decem diebus proximis manendum; ab eo tempore mediocriter exercendum : et cum sudarit, perunguendum oleo. Si frigus erit, in equili faciendus ignis. Equi quod alii sunt ad rem militarem idonei, alii ad vecturam, alii ad admissuram, alii ad cursuram, alii ad rhedam, non item sunt spectandi atque habendi. Itaque peritus belli alios eligit, atque alit, ac docet : aliter quadrigarius, ac desultor. Neque item, qui vectarios facere vult; neque eodem modo parantur ad ephippium, aut ad rhedam : quod ut [ad rem militarem, quod] ibi ad castra habere volunt acres, sic contra in viis habere malunt placidos. Propter quod discrimen maxime institutum, ut castrentur equi. Demptis enim testiculis fiunt quietiores, (et) ideo quod semine carent; ii canterii appellantur, ut in subus maiales; in gallis gallinaceis capi. De medicina, vel plurima sunt in equis et signa morborum, et genera curationum, quæ pastorem scripta habere oportet. Itaque ob hoc in Græcia potissimum medici pecorum ἱππίατροι appellati.

VIII. Cum hæc loqueremur, venit a Menate libertus, qui dicat liba absoluta esse, et rem divinam paratam; si vellent, venirent illuc, et ipsi pro se sacrificarentur. Ego vero, *inquam*, vos ire non patiar ante, quam mihi reddideritis tertium actum de mulis, de canibus, de pastoribus. Brevis oratio de istis, inquit Murrius. Nam muli et hinni bigeneri, atque insiticii, non suopte genere ab radicibus. Ex equa enim et asino fit mulus. Contra ex equo et asina hinnus. Uterque eorum ad usum utilis, partus fructu neuter. Pullum asininum a partu recentem subjiciunt equæ, cujus lacte ampliores fiunt, quod id lacte quam asininum, ac alia omnia dicunt esse melius. Præ-

Plus tard on lui donne pour nourriture de la paille. La nourrice, non plus, ne doit pas être négligée; car il faut qu'elle allaite concurremment son propre poulain. L'âne, élevé de cette manière jusqu'à l'âge de trois ans, peut être employé à saillir les cavales, et ne les dédaignera point, habitué qu'il est de vivre toujours au milieu d'elles. L'employer plus jeune serait le faire vieillir plus tôt; et il ne donnerait que de faibles produits. Au défaut d'ânes élevés par des cavales, on choisit, pour étalon, le plus grand et le plus fort qu'on peut trouver. Il faut surtout qu'il soit de bonne race, de celle d'Arcadie, par exemple, si l'on s'en rapporte aux anciens, ou, suivant notre propre expérience, de celle de Réate, où l'on vient les chercher de trois cents et même de quatre cents milles de distance. On achète les ânes absolument comme les chevaux. Ce sont les mêmes stipulations et les mêmes garanties. On les nourrit principalement d'orge et de foin, dont on augmente la mesure quelque temps avant la monte, pour leur donner plus de vigueur. Quant à l'époque où le *peroriga* devra donner les ânes aux juments, elle est absolument la même pour les étalons des deux espèces. Le mulet ou la mule, produit de l'accouplement, devra être élevé avec soin. Les mulets nés en pays humides et marécageux ont la corne du pied molle; mais quand on a soin de leur faire passer l'été sur les montagnes, comme c'est la coutume dans le Réate, elle acquiert un degré de dureté sans pareille. L'âge et la forme sont à considérer, pour qui veut former un troupeau de mulets. L'âge, afin qu'ils soient de force à porter une charge; la forme, afin que l'œil trouve plaisir à les contempler. Un couple de mulets attelés peut tirer toute espèce de voiture. Homme de Réate, continua Murrius en s'adressant à moi, je pourrais donner mon opinion comme autorité sur cette matière; mais vous avez eu vous-même des troupeaux de cavales dans vos domaines, et vous vous êtes fait un revenu des mulets que vous en avez tiré. Le bardeau (*hinnus*) est le produit d'un cheval et d'une ânesse; il est moins grand et plus roux que le mulet, ressemble au cheval par les oreilles, et à l'âne par la crinière et la queue. Il est, comme le cheval, un an dans le ventre de sa mère; et c'est aussi aux dents qu'on reconnaît son âge.

IX. Maintenant, dit Atticus, il ne nous reste plus à parler que des chiens, race intéressante, pour nous autres surtout qui élevons des animaux à laine. Le chien est le gardien du bétail en général; mais il est le défenseur naturel des brebis et des chèvres. Le loup est là sans cesse qui les guette, et nous lui opposons les chiens. Quant aux animaux portant soie, verrats, porcs châtrés et truies, ils tiennent du sanglier, dont la dent est si meurtrière à nos chiens dans les chasses, et ont tous de quoi se défendre. Que dirai-je? Un loup ayant un jour paru au milieu d'un troupeau de mulets au pâturage, ceux-ci aussitôt, par un mouvement instinctif, formèrent un cercle autour de lui, et le tuèrent à coup de pieds. Quant aux taureaux, ils se serrent croupe contre croupe, présentant au loup les cornes de tous côtés. Pour en revenir à mon sujet, il y a deux espèces de chiens : d'abord les chiens de chasse qui sont dressés pour la bête fauve et le gibier, et les chiens de garde qui sont de la dépendance du berger. Je me borne à traiter de ces derniers, en suivant les neuf divisions méthodiques que vous avez indiquées pour le ré-

---

terea educant eum paleis fœno, ordeo. Matri suppositiciæ quoque inserviunt, quo equa ad ministerium lactis cibum pullo præbere possit. Hic ita eductus a trimo, potest admitti. Neque enim aspernatur, propter consuetudinem equinam. Hunc minorem si admiseris, est ex eo citius senescit, et quæ ex eo concipiuntur fiunt deteriora. Qui non habent eum asinum quem supposuerunt equæ, et asinum admissarium habere volunt, de asinis quam amplissimum formosissimumque possunt, eligunt. Quique seminio natus sit bono, Arcadico, ut antiqui dicebant, ut nos experti sumus, Reatino : ubi trecenis ac quadrigenis millibus admissarii aliquot venierunt. Quos emimus item ut equos, stipulamurque in emendo, ac facimus in accipiendo idem, quod dictum est in equis. Hos pascimus præcipue fœno atque ordeo, et id ante admissuram largius facimus, ut cibo suffundamus vires ad fœturam. Eodem tempore, quo equos adducentes, iidemque ut ineant equas per origas curamus. Cum peperit equa mulum, aut mulam, nutricantes educamus. Hi, si in palustribus locis atque uliginosis nati, habent ungulas molles : iidem si exacti sunt æstivo tempore in montes, quod fit in agro Reatino, durissimis ungulis fiunt. In grege mulorum parando spectanda ætas et forma. Alterum, ut vecturis sufferre labores pos- sint; alterum ut oculos aspectu delectare queant. Hisce enim binis conjunctis omnia vehicula in viis ducuntur. Hæc me Reatino auctore probares, mihi *inquit*, nisi tu ipse domi equarum greges haberes, ac mulorum greges vendidisses. Hinnus qui appellatur, est ex equo et asina, minor quam mulus corpore, plerumque rubicundior, auribus ut equinis, jubam et caudam similem asini. Item in ventre est (ut equus) menses duodecim. Hosce item ut equulos et educunt, et alunt, et ætatem eorum ex dentibus cognoscunt.

IX. Relinquitur, inquit Atticus, de quadrupedibus, quod ad canes attinet, maxime ad nos, qui pecus pascimus lanare. Canis enim ita custos pecoris, ut ejus, quod eo comite indiget ad se defendendum. In quo genere sunt maxime oves, deinde capræ. Has enim lupus captare solet, cui opponimus canes defensores. In suillo pecore tamen sunt, quæ se vindicent, sues, verres, maiales, scrofæ. Prope enim hæc apris, qui in silvis sæpe dentibus canes occiderunt. Quid dicam de pecore majore? cum sciam mulorum gregem cum pasceretur, eoque venisset lupus, ultro mulos circumfluxisse, et ungulis cædendo eum occidisse? et tauros solere diversos assistere clunibus continuatos, et cornibus facile propulsare lupos? quare

gime général des bestiaux. Il faut d'abord choisir des chiens d'âge convenable. Trop jeunes ou trop vieux, loin de défendre les brebis, ils ne peuvent se défendre eux-mêmes, et deviennent la proie des animaux féroces. Quant à l'extérieur, prenez-les de belle forme, de grande taille, avec les yeux noirs ou roux, les narines de même couleur, les lèvres rouges en tirant sur le noir, ni trop retroussées, ni trop pendantes. On examinera encore s'ils ont les mâchoires allongées et garnies de quatre dents, deux en bas, et deux en haut; celles d'en bas saillantes en dehors de la gueule; celles d'en haut droites, perpendiculaires, moins apparentes, mais également aiguës, et recouvertes en parties par les lèvres. Il est essentiel encore que les chiens aient la tête forte, les oreilles longues et souples, le cou gros et bien attaché, les jointures des ergots écartées les unes des autres, les cuisses droites, et tournées plus en dedans qu'en dehors; les pattes larges et le pas bruyant, les doigts écartés, les ongles durs et recourbés, la plante du pied molle, et pour ainsi dire dilatable comme du levain, et non pas dure comme de la corne; le corps effilé au point de jonction des cuisses, l'épine du dos ni saillante ni convexe, la queue *épaisse*, la voix sonore, la gueule bien fendue, et le poil blanc de préférence, afin qu'on puisse facilement les distinguer des bêtes fauves dans l'obscurité de la nuit. On veut aux chiennes de grosses tettes de dimension égale. La race des chiens est encore une chose à considérer. Il y a celle de Laconie, celle d'Épire, celle de Salente, ainsi désignées des pays d'où elles tirent leur origine. Voulez-vous acheter des chiens, ne vous adressez ni aux bouchers, ni aux chasseurs de profession. Les chiens de boucher ne sont point dressés à suivre le bétail; et les chiens de chasse laissent là les brebis pour courir après le premier lièvre ou cerf qui vient à passer. Les meilleurs chiens sont ceux qu'on achète à des bergers, et qui sont déjà dressés à suivre les troupeaux, ou ceux dont l'éducation n'est point encore faite. Le chien prend facilement toute habitude qu'on veut lui donner, et s'attache plus au berger qu'au troupeau. P. Aufidius Pontianus d'Amiternum avait acheté des troupeaux de brebis au fond de l'Ombrie. Les chiens étaient compris dans le marché, et les bergers devaient accompagner les troupeaux jusqu'à la foire d'Héraclée et aux bois de Métaponte. En conséquence, arrivés au lieu convenu, mes gens retournèrent chez eux sans les chiens. Mais, peu de jours après, ceux-ci, regrettant sans doute leurs anciens maîtres, vinrent d'eux-mêmes les rejoindre en Ombrie, à plusieurs journées de distance et, sans s'être nourris autrement que de ce qu'ils trouvèrent dans les champs. Notez bien qu'aucun de ces bergers sans doute n'avait fait usage de la recette recommandée par le livre de Saserna. « Pour se faire suivre d'un chien, on n'a qu'à lui donner une grenouille cuite dans l'eau. » Il importe d'avoir ses chiens tous de même race; car cette espèce d'affinité fait qu'ils se soutiennent. Quant à l'achat, qui est le quatrième dans l'ordre des considérations, même forme de transmission de la propriété; et mêmes stipulations de garantie, en cas de répétition ou de maladie de l'animal, pour les chiens que pour tout autre bétail, sauf les exceptions qui peuvent être

---

de canibus, quoniam genera duo, unum venaticum, et pertinet ad feras bestias, ac silvestres : alterum, quod custodiæ causa paratur, et pertinet ad pastorem : dicam de eo ad formam artis dispositam in novem partes. Primum ætate idonea parandi, quod catuli et vetuli neque sibi, neque ovibus sunt præsidio, et feris bestiis nonnunquam prædæ. Facie debent esse formosi, magnitudine ampla, oculis nigrantibus aut ravis, naribus congruentibus, labris subnigris aut rubicundis, neque resimis superioribus, nec pendulis subtus, mento suppresso, et ex eo enatis duobus dentibus dextra et sinistra, paulo eminulis, superioribus directis potius, quam brocchis : acutos, quos habeant, labro tectos : capitibus et auriculis magnis, ac flaccis : crassis cervicibus, ac collo : internodiis articulorum longis : cruribus rectis, et potius varis, quam vatiis : pedibus magnis, et altis, qui ingrediente ei displodantur : digitis discretis : unguibus duris, ac curvis : solo nec ut corneo, nec nimium duro, sed ut fermentato, ac molli : a feminibus summis corpore suppresso : spina neque eminula, neque curva : cauda crassa, latratu gravi, hiatu magno ; colore potissimum albo, quod in tenebris specie leonina. Præterea fœminas volunt esse mammosas æqualibus papillis. Item videndum, ut boni seminii sint. Itaque a regionibus appellantur Lacones, Epirotici, Sallentini. Videndum ne a venatoribus, aut laniis canes emas. Alteri, quod ad pecus sequendum inertes. Alteri, si viderint leporem, aut cervum, [quod] cum potius, quam oves sequuntur. Quare aut a pastoribus emta melior, quæ oves sequi consuevit : aut sine ulla consuetudine quæ fuerit. Canis enim facilius quid assuescit, eaque consuetudo firmior, quæ sit ad pastores, quam quæ ad pecudes. P. Aufidius Pontianus Amiterninus, cum greges ovium emisset in Umbria ultima, quibus gregibus sine pastoribus canes accessissent; pastores ut deducerent in Metapontinos saltus, et Heracleæ emporium : inde cum domum redissent, qui ad locum deduxerant, e desiderio hominum diebus paucis postea canes sua sponte, cum dierum multorum via interesset, sibi ex agris cibaria præbuerunt, atque in Umbriam ad pastores redierunt. Neque eorum quisquam fecerat quod in agricultura Saserna præcepit : Qui vellet se a cane sectari, uti ranam objiciat coctam. Magni interest ex semine esse canes eodem, quod cognati maxime inter se sunt præsidio. Sequitur quartum de emtione : fit alterius, cum a priore domino secundo traditum est. De sanitate et noxa stipulationes fiunt eædem, quæ in pecore, nisi quod hic utiliter exceptum est. Alii pretium faciunt in singula capita canum ; alii ut catuli sequantur matrem ; alii ut bini catuli unius canis numerum obtineant, ut solent

utiles. Quelques-uns fixent le prix à tant par tête; d'autres introduisent la condition que les petits suivront leur mère; d'autres enfin stipulent que deux petits ne comptent que pour un adulte, de même que deux agneaux pour une brebis. En général on comprend dans le marché tous les chiens qui ont coutume d'être ensemble. La nourriture du chien a plus de rapport avec la nourriture de l'homme qu'avec celle de la brebis, puisqu'on lui donne des os et des restes de table, et non des herbes ou des feuilles. Il faut avoir grand soin de lui donner à manger; autrement la faim lui fait déserter le troupeau et chercher sa vie ailleurs. Parfois aussi, poussé par le besoin, il pourrait démentir l'ancien proverbe, et commenter la fable d'Actéon, en tournant ses dents contre son maître. On fera bien de leur donner du pain d'orge détrempé dans du lait; une fois habitués à cette nourriture, ils ne s'éloignent pas facilement. Quand il meurt une brebis, gardez-vous de leur en laisser manger la chair, de peur qu'ils n'y prennent goût, et ne veuillent plus s'en passer ensuite. On donne du bouillon fait avec des os, ou les os eux-mêmes, après les avoir cassés. Ils se fortifient les dents à ronger; et l'avidité avec laquelle ils cherchent la moelle leur élargit la gueule, en donnant du jeu à leurs mâchoires. Habituez-les de bonne heure à prendre leur repas de jour dans les lieux mêmes où paît le troupeau, et celui du soir dans l'étable. Quant à la propagation de l'espèce, on fait couvrir les chiennes aux premiers jours du printemps. C'est l'époque où elles sont en chaleur (*catuliunt*). Une chienne, fécondée alors, met bas vers le solstice; car cette espèce porte ordinairement trois mois. Il faut dans l'intervalle la nourrir de pain d'orge de préférence à celui de froment, parce qu'il est plus nourrissant et donne plus de lait. Quant aux petits, il faut tout d'abord choisir dans une portée ceux qu'on veut élever, et jeter les autres. Plus on en ôte à la mère, plus ceux qui restent deviennent forts, le lait étant moins partagé. On leur fait un lit de paille, ou de quelque substance analogue; car, mollement couchés, ils profitent mieux. Les petits chiens commencent à voir clair au bout de vingt jours. On les laisse avec leur mère pendant les deux premiers mois, et peu à peu ils s'en déshabituent d'eux-mêmes. On dresse les chiens en en réunissant plusieurs qu'on excite à se battre ensemble : cet exercice les dégourdit. Mais il ne faut pas le pousser au point de les fatiguer et de les affaiblir. Pour les accoutumer à l'attache, on commence par un lien léger, en les battant chaque fois qu'ils font mine de le ronger, jusqu'à ce qu'ils en perdent l'habitude. Quand il pleut, on garnit leur loge d'herbes et de feuillage, afin de les tenir propres et de les préserver du froid. Quelques-uns croient, en les châtrant, leur ôter l'envie de s'éloigner du troupeau. D'autres s'abstiennent de cette opération, qui, selon eux, les énerve. Il en est encore qui leur frottent les oreilles et l'entre-deux des ergots avec des amandes pilées dans de l'eau, pour les garantir des mouches, des tiques et des puces, dont la piqûre engendre des ulcères dans ces parties. On empêche les chiens d'être blessés par les bêtes féroces, au moyen d'une espèce de collier qu'on appelle *mellum*; c'est une large zone de cuir bien épais, qui leur entoure le cou. On a soin de la hérisser de clous à tête, de la garnir, en dessous, d'un autre cuir plus douillet, qui recouvre la tête de ces clous, et empêche le fer d'en-

---

bini agni ovis. Plerique ut accedant canes, qui consuerunt esse una. Cibatus canis propior hominis, quam ovis. Pascitur enim e culina et ossibus, non herbis aut frondibus. Diligenter ut habeant cibaria providendum. Fames enim hos ad quærendum cibum ducet, si non præbebitur, et a pecore abducet. Nisi si (ut quidam putant) etiam illuc pervenerint, proverbium ut tollant antiquum : vel etiam ut μῦθον aperiant de Actæone, atque in dominum afferant dentes. Nec non ita panem ordeaceum daudum, ut non potius eum in lacte des intritum, quod eo consueti cibo uti, a pecore non cito descisceunt. Morticinæ ovis non patiuntur vesci carne, ne ducti sapore minus se abstineant. Dant etiam jus ex ossibus, et ea ipsa ossa contusa. Dentes enim facit firmiores, et os magis patulum : propterea quod vehementius diducuntur malæ, acrioresque fiunt propter medullarum saporem. Cibum capere consuescunt interdiu, ubi pascuntur : vesperi, ubi stabulantur. De fœtura, principium admittendi faciunt veris principio : tunc enim dicuntur catulire, id est, ostendere velle se maritari. Quæ cum admissæ, pariunt circiter solstitio. Prægnantes enim solent esse ternos menses. In fœtura dandum potius ordeaceos quam triticeos panes. Magis enim eo aluntur, et lactis præbent majorem facultatem. In nutricatu secundum partum si plures sunt, statim eligere oportet quos habere velis, reliquos abjicere. Quam paucissimos relinqueris, tam optimi fiunt in alendo fiunt propter copiam lactis. Substernitur eis acus, aut quid [item] aliud, quod molliore cubili facilius educantur. Catuli diebus xx videre incipiunt. Duobus mensibus primis a partu non dijunguntur a matre, sed minutatim desuefiunt. Educant eos plures in unum locum et irritant ad pugnandum, quo fiant acriores, neque defatigari patiuntur, quo fiant segniores. Consue quoque faciunt ut alligari possint, primum levibus vinclis : quæ si abrodere conantur, ne id consuescant facere, verberibus eos deterrere solent. Pluviis diebus cubilia substernenda fronde aut pabulo, duabus de causis, ut ne oblinantur, aut perfrigescant. Quidam eos castrant, quod eo minus putant relinquere gregem. Quidam non faciunt, quod eos credunt minus acres fieri. Quidam nucibus græcis in aqua tritis perungunt aures, et inter digitos; quod muscæ, et ricini, et pulices soleant (si hoc unguine non sis usus) ea exulcerare. Ne vulnerentur a bestiis, imponuntur his collaria, quæ vocantur mellum, id est cingulum circum collum ex corio firmo cum clavulis capitatis, quæ intra capita insuitur pellis mollis, ne noceat collo duritia ferri. Quod si lupus, aliusve quis his vulne-

tamer la peau du chien. Du moment qu'une bête féroce, loup ou autre, a senti les clous qui garnissent le collier, tous les chiens du troupeau, avec ou sans collier, sont à l'abri de ses attaques. Le nombre des chiens doit être en raison de la force du troupeau. D'ordinaire on en compte un par berger; mais cette proportion peut varier dans certains cas. Si, par exemple, les bêtes féroces abondent dans le pays, il faut multiplier les chiens. C'est une nécessité quand l'on conduit un troupeau à quelque lointaine station d'hiver ou d'été, et qu'on a des forêts à traverser; à un troupeau sédentaire un couple de chiens suffit. Il est bon que ce soit mâle et femelle : ils en sont plus attachés, et, par émulation, plus hardis. D'ailleurs, si l'un des deux est malade, le troupeau ne chôme pas. Ici Atticus regarda autour de lui, comme pour dire : Ai-je oublié quelque chose? Voilà un silence, m'écriai-je, qui appelle en scène un autre interlocuteur.

X. En effet, l'acte ne sera fini que lorsqu'on nous aura instruit de tout ce qui concerne le personnel des pâtres; proportions numériques et conditions individuelles. Cossinius dit alors : Pour le gros bétail il faut des hommes faits; pour le menu, des enfants suffisent. Mais il faut plus de force physique chez les pâtres nomades, qui passent leur vie par voie et par chemin, que chez ceux qui paissent leurs troupeaux dans les environs d'une ferme et rentrent chaque soir au logis. Aussi ne voit-on remplir cet office au milieu des bois que par des hommes dans la vigueur de l'âge, et bien armés; tandis que pour le pacage sédentaire, il ne faut qu'un petit garçon, de même qu'une petite fille, pour tout surveillant. Dans les pâturages éloignés les bergers doivent pendant le jour réunir et faire paître en commun leurs troupeaux, et pendant la nuit rester séparément chacun auprès du sien. Ils seront tous placés sous les ordres d'un seul intendant, de plus d'âge et d'expérience que ses subalternes; car on obéit assez volontiers à plus vieux et plus instruit que soi. Il ne faut pas cependant qu'il soit vieux au point de moins supporter les fatigues de sa condition; car les vieillards non plus que les enfants ne sont propres à franchir des sentiers difficiles, et à gravir des montagnes à pied; fatigues auxquelles sont journellement exposés ceux qui mènent paître au loin le gros bétail, notamment les troupeaux de chèvres, qui se plaisent sur les rochers ou dans les forêts montagneuses. Il faut donc se procurer des pâtres robustes, alertes et agiles, pourvus de membres bien dispos, et capables non-seulement de suivre les troupeaux, mais encore de les défendre contre les bêtes féroces et les brigands; des hommes en état de soulever les fardeaux pour charger les bêtes de somme, de courir si le cas l'exige, et de lancer des traits. Tout peuple n'est pas apte indifféremment aux fonctions de pâtres; un Basculien, un Turdulien ne saurait s'en tirer. Les Gaulois y sont éminemment propres, surtout s'il s'agit du service des bêtes de somme. En ce qui concerne l'acquisition, il y a six manières d'obtenir la propriété d'un pâtre : 1° par droit d'hérédité; 2° par voie de *mancipation*, c'est-à-dire en les recevant d'une personne qui est en condition légale d'en transmettre la possession; 3° par cession, opérée, où, et à qui de droit; 4° par investiture d'*usucapion*; 5° par adjudication. Le pécule du pâtre passe ordinairement à l'acheteur par droit d'accession, à moins qu'on ne s'en réserve la propriété par

---

ratus est, reliquas quoque canes facit, quæ id non habent, ut sint in tuto. Numerus canum pro pecoris multitudine solet parari. Fere modicum esse putant, ut singuli sequantur singulos opiliones : de quo numero alius alium modum constituit. Quod si sunt regiones ubi bestiæ sint multæ, debent esse plures. Quod accidit iis, qui per calles silvestres longinquos solent comitari in æstiva et hiberna. Villatico vero gregi in fundum satis esse duo, et id marem et fœminam. Ita enim sunt assiduiores, quod cum altero idem fit acrior, et si alter indesinenter æger est, ne sine cane grex sit. Cum circumspiceret Atticus ne quid præterisset : Hoc silentium, *inquam*, vocat alium ad partes.

X. Reliquum enim in hoc actu, quot, et quod genus sint habendi pastores. Cossinius, ad majores pecudes ætate superiores, ad minores etiam pueros, et utroque horum firmiores, qui in callibus versentur, quam eos, qui in fundo quotidie ad villam redeant. Itaque in saltibus licet videre juventutem, et eam fere armatam; cum in fundis non modo pueri, sed etiam puellæ pascant. Qui pascunt, eos cogere oportet, in pastione diem totum [esse,] pascere communiter; contra, pernoctare ad suum quemque gregem. Esse omnes sub uno magistro pecoris : eum, esse majorem natu potius quam alios, et peritiorem quam reliquos : quod iis, qui ætate et scientia præstant, animo æquiore reliqui parent. Ita tamen oportet ætate præstare, ut non propter senectutem minus sustinere possit labores. Neque enim senes, neque pueri callium difficultatem, ac montium arduitatem, atque asperitatem facile ferunt : quod patiendum illis, qui greges sequuntur, præsertim armenticios ac caprinos, quibus rupes ac silvæ ad pabulandum cordi. Formæ hominum legendæ, ut sint firmæ, ac veloces, mobiles, expeditis membris : qui non solum pecus sequi possint, sed etiam a bestiis ac prædonibus defendere : qui onera extollere in jumenta possint, qui excurrere, qui jaculari. Non omnis apta natio ad pecuariam, neque Bastulus, neque Turdulus idonei. Galli appositissimi, maxime ad jumenta. In emtionibus dominum legitimum sex fere res perficiunt : si hæreditatem justam adiit : si, ut debuit, mancipio ab eo accepit, a quo jure civili potuit : aut si in jure cessit, cui potuit cedere, et id ubi oportuit : aut si usu cepit : aut si e præda sub corona emit : tumve cum in bonis sectioneve cujus publice venit. In horum emtione solet accedere peculium, aut excipi, et stipulatio intercedere, sanum eum esse, furtis noxisque solutum : aut si mancipio non datur, dupla promitti : aut si ita pacti, simpla. Cibus

une clause particulière. On stipule en outre que l'esclave qu'on achète est sain, et que l'acquéreur est garant de toute répétition en raison de vols qu'il pourrait avoir commis, ou des dommages qu'il pourrait avoir causés. Suivant les conventions faites entre les deux parties, le vendeur s'engage à payer, en cas d'éviction, le double du prix, ou à rendre simplement la somme qu'il a reçue. Les pâtres devront prendre leurs repas séparément, chacun auprès de son troupeau ; mais le soir on fera souper en commun tous ceux qui obéissent au même intendant. L'intendant en chef devra pourvoir à tout ce qui est nécessaire aux hommes et au troupeau pendant les voyages. Ce soin doit surtout s'étendre à l'entretien des pâtres, et au traitement des bestiaux en cas de maladies. Les maîtres doivent avoir à cet effet des bêtes de charge, juments ou autres, propres à porter à dos tout ce qui est nécessaire. Quant à la propagation de l'espèce, les pâtres occupés sur le fond même peuvent facilement y trouver une campagne ; Vénus pastorale n'en demande pas plus. Quant à ceux qui séjournent continuellement dans les bois et les montagnes, et n'ont d'autre abri contre les injures du temps que des cabanes construites à la hâte, beaucoup sont d'avis qu'on fait bien de leur associer des femmes qui suivent les troupeaux, préparent les repas des pâtres, et sont pour eux un lien qui les attache au devoir. Ces femmes devront être robustes sans être difformes, et non moins capables de travail que les hommes. Le type s'en rencontre en beaucoup de contrées, notamment en Illyrie ; on les voit mener paître elles-mêmes le bétail, apporter le bois pour faire du feu, et préparer les repas, en gardant avec soin les différents ustensiles dans les cabanes.

Quant à l'allaitement, je me borne à dire que les mères sont elles-mêmes nourrices. Ici, Trémellius, se tournant vers moi : C'est précisément, dit-il, ce que vous m'avez dit vous-même avoir vu en Liburnie, des mères de famille avec une charge de bois sur les épaules, et en même temps un ou deux nourrissons sur les bras. Que vous en semble auprès de nos languissantes accouchées, étendues sur des lits de repos pendant plusieurs jours? n'est-ce pas une pitié? Le fait est vrai, lui dis-je, mais voici qui est plus fort : on voit en Illyrie des femmes grosses qui, sentant qu'elles vont accoucher, quittent un moment leur ouvrage, vont à quelques pas se délivrer, et reviennent, portant un enfant qu'elles semblent plutôt avoir trouvé que mis au monde. Autre particularité : les filles de vingt ans, qu'on appelle vierges en ce pays, peuvent, sans blesser la coutume, s'abandonner au premier venu avant le mariage ; aller seules où bon leur semble, et avoir des enfants. Touchant la question médicale, l'intendant doit avoir par écrit tout ce qui concerne les maladies auxquelles hommes et bestiaux sont sujets, afin d'être en état de les guérir sans avoir recours au médecin. On voit que l'intendant doit avoir une teinture des lettres, pour remplir convenablement ses devoirs ; sans quoi il ne pourrait même rendre compte à son maître de sa gestion. Quant au chiffre relatif du nombre des bergers, on le hausse, on le baisse suivant les cas : j'ai, moi, un berger pour quatre-vingts brebis à grosse laine, et Atticus pour cent. On peut en simplifier le nombre en faisant les troupeaux plus considérables ; de mille têtes par exemple, ce qui ne serait pas sans inconvénient avec des troupeaux moindres, comme ceux d'Atticus et les miens ne sont en effet que de sept cents bêtes;

---

eorum debet esse interdius separatim uniuscujusque gregis. Vespertinus in cœna, qui sunt sub uno magistro, communis. Magistrum providere oportet, ut omnia sequantur instrumenta, quæ pecori et pastoribus opus sunt, maxime ad victum hominum, et ad medicinam pecudum : ad quam rem habent jumenta dossuaria domini, alii equas, alii pro his quid aliud, quod onus dorso ferre possit. Quod ad fœturam humanam pertinet pastorum, qui in fundo perpetuo manent, facile est, quod habeant conservam in villa. Nec hac Venus pastoralis longius quid quærit. Qui autem sunt in saltibus, et silvestribus locis pascunt, et non villa, sed casis repentinis imbres vitant : his mulieres adjungere, quæ sequantur greges, ac cibaria pastoribus expediant, eosque assiduiores faciant, utile arbitrati multi. Sed eas mulieres esse oportet firmas, non turpes, quæ in opere, ut in multis regionibus, non cedant viris, ut in Illyrico passim videre licet, quod vel pascere pecus, vel ad focum afferre ligna, ac cibum coquere, vel ad casas instrumentum servare possint. De nutricatu hoc dico, easdem fere et nutrices, et matres. Tremellius simul aspicit ad me, et, Ut te audii dicere, inquit, cum in Liburniam venisses, te vidisse matres familias eorum afferre ligna, et simul pueros, quos alerent, alias singulos, alias binos, quæ ostenderent fœtas nostras, quæ in conopeis jacent dies aliquot, esse ejunculas, ac contemnendas. Cui ego : Certe, *inquam*; nam in Illyrico hoc amplius, prægnantem sæpe, cum venit pariendi tempus, non longe ab opere discedere, ibique enixam puerum referre, quem non peperisse, sed invenisse putes. Nec non etiam hoc, quas virgines ibi appellant, nonnunquam annorum xx, quibus mos eorum non denegavit, ante nuptias ut succumberent quibus vellent, et incomitatis ut vagari liceret, et filios habere. Quæ ad valetudinem pertinent hominum ac pecoris, ut sine medico curari possint, magistrum scripta habere oportet. Is enim sine literis idoneus non est, quod rationes dominicas pecuarias conficere nequidquam recte potest. De numero pastorum alii angustius, alii laxius constituere solent. Ego in octogenas hirtas oves singulos pastores constitui, Atticus in centenas. In gregibus ovium, sed magnis, quos milliarios faciunt quidam, facilius de summa hominum detrahere possunt, quam de minoribus, ut sunt et Attici et mei. Septingenarii enim mei : tu opinor, octingenarios habuisti. Nec tamen non ut nos arietum decimam partem. Ad equarum

vous en avez eu, je crois, de huit cents, où cependant les mâles ne se trouvaient qu'en même proportion, c'est-à-dire un bélier sur dix brebis. Pour un troupeau de cinquante cavales il faudra deux hommes, chacun d'eux ayant à sa disposition une jument dressée, pour lui servir de monture lorsqu'il conduira ses cavales dans les pâturages d'hiver ou d'été, soit en Apulie, soit dans le pays des Lucaniens.

XI. Maintenant que nous avons rempli notre tâche, dit Cossinius, allons-nous-en. Pas encore, m'écriai-je; il faut au préalable qu'on ait traité, comme nous en sommes convenus, des deux produits supplémentaires qu'on tire des troupeaux, savoir, le lait ou fromage, et la laine des brebis. Cossinius alors reprit en ces termes : Le lait de brebis, en effet, et après lui le lait de chèvre, sont de tous les aliments liquides celui qui contient le plus de substance nutritive. Comme purgatif, le lait de cavale se place le premier; puis viennent successivement le lait d'ânesse, le lait de vache, et enfin le lait de chèvre. En outre, les propriétés du lait varient, suivant la qualité de la nourriture, la condition du bétail, et l'époque où l'on trait.

De la qualité de la nourriture : l'orge, la paille, et en général tout fourrage sec, mais de nature substantielle, donne un lait nourrissant. Le lait est purgatif s'il provient d'un bétail mis au vert, surtout quand le vert contient de ces herbes qui ont un effet laxatif sur le corps humain. De la condition du bétail : le lait d'une bête saine et de bon âge vaut sans doute mieux que celui d'une bête malade ou vieille. De l'époque où l'on trait : le meilleur lait est celui qu'on prend sortant du pis, et qui n'a pas été tiré trop tôt après que la bête a mis bas. Les fromages de vache sont les plus agréables au goût, mais les plus difficiles à digérer. Ceux de brebis viennent après. Les moins appétissants, mais les plus digestifs, sont ceux de lait de chèvre. Il faut encore distinguer entre fromage mou et de façon récente, et fromage vieux et sec. Le fromage mou est plus délicat comme aliment, et tient moins à l'estomac. C'est le contraire quand il est sec et vieux. La confection des fromages dure du lever des Pléiades de printemps au lever des Pléiades d'été. On trait les animaux le matin pendant la durée du printemps, et à midi dans les autres saisons : ce n'est point toujours une règle fixe; elle est subordonnée aux circonstances de pâturage et de localité. Pour faire cailler deux *congii* de lait, on prend gros comme une olive de présure. Celle du lièvre et du chevreau est meilleure que celle de l'agneau : quelques personnes se servent pour cela du lait qui sort du figuier, mêlé de vinaigre. On emploie encore d'autres substances. Les Grecs appellent le lait de figuier ὀπὸς, (suc), tantôt δάκρυος (larme). Je serais porté à croire, dis-je, que le figuier que l'on voit auprès de la chapelle Ruminale y fut planté par des bergers; car c'est là qu'on fait, pour les enfants à la mamelle, des sacrifices où l'on offre du lait au lieu de vin. On disait autrefois *rumis* ou *ruma* pour mamelle, et encore aujourd'hui on appelle *subrumi* les agneaux qui tettent, comme on dit *lactentes*, de *lac*. Cossinius continua, et dit : Il faut aussi saupoudrer de sel les fromages, de sel fossile préférablement au sel marin. Quant à la tonte des brebis, je commence toujours par m'assurer si elles ne sont point galeuses ou affectées d'ulcères, afin de commencer, dans ce cas, par les guérir. L'époque de la tonte

---

gregem quinquagenarium bini homines. Utique uterque horum ut secum habeat equas domitas singulas in iis regionibus, in quibus stabulari solent equas abigere, ut in Appulia, et in Lucanis accidit sæpe.

XI. Quoniam promissa absolvimus, *inquit*, eamus. Siquidem, *inquam*, adjeceritis de extraordinario pecudum fructu, ut prædictum est, (de) lacte, caseo, et tonsura lanæ. Est enim lac omnium rerum, quas cibi causa capimus, liquentium maxime alibile, et id ovillum, inde caprinum. Quod autem maxime perpurget, est equinum, tum asininum, dein bubulum, tum caprinum. Sed horum sunt discrimina quædam, et a pastionibus, et a pecudum natura, et a mulctu. A pastionibus, quod fit ab ordeo, et stipula, et omnino arido et firmo cibo pecude pasta, id alibile. Ad perpurgandum id, quod ab viridi pascuo, et eo magis si usa est ea herba, quæ ipsa sumta perpurgare corpora nostra solet. A pecudum natura, quod lac melius est a valentibus, et ab iis quæ nondum veteres sunt, quam si est contra. A mulgendo, atque ortu optimum est id quod neque emunctum longe abest a mulso, neque a partu continuo est sumtum. Ex hoc lacte casei qui fiunt, maximi cibi sunt bubuli, et qui difficillime transeant sumti; secundo ovilli; minimi cibi, et qui facillime dejiciantur, caprini. Est etiam discrimen, utrum casei molles ac recentes sint, an aridi et veteres. Cum molles sunt, magis alibiles, in corpore non resides : veteres et aridi contra. Caseum facere incipiunt a vergiliis vernis exortis ad æstivas vergilias. Mulgeut vere ad caseum faciundum mane, aliis temporibus meridianis horis : tametsi propter loca, et pabulum disparile non usquequaque idem fit. In lactis duos congios addunt coagulum magnitudine olivæ, ut coeat. Quod melius leporinum, et hædinum quam agninum. Alii pro coagulo addunt de fici ramo lac, et acetum. Aspergunt item aliis aliquot rebus, quod Græci appellant alii ὀπὸν, alii δάκρυον. Non negarim, *inquam*, ideo apud divæ Ruminæ sacellum a pastoribus satam ficum. Ibi enim solent sacrificari lacte pro vino, et pro lactentibus. Mammæ enim rumis, sive rumæ, ut ante dicebant, a rumi; et inde dicuntur subrumi agni : lactentes, a lacte. Quin aspergi solent sales : melior fossilis quam marinus. De tonsura ovium, primum animadverto ante quam incipiam facere, num scabiem aut ulcera habeant, ut, si opus est, ante curentur, quam tondeantur. Tousuræ tempus inter æquinoctium vernum, et solstitium, cum sudare inceperunt oves. A quo sudore recens lana tonsa sucida appellata est. Tonsas recentes co-

est l'espace de temps compris entre l'équinoxe du printemps et le solstice, c'est-à-dire lorsque les brebis commencent à transpirer. C'est ce qui fait qu'on nomme la laine nouvellement coupée *sucida* (laine avec le suint). Immédiatement après la tonte on frotte les brebis d'un mélange de vin et d'huile. Quelques-uns ajoutent de la cire blanche et du saindoux. Si on les couvre de peaux, il faut, avant de les envelopper, enduire l'intérieur de la même substance. Quand on blesse une brebis en la tondant, on applique à la plaie un emplâtre de poix fondue. Ici on tond les brebis à grosse laine au temps où se fait la moisson de l'orge, ailleurs, c'est avant la fenaison. A l'exemple des habitants de l'Espagne citérieure, quelques personnes tondent leurs brebis deux fois par an, de six mois en six mois. Elles se donnent double tâche dans l'espoir d'obtenir plus de laine; de même qu'on fauche deux fois les prairies, pour en tirer plus de foin. Les gens soigneux étendent sous les brebis de petites nattes, pour qu'aucun flocon ne se perde. Il faut pour la tonte un temps serein, et le moment le plus favorable est de la quatrième heure à la dixième; car la grande chaleur, qui met en sueur les brebis, donne à la laine plus de poids, de moelleux, et d'éclat. La laine fraîchement coupée s'appelle *vellus* ou *velumen* (ce qui s'arrache); d'où l'on voit clairement que la coutume d'arracher la laine a précédé celle de la tondre. Ceux qui procèdent encore suivant l'ancienne méthode font jeuner les brebis trois jours à l'avance, parce que l'animal étant affaibli, la laine cede plus facilement à la main. On dit que les premiers barbiers sont venus de Cilicie vers la 454ᵉ année de la fondation de Rome (c'est ce qui résulte du nom de l'inscription d'Ardée); et qu'ils ont été introduits en Italie par P. Licinius Ména. La prolixité de la chevelure et de la barbe, dans les statues antiques, témoigne encore d'un temps où l'on ne coupait ni l'une ni l'autre. Si la brebis, reprit Cossinius, nous fournit la laine dont nous nous habillons, le poil de la chèvre s'emploie diversement pour la marine, la construction des machines de guerre, et les procédés de l'industrie. Certains peuples se couvrent le corps de la peau même des brebis, comme les Gétules et les Sardes. Cet usage paraît même avoir existé chez les Grecs d'autrefois, comme on le voit par la dénomination de διφθερίας, donnée dans leurs tragédies à certains vieillards, et sur notre théâtre, aux personnages d'habitudes rustiques; pour témoins, le jeune homme dans l'Hypobolimée de Cécilius, et le père dans l'Heautontimorumenos de Térence. La tonte des chèvres est en usage en Phrygie, où l'espèce à longs poils est commune. C'est de cette contrée que nous viennent les tissus de poil que nous appelons cilices, ainsi nommés parce que c'est en Cilicie qu'a commencé l'habitude de tondre les chèvres. Ainsi parla Cossinius, sans trouver de contradicteurs. En ce moment vint à nous un affranchi de Vitulus, sortant des jardins de ville de son patron. Mon maître, nous dit-il, m'envoie vous prier de moins entamer son jour de fête, et de venir le trouver le plus tôt possible. Nous acceptâmes l'invitation, mon cher Niger, Turranius, Scrofa et moi, nous allâmes rejoindre Vitulus dans ses jardins. Le reste de la société s'en retourna les uns chez eux, les autres chez Ménas.

---

dem die perungunt vino, et oleo : non nemo admixta cera alba, et adipe suilla. Et si ea tecta solet esse, quam habuit pellem injectam, eam intrinsecus eadem re perinungunt, et tegunt rursus. Si qua in tonsura plagam accepit, eum locum oblinunt pice liquida. Oves hirtas tondent circiter ordeaceam messem : in aliis locis ante fœnisicia. Quidam has in anno bis tondent, ut in Hispania citeriore, ac semestres faciunt tonsuras. Duplicem impendunt operam, quod sic plus putant fieri lanæ. Quo nomine quidam bis secant prata. Diligentiores tegeticulis subjectis oves tondere solent, nequi flocci intereant. Dies ad eam rem sumuntur sereni, et iis id faciunt fere a quarta ad decimam horam : quoniam sole calidiore tonsa ex sudore ejus lana fit mollior, et ponderosior, et colore meliore. Quam demptam ac conglobatam, alii vellera, alii velumina appellant. Ex quorum vocabulo animadverti licet, prius lanæ vulsuram quam tonsuram inventam. Qui etiam nunc vellunt, ante triduo habent jejunas, quod languidæ minus radices lanæ retinent. Omnino tonsores in Italia primum venisse ex Cilicia dicunt post R. C. A. CCCCLIV; ut scriptum in publico Ardeæ in literis extat, eosque adduxisse P. Ticinium Menam. Olim tonsores non fuisse adsignificant antiquorum statuæ, quod pleræque habent capillum, et barbam magnam. Suscipit Cossinius : Ut fructum ovis e lana ad vestimentum, sic capra pilos ministrat ad usum nauticum, et ad bellica tormenta, et fabrilia vasa. Neque non quædam nationes harum pellibus sunt vestitæ, ut in Getulia et in Sardinia. Cujus usum apud antiquos quoque Græcos fuisse apparet, quod in tragœdiis senes ab hac pelle vocantur διφθερίαι, et in comœdiis; qui in rustico opere morantur, ut apud Cæcilium in Hypobolimæo habet adolescens, apud Terentium in Heautontimorumeno senex. Tondentur, quod magnis villis sunt, in magna parte Phrygiæ; unde cilicia et cætera ejus generis fieri solent. Sed quod primum ea tonsura in Cilicia sit instituta, nomen id Cilicas adjecisse dicunt. Illi hoc. Neque ab hoc, quod mutaret Cossinius. Et simul Vituli libertus in urbem veniens ex hortis divertitur ad nos : Et ego ad te missus, inquit, ibam domum rogatum, ne diem festum faceres breviorem, et mature venires. Itaque discedimus ego et Scrofa in hortos ad Vitulum, Niger Turrani noster. Alii partim domum, partim ad Menatem.

LIVRE III.

I. L'existence humaine a deux modes, Q. Pinnus, manifestement aussi distincts de théâtre que d'origine, la vie des champs et celle des cités. La vie champêtre est de beaucoup la plus ancienne. Longtemps avant qu'il y eût des villes, les campagnes avaient des habitants. Pour la Grèce, suivant la tradition, la plus ancienne des cités est Thèbes, fondée en Béotie par le roi Ogygès. Pour la campagne romaine, c'est Rome, création du roi Romulus, (car c'est maintenant qu'on peut dire, avec plus vérité qu'on ne pouvait faire à l'époque où écrivait Ennius : « qu'il y a environ sept cents ans, plus ou moins, que la célèbre ville de Rome a été bâtie sous les auspices les plus augustes ») Or, en admettant que l'existence de Thèbes soit antérieure au cataclysme d'Ogygès, on ne saurait cependant faire remonter à plus de deux mille ans la fondation de cette ville. Maintenant rapprochez cette date de celle où l'on a commencé à cultiver les champs, où les hommes n'avaient d'autres demeures que des cabanes et des chaumières, ne sachant ce que c'était que portes ni que murailles : il s'établit une antériorité presque immémoriale de l'habitation agricole sur l'habitation urbaine. Et il n'y a pas là de quoi surprendre : la nature nous a donné les campagnes, c'est l'art qui a construit les villes. Or l'invention des arts en Grèce ne remonte, dit-on, qu'à mille ans, tandis que de tous temps la terre a été susceptible de culture. Mais la vie agricole n'est pas seulement la plus ancienne, elle est encore la plus recommandable. Ce n'était pas sans raison que nos ancêtres constamment reportaient la population de la ville dans la campagne. Rome, en faisant de ses citoyens des paysans, assurait sa subsistance pendant la paix, et son intégrité en cas de guerre. Il y avait une signification dans tous ces noms de mère et de Cérès donnés indistinctement à la Terre; dans cette croyance de la sainteté, de l'utilité de la profession de cultivateur, qui faisait honorer ceux qui l'exerçaient comme les seuls restes de l'antique race de Saturne. C'est dans le même esprit qu'on a nommé *Initia* (initiation) les cérémonies particulières du culte de Cérès. Une autre preuve de l'antériorité de la vie champêtre sur la vie des cités, c'est le nom même de la ville de Thèbes, nom qu'elle a reçu de la nature de son sol, et non de son fondateur. Car, dans l'ancienne langue de la Grèce, comme encore aujourd'hui chez les Éoliens, peuple originaire de la Béotie, un monticule s'appelait Teba sans aspiration; et le mot est encore usité parmi les Pélasges, venus de la Grèce dans la campagne sabine. Il en existe même un monument dans le pays; car on voit sur la voie Salaria, non loin de Réate, une butte milliaire qui s'appelle Tebæ. L'exiguïté des possessions dans l'origine ne comportait pas de distinction entre l'agriculture et l'éducation des bestiaux. Issus de bergers, les hommes de ce temps semaient et faisaient paître leurs troupeaux dans le même champ; mais plus tard, quand quelques-uns se furent agrandis, les troupeaux furent mis à part, et l'on vit surgir les dénominations spéciales de pâtre et de cultivateur. L'occupation du premier est elle-même divisible en deux parties, que l'on n'a point jusqu'ici distinguées suffisamment. Autre en effet est le régime des animaux nourris dans l'intérieur d'une ferme, et de ceux qu'on mène paître au dehors : celui-ci constitue une profession bien

LIBER TERTIUS.

I. Cum duæ vitæ traditæ sint hominum, rustica, et urbana, Q. Pinni, dubium non est, quin hæ non solum loco discretæ sint, sed etiam tempore diversam originem habeant. Antiquior enim multo rustica, quod illo tempus, cum rura colerent homines, neque urbem haberent. Etenim vetustissimum oppidum cum sit traditum Græcum, Bœotiæ Thebæ, quod rex Ogyges ædificarit; in agro Romano Roma, quam Romulus rex : (nam in hoc nunc denique est, ut dici possit, non cum Ennius scripsit, *Septingenti sunt paulo plus aut minus anni, augusto augurio postquam inclita condita Roma est.*) Thebæ, quæ ante cataclysmon Ogygi conditæ dicuntur, eæ tamen circiter duo millia annorum et centum sunt. Quod tempus si referas ad illud principium, quo agri coli sunt cœpti, atque in casis et tuguriis habitabant, nec murus nec porta quid esset sciebant : immani numero annorum urbanos agricolæ præstant. Nec mirum, quod divina natura dedit agros, ars humana ædificavit urbes. Cum artes omnes dicantur in Græcia intra mille annorum repertæ, agri nunquam non fuerint in terris, qui coli possint. Neque solum antiquior cultura agri, sed etiam melior. Itaque non sine causa majores nostri ex urbe in agris redigebant suos cives, quod et in pace a rusticis Romanis alebantur, et in bello ab his tuebantur. Nec sine causa Terram eandem appellabant matrem, et Cererem, et qui eam colerent, piam et utilem agere vitam credebant, atque eos solos reliquos esse ex stirpe Saturni regis. Cui consentaneum est, quod Initia vocantur potissimum ea, quæ Cereri fiunt sacra. Nec minus oppidi quoque nomen Thebæ indicant antiquiorem esse agrum, quod ab agri genere, non a conditore nomen ei est impositum. Nam lingua prisca et in Græcia Æoleis Bœotii sine afflatu vocant collis Tebas : et in Sabinis, quo e Græcia venerunt Pelasgi, etiam nunc ita dicunt. Cujus vestigium in agro Sabino via Salaria non longe a Reate milliarius clivus appellatur Tebæ. Cum agriculturam primo propter paupertatem maxime indiscretam haberent, quod a pastoribus qui erant orti in eodem agro et serebant et pascebant : qui postea creverunt, peculia diviserunt, ac factum, ut dicerentur alii agricolæ, alii pastores. Quæ ipsa pars duplex est, tametsi ab nullo satis discreta, quod altera est villatica pastio, altera agrestis. Hæc nota et nobilis, quod et pecuaria appellatur, et multum homines locupletat, et ob eam rem aut conduc-

connue et très-considérée, désignée particulièrement par le mot de *pecuaria*. Elle enrichit ceux qui la professent, qu'elle oblige à acheter ou à louer un parcours étendu : l'autre est la basse-cour, occupation moins relevée, dont on a fait une sorte d'annexe de l'agriculture, et que nulle personne n'a, que je sache, traitée spécialement dans toute son étendue. Moi, j'ai toujours cru que l'économie rurale, embrassant indistinctement tout ce qui donne produit, devait se diviser en trois parties : la culture, l'éducation des bestiaux, et l'entretien de la basse-cour. J'ai donc songé à traiter la matière en trois livres, dont deux sont déjà écrits; j'ai adressé le premier, qui est sur l'agriculture, à ma femme Fundania, et l'autre, de l'éducation des bestiaux, à Turranius Niger. Reste donc le troisième, concernant les produits de la basse-cour; et c'est à vous, mon voisin et bon ami, que je veux l'offrir. Votre villa, si remarquable par l'élégance de sa construction tant extérieure qu'intérieure, et par la richesse de ses mosaïques, ne vous paraîtrait pas digne de vous, si les murs, au dedans, n'étaient garnis de livres, l'ornement auquel vous tenez le plus. Mon désir est de contribuer, autant qu'il est en moi, à ce que, dans cette belle propriété, le produit réponde à la main-d'œuvre. Je vous envoie donc ce livre, résumé d'un entretien sur ce qui constitue la perfection en fait de maison de campagne; et je commence ainsi :

II. C'était durant les comices pour l'édilité, et par la plus grande chaleur du jour. Axius, mon camarade de tribu, et moi, nous venions de sortir, mais nous voulions rester à portée d'accompagner notre candidat quand il retournerait chez lui. Axius me dit : Si nous allions nous mettre à l'ombre dans la villa publi-que pendant qu'on fera le relevé des suffrages, au lieu de nous entasser dans la moitié de tente que notre candidat peut nous offrir? En fait de mauvais conseil, lui répondis-je, si le proverbe dit vrai, tant pis pour qui le demande. Quand il est bon, tant mieux pour qui le donne et pour qui le reçoit. Nous entrons donc dans la villa publique, et nous y trouvons l'augure Appius Claudius, se levant sur un banc, prêt à répondre au consul s'il le consultait. Il avait à sa gauche Cornélius Mérula (merle), de famille consulaire, et Fircellius Pavo (paon), de Réate; et à sa droite Minutius Pica (pie), et M. Pétronius Passer (moineau). Nous allâmes à lui; et Axius lui dit en souriant : Ne voulez-vous pas nous admettre dans votre volière, parmi les oiseaux que voici? Certes, répondit-il; vous surtout, qui dernièrement m'avez fait manger des oiseaux de passage, dont l'eau me vient encore à la bouche. Nous dînions, je m'en souviens, dans votre villa de Réate, près du lac Vélin; et j'étais appelé de ce côté pour un différend survenu entre les habitants d'Intéramne et ceux de Réate. Au reste, ajouta-t-il, ne convenez-vous pas que cette villa où nous sommes, telle que l'ont construite nos ancêtres, est à la fois plus simple et de meilleur goût que votre élégante maison de Réate. Est-ce qu'on trouve ici de ces incrustations en or ou en citronnier? y voit-on briller l'azur et le vermillon? y marche-t-on sur la marqueterie et les mosaïques? toutes magnificences étalées avec profusion dans la vôtre. Cependant celle-ci est commune à tout le peuple romain, et la vôtre ne sert qu'à vous; celle-ci est une retraite pour les citoyens au sortir des comices, et pour le premier venu; c'est pour des juments et des ânes que la vôtre est faite. Ajoutez que cet établissement est d'une grande utilité pour l'admi-

tos, aut emtos habent saltus. Altera villatica, quod humilis videtur, a quibusdam adjecta ad agriculturam cum esset pastio, neque explicata tota separatim, quod sciam, ab ullo. Itaque cum putarem esse rerum rusticarum, quæ constituta sunt fructus causa, tria genera, unum de agricultura, alterum de re pecuaria, tertium de villaticis pastionibus: tres libros institui, e queis duo scripsi; primum ad Fundaniam uxorem de agricultura, secundum de pecuaria ad Turranium Nigrum; qui reliquus est tertius de villaticis fructibus, in hoc ad te mitto, quod visus sum debere pro nostra vicinitate et amore scribere potissimum ad te. Cum enim villam haberes opere tectorio et intestino ac pavimentis nobilibus lithostrotis spectandam, parum putasses esse, ni tuis quoque literis exornati parietes essent. Ego quoque, quo ornatior ea esse posset fructu quam factu, quoad facere possem, hæc ad te misi, recordatus de ea re sermones, quos de villa perfecta habuissemus. De quibus exponendis initium capiam hinc.

II. Comitiis ædiliciis, cum sole caldo ego et Q. Axius senator tribulis suffragium tulissemus, et candidato, cui studebamus, vellemus esse præsto, cum domum rediret, Axius mihi : Dum dirimentur, inquit, suffragia, vis potius villæ publicæ utamur umbra, quam privati candidati tabella dimidiata ædificemus nobis? Opinor, inquam, non solum quod dicitur, malum consilium, consultori est pessimum: sed etiam bonum consilium, qui consulit, et qui consultur, bonum habendum. Itaque imus, venimus in villam. Ibi Appium Claudium augurem sedentem invenimus in subselliis, ut consuli, si quid usus poposcisset, esset præsto. Sedebat ad sinistram ei Cornelius Merula consulari familia ortus, et Fircellius Pavo Reatinus. Ad dextram Minutius Pica, et M. Petronius Passer. Ad quem cum accessimus, Axius Appio subridens : Recipis nos, inquit, in tuum ornithona, ubi sedes inter aves? Ille : Ego vero, inquit, te præsertim, cujus aves hospitales etiam nunc ructor, quas mihi apposuisti paucis ante diebus in villa Reatina ad lacum Velini, eunti de controversiis Interamnatium et Reatinorum. Sed non hæc, inquit, villa quam ædificarunt majores nostri, frugalior, ac melior est, quam tua illa perpolita in Reatino? Nuncubi hic vides citrum, aut aurum? num minium, aut Armenium? num quod emblema aut lithostrotum? quæ illic omnia contra. Et cum hæc sit communis universi populi, illa solius tua. Hæc quo succedunt

nistration de la république ; c'est ici que les consuls passent les cohortes en revue, que se fait la visite des armes, et que les censeurs convoquent le peuple pour le dénombrement. Mais, reprit Axius, laquelle regardez-vous donc comme plus utile, ou de votre villa de l'extrémité du champ de Mars, qui réunit à elle seule plus de magnificence que celle de Réate ensemble, avec son splendide étalage de peinture et de statues ; ou de la mienne, où ne se voit trace de la main de Lysippe ou d'Antiphile, mais où le semeur et le pâtre laissent fréquemment les leurs en revanche ? Et comment se fait-il d'ailleurs, puisque l'idée de villa implique l'exploitation rurale sur une grande échelle, comment se fait-il, dis-je, que dans le vôtre il n'y ait pas un pouce de terre, pas un bœuf, pas une jument ? Qu'a de commun enfin votre villa avec celles que possédaient votre aïeul et bisaïeul ? On n'y voit ni foin séchant sur les planchers, ni vendanges dans les celliers, ni grains dans les greniers. Car enfin, pour être située hors de la ville, une maison n'en est pas plus villa que ne le sont toutes les habitations qu'on a construites au delà de la porte Flumentane, ou dans le faubourg Émilien. Comme je confesse mon ignorance en cette matière, dit en souriant Appius, je vous prie de vouloir bien m'apprendre ce que c'est qu'une villa ; car je suis sur le point d'en acheter une de M. Séjus à Ostie, et je ne voudrais pas faire une école. Si effectivement une maison n'est villa qu'à la condition de contenir un âne comme celui que vous m'avez montré chez vous, et qui vous a coûté quarante mille sesterces, je crains bien, au lieu d'une villa que je veux acheter, de m'en tenir à une simple habitation située sur la côte d'Ostie. C'est cependant L. Mérula que voici qui m'avait mis en goût de cette acquisition. Il y avait passé quelques jours chez Séjus, et jamais villa, m'a-t-il dit, ne lui avait tant plu. Cependant il n'y avait aperçu, je ne dis pas des tableaux, des statues de bronze ou de marbre, mais non pas même un trapèze, un pressoir, un vaisseau à huile. Axius se tournant alors vers Mérula : Qu'est-ce qu'une villa, lui dit-il, où l'on ne trouve ni la décoration d'une maison de ville, ni l'attirail des travaux de la campagne ? Mais, répondit Mérula, est-ce que votre villa de Velinum, où jamais architecte ni peintre n'a mis le pied, mérite moins ce nom que votre villa de Roséa, où tous les arts se sont donné rendez-vous, et dont vous avez là jouissance en commun avec votre âne ? Ici Axius exprima par un signe de tête que la première, bien que simplement rustique, était aussi bien villa pour lui que celle qui présentait le double caractère d'habitation de ville et de campagne ; et il lui demanda quelle induction il prétendait en tirer. Quelle induction ? dit Mérula. Si le mérite de votre fonds de Roséa consiste dans les nourritures que vous y faites ; si le nom de villa lui est dû en raison des troupeaux qui errent dans ses pâturages et s'abritent dans ses étables ; on doit également appeler villa tout établissement où des animaux qu'on nourrit rapportent des bénéfices considérables. Qu'importe en effet que ces bénéfices proviennent des brebis ou des volatiles ? Trouveriez-vous plus doux le produit de vos bêtes à cornes, dont la substance engendre les abeilles, que celui des abeilles elles-mêmes, qu'on voit à l'ouvrage dans les ruches de la villa de Séjus ? Et rendrez-vous les porcs élevés dans votre métairie plus chers que Séjus ne vend ses sangliers

e campo cives, et reliqui omnes, illa quo equæ et asini : præterea cum ad rempublicam administrandam hæc sit utilis, ubi cohortes ad delectum consuli adductæ considant, ubi arma ostendant, ubi censores censu admittant populum. Tua, *inquit*, hæc in campo Martio extremo utilis, et non deliciis sumptuosior, quam omnes omnium Reatinæ ? tam et oblita tabulis pictis, nec minus signis ornata : an mea ? vestigium ubi sit nullum Lysippi aut Antiphili, sed crebra satoris et pastoris. Et cum villa non sit sine fundo magno, et eo polito cultura, tua ista neque agrum habet ullum, nec bovem, nec equam. Denique quid tua habet simile villæ illius, quam tuus avus et proavus habebat ? nec enim, ut illa, fœnisicia videt arida in tabulato, nec vindemiam in cella, neque in granario messim. Nam quod extra urbem est ædificium, nihilo magis [ideo] est villa, quam eorum ædificia, qui habitant extra portam Flumentanam, aut in Æmilianis. Appius subridens : Quoniam ego ignoro, inquit, quid sit villa, velim me doceas, ne labar imprudentia, quod volo emere a M. Sejo in Ostiensi villam. Quod si ea ædificia villæ non sunt, quæ asinum tuum, quem mihi quadraginta millibus emtum ostendebas apud te, non habent, metuo ne pro villa emam Ostiæ in litore Sejanas ædes. Quod ædificium hic me L. Merula impulit ut cuperem habere, cum diceret nullam se accepisse villam, qua magis delectatus esset, cum apud eum dies aliquot fuisset. Nec tamen ibi se vidisse tabulam pictam, neque signum ahenum, aut marmoreum ullum : nihilo magis torcula vasa vindemiatoria, aut serias olearias, aut trapetas. Axius aspicit *Merulam* : Et quid igitur, inquit, est ista villa, si nec urbana habet ornamenta, neque rustica membra ? cui ille : Non minus villa tua erit ad angulum Velini, quam neque pictor, neque tector vidit unquam, quam in Rosea, quæ est polita opere tectorio eleganter, quam dominus habes communem cum asino. Cum significasset nutu, nihilo minus esse villam eam, quæ esset simplex rustica, quam eam in qua esset utrumque, et ea et urbana, et rogasset quid ex his rebus colligeret : Quid ? *inquit*, si propter pastiones tuus fundus in Rosea probandus sit ; et quod ibi pascitur pecus ac stabulatur, recte villa appellatur : hæc quoque simili de causa debet vocari villa, in qua propter pastiones fructus capiuntur magni. Quid enim refert, utrum propter oves, an propter aves fructus capias ? anne dulcior est fructus apud te ex bubulo pecore, unde apes nascuntur, quam ex apibus, quæ ad villam Seji in alvearis opus faciunt ? et num pluris nunc tu e villa illic natos verres lanio vendis, quam

aux bouchers de la ville? Mais qui m'empêche, dit Axius, d'avoir des abeilles dans ma villa? Est-ce que le miel de Sicile ne se fait que chez Séjus, et ne peut-on obtenir à Réate que du miel corse? serait-ce que le gland que Séjus achète a la vertu d'engraisser les sangliers, tandis que mon gland, qui ne me coûte rien, les ferait maigrir? Mais, reprit Appius, Mérula n'a point dit que vous ne puissiez faire chez vous les mêmes élèves que Séjus; seulement j'ai vu de mes propres yeux que vous ne le faites pas. Car il y a deux espèces de nourriture : l'une que j'appellerai champêtre, et qui comprend le bétail; l'autre, sédentaire, et qui embrasse pigeons, poules, mouches à miel, et en général tout ce qu'on veut élever dans l'enceinte d'une villa. Magon de Carthage, Cassius Dionysius, et quelques autres, ont traité cette matière spécialement en différents endroits de leurs ouvrages, dont Séjus paraît être imbu. Aussi tire-t-il plus de profit de sa seule villa par les nourritures qu'il y fait, que d'autres n'en savent recueillir de la culture d'un fonds tout entier. En effet, dit Mérula, j'ai vu chez lui des bandes immenses d'oies, de poules, de pigeons, de grues, de paons, ainsi qu'une multitude de loirs, poissons, sangliers, et autres gibiers de chasse. L'affranchi qui tient ses livres, et que Varron a vu, m'a assuré, quand il me faisait les honneurs en l'absence de Séjus, que son maître tirait de sa villa plus de cinquante mille sesterces par an. Comme Axius paraissait tout étonné, je lui demandai s'il connaissait le fonds de ma tante maternelle, sur la voie Salaria, dans le pays sabin, à vingt-quatre milles de Rome. Assurément, dit-il, puisque c'est là que je m'arrête à midi, lorsque, pendant l'été, je me rends de Rome à Réate; et que je passe la nuit, lorsque j'en reviens pendant l'hiver. Eh bien, repris-je, il y a dans cette villa une volière, dont il est sorti à ma connaissance, dans une seule année, jusqu'à cinq mille grives, qui ont été vendues trois deniers pièce; de sorte que ce seul produit a donné cette année-là soixante mille sesterces, le double du revenu de votre métairie de Réate, bien qu'elle n'ait pas moins de deux cents *jugera*. Quoi! soixante milles sesterces, s'écria Axius; soixante mille! vous plaisantez, sans doute. Non, je dis soixante mille. Soit. Mais vous conviendrez que pour arriver à ce chiffre il faut la coïncidence d'un festin public, ou d'un triomphe extraordinaire, tel que celui de Métellus Scipion; ou bien encore de ces repas de corps, dont le grand nombre a fait, à certaines époques, renchérir les vivres de nos marchés. Mais, année commune, vous serez longtemps à réaliser un bénéfice aussi considérable. Soyez persuadé au contraire qu'une volière ne vous fait jamais faux bond, et que, par le temps qui court, on n'a pas à rabattre des espérances qu'on y a fondées. Car où est l'année où vous ne voyiez un festin de triomphe, ou de ces repas de corps qui affluent au point de faire renchérir les vivres? Vous pourriez dire, ajouta Mérula, que, dans ce temps de profusion, ces publiques bombances sont quotidiennes à Rome. L. Albutius, homme fort savant, comme vous le savez tous, et dont nous avons des satires dans le goût de celles de Lucilius, ne disait-il pas que son fonds du pays albain rapportait bien moins que sa villa? que le revenu de l'un était au-dessous de dix mille sesterces, et celui de l'autre au-dessus de vingt? Le même auteur prétendait qu'avec une villa près de la mer, dans une localité de son choix, il se serait fait par an plus de cent mille sesterces. Dernièrement

---

hic apros macellario Sejus? Qui minus ego, inquit Axius, istas habere possum in Reatina villa? nisi si apud Sejum Siculum fit mel, Corsicum in Reatino : et hic aprum glans cum pascit emticia, facit pinguem; illic gratuita exilem. Appius, posse ad te fieri, inquit, Sejanas pastiones non negavit Merula: ego, non esse, ipse vidi. Duo enim genera cum sint pastionum : unum agreste, in quo pecuariæ sunt, alterum villaticum, in quo sunt gallinæ ac columbæ et apes et cætera, quæ in villa solent pasci : de quibus et Pœnus Mago et Cassius Dionysius et alii quid separatim ac dispersim in libris reliquerunt, quos Sejus legisse videtur, et ideo ex his pastionibus ex una villa majores fructus capere, quam alii faciunt ex toto fundo. Certe, inquit Merula. Nam ibi vidi greges magnos anserum, gallinarum, columbarum, gruum, pavonum, nec non glirium, piscium, aprorum, et cætera venationis. Ex quibus rebus scriba librarius libertus ejus, qui apparuit Varroni, et me absente patrono, hospitio accipiebat, in annos singulos plus quinquagena millia [e villa] capere dicebat. Axio admiranti : Certe nosti, *inquam*, materteræ meæ fundum in Sabinis, qui est ad quartum et vicesimum lapidem via salaria a Roma. Quidni, *inquit*? ubi æstate diem meridie dividere soleam, cum eo Reate ex urbe, aut cum inde venio hieme, noctu ponere castra. Atque in hac villa qui est ornithon, ex eo uno quinque millia scio venisse turdorum denariis ternis, ut sexaginta millia ea pars reddiderit eo anno villæ, bis tantum quam tuus fundus ducentum jugerum Reate reddit. Quid? sexaginta, inquit Axius? LX? LX? derides. Sexaginta, *inquam*. Sed ut ad hunc bolum pervenias, opus erit tibi aut epulum aut triumphus alicujus, ut tunc fuit Scipionis Metelli, aut collegiorum' cœnæ, quæ tunc innumerabiles excandefaciebant annonam macelli. Reliquis annis omnibus et hanc expectabis summam. Spero non tibi decoquet [non] ornithon. Neque hoc accidit his moribus, nisi raro, ut decipiaris. Quotus quisque enim est annus, quo non videas epulum, aut triumphum, aut collegia [non] epulari, quæ nunc innumerabiles incendunt annonam? Sed propter luxuriam, *inquit*, quodammodo epulum quotidianum est intra januas Romæ. Nonne item L. Albutius homo (ut scitis) apprime doctus, cujus Luciliano charactere sunt libelli, dicebat in Albano fundum suum pastionibus semper vinci a villa? agrum enim minus dena millia reddere, villam plus vicena. Idem secundum mare quo loco vellet, si parasset villam, se supra centum millia e villa recepturum. Age non M. Cato nuper cum Luc. ll.

encore, M. Caton n'a-t-il pas vendu pour quarante mille sesterces de poissons provenant des viviers de Lucullus, dont il venait d'accepter la tutelle? Mon cher Mérula, dit Axius, veuillez m'accepter pour élève dans l'art de faire des élèves dans une villa. Je ne dis pas non, reprit Mérula; mais il faut me payer d'avance par un dîner. Vous l'aurez dès aujourd'hui; et à l'avenir, je vous ferai tâter souvent des élèves que vous m'aurez appris à faire. J'ai peur, dit Appius, que vous ne me fassiez manger quelque oie ou paon mort dans votre basse-cour. Qu'importe, reprit Axius, que les oiseaux ou poissons que l'on vous sert soient morts de leur belle mort ou d'autre manière? vous ne pouvez les manger vivants. Mais je vous en prie, Mérula, initiez-moi à cette science de la basse-cour; veuillez nous en exposer les principes et les ressources. Mérula accepta la tâche de bon cœur.

III. Un propriétaire doit avant tout connaître les espèces animales qu'on nourrit dans une villa ou dans ses dépendances, en vue de profit ou d'agrément. Il y a pour cela trois régimes différents à étudier : celui de volière, celui de la garenne, celui du vivier. J'entends par volière le lieu où l'on renferme toutes espèces d'oiseaux; par garenne, non pas ce que le mot signifiait pour nos ancêtres à la troisième génération, c'est-à-dire un parc exclusivement peuplé de lièvres, mais un enclos attenant à la villa, où l'on peut nourrir du gibier de toutes sortes. J'entends enfin par vivier toute réserve de poisson d'eau douce ou salée, dépendant d'une villa. Chacun de ces trois régimes est au moins double. Ainsi la théorie de la volière comprend en deux parties les espèces volatiles auxquelles la terre suffit, telles que les paons, les tourterelles, les grives; et celles à qui il faut la terre et l'eau, comme les oies, les sarcelles, les canards. La théorie de la garenne distingue également entre les sangliers, chevreuils et lièvres, d'un côté, et les abeilles, escargots et loirs, de l'autre. Enfin la théorie du vivier se divise aussi en deux classes, celle des poissons de mer, et celle des poissons d'eau douce. L'attention doit donc se porter sur six parties différentes. On commencera par s'entourer de gens de trois professions, des oiseleurs, chasseurs et pêcheurs; ou du moins on aura respectivement recours à leur entremise pour se procurer des mères pleines, dont les esclaves, sous la surveillance du maître, soignent la progéniture, l'élèvent, l'engraissent jusqu'à ce qu'elle soit bonne à envoyer au marché. Certaines espèces, comme les loirs, les escargots et les poules, s'obtiennent sans qu'il soit besoin pour cela de faire intervenir oiseleurs, chasseurs ou pêcheurs; et ce genre de spéculation a commencé sans doute par s'exercer sur celles qui sont les hôtes ordinaires de toute villa. Les poulets, dans l'origine, ne se sont pas multipliés seulement par les soins des augures, et pour le besoin des auspices; plus d'un chef de famille aussi, dans nos campagnes, donna des soins à leur propagation. On s'avisa, dans la suite, de former dans le voisinage de la villa des enclos entourés de murailles, tant pour s'y livrer à la chasse que pour y établir des ruches pour les abeilles, qui d'abord n'avaient d'autre abri que l'entablement d'un toit. Plus tard on creusa des viviers remplis d'eau douce, et dans lesquels on emprisonna les poissons pêchés seulement dans les rivières. On voit que chacune des trois parties de l'industrie de la basse-cour a passé par deux degrés, marqués, le premier, du caractère de la frugalité antique, le second, de la tendance aux raffinements des siècles postérieurs. Dans la première période, en effet, nos ancêtres

---

accepit tutelam, e piscinis ejus quadraginta millibus sextertiis vendidit pisces? Axius : *Merula* mi, inquit, recipe me quæso discipulum villaticæ pastionis. *Ille* : Quin simulac promiseris minerval, id est cœnam, incipiam, inquit. *Axius* : Ego vero non recuso vel hodie, et ex ista pastione crebro. Appius : Credo simulac primum ex isto villatico pecore mortui erunt anseres aut pavones. Cui *ille* : Quid enim interest utrum morticinas editis volucres an pisces, quos nisi mortuos estis nunquam? Sed oro te, inquit, induce me in viam disciplinæ villaticæ pastionis, ac vim formamque ejus expone. Merula non gravate:

III. Primum, *inquit*, dominum scientem esse oportet earum rerum quæ in villa circumve eam ali ac pasci possint, ita ut domino sint fructui ac delectationi. Ejus disciplinæ genera sunt tria, ornithones, leporaria, piscinæ. Nunc ornithonas dico omnium alitum, quæ intra parietes villæ solent pasci. Leporaria te accipere volo, non ea quæ tritavi nostri dicebant, ubi soliti lepores sint, sed omnia septa, afficta villæ quæ sunt, et habent inclusa animalia, quæ pascantur. Similiter piscinas dico eas, quæ in aqua dulci aut salsa inclusos habent pisces ad villam. Harum singula genera minimum in binas species dividi possunt; in prima parte ut sint, quæ terra modo sunt contenta, ut sunt pavones, turtures, turdi. Altera species sunt, quæ non sunt contenta terra solum, sed etiam aquam requirunt, ut sunt anseres, querquedulæ, anates. Sic alterum genus illud venaticum duas habet diversas species : unam, in qua est aper, caprea, lepus. Altera item extra villam quæ sunt, ut apes, cocleæ, glires. Tertii generis aqualis item species duæ, partim quod habent pisces in aqua dulci, partim quod in marina. De his sex partibus : ad ista tria genera artificum paranda, aucupes, venatores, piscatores, aut ab his emenda, quæ tuorum servorum diligentia tuearis in fœtura ad partus, et nata nutricere saginesque, in macellum ut perveniant. Neque non etiam quædam assumenda in villam sine retibus aucupis, venatoris, piscatoris, ut glires, cocleæ et gallinæ. Earum rerum cultura instituta prima, ea quæ in villa habentur. Non enim solum augures Romani ad auspicia primum pararunt pullos, sed etiam patres-familiæ rure. Secunda, quæ macerie ad villam venationis causa cluduntur, et propter alvearia. Apes enim subter subgrundas ab initio

n'avaient dans leurs villas que deux places réservées à la volaille (*aviaria*), et consistant, l'une, en une cour basse, où ils nourrissaient les poules, dont les œufs et les poulets étaient tout le produit. L'autre est une tourelle servant de colombier, et située dans la partie supérieure du bâtiment. On a changé ce nom d'*aviaria*, et nous avons aujourd'hui des *ornithones* (volières), création de la sensualité moderne, dont la construction occupe plus de place que toute une villa d'autrefois. On en peut dire autant des garennes. Celle de votre père, Axius, n'a jamais pour hôtes que des lièvres. On ne voyait point alors de ces immenses emplacements où l'on enferme de murs plusieurs *jugera* de terre, pour entretenir une multitude de sangliers et de chevreuils. Alors se tournant vers moi : Lorsque M. Pison, dit-il, vous vendit son fonds de Tusculanum, combien y avait-il de sangliers dans le parc? Alors, je vous le demande, connaissait-on d'autres viviers que des viviers d'eau douce, et d'autres poissons que des chiens de mer et des mulets? Aujourd'hui il n'y a pas un Rhinton qui ne dise que, pour ne nourrir que cette sorte de poissons, autant vaudrait un étang rempli de grenouilles. Philippe se trouvant un jour à Casinum, Ummidius, son hôte, lui servit un beau loup marin pêché dans votre rivière, Varron. A peine Philippe en eut-il goûté, qu'il le cracha en s'écriant : Je veux mourir, si je n'ai pas cru que c'était du poisson. Vous voyez, dis-je, comme le luxe de notre siècle a étendu les garennes et prolongé les viviers jusqu'à la mer, en y faisant entrer en masse les poissons marins. N'est-ce point de ces derniers que Sergius et Licinius ont tiré l'un son nom d'Orata, et l'autre celui de Muréna? Qui ne connaît les fameux viviers des Philippes, des Hortensius et des Lucullus? Eh bien, reprit Mérula, dites-moi maintenant, Axius, de quelle époque je dois prendre mon sujet.

IV. Pour moi, répondit Axius, j'ai toujours aimé, comme dit le proverbe, à me tenir au camp derrière les *principia* (quartier général). Commencez donc par le siècle présent; j'aime mieux cela que de vous voir remonter au temps passé; car, après tout, les paons rapportent plus que les poules. Je ne vous cacherai même pas mon désir de vous entendre parler en premier lieu des volières (*ornithones*) : les grives ont donné bien du prix à ce nom, et les soixante mille sesterces que ces oiseaux rapportent à Fircellina m'ont communiqué une étrange démangeaison d'en posséder aussi. Eh bien donc, reprit Mérula, il y a deux espèces de volières : l'une d'agrément, comme celle de notre ami Varron à Casinum, et qui a trouvé beaucoup d'admirateurs; l'autre de rapport, et dont on fait commerce. On consacre à Rome des enclos fermés de murs à ce genre de spéculation; on les loue même à la campagne, notamment dans le pays sabin, naturellement très-fréquenté pour les grives. Lucullus a imaginé de se donner une volière à deux fins. Il a fait construire à cet effet, dans l'intérieur de la sienne à Tusculum, une espèce de salle à manger, où il pouvait prendre le plaisir de la bonne chère, et jouir doublement du spectacle de ses grives, ici rôties et étalées sur un plat, là voltigeant prisonnières autour des fenêtres : combinaison assez

---

villatico usæ tecto. Tertiæ piscinæ dulces fieri cœptæ, et e fluminibus captos recepere ad se pisces. Omnibus tribus his generibus sunt bini gradus : superiores, quos frugalitas antiqua; inferiores, quos luxuria posterior adjecit. Primum enim ille gradus antiquus majorum nostrum erat, in quo essent aviaria, duo duntaxat : in plano cohors, in qua pascebantur gallinæ, et earum fructus erant ova et pulli. Alter sublimis, in quo erant columbæ in turribus, aut summa villa. Contra, nunc aviaria sunt nomine mutato, quod vocantur ornithones, quæ palatum suave domini paravit, ut tecta majora habeant, quam tum habebant totas villas, in quibus stabulentur turdi ac pavones. Sic in secunda parti ac leporario pater tuus, *Axi*, præterquam lepusculum e venatione vidit nunquam? Neque enim erat magnum id septum, quod nunc, ut habeant multos apros ac capreas, complura jugera maceriis concludunt. Non tum, *inquit* mihi, cum emisti fundum Tusculanum a M. Pisone, in leporario apri fuerunt multi? In tertia parti quis habebat piscinam, nisi dulcem, et in ea duntaxat squalos ac mugiles pisces? Quis contra nunc Rhinton non dicit sua nihil interesse, utrum iis piscibus stagnum habeat plenum an ranis? Non Philippus cum ad Ummidium hospitem Casini divertisset, et ei e tuo flumine lupum piscem formosum apposuisset, atque ille gustasset et expuisset, dixit : Peream, ni piscem putavi esse? Sic nostra ætas, *inquam*, luxuria propagavit leporaria, ac piscinas protulit ad mare, et in eas pelagios greges piscium revocavit. Non propter hos appellati Sergius Orata, et Licinius Murena? Quis enim propter nobilitatem ignorat piscinas Philippi, Hortensii, Lucullorum? Quare unde velis me incipere, *Axi*, dic.

IV. Ille : Ego vero, *inquit*, (ut aiunt) post principia in castris, id est id, quod his potius temporibus, quam superioribus : quod ex pavonibus fructus capiuntur majores, quam e gallinis. Atque adeo non dissimulabo, quod volo, de ornithone primum, quod lucri fecerunt hoc nomen turdi; sexaginta enim millia Fircellina excande me fecerunt cupiditate. Merula : Duo sunt, inquit, ornithonis genera : unum delectationis causa, ut Varro hic fecit noster sub Casino, quod amatores invenit multos : alterum fructus causa, quo genere macellarii et in urbe quidam habent loca clausa, et rure maxime conducta in Sabinis, quod ibi propter agri naturam frequentes apparent turdi. Ex his tertii generis voluit esse Lucullus conjunctum aviarium, quod fecit in Tusculano, ut in eodem tecto ornithonis inclusum triclinium haberet, ubi delicate cœnitaret, et alios videret in mazonomo positos coctos, alios volitare circum fenestras captos. Quod inutile invenerunt,

mal entendue, car les ébats de ces oiseaux ne réjouissent pas tant la vue que leur odeur désagréable n'offense l'odorat.

V. Or, comme je pense, Axius, que vous tenez principalement aux volières, dont on tire profit, je parlerai, non pas de celles où l'on mange des grives, mais de celles où on les engraisse, pour les manger. On élève a cet effet un péristyle, ou un bâtiment en forme de dôme, fermé par le haut d'un toit ou de filets, et qui puisse contenir quelques milliers de grives et de merles. Quelques-uns y ajoutent d'autres espèces qui se vendent également cher, lorsque les oiseaux sont engraissés; des cailles par exemple, et des *miliaria* (oiseaux qui se nourrissent de millet). On y fait arriver l'eau par le moyen d'un conduit; ou, ce qui vaut encore mieux, on l'y fait serpenter dans de petits canaux assez étroits pour être d'un nettoiement facile. Trop de largeur fait qu'ils se salissent trop vite, et occasionne une déperdition d'eau. Il faut que l'écoulement en soit ménagé de façon qu'elle ne séjourne ni ne dépose, ce qui est pernicieux pour les oiseaux. La porte de la volière doit être basse, étroite, et avoir la forme de ce qu'on appelle *cochlea* dans les amphithéâtres destinés aux combats de taureaux. Les fenêtres y seront rares, et disposées de manière à ne laisser apercevoir au dehors ni arbres ni oiseaux; car cette vue et les regrets qu'elle réveille font maigrir les oiseaux prisonniers. N'y laissez pénétrer de jour que ce qu'il en faut aux grives pour reconnaître où est le perchoir, le manger et l'eau. On enduira portes et fenêtres d'une couche bien lisse de mastic, pour empêcher les rats et autres ennemis de s'introduire dans la volière. L'intérieur des murs sera garni tout autour de bâtons à percher, et l'on y appuiera d'un bout des perches enfoncées de l'autre en terre, et croisées de distance en distance par d'autres perches transversales, à l'instar des *cancelli* du théâtre. On aura soin de mettre à portée de l'eau à boire, et des boulettes faites de pâte pétrie avec des figues. Quand on voudra faire une levée de grives, il faudra, vingt jours à l'avance, augmenter la nourriture, et n'y plus employer que de la farine supérieure. (Dans cette espèce de cage devront également se trouver des planches sur lesquelles les oiseaux puissent se poser par voie de supplément ou de diversion aux perches.) Attenante à la volière doit s'en trouver une autre plus petite, dans laquelle on dépose les oiseaux trouvés morts dans la grande; car il faut que l'intendant puisse toujours rendre compte à son maître du nombre exact confié à ses soins. Les oiseaux qu'on juge en état d'être retirés devront être chassés de la grande volière dans la petite, pourvue à cet effet d'une plus large porte, et qui a plus de jour que la première, avec laquelle elle communique. Quand on a le nombre de grives que l'on veut dans cet endroit appelé *seclusorium*, on les y tue hors de la vue des autres, que ce spectacle pourrait attrister et faire périr elles-mêmes, plus tôt qu'il ne faut pour celui qui spécule sur leur mort. Les grives ne ressemblent pas aux autres oiseaux de passage qui ne déposent leurs œufs que dans les champs, comme les cicognes, ou que sous les toits, comme les hirondelles; elles pondent partout. Malgré le nom masculin (*turdus*) de cet oiseau, il y a des grives femelles, de même qu'il y a des merles mâles, bien que le nom qu'on leur donne (*merula*) soit du genre féminin. Il y

Nam non tantum in eo oculos delectant intra fenestras aves volitantes, quantum offendit, quod alienus odor opplet nares.

V. Sed quod te malle arbitror, Axi, dicam de hoc ornithone, quod fructus causa faciunt, unde, non ubi, sumuntur pingues turdi. Igitur testudo, aut peristylum tectum tegulis aut rete, fit magna, in qua millia aliquot turdorum ac merularum includere possint. Quidam cum eo adjiciunt præterea aves alias quoque, quæ pingues veneunt care, ut miliariæ ac coturnices. In hoc tectum aquam venire oportet per fistulam, et eam potius per canales angustas serpere, quæ facile extergeri possint; si enim late ibi diffusa aqua, et inquinatur facilius, et bibitur inutilius; et ex eis caduca, quæ abundat, per fistulam exire, ne luto aves laborent. Ostium habere humile et angustum, et potissimum ejus generis, quod cochleam appellant, ut solet esse in cavea, in qua tauri pugnare solent. Fenestras raras, per quas non videantur extrinsecus arbores aut aves; quod earum aspectus ac desiderium macrescere facit volucres inclusas. Tantum luminis locum habere oportet, ut aves videre possint ubi assidant, ubi cibus, ubi aqua sit. Tectorio tacta esse levi circum ostia ac fenestras, ne qua intrare mus aliave quæ bestia possit. Circum hujus ædificii parietes intrinsecus multos esse palos, ubi aves assidere possint; præterea et perticas inclinatas ex humo ad parietem, et in eis transversas gradatim modicis intervallis perticas annexas ad speciem cancellorum scenicorum (deorsum in terram esse aquam, quam bibere possint;) cibatui offas positas. Eæ maxime glomerantur ex ficis et farre mixto. Diebus viginti antequam quis tollere vult turdos, largius dat, cibumque plus ponit, et farre subtiliore incipit alere. In hoc tecto caveaque tabulata habeant aliquot ad perticas supplementum. Contra hoc aviarium est aliud minus, in quo quæ mortuæ ibi sunt aves, ut domino numerum reddat, curator servare solet. Cum opus sunt, ex hoc aviario ut sumantur, idoneæ excluduntur in minusculum aviarium, quod est conjunctum cum majore, ostio et lumine illustriore, quod seclusorium appellant. Ibi cum eum numerum habet exclusum, quem sumere vult, omnes occidit. Hoc ideo in secluso clam, ne reliqui, si videant, despondeant animum, atque alieno tempore venditoris moriantur. Non ut advenæ volucres pullos faciunt, in agro ciconiæ, in tecto hirundines, sic aut hic aut illic turdi, qui cum sunt nomine mares, re vera fœminæ quoque sunt : neque id non secutum ut esset in merulis, quæ

a des oiseaux de passage, comme les hirondelles et les grues, et des oiseaux domestiques, tels que les pigeons et les poules. Les grives appartiennent à la première classe. Elles traversent chaque année la mer, pour venir en Italie vers l'équinoxe d'automne et s'en retourner vers l'équinoxe de printemps. A une autre époque arrivent dans nos contrées une quantité prodigieuse de tourterelles et de cailles, dont on peut observer le passage dans les îles voisines de Ponti, de Palmaria et de Pandataria; car ces oiseaux y font une pause de quelques jours à leur arrivée en Italie, et une autre quand ils repassent la mer au retour. — Eh bien, dit Appius à Axius, vous n'avez qu'à jeter là cinq mille sesterces; et vienne un triomphe ou un festin public, vous voilà en possession des soixante mille où vous voulez arriver. Puis se tournant vers moi : A vous appartient, me dit-il, de nous parler de l'autre espèce de volière, vous qui en avez une auprès de Casinum pour votre plaisir seulement, et qui, non content d'avoir dans cette construction surpassé la volière de M. Lænius Strabo, notre hôte à Brundusium, le premier qui se soit avisé de renfermer des oiseaux dans un cabinet en péristyle et couvert d'un filet, avez encore laissé loin derrière vous la splendide volière de Lucullus à Tusculum. — Vous savez, lui répondis-je, que j'ai dans ma villa de Casinum un ruisseau profond et limpide, qui la traverse entre deux quais en pierre. Sa largeur est de cinquante-sept pieds; et il faut passer sur des ponts pour communiquer d'une partie de ma propriété à l'autre. Mon cabinet de travail est situé à l'endroit où le ruisseau prend sa source; et de ce point, jusqu'à une île formée par sa jonction à un autre cours d'eau, il y a une distance de huit cent cinquante pieds. Le long de ses bords règne, sur une largeur de dix pieds, une promenade à ciel découvert; entre cette promenade et la campagne se trouve l'emplacement de ma volière, fermée de gauche et de droite par des murs pleins et élevés. Les lignes extérieures de l'édifice lui donnent quelque ressemblance avec des tablettes à écrire, surmontées d'un chapiteau. Dans la partie rectangulaire, sa largeur est de quarante-huit pieds, et sa longueur de soixante-douze, non compris le chapiteau demi-circulaire, qui est d'un rayon de vingt-sept pieds. Entre la volière et la promenade qui figure la marge inférieure des tablettes, s'ouvre un passage voûté aboutissant à une esplanade. De chaque côté un portique régulier soutenu par des colonnes en pierre, dont les intervalles sont occupés par des arbustes nains. Un filet de chanvre s'étend du haut du mur extérieur jusqu'à l'architrave; et un semblable filet joint l'architrave au stylobate. L'intérieur est rempli d'oiseaux de toutes espèces, qui reçoivent la nourriture au travers des filets. Un petit ruisseau leur porte ses eaux. En deçà du stylobate, règnent à gauche et à droite, le long des portiques, deux viviers assez étroits, et qui, séparés par un petit sentier, s'étendent jusqu'à l'extrémité de l'esplanade. Ce sentier conduit à un *tholus*, espèce de salon en rotonde, entouré de deux rangs de colonnes isolées. Il en existe un semblable dans la maison de Catulus, si ce n'est que des murs pleins remplacent la colonnade. Au delà est un bocage de haute futaie enfermé de murailles, et dont l'épais couvert ne laisse pénétrer le jour que

nomine fœminino mares quoque sint. Præterea volucres cum partim advenæ sint, ut hirundines et grues; partim vernaculæ, ut gallinæ ac columbæ : de illo genere sunt turdi adventicio, ac quotannis in Italiam trans mare advolant circiter æquinoctium autumnale, et eodem revolant ad æquinoctium vernum. Et alio tempore turtures ac coturnices immani numero. Hoc ita fieri apparet in insulis propinquis Pontiis, Palmariæ, Pandatariæ. Ibi enim in prima volatura cum veniunt, morantur dies paucos requiescendi causa. Idemque faciunt cum ex Italia trans mare remeant. Appius Axio : Si quinque millia huc conjeceris, inquit, et erit epulum ac triumphus, sexaginta millia quæ vis statim in fœnus des licebit. Tum *mihi* : Tu dic illud alterum genus ornithonis, qui animi causa constitutus a te sub Casino fertur, in quo diceris longe vicisse non modo archetypon inventoris nostri ὀρνιθοτρο- φείων M. Lænii Strabonis, qui Brundusii hospes noster primus in peristylo habuit exedra conclusas aves, quas pasceret objecto rete, sed etiam in Tusculano magno ædificio Luculli. Cui *ego* : Cum habeam sub oppido Casino flumen, quod per villam fluat liquidum et altum, marginibus lapideis, latum pedes LVII, et a villa in villam pontibus transeatur, longum P. 850, directum ab insula ad Museum, quæ est ab imo fluvio, ubi confluit altera amnis ad summum flumen, ubi est Museum. Circum hujus ripas umbulatio sub dio, pedes lata denos. Ab hac ambulatione in agrum versus ornithonis locus ex duabus partibus dextra et sinistra maceriis altis conclusus. Inter quas locus, qui est ornithonis, deformatus ad tabulæ literariæ speciem cum capitulo, forma qua est quadrata, patet in latitudinem p. XLVIII, in longitudinem p. LXXII; qua ad capitulum rotundus est, p. XXVII. Ad hæc, ita ut in margine quasi infimo tabulæ descripta sit ambulatio, ab ornithone plumula, in qua media sunt caveæ, qua introrsus iter in aream est. In limine, in lateribus dextra et sinistra porticus sunt primoribus columnis lapideis, intermediis arbusculis humilibus ordinatæ, cum a summa macerie ad epistylium tecta porticus sit rete cannabino, et ab epistylio ad stylobaten. Hæ sunt avibus omne genus oppletæ, quibus cibus administratur per retem, et aqua rivulo tenui affluit. Secundum stylobatis interiorem partem, dextra et sinistra, ad summam aream quadratam, e media diversæ duæ non latæ, sed oblongæ sunt piscinæ ad porticus versus. Inter eas piscinas tantummodo accessus semita in tholum, qui est ultra rotundus columnatus, ut est in æde Catuli, si pro parietibus feceris columnas. Extra eas columnas est silva manu sata, grandibus arboribus tecta, ut infima perluceat tota, septa

par en bas ; l'espace est de cinq pieds entre les colonnes extérieures, qui sont de pierre, et les colonnes intérieures, qui sont de sapin, et très-minces de fût. L'entre-colonnement intérieur est rempli, au lieu de murs, par un filet de cordes à boyaux ; espèce de clôture à jour, qui laisse la vue du bocage, sans que les oiseaux puissent s'échapper. Un autre filet remplit également l'entre-deux des colonnes intérieures. L'espace intermédiaire des deux colonnades est garni de perchoirs formés par des bâtons enfoncés dans chaque colonne, et régulièrement étagés comme les gradins d'un théâtre. Cette partie de la volière est principalement réservée aux oiseaux à voix harmonieuse, comme merles et rossignols. Un petit tuyau leur fournit de l'eau, et on leur donne à manger par les mailles du filet. Au pied du stylobate règne une assise en pierres d'un pied neuf pouces d'élévation à partir de la base du socle. Le socle lui-même a deux pieds de hauteur au-dessus du niveau d'un bassin, et cinq pieds de largeur ; ce qui donne aux convives la facilité de circuler entre les colonnes et les lits. Le bassin est entouré d'une espèce de trottoir large d'un pied ; une petite île en occupe le centre. On a creusé le socle dans tout son pourtour, pour y faire des niches à canards. Au milieu de l'île s'élève une petite colonne, dans laquelle est scellée un axe, qui au lieu de table porte une roue avec ses raies ; mais ces raies soutiennent, en guise de jantes, une table creusée en tambour, large de deux pieds et demi, et profonde d'une palme. Cette table n'est servie que par un jeune esclave, qui, par un simple mouvement de rotation, fait passer successivement, à portée de chaque convive, les coupes et les plats. Les lits sont dressés sur le socle, du sein duquel sortent les canards pour nager dans le bassin, lequel communique par un petit ruisseau avec les deux viviers ; de sorte qu'on voit les petits poissons passant librement de l'un à l'autre. J'oubliais de vous dire que, de la table qui se trouve à l'extrémité des raies de la roue, coule, à la volonté de chaque convive, de l'eau chaude ou de l'eau froide, selon le robinet qu'il veut ouvrir. On voit, dans la coupole qui couvre ce salon, l'étoile Lucifer pendant le jour, et l'étoile Hespérus pendant la nuit ; elles en suivent le bord, et marquent les heures. Dans le haut de cette coupole est peinte autour d'un tourillon la rose des huit vents, comme dans l'horloge que fit l'artiste de Cyrrhus pour la ville d'Athènes ; et une aiguille, supportée par le tourillon, se meut de façon à indiquer quel vent souffle au dehors. Pendant que je parlais, une grande rumeur s'élève du champ de Mars. Il n'y avait pas de quoi surprendre de vieux athlètes des comices, dans ce paroxysme de fièvre électorale ; notre curiosité s'en émut cependant. Sur ce point arrive Pantuléjus Parra, qui nous dit que, pendant qu'on faisait le relevé des suffrages, un individu avait été surpris jetant furtivement de nouveaux bulletins dans l'une des bourses, et que les adversaires du candidat ainsi favorisé avaient traîné le délinquant devant le consul. Pavo se lève aussitôt : le bruit courait que l'auteur de la fraude était le gardien du candidat pour lequel il avait voté.

VI. Axius prit alors la parole, et dit : Voilà Fircellius parti ; on peut maintenant parler des paons tout à son aise. Lui présent, un mot de travers eût pu, à raison de la parenté, vous atti-

---

maceriis altis. Intra tholi columnas exteriores lapideas et totidem interiores ex abiete tenues, locus est P. V. latus. Inter columnas exteriores pro pariete reticuli e nervis sunt, ut prospici in silva possit, et quæ ibi sunt, neque avis ea transire. Inter interiores columnas pro pariete rete aviarium est objectum. Inter has et exteriores gradatim substructum ut θεατρίδιον avium. Mutuli crebri omnibus columnis impositi, sedilia avium. Intra retem aves sunt omne genus, maxime cantrices, ut lusciniolæ ac merulæ, quibus aqua ministratur per canaliculum, cibus objicitur sub retem. Subter columnarum stylobatem est lapis a falere pedem et dodrantem alta, ipsum falere ad duo pedes altum a stagno, latum ad quinque, ut in culcitas et columellas convivæ pedibus circumire possint. Infimo intra falere est stagnum cum margine pedali, et insula in medio parva. Circum falere est columella, in qua intus axis, qui pro mensa sustinet rotam radiatam, ita ut ad extremum, ubi orbile solet esse acutum, tabula cavata sit, ut tympanum in latitudinem duo pedes et semipedem, in altitudinem palmum. Hæc ab uno puero, qui ministrat, ita vertitur, ut omnia una ponantur et ad bibendum, et ad edendum, et admoveantur ad omnes convivas. Ex suggesto fulcris, ubi solent esse περιπετάσματα, prodeunt anates in stagnum, ac nant, e quo rivus pervenit in duas, quas dixi, piscinas, ac pisciculi ultro ac citro commeant : cum et aqua calida et frigida ex orbi ligneo mensaque, quam dixi in primis radiis esse, epitoniis versis ad unumquemque factum sit ut fluat convivam. Intrinsecus sub tholo stella Lucifer interdiu, noctu Hesperus ita circumeunt ad infimum hemisphærium, ac moventur, ut indicent quot sint horæ. In eodem hemisphærio medio circum cardinem est orbis ventorum octo, ut Athenis in horologio, quod fecit Cyrrhestes. Ibique eminens radius a cardine ad orbem ita movetur, ut eum tangat ventum, qui flet, ut intus scire possis. Cum hæc loqueremur clamor fit in campo. Nos athletæ comitiorum una, cum id fieri non miraremur propter studia suffragatorum, et tamen scire vellemus, quid esset, venit ad nos Pantulæjus Parra. Narrat ad tabulam, cum dirimeretur, quendam deprehensum tesserulas conjicientem in loculum, eum ad consulem tractum a fautoribus competitorum. Pavo surgit, quod ejus candidati custos dicebatur deprehensus.

VI. Axius. De pavone, inquit, libere licet dicas, quoniam discessit Fircellius, qui secus si quid diceres de iis, gentilitatis causa fortasse an tecum duceret serram. Cui Me-

rer une prise de bec avec lui, Mérula reprit donc en ces termes : J'ai vu introduire l'habitude de former des troupeaux de paons qui se vendent si cher. On dit que M. Aufidius Lurco tire des siens plus de soixante mille sesterces par an. Si l'on en veut faire un revenu, il faut avoir un peu moins de mâles que de femelles; c'est le contraire si l'on n'a en vue que l'agrément, car le mâle l'emporte au coup d'œil. On prétend qu'on rencontre des troupes de paons sauvages à Samos dans le bois sacré de Junon, et dans ceux que Pison possède dans l'île de Planasia. Pour former un troupeau, prenez des sujets de bon âge et de belles formes ; car en fait d'oiseaux, c'est à celui-là que a nature a donné la palme de la beauté. Les femelles ne sont pas propres à la multiplication avant deux ans, ni après cet âge. On nourrit les paons de grain, d'orge surtout. Lurco donne à six paons un modius d'orge par mois. Il augmente a mesure au temps de la ponte, et même un peu avant qu'ils ne commencent à accoupler. Son intendant doit lui rendre par chaque paonne trois petits, qui, devenus grands, se vendent cinq deniers la pièce; prix que l'on ne tire guère du plus beau mouton. Il achète en outre des œufs de paons, qu'il fait couver à des poules. Quand les petits sont éclos, il les fait passer dans une espèce de voûte servant de loge aux autres. Il faut que ces loges soient assez spacieuses pour que chaque oiseau y trouve son gîte à part, et que l'intérieur en soit crépi avec soin, de sorte que ni serpent ni bête malfaisante ne puisse s'y introduire par aucune ouverture ni crevasse. On ménagera devant l'entrée un espace où les paons puissent aller prendre leur nourriture, les jours où le soleil donne. L'un et l'autre emplacement a besoin d'être toujours proprement tenu. Le gardien les visitera souvent la pelle à la main, pour enlever la fiente, qu'il doit conserver avec soin; car elle est d'une grande utilité pour la culture des champs, et peut en outre servir de litière aux jeunes paons. Q. Hortensius fit le premier, dit-on, servir cette espèce de volatiles dans le festin d'installation de son augurat; prodigalité qui eut l'approbation des voluptueux, plutôt que des gens honnêtes et d'habitudes rigides. L'exemple néanmoins fut contagieux, et le prix de ces oiseaux a depuis monté à tel point, qu'un œuf de paon se vend maintenant cinq deniers, et l'oiseau lui-même facilement cinquante. Un troupeau de cent paons rapporte sans peine quarante mille sesterces, et même soixante mille, si, comme fait Albutius, on exige trois petits par chaque mère.

VII. A ce moment un appariteur vint, de la part du consul, avertir Appius que les augures étaient mandés : celui-ci quitta aussitôt la villa publique. A peine fut-il parti, qu'une volée de pigeons vint s'y abattre. Si par hasard, dit alors Mérula à Axius, vous aviez monté un colombier (περιστεροτροφεῖος), vous vous imagineriez que ces pigeons sont à vous, tout sauvages qu'ils sont; car un colombier a d'ordinaire des hôtes de deux espèces. Les pigeons sauvages d'abord, que d'autres appellent *saxatiles*, et qui habitent les tours et le faîte (*columen*) des métairies. Aussi est-ce du mot *columen*, que leur est venu le nom de *columbæ*. En effet, leur timidité naturelle leur fait toujours rechercher les points les plus élevés des bâtiments. Cette espèce hante donc principalement les tours ; c'est là qu'ils dirigent leur vol au retour des champs, et c'est de

rula : De pavonibus nostra memoria, inquit, greges haberi cœpti, et venire magno. Ex iis M. Aufidius Lurco sestertiûm sexagena millia nummûm in anno dicitur capere. Ji aliquanto pauciores esse debent mares quam fœminæ, si ad fructum spectes; si ad delectationem, contra : formosior enim mas. Pavonum greges agrestes transmarini esse dicuntur in insulis, Sami in luco Junonis, item in Planasia insula M. Pisonis. Hi ad greges constituendos parantur bona ætate et bona forma. Huic enim natura formæ e volucribus dedit palmam. Ad admissuram hæ minores bimæ non idoneæ, nec jam majores natu. Pascuntur omne genus objecto frumento, maxime ordeo. Itaque senis his dat in menses singulos ordei singulos modios, ita ut in fœtura det uberius, et ante quam salire incipiant. Is a procuratore ternos pullos exigit, eosque cum creverunt, quinquagenis denariis vendit, ut nulla ovis hunc assequatur fructum. Præterea ova emit sic supponit gallinis, ex quibus ex iis excusos pullos refert in testudinem eam, in qua pavones habet. Quod tectum pro multitudine pavonum fieri debet, et habere cubilia discreta, tectorio levata, quo neque serpens, neque bestia accedere ulla possit. Præterea habere locum ante se, quo pastum exeant diebus apricis. Utrumque locum purum esse volunt hæ volucres. Itaque pastorem earum cum batillo circumire oportet, ac stercus tollere ac conservare; quod et ad agriculturam idoneum est, et ad substramen pullorum. Primus hoc Q. Hortensius augurali aditiali cœna posuisse dicitur. Quod potius factum tum luxuriosi, quam severi boni viri laudabant. Quem cito secuti multi extulerunt eorum pretia, ita ut ova eorum denariis veneant quinis, ipsi facile quinquagenis, grex centenarius facile quadragena millia sextertia ut reddat, ut quidem Albutius aiebat, si in singulos ternos exigeret pullos, perfici sexagena posse.

VII. Interea venit apparitor Appii a consule, et augures ait citari. Ille foras exit e villa. At in villam intro involant columbæ. De quibus Merula Axio : Si unquam περιστεροτροφεῖον constituisses, has tuas esse putares, quamvis feræ essent. Duo enim genera earum in περιστεροτροφείῳ esse solent. Unum agreste, ut alii dicunt saxatile, quod habetur in turribus ac columinibus villæ, a quo appellatæ columbæ, quæ propter timorem naturalem summa loca in tectis captant. Quo fit, ut agrestes maxime sequantur turres, in quas ex agro evolant suapte sponte ac remeant. Alterum genus illud columbarum est clementius, quod cibo domestico contentum intra limina januæ solet pasci.

là qu'ils revolent aux champs. La seconde espèce est plus sociable, et vient volontiers chercher sa nourriture sur le seuil des maisons. Son plumage est presque toujours blanc, tandis que celui de la première est bigarré, mais sans aucun mélange de blanc. De l'union de ces deux espèces on en forme une troisième, de couleur mélangée. C'est principalement sur celle-là qu'on spécule. Elle vit en commun dans un local appelé par les uns περιστερεών, (colombier), et, par les autres περιστεροτροφεῖον (lieu où l'on nourrit des colombes), et qui en contient quelquefois jusqu'à cinq mille. Un colombier doit être construit en voûte et se terminer en forme de dôme, avec une porte étroite et des fenêtres à la carthaginoise, ou plus larges même, garnies de treillis au dedans et au dehors, de manière à laisser entrer le jour, tout en fermant le passage aux serpents et autres animaux dangereux. Les parois intérieures sont enduites de stuc, et la même application est faite autour des fenêtres en dehors, afin que ni rat ni lézard ne puisse s'y introduire; car rien n'est timide comme la colombe. On disposera pour chaque couple de pigeons des boulins de forme circulaire, distribués avec ordre et serrés les uns contre les autres, pour qu'il en tienne davantage, et de façon à remplir tout l'espace compris entre le sol et la voûte. Chaque boulin aura une ouverture qui permette au pigeon d'entrer et de sortir librement, et l'intérieur en sera de trois palmes en tous sens. A chaque rang de boulins seront adaptées des tablettes de deux palmes de largeur, qui serviront de vestibule aux pigeons, et surlesquelles ils pourront se reposer avant d'entrer. L'on ne conduira au colombier que de l'eau limpide et pure, afin que les pigeons puissent à la fois y boire et se baigner; car leur propreté est proverbiale : aussi le gardien doit-il balayer le colombier plusieurs fois par mois; la fiente, qui le salirait en s'y amassant, est d'ailleurs d'une grande utilité pour la culture de la terre, au point que quelques auteurs la regardent comme le meilleur de tous les engrais. Le gardien doit aussi donner ses soins aux pigeons malades, retirer les morts du colombier, ainsi que les petits qui sont bons à être vendus. Les femelles couveuses seront placées dans un lieu particulier, où elles se trouveront séparées des autres par un filet, en conservant cependant la faculté de sortir. Il y a deux raisons pour en agir ainsi. Au cas où les mères viendraient à languir, et à se rebuter d'une réclusion trop prolongée, elles peuvent se refaire par une excursion en plein air. D'un autre côté, l'attachement à leur couvée garantit leur retour, à moins que le corbeau ou l'épervier ne soient là pour l'intercepter. Pour détruire ces ennemis, les gardiens enfoncent en terre deux baguettes couvertes de glu, et recourbées l'une sur l'autre. L'épervier fond sur le pigeon attaché comme appât entre ces baguettes, et se trouve pris au piège, en s'empêtrant dans la glu. Une conséquence bien connue de l'instinct qui ramène toujours le pigeon au colombier, c'est l'habitude qu'ont prise certaines personnes d'en apporter dans leur sein au théâtre, pour leur y donner la volée; ce qu'elles ne feraient pas, si elles n'avaient la certitude de voir les pigeons revenir au logis. On place la nourriture dans des mangeoires adossées aux murs du colombier, et qui se remplissent à l'extérieur au moyen de tuyaux. Les pigeons aiment le millet, le blé, l'orge, les pois, les haricots, et l'ers. On fera bien d'attirer autant que

---

Hoc genus maxime est colore albo. Illud alterum agreste sine albo, vario. Ex his duabus stirpibus fit miscellum tertium genus fructus causa, atque incedunt in locum unum, quod alii vocant περιστερεῶνα, alii περιστεροτροφεῖον. In quo uno sæpe vel quinque millia sunt inclusæ. Περιστερεών fit, ut testudo magna, camara tectus, uno ostio angusto, fenestris Punicanis, aut latioribus reticulatis, utrinque ut locus omnis sit illustris, neve quæ serpens, aliudve quid animal maleficum introire queat. Intrinsecus quam levissimo marmorato toti parietes ac camaræ oblinuntur, et extrinsecus circum fenestras, ne mus aut lacerta qua adrepere ad columbaria possit. Nihil enim timidius columba. Singulis paribus columbaria fiunt rotunda in ordinem crebra. Ordines quam plurimi esse possunt a terra usque ad camaram. Columbaria singula esse oportet, ut os habeant, quo introire et exire possint; intus ternorum palmorum ex omnibus partibus. Sub ordines singulos tabulæ fictæ ut sint bipalmes, quo utantur vestibulo, ac prodeant. Aquam puram esse oportet, quæ influat, unde et bibere, et ubi lavari possint. Permundæ enim sunt hæ volucres. Itaque pastorem columbarium quotquot mensibus crebro oportet everrere. Est enim quod eum inquinat locum appositum ad agriculturam, ita ut hoc optimum esse scripserint aliqui. Sive quæ columba quid offenderit, ut medeatur. Si qua perierit, ut efferatur. Si qui pulli idonei sunt ad vendendum, promat. Item quæ fœtæ sunt, ut certum locum disclusum ab aliis rete habeant, quo transferantur, et quo foras evocare possint matres. Quod faciunt duabus de causis. Una, si fastidiunt aut inclusæ consenescunt, quo libero aere cum exierint in agros, redintegrentur. Altera de causa propter pulliciem. Ipsæ enim propter pullos, quos habent, utique redeunt, nisi a corvo occisæ aut ab accipitre interceptæ. Quos columbarii interficere solent, duabus virgis viscatis defixis in terram inter se curvatis, cum inter eas posuerint obligatum animal, quod impetere soleant accipitres, qui ita decipiuntur, cum se oblevernt visco. Columbas redire solere ad locum licet animadvertere, quod multi in theatro e sinu missas faciunt, [atque ad locum redeunt] quæ nisi reverterentur, non emitterentur. Cibus apponitur circum parietes in canalibus, quas extrinsecus per fistulas supplent. Delectantur milio, tritico, ordeo, piso, faseolis, ervo. Item feras has in turribus ac summis villis qui habent, agrestes columbas, quoad possunt, immittendum in περιστερεῶνας. Ætate bona parandum, neque pullos, neque vetulas, totidem mares quot fœminas. Nihil

possible dans le colombier les pigeons sauvages, qui séjournent sur les tours et les combles des métairies voisines. Quand on achète des pigeons, il faut les prendre de bon âge, ni trop jeunes ni trop vieux, et qu'il y ait autant de mâles que de femelles. Rien qui pullule comme les pigeons; en quarante jours la mère conçoit, pond, couve et élève ses petits; et c'est à recommencer tout le long de l'année, sans autre intermittence que la période de solstice d'hiver à l'équinoxe du printemps. Elles ne font que deux petits à la fois, qui, à peine arrivés à leur croissance et à leur force, fécondent la mère dont ils sont sortis. Les personnes qui engraissent les petits pour les vendre plus cher les renferment à part, ils ont déjà leurs plumes; puis les gorgent avec du pain blanc mâché, qu'elles leur donnent deux fois par jour en hiver, et trois fois en été; le matin, à midi, et le soir; la ration de midi est retranchée l'hiver. On laisse dans le nid ceux qui commencent seulement à s'emplumer, après leur avoir cassé les pattes, et on donne à manger aux mères en conséquence. Les élèves qu'on fait par ce procédé engraissent plus promptement et sont toujours plus blancs que les autres. Une paire de pigeons d'une belle couleur, d'une bonne race, et qui n'a point de défaut, se vend ordinairement à Rome deux cents *nummi*, et quelquefois mille, si elle est d'une beauté remarquable. Le chevalier romain L. Axius avait même refusé cette somme pour une seule paire de pigeons, qu'il ne voulait pas donner à moins de quatre cents deniers. Si je pouvais me procurer, s'écria alors notre Axius, un colombier comme je le désire, j'irais vite acheter des boulins de terre cuite, et je les enverrais à ma villa. Comment, dit Pica, est-ce que nombre de personnes n'ont pas des boulins sur le toit même de leur maison? Avec cet appareil, dont la valeur va jusqu'à cent mille sesterces, peut-on dire qu'ils n'ont pas de colombiers? Je vous conseille moi, de vous en donner un à Rome en employant le même moyen et d'attendre que vous ayez appris à en tirer un as et demi par jour, avant de vous lancer dans des constructions plus dispendieuses à la campagne.

VIII. Continuez, dit alors Axius à Mérula; et Mérula reprit en ces termes : De même que pour les pigeons, on doit pour les tourterelles disposer un local proportionné à la quantité qu'on en veut avoir. Il y faut, comme dans les colombiers, eau pure, porte, fenêtres, et des murs bien crépis; mais au lieu de boulins on attachera aux murailles des bâtons ou juchoirs régulièrement étagés, et couverts de petites nattes de chanvre. Il faut que le rang d'en bas soit élevé de trois pieds au moins au-dessus du sol; qu'il y ait un intervalle de neuf pouces entre tous les autres, et que le plus élevé soit à un demi-pied de distance de la voûte. Les bâtons à jucher doivent avoir même longueur à partir de la muraille. Les tourterelles n'en doivent sortir ni jour ni nuit. On leur donne pour nourriture du froment sec, dans la proportion d'un demi-modius pour cent vingt tourterelles. La place doit être balayée tous les jours, pour que la fiente qui s'y amasse n'incommode point les oiseaux. Elle a d'ailleurs son emploi en agriculture. L'époque de la moisson convient plus que toute autre pour engraisser les tourterelles. En aucun temps de l'année les mères ne sont en si bon état, ne font autant de petits, propres à engraisser à leur tour. C'est donc ce moment que la spéculation doit surtout saisir.

IX. Je voudrais bien, dit alors Axius, savoir

---

columbis fœcundius. Itaque diebus quadragenis concipit, et parit, et incubat, et educat. Et hoc fere totum annum faciunt : tantummodo intervallum faciunt a bruma ad æquinoctium vernum. Pulli nascuntur bini, qui simulac creverunt et habent robur, cum matribus pariunt. Qui solent saginare pullos columbinos, quo pluris vendant, secludunt eos, cum jam plumas sunt tecti. Deinde manducato candido farciunt pane : hieme hoc bis, æstate ter, mane, meridie, vesperi. Hieme demunt cibum medium. Qui jam pinnas incipiunt habere, relinquunt in nido illisis cruribus, et matribus uberius ut cibo uti possint objiciunt; eo enim totum diem se, et pullos pascunt. Qui ita educantur, celerius pinguiores fiunt quam alii, et candidiores. Parentes eorum Romæ, si sunt formosi, bono colore, integri, boni seminis, paria singula vulgo veneunt ducenis numis, nec non eximia singulis millibus numum, quas nuper cum mercator tanti emere vellet a L. Axio equite Rom. minoris quadringentis denariis daturum negavit. Axius : Si possem emere, inquit, περιστερεῶνα faetum, quemadmodum in ædibus cum habere vellem, fictilia columbaria jam iissem emtum, et misissem ad villam. Quasi vero, inquit Pica, non in urbe quoque sint multi, columbaria qui in tegulis habent. An tibi non videntur habere περιστερεῶνας, cum aliquot supra centum millium sextertium habeant instrumentum? e queis alicujus totum emas censeo, et ante quam ædificas rure magnum, condiscas his in urbe quotidie lucrum assem semissem condere in loculos.

VIII. Tum Merula : Perge deinceps. *Ille :* Turturibus item, inquit, locum constituendum proinde magnum, ac multitudinem alere velis; eumque item, ut de columbis dictum est, ut habeat ostium ac fenestras et aquam puram, ac parietes, ac camaras munitas tectorio. Sed pro columbariis in pariete mutulos, aut palos in ordinem, supra quos tegeticulæ cannabinæ sint impositæ. Infimum ordinem oportet abesse a terra non minus tres pedes, inter reliquos dodrantes, a summo ad camaram ad semipedem, æque latum ac mutulus a pariete extare potest, in quibus dies noctesque pascuntur. Cibatui quod sit, objiciunt triticum siccum in centenos vicenos turtures fere semodium, quotidie everrentes eorum stabula, a stercore ne offendantur, quod item servatur ad agrum colendum. Ad saginandum appositissimum tempus circiter messem. Etenim matres eorum tunc optimæ sunt; tunc pulli plurimi gignuntur, qui ad farturam meliores. Itaque eorum fructus id temporis maxime consistit.

comment on engraisse les poules et les pigeons ramiers. Si Mérula voulait bien encore nous l'apprendre, nous compléterions alors ce qui reste à dire des autres animaux. Mérula reprit en ces termes : Il y a trois espèces de poules ; les poules de basses-cours, les poules sauvages, et les poules d'Afrique. Les poules de basse-cour se voient par toute la campagne et dans les fermes. Les personnes qui se proposent d'établir un poulailler (ὀρνιθοβοσκεῖος), et qui veulent, comme les habitants de Délos, en tirer tout le parti possible, ont cinq choses principales à considérer : 1° L'achat. De quel nombre de poules faut-il former son poulailler, et dans quelles conditions individuelles? 2° La multiplication de l'espèce ; quels soins exigent l'accouplement et la ponte? 3° Les œufs ; comment on fait couver et éclore? 4° Les poussins ; de quelle façon ; et par qui doit-on les faire élever? 5° Et cette question n'est qu'un appendice des quatre autres : comment s'engraisse cette volaille? Poule est le nom générique de la femelle ; coq, celui du mâle ; on appelle chapons ceux que la castration a privés d'une partie de leur masculinité. On châtre les coqs, pour en faire des chapons, en leur brûlant avec un fer rouge les ergots à l'extrémité des pattes, jusqu'à ce que la peau s'en détache ; puis on enduit la plaie avec de la terre à potier. Celui qui se propose de former un poulailler-modèle doit le peupler des trois espèces, mais surtout de la poule ordinaire. Dans l'achat de cette dernière espèce il faut rechercher les plus fécondes. On les reconnaît au plumage roux, aux ailes noires, aux ergots de grandeurs inégales, à la grosse tête, à la crête large et élevée. Choisissez des coqs lascifs. Les indices de cette qualité sont des formes membrues, la crête d'un rouge éclatant, le bec court, fort et aigu, l'œil fauve ou noir, le jabot d'un rouge tirant sur le blanc, le cou bigarré, ou nuancé d'or, les cuisses velues, les pattes courtes, les ergots allongés, la queue développée, et bien fournie. Remarquez encore si vos coqs se redressent avec fierté ; s'ils chantent fréquemment ; s'ils se montrent acharnés au combat ; si, loin de craindre pour eux-mêmes, ils sont disposés à protéger leurs poules. Il y a cependant une exception à faire pour les coqs de Médie, de Tanagra et de Chalcis, qui, tout beaux et tout belliqueux qu'ils sont, n'ont qu'une médiocre aptitude à la propagation. Pour deux cents poules, il faut un lieu clos, dans lequel on dispose deux cabanes l'une à côté de l'autre, toutes deux au soleil levant. Chacune aura dix pieds de longueur, cinq pieds de largeur, et à peu près autant en hauteur. Les fenêtres auront trois pieds de large sur quatre de haut, et seront tissues à claires voies, de façon à laisser entrer beaucoup de jour, sans livrer passage à aucune bête nuisible. On ménagera de plus entre ces cabanes un passage pour le gardien du poulailler. Dans chaque cabane se trouveront des perches en nombre suffisant pour servir de juchoir à toutes les poules. Vis-à-vis de chaque perche on creusera dans le mur des trous qui serviront de nids ; on ménagera en outre une espèce de cour fermée, où les poules puissent rester pendant le jour et s'ébattre dans la poussière, et où se trouvera aussi une grande cellule servant d'habitation au gardien. Tout le tour du poulailler sera garni de nids, creusés ou attachés fortement aux murs ; car le moindre dérangement pendant l'incubation peut nuire aux œufs. Quand les poules commencent à pon-

---

IX. Axius : Ego quæ requiro farsuræ (assuræ) membra de palumbis, et gallinis dic sodes *Merula* : tum de reliquis, si quid idoneum fuerit, racemari licebit. Igitur sunt gallinæ quæ vocantur, generum trium, villaticæ, et rusticæ, et africanæ. Gallinæ villaticæ sunt, quas deinceps rure habent in villis. De his qui ὀρνιθοβοσκεῖον instituere volunt, iidem adhibita scientia ac cura, ut capiant magnos fructus (ut maxime factitaverunt Deliaci) hæc quinque maxime animadvertant oportet : de emtione, cujusmodi, et quam multas parent, de fœtura, quemadmodum admittant et pariant ; de ovis, quemadmodum incubent et excudant ; de pullis, quemadmodum et a quibus educentur. Hisce appendix adjicitur pars quinta, quemadmodum saginentur. E queis tribus generibus proprio nomine vocantur fœminæ quæ sunt villaticæ, gallinæ ; mares galli ; capi semimares, quod sunt castrati. Gallos castrant, ut sint capi, candenti ferro inurentes calcaria ad infima crura, usque dum rumpantur. At quod extat ulcus, oblinunt figlina creta. Qui spectat ut ὀρνιθοβοσκεῖον perfectum habeat, sint licet genera tria paranda, maxime villaticas gallinas. E queis in parando eligat oportet fœcundas ; plerumque rubicunda pluma, nigris pinnis, imparibus digitis, magnis capitibus, crista erecta, amplas. Hæ enim ad partiones sunt aptiores. Gallos salaces ; qui animadver- tuntur, si sunt lacertosi, rubenti crista, rostro brevi, pleno, acuto, oculis ravis, aut nigris, palea rubra subalbicanti, collo vario, aut aureolo, feminibus pilosis, cruribus brevibus, unguibus longis, caudis magnis, frequentibus pinnis. Item qui elati sunt, ac vociferant sæpe, in certamine pertinaces, et qui animalia, quæ nocent gallinis, non modo non pertimescant, sed etiam pro gallinis propugnent. Nec tamen sequendum in seminio legendo Tanagricos, ac Medicos, et Chalcidicos, qui sine dubio sunt pulchri, et ad præliandum inter se maxime idonei, sed ad partus sunt steriliores. Si ducentas alere velis, locus septus attribuendus, in quo duæ caveæ conjunctæ magnæ constituendæ, quæ spectent ad exorientem versus, utræque in longitudinem circiter decem pedum, latitudine dimidio minores, in altitudine paullo humiliores. Utrisque fenestræ latitudine tripedali, in longitudinem altiores e viminibus factæ raris, ita ut lumen præbeant multum, neque per eas quidquam ire intro possit, quæ nocere solent gallinis. Inter duas ostium sit, qua gallinarius curator earum ire possit. In caveis crebræ perticæ trajectæ sint, ut omnes sustinere possint gallinas. Contra singulas perticas in pariete (exsculpta) sint cubilia earum. Ante sit (ut dixi) vestibulum septum, in quo diurno tempore esse possint, atque in pulvere volutari. Præterea sit cella grandis, in

dre, il faut étendre dans leurs nids de la paille, qu'on enlève lorsqu'elles commencent à couver, pour en remettre de nouvelle; car la vieille paille engendre des puces, et d'autres vermines qui tourmentent et inquiètent les poules; ce qui fait que les œufs sont couvés inégalement, ou même se gâtent. On prétend qu'il ne faut pas donner à une poule plus de vingt-cinq œufs à couver, lors même qu'elle est assez féconde pour en pondre davantage. L'époque la plus favorable à l'incubation est depuis l'équinoxe du printemps jusqu'à celui d'automne. On ne fera donc point couver les œufs pondus avant ou après cette époque, non plus que ceux qui proviennent de poules pondant pour la première fois. En général on choisira pour couver de vieilles poules plutôt que des jeunes, et, de préférence, celles qui n'ont ni le bec ni les ongles pointus; les autres sont plus propres à pondre qu'à couver. L'âge le plus convenable est celui d'un an ou deux. Si l'on fait couver à une poule, des œufs de paon, il faut laisser passer dix jours avant d'ajouter des œufs de poule afin que tous puissent éclore en même temps; car on a des poulets au bout de vingt jours, tandis qu'il en faut trente pour obtenir des paonneaux. On tient les poules qui couvent renfermées nuit et jour; ce n'est que le soir et le matin qu'on les laisse sortir un instant, pour leur donner leur nourriture. Le gardien doit de temps à autre visiter les nids et retourner les œufs, pour que la chaleur puisse les pénétrer de toutes parts. Pour s'assurer si un œuf est plein ou vide, on le plonge dans l'eau. S'il est vide, il surnage; s'il est plein, il va à fond. Ceux qui secouent les œufs dans ce but ont tort; car ils risquent de brouiller le germe, qui est le principe de vie. On dit encore qu'un signe certain qu'un œuf est vide est sa transparence lorsqu'on l'interpose à la lumière. Pour conserver les œufs, on les frotte avec du sel égrugé, ou bien on les trempe dans la saumure pendant trois ou quatre heures; puis on les met, après les avoir bien essuyés, dans du son ou de la paille. Les œufs ne doivent être couvés qu'en nombre impair. Le gardien du poulailler peut, dès le quatrième jour de l'incubation, connaître les œufs qui ont été fécondés ou non : il suffit de les tenir devant le jour. Il jette alors ceux qui ne montrent aucun changement, pour en mettre d'autres à leur place.

Il faut tirer de chaque nid les poulets à mesure qu'ils naissent, et les donner à élever à une mère qui n'en aura pas beaucoup. S'il reste moins d'œufs que de poussins éclos, il faudra retirer les premiers pour les donner à d'autres poules qui n'en ont pas encore d'éclos, en observant toutefois de ne jamais laisser à une poule plus de trente poussins à conduire. Dans les 15 premiers jours on donne aux poulets tous les jours de la farine d'orge bien détrempée dans l'eau et mêlée avec de la graine de cresson. De cette manière on n'aura pas à craindre que l'orge ne se gonfle dans l'estomac des poulets. On placera cette nourriture sur de la poussière, et non sur la terre sèche et dure, qui blesserait leur bec délicat. Ne leur donnez point d'eau dans les premiers jours. Quand la queue commence à leur pousser, il faut enlever souvent de la tête et du cou la vermine qui les ferait dépérir. On brûlera autour du poulailler de la corne de cerf, pour en écarter les serpents, dont l'odeur seule suffit pour faire périr les poulets. Il faut les

qua curator habitet, ita ut in parietibus circum omni posita sint cubilia gallinarum, aut exsculpta, aut afflicta firmiter. Motus enim cum incubant nocet. In cubilibus, cum parturient, acus substernendum. Cum pepererunt, tollere substramen, et recens aliud subjicere, quod pulices et cætera nasci solent, quæ gallinam conquiescere non patiuntur; ob quam rem ova aut inæquabiliter maturescunt, aut consenescunt. Quæ velis incubet, negant plus xxv oportere ova incubare, quamvis propter fœcunditatem pepererit plura. Optimum esse partum æquinoctio verno, ad automnale. Itaque quæ ante aut post nata sunt, et etiam prima eo tempore, non supponenda : et ea quæ subjicias potius vetulis, quam pullastris, et quæ rostra aut ungues non habeant acutos, quæ debent potius in concipiendo occupatæ esse, quam incubando. Appositissimæ ad partum sunt anniculæ, aut bimæ. Si ova gallinis pavonina subjicies, cum jam decem dies pavonina fovere cœpit, tum denique gallinacea subjicere, ut una excudant. Gallinaceis enim pullis bis deni dies opus sunt, pavoninis ter deni. Eas includere oportet, ut diem et noctem incubent, præter quam mane et vespere, dum cibus ac potio eis datur. Curator oportet circumeat diebus interpositis aliquot, ac vertat ova, uti æquabiliter concalefiant. Ova plena sint, atque utilia, necne? animadverti ajunt posse, si demiseris in aquam. Quod inane, natat; plenum, desidit. Qui, ut hoc intelligant, concutiant, errare, quod in eis vitales venas confundant. In iisdem aiunt, cum ad lumen sustuleris, quod perluceat, id esse ob inane. Qui hæc volunt diutius servare, perfricant sale minuto, aut muria, tres aut quatuor horas; eaque abluta condunt in furfures, aut acus. In supponendo ova observant, ut sint numero imparia. Ova, quæ incubantur, habeantne semen pulli, curator quatriduo, postquam incubari cœpit, intelligere potest, si contra lumen tenuit, et purum uniusmodi esse animadvertit, putant ejiciendum, et aliud subjiciendum. Excusos pullos subducendum ex singulis nidis, et subjiciendum ei, quæ habeat paucos. Ab eaque, si reliqua sint ova pauciora, tollenda, et subjicienda aliis, quæ nondum excuderunt, et minus habent xxx pullos. Hoc enim gregem majorem non faciendum. Objiciendum pullis diebus xv primis mane subjecto pulvere (ne rostris noceat terra dura) polentam mixtam cum nasturtii semine, et aqua aliquanto ante facta intrita, ne tum denique in eorum corpore turgescat. Aqua prohibendum. Quando de clunibus cœperint habere pinnas, e capite et e collo eorum crebro eligendi pedes. Sæpe enim propter eos consenescunt. Circum caveas eorum incendendum cornum cervinum, ne quæ serpens accedat : quarum bestiarum ex

conduire souvent au soleil et sur des tas de fumier, où ils puissent s'ébattre à leur aise, ils en sont meilleurs. On fera bien même d'y mener tout le poulailler en été, et tant que la température est douce et que le soleil donne. On aura la précaution d'étendre au-dessus du clos un filet, qui les empêche de s'envoler, et les préserve en même temps des oiseaux de proie. Épargnez-leur l'excès du chaud aussi bien que l'excès du froid : l'un est aussi nuisible que l'autre. Quand les poulets commenceront à avoir des plumes, il faut les habituer à ne suivre qu'une poule ou deux, afin que les autres ne soient occupées qu'à pondre. L'incubation ne doit commencer qu'après le renouvellement de la lune. Les œufs qu'on fait couver plus tôt ne réussissent presque jamais. Il ne leur faut que vingt jours environ pour éclore. J'ai parlé trop longuement peut-être des poules ordinaires : pour compensation je ne dirai qu'un mot des autres espèces. Les poules sauvages sont fort rares à Rome, et l'on n'en voit guère d'apprivoisées, si ce n'est en cage; elles ressemblent d'aspect, non de plumage, aux poules d'Afrique, plutôt qu'à celles de ferme, quand on n'a rien fait pour les déguiser. On les dépose souvent en parade dans les pompes publiques, avec des perroquets, des merles blancs, et comme objets rares et curieux. Elles ne pondent et couvent volontiers que dans les bois, et ne produisent guère à l'état domestique. Ce sont elles qui ont fait appeler Gallinaria l'île que l'on voit dans la mer de Toscane, près d'Italie, vis-à-vis d'Intemelium, d'Albium Ingaunum, et des montagnes de Ligurie. Suivant d'autres, ce nom vient des poules ordinaires, transportées là originairement par des matelots, et dont la race s'y est perpétuée à l'état sauvage. Les poules d'Afrique sont grandes, bigarrées, et ont le dos en saillie. Les Grecs les appellent *méléagrides*. Ce sont les dernières que l'art culinaire a imaginé d'offrir aux palais blasés de notre époque : leur rareté les fait payer très-cher. Les poules ordinaires sont celles qu'on engraisse le plus souvent. On les enferme à cet effet dans un lieu chauffé doucement, où elles aient peu d'espace et de jour. Le mouvement et la lumière nuisent à leur embonpoint. On les choisit à la taille, en exceptant toutefois celles qu'on appelle à tort *mélices*, puisque leur véritable nom est Melicæ; de même que nos ancêtres disaient Thélis au lieu de Thetis, le nom domestique donné originairement aux poules qu'on faisait venir de Médie à cause de leur grandeur, est resté désormais à cette race, qui s'est perpétuée dans notre pays, et a conservé avec son type une grande ressemblance. Pour les engraisser, on leur arrache les plumes des ailes et de la queue, et on leur donne en abondance des boulettes faites avec de la farine d'orge, à laquelle on peut ajouter aussi de la farine d'ivraie, ou de la graine de lin pétrie dans de l'eau tiède. On leur donne à manger deux fois par jour; mais il faut s'assurer avant le second repas si le premier est digéré. Après, quand elles ont mangé, on leur purge la tête de vermine, et on les renferme de nouveau; ce régime se continue pendant vingt-cinq jours, et au bout de ce temps les poules sont engraissées. Quelques-uns, dans le même but, leur donnent du pain de froment émietté dans de l'eau, et y mêlent du vin généreux et qui ait du bouquet. On prétend par ce moyen rendre les poules grasses et tendres en vingt jours.

---

odore solent interire. Prodigendi in solem et in sterquilinium, ut se volutare possint, quod ita alibiliores fiunt. Neque pullos tantum, sed omne ὀρνιθοβοσκεῖον, cum æstate, tum utique cum tempestas est mollis...... atque in apricum, intento supra rete, quod prohibeat eas extra septa evolare, et in eas involare extrinsecus accipitrem, aut quid aliud ; evitare item caldorem et frigus, quod utrumque his adversum. Cum jam pinnas habebunt, consuefaciendum, ut unam aut duas sectentur gallinas, ceteræ ut potius ad pariendum sint expeditæ, quam in nutricatu occupatæ. Incubare oportet incipere secundum novam lunam, quod fere quæ ante, pleraque non succedunt. Diebus fere xx excudunt. De quibus villaticis, quoniam vel nimium dictum, brevitate reliqua compensabo. Gallinæ rusticæ sunt in urbe raræ, nec fere mansuetæ sine cavea videntur Romæ, similes facie non his villaticis gallinis nostris, sed Africanis, aspectu ac facie incontaminata. In ornatibus publicis solent poni cum psittacis ac merulis albis, item aliis id genus rebus inusitatis. Neque fere in villis ova ac pullos faciunt, sed in silvis. Ab his gallinis dicitur insula Gallinaria appellata, quæ est in mari Thusco secundum Italiam contra montes Ligusticos, Intemelium, Albium Ingaunum. Alii ab his villaticis invectis a nautis ibi feris factis procreatis. Gallinæ Africanæ sunt grandes, variæ, gibberæ, quas μελεαγρίδας appellant Græci. Hæ novissimæ in triclinium ganearium introierunt e culina, propter fastidium hominum. Veneunt propter penuriam magno. De tribus generibus gallinæ saginantur maxime villaticæ. Eas includunt in locum tepidum et angustum et tenebricosum, quod motus earum et lux pinguitudini inimica, ad hanc rem electis maximis gallinis, nec continuo his, quas Melicas appellant falso, quod antiqui ut Thetin Thelim dicebant, sic Medicam Melicam vocabant. Hæ primo dicebantur, quia ex Media propter magnitudinem erant allatæ, quæque ex iis generatæ postea propter similitudinem ampliæ omnes. Ex iis evulsis ex alis pinnis et e cauda farciunt turundis ordeaceis ; partim admixtis ex farina loliacea, aut semine lini ex aqua dulci. Bis die cibum dant, observantes ex quibusdam signis, ut prior sit concoctus, quam secundum dent. Dato cibo, quum perpurgarunt caput, ne quos habeant pedes, rursus eas concludunt. Hoc faciunt usque ad dies xxv. Tunc denique pingues fiunt. Quidam et triticeo pane intrito in aquam mixto vino bono et odorato farciunt, ita ut diebus xx pingues reddant ac teneras. Si in farciendo nimio cibo fastidiunt, remittendum in datione pro portione, sicut

Si l'on s'aperçoit que l'excès de nourriture les rebute, il faut en diminuer la quantité de jour en jour jusqu'au dixième, suivant la progression que l'on a observée en l'augmentant, de sorte que la ration soit égale le vingtième jour et le premier. Les pigeons ramiers s'engraissent de la même manière que les poules.

X. Passez à présent, dit Axius, à ces hôtes de villa, que vous autres Philhellènes appelez amphibies (ἀμφίβια), espèces auxquelles la terre ne suffit pas, et dont l'entretien exige encore de ces bassins pleins d'eau (χηνοβοσκεῖον), ainsi nommés quand vous y élevez spécialement des oies. Scipion Métellus et M. Séius ont quantité d'élèves de cette dernière espèce. Mérula reprit : Quand Séius a formé ses troupeaux d'oies, il a porté ses soins sur les cinq points principaux dont j'ai parlé en traitant des poules : attention à bien choisir, multiplication de l'espèce, ponte, naissance des petits, et engraissement. L'esclave qui les achetait avait ordre de n'en prendre que de grande taille et de plumage blanc ; car leur progéniture est presque toujours à leur ressemblance. C'est qu'il y a une autre espèce qu'on appelle oies sauvages, au plumage bigarré, qui n'aime point à se joindre aux oies domestiques et s'apprivoise difficilement. L'époque la plus favorable à l'accouplement est celle du solstice d'hiver. Les oies pourront alors pondre et couver depuis les calendes de mars jusqu'au solstice. Ces oiseaux s'accouplent ordinairement dans l'eau ; et, l'acte consommé, ils plongent dans la rivière ou le bassin. Ils ne font pas plus de trois pontes par an. On disposera pour chaque oie une cabane de deux pieds et demi de tour, où la femelle puisse déposer ses œufs ; et on y étendra de la paille pour litière. On marque les œufs de manière à les reconnaître, car une oie ne fait éclore que les siens. On lui en donne ordinairement neuf ou onze à couver ; jamais plus de quinze, ni moins de sept. Elle couve trente jours si la température est froide, et vingt-cinq quand le temps est doux. Lorsque les oisons sont éclos, on les laisse les cinq premiers jours avec leur mère. Il faut ensuite, si le temps est beau, les conduire tous les jours à la prairie, au marais ou aux bassins. On leur dispose des cellules au-dessous ou au-dessus du sol, lesquelles n'en doivent pas contenir plus de vingt. Il faut en exclure soigneusement toute humidité, et tapisser le sol de paille ou de quelque chose d'analogue. On doit également veiller avec soin à ce qu'aucun animal nuisible, tel que la belette, ne puisse y pénétrer. On fera paître les oies dans des lieux humides où l'on sème exprès des herbes à graines, celle notamment qu'on appelle *seris*, qui reverdit par le seul contact de l'eau, quelque desséchée qu'elle puisse être. Il ne faut pas leur laisser paître cette herbe à la tige ; on l'arrache pour la leur offrir. Sans cette précaution, il est à craindre qu'ils ne détruisent le plant sous leurs pieds, ou qu'ils ne crèvent à force d'en manger. En effet, ces oiseaux sont tellement gloutons, que si l'on ne modère pas leur avidité, ils font des efforts à se tordre le cou pour déraciner quelque plante. Cette partie, ainsi que la tête, est chez eux le côté faible. A défaut de cette herbe, on leur donnera de l'orge ou toute autre espèce de grains. On peut aussi, suivant la saison, les nourrir de toute espèce de fourrage, avec les mêmes précautions que j'ai indiquées pour la *seris*. Lorsqu'ils couvent, on met devant eux de l'orge broyée dans de l'eau. Quant à leurs petits, on les nourrira les deux premiers jours avec de

---

decem primis processit, in posterioribus ut diminuant eadem ratione, ut vigesimus dies et primus sit par. Eodem modo palumbes farciunt, ac reddunt pingues.

X. Transi, inquit Axius, nunc in illud genus, quod vos philograeci vocatis ἀμφίβιον, quod non est ulla villa ac terra contentum, sed requirit piscinas, in quibus ubi anseres aluntur, nomine χηνοβοσκεῖον appellatis. Horum greges Scipio Metellus, et M. Sejus habent magnos aliquot. Merula : Sejus, inquit, ita greges comparavit anserum, ut hos quinque gradus observaret, quos in gallinis dixi. Hi sunt de genere, de fœtura, de ovis, de pullis, de sagina. Primum jubebat servum in legendo observare, ut essent ampli et albi : quod plerumque pullos similes sui faciunt. Est enim alterum genus varium, quod ferum vocatur, nec cum iis libenter congregatur nec æque fit mansuetum. Anseribus ad admittendum tempus est aptissimum a bruma : ad pariendum et incubandum a kal. Martii usque ad solstitium. Saliunt fere in aqua, dein merguntur in flumine aut piscina. Singulae non plus quam ter in anno pariunt. Singulis ubi pariant, faciundum haras quadratas circum binos pedes, et semipedem eas substernendum palea. Notandum earum ova aliquo signo, quod aliena non excudunt. Ad incubandum supponunt plerumque IX aut XI : qui hoc minus, VII : qui hoc plus, XV. Incubat tempestatibus dies XXX, tepidioribus XXV. Cum excudit, quinque diebus primis patiuntur esse cum matre. Deinde quotidie serenum cum est, producunt in prata, item piscinas, aut paludes : iisque faciunt haras supra terram aut subtus, in quas non inducant plus vicenos pullos. Easque cellas provident, ne habeant in solo humorem, et ut molle habeant substramen e palea, aliave qua re, neve qua eo accedere possint mustelæ, aliæve bestiæ, quæ noceant. Anseres pascunt in humidis locis, ubi pabulum serunt, quod aliquem fructum ferat seruntque his herbam, quæ vocatur seris, quod ea aqua tacta etiam cum est arida, fit viridis. Folia ejus decerpentes dant, ne si eo inegerint ubi nascitur, aut obterendo perdant, aut ipsi cruditate pereant. Voraces enim sunt natura. Quo temperandum iis, qui propter cupiditatem sæpe in pascendo, si radicem prenderunt, quam educere velint e terra, abrumpant collum. Perimbecillum (enim id, ut caput molle. Si hæc herba non est, dandum ordeum, aut frumentum aliud. Cum est tempus farraginis, dandum ut in seri dixi. Cum incubant, ordeum iis intritum

la pâte ou de l'orge en nature ; puis, les trois jours suivants, on leur donnera dans un vase du cresson sortant de l'eau, et haché très-fin. Lorsqu'ils sont en âge d'être renfermés dans les cabanes dont j'ai parlé plus haut, leur nourriture sera de la pâte de farine d'orge, du fourrage, ou toute espèce d'herbe tendre hachée menu. Les oisons qu'on veut engraisser doivent avoir de quatre à six mois. Il faut alors les enfermer à part, et les nourrir avec de la pâte de fleur de farine détrempée, dont on leur donnera tant qu'ils voudront trois fois par jour. Après chaque repas on les fera boire copieusement ; en suivant ce régime pendant deux mois, ils seront engraissés suffisamment. A chaque repas il faut nettoyer les lieux où ils prennent leur nourriture ; car ils se plaisent dans la propreté, mais ils ne quittent jamais une place sans l'avoir salie.

XI. Veut-on élever des troupeaux de canards, et former ce qu'on appelle un νησσοτροφεῖον (lieu où l'on nourrit des canards), il faut avant tout choisir, si l'on peut, un terrain de marécage ; c'est celui qui leur convient le mieux. A défaut de cela, ayez un emplacement où se trouve un lac naturel, un étang ou un bassin fait de main d'homme, avec des degrés par lesquels les canards puissent descendre. Le clos qui leur sert d'habitation doit être entouré d'un mur de quinze pieds de hauteur, comme celui que vous avez vu dans la ferme de Séius, et n'avoir qu'une seule porte. Le long du mur régnera une suite de petites loges couvertes de toits, construites uniformément et d'une largeur convenable. Chacune aura un vestibule pavé de briques dans toute son étendue. Le clos lui-même sera traversé dans toute sa longueur d'un canal toujours plein. C'est là qu'on dépose ce qu'ils mangent, c'est là qu'ils trouvent de quoi boire. Les canards se nourrissent ainsi. Les murs seront recouverts d'un enduit bien poli, pour empêcher les chats et autres animaux nuisibles de s'y introduire. On étendra en outre sur le clos un filet à larges mailles, dans le double but d'empêcher l'aigle de fondre sur les canards, et les canards de s'envoler au dehors. Leur nourriture se compose de blé, orge, marc du raisin, et quelquefois aussi d'écrevisses et autres petits animaux aquatiques de cette espèce. Il faut une large prise d'eau pour que les bassins soient alimentés constamment et renouvelés sans cesse. Quelques espèces sont encore élevées comme les canards : ce sont les sarcelles et les *phalerides*. Il en est de même des perdrix, qui, au rapport d'Archélaüs, conçoivent, rien que d'entendre le mâle. On n'élève pas ces dernières espèces comme les autres, en raison de leur fécondité et de la délicatesse de leur chair ; mais on les engraisse, si l'on veut, par les mêmes moyens. Voilà, je crois, le premier acte de la basse-cour terminé. Je n'ai plus rien à dire.

XII. Cependant Appius était de retour ; et après les questions réciproques sur ce qui s'était dit et fait de part et d'autre, Nous en sommes donc, dit-il, au second acte, c'est-à-dire à ces parcs annexés de nos villas, qu'on appelle encore *leporaria*, d'après leur ancienne destination spéciale. Aujourd'hui il ne s'agit plus d'un arpent ou deux, où l'on réunit quelques lièvres ; mais de vastes espaces, de forêts entières, où l'on renferme par bandes les cerfs et les chevreuils. On dit que Q. Fulvius Lupinus a dans les environs de Tarquinia un enclos de quarante arpents, où,

---

in aqua apponendum. Pullis primum biduo polenta, aut ordeum apponitur, tribus proximis nasturtium viride consectum minutatim ex aqua in vas aliquod. Cum autem sunt inclusi in haras, aut speluncas, de quibus dixi, victui objiciunt his polentam ordeaceam, aut farraginem, herbamve teneram aliquam concisam. Ad saginandum eligunt pullos quatuor sexve menses qui sunt nati. Eos includunt in saginario ibique polentam, et pollinem aqua madefacta dant cibum, ita ut ter die saturent. Secundum cibum large ut bibant faciunt potestatem. Sic curati circiter duobus mensibus fiunt pingues. Quotiescunque sumserunt, locus solet purgari : quod ipsi amant locum purum, neque ipsi ullum, ubi fuerint, relinquunt purum.

XI. Qui autem volunt greges anatium habere, ac constituere νησσοτροφεῖον, primum locum, cui est facultas, eligere oportet palustrem, quod eo maxime delectantur. Si id non, potissimum ibi, ubi sit naturalis aut lacus, aut stagnum, aut manufacta piscina, quo gradatim descendere possint. Septum altum esse oportet ubi versantur, ad pedes xv, ut vidistis ad villam Sei, quod uno ostio claudatur. Circum totum parietem intrinsecus crepido lata, in qua secundum parietem sint tecta cubilia : ante eas vestibulum earum exæquatum tectorio opere testaceo. In eo perpetua canalis, in quam et cibus ponitur iis, et immittitur aqua. Sic enim cibum capiunt. Omnes parietes tectorio levigantur, ne fæles, aliave quæ bestia introire ad nocendum possit, idque septum totum rete grandibus maculis integitur, ne eo involare aquila possit, neve ex ea evolare anas. Pabulum iis datur triticum, ordeum, vinacei uvæ. Nonnunquam etiam ex aqua cammari, et quædam ejusmodi aquatilia. Quæ in eo septo erunt piscinæ, in eas aquam large influere oportet, ut semper recens sit. Sunt item non dissimilia alia genera, ut querquedulæ, phalerides. Sic perdices, quæ, ut Archelaus scribit, voce maris audita, concipiunt. Quæ, ut superiores, neque propter fœcunditatem, neque propter suavitatem saginantur, sed sic pascendo fiunt pingues. Quod ad villaticarum pastionum primum actum pertinere sum ratus, dixi.

XII. Interea redit Appius, et percunctati nos ab illo, et ille a nobis, quid esset dictum ac factum, Appius : Sequitur, inquit, actus secundi generis, afficticius ad villam qui solet esse, ac nomine antiquo a parte quadam, leporarium appellatum. Nam neque solum lepores eo includuntur silva, ut olim in jugero agelli, aut duobus, sed etiam cervi aut capreæ in jugeribus multis. Q. Fulvius Lupinus

indépendamment des animaux dont nous venons de parler, on trouve des moutons sauvages. Des parcs plus spacieux encore se rencontrent sur le territoire de Statonia, et en beaucoup d'autres endroits. T. Pompéius a dans la Gaule transalpine un parc consacré à la chasse, qui n'a pas moins de quarante mille pas carrés. Dans ces enclos sont en outre des enceintes particulières réservées aux escargots et aux abeilles, et des tonneaux où on élève des loirs. Rien de plus facile que la garde, l'entretien et la multiplication de ces animaux, les abeilles exceptées. Tout le monde sait en effet qu'un parc doit être environné de murailles bien crépies, pour empêcher les chats, les fouines, etc., d'y pénétrer, et assez élevées pour que les loups ne puissent les franchir. On sait qu'il faut également qu'un parc abonde en gîtes où les lièvres puissent se rendre invisibles pendant le jour, et se tapir dans les broussailles et sous les herbes; et que les arbres y doivent former une voûte assez épaisse pour empêcher l'aigle de s'y abattre. Personne enfin n'ignore qu'il suffit de quelques lièvres et hases pour que ce gibier pullule aussitôt. Deux couples vont peupler tout un parc. La race est prolifique au point que si vous ouvrez une mère qui vient à peine de mettre bas, vous allez la trouver déjà pleine. Archélaüs nous apprend que pour connaître l'âge d'une hase on n'a qu'à examiner combien d'orifices elle a au ventre; car le nombre en diffère dans ces animaux selon leur âge. On a un procédé nouveau pour engraisser les lièvres: c'est de les prendre dans le parc, et de les placer dans des cages étroites et fermées. On compte trois espèces de lièvres. La première est notre lièvre d'Italie, qui a les pattes courtes par devant et très-longues par derrière, le poil fauve sur le dos, blanc sous le ventre, de longues oreilles. On dit que, pleines, les hases sont en état de concevoir de nouveau. Les lièvres deviennent très-grands dans la Gaule transalpine et dans la Macédoine; ils restent de taille moyenne dans l'Espagne et en Italie. La seconde espèce, que l'on rencontre dans la partie de la Gaule voisine des Alpes, ne diffère de la première que par le pelage, qui est tout blanc. On en apporte rarement à Rome. La troisième espèce, qu'on appelle aussi *cuniculi* (lapins), est originaire d'Espagne, et ressemble beaucoup aux nôtres; sauf pour leur taille, qui est plus petite. L. Ælius a cru que *lepus* (lièvre) venait de *levipes* (au pied léger), à cause de la vitesse de cet animal. J'imagine, moi, que *lepus* vient d'un ancien mot grec; car les Éoliens de Béotie appelaient un lièvre λέπορις. Les lapins (*cuniculi*) doivent leur nom aux terriers (*cuniculi*) qu'ils font sous terre pour se cacher. Les trois espèces doivent, autant que l'on peut, être réunies dans les parcs. Quant aux deux premières, continua Appius en s'adressant à moi, je ne doute pas que vous ne les ayez dans le vôtre; mais vous, qui êtes resté si longtemps en Espagne, peut-être vous êtes-vous aussi procuré des lapins.

XIII. S'adressant ensuite à Axius : Vous n'êtes pas sans savoir, lui dit-il, que le sanglier est aussi gibier de parc, et qu'on engraisse sans trop de peine l'animal qui y entre sauvage aussi bien que celui qui y est né dans la domesticité. Vous avez vu vous-même, dans cette propriété que Varron a achetée de M. Pupius Pison, aux environs de Tusculum, les sangliers et les chevreuils

---

dicitur habere in Tarquiniensi septa jugera XL, in quo sunt inclusa non solum ea, quæ dixi, sed etiam oves feræ, etiam hoc majus hic in Stationensi, et quidam in locis aliis. In Gallia vero transalpina T. Pompeius tantum septum venationis, ut circiter ∞∞ ∞∞ passuum locum inclusum habeat. Præterea in eodem consepto fere habere solent [de animalibus] coclearia, atque alvearia, atque etiam dolia, ubi habeant conclusos glires. Sed horum omnium custodia, incrementum, et pastio aperta, præterquam de apibus. Quis enim ignorat septa e maceriis ita esse oportere in leporario, ut tectorio tacta sint, et sint alta? alterum ne fœlis, aut mælis, aliave quæ bestia introire possit, alterum ne lupus transilire : ibique esse latebras, ubi lepores interdiu delitescant in virgultis, atque herbis ; et arbores patulis ramis, quæ aquilæ impediant conatus. Quis item nescit paucos si lepores, mares ut fœminas intromiserit, brevi tempore fore ut impleatur? tanta fecunditas hujus quadrupedis. (Quatuor enim modo intromissis in leporario, brevi solet repleri.) Fit enim sæpe cum habent catulos recentes, alios ut in ventre habere reperiantur. Itaque de his Archelaus scribit, annorum quot sint si quis velit scire, inspicere oportere, foramina naturæ, quæ sine dubio alius alio habet plura. Hoc quoque nuper institutum ut saginarentur lepores, cum exceptos e leporario condunt in caveis, et loco clauso faciunt pingues. Eorum ergo tria genera fere sunt. Unum Italicum hoc nostrum pedibus primis humilibus, posterioribus altis, superiore parte pulla, ventre albo, auribus longis. Qui lepus dicitur, cum prægnans sit, tamen concipere. In Gallia transalpina et Macedonia fiunt permagni : in Hispania et in Italia mediocres. Alterius generis est, quod in Gallia nascitur ad Alpes, qui hoc fere mutant, quod toti candidi sunt. Hi raro perferuntur Romam. Tertii generis est, quod in Hispania nascitur, similis nostro lepori ex quadam parte, sed humile, quem cuniculum appellant. L. Ælius putabat ab eo dictum leporem, [a celeritudine,] quod levipes esset. Ego arbitror a græco vocabulo antiquo, quod cum Æoles Bœotii λέποριν appellabant. Cuniculi dicti ab eo, quod sub terra cuniculos ipsi facere soleant, ubi lateant in agris. Horum omnium tria genera, si possis, in leporario habere oportet. Duo quidem utique te habere puto, et quod in Hispania annis ita fuisti multis, ut inde te cuniculos persecutos credam.

XIII. Apros quidem posse habere in leporario, nec magno negotio ibi et captivos, et cicures, qui ibi nati sint, pingues solere fieri, scis, *inquit*, Axi. Nam quem fundum in Tusculano emit hic Varro a M. Pupio Pisone, vidisti ac buccinam inflatam certo tempore apros et capreas conve-

se rassembler au son du cor, à heure fixe, pour prendre leur nourriture ; tandis que d'un tertre réservé aux exercices gymnastiques, on jetait aux uns du gland et aux autres de la vesce, ou quelqu'autre semblable pâture. Quant à cette scène, répondit Axius, j'en ai vu la représentation chez Q. Hortensius, et sur une bien plus grande échelle. Il a sur le territoire de Laurente un bois de plus de cinquante arpents, entouré de murailles qu'il appelle non pas son *leporarium*, mais son θηριοτροφεῖον. Au milieu du bois est une espèce d'élévation, où l'on avait disposé trois lits, et où l'on nous servit à souper. Quintus fit venir Orphée, qui arrive en robe longue la cithare à la main, et qui, sur l'ordre qu'il en reçoit, se met à sonner d'une trompette. Au premier son de l'instrument nous nous voyons entourés d'une multitude de cerfs, de sangliers et autres bêtes fauves; si bien que le spectacle ne nous parut pas au-dessous des chasses sans bêtes féroces, dont les édiles nous donnent quelquefois le plaisir au grand cirque.

XIV. Apostrophant alors Mérula : Appius, dit-il, vous a bien facilité votre rôle. Ce qui concerne la chasse, et c'était le second acte, vient d'être expédié en un tour de main. Quant aux escargots et aux loirs, je vous en tiens quitte ; et ce n'était pas une affaire. La chose est pourtant moins simple que vous ne semblez le croire, mon cher Axius, reprit Appius. Encore faut-il aux escargots un lieu qui leur convienne ; et pour cela il le faut en plein air, et entouré d'eau de toutes parts ; sinon vous risquez de courir après les petits, et même après les gros que vous aurez mis là pour y multiplier. L'eau vous tient lieu de *fugitivarius* si le soleil n'y donne pas trop, et si la rosée y abonde : c'est ce qu'on peut trouver de mieux à défaut de rosée naturelle, inconvénient propre aux lieux trop exposés; ou si le lieu, même couvert, est dépourvu de ces rochers ou tertres dont l'eau baigne le pied, alors il faut produire artificiellement la rosée ; et voici par quel procédé. Au moyen d'un tuyau qui se termine par un certain nombre de petits mamelons, on lance avec force de l'eau, qui, retombant sur une pierre, rejaillit en gouttes de tous côtés. L'escargot vit de peu, et l'on est dispensé de pourvoir à sa nourriture ; il la trouve lui-même en rampant sur la terre, ou sur les parois des rochers, à moins que quelque ruisseau interposé ne lui fasse obstacle. On en voit étalés dans les marchés, vivre assez longtemps de leur propre substance. Il suffit de leur jeter de temps à autre quelques feuilles de laurier avec un peu de son. Les cuisiniers, en les préparant, ne savent pas toujours s'ils sont morts ou en vie. Il y a plusieurs espèces d'escargots : l'espèce petite et blanchâtre qui vient de Réate, la grosse que nous tirons de l'Illyrie, et la moyenne qui nous est apportée d'Afrique. Ce n'est pas que cette différence de grosseur tienne précisément aux pays : l'Afrique, par exemple, nous envoie des escargots que nous nommons *solitanæ*, et qui sont si gros que leur coquille peut contenir jusqu'à quatre-vingts *quadrantes* de liquide. Et les provenances de deux autres pays offrent aussi respectivement des dimensions exceptionnelles. Ces animaux pondent une prodigieuse quantité d'œufs très-petits, et dont la coque, très-tendre dans l'origine, s'endurcit avec le temps. Ils les déposent dans des monceaux de terre en forme d'îlots, dans lesquels ils ouvrent un large passage à l'air. Pour les engraisser, on les enferme dans un pot de terre percé de plusieurs trous, que l'on frotte à l'intérieur de

nire ad pabulum, cum e superiore loco e palæstra apris effunderetur glans, capreis vicia aut quid aliud. Ego vero, *inquit ille*, apud Q. Hortensium cum in agro Laurenti essem, ibi istuc magis τραγικῶς fieri vidi. Nam silva erat (ut dicebat) supra quinquaginta jugerum macería septa, quod non leporarium sed θηριοτροφεῖον appellabat. Ibi erat locus excelsus, ubi triclinio posito cœnabamus. Quintus Orphea vocari jussit. Qui cum eo venisset cum stola et cithara, et cantare essset jussus, buccinam inflavit, ubi tanta circumfluxit nos cervorum, aprorum et cæterarum quadrupedum multitudo, ut non minus formosum mihi visum sit spectaculum, quam in circo maximo ædilium sine Africanis bestiis fiunt venationes.

XIV. Axius : Tuas partes (inquit) sublevavit Appius, o Merula noster. Quod ad venationem pertinet, breviter secundus transactus est actus. Nec de cocleis, ac gliribus quæro, quod reliquum est. Neque enim magnum emolumentum esse potest. Non istuc tam simplex est, inquit Appius, quam tu putas, o Axi noster. Nam et idoneus sub dio sumendus locus cocleariis, quem circum totum aqua claudas, ne quas ibi posueris ad partum, non liberos earum, sed ipsas quæras. Aqua, *inquam*, finiendæ, ne fugitivarius sit parandus. Locus is melior, quem et non coquit sol, et tangit ros. Qui si naturalis non est (ut fere non sunt in aprico loco) neque habeas in opaco, ut facias, ut sunt sub rupibus ac montibus, quorum alluunt radices lacus ac fluvii, manu facere oportet roscidum. Qui fit, si eduxeris fistulam, et in eam mammillas imposueris tenues, quæ eructent aquam, ita ut in aliquem lapidem incidat ac late dissipetur. Parvus iis cibus opus est, et is sine ministratore. Et hunc, dum serpit, non solum in area reperit, sed etiam si rivus non prohibet, in parietes stantes invenit. Denique ipsæ ex se ruminantes ad propolam vitam diu producunt, cum ad eam rem pauca laurea folia interjiciant, et aspergant furfures non multos. Itaque cocus has vivas an mortuas coquat, plerumque nescit. Genera cochlearum sunt plura, ut minutæ albulæ, quæ afferuntur e Reatino, et maximæ, quæ de Illyrico apportantur, et mediocres, quæ ex Africa afferuntur. Non quo non in his regionibus quibusdam locis eæ magnitudinibus quædam sint dispariles : nam et valde amplæ sunt ex Africa, quæ vocantur solitanæ, ita ut earum calices quadrantes octoginta capere possint, et sic in aliis regionibus eædem inter se collatæ et minores sunt, ac majores. Hæ in fœtura pariunt innumerabilia. Earum semen minutum ac testa molli, diuturnitate obdurescit. Magnis insulis in areis

10.

farine délayée dans du vin cuit, jusqu'à réduction des deux tiers. Les trous sont là pour laisser pénétrer l'air. On voit que cette espèce a la vie dure.

XV. L'enceinte où l'on élève des loirs ne ressemble en rien à celle qui est réservée aux escargots, puisqu'au lieu d'eau ce sont des murailles qui l'environnent. Ces murailles doivent être de pierre lisse ou bien crépies en dedans, pour que les loirs ne puissent trouver jour à s'échapper. On plantera dans cette enceinte de jeunes chênes qui portent du gland; et quand il ne s'en trouve point sur les arbres, il faudra en jeter aux loirs, ainsi que des châtaignes, pour leur servir de nourriture. Il y sera pratiqué des trous assez larges pour qu'ils puissent y faire leurs petits. Ne leur prodiguez pas l'eau. Les loirs boivent peu, et ils aiment être à sec. On les engraisse dans des vaisseaux tels qu'on en voit dans beaucoup de fermes, et qui ne ressemblent point aux vaisseaux ordinaires. Les potiers qui les fabriquent ont soin d'y pratiquer sur les côtés des rainures et un enfoncement servant à passer à ces animaux la nourriture qui leur convient, et qui consiste en glands, noix ou châtaignes; on pose par-dessus un couvercle, et privés de jour, ces loirs engraissent promptement.

XVI. Il ne nous reste plus à traiter que le troisième acte de la basse-cour, c'est-à-dire les viviers. Comment, le troisième? s'écria Axius; parce que, dans votre jeunesse, vous vous êtes habitué, par motif d'économie, à vous passer de vin au miel, est-ce une raison pour que nous soyons privés de miel aussi, nous autres? Le fait est vrai, dit Appius. Mes parents m'avaient laissé sans fortune, avec la charge de deux frères et de deux sœurs. J'ai marié sans dot l'une de mes sœurs à Lucullus, qui m'a depuis institué son héritier. Ce n'est qu'alors que j'ai moi-même commencé à boire du vin au miel; mais, à ma table, il y en a toujours eu pour mes convives. A cela près, il appartient à moi, bien plus qu'à vous, de connaître à fond les habitudes de cette race ailée, à qui la nature a si singulièrement départi le don d'industrie. J'ai plus que vous étudié son merveilleux instinct; et je vais le prouver. Écoutez-moi. Je laisse à Mérula le soin d'exposer, avec cette méthode dont il vient de nous donner des preuves, les pratiques observées par tous les *méliturges* (gens qui font du miel). Les abeilles sont engendrées par d'autres abeilles, ou naissent spontanément du corps d'un bœuf en putréfaction. C'est ce qui a fait dire à Archélaüs, dans une de ses épigrammes, « que les mouches à miel sont la génération ailée d'un bœuf mort. » Le même auteur dit encore que les guêpes sont engendrées par des chevaux, et les abeilles par des veaux. Les abeilles ne vivent point solitaires comme les aigles. A l'exemple de l'homme, elles aiment à se réunir. Les geais en font autant, mais non dans le même but. Les abeilles s'associent pour travailler, pour édifier; chez les geais, rien de semblable. On ne voit point chez eux ces combinaisons d'intelligence, cette adresse d'exécution qui se remarquent dans les constructions des abeilles, et dans leur prévoyance à remplir leurs magasins. Il y a pour les abeilles trois ordres d'occupation : la subsistance, l'édification, et le grand œuvre. Autres soins demandent la préparation du repas et celle de la cire, celle de la cire et celle du miel, la confection du miel et celle de l'alvéole. Chaque cellule d'un rayon a six angles, ce qui fait autant de

---

factis, magnum bolum deferunt aeris. Has quoque saginare solent ita, ut ollam cum foraminibus incrustent sapa et farre, ubi pascantur; quæ foramina habeat, ut intrare aer possit. Vivax enim hæc natura.

XV. Glirarium autem dissimili ratione habetur, quod non aqua, sed maceria locus sepitur. Tota levi lapide, aut tectorio intrinsecus incrustatur, ne ex ea erepere possit. In eo arbusculas esse oportet, quæ ferunt glandem. Quæ, cum fructum non ferunt, intra maceriam jacere oportet glandem et castaneam, unde saturi fiant. Facere his cavos oportet laxiores, ubi pullos parere possint. Aquam esse tenuem, quod ea non utuntur multum, et aridum locum quærunt. Hi saginantur in doliis, quæ etiam in villis habent multi, quæ figuli faciunt multo aliter atque alia; quod in lateribus eorum semitas faciunt, et cavum, ubi cibum constituant. In hoc dolium addunt glandem, aut nuces juglandes, aut castaneam. Quibus in tenebris, cum cumulatim positum est in doliis, fiunt pingues.

XVI. Appius: Igitur relinquitur, inquit, de pastione villatica tertius actus de piscinis. Quid tertius? inquit Axius. An quia tu solitus es in adolescentia tua domi mulsum non bibere propter parsimoniam, nos mel neglige- mus? Appius: Nobis verum dicit, inquit. Nam cum pauper cum duobus fratribus et duabus sororibus essem relictus; [quarum] alteram sine dote dedi Lucullo, a quo hæreditate me cessa primum, et primus mulsum domi meæ bibere cœpi ipse, cum interea nihilo minus pene quotidie in convivio omnibus darem mulsum. Præterea meum erat non tuum, eas novisse volucres, quibus plurimum natura ingenii atque artis tribuit : itaque eas melius me nosse quam te, ut scias, de incredibili earum avium natura audi. Merula, ut cætera fecit, ὑλικῶς, quæ sequi melitturgi soleant, demonstrabit. Primum apes nascuntur partim ex apibus, partim ex bubulo corpore putrefacto. Itaque Archelaus in epigrammate ait eas esse . . . βοὸς φθι-μένης πεποτημένα τέκνα. Idem : Ἵππων μὲν σφῆκες γενεά, μόσχων δὲ μέλισσαι. Hæ apes non sunt solitaria natura, ut aquilæ, sed ut homines. Quod si hoc faciunt etiam graculi, at non idem : quod hic societas operis et ædificiorum, quod illic non est. Hic ratio atque ars; ab his opus facere discunt, ab his ædificare, ab his cibaria condere. Tria enim harum, cibus, domus, opus : neque idem quod cibus cera, nec quod ea mel, nec quod mel domus; (non) in favo sex angulis cella, totidem, quot ha-

côtés que l'abeille a de pattes. Remarquons qu'il est démontré par les géomètres qu'un hexagone inscrit dans un cercle y occupe plus de surface qu'un polygone de moins de côtés. Les abeilles vont pâturer au dehors ; mais c'est dans l'intérieur de la ruche que s'élabore ce doux produit si agréable aux dieux et aux hommes. Le miel trouve place sur les autels aussi bien que sur nos tables, tant au début d'un repas qu'au second service. Les abeilles ont des institutions comme les nôtres, une royauté, un gouvernement, une société organisée. La propreté est de leur essence. Jamais on ne les voit se poser dans le voisinage d'immondices ou d'exhalaisons fétides. Ce n'est pas qu'elles recherchent les parfums : on les voit punir, au contraire, de leur aiguillon quiconque s'approche parfumé de leurs cellules. Elles n'ont point l'indifférente avidité des mouches ; aussi ne vont-elles jamais s'abattre, comme celles-ci, sur la viande, le sang, ou la graisse. Les aliments d'une saveur douce peuvent seuls les attirer. Incapables de nuire, elles ne gâtent rien de ce qu'elles effleurent en butinant. Timides par nature, elles n'en résistent pas moins à outrance, si l'on essaie de les troubler dans leur travail. Elles ont pourtant le sentiment de leur extrême faiblesse. On les appelle favorites des Muses, parce que s'il arrive qu'un essaim se disperse, on n'a qu'à frapper sur des cymbales, ou les mains l'une contre l'autre, pour les réunir. Et de même que les hommes ont assigné à ces déesses l'Olympe et l'Hélicon pour leur séjour, de même la nature a abandonné à ces insectes les montagnes incultes et fleuries. Elles suivent leur roi partout, le soutiennent quand il est fatigué, et le portent sur leur dos quand il ne peut plus voler, tant elles attachent de prix à sa conservation.

Elles aiment le travail et détestent les paresseux ; aussi les voit-on constamment faire la guerre aux bourdons, et les expulser de leur société ; car ils dévorent le miel sans aider à le faire. Souvent même on voit un gros de bourdons fuir devant quelques abeilles qui les poursuivent en murmurant de courroux. Elles bouchent, avec une matière que les Grecs appellent ἐριθάκη, tous les trous au travers desquels l'air pourrait pénétrer dans leurs rayons. Les abeilles observent la discipline d'une armée, dorment à tour de rôle, répartissent entre elles la besogne, et envoient au loin des espèces de colonies. Elles obéissent à la voix de leur chef, comme les soldats au son de la trompette, et, comme eux, elles ont leurs signes de guerre et de paix. Mais j'ai peur que toute cette physiologie des abeilles ne fatigue notre cher Axius, qui aimerait mieux entendre parler de ce qu'elles rapportent. Je passe donc la lampe à Mérula : à son tour d'entrer en lice. Je ne sais, dit Mérula, si mes notions sur ce point pourront vous satisfaire ; mais j'aurai pour autorité un homme que vous connaissez tous, et qui tire tous les ans cinq mille livres de miel de ruches qu'il a louées. J'ai encore notre ami Varron qui m'a dit avoir eu sous ses ordres en Espagne deux frères véiens, tous deux du canton de Falisque, lesquels sont devenus fort riches, bien que leur père ne leur eût laissé qu'une petite ferme d'un arpent au plus ; et voici comment. Tout alentour du bâtiment ils ont placé des ruches, transformé une partie de leur champ en jardin, et planté le reste en thym, cytise et mélisse, cette plante que les uns appellent μελίφυλλον (feuille à miel), les autres μελισσόφυλλον (feuille aux abeilles), et d'autres encore μέλινον. Grâce à ces dispositions, ils ne

---

bet ipsa pedes. Quod geometræ ἑξάγωνον fieri in orbi rotundo ostendunt, ut plurimum loci includatur. Foris pascuntur, intus opus faciunt : quod, dulcissimum quod est, et diis et hominibus est acceptum. Quod favus venit in altaria, et mel ad principia convivii, et in secundam mensam administratur. Hæ ut hominum civitates, quod hic est et rex et imperium et societas, quod sequuntur omnia pura. Itaque nulla harum assidit in loco inquinato, aut eo, qui male oleat, neque etiam in eo, qui bona olet unguenta. Itaque his unctus qui accessit, pungunt. Non ut muscæ ligurriunt. Quod nemo has videt, ut illas, in carne aut sanguine aut adipe. Ideo modo consiliunt in quo est sapor dulcis. Minime malefica, quod nullius opus vellicans facit deterius : neque ignava, ut non, qui ejus opus conetur disturbare, resistat. Neque tamen nescia suæ imbecillitatis ; quæ cum causa musarum esse dicantur volucres, quod et siquando displicatæ sunt, cymbalis et plausibus numero reducunt in locum unum. Et ut his diis Helicona atque Olympon attribuerunt homines, sic his floridos et incultos natura attribuit montes. Regem suum sequuntur quocumque it, et fessum sublevant ; et, si nequit volare, succollant, quod cum servare vo-

lunt. Neque ipsæ sunt inficientes, nec non oderunt inertes. Itaque impetentes a se ejiciunt fucos, quod hi neque adjuvant, et mel consumunt : quos vociferantes plures persequuntur etiam paucæ. Extra ostium opus obturant omnia, qua venit inter favos spiritus, quam ἐριθάκην appellant Græci. Omnes ut in exercitu vivunt, atque alternis dormiunt, et opus faciunt pariter, et ut colonias mittunt. Hique duces conficiunt quædam ad vocem ut imitatione tubæ. Tum id faciunt, cum inter se signa pacis ac belli habeant. Sed o Merula, Axius noster ne, dum hæc audit physica, fatiscat, quod de fructu nihil dixi, nunc cursu lampada tibi trado. Merula : De fructu, inquit, hoc dico, quod fortasse an tibi satis sit Axi, in quo auctorem habeo non solum, qui alvearia sua locata habet quotannis quinis millibus pondo mellis, sed etiam hunc Varronem nostrum, quem audivi dicentem, duo milites se habuisse in Hispania fratres Vejanios ex agro Falisco locupletes, quibus cum a patre relicta esset parva villa, et agellus non sane major jugero uno, hos circum villam totam alvearium fecisse, et hortum habuisse, ac reliquum thymo et cytiso obsevisse, et apiastro, quod alii μελίφυλλον, alii μελισσόφυλλον, quidam μέλινον appellant. Hos

retiraient jamais moins de dix mille sesterces par an de leur miel. Remarquez cependant qu'ils attendaient pour le vendre un moment favorable, et n'étaient jamais pressés de s'en défaire coûte que coûte. Eh bien! s'écria Axius, enseignez-moi où je dois placer des ruches, et quels soins il faut leur donner pour en tirer d'aussi beaux produits. Mérula répondit : Quant aux ruches (μελιττῶνες), que les uns appellent μελιττοτροφεῖα, les autres *mellaria*, elles doivent être placées près de la métairie, dans un lieu sans écho; car l'opinion générale est que cet effet du son effarouche les abeilles. Il leur faut un lieu assez élevé, qui ne soit ni brûlé pendant l'été, ni privé de soleil pendant l'hiver; pâture abondante dans le voisinage, et de l'eau pure. Si la nature n'y a pourvu, le propriétaire aura soin de faire venir à proximité des ruches les plantes que les abeilles recherchent le plus, comme la rose, le serpolet, la mélisse, le pavot, les fèves, les lentilles, les pois, la dragée, le sauchet, le sainfoin, et surtout le cytise, qui convient tant aux abeilles malades. Cette plante a encore l'avantage de fleurir depuis l'équinoxe du printemps jusqu'à celui d'automne. Autant le cytise leur est précieux sous le rapport sanitaire, autant le thym l'est pour la préparation du miel. Si le miel de Sicile a la palme, il la doit à l'abondance et à l'excellente qualité du thym que produit cette île. Aussi quelques personnes vont-elles jusqu'à arroser les pépinières plantées à l'usage des abeilles, de thym broyé et détrempé dans de l'eau tiède. Quant à l'emplacement des ruches, il faut le choisir le plus rapproché possible de la villa. Quelques-uns, pour plus de sûreté, les mettent sous le portique même. Les ruches sont de forme circulaire. On en fait d'osier quand on en a, de bois, d'écorce, de troncs d'arbres creusés, ou de poterie; d'autres les font carrées avec de la férule, et leur donnent environ trois pieds de long sur un pied de large. Il faut toutefois en restreindre les dimensions, si l'on n'a pas assez d'abeilles pour les remplir; car trop d'espace vide les décourage. On a donné aux ruches le nom d'*alvus* (ventre), du mot *alimonium* (nourriture); c'est pourquoi on les fait étroites par le milieu, et renflées par le bas pour figurer un ventre. Les ruches d'osier doivent être enduites en dedans et en dehors avec de la bouse de vache, pour faire disparaître leurs aspérités, qui rebuteraient les abeilles. On les assujettit par rangs le long des murs, de façon qu'il n'y ait pas d'adhérence entre elles, et qu'elles soient à l'abri de toute secousse. La même distance qui sépare le premier rang du second doit régner entre le second et le troisième. Au lieu d'en ajouter un quatrième, on fera mieux, dit-on, de s'en tenir aux deux premiers. On pratique au milieu de chaque ruche de petits trous de droite et de gauche, pour que les abeilles puissent entrer et sortir; et on y pose un couvercle qu'on peut lever à volonté, lorsqu'on veut en retirer le miel. Les ruches en écorces sont les meilleures. Celles en terre cuite sont les moins bonnes, parce qu'elles sont plus accessibles au froid en hiver et à la chaleur en été. Le *mellarius*, c'est-à-dire celui qui est chargé du soin des ruches, doit les visiter trois fois par mois, au printemps et en été, y pratiquer de légères fumigations, les purger d'immondices, et en chasser les vermisseaux. Il veillera soigneusement à ce qu'il n'y ait pas plusieurs rois dans une même ruche;

---

nunquam minus, ut peræque ducerent, dena millia sextertia ex melle recipere esse solitos. Tum eos et velle expectare, ut suo potius tempore mercatorem admitterent, quam celerius alieno. Dic igitur, *inquit*, ubi et cujusmodi me facere oporteat alvearium, ut magnos capiam fructus. Ille : Μελιττῶνας ita facere oportet, quos alii μελιττοτροφεῖα appellant, eandem rem quidam mellaria. Primum secundum villam, potissimum ubi non resonent imagines. Hic enim sonus harum fugæ [causa] existimatur esse. Procerum esse oportet aere temperato, neque æstate fervido, neque hieme non aprico, ut spectet potissimum ad hibernos ortus, quæ prope se loca habeat ea, ubi pabulum sit frequens et aqua pura. Si pabulum naturale non est, ea oportet dominum serere, quæ maxime sequuntur apes. Ea sunt, rosa, serpyllum, apiastrum, papaver, faba, lens, pisum, ocimum, cyperum, Medica, et maxime cytisum, quod minus valentibus utilissimum est. Etenim ab æquinoctio verno florere incipit, et permanet ad alterum æquinoctium autumni. Sed ut hoc aptissimum ad sanitatem apium, sic ad mellificium thymum. Propter hoc Siculum mel fert palmam, quod ibi thymum bonum et frequens est. Itaque quidam thymum contundunt in pila, et diluunt in aqua tepida : eo conspergunt omnia seminaria consita apium causa. Quod ad locum pertinet, hoc genus potissimum eligendum juxta villam; non quo non in villæ porticu quoque quidam (quo tutius essent) alvearia collocarint. Alvos, ubi sint, alii faciunt ex viminibus rotundas, alii e ligno ac corticibus, alii ex arbore cava, alii fictiles, alii etiam ex ferulis quadratas longas circiter pedes ternos, latas pedem, sed ita uti cum parum sit qua compleant, eas coangustent, ne in vasto loco et inani despondeant animum. Hæc omnia vocant a mellis alimonio alvos : quas ideo videntur medias facere angustissimas, ut figuram imitentur earum. Vitiles fimo bubulo oblinunt intus et extra, ne asperitate absterreantur. Easque alvos ita collocant in mutulis parietis, ut ne agitentur, neve inter se contingant, cum in ordinem sint positæ. Sic intervallo interposito, alterum et tertium ordinem infra faciunt, et aiunt potius hinc demi oportere, quam addi quartum. Media alvo, (in) qua introeunt apes, faciunt foramina parva dextra ac sinistra. Ad extrema, qua mellarii favum eximere possint, opercula imponunt alvis. Optimæ fiunt corticeæ, deterrimæ fictiles, quod et frigore hieme et æstate calore vehementissime commoventur. Verno tempore et æstivo fere ter in mense mellarius inspicere debet fumigans leviter eas, et a spurcitiis purgare alvum, et vermiculos ejicere. Præterea ut animadvertat, ne reguli plures existant : inutiles enim fiunt propter

car cette pluralité cause des séditions, et le travail languit. Selon quelques auteurs, les chefs sont de trois couleurs, noire, rouge et mélangée; Ménécrate n'en admet que deux, le noir et le mélangé. Comme le mélangé est sous tous les rapports préférable au noir, il faut que le mellarius tue celui-ci toutes les fois qu'il se rencontre avec l'autre dans une même ruche. Cette royauté double, source de factions, est la perte d'une ruche; car il en résulte l'expulsion ou l'émigration d'une partie des abeilles, lorsqu'un prétendant triomphe ou se voit chassé. Parmi les abeilles, on regarde comme les meilleures celles qui sont petites, rondes et bigarrées. Le bourdon (*fur*) qu'on appelle aussi *fucus* est noir, et large de ventre. Il y a une autre espèce d'abeille qui ressemble à la guêpe; elle ne s'associe point aux travaux des abeilles ordinaires, et leur nuit au contraire par ses morsures; aussi celles-ci l'expulsent-elles toujours de leur communauté. Il faut distinguer les abeilles sauvages des abeilles privées. Les premières séjournent dans les bois et les lieux incultes, les autres dans les champs cultivés. Les abeilles sauvages sont velues et petites, mais plus laborieuses que les abeilles privées. En achetant de ces insectes, on doit s'assurer s'ils ne sont point malades. C'est un signe de bonne santé lorsque les essaims sont denses, les mouches luisantes, et qu'il y a dans leur travail précision et netteté. C'est un signe de maladie lorsque les abeilles sont velues, hérissées, poudreuses, à moins toutefois qu'elles ne soient alors pressées de travail, ce qui peut leur donner cette apparence négligée et malingre. Quand on juge à propos de transférer les ruches, il faut mettre une grande circonspection dans le choix du lieu et du moment. Pour le moment, le printemps est préférable à l'hiver; car dans la saison froide les abeilles ont peine à s'habituer aux changements de demeure, et sont disposées à déserter. C'est ce qui arrive certainement, si d'un lieu qui leur convient vous les transportez dans un autre moins propice à leur pâture.

Le changement de ruche sans changement de place exige encore certaines précautions. On frotte par exemple les nouvelles ruches de mélisse, ce qui est pour les abeilles un grand appât, et dans chacune on place près de l'ouverture quelques rayons de miel; cette provision toute faite leur donne le change sur leur translation. La nourriture qu'elles trouvent au commencement du printemps, dans les fleurs d'amandier et de cornouiller, les rend presque toujours malades : on les guérit avec de l'urine. On appelle *propolis* la matière dont se servent les abeilles, surtout en été, pour boucher l'ouverture de leur ruche. C'est la même substance que les médecins emploient pour les emplâtres. Aussi se vend-elle dans la rue Sacrée plus cher que le miel même. On appelle *érithace* celle qui colle les rayons ensemble, et qui est essentiellement distincte du miel et de la propolis; on lui suppose une vertu attractive. Quand on veut, par exemple, qu'un essaim se fixe sur une branche d'arbre ou ailleurs, on n'a qu'à frotter la place avec de l'érithace mêlée de mélisse. Les rayons sont un composé de cire, à plusieurs compartiments, dont chacun a autant de côtés que la nature a donné de pattes à l'abeille, c'est-à-dire six.

---

seditiones. Et, ut quidam dicunt, tria genera cum sint ducum in apibus, niger, ruber, varius, ut Menecrates scribit duo, niger, et varius: qui ita, melior; ut expediat mellario, cum duo sint eadem alvo, interficere nigrum, quem scit cum altero rege esse seditiosum, et corrumpere alvum, quod fugat, aut cum multitudine fugetur. De reliquis apibus optima est parva, varia, rotunda. Fur, qui vocatur ab aliis fucus, ater est, lato ventre. Vespæ quæ similitudinem habet apis, neque socia est operis, et nocere solet morsu, quam apes a se secernunt. Eæ differunt inter se, quæ feræ et cicures sunt. Nunc feras dico, quæ in silvestribus locis pascitant; cicures, quæ in cultis. Silvestres minores sunt magnitudine et pilosæ, sed opifices magis. In emendo emtorem videre oportet, valeant an sint ægræ. Sanitatis signa, si sunt frequentes in examine, et sin itidæ; et si opus, quod faciunt, est æquabile ac leve. Minus valentium signa, si sunt pilosæ et horridæ, aut pulverulentæ, nisi opificii eas urget tempus. Tum enim propter laborem asperantur, ac macescunt. Si transferendæ sunt alvi in alium locum, id facere diligenter oportet, et tempora, quibus id potissimum facias, animadvertendum; et loca, quo transferas, idonea providendum. Tempora, ut verno potius quam hiberno, quod hieme difficulter consuescunt, quo sunt translatæ, manere : itaque fugiunt plerumque. Si e bono loco transtuleris eo, ubi idonea pabulatio non est, fugitivæ fiunt. Nec si ex alvo in alvum in eodem loco trajicias, negligenter faciendum. Sed et alvus, in quam transituræ sunt apes, apiastro perfricanda, quod illicium hoc illis : et favi melliti intus ponendi, a faucibus non longe, ne cum animadverterint, aut inopiam escæ habuisse dicantur, aut cum sunt apes morbidæ propter primores vernos pastus, qui ex floribus nucis græcæ et cornu fiunt. Cœliacas fieri, atque urina pota refici. De his propolim vocant, e quo faciunt ad foramen introitus protectum in alvum maxime æstate. Quam rem etiam nomine eodem medici utuntur in emplastris. Propter quam rem etiam carius in Sacra via, quam mel venit. Erithacen vocant, quo favos extremos inter se conglutinant, quod est aliud melle, propoli : itaque in hoc vim esse illiciendi. Quo circa examen ubi volunt considere, cum ramum aliamve quam rem oblinunt hoc, admixto apiastro. Favus est, quem fingunt multicavatum e cera, cum singula cava sena latera habeant, quot singulis pedes dedit natura. Neque quæ afferuntur ad quatuor res faciendas, propolim, erithacen, favum, mel, ex iisdem omnibus rebus carpere dicuntur. Simplex ministerium, quod e malo punico et asparago cibum carpant solum, ex olea arbore ceram, e fico mel, sed non bonum. Duplex ministerium

Ce n'est pas indistinctement de toutes plantes que les abeilles recueillent de quoi composer ces quatre différentes substances, propolis, érithace, rayon et miel. Telle ne fournit, comme la grenade et l'asperge, que la nourriture ; ou, comme l'olivier, que la cire ; ou, comme le figuier, que du miel, lequel est assez médiocre. Telle autre, comme les fèves, la mélisse, la courge et le chou, contiennent deux éléments, nourriture et cire ; ou, comme le pommier et le poirier sauvages, miel et nourriture ; ou, comme le pavot, cire et miel. D'autres enfin réunissent les trois principes élémentaires, de la cire, du miel et de la nourriture, comme l'amandier et le chou sauvage. Il y a aussi un grand nombre de fleurs sur lesquelles elles recueillent tantôt une seule, tantôt plusieurs de ces substances. On doit établir une distinction entre les plantes dont elles font un miel liquide, comme la bruyère, et celles dont elles font un miel épais, comme le romarin. Le miel du figuier est insipide ; le miel du cytise vaut mieux ; mais le meilleur de tous provient du thym. Comme elles ne se désaltèrent que dans l'eau la plus pure, il faut qu'elles trouvent dans le voisinage de leurs ruches un petit courant ou un réservoir, où l'eau n'ait pas plus de deux ou trois doigts de profondeur. On y jettera de petits cailloux ou des briques, formant au-dessus de l'eau des points où les abeilles puissent se poser pour boire. On doit veiller avec soin à ce que l'eau soit toujours très-claire, ce qui influe singulièrement sur la qualité du miel. Comme l'essaim ne peut sortir par tous les temps pour butiner, il faut qu'il trouve dans ce cas la nourriture tout à portée, de peur que, réduites à ne vivre que de leur miel, les abeilles ne mettent à sec la ruche. A cet effet on fait bouillir dans six *congii* d'eau dix livres de figues ; et de la pâte qui en résulte on pétrit des espèces de gâteaux qu'on place auprès des ruches. Certaines personnes y mettent aussi de petits vases remplis d'eau emmiellée, sur chacun desquels surnage un morceau de laine de la plus grande propreté : par ce moyen les abeilles peuvent en quelque sorte sucer l'eau, et ne risquent ni d'en trop boire, ni de se noyer. Il doit y avoir un vase pour chaque ruche, et on les remplit à mesure qu'ils se vident. D'autres broient dans un mortier des raisins secs et des figues, et versent du vin réduit aux deux tiers par la cuisson. Du résidu ils font ensuite de petits pâtés qu'ils jettent non loin des ruches, de façon à ce que les abeilles les trouvent sur leur passage dans leurs excursions au dehors. Quand une émigration se prépare (ce qui arrive quand un grand nombre de naissances étant venues à bien, les anciennes de la ruche veulent envoyer la génération nouvelle en colonie, ainsi que les Sabins par l'accroissement de leur population furent souvent obligés de le faire), cette résolution s'annonce par deux signes précurseurs. D'abord, quelques jours avant, on voit surtout le soir, près de l'ouverture de la ruche, des groupes d'abeilles accrochées les unes aux autres par pelotons, et formant comme autant de grappes ; ou bien encore, sur le point de s'envoler, et quand a déjà commencé le mouvement de retraite, elles font entendre une rumeur extraordinaire, comme d'une armée qui lève le camp. Les plus promptes voltigent autour de la ruche, attendant que les autres, qui ne se sont pas encore rassemblées, les rejoignent. Quand le *mellarius* aperçoit ce symptôme, il n'a qu'à jeter sur les abeilles de la poussière, et à frapper en même temps sur quelque instrument de cuivre, pour répandre l'effroi parmi elles. Il pourra ensuite les conduire où bon lui semblera, en ayant soin de placer aux lieux de leur destination nouvelle une branche

---

præberi, ut e faba, apiastro, cucurbita, brassica, ceram et cibum. Nec non aliter duplex, quod fit e malo et piris silvestribus, cibum et mel. Item aliter duplex, quod e papavere, ceram et mel. Triplex ministerium quoque fieri, uti ex nuce græca, et e lapsana, cibum, mel, ceram. Item ex aliis floribus ita carpere, ut alia ad singulas res sumant, alia ad plures. Nec non etiam aliud discrimen sequuntur in captura, (aut eas sequatur,) ut in melle quod ex alia re faciunt liquidum mel, ut ex siseræ flore : ex alia contra, spissum, ut e rore marino. Sic ex alia re, ut e fico mel insuave, e cytiso bonum, e thymo optimum. Cibi pars, quod potio, et ea iis aqua liquida ; unde bibant, esse oportet, eamque propinquam, quæ præterfluat, aut in aliquem locum influat, ita ut ne altitudine ascendat duo aut tres digitos : in qua aqua jaceant testæ aut lapilli, ita ut extent paulum, ubi assidere et bibere possint. In qua diligenter habenda cura, ut aqua sit pura, quod ad mellificium bonum vehementer prodest. Quod non omnis tempestas ad pastum prodire longius patitur, præparandus his cibus, ne tum melle cogantur solo vivere, aut relinquere exinanitas alvos. Igitur ficorum pinguium circiter decem pondo decoquunt in aquæ congiis sex, quas coactas in offas prope apponunt. Alii aquam mulsam in vasculis prope ut sit curant ; in quæ addunt lanam purpuram, per quam sugant : uno tempore ne potu nimium impleantur, aut ne incidant in aquam. Singula vasa ponunt ad alvos singulas, et hac supplentur. Alii uvam passam, et ficum, cum pinserunt, affudunt aquapam, atque ex eo factas offas apponunt ibi, quo foras (hieme) in pabulum procedere tamen possint. Cum examen exiturum est, quod fieri solet cum adnatæ prospere sunt multæ, ac progeniem veteres emittere volunt in coloniam, ut olim crebro Sabini factitaverunt propter multitudinem liberorum ; hujus quod duo solent præire signa scitur. Unum, quod superioribus diebus, maxime vespertinis, multæ ante foramen ut uvæ aliæ ex aliis pendent conglobatæ. Alterum, quod cum jam evolaturæ sunt, aut etiam inceperunt, consonant vehementer, proinde ut milites faciunt, cum castra movent. Quæ primo tum exierunt, in conspectu volitant, reliquas quæ nondum congregatæ sunt respectantes, dum conveniant. Cum a mellario id fecisse sunt animadversæ, jaciundo in eas pul-

d'arbre ou tout autre objet frotté d'érithace, de mélisse, et enfin de tout ce qui attire les abeilles. Quand il a réussi à les arrêter, il y place une ruche frottée intérieurement des mêmes substances, et, entourant les abeilles d'une légère fumigation, il les oblige à y entrer. Une fois qu'elle y a pris pied, la nouvelle colonie y fixe si bien son domicile, qu'en vain l'on rapprocherait d'elle la ruche qu'elle vient de quitter, c'est la nouvelle qu'elle préfère. Voilà tout ce que je crois avoir à dire de l'éducation des abeilles. Passons au but principal de leur entretien, qui est le profit qu'on en retire. On enlève les rayons lorsque les ruches sont pleines. Les abeilles font elles-mêmes connaître ce moment. On a lieu de présumer qu'il est venu lorsqu'on entend un bourdonnement dans les ruches, et qu'on voit les abeilles se trémousser en entrant et en sortant ; ou bien encore lorsqu'en ôtant le couvercle, on voit les cellules couvertes comme d'une pellicule de miel, signe qu'elles sont entièrement remplies. Il y en a qui prétendent qu'en enlevant le miel on doit en laisser dans la ruche la dixième partie, et que si l'on enlève tout, les abeilles désertent. Quelques-uns même en laissent davantage. Il en est des abeilles comme des terres : on augmente le rapport d'un champ en le laissant se reposer de tems à autre ; on augmente celui des abeilles, et en même temps on les attache davantage à leur ruche, en y laissant la totalité ou du moins la plus grande partie du miel. On enlève les rayons pour la première fois au lever des Pléiades ; pour la seconde fois, à la fin de l'été, avant que l'Arcture soit entièrement levée ; et pour la troisième, après le coucher des Pléiades. A cette dernière époque on ne doit jamais ôter plus du tiers du miel, quand même la ruche serait pleine ; les deux autres tiers y resteront comme provision d'hiver. Quand la ruche n'est que médiocrement fournie, la levée du miel ne doit se faire ni d'un seul coup, ni en présence des abeilles, afin de ne pas les décourager. Si dans les rayons qu'on enlève il se trouve une portion qui soit vide de miel, ou tant soit peu endommagée, il faudra la retrancher avec le couteau. Il faut veiller avec soin à ce que parmi les abeilles les plus fortes n'oppriment les plus faibles, ce qui amènerait une diminution notable dans le rapport des ruches. On choisit en conséquence les moins vigoureuses, pour les soumettre à un autre roi. Lorsqu'on s'aperçoit qu'elles se battent souvent entre elles, il faut les asperger avec de l'eau mêlée de miel : Aussitôt tout cesse, et les combattants se pressent les uns contre les autres pour sucer le liquide. L'effet de ce moyen est encore plus sensible quand, au lieu d'eau, c'est du vin mêlé de miel que vous répandez sur les abeilles. Attirées alors par l'odeur du vin, elles se recherchent avec plus d'empressement, et s'enivrent en le suçant. Quand les abeilles se montrent paresseuses à sortir, et restent dans les ruches en trop grand nombre, il faut avoir recours aux fumigations, et placer dans leur voisinage quelques herbes odoriférantes, surtout de la mélisse et du thym. Les plus grands soins sont indispensables pour les empêcher de périr de l'excès du froid ou de la chaleur. Lorsqu'en butinant elles viennent à être surprises par une averse ou par un froid subit, ce qui est rare toutefois, et qu'abattues par les grosses gouttes d'eau, elles sont jetées à terre privées de force et de mouvement, il faut les ramasser, et les mettre, dans un vase qu'on

verem et circumtinniendo aere perterritas quo voluerit perducet. Non longe inde ramum vel quid aliud oblinunt erithace atque apiastro, cæterisque rebus, quibus delectantur. Ubi consederunt, afferunt alvum prope eisdem illiciis illitam intus : et prope apposita, fumo leni circumeundo cogunt eas intrare : ut quæ in novam coloniam cum introierunt, permanent adeo libenter, ut etiam si proximam posueris illam alvum, unde exierunt, tamen novo domicilio potius sint contentæ. Quod ad pastiones pertinere sum ratus, quoniam dixi, nunc jam, cujus causa adhibetur ea cura, de fructu dicam. Eximendorum favorum signum sumunt ex ipsis, cum plenas alvos habent, et cum illos geminaverint. Ex apibus conjecturam capiunt, si intus faciunt bombum, et cum intro eunt ac foras, trepidant, et si opercula alvi cum favorum foramina removeris, obducta videntur (mellis) membranis, quoniam tunc sunt repleti melle. In eximendo quidam dicunt oportere novem partes tollere, decimam relinquere. Quod si omne eximas, fore ut discedant. Alii hoc plus relinquunt, quam dixi. Ut in aratis, qui faciunt non restibiles segetes, plus tollunt frumenti ex intervallis : sic in alvis, si non quotannis eximas, aut non quoque multum, et magis (his) assiduas habeas apes, et magis fructuosas. Eximendorum favorum primum putant esse tempus vergiliarum exortu, secundum æstate acta, ante quam totus exoriatur arcturus. Tertium post vergiliarum occasum, et ita si fœcunda sit alvus, ut ne plus tertia pars eximatur mellis, reliquum hiemationi relinquatur. Si vero alvus non sit fertilis, ubi quid eximatur, exemtio cum est major, neque universam, neque palam facere oportet, ne deficiant animum. Favi qui eximuntur, siqua pars nihil habet, aut habet inquinatum, cultello præsecatur. Providendum ne infirmiores a valentioribus opprimantur. Eo enim minuitur fructus. Itaque imbecilliores secretas subjiciunt sub alterum regem. Quæ crebrius inter se pugnabunt, aspergi eas oportet aqua mulsa ; quo facto non modo desistunt pugna, sed etiam conferciunt se lingentes, eo magis, si mulso sunt aspersæ, quo propter odorem avidius applicant se, atque obstupescunt potantes. Si ex alvo minus frequentes evadunt, ac subsidit aliqua pars, suffumigandum, et prope apponendum aliquid bene olentium herbarum, maxime apiastrum et thymum. Providendum vehementer ne propter æstum, aut propter frigus disperant. Si quando subito imbri in pastu sunt oppressæ, aut frigore subito, ante quam ipsæ providerint id fore, (quod accidit raro, ut decipiantur) et imbris guttis uberibus offensæ jacent prostratæ et afflictæ, colligendum eas in vas ali quod, et reponendum in tecto loco, ac tepido. Promcndum

placera dans un lieu couvert où règne une chaleur douce, et les y tenir jusqu'à ce que le temps soit bien assuré. On répand alors sur elles de la cendre de bois de figuier, chaude plutôt que tiède; puis on secoue légèrement le vase, sans toucher les abeilles, et on l'expose au soleil. Lorsqu'elles sentent la chaleur, elles se remettent et reprennent vie, comme des mouches qui ont été submergées. Il faut leur appliquer ce traitement non loin des ruches, pour qu'elles puissent y retourner dès qu'elles seront revenues à elles, et reprendre leur ouvrage avec une force nouvelle.

XVII. Nous voyons alors revenir Pavo. Si vous voulez lever l'ancre, dit-il, on procède en ce moment au scrutin; et le *præco* (crieur) a déjà commencé à proclamer l'édile nommé par chaque tribu. Aussitôt Appius se lève pour aller féliciter son candidat sur le lieu même, et s'en retourner ensuite dans ses jardins. Mérula s'adressant alors à Axius : A un autre jour, dit-il, le troisième acte de la basse-cour. Tous se levèrent, et je restai seul avec Axius. Nous nous regardâmes un instant en silence, comme pour nous dire : Notre candidat à nous viendra bien lui-même nous trouver. Enfin Axius me dit : Le départ de Mérula ne me fait pas autrement faute; car le reste du sujet ne m'est rien moins qu'étranger. On distingue deux espèces de viviers, les viviers d'eau douce, et ceux d'eau salée. Les premiers, formant chez les gens du peuple et dans les fermes ordinaires une industrie assez lucrative, ne sont alimentés que par l'eau qu'y fournissent les nymphes. Les viviers d'eau salée, au contraire, sont créés par les nobles pour le faste plus que pour l'utilité. C'est Neptune qui y apporte de l'eau et des poissons.

Ils contribuent à vider la bourse du maître plutôt qu'à la remplir. On les construit à grands frais, et c'est à grands frais qu'on les peuple et qu'on les entretient. Hirtius retirait douze mille sesterces des bâtiments dépendant de ses viviers; mais le seul entretien de ses poissons engloutissait tout le profit. Et rien n'est moins surprenant. Je me rappelle qu'un jour il prêta à César six mille murènes, à condition qu'elles lui seraient rendues au poids : c'est la quantité prodigieuse de ces poissons qui fit monter sa villa au prix de quatre millions de sesterces. On a bien raison d'appeler nos viviers d'intérieur et de petites gens des viviers doux, et ceux des nobles, des viviers amers. Parmi nous autres, en effet, on se contente d'un seul vivier d'eau douce : et quel amateur de viviers maritimes n'en veut avoir plusieurs communiquant de l'un à l'autre, à l'imitation de Pausias et des peintres de son école, qui ont de grandes boîtes divisées en autant de cases qu'ils emploient de nuances de cire? Nos nobles ont des viviers à compartiments, servant à parquer en quelque sorte les poissons par espèce; et jamais cuisinier ne fera sommation à ceux-ci de comparaître sur table : ils sont sacrés, Varron, plus sacrés que ceux que vous vîtes en Lydie, pendant un sacrifice que vous faisiez près de la mer, s'attrouper sur le rivage au son de la flûte d'un Grec, et venir presque sur l'autel sans que personne osât y toucher. C'est dans ce même pays que vous avez vu des îles danser en rond. Notre ami Hortensius, au temps où il possédait encore à Bauli ces viviers qui lui avaient coûté si cher, envoyait (je le sais pour l'avoir vu de mes yeux dans les visites fréquentes que je lui ai faites à sa villa), envoyait acheter à *Puteoli* (Pouzzoles) le poisson qu'on ser-

---

deinde quam maxime tempestate bona, et cinere facto e ficulneis lignis infriandum paulo plus caldo quam tepidiore; deinde concutiendum leviter ipsas vase, ut manu non tangas, et ponendum in sole. Quæ enim sic concaluerunt, restituunt se, ac reviviscunt, ut solet similiter fieri in muscis aqua necatis. Hoc faciundum secundum alvos, ut reconciliatæ ad suum quæque opus et domicilium redeant.

XVII. Interea redit ad nos Pavo : Et, si vultis, inquit, ancoras tollere, latis tabulis sortitio fit tribuum, ac cœpti sunt a præcone renuntiari, quem quæque tribus fecerint ædilem. Appius confestim surgit, ut ibidem candidato suo gratularetur, ac discederet in hortos. Merula : Tertium actum de pastionibus villaticis postea, inquit, tibi reddam, Axi. Consurgentibus illis, Axius mihi, respectantibus nobis, quod et candidatum nostrum venturum sciebamus, Non laboro, inquit, hoc loco discessisse Merulam. Reliqua enim fere mihi sunt nota. Quod cum piscinarum genera sint duo, dulcium et salsarum : alterum apud plebem, et et [non] sine fructu, ubi lymphæ aquam piscinis nostris villaticis ministrant, illæ autem maritimæ piscinæ nobilium, quibus Neptunus ut aquam sic et pisces ministrat, magis ad oculos pertinent quam ad vesicam, et potius marsupium domini exinaniunt quam implent. Primum enim a dilicantur magno, secundo implentur magno, tertio aluntur magno. Hirrius circum piscinas suas ex ædificiis duodena millia sextertia capiebat. Eam omnem mercedem escis, quas dabat piscibus, consumebat. Non mirum. Uno tempore enim memini hunc Cæsari sex millia murænarum mutua dedisse in pondus, et propter piscium multitudinem quadragies sextertio villam venisse. Quare nostra piscina ac mediterranea plebeia recte dicitur dulcis, et illa amara. Quis enim nostrum non una contentus est hac piscina? quis contra maritimas non ex piscinis singulis plures conjunctas habet? [Pluris.] Nam ut Pausias et cæteri pictores ejusdem generis loculatas magnas habent arculas, ubi discolores sint ceræ, sic hi loculatas habent piscinas, ubi dispares disclusos habeant pisces, quos, proinde ut sacri sint, ac sanctiores quam illi in Lydia, quos sacrificanti tibi, Varro, ad tibicinem græcum gregatim venisse dicebas ad extremum litus atque aram, quod eos capere auderet nemo, cum eodem tempore insulas Ludinorum ibi chorevusas vidisses, sic hos pisces nemo cocus in jus vocare audet. Q. Hortensius familiaris noster cum piscinas haberet magna pecunia ædificatas ad Baulos, ita sæpe cum eo ad villam fui, ut illum sciam semper in cœnam pisces Puteolos mittere emtum solitum. Neque

vait sur sa table. Et c'était peu qu'il s'interdît de manger du sien; il fallait qu'il lui donnât à manger lui-même, montrant autant et plus de sollicitude pour l'appétit de ses surmulets que je n'en puis avoir pour celui de mes ânes de Roséa. Et ce n'était pas certes à aussi peu de frais qu'il leur fournissait eau et pâture. Car à quoi se réduit l'entretien de mes ânes, qui sont d'un si beau produit? Un petit palefrenier, quelque peu d'orge et l'eau de mes sources, voilà tout ce qu'il faut; tandis qu'Hortensius avait à son service une armée de pêcheurs continuellement occupée à lui fournir des masses de petits poissons, pour les repas des gros. Et quand la mer était grosse, et que tous les filets du monde n'auraient pas amené un seul poisson, il fallait, pour remplacer cette nourriture vivante, épuiser le marché à la marée des salaisons qui sont la nourriture du peuple. Hortensius vous aurait laissé prendre tous les mulets de voiture de son écurie, plutôt qu'un seul mulet barbu de ses viviers. Et quels soins il donnait à ses poissons quand ils étaient malades! Il n'en avait pas plus pour ses esclaves. Il eût plutôt laissé un de ces derniers boire de l'*eau froide en maladie*, qu'un de ses chers poissons. Il faisait peu de cas des viviers de M. Lucullus, l'homme, disait-il, le plus indifférent au bien-être de ses poissons : chez ce dernier, les pauvres bêtes n'avaient point de bassins d'été; leur eau n'était pas renouvelée; on les y laissait croupir. Parlez-moi de L. Lucullus, qui avait fait ouvrir une montagne près de Naples, dans le seul but d'introduire dans ses viviers l'eau de la mer, que chaque marée y apportait et remportait. Pour les poissons c'était un autre Neptune. Il avait ménagé à ses chers nourrissons un plus frais séjour pour l'été, imitant en cela la sollicitude des pasteurs apuliens, qui, au temps des grandes chaleurs, conduisent leurs troupeaux sur les montagnes du pays sabin. Sa passion pour ses viviers de Baies était portée à ce point, qu'il avait donné carte blanche à son architecte pour la construction d'un canal souterrain, communiquant de ses viviers avec la mer, afin que la marée, au moyen d'une écluse, pût deux fois par jour, depuis le premier quartier jusqu'à la nouvelle lune, y entrer et en ressortir après les avoir rafraîchis. Pendant que nous parlions ainsi, un bruit de pas se fait entendre à notre droite, et nous voyons entrer notre candidat avec les insignes de sa nouvelle dignité. Nous allons au-devant de lui; et après l'avoir félicité, nous l'escortons au Capitole. Puis nous nous séparons, pour rentrer chacun chez nous. Voilà, mon cher Pinnius, le résumé succinct des conversations que nous avons eues sur l'entretien de la basse-cour.

---

satis erat eum non pasci piscinis, nisi eos ipse pasceret ultro; ac majorem curam sibi haberet, ne ejus esurirent mulli, quam ego habeo, ne mei in Rosea esuriant asini. Et quidem utraque re, et cibo et potione, cum non paulo sumptuosius, quam ego his, ministraret victum. Ego enim uno servulo, ordeo non multo, aqua domestica, meos multinumos alo asinos : Hortensius primum qui ministrarent piscatores habebat complures, et ii pisciculos minutos aggerebant frequenter, ut a majoribus absumerentur. Præterea salsamenta in eas piscinas emitia conjiciebat, cum mare turbaret, uti per tempestatem suis piscibus e macello cetariorum, uti e mari, obsonium præberet, cum neque everriculo illi in litus educere possent vivam saginam, plebeiæ cœnæ pisces. Celerius voluntate Hortensii ex equili educeres rhedarios, ut tibi haberes, mulos, quam e piscina barbatum mullum. Atque illi non minor cura (ejus) erat de ægrotis piscibus, quam de minus valentibus servis. Itaque minus laborabat, ne servus æger, quam aquam frigidam biberet sui pisces. Etenim hac incuria laborare aiebat M. Lucullum, et piscinas ejus despiciebat, quod æstivaria idonea non haberet, ac residem aquam, et locis pestilentibus habitarent pisces ejus. Contra ad Neapolim L. Lucullus posteaquam perfodisset montem, ac maritima flumina immisisset in piscinas, quæ reciproce fluerent, ipsi Neptuno non cedere de piscatu. Factum esse enim, ut amatos pisces suos videatur propter æstus eduxisse in loca frigidiora, ut Appuli solent pecuarii facere, quod propter calores in montes Sabinos pecus ducunt. In Baiano autem tanta ardebat cura, ut architecto permiserit, vel ut suam pecuniam consumeret, dummodo perduceret specus e piscinis in mare, objectaculo quo æstus bis quotidie ab exorta luna ad proximam novam introire, ac redire rursus in mare posset, ac refrigerare piscinas. Nos hæc. At strepitus a dextra, et cum lata candidatus noster designatus ædilis se in villam. Cui nos occidimus et gratulati in Capitolium prosequimur. Ille inde eundo suam domum, nos nostram. O Pinni noster, sermonem de pastione villatica summatim hunc, quem exposui, habeto.

NOTES
SUR L'AGRICULTURE DE VARRON.

LIVRE I.

II. *Præterquam ad necessarium sacrificium.* Allusion au sacrifice de trois cents chèvres qu'on offrait à Diane une fois par an, à Athènes, d'après le vœu de Miltiade. Ælien, *V. H.*, II, 25.

Jubet terram tangere, despuere. Les anciens ne prononçaient jamais le nom de *Tellus* sans toucher la terre; ou celui de *Jupiter*, sans lever les yeux vers le ciel. Pour détruire les charmes, ils crachaient trois fois, et se frottaient le front de la salive (*Ter cane, tu dictis despue carminibus.* Tibulle.) Cette coutume de cracher paraît avoir été également en usage dans la médecine magique.

Quemadmodum placentam facere oporteat, etc... Pour la préparation de la placenta, du libum et des jambons, voir l'Économie rurale de Caton, ch. LXXIV, LXXV. et CLXII.

VII. *De formæ cultura.* Qu'est-ce que la culture de la forme? On aura beau lire, avec Ursinus : *De culturæ forma*; il sera toujours difficile de rattacher cette pensée à celle qui précède. Nous regardons ces mots comme l'addition d'un copiste qui aura voulu éclaircir une phrase déjà suffisamment claire par elle-même, et n'a fait que l'obscurcir.

Itaque Cretæ ad Cortyniam dicitur platanus esse. Pline, XII, rapporte le même fait, et se moque à ce sujet de la crédulité des Grecs, qui s'imaginaient que c'était sous cet arbre que Jupiter s'était uni à Europe.

Item Sybari, quæ nunc Thuris. Pline dit à ce sujet que le chêne dont il est ici fait mention, n'entrant en pousse qu'au milieu de l'été, gardait par conséquent ses feuilles plus longtemps que les autres, et que c'était là tout le miracle.

Candida fossicia creta..... Scheider remarque avec raison qu'il ne s'agit pas ici de la craie qui s'emploie comme couleur ainsi que le dit à tort Sab. de la Bonneterie, mais bien de cette matière fossile que les Gaulois appelaient *marga*, et qui, sous le nom de marne s'emploie encore fréquemment en France en place de fumier.

Carbonibus salsis, etc.... Ce sont, suivant Pline, des charbons de chêne qu'on éteignait en jetant dessus de l'eau salée.

Ex quo antiqui prata parata appellarunt. Les anciens Romains accordaient aux prairies la préférence sur toute autre culture; et le nom qu'ils leur avaient donné signifiait qu'elles étaient toujours prêtes à rapporter, sans exiger des travaux préparatoires.

VIII. *In harundulatione in ficis.* Gessner explique ce passage en disant que les branches des figuiers avaient besoin d'être liées ensemble par des roseaux, pour leur donner plus de consistance. Cette explication, qu'adopte également Saboureux de la Bonneterie, est désapprouvée par Schneider, qui propose de lire : *arundinatio*. Le passage qu'il cite à l'appui de cette leçon : *Torta per obliquos it vitis in orbe corymbos, Verberat et palmæ calamos fluitante flagello : Vinea pampineos subarun-* *dinat ebria campos*, nous fait penser qu'*harundulatio* a ici la signification d'*arundinatio*, et que l'un est mis à la place de l'autre.

Acratophoros, espèce de vase dont parle également Cicéron, *de Finibus*, III, 4.

X. *Id habet scripula* CCLXXXVIII *quantum as antiquus noster ante bellum punicum.* L'*as* romain contenait, avant la première guerre punique, deux cent quatre-vingt-huit *scripula*, attendu qu'il pesait une livre ou douze onces, et que chaque once était de 24 *scripula*.

XIII. *Fundanius fructuosior*, etc. Valère Maxime, VIII, 1, 7, raconte à ce sujet que M. Émilius Porcina s'attira l'indignation du peuple romain, et fut même mis en accusation pour avoir fait construire dans ses domaines une villa trop somptueuse. Ce fait remonte à l'an 616 de la fondation de Rome.

XIV. *Primum naturale sepimentum vivæ sepis, quod obseri solet virgultis aut spinis, quod habet radices, ac viatoris...* Allusion à la coutume qu'avaient les Romains de porter des flambeaux allumés dans leurs voyages, ou leurs promenades nocturnes.

Ad viam Salariam in agro Crustumino. C'est cette même voie dont parle Cicéron, *De natura deor.*, III, 5, et qui conduisait de la porte Colline au pays sabin.

Quod ex terra et lapillis compositis in formis, ut in Hispania. Ces espèces de clôtures sont aujourd'hui encore en usage dans plusieurs parties de la France, où elles sont connues sous le nom de pisé. Goiffon, dans son traité de l'*Art du maçon piseur*, entre dans de grands détails sur ce mode de clôture.

XVII. *Alii in tres partes instrumenti genus : vocale, in quo sunt servi, semivocale in quo sunt boves, mutum in quo sunt plaustra.* Cette assimilation de l'esclave à l'instrument passif et inerte, cette gradation de la chose à la bête et de la bête à l'être humain, qui ne consiste que dans la voix, ou dans la voix plus ou moins articulée, est l'expression la plus naïve de l'excès d'insensibilité où l'antiquité était tombée à l'égard de toute une classe d'hommes qui ne devait originairement cette condition qu'au malheur d'être vaincus.

Iique quos obærarios nostri vocitarunt. Nous avons traduit *obærarios* par l'expression *engagés à forfait.* Cette interprétation ne s'éloigne pas de la racine, et s'accorde mieux qu'*endetté* ou *obéré* avec le sens général du passage, où il est fait distinction des diverses conditions de salaire. Nous n'ignorons pas cependant que Varron, dans ses Origines, en général fort douteuses, mais qui pourraient avoir raison sur ce point, dit que le mot *obærarii* exprime le contrat par lequel le débiteur s'acquitte, en louant son travail pour un temps donné.

XVIII. *Cato dirigit ad duas metas....* (Voir le traité d'agriculture de Caton, ch. X et XI).

Opilo. Scaliger fait venir le mot *opilo* du grec αἰπόλιον.

XXI. *Clousas dormire...* Ce passage paraît appartenir au livre II; sans doute l'ordre des chapitres aura été interverti par quelque copiste peu intelligent.

XXVI. *Propter eas adscrunt....* Nous avons cru devoir, avec Pontedera, changer dans la traduction *eas* en *olus*, leçon qui se trouve d'ailleurs justifiée par le passage du chap. 16, où nous lisons : *Ut vitis adsit ad olus favere solet.* Scaliger, qui défend *eas*, a tort de croire qu'il y avait antipathie entre la vigne et le cyprès.

XXIX. *Dicitur porca quod ea, seges frumentum porricit.* Varron se montre prodigue, et n'est pas toujours heureux en étymologies. Il suffit des nombreuses contradictions où il tombe à cet égard pour prouver combien ses conjectures sont hasardées. Ainsi, par exemple, le mot *messis*, dit-il dans un endroit, ne s'entend proprement que des choses qui se moissonnent (*quæ metuntur*) ; et plus bas, en parlant des différentes manières de moissonner, il fait dériver le même mot de *medius*, parce que, en coupant le blé, on le tenait par le milieu.

XXXI. *Quod ita occidunt, occare dicunt.* Autre preuve de la manie de Varron pour les étymologies. En effet, comme l'acte qu'exprime le mot *occare* implique l'idée de destruction, notre auteur n'a point hésité à faire dériver ce mot de *occidere*, détruire ; bien qu'il soit prouvé que *occatio* a pour racine le verbe *oecœcare*. Ici l'on peut opposer à Varron l'autorité de Cicéron lui-même (*de Senectute*, cap. 15).

XL. *Ut sint obscura.* Voici ce que dit Pline, XVII, 14, de la semence du cyprès : *Minimis id granis constat, ut vix perspici quædam possint ; non omittendo naturæ miraculo etiam parvo gigni arbores.* Un naturaliste moderne a fait remarquer qu'il y avait quelque exagération dans ce que disent les anciens de l'exiguité des semences du cyprès.

Quas alii clavolas, alii taleas appellant. Théophraste appelle en effet la cime d'un arbre ταλεία. De ce mot les Latins ont fait *talea*.

Hoc sequuntur multi.... Voici ce que Pline dit, 15, 17, à ce même sujet : « Au reste, la religion ne permet pas qu'on greffe les arbres indifféremment les uns sur les autres ; elle défend d'enter sur l'épine, parce qu'il serait difficile d'en détourner la foudre. »

Ex arbore, e qua quis vult habere surculum, in eam, quam inserere vult, ramulum traducit, in ejus ramo præciso ac difisso implicat. Ce passage est presque impossible à construire grammaticalement, à moins d'admettre avec Pontedera que l'ordre primitif des mots a été entièrement interverti par les copistes ; de sorte qu'il faudrait construire la phrase de la manière suivante : *Traducit tum ramulum ex utraque parte, quæ fissuram intrat, falce extenuatum in ejus ramo præciso ac difisso implicat, qui contingit ita, ut ex una parte, qua collum visurus est.* Columelle parle du même procédé, v, 11 ; Pline en fait aussi mention au livre XVII, 30.

XLI. *In crescendo tarda, in hoc enim humidiora quam aridiora.* A quoi faire rapporter *in hoc ?* Les commentateurs s'épuisent en vaines conjectures. Gessner avoue franchement que ces paroles sont des plus obscures ; mais il ajoute que cette raison ne lui avait pas paru suffisante pour les effacer.

XLIV. *Seruntur fabæ modii IV in jugero, tritici V, ordei VI, etc....* On trouve dans les auteurs des notions très curieuses sur la fertilité de certains sols dans les temps anciens. Ce que dit Varron sur celle des environs de Sybaris et de Bysacium est confirmé sur tous les points par Pline, qui s'étend plus longuement sur ce sujet. D'après cet auteur, on y recueillait dans cette dernière localité jusqu'à cent cinquante fois la semence ; le même auteur ajoute, XVIII, 10, que le gouverneur de ce pays envoya à Auguste près de quatre cents tiges produites par un seul grain. On envoya également une touffe de trois cent quarante tiges à Néron.

XLV. *Ære frigore cinguntur*, etc. Entre les différentes leçons, qui portent les unes *tinguntur*, les autres *tanguntur*, et d'autres encore *stringuntur*, ou *restringuntur*, nous avons cru devoir nous décider pour *cinguntur*, à cause du passage de Théophraste dont cette phrase parait avoir été tirée : ὅτι τὰ μὲν ἄνω κωλύεται διὰ τὸν πέριξ ἀέρα ψυχρὸν ὄντα.

Nisi cum tepor venit solis. Cette leçon, que nous avons rétablie dans le texte avec Schneider, est parfaitement justifiée par ce passage de Pline, XVI, 56 : *Quidam non altius descendere radices, quam solis calor tepefaciat.*

XLVIII. *Ea quæ mutilata non est, in ordeo et tritico.* Ce passage rappelle celui de Cicéron, *De senectute*, 15 : *Quæ nixa fibris stirpium sensim adolescit, culmoque erecta geniculato vaginis jam quasi pubescens includitur ; e quibus quum emerserit, fundit*, etc.

L. *Batillum.* L'usage du *batillum* résulte clairement d'un passage de Pline, XVIII, 72 : *Galliarum latifundiis valli prægrandes dentibus in margine infestis ducibus rotis per segetem impelluntur, etc....* Schneider pense que le *batillum* n'est autre chose que le *vallum* dont nous parle Pline, XVIII, 72.

LV. *Qui quatiet, ne adversum*, etc... Pline dit, XV, 3 : *Qui cautissime agunt, arundine levi ictu, nec adversos percutiunt ramos ; sic quoque*, etc....

Per serias ac vasa olearia et.... Quæ res.... Cette phrase porte l'empreinte des différentes corrections tentées par les nombreux commentateurs. Nous nous bornerons à faire remarquer qu'en lisant *per sena vasa* au lieu de *perserias*, et en faisant rapporter *sena* aux six pressoirs dont parle Varron, 1, 22, on ferait disparaître toute difficulté.

LIX. *Et quæ antea mustea vocabant, nunc melimela appellant.* Pline parle également de ces pommes dites *mustea* et *melimela*, XV, 15 : *Mustea a celeritate mitescendi, quia nunc melimela dicuntur a sapore melleo.*

Mala colonea, struthea in pensilibus junctis. Cette phrase a été certainement falsifiée. Il a été impossible de la lier avec ce qui précède, et de l'expliquer suffisamment.

LX. *Pauscas aridas.* Le mot *aridas* ne se trouve point dans le texte de Caton cité par Varron. Pline, qui rapporte le même texte, l'a retranché également ; Pontedera le remplace par *albas*. Ce qu'il y a de certain, c'est que le mot *albas* est aussi déplacé que celui d'*aridas*, et qu'il serait peut-être plus raisonnable de lire *virides*.

LXI. *Quod statim....* Tout ce chapitre est entaché d'incorrection, et nous sommes portés à croire qu'il ne formait qu'un avec celui qui précède ; de sorte qu'il faudrait peut-être rétablir le texte de cette manière : *Cum est olea expressa, quod statim effluxerit de ea, qui est humor aquatilis ac retrimentum, conditum in vas fictile id quidem sic solent tueri, etc ; ... tunc decoquunt in ahenis lentigni duas partes, et refrigeratum condunt in vasa ; tum denique ad usum recte promitur. Sunt item aliæ conditiones.... mustum.* Ce qui nous confirme encore dans cette conjecture, c'est le passage de Pline, XV, 4 : *Olivæ condiuntur amurca sapave....*

LXIII. *In sole ponere oportet aquæ catinos.* Il est indispensable d'intercaler entre *oportet* et *aquæ* la particule *atque*, qui se trouve d'ailleurs dans les anciennes éditions.

LIVRE II.

INTRODUCTION. *Itaque annum ita diviserunt, ut nonis modo diebus urbanas res usurparent, reliquis* VII *ut rura colerent.* Tous les neuf jours, il y avait à Rome un marché public appelé *nundinæ*. Comme les habitants de la campagne s'y rendaient en foule, on profitait de ces jours pour faire passer des lois qui toutefois ne pouvaient être publiées qu'après avoir été proposées ainsi pendant trois jours de marchés consécutifs, afin que les citoyens fussent à même d'en prendre connaissance.

Si non multis vocabulis retinneant græcis. Προκοιτῶν était la pièce qui précédait la chambre à coucher, et dans laquelle se tenaient les esclaves ; παλαίστρα, le lieu réservé aux exercices ; ἀποδυτήριον était la pièce où l'on se déshabillait avant d'entrer aux bains ; ὀρνιθῶν était le nom donné aux volières en général ; περιστερεῶν était un colombier ; et ὀπωροθήκη, en général, une serre.

I. *Cum Menas discessisset.....* Déjà Scaliger et Ursinus s'étaient aperçus que ce commencement de chapitre était tronqué, et qu'il devait nécessairement y avoir existé quelque autre préambule. C'est ce qui paraît surtout résulter du chapitre 8, où nous lisons : *Venit a Menate libertus, qui dicat, liba absoluta esse;* et puis du chapitre 5, qui porte : *Cum Q. Licienum alius salutasset, alius conviciatus esset, qui tam sero venisset ad constitutum.*

Cossinius. C'est sans doute L. Cossinius dont parle Cicéron *in Orat. pro Balbo*, c. 23, ainsi que le fait observer Ernesti dans son *index Ciceronianus*.

Thales Milesius, l'un des sept sages de la Grèce. Il fut le premier des philosophes qui s'occupa d'astronomie, et qui prédit une éclipse de soleil. Il mourut dans un âge très-avancé, en assistant à un combat de lutteurs.

Zeno Citiius, chef de la secte des stoïciens, et tellement respecté à Athènes, que c'était chez lui qu'on déposait les clefs de la ville.

Dicearchus, chef d'une secte de philosophes qui portent son nom. Fils d'un simple commerçant, il voyagea pour s'instruire. Il mourut à Métaponte en Italie. La vénération qu'on avait pour lui était si grande, qu'on fit de sa maison un temple, où on l'adora comme un dieu.

Latine rotas... Ce passage a donné lieu à de nombreuses conjectures. On se demandait avec raison comment les chèvres de la Samothrace pouvaient être appelées en latin *rotæ.* Ursinus et Scaliger ont proposé de lire *platycerotas.* Schneider aime mieux lire *strepsicerotas;* c'est cette espèce de chevreuil qui a le bois droit et cannelé, et dont parle Pline, XI, 45. Cette dernière variante nous paraît mériter la préférence.

Qui ipsas pecudes propter caritatem aureas habuisse pelles tradiderunt. La tradition d'un bélier d'or, conservé dans la famille des Pélopides comme une espèce de palladium de la royauté, se trouve rappelée dans le *Thyeste* de Sénèque. Le vol de ce bélier est l'un des principaux griefs articulés par Atrée contre son frère...

Quod nominaverunt a capris Ægeum pelagus. Les chèvres s'appellent en grec αἶγες.

In Sabinis Canterium montem. Canterius est le nom que les Romains donnaient à un cheval hongre.

Quod Parilibus potissimum condidere urbem. Les *Parilia* étaient les fêtes que les pâtres célébraient en l'honneur de la déesse et du dieu Palès, le 11 des kalendes de mai.

Urvo urbis... Voici ce que nous dit Servius dans ses commentaires de Virgile : « Lorsque les anciens voulaient bâtir une ville, ils attelaient un taureau et une vache à une charrue, en prenant le soin de mettre la vache du côté de l'emplacement de la ville. Puis, retroussant leur robe et s'en couvrant la tête (ce qu'on appelait se ceindre à la manière des Sabins), ils conduisaient cette charrue, le manche courbé, du côté de l'emplacement de la ville, pour faire tomber les mottes de terre de ce côté, et traçaient un sillon de toute la longueur des murs qu'ils devaient donner à la ville, en relevant le soc aux endroits destinés à l'emplacement des portes. Quant au mot *urvum* lui-même, voici ce que nous dit Varron dans son traité des Origines, IV, 32 : *Imburum fictum ab urbo, quod ita flexum, ut redeat sursum versus, ut in aratro quod est urbum;* puis plus loin : *Dura a bubus; alii hoc a curvo urvum appellant.*

Cum lustratur, suovitaurilibus... Les *suovitaurilia* étaient le plus considérable sacrifice que l'on offrait au dieu Mars. Ce sacrifice se faisait pour la purification ou l'expiation des champs, des fonds de terre, des armées, des villes. Les *suovitaurilia* étaient distingués en grands et petits ; les petits étaient ceux où l'on immolait de jeunes animaux, un jeune cochon, un agneau, un veau ; les grands étaient ceux qui se faisaient avec les mêmes animaux adultes, verrat, bélier, et taureau. Avant les sacrifices on promenait trois fois ces animaux autour de la chose impure. On immolait toujours le verrat le premier, comme l'animal qui nuit le plus aux semences et aux moissons, et successivement le bélier et le taureau. Chez les Grecs le même sacrifice avait lieu en l'honneur d'autres dieux ; par exemple, de Neptune (voir Homère), ou d'Esculape (voir Pausanias).

Monte Tagro, quædam e vento certo tempore concipiunt equæ. Pline, X, 60, nous dit : *Quidam e vento putant ea generari, qua de causa etiam zephyrica appellantur.* Servius, dans ses commentaires de Virgile, Géor., III, 278, fait également allusion à ce passage : *Hoc etiam Varro dicit : In Hispania ulteriore verno tempore equas, nimio ardore commotas, contra rigidiores ventos ora patefacere ad sedandum calorem, et eas exinde concipere et edere pullos, licet veloces, dici tamen minime duraturos; nam brevis admodum vitæ sunt.*

Chordi. Pline, VIII, 47 : *Chordos vocabant antiqui post id tempus natos.*

II. *Ventrem quoque ut habeat pilosum. Itaque quæ id non haberent, majores nostri apicas appellabant, ac rejiciebant.* Pline parle également de ces brebis *apicæ*, et nous dit : *quibus venter nudus esset, apicas appellabant damnabantque.*

Item binæ pro singulis ut procedant. Nous faisons remarquer avec Schneider que le mot *procedant* a dans ce passage la signification de *valeant, ducantur, numerentur*; cette locution a été d'ailleurs parfaitement expliquée dans Gronovius ad Livium, V, 48, p. 213, tom. II.

Cum inter hæc bina loca, ut jugum continet sirpiculos, sic calles publicæ distantes pastiones. Les *calles* étaient des chemins réservés aux troupeaux dans les forêts qu'il fallait traverser, lorsqu'on les conduisait des pâturages d'été à ceux d'hiver. Schneider pense au contraire qu'il y avait dans les forêts, de distance en distance, des places entières qui étaient abandonnées aux troupeaux lorsqu'ils étaient conduits aux pâturages d'hiver ou d'été, et que c'était la ce que l'on appelait *calles publicæ.*

Ita pascere pecus oportet, ut averso sole agat. Voici ce que nous dit Columelle à ce même sujet : *Si quidem plurimum refert ut ne pascentium capita sint adversa soli, qui plerumque nocet animalibus oriente præ-*

dicto sidere. Pline fait la même recommandation, VIII, 73.

Quamdiu admissura fit, eadem aqua uti oportet, quod commutatio et lanam facit variam, et corrumpit uterum. Les Géoponiques nous recommandent également de prendre cette précaution : τοῖς αὐτοῖς δὲ καὶ μὴ ξενίζουσιν ὕδασι χρηστέον. Pline dit au même sujet, VIII, 47 : *Mutatio aquarum potusque variat lanicinium.*

Deterrent ab saliendo fiscellis e junco, aliave qua re quod alligant ad naturam. La signification de *fiscella* résulte suffisamment du passage de Caton, 54, où il est dit : Il importe que les bœufs aient la bouche garnie de petits paniers, pour qu'ils ne broutent pas l'herbe en labourant. *Boves fiscellas habere oportet, ne herbam sectentur, cum arabunt.*

Dum agnoscant matres agni, et pabulo se saturent. Ici nous avons pris pour guide Crescentius, qui généralement nous a été d'une grande utilité pour l'intelligence du texte de Varron. Cet auteur a écrit en latin un traité d'agriculture extrait en partie des agronomes romains, et cela à une époque où Varron était certes moins dénaturé par les commentateurs qu'il ne l'est aujourd'hui. Voici ce qu'il dit sur ce point : *Cum parere incipiunt oves, pastores eas injiciunt in ea stabula, quæ ad eam rem habent seclusa, ibique agnos, recenter natos, ad ignem apponunt, et per biduum retinent cum matribus, dum cognoscant matrem et pabulo se saturent.*

Sed ea (ut dixi) in libro scripta magister pecoris habet. Varron s'oublie en ce moment, ou plutôt ne pense plus à ses interlocuteurs ; car c'est Atticus qui parle, et c'est Scrofa seul qui pouvait dire *ut dixi.*

III. *O Faustule noster.* Allusion au nom du pâtre qui avait nourri Romulus et Rémus pendant leur enfance. Mélanthius était le gardien des chèvres d'Ulysse à Ithaque.

Nunquam enim sine febri sunt. Gessner raconte à ce propos le fait suivant : « Un enfant né à Nîmes pendant la peste de 1629 avait perdu sa nourrice à la suite de la contagion. Élevé par une chèvre, il fut dès son enfance en proie à une espèce de fièvre, qui ne le quitta point le reste de ses jours.

Quod capras sanas sanus nemo promittit. Jeu de mots résultant de l'opposition du sens propre au sens figuré dans le mot *sanus.*

De quibus admirandum illud; quod etiam Archelaüs scribit, non, ut reliqua animalia, naribus, sed auribus spiritum ducere. Cette absurde notion se trouve également chez Pline, liv. VIII : *Auribus eas spirare, non naribus.* Aristote, en rapportant cette observation, la traite de fable.

IV. *Sed quis e porculatoribus.* L'origine que donne Tremellius de son surnom de Scrofa est bien différente de celle rapportée par Macrobe : « Les esclaves d'un certain Tremellius avaient volé une truie à un de ses voisins, et l'avaient tuée. Celui-ci, averti de ce vol, fit cerner la maison de Tremellius de façon que rien n'en pût sortir, et le somma de lui rendre la truie. Tremellius cache l'animal sous les couvertures du lit où reposait sa femme, et permet ensuite au réclamant de faire toutes les perquisitions qu'il voudra. On arrive au lit, et Tremellius affirme par serment qu'il n'a chez lui d'autre truie que celle qui est couchée là. Cette plaisanterie lui valut le surnom de Scrofa. »

Nec me esse ab Eumæo ortum. Eumée était le gardien des porcs d'Ulysse ; Homère en fait l'éloge dans le 4ᵉ livre de l'Odyssée.

Qui quæstor cum esset Licinio Nervæ.... Tite-Live nous apprend que Licinius Nerva avait d'abord été envoyé en Macédoine pour faire l'inspection des troupes, et qu'il fut fait préteur l'an 587 de la fondation de Rome.

Itaque iis animam datam esse proinde ac salem, quæ servaret carnem. Les anciens affectionnaient singulièrement cette idée, car ils l'ont souvent reproduite. Leur esprit philosophique se plaisait à matérialiser l'âme, en l'assimilant au sel qui vivifie. Cicéron, *de Nat. Deor.*, II, 64, en fait honneur à Chrysippe.

Pline, VIII, 77, nous dit aussi : *Animalium hoc maxime brutum, animamque ei pro sale datam non illepide existimabatur.*

V. *Et Varronem nostrum,* inquit, ποίμενα λαῶν. Allusion plaisamment familière à la qualification homérique des rois et des princes.

In quo quidem, inquit Vaccius, *meæ partes, quoniam boves ibi et vaccæ.* Jeu de mots sur l'analogie de *vaccius* et de *vacca.*

Ab hoc (a bove) antiqui manus ita abstineri voluerunt, ut capite sanxerint, si quis occidisset. Ovide fait dire à Pythagore, dans son livre contre l'usage de se nourrir de la chair de ces animaux :

Quid meruere boves, animal sine fraude dolisque,
Innocuum, simplex, natum tolerare labores?
       Ov., *Mét.*, XV, 120.

Pline nous apprend également que le bœuf qui cultivait la terre était tellement respecté des anciens Romains, qu'il y eut un citoyen accusé et condamné pour avoir tué un de ces animaux ; ce crime égalant à leurs yeux celui du meurtre d'un laboureur. Le même fait est rapporté par Valère Maxime, VIII, 8.

Nam ab hoc pecore Athenis Buzuges nobilitatus, Argis Onogyros.

Pline, VII, 57, prétend qu'il y eut un Athénien du nom de Buzugès qui fut l'inventeur de la manière d'atteler des bœufs à la charrue ; d'autres auteurs pensent que ce nom n'est pas un nom propre, mais une épithète donnée à l'inventeur, et formée des deux mots βοῦς, bœuf, et joug, ζυγός, et donnée à l'inventeur.

Quant à Onogyros, nous n'en trouvons trace dans aucun auteur ancien.

Non minus satisfaciam tibi quam qui Bugoniam scripsit. Ce qui résulte des différents commentaires de ce passage est que *bugonia* était une locution usitée pour exprimer ce qu'il y a de plus agréable. Scaliger, après avoir comparé au texte les explications de Turnèbe, ajoute assez plaisamment : *Si quid voluerit Varro nescio ; quid noluerit scio.*

Ne gibberi, sed spina leviter remissa. Le mot *gibberi* ne se rapporte nullement à *nares,* comme le pense à tort Gessner, mais bien à *spina,* comme le fait observer Dickson.

Lanii qui ad cultrum bovem emunt, et qui ad altaria, hostiæ sanitatem non solent stipulari. Cette phrase paraît être en contradiction avec tout ce que nous savons des sacrifices de l'antiquité, puisque les victimes qu'on immolait devaient avant tout être sans défauts. Gessner dit à ce sujet qu'un animal peut être exempt de défauts, sans être sain ; de sorte qu'on aurait pu immoler un bœuf affecté de la fièvre, pourvu qu'il ne fût ni borgne ni boiteux. Schneider, au contraire, fait observer que cette clause de la santé était retranchée, par la seule raison que les prêtres eux-mêmes avaient coutume de s'assurer de l'état sanitaire des victimes, sans avoir besoin d'en demander des garanties au vendeur.

Hoc secundum astri exortum facio, quod Græci vocant Λύραν, Fidem nostri. Cette constellation se lève, d'après Pline, le jour des nones de janvier, Plin., VIII, 26.

VI. *Non enim si murænæ optimæ flutæ sunt in Sicilia, et ellops ad Rhodon, continuo hi pisces in omni mari similes nascuntur.* Les *murænæ flutæ* sont ce qu'on appelle en grec πλῶται. Macrobe nous apprend que ces poissons étaient appelés *flutæ*, parce que, à force de flotter à la superficie des eaux, ils étaient en quelque sorte grillés par l'ardeur du soleil, au point que perdant toute leur souplesse, ils ne pouvaient plus se plonger dans la mer, et qu'il était facile de les prendre à la main.

VII. *Ætas cognoscitur equorum, et fere omnium qui ungulas indivisas habent.* Ce passage, relatif à l'âge du cheval et aux moyens de le reconnaître à ses dents, est très-obscur, et paraît avoir subi de nombreuses altérations. Schneider a recours, pour l'expliquer, aux Géoponiques; et voici comment il rétablit le texte : *Quinto anno incipiente, item eodem modo amittere binos (scilicet utrinque) tum quos caros habent renascentes, eis sexto anno impleri (incipiunt).* Ce qui paraît du reste confirmer cette interprétation, c'est le 11e livre de Pline, ch. 64, où nous lisons : *Amittit tricesimo mense primores utrinque binos. Sequenti anno totidem proximos, cum subeunt dicti columellares. Quinto anno incipiente, binos amittit, qui sexto anno renascuntur. Septimo anno omnes habet et renatos et immutabiles.*

Corpore mullo. Ces deux mots paraissent avoir appartenu à une phrase entière, dont ils ont été détachés mal à propos. Dans l'isolement où nous les trouvons ici, nous avons pensé qu'il fallait les séparer du reste du texte en les mettant entre parenthèses.

Cum menses ferunt, signifie littéralement : lors des pertes mensuelles. Déjà les Géoponiques avaient relevé cette erreur en substituant *annuelles* à *mensuelles*, ce qui est aussi plus conforme à l'histoire naturelle; car on prétend que ce phénomène chez les juments ne se reproduit que tous les ans. Il paraît au surplus que cette locution, *cum menses ferunt*, ne doit point être prise dans le sens absolu que lui donnent les commentateurs, et que *menses* s'entend de toute perte périodique; comme le mot *menstruation* ne comporte pas précisément pour limite l'intervalle d'un mois.

Eademque causa ibi frænos suspendendum. Virgile dit aussi : *Primus equi labor est stabulo frænos audire sonantes.* Ovide s'est servi de la même expression : *fræna sonantia.*

Quod quarto die feceris. Il paraît que le mot *die*, que nous trouvons dans le texte de Schneider, est l'altération de *decimo*; de sorte que dans le principe on lisait *quarto decimo feceris*, ce qui est d'ailleurs plus conforme au sens de la phrase.

VIII. *Nam muli et hinni bigeneri, atque insiticii, non suopte genere ab radicibus.* Pline et Columelle nous parlent également de ces *hinni*. Le premier nous dit au livre VIII, chap. 44 : *Equo et asina genitos mares hinnos antiqui vocabant, contraque mulos quos asini et equæ generarent.* L'autre, VI, 37, s'exprime ainsi : *Qui ex equo et asina concepti generantur, quamvis a patre nomen traxerint, quod hinni vocantur, matri per omnia magis similes sunt.*

IX. *Proverbium ut tollant antiquum : vel etiam ut μῦθον aperiant de Actæone, atque in dominum afferant dentes.* Tous les commentateurs se sont mépris sur le sens de cette phrase, en supposant que Varron avait voulu faire allusion à l'ancien proverbe : *tot servi, tot hostes*, et par extension *tot canes, tot hostes.* Cette erreur les entraîne à dénaturer la signification véritable de *tollant*, et à la traduire par *rappeler.* Nous croyons, au contraire, que Varron par le mot *proverbium* n'entend autre chose que la fidélité proverbiale des chiens ; et en laissant au mot *tollant* sa signification de *détruire, ôter*, nous sommes naturellement amenés à traduire *proverbium tollere* par *démentir le proverbe.* Quant à la fable d'Actéon, tout le monde sait qu'il a été dévoré de ses propres chiens.

Catuli diebus XX videre incipiunt. Ce chiffre paraît être contredit par l'expérience. Déjà Aristote a fait observer que le nombre de jours pendant lesquels ils sont privés de la vue dépend de l'époque de l'année où ils sont venus au monde. D'ailleurs Pline nous dit, VIII, 40, que plus la mère a de lait, plus la vue tarde à leur venir; de sorte cependant que ce n'est jamais après le 21e ni avant le 7e jour de leur naissance.

X. *In emtionibus dominum legitimum sex fere res perficiunt : si hæreditatem justam adiit : si, ut debuit, mancipio ab eo accepit, a quo jure civili potuit : aut si in jure cessit, cui potuit cedere, et id ubi oportuit : aut si usu cepit......* La *mancipation* de certains fonds privilégiés se faisait avec beaucoup de solennité, et en présence de cinq témoins. Ce que les Romains appelaient *cessio in jure* était un mode d'acquisition bien plus simple que la mancipation; il suffisait pour cet acte judiciaire de trois personnes; l'acquéreur, le propriétaire et le prêteur. L'*usucapion* était l'acquisition du droit de propriété à titre de possession paisible, après un temps prescrit par les lois.

Aut si e præda sub corona emit. Les esclaves se vendaient chez les Romains comme se vendent chez nous les animaux. Varron met les pâtres dans la classe des mulets et des chiens : on leur mettait une couronne sur la tête, comme nous attachons de la paille à la croupe des chevaux qui sont à vendre.

XI. *Non negarim, inquam, ideo apud divæ Ruminæ sacellum a pastoribus satam ficum.* Relativement à ce figuier dont parle Varron, on lit dans Pline, XX, 20 : *Colitur ficus arbor in foro ipso ac comitio Romæ nata, sacro fulguribus ibi conditis, magisque ob memoriam ejus, quæ nutrix fuit Romuli et Remi conditoris appellata; quoniam sub ea inventa est lupa, infantibus præbens rumen.*

LIVRE III.

I. *Etenim vetustissimum oppidum cum sit traditum græcum, Bæotiæ, Thebæ, quod rex Ogyges ædificarit.* Ogygès est le plus ancien roi dont parle l'histoire ; c'est pour cela que les Grecs se servaient du mot ὠγύγιον pour désigner une chose forte ancienne.

Nam in hoc nunc denique est, ut dici possit, non cum Ennius scripsit, septingenti sunt paulo plus aut minus anni, augusto augurio postquam inclita condita Roma est. Le poète Ennius mourut l'an 585 de la fondation de Rome, sous le consulat de Marcius Philippus et de Servilius Cépion; ainsi le comput cité, et qui se trouve dans ses *Annales*, écrites en 555, était de son vivant un anachronisme. Il n'en était pas ainsi du temps de Varron; car c'était en 717 de la fondation de Rome qu'il composait son livre, et c'est en 727, suivant Eusèbe, qu'il mourut, à l'âge de 90 ans.

Nam lingua prisca et in Græcia æoleis Bæotii sine afflatu vocant collis Tebas. Scaliger s'attache à prouver que l'origine que Varron donne à la ville de Thèbes est un mot phénicien qui signifiait *navicula*, petit vaisseau : ce qui vient à l'appui de cette explication, c'est qu'on appelle en hébreu une arche *arca* (theibe).

II. *Mihi dum dirimentur, inquit, suffragia, vis potius villæ publicæ utamur umbra.* Lorsque le peuple romain était assemblé dans le champ de Mars pour donner son suffrage, une partie se retirait dans la villa publique pendant qu'on dépouillait le scrutin, et le reste se mettait à l'ombre sous des tentes que les candidats faisaient dresser dans le champ de Mars pour eux et leurs partisans. Comme ces tentes étaient mal construites, mal couvertes, et souvent trop petites pour le nombre de personnes qu'elles avaient à recevoir, Varron les appelle *dimidiatæ*. On voit dans Ovide qu'elles étaient couvertes de feuillages et de toges : *Sunt quibus e ramis frondea facta casa est. Pars sibi pro rigidis calamos statuere columnis, Desuper extentas imposuere togas.*

Sedebat ad sinistram ei Cornelius Merula consulari familia ortus, et Fircellius Pavo Reatinus, ad dextram Minutius Pica, et M. Petronius Passer. Tous ces noms sont des noms d'oiseaux, ce qui motive la plaisanterie d'Axius.

Nunc ubi hic vides citrum aut aurum? On juge, par plusieurs épigrammes de Martial, que ce bois était plus précieux à Rome que l'or même. *Mensa citrea. Accipe, felices, atlantica munera, silvas : Aurea qui dederit dona, minora dabit.* Pline dit également que si les hommes reprochaient à leurs femmes leur luxe en pierres précieuses, celles-ci reprochaient à leurs maris leurs folles dépenses pour des tables en citronnier.

Vestigium ubi sit nullum Lysippi aut Antiphili, sed crebra satoris et pastoris. Lysippe, fameux sculpteur, qu'Alexandre regardait comme le seul digne de faire sa statue, était de Sicyone. Pline, xxxvii, 7, nous dit qu'il avait fait 1500 statues, et que chacune d'elles aurait suffi pour faire sa réputation comme sculpteur. Ce nombre est calculé d'après la quantité de pièces d'or que l'on trouva après sa mort dans une cassette où il avait coutume d'en mettre une en réserve chaque fois qu'il touchait le prix d'une statue. Quant à Antiphile, Pline nous dit qu'il était Égyptien, et peintre médiocre : Varron le met à côté d'un fameux sculpteur, pour faire ressortir le mauvais goût de son temps, qui consistait à avoir des tableaux représentant des personnages dans le genre bouffon connu le nom de *gryllus*.

Nisi si apud Seium Siculum fit mel, Corsicum in Reatino. Le miel de Sicile était un miel doux, provenant d'Hybla, où le thym abondait; tandis que le miel de Corse avait un goût amer, parce qu'il était extrait de l'absinthe.

L. Albutius, homo apprime doctus, cujus Luciliano charactere sunt libelli. Ce n'est point ce même Albutius, comme le dit à tort S. de la Bonneterie, qui pendant son exil à Athènes s'occupait de sciences, et dont parle Cicéron dans son traité *De finibus*, liv. I, ch. 3; l'Albutius dont parle Varron a écrit des satires dans le style de Lucilius, premier poëte satirique des Latins.

Minerval. On appelait *Minerval* le présent que les écoliers faisaient à leur maître le jour de la fête de Minerve.

III. *Quis habebat piscinam, nisi dulcem, et in ea dumtaxat squalos ac mugiles pisces. Squalus* signifie un poisson dont les écailles sont très-raboteuses. Pline,

SUR L'AGRICULTURE. 161

IX, 24, met ces sortes de poissons dans la classe de ceux qui au lieu d'arêtes n'ont que des cartilages; avec cette différence qu'ils ne sont point plats, comme les autres poissons cartilagineux. Quant aux *mugiles*, le même auteur nous dit, IX, 16, que ces poissons sont si souples et si légers qu'ils sautent par-dessus un vaisseau; il ajoute plus loin que lorsqu'ils sont effrayés, ils se cachent la tête dans l'eau, et s'imaginent dès lors que le reste de leur corps est également caché. Suivant l'interprétation des traducteurs de Pline, nous avons rendu *mugiles* par *mulets*. Cependant le passage de Varron que nous avons cité au commencement de cette note a fait demander à plusieurs commentateurs comment les mulets, poissons de mer, pouvaient se conserver dans l'eau douce; objection qui, tombe d'elle-même, puisque tout le monde sait que les mulets vivent également dans les rivières et dans l'eau salée.

Quis contra nunc Rhinton. Gessner prétend que sous ce nom emprunté Varron veut désigner les comédiens Ésope père et fils, tous deux connus par leur gourmandise et leur prodigalité; comme on peut le voir dans Pline, x, 51 et 72. Ce passage de Varron peint d'ailleurs on ne peut mieux le luxe des Romains de cette époque; et Columelle, VIII, 16, 4, le reproduit de la manière suivante : *Itaque Terentius Varro, Nullus est, inquit, hoc sæculo nebulo ac Rhinton, qui jam non dicat nihil sua interesse, utrum ejusmodi piscibus, an ranis frequens habeat vivarium.*

IV. *Ille ego vero, inquit, (ut aiunt) post principia in castris.* On appelait *principia castrorum* l'endroit où était la tente du général, celle des tribuns militaires et des premiers officiers. C'est là aussi que se gardaient les aigles des légions et les drapeaux des cohortes. On lui donnait le nom de *principia*, parce que c'était la tête du camp (*principium*). De là ces locutions: *esse apud principia, in principiis, post principia.*

V. *Ut miliariæ et coturnices.* Relativement à *miliariæ*, Varron dit dans son Traité de la langue latine, livre 4ᵉ: *Ficedulæ et miliariæ dictæ a cibo : quod alteræ fico, alteræ milio fiant pingues.* Nous avons en français le mot becfigue qui correspond à *ficedulæ*; mais celui de *miliaria* (oiseau qui se nourrit de millet) n'a pas d'équivalent dans la langue.

Ostium habere humile, et angustum, et potissimum ejus generis, quod cochleam appellant. Ces espèces d'entrées étaient, d'après Gessner, cintrées, et ouvertes dans une seule partie; de sorte que, tournant sur elles-mêmes au moyen d'une vis, elles ne livraient à l'animal d'autre passage que celui qu'on voulait bien lui donner.

Ad speciem cancellorum scenicorum. Les *cancelli* étaient des places réservées aux spectateurs dans les théâtres. Elles consistaient dans des planches parallèles aux gradins, et garnies de barres perpendiculaires pour soutenir le dos de ceux qui étaient assis sur le gradin inférieur, afin qu'ils ne pussent pas se jeter en arrière sur ceux du gradin supérieur.

In quo diceres longe vicisse non modo Archetypon inventoris nostri ὀρνιθοτροφεῖον M. Lælii Strabonis. Pline, x, 50, nous parle aussi de cette invention : *Aviaria primus instituit inclusis omnium generis avibus, M. Lælius Strabo, equestris ordinis Brundisii.* La description que Varron nous donne ici de sa volière est un des morceaux les plus intéressants et en même temps l'un des plus obscurs de tout l'ouvrage. Il a de tout temps fait le sujet des recherches les plus actives de la part des savants, qui se sont attachés surtout à rétablir

un texte mutilé, corrompu et défiguré de mille manières par les anciens copistes et par les grammairiens. Il est vraiment à regretter que de nos jours aucun architecte antiquaire n'ait apporté dans l'étude de ce monument ses notions spéciales et pratiques au secours de la philologie. Il en serait résulté sans doute de nouvelles lumières sur l'économie de ce singulier *specimen* de l'antiquité, qui, dans la relation confuse et presque énigmatique que nous en ont transmise les manuscrits, présente encore un curieux aperçu de l'état de l'art, du luxe et des mœurs au temps où écrivait l'auteur. Parmi les philosophes nous devons placer au premier rang Turnèbe, qui dans ses *Animadversiones*, liv. XXI, ch. 18, a discuté ce passage avec une profonde érudition, et essayé, sur les seuls éléments que lui fournissait le texte, de reconstruire la volière en entier. S. A. de Segner a également décrit une partie de cette volière (*de Ornithone Varronis minore et rotundo.; Lipsiæ*, 1773). Goiffon, de l'École royale vétérinaire, nous a donné une traduction de ce chapitre, avec des notes exégétiques. C'est ce travail que Sab. de la Bonneterie a entièrement reproduit dans sa traduction, sans indiquer la source où il avait puisé; et hâtons-nous d'ajouter que c'est là un des meilleurs chapitres de son ouvrage. Cependant le travail de Goiffon est loin d'être complet : la situation des parties qui composent la volière n'est pas toujours indiquée avec exactitude; il a glissé sur les difficultés grammaticales, et n'a pris conseil que de son imagination pour interpréter les passages obscurs que la critique était seule en droit d'éclaircir.

Ab insula ad Musæum quæ est ab imo fluvio. Cette topographie du cabinet de travail de Varron rappelle celui de Cicéron. *Ventum in insulam est*, dit-il, *Leg.*, II, 1 ; *hac vero nihil est amœnius; etenim hoc quasi rostro finditur Fibrenus et, divisus æqualiter in duas partes, latera hæc alluit, rapideque dilapsus, cito in unum confluit, et tantum complectitur, quod satis sit medicæ palæstræ loci. Quo effecto, tanquam id habuerit operis ac muneris, ut hanc nobis efficeret sedem ad disputandum, statim præcipitat in Lirem.*

Deformatus ad tabulæ litterariæ speciem cum capitulo. Scaliger fait remarquer que la forme des tablettes au moyen desquelles les enfants apprenaient à lire et à écrire était celle d'un carré long, et surmonté d'une espèce de chapiteau troué, qui servait à les suspendre.

Ad hæc, ita ut in margine quasi infimo tabulæ descripta sit ambulatio, ab ornithone plumula, in qua media sunt caveæ, qua introrsus iter in aream est. Tous les commentateurs regardent unanimement le mot *plumula* comme ayant été vicié dans son origine. Gessner suppose qu'il y avait eu primitivement P. Iɔɔɔɔɔ via, c'est-à-dire, *via pedum nongentorum*. Goiffon traduit ainsi : « De sorte cependant qu'il y a entre cette promenade et ma volière une esplanade de 58 pieds de long, « au milieu de laquelle répond la principale porte par « laquelle on y entre. » Cette manière de traduire ferait croire qu'il avait ainsi corrigé le texte : *Ab hac inter ornithonem area est P. longa, in qua media sunt*

Il remarqua dans une note que *cavea* a ici la signification de porte, passage. Schneider réfute cette interprétation en ajoutant que *caveæ* doit plutôt appartenir à la phrase suivante : *Hæc sunt (caveæ) avibus omne genus*. Quant au mot *plumula*, il n'est guère possible d'y trouver l'indication primitive d'un chiffre, les différentes proportions de la volière ayant été assez déterminées pour que l'auteur n'ait pas besoin d'y revenir. Avec Schneider il faut lire : « *Ambulatio ab ornithone disjuncta, in qua media introitus in aream est*, et restituer ensuite à la phrase *hæc sunt* le mot *caveæ*.

Secundum stylobatis interiorem partem, dextra et sinistra, ad summam aream quadratam, e medio diversæ duæ non latæ, sed oblongæ sunt piscinæ ad porticus versus. Goiffon traduit ces mots de la manière suivante : « A quelque distance de la face intérieure du « stylobate, tant de celle qui règne depuis l'entrée princi- « pale jusqu'au mur à droite, que de celle qui règne de- « puis cette même entrée jusqu'au mur à gauche, com- « mencent deux viviers peu larges etc. » Il ajoute dans une note que le premier filet formait le ciel de la plus grande partie de la volière, et qu'il n'y avait que les portiques qui fussent couverts, de façon à garantir de la pluie. Les oiseaux n'avaient aucun accès sous ce couvert, puisque le second filet descendait de l'architrave au stylobate, et que l'un comme l'autre étaient le terme intérieur de la partie quadrangulaire de la volière, où les oiseaux étaient renfermés.

Or, d'après Goiffon, tout l'espace carré aurait été tendu de filets, et les portiques occuperaient la même place que Varron avait assignée à la promenade. S'il en était ainsi, le petit ruisseau qui porte ses eaux aux grives devenait inutile, puisqu'elles auraient pu se désaltérer aux viviers. D'ailleurs les mots *secundum stylobatis interiorem partem*, ne permettent point de supposer que les portiques se trouvaient près de la promenade, puisque, comme Gessner le remarque très-bien, c'est la partie *quæ aream interiorem, non maceriem, exteriorem respicit*. Entraîné par cette première erreur, Goiffon devait naturellement se méprendre sur le sens des mots *ad porticus versus*, qu'il traduit en disant : « en sens opposé à celui du por- « tique. »

Inter eas piscinas tantum modo accessus semita in tholum, qui est ultra rotundas columnatus, ut est in æde Catuli, si pro parietibus feceris columnas. Catulus est le collègue de Marius au consulat, qui défit les Cimbres, et que ce même Marius condamna ensuite à mourir, malgré les instances de plusieurs citoyens qui demandaient sa grâce. Catulus s'enferma dans sa chambre à coucher, et s'asphyxia par la vapeur du charbon allumé. Quant au *tholus*, Vitruve, I, 71, nous dit : *Tholos intelligimus erectiores testudines, templis addi solitas quas Itali tribunas vocant.* Ce même auteur dit encore, IV, 7 : *Tholum Galli laternam appellant.* De là l'origine du mot *lanterne d'un dôme*, dont nous nous servons encore aujourd'hui.

Inter has et exteriores gradatim substructum ut θεατρίδιον *avium; mutuli crebri omnibus columnis impositi, sedilia avium.* L'explication de ce passage résulte tout simplement de celle que nous avons donnée plus haut, relativement au mot *cancelli*. Nous nous bornerons à remarquer que dans notre traduction nous avons mis à profit la correction proposée par Schneider (*sunt structa, ut* θεατρίδιον, *mutulis crebris impositis sedilia avium*), sans pourtant oser la recevoir dans le texte.

De Segner proposait de lire : *inter culcitas et columellas*; conjecture heureuse, que nous avons suivie avec Goiffon en traduisant.

Ex suggestu faleris, ubi solent esse. Schneider a raison de dire que tout ce passage serait mieux placé plus haut après la phrase : *circum falere uti navalia sunt excavata anatium.....* de sorte que la phrase suivante commencerait par : *Tum et aqua*, etc.... Nous comprenons en effet que Varron devait d'abord finir la description du socle avant de commencer celle de la table, pour l'interrompre ensuite et revenir au socle.

Intrinsecus sub tholo stella Lucifer interdiu, noctu hesperus ita circumeunt ad infimum hemisphærium, ac moventur, ut indicent quot sint horæ. Goif-

fon fait observer que les anciens, mauvais astronomes, faisaient deux étoiles de cette planète que nous connaissons sous le nom de Vénus, et qui, comme dit Pline, mieux instruit que Varron, prévient le jour le matin, comme un autre soleil, et en prolonge sa lumière le soir, comme une autre lune. Nous croyons plutôt que l'architecte a emprunté les images Lucifer et Hespérus pour distinguer les heures du jour et celles de la nuit.

In eodem hemisphærio medio circum cardinem est orbis ventorum octo, ut Athenis in horologio, quod fecit Cyrrhestes. Vitruve, 1, parle aussi de cette horloge : *Sed qui diligentius perquisierunt, tradiderunt eos esse octo : maxime quidem Andronicus Cyrrhestes, qui etiam exemplum collocavit Athenis, turrim marmoream, octogonon, et in singulis lateribus octogoni singulorum ventorum imagines exsculptas contra suos cujusque flatus designavit...* On voit que le mot de *Cyrrhestes* signifie citoyen de Cyrrhus, ville de Syrie, et que le nom de l'artiste était Andronicus. Il faut supposer qu'il avait eu une grande célébrité, pour que Varron se contentât de l'appeler ici tout court le citoyen de Cyrrhus.

Les anciens n'avaient d'abord distingué que 4 vents, puis 8, et enfin 12; mais ils aimèrent mieux s'en tenir à l'ancienne division en huit, ainsi que nous l'apprend Pline, 2, 47.

Narrat ad tabulam, cum dirimerent, quendam deprehensum tesserulas conjicientem in loculum. Voici la manière dont se faisait l'élection des magistrats. Chacun apportait un bulletin, *tabula*, sur lequel était écrit le nom de son candidat; ou plutôt on donnait dans le champ de Mars même un bulletin blanc à chaque citoyen, afin qu'il le remplît du nom qu'il jugerait à propos. Chacun déposait son bulletin dans une urne; et quand il s'agissait ensuite de dépouiller le scrutin, *dirimere (diribere)*, on écrivait sur des tablettes le nombre de votes obtenu par chaque candidat; ou bien encore on prenait dans l'urne les bulletins portant le même nom, pour les réunir dans une urne ou bourse particulière, *loculus*. Il y avait autant de ces bourses que de candidats. Comme cette opération rendait la fraude très-facile, il avait été nécessaire d'instituer des gardiens, *custodes*, chargés de la prévenir, et qui se surveillaient réciproquement. La fraude la plus commune consistait dans l'insertion par une seule personne de plusieurs bulletins portant le même nom dans l'urne générale ou dans la bourse particulière. Plutarque, dans la vie de Caton d'Utique, rapporte un fait de ce genre. Caton s'étant aperçu, dans des comices tenus pour l'élection des édiles, qu'il y avait un grand nombre de bulletins qui étaient tous écrits de la même main, découvrit la fraude, et fit annuler tout le scrutin.

VI. *Axius, de pavone, inquit, libere licet dicere, quoniam discessit Fircellius.* Axius plaisante sur le mot *pavo*, paon, qui était le surnom de Fircellius.

Ex iis M. Aufidius Lurco. Pline, x, 23, constate ce fait en disant : *Pavonem cibi gratia Romæ primus occidit orator Hortensius aditiali cæna sacerdotii. Saginare primus instituit circa novissimum piraticum bellum M. Aufidius Lurco, exque eo quæstu reditus sestertium sexagena millia habuit.*

VII. *Fenestris punicanis.* Ce sont sans doute des fenêtres grillées. Les Carthaginois paraissent avoir été en général d'habiles charpentiers; Caton vante beaucoup les *punica coagmenta* (joints, jointures); Cicéron, les *punicanos lectos*; et Pline cite plus d'une fois les *punicas lectos* et le *torculara punicum*.

IX. *Ut maxime factitaverunt Deliaci.*

Pline, x, 50, nous dit que ce peuple est le premier qui ait engraissé les poules; art qu'il porta si loin, qu'il y avait, du temps de Cicéron, des personnes à Délos qui, à la seule inspection d'un œuf, pouvaient indiquer la poule qui l'avait pondu, et donnaient ainsi un démenti au proverbe *se ressembler comme deux œufs.* Columelle, VIII, 2, parle également de cette industrie des habitants de Délos : *Hujus igitur villatici generis non spernendus est reditus, si adhibeatur educandi scientia; quam plerique Græcorum, et præcipue coluerunt Deliaci.*

Similes facie non his villaticis gallinis nostris, sed africanis. Scaliger remarque que les *gallinæ africanæ* sont les mêmes que les Français appellent poules de Guinée.

Gallinæ africanæ sunt grandes, variæ, gibberæ, quas μελεαγρίδας *appellant Græci.* Pline, 10, 26, nous apprend que ces poules portent le nom de μελεαγρίδας, parce qu'elles venaient, à certaines époques de l'année, se battre sur le tombeau de Méléagre en Béotie. C'est pour une raison analogue que celles qui venaient tous les ans à Troie se battre sur le tombeau de Memnon étaient appelées *Memnonidæ.*

X. *Cum excudit, quinque diebus primis patiuntur esse cum matre.* Columelle fait la même recommandation; mais il veut que la mère soit enfermée, et qu'on ne laisse sortir mère et petits, après le cinquième jour, que si le temps est beau.

XII. *Lupinus dicitur habere in Tarquiniensi septa jugera* XL, *in quo sunt inclusa non solum ea quæ dixi, sed etiam oves feræ.* Pline parle également de ce Fulvius, VIII, 78 : *Vivaria aprorum cæterorumque silvestrium, primus togati generis invenit Fulvius Lupinus, qui in Tarquinensi feras pascere instituit.* Le même auteur l'appelle, IX, 82, *Hirpinus.* Festus nous apprend à ce propos que *Lupinus* a la même étymologie que *Hirpinus,* puisque les Samnites appelaient un loup *irpus,* au lieu de *lupus.*

Alterum ne felis aut mælis aliave bestia. La plupart des commentateurs expliquent *mælis* par *taxus,* blaireau, et Sab. de la Bonneterie partage cette opinion. Saumaise pense que ces animaux sont les mêmes qu'on appelle vulgairement martes. Mais la marte, recherchée pour sa fourrure, habite ordinairement les contrées septentrionales. Nous avons cru devoir traduire *mælis* par fouine, autre espèce de rongeur, bien connue par les ravages qu'elle exerce dans les basses-cours.

Fit enim sæpe cum habent catulos recentes, alios ut in ventre habere reperiantur. Pline exprime par *superfœtare* la fécondité extraordinaire de ces animaux : *Solus præter dasypodem superfœtat, aliud educans, aliud in utero pilis vestitum, aliud implume, aliud inchoatum gerens pariter.*

Itaque de his Archelaüs scribit, annorum quot sint si quis velit scire, inspicere oportet foramina naturæ, quæ sine dubio alius alio habet plura. Voici comment Crescentius s'exprime à cet égard : *Itaque qui scire volet masculum a fœmina discernere, ut Arcadius scribit, naturæ foramina debet inspicere; nam sine dubio masculus unum, fœmina duo inveniuntur habere, si caute et subtiliter inspiciatur.* Il paraît que cet auteur a cru devoir expliquer ainsi les paroles de Varron, dont le sens lui paraissait absurde. Il l'est en effet; mais l'observation de Crescentius n'est pas applicable à l'hase plus particulièrement qu'à toute autre femelle; et il n'est pas besoin d'y regarder de très-près.

Alterius generis est, quod in Gallia nascitur ad

Alpes, qui hoc fere mutant, quod toti candidi sunt. Pline, en parlant de cette espèce de lièvres, dit avec naïveté : *In Alpibus candidi, quibus hibernis mensibus pro cibatu nivem credunt esse.*

Cuniculi dicti ab eo, quod sub terra cuniculos ipsi facere soleant, ubi lateant in agris. Pline dit au même sujet : *Leporum generis sunt et quos Hispania cuniculos appellat,* etc. En effet, le mot *cuniculi* paraît, d'après ce que nous dit Polybe, tirer son origine d'une peuplade espagnole appelée Κούνεον.

Duo quidem utique te habere puto, et quod in Hispania annis ita fuisti multis, ut inde te cuniculos persecutos credam. Varron avait fait la guerre en Espagne sous les drapeaux du parti de Pompée, et ne revint en Italie qu'après la bataille de Munda.

XIII. *Quod non leporarium, sed* θηριοτροφεῖον *appellabat. Leporarium* (de *lepus*) est un parc à lièvres, tandis que θηριοτροφεῖον (de θήριος, bête et τρέφειν nourrir) est un endroit où l'on enferme toutes sortes de bêtes fauves.

Ut non minus formosum mihi visum sit spectaculum, quam in Circo maximo œdilium, sine africanis. Il se pourrait que Varron, en ajoutant *sine africanis,* ait voulu faire allusion à un sénatus-consulte qui défendait d'importer pour les jeux d'édiles des bêtes fauves d'Afrique.

XIV. *Aqua, inquam, finiendæ, ne fugitivarius sit parandus.* On appelait *fugitivarius* celui qui, moyennant récompense, courait à la recherche des esclaves fugitifs, et qui les ramenait chez leur maître.

Et hunc, dum serpit, non solum in area reperit, sed etiam si rivus non prohibet, in parietes stantes invenit. Parietes, littéralement *mur vertical.* Cette condition, qui est celle de tous les murs aussi bien, que l'interposition du ruisseau dont il est question dans le texte, nous a fait penser que Varron avait ici employé le mot *parietes* pour exprimer les flancs d'un rocher.

XV. *Gliarium autem dissimili ratione habetur, quod non aqua, sed maceria locus sepitur.* Les Romains mangeaient les loirs, ainsi que nous l'apprend Apicius, *Art. coqu.,* 8, 9; il y eut même des lois portées par les censeurs pour mettre un frein à ce raffinement de luxe, qui recherchait dans les mets la rareté plutôt que la délicatesse.

Quibus in tenebris, cum cumulatim positum est in doliis, fiunt pingues. Le texte est ici visiblement altéré. La traduction a suivi le sens de la leçon donnée par Scaliger : *cum aular positum est in tenebris.*

XVI. *Præterea meum erat non tuum, eas novisse volucres.* Appius fait sans doute allusion à son nom, qui vient de *apis,* abeille. Nous avons vu plus haut que Vaccius a prétendu, par une raison analogue, que c'était à lui de parler des vaches et des bœufs.

Quod si hoc faciunt etiam graculi, at non idem. Varron, dans son traité de la langue latine, fait dériver le mot *graculus* de *gregatim volare,* voler en troupe. Il est plus probable que l'on doit en chercher l'origine dans κράκω, qui exprime le cri de ces oiseaux ; *graculus,* en ce cas, ne serait qu'un diminutif de *gracus.*

Quod favus venit in altaria, et mel ad principia convivii, et in secundam mensam administratur. Les Romains commençaient leur repas par boire un liquide miellé qu'ils appelaient *mulsum;* c'est de ce mot qu'on a formé celui de *promulsis,* pour désigner le commencement d'un repas.

Et ut quidam dicunt, tria genera cum sint ducum in apibus, niger, ruber, varius. Nous ne connaissons dans l'antiquité aucun auteur qui ait établi cette triple distinction ; mais tous admettent deux chefs de couleur différente.

Eæ differunt inter se, quæ feræ et cicures sunt Pline, qui traite du même sujet, appelle ces abeilles *silvestres* ou *rusticæ;* pour le reste, il est tout à fait d'accord avec Varron.

XVII. *Interea redit ad nos Pavo, Et, si vultis,* inquit, *ancoras tollere, latis tabulis sortitio fit tribuum.* Cicéron fait mention de deux espèces de tirages au sort : dans le premier cas il s'agissait d'établir l'ordre dans lequel les tribus devaient donner leurs suffrages; dans le second, lorsque les suffrages étaient déjà donnés, et qu'ils se trouvaient partagés en nombre égal sur plusieurs candidats, on tirait encore au sort pour savoir celui qui serait nommé édile. Ce dernier tirage ne se faisait que *latis tabulis,* comme dit Varron ; et il est constant qu'il ne s'agit dans notre passage que de cette seconde espèce.

Nam ut Pausias, et ceteri pictores ejusdem generis loculata magnas habent arculas, ubi discolores sint ceræ, sic hi loculatus, etc... Ce peintre, natif de Sicyone, était, de même qu'Apelle, disciple de Pamphile; son genre était la peinture appelée *incaustum* (encaustique), parce qu'on y employait le feu. Quant à celle dont parle ici Varron, elle est moins connue : il paraît qu'on gravait d'abord des tablettes de bois, et qu'on remplissait ensuite les traces laissées par le burin de cire fondue et de différentes couleurs, suivant l'objet qu'on voulait reproduire. Lorsqu'on échauffait ensuite ces tablettes, la cire s'imprimait davantage dans ces sillons, et donnait au tableau la consistance nécessaire.

Sic hos pisces nemo cocus in jus vocare audet. Il y a ici un jeu de mots résultant de la double signification de *jus,* et qui n'a pas d'équivalent dans notre langue. Varron parle d'une espèce de poissons très-estimée, qu'aucun cuisinier n'ose *vocare in jus* c'est-à-dire, appeler, en justice dans un sens, ou mettre à aucune sauce, dans l'autre.

Cum eodem tempore insulas Ludinorum ibi choreuusas vidisses; sic hos pisces. Cette phrase trouve son explication dans le passage de Pline, où on lit : *In Lydia, quæ vocantur Calaminæ, non ventis solum, sed etiam contis quo libeat impulsæ, multorum civium Mithridatico bello salus. Sunt et in Nymphæo parvæ saltuares dictæ, quoniam symphoniæ cantu ad ictus modulantium pedum moventur.*

COLUMELLE.

NOTICE SUR COLUMELLE.

Lucius-Junius-Moderatus Columelle naquit à Gadès (Cadix), sous le règne d'Auguste ou de Tibère. Son père, Marcus Columelle, avait des possessions dans la province de Bétique. Le fils se rendit à Rome, où il passa sa vie, à l'exception de quelques voyages qu'il fit en Syrie et en Cilicie. On ignore s'il alla dans ces pays en simple voyageur ou avec quelque mission du gouvernement, car on ne sait rien des circonstances de sa vie. Il parle de Cornelius Celsus et de Sénèque comme de ses contemporains. Il nous reste de Columelle deux ouvrages, l'un intitulé *De re rusticâ*, en douze livres; l'autre *De arboribus*. Ce dernier faisait peut-être partie d'un ouvrage sur l'agriculture, en quatre livres, que Columelle avait publié comme première édition de celui que nous avons en douze livres. De cette manière Cassiodore avait raison de dire que Columelle avait composé seize livres sur l'économie rurale. Des douze livres du *De re rusticâ*, le premier traite de l'utilité et de l'agrément de l'économie rurale, et de ce qu'il faut pour établir une bonne économie; le second, des champs, de la manière de les ensemencer, et de la moisson; le troisième, des vignes et des vergers; le quatrième termine la matière de la culture des vignobles; dans le cinquième, Columelle enseigne la manière de diviser et de mesurer le temps; il y parle aussi des arbres; le sixième traite des bestiaux et de leurs maladies; le septième, du petit bétail, tel que les brebis, les chèvres et les porcs; le huitième, de la basse-cour; le neuvième, des abeilles; le dixième, écrit en hexamètres, traite des jardins; le onzième fait connaître les devoirs d'un fermier, et traite ensuite du jardinage; le douzième, qui est le plus long, donne toutes sortes d'instructions et de recettes nécessaires à ceux qui s'occupent d'économie rurale.

Dans les premières éditions, le traité *Des Arbres* était donné comme le troisième livre du grand ouvrage, qui ainsi était composé de treize livres. Ce petit traité a été très-utile aux critiques pour rétablir le texte du cinquième livre, qui est fort incorrect dans le petit nombre de manuscrits qui nous restent de Columelle. Cet auteur paraît avoir été peu lu. Parmi les anciens, Servius, Cassiodore et Isidore sont les seuls qui le citent. Il tomba presque dans l'oubli après que Palladius en eut fait un abrégé; aussi Vincent de Beauvais, et Pierre de Crescentiis, que Schneider appelle *diligentissimum veterum rei rusticæ scriptorum lectorem*, ne le connaissaient pas.

Le style de Columelle est pur et élégant; si on peut lui faire un reproche, c'est d'être trop recherché pour la matière qu'il traite. La lecture de son ouvrage est peut-être plus agréable pour l'homme de lettres qu'elle n'est utile au cultivateur.

(Extrait de Schoell.)

L. J. MODERATUS COLUMELLE.
DE L'AGRICULTURE.

LIVRE PREMIER.

PRÉFACE.

A PUBLIUS SILVINUS.

J'ai souvent entendu les hommes les plus illustres de l'État se plaindre de la stérilité du sol et de l'inclémence de la température, qui depuis longtemps auraient diminué les productions de la terre. D'autres, pour atténuer par quelque raison la gravité de leurs plaintes, assignent à ces effets une cause déterminée, en disant que la terre, fatiguée et épuisée par sa trop grande fertilité, ne peut plus fournir aux besoins des hommes avec la même libéralité qu'autrefois. Pour moi, mon cher Publius Silvinus, je pense qu'ils ont tort de parler ainsi. En effet, comment s'imaginer que la nature, douée par le créateur du monde d'une fécondité toujours nouvelle, ait été frappée tout à coup de stérilité? On ne saurait persuader à un homme de bon sens que la terre vieillisse comme l'homme, elle qui, à l'exemple de la Divinité, a reçu en partage une jeunesse éternelle; cette terre que nous appelons la mère commune de toutes choses, puisqu'elle a enfanté tout ce qui est, et qu'elle enfantera tout ce qui doit être dans les temps à venir. Loin d'attribuer à l'instabilité de l'atmosphère les maux dont nous nous plaignons, je pense qu'il en faudrait chercher la cause dans notre insouciance. Nous avons abandonné la culture de nos terres au dernier de nos esclaves, qui les traite en véritable bourreau; tandis que les hommes les plus éminents parmi nos ancêtres n'ont point dédaigné d'en faire leur principale occupation. Chose étrange! tous ceux qui veulent apprendre l'art de bien dire choisissent parmi les orateurs celui dont l'éloquence pourra leur servir de modèle; ceux qui veulent apprendre les règles du calcul et de l'arpentage ont soin de choisir le maître le plus capable de les en instruire. Il en est de même de ceux qui apprennent la musique ou la danse. S'agit-il de bâtir? on a recours aux maçons et aux architectes; de confier un vaisseau à la mer? on le met sous la conduite du pilote le plus habile; de faire la guerre? on invoque le secours des hommes de guerre les plus expérimentés. Enfin, pour ne point entrer dans plus de détails, quel que soit le genre d'étude auquel on s'applique, on s'adresse toujours au guide le plus sûr. A plus forte raison, si l'on veut prendre des leçons de sagesse et de vertu, faudra-t-il choisir son précepteur dans la classe des sages. Eh bien! la science qui se rapproche le plus de la sagesse, et qui est même inti-

L. JUNII MODERATI COLUMELLÆ
DE RE RUSTICA.

LIBER PRIMUS.

AD PUB. SILVINUM PRÆFATIO.

Sæpenumero civitatis nostræ principes audio culpantes modo agrorum infœcunditatem, modo cœli per multa jam tempora noxiam frugibus intemperiem : quosdam etiam prædictas querimonias velut ratione certa mitigantes, quod existiment, ubertate nimia prioris ævi defatigatum et effœtum solum nequire pristina benignitate præbere mortalibus alimenta. Quas ego causas, Publi Silvine, procul a veritate abesse certum habeo, quod neque fas existimare, rerum naturam, quam primus ille mundi genitor perpetua fœcunditate donavit, quasi quodam morbo sterilitate affectam : neque prudentis credere, tellurem, quæ divinam et æternam juventam sortita, communis omnium parens dicta sit, quia et cuncta peperit semper, et deinceps paritura sit, velut hominem consenuisse. Nec post hæc reor intemperantia cœli nobis ista, sed nostro potius accidere vitio, qui rem rusticam pessimo cuique servorum, velut carnifici, noxæ dedimus, quam majorum nostrorum optimus quisque et optime tractaverit. Atque ego satis mirari non possum, quid ita dicendi cupidi seligant oratorem, cujus imitentur eloquentiam; mensurarum et numerorum modum rimantes, placitæ disciplinæ consectentur magistrum; vocis et cantus modulatorem, nec minus corporis gesticulatorem, scrupulosissime requirant saltationis ac musicæ rationis studiosi; jam qui ædificare velint, fabros et architectos advocent; qui navigia mari concredere, gubernandi peritos, qui bella moliri, armorum et militiæ gnaros; et ne singula persequar, ei studio, quod quis agere velit, consultissimum rectorem adhibeat; denique animi sibi quisque formatorem præceptoremque virtutis e cœtu sapientum arcessat : sola res rustica, quæ sine dubitatione proxima et quasi consanguinea sapientiæ est, tam discentibus egeat quam magistris. Adhuc enim scholas rhetorum, et, ut dixi, geome-

moment liée avec elle, l'économie rurale enfin. cette science est la seule qui n'ait ni disciples qui l'apprennent, ni maîtres qui l'enseignent. Nous avons des écoles de rhéteurs, de géomètres, de musiciens; j'en ai même vu où l'on enseignait les professions les plus viles, comme l'art d'apprêter les mets, de les rendre plus friands, d'ordonner un repas somptueux, de parer les cheveux, la tête : ce n'est qu'en fait d'agriculture que je n'ai jamais connu ni professeur ni élève. Et cependant qui peut dire que ce soient là des arts nécessaires? Quand nous n'aurions personne pour nous enseigner ces futilités, la république y perdrait-elle beaucoup? en serait-elle moins florissante que du temps de nos ancêtres? Nos cités ont été heureuses, sans avoir connu ni avocats, ni jeux publics; et les cités à venir n'en seraient pas plus malheureuses, pour ne les connaître jamais. Mais les hommes ne sauraient vivre ni subsister sans l'agriculture. Ce qui n'est pas moins étrange, c'est que l'art qui est le plus utile à la conservation de notre corps et à l'entretien de notre vie, est celui qu'on a le moins perfectionné de nos jours. On rejette avec dédain le moyen le plus innocent d'augmenter son patrimoine, et on a recours à tous ceux qui sont contraires aux lois de la justice. Oserait-on regarder comme légitimes les richesses que nous procure la guerre? richesses toujours teintes de sang, fortune souvent fondée sur le malheur d'autrui. Ou bien les hasards de la mer et les chances du commerce sont-ils préférables aux dangers de la guerre? et l'homme, attaché essentiellement à la terre, doit-il braver toutes les lois de la nature pour se confier aux flots, s'exposer à la fureur des vents et des vagues, et parcourir comme un oiseau de passage des contrées éloignées et inconnues? Quelle profession est enfin plus honorable que celle du cultivateur? Est-ce le métier de l'usurier, odieux même à ceux qu'il semble secourir pour un moment? Ou bien est-ce cette autre profession que nos ancêtres qualifiaient de *canina* (de chienne), parce qu'elle consiste à aboyer contre les personnes les plus riches, et à sacrifier l'innocent au coupable? brigandage infâme, justement méprisé de nos ancêtres, mais toléré de nos jours dans l'enceinte de nos murs, et installé en plein forum. Regarderez-vous comme une ressource honnête cette importunité intéressée d'un client qui, rôdant aux portes des hommes puissants de l'époque, se tient aux écoutes dans l'antichambre, pour s'assurer si son maître est encore endormi, n'osant point s'adresser aux valets, qui ne daigneraient peut-être pas lui répondre? Est-ce donc un sort si heureux que de s'exposer aux rebuts d'un esclave attaché par des chaînes à la garde d'une porte, de se morfondre la nuit devant cette même porte qui reste sourde aux instances les plus vives; et tout cela pour acheter par toutes les misères de la servitude l'honneur des faisceaux et le pouvoir, payé quelquefois de la perte du patrimoine? car les honneurs ne s'obtiennent qu'en échange de services onéreux et à force de présents. Or, si les bons citoyens doivent repousser tous ces moyens d'accroître leur fortune, il n'en reste plus qu'un seul qui puisse être regardé comme noble et honnête, c'est la culture de la terre. Si les errements de nos ancêtres sur ce point étaient suivis même par des personnes peu instruites de la théorie, pourvu qu'elles fussent propriétaires des terres à cultiver, les biens de campagne auraient à souffrir moins de pertes, car le travail des maîtres compenserait

---

trarum musicorumque, vel quod magis mirandum est, contemptissimorum vitiorum officinas, gulosius condiendi cibos, et luxuriosius fercula struendi, capitumque et capillorum concinnatores non solum esse audivi, sed et ipse vidi. Agricolationis neque doctores qui se profiterentur, neque discipulos cognovi. Cum etiam si prædictarum artium professoribus egeret civitas, tamen, sicut apud priscos, florere posset respublica. Nam sine ludicris artibus atque etiam sine causidicis olim satis felices fuere, futuræque sunt urbes : at sine agri cultoribus nec consistere mortales, nec ali posse manifestum est. Quo magis prodigii simile est, quod accidit, ut res corporibus nostris vitæque utilitati maxime conveniens minime usque in hoc tempus consummationem haberet ; idque sperneretur genus amplificandi relinquendique patrimonii, quod omni crimine caret. Nam cœtera diversa et quasi repugnantia dissident a justitia, nisi æquius existimamus cepisse prædam ex militia, quæ nobis nihil sine sanguine et cladibus alienis affert. An bellum perosis, maris et negotiationis alea sit optabilior, ut rupto naturæ fœdere terrestre animal homo ventorum et maris objectus iræ se fluctibus audeat credere, semperque, ritu volucrum, longinqui littoris peregrinus ignotum pererret orbem? An fœneratio probabilior sit, etiam his invisa, quibus succurrere videtur? Sed ne caninum quidem, sicut dixere veteres, studium præstantius locupletissimum quemque adlatrandi et contra innocentes ac pro nocentibus, neglectum a majoribus, a nobis etiam concessum intra mœnia et in ipso foro latrocinium? An honestius duxerim mercenarii salutatoris mendacissimum aucupium circumvolitantis limina potentiorum, somnumque regis sui rumoribus augurantis? neque enim roganti, quid agatur intus, respondere servi dignantur. An putem fortunatius a catenato repulsum janitore sæpe nocte sera foribus ingratis adjacere, miserrimoque famulatu per dedecus, fascium decus et imperium, profuso tamen patrimonio, mercari? nam nec gratuita servitute, sed donis rependitur honor. Quæ si et ipsa et eorum similia bonis fugienda sunt : superest (ut dixi) unum genus liberale et ingenuum rei familiaris augendæ, quod ex agricolatione contingit. Cujus præcepta si vel temere ab indoctis, dum tamen agrorum possessoribus, antiquo more administrarentur, minus jacturæ paterentur res rusticæ. Nam industria dominorum cum ignorantia detrimentis multa pensaret : nec quorum commodum

les inconvénients de l'ignorance; outre que ceux dont l'intérêt y serait engagé ne voudraient point être taxés toute leur vie de négligence pour leurs propres affaires, et que le désir de s'instruire les conduirait bientôt à la connaissance de l'agriculture. Mais dans le siècle où nous vivons, on dédaigne de cultiver ses champs soi-même; on ne prend même pas la peine de choisir un métayer habile, ou du moins un homme qui ait l'intelligence de l'esprit, et la vigueur nécessaire pour apprendre en peu de temps ce qu'il ignore. Un homme riche achète-t-il un fonds de terre? il y relègue, pour en avoir soin, le plus énervé de ses valets ou de ses porteurs, et le plus cassé par les années; sans songer que les travaux auxquels il le destine demandent dans la personne qui en est chargée, non-seulement de la science, mais encore la force du corps et la vigueur de l'âge. Si au contraire c'est un homme d'une fortune médiocre qui fasse cet achat, il met à la tête des travaux quelque mercenaire qui n'est plus en état de gagner sa vie par ses journées, qui ne pourra lui apporter aucun profit, et qui n'a pas même les premières notions d'agriculture. Lorsque je réfléchis à cela, et que je cherche à découvrir les causes de cet abandon et de cette insouciance, je me prends à craindre qu'on n'en soit venu au point de regarder l'agriculture comme une profession criminelle, ignominieuse, et indigne d'un homme libre. Cependant nous voyons, par le témoignage de tous nos auteurs, que nos ancêtres se faisaient une gloire de cultiver leur champ. Quintius Cincinnatus, qui avait sauvé un consul assiégé avec son armée, fut arraché à la charrue pour prendre la dictature. Vainqueur, il déposa les insignes de cette magistrature avec plus d'empressement qu'il n'en avait montré pour les accepter; et s'en retourna à sa charrue pour reprendre la culture de son petit patrimoine de quatre arpents de terre. C. Fabricius et Curius Dentatus, l'un après avoir chassé Pyrrhus des frontières de l'Italie, l'autre après avoir subjugué les Sabins, labourèrent eux-mêmes les sept arpents qui leur étaient échus dans le partage des terres prises sur l'ennemi, et les cultivèrent avec autant de soin et d'industrie qu'ils avaient mis de valeur à les conquérir. Enfin, pour ne pas pousser plus loin mes citations, lorsque je considère que tant de citoyens romains, célèbres par leurs victoires, se sont distingués, soit en défendant, soit en cultivant les terres qu'ils avaient ou conquises ou reçues en héritage, je ne puis attribuer qu'à la mollesse et au luxe de notre siècle le dégoût qu'on affecte aujourd'hui pour les anciennes coutumes et les seuls travaux qui soient dignes de l'homme. Nous avons abandonné la faux et la charrue; pour aller nous établir dans l'enceinte des villes, et (ce que Varron reprochait déjà à nos aïeux) les mains qui applaudissent dans les théâtres et les cirques laissent reposer les guérets et les vignobles. Nous admirons les gestes de ces êtres efféminés qui, sur la scène, empruntent à la femme tous ses mouvements, et qui, pour tromper les yeux des spectateurs, imitent un sexe qui n'est pas le leur. Ne songeant qu'à la débauche, et aux moyens d'en supporter les fatigues, nous prenons des bains *laconiens*, pour nous délivrer de nos indigestions journalières; nous provoquons des sueurs abondantes, pour exciter notre soif: les nuits se passent dans la débauche et dans l'ivresse; les jours sont consacrés aux jeux et au sommeil, et nous nous estimons heureux de ne

---

ageretur, tota vita vellent imprudentes negotii sui conspici; eoque discendi cupidiores agricolationem pernoscerent. Nunc et ipsi prædia nostra colere dedignamur, et nullius momenti ducimus peritissimum quemque villicum facere: vel si nescium, certe vigoris experreti, quo celerius, quod ignorat, addiscat. Sed sive fundum locuples mercatus est, e turba pedisequorum lecticariorumque defectissimum annis et viribus in agrum relegat; cum istud opus non solum scientiam, sed et viridem ætatem cum robore corporis ad labores sufferendos desideret: sive mediarum facultatum dominus, ex mercenariis aliquem, jam recusantem quotidianum illud tributum, [qui vectigalis esse non possit] ignarum rei, cui præfuturus est, magistrum fieri jubet. Quæ cum animadvertam, sæpe mecum retractans ac recogitans, quam turpi consensu deserta exoleverit disciplina ruris, vereor ne flagitiosa et quodammodo pudenda, aut inhonesta videatur ingenuis. Verum cum pluribus monumentis scriptorum admonear, apud antiquos nostros fuisse gloriæ curam rusticationis; ex qua Quintius Cincinnatus obsessi consulis et exercitus liberator, ab aratro vocatus ad dictaturam venerit, ac rursus fascibus depositis, quos festinantius victor reddiderat, quam sumpserat imperator, ad eosdem juvencos et quatuor jugerum avitum herediolum redierit: itemque C. Fabricius, et Curius Dentatus, alter Pyrrho finibus Italiæ pulso, domitis alter Sabinis, accepta, quæ viritim dividebantur, captivi agri septem jugera non minus industrie coluerit, quam fortiter armis quæsierat: et ne singulos intempestive nunc persequar, cum tot alios Romani generis intuear memorabiles duces hoc semper duplici studio floruisse, vel defendendi, vel colendi patrios quæsitosve fines: intelligo luxuriæ et deliciis nostris pristinum morem virilemque vitam displicuisse. Omnes enim (sicut M. Varro jam temporibus avorum conquestus est) patresfamiliæ falce et aratro relictis intra murum correpsimus, et in circis potius ac theatris, quam in segetibus et vinetis manus movemus: attonitique miramur gestus effeminatorum, quod a natura sexum viris denegatum muliebri motu mentiantur, decipiantque oculos spectantium. Mox deinde ut apti veniamus ad ganeas, quotidianam cruditatem Laconicis excoquimus, et exsucto sudore sitim quærimus, noctesque libidinibus et ebrietatibus, dies ludo vel somno consumimus; ac nosmetipsos ducimus fortunatos, quod nec orientem solem vidimus nec occidentem. Itaque istam

voir le soleil ni au moment de son lever, ni lorsqu'il se couche.

Aussi cette vie lâche, efféminée, ne produit-elle que la faiblesse et la maladie; et nos jeunes gens sont si débiles, si exténués, que la mort ne trouve presque plus rien à détruire. Ce ne sont plus les vrais descendants de Romulus, dont la vie se passait presque tout entière dans les exercices de la chasse ou les travaux de l'agriculture. Endurcis d'avance à toutes les fatigues, la guerre n'était qu'un jeu pour eux. Aussi préférait-on les habitants de la campagne à ceux de la ville. Et, par la même raison qu'on regardait les cultivateurs renfermés dans l'enclos des métairies comme plus paresseux que ceux qui travaillaient au dehors, on considérait les habitants des villes comme plus lâches et plus indolents que ceux qui cultivaient leurs champs ou dirigeaient les travaux des laboureurs. Tout le monde sait que les assemblées ne se tenaient que les jours de marché (*nundinæ*), c'est-à-dire tous les neuf jours. On avait établi cet usage, afin de ne s'occuper des affaires de la ville qu'une seule fois tous les neuf jours, et de pouvoir se livrer le reste du temps aux soins du labourage. C'est que les hommes les plus éminents de la république habitaient alors la campagne; et toutes les fois qu'on jugeait à propos de tenir un conseil pour les affaires publiques, on les faisait venir de leurs métairies pour les appeler au sénat; de là le nom de *viatores* donné à ceux qui étaient chargés de les convoquer. Tant que subsista cet usage de cultiver les terres, les anciens Sabins Quirites, ainsi que les Romains nos ancêtres, récoltèrent à travers le feu et le fer, et malgré les dévastations continuelles des ennemis, de plus riches moissons que nous n'en récoltons de nos jours, bien qu'une longue paix nous ait permis d'apporter de grands perfectionnements dans l'agriculture. C'est ce qui fait que dans le Latium, cette terre de Saturne, où les dieux eux-mêmes avaient pris la peine d'enseigner l'agriculture à leurs enfants, nous en sommes réduits, pour éviter la famine, à tirer le blé de pays situés au delà des mers; et le vin, des îles Cyclades, de la Bétique et de la Gaule. Cela ne doit d'ailleurs point nous étonner, puisque de nos jours c'est une opinion généralement accréditée, qu'un métier aussi vil que l'agriculture n'a besoin d'aucun apprentissage. Pour moi, lorsque j'envisage cette science dans toute son étendue, et que je repasse dans mon esprit les diverses parties qui composent, comme autant de membres, ce vaste corps, je crains bien de voir arriver la fin de mes jours avant d'avoir pénétré dans toutes les branches de cette doctrine universelle. Quiconque en effet veut se donner pour avoir atteint la perfection de cet art, doit avoir approfondi la nature des choses, observé la différence des climats, connaître les productions qui conviennent aux différentes contrées, avoir présent à l'esprit l'époque du lever des astres et celle de leur coucher, pour ne pas commencer ses travaux dans un temps où il sera menacé de pluies ou de vents, et s'exposer à en perdre tout le fruit. Il doit aussi observer l'état de l'atmosphère et la marche des saisons, qui ne suivent point toujours une règle fixe et invariable, puisque l'été et l'hiver ne se présentent pas toutes les années sous les mêmes formes. Le printemps n'est pas toujours pluvieux, ni l'automne humide. Or, personne ne saurait, à mon avis, prévoir toutes ces circonstances, sans être doué d'une grande sagacité et pourvu des connaissances les plus variées. Il n'est point

---

vitam socordem persequitur valetudo. Nam sic juvenum corpora fluxa et resoluta sunt, ut nihil mors mutatura videatur. At mehercules vera illa Romuli proles assiduis venatibus nec minus agrestibus operibus exercitata, firmissimis prævaluit corporibus, ac militiam belli, cum res postulavit, facile sustinuit durata pacis laboribus, semperque rusticam plebem præposuit urbanæ. Ut enim qui in villis intra consepta morarentur, quam qui foris terram molirentur, ignaviores habitos; sic eos, qui sub umbra civitatis intra mœnia desides cunctarentur, quam qui rura colerent [administrarentve opera colonorum,] segniores visos. Nundinarum etiam conventus manifestum est propterea usurpatos, ut nonis tantummodo diebus urbanæ res agerentur, reliquis administrarentur rusticæ. Illis enim temporibus, ut ante jam diximus, proceres civitatis in agris morabantur : et cum consilium publicum desiderabatur, e villis accessebantur in senatum. Ex quo, qui eos evocabant, viatores nominati sunt. Isque mos dum servatus est perseverantissimo colendorum agrorum studio, veteres illi Sabini Quirites atajique Romani quamquam inter ferrum et ignes hosticisque incursionibus vastatas fruges largius tamen condidere, quam nos, quibus diuturna permittente pace prolatare licuit rem rusticeam. Itaque in hoc Latio et Saturnia terra, ubi dii cultus agrorum progeniem suam docuerant, ibi nunc ad hastam locamus, ut nobis ex transmarinis provinciis advehatur frumentum, ne fame laboremus : et vindemias condimus ex insulis Cycladibus ac regionibus Bæticis Gallicisque. Nec mirum; cum sit publice concepta, et confirmata jam vulgaris existimatio, rem rusticam sordidum opus, et id esse negotium, quod nullus egeat magisterio præceptoris. At ego, cum aut magnitudinem totius rei, quasi quandam vastitatem corporis, aut partium ejus velut singulorum membrorum numerum recenseo, vereor ne supremus ante me dies occupet, quam universam disciplinam ruris possim cognoscere. Nam qui se in hac scientia perfectum volet profiteri, sit oportet rerum naturæ sagacissimus, declinationum mundi non ignarus : ut exploratum habeat, quid cuique plagæ convenIat, quid repugnet : siderum ortus et occasus memoria repetat, ne imbribus ventisque imminentibus opera inchoet, laboremque frustretur. Cæli et anni præsentis mores intueatur. Neque enim semper eumdem velut ex præscripto habitum gerunt : nec omnibus annis eodem vultu venit æstas aut hiems : nec pluvium semper est ver, aut humidus autumnus. Quæ præmoscere sine lumine animi

donné à tout le monde de bien juger la qualité d'une terre, de discerner la nature des terrains et de déterminer les genres de productions, et de savoir ce qu'on peut attendre ou non des propriétés du sol. Qui est celui qui a jamais embrassé toutes les parties de l'économie rurale au point de savoir toujours bien distribuer ses terres, pratiquer les labours, et distinguer les différentes espèces du sol qui peuvent, les unes par leur couleur, les autres par leur qualité, tromper le regard le plus exercé? Il y a des contrées où la terre noire est la meilleure, comme par exemple dans la Campanie; il y en a d'autres où la terre rouge et grasse mérite la préférence sur toutes les autres. Dans la Numidie, en Afrique, une terre friable l'emporte par sa fécondité sur le sol le plus fort, tandis qu'en Asie et en Mysie une terre compacte et visqueuse est la plus fertile. Il faut savoir, à la simple inspection d'un terrain, déterminer le genre de culture applicable aux collines, aux plaines, aux jachères, à la terre humide et fertile en herbes, et au sol sec et aride. On ne doit point non plus ignorer tout ce qui concerne la plantation et l'entretien des pépinières et des vignes, dont on compte un nombre infini d'espèces différentes. Enfin il faut qu'il ait aussi les connaissances nécessaires concernant l'acquisition et l'entretien des troupeaux; car nous pensons que l'éducation des bestiaux doit faire partie de l'économie rurale, bien que, par sa nature, elle en soit essentiellement distincte. L'éducation des bestiaux, considérée en elle-même, n'est point non plus une science simple; elle renferme autant de parties qu'elle compte de sujets différents : les chevaux, les bœufs et les brebis demandent tous des soins particuliers. A ne considérer que les brebis, on fait une distinction entre celles de Tarente et celles dont la laine est moins fine. Il en est de même des chèvres : celles qui sont privées de cornes, ou qui n'ont presque pas de poil, demandent à être élevées autrement que celles qui ont beaucoup de poil et des cornes, comme les chèvres de Cilicie. L'entretien des truies et celui des verrats sont aussi deux choses très-différentes. En outre, les truies pelées demandent un autre climat et d'autres soins que celles qui ont beaucoup de soies; enfin, pour ne point nous borner à l'éducation des animaux au nombre desquels sont comprises les différentes espèces de volailles et les abeilles, qui est celui qui connaît tous les genres de greffe et de taille, et les diverses cultures applicables aux fruits et aux légumes? Qui sait seulement distinguer les mille espèces de figuiers et de rosiers qui exigent, chacune, des soins particuliers? Ne voyons-nous pas même le plus souvent négliger des objets beaucoup plus importants? Cependant beaucoup de personnes ont déjà commencé à retirer des bénéfices considérables des plantations de cette dernière espèce. Je ne parlerai ni des genêts ni des saussaies; je ne dirai rien non plus ni des prés, ni des roseaux, plantations qui, sans demander de grands soins, ont besoin cependant d'une certaine culture. Je sais bien qu'en exigeant de celui qui se livre aux travaux rustiques tant de connaissances diverses pour devenir un agriculteur parfait, je ralentirais peut-être le zèle des commençants, qui, justement effrayés de la variété et du grand nombre des sciences qui se rattachent à l'agriculture, ne voudront pas tenter une entreprise dans laquelle ils désespèrent de réussir. Cependant il est bon, ainsi que M. Tullius le dit très-bien dans son traité de l'orateur, il est bon de tout essayer

---

et sine exquisitissimis disciplinis non quemquam posse crediderim. Jam ipsa terræ varietas, et cujusque soli habitus, quid nobis neget, quid promittat, paucorum est discernere. Contemplatio vero cunctarum in ea disciplina partium quanto cuique contigit, ut et segetum arationumque perciperet usum, et varias dissimillimasque terrarum species pernosceret? quarum nonnullæ colore nonnullæ qualitate fallunt : atque in aliis regionibus nigra terra, quam pullam vocant, ut in Campania, est laudabilis, in aliis pinguis rubrica melius respondet; quibusdam sicut in Africa Numidiæ putres arenæ fœcunditate vel robustissimum solum vincunt; in Asia Mysiaque densa et glutinosa terra maxime exuberat; atque in his ipsis haberet cognitum, quid (ferret aut) recusaret collis, quid campestris positio, quid cultus, quid silvester ager, quid humidus et graminosus, quid siccus et spurcus; rationem quoque dispiceret in arboribus vincisque, quarum infinita sunt genera, conserendis ac tuendis; et in pecoribus parandis conservandisque : quoniam et hanc adscivimus quasi agriculturæ partem, cum separata sit ab agricolatione pastoralis scientia, nec ea tamen simplex. Quippe aliud exigit equinum, atque aliud bubulum armentum, aliud pecus ovillum; et in eo ipso dissimilem rationem postulat Tarentinum atque hirtum : aliud caprinum; et id ipsum aliter curatur mutilum et raripilum, aliter cornutum et setosum, quale est in Cilicia. Porcatoris vero et subulci diversa professio, diversæ pastiones : nec eundem glabræ sues densæque cæli statum, nec eandem educationem cultumve quærunt. Et ut a pecoribus recedam, quorum in parte avium cohortalium et apium cura posita est; quis tanti studii fuit, ut super ista, quæ enumeravimus, tot nosset species insitionum, tot putationum? tot pomorum olerumque cultus exerceret? tot generibus ficorum, sicut rosariis impenderet curam? cum a plerisque etiam majora negligantur; quamquam et ista jam non minima vectigalia multis esse cœperunt. Nam prata et salicta, genistæque et arundines quamvis tenuem nihilominus aliquam desiderant industriam. Post hanc tam multarum tamque multiplicium rerum prædicationem non me præterit, si, quem desideramus agricolam, quemque describimus, exegero a participibus agrestium operum, tardatum iri studia discentium, qui tam variæ, tamque vastæ scientiæ desperatione conterriti, nolent experiri, quod se consequi posse diffi-

quand il s'agit, ou de rechercher ce qui peut être utile au genre humain, ou de conserver et de transmettre à la postérité ce qui a été trouvé et reconnu comme tel par nos prédécesseurs. Quand même nous ne l'emporterions pas sur eux par le génie, et fussions-nous privés des ressources que nous présentent les arts et les sciences, nous ne devons pas pour cela nous abandonner à l'oisiveté : il faudrait, au contraire, poursuivre avec persévérance des travaux que nous avons reconnus être le plus utiles à l'homme et le plus conformes à la sagesse. Aspirons toujours au premier rang ; nous recueillerons encore assez d'honneur si nous n'arrivons qu'à la seconde place. Les muses du Latium n'ont pas seulement admis dans leur sanctuaire Accius et Virgile ; elles ont aussi honorablement accueilli dans leur temple les poëtes du second et du troisième ordre. La merveilleuse éloquence de Cicéron découragea-t-elle les Brutus, les Célius, les Pollion, les Messala, et les Calvus ? Cicéron lui-même ne s'est pas laissé effrayer par les foudres que lançaient Démosthène et Platon. Enfin le vieil Homère, ce père de toute éloquence, a-t-il arrêté, par les flots inépuisables de sa divine poésie, le zèle et l'ardeur de ceux qui voulaient marcher sur ses traces ? Est-ce que depuis tant de siècles des artistes moins célèbres qu'un Protogène, qu'un Apelle, qu'un Parrhasius ont, dans leur admiration pour ces grands maîtres, renoncé à leurs propres travaux ? La beauté du Jupiter Olympien et de la Minerve de Phidias, tout en ravissant les artistes tels que Bryaxis, Lysippe, Praxitèle et Polyclète, ne les a pourtant pas empêchés de faire tous leurs efforts pour arriver à la perfection. Si en toute chose les grands maîtres sont admirés et honorés, ceux qui brillent au second rang n'en sont pas moins appréciés comme ils doivent l'être. En admettant donc que le cultivateur n'atteigne point au modèle que nous venons de tracer ; qu'il ne soit véritablement supérieur dans aucune des sciences qu'exige l'agriculture ; qu'il n'ait pas pénétré dans la nature intime des choses avec la sagacité d'un Démocrite ou d'un Pythagore ; qu'il ne sache pas calculer le mouvement des astres ou les effets des vents avec la perspicacité d'un Médon et d'un Eudoxe ; qu'il ne possède ni la science de Chiron ou de Mélampode dans l'éducation des bestiaux, ni l'expérience de Triptolème ou d'Aristée dans le labourage des terres, il aura déjà fait beaucoup s'il égale dans la pratique nos Trémellius, nos Sasernas et nos Stolons. Mais si l'agriculture n'exige point un génie supérieur, on ne saurait y réussir sans être doué d'un certain jugement. On a eu tort de s'imaginer que c'est la science la plus facile, et qui demande le moins de discernement. Il est inutile de m'étendre davantage sur l'agriculture en général. Toutefois, avant de traiter en détail et avec ordre les différentes parties qui la composent, je dois faire précéder ces livres de quelques considérations, que je crois appartenir essentiellement à l'ensemble de cette science.

I. Quiconque veut s'appliquer à l'agriculture doit réunir les trois conditions fondamentales, la connaissance de l'art, les ressources nécessaires pour faire face aux dépenses, et la volonté de l'exécution. Car, comme dit Trémellius, celui-là aura seul des terres bien cultivées, qui saura, pourra et voudra leur donner les soins qu'elles demandent.

---

dent. Verumtamen quod in oratore jam M. Tullius rectissime dixit, par est eos qui generi humano res utilissimas conquirere, et perpensas exploratasque memoriæ tradere concupiverint, cuncta tentare. Nec si vel illa præstantis ingenii vis, vel inclytarum artium defecerit instrumentum, confestim debemus ad otium et inertiam devolvi : sed quod sapienter speravimus, perseveranter consectari. Summum enim culmen affectantes satis honeste vel in secundo fastigio conspiciemur. Nam Latiæ musæ non solos adytis suis Accium et Virgilium recepere, sed eorum et proximis et procul a secundis sacras concessere sedes. Nec Brutum aut Cælium Pollionemve cum Messala et Calvo deterruere ab eloquentiæ studio fulmina illa Ciceronis. Nam neque (ille) ipse Cicero territus cesserat tonantibus Demostheni Platonique : nec parens eloquentiæ, deus ille Mæonius, vastissimis fluminibus facundiæ suæ posteritatis studia restinxerat. Ac ne minoris quidem famæ opifices per tot jam secula videmus laborem suum destituisse, qui Protogenem Apellemque cum Parrhasio mirati sunt. Nec pulchritudine Jovis Olympii Minervæque Phidiacæ sequentis ætatis attonitos piguit experiri Bryaxim, Lysippum, Praxitelem, Polycletum, quid efficere, aut quousque progredi possent ? Sed in omni genere scientiæ et summis admiratio veneratioque et inferioribus merita laus contigit. Accedit huc, quod ille, quem nos perfectum esse volumus agricolam, si quidem artis consummatæ non sit, nec in universa rerum natura sagacitatem Democriti vel Pythagoræ fuerit consecutus, et in motibus astrorum ventorumque Metonis providentiam vel Eudoxi, et in pecoris cultu doctrinam Chironis ac Melampodis, et in agrorum solique molitione Triptolemi aut Aristei prudentiam : multum tamen profecerit, si usu Tremellios Sasernasque et Stolones nostros æquaverit. Potest enim nec subtilissima, nec rursus, quod aiunt, pingui Minerva res agrestis administrari. Nam illud procul vero est, quod plerique crediderunt, facillimam esse nec ullius acuminis rusticationem. De cujus universitate nihil attinet plura nunc disserere : quandoquidem cunctæ partes ejus destinatis aliquot voluminibus explicandæ sunt, quas ordine suo tunc demum persequar, cum præfatus fuero, quæ reor ad universam disciplinam maxime pertinere.

I. Qui studium agricolationi dederit, antiquissima sciat hæc sibi advocanda, prudentiam rei, facultatem impendendi, voluntatem agendi. Nam is demum cultissimum rus habebit, ut ait Tremellius, qui et colere sciet et poterit et vo-

La science et la volonté ne suffiront jamais sans les dépenses que nécessitent naturellement les différents travaux agricoles ; de même que la volonté, jointe aux ressources nécessaires, serait impuissante si elle n'était point dirigée par la science. En toute chose, et principalement quand il s'agit d'agriculture, le point essentiel est de savoir ce qu'il faut faire ; car la volonté et les moyens d'exécution ne sont rien sans les connaissances nécessaires, et il n'en peut résulter que des dommages pour le cultivateur. En effet, des travaux légèrement entrepris entraînent dans des dépenses qui ne produisent rien. Ainsi tout chef de famille qui, véritablement attaché à ses intérêts, tient à augmenter son patrimoine, et à le faire valoir d'après les principes d'une bonne agriculture, doit avant tout consulter sur chaque chose l'avis des cultivateurs les plus expérimentés de son époque, étudier avec soin les ouvrages des anciens, peser mûrement leurs opinions et leurs principes, pour être à même de juger si les règles qu'ils nous ont laissées peuvent encore trouver leur application dans l'état actuel de l'agriculture. Je sais bien que quelques auteurs, très-distingués d'ailleurs, ont pensé que le temps avait apporté des changements notables dans la disposition du climat et des saisons. Hipparchus, célèbre professeur d'astronomie, annonce dans ses ouvrages, qu'un jour les pôles du monde changeront de position ; et Saserna, auteur estimé d'un traité d'économie rurale, paraît avoir adopté cette opinion. Dans le livre qu'il nous a laissé sur l'agriculture, il prétend que certaines contrées, où la rigueur excessive de l'hiver ne permettait pas autrefois de conserver des plantations d'oliviers et de vignes, sont aujourd'hui très-fertiles en olives et en raisin, ce qui lui fait supposer que le froid qui régnait auparavant dans ces contrées s'est considérablement radouci. Que cette raison soit fausse ou vraie, c'est à l'astrologue seul à l'examiner. Quant aux autres traités d'agriculture, écrits presque tous en langue punique par des auteurs africains, le cultivateur ne doit pas les ignorer, bien qu'il s'en trouve plusieurs dont les principes ont été reconnus faux dans la pratique par nos fermiers. Trémellius aussi a signalé un grand nombre d'erreurs dans ces traités ; il les explique par la différence qui existe entre le sol, la température et les productions de l'Italie et de l'Afrique. Toutefois, si les principes d'agriculture de nos jours s'écartent des règles suivies dans les temps passés, on ne doit pas pour cela négliger la lecture des anciens ouvrages. On y trouve beaucoup plus de choses à approuver qu'à rejeter. Nous avons encore une foule d'auteurs grecs qui ont écrit sur l'agriculture ; nous citerons en première ligne l'illustre poëte Hésiode de Béotie, qui a beaucoup contribué au progrès de notre science. Viennent ensuite Démocrite d'Abdère, Xénophon le disciple de Socrate, Archytas de Tarente, Aristote et Théophraste, l'un le maître, l'autre le principal disciple des péripatéticiens, qui ont tous prêté à l'agriculture l'appui de leurs lumières. Parmi les Siciliens, Hiéron, son disciple Épicharmus, ainsi que Philométor et Attalus, ont également contribué au progrès de cette science. Athènes aussi a produit une foule d'auteurs qui ont traité de l'agriculture. Les principaux d'entre eux sont : Chéréas, Aristandros, Amphilochus, Euphronius, fils d'Euphron, na-

---

iet. Neque enim scire aut velle cuiquam satis fuerit sine sumptibus, quos exigunt opera : nec rursus faciendi aut impendendi voluntas (facultasque) profuerit sine arte, quia caput est in omni negotio, nosse quid agendum sit, maximeque in agricultura, in qua voluntas facultasque citra scientiam sæpe magnam dominis afferunt jacturam, cum imprudenter facta opera frustrantur impensas. Itaque diligens paterfamilias, cui cordi est ex agri cultu certam sequi rationem rei familiaris augendæ, maxime curabit, ut ætatis suæ prudentissimos agricolas de quaque re consulat, et commentarios antiquorum sedulo scrutetur, atque æstimet, quid eorum quisque senserit, quid præceperit : an universa, quæ majores prodiderunt, hujus temporis culturæ respondeant, an aliqua dissonent? Multos enim jam memorabiles auctores comperi persuasum habere, longo ævi situ qualitatem cæli statumque mutari, eorumque consultissimum astrologiæ professorem Hipparchum prodidisse, tempus fore, quo cardines mundi loco moverentur : idque etiam non spernendus auctor rei rusticæ Saserna videtur adcredidisse. Nam eo libro, quem de agricultura scriptum reliquit, mutatum cæli situm sic colligit, quod quæ regiones antea propter hiemis assiduam violentiam nullam stirpem vitis aut oleæ depositam, custodire potuerint, nunc mitigato [jam] et intepescente pristino frigore largissimis olivitatibus Liberique vindemiis exuberent. Sed hæc sive falsa seu vera ratio est, literis astrologiæ concedatur. Cætera non dissimulanda erunt agrorum cultori præcepta rusticationis, quæ cum plurima tradiderint Pœni ex Africa scriptores, multa tamen ab his falso prodita coarguunt nostri coloni ; sicut Tremellius, qui querens id ipsum tamen excusat, quod Italiæ et Africæ solum cælumque diversæ naturæ, nequeat eosdem proventus habere. Quæcunque autem propter disciplinam ruris nostrorum temporum cum priscis discrepant, non deterrere debent a lectione discentem. Nam multo plura reperiuntur apud veteres, quæ nobis probanda sint, quam quæ repudianda. Magna porro et Græcorum turba est, de rusticis rebus præcipiens ; cujus princeps celeberrimus vates non minimum professioni nostræ contulit Hesiodus Bœotius. Magis deinde eam juvere fontibus orti sapientiæ Democritus Abderites, Socraticus Xenophon, Tarentinus Archytas, peripatetici magister ac discipulus Aristoteles cum Theophrasto. Siculi quoque non mediocri cura negotium istud prosecuti sunt Hieron et Epicharmus discipulus, Philometor et Attalus. Athenæ vero scriptorum frequentiam pepererunt, e queis probatissimi auctores Chæreas, Aristandros, Amphilochus, Euphronius ; Chrestus Euphronis, non, ut multi putant, Amphipolites, qui

tif d'Athènes et non pas d'Amphipolis, bien qu'Euphroninsd'Amphipolis, avec lequel il a été souvent confondu, passe lui-même pour un bon agriculteur. Dans les îles, l'agriculture n'a point été négligée : témoin Épigène de Rhodes, Agathocle de Chio, Évagon et Anaxipolis de Thasus. Ménandre et Diodore, compatriotes de Bias, l'un des sept sages de la Grèce, se sont fait remarquer surtout par leurs connaissances agricoles. Bacchius et Mnaséas de Milet, Antigonus de Cymée, Apollonius de Pergame, Dion de Colophon, Hégésias de Maronia, ne le cédèrent en rien aux auteurs que nous venons de citer. Diophane de Bithynie a résumé et réuni en six livres les volumes nombreux de Dionysius d'Utique, interprète et commentateur de Magon le Carthaginois. Il y a encore une foule d'auteurs dont nous ignorons la patrie, mais qui ont pourtant apporté leur tribut au progrès de cette science : ce sont Androtion, Æschrion, Aristomène, Athenagoras, Cratès, Dadis, Dionysius, Euphyton, Euphorion. Nous avons encore, pour notre traité, mis à contribution avec autant de confiance Lysimaque et Cléobule, Ménestrate, Pleutiphane, Persis et Théophile. Enfin, pour accorder le droit de bourgeoisie romaine à l'agriculture, qui avait été jusqu'alors une science grecque, puisque les auteurs qui la traitèrent étaient Grecs eux-mêmes, citons d'abord M. Caton le Censeur, qui le premier a écrit en latin sur l'économie rurale; puis les deux Saserna, père et fils, qui ont cherché à approfondir davantage; Scrofa Trémellius, qui lui a prêté le secours de son éloquence; M. Térentius, qui lui a donné une forme plus élégante; et enfin Virgile, qui l'a embellie par le charme de ses vers. N'oublions pas non plus les éléments d'agriculture que nous devons à Julius Hyginus. Mais le plus grand honneur revient à Magon, le père de l'économie rurale, et dont l'ouvrage remarquable, divisé en vingt-huit livres, a été traduit par l'ordre du sénat. Rendons encore hommage aux hommes de notre époque, Cornélius Celsus et Julius Atticus, dont l'un nous a donné un traité complet d'agriculture en cinq livres, et l'autre une monographie sur le genre de culture applicable aux vignes, en un seul livre. Julius Grécinus, que l'on peut regarder comme le disciple d'Atticus, a également légué à la postérité deux livres relatifs à la culture des vignes. Son ouvrage, bien qu'il traite du même sujet, est plus agréable et en même temps plus profond que celui de son maître. Ainsi, mon cher Silvinus, consultez avec soin tous ces auteurs, avant d'aborder l'étude de l'agriculture. Mais ne croyez pas que les préceptes qu'ils vous donnent vous rendent de suite un cultivateur parfait : ces sortes de livres sont bien moins propres à former un maître qu'à instruire celui qui l'est déjà. La pratique et l'expérience, voilà ce qui est le point principal dans les arts. En toute chose on peut puiser un enseignement utile dans ses propres fautes ; car lorsque une expérience, pour avoir été mal faite, ne réussit point, nous évitons de retomber dans les erreurs que nous avons commises; et l'instruction du maître éclaire le disciple sur le chemin qu'il doit suivre dorénavant. On ne doit donc point s'attendre à ce que les préceptes que nous allons donner conduisent seuls à la perfection de cet art; tout ce qu'on peut en espérer, c'est qu'ils aideront à y parvenir. Celui qui les aura lus sera loin d'être un cultivateur parfait ; il lui faudra encore la vo-

---

et ipse laudabilis habetur agricola, sed indigena soli Attici. Insulæ quoque curam istam celebraverunt, ut testis est Rhodius Epigenes, Chius Agathocles, Evagon, et Anaxipolis Thasii. Unius quoque de septem Biantis illius populares Menander et Diodorus in primis sibi vindicaverunt agricolationis prudentiam. Nec his cessere Milesii Bacchius et Mnaseas, Antigonus Cymæus, Pergamenus Apollonius, Dion Colophonius, Hegesias Maronites. Nam quidem Diophanes Bithynius Uticensem totum Dionysium, Pœni Magonis interpretem, per multa diffusum volumina, sex epitomis circumscripsit. Et alii tamen obscuriores, quorum patrias non accepimus, aliquod stipendium nostro studio contulerunt. Ii sunt Androtion, Æschrion, Aristomenes, Athenagoras, Crates, Dadis, Dionysius, Euphyton, Euphorion. Nec minori fide pro virili parte tributum nobis intulerunt Lysimachus, et Cleobulus, Menestratus, Pleutiphanes, Persis et Theophilus. Et ut agricolationem Romana tandem civitate donemus, (nam adhuc istis auctoribus Græcæ gentis fuit) jam nunc M. Catonem Censorium illum memoremus, qui eam latine loqui primus instituit. Post hunc duos Sasernas, patrem et filium, qui eam diligentius erudierunt; ac deinde Scrofam Tremellium, qui etiam eloquentem reddidit; et M. Terentium, qui expolivit; mox Virgilium, qui carminum quoque potentem fecit. Nec postremo quasi pædagogi ejus meminisse dedignemur, Julii Hygini : veruntamen ut Carthaginensem Magonem rusticationis parentem maxime veneremur : nam hujus octo et viginti memorabilia illa volumina ex senatusconsulto in Latinum sermonem conversa sunt. Non minorem tamen laudem meruerunt nostrorum temporum viri, Cornelius Celsus et Julius Atticus; quippe Cornelius totum corpus disciplinæ quinque libris complexus est ; hic de una specie culturæ pertinentis ad vites singularem librum edidit. Cujus velut discipulus duo volumina similium præceptorum de vineis Julius Græcinus composita facetius et eruditius posteritati tradenda curavit. Hos igitur, Publi Silvine, prius quam cum agricolatione contrahas, advocato in consilium : nec tamen sic mente dispositus, velut summam totius rei sententiis eorum consecuturus : quippe ejusmodi scriptorum monumenta magis instruunt, quam faciunt, artificem. Usus et experientia dominantur in artibus : neque est ulla disciplina, in qua non peccando discatur. Nam ubi quid perperam administratio cessit improspere, vitatur quod fefellerat : illuminatque rectam viam docentis magisterium. Quare nostra præcepta non consummare scientiam, sed adjuvare promittunt. Nec statim quisquam compos agricolationis erit his perlectis ra-

ionté et les ressources nécessaires pour les mettre à exécution. Ce sont des appuis que nous offrons à ceux qui voudront s'en servir, mais qui ne peuvent rien par eux-mêmes. Il faut encore se trouver dans les conditions que nous venons d'indiquer. Il y a plus : toutes ces conditions réunies, c'est-à-dire un travail assidu, l'expérience du métayer, la volonté de dépenser, et la faculté de le faire, ne valent pas, à beaucoup près, la seule présence du maître. Si le maître ne surveille pas activement les travaux, il arrivera ce qui arrive dans une armée lorsque le général est absent : tout sera négligé, personne ne fera son devoir. Je pense que c'est là le véritable sens des paroles que Magon a placées en tête de son ouvrage. « Quiconque veut acheter une terre, dit-il, doit vendre sa maison, de peur qu'il ne se plaise plus à la ville qu'à la campagne; celui qui fait beaucoup de cas d'une maison n'a pas besoin de ferme. » Je m'en tiendrais même à ce précepte, s'il pouvait être observé dans ce temps-ci. Mais puisqu'aujourd'hui l'ambition nous appelle souvent à la ville, et qu'elle nous y retient encore plus souvent, je pense qu'il est plus commode d'avoir un bien de campagne qui en soit proche, afin qu'on puisse s'échapper tous les soirs, si occupé qu'on soit, pour y aller après les affaires du barreau terminées. Car pour ceux qui achètent des propriétés éloignées, presque au delà des mers pour ainsi dire, ceux-là abandonnent de leur vivant leur patrimoine à leurs héritiers, et, qui pis est, à leurs esclaves, avant la mort de leur maître. En effet, rassurés par l'éloignement du propriétaire, ils se livrent à tous les vices ; et, en attendant que de nouveaux maîtres viennent prendre possession du domaine, ils songent plus à le piller qu'à le cultiver.

II. Il importe donc que le fonds de terre qu'on voudra acheter ne soit pas éloigné de la ville, afin que le maître puisse souvent le visiter. Il suffira d'annoncer son arrivée prochaine, pour que cette crainte contienne le métayer et ses gens dans les limites du devoir. Le maître séjournera donc à la campagne le plus de temps qu'il lui sera possible ; et ce temps ne doit être consacré ni à l'agrément ni à l'oisiveté. Un chef de famille, véritablement attaché à ses intérêts, doit visiter toutes les parties de ses possessions, et à toutes les époques de l'année. Il examinera avec soin la nature du sol, aussi bien dans le temps où les fruits sont encore en herbe et en feuilles, que dans celui où ils sont arrivés à leur point de maturité. Il se rendra bien compte des différents travaux qui doivent être exécutés dans les différentes parties de son domaine. Un ancien proverbe, déjà cité par Caton, nous dit que le plus grand fléau d'une terre, c'est d'avoir un maître qui, au lieu d'ordonner lui-même les travaux qu'elle exige, est forcé de prendre conseil de son métayer.

Qu'on ait acquis une propriété par héritage ou par transaction, il importe avant tout de connaître la nature du sol où elle se trouve. Dans le cas où elle serait placée dans des conditions défavorables, il faudrait s'en défaire, pour en acheter une autre. Si la fortune exauçait mes vœux, je lui demanderais une terre située dans un climat sain et fertile, partie en plaine, partie en collines légèrement inclinées du côté du midi ou de l'orient : elle se composerait de terrains labourables, de bois et de terrains incultes ; elle se trouverait près de la mer, ou d'un fleuve navigable qui faciliterait l'exportation de ses différents produits, et l'importation des denrées né-

---

tionibus, nisi et obire eas voluerit, et per facultates potuerit. Ideoque hæc velut adminicula studiosis promittimus, non profutura per se sola, sed cum aliis. Ac ne ista quidem præsidia, ut diximus, non assiduus labor et experientia villici, non facultates ac voluntas impendendi tantum pollent, quantum vel una præsentia domini : quæ nisi frequens operibus intervenerit, ut in exercitu cum abest imperator, cuncta cessant officia. Maximeque reor hoc significantem Pœnum Magonem, suorum scriptorum primordium talibus auspicatum sententiis : « Qui agrum paravit domum vendat, ne malit urbanum, quam rusticum larem colere; cui magis cordi fuerit urbanum domicilium, rustico prædio non erit opus. » Quod ego præceptum, si posset his temporibus observari, non immutarem. Nunc quoniam plerosque nostrum civilis ambitio sæpe evocat, ac sæpius detinet evocatos, sequitur ut suburbanum prædium commodissimum esse putem, quo vel occupato quotidianus excursus facile post negotia fori contingat. Nam qui longinqua ne dicam transmarina rura mercantur, velut hæredibus patrimonio suo, vel quod gravius est, vivi cedunt servis suis : quoniam quidem et illi tam longa dominorum distantia corrumpuntur, et corrupti post flagitia, quæ commiscuunt, sub expectatione successorum, rapinis magis quam culturis student.

II. Censeo igitur in propinquo agrum mercari, quo et frequenter dominus veniat, et frequentius se venturum, quam sit venturus, denunciet. Sub hoc enim metu cum familia villicus erit in officio. Quicquid vero dabitur occasionis, ruri moretur. Quæ non sit mora segnis, nec umbratilis. Nam diligentem patremfamilias decet agri sui particulas omnes et omni tempore anni frequentius circumire, quo prudentius naturam soli sive in frondibus et herbis, sive jam maturis frugibus contempletur : nec ignoret quidquid in eo recte fieri poterit. Nam illud vetus est [et] Catonis, agrum pessime multari, cujus dominus quid in eo faciundum sit, non docet, sed audit villicum. Quapropter vel a majoribus traditum possidenti vel emptori fundum præcipua cura sit scire, quod maxime regionis genus probetur : ut vel careat inutili, vel mercetur laudabilem. Quod si voto fortuna subscripserit, agrum habebimus salubri cælo, uberi glæba, parte campestri, parte alia collibus vel ad orientem vel ad meridiem molliter devexis; terrenisque alus ac cultis, atque aliis silvestribus et asperis, nec procul a mari aut navigabili flumine, quo deportari fructus, et per quod merces invehi

cessaires à son exploitation. Les plaines qui entoureraient les bâtiments de la métairie seraient distribuées en prairies, en terres labourées, en saussaies, et en plantations de roseaux. Quant aux collines, la partie qui ne sera point plantée d'arbres sera réservée exclusivement au blé, bien qu'il vienne mieux dans des plaines médiocrement sèches et grasses, que dans des terrains en pente. Par cette raison, les terres à blé, même les plus élevées, devront être aplanies autant que possible, et présenter une pente très-douce, c'est-à-dire ressembler autant que possible aux plaines. Pour les autres collines, elles seront plantées d'oliviers, de vignes et d'arbres, dont on tirera les échalas nécessaires pour soutenir les premiers. Il y aura d'autres collines qui fourniront le bois et les pierres pour les différentes constructions, et d'autres encore qui serviront de pâturages aux troupeaux. L'eau qui découlera des montagnes (dans cette ferme modèle) se répandra en ruisseau dans les prairies, les jardins et les saussaies, et arrivera, au moyen de canaux, jusque dans l'enceinte de la métairie. Des troupeaux de gros bétail et d'autres quadrupèdes paîtront en foule dans les champs et les bois. Mais une situation telle que nous la désirons est rare et difficile à trouver : la meilleure sera toujours celle qui réunira le plus grand nombre de ces avantages; une propriété qui n'en aurait que quelques-uns n'est point encore à dédaigner.

III. Porcius Caton dit qu'en achetant une propriété, il faut envisager avant tout deux choses : la salubrité du climat, et la fécondité du sol. Celui qui voudrait cultiver une terre qui ne satisferait point à ces deux conditions ne peut être qu'un fou, qu'il faudra placer sous la tutelle de ses parents paternels. Quel homme de bon sens voudrait en effet se mettre en frais pour cultiver un terrain ingrat? De même, si le terrain est bon et fertile, mais le climat malsain, il est rare que le maître puisse jouir des fruits de son travail. En effet, dans une contrée où il faut lutter constamment avec la mort, non-seulement la récolte, mais la vie même du propriétaire ne sont point en sûreté; ou, pour mieux dire, la mort y est plus certaine que les bénéfices qu'il se promettait. Caton ajoute à ces deux points principaux trois autres qu'il n'importe pas moins de prendre en considération : ce sont les routes, l'eau et les environs. Les bonnes routes sont d'une grande utilité pour une terre; d'abord et principalement par rapport aux voyages du maître, qui se rendra toujours avec d'autant plus de plaisir à sa terre, qu'il n'aura point à craindre les incommodités d'une route difficile; secondement par rapport à l'exportation et l'importation, puisque les bonnes routes augmentent le prix des fruits qu'on emporte, et diminuent celui des denrées qu'on veut faire rentrer à la métairie. Car plus la communication est facile, moins il y a de frais de transport. De plus : les frais de voyage seront moins considérables, surtout, si l'on fait la route sur des bêtes de louage, ce qui est toujours moins coûteux que d'avoir à entretenir des attelages à soi. Enfin les esclaves qui doivent accompagner le maître auront plus de facilité pour le suivre à pied. Quant à la qualité de l'eau, c'est là un point dont l'importance saute tellement aux yeux qu'il est inutile de le démontrer davantage. Qui oserait en effet douter de la nécessité d'une eau de bonne qualité, sans laquelle personne, quelle que soit d'ailleurs sa constitution, ne saurait prolonger

possint. Campus, in prata et arva salictaque et arundineta digestus, ædificio subjaceat. Colles alii vacui arboribus, ut solis segetibus serviant; quæ tamen modice siccis ac pinguibus campis melius quam præcipitibus locis proveniunt. Ideoque etiam celsiores agri frumentarii planicies habere, et quam mollissime devexi, ac simillimi debent esse campestri positioni. Alii deinde colles olivetis vinetisque et earum futuris pedamentis vestiantur, materiam lapidemque, si necessitas ædificandi coegerit, nec minus pecudibus pascua præbere possint. Tum rivos decurrentes in prata et hortos et salicta, villæque aquas salientes demittant. Nec absint greges armentorum, cæterorumque quadrupedum cultu et dumeta pascentium. Sed hæc positio, quam desideramus, difficilis et rara paucis contingit. Proxima est huic, quæ plurima ex his habet : tolerabilis, quæ non paucissima.

III. Porcius quidem Cato censebat in emendo inspiciendoque agro præcipue duo esse consideranda, salubritatem cæli et ubertatem loci : quorum si alterum deesset, ac nihilo minus quis vellet incolere, mente esse captum, atque eum ad agnatos et gentiles deducendum. Neminem enim sanum debere facere sumptus in cultura sterilis soli : nec rursus pestilenti quamvis feracissimo pinguique agro dominum ad fructus pervenire. Nam ubi sit cum orco ratio ponenda, ibi non modo perceptionem fructuum, sed et vitam colonorum esse dubiam, vel potius mortem quæstu certiorem. Post hæc duo principalia subjungebat illa non minus intuenda, viam et aquam et vicinum. Multum conferre agris iter commodum : primum, quod est maximum, ipsam præsentiam domini, qui libentius commeaturus sit, si vexationem viæ non reformidet. Deinde ad invehenda et exportanda utensilia; quæ res frugibus conditis auget pretium, et minuit impensas rerum invectarum : qui minoris apporterentur eo, quo facili nisu perveniatur. Nec nihil esse etiam parvo vehi, si conductis jumentis iter facias, quod magis expedit, quam tueri propria. Servos quoque qui secuturi patremfamilias sint, non ægre iter pedibus ingredi. De bonitate aquæ ita omnibus clarum est, ut pluribus non sit disserendum. Quis enim dubitet, eam maxime probatam haberi, sine qua nemo nostrum vel prosperæ vel adversæ valetudinis vitam prorogat? De vicini commodo non est quidem certum, quem nonnunquam mors aliæque nobiscum (diversæ) causæ mutant. Et ideo quidam re-

la vie? Quant à l'avantage qu'on peut retirer de ses voisins, c'est un point sur lequel on ne peut rien décider d'avance, puisque la mort peut nous les ravir, et d'autres circonstances peuvent en amener de nouveaux. Les personnes qui n'admettent point à ce sujet les opinions de Caton nous paraissent être dans une grande erreur. En effet, s'il est d'un homme sage de savoir supporter l'adversité, il n'y a que l'insensé qui puisse vouloir conjurer le malheur. Or, c'est précisément ce que ferait celui qui donnerait son argent pour acquérir un mauvais voisin. D'ailleurs, tout homme né de parents libres a dû entendre dire dès sa première jeunesse qu'on ne perdrait jamais de bœuf, s'il n'y avait pas de mauvais voisins. Ce proverbe peut s'appliquer non-seulement aux bestiaux, mais à toutes sortes de valeur, quelle qu'en soit la nature. Beaucoup de personnes ont mieux aimé abandonner leurs pénates et fuir leur domicile, que de rester exposées aux vexations de leurs voisins. Des peuples tout entiers, ne pouvant supporter la méchanceté de leurs voisins, ont quitté le sol de leur patrie, et sont venus chercher un refuge dans des pays étrangers: témoin les Achéens, les Hibériens, les Albaniens, ainsi que les peuples auxquels nous devons notre origine, les Pélasgiens, les Aborigènes et les Arcadiens. Enfin, pour ne pas nous borner à ces calamités publiques qui frappèrent des nations entières, l'histoire ne nomme-t-elle pas une foule d'hommes privés qui se sont signalés, soit dans la Grèce, soit dans notre Hespérie, comme des voisins intolérables? Le fameux Autolycus n'était certes pas un voisin bien accommodant, et l'on ne dit pas que Cacus, établi sur le mont Aventin, ait fait le bonheur de ceux qui habitaient le mont Palatin. Si je prends mes exemples dans le passé, et non dans le présent, c'est parce que je ne veux point nommer un de mes propres voisins qui n'épargne ni arbre tout venu, ni arbrisseaux plantés en pépinière, qui arrache l'échalas, appui de la vigne, et qui ne laisse point paître tranquillement les troupeaux dans les prairies. C'est donc avec raison, à mon avis, que Porcius nous conseille de fuir un pareil fléau, et qu'il avertit le futur agronome de se mettre en garde contre un tel malheur. Nous ajouterons aux préceptes de Caton celui qu'un des sept sages a laissé à la postérité : c'est de garder un milieu et une juste mesure en toute chose; et cela doit s'appliquer à l'acquisition des biens fonds aussi bien qu'à toute autre affaire. D'après ce principe, gardons-nous avant tout d'acheter plus de terres que nos moyens ne nous permettent d'en cultiver; c'est du moins le véritable sens de la belle sentence de notre poëte, lorsqu'il nous dit : Admirez, si vous voulez, une grande ferme, mais n'en cultivez qu'une petite. Le savant poëte a, ce me semble, voulu consigner dans ces vers un ancien proverbe que nous devons à la nation la plus industrielle du monde, aux Carthaginois. La terre, disent-ils, ne doit pas être plus forte que le laboureur. C'est qu'en effet lorsque la terre et le laboureur sont aux prises, si la ferme l'emporte, le fermier sera ruiné. D'un autre côté, un petit champ bien cultivé rapporte plus qu'un grand qui le serait mal. Aussi nos ancêtres tirèrent-ils plus de profit des sept arpents de terre que le tribun Licinius, après l'expulsion des rois, avait assignés à chaque citoyen, que nous n'en tirons aujourd'hui des guérets les plus étendus. Curius, dont nous avons parlé plus haut, pensait que c'était là une fortune plus que suffisante même pour un con-

---

spuunt Catonis sententiam : qui tamen multum videntur errare. Nam quemadmodum sapientis est, fortuitos casus magno animo sustinere, ita dementis est ipsum sibi malam facere fortunam : quod facit, qui nequam vicinum suis nummis parat, cum a primis cunabulis, si modo liberis parentibus sit oriundus, audisse potuerit, Οὐδ' ἂν βοῦς ἀπόλοιτ', εἰ μὴ γείτων κακὸς εἴη. Quod non solum de bove dicitur, sed etiam de omnibus partibus rei nostrae familiaris : adeo quidem ut multi praetulerint carere penatibus, et propter injurias vicinorum sedes suas profugerint. Nisi aliter existimamus diversum orbem gentes universas petiisse relicto patrio solo, Achaeos dico et Hiberos, Albanos quoque, nec minus Siculos, et, ut primordia nostra contingam, Pelasgos, Aborigines, Arcadas, quam quia malos vicinos ferre non potuerant. Ac ne tantum de publicis calamitatibus loquar, privatos quoque memoria tradidit et in regionibus Graeciae et in hac ipsa Hesperia detestabiles fuisse vicinos; nisi si Autolycus ille cuiquam potuit tolerabilis esse conterminus; aut Aventini montis incola Palatinis ullum gaudium finitimis suis Cacus attulit. Malo enim praeteritorum, quam praesentium meminisse, ne vicinum meum nominem, qui nec arborem prolixiorem stare nostrae regionis, nec inviolatum seminarium, nec pedamentum adnexum vineae, nec etiam pecudes negligentius pasci sinit. Jure igitur, quantum mea fert opinio, M. Porcius talem pestem vitare censuit, et in primis futurum agricolam praemonuit, ne sua sponte ad eam perveniret. Nos ad caetera praecepta illud adjicimus, quod sapiens unus de septem in perpetuum posteritati pronunciavit, adhibendum modum mensuramque rebus; idque, ut non solum aliud acturis, sed et agrum paraturis dictum intelligatur, ne majorem, quam ratio calculorum patiatur, emere velint. Nam huc pertinet praeclara nostri poetae sententia : *Laudato ingentia rura, exiguum colito.* Quod vir eruditissimus, ut mea fert opinio, traditum vetus praeceptum numeris signavit. Quippe acutissimam gentem Poenos dixisse convenit, imbecilliorem agrum quam agricolam esse debere; quoniam, cum sit colluctandum cum eo, si fundus praevaleat, allidi dominum. Nec dubium quin minus reddat laxus ager non recte cultus, quam angustus eximie. Ideoque post reges exactos Liciniana illa septena jugera, quae plebi tribunus viritim diviserat, majores quaestus antiquis retulere, quam nunc nobis praebent amplissima vetereta. Tanta quidem Curius

sul et un triomphateur. En effet, lorsque le peuple lui offrait cinquante arpents à titre de récompense après la victoire qu'il venait de remporter, et qui était due à son habileté et à son courage, il refusa ce présent, et se contenta de la portion du dernier des citoyens. Plus tard, lorsque nos victoires et l'extermination de nos ennemis eurent laissé beaucoup de terres vacantes, on regarda comme un crime chez un sénateur de posséder plus de cinq cents arpents. C. Licinius fut condamné, pour avoir outre-passé par cupidité la mesure fixée pour chaque citoyen par la loi qu'il avait portée lui-même pendant son tribunat. Et ce n'était pas seulement pour le punir de son orgueil qu'on le condamnait, mais parce qu'on regardait comme un crime de laisser incultes des champs déjà ravagés par les ennemis, ce qui ne pouvait manquer d'arriver lorsqu'un citoyen romain en possédait plus que sa fortune ne lui permettait d'en cultiver. Comme en toutes choses, on gardera dans l'acquisition des terres une juste mesure ; et on n'en aura qu'autant qu'il en faut pour paraître les avoir achetées à l'effet d'en jouir, et non pas pour en être surchargé soi-même, ni pour enlever à d'autres le droit d'en user : à l'exemple de ces gens immensément riches qui possèdent des pays tout entiers, dont ils ne pourraient même pas faire le tour à cheval. Ils sont forcés de les abandonner aux bestiaux et aux bêtes féroces qui les ravagent ; ou bien ils les peuplent de citoyens emprisonnés pour dettes, ou d'esclaves attachés à la chaîne. L'étendue même des fermes doit donc dépendre non-seulement de la volonté, mais encore des ressources de chacun ; car il ne suffit pas, comme je l'ai dit plus haut, de vouloir posséder, il faut encore pouvoir cultiver.

IV. Nous arrivons maintenant au précepte que Céson nous a donné le premier, et que Caton a également adopté : c'est de visiter souvent la terre qu'on se propose d'acheter. Une première inspection ne suffit point pour nous faire découvrir ses avantages ou ses défauts cachés ; ce n'est qu'en la visitant souvent que nous pouvons la juger. Nos ancêtres nous ont indiqué le moyen d'examiner une terre, et de discerner si elle est grasse et fertile. Nous en parlerons en son lieu, lorsqu'il sera question des différentes espèces de terre. Mais sans entrer ici dans ce détail, je reviendrai encore sur cet axiome qu'on ne saurait citer trop souvent, et qui est attribué à M. Attilius Régulus, fameux général du temps de la première guerre punique ; c'est que, de même qu'il ne faut pas acquérir un fonds de terre, si fertile qu'il soit, lorsque le climat en est insalubre, de même il ne faut pas non plus acheter une propriété dont le sol est stérile, si salubre que soit le climat. Or, ce conseil qu'Attilius donnait aux cultivateurs de son époque avait d'autant plus de poids dans sa bouche, qu'il parlait d'après sa propre expérience. En effet, l'histoire nous apprend qu'il cultivait une terre ingrate et pestilentielle dans le territoire de Pupinia. De même qu'un homme intelligent ne doit point acheter une propriété dans toutes sortes d'endroits, ni se laisser tromper par les avantages d'un sol fertile ou d'une situation agréable, de même un bon chef de famille doit chercher à faire fructifier et tirer un bon produit des biens qu'il a acquis soit par transaction soit par héritage, quelle qu'en soit la nature. Dans cette vue nos devanciers nous ont laissé beaucoup de préceptes qui ont pour but d'améliorer un climat malsain, d'atténuer des exhalaisons pestilentielles, et de

Dentatus, quem paulo ante retulimus, prospero ductu parta victoria, ob eximiam virtutem deferente populo præmii nomine quinquaginta soli jugera, supra consularem triumphalemque fortunam putavit satis esse : repudiatoque publico munere populari ac plebeia mensura contentus fuit. Mox etiam cum agrorum vastitatem victoriæ nostræ et interniciones hostium fecissent, criminosum tamen senatori fuit supra quingenta jugera possedisse, suaque lege C. Licinius damnatus est, quod agri modum, quem in magistratu rogatione tribunicia promulgaverat, immodica possidendi libidine transcendisset : nec magis quia superbum videbatur tantum loci detinere, quam quia flagitiosum, quos hostis profugiendo desolasset agros, novo more civem Romanum supra vires patrimonii possidendo deserere. Modus ergo, qui in omnibus rebus, etiam parandis agris adhibebitur. Tantum enim obtinendum est, quanto est opus, ut emisse videamur, quo potiremur, non quo onerarentur ipsi, atque aliis fruendum eriperemus ; more præpotentium, qui possident fines gentium, quos ne circumire equis quidem valent ; sed proculcandos pecudibus, et vastandos (ac populandos) feris derelinquunt, aut occupatos nexu civium, et ergastulis tenent. Modus autem erit sua cuique [moderata] voluntas facultasque. Neque enim satis est, ut jam prius dixi, possidere velle, si colere non possis.

IV. Sequitur deinceps Cæsonianum præceptum, quo fertur usus etiam Cato Marcus, agrum esse revisendum sæpius eum, quem velis mercari. Nam prima inspectione neque vitia neque virtutes abditas ostendit, quæ mox retractantibus facilius apparent. Inspectionis quoque velut formula nobis a majoribus tradita est agri pinguis ac læti : de cujus qualitate dicemus suo loco, cum de generibus terræ disseremus. In universum tamen quasi testificandum atque sæpius prædicandum habeo, quod primo jam Punico bello dux inclutissimus M. Attilius Regulus dixisse memoratur, fundum sicuti ne fœcundissimi quidem soli, cum sit insalubris ; ita nec effeti, si vel saluberrimus sit, parandum : quod Attilius ætatis suæ agricolis majore cum auctoritate suadebat peritus usu. Nam Pupiniæ pestilentis simul et exilis agri cultorem fuisse eum loquuntur historiæ. Quapropter cum sit sapientis non ubique emere, nec aut ubertatis illecebris aut deliciarum concinnitate decipi : sic vero industrii patrisfamilias est quicquid aut emerit aut acceperit, facere fructuosum atque utile : quoniam et

vaincre à force de travail et de soin l'ingratitude du sol dans une contrée stérile. Or, vous atteindrez ce but, si vous suivez, comme ceux d'un oracle, les conseils du plus véridique des prophètes : « Cherchez à bien connaître d'avance les vents et les climats, le mode de culture pratiqué par vos prédécesseurs, et la nature du sol, afin que vous sachiez ce que chaque contrée peut rapporter, et ce qu'elle refuse au cultivateur. » Cependant, quelle que soit l'autorité des anciens cultivateurs, elle ne doit point nous faire renoncer à nos propres expériences nouvelles. Si ces sortes d'essais ne sont pas sans inconvénient, il en résulte toujours du moins un avantage réel pour la ferme; parce qu'en général on ne cultive jamais de terre sans en retirer un profit quelconque, et que le maître, en essayant, parvient à connaître le genre de culture qui convient le mieux à sa ferme. Les essais augmentent le produit des champs les plus fertiles; c'est pourquoi il ne faut jamais craindre de les tenter, surtout dans les terres grasses, où l'on peut être sûr que le produit dédommagera toujours de la peine qu'on aura prise et des dépenses qu'il aura fallu faire. Mais de même qu'il est important de connaître la qualité d'un fonds, et la manière de le cultiver, il ne l'est pas moins de savoir comment la métairie doit être bâtie, et quelle doit être sa disposition pour en tirer un bon parti. Sous ce rapport, les hommes les plus illustres ne sont pas toujours exempts d'erreur : témoin L. Lucullus et Q. Scévola. La villa de Lucullus était plus grande que ne le comportait la ferme, tandis que celle de Scévola avait le défaut contraire. L'un et l'autre défaut sont également nuisibles aux intérêts du propriétaire. Si les bâtiments sont trop vastes, ils nécessitent de grands frais de construction et d'entretien; s'ils sont petits par rapport au fonds de terre, on est exposé à perdre une grande partie de la récolte. En effet, toutes les productions de la terre, celles qui sont sèches aussi bien que celles qui sont liquides, se gâtent facilement, si l'on n'a pas d'endroits couverts, spacieux et commodes, où l'on puisse les resserrer. L'habitation du maître doit être aussi élégante que sa fortune le lui permet, afin qu'il vienne avec plaisir à sa campagne, et que le séjour qu'il y fera lui paraisse agréable. S'il se fait accompagner de sa femme, dont le sexe et le goût sont plus délicats, ces sortes d'embellissements seront d'autant plus nécessaires qu'elle consentira plus facilement à rester avec son époux. Qu'un agriculteur bâtisse donc élégamment, sans se laisser entraîner d'ailleurs à des dépenses excessives. Vos bâtiments, nous dit Caton, devront être proportionnés à l'étendue de vos terres, de crainte que votre villa ne coure après votre ferme, ou votre ferme après votre villa. Nous allons expliquer maintenant quelle est la meilleure situation d'une villa. Il ne suffit point de la placer dans une contrée salubre, il faut encore choisir pour son emplacement la partie la plus saine de la ferme tout entière. Lorsque l'air qui environne le bâtiment est corrompu, la santé est exposée à mille influences nuisibles. Il y a des endroits qui aux solstices souffrent moins de la chaleur que les autres, mais où le froid est insupportable dans l'hiver, comme, par exemple, Thèbes en Béotie. Il y en a d'autres où l'hiver est doux, mais où la chaleur est pesante en été, comme Chalcis dans l'Eubée. Il faut donc chercher un air tempéré, qui ne soit ni trop chaud ni trop froid,

---

gravioris cæli multa remedia priores tradiderunt, quibus mitigetur pestifera lues; et in exili terra cultoris prudentia ac diligentia maciem soli vincere potest. Hæc autem consequemur, si verissimo vati velut oraculo crediderimus dicenti : *Ventos et proprium cæli prædiscere morem cura sit ac patrios cultusque habitusque locorum, et quid quæque ferat regio et quid quæque recuset :* nec contenti tamen auctoritate vel priorum vel præsentium colonorum nostra prætermiserimus exempla, novaque tentaverimus experimenta. Quod etsi per partes nonnunquam damnosum est; in summa tamen fit compendiosum, quia nullus ager sine profectu colitur, simul ac tentando possessor efficit, ut in id formetur, quod maxime præstari possit. Ea res etiam feracissimos agros utiliores reddit. Itaque nusquam experimentorum varietas omittenda est; longeque etiam in pingui solo magis audendum, quoniam nec laborem nec sumptum frustratur effectus. Sed cum refert, qualis fundus et quo modo colatur; tum villa qualiter ædificetur, et quam utiliter disponatur. Multos enim deerrasse, memoria prodidit, sicut præstantissimos viros L. Lucullum et Q. Scævolam, quorum alter majores alter minus amplas, quum postulavit modus agri, villas extruxit, cum utrumque sit contra rem familiarem. Diffusiora enim consepta non solum pluris ædificamus, sed etiam impensis majoribus tuemur : at minora cum sunt, quam postulat fundus, dilabuntur fructus. Nam et humidæ res et siccæ, quas terra progenerat, facile vitiantur, si aut non sunt, aut propter angustias incommoda sunt tecta, quibus inferantur. Pro portione etiam facultatum, quam optime paterfamilias debet habitare, uti et libentius rus veniat, et degat in eo jucundius; utique vero, si etiam matrona comitabitur, cujus ut sexus ita animus est delicatior : quamobrem amœnitate aliqua denerenda erit, quo patientius moretur cum viro. Eleganter igitur ædificet agricola : nec sit tamen ædificator; atque areæ pedem tantum complectatur, quod ait Cato, quantum ne villa fundum quærat, neve fundus villam : cujus universum situm qualem oporteat esse, nunc explicabimus. Quod inchoatur ædificium, sicut salubri regione ita saluberrima parte regionis debet constitui. Nam circumfusus aer corruptus plurimas affert corporibus nostris causas offensarum. Sunt quædam loca, quæ solstitiis minus concalescunt, sed frigoribus hiemis intolerabiliter horrent, sicut Thebas ferunt Bœotias. Sunt quæ tepent hieme, sed æstate sævissimis candent, ut affirmant Euboicam Chalcidem. Petatur igitur aer calore et frigore temperatus, qui

tel qu'il est communément vers le milieu des collines; par la raison que cette partie n'est ni assez enfoncée pour être engourdie par les gelées de l'hiver ou brûlée par les chaleurs de l'été, ni assez élevée pour avoir rien à redouter soit des vents, qui sont toujours furieux sur le haut des montagnes, soit des pluies, qui tombent avec plus de violence dans les endroits élevés que partout ailleurs. La situation la plus favorable pour une villa sera donc au milieu d'une colline; on aura soin toutefois d'y choisir un endroit plus élevé que le reste du terrain, de crainte que les torrents formés par les pluies ne viennent à entraîner les fondements de l'édifice, lorsqu'ils se précipitent dans la plaine.

V. Il faut qu'il y ait des eaux vives qui coulent à travers la métairie, soit qu'elles y prennent leur source, soit qu'elles la prennent au dehors; qu'il y ait dans le voisinage un lieu d'où l'on puisse tirer sa provision de bois, et qui présente des pâturages. S'il ne s'y trouve point d'eau courante, on cherche dans les environs un puits qui ne soit pas profond, et dont l'eau ne soit ni amère ni salée. Si l'on manque absolument d'eau courante, et qu'on ne trouve même pas d'eau de puits, on construira de vastes citernes à l'usage des hommes, et des abreuvoirs pour les bestiaux. On y recueillera dans les uns comme dans les autres l'eau des pluies, qui est très-bonne, surtout lorsqu'on la fait passer à travers des tuyaux de terre cuite qui la conduisent dans une citerne couverte. Après l'eau des pluies la meilleure est celle qui, prenant sa source dans les montagnes, s'y précipite à travers des rochers, comme par exemple l'eau du mont Guarcenus en Campanie. On place au troisième rang l'eau qu'on tire des puits creusés sur des collines, ou du moins dans des vallées d'une certaine élévation.

La pire de toutes c'est l'eau marécageuse, dont le mouvement est lent et presque imperceptible. Quant à celle qui croupit dans les marais, sans jamais s'écouler, elle est véritablement pestilentielle; et cependant, si nuisible qu'elle soit, elle se corrige par l'eau des pluies qui tombent dans l'hiver. On voit par là combien l'eau des pluies doit être salutaire, puisqu'elle a la vertu de purifier l'eau des marais. Aussi, comme nous l'avons dit, c'est la meilleure qu'on puisse employer pour servir de boisson. En outre, les ruisseaux contribuent beaucoup à modérer les chaleurs de l'été, et à rendre le pays plus agréable. Si leur eau est douce, et que la position le permette, il faudra les faire passer à travers la villa; mais s'il y a une rivière très-écartée des collines, et que l'élévation de ses rives ainsi que la salubrité du pays ne s'opposent point à placer la villa sur ses bords, il faut toujours faire en sorte que la villa ait l'eau derrière, et non par devant. De cette manière la façade de l'édifice sera garantie des vents nuisibles, et se trouvera exposée à ceux qui sont regardés comme favorables. En effet, la plupart des rivières sont couvertes en été de vapeurs malfaisantes, et en hiver de brouillards, qui peuvent, s'ils ne sont dissipés par la violence des vents, devenir funestes aux hommes et aux bestiaux. Dans les endroits salubres, la villa doit, comme je l'ai dit, regarder l'est ou le sud, tandis que dans les climats nébuleux elle doit avoir l'exposition du nord. Une villa est toujours convenablement placée au pied de la mer, lorsqu'elle en est assez proche pour que les vagues battent le pied du bâtiment, et viennent s'y briser; au lieu qu'elle serait mal sur la plage ou à quelque distance des flots. En effet, lorsqu'on fait tant que de s'écarter de la mer, il faut s'en écarter beaucoup, toute la plage étant, jusqu'à une cer-

fere medios obtinet colles, quod neque depressus hieme pruinis torpet, aut torretur æstate vaporibus, neque elatus in summa montium perexiguis ventorum motibus aut pluviis omni tempore anni sævit. Hæc igitur est medii collis optima positio, loco tamen ipso paululum intumescente; ne cum a vertice torrens imbribus conceptus adfluxerit, fundamenta convellat.

V. Sit autem vel intra villam vel extrinsecus inductus fons perennis; lignatio, pabulumque vicinum. Si deerit fluens unda, puteus quæratur in vicino, quæ non sit haustus profundi, non amari saporis aut salsi. Hæc quoque si deficiet, et spes arctior aquæ manantis coegerit, vastæ cisternæ hominibus piscinæque pecoribus instruantur, colligendæ aquæ tandem pluviali, quæ salubritati corporis est accommodatissima. Sed ea sic habetur eximia, si fictilibus tubis in contectam cisternam deducatur. Huic proxima fluens aqua e montibus oriunda, si per saxa præceps devolvitur, ut est in Guarceno Campaniæ. Tertia putealis collina, vel quæ non infima valle reperitur. Deterrima palustris, quæ pigro lapsu repit. Pestilens, quæ in palude semper consistit. Hic idem tamen humor, quamvis nocentis naturæ, temporibus [tamen] hiemis edomitus imbribus mitescit; ex quo cælestis aqua maxime salubris intelligitur, quod etiam venenati liquoris eluit perniciem. Sed hanc potui probatissimam diximus. Cæterum ad æstatum temperandos calores et amœnitatem locorum plurimum conferunt salientes rivi, quos, si conditio loci patietur, qualescunque dummodo dulces utique perducendos in villam censeo. Sin summotus longius a collibus erit amnis, et loci salubritas editiorque situs ripæ permittet superponere villam profluenti, cavendum tamen erit, ut a tergo potius, quam præ se flumen habeat, et ut ædificii frons aversa sit ab infestis ejus regionis ventis, et amicissimis adversa; cum plerique amnes æstate vaporatis hieme frigidis nebulis caligent. Quæ nisi vi majore inspirantium ventorum submoveantur, pecudibus hominibusque conferunt pestem. Optime autem salubribus, ut dixi, locis ad orientem vel [ad] meridiem, gravibus ad septentrionem villa convertitur. Eademque semper mare recte conspicit, cum pulsatur, ac fluctu respergitur; nunquam ex ripa, sed haud paulum submota a littore. Nam præstat a mari longo potius intervallo, quam brevi refugisse; quia media sunt

taine distance, remplie de vapeurs et d'exhalaisons dangereuses. Une ferme ne doit pas être non plus située près d'un marais ou d'une route militaire. Les marais développent pendant les chaleurs de l'été des vapeurs nuisibles, et engendrent des insectes armés d'aiguillons, et dont les essaims nombreux assaillent l'homme. Les marais fourmillent encore de serpents et d'autres reptiles qui, privés de l'humidité de l'hiver, sortent de cette fange, mise en fermentation par les ardeurs du soleil. Tout cela occasionne souvent des maladies, dont les causes sont tellement cachées que les médecins eux-mêmes ne peuvent pas toujours les découvrir. Il règne, en outre, dans ces contrées une sorte de remugle et une humidité qui ronge les instruments de culture, pourrit les meubles, et gâte les fruits serrés dans les greniers aussi bien que ceux qui sont laissés à découvert.

Le voisinage d'une grande route n'est pas non plus favorable à l'emplacement d'une ferme, tant à cause des dégâts que les voyageurs peuvent faire aux récoltes, qu'à cause des visites fréquentes dont on est incommodé. Pour éviter tous ces inconvénients, il ne faudra bâtir la métairie ni sur un grand chemin, ni dans un endroit pestilentiel, mais dans une situation élevée de sorte que la façade des bâtiments soit tournée vers le point du ciel où le soleil se lève à l'équinoxe. Cette position, tout en exposant l'habitation aux vents d'été, la défend de ceux d'hiver. Plus le terrain s'abaisse à l'est, plus il reçoit facilement les vents d'été, et moins il donne accès aux tempêtes d'hiver; la chaleur du soleil levant y résout plus promptement les rosées glacées. Ces avantages sont d'une grande importance, parce qu'en général tous les lieux qui ne sont point exposés au soleil et aux vents secs sont regardés comme malsains. En effet, dans toute la nature il n'y a point d'autre force qui puisse aussi facilement sécher ou balayer les vapeurs de la nuit, la rouille, et cette humidité sale qui s'attache à tout, et qui est aussi dangereuse pour les hommes que pour les troupeaux, les plantes et les fruits. Quand on veut construire sur un terrain en pente, il faut commencer à bâtir sur la partie la plus basse du coteau. Non-seulement les fondations qui auront été jetées dans ce renfoncement soutiendront le poids de l'édifice, mais elles serviront de contrefort et d'appui aux constructions qu'on voudra ajouter dans la suite, lorsqu'il faudra agrandir la métairie. Les anciennes constructions formeront alors un contrepoids assez puissant pour soutenir les nouvelles. Si l'on commençait au contraire par jeter sur la partie supérieure du coteau les fondations destinées à porter toute la masse des bâtiments, les constructions qu'on ajouterait dans la suite formeraient des faux-points et des crevasses. En effet, toutes les fois qu'une nouvelle construction est ajoutée à un ancien bâtiment qui menace ruine, le vieil édifice, à force de soutenir la masse qui s'élève auprès de lui, finit par céder; et le nouvel édifice venant à pencher du côté de l'ancien à mesure que celui-ci s'affaisse, succombe peu à peu sous sa propre masse, jusqu'à ce qu'il ait été entraîné dans la ruine du premier. C'est ce vice de construction qu'il faudra éviter, en jetant les premières fondations.

VI. La distribution d'une métairie doit répondre à l'ensemble de la ferme. Elle se composera de trois parties: l'habitation du maître, les bâtiments rustiques, et les greniers. L'habitation

---

spatia gravioris halitus. Nec paludem quidem vicinam esse oportet ædificiis; nec junctam militarem viam, quod illa caloribus noxium virus eructat, et infestis aculeis armata gignit animalia, quæ in nos densissimis examinibus involant; tum etiam nantium serpentiumque pestes, hiberna destituta uligine, cœno et fermentata colluvie vere natas emittit, ex quibus sæpe contrahuntur cæci morbi, quorum causas ne medici quidem perspicere queunt; sed et anni toto tempore situs atque humor instrumentum rusticum supellectilemque et incoditos conditosque fructus corrumpit: hæc autem prætereuntium viatorum populationibus, et assiduis devertentium hospitiis infestat rem familiarem. Propter quæ censeo ejusmodi vitare incommoda, villamque nec in via nec pestilenti loco, sed procul et editiore situ condere, sic ut frons ejus ad orientem æquinoctialem directa sit. Nam ejusmodi positio medium temperatumque libramentum ventorum hiemalium et æstivorum tenet: quantoque fuerit ædificii solum pronius orienti, tanto et æstate liberius capere perflatus, et hiemis procellis minus infestari, et matutino regelari ortu poterit, ut concreti rores liquescant: quoniam fere pestilens habetur, quod est remotum ac sinistris soli et apricis flatibus; quibus si caret, nulla alia vis potest nocturnas pruinas, et quodcumque rubiginis aut spurcitiæ resedit, siccare atque detergere. Hæc autem cum hominibus afferunt perniciem, tum et armentis et virentibus eorumque fructibus. Sed quisquis ædificia volet in declivibus areis extruere, semper ab inferiore parte auspicetur: quia cum ex depressiore loco fuerint orsa fundamenta, non solum superficiem suam facile sustinebunt, sed et pro fultura et substructione fungentur, adversus ea, quæ mox, si forte villam prolatare libuerit, ab superiore parte applicabuntur: quippe ab imo præstructa valenter resistent contra ea, quæ postmodum superposita incumbent. At si summa prius a clivi fundata propriam molem susceperit, quidquid ab inferiore mox apposueris, fissum erit rimosumque. Nam cum veteri adstruitur recens ædificium, quasi surgenti reluctans oneri cedit; et quod prius extructum imminebit cedenti, paulatim degravatum pondere suo præceps attrahetur. Igitur id structuræ vitium cum primum statim fundamenta jaciuntur, evitandum est.

VI. Modus autem membrorumque numerus aptetur universo consepto, et dividatur in tres partes, urbanam, rusticam et fructuariam. Urbana rursus in hiberna et æstiva sic digeratur, ut spectent hiemalis temporis cubi-

du maître sera divisée en appartements d'été et en appartements d'hiver. Les chambres à coucher des appartements d'hiver auront l'exposition du soleil levant d'hiver, et les salles à manger, celle du soleil couchant équinoxial. Les chambres à coucher des appartements d'été seront exposées au midi équinoxial, et les salles à manger, au soleil levant d'hiver. Les bains seront tournés vers le soleil couchant d'été, afin d'être bien éclairés depuis midi jusqu'au soir. Les promenoirs seront sous le midi équinoxial, afin qu'ils aient beaucoup de soleil en hiver et peu en été. Les bâtiments dits rustiques se composeront d'abord d'un office vaste et bien exhaussé, afin que la charpente soit à l'abri du feu, et que les gens de la maison puissent s'y tenir commodément dans toutes les saisons de l'année. Les chambres des esclaves libres auront l'exposition du midi équinoxial. Quant aux esclaves enchaînés, on leur fera sous terre une prison aussi saine que possible, et éclairée par des fenêtres nombreuses, étroites, et assez exhaussées pour qu'ils ne puissent y atteindre avec la main. Les étables destinées aux bestiaux ne devront être ni trop chaudes ni trop froides. Les animaux soumis au joug auront des étables d'été et des étables d'hiver. Pour les autres espèces d'animaux qu'on entretient également dans l'intérieur d'une ferme, on leur ménagera pour l'hiver des retraites couvertes, et pour l'été des enceintes à découvert, mais entourées de hautes murailles, pour qu'ils y soient en sûreté et n'aient point à craindre les attaques des bêtes féroces. Toutes ces sortes d'étables seront construites de manière à ce que l'eau ne puisse y pénétrer du dehors, et que celle provenant des animaux s'en écoule le plus promptement possible, afin que la pourriture ne gagne ni les fondations des murs, ni la corne des pieds des bestiaux. Les étables destinées aux bœufs auront neuf ou même dix pieds de largeur, pour donner à l'animal la facilité de se coucher, et laisser au bouvier la liberté de tourner autour de lui. Les mangeoires devront être à une hauteur convenable, afin que les bœufs et les autres bestiaux, étant debout, puissent y manger commodément. Le métayer aura sa chambre près de la porte principale, pour qu'il soit à même de surveiller ceux qui sortent ou qui entrent. Par la même raison l'intendant aura la sienne au-dessus de la porte même, de sorte qu'il pourra en même temps surveiller de près le métayer. Non loin de là on établira le magasin destiné à recevoir les instruments aratoires. Dans ce magasin, on ménagera un cabinet où l'on puisse fermer à clef les ustensiles de fer. Les bouviers et les bergers auront leurs cabanes près des étables, afin qu'ils soient à même de donner aux bestiaux les soins qu'ils demandent. Tous ces gens seront logés le plus près possible les uns des autres, afin que le métayer ne perde point de temps en visitant les différentes parties de la ferme, et qu'eux-mêmes puissent se surveiller mutuellement, et rendre compte du plus ou du moins de zèle qu'ils mettent dans leurs fonctions respectives. Les bâtiments à provision se composeront du cellier à huile, du pressoir, du cellier à vin, du cellier à vin cuit, du grenier à foin, du grenier à paille, des resserres, et du grenier à blé. Les pièces à fleur de terre seront réservées à la garde des liquides destinés à la vente, comme le vin et l'huile. On placera sur des espèces de planchers ou d'étages les fruits secs, tels que le blé, le foin, les feuillages, la paille, et toutes les autres espèces de fourrages.

---

cula brumalem orientem : cœnationes, æquinoctialem occidentem. Rursus æstiva cubicula spectent meridiem æquinoctialem, sed cœnationes ejusdem temporis prospectent hibernum orientem. Balnearia occidenti æstivo advertantur, ut sint post meridiem et usque in vesperum illustria. Ambulationes meridiano æquinoctiali subjectæ sint, ut hieme plurimum solis et æstate minimum recipiant. At in rustica parte magna et alta culina ponetur, ut et contignatio careat incendii periculo, et in ea commode familiares omni tempore anni morari queant. Optime solutis servis cellæ meridiem æquinoctialem spectantes fient : vinctis quam saluberrimum subterraneum ergastulum, plurimis idque angustis illustratum fenestris, atque a terra sic editis, ne manu contingi possint. Pecudibus fient stabula, quæ neque frigore neque calore infestentur. Domitis armentis duplicia bubilia sint, hiberna atque æstiva. Cæteris autem pecoribus, quæ intra villam esse convenit, ex parte tecta loca, ex parte sub dio parietibus altis circumsepta, ut illic per hiemem, hic per æstatem sine violentia ferarum conquiescant. Sed omnia stabula sic ordinentur, ne quis humor influere possit : et ut quisque ibi conceptus fuerit, quam celerrime dilabatur, ut nec fundamenta parietum corrumpantur, nec ungulæ pecudum. Lata bubilia esse oportebit pedes decem vel minime novem : quæ mensura et ad procumbendum pecori et jugario ad circumeundum laxa ministeria præbeat. Non altius edita esse præsepia convenit, quam ut bos aut jumentum sine incommodo stans vesci possit. Villico juxta januam fiat habitatio, ut intrantium exeuntiumque conspectum habeat. Procuratori supra januam ob easdem causas : et is tamen villicum observet ex vicino : sitque utrique proximum horreum, quo conferatur omne rusticum instrumentum ; et intra id ipsum clausus locus, quo ferramenta condantur. Bubulcis pastoribusque cellæ ponantur juxta sua pecora, ut ad eorum curam sit opportunus excursus. Omnes tamen quam proxime alter ab altero debent habitare, ne villici diversas partes circumeuntis sedulitas distendatur, et ut inter se diligentiæ et negligentiæ cujusque testes sint. Pars autem fructuaria dividitur in cellam oleariam, torcularium, cellam vinariam, defrutariam, fœniliaque paleariaque et apothecas et horrea, ut ex iis quæ sunt in plano, custodiam recipiant humidarum rerum tanquam vini aut olei venalium ; siccæ autem res congerantur tabulatis, ut frumenta, fœnum,

Les greniers, auxquels conduira un escalier, auront de petites fenêtres croisées, livrant passage aux aquilons. Cette position, étant la plus fraîche et la moins humide, est très-favorable à la conservation des grains. Le cellier à vin, situé en pleine terre, aura la même exposition; mais il devra se trouver très-éloigné des bains, du four, du trou à fumier, de toutes les immondices d'où s'échappent des émanations fétides, ainsi que des citernes ou des eaux saillantes, dont les évaporations gâtent le vin. Beaucoup de cultivateurs pensent que le lieu le plus favorable pour serrer le grain est une grange avec un comble arqué, et dont le sol en terre, d'abord remué et humecté avec de l'amurque nouvelle et non salée, a été ensuite battu et consolidé avec des battes, comme les pavés connus sous le nom de *Signinum opus*. Puis, lorsque l'ouvrage est sec, on le recouvre avec un enduit dur, détrempé avec l'amurque au lieu d'eau, et mêlé avec de la chaux et du sable. On enfonce ensuite ce mortier dur; à force de le battre avec les battes les plus pesantes, on le polit, et on en remplit soigneusement tous les joints et angles formés par le pavé et les murs; car les fentes qui se forment ordinairement dans ces parties offrent des retraites assurées aux animaux qui viennent de dessous terre. Les greniers se composeront de plusieurs compartiments, dont chacun renfermera les différentes sortes de légumes et de fruits. Les murs seront revêtus d'une couche de mortier délayée dans l'amurque; mais au lieu de paille on mettra dans cette composition des feuilles desséchées d'olivier sauvage, ou, à leur défaut, de toute autre espèce d'olivier. Lorsque cette couche sera bien sèche, on l'arrosera de nouveau avec de l'amurque, qu'on laissera entièrement sécher avant de rentrer le blé dans le grenier. Cette précaution est excellente, surtout pour préserver le blé des charançons et d'autres animaux, qui ne tarderaient point à le ronger si on la négligeait. Néanmoins si le grenier n'est pas exposé d'une manière assez favorable, le grain le plus choisi ne tarde pas à s'y moisir. Lorsqu'on n'a rien à craindre de l'humidité, le blé peut se conserver dans des fosses creusées en terre, ainsi que cela se pratique dans quelques provinces d'outre-mer. En déposant les grains dans ces espèces de puits appelés siros, on rend en quelque sorte une seconde fois à la terre les productions qui sont sorties de son sein. Pour nos contrées, qui ne sont que trop sujettes à l'humidité, nous préférons des greniers élevés au-dessus du sol, et construits de la manière que nous venons d'indiquer. C'est du moins le moyen le plus sûr pour garantir le blé des charançons. Lorsque ce malheur est arrivé, beaucoup de personnes pensent qu'il suffirait, pour en arrêter les progrès, de renouveler l'air dans les tas de grains par la ventilation : c'est une erreur manifeste; car loin de chasser les charançons, on les disperse ainsi sur la totalité des monceaux. Si au contraire on ne touche point au grain, les couches supérieures seront seules rongées par ces insectes, qui ne pénètrent pas dans le blé à plus d'une palme de profondeur. Or, il vaut mieux perdre ce qui est déjà gâté, que d'exposer toute la récolte. Lorsque plus tard on voudra livrer le blé à la consommation, on n'aura qu'à mettre à part les couches supérieures, pour ne prendre que celles qui sont restées intactes. Quoique ces ob-

frondes, paleæ, cæteraque pabula. Sed granaria, ut dixi, scalis adeantur, et modicis fenestellis aquilonibus inspirentur. Nam ea cœli positio maxime frigida et minime humida est; quæ utraque perennitatem conditis frumentis afferunt. Eadem ratio est (quæ) in plano sitæ vinariæ cellæ, quæ submota procul esse debet a balineis, furno, sterquilinio, reliquisque immunditiis tetrum odorem spirantibus : nec minus a cisternis aquisve salientibus, quibus extrahitur humor, qui vinum corrumpit. Neque me præterit, sedem frumentis optimam quibusdam videri horreum camara contectum, cujus solum terrenum prius quam consternatur, perfossum et amurca recenti non salsa madefactum, velut Signinum opus pilis condensatur. Tum deinde cum exaruit, simili modo pavimenta testacea, quæ pro aqua receperint amurcam mixta calci et arenæ, supersternuntur, et magna vi paviculis inculcantur atque expoliuntur, omnesque parietum et soli juncturæ testaceis pulvinis fibulantur : quoniam fere cum in his partibus ædificia rimas egerunt, cava præbent et latebras subterraneis animalibus. Sed et lacubus distinguuntur granaria, ut separatim quæque legumina ponantur. Parietes oblinuntur amurca subacto luto, cui pro paleis admista sunt arida oleastri, vel si ea non sunt, oleæ folia. Deinde cum prædictum tectorium inaruit, rursus amurca respergitur, qua siccata frumentum infertur. Ea res ab noxa curculionum et similium animalium commodissime videtur conditas fruges defendere; quæ nisi diligenter repositæ sint, celeriter ab eis consumuntur. Sed id genus horrei, quod scripsimus, nisi [sit in] sicca positione villæ quamvis granum robustissimum corrumpit situ : qui si nullus adsit, possunt etiam defossa frumenta servari, sicut transmarinis quibusdam provinciis, ubi puteorum in modum, quos appellant siros, exhausta humus, editos a se fructus recipit. Sed nos in nostris regionibus, quæ redundant uligine, magis illam positionem pensilis horrei, et hanc curam pavimentorum et parietum probamus : quoniam, ut retuli, sic emunita sola et latera horreorum prohibent curculionem. Quod genus exitii cum incidit, multi opinantur arceri posse, si exesa fruges in horreo ventilentur, et quasi refrigerentur. Id autem falsissimum est : neque enim hoc facto expelluntur animalia, sed immiscentur totis acervis : qui si maneant immoti, summis tantum partibus infestantur, quoniam infra mensuram palmi non nascitur curculio : longeque præstat id solum, quod jam vitiatum est, quam totum periculo subjicere. Nam cum exiget usus, facile est, eo sublato, quod vitiatum erit, integro inferiore uti. [Sed] hæc, etsi extrinsecus, non tamen intempestive videor hoc loco retulisse. Torcularia præcipue cellæque oleariæ calidæ esse debent, quia commodius omnis liquor vapore

servations soient étrangères au sujet que je traite, je ne les crois pourtant pas déplacées ici. Les celliers à huile doivent être chauds, et les pressoirs encore plus, parce qu'en général les liquides se dissolvent par l'effet de la chaleur et se contractent par le froid ; et que si l'huile, lorsqu'elle sort en petite quantité, vient à se condenser, elle ne tarde pas à devenir rance. Mais il faut que la chaleur soit naturelle, et résulte du climat, et de l'exposition même du cellier. On évitera avec soin l'emploi du feu, car la fumée et la suie enlèveraient à l'huile sa saveur. C'est pour cette raison que les pressoirs doivent recevoir le jour du midi, pour qu'on puisse se passer de feu et de lumière lorsqu'on pressera l'olive. Le lieu où l'on fera bouillir le vin ne sera ni étroit ni obscur, afin que celui qui est chargé de ce soin y soit à son aise. Le lieu où l'on sèche le bois nouvellement coupé sera placé également dans la partie réservée aux travaux rustiques de la métairie, auprès des bains destinés aux gens de la maison. Quant à ces bains, qui ne doivent point manquer dans une ferme, on n'en permettra l'usage aux esclaves que les jours de fête ; car ils affaiblissent le corps quand ils sont trop fréquents. Les celliers à vin seront placés au-dessus des endroits d'où il sort habituellement de la fumée, parce que les vins y vieilliront plus vite, et que la continuité de la fumée les fera parvenir de bonne heure à leur maturité. Toutefois, on ménagera un autre cellier pour y déposer les vins vieux ; car ils se gâteraient par suite d'une fumigation trop prolongée. Nous en avons assez dit sur la situation de la métairie, et la distribution de ses différentes parties. Les dépendances d'une ferme se composent d'un four, d'un moulin d'une grandeur proportionnée au nombre de colons qui doivent l'habiter, et enfin de deux réservoirs d'eau, dont l'un sera destiné aux oies et aux bestiaux, et dont l'autre servira pour tremper les lupins, l'osier, les verges, et d'autres objets de cette nature d'un usage journalier. On ménagera en outre deux trous à fumier, l'un pour recevoir le fumier nouveau qui doit y séjourner toute l'année, l'autre pour le fumier ancien, qui de là est conduit aux champs. Ces deux fossés doivent, ainsi que les réservoirs, être légèrement inclinés, murés et pavés, pour que l'humidité du fumier ne puisse s'échapper. Ce n'est qu'en conservant ses sucs que le fumier conservera toutes ses forces. Il faudra même l'humecter continuellement, afin que les semences de ronces et de mauvaises herbes qui se trouvent mêlées à la paille et à la litière y pourrissent, et n'aillent pas germer dans les champs où l'on doit transporter le fumier. Les cultivateurs expérimentés couvrent avec des claies ou des branchages tout l'engrais qu'ils retirent des bergeries et des étables, de crainte que le vent ne le dessèche, ou que l'action du soleil ne le consume. L'aire se trouvera placée, autant que possible, sous les yeux du maître ou de son intendant ; le mieux est de la paver en pierres dures. Lorsque le sol oppose une forte résistance aux pieds des bestiaux et au poids des traîneaux, le grain se détache plus vite de l'épi ; et quand le blé est vanné, il est plus propre et moins rempli de petits cailloux et de terre que s'il a été battu sur le sol nu. Près de l'aire on ménagera un lieu couvert, où l'on puisse transporter les gerbes à demi battues, pour les mettre à l'abri, dans le cas où une pluie imprévue viendrait interrompre les travaux. Cette précaution, que l'inconstance du temps rend indispensable en Italie, devient inutile dans beaucoup de contrées d'outre-

solvitur, ac frigoribus magis constringitur. Oleum, quod minus provenit, si congelatur, fracescet. Sed ut calore naturali est opus, qui contingit positione cæli et declinatione, ita non est opus ignibus aut flammis : quoniam fumo et fuligine sapor olei corrumpitur. Propter quod torcular debet a meridiana parte illustrari, ne necesse habeamus ignes lucernamque adhibere, cum premitur olea. Cortinale ubi defrutum fiat, nec angustum nec obscurum sit, ut sine incommodo minister, qui sapam decoquet, versari possit. Fumarium quoque, quo materia, si non sit jampridem cæsa, festinato siccetur, in parte rusticæ villæ fieri potest junctum rusticis balneis. Nam eas quoque refert esse, in quibus familia, sed tantum feriis, lavetur. Neque enim corporis robori convenit frequens usus earum. Apothecæ recte superponentur his locis, unde plerumque fumus exoritur : quoniam vina celerius vetustescunt, quæ fumi quodam tenore præcoquem maturitatem trahunt. Propter quod et aliud tabulatum esse debebit, quo amoveantur ea rursus nimia suffitione medicata sint. Quod ad villæ pertinet situm partimque ejus dispositionem, satis dictum est. Circa villam deinceps hæc esse oportebit : furnum et pistrinum quantum futurus numerus colonorum postulaverit : piscinas minimum duas : alteram, quæ anseribus ac pecoribus serviat ; alteram, in qua lupinum, vimina et virgas atque alia, quæ sunt usibus nostris apta, maceremus. Sterquilinia quoque duo sint : unum, quod nova purgamenta recipiat, et in annum conservet ; alterum, ex quo vetera vehantur : sed utrumque more piscinarum devexum leni clivo, et extructum pavitumque solum habeat ; ne humorem transmittant : plurimum enim refert, non adsiccato succo fimum vires continere, et assiduo macerari liquore, ut si qua interjecta sint stramentis aut paleis spinarum vel graminum semina, intereant, nec in agrum exportata segetes herbidas reddant. Ideoque periti rustici, quidquid ovilibus stabulisque conversum progesserunt, superpositis virgeis cratibus tegunt, nec arescere ventis sinunt, aut solis incursu patiuntur exuri. Area, si competit, ita constituenda est, ut vel a domino vel certe a procuratore despici possit. Eaque optima est silice constrata, quod et celeriter frumenta deteruntur, non cedente solo pulsibus ungularum tribularumque, et eadem eventilata mundiora sunt, lapillisque carent et glæbulis, quas per trituram fere terrena remittit area. Huic autem nubilarium ap-

mer, où il ne pleut jamais en été. Les vergers et les potagers devront être entourés de haies, et se trouver à peu de distance de la métairie, et placés de telle sorte qu'ils puissent recevoir l'écoulement des égouts de la cour, des bains, ainsi que la lie d'huile qui s'échappe du pressoir; car ces substances sont également profitables aux arbres et aux légumes.

VII. La métairie se trouvant ainsi disposée, l'attention du maître devra se porter sur tous les autres objets, et principalement sur les gens de la maison : ceux-ci se divisent en deux classes, les fermiers et les esclaves. Les esclaves sont libres ou enchaînés. Il se montrera facile, accommodant pour ses fermiers; il sera plus sévère pour l'ouvrage que pour le payement de la rente. Cette conduite leur est plus agréable, et tourne à notre profit. En effet, lorsqu'une terre est bien cultivée, il en résulte presque toujours du bénéfice, et rarement de la perte, à moins que la récolte ne soit ravagée par les pillages, ou détruite par l'intempérie de la saison; de sorte que le fermier n'osera pas demander de remise. De son côté, le propriétaire ne doit pas non plus tenir rigoureusement à l'exactitude dans l'accomplissement des engagements que le fermier a contractés; par exemple, l'époque du payement, la livraison du bois, et mille autres choses qui causent plus d'embarras que de dépense. En général, il ne faut pas être trop exigeant pour certaines choses qu'on aurait droit de réclamer. Nos ancêtres disaient avec raison que l'extrême rigueur est souvent la plus grande des oppressions. Toutefois gardons-nous de pousser trop loin l'indulgence; car, ainsi que l'usurier Alphius avait coutume de le dire, les meilleures créances deviennent mauvaises, si l'on n'en sollicite point le payement. J'ai entendu dire à L. Volusius, ancien consulaire, homme puissamment riche, que le fonds le plus avantageux pour un chef de famille était celui qui serait cultivé par des fermiers nés sur la propriété même. Attachés à la ferme depuis le berceau, ils la regardent comme leur patrimoine. Je suis également convaincu que l'on ne gagne pas à changer souvent de fermier. Mais il serait encore moins avantageux d'affermer sa terre à un habitant de la ville, qui cultive par ses gens plutôt que par lui-même. Un fermier de cette sorte, dit Saserna, vous donne un procès en place de la rente. Il vaut donc mieux prendre nos fermiers dans les paysans nés sur nos terres, et choisir celui d'entre eux qui sera le plus assidu au travail, toutes les fois que nous ne pouvons cultiver nous-mêmes, ou qu'il n'est pas avantageux de faire cultiver par nos esclaves. C'est ce qui arrive dans les contrées malsaines et stériles. Mais pour peu que le climat soit sain et la contrée féconde, un bien exploité par un fermier rapporte toujours moins que celui qui aurait été cultivé par le maître lui-même ou par son métayer, à moins toutefois que celui-ci ne soit un esclave indolent ou rapace : ce qui n'arrive ordinairement que par la faute du maître et par sa négligence. Il dépendait de lui de ne point confier à un tel homme la gestion de ses affaires, ou de la lui retirer. Lorsqu'un fonds est assez éloigné pour que le chef de famille ne puisse s'y rendre souvent, il vaut mieux le confier à des fermiers libres qu'à des métayers esclaves, sur-

---

plicari debet, maximeque in Italia, propter inconstantiam cæli, quo collata semitrita frumenta protegantur, si subitaneus imber incesserit. Nam in transmarinis quibusdam regionibus, ubi æstas pluvia caret, supervacuum est. Pomaria quoque et hortos oportet septo circumdari, et esse in propinquo, atque in ea parte, quo possit omnis stercorata colluvies cortis balineorumque et olei expressa amurcæ sanies influere : nam ejusmodi quoque lætatur alimentis et olus et arbor.

VII. His omnibus ita vel acceptis vel compositis, præcipua cura domini requiritur, cum in cæteris rebus, tum maxime in hominibus. Atque hi vel coloni vel servi sunt, soluti ut vincti. Comiter agat cum colonis, facilemque se præbeat. Avarius opus exigat, quam pensiones : quoniam et minus id offendit, et tamen in universum magis prodest. Nam ubi sedulo colitur ager, plerumque compendium, nunquam (nisi si cæli major vis aut prædonis incessit) detrimentum affert, eoque remissionem colonus petere non audet. Sed nec dominus in unaquaque re, cum colonum obligaverit, tenax esse juris sui debet, sicut in diebus pecuniarum, ut lignis et cæteris parvis accessionibus exigendis, quarum cura majorem molestiam quam impensam rusticis affert. Nec sane est vindicandum nobis quidquid licet. Nam summum jus antiqui summam putabant crucem. Nec rursus in totum remittendum : quoniam vel optima nomina non appellando fieri mala fœnerator Alphius dixisse verissime fertur. Sed et ipse nostra memoria veterem consularem virumque opulentissimum L. Volusium asseverantem audivi, [patrisfamilias] felicissimum fundum esse, qui colonos indigenas haberet, et tanquam in paterna possessione natos jam inde a cunabulis longa familiaritate retineret. Ita certe mea fert opinio, rem malam esse frequentem locationem fundi : pejorem tamen urbanum colonum, qui per familiam mavult agrum quam per se colere. Saserna dicebat ab ejusmodi homine fere pro mercede litem reddi. Propter quod operam dandam esse, ut et rusticos et eosdem assiduos colonos retineamus, aut nobismetipsis non licuerit, aut per domesticos colere non expedierit : quod tamen non evenit, nisi in his regionibus, quæ gravitate cæli solique sterilitate vastantur. Cæterum cum mediocris adest et salubritas et terræ bonitas, nunquam non ex agro plus sua cuique cura reddidit quam coloni : non nunquam etiam villici, nisi si maxima vel negligentia servi vel rapacitas intervenit. Quæ utraque peccata plerumque vitio domini vel committi vel foveri nihil dubium est : cum liceat aut cavere, ne talis præficiatur negotio; aut jam præpositus ut submoveatur curare. In longinquis tamen fundis, in quos non est facilis excursus patrisfamilias, cum omne genus agri tolerabilius sit sub liberis colonis, quam sub villicis

tout quand ce sont des terres à blé, que le fermier ne peut aussi facilement dégrader que des vignes ou d'autres plantations. Les esclaves en général font beaucoup de tort à leur maître. Ils louent les bœufs à des étrangers, les nourrissent mal, ainsi que les autres bestiaux, et labourent la terre sans exactitude. Outre cela, ils comptent plus de semences qu'ils n'en emploient, ne prennent pas assez de soin des terres ensemencées pour les faire venir à bien, et diminuent chaque jour par leur fraude ou leur négligence le grain que l'on a transporté dans l'aire pour le battre, ou ils le volent eux-mêmes, ou ils le laissent voler, faute de surveillance. Le blé, une fois serré dans les greniers, n'est point porté avec fidélité sur leurs comptes ; de sorte que, par le fait du régisseur autant que par celui des gens de la maison, la propriété sera dégradée et dépréciée en peu de temps. Je pense donc que si le maître ne peut lui-même surveiller sa terre, il fera mieux de l'affermer.

VIII. Après les fermiers, ce sont les esclaves qui doivent occuper l'attention du maître. Il examinera avec soin les fonctions auxquelles il les destine, et les travaux qu'il juge à propos de leur confier. Avant tout, je conseillerai de ne point prendre un métayer parmi les esclaves qui se seront rendus agréables par la beauté de leur corps, ou par l'exercice de ces arts frivoles qui tiennent du luxe des villes. Ces esclaves sont lâches, paresseux, accoutumés à passer leur temps aux promenades, au cirque et aux théâtres, à hanter les tavernes et les mauvais lieux. Si ce goût vient à les suivre au milieu des travaux de la campagne, le maître en ressentira les suites funestes, moins dans la perte de son esclave que dans celle de tout son patrimoine. On choisira donc pour métayer un homme expérimenté, et endurci aux travaux des champs dès son enfance : et si l'on n'en trouve pas, on le prendra parmi les esclaves dont la vie a été entièrement consacrée au travail. Un jeune homme n'est pas plus apte à ces fonctions qu'un vieillard ; le premier n'aura point l'autorité nécessaire pour se faire obéir de ceux qui sont plus âgés que lui, et l'autre succombera sous le poids des travaux. On choisira donc un homme dans la force de l'âge, robuste et vigoureux, connaissant bien l'agriculture, ou du moins assez attentif pour pouvoir se mettre promptement au fait de cette science ; car il ne faut pas que ceux dont le devoir est d'obéir instruisent celui qui leur commande. Il est impossible d'ailleurs qu'un homme puisse bien faire exécuter les travaux, s'il a besoin de demander d'abord des instructions à ceux qui lui sont subordonnés. Un régisseur pourra très-bien administrer une ferme sans savoir écrire, pourvu qu'il ait la mémoire sûre. Un tel régisseur, nous dit Cornélius Celsus, apportera plus souvent à son maître de l'argent que des livres de compte, parce que son ignorance ne lui permettrait pas de les falsifier, et qu'il n'oserait non plus les faire falsifier par d'autres, de crainte qu'on ne découvrît la fraude. On donnera au métayer pour compagne une femme prise dans les esclaves, qui l'attachera davantage à la ferme, et l'aidera dans sa besogne. On défendra expressément au métayer ou au régisseur de prendre ses repas avec les autres gens de la maison, et bien moins encore avec les étrangers. Cependant il lui sera permis d'admettre à sa table de temps à autre, et surtout les

servis habere, tum præcipue frumentarium, quem et minime (sicut vineas aut arbustum) colonus evertere potest, et maxime vexant servi, qui boves elocant, eosdemque et cætera pecora male pascunt, nec industrie terram vertunt, longeque plus imputant seminis jacti, quam quod severint : sed nec quod terræ mandaverint sic adjuvant, ut recte proveniat : idque cum in aream contulerunt, per trituram quotidie minuunt vel fraude vel negligentia. Nam et ipsi diripiunt, et ab aliis furibus non custodiunt. Sed nec conditum cum fide rationibus inferunt. Ita fit, ut et actor et familia peccent, et ager sæpius infametur. Quare talis generis prædium, si, ut dixi, domini præsentia cariturum est, censeo locandum.

VIII. Proxima est cura de servis, cui quemque officio præponere conveniat, quosque et qualibus operibus destinare. Igitur præmoneo ne villicum ex eo genere servorum, qui corpore placuerunt, instituamus : ne ex eo quidem ordine, qui urbanas ac delicatas arteis exercuerit. Socors et somniculosum genus id mancipiorum, otiis, campo, circo, theatris, aleæ, popinæ, lupanaribus consuetum, nunquam non easdem ineptias somniat, quas cum in agriculturam transtulit, non tantum in ipso servo, quantum in universa re detrimenti dominus capit. Eligendus est rusticis operibus ab infante duratus, et inspectus experimentis. Si tamen is non erit, de iis præficiatur, qui servitutem laboriosam toleraverunt. Jamque is transcenderit ætatem primæ juventæ, nec dum senectutis attigerit : illa, ne (et) auctoritatem detrahat ad imperium, cum majores dedignentur parere adolescentulo : hæc, ne laboriosissimo succumbat operi. Mediæ igitur sit ætatis et firmi roboris, peritus rerum rusticarum, aut certe maximæ curæ, quo celerius addiscat. Nam non est nostri negotii alterum imperare et alterum docere. Neque enim recte opus exigere valet, qui, quid aut qualiter faciendum sit, ab subjecto discit. Potest etiam flliteratus, dummodo tenacissima sit memoriæ, rem satis commode administrare. Ejusmodi villicum Cornelius Celsus ait sæpius numos domino quam librum afferre, quia nescius literarum vel ipse minus possit rationes confingere, vel per alium propter conscientiam fraudis timeat. Sed qualicunque villico contubernalis mulier assignanda est, quæ contineat eum, et in quibusdam rebus tamen adjuvet. Eidemque actori præcipiendum est, ne convictum cum domestico, multoque minus cum extero habeat. Nonnunquam tamen eum, quem assidue sedulum et fortem in operibus administrandis cognoverit, honoris causa mensæ suæ die festo dignetur adhibere. Sacrificia nisi ex præcepto domini ne fecerit. Aruspices sagasque, quæ utraque

jours de fête, celui qui aura montré le plus d'assiduité au travail, et de lui donner ainsi une marque de distinction. Il ne fera point de sacrifices sans en recevoir l'ordre de son maître. Il ne recevra chez lui ni devins ni magiciens, qui, profitant de la superstition des hommes, les entraînent aux dépenses et les plongent ensuite dans le crime. Il ne fréquentera pas non plus la ville, ni les marchés et les foires, si ce n'est pour acheter ou vendre tout ce qui sera de son ressort. Un métayer, nous dit Caton, n'est point un coureur de pavé; il ne doit point dépasser les limites de sa ferme, si ce n'est pour apprendre quelque nouveau procédé relatif à la culture : encore ne faut-il pas dans ce cas qu'il s'éloigne trop, pour qu'il puisse être de retour en peu de temps. Il ne souffrira point qu'on fasse dans ses domaines de sentiers nouveaux, ou qu'on y pose d'autres bornes que celles qui s'y trouvent déjà. Il ne recevra point d'hôte chez lui, à moins que ce ne soit un ami ou parent de son maître. De même qu'on doit lui faire toutes ces défenses, on doit aussi l'exhorter à prendre soin des instruments de culture et des ustensiles de fer. Il est nécessaire qu'il y en ait deux fois autant qu'il en faut pour le nombre des esclaves qu'il occupera. Il mettra en réserve les instruments de rechange, après s'être assuré qu'ils sont en bon état, pour n'être jamais contraint de recourir à ses voisins, parce que le temps que perdent les esclaves pour en aller chercher d'emprunt a plus de valeur que l'argent qu'on dépenserait pour en acheter. Il tiendra ses gens vêtus avec plus de commodité que de délicatesse, et il aura soin qu'ils soient garantis du froid, du vent et de la pluie. Des fourrures garnies de manches rempliront parfaitement ce but, ainsi que d'anciens citons, ou manteaux à capuchon. Les ouvriers ainsi vêtus pourront travailler en plein air, même par le temps le plus orageux. Il ne suffit pas que le métayer soit propre aux travaux rustiques; il faut encore qu'il ait des qualités morales, autant que le comporte l'état de servitude dans lequel il est né, afin qu'il n'exerce pas son pouvoir sans rigueur comme sans mollesse. Il encouragera les esclaves qui se distingueront parmi les autres, et usera d'indulgence envers les moins laborieux, afin que tout en craignant sa sévérité ils n'aient point à se plaindre de sa rigueur. En conséquence, il mettra plus d'activité à les surveiller et à les préserver d'une faute, que d'empressement à les punir, lorsqu'ils en auront commis par sa propre négligence. Or, la surveillance la plus efficace qu'on puisse exercer sur l'homme le plus pervers, c'est d'exiger de lui avec rigueur la tâche qu'on lui aura prescrite, en ayant constamment l'œil sur lui. Par ce moyen, ceux qui ont la conduite des différents travaux rempliront exactement leurs devoirs; et les autres esclaves, après la fatigue de la journée, goûteront volontiers le repos et le sommeil, au lieu de s'abandonner aux plaisirs et à la débauche. Plût aux dieux que les bonnes et anciennes coutumes, qui de nos jours sont tout à fait tombées en oubli, fussent remises en vigueur! Si le métayer les suivait, il n'exigerait de service de la part des esclaves que dans l'intérêt du maître; il ne prendrait ses repas qu'en présence des gens de la maison, et sa nourriture serait semblable à la leur. Par ce moyen, il veillerait avec soin à ce que le pain dont il mangerait lui-même fût bien fait, et que les autres aliments fussent apprêtés sainement. Il ne laisserait sortir personne de la ferme, à moins qu'il ne jugeât à propos de l'envoyer lui-même quelque part; ce qu'il ne doit faire d'ailleurs que

---

genera vana superstitione rudeis animos ad impensas, ac deinceps ad flagitia compellunt, ne admiserit : neque urbem neque ullas nundinas noverit, nisi emendæ vendendæve pertinentis ad se rei causa. Villicus enim, quod ait Cato, ambulator esse non debet, nec egredi terminos, nisi ut addiscat aliquam culturam : et hoc si ita in vicino est, ut cito remeare possit. Semitas novosque limites in agro fieri ne patiatur : neve hospitem nisi amicum familiaremque domini necessarium receperit. Ut ab his arcendus, ita exhortandus est ad instrumenta ferramentorumque curam : ut duplicia quam numerus servorum exigit refecta et reposita custodiat, ne quid a vicino petendum sit : quia plus in operis servorum (avocandis,) quam in pretio rerum ejusmodi consumitur. Cultam vestitamque familiam magis utiliter quam delicate habeat, munitamque diligenter a vento, frigore pluviaque; quæ cuncta prohibentur pellibus manicatis, centonibus confectis, vel sagis cucullis. Id si fiat, nullus dies tam intolerabilis est, quo non sub divo moliri aliquid possit. Nec tantum operis agrestis sit artifex, sed et animi, quantum servile patitur ingenium, virtutibus instructus, ut neque remisse neque crudeliter imperet; semperque aliquos ex melioribus foveat, parcat tamen etiam minus bonis : ita ut potius timeant ejus severitatem, quam crudelitatem detestentur. Id contingere poterit, si maluerit custodire subjectos, ne peccent, quam negligentia sua committere, ut puniat delinquentes. Nulla est autem major vel nequissimi hominis custodia, quam operis exactio, ut justa reddantur, ut villicus semper se repræsentet. Sic enim et magistri singulorum officiorum sedulo munia sua exequentur, et cæteri post defatigationem operis quieti ac somno potius, quam deliciis operam dabunt. Jam illa vetera, sed optimi moris, quæ nunc exoleverunt, utinam possint obtineri : ne conservo ministro quoquam nisi in re domini utatur ; ne cibum nisi in conspectu familiæ capiat, neve alium, quam qui cæteris præbetur. Sic enim curabit, ut et panis diligenter conflat, et reliqua salubriter apparentur. Ne extra fines nisi a se missum progredi sinat : sed nec ipse mittat, nisi magna necessitate cogente. Neve negotietur sibi, pecuniamve domini aut animalibus quieti ac rebus aliis promercalibus occupet. Hæc enim negotiatio curam villici avocat, nec unquam patitur eum cum rationibus domini paria facere;

fort rarement, et lorsqu'il aura été contraint par une nécessité impérieuse. Le métayer ne doit point trafiquer pour son compte, ni employer l'argent de son maître pour acheter du bétail ou d'autres denrées. Ce commerce, en détournant son attention des affaires de son maître, l'empêcherait de mettre dans les comptes l'exactitude nécessaire; et quand on lui demanderait de l'argent, il ne pourrait donner que des marchandises. Il est encore un point fort essentiel : c'est que le métayer, loin de s'imaginer savoir les choses qu'il ignore réellement, soit toujours disposé à apprendre celles qu'il ne sait pas encore. On ne tire jamais d'une opération agricole, quelque bien faite qu'elle soit, un profit égal à la perte qui en résultera si elle a été mal exécutée. Il n'y a qu'un seul principe fondamental en agriculture, c'est de ne jamais revenir plusieurs fois aux différents travaux des champs: lorsqu'il faut retoucher à ce qui a été mal fait par imprudence ou par négligence, le dommage qui en résulte est irréparable; et quel que soit le profit que l'on en tire dans la suite, il ne saurait jamais compenser les avantages qu'eût présentés l'entreprise menée à bien dès l'abord. Pour les autres esclaves, voici les règles de conduite que j'ai toujours fidèlement observées, sans avoir jamais eu sujet de m'en repentir. Je prends un ton plus familier avec les esclaves de la campagne surtout quand leur conduite est irréprochable, qu'avec ceux de la ville. Comme la douceur d'un maître apporte quelques soulagements à leurs travaux longs et pénibles, je pousse quelquefois la familiarité jusqu'à badiner avec eux, et leur permettre de rire et de plaisanter avec moi. Souvent aussi, surtout quand il s'agit d'une nouvelle entreprise, je les consulte comme s'ils en savaient plus que moi; et c'est ce qui me met en état de juger de l'esprit et des dispositions de chacun d'eux. D'ailleurs, j'ai toujours cru remarquer qu'ils abordent avec un courage tout particulier les travaux sur lesquels ils ont été consultés, s'imaginant sans doute que je ne les avais entrepris que par leur conseil. Outre cela, c'est un devoir pour tout propriétaire prudent de visiter souvent les esclaves qui sont en prison, afin de s'assurer s'ils sont bien enchaînés, si la prison elle-même est assez sûre et solide, si le métayer n'en a enchaîné ni déchaîné quelques-uns à l'insu de son maître ; car il y a deux points principaux auxquels le métayer doit se conformer : d'abord, de ne jamais ôter les chaînes, sans la permission du chef de famille, à ceux qu'il aura condamnés à cette peine; ensuite, de ne point mettre en liberté ceux qui auront été enchaînés de son autorité privée, avant d'en avoir instruit son maître. En général, les esclaves enchaînés doivent être, de la part du maître, l'objet d'une surveillance particulière. Il s'assurera par lui-même s'ils ne sont privés ni de vêtements, ni des autres choses qui leur sont nécessaires. Il doit y veiller d'autant plus scrupuleusement que ces malheureux étant soumis à plusieurs supérieurs, au métayer, aux chefs d'atelier et aux geôliers, sont plus que les autres exposés à souffrir toutes sortes d'injustices, et n'en sont que plus redoutables dans les cas où la cruauté et la cupidité de ceux-ci les réduisent au désespoir. Aussi, un propriétaire véritablement attaché à ses intérêts doit s'informer, soit auprès d'eux, soit auprès des ouvriers libres qui méritent le plus de confiance, si l'on donne aux esclaves enchaînés ce qui leur revient de droit, conformément à ses ordres; il goûtera lui-même leur pain et leur boisson. Il examinera l'état de leurs vêtements, de leurs manches et de leurs chaussures. Souvent aussi il leur accordera la permission de lui porter les plaintes qu'ils peuvent

---

sed ubi numeratio exigetur, rem pro numis ostendit. In universum tamen hoc maxime obtinendum ab eo est, nequid se putet scire quod nesciat, quæratque semper addiscere, quod ignorat. Nam cum multum prodest perite quid facere, tum plus obest perperam fecisse. Unum enim ac solum dominator in rusticatione, quicquid exigit ratio culturæ semel facere : quippe cum emendatur vel imprudentia vel negligentia, jam res ipsa decoxit, nec in tantum postmodum exuberat, ut et se amissum restituat, et quæstum temporum præteritorum resarciat. In cæteris servis hæc fere præcepta servanda sunt, quæ me custodisse non pœnitet, ut rusticos, qui modo non incommode se gessissent, sæpius quam urbanos familiariusque alloquerer; et cum hac comitate domini levari perpetuum laborem eorum intelligerem, nonnunquam etiam jocarer, et plus ipsis jocari permitterem. Jam illud sæpe facio, ut quasi cum peritioribus de aliquibus operibus novis deliberem, et per hoc cognoscam cujusque ingenium, quale quamque sit prudens. Tum etiam libentius eos id opus aggredi video, de quo secum deliberatum, et consilium ipsorum susceptum putant. Nam illa solennia sunt omnibus circumspectis, ut ergastuli mancipia recognoscant; ut explorent, an diligenter vincta sint; an ipsæ sedes custodiæ satis tutæ munitæque sint : num villicus aut alligaverit quempiam domino nesciente, aut revinxerit. Nam utrumque maxime servare debet, ut et quem paterfamilias tali pœna multaverit, villicus nisi ejusdem permissu compedibus non eximat : et quem ipse sua sponte vinxerit, ante quam sciat dominus, non resolvat : tantoque curiosior inquisitio patrisfamilias debet esse pro tali genere servorum, ne aut in vestiariis aut in cæteris præbitis injuriose tractentur, quanto et pluribus subjecti, ut villicis, ut operum magistris, ut ergastulariis, magis obnoxii perpetiendis injuriis, et rursus sævitia atque avaritia læsi magis timendi sunt. Itaque diligens dominus, cum et ab ipsis, tum et ab solutis, quibus major est fides, quærat, an ex sua constitutione justa percipiant. Atque ipse panis potionisque bonitatem gustu suo exploret; ves-

avoir à faire contre ceux qui les traitent avec trop de cruauté et les frustrent des choses nécessaires. Pour moi, autant je m'empresse de faire droit à ceux dont les plaintes sont justes, autant je sévis contre ceux qui cherchent à exciter des séditions dans la maison, ou à calomnier leurs supérieurs. D'un autre côté, je me plais toujours à récompenser ceux dont la conduite aura été irréprochable. Quant aux femmes esclaves, nous avons toujours dispensé de tout travail et même rendu à la liberté celles qui avaient élevé plusieurs enfants; une esclave qui avait mis au monde trois garçons n'était plus assujettie à faire aucun ouvrage; celle qui en avait davantage était entièrement libre. Une conduite équitable et sage de la part d'un chef de famille contribue beaucoup à l'accroissement de son patrimoine. De retour à la campagne, le propriétaire n'oubliera jamais d'invoquer les dieux pénates; ce devoir rempli, il ira à l'instant même, ou, s'il est trop tard, le lendemain, visiter ses terres, et inspecter toutes les parties de la ferme; il s'assurera si son absence n'a pas apporté du relâchement dans la surveillance ou dans l'ordre établi, si l'on n'a point dépouillé ses vignes, ou ses arbres fruitiers. Ensuite il comptera ses bestiaux, ses esclaves; il passera en revue les instruments de culture et les meubles du ménage. En suivant tous ces conseils pendant plusieurs années, il parviendra à établir une habitude d'ordre dont il jouira dans sa vieillesse; et alors, quelque affaibli qu'il soit par l'âge, il n'aura point à craindre de devenir le jouet ou la dupe de ses gens.

IX. Il nous reste encore à parler des qualités physiques et morales que nous devons rechercher dans les esclaves, d'après la nature du travail auquel ils sont destinés. Ceux qu'on voudra mettre à la tête des travaux devront se distinguer par leur intelligence et leur zèle : deux qualités plus essentielles dans leurs fonctions que la stature et la vigueur du corps, parce que ce service demande une surveillance active, et une connaissance parfaite de l'agriculture. Quant à celui qui conduit les bœufs, ces qualités seraient insuffisantes, s'il n'était en état de se faire craindre de ses bestiaux par une voix forte et une taille imposante. Mais il doit tempérer la force par la douceur, et chercher plutôt à inspirer de la frayeur qu'à se montrer brutal. De cette manière les bœufs lui obéiront plus volontiers, et supporteront mieux et plus longtemps les fatigues, que s'il les accablait de travail et de coups. Je parlerai en son lieu avec plus de détail des devoirs des chefs des travaux et de ceux des laboureurs. Il suffit de faire remarquer, pour le présent, que la haute stature et la force physique indispensables pour le laboureur ne sont d'aucune utilité aux chefs des travaux. Il faudra par conséquent choisir toujours les premiers parmi les esclaves d'une taille élevée, et pour les raisons que je viens d'indiquer, et parce que, des différents travaux rustiques, il n'en est aucun qui fatigue moins un homme grand que le labourage; ce qui se comprend parfaitement quand on considère qu'en labourant il marche presque droit, et qu'il peut s'appuyer sur le manche de la charrue. Quant aux ouvriers ordinaires, appelés médiastini, il n'est pas nécessaire qu'ils soient d'une grande taille, pourvu qu'ils aient la force nécessaire pour supporter les travaux. Il importe peu que les gens qui travaillent la vigne soient petits, pourvu qu'ils aient

tem, manicas, pedumque tegmina recognoscat. Sæpe etiam querendi potestatem faciat de iis, qui aut crudeliter eos aut fraudulenter infestant. Nos quidem aliquando juste dolentes tam vindicamus, quam animadvertimus in eos, qui seditionibus familiam concitant, qui calumniantur magistros suos : ac rursus præmio prosequimur eos, qui strenue atque industrie se gerunt. Fœminis quoque fœcundioribus, quarum in sobole certus numerus honorari debet, otium nonnunquam et libertatem dedimus, cum plures natos educassent. Nam cui tres erant filii, vacatio; cui plures, libertas quoque contingebat. Hæc et justitia et cura patrisfamilias multum confert fundo augendo patrimonio. Sed et illa meminerit, cum e civitate remeaverit, deos penates adorare : deinde si tempestivum erit, confestim, si minus, postero die fines oculis perlustrare, et omnes partes agri revisere atque æstimare, num quid absentia sua de disciplina et custodia remiserit; num aliqua vitis, num arbor, num fruges absint : tum etiam pecus et familiam recenseat, fundique instrumentum, et supellectilem : quæ cuncta si per plures annos facere instituerit, bene moratam disciplinam, cum senectus advenerit, obtinebit. Nec erit ulla ejus ætas annis ita confecta, ut spernatur a servis.

IX. Dicendum etiam est, quibus operibus quemque habitum corporis aut animi contribuendum putemus. Magistros operibus oportet præponere sedulos, ac frugalissimos. Ea res utraque plus quam corporis statura roburque confert huic negotio : quoniam id ministerium custodiæ diligentis et artis officium est. Bubulco quamvis necessaria, non tamen satis est indoles mentis, nisi eum vastitas vocis et habitus metuendum pecudibus efficit. Sed temperet vires clementia : quoniam terribilior debet esse quam sævior, ut et obsequantur ejus imperiis, et diutius perennent boves non confecti vexatione simul operum verberumque. Sed quæ sint magistrorum munia quæque bubulcorum, suo loco repetam. Nunc admonuisse satis est, nihil in his, in illis plurimum referre vires et proceritatem. Nam longissimum quemque aratorem, sicut dixi, faciemus, et propter id, quod paullo ante retuli, et quod in re rustica nullo minus opere fatigatur prolixior, quia in arando stivæ pene rectus innititur. Mediastinus qualiscunque status potest esse, dummodo perpetiendo labori sit idoneus. Vineæ non sic altos quemadmodum latos et lacertosos viros exigunt. Nam is habitus fossuris et putationibus cæterisque earum culturis magis aptus. Minus in hoc officio quam in cæteris agrico-

les épaules larges et les muscles développés. Ils seront plus propres à bêcher et tailler la vigne, et à lui donner toutes les façons qu'elle demande. La bonne conduite est moins importante pour les vignerons, qui travaillent toujours en compagnie et sous les yeux d'un chef, que pour les autres ouvriers. Comme généralement les hommes vicieux ont l'esprit plus vif, et que la culture de la vigne exige non-seulement des gens robustes mais encore intelligents, on donne ordinairement ces travaux à ceux qui sont à la chaîne. Hâtons-nous d'ajouter que, quel que soit le genre d'ouvrage, un homme honnête, et doué de la même aptitude, s'en acquittera toujours mieux qu'un mauvais sujet : ceci soit dit en passant, et pour ne point donner à penser que j'aime mieux faire cultiver mes terres par des misérables que par des gens honnêtes et probes. Toutefois, on conviendra qu'il est nécessaire d'établir une certaine distinction dans les différents travaux d'agriculture, c'est-à-dire qu'on ne doit point les faire exécuter indifféremment par toutes sortes de gens. Du moins ce ne serait pas là une pratique bien avantageuse pour le propriétaire ; car lorsque chaque ouvrier n'a pas sa besogne fixe et déterminée, il craint toujours en avançant son propre ouvrage d'avancer celui de ses compagnons, et il cherche à se soustraire au travail par tous les moyens possibles. En outre, quand plusieurs sont occupés au même ouvrage, on ne peut reconnaître quel est celui qui s'est mal acquitté de sa tâche. Il importe donc d'établir d'abord une distinction entre les laboureurs, les vignerons, et les ouvriers ordinaires, et de les diviser, les uns comme les autres, en plusieurs classes, dont chacune ne se composera pas de plus de dix hommes. Les anciens, qui appelaient ces classes décuries, approuvaient fort cette institution. En effet, dix hommes sont faciles à surveiller, tandis que l'attention du chef serait distraite si ce nombre était dépassé. Lorsque la ferme est d'une grande étendue, on répartira les décuries sur les différentes parties qui la composent. En distribuant la besogne, on fera toujours en sorte de ne jamais laisser un ouvrier seul, et même deux ensemble, parce que quand ils sont dispersés en petit nombre, ils ne peuvent être suffisamment surveillés ; d'un autre côté il ne faut pas qu'ils soient occupés plus de dix au même ouvrage ; car étant en trop grand nombre, ils se reposent l'un sur l'autre pour la tâche qui leur est imposée en commun. Cette division de travail aura l'avantage d'exciter une louable émulation parmi les ouvriers, et de nous faire connaître les paresseux. Une fois cette espèce de lutte établie, la punition qui frappera les retardataires sera trouvée juste par les autres et supportée sans murmure. Nous venons d'exposer les différents détails qui doivent en premier lieu occuper l'attention de celui qui se destine à l'agriculture : la salubrité, les routes, les voisins, l'eau, la situation et la distribution d'une ferme, les métayers et les esclaves : nous voici arrivés à la culture elle-même ; nous en traiterons dans le livre suivant, avec l'étendue que demande l'importance du sujet.

LIVRE II.

1. Vous me demandez, mon cher Publius Silvinus (et je ne ferai point attendre ma réponse) pourquoi j'ai commencé, dès le premier livre de mon ouvrage, par réfuter presque tous les anciens auteurs qui ont écrit sur l'agriculture, et

---

latio frugalitatem requirit, quia et in turba et sub monitore vinitor opus facere debet. Ac plerumque velocior animus est improborum [hominum,] quem desiderat hujus operis conditio. Non solum enim fortem, sed et acuminis strenui ministrum postulat. Ideoque vineta plurimum per alligatos excoluntur. Nihil tamen ejusdem agilitatis homo frugi non melius, quam nequam faciet. Hoc interposui, ne quis existimet, in ea me opinione versari, qua malim per noxios quam per innocentes rura colere. Sed et illud censeo, ne confundantur opera familiæ, sic ut omnes omnia exæquantur. Nam id minime conducit agricolæ, seu quia nemo suum proprium aliquod esse opus credit : seu quia cum enisus est, non suo sed communi officio proficit, ideoque labori multum se subtrahit; nec tamen viritim malefactum deprehenditur, quod fit a multis. Propter quod separandi sunt aratores a vinitoribus, (et vinitores ab aratoribus,) iique a mediastinis. Classes etiam non majores quam denum hominum faciundæ, quas decurias appellaverunt antiqui et maxime probaverunt, quod is numeri modus in opere commodissime custodiretur, nec præeuntis monitoris diligentiam multitudo confunderet. Itaque si latior est ager, in regiones diducendæ sunt eæ classes, dividundumque ita opus, ut neque singuli binive sint, quoniam dispersi non facile custodiuntur : nec tamen supra decem, ne rursus ubi nimia turba sit, id opus ad se pertinere singuli non existiment. Hæc ordinatio non solum concitat æmulationem, sed et deprehendit ignavos. Nam cum certamine opus excitetur, tum in cessantes animadversio justa et sine querela videtur adhiberi. Sed nimirum dum quæ maxime providenda sunt agricolæ futuro præcipimus, de salubritate, de via, de vicino, de aqua, situ villæ, fundi modo, colonorum et servorum generibus, officiorum operumque distributione, tempestive per hæc ad ipsum jam terræ cultum pervenimus, de quo pluribus libro insequente mox disserimus.

LIBER SECUNDUS.

1. Quæris ex me, Publi Silvine, quod ego sine cunctatione non recuso docere, cur priore libro veterem opinionem fere omnium, qui de cultu agrorum locuti sunt, a principio confestim repulerim, falsamque senten-

pas rejeter comme fausse l'opinion qu'ils ont que la terre, fatiguée, épuisée par l'action du temps et le travail des hommes, est accablée maintenant sous le poids de la vieillesse. Je n'ignore point que vous respectez beaucoup l'autorité des auteurs illustres, et surtout celle de Trémellius, qui a laissé à la postérité un ouvrage écrit avec autant d'érudition que d'élégance, et renfermant la plupart des règles relatives à l'économie rurale. Entraîné sans doute par l'estime qu'il avait vouée aux anciens qui ont écrit sur la même matière, Trémellius s'était imaginé que la terre, mère commune de toutes choses, actuellement dans la décrépitude, ressemblait à ces vieilles femmes qui ont cessé d'enfanter. Je serais assez disposé à partager cette opinion, si l'on ne voyait plus de fruits sur la terre. Mais, pour me servir de la même comparaison, une femme est regardée comme stérile, non pas quand elle n'a plus deux ou trois enfants à la fois, mais lorsqu'elle a tout à fait cessé d'en mettre au monde. Une fois qu'une femme n'est plus jeune, elle a beau vivre longtemps par delà, la fécondité que les années lui refusent ne lui est jamais rendue. Au lieu que la terre, qu'elle ait été laissée en friche par un accident ou volontairement, répond au soin du laboureur, et compte avec usure le repos qu'on lui a laissé, dès qu'on la cultive de nouveau. Ce n'est donc pas la vieillesse qui peut avoir diminué la fécondité de la terre : car une fois la vieillesse venue, il n'y a plus de retour, et nous ne pouvons ni rajeunir, ni reprendre notre première vigueur. D'un autre côté, ce ne peut être la fatigue du terrain qui diminue la récolte du cultivateur ; car il y aurait de la folie à penser que la fatigue soit une suite de la culture et de l'agitation des terres, comme elle est dans les hommes un résultat d'un exercice violent, ou d'un fardeau trop considérable. Vous m'objecterez peut-être l'assertion de Trémellius, qui affirme que toute terre sauvage et vierge produit avec abondance après une première culture, tandis que les années suivantes elle ne répond plus avec la même abondance au soin du cultivateur. Le fait que Trémellius avance est exact ; mais il n'a pas cherché à en approfondir la cause. Si une bruyère transformée en champs est plus féconde que tout autre sol, ce n'est point parce que la terre est plus jeune, plus neuve, mais parce qu'ayant été suffisamment engraissée par le feuillage des arbres et les herbes qui y croissaient sans culture, elle se prête avec plus de facilité à la nutrition des plantes. Mais dès qu'une fois les racines de ces herbes ont été arrachées par les herses et les charrues, et que les arbres ayant été coupés ont cessé de nourrir de leur feuillage la terre qui les produisait ; que les feuilles qui tombaient des arbres et arbrisseaux, au lieu de rester couchées sur le sol comme auparavant, sont retournées par le soc de la charrue, enterrées et incorporées aux couches inférieures et moins fertiles de la terre ; il arrivera nécessairement que le terrain lui-même, privé de son ancienne nourriture, maigrira promptement. Si donc les champs répondent aujourd'hui moins largement à nos espérances, il ne faut en accuser ni l'épuisement du sol, ainsi que l'ont fait la plupart de nos auteurs, ni la vieillesse de la terre, mais notre propre négligence. Car les récoltes seraient toujours abondantes, si nous voulions en quelque sorte renouveler la terre par des engrais fréquents, opportuns, et sagement distri-

tiam repudiaverim censentium longo ævi situ longique jam temporis exercitatione fatigatam et effœtam humum consenuisse. Nec te ignoro cum et aliorum illustrium scriptorum tum præcipue Tremellii auctoritatem revereri, qui cum plurima rusticarum rerum præcepta simul eleganter et scite memoriæ prodiderit, videlicet illectus nimio favore priscorum de simili materia disserentium falso credidit, parentem omnium terram, sicut muliebrem sexum ætate anili jam confœtam, progenerandis esse fœtibus inhabilem. Quod ipse quoque confiterer, si in totum nullæ fruges provenirent. Nam et hominis tum demum declaratur sterile senium, non cum desinit mulier trigeminos aut geminos parere, sed cum omnino nullum conceptum edere valet. Itaque transactis juventæ temporibus, etiam si longa vita superest, partus tamen annis denegatus non restituitur. At e contrario seu sponte seu quolibet casu destituta humus, cum est repetita cultu, magno fœnore cessationis colono respondet. Non ergo est exiguarum frugum causa terræ vetustas, si modo cum semel invasit senectus, regressum non habet, nec revirescere aut repubescere potest; sed ne lassitudo quidem soli minuit agricolæ fructum. Neque enim prudentis est adduci tanquam in hominibus nimiæ corporis exercitationi, aut oneris alicujus ponderi, sic cultibus et agitationibus agrorum fatigationem succedere. Quid ergo est, inquis, quod asseverat Tremellius intacta et silvestria loca, cum primum cœperint cultura exuberare, mox deinde non ita respondere labori colonorum ? videt sine dubio quid eveniat, sed cur id accidat, non pervidet. Neque enim idcirco rudis et modo ex silvestri habitu in arvum transducta fœcundior haberi terra debet, quod sit requietior et junior ; sed quod multorum annorum frondibus et herbis, quas suapte natura progenerabat, velut saginata largioribus pabulis, facilius edendis educandisque frugibus sufficiat. At cum perruptæ rastris et aratris radices herbarum, ferroque succisa nemora frondibus suis desierunt alere matrem, quaque temporibus autumni frutetis et arboribus delapsa folia superjaciebantur, mox conversa vomeribus, et inferiori solo, quod plerumque est exilius, permista, atque absumpta sunt : sequitur, ut destituta pristinis alimentis macrescat humus. Non igitur fatigatione, quemadmodum plurimi crediderunt, nec senio, sed nostra scilicet inertia minus benigne nobis arva respondent. Licet enim majorem fructum percipere si frequenti et tempestiva et modica stercoratione terra refoveatur. De cujus cultu dicturos nos priori volumine polliciti jam nunc disseremus.

bués. J'arrive maintenant à la culture de la terre, ainsi que je l'ai promis dans le premier livre.

II. Les cultivateurs les plus estimés comptent trois espèces de terrain : la plaine, les collines, et les montagnes. Dans les plaines, le meilleur terrain est celui qui n'est point exactement de niveau, mais un peu en pente ; dans les collines, celui qui s'élève en pente douce ; dans les montagnes, celui qui, sans être trop élevé ni trop âpre, est cependant couvert d'herbes et de bois. Ces trois espèces de terrains se divisent en six autres espèces, d'après les différentes qualités du sol, suivant qu'il est gras ou maigre, meuble ou fort, humide ou sec ; et toutes ces qualités étant mélangées entre elles forment des variétés infinies. Nous ne croyons pas qu'il soit utile de les énumérer. En effet, la science ne doit point se perdre dans le détail des espèces, qui sont innombrables ; elle doit procéder avec méthode, et se borner à ces classifications principales, que l'intelligence saisit aisément et que la langue peut définir avec exactitude. Il suffit pour cela de réunir les qualités les plus disparates. C'est ce que les Grecs appellent συζυγίας ἐναντιοτήτων, et ce que nous appellerions *discordantium comparationes*. Remarquons, en général, qu'entre les différents végétaux il y en a beaucoup plus qui se plaisent dans la plaine que sur des collines, et bien plus encore qui viennent sur un sol gras que sur un sol maigre. Je ne puis décider si les terrains humides l'emportent sur les terrains secs pour le nombre et la variété de leurs productions, puisqu'il y a une infinité de plantes qui réussissent également sur ces deux terrains ; mais ce qu'il y a de certain, c'est que la terre forte ne convient pas aussi bien aux productions agricoles qu'un sol franc et meuble ;

aussi Virgile, en faisant l'éloge d'un champ fertile, a-t-il ajouté : *Et dont la terre est friable et divisée ; car c'est pour la rendre telle qu'on la laboure*. En effet, cultiver n'est autre chose que diviser la terre, et y exciter une sorte de fermentation ; c'est ce qui fait qu'un terrain naturellement gras et meuble rapportera toujours plus qu'un autre, parce qu'en donnant de meilleures récoltes il exigera le moins de culture, et que la culture en sera moins dispendieuse. Ainsi donc un sol qui réunirait ces deux qualités devrait être regardé comme le plus fertile. Celui qui vient après est le sol gras et ferme ; il récompense avec usure le cultivateur de sa dépense et de ses peines. Le troisième est le sol naturellement arrosé ; le fruit y vient pour ainsi dire de lui-même, et sans que le propriétaire soit obligé de rien débourser. Caton voulait même que ce terrain fût le premier, préférant de beaucoup le revenu des prés à tout autre revenu. Mais cette question est étrangère à notre sujet, puisque nous avons à traiter ici des façons qu'il faut donner à la terre, et non pas de sa quantité. Il n'y a point de plus mauvaise espèce de terre que celle qui est sèche et dure, tant parce qu'elle est difficile à labourer que parce qu'elle ne dédommage point le cultivateur de ses peines. D'un autre côté, si on l'abandonne, elle ne produit suffisamment ni prés ni pâturages. Ainsi, soit qu'il y travaille, soit qu'il la laisse en friche, le propriétaire regrettera toujours de l'avoir acquise, et l'on doit la fuir comme on fuirait un lieu pestilentiel. En effet, si une contrée pestilentielle porte la mort avec elle, une terre stérile amène la faim, qui est la compagne affreuse de la mort. C'est du moins le sentiment du poëte grec, lorsqu'il nous dit qu'il n'y a point de sort

II. Callidissimi rusticarum rerum, Silvine, genera terreni tria esse dixerunt, campestre, collinum, montanum. Campum non æquissima situm planicie nec perlibrata, sed exigue prona ; collem clementer et molliter assurgentem ; montem non sublimem et asperum, sed nemorosum et herbidum maxime probaverunt. His autem generibus singulis senæ species contribuuntur, soli pinguis vel macri, soluti vel spissi, humidi vel sicci : quæ qualitates inter se mistæ vicibus et alternatæ plurimas efficiunt agrorum varietates : eas enumerare non est artificis agricolæ. Neque enim artis officium est, per species, quæ sunt innumerabiles, evagari ; sed ingredi per genera, quæ possunt cogitatione mentis et ambitu verborum facile copulari. Recurrendum est igitur ad qualitatum inter se dissidentium quasi quasdam conjunctiones, quas Græci συζυγίας ἐναντιοτήτων, nos *discordantium comparationes*, tolerabiliter dixerimus. Atque etiam significandum est, ex omnibus, quæ terra progeneret, plura campo magis quam colle, plura pingui solo quam macro lætari. De siccaneis et riguis non comperimus, utra numero vincant, quoniam utrinque pene infinita sunt, quæ siccis quæque humidis locis gaudent ; sed ex his nihil non melius resoluta humo quam densa provenit. Quod noster

quoque Virgilius cum et alias fœcundi arvi laudes retulisset, adjecit : *Et cui putre solum : namque hoc imitamur arando*. Neque enim aliud est colere, quam resolvere et fermentare terram. Ideoque maximos quæstus ager præbet idem pinguis ac putris, quia cum plurimum reddat, minimum poscit : et quod postulat, exiguo labore atque impensa conficitur. Præstantissimum igitur tale solum jure dicatur. Proximum deinde huic pinguiter densum, quod impensam coloni laboremque magno fœtu remuneratur. Tertia est ratio loci rigui, quia sine impensa fructum reddere potest. Hanc primam Cato esse dicebat, qui maxime reditum pratorum cæteris anteponebat : sed nos de agitatione terræ nunc loquimur, non de situ. Nullum deterius habetur genus, quam quod est siccum pariter et densum et macrum ; quia cum difficulter tractetur, tum ne tractatum quidem gratiam refert ; nec relictum pratis vel pascuis abunde sufficit. Itaque hic ager sive exercetur seu cessat, colono est pœnitendus, ac tanquam pestilens refugiendus. Nam ille mortem facit, hic teterrimam comitem mortis famem : si tamen Græcis camœnis habemus fidem clamitantibus : Λιμῷ οἴκτιστον θανέειν. Sed nunc potius uberioris soli meminerimus, cujus demonstranda est duplex tractatio, culti et silvestris.

plus misérable que de mourir de faim. Occupons-nous d'abord du terrain fertile : on peut le considérer sous deux faces, comme cultivé ou comme inculte. Nous parlerons en premier lieu des procédés à employer pour faire d'un terrain inculte une terre labourable. En effet, avant de cultiver un champ, il faut commencer par lui donner l'existence; on devra donc examiner si ce terrain est sec ou humide, s'il est couvert d'arbres ou de pierres, de joncs ou d'herbes, de fougères ou de broussailles. S'il est humide, il faudra faire des fossés pour le dessécher, et donner de l'écoulement aux eaux. Nous connaissons deux espèces de fossés, ceux qui sont cachés, et ceux qui sont larges et ouverts. Ces derniers conviennent mieux aux terrains épais et remplis d'argile; mais dans les terrains plus friables on en fait quelques-uns de cachés et quelques-uns d'ouverts, en sorte que l'eau qui se trouve dans les premiers ait son écoulement dans les autres. Il faut aussi que les fossés ouverts soient plus larges par le haut que par le bas, et qu'ils présentent deux talus, en se resserrant jusqu'au fond, comme une tuile creuse posée sur le dos en forme de gouttière. En effet, si les parois de ces fossés sont droites, ils sont bientôt minés par les eaux, et comblés par les terres qui s'éboulent d'en haut. D'un autre côté, on fera pour les fossés cachés des tranchées de trois pieds de profondeur, que l'on remplira jusqu'à moitié de petites pierres ou de gravier pur, et l'on recouvrira le tout avec la terre tirée du fossé. Si l'on n'a ni pierre ni gravier, on formera, au moyen de branches liées ensemble, des câbles auxquels on donnera la grosseur de la capacité du fond du canal, et qu'on disposera de manière à remplir exactement ce vide. Lorsque les câbles seront bien enfoncés dans le fond du canal, on les recouvrira de feuilles de cyprès, de pin ou de tout autre arbre, qu'on comprimera fortement, après avoir couvert le tout avec la terre tirée du fossé : aux deux extrémités on posera en forme de contreforts, comme cela se pratique pour les petits ponts, deux grosses pierres qui en porteront une troisième, le tout pour consolider les bords du fossé, et favoriser l'entrée et l'écoulement des eaux. Quant aux terrains couverts d'arbres et de buissons, il y a deux manières de les défricher : on arrache, pour nettoyer le terrain, les arbres avec les racines; ou si les arbres sont rares, on les coupe sur pied, on brûle ce qui en reste, ou en mélange la cendre avec la terre, en la labourant. Quant aux terrains pierreux, on les rend propres à la culture en ayant soin d'en retirer les pierres. S'il y en a une grande quantité, on les rassemblera en tas dans une partie du champ, afin de pouvoir en débarrasser le reste du terrain; ou bien encore on les enterrera dans une tranchée profonde; ce qu'il ne faudra faire que dans le cas où la main-d'œuvre ne sera pas trop chère. Les joncs et les herbes sont enlevés par le défoncement du sol. La fougère doit être arrachée à plusieurs reprises : ce qui peut se faire également avec la charrue; car cette plante, lorsqu'elle est souvent arrachée, disparaît dans l'espace de deux ans, surtout quand on a soin de fumer la terre, et d'y planter des lupins ou des fèves. De cette manière on tire même quelque profit du remède qu'on a employé. On comprendra aisément que la fougère doit disparaître dès qu'on a fumé et couvert de nouvelles plantes le terrain qui la portait. Souvent même on n'a qu'à l'enlever successivement avec la faux, ce qu'un enfant peut faire sans peine : cela suffit pour la détruire au bout du temps que nous avons indiqué. Après avoir fait connaître le mode de dé-

---

De silvestri regione in arvorum formam redigenda priùs dicemus, quoniam est antiquius facere agrum quam colere. Incultum igitur locum consideramus, siccus an humidus; nemorosus arboribus, an lapidibus confragosus; juncone sit, an gramine vestitus, ac filicis aliisve frutetis impeditus. Si humidus erit, abundantia uliginis ante siccetur fossis. Earum duo genera cognovimus, cæcarum et patentium. Spissis atque cretosis regionibus apertæ relinquuntur : at ubi solutior humus est, aliquæ fiunt patentes, quædam etiam obcæcantur, ita ut in patentes ora hiantia cæcarum competant : sed patentes latius apertas summa parte declivesque; et ad solum coarctatas, imbricibus supinis similes facere conveniet. Nam quarum recta sunt latera, celeriter aquis vitiantur, et superioris soli lapsibus replentur. Opertæ rursus obcæcari debebunt, sulcis in altitudinem tripedaneam depressis : qui cum parte dimidia lapides minutos vel nudam glaream receperint, æquentur superjecta terra, quæ fuerat effossa. Vel si nec lapis erit nec glarea, sarmentis connexus velut funis informabitur in eam crassitudinem, quam solum fossæ possit anguste quasi accommodatam coarctatamque capere. Tum per imum contendetur, ut super calcatis cupressinis vel pineis, aut, si eæ non erunt, aliis frondibus terra contegatur; in principio atque exitu fossæ more ponticulorum binis saxis tantummodo pilarum vice constitutis, et singulis superpositis, ut ejusmodi constructio ripam sustineat, ne præcludatur humoris illapsus atque exitus. Nemorosi frutetosique tractus duplex cura est, vel extirpandis radicitus arboribus et removendis; vel, si raræ sint, tantum succidendis incendendisque et inarandis. At saxosum facile est expedire lectione lapidum, quorum si magna est abundantia, velut quibusdam substructionibus partes agri sunt occupandæ, ut reliquæ emundentur : vel in altitudinem sulco depresso lapides obruendi. Quod tamen ita faciendum erit, si suadebit operarum vilitas. Junci et graminis pernicies repastinatio est; filicis, frequens extirpatio : quæ vel aratro fieri potest, quoniam intra biennium sæpius convulsa moritur; celerius etiam, si eodem tempore stercores, et lupino vel faba conseras, ut cum aliquo reditu medearis agri vitio. Namque constat, filicem sationibus et stercoratione facilius interimi. Verum et si subinde nascentem falce deci-

frichement des terres incultes, nous voici arrivés aux soins à donner aux jachères. Mais avant d'aborder ce sujet il est bon de donner quelques préceptes généraux à ceux qui se livrent à l'étude de l'économie rurale. Je me rappelle que beaucoup de nos anciens auteurs qui ont écrit sur l'agriculture ont regardé comme les signes infaillibles d'un sol gras et fertile en grain, une certaine douceur de la terre, l'abondance des arbres et des herbes, et une couleur noire et cendrée. De ces trois signes, il y en a deux sur la certitude desquels je ne voudrais pas prononcer. Mais pour la couleur, je ne puis assez m'étonner que tous les auteurs, et surtout Cornélius Celsus, dont les connaissances ne s'étendent pas seulement à l'agriculture, mais à la nature entière, se soit trompé au point de n'avoir pas aperçu tant de marais et de terres à salines qui sont également noires et cendrées. En général, c'est la couleur de tous les terrains où l'eau n'a pas d'écoulement. C'est une remarque que j'ai toujours faite, à moins que je ne me sois trompé en pensant que des marais fangeux, une terre aigre et humide, ne pouvaient pas plus produire de grains que les terres à salines situées sur le bord de la mer. Mais l'erreur des anciens est trop manifeste, pour que nous insistions davantage. Nous disons donc que la couleur de la terre n'est point une marque certaine de sa bonté; on doit en chercher d'autres qui soient plus propres à faire connaître une terre à grains, c'est-à-dire une terre dont le sol est gras. Car de même que la nature a donné aux bestiaux les plus robustes des couleurs différentes et variées à l'infini, elle a donné aux terres les plus fortes une plus grande diversité de couleurs. Il ne nous reste donc qu'à nous assurer que la terre que nous voulons cultiver est grasse; et cela même importerait peu, si le sol manquait d'une certaine douceur. Nous pouvons nous assurer de la présence de ces deux qualités au moyen d'une expérience assez facile. Il suffit de verser un peu d'eau sur une motte de terre, et de la broyer ensuite entre ses mains: si la terre est gluante, s'il en reste aux doigts pour peu qu'on la touche, c'est-à-dire si, d'après l'expression de Virgile, *elle colle aux doigts comme de la poix*; enfin, si elle ne s'éparpille point lorsqu'on la jette par terre, nous pouvons conclure qu'elle est naturellement remplie de suc et de graisse. De même, si vous remettez dans une tranchée la terre que vous venez d'en extraire, et qu'en la refoulant il s'en trouve trop pour la remplir, de façon que cette terre semble avoir fermenté et s'être gonflée, vous pouvez encore être sûr que c'est une terre grasse; si au contraire il en manque pour combler le fossé, la terre est maigre; si elle le remplit juste, elle est médiocre. Toutefois ces expériences ne sont pas toujours certaines, à moins qu'elles n'aient été pratiquées sur l'espèce de terre appelée pullula (terre foncée), et qui est ordinairement très-favorable aux grains. On connaît aussi la bonté d'une terre à son goût; on prend à cet effet quelques mottes de terre dans la partie du champ qui paraît la plus mauvaise, et on les délaye dans un vase de terre rempli d'eau douce; on filtre ensuite l'eau comme on filtre le vin qui est sur la lie, et on la goûte. Nous connaîtrons ainsi le goût de la terre du champ tout entier, puisqu'il sera le même que celui que les mottes auront communiqué à l'eau. Indépendamment de ces

---

das, quod vel puerile opus est, intra prædictum tempus vivacitas ejus absumitur. Sed jam expediendi rudis agri rationem sequitur cultorum novalium cura, de qua mox quid censeam profitebor, si quæ ante discenda sunt, arvorum studiosis præcepero. Plurimos antiquorum, qui de rusticis rebus scripserunt, memoria repeto quasi confessa nec dubia signa pinguis ac frumentorum fertilis agri prodidisse, dulcedinem soli propriam, herbarum et arborum proventum, nigrum colorem vel cinereum. Nihil de cæteris ambigo; de colore satis admirari non possum, cum alios tum etiam Cornelium Celsum, non solum agricolationis sed universæ naturæ prudentem virum, sic et sententia et visu deerrasse, ut oculis ejus tot paludes, tot etiam campi salinarum non occurrerent, quibus fere contribuuntur prædicti colores. Nullum enim temere videmus locum, qui modo pigrum contineat humorem, non eundem vel nigri vel cinerei coloris, nisi forte in eo fallor ipse, quod non putem aut in solo limoso paludis et uliginis amaræ, aut in maritimis areis salinarum gigni posse læta frumenta. Sed est manifestior hic antiquorum error, quam ut pluribus argumentis convincendus sit. Non ergo color tanquam certus auctor, testis est bonitatis arvorum. Et ideo frumentarius ager, id est pinguis, magis aliis qualitatibus æstimandus est. Nam ut fortissimæ pecudes diversos ac pene innumerabiles, sic etiam robustissimæ terræ plurimos et varios colores sortitæ sunt. Itaque considerandum erit, ut solum, quod excolere destinamus, pingue sit. Per se tamen id parum est, si dulcedine caret; quod utrumque satis expedita nobis ratione contingit discere. Nam perexigua conspergitur aqua glæba, manuque subigitur, ac si glutinosa est, quamvis levissimo tactu pressa inhærescit, *Et picis in morem ad digitos lentescit habendo*, ut ait Virgilius, eademque illisa humo non dissipatur : quæ res admonet nos, inesse tali materiæ naturalem succum et pinguitudinem. Sed si velis scrobibus egestam humum recondere et recalcare, cum aliquo quasi fermento abundaverit, certum erit, esse eam pinguem; cum defuerit, exilem; cum æquaverit, mediocrem. Quanquam ista quæ nunc retuli, non tam vera possunt videri, quam si sit pullula terra, quæ melius proventu frugum approbatur. Sapore quoque dignoscemus, si ex ea parte agri, quæ maxime displicebit, effossæ glebæ, et in fictili vase madefactæ dulci aqua permisceantur, ac more fæculenti vini diligenter colatæ gustu explorentur. Nam qualem traditum ab eis notabit humor saporem, talem esse dicemus ejus soli. Sed citra hoc experimentum multa sunt, quæ et dulcem terram et frumentis habilem significent, ut juncus, ut calamus, ut gramen, ut trifolium,

expériences, il y a d'autres moyens propres à nous faire connaître si une terre est douce et favorable aux grains. Par exemple, la grande quantité de joncs, de roseaux, d'herbes, de trèfle, d'hièble, de ronces, de prunelles, et de beaucoup d'autres plantes bien connues de ceux qui cherchent des sources, nous indiquent que les veines de terre qui les produisent sont douces. Nous ne devons point nous en tenir à la surface du sol; il faut explorer les couches inférieures, pour nous assurer qu'elles sont également terreuses. Pour le blé, il suffit qu'il y ait de la bonne terre jusqu'à deux pieds de profondeur; pour les arbres, il en faudra quatre : cet examen fait, on prépare le champ pour l'ensemencement. Plus un champ aura été préparé avec soin et intelligence, plus il sera fertile. Les plus anciens auteurs ont exposé dans leurs livres certaines maximes que les cultivateurs auront à suivre comme une loi pour le labourage de la terre. D'abord les bœufs seront accouplés au joug, étroitement serrés, afin qu'ils marchent d'un pas grave et imposant, le corps droit, la tête levée, que leur cou soit moins fatigué, et que le joug se trouve bien posé sur leurs épaules. Ce mode d'attelage est celui qui est le plus généralement adopté. Quant à celui qui est usité dans quelques provinces, et qui consiste à attacher les bœufs au joug par les cornes, il est avec raison condamné par tous ceux qui ont écrit sur l'agriculture. Car la force de ces animaux réside dans la poitrine et le cou, et non dans les cornes : dans la première position, ils poussent de tout le poids de leur corps; au lieu que dans l'autre ils sont tourmentés et souffrent beaucoup, ayant leur tête constamment ramenée en arrière. On se sert aussi pour cette dernière position de charrues bien plus petites, qui ne peuvent pas faire de sillons profonds; ce qui est cependant nécessaire pour activer la végétation, car plus la terre est labourée à fond, plus les grains et les arbres y prennent d'accroissement. En ceci je ne suis point de l'avis de Celsus, qui, pour diminuer les frais de culture, voulait qu'on labourât la terre avec de petits socs enclavés dans de petits bois, qui pourraient être traînés par des bœufs également faibles et petits. Sans doute les dépenses s'augmentent à proportion que les bêtes de somme employées au labour sont fortes et robustes; mais notre auteur n'a point pensé qu'il y eût plus à gagner par la récolte des fruits qu'à perdre par l'achat des bestiaux, surtout en Italie, où les champs plantés d'oliviers et de vignes veulent être sillonnés plus profondément qu'ailleurs. Ce n'est qu'ainsi que les racines exubérantes, toujours nuisibles aux vignes et aux olives, peuvent être coupées par le soc de la charrue, tandis que celles qui sont dans la terre même en tirent plus facilement le suc dont elles se nourrissent. Ajoutons toutefois que la méthode de Celsus peut être d'une application utile en Numidie et en Égypte, où les terres plantées de grains ne portent presque pas d'arbres. D'ailleurs, dans ce pays le soc le plus léger peut sans difficulté retourner le sol, qui n'est qu'un sable gras et fin comme de la cendre. L'homme qui laboure doit marcher sur la terre déjà ouverte; il dirigera la charrue de manière à faire alternativement un sillon oblique et un sillon plein et droit, sans laisser nulle part ce que les agriculteurs appellent des scamna (veaux), c'est-à-dire des portions de terre solides et dures. Il aura soin de retenir les bœufs dans leur marche, lorsqu'ils

---

ebulum, rubi, pruni silvestres, et alia complura, quæ etiam indagatoribus aquarum nota, non nisi dulcibus terræ venis educantur. Nec contentos esse nos oportet prima specie summi soli, sed diligenter exploranda est inferioris materiæ qualitas, terrena necne sit. Frumentis autem sat erit, si æque bona suberit bipedanea humus : arboribus altitudo quatuor pedum abunde est. Hæc cum ita exploraverimus, agrum sationibus faciundis expediemus. Is autem non minimum exuberat, si curiose et scite subigitur. Quare antiquissimum est formam hujus operis conscribere, quam velut sectam legemque in proscindendis agris sequantur agricolæ. Igitur in opere boves arcte junctos habere convenit, quo speciosius ingrediantur sublimes et elatis capitibus, ac minus colla eorum labefactentur, jugumque melius aptum cervicibus insidat. Hoc enim genus juncturæ maxime probatum est. Nam illud, quod in quibusdam provinciis usurpatur, ut cornibus illigetur jugum, fere repudiatum est ab omnibus, qui præcepta rusticis conscripserunt; neque immerito. Plus enim queunt pecudes collo et pectore conari, quam cornibus. Atque hoc modo tota mole corporis totoque pondere nituntur : at illo, retractis et resupinis capitibus excruciantur, ægreque terræ summam partem levi admodum vomere sauciant. Et ideo minoribus aratris moliuntur, qui non valent alte perfossa novalium terga rescindere : quod cum fit, omnibus virentibus plurimum confert. Nam penitus arvis sulcatis majore incremento segetum arborumque fœtus grandescunt. Et in hoc igitur a Celso dissentio, qui reformidans impensam, quæ scilicet largior est in amplioribus armentis, censet exiguis vomeribus et dentalibus terram subigere, quo minoris formæ bubus administrari id possit; ignorans, plus esse reditus in ubertate frugum, quam impendii, si majora mercemur armenta, præsertim in Italia, ubi arbustis atque oleis consitus ager altius resolvi ac subigi desiderat, ut et summæ radices vitium olearumque vomeribus rescindantur; quæ si maneant, frugibus obsint; et inferiores penitus subacto solo, facilius capiant humoris alimentum. Potest tamen illa Celsi ratio Numidiæ et Ægypto convenire, ubi plerumque arboribus viduum solum frumentis seminatur. Atque ejusmodi terram pinguibus arenis putrem veluti cinerem solutam quamvis levissimo dente moveri satis est. Bubulcum autem per proscissum ingredi oportet, alternisque versibus obliquum tenere aratrum, et alternis recto plenoque sulcare :

approchent d'un arbre, de crainte que si le soc de la charrue vient à heurter contre cet obstacle, les bœufs n'en éprouvent une forte commotion au cou, ou qu'ils ne donnent de leurs cornes trop violemment contre le tronc, ou qu'ils ne l'entament avec l'extrémité du joug, et n'en détachent quelques branches. Le laboureur les gouvernera plutôt par la voix que par des coups, qui ne doivent être que sa dernière ressource, et lorsque les bœufs refusent opiniâtrément d'obéir. Il ne se servira jamais d'un aiguillon, ce qui rendrait l'animal rétif et le ferait ruer; il pourra cependant avoir recours de temps à autre au fouet. Il n'arrêtera jamais ses bœufs au milieu d'une ligne; ce n'est qu'au bout du sillon qu'il les laissera se reposer, pour qu'ils aient plus d'ardeur au travail, et qu'ils parcourent plus vite la longueur du sillon. Il est dangereux pour les bestiaux d'ouvrir un sillon de plus de cent vingts pieds de longueur; car ils se fatiguent trop lorsqu'on dépasse cette longueur. Quand ils seront arrivés au détour, le laboureur les arrêtera et portera le joug en avant, afin de leur rafraîchir le cou; car s'il ne prenait point régulièrement cette précaution, cette partie de leur corps s'enflammerait, enflerait, et finirait par se couvrir d'ulcères. Le bouvier ne se servira pas moins de sa hache que du soc, afin de couper les souches déjà brisées par la charrue, et d'enlever les racines exubérantes qui poussent toujours en abondance dans un terrain planté d'arbres.

III. Lorsque le laboureur aura dételé et détaché ses bœufs, il les frottera, leur pressera le dos avec la main, en soulevant la peau, pour l'empêcher de s'attacher au corps, ce qui leur causerait une maladie très-dangereuse. Il leur frottera également le cou, et leur fera avaler du vin, s'ils sont trop échauffés : deux sectarii suffiront pour chaque animal. Mais il ne faut pas les attacher à la mangeoire avant qu'ils aient cessé d'être en sueur, et repris haleine; et lorsqu'il sera temps de les faire manger, il ne faudra pas leur donner d'abord une grande quantité de nourriture, ni la leur donner tout à la fois; mais peu à peu par parties. On les mènera ensuite à l'abreuvoir, et on les excitera à boire en sifflant; quand ils auront bu suffisamment, on les reconduira à l'étable; et c'est alors seulement qu'on achèvera de leur donner la quantité de fourrage qu'on jugera nécessaire pour les rassasier. Nous croyons en avoir assez dit sur les devoirs du laboureur; nous allons traiter maintenant des temps des labours.

IV. L'eau séjournant longtemps dans les terres grasses avant qu'elles aient été labourées, on doit leur donner le premier labour à l'époque où commencent les chaleurs, et lorsque toutes les mauvaises herbes, sorties de la terre, ne sont point encore montées en graine. On fera alors un grand nombre de sillons, si serrés les uns contre les autres, qu'on puisse à peine distinguer les traces du soc. De cette manière toutes les mauvaises herbes seront arrachées et détruites. Il faut qu'une jachère soit si bien réduite par des labours réitérés, qu'elle n'ait presque plus besoin d'être hersée après avoir été ensemencée. Les anciens Romains prétendaient qu'une terre qui a besoin d'être hersée après les semailles a été mal labourée. Le maître s'assurera par lui-même que les labours ont été bien faits. Il ne doit pas s'en rapporter à sa vue, qui pourrait le tromper en lui

---

sed itanecubi crudum solum et immotum relinquat, quod agricolæ scamnum vocant. Boves cum ad arborem venerint, fortiter retinere ac retardare, ne in radicem majore nisu vomis impactus colla commoveat, neve aut cornu bos ad stipitem vehementius offendat, aut extremo jugo truncum delibet ramumque deplantet. Voce potius quam verberibus terreat, ultimaque sint opus recusantibus remedia plagæ. Nunquam stimulo lacessat juvencum, quod retrectantem calcitrosumque eum reddit. Nonnunquam tamen admoneat flagello. Sed nec in media parte versuræ consistat, detque requiem in summa, ut spe cessandi totum spatium bos agilius enitatur. Sulcum autem ducere longiorem, quam pedum centumviginti, contrarium pecori est; quoniam plus æquo fatigatur, ubi hunc modum excessit. Cum ventum erit ad versuram, in priorem partem jugum propellat, et boves inhibeat, ut colla eorum refrigescant, quæ celeriter conflagrant, nisi assidue refrigerentur et ex in tumor ac deinde ulcera invadunt. Nec minus dolabra, quam vomere bubulcus utatur; et præfractas stirpes summasque radices, quibus ager arbusto consitus implicatur, omnes refodiat ac persequatur.

III. Boves cum ab opere disjunxerit, substrictos confricet, manibusque comprimat dorsum, et pellem revellat, nec patiatur corpori adhærere, quia id genus morbi maxime est armentis noxium. Colla subigat, merumque faucibus, si æstuaverint, infundat. Satis autem est singulis binos sextarios præbere : sed ante ad præsepia boves religari non expedit, quam sudare atque anhelare desierint. Cum deinde tempestive potuerint vesci, non multum nec universum cibum, sed partibus et paulatim præbere convenit. Quem cum absumpserit, ad aquam duci oportet, sibiloque allectari, quo libentius bibant : tum demum reductos largiori pabulo satiari. Hactenus de officio bubulci dixisse abunde est, Sequitur ut tempora quoque subigendi arvi præcipiamus.

IV. Pingues campi, qui diutius continent aquam, proscindendi sunt anni tempore jam incalescente, cum omneis herbas ediderint, neque adhuc earum semina maturuerint : sed tam frequentibus densisque sulcis arandi sunt, ut vix dignoscatur, in utram partem vomer actus sit : quoniam sic omnes radices herbarum perruptæ necantur. Sed et compluribus iterationibus sic resolvatur vervactum in pulverem, ut vel nullam vel exiguam desideret occationem, cum seminaverimus. Nam veteres Romani dixerunt male subactum agrum, qui satis frugibus occandus sit. Eum porro an recte aretur, frequenter explorare debet agricola. Nec tantum visu, qui fallitur nonnunquam superusa terra latentibus scamnis, verum etiam tactu, qui mi-

cachant les grosses mottes couvertes d'une terre pulvérisée; il s'en assurera également par le toucher, qui le trompera moins. A cet effet, il enfoncera une forte perche au travers des sillons : si elle pénètre partout sans rencontrer de résistance, il est évident que tout le sol a été bien remué; mais si elle rencontre quelque corps dur qui s'oppose à son passage, c'est une preuve que la terre n'a point été suffisamment retournée. Les laboureurs sachant que le maître ne s'en rapportera pas à eux sur ce point, y apporteront une plus grande attention. Les terres humides doivent donc recevoir le premier labour après les ides du mois d'avril; le second, vingt jours après le solstice, c'est-à-dire vers le 8 ou le 9 des calendes de juillet; enfin, le troisième vers les calendes de septembre. Les cultivateurs expérimentés prétendent qu'on ne doit pas labourer depuis le solstice d'été jusqu'à l'époque que nous venons d'indiquer, à moins que la terre, comme il arrive souvent, n'ait été trempée par des pluies imprévues semblables à celles d'hiver, auquel cas rien n'empêche de labourer au mois de juillet; mais en aucune époque de l'année il ne faut toucher à une terre bourbeuse, ou à un champ qui n'aurait été qu'à moitié mouillé par des pluies légères; c'est ce que les gens de la campagne appellent une terre varia et cariosa. La terre est dans ce cas lorsqu'après une longue sécheresse il survient de petites pluies qui ne font que mouiller la surface, sans pénétrer dans le sol. Pour peu qu'on ait touché à une terre mouillée et bourbeuse, elle devient pour toute l'année impropre à la culture; elle ne pourra plus être ensemencée, ni hersée, ni sarclée. D'un autre côté, une terre qui a été labourée dans le temps où elle n'était qu'à demi humectée devient stérile pour trois années de suite. Prenons donc un juste milieu pour le labourage, et choisissons l'époque où les terres ne sont ni trop humides, ni absolument dépourvues de suc; car le trop d'humidité les rend, comme j'ai dit, bourbeuses et fangeuses. Pour celles que la chaleur a desséchées, elles ne peuvent jamais être labourées comme il faut. En effet, leur dureté empêche le soc de la charrue d'y mordre; ou si elle ne va pas jusqu'à l'empêcher d'y pénétrer par quelque endroit, il ne les pulvérise pas assez, mais il enlève de grosses mottes qui ne font qu'embarrasser le sol sur lequel elles restent étendues, et qui s'opposent à ce qu'il soit bien biné, la résistance qu'elles apportent au second labour faisant sauter le soc hors du sillon, comme s'il venait à rencontrer des fondations qui s'opposent à son passage; d'où il arrive qu'il se forme de nouveaux amas de terre qui fatiguent extrêmement les bœufs quand on vient labourer le champ. Ajoutez à cela que toutes les terres, même les plus fertiles, étant plus maigres dans le fond qu'à la surface, ces grosses mottes qui viennent à se lever entraînent avec elles les parties inférieures de la terre, lesquelles se trouvent alors à la superficie. Il en résulte que la partie la moins féconde de la terre se trouvant ainsi mêlée à la partie la plus grasse, le champ donne toujours une récolte moins abondante. Le laboureur lui-même n'avance que lentement dans sa besogne, et il ne peut l'achever dans le temps voulu, à cause de la dureté du sol. C'est pourquoi je pense qu'il ne faut pas biner pendant la sécheresse les terres qui ont déjà reçu un premier labour : il faut attendre la pluie, afin que la terre étant suffisamment amollie soit plus facile à cultiver. Un arpent de terre bien humecté peut être expédié en quatre journées de travail; car il faut deux jours pour lui donner le premier labour, un autre jour pour le second, trois quarts

---

nus decipitur : cum solidi rigoris admota pertica transversis sulcis inseritur. Ea si æqualiter ac sine offensione penetravit, manifestum est, totum solum deinceps esse motum : sin autem subeunti durior aliqua pars obstitit, crudum vervactum esse demonstrat. Hoc cum sæpius bubulci fieri vident, non committunt scamna facere. Igitur uliginosi campi proscindi debent post idus mensis Aprilis. Quo tempore cum arati fuerint viginti diebus interpositis circa solstitium, quod est nonum vel octavum calend. Julias, iteratos esse oportebit, ac deinde circa Septembris calendas tertiatos : quoniam in id tempus ab æstivo solstitio convenit inter peritos rei rusticæ non esse arandum, nisi si magnis, ut fit nonnunquam, ac subitaneis imbribus quasi hibernis pluviis terra permaduerit. Quod cum acciderit, nihil prohibet, quo minus mense julio vervacta subigantur. Sed quandoque arabitur, observabimus, ne lutosus ager tractetur, neve exiguis nimbis semimadidus, quam terram rustici variam cariosamque appellant. Ea est cum post longas siccitates levis pluvia superiorem partem glæbarum madefecit, inferiorem non attigit. Nam quæ limoso versantur arva, toto anno desinunt posse tractari, nec sunt habilia sementi aut occationi aut sarritioni. At rursus, quæ varia subacta sunt, continuo triennio sterilitate afficiuntur. Medium igitur temperamentum maxime sequamur in arandis agris, ut neque succo careant, nec abundent uligine. Quippe nimius humor, ut dixi, limosos lutososque reddit. At qui siccitatibus aruerunt, expediri probe non possunt. Nam vel respuitur duritia soli dens aratri, vel si qua parte penetravit, non minute diffundit humum, sed vastos cæspites convellit; quibus objacentibus impeditum arvum minus recte potest iterari; quia ponderibus glæbarum sicut aliquibus obstantibus fundamentis vomis a sulco repellitur : quo evenit, ut in iteratione quoque scamna fiant, et boves iniquitate operis pessime multentur. Accedit huc, quod omnis humus quamvis lætissima, tamen inferiorem partem jejuniorem habet, eamque attrahunt excitatæ majores glæbæ. Quo evenit, ut infœcundior materia mista pinguiori segetem minus uberem reddat, tum etiam ratio rustici aggravatur exiguo profectu operis. Justa enim fieri nequeunt, cum induruit ager. Itaque siccitatibus censeo quod jam proscissum est iterare, pluviamque operiri quæ madefacta terra, facilem

pour le troisième, et un quart pour disperser la semence sur les raies (*liræ*). Les cultivateurs donnent le nom de *porca* à ces raies, qui, formées par le labour, et se trouvant entre deux rayons assez éloignés l'un de l'autre, présentent une couche sèche et élevée pour la semence. Les collines dont le sol est gras doivent recevoir le premier labour après les semailles trimestrielles, c'est-à-dire au mois de mars, ou bien dès le mois de février, si la douceur de la température et la sécheresse de la contrée le permettent. On les binera depuis le milieu d'avril jusqu'au solstice, et on les tiercera en septembre, vers l'équinoxe. Pour cultiver un jugerum de terre de cette dernière espèce, il faut autant de journées que pour les terres humides. Les terrains en pente doivent toujours être labourés en travers (du talus), pour éviter la difficulté que présente la montée roide (le talus), et pour diminuer les fatigues des hommes et des bêtes. Mais quand on donnera à ces terrains le second labour, il faudra faire le sillon un peu obliquement, c'est-à-dire le diriger tantôt du côté le plus élevé, tantôt du côté le plus bas du versant, afin que la terre soit également ameublie des deux côtés, et que le fort de l'opération ne suive pas toujours la même trace. Un terrain pauvre dans une plaine humide ne doit être labouré pour la première fois que vers la fin du mois d'avril; la terre sera binée en septembre, et prête à recevoir la semence vers l'équinoxe. Un terrain de cette nature exige moins de travail, et expédié en moins de temps que tout autre; trois jours suffisent pour un jugerum. Il ne faut pas non plus labourer en été les terres situées dans une descente; ce n'est que vers les calendes de septembre qu'on pourra leur donner le premier labour. Si on les ouvrait plus tôt, le soleil d'été consumerait leur suc, et leur ôterait toute leur force de végétation. C'est pourquoi on fera bien de les labourer entre les calendes et les ides de septembre, et de les biner immédiatement après, afin qu'elles puissent être ensemencées aux premières pluies d'équinoxe. Remarquons encore que dans les terres de cette nature il faut semer non sur les arêtes, mais dans les sillons.

V. Avant de biner une terre pauvre, on fera bien de la fumer; car le fumier est pour le sol une espèce de nourriture qui l'engraisse. On disposera à cet effet des tas de fumier, chacun de cinq modii, environ dans les plaines; on les placera à une distance plus grande les uns des autres que dans les terrains en pente; c'est-à-dire on laissera dans les unes huit et dans les autres six pieds d'intervalle entre chaque tas. On doit engraisser les terres au déclin de la lune, ce qui est très-important pour les préserver des mauvaises herbes. Pour un jugerum il faut vingt-quatre charretées d'engrais quand on approche davantage les tas les uns auprès des autres, et dix-huit, quand on les éloigne davantage. Dès que le fumier sera éparpillé sur la terre, on labourera pour l'enfouir, afin que le hâle du soleil ne lui fasse pas perdre sa force, et que la terre incorporée avec cet aliment puisse s'en engraisser. C'est pourquoi, lorsque les tas seront disposés dans un champ, il ne faudra point en éparpiller plus que le laboureur n'en pourra couvrir de terre dans une journée de travail.

VI. Après avoir montré la manière de préparer la terre pour recevoir les semences, parlons maintenant des semences elles-mêmes, et de leurs dif-

nobis culturam præbeat. Sed jugerum talis agri quatuor operis expeditur : nam commode proscinditur duabus, una iteratur, tertiatur dodrante, in liram satum redigitur, quadrante operæ. Liras autem rustici vocant easdem porcas, cum sic aratum est, ut inter duos latius distantes sulcos medius cumulus siccam sedem frumentis præbeat. Colles pinguis soli peracta satione trimestri mense Martio, si vero tepor cæli siccitasque regionis suadebit, Februario statim proscindendi sunt. Deinde ab Aprili medio usque in solstitium iterandi, tertiandique Septembri circa æquinoctium. Ac totidem operis, quot uliginosi campi, excolitur jugerum. Sed tali agro in arando maxime est observandum, semper ut transversus mons sulcetur. Nam hac ratione difficultas acclivitatis infringitur, laborque pecudum et hominum commodissime sic minuitur. Paulum tamen quotiescunque iterabitur, modo in elatiora modo in depressiora clivi obliquum agi sulcum oportebit, ut in utramque partem rescindamus, nec eodem vestigio terram moliamur. Exilis ager planus, qui aquis abundat, primum aretur, ultima parte mensis Augusti, subinde Septembri sit iteratus, paratusque sementi circa æquinoctium. Expeditior autem labor ejusmodi solo est, eo quod pauciores impendantur operæ : nam tres uni jugero sufficiunt.

Item graciles clivi non sunt æstate arandi, sed circa Septembres calendas : quoniam si ante hoc tempus proscinditur, effœta et sine succo humus æstivo sole peruritur, nullasque virium reliquias habet. Itaque optime inter calendas et idus Septembris aretur, ac subinde iteretur, ut primis pluviis æquinoctialibus conseri possit : neque in lira, sed sub sulco talis ager seminandus est.

V. Prius tamen quam exilem terram iteremus, stercorare conveniet : nam eo quasi pabulo gliscit. In campo rarius, in colle spissius acervi stercoris instar quinque modiorum disponentur, atque in plano pedes intervalli quoquo versus octo, in clivo duobus minus relinqui sat erit. Sed id nobis decrescente luna fieri placet : nam ea res herbis liberat segetes. Jugerum autem desiderat, quod spissius stercoratur, vehes quatuor et viginti; quod rarius, duodeviginti. Disjectum deinde protinus fimum inarari et obrui convenit, ne solis halitu vires amittat, et ut permista humus prædicto alimento pinguescat. Itaque cum in agro disponentur acervi stercoris, non debet major modus eorum dissipari, quam quem bubulci eodem die possint obruere.

VI. Quoniam sementi terram docuimus præparare, nunc seminum genera persequemur. Prima et utilissima

férentes espèces. Les premières et les plus utiles à l'homme sont le froment et le grain adoreum (l'épeautre). Nous connaissons plusieurs espèces de froment; mais celui qu'il faut semer de préférence, c'est le froment appelé robus, parce qu'il l'emporte sur les autres espèces par son poids et sa blancheur : il faut mettre dans la seconde classe le siliga, qui nous donne un pain léger. On mettra dans la troisième classe les trémois, qui sont une espèce de siliga : ce grain est d'une excellente ressource pour les cultivateurs, lorsqu'ils n'ont pu faire leurs semailles en temps opportun à cause des pluies, ou pour toute autre raison. Les autres espèces de froment ne sont d'aucune utilité, et ne peuvent intéresser que les personnes qui cherchent la vaine gloire d'en posséder la plus grande variété. Quant au grain appelé adoreum (épeautre), on en compte pour l'usage ordinaire quatre espèces différentes. Celui qu'on appelle clusinum est d'une couleur blanche et brillante; le vennuculum, divisé en deux espèces, l'une rouge, l'autre blanche, est plus pesant que le clusinum ; l'épeautre trimérien, appelé aussi halicastrum, l'emporte sur les autres espèces par sa qualité et son poids. Le cultivateur doit soigneusement conserver les semences de toutes ces espèces de froment et d'épeautre, parce qu'il arrive rarement que la situation d'un champ soit assez heureuse pour qu'on puisse se contenter d'une seule espèce, et qu'une terre se trouve toujours mélangée de parties humides et de parties sèches. Or le froment vient mieux dans une terre sèche, tandis que l'épeautre supporte sans inconvénient l'humidité.

VII. Quoiqu'il y ait bien des espèces de légumes, les plus agréables et les plus utiles à l'homme sont la fève, la lentille, le pois, le haricot, le pois chiche, le chanvre, le millet, le panis, le sésame, le lupin, le lin et l'orge, dont on fait des tisanes. Les meilleurs fourrages sont d'abord la luzerne, le fenugrec et la vesce; puis la cicerole, l'ers, et les blés coupés en herbe. Nous parlerons d'abord des plantes servant à notre usage, et nous commencerons par rappeler un vieux précepte de nos ancêtres : c'est d'ensemencer d'abord les terrains froids, ensuite ceux qui sont tempérés, et enfin les terrains chauds. Les règles que nous allons établir s'appliquent principalement aux contrées tempérées.

VIII. Notre poëte nous recommande de ne point semer du froment ni de l'épeautre avant le coucher des Pléiades : car voici ce qu'il dit dans ses vers : *Si vous labourez une terre pour y récolter du froment et de l'épeautre, et que vous vouliez avoir des épis bien remplis, attendez que les filles d'Atlas se couchent le matin.* Or les filles d'Atlas se couchent le trente-unième jour après l'équinoxe d'automne, c'est-à-dire vers le 9 des calendes d'octobre. On peut voir par là que les semailles du froment durent quarante-six jours, depuis le coucher des Pléiades, qui tombe au neuvième jour des calendes de novembre, jusqu'au solstice d'hiver. Les cultivateurs les plus expérimentés observent cette règle pendant les quinze jours qui précèdent et les quinze qui suivent le solstice d'hiver ; ils s'abstiennent de labourer la terre, de tailler la vigne, et d'émonder les arbres. Sans doute cette pratique est bonne à suivre quand le climat est tempéré et que le sol n'est point humide. Mais dans les terres naturellement moites et maigres, froides ou même ombragées, il faudra faire les semailles avant les calendes d'octobre, pendant que la sécheresse de la terre le permet et

sunt hominibus frumenta, triticum et semen adoreum. Tritici genera complura cognovimus. Verum ex his maxime serendum est, quod robus dicitur : quoniam et pondere et nitore præstat. Secunda conditio est habenda siliginis, cujus species in pane præcipua pondere deficitur. Tertium erit trimestre, cujus usus agricolis gratissimus. Nam ubi propter aquas aliamve causam matura satio est omissa, præsidium ab hoc petitur. Id genus est siliginis. Reliquæ tritici species, nisi ut quos multiplex varietas frugum et inanis delectat gloria, supervacuæ sunt. Adorei autem plerumque videmus in usu genera quatuor. Far, quod appellatur Clusinum candoris nitidi; far, quod vocatur vennuculum, rutilum, atque alterum candidum, sed utrumque majoris ponderis quam Clusinum. Semen trimestre, quod dicitur halicastrum, idque pondere et bonitate est præcipuum. Sed hæc genera tritici et adorei, propterea custodienda sunt agricolis, quod raro quisquam ager ita situs est, ut uno semine contenti esse possimus, interveniente parte aliqua vel uliginosa vel arida. Triticum autem sicco loco melius coalescit. Adoreum minus infestatur humore.

VII. Leguminum genera cum sint complura, maxime grata et in usu hominum videntur faba, lenticula, pisum, phaselus, cicer, cannabis, milium, panicum, sesama, lupinum, linum etiam, et ordeum, quia ex eo ptisana est. Item pabulorum optima sunt Medica et fœnum Græcum, nec minus vicia. Proxima deinde cicera et ervum et farrago, quæ est ex ordeo. Sed de his prius disseremus, quæ nostra causa seminantur, memores antiquissimi præcepti, quo monemur, ut locis frigidis ocissime, tepidis celerius, calidis novissime seramus. Nunc autem proinde ac si temperatæ regioni præcepta dabimus.

VIII. Placet nostro poëtæ adoreum atque etiam triticum non ante seminare, quam occiderint Vergiliæ. Quod ipsum numeris sic edisserit : *At triticeam in messem, robustaque farra Exercebis humum, solisque instabis aristis, Ante tibi Eoæ Atlantides abscondantur.* Absconduntur autem altero et trigesimo die post autumnale æquinoctium, quod fere conficitur nono calend. Octobris : propter quod intelligi debet tritici satio dierum sex et quadraginta ab occasu Vergiliarum, qui fit ante diem ix cal. Novemb. ad brumæ tempora. Sic enim servant prudentes agricolæ, ut quindecim diebus prius, quam conficiatur bruma, totidemque post eam confectam neque arent, neque vitem aut arborem putent. Nos quoque non abnuimus in agro temperato et minime humido sementem

que les nuages sont encore suspendus en l'air, afin que les racines des blés puissent prendre assez de force pour résister aux frimas, aux gelées et aux pluies d'hiver. Dans tous les cas, et alors même que les semailles auraient été faites à temps, nous ne devons point nous dispenser de faire de larges branchées et un grand nombre de sillons d'écoulement, appelés *elices*, afin de réunir toutes les eaux dans des saignées et de les conduire hors des champs. Je sais bien que quelques auteurs défendent expressément d'ensemencer les terres avant qu'elles aient été suffisamment humectées par la pluie ; et je ne doute pas en effet qu'il n'en résulte un grand avantage pour la culture même, si la pluie tombe en temps opportun ; mais si elle se fait attendre, comme cela arrive souvent, les semailles n'en doivent pas moins être exécutées, quelle que soit d'ailleurs la sécheresse du sol. C'est là du moins la pratique qu'on suit dans certaines provinces où, par la nature même du climat, les pluies sont fort tardives. En effet, le grain semé et hersé dans un sol sec ne s'y corrompt pas plus que dans un grenier; et lorsqu'il survient une ondée de pluie, les semailles de plusieurs journées lèvent en une seule. Trémellius aussi affirme (et moi-même j'ai pu m'en assurer par mes propres expériences) que le blé semé dans une terre desséchée par le soleil, et que les pluies n'ont point encore humectée, n'aura rien à souffrir des fourmis ou des oiseaux. Dans tous les cas, on fera bien de mettre dans un terrain de cette nature de l'épeautre en place du froment, parce que le grain de l'épeautre est renfermé dans une capsule forte et solide, qui peut résister longtemps à l'humidité.

IX. Il faut ordinairement pour un arpent de terre quatre mesures de froment si la terre est bonne, et cinq, si elle est médiocre. Neuf mesures d'épeautre suffisent pour un bon terrain, mais il en faut dix pour un terrain de qualité moyenne. Bien que les auteurs ne soient point d'accord sur cette quantité, c'est pourtant celle que nous jugeons la plus convenable, d'après notre propre expérience. Si pourtant quelqu'un ne veut point s'y conformer, il pourra suivre les préceptes de ceux qui prétendent qu'un terrain fertile est bien ensemencé avec cinq mesures de froment et huit d'épeautre, et qu'on doit observer les mêmes proportions pour les terres médiocres. Nous sommes bien loin nous-même de nous conformer toujours aux chiffres que nous venons d'indiquer, puisqu'ils doivent nécessairement varier suivant les lieux, les saisons et le climat.

Quant à la différence des lieux, il y a des plaines et des terrains en pente, des terres grasses, des terres moyennes et des terres pauvres. Pour ce qui est de la différence des saisons, il y a les semailles d'automne et celles qui se font à l'approche de l'hiver. En automne on sème plus clair qu'en hiver. Quant au climat, il est tantôt pluvieux, tantôt sec; s'il est pluvieux, on sème clair, comme pour les semailles d'automne; s'il est sec, on sème plus épais, comme pour les semailles d'hiver. Toutes les espèces de grains réussissent bien dans une plaine ouverte, chaude, exposée au soleil, et dont le sol est meuble. Quoique les collines donnent ordinairement un grain plus gras, les récoltes du froment y sont pourtant moins abondantes. Les terres fortes, crayeuses et fraîches sont bonnes pour le siligo et le far. L'orge ne réussit bien que dans une

sic fieri debere. Cæterum locis uliginosis atque exilibus aut frigidis aut etiam opacis plerumque citra calendas Octobris seminare convenire, *dum sicca tellure licet*, *dum nubila pendent*, ut prius convalescant radices frumentorum, quam hibernis imbribus aut gelicidiis pruinisve infestentur. Sed quamvis tempestive sementis confecta erit, cavebitur tamen, ut patentes liras crebrosque sulcos aquarios, quos nonnulli elices vocant, faciamus, et omnem humorem in colliquias, atque inde extra segetes derivemus. Nec ignoro quosdam veteres auctores præcepisse, ne seminarentur agri, nisi cum terra pluviis permaduisset. Quod ego, si tempestive competat, magis conducere agricolæ non dubito. Sed si, quod evenit nonnunquam, sero sunt imbres, quamvis sitienti solo recte semen committitur : idque etiam in quibusdam provinciis, ubi status talis cæli est, usurpatur. Nam quod sicco solo ingestum et inoccatum est, perinde ac si repositum in horreo non corrumpitur, atque ubi venit imber, multorum dierum sementis uno die surgit. Tremellius quidem asseverat, prius quam impluerit, ab avibus aut formicis sata non infestari, dum æstivis serenitatibus ager aret. Idque etiam sæpius nos experti verum adhuc esse non comperimus. Magis apte tamen in ejusmodi agris adoreum quam triticum seritur : quoniam folliculum, quo continetur, firmum et durabilem adversus longioris temporis humorem habet.

IX. Jugerum agri pinguis plerumque modios tritici quatuor, mediocris quinque postulat : adorei modios novem, si est lætum solum ; si mediocre, decem desiderat. Nam quamvis de mensura minus auctoribus convenit, hanc tamen videri commodissimam docuit noster usus ; quem si quis sequi recusat, utatur præceptis eorum, qui bene uberem campum in singula jugera tritici quinque, et adorei octo modiis obserere præcipiunt, atque hac portione mediocribus agris semina præbenda censent. Nobis ne istam quidem, quam prædiximus, mensuram semper placet servari, quod eam variat aut loci aut temporis aut cæli conditio. Loci, cum vel in campis vel collibus frumentum seritur, atque his vel pinguibus vel mediocribus vel macris. Temporis, cum autumno aut etiam ingruente hieme frumenta jacimus. Nam prima sementis rarius serere permittit, novissima spissius postulat. Cæli, cum aut pluvium aut siccum est. Nam illud idem quod prima sementis, hoc quod ultima desiderat. Omne autem frumentum maxime campo patente et ad solem prono apricoque et soluto lætatur. Collis enim quamvis granum robustius aliquanto, minus tamen tritici reddit. Densa cretosaque et uliginosa humus siliginem et far adoreum

terre sèche et meuble. Tous les autres grains dont nous venons de parler veulent une terre fertile, qu'on laissera reposer une année sur deux.

L'orge au contraire n'admet point de milieu, et exige un sol ou très-gras ou très-pauvre. Les autres grains se soutiennent, même quand on a été obligé de les semer dans un sol limoneux et mouillé par des pluies continuelles : l'orge au contraire, jetée dans une terre boueuse, ne tarde point à périr. Lorsqu'une terre est passablement crayeuse ou fraîche, il faut y semer un peu plus que cinq mesures de siligo : quantité que j'ai indiquée plus haut pour les terrains de cette nature. Si au contraire une terre est sèche et meuble, grasse ou maigre, quatre mesures suffiront. En effet, par la loi des contraires, une terre maigre demande autant de semence qu'une terre grasse. Le grain, à moins d'être semé très clair sur les terres pauvres, produit des épis petits et vides, tandis que dans les terres riches le grand nombre de tiges qui partent d'une même racine fait que la récolte est aussi épaisse, alors même que le blé y est semé clair. Remarquons encore qu'un champ planté d'arbres demande un cinquième de semences de plus qu'un terrain vide et découvert. Nous n'avons parlé jusqu'à présent que des semailles d'automne, qui sont en effet les principales. Il y en a d'autres que la nécessité nous force de faire : ce sont celles que les cultivateurs appellent semailles trimestrielles. Elles se pratiquent avec succès dans les contrées froides et exposées aux neiges, où l'été est humide et sans grandes chaleurs; elles réussissent rarement ailleurs. Ces semailles doivent être faites promptement, et toujours avant l'équinoxe du printemps. Si le climat et l'état de la température permettent de les faire plus tôt, elles n'en réussiront que mieux. On a tort de penser qu'il y a une espèce particulière de blé qui puisse pousser en trois mois, puisque le même grain semé en automne vient beaucoup mieux. Cependant il y a quelques espèces qui réussissent mieux que d'autres aux secondes semailles, parce qu'elles supportent sans inconvénient la chaleur modérée du printemps; tels sont le siligo, l'orge de Galatie, l'alicastrum, et la fève de Marsie : quant aux autres grains qui sont plus forts, il faudra toujours les semer avant l'hiver dans les contrées tempérées. Quelquefois la terre jette une matière liquide, salée et amère, véritable poison qui détruit les semences déjà mûres, et rase en quelque sorte toute une portion du champ. Sitôt qu'on aura aperçu dans une terre de ces places nues et dépouillées, il faudra les marquer, afin de bien les reconnaître et de remédier à ce mal en temps convenable. On se sert à cet effet de fiente de pigeon (de la colombine), ou à son défaut de feuilles de cyprès, qu'on répand partout où l'humidité ou toute autre émanation pestilentielle ont fait périr la semence, et qu'on mêle avec la terre, en la labourant avec la charrue. Mais le souverain remède, et sans lequel les autres ne sauraient être d'aucune utilité, c'est de faire écouler l'humidité au moyen d'une saignée. Il y a des personnes qui prennent un panier à semer, le garnissent d'une peau d'hyène, et y laissent séjourner quelque temps le grain avant de le semer, convaincus que cette précaution leur fera obtenir une récolte abondante. Il arrive souvent que des animaux qui habitent sous terre font périr le grain qui a déjà mis une

---

non incommode alit. Ordeum nisi solutum et siccum locum non patitur. Atque illa vicibus annorum requietum agitatumque alternis et quam lætissimum volunt arvum. Hoc nullam mediocritatem postulat : nam vel pinguissima vel macerrima humo jacitur. Illa post continuos imbres, si necessitas exigat, quamvis adhuc limoso et madente solo sparseris, injuriam sustinent. Hoc si lutoso commiseris, emoritur. Siliginis autem vel tritici, si mediocriter cretosus uliginosusve ager est, etiam paulo plus, quam, ut prius jam dixi, quinque modiis ad sationem opus est. At si siccus et resolutus locus, idemque vel pinguis, vel exilis est, quatuor; quoniam a contrario macer tantundem seminis poscit. Nam nisi rare conseritur, vanam et minutam spicam facit. At ubi ex uno semine pluribus culmis fruticavit, etiam ex rara segete densam facit. Inter cætera quoque non ignorare debemus, quinta parte seminis amplius occupari agrum consitum arbusto, quam vacuum et apertum. Atque adhuc de satione autumnali loquimur : hanc enim potissimam ducimus. Sed est et altera, cum cogit necessitas : trimestrem vocant agricolæ. Ea locis prægelidis ac nivosis, ubi æstas est humida et sine vaporibus, recte committitur. Cæteris admodum raro respondet : quam tamen ipsam celeriter et utique ante æquinoctium vernum conveniet peragere. Si vero locorum et cæli conditio patietur, quanto maturius severimus, tanto commodius provenient. Neque enim est ullum, sicut multi crediderunt, natura trimestre semen : quippe idem jactum autumno melius respondet. Sunt nihilominus quædam aliis potiora, quæ sustinent veris tepores, ut siligo et ordeum Galaticum, et halicastrum, et granumque fabæ Marsicæ. Nam cætera robusta frumenta semper ante hiemem seri debent in regionibus temperatis. Solet autem salsam nonnunquam et amaram uliginem vomere terra, quæ quamvis matura jam sata mananto noxio humore corrumpit, et locis calentibus sine ulla stirpe seminum areas reddit. Ea glabreta signis adhibitis notari convenit, ut suo tempore vitiis ejusmodi medeamur. Nam ubi vel uligo, vel aliqua pestis segetem enecat, ibi columbinum stercus, vel si id non est, folia cupressi convenit spargi et inarari. Sed antiquissimum est, omnem inde humorem facto sulco deducere : aliter vana erunt prædicta remedia. Nonnulli pelle hyænæ satoriam trimodiam vestiunt, atque ita ex ea, cum paulum innorata sunt semina, jaciunt, non dubitantes proventura, quæ sic sata sint. Quædam etiam subterraneæ pestes adultas segetes radicibus subsectis enecant. Id ne fiat, remedio est aquæ mistus succus

certaine croissance en ravageant les racines. On remédie à ce mal en laissant tremper les semences, avant de les confier à la terre, dans de l'eau, à laquelle on a mêlé de l'extrait de l'herbe que les paysans appellent joubarbe. Quelques personnes prennent de l'extrait de concombre sauvage, et la racine pilée de cette plante, qu'ils mêlent ensemble; ils délayent ensuite ce mélange dans l'eau, et y laissent tremper le grain avant de le semer. D'autres encore, lorsqu'ils s'aperçoivent que les semailles sont en danger, arrosent les sillons avec cette même préparation, ou avec de l'amurque non salée, et parviennent ainsi à chasser les animaux nuisibles. J'ai encore un conseil à donner : c'est de choisir pour semence, après la moisson, le meilleur grain qui se trouve dans l'aire. C'est ce que nous recommande également Celse, lorsqu'il dit de recueillir les meilleurs épis quand la récolte a été médiocre, et de les mettre à part pour en tirer le grain qui doit servir de semence. Quand la récolte a été plus abondante, le grain battu doit être nettoyé au crible ; et celui qui tombe au fond, à cause de sa grosseur et de son poids, doit toujours être conservé pour semence. C'est là une précaution utile, quelle que soit d'ailleurs la nature du terrain. En effet, si à la vérité les grains dégénèrent plus promptement dans les terres humides, les terrains secs ne sont pas toujours exempts de cet inconvénient, à moins qu'on ne choisisse bien les semences. Sans doute le grain pesant n'est pas toujours produit par une semence pesante, mais il est évident qu'une semence pauvre et légère ne saurait produire un grain fort et lourd. Aussi Virgile, entre autres bonnes choses sur les semences, dit : *J'en ai vu des mieux choisies et des mieux préparées qui dégénéraient, si l'on n'avait soin* chaque année *de les trier, et de réserver les plus grosses : tant les choses vont en déclinant, tant le destin précipite la fin des êtres!*

Si le grain rouge, coupé en deux, est également rouge en dedans, il n'y a pas de doute qu'il ne soit sain ; mais lorsque cette espèce est blanchâtre en dehors et blanche en dedans, elle doit être regardée comme légère et fausse. Ne nous laissons point tromper par le siligo, que les cultivateurs recherchent tant ; ce n'est qu'un froment dégénéré; et quoiqu'il l'emporte par la blancheur, il lui est inférieur en poids. Il réussit dans un climat humide, et convient par conséquent aux contrées où il y a des eaux courantes. Nous n'avons pas besoin d'aller chercher ce grain bien loin, ni de nous donner beaucoup de peine pour nous en procurer, puisque toute espèce de froment, semée dans une terre humide, se transforme en siligo à la quatrième récolte. Le meilleur grain après le froment, c'est l'orge, que les paysans appellent tantôt hercasticum, tantôt cantherinum; elle est meilleure pour le bétail, et plus saine pour la nourriture des hommes que le mauvais froment. Il n'y a pas de grain qui sauve plus de la misère dans les cas de disette. On la sème dans une terre franche et sèche, et dans un sol très-bon ou très-pauvre. En effet, l'orge étant le grain le plus fatigant pour la terre, on la met dans un terrain riche, dont la fertilité ne saurait être épuisée, ou dans un sol si pauvre qu'il ne peut produire autre chose. On la sèmera sur le second labour, après l'équinoxe si la terre est en vigueur, et avant l'équinoxe si elle est pauvre, ayant toutefois soin d'observer dans l'un et l'autre cas la proportion de cinq mesures par jugerum. On la moissonne plus tôt que tout autre grain, et avant même qu'elle soit

---

herbæ, quam rustici sedum appellant; nam hoc medicamine una nocte semina macerata jaciuntur. Quidam cucumeris anguini humorem expressum, et ejusdem tritam radicem diluunt aqua, similique ratione madefacta semina terræ mandant. Alii hac eadem aqua vel amurca insulsa, cum cœpit infestari seges, perfundunt sulcos, et ita noxia animalia submovent. Illud deinceps præcipiendum habeo, ut demessis segetibus jam in area futuro semini consulamus. Nam quod ait Celsus, ubi mediocris est fructus, optimam quamque spicam legere oportet, separatimque ex ea semen reponere; cum rursus amplior messis provenerit, quidquid exteretur, capisterio expurgandum erit, et semper quod propter magnitudinem ac pondus in imo subsederit, ad semen reservandum. Nam id plurimum prodest, quia quamvis celerius locis humidis, tamen etiam siccis frumenta degenerant, nisi cura talis adhibeatur. Neque enim dubium est, ex robusto semine posse fieri non robustum. Quod vero protinus ex levi natum sit, nunquam robur accipere manifestum est. Ideoque Virgilius cum et alia tum et hoc de seminibus præclare sic disseruit : *Vidi ego lecta diu et multo spectata labore Degenerare tamen, ni vis humana quotannis maxima quæque manu legeret ; sic omnia fatis In pejus ruere,* ac retro sublapsa referri. Granum autem rutilum si, cum diffissum est, eundem colorem interiorem habet, integrum esse non dubitamus. Quod extrinsecus albidum, intus etiam conspicitur candidum, leve ac vanum intelligi debet. Nec nos tanquam optabilis agricolis fallat siligo. Nam hoc tritici vitium est, et quamvis candore præstet, pondere tamen vincitur. Verum in humido statu cæli recte provenit; et ideo locis manantibus magis apta est. Nec tamen ea longe nobis aut magna difficultate requirenda est. Nam omne triticum solo uliginoso post tertiam sationem convertitur in siliginem. Proximus est his frumentis usus ordei, quod rustici hexasticum, quidam etiam cantherinum appellant : quoniam et omnia animalia, quæ ruri sunt, melius quam triticum, et hominem salubrius quam malum triticum pascit. Nec aliud in egenis rebus magis inopiam defendit. Seritur soluta siccaque terra, et vel prævalida vel exili, quia constat arva segetibus ejus macescere : propter quod pinguissimo agro, cujus nimis viribus noceri non possit, aut macro, cui nihil aliud, committitur. Altero sulco seminari debet post æquinoctium, media fere sementi, si læto solo : si gracili, maturius. Jugerum quinque modii occupabunt. Idque ubi paululum maturuerit, festinantius quam ullum aliud frumentum

arrivée à sa parfaite maturité; car ayant une tige très-faible, et n'étant point recouverte de balle qui enveloppe son grain, elle est aisément détachée de l'épi, et par la même raison se bat plus aisément que les autres espèces. Après la récolte, la terre qui l'a portée doit être mise en jachère, à moins qu'on ne la fume avec soin, pour dissiper les mauvaises influences (qualités) qu'il lui a communiquées. L'autre espèce d'orge, que les uns appellent distichum, les autres galaticum, est fort pesante et blanche; mêlée avec le froment, elle fait un excellent pain de ménage. On la sème vers le mois de mars, dans un sol gras mais frais. Si la douceur de l'hiver permet de la semer aux ides de janvier, elle n'en viendra que mieux. Six mesures d'orge suffisent pour un arpent. Le panis et le millet, que j'ai rangés plus haut dans la classe des légumineux, doivent également être comptés au nombre des grains, parce qu'en plusieurs contrées on en fait du pain. Comme ils demandent un sol léger et meuble, ils réussissent non-seulement dans un terrain sablonneux, mais même dans le sable, pour peu que le climat soit moite et humide; car ils redoutent un sol sec et argileux. Il ne faudra pas les semer avant le printemps, parce qu'une chaleur modérée est la température qui leur convient le plus. Aussi la fin de mars est l'époque la plus propre pour les confier à la terre. Leur culture est peu dispendieuse pour le laboureur, puisqu'il n'en faut que quatre setiers pour ensemencer un arpent. Il faut les sarcler souvent, pour le débarrasser des mauvaises herbes qui gêneraient leur croissance. Lorsqu'ils sont en épis, on les cueille à la main, avant que la chaleur ne les entr'ouvre; puis on les suspend pour les faire sécher au soleil. Quand on a pris ces précautions avant de les serrer, ils se conservent mieux et plus longtemps que les autres grains. Le millet nous donne un pain d'assez bon goût, surtout quand il est mangé chaud. Le panis et même le millet, pilés dans un mortier, et débarrassés du son, fournissent un potage au lait qui n'est point à dédaigner.

X. Nous avons traité avec assez d'étendue des différentes espèces de blé; passons maintenant aux légumes. Le lupin est celui qui doit d'abord fixer notre attention, parce qu'il demande le moins de culture, qu'il coûte très-peu, et que de toutes les semences c'est la plus utile pour le fonds. En effet, le lupin fournit un excellent engrais pour les vignes maigres et épuisées, ainsi que pour les terres en général. Il réussit dans le sol le plus ingrat, et, mis en réserve, il peut se conserver des siècles entiers. Cuit, ou seulement trempé dans l'eau, il sert de nourriture aux bœufs pendant l'hiver, et peut même, dans un temps de détresse, apaiser la faim des hommes. Il se sème au sortir de l'aire, et c'est par conséquent de tous les légumes le seul qui n'a pas besoin de séjourner préalablement dans un grenier. On peut le semer au mois de septembre, avant l'équinoxe, ou bien immédiatement après les calendes d'octobre, dans des jachères non labourées. La négligence du laboureur, en le cultivant, ne saurait point lui porter préjudice. Tout ce qu'il demande, c'est la chaleur modérée de l'automne, pour prendre promptement sa croissance; car s'il n'a point assez de consistance avant l'hiver, les froids peuvent lui devenir dangereux. On fera bien de placer ce qui restera de semence de lupin sur un plancher, à la portée de la fumée; car si on le laissait exposé à l'humidité, les vers ne manqueraient pas

---

demetendum erit. Nam et fragili culmo, et nulla vestitum palea granum ejus celeriter decidit, iisdemque de causis facilius teritur, quam cætera. Sed cum ejus messem sustuleris, optimum est novalia pati anno cessare : si minus, stercore saturare, et omne virus, quod adhuc inest terræ, propulsare. Alterum quoque genus ordei est, quod alii distichum, Galaticum nonnulli vocant, ponderis et candoris eximii, adeo ut tritico mistum egregia cibaria familiæ præbeat. Seritur quam pinguissimis sed frigidis locis circa Martium mensem. Melius tamen respondet, si clementia hiemis permittit, cum seminatur circa idus Januarias. Jugerum sex modios postulat. Inter frumenta etiam panicum et milium ponenda sunt, quamvis jam leguminibus ea contribuerim. Nam multis regionibus cibariis eorum coloni sustinentur. Levem solutamque humum desiderant. Nec in sabuloso solo, sed in arena quoque proveniunt, modo humido cælo vel riguo solo. Nam siccum cretosumque reformidant. Ante ver seri non possunt, quoniam teporibus maxime lætantur. Ultima tamen parte Martii mensis commodissime terræ committuntur. Nec impensa gravi ratione cultoris onerant; quippe sextariis fere quatuor jugerum implent; frequentem tamen exigunt sarritionem et runcationem, ut herbis liberantur. Ea cum spicas ediderunt, prius quam semina hient æstibus, manu carpuntur, et suspensa in sole cum assiccata fuerint, reconduntur, atque ita reposita perennunt diutius quam cætera. Panis ex milio conficitur, qui antequam refrigescat, sine fastidio potest assumi. Panicum pinsitum et evolutum furfure, sed et milium quoque pultem quavis in copia maxime cum lacte non fastidiendam præbet.

X. Quoniam de frumentis abunde præcepimus, de leguminibus deinceps disseramus. Lupini prima ratio est, quod et minimum operarum absumit, et vilissime emitur, et maxime ex iis quæ seruntur, juvat agrum. Nam vineis [jam] emaciatis, et arvis optimum stercus præbet, ac vel effœto solo provenit, vel repositum in granario patitur ævum. Boves per hiemem coctum maceratumque probe alit. Famem quoque, si sterilitas annorum incessit hominibus, commode propulsat. Spargitur statim ex area. Atque id solum omnium leguminum non desiderat requiem in horreo, sive Septembri mense ante æquinoctium, seu protinus a calendis Octobribus crudis novalibus ingeras. Et qualitercunque obruas, sustinet coloni negligentiam. Teporem tamen autumni desiderat, ut celeriter confirmetur. Nam si non ante hiemem convaluerit, frigoribus affligitur. Reliquum quod semini superest, in tabulatum,

de s'y mettre et d'en ronger le germe; de sorte qu'il ne pourrait plus pousser. Ainsi que je viens de le dire, le lupin se plaît dans une terre maigre, et surtout dans une terre rouge; ce qu'il redoute le plus, c'est l'argile et le limon. Dix mesures suffisent pour ensemencer un arpent. Après le lupin vient le faséole, qu'on sème ou dans une terre qu'on aura laissée reposer, ou mieux encore dans une terre grasse et labourée chaque année. Il n'en faut que quatre mesures pour un arpent. Il en est de même du pois; seulement il demande une terre légère et meuble, une exposition chaude et un ciel pluvieux. On le sème au commencement des semailles, dès l'équinoxe d'automne, dans la même proportion que le faséole; ou bien en prenant une mesure de moins pour chaque arpent. Pour les fèves, il faut leur réserver une terre naturellement riche, ou bien fumée. Si le terrain, après s'être reposé une année, est situé dans une vallée où il puisse recevoir l'humidité des terrains supérieurs, la semence doit être répandue d'abord sur la terre solide, puis enterrée par un premier labour, ensuite mise en sillon, et enfin hersée, pour qu'elle soit enterrée plus profondément encore; car il est nécessaire que la racine de cette plante soit entièrement recouverte. Mais si vous voulez semer la fève dans un champ qui ne s'est pas reposé auparavant, et qui vient de produire une récolte, il faudra couper la paille, et répandre vingt-quatre charretées de fumier par arpent. De même, lorsque vous aurez semé dans un terrain non cultivé, vous commencerez par retourner la semence par un premier labour; puis vous sillonnerez, et vous herserez ensuite. Il y a des personnes qui s'imaginent que dans les pays froids les fèves n'ont pas besoin d'être hersées, parce que les mottes défendent les jeunes plantes des gelées blanches et les abritent du froid, en les entretenant dans une douce chaleur. D'autres croient qu'une récolte de fèves peut tenir lieu d'engrais : ce qui revient à dire, ce me semble, non que cette récolte enrichit la terre comme ferait le fumier, mais qu'elle l'épuise moins que toute autre plantation. Quant à moi, je suis convaincu qu'un champ est bien mieux disposé pour le blé lorsqu'il n'a rien rapporté du tout, que lorsqu'on lui aura fait porter une récolte de fèves. Suivant Trémellius, quatre mesures de semence suffisent par arpent; moi je pense qu'il en faut six si le sol est riche, et un peu plus s'il est pauvre. Les fèves ne souffrent point de terrains maigres ou couverts de brouillards; elles réussissent souvent assez bien dans un sol dur et compact. Une partie des semences doit être jetée vers le milieu du temps des semailles, et une autre partie à la fin : ce second ensemencement est appelé *semailles septimontiales*. En général, les fèves se sèment de bonne heure : quelquefois pourtant les semailles tardives réussissent mieux. Le solstice d'hiver passé, il n'est plus temps de semer la fève. Le printemps est l'époque la moins favorable à son ensemencement. Il y a cependant une *fève de printemps* qu'on doit semer en février, en augmentant d'un cinquième la quantité de semence qu'on emploie, en la semant à temps. Elle a de petites tiges et peu de gousses : aussi les vieux cultivateurs préfèrent-ils la paille des premières semées à la récolte entière des dernières. Mais, en quelque temps de l'année qu'on sème la fève, il faudra faire en sorte que la totalité de la semence soit jetée en terre au quinzième jour de la lune, si toutefois

---

quo fumus pervenit, optime reponis. Quoniam si humor invasit, vermes gignit; qui simulatque oscilla lupinorum adederunt, reliqua pars enasci non potest. Id, ut dixi, exilem amat terram, et rubricam præcipue. Nam cretam reformidat, limosoque non exit agro. Jugerum decem modii occupant. Ab hoc recte phaselus terræ mandabitur, vel in vetereto, vel melius pingui et restibili agro. Nec amplius quatuor modiis jugerum obseretur. Similis quoque ratio est pisi, quod tamen facilem et solutam terram desiderat tepidumque locum et cælum frequentis humoris. Eadem mensura jugerum vel modio minus quam phaselum licet obserere primo tempore sementis ab æquinoctio autumnali. Fabæ pinguissimus locus vel stercoratus destinatur, et si veteretum erit in valle situm, quod a superiore parte succum accipit; prius autem jaciemus semina, deinde proscindemus terram, proscissamque in liram revocabimus occabimusque, quo altius largiore humo contegatur. Nam id plurimum refert, ut radices enatorum seminum penitus demersæ sint. Sin autem proximæ messis occupandum erit restibile, desectis stramentis quatuor et viginti vehes stercoris in jugerum disponemus dissipabimusque. Et similiter cum semen crudo solo ingesserimus, inarabimus, imporcabimusque occabimus : quamvis sint, qui negent locis frigidis oportere occari fabam, quia extantes glæbæ a geliciidiis adhuc eam teneram vindicent, et aliquem teporem frigore laboranti præbeant. Sunt etiam qui putent in arvis hanc eandem vice stercoris fungi. Quod sic ego interpretor, ut existimem, non sationibus ejus pinguescere humum, sed minus hanc quam cætera semina vim terræ consumere. Nam certum habeo, frumentis utiliorem agrum esse, qui nihil, quam qui istam siliquam proximo anno tulerit. Jugerum agri, ut Tremellio, quatuor; ut nobis videtur, fabæ sex occupant modii, si solum pingue sit : si mediocre, paulo amplius. Eaque nec macrum nec nebulosum locum patitur. Densa tamen humo sæpe commode respondet. Media sementi pars seri, et pars ultima debet, quæ septimontialis satio dicitur. Tempestiva frequentius, nonnunquam tamen sera melior est. Post brumam parum recte seritur, pessime vere : quamvis sit etiam trimestris faba, quæ mense Februario seratur, quinta parte amplius quam matura. Sed exiguas paleas, nec multam siliquam facit. Veteres itaque rusticos plerumque dicentes audio, malle se maturæ fabalia quam fructum trimestris. Sed quocunque tempore anni seretur, opera danda erit, ut quantum destinaverimus in sationem, tantum quintadecima luna, si tamen ea non

cette planète n'est pas encore ce jour-là derrière les rayons du soleil, ce que les Grecs appellent ἀπόκρουσις; sinon, on la jettera en terre dès le quatorzième jour, pendant que la lune croît encore, alors qu'on ne pourrait pas recouvrir dans la même journée tout ce qu'on aura semé. Car alors ni les rosées de la nuit, ni d'autres accidents, ne pourront nuire à la semence, pourvu qu'elle soit défendue contre les bestiaux et les oiseaux.

Les anciens agriculteurs, et Virgile lui-même, voulaient qu'on trempât la fève dans la lie d'huile ou dans du nitre, afin que « *Les grains devinssent plus gros dans leurs cosses souvent trompeuses, et que l'action d'un feu léger les ramollît et en hâtât la germination.*

Nous avons fait l'observation nous-même que cette préparation rend la fève moins sujette à être endommagée par le charançon. Voici encore un autre procédé, dont nous avons également reconnu l'utilité par notre propre expérience. On cueille les fèves avant le jour, et pendant que la lune décroît; puis on les fait sécher dans l'aire, on les bat, on les vanne, et on les porte dans le grenier avant que la lune commence à croître. Avec ces précautions, les fèves seront à l'abri des charançons. La fève légume peut être battue en peu de temps sans le secours des bestiaux, et nettoyée de même, sans celui du vent. Il suffira de mettre quelques bottes déliées à l'extrémité de l'aire; trois ou quatre hommes les pousseront devant eux avec le pied, en traversant le milieu de l'aire, et les battront en même temps avec des fourches ou des bâtons. Lorsqu'ils seront arrivés à l'autre extrémité de l'aire, ils entasseront la paille en laissant le grain sur l'aire, pour recommencer à battre d'autres bottes de la même manière. La partie la plus grossière de la paille est effectivement détachée du reste par ce battage; mais, pour séparer du grain la partie légère qui tombe des gousses, on a recours à un autre procédé. Quand on rassemble un tas de grain entremêlé de ces petites pailles, on le jette à quelque distance avec des vestilabres (pelles à vanner); la paille, comme étant la partie légère, tombe presque aussitôt, tandis que la graine plus pesante vole plus loin, et va retomber, sans mélange de corps étrangers, à l'endroit où le vanneur avait l'intention de la jeter. Les lentilles se sèment pendant le temps des semailles, depuis la croissance de la lune jusqu'au douzième jour après la nouvelle lune. On leur choisit ordinairement un sol maigre et meuble, ou bien un terrain riche, mais sec; car les lentilles, à l'époque de leur floraison, périssent aussi bien par l'excès d'humidité que par une surabondance de suc nutritif. Pour qu'elles se lèvent plus promptement, et qu'elles grossissent davantage, on fera bien de les mêler avec du fumier sec avant de les semer, et de les laisser dans cet état pendant quatre ou cinq jours. On les sème à deux époques différentes. Le premier ensemencement se fait de bonne heure, au milieu du temps des semailles; et le second plus tard, au mois de février. Un modius suffit pour un jugerum. Si l'on veut préserver la lentille des charançons, qui la mangent même pendant qu'elle est en cosse, il faut la jeter dans l'eau au sortir de l'aire, afin de séparer le bon grain de celui qui est vide et qui surnage. On la fait ensuite sécher au soleil, on la frotte avec du vinaigre et de la racine de laser pilée; puis on l'essuie bien, et on l'expose de nouveau au soleil pour la faire sécher. Lorsqu'elle sera bien rafraîchie, on

---

transcurret eo die solis radios, quod Græci ἀπόκρουσιν vocant, si minus, quartadecima utique adhuc lunæ crescente lumine spargatur, etiam si confestim totum semen operiri non poterit. Nihil enim nocebitur ei nocturnis roribus aliisve ex causis, dum a pecore et avibus vindicetur. Priscis autem rusticis nec minus Virgilio prius amurca vel nitro macerari eam et ita seri placuit, *Grandior ut fœtus siliquis fallacibus esset, et quamvis igni exiguo properata maderent.* Nos quoque sic medicatam comperimus, cum ad maturitatem perducta sit, minus a curculione infestari. Sed et illud, quod deinceps dicturi sumus, experti præcipimus. Silente luna fabam vellito ante lucem. Deinde cum in area exaruerit, confestim, prius quam luna incrementum capiat, excussam refrigeratamque in granarium conferto. Sic condita a curculionibus erit innoxia. Maximeque ex leguminibus ea et sine jumentis teri et sine vento purgari expeditissime sic poterit. Modicus fasciculorum numerus resolutus in extrema parte areæ collocetur, quem per longissimum ejus mediumque spatium tres vel quatuor homines promoveant pedibus, et baculis furcillisve contundant : deinde cum ad alteram partem areæ pervenerint, in acervum culmos regerant. Nam semina excussa in area jacebunt, superque ea paulatim eodem modo reliqui fasciculi excutientur. Ac durissimæ quidem acus rejectæ separatæque erunt a cudentibus : minutæ vero, quæ de siliquis cum faba resederint, aliter secernentur. Nam cum acervus paleis granisque mistus in unum fuerit congestus, paulatim ex eo ventilabris per longius spatium jactetur. Quo facto palea, quæ levior est, citra decidet : faba, quæ longius emittitur, pura eo perveniet, quo ventilator eam jaculabitur. Lentim modo a dimidiata luna usque in duodecimam solo tenui et resoluto vel pingui et sicco maxime loco seri convenit : nam in flore facile luxuria et humore corrumpitur. Quæ ut celeriter prodeat et ingrandescat, antequam seratur, fimo arido permisceri debet, et cum ita quatriduo aut quinque diebus requieverit, spargi. Sationes ejus duas servamus, alteram maturam per mediam sementim, seriorem vicarium mense Februario. Jugerum agri paulo plus quam modius occupat. Ea ne curculionibus absumatur (nam etiam dum est in siliqua, exestur) curandum erit, ut cum extrita sit, in aquam demittatur, et ab inani, quæ protinus innatat, separetur solida; tum in sole siccetur, et radice silphii trita cum aceto aspergatur, defricaturque (oleo), atque ita rursus in sole siccata et mox refrigerata recondatur, si major est modus, in horreo; si

la serrera dans un grenier, si on en a une grande quantité; sinon, dans des vaisseaux qui servent à garder l'huile ou des viandes salées. Les vaisseaux remplis, on les bouchera sur-le-champ avec du plâtre. En retirant ensuite la lentille pour la consommation, on la trouvera saine et intacte. Elle se conserve également, lorsque pour tout apprêt on la mêle avec de la cendre. Il ne faut semer la graine de lin que dans les pays où le prix du lin est assez élevé; car rien n'est plus nuisible à la terre que cette graine : elle demande un sol très-riche et passablement humide. Le temps de son ensemencement est depuis les calendes d'octobre jusqu'au lever de l'Aigle, qui arrive le 7 des Ides de décembre. Huit modii suffisent pour un jugerum. D'après l'avis de beaucoup de personnes, il faut la semer le plus clair possible, quand le terrain est maigre, afin que le lin qu'on en tirera n'en soit que plus fin. On dit encore que lorsqu'elle est semée dans un terrain gras au mois de février, il en faut six modii pour un jugerum. Le sésame demande à être semé de bonne heure, si le terrain est humide; s'il est sec, on pourra le semer depuis l'équinoxe d'automne jusqu'aux ides d'octobre. Il demande en outre un sol meuble, friable, et de la nature de celui que les paysans appellent pullum. Il réussit aussi dans un terrain sablonneux et gras, ou même dans une terre de ramas. On le sème dans la même proportion que le millet et le panis, en prenant quelquefois deux sextarii de plus par jugerum. J'ai vu moi-même dans les plaines de la Cilicie et de la Syrie semer ce légume au mois de juin et de juillet, et le récolter en automne en état de parfaite maturité. La *cicercula*, qui ressemble beaucoup au pois, doit être semée au mois de janvier ou de février, dans un sol gras et sous un climat humide; on la sème cependant, dans quelques contrées de l'Italie, avant les calendes de novembre. Trois modii de ce légume suffisent pour un jugerum. C'est de toutes les plantes légumineuses celle qui épuise le moins la terre. Cependant il est assez rare de la voir bien réussir, car à l'époque de sa floraison elle est très-sensible aux vents du midi et à la sécheresse : deux inconvénients qui sont presque toujours à craindre à l'époque de l'année où elle perd sa fleur. Le pois ariétinus (de bélier) et le pois carthaginois doivent être semés en temps de pluie, pendant tout le mois de mars, dans un sol très-riche et fertile. Ce légume fatigue beaucoup la terre, et quelques cultivateurs expérimentés défendent même de le semer. Pour le faire lever plus tôt, il est à propos de laisser tremper la graine dans l'eau la veille de l'ensemencement. On prend trois modii par jugerum. Le chanvre exige un terrain gras, fumé et arrosé, ou bien une terre basse, humide, et profondément labourée. On en sème six grains dans l'espace d'un pied carré, au lever de l'Arcture, qui tombe à la fin du mois de février, vers le cinq ou le six des calendes de mars. Si le temps est à la pluie, on peut le semer sans danger à l'équinoxe du printemps. On doit comprendre au nombre de ces légumes les navets et les raves, puisqu'ils servent de nourriture aux paysans. La rave présente plus d'avantages que les navets, d'abord parce qu'elle devient plus grosse, et parce qu'elle nourrit non-seulement les hommes, mais les bestiaux, surtout dans la Gaule, où on la donne aux animaux pendant tout l'hiver. Les deux espèces exigent une terre franche et meuble, et ne réussissent point dans un sol dur et épais. Il y a toutefois cette différence, que les

---

minor, in vasis oleariis, salsamentariisque. Quæ repleta cum confestim gypsata sunt, quandoque in usus prompserimus, integram lentem reperiemus. Potest tamen etiam citra istam medicationem cineri mista commode servari. Lini semen, nisi si magnus est ejus in ea regione, quam colis, proventus, et pretium proritat, serendum non est. Agris enim præcipue noxium est. Itaque pinguissimum locum et modice humidum poscit. Seritur a calendis Octobribus in ortum Aquilæ, qui est vii idus Decemb. Jugerum agri octo modiis obseritur. Nonnullis placet macro solo et quam spississimum semen ejus committi, quo tenuius linum proveniat. Idem etiam si læto solo seratur mense Februario, x modios in jugerum jaci oportere dicunt. Sesama, quæ rigantur, maturius ; quæ carent humore, ab æquinoctio autumnali serenda sunt in idus Octob. Putre solum, quod Campani pullum vocant, plerumque desiderant. Non deterius tamen etiam pinguibus harenis vel congesticia humo proveniunt : tantumque seminis, quantum milium panicumque, interdum etiam duobus sextariis amplius in jugerum spargitur. Sed hoc idem semen Ciliciæ Syriæque regionibus ipse vidi mense Junio Julioque conseri, et per autumnum cum permaturuerit, tolli. Cicercula quæ piso est similis, mense Januario aut Februario seri debet læto loco, cælo humido. Quibusdam tamen Italiæ locis ante calend. Novemb. seritur. Tres modii jugerum implent. Nec ulium legumen minus agro nocet. Sed raro respondet : quoniam nec siccitates nec austros in flore sustinet; quæ utraque incommoda fere eo tempore anni sunt, quo deflorescit. Cicer quod arietinum vocatur, itemque alterius generis, quod Punicum, seri mense Martio toto potest cælo humido, loco quam lætissimo. Nam etiam id terram lædit : atque ideo improbatur a callidioribus agricolis. Quod tamen si seri debeat, pridie macerandum erit, ut celerius enascatur. Jugero sex modii tres abunde sunt. Cannabis solum pingue stercoratumque et riguum vel planum atque humidum et alte subactum deposcit. In quadratum pedem seruntur grana sex ejus seminis Arcturo exoriente, quod est ultimo mense Februario circa sextum aut quintum calend. Mart. Nec tamen usque in æquinoctium vernum, si sit pluvius cæli status, improbe seretur. Ab his leguminibus ratio est habenda naporum raporumque : nam utraque rusticos implent. Magis tamen utilia rapa sunt, quia et majore incremento proveniunt, et non hominem solum, verum etiam boves pascunt, præcipue in Gallia, ubi hiberna cibaria prædictis pecudibus id olus præbet. Solum

raves se plaisent dans les terres basses et humides, au lieu que les navets préfèrent les terrains élevés, secs et légers ; aussi ceux-ci réussissent-ils même dans le gravier et le sable. Au reste, la qualité du sol peut complétement changer leur nature, puisque dans tel ou tel sol les raves se changent en navets au bout de deux ans, ou les navets en raves. On les sème très-bien l'un et l'autre dans les terrains arrosés depuis le solstice ; et dans les terrains secs, à la fin du mois d'août, ou au commencement de septembre. La terre qui les reçoit doit être rompue par des labours et des hersages multipliés, fumée abondamment, ce qui est d'autant plus important, que non-seulement elles y viennent mieux, mais qu'une terre ainsi travaillée donne encore de belles moissons après qu'on les y a recueillis. Il ne faut pas plus de quatre sextarii de graines de raves pour ensemencer un jugerum. Il en faut un quart de plus pour les navets, parce que le navet ne grossit pas tant, et que ses racines sont menues et perpendiculaires. Voilà donc les plantes qu'on doit semer pour l'usage des hommes. Voici maintenant celles qui sont destinées aux bestiaux. D'abord les différentes espèces de fourrages, la luzerne, la vesce, l'herbage d'orge, le fenugrec, l'erse, et la cicerole. Ce sont là les principales plantes fourragères, car nous ne croyons pas devoir les nommer toutes. Celles-ci sont les seules qu'il soit nécessaire de semer, à l'exception toutefois du cytise, dont nous parlerons plus bas, dans les livres qui traitent des différentes espèces d'arbrisseaux. De toutes les espèces de fourrages, la luzerne est sans contredit la meilleure, parce qu'une fois semée, elle dure dix ans, et fournit quatre et même six coupes dans l'année. En outre elle bonifie la terre, engraisse toute espèce de bétail maigre, et sert de remède aux animaux malades. Un jugerum est plus que suffisant pour nourrir trois chevaux pendant toute une année. Voici la manière de la cultiver. Les terres qu'on veut semer en luzerne, au printemps, doivent être labourées au commencement d'octobre, afin qu'elles puissent se résoudre et s'adoucir pendant tout l'hiver. Vers les premiers jours de février, on les laboure une seconde fois, on en enlève toutes les pierres, et on brise les mottes. En mars on leur donne un troisième labour, et on les herse. La terre étant ainsi bien réduite, on la forme en planches semblables à celles d'un jardin, de dix pieds de large sur cinquante de long, afin de pouvoir les arroser par les sentiers, et qu'il y ait des passages des deux côtés pour la commodité des sarcleurs. On les couvre ensuite de vieux fumier, et on les ensemence vers la fin d'avril : la proportion est d'un cyathus pour un espace de dix pieds de long sur cinq de large. Sitôt que la graine est semée, elle doit être recouverte avec des râteaux de bois, précaution très-essentielle, et sans laquelle la semence serait bientôt brûlée par le soleil. Une fois dans la terre, la luzerne ne doit plus être touchée par des instruments de fer ; on la nettoiera, comme je l'ai dit, avec des râteaux de bois, et on la sarclera fréquemment, pour que l'herbe parasite ne l'étouffe pas quand elle est encore faible. On la laisse sur pied, jusqu'à ce que la graine ait commencé à tomber. Mais lorsqu'elle est bien venue, on peut la couper aussi tendre qu'on le veut, pour la donner aux

---

putre et solutum res utraque desiderat, nec densa nascitur humo. Sed rapa campis et locis humidis lætantur ; napus devexam amat et siccam tenuique propriorem terram. Itaque glareosis sabulosisque arvis melior exit, locique proprietas utriusque semen commutat. Namque in alio solo rapa biennio sata convertuntur in napum, in alio napus raporum accipit speciem. Riguis locis utrumque recte ab solstitio seritur ; siccis, ultima parte mensis Augusti vel prima Septembris. Subactum solum pluribus iterationibus aratri vel rastri largoque stercore satiatum postulant. Nam id plurimum refert, non solum quod melius ea proveniunt, sed quod etiam post fructum eorum sic tractatum solum segetes opimas facit. Jugerum agri non amplius quatuor sextariis raporum seminis obserendum est : quarta parte amplius napi spargendum est, quia non in ventrem latescit, sed tenuem radicem deorsum agit. Atque hæc hominum causa serenda censemus, illa pecudum. Pabulorum genera complura, sicut Medicam, et viciam, farraginem quoque ordeaceam, et avenam, fœnum Græcum, nec minus ervum, et ciceram. Nam cætera neque enumerare ac minus serere dignamur : excepta tamen cytiso, de qua dicemus in iis libris, quos de generibus surculorum conscripsimus. Sed ex iis, quæ placent, eximia est herba Medica ; quod cum semel seritur, decem annis durat ; quod per annum deinde recte quater, interdum etiam sexies demetitur ; quod agrum stercorat ; quod omne emaciatum armentum ex ea pinguescit, quod ægrotanti pecori remedium est ; quod jugerum ejus toto anno tribus equis abunde sufficit. Seritur, ut deinceps præcipiemus. Locum, in quo Medicam proximo vere saturus es, proscindito circa calendas Octobris, et eum tota hieme putrescere sinito. Deinde calendis Februariis diligenter iterato, et lapides omnes eligito, glœbasque offringito. Postea circa Martium mensem tertiato et occato. Cum sic terram subegeris, in morem horti areas latas pedum denum, longas pedum quinquagenum facito, ut per semitas aqua ministrari possit, aditusque utraque parte runcantibus pateat. Deinde vetus stercus injicito. Atque ita mense ultimo Aprili serito tantum, quantum ut singuli cyathi seminis locum occupent decem pedum longum et quinque latum. Quod ubi feceris, ligneis rastris, id enim multum confert, statim jacta semina obruantur : nam celerrime sole aduruntur. Post sationem ferro tangi locus non debet. Atque, ut dixi, ligneis rastris sarriendus et identidem runcandus est, ne alterius generis herba invalidam Medicam perimat. Tardius messem primam ejus facere oportebit, cum jam seminum aliquam partem ejecerit. Postea quam voles teneram, cum

COLUMELLE

bêtes de somme; mais avec ménagement les premières fois, et jusqu'à ce qu'elles y soient faites, de peur que cette espèce de fourrage ne leur soit préjudiciable dans sa nouveauté, soit en les gonflant, soit en leur faisant faire trop de sang. Après avoir été coupée, la luzerne doit être arrosée fréquemment; et au bout de quelques jours, lorsque les rejetons commencent à pousser, il faut la débarrasser de toutes les herbes étrangères. Cultivée ainsi, elle fournira six coupes par année, et durera six ans. La vesce a deux semailles : l'une pour fourrage vers l'équinoxe d'automne (il en faut sept modii par jugerum); l'autre pour monter en graine au mois de janvier ou même plus tard : on n'en emploie que six modii. Ces deux ensemencements peuvent être faits dans une terre crue; mais si le terrain a reçu un premier labour, cela n'en vaudra que mieux. Cette semence n'aime point la rosée; c'est pourquoi il ne faut la jeter en terre qu'après la seconde ou la troisième heure du jour (huit ou neuf heures du matin), lorsque toute humidité a été dissipée par le soleil ou par le vent. Il ne faut semer que ce qui peut être recouvert dans la journée; car si la nuit survenait avant que cette opération fût terminée, la moindre humidité suffirait pour gâter la semence. Il faut également avoir soin de ne point semer la vesce avant le vingt-cinquième jour de la lune, pour que les limaçons ne puissent pas lui nuire. Quant aux fourrages de grains, on les sème dans des terres qui ne se reposent jamais, et qui ont été bien fumées, et labourées deux fois. Ces fourrages sont très-bons lorsqu'on ensemence un jugerum avec dix modii d'orge cantherinum, vers l'équinoxe d'automne, immédiatement avant les pluies; de sorte qu'arrosée aussitôt que fumée, l'orge puisse lever de suite, et devenir assez forte pour résister aux rigueurs de l'hiver. En effet, lorsque les autres fourrages viennent à manquer à cause du froid, celui-ci fournit, étant coupé, une très-bonne nourriture pour les bœufs et les autres bestiaux. Fréquemment pâturé, il dure jusqu'au mois de mai. Si l'on veut tirer de la graine de ces herbages, il faudra dès les calendes de mars empêcher les bestiaux d'en approcher, et en général les préserver de tout ce qui pourrait les empêcher de monter en graine. Il en est de même de l'avoine, que l'on doit semer en automne, et dont on fauche une partie, soit pour en faire du foin, soit pour en faire manger tandis qu'elle est en vert. Le fenugrec, que les paysans appellent *siliqua*, a deux semailles : l'une pour fourrage au commencement du mois de septembre, vers l'équinoxe, comme la vesce; l'autre, pour moissonner, à la fin de janvier et au commencement de février. On prend sept modii de semence par jugerum dans le premier cas, et six dans le second. De quelque façon qu'on le sème, il réussit très-bien dans un sol cru, pourvu qu'on enterre la semence par un labour peu profond, dont les sillons soient étroits. En effet, si la semence est couverte de plus de trois pouces de terre, elle ne lève que très-difficilement. Aussi beaucoup de personnes, pour obvier à cet inconvénient, labourent d'abord avec de petites charrues, sèment ensuite, et couvrent la semence avec des sarcloirs. L'ers se plaît dans un terrain maigre et sec : l'abondance du suc qu'il trouverait dans un sol riche et fertile le ferait périr. On le sème en automne ou bien après le solstice de l'hiver, à la fin de jan-

prosiluerit, deseces licet, et jumentis præbeas; sed inter initia parcius, dum consuescant, ne novitas pabuli noceat. Inflat enim, et multum creat sanguinem. Cum secueris autem, sæpius eam rigato. Paucos deinde post dies, ut cœperit fruticare, omnes alterius generis herbas eruncato. Sic culta sexies in anno demeti poterit, et permanebit annis decem. Viciæ autem duæ sationes sunt. Prima, qua pabuli causa circa æquinoctium autumnale serimus septem modios ejus in unum jugerum. Secunda, qua sex modios mense Januario vel etiam serius jacimus semini progenerando. Utraque satio potest cruda terra fieri, sed melius proscissa : idque genus præcipue non amat rores, cum seritur. Itaque post secundam diei horam vel tertiam spargendum est, cum jam omnis humor sole ventove detersus est : neque amplius projici debet, quam quod eodem die possit operiri. Nam si nox incessit, quantulocunque humore prius, quam obruatur, corrumpitur. Observandum erit, ne ante quintam et vigesimam lunam terræ mandetur. Aliter satæ feré limacem nocere comperimus. Farraginem in restibili stercoratissimo loco et altero sulco serere convenit. Ea fit optima, cum cantherini ordei decem modiis jugerum obseritur circa æquinoctium autumnale, sed impendentibus pluviis, ut consita rigataque imbribus celeriter prodeat, et confirmetur ante hiemis violentiam Nam frigoribus cum alia pabula defecerunt, ea bubus cæterisque pecudibus optime desecta præbetur, et si depascere sæpius voles, usque in mensem Maium sufficit. Quod si etiam semen voles ex ea percipere, a calend. Martiis pecora depellenda, et ab omni noxa defendenda est, ut sit idonea frugibus. Similis ratio avenæ est. Cæditur in fœnum vel pabulum, dum adhuc viret, quæ autumno sata; partim semini custoditur. Fœnum Græcum, quod siliquam vocant rustici, duo tempora sationum habet : quorum alterum est Septembris mensis, cum pabuli causa seritur, iisdem diebus quibus vicia circa æquinoctium : alterum autem mensis Januarii ultimi, vel primi Februarii, cum in messem seminatur. Sed hac satione jugerum sex modiis, illa septem occupamus : utraque cruda terra non incommode fit : daturque opera, ut spisse aretur, nec tamen alte. Nam si plus quatuor digitis adobrutum est semen ejus, non facile prodit. Propter quod nonnulli prius quam serant, minimis aratris proscindunt, atque ita jaciunt semina, et sarculis adobruunt. Ervum autem lætatur loco macro nec humido, quia luxuria plerumque corrumpitur. Potest (et) autumno seri, nec minus post brumam, Januarii parte novissima, vel toto

vier, ou bien encore pendant tout le mois de février, pourvu que ce soit avant les calendes de mars. Les agriculteurs prétendent que ce mois est peu favorable à cette plante ; et une récolte d'ers provenant des semailles de mars, nuit aux bestiaux et surtout aux bœufs, qui deviennent rétifs lorsqu'ils en mangent. Il en faut cinq modii par jugerum. Les ciceroles écrasées se donnent aux bœufs en place d'ers, dans la Béotie et en Espagne. On les broie avec une meule suspendue, on les fait détremper dans l'eau jusqu'à ce qu'elles soient amollies ; puis on les mêle avec de la paille, pour les donner aux bestiaux. Il faut douze livres d'ers pour un jugerum, et quinze de cicerole. La cicerole convient également à l'homme, puisqu'elle n'est point désagréable à manger ; elle a le même goût que le pois, dont elle ne diffère d'ailleurs que par sa couleur moins fraîche, et tirant davantage sur le noir. On la sème au mois de mars, après un labour ou deux, selon le plus ou moins de fertilité du sol qu'on lui réserve. C'est de cette dernière consideration que dépend également la quantité de semence, puisque pour un jugerum il en faut tantôt quatre modii, tantôt trois, et quelquefois même deux et demi.

XI. Nous avons parlé jusqu'à présent des semences en général, et de l'époque des semailles ; nous allons indiquer quel est le genre de culture qui convient à chaque plante, et combien elles exigent de journées de travail. Les semailles finies, on procède au sarclage. Les auteurs ne sont pas d'accord sur l'opportunité de cette opération. Selon les uns, elle n'est d'aucune utilité, puisque les racines du grain seraient découvertes ou coupées par le sarcloir, et que si les froids venaient après, la gelée ferait périr les céréales. Les mêmes auteurs ajoutent qu'il vaut mieux attendre que les mauvaises herbes soient toutes venues, pour les extirper et herser le champ. Selon les autres, le sarclage est une opération très-utile, pourvu qu'elle ne soit pas faite partout de la même manière et à la même époque. Pour les sols chauds et secs, lorsque les grains sont en état d'être sarclés, il faut remuer la terre de manière à les couvrir et à les faire épaissir : ce premier sarclage fait avant l'hiver doit être suivi d'un second. Dans les pays froids et marécageux, il ne faudra sarcler qu'après l'hiver ; mais au lieu de couvrir les grains, on se borne à remuer la terre par un sarclage à plat. Notre propre expérience nous a prouvé cependant que le sarclage pendant l'hiver est bon dans beaucoup de contrées, pourvu que le temps soit sec et doux. Je ne prétends pas néanmoins que cela doive se faire dans tous les pays ; on fera bien en général de suivre la pratique établie dans les différentes contrées. Dans l'Égypte et l'Afrique, par exemple, qui jouissent d'avantages particuliers, le cultivateur ne touche plus à la terre depuis les semailles jusqu'à la moisson, parce que l'état de l'atmosphère et la bonté du sol sont tels, que rarement on y voit lever d'autres herbes que celles produites par les semences. Ce phénomène s'explique soit par la rareté des pluies, soit par la nature toute particulière du sol. Mais dans les pays où le sarclage est nécessaire, on ne doit point toucher les champs avant que les plantes ne couvrent les sillons, quelque favorable que soit d'ailleurs la température. Le froment et l'épeautre peuvent être sarclés dès qu'ils commencent à pousser leur quatrième feuille, l'orge lorsqu'elle pousse sa cinquième, les fèves et les autres légumes lorsqu'ils sont élevés de quatre doigts

---

Februario, dum ante calendas Martias : quem mensem universum negant agricolæ huic legumini convenire, quod eo tempore satum pecori sit noxium et præcipue bubus, quos pabulo suo cerebrosos reddat. Quinque modiis jugerum obseritur. Cicera bubus ervi loco fresa datur in Hispania Bætica : quæ cum suspensa mola divisa est, paulum aqua maceratur, dum lentescat, atque ita mista paleis subtritis pecori præbetur. Sed ervi duodecim libræ satisfaciunt uni jugo, cicerae sexdecim. Eadem hominibus non inutilis neque injucunda est. Sapore certe nihilo differt a cicercula, colore tantum discernitur : nam est obsoletior, et nigro propior. Seritur primo vel altero sulco, mense Martio ita ut postulat soli laetitia : quod eadem quatuor modiis, nonnunquam et tribus, interdum etiam duobus ac semodio jugerum occupat.

XI. Quoniam quando quidque serendum sit persecuti sumus, nunc quemadmodum quotque operis singula eorum quæ retulimus colenda sint, demonstrabimus. Peracta sementi, sequens cura est sarritionis ; de qua non convenit inter auctores. Quidam negant eam quidquam proficere, quod frumenti radices sarculo detegantur, aliquæ etiam succidantur, sc, si frigora incesserint post sarritionem, gelu frumenta enecentur : satius autem ea esse tempestive runcari et purgari. Pluribus tamen sarriri placet : sed neque eodem modo neque iisdem temporibus usque quaque fieri. Nam in agris siccis et apricis, simulac primum sarritionem pati queant segetes, debere eas permota terra adobrui, ut fruticare possint : quod ipsum ante hiemem fieri oportere, deinde post hiemem iterari. In locis autem frigidis et palustribus plerumque transacta hieme sarriri nec adobrui, sed plana sarritione terram permoveri. Multis tamen nos regionibus aptam esse hiemalem sarritionem comperimus, duntaxat ubi et siccitas cæli et teporem permittunt. Sed nec istud ubique fieri censemus : verum incolarum consuetudine uti. Sunt enim regionum propria munera, sicut Ægypti et Africæ, quibus agricola post sementem ante messem segetem non attingit ; quoniam cæli conditio et terræ bonitas ea est, ut vix ulla herba exeat, nisi ex semine jacto, sive quia rari sunt imbres, seu quia qualitas humi sic se cultoribus præbet. In iis autem locis, ubi desideratur sarritio, non ante sunt attingendæ segetes, etiam si cæli status permittit, quam cum sata sulcos contexerint. Triticumque et adoreum, cum quatuor fibras habere cœperint, ordeum cum quin-

14.

au-dessus du sol. Il faut cependant en excepter le lupin, qu'il est dangereux de sarcler, parce qu'il n'a qu'une seule racine; si elle est coupée ou seulement blessée par le fer, toute la tige meurt. Mais alors même qu'il n'y aurait pas cet inconvénient à craindre, il serait tout à fait inutile de sarcler le lupin, parce que de toutes les plantes c'est la seule qui, loin d'être étouffée par les mauvaises herbes, les fait périr elles-mêmes. Quant aux autres semences, elles pourraient, à la rigueur, être sarclées, bien qu'elles soient mouillées par la pluie; mais si on veut les préserver de la rouille, il ne faudra faire cette opération que lorsque la terre sera bien sèche. L'orge surtout ne doit être touchée que dans l'état de sécheresse complète. Beaucoup de personnes défendent de sarcler les fèves, parce qu'elles pensent qu'on peut les arracher à la main lorsqu'elles sont mûres, et les séparer des autres herbes qui ont été laissées pour en faire la récolte en foin. Cornélius Celsus est lui-même de cet avis, puisqu'il compte parmi les qualités de ce légume celle de produire du foin dans le champ où il a été récolté lui-même. Celui qui voudrait favoriser ainsi la végétation des mauvaises herbes me paraît un cultivateur bien ignorant; car c'est diminuer de beaucoup le produit de la fève elle-même, que de laisser auprès d'elle des herbes qu'on aurait dû arracher. D'ailleurs il serait peu prudent de donner plus de soin à la nourriture des bestiaux qu'à celle des hommes, surtout lorsqu'on peut se procurer du fourrage par la culture des prairies. Je suis tellement convaincu que le louage (sarclage) est favorable aux fèves, que je pense qu'on doit faire cette opération à trois reprises différentes. En effet, j'ai remarqué que ce légume, ainsi cultivé, non-

seulement rapporte plus de fruit, mais que les gousses sont tellement minces, que si après avoir rempli un modius de fèves vous les dépouillez de leurs gousses, et que vous les mesuriez de nouveau, le boisseau sera presque aussi plein; de sorte que la cosse qui en est retranchée diminue peu de leur volume. J'ai déjà dit que le sarclage d'hiver se fait très-avantageusement après le solstice, au mois de janvier, lorsque le temps est serein et sec, et qu'il n'y a point de gelées. Dans l'exécution de ce travail, la seule précaution qu'on aura à prendre, c'est de ne pas attaquer les racines, mais de les recouvrir et d'y amonceler la terre, de manière que les plantes puissent s'étendre par-dessus. Il est avantageux de viser à ce but dès le premier sarclage; mais il serait nuisible de se conduire de même, en sarclant pour la seconde fois; car le blé, ayant cessé d'étendre ses racines, pourrit promptement s'il est couvert de terre. Aussi ne faudra-t-il au second sarclage que remuer bien également le sol, ce qui doit être fait à peu près vingt jours après le solstice d'hiver, avant que le blé commence à se nouer; plus tard, les chaleurs de l'été et la sécheresse, succédant au sarclage, feraient périr les plantes. Après avoir sarclé, il faut arracher les mauvaises herbes, en prenant garde toutefois de toucher aux blés lorsqu'ils sont en fleur. Ainsi on fera cette opération, soit avant la floraison, soit immédiatement après que la fleur sera tombée. Toutes les espèces de blé et d'orge, et en général toutes les graines qui ne sont point partagées en deux lobes, jettent leur épi entre le troisième et le quatrième nœud : lorsque l'épi est sorti, elles perdent leur fleur en huit jours, et grandissent encore pendant quarante autres jours, avant d'arriver à leur

---

que, faba et cætera legumina cum quatuor digitis a terra extiterint, recte sarrientur, excepto tamen lupino, cujus semini contraria est sarritio, quoniam unam radicem habet, quæ sive ferro succisa est seu vulnerata, totus frutex emoritur. Quod etiam si non fieret, supervacuus tamen esset cultus, cum sola hæc res adeo non infestetur herbis, ut ipsa herbas perimat. Atque aliæ segetes vel humidæ moveri possunt, melius tamen siccæ sarriuntur, quoniam sic tractatæ non infestantur rubigine. Hordeum vero nisi siccissimum tangi non debet. Fabam multi ne sarriendam quidem putant, quod et manibus, cum maturuerit, ducta secernatur a cætera runcatione, et internatæ herbæ fœno reserventur. Cujus opinionis etiam Cornelius Celsus est, qui inter cæteras dotes ejus leguminis hanc quoque enumerat, quod sublata faba fœnum ex eodem loco secari posse dicat. Sed mihi videtur pessimi agricolæ, committere, ut satis herba proveniat. Frugibus enim plurimum detrahitur, si relinquitur runcatio. Neque [enim] est rustici prudentis magis pabulis studere pecudum, quam cibis hominum; cum præsertim liceat illa quoque cultu pratorum consequi : adeoque fabam sarriendam censeo, ut existimem debere etiam ter sarriri. Nam sic cultam comperimus non solum multiplicare fructum, sed et exiguam portionem in valvulis habere, fresæque [ejus et expurgatæ] modium pene tam plenum esse, quam integræ, cum vix minuatur mensura detractis putaminibus. Atque in totum, sicut ante jam diximus, hiberna sarritio plurimum juvat diebus serenis ac siccis post brumam confectam mense Januario, si gelicidia non sint. Ea porro sic debet fieri, ne radices satorum lædantur, ut potius adobruantur, cumulisque exaggerentur, ut latius sic frutex humi diffundat. Id prima sarritione fecisse proderit, secunda oberit; quia cum pullulare desiit frumentum, putrescit si adobrutum est. Nihil itaque amplius in iteratione, quam remoliri terra debet æqualiter : eamque transacto æquinoctio verno statim peragi oportet intra dies viginti, ante quam seges in articulum eat, quoniam serius sarrita corrumpitur insequentibus æstivis siccitatibus et caloribus. Subjungenda deinde est sarritioni runcatio, curandumque ne florentem segetem tangamus : sed aut antea, aut mox eum defloruerit. Omne autem frumentum et hordeum, quicquid denique non duplici semine est, spicam a tertio ad quartum nodum emittit, et cum totam edidit, octo diebus deflorescit, ac deinde grandescit diebus quadra-

maturité complète. Celles au contraire qui sont partagées en deux lobes, comme la fève, le pois, la lentille, fleurissent en quarante jours, et grandissent en même temps.

XII. Calculons maintenant le nombre de journées qu'il faut employer pour conduire les grains jusqu'à l'aire, à partir du jour où nous les avons semés. Il faut pour quatre ou cinq modii de froment quatre journées de laboureur, une de herseur, deux journées de sarcleur pour la première fois, et une pour la seconde ; une journée de celui qui arrachera les mauvaises herbes, et une et demie du moissonneur ; ce qui forme un total de dix journées et demie. Il en faut autant pour cinq modii de siligo. Neuf ou dix modii d'épeautre demandent autant de journées de travail que cinq modii de froment. Pour cinq modii d'orge il faut trois journées de laboureur, une de herseur, une demie de sarcleur, une de moissonneur; total, six et demie. Quatre ou six modii de fèves demandent quatre journées de laboureur dans des jachères, et une dans un terrain qui rapporte sans se reposer. Il faut une journée et demie pour les herser, une et demie pour les sarcler la première fois, une journée pour les sarcler la seconde fois, une autre journée pour les sarcler la troisième fois, et enfin une dernière journée pour les moissonner; ce qui fait un total de sept ou huit journées de travail. Six ou sept modii de vesce demandent dans des jachères deux journées de laboureur, et une journée dans une terre où l'on récolte toutes les années. Ajoutez à cela une journée pour le hersage et une autre pour la moisson, et vous aurez en total trois ou quatre journées de travail. Cinq modii d'orge exigent autant de journées de laboureur que cinq modii de vesce. Il faut également une journée pour les herser, une autre pour les sarcler, une autre encore pour arracher les mauvaises herbes, et une dernière pour les moissonner ; ce qui fait en tout six journées. Il faut le même nombre de journées pour mettre en terre six ou sept modii de fenugrec; la récolte se fait en une journée. Il faut également six journées pour quatre modii de faséole ; le hersage et la moisson ne demandent l'un et l'autre qu'une journée. Six journées suffisent pour quatre modii de cicerole ou de pois, trois journées pour le labour, et trois autres journées pour les herser, les sarcler et les recueillir. Un sesquimodius de lentille demande trois journées de laboureur, une de herseur, deux de sarcleur, une pour arracher les mauvaises herbes, une enfin pour recueillir la graine; en tout huit journées. Il faut un jour pour mettre en terre dix modii de lupin, un autre pour les herser, et un autre encore pour les moissonner. Quatre sextarii de millet et la même quantité de panis demandent quatre journées de laboureur, trois de herseur, et trois de sarcleur (le nombre de journées nécessaires pour les cueillir n'est point déterminé). Trois modii de pois chiches sont semés dans trois journées, hersés dans deux, sarclés en une seule; il en faut une autre pour la débarrasser des mauvaises herbes, et trois pour les cueillir; au total, dix journées. Huit ou dix modii de lin se sèment en quatre journées et se hersent en trois; se sarclent en une seule et se cueillent en trois : ce qui fait en tout onze journées. Six sextarii de sesame ont besoin de trois journées pour être labourés, de quatre pour être hersés, de quatre autres pour être sarclés la première fois, de deux pour la seconde, et de

---

ginta, quibus post florem ad maturitatem devenit. Rursus quæ duplici semine sunt, ut faba, pisum, lenticula, diebus XL florent, simulque grandescunt.

XII. Et ut jam percenseamus, quot operis in aream perducantur ea, quæ terræ credidimus : tritici modii quatuor vel quinque bubulcorum operas occupant quatuor, occatoris unam, sarritoris duas primum, et unam cum iterum sarriuntur, runcatoris unam : messoris unam et dimidiam, in totum summam operarum decem et dimidiam. Siliginis modii quinque totidem operas desiderat. Seminis modii novem vel decem totidem operas quot tritici modii quinque postulant. Hordei modii quinque bubulci operas tres exigunt, occatoriam unam, sarritoriam unam et dimidiam, messoriam unam, summam operarum sex et dimidiam. Fabæ modii quatuor vel sex in veltero duas operas bubulcorum detinent, at in restibili unam. Occantur sesquiopera, sarriuntur sesquiopera, iterum sarriuntur una opera, et tertio una, metuntur una. Summa fit operarum octo vel septem. Viciæ modii sex vel septem in veltero bubulcorum duas operas volunt, in restibili unam : item, occantur una opera, metuntur una. Summa fit operarum quatuor vel trium. Ervi modii quinque totidem operis conseruntur, occantur una : item singulis sarriuntur, runcantur, metuntur : quæ cuncta sex operas occupant. Siliquæ modii sex vel septem totidem operis obruuntur, metuntur una. Phaseoli modii quatuor obruuntur totidem operis, occantur una, metuntur una. Cicerae vel cicerculæ modii quatuor operas bubulcorum tres postulant, occantur opera una, runcantur una, velluntur una. Summa fit sex operarum. Lentis sesquimodius totidem operas desiderat, occatur una, sarritur duabus, runcatur una, vellitur una. Summa fit operarum octo. Lupini modii decem obruuntur una, occantur una, metuntur una. Milii sextarii quatuor, totidemque panici bubulcorum operas occupant quatuor, occantur operis tribus, sarriuntur tribus : quot operis carpantur, incertum est. Ciceris modii tres operis totidem seminantur, occantur duabus, sarriuntur una, runcantur una, velluntur tribus. Summa fit undecim operarum. Lini decem modii vel octo quatuor jugis conseruntur, occantur operis tribus, runcantur una, velluntur tribus. Summa fit undecim operarum. Sesami sextarii sex tribus jugis a proscissione coluntur, occantur operis tribus, sarriuntur quatuor, et sarriuntur iterum duabus, runcantur una, velluntur duabus. Summa fit operarum quindecim. Cannabis seritur, ut supra docuimus : sed incertum est, quantam impensam curamque deside-

deux autres encore pour être cueillis, ce qui fait en tout quinze journées. Pour le chanvre, nous avons indiqué plus haut comment on le sème; mais il nous est impossible de déterminer d'une manière précise le temps et les dépenses qu'exige sa culture. La semence de luzerne est recouverte, non pas avec la charrue, mais, comme nous l'avons dit plus haut, avec des râteaux de bois. Un jugerum de terre, ensemencé de luzerne, est hersé en deux journées, sarclé en une, et moissonné en une autre. Il résulte de cet aperçu qu'un domaine de deux cents jugera peut être cultivé avec deux attelages de bœufs, deux laboureurs et six ouvriers ordinaires, pourvu qu'il n'y ait pas d'arbres sur le fonds. Si c'est au contraire un terrain planté d'arbres, Saserna nous apprend que le même nombre de jugera peut très-bien être cultivé avec trois ouvriers de plus. Nous voyons en outre, par ce détail que nous venons de donner, qu'un joug de bœufs suffit pour semer cent vingt-cinq modii de froment, et pour la même quantité de légumes; de sorte que les semailles d'automne se montent à deux cent cinquante modii, auxquels il faut ajouter encore soixante-quinze modii provenant des semailles des trémois. En voici la preuve : les semences qui veulent quatre labours exigent cent quinze journées de travail pour vingt-cinq jugera. En effet, vingt-cinq jugera de terre, fût-elle de l'espèce la plus forte, se labourent pour la première fois en cinquante journées, pour la seconde en vingt-cinq, pour la troisième en quarante, y compris le recouvrement de la semence. Les autres plantes légumineuses prennent soixante jours, ce qui fait deux mois. On peut porter à quarante-cinq le nombre de jours pluvieux ou fériés pendant lesquels on ne travaille point. Les semailles finies, il y a encore trente jours de repos : ce qui fait en tout huit mois et dix jours. Il restera donc sur l'année trois mois et vingt-cinq jours, qui sont employés à semer du grain de trimestre, ou à charrier du foin, du fourrage, du fumier, et d'autres objets nécessaires.

XIII. De ces différentes productions dont je viens de parler, les unes, nous dit encore Saserna, fument et bonifient la terre, et les autres l'amaigrissent et l'épuisent. Il ajoute que les lupins, les fèves, la vesce, la lentille, l'ers, la cicerole, le pois, servent d'engrais. Quant au lupin, je n'en fais aucun doute, non plus que pour la vesce que l'on emploie en fourrage, pourvu qu'on ait fait passer la charrue par-dessus, après l'avoir fauchée lorsqu'elle était encore verte, et que le soc ait brisé et couvert de terre, avant qu'elles fussent séchées, les racines oubliées par la faux. La vesce peut alors servir de fumier. Mais si, après avoir enlevé le fourrage, on laisse les racines se flétrir, elles épuisent la terre en lui enlevant toute sa sève, et en la privant de sa force. C'est ce qui arrive à l'égard de la fève et des autres légumes, qui paraissent engraisser la terre. Mais il faut avoir soin de labourer après avoir récolté, sinon ces légumes ne seraient d'aucune utilité pour les récoltes suivantes. Trémellius nous apprend que de toutes les plantes dites légumineuses, le pois chiche et le lin sont celles qui nuisent le plus à la terre par le poison qu'elles y déposent; l'un parce qu'il est d'une nature salée, et l'autre parce qu'il est d'une nature trop échauffante. C'est ce que Virgile a voulu faire entendre, lorsqu'il a dit : *Une récolte de lin brûle le champ, de même que l'avoine et les pavots, qui nous plongent dans le sommeil de la mort.* En effet, on ne saurait douter que les plantes dont parle le poëte n'épuisent beaucoup la terre; il en est de

---

ret. At Medica obruitur non aratro, sed, ut dixi, ligneis rastellis. Jugerum agri ejus occant duo, sarrit unus, metit unus. Hac consummatione operarum colligitur posse agrum ducentorum jugerum subigi duobus jugis boum totidemque bubulcis et sex mediastinis, si tamen vacet arboribus : at si sit arbustum, eumdem modum Saserna tribus hominibus adjectis asseverat probe satis excoli. Quæ nos ratio docet, sufficere posse jugum boum tritici centum viginti quinque modiis, totidemque leguminum, ut sit in asse autumnalis satio modiorum ducentorum quinquaginta : et post hanc nihilo minus conserat trimestrium modios quinque et septuaginta. Hoc deinde sic probatur. Semina, quæ quarto sulco seruntur in jugeribus viginti quinque, desiderant bubulcorum operas cxv. Nam proscinditur is agri modus quamvis durissimi quinquaginta operis, iteratur quinque et viginti, tertiatur et conseritur XL. Legumina occupant operas LX, id est menses duos. Pluviales quoque et feriarum computantur, quibus non aratur, dies quinque et XL. Item peracta sementi, quibus requiescunt, dies XXX. Sic in asse fiunt octo menses et dies X. Supersunt tamen de anno tres reliqui menses et dies V et XX, quos absumimus aut in satione trimestrium, aut in vecturis fœni et pabulorum et stercoris aliorumque utensilium.

XIII. Sed ex iis, quæ retuli, seminibus, idem Saserna putat aliis stercorari et juvari agros, aliis rursus peruri et emaciari. Stercorari lupino, faba, vicia, ervilia, lente, cicercula, piso. De lupino nihil dubito, atque etiam de pabulari vicia, si tamen eam viridem desectam confestim aratrum subsequatur, et quod falx reliquerit, priusquam inarescat, vomis rescindat atque obruat : id enim cedit pro stercore. Nam si radices ejus desecto pabulo relictæ inaruerint, succum omnem solo auferent, vimque terræ absument, quod etiam in faba cæterisque leguminibus, quibus terra gliscere videtur, verisimile est accidere : ut nisi protinus sublata messe eorum proscindatur, nihil iis segetibus, quæ deinceps in eo loco seminari debent, profuturum sit. Ac de iis quoque leguminibus, quæ velluntur, Tremellius obesse maxime ait solo virus ciceris et lini : alterum quia sit salsæ, alterum quia (sit) fervidæ naturæ : quod etiam Virgilius significat dicendo : *Urit enim lini campum seges, urit avenæ, Urunt lethæo perfusa papavera somno.* Neque enim dubium, quin et

même du millet et du panis. Mais tout terrain épuisé par ces sortes de plantations trouvera un remède prompt et efficace dans le fumier, qui en l'engraissant lui rendra ses forces perdues. Il faut donc fumer la terre non-seulement pour les semences déposées dans les sillons, mais à cause des arbres et des arbrisseaux, qui profitent de cette nourriture. C'est pourquoi si le fumier est, comme il me semble, d'une si grande utilité pour les cultivateurs, je pense qu'il faut en traiter avec beaucoup de soin, d'autant que les anciens auteurs, sans avoir passé cet objet sous silence, n'en ont cependant parlé que très-légèrement.

XIV. Il y a trois espèces principales de fumier : celui que nous fournissent les oiseaux, celui qui provient des hommes, et celui que nous donne le bétail. Le fumier qui provient des oiseaux passe pour le meilleur de tous; encore met-on au premier rang la fiente que l'on tire des colombiers; ensuite celle des poules et des autres oiseaux, excepté les oiseaux qui séjournent dans l'eau ou dans les marais, tels que les canards et les oies dont le fumier même est très-nuisible à la terre. La fiente de pigeon est aussi celle qui nous paraît devoir être préférée, parce que nous avons remarqué que, répandue avec modération sur la terre, elle la fait fermenter. Je mets au second rang les excréments humains, pourvu qu'ils soient mélangés avec les immondices de la cour; car cette espèce de fumier est par elle-même d'une nature si chaude, qu'employée seule, elle brûlerait le sol. L'urine, si on la garde six mois, est très-bonne pour les arbres et les vignes; il n'y a pas d'engrais qui leur soit aussi favorable : elle ajoute de plus au goût et au parfum des fruits, surtout de la pomme et du raisin. On peut aussi se servir de vieille lie d'huile sans sel, pour arroser les arbres à fruits et surtout les oliviers, en la coupant avec cette urine, quoiqu'employée seule, elle leur soit aussi très-bonne. On se sert de ces deux substances pendant l'hiver, ou même au printemps avant les chaleurs, pourvu qu'on ait préalablement déchaussé les vignes et les arbres. On met au troisième rang le fumier qui provient du bétail, et encore admet-on des différences : celui des ânes est regardé comme le meilleur; en effet, ces animaux mâchent très-lentement, leur nourriture est mieux digérée, de sorte que leur fiente est assez putréfiée pour qu'elle puisse immédiatement être répandue sur les terres : vient ensuite le crotin de mouton, puis celui de chèvre, et en dernier lieu le fumier de bestiaux et des autres bêtes de somme. Le pire de tous les engrais est celui des pourceaux. Indépendamment de ces différentes espèces de fumier, les cendres et les charbons sont encore d'un emploi très-utile. La tige de lupin coupée tient aussi lieu d'un excellent fumier. Je sais bien qu'il y a des fermes où l'on ne peut avoir ni bétail ni oiseaux; mais dans ces fermes mêmes celui qui manquerait d'engrais ne serait qu'un cultivateur paresseux. Ne peut-il pas recueillir toutes sortes de feuilles, couper les buissons, et ratisser les grands chemins? Ne peut-il pas aussi enlever les fougères qui croissent sur les terres de ses voisins, sans leur faire le moindre tort, puisqu'au contraire c'est leur rendre service? Il mêlera le tout avec les immondices de la cour de la ferme. Il fera également une fosse, et, ainsi que nous l'avons conseillé pour le trou à fumier, il jettera dans cette fosse les cendres, le curage des fossés et des égouts, le chaume, et en général

iis seminibus infestetur ager, sicut etiam milio et panico. Sed omni solo, quod prædictorum leguminum segetibus fatiscit, una præsens medicina est, ut stercore adjuves, et absumptas vires hoc velut pabulo refoveas. Nec tantum propter semina, quæ sulcis aratri committuntur, verum etiam propter arbores ac virgulta, quæ majorem in modum lætantur ejusmodi alimento. Quare si est, ut videtur, agricolis utilissimum, diligentius de eo dicendum existimo, cum priscis auctoribus quamvis non omissa res, levi tamen admodum cura sit prodita.

XIV. Tria igitur stercoris genera sunt præcipue, quod ex avibus, quod ex hominibus, quod ex pecudibus confit. Avium primum habetur, quod ex columbariis egeritur. Deinde quod gallinæ cæteræque volucres edunt : exceptis tamen palustribus ac nantibus, ut anatis et anseris : nam id noxium quoque est. Maxime tamen columbinum probamus, quod modice sparsum terram fermentare comperimus : secundum deinde, quod homines faciunt, si et aliis villæ purgamentis immisceatur, quoniam ferventioris naturæ est, et idcirco terram perurit. Aptior est tamen surculis hominis urina, quam sex mensibus passus veterascere si vitibus aut pomorum arboribus adhibeas, nullo alio magis fructus exuberat : nec solum ea res majorem facit proventum, sed etiam saporem et odorem vini pomorumque reddit meliorem. Potest et vetus amurca, quæ salem non habet, permista huic commode, frugiferas arbores et præcipue oleas rigare. Nam per se quoque adhibita multum juvat. Sed usus utriusque maxime per hiemem est, et adhuc vere ante æstivos vapores, dum etiam vites et arbores oblaqueatæ sunt. Tertium locum obtinet pecudum stercus, atque in eo quoque discrimen est : nam optimum existimatur, quod asinus facit; quoniam id animal lentissime mandit, ideoque facilius concoquit, et bene confectum atque idoneum protinus arvo fimum reddit. Post hæc quæ diximus, ovillum, et id hoc caprinum est, mox cæterorum jumentorum armentorumque. Deterrimum ex omnibus suillum habetur. Quin etiam satis profuit cineris usus et favillæ. Frutex vero lupini succisus optimi stercoris vim præbet. Nec ignoro, quoddam esse ruris genus, in quo neque pecora, neque aves haberi possint : attamen inertis est rustici eo quoque loco deflci stercore. Licet enim quamlibet frondem, licet e vepribus et e viis compitisque congesta colligere; licet filicem sine injuria vicini etiam cum officio decidere, et permiscere cum purgamentis cortis; licet depressa fossa, qualem stercori reponendo primo volumine fieri præcipimus, cinerem cœnumque cloacarum et culmos cæteraque quæ everruntur, in unum congerere. Sed eodem medio loco robustam

tout ce qu'on balaye des bâtiments. La seule précaution qu'il aura à prendre, c'est d'enfoncer au milieu de cette fosse un morceau de bois de robre, ce qui empêchera les serpents venimeux d'y venir chercher une retraite. Voilà ce qu'il faut faire dans les campagnes où il n'y a pas de bestiaux ; quant à celles où il y en a, on tire le fumier des endroits qu'on balaye tous les jours, tels que la cuisine et la laiterie, ou de ceux qui ne sont nettoyés que les jours de pluie, tels que les étables et les bergeries. Si le terrain ne doit rapporter que du blé, il n'est point nécessaire de séparer les différentes espèces de fumier les unes des autres ; mais s'il est également couvert d'arbres et de prairies, les engrais doivent être séparés suivant leurs espèces : ainsi le crotin de chèvres, et la fiente des oiseaux, auront chacun leur place particulière. Toutes les autres immondices qui tiennent lieu de fumier doivent être ramassées dans la fosse dont nous venons de parler, et entretenues dans un état d'humidité continuelle, afin que les graines d'herbes qui s'y trouveront mêlées avec la paille et les autres ordures puissent y pourrir. Pendant les mois d'été, le fumier doit être remué souvent, et en quelque sorte repétri avec une fourche en fer, afin de favoriser la putréfaction et de le rendre meilleur. Je regarde comme de mauvais cultivateurs tous ceux qui ne tirent pas par mois une charretée de fumier de chaque espèce de petit bétail, dix charretées du gros, et autant des hommes qui peuvent rassembler leurs propres excréments journaliers, ainsi que les immondices de la cour et des bâtiments. Je remarquerai encore que le fumier qui a séjourné un an en tas est le meilleur pour les céréales, car il a acquis toute sa force, et ne produit point de mauvaises herbes ; tandis qu'il perd de sa qualité à mesure qu'il vieillit. Mais, pour les prairies, le fumier doit être aussi nouveau que possible ; car plus il est frais, plus il produit d'herbes. On le répandra particulièrement au mois de février, à la lune croissante, circonstance qui contribue à augmenter le revenu du foin. Nous reviendrons d'ailleurs à ce sujet, quand il sera question des différentes espèces de graine en particulier.

XV. Quiconque veut préparer ses terres à recevoir du grain doit y distribuer de petits tas de fumier au mois de septembre, pendant que la lune est dans son déclin ; il doit faire les semailles en automne, ou en tel temps de l'hiver qu'il voudra, s'il doit les faire au printemps. Il faut dix-huit charges de fumier par jugerum dans la plaine, et vingt-quatre en pays montueux. Mais, comme je l'ai dit plus haut, il ne fera la stratification du fumier, que lorsqu'il sera près de semer. Si, par une cause quelconque, on n'a pas pu fumer en temps convenable, il faudra, avant de sarcler, répandre ou plutôt semer sur les champs à grains de la fiente tirée des volières, et réduite en poudre. A défaut de cette fiente, on y jettera à la main le crotin de chèvres, en le mêlant à la terre avec le sarcloir. Ce procédé contribue beaucoup à bonifier et à enrichir les terres. Que les cultivateurs n'oublient point qu'une terre qui n'est pas fumée se refroidit, que celle qui l'est trop se consume, et qu'on gagne plus à fumer souvent et avec modération, que de le faire avec excès. Une terre aqueuse demande plus de fumier qu'un terrain sec. La première, toujours froide et mouillée, se réchauffe par l'effet de l'engrais, tandis que l'autre, déjà échauffée

materiam defigere convenit. Namque ea res serpentem noxiam latere in stercore prohibet. Hæc ubi viduus pecudibus ager. Nam ubi greges quadrupedum versantur, quædam quotidie, ut culina et caprile, quædam pluviis diebus, ut bubilia et ovilia debent emundari. Ac si tantum frumentarius ager est : nihil refert genera stercoris separari : sin autem surculo et segetibus atque etiam pratis fundus est dispositus, generatim quodque reponendum est, sicut caprarum et avium. Reliqua deinde in prædictum locum concavum congerenda, et assiduo humore satianda sunt, ut herbarum semina culmis cæterisque rebus immista putrescant. Æstivis deinde mensibus non aliter, ac si repastines, totum sterquilinium rastris permisceri oportet, quo facilius putrescat, et sit arvis idoneum. Parum autem diligentes existimo esse agricolas, apud quos minores singulæ pecudes tricenis diebus minus quam singulas itemque majores denas vehes stercoris efficiunt, totidemque singuli homines, qui non solum ea purgamenta, quæ ipsi corporibus edunt, sed et quæ colluvies cortis et ædificii quotidie gignit, contrahere et congerere possunt. Illud quoque præcipiendum habeo, stercus omne quod tempestive repositum anno requiverit, segetibus esse maxime utile ; nam et vires adhuc solidas habet, et herbas non creat : quanto autem vetustius sit, minus prodesse ; quoniam minus valeat. Itaque pratis quam recentissimum deberi injici, quod plus herbarum progeneret : idque mense Februario luna crescente fieri oportere. Nam ea quoque res aliquantum fœni fructum adjuvat. De cetero usus stercoris qualis in quaque re debeat esse, tum dicemus, cum singula persequemur.

XV. Interim qui frumentis arva præparare volet, si autumno sementem facturus est, mense Septembri : si vere, qualibet hiemis parte modicos acervos luna decrescente disponat, ita ut plani loci jugerum duodeviginti, clivosi quatuor et viginti vehes stercoris teneant : et, ut paulo prius dixi, non antea dissipet cumulos, quam erit araturus. Si tamen aliqua causa tempestivam stercorationem facere prohibuerit, secunda ratio est, ante quam seras more seminantis ex aviariis pulverem stercoris per segetem spargere. Si et is non erit, caprinum manu jacere, atque ita terram sarculis permiscere. Ea res lætas segetes reddit. Nec ignorare colonos oportet, sicuti refrigescere agrum, qui non stercoretur, ita peruri, si nimium stercoretur : magisque conducere agricolæ, frequenter id potius, quam immodice facere. Nec dubium, quin aquosus ager majorem ejus copiam, siccus minorem desideret. Alter,

par elle-même à cause de sa sécheresse, finirait par se consumer, si l'on y mettait trop d'engrais. Or, si un terrain sec ne peut se passer de fumier, il ne faut pourtant pas qu'il y en ait trop. Si par hasard un cultivateur se trouvait absolument dépourvu de fumier, il lui sera très-avantageux de faire ce que je me rappelle avoir vu pratiquer avec succès par mon oncle paternel, M. Columelle, homme fort savant, et agriculteur très-habile. Il mêlait de l'argile aux terres sablonneuses, ou du sable aux terres argileuses et dures : par ce moyen il fertilisait non-seulement les champs à grains, mais il se procurait les plus belles vignes. Il ne voulait point qu'on mît du fumier dans les vignes, de crainte d'enlever au vin son goût et sa saveur. Il pensait au contraire que la vendange serait bien plus abondante si l'on apportait dans les vignes de la terre de ramas, recueillie dans les buissons, ou toute autre terre prise ailleurs. Quant à moi, je suis convaincu que lorsqu'un cultivateur manque de fumier, il a toujours une excellente ressource dans les lupins, qui, semés dans un champ stérile vers les ides de septembre, coupés et retournés en temps convenable à la charrue ou à la houe, produiront l'effet des meilleurs engrais. Or il n'y a pas de temps plus favorable pour couper le lupin dans les lieux sablonneux que le moment de sa seconde fleur, et de la troisième dans les terres rouges. Dans le premier cas, on l'enterre lorsqu'il est encore tendre, afin qu'il pourrisse plus aisément et se mêle avec le sol franc. Dans le second, on le laisse durcir, pour qu'il puisse supporter plus long-temps le poids des mottes, et les tenir en quelque sorte suspendues, jusqu'à ce que, pénétrées et dissoutes par les chaleurs de l'été, elles soient réduites en poussière.

XVI. Le laboureur pourra exécuter tous les préceptes que nous avons donnés sur la culture, s'il a soin de se pourvoir non-seulement des espèces de fourrages dont nous avons parlé, mais encore d'une grande quantité de foin, afin de pouvoir entretenir aisément des bêtes de somme, sans lesquelles il lui serait difficile de bien cultiver la terre. C'est pourquoi il faut qu'il s'adonne aussi à la culture des prés, auxquels les anciens Romains donnaient la palme sur tous les autres objets de culture : aussi leur avaient-ils donné le nom de *prata*, pour faire entendre qu'ils étaient toujours prêts (*parata*) à rapporter sans exiger de grands soins. M. Porcius les a aussi vantés, par la raison que les mauvais temps ne leur font point de tort comme aux autres parties de la campagne, et que, sans exiger de frais, ils produisent toutes les années un revenu assuré, qui même est divisé en deux branches, puisqu'ils ne rendent pas moins en pâturages qu'en foin. Nous observerons donc qu'il y en a de deux espèces : les prés secs et les prés arrosés. Lorsque le terrain est fertile et gras, il n'est pas besoin qu'il soit arrosé d'un ruisseau ; et on regarde comme meilleur le foin qui vient de lui-même dans un terrain plein de sucs, que celui que l'on n'obtient qu'à force d'eau, quoique cependant l'eau soit nécessaire lorsque la maigreur de la terre l'exige. Car on peut faire des prairies dans une terre quelconque, soit qu'elle soit compacte, soit qu'elle soit réduite en poussière ; et cela quoiqu'elle soit maigre, pourvu cependant qu'on ait la faculté de l'arroser. Mais il faut que ce ne soit ni une campagne trop en-

quod assiduis humoribus rigens hoc adhibito regeletur : alter, quod per se tepens siccitatibus, hoc assumpto largiore torretur; propter quod nec deesse ei talem materiam, nec superesse oportet. Si tamen nullum genus stercoris suppetet, ei multum proderit fecisse, quod M. Columellam patruum meum doctissimum et diligentissimum agricolam sæpenumero usurpasse memoria repeto, ut sabulosis locis cretam ingereret : cretosis ac nimium densis sabulum : atque ita non solum segetes lætas excitaret, verum etiam pulcherrimas vineas efficeret. Nam idem negabat stercus vitibus ingerendum, quod saporem vini corrumperet : meliorem que censebat esse materiam vindemiis exuberandis, congesticiam vel de vepribus vel denique aliam quamlibet accessitam et advectam humum. Jam vero et ego reor, si deficiatur omnibus rebus agricola, lupini certe expeditissimum præsidium non deesse : quod cum exili solo circa idus Septembris sparserit a inaraverit, idque tempestive vomere vel ligone succideret, vim optimæ stercorationis exhibebit. Succidi autem lupinum sabulosis locis oportet, cum secundum florem ; rubricosis, cum tertium egerit. Illic dum tenerum est convertitur, ut celeriter ipsum putrescat, permisceaturque gracili solo : hic jam robustius, quod solidiores glæbas diutius susti-neat et suspendat, ut eæ solibus æstivis vaporatæ resolvantur.

XVI. Atque hæc arator exequi poterit, si non solum, quæ retuli genera pabulorum providerit, verum etiam copiam fœni, quo melius armenta tueatur, sine quibus terram commode moliri difficile est : et ideo necessarius ei cultus est etiam prati, cui veteres Romani primas in agricolatione tribuerunt. Nomen quoque indiderunt ab eo, quod protinus esset paratum, nec magnum laborem desideraret. M. quidem Porcius et illa commemoravit, quod nec tempestatibus affligeretur, ut aliæ partes ruris, minimique sumptus egens, per omnes annos præberet reditum, neque eum simplicem, cum etiam in pabulo non minus redderet, quam in fœno. Ejus igitur animadvertimus duo genera, quorum alterum est siccaneum, alterum riguum. Læto pinguique campo non desideratur influxus rivus, meliusque habetur fœnum, quod suapte natura succoso gignitur solo, quam quod irrigatum aquis elicitur, quæ tamen sunt necessariæ, si macies terræ postulat. Nam et in densa et resoluta humo quamvis exili pratum fieri potest, cum facultas irrigandi datur. Ac nec campus concavæ positionis esse neque collis præruptæ debet : ille, ne collectam diutius contineat aquam ; hic, ne statim præcipi-

foncée dans une vallée, ni une colline trop roide : l'un, pour éviter que l'eau qui s'y amasse n'y séjourne trop longtemps, l'autre, pour éviter qu'elle ne s'en écoule trop précipitamment. On pourra néanmoins mettre en prairies une colline dont la pente sera douce, si elle est grasse ou arrosée. Mais ce sont les plaines surtout qui sont bonnes pour cet objet, lorsqu'étant légèrement déclives, elles ne permettent pas aux pluies ou aux ruisseaux qui les arrosent, d'y séjourner trop longtemps, et qu'au contraire l'eau dont elles sont couvertes y trouve un écoulement lent. C'est pourquoi, s'il s'y trouve en quelques parties des mares qui soient stagnantes, il faut les détourner par des tranchées ; car l'abondance ainsi que le défaut d'eau sont également funestes aux herbes.

XVII. La culture des prairies demande plus d'attention que de travail. Cette attention consiste d'abord à n'y laisser ni souches, ni épines, ni herbes qui prennent trop d'accroissement, mais à les arracher toutes, les unes avant l'hiver et pendant l'automne, comme les ronces, les broussailles, les joncs ; les autres pendant le printemps, comme la chicorée et les épines, qui paraissent au solstice ; à n'y laisser paître ni porcs, parce qu'ils fouillent dessous la terre avec leur groin et qu'ils enlèvent le gazon, ni grands bestiaux, si ce n'est lorsque le sol est très-sec, parce qu'ils y plongent la corne de leurs pieds, qu'ils foulent l'herbe et qu'ils en coupent les racines. Ensuite il faut aider de fumier au mois de février, pendant que la lune croît, les terrains maigres et qui vont en pente. Il faut y ramasser, pour les porter plus loin, toutes les pierres et tout ce qui pourrait nuire à la faux, et en interdire l'entrée aux bestiaux plus tôt ou plus tard, suivant la nature des lieux. Il se trouve aussi des prairies qui, par trop de vétusté, sont couvertes d'une mousse ancienne ou épaisse. Les agriculteurs sont dans l'usage d'y remédier en y semant de nouvelles graines, qu'ils prennent dans des meules de foin, ou en y répandant du fumier ; mais ni l'un ni l'autre de ces remèdes ne fait autant d'effet que si l'on y jetait souvent de la cendre, parce que c'est le vrai moyen de détruire cette mousse. Il faut cependant convenir que tous ces remèdes et même le dernier sont trop lents, et que le plus efficace est de recommencer à labourer en entier la place. Mais les soins que nous venons de détailler ne sont que pour les prairies qui étaient toutes formées, avant de venir en notre possession. Si au contraire il nous en fallait former de nouvelles, ou en renouveler d'anciennes (car il y en a beaucoup, comme je l'ai dit, qui vieillissent et qui deviennent stériles faute de soins), il faudrait labourer le terrain, quelquefois même dans l'intention d'y semer du blé, parce que ces sortes de terrains, négligés depuis longtemps, donnent de belles moissons. Ainsi, après avoir donné un premier labour, pendant l'été, au terrain que nous destinons à mettre en prairies, et l'avoir biné plusieurs fois pendant l'automne, nous y sèmerons des raves ou des navets, ou même des fèves, ensuite du blé l'année d'après ; la troisième année, nous le labourerons encore avec soin, et nous arracherons jusqu'aux racines toutes les herbes trop fortes, les ronces et les arbres qui s'y trouveront, à moins que nous n'ayons intérêt d'en conserver les fruits ; après quoi nous y sèmerons de la vesce mêlée avec de la graine de foin ; ensuite nous briserons les mottes de terre avec des sarcloirs, nous unirons le sol en y fai-

---

tem fundat. Potest tamen mediocriter acclivis, si aut pinguis est aut riguus ager, pratum fieri. At planities maxime talis probatur, quæ exigue prona non patitur diutius imbres aut influentes rivos immorari, sed ut quis eam supervenit humor, lente prorepit. Itaque si palus in aliqua parte subsidens restagnat, sulcis derivanda est. Quippe aquarum abundantia atque penuria graminibus æque est exitio.

XVII. Cultus autem pratorum magis curæ quam laboris est. Primum, ne stirpes aut spinas validiorisque incrementi herbas inesse patiamur : atque alias ante hiemem, et per autumnum extirpemus, ut rubos, virgulta, juncos : alias per ver evellamus, ut intuba ac solstitiales spinas : ac neque suem velimus impasci, quoniam rostro suffodiat et cespites excitet ; neque pecora majora, nisi cum siccissimum solum est, quia udo demergunt ungulas et atterunt, scinduntque radices herbarum. Tum deinde macriora et pendula loca mense Februario luna crescente, fimo juvanda sunt. Omnesque lapides et siqua objacent falcibus noxia, colligi debent, ac longius exportari, submittique pro natura locorum, aut temporius aut serius. Sunt etiam quædam prata situ vetustatis obducta, quibus mederi solent agricolæ veteri eraso musco seminibusque de tabulato superjectis, vel ingesto stercore. Quorum neutrum tantum prodest, quantum si cinerem sæpius ingeras. Ea res muscum enecat. Attamen pigriora sunt ista remedia, cum sit efficacissimum de integro locum exarare. Sed hoc, si prata accepimus, facere debemus. Sin autem nova fuerint instituenda, vel antiqua renovanda, (nam multa sunt, ut dixi, quæ negligentia exolescant, et fiant sterilia) ea expedit interdum etiam frumenti causa exarare, quia talis ager post longam desidiam lætas segetes affert. Igitur eum locum, quem prato destinaverimus, æstate proscissum subactumque sæpius per autumnum rapis vel napo vel etiam faba conseremus ; insequente deinde anno, frumento : tertio diligenter arabimus, omnesque validiores herbas et rubos et arbores, quæ interveniunt radicibus, extirpabimus, nisi si fructus arbusti id facere nos prohibuerit. Deinde viciam permistam seminibus fœni seremus. Tum glæbas sarculis resolvemus, et inducta crate coæquabimus, grumosque, quos ad versuram ple-

sant passer la herse, et nous éparpillerons les grumeaux de terre que le tirage des herses accumule communément aux détours, de façon qu'il ne reste nulle part d'obstacle qui puisse offenser la faux. Il ne faudra pas couper cette vesce qu'elle ne soit très-mûre, et qu'elle n'ait commencé à laisser tomber sa graine sur terre. C'est alors qu'il faut y envoyer le faucheur, et mettre en bottes l'herbe qu'il aura fauchée, pour l'enlever : ensuite il faudra arroser ce terrain, si l'on a de l'eau à sa disposition, pourvu cependant que la terre en soit compacte. Car si elle est réduite en poudre, il ne sera pas bon d'y faire couler de grands ruisseaux d'eau avant que le terrain soit bien affermi et consolidé de l'herbe, parce que l'impétuosité de l'eau délayerait la terre, et ne laisserait pas aux herbes dont elle aurait découvert les racines le temps de bien prendre. Par la même raison, il ne faut pas non plus envoyer les bestiaux dans les prairies lorsqu'elles sont encore jeunes et que le pied y enfonce, mais il faut y faucher l'herbe à mesure qu'elle lèvera; car les bestiaux, comme je l'ai déjà dit, enfoncent la corne de leurs pieds dans le sol lorsqu'il est trop mou; et venant à couper les racines des herbes, ils ne leur donnent pas le temps de s'étendre et de s'épaissir. Cependant nous permettrons, la seconde année, au petit bétail d'y entrer après la fenaison, pourvu que la sécheresse et la nature du lieu ne s'y opposent point. La troisième année, lorsque les prés seront solides et fermes, ils pourront aussi admettre les grands bestiaux : mais il faudra surtout avoir soin de fumer les terrains maigres, et encore plus lorsqu'ils seront élevés, vers le temps où le soleil se couche au point d'où souffle le vent *Favonius*, c'est-à-dire vers les ides du mois de février, en mêlant avec le fumier de la graine de foin. Car lorsque les terrains supérieurs reçoivent cette nourriture, ils la communiquent en même temps aux terrains inférieurs, parce que la pluie qui survient, ou les ruisseaux qu'on y fait couler de main d'homme, entraînent avec eux le suc du fumier dans les parties basses : aussi les agriculteurs prudents fument-ils ordinairement davantage les collines que les vallées, même dans les terres labourées, parce que, comme je l'ai dit, les pluies entraînent toujours dans les bas-fonds tout le suc le plus gras.

XVIII. Le meilleur temps pour couper le foin est avant qu'il soit desséché, parce qu'il foisonne davantage, et fournit une nourriture plus agréable aux bestiaux. Or il y a un milieu à garder en le faisant sécher, pour éviter de le ramasser ou trop sec, ou trop vert : l'un, parce que, lorsqu'il a perdu tout son suc, il ne tient plus lieu que de litière; l'autre, parce que, s'il en a trop conservé, il pourrit sur les planchers, et que souvent, en s'y échauffant, il prend feu et occasionne des incendies. Il arrive aussi quelquefois que, lorsque le foin est coupé, la pluie vient à l'accabler; auquel cas, s'il est absolument trempé, il sera inutile de l'emporter tant qu'il sera humide, et l'on fera mieux pour lors d'en laisser sécher la superficie au soleil; après quoi on le retournera, et lorsqu'il sera sec des deux côtés, on l'amassera par rangées, pour le lier ensuite en bottes. On ne tardera pas surtout à entasser le foin dans la métairie et à l'y mettre à l'abri; ou si l'on n'est pas à même de l'y porter ou de le mettre en bottes, au moins faudra-t-il arranger en meules tout ce qui en aura été séché convenablement, et faire en sorte que les combles de ces meules soient

---

rumque tractæ faciunt crates, dissipabimus ita, [ut] necubi ferramentum fœnisecis possit offendere. Sed eam viciam non convenit ante desecare, quam permaturuerit, et aliqua semina subjacenti solo jecerit. Tum fœnisecas oportet inducere et desectam herbam religare et exportare : deinde locum rigare, si fuerit facultas aquæ : si tamen terra densior est; nam in resoluta humo non expedit inducere majorem vim rivorum, prius quam conspissatum et herbis colligatum sit solum : quoniam impetus aquarum proluit terram, nudatisque radicibus gramina non patitur coalescere. Propter quod ne pecora quidem oportet teneris adhuc et subsidentibus pratis immittere, sed quoties herba prosiluerit falcibus desecare. Nam pecudes, ut ante jam dixi, molli solo infigunt ungulas, atque interruptas non sinunt herbarum radices serpere et condensari. Altero tamen anno minora pecora post fœnisicia permittemus admitti, si modo siccitas et conditio loci patietur. Tertio deinde cum pratum solidius ac durius erit, poterit etiam majores recipere pecudes. Sed in totum curandum est, ut secundum Favonii exortum, mense Februario, circa idus, immistis semini-bus fœni macriora loca et utique celsiora stercorentur. Nam editior clivus præbet etiam subjectis alimentum, cum superveniens imber aut manu rivus perductus succum stercoris in inferiorem partem secum trahit. Atque ideo fere prudentes agricolæ etiam in aratis collem magis, quam vallem stercorant : quoniam, ut dixi, pluviæ semper omnem pinguiorem materiam in ima deducunt.

XVIII. Fœnum autem demetitur optime ante quam inarescat; nam et largius percipitur, et jucundiorem cibum pecudibus præbet. Est autem modus in siccando, ut neque peraridum neque rursus viride colligatur ; alterum, quod ômnem succum si amisit, stramenti vicem obtinet. alterum, (quod,) si nimium retinuerit, in tabulato putrescit; ac sæpe cum concaluit, ignem creat et incendium. Nonnunquam etiam cum fœnum cædimus, imber oppressit : quod si permaduit, inutile est idum movere; meliusque patiemur superiorem partem sole siccari. Tunc demum convertemus, et utrinque siccatum coartabimus in strigam, atque ita manipulos vinciemus. Nec omnino cunctabimur, quo minus sub tectum congeratur, vel si

très-finement aiguisés en pointe : c'est le moyen de bien préserver le foin des accidents de la pluie ; et quand il n'en surviendrait point, il ne serait pas moins à propos de faire ces meules, afin que s'il reste quelque humidité dans l'herbe, elle se ressuie et se purifie au tas. C'est pour cela que lorsque le foin a été mis en tas au hasard et sans précaution, les cultivateurs prudents ne l'arrangent pas, après qu'il a été porté à la maison, sans l'avoir laissé quelques jours se digérer lui-même et se ralentir. Mais déjà le foin de la moisson touche à la fenaison. Pour la bien faire, il faut préalablement préparer les instruments nécessaires à la récolte des grains.

XIX. Quant à l'aire, si la terre doit en servir, il faut, pour qu'on y puisse battre le grain commodément, qu'elle ait été ratissée d'abord, ensuite labourée et arrosée de lie d'huile sans sel, dans laquelle on aura mêlé de la paille, parce que cette préparation garantira le blé contre les ravages des rats et des fourmis ; ensuite on l'aplanira à la hie, ou bien on l'affermira avec une meule ; puis on y remettra de la paille et on la battra de nouveau, pour la laisser ensuite sécher au soleil. Il y en a cependant qui aiment mieux, pour former une aire, choisir une portion de terrain plantée en fèves, sur laquelle ils battent ces fèves ; et, après les avoir ramassées, ils polissent la place en continuant d'y battre les favarts, parce que les animaux, en les foulant aux pieds, brisent en même temps toutes les herbes avec la corne de leurs pieds ; moyennant quoi l'aire, étant dégarnie d'herbes, devient assez unie pour qu'on y puisse battre le grain.

XX. Pour ce qui concerne la moisson, dès qu'elle sera mûre, il faudra la faire promptement, et avant qu'elle soit brûlée par les chaleurs du soleil d'été, qui sont extrêmes au lever de la Canicule : car le moindre retard est préjudiciable, d'abord parce qu'il donne lieu au pillage des oiseaux et des autres animaux ; en second lieu, parce que les tiges et les tuyaux venant à se dessécher, les grains et les épis même ne tardent pas à tomber, ou que s'il survient des mauvais temps ou des tourbillons de vent, les blés sont versés pour la plus grande partie. C'est pourquoi il ne faut pas remettre au lendemain à moissonner, mais il faut le faire dès que les blés sont uniformément jaunis, et avant que les grains en soient absolument durs, mais dès qu'ils commencent à tirer sur le rouge, afin qu'ils grossissent dans l'aire et au tas, plutôt que sur terre ; car il est constant que lorsqu'ils sont récoltés à temps, ils prennent de l'accroissement par la suite. Or il y a plusieurs façons de moissonner : bien des personnes coupent la tige par le milieu avec des faux armées d'un très-long manche, dont les unes sont à bec, les autres à dents : d'autres enlèvent l'épi même, soit avec des fourches, soit avec des râteaux ; ce qui est très-aisé à pratiquer dans une moisson peu abondante, mais très-difficile dans une moisson bien fournie. Si l'on a moissonné avec des faux, et que l'on ait par conséquent coupé une partie des tiges, il faut sur-le-champ mettre la moisson en tas, ou la porter dans le lieu où les batteurs transportent le blé lorsqu'ils sont surpris de la pluie, ensuite la battre après qu'elle aura été convenablement essorée par la chaleur : au lieu que si l'on n'a coupé que les épis, on peut les mettre en réserve dans un grenier en attendant l'hiver, pour les battre ensuite à coups de bâton, ou les faire fouler aux pieds des bestiaux. Mais si le cas

---

non competit ut in villam fœnum portetur, at in manipulos colligatum certe quicquid ad eum modum, quo debet, siccatum erit in metas exstrui conveniet, easque ipsas in angustissimos vertices exacui. Sic enim commodissime fœnum defenditur a pluviis, quæ etiam si non sint, non alienum tamen est prædictas metas facere ; ut si quis humor herbis inest, exudet, atque excoquatur in acervis. Propter quod prudentes agricolæ quamvis jam illatum tecto non ante componunt, quam per paucos dies aliquos temere congestum in se concoqui et defervescere patiantur. Sed jam fœnisicia sequitur cura messis, quam ut recte possimus percipere, prius instrumenta præparanda sunt, quibus fruges coguntur.

XIX. Area quoque si terrena erit, ut sit ad trituram satis habilis, primum radatur, deinde confodiatur, permistisque paleis cum amurca, quæ salem non accepit, extergatur, nam ea res a populatione murium formicarumque frumenta defendit. Tum æquata paviculis vel molari lapide condensetur, et rursus superjectis paleis inculcetur, atque ita solibus siccanda relinquatur. Sunt tamen, qui prati objacentem favonio trituræ destinant, areamque demessa faba et injecta expoliunt : nam dum a pecudibus legumina proculcantur, herbæ etiam ungulis atteruntur, atque ita glabrescit et fit idonea trituris area.

XX. Sed cum matura fuerit seges, ante quam torreatur vaporibus æstivi sideris, qui sunt vastissimi per ortum Caniculæ, celeriter demetatur. Nam dispendiosa est cunctatio. Primum, quod avibus prædam cæterisque animalibus præbet : deinde quod grana et ipsæ spicæ culmis arentibus et aristis celeriter decidunt. Si vero procellæ ventorum aut turbines incesserint, major pars ad terram defluit : propter quæ recrastinari non debet, sed æqualiter flaventibus jam satis, ante quam ex toto grana indurescant, cum rubicundum colorem traxerunt, messis facienda est, ut potius in area et in acervo, quam in agro grandescant frumenta. Constat enim, si tempestive decisa sint, postea capere incrementum. Sunt autem metendi genera complura. Multi falcibus veruculatis, atque iis vel rostratis vel denticulatis medium culmum secant : multi mergis, alii pectinibus spicam ipsam legunt, idque in rara segete facillimum, in densa difficillimum est. Quod si falcibus seges cum parte culmi demessa sit, protinus in acervum vel in nubilarium congeritur, et subinde opportunis solibus torrefacta proteritur. Sin autem spicæ tantummodo

échéait que l'on batte dans l'aire le blé muni de sa tige, il n'y a point de doute que les chevaux ne soient préférables pour cette opération aux bœufs, et si l'on n'a pas un nombre suffisant d'attelages, on pourra y joindre des rouleaux ou des traîneaux : car, avec ces deux espèces de machines, on vient très-aisément à bout de briser les tiges. Si au contraire les épis sont seuls, on fait mieux de les battre à coups de bâton et de les vanner. Mais lorsque le grain est pêle-mêle avec la paille, on vient à bout de les séparer l'un de l'autre par le secours du vent. Le vent *Favonius* passe pour le meilleur en cette occasion, parce qu'il souffle doucement et uniformément dans les mois d'été. Il n'y a cependant qu'un agriculteur négligent qui puisse se résoudre à l'attendre, parce que, tandis que nous l'attendons, la rigueur de l'hiver peut nous surprendre. C'est pourquoi, lorsque les blés ont été battus dans l'aire, il faut les y mettre en tas, de façon qu'ils puissent être nettoyés par toutes sortes de vents ; et s'il arrive même que le vent ne souffle d'aucun côté pendant plusieurs jours, il faudra les vanner, de peur qu'à la suite d'un trop long calme il ne survienne de fortes tempêtes, qui fassent perdre le travail de toute l'année. Quand le grain aura été bien nettoyé, il faudra encore le nettoyer une seconde fois avant de le serrer, si l'on est dans l'intention de le garder plusieurs années ; car plus il est nettoyé, moins il est sujet à être rongé par le charançon : mais si on le destine à être consommé sur-le-champ, il ne sera pas nécessaire de le purger de nouveau, et il suffira de le faire rafraîchir à l'ombre, et de le porter ensuite au grenier. On ne s'y prend pas autrement pour les légumes que pour les autres grains, parce que, de même qu'eux, ou on les consomme sur-le-champ, ou on les serre pour les garder. Voilà le profit auquel aboutit enfin le travail du laboureur, et qui consiste à recueillir les semences qu'il avait confiées à la terre.

XXI. Mais comme nos ancêtres ont pensé qu'on devait autant rendre compte de son loisir que de ses occupations, nous croyons aussi devoir prévenir les cultivateurs de ce qu'ils ont droit de faire les jours de fête, et de ce qui leur est interdit ces jours-là. Car il y a des choses, comme dit le poëte, qu'*il est permis de faire les jours de fête : il n'y a point de religion qui ait défendu de donner un libre écoulement aux ruisseaux, de planter une haie devant une terre ensemencée, de tendre des pièges aux oiseaux, de mettre le feu aux buissons, ou de plonger dans un fleuve un troupeau de brebis pour lui procurer la santé*, quoique les pontifes prétendent qu'on ne doit point fermer de haies une terre ensemencée les jours de fêtes; comme ils défendent aussi de baigner les brebis pour embellir leur laine, et ne permettent de le faire que pour leur procurer la santé. Aussi Virgile, pour montrer comment il était permis de baigner un troupeau dans une rivière les jours de fêtes, a-t-il ajouté, *De le plonger dans un fleuve pour lui procurer la santé*, parce qu'en effet il y a des maladies pour lesquelles il est bon de baigner les bestiaux. Voici encore des travaux que les rites de nos ancêtres permettent de faire les jours de fêtes : broyer le blé, couper du bois à brûler, faire de la chandelle de suif, cultiver une vigne affermée, nettoyer et curer les réservoirs, les mares, les anciens fossés ; repasser les prés, éparpiller le fumier sur les terres, arranger le foin sur les planchers, récolter les fruits des plans d'oliviers qu'on a pris à ferme, étendre les pom-

---

recisæ sunt, possunt in horreum conferri, et deinde per hiemem vel baculis excuti vel exteri pecudibus. At si competit, ut in area teratur frumentum, nihil dubium est, quin equis melius quam bubus ea res conficiatur : et si pauca juga sunt, adjicere tribulam et traham possis; quæ res utraque culmos facillime comminuit. Ipsæ autem spicæ melius fustibus cuduntur, vannisque expurgantur. At ubi paleis immista sunt frumenta, vento separantur. Ad eam rem Favonius habetur eximius, qui lenis æqualisque æstivis mensibus perflat : quem tamen opperiri lenti est agricolæ : quia sæpe dum expectatur, sæva nos hiems deprehendit. Itaque in area detrita frumenta sic sunt aggeranda, ut omni flatu possint excerni. At si compluribus diebus undique silebit aura, vannis expurgentur, ne post nimiam ventorum segnitiem vasta tempestas irritum faciat totius anni laborem. Pura deinde frumenta, si in annos reconduntur, repurgari debent. Nam quanto sunt expolitiora, minus a curculionibus exeduntur. Sin protinus usui destinantur, nihil attinet repoliri, satisque est in umbra refrigerari, et ita granario inferri. Leguminum quoque non alia cura est, quam reliquorum frumentorum : nam ea quoque vel statim absumuntur, vel reconduntur. Atque hoc supremum est aratoris emolumentum percipiendorum seminum, quæ terræ crediderat.

XXI. Sed cum tam otii quam negotii rationem reddere majores nostri censuerint; nos quoque monendos esse agricolas existimamus, quæ feriis facere, quæque non facere debeant. Sunt enim, ut ait poeta, quæ *festis exercere diebus Fas, et jura sinunt. Rivos deducere nulla relligio vetuit, segeti prætendere sepem, Insidias avibus moliri, incendere vepres, Balantumque gregem fluvio mersare salubri.* Quanquam pontifices negant segetem feriis sepiri debere. Vetant quoque lanarum causa lavari oves, nisi propter medicinam. Virgilius quod liceat feriis flumine abluere gregem præcepit, et idcirco adjecit, *fluvio mersare salubri*. Sunt enim vitia, quorum causa pecus utile sit lavare. Feriis autem ritus majorum etiam illa permittit, far pinsere, faces incidere, candelas sebare, vineam conductam colere ; piscinas, lacus, fossas veteres tergere et purgare, prata sicilire, stercora æquare, fœnum

mes, les poires, les figues ; faire du fromage, porter sur son dos ou charger sur un mulet de bât des arbres pour les planter : mais il n'est pas permis de se servir pour les porter d'un mulet attelé à une voiture, ni de planter ceux qui auraient été portés ainsi, ni de labourer la terre, ni d'élaguer les arbres, pas même de s'occuper des semailles, à moins que l'on n'ait préalablement immolé un petit chien, ni de couper le foin, le lier ou le porter. Il n'est pas même permis, suivant les observances prescrites par les pontifes, de faire la vendange les jours de fêtes, ni de tondre les brebis, à moins que l'on n'ait encore immolé un petit chien. Il est aussi permis de faire du vin cuit, et d'en mêler dans le vin : il est permis de cueillir le raisin, ainsi que les olives que l'on destine à confire. Il n'est pas permis de couvrir de peaux les brebis. Tout travail relatif aux légumes qui sont dans un jardin est permis. Il n'est pas permis d'ensevelir un mort les jours de fêtes publiques. M. Porcius Caton a dit qu'il n'y avait point de fêtes pour les mulets, pour les chevaux, ni pour les ânes. Il permet aussi d'atteler les bœufs pour apporter du bois et du blé chez soi. Nous avons lu dans les ouvrages des pontifes que ce n'est qu'aux fêtes *denicales* qu'il n'est pas permis d'atteler les mulets, mais qu'on peut le faire les autres fêtes. Je suis sûr que quelques personnes, voyant que je viens d'entrer dans le détail de ce qui concerne la solennité des fêtes, désireront que je leur enseigne aussi les rites usités par les anciens dans les sacrifices d'expiation, et dans tous les autres sacrifices que l'on fait pour les biens de la terre; aussi je ne refuse pas de prendre cette peine, mais je remets à le faire dans un livre à part que j'ai dessein de composer, lorsque j'aurai donné tous les préceptes de l'agriculture. En attendant, je terminerai ici ce traité, me réservant à donner dans le suivant ce que je tiens des anciens auteurs sur les vignobles, et sur les plants d'arbres mariés à des vignes, comme ce que j'ai découvert moi-même depuis eux.

LIVRE TROISIÈME.

I. *J'ai donné jusqu'ici la culture des guérets*, comme dit le premier des poëtes. Car, puisque j'ai à traiter les mêmes objets que lui, rien ne m'empêche, P. Silvinus, d'entrer en matière par les premières paroles de son poëme célèbre. Nous voici donc à présent venus au soin des arbres, et c'est même la partie la plus étendue de l'agriculture. Il y a des arbres de différentes espèces, qui tous se montrent sous des formes variées : il y en a de bien des espèces qui, comme dit le même poëte, *viennent d'eux-mêmes et sans y être forcés par aucun homme*, comme il y en a beaucoup qui ne viennent qu'après avoir été plantés de main d'homme. Mais ceux qui ne viennent pas par le secours des hommes, tels que ceux des forêts et les sauvageons, portent chacun des fruits ou des semences d'un caractère qui leur est propre; au lieu que ceux qui ont été cultivés sont les plus propres à rapporter des fruits pour notre usage. Il faut donc parler d'abord de l'espèce d'arbres qui nous fournit des aliments. On la divise en trois parties : car un rejeton quelconque produit ou un arbre tel que l'olivier, ou un arbrisseau tel que le palmier des champs, ou un troisième genre de production que je ne voudrais appeler proprement ni arbre

in tabulata componere, fructus oliveti conductos cogere, mala, pira, ficos pandere, caseum facere, arbores serendi causa collo vel mulo clitellario afferre : sed juncto advehere non permittitur, nec apportata serere, neque terram aperire, neque arborem collucare : sed ne sementem quidem administrare, nisi prius catulo feceris : nec fœnum secare aut vincire aut vehere : ac ne vindemiam quidem cogi per religiones pontificum feriis licet : nec oves tondere, nisi si catulo feceris. Defrutum quoque facere, et defrutare vinum licet. Uvas itemque olivas conditui legere licet. Pellibus oves vestiri non licet. In horto quicquid olerum causa facias, omne licet. Feriis publicis hominem mortuum sepelire non licet. M. Porcius Cato mulis, equis, asinis nullas esse ferias dixit. Idemque boves permittit conjungere lignorum et frumentorum advehendorum causa. Nos apud pontifices legimus, feriis tantum denicalibus mulos jungere non licere, cæteris licere. Hoc loco certum habeo quosdam cum solennia festorum percensuerim, desideraturos lustrationum cæterorumque sacrificiorum, quæ pro frugibus fiunt, morem priscis usurpatum. Nec ego abnuo docendi curam : sed differo in eum librum, quem componere in animo est, cum agricolationis totam disciplinam perscripsero. Finem interim præsentis disputationis faciam, dicturus exordio sequente, quæ de vineis arbustisque prodidere veteres auctores, quæque ipse mox comperi.

LIBER TERTIUS.

I. Hactenus arvorum cultus, ut ait præstantissimus poeta. Nihil enim prohibet nos, P. Silvine, de iisdem rebus dicturos celeberrimi carminis auspicari principio. Sequitur arborum cura, quæ pars rei rusticæ vel maxima est. Earum species diversæ et multiformes sunt. Quippe varii generis (sicut auctor idem refert) *nullis hominum cogentibus ipsæ sponte sua veniunt :* multæ etiam nostra manu satæ procedunt. Sed quæ non ope humana gignuntur, silvestres ac feræ sui cujusque ingenii poma vel semina gerunt : at quibus labor adhibetur, magis aptæ sunt frugibus. De eo igitur prius genere dicendum est, quod nobis alimenta præbet; idque tripartito dividitur. Nam ex surcu-

ni arbrisseau, tel qu'est la vigne. Nous la préférons justement aux autres plantes, non-seulement à cause de la douceur de son fruit, mais encore à cause de la facilité avec laquelle elle répond aux soins de l'homme, dans presque toutes les contrées et sous tous les climats du monde, si l'on en excepte les climats glacés ou brûlants, et parce qu'elle vient aussi heureusement dans les plaines que sur les collines, dans les terres épaisses que dans celles qui sont en poussière, souvent même dans les terres maigres que dans les grasses, et dans les sèches que dans celles qui sont humides. Elle est surtout la seule plante qui réussisse sous diverses températures, soit qu'elle soit sous un pôle froid, soit qu'elle soit sous un pôle chaud ou sujet aux tempêtes. Il est cependant intéressant de distinguer quelles espèces de vignes on cultivera, et quel genre de culture on leur donnera, suivant les différentes positions des pays : car la culture de la vigne n'est pas la même pour tous les climats ni pour tous les terroirs; et non-seulement cette plante n'est pas d'une seule espèce, mais il n'est pas aisé de prononcer quelle est la meilleure espèce de toutes, parce qu'il n'y a que l'expérience qui puisse apprendre quelle est celle en particulier qui sera plus ou moins propre à tel ou tel pays. Cependant un cultivateur eclairé regardera comme certain que le genre de vignes qui supportera, sans en être incommodé, les neiges et les frimas, sera propre aux plaines; que celui qui supportera la sécheresse et les vents, sera propre aux collines : il départira à un champ gras et fertile une vigne maigre, et qui ne soit pas naturellement trop féconde; à un terrain maigre une vigne féconde; à un terrain épais une vigne forte et qui ait beaucoup de bois; à un terrain réduit en poussière et fertile, une vigne qui ait peu de bois. Il saura qu'il ne faut pas planter des lieux humides en vignes dont le raisin ait un grain tendre et gros, mais en vignes dont le raisin aura le grain dur, petit, et fourni de beaucoup de pepins; et qu'il faut, d'un autre côté, mettre dans un terrain sec des vignes d'une nature différente. Mais, outre cela, le propriétaire du terrain saura encore que les différentes températures de l'air influent plus que le terrain même sur les vignes, comme le froid ou le chaud, la sécheresse ou l'humidité, la grêle et le vent ou le calme, le temps serein ou le temps nébuleux : ainsi il mettra sous un climat froid ou nébuleux deux espèces de vignes, ou les hâtives dont les fruits préviendront l'hiver par leur maturité, ou celles dont le grain sera ferme et dur, parce qu'elles défleuriront au milieu des brouillards, et que leur fruit mûrira ensuite aux gelées et aux frimas, comme les autres mûrissent aux chaleurs. Il mettra également avec hardiesse les vignes fermes, et dont le grain sera dur, sous un climat sujet aux vents et aux orages; d'un autre côté, il mettra dans un climat chaud les vignes les plus tendres, et celles dont le raisin sera le plus serré : il destinera à un terrain sec celles que des pluies et des rosées continuelles pourriraient; à un terrain humide, celles qui souffriraient de la sécheresse; à un terrain sujet à la grêle, celles dont les feuilles seront dures et larges, afin que leur fruit soit plus à couvert : car pour les contrées où le temps est calme et serein, il n'y a pas de vignes qui ne leur conviennent, quoique les meilleures seront celles dont les grains et les grappes tomberont le plus aisément. Mais s'il faut choisir à souhait un terrain et un climat pour les vignes, le meilleur terrain (d'après l'opinion de Celsus, qui est très-

---

lo vel arbor procedit, ut olea : vel frutex, ut palma campestris : vel tertium quiddam, quod nec arborem nec fructicem proprie dixerimus, ut est vitis. Hanc nos cæteris stirpibus jure præponimus, non tantum fructus dulcedine, sed etiam facilitate, per quam omni pene regione et omni declinatione mundi, nisi tamen glaciali vel præfervida, curæ mortalium respondet, tamque felix campis, quam collibus provenit, et in densa non minus quam in resoluta, sæpe etiam gracili; atque pingui et macra, siccaque et uliginosa. Tum sola maxime utcunque patitur intemperiem cæli vel sub axe frigido, vel æstuoso procellosoque. Refert tamen, cujus generis aut quo habitu vitem pro regionis statu colere censeas. Neque enim omni cælo solove cultus idem; neque est unum stirpis ejus genus; quodque præcipuum est ex omnibus, non facile dictu est, cum suum cuique regioni magis aut minus aptum esse doceat usus. Explorationi tamen habebit prudens agricola genus vitis habile campo, quod nebulas pruinamque sine noxa perfert; colli, quod siccitatem ventosque patitur Pingui et uberi dabit agro gracilem vitem, nec natura nimis fœcundam, macro feracem, terræ densæ vehementem, multaque materia frondentem; resoluto et læto solo, rari sarmenti, humido loco sciet non recte mandari fructus teneri et amplioris acini, sed callosi et angusti frequentisque vinacei; sicco recte contribui diversæ [quoque] naturæ semina. Sed et post hæc non ignorabit dominus loci, plus posse qualitatem cæli frigidam vel calidam, siccam vel roscidam, grandinosam ventosamque vel placidam, serenam vel nebulosam : frigidæque aut nebulosæ duorum generum vites aptabit, seu præcoques, quarum maturitas frugum præcurrit hiemem; seu firmi durique acini, quarum inter caligines uvæ deflorescunt, et mox gelicidiis ac pruinis, ut aliarum caloribus, mitescunt. Ventoso quoque et tumultuoso statu cæli fidenter easdem tenaces ac duri acini committet. Rursus calido teneriores uberioresque concredet. Sicco destinabit eas, quæ pluviis aut continuis roribus putrescunt; roscido, quæ siccitatibus laborant; grandinoso quæ foliis duris latisque sunt, quo melius protegant fructum. Nam placida et serena regio nullam non recipit : commodissime tamen eam, cujus vel uvæ vel acini celeriter decidunt. At si voto est eligendus vineis locus et status cæli, sicut censet verissime

conforme à la vérité) sera celui qui, sans être trop épais ni réduit en poussière, approchera le plus de cette dernière qualité; celui qui, sans être maigre ni fertile, approchera cependant le plus de la fertilité; celui qui, sans être en plaine ni escarpé, tiendra cependant d'une plaine élevée; celui qui, sans être sec ni humide, sera cependant modérément arrosé; celui qui, sans avoir beaucoup de sources d'eau sur sa surface ni dans ses entrailles, fournira néanmoins aux racines de la vigne une humidité suffisante, qu'il tirera des lieux circonvoisins; humidité qui ne devra être ni amère ni salée, pour qu'elle ne corrompe point le goût du vin, et qu'elle n'arrête point l'accroissement des plantes par l'espèce de rouille dont elle les couvrirait, s'il en faut croire Virgile, qui s'exprime ainsi: *Mais les terres salées, et celles qui passent pour amères, sont nuisibles aux fruits; les labours ne les adoucissent pas, et elles ne conservent ni la qualité du vin ni la réputation des fruits.* La vigne, comme je l'ai dit ci-dessus, ne veut ni une température glaciale, ni une température brûlante: elle se plaît cependant plus dans les climats chauds que dans les climats froids; la pluie lui fait plus de tort que le beau temps, et elle aime mieux une contrée sèche qu'une contrée trop pluvieuse; comme elle aime un vent modéré et doux, tandis que les tempêtes lui sont pernicieuses. Telles sont les qualités du climat et du sol qui sont le plus à rechercher.

II. On plante des vignes soit pour en manger le raisin, soit pour en faire du vin. Il n'y a pas de profit à faire un vignoble pour en destiner le raisin à être mangé, à moins que le terrain où on le formera ne soit si voisin des villes, que l'on puisse trouver son compte à vendre le raisin aux marchands, sans avoir la peine de le garder, comme on vend tous les autres fruits. Lorsque l'on sera dans ce cas, il faudra surtout avoir des vignes hâtives et du maroquin, en un mot du raisin pourpré, de celui à gros grains, de celui à longs grains, de celui de Rhodes, de celui de Libye et de celui des monts Céraunes: il faut planter alors non-seulement les vignes qui sont recommandables par le goût agréable de leur fruit, mais aussi celles qui le sont par leur belle apparence, comme celles dont les grappes ont la forme d'une couronne, celles dont les grappes ont trois pieds, celles dont le grain pèse une *uncia*, celles qui ressemblent aux coings, de même que celles dont on serre le raisin dans des vases, pour le garder pendant l'hiver, comme les *venuculæ* et celles de Numidie qu'on a reconnues depuis peu être bonnes pour cet objet. Mais lorsqu'on veut faire du vin, on choisit la vigne qui est forte en fruit et en bois, parce que l'un contribue beaucoup aux revenus du cultivateur, et l'autre à la longue durée de la plante; mais il faut préférer celle qui, ne se couvrant pas trop tôt de feuilles et quittant sa fleur de bonne heure, sans mûrir trop tard, se défend en même temps aisément contre les gelées, le brouillard et la brûlure, sans que la pluie la pourrisse, ou que les sécheresses la réduisent à rien. Voilà comme il faut la choisir, ne fût-elle que médiocrement féconde, pourvu que l'on ait un terroir où elle puisse rendre un vin d'un goût fin et recherché. Car si le terroir donne au vin un goût décidément mauvais ou commun, il vaudra mieux planter la vigne qui sera la plus abondante, afin d'augmenter son revenu par la multiplicité du produit. Il arrive presque toujours, en quelque terroir que ce soit, que les vignobles des plaines donnent du

---

Celsus, optimum est solum nec densum nimis nec resolutum, soluto tamen propius: nec exile nec lætissimum, proximum tamen uberi: nec campestre nec præceps, simile tamen edito campo: nec siccum nec uliginosum, modice tamen roscidum: quod fontibus non in summo, non in profundo terræ scaturiat; sed ut vicinum radicibus humorem subministret: eumque nec amarum nec salsum, ne saporem vini corrumpat, et incrementa virentium veluti quadam scabra rubigine coerceat: si modo credimus Virgilio dicenti: *Salsa autem tellus, et quæ perhibetur amara, Frugibus infelix; ea nec mansuescit arando, Nec Baccho genus aut pomis sua nomina servat.* Cælum porro neque glaciale vinea, sicut prædixi, nec rursus æstuosum desiderat. Calido tamen potius quam frigido lætatur; imbribus magis quam serenitatibus offenditur; et solo sicco quam nimis pluvio est amicior; perflatu modico lenique gaudet, procellis obnoxia est. Atque hæc maxime probabilis est cæli et soli qualitas.

II. Vitis autem vel ad escam vel ad defusionem deponitur. Ad escam non expedit instituere vineta, nisi cum tam suburbanus est ager, ut ratio postulet inconditum fructum mercantibus velut pomum vendere. Quæ cum talis est conditio, maxime præcoques et duracinæ, tum denique purpureæ et bumasti, dactyliquae et Rhodiæ, Libycæ quoque et ceraunæ. Nec solum quæ jucunditate saporis, verum etiam quæ specie commendari possint, conseri debent: ut stephanitæ, ut tripedaneæ, ut unciariæ, ut cydonitæ. Item quarum uvæ temporibus hiemis durabiles vasis conduntur, ut venuculæ, ut nuper in hos usus exploratæ Numisianæ. At ubi vino consulimus, vitis eligitur, quæ et in fructu valet et in materia: quod alterum ad reditus coloni, alterum ad diuturnitatem stirpis plurimum confert. Sed ea tum præcipua est, si nec nimis celeriter frondet, et primo quoque tempore deflorescit, nec nimis tarde mitescit: quin etiam pruinas et caliginem et carbunculum facile propulsat, eademque nec imbribus putrescit, nec siccitatibus aboleseit. Talis nobis eligatur vitis, vel mediocriter fœcunda, si modo is locus habetur, in quo gustus nobilis pretiosusque fluit. Nam si sordidus aut vilis est, feracissimam quamque serere conducit, ut multiplicatione frugum reditus augeatur. Fere autem omni statu locorum campestria largius vinum sed jucundius afferunt collina:

vin en plus grande quantité que ceux des collines, et que ceux-ci le donnent plus agréable, quoique entre ces derniers même, quand le climat en est modéré, ceux qui sont exposés aux aquilons en donnent plus abondamment, et que ceux qui le sont au vent du midi le donnent plus excellent. Car il n'y a point de doute que certaines vignes ne soient de nature à être tantôt supérieures, tantôt inférieures à elles-mêmes par la qualité de leur vin, suivant la position des lieux. Il n'y a que les vignes Aminées qui passent pour préférables à toutes les autres par le goût du leur, sous quelque climat qu'elles soient placées, pourvu qu'il ne soit pas trop froid ; et cela quand même elles seraient dégénérées, quoique, si on les compare entre elles, elles donnent un vin tantôt meilleur, tantôt moins bon. Ces vignes, quoique portant toutes le même nom, ne sont pas cependant resserrées dans les bornes d'une seule espèce. Nous avons connu les deux espèces de vraies Aminées, dont la plus petite défleurit plus tôt et mieux que la plus grande : aussi est-elle propre à être mariée aux arbres, ainsi qu'à être attachée au joug ; si ce n'est que dans le premier cas il lui faut une terre grasse, au lieu que dans le second cas une terre médiocre lui suffit. Elle est aussi bien meilleure que la plus grande espèce, parce qu'elle a plus de force pour supporter les pluies et les vents ; au lieu que cette dernière se corrompt promptement lorsqu'elle est en fleur, inconvénient qui arrive encore plutôt quand elle est attachée au joug que quand elle est mariée aux arbres. Aussi n'est-elle pas propre à former des vignobles, puisqu'elle l'est à peine à garnir des plants d'arbres, si ce n'est dans une terre très-grasse et humide ; car pour une terre médiocre, elle n'y vaut rien ; elle vaut moins encore dans une terre maigre. On la reconnaît à la multitude de ses longs sarments, à la grandeur de ses feuilles et à la grosseur de ses grains : elle a aussi moins de nœuds que la petite espèce, et produit des fruits en moindre quantité ; mais elle ne lui cède pas pour le goût. Ces deux espèces de vignes sont toutes deux Aminées ; mais il y en a encore deux autres espèces, qui sont les Aminées doubles : on les appelle jumelles, parce qu'elles produisent des grappes doubles ; le vin en est plus dur, mais il se garde aussi longtemps que celui des deux premières. Tout le monde connaît très-bien la plus petite de ces deux espèces, parce que les collines renommées du Vésuvium dans la Campanie, et celles du Surrentum, en sont couvertes. Elle aime le souffle du vent *Favonius* en été ; celui du Midi la tourmente : aussi dans les autres contrées de l'Italie est-elle moins propre à faire des vignobles qu'à garnir des plants d'arbres, au lieu que, dans les pays que nous venons de nommer, les jougs soutiennent commodément son bois et son fruit. Sa grappe ne diffère pas beaucoup de celle de la petite Aminée vraie, si ce n'est qu'elle est double ; de même que la grappe de la grande double ressemble assez celle de la grande Aminée vraie, avec cette différence qu'elle vaut mieux que la petite double, en ce qu'elle est plus féconde même dans un terrain médiocre ; au lieu que nous avons déjà dit que la grande Aminée vraie ne réussissait bien que dans un terrain très-gras. Il y a quelques personnes qui font aussi un grand cas de l'Aminée *lanata*, que l'on appelle ainsi, non pas qu'elle soit la seule de toutes les vignes Aminées dont les feuilles soient blanchies de duvet, mais parce que c'est celle dont les feuilles sont le plus dans ce cas. Cette Aminée donne à la vérité de bon vin, mais il est plus léger que celui des précédentes. Elle jette aussi beaucoup de bois : c'est ce qui fait souvent qu'elle ne défleurit pas comme il

---

quæ tamen ipsa modico statu cæli magis exuberant Aquiloni prona ; sed sunt generosiora sub Austro. Nec dubium, quin sit ea nonnullarum vitium natura, ut pro locorum situ bonitate vini modo vincant, modo superentur. Solæ traduntur Amineæ excepto cæli statu nimis frigido, ubicunque sint, etiam si degenerent, sibi comparatæ, magis aut minus probi gustus vina præbere, et cæteras omnes sapore præcedere. Eæ cum sint unius nominis, non unam speciem gerunt. Duas germanas cognovimus, quarum minor ocius et melius defloreseit, habilis arbori nec non jugo : illic pinguem terram, hic mediocrem desiderat, longeque præcedit majorem, quia et imbres et ventos fortius patitur. Nam major celeriter in flore corrumpitur, et magis in jugis, quam in arboribus. Ideoque non est vineis apta, vix etiam arbusto, nisi præpingui et uvida terra : nam nec mediocri valet, multoque minus in exili. Prolixarum frequentia materiarum foliorumque et uvarum et acinorum magnitudine dignoscitur, internodiis quoque rarior. Largis fructibus a minore superatur, gustu non vincitur. Et hæ quidem utræque Amineæ. Verum et aliæ duæ geminæ ab eo quod duplices uvas exigunt, cognomen trahunt austerioris vini, sed æque perennis. Earum minor vulgo notissima : quippe Campaniæ celeberrimos Vesuvii colles Surrentinosque vestit. Hilaris inter æstivos Favonii flatus, Austris affligitur. Cæteris itaque partibus Italiæ non tam vineis quam arbusto est idonea, cum prædictis regionibus commodissime jugum sustineat. Materiam fructumque, nisi quod duplicem, non absimili minori germanæ gerit, sicut major gemina majori germanæ : quæ tamen (minor) hoc melior est, quod fœcundior etiam mediocri solo : nam illam nisi præpingui non respondere jam dictum est. Lanatam quoque Amineam quidam maxime probant, quæ hoc vocabulum non ideo usurpat, quod sola ex omnibus Amineis, verum quod præcipue canescit lanugine. Sane boni vini, sed lenioris, quam superiores, crebram quoque materiam fundit ; atque ideo propter pampini densitatem sæpe parum recte defloreseit, eademque maturo fructu celeriter putrescit. Super hunc numerum, quem retulimus, singularis habetur Aminea majori geminæ non dissimilis, prima specie pampini et trunci, sed

faut, à cause de la multitude de ses pampres, et que lorsque son fruit est mûr, il pourrit promptement. Outre toutes les Aminées que nous venons de détailler, il y a encore une Aminée particulière, qui, au premier coup d'œil, ressemble assez à la grande double par l'extérieur de ses pampres et de son cep, mais qui lui est un peu inférieure par le goût de son vin, quoiqu'il soit de très-bonne qualité : elle est cependant préférable à cette dernière par les propriétés suivantes : d'être plus fertile, de quitter mieux sa fleur, d'avoir les grappes bien fournies et blanchâtres, et le grain très-gros, et de ne point dégénérer dans un terrain médiocre ; aussi la met-on dans la classe des vignes les plus fécondes. Les vignes de Nomentum ne tiennent que le second rang après les Aminées par la qualité de leur vin, mais elles leur sont supérieures par leur fécondité, parce que souvent elles ont autant de fruit qu'elles en peuvent porter, et qu'elles le défendent très-bien. Mais la plus petite de ces vignes est la plus fertile ; sa feuille est moins découpée et son bois moins rouge que dans les Aminées : c'est cette couleur qui leur a fait donner le nom de *rubellianæ*; on les appelle encore *fœciniæ*, parce que leur vin rend plus de lie que d'autres. Mais elles dédommagent de cet inconvénient par la multitude de leurs grappes, qu'elles produisent également sur le joug comme sur l'arbre, quoique mieux encore sur l'arbre. Elles supportent bravement les vents et les pluies ; elles quittent promptement leur fleur, et en conséquence mûrissent plus tôt et résistent à toutes les incommodités, si ce n'est à la chaleur : car, comme elles ont des grappes dont le grain est déjà menu et la peau dure, la chaleur le rend encore plus coriace : elles se plaisent surtout dans un terrain gras, qui soit en état de procurer quelque fécondité à leurs grappes, naturellement grêles et petites. Les *eugeniæ* s'accommodent très-bien d'un sol ainsi que d'un climat froid et couvert de rosée, tant qu'elles sont sur la colline d'Albe ; car dès qu'elles changent de climat, elles répondent à peine à leur réputation ; de même que le raisin des Allobroges, qui donne un vin bien inférieur lorsqu'on l'a changé de pays. Il y a trois espèces de raisin muscat, qui sont aussi recommandables par leurs grandes qualités : toutes les trois fertiles, et s'accommodent assez bien du joug et des arbres : il y en a cependant une meilleure que les deux autres, et dont les feuilles ne sont point couvertes de duvet ; pour les deux espèces dont les feuilles en sont couvertes, quoiqu'elles soient semblables entre elles par les feuilles et par les branches à fruit, elles montrent cependant une différence sensible dans la qualité de leur vin, puisque le vin de l'une des deux acquiert plus tard que l'autre ce goût fait que la vétusté donne en général au vin. Elles sont très-fertiles dans un terrain gras, et ne laissent pas de l'être dans un terrain médiocre : leur fruit est hâtif, ce qui fait qu'elles conviennent très-fort aux lieux froids : leur vin est doux, mais il est pernicieux à la tête, aux nerfs, et aux autres vaisseaux du corps. Si on ne vendange pas promptement, les pluies et les vents les dévastent, ainsi que les abeilles ; ce qui leur a fait donner le nom de ces animaux (*apianæ*). Elles sont très-célèbres par l'excellence de leur goût. Il y a cependant des vignes, même de la seconde classe, qui peuvent être recommandables par leur produit et leur fécondité, telles que la *Biturica* et la *basilica*, qui se divise en deux espèces, à la plus petite desquelles les Espagnols donnent le nom de *cocolubis*. Ces deux vignes sont celles qui approchent le plus des premières dont nous avons parlé ; elles laissent toutes les autres à une grande distance après elles, car leur

---

vini sapore aliquanto inferior, quamvis generosissimis sit proxima, præferenda etiam propriis virtutibus : nam et feracior est, et flore melius exuitur, spissasque et albidas uvas ac tumidioris acini gerit, gracili arvo non desciscit, atque ideo inter uberrimas vites numeratur. Nomentanæ vini nobilitas subsequuntur Amineas, fœcunditate vero etiam præveniunt : quippe cum se frequenter impleant, et id, quod ediderunt, optime tueantur. Sed earum quoque feracior est minor, cujus et folium parcius scinditur, et materia non ita rubet ut majoris, a quo colore rubellianæ nuncupantur : eædemque fæciniæ, quo plus quam cæteræ fæcis afferunt. Id tamen incommodum repensant uvarum multitudine, quas et in jugo sed [et] in arbore melius exhibent. Ventos et imbres valenter sufferunt, et celeriter deflorescunt, et ideo citius mitescunt, omnis incommodi patientes præter caloris. Nam quia minuti acini et duræ cutis uvas habent, æstibus contrahuntur. Pingui arvo maxime gaudent, quod ubertatem aliquam natura [gracilibus et] exilibus uvis præbere valet. Frigidum ac roscidum solum et cælum commodissime sustinent eugeniæ, dum sunt in Albano colle. Nam mutato loco vix nomini suo respondent. Nec minus Allobrogicæ, quarum vini jucunditas cum regione mutatur. Magnis etiam dotibus tres apianæ commendantur, omnes feraces jugoque et arboribus satis idoneæ : generosior tamen una, quæ nudis foliis est. Nam duæ lanatæ quamvis frondibus et palmitum pari facie fluxuræ qualitate sunt dispariles, cum tardius altera recipiat cariem vetustatis. Pingui solo feracissimæ, mediocri quoque fœcundæ, præcoquis fructus : ideoque frigidis locis aptissimæ, vini dulcis, sed capiti nervisque, [venisque] non aptæ. Nisi mature lectæ pluviis ventisque et apibus afferunt prædam, quarum vocabulo propter hanc populationem cognominantur. Atque hæ pretiosi gustus celeberrimæ. Possunt tamen etiam secundæ notæ vites proventu et ubertate commendari, qualis est Biturica, qualis basilica, quarum minorem cocolubem vocant Hispani, longe omnium primis utræque proximæ. Nam et vetustatem vinum earum patitur, et ad bonitatem aliquam

vin se garde longtemps sans se gâter, et acquiert même un certain degré de bonté après quelques années. Elles surpassent même par leur fécondité toutes celles que j'ai nommées d'abord, ainsi que par leur force, car elles supportent très-bravement les tempêtes et les pluies : elles rendent beaucoup de vin, et ne dégénèrent point dans un terrain maigre; elles souffrent plutôt le froid que l'eau, et l'eau que la sécheresse, sans cependant que les chaleurs les incommodent. Après celles-ci viennent la *visula* et la petite vigne d'Argos, qui se plaisent toutes deux dans une terre médiocre : car, lorsqu'elles sont dans une terre grasse, elles prennent trop de force, et dans une maigre au contraire elles sont de petite venue, et n'ont pas de fruit : elles aiment mieux le joug que les arbres ; mais cependant celle d'Argos est également fertile lorsqu'elle est grimpée haut, et elle y produit de grands bois et de grosses grappes. Pour la *visula*, à qui les planchers les plus bas conviennent davantage, elle donne des sarments courts et des feuilles larges, qui servent dès lors à garantir ses fruits de la grêle : si cependant on ne les cueille pas au premier moment qu'ils sont mûrs, ils tombent à terre, et l'humidité les pourrit même avant qu'ils soient tombés. On cite encore les vignes *helvolæ*, que quelques personnes appellent *variæ* : le raisin n'en est ni pourpré, ni noir; et c'est sa couleur entre rouge et blanc qui leur a fait donner, si je ne me trompe, le nom d'*helvolæ* (paillet). Le plus noir est meilleur, eu égard à la quantité de vin qu'il rend ; mais le plus blanc est le plus recherché pour le goût du sien, et ni l'un ni l'autre ne conserve également sa couleur : ces deux vignes produisent l'une comme l'autre du vin blanc, dont la quantité est alternativement plus ou moins grande de deux années l'une. Elles couvrent mieux les arbres, mais elles ne laissent pas que de bien couvrir le joug : elles sont fertiles même dans un terrain médiocre, de même que la grande et la petite *pretia*; mais ces dernières sont plus recommandables par la qualité de leur vin : elles ont beaucoup de bois et de feuilles, et mûrissent promptement. L'*albuelis* vaut mieux, comme dit Celsus, sur les collines que dans les plaines, sur les arbres que sur le joug, au haut des arbres qu'au bas; et elle est abondante tant en bois qu'en fruits. Quant aux petites vignes qui viennent de la Grèce, telles que celles de Maréotide, celles de Tharse, celles de Psithia et les *Sophortiæ*, elles sont à la vérité d'un goût agréable, mais elles rendent peu de vin dans nos pays, vu la petite quantité de grappes qu'elles portent et la petitesse de leurs grains. Cependant l'*inerticula* noire, que quelques Grecs appellent *amethyston*, peut être rangée presque dans la seconde classe, parce qu'elle produit de bon vin, et qu'il n'incommode point ; c'est même ce qui a fait donner ces noms à cette vigne, parce que ce vin n'a pas la force d'attaquer les nerfs, quoiqu'il ne laisse pas de piquer le goût. Celsus fait une troisième classe des vignes qui ne sont recommandables que par leur fertilité, telles que les trois Helvenaciæ, dont les deux plus grandes sont regardées comme pareilles entre elles, parce que leur vin n'est ni de moindre qualité ni moins abondant dans l'une que dans l'autre. L'une des deux, que les habitants des Gaules appellent *emarcum*, ne rend qu'un vin médiocre ; et l'autre, qu'ils appellent *longue* ou *avare*, donne du gros vin, et non pas aussi abondamment que semble le promettre le nombre de ses grappes, lorsqu'elles commencent à paraître. La plus petite, qui est en même temps la meilleure de ces trois vignes, se distingue très-bien à sa feuille, qui est plus ronde

---

per annos venit. Jam vero ipsæ fœcunditate præstant omnibus, quas ante retuli, tum etiam patientia: quippe turbines imbresque [fortissime] sustinent, et commode fluunt, nec deficiunt macro solo. Frigora melius quam humores sustinent, humores commodius quam siccitates, nec caloribus tamen contristantur. Visula deinde ab his et minor argitis terræ mediocritate lætantur ; nam in pingui nimiis viribus luxuriant; in macra tenues et vacuæ fructu veniunt : amiciores jugo quam arboribus, sed argitis etiam in sublimibus fertilis vastis materiis et uvis exuberat. Humillimis tabulatis aptior visula brevem materiam, durum et latum folium exigit, cujus amplitudine fructus suos optime adversus grandinem tuetur : qui tamen nisi primo quoque tempore maturi legantur, ad terram decidunt : humoribus etiam prius, quam defluant, putrescunt. Sunt et helvolæ, quas nonnulli varias appellant, neque purpureæ neque nigræ, ab helvo (nisi fallor) colore vocitatæ. Melior est nigrior abundantia vini, sed hæc sapore pretiosior. Color acinorum in neutra conspicitur æqualis : utraque candidi musti alterna vice annorum plus aut minus afferunt. Melius arborem, sed et jugum commode vestiunt : mediocri quoque solo fœcundæ, sicut pretiæ minor et major. Sed eæ generositate vini magis commendantur, et frequentibus materiis frondent, et cito maturescunt. Albuelis utilior, ut ait Celsus, in colle quam in campo; in arbore quam in jugo; in summa arbore quam in ima : ferax et materiæ frequentis et uvæ. Nam quæ Græculæ vites sunt, ut Mareoticæ, Thasiæ, Psithiæ, Sophortiæ, sicut habent probabilem gustum, ita nostris regionibus et raritate uvarum et acinorum exiguitate minus fluunt. Inerticula tamen nigra, quam quidam Græci amethyston appellant, potest in secunda quasi tribu esse, quod et boni vini est et innoxia, unde etiam nomen traxit, quod iners habetur in tentandis nervis, quamvis gustu non sit hebes. Tertium gradum facit earum Celsus, quæ fœcunditate sola commendantur : ut tres Helvenaciæ, quarum duæ majores nequaquam minori bonitate et abundantia musti pares habentur : earum altera, quam Galliarum incolæ emarcum vocant, mediocris vini : et altera, quam longam appellant, eandemque avaram, sordidi vini, nec tam largi

que celle des deux autres : elle a son mérite, tant parce qu'elle supporte très-bien la sécheresse ainsi que le froid, pourvu qu'il ne soit pas accompagné de pluie, que parce que son vin se conserve en quelques pays même jusqu'à la vétusté, et principalement parce qu'elle est la seule qui fasse honneur au terroir même le plus maigre par sa fertilité. Mais la *spionia* est plutôt magnifique par l'abondance du vin qu'elle rend et par la grosseur de ses grappes, qu'elle n'est fertile par leur quantité; il en est de même de l'*oleaginia*, de la Murgentine qui est la même que la Pompéenne, de la Numidienne, de la *venucula* qui est la même que la *scripula* et la *sticula*, de la noire de Fregelle, de la *merica*, de celle de Rhétie, et de la grande *arcelaca*, qui est la plus abondante de toutes celles que nous ayons connues, et que beaucoup de personnes ont confondue à tort avec celle d'Argos. Car je ne dirais pas aisément avec assurance dans quelle classe on doit mettre les suivantes, qui ne sont venues à ma connaissance que depuis peu de temps; je veux dire la *pergulana*, l'*irtiola* et la *fereola*, parce que, quoique je les connaisse pour être assez fécondes, je n'ai pas cependant encore été à même de juger de la qualité de leur vin. Nous avons encore fait la découverte d'une vigne hâtive, que nous n'avions pas connue auparavant: cette vigne, appelée par les Grecs *dracontion*, peut être comparée par sa fécondité et par la douceur de son goût à l'*arcelaca*, à la *basilica* et à la *Biturica*, et par la qualité de son vin à l'*Aminée*. Il y a encore bien d'autres espèces de vignes, dont nous ne pouvons ni fixer le nombre, ni dire les noms avec quelque certitude: car, comme dit le poëte : *Il n'est pas important d'en détailler le nombre; et vouloir les connaî-* tre *toutes, c'est vouloir savoir combien le Zéphyre agite de grains de sable dans la mer de Libye.* En effet, chaque contrée et presque chaque partie des différentes contrées ont des espèces de vignes qui leur sont particulières, et auxquelles elles donnent chacune un nom à sa guise : il se trouve même telles vignes qui ont changé de nom en changeant de terroir; d'autres qui, en changeant de terroir, ont aussi changé de qualité, comme nous l'avons dit ci-dessus, de façon à ne pouvoir plus être reconnues. Aussi, dans notre Italie même, sans parler de toute l'étendue du globe, des peuples, quoique voisins les uns des autres, ne s'accordent-ils pas sur les noms qu'ils donnent aux vignes; et souvent il arrive qu'ils leur en donnent chacun de différents. C'est pourquoi un maître prudent ne doit pas retarder ses disciples par la recherche de cette nomenclature, à laquelle il ne pourra jamais les faire parvenir; mais il leur doit donner en général ce précepte qu'ont donné Celsus et Caton avant lui : savoir, qu'il ne faut pas planter d'autres espèces de vignes que celles qui ont une réputation établie, ni en garder longtemps d'autres que celles dont l'expérience aura confirmé la bonté: et, comme dit Julius Græcinus, lorsque nous trouverons dans un pays beaucoup de facilités qui nous engageront à y planter des vignes de renom, il faudra choisir les meilleures; au lieu que s'il n'y a rien ou peu de chose qui nous y excite, nous donnerons plutôt dans les vignes les plus fertiles, parce que le mérite de celles-ci ne sera jamais inférieur à celui des premières dans la même proportion que leur abondance sera supérieure à la leur. Mais je dirai par la suite en son lieu ce que je pense au fond de cet avis, quoique je l'aie déjà approuvé moi-même plus haut;

---

quam ex numero uvarum prima specie promittit. Minima ut optima e tribus facillime folio dignoscitur, nam rotundissimum omnium id gerit : atque est laudabilis, quod siccitates maxime perfert, quod frigora sustinet, dum tamen sine imbribus sit; quod nonnullis locis etiam vinum ejus in vetustatem diffunditur; quod præcipue sola macerrimum quoque solum fertilitate sua commendat. Ut spionia dapsilis musto et amplitudine magis uvarum, quam numero fertilis, ut oleaginia, ut Murgentina, eademque Pompeiana, ut Numisiana, ut venucula eademque scirpula atque sticula, ut nigra Fregellana, ut merica, ut Rhætica, ut omnium quas cognovimus copiosissima arcelaca major, a multis argitis falso existimata. Nam has nuper mihi cognitas, pergulanam dico et irtiolam fereolamque, non facile asseverem, quo gradu habendæ sint : quod etsi satis fæcundas scio, nondum tamen de bonitate vini, quod afferunt, judicare potui. Unam etiam præcoquem vitem nobis ante hoc tempus incognitam (in) Græca consuetudine dracontion vocitari comperimus, quæ fœcunditate jucunditateve arcelacæ basilicæque et Bituricæ comparari possit, generositate vini Amineæ. Multa præterea sunt genera vitium, quarum nec numerum nec appellationes cum certa fide referre possumus. Neque enim, ut ait poeta, *numero comprendere refert; Quem qui scire velit, Libyci velit æquoris idem Discere quam multæ zephyro versentur harenæ*. Quippe universæ regiones regionumque pene singulæ partes habent propria vitium genera, quæ consuetudine sua nominant; quædam etiam stirpes cum locis vocabula mutaverunt; quædam propter mutationem locorum, sicut supra diximus, etiam qualitate sua decesserunt, ita ut dignosci non possint. Ideoque in hac ipsa Italia, ne dicam in tam diffuso terrarum orbe, viciniæ etiam nationes nominibus earum discrepant, variantque vocabula. Quare prudentis magistri est ejusmodi nomenclationis aucupio, quo potiri nequeant, studiosos non demorari; sed illud in totum præcipere, quod et Celsus ait et ante eum M. Cato, nullum genus vitium conservandum esse nisi fama, nullum diutius conservandum nisi experimento probatum : atque ubi multa invitabunt regionis commoda, ut nobilem vitem conseramus, generosam requiremus, inquit Julius Græcinus: ubi nihil erit aut non multum, quod proritet, feracitatem potius sequemur, quæ non eadem portione vincitur pretio, qua vincit abundantia. Sed de hac sententia, quamquam et ipse paulo

car mon but est de montrer comment on peut former des vignes qui soient abondantes, et dont le vin soit précieux en même temps.

III. Maintenant, avant de disserter sur la plantation des vignes, je crois qu'il ne sera pas hors de propos d'examiner et de nous assurer si la culture des vignes est dans le cas d'enrichir un chef de famille. En effet, cet examen doit servir comme de fondement à notre dissertation, puisqu'il serait presque inutile de donner des préceptes sur la façon de planter les vignes, tant que l'on ne serait point d'accord avec nous sur la question préalable, s'il en faut avoir ; d'autant que le doute sur cette question est si général, qu'il y a même plusieurs particuliers qui évitent et qui redoutent une terre disposée en vignobles, estimant qu'il faut plutôt désirer d'avoir en sa possession des prés, des pâturages ou des bois taillis. Car pour les vignes mariées à des plans d'arbres, il y a de grands débats à leur sujet même parmi les auteurs, Saserna désapprouvant cette espèce de culture, et Trémellius l'approuvant au contraire très-fort. Mais nous pèserons aussi ces différentes opinions en leur lieu. En attendant, il faut commencer par montrer à ceux qui veulent s'adonner à l'agriculture, que le revenu des vignes est très-considérable. Je pourrais citer à cette occasion cette ancienne fertilité des terres, qui, comme l'avait auparavant dit M. Caton, et comme l'a répété ensuite Térentius Varron, rapportaient par *jugerum* planté en vignobles six cents *urnæ* de vin ; car Varron assure positivement ce fait dans le premier livre de son Économie rurale, où il dit même que ce revenu était commun, non pas dans une contrée seulement, mais encore dans le canton de Faventia et dans les terres gauloises, qui sont aujourd'hui incorporées au Picenum : ainsi on ne peut pas douter de la vérité de ce fait pour ces temps-là. Mais, sans parler de cette ancienne fertilité, la contrée de Nomentum n'est-elle pas encore aujourd'hui célèbre par la plus haute réputation en ce genre, surtout dans la partie qui en appartient à Sénèque, puisqu'il est de fait que les terrains en vignobles qu'y possède cet homme d'un génie et d'une érudition rare, lui rapportent ordinairement huit *cullei* de vin par *jugerum?* Car on a regardé comme un prodige ce qui est arrivé à nos terres dans la Ceretania, savoir, qu'un cep ait porté chez vous plus de deux mille grappes, que quatre-vingts ceps aient rapporté chez moi, la seconde année depuis leur greffe, sept *cullei* de vin, et que de nouvelles vignes en aient rapporté pour la première fois cent *amphoræ* par *jugerum*. Quand on compare à ce produit celui des prés, des pâturages et des bois, qui passent pour être d'un grand profit à leur maître lorsqu'ils lui rapportent cent *sestertii* par *jugerum* (car je ne parle pas du blé, puisqu'à peine pouvons-nous nous rappeler un temps où il ait produit quatorze pour un dans la plus grande partie de l'Italie), on se demanderait volontiers pourquoi les vignes sont si décriées. Ce n'est pas non plus, dit Græcinus, par rapport à quelque vice qui leur soit inhérent, mais bien par celui des cultivateurs. Ce vice consiste premièrement en ce que personne n'apporte d'attention dans le choix du plant, d'où il arrive que presque tout le monde forme des vignobles où il ne se trouve que des ceps de la pire espèce ; en second lieu, en ce qu'on ne donne pas au plant une éducation convenable pour lui faire prendre des forces, et lui faire jeter des tiges avant qu'il soit desséché ; et enfin en ce que, si par hasard le plant parvient à sa grandeur, on

---

ante idem censuerim, quid tamen arcaniús judicem, suo loco mox dicam. Propositum est enim docere, qua ratione vineæ pariter feraces et pretiosæ fluxuræ possint constitui.

III. Nunc prius quam de satione vitium disseram, non alienum puto, velut quoddam fundamentum jacere disputationi futuræ, ut ante perpensum et exploratum habeamus, an locupletet patremfamilias vinearum cultus. Est enim pene adhuc supervacuum de his conserendis præcipere, dum quod prius est, nondum concedatur, an omnino sint habendæ? Idque adeo plurimi dubitent, ut multi refugiant et reformident talem positionem ruris, atque optabiliorem pratorum possessionem pascuorumque vel silvæ cæduæ judicent. Nam de arbusto etiam inter auctores non exigua pugna fuit, abnuente Saserna genus id ruris, Tremellio maxime probante. Sed et hanc sententiam suo loco æstimabimus. Interim studiosi agricolationis hoc primum docendi sunt, uberrimum esse reditum vinearum. Atque ut omittam veterem illam felicitatem arvorum, quibus et ante jam M. Cato, et mox Terentius Varro prodidit, singula jugera vinearum sexcenas urnas vini præbuisse; id enim maxime asseverat in primo libro Rerum rusticarum Varro; nec una regione provenire solitum, verum et in Faventino agro et in Gallico, qui nunc Piceno contribuitur : his certe temporibus Nomentana regio celeberrima fama est illustris, et præcipue quam possidet Seneca, vir excellentis ingenii atque doctrinæ, cujus in prædiis vinearum jugera singula culleos octonos reddidisse plerumque, compertum est. Nam illa videntur prodigialiter in nostris Ceretanis accidisse, ut aliqua vitis apud te excederet uvarum numerum duorum millium, et apud me octogenæ stirpes insitæ intra biennium septenos culleos peræquarent, ut primæ vineæ centenas amphoras jugeratim præberent, cum prata et pascua et silvæ, si centenos sestertios in singula jugera efficiant, optime domino consulere videantur. Nam frumenta majore quidem parte Italiæ quando cum quarto responderint, vix meminisse possumus. Cur ergo res infamis est? non quidem suo, sed hominum inquit vitio Græcinus. Primum, quod, in explorandis seminibus nemo adhibet diligentiam, et ideo pessimi generis plerique vineta conserunt : deinde sata non ita nutriunt, ut ante convalescant ac prosiliant, quam retorrescant : sed et si forte adoleverint, negligenter colunt. Jam illud a principio nihil referre censent, quem locum conserant; immo etiam seligunt deterrimam partem

le cultive négligemment. D'abord on ne croit pas qu'il soit important, dès le principe, de choisir le lieu où l'on veut planter des vignes : on choisit au contraire pour cet objet la plus mauvaise partie de ses terres, comme si les terrains qui ne peuvent servir à autre chose étaient ceux dont la vigne dût le mieux s'accommoder : on ne remarque pas même quelle est la vraie façon de la planter, ou quand on l'a remarquée, on ne s'y conforme point : ensuite il est rare qu'on assigne une dot à ses vignes, c'est-à-dire qu'on tienne prêt tout ce qui est nécessaire pour les cultiver, quoique l'omission de ce seul point occasionne toujours un nombre de journées employées à faux, et épuise d'autant le coffre-fort du propriétaire. La plupart visent aussi à avoir dans le moment présent le plus de fruit qu'ils peuvent, sans s'embarrasser de l'avenir, et, comme s'ils ne vivaient qu'au jour la journée, ils font la loi à leurs vignes, et les chargent de beaucoup de branches à fruit, sans avoir égard à leur postérité. Lorsqu'ils ont commis toutes ces fautes, ou tout au moins le plus grand nombre, il n'y a rien qu'ils n'aimassent mieux au monde que d'avouer leurs torts ; et ils se plaignent que leurs vignobles ne répondent pas aux soins qu'ils y donnent, quand c'est eux-mêmes qui les ont perdus par leur avarice, par leur ignorance ou par leur négligence. Mais s'il est certain au contraire que ceux qui joignent l'attention aux connaissances retirent de chaque *jugerum* de vignes, je ne dis pas quarante ou au moins trente *amphoræ* de vin, quoique je le pense, mais vingt, suivant le calcul de Græcinus qui va néanmoins au rabais, n'est-il pas vrai qu'ils viendront aisément à bout d'accroître leur patrimoine, plus que tous ceux qui sont si attachés à leur foin et à leurs légumes ? Cet auteur au reste est bien loin de se tromper, puisqu'il voit au contraire clairement et en bon calculateur que, de compte fait, cette espèce de culture est celle qui est la plus avantageuse pour augmenter sa fortune. Car quoique les vignes exigent de très-grandes dépenses, il ne faut cependant pas avoir pour sept *jugera* plus d'un vigneron : encore le vulgaire croit-il bien faire en l'acquérant à bas prix, ou en le choisissant parmi les esclaves criminels que l'on vend à l'encan ; au lieu que je pense, contre l'avis du plus grand nombre, qu'un vigneron de prix est un article très-essentiel. Quoi qu'il en soit, quand on l'aurait acheté huit mille *sestertii,* quand le fonds lui-même de sept *jugera* en aurait coûté sept mille, et qu'il en coûterait encore deux mille pour les ceps de chaque *jugerum* avec leur dot, c'est-à-dire, avec leurs appuis et leurs ligatures, il se trouverait donc qu'on n'aurait dépensé au total que vingt-neuf mille *sestertii* : ajoutez à cela trois mille quatre cent quatre-vingts *nummi* pour l'intérêt à six pour cent par an des deux premières années, où ces vignes ne rapportent pas encore de fruits, parce qu'elles sont, pour ainsi dire, dans leur enfance ; cela fera au total, le principal et les intérêts compris, la somme de trente-deux mille quatre cent quatre-vingts *nummi*. Or si un propriétaire voulait placer cette somme sur des vignes, de même que ceux qui prêtent à usure placent leur argent sur leurs débiteurs, à condition que le vigneron serait tenu de lui en payer en rente perpétuelle l'intérêt à six pour cent dont nous venons de parler, il ne recevrait par an que mille neuf cent cinquante *sestertii*. Mais, d'après ce calcul même, le revenu des sept *jugera* de vignes l'emportera encore, suivant l'opinion de Græcinus, sur l'intérêt de ces trente-deux mille

agrorum, tanquam sola sit huic stirpi maxime terra idonea, quæ nihil aliud ferre possit. Sed ne ponendi quidem rationem aut perspiciunt, aut perspectam exequuntur : tum etiam dotem, id est instrumentum, raro vineis præparant; cum ea res, si omissa sit, plurimas operas nec minus arcam patris familias semper exhauriat. Fructum vero plerique quam uberrimum præsentem consectantur, nec provident futuro tempori, sed quasi plane in diem vivant, sic imperant vitibus, et eas ita multis palmitibus onerant, ut posteritati non consulant. Hæc omnia vel certe plurima ex his cum commiserint, quidvis malunt quam suam culpam confiteri ; querunturque non respondere sibi vineta, quæ vel per avaritiam vel inscitiam vel per negligentiam perdiderunt. At si, qui cum scientia sociaverint diligentiam, non, ut ego existimo, quadragenas vel certe tricenas, sed ut Græcinus minimum computans licet, inquit, amphoras vicenas percipient ex singulis jugeribus : omneis istos, qui fœnum suum et olera amplexantur, incremento patrimonii facile superabunt. Nec in hoc errat : quippe ut diligens ratiocinator calculo posito videt, id genus agricolationis maxime rei familiari conducere. Nam ut amplissimas impensas vineæ poscant, non tamen excedunt septem jugera unius operam vinitoris, quem vulgus quidem parvi æris, vel de lapide noxium posse comparari putat ; sed ego plurimorum opinioni dissentiens pretiosum vinitorem in primis esse censeo : isque licet sit emptus (sex, vel potius) sestertiis octo millibus, cum ipsum solum septem jugerum totidem millibus numorum partum, vineasque cum sua dote, id est cum pedamentis et viminibus, binis millibus in singula jugera positas duco : fit tum in assem consummatum pretium sestertiorum xxix millium. Huc accedunt semisses usurarum sestertia tria millia, et quadringenti octoginta numi biennii temporis, quo velut infantia vinearum cessat a fructu. Fit in assem summa sortis et usurarum xxxii millium quadringentorum lxxx numorum. Quod quasi nomen, si ut fœnerator cum debitore, ita rusticus cum vineis suis fecerit, ejus summæ ut in perpetuum prædictam usuram semissium dominus constituat, percipere debet in annos singulos mille nongentos quinquaginta sesterties numos ; qua computatione vincit tamen reditus vii jugerum, secundum opinionem Græcini, usuram triginta duorum millium quadringentorum octoginta numorum. Quippe ut deterrimi generis sint vineæ, tamen si cultæ, singulos

quatre cent quatre-vingts *nummi*. Car, si mauvaises que soient ces vignes, pour peu cependant qu'elles soient cultivées, elles rapporteront, sans contredit, un *culleus* de vin par *jugerum*; et quand on ne vendrait les quarante *urnæ* que trois cent *nummi*, qui est le moindre prix du marché, les sept *cullei* ne laisseraient pas de faire une somme de deux mille *sestertii* et cent *nummi*, somme qui serait au-dessus de l'intérêt à six pour cent. Mais le calcul que nous faisons n'est que d'après la supposition de Græcinus : car, pour nous, nous croyons qu'il faut arracher les vignes quand elles rapportent moins de trois *cullei* de vin par *jugerum*. Encore supposons-nous que notre calcul qu'il n'y aura point de profit à faire sur les marcottes du champ que l'on cultivera au *pastinum*, quoique cet objet soit seul capable d'acquitter tout le prix qu'aura coûté le terrain, pourvu que ce soit un terrain d'Italie et non de province. C'est un point sur lequel il ne peut rester aucun doute à quiconque examinera avec attention ma méthode et celle d'Atticus : en effet, je plante vingt mille marcottes par *jugerum* de vignes, dans les rangées des ceps. Atticus en plante, à la vérité, quatre mille de moins que moi; mais quand sa méthode serait préférable à la mienne, il n'y aurait pas de terrain, si méchant qu'il fût, qui ne rendît plus qu'il n'aurait coûté. Car, mettons qu'il périsse six mille de ces marcottes par la négligence du cultivateur, un acheteur payera néanmoins volontiers trois mille *nummi* les dix mille qui resteront, et trouvera encore son profit à ce marché; or cette somme n'est-elle pas d'un tiers plus forte que les deux mille *sestertii*, que nous avons dit ci-dessus être le prix de ces vignes par *jugerum*? Mais il y a plus, puisque, par mes soins, j'en suis venu au point que les paysans me payent, sans difficulté, six cents *nummi* le millier de marcottes. Il est vrai que tout autre aurait de la peine à faire un commerce aussi lucratif : car il est très-difficile de s'imaginer combien mes champs, tout petits qu'ils sont, rapportent de vin, ainsi que vous l'avez vu, Silvinus, par vos propres yeux; et l'on m'en croirait à peine sur ma parole. Je n'ai donc supposé à la marcotte qu'un prix médiocre et commun, afin de pouvoir amener plus promptement à mon sentiment, et sans m'exposer à aucune contradiction, ceux qui, par ignorance, redoutent cette espèce de culture. Concluons donc que, soit le produit des marcottes venues dans le terrain labouré au *pastinum*, soit l'espérance des vendanges futures, tout nous doit engager à planter des vignes. Après avoir montré qu'il est raisonnable de le faire, nous allons donner les préceptes relatifs à leur éducation.

IV. Celui dont le projet est de former des vignobles doit surtout prendre garde de s'en rapporter aux soins des autres plutôt qu'aux siens propres, relativement aux marcottes, en les achetant : il doit au contraire planter chez lui l'espèce de vignes qu'il aura le plus éprouvée, et faire une pépinière dont il puisse tirer ce qui lui en sera nécessaire pour garnir sa terre de ceps. Car du plant étranger, qui se trouve transplanté chez nous d'une contrée différente, s'habitue moins bien à notre sol que celui qui en est natif; et il appréhende, comme tout homme étranger dans un pays, le changement de climat et de terrain. On ne peut même jamais être assuré de sa bonté, parce qu'il est toujours incertain si celui qui l'a planté en a examiné avec soin l'espèce, et s'il l'a bien éprouvé auparavant. C'est pourquoi il ne faut pas croire que ce soit trop d'attendre deux ans pour juger si du plant est dans le cas d'être transplanté, parce qu'il sera toujours très-inté-

---

utique culleos vini singula earum jugera peræquabunt : utque trecentis numis quadragenæ urnæ veneant, quod minimum pretium est annonæ, consummant tamen septem cullei sestertia duo millia et centum numos : ea porro summa excedit usuram semissium. Atque hic calculus quem posuimus, Græcini rationem continet. Sed nos extirpanda vineta censemus, quorum singula jugera minus quam ternos culleos præbent. Et adhuc istuc computavimus, quasi nullæ sint viviradices, quæ de pastinato eximantur : cum sola ea res omnem impensam terreni pretio suo liberet; si modo non provincialis, sed Italicus ager est. Neque id cuiquam dubium esse debet, cum et nostram et Julii Attici rationem dispunxerit. Nos [jam] enim vicena millia malleolorum per vineæ jugerum inter ordines pangimus. Ille minus quatuor millibus deponit : cujus ut vincat ratio, nullus tamen vel iniquissimus locus non majorem quæstum reddet, quam acceperit impensam : siquidem, ut cultoris negligentia sex millia seminum intereant, reliqua tamen decem millia tribus millibus numorum libenter et cum lucro redemptorum erunt. Quæ summa tertia parte superat duo millia sestertiorum, quanti constare jugerum vinearum præ- diximus : quanquam nostra cura in tantum jam processit, ut non inviti sestertiis sexcentis numis singula millia viviradicis a me rustici mercentur. Sed vix istud alius præstiterit. Nam nec quisquam nobis facile crediderit, tantam in agellis esse nostris abundantiam vini, quantam tu Silvine novisti. Mediocre itaque vulgatumque pretium viviradicis posui, quo celerius nullo dissentiente perduci possent in nostram sententiam, qui propter ignorantiam genus hoc agricolationis reformidant. Sive ergo pastinationis reditus seu futurarum spes vindemiarum cohortari nos debet ad positionem vinearum. Quas quoniam docuimus rationi esse conserere, nunc institutionis earum præcepta dabimus.

IV. Cui vineta facere cordi est, præcipue caveat, ne alienæ potius curæ quam suæ credere velit, neve mercetur viviradicem. Sed genus surculi probatissimum domi conserat, faciatque vitiarium, ex quo possit agrum vineis vestire. Nam quæ peregrina ex diversa regione semina transferuntur, minus sunt familiaria nostro solo, quam vernacula : eoque velut alienigena reformidant mutatam cæli locique positionem. Sed nec certam generositatis

ressant, ainsi que je l'ai dit, d'avoir planté des espèces recherchées. Ensuite on se souviendra de choisir avec attention le terrain que l'on se proposera de planter en vignes. Quand on aura jugé qu'il est tel qu'il doit être, il faudra le travailler au *pastinum* avec le plus grand soin; lorsque cette opération sera faite, il ne faudra pas moins d'attention pour planter la vigne, et quand elle sera plantée on s'attachera à la cultiver avec le plus grand soin : car ce n'est qu'après tous ces procédés qu'on pourra estimer si un chef de famille a bien ou mal fait de confier son argent à sa terre, plutôt que de le faire valoir dans l'oisiveté. Je vais donc traiter à présent de chacun des devoirs que je viens de prescrire.

V. Il ne faut point faire de pépinière de vignes dans une terre maigre, ni dans une terre humide : comme il faut cependant que cette terre ne soit pas totalement dépourvue de sucs, on la choisira plutôt médiocre que grasse. Quoique presque tous les auteurs aient désigné pour cet objet le terrain le plus gras, je ne crois pas que leur système soit avantageux au cultivateur; car quoique les plantes déposées dans un terrein robuste y prennent avec facilité et y poussent promptement, si cependant, lorsqu'elles seront devenues des marcottes formées, on vient à les transplanter dans un terrain plus mauvais, elles se dessécheront, et ne pourront plus y croître. Or un cultivateur prudent doit plutôt transplanter de la mauvaise terre dans une meilleure, que de la bonne dans une plus mauvaise. C'est pourquoi la médiocrité est la qualité que j'approuve le plus dans le choix du terrain, parce que c'est celle qui participe le plus du bon et du mauvais à la fois : car, soit que par la suite on soit obligé, lorsque le plant sera venu, de le transférer dans un terrain maigre, il s'apercevra à peine de la différence de sa position, en ne quittant qu'une terre qui était médiocre pour une qui sera maigre; soit que le terrain où on le plantera soit plus gras, il y viendra bien plus tôt et y sera plus fertile. D'un autre côté, il n'est pas raisonnable de former une pépinière dans un terrain très-maigre, parce que la plus grande partie des marcottes y dépérit, et que celles que l'on peut sauver n'arrivent que très-tard au point nécessaire pour être transplantées. Ainsi un terrain médiocre et légèrement sec est le plus propre à former une pépinière. Il faudra commencer par le retourner à la houe, après quoi on laissera, entre les rangées sur lesquelles sera aligné le plant, des espaces de trois pieds que l'on cultivera ; et l'on mettra quatre-vingts mailletons (crocettes) dans chacune des rangées, qui auront deux cent quarante pieds de longueur. Ce nombre demandera pour un *jugerum* entier trois mille deux cents mailletons. Mais, avant d'en venir là, il faut examiner et choisir les mailletons; car, comme je l'ai souvent dit, le point que l'on doit regarder comme la base de cette opération, c'est de ne planter que les espèces dont on sera le plus sûr.

VI. Il y a deux choses à observer dans le choix du plant; car il ne suffit pas d'examiner en général si la mère dont on le tire est féconde, mais il faut encore examiner plus particulièrement s'il a été tiré des parties du tronc qui ont la vertu productrice et qui sont les plus fertiles. Or on ne doit pas juger de la fécondité d'une vigne

fidem pollicentur, cum sit incertum, an is, qui conseruerit ea, diligenter exploratum probatumque genus surculi deposuerit. Quamobrem biennii spatium longum esse minime existimandum est, intra quod utique tempestivitas seminum respondet; cum semper, ut dixi, plurimum retulerit exquisiti generis stirpem deposuisse. Post hæc deinde meminerit, accurate locum vineis eligere : de quo cum judicaverit, maximam diligentiam sciat adhibendam pastinationi : quam cum peregerit, non minore cura vitem conserat : et cum posuerit, summa sedulitate culturæ serviat : id enim quasi caput et columen est impensarum; quoniam in eo consistit, melius an sequius terræ mandaverit paterfamilias pecuniam, quam in otio tractare. Igitur unum quodque eorum quæ proposui, suo jam persequar ordine.

V. Vitiarium neque jejuna terra, neque uliginosa faciendum est : succosa tamen ac mediocri potius, quam pingui; tametsi fere omnes auctores huic rei lætissimum locum destinaverunt. Quod ego minime reor esse pro agricola. Nam depositæ stirpes valido solo, quamvis celeriter comprehendant atque prosiliant, tamen cum sunt vivuradices factæ, si in pejus transferantur, retorrescunt, nec adolescere queunt. Prudentis autem coloni est, ex deteriori terra potius in meliorem, quam ex meliore in deteriorem transferre. Propter quod mediocritas in electione loci maxime probatur, quoniam in confinio boni malique posita est. Sive enim postmodum necessitas postulaverit tempestiva semina jejuno solo committere, non magnam sentiet differentiam, cum ex mediocri terra in exilem translata sunt : sive lætior ager conserendus est, longe celerius in ubertate coalescunt. Rursus tenuissimo solo vitiarium facere minime rationis est, quoniam malleolorum pars major deperit, et quæ superest, tarde fit idonea translationi. Ergo mediocris et modice siccus ager vitiario est aptissimus, isque bipalio prius subigi debet, quæ est altitudo pastinationis, cum in duos pedes et semissem convertitur humus, ac deinde tripedaneis relictis spatiis, quæ per semina excolantur, in singulis ordinibus, qui ducenos quadragenos pedes obtinent, octogeni malleoli pangendi sunt. Is numerus consummat per totum jugerum seminum millia tria et ducenta. Verum hanc curam præveniet inquisitio et electio malleolorum. Nam ut sæpe jam retuli, quasi fundamentum est prædictæ rei, probatissimum genus stirpis deponere.

VI. Sed electio dupliciter facienda est : non enim solum foecundam esse matrem satis est, ex qua semina petuntur, sed adhibenda ratio est subtilior, ut ex his partibus trunci sumantur, quæ et genitales sunt et maxime fertiles. Vitis

dont on cherche à avoir de la race, d'après le seul motif qu'elle porte beaucoup de grappes, d'autant que cette multiplicité de grappes peut provenir de la grandeur du cep et de la multitude de ses branches à fruit, et que quoiqu'une vigne soit chargée de beaucoup de grappes, on ne pourra pas dire néanmoins qu'elle soit fertile, si elle n'en a qu'une seule sur chaque branche : mais s'il y a un grand nombre de grappes sur chaque pampre de cette vigne, si elle jette beaucoup de branches à fruits de chacun de ses boutons, si enfin les branches qui sortent de son bois dur, ou les rejetons des pampres eux-mêmes, produisent quelques raisins, une telle vigne étant sans difficulté féconde, c'est sur elle que l'on doit choisir des mailletons. Or un mailleton est une (crocette) jeune branche à fruit, née sur un fouet de l'année précédente : ce nom lui vient de sa ressemblance avec un petit maillet, puisqu'il déborde de droite et de gauche dans la partie par laquelle on l'a séparé de l'ancien sarment. Nous pensons qu'il faut choisir les mailletons sur les ceps les plus féconds, dans tous les temps indifféremment où l'on taille la vigne, et les mettre en terre avec attention dans un lieu médiocrement humide, mais non marécageux, en leur laissant trois ou quatre boutons hors de terre, pourvu cependant que l'on regarde comme un point très-essentiel d'examiner si la vigne dont on les a tirés n'est point sujette à perdre sa fleur, si son raisin n'a point de difficulté à grossir, et s'il ne mûrit pas trop tôt ni trop tard, parce que, dans le premier cas, il est molesté par les oiseaux, comme il l'est dans le second par les mauvais temps de l'hiver. Mais une seule vendange ne suffit pas pour nous mettre à même de reconnaître si une vigne jouit de ces avantages, puisqu'il peut arriver, soit par la fertilité de l'année, soit par d'autres raisons, qu'une vigne, quoique naturellement stérile, produise une fois par hasard avec abondance. Mais lorsqu'on sera assuré de la bonté d'un cep après plusieurs années de service, pour m'exprimer ainsi, on ne doit point douter de sa fécondité. Cependant il n'est pas nécessaire de pousser ses recherches sur ce point au delà de quatre ans : c'est ordinairement là le temps requis pour mettre en évidence la bonté des plantes, parce que c'est celui qu'il faut au soleil, en suivant l'ordre des signes depuis le commencement de sa course, pour revenir au point du zodiaque dont il était parti. Ceux qui s'occupent de l'astronomie donnent à cette période, qui comprend mille quatre cent soixante et un jours entiers, le nom d'ἀποκατάστασις.

VII. Mais je suis certain, P. Silvinus, qu'il y a longtemps que vous demandez tout bas de quelle espèce doit être cette vigne féconde que nous décrivons avec tant de soin, et si nous entendons parler de quelqu'une de celles qui passent communément pour être les plus fécondes ; car le plus grand nombre vante la *Biturica*, beaucoup la *spionia*, quelques-uns la *basilica*, et d'autres l'*arcelaca*. Nous ne refusons pas effectivement nos éloges à ces espèces de vignes, puisqu'elles rendent beaucoup de vin. Mais la règle que nous nous proposons de donner est de planter des vignes d'une telle espèce, qu'en ne rapportant pas de fruits moins abondants que les précédentes, elles soient en outre d'un goût distingué, tel que celui des Aminées, ou tout au moins d'un goût approchant.

---

autem fœcunda, cujus progeniem studemus submittere, non tantum debet eo œstimari, quod uvas complures exigit. Potest enim trunci vastitate id accidere et frequentia palmitum ; nec tamen eam feracem dixerim, cujus singulæ uvæ in singulis sarmentis conspiciuntur ; sed si per unumquemque pampinum major numerus uvarum dependet ; si ex singulis gemmis compluribus materiis cum fructu germinat ; si denique etiam a duro virgam cum aliquibus racemis citat ; si etiam nepotum fructu gravida est : ea sine dubitatione ferax destinari debet legendo malleolo. Malleolus autem novellus est palmes innatus prioris anni flagello, cognominatusque ad similitudinem, quod in ea parte, qua deciditur ex vetere sarmento, prominens utrinque mallei speciem præbet. Hunc ex fœcundissima stirpe legendum censemus omni tempore, quo vineæ putantur, ac super terram gemmis tribus vel quatuor extantibus diligenter obruendum loco modice humido, non uliginoso : dum tamen antiquissimum sit considerare, ne vitis, ex qua is vitur, ancipitem floris habeat eventum, ne difficulter acinus ingrandescat, ne aut præcoquem aut seræ maturitatis fructum afferat. Nam illa volucribus, hæc etiam tempestatibus hiemis infestatur. Tale porro genus non una comprobatur vindemia. Potest enim vel anni proventu vel aliis de causis etiam naturaliter infœcunda vitis semel exuberare. Sed ubi plurium velut emeritis annorum stipendiis fides surculo constitit, nihil dubitandum est de fœcunditate. Nec tamen ultra quadriennium talis extenditur inquisitio : id enim tempus fere virentium generositatem declarat, quo sol in eandem partem signiferi per eosdem numeros redit, per quos cursus sui principium ceperat. Quem circuitum meatus dierum integrorum mille quadrigentorum sexaginta unius ἀποκατάστασιν vocant studiosi rerum cælestium.

VII. Sed certum habeo, P. Silvine, jamdudum te tacitum requirere, cujus generis sit ista fœcunda vitis, quam nos tam accurate describimus, anne de iis aliqua significetur, quæ vulgo nunc habentur feracissimæ. Plurimi namque Bituricam, multi spioniam, quidam basilicam, nonnulli arcelacam laudibus efferunt. Nos quoque hæc genera non fraudamus testimonio nostro : sunt enim largissimi vini : sed proposuimus docere vineas ejusmodi conserere, quæ nec minus uberes fructus prædictis generibus afferant, et sint pretiosi saporis, velut Aminei, vel certe non procul ab eo gustu. Cui nostræ sententiæ scio pene omnium agricolarum diversam esse opinionem, quæ de Amineis inveterata longo jam tempore convaluit,

Je sais que presque tous les agriculteurs sont en cela d'un avis différent du mien, et qu'ils tiennent à l'opinion ancienne qui a prévalu sur le compte des vignes Aminées, par laquelle on croit depuis longtemps qu'elles sont affectées d'une stérilité naturelle dans ces pays-ci. Ceci nous force donc à reprendre les choses de plus haut, et à confirmer par une multitude d'exemples notre méthode, qui se trouve condamnée par la négligence autant que par l'imprudence des cultivateurs, afin de la tirer des ténèbres de l'ignorance qui l'ont obscurcie, et de répandre sur elle le jour pur de la vérité. C'est pourquoi il ne sera pas hors de propos de nous occuper avant tout de ce qui paraît pouvoir faire revenir de cette erreur, devenue publique.

VIII. Si nous voulons donc, P. Silvinus, pénétrer par les yeux perçants de l'esprit jusqu'à la nature des choses, nous trouverons qu'elle n'a établi, relativement à la fécondité, qu'une loi unique et égale pour les plantes, comme pour les hommes et les autres animaux, et qu'elle n'a point partagé ses faveurs particulières à certaines nations ni à certaines contrées, comme si elle eût voulu en priver totalement les autres. Il y a des nations à qui elle a donné à la vérité la faculté d'engendrer une postérité nombreuse, comme, par exemple, les Égyptiens et les Africains, chez qui l'on voit très-fréquemment et presque habituellement les femmes accoucher de deux enfants à la fois; mais elle a voulu en même temps qu'il se trouvât aussi en Italie des exemples d'une fécondité singulière : témoin ces deux femmes d'Albe, de la famille des Curiaces, mères chacune de trois enfants à la fois. Elle a donné de l'éclat à la Germanie par ses armées composées d'hommes très-grands; mais elle n'a pas absolument privé les autres nations d'hommes de la plus haute taille, puisque M. Tullius Cicéron assure qu'il s'est trouvé un citoyen romain, nommé Nævius Pollion, qui avait un pied au-dessus des plus grands hommes, et que nous avons été nous-mêmes tout récemment à portée de voir, dans la pompe des jeux du cirque, un Juif de nation, qui était d'une taille plus haute que celle du Germain le plus grand. Je passe aux bestiaux. La ville de Mévania est célèbre par la taille et la force de ses bêtes de somme, comme la Ligurie l'est par la petitesse des siennes : cependant on voit à Mévania de petits bœufs, comme on voit quelquefois dans la Ligurie des taureaux d'une force remarquable. L'Inde passe pour surprenante par la grosseur de ses bêtes féroces : qui est-ce qui contestera cependant qu'il y en ait ici d'aussi grosses, puisque nous voyons des éléphants nés dans l'enceinte même de notre ville? Je reviens aux productions de la terre. On prétend que la Mysie et la Libye sont fertiles en blé, sans cependant que les campagnes de l'Apulie et de la Campanie manquent de riches récoltes; que le Tmole et le Coryce sont fameux par leurs fleurs de safran, comme la Judée et l'Arabie le sont par l'excellence de leurs plantes odiférantes, quoique notre ville elle-même ne manque pas de ces sortes de plantes, puisque nous voyons déjà venir en feuilles, dans plusieurs de ses quartiers, la cannelle et l'arbrisseau qui produit l'encens, ainsi que nous y voyons des jardins fleuris de myrrhe et de safran. Ces exemples nous prouvent donc que l'Italie répond très-bien aux soins de ses habitants, puisqu'elle s'est habituée, moyennant l'application des cultivateurs, à porter les productions de presque tout l'univers; de façon qu'il doit nous rester encore moins de doute à cet égard par rapport à un fruit qui

---

tanquam natali et ingenita sterilitate laborantibus : quo magis nobis ex alto repetita compluribus exemplis firmanda ratio est, quæ desidia nec minus imprudentia colonorum damnata, et velut ignorantiæ tenebris obcæcata luce veritatis caruit. Quare non intempestivum est nos ad ea præverti, quæ videntur hunc publicum errorem corrigere posse.

VIII. Igitur si rerum naturam, P. Silvine, velut acrioribus mentis oculis intueri velimus, reperiemus parem legem fœcunditatis eam dixisse virentibus, atque hominibus cæterisque animalibus : nec sic aliis nationibus regionibusve proprias tribuisse dotes, ut aliis in totum similia munera denegaret. Quibusdam gentibus numerosam progenerandi sobolem dedit, ut Ægyptiis et Afris, quibus gemini partus familiares, ac pene solennes sunt : sed et Italici generis esse voluit eximiæ fœcunditatis Albanas Curiatiæ familiæ trigeminorum matres. Germaniam decoravit altissimorum hominum exercitibus; sed et alias gentes non in totum fraudavit præcipuæ staturæ viris. Nam et M. Tullius Cicero testis est Romanum fuisse civem Nævium Pollionem pede longiorem quam quemquam longissimum : et nuper ipsi videre potuimus in apparatu pompæ Circensium ludorum Judææ gentis hominem proceriorem celsissimo Germano. Transeo ad pecudes. Armentis sublimibus insignis Mevania est, Liguria parvis : sed et Mevaniæ bos humilis et Liguriæ nonnunquam taurus eminentis staturæ conspicitur. India perhibetur molibus ferarum mirabilis : pares tamen in hac terra vastitate beluas progenerari quis neget? cum intra mœnia nostra natos animadvertamus elephantos. Sed ad genera frugum redeo. Mysiam Libyamque largis aiunt abundare frumentis; nec tamen Apulos Campanosque agros opimis deficit segetibus. Tmolon et Corycon florere croco; Judæam et Arablam pretiosis odoribus illustrari haberi; sed nec nostram civitatem prædictis egere stirpibus : quippe compluribus locis urbis jam casiam frondentem conspicimus, jam turcam plantam, florentesque hortos myrrha et croco. His tamen exemplis nimirum admonemur, curæ mortalium obsequentissimam esse Italiam, quæ pene totius orbis fruges adhibito studio colonorum ferre didicerit. Quo minus dubitemus de eo fructu, qui velut indigena peculiarisque et vernaculus est hujus soli. Neque enim

est comme natif de ce pays, et que l'on peut regarder comme étant propre à notre sol, et comme y ayant pris naissance. Car il est constant que les vignes des cantons de Cécube, de Massique, de Surrentum et d'Albe sont, par l'excellence de leur vin, les premières de toutes celles qui sont sur la terre.

IX. Peut-être nos vignes n'ont-elles pas toute la fécondité qu'on pourrait désirer; mais l'industrie d'un cultivateur peut les aider à l'acquérir. Car si la nature, cette mère si bienfaisante de toutes les productions en tout genre, a enrichi, comme je viens de le dire, chaque nation et chaque contrée des dons particuliers qu'elle leur a faits, sans cependant en avoir privé absolument les autres, pourquoi douterions-nous qu'elle eût suivi aussi la même règle par rapport aux vignes? Pourquoi (en voulant que certaines espèces d'entre elles, comme la *Biturica* ou la *basilica*, fussent plus particulièrement fécondes que d'autres) aurait-elle rendu les Aminées stériles, au point que sur plusieurs milliers de ceps il ne s'en pût pas trouver, même en très-petit nombre, qui fussent fécondes, comme il s'est trouvé parmi les habitants de l'Italie des femmes fécondes, telles que ces sœurs d'Albe dont nous avons parlé? Non-seulement le contraire est vraisemblable, mais même l'expérience nous en a démontré la vérité, puisque nous avons eu en notre possession des vignes Aminées qui avaient ce caractère de fécondité, tant dans le canton d'Ardée, qui nous a appartenu jadis pendant un long espace de temps, que dans celui de Carseole et dans celui d'Albe. Nous n'en comptions à la vérité qu'un très-petit nombre dans ce cas; mais aussi leur fertilité était telle, que chaque cep rapportait trois *urnæ* de vin quand il était attaché au joug, et dix *amphoræ* quand il était en treilles. Au surplus, cette fécondité que nous attribuons aux vignes Aminées ne doit pas paraître incroyable : car comment Terentius Varron, et avant lui M. Caton, auraient-ils pu assurer que les anciens cultivateurs retiraient de chaque *jugerum* de vignes six cent *urnæ* de vin, si les Aminées, qui étaient presque les seules que l'on connût alors, n'eussent pas été fécondes? à moins que nous ne pensions qu'ils aient cultivé des *Biturica* ou des *basilica*, quoique nous ne connaissions que depuis très-peu de temps ces dernières, que nous avons même tirées incontestablement des provinces éloignées, et quoiqu'il soit reconnu comme un fait certain, même aujourd'hui, que les vignes Aminées sont les plus anciennes de toutes. Si quelqu'un donc, après avoir éprouvé par plusieurs vendanges des vignes Aminées, en trouvait de telles que les miennes, dont je parlais tout à l'heure, et qu'il les distinguât des autres pour en tirer des mailletons qui seraient très-féconds, il pourrait parvenir par ce moyen à faire des vignobles aussi bons que fertiles : car il n'est point douteux que la nature elle-même n'ait voulu que les enfants ressemblassent à leur mère ; ce qui a fait dire à ce berger dans les Bucoliques : *De même que je savais que les petits chiens et les chevreaux ressemblaient à leurs mères.* C'est pour cela que ceux qui s'adonnent aux combats sacrés conservent avec le plus grand soin la race des chevaux d'attelage les plus légers, parce qu'ils se flattent de l'espérance de remporter des victoires, en multipliant la progéniture des plus excellents animaux. Ainsi, fondons l'espérance d'une vendange abondante sur le choix du plant tiré des vignes Aminées les plus fertiles, de même que l'on fonde l'espérance de la victoire sur le choix des races issues de juments qui ont été victorieuses dans les jeux olympiques; et ne nous désis-

---

dubium est Massici Surrentinique et Albani atque Cæcubi agri vites omnium, quas terra sustinet, in nobilitate vini principes esse.

IX. Fœcunditas ab his forsitan desideretur : sed et hæc adjuvari potest cultoris industria. Nam si, ut paullo ante retuli, benignissima rerum omnium parens natura quasque genteis atque terras ita muneribus propriis ditavit, ut tamen cæteras non in universum similibus dotibus fraudaret : cur eam dubitemus etiam in vitibus prædictam legem servasse? ut quamvis earum genus aliquod præcipue fœcundum esse voluerit, tanquam Bituricum aut basilicum; non tamen sic Amineum sterile reddiderit, ut ex multis millibus ejus ne paucissimæ quidem vites fœcundæ tanquam in Italicis hominibus Albanæ illæ sorores reperiri possint. Id autem cum sit verisimile, tum etiam verum esse nos docuit experimentum, cum et in Ardeatino agro, quem multis temporibus ipsi ante possedimus, et in Carseolano itemque in Albano generis Aminei vites hujusmodi notæ habuerimus, numero quidem perpaucas, verum ita fertiles, ut in jugo singulæ ternas urnas præberent, in pergulis autem singulæ denas amphoras peræquarent. Nec incredibilis debet in Amineis hæc fœcunditas videri. Nam quemadmodum Terentius Varro et ante eum M. Cato possent affirmare, sexcentenas urnas priscis cultoribus singula vinearum jugera fudisse, si fœcunditas Aminëis defuisset, quas plerumque solas antiqui noverant? nisi si putamus ea quæ nuper ac modo plane longinquis regionibus accessita notitiæ nostræ sunt tradita, Biturici generis aut basilici vineta eos coluisse, cum vetustissimas quasque vineas adhuc existimemus Amineas. Si quis ergo tales, quales paulo ante possedisse me retuli, Amineas pluribus vindemiis exploratas notet, ut ex his malleolos feracissimos eligat, possit is pariter generosas vineas et uberes efficere. Nihil enim dubium est, quin ipsa natura sobolem matri similem esse voluerit. Unde etiam pastor ille in Bucolicis ait : *Sic canibus catulos similes, sic matribus hœdos noram.* Unde sacrorum certaminum studiosi pernicissimarum quadrigarum semina diligenti observatione custodiunt, et spem futurarum victoriarum concipiunt propagata sobole gene-

tons pas de ce projet sous le prétexte que son exécution demandera un temps considérable, puisqu'elle ne souffrira pas d'autre retard que celui qu'entraînera nécessairement l'épreuve d'un cep, et que, dès qu'on se sera assuré de sa fécondité, on l'aura bientôt multiplié par la voie de la greffe. C'est un fait certain, et dont vous pouvez rendre témoignage, vous surtout, P. Silvinus, qui devez vous rappeler très-bien que j'ai peuplé deux *jugera* entiers de vignes en deux ans, avec les greffes que m'avait fournies une seule vigne hâtive que vous possédiez dans la Ceretania. Combien en effet vous imaginez-vous que l'on aurait pu enter de vignes dans le même espace de temps, avec les mailletons qu'auraient pu fournir ces deux *jugera*, puisqu'ils n'étaient eux-mêmes que le résultat d'un seul cep? Si donc, ainsi que je l'ai dit, nous voulons y apporter du soin, et ne point ménager notre peine, nous formerons aisément, par la voie que je viens de prescrire, des vignes Aminées aussi fertiles que le peuvent être les *Buricæ* ou les *basilicæ*: il suffira pour cela d'avoir l'attention, en transférant le plant, de ne le point mettre sous un climat différent de celui où il était auparavant, ni dans un terrain d'une autre nature, et de le maintenir dans l'habitude à laquelle il était fait, parce qu'ordinairement un cep dégénère, lorsque la situation du terrain ou la température de l'air lui sont contraires, de même que si on le tire d'auprès d'un arbre pour l'attacher au joug. C'est pourquoi nous le transférerons d'un lieu froid dans un lieu froid, d'un lieu chaud dans un qui le soit pareillement, et d'un plant de vigne dans un autre de la même nature. Cependant les ceps de raisin Aminée sont plus en état de supporter un climat chaud au sortir d'un froid, que d'en soutenir un froid au sortir d'un chaud, parce que toutes les espèces de vignes, et surtout celle-là, aiment naturellement mieux la chaleur que le froid. Mais la qualité du sol est aussi très-intéressante, et il faut toujours transférer le plant d'un sol maigre ou médiocre dans un meilleur. Car une plante accoutumée à un terrain gras ne peut absolument se faire à la maigreur d'un autre, à moins qu'on ne le fume fréquemment. Voilà les préceptes généraux que nous avions à donner, relativement à l'attention avec laquelle on doit choisir les mailletons. Maintenant voici un précepte particulier pour les choisir non-seulement sur une vigne très-féconde, mais encore sur la partie la plus féconde de cette vigne.

X. Le plant le plus fertile n'est pas, comme les anciens auteurs l'ont dit, l'extrémité de ce qu'on appelle la tête de la vigne, c'est-à-dire, ses derniers fouets, et les plus allongés : car c'est encore un point sur lequel les agriculteurs se trompent. La première cause de leur erreur est la beauté et la multitude des grappes que l'on voit ordinairement sur les sarments les plus allongés d'une vigne, quoiqu'on ne doive pas s'y laisser tromper, puisque cela ne provient point d'une fertilité qui soit naturellement inhérente à cette branche, mais de l'avantage de sa position, parce que tout le suc et toute la nourriture ne font que glisser légèrement sur les autres parties du tronc, jusqu'à ce qu'ils soient parvenus à son extrémité. En effet, tous les aliments des plantes sont attirés comme une espèce d'âme végétante vers leurs parties supérieures, par l'effet d'une aspiration naturelle qui se fait à travers la

rosi armenti. Nos quoque pari ratione velut olympionicarum equarum, ita feracissimarum Aminearum seminibus electis, largæ vindemiæ spem capiamus. Neque est quod temporis tarditas quemquam deterreat : nam quidquid moræ est, in exploratione surculi absumitur. Cæterum cum fœcunditas vitis comprobata est, celerrime insitionibus ad maximum numerum perducitur. Ejus rei testimonium tu præcipue, Publi Silvine, perhibere nobis potes, cum pulchre memineris, a me duo jugera vinearum infra tempus biennii ex una præcoque vite, quam in Ceretano tuo possides, insitione facta consummata. Quemnam igitur existimas vitium numerum intra tantumdem temporis interseri posse duorum jugerum malleolis, cum sint ipsa duo jugera unius vitis progenies? Quare si, ut dixi, laborem et curam velimus adhibere, facile prædicta ratione tam feraces Aminei generis vineas constituemus, quam Biturici aut basilici : tantum retulerit, ut in transferendis seminibus similem statum cæli locique et ipsius vitis habitum observemus : quoniam plerumque degenerat surculus, si aut situs aut aeris qualitas repugnat, aut etiam si ex arbore in jugum defertur. Itaque de frigidis in frigida, de calidis in similia, de vineis in vineas transferemus. Magis tamen ex frigido statu stirps Aminea potest calidum sustinere, quam ex calido frigidum : quoniam cum omne vitis genus tum maxime prædictum naturaliter lætatur tepore potius quam frigore. Sed et qualitas soli plurimum juvat, ut ex macro aut mediocri transducatur in melius. Nam quod assuetum est pingui, nullo modo maciem terræ patitur, nisi sæpius stercores. Atque hæc de cura eligendi malleoli generatim præcepimus; nunc illud proprie specialiter, ut non solum ex fœcundissima vite, sed etiam e vitis parte feracissima semina eligantur.

X. Feracissima autem semina sunt, non ut veteres auctores tradiderunt, extrema pars ejus, quod caput vitis appellant, id est, ultimum et productissimum flagellum : nam in eo quoque falluntur agricolæ. Sed erroris est causa prima species, et numerus uvarum, qui plerumque conspicitur in productissimo sarmento. Quæ res nos decipere non debet. Id enim accidit non palmitis ingenita fertilitate, sed loci opportunitate, quia reliquas trunci partes humor omnis et alimentum, quod a solo ministratur, transcurrit, dum ad ultimum perveniat. Naturali enim spiritu omne alimentum virentis quasi quædam anima per medullam trunci veluti per siphonem, quem diabeten vocant mechanici, trahitur in summum : quo cum pervenerit, ibi

moelle du tronc, comme a travers un de ces siphons que les machinistes appellent *diabetes*; et lorsqu'ils y sont parvenus, ils s'y arrêtent et s'y consument. C'est pour cela que les sarments les plus forts d'un cep sont ceux qui sortent ou de sa tête, ou de la partie de son pied la plus voisine de ses racines. Les sarments qui sortent du bois dur sont également stériles, quoiqu'ils soient très-robustes; et cela par deux raisons : parce qu'ils n'ont point de fruit, et parce qu'ils sont nourris du suc le plus voisin de la terre, et par conséquent le plus entier et le plus pur. On approuve au contraire ceux de l'extrémité supérieure, comme étant fertiles et robustes, par la raison qu'ils sortent d'une partie tendre de la vigne, et qu'ainsi que je le disais à l'instant, toute la nourriture qui est parvenue jusqu'à eux ne se distribue plus ailleurs; au lieu qu'on regarde comme les plus maigres ceux qui se trouvent entre les uns et les autres, parce que le suc ne fait que les effleurer, étant intercepté en partie par les sarments de dessous, et attiré en partie par ceux de dessus. Il ne faut donc pas regarder comme intrinsèquement féconds les fouets des extrémités soit supérieures, soit inférieures, quand même ils rapporteraient beaucoup de fruits, puisqu'ils ne le feraient que parce qu'ils y seraient forcés par leur position; et les sarments qui doivent passer pour tels sont bien plutôt ceux qui, étant au milieu de la vigne, ne sont point néanmoins stériles, quoique dans une mauvaise position, et qui font preuve de leur bonté par l'abondance de leurs fruits. Le plant pris de cette partie dégénère rarement après qu'il est transféré, parce qu'il trouve infailliblement alors une meilleure position au sortir d'une mauvaise. En effet, ou on le dépose dans une terre labourée au *pastinum*, ou on le greffe sur un tronc de vignes; et dans les deux cas il trouve toujours une nourriture plus abondante que celle qu'il avait par le passé, puisqu'il en manquait absolument. Ainsi nous observerons de prendre le plant dans les parties que nous venons de désigner, auxquelles les paysans donnent le nom d'*humerosi*, pourvu cependant que nous ayons vu précédemment ces parties porter du fruit. Car s'il arrivait qu'elles n'en eussent point porté, quoiqu'elles soient à la vérité celles que l'on doive rechercher dans la vigne, nous ne croyons pas néanmoins que ce fût une raison suffisante pour assurer la fertilité du mailleton qu'on y prendrait. C'est pourquoi rien n'est plus faux que l'opinion de ces agriculteurs, qui pensent qu'il n'est pas important d'examiner combien de grappes a porté un sarment, pourvu qu'il soit pris sur une vigne fertile, et qu'il ne soit point de ceux qui sortent du bois dur, et que l'on appelle des sarments *pampinaria*. Cette opinion, qui provient de l'ignorance dans le choix du plant, est cause que les vignes commencent par être peu fécondes, et qu'elles finissent par devenir absolument stériles. Qui est-ce en effet qui, depuis la longue suite d'années qui se sont écoulées jusqu'à nous, s'est avisé de donner à un agriculteur un ordre conforme à ce que nous venons de dire, en l'envoyant choisir des mailletons? Il y a plus : qui est-ce qui ne commet pas ce soin précisément aux gens les plus ignorants, et à ceux qui sont incapables de faire toute autre besogne? Aussi cet usage est-il cause que cette opération, qui est cependant une des plus importantes, est toujours faite par les plus imprudents et les plus nonchalants de tous les hommes, parce qu'ainsi que je le disais tout à l'heure, on députe à cette fonction l'homme le plus inutile que l'on puisse trouver, et celui qui est incapable de supporter tout autre travail; d'où il arrive que quand un tel homme aurait quelques connaissances sur le choix des mailletons, il les déguise ou ne les met point en usage par noncha-

---

consistit atque consumitur. Unde etiam materiæ vehementissimæ reperiuntur aut in capite vitis aut in crure vicino radicibus. Sed et hæ steriles, quæ e duro citantur, ac duplici, ex causa robustæ sunt : quod a fœtu vacant, quodque ex proximo terræ integro atque illibato succo aluntur : et illæ fertiles ac firmæ, quia e tenero prorepunt, et quidquid, ut supra dixi, ad eas alimenti pervenit, individuum est. Mediæ sunt macerrimæ, quia transcurrit hinc parte aliqua interceptus, illinc ad se tractus humor. Non debet igitur ultimum flagellum quasi fœcundum observari, etiam si plurimum afferat; siquidem loci ubertate in fructum cogitur : sed id sarmentum quod media vite situm, nec importuna quidem parte deficit, ac numeroso fœtu benignitatem suam ostendit. Hic surculus translatus rarius degenerat, quoniam ex deteriore statu meliorem sortitur. Sive enim pastinato deponitur, sive trunco inseritur, largioribus satiatur alimentis, quam prius, cum esset in egeno. Itaque custodiemus, ut ex prædictis locis, quos humeros rustici vocant, semina legamus, ea tamen, quæ attulisse fructum antea animadverterimus. Nam si fœtu vacua sint, quamvis laudabilem partem vitis nihil censemus ad feracitatem conferre malleolo. Quare vitiosissima est eorum agricolarum opinio, qui minimum referre credunt, quot uvas sarmentum habuerit, dum ex vite fertili legatur et non ex duro trunco enatum, quod pampinarium vocant. Hæc autem opinio, quæ orta est ex inscitia seminum eligendorum, primum parum fœcundas vineas, deinde etiam nimis steriles reddit. Quis enim omnino jam per tam longam seriem annorum agricola malleolum legentibus præcepit ea, quæ paulo ante retulimus? Immo quis non imprudentissimum quemque, et eum qui nihil aliud operis facere valeat, huic negotio delegat? Itaque ex hac consuetudine veniunt imprudentissimi ad rem maxime necessariam; deinde etiam infirmissimus et inutilissimus quisque, ut dixi, qui nullum alium laborem ferre queat, huic officio applicatur. Is porro

lance ; qu'il ne se pique d'aucune attention ni d'aucun scrupule, pourvu qu'il vienne à bout de compléter la quantité des mailletons que le métayer lui aura ordonné de choisir; et qu'enfin il n'a en vue que de remplir la tâche qui lui est imposée : ce à quoi il parvient d'autant plus aisément, que, quand il s'est agi de l'instruire, ses maîtres, pour lui donner la facilité de suivre leurs préceptes, se sont bornés à lui prescrire de ne point arracher les sarments sortis du bois dur, mais de prendre le plant dans tout le reste du cep. Pour nous, nous suivons un usage que la raison nous avait dicté, et que l'expérience a confirmé depuis, c'est-à-dire que nous ne choisissons pas d'autre plant, et que nous ne pensons pas même qu'il y en ait d'autre fructifiant que celui qui, placé dans la partie de la vigne destinée à sa reproduction, y a porté du fruit. Car celui qui, placé dans une partie stérile, s'est montré ou fertile ou robuste quoique sans fruits, n'a qu'une apparence trompeuse de fécondité, sans avoir réellement la faculté de se reproduire. La raison nous démontre la vérité incontestable de cette proposition, si nous admettons une fois que toutes les parties des plantes qui produisent des fruits ont chacune des fonctions qui leur sont spécialement affectées, de la même manière que chaque membre de notre corps a ses fonctions particulières. Nous voyons en effet que l'âme a été soufflée dans l'homme, comme pour conduire et diriger ses membres; que ses sens lui ont été départis pour discerner les objets par le toucher, l'odorat, l'ouïe et la vue; que les pieds ont été mis à la place qu'ils occupent pour marcher, comme les bras à la leur pour embrasser ; que, sans m'étendre ici plus que de raison dans les détails des fonctions de tous nos membres, les oreilles ne peuvent rien faire de ce qui est du district des yeux, comme ceux-ci ne peuvent rien faire de ce qui est du district des oreilles ; que de même la faculté d'engendrer n'a pas été donnée aux mains ni aux pieds, mais que le père de l'univers, voulant que cette faculté fût hors de la portée des hommes, l'a cachée dans l'intérieur du ventre, afin que ce fût comme en secret et à couvert que cet éternel Créateur des êtres, doué d'une raison divine, pût s'occuper, pour ainsi dire, à mélanger, dans certains lieux cachés du corps, les éléments sacrés de l'esprit qui nous anime, avec les principes terrestres de notre constitution, pour former par là cette machine animée. Il a suivi la même loi pour la formation des bestiaux et des plantes, comme pour celle des différentes espèces de vignes. En effet, la nature, qui est la mère de toutes ces différentes espèces de vignes, a commencé par jeter en terre leurs racines, pour servir, pour ainsi dire, de fondements sur lesquels elles se tiendraient comme sur des pieds; ensuite elle a posé leur tronc par-dessus, comme pour leur former une certaine stature de corps et une certaine contenance : après quoi elle a étendu leurs branches de côté et d'autre, comme autant de bras, dont elle a fait sortir en guise de mains des tiges et des pampres, en donnant aux uns la vertu de porter des fruits, et en se contentant de couvrir les autres de feuilles, qui serviraient à protéger et à défendre ces fruits. Si donc parmi tous ces membres nous ne choisissons pas, ainsi que nous l'avons dit ci-dessus, ceux qui, étant destinés à la génération, sont chargés de fruits et de semence, mais que nous nous en tenions à ceux qui ne servent, pour ainsi dire, qu'à les couvrir et à les ombrager, et qui sont sans fruit, nous ne travaillerons qu'à nous procurer de l'ombrage, et non pas à parve-

etiam si quam scientiam eligendi malleoli habet, eam propter infirmitatem dissimulat, ac superponit : et ut numerum, quem villicus imperavit, explere possit, nihil curiose, nihil religiose, administrat : unumque est ei propositum, peragere laboris sui pensum : cum tamen, ut et sciat, et quod scit exequatur, hoc solum præceptum a magistris acceperit, ne pampinariam virgam deplantet, cætera omnia ut seminibus contribuat. Nos autem primum rationem secuti, nunc etiam longi temporis experimentum, non aliud semen eligimus, nec frugiferum esse ducimus, nisi quod in parte genitali fructum attulerit. Nam illud quidem, quod loco sterili lætum robustumque sine fœtu processit, fallacem fœcunditatis imaginem præfert, nec ullam generandi vim possidet. Id procul dubio verum esse ratio nos admonet, si modo ut in corporibus nostris propria sunt officia cujusque membri, sic et frugiferarum stirpium partibus propria munia. Videmus hominibus inspiratam velut aurigam rectricemque membrorum animam, sensusque injectos ad ea discernenda, quæ tactu, quæque naribus auribusque et oculis indagantur; pedes ad gressum compositos, brachia ad complexum : ac ne per omnes vices ministeriorum vagetur insolenter oratio, nihil aures agere valent, quod est oculorum, nihil oculi, quod aurium; nec generandi quidem data est facultas manibus aut plantis : sed quod hominibus ignotum voluit esse genitor universi, ventre protexit; et divina prædita ratione rerum æternus opifex, quasi quibusdam secretis corporis in arcano atque operto sacra illa spiritus elementa cum terrenis primordiis misceret, atque hanc animantis machinæ speciem effingeret. Hac lege pecudes ac virgulta progenuit, hac vitium genera figuravit, quibus eadem ipsa mater ac parens primum radices velut fundamenta quædam jecit, ut iis quasi pedibus insisterent: truncum deinde superposuit velut quamdam staturam corporis et habitus : mox ramis diffudit quasi brachiis : tum caules et pampinos elicuit velut palmas. Eorumque alios fructu donavit, alios fronde sola vestivit ad protegendos tutandosque partus. Ex his igitur, ut supra diximus, si non ipsa membra genitalia conceptu atque fœtu gravida, sed tanquam tegmina et umbracula eorum, quæ fructibus vidua sunt, legerimus

nir à la vendange. En ce cas-là, on me demandera pourquoi, si ma comparaison est juste, je condamne un pampre, quoiqu'il ne sorte pas du bois dur, mais d'une branche tendre, par la raison qu'il n'a pas de fruit, comme s'il n'en devait jamais avoir même par la suite? puisqu'on peut conclure, du raisonnement que je faisais tout à l'heure, que de même que chaque partie du corps a une fonction particulière qui ne convient point aux autres, un mailleton né dans une partie favorable de la vigne doit de même avoir la faculté d'engendrer, quoique quelquefois il ne montre point de fruits. Je ne désavoue pas que tout mon raisonnement n'ait été fondé sur cette comparaison; mais, malgré cet aveu, je déclare hautement que lorsqu'une branche ne rapporte point de fruits, quoiqu'elle soit née dans une partie de la vigne destinée à en rapporter, elle n'a pas même la puissance de se reproduire : et cela ne contredit pas ma comparaison. Car il est évident qu'il se trouve également des hommes qui n'ont pas la puissance d'engendrer, quoiqu'il ne leur manque aucun membre; de sorte qu'il est très-croyable qu'une branche qui n'a pas de fruits n'en produira jamais, quoiqu'elle soit sortie d'une partie de la vigne destinée à sa reproduction. C'est pour cela que les agriculteurs, pour en revenir à leur usage, donnent, à ces branches qui n'ont rien produit, le nom de *spadones*; ce qu'ils ne feraient pas, s'ils ne les soupçonnaient pas d'être incapables d'en produire. C'est même cette dénomination qui m'a suggéré la méthode de ne pas choisir des mailletons qui n'auraient pas produit de fruits, quoiqu'ils fussent sortis d'une partie louable de la vigne Ce n'est pas que j'ignore que de pareils mailletons ne sont pas absolument stériles, puisque j'avoue que les pampres même, qui sont sortis du bois dur,

acquièrent la fécondité la seconde année, et que c'est pour cela qu'on les taille en coursons, afin qu'ils puissent reproduire. Mais aussi j'ai remarqué que les fruits qu'ils donnent ne sont pas tant leur ouvrage que celui de leur mère : car, comme ils tiennent à une branche qui est naturellement fertile, ils ne s'habituent peu à peu à porter du fruit qu'en partageant les aliments et la semence féconde de leur mère, et en tenant, pour ainsi dire, au sein qui les nourrit : au lieu qu'une branche qui aura été arrachée avant d'être à son point et avant d'avoir atteint, pour m'exprimer ainsi, l'âge de puberté fixé par la nature, n'est pas propre, vu qu'elle est comme en enfance, je ne dis pas à la conception, mais même au coït, soit qu'on l'insère sur un tronc ou dans une autre branche pour à cet effet, soit qu'on la mette en terre; et dès là elle perd totalement la faculté d'engendrer, ou du moins cette faculté s'altère chez elle. C'est pourquoi je suis fort d'avis que l'on s'attache, en choisissant le plant, à prendre, sur une partie féconde de la vigne, des branches, qui répondent d'avance de leur fécondité future par les pleins fruits qu'elles auront eus. Ne nous contentons pas cependant de celles qui auront rapporté chacune leur grappe, mais préférons surtout celles qui se seront fait distinguer par la plus grande abondance de fruits. Ne louerions-nous pas un berger qui s'attacherait à avoir de la race des bêtes qui auraient mis bas deux petits à la fois, comme un pasteur qui donnerait à ses chèvres des boucs nés de mères qui se seraient rendues recommandables, pour avoir mis bas trois petits à la fois? Or nos éloges ne pourraient être fondés que sur ce que les petits sont présumés devoir toujours répondre à la fécondité de leurs parents. Suivons donc aussi cette méthode

---

umbræ scilicet, non vindemiæ laboraverimus. Quid ergo est? cur quamvis non sit e duro pampinus, sed e tenero natus, si tamen orbus est, etiam in futurum quasi sterilis damnatur a nobis? Modo enim disputatio nostra colligebat unicuique corporis parti proprium esse attributum officium, quod scilicet ei conveniat; ut malleolo quoque, qui opportuno loco natus et, fœcunditatis vis adsit, etiam si interim cesset a partu. Nec ego abnuerim hoc me instituisse argumentari. Sed et illud maxime profiteor, palmitem quamvis frugifera parte enatum, si fructum non attulerit, ne vim quidem fœcunditatis habere. Nec hoc illi sententiæ repugnat. Nam et homines quosdam non posse generare, quamvis omnium membrorum numero constante, manifestum est; ne sit incredibile, si genitali loco virga nata fructu careat, carituram quoque esse fœtu. Itaque ut ad consuetudinem agricolarum revertar, ejusmodi surculos, qui nihil attulerint, spadones appellant : quod non facerent, nisi eos suspicarentur inhabiles frugibus. Quæ et ipsa appellatio rationem mihi subjecit non eligendi malleolos quamvis probabili parte vitis enatos, si fructum non tulissent : quanquam et hos ipsos sciam non in totum ste-

rilitate affectos. Nam confiteor pampinarios quoque, cum e duro prorepserint, tempore anni sequentis acquirere fœcunditatem, et ideo in resecem submitti, ut progenerare possit. Verum ejusmodi partum comperimus non tam ipsius resecis, quam materni esse muneris. Nam quia inhæret stirpe suæ, quæ est natura ferax, mistus adhuc parentis alimentis, et fœcundi partus seminibus ac velut altricis uberibus eductus, paullatim fructum ferre condiscit. At quæ citra naturæ quamdam pubertatem, immatura atque intempestiva planta direpta trunco vel terræ vel etiam stirpi recisæ inseritur, quasi puerilis ætas, no ad coitum quidem, nedum ad conceptum habilis vim generandi vel in totum perdit, vel certe minuit. Quare magnopere censeo in eligendis seminibus adhibere curam, ut e fructuosa parte vitis palmites legamus eos, qui futuram fœcunditatem jam dato fructu promittunt. Nec tamen contenti simus singulis uvis, maximeque probemus eos, qui numerosissimis fœtibus conspiciuntur. An non opinionem laudabimus ex ea matre sobolem propagantem, quæ geminos enixa sit; et caprarium submittentem fœtus earum pecudum, quæ trigemino partu commendantur? videlicet

dans les vignes, d'autant plus que nous sommes assurés, par l'expérience, que les semences éprouvées avec le plus grand soin ont néanmoins quelquefois de la disposition à dégénérer, par une malignité qui leur est comme naturelle : c'est ce que le poëte cherche à nous inculquer, comme si nous étions sourds à la vérité, lorsqu'il dit : *J'ai vu que des semences choisies depuis longtemps, et éprouvées avec le plus grand soin, finissaient par dégénérer, à moins que la prudence humaine ne fit un choix toutes les années des plus fortes d'entre elles, tant il est écrit dans le destin que tout empire décline en rétrogradant* : car on doit supposer qu'il n'a pas entendu parler seulement des graines et des légumes, mais des semences de toutes les autres parties de l'agriculture. Si des observations, suivies pendant un long espace de temps, nous ont fait découvrir, comme cela est certain, que des mailletons qui avaient été chargés de quatre grappes de raisin lorsqu'ils tenaient à leur mère, avaient dégénéré de cette fécondité après en avoir été séparés pour être déposés en terre, au point d'en rapporter quelquefois une et souvent deux de moins ; combien, à plus forte raison, devons-nous croire que ceux qui n'auront porté que deux grappes ou peut-être une seule, lorsqu'ils étaient attachés à leur mère, seront dans le cas de dégénérer, puisque les plus fertiles redoutent souvent eux-mêmes cette séparation? Aussi avouerai-je franchement que je suis plutôt le démonstrateur de la méthode que je propose ici que je n'en suis l'inventeur, afin que personne ne s'imagine que je veuille dérober à nos ancêtres les éloges qui leur sont dus. Car il est constant qu'ils ont été dans les mêmes sentiments que moi sur cet objet, quoiqu'on n'en trouve aucun vestige dans d'autres écrits, si ce n'est dans les vers de Virgile que nous venons de citer; et qu'encore ce poëte ne semble les appliquer qu'aux graines des légumes. En effet, comment auraient-ils rejeté la branche sortie du bois dur, ou même la flèche d'un mailleton fécond, quoiqu'ils eussent approuvé le mailleton lui-même, s'ils eussent cru que la partie de la vigne dans laquelle on devait choisir le plant était une chose indifférente. Mais le vrai de la chose est qu'ils n'ont condamné très-prudemment les branches sorties du bois dur, ainsi que les flèches des mailletons, comme inutiles à la plantation, que parce qu'ils étaient convaincus que la faculté de se reproduire était inhérente à certains membres, pour ainsi dire, de la vigne. Si cela est ainsi, il n'y a point de doute qu'ils n'aient encore beaucoup plus désapprouvé les branches qui, quoique nées dans une partie fructifiante de la vigne, n'avaient point de fruit. En effet, s'ils croyaient ne devoir faire aucun cas de la flèche, c'est-à-dire, de l'extrémité supérieure du mailleton, quoiqu'elle fît elle-même partie d'une branche fructifiante, à plus forte raison devons-nous conclure, par une suite de raisonnements, qu'ils désapprouvaient un fouet, fût-il sur la meilleure partie de la vigne, lorsqu'il était stérile : à moins cependant qu'ils ne se fussent imaginé (ce qui serait absurde) qu'un fouet, qui n'aurait rien valu dans le temps qu'il tenait à sa mère, devenait fertile quand il en était séparé pour être transporté ailleurs, et qu'il se trouvait privé de la nourriture de sa mère. Nous avons traité cet article peut-être en plus de paroles que n'en exigeait la nécessité de défendre la cause de la vérité ; mais cependant nous en avons encore moins dit qu'il n'en fallait pour détruire l'opinion

---

quia sperat parentum fœcunditati prolem responsuram. Et nos sequemur in vitibus hanc ipsam rationem, tanto quidem magis, quod compertum habemus, naturali quadam malignitate desciscere interdum quamvis diligenter probata semina : idque nobis poeta velut surdis veritatis inculcet dicendo, *Vidi lecta diu, et multo spectata labore Degenerare tamen, ni vis humana quotannis Maxima quæque manu legeret. Sic omnia fatis In pejus ruere, ac retro sublapsa referri.* Quod non tantum de seminibus leguminum, sed [in] tota agricolationis ratione dictum esse intelligendum est : si modo longi temporis observatione comperimus, quod certe comperimus, eum malleolum, qui quatuor uvas tulerit, deputatum et in terram depositum, a fœcunditate materna sic degenerare, ut interdum singulis, non nunquam etiam binis uvis minus afferat. In quantum autem censemus defecturos eos, qui binos aut fere singulos fœtus in matre tulerint, cum etiam feracissimi translationem sæpe reformident? Itaque hujus rationis demonstratorem magis esse me quam inventorem, libenter profiteor : ne quis existimet, fraudari majores nostros laude merita. Nam id ipsum sensisse eos non dubium est, quamvis nullo alio sit scripto proditum, exceptis quos retulimus numeros Virgilii, sic tamen ut de seminibus leguminum præcipiatur. Cur enim aut e duro natam virgam, aut etiam ex fœcundo malleolo, quem ipsi probassent, decisam sagittam repudiabant, si nihil interesse ducebant, ex quo loco semina legerentur? Num quia vim fœcunditatis certis quasi membris inesse non dubitabant, idcirco pampinarium et sagittam velut inutiles ad deponendum prudentissime damnaverunt? Quod si ita est, nihil dubium est, multo magis ab his improbatum esse etiam illum palmitem, qui frugifero loco natus fructum non attulisset. Nam si sagittam, id est superiorem partem malleoli, vituperandam censebant, cum esset eadem pars surculi frugiferi, quanto magis vel ex optima vitis parte natum flagellum, si est sterile, improbatum ab his ratio ipsa declarat? Nisi tamen, quod est absurdum, crediderunt id translatum et abscissum a sua stirpe, destitutumque materno alimento, frugiferum, quod in ipsa matre nequam fuisset. Atque hæc [et] forsitan pluribus dicta sunt, quam exigebat ratio veritatis : minus tamen multis, quam postulabat prave detorta et inveterata opinio rusticorum.

XI. Nunc ad reliquum ordinem propositæ disputationis

fausse et invétérée des paysans sur cette matière.

XI. Maintenant, pour suivre l'ordre que j'ai annoncé, je passe aux autres articles de ce traité. Après l'attention que je viens de prescrire dans le choix des mailletons, vient l'opération qui consiste à retourner la terre au *pastinum*, pourvu cependant qu'on ait eu soin de s'assurer de sa qualité : car il est certain que la qualité de la terre contribue beaucoup elle-même à la bonté ainsi qu'à l'abondance des fruits. Ainsi, avant d'examiner ce genre de culture, nous croyons qu'il est très-important de choisir, si on est à même de le faire, une terre en friche, préférablement à celle qui aurait déjà porté des moissons, ou nourri des arbres mariés à des vignes. Car quant aux vignobles qui sont détruits par le laps de temps, tous les auteurs conviennent que si on recommençait à les planter en vignes, ils ne réussiraient jamais, parce que l'intérieur de leur sol se trouve comme empêtré dans des filets formés par la multitude de racines qui l'embarrassent, outre qu'il est imprégné de ce venin et de cette moisissure qu'imprime la vieillesse, dont l'espèce de poison émousse la terre et l'engourdit. C'est pour cela qu'il faut plutôt choisir un terrain sauvage ; et quand même il serait embarrassé par des broussailles ou par des arbres, il serait toujours aisé de l'en débarrasser, parce que toute production qui vient de soi-même ne jette pas de racines bien profondes, mais qu'elle les éparpille sur la superficie de la terre : de sorte que, pour peu qu'on les coupe avec le fer ou qu'on les arrache à la main, il sera aisé de retourner avec le hoyau le peu qui en sera resté dans l'intérieur du sol, et de l'amasser en tas pour servir à faire fermenter la terre. Si cependant l'on n'a point de terrain en friche, le meilleur dont on pourra se servir ensuite sera un terrain dégarni d'arbres : au défaut de ce dernier, on destinera aux vignes un verger où les arbres soient rares, et un plant d'oliviers auxquels il n'y ait point eu de vignes mariées. Le plus mauvais, comme je l'ai dit, est celui qui était habitué précédemment à porter des vignes. Si néanmoins l'on est contraint par la nécessité d'en employer un de cette nature, il faut auparavant en extirper tous les ceps sans en laisser un seul, puis le fumer en entier avec du fumier sec, ou, si l'on n'en a point, avec toute autre espèce de fumier, pourvu qu'il soit le plus nouveau que faire se pourra, et ensuite le retourner, et amasser sur la superficie de ce terrain toutes les racines que l'on aura arrachées avec soin, pour les y brûler : enfin le recouvrir avec profusion, après l'avoir labouré au *pastinum*, soit de vieux fumier, parce qu'il n'engendre point d'herbes, soit de terre rapportée, prise dans des buissons. Mais lorsqu'on a des terres en friche dégarnies d'arbres, il faut examiner, avant de les labourer au *pastinum*, si elles sont propres à produire des arbrisseaux ou non : c'est ce qu'on reconnaîtra très-aisément à la seule inspection des plantes qui y seront venues d'elles-mêmes, puisqu'il n'y a point de sol, si dégarni de plantes qu'on le suppose depuis longtemps, qui ne produise quelques arbrisseaux, tels que des poiriers sauvages, des pruniers ou au moins des ronces : car, quoique ces plantes soient des espèces d'épines, elles sont cependant ordinairement fortes, d'une belle venue, et couvertes de fruits. C'est pourquoi, si l'on s'aperçoit que ces plantes ne soient point desséchées ni galeuses, mais qu'elles soient au contraire lisses, propres et hautes, on jugera que la terre qui les porte sera propre à nourrir des arbrisseaux. Au surplus, ces observations

---

redeo. Sequitur hanc eligendi malleoli curam pastinationis officium : si tamen ante de qualitate soli constiterit. Nam eam quoque plurimum et bonitati et largitati frugum conferre, nihil dubium est. Ac prius, quam ipsum solum perspiciamus, illud antiquissimum censemus, rudem potius eligendum agrum, si sit facultas, quam ubi fuerit seges aut arbustum. Nam de vinetis, quæ longo situ exoleverunt, inter omnes auctores constitit, pessima esse si reserere velimus. Quod et inferius solum pluribus radicibus sit impeditum ac velut irretitum, et adhuc non amiserit virus et cariem illam vetustatis, quibus hebetata quasi aliquibus venenis humus torpeat. Quam ob causam silvestris ager præcipue est eligendus, qui etiam si frutetis aut arboribus obsessus est, facile extricatur, quod suapte natura quæcunque gignuntur, non penitus nec in profundum radices agunt, sed per summum terræ dispergunt atque deducunt, quibus ferro recisis atque extirpatis, purum quod superest inferioris soli, rastris licet effodere, et in fermentum congerere atque componere ; si tamen rudis terra non sit. Proximum est vacuum arboribus arvum. Si nec hoc est, rarissimum arbustum vel olivetum; melius tamen vetus olivetum quod non fuerit maritum, vineis destinatur. Ultima est, ut dixi, conditio restibilis vineæ. Nam si necessitas facere cogit, prius quicquid est residuæ vitis extirpari debet : deinde totum solum sicco fimo, aut si id non sit, alterius generis quam recentissimo stercorari, atque ita converti, et diligentissime refossæ omnes radices in summum regeri atque comburi : tunc rursus vel stercore vetusto, quia non gignit herbas, vel de vepribus egesta humo pastinatum large contegi. At ubi pura novalia et ab arboribus sunt libera, considerandum est ante, quam pastinemus, surcularis necne sit terra : idque facillime exploratur per stirpes, quæ sua sponte proveniunt. Neque enim est ullum tam viduum solum virgultis, ut non aliquos surculos progeneret, tanquam piros silvestres et prunos, vel rubos certe. Nam hæc quamvis genera spinarum sint, solent tamen fortia et læta et gravida fructu consurgere. Igitur si non retorrida nec scabra, sed levia et nitida, et prolixa fœcundaque viderimus, eam intelligemus esse terram surcularem. Sed hoc in totum : at illud, quod vineis præcipue est idoneum, proprie considerandum, ut prius retuli, si facilis est humus et modice resoluta, quam diximus pullam vocitari : nec quia sola ea, sed quia sit habilis maxime

sont générales et s'appliquent à toute espèce d'arbrisseau, au lieu que voici ce qu'il faut examiner, comme je l'ai dit ci-dessus, pour juger si un terrain est bon spécialement pour les vignes : c'est si la terre en est molle et médiocrement friable, telle que celle que nous avons dit que l'on appelait *pulla*; non pas que cette terre soit absolument la seule qui soit propre aux vignobles, mais parce que c'est celle qui l'est le plus. Quel est en effet l'agriculteur, fût-il des plus minces, qui ignore que le tuf le plus dur et le charbon, pour peu qu'ils aient été broyés et entassés sur la superficie du sol, s'amollissent et se réduisent en poussière par les mauvais temps et les gelées, ainsi que par les chaleurs de l'été, et qu'ils rafraîchissent très-bien les racines de la vigne pendant l'été, en même temps qu'ils ne laissent point évaporer le suc de la terre? deux points très-essentiels pour nourrir les arbrisseaux. Par la même raison on approuve aussi le gravier bien menu et les champs pleins de gros sable et de pierres mouvantes, pourvu cependant qu'il s'y trouve de la terre grasse mêlée parmi, autrement on les rejette absolument. Le caillou même (suivant mon opinion) n'est pas moins ami de la vigne, pourvu qu'il soit un peu recouvert de terre, parce qu'étant frais et conservant bien l'humidité, il n'en laisse pas dessécher les racines au lever de la Canicule. Hyginus assure aussi d'après Trémellius, et je n'en disconviens point moi-même, que le pied des montagnes couvert de la terre qui s'est écroulée du haut, de même que les vallées exhaussées par les terres que les fleuves et les inondations y ont apportées, sont des terrains particulièrement bons pour les vignes. La terre remplie d'argile passe pour être bonne à la vigne : car pour l'argile pure dont se servent les potiers, et que quelques personnes appellent *argilla*, elle leur est très-contraire, ainsi que le sable qui n'est mêlé d'aucune bonne terre, et en général, comme dit Julius Atticus, tout ce qui est capable de dessécher les arbrisseaux, c'est-à-dire les terrains très-humides, salés, amers, secs et brûlés. Cependant les anciens ont approuvé le sable noir et rouge, qui sont mêlés d'une terre humide; mais pour les terres où il se trouve du charbon, ils ont déclaré qu'elles maigrissaient la vigne, à moins qu'on ne les aidât avec du fumier. La terre rouge, comme dit le même Atticus, est épaisse, et peu propre à laisser un passage libre aux racines; mais une fois qu'elle leur a livré passage, elle nourrit très-bien la vigne : il est vrai qu'elle est plus difficile à cultiver qu'une autre, puisqu'on ne peut la labourer, ni quand elle est humide, parce qu'elle est trop gluante, ni quand elle est trop sèche, parce qu'elle est alors excessivement dure.

XII. Mais, pour ne pas nous jeter ici dans le détail de toutes les sortes de terrains dont le nombre est infini, il ne sera pas hors de propos de rapporter une espèce de formule qu'a donnée Julius Græcinus, et d'après laquelle se trouvent fixées les limites entre lesquelles sont comprises les terres qui sont bonnes pour les vignes. Car voici ce que dit cet auteur : qu'il y a des terres chaudes ou froides, humides ou sèches, dilatées ou épaisses, légères ou pesantes, grasses ou maigres; mais qu'un terrain trop chaud ne peut pas souffrir de vignes, parce qu'il les brûle; non plus qu'un terrain très-froid, parce qu'il ne laisse point aux racines, qui sont gelées et comme engourdies par le trop grand froid, la faculté de s'étendre; ni un terrain humide, parce que, dès que les vignes viennent à pousser, la moindre chaleur leur fait tirer de terre plus d'humidité qu'il ne leur en faut, et que cette humidité les

vinetis. Quis enim vel mediocris agricola nesciat, etiam durissimum tophum vel carbunculum, simulatque sunt confracti, et in summo regesti, tempestatibus et gelu nec minus æstivis putrescere caloribus ac resolvi; eosque pulcherrime radices vitium per æstatem refrigerare, succumque retinere? quæ res alendo surculo sunt accommodatissimæ. Simili quoque de causa probari solutam glaream calculosumque agrum et mobilem lapidem : si tamen hæc pingui glebæ permista sunt; nam eadem jejuna maxime culpantur. Est autem, ut mea quoque fert opinio, vineis amicus etiam silex, cui superpositum est modicum terrenum, quia frigidus et tenax humoris per ortum Caniculæ non patitur sitire radices. Hyginus quidem secutus Tremellium præcipue montium ima, quæ a verticibus defluentem humum receperint, vel etiam valles, quæ fluminum alluvie et inundationibus concreverint, aptas esse vineis asseverat, in quo nec dissentiente. Cretosa humus utilis habetur viti : nam per se ipsa creta, qua utuntur figuli, quamque nonnulli argillam vocant, inimicissima est : nec minus jejunus sabulo, et quicquid, ut ait Julius Atticus, retorridum surculum facit, id autem solum vel uliginosum est, vel salsum; amarum etiam, vel siticulosum et peraridum. Nigrum tamen et rutilum sabulonem, qui sit vividæ terræ permistus, probaverunt antiqui. Nam carbunculosum agrum, nisi stercore adjuves, macras vineas efficere dixerunt. Gravis est rubrica, ut idem Atticus ait, et ad comprehendendum radicibus iniqua. Sed alit eadem vitem, cum tenuit; verum est in opere difficilior : quod neque humentem fodere possis, quod sit glutinosissima, nec nimium siccam, quia ultra modum prædura.

XII. Sed ne nunc per infinitas terreni species evagemur, non intempestive commemorabimus Julii Græcini conscriptam velut formulam, ad quam posita est limitatio terræ vinealis. Idem enim Græcinus sic ait : Esse aliquam terram calidam vel frigidam, humidam vel siccam, raram vel densam, levem aut gravem, pinguem aut macram : sed neque nimium calidum solum posse tolerare vitem, quia inurat; neque prægelidum, quoniam velut stupentes et congelatas radices nimio frigore moveri non sinat; quæ tum demum se promunt, cum modico tepore evocantur. Humorem terræ justo majorem putrefacere deposita se-

pourrit. Il dit encore que d'un autre côté la trop grande sécheresse laisse manquer les plantes de leur nourriture naturelle, ou qu'elle les fait absolument périr, ou enfin qu'elle les rend galeuses et desséchées; que la terre trop épaisse ne boit pas la pluie et ne reçoit pas facilement les influences de l'air; qu'elle se fend très-aisément et donne lieu par là à des crevasses, à travers lesquelles le soleil pénètre jusqu'aux racines des plantes; qu'enfin elle comprime et étrangle, par la même raison, les plantes qui y sont comme en prison et resserrées; que celle qui est dilatée outre mesure laisse passer les pluies comme à travers un entonnoir, outre que le soleil et le vent la tarissent et la dessèchent entièrement; que la terre épaisse ne cède presque à aucune culture, et que la légère ne peut être affermie presque par aucune; que celle qui est très-grasse et très-abondante pèche par son trop de fertilité, comme la maigre et la mince par son peu de suc. Il faut, ajoute-t-il, qu'il se trouve un grand tempérament entre toutes ces espèces de terres, variées comme elles le sont, et que ce tempérament soit tel que celui qui n'est pas moins à désirer pour nos corps, dont la bonne santé ne se soutient que par une mesure compassée, pour ainsi dire, de chaud et de froid, d'humide et de sec, d'épais et de dilaté. Il convient cependant que ce tempérament ne doit pas être au même point d'équilibre dans la terre destinée aux vignes, qu'elle doit l'être dans nos corps; mais il veut que la balance penche plus d'un côté que de l'autre, comme, par exemple, que cette terre soit plus chaude que froide, plus sèche qu'humide, plus dilatée qu'épaisse, et ainsi des autres qualités semblables, vers lesquelles celui qui forme des vignobles doit diriger son attention : toutes qualités qui, selon mon avis, seront plus profitables encore, si elles sont aidées de la température du climat. Il s'est élevé à cette occasion une dispute parmi les anciens, sur le côté du ciel vers lequel doivent être tournées les vignes : Saserna approuve en premier lieu le côté du lever du soleil, ensuite le midi, puis le couchant. Trémellius Scrofa prétend que la position du midi est la meilleure. Virgile rejette positivement celle du couchant, en ces termes : *Que vos vignobles ne soient point exposés au soleil couchant.* Démocrite et Magon approuvent le septentrion, parce qu'ils pensent que les vignes qui sont tournées de ce côté du ciel sont les plus fertiles, quoique à la vérité leur vin ne soit pas le meilleur. Pour nous, il nous a semblé qu'il serait mieux de prescrire en général que les vignobles fussent exposés au midi dans les lieux froids, et à l'orient dans les lieux chauds, pourvu cependant que ces lieux ne fussent pas infestés par les vents du midi ou par ceux du sud-est, comme le sont les côtes maritimes de la Bétique : car, dans le cas où le pays serait sujet à ces vents, il vaudrait mieux les tourner au point du ciel d'où souffle le vent Aquilon ou le vent *Favonius*. Quant aux provinces brûlantes, telles que l'Égypte et la Numidie, on ne peut y exposer les vignes qu'au septentrion. Lorsque ces points auront été tous bien examinés, nous en viendrons enfin à labourer la terre au *pastinum*.

XIII. Il faut donner la méthode de cette culture, tant aux agriculteurs qui se proposent de cultiver la vigne à la mode d'Italie, qu'à ceux qui se proposent de la cultiver à la mode des provinces; car pour ce qui est des contrées éloignées, on n'y connaît pas cette façon de retourner le terrain en le labourant, mais on y plante

---

mina : rursus nimiam siccitatem destituere plantas naturali alimento, aut in totum necare, aut scabras et retorridas facere : perdensam humum cælesteis aquas non sorbere, nec facile perflari, facillime perrumpi, et præbere rimas, quibus sol ad radices stirpium penetret; eandemque velut conclausa et coarctata semina comprimere atque strangulare : raram supra modum velut per infundibulum transmittere imbres, et sole ac vento penitus siccari atque exolescere : gravem terram vix ulla cultura vinci; levem vix ulla sustineri : pinguissimam ac lætissimam luxuria, macram ac tenuem jejunio laborare. Opus est, inquit, inter has tam diversas inæqualitates magno temperamento, quod in corporibus quoque nostris desideratur, quorum bona valetudo calidi et frigidi, humidi et aridi, densi et rari certo et quasi examinato modo continetur. Nec tamen hoc temperamentum in terra, quæ vineis destinetur, pari momento libratum esse debere ait, sed in alteram partem propensius; ut calidior terra sit quam frigidior, siccior quam humidior, rarior quam densior, et si qua sunt his similia, ad quæ contemplationem suam dirigat, qui vineas instituet. Quæ cuncta, sicut ego reor, magis prosunt, cum suffragatur etiam status cæli : cujus quam regionem spectare debeant vineæ, vetus est dissensio, Saserna maxime probante solis ortum, mox deinde meridiem, tum occasum : Tremellio Scrofa præcipuam positionem meridianam censente : Virgilio de industria occasum sic repudiante : *Neve tibi ad solem vergant vineta cadentem* : Democrito et Magone laudantibus cæli plagam septentrionalem, quia existimem ei subjectas feracissimas fieri vineas, quæ tamen bonitate vini superentur. Nobis in universum præcipere optimum visum est, ut in locis frigidis meridiano vineta subjiciantur; tepidis orienti advertantur : si tamen non infestabuntur Austris Eurisque, velut oræ maritimæ in Bætica. Sin autem regiones prædictis ventis fuerint obnoxiæ, melius Aquiloni vel Favonio committentur. Nam ferventibus provinciis, ut Ægypto et Numidia, uni septentrioni rectius opponentur. Quibus omnibus diligenter exploratis, tum demum pastinationem suscipiemus.

XIII. Ejus autem ratio cum Italici generis futuris agricolis, tum etiam provincialibus tradenda est : quoniam in longinquis et remotis fere regionibus istud genus vertendi et subigendi agri minime usurpatur, sed aut scrobibus aut sulcis plerumque vineæ conseruntur. [Scrobibus vineta sic

communément les vignes dans des fosses ou dans des tranchées. Voici comme on les plante dans des fosses. Ceux qui sont dans l'usage de planter leurs vignes dans des fosses commencent par fouiller le terrain à deux pieds de profondeur, sur une longueur d'environ trois pieds, et sur la largeur déterminée par celle de l'instrument dont ils se servent; après quoi ils étendent de côté et d'autre des mailletons, de façon que les racines en soient vers le milieu de la fosse et que les extrémités, après avoir fait un coude, se relèvent à ses deux bouts : ensuite ils recouvrent le tout de terre, à l'exception de deux yeux qu'ils laissent hors de terre; et enfin ils aplanissent le terrain. Ils recommencent la même opération, en laissant entre la seconde fosse et la première un intervalle de la même longueur que la fosse même, sans le labourer, et continuent toujours sur la même ligne, jusqu'à ce qu'ils aient fini une rangée. Ensuite ils laissent, entre cette rangée et celle d'à côté, un intervalle tel que le requiert l'usage où chacun est de cultiver les vignes, soit à la charrue, soit au hoyau, et recommencent une seconde rangée, qu'ils achèvent de la même façon. Si l'usage est de bêcher simplement la terre, le moindre intervalle qu'il faut laisser entre chaque rangée doit être de cinq pieds, et le plus grand, de sept; mais si l'on se sert de bœufs et de charrues, le moindre sera de sept pieds, et il sera suffisamment grand à dix. Il y en a cependant qui disposent le plan en quinconce de dix pieds d'intervalle en tout sens, afin de pouvoir labourer la terre comme on laboure les novales, tant en ligne droite qu'en travers. Cette dernière façon de disposer un vignoble ne fait pas le profit du cultivateur, si ce n'est dans les pays où, le sol étant très-fertile, la vigne prend beaucoup d'accroissement en tout sens. Mais ceux qui redoutent les frais de la culture au *pastinum*, et qui veulent cependant s'en rapprocher en quelque partie, forment des tranchées de six pieds de largeur, en laissant entre chacune des espaces de même largeur sans les labourer; et après les avoir fouillées à trois pieds de profondeur, ils en relèvent la terre sur les bords à la même hauteur, et arrangent leurs ceps ou leurs mailletons à dos de ces tranchées. Il y en a qui vont au ménage par rapport aux dimensions de ces tranchées, en ne leur donnant que deux pieds neuf pouces de profondeur et cinq pieds de largeur. Quand la première rangée est finie, ils laissent un espace trois fois plus grand que la largeur de la tranchée sans le cultiver, et fouillent ensuite la tranchée de la rangée suivante; et quand ils ont achevé cette opération dans tout le terrain qu'ils destinent à leur vignoble, ils relèvent à dos des tranchées les marcottes ou les jeunes branches qu'ils ont coupées tout nouvellement, et plantent une multitude de mailletons entre le plant qui est rangé par ordre. Lorsque ces mailletons se sont fortifiés par la suite, ils les propagent dans des fosses qu'ils font en sens contraire des premières, sur le terrain qu'ils avaient laissé sans le labourer, et arrangent ainsi leurs vignobles par intervalles égaux. Au reste, ces façons de planter la vigne, que nous venons de rapporter, sont dans le cas d'être tantôt adoptées, tantôt rejetées, selon la nature ou la bonté de chaque contrée. A présent je me propose de donner la méthode de labourer un terrain au *pastinum*. D'abord, soit que le terrain que nous aurons destiné à des vignes soit garni d'arbres mariés à des vignes, soit que ce soit un terrain sauvage, il faut en arracher toutes les broussailles et tous les arbres qui s'y trouveront, et les mettre de côté, de peur que celui qui le labourera au *pastinum* ne soit retardé dans son travail, ou qu'après que le terrain aura été labouré, il ne soit affaissé par le poids des arbres qui y seront étendus, et exposé à être foulé aux pieds par ceux qui iront enlever les branches et

ponuntur.] Quibus vitem mos est scrobibus deponere, fere per tres longitudinis, perque duos pedes in altitudinem cavato solo, quantum latitudo ferramenti patitur, malleolos utrinque juxta latera fossarum consternunt et adversis scrobium frontibus curvatos erigunt : duabusque geminis supra terram eminere passi reposita humo cætera coæquant : quæ faciunt in eadem linea intermissis totidem pedum scamnis, dum peragant ordinem. Tum deinde relicto spatio, prout cuique mos est vineas colendi vel aratro vel bidente, sequentem ordinem instituunt. Et si fossore tantum terra versetur, minimum est quinque pedum interordinium, septem maximum : sin bubus et aratro, minimum est septem pedum, satis amplum decem. Nonnulli tamen omnem vitem per denos pedes in quincuncem disponunt, ut more novalium terra transversis adversisque sulcis proscindatur. Id genus vineti non conducit agricolæ, nisi ubi lætissimo solo vitis amplo incremento consurgit. At qui pastinationis impensam reformidant, sed aliqua tamen parte pastinationem imitari student, paribus alternis spatiis omissis senum pedum latitudinis sulcos dirigunt, fodiuntque et exaltant in tres pedes, ac per latera fossarum vitem vel malleolum disponunt. A varius quidam dupondio et dodrante altum sulcum, latum pedum quinque faciunt : deinde ter tanto amplius spatium crudum relinquunt : atque ita sequentem sulcum infodiunt. Quod cum per definitum vinetis locum fecerunt, in lateribus sulcorum viviradices vel decisos quam recentissimos palmites novellos erigunt, consitis compluribus inter ordinaria semina malleolis, quos, postea quam convaluerint, crudo solo, quod emissum est, transversis scrobibus propagent, atque ordinent vineam paribus intervallis. Sed eæ, quas retulimus, vinearum sationes, pro natura et benignitate cujusque regionis aut usurpandæ aut repudiandæ sunt nobis. Nunc pastinandi agri propositum est rationem tradere. Ac primum omnium ut sive arbustum sive silvestrem locum vineis destinaverimus, omnis frutex atque arbor erui et submoveri debet, ne postea fossorem moretur, neve jam pastinatum solum jacentibus

les troncs d'arbres qu'on y aura laissés. Car il n'est pas peu important que la terre que l'on aura labourée au *pastinum* soit très-gonflée, et qu'on n'y voie, si faire se peut, aucune trace de pieds sur la superficie, afin qu'étant remuée également dans toutes ses parties, elle cède avec flexibilité aux racines du jeune plant, de quelque côté que ces racines veuillent y pénétrer, et qu'elle ne repousse point leur tendance à croître par sa dureté; mais que leur servant, pour ainsi dire, de nourrice, elle les reçoive dans son tendre sein, qu'elle se laisse imbiber des eaux du ciel pour les distribuer au plant qu'elle aura à nourrir, et concoure, dans toutes ses parties, à élever sa nouvelle progéniture. Il faut fouiller les plaines à la profondeur de deux pieds et demi, les terrains en pente à celle de trois pieds, et les collines plus escarpées jusqu'à celle de quatre, parce que, si l'on n'y faisait point un lit de terre labourée au *pastinum* beaucoup plus profond que celui que l'on fait dans une plaine, la terre venant à s'ébouler de haut en bas, il resterait à peine la quantité suffisante de terre gonflée par le labour au *pastinum*. D'un autre côté, il ne faut pas mettre la vigne à moins de deux pieds de profondeur, même dans le bas des vallées; car il vaut mieux n'en pas planter, que de la laisser comme suspendue sur la superficie de la terre, à moins cependant que la rencontre d'une source d'eau marécageuse, telle qu'il s'en trouve dans le canton de Ravenne, n'empêche de creuser au delà d'un pied et demi de profondeur. Il ne faut pas commencer cette opération, comme font la plupart des cultivateurs de nos jours, par fouiller peu à peu une tranchée, pour ne parvenir ainsi que par deux ou trois degrés successifs à la profondeur que l'on veut donner à son labour au *pastinum*;

mais il faut la fouiller sans interruption jusqu'à la profondeur entière qu'elle doit avoir, en se réglant sur un cordeau, pour que les côtés en soient droits, et en arrangeant par derrière soi la terre au fur et à mesure qu'on la fouillera, jusqu'à ce qu'on soit parvenu à la profondeur ordonnée: on promènera ensuite le cordeau, en le tenant bien droit, dans toute la profondeur de la fouille, et on fera en sorte que la largeur du fond soit la répétition de celle d'en haut, par laquelle on aura commencé. Il faut qu'il y ait un inspecteur adroit et vigilant, qui fasse dresser les bords de la tranchée à angles droits, qui en fasse bien remuer la terre en dedans, et qui veille à ce que la terre qui tient à la tranchée, et qui n'est point encore labourée, soit confondue avec celle de la tranchée lorsqu'on viendra à la labourer par la suite, conformément à ce que j'ai prescrit dans le livre précédent, en donnant la manière de labourer les guérets, lorsque j'ai averti de prendre garde qu'on n'y laissât en aucun endroit des bosses de terre qui ne seraient pas remuées, et qu'on ne cachât des parties de terrains dures sous des mottes de terre. Nos ancêtres avaient imaginé une espèce de machine, dont ils se servaient pour se faire rendre compte de cet ouvrage: c'était une règle faite exprès, au milieu de laquelle était une petite verge, dont la longueur était modelée sur la profondeur que devait avoir le fossé, et dont le point de contingence sur la règle se trouvait vis-à-vis le haut de ses bords. Les paysans donnent à cette espèce de mesure le nom de *ciconia*, mais elle est sujette elle-même à erreur, parce qu'elle donne des résultats différents, selon qu'elle est perpendiculaire ou inclinée. Nous avons donc ajouté quelques parties à cette machine pour terminer les contestations et les disputes que l'on peut avoir

---

molibus imprimatur, et exportantium ramos atque truncos ingressu proculcetur. Neque enim parum refert suspensissimum esse pastinatum, et, si fieri possit, vestigio quoque inviolatum: ut mota æqualiter humus novelli seminis radicibus, quamcunque in partem prorepserint, molliter cedat, nec incrementa duritia sua reverberet, sed tenero velut in nutritio sinu recipiat, et cælestes admittat imbres, eosque alendis seminibus dispenset, ac suis omnibus partibus ad educandam prolem novam conspiret. Campestris locus alte duos pedes et semissem infodiendus est; acclivis regio treis, præruptior vero collis vel in quatuor pedes vertendus, quia cum a superiore parte in inferiorem detrahitur humus, vix justum pastinationi præbet regestum: nisi multo editiorem ripam, quam in plano feceris. Rursus depressis vallibus minus alte duobus pedibus deponi vineam non placet. Nam præstat non conserere, quam in summa terra suspendere, nisi si statim uligo palustris obvia, sicut in agro Ravennate, plus quam sesquipedem prohibeat infodere. Primum autem prædicti operis exordium est, non ut hujus temporis plerique faciunt agricolæ, sulcum paulatim exaltare, et ita

secundo vel tertio gradu pervenire ad destinatam pastinationis altitudinem: sed protinus æqualiter linea posita rectis lateribus perpetuam fossam educere, et post tergum motam humum componere; atque in tantum deprimere, donec altitudinis mensuram datam ceperit. Tum per omne spatium gradus æqualiter movenda linea est: obtinendumque, ut eadem latitudo in imo reddatur, quæ cœpta est in summo. Opus est autem perito ac vigilante exactore, qui ripam erigi jubeat, sulcumque vacuari, ac totum spatium crudi soli cum emota jam terra committi, sicut præcepi superiore libro, cum arandi rationem traderem, monendo, necubi scamna omittantur, et quod est durum, summis glæbis obtegatur. Sed huic operi exigendo quasi quamdam machinam commenti majores nostri regulam fabricaverunt, in cujus latere virgula prominens ad eam altitudinem, qua deprimi sulcum oportet, et quod est extra, contingat summam ripæ partem. Id genus mensuræ ciconiam vocant rustici. Sed ea quoque fraudem recipit, quoniam plurimum interest, utrum eam pronam an rectam ponas. Nos itaque huic machinæ quasdam partes adjecimus, quæ contendentium litem disputationemque dirimerent. Nam

avec les ouvriers. Car nous avons croisé deux règles l'une sur l'autre dans la forme de la lettre grecque X, de façon que les deux extrémités de ces règles sont écartées l'une de l'autre à la distance de la largeur que le laboureur au *pastinum* doit donner à sa tranchée; après quoi nous avons attaché cette ancienne *ciconia* au milieu de l'X, qui est le point de contingence de ces deux règles, de façon qu'elle se trouve fixée comme sur une base sur laquelle elle est dressée perpendiculairement; ensuite nous avons mis au-dessus de la petite verge qui est au milieu de la règle transversale un niveau d'artisan. Lorsqu'on enfonce dans la tranchée cet instrument ainsi disposé, il termine de part et d'autre toutes les contestations qui pourraient survenir entre le propriétaire et l'entrepreneur, sans porter préjudice ni à l'un ni à l'autre. Car les rayons de l'étoile, que nous avons dit ressembler à la lettre grecque, mesurent et nivellent avec exactitude le fond du fossé, puisque l'on s'aperçoit par la position même de la machine si elle est inclinée en devant ou en arrière, attendu que le niveau qui est au-dessus de la petite verge dont nous avons parlé donne la preuve de l'une ou de l'autre position, et met l'inspecteur de l'ouvrage à l'abri d'être trompé. L'ouvrage mesuré et nivelé de cette manière va toujours en avant, comme un guéret que l'on laboure; et à mesure que l'on fait marcher le cordeau, on lui fait comprendre autant d'espace de terrain que la fouille de la tranchée doit avoir de longueur et de largeur. Voilà la manière la plus approuvée de préparer le terrain.

XIV. Vient après cela la plantation de la vigne, qu'il est temps de faire ou au printemps ou dans l'automne: au printemps préférablement, si le climat est pluvieux ou froid, si le terrain est gras ou que ce soit une campagne plate et humide; dans l'automne au contraire, si le climat est sec ou chaud, si c'est une campagne de petite qualité et aride, ou que ce soit une colline maigre ou escarpée. La plantation du printemps se fait pendant quarante jours à peu près, depuis les ides de février jusqu'à l'équinoxe; et celle d'automne depuis les ides d'octobre jusqu'aux calendes de décembre. Il y a deux façons de planter la vigne, toutes deux également usitées par les cultivateurs; savoir, par mailletons ou par marcottes. Les mailletons sont plus d'usage dans les provinces, parce qu'on ne s'y attache pas à avoir des pépinières, et qu'on n'y est pas dans l'usage de faire venir des marcottes; au lieu que la plupart des cultivateurs d'Italie ont désapprouvé avec raison cette méthode de planter par mailletons, parce que la marcotte a bien des avantages sur le mailleton: en effet, elle est moins sujette à périr que le mailleton, vu qu'elle a plus de force pour soutenir le chaud, le froid et les autres mauvais temps; de plus, elle croît plus promptement, d'où il résulte qu'elle est plus tôt en état de donner des fruits; et d'ailleurs il n'y a aucun danger à courir en la transplantant souvent. On peut néanmoins planter très-bien des mailletons en guise de marcottes dans des terres poudreuses et faciles, au lieu que des terres épaisses et dures exigent absolument de la vigne toute faite.

XV. On plante donc la vigne dans une terre labourée au *pastinum*, préalablement nettoyée, hersée et aplanie, en laissant cinq pieds d'intervalle entre chaque rangée si le terrain est maigre, et six s'il est médiocre : mais il en faut laisser sept dans une terre grasse, afin que le bois de la vigne, qui sera infailliblement diffus et haut dans une pareille terre, trouve un espace suffi-

---

duas regulas ejus latitudinis, qua pastinator sulcum facturus est, in speciem Græcæ literæ X decussavimus, atque ita mediæ parti, qua regulæ committuntur, antiquam illam ciconiam infiximus, ut tanquam suppositæ basi ad perpendiculum normata insisteret : deinde transversæ, quæ est in latere, virgulæ fabrilem libellam superposuimus. Sic compositum organum cum in sulcum demissum est, litem domini et conductoris sine injuria diducit. Nam stella, quam diximus Græcæ literæ faciem obtinere, pariter imæ fossæ solum metitur, atque perlibrat; quia sive pronum seu resupinum est, positione machinæ deprehenditur. Quippe prædictæ virgulæ superposita libella alterutrum ostendit, nec patitur exactorem operis decipi. Sic permensum et perlibratum opus in similitudinem vervacti semper procedit : tantumque spatii linea promota occupatur, quantum effossus sulcus longitudinis ac latitudinis obtinet. Atque id genus præparandi soli probatissimum est.

XIV. Sequitur opus vineæ conserendæ, quæ vel vere vel autumno tempestive deponitur. Vere melius, si aut pluvius aut frigidus status cæli est, aut ager pinguis, [aut campestris,] et uliginosa planities : rursus autumno, si sicca, si calida est aeris qualitas : si exilis atque aridus campus, si macer præruptusve collis; vernæque positionis dies fere quadraginta sunt ab idibus Februariis usque in æquinoctium : rursus autumnalis ab idibus Octob. in cal. Decembres. Sationis autem duo genera, malleoli vel viviradicis, quod utrumque ab agricolis usurpatur, et in provinciis magis malleoli. Neque enim seminariis student, nec usum habent faciendæ viviradicis. Hanc sationem cultores Italiæ plerique jure improbaverunt, quoniam plurimis dotibus præstat viviradix. Nam minus interit, cum et calorem et frigus ceterasque tempestates propter firmitatem facilius sustineat : deinde adolescit maturius. Ex quo evenit, ut celerius quoque sit tempestiva edendis fructibus : tum etiam nihil dubium est, sæpius translatum. Potest tamen malleolus protinus in vicem viviradicis conseri soluta et facili terra. Cæterum densa et gravis utique vitem desiderat.

XV. Seritur ergo prius [in] emundata inoccataque et æquata pastinatione, macro solo, quinis pedibus inter ordines omissis; mediocri, senis. In pingui vero septenum

sant où il puisse s'étendre. Il sera aisé de faire de la sorte un plan de vignes en quinconce. Il faudra, pour cet effet coudre sur un cordeau des morceaux de pourpre ou de tout autre drap d'une couleur éclatante, d'espaces en espaces mesurés chacun par un nombre de pieds égal à la mesure de l'intervalle d'entre les rangées ; et lorsque ce cordeau sera ainsi marqué, on le tendra à travers le terrain labouré au *pastinum*, et l'on fichera en terre des roseaux vis-à-vis chacun des endroits où se rencontreront ces morceaux de pourpre, moyennant quoi on fera ses rangées également espacées. Quand cela sera fait, celui qui doit faire les fosses se mettra à l'ouvrage, et, sautant alternativement un des espaces marqués sur la rangée, il fouillera, depuis un roseau jusqu'à celui qui le suit, une fosse qui n'ait pas moins de deux pieds et demi de profondeur dans les terrains plats, de deux pieds neuf pouces dans ceux qui vont en pente, et même de trois pieds dans ceux qui sont escarpés : ces fosses étant fouillées à cette profondeur, on y déposera les marcottes, de façon qu'elles soient couchées à l'opposite l'une de l'autre depuis le milieu de la fosse, et relevées à ses deux côtés opposés près des roseaux. La fonction de celui qui plantera consistera d'abord à enlever de terre les marcottes avec soin et sans les gâter, à les transporter des pépinières dans le moins de temps possible après les avoir enlevées de terre, et même, si faire se peut, à l'instant précis où il voudra les planter ; ensuite à les rogner en entier comme de vieilles vignes, en les réduisant à un seul bois très-fort, et en unissant les nœuds et les cicatrices qui s'y trouveront, à en couper même les racines, s'il s'en trouve d'endommagées (accident auquel il faut bien prendre garde lorsqu'on les enlève de terre) ;

enfin à les arranger, en les courbant de façon que les racines des deux marcottes qui sont dans la même fosse ne s'entrelacent pas mutuellement, ce qu'il sera facile d'empêcher, en disposant au fond des fosses, transversalement et par le milieu, quelques pierres, dont chacune n'excède pas le poids de cinq livres. Ces pierres paraissent servir (ainsi que Magon l'a écrit) à écarter l'eau des racines pendant l'hiver, et à les préserver du chaud pendant l'été. Virgile, d'après cet auteur, prescrit de protéger et de fortifier le plant, en ces termes : *Mettez au fond de la fosse des pierres qui puissent boire l'eau, ou des coquillages inutiles* ; et peu après il ajoute : *Il s'est trouvé des gens qui chargeaient les racines du poids d'une grosse pierre ou de celui d'une grande brique, pour leur servir de rempart contre les pluies et contre l'ardeur de la Canicule, lorsque cette constellation vient à faire gerser les campagnes altérées.* L'auteur carthaginois que nous venons de citer prouve que le marc de raisin mêlé avec du fumier donne de la vigueur au plant qui est déposé dans des fosses, parce que le marc le provoque et l'excite à jeter de nouvelles racines, et que le fumier est bon tant pour entretenir la chaleur dans les fosses pendant les hivers froids et humides, que pour donner de la nourriture et de l'humidité aux plantes pendant l'été. Mais si le terrain dans lequel on plante la vigne paraît de petite qualité, il croit qu'il faut aller chercher au loin de la terre grasse pour la mettre dans les fosses : au reste, c'est la cherté des vivres dans un pays, et le prix des journées, qui nous apprendront si cette opération sera avantageuse ou non.

XVI. Une terre, labourée au *pastinum* et médiocrement humide, sera bonne pour recevoir

---

pedum spatia danda sunt, quo largiora vacent intervalla, per quæ frequentes prolixæque materiæ diffundantur. Hæc in quincuncem vinearum metatio expeditissima ratione conficitur. Quippe linea per totidem pedes, quot destinaveris interordiniorum spatiis, purpura vel quolibet alio conspicuo colore insuitur. Eaque sic denotata per repastinatum intenditur, et juxta purpuram calamus defigitur. Atque ita paribus spatiis ordines diriguntur. Quod deinde cum est factum, fossor insequitur, scrobenique alternis omissis in ordinem spatiis a calamo ad proximum calamum non minus altum quam duos pedes et semissem planis locis refodit : acclivibus in dupondium et dodrantem : præcipitibus etiam in tres pedes. In hanc mensuram scrobibus depressis viviradices ita deponuntur, ut a media scrobe singulæ in diversum sternantur, et contrariis frontibus fossarum ad calamos erigantur. Satoris autem officium est, primum quam recentissimam, et si fieri possit, eodem momento, quo serere velit, de seminario transferre plantam, diligenter exemptam et integram : deinde eam velut veteranam vitem totam exputare, et ad unam materiam firmissimam redigere, nodosque et cicatrices allevare : si quæ etiam radices, quod maxime cavendum est, ne fiat in eximendo, laboraverint, eas amputare : sic deinde curvatam deponere, ne duarum vitium radices implicentur. Id enim vitare facile est per imum solum juxta diversa latera fossarum dispositis paucis lapidibus, qui singuli non excedant quinquelibrale pondus. Hi videntur, ut Mago prodit, et aquas hiemis et vapores æstatis propulsare radicibus : quem secutus Virgilius tutari semina et muniri sic præcipit : *Aut lapidem bibulum aut squalentes infode conchas.* Et paulo post : *Jamque reperti Qui saxo super atque ingentis pondere testæ Urgerent : hoc effusos munimen ad imbres, Hoc ubi hiulca siti findit Canis æstifer arva.* Idemque Pœnus auctor probat vinacea permista stercori depositis seminibus in scrobe admovere, quod illa provocent et eliciant novas radiculas : hoc per hiemem frigentem et humidam scrobibus inferre calorem tempestivum, ac per æstatem virentibus alimentum et humorem præbere. Si vero solum, cui vitis committitur, videtur exile, longius accessitato pinguem humum scrobibus inferre censet : quod an expediat, regionis annona operarumque ratio nos docebit.

XVI. Exigue humidum pastinatum sationi convenit; melius tamen vel arido quam luteso semen committitur :

le plant ; il vaudra cependant mieux le mettre dans un terrain sec que dans un terrain bourbeux ; et lorsque la partie du plant qui excède la fosse en dehors se trouvera avoir un trop grand nombre de nœuds, on coupera ce qu'il y en aura de trop par en haut, en ne laissant que deux boutons hors terre, et on comblera la fosse de terre ; ensuite, lorsqu'on aura aplani tout le terrain labouré au *pastinum*, on plantera des mailletons entre les marcottes qui sont dans les rangées : il suffira d'en mettre dans l'espace vacant entre les vignes et sur la même ligne. En suivant cette méthode, les mailletons croîtront mieux eux-mêmes, et il restera suffisamment de terrain libre pour pouvoir cultiver le plant qui est dans les rangées : c'est encore pour servir de ressource qu'on placera ces mailletons sur la même ligne que les marcottes, parce qu'on pourra en prendre dans le nombre pour remplacer les marcottes qui viendront à périr. Il faudra mettre cinq mailletons dans l'espace d'un pied : mais on laissera un pied de vide sur l'intervalle qui est entre les marcottes, de façon que les mailletons les plus voisins des marcottes en soient à une distance égale de part et d'autre. Julius Atticus croit que seize mille mailletons sont suffisants pour une plantation de cette nature ; cependant nous en plantons quatre mille de plus que lui, parce qu'il en périt toujours une grande partie par la négligence des cultivateurs, et que plus on met de plant dans un terrain, plus les autres herbes inutiles deviennent clair-semées.

XVII. Il s'est élevé d'assez grandes discussions entre les auteurs sur la façon de planter le mailleton. Quelques-uns ont cru que le fouet était bon à être planté en entier et tel qu'on l'avait détaché de sa mère, de façon qu'ils le partageaient en plusieurs morceaux de cinq boutons ou même de six, et qu'un fouet donnait à lui seul une multitude de boutures qu'ils mettaient toutes en terre. Mais je n'approuve pas cette méthode, et je suis plutôt de l'avis des auteurs qui ont nié que l'extrémité supérieure du bois fût propre à porter du fruit, et qui n'en ont admis que le côté par lequel il tenait au vieux sarment, en rejetant d'ailleurs toutes les flèches. Les paysans donnent le nom de flèche à l'extrémité supérieure du mailleton, soit parce que cette partie est la plus éloignée de la mère, et qu'elle semble élancée loin d'elle, soit parce qu'étant effilée par le haut, elle a quelque ressemblance avec l'espèce de dard qui porte ce nom. Les agriculteurs les plus avisés ont donc déclaré qu'il ne fallait point planter cette flèche, sans nous donner à la vérité la raison de leur sentiment, sans doute parce qu'étant très-versés dans l'agriculture, cette raison leur paraissait évidente, et qu'elle sautait aux yeux de tout le monde. En effet, comme tout pampre, pour peu qu'il soit fécond, produit beaucoup de fruit jusqu'au cinquième ou jusqu'au sixième bouton, et que passé cette distance, tel long qu'il soit, il n'en produit plus, ou ne produit tout au plus que de très-petit raisin, les anciens ont eu raison d'imputer la stérilité à l'extrémité supérieure du mailleton. Ils laissaient aussi au nouveau sarment une partie du vieux, lorsqu'ils plantaient le mailleton : mais l'expérience a condamné cette méthode, parce que tout ce qui restait de l'ancien bois pourrissait bientôt par l'humidité dès qu'il était en terre, et que sa corruption entraînait la perte des racines tendres qui l'avoisinaient, au moment qu'elles commençaient à sortir ; après quoi la partie supérieure du mailleton se desséchait aussi. Mais, dans la suite, Julius Atticus et Cornélius Celsus, les plus célèbres auteurs de notre siècle,

---

idque cum supra summam scrobem compluribus internodiis productum est, quod de cacumine superest, duabus gemmis tantum supra terram relictis amputatur, et ingesta humo scrobis completis coæquatur ; deinceps pastinato malleolus ordinariis vitibus interserendus est : eumque sat erit medio spatio, quod vacat inter vites, per unam lineam depangere. Sic enim melius et ipse convalescet, et ordinariis seminibus modice vacuum solum ad culturam præbebitur. In eadem deinde linea, in qua vividarix obtinebit ordinem suum, præsidii causa, quorum ex numero propagari possit in locum demortuæ vitis, quinque malleoli pangendi sunt per spatium pedale : isque pes ita medio interordinio sumitur, ut ab utraque vite paribus intervallis distent. Tali consitioni Julius Atticus abunde putat esse malleolorum sexdecim millia. Nos tamen plus quatuor millibus conserimus, quia negligentia cultorum magna pars deperit, et interitu seminum cætera, quæ virent, rarescunt.

XVII. De positione surculi non minima disputatio fuit inter auctores. Quidam totum flagellum, sicut erat matri detractum, crediderunt sationi convenire : idque per gemmas quinas vel etiam senas partiti, complures taleolas terræ mandaverunt. Quod ego minime probo ; magisque assentior his auctoribus, qui negaverunt esse idoneam frugibus superiorem partem materiæ, solamque eam, quæ est juncta cum vetere sarmento probaverunt, cæterum omnem sagittam repudiaverunt. Sagittam rustici vocant novissimam partem surculi, sive quia longius recessit a matre, et quasi emicuit atque prosiluit : sive quia cacumine attenuata prædicti teli speciem gerit. Hanc ergo prudentissimi agricolæ negaverunt conseri debere : nec tamen sententiæ suæ rationem nobis prodiderunt ; videlicet quia ipsis in re rustica multum callentibus prompta erat et ante oculos pene exposita. Omnis enim fœcundus pampinus intra quintam aut sextam gemmam fructu exuberat, reliqua præter quamvis longissima vel cessat, vel perexiguos ostendit racemos. Quam ob causam sterilitas cacuminis jure ab antiquis incusata est. Malleolus autem sic ab iisdem pangebatur, ut novello sarmento pars aliqua veteris hæreret. Sed hanc positionem damnavit usus. Nam quicquid ex vetere materia relictum erat, depressum atque obrutum celeriter humore putrescebat, proximasque

se conformant en cela aux Saserna père et fils, coupèrent tout ce qui était resté de l'ancienne branche à travers le nœud même dont était sorti le nouveau bois, et ne mirent ainsi en terre que le mailleton uniquement, avec sa partie qui déborde par en bas.

XVIII. Mais Julius Atticus n'enfonçait en terre ces mailletons qu'après en avoir plié et recourbé la tête, afin qu'ils n'échappassent pas au *pastinum*. C'est le nom que les agriculteurs donnent à l'instrument de fer à deux cornes avec lequel ils enfoncent en terre le plant, et c'est de ce mot qu'est venu celui de *repastinatæ*, appliqué aux anciennes vignes qu'on avait arrachées pour les replanter : car c'était le terme propre dont on se servait pour désigner un vignoble ancien qu'on avait remis de nouveau en vignoble, au lieu qu'aujourd'hui, par un usage qui prouve l'ignorance où l'on est de l'antiquité, on appelle *repastinatus* tout terrain que l'on prépare par le labour à recevoir des vignes. Mais revenons à notre but. La façon de planter de Julius Atticus est vicieuse à mon avis, en ce qu'elle admet un mailleton dont la tête est tortillée; et il y a plusieurs raisons qui doivent déterminer à l'éviter. Premièrement, toute plante qui a été tourmentée et brisée, avant d'être déposée en terre, ne vient pas si bien que si elle y eût été déposée entière, et sans avoir souffert aucune altération; en second lieu, une plante que l'on a recourbée et relevée vers le haut de la terre en l'y déposant, s'oppose, comme pourrait faire un croc, aux efforts du fossoyeur, lorsque le temps est venu de l'enlever; et il semble que ce soit un crochet fiché en terre, qui se casse plutôt que de se laisser arracher. En effet, le bois est facile à se rompre du côté par lequel on l'a tordu et recourbé en le mettant en terre, attendu que c'est le côté par lequel il a souffert : c'est aussi ce qui fait qu'il perd la plus grande partie de ses racines, qui se brisent. Mais quand je passerais sous silence ces inconvénients, en voici au moins un que je ne puis dissimuler, et qui s'oppose le plus à cette méthode : en parlant tout à l'heure de l'extrémité supérieure du sarment, que je disais qu'on appelait la flèche, j'avais tiré cette conséquence-ci, savoir, que le fruit ne paraissait guère qu'entre les cinq ou six boutons les plus voisins du vieux sarment. Or, en reployant le mailleton, on en perd précisément cette partie, qui est cependant la partie féconde, parce que le côté qui est reployé emporte à lui seul trois ou quatre boutons, et que les deux ou trois autres yeux qui peuvent encore rapporter du fruit sont entièrement enfoncés sous terre, où, restant ensevelis, ils ne donnent point de bois, mais seulement des racines : par où il arrive qu'en plantant des mailletons, nous tombons dans le même inconvénient que nous cherchions à éviter, en défendant de planter la partie du mailleton appelée la flèche. Nous nous trouvons dès lors forcés de les faire plus longs, si nous voulons les ployer en les plantant : or il est certain qu'en les faisant plus longs, on y laisse les boutons les plus voisins de l'extrémité supérieure, tout stériles qu'ils sont; moyennant quoi il n'en provient que de ces pampres stériles, ou au moins peu fertiles, que les paysans appellent *racemarii*. Que vous dirai-je encore? qu'il est très-intéressant que le mailleton que l'on met en terre prenne racine à l'endroit même par lequel il tenait à sa mère, et qu'il se cicatrise promptement? En effet, s'il ne se cicatrise pas promptement, il attire trop d'eau à travers la moelle qui se trouve à jour, comme à

---

radices teneras et vixdum prorepentes vitio suo enecabat : quod cum accideret, superior pars seminis retorrescebat. Mox Julius Atticus et Cornelius Celsus, ætatis nostræ celeberrimi auctores, patrem atque filium Sasernam secuti, quicquid residui fuit ex vetere palma per ipsam commissuram, qua nascitur materia nova, resecuerunt, atque ita cum suo capitulo sarmentum depresserunt.

XVIII. Sed Julius Atticus prætorto capite et recurvato, ne pastinum effugiat, prædictum semen demersit. Pastinum autem vocant agricolæ ferramentum bifurcum, quo semina panguntur. Unde etiam repastinari dictæ sunt vineæ veteres, quæ refodiebantur. Hæc enim propria appellatio restibilis vineti erat; nunc antiquitatis imprudens consuetudo quicquid emoti soli vineis præparatur, repastinatum vocat. Sed [redeamus] ad propositum. Vitiosa est, ut mea fert opinio, Julii Attici satio, quæ contortis capitibus malleolum recipit; ejusque rei vitandæ non una ratio est. Primum quod nulla stirps ante quam deponatur vexata et infracta melius provenit, quam quæ integra et inviolata sine injuria deposita est : deinde quicquid recurvum et sursum versus spectans demersum est, cum tempestivum eximitur, in modum hami repugnat obluctanti fossori, et velut uncus infixus solo, ante quam extrahatur, præcumpitur. Nam fragilis est ea parte materia, qua torta et recurvata, cum deponeretur, ceperat vitium. Propter quod præfractam majorem partem radicum amittit. Sed ut incommoda ista prætereram, certe illud, quod est inimicissimum, dissimulare nequeo; nam paulo ante, cum de summa parte sarmenti disputarem, quam sagittam diximus vocitari, colligebam fere intra quintam vel sextam gemmam, quæ sint proximæ veteri sarmento, fructum edi. Hanc ergo fœcundam partem consumit, qui contorquet malleolum; quoniam et ea pars, quæ duplicatur, tres gemmas vel quatuor obtinet, et reliqui duo vel tres fructuarii oculi penitus in terram deprimuntur, mersique non materias sed radices creant. Ita evenit, ut quod in sagitta non serenda vitaverimus, id sequamur in ejusmodi malleolo, quem necesse est facere longiorem, si volumus detortum depangere. Nec dubium, quin gemmæ cacumini proximæ, quæ sunt infœcundæ, in eo relinquantur, ex quibus pampini pullulant vel steriles vel certe minus feraces, quos rustici vocant racemarios. Quid? quod plurimum interest, ut malleolus, qui deponitur, ea parte qua est a matre decisus, coalescat, et celeriter cicatricem du-

travers un tuyau ; ensuite de quoi cette eau creuse le tronc, et forme par ces creux des retraites aux fourmis et aux autres animaux qui font pourrir le pied des vignes : or c'est précisément ce qui arrive au plant qu'on a ployé en le mettant en terre; car, comme on l'a entièrement brisé dans sa partie inférieure lorsqu'on l'a arraché de la mère, il a la moelle à jour au moment qu'on le met en terre ; et les eaux venant à s'y insinuer, ainsi que les animaux dont je viens de parler, il vieillit promptement. Ainsi la meilleure façon de planter un mailleton est de le planter droit : aussi bien, dès que sa tête est insérée entre les cornes du *pastinum*, il est aisé de la retenir dans la gorge étroite de cet instrument et de l'enfoncer en terre; et ce sarment ainsi planté prend bien plus tôt racine, attendu que cette manœuvre ne l'empêche pas d'en jeter par sa tête, qui est le côté par lequel il a été coupé, et que, lorsque ces racines sont crues, elles aident à cicatriser la plaie; d'ailleurs cette plaie même, qui se trouve tournée vers le bas de la terre, ne reçoit pas tant d'eau que si elle était recourbée et relevée en haut, et qu'elle laissât filtrer à travers la moelle du mailleton, comme à travers un entonnoir, toute l'eau de la pluie qui viendrait à tomber sur elle.

XIX. La longueur qu'il faut donner à un mailleton n'est point fixe, parce qu'il doit être plus court quand il a beaucoup de boutons, et plus long quand il en a moins. Cependant il ne doit pas avoir plus d'un pied de longueur, ni moins de neuf pouces; plus petit, il ne serait qu'à fleur de terre, et par conséquent souffrirait de la soif pendant l'été; plus long, il serait trop profondément en terre, et dès lors on aurait trop de difficulté à l'enlever par la suite, lorsqu'il aurait pris sa croissance : encore cette méthode est-elle pour les plats pays, car l'on peut en planter d'un pied et une palme de longueur dans les terrains montueux, où la terre est sujette à s'ébouler. Nous en plantons au contraire dans les vallées et dans les plaines humides qui n'ont que trois bourgeons, c'est-à-dire un peu moins de neuf pouces, mais cependant plus d'un demi-pied. On les appelle *trigemmes;* non pas qu'ils n'aient strictement que trois bourgeons, puisqu'ils en fourmillent ordinairement aux environs de l'incision qu'on leur a faite pour les séparer de leur mère, mais parce qu'il ne leur reste que trois jointures et autant de bourgeons, en ne comptant point ceux qui foisonnent sur leur tête. J'ajouterai à tous ces préceptes qu'il faut que tout homme qui plante des mailletons ou des marcottes évite le trop grand vent, comme le soleil, s'il ne veut pas que ces plantes se dessèchent. On pourra les préserver avec quelque succès de ce double danger, en mettant au devant un morceau d'étoffe ou tout autre genre de couverture assez épaisse pour les en garantir ; mais il vaut encore mieux choisir, pour faire ces plantations, un jour qui soit sans aucun hâle de vent, ou du moins où le vent soit léger : car, pour le soleil, il est aisé de les en garantir en leur procurant de l'ombre. Voici encore quelques objets dont nous n'avons point parlé, et sur lesquels il est à propos de dire un mot avant de terminer ce traité : ces objets consistent à savoir s'il y a de l'utilité à avoir de plusieurs espèces de vignes; s'il faut, dans le cas où l'on en aura plusieurs, les séparer et les distinguer l'une de l'autre, ou les confondre et les mêler ensemble. Nous allons commencer par résoudre la première de ces questions.

XX. Pour répondre à cette question, un agriculteur avisé doit planter la vigne qu'il croira

cat? Nam si id factum non est, velut per fistulam, ita per apertam vitis medullam nimius humor trahitur, idemque truncum cavat : unde formicis aliisque animalibus, quæ putrefaciunt crura vitium, latebræ præbentur. Hoc autem evenit retortis seminibus. Cum enim per exemptionem imæ partes eorum præfractæ sunt, apertæ medullæ deponuntur atque irrepentibus aquis prædictisque animalibus celeriter senescunt. Quare pangendi optima est ratio recti malleoli, cujus imum caput, cum consertum est bifurco pastini, angustis faucibus ferramenti facile continetur ac deprimitur : idque sarmentum sic depressum citius coalescit. Nam et radices e capite, qua recisum est, emittit, eæque cum accreverunt, cicatricem obducunt, et alioquin plaga ipsa deorsum spectans non tantum recipit humorem, quantum illa, quæ reflexa et resupina more infundibuli per medullam transmittit quicquid aquarum cælestium superfluxit.

XIX. Longitudo, quæ debeat esse malleoli, parum certa est, quoniam sive crebras gemmas habet, brevior faciendus est : seu raras, longior. Attamen nec major pede nec dodrante minor esse debet : hic ne per summa terræ sitiat æstatibus ; ille ne depressus altius cum adoleverit, exemp- tionem difficilem præbeat. Sed hæc in plano. Nam in clivosis, ubi terra decurrit, potest palmipedalis deponi. Vallis et uliginosi campi situs patitur etiam trigemmem, qui est paullo minor dodrante, longior utique semipede. Isque non ab eo trigemmis dictus est, quod omnino trium oculorum est, cum fere circa plagam, qua matri abscisus est, plenus sit gemmarum; sed quod his exceptis, quibus est frequens in ipso capite, tres deinceps articulos totidemque gemmas habet. Super cætera illud quoque sive malleolum sive viviradicem serentem præmoneo, ne semina exarescant, immodicum ventum solemque vitare, qui uterque non incommodo arcetur objectu vestis aut cujuslibet densi tegminis. Veruntamen præstat eligere sationi silentis vel certe placidi spiritus diem. Nam sol umbraculis facile depellitur. Sed illud etiam, quod nondum tradidimus, ante quam disputationi clausulam imponamus, dicendum est; uniusne an plurium generum vites habendæ sint, eæque separatæ ac distinctæ specialiter, an confusæ et mistæ catervatim. Prius disseremus de eo, quod primum proposuimus.

XX. Prudentis igitur agricolæ est vitem, quam præcipue probaverit, nulla interveniente alterius notæ stirpe

la meilleure, sans la mélanger d'aucune autre espèce, et en augmenter toujours la quantité le plus qu'il pourra ; mais un agriculteur prévoyant doit en planter de différentes espèces, parce qu'il n'y a jamais d'année assez douce ni assez tempérée, pour qu'il ne se trouve aucune espèce de vignes qui soit dans le cas de souffrir : car si l'année est sèche, la vigne qui a besoin d'humidité souffre ; si elle est pluvieuse, c'est celle à qui il faut de la sécheresse qui souffre ; si elle est froide et sujette aux brouillards, c'est celle qui ne peut supporter les vents brûlants ; et si elle est chaude, c'est celle à qui la chaleur ne vaut rien. Mais, sans entrer ici dans le détail des dommages que peuvent causer aux vignes tous les temps différents qui sont à l'infini, on peut dire en général qu'il y a toujours quelque chose qui leur nuit : d'où il arrive que, si nous n'en avons planté que d'une seule espèce, et que le temps qui est funeste à cette espèce se fasse sentir, nous serons absolument privés de vendange, puisque, faute d'avoir différentes espèces de ceps, nous n'en aurons point qui nous servent de ressource ; au lieu que, si nous avons formé des vignobles de différentes espèces de vignes, il s'en trouvera infailliblement quelques-unes, dans le nombre, qui, n'ayant point souffert, porteront du fruit. Cependant ce motif ne doit point nous faire multiplier à l'infini les différentes espèces de vignes ; et il suffira que nous en ayons le plus que nous pourrons de celles que nous aurons jugées les meilleures, ensuite de celles qui en approcheront le plus, et enfin d'une troisième ou même d'une quatrième espèce : de façon que nous nous en tenions à une bande, pour m'exprimer ainsi, de quatre vignes de choix, parce qu'il suffit de tenter la fortune par la voie de quatre sortes de vendanges, ou de cinq tout au plus. Quant à la seconde question que j'ai proposée, je ne doute point qu'il ne faille distribuer les vignes par classes, et en arranger chaque espèce dans des carrés particuliers, séparés les uns des autres, ainsi que les différentes classes, par des sentiers et des chemins plus ou moins larges. Si je suis convaincu de la nécessité de cette méthode, ce n'est pas que j'aie pu gagner sur mes gens de s'y conformer, ni qu'avant moi elle ait jamais été suivie par aucun de ceux qui l'ont le plus approuvée. Car il faut convenir que c'est la plus difficile de toutes les opérations rustiques, parce qu'elle demande une très-grande attention dans le choix du plant, et quelque connaissance dans le discernement des espèces ; deux choses qui supposent ordinairement un très-grand bonheur et une prudence consommée. Néanmoins, quoiqu'il arrive quelquefois (comme dit le divin Platon) que nous nous laissions séduire par la beauté d'une chose qui nous a frappés, et que nous nous décidions à courir après elle, sans que l'infirmité de la nature humaine nous permette de l'atteindre, nous pourrons parvenir à ce que nous proposons ici, sans de grandes difficultés, pour peu que nous vivions assez longtemps, et que nous réunissions la science et les facultés avec la bonne volonté. Il faut, à la vérité, persévérer dans le même projet pendant une portion assez considérable de notre vie, si nous voulons parvenir à discerner au bout de quelques années un grand nombre de vignes, d'autant que tous les temps ne sont point favorables pour s'occuper de ce discernement : car il y a des vignes que l'on ne peut distinguer ni à leur couleur, ni à leur tronc, ni à leurs fouets, parce qu'il ne s'y trouve aucune différence ; au lieu qu'on les distingue très-bien à leur fruit quand il est mûr, et à leurs feuilles. Je n'oserais cependant pas assurer que tout autre que le chef de famille lui-même puisse

---

conserere, numerumque quam maximum ejus semper augere. Sed et providentis est diversa quoque genera deponere. Neque enim unquam sic mitis ac temperatus est annus, ut nullo incommodo vexet aliquod vitis genus. Sive enim siccus est ; id quod humore proficit, contristatur : seu pluvius ; quod siccitatibus gaudet : seu frigidus et pruinosus ; quod non est patiens uredinis : seu fervens ; quod vaporem non sustinet. Ac ne nunc mille tempestatum injurias persequar, semper est aliquid, quod vineas offendat. Igitur si unum genus severimus, cum id acciderit quod ei noxium est, tota vindemia privabimur. Neque enim ullum erit subsidium, cui diversarum notarum stirpes non fuerint. Quod si varii generis vineta fecerimus, aliquid ex iis inviolatum erit, quod fructum perferat. Nec tamen ea causa nos debet compellere ad multas vitium varietates : sed quod judicaverimus eximium genus, id quanta possumus multitudinis efficiamus ; deinde quod proximum a primo : tum quod est tertiæ notæ vel quartæ quoque : eatenus velut athletarum quodam contenti simus tetradio. Satis est enim per quatuor vel summum quinque genera vindemiæ fortunam opperiri. De altero, quod mox proposueram, nihil dubito, quin per species digerendæ vites disponendæque sint in proprios hortos, semitis ac decumanis distinguendæ : non quod aut ipse potuerim a meis familiaribus hoc obtinere, aut ante me quisquam eorum, qui quam maxime id probaverit, effecerit. Est enim omnium rusticorum operum difficillimum, quia et summam diligentiam legendis desiderat seminibus, et in his discernendis maxima plerumque felicitate et prudentia opus est ; sed interdum (quod ait divinus auctor Plato) rei nos pulchritudo trahit vel ea consectandi, quæ propter infirmitatem commortalis naturæ consequi nequeamus. Istud tamen, si ætas suppetat et scientia facultasque cum voluntate congruant, non ægerrime perficiemus : quamvis non minimo ætatis spatio perseverandum sit, ut magnus numerus per aliquot annos discernatur. Neque enim omne tempus permittit ejus rei judicium ; nam vites, quæ propter similitudinem coloris aut trunci flagellorumve dignosci nequeunt, maturo fructu foliisque declarantur. Quam tamen diligentiam nisi per ipsum patrem familias exhiberi posse non

apporter toute l'attention nécessaire pour cela : en effet, il n'y a qu'un homme négligent qui puisse s'en rapporter à son métayer, ou même à son vigneron ; d'autant qu'il y a encore aujourd'hui très-peu d'agriculteurs qui sachent faire le discernement des ceps de raisin noir, quoique ce discernement dépende sans contredit de la plus simple des opérations, puisque l'homme le moins attentif peut aisément distinguer la couleur des grappes.

XXI. J'ai cependant un moyen à donner pour parvenir en très-peu de temps à ce que je viens de proposer, au cas que l'on ait déjà d'anciens vignobles : il consiste à planter dans des carrés séparés des mailletons de toutes les différentes espèces de vignes dont ils auront été tirés ; moyennant quoi je ne doute point qu'on ne retire en peu d'années plusieurs milliers de mailletons de ces pépinières, et que l'on ne soit à même par là de faire des plants de vignes différentes, et distribuées par cantons. Il y a plusieurs motifs d'utilité qui peuvent nous déterminer à prendre ce parti : le premier, pour commencer par les plus légers, consiste en ce que dans toutes les opérations de la vie, je ne dis pas seulement par rapport à l'agriculture, mais encore par rapport à tout autre art, les choses qui sont distinguées par leurs espèces particulières charment bien plus un connaisseur que celles qui sont comme jetées au hasard çà et là, et confondues, pour ainsi dire, en tas : le second consiste en ce qu'un homme, venant à jeter les yeux sur une terre plantée comme il faut, ne pourra s'empêcher, si peu versé qu'il soit dans la vie rustique, d'admirer avec un plaisir extrême la bonté de la nature, lorsqu'il verra d'un côté des vignes *Bituricæ* chargées de fruits, de l'autre des *helvolæ* qui ne leur céderont en rien, ici des *arcelacæ,* là des *spioniæ* ou des *basilicæ,* qui feront leur pendant ; et que la terre qui portera toutes les années ces fertiles productions, semblable à une mère perpétuellement grosse, présentera aux mortels son sein rempli de moût pour les nourrir. Au milieu de ce spectacle, il verra briller l'automne chargé de tous côtés de fruits de toutes les couleurs, et secondé par Bacchus portant ses pampres courbés sous le raisin blanc, jaune, rouge, et brillant par son éclat pourpré. Mais, quelque plaisir que ces objets soient capables de causer, l'utilité l'emportera encore sur l'agrément. En effet, le chef de famille trouvera d'autant plus de plaisir à venir à sa terre, pour assister au spectacle que lui présentera son propre bien, que ce spectacle sera plus riche ; et ce que le poëte dit de Bacchus, que *tout devient beau partout où il porte ses regards,* pourra s'appliquer à lui-même, puisque les fruits foisonnent toujours en plus grande quantité quand le maître est présent, et dans tous les lieux où ses regards se portent souvent. Mais je ne m'en tiens pas à cet avantage, qui peut avoir également lieu à l'occasion des vignes même qui ne sont pas séparées par espèces ; et je passe à d'autres avantages plus essentiels, qui résulteront de leur distribution par classes. Toutes les différentes espèces de vignes ne défleurissent pas également, et ne parviennent pas dans le même temps à leur maturité. C'est pourquoi il devient absolument nécessaire que ceux dont les vignobles ne sont pas distribués par différentes espèces essuient de deux inconvénients l'un, ou qu'ils recueillent le fruit tardif avec le fruit hâtif, ce qui fera tourner leur vin à l'aigre, ou que s'ils attendent que le raisin tardif soit mûr, ils perdent la vendange du raisin hâtif, qui, étant exposé aux ravages occasionnés par les oiseaux, par les pluies et par les vents, finira communément par être dévasté. S'ils veulent au contraire

---

affirmaverim. Nam credidisse villico vel etiam vinitori, socordis est, cum, quod longe sit facilius, adhuc perpaucissimis agricolis contigerit, ut nigri vini stirpe careant, quamvis color uvæ possit vel ab imprudentissimo deprehendi.

XXI. Illa tamen una mihi ratio suppetit, celerrime quod proposuimus efficiendi, si sint veteranæ vineæ, ut separatim surculis cujusque generis singulos hortos inseramus: sic paucis annis multa nos millia malleolorum ex insitis percepturos, atque ita discreta semina per regiones consituros nihil dubito. Ejus porro faciendæ rei nos utilitas multis de causis compellere potest : et ut a levioribus incipiam, primum, quod in omni ratione vitæ non solum agricolationis sed cujusque disciplinæ prudentem delectant impensius ea, quæ propriis generibus distinguuntur, quam quæ passim velut abjecta et quodam acervo confusa sunt. Deinde quod vel alienissimus rusticæ vitæ, si in agrum tempestive [consitum] veniat, summa cum voluptate naturæ benignitatem miretur, cum istinc Bituricæ fructibus opimæ, hinc pares iis helvolæ respondeant : illinc arcelacæ, rursus illinc spioniæ basilicæve conveniant, quibus alma tellus annua vice velut æterno quodam puerperio læta mortalibus distenta musto demittit ubera. Inter quæ patre favente Libero fœtis palmitibus vel generis albi vel flaventis ac rutili vel purpureo nitore micantis, undique versicoloribus pomis gravidas collucet autumnus. Sed hæc quamvis plurimum delectent, utilitas tamen vincit voluptatem. Nam et pater familias libentius ad spectaculum rei suæ, quanto est ea luculentior, descendit ; et, quod ait de sacro numine poeta dicit, *Et quocunque deus circum caput egit honestum,* verum quocunque domini præsentis oculi frequenter accessere, in ea parte majorem in modum fructus exuberat. Sed omitto illud, quod indescriptis etiam vitibus contingere potest : illa quæ sunt maxime spectanda, persequar. Diversæ notæ stirpes nec pariter deflorescunt, nec ad maturitatem simul perveniunt. Quam ob causam, qui separata generibus vineta non habet, patiatur alterum incommodum necesse est, ut aut serum fructum cum præcoque elevet, quæ res mox acorem facit; aut si maturitatem serotini expectet, amittat vindemiam

recueillir le fruit de chaque espèce de vignes à part, et chacun dans leur temps, il faut d'abord qu'ils s'exposent au hasard d'être trompés par les vendangeurs, parce qu'ils ne pourront pas leur donner à chacun un chef pour les observer, et pour leur ordonner de ne pas cueillir le raisin vert avec le mûr. Il arrivera en outre que le raisin, quoiqu'à son point de maturité, se trouvant mélangé de différentes espèces, ne pourra jamais se conserver longtemps, parce que le goût du meilleur sera corrompu par celui du plus mauvais, et que le goût de plusieurs se trouvera réuni en un seul. Dès lors, l'agriculteur sera contraint par la nécessité de presser la vente de son vin; au lieu qu'il gagnerait beaucoup plus s'il pouvait la différer jusqu'à l'année expirée, ou du moins jusqu'à l'été. Cette séparation des vignes par classes a encore d'autres commodités considérables, qui consistent en ce que le vigneron fera plus aisément la taille de chacune, quand il saura de quelle espèce de vignes sera couvert le carré qu'il aura à tailler; au lieu que cette opération est d'une exécution très-difficile dans les vignobles de différents plants, parce que la taille se fait le plus souvent dans un temps où les vignes n'ont pas même de feuilles sensibles, auxquelles on puisse les reconnaître. Il importe encore beaucoup que le vigneron laisse plus ou moins de bois aux vignes, suivant la nature de chaque espèce différente, et qu'il les excite en leur laissant de longs fouets, ou qu'il les réprime en les taillant de court. Bien plus, le côté du ciel vers lequel sera tournée chaque espèce de vignes n'est pas un point moins important : car toutes les vignes ne se plaisent point dans une position chaude, non plus que dans une position froide; et chaque cep a, au contraire, sa vertu particulière, qui fait que les uns se fortifient au midi parce que le froid les fatigue, que les autres cherchent le côté du septentrion parce qu'ils souffrent du chaud, et que quelques-uns se plaisent dans la température modérée soit de l'orient, soit du couchant. Or, quiconque met à part les différentes espèces de vignes dans des carrés différents, observe toutes ces variétés d'après la situation et l'assiette des lieux. Il en retire encore un autre avantage qui n'est pas peu considérable, et qui consiste en ce qu'il a moins de peine à vendanger, et qu'il lui en coûte moins de frais. En effet, on cueille à temps, dans ce cas-là, le raisin qui mûrit le premier, et on diffère, sans aucun inconvénient, de cueillir celui qui n'est pas encore mûr ; de sorte que le raisin qui est mûr depuis longtemps ne se joint pas avec celui qui n'est pas à son point, pour faire précipiter la vendange, et pour forcer de louer un grand nombre de journaliers à quelque prix que ce soit. Voici encore un avantage considérable qui en résulte : c'est que l'on peut serrer et mettre à part le vin de chaque goût différent, sans le mélanger et dans toute sa pureté, soit qu'il soit fait avec du raisin *Bituricus*, soit qu'il soit fait avec du *basilicus* ou du *spionicus*; et que ces différents vins étant ainsi serrés, comme il ne s'y trouve point de qualités disparates qui les empêchent de se conserver, ils acquièrent du renom en vieillissant, leur goût cessant d'avoir rien d'ignoble après quinze ans ou un peu plus, puisque c'est le temps après lequel presque tous les vins sont au point de ne plus acquérir que de la bonté, à mesure qu'ils vieillissent. Il est donc très-utile, comme nous nous sommes proposé de le prouver, de séparer les unes des autres les différentes espèces de vignes. Si on ne peut pas

---

præcoquem, quæ plerumque populationibus volucrum pluviisque aut ventis lacessita dilabitur. Si vero interjectionibus capere cujusque generis fructum aveat, primum necesse est, ut negligentiæ vindemiatorum aleam subeat: neque enim singulis totidem antistites dare potest, qui observent, quique præcipiant, ne acerbæ uvæ [cum maturis] demetantur : deinde etiam quarum vitium maturitas competit, cum diversæ notæ sint, melioris gustus ab deteriore corrumpitur, confususque in unum multarum sapor vetustatis impatiens fit. Atque ideo necessitas cogit agricolam musti annonam experiri : cum plurimum pretio accedat, si venditio vel in annum vel in æstatem certe differri possit. Jam illa generum separatio summam commoditatem habet, quod vinitor suam cuique facilius putationem reddet, cum scit cujus notæ sit hortus, quem deputat : idque in vineis consemineis observari difficile est; quia major pars putationis per id tempus administratur, quo vitis neque folium notabile gerit. At multum interest, pluresne an pauciores materias pro natura cujusque stirpis vinitor summittat, prolixisne flagellis incitet, an angusta putatione vitem coerceat. Quin etiam quam cæli partem spectet genus quodque vineti plurimum refert. Neque enim omne calido statu, nec rursus frigido lætatur; sed est proprietas in surculis, ut alii meridiano axe convalescant, quia rigore vitiantur; alii Septentrionem desiderent, quia contristantur æstu; quidam temperamento lætentur Orientis vel Occidentis. Has differentias servat pro situ et positione locorum, qui genera per hortos separat. Illam quoque non exiguam sequitur utilitatem, quod et laborem vindemiæ minorem patitur et sumptum. Nam ut quæque maturescere incipiunt, tempestive leguntur, et quæ nondum maturitatem ceperunt uvæ, sine dispendio differuntur. Nec pariter vietus atque tempestivus fructus præcipitat vindemiam, cogitque plureis operas quantocunque pretio conducere. Jam et illud magnæ dotis est, posse gustum cujusque generis non mistum, sed vere merum condere ac separatim reponere, sive est ille Bituricus seu basilicus, seu spionicus. Quæ genera cum sic diffusa sunt, quia nihil intervenit diversæ naturæ, quod repugnat perpetuitati, nobilitantur. Neque enim post annos quindecim vel paulo plures deprehendi potest ignobilitas in gustu : quoniam fere omne vinum eam qualitatem sortitum est, ut vetustate acquirat bonitatem. Quare, ut dicere instituimus, utilissima est generum dispositio; quam

cependant y parvenir, il y a un second procédé à suivre, qui consiste à ne planter ensemble de différentes espèces de vignes que celles qui produiront du raisin d'un même goût, et qui mûrira dans le même temps. On peut aussi, si l'on a du goût pour les fruits, planter des têtes de figuiers, de pommiers et de poiriers à l'extrémité des rangées, pourvu qu'on n'en mette que sur les lisières du vignoble qui sont exposées au septentrion, de peur que quand ces arbres seront venus, ils n'ombragent trop les vignes : on les greffera lorsqu'ils auront deux ans, ou bien on les transportera quand ils seront déjà forts, pourvu qu'ils soient de bonne qualité. Voilà pour ce qui concerne la plantation des vignes. Reste la partie la plus importante, je veux dire celle qui concerne leur culture : partie que nous traiterons au long dans le volume suivant.

LIVRE QUATRIEME.

Vous dites, P. Silvinus, que lorsque vous eûtes fait à plusieurs amateurs d'agriculture la lecture du livre que j'ai composé sur la plantation des vignes, il s'en trouva quelques-uns qui, en approuvant tous les autres préceptes que j'ai donnés, en relevèrent un ou deux : premièrement, celui par lequel j'ai voulu que l'on donnât trop de profondeur aux fosses destinées à recevoir des plans de vignes, puisque j'ajoute neuf pouces à la profondeur de deux pieds fixée par Celsus et par Atticus; secondement, celui par lequel je veux que chaque marcotte n'ait qu'un seul appui ; ce qui leur paraît peu prudent, parce que ces deux auteurs ont diminué les frais, en permettant d'écarter une marcotte en deux branches, pour lui faire couvrir deux appuis sur la même ligne d'une rangée. Au reste, ces deux objections sont plutôt fondées sur une équivoque que sur un calcul certain. En effet pour commencer par répondre à la première, Pourquoi, dans la supposition que nous devions nous contenter d'une fosse de deux pieds, pensons-nous néanmoins qu'il faille labourer la terre au *pastinum* plus profondément que nous ne devons planter la vigne? Quelqu'un dira que c'est afin qu'il se trouve sous le pied de la vigne de la terre tendre, et dont la dureté n'écarte pas et ne repousse pas les racines qui chercheront à s'y introduire : mais lorsqu'on aura fouillé le terrain à la bêche, à l'effet d'y faire des fosses à la profondeur de deux pieds et demi, et que l'on aura enfoncé les plantes dans cette terre ainsi remuée, je demande s'il ne se trouvera pas encore de la terre tendre sous leurs racines, puisque la terre de ces fosses sera réellement gonflée à plus de deux pieds et demi de hauteur, attendu que la terre d'un terrain plat est infailliblement plus gonflée lorsqu'elle est fouillée que lorsqu'elle ne l'est pas. D'ailleurs la plantation de quelque plante que ce soit n'exige sûrement pas, généralement parlant, qu'il se trouve sous elle un lit de terre ameublie bien profond; et il suffit, si ce sont des vignes, d'en étendre sous leurs racines un demi-pied, afin qu'elles y trouvent pour ainsi dire l'hospitalité, et qu'elles y prennent leur accroissement, comme des enfants dans le sein de leur mère. Confirmons ceci par l'exemple des vignes mariées à des arbres : n'est-il pas vrai que, lorsque nous couchons les marcottes dans les fosses creusées pour ces sortes de vignes, nous ne mettons que très-peu de terre pulvérisée sous elles? La meilleure méthode est donc de la-

---

si tamen obtinere non possis, secunda est ratio, ut diversæ notæ non alias conseras vites, quam quæ saporem consimilem, fructumque maturitatis ejusdem præbeant. Potes jam, si te cura pomorum tangit, ultimis ordinibus in ea vineti fine, qua subjacet septentrionibus, ne cum increverint obumbrent, cacumina ficorum pirorumve et malorum depangere, quæ vel inseras interposito biennii spatio, vel si generosa sint, adulta transferas. Hactenus de positione vinearum. Superest pars antiquissima, ut præcipiamus etiam cultus earum, de quibus sequenti volumine pluribus disseremus.

LIBER QUARTUS.

I. Cum de vineis conserendis librum a me scriptum, Publi Silvine, compluribus agricolationis studiosis relegisses, quosdam repertos esse ais, qui cætera quidem nostra præcepta laudassent, unum tamen atque alterum reprehendissent : quippe seminibus vineaticis nimium me profundos censuisse fieri scrobes adjecto dodrante super altitudinem bipedaneam, quam Celsus et Atticus prodiderant ; singulasque viviradices singulis adminiculis parum prudenter contribuisse, cum permiserint iidem illi auctores minore sumptu geminis materiis unius seminis diductis duo continua per ordinem vestire pedamenta : quæ utraque reprehensio avaram magis habet æstimationem, quam veram. Etenim (ut quod prius proposui, prius refellam) si contenti bipedanea scrobe futuri sumus, quid ita censemus altius pastinare tam humili mensura vitem posituri? Dicet aliquis, ut sit inferior tenera subjacens terra, quæ non arceat, nec duricie sua repellat novas irrepentes radiculas. Istud quidem contingere potest etiam, si ager bipalio moveatur, et deprimatur scrobis in regesto, quod est fermentatum, plus dupondio semisse. Nam semper in plano refusius egesta humus tumidior est, quam gradus soli crudi. Nec sane positio seminum præaltum sibi cubile substerni desiderat : verum abunde est semipedaneam consitis resolutam vitibus terram subjicere, quæ velut hospitali atque etiam materno sinu recipiat incrementa virentium. Exemplum ejus rei capiamus in arbusto, ubi cum scrobes defodimus, admodum exiguum pulveris vividiradici subjicimus. Verior igitur causa est depressius pastinandi, quoniam jugata vineta melius consurgunt altioribus demissa scrobibus. Nam bipedanei vix etiam provincialibus agricolis ap-

bourer la terre au *pastinum* bien profondément, parce que les vignes destinées aux jougs s'élèvent davantage à proportion de ce qu'elles sont plantées dans des fosses plus profondes. En effet, les fosses de deux pieds de profondeur sont à peine dans le cas d'être adoptées, même par les cultivateurs de province, quoique ceux-ci arrêtent communément leurs vignes très-bas, et près de terre : car, pour les vignes qui sont destinées au joug, elles doivent être assurées sur des fondements plus profonds, parce qu'elles ont besoin de plus de secours et de plus de terre, dès là même qu'elles doivent monter plus haut ; et c'est pour cela que lorsqu'il s'agit de marier la vigne à des arbres, personne ne s'avise de lui faire des fosses qui aient moins de deux pieds de profondeur. Au reste, les agriculteurs tirent peu de profit des principaux avantages résultants d'une plantation peu profonde : en effet, ces avantages consistent en ce que le plant se fortifie en moins de temps, parce qu'il n'est pas fatigué par une trop grande charge de terre qu'il ait à porter, et en ce qu'il est plus fertile, par la raison qu'il est plus à la superficie de la terre. Or ces deux raisons, sur lesquelles s'appuie Julius Atticus, sont réfutées par l'exemple des vignes mariées aux arbres, puisque celles-ci donnent sans contredit des ceps beaucoup plus forts et plus fertiles que les autres, ce qu'elles ne feraient pas, si le plant enterré profondément était dans le cas de souffrir. Que ne pourrais-je pas ajouter à ces observations ? Que si d'un côté une terre labourée au *pastinum* semble se gonfler, comme si elle était en fermentation, au moment qu'elle est ameublie et dilatée, d'un autre côté, peu de temps après le labour, elle s'affaisse en se condensant, et se détache des racines de la vigne, qui dès lors semblent nager sur la superficie du sol : or cet accident arrive moins souvent dans notre façon de planter la vigne, puisque nous l'enfonçons davantage en terre. Car quant à ce qu'on dit que le plant souffre du froid au fond de la terre, à la vérité nous n'en disconvenons pas ; mais ce ne sera pas une profondeur de deux pieds neuf pouces qui sera capable de produire cet effet, lors surtout qu'ainsi que nous venons de le dire, nous voyons les vignes mariées aux arbres se garantir de cette incommodité, quoiqu'elles soient plantées plus profondément.

II. L'autre opinion dans laquelle ils sont, que l'on épargne des frais en attachant les fouets d'un seul pied de plant à deux échalas différents, est fausse. En effet, ou le cep de la vigne vient à périr, auquel cas il se trouve deux échalas sans vignes, et dès lors il faut le remplacer par deux marcottes, et ce nombre excédent sera à la charge du cultivateur ; ou ce cep vit, auquel cas s'il ne porte que du raisin noir, ou qu'il ne soit pas fertile, comme il arrive souvent, le fruit manquera non pas sur un seul échalas, mais sur plusieurs. Les personnes même les plus avisées en agriculture croient qu'une vigne serait peu fertile, fût-elle de la meilleure espèce, si elle était ainsi divisée sur deux échalas, par la raison que le suc nourricier formerait alors une espèce de claie. C'est pour cela qu'Atticus lui-même ordonne de propager les anciennes vignes par sautelle, plutôt que de les coucher tout à fait en terre, parce que les sautelles prennent aisément racine en peu de temps, de façon que chacune se trouve avoir ses racines particulières, sur lesquelles elle est stable comme sur ses fondements ; au lieu que lorsque la vigne a été couchée tout de son long en terre, son suc nourricier a plus de chemin à parcourir, une fois qu'elle a embarrassé et comme fermé de claies le terrain qui se trouve sous elle ; outre qu'elle est tourmentée par une trop grande

---

probari possunt, apud quos humili statu vitis plerumque juxta terram coercetur, cum jugo destinatur, altiore fundamento stabilienda sit : et, si modo scandit excelsius, plus alimenti terræque desideret. Et ideo in maritandis arboribus nemo minorem tripedanea scrobem vitibus comparat. Cæterum illa parum prosunt agricolarum studio præcipua commoda humilis positionis, quod et celeriter adolescant semina, quæ non fatigentur multo soli pressa pondere, fiantque uberiora, quæ leviter suspensa sint. Nam utraque ista Julii Attici ratio convincitur exemplo arbustivæ positionis, quæ scilicet multo validiorem fertilioremque stirpem reddit ; quod non facerent, si laborarent altius demersa semina. Quid, quod repastinata humus, dum est recens soluta laxataque, velut fermento quodam intumescit ? cum deinde non longissimam cepit vetustatem, condensata subsidit, ac velut innatantes radices vitium summo solo destituit ? Hoc autem minus accidit nostræ sationi, in qua majore mensura vitis demittitur. Nam quod in profundo semina frigore laborare dicuntur, nos quoque non diffitemur. Sed non est dupondii et dodrantis altitudo, quæ istud efficere possit ; cum præsertim, quod paulo ante retulimus, depressior arbustivæ vitis satio tamen effugiat prædictum incommodum.

II. Alterum illud, quod minori impensa duos palos unius seminis flagellis censent maritari, falsissimum est. Sive enim caput ipsum demortuum est, duo viduantur statumina, et mox viviradices totidem substituendæ sunt, quæ numero suo rationem cultoris onerant : sive vivit, et ut sæpe evenit, vel nigri est generis vel parum fertilis, non in uno sed in pluribus pedamentis fructus claudicat ; quanquam etiam generosæ stirpis vitem sic in duos palos divisam rerum rusticarum prudentiores existimant minus fertilem fore, quia cratem factura sit. Et idcirco veteres vineas mergis propagare potius, quam totas sternere, jam ipse Atticus præcipit : quoniam mergi mox facile radicantur, ita ut quæque vitis suis radicibus tanquam propriis fundamentis innitatur. Hæc autem, quæ toto est prostrata corpore, cum inferius solum quasi cancellavit atque irreti-

multitude de racines, qui sont enchevêtrées l'une avec l'autre, et sous lesquelles elle succombe, de même que si elle était chargée de beaucoup de branches à fruit. Ainsi je préférerais en tout point, risque pour risque, la méthode de planter deux marcottes à celle d'en planter qu'une seule, et j'aimerais mieux ne pas regarder comme un avantage qu'on doive préférer à tout, ce qui peut occasionner de bien plus grands dommages dans tous les cas. Mais l'objet que nous avons traité dans le livre précédent exige que nous entamions celui que nous avons promis de traiter dans celui-ci.

III. En quelque genre de dépenses que ce soit, la plupart des hommes, comme dit Græcinus, montrent plus de courage à commencer une nouvelle entreprise, qu'à la suivre quand elle est achevée. Quelques-uns, ajoute-t-il, bâtissent des maisons entières à commencer par les fondements; et lorsque la bâtisse en est achevée, ils ne les embellissent pas. D'autres fabriquent avec soin des vaisseaux; et lorsqu'ils sont faits, ils négligent de même de les équiper et de les fournir d'hommes. Ceux-ci ont la passion d'acheter des bestiaux, ceux-là celle d'acheter des esclaves, et ni les uns ni les autres ne sont sensibles au soin de les entretenir; de même qu'il s'en trouve beaucoup qui détruisent par leur inconstance les bienfaits qu'ils ont versés sur leurs amis. Au reste, ne soyons pas surpris de ces exemples, Silvinus, puisqu'il y a bien des gens qui nourrissent avec lésine des enfants nés d'un légitime mariage, qui avaient fait tout l'objet de leurs vœux avant qu'ils les eussent, et qui négligent de leur donner aucune éducation soit du côté de l'esprit, soit du côté du corps. Que doit-on conclure de là? que communément les cultivateurs tombent aussi dans la même faute, lorsqu'ayant fait de très-belles plantations de vignes, ils les abandonnent par différents motifs avant qu'elles aient pris leur accroissement. Les uns ne veulent pas entrer dans des dépenses qui reviennent toutes les années, et se persuadent que le premier revenu, et celui qui est le plus assuré, est de ne rien dépenser, comme s'ils eussent été contraints de planter des vignes, pour les abandonner ensuite par avarice. Il y en a quelques-uns qui s'imaginent qu'il est plus beau d'avoir de grands vignobles que d'en avoir de bien cultivés. J'en ai même connu un très-grand nombre qui étaient persuadés qu'il fallait cultiver une terre, mais qu'il importait peu qu'on la cultivât bien ou mal. Pour moi, je suis convaincu qu'il n'y a pas de bien de campagne, de quelque nature qu'il soit, qui puisse jamais être profitable, à moins qu'on ne le cultive avec beaucoup de soin et de capacité; et que cela est encore plus vrai des vignes que des autres natures de biens. Car la vigne est une plante délicate, faible, qui ne peut souffrir rien de ce qui peut lui nuire, qui communément se consume par trop de travail et de fertilité, et que sa fécondité fait périr, si elle n'est pas modérée. Ce n'est pas que lorsqu'elle est une fois devenue forte à un certain point, et qu'elle a comme acquis la vigueur de la jeunesse, elle ne supporte alors la négligence du cultivateur. Mais si, lorsqu'elle est jeune, on ne lui fournit pas tout ce qui lui est nécessaire jusqu'à ce qu'elle ait pris sa croissance, elle maigrit excessivement, et tombe dans une langueur dont aucunes dépenses ne peuvent plus ensuite la relever. C'est pourquoi il faut d'abord poser, pour ainsi dire, ses fondements avec le plus grand soin, et arranger ses membres dès le premier jour qu'elle est plantée, comme on arrange ceux des enfants qui viennent de naître; faute de quoi toute la dépense qu'on a faite pour elle tombe en pure perte, et quand on aura laissé passer le temps propre à chaque

---

vit, cratem facit, et pluribus radicibus inter se connexis angitur, nec aliter quam si multis palmitibus gravata deficit. Quare per omnia prætulerim duobus potius seminibus depositis, quam unico periclitari, nec id velut compendium consectari, quod in utramque partem longe majus afferre possit dispendium. Sed jam prioris libri disputatio repetit a nobis promissum sequentis exordium.

III. In omni genere impensarum, sicut ait Græcinus, plerique nova opera fortius auspicantur, quam tuentur perfecta. Quidam, inquit, ab inchoato domos extruunt, nec prædificatis cultum adhibent. Nonnulli strenue fabricant navigia, nec consummata perinde instruunt armamentis ministrisque. Quosdam emacitas in armentis, quosdam exercet in comparandis mancipiis : de tuendis nulla cura tangit. Multi etiam beneficia quæ in amicos contulerunt, levitate destruunt. Ac ne ista, Silvine, miremur, liberos suos nonnulli nuptiis votisque quæsitos avare nutriunt, nec disciplinis aut cæteris corporis excolunt instrumentis. Quid iis colligitur? scilicet plerumque simili genere peccari etiam ab agricolis, qui pulcherrime positas vineas, antequam pubescant, variis ex causis destituunt : alii sumptum annuum refugientes, et hunc primum reditum certissimum existimantes, impendere nihil; quasi plane fuerit necesse vineas facere, quas mox avaritia desererent. Nonnulli magna potius quam culta vineta possidere pulchrum esse ducunt. Cognovi jam plurimos, qui persuasum habent, agrum bonis ac malis rationibus colendum. At ego, cum omne genus ruris, nisi diligenti cura, sciteque exerceatur, fructuosum esse non posse judicem, tum vel maxime vineas. Res enim est tenera, infirma, injuriæ maxime impatiens, quæ plerumque nimia laboret ubertate; consumitur enim, si modum non adhibeas, fœcunditate sua. Cum tamen aliquatenus se confirmavit, et veluti juvenile robur accepit, negligentiam sustinet. Novella vero, dum adolescit, nisi omnia justa perceperit, ad ultimam redigitur maciem, et sic intabescit, ut nullis deinceps impensis recreari possit. Igitur summa cura ponenda sunt quasi fundamenta, et ut membra infantium a primo statim die conisitionis formanda : quod nisi fecerimus, omnis impensa in cassum recidat, nec prætermissa cujusque rei

opération sans la faire, on ne pourra plus le retrouver. Croyez-m'en, Silvinus, d'après mon expérience : une vigne bien plantée, qui est de bonne espèce et cultivée par un bon agriculteur, récompense toujours avec le plus grand intérêt de l'argent qu'on a dépensé pour elle. C'est ce que ce même Græcinus nous démontre non-seulement par la raison, mais encore par les exemples, dans le livre qu'il a composé sur les vignes, lorsqu'il raconte qu'il a souvent entendu dire à son père qu'un certain Parridius de Vetera, son voisin, avait pour tout bien deux filles et un terrain planté en vignes ; qu'après avoir donné le tiers de ce terrain en dot à sa fille aînée en la mariant, les deux tiers qu'il s'était réservés ne lui produisaient pas une moindre quantité de fruit que le tout auparavant ; qu'ensuite il avait marié sa fille cadette avec la moitié de ce qui lui était resté de ce fonds, et que ce second partage n'avait pas encore diminué le revenu qu'il tirait du fonds entier dans le principe. Quelle conjecture cet auteur prétend-il tirer de ce fait, si ce n'est que la dernière portion du fonds qui resta en sa possession fut mieux cultivée par la suite, que le fonds entier ne l'avait été d'abord ?

IV. P. Silvinus, plantons des vignes avec beaucoup d'ardeur, et appliquons-nous encore davantage à les cultiver. La seule façon de les planter qui soit très-avantageuse, est celle que nous avons donnée dans le premier livre, et qui consiste à les coucher en terre dans des fosses creusées sur un terrain labouré au *pastinum*, à peu près depuis le milieu de la fosse jusqu'à ses extrémités, où elles seront ensuite relevées perpendiculairement, et attachées à des roseaux. Il faut surtout prendre garde que ces fosses n'aient la forme d'une auge, et avoir soin au contraire que leurs bords soient bien perpendiculaires, et que les angles en soient bien prononcés. Car si la vigne n'est que penchée, et comme appuyée sur les bords d'une auge, elle est en butte aux blessures qu'on peut lui faire lorsqu'on la déchaussera : en effet, pour peu que le fossoyeur, en la déchaussant, veuille fouiller profondément autour de son pied, il l'endommage infailliblement, si elle présente sous son instrument une surface inclinée, et souvent même il la coupe tout à fait. Souvenons-nous donc de donner au sarment une direction droite depuis le fond de la fosse jusqu'en haut, pour ensuite l'attacher à son appui : suivons après cela le reste de la méthode que nous avons prescrite dans le premier livre, c'est-à-dire, aplanissons la terre autour de ce sarment, en laissant sortir deux de ses bourgeons en dehors ; ensuite, après avoir planté des mailletons dans les rangées des ceps, ameublissons et pulvérisons bien, par de fréquents labours, le terrain qui aura déjà été retourné au *pastinum*. En effet, pour que les mailletons, les marcottes et les autres espèces de plants que nous aurons mis en terre se fortifient, il faut que la terre soit bien attendrie et bien douce, qu'elle fournisse ses sucs nourriciers aux ceps sans les communiquer à des herbes inutiles, et que sa dureté ne comprime pas, comme il arrive dans des terres plombées, les plantes encore trop nouvelles.

V. Pour dire le vrai, on ne doit point fixer le nombre de fois qu'il faudra retourner le sol au hoyau, parce qu'il est constant que plus on répétera cette opération, plus les plantes profiteront. Mais comme, eu égard à la dépense dans laquelle elle jettera, il faut se borner à un certain nombre de fois, la plupart ont cru qu'il suffisait de bêcher les nouveaux plants de vignes une fois par mois, depuis les calendes de mars jusqu'à celles d'octobre, et d'en extirper

---

tempestivitas revocari queat. Experto mihi crede, Silvine, bene positam vineam bonique generis et bono cultore nunquam non cum magno fenore gratiam reddidisse. Idque non solum ratione sed etiam exemplo nobis idem Græcinus declarat eo libro, quem de vineis scripsit, cum refert ex patre suo sæpe se audire solitum, Paridium quemdam Veterensem vicinum suum duas filias et vineis consitum habuisse fundum ; cujus partem tertiam nubenti majori filiæ dedisse in dotem, ac nihilo minus æque magnos fructus ex duabus partibus ejusdem fundi percipere solitum. Minorem deinde filiam nuptum collocasse in dimidia parte reliqui agri, nec sic ex pristino reditu detraxisse. Quod quid convincit ? melius scilicet postea cultam esse tertiam illam fundi partem, quam antea universam.

IV. Et nos igitur, Publi Silvine, magno animo vineas ponamus, ac majore studio colamus. Quarum consitionis sola illa commodissima ratio est, quam priore tradidimus exordio, ut facta in pastinato scrobe, vitis a media fere parte sulci prosternatur, et ad frontem ejus ab imo usque recta materies exigatur, calamoque applicetur. Id enim præcipue observandum est, ne similis sit alveo scrobis, sed ut expressis angulis velut ad perpendiculum frontes ejus dirigantur. Nam vitis supina, et velut recumbens in alveo deposita, postea quum ablaqueatur, vulneribus obnoxia est. Nam dum exaltare fortius orbem ablaqueationis fossor studet, obliquam vitem plerumque sauciat, et non nunquam præcidit. Meminerimus ergo usque ab imo scrobis solo rectum adminiculo sarmentum applicare, et ita in summum perducere. Tum cætera, ut priore libro præcepimus. Ac deinde duabus gemmis super extantibus terram coæquare. Deinde malleolo inter ordines posito crebris fossionibus pastinatum resolvere atque in pulverem redigere. Sic enim optime et viviradices et reliqua semina, quæ deposuerimus, convalescent, simul ac tenera humus nullis herbis irrepentibus humorem stirpibus præbuerit : nec duritia soli novellas adhuc plantas velut arcto vinculo compresserit.

V. Numerus autem vertendi soli bidentibus, ut verum fatear, definiendus non est, cum quanto crebrior sit, plus prodesse fossionem conveniat. Sed quoniam impensarum ratio modum postulat, satis plerisque visum est, ex calendis Martiis usque in Octobres trigesimo quoque die

toutes les herbes et surtout le gramen, parce que si on n'arrache pas entièrement ces herbes à la main, et qu'on ne les jette pas sur la superficie du sol, si peu qu'il en reste qui soient couvertes de terre, elles revivront, et finiront par brûler le plant de vignes, au point de le rendre en peu de temps galleux et desséché.

VI. Soit que la vigne ait été plantée par mailletons, soit qu'elle l'ait été par marcottes, il est bon de la façonner dès le principe et d'en supprimer toutes les parties superflues, en l'épamprant souvent, pour empêcher que ses forces et toute sa nourriture ne s'éparpillent en plus d'une tige. Cependant on lui laisse dans le commencement deux pampres, afin qu'il y en ait un qui serve de ressource, au cas que l'autre ne vienne à périr; mais lorsqu'ils auront par la suite pris un peu de force, on en retranchera le plus mauvais; et pour empêcher que celui que l'on aura laissé ne puisse être abattu par les vents orageux, il sera bon de l'attacher, à mesure qu'il s'élèvera, avec des liens tendres et lâches, jusqu'à ce qu'il soit en état de saisir l'appui qui lui est destiné, avec les vrilles qui lui tiennent lieu de mains. Quoique nous pensions qu'il ne faut pas moins épamprer les mailletons que les ceps qui sont dans les rangées, on peut néanmoins se dispenser de leur faire cette opération, quand la rareté des journaliers empêchera de la faire; au lieu qu'on ne s'en dispensera jamais à l'égard des ceps qui sont dans les rangées, à moins qu'on ne pense à se pourvoir de provins pour la suite, parce que cette opération leur est nécessaire pour empêcher que la trop grande multitude de fouets ne les maigrisse, et afin qu'ils n'aient chacun qu'une tige à nourrir. On aura soin de provoquer l'accroissement de cette tige en y appliquant un appui suffisamment élevé, pour qu'en se glissant le long de cet appui, elle puisse passer par-dessus le joug auquel on l'attachera la seconde année de sa plantation, et en descendre en se courbant de l'autre côté pour porter du fruit. Lorsque les vignes auront atteint cette hauteur, il faudra rompre leur cime afin qu'elles prennent du corps, et qu'elles ne s'affaiblissent pas en se jetant dans une longueur superflue. Nous épamprerons cependant le sarment même que nous laisserons monter en tige, depuis son pied jusqu'à la hauteur de trois pieds et demi, et nous arracherons souvent tous les rejetons qu'il pourra avoir jetés sur ses côtés dans ce premier temps. Mais il ne faudra toucher à rien de ce qui sera poussé sur sa partie supérieure; et il sera plus à propos d'attendre l'automne pour le tailler avec la serpette, que de l'épamprer en été, parce que sitôt qu'on l'a épampré, il paraît toujours un rejeton à l'endroit même d'où on en a ôté un, et que ce nouveau rejeton venant à pousser, il ne reste plus d'œil sur la tige qui puisse donner du fruit l'année suivante.

VII. Le temps propre à épamprer, en tel cas qu'on le fasse, c'est lorsque les pampres sont assez tendres pour se laisser abattre au moindre toucher; car, pour peu qu'ils soient devenus trop durs, il faut alors ou faire de plus grands efforts pour les arracher, ou les tailler à la serpette. Or ce sont deux choses qu'il faut également éviter : l'une, parce que les efforts nécessaires pour les arracher déchirent la mère; l'autre, parce que la taille lui fait une blessure qui est toujours pernicieuse dans une plante encore verte, et qui n'est pas encore parvenue à son degré de maturité. En effet, la plaie qui en résulte n'est pas circonscrite par les tra-

---

novella vineta confodere, omnesque herbas et praecipue gramina extirpare, quae nisi manu eliguntur, et in summum rejiciuntur, quantulacunque parte adobruta sunt, reviviscunt, et vitium semina ita perurunt, ut scabra atque retorrida efficiant.

VI. Ea porro sive malleolos seu vividradices deposuimus, optimum est ab initio sic formare, ut frequenti pampinatione supervacua detrahamus; nec patiamur plus quam in unam materiam vires et omne alimentum conferre. Primo tamen bini pampini submittuntur, ut sit alter subsidio, si alter forte deciderit. Cum deinde paulum induruere virgae, tum deteriores singulae detrahuntur. Ac ne quae relictae sunt procellis ventorum decutiantur, molli et laxo vinculo adsurgentes subsequi convenient, dum claviculis suis quasi quibusdam manibus adminicula comprehendant. Hoc si operarum penuria facere prohibet in malleolo, quem et ipsum pampinare censemus : at certe in ordinariis vitibus utique obtinendum est, ne pluribus flagellis emacientur, nisi si propaginibus futuris prospiciemus : sed ut singulis materiis serviant, quarum incrementa elicere debemus, applicato longiore adminiculo, per quod prorepant in tantum, ut sequentis anni jugum exsupe-rent, et in fructum curvari possint. Ad quam mensuram cum increverint, cacumina infringenda sunt, ut potius crassitudine convalescant, quam supervacua longitudine attenuentur. Idem tamen sarmentum quod in materiam submittimus, ab imo usque in tres pedes et semissem pampinabimus, et omnes ejus intra id spatium nepotes enatos saepius decerpemus. Quidquid deinde supra germinaverit, intactum relinqui oportebit. Magis enim convenit proximo autumno falce deputari superiorem partem, quam aestivo tempore pampinari, quoniam ex eo loco, unde nepotem ademeris, confestim alterum fundit : quo enato, nullus relinquitur oculus in ipsa materia, qui sequenti anno cum fructu germinet.

VII. Omnis autem pampinationis [ea] est tempestivitas, dum adeo teneri palmites sunt, ut levi tactu digiti decutiantur. Nam si vehementius induruerint, aut majore nisu convellendi sunt, aut falce deputandi; quod utrumque vitandum est. Alterum, quia lacerat matrem, si revellere coneris : alterum, quia sauciat, quod in viridi et adhuc stirpe immatura fieri noxium est. Neque enim eatenus plaga consistit, qua vestigium fecit acies : sed aestivis caloribus falce vulnus penitus impressum latius inarescit ita,

ces de l'instrument ; mais la blessure, qui se trouve imprimée trop profondément, dessèche beaucoup plus loin la plante pendant les chaleurs de l'été, au point même qu'une très-grande partie du corps de la mère en meurt. C'est pourquoi, si l'on est forcé d'avoir recours à la serpette, parce que les pampres seront déjà trop durs, il ne faudra pas les séparer de la mère en entier, mais il faudra en laisser une partie, comme on le pratique à l'égard des coursons, afin que le dommage que la chaleur occasionnera ne tombe que sur cette partie. On en laissera jusqu'au premier nœud d'où il doit sortir des rejetons sur le côté du pampre, parce que la violence de la chaleur ne pénètre pas au delà de cette distance. Quant aux mailletons, on suit la même méthode pour les épamprer, comme pour exciter leur tige à s'allonger au cas que l'on veuille les employer dès la première année, comme j'ai souvent fait. Mais si l'on se propose de les couper absolument, pour ne les employer que la seconde année, il faudra étêter la tige unique à laquelle on les aura réduits, dès que cette tige aura plus d'un pied de long, afin qu'ils s'affermissent plus du côté de la tête, et qu'ils deviennent plus robustes. Voilà la première façon que demandent les vignes depuis leur plantation.

VIII. Les temps suivants demandent des soins plus étendus, ainsi que l'ont écrit Celsus et Atticus, qui sont les auteurs que notre siècle a le plus approuvés en matière d'agriculture : car il faut déchausser la vigne après les ides d'octobre, et avant que les froids ne surviennent. Cette opération sert à mettre à jour les petites racines qui ont poussé pendant l'été : et l'agriculteur sensé les tranche avec le fer, parce que s'il les laissait se fortifier, celles d'au-dessous s'affaibliraient, et il en résulterait que la vigne jetterait sur la superficie du terrain des racines exposées à être dévastées par le froid ou échauffées par les chaleurs, au point que la mère serait infailliblement trop altérée au lever de la Canicule. C'est pourquoi, lorsqu'on aura déchaussé les vignes, il faudra en couper toutes les racines qui auront poussé en deçà d'un pied et demi de profondeur ; mais on ne s'y prendra pas pour cette amputation de la même façon que pour celles que l'on fait aux parties supérieures de la vigne. Car il ne faudra ni unir la plaie, ni appliquer le fer à la mère elle-même, parce que si l'on coupait une racine trop près du tronc, ou il en renaîtrait plusieurs autres de la cicatrice qui aurait été faite, ou l'eau des pluies d'hiver, qui séjourne dans les lacs formés autour de la plante par la fouille faite à son pied venant à se geler au solstice d'hiver, brûlerait ces blessures encore nouvelles, et pénétrerait à la moelle. Pour éviter ces inconvénients, il faudra s'écarter à peu près d'un doigt du tronc, pour ne couper les petites racines qu'à cette distance. Lorsqu'on a ôté ces racines avec ces précautions, elles ne se multiplient plus, et leur séparation du tronc le préserve de tout accident. Quand cela est fait, si l'on est dans un pays où l'hiver soit doux, il faut laisser la vigne, ainsi déchaussée à l'air ; au lieu que s'il est trop rude, il faut en couvrir, avant les ides de décembre, les petites fosses que l'on a faites au pied de la vigne en la déchaussant. Si même l'on est dans un pays où l'on ait les plus grands froids à craindre, il faudra répandre sur les racines de la vigne, avant de la recouvrir, un peu de fumier ou de fiente de pigeon, si on le trouve plus commode, ou verser dessus six *sextarii* de vieille urine que l'on aura gardée à cette intention. Il faudra déchausser les vignes à chaque automne pendant les cinq premières années, jusqu'à ce qu'elle

---

ut non minimam partem de ipso matris corpore enecet. Atque ideo si jam caulibus duris falcem adhiberi necesse est, [ii] paulum ab ipsa matre recidendum est, et velut reseces relinquendi sunt, qui caloris excipiant injuriam, eatenus qua nascuntur a latere palmites. Ultra enim non serpit vaporis violentia. In malleolo similis ratio est pampinandi, et in longitudinem eliciendi materiam, si eo velimus anniculo uti, quod ego sæpe feci. Sed si propositum est utique recidere, ut bimo potius utamur, cum ad unum pampinum jam redegeris, et is ipse excesserit pedalem longitudinem, decacuminare convenit, ut in cervicem potius confirmetur, et sit robustior. Atque hæc positorum seminum prima cultura est.

VIII. Sequens deinde tempus, ut prodidit Celsus et Atticus, quos jure maxime nostra ætas probavit, post idus Octobris ampliorem curam deposcit. Nam prius quam frigora invadunt, vitis ablaqueanda est. Quod opus adapertas ostendit æstivas radiculas, easque prudens agricola ferro decidit. Nam si passus est convalescere, inferiores deficiunt, atque evenit ut vinea summa parte terreni radices agat, quæ et frigore infestentur et caloribus majoribus in modum æstuent, ac vehementer sitire matrem in ortu Caniculæ cogant. Quare quicquid intra sesquipedem natum est, cum ablaqueaveris, recidendum est. Sed hujus non eadem ratio est amputandi, quæ traditur in superiore parte vitis. Nam minime adlevanda plaga est, minimeque applicandum ferramentum ipsi matri : quoniam si juxta truncum radicem præcideris, aut ex cicatrice plures enascentur, aut hiemalis, quæ ex pluviis consistit in lacusculis ablaqueationis aqua, brumæ congelationibus nova vulnera peruret, et ad medullam penetrabit, quod ne fiat, recedere ab ipso codice instar unius digiti spatio convenit, atque ita radiculas præcidere ; quæ sic ademptæ non amplius pullulant, et a cætera noxa truncum defendunt. Hoc opere consummato, si est hiems in ea regione placida, patens vitis relinquenda est : sin violentior, nil ejusmodi prohibet, ante idus Decembris prædicti lacusculi coæquandi sunt. Si vero etiam prægelida frigora regionis eju suspecta erunt, aliquid fimi, vel, quod est commodius, columbini stercoris, aut in hunc usum præparatæ veteris urinæ senos sestarios, antequam vitem adobruas, radicibus superfundes. Sed ablaqueare omnibus autumnis oportet

17.

soient dans toute leur force; mais une fois que leur tronc aura pris sa croissance, on pourra ne faire cette opération qu'environ tous les trois ans, tant parce qu'en suivant cette méthode le pied des vignes se trouvera moins souvent endommagé par le fer, que parce qu'il faut plus de temps aux vignes pour jeter de ces petites racines, lorsque leur tronc a pris de la consistance.

IX. Après le déchaussement des vignes vient la taille, qui, suivant les préceptes des anciens auteurs, doit être faite de façon que la vigne soit réduite à une seule petite tige, qui ne porte que deux bourgeons près de terre. On ne doit pas tailler la vigne auprès de la jointure d'un nœud, pour ne pas en intimider l'œil; mais on la taille à peu près vers le milieu de l'espace qui est entre deux nœuds, en tenant la serpette obliquement, de peur que, si la cicatrice était horizontale, la pluie qui viendrait à tomber ne s'arrêtât dessus. Il ne faut pas non plus que la plaie soit inclinée du côté où se trouve le bouton, mais du côté opposé, afin qu'elle verse ses pleurs à terre plutôt que sur le bourgeon. Car autrement l'eau qui en découlerait aveuglerait l'œil, et l'empêcherait de se développer en feuilles.

X. Il y a deux temps pour tailler la vigne; mais le meilleur (comme dit Magon) est de la tailler au printemps avant qu'elle bourgeonne, parce qu'étant alors pleine de sucs, il est plus facile de lui faire une plaie et d'unir cette plaie dans toute sa surface, outre qu'elle résiste moins à la serpette. Celsus et Atticus ont suivi cet auteur. Pour nous, nous croyons qu'il ne faut ni trop arrêter l'accroissement des plantes en les taillant de trop court, à moins qu'elles ne soient de la dernière faiblesse, ni les tailler toujours au printemps. Mais la première année qu'elles sont plantées, il faut les aider à venir en les bêchant fréquemment, c'est-à-dire, tous les mois pendant lesquels elles sont en feuilles, et en les épamprant souvent, afin qu'elles acquièrent des forces, et qu'elles n'aient pas plus d'un sarment à entretenir. Lorsqu'elles auront élevé ce sarment, nous croyons qu'il sera nécessaire de l'éplucher en automne, ou au printemps si on le trouve plus convenable, et de le délivrer des rejetons que celui qui aura épampré pourra lui avoir laissés dans sa partie supérieure, pour le mettre ensuite sur le joug, parce que la vigne qui peut s'élever au-dessus du joug avec le fouet de la première année, est lisse, droite et sans cicatrice. Il est vrai que c'est ce que l'on voit arriver rarement, et chez peu d'agriculteurs; aussi est-ce pour cela que les auteurs que je viens de citer ont été d'avis que l'on coupât absolument les prémices de la vigne. D'un autre côté, la taille du printemps n'est pas certainement la meilleure pour tous les pays : effectivement il n'y a pas de doute qu'il ne faille la préférer dans les pays froids; mais pour ceux qui sont exposés au grand soleil, et où l'hiver est doux, la meilleure et la plus naturelle est celle de l'automne, puisque c'est le temps auquel les plantes se dépouillent de leurs fruits et de leurs feuilles, en vertu d'une loi éternelle prescrite, pour ainsi dire, par la Divinité.

XI. Je pense que voilà ce qu'on doit faire à la vigne, soit qu'on l'ait plantée en marcottes, soit qu'on l'ait plantée en mailletons : car l'expérience a condamné l'opinion dans laquelle étaient les anciens, qu'il ne fallait point approcher le fer des mailletons d'un an, comme s'ils eussent redouté son tranchant; crainte vaine qu'ont eue Virgile, Saserna, les Stolons et les Catons. Au reste, ces auteurs n'étaient pas seulement dans l'erreur, en ce qu'ils ne touchaient point à la chevelure que jetaient les plantes la première an-

---

tebit primo quinquennio, dum vitis convalescat : ubi vero truncus adoleverit, fere triennio intermittendus est [ejus operis] labor. Nam et minus ferro crura vitium læduntur, nec tam celeriter radiculæ inveterato jam codice enascuntur.

IX. Ablaqueationem deinde sequitur talis putatio, ut ex præcepto veterum auctorum vitis ad unam virgulam revocetur, duabus gemmis juxta terram relictis. Quæ putatio non debet secundum articulum fieri, ne reformidet oculus, sed medio fere internodio ea plaga obliqua falce fit; ne si transversa fuerit cicatrix, cælestem superincidentem aquam contineat. Sed nec ad eam partem, qua est gemma, verum ad posteriorem declinatur, ut in terram potius devexa, quam in germen delacrumet. Namque depluens humor cæcat oculum, nec patitur frondescere.

X. Putandi autem duo sunt tempora: melius autem, ut ait Mago, vernum, antequam surculus progerminet, quoniam humoris plenus facilem plagam et levem et æqualem accipit, nec falci repugnat. Hunc autem secuti sunt Celsus et Atticus. Nobis neque angusta putatione coercenda semina videntur, nisi si admodum invalida sunt; neque utique verno recidenda. Sed primo quidem anno, quo sunt posita, frequentibus fossionibus omnibus mensibus dum frondent ac pampinationibus adjuvanda sunt, ut robur accipiant, nec plus quam uni materiæ serviant. Quam ut educaverint, autumno vel vere, si magis competit, adradenda, et nepotibus, quos pampinator in superiore parte omiserat, liberanda censemus, atque ita in jugum imponenda. Ea enim levis et recta sine cicatrice vinea est, quæ se primi anni flagello supra jugum extulit, quod tamen apud paucos agricolas et raro contingit. Ideoque prædicti auctores primitias vitis resecare censuerunt. Sed nec utique verna omnibus regionibus melior putatio est. Nam ubi cælum frigidum est, ea sine dubio eligenda est. Ubi vero aprica loca sunt, mollesque hiemes, optima et maxime naturalis est autumnalis : quo tempore divina quadam lege et æterna fructum cum fronde stirpes deponunt.

XI. Hoc facere, sive viviradicem sive malleolum conseveris, censeo. Nam illam veterem opinionem damnavit usus, non esse ferro tangendos anniculos malleolos, quoniam reformident. Quod frustra Virgilius et Saserna Stolonesque et Catones timuerunt : qui non solum in eo errabant,

née, mais encore en ce que, lorsqu'ils en venaient à couper la marcotte au bout de deux ans, ils la coupaient tout entière, à ras terre et près de la jointure du tronc, afin qu'elle repoussât sur le bois dur. En effet, l'expérience, cette maîtresse des arts, nous a appris, au contraire, à façonner les accroissements des mailletons dès la première année, et à empêcher que la vigne, fertile en feuillages superflus, ne devienne trop touffue; de même qu'elle nous a appris à ne pas la contenir autant que les anciens l'ordonnaient, en la coupant tout entière. En effet, cette méthode lui est contraire, tant parce que, lorsqu'on a coupé le plant à ras de terre, la plupart des ceps meurent comme s'ils étaient frappés d'un coup au-dessus de leurs forces, que parce que ceux qui résistent à cette blessure, et qui n'en meurent point, portent pour la plus grande partie des sarments moins féconds, puisque, de l'aveu de tout le monde, les pampres qui sortent du bois dur sont le plus souvent sans fruit. Il faut donc prendre un milieu, et ne pas couper le mailleton à ras de terre, ni l'exciter non plus à donner un bois trop long, mais remarquer le courson de l'année précédente, pour laisser, au-dessus de la commissure même de l'ancien sarment, un ou deux bourgeons, dont il sortira du bois.

XII. Après la taille vient le soin d'échalasser la vigne : mais cette première année ne demande pas encore de pieux ni de forts échalas; car j'ai remarqué qu'une jeune vigne s'accommodait communément mieux d'un petit appui que d'un fort pieu. C'est pourquoi, ou nous mettrons auprès de chaque vigne deux vieux roseaux (de peur qu'étant nouveaux ils ne prennent racine), ou, si la situation de la contrée nous le permet, nous enfoncerons en terre de vieux échalas abandonnés, auxquels nous attacherons des perches, qui traverseront la file des ceps par un bas. Les paysans appellent cette espèce de joug un *canterius*. Il est en effet très-important que le pampre de la vigne trouve quelque chose qu'il puisse saisir dès qu'il commence à s'allonger et avant de se courber, afin qu'il ait la facilité de s'étendre plutôt horizontalement que perpendiculairement, et qu'il soutienne plus aisément l'impétuosité des vents, à l'aide de ce *canterius* qui le soutiendra. Il sera à propos que ce joug n'aille pas jusqu'à quatre pieds de hauteur, jusqu'à ce que la vigne se soit fortifiée.

XIII. Quand la vigne aura été échalassée, il faudra la lier. La fonction de celui qui la liera consistera à la bien attirer en ligne droite sur le joug : si le pieu est placé tout auprès d'elle, comme il a plu à quelques auteurs de le placer, celui qui la liera observera en l'attachant de ne pas se régler sur les sinuosités du pieu, si par hasard il est tortu, parce que cette méthode la rendrait crochue; mais si on a laissé un intervalle entre le cep et le pieu (comme Atticus et quelques autres agriculteurs ont prétendu qu'on devait faire, et comme je suis assez d'avis qu'on fasse), il faut joindre le cep à un roseau droit, et l'y attacher à l'aide de plusieurs ligatures, pour le conduire ainsi au joug. La nature des liens dont on se servira pour attacher le plant, n'est point une chose indifférente : en effet, tant que la vigne est jeune, il faut l'attacher avec des liens très-doux, parce que, si l'on se servait de branches de saule ou d'orme, elle se couperait à mesure qu'elle grossirait. Les meilleurs liens seront donc de genêt, de jonc coupé dans les marais, ou de

quod primi anni capillamenta seminum intacta patiebantur, sed et post biennium, cum vividarix recidenda erat, omnem superficiem amputabant solo tenus juxta ipsum articulum, ut e duro pullularet. Nos autem magister artium docuit usus, primi anni malleolorum formare incrementa, nec pati vitem supervacuis frondibus luxuriantem silvescere; nec rursus in tantum coercere, quantum antiqui præcipiebant, ut totam superficiem amputemus. Nam id quidem rationi maxime contrarium est. Primum quod ut ad terram deciderit, semina, velut intolerabili affecta vulnere, pleraque intereunt, nonnulla etiam, quæ pertinaciter vixerunt, minus fœcundas materias afferunt : siquidem e duro quæ pullulant, omnium confessione pampinaria sæpissime fructu carent. Media igitur ratio sequenda est, ut neque solo tenus malleolum recidamus, nec rursus in longiorem materiam provocemus : sed adnodato superioris anni pollice, supra ipsam commissuram veteris sarmenti unam vel duas gemmas relinquemus, ex quibus germinet.

XII. Putationem sequitur jam pedandæ vineæ cura : verum hic annus nondum vehementem palum aut ridicam desiderat : notatum est enim a me plerumque teneram vineam melius adminiculo modico quam vehementi palo adquiescere. Itaque aut veteres, ne novæ radicem agant, arundines singulis viticulis applicabimus binas, aut si regionis conditio permittit, de vepribus hastilia, quibus adnectantur singulæ transversæ perticæ in unam partem ordinis : quod genus jugi canterium vocant rustici : plurimum id refert esse, quod paulum infra curvationem vitis prorepens pampinus statim apprehendat, et in transversa potius se fundat, quam in edita, ventosque facilius sustineat subnixus canterio. Idque jugum intra quartum pedem convenit allevari, dum se vinea corroboret.

XIII. Impedationem deinde sequitur alligator, cujus officium est, ut rectam vitem producat in jugum. Quæ sive juxta palum est posita, ut quibusdam placuit auctoribus, observare debebit, qui adnectit, ne in alliganda materia flexum pali, si forte curvus est, sequendum putet; nam ea res uncam vitem facit : sive, ut Attico et nonnullis aliis agricolis visum est, inter vitem et palum spatium relinquatur, quod nec mihi displicet, recta arundo adjungenda stirpi est, et ita per crebra retinacula in jugum perducenda. Vinculi genus quale sit, quo religantur semina, plurimum refert. Nam dum novella vinea est, quam mollissimo nectenda est : quia si viminibus salicis aut ulmi ligaveris, increscens vitis se ipsa præcidit. Optima

glaïeuls. Cependant les feuilles même de roseaux, séchées à l'ombre, ne sont point d'un mauvais usage en cette occasion.

XIV. Il faut avoir les mêmes attentions pour les mailletons, c'est-à-dire, qu'après les avoir réduits par la taille à un ou deux boutons pendant l'automne, ou au printemps avant qu'ils bourgeonnent, il faudra les attacher au joug. La perche que j'ai appelée *canterius* sera plus près de terre pour les mailletons que pour les ceps qui sont dans les rangées : car elle ne doit pas être élevée à plus d'un pied, afin que les pampres encore tendres trouvent quelque chose à quoi ils puissent s'accrocher avec leurs vrilles, et que les vents ne les déracinent point. Ensuite le fossoyeur retournera, par de fréquentes fouilles faites au hoyau, la superficie du terrain, et le pulvérisera bien également. Nous approuvons très-fort cette espèce de fouille faite à plat; car pour celle que l'on appelle en Espagne fouille d'hiver, et que l'on emploie pour enlever la terre du pied des vignes, et la rassembler dans les allées qui sont entre les rangées, elle nous paraît inutile, parce que les vignes ont déjà été déchaussées en automne, et que cette opération, qui en a découvert les racines supérieures, s'est fait sentir jusqu'aux racines les plus profondes, en leur transmettant les pluies d'hiver. On doit faire ces sortes de fouilles autant de fois que la premiere année, ou une fois de moins. Car il faut surtout avoir soin de remuer souvent le terrain, jusqu'à ce que les vignes aient pris assez d'accroissement pour le couvrir de leur ombre, et pour empêcher les herbes d'y croître à leur pied. On doit aussi épamprer les vignes cette année comme la précédente, parce qu'il faut encore contenir, pour ainsi dire, l'enfance du plant, et ne lui pas laisser plus d'un fouet; d'autant plus qu'à un âge aussi tendre il ne résisterait pas à la charge du fruit et à celle du bois tout à la fois.

XV. Mais lorsque la vigne est parvenue, au bout d'un an et six mois, à être vendangée, il faut la peupler sitôt après en avoir cueilli le fruit, et propager les mailletons qu'on a mis en terre à cet effet; ou si l'on n'en a pas, il faut attirer des sautelles des ceps qui sont dans les rangées, et les conduire à un pieu différent de celui qui soutient ces ceps; car il est très-intéressant de bien garnir encore tous les appuis de la vigne par de nouvelles plantations. On ne la garnira pas néanmoins par-dessous, dans le moment qu'on sera prêt à la vendanger. On appelle sautelle une branche d'un cep courbée en terre près de son appui, et dont on conduit l'extrémité à un pieu qui n'est point garni, après l'avoir recouverte de terre dans une fosse suffisamment profonde. Cette branche donne par la suite beaucoup de bois, qui sort de toute la partie qui est arquée, et que l'on applique à son appui dès qu'il est venu, pour le faire parvenir au joug. L'année suivante, on coupe jusqu'à la moelle du cep la partie supérieure de la sautelle, à l'endroit même où on l'a courbée, de peur que le fouet qui en sera sorti n'attire à lui toutes les forces de sa mère, et afin qu'il s'habitue peu à peu à tirer sa nourriture de ses propres racines. A l'âge de deux ans, on coupe la sautelle très-près de la branche qu'on a laissé venir sur la partie arquée; ensuite on bêche profondément au pied de cette nouvelle plante ainsi séparée de sa mère, et on laisse une petite fosse autour d'elle; après quoi on la coupe jusqu'à ras terre du fond de cette fosse, et on la recouvre de terre, afin qu'elle pousse des racines par en bas, parce que si on la coupait sans tant de précautions sur la superficie du sol, elle pourrait germer par le bout qui avoisinerait la terre, ce qu'il faut prévenir.

---

est ergo genista, vel paludibus desectus juncus, aut ulva. Non pessime tamen in umbra siccata faciunt in hunc usum arundinum quoque folia.

XIV. Sed et malleolorum similis cura agenda est, ut ad unam aut duas gemmas deputati autumno vel vere, prius quam germinent, jugentur. Iis, ut dixi, canterius propior a terra, quam vitibus ordinariis submittendus est : neque enim editior esse debet pedali altitudine, ut sit quem teneri adhuc pampini capreolis illigent suis, ne ventis explantentur. Insequitur deinde fossor, qui crebris bidentibus æqualiter et minutim soli terga comminuat. Hanc planam fossuram maxime nos probamus. Nam illa, quam in Hispania hibernam appellant, cum terra vitibus detrahitur, et in media spatia interordiniorum confertur, supervacua nobis videtur : quia jam præcessit autumnalis ablaqueatio, quæ nudavit summas, et ad inferiores radiculas hibernos transmisit imbres. Numerus autem fossionis aut idem esse debet qui primi anni, aut una minus. Nam utique frequenter solum exercendum est, dum id incremento suo vites inumbrent, nec patiantur herbam subcrescere. Pampinationis eadem debet esse ratio hujus anni, atque prioris. Adhuc enim compescenda quasi pueritia seminis est, nec plus quam in unum flagellum est submittenda : tanto quidem magis, quod tenera ejus ætas non sustinet et fœtu et materiis onerari.

XV. Sed cum annicula mensium sex ad vindemiam perducta est, sublato fructu protinus frequentanda est, et præsidiarii malleoli propagandi sunt, qui in hunc usum fuerant depositi, vel, si ne hi quidem sunt, ex ordinaria vite in alterum palum mergus est attrahendus. Nam plurimum interest adhuc nova consitione pedamen omne vestiri; nec mox vineam tum subseri, cum fructus capiendus est. Mergi genus est, ubi supra terram juxta suum adminiculum vitis curvatur, atque ex alto scrobe submersa perducitur ad vacantem palum : tum ex arcu vehementer citat materiam, quæ protinus applicata suo pedamento ad jugum evocatur. Sequente deinde anno insecatur superior pars curvaturæ usque ad medullam, ne totas vires matris propagatum flagellum in se trahat, et ut paulatim condiscat suis radicibus ali. Bima deinde præciditur proxime palmam, quæ ex arcu submissa est. Et id quod a matre abscissum recessit, confestim alte circumfoditur,

Il n'y a pas de temps plus favorable pour couper les sautelles que depuis les ides d'octobre jusqu'à celles de novembre, afin que leurs racines puissent se fortifier pendant l'hiver. En effet, si on faisait cette opération au printemps, qui est le temps auquel les branches commencent à se charger de boutons, elles tomberaient en langueur, en se trouvant privées tout à coup de leur mère.

XVI. On suit la même méthode pour transférer les mailletons. Car on est à temps, après les ides d'octobre du second automne, de les enlever pour les planter, si le climat et la nature du terrain le permettent : mais si la rigueur du climat et la mauvaise disposition du terrain s'y opposent, il ne sera temps de le faire qu'au printemps d'ensuite. Il ne faut pas laisser trop longtemps les mailletons dans les vignes, de peur qu'ils n'épuisent la force du terrain, et qu'ils ne nuisent aux plantes qui sont dans les rangées, et qui se fortifieront d'autant plus aisément, qu'elles seront plus promptement délivrées de la compagnie des marcottes : on peut au contraire garder dans des pépinières des vignes de trois ou même de quatre ans, pourvu qu'on les coupe entièrement ou qu'on les taille de court, parce qu'on ne destine pas ces pépinières à la vendange. Dès que la vigne que l'on a plantée a passé deux ans et demi, c'est-à-dire, son troisième automne, il faut l'attacher à des appuis plus forts que ceux qu'elle a, et ne pas faire cette opération de caprice, ni au hasard. Car ou on fiche le pieu auprès du cep ; auquel cas on l'en éloignera cependant d'un pied, tant afin d'éviter qu'il ne presse ou n'endommage ses racines, qu'afin que le fossoyeur puisse fouiller de tout côté autour du plant, et on le posera de façon qu'il protège la vigne, en recevant sur lui toute la violence du froid et l'impétuosité des aquilons : ou on le fiche dans l'entre-deux des rangées ; auquel cas, afin qu'il ait plus de stabilité pour porter le joug et les fruits, il faut le bien enfoncer, ou même faire préalablement un trou dans la terre avec un piquet, pour qu'il soit enfoncé plus profondément. Car plus l'échalas est posé près du cep, plus il est stable, sans même être bien enfoncé, parce que le cep et lui, se touchant mutuellement l'un l'autre, se soutiennent réciproquement. Il faut ensuite attacher aux appuis de forts jougs, qui seront faits ou de perches de saules, ou de plusieurs roseaux joints pour ainsi dire en bottes, pour qu'ils aient une certaine résistance, et qu'ils ne s'affaissent pas sous le poids des fruits. Car on pourra déjà laisser deux sarments à chaque cep du plant, à moins cependant qu'il ne se trouve quelques ceps dont la petitesse exige qu'on les taille de plus court ; auquel cas on ne leur laissera qu'une branche à fruit, et même garnie de très-peu d'yeux.

XVII. Les perches donnent un joug plus solide, et qui coûte moins de peine à fabriquer qu'un joug de roseaux, qui demande plus de journées de travail avant que les vignes y soient attachées, parce qu'il faut lier ensemble ces roseaux en différents endroits, après avoir renversé la tête des uns vis-à-vis le pied des autres, afin que ce joug soit également gros dans toute sa longueur. En effet, si toutes les têtes des roseaux étaient réunies d'un seul côté, la faiblesse de ce côté cédant à son poids, les fruits seraient renversés par terre dans le temps de leur maturité, et exposés aux chiens et aux bêtes fauves ; au lieu que lorsqu'un joug sera formé de plusieurs

---

et scrobiculo facto ad imum solum præciditur, adobruiturque, ut et radices deorsum agat, nec ex propinquo negligenter in summa terra resectum progerminet. Tempus autem non aliud magis idoneum est hunc mergum amputandi, quam ab idib. Octob. in idus Novemb. ut hibernis mensibus suas radices confirmet. Nam si vere id fecerimus, quo gemmare palmites incipiunt, matris alimentis subito destitutus languescit.

XVI. Eadem ratio est in transferendo malleolo. Nam [in] secundo autumno, si cæli et loci qualitas patitur, commodissime post idus Octobris exemptus conseritur : sin autem aliqua terræ vel aeris repugnat injuria, tempestivitas ejus in proximum ver differtur. Neque diutius in vineis relinquendus est, ne soli vires absumat, et ordinaria semina infestet : quæ quanto celerius liberata sunt consortio vivirradicum, tanto facilius convalescunt. At in seminario licet trimam atque etiam quadrimam vitem resectam vel anguste putatam custodire : quoniam non consulitur vindemiæ. Cum mensem trigesimum excessit posita vinea, id est tertio autumno, vehementioribus statuminibus statim impedanda est, idque non ut libet aut fortuito faciendum. Nam sive prope truncum defigitur palus, pedali tamen spatio recedendum est, ne aut premat radicem aut vulneret, et ut fossor tamen ab omni parte semina circumfodiat; isque palus sic ponendus est, ut frigorum et Aquilonum excipiat violentiam vitemque protegat : sive medio interordinio pangetur, vel defodiendus est, vel prius paxillo perforato solo, altius adigendus, quo facilius et jugum et fructum sustineat. Nam quanto propius truncum ridica statuitur, etiam leviter defixa stabilior est : quoniam contingens vitem mutua vice sustinetur et sustinet. Statuminibus deinde firmiora juga sunt alliganda, quæ vel saligneis perticis vel compluribus quasi fasciculis arundinum connectuntur, ut rigorem habeant, nec pandentur onere fructuum. Nam binæ jam materiæ singulis seminibus submittendæ erunt : nisi si tamen gracilitas vitis alicujus angustiorem putationem desiderabit, cujus unus palmes atque idem paucorum oculorum erit relinquendus.

XVII. Perticæ jugum firmius faciunt, minusque operosum. Arundines pluribus operis jugantur, quoniam et pluribus locis nectuntur. Eæque inter se conversis cacuminibus vinciendæ sunt, ut æqualis crassitudo totius jugi sit. Nam si cacumina in unum competent, imbecillitas ejus partis gravata pondere jam maturum fructum prosternit, et canibus ferisque reddit obnoxium. At cum jugum in fascem pluribus arundinibus alterna cacuminum vice ordinatum

roseaux liés en bottes, de façon que les têtes en seront alternativement tournées de différents côtés, il pourra communément être de bon usage pendant cinq ans. Pour ce qui est de la taille et des autres façons, il n'y a pas d'autre méthode à suivre que celle qu'on aura suivie pour les deux premières années; c'est-à-dire, qu'il faut déchausser avec soin les ceps pendant l'automne, et appliquer de même des provins aux pieux qui ne seront pas garnis. Car il ne faut jamais laisser passer une seule année sans renouveler cette dernière opération, d'autant que si les choses que nous plantons ne peuvent pas être immortelles, nous avons cependant un moyen de pourvoir à leur perpétuité, en substituant d'autre plant au lieu et place de celui qui meurt, et en ne laissant pas périr toute l'espèce par une négligence continuée pendant plusieurs années. Il faut aussi donner alors aux vignes plusieurs fouilles, quoiqu'on puisse s'en tenir à une de moins que la première année; comme il faut aussi les épamprer souvent, et ne pas se contenter d'en ôter les feuilles superflues une ou deux fois pendant le courant de l'été. On doit surtout mettre à bas tout ce qui sera poussé au-dessous de la tête du tronc : de même, lorsque chaque œil aura jeté sous le joug deux pampres à la fois, quoique ces pampres montrent une belle apparence de fruits abondants, il faudra en retrancher un, afin que l'autre profite davantage, et qu'il soit plus en état de nourrir le fruit qu'on lui aura laissé. A trois ans et cinq mois, lorsque la vendange sera finie, il faudra tailler la vigne de façon à lui laisser plusieurs fouets, qui la partageront en forme d'étoile. Mais le devoir principal du vigneron consiste à la ravaler par la taille environ à un pied de distance au-dessous du joug, afin que toutes les parties tendres qui viendront à pousser au-dessus de sa tête à travers ses bras soient animées, et qu'en se recourbant par-dessus le joug, elles se précipitent vers la terre, sans cependant y atteindre. Il faut néanmoins proportionner le nombre de ces branches tendres à la force du tronc, et ne pas en laisser plus que la vigne n'en peut nourrir. Communément à cet âge, lorsque le terrain et le tronc sont bons, la vigne n'en peut supporter que trois, et rarement quatre. Celui qui les liera aura soin de les distribuer chacune d'un côté différent, parce qu'il ne servirait de rien que le joug fût croisé et divisé en étoile, si on n'y attachait pas les branches à fruit dans la même forme. Il est vrai que tous les agriculteurs n'ont pas adopté cette forme, et que plusieurs se sont contentés, au contraire, d'arranger ces branches d'une façon plus simple. Cependant la vigne a plus de consistance pour soutenir le poids de ses sarments et celui de son fruit, lorsqu'étant attachée de deux côtés au joug, elle est retenue par un contrepoids égal comme par des espèces d'ancres : de plus, lorsqu'elle est soutenue par tous les côtés, elle étend son bois en plus de bras, et le développe plus aisément qu'elle ne le fait lorsqu'elle a une multitude de branches entassées sans ordre sous un simple *canterius*. Néanmoins quand la vigne ne s'étendra pas beaucoup en largeur, ou qu'elle sera peu fertile, et que d'ailleurs le climat ne sera point sujet aux orages ni aux tempêtes, elle pourra se contenter d'un seul joug. Car pour les pays où les pluies seront abondantes et les tempêtes impétueuses, et où la vigne, étant ébranlée par l'abondance des eaux ou comme suspendue sur des collines escarpées, aura besoin de beaucoup de soutiens, il faudra la fortifier de toutes parts, et la soutenir, pour

est, fere quinquennii præbet usum. Neque enim est alia ratio putationis aut cæteræ culturæ, quam quæ primi biennii. Nam et autumnalis ablaqueatio sedulo facienda, nec minus vacantibus palis propagines applicandæ. Hoc enim opus nunquam intermittendum est, quin omnibus instauretur annis. Neque enim ea, quæ seruntur a nobis, immortalia esse possunt. Attamen æternitati eorum sic consulimus, ut demortuis seminibus alia substituamus : nec ad occidionem universum genus perduci patimur complurium annorum negligentia. Quin etiam crebræ fossiones dandæ, quamvis una possit detrahi culturæ prioris anni. Pampinationes quoque sæpe adhibendæ. Neque enim satis est semel aut iterum tota æstate viti detrahere frondem supervacuam. Præcipue autem decutienda sunt omnia, quæ infra trunci caput egerminaverint. Item si oculi singuli sub jugo binos pampinos emiserint, quamvis largos fructus ostendant, detrahendi sunt singuli palmites, quo lætior, quæ superest materia, consurgat, et reliquum melius educet fructum. Post quadragesimum et alterum mensem percepta vindemia sic instituenda est putatio, ut submissis pluribus flagellis vitis in stellam dividatur. Sed putatoris officium est pedali fere spatio citra jugum vitem compescere, ut e capite, quicquid teneri est, per brachia emissum provocetur, et per jugum inflexum præcipitetur ad eam mensuram, quæ terram non possit contingere. Sed modus pro viribus trunci servandus est, ne plures palmites submittantur, quam quibus vitis sufficere queat. Fere autem prædicta ætas læto solo truncoque tres materias, raro quatuor desiderat, quæ per totidem partes ab alligatore dividi debent. Nihil enim refert jugum in stellam decussari atque diduci, nisi et palmites adjugentur. Quam tamen formam non omnes agricolæ probaverunt : nam multi simplici ordine fuere contenti. Verum stabilior est vinea et oneri sarmentorum et fructui ferendo, quæ ex utraque parte jugo devincta pari libramento velut ancoris quibusdam distinetur. Tum etiam per plura brachia materias diffundit, et facilius eas explicat undique subnixa, quam quæ in simplici canterio frequentibus palmitibus stipatur. Potest tamen, si vel parum late disposita vinea vel parum fructuosa cælumque non turbidum nec procellosum habeat, uno jugo contenta esse. Nam ubi magna vis et incursus est pluviarum procellarumque, ubi frequentibus aquis vitis labefactatur, ubi præcipitibus clivis velut pendens plurima præsidia desiderat; ibi quasi quadrato

ainsi dire, avec un bataillon carré. Quant aux terrains chauds et secs, il faudra y étendre le joug de tous côtés, afin que les pampres, qui viendront en tout sens, se réunissent ensemble, et qu'en s'épaississant en forme de voûte, ils couvrent de leur ombre la terre qui sera altérée ; au lieu que dans les pays froids et sujets aux gelées, on se contentera de ranger les pampres sur une seule ligne, parce que de cette façon la terre se séchera plus facilement, et que le fruit mûrira mieux et jouira davantage d'un air salutaire. D'ailleurs les fossoyeurs auront alors plus de liberté et de commodité pour lancer le hoyau, le fruit sera plus sous les yeux des gardiens, et les vendangeurs le cueilleront plus commodément.

XVIII. Quand on voudra disposer ses vignobles en ordre, il faudra faire des carrés séparés entre eux par des sentiers, qu'on remplira chacun de cent ceps, ou, comme d'autres aiment mieux faire, distribuer tout son terrain par *semi-jugera*. En distribuant ainsi ses vignobles, outre l'avantage qu'on leur procure d'être plus exposés au soleil et au vent, il devient aussi plus facile au propriétaire d'y fixer ses regards et d'y porter ses pas, deux choses très-salutaires au fond. D'ailleurs cette distribution le met à portée d'estimer avec certitude le nombre de journées qu'il aura à exiger, parce qu'on ne peut pas se tromper, lorsque les *jugera* sont partagés en portions égales. Bien plus, la distribution faite par carrés diminue, pour ainsi dire, la fatigue du travail, à proportion de ce que ces parties sont plus petites, et excite en conséquence les travailleurs à dépêcher leur ouvrage : car l'immensité d'un travail urgent décourage communément les ouvriers. Il est encore très-utile de connaître les forces de ses vignes et le produit de chacune en particulier, pour pouvoir juger quelles sont celles qui ont besoin de plus ou moins de culture. En outre, ces sentiers livrent non-seulement aux vendangeurs mais encore à ceux qui vont raccommoder les jougs et les appuis de la vigne, un passage libre et facile, à travers lequel les uns et les autres peuvent porter les fruits ou les échalas.

XIX. Quant à la hauteur dont le joug doit être élevé de terre, il suffira de dire que sa plus petite élévation est de quatre pieds, et sa plus grande de sept. Il faut cependant éviter cette dernière dans les jeunes plants ; car on ne doit pas commencer par élever d'abord les vignes à une si grande hauteur, et il ne faut les y conduire qu'après une longue suite d'années. Au reste, plus le sol et le climat sont humides et les vents doux, plus il faut élever le joug : car pour lors la fertilité des vignes permet de les laisser monter plus haut, et le fruit étant écarté de terre est moins sujet à se pourrir ; outre que c'est la seule façon dont il puisse jouir des effets salutaires du vent, qui sèche en peu de temps les brouillards et les rosées pestilentielles, et qui contribue beaucoup tant à faire défleurir la vigne qu'à en améliorer le vin. Les terrains maigres au contraire ou ceux qui vont en pente, ainsi que ceux qui sont brûlés par la chaleur, ou trop exposés à la violence des tempêtes, demandent des jougs plus bas. Mais si tout se trouve conforme à nos désirs, nous ferons monter nos vignes à cinq pieds de hauteur, ni plus ni moins ; quoiqu'il n'y a point de doute que plus elles seront montées sur des jougs élevés, plus le vin qu'elles donneront sera d'un goût délicat.

XX. Quand la vigne a été échalassée et mise au joug, elle a besoin des soins de celui qui doit la lier. Ce qu'il aura le plus à cœur, ainsi que je

circumfirmanda est agmine. Calidis vero et siccioribus locis in omnem partem jugum porrigendum est, ut prorepentes undique pampini jungantur, et condensati cameræ more, terram sitientem obumbrent. Contra pluviis et frigidis et pruinosis regionibus simplices ordines instituendi : nam et sic facilius insolatur humus, et fructus percoquitur, perflatumque saluberrimus habet ; fossores quoque liberius et aptius jactant bidentes, meliusque perspicitur a custodibus fructus, et commodius legitur a vindemiatore.

XVIII. Sed quoquo vineta placuerit ordinare, centenæ stirpes per singulos hortos semitis distinguantur : vel, ut quibusdam placet, in semijugera omnis modus dirimatur. Quæ distinctio præter illud commodum, quod plus solis et venti vitibus præbet, tum etiam oculos et vestigia domini, res agro saluberrimas, facilius admittit, certamenque æstimationem in exigendis operibus præbet. Neque enim falli possumus per paria intervalla jugeribus divisis. Quinetiam ipsa hortulorum descriptio quanto est minoribus modulis concisa, fatigationem veluti minuit, exstimulatque eos qui opera moliuntur, et ad festinandum invitat. Nam fere vastitas instantis laboris animos debilitat. Non nihil etiam prodest vires et proventum cujusque partis vinearum nosse, ut æstimemus, quæ magis aut minus colenda sint. Vindemiatoribus quoque hæ semitæ et jugum pedamentaque sarcientibus opportunam laxitatem præbent, per quam vel fructus vel statumina portentur.

XIX. De positione jugi, quatenus a terra levandum sit, hoc dixisse abunde est : humillimam esse quatuor pedum, celsissimam septem. Quæ tamen in novellis seminibus vitanda est. Neque enim hæc prima constitutio vinearum esse debet, sed per annorum longam seriem ad hanc altitudinem vitis perducenda est. Cæterum quanto humidius est solum et cœlum, placidioresque venti, tanto est altius attollendum jugum. Nam lætitia vitium patitur celsius evocari, fructusque submotus a terra minus putrescit : et hoc uno modo perflatur ventis, qui nebulam et rorem pestiferum celeriter adsiccant, multumque ad deflorescendum et ad bonitatem vini conferunt. Rursus exilis terra et acclivis torrensque æstu, vel quæ vehementibus procellis obnoxia est, humilius jugum poscit. At si cuncta competunt voto, justa est altitudo vineæ pedum quinque ; nec tamen dubium, quin vites tanto melioris saporis præbeant mustum, quanto in editiora juga consurgunt.

XX. Pedatam vineam jugatamque sequitur alligatoris

l'ai dit ci-dessus, est de conserver la tige dans une direction droite, et de ne pas se régler sur les tortuosités de l'échalas, de peur que sa mauvaise tournure ne fasse contracter à la vigne les mêmes défauts. Ce point est non-seulement intéressant pour donner un bel aspect à la vigne, mais encore pour lui procurer de la fécondité, de la force et de la durée. Car quand le tronc est droit, il porte sa moelle dans la même direction ; moyennant quoi le suc de la terre, qui lui doit servir de nourriture, passe plus facilement à travers cette moelle, et parvient au haut de la plante, en suivant, pour ainsi dire, un chemin qui ne se trouve barré par aucun détour ni par aucun obstacle ; au lieu que les vignes, qui sont courbées et torses, ne sont pas également abreuvées de ce suc dans toutes leurs parties, tant à cause des obstacles que les nœuds apportent à son passage, qu'à cause de leur tortuosité, qui retarde la filtration des eaux de la terre, en leur opposant, pour ainsi dire, des mauvais pas. C'est pourquoi, lorsque la vigne est montée en ligne droite jusqu'au haut du pieu, on l'y attache avec un lien, de peur que le poids de ses fruits ne l'affaisse et ne la courbe. Ensuite, à partir de l'endroit qui a été lié le plus près du joug, on arrange ses bras de côté et d'autre, et on recourbe en terre à l'aide d'un autre lien les branches à fruit, après les avoir fait passer sur le joug. Moyennant cela, il arrive que d'un côté ce qui pend du joug se charge de fruit, et que d'un autre côté la courbure occasionne de nouvelles pousses aux environs du lien qui la retient au joug. Il y en a qui étendent au-dessus du joug les parties que nous précipitons par en bas, et qui les y retiennent en les liant à diverses reprises ; mais je ne crois pas leur méthode bonne. En effet, lorsque les branches à fruit sont pendantes, les pluies, les brouillards et les grêles ne leur nuisent pas autant qu'elles leur nuisent, lorsqu'étant liées ensemble elles semblent se présenter en face aux mauvais temps. Cependant ces mêmes branches à fruits, que l'on aura laissé perdre, doivent être liées avant que le fruit mûrisse, et quand les grappes commenceront à tourner et qu'elles seront encore en verjus, afin que les pluies puissent moins les pourrir, et que les vents et les bêtes ne les dévastent pas. Il faut, le long des chemins et des sentiers, tourner les branches à fruit en dedans du plan, pour que les passants n'y causent aucun dommage. Voilà la manière de conduire au joug la vigne, quand il est temps de l'y mettre. Car si elle est faible ou courte, il faut la couper à la hauteur de deux bourgeons, afin qu'elle jette un bois plus fort, et qui puisse monter tout d'un trait au joug.

XXI. Quand la vigne a cinq ans, on ne la taille pas autrement que pour lui continuer la forme que nous avons désignée ci-dessus, et pour l'empêcher de s'étendre par en haut, en faisant en sorte que sa tête reste toujours à environ un pied au-dessous du joug, et qu'elle se distribue en quatre parties, c'est-à-dire, en autant de parties qu'elle a de bras ou de *duramenta*, suivant l'expression de quelques personnes. Il suffira de laisser à chacun de ces bras une branche à fruit, jusqu'à ce que les vignes aient toute leur force. Mais lorsque, quelques années après, elles seront parvenues, pour ainsi dire, à la vigueur de la jeunesse, le nombre des branches à fruit qu'on leur laissera ne sera plus fixe. En effet, la fertilité du terrain en exigera davantage, et sa maigreur en comportera moins ; d'autant que si on ne réprime pas une vigne trop abondante en fruit, elle quitte mal sa fleur, et ne

---

cura, cui antiquissimum esse debet, ut supra dixi, rectam conservare stirpem, nec flexum ridicæ persequi, ne pravitas staluminum ad similitudinem sui vitem configuret. Id non solum ad speciem plurimum refert, sed ad ubertatem et firmitatem, perpetuitatemque. Nam rectus truncus similem sui medullam gerit, per quam velut quodam itinere sine flexu atque impedimento facilius terræ matris alimenta meant, et ad summum perveniunt. At quæ curvæ sunt et distortæ, non æqualiter alliduntur inhibentibus nodis, et ipso flexu cursum terreni humoris veluti salebris retardante. Quare cum ad summum palam recta vitis extenta est, capistro constringitur, ne fœtu gravata subsidat curveturque. Tum ex eo loco quod proximum jugo ligatum est, brachia disponuntur in diversas partes, palmæque superpositæ deorsum versus curvantur vinculo. Itaque id quod jugo dependet, fructu impletur : rursusque curvatura juxta vinculum materiam exprimit. Quidam eam partem, quam nos præcipitamus, supra jugum porrigunt, et crebris viminibus innexis continent ; quos ego minime probandos puto. Nam dependentibus palmitibus neque pluviæ neque pruinæ grandinesve tantum nocent, quantum religatis, et quasi tempestatibus oppositis. Iidem tamen palmites prius quam fructus mitescant, variantibus adhuc et acerbis uvis, religari debent, quo minus roribus queant putrescere, aut ventis ferisve vastentur. Juxta decumanum atque semitas palmites intrinsecus flectendi sunt, ne prætereuntium incursu lædantur. Et hac quidem ratione tempestiva vitis perducitur ad jugum. Nam quæ vel infirma vel brevis est, ad duas gemmas recidenda est, quo vehementiorem fundat materiam, quæ protinus emicet in jugum.

XXI. Quinquennis vineæ non alia est putatio, quam ut figuretur, quemadmodum institui dicere supra neve supervagetur ; sed ut caput trunci pedali fere spatio sit inferius jugo, quaternisque brachiis, quæ duramenta quidam vocant, dividatur in totidem partes. Hæc brachia sat erit interim singulis palmitibus in fructum submitti, donec vineæ justi sint roboris. Cum aliquot deinde annis, quasi juvenilem ætatem ceperint, quot palmites relinqui debeant, incertum est. Nam loci lætitia plures, exilitas pauciores desiderat. Siquidem luxuriosa vitis nisi fructu compescitur, male deflorescit, et in materiam frondemque

donne que du bois et des feuilles ; comme, d'un autre côté, quand elle est faible, elle souffre, pour peu qu'elle en soit trop chargée. C'est pourquoi, dans un terrain gras, on pourra laisser deux fouets à chaque bras, sans cependant changer le cep au point d'avoir plus de huit branches à fruit à nourrir, à moins que la fertilité du terrain n'en exige absolument davantage. Effectivement, un cep qui a plus de branches que nous ne venons de dire a plutôt l'air d'une vigne en treille qu'en vignoble. On ne doit pas non plus souffrir que les bras d'une vigne deviennent plus gros que son tronc : mais toutes les fois que l'on pourra laisser croître des fouets sur leurs côtés, il faudra les couper eux-mêmes par en haut, afin qu'ils ne montent pas au delà du joug ; de façon que la vigne soit toujours renouvelée par de jeunes branches, que l'on mettra au joug lorsqu'elles seront devenues assez longues pour y atteindre. Mais s'il s'en trouve quelques-unes de rompues, ou qui ne soient pas assez longues, pour peu qu'elles soient dans une partie qui puisse servir à renouveler la vigne l'année suivante, il faudra les tailler en courson d'un pouce, que les uns appellent *custos*, les autres *resex*, et d'autres *præsidiarius*. Ce courson n'est autre chose qu'un sarment de deux ou trois boutons, que l'on conserve à dessein de renouveler la vigne par son moyen, parce que, dès qu'il a produit des branches à fruit, on coupe tout l'excédent de l'ancien bras, qui est au-dessus de l'œil dont ces branches sont sorties. Cette méthode, par laquelle les vignes auront été mises en bon état, sera celle qu'il faudra toujours suivre par la suite.

XXII. Mais si nous avons acquis des vignes qui aient été conduites d'une autre façon, et que, pour avoir été négligées pendant plusieurs années, elles soient montées au delà du joug, il faudra examiner de quelle longueur sont les bras qui excèdent la mesure que nous venons de fixer ; car s'ils n'ont que deux pieds ou un peu plus, on pourra encore remettre toute la vigne au joug, pourvu que son pieu soit appliqué au tronc même. En effet, il suffira pour lors d'écarter le pieu du tronc, et de l'enfoncer en terre sur la ligne où est la vigne, vis-à-vis le vide que forment deux de ses bras entre eux ; après quoi on penchera la vigne pour la conduire à cet appui, et moyennant cela elle se trouvera à la portée du joug. Mais si ses bras sont beaucoup plus allongés, ou qu'ils soient dans le cas d'atteindre jusqu'à un quatrième ou même jusqu'à un cinquième échalas, on pourra à la vérité les rétablir, mais à plus grands frais, en courbant en terre des sautelles ; et à l'aide de ces sautelles, dont nous approuvons fort l'usage, la vigne se propagera très-promptement. Cependant si elle est vieille, et que la superficie de son tronc soit rongée, cette opération demandera une grande attention ; au lieu qu'il en faudra moins, si elle est dans toute sa vigueur et son intégrité. En effet, il suffira pour lors, après l'avoir déchaussée, de la fumer largement en hiver, et de la tailler de court ; après quoi on l'ouvrira avec la pointe d'un instrument de fer, dans la partie la plus verte de son écorce, entre trois et quatre pieds de terre ; ensuite on donnera de fréquentes fouilles au terrain, afin qu'elle puisse s'animer et jeter des pampres, surtout de l'endroit où on l'aura ouverte : communément il sort un germe de cette cicatrice, et si le produit en devient très-long, on le laisse croître comme un fouet ; au lieu que s'il est moins long, on le taille

effunditur : infirma rursus, cum onerata est, affligitur. Itaque pingui terra singulis brachiis licebit bina injungere flagella, nec tamen numerosius onerare, quam ut una vitis octo serviat palmitibus ; nisi si admodum nimia ubertas plureis postulabit. Illa enim pergulæ magis, quam vineæ figuram obtinet ; quæ supra hunc modum materiis distenditur. Nec debemus committere, ut brachia pleniora trunco sint : verum assidue, cum modo e lateribus eorum flagella licuerit submittere, amputanda erunt superiora duramenta, ne jugum excedant : sed novellis palmis semper vitis renovetur. Quæ si satis excreverint, jugo superponantur : sin aliqua earum vel præfracta, vel parum procera fuerit, locumque idoneum obtinebit, unde vitis anno sequenti renovari debeat, in pollicem tondeatur, quem quidam custodem, alii resecem, nonnulli præsidiarium appellant, id est, sarmentum gemmarum duarum vel trium, ex quo cum processerit frugiferæ materiæ, quicquid est supra vetusti brachii amputatur, et ita ex novello palmite vitis pullulascit. Atque hæc ratio bene institutarum vinearum in perpetuum custodienda erit.

XXII. Si vero aliter formatas acceperimus vineas, et multorum annorum negligentia supervenerint jugum, considerandum erit, cujus longitudinis sint duramina, quæ excedunt prædictam mensuram. Nam si duorum pedum aut paulo amplius fuerint, poterit adhuc universa vinea sub jugum mitti, si tamen palus trunco sit applicitus. Is enim a vite admovetur, et in medio spatio duorum ordinum ad lineam pangitur : transversa deinde vitis ad statumen perducitur, atque ita jugo subjicitur. At si duramenta ejus longius excesserint, ut in quartum aut etiam in quintum statumen prorepserint, majore sumptu restituetur. Mergis namque, qui nobis maxime placent, propagata celerrime provenit. Hoc tamen si vetus et exesa est superficies trunci ; at si robusta et integra, minorem operam desiderat. Quippe hiberno tempore ablaqueata fimo satiatur, angusteque deputatur, et inter quartum ac tertium pedem a terra viridissima parte corticis acuto mucrone ferramenti vulneratur. Frequentibus deinde fossuris terra permiscetur, ut imbecillitari vitis possit, et ab ea maxime parte, quæ vulnerata est, pampinum fundere. Plerumque autem germen de cicatrice procedit, quod sive longius prosiluerit, in flagellum submittitur : sive brevius, in pollicem : sive admodum exiguum, in furunculum : is ex quolibet vel minimo capillamento fieri potest. Nam ubi

en courson, et s'il est absolument court, on le taille en forme de verrue; car le moindre petit filament peut être taillé de cette dernière façon. Or, dès qu'un pampre est sorti du bois dur avec une ou deux feuilles, pourvu que ce pampre vienne à maturité, sans avoir été ni coupé ni épluché, il donnera, le printemps suivant, un bois considérable; et lorsque ce bois sera consolidé, et qu'il aura formé une espèce de bras, on pourra dès lors couper la partie du bras qui montait au-dessus du joug, et par conséquent laisser le reste au joug. Plusieurs personnes, pour avoir plus tôt fait, coupent les vignes qui sont dans ce cas à plus de quatre pieds de terre, sans rien redouter de cette amputation, parce qu'ordinairement la plupart des ceps se prêtent naturellement à jeter de nouvelles pousses auprès de la cicatrice. Mais nous n'approuvons pas cette méthode; parce que communément une trop grande plaie, quand elle n'est pas surmontée d'une partie de bois bien portante, avec laquelle elle puisse se consolider, est bientôt desséchée par l'ardeur du soleil, ou pourrie par les pluies et les rosées qui succèdent à ce premier accident. Cependant, lorsqu'on sera forcé de couper absolument un cep, il faudra d'abord le déchausser, puis le couper un peu au-dessous de la superficie du sol, afin que la terre dont on le recouvrira puisse le mettre à l'abri de l'ardeur du soleil, sans cependant empêcher le passage des nouvelles branches qui sortiront de ses racines, afin qu'elles puissent se marier à leurs échalas, ou couvrir de leurs provins les échalas du voisinage qui ne seront point garnis. Cette espèce d'opération ne pourra néanmoins se faire que lorsque les vignes seront plantées assez profondément pour que leurs racines ne vacillent pas sur la superficie du sol, et qu'elles seront d'une bonne espèce.

Autrement ce serait peine perdue : parce que si ce sont des vignes dégénérées, on aura beau les renouveler, elles conserveront toujours ce premier vice, et que si elles tiennent à peine sur la superficie de la terre, elles périront avant que d'avoir pris une certaine force. Ainsi, dans le premier cas, on fera mieux de les greffer avec des entes fructueuses; et dans le second, il faudra les extirper entièrement et en replanter de nouvelles, pourvu cependant qu'on y soit déterminé par la bonté du sol. Car si c'est par le vice du sol qu'elles sont devenues stériles avant même que d'être vieillies, nous ne croyons pas qu'on doive les rétablir en aucune façon. Or les vices de terrain qui finissent presque toujours par détruire les vignobles sont la maigreur et la stérilité, un goût salé ou amer inhérent à la terre, l'humidité, une position trop inclinée et escarpée, une terre trop ombragée et privée des rayons du soleil, des vallées sablonneuses, de même qu'un tuf sablonneux, un sable plus maigre qu'il ne faut, et dans lequel il n'y a pas plus de terre que dans du gravier pur, et toute autre circonstance pareille, qui met la terre hors d'état de fournir à la vigne sa nourriture. Au reste, lorsqu'un terrain n'a aucun de ces désavantages ni d'autres semblables, on peut en faire un vignoble qui rapportera toutes les années sans se reposer, en se conformant à la méthode que nous avons donnée dans le premier livre. Mais pour les vignobles d'une espèce mauvaise, et qui, tout robustes qu'ils sont, ne rapportent pas de fruit à cause de leur stérilité, on les corrigera, comme nous avons dit, par le moyen de la greffe, dont nous traiterons en son lieu, lorsque nous en serons venus à cette matière.

XXIII. Comme il semble que nous avons peu

---

unius aut alterius folii pampinus prorepsit e duro, dummodo ad maturitatem perveniat, sequente vere, si non adnodatus neque adrasus est, vehementem fundit materiam : quæ cum convaluit et quasi brachium fecit, licet tunc supervagatam partem duramenti recidere, et ita reliquam jugo subjicere. Multi sequentes compendium temporis, tales vineas supra quartum pedem detruncant, nihil reformidantes ejusmodi resectionem : quoniam fere plurimarum stirpium natura sic se commodat, ut juxta cicatricem novellis frondibus repullescant. Sed hæc quidem ratio minime nobis placet. Siquidem vastior plaga nisi habeat superpositam valentem materiam, qua possit inolescere, solis halitu torretur : mox deinde roribus et imbribus putrescit. Attamen cum est utique vinea recidenda, prius ablaqueare, deinde paulum infra terram convenit amputare, ut superjecta humus vim solis arceat, et e radicibus novellos prorumpentes caules transmittat, qui possint vel sua maritare statumina, vel si qua sunt vidua in propinquo, propaginibus vestire. Hæc autem ita fieri debebunt, si vineæ altius positæ nec in summo labantes radices habebunt, et si boni generis erunt. Namque aliter

incassum dependitur opera. Quoniam degeneres etiam renovatæ pristinum servabunt ingenium; at quæ summa parte terræ vix adhærebunt, et deficient ante quam convalescant. Altera ergo vinea fructuosis potius surculis inserenda erit, altera funditus extirpanda et reserenda, si modo soli bonitas suadebit. Cujus cum vitio consenuit, nullo modo restituendam censemus. Loci porro vitia sunt, quæ fere ad internicionem vineta perducunt, macies et sterilitas terræ, salsa vel amara uligo, præceps et prærupta positio, nimium opaca et soli aversa vallis, arenosus etiam tofus, vel plus justo jejunus sabulo, nec minus terreno carens ac nuda glarea, et siqua est proprietas similis, quæ vitem non alit. Cæterum si vacat his et horum similibus incommodis, potest ea ratione fieri restibilis vinea, quam priore libro præcepimus. Illa rursus mali generis vineta, quæ quamvis robusta sint, propter sterilitatem fructu carent, ut diximus, emendantur insitione facta, de qua suo loco disseremus, cum ad eam disputationem pervenerimus.

XXIII. Nunc quoniam parum videmur de putatione vinearum locuti, maxime necessariam partem propositi ope-

parlé de la taille, nous allons à présent traiter avec plus de soin cette façon, qui est la plus essentielle de toutes celles que nous proposons de donner aux vignes. Il faut donc, lorsque la température douce et modérée de la contrée où nous cultiverons le permettra, commencer la taille après la vendange, vers les ides d'octobre, pourvu cependant que les pluies d'automne soient préalablement tombées, et que les sarments aient acquis la force qu'ils doivent avoir : car la sécheresse oblige de la remettre à un temps plus éloigné. Mais si une température froide et sujette aux gelées blanches menaçait d'un hiver rude, nous remettrions cette opération aux ides de février. On pourrait aussi user du même délai, dans le cas où l'on n'aurait que des possessions de vignes peu étendues : car lorsque l'étendue de nos possessions nous empêchera de choisir notre temps, il faudra tailler les parties de nos vignobles les plus vigoureuses pendant les froids, les plus maigres au printemps ou pendant l'automne, celles qui seront sous le midi, en hiver et même pendant le solstice; et celles qui seront exposées à l'aquilon, au printemps et pendant l'automne. Il est incontestable que telle est la nature de cet arbrisseau, que plus on le taille de bonne heure, plus il donne de bois, de même que plus on le taille tard, plus il donne de fruit.

XXIV. Au surplus, en tel temps que le vigneron taille la vigne, il a trois choses principales à observer : la première est d'avoir le plus qu'il pourra les fruits en vue; la seconde, de prendre ses précautions dès le moment de la taille, pour réserver pour l'année suivante le bois qui promettra le plus ; enfin d'assurer à la vigne la plus longue durée ; car la négligence sur un seul de ces points, quel qu'il soit, est capable de porter un grand préjudice au propriétaire. Comme une vigne est divisée en quatre parties, elle est aussi tournée vers quatre aspects du ciel différents; et comme chacun de ces aspects a ses propriétés différentes, ils demandent aussi des variétés dans l'arrangement des vignes, à raison de la différence de leur exposition. C'est pourquoi les bras exposés au septentrion sont ceux qui doivent souffrir le moins de taille, surtout si on les taille lorsqu'ils sont déjà menacés du froid, qui ne manquerait pas de brûler les cicatrices de l'opération. On ne leur laissera donc qu'un sarment le plus près du joug que faire se pourra, avec un courson au-dessous, qui servira à renouveler la vigne l'année suivante. Au midi, au contraire, on laissera un plus grand nombre de branches à fruit, qui serviront d'ombrage à la mère, lorsqu'elle sera tourmentée par les chaleurs de l'été, et qui empêcheront que le fruit ne se dessèche avant sa maturité. Pour le levant et le couchant, ils admettent tous deux très-peu de différence dans la taille, parce que la vigne ne voit pas le soleil pendant moins d'heures sous l'une de ces positions que sous l'autre. Il faudra donc laisser du bois à proportion de la bonté du terrain et de celle du cep. Voilà les principes généraux de la taille; en voici de particuliers auxquels il faudra se conformer dans le détail. Car, pour commencer par le bas de la vigne comme par ses fondements, pour m'exprimer ainsi, il faut toujours écarter avec la doloire la terre dont son pied est environné; et s'il se trouve de ces rejetons qui tiennent à ses racines, nommés par les paysans *suffrago*, il faut les arracher avec soin, et unir la plaie avec le fer, pour empêcher que les eaux de l'hiver n'y séjournent. En général il vaut toujours mieux arracher les rejetons qui poussent d'un

---

ris diligentius persequemur. Placet ergo, si mitis ac temperata permittit in ea regione, quam colimus, cæli clementia, facta vindemia secundum idus Octobris auspicari putationem : cum tamen æquinoctiales pluviæ præcesserint, et sarmenta justam maturitatem ceperint. Nam siccitas seriorem putationem facit. Sin autem cæli status frigidus et pruinosus hiemis violentiam denuntiat, in idus Febr. hanc curam differemus. Atque id licebit facere, si erit exiguus possessionis modus. Nam ubi ruris vastitas electionem nobis temporis negat, valentissimam quamque partem vineti frigoribus, macerriam vere, vel autumno, quin etiam per brumam meridiano axi oppositas vites, aquiloni per ver et autumnum deputari conveniet. Nec dubium, quin sit horum virgultorum natura talis, ut quanto maturius detonsa sint, plus materiæ, quanto serius, plus fructus afferant.

XXIV. Quandoque igitur vinitor hoc opus obibit, tria præcipue custodiat. Primum ut quam maxime fructui consulat. Deinde ut in annum sequentem quam lætissimas jam hinc eligat materias ; tum etiam, ut quam longissimam perennitatem stirpi acquirat. Nam quicquid ex his omittitur, magnum affert domino dispendium. Vitis autem cum sit per quatuor divisa parteis, totidem cæli regiones aspicit. Quæ declinationes cum contrarias inter se qualitates habeant, variam quoque postulant ordinationem pro conditione suæ positionis in partibus vitium. Igitur ea brachia, quæ septentrionibus objecta sunt, paucissimas plagas accipere debent, et magis si putabuntur ingruentibus [jam] frigoribus, quibus cicatrices inuruntur. Itaque una tantummodo materia jugo proxima, et unus infra eam custos erit submittendus, qui vitem mox in annum renovet. At e contrario per meridiem plures palmites submittantur, qui laborantem matrem fervoribus æstivis opacent, nec patiantur ante maturitatem fructum inarescere. Orientis atque occidentis haud sane magna est in putatione differentia, quoniam solem pari horarum. numero sub utroque axe vitis accipit. Modus itaque materiarum is erit, quem dictabit humi utriusque ipsius stirpis lætitia. Hæc in universum ; illa per parteis custodienda sunt. Nam ut ab ima vite quasi a quibusdam fundamentis incipiam, semper circa crus dolabella dimovenda terra est. Et si soboles, quam rustici suffragini vocant, radicibus adhæret, diligenter explantanda ferroque allevanda est, ut hibernas aquas respuat. Nam præstat ex vulnere

endroit qui a été taillé, que de laisser une cicatrice pleine de nœuds et rude; parce que, dans le premier cas, la plaie ne tarde pas à se cicatriser, au lieu que, dans le second cas, elle se cave et se pourrit. Après avoir ainsi soigné le pied de la vigne, il faut examiner ses cuisses et son tronc, pour n'y laisser ni pampres sortis du bois dur, ni tumeur semblable à une verrue, à moins que la vigne ne soit montée plus haut que le joug, et qu'elle ne demande à être ravalée. Mais s'il arrive qu'une partie du tronc qui aura été coupé soit desséchée par l'ardeur du soleil, ou que la vigne ait été creusée soit par les eaux, soit par les animaux nuisibles qui se seront insinués dans sa moelle, il faudra se servir de la doloire pour la délivrer de tout le bois mort, et ensuite la ratisser avec la serpe jusqu'au vif, afin qu'elle se cicatrise dans une partie verte. Il ne sera pas difficile d'enduire ces plaies, aussitôt qu'elles seront unies, avec de la terre détrempée préalablement dans de la lie d'huile, parce que cette espèce d'enduit écarte de la vigne les vers et les fourmis, et la préserve du soleil et de la pluie; ce qui fait qu'elle reprend plus tôt, et qu'elle conserve son tronc toujours vert. Il faut encore éplucher le corps de la vigne en arrachant l'écorce sèche et gersée qui pendra du haut du tronc, parce que la vigne délivrée de ces espèces d'immondices ne s'en porte que mieux, et que le vin qu'elle donne est moins sujet à la lie. Il faut aussi écarter et ratisser avec le fer la mousse qui tient le pied de la vigne resserré comme entre des entraves, et qui la maigrit par sa saleté, et par la léthargie dans laquelle elle la plonge. Voilà ce qu'il y a à faire dans le bas de la vigne. Je vais prescrire également ce qu'il faut lui faire au corps.

Les plaies que l'on fait à la vigne dans le dur de son bois doivent être obliques et bien unies, parce qu'étant faites de cette manière, elles se guérissent plus promptement, et laissent plus facilement écouler l'eau jusqu'à ce qu'elles soient cicatrisées; au lieu que les plaies qui sont faites horizontalement reçoivent plus d'eau sur leur surface, et la gardent plus longtemps. C'est donc une faute que le vigneron doit surtout éviter. Il faut couper les sarments gourmands, ainsi que les vieux; ceux qui sont nés dans une mauvaise place, les tortus et ceux qui sont tournés vers la terre; et laisser les jeunes et ceux qui promettent du fruit, pourvu qu'ils soient droits. Il faut couper avec la serpe ceux qui sont secs et vieux, ainsi que les ergots des coursons de l'année, et conserver les bras tendres et verts. Quand la vigne sera montée à environ quatre pieds de hauteur, il faudra lui former quatre bras, dont chacun sera tourné vis-à-vis les quatre pointes de l'étoile formée par le joug. Mais il faudra prendre garde de laisser deux sarments ou davantage sur la même ligne et du même côté d'un bras, parce que la vigne souffre beaucoup quand toutes les parties de ses bras ne travaillent pas également, et qu'au lieu de distribuer de la nourriture à ses enfants par portion égale, elle n'est tétée que d'un seul côté; parce qu'il arrive de là que celui de ses vaisseaux dont tout le suc est épuisé sèche comme s'il était frappé de la foudre. On appelle *focaneus* la branche à fruit qui sort communément entre deux fourchons : les paysans lui ont donné ce nom, parce que, naissant entre deux des bras dans lesquels la vigne se partage, elle tient ce passage assiégé, et intercepte la nourriture de ces deux bras. On a donc bien soin de la

---

sobolem repullescentem vellere, quam nodosam et scabram plagam relinquere. Hoc enim modo celeriter cicatricem ducit, illo cavatur atque putrescit. Percuratis deinde quasi pedibus crura ipsa truncique circumspicienda sunt, ne aut pampinarius palmes internatus aut verucæ similis furunculus relinquatur : nisi si jugo superjecta vitis desiderabit ab inferiore parte revocari. Si vero trunci pars secta solis afflatu peraruit, aut aquis noxiisve animalibus, quæ per medullas irrepunt, cavata vitis est, dolabella conveniet expurgare quicquid emortuum est : deinde falce eradi vivo tenus, ut a viridi cortice ducat cicatricem. Neque est difficile mox allevatas plagas terra, quam prius amurca madefeceris, linere. Nam et teredinem formicamque prohibet, solem etiam et pluviam arcet ejusmodi litura, propter quæ celerius coalescit, et fructum viridem conservat. Cortex quoque aridus fissusque per summa trunci dependens, corpore tenus delibrandus est. Quod et melius vitis quasi sordibus liberata convalescit, et minus vino fæcis affert. Jam vero muscus, qui more compedis crura vitium devincta comprimit, situque et veterno macerat, ferro destringendus et eradendus est. Atque hæc in ima parte vitis. Nec minus ea, quæ in capite servanda sint, deinceps præcipiantur. Plagæ, quas in duro vitis accipit,

obliquæ rotundæque fieri debent. Nam citius coalescunt, et quamdiu cicatricem non obduxerunt, commodius aquam fundunt : transversæ plus humoris et recipiunt et continent. Eam culpam maxime, vinitor, fugito. Sarmenta lata, vetera, male nata, contorta, deorsum spectantia recidito; novella et fructuaria [recta] submittito. Brachia tenera et viridia servato; arida et vetera falce amputato. Ungues custodum annotinos resecato. In quatuor ferme pedes supra terram vitem elatam totidem brachiis componito, quorum singula spectent decussati jugi partes. Tum singulis vel unum flagellum, si macrior vitis erit; vel duo, si pinguior, brachio cuique submittito, eaque jugo superposita præcipitato. Sed meminisse oportebit, ne in eadem linea unoque latere brachii esse duas materias pluresve patiamur. Namque id maxime vitem infestat, ubi non omnis pars brachii pari vice laborat, neque æqua portione succum proli suæ dispensat : sed ab uno latere exsugitur. Quo fit ut ea vena, cujus omnis humor absumitur, velut icta fulgure arescat. Vocatur etiam focaneus palmes, qui solet in bifurco medius prorepere, et idcirco eum prædicto vocabulo rustici appellant, quod inter duo brachia, qua se dividit vitis, enatus velut fauces obsidet, atque utriusque duramenti trahens alimenta præripit.

retrancher aussi, et de l'arracher comme une espèce de rivale, avant qu'elle se soit fortifiée. Si cependant elle a déjà assez pris de force pour que l'un des deux bras en ait souffert, on retranche le plus faible des deux, et on la lui substitue; car l'un des bras étant ainsi coupé, la mère n'aura pas plus de peine à entretenir les deux autres parties qui resteront. Ainsi il faut mettre à un pied de distance au-dessous du joug la tête de la vigne, dont s'écarteront, ainsi que je l'ai dit, ses quatre bras, sur lesquels on renouvellera la vigne chaque année, tant en coupant d'anciennes branches à fruit qu'en en laissant croître de nouvelles, qu'il faudra choisir à cet effet avec intelligence. Car lorsque la vigne abonde en bois, le vigneron doit prendre garde en la taillant de ne pas lui laisser les branches qui seront les plus voisines du bois dur, c'est-à-dire, du tronc et de la tête de la vigne, non plus que celles qui en seront les plus éloignées. En effet, si les premières ne sont d'aucune utilité pour la vendange, parce qu'elles rapportent peu de fruit, attendu qu'elles sont semblables à celles qui sortent du tronc à son pied, les secondes épuisent la vigne, parce qu'elles sont chargées de trop de fruit, et qu'elles s'étendent jusqu'à un second et un troisième pieu, ce que nous avons dit être vicieux. Il sera donc bon de laisser les branches qui se trouveront dans le milieu des bras, parce qu'on peut en espérer du fruit, et qu'il n'y a pas à craindre qu'elles maigrissent le cep. Il y a des personnes qui montrent plus d'avidité à se procurer une grande quantité de fruit, en laissant les fouets des extrémités avec ceux du milieu, et en taillant en outre en courson le sarment le plus proche du bois dur. Mais je ne crois pas qu'on doive suivre cette méthode, à moins que la vigueur, tant du sol que du tronc, ne le permette : car ces fouets se couvrent d'une si grande quantité de grappes, qu'elles ne peuvent plus parvenir à leur maturité, à moins que la bonté de la terre ou la fertilité du tronc ne s'y prêtent. On ne doit pas tailler de branches en courson, lorsque celles dont on attend les fruits les plus prochains sont situées dans un lieu convenable, parce qu'il suffit de lier ces branches et de les courber vers la terre, pour exciter le bois à en sortir au-dessous de la ligature. Mais si la vigne s'étend plus loin que la méthode des agriculteurs ne lui permet de le faire, et qu'en s'élançant du côté de sa tête elle jette ses bras sur les toits des jougs voisins qui ne lui sont point destinés, on laissera auprès du tronc un courson vigoureux et très-long, garni de deux ou trois nœuds : ce courson jettera l'année suivante du bois, dont on formera un nouveau bras qui paraîtra comme sortir du pouce; après quoi on coupera les autres bras, et la vigne se trouvera renouvelée et pourra être contenue dans les bornes de son joug. Mais en laissant ce courson, voici ce qu'il faudra surtout observer : premièrement, que la plaie n'en soit pas horizontale ni tournée en face du ciel, mais oblique et penchée vers la terre, moyennant quoi elle se défendra d'elle-même contre la gelée, et se garantira du soleil; secondement, que la taille n'en soit point allongée en forme de flèche, mais courte et arrondie comme les ongles, parce que dans le premier cas la partie blessée se dessèche plus tôt, et que la plaie se fait sentir dans une plus grande étendue; au lieu que dans le second cas elle se remet plus tôt de sa blessure, laquelle d'ailleurs s'étend moins au loin. Il faut aussi se garder très-particulièrement d'une méthode fort vicieuse, que je vois néanmoins être usitée par plusieurs

Hunc ergo tanquam æmulum diligenter iidem amputant, et adnodant, priusquam corroboretur. Si tamen ita prævaluit ut alterutrum brachium afflixerit, id quod imbecillius est, tollitur, et ipse focaneus submittitur. Reciso enim brachio, æqualiter utrique parti vires mater subministrat. Igitur caput vitis pede infra jugum constituito, unde se pandant quatuor (ut dixi) brachia, in quibus quotannis vitis renovetur, amputatis veteribus, et submissis novis palmis, quarum delectus scite faciendus est. Nam ubi magna materiarum facultas est, putator custodire debet, ne aut proximas duro, id est a trunco et capite vitis relinquat, aut rursus extremas. Nam illæ minimum vindemiæ conferunt, quoniam exiguum fructum præbent, similes scilicet pampinariis : hæ vitem exhauriunt, quia nimio fœtu onerant, et usque in alterum ac tertium palum, quod vitiosum esse diximus, se extendunt. Quare medio in brachio commodissime palmæ submittentur, quæ nec spem vindemiæ destituant, nec emacient stirpem suam. Nonnulli fructus avidius eliciunt, extrema et media flagella submittendo, nec minus proximum duro sarmento in custodem resecando : quod faciendum, nisi permittentibus soli et trunci viribus, minime censeo. Nam ita se induunt uvis, ut nequeant maturitatem capere, si benignitas terræ atque ipsius trunci lætitia non adsit. Subsidiarius idemque custos in pollicem resecari non debet, cum palmæ, ex quibus proximi fructus sperantur, idoneo loco sitæ sunt. Nam ubi ligaveris eas, et in terram spectantes deflexeris, infra vinculum materias exprimes. At si longius, quam ritus agricolarum permittit, a capite vitis emicuerit, et brachiis in aliena jugorum complavia perrepserit, custodem validum et quam maximum juxta truncum duorum articulorum vel trium relinquemus, ex quo quasi pollice proximo anno citata materia formetur in brachium : ut sic recisa vitis ac renovata intra jugum contineatur. Sed in submittendo custode hæc maxime sunt observanda. Primum ne resupina cælum sed prona potius plaga terram spectet : sic enim et gelicidiis ipsa se protegit et ab sole obumbratur. Deinde ne sagittæ sed nec ungulæ quidem similis fiat resectio : nam illa celerius et latius emoritur, hæc tardius et angustius reformidat. Quodque etiam usurpari vitiosissime animadverto, maxime vitandum est. Nam dum serviunt decori, quo sit brevior custos, et similis pollici, juxta articulum sarmentum recidunt. Id autem plurimum officit, quoniam se-

personnes, qui, lorsqu'elles taillent un sarment en courson, n'ont égard qu'à la beauté du coup d'œil, et le coupent à cet effet près de la jointure, afin qu'il soit plus court, et qu'il ressemble plus parfaitement au pouce ; mais cette méthode est très-pernicieuse, parce qu'il arrive de là que l'œil voisin de la plaie souffre dans les commencements du froid et de la gelée, et, par la suite, de la chaleur. Le meilleur est donc de couper le courson vers le milieu de l'entre-nœuds, et d'incliner la plaie du côté opposé à l'œil, afin qu'elle ne répande pas ses pleurs sur lui, ainsi que nous l'avons déjà dit ci-dessus, et qu'elle ne l'aveugle pas lorsqu'il sera prêt à bourgeonner. Mais si l'on n'a pas de quoi faire un courson, il faudra chercher de quoi faire une tumeur, laquelle, pour être coupée de très-court à peu près dans la forme d'une verrue, n'en donnera pas moins le printemps suivant du bois, qui servira à remplacer des bras ou des branches à fruit. Si l'on ne trouve pas même de ces sortes de tumeurs, il faudra faire une ouverture à la vigne, en y appliquant le fer à l'endroit d'où l'on voudra faire sortir des pampres. Je suis encore très-fort d'avis que l'on délivre de leurs vrilles et de leurs rejetons les branches à fruit que l'on destine à la vendange. Mais il faut s'y prendre autrement pour les couper, que pour couper les pampres qui sortent du tronc : car on applique rudement la serpe pour couper ras ce qui sort du bois dur, afin que la plaie se cicatrise plus promptement ; au lieu qu'on s'y prend plus doucement quand il s'agit de couper ce qui sort du bois tendre, comme, par exemple, les rejetons, parce qu'ordinairement ils sont garnis sur le côté d'un œil qu'il faut ménager, sans l'offenser avec la serpe. Or si l'on y appliquait le fer trop rudement, on enlèverait absolument l'œil, ou tout au moins on l'endommagerait du même coup; d'où il arriverait que le pampre qui est prêt à germer serait faible et peu fertile, outre qu'il serait plus sensible aux injures des vents, parce qu'il serait sorti de la cicatrice sans aucune vigueur. Il est difficile de déterminer la longueur que l'on doit donner au bois qu'on laissera à la vigne. La plupart cependant ne lui donnent que la longueur suffisante pour pouvoir passer sur le joug et se recourber de l'autre côté, sans néanmoins aller jusqu'à terre. Pour nous, nous croyons qu'il faut entrer dans un plus grand détail sur cet objet, et examiner en premier lieu quelle est la nature de la vigne, parce que si elle est robuste, elle pourra porter de plus long bois ; en second lieu, si le sol est gras, parce que s'il ne l'est pas, quelque robuste que soit la vigne, nous la ferions bientôt périr en l'amaigrissant par de trop longs fouets. Au reste, on n'estime pas la longueur d'une branche à fruit d'après sa mesure intrinsèque, mais d'après le nombre de ses bourgeons : car lorsque ses nœuds sont très-éloignés l'un de l'autre, on peut lui laisser assez de longueur pour aller presque jusqu'à terre, attendu que malgré cette longueur elle jettera peu de pampres. Mais lorsque les nœuds d'une branche à fruit sont drus, et qu'elle montre beaucoup d'yeux, quoique courte, elle donne néanmoins un grand nombre d'autres branches à fruit, et produit des grappes en abondance, raison pour laquelle il faut de toute nécessité ménager dans ce cas-là sa longueur, pour que la vigne ne soit point chargée de branches à fruit trop hautes. Il faut encore que le vigneron examine si la vendange de l'année précédente a été abondante ou non, parce qu'il doit épargner les vignes après une forte récolte, et par conséquent les tailler alors plus court; au lieu qu'après une moindre récolte, il doit leur faire la loi. Par-des-

---

cundum plagam posita gemma pruinis et frigore tum deinde æstu laborat. Optimum est igitur medio fere internodio subsidiarium tondere palmitem, devexamque resectionem facere post gemmam, ne, ut [jam] antea diximus, superlacrymet et gemmantem cæcet oculum. Si resecis facultas non erit, circumspiciendus est furunculus, qui, quamvis angustissime præcisus in modum verrucæ, proximo vere materiam exigat, quam vel in brachium vel in fructuarium remittamus. Si neque is reperiatur, saucianda ferro est atque exulceranda vitis in ea parte, qua pampinum studemus elicere. Jam vero ipsos palmites, quos vindemiæ præparamus, claviculis ac nepotibus liberandos magnopere censeo. Sed in iis recidendis alia conditio est, atque alia in iis, quæ procedunt e trunco. Nam quicquid est, quod e duro prominet, vehementius applicata falce adnodatur et eraditur, quo celerius obducat cicatricem. Rursus quicquid e tenero processit, sicut nepos, parcius detondetur : quoniam fere conjunctam gerit ab latere gemmam, cui consulendum est, ne falce destringatur. Pressius enim si adnodes applicato ferro, aut tota tollitur, aut convulneratur. Propter quod palmes, quem mox in germinatione citaverit, imbecillis ac minus fructuosus erit, tum etiam magis obnoxius ventis ; scilicet qui infirmus de cicatrice prorepserit. Ipsius autem materiæ, quam submittemus, longitudini modum difficile est imponere. Plerique tamen in tantum provocant, ut curvata et præcipitata per jugum nequeat terram contingere. Nos subtilius dispicienda illa censemus. Primum vitis habitum; nam si robusta est, ampliores materias sustinet : deinde soli quoque pinguitudinem ; quæ nisi adest, quamvis validissimam vitem celeriter necabimus proceroribus emaciatam flagellis. Sed longi palmites non mensura, verum gemmarum numero æstimantur. Nam ubi majora sunt spatia inter articulos, licet eousque materiam producere, dum pene terram contingat : nihilo minus enim paucis frondescet pampinis. At ubi spissa internodia frequentesque oculi sunt, quamvis breve sarmentum multis palmitibus virescit, et numeroso fœtu exuberat. Quare modus talis generis necessario maxime est adhibendus, ne proceroribus fructuariis oneretur. Et ut consideret vinitor, proximi anni magna necne fuerit vindemia. Nam post largos fructus parcendum est vitibus, et

sus tout cela, nous pensons encore que toute la besogne dont nous parlons doit être faite avec des instruments de fer qui soient forts, minces et bien tranchants : car une serpe émoussée, épaisse et de peu de résistance retarde celui qui taille la vigne, et dès lors il fait moins d'ouvrage, quoiqu'il ait plus de peine. En effet, soit que l'instrument plie, comme il arrive quand il n'est pas ferme, soit qu'il pénètre difficilement, comme il arrive quand il est émoussé et épais, celui qui taille trouve alors de plus grands obstacles à vaincre, outre que les plaies, qui sont raboteuses et inégales quand l'opération n'a pas été faite en un seul coup mais en plusieurs, déchirent la vigne : d'où il arrive souvent qu'on est obligé de rompre ce qu'on aurait dû couper, et que l'humidité pourrit la vigne qui est ainsi déchirée et raboteuse, sans que les plaies qu'on lui a faites puissent se guérir. C'est pourquoi il faut bien avertir celui qui doit tailler la vigne qu'il ait à aiguiser la lame de son instrument, pour le rendre, autant qu'il pourra, aussi tranchant qu'un rasoir. Il faut aussi qu'il sache de quelle partie de la serpe il doit se servir pour chaque opération différente; car j'ai souvent rencontré plusieurs personnes qui dévastaient les vignobles, faute d'avoir cette connaissance.

XXV. Or telle est l'ordonnance et la figure de la serpe du vigneron. La partie la plus voisine du manche, qui présente la lame dans une direction droite, s'appelle *culter* à cause de sa ressemblance avec un couteau ; celle qui est recourbée s'appelle *sinus*; celle qui descend de la courbure s'appelle *scalprum*, celle qui la suit et qui est crochue s'appelle *rostrum*; celle qui surmonte cette dernière dans la forme d'une moitié de lune s'appelle *securis*; enfin celle qui part de l'extrémité de la serpe, et qui est penchée sur le devant en forme de pointe, s'appelle *mucro*. Chacune de ces parties a sa fonction particulière, pourvu que le vigneron soit habile à manier cet instrument. Car, lorsqu'il veut couper quelque chose en appuyant la main devant lui, il se sert du *culter;* lorsqu'il veut tirer la main à lui, il se sert du *sinus;* lorsqu'il veut unir la plaie, il se sert du *scalprum;* lorsqu'il veut creuser, il se sert du *rostrum;* lorsqu'il veut donner un coup, il se sert de la *securis;* et lorsqu'il veut nettoyer un endroit dont l'ouverture est étroite, il se sert du *mucro*. La plus grande partie de l'ouvrage que l'on fait sur les vignes doit être faite en tirant à soi plutôt qu'en frappant, parce qu'une plaie faite de cette manière s'unit du même trait, attendu que le vigneron commence par mesurer son coup avant d'appliquer le fer pour couper ce qu'il a envie de couper; au lieu qu'en frappant la vigne, il blesse le cep de plusieurs coups, pour peu qu'il vienne à manquer le premier (comme il arrive souvent). Ainsi la meilleure taille et la plus sûre est celle que l'on fait en conduisant la serpe (ainsi que je l'ai dit), et non pas en donnant un coup.

XXVI. Toutes les opérations précédentes finies, le soin de soutenir la vigne et de la mettre au joug pour lui donner de la stabilité, leur succède, comme nous l'avons déjà dit ci-dessus. L'échalas est préférable au pieu en cette occasion, encore y a-t-il du choix à faire : car le meilleur échalas est celui qui est fait de bois d'olivier, de chêne, et de liège, ainsi que de toute autre espèce de chêne fendu avec des coins ; viennent ensuite les appuis ronds et longs, dont les plus approuvés sont ceux de bois de genévrier, de laurier et de cyprès. Les pins sauvages sont également bons à cet usage, et le sureau même n'est pas mauvais. Au reste, quelque bons que soient ces appuis et

---

ideo anguste putandum : post exiguos, imperandum. Super cætera illud etiam censemus, ut duris tenuissimisque et acutissimis ferramentis totum istud opus exequamur. Obtusa enim et hebes et mollis falx putatorem moratur, eoque minus operis efficit, et plus laboris affert vinitori. Nam sive curvatur acies, quod accidit molli; sive tardius penetrat, quod evenit in retuso et crasso ferramento; majore nisu est opus. Tum etiam plagæ asperæ atque inæquales vites lacerant. Neque enim uno sed sæpius repetito ictu res transigitur. Quo plerumque fit, ut quod præcidi debeat præfringatur, et sic vitis laniata scabrataque putrescat humoribus, nec plagæ consanescant. Quare magnopere monendus putator est, ut prolixet aciem ferramenti, et quantum possit novaculæ similem reddat. Nec ignoret in quaque re qua parte falcis utendum sit. Nam plurimos per hanc inscitiam vastare vineta comperi.

XXV. Est autem sic disposita vinitoriæ falcis figura, ut capulo pars proxima, quæ rectam gerit aciem, culter ob similitudinem nominetur; quæ flectitur, sinus ; quæ a flexu procurrit, scalprum ; quæ deinde adunca est, rostrum appellatur; cui superposita semiformis lunæ species securis dicitur. Ejusque velut apex pronus imminens mucro vocatur. Harum partium quæque suis muneribus fungitur, si modo vinitor gnarus est iis utendi. Nam cum in adversum pressa manu desecare quid debet, cultro utitur : cum retrahere, sinu : cum allevare, scalpro : cum incavare, rostro : cum ictu cædere, securi : cum in angusto aliquid expurgare, mucrone. Major autem pars operis in vinea ductim potius quam cæsim facienda est. Nam ea plaga quæ sic efficitur, uno vestigio allevatur. Prius enim putator applicat ferrum, atque ita quæ destinavit præcidit. Qui cæsim vitem petit, si frustratus est, quod sæpe evenit, pluribus ictibus stirpem vulnerat. Tutior igitur, et utilior putatio est, quæ, ut retuli, ductu falcis non ictu conficitur.

XXVI. Hac peracta, sequitur, ut ante jam diximus, adminiculandi jugandæque vineæ cura, cui stabiliendæ melior est ridica palo, neque ea quælibet : nam est præcipua cuneis fissa olea, quercus et suber, ac si qua sunt similia robora : tertium obtinet locum pedamen teres, idque maxime probatur ex junipero, tum ex lauro et cupressu. Recte etiam faciunt ad eam rem silvestres pinus,

tous les autres semblables, il faut néanmoins les retoucher après la taille, les unir avec la doloire dans les parties qui en seront pourries, changer de côté ceux qui seront sains, retirer ceux qui seront ou cariés ou plus courts qu'il ne faudra, et en remettre de meilleurs à leur place; relever ceux qui seront couchés par terre, et redresser ceux qui pencheront. On mettra de nouveaux liens aux jougs, au cas qu'ils n'aient pas besoin d'être refaits à neuf; mais s'ils paraissaient être dans le cas d'être refaits, il faudrait attacher des perches ou des roseaux à la vigne avant d'y appliquer les pieux; et ce ne sera qu'après que le joug sera fait ainsi, que l'on rassemblera, par le moyen de l'échalas, tout le cep vis-à-vis de son pied et sous ses bras, ainsi que nous l'avons prescrit pour les jeunes vignes, en évitant d'attacher les vignes toutes les années à un seul et même endroit, de peur que les ligatures répétées ne finissent par couper le tronc et par l'étrangler. Ensuite on distribuera les bras en quatre parties sous l'étoile formée par le joug, et l'on attachera les jeunes branches à fruit sur le joug, sans forcer nature, mais en les courbant légèrement pour les laisser aller comme elles voudront, de peur de les rompre si on les pliait, et d'en faire tomber des bourgeons déjà gros. Lorsqu'il arrivera que deux sarments prendront leur direction d'un même côté du joug, on mettra une perche entre deux, afin que les branches à fruit, se coulant sur cette perche, forment le toit du joug, pour en descendre ensuite et prendre leur direction vers la terre, comme s'ils se plongeaient du faîte de ce toit. Pour que cela soit habilement exécuté, celui qui liera les branches se souviendra de ne pas en tordre le sarment en l'attachant, mais de courber simplement tout le bois qu'il mettra sur le joug et qui pourra en être précipité, de façon que ce bois paraisse plutôt appuyé sur la perche, que suspendu à la ligature qui le retient. Car j'ai souvent remarqué que les paysans, en attachant sans précaution les branches à fruit au joug, les y mettaient de façon qu'il semblait qu'elles ne faisaient que pendre de la ligature qui les retenait, quoique les branches ainsi attachées se rompent lorsqu'elles viennent à être chargées du poids des pampres et des grappes.

XXVII. Lorsque les vignobles auront été ordonnés de la manière que nous avons prescrite, nous nous hâterons de les nettoyer, et d'en retirer les sarments et les bouts d'échalas. Il ne faudra cependant les enlever que dans un temps où le terrain sera sec, de peur que celui qui doit fouiller la terre ne trouve trop de difficulté à le faire, dans le cas où elle aurait été trop piétinée pendant qu'elle était bourbeuse. On doit envoyer tout aussitôt cet ouvrier dans les vignes, sans attendre qu'elles disent mot; parce que, si on ne l'y envoyait qu'après qu'elles auraient commencé à bourgeonner, il ferait tomber une grande partie de la vendange. C'est pourquoi il faut les bêcher très-profondément avant qu'elles bourgeonnent, entre l'hiver et le printemps, afin qu'elles pullulent plus gaiement et plus abondamment; ensuite lorsqu'elles seront couvertes de feuilles et de grappes, il faudra diminuer le nombre de leurs sarments pendant qu'ils seront encore tendres et jeunes. Mais le vigneron, qui s'était auparavant servi du fer pour les décharger, ne se servira plus alors que de la main, pour réprimer l'ombrage et faire tomber les pampres superflus. Car il importe très-fort que cette opération soit faite habilement, puisque les vignes gagnent encore plus à être épamprées qu'à être taillées. En effet, quoique la taille leur soit utile, cette opé-

---

atque etiam sambuci probabiles usu statuminis. Hæc eorumque similia pedamenta post putationem retractanda sunt, partesque eorum putres dedolandæ acuendæque; atque alia convertenda, quæ proceritatem habent : alia submovenda, quæ vel cariosa vel justo breviora sunt, eorumque in vicem idonea reponenda, jacentia statuenda, declinata corrigenda. Jugo, si non erit opus novo, sarturæ recentia vincula inserantur : si restituendum videbitur, ante quam vitis palo applicetur, perticis vel arundinibus connectatur, ac tum demum, sicut in novella præcipimus, vitem juxta caput, infraque brachia colligemus cum ridica : idque facere non oportebit omnibus annis eodem loco, ne vinculum incidat, et truncum stranguulet. Brachia deinde sub stella quadripartito locabimus, tenerosque palmites super jugum ligabimus nihil repugnantes naturæ, sed ut quisquis obsequatur, leviter curvabitur, ne deflexus frangatur, neve jam tumentes gemmæ detergantur. Atque ubi duæ materiæ per unam partem jugi mittentur, media pertica interveniat, diremptæque palmæ per jugorum compluvia decurrant, et velut mersæ cacuminibus in terram despiciant. Id ut scite fiat, meminerit alligator, ne torqueat sarmentum, sed tantum inflexum deviuciat, et ut omnis materia, quæ nondum potest præcipitari, jugo superponatur, ut potius innixa perticæ, quam e vinculo dependeat. Sæpe enim notavi per imprudentiam rusticos subjicere jugo palmam, et ita colligare, ut solo vimine suspendant. Quæ vinea cum accipit pampini et uvarum pondus, infringitur.

XXVII. Sic deinde ordinata vineta festinabimus emundare, sarmentisque et calamentis liberare. Quæ sicco tamen solo legenda sunt, ne lutosa humus inculcata majorem fossori laborem præbeat, qui protinus adhuc silentibus vineis inducendus est. Nam si palmis incientibus progermantibusque fossorem immiseris, magnam partem vindemiæ decusserit. Igitur ante quam germinent, per divortium veris atque hiemis quam altissime fodiendæ vineæ sunt, quo lætius atque hilarius pullulent, cæque ubi se frondibus [et uvis] vestierint, teneris caulibus nec dum adultis modus adhibendus est. Idemque vinitor, qui ante ferro, nunc manu decutiet, umbrasque compescet, ac supervacuos pampinos deturbabit. Nam id plurimum refert non inscite facere, siquidem vel magis pampinatio, quam putatio vi-

ration les blesse par là même qu'elle les coupe; au lieu que l'opération par laquelle on les épampre les guérit plus doucement et sans les blesser, outre qu'elle prépare la taille de l'année suivante, en la rendant plus facile. Elle laisse aussi moins de cicatrices à la vigne, parce que la partie du cep, dont on n'a retranché que du vert et du tendre, se guérit toujours promptement. Outre cela, les branches qui sont chargées de fruit prennent plus de force, et le raisin, trouvant plus de facilité à se cuire au soleil, mûrit mieux. C'est pourquoi un vigneron prudent et habile doit examiner et juger quels sont les endroits de la vigne où il laissera croître le bois de l'année suivante, et ne pas seulement ôter les branches qui n'ont point de grappes, mais encore celles qui ont du fruit, si leur nombre est excessif; car il arrive quelquefois à certains yeux de jeter trois pampres à la fois, auquel cas il en faut retrancher deux, afin que ces yeux aient plus de facilité à nourrir le seul qui restera. Un paysan sage doit donc supputer si la vigne ne s'est pas chargée de plus de fruit qu'elle n'en peut porter. C'est pourquoi non-seulement il doit arracher les feuilles superflues, ce qu'il ne faut jamais manquer de faire, mais il doit encore faire tomber quelquefois une partie du fruit, pour soulager la vigne trop chargée du poids de ses mamelles. Il y a même des cas particuliers où celui qui épampre doit, s'il est habile, faire tomber le fruit, quoiqu'il n'y en ait pas plus qu'il n'en pourrait mûrir. En effet, si la vigne se trouve fatiguée par les récoltes abondantes d'une suite d'années précédentes, il est juste de la laisser se reposer et se refaire, et de pourvoir par là au bois des années suivantes. Pour ce qui est de rompre l'extrémité des sarments, pour réprimer la trop grande fertilité de la vigne, de retrancher tous les pampres qui sortent des parties dures ou du tronc, à l'exception d'un ou de deux que l'on sera obligé de garder pour renouveler la vigne, comme encore d'arracher tout ce qui pousse sur la tête de la vigne entre ses bras, d'ôter les branches qui, étant sur les bras mêmes, occupent inutilement la mère, toutes stériles qu'elles sont, ce sont des ouvrages à la portée du premier venu, et même d'un enfant.

XXVIII. Le temps qu'il faut choisir de préférence pour épamprer la vigne, c'est avant qu'elle montre sa fleur; mais on pourra encore répéter cette opération quand elle l'aura quittée. Pour ce qui est du temps intermédiaire, c'est-à-dire, des jours pendant lesquels le raisin se formera, il ne faut pas entrer pour lors dans les vignes, parce qu'il est dangereux d'agiter le fruit pendant qu'il est en fleur; mais dès qu'il est sorti de l'enfance, pour m'exprimer ainsi, et qu'il est dans l'adolescence, il faut l'attacher, le dépouiller de toutes ses feuilles, et le faire grossir à l'aide de fouilles fréquentes : car plus on pulvérisera la terre, plus il deviendra gros. Je ne disconviendrai pas que la plupart de ceux qui ont donné des préceptes d'agriculture avant moi s'étaient contentés de trois fouilles : de ce nombre est Græcinus, qui dit qu'on peut regarder comme suffisant de bêcher trois fois la vigne, quand elle est en état. Celsus et Atticus conviennent aussi qu'il y a trois mouvements naturels dans la vigne, ou plutôt dans toute espèce d'arbres : l'un qui les fait germer, le second qui les fait fleurir, et le troisième qui les fait mûrir. Ils pensent donc que les fouilles servent à animer ces mouvements, parce que la nature ne parvient à l'objet de ses désirs qu'autant qu'elle est aidée par le travail joint à

---

tibus consulit. Nam illa quamvis multum juvat, sauciat tamen et resecat : hæc clementius sine vulnere medetur, et anni sequentis expeditiorem putationem facit. Tum etiam vitem minus cicatricosam reddit : quoniam id ex quo viride et tenerum decerptum est, celeriter consanescit. Super hæc materiæ, quæ fructum habent, melius convalescunt, et uvæ commodius insolatæ percoquuntur. Quare prudentis est, ac maxime callentis vinitoris æstimare ac dispicere, quibus locis in annum debeat materias submittere; nec orbos tantum detrahere palmites, verum etiam frugiferos, si supra modum se numerus eorum profuderit. Siquidem evenit, ut quidam oculi trigeminis palmis egerminent, quibus binos detrahere oportet, quo commodius singulos alumnos educant. Est enim sapientis rustici reputare, num majore fructu vitis se induerit, quam ut perferre eum possit. Itaque non solum frondem supervacuam debet decerpere, quod semper faciendum est, verum interdum partem aliquam fœtus decutere, ut ubere suo gravatam vitem levet. Idque faciet variis de causis pampinator industrius, etiam si non erit major fructus, quam ut maturescere queat. Si autem continuis superioribus annis dapsili proventu fatigata vitis fuerit, requiescere ac refici par erit, et sic futuræ materiæ consulendum. Nam cacumina flagellorum confringere luxuriæ comprimendæ causa, vel dura parte trunci sitos pampinos submovere, nisi ad renovandam vitem unus atque alter servandus est, tum e capite quicquid inter brachia viret explantare, atque eos, qui per ipsa duramenta steriles, nequicquam matrem opacant, palmites detergere cujuslibet vel pueri est officium.

XXVIII. Tempus autem pampinationis ante, quam florem vitis ostendat, maxime est eligendum : sed et postea licet eamdem repetere. Medium igitur eorum dierum spatium, quo acini formantur, vinearum nobis aditum negat. Quippe florentem fructum movere non expedit : pubescentem vero, et quasi adolescentem convenit religare, foliisque omnibus nudare, tum et crebris fossionibus implere : nam fit uberior pulverationibus. Nec infitior plerosque ante me rusticarum rerum magistros tribus fossuris contentos fuisse. Ex quibus Græcinus, qui sic refert : potest videri satis esse constitutam vineam ter fodere. Celsus quoque et Atticus consentiunt, tres esse motus in vite seu potius in omni surculo naturales : unum, quo germinet; alterum, quo floreat; tertium, quo maturescat. Hos ergo motus censent fossionibus concitari. Non enim natura quod vult

18.

l'étude. Telle est la culture des vignes, laquelle aboutit à la vendange.

XXIX. Je reviens à présent à la partie de ce traité, dans laquelle je me suis engagé à donner les préceptes qui concernent les greffes de la vigne et le soin de les entretenir. Julius Atticus a dit que le temps propre à greffer était depuis les calendes de novembre jusqu'à celles de juin, qui est tout le temps pendant lequel il assure qu'on peut conserver les greffes sans qu'elles bourgeonnent ; d'où nous devons conclure qu'il n'y a point de temps de l'année d'excepté, selon lui, pourvu que l'on puisse avoir du sarment, dont la sève ne dise mot. J'accorderais volontiers cette proposition dans les autres espèces de plantes, dont l'écorce est plus ferme et plus pleine de suc que celle de la vigne. Mais je ne serais pas sincère, si je déguisais qu'il y a de l'imprudence, en fait de vignes, à permettre aux paysans de les greffer dans le cours d'un aussi grand nombre de mois. Ce n'est pas que j'ignore que la greffe faite à la vigne au solstice d'hiver prend quelquefois ; mais il est de notre devoir de prescrire, non pas ce qui résulte par hasard d'une ou de deux expériences, mais ce qui arrive communément et par des raisons certaines. Je pourrais tout au plus consentir, jusqu'à un certain point, à cette méthode, s'il ne s'agissait d'en courir les risques que sur un petit nombre de ceps, parce qu'on pourrait alors remédier à cette témérité par de plus grands soins qu'on y apporterait. Mais il est nécessaire d'écarter tous les doutes relativement aux cas où l'immensité de l'ouvrage qu'il y aurait à faire partagerait les soins de l'agriculteur, même le plus exact. Ce que prescrit Atticus est donc absolument contraire aux vignes. Effectivement le même auteur convient qu'il n'est pas à propos de tailler les vignes pendant le solstice d'hiver (en quoi il a raison, parce que, quoique cette opération leur fasse moins de tort que la greffe, cependant tous les arbres sont engourdis dans les temps froids, et la gelée empêche qu'il ne se fasse dans leur écorce aucun mouvement qui puisse guérir la plaie) : et cependant il permet de les greffer dans le même temps, quoique la manière dont il veut qu'on le fasse consiste à tronquer le cep en entier, et à le fendre à l'endroit où il aura été tronqué. La meilleure méthode est donc de greffer lorsque le temps commencera à se radoucir après l'hiver, et lorsque la nature donnera du mouvement aux bourgeons et à l'écorce, et qu'on ne sera plus menacé du froid, qui pourrait brûler la greffe ou la plaie occasionnée par la scission du cep. Je permettrais cependant volontiers de greffer la vigne en automne, dans le cas où on serait pressé, parce que la température de l'air est assez semblable dans cette saison à celle du printemps. Mais en quelque temps que l'on veuille greffer, on saura qu'il n'y a pas d'autres soins à se donner pour le choix des greffes, que ceux que nous avons prescrits dans le premier livre, en donnant des préceptes sur le choix des mailletons. Lors donc qu'on aura choisi sur une vigne de bonne qualité les mailletons les plus féconds et les plus mûrs, et qu'on les en aura séparés, on prendra, pour faire l'opération de la greffe, un jour où le temps soit doux, et où il ne fasse pas de vent. Ensuite on examinera si la greffe, est bien ronde dans toute sa longueur, et bien ferme ; si la moelle n'en est pas spongieuse, et si elle a beaucoup de bourgeons et des entre-nœuds très-courts. Car il est très-

---

satis efficit, nisi eam labore cum studio juveris. Atque hæc colendarum vinearum cura finitur vindemia.

XXIX. Redeo nunc ad eam partem disputationis, qua sum professus vitium inserendarum tuendarumque insitionum præcepta. Tempus inserendi Julius Atticus tradidit ex calend. Novemb. in calendas Junias, quoad posse custodiri surculum sine germine affirmat. Eoque debemus intelligere nullam partem anni excipi, si sit sarmenti silentis facultas. Id porro in aliis stirpium generibus, quæ firmioris et succosioris libri sunt, posse fieri sane concesserim. In vitibus nimis temere tot mensium rusticis insitionem permissam dissimulare non est fidei meæ : non quod ignorem, brumæ temporibus aliquando insitam vitem comprehendere ; sed non quid in uno vel altero experimento casu fiat, verum quid certa ratione plerumque proveniat, discentibus præcipere debemus. Etenim si exiguo numero periclitandum sit, in quo major cura temeritati medetur, possum aliquatenus connivere. Cum vero vastitas operis etiam diligentissimi agricolæ curam distendit, omnem scrupulum submovere debemus. Est enim contrarium, quod Atticus præcipit. Nam idem per brumam negat recte putari vineam. Quæ res quamvis minus lædat vitem, merito tamen fieri prohibetur, quod frigoribus omnis surculus rigore torpet : nec propter gelicidia corticem movet, ut cicatricem consanet. Atque idem Atticus non prohibet eodem ipso tempore inserere, quod tum et totius obtruncatione vitis et cum ejusdem resectionis fissura præcipit fieri. Verior itaque ratio est inserendi tepentibus jam diebus post hiemem, cum et gemma se et cortex naturaliter movet, nec frigus ingruit, quod possit aut surculum insitum aut fissuræ plagam inurere. Permiserim tamen festinantibus autumno vitem inserere : quia non dissimilis est ejus aeris qualitas vernæ. Sed quocunque quis tempore destinaverit inserere, non aliam sciat esse curam surculis explorandis quam quæ tradita est priore libro, cum de malleolis eligendis præcepimus. Quos ubi generosos et fœcundos et quam maturissimos viti detraxerit, diem quoque tepidum silentemque a ventis eligat. Tum consideret surculum teretem solidique corporis, nec fungosæ medullæ, crebris etiam gemmis et brevibus internodiis. Nam plurimum interest non esse longum sarmentum, quod inseratur ; et rursus plures oculos, quibus egerminet, inesse. Itaque si sunt longa internodia, necesse est ad unam vel summum duas gemmas recidere surculum, [ne prœcriorem faciamus quam] ut tempestates [et] ventos, et imbres immobilis pati possit. Inseritur autem vitis vel recisa vel integra per-

intéressant que le sarment que l'on veut insérer ait, sans être long, beaucoup d'yeux par où il puisse germer. Il est visible que s'il a des entrenœuds bien longs, on se trouvera dans la nécessité de ne lui laisser qu'un bourgeon ou deux tout au plus, afin de le réduire à une longueur telle, qu'il puisse soutenir les orages, les vents et les pluies sans branler. On greffe la vigne, ou en la coupant, ou en la perçant de part en part avec une tarière. Mais la première façon est la plus usitée, et celle que presque tous les agriculteurs connaissent; au lieu que la seconde est plus rare, et que peu d'agriculteurs l'emploient. Je parlerai d'abord de celle qui est le plus en usage. On coupe communément la vigne hors de la terre; quelquefois cependant on la coupe dans la terre même, à l'endroit où elle montre le plus de solidité et le moins de nœuds. Lorsqu'on la greffe près de terre, on enterre la greffe jusqu'à la cime; au lieu que lorsque la greffe est insérée au-dessus de la terre, on enduit exactement la plaie avec un lut pétri exprès, que l'on recouvre de mousse, le tout bien attaché, afin qu'elle puisse être garantie des chaleurs et des pluies. On taille la greffe à peu près dans la forme d'une flûte, de façon qu'elle puisse joindre les lèvres de la fente. Il faut qu'il se trouve un nœud dans la vigne au-dessous de cette fente, qui paraisse la bander, pour ainsi dire, afin de l'empêcher de faire des progrès plus étendus. Quand ce nœud serait à la distance de quatre doigts de l'endroit où l'on aura coupé le cep, il ne faudrait pas moins lier la vigne avant de la fendre, de peur que le tranchet de la serpe, en ouvrant un chemin à la greffe, ne fasse une plaie qui bâille plus que de raison. La greffe que l'on insérera ne doit pas être aiguisée sur une hauteur de plus de trois doigts; mais on l'aiguisera de façon qu'elle soit bien unie dans les parties qui auront été ratissées, c'est-à-dire, jusqu'à la moelle d'un côté, et du côté opposé jusque passé l'écorce seulement; de sorte qu'elle ait la figure d'un coin, dont l'un des côtés aiguisés sera plus mince, et l'autre plus épais, afin qu'on puisse l'insérer par le côté le plus mince, et la serrer par le côté le plus épais, jusqu'à ce qu'elle joigne des deux côtés les lèvres de la fente; car à moins que l'écorce de la greffe ne soit appliquée à celle de la vigne de façon qu'il n'y ait aucun jour entre elles deux, la greffe ne pourra jamais croître avec le cep. On peut se servir de plusieurs sortes de liens pour la greffe dont nous parlons. Les uns se servent d'osier, d'autres entourent la fente avec de l'écorce, la plus grande partie l'attachent avec du jonc; et c'est une très-bonne méthode, parce qu'autrement, dès que l'osier vient à se sécher, il pénètre dans l'écorce et la coupe. C'est pour éviter cela que nous adoptons plutôt une ligature peu serrée, pourvu que lorsqu'elle aura entouré le tronc, on la resserre, en insérant dans les vides de petits coins de roseaux. Mais le soin le plus important qu'il y ait à prendre consiste à déchausser la vigne avant l'opération, à en couper les racines qui sont à la superficie de la terre ou les rejetons, et à recouvrir de terre le tronc après l'opération. Dès que la greffe aura pris, la vigne demandera encore de nouveaux soins : car il faudra l'épamprer souvent lorsqu'elle commencera à germer, et arracher encore plus souvent les rejetons qui sortiront de ses flancs et de ses racines; ensuite il faudra lier le pampre qui sera sorti de la greffe, de peur que la greffe elle-même ne soit ébranlée par les secousses du vent, ou que ce pampre encore tendre ne soit abattu. Lorsqu'il aura pris de l'accroissement, il faudra le délivrer de ses rejetons, à moins qu'on ne les laisse croître pour propager la vigne, dans le cas où la place serait

---

forata terebra. Sed illa frequentior et pene omnibus agricolis cognita insitio; hæc rarior et paucis usurpata. De ea igitur prius disseram, quæ magis in consuetudine est. Reciditur vitis plerumque supra terram, nonnumquam tamen et infra, quo loco magis solida est atque enodis. Cum supra terram insita est, surculus adobruitur cacumine tenus : at cum editior a terra est, fissura diligenter subacto luto linitur, atque superposito musco ligatur, quod et calores et pluvias arceat. Temperatur ita surculus, ut calamo non absimilis coagmentet fissuram, sub qua nodus in vite desideratur, qui quasi alliget eam fissuram, nec rimam patiatur ultra procedere. Is nodus etiam si quatuor digitis a resectione abfuerit, illigari tamen eum prius, quam vitis findatur, conveniet, ne, cum scalpro factum fuerit iter surculo, plus justo plaga hiet. Calamus adradi non amplius tribus digitis debet : [allevari] atque is ab ea parte, qua raditur, ut sit levis. Eaque rasura ita deducitur, ut medullam contingat uno latere, atque altero paulo ultra corticem destringatur, figureturque in speciem cunei, sic ut ab ima parte acutus surculus, latere altero sit tenuior, atque altero plenior : perque tenuiorem partem insertus eo latere arctetur quo est plenior, et utrinque contingat fissuram. Nam nisi cortex cortici sic applicetur, ut nullo loco transluceat, nequit coalescere. Vinculi genus ad insitionem non unum est. Alii viminibus obstringunt; nonnulli circumdant libro fissuram; plurimi ligant junco, quod est aptissimum. Nam vimen, cum inaruit, penetrat et insecat corticem. Propter quod molliora vincula magis probamus, quæ cum circumvenere truncum, adactis arundineis cuneolis arctantur. Sed antiquissimum est, et ante hæc ablaqueari vitem, radicesque summas vel soboles amputari; et post hæc adobrui truncum; isque cum comprehendit, aliam rursus exigit curam. Nam sæpius pampinandus est, cum germinat, frequentiusque detrahendæ sunt soboles, quæ a lateribus radicibusque prorepunt. Tum quod ex insito profundit subligandum, ne vento surculus [motus] labefactetur, aut explantetur tener pampinus. Qui cum excrevit, nepotibus orbandus est, nisi si propter penuriam et calvitium loci submittitur in propagines. Autumnus deinde falcem maturis palmitibus admovet. Sed putationis custoditur

dégarnie de ceps. Ensuite, lorsque les branches à fruit seront en état d'être taillées, on y appliquera la serpe en automne. Mais voici la méthode que l'on observera en taillant la greffe : dans les endroits où l'on n'aura pas besoin de marcottes, on n'attirera qu'une tige au joug, et l'on coupera toutes les autres, en observant de faire la plaie à ras du tronc, sans cependant écorcher le dur du bois. Il n'y a pas d'autre façon d'épamprer la vigne greffée, que celle que l'on suit à l'égard des nouvelles marcottes; mais il faut la tailler de façon à lui laisser peu de bois jusqu'à la quatrième année, temps auquel la plaie du tronc sera cicatrisée. Voilà comme on s'y prend pour la greffe en fente. Quant à celle qui se fait en perçant la vigne avec une tarière, il faut, après avoir examiné quel est le cep le plus fertile dans le voisinage de celui que l'on veut greffer, en attirer une branche à fruit semblable à ces branches que l'on fait passer d'arbres en arbres, sans les séparer de la mère qui les nourrit, et l'introduire par le trou qu'on aura fait au cep. Cette façon de greffer est la plus sûre et la plus certaine, parce que, quand même cette branche ne prendrait pas dès le premier printemps, elle se trouverait indubitablement forcée de prendre au second, sitôt qu'elle serait suffisamment grossie. Lorsque cette greffe a pris, on la sépare de sa mère ; après quoi on coupe la partie supérieure de la vigne que l'on a greffée, jusqu'à l'endroit où la greffe y a été insérée. Si l'on n'est pas à même de faire venir ainsi du voisinage une longue branche, on prend le sarment le plus nouveau que l'on peut trouver ; et après l'avoir arraché du cep, on le ratisse légèrement, et seulement au point de l'écorcer ; puis on l'ajuste au trou ; ensuite on enduit d'un lut la vigne après l'avoir coupée, afin que le tronc entier soit employé à nourrir cette vigne étrangère : ce qui n'est pas nécessaire à l'égard de ces longs sarments dont nous venons de parler, puisqu'ils sont nourris dans le sein de leur mère, jusqu'à ce qu'ils commencent à croître avec la nouvelle vigne. Mais l'instrument de fer dont se servaient les anciens pour percer les vignes est différent de celui que l'expérience m'a fait découvrir, et qui est plus convenable à cette opération, parce que l'ancienne tarière, qui était l'unique que les anciens agriculteurs connussent, formait de la sciure, et brûlait la partie qu'on perforait; d'où il arrivait que quand cette partie avait une fois été brûlée, elle reverdissait rarement, ou qu'elle ne reprenait pas avec les autres parties, et que la greffe que l'on y avait insérée ne mordait pas. D'ailleurs on ne pouvait jamais assez retirer la sciure du trou, pour qu'il n'en restât pas une certaine quantité, qui empêchait que le corps de la greffe ne s'appliquât immédiatement à celui de la vigne. Nous avons donc imaginé pour cette espèce de greffe une tarière que nous appelons gauloise, et que nous avons reconnue pour être plus convenable et plus utile que l'autre, parce qu'elle perce le tronc sans le brûler à l'endroit du trou. En effet, cette tarière ne forme point de sciure, mais simplement des copeaux qu'il est facile d'ôter ; de sorte que la plaie est unie, et qu'elle embrasse plus aisément dans toute sa superficie la branche qui y est insérée, vu qu'il ne s'y rencontre point de duvet, tel que celui qui était occasionné par l'ancienne tarière. Que vos vignes soient donc entièrement greffées après l'équinoxe du printemps : greffez-les en raisin noir dans les lieux secs et arides, et en raisin blanc dans les lieux humides. Il n'y a pas de nécessité de multiplier les greffes sur un même tronc, pourvu qu'il soit assez menu pour qu'une seule greffe puisse recouvrir toute la plaie lorsqu'elle viendra à croître, et que la place soit d'ailleurs assez garnie de ceps pour ne pas exiger qu'on en substitue de nouveaux à

ca ratio, ut ubi nulla desideratur propago, unus surculus evocetur in jugum ; alter ita recidatur, ut adæquetur plaga trunco, sic tamen, ne quid radatur e duro. Pampinandum non aliter est, quam in novella viviradice ; putandum vero sic, ut usque in quartum annum parcius imperetur, dum plaga trunci ducat cicatricem. Atque hæc per fissuram insitarum est ordinatio. In illa autem, quæ fit per terebrationem, primum ex vicino fructuosissimam oportet considerare vitem, ex qua velut traducem inhærentem matri palmitem attrahas, et per foramen transmittas. Hæc enim tutior et certior est insitio, quoniam, etsi proximo vere non comprehendit, sequente certe, cum increvit, conjungi cogitur, et mox a matre reciditur, atque ipsa superficies insitæ vitis usque ad receptum surculum obtruncatur. Hujus traducis si non est facultas, tum detractum viti quam recentissimum eligitur sarmentum, et leviter circumrasum, ut cortex tantum detrahatur, aptatur foramini, atque ita luto circumlinitur resecta vitis, ut totus truncus alienigenis surculis serviat. Quod quidem non fit in traduce, qui a materno sustinetur ubere, dum inolescat. Sed aliud est ferramentum, quo priores vitem perforabant, aliud quod ipse usu nunc magis aptum comperi. Nam antiqua terebra, quam solam veteres agricolæ noverant, scobem faciebat, perurebatque eam partem, quam perforaverat. Deusta porro raro revirescebat, vel cum priore coalescebat, [in eaque] nec insitus surculus comprehendebat. Tum etiam scobis nunquam sic eximebatur, ut non inhæreret foramini. Ea porro interventu suo prohibebat corpus surculi corpori vitis applicari. Nos terebram, quam Gallicam dicimus, ad hanc insitionem commenti longe habiliorem utilioremque comperimus; nam sic excavat truncum, ne foramen inurat. Quippe non scobem sed ramenta facit, quibus exemptis plaga levis relinquitur, quæ facilius omni parte sedentem surculum contingat, nulla interveniente lanugine, quam vetus excitabat antiqua terebra. [Igitur secundum vernum æquinoctium perfectam vitium insitionem habeto, locisque aridis et siccis nigram vitem inserito, humidis albam.] Neque est ulla ejus propagandi necessitas,

la place de ceux qui pourraient être morts. Si cependant le cas arriverait, on insérerait, dans le trou pratiqué à la vigne, deux sarments, l'un qu'on enterrerait en forme de sautelle, et l'autre qu'on laisserait monter au joug, pour rapporter des fruits. Il ne sera pas inutile non plus d'élever les pampres qui viendront sur l'arc d'une sautelle ainsi enterrée, et l'on pourra en peu de temps, si le cas se présente, ou les propager, ou leur laisser rapporter du fruit.

XXX. Comme nous avons donné les préceptes qui nous ont paru les plus utiles, tant pour former des vignobles que pour les cultiver, il faut à présent donner la façon de se pourvoir d'appuis, de jougs et de liens, attendu que ce sont des espèces de dots que l'on doit toujours tenir prêtes pour les vignes; et que, dans le cas où un agriculteur n'en serait pas pourvu, il n'aurait aucun motif de former des vignobles, parce qu'il faudrait qu'il allât chercher hors de son fonds toutes les choses qui lui seraient nécessaires, et que non-seulement le prix qu'il mettrait à les acheter augmenterait les dépenses de ses vignes, comme dit Atticus, mais que cette acquisition même lui serait très-onéreuse quand il l'aurait faite, en ce qu'il ne pourrait les importer dans son fonds que dans un temps très-peu commode, qui est celui de l'hiver. C'est pourquoi il faut commencer par avoir une oseraie, un plant de roseaux, des forêts communes, ou des bois plantés exprès en châtaigniers. Atticus pense qu'il suffit d'un *jugerum* d'oseraie pour attacher les ceps de vingt-cinq *jugera* de vignes; d'un *jugerum* de roseaux pour fournir de jougs vingt *jugera* de vignes; et qu'un *jugerum* de châtaigneraies fournira de pieux un aussi grand nombre de *jugera* de vignes, qu'un *jugerum* de roseaux en fournira de jougs. Le saule vient très-bien dans un terrain arrosé ou marécageux, quoiqu'il ne vienne pas absolument mal dans un terrain plat et gras. Il faut retourner ces terrains au hoyau (suivant le précepte des anciens) à la profondeur de deux pieds et demi : n'importe quelle espèce d'osier on plantera, pourvu qu'il soit très-flexible. On estime cependant qu'il y a trois espèces principales de saule : le saule grec, le saule gaulois, et celui du pays des Sabins, que plusieurs appellent saule d'Amérie. Le saule grec est jaune, le gaulois est d'une couleur de pourpre passé, et ses baguettes sont très-minces; celui d'Amérie les a grêles et rouges. On les plante ou par cimes, ou par boutures. Les perches des cimes sont bonnes à planter, quoiqu'elles soient d'une certaine grosseur, pourvu cependant qu'elles n'excèdent pas la grosseur du poids de deux livres : on peut très-bien les enterrer absolument, de façon que leur extrémité soit à la superficie du sol. On couvre légèrement de terre les boutures après les y avoir enfoncées, et elles doivent avoir un pied et demi de long. Quand le terrain est arrosé, il faut écarter ces plantes davantage; aussi laisse-t-on alors entre chacune un intervalle de six pieds en quinconce, au lieu que les terrains secs exigent qu'elles soient plus resserrées : mais il faut cependant qu'il y ait assez d'espace entre elles pour que ceux qui les cultiveront puissent en approcher facilement. Il suffira pour cela de donner cinq pieds d'espace aux rangées, quoique dans ces mêmes rangées les plantes ne soient espacées que de deux pieds. Il faut les planter avant qu'elles germent : tout le temps que leur sève n'est point en mouvement convient à cette opération. Il faut aussi ne les tirer des arbres, que lorsqu'elles seront ressuyées, parce que si on les coupe quand elles sont couvertes de rosée, elles réussissent mal : c'est pourquoi on évite en général

---

si modo tam mediocris est crassitudo trunci, ut incrementum insiti plagam possit contingere ; [et] nisi tamen vacuus locus demortui capitis vitem reposcit. Quod cum ita est, alter ex duobus surculis mergitur, alter eductus ad jugum in fructum submittitur. Neque inutile est ex ea vite, quam merseris, enascentes in arcu propaginis pampinos educare, quos possis mox, si ita competet, vel propagare vel ad fructum relinquere.

XXX. Quoniam constituendis colendisque vineis, quæ videbantur utiliter præcipi posse, disseruimus ; pedaminum jugorumque et viminum prospiciendorum tradenda ratio est. Hæc enim quasi quædam dotes vineis ante præparantur. Quibus si deficitur agricola, causam faciendi vineta non habet, cum omnia, quæ sunt necessaria, extra fundum quærenda sint : nec emptionis tantum (sicut ait Atticus) pretium onerat vitis rationem', sed est etiam comparatio molestissima. Convehenda sunt enim tempore iniquissimo hiberno. Quare salices viminales atque arundineta vulgaresque silvæ, vel consulto consitæ [e] castaneis, prius facienda sunt. Salicum viminalium (ut Atticus putat) singula jugera sufficere possunt quinis et vigenis jugeribus ligandæ vineæ, arundineti singula jugera vigenis jugandis ; castaneti jugerum totidem palandis, quot arundineti jugandis. Salicem vel riguus ager vel uliginosus optime, nec incommode tamen alit planus et pinguis. Atque is debet converti bipalio ; ita enim præcipiunt veteres, in duos pedes et semissem pastinare salicto destinatum solum. Nec refert cujus generis vimen seras, dum sit lentissimum. Putant tamen tria esse genera præcipue salicis, Græciæ, Gallicæ, Sabinæ, quam plurimi vocant Ameriam. Græca flavi coloris est ; Gallica obsoleti purpurei et tenuissimi ; Ameriæ salix graciliem virgam et rutilam gerit. Atque hæ vel cacuminibus vel taleis deponuntur. Perticæ cacuminum modicæ plenitudinis, quæ tamen dipondarii orbiculi crassitudinem non excedat, optime panguntur eousque dum ad solidum demittantur. Taleæ sesquipedales terreno immersæ paululum obruuntur. Riguus locus spatia laxiora desiderat, eaque senum pedum per quincuncem recte faciunt ; siccaneus spissiora, sic ut sit facilis accessus colentibus ea. Quinum pedum interordinia esse abunde est, ut tamen in ipsa linea consitionis alterna vacuis intermissis bipedancis spatiis consistant semina. Satio est eorum

les jours de pluie, lorsqu'on veut tailler les saules. Il faut bêcher les saussaies pendant les trois premières années, aussi souvent que les jeunes plants de vignes : mais lorsque les saules sont devenus forts, ils se contentent de trois fouilles. Faute de les cultiver ainsi, ils manquent promptement, puisqu'il arrive, même en les cultivant ainsi, qu'il en périt beaucoup, malgré les soins que l'on prend. Pour remplacer ceux qui périront, il faudra avoir recours aux sautelles que l'on prendra sur les saules voisins, dont on courbera les têtes pour les enterrer, afin qu'elles servent à suppléer par la suite tout ce qui sera mort. Lorsque la sautelle aura un an, on la sèvera de sa mère, afin qu'elle puisse, comme la vigne, tirer sa nourriture de ses propres racines.

XXXI. Il faut planter du genêt dans les lieux trop secs, qui ne s'accommoderont pas d'autres espèces d'arbrisseaux. Les liens qu'on en fait sont très-souples, outre qu'ils sont assez fermes. On le sème en graine ; et lorsqu'il est venu on le transporte ailleurs en barbue de deux ans, ou bien on le laisse à l'endroit même où il a été semé ; auquel cas on peut le couper ensuite toutes les années près de terre, comme les moissons. Les autres espèces de liens, tels que les ronces, demandent un plus grand travail ; mais on ne peut pas cependant s'en dispenser au défaut des premiers. Le saule dont on tire les perches demande à peu près la même terre que celui dont on tire des branches pliables. Il vient cependant mieux dans un terrain arrosé que dans tout autre endroit. On le plante par boutures, auxquelles on ne laisse qu'une seule perche, lorsqu'elles sont germées. On le bêche souvent, on arrache les herbes qui croissent à ses pieds, et on l'ébourgeonne comme la vigne, afin de l'exciter à donner des branches qui soient plutôt longues que grosses : cultivé ainsi, on ne le coupe que la quatrième année ; au lieu que celui dont on veut faire des liens peut être coupé dès la première année à deux pieds et demi de terre, afin que le tronc produise des rejetons, et puisse être arrangé en bras, comme les vignes basses. Si cependant le terrain est trop sec, on fera mieux de ne couper ce dernier qu'à deux ans.

XXXII. On laboure la terre au *pastinum* pour le roseau, mais, à la vérité, peu profondément ; néanmoins il est mieux de le planter au hoyau. Quoique cette plante soit très-vivace, et qu'elle s'accommode de toute sorte de terrains, elle réussit cependant mieux dans un terrain ameubli que dans un terrain compacte ; dans une terre humide que dans une terre sèche ; dans les vallées que sur les hauteurs ; et il y a plus d'avantage à la mettre sur les bords des fleuves, sur les lisières des sentiers, et dans les lieux couverts d'épines, qu'en plein champ. On plante soit un caïeu de la racine du roseau, soit une bouture de sa canne, ou bien on le couche tout entier en terre. Les caïeux mis en terre, à trois pieds de distance les uns des autres, donnent en moins d'un an des perches en état d'être employées. La bouture, ainsi que le roseau entier, demandent un temps plus long. Mais, soit qu'on plante une bouture de la longueur de deux pieds et demi, soit qu'on mette en terre un roseau entier, il faut que la tête de l'un comme de l'autre plant soit toujours hors de terre, parce que si on les couvrait entièrement, ils pourriraient tout à fait. Les trois premières années, on ne les cultive pas autrement que les autres arbrisseaux dont nous venons de parler : lorsque par la suite ils sont vieillis, il faut leur donner une seconde

priusquam germinent, dum silent virgæ, quas arboribus detrahi siccas convenit. Nam roscidas si recideris, parum prospere proveniunt. Ideo pluvii dies in exputanda salice vitantur. Fodienda sunt primo triennio salicta crebrius, ut novella vineta. Cum deinde convaluerint, tribus fossuris contenta sunt ; aliter culta celeriter deficiunt. Nam quamvis adhibeatur cura, plurimæ salices intereunt. Quarum in locum ex propinquo mergi propagari debent, curvatis et defossis cacuminibus, quibus restituatur quicquid intercidit. Anniculus deinde mergus decidatur a stirpe, ut suis radicibus tanquam vitis ali possit.

XXXI. Peraridi loca, quæ genus id virgultorum non recipiunt, genistam postulant. Ejus cum sit satis firmum, tum etiam lentissimum est vinculum. Seritur autem semine, quod cum est natum, vel defertur bima viviradix, vel relicta cum id tempus excessit, omnibus annis more segetis juxta terram demeti potest : cætera vincula, qualia sunt ex rubo, majorem operam, sed in egeno tamen necessariam exigunt. Perticalis fere salix eumdem agrum, quem viminalis, desiderat ; melior tamen riguo provenit ; atque ea taleis conseritur, et cum germinavit, ad unam perticam submittitur, crebroque foditur atque exherbatur, nec minus quam vinea pampinatur, ut in longitudinem [ramorum] potius quam in latitudinem evocetur. Sic culta quarto demum anno cæditur. Nam quæ vinculis præparatur, potest annicula præcidi ad semissem supra duos pedes, ut trunco fructicet, et in brachia velut humilis vinea disponatur ; si tamen siccior fuerit ager, bima potius resecabitur.

XXXII. Arundo minus alte pastinato, melius tamen bipalio seritur. Ea cum sit vivacissima, nec recuset ullum locum, prosperius resoluto, quam denso ; humido, quam sicco ; vallibus, quam clivis ; fluminum ripis, et limitibus ac vepretis commodius quam mediis agris deponitur. Seritur bulbus radicis, [seritur] et talea calami, nec minus toto prosternitur corpore. Bulbus tripedaneis intervacantibus spatiis obrutus anno celerius maturam perticam præbet. Talea, et tota arundo serius prædicto tempore evenit. Sed sive recisa in dupondium et semissem talea, sive totæ arundines deponantur, existent earum cacumina oportet : quod si obruta sunt, totæ putrescunt. Sed cultus arundineti primo triennio non alius est, quam cæteris. Cum deinde consenuit, repastinandum est. Ea est autem senectus, cum vel exaruit situ *et* inertia plu-

façon au *pastinum*. Ils sont censés vieux, lorsque le duvet dont ils sont couverts les a desséchés, et qu'ils n'ont rien produit pendant plusieurs années, ou lorsqu'ils sont si épaissis, qu'ils ne donnent plus que des roseaux grêles, et semblables à des flageolets. Mais, dans le premier cas, il faut les extirper entièrement; au lieu que, dans le second cas, on peut se contenter d'en couper quelques-uns de distance en distance pour les éclaircir : les paysans appellent cette opération *castratio*. Néanmoins on ne peut jamais les couper qu'à l'aveugle, puisqu'il n'y a rien sur terre à quoi l'on puisse distinguer ceux qu'il faut ôter de ceux qu'il faut laisser. Il vaut toujours mieux châtrer le roseau avant le temps de sa coupe, parce que les cannes indiquent alors clairement ce qu'il en faut arracher. Le temps favorable pour donner aux roseaux une seconde façon au *pastinum*, de même que pour les planter, c'est avant que leurs yeux soient germés : on les coupe ensuite après le solstice d'hiver, attendu qu'ils profitent jusque là; après quoi ils s'arrêtent, parce que les froids de l'hiver les roidissent. Il faut les bêcher aussi fréquemment que les vignobles. Il faut aussi, quand ils sont maigres, les aider avec de la cendre, ou avec toute autre espèce de fumier; c'est dans cette vue que la plupart mettent le feu dans les plants de roseaux après la coupe.

XXXIII. Le châtaignier approche de la nature des robres : c'est pour cela qu'il est très-bon pour fournir les vignes d'appuis. La châtaigne semée dans un terrain labouré pour la seconde fois au *pastinum* lève promptement; et si l'on en coupe la production au bout de cinq ans, elle se ranime comme le saule, et les pieux que l'on en a faits durent presque jusqu'à la coupe suivante. Le châtaignier veut une terre douce et ameublie, sans néanmoins se déplaire dans un sable humide, ni dans un tuf pulvérisé : il recherche les hauteurs ombragées et septentrionales, et craint les terrains compactes, ainsi que ceux qui sont pleins de terre rouge. On sème les châtaignes depuis le mois de novembre jusqu'à la fin de l'hiver, dans une terre sèche et façonnée au *pastinum* pour la seconde fois, à la profondeur de deux pieds et demi; on les sépare l'une de l'autre d'un demi-pied dans les rangées, et on laisse un intervalle de cinq pieds entre chaque rangée. On les enfonce dans des sillons creusés à neuf pouces de profondeur; et lorsque ces sillons sont ensemencés, on y fiche, avant de les aplanir, un petit roseau à côté de chaque châtaigne, afin que ces roseaux servant de signaux pour faire connaître les endroits où les châtaignes sont semées, on puisse bêcher la terre et en arracher les mauvaises herbes avec plus de précaution. Dès qu'elles ont des tiges qu'on peut transférer, ce qui arrive au bout de deux ans, on en arrache quelques-unes d'espace en espace, en laissant deux pieds de vide entre chaque arbrisseau, de peur qu'elles ne viennent à maigrir, pour être trop drues. Si on les avait semées plus drues dans le principe, ce n'était que pour obvier aux différents accidents qui pouvaient survenir. En effet, il arrive quelquefois que le défaut de pluie les dessèche, ou que la trop grande abondance d'eau les pourrit avant qu'elles soient germées; d'autres fois, qu'elles sont dévastées par les animaux qui vivent sous terre, tels que les rats et les taupes : et c'est la raison pour laquelle on voit souvent les nouvelles châtaigneraies se dégarnir. Lorsqu'il est besoin de les repeupler, il vaut mieux, si l'on est à même de le faire, abaisser des perches des arbres voisins en façon de sautelle pour les propager, que d'en arracher pour les planter. En effet, ces perches, restant comme immobiles à leur place, produisent

---

rium annorum, vel ita densatum est, ut gracilis et cannæ similis arundo prodeat. Sed illud de integro refodi debet; hoc potest intercidi et disrarari, quod opus rustici stipationem vocant : quæ tamen resectio arundineti cæca est, quia non apparet in terra, quid aut tollendum sit aut relinquendum : tolerabilius tamen arundo castratur ante quam cæditur : quatenus calami velut indices demonstrant, quid eruendum sit. Tempus repastinandi et conserendi est prius quam oculi arundinum egerminent. Cæditur deinde post brumam : nam usque in id tempus incrementum capit. Ac tum compescitur, cum obriguit hiberno frigore. Fodiendum quoties et vineta. Sed [et] macies ejus cinere vel alio stercore juvanda est, propter quod cæsum plerique incendunt arundinetum.

XXXIII. Castanea roboribus proxima est, et ideo stabiliendis vineis habilis. Tum in repastinato nux posita celeriter emicat, et post quinquennium cæsa more salicti recreatur, neque in palum formata fere usque in alteram cæsionem perennat. Ea pullam terram et resolutam desiderat; sabulonem humidum vel refractum tofum non respuit; opaco et septentrionali clivo lætatur; spissum solum et rubricosum reformidat. Seritur ab Novembri mense per totam hiemem sicca terra et repastinata in altitudinem dupondii et semissis. Nuces in ordinem semipedalibus; ordines autem quinum pedum spatiis dirimuntur. In altitudinem dodrantis castanea depressis sulcis committitur. Qui ubi nucibus sunt consiti, priusquam complanentur, breves arundines ab latere castanearum panguntur, ut per hos sationis indices tutius fodi et runcari possint. Simulatque semina stilaverint, etiam bina transferri queunt, intervelluntur, ac bini pedes arbusculis vacui relinquuntur, ne densitas plantas emaciet. Spissius autem semen propter varios casus deponitur. Nam interdum prius quam enascatur, aut siccitatibus nux inarescit, aut aquarum abundantia putrescit : interdum subterraneis animalibus sicuti muribus et talpis infestatur. Propter quæ sæpe novella castaneta calvescunt : atque ubi frequentanda sunt, melius ex vicino, si competit, mergi more pertica declinata propagatur, quam exempta reseritur. Hæc enim velut immota sua sede vehementer germinat.

beaucoup de boutons ; au lieu que celles qui ont été mises en terre après avoir été arrachées avec leurs racines sont deux ans à se remettre. C'est pour cela qu'on a remarqué qu'il était plus avantageux de faire des forêts de châtaigniers en semant la châtaigne elle-même, qu'en la plantant en barbues. Si l'on se règle, en semant des châtaignes, sur les distances que nous venons de fixer ci-dessus, un terrain d'un *jugerum* contiendra deux mille huit cent quatre-vingts châtaigniers, qui donneront aisément (comme dit Atticus) douze mille échalas. En effet, on fend ordinairement les branches voisines de la souche en quatre, et les autres qui sont plus petites que celles-là, en deux. Ces espèces d'appuis, ainsi fendus, se conservent plus longtemps que les pieux ronds dans toute leur longueur. Quant aux fouilles que ces plantes exigent, et à la façon de les arranger, c'est la même culture que pour la vigne. On doit les éclaircir un peu à deux ans, et même à trois ans, indépendamment de ce qu'il faut y appliquer deux fois le fer au commencement du printemps, si on veut les exciter à monter haut. On peut aussi semer le gland du chêne de la même façon, mais on coupe cet arbre deux ans plus tard que le châtaignier ; c'est pourquoi le bon sens veut que l'on cherche à gagner du temps en semant préférablement des châtaignes, à moins que l'on n'ait en sa possession des montagnes pleines de buissons et de graviers, ou des terres de la nature de celles que nous avons désignées ci-dessus, qui demandent plutôt du gland que de la châtaigne. J'ai traité jusqu'ici assez au long, et non sans quelque utilité, autant que je puis m'en flatter, des vignobles d'Italie et de tous leurs accessoires ; je vais donner à présent la culture des vignes telle qu'elle est en usage chez les agriculteurs de province, ainsi que celle des plants d'arbres mariés aux vignes, tant ceux de notre pays que ceux de la Gaule.

LIVRE V.

I. Vous m'avez dit, Silvinus, qu'il manquait, dans les premiers livres que je vous ai adressés sur la formation et la culture des vignobles, bien des choses que les amateurs des travaux rustiques voudraient y trouver ; et je ne disconviendrai pas que je n'en aie omis quelques-unes, quoique j'aie néanmoins fait une recherche exacte de tout ce que les agriculteurs de notre siècle et ceux des siècles précédents ont laissé par écrit : mais en promettant de donner des préceptes d'économie rurale, je ne m'étais pas engagé, si je ne me trompe, à donner tout ce qui pouvait appartenir à cet art immense ; et il me semble au contraire que je ne m'étais engagé qu'à en donner la plus grande partie. En effet, un ouvrage de cette étendue aurait dépassé la portée d'un seul homme, puisqu'il n'y a aucune science ni aucun art que le génie d'un seul homme ait conduit à sa perfection. Aussi, de même qu'il suffit à un bon chasseur qui court après des bêtes fauves dans une forêt immense, d'en prendre le plus qu'il peut, et qu'on n'a jamais fait un crime à personne de n'avoir point pris toutes celles qui s'y trouvent ; il doit également nous suffire d'avoir donné la plus grande portion d'une matière aussi étendue que celle que nous avons entrepris de traiter, d'autant que les choses qu'on nous accuse d'avoir omises dans notre ouvrage, et que l'on aurait voulu y trouver, sont des choses étrangères à notre profession. Dernièrement, par exemple, notre ami M. Trébellius prétendait que j'aurais dû donner des règles pour mesurer les terres, dans la persuasion où il était que la mé-

---

At quæ radicibus exempta et deposita est, biennio reformidat. Propter quod compertum est commodius nucibus quam viviradicibus ejusmodi silvas institui. Spatia hujusce sationis, quæ supra scripta sunt, capita castanearum recipiunt MMDCCCLXXX, cujus summæ, sicut ait Atticus, ex facili jugera singula præbebunt staluminum duodena millia. Etenim taleæ propius stirpem recisæ quadrifidas plerumque, ac deinde secundæ taleæ ejusdem arboris bifidas ridicas subministrant : quod genus fissilis adminiculi manet diutius quam teres palus. Cultus idem est [fossionis positionisque] qui vineæ. Supputari debet bima, quin etiam trima : nam bis ferro repetenda est veris principio, ut incitetur ejus proceritas. Potest etiam quercus simili ratione seri ; verum biennio tardius quam castanea deciditur. Propter quod ratio postulat tempus potius lucrari, nisi si dumosi glareosique montes, atque ea genera terræ, quæ supra diximus, glandem magis, quam castaneam postulabunt. Hæc de vineis Italicis vinearumque instrumentis, quantum reor, non inutiliter et abunde disserui : mox agricolarum provincialium vineaticos nec minus nostratis et Gallici arbusti cultus traditurus.

LIBER QUINTUS.

I. Superioribus libris, quos ad te de constituendis colendisque vineis, Silvine, scripseram, nonnulla defuisse dixisti, quæ agrestium operum studiosi desiderarent ; neque ego infitior aliqua me præteriisse, quamvis inquirentem sedulo, quæ nostri seculi cultores quæque veteres literarum monumentis prodiderunt : sed cum sim professus rusticæ rei præcepta, nisi fallor asseveraveram, quæ vastitas ejus scientiæ contineret, non cuncta me dicturum, sed plurima. Nam illud in unius hominis prudentiam cadere non poterat. Neque enim est ulla disciplina aut ars, quæ singulari consummata sit ingenio. Quapropter ut in magna silva boni venatoris est indagantem feras quamplurimas capere ; nec cuiquam culpæ fuit non omnes cepisse : ita nobis abunde est, tam diffusæ materiæ, quam suscepimus, maximam partem tradidisse. Quippe cum ea velut omissa desiderentur, quæ non sunt propria nostræ professionis, ut proxime, cum de commetiendis agris rationem M. Trebellius noster requireret a me, vicinum adeo atque conjunctum esse censebat demonstranti, quemadmodum agrum pasti-

thode de labourer un terrain au *pastinum*, et celle de le mesurer lorsqu'il était ainsi labouré, étaient deux choses qui se tenaient ensemble, et qui n'en faisaient qu'une seule ; mais je lui répondis que ce n'était point là la fonction d'un agriculteur, mais celle d'un arpenteur ; d'autant que les architectes, qui sont cependant ceux qui doivent connaître mieux que personne la méthode des mesures, ne daignent point examiner par eux-mêmes celle des bâtiments dont ils ont donné les plans, après qu'ils sont achevés, et qu'ils croient qu'il y a bien de la différence entre les objets qui sont de leur profession et de leur ressort, et les objets dépendant de la profession des personnes dont la fonction est de mesurer les édifices lorsqu'ils sont achevés, et de supputer la dépense à laquelle ils doivent monter. Cet exemple est une raison de plus pour me faire croire qu'on doit pardonner à notre science si elle se contente d'enseigner comment chaque chose doit être faite, sans aller jusqu'à calculer la mesure des ouvrages faits. Néanmoins, comme vous me demandez aussi vous-même, Silvinus, à titre d'ami, les préceptes relatifs aux mesures, je veux bien me rendre à vos désirs, pourvu que vous demeuriez convaincu que c'est plutôt l'affaire des géomètres que des gens de la campagne, et que vous m'excusiez, au cas que je tombe dans quelque erreur sur une matière dont je ne m'attribue pas la connaissance. Ainsi, pour entrer en matière, toutes les mesures d'une surface quelconque se réduisent à celle du pied, qui est composé de seize doigts. La multiplication du pied donne graduellement le pas, l'*actus*, le *clima*, le *jugerum*, le *stadium*, la *centuria*, et d'autres espèces de mesure encore plus considérables. Le pas est de cinq pieds. L'*actus minimus* (comme dit M. Varron) est de quatre pieds de largeur sur cent vingt de longueur. Le *clima* est de soixante pieds en tous sens. L'*actus quadratus* est un carré dont chaque côté a cent vingt pieds. Le double de cet *actus* donne le *jugerum*, qui a tiré son nom de *jungere*, joindre, réunir, parce que le *jugerum* se compose de deux *actus* réunis (*junctum*). Mais les paysans de la province de Bétique donnent le nom d'*acnua* à cet *actus*, comme ils donnent celui de *porca* à une largeur de trente pieds sur une longueur de cent quatre-vingts. Les Gaulois donnent aussi le nom de *candetum* à une surface de cent pieds mesure de ville, ou à une surface de cent cinquante pieds mesure de campagne : ils appellent encore *arepennis* un *semi-jugerum*. Ainsi deux *actus* forment, comme je l'ai déjà dit, un *jugerum*, qui comprend deux cent quarante pieds de long sur cent vingt pieds de large, lesquels, multipliés l'un par l'autre, donnent un produit de vingt-huit mille huit cents pieds carrés. Vient ensuite le *stadium*, qui est de cent vingt-cinq pas, c'est-à-dire, de six cent vingt-cinq pieds, lesquels cent vingt-cinq pas, multipliés par huit, font mille pas, et par conséquent cinq mille pieds. Nous appelons aujourd'hui *centuria* une mesure de deux cents *jugera* (comme dit le même Varron), au lieu qu'autrefois cette mesure n'était que de cent *jugera* ; aussi était-ce de ce nombre qu'elle tirait son nom. Mais quoiqu'on l'ait portée au double par la suite, elle a conservé son ancien nom ; de même que les tribus ainsi nommées, dans l'origine, du nombre des trois classes dans lesquelles le peuple romain fut divisé, conservent encore aujourd'hui leur ancienne dénomination, quoiqu'elles soient en plus grand nombre. Il nous a fallu commencer par expliquer brièvement tous ces mots, comme étant inséparables des calculs que nous donne-

---

nemus, præcipere etiam pastinatum quemadmodum metiri debeamus. Quod ego non agricolæ sed mensoris officium esse dicebam ; cum præsertim ne architecti quidem, quibus necesse est mensurarum nosse rationem, digneutur consummatorum ædificiorum, quæ ipsi disposuerint, modum comprehendere, sed aliud existiment professioni suæ convenire, aliud eorum, qui jam extructa metiuntur, et imposito calculo perfecti operis rationem computant. Quo magis veniam tribuendam esse nostræ disciplinæ censeo, si eatenus progreditur, ut dicat, qua quidque ratione faciendum, non quantum id sit quod effecerit. Verum quoniam familiariter a nobis tu quoque, Silvine, præcepta mensurarum desideras, obsequar voluntati tuæ, cum eo, ne dubites id opus geometrarum magis esse quam rusticorum, desque veniam, si quid in eo fuerit erratum, cujus scientiam mihi non vindico. Sed ut ad rem redeam, modus omnis areæ pedali mensura comprehenditur, qui digitorum est xvi. Pes multiplicatus in passus et actus et climata et jugera et stadia centuriasque mox etiam in majora spatia procedit. *Passus* pedes habet v. *Actus minimus* (ut ait M. Varro) latitudinis pedes quatuor, longitudinis habet pedes cxx. *Clima* quoquo versus pedum est lx. *Actus quadratus* undique finitur pedibus cxx. Hoc duplicatum facit *jugerum*, et ab eo, quod erat junctum, nomen jugeri usurpavit : sed hunc actum provinciæ Bæticæ rustici *acnuam* vocant : iidemque triginta pedum latitudinem et clxxx longitudinem *porcam* dicunt. At Galli *candetum* appellant in areis urbanis spatium centum pedum, in agrestibus autem pedum cl. [quod aratores *candetum* nominant] Semijugerum quoque *arepennem* vocant. Ergo (ut dixi) duo actus jugerum efficiunt longitudine pedum ccxl, latitudine pedum cxx. Quæ utræque summæ in se multiplicatæ quadratorum pedum faciunt viginti octo millia et octingentos. *Stadium* deinde habet passus cxxv, id est pedes dcxxv, quæ mensura octies multiplicata efficit mille passus, sic veniunt quinque millia pedum. *Centuriam* nunc dicimus (ut idem Varro ait) ducentorum jugerum modum. Olim autem ab centum jugeribus vocabatur centuria, sed mox duplicata nomen retinuit : sicuti tribus dictæ primum a partibus populi tripartito divisi, quæ tamen nunc multiplicatæ pristinum nomen possident. Hæc non aliena, nec procul a ratiocinio,

rons par la suite. Venons maintenant à notre but. On ne trouvera pas ici toutes les parties dans lesquelles le *jugerum* peut se diviser, et nous ne donnerons que le nom de celles qui entrent dans l'estimation des ouvrages à régler, parce qu'il eût été inutile de nous perdre dans le détail des plus petites parcelles qui n'entrent point en compte. Le *jugerum* est donc (comme nous l'avons dit) de vingt-huit mille huit cents pieds carrés, lesquels font deux cent quatre-vingt-huit *scripula*. Or, pour commencer par la plus petite partie, c'est-à-dire, par la moitié du *scripulum*, la cinq cent soixante et seizième partie du *jugerum* est de cinquante pieds ; c'est la moitié de son *scripulum* : la deux cent quatre-vingt-huitième partie est de cent pieds ; c'est le *scripulum* entier : la cent quarante-quatrième partie est de deux cents pieds ; ce sont deux *scripula* : la soixante et douzième partie est de quatre cents pieds ; c'est la *sextula*, qui équivaut à quatre *scripula* : la quarante-huitième partie est de six cents pieds ; c'est le *sicilicus*, qui équivaut à six *scripula* : la vingt-quatrième partie est de mille deux cents pieds ; c'est la *semuncia*, qui équivaut à douze *scripula* : la douzième partie est de deux mille quatre cents pieds ; c'est l'*uncia*, qui équivaut à vingt-quatre *scripula* : la sixième partie est de quatre mille huit cents pieds ; c'est le *sextans*, qui équivaut à quarante-huit *scripula* : la quatrième partie est de sept mille deux cents pieds ; c'est le *quadrans*, qui équivaut à soixante et douze *scripula* : la troisième partie est de neuf mille six cents pieds ; c'est le *triens*, qui équivaut à quatre-vingt-seize *scripula* : la troisième partie, plus la douzième, sont de douze mille pieds ; c'est le *quincunx*, qui équivaut à cent vingt *scripula* : la moitié est de quatorze mille quatre cents pieds ; c'est le *semis*, qui équivaut à cent quarante-quatre *scripula* : la moitié, plus la douzième partie, sont de seize mille huit cents pieds ; c'est le *septunx*, qui équivaut à cent soixante et huit *scripula* : les deux tiers sont de dix-neuf mille deux cents pieds ; c'est le *bes*, qui équivaut à cent quatre-vingt-douze *scripula* : les trois quarts sont de vingt et un mille six cents pieds ; c'est le *dodrans*, qui équivaut à deux cent seize *scripula* : la moitié, plus le tiers, sont de vingt-quatre mille pieds ; c'est le *dextans*, qui équivaut à deux cent quarante *scripula* : les deux tiers, plus le quart, sont de vingt-six mille quatre cents pieds ; c'est le *deunx*, qui équivaut à deux cent soixante et quatre *scripula* : le *jugerum* entier est de vingt-huit mille cent pieds ; c'est l'*as*, qui équivaut à deux cent quatre-vingt-huit *scripula*. Si la surface d'un *jugerum* formait toujours un rectangle, et qu'en le mesurant on lui trouvât toujours deux cent quarante pieds en longueur et cent vingt pieds en largeur, il serait très-facile d'en faire le calcul : mais comme la différence dans la forme des terres est matière à difficulté, nous allons indiquer ci-dessous toutes les figures génériques qui nous serviront comme de formules applicables à toutes les autres espèces de figures.

II. Tout terrain a la forme d'un carré parfait, ou d'un rectangle, ou d'un coin, ou d'un triangle, ou d'un cercle ; quelquefois même il a la forme d'un demi-cercle, ou d'un arc de cercle, et souvent il présente la figure d'un polygone. La mesure d'un carré parfait est très-facile à trouver. En effet, comme cette figure présente le même nombre de pieds de tous les côtés, on

---

quod tradituri sumus, breviter præfari oportuit. Nunc veniamus ad propositum. Jugeri partes non omnes posuimus, sed eas, quæ cadunt in æstimationem facti operis. Nam minores persequi supervacuum fuit, pro quibus nulla merces dependitur. Igitur (ut diximus) jugerum habet quadratorum pedum viginti octo millia et octingentos : qui pedes efficiunt scripula CCLXXXVIII. Ut autem a minima parte, id est ab dimidio scripulo incipiam, pars quingentesima septuagesima sexta pedes efficit quinquaginta ; id est jugeri dimidium scripulum. Pars ducentesima octogesima octava pedes centum ; hoc est scripulum. Pars CXLIV pedes CC, hoc est scripula duo. Pars septuagesima et secunda pedes CCCC, hoc est sextula, in qua sunt scripula quatuor. Pars quadragesima octava pedes DC, hoc est sicilicus, in quo sunt scripula sex. Pars vigesima quarta pedes mille ducentos, hoc est semuncia, in qua scripula XII. Pars duodecima duo millia et quadringentos, hoc est uncia, in qua sunt scripula XXIV. Pars sexta pedes quatuor millia et octingentos, hoc est sextans, in quo sunt scripula XLVIII. Pars quarta pedes septem millia et ducentos, hoc est quadrans, in quo sunt scripula LXXII. Pars tertia pedes novem millia, et sexcentos, hoc est triens, in quo sunt scripula XCVI. Pars tertia et una duodecima pedes duodecim millia, hoc est quincunx, in quo sunt scripula CXX. Pars dimidia pedes quatuordecim millia et quadringentos, hoc est semis, in quo sunt scripula CXLIV. Pars dimidia et una duodecima, pedes sexdecim millia et octingentos, hoc est septunx, in quo sunt scripula CLXVIII. Partes duæ tertiæ pedes decem novem millia et ducentos, hoc est bes, in quo sunt scripula CXCII. Partes tres quartæ pedes unum et viginti millia et sexcentos, hoc est dodrans, in quo sunt scripula CCXVI. Pars dimidia et tertia ped. viginti quatuor millia, hoc est dextans, in quo sunt scripula CCXL. Partes duæ tertiæ et una quarta pedes viginti sex millia et quadringentos, hoc est deunx, in quo sunt scripula CCLXIV. Jugerum pedes viginti octo millia et octingentos, hoc est as, in quo sunt scripula CCLXXXVIII. Jugeri autem modus si semper quadraret, in agendis mensuris in longitudinem haberet pedes CCXL, in latitudinem pedes CXX, expeditissimum esset ejus ratiocinium. Sed quoniam diversæ agrorum formæ veniunt in disputationem, cujusque generis species subjiciemus, quibus quasi formulis utemur.

II. Omnis ager aut quadratus, aut longus, aut cuneatus, aut triquetrus, aut rotundus, aut etiam semicirculi, vel arcus, nonnunquam etiam plurium angulorum formam exhibet. Quadrati mensura facillima est. Nam cum sit undique pedum totidem, multiplicantur in se duo latera, et quæ summa ex multiplicatione effecta est, eam dicemus

en multiplie les deux côtés l'un par l'autre, et l'on dit que le produit de cette multiplication donne la somme totale des pieds carrés qu'elle contient. Par exemple, si c'est un terrain de cent pieds en tous sens, nous disons : Cent fois cent font dix mille. Nous en conclurons donc que ce terrain contient dix mille pieds carrés, qui font un *triens*, plus une *sextula* du *jugerum*; et ce sera sur ce pied-là qu'il faudra calculer l'ouvrage qui aura été fait. Mais si le terrain est un rectangle qui ait, par exemple, la figure du *jugerum*, c'est-à-dire deux cent quarante pieds de long sur cent vingt de large, comme je viens de le dire ci-dessus, on multipliera les pieds de la largeur par ceux de la longueur, de cette façon : Cent vingt fois deux cent quarante font vingt-huit mille huit cents. Nous dirons donc que ce sera le nombre de pieds carrés que contiendra un *jugerum* de terre, et il en sera de même de tous les terrains rectangles. Mais si le terrain a la forme d'un coin, par exemple, qu'il ait cent pieds de long, et vingt pieds de large par un côté sur dix par l'autre, pour lors nous additionnerons ensemble les deux largeurs : la somme totale sera trente, dont la moitié est quinze, que nous multiplierons par la longueur, ce qui produira mille cinq cents pieds. Nous dirons donc que c'est le nombre de pieds carrés que contient ce coin, nombre qui équivaudra à une *semuncia* du *jugerum*, plus trois *scripula*. Mais si vous avez à mesurer un triangle équilatéral, voici comme vous vous y prendrez : Soit un terrain triangulaire dont chaque côté ait trois cents pieds; multipliez ce nombre par lui-même : le produit est de quatre-vingt-dix mille pieds : prenez le tiers de ce produit, c'est-à-dire trente mille;

prenez encore le dixième, c'est-à-dire neuf mille, et additionnez ces deux sommes : le total sera de trente-neuf mille pieds. Nous dirons que c'est le nombre de pieds carrés que contient ce triangle équilatéral, mesure qui donne un *jugerum*, plus un *triens*, plus un *sicilicus*. Mais si le terrain est un triangle rectangle, comme dans la figure ci-dessous, qui présente un angle droit, il faudra calculer autrement : Soit la ligne d'un des côtés qui forme l'angle droit, de cinquante pieds, et celle de l'autre côté qui forme le même angle, de cent pieds; multipliez ainsi ces deux sommes l'une par l'autre : cinquante fois cent font cinq mille, dont la moitié est deux mille cinq cents, ce qui fait une *uncia*, plus un *scripulum* de *jugerum*. Si le terrain est rond, de façon qu'il présente un cercle parfait, prenez ainsi les pieds : Soit une surface ronde dont le diamètre ait soixante-dix pieds; multipliez ainsi ce nombre par lui-même : Soixante-dix fois soixante-dix font quatre mille neuf cent; multipliez cette somme par onze, vous aurez cinquante-trois mille neuf cents pieds. Je prends la quatorzième partie de cette somme, savoir, trois mille huit cent cinquante pieds, et je dis que c'est le nombre de pieds carrés qui se trouvent dans ce cercle, laquelle somme donne une *sexcuncia*, plus deux *scripula* et demi de *jugerum*. Si le terrain est un demi-cercle, dont la base ait cent quarante pieds et le rayon soixante et dix, il faudra multiplier ainsi le rayon par la base : Soixante et dix fois cent quarante font neuf mille huit cents, qui, multipliés par onze, donnent cent sept mille huit cents, dont le quatorzième est sept mille sept cents. C'est le nombre de pieds que nous dirons être dans ce demi-cercle,

esse quadratorum pedum. Tanquam est locus quoquo versus c pedum : ducimus centies centenos, fiunt decem millia. Dicemus igitur eum locum habere decem millia pedum quadratorum, quæ efficiunt jugeri trientem, et sextulam, pro qua portione operis effecti numerationem facere oportebit. At si longior fuerit, quam latior, ut exempli causa jugeri forma pedes habeat longitudinis CCXL, latitudinis pedes CXX, ita ut paulo ante dixi : latitudinis pedes cum longitudinis pedibus sic multiplicabis. Centies vicies duceni quadrageni fiunt viginti octo millia et octingenti. Dicemus jugerum agri tot pedes quadratos habere. Similiterque fiet de omnibus agris, quorum longitudo major sit latitudine. Sin autem cuneatus ager fuerit, ut puta longus pedes centum, latus ex una parte pedes XX, et ex altera pedes X : tunc duas latitudines componemus, fiet utraque summa pedes XXX. Hujus pars dimidia est quindecim, quam cum longitudine multiplicando efficiemus mille et quingentos. Hos igitur in eo cuneo quadratos pedes esse dicemus, quæ pars erit jugeri semuncia et scripula tria. At si tribus paribus lateribus triquetrum metiri debueris, hanc formam sequeris. Esto ager triangulus pedum quoquo versus tricentorum. Hunc numerum in se multiplicato. Fiunt pedum nonaginta millia. Hujus summæ partem tertiam sumito, id est triginta millia. Item sumito decumam, id est novem

millia. Utramque summam componito. Fiunt pedes triginta novem millia. Dicemus hanc summam pedum quadratorum esse in eo triquetro, quæ mensura efficit jugerum, et trientem, et sicilicum. Sed si triangulus disparibus fuerit lateribus ager, tanquam in subjecta forma, quæ habet rectum angulum, aliter ratiocinium ordinabitur. Esto unius lateris linea, quæ facit angulum rectum, pedum quinquaginta, et alterius pedum centum. Has duas summas in se multiplicato, quinquagies centeni fiunt quinque millia. Horum pars dimidia duo millia quingeni, quæ pars jugeri unciam, et scripulum efficit. Si rotundus ager erit, ut circuli speciem habeat, sic pedes sumito. Esto area rotunda, cujus diametros habeat pedes LXX. Hoc in se multiplicato, septuagies septuageni fiunt quatuor millia et nongenti. Hanc summam undecies multiplicato, fiunt pedes quinquaginta tria millia nongenti. Hujus summæ quartam decimam subduco, scilicet pedes tria millia octingenti, et quinquaginta. Hos quadratos in eo circulo dico, quæ summa efficit jugeri sexcunciam, scripula duo et dimidium. Si semicirculus fuerit ager, cujus basis habeat pedes CXL, curvaturæ autem latitudo pedes LXX : oportebit multiplicare latitudinem cum basi. Septuagies centeni quadrageni fiunt novem millia et octingenti. Hæc undecies multiplicata fiunt centum septem millia et octingenti. Hujus summæ quarta decima

et qui font un *quadrans*, plus cinq *scripula* de *jugerum*. Mais s'il se trouve moins d'un demi-cercle, voici comme nous mesurerons l'arc : Soit un arc dont la base ait seize pieds et la largeur quatre pieds, j'ajoute la largeur à la base; la somme totale est de vingt pieds, que je multiplie par quatre; le produit est quatre-vingts, dont la moitié est quarante : de même la moitié des seize pieds de la base, c'est huit pieds, qui, multipliés par eux-mêmes, font soixante-quatre; j'en prends la quatorzième partie, c'est quatre pieds et un peu plus; ajoutez cela à quarante, la somme totale sera quarante-quatre pieds. Je dis donc que c'est le nombre de pieds carrés que contient l'arc, et qui font la moitié d'un *scripulum* de *jugerum*, moins un vingt-cinquième de *scripulum*. Si le terrain est un hexagone, voici comme on le réduira en pieds carrés : Soit, par exemple, un hexagone dont chacun des côtés ait trente pieds; je multiplie ainsi un côté par lui-même : Trente fois trente font neuf cents; je prends le tiers de cette somme, qui est trois cents; j'y ajoute le dixième, qui est quatre-vingt-dix; somme totale, trois cent quatre-vingt-dix, qu'il faut multiplier par six, parce qu'il y a six côtés : le produit sera de deux mille trois cent quarante. Nous dirons donc que c'est le nombre de pieds carrés que contient cet hexagone. Ainsi il aura une *uncia* de *jugerum*, moins un demi-*scripulum* et un dixième de *scripulum*.

III. Si l'on a bien conçu les principes de ce raisonnement, il ne sera pas difficile de mesurer les terres; mais il serait trop long et trop épineux d'entrer ici dans le détail de toutes les différentes formes qu'elles peuvent avoir. Je vais à présent ajouter à ce que j'ai dit deux formules dont se servent souvent les agriculteurs lorsqu'ils sont dans le cas d'arranger des plantes. Soit un terrain de douze cents pieds de long sur cent vingt de large, dans lequel on veuille arranger des vignes de façon qu'il y ait cinq pieds d'intervalle entre chaque rangée : je demande combien il faudra de plantes, en laissant une distance de cinq pieds entre chacune. Je prends le cinquième de la longueur, c'est deux cent quarante, et le cinquième de la largeur, c'est vingt-quatre; j'ajoute toujours à chacune de ces sommes une unité pour la plante de l'extrémité des rangées que l'on appelle *angularis* : j'ai donc une première somme de deux cent quarante et un, et une seconde de vingt-cinq. Je multiplie ainsi ces sommes : Vingt-cinq fois deux cent quarante et un font six mille vingt-cinq. Vous direz que c'est le nombre de plantes qui seront nécessaires. De même, si on veut les mettre à six pieds de distance les unes des autres, on prend la sixième partie de la longueur de douze cents, qui est deux cents, et la sixième partie de la largeur de cent vingt, qui est vingt; on ajoute à chacune de ces sommes l'unité que j'ai mentionnée aux plantes *angulares*, ce qui fera deux cent un, et vingt et un; on multiplie ainsi ces sommes l'une par l'autre : Vingt et une fois deux cent un c'est quatre mille deux cent vingt et un, qui est le nombre des plantes que l'on dira être nécessaires. De même, si on veut les mettre à sept pieds l'une de l'autre, on prend la septième partie de la longueur et de la largeur, et l'on ajoute les unités pour les plantes *angulares*, et par ce moyen, et en procédant de même, on trouve le nombre des plantes nécessaires. Enfin quelque nombre

---

est septem millia et septingenti. Hos pedes esse dicemus in semicirculo, qui efficiunt jugeri quadrantem scripula quinque. Si autem minus quam semicirculus erit, arcum sic metiemur. Esto arcus, cujus basis habeat pedes xvi, latitudo autem pedes iv. Latitudinem cum basi pono. Fit utrumque pedes xx. Hoc duco quater. Fiunt lxxx. Horum pars dimidia est xl. Item sexdecim pedum, qui sunt basis, pars dimidia viii. Hi viii in se multiplicati, fiunt lxiv. Quartam decimam partem duco, ea efficit pedes iv paulo amplius. Hoc adjicies ad quadraginta. Fit utraque summa pedes xliv. Hos in arcu quadratos esse dico, qui faciunt jugeri dimidium scripulum, quinta et vigesima parte minus. Si fuerit sex angulorum, in quadratos pedes sic redigitur. Esto hexagonum quoquo versus lineis pedum xxx. Latus unum in se multiplico. Tricies triceni fiunt dcccc. Hujus summae tertiam partem statuo ccc, ejusdem partem decumam xc. Fiunt cccxc. Hoc sexies ducendum est, quoniam sex latera sunt, quae consummata efficiunt duo millia trecenteni et quadraginta. Tot igitur pedes quadratos esse dicemus. Itaque erit jugeri uncia dimidio scripulo et decima parte scripuli minus.

III. His igitur velut primordiis talis ratiocinii perceptis non difficiliter mensuras inibimus agrorum, quorum nunc omneis persequi species et longum et arduum est. Duas etiam nunc formulas praepositis adjiciam, quibus frequenter utuntur agricolae in disponendis seminibus. Esto ager longus pedes mille ducentos, latus pedes cxx. In eo vites disponendae sunt ita, ut quini pedes inter ordines relinquantur. Quaero quot seminibus opus sit, cum quinum pedum spatia inter semina desiderantur. Duco quintam partem longitudinis, fiunt ccxl; et quintam partem latitudinis, hoc est xxiv. His utrisque summis semper singulos asses adjicio, qui efficiunt extremos ordines, quos vocant angulares. Fit ergo altera summa ducentorum quadraginta unius, altera viginti quinque. Has summas sic multiplicato. Quinquies et vicies duceni quadrageni singuli, fiunt sex millia et viginti quinque. Totidem dices opus esse seminibus. Similiter inter senos pedes si voles ponere, duces sextam partem longitudinis mille ducentorum, fiunt cc. et sextam latitudinis cxx, id est xx. His summis singulos asses adjicies quos divi angulares esse. Fiunt cci, et xxi. Has summas inter se multiplicabis, vicies et semel ducentos et unum, atque ita efficies quatuor millia ducentos et viginti unum. Totidem seminibus opus esse dices. Similiter si inter septenos pedes ponere voles, septimam partem longitudinis et latitudinis duces, et adjicies asses angulares, eodem modo eodemque ordine consummabis numerum seminum. Denique quotcunque pedum spatia facienda

de pieds d'intervalle qu'on veuille mettre entre chaque plante, on divise la longueur et la largeur en autant de parties qu'il y a de pieds d'intervalle, et on y ajoute les deux unités dont nous avons parlé. Cela étant ainsi, il s'ensuit qu'un *jugerum* de terrain qui a deux cent quarante pieds de long sur cent vingt de large aura besoin, si on dispose les plantes à trois pieds d'intervalle entre les rangées (qui est le moindre intervalle que l'on doive laisser en plantant des vignes), de quatre-vingt-une plantes pour la longueur, et de vingt-cinq pour la largeur, sur laquelle elles seront alignées à cinq pieds de distance l'une de l'autre; lesquels nombres, multipliés l'un par l'autre, donneront deux mille vingt-cinq plantes. Mais si l'on arrange les vignes à quatre pieds de distance l'une de l'autre en tous sens, la rangée en long contiendra soixante et une plantes, et celle en large en contiendra trente et une, lesquels nombres donneront pour le *jugerum* mille huit cent quatre-vingt-onze ceps de vignes. Si on les arrange à quatre pieds de distance dans la longueur et à cinq pieds dans la largeur, la rangée contiendra en long soixante et une plantes, et vingt-cinq en large; au lieu que si on les plante à cinq pieds de distance l'une de l'autre sur la longueur, la rangée comprendra sur cette longueur quarante-neuf plantes, et la largeur en contiendra toujours vingt-cinq : ces deux nombres multipliés l'un par l'autre font mille deux cent vingt-cinq. Mais si l'on veut arranger les vignes dans un terrain de même surface à six pieds de distance l'une de l'autre, il n'y a point de difficulté qu'il ne faille donner quarante et un ceps de vignes à la rangée en longueur, et vingt et un à celle en largeur, qui, multipliés l'un par l'autre, donneront le nombre de huit cent soixante et un. Si l'on veut arranger les ceps de vignes à sept pieds de distance l'un de l'autre, la rangée contiendra sur la longueur trente-cinq ceps, et dix-huit sur la largeur, lesquels nombres, multipliés l'un par l'autre, font six cent trente : nous dirons donc que c'est le nombre de plantes qu'il faudra préparer. Si on plante les ceps de vignes à huit pieds de distance les uns des autres, la rangée en long prendra trente et une plantes, et celle en large en prendra seize, lesquels nombres, multipliés l'un par l'autre, font quatre cent quatre-vingt-seize. Si on les plante à neuf pieds de distance, la rangée en long prendra vingt-sept plantes, et celle en large en prendra quatorze, lesquels nombres, multipliés l'un par l'autre, font trois cent soixante et dix-huit. Si on les plante à dix pieds de distance, la rangée en long prendra vingt-cinq plantes, et celle en large en prendra treize, lesquels nombres, multipliés l'un par l'autre, donnent trois cent vingt-cinq; et pour ne pas pousser notre calcul à l'infini, on mettra les plantes dans la même proportion, selon qu'il plaira à chacun de faire les intervalles plus ou moins larges. Ce que nous avons dit des mesures des terres, et du nombre des plantes qu'il y faut employer pour les garnir, doit suffire. Je reviens à l'ordre que je m'étais prescrit.

IV. J'ai observé qu'il y avait plusieurs sortes de vignes en province : mais de toutes celles que j'ai connues par moi-même, il n'y en a pas que j'approuve plus que celles qui, semblables à de petits arbrisseaux, ont la jambe courte, et se tiennent toutes seules et sans appuis ; et après elles, celles que les paysans appellent *canteriatæ*, et qui sont soutenues sur des appuis, et attachées chacune à des jougs séparés. Viennent ensuite celles qui sont environnées de roseaux

---

censueris, totam partem longitudinis et latitudinis duces, et prædictos asses adjicies. Hæc cum ita sint, sequitur uti jugerum agri, qui habet pedes CCXL longitudinis, et latitudinis pedes CXX, recipiet inter pedes ternos (hoc enim spatium minimum esse placet vitibus ponendis) per longitudinem semina LXXXI, per latitudinem inter quinos pedes semina XXV. Qui numeri inter se multiplicati fiunt seminum duo millia et viginti quinque. Vel si quoquo versus inter quaternos pedes vinea erit disposita, longitudinis ordo habebit semina LXI, latitudinis XXXI, qui numeri efficiunt in jugero vites mille octingentas et nonaginta unam. Vel si in longitudinem per quaternos pedes, in latitudinem per quinos pedes fuerit disposita, ordo longitudinis habebit semina LXI, latitudinis XXV. Quod si inter quinos pedes consitio fuerit, per longitudinem ordinis habebit semina XLIX, et rursus per latitudinem semina XXV. Qui numeri duo inter se multiplicati efficiunt mille ducentum et viginti quinque. At si per senos pedes eundem vitibus locum placuerit ordinare, nihil dubium est quin longitudini dandæ sint XLI vites, latitudini autem viginti una. Quæ inter se multiplicatæ efficiunt numerum. DCCCLXI. Sin autem inter septenos pedes vinea fuerit constituenda, ordo per longitudinem recipiet capita triginta quinque, per latitudinem XVIII. Qui numeri inter se multiplicati efficiunt DCXXX. Totidem dicemus semina præparanda. At si inter octonos pedes vinea conseretur, ordo per longitudinem recipiet semina XXXI, per latitudinem autem XVI. Qui numeri inter se multiplicati efficiunt CCCCXCVI. At si inter novenos pedes, ordo in longitudinem recipiet semina viginti septem, et in latitudinem quatuordecim. Hi numeri inter se multiplicati faciunt CCCLXXVIII. At si inter denos pedes, ordo longitudinis recipiet semina XXV, latitudinis XIII. Hi numeri inter se multiplicati faciunt CCCXXV. Et ne in infinitum procedat disputatio nostra, eadem portione, ut cuique placuerint laxiora spatia, semina faciemus. Ac de mensuris agrorum numerisque seminum dixisse abunde sit. Nunc ad ordinem redeo.

IV. Vinearum provincialium plura genera esse comperi. Sed ex iis, quas ipse cognovi, maxime probantur velut arbusculæ brevi crure sine adminiculo per se stantes : deinde quæ pedaminibus adnixæ singulis jugis imponuntur : eas rustici canteriatas appellant. Mox quæ defixis arundinibus circummunitæ per statumina calamorum materiis ligatis in orbiculos gyrosque flectuntur : eas non

fichés en terre, et dont le bois, attaché à ces roseaux qui leur servent de soutiens, est arrondi en forme de cercle. Il y en a qui appellent ces vignes *characatæ*. Les vignes de la pire condition sont celles qui sont renversées, et qui à la sortie du cep tombent à terre et y restent étendues. On les plante toutes à peu près de la même façon, c'est-à-dire qu'on met le plant ou dans des fosses ou dans des sillons : car les agriculteurs des pays étrangers ne sont point au fait de notre labour au *pastinum;* et d'ailleurs il est presque inutile dans les pays où le sol est naturellement ameubli et réduit en poussière, puisque *c'est ce que l'on cherche à imiter par le labour à la charrue* (comme le dit Virgile), de même que par celui au *pastinum*. Aussi la Campanie, quoique dans notre voisinage et par conséquent à portée de prendre exemple sur nous, n'est pas dans l'usage de donner cette façon à la terre, parce que la facilité avec laquelle son sol se prête n'exige pas qu'on prenne tant de peine. Quant aux provinces dont le terrain trop compact exige de grandes dépenses, le paysan parvient, par le moyen des sillons, à ce que nous ne pouvons obtenir qu'en labourant la terre au *pastinum;* je veux dire à placer son plant dans un sol bien amolli, et dès lors en état de lui prêter un passage facile.

V. Mais je vais reprendre l'une après l'autre toutes les vignes que je viens de nommer, pour traiter de chacune à part, suivant l'ordre dans lequel je les ai annoncées. Celle qui se tient toute seule et sans appui doit être mise dans la fosse si le terrain est léger, et dans une tranchée s'il est épais : mais ces fosses et ces tranchées seront bien plus avantageuses lorsque, dans les pays tempérés et où l'été n'est pas brûlant, elles auront été faites dans l'année qui précédera la plantation des vignes. Il faut cependant s'assurer auparavant de la bonté du terrain, parce que si le terrain auquel on destine le plant est maigre et léger, il faut faire ces fosses et ces tranchées vers le temps même de la plantation des vignes. Si on fait les fosses dans l'année qui précédera la plantation des vignes, il suffira de leur donner trois pieds de longueur sur autant de profondeur, et deux pieds seulement de largeur; ou bien, si l'on doit écarter les rangées de quatre pieds les unes des autres, il sera plus commode de faire ces fosses en carrés parfaits de quatre pieds, sans cependant leur donner plus de trois pieds de profondeur. Au reste, on déposera le plant aux quatre coins de ces fosses, en mettant dessous de la terre bien ameublie; après quoi on les comblera. Quant aux intervalles qui seront entre les rangées, nous n'avons rien autre chose à prescrire, si ce n'est que les agriculteurs fassent attention à leur donner plus de largeur, s'ils doivent labourer leurs vignes à la charrue, et à leur en donner moins, s'ils doivent les labourer au hoyau, pourvu cependant qu'ils ne leur donnent jamais plus de dix pieds, ni moins de quatre. Il y a néanmoins bien des personnes qui, en faisant leurs rangées, n'y laissent que deux ou tout au plus trois pieds de distance entre chaque plante, tandis qu'ils laissent au contraire un plus grand intervalle entre les rangées, afin de faciliter davantage le passage à ceux qui bêcheront ou qui laboureront la vigne. Pour les soins qu'exige la plantation, ce sont absolument les mêmes que ceux que j'ai prescrits dans le troisième volume. Cependant Magon le Carthaginois ajoute à cette méthode un précepte, qu'il fait consister à ne pas remplir entièrement la fosse de terre au moment

---

nulli characatas vocant. Ultima est conditio stratarum vitium, quæ ab enata stirpe confestim velut projectæ per humum porriguntur. Omnium autem sationis fere eadem est conditio. Nam vel scrobe vel sulco semina deponuntur. Quoniam pastinationis expertes sunt exterarum gentium agricolæ : quæ tamen ipsa pene supervacua est iis locis, quibus solum putre, et per se resolutum est : *namque hoc imitamur arando,* ut ait Virgilius, id est etiam pastinando. Itaque Campania, cum vicinum ex nobis capere possit exemplum, non utitur hac molitione terræ, quia facilitas ejus soli minorem operam desiderat. Sicubi autem densior ager provincialis rustici majorem poscit impensam, quod nos pastinando efficimus, ille sulco facto consequitur, ut laxius subacto solo deponat semina.

V. Sed ut singula earum quæ proposui vinearum genera persequar, prædictum ordinem repetam. Vitis quæ sine adminiculo suis viribus consistit, solutiore terra, scrobe; densiore, sulco ponenda est. [Sed et] scrobes et sulci plurimum prosunt, si in locis temperatis, in quibus æstas non est præfervida, ante annum fiant, quam vineta conserantur. Soli tamen ante bonitas exploranda est. Nam si jejuno atque exili agro semina deponentur, sub ipsum tempus sationis scrobis aut sulcus faciendus est. Si ante annum fiant, quam vinea conseratur, scrobis in longitudinem altitudinemque defossus tripedaneus abunde est; latitudine tamen bipedanea : vel si quaterna pedum spatia inter ordines relicturi sumus, commodius habetur eandem quoquo versus dare mensuram scrobibus, non amplius tamen quam in tres pedes altitudinis depressis. Cæterum quatuor angulis semina applicabuntur subjecta minuta terra, et ita scrobes adobruentur. Sed de spatiis ordinum eatenus præcipiendum habemus, ut intelligant agricolæ, sive aratro vineas culturi sint, laxiora interordinia relinquenda, sive bidentibus, angustiora : sed neque spatiosiora quam decem pedum, neque contractiora quam quatuor. Multi tamen ordines ita disponunt, ut per rectam lineam binos pedes, aut [ut] plurimum ternos inter semina relinquant : transversa rursus laxiora spatia faciant, per quæ vel fossor vel arator incedat. Sationis autem cura non alia debet esse, quam quæ tradita est a me tertio volumine. Unum tamen huic consitioni Mago Carthaginiensis adjicit, ut semina ita deponantur, ne protinus totus scrobis terra compleatur, sed dimidia fere pars ejus sequente biennio paulatim adæquetur. Sic enim putat vitem cogi deorsum

qu'on y met le plant, mais à en laisser à peu près la moitié de vide, de façon qu'elle ne soit comblée que par degrés deux ans après : il imagine que c'est un moyen sûr pour contraindre la vigne à jeter ses racines par en bas. Je ne disconviendrai point qu'on ne puisse tirer quelque utilité de cette méthode dans les terrains secs, mais je ne crois pas qu'on doive la suivre dans les pays marécageux, non plus que dans ceux où le ciel est pluvieux, parce que l'eau qui séjourne en trop grande abondance dans ces fosses à demi vides tue le plant avant qu'il se soit fortifié. C'est pourquoi je crois qu'il vaut mieux combler les fosses aussitôt qu'on y a déposé le plant; mais quand une fois il aura pris, il faudra, après l'équinoxe d'automne, le déchausser exactement et profondément, et, après avoir coupé les petites racines qu'il pourra avoir jetées sur la superficie du sol, le recouvrir de terre au bout de quelques jours. C'est le moyen de parer à deux inconvénients en même temps, en empêchant que le plant ne jette ses racines par en haut, et que les pluies immodérées ne l'endommagent tant que ces racines seront encore faibles. Mais il n'y a point de doute que dès qu'elles auront pris des forces, les eaux du ciel ne leur fassent beaucoup de bien. C'est aussi pourquoi il sera bon de laisser les vignes découvertes et déchaussées pendant tout l'hiver, dans les pays où la douceur de cette saison s'y prêtera. Pour ce qui regarde la nature du plant qu'il faut employer, c'est un point sur lequel les auteurs ne sont point d'accord. Les uns pensent qu'il vaut mieux planter tout de suite des vignes par crossettes; les autres, qu'il les faut planter par marcottes : j'ai déjà déclaré dans les volumes précédents ma façon de penser sur cet objet. J'ajouterai néanmoins ici qu'il y a des terres dans lesquelles le plant qui a été transféré d'un lieu à un autre ne réussit pas aussi bien que celui qu'on n'a point remué de sa place, quoique ce cas arrive très-rarement. Il faut donc remarquer avec soin et examiner *ce que chaque pays comporte, comme ce qu'il refuse*. Quand la plante sera en terre, je veux dire la crossette ou la marcotte, on la façonnera de manière qu'elle donne un cep qui puisse se soutenir sans appui. Or c'est à quoi on ne pourra pas parvenir sur-le-champ : en effet, si l'on ne commence pas par donner des appuis à la vigne lorsqu'elle est tendre et faible, les pampres se renverseront à terre à mesure qu'ils pousseront. C'est pourquoi on attache la plante, en la mettant en terre, à un roseau qui sert à protéger et à former pour ainsi dire son enfance, jusqu'à ce qu'elle soit parvenue à la hauteur que veut lui donner l'agriculteur; hauteur qui ne doit pas être considérable, puisqu'il ne faut pas la laisser monter à plus d'un pied et demi. Lorsqu'ensuite elle aura pris des forces, et qu'elle pourra se soutenir sans appui, on lui laissera prendre sa croissance ou du côté du pied, ou du côté des bras. Car il y a deux façons de cultiver ces vignes : les uns aiment mieux qu'elles soient réduites à leur pied, les autres aiment mieux qu'elles soient distribuées en bras. Ceux qui ont à cœur de distribuer leur vigne en bras doivent conserver tout le bois qui sera poussé autour de la cicatrice qu'ils lui auront faite en la coupant toute jeune par le haut, et le distribuer en quatre bras chacun de la longueur d'un pied, de façon qu'il y en ait un qui soit tourné vers chaque partie du monde. Cependant on ne laisse pas dès la première année à ces bras toute la longueur que nous venons de fixer, de peur que la vigne ne soit trop chargée pendant qu'elle est encore frêle, mais on ne les y fait parvenir qu'à la suite de plu-

---

agere radices. Hoc ego siccis locis fieri utiliter non negaverim ; sed ubi aut uliginosa regio est, aut cæli status imbrifer, minime faciundum censeo. Nam consistens in semiplenis scrobibus nimius humor, antequam convalescant, semina necat. Quare utilius existimo, repleri quidem scrobes stirpe deposita, sed cum semina comprehenderint, statim post æquinoctium autumnale debere diligenter atque alte ablaqueari, et recisis radiculis, si quas in summo solo citaverint, post paucos dies adobrui. Sic enim utrumque incommodum vitabitur, ut nec radices in superiorem partem evocentur, neque immodicis pluviis parum valida vexentur semina. Ubi vero jam corroborata fuerint, nihil dubium est, quin cælestibus aquis plurimum juventur. Itaque locis, quibus clementia hiemis permittit, adapertas vites relinquere et tota hieme ablaqueatas habere eas convenit. De qualitate autem seminum inter auctores non convenit. Alii malleolo protinus conseri vineam melius existimant, alii vividradice : de qua re quid sentiam, jam superioribus voluminibus professus sum. Et nunc tamen hoc adjicio, *esse quosdam agros, in quibus non æque bene translata semina quam immota respondeant* : sed istud rarissime accidere. Notandum item diligenter explorandum esse, *quid quæque ferat regio, quid quæque recuset*. Deposita ergo stirpem, id est, malleolum vel vividradicem, formare sic convenit, ut vitis sine pedamine consistat. Hoc autem protinus effici non potest. Nam nisi adminiculum teneræ [viti] atque infirmæ contribueris, prorepens pampinus terræ se applicabit. Itaque posito semini arundo adnectitur, quæ velut infantiam ejus tueatur atque educat, producatque in tantam staturam, quantam permittit agricola. Ea porro non debet esse sublimis : nam usque in sesquipedem coercenda est. Cum deinde robur accipit, et jam sine adjumento consistere valet, aut capitis aut brachiorum incrementis adolescit. Nam duæ species hujus quoque culturæ sunt. Alii capitatas vineas, alii brachiatas magis probant. Quibus cordi est in brachia vitem componere, convenit a summa parte, qua decisa novella vitis est, quicquid juxta cicatricem citaverit, conservari, et in quatuor brachia pedalis mensuræ dividere, ita ut omnem partem cæli singula aspiciant. Sed hæc brachia non statim primo anno tam procera submittuntur, ne oneretur exilitas vitis ; sed compluribus putationibus in præ-

sieurs tailles. Il faut de plus laisser des espèces de cornes en saillie sur les bras, et étendre ainsi la vigne entière en tous sens, en l'arrondissant. La méthode usitée pour tailler ces vignes est la même que celle que l'on suit en taillant les vignes qui sont attachées au joug; avec cette différence néanmoins qu'on laisse aux coursons qui doivent donner le plus long bois quatre ou cinq bourgeons, au lieu qu'on n'en laisse que deux à ceux qui sont destinés à renouveler la vigne. Pour ce qui est de la vigne que nous avons dit être réduite à son pied, on ôte tout le sarment qui environne le cep jusqu'au corps même du tronc, et on ne laisse qu'un ou deux bourgeons adhérents au tronc. On peut suivre hardiment cette méthode dans les terrains arrosés ou très-gras, qui ont assez de force pour suffire tout à la fois au fruit et au bois. Ceux qui donnent cette forme à leurs vignes les cultivent principalement à la charrue : aussi est-ce pour cela qu'ils leur ôtent tous leurs bras, afin que les troncs, n'ayant point de parties saillantes, ne soient pas en risque d'être endommagés par la charrue ou par les bœufs. Car il arrive communément que lorsque les vignes sont distribuées en bras, les bœufs en arrachent de petites branches, soit avec le pied, soit avec la corne : souvent même cet accident est occasionné par le manche de la charrue, pour peu que le laboureur s'attache à raser les rangées avec le soc, et à labourer le plus près qu'il peut de la vigne. Telles sont les façons que l'on donne soit aux vignes réduites à leur pied, soit à celles qui sont distribuées en bras, avant qu'elles bourgeonnent. Mais lorsqu'elles sont germées, le fossoyeur vient à son tour, et remue avec le hoyau les parties du terrain auxquelles le bouvier n'a pas pu atteindre. Ensuite, dès que la vigne donne du bois, arrive celui qui doit l'épamprer : ce dernier en retranche les pampres superflus, et laisse les branches à fruit, qu'on a soin de lier en forme de couronne lorsqu'elles ont pris une certaine consistance; ce qu'on fait pour deux raisons : la première, de peur que si on laissait les pampres en liberté, ils ne s'étendissent trop, et n'attirassent à eux toute la nourriture ; la seconde, afin que la vigne étant ainsi liée, laisse encore un passage libre au bouvier et au fossoyeur pour la cultiver. Voici la manière dont on épamprera : Dans les lieux couverts, humides et froids, on dépouillera entièrement la vigne en été, c'est-à-dire qu'on ôtera toutes les feuilles des branches à fruit, afin que le fruit puisse mûrir, et que l'humidité ne le fasse pas pourrir; au lieu que dans les lieux secs, chauds, et exposés au soleil, on aura soin au contraire de laisser quelques pampres qui serviront à couvrir les grappes ; et s'il s'en trouve trop peu, on garantira le fruit de la chaleur avec des feuilles, et quelquefois avec de la paille, qu'on y apportera d'ailleurs à cet effet. M. Columelle, mon oncle paternel, qui était un homme très-instruit dans les beaux-arts, et l'agriculteur le plus attentif de la province de Bétique, couvrait les vignes de nattes de palmier vers le lever de la Canicule, parce qu'ordinairement, au temps où cette constellation paraît, certaines contrées de cette province sont si vexées par le vent du sud-est, appelé *Vulturnus* par les habitants, que si on n'y prenait pas le soin de couvrir les vignes, le fruit se consumerait comme si la flamme eût passé dessus. Telle est la culture de la vigne qui est distribuée en bras, et de celle qui est réduite à son pied. Car pour celle que l'on attache à un

dictam mensuram educuntur. Deinde ex brachiis quasi quædam cornua prominentia relinqui oportet, atque ita totam vitem omni parte in orbem diffundi. Putationis autem ratio eadem est, quæ in jugatis vitibus : uno tamen differt, quod pro materiis longioribus pollices quaternum aut quinum gemmarum relinquuntur : pro custodibus autem bigemmes resecs fiunt. In ea deinde vinea quam capitatam diximus, juxta ipsam matrem usque ad corpus sarmentum detrahitur, una aut altera tantummodo gemma relicta, quæ ipsi trunco adhæret. Hoc autem riguis aut pinguissimis locis fieri tuto potest, cum vires terræ et fructum et materias valent præbere. Maxime autem aratris excolunt, qui sic formatas vineas habent, et eam rationem sequuntur detrahendi vitibus brachia, quod ipsa capita sine ulla extantia neque aratro neque bubus obnoxia sunt. Nam in brachiatis plerumque fit, ut aut crure aut cornibus boum ramuli vitium defringantur : sæpe etiam stiva, dum sedulus arator vomere perstringere ordinem, et quam proximam partem vitium excolere studet. Atque hæc quidem cultura vel brachiatis vel capitatis [vitibus,] antequam gemment, adhibetur. Cum deinde germinaverint, fossor insequitur, ac bidentibus eas partes subigit, quas bubulcus non potuit pertingere. Mox ubi materias vitis exigit, insequitur pampinator, et supervacuos deterget, fructuososque palmites submittit, qui cum induruerint, velut in coronam religantur. Hoc duabus ex causis fit : una, ne libero excursu in luxuriam properent, omniaque alimenta pampini absumant; altera, ut religata vitis rursus aditum bubulco fossorique in excolenda se præbeat. Pampinandi autem modus is erit, ut opacis locis humidisque et frigidis æstate vitis nudetur, foliaque palmitibus detrahantur, et maturitatem fructus capere possit, et ne situ putrescat : locis autem siccis calidisque et apricis e contrario palmitibus uvæ contegantur; et si parum pampinosa vitis est, advectis frondibus et interdum stramentis fructus muniatur. M. quidem Columella patruus meus, vir illustribus disciplinis eruditus, ac diligentissimus agricola Bæticæ provinciæ, sub ortu Caniculæ palmeis tegetibus vineas adumbrabat, quoniam plerumque dicti sideris tempore quædam partes ejus regionis sic infestantur Euro, quem incolæ Vulturnum appellant, ut nisi tegminibus vites opacentur, velut halitu flammeo fructus uratur. Atque hæc capitatæ brachiatæque vitis cultura est. Nam illa, quæ uni jugo superponitur, aut quæ

seul joug, ainsi que celle dont on laisse croître le bois pour l'attacher à des roseaux qui lui servent d'appui en l'arrondissant en forme de cercle, elles demandent à peu près l'une et l'autre la même culture que les vignes attachées au joug. J'ai cependant vu des gens qui enterraient sur la superficie du sol, en forme de provins, de longs sarments de vignes *characatæ*, surtout quand c'était du raisin *helvenacus*, et qui ensuite redressaient auprès d'un roseau ces sarments que nos agriculteurs appellent *mergi* et les Gaulois *candosocci*, et les laissaient croître, dans la vue d'en tirer du fruit. S'ils les couvrent de terre, c'est qu'ils s'imaginent que par ce moyen la terre fournira plus de nourriture à ces branches à fruit. Aussi les coupent-ils après la vendange comme des sarments inutiles, pour leur ôter toute communication avec le cep. Pour nous, nous conseillons de s'en servir lorsqu'on les aura séparés de leur mère, en guise de marcottes, pour remplir les vides des rangées, au cas qu'il s'y trouve des ceps morts, ou pour former de nouveaux plants ; d'autant que la partie de ces sarments qui a été enterrée est toujours fournie d'une assez grande quantité de racines qui, dès qu'elles sont déposées dans les fosses, y prennent très-bien. Enfin, reste à parler de la culture des vignes couchées à terre. On ne doit entreprendre cette culture que dans les climats les plus sujets aux vents, parce qu'elle est d'un travail difficile pour les agriculteurs, et que les vignes de cette espèce ne donnent jamais de vin de bon goût. Il faudra, dans les pays qui n'admettront par leur constitution que ce genre de culture, déposer les crossettes dans des fosses de deux pieds ; et lorsqu'elles seront germées, on les réduira à un seul bois, que l'on contiendra la première année dans les bornes de deux bourgeons ; ensuite quand elles auront produit l'année suivante des branches à fruits, on en laissera croître une seule, et on supprimera toutes les autres : enfin, après que celle que l'on aura laissé croître aura donné du fruit, on la taillera d'assez court, pour qu'étant couchée à terre elle ne s'étende pas au delà de l'intervalle qui est entre les rangées. Il n'y a pas non plus beaucoup de différence, quant à la taille, entre la vigne couchée à terre et celle qui se tient debout, si ce n'est que le bois qu'on laisse à celle qui est couchée à terre doit être moins long que celui qu'on laisse à l'autre. Il en est de même de ses coursons, que l'on taille aussi courts que ceux qui ont la forme d'une verrue ; mais après la taille, qu'il faut indispensablement faire en automne à ces sortes de vignes, on les renverse tout entières sur un intervalle d'entre les rangées différent de celui où elles étaient couchées auparavant, afin que la partie du terrain qu'elles avaient précédemment occupée puisse être fouillée ou labourée, et qu'après qu'on lui aura donné ces façons, on puisse les y remettre, et cultiver de même l'autre partie. Les auteurs sont peu d'accord sur la façon d'épamprer ces vignes : les uns prétendent qu'il ne faut pas du tout les épamprer, afin qu'elles soient en état de protéger leurs fruits contre la violence des vents et contre l'incursion des bêtes ; d'autres veulent qu'on les épampre avec modération, afin que, sans être surchargées de feuilles totalement inutiles, elles puissent néanmoins couvrir et protéger leur fruit : cette méthode me paraît aussi la plus convenable.

VI. Mais c'est assez nous être occupés des vignes : passons aux préceptes qui concernent les arbres. Quiconque voudra avoir un plant d'arbres mariés à des vignes, qui soit non-seulement bien garni et arrangé avec symétrie, mais encore de

---

materiis submissis arundinum staminibus per orbem connectitur, fere eandem curam exigit, quam jugata. Non nullos tamen in vineis characatis animadverti, et maxime elvenaci generis, prolixos palmites quasi propagines summo solo adobruere, deinde rursus ad arundines erigere, et in fructum submittere, quos nostri agricolæ mergos, Galli candosoccos vocant, eosque adobruunt simplici ex causa, quod existimant, plus alimenti terram præbere fructuariis flagellis. Itaque post vindemiam velut inutilia sarmenta decidunt, et a stirpe submoventur. Nos autem præcipimus easdem virgas, cum a matre fuerint præcisæ, sicubi demortuis vitibus ordines vacent, aut si novellam quis vineam instituere velit, pro viviradice ponere. Quoniam quidem partes sarmentorum, quæ fuerant obrutæ, satis multas habent radices, quæ depositæ scrobibus confestim comprehendant. Superest reliqua illa cultura prostratæ vineæ, quæ nisi violentissimo cæli statu suscipi non debet. Nam et difficilem laborem colonis exhibet, nec unquam generosi saporis vinum præbet. Atque ubi regionis conditio solam eam culturam recipit, bipedaneis scrobibus malleolus deponitur. Qui cum egerminavit, ad unam materiam revocatur : eaque primo anno compescitur in duas gemmas : sequente deinde, cum palmites profudit, unus submittitur, cæteri decutiuntur. At ille qui submissus est, cum fructum edidit, in eam longitudinem deputatur, uti jacens non excedat interordinii spatium. Nec magna est putationis differentia cubantis, et stantis rectæ vineæ : nisi quod jacenti viti breviores materiæ submitti debent, reseces quoque angustius in modum furunculorum relinqui. Sed post putationem, quam utique autumno in ejusmodi vinea fieri oportet, vitis tota deflectitur in alterum interordinium : atque ita pars ea quæ fuerat occupata, vel foditur vel aratur, et cum exculta est, eandem vitem recipit, ut altera quoque pars excoli possit. De pampinatione talis vineæ parum inter auctores convenit. Alii negant esse nudandam vitem, quo melius contra injuriam ventorum ferarumque fructum abscondat : aliis placet parcius pampinari, ut et vitis non in totum supervacuis frondibus oneretur, et tamen fructum vestire aut protegere possit : quæ ratio mihi quoque commodior videtur.

VI. Sed jam de vineis satis diximus. Nunc de arboribus præcipiendum est. Qui volet frequens et dispositum arbu-

bon rapport, veillera à ce que la mort qui détruira ces arbres ne le dégarnisse pas, en prenant le soin d'en retirer au fur et à mesure ceux qui seront ou épuisés par la vieillesse, ou fatigués par les mauvais temps, et de leur substituer de jeunes rejetons; ce à quoi il pourra aisément parvenir, s'il a une pépinière d'ormes toute prête. Je vais en conséquence m'attacher à prescrire comment il faudra faire cette pépinière, et de quelle espèce d'ormes il faudra la peupler. On convient qu'il y a deux espèces d'ormes, ceux des Gaules, qu'on appelle ormes d'Atinia, et ceux de notre pays, qu'on appelle ormes d'Italie. Trémellius Scrofa s'était imaginé, sans aucun fondement, que l'orme d'Atinia ne produisait point de *samera* (c'est le nom qu'on donne à la graine de cet arbre) : il est vrai qu'il n'en produit qu'une très-petite quantité, ce qui fait même que quelques personnes le regardent comme stérile, et que le peu qu'il en a est caché entre les feuilles de la première pousse; aussi personne aujourd'hui ne s'avise-t-il de le semer en graine, mais tout le monde le plante par rejetons. Cet orme est plus beau et plus haut que celui de notre pays, et ses feuilles sont plus du goût des bœufs, puisque lorsqu'ils en ont mangé habituellement, et qu'on veut ensuite leur en donner de celles de l'autre espèce, ils en paraissent dégoûtés. C'est pourquoi, tant qu'on le pourra, on ne plantera dans tout son terrain que de l'orme d'Atinia, ou au moins l'on fera en sorte de mettre dans les rangées, alternativement et en nombre égal, des ormes d'Atinia et de ceux d'Italie. Moyennant cela on aura toujours un mélange de feuilles de l'un et de l'autre arbre, et les bestiaux, ragoûtés par cette espèce d'assaisonnement, consommeront plus vigoureusement la quantité de nourriture qui leur sera nécessaire. Les arbres auprès desquels la vigne vient le mieux sont d'abord le peuplier, préférablement à tout autre; ensuite l'orme, et même en troisième lieu le frêne. Beaucoup de personnes ont rejeté le peuplier, parce qu'il produit peu de feuillages, et qu'il n'est pas utile aux bestiaux. On plante avec raison, dans les lieux escarpés et montagneux où l'orme ne se plaît pas, le frêne, qui est un arbre très-agréable aux chèvres et aux brebis, et qui n'est pas sans utilité pour les bœufs. L'orme est préféré par le plus grand nombre, parce qu'il s'accommode très-bien de la vigne, qu'il fournit un pâturage très-agréable aux bœufs, et qu'il réussit dans plusieurs espèces de terrains différents. Ainsi, si l'on se propose de créer un plant d'arbres mariés à des vignes, on préparera d'avance des pépinières d'ormes ou de frênes, d'après le procédé que nous donnerons ci-dessous; car pour les peupliers, on fera mieux de mettre tout de suite dans le plan des branches prises sur la cime de ces arbres. On labourera donc la terre au *pastinum*, dans un terrain gras et médiocrement humide; et après l'avoir hersée et ameublie avec soin, on la distribuera au printemps par planches. On jettera ensuite sur ces planches de la graine d'orme, qui commencera à rougir, et que l'on aura fait sécher au soleil pendant plusieurs jours, sans cependant lui avoir laissé le temps de perdre son suc, ou de trop s'endurcir : on la répandra très-drue pour en couvrir entièrement ces planches, après quoi on la recouvrira de la hauteur de deux doigts avec de la terre bien ameublie, que l'on passera à cet effet au crible, et on l'arrosera légèrement : on finira par couvrir ces planches de paille, afin que les oiseaux ne becquètent pas la pointe des tiges quand la graine sera germée. Lorsqu'ensuite ces plantes

stum paribus spatiis fructuosumque habere, operam dabit, ne emortuis arboribus rarescat, ac primam quamque senio aut tempestate afflictam submoveat, et in vicem novellam sobolem substituat. Id autem facile consequi poterit, si ulmorum seminarium paratum habuerit : quod quomodo et qualis generis faciendum sit, non pigebit deinceps præcipere. Ulmorum duo esse genera convenit, Gallicum et vernaculum : illud Atinia, hoc nostras dicitur. Atiniam ulmum Tremellius Scrofa non ferre sameram, quod est semen ejus arboris, falso est opinatus. Nam rariorem sine dubio creat, et idcirco plerisque et sterilis videtur, seminibus inter frondem, quam prima germinatione edit, latentibus. Itaque nemo jam serit ex samera, sed ex sobolibus. Est autem ulmus longe lætior et procerior, quam nostras, frondemque jucundiorem bubus præbet: qua cum assidue pecus paveris, et postea generis alterius frondem dare institueris, fastidium bubus affert. Itaque si fieri poterit, totum agrum genere uno Atiniæ ulmi conseremus : si minus, dabimus operam, ut in ordinibus disponendis pari numero vernaculas et Atinias alternemus. Ita semper mista fronde utemur, et quasi hoc condimento illectæ pecudes fortius justa cibariorum condicent. Sed vitem maxime populus videtur alere, deinde ulmus, post etiam fraxinus. Populus, quia raram, neque idoneam frondem pecori præbet, a plerisque repudiata est. Fraxinus, quia capris et ovibus gratissima est, nec inutilis bubus, locis asperis et montosis, quibus minus lætatur ulmus, recte seritur. Ulmus, quod et vitem commodissime patitur, et jucundissimum pabulum bubus affert, variisque generibus soli provenit, a plerisque præfertur. Itaque cui arbustum novum instituere cordi est, seminaria ulmorum vel fraxinorum parentur ea ratione, quam deinceps subscripsimus. Nam populi melius cacuminibus in arbusto protinus deponuntur. Igitur pingui solo et modice humido bipalio terram pastinabimus, ac diligenter occatam et resolutam verno tempore in areas componemus. Sameram deinde, quæ jam rubicundi coloris erit, et compluribus diebus insolata jacuerit, ut aliquem tamen succum et lentorem habeat, injiciemus areis, et eas totas seminibus spisse contegemus, atque ita cribro putrem terram duos alte digitos incernemus, et modice rigabimus, stramentisque areas cooperiemus, ne prodeuntia cacumina seminum ab avibus prærodantur. Ubi deinde prorepserint plantæ, stramenta colligemus, et manibus herbas carpemus : idque leviter et curiose faciendum est, ne adhuc teneræ brevesque radiculæ ulmorum convellan-

auront pris racine, on ramassera la paille de dessus les planches, et on en arrachera les herbes à la main; il faut faire cette opération légèrement et avec attention, pour ne pas arracher en même temps les racines des ormes, qui seront encore tendres et courtes. On aura soin que les planches ne soient pas plus larges qu'il ne faut, pour que ceux qui en arracheront les herbes puissent facilement en atteindre le milieu avec la main; car si on leur donnait plus de largeur, les plantes seraient exposées à être foulées aux pieds. Il faut ensuite jeter de l'eau plutôt qu'en faire couler sur ces pépinières pendant l'été, avant le lever du soleil ou sur le soir; et lorsque les plantes auront trois pieds de hauteur, il faudra les transférer dans une autre pépinière; mais, de peur qu'elles n'y jettent des racines trop profondes (ce qui par la suite causerait beaucoup d'embarras, lorsqu'il s'agira de les enlever pour les transporter dans une autre pépinière), il faudra ne leur faire que de petites fosses, qui ne seront éloignées les unes des autres que d'un pied et demi. On nouera ensemble les racines, si elles sont courtes; ou si elles sont plus longues, on les tortillera dans la forme d'une couronne, et, après les avoir enduites de bouse de vache, on les déposera dans ses fosses; enfin on foulera la terre à leurs pieds dans tout leur circuit avec grand soin. On peut aussi user de la même méthode à l'égard des plantes que l'on aura enlevées en tiges, comme il est nécessaire de faire pour les ormes d'Atinia, que l'on ne sème pas en graine. Mais les ormes de cette dernière espèce se plantent mieux pendant l'automne qu'au printemps : on en rompt très-doucement les petites branches avec la main, parce que les deux premières années ils craignent de sentir le fer. Ce n'est qu'à la troisième année qu'on se sert de la serpette pour les tailler. Dès qu'ils sont en état d'être transplantés, on peut très-bien les planter depuis le moment de l'automne où la terre aura été trempée par les pluies, jusqu'au printemps, avant que leurs racines commencent à se peler lorsqu'on les déterre. Il faudra préparer des fosses de trois pieds en tous sens pour recevoir ces arbres, si la terre est légère; et si elle est épaisse, y faire des tranchées de la même profondeur. On aura soin en outre, en les plantant dans les terrains couverts de rosée et sujets aux brouillards, d'exposer leurs branches au côté du levant et à celui du couchant, afin que le milieu de l'arbre, qui est l'endroit où la vigne est liée et contre lequel elle s'appuie, reçoive plus de soleil. Si l'on veut en même temps faire venir du grain dans ce terrain, on mettra ces arbres à quarante pieds de distance les uns des autres, pourvu que le terrain soit fertile; au lieu qu'on ne les séparera que de vingt pieds dans un terrain maigre, et dans lequel on ne sèmera rien. Lorsqu'ensuite ils commenceront à grandir, il faudra les façonner avec la serpette, et y former des *tabulata* (étages d'arbres.) C'est le nom que les agriculteurs sont dans l'usage de donner aux branches et aux troncs qui sont en saillie, et qu'ils raccourcissent ou allongent plus ou moins par la taille, selon qu'ils veulent donner plus ou moins de liberté aux vignes. Au reste, il vaut mieux leur donner plus de liberté dans un terrain gras, et les gêner davantage dans un terrain maigre. Ces sortes d'étages ne doivent pas être à moins de trois pieds de distance les uns des autres, et ils doivent être faits de façon que leurs branches supérieures ne soient pas sur une seule et même ligne avec les inférieures, parce qu'autrement l'inférieure occasionnerait un frottement continuel à la branche à fruit qui descendrait de la supérieure, à mesure qu'elle germerait, et qu'elle finirait par en faire tomber le fruit. Mais quelque espèce d'arbres que l'on ait plantée, il ne

tur. Atque ipsas quidem areas ita anguste compositas habebimus, ut qui runcaturi sunt, medias partes earum facile manu contingant : nam si latiores fuerint, ipsa semina proculcata noxam capient. Æstate deinde prius quam sol oriatur, aut ad vesperum, seminaria conspergi sæpius quam rigari debent : et cum ternûm pedum plantæ fuerint, in aliud seminarium transferri, ac ne radices altius agant (quæ res postmodum in eximendo magnum laborem affert, cum plantas in aliud seminarium transferre volumus) oportebit non maximos scrobiculos sesquipede inter se distantes fodere : deinde radices in nodum, si breves, vel in orbem coronæ similem, si longiores erunt, inflecti, et oblitas fimo bubulo scrobiculis deponi, ac diligenter circumcalcari. Possunt etiam collectæ cum stirpibus plantæ eadem ratione disponi : quod in Atinia ulmo fieri necesse est, quæ non seritur e samera. Sed hæc ulmus autumni tempore melius quam vere disponitur ; paulatimque ramuli ejus manu detorquentur, quoniam primo biennio ferri reformidat ictum. Tertio demum anno acuta falce abraditur, atque ubi translationi jam idonea est, ex eo tempore autumni, quo terra imbribus permaduerit, usque in vernum tempus, antequam radix ulmi in eximendo delibretur, recte seritur. Igitur in resoluta terra ternûm pedum quoquo versus faciendi scrobes. At in densa, sulci ejusdem altitudinis et latitudinis, qui arbores recipiant, præparandi. Sed deinde in solo roscido et nebuloso conservandæ sunt ulmi, ut earum rami ad orientem et [in] occidentem dirigantur, quo plus solis mediæ arbores, quibus vitis applicata et religata innititur, accipiant. Quod si etiam frumentis consulemus, uberi solo inter quadraginta pedes, exili, ubi nihil seritur, inter viginti, arbores disponantur. Cum deinde adolescere incipient, falce formandæ, et tabulata instituenda sunt. Hoc enim nomine usurpant agricolæ ramos truncosque prominentes, eosque vel propius ferro compescunt, vel longius promittunt, ut vites laxius diffundantur : hoc in solo pingui melius, illud in gracili. Tabulata inter se ne minus ternis pedibus absint, atque ita formentur, ne superior ramus in eadem linea sit, qua inferior. Nam demissum ex eo palmitem germinantem inferior attereret, et fructum decutiet. Sed quamcunque arbo-

faudra pas les tailler les deux premières années. Si par la suite l'orme ne prend qu'un faible accroissement, il faudra au printemps, et avant qu'il quitte facilement son écorce, l'étêter auprès de la branche qui en paraîtra la plus brillante, en laissant cependant sur le tronc, au-dessus de cette branche, une tige de la hauteur de neuf pouces, à laquelle on attachera cette branche, en l'appuyant auprès et en lui faisant prendre sa direction, afin qu'étant bien redressée, elle puisse donner une cime à l'arbre. Ensuite il faudra couper au bout d'un an cette tige qu'on avait laissée au tronc, et ragréer la plaie. Si l'arbre n'a point de branche dont on puisse tirer ce parti, il suffira de le réduire à la hauteur de neuf pieds, en lui coupant toute la partie supérieure, afin que les nouvelles branches qu'il poussera, soient à l'abri des bestiaux. Il faudra le couper d'un seul coup, si l'on peut en venir à bout; sinon il faudra le scier, et ensuite ragréer la plaie avec la serpette, et la recouvrir d'un lut dans lequel on aura mêlé de la paille, pour que le soleil ou la pluie ne l'endommagent point. Un an ou deux après, lorsque les nouvelles branches auront pris des forces, il faudra retrancher celles qui seront inutiles, et laisser celles qui se prêteront à être arrangées. Quand un orme aura toujours été d'une belle venue depuis le moment de sa plantation, il faudra lui couper avec la serpe les branches supérieures jusqu'au nœud qui les joint au tronc. Mais si ses branches sont déjà fortes, on leur laissera en les coupant un petit bout de bois en saillie sur le tronc. Lorsqu'ensuite l'arbre aura pris toute sa force, il faudra en rogner tout ce que l'on pourra atteindre avec la serpe, et ragréer les plaies, sans cependant toucher au corps même de la mère. Voici comment il faudra façonner un jeune orme dans un terrain gras. On lui laissera huit pieds sur terre sans branches, ou sept, quand le terrain sera moins gras; au-dessus de cet espace on le distribuera en trois parties prises sur sa circonférence, à chacune desquelles on laissera une branche pour former le premier *tabulatum*. Ensuite, après avoir laissé trois pieds vacants par-dessus, on arrangera d'autres branches de façon qu'elles ne se trouvent pas sur la même ligne que celles du *tabulatum* dont je viens de parler; et il faudra continuer d'arranger de la même façon l'arbre dans son entier jusqu'à sa cime. Au reste, on prendra garde en l'émondant de ne pas donner trop de longueur aux ergots qu'on lui laissera en coupant ses branches, comme, au contraire, on prendra garde de ne pas les couper assez près pour que le tronc soit lui-même blessé ou écorché, parce que le tronc de l'orme une fois écorché réussit mal. Il faut aussi éviter que deux plaies différentes ne se réunissent en une seule, parce que l'écorce aurait de la peine à se cicatriser à la suite d'un tel maltraitement. On cultivera aussi cet arbre sans discontinuation, et on ne se contentera pas de l'avoir arrangé avec soin dans le principe, mais on bêchera encore autour de son tronc, et on coupera avec le fer, de deux années l'une, soit en entier, soit en grande partie, le feuillage qu'il aura donné, de peur que l'épaisseur de son ombre ne nuise à la vigne. Lorsqu'ensuite cet arbre sera devenu vieux, on le percera près de terre jusqu'à la moelle, pour donner une issue à l'humidité qui se sera amassée dans sa partie supérieure. Il faut aussi planter la vigne auprès de lui, avant qu'il ait pris toute sa force. Au surplus, si l'on marie à un jeune orme une jeune vigne, il ne lui fera pas de tort; au lieu que si on lui en marie une vieille, il fera

rem severis, eam biennio proximo putare non oportet. Post deinde si ulmus exiguum incrementum recipit, verno tempore, antequam librum demittat, decacuminanda est juxta ramulum, qui videbitur esse nitidissimus, ita tamen, uti supra eum trunco stirpem dodrantalem relinquas, ad quam ductus et applicatus ramus alligetur, et correctus cacumen arbori præbeat. Deinde stirpem post annum præcidi et allevari oportet. Quod si nullum ramulum arbor idoneum habuerit, sat erit novem pedes a terra reliqui, et superiorem partem detruncari, ut novæ virgæ, quas emiserit, ab injuria pecoris tutæ sint. Sed si fieri poterit, uno ictu arborem præcidi; si minus, serra desecari, et plagam falce allevari oportebit, eamque plagam luto paleato contegi, ne sole aut pluviis infestetur. Post annum aut biennium, cum enati ramuli recte convaluerint, supervacuos deputari, idoneos in ordinem submitti conveniet. Quæ ulmus a positione bene provenerit, ejus summæ virgæ falce debent enodari. At si robusti ramuli erunt, ita ferro amputentur, ut exiguam stirpem prominentem trunco relinquas. Cum deinde arbor convaluerit, quicquid falce contingi poterit, exputandum est, allevandumque catenus, ne plaga corpori matris applicetur. Ulmum autem novellam formare sic conveniet. Loco pingui octo pedes a terra sine ramo relinquendi, vel in arvo gracili septem pedes: supra quod spatium deinde per circuitum in tres partes arbor dividenda est, ac tribus lateribus singuli ramuli submittendi primo tabulato assignentur. Mox de ternis pedibus superpositis alii rami submittendi sunt, ita ne iisdem lineis, quibus in inferiore positi sint. Eademque ratione usque in cacumen ordinanda erit arbor. Atque in frondatione cavendum, ne aut prolixiores pollices fiant, qui ex amputatis virgis relinquuntur, aut rursus ita alleventur, ut ipse truncus lædatur, aut delibretur: nam parum gaudet ulmus, quæ in corpus nudatur. Vitandumque ne de duabus plagis una fiat, cum talem cicatricem non facile cortex comprehendat. Arboris autem perpetua cultura est, non solum diligenter eandem disponere, sed etiam truncum circumfodere, et quicquid frondis enatum fuerit, alternis annis aut ferro amputare aut astringere, ne nimia umbra viti noceat. Cum deinde arbor vetustatem fuerit adepta, propter terram vulnerabitur ita, ut excavetur usque in medullam, deturque exitus humori, quem ex superiore parte conceperit. Vitem quoque, antequam ex toto arbor prævalescat, conserere convenit. At si teneram ulmum maritaveris, onus jam non sufferet: si vetustæ vitem applicueris, conjugem necabit. Ita suppares esse ætate et viribus ar-

mourir sa compagne. Ainsi, il faut qu'il y ait convenance d'âge et de vigueur entre ces arbres et les vignes qu'on marie avec eux. Mais lorsqu'on veut marier une vigne à un arbre, il faut préparer, pour les marcottes qu'on doit mettre auprès de lui, un fossé de deux pieds de largeur sur deux pieds de profondeur si la terre est légère, ou deux pieds neuf pouces si elle est épaisse, et de six pieds de longueur ou tout au moins de cinq. Il faut que ce fossé soit au moins à un pied et demi de distance de l'arbre, parce que s'il joignait les racines de l'orme, la vigne prendrait mal, et que quand même elle prendrait, l'arbre ne pourrait manquer de l'étouffer dès qu'il viendrait à croître. On fera ce fossé en automne, si on en a la liberté, afin que la terre s'en ramollisse aux pluies et aux gelées. Ensuite, vers l'équinoxe du printemps, on y déposera deux ceps à la fois à un pied de distance l'un de l'autre, afin qu'ils couvrent plus tôt l'orme, et on prendra garde de ne pas les planter pendant que les vents du septentrion souffleront, ni pendant qu'ils seront couverts de rosée, mais on attendra qu'ils soient ressuyés : c'est une attention que j'ordonne d'avoir, non-seulement en plantant des vignes, mais encore en plantant des ormes et toute autre espèce d'arbres; comme j'ordonne encore, lorsqu'on les tire de la pépinière, de les marquer d'un côté avec de la sanguine, pour se rappeler la position où ils étaient dans la pépinière, afin de les mettre dans la même position, parce qu'il est très-intéressant qu'ils regardent le côté du ciel auquel ils sont accoutumés dès leur enfance. Le temps le plus favorable pour planter les arbres et les vignes dans les cantons qui sont exposés au soleil, et où la température n'est ni trop froide, ni trop pluvieuse, c'est en automne après l'équinoxe. Mais il faut, en les plantant, étendre dans le fossé jusqu'à la profondeur d'un demi-pied la superficie de la terre, que l'on aura labourée à la charrue ; développer toutes leurs racines, ensuite les fumer, selon mon opinion, après les avoir plantés; sinon les recouvrir au moins de cette terre labourée, que l'on foulera aux pieds dans le circuit du tronc. Il faut mettre les vignes à l'extrémité du fossé la plus éloignée de l'arbre, et en étendre le bois dans la largeur du fossé, pour les relever ensuite auprès de l'arbre; et enfin les entourer de haies, pour les mettre à l'abri des bestiaux. Au surplus, il faut accoter le plan de vignes aux arbres du côté du septentrion dans les pays chauds, du côté du midi dans les pays froids, et du côté de l'orient ou de celui de l'occident sous un climat tempéré, afin qu'il ne soit pas incommodé pendant toute la journée, soit par le soleil, soit par l'ombre. Celsus pense qu'il ne faut pas approcher le fer de la vigne à la première taille qui suivra sa plantation, mais qu'il sera mieux d'entourer l'arbre avec les tiges de cette plante, qu'on tortillera à cet effet en façon de couronne, afin qu'elles jettent du bois en abondance de toute leur partie qui sera courbée, et qu'on puisse employer le plus fort de ce bois à former, l'année d'après, la tête de la vigne. Mais une longue expérience m'a convaincu qu'il est bien plus utile de faire sentir la serpette aux vignes dès les premiers temps, et de ne pas les laisser se couvrir de sarments inutiles. Je pense même qu'il faut couper jusqu'au second ou au troisième bourgeon le premier bois qu'on leur laissera, afin qu'il donne des branches à fruit plus robustes : dès que ces branches auront atteint le premier étage, on les taillera ; chaque année on les fait monter d'un étage, laissant toujours sur l'étage précédent une vieille branche que l'on appliquera au tronc de l'arbre, afin qu'elle se di-

---

bores vitesque convenit. Sed arboris maritandæ causa scrobis viviradici fieri debet latus pedum duorum, altus levi terra totidem pedum ; gravi, dupondio et dodrante : longus pedum sex aut minimum quinque. Absit autem hic ab arbore ne minus sesquipedali spatio. Nam si radicibus ulmi junxeris, male vitis comprehendet, et cum tenuerit, incremento arboris opprimetur. Hunc scrobem, si res permittit, autumno facito, ut pluviis et gelicidiis maceretur. Circa vernum deinde æquinoctium binæ vites, quo celerius ulmum vestiant, pedem inter se distantes scrobibus deponendæ : cavendumque ne aut septentrionalibus ventis aut roruleutæ sed siccæ serantur. Hanc observationem non solum in vitium positione, sed in ulmorum cæterarumque arborum præcipio : et uti cum de seminario eximuntur, rubrica notetur una pars, quæ nos admoneat, ne aliter arbores constituamus, quam quemadmodum in seminario steterint. Plurimum enim refert, ut eam partem cæli spectent, cui ab tenero consueverunt. Melius autem locis apricis, ubi cæli status neque prægelidus neque nimium pluvius est, autumni tempore et arbores et vites post æquinoctium deponuntur. Sed eæ ita conservandæ sunt, ut summam terram, quæ aratro subacta sit, semipedem alte substernamus, radicesque omnes explicemus, et depositas stercorata, ut ego existimo, si minus, certe subacta operiamus, et circumcalcemus ipsum seminis codicem. Vites in ultimo scrobe deponi oportet, materiasque earum per scrobem porrigi, deinde ad arborem erigi; atque ab injuria pecoris caveis emuniri. Locis autem præfervidis semina septentrionali parte arbori applicanda sunt : locis frigidis a meridie, temperato statu cæli, aut ab oriente aut ab occidente, ne toto die solem vel umbram patiantur. Proxima deinde putatione melius existimat Celsus ferro abstineri, ipsosque coles in modum coronæ contortos arbori circumdari, ut flexura materias profundat, quarum validissimam sequente anno caput vitis faciamus. Me autem longus docuit usus, multo utilius esse primo quoque tempore falcem vitibus admovere, nec superva- cuis sarmentis pati silvescere. Sed eam quoque, quæ primo submittetur, materiam ferro coercendam censeo usque in alteram vel tertiam gemmam, quo robustiores palmites agat : qui cum primum tabulatum apprehenderint, proxima putatione disponentur omnibusque annis aliquis in

rige vers sa cime. Une fois que la vigne est mariée à l'arbre, les agriculteurs lui imposent des lois constantes : la plupart garnissent les étages inférieurs de beaucoup de sarments, pour avoir une plus grande quantité de fruits et trouver plus d'aisance dans la culture. Mais ceux qui recherchent la qualité du vin excitent la vigne à monter au plus haut des arbres, et, à mesure qu'elle jette de nouveau bois, ils attirent ce bois vers la branche de l'arbre la plus élevée, de façon que le plus haut de la vigne gagne toujours le plus haut de l'arbre; c'est-à-dire que les deux branches à fruit les plus élevées de la vigne s'unissent au tronc de l'arbre vers sa cime, à laquelle tend leur direction ; de sorte qu'à mesure qu'une branche de l'arbre se fortifie, elle reçoit la vigne entre ses bras. On mettra sur les plus fortes branches de l'arbre un plus grand nombre de branches à fruit de la vigne, qui seront toutes séparées les unes des autres; au lieu qu'on en mettra moins sur les plus petites. On attachera la jeune vigne à l'arbre avec trois tourons : l'un qui sera lié à la cuisse de l'arbre à quatre pieds de distance de la terre, l'autre qui arrêtera la vigne par le haut, et le troisième qui l'embrassera par le milieu. Il n'en faut pas mettre par le bas, parce que cela diminuerait les forces de la vigne : on le regarde cependant quelquefois comme nécessaire, lorsque l'arbre ayant été tronqué n'a point de branches, ou que la vigne a trop de vigueur et qu'elle s'étend trop. Les autres points à observer dans la taille sont de couper toutes les anciennes branches qui auront rapporté du fruit l'année précédente, et de laisser les nouvelles en les débarrassant partout de leurs vrilles, et en coupant les rejetons qu'elles peuvent avoir produits; comme aussi de laisser tomber par la pointe des rameaux de l'arbre les branches les plus éloignées de la vigne préférablement aux autres si elle est abondante, les plus voisines du cep si elle est maigre, et celles du milieu si elle est d'une qualité moyenne, parce que les branches les plus éloignées sont celles qui rapportent le plus de fruit, et que les plus voisines du tronc sont celles qui l'épuisent et qui l'exténuent le moins. Il est aussi fort utile aux vignes d'être déliées toutes les années, parce qu'on les éclaircit alors plus commodément, et qu'elles se rafraîchissent lorsqu'elles sont liées à une autre place, outre qu'elles sont moins blessées et qu'elles s'en portent mieux. Il faut encore mettre les branches à fruit sur les étages, de façon qu'elles y soient liées au-dessus du troisième ou du quatrième bourgeon avant d'en descendre, et ne point serrer la ligature, de crainte qu'elle ne coupe le sarment. Mais si l'étage est si éloigné qu'on ne puisse pas y conduire commodément la branche de la vigne, on l'attachera sur la vigne même, en la liant au-dessus du troisième bourgeon. Nous prescrivons ceci, parce que la partie de la branche qui descend de l'étage est celle qui se charge de fruits ; au lieu que celle qui est attachée avec un lien tend à monter plus haut, et fournit du bois pour l'année suivante. Au reste, les branches elles-mêmes sont de deux sortes : les unes sortent du bois dur, et, comme elles ne rapportent communément la première année que des feuilles sans fruit, on les appelle *pampinarii*; les autres sortent d'une branche qui a un an, et on les appelle *fructuarii*, parce qu'elles produisent des fruits. Pour avoir toujours dans une vigne une grande quantité de ces dernières, on lie les branches au troisième bourgeon, afin que tout ce

superius tabulatum excitabitur, relicta semper una materia, quæ applicata trunco cacumen arboris spectet. Jamque viti constitutæ certa lex ab agricolis imponitur : plerique ima tabulata materiis frequentant, uberiorem fructum et magis facilem cultum sequentes. At qui bonitati vini student, in summas arbores vitem promovent : ut quæque materia sedebit, ita in celsissimum quemque ramum extendunt, sic, ut summa vitis summam arborem sequatur, id est, ut duo palmites extremi trunco arboris applicentur, qui cacumen ejus spectent, et prout quisque ramus convaluit, vitem accipiat. Plenioribus ramis plures palmites alius ab alio separati imponantur, gracilioribus pauciores; vitisque novella tribus toris ad arborem religetur, uno, qui est in crure arboris a terra quatuor pedibus distans ; altero, qui summa parte vitem capit; tertio, qui mediam vitem complectitur. Torum imum imponi non oportet, quoniam vires vitis adimit. Interdum tamen necessarius habetur, cum aut arbor sine ramis truncata est, aut vitis prævalens in luxuriam evagatur. Cætera putationis ratio talis est, ut veteres palmites, quibus proximi anni fructus pependit, omnes recidantur : novi, circumcisis undique capreolis et nepotibus, qui ex his nati sunt, amputatis, submittantur : et si læta vitis est, ultimi potius palmites per cacumina ramorum præcipitentur; si gracilis, trunco proximi, si mediocris, medii ; quoniam ultimus palmes plurimum fructum affert, proximus minimum vitem exhaurit atque attenuat. Maxime autem modest vitibus, omnibus annis resolvi. Nam et commodius enodantur, et refrigerantur, cum alio loco alligatæ sunt, minusque læduntur, ac melius convalescunt. Atque ipsos palmites ita tabulatis superponi convenit, ut a tertia gemma vel quarta religati dependeant, eosque non constringi, ne sarmentum vimine præcidatur. Quod si ita longe tabulatum est, uti materia parum commode in id perduci possit, palmitem ipsum viti alligatum supra tertiam gemmam religabimus. Hoc ideo fieri præcipimus, quia quæ pars palmitis præcipitata est, ea fructu induitur : at quæ vinculo adnexa sursum tendit, ea materias sequenti anno præbet. Sed ipsorum palmitum duo genera sunt : alterum, quod ex duro provenit, quod quia primo anno plerumque frondem sine fructu affert, pampinarium vocant; alterum, quod ex anniculo palmite procreatur : quod quia protinus creat, fructuarium appellant. Cujus ut semper habeamus copiam [in vinea,] palmitum partes ad tres gemmas religandæ sunt, ut quicquid intra vinculum est materias exigat. Cum deinde annis et robore vitis con-

qui est au-dessous de la ligature donne du bois. Lorsqu'ensuite la vigne aura augmenté en force en prenant des années, il faudra faire aller, sur les arbres qui se trouveront dans son voisinage, de longs sarments que l'on coupera néanmoins au bout de deux ans pour en faire passer de plus tendres à leur place, parce que les vieux sarments fatiguent la vigne. On est aussi quelquefois dans l'usage, quand la vigne ne peut pas embrasser l'arbre dans son entier, d'en coucher une partie en terre pour en faire venir deux ou trois provins, qu'on fera monter à l'arbre, afin qu'il soit plus tôt couvert, en se trouvant environné d'une grande quantité de ceps. On ne doit pas laisser à une jeune vigne de sarments *pampinarii*, à moins qu'ils ne sortent d'un endroit où il sera nécessaire de les laisser, pour les marier par la suite à une branche de l'arbre qui aura perdu ceux qui la garnissaient. Pour ce qui est des vieilles vignes, les sarments à feuilles dits *pampinarii*, qui y sont nés dans une place convenable, leur sont utiles; et on fait bien de les y laisser pour la plus grande partie, en les taillant au troisième bourgeon, parce qu'ils donnent du bois l'année suivante. Tout pampre né dans une place convenable, qui aura été rompu, soit lorsqu'on taillait la vigne, soit lorsqu'on la liait, ne doit pas être retranché pour peu qu'il lui reste un bourgeon, parce que l'année d'ensuite il donnera infailliblement des pampres, qui seront d'autant plus forts que ce bourgeon sera unique. On appelle *præcipites* (branches précipitées) les branches à fruit qui sont sorties de celles de l'année, et que l'on attache au bois dur. Ces sortes de pampres rapportent à la vérité beaucoup de fruit, mais aussi ils font bien du tort à la mère. C'est pourquoi il ne faut pas en précipiter, si ce n'est de l'extrémité des branches de l'arbre, ou dans le cas où la vigne serait montée plus haut que la cime de l'arbre.

Si cependant quelqu'un voulait laisser les branches de cette espèce, dans la vue d'avoir beaucoup de fruit, il faudrait qu'il commençât par les tortiller, ensuite qu'il les liât, et enfin qu'il les précipitât. En effet, elles jetteront pour lors une quantité de sarments derrière l'endroit où on les aura tordues, et, toutes précipitées qu'elles seront, elles attireront moins à elles les forces de la vigne, quoiqu'en donnant du fruit avec abondance. Il ne faut pas laisser plus d'une année les branches précipitées. Il y a une autre espèce de branche à fruit qui sort d'une jeune branche, et que l'on attache dans le tendre de cette branche pour la laisser pendre : nous l'appelons bois tout court (*materia*), et elle donne du fruit et de nouveaux sarments en abondance. On donne encore à deux pampres venus d'une même tige, qu'on a laissés à la vigne, le nom de *materia* : j'ai montré plus haut quelle était la nature des sarments à feuilles dits *pampinarii*. Le pampre nommé pampre fourcheron (*focaneus*) est celui qui vient dans l'entre-deux des bras, comme au milieu d'une fourche (*furca*). J'ai observé que c'est la pire de toutes les tiges, parce qu'elle ne rapporte point de fruits, et qu'elle exténue les deux bras entre lesquels elle est née; c'est pourquoi il faut la retrancher. Bien des gens se sont trompés en s'imaginant que lorsqu'une vigne était forte et bien fertile, elle devenait encore plus fertile si on la surchargeait et qu'on lui laissât beaucoup de branches à fruit, puisqu'il arrive au contraire que plus une vigne a de branches, plus elle donne de pampres, et que par conséquent, étant couverte de beaucoup de feuilles, elle quitte plus mal sa fleur, retient plus longtemps le brouillard et la rosée, et perd toutes ses grappes. Je pense donc que lorsqu'une vigne est forte, on fera bien de la distribuer sur les branches de l'arbre, de disperser ses longs

---

valuit, traduces in proximam quamque arborem mittendæ, easque post biennium amputare [simul] atque alias teneriores transmittere convenit. Nam vetustate vitem fatigant. Nonnunquam etiam cum arborem totam vitis comprehendere nequit, ex usu fuit partem aliquam ejus deflexam terræ immergere, et rursus ad eandem arborem duas vel tres propagines excitare, quo pluribus vitibus circumventa celerius vestiatur. Viti novellæ pampinarium immitti non oportet, nisi necessario loco natus est, ut viduum ramum maritet. Veteribus vitibus loco nati palmites pampinarii utiles sunt, et plerique ad tertiam gemmam resecti optime submittuntur. Nam insequenti anno materias fundunt. Quisquis autem pampinus loco natus in exputando vel alligando fractus est, modo ut aliquam gemmam habuerit, ex toto tolli non oportet : quoniam proximo anno vel validiorem materiam ex una creabit. Præcipites palmites dicuntur, qui de hornotinis virgis enati in duro alligantur. Hi plurimum fructus afferunt, sed plurimum matri nocent. Itaque nisi extremis ramis, aut si vitis arboris cacumen superaverit, præcipitari palmitem non oportet. Quod si

tamen id genus colis propter fructum submittere quis velit, palmitem intorqueat. Deinde ita alliget et præcipitet. Nam et post cum locum quem intorseris, lætam materiam citabit, et præcipitata minus virium in se trahet, quamvis fructu exuberet. Præcipitem vero plus anno pati non oportet. Alterum est genus palmitis, quod de novello nascitur, et in tenero alligatum dependet : materiam vocamus; ea et fructum et nova flagella bene procreat : et jam si ex uno capite duæ virgæ submittantur, tamen utraque materia dicitur; nam pampinarius quam vim habeat, supra docui. Focaneus est, qui inter duo brachia velut in furca de medio nascitur. Eum colem deterrimum esse comperi, quod neque fructum ferat, et utraque brachia, inter quæ natus est, attenuet. Itaque tollendus est. Plerique vitem validam et luxuriosam falso crediderunt feraciorem fieri, si multis palmitibus submissis oneretur. Nam ex pluribus virgis plures pampinos creat, et cum se multa fronde cooperit, pejus defloret, nebulasque et rores diutius continet, omnemque uvam perdit. Validam ergo vitem in ramos diducere censeo, et traducibus dispergere atque disra-

sarments sur les arbres voisins, et de l'éclaircir, en précipitant une partie des branches à fruit ; si elle est moins fertile, il faudrait abandonner ses *materiæ* en liberté. Au surplus, autant un plant d'arbres mariés à des vignes est recommandable par ses fruits et par la beauté de son aspect lorsqu'il est bien garni, autant il est infructueux et sans grâce lorsque la vieillesse l'a dégarni. Pour empêcher que cet accident n'arrive, un chef de famille attentif doit ôter le premier arbre qui se trouvera accablé de vieillesse, pour lui en substituer un autre plus jeune : auquel cas il évitera de se servir de marcottes, quoiqu'il en ait la faculté ; mais il préférera des provins pris dans le voisinage. Au reste, tel de ces deux partis qu'il prenne, il suivra la méthode que nous avons déjà donnée. C'est assez de préceptes pour les plants d'arbres mariés aux vignes à la façon d'Italie.

VII. Il y a une autre espèce de plants d'arbres mariés aux vignes, qui est d'usage dans la Gaule : on l'appelle *rumpotinum*. Il faut pour cette espèce de plant des arbres bas et peu chargés de feuilles. L'aubier paraît y être très-convenable : c'est un arbre semblable au cornouiller. Il y a bien des personnes qui disposent encore pour ce plant des charmes, des cornouillers et des frênes sauvages, et quelquefois même des saules. Mais il ne faut employer le saule que dans les terrains humides, où les autres arbres viendraient difficilement, parce que cet arbre corrompt le goût du vin. On pourra aussi y mettre des ormes en les étêtant dans leur jeunesse, et en les soignant de façon qu'ils ne montent pas à plus de quinze pieds de hauteur. Car j'ai remarqué qu'ordinairement ces *rumpotina* sont faits de façon que leurs étages ne vont qu'à huit pieds dans les lieux secs et montagneux, et à douze dans les lieux plats et humides. Communément on divise ces arbres en trois branches, à chacune desquelles on laisse de deux côtés plusieurs bras ; après quoi on retranche presque toutes les autres branches dans le temps qu'on taille la vigne, de peur qu'elles ne lui donnent trop d'ombre. Si l'on ne sème pas de blé sous les arbres des *rumpotina*, on les espace à vingt pieds de distance des deux côtés ; mais si l'on s'adonne à y mettre du grain, on laisse entre eux quarante pieds de distance d'un côté, et vingt de l'autre. Le reste de la culture est le même que pour les plants d'arbres mariés à des vignes à la façon d'Italie, c'est-à-dire qu'on dépose les vignes dans de longs fossés, qu'on les cultive avec autant de soin, qu'on les distribue sur les branches des arbres ; enfin qu'on fait passer d'arbre en arbre de nouveaux sarments longs que l'on attache ensemble, et que l'on renouvelle toutes les années en coupant les anciens. Si un de ces longs sarments, qui passent d'arbre en arbre, ne peut pas atteindre son voisin, on les réunit par le moyen d'une baguette que l'on attache en travers. Lorsqu'ensuite le poids du fruit les fait courber, on les soutient avec des appuis qu'on met par-dessous. Au reste, plus on laboure profondément et plus on bêche au pied des plants d'arbres de cette espèce mariés à des vignes, ainsi qu'au pied de toute autre espèce d'arbres, plus ils rapportent de fruits : on voit par ce que nous avons dit plus haut s'il est de l'utilité du chef de famille de viser à cette abondance de fruits.

VIII. La culture de tous les autres arbres est à la vérité beaucoup plus simple que celle de la vigne ; mais l'olivier est celui de tous qui entraîne le moins de dépenses, quoiqu'il tienne le

---

rare, certosque vinearios coles præcipitare, et si minus luxuriabitur, solutas materias relinquere ; ea ratio vitem feraciorem faciet. Sed ut densum arbustum commendabile fructu et decore est, sic ubi vetustate rarescit, pariter inutile et invenustum est. Quod ne fiat, diligentis patrisfamilias est, primam quamque arborem senio defectam tollere, et in ejus locum novellam restituere, [vitem queat,] nec eam viviradice frequentare, ea etsi sit facultas, sed, quod est longe melius, ex proximo propagare. Cujus utriusque ratio consimilis est ei quam tradidimus. Atque hæc de Italico arbusto satis præcepimus.

VII. Est et alterum genus arbusti Gallici, quod vocatur rumpotinum. Id desiderat arborem humilem nec frondosam. Cui rei maxime videtur esse idonea opulus : ea est arbor corno similis. Quin etiam cornus et carpinus et ornus non nunquam, et salix a plerisque in hoc ipsum disponitur. Sed salix nisi in aquosis locis, ubi aliæ arbores difficiliter comprehendunt, ponenda non est, quia vini saporem infestat. Potest etiam ulmus sic disponi, ut adhuc tenera decacuminetur, ne altitudinem quindecim pedum excedat. Nam fere ita constitutum rumpotinetum animadverti, ut ad octo pedes locis siccis et clivosis, ad duodecim locis planis et uliginosis tabulata disponantur. Plerunique autem ea arbor in tres ramos dividitur, quibus singulis ab utraque parte complura brachia submittuntur, tum omnes pene virgæ, ne umbrent, eo tempore quo vitis putatur, abraduntur. Arboribus rumpotinis, si frumentum non inseritur, in utramque partem viginti pedum spatia intervenirunt : at si segetibus indulgetur, in alteram partem quadraginta pedes, in alteram viginti relinquuntur. Cætera simili ratione atque in arbusto Italico administrantur, ut vites longis scrobibus deponantur, ut eadem diligentia curentur, atque in ramos diducantur, ut novi traduces omnibus annis inter se ex arboribus proximis connectantur, et veteres decidantur. Si tradux traducem non contingit, media virga inter eas deligetur. Cum deinde fructus pondere urgebit, subjectis adminiculis sustinetur. Hoc autem genus arbusti cæteræque omnes arbores quanto altius arantur et circumfodiuntur, majore fructu exuberant ; quod an expediat patrifamilias facere, reditus docet.

VIII. Omnis tamen arboris cultus simplicior quam vinearum est, longeque ex omnibus stirpibus minorem impensam desiderat olea, quæ prima omnium arborum est.

premier rang entre eux. En effet, quoiqu'il ne rapporte pas de fruits toutes les années de suite, mais seulement de deux années l'une à peu près, cependant il mérite le plus grand égard, tant parce qu'il se soutient sans une grande culture, et que, lorsqu'il n'a ni fleurs ni fruits, il ne demande presque aucune dépense, ou que, pour peu qu'on en fasse, ses fruits se multiplient à proportion de cette dépense, que parce que, lorsqu'il est négligé pendant une suite d'années, il ne manque point comme la vigne, mais qu'il rapporte dans ce temps-là même quelque profit au chef de famille, et qu'il ne lui faut qu'un an pour se corriger, pour peu qu'on le cultive de nouveau. C'est aussi pour cela que nous avons cru devoir donner avec soin des préceptes particuliers sur cette espèce d'arbre. Je crois qu'il y a bien des sortes d'olives ainsi que de raisins, mais il n'en est venu que dix à ma connaissance ; savoir, l'olive *Pausia*, l'*Algiana*, celle de *Licinius*, celle de *Sergia*, la *Nevia*, la *Culminia*, l'*Orchis*, la *Regia* (royale), la *Cercites* (allongée) et la *Murtea* (de myrte). De toutes ces olives, la plus agréable est la *Pausia*, comme la *Regia* (royale) est la plus belle : ces deux espèces sont plutôt bonnes à manger que propres à faire de l'huile. Si l'huile que l'on tire de la *Pausia* est d'un goût excellent tant qu'elle est verte, il faut convenir qu'elle se gâte en vieillissant. De même l'*Orchis* et la *Cercites* sont meilleures à manger qu'à faire de l'huile. Celle de *Licinius* donne la meilleure huile, celle de *Sergia* en donne le plus abondamment; et communément les plus grandes olives sont les meilleures à manger, comme les plus petites sont les meilleures dont on puisse tirer de l'huile. Aucune de ces espèces ne peut souffrir une température brûlante, non plus qu'une température glaciale : c'est pourquoi elles se plaisent sur les collines septentrionales dans les pays très-chauds, et sur les méridionales dans les pays froids. Elles n'aiment pas encore les terrains bas, ainsi que les terrains trop élevés; mais elles préfèrent les pentes douces, telles que celles que nous voyons chez les Sabins dans l'Italie, ou par toute la province de Bétique. Bien des gens sont dans l'opinion que cet arbre ne peut pas vivre, ou qu'au moins il n'est pas fertile, à une distance de plus de soixante milles de la mer, quoiqu'il réussisse dans des climats qui en sont plus éloignés. La *Pausia* souffre très-bien le chaud, et l'olive de *Sergia* le froid. Le meilleur terrain pour les olives est celui dont le fond est de gravier, pourvu qu'il s'y trouve au-dessus de l'argile mêlée au sable. Celui dont le sable est gras ne leur est pas moins favorable; les terres compactes même s'accommodent très-bien de cet arbre, pour peu qu'elles soient moites et grasses. Mais il ne veut point d'un terrain où il n'y ait que de l'argile, surtout si les eaux y sourdent, et qu'elles y séjournent toujours en grande quantité. Les terres qui ne renferment qu'un sable maigre et du gravier pur lui sont aussi contraires; en effet, quoique l'olivier n'y périsse pas, il n'y profite néanmoins jamais. On peut cependant le planter dans une terre à blé, ou dans des lieux qui auront porté auparavant des arbousiers ou des yeuses. Pour ce qui est du chêne, il laisse dans la terre, même après qu'il est abattu, des racines qui sont nuisibles aux plants d'oliviers, et dont le poison tue ces arbres. Voilà ce que j'avais à vous dire de cet arbre en général. Je vais actuellement passer au détail de sa culture.

IX. On préparera la pépinière destinée à meubler les plants d'oliviers dans un lieu bien aéré, dont le terrain soit médiocrement fort, mais

---

Nam quamvis non continuis annis, sed fere altero quoque fructum afferat, eximia tamen ejus ratio est, quod levi cultu sustinetur, et cum se non induit, vix ullam impensam poscit. Sed et si quam recipit, subinde fructus multiplicat : neglecta compluribus annis non ut vinea deficit, eoque ipso tempore aliquid etiam interim patrifamilias præstat, et cum adhibita cultura est, uno anno emendatur. Quare etiam nos in hoc genere arboris diligenter præcipere censuimus. Olearum, sicut vitium, plura genera esse arbitror, sed in meam notitiam decem omnino pervenerunt : Pausia, Algiana, Liciniana, Sergia, Nevia, Culminia, Orchis, Regia, Cercitis, Murtea. Ex quibus bacca jucundissima est Pausiæ, speciosissima Regiæ, sed utraque potius escæ, quam oleo est idonea. Pausiæ tamen oleum saporis egregii, dum viride est; vetustate corrumpitur. Orchis quoque et Radius melius ad escam quam in liquorem stringitur. Oleum optimum Licinia dat, plurimum Sergia : omnisque olea major fere ad escam, minor oleo est aptior. Nulla ex his generibus, aut præfervidum, aut gelidum statum cæli patitur. Itaque æstuosis locis septentrionali colle, frigidis meridiano gaudet. Sed neque depressa loca neque ardua, magisque modicos clivos amat, quales in Italia Sabinorum vel tota provincia Bætica videmus. Hanc arborem plerique existimant ultra milliarium sexagesimum a mari aut non vivere aut non esse feracem. Sed in quibusdam locis recte valet. Optime vapores sustinet Pausia, frigus Sergia. Aptissimum genus terræ est oleis, cui glarea subest, si superposita creta sabulo admista est. Non minus probabile est solum, ubi pinguis sabulo est. Sed et densior terra, si uvida et læta est, commode recipit hanc arborem. Creta ex toto repudianda est, magis etiam scaturiginosa, et in qua semper uligo consistit. Inimicus est etiam ager sabulo macer, et nuda glarea. Nam etsi non emoritur in ejusmodi solo, nunquam tamen convalescit. Potest tamen in agro frumentario seri, vel ubi arbutus, aut ilex steterant. Nam quercus etiam excisa radices noxias oliveto relinquit, quarum virus enecat oleam. Hæc in universum de toto genere hujus arboris habui dicere. Nunc per partes culturam ejus exsequar.

IX. Seminarium oliveto præparetur cælo libero, terreno modice valido, sed succoso, neque denso neque soluto solo, potius tamen resoluto; id genus fere terræ nigræ

plein de suc, et d'un grain qui ne soit ni compacte ni trop meuble, mais cependant plutôt de cette dernière qualité que de la première. Ces sortes de terres sont presque noires. Lorsqu'on aura labouré ce terrain au *pastinum* à trois pieds de profondeur, et qu'on l'aura environné d'un fossé profond pour en interdire l'entrée aux bestiaux, on le laissera fermenter. Cela fait, on prendra sur les arbres les plus fertiles de jeunes branches longues, bien brillantes et faciles à empoigner, c'est-à-dire, de la grosseur d'un manche d'instrument; on les coupera sur-le-champ pour avoir des boutures très-fraîches, en prenant garde d'endommager l'écorce, ou une partie de la bouture autre que celle à laquelle on aura appliqué la scie. On évitera facilement cet accident, en mettant un étai en forme de fourche sous la branche que l'on sera prêt à couper, et en matelassant de foin ou de paille la partie de cet étai sur laquelle posera cette branche, afin que les boutures y soient couchées mollement, et que leur écorce ne coure aucun risque quand on les coupera. On les sciera ensuite de la longueur d'un pied et demi, et on ragréera des deux côtés avec la serpette l'endroit de la plaie. On y fera aussi une marque avec de la sanguine, afin de les mettre en terre dans la même position où elles étaient sur l'arbre, et de façon qu'elles soient dirigées de même par leur extrémité inférieure vers la terre, et par leur cime vers le ciel. Car si on renversait la bouture en la mettant en terre, elle prendrait difficilement et serait éternellement stérile, même après avoir acquis la plus grande vigueur. Il faudra enduire la tête et le pied des boutures de fumier mêlé avec de la cendre, et les enterrer entièrement, et de façon qu'elles soient recouvertes de terre ameublie à la hauteur de quatre doigts. On met à cause de cela, à une petite distance auprès d'elles, deux signaux d'un bois quelconque, un de chaque côté, mais attachés ensemble à l'aide d'un lien qui les unit par en haut, de peur qu'étant isolés, ils ne soient facilement renversés. L'objet de ces signaux est de prévenir l'ignorance des laboureurs, et d'empêcher que les boutures qui auront été plantées ne soient lésées lorsqu'on voudra cultiver la pépinière au hoyau ou au sarcloir. Il y a des personnes qui croient que le mieux est de transplanter dans des pépinières les bouquets des oliviers sauvages, en les arrangeant de même : mais qu'on les plante de l'une ou de l'autre façon, on doit toujours le faire après l'équinoxe du printemps, comme on doit aussi les sarcler le plus souvent que l'on pourra la première année, et les cultiver au râteau la seconde année et les suivantes, aussitôt que les petites racines de ces plantes auront commencé à prendre des forces. Mais il faudra s'abstenir pendant deux ans de les tailler ; et la troisième année on leur laissera à chacune deux branches, en sarclant fréquemment la pépinière. La quatrième année, on coupera la plus faible de ces deux branches. Au bout de cinq ans de cette culture, ce seront de petits arbres bons à être transférés. On les transfère à propos dans le plant des oliviers pendant l'automne, si le terrain est sec et qu'il ne soit point marécageux, ou au printemps un peu avant qu'ils germent, s'il est gras et humide. On leur prépare un an d'avance des fosses de quatre pieds de profondeur, et même, si le temps n'a pas été favorable, on brûle de la paille dans ces fosses avant de les y mettre, afin que le feu ramollisse la terre, comme le soleil ou la gelée auraient dû le faire. L'intervalle entre les rangées doit être au moins de soixante pieds d'un côté et de quarante de l'autre, si le terrain est gras

---

est. Quam cum in tres pedes pastinaveris, et alta fossa circumdederis, ne aditus pecori detur, fermentari sinito. Tum ramos novellos proceros et nitidos, quos comprehensos manus possit circumvenire, hoc est manubrii crassitudine, feracissimis arboribus adimito, et [ex his] quam recentissimas taleas recidito, ita ut ne corticem aut ullam aliam partem, quam qua serra præciderit, lædas. Hoc autem facile contingit, si prius varam feceris, et eam partem, supra quam ramum secaturus es, fœno aut stramentis texeris, ut molliter et sine noxa corticis taleæ superpositæ secentur. Taleæ deinde sesquipedales serra præcidantur, atque earum plagæ utraque parte falce leventur, et rubrica notentur, ut sic quemadmodum in arbore steterat ramus, ita parte ima terram et cacumine cœlum spectans deponatur. Nam si inversa mergatur, difficulter comprehendet, et cum validius convaluerit, sterilis in perpetuum erit. Sed oportebit talearum capita et imas partes misto fimo cum cinere oblinire, et ita totas eas immergeri, et putris terra digitis quatuor alte superveniat. Sed binis indiciis ex utraque parte muniantur : hi sunt de qualibet arbore brevi spatio juxta eas positi, et [in summa parte] inter se vinculo connexi, ne facile singuli dejiciantur. Hoc facere utile est propter fossorum ignorantiam, ut cum bidentibus aut sarculis seminarium colere instituteris, depositæ taleæ non lædantur. Quidam melius existimant radicum oculis silvestrium olearum hortulos excolere, et simili ratione disponere : sed utrumque debet post vernum æquinoctium seri, et quam frequentissime seminarium primo anno sarriri : postero et sequentibus, cum jam radiculæ seminum convaluerint, rastris excoli. Sed biennio a putatione abstineri, tertio anno singulis seminibus binos ramulos relinqui, et frequenter sarriri seminarium convenit. Quarto anno ex duobus ramis infirmior amputandus est. Sic exculta quinquennio arbusculæ habiles translationi sunt. Plantæ autem in oliveto disponuntur optime siccis minimeque uliginosis agris per autumnum, lætis et humidis verno tempore, paulo ante, quam germinent. Atque ipsis scrobes quaternum pedum præparantur anno ante : vel si tempus non largitur, prius quam deponantur arbores, stramentis atque virgis injectis incendantur scrobes, ut eos ignis putres faciat, quos sol et pruina facere debuerat. Spatium inter

et destiné à porter du blé, ou de vingt-cinq s'il est maigre et qu'il ne soit point convenable aux grains. Mais il faut que la face des rangées soit tournée vers le point d'où souffle le vent *Favonius*, afin que ce vent les rafraîchisse en été. Voici comment on s'y prend pour transférer ces petits arbres : avant de les déplanter, on marque avec de la sanguine la partie qui était tournée au midi, afin de les planter de la même manière qu'ils l'étaient dans la pépinière. Ensuite on fait en sorte de laisser de la terre autour de l'arbre environ l'espace d'un pied, afin de l'arracher avec cette motte. Pour empêcher que cette motte ne se brise lorsqu'on déplantera l'arbre, il faut préparer de petites baguettes de branches d'arbres liées ensemble, que l'on appliquera à la motte de terre avant de l'enlever, et que l'on liera sur ses côtés avec de l'osier, de façon que la terre étant resserrée par ces baguettes soit retenue comme dans une prison. L'arbre étant ensuite déraciné, on travaillera légèrement la motte de terre avec une bêche, et on attachera par-dessous des branches d'arbres sur lesquelles on le transportera. Avant de le déposer dans la fosse qui lui est destinée, il faudra en fouiller le fond avec le hoyau, ensuite jeter dedans la terre qui aura été labourée à la charrue (si cependant la superficie de cette terre est grasse), et mettre dessous un lit d'orge. S'il y a de l'eau dans les fosses, il faudra la tarir entièrement avant d'y déposer les arbres, ensuite y jeter de petites pierres, ou du gravier mêlé avec de la terre grasse; enfin quand les arbres seront déposés, il faudra échancrer alentour les côtés de la fosse, et y mêler un peu de fumier avec la terre. Si l'on ne trouve pas à propos de planter l'arbre avec sa motte, il sera très-bon alors d'en dépouiller le tronc de toutes ses branches, et de le déposer dans une fosse ou dans une tranchée après avoir ragréé ces plaies, et les avoir enduites de fumier et de cendre. Le tronc le plus propre à être transféré est celui qui est de la grosseur du bras : on pourra néanmoins en transférer de beaucoup plus gros et de plus robustes; auquel cas il faudra les déposer de façon qu'ils n'excèdent que de très-peu le niveau de la fosse, pourvu qu'il n'y ait point de risque à courir de la part des bestiaux, parce que c'est le moyen qu'ils donnent plus de feuillages. Si cependant on n'a pas d'autre moyen de les garantir des bestiaux, il faudra les élever davantage de terre, afin qu'ils soient à l'abri de ce danger. Il faut encore les arroser dans les temps de sécheresse, et ne leur faire sentir le fer qu'au bout de deux ans; la première année on en retranchera les rejetons, en ne leur laissant qu'une seule tige qui sera plus haute que le plus grand bœuf, de peur que par la suite cet animal en labourant ne se blesse la cuisse ou quelque autre partie du corps contre ces arbres. Il est aussi très-bon de les munir de haies alentour après qu'ils sont plantés, et de distribuer le plant (quand il est formé et en état de produire des fruits) en deux portions qui porteront du fruit chacune leur année, parce que l'olivier n'est pas fertile deux années de suite; mais comme il donne des tiges dans l'année pendant laquelle le terrain n'est pas ensemencé sous lui, et qu'il produit des fruits dans celle où il est ensemencé, il arrive de là que le plant étant ainsi distribué, est d'un rapport égal toutes les années. Du reste, il faut labourer le plant à la charrue au moins deux fois par an, et fouiller profondément au pied des arbres avec le hoyau. Lorsque la terre vient à se fendre après

---

ordines minimum esse debet pingui et frumentario solo sexagenum pedum in alteram partem, atque in alteram quadragenum : macro nec idoneo segetibus, quinum et vicenum pedum. Sed in Favonium dirigi ordines convenit, ut æstivo perflatu refrigerentur. Ipsæ autem arbusculæ hoc modo possunt transferri : antequam explantes arbusculam, rubrica notato partem ejus, quæ meridiem spectat, ut eodem modo, quo in seminario erat, deponatur. Deinde ut arbusculæ spatium pedale in circuitu relinquatur, atque ita cum suo cæspite planta eruatur. Qui cæspes in eximendo ne resolvatur, modicos surculos virgarum inter se connexos facere oportet, eosque pala, qua eximitur, applicare, et viminibus ita innectere, ut constricta terra velut inclusa teneatur. Tum subruta parte ima leviter pala commovere, et suppositis virgis alligare, atque plantam transferre. Quæ antequam deponatur, oportebit solum scrobis imum fodere bidentibus : deinde terram aratro subactam, si tamen pinguior erit summa humus, immittere, et ita ordei semina substernere, et si consistit in scrobibus aqua, ea omnis haurienda est, antequam demittantur arbores. Deinde ingerendi minuti lapides vel glarea mista pingui solo, depositisque seminibus latera scrobis circumcidenda, et aliquid stercoris interponendum. Quod si cum sua terra planta non convenit, tum optimum est omni fronde privare truncum, atque levatis plagis, fimoque et cinere oblitis, in scrobem vel sulcum deponere. Truncus autem aptior translationi est, qui brachii crassitudinem habet. Poterit etiam longe majoris incrementi et robustioris transferri. Quem ita convenit poni, ut si non periculum a pecore habeat, exiguum admodum supra scrobem emineat : lætius enim frondet. Si tamen incursus pecoris aliter vitari non poterit, celsior truncus constituetur, ut sit innoxius ab injuria pecorum. Atque etiam rigandæ sunt plantæ, cum siccitates incesserunt, nec nisi post biennium ferro tangendæ. Ac primo surculari debent, ita ut simplex stilus altitudinem maximi bovis excedat; deinde arando ne coxam bos, aliamve partem corporis offendat, optimum est etiam constitutas plantas circummunire caveis. Deinde constitutum jam et maturum olivetum in duas partes dividere, quæ alternis annis fructu induantur. Neque enim olea continuo biennio uberat. Cum subjectus ager consitus non est, arbor coliculum agit : cum seminibus repletur, fructum affert; ita sic divisum olivetum omnibus annis æqualem reditum

le solstice, par la force de la chaleur, il faut veiller à ce que le soleil ne pénètre pas par ces crevasses jusqu'aux racines des arbres. On les déchaussera après l'équinoxe d'automne, et s'ils sont sur une hauteur, on disposera dans la partie supérieure de cette éminence des tranchées qui serviront à conduire l'eau bourbeuse jusqu'à leur souche. Ensuite il faudra arracher chaque année tous les scions qui viennent au pied de ces arbres, et les fumer de trois en trois ans, ou les arroser de lie d'huile. En fumant un plant d'oliviers de la façon que j'ai proposée dans le second livre, on fera du bien par la même occasion aux grains qui y seront semés; mais si on ne veut chercher que l'avantage des arbres qui y seront plantés, il faudra leur donner à chacun en automne six livres de crottes de chèvres, ou un *modius* de cendre, ou un *congius* de lie d'huile, afin que ces fumiers, s'incorporant à la terre pendant l'hiver, maintiennent leurs racines dans un certain degré de chaleur. Il faut, quand ils se portent moins bien, les arroser de lie d'huile, parce que, s'il survient des vers ou d'autres animaux pendant l'hiver, cette liqueur les fera mourir. Il arrive encore souvent, tant dans les terrains secs que dans les terrains humides, que les arbres sont molestés par la mousse; auquel cas, si on ne les en délivre point avec le fer, ils ne se chargent ni de fruit, ni même de beaucoup de feuilles. Il faut aussi tailler un plant d'oliviers au bout d'un certain nombre d'années, car on ne doit pas oublier un ancien proverbe qui dit qu'en labourant un plant d'oliviers, on le prie de rapporter du fruit; qu'en le fumant on l'en supplie, mais qu'en le taillant on l'y contraint. Il suffira néanmoins de le faire tous les huit ans, de peur de couper trop souvent les branches à fruit. Il arrive encore souvent que ces arbres, quoique très-touffus, ne rapportent aucun fruit. Il faut alors les percer avec une tarière gauloise, et faire passer par le trou qu'on y aura fait une bouture verte d'olivier sauvage : moyennant quoi l'arbre étant comme initié à une semence féconde deviendra plus fertile. Mais il faut aussi quelquefois le pousser, en lui donnant, sans le déchausser, de la lie d'huile dans laquelle il n'entre point de sel, avec de vieille urine de porc ou d'homme, l'une et l'autre dans une certaine quantité proportionnée à sa grandeur; car il n'en faudra qu'une urne pour les plus grands arbres, à moins qu'on n'y ajoute de l'eau à dose égale. Quelquefois aussi c'est le vice du terrain qui empêche les oliviers de donner du fruit. Voici comment on y remédiera : on les déchaussera en creusant à leur pied des lacs bien profonds; ensuite on y versera de la chaux en plus ou moins grande quantité, suivant la grandeur de l'arbre, de façon néanmoins qu'il en faudra toujours un *modius* pour les plus petits. Si ce remède n'y fait rien, on aura recours en dernière ressource à la greffe. Or nous dirons par la suite comment on doit s'y prendre pour greffer l'olivier. Il arrive aussi quelquefois qu'il se trouve dans l'olivier une branche un peu plus belle que les autres, auquel cas l'arbre tout entier tourne à mal, si on ne la coupe point. Ce que nous avons dit jusqu'ici sur les plants d'oliviers est suffisant. Restent les arbres fruitiers, sur lesquels nous allons donner des préceptes.

X. Avant de déposer en terre les semences de vos arbres fruitiers, il faut entourer soit de murailles ou de haies, soit d'un fossé escarpé, l'emplacement que vous destinez à votre verger, pour en interdire l'entrée non-seulement aux bestiaux,

---

adfert. Sed id minime bis anno arari debet · et bidentibus alte circumfodiri. Nam post solstitium cum terra æstibus hiat, curandum est, ne per rimas sol ad radices arborum penetret. Post æquinoctium autumnale ita sunt arbores ablaqueandæ, ut a superiore parte, si olea in clivo sit, incilia excitentur, quæ limosam aquam ad codicem deducant. Omnis deinde soboles, quæ ex imo stirpe nata est, quotannis extirpanda est, ac tertio quoque fimo pabulandæ sunt oleæ. Atque eadem ratione stercorabitur olivetum, quam in secundo libro proposui, si tamen segetibus prospicietur. At si ipsis tantummodo arboribus, satis facient singulis stercoris caprini sex libræ, (vel) stercoris sicci modii singuli, vel amurcæ insulsæ congius (sufficient). Stercus autumno debet injici, ut permistum hieme radices oleæ calefaciat. Amurca minus valentibus infundenda est. Nam per hiemem, si vermes atque alia suberunt animalia, hoc medicamento necantur. Plerumque etiam locis siccis et humidis arbores musco infestantur. Quem nisi ferramento raseris, nec fructum nec lætam frondem olea induet. Quin etiam compluribus interpositis annis olivetum putandum est : nam veteris proverbii meminisse convenit, eum qui aret olivetum, rogare fructum; qui stercoret, exorare; qui cædat, cogere. Quod tamen satis erit octavo anno fecisse, ne fructuarii rami subinde amputentur. Solent etiam quamvis lætæ arbores fructum non afferre. Eas terebrari gallica terebra convenit, atque ita in foramen viridem taleam oleastri arcte immitti. Sic velut inita arbor fœcundo semine fertilior extat. Sed sic hæc ablaqueatione adjuvanda est infusa amurca insulsa cum suilla vel nostra urina vetere, cujus utriusque modus servatur. Nam maximæ arbori, ut tantundem aquæ misceatur, urna abunde erit. Solent etiam vitio soli fructum oleæ negare. Cui rei sic medebimur. Altis gyris ablaqueabimus eas, deinde calcis pro magnitudine arboris plus minusve circumdabimus : sed minima arbor modium postulat. Hoc remedio si nihil fuerit effectum, ad præsidium insitionis confugiendum erit. Quemadmodum autem olea inserenda sit, postmodo dicemus. Non nunquam etiam in olea; unus ramus cæteris aliquanto est lætior. Quem nisi recideris, tota arbor contristabitur. Ac de olivetis hactenus dixisse satis est. Superest ratio pomiferarum arborum, cui rei deinceps præcepta dabimus.

X. Modum pomarii, priusquam semina seras circummunire maceriis oportet vel sepe vel fossa præcipiti, ut

mais même aux hommes, parce que si les cimes des plantes se trouvaient souvent touchées par les hommes ou rongées par les bestiaux, elles ne pourraient plus jamais prendre d'accroissement. Il est bon d'arranger les arbres par classes, et cela pour plusieurs raisons, mais surtout afin que les plus faibles ne soient pas opprimés par les plus forts ; d'autant que tous les arbres ne sont pas égaux entre eux, ni du côté de la force, ni du côté de la stature ; et qu'ils grandissent dans des intervalles de temps différents les uns des autres. La terre qui est convenable aux vignes l'est également aux arbres. Faites des fosses un an avant de les planter : moyennant cela le terrain se ramollira au soleil et à la pluie, et ce que vous y mettrez viendra plus tôt. Mais si vous voulez faire vos fosses la même année que vous planterez vos arbres, faites-les au moins deux mois d'avance ; ensuite échauffez-les en y brûlant de la paille : plus vous les ferez larges et ouvertes, plus les fruits que vous recueillerez seront beaux et abondants. On fera ces fosses semblables à des fours, dont le fond est plus ouvert que la gueule, tant afin que les racines trouvent plus d'espace pour s'étendre, et que l'ouverture étant étroite, le froid et le chaud y pénètrent moins en hiver ou en été, qu'afin que la terre dont on les aura comblées ne soit point entraînée par les pluies, si le terrain va en pente. Éloignez les arbres les uns des autres en les plantant, afin que lorsqu'ils seront grandis, ils trouvent un espace suffisant pour étendre leurs branches. En effet, si vous les plantez trop près les uns des autres, vous ne pourrez rien semer par-dessous, et ils ne produiront pas beaucoup de fruits, à moins que vous n'en arrachiez quelques-uns par-ci par-là : c'est pourquoi il faut laisser quarante pieds d'intervalle, ou au moins trente, entre les rangées. Choisissez du plant dont la grosseur ne soit pas moindre que celle d'un manche de hoyau qui soit droit, haut, sans ulcères, et dont l'écorce soit entière : avec ces qualités il prendra bien et sous peu de temps. En prenant ces branches sur les arbres, ayez soin de choisir celles qui sont le plus exposées au soleil. Avant de transplanter de petits arbres, remarquez à quels vents ils étaient exposés auparavant, et ne les déplantez que pour les transférer d'un lieu élevé et sec dans un terrain humide : ayez surtout soin qu'ils aient trois cornes et au moins trois pieds de hauteur. Si vous voulez mettre deux ou trois petits arbres dans la même fosse, prenez garde qu'ils ne se touchent entre eux, parce que s'ils se touchaient, il est constant qu'ils pourriraient, ou que les vers les feraient mourir. Lorsque vous mettrez vos plantes en terre, enfoncez de droite et de gauche jusqu'au fond de la fosse des poignées de sarment de la grosseur du bras, de façon qu'elles en débordent un peu le niveau : cette précaution vous donnera la facilité de faire parvenir l'eau en été jusqu'à leurs racines. Vous mettrez en terre la graine des arbres ainsi que le plant garni de racines en automne, c'est-à-dire vers les calendes et les ides d'octobre : pour les autres natures de plant, vous les y mettrez au commencement du printemps, avant que la pousse commence. Pour empêcher que les teignes n'incommodent les plants de figuiers, vous mettrez, au fond des fosses où seront ces arbres, une bouture de lentisque, la cime renversée. Ne plantez pas le figuier quand il fait froid : il

---

non solum pecori, sed et homini transitum negare valeat ; quoniam si sæpius cacumina manu præfracta aut a pecoribus prærosa sunt, in perpetuum semina incrementum capere nequeunt. Generatim autem disponere arbores utile est, maxime ne etiam imbecilla a valentiore prematur, quia nec viribus nec magnitudine par est, imparique spatio temporis adolescit. Terra, quæ vitibus apta est, etiam arboribus est utilis. Ante annum, quem seminare voles, scrobem fodito. Ita sole pluviisve macerabitur, et quod positum est, cito comprehendet. At si eodem anno et scrobem facere, et arbores serere voles, minimum ante duos menses scrobes fodito, postea stramentis incensis calefacito : quos si latiores patentioresque feceris, lætiores uberioresque fructus percipies. Sed scrobis clibano similis sit, imus summo patentior, ut laxius radices vagentur, ac minus frigoris hieme, minusque æstate vaporis per angustum os penetret, etiam ut clivosis locis terra, quæ in eum congesta est, a pluviis non abluatur. Arbores raris intervallis serito, ut cum creverint, spatium habeant, quo ramos extendant. Nam si spisse posueris, nec infra serere quid poteris, nec ipsæ fructuosæ erunt, nisi intervulseris : itaque inter ordines quadragenos pedes minimumque tricenos relinquere convenit. Semina lege crassa non minus quam manubrium bidentis, recta, levia, procera, sine ulceribus, integro libro. Ea bene, et celeriter comprehendent. Si ex arboribus ramos sumes, de iis quæ quotannis bonos et uberes fructus afferunt, eligito ab humeris qui sunt contra solem [orientem]. Si cum radice plantam posueris incrementum citius fuerit quam cæteris quas severis. Arbor insita fructuosior est quam quæ insita non est, id est, quam] quæ ramis aut plantis ponetur. Sed ante quam arbusculas transferas, nota, quibus ventis antea fuerant constitutæ, postea manus admoveto, ut de clivo et sicco in humidum agrum transferas. Trifurcam maxime ponito. Ea extet minime tribus pedibus. Si eodem scrobe duas aut tres arbusculas voles constituere, curato, ne inter sese contingant : quoniam mutuo contactu aut computrescent, aut vermibus interibunt. Cum semina depones, dextera sinistraque usque in imum scrobem fasciculos sarmentorum brachii crassitudinis demittito, ita ut supra terram paulum extent, per quos æstate parvo labore aquam radicibus subministrare possis. Arbores ac semina cum radicibus autumno serito, hoc est circa calendas et idus Octob. Primo vere antequam germinent arbores, deponito : ac ne etiam molesta sit seminibus ficulneis, in imum scrobem lentisci taleam inverso cacumine demittito. Ficum frigoribus ne serito. Loca aprica, calculosa, glareosa, interdum et saxeta amat. Ejusmodi arbor cito convalescit, si scrobes amplos paten-

aime les lieux exposés au soleil, pleins de cailloux ou de gravier, et même quelquefois de rochers; et il grandit promptement, si on lui fait des fosses grandes et larges. Les figuiers de toutes les espèces, quoique différents entre eux par le goût de leurs fruits et par l'aspect qu'ils présentent à l'œil, se plantent d'une seule et même façon; mais on a égard à la variété des terrains, en ce que, lorsque le terrain est froid en automne et aqueux, on y met des figues hâtives, afin d'en recueillir le fruit avant les pluies, et que, lorsqu'il est chaud, on y met des figues d'hiver. Mais si vous voulez rendre un figuier tardif, quoiqu'il ne le soit pas de sa nature, arrachez-en les petites figues qu'il donnera les premières, avant qu'elles soient mûres; après quoi il en reviendra d'autres qui se conserveront sur l'arbre jusqu'à l'hiver. Il est encore souvent utile de couper le bout des cimes du figuier lorsqu'il commence à donner des feuilles; c'est le moyen de rendre l'arbre plus fort et plus fertile. Il sera aussi toujours à propos, dès que les figuiers auront commencé à se couvrir de feuilles, de détremper de la terre rouge dans de la lie d'huile, et de répandre cette composition sur leurs racines avec des excréments humains. Cette opération augmente l'abondance du fruit, et fait qu'il est plus plein et que sa chair est meilleure. Il faut surtout avoir des figuiers de Livie, d'Afrique, de Chalcidie, des figuiers *sulcæ*, des figuiers de Lydie, des figuiers *callistruthiæ*, des figuiers *topiæ*, des figuiers de Rhodes et de Libye, et des figuiers d'hiver, ainsi que de tous ceux qui promettent de donner du fruit deux ou trois fois par an. Plantez vers les calendes de février l'amandier, qui bourgeonne avant tout autre arbre : il veut une terre dure, chaude et sèche, puisque, si vous le mettez dans des terrains d'une autre qualité, il pourrit très-communément. Avant de semer l'amande, il faut la faire tremper dans de l'eau mêlée de miel, qui ne soit pas trop douce : moyennant cela, lorsque l'arbre sera grand, il donnera du fruit de meilleur goût, et en attendant il se couvrira mieux de feuilles et plus promptement. Vous mettrez trois amandes en triangle, de façon qu'elles soient éloignées l'une de l'autre d'un *palmus* tout au moins, et que celle qui forme le sommet du triangle soit tournée au point du ciel d'où souffle le vent *Favonius*. Chacune des trois ne donnera qu'une seule racine et une seule tige; mais lorsque chacune de ces racines aura gagné le fond de la fosse, la dureté de la terre venant à s'opposer à son passage la fera recourber, et pour lors elle jettera d'autres racines nombreuses, qui sembleront former autant de branches. Voici la façon dont vous pourrez faire des amandes et des avelines de Tarente. Vous mettrez dans la fosse que vous leur destinerez de la terre bien pulvérisée à la hauteur d'un demi-pied, et vous y sèmerez de la graine de férule. Lorsque cette graine sera venue, vous cacherez une amande ou une aveline dépouillée de son écorce dans la moelle de la férule, que vous aurez fendue en deux à cet effet, et vous les mettrez ainsi en terre. Vous ferez cette opération avant les calendes de mars, ou même entre les nones et les ides de ce mois. Il faut semer dans le même temps les noix, les pignons et les châtaignes. Il est à propos de planter le grenadier depuis le temps que nous venons d'indiquer jusqu'aux calendes d'avril. Si son fruit est aigre ou peu doux, voici comme on le corrigera : on répandra sur ses racines de la fiente de porc, des excréments humains et de vieille urine. Cette précaution, en rendant l'arbre fertile, fera que son fruit sera vineux les premières années, et doux

---

tesque feceris. Ficorum genera, etsi sapore atque habitu distant, uno modo, sed pro differentia agri seruntur. Locis frigidis, et autumni temporibus aquosis præcoques ponito, ut ante pluviam fructum deligas : locis calidis hibernas serito. At si voles ficum quamvis non natura seram facere, tum grossulos, priorem fructum decutito, ita alterum edet, quem in hiemem differet. Non nunquam etiam, cum frondere cœperunt arbores, cacumina fici ferro summa prodest amputare : sic firmiores arbores et feraciores fiunt; ac semper conveniet, simulatque folia agere cœperit ficus, rubricam amurca diluere, et cum stercore humano ad radicem infundere. Ea res efficit uberiorem fructum, et farctum fici pleniorem ac meliorem. Serendæ sunt autem præcipue Livianæ, Africanæ, Chalcidicæ, sulcæ, Lydiæ, callistruthiæ, topiæ, Rhodiæ, Libycæ, hibernæ, omnes etiam biferæ et triferæ flosculi. Nucem Græcam serito circa cal. Febr. quia prima gemmascit : agrum durum, calidum, siccum desiderat. Nam in locis diversis nucem si deposueris, plerumque putrescit. Antequam nucem deponas, in aqua mulsa nec nimis dulci macerato. Ita jucundioris saporis fructum, cum adoleverit, præbebit, et interim melius atque celerius frondebit. Ternas nuces in trigonum statuito, ut nux a nuce minime palmo absit, et anceps ad Favonium spectet. Omnis autem nux unam radicem mittit, et simplici stilo prorepit. Cum ad scrobis solum radix pervenit, duritia humi coercita recurvatur, et ex se in modum ramorum alias radices emittit. Nucem Græcam et Avellanam Tarentinam facere hoc modo poteris. In quo scrobe destinaveris nuces serere, in eo terram minutam pro modo semipedis ponito, ibique semen ferulæ repangito. Cum ferula fuerit enata, eam findito, et in medulla ejus sine putamine nucem Græcam aut Avellanam abscondito, et ita adobruito. Hoc ante calend. Martias facito, vel etiam inter nonas et idus Mart. Eodem tempore juglandem et pineam et castaneam serere oportet. Malum Punicum ab eodem tempore usque in cal. Aprilis recte seritur. Quod si acidum aut minus dulcem fructum feret, hoc modo emendabitur. Stercore suillo et humano urinaque vetere radices rigato. Ea res et fertilem arborem reddet, et primis annis fructum vinosum, [et] post quinquennium dulcem, et apyrenum facit. Nos exiguum admodum laseris vino diluimus, et ita cacumina

au bout de cinq ans, et que les grains n'en seront point durs. Pour nous, nous nous sommes avisé de délayer tant soit peu de laser dans du vin, et d'en frotter le bout des cimes de ces arbres, et nous avons corrigé par là l'aigreur de leur fruit. On empêche les grenades de se fendre sur l'arbre, en enterrant trois pierres auprès de sa racine lorsqu'on le plante. Mais si l'arbre est déjà tout planté quand on s'aperçoit de ce défaut, on sème de la scille auprès de sa racine. Lorsque les grenades d'un arbre sujet à ce vice sont déjà mûres, on emploie une autre méthode, qui consiste à tordre, avant qu'elles se crèvent, la queue par laquelle elles pendent à l'arbre On se sert aussi du même moyen pour les garder toute l'année sans qu'elles se gâtent. On plante les poiriers en automne avant le solstice d'hiver, de façon qu'il y ait au moins vingt-cinq jours d'interstice entre leur plantation et le solstice. Pour les rendre fertiles, il faut, lorsqu'ils sont grandis, les déchausser profondément, en fendre le tronc près de la racine même, et insérer dans cette fente un coin fait de bois gommeux de pin, qu'on y laissera : ensuite, lorsqu'on aura rechaussé l'arbre, on répandra de la cendre sur la terre. Il faudra avoir soin de planter dans les vergers les poires de la meilleure espèce, c'est-à-dire, celles de Crustumium, les poires royales, celles de Signia, celles de Tarente, celles que l'on appelle poires de Syrie, les pourprées, les orgueilleuses, les *ordeaceæ*, les Aniciennes, les *Nævianæ*, celles de Favonius, celles de Lateran, celles de Dolabella, celles de Turannius, la grosse poire, la poire miellée, la poire hâtive, celle de Vénus, et d'autres encore, dont il serait trop long de faire ici l'énumération. En outre, il faut, entre les différentes espèces de pommes, s'attacher principalement à la pomme de Scandius, à celle de Matius, à la pomme ronde, à celle de Sextius, à celle de Pelusium, à celle d'Améria, à la pomme rouge, à la pomme de miel, aux coings, qui sont de trois espèces, savoir, les poires-coings, les coings d'or, et ceux qui mûrissent promptement : tous fruits non-seulement bons au goût, mais encore très-salutaires. Les cormes d'Arménie et de Perse sont aussi en grande faveur. On plante les pommiers, les cormiers et les pruniers depuis le temps où la moisson est à moitié faite, jusqu'aux ides de février. On plante les mûriers depuis les ides de février, jusqu'à l'équinoxe du printemps. Plantez le carrougier, que quelques personnes appellent κεράτιον, ainsi que le pêcher, pendant l'automne, avant le solstice d'hiver. Si l'amandier est peu fertile, percez-en le tronc, et enfoncez-y une pierre que vous laisserez se recouvrir de son écorce. Il faut, après avoir labouré et fumé la terre dans les jardins vers les calendes de mars, arranger des boutures de toutes les espèces d'arbres sur des couches faites en planches. Il faut aussi prendre le soin, quand les plantes commencent à avoir de jeunes branches, de les épamprer, pour ainsi dire, et de les réduire à une seule tige la première année. Il faut encore, lorsque l'automne approche, et avant que le froid brûle leurs cimes, en arracher toutes les feuilles, et, après qu'elles seront ainsi dépouillées, les couvrir avec des roseaux épais auxquels on aura laissé d'un côté leur nœud, afin qu'il serve comme de chapeau à ces jeunes tiges, et qu'il les défende par conséquent du froid et de la gelée. Deux ans après, vous pourrez en toute sûreté les transférer et les établir dans des rangées, ou les greffer, selon ce que vous voudrez en faire.

XI. On peut greffer tel rejeton que l'on veut sur quelque arbre que ce soit, pourvu que l'écorce de

---

arboris summa oblevimus. Ea res emendavit acorem malorum. Mala Punica ne in arbore hient, remedio sunt lapides tres, si, cum seres arborem, ad radicem ipsam collocaveris. At si jam arborem satam habueris, scillam secundum radicem arboris serito. Alio modo, cum jam matura mala fuerint, antequam rumpantur, ramulos, quibus dependent, intorqueto. Eodem modo servabuntur incorrupta etiam toto anno. Pyrum autumno ante brumam serito, ita ut minime dies xxv ad brumam supersint. Quæ ut sit ferax, cum adoleverit, alte eam ablaqueato, et juxta ipsam radicem truncum findito, et in fissuram cuneum tedæ pineæ adigito, et ibi relinquito : deinde adobruta ablaqueatione cinerem supra terram injicito. Curandum est autem, ut quam generosissimis pyris pomaria conseramus. Ea sunt Crustumina, regia, Signina, Tarentina, quæ Syria dicuntur, purpurea, superba, ordeacea, Aniciana, Næviana, Favoniana, laterirana, Dolabelliana, Turraniana, volema, mulsa, præcocia, venerea, et quædam alia, quorum enumeratio nunc longa est. Præterea malorum genera exquirenda maxime Scandiana, Matiana, orbiculata, Sextiana, Pelusiana, Amerina, Syrica, melimela, cydonia : quorum genera tria sunt, struthia, chrysomelina, mustea. Quæ omnia non solum voluptatem, sed etiam salubritatem afferunt. Sorbi quoque et Armeniaci atque Persici non minima est gratia. Et mala, sorba, pruna, post mediam hiemem usque in idus Feb. serito. Mororum ab idib. Feb. usque ad æquinoctium vernum satio est. Siliquam Græcam, quam quidam κεράτιον vocant, et Persicum ante brumam per autumnum serito. Amygdala, si parum ferax erit, forata arbore lapidem adigito, et ita librum arboris inolescere sinito. Omnium autem generum ramos circa cal. Martias in hortis subacta et stercorata terra supra pulvinos arearum disponere convenit. Danda est opera, ut dum teneros ramulos habent, veluti pampinentur, et ad unum stilum primo anno semina redigantur. Et cum autumnus incesserit, ante quam frigus cacumina adurat, omnia folia decerpere expedit, et ita crassis arundinibus, quæ ab una parte nodos integros habeant, velut pileis induere, atque sic a frigore et gelicidiis teneras adhuc virgas tueri. Post viginti quatuor deinde menses sive transferre et disponere in ordinem voles, sive inserere, satis tuto utrumque facere poteris.

la greffe ne soit pas différente de celle de l'arbre sur lequel on la greffe : on peut greffer admirablement et sans scrupule une greffe prise sur un arbre qui produit des fruits pareils à celui que l'on greffe, et qui les produit dans le même temps. Les anciens ont fait mention de trois espèces de greffe : l'une par laquelle l'arbre, étant coupé et fendu, admet dans l'intérieur de son corps des scions coupés sur un autre arbre; la seconde, par laquelle l'arbre que l'on greffe reçoit une ente coupée sur un autre arbre entre son écorce et son bois : ces deux sortes de greffes se font dans le printemps. La troisième est celle par laquelle l'arbre à greffer reçoit des boutons mêmes avec un peu d'écorce, sur une partie de son corps qu'on a écorcée : c'est ce que quelques agriculteurs appellent *emplastratio* (greffe en écusson), et d'autres *inoculatio* (greffe par gemmes); cette dernière façon peut être employée à propos en été. Après avoir donné la manière de mettre ces greffes en usage, nous donnerons aussi une autre méthode que nous avons trouvée nous-même. Il faut greffer tous les arbres dès qu'ils auront commencé à montrer des boutons, et dans le temps que la lune sera dans son croissant; mais il faut greffer l'olivier vers l'équinoxe du printemps jusqu'aux ides d'avril. Prenez garde que l'arbre sur lequel vous voudrez prendre des greffes, pour en enter d'autres, soit jeune et fertile, et qu'il ait beaucoup de nœuds. Lorsque ses boutons commenceront à grossir, prenez vos greffes, épaisses d'un petit doigt et garnies de deux ou trois cornes, sur de petites branches d'un an, qui soient sur le côté de l'arbre tourné au lever du soleil et bien intactes. Coupez, non sans précaution, avec une scie, l'arbre que vous voudrez greffer, à l'endroit où il est le plus brillant et sans cicatrice, et faites en sorte de ne point endommager son écorce. Lorsqu'il sera coupé, ragréez la plaie avec un instrument de fer bien tranchant; enfoncez ensuite un coin de fer ou d'os bien aiguisé entre l'écorce et le bois, au moins jusqu'à trois doigts, mais avec beaucoup de précaution, pour ne pas endommager ou rompre l'écorce. Ensuite ratissez d'un seul côté, avec une serpette bien tranchante, les greffes que vous voulez enter, sur une longueur égale à celle de l'ouverture formée par le coin fiché dans l'arbre, et de façon que vous n'endommagiez pas la moelle de ces greffes ni leur écorce, du côté que vous ne les aurez point ratissées. Quand vos greffes seront préparées, vous arracherez le coin, et vous les enfoncerez sur-le-champ dans l'ouverture que vous aurez faite sur l'arbre par l'introduction du coin entre son écorce et son bois. Insérez-les par le côté que vous aurez ratissé, de façon qu'elles débordent l'arbre au moins d'un demi-pied en dehors. Vous ferez bien d'insérer dans le même arbre deux greffes à la fois ou un plus grand nombre, si son tronc est plus gros, en laissant un intervalle de quatre doigts entre chacune. Il faudra vous régler pour cela sur la grandeur de l'arbre et sur la bonté de son écorce. Lorsque vous aurez introduit dans un arbre toutes les greffes qu'il pourra recevoir, vous les lierez soit avec de l'écorce d'ormes, soit avec du jonc ou de l'osier : après quoi vous enduirez avec un lut mêlé de paille, que vous aurez bien pétri, toute la plaie ainsi que l'intervalle qui est entre les greffes, de façon pourtant qu'il leur reste au moins quatre doigts entiers de découverts : vous mettrez ensuite par-dessus de la mousse, que vous attacherez de façon que la pluie ne puisse pas les pénétrer. Il y a cependant des personnes qui aiment mieux faire une

XI. Omnis surculus omni arbori inseri potest, si non est ei, cui inseritur, cortice dissimilis. Si vero etiam similem fructum et eodem tempore affert, sine scrupulo egregie inseritur. Tria genera porro insitionum antiqui tradiderunt. Unum, quo resecta et fissa arbor resectos surculos accipit. Alterum, quo resecta inter librum et materiam semina admittit. Quæ utraque genera verni temporis sunt. Tertium, quo ipsas gemmas cum exiguo cortice in partem sui delibratam recipit, quam vocant agricolæ emplastrationem; vel, ut quidam, inoculationem. Hoc genus insitionis æstivo tempore optime usurpatur. Quarum insitionum rationem cum tradiderimus, a nobis repertam quoque docebimus. Omnes arbores simulatque gemmas agere cœperint, luna crescente inserito; olivam autem circa æquinoctium vernum usque in idus Aprilis. Ex qua arbore inserere voles, et surculos ad insitionem sumpturus es, videto ut sit tenera et ferax nodisque crebris : et cum primum germina tumebunt, de ramulis anniculis, qui solis ortum spectabunt, et integri erunt, eos legito crassitudine digiti minimi. Surculi sint bifurci vel trifurci. Arborem, quam inserere voles, serra diligenter exsecato ea parte, qua maxime nitida et sine cicatrice est; dabis que operam, ne librum lædas. Cum deinde truncum recideris, acuto ferramento plagam levato. Deinde quasi cuneum tenuem ferreum vel osseum inter corticem et materiem ne minus digitos tres, sed considerate, demittito, ne lædas aut rumpas corticem. Postea surculos, quos inserere voles, falce acuta ex ima parte deradito tantum, quantum cuneus demissus spatii dabit, atque ita, ne medullas neve alterius partis corticem lædas. Ubi surculos paratos habueris, cuneum vellito, statimque surculos in ea foramina, quæ cuneo adacto inter corticem et materiam feceris, demittito. Ea autem fine, qua adraseris, surculos sic inserito, ut semipede vel amplius de arbore extent. In una arbore duos, vel si truncus vastior est, plures calamos recte inseres, dum ne minus quatuor digitorum inter eos sit spatium. Pro arboris magnitudine et corticis bonitate hæc facito. Cum omnes surculos, quos arbor ea patietur, demiseris, libro ulmi vel junco aut vimine arborem constringito : postea paleato luto bene subacto oblinito totam plagam, et spatium, quod est inter surculos, usque eo dum minime quatuor digitis insita extent. Supra deinde muscum imponito, et ita ligato, ne pluvia dilabatur. Quosdam tamen magis delectat in trunco

ouverture avec la scie sur le tronc de l'arbre, pour y introduire les greffes, et qui ragréent avec un bistouri bien aiguisé la partie qu'ils ont ainsi sciée, pour y ajuster ensuite les greffes. Si vous voulez greffer un petit arbre, coupez-le par en bas, de façon qu'il n'en reste qu'un pied et demi sur terre ; après l'avoir coupé, ragréez la plaie avec soin, et fendez très-légèrement le tronc par son milieu avec un bistouri bien tranchant, de façon que la fente n'ait que trois doigts de longueur : ensuite insérez un coin dans cette fente pour en écarter les lèvres, et enfoncez-y des greffes ratissées des deux côtés, de façon que leur écorce soit au niveau de celle de l'arbre. Lorsque vous aurez ajusté ces greffes avec soin, vous retirerez le coin, et vous lierez l'arbre, comme j'ai dit ci-dessus ; ensuite vous entasserez de la terre autour de lui jusqu'à la greffe : cela contribuera à la défendre parfaitement contre les vents et la chaleur. La troisième espèce de greffe dont je vais parler, étant très-délicate, ne va pas à toute sorte d'arbres ; et il n'y a guère que ceux dont l'écorce est humide, pleine de sève et forte, tels que les figuiers, qui s'en accommodent. En effet, ces arbres rendent beaucoup de lait, et ayant l'écorce forte, on peut très-bien les greffer de la manière suivante. On choisit sur l'arbre dont on veut tirer la greffe de jeunes branches qui soient bien unies, et on y remarque le bouton le plus apparent, et qui promet le plus sûrement de germer. On trace autour de ce bouton une marque de deux doigts en carré, de façon que le bouton étant au centre de ce carré, on coupe l'écorce tout autour de lui avec un bistouri bien tranchant, et on l'enlève avec attention de dessus l'arbre, en prenant garde de l'endommager. On choisit ensuite pareillement une branche très-lisse de l'autre arbre que l'on doit enter en écusson, et on la dépouille en lui coupant un morceau d'écorce de même grandeur que le premier ; après quoi on applique l'écusson qu'on avait préparé sur cette partie dépouillée, de façon qu'il y réponde exactement. Quand cela est fait, on lie bien le tout autour du bouton, en prenant garde de l'offenser lui-même. Ensuite on enduit d'un lut les joints et les ligatures, en laissant un intervalle jusqu'au bouton, afin qu'il soit en liberté et qu'il ne soit pas pressé par la ligature. On rogne les rejetons du pied de l'arbre greffé, ainsi que ses branches supérieures, pour qu'il n'y reste rien qui puisse en attirer à soi la sève, et qu'il n'ait pas d'autres parties à nourrir préférablement à la greffe, et au bout de vingt et un jours on délie l'écusson : on greffe aussi parfaitement l'olivier de cette façon. Nous avons déjà montré la quatrième façon de greffer, lorsque nous avons traité des vignes : c'est pourquoi il est inutile de répéter ici la méthode que nous avons donnée alors, et qui consiste à percer l'arbre avec une tarière. Mais comme les anciens ont prétendu qu'on ne pouvait pas enter toute sorte de scion sur toute sorte d'arbres, et qu'ils ont donné comme une loi invariable, le terme que nous avons fixé nous-même tout à l'heure, en disant qu'il n'y avait pas d'autres entes qui pussent réussir sur un arbre, que celles qui étaient prises sur un arbre semblable au premier, tant par son écorce extérieure et intérieure que par son fruit, nous avons cru qu'il fallait dissiper l'erreur qui suit de cette opinion, et donner à la postérité un moyen d'enter telle espèce de greffe que l'on voudra, sur quelque arbre que ce soit. Mais pour épargner au lecteur tout préambule, nous allons donner un exemple d'après lequel on pourra enter

arboris locum seminibus serra facere, insectasque partes tenui scalpello levare, atque ita surculos aptare. Si pusillam arborem inserere voles, imam abscindito, ita ut sesquipede e terra extet. Cum deinde præcideris, plagam diligenter levato : et medium truncum acuto scalpello permodice findito, ita ut fissura digitorum trium sit in ea. Deinde cuneum, quo diducatur, inserito, et surculos ex utraque parte derasos demittito, sic ut librum seminis libro arboris æqualem facias. Cum surculos diligenter aptaveris, cuneum eximito, et arborem, ut supra dixi, alligato : deinde terram circa arborem adaggerato usque ad ipsum insitum. Ea res a vento et calore maxime tuebitur. Nos tertium genus insitionis invenimus, quod cum sit subtilissimum, non omni generi arborum idoneum est, sed fere recipiunt talem insitionem, quæ humidum succosumque et validum librum habent, sicut ficus. Nam et lactis plurimum mittit, et corticem robustum habet. Optime itaque inseritur caprifici ramus. Ex arbore, de qua inserere voles, novellos et nitidos ramos eligito, in iisdemque observato gemmam, quæ bene apparebit, certamque spem germinis habebit : eam duobus digitis quadratis circumsignato, ut gemma media sit : et ita acuto scalpello circumcidito delibratoque diligenter, ne gemmam lædas. Postea item alterius arboris, quam emplastraturus es, nitidissimum ramum eligito, et ejusdem spatii corticem circumcidito, et materiam delibrato. Deinde in eam partem, quam nudaveris, præparatum emplastrum aptato, ita ut alteræ delibratæ parti conveniat. Ubi ita hæc feceris, circa gemmam bene alligato, cavetoque ne lædas ipsum germen. Deinde commissuras et vincula luto oblinito, spatio relicto, ut gemma libera vinculo non urgeatur. Arboris autem insitiæ sobolem et ramos superiores præcidito, ne quid sit, quo possit succus evocari, aut ne cui magis quam insito serviat. Post XXI diem solvito emplastrum. Et hoc genere optime etiam olea inseritur. Quartum illud genus insitionis jam docuimus, cum de vitibus disputavimus. Itaque supervacuum est hoc loco repetere traditam rationem terebrationis. Sed cum antiqui negaverint posse omne genus surculorum in omnem arborem inseri, et illam quasi finitionem, qua nos paulo ante usi sumus, veluti quandam legem sanxerint, eos tantum surculos posse coalescere, qui sint cortice ac libro et fructu consimiles iis arboribus, quibus inseruntur ; existimavimus errorem hujus opinionis discutiendum, tradendamque

20.

telle espèce de greffe que l'on voudra sur toute sorte d'arbres. On creusera d'abord une fosse de quatre pieds en tous sens auprès d'un olivier, à telle distance que les branches les plus allongées de cet arbre y puissent atteindre. Ensuite on déposera dans cette fosse un petit figuier, en faisant attention à ce qu'il soit fort et brillant. Trois ans après, lorsque ce figuier aura déjà pris assez d'accroissement, on abaissera la branche d'olivier qui paraîtra la plus brillante, et on l'attachera au pied du figuier ; après quoi on coupera les autres petites branches qui dépendent de celle-là, en ne lui laissant que les cimes que l'on voudra employer comme greffes. Ensuite on coupera le figuier, on ragréera la plaie, et on le fendra par le milieu avec un coin, puis on ratissera des deux côtés les cimes de l'olivier, sans les déranger de la position dans laquelle elles tiennent à leur mère, après quoi on les insérera dans la fente du figuier ; puis on retirera le coin, et on liera avec soin ces cimes, de façon qu'aucune force ne soit capable de les arracher. Moyennant cela le figuier se fortifiera avec l'olivier en trois ans, et ce ne sera que la quatrième année, et lorsqu'ils seront bien mariés ensemble, que l'on sèvrera les branches de l'olivier, comme on sèvre les provins : on peut enter de cette façon telle greffe que l'on voudra sur quelque arbre que ce soit. Mais comme nous avons parlé à peu près de toutes les espèces d'arbrisseaux dans les livres précédents, il est temps, avant de finir celui-ci, de parler du cytise.

XII. Il sera très-important d'avoir dans sa terre la plus grande quantité de cytises que l'on pourra, parce que cet arbrisseau est très-utile aux poules, aux abeilles, aux brebis et aux chèvres, ainsi qu'aux bœufs et à toutes sortes de bestiaux, tant parce qu'il les engraisse en peu de temps, et qu'il donne beaucoup de lait aux brebis, que parce qu'on peut l'employer huit mois en fourrage vert, et, passé ce temps, en fourrage sec : d'ailleurs il prend très-promptement dans toutes sortes de terres, même dans les plus maigres, et rien de ce qui nuit aux autres plantes ne lui fait tort. Si les femmes même manquent de lait, il faut détremper dans l'eau du cytise sec ; et lorsqu'il y aura passé toute la nuit, on en exprimera le suc le lendemain, et on leur en donnera trois *heminœ* à boire, en le coupant avec un peu de vin : c'est le moyen qu'elles se portent bien, et que leurs enfants se fortifient par l'abondance du lait qu'elles seront en état de leur fournir. On peut planter le cytise ou en automne vers les ides d'octobre, ou au printemps. Lorsque l'on aura bien labouré la terre, on fera de petites planches, sur lesquelles on sèmera en automne la graine du cytise, comme on sème la dragée ; ensuite on arrangera ces plantes au printemps, de façon qu'il y ait entre chacune quatre pieds d'intervalle en tous sens. Si vous n'avez pas de graine, vous mettrez en terre au printemps des cimes de cytise, auprès desquelles vous entasserez de la terre que vous aurez fumée auparavant. S'il ne vient point de pluie, vous les arroserez les quinze premiers jours, vous les sarclerez dès qu'elles commenceront à montrer les premières feuilles, et trois ans après vous les couperez pour les donner aux bestiaux. Il suffit de quinze livres de cytise vert pour le cheval, et de vingt livres pour le bœuf : on en donne aux autres bestiaux à proportion de leurs forces. On peut aussi planter assez commodément le cytise en bouture sur les

---

posteris rationem, qua possit omne genus surculi omni generi arboris inseri. Quod ne longiore exordio legentem fatigemus, unum quasi exemplum subjiciemus, quo possit omne genus surculi omnibus arboribus inseri. Scrobem quoquoversus pedum quatuor ab arbore olivæ tam longe lodito, ut extremi rami oleæ possint eam contingere. In scrobem deinde fici arbusculam deponito, diligentiamque adhibeto, ut robusta et nitida fiat. Post triennium, cum jam satis amplum incrementum ceperit, ramum olivæ, qui videtur nitidissimus, deflecte, et ad crus arboris ficulneæ religa : atque ita amputatis cæteris ramulis, ea tantum cacumina, quæ inserere voles, relinque ; tum arborem fici detrunca, plagamque leva, et mediam cuneo finde. Cacumina deinde olivæ, sicuti matri cohærent, ex utraque parte adrade, et ita fissuræ fici insere, cuneumque exime, diligenterque ramulos colliga, ne qua vi revellantur. Sic interposito triennio coalescet ficus cum olea, et tum demum quarto anno, cum bene coierint, velut propagines, ramulos olivæ a matre resecabis. Hoc modo omne genus in omnem arborem inseres. At prius quam finem libri faciamus, quoniam fere species surculorum omnium persecuti sumus prioribus libris, de cytiso dicere nunc tempestivum est.

XII. Cytisum in agro esse quam plurimum maxime refert, quod gallinis, apibus, ovibus, capris, bubus quoque et omni generi pecudum utilissimus est : quod ex eo cito pinguescit, et lactis plurimum præbet ovibus, tum etiam quod octo mensibus viridi eo pabulo uti et postea arido possis. Præterea in quolibet agro quamvis macerrimo celeriter comprehendit : omnem injuriam sine noxa patitur. Mulieres quidem si lactis inopia premuntur, cytisum aridum in aqua macerare oportet, et cum tota nocte permaduerit, postero die expressi succi ternas heminas permiscere modico vino, atque ita potandum dare : sic et ipsæ valebunt, et pueri abundantia lactis confirmabuntur. Satio autem cytisi vel autumno circa idus Octobris, vel vere fieri potest. Cum terram bene subegeris, areolas facito, ibique velut ocimi semen cytisi autumno serito. Plantas deinde vere disponito : ita ut inter se quoquoversus quatuor pedum spatio distent. Si semen non habueris, cacumina cytisorum vere deponito, et stercoratam terram circumaggerato. Si pluvia non incesserit, rigato quindecim proximis diebus : simulatque novam frondem agere cœperit, sarrito, et post triennium deinde cædito, et pecori præbeto. Equo abunde est viridis pondo xv, bubus pondo vicena, cæterisque pecoribus pro portione virium. Potest etiam circa sepem agri satis commode ramis cytisus seri, quoniam facile comprehendit, et injuriam sustinet. Aridum

lisières des champs, parce qu'il prend facilement et que rien ne lui fait tort. Si vous le donnez sec aux animaux, il faut le leur épargner plus que s'il était vert, parce qu'il a alors plus de vertu; il faut même le faire tremper auparavant dans l'eau, et le mêler avec de la paille, après l'avoir retiré de l'eau. Quand vous voudrez faire sécher du cytise, coupez-le vers le mois de septembre, lorsque sa graine commencera à grossir, et mettez-le au soleil pendant quelques heures jusqu'à ce qu'il se fane; faites-le ensuite sécher à l'ombre, et serrez-le après. C'est avoir assez donné jusqu'ici de préceptes relatifs aux arbres; j'exposerai dans le volume suivant ce qui concerne l'entretien et les remèdes des bestiaux.

LIVRE VI.

PRÉFACE.

Je n'ignore pas, Publius Silvinus, que quelques savants agriculteurs ont désapprouvé l'entretien des bestiaux, et qu'ils ont rejeté constamment la profession des pâtres et des bergers, comme contraire à la leur. Je ne nierai pas même qu'ils n'aient eu quelque raison de regarder le but que se propose un pâtre comme contraire à celui de l'agriculteur, puisque celui-ci ne recherche que les terrains les mieux labourés et les plus dégarnis d'herbes, au lieu que l'autre court après les terres en friche qui en sont couvertes, et que l'un fonde toutes ses espérances sur les fruits de la terre, et l'autre sur ceux du bétail; d'où il arrive que la crue des herbes, qui est le point que le laboureur déteste le plus, est le principal objet des vœux du pâtre. Mais, quoique les vœux des uns et des autres soient dissemblables, il y a cependant une certaine union et une espèce de société entre eux, tant parce qu'il est communément d'usage que nous fassions brouter les pâturages de notre fonds par des bestiaux qui nous appartiennent, plutôt que par des bestiaux étrangers, que parce que le fumier abondant que produisent les troupeaux contribue à multiplier les fruits de la terre. Aussi n'y a-t-il point de pays, pour peu qu'il rapporte du blé, qui n'ait autant besoin du secours des bestiaux que de celui des hommes. Nous appelons les bestiaux tantôt *jumenta*, du mot *juvare*, aider, parce qu'ils nous aident dans notre travail, en portant des fardeaux; tantôt *armenta*, du mot *arare*, labourer, parce qu'ils nous sont utiles à labourer la terre. C'est pourquoi je pense qu'il ne faut pas moins parfaitement connaître l'entretien des bestiaux que la culture des champs, ainsi que l'ont prescrit les anciens Romains. Je dirai même que l'usage d'avoir des bestiaux est le plus anciennement reçu dans l'agriculture, en même temps qu'il est le plus lucratif. Aussi est-ce pour cela que les mots de *pecunia* et de *peculium* paraissent tirer leur origine du mot *pecus* (bétail), parce que le bétail était la seule espèce de richesses que possédassent les anciens, et qu'encore aujourd'hui non-seulement il y a des nations qui n'en possèdent pas d'autres, mais que nos cultivateurs même n'ont point d'objet qui leur rapporte davantage. C'était aussi l'opinion de M. Caton, lorsqu'il ne se contenta pas de répondre à quelqu'un qui le consultait pour savoir à quelle partie de l'économie rurale il devait s'appliquer pour s'enrichir promptement, que c'était à bien nourrir des bestiaux; mais que, la même personne lui demandant de nouveau quel était le second moyen par lequel elle pourrait recueillir

---

si dabis, parcius præbeto, quoniam vires majores habet, priusque aqua macerato, et exemptum paleis permisceto. Cytisum cum aridum facere voles, circa mensem Septembrem, ubi semen ejus grandescere incipiet, cædito, paucisque horis, dum flaccescat, in sole habeto : deinde in umbra exsiccato, et ita condito. Hactenus de arboribus præcepisse abunde est, redditturo pecoris curam et remedia sequenti volumine.

LIBER SEXTUS.

PRÆFATIO.

Scio quosdam, Publi Silvine, prudentes agricolas pecoris abnuisse curam, gregariorumque pastorum velut inimicam suæ professionis disciplinam constantissime repudiasse. Neque infitior id eos aliqua ratione fecisse, quasi sit agricolæ contrarium pastoris propositum : cum ille quam maxime subacto et puro solo gaudeat, hic novali graminosoque; ille fructum e terra speret, hic e pecore; ideoque arator abominetur, at contra pastor optet herbarum proventum. Sed in his tam discordantibus votis est tamen quædam societas atque conjunctio : quoniam et pabulum e fundo plerumque domesticis pecudibus magis quam alienis depascere ex usu est, et copiosa stercoratione, quæ contingit e gregibus, terrestres fructus exuberant. Nec tamen ulla regio est, in qua modo frumenta gignantur, quæ non ut hominum ita armentorum adjutorio colatur. Unde etiam jumenta et armenta nomen a re traxere, quod nostrum laborem, vel onera subvectando vel arando juvarent. Itaque sicut veteres Romani præceperunt, ipse quoque censeo tam pecorum quam agrorum cultum pernoscere. Nam in rusticatione vel antiquissima est ratio pascendi eademque quæstuosissima. Propter quod nomina quoque pecuniæ et peculii tracta videntur a pecore : quoniam id solum veteres possederunt, et adhuc apud quasdam gentes unum hoc usurpatur divitiarum genus : sed ne apud nostros quidem colonos alia res uberior. Ut etiam M. Cato prodidit, qui consulenti, quam partem rei rusticæ exercendo celeriter locupletari posset? respondit : Si bene pasceret; rursusque interroganti, quid deinde faciendo satis uberes fructus percepturus esset? affirmavit : Si mediocriter pasceret. Cæterum de tam sapiente viro

les fruits au moins médiocres, il l'assura que c'était en nourrissant des bestiaux médiocrement bien. Quelques auteurs racontent même que cette personne lui demandant encore quel était le troisième objet qui fût lucratif en agriculture, il assura que c'était le nourrissage des bestiaux, quand même il serait mal fait : mais je rougirais d'attribuer cette troisième réponse à un homme aussi sage, d'autant qu'il est constant qu'un pâtre négligent et ignorant cause plus de dommage qu'un pâtre entendu et diligent ne fait de profit. Quant à la seconde réponse, il n'est point douteux que les fruits que produit le bétail ne soient toujours supérieurs à la négligence du propriétaire, quand elle n'est que légère. Ces raisons nous ont déterminé, Silvinus, à donner à la postérité cette partie de l'économie rurale avec tout le soin dont nous avons été capable, en suivant les préceptes de nos ancêtres. Ainsi, comme il y a de deux espèces de quadrupèdes, les uns que nous nous procurons pour partager avec nous nos travaux, comme le bœuf, la mule, le cheval et l'âne, et les autres que nous nourrissons soit pour notre agrément, soit pour en tirer du revenu, ou pour l'employer à la garde des autres bestiaux, comme la brebis, la chèvre, le porc et le chien ; nous traiterons d'abord de l'espèce de ceux que nous associons à nos travaux. Or, il n'y a point de doute, ainsi que Varron l'a dit, que le bœuf ne doive tenir le premier rang entré tous les autres bestiaux de cette espèce, par la considération que mérite cet animal, surtout en Italie, puisque l'on croit qu'il a donné son nom à ce pays, et qu'Ἰταλὸς est le nom que les Grecs donnaient autrefois au taureau ; mais encore plus dans cette ville où l'on s'est servi, en la bâtissant, de cet animal tant mâle que femelle pour en tracer, avec la charrue, les murs et les portes. Le premier rang lui est encore dû, parce qu'il passe à Athènes pour avoir été le ministre de Cérès et de Triptolème, parce qu'il tient une place dans le ciel parmi les constellations les plus brillantes, et qu'il est encore aujourd'hui le plus laborieux compagnon de l'homme dans l'agriculture. Aussi les anciens ont-ils toujours eu un si grand respect pour cet animal, que c'était un crime aussi capital chez eux d'avoir tué un bœuf que d'avoir tué un citoyen. C'est donc par le bœuf que nous commencerons notre traité sur l'entretien des bestiaux.

I. Ce n'est point une chose aisée que de fixer les règles auxquelles on doit se conformer, et les écarts que l'on doit éviter dans le choix des bœufs que l'on veut acheter, d'autant que ces animaux varient de taille, de caractère et de couleur, suivant la différence des pays et des climats. Ceux de l'Asie, des Gaules ou de l'Épire diffèrent tous entre eux par la forme ; et ce n'est pas seulement dans les pays différents que l'on trouve ces variétés, mais on les rencontre même dans les diverses parties de l'Italie. La Campanie donne communément des bœufs qui sont blancs et de petite taille, mais néanmoins propres au travail et au genre de culture qu'exige le sol dans lequel ils sont nés. Ceux de l'Umbrie sont grands et blancs : cette province en donne aussi de rouges, et qui ne sont pas moins estimés pour leur courage que pour leur taille. L'Étrurie et le Latium en donnent de trapus, mais qui sont très-forts à l'ouvrage. L'Apennin en donne de très-robustes, et qui supportent tout ce qu'il y a de plus difficile, mais qui ne sont point de belle apparence. Au reste, malgré toutes ces variétés, il y a cependant des préceptes que l'on peut regarder comme généralement constants, et auxquels le laboureur doit se conformer dans le choix

piget dicere, quod eum quidam auctores memorant eidem quærenti, quodnam tertium in agricolatione quæstuosum esset? asseverasse, si quis vel male pasceret ; cum præsertim majus dispendium sequatur inertem et inscium pastorem, quam prudentem diligentemque compendium. De secundo tamen responso dubium non est, quin mediocrem negligentiam domini fructus pecoris exsuperet. Quam ob causam nos hanc quoque partem rei rusticæ, Silvine, quanta valuimus industria, majorum secuti præcepta posteritati mandavimus. Igitur cum sint duo genera quadrupedum, quorum alterum paramus in consortium operum, sicut bovem, mulam, equum, asinum ; alterum voluptatis ac reditus et custodiæ causa, ut ovem, capellam, suem, canem : de eo genere primum dicemus, cujus usus nostri laboris est particeps. Nec dubium, quin, ut ait Varro, cæteras pecudes bos honore superare debeat, præsertim [autem] in Italia, quæ ab hoc nuncupationem traxisse creditur, quod olim Græci tauros Ἰταλοὺς vocarent ; et in ea urbe, cujus mœnibus condendis mas et fœmina boves aratro terminum signaverunt, velut pecus : quod item Atticis Athenis Cereris et Triptolemi fertur minister : quod inter fulgentissima sidera particeps cæli : quod deinde laboriosissimus adhuc hominis socius in agricultura : cujus tanta fuit apud antiquos veneratio, ut tam capital esset bovem necuisse, quam civem. Ab hoc igitur promissi operis capiamus exordium.

I. Quæ in emendis bubus sequenda quæque vitanda sint, non ex facili dixerim ; cum pecudes pro regionis cælique statu et habitum corporis et ingenium animi et pili colorem gerant. Aliæ formæ sunt Asiaticis, aliæ Gallicis, Epiroticis aliæ. Nec tantum diversitas provinciarum, sed ipsa quoque Italia partibus suis discrepat. Campania plerumque boves progenerat albos et exiles, labori tamen et culturæ patrii soli non inhabiles. Umbria vastos et albos ; eademque robios, nec minus probabiles animis quam corporibus. Hetruria et Latium compactos, sed ad opera fortes. Apenninus durissimos omnemque difficultatem tolerantes, nec ab aspectu decoros. Quæ cum tam varia et diversa sint, tamen quædam quasi communia et certa præcepta in emendis juvencis arator sequi debet ; eaque Mago Carthaginiensis ita prodidit, ut nos deinceps memorabimus. Parandi sunt boves novelli, quadrati, grandibus

des jeunes bœufs qu'il veut acheter : nous allons les détailler tels que Magon le Carthaginois les a déjà donnés. Il faut acquérir des bœufs qui soient jeunes et carrés, qui aient les membres grands, les cornes longues, noirâtres et fortes, le front large et crépu, les yeux et le museau noirs, les oreilles hérissées, les narines camuses et ouvertes, le chignon long et charnu, le fanon ample et descendant presque jusqu'aux genoux, la poitrine large, les épaules vastes, le ventre gros et semblable à celui d'une bête pleine, les côtes allongées, les reins larges, le dos droit et plat ou même un peu affaissé, les fesses rondes, les jambes épaisses et droites, mais plutôt courtes que longues, les genoux bons et bien tournés, la corne des pieds grande, la queue traînante et bien garnie, un poil dru et court par tout le corps, dont la couleur soit rousse ou brune, et qui soit doux au toucher.

II. En supposant des veaux ainsi conformés, il faut, pendant qu'ils sont encore jeunes, les accoutumer à se laisser manier, et à souffrir qu'on les attache à leurs mangeoires, afin qu'on ait moins de peine à les dompter par la suite, et qu'il y ait moins de danger à le faire. Au surplus, je suis d'avis que l'on ne dompte pas les bouvillons avant l'âge de trois ans, ni passé celui de cinq, parce que dans le premier de ces âges ils sont encore trop délicats, et que dans le dernier ils résistent trop : or voici comme il faut s'y prendre pour dompter ceux que l'on aura pris dans un troupeau de bœufs sauvages. On commencera par leur préparer une étable spacieuse, où celui qui sera employé à les dompter puisse tourner avec aisance, et d'où il puisse sortir sans courir aucun danger. La place qui sera devant l'étable ne doit pas être resserrée, mais il faut que ce soit une campagne ou un grand chemin bien large, afin que lorsque les bouvillons viendront à en sortir, ils aient toute liberté de courir, et que la peur ne les expose pas à s'embarrasser, au risque de se blesser, dans des arbres où dans d'autres obstacles qui se rencontreraient sur leur passage. Il y aura dans cette étable d'amples mangeoires, au-dessus desquelles seront posées horizontalement en forme de jougs, à la hauteur de sept pieds de terre, des solives auxquelles on puisse attacher les bouvillons. On choisira ensuite, pour essayer de les dompter, la matinée d'un jour serein, qui ne soit pas fête, et on leur attachera aux cornes des cordes de chanvre. Quant aux courroies qu'on jette sur ces animaux quand on veut les prendre, elles doivent être emmaillottées de peaux avec leur laine, afin qu'elles ne les blessent point au-dessous des cornes, partie de leur front la plus délicate. Lorsqu'on aura pris des bouvillons, on les conduira aussitôt à l'étable, où on les attachera à des poteaux, de façon qu'ils aient une certaine liberté autour d'eux, et qu'ils soient séparés les uns des autres à quelque distance, de peur qu'ils ne se blessent mutuellement par les efforts qu'ils feront pour se détacher. S'ils sont trop revêches, on les laissera jeter toute leur furie pendant vingt-quatre heures ; et dès qu'elle sera un peu ralentie, on les fera sortir le matin, en ayant soin toutefois qu'il y ait une personne qui aille devant eux, plusieurs autres qui les retiennent par derrière avec des cordes, et une qui les suive pas à pas, et qui réprime de temps en temps leurs efforts, en les frappant légèrement avec une massue de bois de saule. Mais si ce sont des bœufs doux et tranquilles, on pourra les faire sortir de l'étable le jour même qu'on les y aura mis à l'attache, avant le soir, et les accoutumer à franchir à pas comptés, et sans s'effrayer, l'espace de mille pas.

---

membris, cornibus proceris ac nigrantibus et robustis, fronte lata et crispa, hirtis auribus, oculis et labris nigris, naribus resimis patulisque, cervice longa et torosa, palearibus amplis et pene ad genua promissis, pectore magno, armis vastis, capaci et tanquam implente utero, lateribus porrectis, lumbis latis, dorso recto planoque vel etiam subsidente, clunibus rotundis, cruribus compactis ac rectis, sed brevioribus potius quam longis, nec genibus improbis, ungulis magnis, caudis longissimis et setosis, pilove corporis denso brevique, coloris robii vel fusci, tactu corporis mollissimo.

II. Talis notæ vitulos oportet, cum adhuc teneri sunt, consuescere manu tractari, ad præsepia religari, ut exiguus in domitura labor eorum et minus sit periculi. Verum nec ante tertium neque post quintum annum juvencos domari placet, quoniam illa ætas adhuc tenera est, hæc jam prædura. Eos autem, qui de grege feri comprehenduntur, sic subigi convenit. Primum omnium spatiosum stabulum præparetur, ubi domitor facile versari, et unde degredi sine periculo possit. Ante stabulum nullæ angustiæ sint, sed aut campus aut via late patens : ut cum producentur juvenci, liberum habeant excursum ; ne pavidi aut arboribus aut objacenti cuilibet rei se implicent noxamque capiant. In stabulo sint ampla præsepia, supraque transversi asseres in modum jugorum a terra septem pedibus elati contigantur, ad quos religari possint juvenci. Diem deinde, quo domituram auspiceris, liberum a tempestatibus et a religionibus matutinum eligito : cannabinisque funibus cornua juvencorum ligato. Sed laquei, quibus copulantur, lanatis pellibus involuti sint, ne teneræ frontes sub cornua lædantur. Cum deinde buculos comprehenderis, perducito ad stabulum, et ad stipites religato ita, ut exiguum laxamenti habeant, distentque inter se aliquanto spatio, ne in colluctatione alter alteri noceat. Si nimis asperi erunt, patere unum diem noctemque desæviant. Simulatque iras contuderint, mane producantur, ita ut aliquis ante et a tergo complures, qui sequuntur, retinaculis eos contineant, et unus cum clava salignea procedens modicis ictibus subinde impetus eorum coerceat. Sin autem placidi et quieti boves erunt, vel eodem die, quo alligaveris, ante vesperum licebit producere, et docere per mille passus composite ac sine pavore ambulare : cum domum

Lorsqu'on les aura ramenés à la maison, on les attachera à des poteaux de très-près, et de façon qu'ils ne puissent pas remuer la tête. Quand ils seront attachés, il faudra les flatter, pour ainsi dire, par le ton de la voix, en s'approchant doucement d'eux, non pas par derrière ni par les côtés, mais en face, afin qu'ils s'accoutument à envisager celui qui les abordera. Ensuite on leur frottera les narines, afin qu'ils s'habituent à connaître l'homme à l'odorat. Il faudra aussi leur manier tout le dos quelque temps après, et verser dessus du vin pur, pour qu'ils se familiarisent avec le bouvier; comme il faudra aussi leur passer la main sous le ventre et entre les cuisses, afin que par la suite ce genre d'attouchement ne les effraye pas lorsqu'on sera obligé d'y avoir recours pour leur ôter les tiques, qui s'attachent ordinairement à leurs cuisses. Celui qui les dompte doit, en faisant ces différentes opérations, se tenir sur leurs côtés, de peur d'attraper des coups de pied. Ensuite on leur écartera les mâchoires pour leur tirer la langue de la gueule, et on leur frottera de sel tout le palais; après quoi on leur fourrera dans la gueule des boules de pâte d'une livre pesant trempées dans de la graisse fondue bien salée, et on leur versera dans la gorge avec une corne un *sextarius* de vin par tête. Avec ces espèces de caresses, il ne faudra guère que trois jours pour les apprivoiser, et ils recevront le joug le quatrième. On attachera à ce joug une branche d'arbre que l'on tirera à soi en guise de timon, et même on y joindra de temps en temps quelques poids, pour éprouver leur patience dans le travail, en leur faisant faire de plus grands efforts. Après ces premiers essais, il faut les attacher à une charrette vide, et la leur faire traîner d'abord peu de temps, ensuite dans un plus long espace de chemin, en la chargeant peu à peu de quelques poids. Quand ils seront ainsi domptés, il faudra les mettre aussitôt à la charrue, mais dans un champ déjà labouré, de peur qu'ils ne se rebutent dans ces commencements par la difficulté de l'ouvrage, ou qu'ils ne meurtrissent leurs cous encore tendres, en éprouvant trop de résistance de la part de la terre. Au surplus j'ai enseigné dans le premier volume comment le bouvier doit gouverner ses bœufs dans le labourage. Il faut prendre garde que le bœuf ne s'habitue à donner du pied ou de la corne dans le temps qu'on le dompte, parce que si on n'y met pas ordre dès le commencement, jamais on ne pourra le corriger par la suite de ce défaut, même lorsqu'il sera dompté. Au surplus, la méthode que nous venons de prescrire pour dompter les bœufs n'aura lieu que dans le cas où l'on n'en aura point chez soi qui aient déjà servi : car si on en a de domptés, la méthode la plus courte et la plus sûre sera celle-ci, que nous suivons dans nos campagnes. Lorsque nous voulons accoutumer un bouvillon à la charrette, nous y attelons avec lui le plus robuste et en même temps le plus tranquille des bœufs domptés que nous ayons, pour le retenir quand il ira trop vite, et le faire avancer quand il s'arrêtera; et même, si nous ne plaignons point nos peines, nous fabriquons un joug où l'on puisse en atteler trois à la fois. Par ce moyen nous forçons les bœufs, si rétifs qu'ils soient, à se plier aux travaux les plus forts, parce que, dès qu'un bouvillon paresseux est attelé entre deux bœufs accoutumés à servir, et qu'il est contraint, lorsqu'il est attaché ainsi à la charrue, de travailler à la terre, il lui est impossible de refuser le service. En effet, s'il s'emporte et qu'il vienne à sauter, il est aussitôt contenu par les deux autres à leur gré; s'il s'arrête, il est obligé de les suivre

---

perduxeris, arcte ad stipites religato, ita ne capite moveri possint. Tum demum ad alligatos boves neque a posteriore parte neque a latere, sed adversus, placide et cum quadam vocis adulatione venito, ut accedentem consuescant aspicere. Deinde nares perfricato, ut hominem discant odorari. Mox etiam convenit tota tergora et tractare et respergere mero, quo familiariores bubulco fiant : ventri quoque et sub femina manum subjicere, ne ad ejusmodi factum postmodum pavescant, et ut ricini qui plerumque feminibus inhærent, eximantur. Idque cum fit, a latere domitor stare debet, ne calce contingi possit. Post hæc diductis malis educito linguam, totumque eorum palatum sale defricato, libralesque offas in præsulsæ adipis liquamine tinctas in gulam demittito, ac vini singulos sextarios per cornu faucibus infundito : nam per hæc blandimenta triduo fere mansuescunt, jugumque quarto die accipiunt, cui ramus illigatus temonis vice trajicitur : interdum et pondus aliquod injungitur, ut majore nisu laboris explorētur patientia. Post ejusmodi experimenta vacuo plostro subjungendi, et paulatim longius cum oneribus producendi sunt. Sic perdomiti mox ad aratrum instituantur, sed in subacto agro, ne statim difficultatem operis reformident, neve adhuc tenera colla dura proscissione terræ contundant. Quemadmodum autem bubulcus in arando bovem instituat, primo præcepi volumine. Curandum ne in domitura bos calce aut cornu quemquam contingat. Nam nisi hæc caveantur, nunquam ejusmodi vitia quamvis subacto eximi poterunt. Verum ista sic agenda præcipimus, si veteranum pecus non aderit. Nam si aderit, expeditior tutiorque ratio domandi est, quam nos in nostris agris sequimur. Nam ubi plostro aut aratro juvencum consuescimus, ex domitis bubus valentissimum eundemque placidissimum cum indomito jungimus. Is et procurrentem retrahit, et cunctantem producit. Si vero non pigeat jugum fabricare, quo tres jungantur, hac machinatione consequemur, ut etiam contumaces boves gravissima opera non recusent. Nam ubi piger juvencus medius inter duos veteranos jungitur, aratroque injuncto terram moliri cogitur, nulla est imperium respuendi facultas. Sive enim efferatus prosilit, duorum arbitrio inhibetur : seu consistit, duobus gradientibus etiam invitus obsequitur : seu conatur decumbere, a valentioribus sub-

quand ils avancent; enfin s'il fait des efforts pour se coucher à terre, il est relevé et entraîné par ses camarades qui sont plus forts que lui, et dès là il se trouve nécessairement contraint dans toutes les circonstances à se défaire de son opiniâtreté; de sorte qu'il ne lui faut donner que très-peu de coups pour le faire parvenir à supporter le travail. Il y a aussi des bœufs d'une certaine espèce qui sont toujours lâches, même après avoir été domptés, et qui se couchent à terre dans les sillons. Je crois qu'il faut s'y prendre d'une manière particulière pour les corriger, sans recourir aux voies de la dureté. Car ceux qui s'imaginent que ce vice cédera plutôt à l'aiguillon, au feu ou à d'autres genres de tortures, qu'à tout autre moyen, ne connaissent pas quel est le véritable auquel il faut avoir recours, puisqu'il est certain qu'une opiniâtreté inébranlable de la part du bouvier fatigue l'animal et le rend furieux. C'est pourquoi le meilleur est de corriger un bœuf qui est dans l'habitude de se coucher à terre, en lui faisant souffrir la faim et la soif, sans lui tourmenter le corps, parce qu'il est plus sensible aux besoins naturels qu'aux coups. Ainsi, lorsqu'un bœuf se couchera à terre, il sera très-utile de lui garrotter les jambes, de façon qu'il ne puisse ni se tenir debout, ni marcher, ni paître; moyennant quoi la diète et la soif le contraindront à se défaire de sa nonchalance. Cependant il faut avouer que ce défaut est très-rare dans les bœufs natifs du pays où l'on se trouve, d'autant qu'en général tout bœuf né dans le pays où il travaille est bien meilleur qu'un bœuf étranger, parce qu'il n'est point exposé à changer d'eau, ni de fourrage ou de climat, et qu'il n'est point molesté par la nature de la contrée, comme le serait celui qui aurait été emmené d'un pays plat et champêtre dans des lieux montagneux et sauvages, ou d'un pays montagneux dans un pays plat. C'est aussi pour cela que lorsque nous sommes forcés de faire venir des bœufs d'une contrée éloignée, nous devons avoir soin de ne les faire venir que d'une contrée qui soit semblable à la nôtre. Il faut aussi prendre garde d'en atteler deux ensemble, dont l'un soit moins gros que l'autre, parce que la disproportion dans la stature et dans la force entraîne bientôt la perte du plus faible des deux. On estime cet animal lorsque son tempérament est plus pacifique que vif, pourvu qu'il ne soit point paresseux; lorsqu'il craint les coups et la voix de son maître, mais que, se confiant dans ses forces, il ne se laisse point intimider d'ailleurs par les sons qui peuvent frapper son oreille, ni par les objets qui se présentent à sa vue, et qu'il passe sans frayeur à travers des fleuves ou sur des ponts; enfin lorsqu'il consomme beaucoup de nourriture, et qu'il est lent à la mâcher. En effet, ceux qui mâchent à leur aise digèrent mieux que ceux qui le font précipitamment, et dès lors ils se maintiennent plus que ces derniers dans la force du corps, sans devenir maigres. Au surplus, le bouvier pèche autant en rendant ses bœufs gras qu'en les rendant maigres, parce que la taille des animaux destinés à travailler doit être commode et médiocre, et qu'il doit plutôt être robuste en nerfs et en muscles que chargé de graisse, afin qu'il ne soit point opprimé tout à la fois tant par le poids de son dos que par la fatigue de l'ouvrage. Mais comme nous avons donné les préceptes qu'il y a à suivre lorsque l'on veut acheter ou dompter des bœufs, passons à ce qui concerne leur entretien.

III. Il faut laisser les bœufs à l'air pendant la chaleur, et les mettre à couvert pendant le froid : c'est pourquoi on leur préparera, pour le séjour qu'ils feront à l'étable pendant l'hiver, de la paille que l'on aura soin de couper et de mettre

levatus trahitur : propter quæ undique necessitate contumaciam deponit, et ad patientiam laboris paucissimis verberibus perducitur. Est etiam post domituram mollioris generis bos, qui decumbit in sulco : eum non sævitia, sed ratione censeo emendandum. Nam qui stimulis aut ignibus alliisque tormentis id vitium eximi melius judicant, veræ rationis ignari sunt : quoniam pervicax contumacia plerumque sævientem fatigat. Propter quod utilius est citra corporis vexationem fame potius et siti cubitorem bovem emendare. Nam eum vehementius afficiunt naturalia desideria, quam plagæ. Itaque si bos decubuit, utilissimum est pedes ejus sic vinculis obligari, ne aut insistere aut progredi aut pasci possit. Quo facto inedia et siti compulsus deponit ignaviam ; quæ tamen rarissima est in pecore vernaculo : longeque omnis bos indigena melior est quam peregrinus. Nam neque aquæ nec pabuli nec cæli mutatione tentatur, neque infestatur conditione regionis, sicut ille, qui ex planis et campestribus locis in montana et aspera perductus est, vel ex montanis in campestria. Itaque etiam, cum cogimur ex longinquo boves arcessere, curandum est, ut in similia patriis locis traducantur. Item custodiendum est, ne in comparatione vel statura vel viribus impar cum valentiore jungatur. Nam utraque res inferiori celeriter affert exitium. Mores hujus pecudis probabiles habentur, qui sunt propiores placidis quam concitatis, sed non inertes : qui sunt verentes plagarum et acclamationum; sed fiducia virium nec auditu nec visu pavidi, nec ad ingredienda flumina aut pontes formidolosi : multi cibi [edaces;] verum in eo conficiendo lenti. Nam hi melius concoquunt, ideoque robora corporum citra maciem conservant, qui ex commodo, quam qui festinanter mandunt. Sed tam vitium est bubulci pinguem quam exilem bovem reddere : habilis enim et modica corporatura pecoris operarii debet esse, nervisque et musculis robusta, non adipibus obesa, ut nec sui tergoris mole nec labore operis degravetur. Sed quoniam quæ sequenda sunt in emendis domandisque bubus tradidimus, tutelam eorum præcipiemus.

III. Boves calore sub divo frigoribus intra tectum manere oportet. Itaque hibernæ stabulationi eorum præpa-

par tas en août, un mois après la moisson. La coupe de cette paille ne sera pas moins utile aux champs qu'aux bestiaux, parce que les campagnes se trouveront débarrassées par là des ronces, qui ne manquent pas ordinairement de mourir jusqu'aux racines lorsqu'elles ont été coupées en été au lever de la Canicule, et que ces ronces étant mises sous la litière du bétail, augmenteront la quantité du fumier. Après cette opération préalable, nous nous pourvoirons de fourrage de toute espèce, et nous ferons en sorte que ce bétail ne soit pas exposé à maigrir faute de nourriture. Or, il y a plusieurs méthodes pour bien nourrir les bœufs; car si le pays où l'on est donne du fourrage vert en abondance, personne ne doute que ce genre de nourriture ne doive être préféré à tout autre; mais c'est ce qui n'arrive que dans les lieux qui sont arrosés par des ruisseaux ou couverts de rosée. Aussi trouve-t-on dans les lieux de cette nature un très-grand avantage, qui consiste en ce que la journée d'un seul homme suffit à deux paires de bœufs à la fois, attendu qu'ils laboureront ou qu'ils paissent alternativement dans le même jour. Dans les pays plus secs, on donne de la nourriture aux bœufs dans leurs mangeoires, et cette nourriture varie suivant la nature différente de ces pays. Personne ne doute que la meilleure ne soit de la vesce liée en bottes et de la gesse, ainsi que du foin de pré. On entretient ce bétail moins avantageusement avec de la paille, quoique ce genre de nourriture fasse ressource partout, et que l'on n'en trouve pas même d'autre dans certaines contrées. La paille que l'on estime le plus est celle de millet, ensuite celle d'orge, et même en troisième lieu celle de froment. Mais, indépendamment de la paille, on donne encore de l'orge aux bœufs qui ont fait leur journée. Au surplus, on règle différemment la mesure du fourrage qu'on leur donne suivant les différents temps de l'année. Au mois de janvier il faut leur donner à chacun quatre *sextarii* d'ers moulu et détrempé dans de l'eau avec de la paille, ou bien un *modius* de lupins détrempés, ou enfin un *semodius* de gesse détrempée, indépendamment de la paille qu'on leur donnera en abondance. On peut aussi, si l'on manque de légumes, mêler avec de la paille du marc de raisin, que l'on aura lavé pour en exprimer de la piquette, et le leur donner après qu'il sera séché; quoiqu'il n'est point douteux qu'il n'y ait plus d'avantage à le leur donner avec la peau des raisins et avant de l'avoir lavé, parce que ce marc, leur tenant lieu de nourriture et de vin en même temps, a la vertu de les rendre gais et brillants, et d'augmenter leur embonpoint. Si nous ne leur donnons pas de grains, il suffira de remplir de feuilles sèches un panier dont on se sert pour mesurer leur nourriture, dont la contenance soit de vingt *modii*; ou de leur donner trente livres de foin, ou bien encore des feuilles vertes soit de laurier soit d'yeuse, en grande quantité; mais on y ajoutera du gland, pourvu que le pays en produise assez pour permettre de le faire, quoique cette dernière nourriture leur occasionnerait la gale, si on leur en donnait jusqu'à les en rassasier. On peut encore leur donner un *semodius* de fèves moulues, pourvu que la récolte en ait été abondante. Communément la même pitance leur suffit au mois de février. On doit ajouter quelque chose à la quantité de foin qu'on leur donnera en mars et en avril, parce que c'est le temps où ils travaillent aux premiers labours de la terre. Il suffira cependant de leur en donner à chacun quarante livres. On fera bien néanmoins de couper pour eux du fourrage vert, depuis les ides d'avril jus-

---

randa sunt stramenta, quæ mense Augusto intra dies triginta sublatæ messis præcisa in acervum extrui debent. Horum desectio cum pecori tum agro est utilis : liberantur arva sentibus, qui æstivo tempore per Caniculæ ortum recisi plerumque radicitus intereunt, et stramenta pecori subjecta plurimum stercoris efficiunt. Hæc cum ita curaverimus, tum et omne genus pabuli præparabimus, dabimusque operam, ne penuria cibi macrescat pecus. Boves autem recte pascendi non una ratio est. Nam si ubertas regionis viride pabulum subministrat, nemo dubitat quin id genus cibi cæteris præponendum sit : quod tamen nisi riguis aut roscidis locis non contingit. Itaque in iis ipsis vel maximum commodum est, quod sufficit una opera duobus jugis, quæ eodem die alterna temporum vice vel arant vel pascuntur. Siccioribus agris ad præsepia boves alendi sunt, quibus pro conditione regionum cibi præbentur : eosque nemo dubitat, quin optimi sint vicia in fascem ligata, et cicercula itemque pratense fœnum. Minus commode tuemur armentum paleis, quæ ubique et quibusdam regionibus solæ præsidio sunt. Eæ probantur maxime ex milio, tum ex ordeo, mox etiam ex tritico. Sed jumentis justa operum reddentibus ordeum præter has præbetur. Bubus autem pro temporibus anni pabula dispensantur. Januario mense [singulis] fresi et aqua macerati ervi quaternos sextarios mistos paleis dare convenit, vel lupini macerati modios, vel cicerculæ maceratæ semodios, et super hæc affatim paleas. Licet etiam, si sit leguminum inopia, et eluta et siccata vinacia, quæ de lora eximuntur, cum paleis miscere. Nec dubium [est,] quin ea longe melius cum suis folliculis, ante quam eluantur, præberi possint. Nam et cibi et vini vires habent, nitidumque et hilare et corpulentum pecus faciunt. Si grano abstinemus, frondis aridæ corbis pabulatorius modiorum viginti sufficit, vel fœni ponde triginta, vel sine modo viridis laurea et ilignea frondes. Et his, si regionis copia permittat, glans adjicitur : quæ nisi ad satietatem detur, scabiem parit. Potest etiam si proventus villitatem facit, semodius fabæ fresæ præberi. Mense Februario plerumque eadem sunt cibaria. Martio et Aprili debet ad fœni pondus adjici, quia terra proscinditur : sat autem erit pondo quadragena singulis dari. Ab idibus tamen mensis Aprilis usque in idus Junias viride pabu-

qu'à celles de juin : on pourra même continuer de leur en donner dans les lieux plus froids, jusqu'aux calendes de juillet. A partir de cette époque on les rassasiera de feuillages pendant tout l'été, ainsi qu'en automne jusqu'aux calendes de novembre, quoique ces feuillages ne leur seront bons que lorsqu'ils auront été mûris par les pluies ou par les rosées continuelles : les plus estimés sont d'abord ceux d'orme, ensuite ceux de frêne, puis enfin ceux de peuplier. Les pires sont ceux d'yeuse, de chêne et de laurier, quoiqu'à la fin de l'été on soit forcé d'y recourir, à défaut d'autres. On peut aussi fort bien leur donner des feuilles de figuier, si l'on en a abondamment, ou qu'il y ait de l'utilité à élaguer ces arbres. Celles d'yeuse sont encore meilleures que celles de chêne, pourvu que ce soit de l'espèce d'yeuse qui n'a point de piquants, parce que le bœuf ne veut point de ces dernières, non plus que de celles de genévrier, à cause de ces piquants. Il faut, dans les mois de novembre et de décembre, donner aux bœufs à manger tant qu'ils voudront pendant les semailles ; cependant il suffit ordinairement de leur donner à chacun un *modius* de gland, avec autant de paille qu'ils en voudront, ou bien un *modius* de lupins détrempés, ou sept *sextarii* d'ers arrosé d'eau et mêlé de paille, ou douze *sextarii* de gesse arrosée de même et mêlée de paille, ou un *modius* de marc de raisin, pourvu qu'on y ajoute de la paille en abondance, comme je l'ai dit ci-dessus ; ou enfin, si l'on n'a aucun de ces fourrages, quarante livres de foin sans aucun autre mélange.

IV. Mais il ne servira de rien de rassasier ce bétail de nourriture, si l'on n'apporte point toute l'attention nécessaire pour l'aider à se bien porter, et à conserver ses forces : or on parviendra à ces deux points en donnant aux bœufs trois jours de suite une médecine copieuse, composée de lupins et de cyprès broyés ensemble par portions égales, et infusés dans l'eau ; on laissera cette médecine se reposer à l'air pendant une nuit entière, et on la leur fera prendre quatre fois par an, à savoir, à la fin du printemps, de l'été, de l'automne et de l'hiver. Souvent même on vient à bout de chasser leur langueur et leur dégoût en leur mettant dans la gorge, quand ils sont à jeun, un œuf de poule cru tout entier, et en leur versant le lendemain dans les narines du vin, dans lequel on aura pilé des gousses d'ail ou d'oignon de Cypre. Au surplus, ces remèdes ne sont pas les seuls qui les maintiennent en bonne santé : il y a bien des gens qui mettent dans la même vue une grande quantité de sel dans leurs fourrages ; quelques-uns leur ont donné avec succès du marrube blanc avec de l'huile et du vin ; d'autres font infuser dans du vin pur des feuilles de poireaux ; d'autres, des grains d'encens ; d'autres enfin, de la savinière et de la rue, et leur donnent ces médicaments à boire. Plusieurs les traitent avec des tiges de couleuvrée blanche et des cosses d'ers ; quelques-uns font infuser dans du vin une peau de serpent broyée. Le serpolet pilé dans du vin léger, et la scille hachée et macérée dans l'eau, leur servent aussi de remèdes. Toutes ces potions données à la dose de trois *heminæ* par jour, pendant trois jours consécutifs, leur purgent le ventre, et rétablissent leurs forces en chassant leurs maladies : cependant la lie d'huile passe pour le remède qui leur est le plus salutaire, pourvu qu'on la mêle avec pareille quantité d'eau, et qu'on y accoutume ces bestiaux peu à peu. En effet, on ne peut pas leur en donner tout d'abord, mais on commence par en arroser leur nourriture ; ensuite on en met dans leur eau en petite dose, et

---

lum recte secatur : potest etiam in calend. Julias frigidioribus locis idem præstari : a quo tempore in calend. Novemb. tota æstate et deinde autumno satientur fronde ; quæ tamen non ante est utilis, quam cum maturuerit vel imbribus vel assiduis roribus : probaturque maxime ulmea, post fraxinea, et ab hac populnea. Ultimæ sunt ilignea et quernea et laurea : sed eæ post æstatem necessariæ deficientibus cæteris. Possunt etiam folia ficulnea prohiberi dari, si sit eorum copia, aut stringere arbores expediat. Ilignea tamen [vel] melior est quernea, sed ejus generis, quod spinas non habet ; nam id quoque, uti juniperus, respuitur a pecore propter aculeos. Novembri mense ac Decembri per sementem quantum appetit bos, tantum præbendum est : plerumque tamen sufficiunt singulis modii glandis et paleæ ad satietatem datæ, vel lupini macerati modii, vel ervi aqua conspersi sextarii vii permisti paleis, vel cicerculæ similiter conspersæ sextarii xii misti paleis, vel singuli modii vinaceorum, si iis, ut supra dixi, large paleæ adjiciantur ; vel si nihil horum est, per se fœni pondo quadraginta.

IV. Sed non proderit cibis satiari pecora, nisi omnis adhibeatur diligentia, ut salubri sint corpore, viresque conservent : quæ utraque custodiuntur large dato per triduum medicamento, quod componitur pari pondere triti lupini, cupressique, et cum aqua nocte una sub divo habetur ; idque quater anno fieri debet ultimis temporibus veris, æstatis, autumni, hiemis. Sæpe etiam languor et nausea discutitur, si integrum gallinaceum crudum ovum jejuni faucibus inseras, ac postero die spicas ulpici vel allii cum vino conteras, et in naribus infundas : neque hæc tantum remedia salubritatem faciunt. Multi et largo sale miscent pabula ; quidam marrubium deterunt cum oleo et vino ; quidam porri fibras, alii grana thuris, alii sabinam herbam rutamque cum mero diluunt ; eaque medicamenta potanda præbent. Multi caulibus vitis albæ et valvulis ervi bubus medentur ; nonnulli pellem serpentis obtritam cum vino miscent. Est etiam remedio cum dulci vino tritum serpyllum, et concisa et in aqua macerata scilla. Quæ omnes prædictæ potiones trium heminarum singulis diebus per triduum datæ alvum purgant, depulsisque vitiis recreant vires. Maxime tamen habetur salutaris amurca, si tantumdem aquæ misceas, et ea pecus insuescas ; quæ protinus

simplement pour la corriger ; enfin peu de temps après on la mêle avec leur eau par égale portion, et on leur en donne tant qu'ils en veulent.

V. Il ne faut pas exciter les bœufs à courir en aucun temps de l'année, mais encore moins en été, parce que cela leur lâche le ventre ou leur donne la fièvre. Il faut aussi prendre garde qu'une truie ou une poule ne vienne à se glisser du côté de leurs mangeoires, parce que les excréments de ces animaux, venant à se mêler avec le fourrage des bœufs, leur cause la mort : ceux d'une truie malade sont particulièrement capables d'occasionner une contagion dans le troupeau. Si ce malheur arrive, il faut sur-le-champ le faire changer de climat, et après l'avoir distribué en plusieurs pelotons, l'envoyer dans des pays éloignés, et séparer si bien les animaux malades de ceux qui seront sains, qu'il ne s'en trouve aucun parmi ces derniers que la contagion puisse exposer à quelque danger. C'est pourquoi, lorsqu'on sera obligé de les éloigner, il faudra les conduire dans les lieux où aucun bétail n'aille paître, de peur qu'en arrivant ils n'apportent aussi la peste aux autres bestiaux qu'ils y trouveraient. Au surplus, si pestilentielles que soient leurs maladies, il faut travailler à les vaincre et à les chasser par des remèdes spécifiques. On mêlera donc à cet effet des racines d'herbe d'or et de panicaut avec de la semence de fenouil, de la farine de froment moulu et du vin cuit jusqu'à diminution des deux tiers ; et après avoir versé de l'eau bouillante sur ce mélange, on le fera prendre aux animaux qui seront malades. On peut encore faire une potion avec de la cannelle, de la myrrhe, de l'encens et du sang de tortue marine, infusés chacun par poids égal dans trois *sextarii* de vin vieux, et la leur verser dans les narines.

Mais on partagera ce remède par portions égales chacune du poids d'une *sexcuncia*, et il suffira de leur en donner avec du vin pendant trois jours. Nous avons encore reconnu que cette espèce de racine que les pâtres appellent *consiligo* (de la pommelée), est un remède très-efficace en pareil cas. Cette plante vient dans les montagnes des Marses en très-grande quantité, et est très-salutaire à tous les bestiaux. On l'arrache de terre de la main gauche avant le lever du soleil, parce qu'on croit que, lorsqu'elle a été cueillie de cette façon, elle a plus de vertu. Voici la manière dont on prétend qu'il faut l'employer. On grave en rond la partie la plus large de l'oreille de l'animal avec une alêne de cuivre, de façon que le sang qui vient à couler de cette plaie semble tracer un petit cercle qui a la forme de la lettre O. Lorsque cette opération est faite, tant dans la partie intérieure de l'oreille que dans sa partie extérieure, on perce d'outre en outre, avec la même alêne, le centre du petit cercle que l'on a décrit, et l'on insère cette racine dans ce trou. Dès que les lèvres de la plaie encore récente ont saisi cette racine, elles la serrent si bien qu'elle ne peut plus s'échapper, et dès lors tout le travail de la maladie et le virus pestilentiel se portent vers cette oreille, jusqu'à ce que sa partie circonscrite avec l'alêne tombe morte, et que la tête se trouve sauvée par là aux dépens de cette petite partie d'elle-même. Cornélius Celsus ordonne encore de leur verser dans les narines du vin, dans lequel on aura broyé des feuilles de gui. Voilà ce qu'il faut faire si tout un troupeau est malade : voici ce que l'on fera s'il n'y a que quelques bêtes qui le soient en particulier.

VI. Les rots fréquents, les murmures dans le ventre, le dégoût pour la nourriture, la contrac-

---

dari non potest, sed primo cibi aspergantur; deinde exigua portione medicatur aqua, mox pari mensura mista datur ad saturitatem.

V. Nullo autem tempore et minime aestate utile est boves in cursum concitari : nam ea res aut cit alvum, aut movet febrem. Cavendum quoque est, ne ad praesepia sus aut gallina perrepat. Nam hoc quod decidit, immistum pabulo, bubus affert necem : et id praecipue, quod egerit sus aegra, pestilentiam facere valet. Quae cum in gregem incidit, confestim mutandus est caeli status, et in plures partes distributo pecore longinquae regiones petendae sunt, atque ita segregandi a sanis morbidi, ne quis interveniat, qui contagione caeteros labefaciat. Itaque cum ablegabuntur, in ea loca perducendi sunt, quibus nullum impascitur pecus, ne adventu suo etiam illi tabem afferant. Evincendi sunt autem quamvis pestiferi morbi, et exquisitis remediis propulsandi. Tunc panacis et eryngii radices foeniculi seminibus miscendae, et cum fricti ac moliti tritici farina candenti aqua conspergendae, eoque medicamine salivandum aegrotum pecus. Tunc paribus casiae myrrhaeque et thuris ponderibus, ac tantundem sanguinis marinae testudinis miscetur potio cum vini veteris sextariis tribus, et ita per nares infunditur. Sed ipsum medicamentum ponderis sescunciae divisum, portione aequa per triduum cum vino dedisse sat erit. Praesens etiam remedium cognovimus radiculae, quam pastores consiliginem vocant. Ea in Marsis montibus plurima nascitur, omnique pecori maxime est salutaris. Laeva manu effoditur ante solis ortum. Sic enim lecta majorem vim creditur habere. Usus ejus traditur talis. Aenea fibula pars auriculae latissima circumscribitur, ita ut manante sanguine tanquam O literae ductus appareat orbiculus. Hoc et intrinsecus et ex superiore parte auriculae cum factum est, media pars descripti orbiculi eadem fibula transuitur, et facto foramini praedicta radicula inseritur; quam cum recens plaga comprehendit, ita continet, ut elabi non possit : in eam deinde auriculam omnis vis morbi pestilensque virus elicitur, donec pars, quae fibula circumscripta est, demortua excidit, et minimae partis jactura caput conservatur. Cornelius Celsus etiam visci folia cum vino trita per nares infundere jubet. Haec facienda, si gregatim pecora laborant : illa deinceps, si singula.

VI. Cruditatis signa sunt crebri ructus ac ventris sonitus, fastidia cibi, nervorum intentio, hebetes oculi. Prop-

tion des nerfs, la faiblesse des yeux, sont des signes d'indigestion qui empêchent le bœuf de ruminer et de se lécher. On y remédiera en lui donnant deux *congii* d'eau chaude, et trente feuilles de chou légèrement cuites dans du vinaigre; mais il faut qu'il s'abstienne un jour entier de toute autre espèce de nourriture. Quelques-uns le retiennent à la maison pour l'empêcher de paître; après quoi ils font infuser dans un *congius* d'eau quatre livres de cimes de lentisque et d'olivier sauvage avec une livre de miel, le tout pilé ensemble; et après avoir laissé reposer cette infusion pendant une nuit en plein air, ils la lui versent dans la gorge. Quand ils lui ont fait prendre cette potion, ils lui donnent au bout d'une heure quatre livres d'ers détrempé, et lui retranchent toute autre boisson. On doit répéter cette opération trois jours de suite, jusqu'à ce que toutes les causes de la maladie soient dissipées. Mais si on néglige l'indigestion, elle est bientôt suivie de l'enflure du ventre et d'une douleur considérable dans les intestins, qui empêche l'animal de prendre sa nourriture, excite ses mugissements, ne lui permet pas de se tenir en place, et le force de se coucher souvent à terre, d'agiter sa tête, et de remuer continuellement sa queue. C'est un remède infaillible en pareil cas, de serrer fortement la partie de la queue la plus voisine des fesses par le moyen d'une ligature, de verser dans la gorge de l'animal un *sextarius* de vin avec une *hemina* d'huile, et de lui faire faire promptement quinze cents pas. Si la douleur continue, il faut lui couper la corne alentour du pied, lui retirer les excréments par l'anus, en y insérant la main après l'avoir graissée, et le faire courir de nouveau. Si cela ne réussit pas encore, on broie une certaine quantité de figuier sauvage sec,

qu'on lui donne dans trois fois plus d'eau chaude. Si ce dernier remède ne fait pas d'effet non plus, on pulvérise deux livres de feuillages de myrte sauvage, et après les avoir jetées dans deux *sextarii* d'eau chaude, on verse cette eau dans sa gorge avec un vase de bois, après quoi on lui tire du sang sous la queue; et lorsqu'il en a coulé une quantité suffisante, on l'arrête par le moyen d'une ligature de papier; ensuite on le fait marcher vite, jusqu'à ce qu'il soit hors d'haleine. Voici encore des remèdes auxquels il faut avoir recours avant de lui tirer du sang : On jettera dans trois *heminæ* de vin trois *unciæ* d'ail moulu, et après lui avoir fait boire ce vin, on le forcera de courir; ou bien on pilera un *sextans* de sel avec dix oignons, en y ajoutant du miel bouilli, et on en fera un onguent qu'on lui fourrera dans le ventre; après quoi on l'excitera à marcher vite.

VII. La vue des oiseaux de rivière, et surtout des canards, peut aussi apaiser la douleur du ventre et des intestins. En effet, dès que les bœufs qui sentent du mal aux intestins voient un canard, ils sont promptement délivrés de leurs tourments. La vue de cet animal guérit encore avec plus de succès les mulets et les chevaux. Il arrive quelquefois que tous ces remèdes sont inutiles, et que ces maux sont suivis d'une dyssenterie que l'on reconnaît à un flux de ventre sanguinolent et glaireux. Pour y remédier, il faudra broyer quinze pommes de cyprès, avec le même nombre de noix de galle et pareil poids de fromage très-vieux, et jeter le tout dans quatre *sextarii* de vin dur, qu'on leur donnera en dose égale pendant quatre jours, sans les laisser manquer de cimes de lentisque, de myrte, et d'olivier sauvage vert. Le flux de ventre, en leur affai-

ter quæ bos neque ruminat neque lingua se deterget. Remedio erunt aquæ calidæ duo congii, et mox triginta brassicæ caules modice cocti et ex aceto dati. Sed uno die abstinendum est alio cibo. Quidam clausum intra tecta continent, ne pasci possit. Tum lentisci oleastrique cacuminum pondo ıv, et libram mellis una trita permiscent aquæ congio, quam nocte una sub dio habent, atque ita faucibus infundunt. Deinde interposita hora macerati ervi quatuor libras objiciunt, aliaque potione prohibent. Hoc per triduum fieri debet, dum omnis causa languoris discutiatur. Nam si neglecta cruditas est, inflatio ventris et intestinorum major dolor insequitur, qui nec capere cibos sinit, gemitus exprimit, locoque stare non patitur, sæpe decumbere, et agitare caput, caudamque crebrius agere cogit. Manifestum remedium est proximam clunibus partem caudæ vinculo vehementer obstringere, vinique sextarium cum olei hemina faucibus infundere atque ita citatum per mille et quingentos passus agere. Si dolor permanet, ungulas circumsecare, et uncta manu per anum inserta fimum extrahere, rursusque agere currentem. Si nec hoc profuit, tres caprifici aridi conteruntur, et cum dodrante aquæ calidæ dantur. Ubi nec hæc medicina processit, myrti syl-

vestris foliorum duæ libræ lævigantur, totidemque sextarii calidæ aquæ misti per vas ligneum faucibus infunduntur. Atque ita sub cauda sanguis emittitur. Qui cum satis profluxit, inhibetur papyri ligamine. Tum concitate agitur pecus eousque, dum anhelet. Sunt et ante detractionem sanguinis illa remedia : Tribus heminis vini tres unciæ pinsiti allii permiscentur, et post eam potionem currere cogitur. Vel salis sextans cum cepis decem conteritur, et admisto melle decocto collyria immittuntur alvo, atque ita citatus bos agitur.

VII. Ventris quoque et intestinorum dolor sedatur visu nantium et maxime anatis. Quam si conspexerit, cui intestinum dolet, celeriter tormento liberatur. Eadem anas majore profectu mulos et equinum genus conspectu suo sanat. Sed interdum nulla prodest medicina. Sequitur torminum vitium, quorum signum est cruenta et mucosa ventris proluvies. Remedio sunt cupressini quindecim coni, totidemque gallæ, et utrorumque ponderis vetustissimus caseus. Quibus in unum tunsis admiscentur austeri vini quatuor sextarii, qui pari mensura per quatriduum dispensati dantur : nec desint lentisci myrtique et oleastri cacumina viridis. Alvus corpus ac vires carpit, operique

blissant le corps et leur abattant les forces, les rend inutiles au travail. Lorsqu'ils en sont attaqués, il faut leur interdire la boisson pendant trois jours, et la nourriture pendant le premier de ces trois jours : passé ce temps, on leur donnera des cimes d'olivier sauvage et de roseaux, ainsi que des baies de lentisque et de myrte, et on ne leur laissera la liberté de boire qu'avec beaucoup de discrétion. Il y a des personnes qui leur donnent une livre de feuilles de jeune laurier avec la même quantité d'aurone sauvage, le tout jeté dans deux *sextarii* d'eau chaude, qu'on leur verse dans la gorge, en leur présentant les mêmes espèces de fourrages que nous venons de prescrire. D'autres grillent deux livres de marc de raisin, et, après les avoir broyées, en font une potion médicinale, qu'ils leur donnent dans deux *sextarii* de vin dur, en leur interdisant toute autre boisson, sans cesser de leur présenter des cimes des arbres que nous venons de nommer. Mais si le flux de ventre ne devient pas moins fréquent, si les douleurs du ventre et des intestins ne cessent point, si l'animal refuse de manger, qu'il ait la tête lourde, que les larmes lui tombent des yeux, et que la pituite coule des narines plus souvent que de coutume, on lui brûlera le milieu du front jusqu'aux os, et on lui incisera les oreilles avec un fer. Au surplus, il faut laver avec de l'urine de bœuf les blessures que le feu lui aura faites jusqu'à ce qu'elles soient guéries; au lieu que les parties que le fer aura touchées se guériront plus aisément avec de la poix et de l'huile.

VIII. Le dégoût de la nourriture est aussi occasionné souvent par des excroissances vicieuses de la langue, que les médecins vétérinaires appellent *ranæ* (grenouillettes). On les coupe avec le fer, et on frotte la plaie de sel et d'ail pilés ensemble par parties égales, jusqu'à ce que la pituite provoquée par cette friction vienne à couler. Ensuite on leur nettoie la gueule avec du vin, et à une heure de distance on leur donne de l'herbe ou des feuilles vertes, sans changer cette nourriture, jusqu'à ce que les ulcères causés par cette opération soient cicatrisés. Si, sans avoir de grenouillettes ni de flux de ventre, ils ne font voir aucun appétit, il sera bon de leur infuser dans les narines de l'huile dans laquelle on aura broyé de l'ail, ou de leur frotter la gorge avec du sel ou de la sarriette, ou enfin d'oindre la même partie avec de l'ail pilé et de la saumure. Mais ces remèdes ne doivent être employés que dans le cas où ils n'auront qu'un simple dégoût, sans aucune complication de maux.

IX. Quand un bœuf a la fièvre, il convient de l'empêcher de manger l'espace d'un jour, de lui tirer le lendemain, avant qu'il ait mangé, un peu de sang sous la queue, et de lui faire avaler une heure après, en forme de pâte, trente tiges de chou moyennes, cuites dans de l'huile et du *garum*. On continuera de lui donner cette nourriture pendant cinq jours à jeun, en lui présentant en outre des cimes de lentisque ou d'olivier, ou de toute autre espèce de feuillages très-tendres, ou des pampres de vigne : on lui essuiera d'ailleurs les lèvres avec une éponge, et on lui fera boire de l'eau froide trois fois par jour. Ce traitement doit être fait à la maison, et on ne doit pas laisser sortir l'animal avant sa guérison. Les signes de la fièvre sont quand les larmes lui coulent des yeux, qu'il a la tête lourde, que ses yeux sont fermés, que la salive lui tombe de la gueule, que sa respiration est plus longue qu'à l'ordinaire, et qu'elle semble embarrassée, ou quelquefois même accompagnée de mugissements.

X. Il est aisé de chasser la toux, quand elle est

---

inutilem reddit. Quæ cum accident, prohibendus erit bos potione per triduum, primoque die cibo abstinendus. Sed mox cacumina oleastri et arundinis, item baccæ lentisci et myrti dandæ ; nec potestas aquæ nisi quam parcissime facienda est. Sunt qui tenerorum lauri foliorum et abrotanum erraticum libram, pari portione deterant cum aquæ calidæ duobus sextariis, atque ita faucibus infundant, eademque pabula, ut supra diximus, objiciant. Quidam vinaceorum duas libras torrefaciunt, et ita conterunt cum totidem sextariis vini austeri, potandumque medicamentum præbent, omnique alio humore prohibent, nec minus cacumina prædictarum arborum objiciunt. Quod si neque ventris restiterit citata proluvies, neque intestinorum ac ventris dolor, cibosque respuet, et prægravato capite sæpius, quam consuevit, lacrymæ ab oculis et pituita a naribus profluent : usque ad ossa frons media uratur, auresque ferro scindantur. Sed vulnera facta igne dum sanescunt, defricare bubula urina convenit. Ac ferro rescissa melius pice et oleo curantur.

VIII. Solent etiam fastidia ciborum afferre vitiosa incrementa linguæ, quas ranas veterinarii vocant. Hæc ferro reciduntur, et sale cum allio pariter trito vulnera defricantur, donec lacessita pituita decedit. Tum vino proluitur os, et interposito unius horæ spatio virides herbæ vel frondes dantur, dum facta ulcera cicatrices ducant. Si neque ranæ fuerint, neque alvus citata, et nihilo minus cibos non appetet, proderit allium pinsitum cum oleo per nares infundere, vel sale, vel cunila defricare fauces, vel eandem partem allio tunso et halecula linire. Sed hæc si solum fastidium est.

IX. Febricitanti bovi convenit abstineri cibo uno die, postero deinde exiguum sanguinem jejuno sub cauda emitti, atque interposita hora modicæ magnitudinis coctos brassicæ coliculos triginta ex oleo et garo salivati more demitti, eamque escam per quinque dies jejuno dari. Præterea cacumina lentisci aut oleæ, vel tenerrimam quamque frondem, aut pampinos vitis objici ; tum etiam spongia labra detergeri, et aquam frigidam ter die præberi potandam. Quæ medicina sub tecto fieri debet, nec ante sanitatem bos emitti. Signa febricitantis manantes lacrimæ, gravatum caput, oculi compressi, fluidum salivis os, longior et cum quodam impedimento tractus spiritus, interdum et cum gemitu.

X. Recens tussis optime salivato farinæ ordeaceæ dis-

nouvelle, par une pâte faite avec de la farine d'orge : quelquefois de l'herbe hachée avec des fèves moulues fera un meilleur effet. On jette encore dans de l'eau chaude deux *sextarii* de lentilles écossées et moulues en farine bien fine, pour en faire un bouillon qu'on leur fait prendre avec une corne. Une toux invétérée cède à deux livres d'hysope infusée dans trois *sextarii* d'eau. En effet, on broie cette plante pour la leur donner en forme de pâte, avec quatre *sextarii* de lentilles moulues en farine très-fine, comme je viens de dire : ensuite on leur fait prendre avec une corne l'eau dans laquelle l'hysope a été infusée. Le jus de poireau dans de l'huile, ou la feuille même de cette plante pilée avec de la farine d'orge, la guérit encore : ses racines lavées avec soin, et moulues avec de la farine de froment, puis données à un bœuf à jeun, enlèvent la toux la plus invétérée, aussi bien que de l'ers écossé et de l'orge rôtie, moulus ensemble par parties égales, et introduits dans sa gorge en forme de pâte.

XI. Les apostumes disparaissent plutôt par l'application du fer que par des médicaments. Lorsqu'après l'opération on aura pressé la poche qui contenait le pus, on la lavera avec de l'urine de bœuf chaude, et on la bandera avec du linge trempé dans de la poix fondue et de l'huile; ou si l'apostume se trouve dans une partie du corps qui ne puisse être bandée, on y fera tomber goutte à goutte, par le moyen d'une lame de fer rouge, du suif de chèvre ou de bœuf. Quelques-uns, après avoir brûlé la partie malade, la lavent d'abord avec de vieille urine, et la frottent ensuite avec de la poix fondue et du vieux oing, cuits ensemble par parties égales.

XII. Si le sang descend dans les pieds de l'animal, il le fait boiter. Quand cela arrive, on commence par lui visiter la corne du pied : en la touchant, on s'assurera s'il y a de la chaleur dans cette partie; et d'ailleurs le bœuf ne souffre pas que l'on comprime trop fort la partie affligée. Si le sang n'est encore que dans les jambes et au-dessus de la corne du pied, on le fait évaporer par des frictions continuelles, ou bien, lorsqu'elles n'avancent de rien, on a recours aux scarifications pour le faire sortir. Mais s'il est déjà descendu dans la corne du pied, on fait une légère incision avec un couteau entre les deux cornes; ensuite on y applique de la charpie imbibée de vinaigre et de sel, et l'on enveloppe le pied de l'animal avec une bottine de genêt d'Espagne; mais surtout on l'empêche de tremper son pied dans l'eau, et l'on a soin de le tenir sèchement à l'étable. Si l'on ne faisait pas sortir ce sang, il se corromprait, et s'il s'établissait une suppuration, la guérison serait très-longue : pour l'obtenir il faudrait d'abord couper tout le contour de l'ulcère avec le fer, et le nettoyer ensuite; après quoi on parviendrait à le guérir en y fourrant de la charpie imbibée de vinaigre, de sel et d'huile, et en mettant par-dessus du vieux oing et du suif de bouc, bouillis ensemble par portions égales. Si le sang se trouve dans l'extrémité inférieure de la corne du pied, on la coupe au vif, et on le fait sortir par cette ouverture; après quoi on enveloppe le pied de charpie, et on lui fait une bottine de genêt d'Espagne. Il ne faut pas ouvrir la corne en deux par l'extrémité inférieure, à moins qu'il n'y ait déjà une suppuration établie en cet endroit. Si c'est une douleur de nerfs qui fait boiter le bœuf, il faut lui frotter les genoux, les jarrets et les jambes avec de l'huile et du sel, jusqu'à parfaite guéri-

---

cutitur. Interdum magis prosunt gramina concisa, et his admista fresa faba. Lentis quoque valvulis exemptæ, et minute molitæ, miscentur aquæ calidæ sextarii duo, factaque sorbitio per cornu infunditur. Veterem tussim sanant duæ libræ hyssopi macerati sextariis aquæ tribus. Nam id medicamentum teritur, et cum lentis minute, ut dixi, molitæ sextariis quatuor more salivati datur, ac postea aqua hyssopi per cornu infunditur. Porri enim succus oleo, vel ipsa fibra cum ordeacea farina contrita remedio est. Ejusdem radices diligenter lotæ, et cum farre triticeo pinsitæ jejunoque datæ vetustissimam tussim discutiunt. Facit idem pari mensura ervum sine valvulis cum torrefacto ordeo molitum, et salivati more in fauces demissum.

XI. Suppuratio melius ferro rescinditur, quam medicamento. Expressa deinde sanie ipse, qui eum continebat, calida bubula urina eluitur, atque ita linamentis pice liquida et oleo imbutis colligatur : vel si colligari ea pars non potest, lamina candenti sevum caprinum aut bubulum instillatur. Quidam, cum vitiosam partem inusserunt, urina vetere eluunt, atque ita æquis ponderibus incocta pice liquida cum vetere axungia linunt.

XII. Sanguis demissus in pedes claudicationem affert. Quod cum accedit, statim ungula inspicitur. Tactus autem fervorem demonstrat : nec bos vitiatam partem vehementius premi patitur. Sed si sanguis adhuc supra ungulas in cruribus est, fricatione assidua discutitur; vel cum ea nihil profuit, scarificatione demitur. At si jam in ungulis est, inter duos ungues cultello leviter aperies. Postea linamenta sale atque aceto imbuta applicantur, ac solea spartea spes induitur, maximeque datur opera, ne bos in aquam pedem mittat, et ut sicce stabuletur. Hic idem sanguis nisi emissus fuerit, famicem creabit, qui si suppuraverit, tarde percurabitur : ac primum ferro circumcisus et expurgatus, deinde pannis aceto et sale et oleo madentibus inculcatis, mox axungia vetere et sevo hircino pari pondere decoctis, ad sanitatem perducitur. Si sanguis in inferiore parte ungulæ est, extrema pars ipsius unguis ad vivum resecatur, et ita emittitur, ac linamentis pes involutus spartea munitur. Mediam ungulam ab inferiore parte non expedit aperire, nisi eo loco jam suppuratio facta sit. Si dolore nervorum claudicat, oleo et sale genua poplitesque et crura confricanda sunt, donec sanetur. Si genua intumuerint, calido aceto fovenda sunt,

son. S'il a les genoux enflés, on les bassinera avec du vinaigre chaud, et on mettra dessus de la graine de lin ou du millet broyé, qu'on arrosera d'hydromel : il sera encore bon de lui appliquer sur les genoux des éponges trempées dans de l'eau bouillante et frottées de miel, en les pressant, et de les lui envelopper avec des bandages. S'il y a quelque humeur cachée sous l'enflure, on appliquera dessus du levain ou de la farine d'orge cuite, soit dans du vin fait avec des raisins séchés au soleil, soit dans de l'hydromel; ensuite l'on attendra que l'apostume soit mûr, pour y appliquer le fer; et lorsqu'on en aura fait sortir le pus, on le pansera avec de la charpie, ainsi que nous l'avons dit plus haut. Toute ouverture faite avec le fer peut également être guérie (suivant l'ordonnance de Cornélius Celsus) avec de la racine de lis, ou de la scille et du sel, ou de la renouée que les Grecs appellent πολύγονον, ou du marrube blanc. Mais presque toutes les douleurs du corps qui ne sont ni occasionnées par une blessure, ni invétérées, se dissipent mieux par les fomentations : quand elles sont anciennes, on y applique le feu, et l'on fait distiller sur la partie brûlée du beurre ou de la graisse de chèvre.

XIII. La gale perd de sa malignité, lorsqu'elle est frottée d'ail broyé : le même remède guérit les morsures des chiens enragés ou celles des loups. Cependant cet accident se guérit aussi bien avec de vieilles salaisons appliquées sur la plaie. Il y a encore un autre remède plus efficace pour la gale : on broie ensemble de l'origan et du soufre, et on les cuit avec de l'huile, de l'eau et du vinaigre, en y ajoutant de la lie d'huile; après quoi, lorsque cette composition est encore chaude, on la saupoudre d'alun de plume broyé. Ce médicament réussit très-bien lorsque l'on en frotte les bœufs à l'ardeur du soleil. Des noix de galle broyées remédient aux ulcères, de même que du jus de marrube blanc avec de la suie. Il y a encore une maladie dangereuse pour les bœufs, que les paysans appellent *coriago* : cette maladie consiste en ce que leur peau tient si fort à leur dos, qu'en la prenant avec la main, on ne peut pas la séparer des côtes. Cet accident ne leur arrive jamais que lorsqu'ils sont tombés dans la maigreur à la suite de quelque maladie, ou que le froid a succédé chez eux à la sueur excitée par le travail, ou enfin lorsqu'ils ont été mouillés par la pluie dans le temps qu'ils étaient chargés. Comme il n'y a rien de plus dangereux que cette maladie, il faut avoir soin, pour la prévenir, de verser du vin sur les bœufs lorsqu'ils sont revenus de l'ouvrage, et qu'ils sont encore échauffés et haletants, et de leur jeter dans la gorge des boulettes de graisse. Mais si cette maladie les tient déjà, il sera bon de faire bouillir du laurier dans de l'eau, de leur bassiner le dos avec cette décoction quand elle sera chaude, de le presser aussitôt en versant dessus une grande quantité d'huile et de vin, et de le manier partout, en tirant la peau à soi. Cette opération se fait très-bien à l'air et à l'ardeur du soleil. Il y a des personnes qui mêlent ensemble du marc d'olives, du vin et de la graisse, et qui se servent de ce médicament après les fomentations que nous venons de prescrire.

XIV. C'est encore une maladie très-grave que l'ulcération des poumons : elle produit la toux, la maigreur, et finit par dégénérer en phthisie. Pour éviter que la mort ne s'ensuive, on leur introduit dans l'oreille, après l'avoir percée de la manière que nous avons enseignée plus haut, de la racine de pommelée; après quoi on mêle la va-

---

et lini semen aut milium detritum conspersumque aqua mulsa imponendum · spongia quoque ferventi aqua imbuta et expressa litaque melle recte genibus applicatur, ac fasciis circumdatur. Quod si tumori subest aliquis humor, fermentum vel farina ordeacea ex passo aut aqua mulsa decocta imponitur : et cum maturuerit suppuratio, resciditur ferro, eaque emissa, ut supra docuimus, linamentis curatur. Possunt etiam, ut Cornelius Celsus præcipit, lilii radix aut scilla cum sale, vel sanguinalis herba, quam πολύγονον Græci appellant, vel marrubium ferro reclusa sanare. Fere autem omnis dolor corporis, si sine vulnere est, recens melius fomentis discutitur; vetus uritur, et supra ustum butyrum vel caprina instillatur adeps.

XIII. Scabies extenuatur trito allio defricta; eodemque remedio curatur rabiosæ canis vel lupi morsus, qui tamen et ipse imposito vulneri vetere salsamento æque bene sanatur. Et ad scabiem præsentior alia medicina est. Cunila bubula, et sulphur conteruntur, admistaque amurca cum oleo atque aceto incoquuntur; deinde tepefactis scissum alumen tritum aspargitur. Id medicamentum candente sole illitum maxime prodest. Ulceribus gallæ tritæ remedio sunt; nec minus succus marrubii cum fuligine. Est et infesta pestis bubulo pecori, coriaginem rustici appellant, cum pellis ita tergori adhæret, ut apprehensa manibus deduci a costis non possit. Ea res non aliter accidit, quam si bos aut ex languore aliquo ad maciem perductus est; aut sudans in opere faciendo refrixit, aut si sub onere pluvia madefactus est. Quæ quoniam perniciosa sunt, custodiendum est, ut cum ab opere boves redierint adhuc æstuantes anhelantesque, vino aspergantur, et offæ adipis faucibus eorum inserantur. Quod si prædictum vitium inhæserit, proderit decoquere laurum, et ea calda fovere terga, multoque oleo et vino confestim subigere, ac per omnes partes apprehendere et attrahere pellem. Idque optime fit sub dio, sole fervente. Quidam fraces vino et adipi commiscent, eoque medicamento post fomenta prædicta utuntur.

XIV. Est etiam illa gravis pernicies, cum pulmones exulcerantur. Inde tussis et macies, et ad ultimum phthisis invadit. Quæ ne mortem afferant, radix consiliginis ita, ut supra docuimus, perforatæ auriculæ inseritur, tum porri succus instar heminæ pari olei mensuræ mis-

leur d'une *hemina* de jus de poireau avec pareille mesure d'huile, et on leur donne cette potion pendant plusieurs jours avec un *sextarius* de vin. Quelquefois le bœuf, à cause d'une enflure qui se trouve dans son palais, refuse la nourriture, jette de fréquents soupirs, et semble indécis sur le côté par lequel il tombera. Il faut alors lui déchirer le palais avec le fer pour en faire ruisseler le sang, et ne lui donner jusqu'à sa guérison que de l'ers écossé et détrempé, du feuillage vert, ou de tout autre fourrage mollet. S'il a eu le cou meurtri dans le travail, le remède le plus efficace sera de lui tirer du sang de l'oreille; ou si on ne l'a pas fait à temps, d'y appliquer de l'herbe qu'on appelle *avia*, broyée avec du sel. S'il a eu la nuque ébranlée, et que cette partie se soit déjetée, on examinera de quel côté le cou penchera, et on lui tirera du sang de l'oreille opposée; mais il faut auparavant battre à coups de sarments la veine de cette oreille qui paraîtra la plus saillante; ensuite, lorsque les coups l'auront fait gonfler, on l'ouvrira avec un petit couteau : le lendemain, on lui tirera encore du sang du même endroit, et on le dispensera de travailler pendant deux jours. Le troisième jour, on lui donnera une tâche légère, et peu à peu on l'amènera à sa tâche ordinaire. Mais si la nuque, sans être déjetée d'aucun côté, est enflée dans le milieu, on lui tirera du sang des deux oreilles. Si on négligeait de lui en tirer sous les deux jours qui suivront cet accident, le cou s'enflerait, les nerfs se tendraient, et il se formerait une dureté qui l'empêcherait de souffrir le joug. Nous avons découvert un remède excellent pour cette maladie, qui est composé de poix fondue, de moelle de bœuf, de suif de bouc et de vieille huile, le tout cuit ensemble à doses égales. Voici comment on se servira de cette composition : Lorsqu'on aura dételé le bœuf après son travail, on baignera la tumeur de sa nuque dans l'abreuvoir où il ira boire; et avant qu'elle soit entièrement séchée, on la frottera et on l'oindra avec ce médicament. Si l'animal refuse absolument le joug à cause de cette tumeur, il faut le laisser reposer pendant quelques jours sans le mettre au travail; après quoi on lui frottera le cou avec de l'eau froide, et on l'oindra avec de l'écume d'argent. Celsus se contente d'ordonner de mettre sur le cou, quand il est enflé, de l'herbe que l'on appelle *avia* broyée, comme je l'ai dit ci-dessus. Les clous qui infectent souvent le cou du bœuf sont moins difficiles à guérir : car il est aisé de faire couler dessus goutte à goutte de l'huile d'une lampe allumée; il sera cependant mieux d'empêcher que ces clous ne se forment, ou que le cou des bœufs ne devienne chauve, ce qui n'arrive jamais que lorsqu'ils l'ont eu mouillé pendant le travail, soit par la sueur, soit par la pluie. Mais lorsque cet accident sera arrivé, on leur saupoudrera le cou de limaille de tuile avant de les dételer; ensuite, lorsque leur cou sera sec, on le mouillera de temps en temps avec de l'huile.

XV. Si le soc de la charrue a blessé un bœuf au talon ou à la corne du pied, faites fondre sur la blessure, par le moyen d'un fer chaud, de la poix dure et de la graisse de porc, enveloppées dans de la laine encore grasse avec du soufre. Le même remède est encore excellent à employer lorsqu'un bœuf aura marché par hasard sur un chicot d'arbre, pourvu que l'on commence par retirer l'éclat qui lui sera entré dans le pied, ou lorsqu'il aura donné de la corne du pied contre une tuile aiguë, ou contre une pierre. Si cependant la blessure est profonde,

cetur, et cum vini sextario potandus datur diebus compluribus. Interdum et tumor palati cibos respuit, crebrumque suspirium facit, et hanc speciem præbet, ut bos in latus pendere videatur. Ferro palatum opus est sauciare, ut sanguis profluat, et exemptum valvulis ervum maceratum, viridemque frondem, vel aliud molle pabulum, dum sanetur præbere. Si in opere collum contuderit, præsentissimum est remedium sanguis de aure emissus : aut si id factum non erit, herba, quæ vocatur avia, cum sale trita et imposita. Si cervix mota et dejecta est, considerabimus quam in partem decliuet, et ex diversa auricula sanguinem detrahemus. Ea porro vena, quæ in aure videtur esse amplissima, sarmento prius verberatur. Deinde cum ad ictum intumuit, cultello solvitur; et postero die iterum ex eodem loco sanguis emittitur, ac biduo ab opere datur vacatio. Tertio deinde die levis injungitur labor, et paulatim ad justa perducitur. Quod si cervix in neutram partem dejecta est, mediaque intumuit, ex utraque auricula sanguis emittitur. Qui cum intra triduum, cum bos vitium cepit, emissus non est, intumescit collum, nervique tenduntur, et inde nata durities jugum non patitur. Tali vitio comperimus aureum esse medicamentum ex pice liquida et bubula medulla et hircino sevo et vetere oleo æquis ponderibus compositum atque incoctum. Hac compositione sic utendum est. Cum disjungitur ab opere, in ea piscina, ex qua bibit, tumor cervicis aqua madefactus subigitur, prædictoque medicamento defricatur et illinitur. Si ex toto propter cervicis tumorem jugum recuset, paucis diebus requies ab opere danda est. Tum cervix aqua frigida defricanda, et spuma argenti illinenda est. Celsus quidem tumenti cervici herbam, quæ vocatur Avia, ut supra dixi, contundi et imponi jubet. Clavorum, qui fere cervicibus infestant, minor molestia est : nam facile oleo per ardentem lucernam instillato curantur. Potior tamen ratio est custodiendi, ne nascantur, neve colla calvescant, quæ non aliter glabra fiunt, nisi cum sudore aut pluvia cervix in opere madefacta est. Itaque cum id accidit, lateritio trito prius, quam disjungantur, colla conspergi oportet : deinde cum id siccum erit, subinde oleo imbui.

XV. Si talum aut ungulam vomer læserit, picem duram et axungiam cum sulfure et lana succida involutam candente ferro supra vulnus inurito. Quod idem remedium optime facit exempta stirpe, si forte surculum calcaverit,

on la cerne à quelque distance avec le fer ; après quoi on y applique le feu, comme je l'ai prescrit ci-dessus. Ensuite on la panse pendant trois jours en y versant du vinaigre, et en chaussant le pied de l'animal d'une bottine de genêt d'Espagne. Si le soc de la charrue lui a de même blessé la jambe, on met sur la plaie de la laitue de mer, que les Grecs appellent τιθύμαλον, avec du sel. Lorsque les bœufs ont les pieds usés par-dessous, on les lave dans de l'urine de bœuf que l'on a soin de faire chauffer, ensuite on allume une poignée de sarments ; et lorsque le feu en est éteint, et qu'il ne reste plus que de la cendre chaude, on les force de marcher dessus, et on leur frotte la corne du pied avec de la poix fondue et de l'huile, ou de la graisse de porc. Cependant les bœufs seront moins exposés à boiter, si, après les avoir détélés au sortir du travail, on leur lave les pieds dans une grande quantité d'eau froide, et qu'on leur frotte avec du vieux oing les paturons, la couronne, et la séparation même qui est entre les deux cornes du pied.

XVI. Il arrive encore souvent au bœuf de se déboîter l'épaule, soit par la fatigue que lui aura occasionnée un trop long travail, soit pour avoir fait de violents efforts en fendant un terrain trop dur, ou en rencontrant une racine sur son passage. Il faut alors lui tirer du sang des jambes de devant, savoir, de la gauche s'il s'est blessé l'épaule droite, et de la droite s'il s'est blessé l'épaule gauche, ou même s'il s'est grièvement blessé les deux épaules ; il faut de plus lui ouvrir les veines des jambes de derrière. Lorsqu'il a les cornes brisées, on les enveloppe de linges trempés dans de l'huile, du vinaigre et du sel, dont on les imbibe pendant trois jours consécutifs sans les développer ; le quatrième jour, on y met de la graisse de porc avec de la poix fondue en parties égales, et de l'écorce de pin pulvérisée ; et enfin lorsqu'elles commencent à se cicatriser, on les saupoudre de suie. Les ulcères négligés engendrent aussi souvent des vers : il suffit de verser le matin de l'eau froide sur ces vers, afin que la fraîcheur de cette eau les resserre et les fasse mourir. Si on ne peut pas les faire périr par ce moyen, on y applique du marrube blanc, ou du poireau broyé avec du sel ; c'est un poison qui les tue très-promptement. Mais dès que les ulcères sont nettoyés, il faut tout de suite y mettre de la charpie avec de la poix, de l'huile et du vieux oing, et frotter même de ce médicament les parties circonvoisines, de peur qu'elles ne soient tourmentées par les mouches, qui engendrent des vers pour peu qu'elles se posent sur les ulcères.

XVII. La morsure d'un serpent est aussi mortelle aux bœufs, de même que le venin empoisonné d'animaux plus petits, puisqu'il arrive souvent, lorsqu'un bœuf est couché imprudemment au milieu des pâturages sur des vipères et sur des orvets, que ces animaux, fatigués de sa masse, le mordent. La musaraigne elle-même que les Grecs appellent μυγαλῆ, quoiqu'elle ne soit armée que de petites dents, ne laisse pas que de leur donner une maladie dangereuse. On dissipe le venin de la vipère en scarifiant avec le fer la partie qui en est imprégnée, et en mettant sur la partie scarifiée de l'herbe que l'on appelle *personata* (de la bardane) pilée avec du sel. Sa racine broyée est encore plus utile, ainsi que le séséli de montagne. Le trèfle que l'on trouve dans les lieux pierreux passe pour très-efficace. Il a l'odeur forte, et assez semblable à celle du bitume, ce qui fait que les Grecs l'appellent ἀσφάλτιον ;

---

aut acuta testa vel lapide ungulam pertuderit ; quæ tamen si altius vulnerata est, latius ferro circumciditur, et ita inuritur, ut supra præcepi : deinde spartea calceata per triduum suffuso aceto curatur. Item si vomer crus sauciarit, marina lactuca, quam Græci τιθύμαλον vocant, admisto sale imponitur. Subtriti pedes eluuntur calefacta bubula urina : deinde fasce sarmentorum incenso, cum jam ignis in favillam recidit, ferventibus cineribus cogitur insistere, ac pice liquida cum oleo vel axungia cornua ejus linuntur. Minus tamen claudicabunt armenta, si opere disjunctis multa frigida laventur pedes ; et deinde suffragines, coronæ, ac discrimen ipsum, quo divisa est bovis ungula, vetere axungia defricentur.

XVI. Sæpe etiam vel gravitate longi laboris, vel [cum] in proscindendo, aut duriori solo, aut obviæ radici obluctatus, convellit armos. Quod cum accidit, e prioribus cruribus sanguis mittendus est : si dextrum armum læsit, in sinistro ; si lævum, in dextro ; si vehementius utrumque vitiavit, item in posterioribus cruribus venæ solventur. Præfractis cornibus linteola sale atque aceto et oleo imbuta superponuntur, ligatisque per triduum eodem infunduntur. Quarto demum axungia pari pondere cum pice liquida, et cortice pineo, levigata imponitur. Et ad ultimum cum jam cicatricem ducunt, fuligo infricatur. Solent etiam neglecta ulcera scatere verminibus : qui si mane perfunduntur aqua frigida, rigore contracti decidunt. Vel si hac ratione non possunt eximi, marrubium aut porrum conteritur, et admisto sale imponitur. Id celerrime necat prædicta animalia. Sed expurgatis ulceribus confestim adhibenda sunt linamenta cum pice et oleo vetereque axungia, et extra vulnera eodem medicamento circumlinienda ; ne infestentur a muscis, quæ ubi ulceribus insederunt, vermes creant.

XVII. Est etiam mortiferus serpentis ictus, est et minorum animalium noxium virus. Nam et vipera et cæcilia sæpe cum in pascuo bos improvide supercubuit, lacessita onere morsum imprimit. Musque araneus, quem Græci μυγαλῆν appellant, quamvis exiguis dentibus non exiguam pestem molitur. Venena viperæ depellit super scarificationem ferro factam herba, quam vocant personatam, trita et cum sale imposita. Plus etiam ejusdem radix contusa prodest, vel si montanum trifolium invenitur, quod confragosis locis efficacissimum nascitur, odoris gravis, neque absimilis bitumini, et idcirco Græci eam ἀσφάλτιον

mais les habitants de notre pays lui donnent le nom de trèfle aigu à cause de sa figure, parce qu'il a les feuilles longues et hérissées ; mais sa tige est plus robuste que celle du trèfle des prés. On mêle du jus de cette herbe avec du vin, et on en verse dans la gorge des bœufs : on pile aussi ses feuilles avec du sel, et on les étend sur la partie scarifiée en forme d'emplâtre émollient. Si l'on est dans un temps de l'année où l'on ne puisse pas trouver de cette herbe qui soit verte, on leur donne à boire du vin dans lequel on aura fait infuser de la graine de cette même herbe pulvérisée, et on en met sur la partie scarifiée les racines broyées avec la tige, et mêlées de farine et de sel délayés dans de l'hydromel. Il y a encore un remède efficace, qui consiste à broyer cinq livres de cimes tendres de frêne avec cinq *sextarii* de vin et deux d'huile, et à leur verser dans la gorge le jus que l'on en aura exprimé, en mettant en même temps sur la partie blessée des cimes de cet arbre broyées avec du sel. La morsure de l'orvet occasionne une tumeur et une suppuration, de même que celle de la musaraigne ; mais on guérit la première avec le secours d'une alêne de cuivre dont on pique la partie blessée, après quoi on l'enduit d'argile de cimolos délayée dans du vinaigre ; au lieu que la musaraigne paye de son corps même le mal qu'elle a fait. En effet on la fait mourir en la noyant dans de l'huile, et lorsqu'elle est macérée, on la pile, et l'on s'en sert comme d'un médicament pour oindre la partie qu'elle a mordue ; si l'on n'en a point sous sa main au moment que la tumeur annonce que le bœuf a été mordu, on broie du cumin, auquel on ajoute un peu de poix fondue et de graisse de porc, afin de lui donner la consistance nécessaire pour en faire un emplâtre, que l'on étend sur la plaie et qui en chasse tout le venin. Si la tumeur, avant de se dissoudre, se tourne en suppuration, il est très-bon de l'ouvrir avec une lame de fer rouge, dans le temps que la suppuration s'établit, et de brûler tout ce qu'il y aura de corrompu, en le frottant ensuite avec de la poix fondue et de l'huile. On est aussi dans l'usage d'ensevelir l'animal tout vivant dans de la terre à potier ; et lorsque cette terre est séchée, on la suspend au cou des bœufs. Ce traitement empêche que la morsure de la musaraigne ne leur cause aucun dommage. On guérit communément les maladies des yeux avec du miel, puisque s'ils sont enflés, on met dessus de l'hydromel, dans lequel on aura jeté de la farine de froment : si l'on y aperçoit une taie, on la fera presque entièrement disparaître avec du sel de montagne, du sel d'Espagne ou du sel ammoniac, ou même avec du sel de Cappadoce broyé bien menu, et mêlé avec du miel. Un os de sèche broyé, dont on soufflera trois fois par jour dans l'œil avec un tuyau, fera le même effet, ainsi que la racine que les Grecs appellent σίλφιον, et que le vulgaire nomme dans notre langue *laserpitium* (laser). On en broie également tant et si peu que l'on veut, en y ajoutant dix fois autant de sel ammoniac, et on en souffle de même dans l'œil ; ou bien on écrase cette racine, et on l'applique sur l'œil après l'avoir trempée dans de l'huile de lentisque, et elle chasse cette maladie. On guérira les fluxions en mettant sur les sourcils et sur les joues du gruau, sur lequel on aura versé de l'hydromel. La graine de panais sauvage, ainsi que le jus de cram, appliqué sur les yeux avec du miel, en apaisera aussi la douleur. Mais toutes les fois qu'il entrera du miel ou d'autres sucs

---

appellant ; nostri autem propter figuram vocant acutum trifolium : nam longis et hirsutis foliis viret, caulemque robustiorem facit, quam pratense. Hujus herbæ succus vino mistus infunditur faucibus, atque ipsa folia cum sale trita malagmatis more, scarificationi intenditur : vel si hanc herbam viridem tempus anni negat, semina ejus collecta et levigata cum vino danda potanda, radicesque cum suo caule tritæ, atque hordeaceæ farinæ et sali commistæ ex aqua mulsa scarificationi superponuntur. Est etiam præsens remedium, si conteras fraxini tenera cacumina quinque librarum, cum totidem vini et duobus sextariis olei, expressumque succum faucibus infundas ; itemque cacumina ejusdem arboris cum sale trita læsæ parti superponas. Cæciliæ morsus tumorem, suppurationemque molitur. Idem facit etiam muris aranei. Sed illius sanatur noxa subula ænea, si locum læsum compungas, cretaque cimolia ex aceto linas. Mus perniciem, quam intulit, suo corpore luit : nam animal ipsum oleo mersum necatur, et cum imputruit, conteritur, eoque medicamine morsus muris aranei linitur. Vel si id non adest, tumorque ostendit injuriam dentium, cuminum conteritur, eique adjicitur exiguum picis liquidæ et axungiæ, ut lentorem malagmatis habeat. Id impositum perniciem commovet. Vel si antequam tumor discutiatur, in suppurationem convertitur, optimum est ignea lamina conversionem resecare, et quicquid vitiosi est, inurere, atque ita liquida pice cum oleo linire. Solet etiam ipsum animal vivum creta figulari circumdari ; quæ cum siccata est, collo boum suspenditur. Ea res innoxium pecus a morsu muris aranei præbet. Oculorum vitia plerumque melle sanantur. Nam sive intumuerunt, aqua mulsa triticea farina conspergitur et imponitur : sive album in oculo est, montanus sal Hispanus vel Ammoniacus vel etiam Cappadocus, minute tritus et immistus melli vitium extenuat. Facit idem trita sepiæ testa, et per fistulam ter die oculo inspirata. Facit et radix, quam Græci σίλφιον vocant, vulgus autem nostra consuetudine laserpitium appellant. Hujus quantocunque ponderi decima pars salis ammoniaci adjicitur, eaque pariter trita oculo similiter infunduntur, vel eadem radix contusa et cum oleo lentisci inuncta vitium expurgat. Epiphoram supprimit polenta conspersa mulsa aqua, et in supercilia genasque imposita, pastinacæ quoque agrestis semina, et succus armoraceæ, cum melle lævigata oculorum sedant dolorem. Sed quotiescunque

dans les remèdes qu'on emploiera, il faudra oindre les parties circonvoisines de l'œil avec de la poix fondue et de l'huile, pour empêcher qu'il ne soit molesté par les mouches, qui ne sont pas les seules que la douceur du miel et des autres médicaments y attirerait, puisque les abeilles y viendraient également.

XVIII. Il arrive encore souvent qu'un bœuf avale une sangsue cachée dans l'eau qu'il boit, ce qui lui occasionne une maladie grave, parce que cet insecte s'attachant à sa gorge lui suce le sang, et que, venant à grossir, il finit par boucher tout passage à la nourriture. Si cette sangsue est dans un endroit assez difficile pour qu'on ne puisse pas la retirer avec la main, on y insérera un tuyau ou un roseau, à travers lequel on fera couler de l'huile chaude, qui fera mourir cet insecte dès qu'il en sera atteint. On peut aussi faire parvenir jusque là à travers un tuyau l'odeur de la fumée de punaises brûlées. En effet, dès que cette vermine est sur le feu, elle jette une fumée qui, venant à remplir le tuyau de son odeur, fait parvenir cette odeur jusqu'à la sangsue, et la chasse de l'endroit auquel elle est adhérente. Mais si elle se trouvait collée aux parois de l'estomac ou aux intestins, on la ferait mourir en faisant avaler au bœuf du vinaigre chaud par le moyen d'une corne. Quoique ce soit à l'usage des bœufs que nous ayons prescrit tous les remèdes dont nous venons de donner le détail, il n'est point douteux néanmoins que la plus grande partie de ces remèdes ne puisse également convenir à tous les autres bestiaux.

XIX. Mais il faut aussi fabriquer une machine, dans laquelle on enfermera les bêtes de somme et les bœufs pour les panser, afin que les médecins vétérinaires puissent approcher d'eux en sécurité, et que ces quadrupèdes ne puissent pas, pendant le pansement résister aux remèdes en se débattant. Or, voici la forme de cette machine. On planchéie en bois de robre un espace de terrain long de neuf pieds, et large de deux et demi sur le devant et de quatre sur le derrière. On plante sur la longueur de ce terrain quatre poteaux de droite et de gauche, chacun de sept pieds de haut, de façon qu'il y en ait un de fixé à chaque angle du terrain. Tous ces poteaux sont joints entre eux en forme de *vacerræ* (espèce de treillis) par six traverses, de façon que le quadrupède puisse être introduit par le côté de derrière, qui est le plus large, dans cette enceinte, comme dans une cage dont il ne pourra pas sortir par l'autre côté, à cause des barres qui seront vis-à-vis pour l'en empêcher. On attache en outre un joug aux deux poteaux de devant, et c'est à ce joug qu'on assujettit les bêtes de somme, ou qu'on lie les bœufs par les cornes. On peut aussi y fabriquer des carcans dans lesquels on insérera leur tête, de sorte qu'en faisant descendre des chevilles dans des trous que l'on y aura ménagés, leur chignon soit tenu en respect. Le reste du corps sera bien étendu, et lié avec des cordes qui le retiendront aux traverses, de manière que l'animal restant immobile ne pourra pas résister à la volonté de celui qui le pansera. Cette machine servira pour tous les grands quadrupèdes.

XX. Comme nous avons donné assez de préceptes sur les bœufs, il est temps que nous parlions des taureaux et des vaches. J'estime qu'il faut préférer aux autres les taureaux dont les membres sont très-amples et les mœurs pacifiques, et qui ne sont ni trop jeunes ni trop vieux. Quant au surplus, on observera à peu près, en les choisissant, toutes les règles que l'on observe dans le choix des bœufs. Car un bon taureau ne diffère pas autrement de celui qui est châtré, si

mel aliusve succus remediis adhibetur, circumliniendus erit oculus pice liquida cum oleo, ne a muscis infestetur. Nam et ad dulcedinem mellis aliorumque medicamentorum non hæ solæ, sed et apes advolant.

XVIII. Magnam etiam perniciem sæpe affert hirudo hausta cum aqua. Ea adhærens faucibus sanguinem ducit, et incremento suo transitum cibis præcludit. Si tam difficili loco est, ut manu trahi non possit, fistulam vel arundinem inserito, et ita calidum oleum infundito: nam eo contactum animal confestim decidit. Potest etiam per fistulam deusti cimicis nidor immitti: qui ubi superponitur igni, fumum emittit, et conceptum nidorem fistula usque ad hirudinem perfert; isque nidor depellit hærentem. Si tamen vel stomachum vel intestinum tenet, calido aceto per cornu infuso necatur. Has medicinas quamvis bubus adhibendas præceperim, posse tamen ex his plurima etiam omni majori pecori convenire nihil dubium est.

XIX. Sed et machina fabricanda est, qua clausa, jumenta bovesque curentur, ut et tutus accessus ad pecudem medenti sit, nec in ipsa curatione quadrupes reluctando remedia respuat. Est autem talis machinæ forma. Roboreis axibus compingitur solum, quod habet in longitudinem pedes novem, et in latitudinem pars prior dupondium semissem, pars posterior quatuor pedes. Huic solo septenum pedum stipites recti ab utroque latere quaterni applicantur. Ii autem in ipsis quatuor angulis affixi sunt, omnesque transversis sex temonibus quasi vacerræ inter se ligantur, ita ut a posteriore parte, quæ latior est, velut in caveam quadrupes possit induci, nec exire alia parte prohibentibus adversis axiculis. Primis autem duobus statuminibus imponitur firmum jugum, ad quod jumenta capistrantur, vel boum cornua religantur. Ubi potest etiam numella fabricari, ut inserto capite descendentibus per foramina regulis cervix catenetur. Cæterum corpus laqueatum et distentum temonibus obligatur, immotumque medentis arbitrio est expositum. Hæc ipsa machina communis erit omnium majorum quadrupedum.

XX. Quoniam de bubus satis præcepimus, opportune de tauris vaccisque dicemus. Tauros maxime membris amplissimis, moribus placidis, media ætate probandos censeo. Cætera fere omnia eadem in his observabimus, quæ in bubus eligendis. Neque enim alio distat bonus

ce n'est qu'il a le regard de travers, l'air plus vigoureux, les cornes plus courtes, le chignon plus charnu, et assez gros pour que cette partie fasse à elle seule la plus considérable partie de son corps; enfin le ventre un peu serré, de façon qu'étant dressé sur ses pieds, il soit plus propre à couvrir les vaches.

XXI. On approuve aussi les vaches qui sont d'une taille très-haute et allongée, et qui ont le ventre très-grand, le front très-large, les yeux noirs et ouverts, les cornes belles, lisses et noirâtres, les oreilles velues, les mâchoires serrées, le fanon très-long ainsi que la queue, la corne du pied et les jambes de moyenne grandeur. On désire aussi pour le surplus à peu près les mêmes qualités dans les femelles que dans les mâles, et surtout qu'elles soient jeunes, parce que, lorsqu'elles ont passé dix ans, elles ne sont plus propres à la génération; d'un autre côté, il ne faut pas les faire couvrir avant l'âge de deux ans. Si cependant il arrive qu'elles soient pleines avant cet âge, il faut leur enlever leur veau, et leur presser le pis pendant trois jours, de peur qu'elles ne tombent malades, et ensuite cesser de les traire.

XXII. On doit aussi avoir soin de faire un choix toutes les années dans ce bétail, ainsi qu'on le pratique à l'égard de toutes les autres espèces de troupeaux. Car il faut retirer du troupeau celles qui, étant épuisées ou vieilles, ne peuvent plus concevoir, et encore plus celles qui, étant naturellement stériles, y tiennent la place d'autres qui seraient fécondes, à moins qu'on ne dompte ces dernières pour les mettre à la charrue, parce qu'attendu leur stérilité, elles ne souffrent pas moins le travail et l'ouvrage que les jeunes bœufs. Ces sortes de bestiaux aiment pendant l'hiver les pâturages maritimes et qui sont exposés au soleil; mais en été ils préfèrent ceux des forêts les plus couvertes et des montagnes les plus élevées à ceux des plaines. En effet, les jeunes vaches vivent plus longtemps dans des forêts pleines d'herbages, dans des taillis et dans des lieux plantés de glaïeuls, que partout ailleurs. La corne de leurs pieds se conserve mieux dans des lieux secs et pleins de pierres. Elles n'aiment pas autant les fleuves et les ruisseaux que les réservoirs d'eau artificiels, parce que l'eau des fleuves, qui communément est très-fraîche, les fait avorter, au lieu que celle du ciel leur est plus agréable. Cependant les vaches souffrent plus aisément que les chevaux le froid du dehors; aussi passent-elles aisément l'hiver en plein air.

XXIII. Mais il faut leur faire des enclos d'une vaste étendue, de peur qu'étant renfermées dans un espace trop resserré, elles ne détruisent leur fruit mutuellement, et afin que les plus faibles puissent se dérober aux coups des plus fortes. Les meilleures étables sont celles qui sont pavées ou couvertes de gravier, quoique celles qui sont sablées ne soient pas mauvaises, les unes parce qu'elles n'admettent point l'eau de la pluie, les autres parce qu'elles s'en imbibent trop promptement; mais il faut que les unes et les autres soient en pente pour donner de l'écoulement à l'humidité, et tournées au midi, afin de se sécher facilement, et de n'être point incommodées par les vents froids. Les pacages de ce bétail ne demandent pas de grands soins, puisque, pour que l'herbe y lève avec plus d'abondance, on se contente ordinairement d'y mettre le feu à la fin de l'été; parce que cette méthode fait repousser des pâturages plus tendres, et que d'ailleurs, en brûlant les ronces, elle empêche les broussailles de

taurus a castrato, nisi quod huic torva facies est, vegetior aspectus, breviora cornua, torosior cervix, et ita vasta, ut sit maxima portio corporis, venter paulo substrictior, qui magis rectus et ad ineundas fœminas habilis sit.

XXI. Vaccæ quoque probantur altissimæ formæ longæque, maximis uteris, frontibus latissimis, oculis nigris et patentibus, cornibus venustis et levibus et nigrantibus, pilosis auribus, compressis malis, palearibus et caudis amplissimis, ungulis modicis, et modicis cruribus. Cætera quoque fere eadem in fœminis, quæ et in maribus, desiderantur, et præcipue ut sint novellæ: quoniam, cum excesserunt annos decem, fœtibus inutiles sunt. Rursus minores bimis iniri non oportet. Si ante tamen conceperint, partum earum removeri placet, ac per triduum, ne laborent, ubera exprimi, postea mulctra prohiberi.

XXII. Sed et curandum est omnibus annis [in hoc] æque atque in reliquis gregibus pecoris, ut delectus habeatur. Nam et enixæ et vetustate quæ gignere desierunt, summovendæ sunt, et utique tauræ, quæ locum fœcundarum occupant, ablegandæ vel aratro domandæ; quoniam laboris et operis non minus quam juvenci, propter uteri sterilitatem patientes sunt. Ejusmodi armentum maritima et aprica hiberna desiderat; æstate opacissima nemorum, ac montium alta magis quam plana pascua. Nam melius nemoribus herbidis et frutetis et carectis... quoniam siccis ac lapidosis locis durantur ungulæ. Nec tam fluvios rivosque desiderat, quam lacus manu factos; quoniam fluvialis aqua, quæ fere frigidior est, partum abigit, et cælestis jucundior est. Omnis tamen externi frigoris tolerantior equino armento vacca est, ideoque facile sub dio hibernat.

XXIII. Sed laxo spatio consepta facienda sunt, ne in angustiis conceptum altera alterius elidat, et ut invalida fortioris ictus effugiat. Stabula sunt optima saxo aut glarea strata, non incommoda tamen etiam sabulosa. Illa, quod imbres respuant; hæc, quod celeriter exsorbeant, transmittantque; spectentque ad meridiem, ut facile siccentur, et frigidis ventis non sint obnoxia. Levis autem cura pasceni est. Nam ut lætior herba consurgat, fere ultimo tempore æstatis incenditur. Ea res et teneriora pabula recreat, et sentibus ustis fruticem surrecturum in altitudinem compescit. Ipsis vero corporibus affert salubritatem juxta consep-

monter trop haut, comme elles le feraient sans cette précaution. Mais une chose qui contribue beaucoup à la santé de leur corps, c'est de mettre du sel auprès de leur enclos sur des pierres et dans des auges, dont elles s'approchent volontiers lorsqu'elles sont rassasiées de pâture, et que l'on sonne, pour ainsi dire, la retraite avec le signal usité parmi les pâtres. Car il faut toujours avoir soin d'accoutumer celles qui pourraient être restées dans les forêts, à regagner leur enclos vers l'entrée de la nuit, au son du cor. De cette manière on pourra faire la revue du troupeau et le compter, pour s'assurer, ainsi qu'on le pratique dans la discipline militaire, si toutes les bêtes sont dans l'étable. On n'exerce pas néanmoins le même empire sur les taureaux, qui, se fiant sur leurs propres forces, errent à leur gré dans les forêts, et auxquels on laisse la liberté d'aller et de revenir comme bon leur semble, sans les rappeler jamais, si ce n'est quand il s'agit de leur faire couvrir les vaches.

XXIV. On ne fait point saillir les taureaux qui ont moins de quatre ans, non plus que ceux qui en ont plus de douze : ceux-là parce qu'étant, pour ainsi dire, dans l'enfance, ils sont regardés comme peu propres à peupler le troupeau ; ceux-ci parce qu'ils sont épuisés par la vieillesse. On permet ordinairement aux mâles d'approcher des femelles au mois de juillet, afin que celles-ci étant remplies en ce temps-là, vêlent au printemps suivant, lorsque les pâturages seront déjà dans leur force, puisque leur portée est de dix mois. Elles ne souffrent pas l'approche du mâle qui leur aura été imposé par un maître, mais elles le recherchent d'elles-mêmes : or c'est à peu près au temps que je viens de fixer que se rapportent chez elles les désirs naturels, parce qu'étant égayées par l'abondance des pâturages que leur a fournis le printemps, elles commencent alors à devenir lascives. Si la femelle refuse le mâle, ou que le taureau n'éprouve pas de désirs pour elle, on excite leur ardeur de la même manière qu'on excite celle des chevaux qui témoignent du dégoût pour les cavales, c'est-à-dire, en portant à leurs narines l'odeur des parties génitales. Mais on a soin aussi de diminuer la nourriture des femelles vers le temps où elles doivent être couvertes, de peur que le trop grand embonpoint ne les rende stériles, comme on a soin au contraire d'augmenter la ration des taureaux, afin qu'ils montrent plus de vigueur dans l'acte. Un mâle suffit à quinze vaches ; et lorsqu'il a sailli une génisse, on peut reconnaître à certains signes de quel sexe sera le produit qui en résultera. Nous disons qu'il a engendré un mâle, s'il s'est retiré par le côté droit au sortir de l'accouplement, et une femelle, s'il s'est retiré par le côté gauche ; quoiqu'on ne puisse compter sur l'infaillibilité de ces signes que dans le cas où la vache, étant remplie au premier acte de copulation, ne se laissera plus approcher ensuite par le taureau ; ce qui arrive rarement, parce que quelque pleine qu'elle soit, elle n'est pas encore rassasiée de plaisir : tant il est vrai que les attraits flatteurs de la volupté étendent communément leur empire sur les bestiaux eux-mêmes, au delà des termes prescrits par la nature. Il n'est point douteux que, dans les pays où les pâturages sont abondants, on ne puisse élever chaque année un veau de la même vache, au lieu que, dans ceux où il en manque, on ne doit faire couvrir les vaches que de deux années l'une ; ce qu'il faut surtout observer à l'égard de celles qui sont employées à travailler, tant afin que les veaux puissent se rassasier de lait pendant une année entière, qu'afin que la vache, étant pleine, ne se trouve pas surchargée dans le même temps par le poids de l'ouvrage et celui de son ventre. Lorsqu'une vache

tum saxis et canalibus sal superjectus, ad quem saturæ pabulo libenter recurrunt, cum pastorali signo quasi receptui canitur. Nam id quoque semper crepusculo fieri debet, ut ad sonum buccinæ pecus, si quod in silvis substiterit, septa repetere consuescat Sic enim recognosci grex poterit, numerusque constare si velut ex militari disciplina intra stabulorum castra manserint. Sed non eadem in tauros exercentur imperia, qui freti viribus per nemora vagantur, liberosque egressus et reditus habent, nec revocantur nisi ad coitus fœminarum.

XXIV. Ex his, qui quadrimis minores sunt, majoresque quam duodecim annorum, prohibentur admissura : illi, quoniam quasi puerili ætate seminandis armentis parum idonei habentur ; hi, quia senio sunt effœti. Mense Iulio fœminæ maribus plerumque permittendæ, ut eo tempore conceptos proximo vere adultis jam pabulis edant. Nam decem mensibus ventrem perferunt, neque ex imperio magistri, sed sua sponte marem patiuntur. Atque in id fere quod dixi tempus, naturalia congruunt desideria, quoniam satietate verni pabuli pecudes exhilaratæ lasciviunt in venerem, quam si aut fœmina recusat, aut non appetit taurus, eadem ratione, qua fastidientibus equis mox præcipiemus, elicitur cupiditas odore genitalium admoto naribus. Sed et pabulum circa tempus admissuræ subtrahitur fœminis, ne eas steriles reddat nimia corporis obesitas ; et tauris adjicitur, quo fortius ineant. Unumque marem quindecim vaccis sufficere abunde est. Qui ubi juvencam supervenit, certis signis comprehendere licet, quem sexum generaverit : quoniam si parte dextra desiluit, marem seminasse manifestum est ; si læva, fœminam. Id tamen verum esse non aliter apparet, quam si post unum coitum forda non admittit taurum : quod et ipsum raro accidit. Nam quamvis plena fœtu non expletur libidine : adeo ultra naturæ terminos etiam in pecudibus plurimum pollent blandæ voluptatis illecebræ. Sed non dubium est, ubi pabuli sit lætitia, posse omnibus annis partum educari ; at ubi penuria est, alternis submitti : quod maxime in operariis vaccis fieri placet, ut et vituli annui temporis spatio lacte satientur, nec forda simul operis et uteri gravetur onere. Quæ cum partum ediderit, nisi cibis

a mis bas, quelque bonne nourrice qu'elle soit, elle laissera manquer son veau d'aliments, si on ne la soutient pas par une nourriture abondante, vu la fatigue que lui occasionnera son état de souffrance. C'est pourquoi on lui donnera, après qu'elle aura vêlé, du cytise vert, de l'orge grillée et de l'ers détrempé, ou bien une pâte faite avec des herbes potagères tendres, auxquelles on ajoutera de la farine de millet grillée, et infusée pendant une nuit dans du lait. On préfère aux autres vaches, pour ce qui concerne la nourriture de leurs veaux, celles des Alpes, que les habitants de ces contrées appellent *Cevæ* : elles sont de petite taille et abondantes en lait, raison pour laquelle on leur retire leurs veaux, pour leur faire nourrir de tres-bon bétail qu'elles n'ont point porté. Si l'on n'a pas cette ressource pour la nourriture des veaux, on les nourrira de fèves broyées : on peut aussi très-bien leur donner du vin, et on doit même le faire particulièrement dans les troupeaux nombreux.

XXV. Les veaux sont souvent incommodés des vers, qui se forment communément à la suite d'une indigestion. C'est pourquoi il faut les régler dans leurs repas, afin qu'ils digèrent bien ; ou s'ils sont déjà attaqués de cette maladie, on broie des lupins à demi-crus, comme pour un *salivatum*, et on en fait des boulettes qu'on leur fourre dans la gorge. On peut aussi broyer de la santoline avec une figue sèche et de l'ers, comme pour un *salivatum*; et après en avoir fait des boulettes, on les leur fait avaler. Un quart de graisse de porc, mêlé avec trois quarts d'hysope, fait le même effet. Le jus du marrube blanc et le poireau peuvent causer également la mort à ces insectes.

XXVI. Magon est d'avis que l'on doit châtrer les veaux quand ils sont encore jeunes, et qu'il ne faut pas faire alors cette opération avec le fer, mais qu'il faut comprimer leurs testicules avec un morceau de férule fendu, et les écraser ainsi peu à peu ; parce qu'il pense que la castration ainsi faite à l'animal dans un âge tendre et sans plaie est la meilleure de toutes. Mais si l'on veut attendre qu'il ait pris des forces pour la faire, il vaudra mieux le châtrer à l'âge de deux ans que dans sa première année. Il ordonne encore de faire cette opération au printemps ou pendant l'automne, quand la lune est dans son déclin. Lorsqu'on doit employer le fer, il veut que l'on commence par attacher le veau à la machine que nous avons décrite plus haut ; ensuite qu'avant d'approcher le fer, on saisisse avec deux lattes de bois étroites, qui servent comme de tenailles, les nerfs des testicules, que les Grecs appellent χρεμαστῆρας (χρεμάω suspendre), parce que les parties génitales y sont suspendues ; qu'après les avoir saisis, on ouvre sur-le-champ l'enveloppe des testicules avec le fer, et qu'après les avoir comprimés pour les faire sortir de cette enveloppe, on les coupe de façon qu'on en laisse l'extrémité par laquelle ils tiennent à ces nerfs. En suivant cette méthode, le bouvillon n'a point de danger à courir par l'éruption du sang : outre qu'il n'est point si efféminé qu'il le serait si on le privait de toute masculinité, quoiqu'en conservant l'apparence du sexe masculin, il perde réellement la puissance d'engendrer. Ce n'est pas néanmoins qu'il la perde dès le premier instant, puisque si on lui laisse couvrir une femelle aussitôt après ce traitement, il est certain qu'il en pourra résulter un produit ; mais c'est un essai qu'il ne faut pas lui laisser faire, de peur qu'il ne périsse d'un flux de sang. Au surplus, il faut oindre la plaie avec de la cendre de sarment et de l'écume d'argent, empêcher l'animal de boire

fulta est, quamvis bona nutrix, labore fatigata nato subtrahit alimentum. Itaque et fœtæ cytisus viridis et torrefactum ordeum, maceratumque ervum præbetur, et tener vitulus torrido molitoque milio, et permixto cum lacte salivatur. Melius etiam in hos usus Altinæ vaccæ parantur, quas ejus regionis incolæ Cevas appellant. Eæ sunt humiles staturæ, lactis abundantes, propter quod remotis earum fœtibus, generosum pecus alienis educatur uberibus : vel si hoc præsidium non adest, faba fresa et vinum recte tolerat, idque præcipue in magnis gregibus fieri oportet.

XXV. Solent autem vitulis nocere lumbrici, qui fere nascuntur cruditatibus. Itaque moderandum est, ut bene concoquant : aut si jam tali vitio laborant, lupini semicrudi conteruntur, et offæ salivati more faucibus ingeruntur. Potest etiam cum arida fico et ervo conteri herba Santonica, et formata in offam, sicut salivatum demitti. Facit idem axungiæ pars una tribus partibus hyssopi permista. Marrubii quoque succus et porri valet ejusmodi necare animalia.

XXVI. Castrare vitulos Mago censet, dum adhuc teneri sunt ; neque id ferro facere, sed fissa ferula comprimere testiculos, et paulatim confringere. Idque optimum genus castrationum putat, quod adhibetur ætati teneræ sine vulnere. Nam ubi jam induruit, melius bimus quam anniculus castratur. Idque facere vere vel autumno luna decrescente præcipit, vitulumque ad machinam deligare : deinde prius quam ferrum admoveas, duabus angustis ligneis regulis veluti forcipibus apprehendere testium nervos, quos Græci χρεμαστῆρας ab eo appellant, quod ex illis genitales partes dependent. Comprehensos deinde testes ferro reserare, et expressos ita recidere, ut extrema pars eorum adhærens prædictis nervis relinquatur. Nam hoc modo nec eruptione sanguinis periclitatur juvencus, nec in totum effœminatur adempta omni virilitate ; formamque servat maris cum generandi vim deposuit, quam tamen ipsam non protinus amittit. Nam si patiaris eum a recenti curatione fœminam inire, constat ex eo posse generari. Sed minime id permittendum, ne profluvio sanguinis intereat. Verum vulnera ejus sarmentitio cinere cum argenti spuma linenda sunt, abstinendusque eo die ab humore, et exiguo cibo alendus. Sequenti triduo velut æger cacuminibus ar-

ce jour-là, et lui donner très-peu de nourriture. Les trois jours suivants on le ragoûtera à titre de malade, en lui donnant des cimes d'arbres et du fourrage vert coupé par morceaux, et on l'empêchera de beaucoup boire. Il faut encore oindre la plaie pendant ces trois jours avec de la poix fondue, de la cendre et un peu d'huile, afin qu'elle se cicatrise plus promptement, et qu'elle ne soit point molestée par les mouches. C'est assez avoir parlé jusqu'ici des bœufs.

XXVII. Ceux qui ont à cœur d'élever des chevaux doivent surtout se pourvoir d'un esclave entendu, et d'une grande quantité de fourrage ; car si ces deux points peuvent être négligés jusqu'à un certain point à l'égard des autres bestiaux, le cheval demande qu'on y apporte la plus grande attention à son égard, de même qu'il veut la nourriture la plus abondante. Ce bétail se divise en trois espèces de races : la race la plus noble, qui fournit des chevaux au cirque et aux combats sacrés ; celle des mules, que l'on peut comparer à la première par le prix de ce qu'elle produit ; et enfin la race commune, qui ne donne que des mâles et des femelles médiocres. Plus chacune de ces races est distinguée, plus il lui faut d'abondants pâturages. On choisit pour les troupeaux de ce bétail des pâturages étendus, marécageux et non montagneux, qui soient toujours arrosés, et plutôt libres qu'embarrassés par des arbres, et qui produisent souvent des herbes plus remarquables par leur mollesse que par leur hauteur. En fait de chevaux communs, on laisse paître indifféremment ensemble les mâles et les femelles, et on n'observe pas de temps marqués pour les faire saillir. A l'égard des races nobles, on fera saillir les mâles vers l'équinoxe du printemps, afin que les cavales puissent élever leur poulain sans beaucoup de peine, attendu qu'il viendra au monde dans un temps pareil à celui dans lequel elles l'auront conçu, c'est-à-dire, quand les campagnes se trouveront gaies et bien fournies d'herbes au bout de onze mois passés ; car elles mettent bas dans le courant du douzième. Il faut donc surtout avoir soin que les femelles et les étalons qui voudront s'accoupler soient à portée de le faire dans le temps de l'année que je viens de marquer parce que si on les en empêchait, leur passion les ferait entrer en fureur plus que tout autre animal : c'est même de là qu'on a donné le nom de ἱππομανὲς à ce philtre, qui allume dans les hommes un amour aussi forcené que l'est la passion des chevaux. Effectivement il n'est point douteux qu'il n'y ait des pays où les femelles brûlent d'une si grande ardeur de s'accoupler, que, quoiqu'elles soient privées de mâles, elles se remplissent sans cesse l'imagination de désirs effrénés, et se créent à elles-mêmes des plaisirs sous le vent, comme font les oiseaux de basse-cour. C'est aussi ce qu'exprime le poëte assez licencieusement en ces termes : *Mais les cavales se font remarquer entre tous les autres animaux par leur fureur ; et c'est Vénus elle-même qui les a animées de cette ardeur, au temps que les chevaux d'attelage de Glaucus de Potnia déchirèrent le corps de leur maître à belles dents. En effet, l'amour les conduit par-delà le haut du mont Ida, et leur fait traverser le bruyant Ascanius : elles grimpent les montagnes et passent les fleuves à la nage ; et dès que le feu de l'amour s'empare de leur cœur passionné (ce qui arrive plutôt au printemps que dans toute autre saison, parce que c'est le temps où la chaleur recommence à pénétrer la moelle de leurs os), elles se tiennent toutes sur des rochers élevés, la tête tournée vis-à-vis le zéphire, pour recevoir avidement son souffle*

---

borum et desecto viridi pabulo oblectandus, prohibendusque multa potione. Placet etiam pice liquida et cinere cum exiguo oleo ulcera ipsa post triduum linere, quo et celerius cicatricem ducant, nec a muscis infestentur. Hactenus de bubus dixisse abunde est.

XXVII. Quibus cordi est educatio generis equini, maxime convenit providere auctorem industrium, et pabuli copiam : quæ utraque vel mediocria possunt aliis pecoribus adhiberi, summam sedulitatem et largam satietatem desiderat equitium. Quod ipsum tripartito dividitur. Est enim generosa materies, quæ circo sacrisque certaminibus equos præbet. Est mularis, quæ pretio fœtus sui comparatur generoso. Est et vulgaris, quæ mediocres fœminas maresque progenerat. Ut quæque est præstantior, ita ubere campo pascitur. Gregibus autem spatiosa et palustria, nec [non] montana pascua eligenda sunt, rigua, nec unquam siccanea, vacuaque magis quam stirpibus impedita, frequenter mollibus potius quam proceris herbis abundantia. Vulgaribus equis passim maribus ac fœminis pasci permittitur, nec admissuræ certa tempora servantur. Generosis circa vernum æquinoctium mares jungentur, ut eodem tempore, quo conceperint, jam lætis et herbidis campis post anni messem parvo cum labore fœtum educent. Nam mense duodecimo partum edunt. Maxime itaque curandum est prædicto tempore anni, ut tam fœminis quam admissariis desiderantibus coeundi fiat potestas, quoniam id præcipue armentum si prohibeas, libidinis extimulatur furiis, unde etiam veneno inditum est nomen ἱππομανὲς, quod equinæ cupidini similem mortalibus amorem accendit. Nec dubium, quin aliquot regionibus tanto flagrent ardore coeundi fœminæ, ut etiam si marem non habeant, assidua et nimia cupiditate figurantes sibi ipsæ venerem cohortalium more avium vento concipiant. Neque enim poeta licentius dicit : *Scilicet ante omnes furor est insignis equarum*, *Et mentem Venus ipsa dedit, quo tempore Glauci Potniades malis membra absumsere quadrigæ. Illas ducit amor trans Gargara, transque sonantem Ascanium; superant montes et flumina tranant, Continuoque avidis ubi subdita flamma medullis, Vere magis, quia vere calor redit ossibus, illæ Ore omnes versæ in Zephyrum, stant rupibus altis, Exceptantque leveis auras, et sæpe ullis Conju-*

léger; souvent même, lorsqu'elles ont été fécondées par le vent et sans aucun accouplement (effet merveilleux à raconter), elles courent à travers les rochers, les écueils et les vallées les plus profondes ; non pas pour gagner, Eurus, les contrées où vous vous levez, non plus que celles où se lève le soleil, mais bien celles où se lèvent Borée et Caurus, ou le vent du midi, qui porte avec lui les nuages les plus noirs, et qui attriste le temps par le froid pluvieux qu'il amène. C'est même un fait très-connu qu'en Espagne, sur le mont Sacer, qui s'étend vers l'occident auprès de l'Océan, il est souvent arrivé que des cavales ont été fécondées sans avoir été couvertes, et qu'elles ont élevé des poulains qu'elles avaient ainsi mis au monde, quoiqu'on ne retirât aucune utilité de ces poulains, parce qu'ils mouraient dans l'espace de trois ans, avant de s'être fortifiés. Nous ferons donc en sorte, ainsi que je l'ai dit, que les cavales ne soient pas tourmentées vers l'équinoxe du printemps par les appétits naturels de la volupté. Mais il faudra séparer pendant tout le reste de l'année les chevaux de prix d'avec les femelles, de peur qu'ils ne les saillent quand bon leur semblera, ou que, si on veut les empêcher de le faire, la vivacité de leur passion n'occasionne quelque accident. C'est pourquoi il faut ou reléguer le mâle dans des pâturages éloignés de ceux des femelles, ou le retenir à l'étable : mais dans le temps où les femelles le demanderont, on le fortifiera par une nourriture abondante, et on l'engraissera à l'approche du printemps avec de l'orge et de l'ers, afin qu'il soit en état de suffire à leur passion, et de donner dès le principe, à la race qui doit sortir de lui, une vigueur d'autant plus grande, qu'il aura été lui-même plus vigoureux dans le moment de l'accouplement. Il y a quelques auteurs qui ordonnent de l'engraisser de la manière dont on engraisse les mulets, afin que son embonpoint lui donne la gaieté nécessaire pour satisfaire un plus grand nombre de femelles. Néanmoins, si on ne doit pas donner moins de quinze cavales à un étalon, on ne doit pas non plus lui en donner plus de vingt. On peut l'employer à la génération depuis l'âge de trois ans jusqu'à celui de vingt. Si l'étalon est mou dans le plaisir, on le réveille par l'odorat, en lui mettant sous le nez une éponge avec laquelle on frotte auparavant les parties de la femelle. D'un autre côté, s'il se trouve quelque cavale qui ne veuille pas souffrir le mâle, on vient à bout d'enflammer ses désirs en lui frottant les parties avec de la scille broyée. Quelquefois même on se sert d'un étalon ignoble et commun, pour exciter en elle le désir du coït. En effet, dès que cet étalon s'est approché d'elle, et qu'il a, pour ainsi dire, sollicité sa complaisance, on le retire pour la faire saillir par un étalon plus noble, au moment où elle est devenue plus patiente. Quand les cavales sont pleines, elles exigent plus de soins que dans d'autres temps, et il faut les fortifier par une ample pâture. Si pendant les froids de l'hiver les herbes viennent à manquer, on les retiendra à l'étable, et on ne leur fera pas prendre trop d'exercice, soit par le travail, soit par la course ; comme on ne les exposera pas au froid, ni dans un lieu étroit et renfermé, de peur qu'elles ne détruisent respectivement leur fruit : toutes choses qui les font avorter. Si malgré ces précautions une cavale vient à tomber malade, soit en poulinant, soit en avortant, on la guérira avec de la filicula broyée et infusée dans de l'eau tiède, qu'on lui fera prendre avec une corne. Mais si elle a au contraire pouliné heureusement, on se donnera de garde de toucher à son poulain avec la main, parce que le moindre contact avec un corps étran-

giis, vento gravidæ (mirabile dictu) Saxa per et scopulos et depressas convalles Diffugiunt, non Eure tuos neque solis ad ortus; In Boream Caurumque, aut unde nigerrimus Auster Nascitur, et pluvio contristat frigore cœlum. Cum sit notissimum etiam in Sacro monte Hispaniæ, qui procurrit in occidentem juxta Oceanum, frequenter equas sine coitu ventrem pertulisse, fœtumque educasse, qui tamen inutilis est, quod triennio, prius quam adolescat, morte absumitur. Quare, ut dixi, dabimus operam, ne circa æquinoctium vernum equæ desideriis naturalibus angantur. Equos autem pretiosos reliquo tempore anni removere oportet a fœminis, ne aut cum volent, ineant, aut si id facere prohibeantur, cupidine solicitati noxam contrahant. Itaque vel in longinqua pascua marem placet ablegari, vel ad præsepia contineri : eoque tempore, quo vocatur a fœminis, roborandus est largo cibo, et appropinquante vere ordeo ervoque saginandus, ut veneri supersit, quantoque fortior inierit, firmiora semina præbeat futuræ stirpi. Quidam etiam præcipiunt eodem ritu, quo mulos, admissarium saginare, ut hac sagina hilaris pluribus fœminis sufficiat. Verum tamen nec minus quam quindecim, nec rursus plures quam viginti, unus debet implere, isque admissuræ post trimatum usque in annos viginti plerumque idoneus est. Quod si admissarius iners in veneremest, odore proritatur, detersa spongia fœminæ locis, et admota naribus equi. Rursus si equa marem non patitur, detrita scilla naturalia ejus linuntur, quæ res accendit libidinem. Nonnunquam ignobilis quoque ac vulgaris elicit cupidinem cœundi. Nam ubi admotus fere tentavit obsequium fœminæ, abducitur, et jam patientiori generosior equus imponitur. Inde major prægnantibus adhibenda cura est, largoque pascuo firmandæ. Quod si frigore hiemis herbæ defecerint, tecto contineantur, nec oprere neque cursu exerceantur, neque frigori committantur, nec in angusto clauso, ne aliæ aliarum conceptus elidant : nam hæc omnia incommoda fœtum abigunt. Quod si tamen aut partu aut aborto equa laboravit, remedio erit felicula trita, et aqua tepida permista, dataque per cornus Sin autem prospere cessit, minime manu contingendæ pullus erit. Nam læditur etiam levissimo contactu. Tantum cura

ger suffit pour le blesser. On aura seulement soin de le mettre avec sa mère dans un lieu qui soit à la fois et vaste et chaud, de peur que le froid ne lui nuise dans l'état de faiblesse où il sera, ou que sa mère ne l'écrase si le lieu est trop resserré. Ensuite il faudra le faire sortir de temps en temps, pour empêcher que le fumier ne lui brûle la corne des pieds. Quelque temps après, lorsqu'il sera devenu plus fort, on le laissera aller avec sa mère dans les mêmes pâturages, de peur que le chagrin de s'en voir privée ne la fasse tomber malade. Car l'attachement que ce bétail a pour ses petits lui cause plus de dommage qu'à tout autre, au cas qu'il n'ait pas la liberté de les voir. Les cavales vulgaires sont dans l'habitude de pouliner toutes les années; mais une cavale de race noble ne doit être saillie que de deux années l'une, afin que le lait de la mère, donnant plus de force au poulain, le prépare à bien supporter la fatigue des combats.

XXVIII. On estime qu'un étalon n'est pas propre à saillir les cavales avant l'âge de trois ans, mais qu'il peut engendrer jusqu'à vingt ans; au lieu qu'une cavale conçoit très-bien, pourvu qu'elle ait deux ans passés, afin de pouvoir élever le poulain qu'elle aura mis bas après sa troisième année, et que, passé la dixième année de son âge, elle n'est plus bonne à ce service, parce que le poulain d'une mère âgée est paresseux et lâche. Démocrite assure qu'il est en notre pouvoir de faire concevoir à une cavale un mâle ou une femelle, à notre volonté : il ordonne à cet effet de lier, avec une ficelle de lin ou de telle autre matière que ce soit, le testicule gauche de l'étalon si l'on veut avoir un mâle, et le droit si l'on veut avoir une femelle : il pense même que l'on peut suivre le même procédé à l'égard de presque tous les bestiaux.

XXIX. On peut juger de la bonté naturelle d'un poulain dès sa naissance. En effet, s'il est gai, s'il est intrépide, s'il n'est effrayé ni par les objets qui se présentent à sa vue, ni par les sons qui frappent son oreille pour la première fois, s'il court toujours à la tête d'un troupeau, s'il surpasse ses camarades par sa gaieté et par sa vivacité, et qu'il l'emporte même quelquefois sur eux à la course, s'il saute un fossé sans balancer, et qu'il passe un pont et traverse un fleuve de même, ce seront toutes marques d'un naturel distingué. Pour la forme du corps, elle consistera à avoir la tête petite, les yeux noirs, les narines ouvertes, les oreilles courtes et redressées, le chignon flexible et épais sans être allongé, la crinière bien fournie et pendante sur le côté droit, la poitrine large et parsemée d'une multitude de muscles bien moulés, les épaules grandes et droites, les côtes arquées, l'épine du dos double, le ventre étroit, les testicules petits et bien appareillés, les reins larges et ravalés, la queue traînante et garnie de poils longs, rudes et ondoyants, les jambes égales, hautes et droites, le genou cylindrique et petit, sans être tourné en dedans, les fesses rondes, les cuisses pleines de muscles et bien fournies, la corne des pieds dure, haute, concave, ronde, et surmontée d'une couronne légèrement saillante ; l'ordonnance générale du corps grande, élevée, droite, qui paraisse agile au coup d'œil, et ronde sur la longueur autant que sa figure le comporte. Quant au caractère de ces animaux, on les estime lorsque, sans être emportés, ils ont de l'ardeur, et qu'avec l'ardeur ils sont très-doux, parce que ce sont là ceux qui sont les plus portés à l'obéissance,

---

adhibebitur, ut et amplo et calido loco cum matre versetur; ne aut frigus adhuc infirmo noceat, aut mater in angustiis eum obterat. Paulatim deinde producendus erit, providendumque, ne stercore ungulas adurat. Mox cum firmior fuerit, in eadem pascua, in quibus mater est, dimittendus, ne desiderio partus sui laboret equa. Nam id præcipue genus pecudis amore natorum, nisi fiat potestas, noxam trahit. Vulgari fœminæ solenne est omnibus annis parere, generosam convenit alternis continere, quo firmior pullus lacte materno laboribus certaminum præparetur.

XXVIII. Marem putant minorem trimo non esse idoneum admissuræ, posse vero usque ad vigesimum annum progenerare; fœminam bimam recte concipere, ut post tertium annum enixa fœtum educet : eandemque post decimum non esse utilem, quod ex annosa matre tarda sit atque iners proles. Quæ sive ut fœmina sive ut masculus concipiatur, nostri arbitrii fore Democritus affirmat, qui præcipit, ut, cum progenerari marem velimus, sinistrum testiculum admissarii lineo funiculo alioive quolibet obligemus; cum fœminam, dextrum. Idemque in omnibus pene pecudibus faciendum censet.

XXIX. Cum vero natus est pullus, confestim licet indolem æstimare, si hilaris, si intrepidus, si neque conspectu novæ rei neque auditu terretur, si ante gregem procurrit, si lascivia et alacritate interdum et cursu certans æquales exuperat, si fossam sine cunctatione transilit, pontem flumenque transcendit. Hæc erunt honesti animi documenta. Corporis vero forma constabit exiguo capite, nigris oculis, naribus apertis, brevibus auriculis et arrectis, cervice molli lataque nec longa, densa juba et per dextram partem profusa, lato et musculorum toris numeroso pectore, grandibus armis et rectis, lateribus inflexis, spina duplici, ventre substricto, testibus paribus et exiguis, latis lumbis et subsidentibus, cauda longa et setosa crispaque, æqualibus atque altis rectisque cruribus, tereti genu parvoque neque introrsus spectanti, rotundis clunibus, feminibus torosis ac numerosis, duris ungulis et altis et concavis rotundisque, quibus coronæ mediocres superpositæ sunt. Sic universum corpus compositum, ut sit grande, sublime, erectum, ab aspectu quoque agile, et ex longo, quantum figura permittit, rotundum. Mores autem laudantur, qui sunt ex placido concitati, et ex concitato mitissimi. Nam hi et ad obsequia reperiuntur habi-

et les plus patients dans les travaux des combats. Un cheval de deux ans est bon à être dompté pour les usages domestiques, mais quand on le destine aux combats il faut qu'il ait trois ans passés ; de façon qu'on ne l'y expose pas avant la quatrième année expirée. Les marques auxquelles on distingue le nombre des années d'un cheval changent avec son corps. En effet, jusqu'à ce qu'il ait deux ans et demi, les dents du milieu lui tombent, tant les supérieures que les inférieures : il lui en repousse d'autres dans la quatrième année, après que celles que l'on appelle *canini* (dents canines ou œillères) sont tombées ; ensuite les grosses dents supérieures tombent avant la sixième : dans le courant de la sixième année celles qui ont remplacé les premières rasent, et la septième année elles rasent *toutes également* : ensuite elles se creusent, et on ne peut plus connaître son âge avec certitude. Cependant à la dixième année ses tempes commencent à caver, souvent ses sourcils se blanchissent, et les dents lui sortent de la bouche. C'est en avoir dit assez sur ce qui concerne le naturel, le caractère et le corps, ainsi que l'âge du cheval. Passons à présent aux soins qu'il faut prendre de cet animal, soit quand il se porte bien, soit quand il est malade.

XXX. Si, sans être malade, un cheval devient maigre, on vient plus promptement à bout de le rétablir avec du froment grillé qu'avec de l'orge ; mais il faut aussi lui faire boire du vin dans le même temps, et ensuite lui changer peu à peu ce genre de nourriture, en mêlant d'abord du son dans son orge, jusqu'à ce qu'on l'ait accoutumé aux fèves et à l'orge pure. Il faut que le corps des chevaux soit nettoyé tous les jours avec autant d'exactitude que celui de l'homme ; et il est souvent plus utile de leur manier le dos et de le presser avec la main, que de leur donner la nourriture la plus abondante. Il est encore très-intéressant de les maintenir dans la vigueur du corps et dans celle des pieds : on y parviendra en les menant à propos à l'étable, à l'eau et à leurs exercices, et en veillant à ce qu'ils soient tenus sèchement à l'étable, et à ce que la corne de leurs pieds ne pourrisse point dans l'humidité. C'est ce que l'on évitera aisément, si leurs étables sont planchéiées d'ais de robre, ou que l'on ait soin de les nettoyer de temps en temps et d'y étendre de la paille, si elles ne le sont point. Communément ce qui concerne les maladies de ces animaux, c'est la lassitude, le chaud, et souvent le froid ; c'est encore de n'avoir pas uriné au moment qu'ils en avaient besoin, d'avoir bu à la suite de l'exercice qu'ils auront pris, et pendant qu'ils étaient encore en sueur, ou d'avoir été excités à courir après un long repos et sans interstice. Le repos est le seul remède de la lassitude, en y ajoutant cependant la précaution de leur verser dans la gorge de l'huile ou de la graisse avec du vin. On remédie au froid par les fomentations, ainsi qu'en leur frottant la tête et l'épine du dos avec de la graisse chaude ou du vin. S'ils ne pissent pas, on a recours à peu près aux mêmes remèdes, puisqu'on leur verse sur les flancs et sur les reins de l'huile et du vin ; mais si ce remède n'opère rien, on introduit par l'orifice de leur membre une bougie mince faite avec du miel bouilli et du sel, ou bien on leur insère dans les parties soit une mouche vivante, soit un grain d'encens, ou un onguent de bitume. On emploie les mêmes remèdes lorsque l'urine leur brûle les parties. La douleur de la tête se manifeste par les larmes qui leur coulent des yeux, par les

---

les, et ad certaminum labores patientissimi. Equus bimus ad usum domesticum recte domatur ; certaminibus autem expleto triennio : sic tamen ut post quartum demum annum labori committatur. Annorum notæ cum corpore mutantur. Nam dum bimus et sex mensium est, medii dentes superiores et inferiores cadunt. Cum quartum agit annum, iis, qui canini appellantur, dejectis, alios affert. Intra sextum deinde annum, molares superiores cadunt. Sexto anno, quos primos mutavit, exæquat. Septimo omnes explentur æqualiter, et ex eo cavatos gerit. Nec postea quot annorum sit, manifesto comprehendi potest. Decimo tamen anno tempora cavari incipiunt, et supercilia nonnunquam canescere, et dentes prominere. Hæc, quæ ad animum et mores corpusque et ætatem pertinent, dixisse satis habeo. Nunc sequitur curam recte et minus valentium demonstrare.

XXX. Si sanis est macies, celerius torrefacto tritico, quam ordeo reficitur. Sed et vini potio danda est, ac deinde paulatim ejusmodi cibi subtrahendi immistis ordeo furfuribus, dum consuescat faba et puro ordeo ali. Nec minus quotidie corpora pecudum quam hominum defricanda sunt : ac sæpe plus prodest pressa manu subegisse terga, quam si largissime cibos præbeas. Paleæ vero equis stantibus substernendæ. Multum autem refert robur corporis ac pedum servare. Quod utrumque custodiemus, si idoneis temporibus ad præsepia, ad aquam, ad exercitationem pecus duxerimus ; curæque fuerit ut stabulentur sicco loco, ne humore madescant ungulæ. Quod facile evitabimus, si aut stabula roboreis axibus constrata, aut diligenter subinde emundata fuerit humus, et paleæ superjectæ. Plerumque jumenta morbos concipiunt lassitudine et æstu, nonnunquam et frigore, et cum suo tempore urinam non fecerint ; vel si sudant, et a concitatione confestim biberint ; vel si cum diu steterint, subito ad cursum extimulata sunt. Lassitudini quies remedio est, ita ut in fauces oleum vel adeps vino mista infundatur. Frigori fomenta adhibentur, et calefacto oleo lumbi rigantur, caputque et spina tepenti adipe vel vino liniuntur. Si urinam non facit, eadem fere remedia sunt. Nam oleum immissum vino supra ilia et renes infunditur : et si hoc parum profuit, melle decocto et sale collyrium tenue inditur foramini, quo manat urina, vel musca viva, vel thuris mica, vel de bitumine collyrium inseritur naturalibus. Hæc eadem remedia adhibentur, si urina genitalia decusserit. Capitis dolorem indicant lacrymæ, quæ profluunt, auresque flaccidæ ; et cervix cum capite aggravata, et in terram sum

oreilles qui deviennent pendantes, et par le chignon qui s'appesantit ainsi que la tête, au point que sa pesanteur l'entraîne à terre. Dans ce cas-là, on leur ouvre la veine sous l'œil, on leur fomente la bouche avec de l'eau chaude, et on les met à la diète pendant une journée : le lendemain on leur donne à jeun une potion d'eau chaude et de l'herbe verte; ensuite on étend sous eux du vieux foin ou de la paille molle, et on leur donne une seconde fois de l'eau à l'entrée de la nuit, avec un peu d'orge et deux livres et demie de vesce; après quoi on ne leur donne que très-peu de nourriture, jusqu'à ce qu'ils soient en état de remplir leur tâche ordinaire. Si les mâchoires leur font mal, il faut les fomenter avec du vinaigre chaud, et les frotter avec du vieux oing : on emploiera aussi le même remède lorsqu'elles seront gonflées. Si un cheval s'est blessé les épaules, ou que son sang se soit extravasé dans cette partie, on lui ouvrira les veines aux deux jambes à peu près vers le milieu de la jambe, et on mêlera de la manne d'encens avec le sang qu'on lui aura tiré, pour lui en frotter les épaules; mais afin de ne pas l'épuiser outre mesure en lui tirant trop de sang, on appliquera sur les veines qui auront été piquées de son crottin, que l'on y assujettira en l'enveloppant avec des bandes. Le lendemain on lui tirera du sang des mêmes veines, et on le pansera de même; mais on lui retranchera l'orge pour ne lui donner qu'un peu de foin. Depuis le troisième jour jusqu'au sixième, on lui versera dans la gorge avec la corne la valeur de trois *cyathi* de jus de poireau, mêlés avec une *hemina* d'huile. Passé le sixième jour, on le fera marcher lentement, et au retour de la promenade on le fera nager dans l'abreuvoir; après quoi on le fortifiera peu à peu par une nourriture plus succulente, jusqu'à ce qu'il soit en état de remplir sa tâche ordinaire. Lorsque la bile vient incommoder cet animal, son ventre se gonfle, et il ne peut plus rendre ses vents. On lui fourre alors la main dans le ventre après l'avoir graissée, pour ouvrir les conduits naturels qui sont obstrués, et en retirer le crottin ; ensuite de quoi on broie de l'origan et de l'herbe aux poux avec du sel, et, après avoir fait bouillir cette composition avec du miel, on en fait des suppositoires, qu'on lui introduit dans le ventre pour l'exciter à se vider et pour faire couler sa bile. Il y a quelques personnes qui lui versent dans la gorge un *quadrans* de myrrhe broyée dans une *hemina* de vin, et qui lui frottent l'anus avec de la poix fondue. Il y en a d'autres qui lui lavent le ventre avec de l'eau de mer, et d'autres avec de la saumure fraîche. Il arrive encore souvent que des vers semblables à ceux de terre s'attachent aux intestins de ces animaux : on s'aperçoit de cette maladie lorsque la douleur les fait coucher souvent à terre, qu'ils portent la tête à leur ventre, et qu'ils remuent souvent la queue. Le remède le plus efficace est de leur fourrer la main dans le ventre pour en retirer le crottin, comme il a été dit ci-dessus; ensuite de le leur laver avec de l'eau de mer ou de la saumure forte; enfin de leur verser dans la gorge un *sextarius* de vin, dans lequel on aura broyé de la racine de câprier. C'est le moyen de faire périr ces vers.

XXXI. Il faut mettre beaucoup de litière sous les chevaux toutes les fois qu'ils sont malades, afin qu'ils soient plus mollement couchés. On guérit promptement la toux de ces animaux dans son principe, en pilant dans un mortier des lentilles écossées, dont on fait infuser un *sextarius*, lorsqu'elles sont réduites en une farine très-fine, dans pareille mesure d'eau chaude, et en leur versant cette potion dans la gorge. On continue ce

---

missa. Tum rescinditur vena, quæ sub oculo est, et os calda fovetur, ciboque abstinetur primo die. In postero autem potio jejuno tepidæ aquæ præbetur ac viride gramen, tum vetus fœnum vel molle stramentum substernitur, crepusculoque aqua iterum datur, parumque cum vicialibus, ut per exiguas potiones cibi ad justa perducatur. Si equo maxillæ dolent, calido aceto fovendæ, et axungia vetere confricandæ sunt, eademque medicina tumentibus adhibenda est. Si armos læserit, aut sanguinem demiserit, mediis fere in utroque crure venæ solvantur, et thuris polline cum eo qui profluit, sanguine immisto, armi linantur, et ne plus justo exinaniatur, stercus ipsius jumenti fluentibus venis admotum fasciis obligetur. Postero quoque die ex iisdem locis sanguis detrahatur, eodemque modo curetur, ordeoque abstineatur exiguo fœno dato. Post triduum deinde usque in diem sextum porri succus instar trium cyathorum mistus cum olei hemina faucibus per cornu infundatur. Post sextum diem lente ingredi cogatur, et cum ambulaverit, in piscinam demitti eum conveniet, ita ut natet : sic paulatim firmioribus cibis adjutus ad justa perducetur. At si bilis molesta est jumento, venter intumescit, nec emittit ventos. Manus uncta inseritur alvo, et obsessi naturales exitus adaperiuntur, exemptoque stercore postea cunila bubula et herba pedicularis cum sale trita et decocta melli miscentur, atque ita facta collyria subjiciuntur, quæ ventrem movent, bilemque omnem deducunt. Quidam myrrhæ tritæ quadrantem cum hemina vini faucibus infundunt, et anum liquida pice obliniunt. Alii marina aqua lavant alvum, alii recenti muria. Solent etiam vermes quasi lumbrici nocere intestinis ; quorum signa sunt, si jumenta cum dolore crebro volutantur, si admovent caput utero, si caudam sæpius jactant. Præsens medicina est, ita ut supra scriptum est, inserere manum, et fimum eximere; deinde alvum marina aqua vel muria dura lavare, postea radicem capparis tritam cum sestario aceti faucibus infundere; nam hoc modo prædicta intereunt animalia.

XXXI. Omni autem imbecillo pecori alte substernendum est, quo mollius cubet. Recens tussis celeriter sanatur, pinsita lente et a valvulis separata minuteque molita. Quæ cum ita facta sunt, sextarius aquæ calidæ in eandem mensuram lentis miscetur, et faucibus infunditur; similis

traitement pendant trois jours, en les ragoûtant à titre de malades, avec des herbes vertes et des cimes d'arbres. On ne peut au contraire dissiper une toux invétérée qu'en leur versant dans la gorge trois *cyathi* de jus de poireau avec une *hemina* d'huile, et en leur donnant la nourriture que nous venons de prescrire. On frotte les dartres et toutes les parties affectées de gale avec du vinaigre et de l'alun. Quelquefois, lorsque ces maladies sont opiniâtres, on les frotte avec du nitre et de l'alun de plume mêlés ensemble à dose égale dans du vinaigre. On gratte les boutons jusqu'au sang avec une étrille au soleil le plus ardent; après quoi on mêle par portions égales des racines de chiendent, du soufre et de la poix fondue avec de l'alun, et on les panse avec ce médicament.

XXXII. On lave les entretaillures deux fois par jour avec de l'eau chaude; ensuite on les frotte de sel égrugé et bouilli avec de la graisse, jusqu'à ce que le sang corrompu en sorte avec abondance. La gale est une maladie mortelle à ce quadrupède, si on n'a pas le soin d'y remédier promptement : lorsqu'elle n'est pas encore forte, on la frotte à l'ardeur du soleil, soit avec de la gomme de cèdre ou de l'huile de lentisque, soit avec de la graine d'orties et de l'huile battues ensemble, soit avec de l'huile de baleine, ou avec cette liqueur que dépose le thon salé dans les plats; quoique la graisse de veau marin soit le remède le plus souverain contre cette maladie. Mais lorsqu'elle est déjà invétérée, il faut avoir recours à des remèdes plus énergiques; c'est pourquoi on fait alors cuire dans de l'eau du bitume, du soufre et de l'ellébore blanc, le tout en dose égale, avec de la poix fondue et du vieux oing, et on se sert de cette composition pour la panser, après l'avoir grattée préalablement avec un fer et l'avoir lavée avec de l'urine. On est encore parvenu souvent à la guérir, en la coupant jusqu'au vif avec un bistouri, et en pansant les plaies qui succédaient à cette opération avec de la poix fondue et de l'huile. En effet, ce remède nettoie ces plaies et fait reprendre les chairs; lorsqu'elles sont reprises, il est très-bon de saupoudrer l'ulcère avec de la suie prise au cul d'une chaudière, afin qu'il se cicatrise plus tôt et que le poil y renaisse.

XXXIII. L'on écartera aussi les mouches qui s'attachent aux plaies, en versant dessus de la poix mêlée avec de l'huile ou de la graisse. On fait disparaître les taies des yeux, soit en les frottant avec de la salive d'un homme à jeun et du sel, ou bien avec un os de sèche broyé avec du sel gemme, soit en exprimant sur l'œil, à travers un linge, de la graine de carotte sauvage moulue. En général on soulage promptement toutes les douleurs des yeux en y appliquant une composition de jus de plantain et de miel dont la fumée n'ait point approché, ou tout au moins de miel de thym, à défaut d'autres. Il est encore arrivé souvent que le saignement de nez a mis ces animaux en danger; mais on l'arrête en leur versant dans les narines du jus de coriandre verte.

XXXIV. Quelquefois cet animal languit, faute d'appétit. On y remédie avec l'espèce de graine connue sous le nom de *git* (nielle), que l'on broie pour en faire infuser deux *cyathi* dans trois d'huile et un *sextarius* de vin, et les lui verser dans la gorge. On dissipe aussi l'envie de vomir, en lui faisant boire souvent une *hemina* de vin, dans laquelle on aura broyé une tête d'ail. Il

---

que medicina triduo adhibetur, ac viridibus herbis cacuminibusque arborum recreatur ægrotum pecus. Vetus autem tussis discutitur porri succo trium cyathorum cum olei hemina faucibus infuso, iisdemque, ut supra monuimus, cibis præbitis. Impetigines, et quicquid scabies occupat, aceto et alumine defricantur. Nonnunquam, si (hæc) permanent, paribus ponderibus permistis nitro et scisso alumine, cum aceto linuntur. Papulæ ferventissimo sole usque eo strigile raduntur, quoad eliciatur sanguis. Tum ex æquo miscentur radices agrestis hederæ, sulfurque et pix liquida cum alumine, [et] eo medicamine prædicta vitia curantur.

XXXII. Intertrigo bis in die subluitur aqua calida. Mox decocto ac trito sale cum adipe defricatur, dum sanguis emanet. Scabies mortifera huic quadrupedi est, nisi celeriter succurritur : quæ si levis est, inter initia candenti sub sole vel cedria vel oleo lentisci linitur, vel urticæ semine et oleo detritis, vel unguine ceti, quod in lancibus salitus thynnus remittit. Præcipue tamen huic noxæ salutaris est adeps marini vituli. Sed si jam inveteraverit, vehementioribus opus est remediis. Propter quod bitumen, et sulfur, et veratrum pici liquidæ, axungiæque veteri commista pari pondere incoquuntur, atque ea compositione curantur, ita ut prius scabies ferro erasa perluatur urina. Sæpe etiam scalpello usque ad vivum resecare et amputare scabiem profuit, atque ita factis ulceribus mederi liquida pice atque oleo, quæ expurgant et replent vulnera æque. Quæ cum expleta sunt, ut celerius cicatricem et pilum ducant, maxime proderit fuligo ex aheno ulceri infricata.

XXXIII. Muscas quoque vulnera infestantes summovebimus pice et oleo vel unguine mistis et infusis. Cætera ervi farina recte curantur. Cicatrices oculorum jejuna saliva et sale defricatæ extenuantur : vel cum fossili sale trita sepiæ testa, vel semine agrestis pastinacæ pinsito, et per linteum super oculos expresso. Omnisque dolor oculorum inunctione succi plantaginis cum melle acapno, vel si id non est, utique thymino celeriter levatur. Nonnunquam etiam per nares profluvium sanguinis periculum attulit, idque repressum est infuso naribus viridis coriandri succo.

XXXIV. Interdum et fastidio ciborum languescit pecus. Ejus remedium est genus seminis quod *git* appellatur, cujus duo cyathi triti diluuntur olei cyathis tribus et vini sextario, atque ita faucibus infunduntur. Et nausea discutitur etiam, si caput allii tritum cum vini hemina sæpius

vaut mieux percer les apostumes avec une lame de fer rouge qu'avec un instrument de fer froid : au reste, lorsqu'on en a fait sortir le pus, on les panse avec de la charpie. Il y a encore une maladie pestilentielle, dont l'effet est de maigrir tout à coup les cavales en peu de jours, et de les conduire sous terre : lorsque cela arrive, il est bon de leur verser dans les narines quatre *sextarii* de *garum* par tête, si elles sont de petite taille : car si elles sont de la grande taille, on leur en versera jusqu'à un *congius*. Ce remède attire toute la pituite par les narines, et purge entièrement ces animaux.

XXXV. Tout le monde connaît encore la rage des cavales, quoique ce soit une maladie rare : tel en est l'effet, que lorsqu'elles se sont mirées dans l'eau, elles sont saisies d'une passion vaine qui leur fait oublier le boire et le manger, et qui les fait périr dans la phthisie qui succède à cette passion. On s'aperçoit de cette folie lorsqu'elles courent çà et là au milieu des pâturages, comme si quelqu'un les excitait, et qu'elles jettent les yeux de temps en temps de tous côtés, comme si elles cherchaient et désiraient quelque chose. On dissipe cette erreur de leur imagination en les menant à l'eau : en effet, dès qu'elles y ont remarqué leur difformité, elles perdent le souvenir de l'ancienne image qui les avait frappées. Ce que nous avons dit suffit à l'égard des cavales en général. Voici des préceptes particuliers pour ceux qui veulent s'adonner à avoir des troupeaux de mules.

XXXVI. Quiconque veut élever des mules doit par-dessus tout avoir à cœur d'examiner et de choisir avec soin la femelle et le mâle dont il veut avoir de la race, parce que si l'un ou l'autre est défectueux, l'être auquel ils donneront l'existence le sera aussi. Il faut prendre la cavale dans les dix premières années de son âge, attendu que c'est le temps pendant lequel elle se maintient dans une forme très-ample et très-belle ; il faut encore qu'elle ait les membres forts, et qu'elle soit en état de supporter le travail, afin qu'elle puisse s'accommoder aisément du genre étranger qu'on doit, pour ainsi dire, enter en elle, et s'habituer à porter un petit dont l'espèce ne s'accorde pas avec la nature de son ventre, pour lui transmettre non-seulement les dons de son corps, mais encore les qualités de son esprit. Car non-seulement la semence qu'elle reçoit alors dans sa matrice a de la peine à s'animer, mais il lui faut même du temps pour la faire parvenir au degré de perfection nécessaire après la conception pour être mise au jour, puisqu'à peine les produits qui en résultent viennent-ils au monde au bout d'un an, et dans le treizième mois à dater de l'accouplement ; encore tiennent-ils toujours plus de la lâcheté de leur père que de la vigueur de leur mère. Néanmoins, si l'on a de la peine à trouver des cavales qui soient propres à cet usage, on en a encore plus à choisir le mâle, parce qu'il arrive souvent que l'expérience trompe sur le jugement qu'on en avait porté. En effet, bien des mâles superbes en apparence donnent des races très-méprisables, soit du côté de la figure, soit du côté du sexe, et ne font aucun profit au chef de famille, ou parce qu'ils donnent des femelles de petite corpulence, ou parce qu'en les donnant de belle corpulence, ils en donnent moins que de mâles ; au lieu que d'autres, méprisables en apparence, sont souvent une source abondante de semences très-précieuses. Il s'en trouve quelquefois qui transmettent à la vérité leur noblesse à leurs enfants, mais qui, se trouvant émoussés par le plaisir, sont très-difficilement excités à l'amour. Les maîtres de haras doivent faire approcher de pareils mâles auprès de femelles qui soient d'un caractère semblable, parce que la

---

potandum præbeas. Suppuratio melius ignea lamina, quam frigido ferramento reseratur, et expressa postea linamentis curatur. Est etiam illa pestifera labes, ut intra paucos dies equæ subita macie et deinde morte corripiantur : quod cum acciderit, quaternos sextarios gari singulis per nares infundere utile est, si minoris formæ sunt : nam si majoris, etiam congios. Ea res omnem pituitam per nares elicit, et pecudem expurgat.

XXXV. Rara quidem, sed et hæc est equarum nota rabies, ut cum in aqua imaginem suam viderint, amore inani capiantur, et per hunc oblitæ pabuli, tabe cupidinis intereant. Ejus vesaniæ signa sunt, cum per pascua veluti extimulatæ concursant, sublude et circumspicientes requirere ac desiderare aliquid videantur. Mentis error discutitur, si deducas ad aquam. Tum demum speculatæ deformitatem suam, pristinæ imaginis abolent memoriam. Hæc de universo equarum genere satis dicta sunt. Illa proprie præcipienda sunt iis, quibus mularum greges curæ est submittere.

XXXVI. In educando genere mularum antiquissimum est diligenter exquirere atque explorare parentem futuræ prolis fœminam et marem : quorum si alter alteri non est idoneus, labat etiam quod ex duobus fingitur. Equam convenit quadrimam usque in annos decem amplissimæ atque pulcherrimæ formæ, membris fortibus, patientissimam laboris eligere, ut discordantem utero suo generis alieni stirpem insitam facile recipiat ac perferat, et ad fœtum non solum corporis bona, sed et ingenium conferat. Nam cum difficulter injecta genitalibus locis animentur semina, tum etiam concepta diutius in partum adolescunt, atque (peracto anno) mense tertiodecimo vix eduntur, natisque inhæret plus socordiæ paternæ, quam vigoris materni. Veruntamen (ut) equæ dictos in usus minore cura reperiuntur, (ita) major est labor eligendi maris : quoniam sæpe judicium probantis frustratur experimentum. Multi admissarii specie tenus mirabiles pessimam sobolem forma vel sexu progenerant. Nam sive parvi corporis fœminas fingunt, sive etiam speciosi plures mares, quam fœminæ reditum patrisfamiliæ minuunt. At quidam contenti ab aspectu pretiosissimorum seminum feraces

nature a mis plus d'intimité entre les choses qui se ressemblent qu'entre celles qui sont dissemblables. Ainsi on obtient par ce manége qu'un mâle, après avoir été gagné par les caresses de la femelle qu'on lui a d'abord présentée, et qu'on lui a même fait saillir, est comme enflammé et aveuglé par la passion qu'elle a fait naître en lui, et qu'il se jette à corps perdu sur celle dont il était auparavant dégoûté, lorsqu'on vient à lui ôter cette première avec laquelle il se plaisait.

XXXVII. Il y a encore une espèce de mâle tout différent de celui-là, puisqu'il est furieux dans sa passion et qu'il cause du ravage dans le troupeau, si on n'use pas d'adresse pour le contenir. En effet, il brise souvent ses liens et tourmente les cavales qui sont pleines, ou mord au chignon et au dos celles qu'on lui fait couvrir. Pour l'en empêcher, on l'attache à la meule, parce que, pour peu qu'il l'ait tournée, le travail modère la brutalité de sa passion, et on ne lui permet de la satisfaire que lorsqu'il est plus modéré. Il est même bon de ne pas faire saillir sans cette précaution ceux dont les passions sont plus douces, parce qu'il est très-important que le tempérament de ce bétail, lorsqu'il est naturellement assoupi, soit secoué et réveillé par un exercice modéré, et que le mâle ne couvre les femelles que lorsqu'il sera devenu plus vif, afin que par une certaine vertu occulte qui se communique à la semence même, elle se trouve formée de principes plus actifs. Au surplus, une mule peut être engendrée non-seulement par une cavale et par un âne, mais encore par une ânesse et un cheval, de même que par un âne sauvage et une cavale. Quelques auteurs même qu'on ne doit pas passer sous silence, tels que Marcus Varron, et avant lui Dionysius et Magon, ont assuré que la portée des mules passait si peu pour une chose prodigieuse dans les contrées de l'Afrique, que les habitants étaient habitués à les voir mettre bas autant que nous pouvons l'être à voir pouliner les cavales. Il faut cependant convenir qu'il n'y a rien, tant du côté du caractère que du côté de la figure, de supérieur à ce que produit un âne, quoiqu'on puisse lui comparer à certains égards la créature qu'engendre un âne sauvage, si ce n'est que cette créature est indomptable et rebelle à l'esclavage, suivant l'habitude des animaux sauvages, et qu'elle a la corpulence décharnée de son père. Aussi un âne de cette espèce est-il plus utile pour donner des petits-fils que pour donner des enfants. En effet, si l'on donne à une cavale le fils d'une ânesse et d'un âne sauvage, comme le naturel sauvage se trouvera alors rompu pour avoir passé par différents degrés, le produit de cet accouplement sera pourvu de la figure et de la modération de son père, en même temps qu'il le sera de la force et de l'agilité de son grand-père. Les mulets engendrés par un cheval et une ânesse ressemblent plus universellement à leur mère, bien que le nom de *hinnus* (de *hinnitus*, hennissement) qu'on leur a donné semble faire croire le contraire. C'est pourquoi il est très-avantageux de ne destiner à donner des mules que des ânes dont l'expérience aura fait connaître l'espèce pour être très-belle, ainsi que je l'ai déjà dit. Cependant on ne doit pas en choisir qui n'aient déjà à la première vue, le corps très-ample, le cou fort, les côtes robustes et larges, la poitrine bien fournie de muscles et étendue, les cuisses nerveuses, les jambes épaisses, et le poil noir ou moucheté : car de même que la couleur de souris n'est pas une couleur distinguée dans un âne, elle ne réussit pas non plus parfaitement dans une mule. Au reste, il ne faut

sunt. Nonnunquam aliquis generositatem suam natis exhibet, sed hebes in voluptate, rarissime solicitatur ad venerem. Hujusce sensum magistri lacessunt admota generis ejusdem fœmina, quoniam similia similibus familiariora fecit natura. Itaque objectæ asinæ cum superjectu eblanditi sunt, velut incensum et obcæcatum cupidine, subtracta quam petierat, fastiditæ imponunt equæ.

XXXVII. Est et alterum genus admissarii furentis in libidinem, quod nisi astu inhibeatur, affert gregi perniciem. Nam et sæpe vinculis abruptis gravidas inquietat, et cum admittitur, cervicibus dorsisque fœminarum imprimit morsus. Quod ne faciat, paulisper ad molam vinctus amoris sævitiam labore temperat, et sic veneri modestior admittitur. Nec tamen aliter admittendus est etiam clementioris libidinis, quoniam multum refert naturaliter sopitum pecudis ingenium modica exercitatione concuti atque excitari, vegetioremque factum marem fœminæ injungi, ut tacita quadam vi semina ipsa principiis agilioribus figurentur. Mula autem non solum ex equa et asino, sed ex asina et equo, itemque onagro et equa generatur. Quidam vero non dissimulandi auctores, ut Marcus Varro, et ante eum Dionysius ac Mago prodiderunt, mularum fœtus regionibus Africæ adeo non prodigiosos haberi, ut tam familiares sint incolis partus earum, quam sunt nobis equarum. Neque tamen ullum est in hoc pecore aut animo aut forma præstantius, quam quod seminavit asinus. Posset huic aliquatenus comparari, quod progenerat onager, nisi et indomitum, et servitio contumax silvestris more, strigosum patris præferret habitum. Itaque ejusmodi admissarius nepotibus [magis] quam filiis utilior est. Nam ubi asina et onagro natus admittitur equæ, per gradus infracta feritate quicquid ex eo provenit, paternam formam et modestiam, fortitudinem celeritatemque avitam refert. Qui ex equo et asina concepti generantur, quamvis a patre nomen traxerint, quod hinni vocantur, matri per omnia magis similes sunt. Itaque commodissimum est asinum destinare mularum generi seminando, cujus, ut dixi, species experimento est pretiosior. Veruntamen ab aspectu non aliter probari debet, quam ut sit amplissimi corporis, cervice valida, robustis ac latis costis, pectore musculoso et vasto, femininis lacertosis, cruribus compactis, coloris nigri vel maculosi. Nam murinus cum sit

pas nous laisser tromper par l'ensemble de la figure de ce quadrupède, quoique nous la trouvions telle que nous venons de la demander. Car comme les taches qui sont sur la langue ou dans le palais des béliers se font communément remarquer sur la toison des agneaux qu'ils produisent, il arrive de même que lorsqu'un âne a des poils aux paupières ou aux oreilles qui sont d'une couleur différente de celle des autres poils de son corps, souvent il donne une race d'une couleur qui diffère de la sienne, et qu'il trompe son maître, quelque attention que celui-ci ait apportée dans l'examen de sa couleur; puisque quelquefois même, sans avoir les signes particuliers que je viens d'assigner, il lui arrive de donner des mules qui ne lui ressemblent pas. Pour expliquer ce phénomène, il faut admettre que la couleur du grand-père revient à ses petits-fils par le mélange de la semence du père. Ainsi dès qu'un ânon, tel que je l'ai dépeint, vient de naître, il faut l'enlever à sa mère, et le mettre sous une cavale sans qu'elle s'en aperçoive. Or il sera très-aisé de la tromper dans les ténèbres, parce que, pour peu qu'on lui ait retiré son poulain dans l'obscurité, elle nourrira cet ânon de même que si elle lui avait donné le jour, et que, dès qu'elle se sera habituée à lui pendant l'espace de dix jours, elle lui présentera toujours par la suite ses mamelles, toutes les fois qu'il les cherchera. Un âne ainsi nourri s'accoutumera à aimer les cavales. Quelquefois même, quoiqu'il ait été élevé par sa propre mère, il pourra désirer leur commerce, s'il a vécu familièrement avec elles dès son enfance. Mais on ne le laissera pas saillir avant l'âge de trois ans ; et lorsqu'on lui permettra de le faire, il conviendra que ce soit au printemps, d'autant qu'il faudra le fortifier avec du fourrage vert coupé par morceaux et de l'orge en abondance, et même quelquefois lui donner des pâtes médicinales. On ne le donnera pas cependant à une jeune femelle qui n'ait point encore eu affaire au mâle, parce qu'elle le repousserait à coups de pieds lorsqu'il s'approcherait pour la saillir, et que l'offense qu'il en aurait reçue lui ferait concevoir de l'aversion même pour quelque autre cavale que ce fût. Pour que cela n'arrive pas, on approche de la cavale un ânon dégénéré et commun qui sollicite sa complaisance, mais auquel on ne permet pas de consommer l'acte, et lorsqu'une fois elle est disposée à recevoir patiemment les preuves de sa passion, on chasse sur-le-champ le mâle trop vil pour elle, et on la fait saillir par un autre plus précieux. On a un emplacement disposé à cet effet, que les paysans appellent *machina* : cet emplacement est fermé par deux murs latéraux bâtis le long d'une petite éminence, et peu distants l'un de l'autre, afin que la femelle ne puisse pas se débattre ou se détourner du mâle, qui se met en devoir de la saillir. Il y a deux issues à cet emplacement, une de chaque côté ; mais celle d'en bas est munie de barreaux auxquels on attache la cavale, en la bridant au bas du talus, afin qu'étant baissée en devant, elle reçoive mieux la semence de l'âne qui la couvrira, et qu'elle donne plus d'aisance à ce quadrupède, qui est plus petit qu'elle, pour lui grimper sur le dos par le côté le plus élevé. Lorsque la cavale a mis bas le produit de l'âne, on le lui laisse nourrir durant toute l'année suivante, qu'elle n'est pas pleine : et cette méthode vaut mieux que celle de quelques personnes, qui la font remplir par un cheval dans l'année même qu'elle a mis bas. Lorsqu'une mule aura atteint sa seconde année, on fera bien de la retirer d'auprès de sa mère ; et

in asino vulgaris, tum etiam non optime respondet in mula. Neque nos universa quadrupedis species decipiat, si qualem probamus, conspicimus. Nam quemadmodum arietum quæ sunt in linguis et palatis maculæ, plerumque in velleribus agnorum deprehenduntur : ita si discolores pilos asinus in palpebris aut auribus gerit, sobolem quoque frequenter facit diversi coloris, qui et ipse, etiam si diligentissime in admissario exploratus est, sæpe tamen domini spem decipit. Nam interdum etiam citra prædicta signa dissimiles sui mulas fingit. Quod accidere non aliter reor, quam ut avitus color primordiis seminum mixtus reddatur nepotibus. Igitur qualem descripsi asellum, cum est a partu statim genitus, oportet matri statim subtrahi, et ignoranti equæ subjici. Ea optime tenebris fallitur. Nam obscuro loco partu ejus amoto, prædictus quasi ex ea natus alitur. Cui deinde cum decem diebus insuevit equa, semper postea desideranti præbet ubera. Sic nutritus admissarius equas diligere condiscit. Interdum etiam, quamvis materno lacte sit educatus, potest a tenero conversatus equis familiariter earum consuetudinem appetere. Sed non oportet minorem trimo nec majorem decenni admitti. Atque idipsum si concedatur, vere fieri conveniet, cum et desecto viridi pabulo, et largo ordeo firmandus, nonnunquam etiam salivandus erit. Nec tamen teneræ fœminæ committetur. Nam nisi prius ea marem cognorit, adsilientem admissarium calcibus proturbat, et injuria depulsum etiam cæteris equis reddit inimicum. Id ne fiat, degener et vulgaris asellus admovetur, qui solicitet obsequia fœminæ : neque is tamen inire sinitur. Sed, si jam est equa veneris patiens, confestim abacto viliore, pretioso mari jungitur. Locus est ad hos usus extructus (machinam vocant rustici), qui duos parietes adverso clivulo inædificatos habet, et angusto intervallo sic inter se distantes, ne fœmina conluctari, aut admissario ascendenti avertere se possit. Aditus est ex utraque parte, sed ab inferiore clatris munitus : ad quæ capistrata in imo clivo constituitur equa, ut et prona melius ineuntis semina recipiat, et facilem sui tergoris ascensum ab editiore parte minori quadrupedi præbeat. Quæ cum ex asino conceptum edidit, partum sequenti anno vacua nutrit. Id enim utilius est, quam quod quidam faciunt, ut et fœtam nihilominus admisso equo implent. Annicula mula recte a matre re-

quand on l'en aura retirée, on la mènera paître sur des montagnes ou dans des lieux sauvages, afin que la corne de ses pieds se durcisse, et qu'elle soit propre à fournir par la suite de grandes routes : car le mulet est plus propre à porter le bât que la mule ; au lieu que celle-ci est plus agile que lui. Ce n'est pas que l'un et l'autre ne puissent très-bien être employés à faire des conduites sur les chemins et à labourer commodément la terre, à moins que la cherté de ces quadrupèdes ne surcharge la dépense du paysan, ou que la terre ne soit d'un grain épais, qui contraigne d'avoir recours à la force des bœufs.

XXXVIII. Quoique j'aie déjà montré presque tous les remèdes qui conviennent à ce bétail en traitant des autres bestiaux, je n'omettrai cependant point quelques maladies qui lui sont particulières, et dont je vais donner les remèdes. Lorsqu'une mule a la fièvre, on lui donne du chou cru ; lorsqu'elle est asthmatique, on lui tire du sang, et on lui verse la valeur d'une *hemina* de jus de marrube blanc, mêlée avec un *sextarius* de vin et une *semuncia* d'huile d'encens ; si elle a des éparvins, on y applique de la farine d'orge, après quoi on ouvre l'apostume avec le fer et on la panse avec de la charpie, ou bien on lui fait couler dans la narine gauche un *sextarius* d'excellent *garum* avec une livre d'huile, en ajoutant à ce médicament le blanc de trois ou quatre œufs, dont on a mis les jaunes à part. On est aussi dans l'usage de lui ouvrir les cuisses, et quelquefois d'y appliquer le feu. Lorsque le sang est descendu dans les jambes de ces animaux, on leur en tire ainsi qu'aux chevaux ; ou si l'on a de l'herbe que les paysans appellent *veratrum* (l'ellébore blanc), on leur en donne en guise de fourrage. La graine de jusquiame broyée, et prise dans du vin, remédie aussi à cette maladie. On chasse leur maigreur et leur langueur en leur donnant à différentes reprises une potion composée d'une *semuncia* de soufre, d'un œuf cru, et d'un *denarius* pesant de myrrhe. On mêle ces trois drogues dans du vin, qu'on leur verse dans la gorge. Ces remèdes guérissent également la toux et les douleurs de ventre. Rien n'est plus souverain contre la maigreur que la luzerne : cette herbe donnée aux juments au lieu de foin, lorsqu'elle est encore verte, mais prête à se sécher, les engraisse ; quoiqu'il faut leur en donner modérément, de peur que la trop grande quantité de sang qu'elle occasionne ne les suffoque. Lorsqu'une mule est lasse et en sueur, on lui jette de la graisse dans la gorge, et on lui verse du vin pur dans la bouche. On suivra, pour le surplus de ce qui concerne ces animaux, les méthodes que nous avons données dans les premières parties de ce volume, qui étaient relatives aux soins que l'on doit prendre des bœufs et des chevaux.

LIVRE VII.

I. Ayant à parler du petit bétail, Silvinus, nous commencerons par l'ânon d'Arcadie, cet animal vil et commun, auquel la plupart des auteurs d'économie rurale veulent qu'on ait principalement égard dans l'achat et l'entretien des bêtes de somme, et avec raison : en effet, on peut se le procurer même dans les campagnes qui manquent de pâturage, parce qu'il se contente de peu de fourrage, et qu'il n'est pas difficile sur le choix, puisqu'on le nourrit ou de feuilles et d'épines, ou de buissons, ou de bottes de sarment. On peut même l'engraisser avec de la paille, que

---

pellitur, et amota montibus aut feris locis pascitur, ut ungulas duret, sitque postmodum longis itineribus habilis. Nam clitellis aptior mulus. Illa quidem agilior : sed uterque sexus et viam recte graditur, et terram commode proscindit ; nisi si pretium quadrupedis rationem rustici onerat, aut campus gravi gleba robora boum deposcit.

XXXVIII. Medicinas hujus pecoris plerumque jam in aliis generibus edocui : propria tamen quædam vitia non omittam, quorum remedia subscripsi. Febrienti mulæ cruda brassica datur. Suspiriosæ sanguis detrahitur, et cum sextario vini atque olei thuris semuncia, marrubii succus instar heminæ mistus infunditur. Suffraginosæ or-—deacea farina imponitur, mox suppuratio ferro reclusa linamentis curatur : vel gari optimi sextarius cum libra olei per narem sinistram demittitur, admisceturque huic medicamini trium vel quatuor ovorum albus liquor separatis vitellis. Femina secari, et interdum inuri solent. Sanguis demissus in pedes, ita ut in equis emittitur : vel si est herba, quam veratrum vocant rustici, pro pabulo cedit. Est et ὑοσκύαμος, cujus semen detritum et cum vino datum prædicto vitio medetur. Macies et languor submovetur sæpius data potione, quæ recipit semunciam sulphuris ovumque crudum, et myrrhæ pondus denarii. Hæc trita vino admiscentur, atque ita faucibus infunduntur. Sed et tussi dolorique ventris eadem ista æque medentur. Ad maciem nulla res tantum quantum Medica potest. Ea herba viridis celerius, nec tarde tamen arida frœni vice saginat jumenta : verum modice danda, ne nimio sanguine stranguletur pecus. Lassæ et æstuanti mulæ adeps in fauces demittitur, merumque in os suffunditur. Cætera exequemur in mulis sic, ut prioribus hujus voluminis partibus tradidimus, quæ curam boum equarumque continent.

LIBER VII.

I. De minore pecore dicturis, P. Silvine, principium tenebit minor Arcadico vilis hic vulgarisque asellus, cujus plerique rusticarum rerum auctores in emendis tuendisque jumentis præcipuam rationem volunt esse ; nec injuria. Nam etiam eo rure, quod pascuo caret, contineri potest, exiguo et qualicunque pabulo contentus. Quippe vel foliis spinisque vepraticis alitur, vel objecto fasce sarmentorum. Paleis vero, quæ pene omnibus regionibus abundant.

l'on trouve abondamment dans presque tout pays. D'ailleurs il souffre très-bravement la négligence d'un surveillant ignorant, ainsi que les coups et la disette ; aussi peut-on en tirer du service plus longtemps que de toute autre bête de somme, parce que, comme il supporte très-bien le travail et la faim, il est rare qu'il soit attaqué de quelque maladie. Cet animal, si facile à entretenir, rend néanmoins plus de services, et même de services nécessaires, qu'il n'est grand, puisqu'il laboure les terres avec des charrues légères, pour peu qu'elles soient aisées au labour, telles que celles de la Bétique et de toute la Libye, et qu'il tire des voitures, pourvu qu'elles ne soient pas trop pesantes. Souvent même, ainsi que le raconte le plus célèbre des poëtes, *le conducteur d'un ânon lent dans sa marche lui charge le dos de fruits vils, et lui fait rapporter, au retour de la ville, une meule ou une charge de poix noire.* Mais le travail de cet animal le plus usité presque partout consiste à tourner la meule et à moudre le blé. C'est pourquoi il n'y a point de campagne qui puisse se passer d'un ânon, cet animal étant très-nécessaire, ainsi que je viens de le dire, tant pour porter à la ville que pour en rapporter commodément, sur son cou ou sur son dos, la plupart des choses qui servent à notre usage. Or nous avons suffisamment expliqué quelle était l'espèce de cet animal la plus recherchée, et quels soins il fallait en avoir, lorsque nous avons donné des préceptes sur les ânes de prix dans le livre précédent.

II. Le second objet de nos soins après les grands quadrupèdes, ce sont les brebis, qui devraient même tenir le premier rang, si on avait égard à la grande utilité qu'on en retire, puisque ce sont elles qui nous défendent le plus particulièrement contre la violence du froid, et qui nous fournissent des vêtements avec le plus de libéralité. D'ailleurs non-seulement elles rassasient la faim du paysan par le fromage et le lait qu'elles lui fournissent avec profusion, mais elles garnissent encore les tables des gens du beau monde d'une grande quantité de mets agréables. Elles servent même à nourrir des nations entières qui manquent de blé, et c'est de là que presque tous les Nomades et les Gètes sont appelés γαλακτοπόται. Ce bétail, quoique très-faible, comme l'observe prudemment Celsus, est d'une santé très-sûre, et n'est point sujet aux maladies pestilentielles. Cependant il faut le choisir d'une nature qui s'accommode avec celle du pays où l'on est. C'est une attention que Virgile ordonne d'avoir en toute occasion, non-seulement par rapport à ce bétail, mais encore par rapport à toutes les parties de l'économie rurale, lorsqu'il dit que *toutes les terres ne peuvent pas s'accommoder également de toutes sortes de choses.* Les terroirs gras et les pays plats s'accommodent de brebis hautes; les maigres et ceux où il y a des collines s'accommodent de celles qui sont trapues; les forêts et les lieux montagneux n'en veulent que de petites, et les brebis que l'on couvre de peaux paissent à leur aise dans les prés et dans les plaines en jachères. Non-seulement l'espèce de ce bétail est un point essentiel à observer, mais sa couleur ne l'est pas moins. Les habitants de notre pays regardaient autrefois les brebis de Milet, ainsi que celles de la Calabria et de l'Apulia, comme les brebis de l'espèce la plus distinguée, et celles de Tarentum comme les meilleures de toutes. Aujourd'hui celles des Gaules passent pour avoir le plus de renom, et notamment celles d'Altinum, ainsi que celles qui sont établées dans les campagnes de la Macra, aux environs de Parme et de Mutina. Outre que la cou-

---

etiam gliscit. Tum imprudentis custodis negligentiam fortissime sustinet : plagarum et penuriæ tolerantissimus : propter quæ tardius deficit, quam ullum aliud armentum. Nam laboris et famis maxime patiens, raro morbis afficitur. Hujus animalis tam exiguæ tutelæ plurima et necessaria opera supra portionem respondent, est et facilem terram qualis in Bætica totaque Libye, (sit) levibus aratris proscindat, et non minima pondera vehiculo trahat. Sæpe etiam, ut celeberrimus poeta memorat : ..... *tardi costas agitator aselli Vilibus aut onerat pomis, lapidemque revertens Incusum aut atræ massam picis urbe reportat.* Jam vero molarum et conficiendi frumenti pene solennis est hujus pecoris labor. Quare omne rus tanquam maxime necessarium instrumentum desiderat asellum, qui, ut dixi, pleraque utensilia et vehere in urbem, et reportare collo vel dorso commode potest. Qualis autem species ejus vel cura probatissima sit, superiore libro, cum de pretioso præciperetur, satis dictum est.

II. Post majores quadrupedes ovilli pecoris secunda ratio est, quæ prima fit, si ad utilitatis magnitudinem referas. Nam id præcipue nos contra frigoris violentiam protegit, corporibusque nostris liberaliora præbet velamina. Tum etiam casei lactisque abundantia non solum agrestes saturat, sed etiam elegantium mensas jucundis et numerosis dapibus exornat. Quibusdam vero nationibus frumenti expertibus victum commodat, ex quo Nomadum Getarumque plurimi γαλακτοπόται dicuntur. Igitur id pecus, quamvis mollissimum sit, ut ait prudentissime Celsus, valetudinis tutissimæ est, minimeque pestilentia laborat. Verum tamen eligendum est ad naturam loci : quod semper observari non solum in hoc, sed etiam in tota ruris disciplina Virgilius præcipit, cum ait : *Nec vero terræ ferre omnes omnia possunt.* Pinguis et campestris situs proceras oves tolerat; gracilis et collinus quadratas; silvestris et montosus exiguas . pratis planisque novalibus tectum pecus commodissime pascitur. Idque non solum generibus, sed etiam coloribus plurimum refert. Generis eximii Calabras Apulasque et Milesias nostri existimabant, earumque optimas Tarentinas. Nunc Gallicæ pretiosiores habentur, earumque præcipue Altinates. Item quæ circa Parmam et Mutinam Macris stabulantur campis. Color albus cum sit optimus, tum etiam est utilissimus, quod

leur blanche est la meilleure dans ce bétail, elle est encore de la plus grande ressource, parce qu'avec cette couleur on peut se procurer beaucoup d'autres couleurs, au lieu qu'on ne peut en avoir de blanche avec aucune autre. Les couleurs brunes et noires, telles qu'on en trouve à Pollentia en Italie et à Corduba dans la Bétique, sont aussi par leur nature d'un prix recommandable. L'Asie donne même des brebis rouges, que l'on appelle *erythrææ* (rouges). Mais l'expérience a fait trouver des moyens de multiplier les variétés de couleur dans ce bétail. En effet, comme on avait amené d'Afrique, à des gens qui donnaient en spectacle des bêtes rares dans la ville municipale de Gadès, entre plusieurs autres bêtes féroces, des béliers sauvages et farouches d'une couleur admirable, M. Columelle, mon oncle paternel, homme d'un génie pénétrant et célèbre agriculteur, en acheta quelques-uns, qu'il transporta dans ses terres, et qu'il fit accoupler avec ses brebis couvertes de peaux, après les avoir apprivoisés. Les premiers résultats furent des agneaux dont la toison était à la vérité grossière, quoique de la même couleur que celle du père; mais ces agneaux ayant par la suite couvert des brebis de Tarentum, donnèrent des béliers dont la toison fut plus fine. Les agneaux engendrés de ceux-ci eurent la toison déliée et moelleuse de la mère, et la couleur du père et du grand-père. Columelle prétendait que de cette façon l'espèce d'une bête sauvage, quelle qu'elle fut, se retrouvait toujours dans ses petits-fils, après que le naturel sauvage s'était trouvé adouci en passant par différents degrés. Je reviens à mon sujet. Il y a donc de deux sortes de brebis; celles qui ont la laine douce, et celles qui l'ont grossière : mais quoiqu'il y ait, par rapport à l'une et l'autre espèce, des observations communes, auxquelles il faut avoir égard soit dans l'achat soit dans l'entretien de ces animaux, il y en a cependant quelques-unes de particulières à l'espèce la plus distinguée. Voici à peu près les observations communes auxquelles il faut avoir égard dans l'achat des troupeaux. Puisque la blancheur de la laine est ce que l'on recherche le plus, il faudra toujours choisir les plus blancs, parce que souvent il vient un agneau noirâtre d'un bélier blanc, et que jamais des béliers rouges ou gris n'en produisent de blancs.

III. Ainsi, quoiqu'un bélier ait la toison blanche, ce n'est pas un motif suffisant pour l'approuver, à moins qu'il n'ait le palais et la langue de la même couleur que la laine, puisqu'il donne des agneaux gris ou même bigarrés, lorsqu'il a ces parties du corps noires ou tachées. C'est ce que le poëte que j'ai déjà cité ci-dessus a très-bien exprimé entre autres choses par ces vers : « *Mais rejetez un bélier qui, tout blanc qu'il est, cache sous son palais humide une langue noire, de peur qu'il ne teigne de taches noirâtres la toison de ses enfants*. Il en est de même des béliers roux ou noirs, dont le palais et la langue ne doivent pas non plus être d'une couleur différente de celle de leur laine (ainsi que je l'ai déjà dit); ils doivent encore moins être tachés sur le corps, et particulièrement sur le dos. Il ne faut pas par conséquent acheter de brebis qu'elles n'aient leur laine au moment de l'achat, afin que l'on puisse mieux voir si elles sont d'une seule couleur, parce que si l'unité de couleur ne se retrouve pas dans les béliers, les taches du père se transmettent ordinairement aux enfants. On estime surtout le bélier lorsqu'il est haut et long, qu'il a le ventre ravalé et couvert de laine, la queue très-longue, la toison épaisse, le front large, les testicules gros et les cornes torses : non

---

ex eo plurimi fiunt, neque hic ex alio. Sunt etiam suapte natura pretio commendabiles pullus atque fuscus, quos præbent in Italia Pollentia, in Bætica Corduba. Nec minus Asia rutilos, quos vocant erythræos. Sed et alias varietates in hoc pecoris genere docuit usus exprimere. Nam cum in municipium Gaditanum ex vicino Africæ miri coloris silvestres ac feri arietes, sicut aliæ bestiæ, muneraríis deportarentur, M. Columella patruus meus acris vir ingenii, atque illustris agricola, quosdam mercatus in agros transtulit, et mansuefactos tectis ovibus admisit. Eæ primum hirtos, sed paterni coloris agnos ediderunt, qui deinde et ipsi Tarentinis ovibus impositi, tenuioris velleris arietes progeneraverunt. Ex his rursus quicquid conceptum est, maternam mollitiem, paternum et avitum retulit colorem. Hoc modo Columella dicebat, qualemcunque speciem, quæ fuerit in bestiis, per nepotum gradus mitigata feritate rediisse. Sed ad propositum revertar. Ergo duo genera sunt ovilli pecoris, molle et hirsutum. Sed in utroque vel emendo plura communia, quædam tamen sunt propria generosi, quæ observari conveniat. Communia in emendis gregibus fere illa : si candor lanæ maxime placet, nunquam nisi candidissimos mares legeris : quoniam ex albo sæpe fuscus editur partus; ex erythræo vel pullo nunquam generatur albus.

III. Itaque non solum ea ratio est probandi arietis, si vellere candido vestitur, sed etiam si palatum atque lingua concolor lanæ est. Nam cum hæ corporis partes nigræ aut maculosæ sunt, pulla vel etiam varia nascitur proles; idque inter cætera eximie talibus numeris significavit idem qui supra : *Illum autem, quamvis aries sit candidus ipse, Nigra subest udo tantum cui lingua palato, Rejice, ne maculis infuscet vellera pullis Nascentum*. Una eademque ratio est in erythræis et nigris arietibus, quorum similiter, ut jam dixi, neutra pars esse debet discolor lanæ, multoque minus ipsa universitas tergoris maculis variet. Ideo nisi lanatas oves emi non oportet, quo melius unitas coloris appareat : quæ nisi præcipua est in arietibus, paternæ notæ plerumque natis inhærent. Habitus autem maxime probatur, cum est altus atque procerus, ventre promisso atque lanato, cauda longissima, densique velleris, fronte lata, testibus amplis, intortis cornibus : non quia magis hic sit utilis, (nam

pas qu'il soit alors d'une plus grande utilité, puisqu'un bélier sans cornes vaut encore mieux, mais parce que les cornes ne lui nuisent pas autant lorsqu'elles sont torses que lorsqu'elles sont droites et bien ouvertes. Nous préférerions cependant dans certaines contrées, où la température de l'air est humide et venteuse, les boucs et les béliers qui auraient même de très-grandes cornes, parce qu'étant droites et hautes, elles mettraient la plus grande partie de leur tête à l'abri des tempêtes. Ainsi, si nous sommes dans un pays où l'hiver est le plus communément rude, nous choisirons cette espèce de béliers à grandes cornes ; au lieu que si l'hiver est doux, nous préférerons un mâle sans cornes, parce qu'il y a cet inconvénient à craindre dans celui qui a des cornes, que, se sentant la tête armée avec une espèce de dard naturel, il cherche plus souvent les occasions de se battre, et qu'il importune trop les femelles. En effet, il poursuit avec beaucoup de violence ses rivaux (quoiqu'il ne suffise pas seul à couvrir le troupeau), et il ne permet pas à d'autres de s'accoupler avec les brebis qui sont en chaleur, à moins qu'il ne soit harassé par le plaisir : au lieu que celui qui n'a point de cornes, se sentant pour ainsi dire désarmé, n'est pas enclin à chercher dispute, en même temps qu'il est plus modéré dans ses plaisirs. Aussi les pâtres emploient-ils la ruse que voici pour réprimer la brutalité d'un bouc ou d'un bélier qui donne des coups de cornes : ils fichent des pointes dans une planche de robre d'un pied de long, qu'ils attachent à ses cornes en tournant ces pointes du côté de son front. Cette précaution empêche l'animal, tout féroce qu'il est, de chercher dispute aux autres, parce qu'il ne peut pas donner un coup sans se blesser lui même en se piquant du même coup. Mais Épicharmus de Syracuse, qui a traité avec beaucoup de soin des remèdes des bestiaux, assure qu'on vient à bout d'adoucir un bélier qui est enclin à se battre, en lui perçant les cornes avec une tarière à l'endroit de leur courbure le plus voisin des oreilles. Le meilleur âge de ce quadrupède pour la génération est l'âge de trois ans : il ne cesse pas cependant d'y être propre jusqu'à huit. Il faut faire couvrir la femelle après sa seconde année : elle passe pour être dans le bon âge à cinq ans, et cesse de porter passé la septième année. Vous achèterez donc, comme je l'ai déjà dit, des brebis qui ne soient pas nouvellement tondues : vous ne prendrez point celles dont la laine sera tachée et grise, parce que ce sont des couleurs peu sûres. Vous rejetterez aussi comme stériles celles qui, passé trois ans, auront les dents saillantes hors de la bouche ; mais vous choisirez celles de deux ans qui auront le corps ample, le cou garni de longue laine, la toison douce, et le ventre également couvert de laine et ample, parce qu'il faut éviter les ventres petits et pelés. Ce sont à peu près là les observations auxquelles on aura égard dans l'achat de quelque espèce de brebis que ce soit. Voici celles qui sont relatives à leur entretien. Il faut faire des étables basses et spacieuses, mais plus longues que larges, afin qu'elles soient et chaudes en hiver, et suffisamment larges pour qu'il n'y ait point de risque que les brebis pleines se blessent le ventre. On les exposera au midi, parce que ce bétail, quoique le plus vêtu de tous les animaux, est cependant celui qui s'habitue le moins au froid, ainsi qu'aux grandes chaleurs de l'été. C'est pourquoi on doit avoir devant l'entrée de ces étables une cour close par de hautes murailles, dans laquelle ces animaux pourront aller avec sûreté pendant les chaleurs de l'été. On fait aussi en sorte qu'il ne séjourne aucune humidité dans leurs étables, et qu'elles soient toujours couvertes de fougère très-sèche ou de

est melior mutilus aries) sed quia minime nocent intorta potius, quam surrecta et patula cornua. Quibusdam tamen regionibus, ubi cœli status uvidus ventosusque est, capros et arietes optaverimus vel amplissimis cornibus, quod ea porrecta altaque maximam partem capitis a tempestate defendant. Itaque si plerumque est atrocior hiems, hoc genus eligemus : si clementior, mutilum probabimus marem : quoniam est illud incommodum in cornuto, quod cum sentiat se velut quodam naturali telo capitis armatum, frequenter in pugnam procurrit, et fit in fœminas quoque procacior. Nam rivalem (quamvis solus admissuræ non sufficit) violentissime persequitur, nec ab alio tempestive patitur iniri gregem, nisi cum est fatigatus libidine. Mutilus autem, cum se tanquam exarmatum intelligat, nec ad rixam promptus est, et in venere mitior. Itaque capri vel arietis petulci sævitiam pastores hac astutia repellunt. Mensuræ pedalis robustam tabulam configunt aculeis, et adversam fronti cornibus religant. Ea res ferum prohibet a rixa, quoniam stimulatum suo ictu ipsum se sauciat. Epicharmus autem Syracusanus, qui pecudum medicinas diligentissime conscripsit, affirmat pugnacem arietem mitigari terebra secundum auriculas foratis cornibus, qua curvantur in flexum. Ejus quadrupedis ætas ad progenerandum optima est trima : nec tamen inhabilis usque in annos octo. Fœmina post bimatum maritari debet, juvenisque habetur quinquennis : fatiscit post annum septimum. Igitur, ut dixi, mercaberis ovels intonsas : variam canamque improbabis, quod sit incerti coloris. Majorem trima dente minacem sterilem repudiabis. Eliges bimam vasti corporis, cervice prolixi villi, nec asperi, lanosi et ampli uteri. Nam vitandus est glaber et exiguus. Atque hæc fere communia sunt in comparandis ovibus. Illa etiam tuendis : humilia facere stabula, sed in longitudinem potius, quam in latitudinem porrecta, ut simul et hieme calida sint, nec angustiæ fœtus obligant. Ea poni debent contra medium diem : namque id pecus, quamvis ex omnibus animalibus sit vestitissimum, frigoris tamen impatientissimum est, nec minus æstivi vaporis. Itaque cohors clausa sublimi macerie præponi vestibulo debet, ut sit in eam tutus exitus æstivandi;

chaume, afin que les brebis soient couchées plus proprement et plus mollement lorsqu'elles auront agnelé. Il faut encore que les bergeries soient très-propres, de sorte que la santé des brebis, à la conservation de laquelle il faut principalement veiller, n'ait point à souffrir de l'humidité. En général il faut donner à quelque espèce de bétail que ce soit une nourriture abondante : en effet, un troupeau, même peu nombreux, qui sera bien rassasié de fourrage, sera d'un plus grand profit à son maître que ne le serait un plus nombreux qui aurait souffert de la disette. Il faut rechercher les jachères, non-seulement parce qu'elles sont bien fournies d'herbes, mais encore parce qu'elles ne sont point ordinairement embarrassées par des épines : car, pour nous appuyer souvent de l'autorité du poëte divin, *Si la laine est votre objet, commencez par fuir les forêts piquantes, ainsi que la bardane et le chardon*, parce que ces plantes rendent les brebis galeuses, comme dit le même poëte, *au cas qu'après la tonte, et avant qu'on ait lavé la sueur qui tient à leur peau, leur corps ait été déchiré par des épines piquantes*; et que d'ailleurs cet accident diminue tous les jours la quantité de leur laine. En effet, plus la laine de ce bétail est épaisse et longue, plus elle est sujette d'un autre côté à être arrachée de son dos pendant qu'il paît, par les ronces qui l'accrochent comme autant de hameçons. Quant à celles qui sont couvertes de peaux, elles perdent aussi par là leur couverture, dont la réparation jette en de grandes dépenses. Presque tous les auteurs conviennent que le temps où l'on peut faire couvrir le plus tôt les brebis est le printemps, vers la fête des *Parilia*, quand elles n'ont point agnelé pour lors, et vers le mois de juillet, quand elles ont agnelé dans cette saison. Cependant le premier de ces deux temps doit, sans contredit, être préféré à l'autre, afin que, par une continuité d'opérations successives, la naissance des agneaux succède à la vendange, comme la vendange aura succédé à la moisson, et que ces animaux puissent mieux supporter les froids et le jeûne dont ils sont menacés pendant l'hiver, par les forces qu'ils auront acquises en se rassasiant de fourrage pendant toute l'automne. En effet, l'agneau d'automne vaut mieux que celui du printemps, comme dit Celsus avec beaucoup de raison, parce qu'il est plus essentiel que cet animal soit fortifié avant le solstice d'été, qu'il n'est essentiel qu'il le soit avant celui d'hiver, d'autant que c'est le seul de tous les animaux qui puisse naître sans risque au solstice d'hiver. Si le cas exige qu'on se procure plus de mâles que de femelles, Aristote, le plus grand connaisseur des phénomènes de la nature, ordonne d'observer, en faisant couvrir les brebis, le vent de septentrion pendant les jours secs, afin de faire paître le troupeau vis-à-vis ce vent, pour que les brebis l'aient en face pendant l'acte de la génération : si l'on veut se procurer des femelles, il faut au contraire chercher les vents du midi, et faire couvrir les brebis dans la même position respectivement à ces vents. Car la méthode que nous avons enseignée dans le premier livre, qui consiste à serrer avec une ligature le testicule droit du mâle ou le gauche, au moment de la génération, est d'une exécution difficile dans des troupeaux nombreux. Quand les brebis auront mis bas, le berger qui conduit ses troupeaux dans des contrées éloignées élèvera presque tous les agneaux dans les pâturages où il se trouvera, tandis que le métayer qui habite dans les environs d'une ville livrera au boucher les jeunes agneaux avant qu'ils aient tâté de l'herbe, parce qu'il en coûtera peu pour les mener à la ville, et que lorsqu'on les aura sevrés, le lait

---

deturque opera, ne quis humor consistat, ut semper quam aridissimis filicibus vel culmis stabula constrata sint, quo purius et mollius incubent fœtu; (sint quala mundissima) neque earum valetudo, quæ præcipue custodienda est, infestetur uligine. Omnia autem pecudi larga præbenda sunt alimenta. Nam vel exiguus numerus, cum pabulo satiatur, plus domino reddit, quam maximus grex, si senserit penuriam. Sequeris autem novalia non solum herbida, sed quæ plerumque vidua sunt spinis : utamur enim sæpius auctoritate divini carminis : *Si tibi lanitium curæ est, primum aspera silva Lappæque tribulique absint;* quoniam ea res, ut ait idem, scabras oves reddit, *cum tonsis illotus adhæsit Sudor, et hirsuti secuerunt corpora vepres :* tum etiam quotidie minuitur lanæ fructus, quæ quanto prolixior in pecore concrescit, tanto magis obnoxia est rubis, quibus velut hamis inuncata pascentium tergoribus avellitur. Molle vero pecus etiam velamen, quo protegitur, amittit, atque id non parvo sumtu reparatur. Inter auctores fere constat, primum esse admissuræ tempus vernum Parilibus, si sit ovis matura; sin vero fœta, circa Julium mensem. Prius tamen haud dubie probabilius, ut messem vindemia, fructum deinde vineaticum fœtura pecoris excipiat, et totius autumni pabulo satiatus agnus aute mœstitiam frigorum atque hiemis jejunium confirmetur. Nam melior est autumnalis verno, sicut ait verissime Celsus; quia magis ad rem pertinet, ut ante æstivum quam hibernum solstitium convalescat ; solusque ex omnibus bruma commode nascitur. Ac si res exigit, ut plurimi mares progenerandi sint, Aristoteles vir callidissimus rerum naturæ præcipit admissuræ tempore observare siccis diebus halitus septemtrionales, ut contra ventum gregem pascamus, et eum spectans admittatur pecus : at si fœminæ gerendæ sunt, austrinos flatus captare, ut eadem ratione matrices ineantur. Nam illud, quod priore libro docuimus, ut admissarii dexter vel etiam sinister vinculo testiculus obligetur, in magnis gregibus operosum est. Post fœturam deinde longinquæ regionis opilio fere omnem sobolem pastioni reservat : suburbanæ [villicus enim] teneros agnos, dum adhuc herbæ sunt expertes, lanio tradit, quoniam et parvo sumptu

de leurs mères rendra un profit aussi considérable que celui qu'il rendait lorsqu'elles nourrissaient. Il faudra cependant en laisser croître quelques-uns même dans le voisinage de la ville, parce que quand ce bétail est né dans le pays même où l'on est, on en retire bien plus de profit que lorsqu'il est tiré d'un pays étranger. D'ailleurs il ne faut pas risquer que le troupeau vienne à manquer tout entier à la fois à son maître, lorsque toutes les têtes dont il est composé seront épuisées par la vieillesse, d'autant que le premier soin d'un pâtre, surtout quand il est attentif à son devoir, est de substituer toutes les années dans le troupeau autant ou même plus de têtes qu'il n'y en a de mortes ou de malades, parce qu'il arrive souvent que la rigueur des froids le surprend, et que l'hiver fait mourir les brebis qu'il avait laissées dans le troupeau pendant l'automne, dans la persuasion où il était qu'elles pourraient aussi supporter l'hiver. Ces accidents sont encore un motif qui doit le porter à ne compléter le troupeau qu'avec de jeunes agneaux, et qui soient déjà assez forts pour n'être pas surpris par l'hiver. Il joindra à cette attention celle de ne pas le compléter avec les agneaux qui seront nés de brebis âgées de moins de quatre ans ou de plus de huit, parce que dans aucun de ces deux âges une brebis n'est propre à élever un agneau : outre que le produit d'une vieille bête tient communément de la vieillesse de son origine, et qu'il est toujours ou stérile ou chétif. On doit garder la ventrée d'une brebis, pendant qu'elle est pleine, à peu près avec autant de circonspection que les sages-femmes gardent le fruit d'une femme grosse. On ne délivre pas non plus autrement cet animal que les femmes, et souvent même son travail est plus pénible à proportion de ce qu'il est privé de toute raison. C'est pourquoi le maître du troupeau doit être un homme instruit dans la médecine vétérinaire, afin que, selon le besoin, il soit en état, lorsque le fœtus sera attaché en travers dans la matrice de la mère, de l'en tirer soit en entier soit par parties, sans mettre la mère en danger en le disséquant avec le fer, ce que les Grecs appellent ἐμβρυουλκεῖν. Dès que l'agneau est venu au monde, il faut le mettre sur ses jambes, et l'approcher du pis de sa mère ; ensuite même lui ouvrir la gueule, pour l'humecter du lait qu'on y fera dégoutter en pressant le bout du pis, afin qu'il apprenne à tirer l'aliment que lui doit fournir sa mère. Mais avant d'en venir là, on traira auparavant les premières gouttes de ce lait, que les pâtres appellent *colostra*, parce que si on n'avait pas soin de les tirer, elles feraient mal à l'agneau. Deux jours après sa naissance, on l'enferme avec sa mère, afin qu'elle l'échauffe et qu'il apprenne à la reconnaître : après quoi, tant qu'il n'est pas en état de bondir, on le garde dans un enclos obscur et chaud ; mais lorsqu'il commencera à bondir, il faudra l'enfermer dans un parc d'osier avec ceux de son âge, de peur qu'il ne maigrisse comme les enfants par trop de pétulance. Il faut aussi avoir soin que les plus jeunes agneaux soient séparés des plus forts, parce que ceux qui sont déjà robustes tourmentent ceux qui sont encore faibles : mais il suffit de faire cette séparation le matin avant que le troupeau sorte pour aller paître ; car on pourra à l'entrée de la nuit, et lorsque les brebis seront de retour après s'être bien rassasiées, mettre les agneaux pêle-mêle avec elles. Lorsqu'ils commenceront à être forts, on les nourrira dans l'étable avec du cytise ou de la luzerne, et même

---

devehuntur, et iis submotis, fructus lactis ex matribus non minor percipitur. Submitti tamen etiam in vicinia urbis quintum quemque oportebit. Nam vernaculum pecus peregrino longe est utilius : nec committi debet, ut totus grex effœtus senectute dominum destituat : cum præsertim boni pastoris vel prima cura sit annis omnibus in demortuarum vitiosarumque ovium locum totidem vel etiam plura capita substituere : quoniam sæpe frigorum atque hiemis sævitia pastorem decipit, et eas oves interimit, quas ille tempore autumni ratus adhuc esse tolerabiles, non submoverat. Quo magis etiam propter hos casus, nisi quæ validissima non comprehendatur hieme, novaque progenie repleatur numerus. Quod qui faciet, servare debebit, ne minori quadrimæ, neve ei, quæ excessit annos octo, prolem submittat. Neutra enim ætas ad educandum est idonea : tum etiam quod ex vetere materia nascitur, plerumque congeneratum parentis senium refert. Nam vel sterile vel imbecillum est. Partus vero incientis pecoris non secus quam obstetricum more custodiri debet. Neque enim aliter hoc animal quam muliebris sexus enititur, sæpiusque etiam, quando est omnis rationis ignarum, laborat in partu. Quare veterinariæ medicinæ prudens esse debet pecoris magister, ut, si res exigat, vel integrum conceptum, cum transversus hæret locis genitalibus, extrahat, vel ferro divisum citra matris perniciem partibus educat, quod Græci vocant ἐμβρυουλκεῖν. Agnus autem, cum est editus, erigi debet, admoveri uberibus admoveri, tum etiam ejus diductum os pressis humectare papillis, ut condiscat maternum trahere alimentum. Sed prius quam hoc fiat, exiguum lactis emulgendum est, quod pastores colostram vocant : ea nisi aliquatenus emittitur, nocet agno qui biduo quo natus est, cum matre claudatur, ut et ea partum suum foveat, et ille matrem agnoscere condiscat. Mox deinde quamdiu non lascivit, obscuro et calido septo custodiatur ; postea luxuriantem virgea cum comparibus area claudi oportebit, ne velut puerili nimia exultatione macescat : cavendumque est, ut tenerior separetur a validioribus, quia robustus angit imbecillum. Satisque est mane prius quam grex procedat in pascua ; deinde etiam crepusculo redeuntibus saturis ovibus admiscere agnos. Qui dum firmi esse cœperint, pascendi sunt intra stabulum cytiso, vel medica, tum etiam furfuribus, aut, si permittat annona, farina ordei vel ervi : deinde, ubi convaluerint, circa meridiem pratis aut novalibus villæ

avec du son par la suite, ou de la farine d'orge et d'ers, si la cherté de ces grains n'y met point d'obstacle : après quoi, lorsqu'ils auront pris toute leur force, il faudra mener les mères vers le midi dans des prés ou sur des jachères contiguës à la métairie, et faire sortir les agneaux de leur enclos, afin qu'ils apprennent à paître au dehors. Quant au genre de fourrage qui leur convient, nous observerons, soit en rappelant ce que nous avons dit précédemment, soit en y ajoutant les choses que nous pouvons avoir omises alors, que les herbes qui leur sont le plus agréables sont celles qui viennent dans les campagnes qui ont reçu le premier labour à la charrue; qu'après elles, ce sont celles des prés qui ne sont pas trop humides; et qu'enfin celles des marais et des forêts passent pour être les moins bonnes. Il n'y a pas cependant de fourrages ni même de pacages, si agréables qu'ils puissent être, qui ne cessent à la longue de plaire aux brebis, à moins que le pâtre ne prévienne le dégoût qu'elles en prennent en leur donnant du sel : on met ce sel dans des auges de bois pendant l'été, afin qu'elles aillent le lécher au retour de la pâture, et qu'il serve comme d'assaisonnement à leur fourrage, pour exciter en elles une ardeur égale tant pour boire que pour paître. On subvient d'un autre côté à la disette de l'hiver en remplissant les crèches des bergeries de nourriture : car on peut y mettre très à propos soit des feuilles d'orme ou de frêne, soit du foin d'automne que l'on appelle *cordum*, parce que ce foin est plus mollet et dès là même plus agréable que celui qui est cueilli dans son temps. On les nourrit aussi très-bien de cytise et de vesce cultivée. Il faut cependant être aussi pourvu de paille de légumes, pour les cas où toutes les autres nourritures viendront à manquer. Car si l'on voulait s'en tenir à ne leur donner que de l'orge, ou des fèves broyées avec leur cosse, ou du pois chiche, ce serait une trop grande dépense pour pouvoir y subvenir dans le voisinage des villes sans qu'il en coûtât énormément, quoique ces graines seront sans contredit ce qu'il y aura de mieux à leur donner, dans le cas où leur bon marché le permettra. Quant aux temps auxquels il faut les mener paître ou boire, je suis du sentiment de Maron, lorsqu'il dit : *Au lever de la constellation de Lucifer, menons le matin les troupeaux brouter les campagnes encore fraîches, dans le temps que les herbes sont blanchies par la gelée, et que la rosée, qui est très-agréable au bétail, couvre l'herbe tendre. Ensuite, lorsque la quatrième heure du jour leur fera sentir la soif, conduisons-les à des puits ou vers des étangs profonds;* menons-les au milieu du jour soit dans des vallées, comme dit le même poëte, *où des chênes élevés, dont le bois sera consacré depuis longtemps à Jupiter, étendront au loin leurs branches; soit dans des forêts qu'une quantité d'yeuses, dont l'ombre sacrée invite à se reposer, rend impénétrables à la lumière*. Lorsqu'ensuite la chaleur sera tombée, menons-les boire une seconde fois, pour les faire paître de nouveau *vers le coucher du soleil, lorsque la fraîcheur du vesper aura tempéré l'air, et que la nuit en amenant la rosée commencera à refaire les forêts*. Mais il faut observer en été, pendant le lever de la Canicule, de conduire le troupeau avant midi la tête tournée à l'occident, en le faisant avancer vers ce point du monde, et l'après-midi vers l'orient : car il est très-important que la tête des brebis ne soit point alors en face du soleil pendant qu'elles broutent, parce que cette constellation est ordinairement pernicieuse aux animaux à son lever. On les retiendra pendant les matinées d'hiver et

---

continuis matres admovendæ sunt, et a septo emittendi agni, ut condiscant foris pasci. De genere pabuli jam et ante diximus, ut nunc eorum, quæ omissa sunt, meminerimus, jucundissimas herbas esse, quæ aratro proscissis arvis nascantur; deinde quæ pratis uligine carentibus; palustres silvestresque minime idoneas haberi. Nec tamen ulla sunt tam blanda pabula, aut etiam pascua, quorum gratia non exolescat usu continuo, nisi pecudum fastidio pastor occurrerit præbito sale, quod velut ad pabuli condimentum per æstatem canalibus ligneis impositum, cum e pastu redierint oves, lambunt, atque eo sapore cupidinem bibendi pascendique concipiunt. At contra penuriæ hiemis succurritur objectis intra tectum per præsepia cibis. Aluntur autem commodissime repositis ulmeis vel ex fraxino frondibus, vel autumnali fœno, quod cordum vocatur. Nam id mollius et ob hoc jucundius est, quam maturum. Cytiso quoque et sativa vicia pulcherrime pascuntur. Necessariæ tamen, ubi cætera defecerunt, etiam ex leguminibus paleæ. Nam per se ordeum, vel fresa cum [suis valvulis] faba [vel] cicercula sumptuosior est, quam ut suburbanis regionibus salubri pretio possit præberi : sed sicubi vilitas permitti, haud dubie sunt optima. De temporibus autem pascendi, et ad aquam ducendi per æstatem non aliter sentio, quam ut prodidit Maro : *Luciferi primo cum sidere frigida rura Carpamus, dum mane novum, dum gramina canent, Et ros in tenera pecori gratissimus herba. Inde ubi quarta sitim cœli collegerit hora, Ad puteos, aut alta greges ad stagna perducamus*, medioque die, ut idem, ad vallem, *Sicubi magna Jovis antiquo robore quercus Ingenteis tendit ramos, aut sicubi nigrum Ilicibus crebris sacra nemus accubat umbra*. Rursus deinde jam mitigato vapore compellamus ad aquam, et iterum ad pascua producamus. *Solis ad occasum, cum frigidus aera vesper Temperat, et saltus reficit jam roscida luna*. Sed observandum est sidus æstatis per emersum Caniculæ, ut ante meridiem grex in occidentem spectans agatur, et in eam partem progrediatur, post meridiem in orientem. Siquidem plurimum refert, ut ne pascentium capita sint adversa soli, qui plerumque nocet animalibus oriente prædicto sidere. Hieme et vere matutinis temporibus intra septa contineantur, dum dies arvis gelicidia detrahat. Nam pruinosa

de printemps dans leur enclos, jusqu'à ce que le soleil ait ressuyé la gelée blanche des campagnes, parce que l'herbe couverte de rosée occasionne dans ces saisons des fluxions aux bestiaux, et leur lâche le ventre. C'est pour cela aussi qu'il ne faut les laisser boire qu'une seule fois dans les temps de l'année froids et humides. Outre cela, celui qui suit le troupeau doit avoir l'œil de tous côtés, être vigilant (précepte applicable en général à tous ceux qui gardent des bestiaux, de quelque espèce qu'ils soient), et le gouverner avec beaucoup de douceur, car ces animaux sont très pacifiques, et souffrent tout en silence. Le conducteur se contentera de menacer les brebis avec la voix et la houlette, quand il s'agit de les rassembler et de les faire rentrer, sans jamais lancer de traits contre elles, sans s'écarter à une trop grande distance d'elles, et sans se coucher ni s'asseoir à terre. Il doit au contraire, lorsqu'il ne marche pas, se tenir debout, parce que le devoir d'un gardien est d'avoir les yeux postés, pour ainsi dire, sur une guérite très-élevée, pour empêcher de s'écarter des autres ou celles qui sont paresseuses et pleines, lorsqu'elles s'arrêtent, ou celles qui sont agiles et qui ont mis bas, lorsqu'elles vont trop vite, de peur qu'un voleur ou une bête féroce ne vienne à le tromper et à lui faire prendre le change. Mais tous ces préceptes sont généraux, et conviennent presque à toutes les espèces de brebis; au lieu que nous en allons donner de particuliers pour les espèces le plus estimées.

IV. Il est rarement avantageux d'avoir des brebis grecques, que l'on appelle communément brebis de Tarente, à moins que le propriétaire ne soit dans le cas d'avoir continuellement l'œil sur elles, parce que ce bétail demande de plus grands soins et plus de nourriture que les autres. Car si les bestiaux qui portent laine sont en général plus délicats que les autres, celui de Tarente l'est encore plus particulièrement, parce qu'il ne peut supporter aucune sorte de négligence et encore moins de lésine, soit de la part du propriétaire, soit de la part de l'intendant du troupeau, comme il ne peut pas non plus se faire au chaud ni au froid. Il prend le plus souvent sa nourriture à l'étable et rarement au dehors, et il lui en faut une très-grande quantité; de sorte que si le métayer lui en soustrait une portion par fraude, le désastre se met bientôt dans le troupeau. Il suffit de mettre dans les crèches de ces animaux, pendant l'hiver, trois *sextarii* d'orge pour chaque tête, ou quatre *sextarii* soit de fèves broyées avec leur cosse, soit de pois chiches, en leur donnant par-dessus du feuillage sec, ou de la luzerne tant sèche que verte, ou du cytise, ou même sept livres de regain, ou de la paille de légumes en abondance. Il ne peut y avoir qu'un très-petit profit à retirer de ce bétail sur la vente des agneaux, et il n'y en a aucun à faire sur le lait, parce qu'on tue communément les agneaux que l'on ne doit pas garder, très-peu de jours après leur naissance, sans attendre qu'ils soient faits, et que l'on en donne d'autres à allaiter aux mères qu'on a privées des leurs propres. Mais on ne donne qu'un agneau à deux nourrices, sans le frustrer de la moindre portion de leur lait, afin que s'en rassasiant davantage, il se fortifie promptement, et que la brebis qui aura agnelé, ayant une nourrice associée avec elle, ait moins de peine à élever son agneau. Aussi faut-il observer avec très-grande attention de présenter tous les jours à ces agneaux le pis de leurs mères, ainsi que celui de ces mères étrangères qui, n'ayant point pour eux l'affection maternelle, ne chercheraient point à le leur présenter. Il faut élever plus de mâles dans ces sortes de troupeaux que dans ceux de brebis à laine grossière, parce

[iis diebus] herba pecudi gravedinem creat, ventremque proluit. Quare etiam frigidis humidisque temporibus anni semel [tantum] ei potestas aquæ facienda est. Tum qui sequitur gregem circumspectus ac vigilans (id quod omnibus et in agendis recipiendisque ovibus adclamatione ac baculo quadrupedum custodibus præcipitur) magna clementia moderetur; idemque propior quia sileat, et in agendis recipiendisque ovibus adclamatione ac baculo moneatur: nec unquam telum emittat in eas: neque ab his longius recedat: nec aut recubet, aut considat. Nam nisi procedit, stare debet, quandoquidem custodis officium sublimem celsissimamque oculorum veluti speculam desiderat, ut neque tardiores et gravidas, dum cunctantur, neque agiles et fœtas, dum procurrunt, separari a cæteris sinat; ne fur, aut bestia hallucinantem pastorem decipiat. Sed hæc communia fere sunt in omni pecore ovillo. Nunc quæ sunt generosi propria dicemus.

IV. Græcum pecus, quod plerique Tarentinum vocant, nisi cum domini præsentia sit, vix expedit haberi : siquidem et curam et cibum majorem desiderat. Nam cum sit universum genus lanigerum cæteris pecudibus mollius, tum ex omnibus Tarentinum est mollissimum, quod nullam domini aut magistrorum ineptiam sustinet, multoque minus avaritiam; nec æstus, nec frigoris patiens. Raro foris, plerumque domi alitur, et est avidissimum cibi; cui si quid detrahitur fraude villici, clades sequitur gregem. Singula capita per hiemem recte pascuntur ad præsepia tribus ordei vel fresæ cum suis valvulis fabæ, aut cicerculæ quatuor sextariis, ita ut et aridam frondem præbeat, aut siccam vel viridem medicam cytisumve, tum etiam cordi fœni septena pondo, aut leguminum paleas adfatim. Minimus in agnis vendundis in hac pecude, nec ullus lactis reditus haberi potest. Nam et qui submoveri debent, paucissimos post dies quam editi sunt, immaturi fere mactantur; orbæque natis suis matres alienæ soboli præbent ubera : quippe singuli agni binis nutricibus submittuntur, nec quicquam subtrahi submissis expedit, quo saturior lactis agnus celeriter confirmetur, et parta nutrici consociata minus labori in educatione fœtus sui. Quum ob causam diligenti cura servandum est, ut et suis quotidie matribus et alienis non amantibus agni subrumentur.

qu'on les châtre avant qu'ils puissent couvrir les femelles, dès qu'ils ont deux ans passés ; et qu'on les tue pour vendre leurs peaux à des marchands qui les payent beaucoup plus cher que toutes les autres toisons, à cause de la beauté de la laine dont elles sont couvertes. Souvenons-nous de faire paître les brebis grecques dans des campagnes libres, et qui ne soient embarrassées ni par des arbrisseaux ni par des buissons, de peur que (comme je l'ai dit ci-dessus) leur laine ou leur couverture ne soit accrochée. Elles demandent les plus grands soins à la maison, mais elles n'en demandent pas moins au dehors, quoiqu'on ne les mène pas paître tous les jours. Car il faut les découvrir souvent pour les rafraîchir, leur éplucher fréquemment la laine, et l'arroser de vin et d'huile ; quelquefois même il faut la laver entièrement, lorsque le temps est assez beau pour permettre cette opération, qu'il suffira néanmoins de faire trois fois l'an. Il faut encore nettoyer souvent leurs bergeries, de façon qu'elles soient toujours propres, et en balayer toute l'humidité occasionnée par leur urine : il sera aisé de les tenir sèches au moyen de planches percées dont elles seront parquetées, et sur lesquelles le troupeau se couchera. Il faut non-seulement purger leur habitation de la boue ou du fumier, mais encore des serpents venimeux. A cet effet, *sachez qu'il faut brûler du cèdre odoriférant dans les étables, et chasser les serpents venimeux par l'odeur du galbanum brûlé. Souvent des vipères dangereuses à toucher se sont trouvées cachées sous des crèches que l'on n'avait jamais déplacées, et se sont enfuies d'effroi en voyant la lumière ; souvent des couleuvres ont fixé leur séjour dans une étable.* Dans l'un et l'autre cas, *pâtre, ramassez des pierres,* comme le prescrit le même auteur, *ou prenez un bâton de robre, et écrasez ces animaux au moment qu'ils vous menacent le plus, en gonflant leurs cous et en faisant entendre leurs sifflements.* Ou, pour prévenir les dangers que l'on court soi-même lorsqu'on est contraint d'en venir à cette extrémité, brûlez souvent des cheveux de femme ou de la corne de cerf, dont l'odeur est excellente pour chasser ces sortes d'animaux pestilentiels des étables. On ne peut fixer pour la tonte un temps certain, et qui soit le même pour toutes les contrées, parce que l'été n'est pas également tardif ni également hâtif dans tous les pays : ainsi la meilleure méthode est d'examiner les temps dans lesquels les brebis ne seront exposées à souffrir ni du froid lorsqu'on les aura tondues, ni du chaud lorsqu'elles auront encore leur laine. Au surplus, en tel temps qu'une brebis ait été tondue, il faudra la frotter avec la composition suivante : On mêlera ensemble à doses égales du bouillon de lupins, de la lie de vieux vin et de la lie d'huile ; et lorsque la brebis sera tondue, on l'arrosera de ce mélange de liqueurs ; quand son dos, que l'on frottera bien pendant trois jours, en aura été bien imbibé, on la mènera le quatrième jour au bord de la mer, si elle est dans le voisinage, pour l'y plonger ; mais si la mer est éloignée, on mettra du sel dans de l'eau de pluie qu'on laissera à l'air jusqu'à ce qu'elle en soit bien imprégnée ; après quoi on s'en servira pour laver le troupeau. Celsus assure qu'en prenant toutes ces précautions, ce bétail ne peut pas devenir galeux de l'année ; mais un fait qui n'est point douteux, c'est que sa laine reviendra plus douce et plus longue qu'elle ne l'était auparavant.

V. Comme nous avons passé en revue les soins

Plures autem in ejusmodi gregibus quam in hirtis masculos enutrire oportet. Nam prius quam fœminas inire possint mares castrati, cum bimatum expleverint, enecantur, et pelles eorum propter pulchritudinem lanæ majore pretio quam alia vellera mercantibus traduntur. Liberis autem campis et omni surculo ruboque vacantibus ovem Græcam pascere meminerimus, ne, ut supra dixi, et lana carpatur et tegumen. Nec tamen ea minus sedulam curam foris, quia non quotidie procedit in pascua, sed majorem domesticam postulat. Nam sæpius detegenda est refrigeranda est : sæpius ejus lana diducenda, vinoque et oleo insuccanda, nonnunquam etiam tota est eluenda, si diei permittit apricitas : Idque ter anno fieri sat est. Stabula vero frequenter everrenda et purganda, humorque omnis urinæ deverrendus est, qui commodissime siccatur perforatis tabulis, quibus ovilia consternuntur, ut grex supercubet. Nec tantum cœno aut stercore, sed exitiosis quoque serpentibus tecta liberentur : quod sit fiat, *Disce et odoratam stabulis incendere cedrum, Galbaneoque agitare graves nidore chelydros. Sæpe sub immotis præsepibus aut mala tactu Vipera delituit, cœlumque exterrita fugit : Aut tecto assuetus coluber.* Quare, ut idem jubet, *cape saxa manu, cape robora pastor, Tollentemque minas, et sibila colla tumentem Dejice.* Vel ne istud cum periculo facere necesse sit, muliebres capillos, aut cervina sæpius ure cornua : quorum odor maxime non patitur stabulis prædictam pestem consistere. Tonsuræ certum tempus anni per omnes regiones servari non potest : quoniam nec ubique tarde, nec celeriter æstas ingruit : et est modus optimus considerare tempestates, quibus ovis neque frigus, si lanam detraxeris, neque æstum, si nondum detonderis, sentiat. Verum ea quandoque detonsa fuerit, ungi debet tali medicamine : succus excocti lupini, veterisque vini fex, et amurca pari mensura miscentur, eoque liquamine tonsa ovis imbuitur ; at que ubi per triduum delibuto tergore medicamina sorbuerit, quarto die, si est vicinia maris, ad littus deducta mersatur : si minus, cælestis aqua sub dio salibus in hunc usum durata paulum decoquitur, eaque grex perluitur. Hoc modo curatum pecus toto anno scabrum fieri non posse Celsus affirmat : nec dubium est, quin etiam ob eam rem lana mollior atque prolixior renascatur.

V. Et quoniam recensuimus cultum curamque recte valentium, nunc quemadmodum vitiis aut morbo labo-

et les attentions que demandent les brebis qui se portent bien, nous allons prescrire à présent la façon dont on doit soulager celles qui sont défectueuses ou malades, quoique presque toute cette dernière partie ait déjà été épuisée lorsque nous avons donné dans le premier livre la façon de traiter les grands bestiaux. En effet, comme la constitution du corps est presque la même dans les petits quadrupèdes que dans les grands, il y a très-peu de différences à remarquer dans leurs maladies, comme dans les remèdes qu'on y applique; encore ces différences sont-elles légères : néanmoins, si légères qu'elles soient, nous ne les passerons point sous silence. Si un troupeau entier est malade, il faut, conformément à ce que nous avons ordonné ci-dessus, et que nous croyons devoir répéter de nouveau (parce que nous pensons que cette méthode est très-salutaire), changer dans ce cas-là les pâturages et l'aiguade de toute la contrée, et chercher un autre climat (car c'est le remède le plus efficace). Mais il faudra avoir soin, en faisant cette mutation, de choisir des campagnes couvertes d'arbres, si la maladie a été occasionnée par la chaleur et par l'ardeur du soleil, et des lieux exposés au soleil, si c'est le froid qui l'a occasionnée. On aura soin de conduire le troupeau doucement et sans le trop harceler, pour ne pas augmenter sa faiblesse par la fatigue d'un long chemin, quoiqu'il ne faudra pas non plus le conduire absolument avec lenteur, ni sans le presser en aucune manière; parce que s'il n'est pas expédient de trop émouvoir les bêtes déjà fatiguées par la maladie, et de leur distendre les membres, il est utile d'un autre côté de les exercer modérément, et de les réveiller, pour ainsi dire, de leur assoupissement, sans permettre qu'elles tombent dans l'engourdissement et meurent en léthargie. Lorsqu'ensuite le troupeau sera arrivé à sa destination, on l'y distribuera aux colons du pays par petits pelotons : en effet, il se portera mieux étant ainsi divisé que s'il était entier, soit parce que l'air de la maladie elle-même sera moins contagieux dans un plus petit nombre de bêtes, soit parce qu'on trouvera plus de facilités à donner ses soins à un troupeau dès qu'il sera moins nombreux. Voilà donc ce que l'on aura à observer, si toutes les brebis généralement sont malades, en y joignant les autres préceptes que nous avons détaillés dans le livre précédent (pour ne pas répéter ici les mêmes choses). Voici à présent ce qu'il faudra observer, lorsqu'il n'y aura que quelques bêtes malades. Les brebis sont infectées de la gale plus souvent que tout autre animal : cette maladie leur vient communément, comme dit notre poète, *lorsqu'une pluie froide les a pénétrées jusqu'aux os, et qu'elles ont été exposées en hiver aux gelées blanches*; lorsqu'après la tonte on n'a pas eu recours au remède que nous avons donné; lorsqu'on n'a pas lavé dans la mer ou dans une rivière la crasse de leurs corps, occasionnée par les sueurs de l'été; lorsqu'après la tonte du troupeau, on l'a exposé à se blesser dans des buissons sauvages et dans des épines; enfin lorsqu'on l'a mis dans des étables qui avaient servi précédemment à des mules, à des chevaux ou à des ânes : mais c'est surtout le défaut de nourriture qui occasionne cette maladie, en occasionnant la maigreur dont elle est une suite. On s'aperçoit que cette maladie commence à gagner ces animaux lorsqu'ils se grattent et se mordent la partie malade, qu'ils y portent la corne ou le pied, et qu'ils la frottent contre un arbre ou contre les murailles. Aussitôt donc que l'on voit une brebis occupée de ces petits manèges, il faut la prendre et écarter sa laine, pour examiner la peau de dessous, qui doit être rude et couverte d'une espèce de crasse. Il

---

rantibus subveniendum sit, præcipiemus : quanquam pars hæc exordii pene tota jam exhausta est, cum de medicina majoris pecoris priore libro disputaremus. Quia cum sit fere eadem corporis natura minorum majorumque quadrupedum, paucæ parvæque morborum et remediorum differentiæ possunt inveniri : quæ tamen quantulæcunque sint, non omittentur a nobis. Si ægrotat universum pecus, ut et ante præcepimus, et nunc, quia remur esse maxime salutare, iterum adseveramus, in hoc casu, quod est remedium præsentissimum, pabula mutemus et aquationes, totiusque regionis alium quæramus statum cæli, curemusque, si ex calore et æstu concepta pestis invasit, ut opaca rura : si invasit frigore, ut eligantur aprica. Sed modice ac sine festinatione persequi pecus oportebit, ne imbecillitas ejus longis itineribus aggravetur : nec tamen in totum pigre ac segniter agere. Nam quemadmodum fessas morbo pecudes vehementer agitare et extendere non convenit, ita conducti mediocriter exercere, et quasi torpentes excitare, nec pati veterno consenescere atque exingui. Cum deinde grex ad locum fuerit perductus, in lacinias colonis distribuatur. Nam particulatim facilius quam universus convalescit, sive quia ipsius morbi halitus minor est in exiguo numero, seu quia expeditius cura major adhibetur paucioribus. Hæc ergo et reliqua, ne nunc eadem repetamus, quæ superiore exordio percensuimus, observare debemus, si universæ laborabunt : illa, si singulæ. Oves frequentius, quam ullum aliud animal infestantur scabie; quæ fere nascitur, sicut noster memorat poeta, *Cum frigidus imber Altius ad vivum persedit, et horrida cano Bruma gelu*, vel post tonsuram, si remedium prædicti medicaminis non adhibeas, si æstivum sudorem mari vel flumine non abluas, si tonsum gregem patiaris silvestribus rubis ac spinis sauciari, si stabulo utaris, in quo mulæ aut equi aut asini steterunt : præcipue tamen exiguitas cibi maciem, macies autem scabiem facit. Hæc ubi cœpit irrepere, sic intelligitur : vitiosum locum pecudes aut morsu scalpunt, aut cornu vel ungula tundunt, aut arbori adfricant, parietibusve detergent : quod ubi aliquam facientem videris, comprehendere oportebit, et lanam diducere : nam subest aspera cutis, et velut quæ-

faut aller au-devant de cette maladie dès qu'elle commence à paraître, de peur qu'elle n'infecte tout le troupeau, et même promptement, d'autant que les brebis sont sujettes à la contagion plus particulièrement encore que les autres bestiaux. Or il y a plusieurs remèdes, que nous allons tous donner ; non pas qu'il soit nécessaire de les employer tous à la fois, mais parce qu'il y en a dans le nombre que l'on ne peut pas trouver sous sa main dans certaines contrées, et afin que sur la quantité on puisse au moins en trouver un seul dont l'application suffise pour les guérir. D'abord on peut employer avec succès la composition que nous avons donnée plus haut, c'est-à-dire, un mélange par portions égales de lie de vin, de lie d'huile et de bouillon de lupins, auquel on ajoutera de l'ellébore blanc pilé. Le jus de la ciguë verte peut aussi enlever cette maladie : on coupe à cet effet cette plante au printemps, lorsqu'elle commence à être en tige, sans attendre qu'elle soit en graine ; on la pile, et on serre dans un vase de terre le jus que l'on en a exprimé, en y ajoutant un *semodius* de sel rôti sur deux *urnæ* de jus. Lorsque cela est fait, on enduit le vase pour le bien boucher, et on l'enfouit dans du fumier ; après quoi ce médicament ayant été cuit pendant toute l'année par la vapeur du fumier, on l'en tire pour l'appliquer chaud sur la partie malade, après l'avoir grattée préalablement jusqu'au vif avec une brique rude ou avec la pierre ponce. On traite aussi la même maladie avec de l'huile cuite jusqu'à diminution des deux tiers, comme avec de vieille urine d'homme, dans laquelle on plonge des tuiles ardentes. Mais il y a des personnes qui aiment mieux mettre cette urine sur le feu, pour la faire cuire jusqu'à diminution d'un cinquième, avec pareille quantité de jus de ciguë verte, et qui y répandent ensuite de la poterie réduite en poudre, de la poix fondue, et du sel rôti à la dose d'un *sextarius* chacun. Du soufre égrugé et de la poix fondue, épaissis ensemble par portions égales à l'aide d'un feu lent, remédient également à cette maladie. Mais le poëme des Géorgiques assure qu'il n'y a point de meilleur remède *que de couper avec le fer l'extrémité des lèvres de chaque ulcère, parce que le virus subsiste et fait des progrès tant qu'il n'est pas à découvert.* C'est pourquoi il faut ouvrir les ulcères, et les traiter avec des médicaments, comme toute autre plaie. Il ajoute ensuite, avec non moins de prudence, que lorsque les brebis ont la fièvre, il faut leur tirer du sang du talon ou d'entre les cornes du pied, d'autant qu'il a très-souvent *été utile de prévenir le ravage que peuvent causer les feux qui s'allument dans leur corps, et de piquer, entre les extrémités de leurs pieds, la veine dont le battement annonce une trop grande abondance de sang.* On leur tire encore du sang sous les yeux, ainsi que des oreilles. Les clous infectent aussi les brebis de deux manières : soit lorsque l'on voit du pus et une entretaillure dans la séparation même de la corne du pied, soit lorsqu'il vient à s'y former une petite tumeur, vers le milieu de laquelle s'élève un poil semblable à un poil de chien, et sous laquelle est renfermé un petit ver. Le pus et l'entretaillure disparaîtront, soit en les frottant simplement avec de la poix fondue, ou avec de l'alun et du soufre mêlés ensemble dans du vinaigre, ou avec de l'alun broyé avec une jeune grenade dont les grains ne sont pas encore formés, et arrosé de vinaigre ; soit en les saupoudrant de vert-de-gris, soit en appliquant dessus une noix de galle brû-

---

dam porrigo. Cui primo quoque tempore occurrendum est, ne totam progeniem coinquinet, si quidem celeriter cum et alia pecora, tum præcipue oves contagione vexentur. Sunt autem complura medicamina, quæ idcirco enumerabimus, non quia cunctis uti necesse sit, sed quoniam nonnullis regionibus quædam reperiri nequeunt, ex pluribus aliquod inventum remedio sit. Facit autem commode primum ea compositio, quam paulo ante demonstravimus, si ad fecem et amurcam, succumque decocti lupini misceas portione æqua detritum album elleborum. Potest etiam scabriciem tollere succus viridis cicutæ : quæ verno tempore, cum jam caulem nec adhuc semina facit, decisa contunditur, atque expressus humor ejus fictili vase reconditur, duabus urnis liquoris admisto salis torridi semodio. Quod ubi factum est, oblitum vas in sterquilinio defoditur, ac toto anno fimi vapore concoctum mox promitur, tepefactumque medicamentum illinitur scabræ parti, quæ tamen prius aspera testa defricta vel pumice reduleratur. Eidem remedio est amurca duabus partibus decocta : item vetus hominis urina testis candentibus inusta. Quidam tamen hanc ipsam subjectis ignibus quinta parte minuunt, admiscentque pari mensura succum viridis cicutæ : deinde figularis triti et picis liquidæ, et fricti salis singulos sextarios infundunt. Facit etiam sulfuris triti et picis liquidæ modus æqualis igne lento coctus. Sed Georgicum carmen affirmat nullam esse præstantiorem medicinam, *Quam si quis ferro potuit rescindere summum Ulceris os : alitur vitium, vivitque tegendo.* Itaque reserandum est, et ut cætera vulnera medicamentis curandum. Subjicit deinde æque prudenter, febricitantibus ovibus de talo vel inter duas ungulas sanguinem emitti oportere : nam plurimum id quidem *Profuit incensos æstus avertere, et inter Ima ferire pedis salientem sanguine venam.* Nos etiam sub oculis et de auribus sanguinem detrahimus. Clavi quoque duplicitur infestant ovem, sive cum subluvies atque intertrigo in ipso discrimine ungulæ nascitur : seu cum idem locus tuberculum habet, cujus media fere parte canino similis extat pilus, eique subest vermiculus. Subluvies, et intertrigo pice [per se] liquida, vel alumine et sulfure atque aceto mistis litæ curentur, vel austero punico malo, prius quam grana faciat, cum alumine pinsito, superfusoque aceto vel æris rubigine infriata, vel combusta galla cum austero vino levigata, et superposita. Tuberculum, cui subest vermiculus, ferro

lée, et pulvérisée dans du vin dur. Il faut cerner avec le fer la petite tumeur qui renferme un petit ver, mais en y apportant la plus grande précaution, de peur d'aller dans l'opération jusqu'au corps même de cet animal, parce que si on le blessait, il jetterait un jus venimeux sur la plaie, qui deviendrait en conséquence si incurable, qu'il faudrait en venir par la suite à couper le pied de la brebis. Lorsqu'on aura cerné avec attention cette petite tumeur, on arrosera la plaie de suif fondu, qu'on fera dégoutter d'une torche enflammée. Il faut traiter une brebis pulmonique de la même manière qu'on traite une truie en pareil cas, c'est-à-dire qu'il faut lui insérer dans l'oreille la racine que les médecins vétérinaires appellent *consiligo* (de la pommelée) : nous en avons déjà parlé, en donnant la méthode de traiter les grands bestiaux. Cette maladie vient communément à tous les quadrupèdes en été, lorsque l'eau vient à leur manquer ; c'est pourquoi il faut les mettre à portée de boire copieusement pendant les chaleurs. Celsus est d'avis que lorsqu'une brebis a les poumons attaqués, on lui donne autant de vinaigre fort qu'elle en pourra supporter, ou qu'on lui verse avec une petite corne, dans la narine gauche, la valeur de trois *heminæ* de vieille urine d'homme chaude, et qu'on lui insère dans la gorge un *sextans* de graisse de porc. Le feu sacré (la vérole), que les pâtres appellent *pusula* (feu Saint-Antoine), est encore une maladie incurable : effectivement, si on ne l'arrête pas dès qu'une des bêtes du troupeau en sera atteinte, la contagion qu'elle mettra dans le troupeau le fera périr en entier, d'autant que ni les remèdes ni le fer ne peuvent en approcher, parce qu'elle s'irrite communément au moindre contact avec un corps étranger. Les seuls remèdes qu'elle admette sont les fomentations de lait de chèvre, dont tout l'effet ne consiste encore qu'à tempérer la fureur de la maladie, en différant plutôt qu'en empêchant la défaite totale du troupeau. Mais Bolus de Mendesum, ce célèbre auteur égyptien, dont les mensonges, auxquels les Grecs ont donné le nom χειρόχμητα, sont attribués faussement à Démocrite, pense qu'il faut examiner souvent et avec attention le dos des brebis, pour voir si elles ne sont pas attaquées de cette maladie ; et que dès que l'on en trouve une par hasard qui en est attaquée, le moyen d'en arrêter les progrès est de faire sur-le-champ une fosse à la porte de l'étable, d'y enterrer toute vivante et couchée sur le dos celle qui sera couverte de pustules, et de laisser aller tout le troupeau sur elle. On chasse la bile, qui n'est pas une maladie moins pernicieuse aux brebis en été, en leur faisant boire de vieille urine d'homme ; c'est encore le remède qu'on donne à ce bétail quand il a la jaunisse. Mais si une brebis est incommodée par la pituite, on lui insère dans les narines des brins de sariette ou de pouliot sauvage enveloppés dans de la laine, et on les y remue jusqu'à ce qu'elle ait éternué. Lorsque les brebis ont la jambe rompue, on les guérit en l'enveloppant de laine imbibée d'huile et de vin, et en attachant ensuite autour de la fracture des éclisses, comme on fait aux hommes en pareil cas. La renouée cause encore une maladie grave aux brebis : lorsqu'elles ont mangé de cette herbe, elles ont tout le ventre tendu, sont resserrées, et rendent par la gueule une espèce d'écume légère qui est d'une très-mauvaise odeur. Il faut alors leur tirer promptement du sang sous la queue dans la partie voisine des fesses, ainsi que de la lèvre supérieure. Il

---

quam cautissime circumsecari oportet, ne, dum amputatur, etiam, quod infra est, animal vulneremus : id enim cum sauciatur, venenatam saniem mittit, qua respersum vulnus ita insanabile facit, ut totus pes amputandus sit : sed cum tuberculum diligenter circumcideris, candens sevum vulneri per ardentem tedam instillato. Ovem pulmonariam similiter ut suem curari convenit, inserta per auriculam, quam veterinarii consiliginem vocant : de ea jam diximus, cum majoris pecoris medicinam tradidimus. Sed is morbus æstate plerumque concipitur, si defuit aqua, propter quod vaporibus omni quadrupedi largius bibendi potestas danda est. Celso placet, si est in pulmonibus vitium, acris aceti tantum dare, quantum ovis sustinere possit : vel humanæ veteris urinæ tepefactæ trium heminarum instar per sinistram narem corniculo infundere, atque axungiæ sextantem faucibus inserere. Est etiam insanabilis sacer ignis, quam pusulam vocant pastores : ea nisi compescitur intra primam pecudem, quæ tali malo correpta est, universum gregem contagione prosternit : siquidem nec medicamentorum nec ferri remedia patitur. Nam pene ad omnem tactum excandescit : sola tamen fomenta non aspernatur lactis caprini, quod infusum tantum valet, ut eblandiatur igneam sævitiam, differens magis occidionem gregis, quam prohibens. Sed Ægyptiæ gentis auctor memorabilis Bolus Mendesius, cujus commenta, quæ appellantur Græce χειρόχμητα, sub nomine Democriti falso produntur, censet propter hanc pestem sæpius ac diligenter ovium terga perspicere, ut si forte sit in aliqua tale vitium deprehensum, confestim scrobem defodiamus in limine stabuli, et vivam pecudem, quæ fuerit pusulosa, resupinam obruamus, patiamurque super obrutam meare totum gregem, quod eo facto morbus propulsetur. Bilis æstivo tempore non minima pernicies potione depellitur humanæ veteris urinæ, quæ ipsa remedio est etiam pecori arcuato. At si molesta pituita est, cuneæ bubulæ, vel nepetæ sylvestris surculi lana involuti naribus inseruntur, versanturque donec sternuat ovis. Fracta pecudum non aliter quam hominum crura sanantur, involuta lanis oleo atque vino insuccatis, et mox circumdatis ferulis colligata. Est etiam gravis pernicies herbæ sanguinariæ, quam si pasta est ovis, toto ventre distenditur, contrahiturque, et spumam quandam tenuem tetri odoris expuit. Celeriter sanguinem mitti oportet sub cauda in ea parte quæ proxima est clunibus, nec minus

faut inciser avec le fer les oreilles des brebis qui ont de la peine à respirer, et les faire changer de pays ; pratique que nous croyons nécessaire dans toutes les maladies contagieuses. Il faut aussi secourir les agneaux lorsqu'ils ont la fièvre : on traira à cet effet des brebis à part, et on mêlera le lait qu'on leur aura tiré avec pareille quantité d'eau de pluie, pour le faire boire aux agneaux ; bien des gens les guérissent en ce cas avec du lait de chèvres, qu'ils leur versent dans le gosier avec une corne. Il y a aussi une maladie dartreuse que les pâtres appellent *ostigo*, qui est mortelle aux agneaux qui tettent. Elle leur vient communément, de même qu'aux boucs, lorsque le pâtre les a laissés sortir imprudemment, et qu'ils ont mangé de l'herbe qui était couverte de rosée; ce à quoi il ne faut point les exposer. Mais lorsqu'il sera arrivé qu'ils en auront mangé, et qu'ils auront en conséquence la gueule et les lèvres couvertes d'ulcères sales, comme s'ils étaient attaqués de la *pusula* (la vérole), on y remédiera avec de l'hyssope et du sel broyés ensemble par portions égales, en frottant de cette composition le palais, la langue et toute la gueule de l'animal ; ensuite après avoir lavé les ulcères avec du vinaigre, on les enduira de poix fondue et de graisse de cochon. Quelques personnes aiment mieux mêler ensemble un tiers de vert-de-gris et deux tiers de vieux oing, pour employer ce médicament chaud; d'autres nettoient les ulcères et le palais avec des feuilles de cyprès broyées dans de l'eau. Nous avons déjà donné la méthode de la castration ; car cette opération ne se fait pas autrement aux agneaux qu'aux grands quadrupèdes.

VI. Comme nous avons suffisamment parlé des brebis, nous allons à présent passer aux chèvres. Ce genre de bétail recherche plus les lieux couverts de broussailles que les campagnes, et il s'accommode très-bien des lieux sauvages et des forêts pour sa pâture. En effet, il n'a pas d'éloignement pour les buissons ; les épines ne lui déplaisent point, et il préfère même à tout les arbrisseaux et les taillis. Les arbrisseaux qui lui plaisent sont l'arbousier, l'alaterne, le cytise sauvage, ainsi que les taillis d'yeuses et de chênes qui ne sont point hauts. Un bouc passe pour excellent quand il a sous la mâchoire deux petites verrues qui lui pendent du cou, le corps très-grand, les jambes grosses, le cou plein et court, les oreilles tombantes et lourdes, la tête petite, le poil noir, dru, brillant et très-long : car on ne tond pas moins cet animal que la brebis, et *on se sert de son poil dans les camps, comme pour tresser des voiles à l'usage des malheureux matelots*. Le bouc est assez propre à la génération à l'âge de sept mois, puisqu'il est si peu modéré dans ses désirs, qu'il viole sa mère dans le temps même qu'il la tette : aussi vieillit-il promptement et avant d'être parvenu à l'âge de six ans, parce qu'il se trouve épuisé par les plaisirs prématurés dont il a joui dès les premiers instants de son enfance. C'est pourquoi, pour peu qu'il ait cinq ans, on le regarde comme peu propre à couvrir les femelles. On approuve surtout les chèvres qui sont le plus ressemblantes au bouc tel que nous l'avons dépeint, pourvu qu'elles aient en outre le pis très-grand et beaucoup de lait. Nous acquerrons ce bétail sans cornes sous un climat tempéré, car il en a toujours dans les climats orageux et pluvieux. Pour ceux de ces animaux qui servent à propager le troupeau, il faut qu'ils

in labro superiore vena solvenda est. Suspirio laborantibus auriculæ ferro rescindendæ, mutandæque regiones ; quod in omnibus morbis ac pestibus fieri debere censemus. Agnis quoque succurrendum est vel febricitantibus, vel ægritudine alia affectis. Qui ubi morbo laborant, admitti ad matres non debent, ne in eas perniciem transferant. Itaque separatim mulgendæ sunt oves, et cælestis aqua pari mensura lacti miscenda est, atque ea potio febricitantibus danda. Multi lacte caprino iisdem medentur, quod per corniculum infunditur faucibus. Est etiam mentigo, quam pastores ostiginem vocant, mortifera lactentibus. Ea plerumque fit, si per imprudentiam pastoris emissi agni vel etiam hedi roscidas herbas depaverint, quod minime committi oportet. Sed cum id factum est, velut ignis sacer os atque labra fœdis ulceribus obsidet. Remedio sunt hyssopus et sal æquis ponderibus tusa. Nam ea mistura palatum, atque lingua, totumque os perfricatur. Mox ulcera lavantur aceto, et tunc pice liquida cum adipe suilla perlinuntur. Quibusdam placet rubiginis æneæ tertiam cum duabus veteris axungiæ portionibus commiscere, tepefactoque uti medicamine. Non nulli folia cupressi trita miscent aquæ, et ita perluunt ulcera atque palatum. Castrationis autem ratio jam tradita est. Neque enim alia in agnis, quam in majore quadrupede servatur.

VI. Et quoniam de oviario satis dictum est, ad caprinum pecus nunc revertar. Id autem genus dumeta potius, quam campestrem situm desiderat : asperisque etiam locis ac silvestribus optime pascitur. Nam nec rubos aversatur, nec vepribus offenditur, et arbusculis frutetisque maxime gaudet. Ea sunt arbutus, atque alaternus cytisusque agrestis, nec minus iligneis querneique frutices, qui in altitudinem non prosilierunt. Caper, cui sub maxillis binæ verruculæ collo dependent, optimus habetur, amplissimi corporis, cruribus crassis, plena et brevi cervice, flaccidis et prægravantibus auribus, exiguo capite, [nigro] densoque, et nitido atque longissimo pilo. Nam et ipse tondetur *Usum in castrorum ac miseria velamina nautis.* Est autem mensium septem satis habilis ad progenerandum : quoniam immodicus libidinis, dum adhuc uberibus alitur, matrem stupro supervenit, et ideo ante sex annos celeriter consenescit, quod immatura veneris cupidine primis pueritiæ tempo ibus exhaustus est. Itaque quinquennis parum idoneus habetur fœminis implendis. Capella præcipue probatur simillima hirco, quem descripsimus, si etiam est uberis maximi et lactis abundantissimi. Hanc pecudem mutilam parabimus quieto cæli statu : nam procelloso atque imbrifero cornuta semper. Nam et omni regione maritos gregum mutilos esse oportebit :

soient sans cornes en tout pays, parce que ceux qui en ont sont communément dangereux par leur pétulance. Mais il ne faut pas établer ce bétail au nombre de plus de cent têtes; au lieu qu'on peut mettre jusqu'à mille brebis dans une même étable, et qu'elles y seront aussi commodément que si elles étaient en plus petit nombre. Lorsque l'on commence à former un troupeau de chèvres, il vaut mieux l'acheter en entier que d'en prendre quelques-unes par-ci par-là dans différents troupeaux, afin qu'elles ne se séparent point par petits pelotons lorsqu'elles iront paître, qu'elles se tiennent tranquillement à l'étable ensemble, et qu'il règne une plus grande union entre elles. Le chaud nuit à la vérité à ce bétail, mais le froid lui est encore plus pernicieux, et surtout quand les chèvres sont pleines, parce que les gelées de l'hiver détruisent leur fruit. Au reste, le chaud et le froid ne sont pas les seules causes de leur avortement, et il est également à craindre lorsqu'elles viennent à manger du gland sans s'en rassasier; aussi ne doit-on pas leur en laisser manger, à moins qu'on ne soit à portée de leur en donner abondamment. Le temps que nous prescrivons pour les faire couvrir, c'est pendant l'automne, quelque temps avant le mois de décembre, afin qu'elles mettent bas à l'approche du printemps, lorsque les arbrisseaux commenceront à bourgeonner, et que les forêts se pareront de nouvelles feuilles. Il faut que le sol de leur étable soit naturellement couvert de pierres ou pavé à la main, parce qu'on n'étend point de litière sous ces animaux: et un pâtre attentif aura soin de la balayer tous les jours, pour n'y point laisser séjourner de crottes ni d'eau, et afin d'éviter qu'il s'y forme de la fange, toutes choses qui sont pernicieuses aux boucs.

Quand les chèvres sont de bonne race, elles font souvent deux petits à la fois, et quelquefois trois: le pire qui puisse arriver, c'est lorsque deux mères n'en font que trois à elles deux. Lorsque les chevreaux sont nés, on les élève de la même manière que les agneaux, avec cette différence qu'il faut réprimer davantage leur pétulance, et la contenir dans des bornes plus étroites. En outre, pour leur procurer du lait en abondance, il faudra leur donner de la graine d'orme, ou du cytise, ou du lierre, ou même des cimes de lentisque, et d'autres feuillages légers. Mais, de deux jumeaux, on gardera, pour entretenir le troupeau, celui qui paraîtra le plus robuste, et on vendra l'autre aux marchands. Il ne faut pas donner le bouc à des chèvres qui n'aient qu'un an ou deux (quoiqu'elles soient en état de faire des petits à l'un ou l'autre de ces âges), parce qu'on ne doit pas en élever dont la mère ait moins de trois ans: s'il arrive qu'elles en fassent à un an, on les leur ôtera au moment de leur naissance; au lieu qu'on leur laissera ceux qu'elles auront mis bas à deux ans, jusqu'à ce qu'ils soient bons à être vendus. Il ne faut pas non plus garder les mères passé l'âge de huit ans, parce que la fatigue qu'elles éprouvent en mettant bas souvent les rend stériles. Le maître du troupeau doit être vif, dur, leste, très-laborieux, alerte, hardi, et en état d'aller sans peine à travers les rochers, les déserts et les buissons. Il ne doit pas suivre le troupeau, comme font les pâtres des autres bestiaux, mais il doit communément le précéder; car les chèvres elles-mêmes sont très-alertes et toujours prêtes à s'élancer en avant: c'est pour cela, qu'il faut de temps en temps les arrêter, de peur qu'elles ne courent trop vite, afin qu'en paissant lentement et avec tranquillité, leurs pis

---

quoniam cornuti fere perniciosi sunt propter petulantiam. Sed numerum hujus generis majorem, quam centum capitum sub uno clauso non expedit habere, cum lanigeræ mille pariter commode stabulentur. Atque ubi capræ primum comparantur, melius est unum gregem totum, quam ex pluribus particulatim mercari, ut nec in pastione separatim laciniæ didocantur, et in caprili majore concordia quietæ consistant. Huic pecudi nocet æstus, sed magis frigus, et præcipue fœtæ, quia gelicidio hiemis conceptum vitiat. Nec tamen ea sola creant abortus, sed etiam glans cum citra satietatem data est. Itaque nisi potest affatim præberi, non est gregi permittenda. Tempus admissuræ per autumnum fere ante mensem Decembrem præcipimus, ut propinquante vere, gemmantibus frutetis, [cum primum silvæ nova germinant fronde,] partus edatur. Ipsum vero caprile vel naturali saxo, vel manu constratum eligi debet, quoniam huic pecori nihil substernitur. Diligensque pastor quotidie stabulum converrit, ne patitur stercus aut humorem consistere lutumve fieri, quæ cuncta sunt capris inimica. Parit autem, si est generosa proles, frequenter duos, nonnunquam trigeminos. Pessima est fœtura cum matres binæ ternos hædos efficiunt. Qui ubi editi sunt, eodem modo, quo agni educantur, nisi quod magis hædorum lascivia compescenda, et arctius cohibenda est. Tum super lactis abundantiam samera, vel cytisus, aut edera præbenda, vel etiam cacumina lentisci, aliæque tenues frondes objiciendæ sunt. Sed ex geminis singula capita, quæ videntur esse robustiora, in supplementum gregis reservantur, cætera mercantibus traduntur. Anniculæ vel bimæ capellæ (nam utraque ætas partum edit) submitti hædum non oportet. Neque enim educare nisi trima debet. Sed anniculæ confestim depellenda suboles. Bimæ tamdiu admittenda, dum possit esse vendibilis. Nec ultra octo annos matres servandæ sunt, quod assiduo partu fatigatæ, steriles existant. Magister autem pecoris acer, durus, strenuus, laboris patientissimus, alacer atque audax esse debet, et qui per rupes, per solitudines, per vepres facile vadat, et non, ut alterius generis pastores, sequatur, sed plerumque ut antecedat gregem. Maxime strenuus pecus est capra, præcedens subinde, quæ compesci debet, ne procurrat, sed placide ac lente pabuletur, ut et largi sit uberis, et non strigosissimi corporis.

VII. Atque alia genera pecorum, cum pestilentia vexan-

se grossissent, et qu'elles ne soient pas trop décharnées.

VII. Lorsqu'une maladie contagieuse doit affliger les autres espèces de bestiaux, on les voit auparavant maigrir de langueur et de malaise; les chèvres seules tombent tout à coup, dans le moment même qu'elles sont très-grasses et très-gaies, et meurent toutes par troupeaux : c'est le plus ordinairement l'abondance des pâturages qui occasionne cet accident. C'est pourquoi, dès que la maladie pestilentielle en aura attaqué une ou deux, on leur tirera du sang à toutes, et on ne les laissera pas paître pendant toute la journée, mais on les renfermera dans leur étable pendant l'espace de quatre heures vers le milieu du jour. Si c'est, au contraire, un autre genre de maladie qui les tourmente, on les médicamentera avec un breuvage composé de roseaux et de racines d'épine blanche sauvage, qu'on broiera avec des pilons de fer, et sur lesquelles on versera de l'eau de pluie, la seule qu'on leur donnera à boire. Si ces précautions ne chassent point la maladie, il faut les vendre, ou si on ne peut pas même parvenir à s'en défaire, il faut les égorger et les saler. Ensuite on remontera au bout de quelque temps un autre troupeau, après avoir attendu néanmoins que le mauvais temps de l'année soit passé; c'est-à-dire qu'il ne faudra le former qu'en été, si on est en hiver, ou au printemps, si l'on est en automne. Mais lorsqu'il n'y en aura que quelques-unes de malades en particulier, on leur donnera à l'étable les mêmes remèdes qu'aux brebis. Ainsi, quand l'eau aura boursouflé leur peau, maladie que les Grecs appellent ὕδρωψ (hydrops, hydropisie), on leur fera une ouverture légère à la peau sous l'épaule, pour donner un écoulement à l'humeur morbifique ; après quoi on pansera la plaie occasionnée par l'opération avec de la poix fondue. Lorsqu'après avoir mis bas elles auront les parties gonflées, ou que l'arrière-faix ne sera pas sorti heureusement, on leur versera dans la gorge un *sextarius* de vin cuit jusqu'à diminution de moitié, ou, si l'on n'en a point, une pareille mesure de bon vin, et on leur remplira les parties de cérat liquide. Mais pour ne pas entrer ici dans le détail de toutes les maladies auxquelles elles sont sujettes, nous dirons en général qu'il faut les traiter de la manière que nous avons prescrite plus haut pour les brebis.

VIII. Il ne faudra point non plus négliger de faire du fromage, surtout dans les cantons éloignés de tout, où l'on ne trouverait point sou avantage à porter le lait en nature. Si le fromage est fait avec une liqueur peu épaisse, il faudra le vendre le plus tôt qu'il sera possible, et avant qu'il ait perdu le suc de la nouveauté; au lieu que s'il est fait avec une liqueur grasse et épaisse, on pourra le garder plus longtemps. Au reste, on doit le faire avec du lait pur et très-nouveau : car lorsqu'on laisse reposer le lait ou qu'on le mélange, il s'aigrit en peu de temps. On le fait communément cailler avec de la présure d'agneau ou de chevreau, quoiqu'on puisse également le faire avec de la fleur de chardon sauvage, ou de la graine d'une espèce de chardon appelé *cnecus*, de même qu'avec le lait que rend le figuier, lorsqu'on fait une incision à son écorce dans les parties où elle est verte. En général, le meilleur fromage est celui dans la composition duquel il entre le moins de drogues. Il faut pour un *sinus* de lait au moins la valeur d'un *denarius* d'argent pesant de présure, et il n'est point douteux que le fromage que l'on fait cailler avec de petites branches de figuier n'ait un goût très-agréable. Lorsque le vase dans lequel on a tiré le lait est plein, il faut le tenir dans un certain degré de

---

tur, prius morbo et languoribus macescunt, solæ capellæ quamvis opimæ atque hilares subito concidunt, velut aliqua ruina gregatim prosternantur. Id accidere maxime solet ubertate pabuli. Quamobrem cum adhuc paucas pestis perculit, omnibus sanguis detrahendus : nec tota die pascendæ, sed mediis quatuor horis intra septa claudendæ. Sin alius languor infestat, poculo medicantur arundinis, et albæ spinæ radicibus, quas cum ferreis pilis diligenter contuderimus, admiscemus aquam pluvialem, solamque potandam pecori præbemus. Quod si ea res ægritudinem non depellit, vendenda sunt pecora ; vel, si neque id contingere potest, ferro necanda saliendaque. Mox interposito spatio, conveniet alium gregem reparare. Nec tamen antequam pestilens tempus anni, sive id fuit hiemis, vertatur æstate, sive autumni, vere mutetur. Cum vero singulæ domo laborabunt, eadem remedia, quæ etiam ovibus, adhibebimus; nam cum distendetur aqua cutis, quod vitium Græci vocant ὕδρωπα, sub armo pellis leviter incisa perniciosum transmittat humorem, tum factum vulnus pice liquida curetur. Cum effœtæ loca genitalia tumebunt, aut secundæ non responderint, defruti sextarius, vel cum id defuerit, boni vini tantundem faucibus infundatur, et naturalia cerato liquido repleantur. Sed ne nunc singula persequar, sicut in ovillo pecore prædictum est, caprino medebimur.

VIII. Casei quoque faciendi non erit omittenda cura, utique longinquis regionibus, ubi mulctram devehere non expedit. Is porro si tenui liquore conficitur, quam celerrime vendendus est, dum adhuc viridis succum retinet : si pingui et opimo, longiorem patitur custodiam. Sed lacte fieri debet sincero et quam recentissimo. Nam requietum vel aqua mistum celeriter acorem concipit. Id plerumque cogi agni aut hædi coagulo; quamvis possit et agrestis cardui flore conduci, et seminibus cneci, nec minus ficulneo lacte, quod emittit arbor, si ejus virentem saucies corticem. Verum optimus caseus est, qui exiguum medicaminis habet. Minimum autem coagulum recipit sinum lactis argentei pondus denarii. Nec dubium quin fici ramulis glaciatus caseus jucundissime sapiat. Sed mulctra, cum est repleta lacte, non sine tepore aliquo debet esse. Nec tamen admovenda est flammis, ut quibusdam placet, sed haud procul igne constituenda, et confestim cum con-

chaleur, sans cependant le laisser trop près du feu, comme font certaines personnes, mais en l'en approchant à une certaine distance ; et dès que le lait sera caillé, on le tirera de ce vase pour le mettre soit sur de petits paniers de joncs, soit dans des corbeilles ou dans des moules, parce qu'il est très-important de passer le petit-lait dès le premier moment, pour le séparer de la matière coagulée. C'est pourquoi les paysans n'attendent point qu'il se soit égoutté de lui-même, ce qu'il ne ferait que lentement ; mais dès que le fromage est devenu un peu ferme, ils le chargent de poids pour en exprimer le petit-lait. Quand cela est fait, on retire le fromage des moules ou des corbeilles, pour l'arranger aussitôt dans un lieu frais et ombragé sur des tablettes très-propres, afin qu'il ne puisse pas se gâter ; après quoi on le saupoudre de sel égrugé, afin que toute la liqueur acide qu'il contient se sèche ; et lorsqu'il est bien raffermi, on le comprime violemment pour le rendre encore plus compact ; puis on répand dessus du sel rôti, et on le charge de poids pour le condenser de plus en plus. Lorsqu'on a fait cette opération neuf jours de suite, on lave les fromages dans de l'eau douce, et on les arrange chacun à l'ombre sur des claies, de façon qu'ils ne se touchent pas mutuellement, et qu'ils soient à portée de se sécher tant soit peu ; après quoi, pour qu'ils se conservent plus tendres, on les entasse sur différents planchers dans un lieu clos, et qui ne soit point exposé aux vents. Avec ces précautions, le fromage ne se remplit pas d'yeux, et ne devient ni trop salé ni trop dur. Le premier de ces trois défauts arrive communément lorsqu'il n'a pas été assez comprimé ; le second lorsqu'il a été trop salé ; et le troisième lorsqu'il a été brûlé par le soleil. On peut transporter le fromage fait de cette façon même au delà des mers : car pour celui qu'on veut manger frais, on le fait avec de moindres apprêts, puisqu'après l'avoir retiré des paniers de joncs, on se contente de le tremper dans du sel ou dans de la saumure, et de le faire ensuite un peu sécher au soleil. Quelques-uns, avant d'assujettir les bestiaux dans des carcans pour les traire, mettent, au fond du vase dans lequel ils doivent tirer le lait, des pignons verts sur lesquels ils le tirent, et qu'ils n'ôtent que lorsqu'ils transfèrent sur des moules la matière coagulée. D'autres broient les coques même de ces pignons verts, et les mettent dans le lait pendant qu'il caille. Il y en a qui font coaguler avec le lait du thym broyé, et passé par un crible. On peut par la même méthode lui donner tel goût que l'on veut, en y ajoutant des ingrédients pris à son choix. Tout le monde connaît la manière de faire le fromage que nous appelons *manu pressum* (pressé par la main). Car dès que le lait est un peu caillé dans le vase où on l'a tiré, on le coupe pendant qu'il est encore tiède ; et après avoir versé de l'eau bouillante par-dessus, on le façonne à la main, ou bien on le met dans des moules de buis, afin qu'il en prenne la forme. Le fromage bien imprégné de saumure n'est pas d'un mauvais goût, quand on l'a coloré par la suite avec de la fumée de bois de prunier-pomme ou de chaume. Mais revenons à présent aux animaux dont cette digression nous a écartés.

IX. En quelque genre de quadrupède que ce soit, on choisit avec attention l'espèce du mâle, parce que la progéniture est plus souvent ressemblante au père qu'à la mère. C'est pour cela que lorsqu'il est question de porcs, on approuve les mâles quand ils sont remarquables par la grosseur générale de leur corps, pourvu cependant qu'ils l'aient plutôt carré ou rond que long ; quand ils ont le ventre bas, les fesses très-développées, les

---

crevit liquor, in fiscellas aut in calathos vel formas transferendus est. Nam maxime refert primo quoque tempore serum percolari, et a concreta materia separari. Quam ob causam rustici nec patiuntur quidem sua sponte pigro humore defluere, sed cum paulo solidior caseus factus est, pondera superponunt, quibus exprimatur serum : deinde ut formis aut calathis exemptus est, opaco ac frigido loco, ne possit vitiari : quamvis mundissimis tabulis componitur, aspergitur tritis salibus, ut exudet acidum liquorem : atque ubi duratus est, vehementius premitur, ut conspissetur. Et rursus torrido sale contingitur, rursusque ponderibus condensatur. Hoc cum per dies novem factum est, aqua dulci eluitur, et sub umbra cratibus in hoc factis ita ordinatur, ne alter alterum caseus contingat, et ut modice siccetur : deinde, quo tenerior permaneat, clauso neque ventis obnoxio loco stipatur per complura tabulata. Sic neque fistulosus neque salsus neque aridus provenit. Quorum vitiorum primum solet accidere, si parum pressus ; secundum, si nimio sale imbutus ; tertium, si sole exustus est. Hoc genus casei potest etiam trans maria permitti. Nam is, qui recens intra paucos dies absumi debet, leviore cura conficitur. Quippe fiscellis exemptus in salem muriamque demittitur, et mox in sole paulum siccatur. Nonnulli antequam pecus numellis inducant, virides pineas nuces in mulctram demittunt, et mox super eas emulgent, nec separant, nisi cum transmiserint in formas coactam materiam. Ipsos quidam virides conterunt nucleos, et lacti permiscent, atque ita congelant. Sunt qui thymum contritum cribroque elatum cum lacte cogant. Similiter qualiscunque velis saporis efficere possis, adjecto quod elegeris condimento. Illa vero notissima est ratio faciendi casei, quem dicimus manu pressum. Namque is paulum gelatus in mulctra dum est tepefacta, rescinditur et fervente aqua perfusus vel manu figuratur, vel buxeis formis exprimitur. Est etiam non ingrati saporis muria perduratus, atque ita malini lini vel culmi fumo coloratus. Sed jam redeamus ad originem.

IX. In omni genere quadrupedum species maris diligenter eligitur, quoniam frequentius patri similior est progenies, quam matri. Quare etiam in suillo pecore verres probandi sunt totius quidem corporis amplitudine eximii, sed qui quadrati potius aut rotundi quam longi sint, ven-

jambes et la corne du pied moins longues à proportion que le reste du corps, le cou ample et plein de glandes, le grouin court et camus. Mais ce qui est plus essentiel pour l'objet qu'on se propose, c'est que les mâles soient très-lascifs : ils engendrent très-bien, pour peu qu'ils aient un an et jusqu'à ce qu'ils en aient quatre, quoiqu'ils puissent couvrir les femelles même à six mois. Les truies sont dans le cas d'être approuvées lorsqu'elles ont la taille très-longue, et qu'elles ressemblent pour le surplus des membres aux verrats que nous venons de décrire. Si le pays où l'on est est froid et sujet aux brouillards, on choisira le troupeau dont la soie sera la plus dure, la plus fournie et la plus noire. S'il est tempéré et exposé au soleil, on pourra nourrir des porcs pelés, ou même des porcs blancs, tels qu'en ont ordinairement les boulangers. La truie passe pour être en état de cochonner jusqu'à sept ans; mais plus elle est féconde, plus tôt elle vieillit. Quand elle a un an, elle conçoit assez bien ; mais il faut qu'elle soit couverte au mois de février, afin qu'ayant porté quatre mois elle cochonne au cinquième, et dans un temps où les herbes seront déjà fortes, parce que les porcs trouveront, moyennant cela, un lait qui sera bien à son point de maturité, et que, dès qu'ils cesseront de tetter, ils pourront se nourrir de la paille ainsi que de la graine qui viendra à tomber des légumes. C'est ainsi qu'on le pratique dans les cantons éloignés de tout, où l'on n'a point d'autre utilité en vue que celle de peupler le troupeau; car pour les pays voisins des villes, il faut y vendre les cochons de lait, moyennant quoi les mères n'ayant point la peine de les élever, donneront plutôt de secondes ventrées, et cochonneront par conséquent deux fois par an. Lorsque les mâles ont commencé à couvrir les femelles dès l'âge de six mois, ou qu'ils ont souvent été employés à la génération, il faut les châtrer à trois ou quatre ans, afin de pouvoir les engraisser. On applique aussi le fer à la matrice des femelles, et on en bouche le passage en laissant cicatriser la plaie, afin qu'elles ne puissent pas engendrer; mais je ne vois pas la raison qui peut porter à faire cette opération, si ce n'est la disette de nourriture où l'on peut être, puisque quand on a de la pâture en abondance, il est toujours plus avantageux de se procurer des ventrées. Ce bétail s'accommode de toute sorte de campagnes, quelle qu'en soit la situation. En effet, il profite aussi bien sur les montagnes que dans les champs, et mieux néanmoins dans les terres marécageuses que dans celles qui sont sèches. Les forêts lui sont aussi très-convenables lorsqu'elles sont couvertes de chênes, de liéges, de hêtres, de *cerri*, d'yeuses, d'oliviers sauvages, de térébinthes, de coudriers et d'arbres à fruits sauvages, quelle que l'épine blanche sauvage, le carougier, le genévrier, le micacoulier, le pin, le cornouiller, l'arbousier, le prunier, le paliure et les poiriers sauvages, parce que ses fruits, mûrissant en divers temps, sont suffisants pour rassasier le troupeau toute l'année. Mais si l'on manque d'arbres, on s'attachera aux pâturages des champs, en donnant la préférence à ceux qui seront limoneux sur ceux qui seront secs, tant afin que ces animaux puissent fouiller dans les marais pour y déterrer des vers, et se vautrer dans la boue, qui est une chose délicieuse pour eux, qu'afin qu'ils puissent avoir de l'eau à discrétion, parce qu'il est très-utile qu'elle ne leur manque pas, surtout pendant l'été, et qu'ils soient à portée d'arracher de terre les petites racines des forêts marécageuses qui sont de leur goût, telles que celles du jonc d'eau, celles du jonc ordinaire, et celles du roseau dégéné-

tre promisso, clunibus vastis, nec proinde cruribus aut ungulis proceris, amplæ et glandulosæ cervicis, rostris brevibus et resupinis. Maximeque ad rem pertinet, quam salacissimos esse. Ab annicula ætate commode progenerant, dum quadrimatum agant: possunt tamen etiam semestres implere fœminam. Scrofæ probantur longissimi status, et ut sint reliquis membris similes descriptis verribus. Si regio frigida et pruinosa est, quam durissimæ densæque et nigræ setæ grex eligendus est ; si temperata atque aprica, glabrum pecus vel etiam pistrinale album potest pasci. Fœmina sus habetur ad partus edendos idonea fere usque in annos septem, quæ quanto fœcundior est, celerius senescit. Annicula non improbe concipit, sed iniri debet mense Februario. Quatuor quoque mensibus fœta, quinto parere, cum jam herbæ solidiores sunt, ut et firma lactis maturitas porcis contingat, et cum desierint uberibus ali, stipula pascantur, cæterisque leguminum caducis frugibus. Hoc autem fit longinquis regionibus, ubi nihil nisi submittere expedit. Nam suburbanis lactens porcus ære mutandus est : sic enim mater non educando, labori subtrahitur, celeriusque iterum conceptum partum edet. Idque bis anno faciet. Mares, vel cum primum ineunt semestres, aut cum sæpius progeneraverunt, trimi aut quadrimi castrantur, ut possint pinguescere. Fœminis quoque vulvæ ferro exulcerantur, et cicatricibus clauduntur, ne sint genitales. Quod facere non intelligo quæ ratio compellat, nisi penuria cibi. Nam ubi est ubertas pabuli, submittere prolem semper expedit. Omnem porro situm ruris pecus hoc usurpat. Nam et montibus et campis commode pascitur, melius tamen palustribus agris, quam sitientibus. Nemora sunt convenientissima, quæ vestiuntur quercu, subere, fago, cerris, ilicibus, oleastris, termitibus, corylis, pomiferisque silvestribus, ut sunt albæ spinæ, Græcæ siliquæ, juniperus, lotus, pinus, cornus, arbutus, prunus, et paliurus, atque achrades pyri. Hæc enim diversis temporibus mitescunt, ac pene toto anno gregem saturant. At ubi penuria est arborum, terrenum pabulum consectabimur, et sicco limosum præferemus, ut paludum rimentur, effodiantque lumbricos, atque in luto volutentur, quod est huic pecori gratissimum, quin etiam aquis abuti possint : namque [et] id fecisse maxime per æstatem profuit, et dulceis eruisse

ré, que le vulgaire appelle *canna*. Les truies engraissent aussi dans les champs cultivés, pourvu qu'ils soient couverts d'herbes et plantés d'arbres à fruits de différentes espèces, afin qu'elles puissent y trouver dans les divers temps de l'année des pommes, des prunes, des poires, des noix de toutes formes, et des figues. Mais en quelque abondance que soient ces fruits, il ne faudra pas épargner pour cela les greniers, et on aura soin de leur donner de la pâture à la main lorsqu'il en manquera au dehors. C'est pourquoi on serrera à cet effet beaucoup de gland, qu'on plongera dans des réservoirs d'eau, ou qu'on fera sécher sur des planchers à la fumée. Il faut aussi leur donner la facilité de se nourrir de fèves et d'autres légumes semblables, lorsque le bon marché de ces denrées le permettra, et principalement au printemps, pendant que les pâturages verts seront encore en lait, attendu qu'ils sont communément malsains pour les truies dans ce temps-là. C'est pourquoi, avant de les mener le matin à la pâture, on les sustentera avec des nourritures dont on aura fait provision, de peur que si elles mangeaient des herbes non mûres, ces herbes ne leur lâchassent le ventre et ne les fissent maigrir par leur poison. Il ne faut pas non plus les renfermer toutes ensemble comme les autres troupeaux; mais on fera des toits le long d'une galerie, dans lesquels on les renfermera quand elles auront mis bas, ou même quand elles seront pleines. En effet, si elles étaient renfermées comme tous les autres bestiaux par bandes et pêle-mêle, elles se vautreraient plus encore que les autres animaux les unes sur les autres, et se feraient avorter. C'est pourquoi il faut, comme je l'ai dit, construire des toits attenant les murailles, lesquelles auront quatre pieds de hauteur, de peur que la truie ne puisse en franchir la clôture. On ne doit pas non plus faire de couverture à ces toits, afin que le gardien puisse faire la revue des pourceaux par en haut, et retirer de dessous les mères ceux qu'elles pourront avoir étouffés en se vautrant sur eux. Ce gardien doit être vigilant, diligent, industrieux, soigneux. Il faut qu'il ait présentes à la mémoire toutes les truies qu'il a à nourrir, tant celles qui ont déjà porté que les jeunes, afin de discerner la ventrée de chacune. Il aura toujours les yeux sur celles qui seront pleines, et les renfermera dans leur toit, afin qu'elles y cochonnent. Dès qu'elles auront cochonné, il fera attention au nombre et à la qualité des pourceaux qui seront nés, et veillera surtout à ce qu'aucun ne soit élevé par une autre nourrice que sa mère : car dès que les pourceaux viennent à sortir de leur toit, ils se confondent aisément les uns avec les autres; et lorsque la truie est couchée, elle présente indifféremment son pis au pourceau d'une autre mère comme au sien propre. C'est pourquoi la principale fonction de celui qui prend soin de ces bêtes est de les renfermer chacune avec leurs petits. S'il n'a pas la mémoire assez sûre pour reconnaître les petits de chaque truie, il leur fera sur le corps avec de la poix fondue une marque distinctive, qui sera la même tant pour la mère que pour les petits, afin de reconnaître chaque ventrée, ainsi que la mère, soit à une lettre, soit à une autre marque semblable. Car lorsqu'on a un grand nombre de truies, il faut que le gardien emploie différentes marques, de peur qu'il ne vienne à les confondre, faute de mémoire. Cependant comme cette méthode pourrait être d'une exécution difficile dans des troupeaux nombreux, il sera plus commode de construire les toits de telle façon que la porte en soit placée à une certaine hauteur, pour que la mère puisse passer par cette porte sans que les cochons de lait puissent

---

radiculas aquatilis silvæ, tanquam scirpi juncique et degeneris arundinis, quam vulgus cannam vocat. Nam cultus quidem ager opimas reddit sues, cum est graminosus, et pluribus generibus pomorum consitus, ut per anni diversa tempora mala, pruna, pyrum, multiformes nuces ac ficum præbeat. Nec tamen propter hæc parcetur horreis. Nam sæpe etiam de manu dandum est, cum foris deficit pabulum. Propter quod plurima glans vel cisternis in aquam vel fumo tabulatis recondenda est. Fabæ quoque et similium leguminum, cum vilitas permittit, facienda est potestas, et utique vere, dum adhuc lactent viridia pabula, quæ suibus plerumque nocent. Itaque mane priusquam procedant in pascua; conditivis cibis sustinendæ sunt, ne immaturis herbis citetur alvus, eoque vitio pecus emacietur. Nec ut cæteri greges universi claudi debent, sed per porticus haræ faciendæ sunt, quibus aut a partu aut etiam prægnantes includantur. Nam præcipue sues catervatim atque incondite cum sunt pariter inclusæ, super alias aliæ cubant, et fœtus elidunt. Quare, ut dixi, junctæ parietibus haræ construendæ sunt in altitudinem pedum quatuor, ne sus transilire septa queat. Nam contegi non debet, ut a superiore parte custos numerum porcorum recenseat, et si quem decumbens mater oppresserit, cubanti subtrahat. Sit autem vigilans, impiger, industrius, navus. Omnium, quas pascit, et matricum et juniorum meminisse debet, ut uniuscujusque partum consideret. Semper observet enitentem, claudatque ut in hara fœtum edat. Tum denotet protinus quot et quales sint nati, et curet maxime ne quis sub nutrice aliena educetur : nam facillime porci, si evaserint haram, miscent se, et scrofa cum decubuit, æque alieno ac suo præbet ubera. Itaque porculatoris maximum officium est, ut unamquamque cum sua prole claudat. Qui si memoria deficitur, quo minus agnoscat cujusque progeniem, pice liquida eandem notam scrofæ et porcis imponat, et sive per literas sive per alias formas unumquemque fœtum cum matre distinguat. Nam in majore numero diversis notis opus est, ne confundatur memoria custodis. Attamen quia id facere gregibus amplis videtur operosum; commodissimum est haras ita fabricare, ut limen harum in tantam altitudinem consurgat, quantam possit nutrix evadere; lactens autem supergredi non possit. Sic nec alienus irrepit, et in cubili

la franchir. Moyennant cette précaution, il ne se glissera pas de pourceaux étrangers dans aucun toit, et chaque ventrée attendra sa mère dans le sien. Une ventrée ne doit pas néanmoins excéder le nombre de huit têtes : non pas que j'ignore que la fécondité des truies peut en donner davantage, mais parce que celles à qui on en laisse élever un plus grand nombre cessent plus tôt de porter. Il faut aussi sustenter avec de l'orge cuite celles auxquelles on laisse leurs petits, de peur qu'elles ne tombent dans une maigreur extrême, qui pourrait être suivie de quelque maladie. Celui qui prendra soin des porcs balayera souvent leur cour, encore plus souvent leurs toits : car quoique cet animal soit malpropre quand il est à paître, il veut cependant que sa retraite soit très-propre. Voilà à peu près la façon de tenir les porcs quand ils se portent bien.

X. L'ordre nous conduit à parler des soins qu'il en faut prendre lorsqu'ils sont malades. On reconnaît que les truies ont la fièvre, lorsqu'elles portent la tête de travers et inclinée vers la terre; lorsqu'après avoir couru un certain temps, elles s'arrêtent tout à coup au milieu des pâturages, et qu'étourdies par une espèce de vertige qui leur prend, elles tombent à terre. Il faut remarquer de quel côté penche leur tête, pour leur tirer du sang de l'oreille opposée. On ouvrira aussi, à la distance de deux doigts des fesses, une veine assez grosse qu'elles ont sous la queue, après l'avoir néanmoins fouettée avec des sarments, pour n'y introduire le fer que lorsque les coups de verges l'auront suffisamment gonflée : la saignée faite, on bandera la plaie avec de l'écorce de saule, ou même d'orme. A la suite de cette opération, on retiendra l'animal dans son toit pendant l'espace d'un ou deux jours, et on lui donnera de l'eau tiède autant qu'il en voudra, avec un *sextarius* de farine d'orge. Lorsque les porcs ont les écrouelles, on leur tire du sang sous la langue; et après cette saignée, on leur frotte tout le grouin avec du sel égrugé et de la farine de froment. Quelques personnes s'imaginent que c'est un remède plus efficace de leur faire prendre avec une corne trois *cyathi* de *garum*, et de leur attacher au cou des tiges de férule fendues en deux, et suspendues avec un cordon de lin, de façon qu'elles portent sur leurs écrouelles. On regarde aussi comme un remède salutaire, lorsqu'ils ont envie de vomir, la sciure d'ivoire mêlée avec du sel rôti et des fèves broyées en farine bien menue, qu'on leur donne à jeun, et avant de les mener paître. Quelquefois aussi tout un troupeau de porcs est malade à la fois, de façon qu'ils maigrissent, qu'ils ne prennent plus de nourriture, et que, lorsqu'on les mène paître, ils se vautrent au milieu de la campagne, et paraissent oppressés par une espèce de léthargie qui les force à s'endormir au soleil d'été. Lorsque cet accident arrive, on renferme tout le troupeau dans une étable couverte, et on l'empêche pendant toute une journée de boire et de manger; le lendemain on broie de la racine de concombre sauvage que l'on fait infuser dans de l'eau, dont on fait boire aux porcs à leur soif. Dès qu'ils l'ont bue, l'envie de vomir leur prend, et ils se purgent par le vomissement. Quand ils ont rendu toute la bile qu'ils avaient dans le corps, on leur donne des pois chiches ou des fèves sur lesquelles on verse une saumure forte ; après quoi on leur permet de boire de l'eau chaude (comme on fait aux hommes). Si la soif est pernicieuse en été à toute sorte de quadrupèdes, elle l'est encore plus aux porcs qu'à tout autre : c'est pourquoi nous

---

suam quisque matrem nidus expectat, qui tamen non debet octo capitum numerum excedere : non quia ignorem fœcunditatem scrofarum majoris esse numeri ; sed quia celerrime fatiscit, quæ plures educat. Atque eæ quibus partus submittitur, cocto uti ordeo sustinendæ, ne ad maciem summam perducantur, et ex ea ad aliquam perniciem. Diligens autem porculator frequenter suile converrit, et sæpius haras. Nam quamvis prædictum animal in pabulatione spurce versetur, mundissimum tamen cubile desiderat. Hic fere cultus est pecoris suilli recte valentis.

X. Sequitur ut dicamus, quæ sit cura vitiosi. Febricitantium signa sunt, cum obstipæ sues transversa capita ferunt, ac per pascua subito, cum paululum procurrerunt, consistunt, et vertigine correptæ concidunt. Earum notanda sunt capita, quam in partem proclinentur, ut ex diversa parte de auricula sanguinem mittamus. Item sub cauda duobus digitis a clunibus intermissis venam feriamus, quæ est in eo loco satis ampla, eamque sarmento prius oportet verberari, deinde ab ictu virgæ tumentem ferro rescindi, detractoque sanguine colligari saligneo libro vel etiam ulmeo. Quod cum fecerimus, uno aut altero die sub tecto pecudem continebimus, et aquam modice calidam quantam volent, farinæque ordeaceæ singulos sextarios præbebimus. Strumosis sub lingua sanguis mittendus est, qui cum profluxerit, sale trito cum farina triticea confricari totum os conveniet. Quidam præsentius putant esse remedium cum per cornu singulis ternos cyathos gari demittunt. Deinde fissas taleas ferularum lineo funiculo religant : et ita collo suspendunt, ut strumæ ferulis contingantur. Nauseantibus quoque salutaris habetur eburnea scobis sali fricto, et fabæ minute fresæ commista, jejunisque prius quam in pascua prodeant objecta. Solet etiam universum pecus ægrotare ita, ut emacietur, nec cibos capiat, productumque in pascua medio campo procumbat, et quodam veterno pressum somnos æstivo sub sole captet. Quod cum facit, totus grex (tecto) clauditur stabulo, atque uno die abstinetur potione et pabulo : postridie radix anguinei cucumeris trita et commista cum aqua datur sitientibus : quam cum pecudes biberunt, nausea correptæ vomitant, atque expurgantur, omnique bile depulsa, cicercula vel faba dura muria conspersa, deinde, sicut hominibus, aqua calida potanda permittitur. Sed cum omni quadrupedi per æstatem sitis sit infesta, tum suillo

ne prescrivons point de les mener deux fois par jour à l'eau, comme on y mène les chèvres ou les brebis; mais nous conseillons de les tenir continuellement, autant que faire se pourra, sur les bords d'un fleuve ou d'un étang, au lever de la Canicule, parce qu'il ne suffit pas à ces animaux, qui sont très-chauds de leur nature, de boire l'eau, mais qu'il faut encore qu'ils y plongent leur corps, pour rafraîchir leur graisse ainsi que leur ventre, distendu par la pâture dont il est plein, d'autant que rien ne leur plaît autant que de se vautrer dans des ruisseaux ou dans des lacs bourbeux. Si la situation des lieux ne permet point de leur procurer ces facilités, il faut au moins leur donner à boire de l'eau de puits, qu'on mettra abondamment dans leurs auges, parce que s'il arrivait qu'ils n'en eussent pas à discrétion, ils deviendraient bientôt pulmoniques. On guérit parfaitement cette maladie en leur insérant dans les oreilles de la racine de pommelée, plante dont nous avons déjà parlé avec assez de détail en différentes occasions. Ils sont aussi tourmentés souvent par des douleurs de rate, parce que ce viscère est sujet à se vicier chez eux lorsqu'il survient une grande sécheresse, et que, pour emprunter une citation aux Bucoliques, *les fruits sont épars à terre sous l'arbre qui les a produits*. En effet, ce bétail étant insatiable, pour peu que les truies se soient livrées avec excès à la douceur de la pâture, elles sont tourmentées en été par un gonflement de rate. On y remédie en fabriquant des auges de tamaris et de houx frelon, qu'on remplit d'eau, pour la leur présenter lorsqu'elles ont soif : en effet, le suc de ces bois est médicinal au point qu'étant ainsi filtré dans leur boisson, il arrête ce gonflement interne.

XI. On a l'attention de ne châtrer ce bétail qu'en deux temps de l'année, savoir, au printemps et en automne; et il y a deux manières de faire cette opération. La première est celle que nous avons déjà donnée, et qui consiste à faire deux ouvertures, à l'effet de tirer un testicule par chacune : l'autre est plus belle, quoique plus périlleuse; mais quelque danger qu'il y ait à la faire, je ne la passerai pas sous silence. Après avoir arraché un des testicules et l'avoir coupé avec le fer, on insère le bistouri par cette première ouverture, et l'on incise vers le milieu la peau qui sert de cloison aux deux testicules, à l'effet d'arracher de même le second testicule avec les doigts, qu'on a soin de recourber. De cette manière il n'y aura qu'une plaie, qu'on cicatrisera en y appliquant les remèdes que nous avons enseignés pour la première opération. Je ne crois pas non plus devoir passer sous silence un article qui intéresse la religion du chef de famille. Il y a des truies qui dévorent leurs petits : lorsque ce cas arrive, on ne doit pas le regarder comme un prodige, parce que ce sont entre tous les bestiaux ceux qui souffrent le moins patiemment la faim; de façon qu'il arrive quelquefois que lorsque des truies manquent de pâture, non-seulement elles dévorent les pourceaux de leurs pareilles (si on les laisse faire), mais encore les leurs propres. J'ai traité avec assez d'exactitude (si je ne me trompe) des bêtes de somme et des autres bestiaux, ainsi que des maîtres de troupeaux, qui sont chargés du soin de panser et d'entretenir les quadrupèdes, tant dans l'intérieur de la maison qu'au dehors.

XII. Je vais parler à présent, ainsi que je m'y suis engagé dans la première partie de ce traité, des gardiens muets du bétail, quoique ce soit à tort que l'on donne aux chiens le titre de gardiens

---

maxime est inimica. Quare non ut capellam vel ovem, sic et hoc animal bis ad aquam duci præcipimus : sed si fieri potest, juxta flumen aut stagnum per ortum Caniculæ detineri : quia cum sit æstuosissimum, non est contentum potione aquæ, nisi obesam ingluviem atque distentam pabulis alvum demerserit ac refrigeraverit : nec ulla re magis gaudet, quam rivis atque cœnoso lacu volutari. Quod si locorum situs repugnat, ne ita fieri possit, puteis extracta et large canalibus immissa præbenda sunt pocula, quibus nisi affatim satientur, pulmonariæ fiunt. Isque morbus optime sanatur auriculis inserta consilligine : de qua radicula diligenter ac sæpius jam locuti sumus. Solet etiam vitiosi splenis dolor eas infestare, quod accidit, cum siccitas magna provenit, et, ut Bucolicon loquitur poëma, *Strata jacent passim sua quæque sub arbore poma*. Nam pecus insatiabile sues, dum dulcedinem pabuli consectantur supra modum, æstate splenis incremento laborant. Cui succurritur, si fabricentur canales ex tamaricis trunco, repleanturque aqua, et deinde sitientibus admoveantur; quippe ligni succus medicabilis epotus intestinum tumorem compescit.

XI. Castrationis autem in hoc pecore duo tempora servantur, veris et autumni : et ejus administrandæ duplex ratio. Prima illa, quam jam tradidimus, cum duobus vulneribus impressis per unamquamque plagam singuli exprimuntur testiculi. Altera est speciosior, sed magis periculosa, quam tamen non omittam. Cum virilem partem unam ferro resectam detraxeris, per impressum vulnus scalpellum inserito, et mediam quasi cutem, quæ intervenit duobus membris genitalibus, rescindito, atque uncis digitis alterum quoque testiculum educito : sic fiet una cicatrix adhibitis cæteris remediis, quæ prius docuimus. Illud autem, quod pertinet ad religionem patrisfamilias, non reticendum putavi. Sunt quædam scrofæ, quæ mandunt fœtus suos : quod cum fit, non habetur prodigium. Nam sues ex omnibus pecudibus impatientissimæ famis aliquando sic indigent pabuli, ut non tantum alienam, si liceat, sobolem, sed etiam suam consumant. De armentis cæterisque pecudibus et magistris, per quos quadrupedum greges humana solertia domi forisque curantur atque observantur, nisi fallor, satis accurate disserui.

XII. Nunc ut exordio priore sum pollicitus, de mutis custodibus loquar; quamquam canis falso dicitur mutus custos. Nam quis hominum clarius aut tanta vociferatione

muets. En effet, trouve-t-on des hommes qui avertissent de la présence d'une bête féroce, ou de celle d'un voleur, d'une manière plus intelligible ou avec des cris plus perçants que ne le font ces animaux par leurs aboiements? Y a-t-il des serviteurs plus attachés à leur maître, des compagnons plus fidèles, des gardiens plus incorruptibles que les chiens? Peut-on enfin trouver des sentinelles plus vigilantes, et des vengeurs ou des défenseurs plus courageux? Un agriculteur doit donc se pourvoir d'un chien, et l'entretenir de préférence à tout autre animal, parce que ce sera lui qui gardera la métairie, les fruits, les gens de la maison, et les bestiaux. Il y a trois différentes méthodes à suivre dans l'acquisition comme dans l'entretien de cet animal, suivant les différents objets auxquels on le destine. En effet, il y a une espèce de chien que l'on ne choisit que pour éventer les embuscades dressées par les hommes, et qui sert à garder la métairie avec ses dépendances; au lieu que les chiens de la seconde espèce sont choisis pour repousser les attaques des hommes ainsi que celles des bêtes féroces; de sorte que ceux de cette seconde espèce ne doivent pas moins avoir l'œil sur les bestiaux qui paissent au dehors, que dans l'intérieur de la maison sur les étables. Il en est une troisième espèce que l'on n'acquiert que pour la chasse, et qui non-seulement n'est d'aucune utilité à un agriculteur, mais qui le détourne même de son travail et lui fait négliger ses occupations. Il nous suffira donc de parler du chien des métairies et de celui des pâtres, puisque le chien de chasse est un objet absolument étranger à l'art que nous professons. Il faut choisir pour la garde de la métairie un chien d'une corporence très-ample, et dont l'aboiement soit étendu et sonore, tant afin qu'il puisse épouvanter les malfaiteurs, d'abord par le bruit de ses hurlements et ensuite même par son aspect, qu'afin qu'il puisse mettre en fuite ceux qui s'aviseraient de tendre des embûches, quelquefois même avant d'en être aperçu, et par la seule frayeur qu'inspireront ses hurlements. Il faut qu'il soit d'une seule couleur : on préférera la couleur blanche dans le chien du pâtre, et la noire dans celui de la métairie; quant aux couleurs bigarrées, on ne les approuve ni dans l'un ni dans l'autre de ces animaux. Le pâtre donne la préférence à la couleur blanche, parce qu'elle ne peut pas être confondue avec celle des bêtes féroces. En effet, il est quelquefois très-essentiel, lorsqu'il s'agit de repousser des loups pendant l'obscurité du matin ou du soir, qu'il y ait une différence bien marquée entre la couleur du chien et celle de ces bêtes, de peur que si la blancheur du chien ne le faisait pas reconnaître, le pâtre ne vînt à le frapper, croyant frapper un loup. Pour le chien de la métairie, que l'on oppose aux attaques des hommes, il doit être noir, parce que si le voleur vient en plein jour, l'aspect de cet animal lui paraîtra d'autant plus terrible; et que s'il vient de nuit, l'affinité de cette couleur avec les ténèbres l'empêchera même de l'apercevoir; de sorte que l'animal, favorisé par l'obscurité, pourra s'approcher avec plus de sûreté de ceux qui se tiendraient en embuscade. On approuve plutôt un chien carré qu'un chien long ou court, pourvu qu'il ait la tête assez grosse pour qu'elle paraisse faire la plus considérable partie de son corps, les oreilles renversées et pendantes, les yeux noirs ou verdâtres et éclatants d'une lumière vive, la poitrine ample et bien garnie de poils, les épaules larges, les jambes épaisses et hérissées, la queue courte, et enfin les pattes et les ongles très-larges, auquel cas on les appelle δρακαί. Voilà la figure extérieure du chien de métairie la plus à désirer. Son naturel ne doit être ni très-doux, ni au contraire farouche et cruel, parce que dans le premier cas il caresse tout le monde,

bestiam vel furem prædicat, quam iste latratu? quis famulus amantior domini? quis fidelior comes? quis custos incorruptior? quis excubitor inveniri potest vigilantior? quis denique ultor aut vindex constantior? Quare vel in primis hoc animal mercari tuerique debet agricola, quod et villam et fructus familiamque et pecora custodit. Ejus autem parandi tuendique triplex ratio est. Namque unum genus adversus hominum insidias eligitur, et id villam quæque juncta sunt villæ custodit. At alterum propellendis injuriis hominum ac ferarum; et id observat domi stabulum, foris pecora pascentia. Tertium venandi gratia comparatur; idque non solum nihil agricolam juvat, sed et avocat desidemque ab opere suo reddit. De villatico igitur et pastorali dicendum est : nam venaticus nihil pertinet ad nostram professionem. Villæ custos eligendus est amplissimi corporis, vasti latratus canorique, ut prius auditu maleficum, deinde etiam conspectu terreat, et tamen nonnunquam ne visus quidem horribili fremitu suo fuget insidiantem. Sit autem coloris unius; isque magis eligatur albus in pastorali, niger in villatico : nam varius in neutro est laudabilis. Pastor album probat, quoniam est feræ dissimilis, magnoque opus interdum discrimine est in propulsandis lupis sub obscuro mane vel etiam crepusculo, ne pro bestia canem feriat. Villaticus, qui hominum maleficiis opponitur, sive luce clara fur advenerit, terribilior niger conspicitur : sive noctu, ne conspicitur quidem propter umbræ similitudinem, quamobrem tectus tenebris canis tutiorem accessum habet ad insidiantem. Probatur quadratus potius quam longus aut brevis, capite tam magno, ut corporis videatur pars maxima, dejectis et propendentibus auribus, nigris vel glaucis oculis acri lumine radiantibus, amplo villosoque pectore, latis armis, cruribus crassis et hirtis, cauda brevi, vestigiorum articulis et unguibus amplissimis, qui Græce δρακαί appellantur. Hic erit villatici canis status præcipue laudandus. Mores autem neque mitissimi, neque rursus truces atque crudeles; quod illi furem quoque adulantur, hi etiam domesticos invadunt. Satis est severos esse nec blandos, ut

sans en excepter les voleurs, et que dans le second cas il saute jusque sur les gens de la maison même. Il suffit qu'il soit sévère sans être caressant, et que son œil s'enflamme toujours contre les étrangers, et quelquefois même contre ses camarades de servitude. Les chiens doivent surtout se montrer vigilants en tout ce qui concerne la garde à laquelle ils sont commis. Il ne faut pas qu'ils soient vagabonds ; ils doivent au contraire être assidus, et plutôt circonspects que téméraires, parce que lorsqu'ils sont circonspects ils n'annoncent rien qu'ils ne soient certains d'avoir vu ; au lieu que lorsqu'ils sont téméraires, il arrive souvent qu'ils prennent l'alerte sur de vains bruits et sur des soupçons mal fondés. J'ai cru devoir entrer dans ce détail par rapport à leurs qualités, parce que, comme la nature ne forme point seule les mœurs, à moins que l'éducation n'y soit jointe, il faut, lorsque nous serons dans le cas d'en acheter, que nous les choisissions tels que nous venons de les dépeindre, et que lorsque nous élèverons ceux qui seront nés chez nous, nous les formions d'après ces principes. Peu importe que les chiens de métairie soient lourds de corps et peu légers à la course, parce que leur ministère s'exerce plutôt de près et dans le lieu même qu'ils occupent, que de loin et dans un champ spacieux. En effet, ils doivent toujours rester autour de l'enclos et dans le bâtiment même, sans s'en écarter jamais à trop de distance. Il leur suffit, pour bien remplir leurs fonctions, de flairer avec sagacité ceux qui viennent dans de mauvais desseins, de les épouvanter par leurs aboiements, et de ne s'en pas laisser trop approcher, ou de se jeter sur eux avec fureur, au cas qu'ils s'obstinent à avancer ; d'autant que le premier devoir d'un chien est de ne point se laisser attaquer, et le second de se venger avec courage et persévérance lorsqu'on l'agace. Voilà pour ce qui est des chiens qui gardent la maison : voici ce qui concerne ceux des pâtres. Le chien destiné à garder le bétail ne doit être ni aussi efflanqué ni aussi léger que celui qui est destiné à courir après les daims, les cerfs et les animaux les plus légers, comme il ne doit pas non plus être aussi gras ni aussi lourd que celui qui est destiné à garder la métairie et les greniers. Il faut néanmoins qu'il soit robuste, et même prompt et dispos jusqu'à un certain point, parce qu'on le prend autant pour attaquer et pour se battre que pour courir, puisque sa destination est de repousser les embûches dressées par les loups, de suivre ces animaux lorsqu'ils s'enfuient avec leur proie, et de la leur faire lâcher pour la rapporter. Aussi une taille longue et élancée est-elle plus convenable au chien des pâtres qu'une taille courte ou même carrée, parce que (comme je l'ai dit) il est souvent contraint par nécessité de poursuivre avec rapidité les bêtes féroces : au surplus, on approuve ses membres lorsqu'ils sont semblables à ceux du chien de la métairie. Il faut donner à peu près la même nourriture à ces deux espèces de chiens, c'est-à-dire que si l'on a des possessions assez étendues pour comporter plusieurs troupeaux de bestiaux, on pourra très-bien nourrir tous les chiens indistinctement avec de la farine d'orge trempée dans du petit-lait ; au lieu que si la terre que l'on possède est plantée en arbrisseaux et sans pâturages, on les nourrira de pain de blé et de froment, en y ajoutant cependant du bouillon de fèves qu'on leur donnera tiède, parce que s'il était bouillant, il leur donnerait la rage. Il ne faut permettre à ce quadrupède, tant mâle que femelle, de s'accoupler qu'au bout d'un an, parce que si on laissait accomplir l'acte de la génération avant ce temps, le plaisir, en lui affaiblissant le corps et en abattant ses forces, lui énerverait le courage. On ôtera aux

---

nonnunquam etiam conservos iratius intueantur, semper excandescant in exteros. Maxime autem debent in custodia vigilantes conspici, nec erronei, sed assidui, et circumspecti magis quam temerarii. Nam illi nisi quod certum compererunt, non indicant : hi vano strepitu et falsa suspicione concitantur. Hæc idcirco memoranda credidi, quia non natura tantum, sed etiam disciplina mores facit, ut et cum emendi potestas fuerit, ejusmodi probemus, et cum educabimus domi natos, talibus institutis formemus. Nec multum refert an villatici corporibus graves et parum veloces sint : plus enim cominus et in gradu, quam eminus et in spatioso cursu facere debent. Nam semper circa septa et intra ædificium consistere, imo ne longius quidem recedere debent, satisque pulchre funguntur officio, si et advenientem sagaciter odorantur, et latratu conterrent, nec patiuntur propius accedere, vel constantius appropinquantem violenter invadunt. Primum est enim non adtentari, secundum est lacessitum fortiter et perseveranter vindicari. Atque hæc de domesticis custodibus ; illa de pastoralibus. Pecuarius canis neque tam strigosus aut pernix debet esse, quam qui damas cervosque et velocissima sectatur animalia, nec tam obesus aut gravis, quam villæ horreique custos : sed et robustus nihilominus, et aliquatenus promptus ac strenuus, quoniam et ad rixam et ad pugnam, nec minus ad cursum comparatur, cum et lupi repellere insidias, et raptorem ferum consequi fugientem, prædam excutere atque auferre debeat. Quare status ejus longior productiorque ad hos casus magis habilis est, quam brevis aut etiam quadratus : quoniam, ut dixi, nonnunquam necessitas exigit celeritate bestiam consectandam. Cæteri artus similes membris villatici canis æque probantur. Cibaria fere eadem sunt utrique generi præbenda. Nam si tam laxa rura sunt, ut sustineant pecorum greges, omnes sine discrimine canes ordeacea farina cum sero commode pascit. Sin autem surculo consitus ager sine pascuo est, farreo vel triticeo pane satiandi sunt, admisto tamen liquore coctæ fabæ, sed tepido : nam fervens rabiem creat. Huic quadrupedi neque fœminæ neque mari nisi post annum permittenda venus est : quæ si teneris conceditur, carpit et corpus et vires,

chiennes leur première portée, parce qu'une jeune chienne que l'on fait nourrir s'en acquitte toujours mal la première fois, et que ce travail l'empêche de prendre de l'accroissement dans sa stature. Les mâles engendrent vigoureusement jusqu'à dix ans; passé ce temps, ils ne paraissent plus propres à cette fonction, parce qu'une race issue de vieux chiens est toujours lâche. Les femelles conçoivent jusqu'à neuf ans, et ne sont plus bonnes à rien passé dix ans. Il ne faut pas laisser sortir les petits chiens pendant les six premiers mois qui suivent leur naissance, jusqu'à ce qu'ils se soient fortifiés, si ce n'est pour les laisser aller jouer et folâtrer auprès de leur mère : au bout de ce temps, il faut les enchaîner pendant le jour, et les détacher pendant la nuit. On ne doit jamais souffrir que ceux dont on veut conserver le naturel généreux soient élevés par une autre nourrice que par celle qui leur a donné le jour, parce que le lait qu'ils puiseront dans le sein maternel, joint au courage personnel de leur mère, leur donnera toujours plus d'ardeur et fortifiera bien autrement leur corps que ne pourrait faire celui d'une autre chienne. Si une chienne qui a fait des petits vient à manquer de lait, il conviendra de leur donner du lait de chèvres préférablement à tout autre, jusqu'à ce qu'ils aient quatre mois. Il faut leur donner des noms qui ne soient pas trop longs à prononcer, afin qu'ils s'entendent plus tôt appeler, quoiqu'il ne faille pas non plus leur en donner de trop courts, ni qui aient moins de deux syllabes. Tels seront les mots grecs σκύλαξ (petit chien) et λάκων (chien de Laconie), et les mots latins *ferox* (fier) et *celer* (léger à la course) : tels seront encore pour les femelles les mots grecs σπουδὴ (prompte), ἀλκὴ (forte), ῥώμη (forte), et les mots latins *lupa* (louve), *cerva* (biche), *tigris* (tigresse). On coupera la queue des petits chiens quarante jours après leur naissance, de la manière suivante. On prend avec les dents le nerf qui traverse les jointures de l'épine du dos et qui s'étend jusqu'à l'extrémité de la queue; et après l'avoir un peu tiré à soi, on le rompt : moyennant cette opération, la queue ne prend jamais une extension désagréable, et même (si l'on en croit un grand nombre de pâtres) on préserve par là les chiens de la rage, qui est une maladie mortelle à cette espèce de bête.

XIII. Il arrive communément que les mouches ulcèrent pendant l'été les oreilles des chiens, au point que ces animaux finissent souvent par les perdre absolument. Pour prévenir cet accident, il faut leur frotter les oreilles avec des amandes amères pilées; mais si elles sont déjà infectées par les ulcères, on distillera sur la plaie de la poix fondue, cuite avec de la graisse de cochon. Les tiques tomberont aussi par l'application de ce médicament : car il ne faut pas les arracher avec la main, de peur d'occasionner des ulcères, comme je l'ai dit ci-dessus. On guérit un chien sujet aux puces, en le frottant soit de cumin broyé avec de l'ellébore blanc à doses égales et trempé dans l'eau, soit de jus de concombre sauvage, ou, à défaut de ces drogues, en lui versant de vieille lie d'huile sur tout le corps. S'il a la gale, on broie du gypse et du sésame en pareille quantité, pour en faire avec de la poix fondue un onguent dont on frotte la partie malade. On croit ce remède également bon pour les hommes. Lorsque cette maladie est très-violente, on la dissipe avec de la résine de cèdre. Il faut traiter les autres maladies des chiens suivant les préceptes que nous avons donnés pour les autres animaux.

animosque degenerat. Primus effœtæ partus amovendus est, quoniam tiruncula nec recte nutrit, et educatio totius habitus aufert incrementum. Mares juveniliter usque in annos decem progenerant : post id tempus ineundis fœminis non videntur habiles, quoniam seniorum pigra soboles existit. Fœminæ concipiunt usque in annos novem, nec sunt utiles post decimum. Catulos sex mensibus primis, dum corroborentur, emitti non oportet, nisi ad matrem lusus ac lasciviæ causa. Postea catenis per diem continendi, et noctibus solvendi. Nec unquam eos, quorum generosam volumus indolem conservare, patiemur alienæ nutricis uberibus educari : quoniam semper ac lac et spiritus maternus longe magis ingenii atque incrementa corporis auget. Quod si effœta lacte deficitur, caprinum maxime conveniet præberi catulis, dum fiant mensium quatuor. Nominibus autem non longissimis appellandi sunt, quo celerius quisque vocatus exaudiat : nec tamen brevioribus, quam quæ duabus syllabis enuntientur, sicuti Græcum est σκύλαξ, Latinum *ferox*, Græcum λάκων, Latinum *celer* : vel fœmina, ut sunt Græca σπουδὴ, ἀλκὴ, ῥώμη : Latina, *lupa, cerva, tigris*. Catulorum caudas post diem quadragesimum, quam sint editi, sic castrare conveniet. Nervus est, qui per articulos spinæ prorepit usque ad ultimam partem caudæ : is mordicus comprehensus et aliquatenus eductus abrumpitur : quo facto neque in longitudinem cauda fœdum capit incrementum, et, ut plurimi pastores affirmant, rabies arcetur letifer morbus huic generi.

XIII. Fere autem per æstatem sic muscis aures canum exulcerantur, sæpe ut totas amittant : quod ne fiat, amaris nucibus contritis liniendæ sunt. Quod si ulceribus jam præoccupatæ fuerint, coctam picem liquidam suillæ adipi mistam vulneribus stillari convenient. Hoc eodem medicamine contacti ricini decidunt. Nam manu non sunt vellendi, ne, ut et ante prædixeram, faciant ulcera. Pulicosæ cani remedia sunt sive cyminum tritum pari pondere cum veratro, aquaque mistum et inlitum; seu cucumeris anguinei succus : vel si hæc non sunt, vetus amurca per totum corpus infusa. Si scabies infestabit, gypsi et sesami tantundem conterito, et cum pice liquida permisceto, vitiosamque partem linito : quod medicamentum putatur etiam hominibus esse conveniens. Eadem pestis si fuerit vehementior, cedrino liquore aboletur. Reliqua vitia sicut in cæteris animalibus præcepimus, curanda sunt. Hacte-

Nous terminerons ici ce qui regarde le petit bétail, et nous donnerons dans le volume suivant des préceptes sur les engrais que l'on fait dans l'intérieur des métairies; ce qui comprendra tout ce qui est relatif aux soins qu'exigent les oiseaux, les poissons et les quadrupèdes des forêts.

LIVRE VIII.

I. Nous avons donné dans les sept premiers livres, Publius Silvinus, à peu près tout ce qu'il fallait pour compléter l'art de faire valoir et de cultiver les terres, ainsi que ce qui concernait la méthode de gouverner les bestiaux. Si nous ajoutons à ce traité le huitième livre que voici, c'est moins parce que les objets dont il y sera question sont essentiellement et immédiatement du ressort des gens de la campagne, que parce qu'ils concernent une administration qui ne peut avoir lieu que dans les campagnes ou dans les métairies, et que les profits qu'elle rapporte tournent plus à l'utilité des gens de la campagne qu'à celle des habitants des villes. En effet, l'engrais des volailles, ainsi que celui des gibiers et des poissons qu'on nourrit dans les métairies, ne laisse pas que de rapporter au cultivateur des profits considérables, de même que celui des bestiaux, tant parce que la fiente d'une partie de ces animaux sert de remède aux vignes qui sont trop maigres, ainsi qu'à tous les arbres et aux terres labourables, que parce que les élèves qu'il fait de la sorte fournissent non-seulement la cuisine de ses gens, mais encore sa table même d'excellents mets, et qu'enfin ils rehaussent le revenu de la métairie par l'argent qu'ils produisent à la vente. C'est pour cela que j'ai cru devoir aussi traiter de ces autres nourritures. Or elles se font communément ou dans la métairie même, ou dans ses environs. Celles qui se font dans la métairie sont comprises sous ce que les Grecs appellent des ὀρνιθῶνες (volières) et des περιστερεῶνες (colombiers). On peut encore, lorsque l'on a de l'eau à sa disposition, y entretenir des ἰχθυοτροφεῖα (des viviers); ce sont, pour m'exprimer plutôt en latin, comme les *stabula* (les étables) des oiseaux de basse-cour, et de ceux que l'on enferme dans des cabinets pour les engraisser, ou les *receptacula* (les retraites) des animaux aquatiques. On ménage aussi autour des métairies des μελισσῶνες (endroit pour placer des ruches), des χηνοτροφεῖα (endroit où l'on nourrit les oies) et des λαγοτροφεῖα (parc où l'on nourrit des lièvres, garennes.) Nous appelons encore tous ces différents lieux des *apiaria*, quand ils servent de retraites aux abeilles; des *aviaria*, quand ils en servent aux oiseaux aquatiques, qui se plaisent dans les étangs et dans les réservoirs d'eau; ou enfin des *vivaria*, quand ils en servent aux bêtes fauves que l'on garde dans des bois clos.

II. Je commencerai donc par donner des préceptes de nourriture et d'éducation relatifs à toutes les volailles et à toutes les espèces de gibier qu'on élève dans l'intérieur des métairies. On peut à la vérité mettre en question si les gens de la campagne doivent avoir chez eux de toutes ces espèces d'animaux; mais la question est résolue par rapport aux poules, et elles sont communément l'objet le plus habituel des soins que doivent prendre les agriculteurs. On en compte de trois espèces : les poules de basse-cour, les poules sauvages et celles d'Afrique. Les poules de basse-cour sont celles que l'on voit ordinairement dans presque toutes les métairies. Les sauvages, qui leur ressemblent, sont celles que les oiseleurs prennent à la chasse; il s'en trouve beaucoup dans l'île de la mer de Ligurie, à laquelle

---

nus de minore pecore. Mox de villaticis pastionibus, quæ continent volucrum pisciumque et silvestrium quadrupedum curam, sequenti volumine præcipiemus.

LIBER VIII.

I. Quæ fere consummabant, Publi Silvine, ruris exercendi colendique scientiam, quæque pecuariæ negotiationis exigebat ratio, septem memoravimus libris. Hic nunc sequentis numeri titulum possidebit : nec quia proximam propriamque rustici curam desiderent ea, quæ dicturi sumus, sed quia non alio loco, quam in agris aut villis debeant administrari, et tamen agrestibus magis, quam urbanis prosint. Quippe villaticæ pastiones, sicut pecuariæ, non minimam colono stipem conferunt, cum et avium stercore macerrimis vineis et omni surculo atque arvo medeantur; et eisdem familiarem focum mensamque pretiosis dapibus opulentent; postremo venditorum animalium pretio villæ reditum augeant. Quare de hoc quoque genere pastionis dicendum censui. Est autem id fere vel in villa, vel circa villam. In villa est, quod appellant Græci ὀρνιθῶνας, καὶ περιστερεῶνας;; atque etiam cum datur liquoris facultas ἰχθυοτροφεῖα sedula cura exercentur. Ea sunt, omnia ut Latine potius loquamur, sicut avium cohortalium stabula, nec minus earum, quæ conclavibus septæ saginantur, vel aquatilium animalium receptacula. Rursus circa villam ponuntur μελισσῶνες καὶ χηνοτροφεῖα, quin etiam λαγοτροφεῖα studiose administrantur, quæ nos similiter appellamus apum cubilia, apiaria, vel nantium volucrum, quæ stagnis piscinisque lætantur, aviaria, vel etiam pecudum silvestrium, quæ nemoribus clausis custodiuntur, vivaria.

II. Prius igitur de his præcipiam, quæ intra septa villæ pascuntur. Ac de aliis quidem forsitan ambigitur, an sint agrestibus possidenda : gallinarum vero plerumque agricolæ cura solennis est. Earum genera sunt vel cohortalium, vel rusticarum vel Africanarum. Cohortalis est avis, quæ vulgo per omnes fere villas conspicitur : rustica, quæ non dissimilis villaticæ per aucupem decipitur, quæque plurima est in insula, quam nautæ in Ligustico mari sitam producto nomine alitis Gallinariam vocitaverunt :

les matelots donnent le nom de *gallinaria*, forme allongée de *gallina* (poule). Celles d'Afrique, que bien des gens appellent poules de Numidie, ressemblent aux pintades; avec cette différence qu'elles ont la crête et la barbe rouges, au lieu que les pintades les ont bleues. Mais entre ces trois espèces d'oiseaux, c'est proprement à ceux de basse-cour que l'on donne le nom de poules lorsqu'ils sont femelles, celui de coqs lorsqu'ils sont mâles, et celui de chapons lorsqu'ils ne sont mâles qu'à demi ; car c'est le nom qu'on leur donne lorsqu'on les a châtrés, pour éteindre absolument en eux tout penchant à la volupté. Au reste, on ne les réduit pas seulement à cet état en les privant des parties génitales, mais encore en leur brûlant les ergots avec un fer chaud; après quoi, lorsque l'action du feu les a consumés, on frotte avec de la terre à potier la plaie qui résulte de cette opération, jusqu'à ce qu'elle soit parfaitement guérie. Il ne faut donc pas négliger le revenu que peuvent produire ces poules des métairies, pour peu qu'on les élève avec cette intelligence qui a rendu célèbres la plupart des Grecs et principalement les habitants de Délos en cette partie. Il est vrai que comme ces peuples recherchaient ceux de ces animaux qui avaient la plus grande taille et qui montraient le plus de courage dans les combats, ils préféraient à tous les autres ceux de Tanagra et de Rhodes, ainsi que ceux de Chalcidie et de Médie, que le vulgaire appelle, par changement d'une lettre, poules de Mélie; au lieu que nous approuvons ceux de notre pays préférablement aux autres, parce que nous ne faisons point cas de cette passion des Grecs, qui les portait à élever pour les combats les plus fiers de ces oiseaux. En effet, notre but est d'assurer un fond de revenu aux chefs de famille industrieux, et non pas aux gens qui s'adonnent à dresser des oiseaux pour les combats, et qui compromettent tout leur patrimoine, au risque de s'en voir assez souvent dépouillés à l'occasion d'un coq qui aura remporté la victoire sur son adversaire. Ainsi, quiconque voudra suivre nos préceptes examinera d'abord le nombre de femelles qu'il lui faudra acquérir, et les qualités qu'elles devront avoir; ensuite la manière de les entretenir et de les engraisser ; troisièmement, les temps de l'année où il devra réserver leur ponte pour la faire couver et éclore par la suite, et enfin les soins qu'il aura à prendre pour que les poulets soient élevés comme il convient. C'est en effet par ces soins, et par les occupations qu'ils entraînent après eux, que l'on peut tirer parti de l'économie de la basse-cour, que les Grecs appellent ὀρνιθοτροφία. Or le nombre qu'il s'en faudra procurer est de deux cents têtes; et ce nombre partagera les soins d'un seul et unique gardien, pourvu cependant qu'on lui associe une vieille femme ou un enfant, qui garderont ces oiseaux quand ils s'éloigneront, de peur qu'ils ne soient volés par les hommes qui leur tendront des pièges, ou enlevés par les animaux qui les guetteront. Il n'y a point de profit à acheter des poules, à moins qu'elles ne soient très-fécondes. Il faut qu'elles aient le plumage rouge ou brun, et les ailes noires: on les choisira même toutes, si faire se peut, de l'une de ces couleurs, ou d'une couleur qui en approche; ou du moins on évitera d'en avoir de blanches, parce qu'elles sont pour la plupart délicates, peu vivaces, et rarement fécondes. D'ailleurs, comme la blancheur est une couleur saillante qu'on distingue de loin, plus elles sont blanches, plus elles sont exposées à être enlevées par les oiseaux de proie et par les aigles. Il faut donc que celles qui sont destinées à pondre soient de couleur roussâtre,

---

Africana est, quam plerique Numidicam dicunt, Meleagridi similis, nisi quod rutilam galeam et cristam capite gerit, quæ utraque sunt in Meleagride cærulea. Sed ex his tribus generibus cohortales fœminæ proprie appellantur gallinæ, mares autem galli, semimares capi, quod hoc nomine vocantur, cum sunt castrati libidinis abolendæ causa. Nec tamen id patiuntur amissis genitalibus, sed ferro candente calcaribus inustis, quæ cum ignea vi consumpta sunt, facta ulcera dum consanescant, figulari creta linuntur. Hujus igitur villatici generis non spernendus est reditus, si adhibeatur educandi scientia, quam plerique Græcorum et præcipue celebravere Deliaci. Sed et ii, quoniam procera corpora et animos ad prælia pertinaces requirebant, præcipue Tanagricum genus et Rhodium probabant, nec minus Chalcidicum et Medicum, quod ab imperito vulgo litera mutata Melicum appellatur. Nobis nostrum vernaculum maxime placet : omisso tamen illo studio Græcorum, qui ferocissimum quemque alitem certaminibus et pugnæ præparabant. Nos enim censemus instituere vectigal industrii patrisfamilias, non rixosarum avium lanistæ, cujus plerumque totum patrimonium, pignus aleæ, victor gallinaceus pyctes abstulit. Igitur cui placebit sequi nostra præcepta, consideret oportet primum quam multas, et cujusmodi parare debeat matrices, deinde qualiter eas tueri et pascere ; mox quibus anni temporibus earum partus excipere; tum demum ut incubent et excludant efficere; postremo ut commode pulli educentur operam dare. His enim curis et ministeriis exercetur ratio cohortalis, quam Græci vocant ὀρνιθοτροφίαν. Parandi autem modus est ducentorum capitum, quæ pastoris unius curam distendant : dum tamen anus sedula vel puer adhibeatur custos vagantium, ne obsidiis hominum, aut insidiatorum animalium diripiantur. Mercari porro nisi fœcundissimas aves non expedit. Eæ sint rubicundæ vel fuscæ plumæ, nigrisque pennis : ac si fieri poterit, omnes hujus, et ab hoc proximi coloris eligantur. Sin aliter, vitentur albæ; quæ fere cum sint molles ac minus vivaces, tum ne fœcundæ quidem facile reperiuntur : atque etiam conspicuæ propter insigne candoris ab accipitribus et aquilis sæpius abripiuntur. Sint ergo matrices robii coloris robusti corporis, quadratæ, pectorosæ, magnis capitibus, rectis rutilisque

qu'elles aient le corps robuste et carré, la poitrine large, la tête grande, de petites huppes droites et rouges, les oreilles blanches; qu'elles paraissent très-amples sous cette forme, et qu'elles aient les ongles inégaux. Celles qui ont cinq ongles, et dont les pattes ne sont point traversées par des éperons, passent pour les meilleures, parce que celles qui se font distinguer par cet apanage réservé aux mâles ne se prêtent point aisément à la génération et dédaignent de souffrir le coq; outre qu'elles sont rarement fécondes, et qu'elles cassent même leurs œufs avec la pointe de leurs ongles, lorsqu'elles viennent à les couver. Rejetez tout coq qui ne sera pas très-lascif, et recherchez dans ces animaux la même couleur et le même nombre d'ongles que dans les poules; on leur veut cependant une taille plus haute. Il faut qu'ils aient la crête haute, de couleur de sang et bien droite; les yeux roux ou tirant sur le noir, le bec court et crochu, les oreilles très-grandes et très-blanches, la cravate d'un rouge tirant sur le blanc et pendante comme la barbe d'un vieillard; les plumes du cou bigarrées ou d'un jaune d'or, et qu'en tombant sur les épaules elles couvrent le cou et le chignon; la poitrine large et pleine de muscles, les ailes fortes et semblables à des bras, la queue très-longue et partagée en deux rangs; sur le côté de chacun déborderont des plumes. Il faut encore qu'ils aient de grandes cuisses, et qu'elles soient couvertes de plumes qui se hérissent souvent; qu'ils aient les pattes fortes sans être longues, mais qu'elles soient armées offensivement comme d'une espèce d'épieu toujours prêt à attaquer. Quoiqu'on ne les destine point aux combats, et qu'on ne réserve point les coqs pour la gloire des victoires, on les approuve cependant très-fort quand ils sont d'une belle apparence, qu'ils sont fiers, vifs, éveillés, toujours prêts à chanter, et qu'ils ne se laissent point aisément effrayer. En effet, ils doivent quelquefois faire tête aux autres animaux, et protéger la troupe de femelles auxquelles ils sont mariés, en tuant même les serpents qui les menacent, et tous les autres animaux pernicieux. On se pourvoit de cinq femelles pour chaque mâle de cette espèce; car pour l'espèce qui nous vient de Rhodes ou de Médie, comme elle est lourde et pesante, et que les pères n'en sont pas bien lascifs ni les mères bien fécondes, on n'en donne que trois à chaque coq; encore sont-elles paresseuses non-seulement à couver, mais encore plus à faire éclore le peu d'œufs qu'elles ont pondus, et rarement élèvent elles leurs poulets. Aussi ceux qui ont à cœur d'avoir de ces espèces d'oiseaux à cause de leur beauté, font couver par des poules communes les œufs pondus par ces poules distinguées, et font nourrir ensuite par ces mêmes poules les poulets qu'elles ont fait éclore de ces œufs. Communément la volaille de Tanagra est de la même taille que celle de Rhodes et de Médie, et elle ressemble assez du côté des mœurs à celle de notre pays, ainsi que celle de Chalcidie. Cependant les bâtards de toutes ces espèces, procréés de poules de notre pays avec des mâles étrangers, sont d'excellents poulets, parce qu'ils ont la forme extérieure de leur père, et qu'ils conservent la lubricité des poules de notre pays. Je n'approuve pas la volaille naine, ni du côté de la fécondité, ni du côté des autres genres de profit qu'on en peut espérer, à moins que quelqu'un ne soit curieux de sa petitesse; et je n'en fais pas en vérité plus de cas que des mâles qui aiment à se battre ou qui ont l'humeur querelleuse, parce que communément ceux-ci molestent les autres et les empêchent de coquer les poules, sans cependant pou-

---

cristulis, albis auribus, et sub hac specie quam amplissimæ, nec paribus ungulis : generosissimæque creduntur, quæ quinos habent digitos, sed ita ne cruribus emineant transversa calcaria. Nam quæ hoc virile gerit insigne, contumax ad concubitum dedignatur admittere marem, raroque fœcunda, etiam cum incubat, calcis aculeis ova perfringit. Gallinaceos mares nisi salacissimos habere non expedit. Atque in his quoque sicut in fœminis, idem color, idemque numerus unguium, status altior quæritur : sublimes, sanguineæque, nec obliquæ cristæ : ravidi, vel nigrantes oculi : brevia et adunca rostra : maximæ candidissimæque aures : paleæ ex rutilo albicantes, quæ velut incanæ barbæ dependent : jubæ deinde variæ, vel ex auro flavæ, per colla cervicesque in humeros diffusæ : tum lata et musculosa pectora, lacertosæque similes brachiis alæ, tum procerissimæ caudæ, duplici ordine, singulis utrinque prominentibus pinnis inflexæ : quinetiam vasta femina et frequenter horrentibus plumis hirta : robusta crura, nec longa, sed infestis velut sudibus nocenter armata. Mares autem, quamvis non ad pugnam neque ad victoriæ laudem præparentur, maxime tamen generosi probantur, ut sint elati, alacres, vigilaces, et ad sæpius canendum prompti, nec qui facile terreantur : nam interdum resistere debent, et protegere conjugalem gregem : quin et attollentem minas serpentem, vel aliud noxium animal interficere. Talibus autem maribus quinæ singulis fœminæ comparantur. Nam Rhodii generis aut Medici propter gravitatem neque patres nimis salaces, nec fœcundæ matres : quæ tamen ternæ singulis maritantur. Et cum pauca ova posuerunt, inertes ad incubandum, multoque magis ad excludendum, raro fœtus suos educant. Itaque quibus cordi est ea genera propter corporum speciem possidere, cum exceperunt ova generosarum, vulgaribus gallinis subjiciunt, ut ab his exclusi pulli nutriantur. Tanagrici plerumque Rhodiis et Medicis amplitudine pares, non multum moribus a vernaculis distant, sicut et Chalcidici. Omnium tamen horum generum nothi sunt optimi pulli, quos conceptos ex peregrinis maribus nostrates ediderunt. Nam et paternam speciem gerunt, et salacitatem fœcunditatemque vernaculam retinent. Pumiles aves, nisi quem humilitas earum delectat, nec propter fœcunditatem, nec propter alium reditum nimium probo,

voir eux-mêmes en satisfaire un grand nombre. Il faut par conséquent réprimer leur pétulance avec un morceau de quelque vieux cuir taillé en rond, que l'on perce par le milieu, et dans lequel on insère la patte de ces animaux, pour corriger, à l'aide de cette espèce d'entrave, la férocité de leurs mœurs. Mais je vais donner des préceptes, suivant l'ordre que je me suis prescrit, sur l'entretien de toutes ces espèces de volaille.

III. Il faut placer les poulaillers du côté de la métairie qui est en face de l'orient d'hiver, attenant le four ou la cuisine, afin que la fumée en parvienne à la volaille, parce que c'est une chose qui lui est très-salutaire. Toute la basse-cour, c'est-à-dire le poulailler, sera composée de trois cabanes construites l'une auprès de l'autre sur une seule ligne, et dont la face sera tournée du côté de l'orient, comme je l'ai dit. Ensuite on pratiquera sur cette face une seule petite entrée pour la cabane du milieu : cette cabane, qui sera la moins haute des trois, n'aura que sept pieds en tous sens. Il faudra percer sur les murs de cette cabane, de droite et de gauche, attenant le mur faisant face à l'entrée, deux portes, dont chacune communiquera à une des deux autres cabanes. On adossera à ce même mur un foyer dont la largeur sera telle, qu'elle ne puisse point gêner les portes dont nous venons de parler, et que la fumée qu'il donnera puisse pénétrer dans les deux autres cabanes : celles-ci auront douze pieds tant de longueur que d'élévation, et leur largeur sera la même que celle de la cabane du milieu. L'élévation en sera coupée en deux étages, qui laisseront quatre pieds de libres par en haut et sept par en bas, puisqu'ils emporteront chacun un pied. Ces deux étages sont faits pour la commodité des poules, et ils doivent être éclairés du côté de l'orient chacun par une petite fenêtre, qui servira aussi de passage aux poules, afin qu'elles puissent sortir le matin pour aller dans la cour, et rentrer le soir au poulailler. Observez néanmoins qu'il faudra avoir soin de les tenir toujours renfermées pendant la nuit, afin qu'elles juchent plus en sûreté. On percera au-dessous des étages des fenêtres plus grandes que les précédentes, que l'on garnira de barreaux pour empêcher les animaux nuisibles de se glisser dans le poulailler, sans cependant trop intercepter le jour, afin que l'habitation de ces oiseaux soit plus agréable. Celui qui prend soin des poules doit visiter de temps en temps les œufs de celles qui couvent ou de celles qui pondent. On donnera à cet effet une telle épaisseur aux murs du poulailler, qu'on puisse y creuser des rangées de nids dans lesquels elles pondront ou feront éclore les poulets, parce qu'outre que cette méthode est plus belle à l'œil, elle leur est aussi plus salutaire que la pratique de quelques personnes, qui enfoncent profondément dans les murs des pieux, sur lesquels ils posent des paniers d'osier. Au reste, soit que les nids soient creusés dans les murs comme nous l'avons dit, soit qu'ils soient formés par des paniers d'osier, il faudra qu'ils soient précédés de vestibules par lesquels passeront les poules pour y parvenir, soit qu'elles veuillent pondre, soit qu'elles veuillent couver, parce qu'il ne faut pas qu'elles entrent de plein vol dans leurs nids, de peur qu'en se jetant sur leurs œufs elles ne les cassent avec les pattes. On donnera ensuite à ces oiseaux la facilité de monter aux étages des deux cabanes, en appliquant à la muraille de petits soliveaux un peu raboteux,

---

tam hercule, quam nec pugnacem, nec rixosæ libidinis marem. Nam plerumque cæteros infestat, et non patitur inire fœminas, cum ipse pluribus sufficere non queat. Impedienda est itaque procacitas ejus ampullaceo corio; quod cum in orbiculum formatum est, media pars ejus rescinditur, et per excisam partem galli pes inseritur : eaque quasi compede cohibentur feri mores. Sed, ut proposui, jam de tutela generis universi præcipiam.

III. Gallinaria constitui debent parte villæ, quæ hibernum spectat orientem : juncta sint ea furno vel culinæ, ut ad avem perveniat fumus, qui est huic generi præcipue salutaris. Totius autem officinæ, id est ornithonis, tres continuæ extruuntur cellæ, quarum, sicuti dixi, perpetua frons orienti sit obversa. In ea deinde fronte exiguus detur unus omnino aditus mediæ cellæ; quæ ipsa, e tribus minima, esse debet in altitudinem et quoquoversus pedes septem. In ea singuli dextro lævoque pariete aditus ad utramque cellam faciendi sunt, juncti parieti, qui est intrantibus adversus. Huic autem focus applicetur tam longe, ut nec impediat prædictos aditus, et ab eo fumus perveniat in utramque cellam : eæque longitudinis, et altitudinis duodenos pedes habeant, nec plus latitudinis, quam media. Sublimitas dividatur tabulatis, quæ supra se quaternos, et infra septenos liberos pedes habeant, quoniam ipsa singulos occupant. Utraque tabulata gallinis servire debent, et ea parvis ab oriente singulis illuminari fenestellis, quæ et ipsæ matutinum exitum præbeant avibus ad cohortem, nec minus vespertinum introitum. Sed curandum erit, ut semper noctibus claudantur, quo tutius aves maneant. Infra tabulata majores fenestræ aperiantur, et eæ clatris muniantur, ne possint noxia irrepere animalia : sic tamen, ut illustria sint loca, quo commodius habitent. Aviariusque subinde debet speculari aut incubantis aut parturientis fœtus. Nam etiam in iis ipsis locis ita crassos parietes ædificare convenit, ut excisa per ordinem gallinarum cubilia recipiant : in quibus aut ova edantur, aut excludantur pulli : hoc enim et salubrius et elegantius est, quam illud, quod quidam faciunt, ut palis in parietes vehementer actis, vimineos qualos superimponant. Sive autem parietibus ita, ut diximus, cavatis, sive qualis vimineis præponenda erunt vestibula, per quæ matrices ad cubilia vel pariendi vel incubandi causa perveniant. Neque enim debent ipsis nidis involare, ne dum adsiliunt, pedibus ova confringant. Ascensus deinde avibus ad tabulata per utramque cellam datur junctis parieti modicis asserculis, qui paulum formatis

sur lesquels on pratiquera des espèces de marches, afin que les poules ne glissent point en y montant. On appliquera aussi endehors, du côté de la cour, aux fenêtres dont nous avons parlé, de petites échelles pareilles, sur lesquelles ces oiseaux se traîneront lorsqu'ils iront prendre le repos de la nuit. Mais on veillera surtout à ce que ces poulaillers, ainsi que les autres lieux propres à nourrir des oiseaux, dont nous parlerons par la suite, soient revêtus tant en dedans qu'en dehors d'un enduit bien poli, pour empêcher les chats ou les couleuvres d'en approcher, et en écarter les autres animaux nuisibles. Il n'est pas à propos que ces oiseaux restent sur un plancher plein pour dormir, de peur qu'ils ne soient incommodés de leur propre fiente, qui leur occasionnerait la goutte, si elle venait à séjourner autour de leurs pattes et de leurs ongles. Pour éviter cet accident, on équarrit des perches, attendu que si elles étaient unies et arrondies dans toute leur longueur, elles ne pourraient pas retenir les oiseaux qui viendraient à se poser dessus; après quoi on les enfonce par les extrémités dans les deux murs opposés, de façon qu'elles soient élevées à la hauteur d'un pied au-dessus du plancher plein, et distantes de deux pieds l'une de l'autre. Telle sera la disposition du poulailler. Quant à la cour dans laquelle les poules auront la liberté de se promener, elle doit être plutôt sèche que propre; car il est très-important qu'il ne s'y trouve point d'autre eau que celle que l'on mettra dans un endroit marqué pour leur servir de boisson, et qu'il faudra avoir soin de tenir très-propre, parce que, lorsqu'elle est pleine de fumier, elle leur donne la pépie. On ne pourra cependant pas la conserver pure, si on ne la tient pas renfermée dans des vases fabriqués exprès pour cet usage. On aura donc, pour contenir leur eau et leur mangeaille, des augets de plomb, parce que l'on a observé qu'ils étaient meilleurs que des augets de bois ou de terre cuite. Ils seront fermés à l'aide de couvercles posés par-dessus, et percés de petits trous sur les côtés un peu au-dessus du milieu de leur hauteur, de façon que ces trous, par lesquels les oiseaux pourront passer la tête, soient éloignés les uns des autres d'un *palmus*. Si ces augets n'étaient point couverts, les poules éparpilleraient avec leurs pattes le peu d'eau ou de mangeaille qui y serait renfermé. Il y a des personnes qui font ces trous par en haut sur les couvercles mêmes; mais il faut éviter cette pratique, parce que les poules, venant à se poser sur ces augets, salissent alors leur mangeaille et leur eau de leurs ordures.

IV. La meilleure mangeaille que l'on puisse donner aux poules, c'est de l'orge pilé dans un mortier et de la vesce : on peut leur donner également des pois chiches et même du millet et du panis, pourvu cependant que le bon marché de ces denrées le permette. Mais lorsqu'elles sont trop chères, on peut très-bien leur donner de menues criblures de froment; car on ferait mal de leur donner cette espèce de blé en nature, même dans les endroits où il serait à très-bon marché, parce qu'il leur est nuisible. On peut aussi leur donner de l'ivraie bouillie, ainsi que du son dont on n'aura guère séparé la farine, parce que si on n'en laissait point, il ne leur vaudrait rien, outre qu'il leur plairait peu. On approuve très-fort l'usage de leur donner, quand elles sont maigres, des feuilles et de la graine de cytise, qu'elles aiment beaucoup, d'autant qu'il n'y a point de pays où l'on ne puisse se procurer ces arbrisseaux en très-grande quantité. Quoique le marc de raisin les nourrisse passable-

---

gradibus asperantur, ne sint advolantibus lubrici. Sed ab cohorte forinsecus prædictis fenestellis scandulæ similiter injungantur, quibus irrepant aves ad requiem nocturnam. Maxime autem curabimus ut et hæc aviaria et cætera, de quibus mox dicturi sumus, intrinsecus et extrinsecus poliantur opere tectorio, ne ab aves feles habeant aut coluber accessum, et æque noxiæ prohibeantur pestes. Tabulatis insistere dormientem avem non expedit, ne suo lædatur stercore; quod cum pedibus uncis adhæsit, podagram creat. Ea pernicies ut evitetur, perticæ dolantur in quadrum, ne teres levitas earum superalitem volucrem non recipiat. Conquadratæ deinde foratis duobus adversis parietibus induuntur, ita ut a tabulato pedalis altitudinis, et inter se bipedalis latitudinis spatio distent. Hæc erit cohortalis officinæ dispositio. Cæterum cohors ipsa, per quam vagantur, non tam stercore, quam uligine careat. Nam plurimum refert aquam non esse in ea nisi uno loco, quam bibant, eamque mundissimam : nam stercorosa pituitam concitat. Puram tamen servare non possis, nisi clausam vasis in hunc usum fabricatis. Sunt autem, qui aut aqua replentur aut cibo plumbei canales, quos magis utiles esse ligneos, aut fictiles compertum est. Hi superpositis operculis clauduntur, et a lateribus super mediam partem altitudinis per spatia palmaria modicis forantur cavis, ita ut avium capita possint admittere. Nam nisi operculis muniantur, quantulumcunque aquæ vel ciborum inest, pedibus everritur. Sunt qui a superiore parte foramina ipsis operculis imponant; quod fieri non oportet. Nam supersiliens avis proluvie ventris cibos et aquam conspurcat.

IV. Cibaria gallinis præbentur optima, pinsitum ordeum et vicia, nec minus cicercula, tum etiam milium, aut panicum : sed hæc ubi vilitas annonæ permittit. Ubi vero ea est carior, excreta tritici minuta commode dantur. Nam per se id frumentum, etiam quibus locis vilissimum est, non utiliter præbetur, quia obest avibus. Potest etiam lolium decoctum objici, nec minus furfures modice a farina excreti : qui si nihil habent farris, non sunt idonei, nec tantum appetuntur jejunis. Cytisi folia seminaque maxime probantur, et sunt huic generi gratissima : neque est ulla regio, in qua non possit hujus arbusculæ copia esse vel maxima. Vinacea quamvis tolerabiliter pas-

ment bien, on ne doit cependant leur en donner que dans les temps de l'année où elles ne pondent point, parce qu'autrement elles pondraient rarement, et ne feraient que de petits œufs; mais rien n'empêche de les sustenter avec cette espèce de nourriture après l'automne, lorsqu'elles ont absolument cessé de pondre. Au reste, quelque espèce de nourriture qu'on leur donne pendant qu'elles seront à errer dans la cour, il faudra la partager en deux portions, dont on leur jettera l'une au commencement du jour et l'autre avant la nuit, tant afin qu'elles ne s'éloignent pas trop au sortir de leurs retraites, et qu'elles y reviennent de meilleure heure et avant la chute du jour par l'espérance d'y trouver à manger, qu'afin qu'on soit plus souvent à portée d'en faire la revue, parce que les troupeaux de volaille échappent aisément à la garde de celui qui les veille. Il faut aussi mettre de la poussière et de la cendre le long des murs de la cour, dans tous les endroits qui s'y trouveront couverts d'une galerie ou d'un toit, afin que les poules puissent s'en jeter sur le corps, parce que c'est ainsi qu'elles nettoient leurs plumes et leurs ailes, si toutefois nous ajoutons foi à ce que dit Héraclite d'Éphèse, que la boue sert de bain aux truies, comme la poussière ou la cendre en servent aux oiseaux de basse-cour. On doit faire sortir les poules du poulailler après la première heure du jour, et les y renfermer avant la onzième. Tels seront les soins qu'il en faudra prendre dans le temps où on leur laissera la liberté de courir, quoiqu'il n'y aura pas d'autre différence dans ceux qu'on en prendra quand elles seront renfermées dans la mue, si ce n'est qu'on ne les en laissera point sortir, mais qu'on leur donnera à manger dans l'intérieur du poulailler trois fois par jour, et que la dose en sera plus forte que celle qu'on leur donne en dehors, puisqu'on leur donnera par jour la valeur de quatre *cyathi* de mangeaille par tête, au lieu qu'on n'en donne que deux à celles qui sont en liberté. Il faut aussi que celles qui sont renfermées trouvent un ample vestibule en dehors, où elles puissent aller se mettre au soleil, et que l'approche de ce vestibule soit défendue par des filets, de peur que les aigles ou les oiseaux de proie ne fondent sur elles. Au surplus, il n'y a de profit à faire ces dépenses et à prendre ces soins que dans les lieux où l'on peut tirer un bon prix de ces oiseaux. L'article le plus essentiel par rapport à cette espèce de troupeau, comme par rapport à tout autre, consiste dans la fidélité de celui qui est préposé à sa garde. En effet, pour peu qu'il manque à cette vertu vis-à-vis de son maître, le lucre que celui-ci retirera du poulailler ne compensera jamais, quel qu'il soit, la dépense dans laquelle il le jettera. Nous avons assez parlé de l'entretien de ces animaux; ainsi nous allons passer à d'autres objets, en suivant l'ordre que nous nous sommes prescrit.

V. Cette sorte de volaille pond d'habitude après le solstice d'hiver; les plus féconds commencent à pondre dans les lieux tempérés vers les calendes de janvier, et dans les pays froids après les ides du même mois. Mais il faut exciter leur fécondité par des nourritures convenables, pour les faire pondre de meilleure heure. On peut très-bien leur donner de l'orge à demi cuite tant qu'ils en voudront, parce qu'elle leur fera avoir de plus gros œufs, et qu'elle les fera pondre plus souvent. Il faut néanmoins assaisonner, pour ainsi dire, cette nourriture, en l'entremêlant avec des feuilles et de la graine de cytise, parce que l'une et l'autre passent pour avoir la vertu de beaucoup augmenter leur fécondité. La dose de la nourriture qu'on leur donnera sera, comme je l'ai dit, de deux *cyathi* d'orge pour les poules

---

cant, dari non debent, nisi quibus anni temporibus avis fœtum non edit: nam et partus raros, et ova faciunt exigua. Sed cum plane post autumnum cessant a fœtu, possunt hoc cibo sustineri. Attamen quæcunque dabitur esca per cohortem vagantibus, die incipiente, et jam in vesperum declinante, bis dividenda est, ut et mane non protinus a cubili latius evagentur, et ante crepusculum propter cibi spem temporius ad officinam redeant, possitque numerus capitum sæpius recognosci. Nam volatile pecus facile custodiam pastoris decipit. Siccus etiam pulvis et cinis ubicunque cohortem porticus vel tectum protegit, juxta parietes reponendus est, ut sit quo aves se perfundant. Nam his rebus plumam pinnasque emundant: si modo credimus Ephesio Heracleto, qui ait sues cœno, cohortales aves pulvere vel cinere lavari. Gallina post primam emitti, et ante horam diei undecimam claudi debet: cujus vagæ cultus hic, quem diximus, erit: nec tamen alius clausæ, nisi quod ea non emittitur, sed intra ornithonem ter die pascitur majore mensura. Nam singulis capitibus quaterni cyathi diurna cibaria sunt, cum vagis [terni, vel] bini præbeantur. Habeat tamen etiam clausa oportet amplum vestibulum, quo prodeat, et ubi apricetur: idque sit retibus munitum, ne aquila vel accipiter involet. Quas impensas et curas, nisi locis, quibus harum rerum vigent pretia, non expedit adhiberi. Antiquissima est autem cum in omnibus pecoribus tum in hoc fides pastoris; qui nisi eam domino servat, nullus ornithonis quæstus vincet impensas. De tutela satis dictum est: nunc reliquum ordinem prosequemur.

V. Confecta bruma parere fere id genus avium consuevit. Atque earum quæ sunt fœcundissimæ, locis tepidioribus circa calendas Januarias ova edere incipiunt; frigidis autem regionibus eodem mense post idus. Sed cibis idoneis fœcunditas earum elicienda est, quo maturius partum edant. Optime præbetur ad satietatem ordeum semicoctum: nam et majus facit ovorum incrementum, et frequentiores partus. Sed is cibus quasi condiendus est interjectis cytisi foliis ac semine ejusdem, quæ utraque maxime putantur augere fœcunditatem avium. Modus autem cibariorum sit, ut dixi, vagis binorum cyathorum

qui seront en liberté, pourvu qu'on y mêle quelque peu soit de cytise, soit de vesce ou de millet, à défaut de cytise. Le gardien veillera à ce que ces oiseaux aient, pour y déposer leur ponte, des retraites garnies de paille très-propre, qu'il aura soin de nettoyer de temps en temps, en y remettant de nouvelle litière et de la plus fraîche que faire se pourra, à la place de l'ancienne; sans quoi ils se trouveraient couverts de puces et d'autre vermine semblable, qu'ils apportent sur eux en rentrant dans leur retraite. Ce gardien doit être assidu et guetter les poules qui voudront pondre, et qui ne manqueront point d'avertir du moment où elles le feront, par des hoquets fréquents entrecoupés de cris perçants. Il doit donc avoir l'œil sur elles jusqu'à ce qu'elles aient pondu, et visiter aussitôt leurs retraites, pour ramasser les œufs qu'elles auront faits. Il marquera aussi jour par jour ceux qui auront été pondus dans la journée, afin de donner les plus frais à celles qui veulent couver, et que les paysans désignent par le nom de *glocientes* (poules qui gloussent). On serrera ou l'on vendra les autres œufs; mais les plus propres à être couvés sont les plus frais, quoiqu'on puisse aussi en faire couver de vieux, pourvu qu'ils n'aient pas plus de dix jours. Communément lorsque les poules ont achevé leur première ponte, elles commencent à vouloir couver vers les ides de janvier; mais il ne faut pas permettre à toutes de le faire, d'autant que les jeunes sont plus propres à pondre qu'à faire éclore des poulets : c'est pourquoi on leur fait perdre l'envie de couver, en leur passant une petite plume dans les narines. On permettra au contraire de couver à de vieilles poules qui l'auront déjà fait souvent; et il faudra s'être bien assuré préalablement de leur habitude, parce qu'il s'en trouve qui font très-bien éclore des poulets, comme il s'en trouve d'autres qui valent mieux pour les élever quand ils sont éclos, et qu'il y en a, au contraire, qui cassent et qui mangent non-seulement les œufs des autres poules, mais les leurs propres; auquel cas il faut sur-le-champ les leur ôter. Quand les poulets qui seront éclos sous deux ou trois poules seront encore tout jeunes, il faudra les transférer sous la garde d'une seule poule, qui sera celle que l'on jugera la meilleure nourrice; mais il faut faire cette opération dès les premiers jours, et avant que la mère qu'on leur destinera, trompée par la ressemblance qui se trouvera entre ses petits et ceux des autres poules, puisse les discerner les uns d'avec les autres. Cependant il y a une mesure à garder en cela, puisqu'il ne faut pas donner à la même poule plus de trente poulets, et que l'on prétend qu'elle n'en pourrait pas nourrir un plus grand nombre. On a soin de mettre sous les poules les œufs que l'on veut leur faire couver en nombre impair, comme aussi d'en varier le nombre suivant les temps. En effet, il faut en mettre quinze et jamais plus au premier temps de l'incubation, c'est-à-dire, au mois de janvier; dix-neuf et jamais moins au mois de mars, et vingt et un depuis le mois d'avril et durant tout l'été jusqu'aux calendes d'octobre; après quoi il devient inutile de s'occuper de ce soin, parce que la plupart des poulets qui viennent à éclore pendant les froids ne peuvent pas vivre. Bien des gens pensent néanmoins que la couvée ne vaut rien même depuis le solstice d'été, parce que, quoiqu'il soit aisé d'élever les poulets venus depuis ce temps-là, ils ne prennent cependant jamais un accroissement suffisant. Quoi qu'il en soit, il faut admettre la pratique d'en élever pen-

---

ordei. Aliquid tamen admiscendum erit cytisi, vel si id non fuerit, viciæ aut milii. Curæ autem debebit esse custodi, cum parturient aves, ut habeant quam mundissimis paleis constrata cubilia, eaque subinde converrat, et alia stramenta quam recentissima reponat. Nam pulicibus, aliisque similibus animalibus replentur, quæ secum affert avis, cum ad idem cubile revertitur. Assiduus autem debet esse custos, et speculari parientes, quod se facere gallinæ testantur crebris singultibus interjecta voce acuta. Observare itaque dum edant ova, et confestim circumire oportebit cubilia, ut quæ nata sunt recolligantur, notenturque quæ quoque die sint edita, ut quam recentissima supponantur glocientibus : sic enim appellant rustici aves eas quæ volunt incubare; cætera vel reponantur, vel aere mutentur. Aptissima porro sunt ad excludendum recentissima quæque. Possunt tamen etiam requieta supponi, dum ne vetustiora sint, quam dierum decem. Fere autem cum primum partum consummaverunt gallinæ, incubare cupiunt ab idibus Januariis, quod facere non omnibus permittendum est; quoniam quidem novellæ magis edendis, quam excludendis ovis utiliores sunt : inhibeturque cupiditas incubandi pinnula per nares trajecta. Veteranas igitur aves ad hanc rem eligi oportebit, quæ jam sæpius id fecerint; moresque earum maxime pernosci, quoniam aliæ melius excludunt, aliæ editos pullos commodius educant. At e contrario quædam et sua et aliena ova comminuunt atque consumunt, quod facientem protinus submovere convenient. Pulli autem duarum aut trium avium exclusi, dum adhuc teneri sunt, ad unam, quæ sit melior nutrix, transferri debent, sed primo quoque die, dum mater suos et alienos propter similitudinem dignoscere non potest. Verumtamen servare oportet modum. Neque enim debet major esse quam triginta capitum. Negant enim hoc ampliorem gregem posse ab una nutriri. Numerus ovorum, quæ subjiciuntur, impar observatur, nec semper idem. Nam primo tempore, id est mense Januario, quindecim, nec unquam plura subjici debent : Martio XIX, nec his pauciora : unum et viginti Aprili : tota deinde æstate usque in calendas Octobris totidem. Postea supervacua est hujus rei cura, quod frigoribus exclusi pulli plerumque intereunt. Plerique tamen etiam ab æstivo solstitio non putant bonam pullationem, quod ab eo tempore etiam si facilem educationem habent, justum tamen non capiunt incrementum.

dant l'été dans le voisinage des villes, où les poulets pris sous l'aile de leur mère se vendent très-cher. Il faut aussi, lorsque l'on donne des œufs à couver, avoir toujours l'attention de ne le faire que quand la lune croît, et depuis son dixième jour jusqu'à son quinzième, parce que c'est ordinairement le meilleur temps pour les donner à couver, et qu'il est en outre essentiel de ménager cette opération de façon que la lune soit encore croissante, dans le temps que les poulets viendront à éclore. Il faut vingt-un jours pour que les œufs de poules s'animent et qu'ils soient configurés en oiseaux, mais il en faut un peu plus de vingt-sept pour ceux de paonnes et d'oies. Si l'on est dans le cas de donner de ces derniers à couver à des poules, on commencera par les leur laisser couver pendant dix jours avant d'y joindre ceux de poules, qu'on leur donnera au nombre de quatre ou de cinq au plus, ayant soin de choisir les plus gros, parce que de petits œufs ne donnent jamais que de petite volaille. En outre, quand on voudra faire éclore un plus grand nombre de mâles que de femelles, on fera couver les plus longs œufs et les plus pointus ; au lieu qu'on fera couver les plus ronds lorsqu'on voudra avoir plus de femelles. Voici la méthode de faire couver des œufs, telle qu'elle a été donnée par ceux qui apportent le plus grand scrupule dans ce genre d'administration. Ils commencent par choisir à cet effet les retraites les plus secrètes, afin que les mères qui seront occupées à couver n'y soient point inquiétées par les autres poules ; ensuite ils les nettoient avec soin avant de rien étendre dessus ; puis ils parfument la paille qu'ils ont dessein d'y étendre avec du soufre et du bitume, et font dégoutter dessus une torche allumée. Lorsque cette paille est ainsi corrigée, ils l'arrangent dans ces retraites, en y creusant des nids de façon que les poules, soit en s'y rendant, soit en les quittant, ne puissent pas faire rouler ni tomber leurs œufs. Il y a même un très-grand nombre de personnes qui mettent sous cette paille un peu d'herbe et de scions de laurier, ainsi que des gousses d'ail et des clous de fer : toutes choses qu'ils regardent comme des préservatifs contre le tonnerre, qui gâte les œufs et tue les poulets à demi formés, avant qu'ils aient toutes leurs parties développées. Celui qui met les œufs sous la poule se garde bien de les arranger dans le nid l'un après l'autre avec la main ; mais il les porte tous dans une petite auge de bois, et les coule ensuite tout doucement dans le nid qu'il a préparé pour les recevoir. Il faut mettre de la mangeaille auprès des poules qui couvent, afin que, ne souffrant point de la faim, elles restent dans leurs nids avec plus d'attache, et de peur que, si elles s'en éloignaient trop, leurs œufs ne vinssent à se refroidir. Quoiqu'elles les retournent elles-mêmes avec leurs pattes, il faut cependant que celui qui est chargé de ce soin en fasse la revue lorsque les mères seront sorties du nid, et qu'il les retourne, tant afin qu'ils s'animent facilement, en prenant de la chaleur par tous les côtés également, que pour retirer ceux qu'elles pourraient avoir endommagés ou cassés avec leurs ongles. Quand cela sera fait, il examinera au bout de dix-neuf jours si les poulets ont percé la coque des œufs avec leurs petits becs, et il écoutera s'ils piaulent ou gloussent, parce qu'il arrive souvent que l'épaisseur de la coque les empêche d'en sortir. C'est pourquoi il faudra tirer avec la main les petits poulets qui tiendront en dedans des œufs, et les mettre sous la mère, afin qu'elle les échauffe, sans cependant continuer

---

Verum suburbanis locis, ubi a matre pulli non exiguis pretiis veneunt, probanda est æstiva educatio. Semper autem, cum supponuntur ova, considerari debet, ut luna crescente a decima usque ad quintamdecimam id fiat. Nam et ipsa suppositio per hos fere dies est commodissima ; et sic administrandum est, ut rursus cum excluduntur pulli, luna crescat. Diebus quibus animantur ova, et in speciem volucrum conformantur, ter septenis opus est gallinaceo generi. At pavoninis et anserino, paulo amplius ter novenis. Quæ si quando fuerint supponenda gallinis, prius eas incubare decem diebus fœtibus alienigenis patiemur. Tum demum sui generis quatuor ova, nec plura quam quinque fovenda recipiet. Sed et hæc quam maxima : nam ex pusillis aves minutæ nascuntur. Cum deinde quis volet quam plurimos mares excludi, longissima quæque et acutissima ova subjiciet : et rursus cum fœminas, quam rotundissima. Supponendi autem consuetudo tradita est ab iis, qui religiosius hæc administrant, ejusmodi. Primum quam secretissima cubilia eligunt, ne incubantes matrices ab aliis avibus inquietentur : deinde antequam consternant ea, diligenter emundant, paleasque, quas substraturi sunt, sulfure et bitumine atque ardente teda perlustrant, et expiatas cubilibus injiciunt, ita factis concavatis nidis, ne [ab] advolantibus, aut [etiam] desilientibus evoluta decidant ova. Plurimi etiam infra cubilium stramenta graminis aliquid, et ramulos lauri, nec minus allii capita cum clavis ferreis subjiciunt : quæ cuncta remedio creduntur esse adversus tonitrua, quibus vitiantur ova, pullique semiformes interimuntur ante quam toti partibus suis consummentur. Servat autem qui subjicit, ne singula ova in cubili manu componat, sed totum ovorum numerum in alveolum ligneum conferat, deinde universum leniter in præparatum nidum transfundat. Incubantibus autem gallinis juxta ponendus est cibus, ut saturæ studiosius nidis immorentur, neve longius evagatæ refrigerent ova, quæ quamvis pedibus ipsæ convertant, aviarius tamen cum desilierint matres, circumire debet, ac manu versare, ut æqualiter calore concepto facile animantur. Quin etiam si qua unguibus læsa vel fracta sunt, ut removeat. Idque cum fecerit, die undevigesimo animadvertat, an pulli rostellis ova pertuderint, et auscultetur, si pipiant. Nam sæpe propter crassitudinem putaminum erumpere non queunt. Itaque hærentes pullos manu eximere oportebit, et matri fovendos subji-

cette manœuvre plus de trois jours de suite. Car tout œuf dans lequel on n'entend point de gloussement au bout de vingt un jours ne renferme point d'être qui ait vie, et il faut alors le tirer de dessous la poule, afin qu'elle ne soit pas retenue trop longtemps à le couver par une vaine espérance de le voir éclore. Il ne faut pas enlever les poulets à leur mère à mesure qu'ils seront éclos un à un, mais il faut les laisser un jour avec elle dans le nid, et les empêcher de boire et de manger jusqu'à ce qu'ils soient éclos tous. Le lendemain du jour où toute la couvée sera éclose, voici comme on les retirera du nid. On les mettra sur un crible qui aura déjà servi à passer de la vesce ou même de l'ivraie; après quoi on les parfumera avec de la fumée de branches de pouliot, qu'on brûlera à cet effet, parce que cette plante passe pour avoir la vertu de préserver les jeunes poulets de la pépie, qui les tue de très-bonne heure; ensuite on les renfermera sous une cage avec leur mère, et on les y nourrira modérément de farine d'orge cuite dans de l'eau, ou de farine de blé *adoreus* qu'on détrempera avec du vin, parce qu'il faut surtout éviter qu'ils ne prennent quelque indigestion. C'est pour cela qu'on les renferme au bout de trois jours dans une cage avec leur mère, et qu'on les tâte tous avant de les en faire sortir pour prendre de nouvelle nourriture, afin de voir s'ils n'en ont pas qui soit restée de la veille dans leur gosier. En effet, s'ils n'ont pas le jabot vide, c'est une preuve d'indigestion; auquel cas on doit les empêcher de manger, jusqu'à ce que leur digestion soit achevée. Il ne faut pas non plus permettre aux jeunes poulets de s'écarter trop loin; mais il faut les retenir auprès de leur cage, en les nourrissant de farine d'orge jusqu'à ce qu'ils soient fortifiés, et prendre garde qu'ils ne soient atteints du souffle des serpents, dont l'odeur est si pestilentielle pour ces animaux qu'elle les fait infailliblement mourir. On prévient cet accident en brûlant souvent auprès d'eux de la corne de cerf, ou du galbanum, ou des cheveux de femme, parce qu'ordinairement la fumée de toutes ces matières chasse au loin ces animaux pestilentiels. Mais il faut aussi avoir soin qu'ils soient toujours maintenus dans une chaleur modérée, parce qu'ils ne peuvent supporter ni le chaud ni le froid; aussi la meilleure méthode est-elle de les tenir enfermés avec leur mère dans l'intérieur du poulailler, et de ne leur laisser la liberté de courir qu'au bout de quarante jours. Il faut encore les prendre souvent entre les mains, dans les premiers jours du temps que l'on peut considérer comme leur enfance, et leur plumer le dessous de la queue, de peur que la fiente venant à salir les plumes de cette partie, elles ne s'endurcissent, et ne finissent par boucher les conduits naturels. Il arrive même souvent que, quelque précaution que l'on prenne à cet égard, leur ventre n'a point d'issue pour se vider, auquel cas on le perce avec une plume pour faciliter l'expulsion de leurs excréments. Il faudra aussi empêcher que la pepie ne devienne funeste tant aux poulets lorsqu'ils seront devenus forts, qu'aux mères elles-mêmes. A cet effet on leur donnera de l'eau très-pure dans des vases très-propres, et on parfumera toujours les poulaillers, en les nettoyant de façon qu'il n'y reste point de fiente. Si malgré ces précautions ils sont attaqués de cette maladie, il y a des personnes qui leur fourrent dans le gosier des gousses d'ail détrempées dans de l'huile tiède. D'autres leur versent de l'urine d'homme tiède dans le bec, qu'ils tiennent bien serré, jusqu'à ce que l'amertume de cette liqueur les force de rejeter par les narines le résultat des nausées occasionnées par cette maladie. Il est encore bon de leur

---

cere, idque non amplius triduo facere. Nam post unum et vigesimum diem silentia ova carent animalibus : eaque removenda sunt, ne incubans inani spe diutius detineatur efficta. Pullos autem non oportet singulos, ut quisque natus sit, tollere, sed uno die in cubili sinere cum matre, et aqua ciboque abstinere, dum omnes excludantur. Postero die, cum grex fuerit effectus, hoc modo deponitur. Cribro viciario, vel etiam lollario, qui jam fuerit in usu, pulli superponantur, deinde pulegii surculis fumigentur. Ea res videtur prohibere pituitam, quæ celerrime teneros interficit. Post hæc cavea cum matre claudendi sunt, et farre ordeaceo cum aqua incocto, vel adoreo farre, vino resperso modice alendi. Nam maxime cruditas vitanda est : et ab hoc jam tertia die cavea cum matre continendi sunt, priusque, quam emittantur ad recentem cibum, singuli tentandi, ne quid hesterni habeant in gutture. Nam nisi vacua est ingluvies, cruditatem significat, abstinerique debent, dum concoquant. Longius autem non est permittendum teneris evagari, sed circa caveam continendi sunt, et farina ordeacea pascendi dum corroborentur : cavendumque ne a serpentibus adflentur, quarum odor tam pestilens est, ut interimat universos. Id vitatur sæpius incenso cornu cervino, vel galbano, vel muliebri capillo; quorum omnium fere nidoribus prædicta pestis submovetur. Sed et curandum erit, ut tepide habeantur. Nam nec calorem nec frigus sustinent. Optimumque est intra officinam clausos haberi cum matre, et post quadragesimum diem potestatem vagandi fieri. Sed primis quasi infantiæ diebus pertractandi sunt, plumulæque sub cauda clunibus detrahendæ, ne stercore coinquinatæ durescant, et naturalia præcludant. Quod quamvis caveatur, sæpe tamen evenit, ut alvus exitum non habeat. Itaque pinna pertunditur, et iter digestis cibis præbetur. Sed et jam validioribus factis, atque ipsis matribus etiam vitanda pituitæ pernicies erit. Quæ ne fiat, mundissimis vasis et quam purissimam præbebimus aquam : nec minus gallinaria semper fumigabimus, et emundata stercore liberabimus. Quod si tamen pestis permanserit, sunt qui spicas alii tepido madefactas oleo faucibus inserant. Quidam hominis urina tepida rigant ora, et tamdiu compri-

donner de cette vigne que les Grecs appellent ἀγρία σταφυλή, mêlée avec leur nourriture, ou broyée et jetée dans l'eau qu'ils doivent boire. Ces remèdes ne s'emploient néanmoins que dans le temps où la maladie n'est pas encore forte : car si la pepic enveloppe l'œil, et que les poulets refusent toute nourriture, on leur ouvre les joues avec un fer, et on en exprime tout le pus qui est rassemblé sous les yeux, après quoi on saupoudre la plaie avec un peu de sel égrugé. Cette maladie leur vient communément lorsqu'ils ont souffert du froid ou de la faim, de même que lorsqu'ils ont bu en été de l'eau qui a croupi dans les cours, ou qu'on leur a laissé manger des figues ou des raisins verts, quoiqu'ils n'en aient pas été rassasiés. Ce sont en effet toutes nourritures qu'il faut leur refuser : or, pour les en dégoûter, il suffira de leur présenter, quand ils auront faim, une grappe de raisin sauvage vert cueillie dans des buissons, après l'avoir fait cuire avec de la fine farine de froment. Effectivement ces oiseaux, offensés par le goût de ce fruit, feront ensuite peu de cas de quelque espèce de raisin que ce puisse être. Il en sera de même de la figue sauvage, qui, mise dans leur mangeaille après avoir été cuite, leur donnera également du dégoût pour les figues. Il faut aussi suivre par rapport à ce bétail l'usage qu'on pratique par rapport aux autres bestiaux, et qui consiste à choisir les meilleurs d'entre ces animaux et à vendre les moins bons, de façon que le nombre s'en trouve diminué toutes les années en automne, temps auquel ils cessent de rapporter du profit. On se défera donc des vieilles poules, c'est-à-dire, de celles qui auront trois ans passés, ainsi que de celles qui seront peu fécondes ou qui ne seront pas bonnes nourrices, et particulièrement de celles qui seront habituées à manger leurs propres œufs ou ceux des autres. On se défera encore de celles qui auront commencé à chanter et même à gratter la terre à la mode des mâles, et enfin des poulets tardifs, qui, n'étant éclos qu'après le solstice, n'auront pas pu prendre tout leur accroissement. Quant aux mâles, on ne suivra pas la même méthode, et l'on conservera au contraire ceux d'entre eux qui seront bons, tant qu'ils seront en état de coquer les poules, d'autant que l'on trouve bien peu de bons coqs. Il faut aussi retrancher aux poules les nourritures coûteuses dans le temps où nous avons dit qu'elles cessaient de pondre, c'est-à-dire, depuis les ides de novembre. On se contentera de leur donner alors du marc de raisin, qui suffira pour les nourrir comme il faut, pour peu qu'on y joigne de temps en temps des criblures de froment.

VI. La conservation des œufs pendant un long espace de temps est encore un soin qui n'est pas étranger à la matière que nous traitons. On les garde fort bien pendant l'hiver en les enveloppant de paille, et en été en les tenant dans du son. Quelques personnes commencent par les couvrir pendant six heures de sel égrugé, de sorte qu'elles ne les enfoncent dans la paille ou dans le son qu'après les avoir essuyés. D'autres entassent par-dessus des fèves avec leur peau, et beaucoup même y entassent des fèves moulues : d'autres les couvrent de sel non égrugé ; d'autres enfin les font durcir dans de la saumure chaude. Mais si le sel, égrugé ou non, préserve d'un côté les œufs de la corruption, d'un autre côté il diminue leur grosseur, en empêchant qu'ils ne restent pleins, ce qui éloigne l'acheteur. Aussi ceux même qui ne font que les tremper dans de la saumure ne les conservent-ils jamais dans leur entier.

VII. Quoique l'engrais des poules soit plutôt du

ressort d'un volailler que de celui d'un homme de la campagne, j'ai cependant cru devoir en donner la méthode, par la raison que la pratique n'en est pas difficile. Il faut avoir pour cela un lieu très-chaud, et dans lequel il pénètre très-peu de jour. On y mettra les poules renfermées chacune dans des cages très-étroites, ou dans des paniers suspendus en l'air, de façon qu'elles y soient resserrées au point de ne pouvoir pas se remuer. Mais il y aura une ouverture à chacun des deux côtés opposés de cette cage ou de ce panier, de façon qu'elles puissent passer la tête par l'une de ces ouvertures, et le derrière ainsi que la queue par l'autre, afin de pouvoir prendre leur nourriture et en rendre le superflu lorsqu'elle sera digérée, sans se salir avec leur fiente. On étendra sous elles de la paille très-propre ou du foin mollet, c'est-à-dire, du regain, parce que, si elles étaient couchées durement, elles n'engraisseraient pas facilement. On leur arrachera toutes les plumes de la tête, ainsi que celles de dessous les ailes et celles des cuisses, tant afin qu'il ne s'y engendre point de vermine, qu'afin que la fiente ne leur occasionne pas d'ulcères aux parties. On leur donne pour nourriture de la farine d'orge, que l'on paitrit après l'avoir arrosée d'eau, et dont on fait des boulettes qui servent à les engraisser. On ne doit cependant leur en donner qu'avec ménagement les premiers jours, et jusqu'à ce qu'elles soient habituées à en digérer une plus grande quantité, parce qu'il faut surtout éviter les indigestions, et ne leur donner par conséquent qu'autant de nourriture qu'elles en pourront digérer. Il faut même éviter de leur en donner de nouvelle avant d'avoir tâté leur jabot, et de s'être assuré qu'il n'y en reste point d'ancienne. Lorsqu'ensuite elles seront rassasiées, on descendra la cage, et on les en laissera tant soit peu sortir : non pas néanmoins pour leur permettre de courir, mais plutôt pour leur donner la liberté de chercher avec le bec la vermine qui peut les piquer ou les mordre. Voilà à peu près la méthode que suivent communément ceux qui engraissent la volaille. Car pour ceux qui ne tiennent pas à engraisser des poules, mais qui veulent encore les attendrir, ils versent de l'hydromel nouveau sur la farine que nous avons indiquée, pour les en farcir ensuite. Quelques-uns les engraissent avec du pain de froment trempé dans un quart de bon vin sur trois quarts d'eau. Une poule que l'on a commencé à mettre à l'engrais le premier jour de la lune (attention qu'il faut aussi avoir) se trouvera parfaitement engraissée le vingtième. Mais s'il arrive qu'elle se dégoûte de cette nourriture, il faudra lui en diminuer la dose pendant autant de jours qu'il y en aura d'écoulés depuis qu'on aura commencé à l'engraisser, de façon néanmoins que toute la durée de l'engraissement n'aille point jusqu'au vingt-cinquième jour de la lune. Au surplus, une des premières attentions qu'il faudra avoir consistera à réserver les plus grandes poules pour les tables les plus délicates : c'est le moyen d'être bien dédommagé de sa peine et de sa dépense.

VIII. On emploie avec succès la même méthode pour rendre très-gras les pigeons ramiers ainsi que ceux de volière, quoiqu'il n'y ait pas autant de profit à engraisser ces sortes d'oiseaux qu'à les élever. En effet, c'est encore un genre de soin qui n'est pas étranger à la bonne économie d'un homme de la campagne, que celui de se pourvoir de ces animaux. Au reste, il y a moins d'embarras à les élever dans des contrées éloi-

---

sinit plena permanere : quæ res ementem deterret. Itaque ne in muriam quidem qui demittunt, integritatem ovorum conservant.

VII. Pinguem quoque facere gallinam, quamvis fartoris, non rustici sit officium, tamen quia non ægre contingit, præcipiendum putavi. Locus ad hanc rem desideratur maxime calidus, et minimi luminis, in quo singulæ caveis angustioribus vel sportis inclusæ pendeant aves, sed ita coarctatæ, ne versari possint. Verum habeant ex utraque parte foramina : unum, quo caput exeratur; alterum, quo cauda clunesque; ut et cibos capere possint, et eos digestos sic edere, ne stercore coinquinentur. Substernatur autem mundissima palea, vel molle fœnum, id est, cordum. Nam si dure cubant, non facile pinguescunt. Pluma omnis e capite et sub alis atque clunibus detergetur : illic, ne pediculum creet; hic, ne stercore loca naturalia exulceret. Cibus autem præbetur ordeacea farina, quæ cum est aqna conspersa et subacta, formantur offæ, quibus aves saginantur. Eæ tamen primis diebus dari parcius debent, dum plus concoquere consuescant. Nam cruditas vitanda est maxime, tantumque præbendum, quantum digerere possint : neque ante recens admovenda est, quam tentato gutture apparuerit nihil veteris escæ remansisse. Cum deinde satiata est avis, paululum deposita cavea dimittitur, sed ita ne vagetur, sed potius, si quid est quod eam stimulet aut mordeat, rostro persequatur. Hæc [enim] fere communis est cura farcientium. Nam illi qui volunt non solum opimas, sed etiam teneras aves efficere, mulsea recente aqua prædicti generis farinam conspergunt, et ita farciunt : nonnulli tribus aquæ partibus unam boni vini miscent, madefactoque pane obesant avem; quæ prima luna (quoniam id quoque custodiendum est) saginari cœpta, vigesima perglescit. Sed si fastidiet cibum, totidem diebus minuere oportebit, quot jam farturæ processerint : ita tamen, ne tempus opimandi quintam et vigesimam lunam superveniat. Antiquissimum est autem maximam quamque avem lautioribus epulis destinare. Sic enim digna merces sequitur operam et impensam.

VIII. Hac eadem ratione palumbos columbosque cellares pinguissimos facere contingit : neque est tamen in columbis farciendis tantus reditus, quantus in educandis. Nam etiam horum possessio non abhorret a cura boni rustici. Sed id genus minore tutela pascitur longinquio-

gnées, parce qu'on les y laisse sortir librement, et qu'ils reviennent habituellement aux lieux qu'on leur y assigne sur le haut des tours ou dans des bâtiments très-élevés, moyennant des fenêtres qu'on y laisse ouvertes, et à travers lesquelles ils passent pour aller chercher leur nourriture. On leur y donne à la vérité pendant deux ou trois mois de la nourriture qu'on a soin d'avoir en réserve; mais pendant les autres mois ils se nourrissent eux-mêmes des grains qu'ils trouvent dans les champs; au lieu qu'ils ne pourraient pas le faire également dans le voisinage des villes, où ils sont exposés à tomber dans les piéges de toute espèce que leur tendent les oiseleurs. C'est pourquoi on doit, dans ce dernier cas, les nourrir à la maison, en les renfermant dans un endroit de la métairie qui ne soit ni à fleur de terre ni froid, c'est-à-dire, sur un plancher construit en un lieu élevé, et exposé au midi d'hiver. On en creusera les murs, pour y disposer des rangées de nids de la manière que nous avons déjà prescrite en parlant du poulailler, et qu'il est inutile de répéter ici. Si l'on ne juge pas à propos de suivre cette méthode, on enfoncera dans les murs des corbeaux sur lesquels on mettra des planches, qui porteront ou des cases dans lesquelles ces oiseaux feront leurs nids, ou des sébiles de terre cuite, précédées de vestibules qu'ils auront à traverser avant de parvenir à leurs nids. On doit revêtir tout le colombier ainsi que les nids mêmes des pigeons d'un enduit blanc, parce que cette couleur est celle qui plaît le plus à cette espèce d'oiseaux. Il faut également en lisser les murailles en dehors, et principalement aux environs de la fenêtre, qui sera placée de façon que le soleil l'éclaire pendant la plus grande partie des jours d'hiver, et qui donnera dans une cage assez ample et garnie de filets, pour empêcher les oiseaux de proie d'y entrer. Cette cage servira d'asile aux pigeons, qui sortiront du colombier pour se mettre au soleil, en même temps qu'elle donnera, aux mères qui couvent leurs œufs ou leurs petits, la faculté de prendre l'air au dehors, ce qui leur est nécessaire pour empêcher que l'espèce de servitude à laquelle les réduirait une gêne continuelle ne les chagrine au point de tomber malades. En effet, il leur suffit de voltiger tant soit peu autour des bâtiments pour s'égayer et se refaire, et pour retourner ensuite avec plus d'ardeur à leur couvée, qui ne leur permet pas de s'enfuir, ni même de s'écarter trop loin. Les vases dans lesquels on mettra leur eau doivent être semblables à ceux des poules, c'est-à-dire qu'ils doivent être percés de trous assez grands pour que les pigeons puissent passer leurs cous à travers pour y boire, sans cependant pouvoir y passer le corps au cas qu'ils veulent s'y baigner, parce qu'il ne leur est pas avantageux de se baigner, par rapport aux œufs, et aux petits qu'ils sont le plus souvent occupés à couver. Au reste, il faudra répandre leur mangeaille le long du mur, parce que c'est ordinairement la seule partie du colombier où il n'y a point de fiente. La vesce ou l'ers, ainsi que la petite lentille, le millet et l'ivraie, et même les criblures de froment ou toute autre espèce de légumes dont on nourrit également les poules, passent pour être la meilleure nourriture de ces animaux. Il faut balayer de temps en temps le colombier et le nettoyer, parce que plus il sera propre, plus le pigeon paraîtra gai, d'autant que c'est un oiseau si difficile à contenter, que souvent il prend sa demeure en aversion, et finit même par la quitter quand il a la faculté de s'envoler, ce qui arrive fréquemment dans les pays où on lui laisse une liberté entière. Voici un pré-

---

regionibus, ubi liber egressus avibus permittitur: quoniam vel summis turribus, vel editissimis ædificiis assignatas sedes frequentant patentibus fenestris, per quas ad requirendos cibos evolitant. Duobus tamen aut tribus mensibus acceptant condita cibaria, cæteris seipsas pascunt seminibus agrestibus. Sed hoc suburbanis locis facere non possunt, quoniam intercipiuntur variis aucupum insidiis. Itaque clausæ intra tectum pasci debent, nec in plano villæ loco, nec in frigido: sed in edito fieri tabulatum oportet, quod aspiciat hibernum meridiem. Ejusque parietes, ne jam dicta iteremus, ut in ornithone præcepimus, continuis cubilibus excaventur: vel si non ita competit, paxillis adactis tabulæ superponantur, quæ vel loculamenta, quibus nidificent aves, vel fictilia columbaria recipiant, præpositis vestibulis, per quæ ad cubilia perveniant. Totus autem locus et ipsæ columbarum cellæ poliri debent albo tectorio, quoniam eo colore præcipue delectatur hoc genus avium. Nec minus extrinsecus levigari parietes, maxime circa fenestram: et ea sit ita posita, ut majore parte hiberni diei solem admittat, habeatque appositam satis amplam caveam retibus emunitam, quæ excludat accipitres, et recipiat egredientes ad apricationem columbas, nec minus in agros emittat matrices, quæ ovis vel pullis incubant, ne quasi gravi perpetuæ custodiæ servitio contristatæ senescant. Nam cum paulum circa ædificia volitaverint, exhilaratæ recreantur, et ad fœtus suos vegetiores redeunt, propter quos ne longius quidem evagari aut fugere conantur. Vasa, quibus aquа præbetur, similia esse debent gallinariis, quæ colla bibentium admittant, et cupientes lavari propter angustias non recipiant. Nam id facere eas nec ovis nec pullis, quibus plerumque incubant, expedit. Cæterum cibos juxta parietem conveniet spargi, quoniam fere partes eæ columbarii carent stercore. Commodissima cibaria putantur vicia, vel ervum, tum etiam lenticula, miliumque et lolium, nec minus excreta tritici, et si qua sunt alia legumina, quibus etiam gallinæ aluntur. Locus autem subinde converri et emundari debet. Nam quanto est cultior, tanto lætior avis conspicitur, eaque tam fastidiosa est, ut sæpe sedes suas perosa, si detur avolandi potestas, relinquat. Id quod frequenter in his regionibus, ubi liberos habent egressus, accidere solet. Id ne fiat, vetus est Democriti præceptum. Genus accipitris tinnunculum vocant

cepte ancien donné par Démocrite, pour obvier à cet accident. Il y a une espèce d'oiseau de proie, appelé *tinnunculus* (crécerelle) par les gens de la campagne, qui fait communément son nid dans les bâtiments. On enferme donc les petits de cet oiseau tout vivant dans les pots de terre, que l'on enduit de plâtre après les avoir couverts, et on suspend ces pots dans les coins du colombier; au moyen de quoi les pigeons s'attachent si fort au même lieu, qu'ils ne l'abandonnent plus jamais. Il faut choisir, pour en élever d'autres, les pigeons qui, sans être ni vieux ni trop jeunes, sont forts de corps, et avoir l'attention, autant que faire se peut, de ne jamais séparer, les uns des autres, les petits d'une même couvée, parce qu'ordinairement, quand ils sont ainsi mariés ensemble, ils donnent un plus grand nombre de couvées; ou si on les sépare, il faut au moins éviter de marier ensemble des pigeons d'espèces différentes, tels que ceux d'Alexandrie et ceux de la Campanie, parce que ces animaux s'attachent moins à ceux qui ne leur ressemblent point qu'à ceux de leur espèce, et que dès lors ils s'accouplent rarement, et souvent ne pondent point. Par rapport à leur plumage, on n'a pas approuvé dans tous les temps la même couleur, et les avis sont encore aujourd'hui partagés là-dessus : c'est pourquoi il n'est pas aisé de dire quelle est la meilleure. La couleur blanche, que l'on rencontre communément partout, n'est pas trop du goût de certaines personnes; il est vrai qu'elle n'est pas dans le cas d'être rejetée dans les pigeons que l'on tient renfermés; mais on ne saurait trop la désapprouver dans ceux qu'on laisse en liberté, parce qu'elle se fait remarquer très-aisément des oiseaux de proie. Pour leur fécondité, quoiqu'elle soit très-inférieure à celle des poules, elle est néanmoins d'un produit encore plus grand que la leur, puisque, quand ils sont bons, ils élèvent des petits jusqu'à huit fois par an, et que l'argent qui revient de ces élèves peut remplir le coffre-fort du propriétaire, ainsi que M. Varron, cet excellent auteur, nous le certifie en disant que chaque paire de pigeons se vendait communément mille *sestertii* de son temps, quoique les mœurs fussent alors plus austeres qu'elles ne le sont à présent. En effet, notre siècle nous forcerait à rougir pour lui si nous ajoutions foi à ce qu'on raconte, qu'il se trouve des gens qui payent une paire de pigeons jusqu'à quatre mille *nummi*. Ce n'est pas au reste que ceux qui dépensent ainsi un argent énorme pour avoir en leur possession des choses de pur agrément, ne soient encore plus excusables à mes yeux, que ceux qui épuisent le Phase du Pont et les étangs Scythiques des Palus-Méotides pour satisfaire leur gloutonnerie. Aujourd'hui même on pousse les choses jusqu'à se donner, au milieu de son ivresse, des rapports causés par les oiseaux du Gange et de l'Égypte. On peut aussi faire des engrais dans un colombier, ainsi que nous l'avons dit, puisque si l'on a des pigeons stériles ou qui soient d'une vilaine couleur, on les engraisse comme les poules. Il est plus aisé de le faire quand ils sont sous leurs mères et tandis qu'ils sont jeunes; on attend pour cela qu'ils soient devenus un peu forts, sans néanmoins qu'ils aient commencé à voler; et il suffit alors de leur ôter quelques plumes et de leur briser les pattes, afin qu'ils se tiennent tranquilles dans le même lieu, et de donner à manger copieusement à leurs mères, de façon qu'elles ne manquent pas de nourriture tant pour elles que pour leurs petits. Quelques personnes se contentent de leur attacher légèrement les pattes, parce qu'elles s'imaginent qu'en les cassant elles leur causeraient une douleur dont la maigreur pourrait devenir la suite. Mais cette méthode n'est point du tout favorable à leur engraissement, parce que, tant qu'ils font des efforts pour détacher leurs liens, ils ne

---

rustici, qui fere in ædificiis nidos facit. Ejus pulli singuli fictilibus ollis conduntur, spirantibusque opercula superponuntur, et gypso lita vasa in angulis columbariis suspenduntur : quæ res avibus amorem loci sic conciliat, ne unquam deserant. Eligendæ vero sunt ad educationem neque vetulæ, nec nimium novellæ; sed corporis maximi : curandumque, si fieri possit, ut pulli, quemadmodum exclusi sunt, nunquam separentur. Nam fere si sic maritatæ sunt, plures educant fœtus. Sin aliter, certe ne alieni generis conjungantur, ut Alexandrinæ et Campanæ. Minus enim impares suas diligunt, et ideo nec multum ineunt, nec sæpius fœtant. Plumæ color non semper, nec omnibus idem probatus est : atque ideo qui sit optimus, non facile dictu est. Albus, qui ubique vulgo conspicitur, a quibusdam non nimium laudatur; nec tamen vitari debet in iis, quæ clauso continentur. Nam in vagis maxime est improbandus, quod eum facillime speculatur accipiter. Fœcunditas autem, quamvis longe minor sit quam est gallinarum, majorem tamen refert quæstum. Nam et octies anno pullos educat, si est bona matrix; et pretiis eorum domini complent arcam, sicut eximius auctor M. Varro nobis affirmat, qui prodidit etiam illis severioribus (suis) temporibus paria singula millibus singulis sestertiorum solita venire. Nam nostri pudet seculi, si credere volumus, inveniri qui quaternis millibus nummum binas aves mercentur. Quamquam vel hos magis tolerabiles putem, qui oblectamenta deliciarum possidendi habendique causa gravi ære et argento pensent, quam illos qui Ponticum Phasim et Scythica stagna Mæotidis eluant. Jam nunc Gangeticas et Ægyptias aves temulenter eructant. Potest tamen etiam in hoc aviario, sicut dictum est, sagina exerceri. Nam si quæ steriles aut sordidi coloris invenientur, similiter ut gallinæ farcinatur. Pulli vero facilius sub matribus pinguescunt, si jam firmis, prius quam subvolent, paucas detrahas pinnas, et obteras crura, ut uno loco quiescant, præbeasque copiosum cibum parentibus, quo et se et eos abundantius alant. Quidam leviter obligant crura, quoniam si frangantur, dolorem, et ex eo

restent jamais en repos, et que l'espèce d'exercice dans lequel ils sont dès lors continuellement est bien loin d'augmenter leur corpulence ; au lieu que la fracture des pattes ne leur cause de la douleur que pendant deux jours ou tout au plus pendant trois, et qu'elle leur ôte toute espérance de courir.

IX. Il est inutile d'élever des tourterelles, parce que cette espèce d'oiseaux ne pond point et ne fait point éclore de petits dans une volière. On les destine à l'engrais telles qu'on les prend au vol, et dès lors il en coûte moins de peine pour les engraisser que pour engraisser les autres oiseaux, quoiqu'on ne puisse pas le faire dans tous les temps, puisque, telle peine que l'on prenne, elles engraissent difficilement en hiver. Au surplus, c'est le temps où ces oiseaux sont à bon marché, parce que les grives donnent alors en très-grande quantité. D'un autre côté, les tourterelles engraissent d'elles-mêmes en été, pourvu qu'elles ne manquent point de nourriture. En effet, on n'a rien autre chose à faire qu'à leur jeter de la mangeaille, et surtout du millet; non pas que le froment, ou quelque autre blé que ce soit, ne les engraisse pas aussi bien que le millet, mais parce que cette graine est celle qui leur fait le plus de plaisir. On les engraisse cependant aussi en hiver, ainsi que les pigeons ramiers, avec des boulettes de pain trempées dans du vin, plutôt qu'avec toute autre nourriture. On ne leur fait pas, comme aux pigeons, des retraites qui soient distribuées par cases, ou creusées dans le mur, mais on enfonce dans la muraille des rangées de corbeaux, sur lesquels on étend de petites nattes de chanvre, garnies de filets en devant, pour les empêcher de voler, parce que l'exercice du vol les fait maigrir. On les y nourrit journellement avec du millet ou du froment : mais il ne faut point leur donner ces grains qu'ils ne soient secs. La valeur d'un *semodius* de mangeaille suffit par jour pour cent vingt tourterelles. On leur donne toujours de l'eau fraîche et très-propre, dans de petits vases semblables à ceux dont on se sert pour les pigeons et pour les poules, et on nettoie leurs nattes pour empêcher que la fiente ne leur brûle les pattes ; il faut néanmoins conserver avec soin cette fiente, qui s'emploie à la culture des champs et des arbres, de même que celle de tous les oiseaux, à l'exception de ceux qui nagent. L'âge avancé de ces oiseaux n'est pas si favorable à leur engrais que la jeunesse : c'est pourquoi on choisit à peu près le temps de la moisson, temps auquel la couvée commence à se fortifier.

X. Il faut plus de soins et de dépenses pour les grives. On peut en nourrir dans toutes sortes de campagnes, quoiqu'il sera avantageux de le faire dans celles où on les aura prises. En effet, on les transporte difficilement dans d'autres contrées, parce que lorsqu'elles sont renfermées dans des cages, la plupart se désespèrent ; la même chose leur arrive lorsqu'on les jette dans une volière au moment qu'elles ont été prises, et à la sortie du filet. Il faut donc, pour éviter cet accident, en mêler, parmi les nouvelles captives, d'anciennement enrôlées, qui aient été élevées par les oiseleurs à l'effet de servir comme d'appeaux pour attirer les autres : ces anciennes adouciront le chagrin des autres en voltigeant autour d'elles, et celles-ci s'accoutumeront peu à peu à chercher à boire et à manger, dès qu'elles verront celles qui sont privées le faire. Elles veulent un endroit qui soit exposé au soleil, et disposé de la même façon que celui des pigeons,

maciem fieri putant. Sed nihil ista res pinguitudinis efficit. Nam dum vincula exerere conantur, non conquiescunt; et hac quasi exercitatione corpori nihil adjiciunt. Fracta crura non plus quam bidui, aut summum tridui dolorem afferunt, et spem tollunt evagandi.

IX. Turturum educatio supervacua est : quoniam id genus in ornithone nec parit, nec excludit. Volatura ita ut capitur, farturæ destinatur : eoque leviore cura, quam cæteræ aves saginatur : verum non omnibus temporibus. Nam per hiemem, quamvis adhibeatur opera, difficulter gliscit, et tamen, quia major est turdi copia, pretium turturum minuitur. Rursus æstate vel sua sponte, dummodo sit facultas cibi, pinguescit. Nihil enim aliud, quam objiciar esca, sed præcipue milium : nec quia tritico vel aliis frumentis minus crassescant ; verum quod semine hujus maxime delectantur. Hieme tamen offæ panis vino madefactæ, sicut etiam palumbos, celerius opimant, quam cæteri cibi. Receptacula non tanquam columbis loculamenta, vel cellulæ cavatæ efficiuntur, sed ad lineam mutuli per parietem defixi tegeticulas cannabinas accipiunt, prætentis retibus, quibus prohibeantur volare : quoniam si id faciant, corpori detrahunt. In his [autem] assidue pascuntur milio, aut tritico. Sed ea semina dari nisi sicca non oportet. Satiatque semodius cibi in diebus singulis vicenos et centenos turtures. Aqua semper recens et quam mundissima vasculis, qualibus columbis atque gallinis, præbetur ; tegeticulæque emundantur, ne stercus urat pedes, quod tamen et [id] ipsum diligenter reponi debet ad cultus agrorum arborumque, sicut et omnium avium, præterquam nantium. Hujus avis ætas ad saginam non tam vetus est idonea, quam novella. Itaque circa messem, cum jam confirmata est pullities, eligitur.

X. Turdis major opera et impensa præbetur, qui omni quidem rure, sed salubrius in eo pascuntur, in quo capti sunt. Nam difficulter in aliam regionem transferuntur, quia caveis clausi plurimi despondent : quod faciunt etiam cum eodem momento temporis a rete in aviaria conjecti sunt. Itaque ne id accidat, veterani debent intermisceri, qui ab aucupibus in hunc usum nutriti quasi allectores sint captivorum, mœstitiamque eorum mitigent intrevolando. Sic enim consuescent et aquam et cibos appetere feri, si mansuetos id facere viderint. Locum æque munitum et apricum, quam columbi desiderant : sed in eo transversæ perticæ perforatis parietibus adversis aptantur,

avec cette différence qu'il sera traversé par des perches plantées dans des trous faits aux deux murs opposés, sur lesquelles elles se jucheront lorsqu'elles voudront prendre du repos après avoir mangé. Ces perches ne doivent pas être plus élevées de terre qu'il n'est nécessaire pour qu'un homme puisse y atteindre en se tenant debout. On met communément leur mangeaille dans les parties de la volière au-dessus desquelles il n'y a point de perches, afin qu'elle se maintienne plus propre. Au surplus, cette mangeaille consistera en figues sèches broyées avec soin et mêlées de fleur de farine, et on leur en donnera assez copieusement pour qu'il y en ait toujours de reste. Il y a des personnes qui mâchent ces figues avant de les leur donner; mais il n'est pas à propos de suivre cette méthode quand on a une grande quantité de grives, parce que les gens qu'on emploie à les mâcher sont d'un loyer cher, et qu'ils en avalent eux-mêmes une certaine quantité, vu la douceur de ce fruit. Bien des personnes pensent qu'il faut diversifier leur mangeaille, de peur qu'elles ne viennent à se dégoûter, si on ne leur donne toujours que la même chose. Cette variété consiste à leur donner en même temps de la graine de myrte et de lentisque, ainsi que des baies d'olivier sauvage et de lierre, et même des arbouz, parce que ces fruits, qui sont ceux après lesquels ces oiseaux courent ordinairement dans les champs, préviendront aussi leur dégoût lorsqu'ils seront tranquilles dans des volières, et qu'ils exciteront leur appétit, ce qui est très-avantageux, d'autant que plus ils mangent, plus tôt ils engraissent. Quoi qu'il en soit, on mettra toujours auprès d'eux de petits augets pleins de millet, parce que c'est leur nourriture la plus solide, et qu'on ne leur donne les autres choses que nous venons de détailler qu'en guise de bonne chère. Les vases dans lesquels on leur mettra de l'eau fraîche et propre ne diffèrent en rien de ceux des poules. M. Terentius assure qu'avec de pareils soins et de pareilles dépenses, on vendait souvent les grives trois *denarii* pièce du temps de nos ancêtres, lorsque des triomphateurs voulaient régaler le peuple. Mais comme aujourd'hui le luxe de notre siècle a rendu ce prix très-commun, les paysans eux-mêmes ne doivent point dédaigner ce revenu. Nous avons parcouru à peu près toutes les espèces d'animaux que l'on nourrit dans l'enclos des métairies; il nous faut à présent traiter de ceux qu'on laisse aller paître dans les champs.

XI. L'éducation des paons demande plutôt les soins d'un chef de famille d'un goût délicat que ceux d'un paysan grossier, quoiqu'elle ne soit point cependant étrangère même à un agriculteur, pour peu qu'il cherche à se procurer des plaisirs en tout genre, pour charmer la solitude de la campagne. La beauté de ces oiseaux fait plaisir aux étrangers eux-mêmes, à plus forte raison à ceux qui en sont propriétaires. On en garde aisément dans de petites îles couvertes de bois, telles qu'il s'en trouve près de l'Italie. En effet, comme cet oiseau ne peut pas voler haut ni au loin, et que d'ailleurs il n'y a point de voleurs ni d'animaux nuisibles à craindre dans ces îles, il peut y errer avec sûreté sans gardien, et trouver par lui-même la meilleure partie de sa nourriture. Les femelles s'y voyant aussi comme à l'abri de l'esclavage, y nourrissent volontiers leurs petits avec plus d'attache; de sorte que celui qui prend soin du troupeau n'a rien autre chose à faire, dans ce cas-là, qu'à le rappeler à certaines heures du jour auprès de la métairie par un signal quelconque. A mesure que les paons accourront, il leur donnera un peu d'orge, pour leur ôter

---

quibus insideant, cum satiati cibo requiescere volunt. Eæ perticæ non altius a terra debent sublevari, quam hominis statura patitur, ut a stante contingi possint. Cibi ponuntur fere partibus his ornithonis, quæ super se perticas non habent, quo mundiores permaneant. Semper autem arida ficus diligenter pinsita et permista pollini præberi debet, tam large quidem ut supersit. Hanc quidam mandunt, et ita objiciunt. Sed istud in majore numero facere vix expedit, quia nec parvo conducuntur qui mandant, et ab iis ipsis aliquantum propter jucunditatem consumitur. Multi varietatem ciborum, ne unum fastidiant, præbendam putant; ea est, cum objiciantur myrti et lentisci semina; item oleastri, et ederaceæ baccæ, nec minus arbuti. Fere enim etiam in agris ab ejusmodi volucribus hæc appetuntur, quæ in aviariis quoque desidentium detergent fastidia, faciuntque avidiorem volaturam, quod maxime expedit. Nam largiore cibo celerius pinguescit. Semper tamen etiam canaliculi milio repleti apponuntur, quæ est firmissima esca. Nam illa quæ supra diximus, pulmentariorum vice dantur. Vasa, quibus recens et munda præbeatur aqua, non dissimilia sint gallinariis. Hæc impensa curaque M. Terentius ternis sæpe denariis singulos emtitatos esse significat avorum temporibus, quibus qui triumphabant, populo dabant epulum. At nunc ætatis nostræ luxuries quotidiana fecit hæc pretia : propter quæ ne rusticis quidem contemnendus sit hic reditus. Atque ea genera, quæ intra septa villæ cibantur, fere persecuti sumus. Nunc de his dicendum est, quibus etiam exitus ad agrestia pabula dantur.

XI. Pavonum educatio magis urbani patrisfamiliæ, quam tetrici rustici curam poscit. Sed nec hæc tamen aliena est agricolæ captantis undique voluptates acquirere, quibus solitudinem ruris eblandiatur. Harum autem decor avium etiam exteros nedum dominos oblectat. Itaque genus alitum nemorosis et parvulis insulis, quales objacent Italiæ, facillime continetur. Nam quoniam nec sublimiter potest, nec per longa spatia volitare, tum etiam quia furis ac noxiorum animalium rapinæ metus non est, sine custode tuto vagatur, majoremque pabuli partem sibi acquirit. Fœminæ quidem sua sponte tanquam servitio liberatæ, studiosius pullos enutriunt : nec curator aliud facere debet, quam ut diei certo tempore, signo

la faim, et il les comptera tous. Mais comme il est rare qu'on soit dans le cas d'avoir une île pareille en sa possession, il faudra se donner plus de soins dans les lieux situés au milieu de la terre ferme ; et voici en quoi consisteront ces soins. On entourera d'une haute muraille une plaine couverte d'herbes et de bois : on appliquera des galeries à trois des côtés de cette muraille, et sur le quatrième on construira deux cabanes, dont l'une servira d'habitation au gardien des paons, et l'autre de retraite à ces oiseaux. On fera ensuite le long de ces galeries des enceintes de roseaux, en forme de cages pareilles à celles qui sont au-dessus des colombiers. Ces enceintes seront distribuées en plusieurs parties, et traversées par des espèces de treillis formés de roseaux, de façon que chacune de ces différentes parties ait deux entrées par chacun de ses côtés. La retraite de ces oiseaux doit être exempte de toute humidité. On y plantera sur le sol des rangées de petits pieux, dont l'extrémité supérieure sera aiguisée en pointe, pour pouvoir être introduite dans des perches transversales qui seront percées à cet effet. Les perches destinées à être posées sur ces pieux doivent être carrées, afin que l'oiseau puisse se jucher dessus. D'un autre côté, elles doivent s'enlever facilement de dessus les pieux, afin que, lorsque le cas l'exigera, on puisse les en retirer, pour donner la liberté du passage à ceux qui auront à balayer. Lorsque cet oiseau a atteint sa quatrième année, il engendre très-bien ; au lieu qu'il est ou stérile ou peu fécond dans un âge plus tendre. Le paon a la lubricité des coqs, aussi lui faut-il cinq femelles : car s'il arrivait que, n'en ayant qu'une ou deux, il les coquât ou trop souvent ou lorsqu'elles seraient pleines, il endommagerait les œufs à peine formés dans leur ventre, et les empêcherait de venir à bien, en les faisant tomber de la matrice avant qu'ils soient à leur terme. Il faut, vers la fin de l'hiver, exciter l'ardeur de ces oiseaux, dans les deux sexes, par des nourritures qui les provoquent au plaisir. Ce qui y contribuera le plus, ce seront des fèves grillées à une flamme légère, qu'on leur donnera toutes chaudes et à jeûn tous les cinq jours, sans néanmoins excéder la mesure de six *cyathi* par tête. Il ne faut pas leur jeter de la mangeaille pour tous en commun, mais il faut en mettre séparément dans chacune des enceintes que j'ai dit qu'il fallait former de roseaux, en réglant la quantité de cette mangeaille sur le nombre de cinq femelles et un mâle : il en sera de même de l'eau qui leur servira de boisson. Quand cette distribution sera faite, on conduira les mâles avec leurs femelles, chacun dans leurs enceintes particulières ; de sorte que tout le troupeau se repaîtra également, sans qu'il survienne de différend entre les têtes qui le composent ; car il se trouve aussi parmi les oiseaux de cette espèce des mâles qui cherchent à se battre, et qui empêchent les plus faibles de manger et de coquer, si on n'a pas soin de les séparer de cette façon. Communément, dans les lieux exposés au soleil, les mâles sont tourmentés du désir de coquer les femelles dès que les vents *Favonii* ont commencé à souffler, c'est-à-dire, entre les ides de février et le mois de mars. On reconnaît l'ardeur de leur passion en les voyant se couvrir, comme s'ils s'admiraient eux-mêmes, avec les plumes brillantes de leur queue, ce qu'on appelle *rotare* (faire la roue). Dès que le temps où les femelles ont dû

***

dato, juxta villam gregem convocet, et exiguum ordei concurrentibus objiciat, ut nec avis esuriat, et numerus advenientium recognoscatur. Sed hujus possessionis rara conditio est. Quare mediterraneis locis major adhibenda cura est : eaque sic administretur. Herbidus silvestrisque ager planus sublimi clauditur maceria, cujus tribus lateribus porticus edolatas habent, et in quarto duæ cellæ, ut sit altera custodis habitatio, atque altera stabulum pavonum. Sub porticibus deinde per ordinem fiunt arundinea septa in modum cavearum, qualia columbarii tectis superponuntur : Ea septa distinguuntur velut clatris intercurrentibus calamis, ita ut ab utroque latere singulos aditus habeant. Stabulum autem carere debet uligine, cujus in solo per ordinem figuntur breves paxilli, eorumque partes summæ lingulas edolatas habent, quæ transversis foratis perticis inducantur. Ilæ porro quadratæ perticæ [esse debent, quæ] paxillis superponuntur, ut avem recipiant adsilientem. Sed idcirco sunt exemptiles, ut cum res exigit, a paxillis deductæ liberum aditum converrentibus stabulum præbeant. Hoc genus avium, cum trimatum explevit, optime progenerat. Siquidem tenerior ætas, aut sterilis, aut parum fœcunda est. Masculus pavo gallinaceam salacitatem habet, atque ideo quinque fœminas desiderat. Nam si unam, vel alteram fœtam sæpius compressit, vix dum concepta in alvo vitiat ova, nec ad partum sinit perduci : quoniam immatura genitalibus locis excidunt. Ultima parte hiemis concitantibus libidinem cibis utriusque sexus accendenda venus est. Maxime facit ad hanc rem, si favilla levi torreas fabam, tepidamque des jejunis quinto quoque die. Nec tamen adjicienda modum sex cyathorum in singulas aves. Hæc cibaria non omnibus promiscue spargenda sunt, sed in singulis septis, quæ arundinibus contexi oportere proposueram, portione servata quinque fœminarum et unius maris, ponenda sunt cibaria, nec minus aqua, quæ sit idonea potui. Quod ubi factum est, mares [sine rixa] diducuntur in sua quisque septa cum fœminis, et æqualiter universus grex pascitur. Nam etiam in hoc genere pugnaces inveniuntur masculi, qui et a cibo et a coitu prohibent minus validos, nisi sint hac ratione separati. Fere autem locis apricis incurdi cupiditas exercet mares, cum Favonii spirare cœperunt, id est tempus ab idibus Februariis ante Martium mensem. Signa sunt extimulatæ libidinis, cum semetipsius velut mirantem caudæ gemmantibus pinnis protegit : idque cum facit, rotare dicitur. Post admissuræ tempus confestim matrices custodiendæ sunt, ne alibi quam in stabulo fœtus edant :

être coquées est passé, il faut les garder à vue, afin qu'elles ne pondent point ailleurs que dans leurs retraites : on leur tâtera souvent aussi les parties avec les doigts, parce que leurs œufs s'y trouvent tout à l'entrée, quand elles sont prêtes à pondre. Il faut donc renfermer celles qui seront dans ce cas-là, afin qu'elles ne pondent pas hors de leur enceinte. Il faut y étendre beaucoup de paille, surtout dans le temps où elles pondront, afin que leurs œufs soient reçus plus sûrement : car elles pondent communément lorsqu'elles viennent prendre le repos de la nuit, et qu'elles se sont juchées sur les perches dont nous avons parlé ; et par conséquent plus l'endroit où leurs œufs tombent est voisin d'elles et mollet, plus ces œufs se conservent intacts. Il faut donc visiter leurs retraites bien exactement tous les matins, dans le temps de la ponte, et ramasser les œufs qui seront à terre. Plus ils seront frais quand on les donnera à couver à des poules, plus ils écloront facilement ; et il est très-intéressant pour le profit du chef de famille que ce soit à des poules à qui on les donne à couver, parce que les paonnes que l'on ne fait point couver pondent communément trois fois par an, au lieu que celles que l'on fait couver perdent tout le temps de leur fécondité à faire éclore leurs œufs, comme à élever leurs petits. La première ponte est communément de cinq œufs, la seconde de quatre, et la troisième de deux ou trois. Il ne faut pas se hasarder à faire couver des œufs de paonnes par des poules de Rhodes, qui ne nourrissent pas bien leurs poussins même ; mais on prendra pour cela de vieilles poules parmi celles de notre pays, en choisissant les plus grandes de cette espèce ; et on leur fera couver pendant neuf jours, à commencer du croissant de la lune, neuf œufs, dont il y aura cinq de paonnes et quatre de poules : le dixième jour on retirera tous les œufs de poule, et on en remettra autant de nouveaux de la même espèce, afin qu'ils puissent éclore avec ceux de paonne le trentième jour de la lune, qui est communément celui de la nouvelle lune. Mais il faut que le gardien ne manque pas d'épier les moments où la mère sortira de la retraite, afin d'y entrer souvent pour retourner lui-même à la main les œufs de paonne, que les poules remuent plus difficilement que les leurs propres, attendu leur grosseur ; et pour s'acquitter plus exactement de cette fonction, il aura soin de les marquer tous d'un seul côté avec une liqueur noire, afin de reconnaître à cette marque quand la poule les aura retournés elle-même, ou non. Du reste, souvenons-nous qu'il faut employer à cette opération, ainsi que je l'ai déjà dit, les plus grandes poules de basse-cour ; car si elles étaient d'une moyenne taille, il ne faudrait pas leur faire couver plus de trois œufs de paonnes avec six de poules. Lorsque la poule aura fait éclore les petits, il faudra donner les poussins à nourrir à une poule, et rassembler les paonneaux à mesure qu'ils seront nés auprès d'une seconde, jusqu'à ce qu'elle en ait un troupeau composé de vingt-cinq têtes. Il ne faudra pas cependant retirer de dessous la poule les paonneaux, non plus que les poussins, dès le premier jour de leur naissance ; et ce ne sera que le lendemain qu'il faudra les transférer avec celle qui doit les élever dans une cage, où on les nourrira les premiers jours avec de la farine d'orge humectée de vin, ou bien avec une petite bouillie faite avec quelque espèce de blé que ce soit, et refroidie. Peu de jours après on y ajoutera des porreaux de Taren-

---

sæpiusque digitis loca fœminarum tentanda sunt. Nam in promtu gerunt ova, quibus jam partus appropinquat. Itaque includendæ sunt incientes, ne extra clausum fœtum edant : maximeque temporibus iis, quibus parturiunt, pluribus stramentis exaggerandum est aviarium, quo tutius integri fœtus excipiantur. Nam fere pavones, cum ad nocturnam requiem venerunt, prædictis perticis insistentes enituntur ova, quæ quo propius ac mollius deciderint, illibatam servant integritatem. Quotidie ergo diligenter mane temporibus fœturæ stabula circumeunda erunt, et jacentia ova colligenda. Quæ quanto recentiora gallinis subjecta sunt, tanto commodius excluduntur : idque fieri maxime patrisfamilias rationi conducit. Nam fœminæ pavoniæ, quæ non incubant, ter anno fere partus edunt : at quæ fovent ova, totum tempus fœcunditatis aut excludendis aut etiam educandis pullis consumunt. Primus est partus quinque fere ovorum ; secundus quatuor ; tertius aut trium, aut duorum. Neque est quod committatur, ut Rhodiæ aves pavoninis incubent, quæ ne suos quidem fœtus commode nutriunt. Sed veteres maximæquæque gallinæ vernaculi generis eligantur : eæque novem diebus a primo lunæ incremento, novenis ovis incubent, sintque ex his quinque pavonina, (et) cætera gallinacei generis. Decimo deinceps die omnia gallinacea subtrahantur, et totidem recentia ejusdem generis supponantur, ut trigesima luna, quæ est fere nova, cum pavoninis excludantur. Sed custodis curam non effugiat observare desilientem matricem, sæpiusque ad cubile pervenire, et pavonina ova, quæ propter magnitudinem difficilius a gallina moventur, versure manu : idque quo diligentius faciat, una pars ovorum notanda est atramento, quod signum habebit aviarius, an a gallina conversa sint. Sed, uti dixi, meminerimus cohortales quam maximas ad hanc rem præparari. Quæ si mediocris habitus sunt, non debent amplius quam terna pavonina, et sena generis sui fovere. Cum deinde fecerit pullos, ad aliam nutricem gallinacei debebunt transferri, et subinde qui nati fuerint pavonini ad unam congregari, donec quinque et viginti capitum grex efficiatur. Sed cum erunt editi pulli, similiter ut gallinacei primo die non moveantur : postero die cum educatrice transferantur in caveam : primisque diebus alantur ordeaceo farre vino resperso, nec minus ex quolibet frumento cocta pulticula, et refrigerata. Post paucos deinde dies huic cibo adjiciendum erit concisum porrum Tarentinum, et caseus mollis

tum hachés et du fromage mou bien égoutté, parce qu'il est constant que le petit-lait nuit aux paonneaux. Des sauterelles, auxquelles on a arraché les pattes, passent aussi pour une nourriture qui leur est bonne, et il faut leur en donner jusqu'au sixième mois, après quoi il suffira de leur jeter de l'orge à la main. On peut aussi les mener trente-cinq jours après leur naissance aux champs, même sans avoir rien à craindre, parce que le troupeau suit la poule toutes les fois qu'il l'entend glousser, comme si c'était sa propre mère. Le gardien porte alors aux champs la mère renfermée dans une cage, et, après l'avoir fait sortir, il la garde à vue en lui liant la patte avec une longue ficelle, de sorte que les paonneaux puissent voltiger autour d'elle; après quoi, lorsqu'ils se sont bien repus, on les ramène facilement à la métairie, parce qu'ils ne s'écartent point, comme je l'ai dit, de leur nourrice, qu'ils entendent glousser. Tous les auteurs conviennent assez unanimement qu'il faut éviter de mener paître, dans l'endroit où sera cette poule, d'autres poules qui élèveront des poussins, parce que, dès que celles-ci, aperçoivent les paonneaux, elles cessent d'être affectionnées à leurs petits et les abandonnent avant de les avoir élevés, comme si elles les eussent pris en aversion, par la raison qu'ils ne ressemblent aux paons ni par la taille ni par la beauté. Ces oiseaux sont sujets aux mêmes maladies que celles auxquelles les poules sont ordinairement sujettes; aussi ne leur donne-t-on pas non plus d'autres remèdes que ceux que l'on emploie pour les poules, puisqu'on les guérit de la pepie, de l'indigestion et de quelque autre maladie que ce soit, avec les remèdes que nous avons indiqués. Passé le septième mois à compter depuis leur naissance, il faut les enfermer avec les autres paons dans leurs retraites, pour y prendre le repos de la nuit; mais on prendra garde qu'ils ne se tiennent sur la terre; et on relèvera ceux qui pourraient se coucher ainsi, pour les poser sur les perches, afin que le froid ne les incommode pas.

XII. L'éducation des poules de Numidie est à peu près la même que celle des paons. Pour les poules sauvages, que l'on appelle *rusticæ* (poules de campagne), elles ne pondent point dans la captivité; ainsi nous n'avons rien à prescrire à leur sujet, si ce n'est qu'il faut leur donner à manger tant qu'elles en veulent, pour les rendre plus propres à couvrir les tables dans un festin.

XIII. Je passe aux oiseaux que les Grecs appellent ἀμφίβιοι (amphibies), parce qu'ils ne se contentent pas de la pâture qu'ils trouvent sur terre, et qu'ils en cherchent aussi dans l'eau, n'étant pas plus habitués à la terre qu'aux étangs. Entre ces oiseaux, l'oie est l'espèce la plus recherchée par les gens de la campagne, parce qu'elle ne demande pas de grands soins, et qu'elle est de meilleur guet que le chien même, puisqu'elle trahit par son chant les gens qui sont en embuscade, ainsi qu'il arriva au siége du Capitole, suivant ce que dit l'histoire, lorsque ces oiseaux firent entendre leur chant à l'arrivée des Gaulois, pendant que les chiens étaient restés muets. On ne peut pas néanmoins avoir d'oies partout, d'après l'opinion très-sensée de Celsus, qui dit que l'oie ne se soutient pas aisément sans eau, non plus que sans une grande quantité d'herbes, et qu'il y a du danger à en avoir dans de jeunes plants, parce qu'elle arrache toutes les productions tendres qu'elle peut y rencontrer. Mais il en faudra nourrir dans tout endroit où il se trouvera un fleuve ou un lac, et dans le voisi-

---

vehementer expressus; nam serum nocere pullis manifestum est. Locustæ quoque pedibus ademtis utiles cibandis pullis habentur, atque iis pasci debent usque ad sextum mensem: postmodum satis est ordeum de manu præbere. Possunt autem post quintum et trigesimum diem quam nati sunt, etiam in agrum satis tuto educi, sequiturque grex velut matrem gallinam singultientem. Ea cavea clausa fertur in agrum a pastore, et emissa ligato pede longa linea [gallina] custoditur, ad quam circumvolant pulli. Qui cum ad satietatem pasti sunt, reducuntur in villam persequentes, ut dixi, nutricis singultus. Satis autem convenit inter auctores, non debere alias gallinas, quæ pullos sui generis educant, in eodem loco pasci. Nam cum conspexerunt pavoninam prolem, suos pullos diligere desinunt, et immaturos relinquunt, perosæ videlicet, quod nec magnitudine, nec specie pavoninis pares sint. Vitia quæ gallinaceo generi nocere solent, eadem has aves infestant: sed nec remedia traduntur alia, quam quæ gallinaceis adhibentur. Nam et pituita et cruditas, et si quæ aliæ sunt pestes, iisdem remediis, quæ proposuimus, prohibentur. Septimum deinde mensem cum excesserunt, in stabulo cum cæteris ad nocturnam requiem debent includi. Sed erit curandum, ne humi maneant. Nam qui sic cubitant, tollendi sunt, et supra perticas imponendi, ne frigore laborent.

XII. Numidicarum eadem est fere, quæ pavonum educatio. Cæterum silvestres gallinæ, quæ rusticæ appellantur, in servitute non fœtant: et ideo nihil de his præcipimus, nisi ut cibus ad satietatem præbeatur, quo sint conviviorum epulis aptiores.

XIII. Venio nunc ad eas aves, quas Græci vocant ἀμφιβίους, quia non tantum terrestria, sed aquatilia quoque desiderant pabula, nec magis humo quam stagno consueverunt. Ejusque generis anser præcipue rusticis gratus est, quod nec maximam curam poscit, et solertiorem custodiam quam canis præbet. Nam clangore prodit insidiantem, sicut etiam memoria tradidit in obsidione Capitolii, cum adventu Gallorum vociferatus est, canibus silentibus. Is autem non ubique haberi potest, ut existimat verissime Celsus, qui sic ait. Anser neque sine aqua, nec sine multa herba facile sustinetur, neque utilis est locis consitis, quia quicquid tenerum contingere potest, carpit. Sicubi vero flumen aut lacus est, herbæque copia, nec nimis juxta satæ fruges, id quoque genus nutriendum

nage duquel il y aura beaucoup d'herbes et peu de terres ensemencées. Ce n'est pas que nous pensions qu'on doive le faire, par la raison que cet oiseau rapporte beaucoup de profit; mais seulement parce qu'il n'est point à charge, quoiqu'on retire même un certain produit de ses petits et de ses plumes, que l'on peut arracher non pas seulement une fois l'an, comme la laine des brebis, mais deux fois, savoir au printemps et en automne. Il faut donc en élever au moins une petite quantité quand la situation des lieux le permet, et ne donner que trois femelles à chaque mâle, parce que la pesanteur des mâles les empêche d'en couvrir un plus grand nombre. Il faut en outre, pour les mettre à l'abri, leur faire, dans l'intérieur de la cour et dans des coins retirés, des logettes dans lesquelles elles se coucheront et feront leur ponte.

XIV. Quant à ceux qui s'attachent à avoir par troupeaux des oiseaux qui nagent, ils doivent former des *chenoboscia* (des endroits où paissent les oies), qui ne feront honneur qu'au cas qu'ils soient disposés de la façon qui suit. On aura une cour séparée dont tous les autres bestiaux ne pourront pas approcher, et qui sera environnée d'une muraille de neuf pieds d'élévation, avec des galeries rangées de façon qu'il y ait dans quelque coin une cabane pour le gardien. On construira ensuite sous ces galeries, avec du moellon, ou même avec de la petite brique, des logettes carrées : il suffit que chacune de ces logettes ait trois pieds en tout sens, et il faut que l'entrée en soit munie de petites portes solides, parce qu'on doit les fermer exactement dans le temps de la ponte de ces oiseaux. Ensuite s'il se trouve hors de la métairie un étang ou un fleuve à quelque distance des bâtiments, on ne cherchera pas à se procurer d'autre eau ; mais s'il n'y en a point, on fera des mares et des réservoirs d'eau artificiels, afin que ces oiseaux ne manquent point d'endroits où ils puissent se plonger, parce que cette ressource leur est aussi nécessaire pour vivre que celle de la terre. On leur réservera aussi un terrain marécageux bien fourni d'herbes, et entre autres pâturages qu'on y sèmera, tels que la vesce, le trèfle et le fenu-grec. On n'oubliera pas surtout d'y semer de cette espèce de chicorée que les Grecs appellent σέρις (chicorée frisée). Il faut encore semer particulièrement de la graine de laitue, parce que c'est un herbage très-tendre et fort recherché par ces oiseaux, outre que c'est une nourriture excellente pour leurs petits. Toutes ces choses ainsi préparées, il faut avoir soin de choisir des mâles ainsi que des femelles de la plus grande taille, et dont la couleur soit blanche; car il y a une espèce d'oie bigarrée, qui était sauvage dans le principe, et qui n'est devenue domestique que depuis qu'on l'a apprivoisée; mais il ne faut pas en élever, parce qu'elle n'est pas aussi féconde ni d'un aussi grand prix que les autres. Le temps le plus propre pour faire accoupler les oies, c'est depuis le solstice d'hiver, comme le plus propre pour les faire pondre et couver, c'est depuis les calendes de février ou de mars jusqu'au solstice, qui arrive vers la fin du mois de juin. Elles ne s'accouplent pas, comme les premiers oiseaux dont nous avons parlé, en se tenant sur terre, mais elles le font communément dans des rivières ou dans des réservoirs d'eau. Elles pondent chacune trois fois par an, pourvu qu'on les empêche de faire éclore leurs œufs, ce qui est plus avantageux de faire que de les leur donner à couver à elles-mêmes, parce que les poules auxquelles on les donne à couver nour-

---

est. Quod etiam nos facere censemus, non quia magni sit fructus, sed quia minimi oneris. Attamen præstat ex se pullos atque plumam, quam non, ut in ovibus lanam, semel demetere, sed bis anno, vere et autumno vellere licet. Atque ob has quidem causas, si permittit locorum conditio, vel paucos utique oportet educare, singulisque maribus ternas fœminas destinare. Nam propter gravitatem plureis inire non possunt. Quinetiam intra cohortem, ut protecti sint, secretas singulis haras facere oportet, in quibus cubitent et fœtus ubi edant.

XIV. Qui vero greges nantium possidere student, chenoboscia constituant, quæ tum demum vigebunt, si fuerint ordinata ratione tali. Cohors ab omni cætero pecore secreta clauditur alta novem pedum maceria, porticibusque circumdata, ita ut in aliqua parte sit cella custodis. Sub porticibus deinde quadratæ haræ cæmentis vel etiam laterculis extruuntur : quas singulas satis est habere quoquoversus pedes ternos, et aditus singulos firmis ostiolis munitos : quia per fœturam diligenter claudi debent. Extra villam deinde non longe ab ædificio si est stagnum vel flumen, alia non quæratur aqua : sin aliter, lacus piscinæque manu fiant, ut sint quibus inurinare possint aves. Nam sine isto primordio non magis quam sine terreno recte vivere queunt. Palustris quoque, sed herbidus ager destinetur, atque alia pabula conserantur, ut vicia, trifolium, fœnum Græcum, sed præcipue genus intubi, quod σέριν Græci appellant. Lactucæ quoque in hunc usum semina vel maxime serenda sunt, quoniam et mollissimum est olus, et libentissime ab his avibus appetitur. Tum etiam pullis utilissima est esca. Hæc cum præparata sunt, curandum est, ut mares fœminæque quam amplissimi corporis, et albi coloris eligantur. Nam est aliud genus varium, quod a fero mitigatum domesticum factum est. Id neque æque fœcundum est, nec tam pretiosum : propter quod minime nutriendum est. Anseribus admittendis tempus aptissimum est a bruma; mox ad pariendum, et ad incubandum a Calen. Februariis vel Martiis usque ad solstitium, quod fit ultima parte mensis Junii. Ineunt autem non, ut priores aves, de quibus diximus, insistentes humi : nam fere in flumine aut piscinis id faciunt : singulæque ter anno pariunt, si prohibeantur fœtus suos excludere, quod magis expedit, quam quum ipsæ suos fovent. Nam et a gallinis melius enutriuntur, et longe major grex efficitur. Pariunt autem singulis fœtibus

rissent mieux les petits qui en sont venus, et que le troupeau devient par là bien plus nombreux. Elles donnent cinq œufs à la première ponte, quatre à la suivante, et trois à la dernière : quelques personnes leur laissent élever les petits de cette dernière ponte, parce qu'elles ne doivent plus pondre de tout le reste de l'année. Il ne faut pas laisser pondre les femelles hors du clos qui leur est destiné ; ainsi lorsqu'elles paraîtront chercher un endroit pour y déposer leurs œufs, on leur tâtera le ventre en le pressant pour s'assurer de leur état, parce que, dès qu'elles approchent du moment de la ponte, on sent avec le doigt les œufs qui sont alors sur le bord de leurs parties, et on les conduira à leurs logettes, où on les enfermera afin qu'elles y pondent. Il suffira d'avoir observé cette pratique une seule fois vis-à-vis de chacune, parce qu'elles retournent toujours toutes à l'endroit dans lequel elles ont pondu une première fois. Mais lorsqu'on veut qu'elles couvent elles-mêmes les œufs de la dernière ponte, il faut avoir soin de marquer ces œufs afin de les reconnaître, et de les mettre chacun sous celles qui les auront pondus, parce qu'on prétend que les oies ne font point éclore des œufs qu'elles n'ont point pondus, à moins qu'elles n'en couvent en même temps des leurs propres. Pour les poules, on leur donne à couver autant d'œufs d'oies que d'œufs de paonnes, c'est-à-dire cinq au plus et trois au moins ; au lieu qu'on donne aux oies sept au moins et quinze au plus. Mais on doit avoir la précaution de mettre sous les œufs des racines d'orties, ce qui est une espèce de remède contre les orties mêmes, dont la piqûre est mortelle aux oisons qui viennent d'éclore. Il faut trente jours pour que les oisons se forment et qu'ils sortent de l'œuf, lorsqu'il fait froid ; car lorsqu'il fait chaud, il suffit de vingt-cinq jours, quoique le plus souvent on ne les voie éclore que le trentième jour. Tant qu'ils sont petits, on les nourrit les dix premiers jours dans la logette où ils sont renfermés avec leur mère ; après quoi, lorsque le beau temps le permet, on les mène dans les prés et aux réservoirs d'eau. Il faut prendre garde qu'il ne leur arrive d'être piqués par des orties, et éviter de les envoyer aux pâturages sans les avoir rassasiés auparavant de chicorée ou de feuilles de laitue hachées. En effet, s'ils y allaient quand ils sont encore faibles, sans avoir pris de nourriture auparavant, ils s'opiniâtreraient si fort à arracher de terre les arbrisseaux ou les herbes, qu'ils se romperaient le cou. On fait bien de leur donner aussi du millet ou même du froment dans de l'eau. Lorsqu'ils sont devenus un peu plus forts, on les incorpore dans la troupe de leurs camarades, et on les nourrit d'orge : il est également utile d'en donner aux mères. Il n'est pas à propos de mettre plus de vingt oisons dans la même logette, comme il ne faut pas non plus en mettre de trop petits avec de plus grands, parce que les plus forts tueraient les plus faibles. Il faut tenir très-sèches les retraites dans lesquelles ils se couchent habituellement, et y étendre de la paille, ou, à défaut de paille, du foin, qui leur est également agréable. Pour le surplus, on observera les préceptes que nous avons donnés par rapport aux autres espèces de poussins, et qui consistent à empêcher qu'ils ne sentent l'odeur d'une couleuvre ou d'un furet, de même que celle d'un chat ou même d'une belette, parce que ces animaux pestilentiels font communément un carnage affreux de ces oiseaux, lorsqu'ils sont jeunes. Il y a des personnes qui donnent aux oies de l'orge détrempée, pendant qu'elles couvent, sans permettre que les mères abandonnent souvent leurs nids : les mêmes personnes don-

---

ova, primo quina, sequenti quaterna, novissimo terna : quem partum nonnulli permittunt ipsis matribus educare, quia reliquo tempore anni vacaturæ sunt a fœtu. Minime autem concedendum est fœminis extra septum parere, sed cum videbuntur sedem quærere, comprimendæ sunt atque tentandæ. Nam si appropinquant partus, digito tanguntur ova, quæ sunt in prima parte locorum genitalium. Quamobrem perduci ad haram debent, includique ut fœtum edant : idque singulis semel fecisse satis est, quoniam unaquæque recurrit eodem, ubi primo peperit. Sed novissimo fœtu cum volumus ipsas incubare, notandi erunt uniuscujusque partus, ut suis matribus subjiciantur : quoniam negatur anser aliena excludere ova, nisi subjecta sua quoque habuerit. Supponuntur autem gallinis hujus generis ova, sicut pavonina, plurima quinque, paucissima tria : ipsis autem anseribus paucissima vii, plurima xv. Sed custodiri debet, ut ovis subjiciantur herbæ urticarum, quo quasi remedio medicantur, ne noceri possit excusis anserculis, quos enecant urticæ, si teneros pupugerint. Pullis autem formandis excudendisque triginta diebus opus est, cum sunt frigora : nam tepidis xxv satis est. Sæpius tamen anser trigesimo die nascitur. Atque is dum exiguus est, decem primis diebus pascitur in hara clausus cum matre : postea cum serenitas permittit, producitur in prata, et ad piscinas. Cavendumque est, ne aut aculeis urticæ compungatur, aut esuriens mittatur in pascuum : sed ante concisis intubis vel lactucæ foliis saturetur. Nam si est adhuc parum firmus, et indigens ciborum pervenit in pascuum, fruticibus aut solidioribus herbis obluctatur ita pertinaciter, ut collum abrumpat. Milium quoque aut etiam triticum mistum cum aqua recte præbetur. Atque ubi se paulum confirmavit, in gregem coæqualium compellitur, et ordeo alitur : quod et matricibus præbere non inutile est. Pullos autem non expedit plures in singulas haras quam vicenos adjici ; nec rursus omnino cum majoribus includi, quoniam validior enecat infirmum. Cellas, in quibus incubant, siccissimas esse oportet, substratasque habere paleas : vel si eæ non sunt, crassissimum quodque fœnum. Cætera eadem, quæ in aliis generibus pullorum servanda sunt, ne coluber, ne vipera, felesque, aut etiam mustela possit aspirare : quæ fere pernicies ad internecionem prosternunt teneros. Sunt

nent aussi aux oisons, pendant les cinq premiers jours depuis qu'ils sont éclos, du gruau ou de la farine détrempée, comme aux paons. D'autres leur donnent encore dans de l'eau du cresson vert haché en petits morceaux, et cette nourriture leur est très-agréable. Par la suite, lorsqu'ils ont quatre mois, on destine les plus grands d'entre eux à l'engrais, parce que la jeunesse est l'âge que l'on regarde comme le plus propre pour les engraisser. L'engrais de ces oiseaux est facile à faire, puisqu'il n'y a absolument rien autre chose à leur donner que du gruau et de la fleur de farine trois fois par jour, pourvu qu'on les mette à portée de boire copieusement, qu'on ne leur laisse point la liberté de courir, et qu'on les tienne renfermés dans un lieu chaud et obscur, toutes choses qui contribuent beaucoup à former la graisse. En suivant cette méthode, on vient à bout de les engraisser en deux mois, et il arrive même souvent que la couvée la plus jeune est engraissée au bout de quarante jours.

XV. Il faut prendre les mêmes soins pour former un endroit où l'on élèvera des canards; mais la dépense en sera plus considérable, parce qu'on y renfermera, pour les y nourrir, non-seulement des canards, mais encore des sarcelles, des *boscides*, des *phalerides*, et d'autres oiseaux semblables, qui fouillent dans les étangs et dans les marais. On choisit à cet effet un terrain plat que l'on entoure d'une muraille de quinze pieds d'élévation; ensuite on le couvre avec un treillage ou avec des filets à grandes mailles, afin que ces oiseaux domestiques n'aient point la faculté de s'envoler, et que les aigles et les oiseaux de proie ne puissent pas fondre sur eux. On revêtira aussi toute cette muraille, tant en dedans qu'en dehors, d'un enduit bien poli, de peur que les chats ou les furets ne grimpent par-dessus. Ensuite on creusera dans le milieu de cet enclos un bassin de deux pieds de profondeur, et dont la longueur, ainsi que la largeur, seront déterminées par la situation du lieu. On pavera en ouvrage de Signia les descentes qui conduiront à l'eau, de peur qu'elles ne viennent à être dégradées par l'impétuosité de l'eau, qui coulera toujours à travers le bassin, au cas qu'elle vienne à se déborder. Il ne faut pas que ces descentes soient coupées en forme de degrés; mais elles doivent gagner l'eau insensiblement, de façon que l'on y descende comme on descend du rivage à la mer. Il faut paver en pierres et revêtir d'un enduit le sol du bassin dans tout son contour, jusqu'aux deux tiers à peu près de sa longueur et de sa largeur en tirant vers le centre, afin qu'il n'y puisse pas croître d'herbes, et que cette partie du sol présente, aux oiseaux, lorsqu'ils nageront, un espace libre et bien uni : d'un autre côté, le centre doit rester en terre-plein, pour qu'on puisse y semer des fèves d'Égypte et d'autres herbes qui viennent ordinairement dans l'eau, et qui serviront à ombrager les retraites des oiseaux. Il s'en trouve, à la vérité, dans le nombre qui se plaisent à se tenir sous de petites forêts de tamaris, ou au milieu des plantations de joncs d'eau; mais ce n'est pas un motif suffisant pour que ces petites forêts occupent tout le bassin, et le contour, au contraire, n'en doit point être couvert, ainsi que je l'ai dit, afin que, lorsque les oiseaux seront ragaillardis par le beau temps, ils puissent s'ébattre entre eux, en nageant rapidement, et sans rencontrer d'obstacle qui arrête leur course. En effet, si d'un côté ils sont bien aises de trouver des endroits où ils puissent se glisser, pour tendre des pièges aux bêtes aquatiques qui s'y tiennent cachées, ils seraient fâchés d'un autre côté de ne point trouver d'espaces

qui ordeum maceratum incubantibus apponant, nec patiantur matrices sæpius nidum relinquere. Deinde pullis exclusis primis quinque diebus polentam vel maceratum far, sicut pavonibus objiciunt. Nonnulli etiam viride nasturtium consectum minutatim cum aqua præbent, eaque eis est esca jucundissima. Mox ubi quatuor mensium facti sunt, farturæ maximus quisque destinatur, quoniam tenera ætas præcipue habetur ad hanc rem aptissima : et est facilis harum avium sagina : nam præter polentam et pollinem ter die nihil sane aliud dari necesse est, dummodo large bibendi potestas fiat, nec vagandi facultas detur; sintque calido et tenebricoso loco : quæ res ad creandas adipes multum conferunt. Hoc modo duobus mensibus pinguescunt etiam majores. Nam tenerrima pullities sæpe XL diebus opima redditur.

XV. Nessotrophii cura similis, sed major impensa est. Nam clausæ pascuntur anates, querquedulæ, boscides, phalerides, similesque volucres, quæ stagna et paludes rimantur. Locus planus eligitur, isque munitur sublimiter pedum quindecim maceria : deinde clatris superpositis, vel grandi macula retibus contegitur, ne aut evolandi sit potestas domesticis avibus, aut aquilis vel accipitribus involandi. Sed ea tota maceries opere tectorio levigatur extra intraque, ne feles, aut viverra perrepat. Media deinde parte nessotrophii lacus defoditur in duos pedes altitudinis, spatiumque longitudini datur et latitudini quantum loci conditio permittit. Ora lacus ne corrumpantur violentia restagnantis undæ, quæ semper influere debet, opere Signino consternuntur, eaque non in gradus oportet erigi, sed paulatim clivo subsidere, ut tamquam e litore descendatur in aquam. Solum autem stagni per circuitum, quod sit instar modi totius duarum partium, lapidibus inculcatis [ac] tectorio muniendum est, ne possit herbas evomere, præbeatque nantibus aquæ puram superficiem. Media rursus terrena pars esse debet, ut colocasiis conseratur, aliisque familiaribus aquæ viridibus, quæ inopacant avium receptacula. Sunt enim quibus cordi est vel in silvulis tamaricum, aut scirporum frutetis immorari. Nec ob hanc tamen causam totus locus silvulis occupetur, sed ut dixi, per circuitum vacet, ut sine impedimento, cum apricitate diei gestiunt aves, nandi velocitate concertent. Nam quemadmodum desiderant esse

vides, qu'ils puissent traverser en liberté. Les bords du bassin seront en outre tapissés d'herbes en dehors de tous côtés sur une largeur de vingt pieds, et l'extrémité de tout le terrain sera garnie de logettes d'un pied en carré, dans lesquelles les oiseaux feront leurs nids, et qui seront construites en pierre le long des murailles, et revêtues d'un enduit. Ces logettes seront séparées l'une de l'autre par des arbrisseaux de buis ou de myrte, qui les couvriront de leur ombrage sans monter plus haut que les murs. Ensuite on creusera en terre un petit canal qui régnera tout le long des logettes, et dans lequel on jettera tous les jours la nourriture des oiseaux, afin qu'elle soit entraînée par l'eau qui y coulera, parce que c'est la façon de nourrir ces sortes d'oiseaux. Parmi les productions que fournit la terre, ils aiment le plus le panis et le millet, ainsi que l'orge : on leur donne aussi du gland et du marc de raisin, lorsqu'on est à portée de le faire. Quant aux nourritures aquatiques, on leur donnera, si l'on est à portée d'en avoir, des écrevisses, des *aleculæ* de ruisseaux, et toutes sortes d'autres poissons de rivières du nombre de ceux qui ne croissent pas beaucoup. Les temps de l'accouplement de ces oiseaux sont les mêmes que pour les autres oiseaux sauvages, c'est-à-dire, que c'est le mois de mars et le suivant. Il faut, pendant ces deux mois, jeter de tous côtés dans leurs retraites des brins de paille avec de petites branches d'arbres, afin qu'ils puissent les ramasser, pour les employer à la construction de leurs nids. Mais la chose la plus importante à faire, lorsque l'on veut former un endroit où l'on veut élever des canards, c'est de ramasser les œufs des oiseaux que nous venons de nommer dans les environs des marais, lieux où ils pondent communément, et de les donner à couver à des poules de basse-cour, parce que, dès que les petits en sont éclos sous des poules et qu'ils ont été élevés par elles, ils perdent leur caractère sauvage, et ne manquent point de multiplier quand on vient à les renfermer dans des viviers ; au lieu que si on voulait renfermer, aussitôt qu'on les aurait pris, des oiseaux habitués à une vie libre, ils tarderaient à pondre dans la captivité. C'est en avoir assez dit sur l'entretien des oiseaux qui nagent.

XVI. Mais en traitant des animaux aquatiques, je suis arrivé à parler des soins que l'on doit prendre des poissons ; ainsi, quoique je regarde le profit qu'on en peut tirer comme très-étranger aux agriculteurs, (que peut-on en effet imaginer de plus opposé entre soi que la terre et l'eau ?) je ne négligerai pas d'en parler, parce que nos ancêtres ont célébré ce goût particulier, jusqu'au point de renfermer des poissons de mer dans de l'eau douce, et de prendre, pour nourrir des mulets et des chiens de mer, les mêmes soins que l'on prend aujourd'hui pour nourrir des murènes et des loups marins. En effet, ces anciens descendants de Romulus et de Numa, tout rustiques qu'ils étaient, avaient fort à cœur de se procurer, dans la vie qu'ils menaient à leurs métairies, une sorte d'abondance en tout genre, semblable à celle qui règne parmi ceux qui vivent à la ville. Aussi ne se contentaient-ils pas de peupler de poissons les viviers qu'ils avaient construits à cet effet, mais ils portaient la prévoyance jusqu'à remplir les lacs formés par la nature même de semences de poissons de mer qu'ils y jetaient. C'est ainsi que le lac Velinus et le Sabatinus, aussi bien que le Volsinensis et le Ciminius, sont parvenus à nous donner en abondance non-seulement

---

quo irrepant, et ubi delitescentibus fluviaticis animalibus insidientur ; ita offenduntur, si non sunt libera spatia, qua permeent. Extra lacum deinde per vicenos undique pedes gramine ripæ vestiantur : sintque post hunc agri modum circa maceriam lapide fabricata et expolita tectoriis pedalia in quadratum cubilia, quibus innidificent aves : eaque contegantur intersitis buxeis aut myrteis fruticibus, qui non excedant altitudinem parietum. Statim deinde perpetuus canaliculus humi depressus construatur, per quem quotidie misti cum aqua cibi decurrant : sic enim pabulatur id genus avium. Gratissima est esca terrestris leguminis panicum et milium, necnon et ordeum : sed ubi copia est, etiam glans ac vinacea præbentur. Aquatilis autem cibi si sit facultas, datur cammarus, et rivalis alecula, vel si qua sunt incrementi parvi fluviorum animalia. Tempora concubitus eadem quæ cæteræ silvestres alites observant Martii, sequentisque mensis : per quos festucæ surculique in aviariis passim spargendi sunt, ut colligere possint aves, quibus nidos construant. Sed antiquissimum est, cum quis nessotrophion constituere volet, ut prædictarum avium circa paludes, in quibus plerumque fœtant, ova colligat, et cohortalibus gallinis subjiciat. Sic enim exclusi educatique pulli deponunt ingenia silvestria, clausique vivariis haud dubitanter progenerant. Nam si modo captas aves, quæ consuevere libero victu, custodiæ tradere velis, parere cunctantur in servitute. Sed de tutela nantium volucrum satis dictum est.

XVI. Verum opportune, dum meminimus aquatilium animalium, ad curam pervenimus piscium, quorum reditum quamvis alienissimum agricultoribus putem (quid enim tam contrarium est, quam terrenum fluido ?), tamen non omittam : nam et harum studia rerum majores nostri celebraverunt, adeo quidem, ut etiam dulcibus aquis marinos clauderent pisces, atque eadem cura mugilem scarumque nutrirent, qua nunc muræna et lupus educantur. Magni enim æstimabat vetus illa Romuli et Numæ rustica progenies, si urbanæ vitæ comparetur villatica, nulla parte copiarum defici. Quamobrem non solum piscinas, quas ipsi construxerant, frequentabant ; sed etiam quos rerum natura lacus fecerat, convectis marinis seminibus replebant. Inde Velinus, inde etiam Sabatinus, item Volsiniensis, et Ciminius lupos auratasque procrearunt, ac si qua sunt alia piscium genera dulcis undæ tolerantia. Mox istam curam sequens ætas abolevit, et lautitiæ lo-

des loups marins et des *auratæ*, mais encore de toutes les autres espèces de poissons qui ont pu s'habituer à l'eau douce. Par la suite, les siècles postérieurs ont abandonné ces soins, et la magnificence des gens opulents a commencé à renfermer la mer et Neptune lui-même; cet usage subsistait déjà du temps de nos prédécesseurs; et le propos de Marcius Philippus, tout spirituel qu'il est, dénote cependant un raffinement de luxe poussé à l'excès. Cet homme mangeant un jour à la table de l'hôte qui le logeait à Cassino, et ayant goûté d'un loup marin pêché dans un fleuve voisin qu'on lui avait servi, le cracha, et joignit à cette action impertinente ce propos : Je veux mourir, si je n'ai as cru d'abord que c'était un poisson. Ce serment contribua donc à rendre la gourmandise de bien des gens encore plus raffinée qu'elle ne l'avait encore été, et apprit aux palais les plus connaisseurs et les plus délicats à dédaigner les loups pris dans les rivières, pour ne vouloir que ceux qui auraient été fatigués en remontant le courant du Tibre. Aussi Terentius Varron assure-t-il qu'il n'y avait pas dans son siècle un seul fanfaron, ni un seul rhinthon, qui ne crût qu'autant valait avoir un vivier peuplé de grenouilles, comme d'en avoir un peuplé de ces sortes de poissons. Et cependant, dans le temps même auquel Varron fait remonter ce trait de luxe, on vantait beaucoup l'austérité de Caton, quoique celui-ci eût vendu lui-même, en sa qualité de tuteur de Lucullus, les viviers de son pupille, pour la somme énorme de quatre millions de *sestertii*. Les délices de la cuisine étaient déjà fort goûtées à cette époque, puisqu'on faisait des viviers qui communiquaient avec la mer, et que Sergius Orata et Licinius Muræna ne se plaisaient pas moins à porter le surnom des poissons qu'ils avaient pris, que le Numantin et l'Isaurien s'étaient plu, avant eux, à porter celui des nations qu'ils avaient conquises. Mais comme les mœurs ont aujourd'hui pris leur pli, de façon que ces usages sont non-seulement très-communs, mais qu'ils passent même, au jugement de tout le monde pour très-louables et très-honnêtes, j'enseignerai aussi moi-même la manière dont un chef de famille doit s'y prendre pour tirer du profit de sa métairie dans ce genre, afin d'éviter de me donner, l'air d'être le censeur trop tardif de tant de siècles qui ont précédé celui-ci. Quiconque aura donc acheté ou des îles ou des possessions voisines de la mer, dans lesquelles il ne pourrait retirer aucun fruit de la terre, vu la maigreur du sol, qui se fait communément remarquer sur le bord de la mer, travaillera à s'établir un fonds de revenu sur la mer elle-même. Mais il faut communément commencer par examiner à cet effet la nature du terrain dans lequel on se sera déterminé à faire des viviers, parce que tous les rivages ne peuvent pas se faire à toutes sortes de poissons. On peut élever dans les contrées limoneuses des poissons plats, tels que la sole, le turbot, le *passer* : elles sont encore très-convenables pour les *conchylia*, les *murex*, les *ostreæ* et les *purpuræ*, ainsi que pour les coquillages des *pectunculi*, pour les *balani* et pour les *sphondyli*. Quant aux bassins aréneux, on peut très-bien, à la vérité, y nourrir des poissons plats ; mais on y nourrira encore mieux les poissons de haute mer, tels que les *auratæ*, les *dentices* et les *umbræ*, tant celles de Carthage que celles de notre pays ; au lieu que ces bassins sont moins propres aux *conchylia*. D'un autre côté, une mer pleine de rochers nourrira très-bien les poissons qui tirent leur nom de sa nature, c'est-à-dire, ceux que l'on appelle *saxatiles*, parce qu'ils se tiennent dans les rochers, tels que les *merulæ* (les merles) les *turdi* et les *melanuri*. De même qu'il faut connaître les différences qui sont entre les riva-

---

cupletum maria ipsa Neptunumque clauserunt, ut jam tum avorum memoria circumferretur Marcii Philippi velut urbanissimum, quod erat luxuriosissimi factum atque dictum. Nam is forte Casini cum apud hospitem cœnaret, appositumque e vicino flumine lupum degustasset atque expuisset, improbum factum dicto prosecutus : Peream, inquit, nisi piscem putavi. Hoc igitur perjurium multorum subtiliorem fecit gulam, doctaque et crudita palata fastidire docuit fluviatem lupum, nisi quem Tiberis adverso torrente defatigasset. Itaque Terentius Varro : Nullus est, inquit, hoc seculo nebulo, ac rhinthon, qui non jam dicat, nihil sua interesse, utrum ejusmodi piscibus, an ranis frequens habeat vivarium. Ac tamen iisdem temporibus, quibus hanc memorabat Varro luxuriem, maxime laudabatur severitas Catonis, qui nihilo minus et ipse tutor Luculli grandi ære sestertium millium quadringentorum piscinas pupilli sui venditabat. Jam enim celebres erant deliciæ popinales, cum ad mare deferrentur vivaria, quorum studiosissimi, velut ante devictarum gentium Numantinus et Isauricus, ita Sergius Orata, et Licinius Muræna captorum piscium lætabantur vocabulis. Sed quoniam sic mores obcalluere, non ut hæc usitata, verum ut maxime laudabilia et honesta judicarentur : nos quoque ne videamur tot (jam) seculorum seri castigatores, hunc etiam quæstum villaticum patrisfamilias demonstrabimus. Qui sive insulas, sive maritimos agros mercatus, propter exilitatem soli, quæ plerumque litori vicina est, fructus terræ percipere non poterit, ex mari reditum constituat. Hujus autem rei quasi primordium est, naturam loci contemplari, quo piscinas facere constitueris. Non enim omnibus litoribus omne genus piscium haberi potest. Limosa regio planum educat piscem, velut soleam, rhombum, passerem. Eadem quoque maxime idonea est conchyliis, muricibus, et ostreis, purpurarumque, tum concharum pectunculis, balanis, vel sphondylis. At arenosi gurgites planos quidem non pessime, sed pelagios melius pascunt, ut auratas, ac dentices, Punicasque et indigenas, umbras : verum conchyliis minus apti. Rursus optime saxosum mare nominis sui pisces nutrit, qui scilicet, quod in petris stabulentur, saxatiles dicti sunt, ut merulæ turdique, nec mi-

ges, il faut aussi connaître celles qui sont entre les bras de mer, pour ne pas se laisser tromper par des poissons étrangers. En effet, tous les poissons ne s'accommodent pas de toutes sortes de mer : l'*helops*, par exemple, ne vit point dans d'autres mers que la mer de Pamphylie ; et le *faber*, ce poisson que les habitants de Gadès, mon pays natal, mettent au nombre des meilleurs poissons, et que nous appelons, conformément à l'ancien usage, *Zeus*, ne vit que dans la mer Atlantique ; enfin le *scarus*, que les côtes de l'Asie et de la Grèce donnent partout en abondance jusqu'à la Sicile, n'a jamais passé dans la mer de Ligurie ni dans celle d'Ibérie par les Gaules. Ainsi quand on prendrait quelques-uns de ces poissons pour les jeter dans ses viviers, on ne pourrait jamais les y conserver longtemps. Entre tous les poissons de prix de notre pays, on ne compte que la murène, qui, quoique originaire de la mer de Tarse et de la mer Carpathienne, qui est à l'extrémité de celle-ci, puisse soutenir quelques mers étrangères que ce soit, dans lesquelles elle se trouve transportée. Mais il est temps de parler de la position des viviers.

XVII. Nous pensons qu'un étang est parfait, lorsqu'il est disposé de façon que le flot de la mer, en y entrant, repousse celui qui y était entré avant lui, et l'empêche d'y séjourner longtemps. C'est en effet l'état qui ressemble le plus à celui de la mer même, qui, perpétuellement agitée par les vents, se renouvelle sans cesse, et ne peut jamais s'échauffer, par la raison que ses eaux inférieures, qui sont toujours les plus fraîches, remontent à sa partie supérieure. Au surplus, ou on taille cet étang en plein roc, ce qu'on est très-rarement dans la possibilité de faire, ou on le construit sur le rivage en ouvrage de Signia.

N'importe de quelque façon il soit formé, pourvu qu'il soit dans le cas d'être continuellement rafraîchi par des eaux nouvelles : mais, quel qu'il soit, il y faudra pratiquer auprès de la terre ferme des cavernes, dont les unes seront simples et droites, pour servir de retraites aux poissons couverts d'écailles, et les autres, sans être trop spacieuses, présenteront divers contours dans lesquels les murènes pourront se cacher, quoique quelques personnes évitent de mêler ces derniers poissons avec d'autres, parce que s'ils viennent à être attaqués de la rage, à laquelle ils sont communément sujets comme les chiens, il arrive très-souvent qu'ils poursuivent les poissons couverts d'écailles, et qu'ils les exterminent, en les mangeant en grande partie. Si la nature du lieu le comporte, il faut que l'eau trouve des passages qui lui soient ouverts sur tous les côtés du vivier, parce qu'elle sera plus aisément repoussée de l'étang où elle aura séjourné longtemps, quand elle trouvera une issue du côté opposé à celui par lequel le flot y sera entré. Nous estimons qu'il faut, si la situation du lieu le permet, pratiquer ces passages sur la partie inférieure de la digue qui retient la mer, de façon qu'à l'aide d'un niveau placé sur le sol de la terre, on soit assuré que l'eau de la mer est à sept pieds d'élévation au-dessus de ce sol. En effet, il suffira aux poissons qui seront dans l'étang d'y trouver de l'eau à cette hauteur, et, d'un autre côté, il n'y a point de doute que plus l'eau viendra du fond de la mer, plus elle sera fraîche, et par conséquent convenable aux poissons qui nageront dedans. Mais si l'endroit où nous aurons jugé à propos de placer notre vivier est de niveau avec l'eau de la mer, il faudra creuser un bassin à la profondeur de neuf pieds, et percer le canal, qui servira de passage au flot, à deux pieds au-des-

---

nus melanuri. Atque ut litorum sic et fretorum differentias nosse oportet, ne nos alienigenæ pisces decipiant. Non enim omni mari potest omnis esse, ut helops, qui Pamphilio profundo nec alio pascitur : ut Atlantico faber, qui et in nostro Gadium municipio generosissimis piscibus adnumeratur, eumque prisca consuetudine Zeum appellamus : ut scarus, qui totius Asiæ Græciæque litoribus Sicilia tenus frequentissimus exit, nunquam in Ligusticum, nec per Gallias enavit ad Hibericum mare. Itaque ne si capti quidem perferantur in nostra vivaria, diuturni queant possideri. Sola ex pretiosis piscibus muræna, quamvis Tartesii, Carpathiique pelagi, quod est ultimum, vernacula, quovis hospes freto peregrinum mare sustinet. Sed jam de situ piscinarum dicendum est.

XVII. Stagnum censemus eximie optimum, quod sic positum est, ut insequens maris unda priorem submoveat, nec intra conseptum sinat remanere veterem. Namque id simillimum est pelago, quod agitatum ventis assidue renovatur, nec concalescere potest : quoniam gelidum ab imo fluctum revolvit in partem superiorem. Id autem stagnum vel exciditur in petra, cujus rarissima est occasio, vel in litore construitur opere Signino. Sed utcumque fabricatum est, si semper influente gurgite riget, habere debet specus juxta solum, eorumque alios simplices, et rectos, quo secedant squamosi greges, alios in cochleam retortos, nec nimis spatiosos, in quibus murænæ delitescant ; quamquam nonnullis commisceri eas cum alterius notæ piscibus non placet : quia si rabie vexantur, quod huic generi velut canino solet accidere, sævissime persequuntur squamosos, plurimosque mandendo consumunt ; itineraque, si loci natura permittit, omni lateri piscinæ dari convenit. Facilius enim vetus submovetur unda, cum quacunque parte fluctus urget, per adversam patet exitus. Hos autem meatus fieri censemus per imam consepti partem, si loci situs ita competit, ut in solo piscinæ posita libella septem pedibus sublimius esse maris æquor ostendat : nam piscibus stagni hæc in altitudinem gurgitis mensura abunde est. Nec dubium, quin quanto magis imo mari venit unda, tanto sit frigidior, quod est aptissimum nautibus. Sin autem locus, ubi vivarium constituere censemus, pari libra cum æquore maris est, in pedes novem defodiatur piscina, et infra duos a summa

sous de la partie supérieure de ce bassin. Il faudra aussi avoir soin que la bouche de ce canal soit très-large, parce qu'il n'est pas possible que l'eau qui sera stagnante dans le bassin au-dessous du niveau de la mer soit assez refoulée pour monter plus haut, sans que la nouvelle eau qui s'y rendra de la mer y vienne à grands flots. Bien des gens pensent qu'il faut pratiquer sur les côtés de ces sortes d'étangs de longues retraites pour les poissons, ainsi que des cavernes qui aillent en serpentant, et dans lesquelles ils puissent se mettre à couvert lorsqu'ils auront trop chaud. Mais à moins que ces étangs ne soient dans le cas d'être traversés en tout temps par une eau nouvelle, qui vienne continuellement de la mer, cette méthode ne peut qu'être contraire aux poissons, parce que la nouvelle eau ne pénétrant pas facilement dans ces sortes de retraites, et l'ancienne n'en sortant qu'avec peine, elle est plus nuisible aux poissons en croupissant, que l'abri ne leur est avantageux. Il faut cependant creuser sur les digues des espèces de cases, où les poissons puissent se mettre à l'abri lorsqu'ils voudront éviter l'ardeur du soleil, et d'où l'eau puisse néanmoins s'écouler facilement, lorsqu'elle y sera entrée. Au surplus, on aura l'attention de mettre au-devant des canaux par lesquels le réservoir se dégorgera, des barreaux de cuivre dont les ouvertures soient assez petites pour empêcher les poissons de passer à travers. Et si la largeur de l'étang le permet, il sera à propos qu'il s'y trouve renfermés par-ci par-là des rochers du rivage, et surtout de ceux qui seront couverts d'algue, afin que cet étang représente, autant que le génie humain peut y arriver, l'image d'une mer véritable, et que les poissons qui seront renfermés s'aperçoivent le moins que faire se pourra de leur prison. Lorsque ces étangs seront ainsi disposés, on y mettra le troupeau aquatique; et de même que pour les productions de la terre il faut également, pour tout ce qui vit dans l'eau, avoir constamment devant les yeux le précepte qui ordonne d'observer *ce que comporte chaque contrée*. En effet, on ne pourrait pas, quand on le voudrait, nourrir dans un vivier une aussi grande quantité de surmulets qu'on en voit quelquefois dans la mer, parce que ce poisson est très-délicat, et que la captivité lui est insupportable : aussi est-il rare d'en trouver un ou deux sur plusieurs milliers qui s'habituent à leur prison; au lieu que nous avons souvent vu des troupeaux marins de lâches *mugiles* et de loups voraces vivre dans des viviers. Par la même raison nous ferons attention à la nature de notre rivage, et nous n'y établirons des étangs que lorsqu'il est semé de rochers. Nous jetterons donc dans ces étangs des *turdi* de toute espèce, des *merulæ* et des *mustelæ* avides, ainsi que des loups sans tache (car il y en a aussi de bigarrés). Nous y joindrons des murènes flottantes, que l'on compte entre les poissons les plus recherchés, et d'autres poissons de prix choisis dans l'espèce des *saxatiles* : car il n'y a aucun profit, je ne dis pas à nourrir, mais même à prendre des poissons communs. Les espèces de poissons que nous venons de détailler peuvent également être renfermés dans des étangs formés sur un rivage sablonneux, comme dans des étangs pleins de vase et de limon; mais ceux-ci sont plus convenables, ainsi que je l'ai dit précédemment, aux *conchylia*, et aux poissons qui se tiennent toujours au fond de l'eau. Non-seulement l'emplacement d'un étang destiné à contenir des poissons couchés à plat doit être différent de celui qui en contiendra de ceux qui se tiennent debout, mais on ne donne pas non plus la même nourriture aux uns et aux autres.

parte cuniculis rivi perducantur; curandumque est, ut quam largissime veniant, quoniam modus ille aquæ jacentis infra libram maris non aliter exprimitur, quam si major recentis freti vis incesserit. Multi putant in ejusmodi stagnis longos piscibus recessus, et flexuosos in lateribus specus esse fabricandos, quo sint opaciores æstuantibus latebræ. Sed si recens mare non semper stagnum permeat, id facere contrarium est. Nam ejusmodi receptacula nec facile novas admittunt aquas, et difficulter veteres emittunt : plusque nocet putris unda, quam prodest opacitas. Debent tamen similes velut cellæ parietibus excavari, ut sint, quæ protegant refugientes ardorem solis, et nihilominus facile, quam conceperint aquam, remittant. Verum meminisse oportebit, ut rivis, per quos exundat piscina, præfigantur ænei foraminibus exiguis cancelli, quibus impediatur fuga piscium. Si vero laxitas permittit, e litore scopulos, qui præcipue herbis algæ vestiuntur, non erit alienum per stagni spatia disponere, et quantum comminisci valet hominis ingenium, repræsentare faciem [veri] maris, ut clausi quam minime custodiam sentiant. Hac ratione stabulis ordinatis aquatile pecus inducemus; sitque nobis antiquissimum meminisse etiam in fluviatili negotio, quod in terreno præcipitur : *Et quid quæque ferat regio*. Neque enim si velimus, ut in mari non nunquam conspeximus, in vivario multitudinem mullorum pascere queamus, cum sit mollissimum genus, et servitutis indignantissimum. Raro itaque unus aut alter de multis millibus claustra patitur : at contra frequenter animadvertimus intra septa pelagios greges inertis mugilis et rapacis lupi. Quare, ut proposueram, qualitatem litoris nostri contemplemur; et si videmus scopulosum, probemus. Turdi complura genera, merulasque et avidas mustelas, tum etiam sine macula (nam sunt et varii) lupos includemus. Item flutas, quæ maxime probantur, murænas, et si quæ sunt alia saxatilis notæ, quorum pretia vigent. Nam vile ne captare quidem, nedum alere conducit. Possunt ista eadem genera etiam litoris arenosi stagnis contineri. Nam quæ limo cœnoque lutescunt, ut ante jam dixi, conchyliis magis et jacentibus apta sunt animalibus. Neque est eadem lacus positio, quæ recipit cubantes : neque eadem præbentur cibaria prostratis piscibus, quæ erectis. Namque soleis ac rhombis et simi-

En effet, on a soin de creuser un bassin à deux pieds sous terre pour les soles, les turbots et les poissons semblables, dans une partie du rivage qui ne manque jamais d'eau, même pendant le reflux de la mer. Ensuite on enfonce sur les bords de ce bassin des barreaux serrés les uns auprès des autres, et qui soient toujours plus élevés que l'eau, dans le temps même que le flux de la mer se fait sentir. Après quoi on l'entoure de digues jetées en avant, qui en referment toute l'étendue dans leur sein, et qui sont construites de façon qu'elles soient plus élevées que le bassin même. Moyennant cela l'impétuosité des vagues de la mer se trouve brisée par la résistance du môle qui leur est opposé, et les poissons qui se trouvent dans une eau calme n'y sont point exposés à être chassés de la place qu'ils occupent ; outre que le vivier lui-même ne se charge point de cet amas d'algue que la fureur de la mer vomit dans les temps orageux. Il faudra que ces môles soient coupés par-ci par-là par de petits passages très-étroits et semblables aux détours du Méandre, qui puissent laisser entrer dans le bassin les eaux de la mer pendant la plus violente tempête, sans que l'agitation du flot s'y fasse sentir. La nourriture des poissons qui sont couchés à plat doit être plus tendre que celle des *saxatiles*, parce que, n'ayant point de dents, ils la lèchent ou l'avalent entière, sans pouvoir la mâcher. C'est pourquoi, il faut leur donner des *haleculæ* sèches, des *chalcides* salées et des *sardinæ* pourries, ainsi que des ouïes de *scarus* et des intestins de *pelamis* ou de *lacertus*, ou des entrailles de maquereau, de *charcharus* et d'*elacata;* en un mot, de toutes les immondices des poissons salés que l'on jette hors des boutiques des vendeurs de marée. Si nous avons détaillé toutes ces espèces de nourritures, ce n'est pas qu'on les trouve sur toutes les côtes, mais c'est afin qu'on donne à ces poissons celles d'entre elles qu'on aura sous sa main. Dans le nombre des fruits verts, on peut leur donner des figues vertes et ouvertes en deux, ainsi que le fruit mûr de l'arboisier qu'on aura broyé entre les doigts, des cormes molles et concassées, et toutes les autres espèces de nourritures approchantes de celles que l'on avale, comme du fromage fait depuis peu de temps avec du lait nouvellement tiré, si la situation du lieu ou le bon marché du lait le permettent. Il n'y a cependant pas de pâture qui leur soit plus convenable que les salaisons dont nous venons de parler, parce qu'elles ont de l'odeur, et que tous les poissons qui sont couchés à plat cherchent plutôt leur nourriture avec les narines qu'avec les yeux. En effet, comme ils sont toujours couchés sur le ventre, ils voient plutôt en l'air qu'ils ne distinguent ce qui peut être à terre de droite ou de gauche. Aussi lorsqu'on leur jette des salaisons, en suivent-ils l'odeur à la piste, jusqu'à ce qu'ils soient arrivés à l'endroit où est cette nourriture. Ces salaisons suffisent aussi pour nourrir les autres poissons *saxatiles* ou de pleine mer, quoiqu'on les nourrisse encore mieux avec les mêmes poissons quand ils sont frais. Car l'*halecula* nouvellement pêchée, le *cammarus*, le petit *gobio*, et en un mot tous les poissons qui ne grossissent point, servent de nourriture aux plus gros. S'il arrive cependant que la violence des orages ne permette point de leur donner ce genre de nourriture, on leur donnera des boulettes de pain bis, ou des fruits de la saison coupés par morceaux. On leur jettera tous les jours des figues sèches, au cas qu'elles soient très-abondantes (comme dans les contrées de la Bétique et de la Numidie). Au reste, il ne faut pas se hasarder, comme font

---

libus animalibus humilis in duos pedes piscina deprimitur in ea parte litoris, quæ profluo recessu nunquam destituitur. Spissi deinde clatri marginibus infiguntur, qui super aquam semper emineant, etiam cum maris æstus intumuerit. Mox præjaciuntur in gyrum moles, ita ut complectantur sinu suo, et tamen excedant stagni modum. Sic enim et maris atrocitas objectu crepidinis frangitur, et in tranquillo consistens piscis sedibus suis non exturbatur, neque ipsum vivarium repletur algarum congerie, quam tempestatibus eructat pelagi violentia. Oportebit autem nonnullis locis moles intercidi more Mæandri, parvis sed angustis itineribus, quæ quantalibet hiemis sævitia mare sine fluctu transmittant. Esca jacentium mollior esse debet, quam saxatilium. Nam quia dentibus carent, aut lambunt cibos, aut integros hauriunt, mandere quidem non possunt. Itaque præberi convenit tabenteis haleculas, et salibus exesam chalcidem, putremque sardinam, nec minus scarorum branchias, vel quicquid intestini pelamis aut lacertus gerit : tum scombri, carchariæque et elacatæ ventriculos, et ne per singula enumerem, salsamentorum omnium purgamenta, quæ cetariorum officinis everruntur. Nos autem plura nominavimus genera, non quia cuncta cunctis litoribus exeunt, sed ut ex his aliqua, quorum erit facultas, præbeamus. Facit etiam ex pomis viridis adaperta ficus; et mitis digitis infracta unedo; nec minis elisum molle sorbum, quique sunt cibi sorbilibus proximi, ut e mulctra recens caseus, si loci conditio vel lactis annona permittit. Nulla tamen æque, quam prædictæ salsuræ pabula commode dantur, quoniam odorata sunt. Omnis enim jacens piscis magis naribus escam, quam oculis vestigat. Nam dum supinus semper cubat, sublimius aspectat, et ea quæ in plano sunt dextra lævaque non facile pervidet. Itaque cum salsamenta objecta sunt, eorum sequens odorem, pervenit ad cibos. Cæteri autem saxatiles aut pelagici satis ex his, sed recentibus melius pascuntur. Nam et halecula modo capta, et cantarus exiguusque gobio, quisquis denique est incrementi minuti piscis, majorem alit. Siquando tamen hiemis sævitia non patitur ejus generis escam dari, vel sordidi panis offæ, vel siqua sunt temporis poma concisa præbentur. Ficus quidem arida semper objicitur, eximie si sit, ut Bæticæ Numidiæque regionibus, larga. Cæ-

bien des gens, à ne leur rien donner, sous le prétexte qu'ils peuvent se soutenir pendant un certain temps, lorsqu'ils sont renfermés. Car, pour peu que le poisson n'ait pas été engraissé par les nourritures que lui aura données son maître, sa maigreur annoncera, lorsqu'on viendra à le porter au marché, qu'il n'a pas été pris en pleine mer, mais qu'il a été tiré d'un étang où on le gardait, ce qui diminuera beaucoup de son prix. Je finirai ce traité-ci par ce genre de nourriture dépendante des métairies, afin que le lecteur ne soit point fatigué par la longueur d'un volume trop considérable; et je reviendrai dans le livre suivant aux soins que demandent les bêtes fauves, et à l'entretien des abeilles.

LIVRE IX.

PRÉFACE.

Je passe à l'entretien des bêtes fauves et à l'éducation des abeilles, que je pourrais aussi, P. Silvinus, appeler avec raison des nourritures de métairies, puisque c'était anciennement l'usage d'avoir auprès des métairies, et communément sous l'habitation du propriétaire, des parcs remplis de levrauts, de chevreuils et de sangliers, afin que la vue d'une chasse circonscrite dans un enclos pût flatter l'œil du propriétaire, et qu'il fût à portée de tirer des bêtes de ces parcs, comme d'un garde-manger, dans le cas où il en avait besoin pour sa table. On logeait aussi, de notre temps même, des abeilles dans les masures de la métairie, ou sous des galeries couvertes et dans des vergers. Ainsi puisque nous avons rendu raison du titre que nous assignons à ce traité-ci, suivons à présent par détail chacun des objets que nous venons d'annoncer.

I. Les bêtes fauves, telles que les chevreuils et les daims, ainsi que toutes les espèces d'oryx, de cerfs et de sangliers, sont tantôt un objet de magnificence et de plaisir pour un propriétaire, tantôt un objet de profit et de revenu. Mais ceux qui ne font clore un terrain dans la vue d'y jouir du plaisir de la chasse, se contentent d'investir en forme de parc le lieu le plus voisin de leurs bâtiments qui est susceptible de cette disposition, et de donner continuellement à la main de la nourriture et de l'eau aux bêtes qu'ils y renferment; au lieu que ceux qui tendent au profit et au revenu ne balancent point à destiner aux animaux que nous venons de nommer, les forêts qu'ils peuvent avoir dans le voisinage de leur métairie (car il est important qu'elles ne soient point éloignées de l'œil du maître); et si la nature leur refuse de l'eau, ils y font venir par le secours de l'art de l'eau courante, ou creusent des mares qu'ils pavent en ouvrage de Signia, pour contenir l'eau de pluie à mesure qu'elle tombera du ciel. Chacun réserve à cette destination une étendue de forêts proportionnée à ses facultés, et l'on ne manque pas de l'environner d'un mur construit en pierre, à chaux et à ciment, pour peu que le bon marché tant de la pierre que des journées des ouvriers engage à le construire ainsi; sinon on se contente d'un mur de brique crue, et de mortier de terre. Mais quand le chef de famille ne trouve son compte ni à l'une ni à l'autre de ces bâtisses, la raison veut qu'il ne ferme cet enclos que de *vacerræ*: c'est le nom que l'on donne à une espèce de treillis formé de bois de robre, de chêne ou de liége; car on est rarement dans le cas d'y employer le bois d'olivier. En un mot, on choisit pour faire cette clôture tout ce qui résiste le plus longtemps aux

---

terum illud committi non debet, quod multi faciunt, ut nihil præbeant, quia semetipsos etiam clausi diu tolerare possint. Nam nisi piscis domini cibariis saginatur, cum ad piscatorium forum perlatus est, macies indicat eum non esse libero mari captum, sed de custodia elatum, propter quod plurimum pretio detrahitur. Atque hæc villatica pastio finem præsenti disputationi faciat, ne immodico volumine lector fatigetur. Redibimus autem sequenti exordio ad curam silvestrium pecorum, cultumque apium.

LIBER IX.

PRÆFATIO.

Venio nunc ad tutelam pecudum silvestrium et apium educationem : quas et ipsas, Publi Silvine, villaticas pastiones jure dixerim; siquidem mos antiquus lepusculis capreisque, ac subus feris juxta villam plerumque subjecta dominicis habitationibus ponebat vivaria, ut et conspectu suo clausa venatio possidentis oblectaret oculos, et cum exegisset usus epularum, velut e cella promeretur. Apibus quoque dabatur sedes adhuc nostra memoria vel in ipsis villæ parietibus excisis, vel in protectis porticibus ac pomariis. Quare quoniam tituli, quem præscripsimus huic disputationi, ratio reddita est, ea nunc quæ proposuimus singula persequamur.

I. Feræ pecudes, ut capreoli, damæque, nec minus orygum cervorumque genera et aprorum, modo lautitiis ac voluptatibus dominorum serviunt, modo quæstui ac redditibus. Sed qui venationem voluptati suæ claudunt, contenti sunt, utcunque competit proximus ædificio loci situs, munire vivarium, semperque de manu cibos et aquam præbere : qui vero quæstum redituumque desiderant, cum est vicinum villæ nemus (id enim refert non procul esse ab oculis domini) sine cunctatione prædictis animalibus destinant. Et si naturalis defuit aqua, vel inducitur fluens, vel infossi lacus Signino consternuntur, qui receptam pluviatilem contineant. Modus silvæ pro cujusque facultatibus occupatur; ac si lapidis et operæ vilitas suadeat, haud dubie cæmentis et calce formatus circumdatur murus : sin aliter, crudo latere ac luto construetus. Ubi vero neutrum patrifamiliæ conducit, ratio postulat vacerris includi: sic enim appellatur genus clatrorum: idque fabricatur ex robore querceo, vel suberco. Nam

ravages causés par la pluie, en se réglant sur la nature du pays où l'on est. Au reste, soit que l'on emploie des troncs d'arbres dans leur entier, soit qu'on les fende en autant de parties que leur grosseur peut l'exiger, on les perce toujours de plusieurs trous sur les côtés ; et après les avoir fichés en terre perpendiculairement autour du parc d'espaces en espaces, on insère des branches d'arbres en traverse dans les trous pratiqués sur les côtés, afin de fermer entièrement tout passage aux bêtes fauves. Or, il suffit, pour y parvenir, de ficher en terre les *vacerræ* de huit pieds en huit pieds de distance, et de les treillisser transversalement avec des barreaux, de telle sorte que les espaces vides qui formeront les mailles du treillis ne soient point assez larges pour laisser aux bêtes la liberté de s'enfuir. On peut clore de cette façon des contrées même très-étendues, ainsi que des chaînes de montagnes entières, telles qu'on en voit dans les Gaules et dans quelques autres provinces ; avec d'autant plus de facilité qu'il y croît une quantité immense de bois propre à fabriquer ces *vacerræ*, et que toutes les autres choses nécessaires à ce genre d'économie s'y rencontrent heureusement. En effet, non-seulement les fontaines y sont très-multipliées, chose très-salutaire aux espèces de bêtes dont nous avons parlé, mais le sol leur fournit encore de la pâture de lui-même et avec la plus grande profusion. On choisit surtout des parties de forêts qui soient fertiles en productions données soit par la terre, soit par les arbres, parce que ces animaux n'ont pas moins besoin du fruit des robres que des herbes : on recherche particulièrement les forêts qui produisent en abondance les glands du chêne, de l'yeuse et du *cerrus*, l'arboux, et les autres fruits sauvages

dont nous avons donné un détail plus circonstancié en traitant des animaux de basse-cour. En effet, la pâture des bêtes fauves est presque la même que celle des animaux domestiques. Ce n'est pas qu'un chef de famille attentif puisse s'en tenir aux nourritures que la terre produit d'elle-même, puisqu'il doit encore, dans les temps de l'année où les forêts ne fournissent point de pâtures, subvenir aux besoins des animaux qu'il tient renfermés, avec les fruits des récoltes qu'il aura serrés, en nourrissant ces animaux d'orge ou de blé *adoreum*, ainsi que de fèves et de marc de raisin en quantité, et en leur donnant de tout ce qui sera à très-bon marché. Mais, afin que les bêtes fauves remarquent que l'on prend soin de leur donner ces sortes de nourritures, il faudra en lâcher dans le parc une ou deux qui auront été préalablement apprivoisées à la maison, et qui, parcourant tout le parc, amèneront avec elles, à l'endroit où la nourriture sera répandue, celles qui hésiteraient à s'y rendre. Ce n'est pas seulement pendant la disette de l'hiver qu'il est utile de suivre cette méthode, mais encore après que les bêtes fauves auront mis bas, afin qu'elles élèvent mieux leurs petits. Le gardien du parc doit donc examiner souvent si elles ont mis bas, afin de les sustenter avec du blé, qu'il leur donnera à la main. Il ne faut pas laisser vieillir les oryx, les sangliers ni les autres bêtes fauves au delà de quatre ans, parce que, si elles grossissent jusqu'à cette époque, la vieillesse les fait ensuite maigrir. C'est pourquoi on aura soin de les vendre dans un temps où la vigueur de l'âge soutienne la beauté de leur corps. On peut néanmoins garder les cerfs pendant un plus grand nombre d'années, parce que leur jeunesse dure longtemps, attendu que la nature leur a donné

---

oleæ rara est occasio. Quidquid denique sub injuria pluviarum magis diuturnum est, pro conditione regionis ad hunc usum eligitur. Et sive teres arboris truncus, sive ut crassitudo postulavit, fissilis stipes compluribus locis per latus efforatur, et in circuitu vivarii certis intervenientibus spatiis defixus erigitur : deinde per transversa laterum cava transmittuntur amites, qui exitus ferarum obserent. Satis est autem vacerras inter pedes octonos deligere, serisque transversis ita clatrare, ne spatiorum laxitas, quæ foraminibus intervenit, pecudi præbeat fugam. Hoc autem modo licet etiam latissimas regiones tractusque montium claudere, sicuti Galliarum necnon et in aliis quibusdam provinciis locorum vastitas patitur. Nam et fabricandis ingens est vacerris materiæ copia, et cætera in hanc rem feliciter suppetunt ; quippe crebris fontibus abundat solum, quod est maxime prædictis generibus salutare : tum etiam sua sponte pabula feris benignissime subministrat : præcipueque saltus eliguntur, qui et terrenis fœtibus et arboribus abundant. Nam ut graminibus ita frugibus roburneis opus habent : maximeque laudantur, qui sunt feracissimi querneæ glandis et iligneæ, nec minus cerreæ, tum et arbuti, cæterorumque pomorum

silvestrium, quæ diligentius persecuti sumus, cum de cohortalibus subus disputaremus. Nam eadem fere sunt pecudum silvestrium pabula, quæ domesticarum. Contentus tamen non debet esse diligens paterfamilias cibis, quos suapte natura terra gignit, sed temporibus anni, quibus silvæ pabulis carent, condita messe clausis succurrere, ordeoque alere, vel adoreo farre aut faba, plurimumque etiam vinaceis, quicquid denique vilissime constiterit, dare. Idque ut intelligant feræ præberi, unam vel alteram domi mansuefactam convenit immittere, quæ pervagata totum vivarium cunctantes ad objecta cibaria pecudes perducat. Nec solum istud per hiemis penuriam fieri expedit, sed cum etiam fœtæ partus ediderint, quo melius educent natos. Itaque custos vivarii frequenter speculari debebit, si jam effœtæ sint, ut manu datis sustineantur frumentis. Nec vero patiendus est oryx, aut aper, aliusve quis ferus ultra quadrimatum senescere. Nam usque in hoc tempus capiunt incrementa, postea macescunt senectute. Quare dum viridis ætas pulchritudinem corporis conservat, ære mutandi sunt. Cervus tamen compluribus annis sustineri potest. Nam diu juvenis possidetur, quod ævi longioris vitam sortitus est. De mi-

en partage une vie très-longue. Ce que nous avons à prescrire relativement aux animaux de petite taille, tels que les levrauts, c'est de semer à leur intention, sur de petites planches dispersées de côté et d'autre dans des parcs qui seront entourés de murailles, des mélanges de blé et d'herbes potagères, comme chicorée sauvage et laitue. On tirera aussi de ses greniers des pois chiches, soit de ceux de Carthage, soit de ceux de notre pays, ainsi que de l'orge et de la gesse, qu'on leur donnera après les avoir fait tremper dans de l'eau de pluie, attendu que les levrauts ne font pas grand cas de ces sortes de grains quand ils sont secs. On comprend aisément (quand je ne le dirais pas) qu'il y aurait peu de profit à renfermer ces animaux ou d'autres semblables dans des parcs entourés de *vacerræ*, puisque la petitesse de leur corps leur faciliterait le moyen de se glisser à travers les mailles des treillis, et que, trouvant des passages ouverts, ils ne tarderaient pas à s'enfuir.

II. Je passe à l'entretien des ruches à miel. Il n'est guère possible de traiter ce sujet avec plus de détail que n'a fait Hyginus, avec plus de grâce et d'ornement que Virgile et avec plus d'élégance que Celsus. En effet, Hyginus a recueilli avec le plus grand soin tous les préceptes des anciens auteurs, qui étaient épars dans les monuments les moins connus : Virgile les a ornés des fleurs de sa poésie, et Celsus a pris le milieu entre ces deux auteurs. Aussi n'aurions-nous pas même entamé cette matière, si le complétement de l'art que nous avons entrepris d'enseigner ne l'eût pas revendiquée comme une de ses parties, et si nous n'eussions pas craint que l'ensemble de l'ouvrage que nous avons commencé ne parût imparfait et mutilé, comme si nous en eussions coupé, pour ainsi dire, un membre. Au surplus, je serais plus porté à rejeter sur la licence ordinaire des poëtes les choses fabuleuses que l'on raconte sur l'origine des abeilles, et qui n'ont point été omises par Hyginus, qu'à y ajouter foi. Effectivement ce n'est pas le fait d'un homme de la campagne de faire des recherches pour savoir s'il y a jamais eu une femme de très-belle figure, nommée Mélissa, que Jupiter a changée en abeille, ou si (comme le dit le poëte Évhémerus) ce sont des frelons qui ont engendré les abeilles avec le soleil ; si ces abeilles, après avoir été élevées par les Nymphes Phryxonides, ont été les nourrices de Jupiter dans la caverne de Dicté, et si ce dieu, pour les en récompenser, a voulu qu'elles n'eussent pas d'autre nourriture que celle qu'elles lui avaient donnée dans son enfance : car quoique de pareils faits ne soient point déplacés dans la bouche d'un poëte, Virgile s'est néanmoins contenté de les toucher sommairement, puisqu'il n'en dit que ce mot unique dans un de ses vers : *Elles ont nourri le roi du ciel sous l'antre de Dicté*. Il n'est pas plus du ressort des agriculteurs de savoir dans quel temps et dans quel pays ces insectes ont commencé à voir le jour, si c'est dans la Thessalie sous Aristée, ou dans l'île Céa, comme l'écrit Évhémerus, ou sur le mont Hymette au temps d'Érechthéus, comme le dit Euthronius, ou enfin dans la Crète au temps de Saturne, comme le prétend Nicander ; non plus que de savoir si les essaims se multiplient par accouplement, comme nous le voyons pratiqué par les autres animaux, ou si ce sont les fleurs qui donnent aux abeilles des héritières de leur nom, comme l'assure notre ami Maron ; enfin si c'est par le bec ou par une autre partie du corps qu'elles rendent la liqueur du miel. C'est plutôt aux personnes qui travaillent à pénétrer les secrets

---

noris autem incrementi animalibus, qualis est lepus, hæc præcipimus, ut in iis vivariis, quæ maceria munita sunt, farraginis et olerum feræ intubi lactucæque semina parvulis areolis per diversa spatia factis injiciantur. Itemque Punicum cicer, vel hoc vernaculum, nec minus ordeum, et cicercula condita ex horreo promantur, et aqua cælesti macerata objiciantur. Nam sicca non nimis ab lepusculis appetuntur. Hæc porro animalia vel similia his, etiam silente me, facile intelligitur, quam non expediat conferre in [id] vivarium, quod vacerris circumdatum est : siquidem propter exiguitatem corporis facile clatris subrepunt, et liberos nacta egressus fugam moliuntur.

II. Venio nunc ad alvorum curam, de quibus neque diligentius quidquam præcipi potest, quam ab Hygino jam dictum est, nec ornatius quam Virgilio, nec elegantius quam Celso. Hyginus veterum auctorum placita secretis dispersa monimentis industrie collegit ; Virgilius poeticis floribus illuminavit : Celsus utriusque memorali adhibuit modum. Quare ne attentanda quidem nobis fuit hæc disputationis materia, nisi quod consummatio susceptæ professionis hanc quoque sui partem desiderabat, ne universitas inchoati operis nostri, velut membro aliquo reciso, mutila atque imperfecta conspiceretur. Atque ea, quæ Hyginus fabulose tradita de originibus apum non intermisit, poeticæ magis licentiæ quam nostræ fidei concesserim. Nec sane rustico dignum est sciscitari, fuerit ne mulier pulcherrima specie Melissa, quam Jupiter in apem convertit, an (ut Evhemerus poeta dicit) crabronibus et sole genitas apes, quas nymphæ Phryxonides educavérunt, mox Dictæo specu Jovis extitisse nutrices, easque pabula munere dei sortitas quibus ipsæ parvum educaverant alumnum. Ista enim, quamvis non dececeret poetam, summatim tamen et uno tantummodo versiculo leviter attigit Virgilius, cum sic ait : *Dictæo cœli regem pavere sub antro*. Sed ne illud quidem pertinet ad agricolas, quando, et in qua regione primum natæ sint : utrum in Thessalia sub Aristæo, an in insula Cea, ut scribit Evhemerus, an Erechthei temporibus in monte Hymetto, ut Euthronius ; an Cretæ Saturni temporibus, ut Nicander : non magis quam utrum examina, tanquam cætera videmus animalia, concubitu sobolem procreent, an hæredem generis sui floribus eligant, quod affirmat noster Maro :

de la nature, qu'aux gens de la campagne, à faire des recherches sur ces objets comme sur d'autres semblables; et ces sortes de recherches sont plus flatteuses pour des gens lettrés qui ont le loisir nécessaire pour lire, que pour des agriculteurs occupés, attendu qu'elles ne sont d'aucune utilité ni pour le progrès de leur ouvrage, ni pour l'économie domestique.

III. Nous allons par conséquent nous renfermer dans les objets qui sont plus convenables à ceux qui font valoir des ruches. Le fondateur de la secte des péripatéticiens, Aristote fait voir, dans les livres qu'il a composés sur les animaux, qu'il y a de plusieurs sortes d'abeilles ou d'essaims; qu'entre les différents essaims, les uns sont composés de grandes abeilles, mais ramassées, qui sont noires et velues, et que d'autres sont composés d'abeilles plus petites à la vérité que les premières, mais également rondes, et dont la couleur est brune et le poil hérissé; qu'il y a des abeilles plus petites et moins rondes que les précédentes, quoique grasses et larges, et qui sont de couleur de miel; qu'enfin il y en a de très-petites et très-déliées dont le ventre est pointu, et qui sont lisses et marquetées d'une couleur tirant sur l'or. Virgile, qui s'appuie de l'autorité de ce philosophe, approuve aussi, entre autres, les abeilles qui sont très-petites, oblongues, lisses, luisantes et *éclatantes comme l'or, et dont le corps est marqueté de taches uniformes, et dont les mœurs sont paisibles.* En effet, les abeilles sont méchantes à proportion de leur grandeur, ainsi que de leur rondeur : néanmoins quand elles sont de bonne espèce, ceux qui prennent soin des ruches viennent aisément à bout d'apaiser leur colère, en les visitant souvent. En effet, plus on les soigne souvent, plus tôt elles s'apprivoisent; et lorsqu'on y met une certaine attention, on peut les conserver jusqu'à dix ans : il n'y a cependant pas d'essaim qui puisse aller au delà de ce terme, quoiqu'on ait soin de remplacer toutes les années, par de jeunes abeilles, celles que la mort aura enlevées, parce qu'ordinairement la peuplade entière d'une ruche se trouve absolument éteinte à la dixième année. C'est pourquoi, pour éviter que cet accident ne se fasse sentir au même temps dans toutes les ruches que l'on possède, il faudra continuellement propager la race de ces insectes, en prenant le soin au printemps de recueillir les nouveaux essaims dans le temps qu'ils paraîtront, et d'augmenter le nombre de ses ruches, d'autant qu'il arrive souvent à ces insectes d'être surpris par des maladies. Nous donnerons en leur lieu les remèdes qu'il faut appliquer à ces maladies.

IV. Dès qu'on aura fait un choix d'abeilles conformément aux préceptes que nous venons de donner, on leur destinera des pâturages. Ces pâturages doivent être dans un canton très-solitaire et fermé aux troupeaux, sous un climat exposé au soleil et qui ne soit point orageux, ainsi que le prescrit notre ami Maron en ces termes : *Où les vents n'aient point d'accès, parce qu'ils empêchent ces insectes de porter leurs provisions jusqu'à leurs ruches, où les brebis et les boucs n'insultent point les fleurs par leur pétulance et ne les détruisent point avec leurs cornes ; où enfin les génisses errantes dans la plaine ne dissipent pas la rosée qui couvre les herbes, et ne les foulent point elles-mêmes aux pieds à mesure qu'elles lèvent de terre.* Il faut aussi que la contrée produise beaucoup de petites plantes, et principalement du thym et de l'origan, ainsi que de la thymbre, ou de cette sariette de notre pays, que les gens de la campagne appellent *satureia*. Il faut encore qu'il s'y trouve

---

et utrum evomant liquorem mellis, an alia parte reddant. Hæc enim et his similia magis scrutantium rerum naturæ latebras, quam rusticorum est inquirere. Studiosis quoque literarum gratiora sunt ista in otio legentibus, quam negotiosis agricolis : quoniam neque in opere neque in re familiari quidquam juvant.

III. Quare revertamur ab ea, quæ alveorum cultoribus magis apta sunt. Peripateticæ sectæ conditor Aristoteles in iis libris, quos de animalibus conscripsit, apum sive examinum genera complura demonstrat, earumque alias vastas sed glomerosas, easdemque nigras et hirsutas apes habent : alias minores quidem, sed æque rotundas et infusci coloris horridique pili : alias magis exiguas, nec tam rotundas, sed obesas tamen et latas, coloris meliusculi : nonnullas minimas gracilesque, et acuti alvi, ex aureolo varias atque leves : ejusque auctoritatem sequens Virgilius, maxime probat parvulas, oblongas, leves, nitidas, *Ardentes auro, et paribus lita corpora guttis,* moribus etiam placidis. Nam quanto grandior apis, atque rotundior, tanto pejor. Si vero sævior, maxime pessima est. Sed tamen iracundia notæ melioris apium facile delinitur assiduo interventu eorum qui curant [alvearia.] Nam cum sæpius tractantur, celerius mansuescunt, durantque si diligenter excultæ sunt, in annos decem; nec ullum examen hanc ætatem potest excedere, quamvis in demortuarum locum quotannis pullos substituerit. Nam fere decimo ad internecionem anno gens universa totius alvei consumitur. Itaque ne hoc in toto fiat apiario, semper propaganda erit soboles, observandumque vere cum se nova profundent examina, ut excipiantur, et domiciliorum numerus augeatur. Nam sæpe morbis intercipiuntur, quibus quemadmodum mederi oportet, suo loco dicetur.

IV. Interim per has notas, quas jam diximus, probatis apibus destinari debent pabulationes, eæque sint secretissimæ, et ut noster præcipit Maro, viduæ pecudibus, aprico et minime procelloso cæli statu : *Quo neque sit ventis aditus; nam pabula venti Ferre domum prohibent : neque oves hædique petulci, Floribus insultent, aut errans bucula campo Decutiat rorem, et surgentes atterat herbas.* Eademque regio fœcunda sit fruticis exigui, et maxime thymi aut origani, tum etiam

une grande quantité d'arbrisseaux de plus haut jet, tels que le romarin et les deux espèces de cytises, je veux dire celui que l'on plante et celui qui vient de lui-même ; le pin toujours vert et la petite yeuse, attendu que la grande est désapprouvée par tout le monde. On approuve encore le lierre, non pas précisément à cause de sa bonté, mais parce qu'il donne beaucoup de miel. Quant aux arbres, ceux qu'on approuve le plus sont les jujubiers rouge et blanc, ainsi que le tamaris, et même les amandiers, les pêchers, les poiriers, en un mot la plupart des arbres à fruit, pour ne pas les nommer ici tous en détail. Entre les arbres sauvages, les robres qui portent du gland sont excellents, ainsi que le térébinthe, le lentisque qui lui ressemble, le cèdre odoriférant, et les tilleuls ; les ifs sont les seuls de tous les arbres qui nuisent à ces insectes. Il y a en outre une infinité de graines, soit de celles qui verdissent au milieu d'un gazon non cultivé, soit de celles que renferment dans leur sein les terres labourées, qui toutes produisent des fleurs très-recherchées par les abeilles : telles sont dans les terrains arrosés l'herbe de la camomille, les tiges de l'acanthe, celles de l'asphodèle, et les feuilles aiguës du narcisse : telles sont encore dans les planches des jardins les lis resplendissants par leur blancheur, et les girofliers, qui ne leur cèdent point en beauté, ainsi que les roses de Carthage, les violettes jaunes et pourprées, et la jacinthe de couleur bleu-céleste. On mettra aussi en terre des bulbes de safran, soit de celui de Corycos, soit de celui de Sicile, pour colorer le miel et lui donner de l'odeur. Il naît encore, tant dans les guérets que dans les pâturages, une foule d'herbes moins estimées que les précédentes, qui font foisonner le miel dans les rayons de cire, telles que le chou sauvage, qui est très-commun ; le grand raifort, qui n'est pas plus précieux ; certaines herbes potagères, comme le rapistrum et la chicorée sauvage, les fleurs du pavot noir, et enfin le panais sauvage et le panais cultivé, que les Grecs appellent σταφυλῖνον. Mais entre toutes les plantes, tant celles que j'ai détaillées que celles que j'ai omises pour abréger (parce qu'elles sont innombrables), le thym est celle qui donne le miel du meilleur goût ; après le thym vient la thymbre, le serpolet et l'origan. Le romarin et la sarriette de notre pays, que j'ai appelée *satureia*, quoique toutes deux excellentes, ne sont comptées qu'au troisième rang. Pour les fleurs du tamaris et du jujubier, ainsi que toutes les autres espèces de pâturages que nous avons détaillées, elles ne donnent plus qu'un miel d'un goût médiocre. Cependant les miels qui passent pour les pires de tous sont celui des bois, qui est extrait du genet d'Espagne et de l'arbousier, et celui des métairies, que rendent les plantes potagères et les herbes que l'on fait venir dans du fumier. J'ai fait voir quelle est la situation des pâturages convenables aux abeilles, ainsi que les différentes espèces de nourritures qui leur sont propres ; je vais traiter à présent des ruches ou maisonnettes où elles se retirent.

V. On placera les ruches des abeilles en face du midi d'hiver, loin du tumulte et de la compagnie tant des hommes que des bestiaux, et dans un lieu qui ne soit ni chaud ni froid, parce que l'une et l'autre de ces températures leur est également nuisible. Il faut aussi que ce soit au fond d'une vallée, parce que les abeilles qui iront chercher leur pâture trouveront plus d'aisance, lorsqu'elles ne seront point chargées, à s'élever vers le sommet de la montagne, et qu'après avoir ramassé tout ce dont elles auront besoin, elles en

thymbræ, vel nostratis cunilæ, quam satureiam rustici vocant. Post hæc frequens sit incrementi majoris surculus, ut rosmarinus, et utraque cytisus. Est enim sativa et altera suæ spontis. Itemque semper virens pinus, et minor ilex : nam prolixior ab omnibus improbatur. Ederæ quoque non propter bonitatem recipiuntur, sed quia præbent plurimum mellis. Arbores vero sunt probatissimæ, rutila atque alba ziziphus, nec minus tamarices, tum etiam amygdalæ, [et] persici, atque pyri, denique pomiferarum plerœque, ne singulis immorer. Ac silvestrium commodissime faciunt glandifera robora, quin etiam terebinthus, nec dissimilis huic lentiscus, et odorata cedrus, ac tilia. Solæ ex omnibus nocentes taxi repudiantur. Mille præterea semina vel crudo cespite virentia, vel subacta sulco, flores amicissimos apibus creant, ut sunt in irriguo solo frutices amelli, caules acanthini, scapus asphodeli, gladiolus narcissi. At in hortensi lira consita nitent candida lilia, nec his sordidiora leucoia, tum puniceæ rosæ, luteolæque, et Sarranæ violæ, nec minus cælestis luminis hyacinthus, Corycius item Siculusque bulbus croci deponitur, qui coloret odoretque mella. Jam vero notæ vilioris innumerabiles nascuntur herbæ cultis atque pascuis regionibus, quæ favorum ceras exuberant : ut vulgares lapsanæ, nec his pretiosior armoracia, rapistrique olus, et intubi silvestris ac nigri papaveris flores, tum agrestis pastinaca, et ejusdem nominis edomita, quam Græci σταφυλῖνον vocant. Verum ex cunctis, quæ proposui, quæque omisi temporis compendia sequens (nam inexputabilis erat numerus) saporis præcipui mella reddit thymus. Eximio deinde proximum thymbra, serpyllumque et origanum. Tertiæ notæ, sed adhuc generosæ, marinus ros et nostras cunila, quam dixi satureiam. Mediocris deinde gustus tamaricis, ac ziziphi flores, reliquaque, quæ proposuimus, cibaria. Sed ex sordidis deterrimæ notæ mel habetur nemorense, quod ex sparto atque arbuto provenit : villaticum, quod nascitur in oleribus et stercorosis herbis. Et quoniam situm pastionum atque etiam genera pabulorum exposui, nunc de ipsis receptaculis et domiciliis examinum loquar.

V. Sedes apibus collocanda est contra brumalem meridiem procul a tumultu, et cœtu hominum ac pecudum, nec calido loco, nec frigido : nam utraque re infestantur. Hæc autem sit ima parte vallis, ut et vacuæ cum producent pabulatum apes, facilius editioribus advolent, et collectis utensilibus cum onere per proclivia non ægre devolent. Si villæ situs ita competit, non est dubitandum,

descendront sans peine avec leur charge, en suivant la pente de la côte. Lorsque la situation de la métairie le comporte, il n'est point douteux qu'il ne faille mettre les ruches dans la proximité de ses bâtiments, et dans un endroit qui soit clos de murailles, et à l'abri des odeurs qu'exhalent les latrines puantes, le fumier et le bain. Si cependant la situation de la métairie ne permet pas d'éviter ces odeurs, il sera encore plus avantageux d'en courir le danger, pourvu toutefois qu'il n'en résulte pas de trop grands inconvénients, que de mettre l'endroit où seront les ruches hors de la vue du propriétaire. Mais si l'on rencontre des inconvénients de tout côté, il faudra au moins placer les ruches dans une vallée voisine, et où il puisse souvent descendre sans se fatiguer; car l'entretien des abeilles demande une grande fidélité de la part de celui qui en est chargé. Or, comme la fidélité est une vertu très-rare, les visites du maître en assureront la garde, d'autant que cette manutention n'est pas seulement ennemie d'un gardien fripon, mais qu'elle l'est encore d'un gardien négligent jusqu'à la malpropreté, et qu'elle n'est pas moins rebutée par le défaut de propreté que par la fraude. Au surplus, quel que soit l'endroit où seront placées les ruches, il ne faut pas que le mur qui l'environne soit très-élevé : si cependant la crainte des voleurs détermine à le faire plus haut qu'il ne doit être naturellement, il faut qu'il soit percé à trois pieds de terre de petites fenêtres rangées par ordre, pour la commodité des abeilles. On y joindra une chaumière tant pour servir d'habitation aux gardiens, que pour y serrer tous les ustensiles relatifs à cette branche de l'économie rurale. Il faut surtout la garnir d'une provision de ruches toutes prêtes pour les nouveaux essaims, ainsi que d'herbes médicinales, et de toutes les autres choses dont on peut avoir besoin lorsque les abeilles sont malades. *Leur vestibule sera ombragé par des palmiers ou par de grands oliviers sauvages, afin que lorsque les nouveaux rois commenceront à conduire les essaims dans la saison du printemps, qui leur est la plus favorable, et que la jeunesse sortira des rayons pour aller folâtrer, le voisinage l'invite à se garantir de la chaleur, en se cachant sous les arbres qui se présenteront pour la recevoir sous leurs feuillages.* Il faudra aussi conduire dans le même endroit une eau de source qui y coulera continuellement, si l'on est à portée de le faire; sinon, en mettre à l'usage de ces insectes dans un canal artificiel, parce que l'eau est indispensable pour façonner non-seulement les rayons et le miel, mais encore les petits. Soit donc que l'on y ait conduit des eaux courantes, comme je viens de le dire, soit qu'on y ait amassé de l'eau de pluie dans des canaux, il faudra avoir soin d'entasser sur ces eaux des branchages, *afin que les abeilles puissent se poser sur ces espèces de ponts multipliés, et déployer leurs ailes au soleil d'été, au cas que le vent d'est soit venu fondre sur elles pendant qu'elles se reposaient, et qu'il les ait éparpillées ou plongées dans l'eau.* Il faut encore planter, dans tous les environs de l'endroit où sont les ruches, de petits arbustes, et surtout de ceux qui contribuent à entretenir la santé des abeilles. En effet, le cytise et après lui l'arbre qui porte la casse, le pin, le romarin et même la sarriette et le thym, ainsi que les violettes ou telles autres plantes convenables que la qualité du sol permettra d'y avoir, ne sont pas moins propres à les guérir de leurs maladies qu'à les nourrir. On en éloignera non-seulement les plantes, mais encore toutes les autres choses d'une odeur forte et désagréable, telle que celle de l'écrevisse grillée au feu, ou celle d'un bourbier marécageux. Il faut également

quin ædificio junctum apiarium maceria circumdemus, sed in ea parte, quæ tetris latrinæ sterquiliniique et a balinei libera est odoribus. Verum si positio repugnabit, nec maxima tamen incommoda congruent, sic quoque magis expediet sub oculis domini esse apiarium. Sin autem cuncta fuerint inimica, certe vicina vallis occupetur, quo sæpius descendere non sit grave possidenti. Nam res ista maximam fidem desiderat; quæ quoniam rarissima est, interventu domini tutius custoditur. Neque ea curatorem fraudulentum tantum, sed etiam immundæ segnitiæ perosa est. Æque enim dedignatur, si minus pure habita est, ac si tractetur fraudulenter. Sed ubicumque fuerint alvearia, non editissimo claudantur muro. Qui si metu prædonum sublimior placuerit, tribus elatis ab humo pedibus, exiguis in ordinem fenestellis apibus sit pervius : jungaturque tugurium, quod et custodes habitent, et [quo] condatur instrumentum : sitque maxime repletum præparatis alveis ad usum novorum examinum, nec minus herbis salutaribus, et siqua sunt alia, quæ languentibus adhibentur. *Palmaque vestibulum aut ingens oleaster obumbret, Ut cum prima novi ducent examina reges, Vere suo, ludetque favis emissa juventus : Vicina invitet decedere ripa calori, Obviaque hospitiis teneat frondentibus arbos.* Tum perennis aqua, si est facultas, inducatur, vel extracta canali manu detur, sine qua neque favi neque mella nec pulli denique figurari queunt. Sive igitur, ut dixi, præterfluens unda, vel puteralis canalibus immissa fuerit, virgis ac lapidibus aggeretur apium causa, *Pontibus ut crebris possint consistere, et alas Pandere ad æstivum solem, si forte morantels Sparserit, aut præceps Neptuno immerserit Eurus.* Conseri deinde circa totum apiarium debent arbusculæ incrementi parvi, maxime quæ propter salubritatem (nam sunt etiam remedio languentibus) cytisi, tum deinde casiæ atque pini et rosmarinus : quin etiam cunilæ et thymi frutices, item violarum, vel quæcumque utilier deponi patitur qualitas terræ. Gravis et tetri odoris non solum virentia sed et quælibet res prohibeantur, siculi cancri nidor, cum est ignibus adustus, aut odor palustris cœni. Nec minus vitentur cavæ rupis aut vallis argutiæ, quas Græci ἠχοῦς vocant.

éviter les cavités des roches, ou les vallées retentissantes, que les Grecs appellent ἠχοῖ (échos).

VI. Lorsqu'on aura convenablement disposé l'endroit pour l'entretien des abeilles, on fabriquera des ruches de manière ou d'autre, suivant la nature du pays. Si le pays est fertile en liége, on emploiera avec le plus grand succès l'écorce de ce bois à faire de très-bonnes ruches, qui ne seront ni trop froides en hiver ni trop chaudes en été; s'il est abondant en férules, on s'en servira également bien pour les faire, parce que la nature de la férule tient de l'écorce. Si l'on n'a ni liége ni férule, on les fera avec des tissus de saules, ou, si l'on n'a pas même de saules, on en fabriquera avec des troncs d'arbres évidés ou sciés en planches. Les ruches de terre cuite sont les pires de toutes, parce qu'elles sont brûlantes pendant les chaleurs de l'été, et glaciales pendant les froids de l'hiver. On compte encore deux espèces de ruches : les unes sont faites avec de la bouse, les autres sont construites en brique. Celsus condamne l'une de ces espèces avec raison, parce qu'elle est fort sujette au feu; et quoiqu'il approuve l'autre, il ne dissimule pas néanmoins le principal inconvénient auquel elle est sujette, et qui consiste à ne pouvoir pas être transportée, si le cas l'exige : aussi suis-je bien éloigné de penser comme lui, que malgré cet inconvénient on puisse avoir des ruches de cette dernière espèce. En effet, non-seulement leur immobilité répugne aux arrangements que pourrait avoir à prendre le propriétaire, s'il voulait vendre sa terre ou en garnir une autre de ruches (raisons de convenance qui ne regarderaient tout au plus que le chef de famille lui-même); mais elle rend encore impossibles les secours que demandent les abeilles en certaines occasions. Comment en effet pourrait-on les transporter dans des contrées différentes de celles où elles sont, dans le cas où ces insectes seraient affligés par la maladie, la stérilité, ou enfin par la disette des lieux? Il faut par conséquent éviter absolument cette méthode. C'est ce qui fait que, quelque égard que j'aie pour l'autorité d'un personnage aussi savant, je n'ai pas cru devoir cacher mon sentiment, sans néanmoins prétendre m'élever au-dessus de lui. En effet, le motif qui touche principalement Celsus, je veux dire la crainte que les ruches des abeilles ne soient exposées au feu ou aux voleurs, est de peu de conséquence, puisqu'on peut parer à ce double accident en les revêtant d'un ouvrage en briques qui les préservera des coups de main des voleurs, et qui les protégera contre la violence des flammes, sans néanmoins empêcher que, lorsqu'on sera dans le cas de les déplacer, on ne puisse les transférer facilement, en brisant l'assemblage de cette construction.

VII. Mais comme presque tout le monde s'accorde à regarder cette construction comme une opération embarrassante, il suffira, quelles que soient les ruches qu'on jugera à propos d'employer, d'élever, tout le long du lieu où on les placera, une assise de pierres de trois pieds de hauteur sur une épaisseur égale; et lorsque cette maçonnerie sera achevée, on la revêtira avec soin d'un enduit bien poli, pour empêcher les lézards, les serpents, ou tout autre animal nuisible, d'y monter. Après quoi on posera sur cette muraille, soit des ruches de briques (suivant le sentiment de Celsus), soit des ruches maçonnées (suivant notre opinion) par tous les côtés, à l'exception de celui de derrière; ou plutôt on lès arrangera en file, et on les mastiquera l'une avec l'autre, suivant l'usage de presque tous ceux qui se livrent avec un certain soin à cette branche d'économie rurale, avec de petites briques ou avec

VI. Igitur ordinatis sedibus, alvearia fabricanda sunt pro conditione regionis. Sive illa ferax est suberis, haud dubitanter utilissimas alvos faciemus ex corticibus, quia nec hieme rigent, nec candent æstate; sive ferulis exuberat, iis quoque, cum sint naturæ corticis similes, æque commode vasa texuntur. Si neutrum aderit, opere textorio salicibus connectentur : vel si nec hæc suppetent, ligno cavato arboris aut in tabulas desectæ fabricabuntur. Deterrima est conditio fictilium, quæ et accenduntur æstatis vaporibus, et gelantur hiemis frigoribus. Reliqua sunt alvorum genera duo, ut vel ex limo fingantur, vel lateribus extruantur : quorum alterum jure damnavit Celsus, quoniam maxime est ignibus obnoxium; alterum probavit, quamvis incommodum ejus præcipuum non dissimulaverit, quod, si res postulet, transferri non possit. Itaque non assentior ei, qui putat nihilo minus ejus generis habendas esse alvos : neque enim solum id repugnat rationibus domini, quod immobiles sint, cum vendere aut alios agros instruere velit; (hoc enim commodum pertinet ad utilitatem solius patris familias) sed, quod ipsarum apium causa fieri debet, cum aut morbo aut sterilitate et penuria locorum vexatas conveniat in aliam regionem mitti, nec propter prædictam causam moveri poterunt, hoc maxime vitandum est. Itaque quamvis doctissimi viri auctoritatem reverebar, tamen ambitione submota, quid ipse censerem, non omisi. Nam quod maxime movet Celsum, ne sint stabula vel igni, vel furibus obnoxia, potest vitari opere laterítio circumstructis alvis, ut impediatur rapina prædonis, et contra flammarum violentiam protegantur : easdemque, cum fuerint movendæ, resolutis structuræ compagibus, licebit transferre.

VII. Sed quoniam plerisque videtur istud operosum, qualiacunque vasa placuerint, collocari debebunt. Suggestus lapideus extenditur per totum apiarium in tres pedes altitudinis, (totidemque crassitudinis) extructus, isque diligenter opere tectorio levigatur, ita ne ascensus lacertis, aut anguibus, aliisve noxiis animalibus præbeatur. Superponuntur deinde, sive, ut Celso placet, lateribus facta domicilia, sive, ut nobis, alvearia, præterquam a tergo circumstructa : seu, quod pene omnium in usu est, qui modo diligenter ista curant, per ordinem vasa disposita ligantur, vel laterculis, vel cæmentis, ita ut

du ciment, de façon que chacune se trouve renfermée entre deux cloisons étroites, et que les faces en soient libres tant par devant que par derrière ; parce qu'il faut les ouvrir quelquefois par la face de devant qui sert de passage aux abeilles, et plus souvent encore par celle de derrière, qui est celle par laquelle on soigne les essaims. Si l'on ne sépare point les ruches par des cloisons, il faut au moins les placer de façon qu'elles soient à quelque distance les unes des autres, afin que, lorsqu'il sera question de les visiter, celles auxquelles on sera obligé de toucher pour les soigner ne causent point d'ébranlement à celles du voisinage qui seront collées contre les premières, et n'écrasent point les abeilles qui pourront se trouver dans les environs, d'autant que ces insectes redoutent la moindre secousse, comme devant entraîner la ruine totale de leurs ouvrages délicats. Il suffit qu'il y ait trois rangs de ruches distribués les uns au-dessus des autres, puisque, dans cette supposition même, celui qui prendra soin des ruches ne laissera pas encore que d'avoir de la peine à regarder dans celles du rang supérieur. Les ouvertures du panier, qui servent d'entrée aux abeilles, seront plus inclinées que celles de derrière, afin que la pluie ne puisse pas y pénétrer, ou qu'au moins, dans le cas où il y en serait entré, elle n'y puisse pas séjourner, mais qu'elle puisse au contraire s'en écouler par cette issue. Il convient, pour la même raison, que l'endroit où sont les ruches soit couvert comme des portiques, ou au moins qu'il soit ombragé avec des branchages enduits d'un mortier à la carthaginoise, qui ne les mettront pas moins à l'abri de la chaleur que du froid et de la pluie. Comme néanmoins la plus violente chaleur n'est pas aussi funeste à ce genre d'insectes que l'hiver, il faut qu'il se trouve toujours, derrière l'endroit où sont les ruches, un bâtiment quelconque qui les garantisse de l'injure de l'Aquilon, et qui leur procure une chaleur tempérée. Il ne suffit pas même que leur domicile soit garanti par un bâtiment, mais il faut encore qu'il soit exposé à l'orient d'hiver, pour que les abeilles jouissent du soleil à leur sortie du matin, afin d'être plus éveillées, attendu que le froid les rend paresseuses. Aussi faut-il, par cette raison même, que les ouvertures par lesquelles les abeilles doivent entrer dans les ruches ou en sortir soient très-étroites, afin qu'il n'y pénètre que le moins de froid que faire se pourra. Il suffit qu'elles aient la largeur nécessaire pour que l'abeille puisse y introduire son corps : moyennant quoi ni le lézard venimeux, ni la race impure des hannetons ou des papillons, ni les cloportes qui fuient la lumière, comme dit Maron, ne pourront aller dévaster les rayons en se glissant à travers les ouvertures qui servent d'entrée, trop étroites pour leur livrer passage. Il est aussi très-utile de pratiquer deux ou trois passages sur le même couvercle d'une ruche, à proportion de ce qu'elle sera plus ou moins peuplée ; ces passages seront à quelque distance les uns des autres, à l'effet de tromper le lézard qui guette, pour ainsi dire, à la porte, et qui attend que les abeilles viennent à sortir pour les tuer. Il en périra effectivement beaucoup moins quand elles pourront éviter les attaques de ce cruel ennemi, en se sauvant par une issue différente de celle par laquelle elles seront sorties.

VIII. Nous avons suffisamment parlé tant sur les pâturages des abeilles que sur les ruches et l'endroit où l'on doit les placer. Lorsqu'on aura pourvu à ces différents objets, il faudra penser à se procurer des essaims : car on peut ou les acheter, ou les acquérir à titre gratuit. Mais il faut

singula binis parietibus angustis contineantur, liberæque frontes utrinque sint. Nam et qua procedunt, nonnunquam patefaciendæ sunt, et multo magis a tergo, quia subinde curantur examina. Sin autem nulli parietes alvis intervenient, sic tamen collocandæ erunt, ut paulum altera ab altera distet, ne, cum inspiciuntur, ea, quæ in curatione tractatur, hærentem sibi alteram concutiat, vicinasque apes conterreat, quæ omnem motum imbecillis ut cereis scilicet operibus suis tanquam ruinam timent. Ordines quidem vasorum superinstructos in altitudinem treis esse abunde est, quoniam summum sic quoque parum commode curator inspicit. Ora cavearum, quæ præbent apibus vestibula, proniora sint quam terga, ut ne influant imbres, et si forte tamen ingressi fuerint, non immorentur, sed per aditum effluant. Propter quos convenit alvearia porticibus supermuniri; sin aliter, luto Punico frondibus inlinatis adumbrari, quod tegmen cum frigora et pluvias, tum et æstus arcet. Nec tamen ita nocet huic generi caloris æstus, ut hiems. Itaque semper ædificium sit post apiarium, quod Aquilonis excipiat injuriam, stabulisque præbeat teporem. Nec minus ipsa domicilia, quamvis ædificio protegantur, obversa tamen ad hibernum orientem componi debebunt, ut apricum habeant apes matutinum egressum, et sint experrectiores. Nam frigus ignaviam creat; propter quod etiam foramina, quibus exitus aut introitus datur, angustissima esse debent, ut quam minimum frigoris admittant : eaque satis est ita forari, ne possint capere plus unius apis incrementum. Sic nec venenatus stellio, nec obscænum scarabei vel papilionis genus, lucifugæque blattæ, ut ait Maro, per laxiora spatia januæ favos populabuntur. Atque utilissimum est pro frequentia domicilii duos vel tres aditus in eodem operculo distantes inter se fieri contra fallaciam lacerti, qui velut custos vestibulo prodeuntibus inhians apibus affert exitium, eæque pauciores intereunt, cum licet vitare pestis obsidia per aliud vadentibus effugium.

VIII. Atque hæc de pabulationibus, domiciliis, et sedibus eligendis abunde diximus : quibus provisis, sequitur ut examina desideremus. Ea porro vel ære parta, vel gratuita contingunt. Sed quas pretio comparabimus, scrupulosius prædictis comprobemus notis, et earum frequen-

s'assurer de leur bonté avec plus de circonspection dans le premier cas que dans le second, et vérifier avec plus d'attention les signes que nous avons donnés pour les connaître. Il faut aussi ouvrir les ruches avant de conclure le marché, pour examiner si elles sont bien peuplées, ou, si l'on n'a pas la faculté de les regarder à l'intérieur, il faut au moins faire ses observations sur tout ce qu'on aura la liberté d'examiner, et voir, par exemple, si les abeilles refluent en grand nombre à l'ouverture qui leur sert d'entrée, et si le bourdonnement est assez bruyant. S'il arrive par hasard qu'elles soient toutes tranquilles dans la ruche, et que l'on n'y entende aucun bruit, on pourra approcher ses lèvres de l'ouverture qui leur sert d'entrée, et souffler dans la ruche, pour juger, au frémissement qu'elles feront aussitôt entendre, si elles y sont en grand nombre, ou non. On aura surtout l'attention d'en faire l'emplette dans le voisinage du pays où l'on sera, plutôt que dans des contrées éloignées, parce que communément le changement de climat les effarouche. Si l'on n'est pas à portée de cela, et que l'on soit au contraire dans la nécessité de leur faire faire un long voyage, on aura soin d'éviter qu'elles ne soient molestées par les mauvais chemins : c'est pourquoi on fera très-bien de les apporter alors sur sa tête et pendant la nuit, parce qu'il faut les laisser tranquilles pendant le jour. On aura encore soin de leur verser des liqueurs qui leur soient agréables, pour leur servir de nourriture pendant tout le temps qu'elles seront renfermées. Lorsque ensuite elles seront arrivées à la maison, si le jour ne fait que commencer à luire, on attendra le soir pour ouvrir et placer la ruche, afin qu'elles ne sortent pour la première fois que le matin, et après s'être reposées pendant toute une nuit. Il faudra aussi observer, environ trois jours de suite, si elles ne sortent pas toutes à la fois, parce que, si cela était, ce serait un signe auquel on reconnaîtrait qu'elles projetteraient de s'enfuir. Nous prescrirons bientôt les remèdes auxquels il faut avoir recours pour les empêcher de le faire. Quant aux abeilles que l'on a reçues en présent, ou que l'on a prises dans les champs, on s'en contente quelles qu'elles soient, sans les examiner avec tant de scrupule ; quoique je ne voudrais en acquérir, fût-ce de l'une ou de l'autre de ces deux manières, que d'excellentes, parce que les mauvaises n'occasionnent pas moins de frais que les bonnes, et qu'elles exigent aussi bien que celles-ci les soins d'un gardien. Mais une attention très-importante qu'il faut avoir, c'est de ne point en mêler de mauvaises avec de bonnes, de peur que celles-ci dégénèrent également par le contact avec les premières. En effet, on retire moins de profit du miel, lorsque les essaims sont mélangés d'abeilles trop paresseuses. Cependant, comme il arrive quelquefois que, vu la nature des lieux, on se trouve obligé de s'en procurer de médiocres (car on n'en doit jamais acquérir de mauvaises), nous allons donner la manière dont on s'y prendra pour chercher des essaims avec attention. Les abeilles n'ont rien de plus à cœur, dans tous les lieux garnis de bois qui leur sont convenables et propres à l'extraction du miel, que de s'approprier pour leur usage les sources d'eau les plus voisines d'elles. Il est donc à propos de se tenir auprès de ces souces d'eau, communément depuis la seconde heure du jour, afin d'examiner s'il y vient un grand nombre d'abeilles pour boire. Car si l'on n'en voit que quelques-unes voltiger autour de l'eau, on jugera dès lors qu'il n'y en a pas un grand nombre dans cet endroit (à moins cependant que la multiplicité des filets d'eau courante ne les fasse paraître plus clair-semées à cause de leur dispersion); et par

tiam prius quam mercemur, apertis alvearibus consideremus : vel si non fuerit inspiciendi facultas, certe id quod contemplari licet, notabimus : an in vestibulo januæ complures consistant, et vehemens sonus intus murmurantium exaudiatur. Atque etiam si omnes intra domicilium silentes forte conquiescent, labris foramini aditus admotis, et inflato spiritu ex respondente earum subito fremitu poterimus æstimare vel multitudinem, vel paucitatem. Præcipue autem custodiendum est, ut ex vicinia potius, quam ex peregrinis regionibus petantur, quoniam solent cæli novitate lacessiri. Quod si non contingit, ac necesse habuerimus longinquis itineribus advehere, curabimus ne salebris soliciteutur, optimeque noctibus collo portabuntur. Nam diebus requies danda est, et infundendi sunt grati apibus liquores, quibus intra clausum alantur. Mox cum perlatæ domum fuerint, si dies supervenerit, nec aperiri nec collocari oportebit alvum, nisi vesperi, ut apes placidæ mane post totius noctis requiem egrediantur : specularique debemus fere triduo, numquid universæ se profundant. Quod cum faciunt, fugam meditantur. Ea remediis quibus debeat inhiberi, mox præcipiemus. At quæ dono vel aucupio contingunt, minus scrupulosa probantur : quamquam ne sic quidem velim nisi optimas possidere, cum et impensam et eandem operam custodis postulent bonæ, atque improbæ : et quod maxime refert, non sunt degeneres interniiscendæ, quæ infament generosas. Nam minor fructus mellis respondet, cum segniora interveniunt examina. Verumtamen quoniam interdum propter conditionem locorum vel mediocre pecus (nam malum nullo quidem modo) parandum est, curam vestigandis examinibus hac ratione adhibebimus. Ubicumque saltus sunt idonei, mellifici, nihil antiquius apes, quam, quibus utantur, vicinos eligunt fontes. Eos itaque convenit plerumque ab hora secunda obsidere, specularique quæ turba sit aquantium. Nam si paucæ admodum circumvolant (nisi tamen complura capita rivorum diductas faciunt rariores) intelligenda est earum penuria, propter quam locum quoque non esse mellificum suspicabimur.

conséquent on conclura que l'endroit lui-même n'est pas propre au miel; au lieu que si elles s'y rendent en foule, on concevra dès lors l'espérance la mieux fondée de prendre des essaims à la chasse. Or, voici comme on viendra à bout de les trouver. On s'assurera d'abord si ces essaims sont éloignés, ou non. A cet effet, on préparera de la sanguine liquide, dans laquelle on trempera des brins de paille; et pour peu qu'on touche avec ces brins de paille le dos des abeilles qui viendront boire, il sera aisé de reconnaître, en restant au même endroit, celles qui y reparaîtront pour la seconde fois; de sorte que si elles ne tardent pas à revenir, on jugera qu'elles sont dans le voisinage; au lieu que si elles sont un certain temps sans reparaître, on estimera la distance du lieu de leur séjour par la longueur du temps qu'elles auront mis à revenir. Si l'on a remarqué qu'elles sont revenues promptement, on pourra, au cas que l'on n'ait point de peine à les suivre au vol, aller jusqu'au lieu même de leur séjour; au lieu qu'il faudra recourir à un expédient plus ingénieux à l'égard de celles qui sembleront plus éloignées. Voici en quoi ces soins consisteront. On coupera une branche de roseau garnie d'un nœud à chacune de ses extrémités, et on la percera sur le côté avec une tarière; ensuite après y avoir distillé par cette ouverture un peu de miel ou de vin cuit jusqu'à diminution de moitié, on la mettra auprès de la fontaine; puis aussitôt que les abeilles, attirées par l'odeur de cette liqueur qui leur est agréable, se seront introduites en foule dans cette branche par son ouverture, on la prendra, et l'on en bouchera l'ouverture avec le pouce, pour ne laisser sortir qu'une seule abeille à la fois. Dès qu'il en sera sortie une, l'observateur remarquera le côté par lequel elle prendra la fuite, et la poursuivra dans sa course aussi loin qu'il lui sera possible. Lorsqu'ensuite il cessera de l'apercevoir, il en laissera sortir une seconde; et si celle-ci tourne du même côté que la première, il continuera sa route; au lieu que si elle tourne d'un autre côté, il découvrira le trou pour en laisser sortir une troisième et une quatrième, en remarquant le côté vers lequel s'envolera le plus grand nombre, afin de continuer ses poursuites, jusqu'à ce qu'il soit parvenu à l'endroit où sera caché l'essaim. S'il est caché dans une caverne, il en fera sortir les abeilles à l'aide de la fumée; et dès qu'elles seront sorties, il fera résonner de l'airain pour les arrêter dans leur course. En effet, effrayées par le son de ce métal, elles s'arrêteront aussitôt sur un arbrisseau ou sur le plus haut de la cime des arbres; de sorte que celui qui cherche à les prendre pourra les enfermer dans une ruche, qu'il aura eu soin de préparer à cet effet. Mais si l'essaim est fixé dans un creux d'arbre, soit qu'il en occupe une branche, soit qu'il en occupe le tronc, il faudra, au cas que la petitesse de cette branche ou de l'arbre le permette, en couper d'abord toute la partie supérieure, que les abeilles n'occuperont point, avec une scie très-affilée, afin d'avoir plus tôt fait; après quoi on en coupera la partie inférieure qui paraîtra habitée par les abeilles. Ensuite, lorsque la branche ou le tronc de l'arbre seront coupés tant par en haut que par en bas, on les enveloppera dans un morceau d'étoffe propre, car c'est encore un point très-important; et, après avoir enduit les trous qui pourront se trouver sur l'enveloppe, on les portera au lieu où on veut les placer; enfin on les mettra au rang des autres ruches, après y avoir pratiqué de petites ouvertures, comme j'ai déjà dit. Au surplus, quand on cherche des essaims, il faut s'y prendre dans la matinée pour aller à cette découverte, afin d'avoir toute la journée devant soi pour examiner la route que prennent les abeilles. En effet, s'il est déjà tard lorsqu'on

---

At si commeant frequentes, spem quoque aucupandi examina majorem faciunt; cuque sic inveniuntur. Primum quam longe sint explorandum est, præparandaque in hanc rem liquida rubrica: qua cum festucis illitis contigeris apium terga fontem libantium, commoratus eodem loco facilius redeuntes agnoscere poteris; ac si non tarde id facient, scias eas in vicino consistere: sin autem serius, pro moræ tempore æstimabis distantiam loci. Sed cum animadverteris celeriter redeuntes, non ægre persequens iter volantium ad sedem perduceris examinis. In iis autem quæ longius meare videbuntur, solertior adhibebitur cura, quæ talis est. Arundinis internodium cum suis articulis exciditur, et terebratur ab latere talea, per quod foramen exiguo melle vel defruto instillato, ponitur juxta fontem. Deinde cum ad odorem dulcis liquaminis complures apes irrepserunt, tollitur talea, et apposito foramini pollice non emittitur, nisi una, quæ cum evasit, fugam suam demonstrat observanti: atque is, dum sufficit, persequitur evolantem. Cum deinde conspicere desiit apem, tum alteram emittit: et si eandem petit cæli partem, vestigiis prioribus inhæret. Si minus, aliam atque aliam foramine adaperto patitur egredi; regionemque notat, in quam plures revolent, et eas persequitur, donec ad latebram perducatur examinis. Quod sive est abditum specu, fumo elicitur, et cum erupit, æris strepitu coercetur. Nam statim sono territum vel in frutice vel in editiore silvæ fronde considet, et a vestigatore præparato vase reconditur. Sin autem sedem habet arboris cavæ, et aut extat ramus, quem obtinent, aut sunt in ipsius arboris trunco, tunc, si mediocritas patitur, acutissima serra, (quo celerius id fiat, præciditur primum superior pars, quæ ab apibus vacat; deinde inferior, quatenus videtur inhabitari. Tum recisus utraque parte mundo vestimento contegitur, quoniam hoc quoque plurimum refert, ac si quibus silvæ hiat, illitis ad locum perfertur: relictisque parvis, ut jam dixi, foraminibus, more cæterarum alvorum collocatur. Sed indagatorem convenit matutina tempora vestigandi eligere, ut spatium diei habeat, quo exploret

commence à les observer, il arrive souvent qu'elles se retirent après avoir fini leur tâche, sans revenir davantage à l'eau, quoiqu'elles soient dans le voisinage, et que par conséquent celui qui cherchait l'essaim est dans le cas d'ignorer à quelle distance il est de la fontaine. Il y a des personnes qui, vers le commencement du printemps, lient en bottes de la citronnelle, et, comme dit le poëte, *de la mélisse commune et du mélinet, herbe peu estimée*, avec d'autres plantes semblables qui sont agréables à cette espèce d'insectes, pour en frotter des ruches jusqu'à ce qu'elles se soient imprégnées de l'odeur et du suc de ces plantes; après quoi elles essuient ces ruches et les humectent avec un peu de miel; puis elles les arrangent dans des forêts auprès des sources d'eau qui s'y trouvent, pour les reporter par la suite chez elles quand elles seront remplies d'abeilles. Mais il n'y a pas de profit à suivre cette pratique, si ce n'est dans les lieux où les abeilles seront en très-grande quantité, parce qu'il arrive souvent que les passants venant à trouver ces ruches vides, les emportent; auquel cas l'avantage d'en avoir une ou deux pleines n'est pas comparable au désagrément d'en perdre plusieurs vides. Lorsqu'au contraire les abeilles sont en très-grand nombre dans un endroit, quand même on viendrait à perdre plusieurs ruches, le profit que rendraient les abeilles que l'on aurait trouvées dédommagerait amplement de cette perte. Telle est la façon de prendre des essaims sauvages.

IX. Voici maintenant la façon de retenir les essaims nés chez soi. Le gardien ne doit jamais manquer de visiter avec attention l'endroit où sont les ruches. En effet, quoiqu'il n'y ait point de temps où il ne faille donner des soins aux abeilles, elles en exigent encore de plus assidus lorsqu'elles sentent le printemps approcher, et que leurs petits commencent à se multiplier, d'autant que ceux-ci ne cherchent qu'à s'enfuir, à moins que celui qui est chargé d'en prendre soin ne les guette pour les prendre sur-le-champ. Car telle est la nature des abeilles, que chaque peuplade est engendrée communément avec ses rois, et que, dès que ces rois ont la force nécessaire pour voler, ils dédaignent la compagnie et encore plus le gouvernement de leurs anciens, par la raison qu'il est impossible que l'autorité souffre aucun partage, je ne dis pas seulement parmi les hommes, qui sont des êtres raisonnables, mais encore moins parmi les animaux, qui, n'ayant pas la faculté de parler, manquent absolument de discernement. C'est pour cela que les nouveaux chefs marchent à la tête de leur jeunesse, qui se tient en pelotons pendant l'espace d'un ou deux jours à l'entrée même de la ruche, et qui annonce par sa sortie qu'elle se cherche un domicile particulier. Au surplus, lorsque celui qui prend soin des abeilles lui en assigne un à l'instant, elle s'en contente comme si c'était sa patrie; au lieu que si le gardien ne lui en présentait pas un, elle irait chercher des contrées éloignées, comme si elle était chassée de son pays par les mauvais traitements qu'elle y aurait soufferts. Pour empêcher que cela n'arrive, un bon gardien doit observer les ruches au printemps jusqu'à la huitième heure du jour, passé laquelle les nouvaux bataillons ne hasardent pas la fuite, et les examiner avec un œil attentif, soit lorsqu'ils sortent, soit lorsqu'ils rentrent, parce qu'il y en a qui s'éloignent sans tarder, dès qu'ils sont sortis de la ruche. Il pourra s'assurer d'avance avec certitude si les abeilles méditent leur fuite, en approchant l'oreille de chaque ruche vers le soir, d'autant qu'il s'y élève, environ trois jours avant

---

commeatus apium. Sæpe enim, si serius cœpit eas denotare, etiam cum in propinquo sunt, justis operum peractis se recipiunt, nec remeant ad aquam : quo evenit ut vestigator ignoret, quam longe a fonte distet examen. Sunt qui per initia veris apiastrum, atque, ut ille vates ait, *trita melissphylla et cerinthæ ignobile gramen*, aliasque colligant similes herbas, quibus id genus animalium delectatur, et ita alvos perfricent, ut odor et succus vasis inhæreat : quæ deinde mundata exiguo melle respergant, et per nemora non longe a fontibus disponant, eaque cum repleta sunt examinibus, domum referant. Sed hoc nisi locis, quibus abundant apes, facere non expedit. Nam sæpe vel inania vasa nacti, qui forte prætereunt, secum auferunt : neque est tanti vacua perdere complura, ut uno vel altero potiare pleno. At in majore copia, etiam si multa intercipiuntur, plus est quod in repertis apibus acquiritur. Atque hæc est ratio capiendi silvestria examina.

IX. Deinceps talis altera est vernacula retinendi. Semper quidem custos sedule circumire debet alvearia. Neque enim ullum tempus est, quo non curam desiderent; sed eam postulant diligentiorem, cum vernant et exundant novis fœtibus, qui nisi curatoris obsidio protinus excepti sunt, diffugiunt. Quippe talis est apium natura, ut pariter quæque plebs generetur cum regibus; qui ubi evolandi vires adepti sunt, consortia dedignantur vetustiorum, multoque magis imperia : quippe cum rationabili generi mortalium, tum magis egentibus consilii mutis animalibus, nulla sit regni societas. Itaque novi duces procedunt cum sua juventute, quæ uno aut altero die in ipso domicilii vestibulo glomerata consistens, egressu suo propriæ desiderium sedis ostendit; eaque velut patria contenta est, si a procuratore protinus assignetur. Sin autem defuit custos, velut injuria repulsa peregrinam regionem petit. Quod ne fiat, boni curatoris est vernis temporibus observare alvos in octavam fere diei horam, post quam non temere se nova proripiunt agmina; eorumque egressus regressusque diligenter custodiat. Nam quædam solent, cum subito evaserunt, sine cunctatione se proripere. Poterit exploratam fugam præsciscere vespertinis temporibus aurem singulis alveis admovendo. Siquidem fere ante triduum, quam eruptionem facturæ sint, velut militaria

cette fuite, un tumulte et un bourdonnement semblables à ceux que font entendre des soldats qui vont décamper; et que ce tumulte, ainsi que Virgile a très-grande raison de le dire, *donne à connaître d'avance le projet du peuple, puisque le son martial et sourd de l'airain reproche aux paresseuses leur lenteur, et que l'on entend alors un bruit semblable au son brisé des trompettes.* Il ne faut donc pas perdre de vue celles qui font entendre ce bourdonnement, afin que le gardien soit prêt à tout événement, soit qu'elles sortent pour le combat (car elles se battent ou entre elles, comme il arrive dans les guerres civiles, ou avec d'autres peuplades, comme on se bat contre des nations étrangères), soit qu'elles sortent dans l'intention de prendre la fuite. Au surplus, il est aisé d'arrêter le combat d'un essaim parmi lequel règne la discorde, ou de deux essaims qui se battent l'un contre l'autre, puisque, comme dit le même poëte, *il suffit, pour les apaiser, de jeter sur eux un peu de poussière*, ou de les asperger avec du vin mêlé de miel, ou avec du vin fait de raisins séchés au soleil, ou enfin avec toute autre liqueur semblable, dont la douceur leur étant familière, ne manque jamais d'apaiser leur colère, quelque cruelle qu'elle soit. Il ne faut donc pas autre chose pour concilier à merveille entre eux les rois que la discorde a désunis. Car il se trouve souvent plusieurs chefs dans une seule peuplade, auquel le peuple prend différents partis, comme il arrive dans les séditions excitées par les grands : il faut cependant empêcher que cela n'arrive souvent, parce que la nation entière se consumerait par ces guerres intestines. C'est pourquoi, quand les chefs sont de bon accord entre eux, la paix règne sans qu'il y ait de sang répandu : mais si l'on remarque que les armées soient souvent en guerre, on aura soin de tuer les chefs qui excitent les séditions : quant aux batailles livrées, on les terminera en y apportant les remèdes que nous venons de donner. Lorsqu'en conséquence de ces remèdes l'armée se sera posée en peloton sur la branche voisine d'un arbrisseau vert, on examinera si l'essaim est accroché de façon que toutes les abeilles soient pendues les unes aux autres en forme de grappes ; ce qui sera la preuve ou qu'il n'y a qu'un seul roi, ou qu'au moins, s'il y en a plusieurs, ils sont réconciliés de bonne foi entre eux ; et on le laissera par conséquent dans cette situation jusqu'à ce qu'il revole à son domicile. Mais si l'essaim est partagé en deux ou même en plusieurs mamelons, pour m'exprimer ainsi, on ne doit pas douter alors qu'il ne s'y trouve plusieurs grands, et que ces grands ne soient encore animés les uns contre les autres. Dès lors il faut chercher les chefs dans les pelotons où l'on verra que les abeilles seront le plus rassemblées. Après avoir donc frotté sa main avec le jus des herbes dont nous avons parlé, c'est-à-dire, avec du jus de mélisse ou de citronelle, afin que les abeilles ne s'enfuient pas lorsqu'elles se sentiront toucher, on insérera légèrement les doigts dans les pelotons pour les sonder, en écartant les abeilles jusqu'à ce que l'on ait trouvé l'auteur de la discorde, qu'il faudra écraser.

X. Les rois sont un peu plus gros et plus allongés que les autres abeilles : ils ont aussi les pattes plus droites, mais les ailes moins grandes : ils sont d'une couleur agréable, propres et lisses, et n'ont ni poil ni aiguillon, à moins qu'on ne prenne pour un aiguillon cette espèce de gros poil qui leur sort du ventre, quoiqu'ils ne s'en servent jamais pour nuire. Il s'en trouve aussi quelques-uns de bruns, qui sont hérissés de poils, et tels

---

signa moventium tumultus ac murmur exoritur : ex quo, ut verissime dicit Virgilius, *corda licet vulgi præsciscere. Namque morantes Martius ille æris rauci canor increpat, et vox Auditur fractos sonitus imitata tubarum.* Itaque maxime observari debent, quæ istud faciunt, ut sive ad pugnam eruperint, nam inter se tanquam civilibus bellis, et cum alteris quasi cum exteris gentibus præliantur, sive fugæ causa se proripuerint, præsto sit ad utrumque casum paratus custos. Pugna quidem vel unius inter se dissidentis vel duorum inter num discordantium facile compescitur : nam ut idem ait, *Pulveris exigui jactu compressa quiescit* : aut mulso, passove, aut aliquo liquore simili responso, videlicet familiari dulcedine sævientium iras mitigante. Nam eadem mire etiam dissidentes reges conciliant. Sunt enim sæpe plures unius populi duces, et quasi procerum seditione plebs in partes diducitur : quod frequenter fieri prohibendum est, quoniam intestino bello totæ gentes consumuntur. Itaque si constat principibus gratia, manet pax incruenta. Sin autem sæpius acie dimicanteis notaveris, duces seditionum interficere curabis : dimicantium vero prælia prædictis remediis sedantur. Ac deinde cum agmen glomeratum in proximo frondentis arbusculæ ramo consederit, animadvertito, an totum examen in speciem unius uvæ dependeat : idque signum erit aut unum regem inesse, aut certe plures bona fide reconciliatos ; quos sic patieris, dum in suum revolent domicilium. Sin autem duobus aut etiam compluribus velut uberibus diductum fuerit examen, ne dubitaveris et plures proceres et adhuc iratos esse. Atque in iis partibus, quibus maxime videris apes glomerari, requirere duces debebis. Itaque succo prædictarum herbarum, id est, melissophylli vel apiastri manu illita, ne ad tactum diffugiant, leviter inseres digitos, et diductas apes scrutaberis, donec auctorem pugnæ, quem elidere debes, reperias.

X. Sunt autem hi reges majores paulo et oblongi magis quam cæteræ apes, rectioribus cruribus, sed minus amplis pinnis, pulchri coloris et nitidi, levesque ac sine pilo, sine spiculo, nisi quis forte pleniorem quasi capillum, quem in ventre gerunt, aculeum putet, quo et ipso tamen ad nocendum non utuntur. Quidam etiam infusci atque hirsuti reperiuntur, quorum pro habitu damnabis inge-

qu'il suffit de les voir pour juger de la méchanceté de leurs mœurs. *En effet, on reconnaît deux figures distinctes parmi les rois, comme parmi le reste des abeilles : les uns se font remarquer par leur peau terne et mouchetée en or; on les distingue encore tant à leurs écailles rouges qu'à leur bec*, et ce sont ceux qu'on approuve le plus, parce qu'ils sont effectivement les meilleurs; car les moins bons, dont la couleur ressemble à celle de la salive crasseuse, sont aussi sales *qu'un voyageur qui vient de traverser un chemin couvert de poussière, dont la bouche desséchée crache contre terre; et*, comme dit le même poëte, *ils aiment la paresse, et ils traînent sans gloire leur large ventre. Il faut donc condamner à la mort tous les chefs de la mauvaise espèce, et laisser régner seuls dans leur cour ceux de la bonne*. On arrachera néanmoins les ailes à ceux-ci même, quand ils feront trop souvent des tentatives pour prendre la fuite avec leur essaim ; parce qu'un chef vagabond qui aura perdu ses ailes, se trouvant dès lors comme retenu dans des entraves, et se voyant privé de la ressource qu'il avait auparavant dans la fuite, n'osera plus sortir hors des limites de son royaume, et ne voudra pas même en conséquence permettre au peuple soumis à son empire de s'écarter trop au loin.

XI. Il faut même quelquefois tuer le chef lorsqu'une vieille ruche ne contient plus un nombre suffisant d'abeilles, et qu'on est obligé de la repeupler avec un nouvel essaim. Ainsi, lorsqu'au commencement du printemps il sera né une nouvelle couvée dans une ruche qui se trouvera dans ce cas-là, on en écrasera le nouveau roi, afin que son peuple reste avec ceux qui lui ont donné le jour, sans que la discorde règne parmi eux. S'il n'est sorti au contraire aucune progéniture des rayons de cette ruche, on pourra y incorporer les peuples de deux ou trois autres ruches, en prenant cependant préalablement le soin de les asperger de quelque liqueur qui leur soit agréable. On les tiendra aussi renfermés pendant l'espace d'environ trois jours dans ce nouveau domicile, en y laissant néanmoins de petites ouvertures pour leur donner de l'air, et on les y nourrira jusqu'à ce qu'ils s'y soient accoutumés. Il y a des personnes qui préfèrent dans ce cas se défaire du plus vieux roi; mais cette méthode est tout à fait mauvaise. En effet, comme la troupe des vieilles abeilles, que l'on peut considérer comme un sénat, ne voudra pas obéir aux plus jeunes, celles-ci ayant l'avantage de la force, puniront et mettront à mort toutes celles qui s'obstineront à mépriser leur commandement. Il faut convenir qu'en laissant dans la ruche le roi des anciennes abeilles, il en résulte communément un inconvénient par rapport au plus jeune essaim, qui consiste en ce que ce roi venant à mourir de vieillesse, on voit naître la licence et la division, comme on la voit naître dans une maison après la mort du chef de famille : mais il est aisé d'y remédier. On choisit à cet effet un autre chef dans des ruches où il s'en trouve plusieurs, et on le transfère dans celles qui n'en ont point, pour l'y mettre à la tête du gouvernement. On n'a pas non plus beaucoup de peine à remédier au défaut de multiplication des abeilles, dans les ruches qui sont affligées de quelque maladie pestilentielle. En effet, aussitôt qu'on s'aperçoit du désastre qui dépeuple une ruche, il faut en visiter les rayons, qui contiennent la semence dont les petits doivent éclore, et couper la partie des cires dans laquelle doit s'animer la postérité du sang royal. Or cette partie est aisée à reconnaître, parce qu'on la distingue communément à l'extrémité des cires, où elle surmonte les autres parties

nium. Namque duæ regum facies, duo corpora plebis. Alter erit maculis auro squalentibus ardens, Et rutilis clarus squamis insignis et ore. Atque hinc maxime probatur, qui est melior : nam deterior, sordido sputo similis, tam fœdus, *Quam pulvere ab alto Cum venit, et sicco terram spuit ore viator.* Et, ut idem ait, *Desidia latamque trahens ingloriús alvum.* Omnes igitur duces notæ deterioris *Dede neci, melior vacua sine regnet in aula.* Qui tamen et ipse spoliandus est alis, ubi sæpius cum examine suo conatur eruptione facta profugere. Nam velut quadam compede retinebimus erronem ducem detractis alis, qui fugæ destitutus præsidio, finem regni non audet excedere, propter quod ne ditionis quidem suæ populo permittit longius evagari.

XI. Sed nonnunquam idem necandus est, cum vetus alveare numero apium destituitur, atque infrequentia ejus aliquo examine replenda est. Itaque cum primo vere in eo vase nata est pullities, novus rex eliditur, ut multitudo sine discordia cum parentibus suis conversetur. Quod si nullam progeniem tulerint favi, duas vel tres alvorum plebes in unum contribuere licebit, sed prius respersas dulci liquore : tum demum includere, et posito cibo, dum conversari consuescant, exiguis spiramentis relictis triduo fere clausas habere. Sunt qui seniorem potius regem submoveant, quod est contrarium : quippe turba vetustior, velut quidam senatus, junioribus parere non consent, atque imperia validiorum contumaciter spernentes pœnis ac mortibus afficiuntur. Illi quidem incommodo, quod juniori examini solet accidere, cum antiquarum apium relictus a nobis rex senectute defecit, et tanquam domino mortuo familia nimia licentia discordat, facile occurritur. Nam ex iis alvis, quæ plureis habent principes, dux unus eligitur : isque translatus ad eas, quæ sine imperio sunt, rector constituitur. Potest autem minore molestia in iis domiciliis, quæ aliqua peste vexata sunt, paucitas apium emendari. Nam ubi cognita est clades, frequentis alvi, si quos habet favos, oportet considerare : tum deinde ceræ ejus quæ semina pullorum continet, partem recidere, in qua regii generis proles animatur. Est autem facilis conspectu, quoniam fere in ipso fine cera-

comme un bout de mamelle, et que l'ouverture en est plus large que celle des autres alvéoles, dans lesquels sont renfermés les petits du vulgaire. Celsus assure que l'extrémité des rayons est traversée par des tuyaux qui contiennent les petits du sang royal. Hyginus dit aussi, d'après l'autorité des auteurs grecs, que le chef ne vient point d'un petit ver (comme les autres abeilles), mais que l'on trouve, sur les bords des rayons, des alvéoles couverts, qui sont un peu plus grands que ceux qui contiennent la semence dont le peuple doit éclore ; et que ces alvéoles sont remplis d'une espèce de crasse rouge, qui sert à former le roi avec des ailes, dont il est pourvu au moment de sa naissance.

XII. Voici encore des soins qu'exigent les essaims nés chez nous, quand par hasard ils font une sortie dans le temps que nous venons de dire, et que, dégoûtés de leur patrie, ils annoncent qu'ils cherchent à fuir plus au loin. On s'aperçoit que les abeilles méditent ce projet quand elles s'éloignent du vestibule de leur ruche, au point qu'on n'y en voit plus rentrer aucune, et qu'elles s'élèvent au contraire sur-le-champ en l'air. Il faut alors effrayer le jeune essaim dans sa fuite, soit avec des sonnettes de cuivre, soit en faisant résonner des morceaux de pots de terre cassés, tels qu'on en trouve communément partout à terre ; et dès que l'effroi l'aura ramené vers la ruche qui l'a vu naître, et qu'il demeurera suspendu en peloton aux environs de cette ruche, ou qu'il aura gagné des feuillages voisins, le gardien frottera, avec les herbes dont nous avons parlé, le dedans d'une seconde ruche qu'il aura préparée à cet effet, et l'aspergera à l'extérieur de gouttes de miel ; après quoi il l'approchera du groupe formé par les abeilles, pour les y renfermer soit avec la main soit encore avec une cuiller. Ensuite, quand il aura pris tous les autres soins convenables, il laissera cette ruche bien arrangée et bien enduite dans le lieu même où cette opération aura été faite, jusqu'à ce que le jour tombe ; puis il la transportera au commencement du crépuscule, pour la mettre au rang des autres ruches. Il faut aussi garnir de ruches vides l'endroit où l'on élève des abeilles, parce qu'il y a tels essaims qui se cherchent un domicile dans le voisinage même de leur ruche, aussitôt qu'ils en sont sortis, et qui s'emparent de celui qu'ils trouvent non occupé. Voilà à peu près les soins qu'il faut prendre tant pour acquérir que pour conserver des abeilles.

XIII. Viennent à présent les remèdes qui leur sont nécessaires quand elles sont malades ou tourmentées par la peste. Il est rare, à la vérité, que des maladies contagieuses causent du désastre parmi les abeilles ; mais néanmoins, si le cas arrivait, il n'y a pas d'autre traitement à suivre que celui que j'ai prescrit pour les autres bestiaux, c'est-à-dire qu'il faut transférer plus loin les ruches. Quant à leurs maladies particulières, il est plus aisé d'en découvrir les causes et d'en trouver les remèdes, que dans les autres animaux. Leur plus grande maladie est celle qui leur vient tous les ans au commencement du printemps, quand la plante du tithymale est en fleur, et que les ormes font voir leur graine. En effet, comme elles ont souffert de la faim pendant l'hiver, ces premières fleurs excitent leur appétit, comme pourraient faire des fruits de la primeur ; et elles se remplissent avidement de ce genre de nourriture, qui d'ailleurs ne leur ferait aucun mal si elles n'en prenaient qu'avec sobriété. Lorsqu'elles s'en sont gorgées sans ména-

rum velut papilla uberis apparet eminentior, et laxioris fistulæ, quam sunt reliqua foramina, quibus popularis notæ pulli detinentur. Celsus quidem affirmat in extremis favis transversas fistulas esse, quæ contineant regios pullos. Hyginus quoque auctoritatem Græcorum sequens negat ex vermiculo, ut cæteras apes, fieri ducem, sed in circuitu favorum paulo majora, quam sunt plebeii seminis, inveniri recta foramina repleta quasi sorde rubri coloris, ex qua protinus alatus rex figuretur.

XII. Est et illa vernaculi examinis cura, si forte prædicto tempore facta eruptione patriam fastidiens sedem longiorem fugam denuntiavit. Id autem significat, cum sic apis evadit vestibulum, ut nulla intro revolet, sed se confestim levet sublimius. Crepitaculis æreis aut testarum plerumque vulgo jacentium [sonitu] terreatur fugiens juventus : eaque vel pavida cum repetierit alvum maternam, et in ejus aditu glomerata pependerit, vel statim se ad proximam frondem contulerit ; protinus custos novum loculamentum in hoc præparatum perlinat intrinsecus prædictis herbis : deinde guttis mellis respersum admoveat : tum manibus, aut etiam trulla congregatas apes recondat : atque, uti debet, adhibita cætera cura, diligenter compositum et illitum vas interim patiatur in eodem loco esse, dum advesperascat. Primo deinde crepusculo transferat, et reponat in ordinem reliquarum alvorum. Oportet autem etiam vacua domicilia collocata in apiariis habere. Nam sunt nonnulla examina, quæ cum processerint, statim sedem sibi quærant in proximo, eandemque occupent quam vacantem reperiunt. Hæc fere acquirendarum, atque etiam retinendarum apium traditur cura.

XIII. Sequitur ut morbo vel pestilentia laborantibus remedia desiderentur. Pestilentiæ rara in apibus pernicies, nec tamen aliud, quam quod in cætero pecore præcepimus, quid fieri possit reperio, nisi ut longius alvi transferantur. Morborum autem facilius [in his] et causæ dispiciuntur, et inveniuntur medicinæ. Maximus autem annuus earum labor est initio veris, quo tithymali floret frutex, et quo sameram ulmi promunt. Nam quasi novis pomis, ita his primitivis floribus illectæ avide vescuntur post hibernam famem, alioquin citra satietatem tali nocente cibo : quo cum se affatim repleverunt, profluvio alvi, nisi celeriter succurritur, intereunt. Nam et tithymalus majorum quoque animalium ventrem solvit, et

gement, elles périssent par un flux de ventre, à moins qu'on n'y remédie promptement, parce que le tithymale lâche le ventre de tous les animaux, même des plus grands, et que l'orme produit particulièrement cet effet sur les abeilles : c'est aussi la raison pour laquelle il est rare que des essaims restent longtemps bien peuplés dans les contrées de l'Italie, où il se trouve un grand nombre de plants d'arbres de cette espèce. On peut donc donner aux abeilles au commencement du printemps des nourritures médicamentées, tant pour empêcher qu'elles ne soient surprises par cette maladie, que pour les en guérir, au cas qu'elles en soient déjà attaquées. Car je n'oserais pas assurer, faute de l'avoir éprouvé par moi-même, la vérité d'un fait qu'avance Hyginus d'après les plus grands auteurs, quoique si quelqu'un veut s'en assurer, il pourra en faire l'essai par lui-même. Quoi qu'il en soit, il ordonne de prendre les cadavres des abeilles, que l'on trouve en tas sous les rayons quand cette maladie contagieuse s'est emparée d'elles, et de les serrer dans un lieu sec pendant l'hiver ; il veut qu'ensuite, vers l'équinoxe du printemps, on les mette au soleil après la troisième heure du jour, lorsque la douceur du temps le permet, et qu'on les couvre de cendre de figuier. Cela fait, il assure qu'une chaleur vivifiante venant à les ranimer au bout de deux heures, elles reprennent vie et se traînent dans une ruche préparée à cet effet, qu'on a soin de mettre auprès d'elles. Pour nous, nous pensons qu'il faut plutôt les empêcher de mourir, en donnant aux essaims, lorsqu'ils sont malades, les remèdes que nous allons prescrire. Ces remèdes seront ou des grains de grenade pilés et arrosés de vin Aminé, ou des grains de raisin séchés au soleil et pilés dans un mortier avec pareille quantité de sumac de Syrie, et détrempés ensuite dans du vin dur. Si l'un ou l'autre de ces médicaments ne fait point d'effet à lui seul, il faut les broyer tous ensemble par poids égal ; et après les avoir fait bouillir dans un vase de terre avec du vin Aminé, les servir aux abeilles dans des augets de bois, lorsqu'ils seront refroidis. Il y a des personnes qui leur donnent à boire, dans des tuiles creuses, de l'eau miellée dans laquelle elles ont fait cuire du romarin, après l'avoir laissé refroidir. D'autres mettent auprès des ruches de l'urine de bœuf, ou même de l'urine d'homme (comme Hyginus l'assure). Elles sont encore sujettes à une maladie qui les affaiblit sensiblement, et qui fait que leur corps se rétrécit et devient hideux : on s'aperçoit qu'elles en sont attaquées, quand les unes portent souvent hors de leurs domiciles les cadavres de celles qui sont mortes, et que les autres restent dans l'intérieur de leurs ruches plongées dans un morne silence, comme il arrive dans un deuil public. Lorsque cela arrive, on met leur nourriture dans des augets de saule, et cette nourriture consiste principalement en miel bouilli, et broyé avec de la noix de galle ou avec des roses desséchées. Il faut aussi brûler du galbanum, dont l'odeur leur sert de médicament, et les soutenir, lorsqu'elles sont épuisées, avec du vin fait de raisin sec ou avec de vieux vin cuit, jusqu'à diminution de moitié. Mais le meilleur de tous les remèdes, c'est de la racine d'amelle, plante dont la tige est d'un jaune clair et la fleur pourprée ; on l'exprime après l'avoir fait bouillir avec de vieux vin Aminé, et on leur donne le jus qu'on en a tiré. Hyginus dit, dans le livre qu'il a composé sur les abeilles, qu'Aristomachus était d'avis qu'il fallait, pour secourir celles qui étaient malades, commencer par retrancher tous les rayons gâtés, ensuite substituer de nouvelle nourriture à l'ancienne, et enfin les

proprie ulmus apium. Eaque causa est, cur in regionibus Italiæ, quæ sunt ejus generis arboribus consitæ, raro frequentes durent apes. Itaque veris principio si medicatos cibos præbeas, iisdem remediis et provideri potest, ne tali peste vexentur, et cum jam laborant, sanari. Nam illud quod Hyginus antiquos secutus autores prodidit, ipse non expertus asseverare non audet : volentibus tamen licebit experiri. Siquidem præcipit apium corpora, quæ cum ejusmodi pestis incessit, sub favis acervatim enectæ reperiuntur, sicco loco per hiemem reposita circa æquinoctium vernum, cum clementia diei suaserit, post horam tertiam in solem proferre, ficulneoque cinere obruere. Quo facto, affirmat intra duas horas cum vivido halitu caloris animatæ sunt, resumpto spiritu, si præparatum vas objiciatur, irrepere. Nos magis ne intereant, quæ deinceps dicturi sumus, ægris examinibus exhibenda censemus. Nam vel grana mali Punici tunsa, et vino Amineo conspersa, vel uvæ passæ cum rore Syriaco pari mensura pinsitæ et austero vino insuccatæ dari debent : vel si per se ista frustrata sunt, omnia eadem æquis ponderibus in unum levigata, et fictili vase cum Amineo vino infervefacta, mox etiam refrigerata, ligneis canalibus apponi. Nonnulli rorem marinum aqua mulsa decoctum, cum gelaverit, imbricibus infusum præbent libandum. Quidam bubulam vel hominis urinam, sicut Hyginus affirmat, alvis apponunt. Nec non etiam ille morbus maxime est conspicuus, qui horridas contractasque carpit, cum frequenter aliæ mortuarum corpora domiciliis [suis] efferunt, aliæ intra tecta, ut in publico luctu, mœsto silentio torpent. Id cum accidit, arundinis infusi canalibus offeruntur cibi, maxime decocti mellis, et cum galla vel arida rosa detriti. Galbanum etiam, ut ejus odore medicentur, incendi convenit, passoque et defruto vetere fessas sustinere. Optime tamen facit amelli radix, cujus est frutex luteus, purpureus flos : ea cum vetere Amineo vino decocta exprimitur, et ita liquatus ejus succus datur. Hyginus quidem in eo libro, quem de apibus scripsit, Aristomachus, inquit, hoc modo succurrendum laborantibus existimat : primum, ut omnes vitiosi favi tollantur, et cibus ex integro recens ponatur; deinde, ut

parfumer. Il croit aussi qu'il est utile, lorsque les abeilles sont dégénérées par vieillesse, d'incorporer avec elles de nouveaux essaims ; et il pense que, quelque danger qu'il y ait que les dissensions qui résulteront de cette union ne fassent périr ces nouveaux essaims, cette recrue d'un nouveau peuple ne pourra que réjouir les anciennes abeilles, pourvu que, pour maintenir l'union parmi elles toutes, on ait soin d'écarter les rois de celles que l'on aura transférées d'un autre domicile, comme appartenant à un peuple étranger. Effectivement, il n'y a pas de doute que l'on ne doive transférer les rayons des essaims bien peuplés dans le temps où les petits sont formés, pour les mettre dans les ruches moins peuplées, afin que celles-ci se trouvent fortifiées quand cette nouvelle progéniture s'y trouvera comme adoptée. Mais il faudra avoir l'attention de n'y mettre dans ce cas-là que des rayons où les petits ouvrent déjà leurs cellules, et commencent à montrer la tête, en rongeant la cire qui les tient renfermés, et qui sert de couvercle à leurs alvéoles. Car si l'on transfère des rayons avant que les petits en soient éclos, ces petits, cessant d'être couvés, ne peuvent manquer de perdre la vie. Les abeilles meurent encore d'une maladie que les Grecs appellent φαγέδαινα. Elle provient de ce que les abeilles étant dans l'usage de commencer par faire autant de cires qu'elles comptent en pouvoir remplir, il arrive quelquefois que ces premiers ouvrages étant finis, l'essaim s'écarte au loin pour aller chercher du miel, et se trouve opprimé dans les forêts par des pluies imprévues ou par des tourbillons de vent ; ce qui est cause que la plus grande partie du peuple dont il est composé se perd, et qu'ensuite le peu qui en reste ne suffit plus pour remplir les rayons. Dès lors les parties de cire qui restent vides finissent par se pourrir ;

après quoi le mal faisant des progrès insensibles, le miel se corrompt, et les abeilles elles-mêmes périssent toutes. Pour prévenir cette maladie, il faut joindre deux peuplades ensemble, afin qu'elles puissent venir à bout de remplir les cires vides ; ou, si l'on n'est pas à portée d'avoir un second essaim, il faut couper les portions vides des rayons mêmes, avant qu'ils pourrissent. Mais il est important de se servir pour cette opération d'un fer bien tranchant, de peur qu'en y employant un instrument trop émoussé, la difficulté de pénétrer ne force de donner un coup trop violent qui dérangerait les rayons de leur place, auquel cas les abeilles quitteraient leur domicile. C'est encore une cause de mortalité pour les abeilles, quand les fleurs viennent à être trop abondantes pendant une suite d'années, et qu'en conséquence ces insectes s'occupent plus à faire du miel qu'à multiplier. Il se trouve des gens qui, peu versés dans cette branche d'économie rurale, se félicitent alors, parce qu'ils voient abonder le fruit, et qu'ils ne font pas attention que les abeilles sont menacées par cela même de leur destruction, attendu qu'étant épuisées par un travail excessif, elles périssent pour la plus grande partie, et, que celles qui survivent à cet accident finissent par mourir également, faute d'être recrutées par des jeunes. S'il survient donc un printemps où les fleurs pullulent excessivement dans les prairies et dans les champs, il sera très-bon de boucher les sorties des ruches de trois jours l'un, en y laissant néanmoins de petites ouvertures par lesquelles les abeilles ne puissent pas sortir, afin qu'elles ne s'occupent pas tant à faire du miel, quand elles se verront privées de l'espérance de pouvoir remplir toutes leurs cires de cette liqueur, et qu'elles les remplissent au contraire de leur progéniture. Voilà à peu près les remèdes aux-

---

fumigentur. Prodesse etiam putat apibus vetustate corruptis examen novum contribuere, quamvis periculum sit, ne seditione consumantur, verumtamen adjecta multitudine lætaturas. Sed ut concordes maneant, earum apium, quæ ex alio domicilio transferuntur, quasi peregrinæ plebis submoveri reges debere. Nec tamen dubium, quin frequentissimorum examinum favi, qui jam maturos habent pullos, transferri, et subjici paucioribus debeant, ut tanquam novæ prolis adoptione domicilia confirmentur. Sed et id cum fiet, animadvertendum est, ut eos favos subjiciamus, quorum pulli jam sedes suas adaperiunt, et velut opercula foraminum obductas ceras erodunt exerentes capita. Nam si favos immaturo fœtu transtulerimus, emorientur pulli, cum foveri desierint. Sæpe etiam vitio quod Græci φαγέδαιναν vocant, intereunt. Siquidem cum sit hæc apium consuetudo, ut prius tantum cerarum confingant, quantum putent explere se posse : non nunquam evenit, ut consummatis operibus cereis, dum examen conquirendi mellis causa longius evagatur, subitis imbribus, aut turbinibus in silvis opprimatur, et majorem partem plebis amittat quod ubi factum est, reliqua

paucitas favis complendis non sufficit ; tuncque vacuæ cerarum partes computrescunt, et vitiis paulatim serpentibus, corrupto melle, ipsæ quoque apes intereunt. Id ne fiat, vel duo populi conjungi debent, qui possint adhuc integras ceras explere : itaque si non est facultas alterius examinis, ipsos favos ante quam putrescant, vacuis partibus acutissimo ferro liberare. Nam hoc quoque refert, ne admodum hebes ferramentum (quia non facile penetret) vehementius impressum favos sedibus suis commoveat : quod si factum est, apes domicilium relinquunt. Est et illa causa interitus, quod interdum continuis annis plurimi flores proveniunt, et apes magis mellificiis quam fœtibus student. Itaque nonnulli, quibus minor est harum rerum scientia, magnis fructibus delectantur, ignorantes exitium apibus imminere, quoniam et nimio fatigatæ opere plurimæ pereunt, nec ullis juventutis supplementis confrequentatæ novissime reliquæ intereunt. Itaque si tale ver incessit, ut et prata et arva floribus abundent, utilissimum est tertio quoque die alvorum exitus præcludi, exiguis foraminibus relictis per quæ non possint apes exire, ut ab opere mellifico avocatæ, quoniam non

quels on a recours quand les essaims sont attaqués de quelque maladie.

XIV. Voici à présent les soins qu'il faut prendre des abeilles pendant le cours de toute l'année, suivant la méthode excellente prescrite par le même Hyginus. Depuis le premier équinoxe, qui tombe au mois de mars vers le huit des calendes d'avril, quand le soleil est au huitième degré du Bélier, jusqu'au lever des Pléiades, on a quarante-huit jours de printemps. Il dit donc qu'il faut commencer à donner ses soins aux abeilles pendant cet intervalle, en ouvrant les ruches pour en ôter toutes les immondices qui s'y seront amassées pendant l'hiver, et en les enfumant en dedans avec de la fiente de bœuf brûlée, après avoir détruit les araignées qui corrompent les rayons, parce que cette fiente est très-convenable aux abeilles, vu l'espèce d'affinité qui se trouve entre elles et cet animal. Il faut aussi tuer les petits vermisseaux que l'on appelle *tineæ* (teignes), ainsi que les papillons : il suffit communément, pour tuer ces animaux pestilentiels qui s'attachent aux rayons, de mêler de la moelle de bœuf avec de la fiente du même animal, et de les brûler de façon à leur en faire sentir l'odeur. C'est avec de pareils soins que l'on fortifiera les essaims pendant le temps que nous venons de dire, et qu'on parviendra à leur donner plus de courage pour s'appliquer à leur ouvrage. Mais il faut surtout que celui qui prend soin d'élever des abeilles ait la précaution, lorsqu'il aura à toucher aux rayons, de s'abstenir la veille des plaisirs de l'amour, comme de n'en pas approcher lorsqu'il sera ivre, ou sans s'être lavé préalablement. Il s'abstiendra aussi de presque toutes les nourritures dont l'odeur sera forte, telles que les salaisons et tous les jus qu'elles rendent, telles encore que l'acrimonie puante de l'ail ou de l'oignon, et de toutes les autres choses semblables. Au quarante-huitième jour depuis l'équinoxe du printemps, c'est-à-dire, au lever des Pléiades, qui tombe vers le cinq des ides de mai, les essaims commencent à prendre de la force et à fourmiller beaucoup : mais aussi ceux où il ne se trouve que peu d'abeilles périssent dans le même temps. C'est encore dans ce temps-là que l'on voit naître dans les extrémités des rayons des petits dont la taille est plus grande que celle des autres abeilles, et que quelques personnes prennent pour les rois. Mais il y a des auteurs grecs qui les appellent οἴστροι (taons), parce qu'ils tourmentent les essaims et qu'ils ne les laissent point tranquilles : aussi ces mêmes auteurs ordonnent-ils de les tuer. Les ruches essaiment communément depuis le lever des Pléiades jusqu'au solstice qui tombe à la fin du mois de juin, vers le temps où le soleil est au huitième degré de l'Écrevisse; et il faut les garder alors avec plus de soin, de peur que leurs nouvelles progénitures ne prennent la fuite. Ensuite, depuis le solstice jusqu'au lever de la Canicule, ce qui fait un intervalle d'environ trente jours, on moissonne les rayons aussi bien que les blés. Mais nous nous réservons de prescrire par la suite la manière de les enlever, lorsque nous traiterons de la composition du miel. Au reste, Démocrite et Magon, ainsi que Virgile, ont pensé que c'était dans ce temps-ci que l'on pouvait se procurer des abeilles en tuant un bouvillon. Magon va même jusqu'à assurer qu'on peut obtenir le même résultat avec les entrailles d'un bœuf : mais je pense qu'il est superflu de détailler cette méthode avec exactitude, et je me range à l'avis de Celsus, qui dit très-prudemment

sperent se posse ceras omnes liquoribus stipare, fœtibus expleant. Atque hæc fere sunt examinum vitio laborantium remedia.

XIV. Deinceps illa totius anni cura, ut idem Hyginus commodissime prodidit. Ab æquinoctio primo quod mense Martio circa VIII calendas Aprilis in octava parte Arietis conficitur, ad exortum Vergiliarum dies verni temporis habentur duodequinquaginta. Per hos primum ait apes curandas esse adapertis alveis, ut omnia purgamenta, quæ sunt hiberno tempore congesta, eximantur, et araneis, qui favos corrumpunt, detractis fumus immittatur factus incenso bubulo fimo. Hic enim quasi quadam cognatione generis maxime est apibus aptus. Vermiculi quoque, qui tineæ vocantur, item papiliones enecandi sunt : quæ pestes plerumque favis adhærentes decidunt, si fimo medullam bubulam misceas, et his incensis nidorem admoveas. Hac cura per id tempus, quod diximus, examina firmabuntur, eaque fortius operibus inservient. Verum maxime custodiendum est curatori, [qui apes nutrit], cum alvos tractare debebit, uti pridie castus ab rebus venereis, neve temulentus, nec nisi lotus ad eas accedat, abstineatque omnibus redolentibus esculentis, ut sunt salsamenta, et eorum omnia liquamina; itemque fœtentibus acrimoniis allii vel ceparum cæterarumque rerum similium. Duodequinquagesimo die ab æquinoctio verno, cum fit Vergiliarum exortus circa V idus Maias, incipiunt examina viribus et numero augeri. Sed et iisdem diebus intereunt quæ paucas et ægras apes habent; eodemque tempore progenerantur in extremis partibus favorum amplioris magnitudinis quam sunt cæteræ apes, eosque nonnulli putant esse reges. Verum quidam Græcorum auctores οἴστρους appellant ab eo, quod exagitent, neque patiantur examina conquiescere. Itaque præcipiunt eos enecari. Ab exortu Vergiliarum ad solstitium, quod fit ultimo mense Julio circa octavam partem Cancri, fere examinant alvi : quo tempore vehementius custodiri debent, ne novæ soboles diffugiant. Tumque peracto solstitio usque ad ortum Caniculæ, qui fere dies triginta sunt, pariter frumenta et favi demetuntur. Sed ii quemadmodum tolli debeant, mox dicetur, cum de confectura mellis præcipiemus. Cæterum hoc eodem tempore progenerari posse apes juvenco perempto, Democritus et Mago nec minus Virgilius prodiderunt. Mago quidem ventribus etiam bubulis idem fieri affirmat, quam rationem diligentius prosequi supervacuum puto,

que la perte de ce genre de bétail n'occasionne pas un assez grand dommage, pour chercher à se le procurer par une pareille voie. Au reste, une chose qu'il faut faire dans cet intervalle et jusqu'à l'équinoxe d'automne, c'est d'ouvrir les ruches tous les dix jours, et de les enfumer. Car on convient généralement que, quoique cette opération ne plaise pas aux essaims, elle leur est néanmoins très-salutaire. Ensuite, lorsque les abeilles auront été ainsi parfumées et échauffées, il faudra les rafraîchir, en arrosant les parties des ruches qui seront vides, avec de l'eau très-fraîchement tirée, et en nettoyant celles que l'on n'aura pas pu arroser, avec des plumes d'aigle ou de tout autre oiseau de grande taille, qui aient une certaine roideur. Il faut encore balayer les teignes que l'on apercevra, et tuer les papillons qui se tiennent communément entre les ruches et qui détruisent les abeilles, tant parce qu'ils rongent les cires, que parce qu'il s'engendre de leurs excréments certains vers que nous appelons les *tineæ* (teignes) des ruches. Aussi, lorsqu'il s'en trouve une grande quantité, comme il arrive dans le temps où la mauve est en fleur, on met le soir entre les ruches un vase d'airain semblable à ceux dont on se sert dans les bains pour faire chauffer l'eau; et aussitôt qu'on y a enfoncé une lumière, les papillons y accourent de tous côtés, et se grillent en voltigeant autour de la flamme, attendu que n'ayant ni la facilité de s'envoler par en haut, parce que le vase est étroit, ni celle de s'éloigner du feu, parce qu'ils sont comme resserrés entre les parois du vase, ils sont en conséquence brûlés par le feu, dont ils sont trop voisins. L'Arcture se lève environ cinquante jours après la Canicule : c'est alors que les abeilles font leur miel avec les fleurs couvertes de rosée, tant celles du thym que celles de l'origan et de la thymbre. Le meilleur miel paraît être celui qu'elles font à l'équinoxe d'automne, qui tombe avant les calendes d'octobre, quand le soleil est au huitième degré de la Balance. Mais il faudra veiller, entre le lever de la Canicule et celui de l'Arcture, à ce que les abeilles ne soient pas surprises par les assauts des frelons, qui se tiennent communément devant leurs ruches pour les guetter à leur sortie. Après le lever de l'Arcture, on moissonne pour la seconde fois les rayons vers l'équinoxe de la Balance (comme je viens de le dire). Ensuite, depuis l'équinoxe, qui tombe vers le huit des calendes d'octobre, jusqu'au coucher des Pléiades, les abeilles emploient quarante jours à mettre en réserve le miel qu'elles ont extrait des fleurs du tamaris et des arbustes sauvages, et qui leur doit servir de nourriture pendant l'hiver : mais il ne faut rien retrancher de ce miel, de peur que si ces insectes étaient trop souvent molestés par les pertes qu'on leur ferait éprouver, le désespoir ne les portât à prendre la fuite. Depuis le coucher des Pléiades jusqu'au solstice d'hiver, qui tombe vers le huit des calendes de janvier, quand le soleil est au huitième degré du Capricorne, les essaims commencent à consommer le miel qu'ils ont mis en réserve, et qui sert à les soutenir jusqu'au lever de l'Arcture. Je n'ignore pas la façon de calculer d'Hipparchus, qui prétend que les solstices comme les équinoxes arrivent lorsque le soleil est au premier degré des signes, et non pas lorsqu'il est au huitième : mais je m'en tiens, dans cette économie rurale, aux calendriers, d'Eudoxe, de Méton et des anciens astronomes, qui sont réglés sur les fêtes publiques, parce que cet ancien système est plus généralement connu des

---

consentiens Celso, qui prudentissime ait, non tanto interitu pecus istud amitti, ut sic requirendum sit. Verum hoc tempore, et usque in autumni æquinoctium decimo quoque die alvi aperiendæ et fumigandæ sunt. Quod cum sit molestum examinibus, saluberrimum tamen esse convenit. Suffitas deinde, et æstuantes apes refrigerare oportet, conspersis vacuis partibus alvorum, et quam recentissimi rigoris aqua infusa : deinde si quid ablui non poterit, pinnis aquilæ vel etiam cujus libet vastæ alitis, quæ rigorem habent, emundari. Præterea ut tineæ, si apparuerint, everrantur, papilionesque enecentur, qui plerumque intra alvos morantes apibus exitio sunt. Nam et ceras erodunt, et stercore suo vermes progenerant, quos alvorum tineas appellamus. Itaque quo tempore malvæ florent, cum est earum maxima multitudo, si vas æneum simile miliario vespere ponatur inter alvos, et in fundum ejus lumen aliquod demittatur, undique papiliones concurrunt : dumque circa flammulam volitant, aduruntur, quod nec facile ex angusto sursum evolare, nec rursus longius ab igne possunt recedere, cum lateribus æneis circumvenientur : ideoque propinquo ardore consumuntur. A Canicula fere post diem quinquagesimum Arcturus oritur, cum irroratis floribus thymi et cunilæ thymbræque apes mella conficiunt : idque optimæ notæ emitescit autumni æquinoctio, quod est ante calend. Octobris, cum octavam partem Libræ sol attigit. Sed inter Caniculæ et Arcturi exortum cavendum erit, ne apes intercipiantur violentia crabronum, qui ante alvearia plerumque obsidiantur prodeuntibus. Post Arcturi exortum circa æquinoctium Libræ (sicut dixi) favorum secunda est demptio. Ab æquinoctio deinde quod conficitur circa viii calend. Octobris ad Vergiliarum occasum diebus xl, ex floribus tamaricis et silvestribus frutetis apes collecta mella cibariis hiemis reponunt. Quibus nihil est omnino detrahendum, ne sæpius injuria contristatæ velut desperatione rerum profugiant. Ab occasu Vergiliarum ad brumam, quæ fere conficitur circa viii calend. Januarii in octava parte Capricorni, jam recondito melle utuntur examina, eoque usque ad Arcturi exortum sustinentur. Nec me fallit Hipparchi ratio, quæ docet solstitia et æquinoctia non octavis sed primis partibus signorum confici. Verum in hac ruris disciplina sequor nunc Eudoxi et Metonis antiquorumque fastus astrologorum, qui sunt aptati publicis sacrificiis : quia et notior est ista vetus agricolis concepta opinio ; nec

agriculteurs, qui sont habitués à s'y conformer; et qu'au contraire la subtilité d'Hipparchus est au-dessus de l'intelligence grossière des gens de la campagne. Ainsi il faudra ouvrir les ruches, les purger de toute immondice et les soigner avec beaucoup d'attention, dès que les Pléiades commenceront à se coucher, parce qu'il n'est pas à propos de les remuer ni de les ouvrir pendant l'hiver. C'est pourquoi, si l'on a encore devant soi un reste d'automne, il faudra, après avoir nettoyé les ruches dans une journée où il aura fait très-beau temps, y enfoncer des couvercles qui parviennent jusqu'aux rayons mêmes, sans laisser aucun vide, afin que les alvéoles, qui seront rétrécis par là, se maintiennent plus aisément chauds pendant l'hiver : et c'est une opération qu'il faut toujours faire, dans les ruches même qui ne sont habitées que par un petit nombre d'abeilles. Ensuite on bouchera par dehors, avec de la boue et de la fiente de bœuf mêlées ensemble, toutes les crevasses et tous les trous qui pourront s'y trouver, sans laisser d'autres ouvertures que celles qui serviront de passages aux abeilles. Quoique les ruches soient sous un appentis, on ne laissera pas de les couvrir encore avec du chaume et des feuilles entassées pardessus, pour les défendre, autant que faire se pourra, contre le froid et les mauvais temps. Quelques personnes y renferment dans l'intérieur des oiseaux morts, dont les entrailles sont vidées, et qui servent à procurer de la chaleur pendant l'hiver aux abeilles qui se cachent sous leurs plumes, d'autant que, lorsqu'elles ont consommé leurs provisions, elles mangent fort bien ces oiseaux pour assouvir leur faim, sans en rien laisser que les os, quoique, lorsqu'elles ont suffisamment de rayons, elles n'y touchent point. Car l'odeur de ces oiseaux ne déplaît point à ces insectes, quelque délicats qu'ils soient sur l'article de la propreté. Nous croyons néanmoins qu'il vaut mieux, lorsque les abeilles sont tourmentées par la faim pendant l'hiver, leur servir dans de petits canaux placés vers l'entrée des ruches, des figues sèches pilées, et détrempées soit dans de l'eau, soit dans du vin cuit, jusqu'à diminution de moitié, ou fait avec des raisins secs ; auquel cas il faudra y tremper de la laine bien propre, afin qu'elles se posent sur cette laine pour tirer le suc de ces liqueurs, comme à travers un siphon. On fera aussi très-bien de leur donner du raisin sec broyé, et un peu humecté d'eau. Au surplus, il faudra les soutenir avec ces sortes de nourritures non-seulement pendant l'hiver, mais encore (ainsi que je l'ai dit) dans le temps où le tithymale et l'orme seront en fleur. Elles consomment, dans l'espace de quarante jours à dater du solstice d'hiver, tout le miel qui est dans leur ruche (à moins que celui qui en prend soin n'y en ait laissé une trop grande quantité) ; et souvent même, après avoir vidé les cires, elles se tiennent couchées auprès des rayons, sans prendre aucune nourriture, jusqu'au lever de l'Arcture qui commence aux ides de février, et y restent engourdies à la manière des serpents, de façon que le repos seul leur conserve la vie. Pour empêcher néanmoins qu'une trop longue diète ne la leur fasse perdre, il est très-bon d'insinuer avec des siphons dans leurs ruches, au travers de l'entrée, des jus doux, qui serviront à leur faire supporter la disette de la saison, jusqu'à ce que le lever de l'Arcture et l'arrivée des hirondelles leur annoncent des temps plus favorables. Aussi passé, ce mauvais temps, se hasardent-elles à aller aux pâturages dès que la gaieté de la saison le leur per-

tamen Hipparchi subtilitas pinguioribus, ut aiunt, rusticorum literis necessaria est. Ergo Vergiliarum occasu primo statim conveniet aperire alvos, et depurgare quidquid immundi est, diligentiusque curare; quoniam per tempora hiemis non expedit movere aut patefacere vasa. Quam ob causam dum adhuc autumni reliquiae sunt, apricissimo die purgatis domiciliis opercula intus usque ad favos admovenda sunt, omni vacua parte sedis exclusa, quo facilius angustiæ cavearum per hiemem concalescant. Idque semper faciendum est etiam in iis alvis, quæ paucitate plebis infrequentes sunt. Quidquid deinde rimarum est aut foraminum, luto et fimo bubulo mistis illinemus extrinsecus, nec nisi aditus, quibus commeent, relinquemus. Et quamvis porticu protecta vasa nihilo minus congesta culmorum et frondium supertegemus, quantumque res patietur, a frigore et tempestatibus muniemus. Quidam exemptis interaneis occisas aves intus includunt, quæ tempore hiberno plumis suis delitescentibus apibus præbent teporem : tum etiam si sunt absumpta cibaria, commode pascuntur esurientes, nec nisi ossa earum relinquunt. Sin autem favi sufficient, permanent illibatæ. Nec quamvis amantissimas mundiarum offendunt odore suo. Melius tamen esse nos existimamus, tempore hiberno fame laborantibus ad ipsos aditus in canaliculis vel contusam et aqua madefactam ficum aridam, vel defrutum aut passum præbere. Quibus liquoribus mundam lanam imbuere oportebit, ut insistentes apes quasi per siphonem succum evocent. Uvas enim passas cum infregerimus, paulum aqua respersas probe dabimus. Atque his cibariis non solum hieme, sed etiam quibus temporibus, ut jam supra dixi, tithymalus, atque etiam ulmi florebunt, sustinendæ sunt. Post confectam brumam diebus fere quadraginta quidquid est repositi mellis, nisi liberalius a curatore relictum sit, consumunt, [et] sæpe etiam vacuatis ceris usque in ortum fere Arcturi, qui est ab idib. Februariis, jejunæ etiam favis accubantes torpent more serpentum, et quiete sua spiritum conservant, quem tamen ne amittant, si longior fames incesserit, optimum est per aditum vestibuli siphonibus dulcia liquamina immittere, et ita penuriam temporum sustinere, dum Arcturi ortus et hirundinis adventus commodiores polliceantur futuras tempestates. Itaque, post hoc tempus, cum diei permittit hilaritas, procedere audent in pascua. Nam ab æquinoctio verno sine cunctatione jam passim vagan-

met. En effet, aussitôt que l'équinoxe du printemps est arrivé, elles ne tardent point à se répandre de côté et d'autre, pour ramasser les fleurs qui sont propres à les faire multiplier, à l'effet de les porter dans leurs domiciles. Telle est la méthode qu'Hyginus prescrit d'observer très-exactement pendant les différentes saisons de l'année. Au surplus, voici ce que Celsus ajoute à ces préceptes : il prétend que, comme il y a peu de contrées assez heureuses pour offrir aux abeilles des pâturages d'hiver différents de ceux d'été, il ne faut pas laisser les essaims dans des lieux qui ne donnent pas après le printemps de fleurs qui conviennent aux abeilles; mais que, lorsque les pâturages de cette saison sont consommés, il faut les transférer dans des lieux plus avantageux, où elles puissent se nourrir des fleurs tardives du thym, de l'origan et de la thymbre. Il assure que c'est ainsi qu'on le pratique soit dans les contrées de l'Achaïe, d'où on les transfère dans les pâturages de l'Attique et dans l'Eubée, soit dans toutes les îles Cyclades, d'où on les transfère dans la seule île de Scyros, soit enfin dans la Sicile, où on les transporte des différentes contrées de cette île à Hybla. Le même auteur prétend encore que les abeilles font la cire avec les fleurs, et le miel avec la rosée du matin; et que plus la cire est faite avec une matière agréable, plus le miel est de bonne qualité. Au surplus, il ordonne de visiter avec attention l'intérieur des ruches avant de les transporter, et d'en ôter les vieux rayons, ainsi que ceux où les teignes se seront mises ou ceux qui seront chancelants, afin de n'en réserver qu'un petit nombre des meilleurs, et qu'en conséquence la plus grande partie des rayons se trouve faite avec les meilleures fleurs. Il ordonne encore de ne porter que de nuit les ruches que l'on voudra changer de lieu, et de ne les point agiter dans le transport.

XV. Dès la fin du printemps, ainsi que je l'ai déjà dit, vient la récolte du miel, à laquelle aboutissent les travaux de toute l'année. On juge qu'il est temps de la faire, lorsqu'on voit les abeilles chasser et mettre en fuite les bourdons. Le bourdon est un insecte très-ressemblant à l'abeille, mais plus gros qu'elle; ou, comme dit Virgile, c'est *un bétail paresseux* qui se tient auprès des rayons sans y travailler, et qui, loin d'amasser de la nourriture, consomme celle que les abeilles ont apportée. Cependant ces insectes paraissent coopérer en quelque façon à la multiplication des abeilles, en se tenant auprès de la semence dont elles doivent éclore. Aussi les abeilles vivent-elles d'intelligence avec eux tant qu'ils leur sont utiles pour couver et pour élever leur nouvelle progéniture, au lieu qu'elles les chassent hors de leurs domiciles, et que, comme dit le même poëte, *elles les éloignent de leurs mangeoires* dès que leurs petits sont éclos. Quelques auteurs ordonnent de les exterminer absolument; mais je suis sur cet article de l'avis de Magon, et je ne crois pas qu'on doive pousser les choses à cette extrémité; je pense au contraire qu'il faut modérer cette barbarie, parce qu'en faisant un carnage universel de cette engeance, il serait à craindre que les abeilles ne devinssent paresseuses; au lieu qu'en l'épargnant, elles n'en deviennent que plus actives pour réparer les dommages que ces insectes leur causent en consommant une portion de leurs vivres. Il ne faut pas, d'un autre côté, laisser pulluler cette multitude de voleurs, de peur qu'ils ne finissent par piller tout le trésor des richesses qui ne leur appartiennent point. Lors donc que l'on verra de fréquentes disputes s'élever entre les bourdons

---

tur, et idoneos ad fœtum decerpunt flores, atque intra tecta comportant. Hæc observanda per anni tempora diligentissime Hyginus præcepit. Cæterum illa Celsus adjicit, paucis locis eam felicitatem suppetere, ut apibus alia pabula hiberna atque alia præbeantur æstiva. Itaque quibus locis post veris tempora flores idonei deficiunt, negat oportere immota examina relinqui, sed vernis pastionibus absumptis in ea loca transferri, quæ serotiniis floribus thymi et origani thymbræque benignius apes alere possint. Quod fieri ait et Achaiæ regionibus, ubi transferuntur in Atticas pastiones, et Euboea, et rursus in insulis Cycladibus, cum ex aliis transferuntur Scyrum, nec minus in Sicilia, cum ex reliquis ejus partibus in Hyblam conferuntur. Idemque ait ex floribus ceras fieri, ex matutino rore mella, quæ tanto meliorem qualitatem capiunt, quanto jucundiore sit materia cera confecta. Sed ante translationem diligenter alvos inspicere præcipit, veteresque et tineosos, et labantes favos eximere : nec nisi paucos et optimos reservare, ut simul etiam ex meliore flore quamplurimi fiant : eaque vasa, quæ quis transferre velit, non nisi noctibus et sine concussione portare.

XV. Mox vere transacto sequitur, ut dixi, mellis vindemia, propter quam totius anni labor exercetur. Ejus maturitas intelligitur cum animadvertimus fucos ab apibus expelli ac fugari. Quod est genus amplioris incrementi, simillimum api, sed, ut ait Virgilius, *ignavum pecus*, et immune, sine industria favis assidens. Nam neque alimenta congerit, et ab aliis invecta consumit. Verumtamen ad procreationem sobolis conferre aliquid hi fuci videntur insidentes seminibus, quibus apes figurantur. Itaque ad fovendam (et educandam) novam prolem familiarius admittuntur. Exclusis deinde pullis, extra tecta proturbantur, et ut idem ait, *a præsepibus arcentur*. Hos quidam præcipiunt in totum exterminari oportere. Quod ego Magoni consentiens faciendum non censeo, verum sævitiæ modum adhibendum. Nam nec ad occidionem gens interimenda est, ne apes inertia laborent, quæ, cum fuci aliquam partem cibariorum absumunt, sarciendo damna fiunt agiliores : nec rursus multitudinem prædonum coalescere patiendum est, ne universas opes alienas diripiant. Ergo cum rixam fucorum et apium sæpius committi videris, adapertas alvos inspicies, ut sive semipleni favi sint,

et les abeilles, on ouvrira les ruches pour les visiter à l'intérieur, soit afin de différer la récolte du miel, si les rayons ne sont qu'à demi pleins de cette liqueur, soit afin de la faire aussitôt, s'ils en sont remplis, et qu'ils soient recouverts de cire par-dessus. Il faut communément choisir la matinée pour faire cette opération, parce qu'il n'est pas à propos de vexer les abeilles au milieu de la chaleur, temps auquel elles sont déjà naturellement irritées. On se pourvoira à cet effet de deux instruments de fer d'un pied et demi de longueur ou un peu plus : l'un est un long couteau tranchant par les deux côtés, dont l'extrémité sera terminée par un bistouri crochu ; l'autre est un instrument plat et très-tranchant d'un seul côté, à l'effet de mieux couper les rayons ; au lieu qu'on pourra les ratisser avec l'autre, et en ôter les ordures qui pourront y être tombées. Mais lorsque la ruche ne sera point munie d'une ouverture par derrière, on y fera parvenir de la fumée de galbanum ou de fumier sec. On renferme à cet effet l'une ou l'autre de ces matières, avec de la braise, dans un vase de terre garni d'anses comme une petite marmite : ce vase doit être pointu par un de ses côtés, qui sera percé d'un petit trou destiné à livrer passage à la fumée ; au lieu qu'il sera plus gros par le côté opposé, et garni d'une large embouchure à travers laquelle on pourra souffler dedans. Quand on aura approché cette marmite de la ruche, on soufflera dans l'intérieur du vase pour pousser la fumée sur les abeilles ; et alors ces insectes, qui ne peuvent pas supporter cette odeur, se retireront aussitôt sur le devant de la ruche, et en sortiront même quelquefois, de sorte qu'on aura la liberté de regarder à son aise en dedans. On remarque communément deux formes particulières de rayons dans les ruches, quand il s'y trouve deux essaims. En effet, quoique ces deux peuplades réunies vivent ensemble en bonne intelligence, elles ont néanmoins chacune leur méthode particulière de façonner la cire, en lui donnant telle ou telle forme, dont elles ne s'écartent jamais. Au reste, tous les rayons, de quelque façon qu'ils soient faits, sont toujours suspendus au haut de la ruche et légèrement adhérents à ses parois, sans jamais s'étendre jusqu'au plancher d'en bas, parce que c'est l'endroit qui sert de passage aux essaims. D'ailleurs la forme des cires est modelée sur celle de la ruche, de sorte que sa capacité sert de moule aux rayons, qui retracent la forme carrée, ronde ou même longue de la ruche. C'est pour cela qu'on rencontre souvent dans la même ruche des rayons qui ont chacun leur forme différente. Mais, quels qu'ils soient, il ne faut jamais les enlever tous : on aura soin au contraire d'en laisser la cinquième partie à la première récolte, qui se fait dans un temps où les pâturages sont encore abondants dans les champs, et la troisième partie à la seconde récolte, qui se fait dans un temps où l'hiver commence déjà à se faire sentir. Cependant la proportion que nous fixons ici n'est pas la même pour tous les pays, parce qu'il faut dans chacun pourvoir à l'intérêt des abeilles proportionnellement à la multitude des fleurs et à l'abondance des pâturages. Si les cires suspendues à la ruche sont perpendiculairement allongées, il faut couper les rayons avec l'instrument qui a la forme d'un couteau, et les recevoir par-dessous entre les deux bras, pour les tirer de la ruche ; mais si les rayons sont attachés horizontalement au haut des ruches, il faut alors se servir de l'instrument qui a la forme d'une serpe, afin de les couper d'un coup qu'on leur portera en face. On enlèvera ceux qui seront vieux ou défectueux, en laissant dans la ruche ceux qui ne seront point

---

differantur : sive jam liquore completi, et superpositis ceris tamquam operculis obliti, demetantur. Dies vero castrandi fere matutinus occupandus est. Neque enim convenit æstu medio exasperatas apes lacessiri. Duobus autem ferramentis ad hunc usum opus est, sesquipedali, vel paulo ampliore mensura factis, quorum alterum sit culter oblongus ex utraque parte acie lata, uno capite aduncum habens scalprum ; alterum prima fronte planum et acutissimum : quo melius hoc favi succidantur, illo eradantur, et quidquid sordium deciderit, attrahatur. Sed ubi a posteriore parte, qua nullum est vestibulum, patefactum fuerit alveare, fumum admovebimus factum galbano vel arido fimo. Ea porro vase fictili prunis immista conduntur : idque vas ansatum simile angustæ ollæ figuratur, ita ut altera pars sit acutior, per quam modico foramine fumus emanet : altera latior, et ore patulo, per quam possit afflari. Talis olla, cum est alveario objecta, spiritu admoto fumus ad apes promovetur. Quæ confestim nidoris impatientes in priorem partem domicilii, et interdum extra vestibulum se conferunt. Atque ubi potestas est liberius inspiciendi, fere, si duo sunt examina, duo genera quoque favorum inveniuntur. Nam etiam in concordia suum quæque plebs morem figurandi ceras fingendique servat. Sed omnes favi semper cavearum tectis et paululum a lateribus adhærentes dependent, ita ne solum contingant : quoniam id præbet examinibus iter. Cæterum figura cerarum talis est, qualis et habitus domicilii. Nam et quadrata et rotunda spatia nec minus longa suam speciem velut formæ quædam favis præbent. Ideoque non semper ejusdem figuræ reperiuntur favi. Sed hi qualescunque sint, non omnes eximuntur. Nam priore messe, dum adhuc rura pastionibus abundant, quinta pars favorum ; posteriore, cum jam metuitur hiems, tertia relinquenda est. Atque hic tamen modus non est in omnibus regionibus certus : quoniam pro multitudine florum et ubertate pabuli apibus consulendum est. Ac si certe dependentes in longitudinem decurrunt, eo ferramento, quod est simile cultro, insecandi sunt favi, deinde subjectis duobus brachiis excipiendi, atque ita promendi : sin autem transversi tectis cavearum inhærent, tunc scalprato ferramento est opus, ut adversa fronte impressi desecentur. Eximi autem debent veteres vel vitiosi, et relinqui

gâtés et qui seront pleins de miel, de même que ceux qui renfermeront des petits, parce qu'ils serviront à reproduire des essaims. Il faudra ensuite porter tout ce qu'on aura récolté de rayons dans le lieu où l'on voudra faire le miel, et boucher exactement toutes les fentes qui pourront se trouver aux murs ou aux fenêtres de cet endroit, afin que les abeilles n'y puissent pénétrer d'aucun côté, parce qu'elles s'opiniâtrent à chercher, pour ainsi dire, les richesses qu'elles ont perdues, et que lorsqu'elles parviennent à les trouver, elles les consomment. C'est pourquoi il faut aussi faire des fumigations à l'entrée de cet endroit avec les matières dont nous avons déjà parlé, afin d'en écarter les abeilles au cas qu'elles fassent des tentatives pour y entrer. Quand les ruches auront été récoltées, s'il s'en trouve quelques-unes dont l'entrée soit barrée par des rayons, il faut les retourner d'un autre sens, afin que le côté de derrière y serve à son tour d'entrée. Lorsqu'il sera alors question de les récolter, on enlèvera les anciens rayons avant les nouveaux, et les cires se trouveront renouvelées par là; ce qui est d'autant plus intéressant que plus elles sont vieilles, pires elles sont. Si par hasard les ruches sont revêtues d'une maçonnerie, et qu'elles soient par conséquent immobiles, on aura soin de les châtrer tantôt d'un côté, tantôt de l'autre. Il faudra aussi que cette opération soit faite avant la cinquième heure du jour; sinon on ne la reprendra qu'après la neuvième, ou le lendemain matin. Au surplus, quelque quantité de rayons qu'on ait récoltée, il est à propos d'en extraire le miel le jour même de la récolte, et tandis qu'ils sont encore chauds. On suspend à cet effet dans un lieu obscur un panier de saule, ou un sac d'osier mince tissu à grandes mailles, dont la forme soit semblable à celle d'une borne renversée, tels que ceux à travers lesquels on passe le vin; après quoi on y entasse les rayons les uns sur les autres, en observant néanmoins de rejeter de côté les portions de cire qui contiennent des petits ou de la crasse rouge, parce qu'elles ont un mauvais goût, et que le suc qu'elles rendraient corromprait le miel. Lorsqu'ensuite le miel que l'on aura passé sera tombé dans un bassin posé en bas pour le recevoir, on le transportera dans des vases de terre qu'on laissera ouverts pendant quelques jours, jusqu'à ce que cette espèce de moût ait cessé de bouillir. Il faudra l'écumer souvent avec une cuiller. Quand ce miel sera fait, on pressera entre ses mains les morceaux de rayons qui seront restés dans le sac, et il en découlera du miel de la seconde qualité, que les gens les plus attentifs mettent à part, de peur qu'il ne détériore par son mélange le premier, dont le goût est excellent.

XVI. Quoique la cire soit une matière de modique valeur, comme on l'emploie cependant à bien des choses, ce genre de profit ne doit pas être négligé. On jette dans un vase de cuivre ce qui reste des rayons, après qu'on en a exprimé le miel et qu'on les a bien lavés dans de l'eau douce; puis on verse de l'eau dessus, et on les fait fondre au feu. Quand cela est fait, on verse la cire, en la passant, sur de la paille ou sur du jonc, et on la fait cuire de nouveau autant que la première fois; ensuite on la verse dans tel moule que l'on juge à propos, après l'avoir rempli d'eau, afin que, quand la cire sera figée, il soit aisé de la retirer du moule, parce que l'eau qui sera dessous l'empêchera de s'attacher à ses parois. Mais, puisque nous avons achevé notre dissertation sur les bestiaux et sur les nourritures que l'on fait dans les métairies, nous allons à présent donner en vers, pour satisfaire à l'empressement de

---

maxime integri ac melle pleni, et siqui tantum pullos continent, ut examini progenerando reserventur. Omnis deinde copia favorum conferenda est in eum locum, in quo mel conficere voles, linendaque sunt diligenter foramina parietum et fenestrarum, nequid sit apibus pervium, quæ velut amissas opes suas pertinaciter vestigant, et persecutæ consumunt. Itaque ex iisdem rebus fumus etiam in aditu loci faciendus est, qui propulset intrare tentantes. Castratæ deinde alvi si quæ transversos favos in aditu habebunt, convertendæ erunt, ut alterna vice posteriores partes vestibula fiant. Sic enim proxime cum castrabuntur, veteres potius favi quam novi eximentur, ceræque novabuntur, quæ tanto deteriores sunt, quanto vetustiores. Quod si forte alvearia circumstructa et immobilia fuerint, curæ erit nobis, ut semper modo a posteriore modo a priore parte castrentur. Idque fieri ante diei quintam horam debebit, deinde repeti vel post nonam, vel postero mane. Sed quotcunque favi sunt demessi, eodem die, dum tepent, conficere mel convenit. Saligneus qualis, vel tenui vimine rarius contextus saccus, inversæ metæ similis, qualis est quo vinum liquatur, obscuro loco suspenditur : in eum deinde carptim congeruntur favi. Sed adhibenda cura est, ut separentur eæ partes cerarum, quæ vel pullos habent, vel rubras sordes. Nam sunt mali saporis, et succo suo mella corrumpunt. Deinde ubi liquatum mel in subjectum alveum defluxit, transfertur in vasa fictilia, quæ paucis diebus aperta sint, dum mustens fructus defervescat, isque sæpius ligula purgandus est. Mox deinde fragmina favorum, quæ in sacco remauserunt, retractata exprimuntur : atque id secundæ notæ mel defluit, et ab diligentioribus seorsum reponitur, ne quod est primi saporis hoc adhibito fiat deterius.

XVI. Ceræ fructus quamvis æris exigui non tamen omittendus est, cum sit ejus usus ad multa necessarius. Expressæ favorum reliquiæ, posteaquam diligenter aqua dulci perlutæ sunt, in vas æneum conjiciuntur : adjecta deinde aqua liquantur ignibus. Quod ubi factum est, cera per stramenta vel juncos defusa colatur, atque iterum similiter de integro coquitur, et in quas quis voluit formas aqua prius adjecta defunditur : eamque concretam facile est eximere, quoniam qui subest humor non patitur formis inhærere. Sed jam consummata disputatione de villa

notre ami Gallion, qui l'a désiré ainsi que vous, Publius Silvinus, ce qui nous reste à traiter de l'économie rurale, je veux dire la culture des jardins.

LIVRE DIXIÈME.

DE LA CULTURE DES JARDINS.

PRÉFACE.

Recevez, Silvinus, le reliquat des intérêts que vous avez stipulés à ma charge, et au payement desquels je me suis engagé vis-à-vis de vous; reliquat au surplus très-modique, puisqu'à la partie près que je vais acquitter en ce moment, j'ai soldé de compte avec vous par les neuf livres précédents. Il ne me reste donc plus qu'à traiter de la culture des jardins, cette partie de l'économie rurale qui, loin d'être négligée comme elle l'était autrefois par les anciens agriculteurs, est au contraire celle dont on paraît s'occuper le plus aujourd'hui. En effet, quoique la frugalité de nos ancêtres allât jusqu'à la parcimonie, les pauvres faisaient meilleure chère de leur temps qu'ils ne la font à présent, parce que le lait le plus abondant, et la chair des bêtes fauves ou des bestiaux domestiques, étaient, ainsi que l'eau et le blé, la nourriture commune des gens du plus bas aloi, comme de ceux du plus haut rang. Mais dès que les siècles suivants, et particulièrement le nôtre, ont vu augmenter le prix des mets recherchés par les débauchés, et que l'on n'a plus mesuré la bonté d'un repas sur l'appétit naturel, mais sur les dépenses qu'il a occasionnées, la pauvreté du peuple a nécessairement mis hors de sa portée les mets d'un prix trop élevé, et l'a réduit par là aux aliments les plus communs. C'est pour cela même que nous devons donner des préceptes sur la culture des jardins avec plus de soin que ne l'ont fait nos ancêtres, parce que les fruits qui en proviennent sont aujourd'hui d'un usage plus général qu'ils ne l'étaient de leur temps. J'aurais composé ce traité en prose, ainsi que je me l'étais d'abord proposé, afin de le joindre par suite aux livres précédents, si vous n'eussiez pas combattu mon projet par vos sollicitations continuelles, qui ont enfin vaincu ma résistance, et qui m'ont déterminé à mettre en vers des parties qui manquent au poëme des Géorgiques, et que Virgile a déclaré lui-même n'avoir omises que pour laisser à la postérité le soin de les traiter après lui. Aussi n'aurais-je jamais eu la témérité de tenter une pareille entreprise, si le plus respectable des poëtes n'avait déclaré par là son intention. C'est donc comme par son inspiration que je me suis chargé, quoiqu'en hésitant, je l'avoue, vu la difficulté de l'entreprise, mais non sans espoir de réussite, de traiter une matière délicate et presque sans corps, tel que celle-ci, qui est effectivement si mince, que, soit que l'on considère l'ensemble de mon ouvrage, on peut la regarder comme n'en faisant qu'une parcelle, soit qu'on l'examine à part, et qu'on la restreigne, pour ainsi dire, à ses limites, on ne peut en aucune manière lui donner une certaine consistance. En effet, quoiqu'elle soit composée, pour m'exprimer ainsi, de plusieurs membres, sur chacun desquels il peut à la vérité se trouver quelque chose à dire, ces membres sont néanmoins aussi imperceptibles que des grains de sable, avec lesquels il est impossible (comme disent les Grecs) de former un cordage, vu leur petitesse incompréhensible. Loin donc que ce fruit de nos veilles, quel qu'il soit, prétende à des applaudissements particuliers, l'auteur se croira au contraire assez favorablement traité, pour peu qu'on ne juge point que son travail dés-

ticis pecudibus atque pastionibus, quæ reliqua nobis rusticarum rerum pars subest, de cultu hortorum, Publi Silvine, deinceps ita, ut et tibi et Gallioni nostro complacuerat, in carmen conferemus.

LIBER DECIMUS.
DE CULTU HORTORUM.
PRÆFATIO.

Fœnoris tui, Silvine, quod stipulanti spoponderam tibi, reliquam pensiunculam percipe. Nam superioribus novem libris hac minus parte debitum, quod nunc persolvo, reddideram. Superest ergo cultus hortorum seguis ac neglectus quondam veteribus agricolis, nunc vel celeberrimus. Siquidem cum parcior apud priscos esset frugalitas, largior tamen pauperibus fuit usus epularum lactis copia ferinaque ac domesticarum pecudum carne; velut aqua frumentoque summis atque humillimis victum tolerantibus. Mox cum sequens et præcipue nostra ætas dapibus libidinosa pretia constituerit, cœnæque non naturalibus desideriis, sed censibus æstimentur, plebeia paupertas submota a pretiosioribus cibis ad vulgares compellitur. Quare cultus hortorum, quoniam [et] fructus magis in usu est, diligentius nobis, quam tradiderunt majores, præcipiendus est : isque, sicut institueram, prosa oratione prioribus subnecterer exordiis, nisi propositum [meum] expugnasset frequens postulatio tua, quæ pervicit, ut poeticis numeris explerem Georgici carminis omissas partes, quas tamen et ipse Virgilius significaverat, posteris se memorandas reliquere. Neque enim aliter istud nobis fuerat audendum, quam ex voluntate vatis maxime venerandi : cujus quasi numine instigante pigro sine dubio propter difficultatem operis, veruntamen non sine spe prosperi successus aggressi sumus tenuem admodum et pene viduatam corpore materiam, quæ tam exilis est, ut in consummatione quidem totius operis annumerari veluti particula possit laboris nostri, per se vero et quasi suis finibus terminata nullo modo conspici. Nam etsi multa sunt ejus quasi membra, de quibus aliquid possumus effari, tamen eadem tam exigua sunt, ut, quod aiunt Græci, ex incomprehensibili parvitate arenæ funis effici non possit. Quare quidquid est istud, quod elucubravimus, adeo

honore les traités qui l'ont précédé. Mais cessons cette préface.

Je vous montrerai aussi, Silvinus, la culture des jardins, ainsi que les objets que Virgile nous a laissé le soin de traiter après lui, lorsqu'en se renfermant dans des bornes étroites, il chantait les moissons abondantes et les presents de Bacchus, et vous, grande Palès, et le miel émané du ciel. D'abord il faut, pour l'emplacement d'un jardin de bon rapport, choisir un champ gras qui renferme dans son sein des mottes de terre bien pulvérisées et des gazons faciles à s'ameublir, et qui ressemble, après les fouilles qu'on y aura faites, au sable le plus fin. Un terrain sera encore propre à cette destination par sa nature, lorsqu'il sera continuellement tapissé d'une grande quantité d'herbes, et qu'amolli par l'humidité, il produira les baies rouges de l'yèble : car on rejette les terrains secs, de même que ceux qui, couverts d'eaux marécageuses, sont sans cesse étourdis par les plaintes éternelles de la grenouille. La terre y sera également propre, quand elle produira spontanément sans aucune culture des ormes chargés de feuillages, quand elle sera fertile en palmiers sauvages, quand elle aimera à se voir hérissée d'une forêt de poiriers sauvages, ou couverte des fruits à noyau du prunier, et qu'elle sera chargée de pommes qui y croîtront naturellement; pourvu toutefois qu'elle se refuse à produire les hellébores, ainsi que le carpasum dont le suc est pernicieux; qu'elle ne souffre pas les ifs, et qu'elle n'exhale point de poisons actifs. Peu importe qu'elle renferme dans son sein la mandragore, cette herbe funeste à la raison, qui ressemble à la moitié du corps humain, et qu'elle produise les fleurs de cette plante, ou la ciguë affligeante, ou les férules cruelles aux mains, ou les broussailles épaisses des buissons ennemis des jambes, ou le paliure avec ses épines piquantes. Il faut aussi qu'il se trouve, dans le voisinage, des rivières que le cultivateur saignera sans regretter sa peine, pour en faire venir les eaux au secours de ses jardins toujours altérés, ou qu'on ait la faculté de les arroser avec de l'eau de source amassée dans un puits, dont la profondeur incommode n'arrache point les entrailles de ceux qui seraient forcés de se comprimer le ventre pour la puiser. Il faudra clore ce terrain de murailles ou de haies hérissées, pour en interdire l'entrée tant aux bestiaux qu'aux voleurs. Ne courez point après les ouvrages sortis de la main de Dedalus, et n'ayez point recours à l'art de Polyclète, de Phradmon ou d'Agelada, pour vous fabriquer un Ithyphallus; mais révérez dans le tronc d'un vieil arbre façonné au hasard cette divinité au membre terrible, qui, placée au milieu de votre jardin, effrayera sans cesse les enfants avec cet épouvantail, et menacera les voleurs de sa faux. Allons, courage, Muses Piérides : racontez-nous en vers simples quelle culture il faut donner aux semences, quels sont les temps propres à les mettre en terre, quels soins elles exigent quand elles y sont, quelle est la saison où les fleurs commencent à venir, et où l'on voit paraître des boutons dans les pépinières de rosiers de Pestum; enfin quelle est celle dans laquelle l'arbuste de Bacchus, ou tout autre arbre mitigé par une greffe étrangère, se courbent sous le poids de leurs fruits adoptifs. Lorsque le chien aura com-

propriam sibi laudem non vindicat, ut boni consulat, si non sit dedecori prius editis a me scriptorum monimentis. Sed jam præfari desinamus.

Hortorum quoque te cultus, Silvine, docebo,
Atque ea, quæ quondam spatiis exclusus iniquis,
Cum caneret lætas segetes et munera Bacchi,
Et te magna Pales, necnon cælestia mella,
Virgilius nobis post se memoranda reliquit. 5
Principio sedem numeroso præbeat horto
Pinguis ager, putres glebas resolutaque terga
Qui gerit, et fossus graciles imitatur arenas,
Atque habilis natura soli, quæ gramine læto
Parturit, et rutilas ebuli creat uvida baccas. 10
Nam negat sicca placet, nec quæ stagnata palude
Perpetitur querulæ semper convicia ranæ.
Tum quæ sponte sua frondosas educat ulmos,
Palmitibusque feris lætatur, et aspera silvis
Achrados, aut pruni lapidosis obruta pomis 15
Gaudet, et injussi consternitur ubere mali :
Sed negat helleboros, et noxia carpasa succo,
Nec patitur taxos, nec strenua toxica sudat,
Quamvis semihominis vesano gramine fœta

Mandragoræ pariat flores ; mœstamque cicutam, 20
Nec manibus mitis ferulas, nec cruribus æqua
Terga rubi, spinisque ferat paliuron acutis.
Vicini quoque sint amnes, quos incola durus
Attrahat auxilio semper sitientibus hortis :
Aut fons illacrimet putei non sede profunda 25
Ne gravis haustibus tendentibus ilia vellat.
Talis humus vel parietibus, vel sepibus hirtis
Claudatur, ne sit pecori, neu pervia furi.
Neu tibi Dædaliæ quærantur munera dextræ,
Nec Polycletea nec Phradmonis, aut Ageladæ 30
Arte laboretur : sed truncum forte dolatum
Arboris antiquæ numen venerare Ithyphalli
Terribilis membri, medio qui semper in horto
Inguinibus puero, prædoni falce minetur.
Ergo age nunc cultus et tempora quæque serendis 35
Seminibus, quæ cura satis, quo sidere primum
Nascantur flores, Pæstique rosaria gemment,
Quo Bacchi genus, aut aliena stirpe gravata
Mitis adoptatis curvetur frugibus arbos,
Pierides tenui deducite carmine Musæ. 40
Oceani sitiens cum jam canis hauserit undas,

mencé à se désaltérer dans les eaux de l'Océan, et que Titan aura rendu les jours égaux aux nuits dans l'un et l'autre hémisphère ; lorsque l'Automne rassasié de fruits et secouant ses tempes se sera empourpré, en exprimant le raisin écumant de moût, il nous faudra retourner, avec le fer d'une bêche emmanchée de robre, la terre fatiguée, qui s'y prêtera avec douceur, pour peu qu'elle ait déjà été humectée par les pluies. Si elle est au contraire endurcie par la continuité d'un temps serein, et que, rebelle à tous nos efforts, elle reste en mottes, il faut faire couler par le secours de l'art, le long d'un chemin en pente, des ruisseaux propres à la désaltérer, afin qu'elle en remplisse sa bouche béante. Mais s'il arrive que ni le ciel ni la terre ne lui prêtent aucune humidité, et que la nature de la contrée ou Jupiter lui refusent de la pluie, on attendra que l'hiver soit venu, et que la constellation brillante donnée par Bacchus à la fille de Gnosos se cache sous la mer azurée au pôle du monde, et que les Atlantides craignent de voir le soleil se lever vis-à-vis d'elles. Or, lorsque Phébus commencera à ne plus se fier à l'Olympe, mais qu'il fuira en tremblant la partie antérieure du Scorpion et ses armes cruelles, pour presser la croupe de Crotus ; peuples, qui ignorez votre origine, n'épargnez pas la terre, que vous prenez mal à propos pour votre mère. Elle fut à la vérité la mère de ces enfants formés avec l'argile de Prométhée ; mais c'est une autre mère qui nous a donné le jour, dans le temps que l'impitoyable Neptune abîma la terre sous les ondes, et qu'ébranlant le fond des abîmes, il épouvanta les eaux du Léthé. Ce fut alors que le Tartare vit trembler pour la première fois le roi du Styx, tandis que les mânes faisaient retentir leurs cris sous le poids des eaux de la mer.

C'est donc une main féconde qui nous a créés, lorsqu'il ne restait plus aucun mortel sur ce globe ; et ce sont des rochers arrachés alors par Deucalion sur des montagnes élevées, auxquels nous devons notre origine. C'est pour cela que vous êtes appelés au travail le plus dur et le plus assidu : ainsi prenez courage, chassez aujourd'hui de vos yeux un sommeil léthargique ; commencez à arracher la verte chevelure de la terre, et à déchirer ses vêtements avec la pointe recourbée du soc. Que l'un sillonne avec de lourds râteaux sa superficie, lente à rapporter des fruits ; que l'autre ne tarde pas à lui arracher les entrailles avec de larges marres, et à les entasser avec le gazon dont elle est couverte, tant pour les mettre à portée de recevoir les gelées blanches par lesquelles elles ont besoin d'être brûlées, et les exposer aux coups des vents froids et à la colère de Caurus, qu'afin que l'impétueux Borée les resserre et que l'Eurus les dilate. Lorsqu'ensuite le Zéphire secourable aura dissipé par la chaleur de son souffle l'engourdissement causé par les froids de l'hiver, venus des monts Riphéens ; lorsque la Lyre quittera le pôle céleste pour se plonger dans la mer, et que l'hirondelle aura chanté dans son nid le retour du printemps : rassasiez alors la terre, qui sort d'un long jeûne, de terres grasses rapportées, ou de crottes d'ânon dures, ou de fumier de bêtes de somme : que le jardinier ne rougisse point de porter lui-même, pour l'engrais des guérets épuisés, des paniers qui fléchiront sous la charge des immondices que les latrines auront vomies de leurs cloaques immondes.

Et paribus Titan orbem libraverit horis,
Cum satur autumnus quassans sua tempora pomis,
Sordidus et musto spumantes exprimet uvas ;
Tum mihi ferrato versetur robore palæ   45
Dulcis humus, si jam pluviis defessa madebit.
At si cruda manet cœlo durata sereno,
Tum jussi veniant declivi tramite rivi,
Terra bibat fontes, et hiantia compleat ora.
Quod si nec cœli nec campi competit humor,   50
Ingeniumque loci vel Jupiter abnegat imbrem,
Expectetur hiems, dum Bacchi Gnosius ardor
Æquore cæruleo celetur vertice mundi,
Solis et adversos metuant Atlantides ortus.
Atque ubi jam luto necdum confisus Olympo   55
Sed trepidus profugit chelas et spicula Phœbus
Dira Nepæ, tergoque Croti festinat equino,
Nescia plebs generis matri ne parcite falsæ.
Ista Prometheæ genitrix fuit altera cretæ :
Altera nos enixa parens, quo tempore sævus   60
Tellurem ponto mersit Neptunus, et imum
Concutiens barathrum lethæas terruit undas.
Tuncque semel Stygium regem videre trementem
Tartara, cum pelagi streperent sub pondere manes.

Nos fœcunda manus viduo mortalibus orbe   65
Progenerat, nos abruptæ tum montibus altis
Deucaloneæ cautes peperere. Sed ecce
Durior æternusque vocat labor : eia age segnes
Pellite nunc somnos, et curvi vomere dentis
Jam virides lacerate comas, jam scindite amictus.   70
Tu gravibus rastris cunctantia perfode terga,
Tu penitus latis eradere viscera marris
Ne dubita, et summo frondenti cespite mista
Ponere, quæ canis jaceant urenda pruinis,
Verberibus gelidis iræque obnoxia Cauri,   75
Alliget ut sævus Boreas, Eurusque resolvat.
Post ubi Riphææ torpentia frigore brumæ
Candidus aprica Zephyrus regelaverit aura,
Sidereoque polo cedet Lyra mersa profundo,
Veris et adventum nidis cantarit hirundo,   80
Rudere tum pingui, solido vel stercore aselli,
Armentive limo saturet jejunia terræ.
Ipse ferens olitor diductos pondere qualos :
Pabula nec pigeat fesso præbere novali,
Immundis quæcunque vomit latrina cloacis.   85
Densaque jam pluviis, durataque summa pruinis
Æquora dulcis humi repetat mucrone bidentis.

Qu'il recommence encore à retourner avec la pointe du hoyau la terre qu'il avait déjà précédemment ameublie, mais dont la superficie s'est condensée depuis par les pluies et endurcie par les gelées : qu'il broie bien ensuite l'herbe vivace du gazon avec les mottes de terre, en mordant fortement avec la marre ou la houe les mamelles du terrain déjà dissoutes par la fermentation, afin de les réduire absolument en poudre : qu'il prenne aussi entre ses mains les sarcloirs devenus luisants à force d'être polis par le frottement de la terre, et qu'après avoir dirigé des sillons étroits perpendiculaires à de larges allées, il coupe encore ces sillons par de petits sentiers. Mais dès que la terre, ainsi embellie et distribuée en planches, aura déposé toutes ses impuretés, pour briller d'un nouvel éclat, et qu'elle demandera à recevoir les semences qui lui conviennent, garnissez-la alors des différentes espèces de fleurs qui sont toutes autant d'astres terrestres, telles que la giroflée blanche, le souci d'un jaune éclatant, les têtes du narcisse, la gueule béante et terrible du lion sauvage, les lis sous l'éclat desquels blanchissent les corbeilles, les jacinthes tant blanches que bleues : qu'on y voie aussi des violettes, soit de celles qui rampent à terre et dont la couleur est peu foncée, soit de celles qui s'élevant sur leur tige sont teintes d'un or pourpré; enfin, qu'on y voie des roses dont la couleur imite celle qu'imprime la pudeur sur les joues. Semez alors l'herbe d'or, dont le jus est médicinal, le glaucium au suc salutaire, et les pavots propres à enchaîner le sommeil lorsqu'il fuit de nos yeux : ajoutez-y les semences qui exaltent la faculté générative, tant en aiguillonnant les hommes qu'en animant les filles, c'est-à-dire, l'oignon de Mégare, la scille que la contrée de Gétulie nourrit sur son sol, et la roquette que l'on sème auprès de Priape couronné d'épis, afin qu'elle excite les maris tardifs à rendre hommage à Vénus. Semez le cerfeuil qui rampe à terre, la chicorée agréable aux palais engourdis, la petite laitue aux feuilles tendres, l'ail enveloppé de ses gousses, l'oignon de Cypre dont l'odeur se fait sentir au loin, et tous les ingrédients qu'un habile cuisinier fait entrer dans l'assaisonnement des fèves qui servent de nourriture aux artisans. Semez le chervi, et cette racine produite par une graine d'Assyrie que l'on sert coupée par morceaux, avec des lupins détrempés, pour exciter à boire la bière de Pelusium. On met aussi en terre dans le même temps les plantes que l'on peut confire à peu de frais, telles que le câprier, la triste aunée et les férules menaçantes : on y met l'herbe rampante de la menthe, et les fleurs odoriférantes de l'aneth : on y met la rue, dont on se sert pour exalter le goût du fruit de Pallas, la moutarde qui fait venir les larmes à ceux qui se jouent d'elle, la racine du macéron, l'oignon qui fait pleurer, et l'herbe qu'on emploie à assaisonner le goût du lait, et qui annonce par son nom grec la vertu qu'elle a de faire disparaître les marques imprimées sur le front des esclaves fugitifs. On sème aussi alors ce légume multiplié sur tout le globe de la terre, qui croît autant pour le peuple que pour les rois superbes, et qui donne des tiges en hiver et des cimes au printemps, je veux dire le chou de toute espèce ; et celui qui croît sur le rivage fertile en oignons de l'ancienne ville de Cumes, et celui du pays des Marrucini,

Mox bene cum glebis vivacem cespitis herbam
Contundat marræ vel fracti dente ligonis,
Putria maturi solvantur ut ubera campi. 90
Tunc tritura solum splendentia sarcula sumat,
Angustosque foros adverso limite ducens,
Rursus in obliquum distinguat tramite parvo.
Verum ubi jam puro discrimine pectita tellus,
Deposito squalore nitens sua semina poscit, 95
Pangite tunc varios terrestria sidera flores,
Candida leucoia, et flaventia lumina calthæ,
Narcissique comas, et hiantis sæva leonis
Ora feri, calathisque virentia lilia canis,
Nec non vel niveos, vel cæruleos hyacinthos. 100
Tum quæ pallet humi, quæ frondens purpurat auro,
Ponatur viola, et nimium rosa plena pudoris.
Nunc medica panacem lacryma, succoque salubri
Glaucea, et profugos vinctura papavera somnos
Spargite : quæque viros acuunt, armantque puellis, 105
Jam Megaris veniant genitalia semina bulbi,
Et Sicca legit Getulis obruta glebis :
Et quæ frugifero seritur vicina Priapo,
Excitet ut Veneri tardos eruca maritos.

Jam breve chærophylum, et torpenti grata palato 110
Intyba, jam teneris frondens lactucula fibris,
Alliaque infractis spicis, et olentia late
Ulpica, quæque fabis habilis fabrilia miscet.
Jam Siser, Assyrioque venit quæ semine radix,
Sectaque præbetur madido sociata lupino, 115
Ut Pelusiaci proritet pocula Zythi.
Tempore non alio vili quoque salgama merce
Capparis, et tristes inulæ, ferulæque minaces,
Plantantur : necnon serpentia gramina mentæ,
Et bene odorati flores sparguntur anethi, 120
Rutaque Palladiæ baccæ jutura saporem,
Seque lacessenti fletum factura sinapis,
Atque oleris pulli radix, lacrymosaque cepa
Ponitur, et lactis gustum quæ condiat herba,
Deletura quidem fronti data signa fugarum, 125
Vimque suam idcirco profitetur nomine Graio.
Tum quoque conseritur, toto quæ plurima terræ
Orbe virens pariter plebi regique superbo
Frigoribus caules, et veri cymata mittit :
Quæ pariunt veteres cesposo littore Cumæ, 130
Quæ Marrucini, quæ Signia monte Lepino,

et celui de Signia qui vient sur le mont Lepinus, et celui de la fertile Capoue, et celui des jardins situés au défilé de Caudium, et celui de la ville de Stabie célèbre par ses eaux de source, et celui des campagnes du Vésuve, et celui de la docte Parthénope qu'arrose l'eau du Sebethus, et celui qui vient dans les marais d'eau douce de Pompéi qui sont voisins des salines d'Hercule, et celui du Siler qui roule des eaux transparentes, et celui que cultivent les durs Sabelli, dont la tige réunit plusieurs cimes, et celui du lac de Turnus, et celui qui croît auprès de Tibur dans des campagnes abondantes en fruits, et celui de la contrée des Brutii, et celui de la ville d'Aricia, d'où nous vient le poireau. Dès que l'on aura confié ces semences à une terre ameublie, on la ménagera pendant sa grossesse, à l'aide d'une culture et de soins assidus, dont elle rendra les intérêts multipliés en récoltes. Je préviens d'abord qu'il faut la mouiller abondamment, de peur que l'embryon qu'elle aura conçu ne soit brûlé par la sécheresse. Mais lorsqu'elle approchera de ses couches, et qu'elle se dilatera en relâchant les liens qui la resserrent, parce qu'une progéniture fleurie aura pullulé dans son ventre maternel, il faudra que le jardinier donne de l'eau avec modération aux prémices des plantes qu'elle portera dans son sein, qu'il les arrose assidûment, qu'il les peigne avec un instrument de fer à deux dents, et qu'il détruise les herbes qui suffoqueront les sillons. Si cependant les jardins sont situés sur des collines couvertes de buissons, et qu'il ne tombe point de ruisseaux du haut des forêts plantées sur la cime de ces collines, il faut faire gonfler les terres par le labour, et former avec ces terres, en les amoncelant, des planches très-élevées, afin que les plantes s'habituent à un sol poudreux et sec, et que si l'on vient à les transférer d'un lieu à un autre, elles n'aient point d'horreur pour les chaleurs les plus arides. Ensuite, aussitôt que l'animal qui tient le premier rang entre les signes du zodiaque comme entre les bestiaux, et qui a fait passer la mer à Phrixus, fils de Néphélé, sans réussir à la faire passer à Hellé, aura élevé sa tête au-dessus des eaux, la terre ouvrira son sein à ses nourrissons, et, pressée par le désir de se marier avec les plantes qu'on lui aura confiées, elle demandera qu'on lui donne des semences adultes. Il vous faut donc être vigilants, jardiniers, parce que le temps fuit à pas sourds, et que l'année s'écoule sans bruit. Voyez la plus douce des mères qui demande ses enfants, et qui soupire non-seulement après ceux d'entre eux qui sont sortis de ses entrailles, mais encore après ceux qu'on peut regarder comme ses beaux-fils. Donnez donc sans tarder ces gages à leur mère; le temps en est venu : environnez-la de sa verte progéniture, couronnez sa tête et arrangez sa chevelure. Que l'ache verte serve de frisure à la terre fleurie; qu'elle se réjouisse en voyant flotter sa longue chevelure de têtes de poireaux, et que la carotte ombrage son tendre sein. Que les plantes odoriférantes, qui nous sont venues des pays étrangers, descendent à présent des montagnes siciliennes de la ville d'Hybla, renommée par son safran : que la marjolaine, née dans la luxurieuse Canope, arrive : qu'on mette aussi en terre la myrrhe d'Achaïe, qui imite vos larmes, fille de Cyniras, et qui est préférable à la myrrhe liquide elle-même : enfin, que le jardinier transfère en pied les plantes qu'il aura semées en graine, telles que les fleurs éacides sorties

Pinguis item Capua, et Caudinis faucibus horti,
Fontibus et Stabiæ celebres, et Vesuia rura,
Doctaque Parthenope Sebetide roscida lympha,
Quæ dulcis Pompeia palus vicina Salinis 135
Herculeis, vitreoque Siler qui defluit amni,
Quæ duri præbent cymosa stirpe Sabelli,
Et Turis lacus, et pomosi Tyburis arva,
Brutia quæ tellus, et mater Aricia porri.
Hæc ubi credidimus resolutæ semina terræ, 140
Assiduo gravidam cultu curaque fovemus,
Ut redeant nobis cumulato fœnore messes.
Et primum moneo largos inducere fontes,
Ne sitis exurat concepto semine partum.
At cum fœta suos nexus adaperta resolvit, 145
Florida cum soboles materno pullulat arvo,
Primitiis plantæ modicos tum præbeat imbres
Sedulus irrorans olitor, ferroque bicorni
Pectat, et argentem sulcis exterminet herbam.
At si dumosis positi sunt collibus horti, 150
Nec summo nemoris labuntur vertice rivi,
Aggere præposito cumulatis area glebis
Emineat, sicco ut consuescat pulvere planta,
Nec mutata loco sitiens exhorreat æstus.
Mox ubi nubigenæ Phrixi, nec portitor Helles, 155
Signorum et pecorum princeps caput efferret undis,
Alma sinum tellus jam pandet, adultaque poscens
Semina depositis cupiet se nubere plantis :
Invigilate viri : tacito nam tempora gressu
Diffugiunt, nulloque sono convertitur annus. 160
Flagitat esse suos genitrix mitissima fœtus,
Et quos enixa est partus jam quærit alendos,
Privignasque rogat proles. Date nunc sua matri
Pignora, tempus adest : viridi redimite parentem
Progenie, tu cinge comam, tu digere crines. 165
Nunc apio viridi crispetur florida tellus,
Nunc capitis porri longo resoluta capillo
Lætetur, mollemque sinum staphylinus inumbret.
Nunc et odoratæ peregrino munere plantæ
Sicaniis croceæ descendant montibus Hyblæ, 170
Nataque jam veniant hilari sampsuca Canopo,
Et lacrymas imitata tuas, Cinyreia virgo,
Sed melior stactis ponatur Achaica myrrha :
Et male damnati mœsto qui sanguine surgunt
Æacii flores, immortalesque amaranti, 175

du sang de ce héros attristé par une condamnation injuste, les amarantes immortelles, et la variété infinie de couleurs que la nature produit si libéralement. Que le coramble vienne, tout ennemi qu'il est de la vue; et que les laitues, qui provoquent un sommeil salutaire, se hâtent d'arriver, pour exciter l'appétit affaibli par une longue maladie. Il y en a deux qui portent le nom de Cécilius Métellus, dont l'une est verte et épaisse, et l'autre est parée d'une chevelure brune. Il en est une troisième, qui a retenu le nom de la Cappadoce, sa patrie; elle est pâle, et a la tête aussi bien fournie qu'élégamment peignée. Pour la mienne, qui croît à Gadès sur la côte de Tartésus, elle a le pied blanc, et la tête également blanche et frisée. Enfin celle que l'île de Cypre voit croître dans les campagnes grasses de Paphos a la chevelure frisée et rouge, mais le pied blanc. Autant il y en a d'espèces particulières, autant on compte de temps différents pour les planter. Le Verseau met en terre la Cæcilia au commencement de l'année, et le Lupercus y met celle de Cappadoce dans le mois où l'on sacrifie aux morts. Mars, plantez celle de Tartésus à vos calendes; et vous, déesse de Paphos, plantez également aux vôtres celle de cette ville : c'est le temps auquel elle aspire à s'unir avec sa mère, qui est pressée d'un désir égal; c'est le temps auquel cette mère bien amollie se tient couchée sous un guéret aisé à pénétrer. Que la génération s'opère : voici le temps prescrit à l'univers pour engendrer; voici le temps où l'amour va régénérer la nature : c'est à présent que l'âme du monde s'abandonne à Vénus, et qu'agitée par l'aiguillon de la volupté, elle cherche avec ardeur à se réunir à ses parties pour les remplir de sa progéniture. C'est à présent que le père de la mer et le maître des eaux prodiguent leurs caresses, l'un à sa Théthys, l'autre à son Amphitrite; et déjà ces deux déesses ouvrent leur sein pour donner à leur mari une postérité azurée, et peupler la mer de poissons. Le plus grand des dieux lui-même, l'artificieux Jupiter, rappelle le souvenir de ses anciennes amours avec la fille d'Acrisius, en tombant dans le sein de sa mère sous la forme d'une pluie violente; et cette mère, de son côté, ne rejette pas les caresses de son fils, puisqu'au contraire la terre enflammée de passion se livre à ses embrassements. C'est ce qui fait que les mers, que les montagnes, que tout l'univers enfin célèbre le printemps : c'est ce qui fait que les désirs les plus ardents s'allument avec l'amour dans l'imagination des hommes, ainsi que dans celle des bestiaux et des oiseaux, et que cet amour pénètre la moelle de leurs os pour y exercer sa fureur, jusqu'à ce que Vénus, rassasiée de plaisirs, remplisse leurs membres fécondés, et enfante mille productions différentes, pour peupler continuellement l'univers d'êtres nouveaux, afin qu'il ne languisse pas dans le vide des siècles. Mais comment ai-je l'audace de permettre à mes chevaux de s'emporter dans une voie trop élevée, et de traverser les airs d'une course rapide? Il n'appartient qu'à un poëte particulièrement inspiré par le dieu de la poésie, et qui court après les lauriers de Delphes, de chanter ces objets, ainsi que les causes des choses, ou l'être qui donne le mouvement aux orgies sacrées de la nature, ou les lois secrètes du ciel. Que la chaste Cybèle anime un poëte par les Dindymes; que

Et quos mille parit dives natura colores,
Disponat plantis olitor, quos semine sevit.
Nunc veniat quamvis oculis inimica coramble,
Jamque salutari properet lactuca sapore,
Tristia quæ relevat longi fastidia morbi.   180
Altera crebra viret, fusco nitet altera crine,
Utraque Cæcilii de nomine dicta Metelli.
Tertia, quæ spisso sed puro vertice pallet,
Hæc sua Cappadocæ servat cognomina gentis.
Et mea, quam generant Tartesi littore Gades,   185
Candida vibrato discrimine, candida thyrso est.
Cypros item Paphio quam pingui nutrit in arvo,
Punicea depexa coma, sed lactea crure est.
Quot facies, totidem sunt tempora quamque serendi.
Cæciliam primo deponit Aquarius anno,   190
Cappadocamque premit ferali mense Lupercus.
Tuque tuis Mavors Tartesida pange calendis,
Tuque suis Paphien iterum jam pange calendis.
Dum cupit, et cupidæ quærit se jungere matri,
Et mater facili mollissima subjacet arvo,   195
Ingenera; nunc sunt genitalia tempora mundi :
Nunc amor ad coitus properat, nunc spiritus orbis

Bacchatur Veneri, stimulisque cupidinis actus
Ipse suas adamat partes, et foetibus implet.
Nunc pater æquoreus, nunc et regnator aquarum,   200
Ille suam Tethyn hic pellicit Amphitriten,
Et jam cæruleo partus enixa marito
Utraque nunc reserat pontumque natantibus implet.
Maximus ipse deum posito jam fulmine fallax
Acrisioneos veteres imitatur amores,   205
Inque sinus matris violento defluit imbre.
Nec genitrix nati nunc aspernatur amorem,
Sed patitur nexus flammata cupidine tellus.
Hinc maria, hinc montes, hinc totus denique mundus
Ver agit : hinc hominum pecudum volucrumque cupido,
Atque amor ignescit menti, sævitque medullis,   211
Dum satiata Venus foecundos compleat artus,
Et generet varias soboles, semperque frequentet
Prole nova mundum, vacuo ne torpeat ævo.
Sed quid ego infreno volitare per æthera cursu   215
Passus equos audax sublimi tramite raptor?
Ista canat, majore deo quem Delphica laurus
Impulit, et rerum causas, et sacra moventem
Orgia naturæ, secretaque foedera cæli,

ce poëte, inspiré par le Cithéron, par les montagnes de Nysa dédiées à Bacchus, par celle du Parnasse qui lui est aussi consacrée, et par le silence favori des Muses qui règne dans la forêt Piéria, chante à grand bruit avec sa voix bacchique : Gloire à vous, dieu de Délos! gloire à vous, Évius, Évius! Pour moi qui m'égare en traitant d'objets moins importants que ceux-là, j'entends ma Calliope qui me rappelle, et qui m'ordonne de me renfermer dans un plus petit cercle, et de tramer avec elle un tissu de vers dont les fils soient plus grêles, et qui puissent être chantés sur quelque air pendant le travail du vigneron, suspendu aux arbres pour tailler les vignes auxquelles ils sont mariés, ou du jardinier occupé dans ses jardins verdoyants. Passons donc aux opérations qui doivent suivre celles que nous avons déjà détaillées. Que l'on distribue dans l'intervalle étroit d'un sillon et le cresson alénois, mortel aux vers qui se forment secrètement dans un ventre chargé de nourritures mal digérées, et la sariette dont le goût tient de ceux du thym et de la thymbre, et le concombre et la courge, dont l'un a la tête tendre et l'autre l'a fragile. Que l'on plante l'artichaut hérissé qu'Iacchus trouve agréable lorsqu'il boit, et qui déplaît à Phébus lorsqu'il chante : tantôt il s'élève garni de grappes pourprées, tantôt il verdit avec une chevelure de couleur de myrte, tantôt sa tête se penche et ses feuilles s'entr'ouvrent, tantôt il imite la pomme de pin par le piquant de sa pointe, tantôt il est évasé par en haut en façon de corbeille et hérissé d'épines menaçantes; quelquefois il est pâle, et ressemble à la feuille torse de l'acanthe. Dès que le grenadier, dont le fruit s'adoucit quand la peau de ses grains commence à rougir, se couvrira de fleurs teintes de sang, il sera temps de semer le pied de veau : c'est aussi alors que l'on verra naître les coriandres fameuses, ainsi que la nielle semblable au cumin par sa délicatesse; c'est alors que la baie de l'asperge s'élancera à travers son fanage épineux, et que l'on verra la mauve, accoutumée à suivre le soleil dans son cours, pencher la tête du côté de cet astre.

On voit aussi naître alors la couleuvrée, qui a l'audace d'imiter tes vignes, dieu de Nysa, et qui, ne redoutant point les buissons, se lève effrontément à travers les épines du poirier sauvage, et entortille les aunes inflexibles. Déjà la poirée, à la feuille verte et au pied blanc, s'enfonce dans un sol gras à l'aide d'un pieu ferré par la pointe, comme la seconde lettre de l'alphabet, qui porte en grec le même nom que cette plante, s'imprime sur des tablettes à l'aide du stylet d'un maître savant. La moisson des fleurs odoriférantes se prépare aussi à présent; déjà le printemps s'empourpre; déjà la terre, enceinte des productions bigarrées de l'année, se plaît à en couronner ses tempes; déjà les lotiers de Phrygie étalent leur blancheur éclatante, et les violettes ouvrent leurs yeux clignotants; déjà le lion bâille, et la rose, dont les joues virginales commencent à s'entr'ouvrir, interdite par la rougeur ingénue qui les couvre, contribue dans les temples au culte des habitants des cieux, en associant son odeur à celle de Saba. Maintenant c'est vous que j'implore, Achéloïdes, compagnes des Pégasides, chœurs de Dryades du mont Ménale, nymphes Napées, vous qui habitez les

---

Extimulat vatem per Dindyma casta Cybebes, 220
Perque Cithæronem, Nysæaque per juga Bacchi,
Per sua Parnassi, per amica silentia Musis
Pierii nemoris, Bacchea voce frementem
Delie te Pæan, et te evie evie Pæan.
Me mea Calliope cura leviore vagantem 225
Jam revocat, parvoque jubet decurrere gyro,
Et secum gracili connectere carmina filo,
Quæ canat inter opus musa modulante putator
Pendulus arbustis, olitor viridantibus hortis.
Quare age, quod sequitur, parvo discrimine sulci 230
Spargantur cæcis nasturcia dira colubris,
Indomito male sana cibo quas educat alvus,
Et saturcia thymi referens thymbræque saporem,
Et tenero cucumis, fragilique cucurbita collo.
Hispida ponatur cinara, quæ dulcis Iaccho 235
Potanti veniat, nec Phœbo grata canenti.
Hæc modo purpureo surgit glomerata corymbo,
Myrteolo modo crine viret, deflexaque collo,
Nunc adaperta manet, nunc pinea vertice pungit,
Nunc similis calatho, spinisque minantibus horret, 240
Pallida nonnunquam tortos imitatur acanthos.

Mox ubi sanguineis se floribus induit arbos
Punica, quæ rutilo mitescit tegmine grani,
Tempus aris satio, famosaque tunc coriandra
Nascuntur gracilique melanthia grata cumino, 245
Et bacca asparagi spinosa prosilit herba,
Et moloche, prono sequitur quæ vertice solem :
Quæque tuas audax imitatur Nysie viteis,
Nec metuit senteis : nam vepribus improba surgens
Achradas, indomitasque bryonias alligat alnos. 250
Nomine tum Graio, ceu littera proxima primæ
Pangitur in cera docti mucrone magistri :
Sic et humo pingui ferratæ cuspidis ictu
Deprimitur folio viridis, pede candida beta.
Quin et odoratis messis jam floribus instat, 255
Jam ver purpureum, jam versicoloribus anni
Fœtibus alma parens cingi sua tempora gaudet.
Jam Phrygiæ loti gemmantia lumina promunt,
Et conniventes oculos violaria solvunt,
Oscitat et leo, et ingenuo confusa rubore 260
Virginea adaperta genas rosa præbet honores
Cælitibus, templisque Sabæum miscet odorem.
Nunc vos Pegasidum comites Acheloidas oro,

forêts de l'Amphrysus, les plaines de Tempé en Thessalie, la montagne Cyllène, les sombres campagnes du Lycæus, les cavernes dans lesquelles tombent continuellement des gouttes d'eau de la fontaine Castalie; je vous implore aussi, vous qui ramassiez les fleurs qui bordaient le fleuve Halésus en Sicile, dans le temps que la fille de Cérès, Proserpine, occupée de vos danses et du plaisir de cueillir des lis éclatants de la plaine d'Enna, fut enlevée pour devenir ensuite l'épouse du tyran du fleuve Léthé, préférant ainsi les tristes ombres aux astres, le Tartare au ciel, Pluton à Jupiter et la mort à la vie, pour posséder le royaume infernal : ô vous que j'invoque en particulier, quittez le deuil, faites trêve à votre tristesse et à vos craintes, et tournez ici vos pieds délicats, à la démarche légère, pour entasser la chevelure de la terre dans vos corbeilles sacrées. On ne dresse point ici de piéges aux Nymphes, et elles n'y ont aucun enlèvement à craindre, puisque la chaste Fides et les saints Pénates sont l'unique objet de notre culte. Tout respire ici les jeux et les ris sans nul danger, tout y est plein de vin, et l'on y fait des festins délicieux dans d'agréables prairies. Nous touchons au printemps qui chasse la gelée; nous arrivons au temps de l'année le plus doux : c'est à présent que le jeune Phébus invite à se coucher sur l'herbe tendre, et que l'on peut goûter le plaisir de se désaltérer avec l'eau des fontaines qui coulent en murmurant sur le gazon, sans craindre de la trouver glacée, ni trop échauffée par le soleil. Déjà les fleurs de la fille de Dioné couronnent les jardins : déjà l'on y voit éclore la rose plus éclatante que la pourpre de Sarra. Oui, les jardins charmants paraissent plus rayonnants par les fleurs dont ils sont émaillés, que le visage pourpré de Phébé, fille de Latone, lorsque Borée chasse les nuées devant elle; ils brillent plus que le brûlant Sirius, que l'éclatant Pyroïs et que la face lumineuse de l'Hespérus, dans le temps que Lucifer reparaît au lever de l'aurore : ils sont plus resplendissants que l'arc céleste de la fille de Thaumas. Courage donc! allez sur la fin de la nuit, quand l'étoile du matin se lèvera, ou lorsque Phébus baignera ses chevaux dans la mer Hibérienne, cueillir la marjolaine qui couvre la terre de son ombre odoriférante, ainsi que la chevelure du narcisse et celle du balauste sauvage. Et vous, Naïade plus belle qu'un bel enfant, si vous voulez qu'Alexis ne dédaigne pas les richesses de Corydon, portez des violettes dans vos corbeilles, liez en bottes le baume et la cannelle avec le troène blanc et les houppes du safran, et arrosez ces fleurs avec la liqueur pure de Bacchus; car Bacchus peut seul assaisonner les odeurs.

Pour vous, gens de la campagne, qui cueillez les tendres fleurs avec vos doigts endurcis, commencez à remplir de jacinthes bleues vos petits paniers d'osier blanc : que les roses élargissent le tissu du jonc tortillé, et que les soucis de couleur de feu fassent rompre les corbeilles sous leur poids, afin que Vertumnus se voie enrichi de ces marchandises printanières jusqu'à en regorger, et que le paysan qui les aura portées à la ville en revienne ses poches chargées d'argent, en marchant d'un pas chancelant, après avoir été bien abreuvé par Iacchus. Mais lorsque les

Mænalidumque choros Dryadum, nymphasque Napæas,
Quæ colitis nemus Amphrysi, quæ Thessala Tempe, 265
Quæ juga Cyllenes, et opaci rura Lycæi,
Antraque Castaliis semper rorantia guttis,
Et quæ Sicanii flores legistis Halesi,
Cum Cereris proles vestris intenta choreis
Æquoris Ennæi vernantia lilia carpsit, 270
Raptaque, Lethæi conjux mox facta tyranni,
Sideribus tristes umbras, et tartara cœlo
Præposuit, ditemque Jovi, lethumque saluti,
Et nunc inferno potitur Proserpina regno :
Vos quoque jam posito luctu mœstoque timore 275
Huc facili gressu teneras advertite plantas,
Tellurisque comas sacris aptate canistris.
Hic nullæ insidiæ nymphis, non ulla rapina,
Casta Fides nobis colitur sanctique Penates.
Omnia plena jocis, securo plena cachinno, 280
Plena mero, lætisque vigent convivia pratis.
Nunc ver egelidum, nunc est mollissimus annus,
Dum Phœbus tener, ac tenera decumbere in herba
Suadet, et arguto fugientes gramine fontes
Nec rigidos potare juvat, nec sole tepentes. 285
Jamque Dionæis redimitur floribus hortus,
Jam rosa mitescit Sarrano clarior ostro.
Nec tam nubifugo Borea Latonia Phœbe
Purpureo radiat vultu, nec Sirius ardor
Sic micat, aut rutilus Pyrois, aut ore corusco 290
Hesperus, Eoo remeat cum Lucifer ortu;
Nec tam sidereo fulget Thaumantias arcu :
Quam nitidis hilares collucent fœtibus horti.
Quare age vel jubare exorto jam nocte suprema,
Vel cum Phœbus equos in gurgite mersat Hibero, 295
Sicubi odoratas prætexit amaracus umbras,
Carpite, narcissique comas, sterilisque balausti.
Et tu, ne Corydonis opes despernat Alexis,
Formoso Nais puero formosior ipsa
Fer calathis violam et nigro permista ligustro 300
Balsama cum casia nectens croceosque corymbos,
Sparge mero Bacchi : nam Bacchus condit odores.
Et vos agrestes, duro qui pollice molles
Demetitis flores, cano jam vimine textum
Sirpiculum ferrugineis cumulate hyacinthis. 305
Jam rosa distendat contorti stamina junci,
Pressaque flammeola rumpatur fiscina caltha,
Mercibus ut vernis dives Vortumnus abundet,
Et titubante gradu multo madefactus Iaccho
Ære sinus gerulus plenos gravis urbe reportet. 310
Sed cum maturis flavebit messis aristis,

épis mûrs auront jauni la moisson ; lorsque Titan aura prolongé le jour en entrant dans les Gémeaux, et qu'il aura englouti au milieu de ses flammes les pattes de l'écrevisse de Lerne, unissez l'ail à l'oignon et le pavot de Cérès à l'anet ; liez-les en bottes pour les aller vendre pendant qu'ils sont verts, afin de chanter les louanges solennelles de Fors-Fortuna quand vous aurez vendu ces marchandises, et que vous retournerez dans vos jardins charmants. Comprimez aussi alors avec de lourds cylindres le basilic que vous aurez semé dans un guéret bien labouré et arrosé ; comprimez-le, dis-je, afin de le faire épaissir, et pour empêcher que l'ardeur d'un sol trop ameubli ne brûle ses jeunes tiges, ou que la dent du petit puceron ne s'y attache, ou enfin que la fourmi ravissante ne vienne à en dévaster la graine. Au reste, non-seulement le limaçon enveloppé dans sa coquille et la chenille hérissée ont la hardiesse de ronger les feuilles des plantes lorsqu'elles sont tendres ; mais il arrive même souvent, lorsque la tige déjà forte du chou jaunâtre est grossie, ou que les cardes blanches de la poirée sont gonflées, et au moment même que le jardinier, croyant être en sûreté, se réjouit à la vue de ses plantes parvenues à l'adolescence, et se prépare à mettre la faux dessous, parce qu'elles sont mûres, que l'impitoyable Jupiter lance une pluie durcie par la gelée, et détruit ainsi par la grêle les travaux des hommes et des bœufs. Souvent même il les dévaste en faisant tomber une pluie pestilentielle, qui donne naissance tant aux lisettes ennemies de Bacchus et des saussaies verdâtres, qu'à la chenille, qui, venant à se glisser dans les jardins, serpente sur leur surface, et brûle les semences par sa morsure ; de sorte que leur tête se dépouille de ses cheveux, et que leur cime se dégarnit de feuilles, au point qu'elles languissent toutes, mutilées et consumées par un poison funeste. Des expériences nombreuses, jointes au travail, ont fait trouver aux malheureux habitants de la campagne des remèdes propres à les préserver des dommages qu'ils avaient à redouter de la part de ces monstres ; et l'usage, ce grand maître, a montré aux agriculteurs les moyens d'apaiser la fureur des vents, et de détourner les mauvais temps par des sacrifices toscans. C'est de là que pour empêcher la méchante rubigo de brûler les herbes quand elles sont vertes, on l'apaise avec le sang et les entrailles d'un chien à la mamelle : c'est de là que le Tyrrhénien Tagès enterra, à ce qu'on raconte, sur les limites d'un champ la tête d'un ânon d'Arcadie dépouillée de sa peau, et que Tarchon, pour détourner la foudre du grand Jupiter, entoura son habitation d'une haie de couleuvrée. De là le fils d'Amythaon, à qui Chiron avait enseigné bien des secrets, suspendit à des croix des oiseaux de nuit, pour empêcher les autres oiseaux de faire entendre leur chant lugubre sur le haut des toits. Pour empêcher de même que des animaux malfaisants ne rongeassent les jeunes pousses, il a été utile quelquefois de tremper les graines dans la lie grasse de la liqueur de Pallas extraite sans sel, ou de les rassasier de la suie qui s'attache aux foyers. Il a encore été utile de verser sur les plantes du jus amer de marrube, ou de les frotter sans ménagement avec du suc de joubarbe. Mais si aucun de ces remèdes ne parvient à écarter ces pestes, on aura

Atque diem gemino Titan extenderit astro,
Hauserit et flammis Lernæi brachia Cancri,
Allia cum cepis, cereale papaver anetho
Jungite, dumque virent nexos deferte maniplos, 315
Et celebres fortis fortunæ dicite laudes,
Mercibus exactis, hilaresque recurrite in hortos
Tum quoque prosciso riguoque inspersa novali
Ocima comprimite, et gravibus densate cylindris,
Exurat sata ne resoluti pulveris æstus, 320
Parvulus aut pulex irrepens dente lacessat,
Neu formica rapax populari semina possit.
Nec solum teneras audent erodere frondes
Implicitus conchæ limax, hirsutaque campe :
Sed cum jam valido turgescit lurida caule 325
Brassica, cumque tument pallentia robora betæ,
Mercibus atque olitor gaudet securus adultis,
Et jam maturis quærit supponere falcem,
Sæpe ferus duros jaculatur Jupiter imbres,
Grandine dilapidans hominumque boumque labores : 330
Sæpe etiam gravidis irrorat pestifer undis,
Ex quibus infestæ Baccho glaucisque salictis
Nascuntur volucres, serpitque eruca per hortos ;
Quos super ingrediens exurit semina morsu,

Quæ capitis viduata coma, spoliataque nudo 335
Vertice, trunca jacent tristi consumpta veneno.
Hæc ne ruricolæ paterentur monstra, salutis
Ipsa novas artes varia experientia rerum
Et labor ostendit miseris, ususque magister
Tradidit agricolis, ventos sedare furentes, 340
Et tempestatem Thuscis avertere sacris.
Hinc mala rubigo viridis ne torreat herbas,
Sanguine lactentis catuli placatur et extis.
Hinc caput Arcadici nudum cute fertur aselli
Tyrrhenus fixisse Tages in limite ruris. 345
Utque Jovis magni prohiberet fulmina Tarchon,
Sæpe suas sedes præcinxit vitibus albis.
Hinc Amythaonius, docuit quem plurima Chiron,
Nocturnas crucibus volucres suspendit, et altis
Culminibus vetuit feralia carmina flere. 350
Sed ne dira novas segetes animalia carpant,
Profuit interdum medicantem semina pingui
Palladia sine fruge salis conspergere amurca,
Innatave laris nigra satiare favilla.
Profuit et plantis latices infundere amaros 355
Marrubii, multoque sedi contingere succo.
At si nulla valet medicina repellere pestem,

recours à l'art de Dardanus, et l'on conduira trois fois autour des planches de son jardin, et de la haie qui l'environne, une femme qui sera pieds nus et qui aura la gorge découverte, et les cheveux épars à la manière des personnes affligées, dans le temps que, soumise aux lois ordinaires de la jeunesse, elle perdra, non sans en rougir, un sang impur. En effet, dès que cette femme en aura fait le tour au pas, on verra aussitôt (chose surprenante!) les chenilles, au corps entortillé, rouler à terre, de la même manière que l'on voit tomber d'un arbre qu'on secoue une nuée de fruits revêtus d'une peau molle, ou couverts d'une écorce. C'est ainsi qu'autrefois Iolcos vit ce serpent qui, après avoir été assoupi par des enchantements magiques, était tombé de la toison du bélier de Phryxus. Mais il est déjà temps de couper les tiges qui doivent disparaître les premières; il est temps d'arracher par le pied les laitues de Tartésus et de Paphos, et de lier en bottes l'ail ainsi que le poireau, qui se coupe de temps à autre. Déjà la roquette, qui excite à la volupté, naît dans les jardins fertiles : déjà la patience, propre à faire couler l'urine, verdit sans culture, ainsi que les nerpruns et la scille : déjà l'on voit croître la haie piquante, hérissée de houx-frelons, ainsi que l'asperge sauvage, dont la tige ne diffère en rien de celle de l'asperge cultivée : déjà le pourpier humide défend de la soif les bordures des planches, et la longue cosse du haricot, dont le voisinage incommode l'arroche, commence à s'élever : déjà l'on voit le concombre tortu suspendu sous des treilles, ou, tel qu'un serpent d'eau qui se glisse sous les ombres fraîches du gazon, pour se garantir du soleil d'été, on le voit ramper à terre, ainsi que la courge pleine de pépins. Mais la forme de ces plantes varie : en effet, si vous avez à cœur d'avoir des courges longues, et qui soient suspendues par le sommet grêle de leur tête, choisissez-en la graine dans la partie la plus mince de leur col; si vous en voulez avoir au contraire de grosses, dont le corps soit rond et le ventre très-gonflé, vous en tirerez la graine du milieu du ventre, et il en résultera des productions énormes, dans lesquelles vous pourrez renfermer la poix de Narycium et le miel du mont Hymette en Attique, ou dont vous pourrez faire de petits seaux propres à contenir l'eau, ou des flacons à l'usage de Bacchus : vous pourrez encore vous en servir pour apprendre aux enfants à nager dans les fleuves. Quant au concombre, dont la couleur est livide, qui naît avec un ventre gros et velu, et qui se tient caché comme un serpent sous un fanage plein de nœuds, et couché sur son ventre tortueux, qu'il ramasse toujours en rond ; il est pernicieux, et donne lieu à des maladies aiguës pendant les étés violents, parce que son jus est fétide, et que la graine dont il est farci est visqueuse. Pour celui qui, se traînant vers l'eau qui coule sous une treille, semble exténué par la passion violente que lui inspire cette eau, dont il suit le cours, et qui est blanc et plus tremblant que le pis d'une truie qui a mis bas, et souvent même plus mollet que du lait caillé versé sur des paniers, il deviendra doux par la suite, prendra une couleur de safran et s'amollira en mûrissant, pour peu qu'il tire sa nourriture d'un terrain arrosé. Il pourra même servir un jour de ressource à l'homme dans ses maladies. Lorsque le chien d'Érigone, enflammé par le feu d'Hypérion, commencera à faire voir les productions des arbres,

```
Dardaniæ veniant artes, nudataque plantas
Fœmina, quæ justis tum demum operata juventæ
Legibus, obscæno manat pudibunda cruore,                360
Sed resoluta sinus, resoluto mœsta capillo,
Ter circum areolas et sepem ducitur horti.
Quem cùm, lustravit gradiens, mirabile visu !
Non aliter quam decussa pluit arbore nimbus
Vel teretis mali, vel tectæ cortice glandis,             365
Volvitur ad terram distorto corpore campe.
Sic quondam magicis sopitum cantibus anguem
Vellere Phryxeo delapsum vidit Iolcos.
Sed jam prototomos tempus decidere caules ;
Et Tartesiacos, Paphiosque revellere thyrsos,            370
Atque apio fasces et secto cingere porro.
Jamque eruca salax fœcundo provenit horto.
Lubrica jam lapathos, jam thamni sponte virescunt,
Et scilla, hirsuto sepes nunc horrida rusco             .
Prodit, et asparagi corruda simillima filo,              375
Humidaque andrachne sitientes protegit antes,
Et gravis atriplici consurgit longa faselus.
Tum modo dependens trichilis, modo more chelydri
Sole sub æstivo gelidas per graminis umbras,
```

```
Intortus cucumis prægnansque cucurbita serpit.          380
Una neque est illis facies. Nam si tibi cordi
Longior est, gracili capitis quæ vertice pendet,
E tenui collo semen lege : sive globosi
Corporis, atque utero nimium quæ vasta tumescit,
Ventre leges medio, sobolem dabit illa capacem          385
Naryciæ picis, aut Actæi mellis Hymetti,
Aut habilem lymphis hamulam, Bacchove lagœnam.
Tum pueros eadem fluviis innare docebit.
Lividus at cucumis gravida qui nascitur alvo,
Hirtus, et ut coluber nodoso gramine tectus             390
Ventre cubat flexo, semper collectus in orbem,
Noxius exacuit morbos æstatis iniquæ.
Fœtidus hic succo, pingui quoque semine fartus.
At qui sub trichila manantem repit ad undam,
Labentemque sequens nimio tenuatur amore,               395
Candidus, effœtæ tremebundior ubere porcæ,
Mollior infuso calathis modo lacte gelato,
Dulcis erit, riguoque madescit luteus arvo,
Et feret auxilium quondam mortalibus ægris.
Cum canis Erigones flagrans Hyperionis æstu             400
Arboreos aperit fœtus, cumulataque moris
```

et qu'un jus de couleur de sang ruissellera des petits paniers blancs tissus de jonc et remplis de mûres; ce sera le moment de faire descendre la figue hâtive de l'arbre qui porte ce fruit deux fois l'an, et d'entasser dans des corbeilles les prunes d'Arménie, ainsi que celles de couleur de cire et celles de Damas, avec les fruits que la Perse barbare nous avait envoyés (à ce qu'on raconte) armés des poisons de leur patrie, mais qui ont perdu aujourd'hui leur propriété malfaisante, et qui donnent au contraire un jus d'ambroisie exempt de tout danger de mort. Les plus petits de ces fruits, que l'on appelle *Persica* du nom de cette nation même, se hâtent de mûrir ici plus tôt encore que dans leur pays, au lieu que les plus gros qui viennent dans la Gaule mûrissent au même temps : pour ceux que produit l'Asie, ils sont tardifs et ne viennent qu'aux froids. On voit paraître ensuite sous la constellation de l'incommode Arcture la figue de l'arbre de Livie qui le dispute à celle de Chalcidie, la figue de Caunus rivale de celle de Chio, la Chélidonienne pourprée, la figue folle grasse, la Callistruthis éclatante par sa graine de couleur de rose, la figue blanche qui prend son nom de la cire blonde, ainsi que celle de Libye qui est fendue, et enfin celle de Lydie dont la peau est peinte. En outre, dès qu'on a célébré, suivant le rit accoutumé, la solennité du dieu boiteux, on sème pour la seconde fois, pendant que les eaux du ciel sont encore suspendues, une quantité de raves qui nous viennent des champs célèbres de Nursia, ainsi que des navets qui nous sont apportés des campagnes d'Amiternum. Mais déjà Evius, que la maturité du raisin inquiète, nous appelle, et

nous ordonne de fermer les jardins cultivés. Nous allons donc les fermer, et nous rendre aux champs pour obéir à ses ordres : là, nous récolterons joyeusement tes présents, charmant Iacchus, au milieu des Satyres lascifs et des Pans à deux cornes, qui secouent leurs bras affaiblis par le vin vieux; après quoi nous te chanterons à la maison, en te donnant les noms de Père Mænalius, de Bacchus, de Lyæus et de Lenæus, afin que la cuve bouillonne, et que les futailles, remplies de Falerne jusqu'aux bords, se dégorgent en rejetant l'écume de leur moût grossier.

Jusqu'ici, Silvinus, j'enseignais la culture des guérets, en rappelant les préceptes de Maron, ce poëte divin qui, osant ouvrir les sources anciennes, fit entendre le premier, dans les villes de l'empire romain, les vers du poëte d'Ascra.

LIVRE XI.

I. Claudius Augustalis, ce jeune homme formé par la fréquentation des gens d'étude, et particulièrement par celle des agriculteurs, qui n'est pas moins recommandable par l'honnêteté de ses mœurs que par son érudition, a obtenu de moi, à force de sollicitations, que je donnasse la culture des jardins en prose. Ce n'est pas que, dès le moment où j'ai entrepris d'enchaîner cette matière dans les liens de la poésie, je n'aie prévu que je serais infailliblement forcé d'en venir là. Mais comme vous vous étiez acharné, Publius Silvinus, à me demander un essai de ma versification, il m'avait été impossible de vous refuser, sauf à entreprendre par la suite, si j'y trouvais

Candida sanguineo manat fiscella cruore,
Tunc præcox bifera descendit ab arbore ficus
Armeniisque, et cereolis, pruuisque Damasci
Stipantur calathi, et pomis, quæ barbara Persis   405
Miserat, ut fama est, patriis armata venenis.
At nunc expositi parvo discrimine lethi
Ambrosios præbent succos, oblita nocendi.
Quin etiam ejusdem gentis de nomine dicta
Exiguo properant mitescere Persica malo.   410
Tempestiva madent, quæ maxima Gallia donat;
Frigoribus pigro veniunt Asiatica fœtu.
At gravis Arcturi sub sidere parturit arbos
Livia, Chalcidicis, et Caunis æmula Chiis,
Purpureæque Chelidoniæ, pinguesque Mariscæ,   415
Et Callistruthis roseo quæ semine ridet,
Albaque, quæ servat flavæ cognomina ceræ,
Scissa Libyssa simul, picto quoque Lydia tergo.
Quin et Tardipedi sacris jam rite solutis
Nube nova seritur, cæli pendentibus undis,   420
Gongylis, illustri mittit quam Nursia campo,
Quæque Amiterninis defertur buuias arvis.
Sed jam maturis nos flagitat anxius uvis

Evius, excultosque jubet claudamus ut hortos.
Claudimus, imperioque tuo paremus agrestes,   425
Ac metimus læti tua munera dulcis Iacche,
Inter lascivos Satyros Panasque biformes
Brachia jactantes, vetulo marcentia vino.
Et te Mænalium, te Bacchum, teque Lyæum,
Lenæumque patrem canimus sub tecta vocantes,   430
Ferveat ut lacus, et multo completa Falerno
Exundent pingui spumantia dolia musto.
Hactenus hortorum cultus, Silvine, docebam
Siderei vatis referens præcepta Maronis,
Qui primus veteres ausus recludere fontes   435
Ascræum cecinit Romana per oppida carmen.

LIBER UNDECIMUS.

I. Claudius Augustalis tam ingenuæ naturæ, quam eruditionis adolescens complurium studiosorum et præcipue agricolarum sermonibus instigatus extudit mihi, cultus hortorum prosa ut oratione componerem. Nec me tamen fallebat hic eventus rei, cum prædictam materiam carminis legibus implicarem. Sed tibi, Publi Silvine, pertinaciter expetentis versificationis nostræ gustum, negare non

plaisir, le travail que j'entreprends effectivement aujourd'hui, et qui consiste à joindre les devoirs du jardinier à ceux du métayer. En effet, quoique je parusse avoir parcouru jusqu'à un certain point les devoirs du métayer dans le premier livre de mon économie rurale, néanmoins, comme le même Augustalis, notre ami, me demandait souvent, avec un empressement pareil au vôtre, d'y joindre ceux du jardinier, il est arrivé que j'ai excédé le nombre de volumes que devait comprendre cet ouvrage, en composant ce onzième livre de préceptes relatifs à l'agriculture. Il faut mettre à la tête de son bien et des gens qui l'exploitent un métayer qui ne soit ni dans le premier ni dans le dernier âge de la vie, parce que les esclaves méprisent autant un jeune apprenti qu'un vieillard, par la raison que l'un n'est pas encore au fait des travaux de la campagne, et que l'autre ne peut plus s'en acquitter ; outre que la jeunesse rend le premier négligent, comme la vieillesse rend le second paresseux. L'âge qui tient le milieu est donc le plus propre à cet office ; et tout homme aura suffisamment de forces pour s'acquitter des fonctions d'un agriculteur depuis trente ans jusqu'à soixante, à moins qu'il ne lui soit survenu quelque maladie de corps. Quel que soit l'homme que l'on destinera à cette besogne, il doit être très-savant et très-robuste à la fois, tant afin de pouvoir instruire ceux qui lui seront subordonnés, que pour pouvoir faire aisément lui-même ce qu'il ordonnera ; d'autant plus que rien ne peut être bien enseigné ni bien appris, si le maître n'en donne point l'exemple et que le disciple ne le reçoive point de lui. Or il est plus avantageux à un métayer d'être le maître de ses ouvriers que d'en être le disciple, puisque Caton, que l'on peut regarder comme un modèle, si l'on se réfère aux anciens usages, a dit, en parlant du chef de famille lui-même, que les affaires d'un propriétaire vont mal lorsque son métayer lui montre ce qu'il y a à faire. Aussi lit-on dans l'Économique de Xénophon, traduit en latin par M. Cicéron, que Socrate ayant demandé à Ischomachus l'Athénien si, dans le cas où ses affaires domestiques le forçaient à prendre un métayer, il était dans l'usage de l'acheter comme un artisan ou s'il le formait lui-même, cet homme admirable lui répondit : « Loin de l'acheter, je le forme moi-même, parce qu'un homme qui est fait pour me remplacer en mon absence, et pour seconder ma vigilance, doit en savoir autant que moi. » Il est vrai que ces exemples sont trop anciens pour nous, et qu'ils appartiennent à des temps où ce même Ischomachus prétendait qu'il n'y avait personne qui ne dût savoir cultiver par lui-même. Pour nous, qui ne pouvons pas nous dissimuler notre ignorance sur cet objet, contentons-nous de mettre des jeunes gens qui aient la conception vive et le corps robuste sous la direction d'agriculteurs très-instruits, afin qu'il puisse s'en trouver au moins un entre plusieurs (attendu qu'il est difficile d'instruire les autres) qui parvienne à acquérir, à l'aide de leurs bons avis, la capacité nécessaire non-seulement pour cultiver, mais encore pour commander. En effet, il arrive souvent que des gens reconnus d'ailleurs pour être très au fait de l'exécution des ouvrages, n'ont point la prudence nécessaire pour commander, et qu'ils nuisent en conséquence aux affaires du propriétaire, soit en le faisant avec trop de dureté, soit en y mettant trop de douceur. Il faut donc, comme je l'ai déjà dit, que l'homme que l'on destine à être métayer soit instruit et endurci aux travaux rustiques dès son enfance ; et l'on doit s'assurer préalablement, par des expériences multipliées, non-seulement

sustinebam, facturus mox, si collibuisset, quod nunc aggredior, ut olitoris curam subtexerem villici officiis : quæ quamvis primo rei rusticæ libro videbar aliquatenus executus ; quoniam tamen ea simili desiderio noster [idem] Augustalis sæpius flagitabat, numerum, quem jam quasi consummaveram, voluminum excessi, et hoc undecimum præceptum rusticationis memoriæ tradidi. Villicum fundo familiæque præponi convenit ætatis nec primæ nec ultimæ. Nam servitia sic tirunculum contemnunt, ut senem juvenes : quoniam alter nondum novit opera ruris, alter exequi jam non potest ; atque hunc adolescentia negligentem, senectus illum facit pigrum. Media igitur ætas huic officio est aptissima : poteritque ab anno trigesimo usque in sexagesimum, si non interveniant fortuita corporis vitia, satis validi fungi muneribus agricolæ. Quisquis autem destinabitur huic negotio, sit oportebit idem scientissimus robustissimusque, ut et doceat subjectos, et ipse commode faciat quæ præcipit. Siquidem nihil recte sine exemplo docetur, aut discitur, præstatque villicum magistrum esse operariorum, non discipulum, cum etiam de patrefamiliæ prisci moris exemplum Cato dixerit : « Male agitur cum domino, quem villicus docet. » Itaque in Œconomico Xenophontis, quem M. Cicero latino sermoni tradidit, (vir egregius ille Ischomachus Atheniensis rogatus a Socrate utrumne, si res familiaris desiderasset, mercari villicum tanquam fabrum, an a se instituere consuevisset : « Ego vero, inquit, ipse instituo. Etenim qui me absente in meum locum substituitur, et vicarius meæ diligentiæ succedit, is ea, quæ ego, scire debet. » Sed hæc nimium prisca, et ejus quidem temporis sunt, quo idem Ischomachus negabat quemquam rusticari nescire. Nos autem memores ignorantiæ nostræ vigentis sensus adolescentulos, corporisque robusti peritissimis agricolis commendemus. Quorum monitionibus vel unus ex multis, (nam est difficile erudire,) non solum rusticationis, sed imperandi consequatur scientiam. Quidam enim quamvis operum probatissimi artifices, imperitandi parum prudentes aut sævius aut etiam lenius agendo rem dominorum corrumpunt. Quare, sicut dixi, docendus, et a pueritia rusticis operibus edurandus, multisque prius experimentis inspiciendus erit futurus villicus, nec solum an perdidicerit disciplinam ruris, sed an etiam domino fidem ac benevolentiam exhi-

27.

qu'il a appris l'art de l'agriculture, mais encore qu'il est fidèle et attaché à son maître, article sans lequel la science d'un métayer, si éminente qu'on la suppose, ne sert de rien. Or le principal talent d'un maître, en ce cas, consiste à savoir apprécier quels sont les offices et les travaux qu'il faudra départir à chacun. En effet, l'homme le plus robuste, s'il n'a pas l'intelligence de ce qu'il fait, ou le plus habile, s'il est invalide, ne pourront jamais venir à bout d'exécuter ce qu'on leur aura commandé. Il faut aussi examiner la nature de chaque opération. Il se trouve effectivement tels ouvrages qui ne demandent que de la force, comme lorsqu'il s'agit de pousser des fardeaux ou de les porter; tels qui demandent autant d'adresse que de force, comme lorsqu'il s'agit de bêcher, de labourer, de couper les moissons et de faucher les prés; quelques-uns pour lesquels il faut plus d'adresse que de force, comme la taille et la greffe des vignes; d'autres enfin qui exigent la science comme le point le plus capital, tels que la nourriture des bestiaux et leur traitement en cas de maladie. Or le métayer, dont je parlais tout à l'heure, ne peut pas être bon juge de ces différentes opérations, s'il n'a pas l'habileté nécessaire pour pouvoir corriger ce qui se trouvera mal fait dans les unes ou dans les autres, parce qu'il ne suffit pas de reprendre ceux qui font mal, si l'on ne leur montre pas les moyens de bien faire. J'aime à me répéter sur cette matière. Il ne faut pas moins instruire un homme que l'on destine à être métayer, qu'il ne faut instruire un homme que l'on destine à être potier ou artisan : j'oserais même presque assurer qu'à proportion de ce que ces métiers sont moins étendus que l'agriculture, ils sont plus aisés à apprendre que cet art, dont l'objet est si compliqué et si étendu, que si l'on voulait passer en revue ses différentes parties, il serait à peine possible de les compter toutes. Aussi ne puis-je me lasser de témoigner ma surprise sur un fait dont je me suis déjà plaint avec raison dans le premier livre de mon ouvrage, je veux dire sur ce qu'il s'est trouvé des gens qui excellaient dans tous les autres arts, quoique moins nécessaires à la vie que celui-ci, sans qu'il se soit trouvé de disciples ni de maîtres d'agriculture; à moins que l'on ne veuille attribuer à l'étendue immense de cette science la crainte qu'il paraît que chacun a eue de l'apprendre ou de l'enseigner, quoique ce ne fût pas une raison suffisante pour la négliger par une défiance honteuse de soi-même. En effet, on n'abandonne point comme elle l'art de l'éloquence, parce qu'il ne s'est jamais trouvé d'orateur parfait; la philosophie, parce qu'il n'y a jamais eu personne dont la sagesse ait été consommée; puisqu'au contraire la plus grande partie des hommes s'encourage à acquérir la connaissance au moins de quelques portions de ces sciences, quoiqu'ils n'ignorent pas qu'ils ne pourront jamais parvenir à les posséder en entier. Est-ce donc un motif suffisant de se taire, parce qu'on sait qu'on ne pourra pas devenir un orateur parfait, ou de se laisser aller à la négligence, parce qu'on désespérera d'acquérir la sagesse? et n'est-ce pas un assez grand honneur que celui d'acquérir une parcelle, si petite qu'on la suppose, d'une grande chose? Mais, dira-t-on, qui est-ce qui pourra instruire un homme qui se destine à être métayer, s'il ne se trouve point de professeurs en ce genre? Je conviens moi-même qu'il est très-difficile d'apprendre à la fois tous les préceptes d'agriculture d'une seule et même personne: néanmoins, s'il est difficile de trouver quelqu'un qui soit instruit sur toutes les parties de cet art, on rencontre au moins, pour chaque partie isolée,

beat, sine quibus nihil prodest villici summa scientia. Potissimum autem est in eo magisterio scire et æstimare, quale officium et qualis labor sit cuique injungendus. Nam nec valentissimus possit exequi quod imperatur, si nesciat quid agat; nec peritissimus, si sit invalidus. Qualitas itaque cujusque rei consideranda est. Quippe aliqua sunt opera tantummodo virium, tanquam promovendi onera portandique : aliqua sociata viribus et arti, ut fodiendi arandique, ut segetes et prata desecandi : nonnullis minus virium, plus artis adhibetur, sicut putationibus insitionibusque vineti : plurimum etiam scientia pollet in aliquibus, ut in pastione pecoris atque ejusdem medicina. Quorum omnium officiorum villicus, quod jam prius dixi, æstimator bonus esse non potest, nisi fuerit etiam peritus, ut in unoquoque corrigere queat perperam factum. Neque enim satis est reprehendisse peccantem, si non doceat recti viam. Libenter igitur eadem loquor : tam docendus est futurus villicus, quam futurus figulus aut faber. Et haud facile dixerim, num illa tanto expeditiora sint discentibus artificia, quanto minus ampla sunt. Rusticationis autem magna et diffusa materia est, partesque si velimus ejus percensere, vix numero comprehendamus. Quare satis admirari nequeo, quod primo scriptorum meorum exordio jure conquestus sum : cæterarum artium minus vitæ necessariarum repertos antistites; agriculturæ neque discipulos neque præceptores inventos : nisi magnitudo rei fecerit reverentiam vel discendi vel profitendi pene immensam scientiam; cum tamen non ideo turpi desperatione oportuerit eam negligi. Nam nec oratoria disciplina deseritur, quia perfectus orator nusquam repertus est; nec philosophia, quia nullus consummatæ sapientiæ : sed e contrario plurimi semetipsos exhortantur vel aliquas partes earum addiscere, quamvis universas percipere non possint. Etenim quæ probabilis ratio est obmutescendi, quia nequeas orator esse perfectus; aut in socordiam compelli, quia desponderis sapientiam? Magnæ rei quantulamcunque possederis, fuisse participem, non minima gloria est. Quis ergo, inquis, docebit futurum villicum, si nullus professor est? Et ego intelligo difficillimum esse ab uno velut auctore cuncta rusticationis consequi præcepta. Verumtamen ut universæ disciplinæ vix aliquem consultum, sic plurimos partium ejus invenias magistros, per

un grand nombre de maîtres, à l'aide desquels un métayer peut devenir parfait. Il y a en effet de bons laboureurs, d'excellents ouvriers pour fouiller la terre ou pour faucher le foin, comme pour avoir soin des arbres et de la vigne, ainsi que de bons médecins vétérinaires et de bons pâtres, dont chacun ne cachera pas les procédés de son art à quiconque voudra s'en instruire. Celui donc qui se trouvera à la tête d'une métairie après avoir été préalablement formé lui-même aux métiers particuliers des différents ouvriers de la campagne, évitera entre autres choses d'entretenir aucun commerce avec les esclaves de la maison, et encore moins avec les étrangers. Il sera très-tempérant tant sur le sommeil que sur le vin : ce sont en effet deux choses incompatibles avec l'exactitude, parce qu'un homme sujet à s'enivrer manque à ses devoirs autant qu'il les oublie, et qu'un dormeur en néglige une grande partie. Que peut en effet exécuter par lui-même un homme qui dort continuellement, ou que peut-il commander aux autres ? Il faut encore qu'il n'ait pas de penchant à l'amour, parce que s'il se livre une fois à cette passion, il ne pourra plus penser à autre chose qu'à l'objet de ses désirs; car lorsqu'on a l'esprit occupé d'une passion, on ne croit pas qu'il y ait de récompense plus flatteuse que le fruit de la volupté, ni de supplice plus dur que la privation. Il faut donc qu'il soit le premier éveillé de tous, et qu'après avoir fait sortir, le plus tôt que la saison le permettra, les gens qui sont toujours lents à se mettre à l'ouvrage, il aille lestement à leur tête, parce qu'il est très-intéressant que les colons commencent leur besogne dès le matin, et qu'ils la fassent diligemment et sans interruption; d'autant que, comme le disait ce même Ischomachus que j'ai déjà cité, la journée bien employée d'un seul ouvrier vaut mieux que celle de dix ouvriers négligents et peu appliqués; et que si on laisse à un ouvrier la liberté de perdre son temps en bagatelles, il en résulte toujours un très-grand mal. En effet, de même que de deux voyageurs qui sont partis en même temps, celui qui va son chemin droit et sans s'arrêter devance souvent de moitié celui qui se sera amusé à chercher l'ombre des arbres, l'agrément des ruisseaux ou la fraîcheur de l'air; de même, en fait d'opérations rustiques, il serait difficile de dire combien un ouvrier diligent l'emporte sur un ouvrier paresseux et nonchalant. Il faut donc que le métayer ait soin que les gens, en allant à l'ouvrage dès le point du jour, ne marchent point languissamment et à pas comptés, mais qu'ils le suivent au contraire avec ardeur, et, pour ainsi dire, comme un général qui mène bravement et gaiement son armée au combat. Il faut aussi qu'il les réveille au milieu du travail par des exhortations multipliées, et que de temps en temps, lorsqu'il en remarquera qui se décourageront, il prenne un moment leurs outils comme pour les aider, et qu'il mette lui-même la main à leur besogne, en les avertissant de la faire avec autant de courage qu'il l'aura faite lui-même. Il faut de même que, dès que le crépuscule sera venu, il n'en laisse aucun derrière lui, mais qu'il les suive tous comme un excellent pâtre, qui ne souffre jamais qu'aucune bête de son troupeau erre dans la campagne. Lorsque ensuite il sera rentré à la maison, il se comportera de même qu'un berger vigilant, c'est-à-dire qu'il ne se retirera pas aussitôt dans sa chambre, mais qu'il prendra le plus grand soin possible de chacun d'eux, soit en appliquant des remèdes sur les

---

quos efficere queas perfectum villicum. Nam et orator reperiatur aliquis bonus, et optimus fossor, aut fœni sector, nec minus arborator et vinitor, tum etiam veterinarius et probus pastor, qui singuli rationem scientiæ suæ desideranti non subtrahant. Igitur complurium agrestium formatus artibus, qui susceperit officium villicationis, in primis convictum domestici, multoque etiam magis exteri vitet. Somni et vini sit abstinentissimus, quæ utraque sunt inimicissima diligentiæ. Nam et ebrioso cura officii pariter cum memoria subtrahitur; et somniculosum plurima effugiunt. Quid enim possit aut ipse agere, aut cuiquam dormiens imperare ? Tum etiam sit a venereis amoribus aversus : quibus si se dediderit, non aliud quidquam possit cogitare, quam illud quod diligit. Nam vitiis ejusmodi pellectus animus nec præmium jucundius quam fructum libidinis, nec supplicium gravius quam frustrationem cupiditatis existimat. Igitur primus omnium vigilet, familiamque semper ad opera cunctantem pro temporibus anni festinanter producat, et strenue ipse præcedat. Plurimum enim refert colonos a primo mane opus aggredi, nec lentos per otium pigre procedere. Siquidem Ischomachus idem ille : Malo, inquit, unius agilem industriam, quam decem hominum negligentem et tardam operam. Quippe plurimum affert mali, si operario tricandi potestas fiat. Nam ut in itinere conficiendo sæpe dimidio maturius pervenit is, qui naviter et sine ullis concessationibus permeabit, quam is, qui cum sit una profectus, umbras arborum fonticulorumque amœnitatem vel aurae refrigerationem captavit : sic in agresti negotio dici vix potest, quid navus operarius ignavo et cessatore præstet. Hoc igitur custodire oportet villicum, ne statim a prima luce familia cunctanter et languide procedat, sed velut in aliquod prœlium cum vigore et alacritate animi præcedentem eum tanquam ducem strenue sequatur, variisque exhortationibus in opere ipso exhilaret laborantes : et interdum, tanquam deficienti successurus, ferramentum auferat parumper, et ipse fungatur ejus officio, moneatque sic fieri debere, ut ab ipso fortiter sit effectum. Atque ubi crepusculum incesserit, neminem post se relinquat, sed omnes subsequatur more optimi pastoris, qui e grege nullam pecudem patitur in agro relinqui. Tum vero, cum tectum subierit, idem faciat, quod ille diligens opilio : nec in domicilio [suo] statim delitescat, sed agat cujusque maximam curam ; sive quis, quod accidit plerumque,

blessures que quelqu'un d'eux aura pu se faire en travaillant (ce qui arrive communément), soit en faisant transporter sur-le-champ à l'infirmerie ceux qui seront malades, et en ordonnant qu'on leur fasse tous les traitements convenables. Il ne faudra pas qu'il néglige davantage ceux qui se porteront bien; mais il veillera à ce que les gens chargés du soin des provisions de bouche leur donnent à boire et à manger sans fraude. Il accoutumera les ouvriers des champs à prendre toujours leurs repas autour du foyer de leur maître et de l'âtre de la maison, et il mangera lui-même en leur présence, pour leur montrer l'exemple de la frugalité, sans jamais s'étendre sur un lit, si ce n'est les jours de fêtes, pendant lesquels il s'occupera à faire quelques largesses à ceux qui se seront montrés les plus courageux et les plus tempérants. Il les admettra même quelquefois à sa table, et se prêtera à leur accorder quelques autres marques de distinction. Il visitera aussi pendant ces jours-là les instruments qui servent à tous les ouvrages de la campagne, et ceux de fer plus souvent que les autres : il aura soin de les avoir tous par doubles, et de les faire raccommoder de temps en temps avant de les serrer, afin de n'être pas dans la nécessité d'en emprunter de ses voisins, pour remplacer ceux qui pourraient avoir été endommagés dans le travail, parce qu'il en coûtera toujours plus en journées de détourner des esclaves pour ces sortes d'emprunts, qu'il n'en coûterait pour acheter de nouveaux instruments. Il tiendra les gens soignés et vêtus plutôt à profit que délicatement, c'est-à-dire de façon qu'ils soient bien défendus tant contre le froid que contre la pluie ; ce à quoi il parviendra parfaitement bien, en leur donnant des fourrures garnies de manches et des saies avec leurs capuchons : car il n'en faut pas davantage pour les mettre en état de supporter en travaillant la rigueur de presque tous les jours d'hiver. Il faudra en conséquence qu'il fasse deux fois par mois la revue des habits des esclaves, ainsi que celle des instruments de fer, comme je l'ai dit, parce que cette revue répétée fréquemment ne leur laissera ni prétexte pour manquer à leur devoir, ni espérance d'impunité, au cas qu'ils viennent à y manquer. Il appellera aussi tous les jours par leurs noms les esclaves qui seront à la chaîne dans la prison, et il examinera s'ils sont scrupuleusement enchaînés par les pieds, et si la prison est elle-même sûre et bien gardée ; comme il ne délivrera pas, sans l'aveu du chef de famille, ceux qui auront été mis à la chaîne par son ordre ou par celui de son maître. Il ne fera point de sacrifices, si ce n'est avec la permission de son maître : il ne liera pas, sans nécessité, connaissance avec des aruspices ou des sorcières, deux sortes de gens qui infectent les âmes ignorantes du poison d'une vaine superstition. Il ne fréquentera ni la ville ni les marchés, si ce n'est pour vendre ou pour acheter les choses qui lui seront nécessaires ; il ne doit pas même sortir des limites de sa colonie, ni fournir aux gens, en s'absentant, l'occasion de cesser leur travail ou de tomber dans quelque faute. Il empêchera que l'on fasse des sentiers au travers des fonds, et qu'on n'y pose de nouvelles bornes. Il donnera très-rarement l'hospitalité, si ce n'est aux amis de son maître. Il ne fera pas faire par ses camarades d'esclavage les choses qui seront de son ministère, et il ne permettra à personne de sortir hors des limites (sauf le cas de la plus grande nécessité). Il n'emploiera pas l'argent de son maître en achats de bestiaux ou d'autres marchandises, parce que cette habitude détourne un métayer de ses occupations, et qu'elle en fait

---

sauciatus in opere noxam ceperit, adhibeat fomenta : sive aliter languidior est, in valetudinarium confestim deducat, et convenientem ei cæteram curationem adhiberi jubeat. Eorum vero, qui recte valebunt, non minor habenda erit ratio, ut cibus et potio sine fraude a cellariis præbeatur. Consuescatque rusticos circa larem domini focumque familiarem semper epulari; atque ipse in conspectu eorum similiter epuletur, sitque frugalitatis exemplum : nec nisi sacris diebus accubans cœnet, festosque sic agat, ut fortissimum quemque et frugalissimum largitionibus prosequatur, nonnumquam etiam mensæ suæ adhibeat, et velit aliis quoque honoribus dignari. Tum etiam per ferias instrumentum rusticum, sine quo nullum opus effici potest, recognoscat, et sæpius inspiciat ferramenta : eaque semper duplicia comparet, ac subinde refecta custodiat, ne si quod in opere vitiatum fuerit, a vicino petendum sit ; quia plus in operis servorum avocandis, quam in pretio rerum hujusmodi dependitur. Cultam vestitamque familiam utiliter magis habeat, quam delicate, id est munitam diligenter a frigoribus et imbribus ; quæ utraque prohibentur optime pellibus manicatis, et sagatis cucullis : idque si fiat, omnis pene hiemalis dies in opere tolerari possit. Quare tam vestem servitiorum, quam, ut dixi, ferramenta bis debebit singulis mensibus recensere. Nam frequens recognitio nec impunitatis spem nec peccandi locum præbet. Itaque mancipia [vincta quæ sunt] ergastuli per nomina quotidie citare debebit atque explorare, ut sint diligenter compedibus innexa : tum etiam custodiæ sedes an tuta et recte munita sit : nec, si quem dominus aut ipse vinxerit, sine jussu patrisfamiliæ resolvat. Sacrificia nisi ex præcepto domini facere nesciat : aruspicem sagamque sua sponte non noverit, quæ utraque genera vana superstitione rudes animos infestant. Non urbem, non nullas nundinas nisi vendendæ aut emendæ rei necessariæ causa frequentaverit. Neque enim coloniæ suæ terminos egredi debet, nec absentia sua familiæ cessandi aut delinquendi spatium dare. Semitas novosque limites in agro fieri prohibeat. Hospitem nisi ex amicitia domini quam rarissime recipiat. Ad ministeria sua conservos non adhibeat. Nec ulli terminos egredi, nisi magna coegerit necessitas, permittat. Pecuniam domini neque in pecore nec in aliis rebus promercalibus occupet. Hæc enim res avocat villici curam, et eum

plutôt un commerçant qu'un agriculteur ; outre qu'elle ne lui permet jamais d'apurer ses comptes vis-à-vis de son maître, et que quand celui-ci vient à lui demander de l'argent comptant, il n'a que des effets à lui représenter, au lieu d'argent. C'est donc une chose qu'il doit absolument éviter : mais il doit encore plus éviter la passion de la chasse, soit au poil soit à la plume, attendu qu'elle lui ferait perdre un nombre de journées considérable. Il faudra aussi qu'il s'applique à observer ces points-ci, qui sont d'une exécution très-difficile même dans les plus grands gouvernements, je veux dire, à ne traiter ceux qui lui seront soumis ni trop durement ni trop doucement, à accorder toujours quelques faveurs à ceux qui se comporteront bien et qui seront appliqués à leurs devoirs, à pardonner même aux plus méchants, et à user envers eux d'une modération telle qu'il les mette dans le cas de craindre plutôt sa sévérité que de détester sa cruauté; chose à laquelle il pourra parvenir, s'il a plutôt l'attention d'empêcher qu'un ouvrier ne commette quelque faute, que de le punir tardivement après la faute faite. Or il n'y a pas de meilleur moyen pour empêcher l'homme, même le plus méchant, de commettre des fautes, que celui d'exiger de lui de l'ouvrage tous les jours : rien n'étant plus vrai que l'oracle de M. Caton, qui dit qu'en ne faisant rien les hommes apprennent à mal faire. Ainsi le métayer veillera à ce que tous les ouvrages soient faits à temps, chose qu'il obtiendra sans peine, s'il se fait toujours voir aux ouvriers; parce qu'alors ceux qui sont préposés aux différentes fonctions s'acquitteront exactement de leurs devoirs, et que les gens fatigués par l'exercice qu'ils auront pris en travaillant se livreront plutôt au manger, au repos et au sommeil, qu'ils ne s'occuperont à mal faire. Or le point le plus à désirer dans toutes les parties de l'administration d'une métairie, ainsi que dans le reste de la vie, c'est que celui qui ignore quelque chose soit convaincu de son ignorance, et que tous ses vœux tendent à s'en instruire. En effet, quoique la science soit de la plus grande utilité, l'imprudence ou la négligence sont encore plus nuisibles qu'elle n'est utile, surtout en matière d'agriculture, parce que le point le plus important de cet art est de bien exécuter du premier coup toutes les opérations qu'exige la méthode de la culture. En effet, c'est en vain que l'on corrige quelquefois ce qui aura été mal fait par imprudence ou par négligence, puisque la chose est déjà perdue pour le maître à qui elle appartient, et qu'elle ne réussit jamais assez par la suite pour réparer les pertes qu'elle a éprouvées dans le principe, et pour faire retrouver le lucre qu'elle aurait dû produire. Qui est-ce en effet qui ignore combien le temps passé est irréparable? Le métayer, qui doit avoir continuellement cette maxime devant les yeux, prendra donc garde de se trouver jamais pris au dépourvu et surchargé d'ouvrage, parce que l'économie rustique trompe souvent ceux qui se sont une fois mis en retard : c'est ce qu'un des auteurs les plus anciens, Hésiode, a exprimé si énergiquement par ce vers : *L'homme qui retarde son ouvrage a toujours à lutter contre des pertes.* C'est pourquoi un métayer doit supposer que ce proverbe vulgaire, *Ne balancez point à planter*, que les paysans n'appliquent qu'à la plantation des arbres, s'entend également de la culture d'une terre; et il doit tenir pour certain qu'à moins de faire dans le cours de chaque jour l'ouvrage qu'il amène, on perd non pas seulement les douze heures dont est composé le jour que l'on aura perdu à ne rien faire, mais encore l'année entière. En effet, comme chaque opération veut être faite jusqu'à un certain point aux moments qui lui sont fixés; s'il

---

negotiatorem potius facit quam agricolam : nec unquam sinit [eum] cum rationibus domini paria facere; sed ubi [æris] numeratio exigitur, res pro nummis ostenditur. Itaque tam istud vitandum habebit, quam hercule fugiendum venandi vel aucupandi studium, quibus rebus plurimæ operæ avocantur. Illa jam, quæ etiam in majoribus imperiis difficulter custodiuntur, considerare debebit, ne aut crudelius aut remissius agat cum subjectis : semperque foveat bonos et sedulos, parcat etiam minus probis, et ita temperet, ut magis ejus vereantur severitatem, quam ut sævitiam detestentur. Poteritque id custodire, si maluerit cavere ne peccet operarius, quam cum peccaverit, sero punire. Nulla est autem vel nequissimi hominis amplior custodia, quam quotidiana operis exactio. Nam illud verum est M. Catonis oraculum, nihil agendo homines male agere discunt. Itaque curabit villicus, ut justa reddantur. Istaque non ægre consequetur, si semper se repræsentaverit. Sic enim et magistri singulorum officiorum diligenter exequentur sua munia, et familia post operis exercitationem fatigata cibo quietique potius ac somno quam maleficiis operam dabit. In universa porro villicatione, sicut in cætera vita, pretiosissimum est intelligere quemque, nescire se quod nesciat, semperque cupere, quod ignoret, addiscere. Nam et si multum prodest scientia, plus tamen obest imprudentia vel negligentia, maxime in rusticatione; cujus est disciplinæ caput semel fecisse quicquid exegerit ratio culturæ. Nam quamvis interdum emendata sit perperam facti imprudentia vel negligentia ; res tamen ipsa jam domino decoxit, nec mox in tantum exuberat, ut et jacturam capitis amissi restituat, et quæstum resarciat. Præ-labentis vero temporis fuga quam sit irreparabilis, quis dubitet? Ejus igitur memor præcipue semper caveat, ne improvidus ab opere vincatur. Res est agrestis insidiosissima cunctanti, quod ipsum expressit vetustissimus auctor Hesiodus hoc versu significavit : Αἰεὶ δ' ἀμβολιεργὸς ἀνὴρ ἄταισι παλαίει. Quare vulgare illud de arborum positione rusticis usurpatum, *Serere ne dubites*, id villicus ad agri totum cultum referri judicet, credatque, prætermissas non duodecim horas sed annum periisse, nisi sua quaque die quod instat effecerit. Nam cum propriis pene momen-

arrive qu'il y en ait une qui ait été fluie plus tard qu'elle n'aurait dû l'être, les autres travaux qui la suivront se trouveront aussi faits trop tard, parce que le temps dans lequel ils auraient dû l'être sera écoulé; et tout l'ordre des travaux se trouvant dérangé par là, les espérances de l'année entière s'évanouiront. C'est pourquoi il est nécessaire que nous donnions des préceptes qui renferment ce qu'il y a à faire dans le cours de chaque mois, et qui soient réglés sur l'influence des astres, parce que, comme dit Virgile, *nous ne devons pas moins observer la saison de l'Arcture, les jours des Chevreaux et la constellation brillante du Serpent, que ne les observent ceux qui, voguant sur des mers orageuses pour retourner dans leur patrie, ont à passer par le Pont et le détroit d'Abydos, dans lequel abondent les poissons à écailles.* Je conviens que j'ai opposé bien des doutes contre ces sortes d'observations dans les livres que j'ai composés contre les astrologues; mais mon unique objet dans ces traités était de démasquer l'effronterie avec laquelle les Chaldéens affirment que les changements de temps répondent constamment à des jours fixes, comme à des termes invariables; au lieu que dans notre art rustique nous ne donnons point dans des calculs aussi rigoureux, puisqu'il suffit à un métayer, pour son utilité, de prévoir les temps futurs autant que son esprit naturel le permet, pourvu qu'il tienne d'ailleurs comme un principe certain que l'influence d'une constellation se fait sentir tantôt avant son lever ou son coucher, tantôt après, et quelquefois même à certains jours marqués de l'un ou de l'autre: en effet, sa prévoyance sera suffisante, pour peu qu'il puisse se garantir quelques jours d'avance des temps suspects.

II. Nous allons donc prescrire ce qu'il y aura à faire dans le cours de chaque mois, en réglant les travaux de la campagne sur les différentes saisons, autant que la température de l'air le permettra; de sorte que le métayer étant prévenu, par la lecture de ce commentaire, de l'inconstance et des variétés du temps, il ne lui arrivera jamais d'être trompé, ou que du moins ce malheur ne lui arrivera que très-rarement. Et, pour ne pas nous écarter de ce qu'a prescrit le meilleur des poètes, *il commencera par donner le premier labour à la terre au commencement du printemps.* Il est vrai qu'un homme de la campagne ne doit point observer le commencement du printemps à la manière d'un astronome, et de façon à attendre le jour marqué auquel on dit que commence cette saison; mais qu'il peut prendre quelques jours sur l'hiver, parce que, passé le solstice d'hiver, l'année commence à être tempérée, et que les jours devenant plus doux permettent d'entreprendre les travaux. Il pourra donc (pour nous régler sur le premier mois de l'année romaine) commencer les travaux de la culture aux ides de janvier. Entre ceux auxquels il pourra mettre alors la main, il s'en trouvera qui appartenaient aux temps qui auront précédé celui-ci, et d'autres qui appartiendront aux temps qui le suivront; il achèvera donc les premiers qui n'auront pas été faits, et commencera les seconds. Au reste, il nous suffit de distribuer les travaux par demi-mois, parce qu'un ouvrage n'est pas censé fait trop tôt quand il l'est quinze jours avant le temps que nous allons lui assigner, comme il n'est pas censé fait trop tard quand il l'est quinze jours après. Le jour des ides de janvier, temps venteux et incertain. Le dix-huit des calendes de février, temps incertain. Le dix-sept, le soleil entre dans le Verseau, le Lion commence à se coucher le matin;

---

tis fieri quidque debeat : si unum opus tardius quam oporteat peractum sit, cæteræ quoque, quæ sequuntur culturæ, post justa tempora serius adhibentur, omnisque turbatus operis ordo spem totius anni frustratur. Quare necessaria est menstrui cujusque officii monitio ea, quæ pendet ex ratione siderum et cæli. Nam ut ait Virgilius, *tam sunt Arcturi sidera nobis Hædorumque dies servandi et lucidus anguis, Quam quibus in patriam ventosa per æquora vectis Pontus et ostriferi fauces tentantur Abydi.* Contra quam observationem multis argumentationibus disseruisse me non infitior in iis libris, quos adversus astrologos composueram. Sed illis disputationibus exigebatur id, quod improbissime Chaldæi pollicentur, ut certis quasi terminis, ita diebus statis aëris mutationes respondeant : in hac autem ruris disciplina non desideratur ejusmodi scrupulositas; sed, quod dicitur, pingui Minerva quantum vis utile continget villico tempestatis futuræ præsagium, si persuasum habuerit, modo ante, modo post, interdum etiam stato die orientis vel occidentis competere vim sideris. Nam satis providus erit, cui licebit ante multos dies cavere suspecta tempora.

II. Itaque præcipiemus, quid quoque mense faciendum sit, sic temporibus accommodantes opera ruris, ut permiserit status cæli : cujus varietatem mutationemque si ex hoc commentario fuerit præmonitus villicus, aut nunquam decipietur, aut certe non frequenter. Et ne discedamus ab optimo vate, [qui ait, ille] *Vere novo terram proscindere incipiat.* Novi autem veris principium non sic observare rusticus debet, quemadmodum astrologus, ut expectet certum illum diem, qui veris initium facere dicitur : sed aliquid etiam sumat de parte hiemis. Quoniam consumta bruma, jam intepescit annus, permittitque clementior dies opera moliri. Possit igitur ab idibus Januariis (ut principem mensem Romani anni observet) auspicari culturarum officia; quorum alia ex pristinis residua consummabit, atque alia futuri temporis inchoabit. Satis autem erit per dimidios menses exequi quodque negotium, quia neque præfestinatum opus nimium immature videri possit ante quindecim dies factum, nec rursus post totidem nimium tarde. Idibus Januariis ventosa tempestas et incertus status. XVII cal. Feb. tempestas incerta. XVII cal. Feb. sol in Aquarium transit; Leo mane incipit occidere; Afri-

vent d'Afrique, quelquefois vent de midi avec de la pluie. Le seize, l'Écrevisse achève de se coucher; froid. Le quinze, le Verseau commence à se lever; le vent d'Afrique annonce le mauvais temps. Le onze, la Lyre se couche le soir; jour pluvieux. Le neuf, le coucher de la constellation de la Baleine annonce le mauvais temps, quelquefois même il l'amène. Le six, la claire étoile que l'on voit sur la poitrine du Lion se couche; c'est souvent un signe que l'on touche à la moitié de l'hiver. Le cinq, vent de midi ou d'Afrique; froid, jour pluvieux. Le trois, le Dauphin commence à se coucher, la Lyre se couche aussi. La veille des calendes, le coucher des astres dont nous venons de parler amène le mauvais temps; quelquefois il ne fait que l'annoncer. Nous donnerons donc la note des différents temps éventuels, en parcourant les autres demi-mois comme nous avons fait à l'égard de celui-ci, afin que le métayer puisse (ainsi que je l'ai déjà dit) se conduire avec prévoyance, soit en s'abstenant de certains ouvrages, soit en les dépêchant, suivant l'exigence des cas. Par conséquent, si l'on a de grandes possessions en vignobles ou en arbres mariés à des vignes, on emploiera le temps qui s'écoulera depuis le solstice d'hiver, en commençant aux ides de janvier jusqu'à l'arrivée du vent Favonius, à reprendre tout ce qui sera resté à faire de la taille d'automne; en évitant néanmoins de toucher à la vigne pendant les matinées, parce que son bois, encore engourdi par la bruine et par les gelées nocturnes, redoute alors le fer. C'est pourquoi, en attendant le dégel, on pourra, jusqu'à la seconde ou à la troisième heure du jour, élaguer les buissons pour les empêcher de croître au point de couvrir tout le champ, nettoyer les guérets,

faire des fagots et enfin fendre du bois, afin de ne se mettre à la taille que lorsque la journée commencera à être plus supportable. Il faut aussi, dans les climats exposés au soleil et maigres ou secs, commencer à nettoyer les prés et à en interdire l'entrée aux bestiaux, afin que le foin y vienne en abondance. Il est encore temps alors de donner les premiers labours aux terres sèches et grasses; car, pour les terres humides et médiocres, il ne faudra les leur donner que vers l'été; quant à celles qui seront très-maigres et sèches, elles ne devront être labourées qu'à la fin de l'été et au commencement de l'automne, afin d'être aussitôt ensemencées. Au surplus, il est aisé de donner en deux journées le premier labour à un *jugerum* d'une terre grasse pendant ce temps-ci, parce que le sol encore humecté des pluies d'hiver se laisse cultiver alors facilement. Il faut aussi pendant le même mois sarcler, avant les calendes de février, les blés d'automne, soit grains *adorea* que quelques-uns appellent *vernacula*, soit froments. Le temps de les sarcler est celui où ils commencent à jeter quatre fanes. Ceux qui auront des journées de reste devant eux pourront aussi sarcler dès lors l'orge qui sera en état de l'être. Les fèves exigent encore le même genre de culture, pourvu que leur tige ait déjà quatre doigts de hauteur; car il ne serait pas à propos de les sarcler auparavant, attendu qu'elles seraient encore trop tendres. Le mieux serait de semer l'ers dans le mois précédent, quoiqu'il n'y ait pas d'inconvénient à le semer dans ce mois-ci ou dans le suivant; car pour ce qui est du mois de mars, c'est un temps pendant lequel les gens de la campagne défendent absolument de le mettre en terre. C'est à présent le temps de bêcher les vignes qui

---

cus, interdum Auster cum pluvia. xvi cal. Feb. Cancer desinit occidere; hiemat. xv cal. Feb. Aquarius incipit oriri; ventus Africus tempestatem significat. xi cal. Feb. Fidicula vespere occidit. Dies pluvius. ix calen. Febr. ex occasu pristini sideris significat tempestatem : interdum etiam tempestas. vi calend. Feb. Leonis quæ est in pectore clara stella occidit, nonnumquam significatur. Hiems bipertitur. v calend. Febr. Auster, aut Africus, hiemat, pluvius dies. iii calend. Febr. Delphinus incipit occidere. Item Fidicula occidit. Pridie calen. Februar. eorum, quæ supra sunt, siderum occasus, tempestatem facit : interdum tantummodo significat. Hoc igitur semestrium, et deinceps sequentia tempestatibus annotatis percensuimus, quo cautior villicus (ut jam dixi) vel abstinere possit operibus, vel festinationem adhibere. Itaque ab idibus Januariis, quod habetur tempus inter brumam et adventum Favonii, si major est vineæ vel arbusti modus, quicquid ex autumno putationis superfuit, repetendum est, sed ita ne matutinis temporibus vitis saucietur : quoniam pruinis et gelicidiis nocturnis adhuc rigentes materiæ ferrum reformidant. Itaque dum hæ regelatæ siccantur, usque in horam secundam vel tertiam poterunt vepres atte-

nuari, ne incremento suo agrum occupent, segetes emundari, acervi virgarum fieri, ligna denique confici, ut tum demum tepenti jam die putatio administretur. Apricis etiam et macris aut aridis locis prata jam purganda, et a pecore sunt defendenda, ut fœni sit copia. Siccos quoque et pingues agros tempestivum est proscindere. Nam uliginosi, et mediocris habitus sub æstatem vervagendi sunt; macerrimi vero et aridi post æstatem primo autumno arandi, et subinde conserendi. Sed jugerum agri pinguis hoc tempore anni commode duabus operis proscinditur, quia hibernis pluviis adhuc madens terra facilem cultum sui præbet. Eodemque mense ante cal. Feb. sarriendæ segetes autumnales, sive illæ seminis adorei sunt, quod quidam far vernaculum vocant, seu tritici : earumque tempestiva sarritio est, cum enata frumenta quatuor fibrarum esse cœperunt. Ordeum quoque maturum, quibus superest opera, nunc demum sarrire debebunt. Sed et faba eandem culturam exigit, si jam coliculus ejus in quatuor digitos altitudinis creverit. Nam prius sarrivisse nimium teneram non expedit. Ervum melius quidem priore mense, nec tamen improbe hoc ipso vel proximo seremus. Nam Martio nullo modo terræ committendum esse rustici præ-

sont échalassées et liées. Il faut se hâter de greffer vers les ides les arbres qui viennent les premiers en fleurs, tels que le cerisier, le jujubier, l'amandier et le pêcher. C'est le temps propre à faire des échalas ainsi que des pieux; c'est également celui de couper le bois de construction : mais, soit qu'il s'agisse de l'une ou de l'autre de ces destinations, le meilleur est de le couper quand la lune est dans son déclin, depuis son vingtième jour jusqu'à son trentième, parce que l'on estime qu'étant coupé ainsi, il ne se pourrit jamais. On peut en une journée couper cent pieux et les aiguiser, comme on peut fendre dans le même espace de temps soixante échalas, soit de chêne, soit d'olivier, les polir des deux côtés et les aiguiser. On peut encore faire dix pieux et cinq échalas pendant la veillée du soir, et autant pendant celle du matin. Si c'est du bois de robre que l'on ait à travailler, un seul ouvrier doit en tailler vingt pieds de long, de façon qu'ils soient bien équarris; ce qui formera la charge d'un *vehis*. Si c'est du pin, il ne faut également qu'un seul ouvrier pour en expédier vingt-cinq pieds, et c'est ce qu'on appellera encore un *vehis*. Trente pieds d'orme ainsi que de frêne, quarante pieds de cyprès, et jusqu'à soixante pieds de sapin et de peuplier, peuvent de même être très-bien équarris en une journée, et on donnera également le nom de *vehis* à toutes ces mesures. On doit aussi pendant ces jours-ci marquer d'une empreinte les agneaux qui sont sevrés, ainsi que les petits des autres bestiaux et des grands quadrupèdes qui ne l'auront pas encore été. Le jour des calendes de février, la Lyre commence à se coucher; le vent d'orient et quelquefois celui du midi s'élève avec de la grêle. Le trois des nones, la lyre se couche en entier, ainsi que la moitié du Lion; vent d'aval ou de septentrion, quelquefois vent *Favonius*. Le jour des nones, la moitié du Verseau se lève; temps venteux. Le sept des ides, la constellation de Callisto se couche, les vents *Favonii* commencent à souffler. Le six, temps venteux. Le trois, vent d'est. Pendant ces jours-ci, on nettoie les prés ou les champs dans les climats maritimes, chauds et secs, et on en laisse croître l'herbe pour en tirer du foin. Il faut alors échalasser et lier le reste des vignes auxquelles les froids de l'hiver auront empêché de donner ces façons, de peur que, si l'on tardait davantage à le faire, on n'endommageât leurs boutons qui seraient déjà gros, et qu'on n'arrachât leurs yeux. Il faut aussi achever tant de bêcher les vignes dans les mêmes climats, que de tailler ou de lier les ceps mariés aux arbres, qui demandent tantôt plus tantôt moins de façons. Il faut ensuite faire, entre les nones et les ides, des pépinières d'arbres à fruits, et transférer des pépinières dans leurs fosses les jeunes arbres qui seront bons à être plantés. Il faut aussi terminer alors les façons au *pastinum*, que l'on aura commencées dans le mois de décembre ou de janvier, et planter les vignes. Or, pour façonner au *pastinum* un *jugerum* de terrain, il faut quatre-vingts journées, si on en fouille le sol à la profondeur de trois pieds; cinquante, si on ne le fouille qu'à celle de deux pieds et demi; ou quarante, si on le fouille au hoyau à deux pieds de profondeur. Au reste, cette dernière mesure est la moindre de celles que l'on pourra donner au labour au *pastinum*, quand il s'agira d'un terrain sec dans lequel on voudra planter des arbrisseaux : car si l'on se propose de n'y mettre que des plantes potagères, une profondeur d'un pied et demi pourra être

---

cipiunt. Vineæ, quæ sunt palatæ et ligatæ, recte jam fodiuntur. Surculi, qui primum florem afferunt, statim circa idus inserendi sunt, ut cerasorum, tuberum, amygdalarum, persicorumque. Ridicis vel etiam palis conficiendis, idoneum tempus est. Nec minus in ædificia succidere arborem convenit. Sed utraque melius fiunt luna decrescente ab vigesima usque in trigesimam : quoniam omnis materia sic cæsa judicatur carie non infestari. Palos una opera cædere et exputatos acuere centum numero potest : ridicas autem quernas, sive oleagineas findere, et dedolatas utraque parte exacuere numero sexaginta. Item ad lucubrationem vespertinam palos decem vel ridicas quinque conficere, totidemque per antelucanam lucubrationem. Materies si roborea est, ab uno fabro dolari ad unguem per quadrata debet pedum xx : hæc erit vehis una. Pinus autem v et xx pedum æque ab uno expeditur, quæ et ipsa vehis dicitur : nec minus ulmus et fraxinus pedum xxx ; cupressus autem pedum xl : tum etiam sexagenum pedum abies atque populus, singulis operis ad unguem quadrantur, atque omnes hæ mensuræ similiter vehes appellantur. His etiam diebus maturi agni, et reliqui fœtus pecudum, nec minus majora quadrupedia charactere signari debent. Cal. Feb. Fidis incipit occidere, ventus Eurinus, et interdum Auster cum grandine est. III nonas Feb. Fidis tota, et Leo medius occidit. Corus, aut Septentrio, nonnunquam Favonius. Nonis Febr. mediæ partes Aquarii oriuntur, ventosa tempestas. VII idus Febr. Callisto sidus occidit; Favonii spirare incipiunt. VI idus Febr. ventosa tempestas. III id. Feb. Eurus; per hosce dies locis maritimis et calidis ac siccis prata vel arva purgantur, et in fœnum submittuntur. Reliquæ partes vinearum propter brumam vel frigora omissæ, nunc palandæ et alligandæ sunt, ne postea tumentes gemmæ lædantur, et oculi atterantur. Item vinearum fossio iisdem locis peragenda, arbustorumque sive putatio sive alligatio finienda est, quorum justa certa esse non possunt. Inter nonas deinde et idus pomorum seminaria facienda sunt, et maturæ plantæ de seminariis in scrobes transferendæ. Pastinatio quoque, quæ mense Decembri vel Ianuario cœpta est, jam nunc includenda, et vitibus conserenda est. Pastinatur autem terreni jugerum ita, ut solum in altitudinem trium pedum defodiatur operis LXXX : vel in altitudine dipondii semissis, operis L : vel ad bipalium, cui est altitudo duorum pedum, operis XL. Hæc tamen in agro sicco surculis conserendis minima pastinationis mensura est. Nam oleribus deponendis possit vel sesquipedalis altitudo satisfacere,

suffisante ; auquel cas un *jugerum* ne demandera communément que trente journées de travail. On doit aussi distribuer dans le même temps une portion de son fumier sur les prés, et en répandre une autre portion au pied des oliviers et des autres arbres. Il faut encore faire avec soin des pépinières de vignes, et les remplir scrupuleusement de crossettes très-récemment tirées du cep. Il est bon de mettre alors en terre les peupliers, les saules et les frênes avant qu'ils soient en feuilles, de même que les ormes qui seront bons à être plantés, comme aussi de tailler ceux de ces arbres qui auront été plantés précédemment, de les bêcher autour de leur pied, et de couper les petites racines qu'ils auront jetées sur la superficie du sol pendant l'été. Il faut encore jeter alors, avant la fouille des vignes, hors des terres labourées, et ranger auprès des haies, les sarments et les branches des arbres mariés aux vignes, ainsi que les ronces, et en un mot toutes les immondices qui pourraient, si on les laissait à terre, retarder les ouvriers qui ont à fouiller la terre ou à lui donner toute autre façon. Il faut faire de nouvelles pépinières de rosiers ou soigner les anciennes, planter des roseaux ou même cultiver ceux qui l'auront été antérieurement, faire des saussaies ou en tailler les arbres, y arracher les mauvaises herbes et les bêcher, semer le genêt en graine dans une terre façonnée au *pastinum*, ou même le déposer en pied dans les fosses. Les semailles des tremois ne sont pas non plus faites à contre-temps dans ce moment-ci, quoiqu'il soit mieux de les faire dans les pays tempérés pendant le mois de janvier. Le jour des ides de février, le Sagittaire se couche le soir ; grand froid. Le seize des calendes de mars, la Coupe se lève le soir ; changement de vent. Le quinze, le soleil entre dans les Poissons ; le temps est quelquefois venteux. Le treize et le douze, vent *Favonius* ou vent de midi, avec grêle et orages. Le dix, le Lion achève de se coucher ; les vents septentrionaux, que l'on appelle *Ornithiæ*, ont coutume de souffler pendant l'espace de trente jours ; après quoi les hirondelles arrivent. Le neuf, l'Arcture se lève au commencement de la nuit ; temps froid, vent d'aquilon ou d'aval ; quelquefois il pleut. Le huit, le Sagittaire commence à se lever au crépuscule ; temps variable, quoiqu'on remarque le plus grand calme dans la mer Atlantique. Le sept, temps venteux ; on aperçoit les hirondelles. Il est temps de faire pendant ces jours-ci, dans les climats froids, les opérations que nous avons détaillées ci-dessus ; et quoiqu'il soit tard pour les faire dans les climats chauds, il ne faut pas néanmoins se dispenser de les y faire alors, si on ne les a pas faites précédemment. Au surplus, il paraît que c'est le meilleur temps pour planter les crossettes et les marcottes, quoiqu'il n'y ait pas plus d'inconvénient à les planter entre les calendes et les ides du mois suivant, pourvu néanmoins que le pays ne soit pas très-chaud : il sera même mieux de différer à le faire jusque-là, si le pays est plus froid que chaud. On greffera aussi très-bien dans ce temps-ci les arbres et les vignes dans les climats tempérés. Le jour des calendes de mars, vent d'Afrique, et quelquefois de midi avec de la grêle. Le six des nones, le Vendangeur, que les Grecs appellent Τρυγητήρ, paraît ; vent septentrional. Le quatre, vent *Favonius* et quelquefois vent de midi ; froid. Le jour des nones, le Cheval se lève le matin ; vent d'aquilon. Le trois des ides, le Poisson du côté de l'aquilon achève de se lever ;

---

quæ plerumque in singula jugera triginta operis conficitur. Hoc eodem tempore stercoris pars in prata digerenda, pars oleis et cæteris arboribus inspergenda. Quinetiam vitiaria diligenter facienda, malleolusque [quam recentissimus] curiosissime pangendus. Populos et salices et fraxinos, prius quam frondeant, plantasque ulmorum nunc ponere utile est, aut ante satas nunc exputare, et circumfodere, ac summas earum æstivas radiculas amputare. Sarmenta quoque vineis nondum fossis atque arbustis et segetibus ramos et rubos, quicquid denique jacens fodientem vel alio genere terram molientem potest impedire, nunc egerere et ad sepem applicare oportet : rosaria nova conserere, vel antiqua curare ; arundineta nunc ponere, vel etiam pristina colere : salicta facere, vel deputata runcare ac fodere : genistam semine vel plantis in pastinato vel etiam sulco deponere. Trimestrium quoque satio non est aliena huic tempori, quamvis tepidis regionibus melius administretur per mensem Januarium. Idibus Februariis Sagittarius vespere occidit ; vehementer hiemat. xvi calend. Martii vespere Crater oritur ; venti mutatio. xv cal. Martii sol in Pisces transitum facit, nonnunquam ventosa tempestas. xiii et xii cal. Martii Favonius, vel Auster cum grandine et nimbis. x cal. Martii Leo desinit occidere ; venti Septentrionales, qui vocantur Ornithiæ, per dies triginta esse solent ; tum et hirundo advenit. ix cal. Martii Arcturus prima nocte oritur, frigidus dies Aquilone, vel Coro, interdum pluvia. viii cal. Martii Sagitta crepusculo incipit oriri, variæ tempestates : Halcyonei dies vocantur, in Atlantico quidem mari summa tranquillitas nota est. vii cal. Martii ventosa tempestas, hirundo conspicitur. Per hos dies frigidis locis earum rerum, quas supra scripsimus, tempestiva est administratio. Locis autem calidioribus, quamvis sera, tamen necessaria. Cæterum malleoli et vivi radicis positio hujus esse temporis videtur optima. Nec tamen deterior etiam inter cal. et idus sequentis mensis, utique si non sit ferventissima regio : si vero etiam magis frigida, vel melior [est]. Insitio quoque arborum atque vitium tepidis locis hoc tempore commode administrabitur. Cal. Martii Africus ; interdum Auster cum grandine. vi nonas Martii Vindemiator apparet, quem Græci τρυγητήρα dicunt ; Septentrionales venti. iv Nonas Martii Favonius, interdum Auster ; hiemat. Nonis Martii Equus mane oritur ; flatus Aquilonis. iii Idus Martii Piscis aquilonius desinit oriri, Septentrionales venti.

vent septentrional. La veille des ides, le vaisseau Argo se lève ; vent *Favonius* ou vent de midi, quelquefois d'aquilon. On dispose à propos pendant ces jours-ci les jardins : mais j'en parlerai plus particulièrement dans leur lieu, afin qu'on ne m'impute pas d'avoir passé trop négligemment sur les fonctions du jardinier, en les confondant pour ainsi dire parmi cette bande de travaux que je suis occupé à décrire, ou d'avoir interrompu en ce moment l'ordre des autres genres de culture que j'ai commencé à détailler. Ainsi, le temps qui s'écoule depuis le jour des calendes de mars jusqu'au dix de celles d'avril est un temps excellent pour tailler la vigne, pourvu néanmoins que l'on n'aperçoive pas encore de mouvement dans ses boutons. C'est aussi principalement dans ce temps que l'on prend sur les arbres avec succès des branches qui n'ont point encore commencé à bourgeonner, pour être employées en greffes ; comme c'est aussi alors que l'opération de la greffe elle-même est sans contredit la mieux faite, tant sur les vignes que sur les arbres. On préfère encore ce temps-ci pour planter la vigne dans les climats froids et humides ; et il est aussi très à propos de déposer alors en terre les cimes des figuiers qui sont déjà garnies de leurs boutons. On sarcle aussi les blés à merveille pour la seconde fois : une journée suffit pour en sarcler trois *modii*. C'est le temps de nettoyer les prés, et d'en interdire l'entrée aux bestiaux dans les pays chauds et secs ; il faut même commencer à le faire, comme nous l'avons dit ci-dessus, au mois de janvier : mais dans les pays froids on se contente de laisser croître l'herbe des prés depuis les *Quinquatria*. Il faudra préparer dans ce temps-ci toutes les espèces de fosses dans lesquelles on se propose de mettre du plant en automne. Si le terrain est commode, un seul homme en fera en une journée quatorze de celles que l'on nomme *quaternarii*, c'est-à-dire, de celles qui ont quatre pieds tant en largeur qu'en longueur, et dix-huit de celles qui en ont trois. Au reste, pour planter des vignes ou des arbres de basse tige, on fera une tranchée de cent vingt pieds de longueur sur deux pieds de largeur et deux et demi de profondeur, et il ne faudra non plus qu'une journée pour la faire. C'est le temps de bêcher et de façonner les pépinières de rosiers tardifs. Il est à propos de répandre en ce temps-ci de la lie d'huile extraite sans sel, autour des oliviers qui ne se porteront pas bien : il suffira de six *congii* de cette liqueur pour les plus grands arbres, d'une urne pour les arbres moyens, et à proportion pour les autres ; ceux même qui se porteront bien n'en deviendront que plus fertiles si on les en arrose. Quelques auteurs ont prétendu que c'était le meilleur temps pour former des pépinières, de même qu'ils ont prescrit de semer alors sur des planches les baies de laurier ou de myrte, et la graine des autres arbustes qui sont toujours verts. Les mêmes auteurs ont aussi été d'avis qu'il fallait planter depuis les ides de février, ou même depuis les calendes de mars, l'*orthocissus* et le lierre. Le jour des ides de mars, le Scorpion commence à se coucher ; il annonce le mauvais temps. Le dix-sept des calendes d'avril, il se couche ; froid. Le seize, le soleil entre dans le Bélier ; vent *Favonius* ou vent d'aval. Le douze, le Cheval se couche le matin ; vent septentrional. Le dix, le Bélier commence à se lever ; jour pluvieux ; quelquefois il neige. Le neuf et le huit, l'équinoxe du printemps annonce le mauvais temps. Il ne faut pas manquer d'achever, depuis les ides, les opérations dont nous venons de par-

Pridie idus Martii Argo navis exoritur, Favonius, aut Auster, interdum Aquilo. His diebus commode instruuntur horti, de quibus suo loco dicam secretius, ne inter hanc quasi turbam operum negligentius olitoris officia descripsisse videar, aut nunc ordinem reliquarum culturarum cœptum interrupisse. Igitur a cal. Martiis eximia est vitium putatio usque in decimum calend. Apriles, si tamen se gemmæ nondum movent. Surculi quoque silentes ad insitionem nunc præcipue utiliter leguntur, et ipsa insitio vitium atque arborum nunc est optima. Frigidis quoque locis et humidis vitium satio nunc præcipua est, sed et ficulneæ cacumina [a] mense Januario, ut supra diximus, di fieri debet : nam frigidis vel a Quinquatribus prata recte submittuntur. Sarritura quoque frumentorum iteratur egregie. Modios tres una opera recte sarrit. Prata purgare, et a pecore defendere jam tempestivum est : locis quidem calidis et siccis etiam [a] mense Januario, ut supra diximus, [a] fieri debet : nam frigidis vel a Quinquatribus prata recte submittuntur. Scrobes omnis generis, quos eris autumno consiturus, hoc tempore præparare oportebit : eorum quaternarii , hoc est quoquoversus pedum iv , si est commodum terrenum, xiv ab' uno fiunt ; ternarii autem xviii. Cæterum ad deponendas vites, vel non magni incrementi arbores, sulcus qui sit pedum centum et viginti, latitudine bipedanea, in altitudinem deprimi debet dipondio semisse, eumque similiter una opera efficit. Rosarium serotinum perfossum et cultum habere jam tempus est. Oleis laborantibus circum radices amurcam, quæ salem non habeat, nunc conveniet infundere : maximis sex congii, mediocribus arboribus urnæ satisfaciunt, cæteris æstimanda erit portio. Sed tamen quæ nihil vitii habuerint, aliquanto lætiores fient, si amurca rigentur insulsa. Nonnulli hoc optimum tempus esse seminariis instituendis dixerunt. Tum etiam baccas lauri et myrti cæterorumque viridium semina in areolas disserere præceperunt. Orthocissos, et ederas ab idibus Februariis, vel etiam cal. Martiis poni oportere iidem censuerunt. Idibus Mart. Nepa incipit occidere ; significat tempestatem. xvii cal. April. Nepa occidit ; hiemat. xvi cal. April. Sol in Arietem transitum facit ; Favonius, vel Corus. xii calen. April. Equus occidit mane ; Septentrionales venti. x cal. April. Aries incipit exoriri ; pluvius dies ; interdum ningit. ix et viii calendarum Aprilium, Æquinoctium vernum tempestatem significat. Ab idibus eadem, quæ supra, utique peragenda sunt : optime autem uliginosa et pinguia loca nunc

ler. On donne aussi pour lors à merveille les premiers labours à la terre dans les lieux humides et gras, et les seconds sur la fin de mars aux guérets qui auront reçu les premiers au mois de janvier. Si en taillant la vigne on a laissé de côté quelques treilles de raisin distingué, ou quelques ceps particuliers mariés à des arbres dans les champs ou dans les buissons, il faut sans contredit les tailler avant les calendes d'avril, passé lequel jour cette façon leur serait infructueuse pour être tardive. C'est aussi alors qu'on commence à semer pour la première fois le millet et le panis; cet ensemencement doit être fini vers les ides d'avril. Il faut cinq *sextarii* de chacune de ces graines, pour ensemencer un *jugerum* de terre. En outre, c'est encore le temps de châtrer les bêtes à laine, ainsi que les autres quadrupèdes. On peut effectivement châtrer très-bien tous les bestiaux, dans les pays tempérés, depuis les ides de février jusqu'à celles d'avril; et dans les pays froids, depuis celles de mars jusqu'à celles de mai. Le jour des calendes d'avril, le Scorpion se couche le matin; il annonce le mauvais temps. Le jour des nones, vent *Favonius* ou vent de midi avec de la grêle, et quelquefois dès la veille. Le huit des ides, les Pléiades se cachent le soir; quelquefois il fait froid. Le sept, le six et le cinq, les vents de midi et d'Afrique annoncent le mauvais temps.

Le quatre, la Balance commence à se coucher au lever du soleil; elle annonce quelquefois le mauvais temps. La veille des ides, les Hyades se cachent; froid. Il ne faut pas manquer pendant ces jours-ci de bêcher les vignes pour la première fois dans les pays froids, et cette opération doit être terminée avant les ides. Il faut aussi se hâter alors d'achever les opérations qui auraient dû être faites au mois de mars après l'équinoxe. On ente encore très-bien alors les figuiers et les vignes. On peut arracher les mauvaises herbes des pépinières faites précédemment, comme on peut aussi les bêcher commodément. Il faut laver les brebis de Tarente avec de la saponaire, pour les disposer à la tonte. Le jour des ides d'avril, la Balance se couche, ainsi que je l'ai dit ci-dessus; froid. Le dix-huit des calendes de mai, temps venteux et pluie, quoique ce ne soit pas une règle infaillible. Le quinze, le soleil entre dans le Taureau; il annonce la pluie. Le quatorze, les Hyades se cachent le soir; elles annoncent la pluie. Le onze, on est à la moitié du printemps; pluie et quelquefois grêle. Le dix, les Pléiades se lèvent avec le soleil; vent d'Afrique ou de midi, temps humide. Le neuf, la Lyre paraît au commencement de la nuit; elle annonce le mauvais temps. Le quatre, communément vent de midi avec de la pluie. Le trois, la Chèvre se lève le matin; vent de midi, quelquefois de la pluie. La veille des calendes, la Canicule se cache le soir; elle annonce le mauvais temps. Nous continuerons pendant ces jours-ci les mêmes opérations que ci-dessus. On peut greffer en écusson ou autrement les oliviers, pourvu qu'ils commencent à quitter leur écorce: on peut également enter en écusson les autres arbres à fruit. Rien n'empêche qu'on n'épampre aussi la vigne pour la première fois, parce que ses yeux, qui ne font que commencer à paraître, peuvent être abattus d'un coup de doigt. Outre cela, si en bêchant les vignes on y a dérangé quelque chose, ou qu'on en ait omis quelque partie par négligence, un vigneron attentif doit y remettre la main, et examiner les jougs qui pourront se trouver rompus

demum proscinduntur: et quæ mense Januario vervacta ferimus, nunc ultima parte Martii sunt iteranda: et siquæ pergulæ vitium generosarum, vel siquæ in agris aut vepribus singulares arbores maritæ a putatoribus relictæ sunt, ante calend. April. utique deputari debent; post quem diem sera et infructuosa fit hujusmodi rerum cura. Milii quoque et panici hæc prima satio est, quæ peragi debet circa idus April. utriusque seminis sextarii quini singula jugera occupant. Quinetiam pecus lanatum cæteraque quadrupedia tempus idoneum est castrandi. Locis autem tepidis ab idibus Februariis usque in idus Apriles, in locis frigidis ab idibus Martiis usque in idus Maias omnia recte pecora castrantur. Cal. Aprilibus Nepa occidit mane, tempestatem significat. Nonis April. Favonius aut Auster cum grandine, nonnunquam hoc idem pridie. Octavo idus Aprilis Vergiliæ vespere celantur, interdum hiemat. Septimo idus Aprilis, et sexto, et quinto Austri et Africi tempestatem significant.

Quarto idus Aprilis, sole oriente, Libra occidere incipit, interdum tempestatem significat. Pridie id. Aprilis Suculæ celantur, hiemat. His diebus locis frigidis prima vinearum fossio utique ante idus peragenda est: quæque mense Martio post confectum æquinoctium fieri debuerunt, nunc denique quam primum exequenda sunt. Fici vitesque adhuc recte inseruntur: seminaria, quæ sunt ante facta, runcari, et adhuc commode fodiri possunt. Oves Tarentinæ radice lanaria lavari debent, ut tonsoræ præparentur. Idibus Aprilibus, ut supra, Libra occidit, hiemat. Decimooctavo calen. Maias ventosa tempestas, et imbres, nec hoc constanter. xv cal. Maias sol in Taurum transitum facit, pluviam significat. xiv cal. Maias Suculæ se vesperi celant; pluviam significat. xi cal. Maias ver bipartitur, pluvia, et nonnunquam grando. Decimo cal. Maias Vergiliæ cum sole oriuntur, Africus, vel Auster, dies humidus. Nono cal. Maias prima nocte Fidicula apparet, tempestatem significat. Quarto calen. Maias Auster fere cum pluvia. Tertio cal. Maias mane Capra exoritur, Austrinus dies, interdum pluviæ. Pridie cal. Maias Canis se vespere celat: tempestatem significat. Per hos dies eadem quæ supra persequemur, possuntque, si jam librum remittunt, inseri oleæ, vel emplastrari, cæterænque pomiferæ arbores eodem emplastrationis genere inseri. Sed et prima pampinatio recte inchoatur, dum prorepentes oculi digito decuti possint. Siqua præterea in vineis aut fossor disturbavit,

pour les raccommoder, ou remettre à leur place les pieux renversés, sans cependant faire tomber les jeunes pampres. Il faut marquer d'une empreinte dans le même temps les bestiaux de la seconde portée. Aux calendes de mai, on prétend que le soleil reste pendant deux jours dans le même degré de la Dodécatémorie. Le six des nones, l'Hyade se lève avec le soleil ; vents septentrionaux. Le cinq, le Centaure paraît entier ; il annonce le mauvais temps. Le trois, il annonce la pluie. La veille des nones, le Scorpion se couche à moitié ; il annonce le mauvais temps. Le jour des nones, les Pléiades se lèvent le matin ; vent *Favonius*. Le sept des ides, c'est le commencement de l'été ; vent *Favonius* ou vent d'aval, quelquefois même pluie. Le six, les Pléiades paraissent entières ; vent *Favonius* ou vent d'aval, quelquefois aussi pluie. Le trois, la Lyre se lève le matin ; elle annonce le mauvais temps. Il faut pendant ces jours-ci arracher les mauvaises herbes des terres ensemencées, et commencer la coupe du foin. Un bon ouvrier fauche un *jugerum* de pré à lui seul, et ne lie pas moins de douze cents bottes de quatre livres chacune. C'est aussi le temps de bêcher le pied des arbres, et de recouvrir ceux qui sont déchaussés : on peut bêcher en une journée le pied de quatre-vingts jeunes arbres, celui de soixante et cinq d'une moyenne grosseur, et celui de cinquante grands arbres. Il faudra pendant ce mois-ci bêcher souvent toutes les pépinières. En général, depuis les calendes de mars jusqu'aux ides de septembre, il faut les bêcher tous les mois, ainsi que les jeunes vignes. On taille les oliviers et on les débarrasse de leur mousse dans le cours des mêmes jours, quand le climat est très-froid et pluvieux. Au reste, si le pays est tempéré, il faudra répéter cette opération dans deux saisons de l'année, savoir, depuis les ides d'octobre jusqu'à celles de décembre, et ensuite depuis celles de février jusqu'à celles de mars, pourvu cependant que ces arbres ne quittent point alors leur écorce. C'est dans le même mois qu'on peut planter pour le plus tard des boutures d'oliviers dans une pépinière façonnée au *pastinum* : il faudra, lorsqu'elles seront plantées, les enduire de fumier et de cendre mêlés ensemble, et les recouvrir de mousse pour empêcher que le soleil ne les fende ; mais il vaut mieux faire cette opération à la fin du mois de mars ou au commencement d'avril, ainsi qu'aux autres temps pendant lesquels nous avons ordonné de fournir les pépinières de pieds d'arbres ou de boutures. Le jour des ides de mai, la Lyre se lève le matin ; vent de midi ou de sud-sud-est, quelquefois temps humide. Le dix-sept des calendes de juin, de même. Le seize et le quinze, vent de sud-sud-est ou de midi, avec de la pluie. Le treize, le soleil entre dans les Gémeaux. Le douze, les Hyades se lèvent ; vent septentrional, et quelquefois vent de midi avec de la pluie. Le onze et le dix, l'Arcture se lève le matin ; il annonce le mauvais temps. Le sept et le six, la Chèvre se lève le matin ; vents septentrionaux. Depuis les ides jusqu'aux calendes de juin, il faut bêcher pour la seconde fois les anciennes vignes avant qu'elles commencent à fleurir. Il faut aussi les épamprer, ainsi que toutes les autres vignes. Si l'on a soin de le faire souvent, la journée d'un enfant suffira pour en épamprer un *jugerum*. Il y a des pays où l'on tond alors les brebis, et où l'on se fait rendre compte du nombre des bestiaux tant nés que

aut negligentia omisit, diligens vinitor restituere debet, et fracta juga considerate resarcire, aut disjectos palos reponere, ita ne teneros pampinos explantet. Eodem tempore secundi fœtus pecudes signari oportet. Cal. Maiis, hoc biduo sol unam dicitur tenere particulam. vi nonas Maias Sucula cum sole exoritur, Septentrionales venti. v nonas Maias Centaurus totus apparet, tempestatem significat. iii nonas Maias idem sidus pluviam significat. Pridie nonas Maias Nepa medius occidit ; tempestatem significat. Nonis Maiis Vergiliæ exoriuntur mane, Favonius. vii idus Maias æstatis initium, Favonius, aut Corus, interdum etiam pluvia. vi idus Vergiliæ totæ apparent, Favonius, aut Corus, interdum et pluviæ. Tertio idus Maias Fidis mane oritur, significat tempestatem. Per hos dies runcandæ segetes sunt, fœnisicia instituenda. Bonus operarius prati jugerum desecat, nec minus mille ducentos manipulos unus alligat, qui sint singuli quaternarum librarum. Arbores quoque tempus est ablaqueatas circumfodere, et operire : una opera novellas circumfodiet arbores octoginta, mediocres lxv, magnas quinquaginta. Hoc mense seminaria omnia crebro fodere oportebit. Sed a calendis Martiis usque in idus Septembres, omnibus mensibus non solum seminariis, sed etiam novellis vineis danda fossio est. Iisdem diebus, ubi prægelidum et pluvium cælum est, oleæ putantur, et emuscantur. Cæterum tepidis regionibus duobus temporibus anni facere istud oportebit. Primo ab idibus Octobribus usque in idus Decembres, iterum ab idibus Februariis usque in idus Martias, si tamen arbor librum non remittit. Hoc eodem mense in pastinato seminario novissima positio est olearis taleæ, eamque oportet, cum panxeris, fimo et cinere mistis oblinere, et superponere muscum, ne sole findatur, sed hoc opus melius fiet ultima parte mensis Martii, vel prima mensis April. et cæteris temporibus, quibus præcipimus seminaria plantis vel ramis conserere. Idibus Maiis Fidis mane exoritur. Auster, aut Euronotus, interdum dies humidus. xvii calen. Junias idem quod supra. xvi et xv cal. Junias Euronotus vel Auster cum pluvia. xiv cal. Jun. sol in Geminos introitum facit. xii calen. Jun. Suculæ exoriuntur ; Septentrionales venti, nonnunquam Auster cum pluvia. xi et x calen. Junias Arcturus mane occidit, tempestatem significat. viii et vii et vi cal. Jun. Capra mane exoritur ; Septentrionales venti. Ab idib. usque in calend. Junias veteranam vineam priusquam florere incipiat, iterum fodere oportet, eandemque et cæteras omnes vineas identidem pampinare. Quod si sæpius feceris, puerilis una opera jugerum vineti pampinabit. Quibusdam regionibus oves nunc tondentur, et pecoris nati aut amissi ratio accipitur. Item

morts. Ceux qui ont semé des lupins dans la vue de fumer les champs, les reversent aussi alors en terre avec la charrue. Le jour des calendes et le quatre des nones de juin, l'Aigle se lève; temps venteux et quelquefois pluie. Le sept des ides, l'Arcture se couche; vent *Favonius* ou vent d'aval. Le quatre, le Dauphin se lève le soir; vent *Favonius*, quelquefois de la rosée. Si l'on s'est trouvé avoir plus d'ouvrage qu'on n'aura pu en faire, il faut achever pendant ces jours-ci les opérations qui appartenaient à la fin de mai. Il faut aussi recharger la terre au pied de tous les arbres fruitiers que l'on aura bêchés, de sorte que cette opération soit finie avant le solstice. Outre cela, on donnera le premier ou le second labour à la terre, suivant la qualité du sol ou la température du climat. Si la terre est difficile à labourer, il faut trois journées pour le premier labour d'un *jugerum*, deux pour le second, et une pour le troisième : une journée suffit aussi pour recouvrir de terre la semence jetée dans deux *jugera*. Mais si la terre est aisée à labourer, il suffit de deux journées pour le premier labour d'un *jugerum*, et d'une pour le second : une journée suffit pour recouvrir de terre la semence jetée dans quatre *jugera* (ce qui se fait en formant de larges sillons dans une terre déjà labourée). Il suit de ce calcul qu'on peut aisément semer pendant l'automne, à l'aide d'une seule paire de bœufs, cent cinquante *modii* de froment et cent de légumes, quels qu'ils soient. Il faut pendant les mêmes jours préparer l'aire où l'on doit battre le blé, et y porter la récolte à mesure qu'elle aura été faite. Il faut aussi reprendre la culture des vignobles, quand on en a une grande quantité. Si l'on est à portée d'avoir du fourrage, on en donnera aux bestiaux avant le solstice, ou dans ce temps-ci, ou même pendant les quinze jours qui précéderont les calendes de juin. Mais si l'on commence à manquer d'herbages verts, on leur donnera depuis ces calendes jusqu'à la fin de l'automne des feuilles d'arbres cueillies exprès. Le jour des ides de juin, la chaleur commence. Le treize des calendes de juillet, le soleil entre dans l'Écrevisse; il annonce le mauvais temps. Le onze, le Serpentaire, que les Grecs appellent ὀφιοῦχος, se couche le matin; il annonce le mauvais temps. Le huit, le sept et le six, c'est le solstice; vent *Favonius,* chaleur. Le trois, temps venteux. On continue ces jours-ci les mêmes opérations que ci-dessus. Mais il faut aussi couper la vesce qui doit servir de fourrage avant que les cosses en soient durcies, moissonner l'orge, cueillir les fèves tardives, battre celles qui auront été semées les premières et en serrer avec soin la paille, battre l'orge et serrer toutes les pailles, cueillir les ruches qu'on a dû examiner et soigner de temps en temps, c'est-à-dire tous les neuf et dix jours, depuis les calendes de mai. On ne doit néanmoins récolter les rayons dans ce moment-ci qu'au cas qu'ils soient pleins et recouverts de leurs pellicules; car si la plus grande partie s'en trouve vide, ou qu'elle ne soit point recouverte de cette pellicule, ce sera une preuve qu'ils ne sont pas encore à leur point de maturité, et par conséquent on retardera la récolte du miel. Il y a des personnes dans les provinces d'outre-mer qui sèment le sésame ce mois-ci ou le suivant. Le jour des calendes de juillet, vent *Favonius* ou vent de midi, et chaleur. Le quatre des nones, la Couronne se couche le matin. La veille des nones, la moitié de l'Écrevisse se couche; chaleur. Le huit des ides, la moitié du Capricorne se couche. Le sept, Céphéus se lève

---

qui lupinum stercorandi agri causa serit, nunc demum aratro subvertit. Cal. Jun. et IV non. Aquila exoritur; tempestas ventosa, et interdum pluvia. VII idus Jun. Arcturus occidit; Favonius, aut Corus. IV id. Jun. Delphinus vespere exoritur; Favonius; interdum rorat. His diebus, si opere victi sumus, eadem, quæ extremo mense Maio, facienda sunt : item omnes arbores fructiferæ circumfossæ aggerari debent, ut ante solstitium id opus peractum sit. Quinetiam pro conditione regionis et cæli terra vel proscinditur vel iteratur : eaque, si est difficilis, proscinditur operis tribus, iteratur duabus, tertiatur una, lirantur autem jugera duo opera una. At si facilis est terra, proscinditur jugerum duabus operis, iteratur una, lirantur una jugera quatuor, cum in subacta jam terra latiores porcæ sulcantur. Quæ ratio colligit, ut per Autumnum facile possint uno jugo tritici obseri modii centum quinquaginta, cæterorumque leguminum modii centum. Iisdem his diebus area trituræ præparanda est : ut quæque res desecta erit, in eam conferatur. Vinearum quoque cultus, quibus major est modus, iteratus esse debet ante solstitium. Pabulum, si facultas est, vel nunc vel etiam superioribus XV diebus, qui fuerunt ante calen. Junii, pecori præberi oportet. A cal. autem Juniis, si jam deficit viridis herba, usque in ultimum Autumnum frondem cæsam præbebimus. Idibus Juniis calor incipit. XIII calen. Jul. sol introitum in Cancro facit; tempestatem significat. XI calen. Julii Anguifer, qui a Græcis dicitur ὀφιοῦχος, mane occidit, tempestatem significat. Octavo et VII et VI cal. Julii Solstitium, Favonius, et calor. Tertio cal. Jul. ventosa tempestas. His diebus eadem, quæ supra. Sed et viciam in pabulum secare oportet, priusquam siliquæ ejus durentur; ordeum metere; fabam serotinam ducere; fabam maturam conterere, et paleam ejus diligenter recondere, ordeum terere, paleasque omneis recondere; alvos castrare, quas subinde nono quoque aut decimo die ad cal. Maias considerare et curare oportet. Nunc autem si sunt pleni atque operculati favi, demetendi sunt : sin autem majore parte vacant, aut sine operculis adaperti sunt, nondum esse maturos significatur : itaque mellatio est differenda. Quidam in provinciis transmarinis vel hoc vel sequente mense sesama serunt. Calen. Juliis Favonius, vel Auster, et calor. Quarto non. Jul. Corona occidit mane. Pridie nonas Jul. Cancer medius occidit; calor. Octavo Idus Jul. Capricornus medius occidit. Septimo Idus Jul. Cepheus vespere exoritur,

le soir; il annonce le mauvais temps. Le six, les *Prodromi* commencent à souffler. On continue ces jours-ci les mêmes opérations que ci-dessus. On bine aussi à merveille dans le même temps les guérets qui ont reçu le premier labour, comme on fait très-bien de défricher les bruyères, lorsque la lune est dans son déclin. Le jour des ides de juillet, l'Avant-Chien se lève le matin; il annonce le mauvais temps. Le treize des calendes d'août, le soleil entre dans le Lion; vent *Favonius*. Le neuf, la claire étoile que l'on aperçoit dans la poitrine du Lion se lève; quelquefois elle annonce le mauvais temps. Le huit, le Verseau commence à se coucher sensiblement; vent *Favonius* ou vent du midi. Le sept, la Canicule paraît; vapeurs brûlantes. Le six, l'Aigle se lève. Le quatre, les claires étoiles que l'on aperçoit dans la poitrine du Lion se lèvent; quelquefois elles annoncent le mauvais temps. Le trois, l'Aigle se couche; elle annonce le mauvais temps. On fait la moisson pendant ces jours dans les pays tempérés et maritimes; et dans l'espace des trente jours qui suivent la récolte, on ramasse, pour le mettre en tas, le chaume que l'on aurait laissé sur terre en coupant les épis. Il faut une journée pour scier un *jugerum* de chaume. Dès qu'on l'aura enlevé hors du champ, on bêchera, sans attendre que la trop grande ardeur du soleil brûle les terres qui auront été moissonnées, le pied de tous les arbres qui s'y trouveront, et on les rechaussera. Ceux qui se disposent à faire des semailles considérables doivent aussi biner alors les terres. Quant à ce qui concerne la fouille et la culture des jeunes vignes, j'ai déjà répété souvent qu'il ne fallait laisser passer aucun mois jusqu'à l'équinoxe d'automne, sans s'en occuper. On se rappellera de cueillir des feuilles pour les bestiaux avant le lever du jour et après sa chute, tant à présent que pendant le mois d'août. Il faut éviter de bêcher les vignes, quelles qu'elles soient, pendant la chaleur, et avoir l'attention de ne le faire que le matin jusqu'à la troisième heure du jour, et depuis la dixième jusqu'au crépuscule. Il y a des pays, tels que la Cilicie et la Pamphylie, où l'on sème le sésame dans ce mois-ci. Pour ce qui est des contrées humides de l'Italie, on peut l'y semer à la fin du mois de juin. En outre, c'est le temps de suspendre des figues sauvages aux figuiers, précaution que quelques personnes croient nécessaire pour empêcher que leur fruit ne tombe, et pour le faire parvenir plus tôt à sa maturité. Le jour des calendes d'août, vents étésiens. La veille des nones, le Lion se lève à moitié; il annonce le mauvais temps. Le sept des ides, la moitié du Verseau se couche; temps brûlant et nébuleux. La veille des ides, la Lyre se couche le matin, et l'automne commence. On continue ces jours-ci les mêmes opérations que ci-dessus. Il y a cependant quelques endroits où l'on récolte les rayons; mais s'ils ne sont pas pleins de miel, ni recouverts de leur pellicule, il faut en différer la récolte jusqu'au mois d'octobre. Le jour des ides d'août, le coucher du Dauphin annonce le mauvais temps. Le dix-neuf des calendes de septembre, son coucher, qui se fait le matin, annonce le mauvais temps. Le treize, le soleil entre dans la Vierge; il annonce le mauvais temps, tant pour ce jour-là que pour le suivant; quelquefois aussi il tonne. Ce même jour, la Lyre se couche. Le dix, elle amène communément le mauvais temps et de la pluie. Le sept, le Vendangeur se lève le matin, et l'Arcture commence à se

tempestatem significat. Sexto id. Jul. Prodromi flare incipiunt. His diebus eadem quæ supra. Sed et proscissum vervactum optime nunc iteratur, et silvestris ager decrescente Luna utilissime extirpatur. Idibus Juliis Procyon exoritur mane, tempestatem significat. Tertiodecimo cal. Augustas Sol in Leonem transitum facit; Favonius. [Nono calendas Augustas Leonis in pectore clara stella exoritur. Interdum tempestatem significat.] Octavo calen. Augustas Aquarius incipit occidere (clare); Favonius, vel Auster. Septimo cal. Augustas Canicula apparet; caligo æstuosa. Sexto cal. Augustas Aquila exoritur. Quarto calendas Augustas Leonis in pectore clara stella exoritur; interdum tempestatem significat. Tertio calen. Augustas Aquila occidit; significat tempestatem. His diebus locis temperatis et maritimis messis conficitur, et intra dies triginta quam desecta est, stramenta præcisa in acervum congeruntur. Jugerum stramentorum opera una desecat, quibus remotis priusquam sol acrior exurat terram, omnes arbores, quæ fuerant in segete, circumfodere et adobruere oportet. Item quibus magna sementis præparatur, nunc debent iterare. Nam de fodiendis colendisve novellis vineis, sæpius (jam) dixi nullum esse mensem omittendum, donec autumnale æquinoctium conficiatur. Meminisse autem oportebit, ut per hos et Augusti mensis dies antelucanis et vespertinis temporibus frondem pecudibus cædamus. Item quascunque vineas culturi sumus, ne per æstum, sed mane usque in tertiam, et a decima usque in crepusculum fodiamus. Quibusdam regionibus, sicut in Cilicia et Pamphylia, hoc mense sesama seruntur : Italiæ autem regionibus humidis possunt ultimo mense Junio seri. Quinetiam tempus est ficulneis arboribus caprificum suspendere; quod quidam existimant idcirco fieri debere, ne fructus decidat, et ut celerius ad maturitatem perveniat. Calen. Augustis Etesiæ. Pridie non. Augusti Leo medius exoritur, tempestatem significat. vii id. Augusti Aquarius occidit medius, nebulosus æstus. Pridie idus Aug. Fidis occidit mane, et Autumnus incipit. His diebus eadem quæ supra. Nonnullis tamen locis favi demetuntur : qui si non sunt melle repleti, nec operculati, differenda est in mensem Octob. mellatio. Idib. Augustis Delphini occasus tempestatem significat. xix calen. Septemb. ejusdem sideris matutinus occasus tempestatem significat. xiii cal. Septemb. sol in Virginem transitum facit. Hoc et sequenti die tempestatem significat, interdum et tonat. Hoc eodem die Fidis occidit. Decimo cal. Septemb. ex eodem sidere tempestas plerumque oritur, et pluvia. vi cal. Septemb. Vindemiator exoritur mane, et Arcturus incipit occidere; interdum pluvia. iii cal. Septemb. humeri Virginis

coucher; quelquefois il pleut. Le trois, les épaules de la Vierge se lèvent; les vents étésiens cessent de souffler, et quelquefois il fait froid. La veille des calendes, Andromède se lève le soir; quelquefois il fait froid. On ente ces jours-ci les figuiers en écusson : c'est ce que l'on appelle *emplastratio*. On aurait pu le faire également et même plus commodément dans le mois précédent, après les ides de juillet, temps auquel certaines personnes entent aussi en écusson d'autres arbres. On fait la vendange en quelques endroits, comme, par exemple, dans les contrées maritimes de la Bétique et dans l'Afrique. Quant aux contrées qui sont plus froides que celles-là, on y pulvérise la terre par l'opération que les paysans appellent *occatio*, c'est-à-dire, en cassant dans les vignobles toutes les mottes de terre, pour les réduire en poudre. Avant de pulvériser la terre dans les vignobles, si les ceps en sont très-fluets, ou qu'il y en ait peu, on y jette dans le même temps trois ou quatre *modii* de lupins par *jugerum*, après quoi on les herse, et lorsqu'ils sont venus on les reverse en terre à la première fouille que l'on donne aux vignes, ce qui leur procure un assez bon fumier. Lorsque la température du climat est pluvieuse, comme il arrive dans les terroirs de l'Italie voisins des villes, bien des personnes dépouillent aussi alors les ceps de leurs pampres, afin que le fruit n'éprouve point de difficulté à mûrir, et que les pluies ne le pourrissent point. Dans les contrées plus chaudes au contraire, telles que les provinces que j'ai nommées ci-dessus, on ombrage les grappes à l'approche de la vendange, soit avec de la paille, soit avec d'autres matières propres à les couvrir, pour empêcher que les vents ou la chaleur ne les dessèchent. C'est encore le temps de faire du raisin sec, ainsi que des figues sèches. Nous donnerons en son lieu, lorsque nous parlerons des fonctions de la métayère, la manière de faire sécher les fruits au soleil. On fera bien aussi d'arracher au mois d'août la fougère et la lêche partout où il s'en trouvera, quoiqu'il vaille encore mieux le faire vers les ides de juillet, avant le lever de la Canicule. Le jour des calendes de septembre, chaleur. Le quatre des nones, le Poisson méridional achève de se coucher ; chaleur. Le jour des nones, l'Arcture se lève; vent *Favonius* ou vent d'aval. Le sept des ides, le Poisson septentrional achève de se coucher et la Chèvre se lève; elle annonce le mauvais temps. Le trois, vent *Favonius* ou vent d'Afrique; la moitié de la Vierge se lève. On fait commodément pendant ces jours-ci la vendange dans les contrées maritimes et chaudes, ainsi que les autres opérations que nous avons détaillées ci-dessus. Les seconds labours doivent aussi être achevés, au cas que les premiers aient été faits tard : car s'ils ont été faits de bonne heure, il faudra faire à présent les troisièmes. C'est aussi dans ce temps-ci que ceux qui sont dans l'usage de frelater le vin préparent à cet effet de l'eau de mer, en la faisant cuire chez eux : je donnerai la méthode de cette préparation, lorsque j'entrerai dans le détail des fonctions de la métayère. Le jour des ides de septembre, le mauvais temps est quelquefois annoncé par la constellation de la Baleine. Le quinze des calendes d'octobre, l'Arcture se lève; vent *Favonius* ou vent d'Afrique ; quelquefois vent d'est, que quelques personnes appellent *Vulturnus*. Le quatorze, l'épi de la Vierge se lève; vent *Favonius* ou vent d'aval. Le treize, le soleil entre dans la Balance; la Coupe paraît le matin. Le onze, les Poissons se couchent le matin; le Bélier

---

exoriuntur : Etesiæ desinunt flare, et interdum hiemat. Pridie cal. Septemb. Andromeda vesperi exoritur; interdum hiemat. His quidem diebus arbores ficorum inoculantur; quod genus insitionis emplastratio vocatur. Idque licet vel commodius facere superiore mense post idus Jul. quo tempore etiam aliarum arborum nonnulli emplastrationem faciunt. Quibusdam locis, ut in Bætica maritimis regionibus, et in Africa vindemia conficitur. Sed frigidioribus regionibus pulverationem faciunt, quam vocant rustici occationem, cum omnis gleba in vineis refringitur, et resolvitur in pulverem. Hoc eodem tempore prius quam vineæ pulverentur, si perexilis est terra, vel rara ipsa vitis, lupini modii tres vel quatuor in singula jugera sparguntur, et ita inoccantur; qui, cum fruticaverint, prima tum fossione conversi satis bonum stercus vineis præbent. Multi etiam, si pluvius est status cæli, sicut suburbana regione Italiæ, pampinis vitem spoliant, ut percoqui fructus possint, neu putrescere imbribus. At e contrario locis calidioribus, ut modo nominalis provinciis, circa vindemiam adumbrantur vel stramentis vel aliis tegumentis uvæ, ne ventis aut caloribus exarescant. Hoc idem tempus est aridis uvis ficisque conficiendis, de quibus quemadmodum passæ fiant, suo loco dicemus, cum villicæ persequemur officia. Filix quoque aut carex, ubicunque nascitur, Augusto mense recte extirpatur, melius tamen circa idus Julias ante Caniculæ exortum. Calend. Septembribus calor. Quarto nonas Septemb. Piscis austrinus desinit occidere, calor. Non. Septemb. Arcturus exoritur, Favonius, vel Corus. VII idus Septemb. Piscis aquilonius desinit occidere, et Capra exoritur, tempestatem significat. Tertio idus Septembris Favonius aut Africus, Virgo media exoritur. His diebus locis maritimis et calidis vindemia et cætera, quæ supra scripta sunt, commode administrantur. Iteratio quoque arationis peracta esse debet, si serius terra proscissa est. Sin autem celerius, etiam tertiatum solum esse convenit. Hoc etiam tempore qui consueverunt vina condire, aquam marinam præparant, et advectam decoquunt : de qua conficienda, cum villicæ officia exequar, præcipiam. Id. Sept. ex pristino sidere nonnunquam tempestatem significat. XV cal. Oct. Arcturus exoritur; Favonius, aut Africus, interdum Eurus, quem quidam Vulturnum appellant. XIV cal. Oct. spica Virginis exoritur; Favonius, aut Corus. XIII cal. Octob. sol in Libram transitum facit, Crater matutino tempore apparet. XI cal.

commence aussi à se coucher; vent *Favonius* ou vent d'aval, et quelquefois de midi, avec des pluies. Le dix, le vaisseau Argo se couche; il annonce le mauvais temps; quelquefois même la pluie. Le neuf, le Centaure commence à se lever le matin; il annonce le mauvais temps, quelquefois la pluie. Le huit, le sept et le six, l'équinoxe d'automne annonce la pluie. Le cinq, les Chevreaux se lèvent; vent *Favonius*, et quelquefois vent de midi avec de la pluie. Le quatre, la Vierge achève de se lever; elle annonce le mauvais temps. On fait pendant ces jours-ci la vendange dans plusieurs pays. Il y a différents avis sur le temps à choisir pour cette opération. Les uns ont cru qu'il en était temps quand ils voyaient une partie des grappes s'amollir; d'autres, lorsqu'ils les voyaient colorées et transparentes; quelques-uns même attendaient qu'ils vissent tomber les pampres et les feuilles. Mais tous ces signes sont trompeurs, parce que l'excessive chaleur du soleil ou de l'année peut donner lieu à ces différents accidents, sans que le raisin soit mûr. C'est pourquoi quelques personnes se sont avisées de goûter le raisin, pour juger à sa saveur, selon qu'elle était aigre ou douce, s'il était temps de faire la vendange. Mais cette épreuve est encore elle-même sujette à tromper quelquefois, parce qu'il y a tel raisin qui ne devient jamais doux, vu sa trop grande âpreté. Il est donc à propos, et c'est ce que nous pratiquons nous-mêmes, d'examiner la maturité naturelle du raisin même : or on la reconnaît aux pepins qui sont cachés dans les grains de raisin, lorsqu'en les faisant sortir au dehors on s'aperçoit qu'ils sont tachés, et qu'il s'en trouve même déjà quelques-uns qui sont presque noirs. En effet, il n'y a rien autre chose qui puisse colorer le pepin que la maturité de la nature, puisqu'étant caché au centre des grains, il est à l'abri tant de l'ardeur du soleil que des vents, et que son humidité l'empêche de se cuire ou de se tacher, à moins que ce ne soit naturellement. Que le métayer sache donc que dès qu'il se sera assuré de ce fait, il doit faire la vendange. Mais avant de commencer à cueillir le raisin, il faudra qu'il ait préparé dès le mois précédent (si faire se peut) toutes les choses dont il aura besoin ; sinon, qu'il ait au moins quinze jours d'avance enduit de poix en partie, en partie nettoyé, rincé soigneusement avec de l'eau de mer ou avec de l'eau salée, et bien séché les futailles ainsi que leurs couvercles, les couloirs et les autres instruments sans lesquels on ne peut pas bien faire le moût; qu'il ait rincé et lavé avec soin, et, si le cas l'exige, enduit de poix les pressoirs et les cuves ; qu'il ait préparé, afin de l'avoir sous sa main, le bois à brûler nécessaire pour faire cuire le vin jusqu'à diminution de moitié ou des deux tiers; et qu'il ait mis en réserve longtemps d'avance le sel et les parfums qu'on a coutume d'employer pour frelater le vin. Il ne faut pas néanmoins que ces soins le détournent tout à fait des autres parties de la culture ; car on fait encore pendant ces jours-ci dans les lieux secs des planches de raves et de navets, comme on sème aussi à présent les herbages que l'on coupe avant qu'ils soient mûrs, pour servir de ressource aux bestiaux pendant l'hiver, ainsi que la *siliqua*, à laquelle les gens de campagne donnent le nom de fenugrec, et la vesce destinée à servir de fourrage. C'est encore alors qu'il faut semer le plus de lupins, d'autant que quelques personnes

---

Oct. Pisces occidunt mane, item Aries occidere incipit; Favonius aut Corus, interdum Auster cum imbribus. x cal. Octob. Argo navis occidit; tempestatem significat, interdum etiam pluviam. Nono cal. Octob. Centaurus incipit mane oriri; tempestatem significat, interdum et pluviam. Octavo cal. Octob. et septimo et sexto Æquinoctium autumnale pluviam significat. Quinto cal. Oct. Hædi exoriuntur; Favonius, nonnunquam Auster cum pluvia. Quarto cal. Octob. Virgo desinit oriri; tempestatem significat. His diebus vindemiæ pluribus regionibus fiunt, quarum maturitatem alii aliter interpretati sunt. Quidam cum vidissent partem aliquam uvarum virescere, crediderunt tempestivam esse vindemiam : quidam cum coloratas et perlucidas uvas animadvertissent : nonnulli etiam cum pampinos ac folia decidere considerassent. Quæ omnia fallacia sunt : quoniam immaturis uvis eadem omnia possunt accidere, propter intemperiem solis aut anni. Itaque nonnulli gustu explorare maturitatem tentaverunt, ut sive dulcis esset sapor uvæ, sive acidus, proinde æstimarent. Sed et hæc ipsa res habet aliquam fallaciam. Nam quædam genera uvarum nunquam dulcedinem capiunt propter austeritatem nimiam. Itaque optimum est (quod nos facimus) ipsam naturalem contemplari maturitatem. Naturalis autem maturitas est, si cum expresseris vinacea, quæ acinis celantur, jam infuscata, et nonnulla propemodum nigra fuerint. Nam colorem nulla res vinaceis potest afferre, nisi naturæ maturitas, præsertim cum in media parte acinorum sint, et a sole æstuante, et a ventis protegantur, humorque ipse non patitur ea percoqui, aut infuscari, nisi suapte natura. Hoc igitur cum exploratum habuerit villicus, sciet vindemiam sibi esse faciendam. Sed antequam fructum cogere incipiat, cuncta præparanda erunt superiore (si fieri possit) mense : si minus, certe ut ante quindecim dies dolia partim picata, partim defricata et diligenter lota marina, vel aqua salsa et recte siccata; tum et opercula colaque et cætera, sine quibus probe confici mustum non potest; torcularia vero, et fora diligenter emundata lotaque, et si res ita exegerit, picata; præparataque habeat ligna, quibus defrutum et sapam decoquat. Tum etiam salem atque odoramenta, quibus condire vina consueverint, multo ante reposita esse oportet. Nec tamen hæc cura totum avocet eum a cætera ruris cultura. Nam et napinæ itemque rapinæ siccaneis locis per hos dies fiunt. Farrago ordeacea quoque, pecori futura per hiemem præsidio, itemque siliqua, quod rustici fœnum græcum vocant, nec minus in pabulum vicia nunc denum conseritur.

sont d'avis qu'il faut les porter dans les champs, pour y être semés au sortir même de l'aire. C'est dans le même temps que l'on moissonne le millet et le panis, et que l'on sème les haricots destinés à être mangés; car il vaut mieux mettre en terre à la fin d'octobre, vers les calendes de novembre, ceux qu'on réserve pour être employés aux semailles. C'est pourquoi, comme ces dernières opérations doivent être faites dans les champs par le métayer lui-même, il pourra confier à la métayère le soin de celles qui peuvent être faites dans l'intérieur de la métairie, de façon néanmoins qu'il se réserve le soin d'examiner par ses propres yeux si elles auront été bien faites. Le jour des calendes d'octobre et le six des nones annoncent quelquefois le mauvais temps. Le quatre des nones, le Charretier se couche le matin, et la Vierge achève de se coucher, ce qui annonce quelquefois le mauvais temps. Le trois, la Couronne commence à se lever; elle annonce le mauvais temps. La veille des nones, les Chevreaux se lèvent le soir, la moitié du Bélier se couche : vent d'aquilon. Le huit des ides, la claire étoile de la Couronne se lève. Le six, les Pléiades se lèvent le soir : vent *Favonius*, et quelquefois vent d'Afrique avec de la pluie. Le trois et la veille des ides, la Couronne se lève entière le matin; vent de midi, froid et quelquefois pluie. On a coutume de faire pendant ces jours-ci, dans les pays froids, la vendange et les autres opérations détaillées ci-dessus. On sème aussi dans les mêmes pays les blés des premières semailles, et surtout l'*adoreum*. Il est aussi très-bon de semer alors le froment dans les lieux ombragés. Mais puisque nous faisons mention des semailles, il ne sera pas hors de propos de déterminer la quantité de semences en tout genre qu'il faudra pour un *jugerum* de terre. On prendra donc quatre ou cinq *modii* de froment, neuf ou dix d'*adoreum*, cinq ou six d'orge, quatre ou cinq *sextarii* de millet ou de panis, huit ou dix *modii* de lupins, quatre de haricots, trois ou quatre de pois, six de fèves, un *modium* de lentilles ou tant soit peu plus, neuf ou dix de graines de lin, trois ou quatre de gesse, deux ou trois de pois chiches, quatre ou cinq *sextarii* de sésame, sept ou huit *modii* de vesce si on la destine à servir de fourrage, et cinq ou six si on la destine aux semailles; quatre ou cinq d'ers, sept ou huit d'orge si on doit le couper en herbe, et six de fenugrec. Il faut semer un *cyathus* de graine d'herbe de Médie par *jugerum*, sur de petites planches longues de dix pieds et larges de cinq. On met six grains de chanvre dans un pied carré de terre. Le jour des ides d'octobre et les deux jours suivants, quelquefois mauvais temps et souvent de la rosée. Le treize des calendes de novembre, le soleil entre dans le Scorpion; ce jour et le suivant, les Pléiades commencent à se coucher au lever du soleil; elles annoncent le mauvais temps. Le onze, la queue du Taureau se couche; vent de midi, quelquefois pluie. Le huit, le Centaure achève de se lever le matin; il annonce le mauvais temps. Le sept, le front du Scorpion se lève; il annonce le mauvais temps. Le cinq, les Pléiades se couchent; l'hiver se fait sentir par le froid et par la gelée : le quatre, l'Arcture se couche le soir; jour venteux. Le trois et la veille des calendes

Tum etiam lupini hæc erit præcipua satio, quem quidam vel ab area protinus in agrum deferri putant oportere. Milium et panicum hoc tempore demetitur, quo faseolus ad escam seritur. Nam ad percipiendum semen ultima parte Octobris circa calendas Novembres melius obruitur. Quare cum hæc cuncta in agris exequi debeat, possit eorum curam, quæ intra villam facienda sunt, villicæ delegare : ita tamen, ut ipse consideret an recte facta sint. cal. Octobribus, et sexto non. interdum tempestatem significat. Quarto non. Octobris Auriga occidit mane, Virgo desinit occidere; significat nonnunquam tempestatem. Tertio non. Octobris Corona incipit exoriri, significat tempestatem. Pridie non. Octobris Hædi oriuntur vespere; Aries medius occidit; Aquilo. Octavo id. Octobris Coronæ clara stella exoritur. Sexto id. Octobris Vergiliæ exoriuntur vespere; Favonius, et interdum Africus cum pluvia.

Tertio et pridie idus Octobris Corona tota mane exoritur, Auster hibernus, et nonnunquam pluvia. Per hos dies frigidis regionibus vindemia, et cætera, quæ supra scripta sunt, fieri solent, iisdemque regionibus frumenta matura seruntur, et præcipue far adoreum. Locis etiam opacis triticum nunc recte seritur. Et quoniam sementis mentionem fecimus, non intempestive quantum cujusque seminis jugerum agri recipiat referemus. Jugerum agri recipit tritici modios, quatuor vel quinque, farris adorei modios novem vel decem, ordei modios quinque vel sex, milii vel panici sextarios quatuor vel quinque, lupini modios octo vel decem, faseoli modios quatuor, pisi modios tres vel quatuor, fabæ modios sex, lentis modium unum vel paulo amplius, lini seminis modios novem vel decem, cicerculæ modios tres vel quatuor, ciceris modios duos vel tres, sesami sextarios quatuor vel quinque, viciæ pabularis modios septem vel octo, viciæ seminalis modios quinque vel sex, ervi modios quatuor vel quinque, farraginis ordeaceæ modios septem vel octo, siliquæ modios sex, medicæ singulos cyathos serere oportet in areolis longis pedum denum, latis pedum quinum. Cannabis grana sex in pede quadrato ponuntur. Idibus Octobribus et sequenti biduo interdum tempestas, nonnunquam rorat. Quarto et decimo calendas Novembres sol in Scorpionem transitum facit. Tertiodecimo et duodecimo calendas Novembris solis exortu Vergiliæ incipiunt occidere; tempestatem significat. Undecimo calendas Novembris Tauri cauda occidit; Auster, interdum pluvia. Octavo calendas Novembris Centaurus exoriri mane desinit; tempestatem significat. Septimo calendas Novembris Nepæ frons exoritur; tempestatem significat. Quinto calendas Novembris Vergiliæ occidunt; hiemat cum frigore et geliciciis. Quarto calendas Novembris Arcturus vespere occidit; ventosus dies. Tertio calendas et pridie Novembris Cassiope incipit occidere; tempestatem significat. Per

de novembre, Cassiope commence à se coucher; elle annonce le mauvais temps. On met très-bien en terre pendant ces jours-ci toutes les plantes qui sont dans le cas d'être transférées, ainsi que les arbrisseaux de toutes les espèces. On marie aussi très-bien les ormes avec la vigne, et on propage également bien les ceps eux-mêmes, tant dans les plants d'arbres mariés à des vignes que dans les vignobles. C'est le temps d'arracher les mauvaises herbes des pépinières et de les bêcher, de déchausser les arbres et les vignes et de les tailler; enfin de tailler les ceps mariés à des arbres. Il faut aussi tailler les arbres des pépinières qui n'auront pas été effeuillés dans le temps convenable, ainsi que les petits figuiers qui sont en pépinières, et les réduire à un seul jet, quoiqu'il eût mieux valu les effeuiller pendant leur jeunesse, dans le temps de la pousse. Mais s'il est nécessaire en agriculture que toutes les opérations soient faites avec célérité, cela est encore plus nécessaire à l'égard des semailles. Aussi les agriculteurs ont-ils un vieux proverbe qui dit que les semailles faites à temps trompent souvent leur attente, mais que celles qui sont faites trop tard ne la trompent point, parce qu'elles ne réussissent jamais. Nous prescrirons donc en général de commencer par ensemencer les lieux naturellement froids, et de finir par les plus chauds. On dit que la vesce et les fèves fument les terres : pour le lupin, il ne les fume point, à moins qu'on ne le reverse en terre pendant qu'il est en fleurs ; mais, d'un autre côté, il n'y a pas de graine que les ouvriers puissent semer ou serrer avec plus de facilité que celle-là dans les moments où ils n'ont rien à faire, puisqu'on peut la semer dès les premiers temps des semailles avant toutes les autres, et qu'on la peut récolter dans les derniers temps, après que tous les fruits de la terre sont recueillis. Les semailles faites, il faut herser le grain que l'on aura jeté en terre. Trois journées suffiront tant pour herser deux *jugera* de terre, que pour déchausser les arbres qui s'y trouveront. Quoique les anciens aient voulu que l'on ne mît qu'une journée à sarcler et à herser un *jugerum* de terre, je n'oserais pas assurer qu'on pût en venir aisément à bout. Il faut dans le même temps nettoyer les fosses et les ruisseaux, et faire des rigoles et des tranchées pour favoriser l'écoulement des eaux. On fera bien de donner aux bœufs, dans ces temps-ci, des feuilles de frêne si l'on en a ; sinon, des feuilles de figuier sauvage; et au défaut des unes et des autres, des feuilles d'yeuse. Il n'est pas non plus inutile de leur donner un *modius* de gland par paire de bœufs, pourvu qu'on leur en donne pendant trente jours de suite, ni plus ni moins, de peur qu'ils ne tombent malades; d'autant que si on leur en donnait pendant un moindre espace de temps, ils deviendraient galeux au printemps, comme l'assure Hyginus. Mais, avant de leur donner le gland, il faut le mêler avec de la paille. C'est encore dans ce temps-ci que si l'on veut former une forêt *barbarica*, c'est-à-dire une forêt qui soit composée d'arbres de différentes espèces, on peut très-bien semer les glands, ainsi que les autres semences dont elle doit éclore. Il faut aussi cueillir à présent les olives dont on veut faire de l'huile verte. La meilleure se fait avec celles qui sont tournées, et qui commencent à noircir; car on ne doit faire de l'huile acerbe qu'avec des olives blanches. Le jour des calendes de novembre et le lendemain, la tête du Taureau se couche, ce qui annonce la pluie; le trois des nones, la Lyre se lève le matin ; froid et pluie. Le huit des ides, elle se lève en entier; vent *Favonius*, froid. Le sept, la claire étoile du Scorpion se lève ; elle

---

hos dies quæcunque semina differri debent, arbusculæque omnis generis recte ponuntur. Ulmi quoque vitibus recte maritantur, ipsæque vites in arbustis et vineis commode propagantur. Seminaria runcare et fodere tempus est, tum etiam arbores ablaqueare, nec minus vineas, easdemque putare, itemque in arbustis vitem deputare. Seminaria, quæ suo tempore pampinata non sunt, arbusculæque ficorum in seminariis putari, et ad singulos stilos redigi debent : quæ tamen melius dum teneræ sunt, per germinationem pampinantur. Sed cum omnia in agricultura strenue facienda sint, tum maxime sementis. Vetus est agricolarum proverbium, Maturam sationem sæpe decipere solere, seram nunquam, quin mala sit. Itaque in totum præcipimus : ut quisque natura locus frigidus erit, is primus conseratur : ut quisque calidus, novissimus. Vicia et faba stercorare agrum dicuntur. Lupinum nisi in flore verteris, nihil agrum stercoraveris. Sed nec ulla res magis vacuis operariis aut seritur, aut conditur. Nam et primis temporibus ante aliam sementim potest id obrui, et novissimis post coactos fructus tolli. Sementi facta inoccare oportet, quod sparseris. Duo jugera tres operæ commode occabunt, arboresque quæ intererunt, ablaqueabunt; quamvis antiqui singulis operis singula jugera sarriri et occari velint : quod an recte fieri possit, affirmare non ausim. Eodem tempore fossas rivosque purgare, et elices sulcosque aquarios facere convenit. Iisdem temporibus si sit, fraxineam; si minus, orneam ; si nec hæc sit, iligneam frondem bubus recte præbebimus. Glandis quoque non inutile est singulis jugis modios singulos dare : nec tamen amplius, ne laborent, nec minus diebus xxx præbueris. Nam si paucioribus diebus detur, ut ait Hyginus, per ver scabiosi boves fiunt. Glans autem paleis immiscenda est, atque ita bubus apponenda. Tum etiam silvam si quis barbaricam, id est consemineam velit facere, recte conseret glandibus et cæteris seminibus. Tum et olea destringenda est, ex qua velis viride oleum efficere; quod fit optimum ex varia oliva, cum incipit nigrescere. Nam acerbum nisi ex alba olea fieri non debet. Calen. Novembribus et postridie caput Tauri occidit; pluviam significat. III non. Novembris Fidicula mane exoritur; hiemat, et pluit. VIII idus Novembris idem sidus totum exoritur; Auster vel Favonius; hiemat. VII idus

annonce le mauvais temps; froid ou vent d'est, quelquefois rosée. Le six, les Pléiades se couchent le matin; elles annoncent le mauvais temps; froid. Le cinq, c'est le commencement de l'hiver; vent de midi ou d'est, quelquefois rosée. On peut encore, absolument parlant, finir, pendant les jours qui s'écouleront jusqu'aux ides, ce que l'on n'aura pas pu achever le mois précédent : mais voici des opérations particulières qu'il y aura à faire. Il faudra jeter sur terre en un seul jour, lequel jour sera celui même de la pleine lune ou le précédent, la quantité de fèves que l'on voudra semer, quoiqu'on pourrait remettre à une autre époque le soin de les recouvrir de terre, pourvu néanmoins qu'on les garantisse contre l'avidité des oiseaux et des bestiaux. On fera aussi en sorte, pourvu que le cours de la lune ne s'y oppose pas, qu'elles soient hersées avant les ides de novembre, après avoir été semées dans un terrain qui soit neuf et très-gras, ou du moins très-fumé. Il suffira de se pourvoir de dix-huit *vehes* de fumier par *jugerum*. Or le *vehis* de fumier contenant quatre-vingts *modii*, on en peut conclure qu'il faut répandre cinq *modii* de fumier sur un espace de dix pieds de terrain en tous sens. On voit par ce calcul qu'il n'en faudra que mille quatre cent quarante *modii* pour un *jugerum* entier. Il faut aussi déchausser à présent les oliviers; et s'ils sont peu fertiles, ou que les feuillages de leurs cimes soient desséchés, on répandra, au pied de ceux de ces arbres qui seront plus forts, quatre *modii* de crottin de chèvre; et de même au pied des autres, à proportion de leur grandeur. Il faut dans le même temps déchausser les vignes, et verser au pied de chaque cep la valeur d'un *sextarius* de fiente de pigeon, ou un *congius* d'urine d'homme, ou enfin quatre *sextarii* de telle autre espèce de fumier que ce soit. Deux journées suffiront pour déchausser un *jugerum* de vignes, dont les ceps seront plantés à six pieds de distance l'un de l'autre. Le jour des ides de novembre, temps incertain, quoique le plus souvent beau. Le dix-sept des calendes de décembre, vent d'aquilon, quelquefois de midi avec de la pluie. Le seize, la Lyre se lève le matin; vent de midi, quelquefois d'aquilon très-violent. Le quinze, vent d'aquilon; quelquefois de midi avec de la pluie. Le quatorze, le soleil entre dans le Sagittaire, et les Hyades se lèvent le matin; ce qui annonce le mauvais temps. Le douze, les cornes du Taureau se couchent le soir; vent d'aquilon, froid et pluie. Le onze, l'Hyade se couche le matin; froid. Le dix, le Lièvre se couche le matin; il annonce le mauvais temps. Le sept, la Canicule se couche au lever du soleil; froid. La veille des calendes, les Hyades se couchent en entier; vent *Favonius* ou vent du midi; quelquefois pluie. Il faut continuer pendant ces jours-ci les opérations que l'on n'aura pas faites les jours précédents. Et si l'on n'a pas beaucoup de semailles à faire, il sera très-bon de les avoir achevées avant les calendes de décembre. Mais il faut aussi prendre quelque portion sur les nuits, qui sont longues alors, pour l'ajouter aux jours; d'autant qu'il y a beaucoup d'opérations qui peuvent très-bien se faire pendant les veillées. En effet, si l'on a des vignobles, on pourra tailler et aiguiser les pieux et les échalas : si la contrée est fertile en férules, et en écorces, on fera des ruches pour les abeilles; si

---

Novembris tempestatem significat et hiemat. Sexto idus Novembris Vergiliæ mane occidunt, significat tempestatem; hiemat. Quinto idus Novembris stella clara Scorpionis exoritur; tempestatem significat; vel Vulturnus; interdum rorat. IV idus Novembris hiemis initium, Auster, aut Eurus, interdum rorat. His diebus usque in idus, quæ superiore mense facere non potueris, adhuc tolerabiliter efficies. Sed et proprie hoc observabis, ut pridie, quam plenilunium sit; si minus, certe ipso plenilunio omnem, quam saturus es, fabam uno die spargas : sed postea licebit ab avibus et pecore defensam obruas : eamque, si ita competierit lunæ cursus, ante idus Novembris occatam habeas quam pinguissimo et novo loco : si minus, quam stercoratissimo. Satis erit in singula jugera vehes stercoris comparare numero decem et octo. Vehis autem stercoris una habet modios octoginta. Ex quo colligitur, oportere in denos quoquoversus pedes modios quinos stercoris spargere. Quæ ratio docet universo jugero satisfacere modios MCCCCXL. Tum etiam convenit oleas ablaqueare, et si sunt parum fructuosæ, vel cacuminibus retorridæ frondis, oportere in denos arboribus quaternos modios stercoris caprini circumspergere, in cæteris autem pro magnitudine portionem servare : eodem tempore vineis ablaqueatis columbinum stercus ad singulas vites, quod sit instar unius sextarii, vel urinæ hominis congios, vel alterius generis quaternos sextarios stercoris infundere. Jugerum vinearum in senos pedes positarum duæ operæ ablaqueant. Idibus Novembris dies incertus, sæpius tamen placidus. (Septimo decimo cal. Decembris Aquilo, interdum Auster cum pluvia.) Sextodecimo calendas Decembris Fidis exoritur mane; Auster, interdum Aquilo magnus. Quintodecimo calendas Decembris Aquilo, interdum Auster cum pluvia. Quartodecimo calendas Decembris sol in Sagittarium transitum facit; Suculæ mane oriuntur, tempestatem significat. Duodecimo calendas Decembris Tauri cornua vesperi occidunt; Aquilo frigidus, et pluvia. Undecimo calendas Decembris Sucula mane occidit, hiemat. Decimo calend. Decembris Lepus occidit mane, tempestatem significat. Septimo calend. Decembris Canicula occidit solis ortu, hiemat. Pridie calendas Decembres totæ Suculæ occidunt; Favonius aut Auster, interdum pluvia. His diebus, quæ præterita erunt superioribus, opera consequi oportebit. Et, si non plurimum serimus, optimum est intra calendas Decembris sementem conficisse. Sed etiam (de) longis noctibus ad diurnum tempus aliquid adjiciendum est. Nam multa sunt, quæ in lucubratione recte aguntur. Sive enim vineas possidemus, pali et ridicæ possunt dolari exacuique : sive

elle l'est en palmiers et en genêts d'Espagne, on fera des cabas et des paniers ; et si elle l'est en arbustes qui ne portent que des verges, on fera des corbeilles d'osier. Enfin, pour ne pas entrer ici dans le détail de tous les ouvrages qui peuvent se faire pendant les veillées, nous nous contenterons de dire qu'il n'y a point de pays qui ne produise de quoi s'occuper. En effet, il n'y a qu'un agriculteur négligent qui puisse régler son travail sur la brièveté des jours, surtout dans les contrées où les jours ne sont que de neuf heures, tandis que les nuits sont de quinze. On peut encore émonder, pendant les veillées, le saule qui aura été coupé un jour d'avance, et en préparer des liens pour les vignes : s'il est peu pliant de sa nature, il faudra le couper quinze jours d'avance, et, après l'avoir émondé, l'enfouir dans du fumier afin qu'il s'y ramollisse ; mais s'il est desséché, pour avoir été coupé depuis trop longtemps, il faut le tremper dans la marre. On aiguisera aussi pendant les veillées les instruments de fer, et on y adaptera des manches. Les meilleurs sont ceux de bois d'yeuse ; viennent ensuite ceux de charme, et en troisième lieu ceux de frêne. Le jour des calendes de décembre, temps incertain, quoiqu'il soit le plus souvent beau. Le huit des ides, le Sagittaire se couche à moitié ; il annonce le mauvais temps. Le sept, l'Aigle se lève le matin ; vent d'Afrique, quelquefois de midi ; rosée. Le trois, vent d'aval ou de septentrion, et quelquefois de midi avec de la pluie. Il faudra achever pendant ces jours-ci les ouvrages qui n'auront pas été faits dans le mois précédent ; ce qui s'applique néanmoins aux lieux tempérés ou chauds, car il serait trop tard pour les faire à présent dans les lieux froids. Le jour des ides de décembre, le Scorpion se lève entier le matin ; froid. Le seize des calendes de janvier, le soleil entre dans le Capricorne ; c'est le solstice d'hiver selon Hipparchus, aussi annonce-t-il souvent le mauvais temps. Le quinze, changement de vents annoncé. Le dix, la Chèvre se couche le matin : elle annonce le mauvais temps. Le neuf, c'est (selon l'observation des Chaldéens) le solstice d'hiver et ses annonces. Le six, le Dauphin commence à se lever le matin ; il annonce le mauvais temps. Le quatre, l'Aigle se couche le soir ; froid. Le trois, la Canicule se couche le soir ; elle annonce le mauvais temps. La veille des calendes, temps mauvais et venteux. Ceux qui poussent plus loin leurs scrupules en matière d'économie rurale prétendent qu'on ne doit point toucher à la terre avec le fer pendant ces jours-ci, si ce n'est pour la façonner au *pastinum*, à l'effet d'y planter des vignes. Aussi ne se permettent-ils alors que des genres de travaux différents de celui-là, tels que ceux qui consistent à cueillir les olives, à faire de l'huile, à échalasser la vigne et à l'arrêter en la liant par le tronc, à poser les jougs dans les vignobles et à les affermir en les attachant ensemble. Au reste, il ne faut point, pendant ce temps-ci, faire ce que l'on appelle *palmare*, c'est-à-dire lier les branches de la vigne, parce qu'elles se rompraient pour la plus grande partie, vu la roideur que le froid leur aura fait contracter. On peut aussi greffer commodément, pendant le cours de ces jours-ci, les cerisiers, les jujubiers, les abricotiers, les amandiers, et les autres arbres qui fleurissent les premiers. Quelques personnes même sèment des légumes. Le jour des calendes de janvier, temps incertain.

---

regio ferulæ vel corticis ferax est, apibus alvearia fieri debent : sive palmæ spartive fœcunda est, fiscinæ sportæque : seu virgultorum, corbes ex vimine. Ac ne cætera nunc persequar, nulla regio non aliquid affert, quod ad lucubrationem contici possit. Nam inertis est agricolæ expectare diei brevitatem, præcipue in iis regionibus, in quibus brumales dies horarum novem sunt, noctesque horarum quindecim. Possit etiam salix decisa pridie ad lucubrationem expurgari, et ad vitium ligamina præparari. Quæ si natura minus lenta est, ante dies quindecim præcidenda, et purgata in stercore obruenda est, ut lentescat. Sin autem jampridem cæsa exaruit, in piscina maceranda est. Tum etiam per lucubrationem ferramenta acuere, et ad ea facere, vel facta manubria aptare, quorum optima sunt ilignea, deinde carpinea, post hæc fraxinea. Calendis Decembribus dies incertus, sæpius tamen placidus. Octavo idus Decembris Sagittarius medius occidit ; tempestatem significat. Septimo idus Decembris Aquila mane oritur ; Africus, interdum Auster, irrorat. Tertio idus Decembris Corus, vel Septentrio, interdum Auster cum pluvia. Iis diebus quæ præterita erunt superiore mense opera peragi debebunt, utique in locis temperatis aut calidis : nam locis frigidis recte fieri jam non possunt. Idibus Decembris Scorpio totus mane exoritur ; hiemat. Sextodecimo calendas Januarii sol in Capricornum transitum facit, brumale solstitium, ut Hipparcho placet : itaque tempestatem sæpe significat. xv calend. Januarias (ventorum commutationem significat. x calendas Januarias) Capra occidit mane, tempestatem significat. Nono calendas Januarias brumale solstitium (sicut Chaldæi observant) significat. Sexto calend. Januarias Delphinus incipit oriri mane ; tempestatem significat. Quarto calendas Januarias Aquila vespere occidit ; hiemat. Tertio calendas Januarias Canicula vespere occidit ; tempestatem significat. Pridie calendas Januarias, tempestas ventosa. Iis diebus qui religiosius rem rusticam colunt, nisi si vinearum causa pastines, negant debere terram ferro commoveri. Itaque quidquid citra id genus effici potest, id ab his comprehenditur, ut olea legatur, et [oleum] conficiatur, ut vitis paletur, et capite tenus alligetur, ut juga vineis imponantur, et capistrentur. Cæterum palmare, id est materias alligare, hoc tempore non expedit, quia plurimæ propter rigorem qui fit ex frigore, franguntur. Possunt etiam his diebus cerasi et tuberes et Armeniacæ atque amygdalæ cæteræque arbores quæ primæ florent, inseri commode. Nonnulli etiam legumina se-

Le trois des nones, l'Écrevisse se couche ; temps variable. La veille des nones, c'est le milieu de l'hiver ; grand vent de midi, quelquefois pluie. Le jour des nones, la Lyre se lève le matin ; temps variable. Le six des ides, vent de midi et quelquefois vent *Favonius*. Le cinq, vent de midi ; quelquefois pluie. La veille des ides, temps incertain. Les agriculteurs scrupuleux s'abstiennent encore pendant ces jours-ci de travailler à la terre, de façon néanmoins qu'ils mettent la main à chaque espèce de travaux le jour même des calendes de janvier, pour se rendre les augures favorables en remettant au surplus le labourage aux ides suivantes. Mais comme un métayer ne doit pas non plus ignorer ce qu'il faut donner par jour à chaque paire de bœufs, de mois en mois, nous allons aussi donner le détail de cette administration. Au mois de janvier, il leur donnera de la paille avec six *sextarii* d'ers détrempé ; ou un *semodius* de gesse moulue ; ou il remplira de feuillages un panier dont on se sert pour mettre leur nourriture, qui soit de la contenance de vingt *modii* ; ou il leur donnera autant de paille qu'ils en voudront, avec vingt livres de foin ; ou bien encore des feuillages verts, soit d'yeuse soit de laurier, très-copieusement ; ou enfin des herbages d'orge séchés, qui leur valent mieux que tout le reste. Au mois de février, de même. Au mois de mars, de même ; ou cinquante livres de foin s'ils doivent travailler. Au mois d'avril, des feuilles de chêne et de peuplier ; mais depuis les calendes jusqu'aux ides, de la paille ou quarante livres de foin. Au mois de mai, du fourrage en abondance. Depuis les calendes de juin, des feuillages en abondance. Au mois de juillet, de même. Au mois d'août, de même ; ou cinquante livres de paille d'ers. Au mois de septembre, des feuillages en abondance. Au mois d'octobre, des feuillages et des feuilles de figuier. Au mois de novembre, la valeur d'un panier de feuillages ou de feuilles de figuier jusqu'aux ides ; et depuis les ides un *modius* de gland mêlé avec de la paille, et un *modius* de lupins détrempés et mêlés avec de la paille ; ou des mélanges d'herbages coupés à temps. Au mois de décembre, des feuilles sèches ; ou de la paille avec un *semodius* d'ers détrempé ; ou un *semodius* de lupins détrempés avant d'être mesuré ; ou un *modius* de gland, comme nous avons dit ci-dessus ; ou des mélanges d'herbages.

III. Comme nous avons parcouru les travaux que le métayer doit exécuter dans les temps de l'année qui sont fixés pour chacun d'eux, nous allons à présent, en nous rappelant la promesse par laquelle nous nous y sommes engagés, joindre à la suite de ce détail la culture des jardins, dont il doit également s'occuper, tant pour diminuer la dépense de sa nourriture journalière, que pour avoir *des mets* de campagne *non achetés*, comme dit le poëte, à présenter à son maître lorsqu'il y viendra. Démocrite, dans le livre auquel il a donné le titre de *Géorgiques*, est d'avis que ceux qui construisent les murailles pour clore des jardins agissent peu prudemment, parce que, d'un côté, si une muraille n'est construite qu'en briques, elle ne peut pas durer longtemps, attendu que les pluies et le mauvais temps l'endommagent communément, et que, d'un autre côté, si on la construit en pierres, ce sera une dépense trop élevée pour ce genre d'économie rustique, outre que pour enclore de cette manière un jardin d'une grande étendue, il faudrait être trop opulent. Je donnerai donc une façon de mettre un jardin à l'abri des incursions des hom-

---

runt. Calendis Januariis dies incertus. Tertio nonas Januarii Cancer occidit ; tempestas varia. Pridie nonas Januarii media hiems ; Auster multus, interdum pluvia. Non. Januariis Fidis exoritur mane ; tempestas varia. Sexto idus Januarias Auster, interdum Favonius. Quinto idus Jan. Auster, interdum imber. Pridie idus Jan. incertus status cæli. Per hos quoque dies abstinent terrenis operibus religiosiores agricolæ, ita tamen ut ipsis calen. Januariis auspicandi causa omne genus operis instaurent, cæterum differant terrenam molitionem usque in proximas idus. Sed nec ignorare debebit villicus, quid uni jugo boum quoquo mense per singulos dies præstari satis sit. Quare hujus quoque curæ rationem subjiciemus. Mense Januario paleas cum ervi macerati sextariis sex, vel paleas cum cicerculæ fresæ semodio, vel frondis corbem pabulatorium modiorum viginti, vel paleas quantum velint, et fœni pondo viginti, vel affatim viridem frondem ex ilice vel lauro, vel quod his omnibus præstat, farraginem ordeaceam dabit siccam. Februario mense idem, Martio idem, vel, si opus facturi sunt, fœni pondo quinquaginta. Aprili frondem querneam, et populneam. Ex cal. ad idus Ap. paleas vel fœni pondo quadraginta. Maio pabulum affatim : Junio ex calend. frondem affatim : Julio idem, Augusto idem, vel paleas ex ervo pondo quinquaginta. Septembri frondem affatim, Octobri frondem, et ficulnea folia. Novemb. ad idus frondem vel folia ficulnea, quæ sint corbis unius. Ex idibus glandis modium unum paleis immissum, et lupini macerati modium unum paleis immistum, vel maturam farraginem. Decemb. frondem aridam, vel paleas cum ervi semodio macerato, vel lupini, quod ex semodio macerato exierit vel glandis modium unum, ut supra scriptum est, vel farraginem.

III. Ut quoniam percensuimus opera, quæ suis quibusque temporibus anni villicum exequi oporteret, memores polliciti nostri subjungemus cultus hortorum, quorum æque curam suscipere debebit, ut et quotidiani victus sui levet sumptum, et adveniendi domino præbeat, quod ait poëta, inemptas ruris dapes. Democritus in eo libro, quem Georgicon appellavit, parum prudenter censet eos facere, qui hortis extruant munimenta, quod neque latere fabricata maceries perennare possit, pluviis ac tempestatibus plerumque infestata, neque lapides supra rei dignitatem poscat impensa. Si vero amplum modum sepire quis velit, patrimonio esse opus. Ipse igitur ostendam rationem,

mes et de celle des bestiaux sans grands frais. Les auteurs les plus anciens ont préféré une haie vive à un treillis composé de pièces de bois, non-seulement parce qu'elle entraînait moins de dépense après elle, mais encore parce qu'elle durait plus longtemps que des ouvrages plus considérables. En conséquence, ils ont donné la méthode que voici pour former des buissons en semant des épines. Il faut après l'équinoxe d'automne, et dès que les pluies auront humecté la terre, creuser deux tranchées, à la distance de trois pieds l'une de l'autre, autour du lieu que l'on voudra clore de haies. Il suffira que ces tranchées aient deux pieds tant en largeur qu'en profondeur: du reste, on les laissera passer l'hiver à l'air sans y rien mettre, et l'on se contentera de préparer alors les graines que l'on se proposera d'y semer par la suite. Ces graines seront celles des plus grandes épines, et principalement de la ronce, du paliure, et de cette plante que les Grecs appellent κυνόσβατον, et que nous nommons *sentis canis*. On choisira les graines de ces ronces les plus mûres, et on les mêlera avec de la farine d'ers moulu; après quoi on roulera dans cette farine, préalablement mouillée, de vieux cordages de navires, ou telle autre espèce de corde que ce soit; lorsqu'ensuite ces cordes seront bien séchées, on les serrera sur un plancher, pour y rester jusqu'à quarante jours par delà le solstice d'hiver; puis, vers l'arrivée des hirondelles, et lorsque le vent *Favonius* commencera à s'élever après les ides de février, on tirera l'eau qui pourra s'être amassée dans les tranchées pendant l'hiver, et on les remplira, jusqu'à la moitié de leur profondeur, de la terre ameublie qui était restée entassée sur leurs bords depuis l'automne. Enfin on tirera les cordes dont nous venons de parler des planchers sur lesquels elles étaient serrées, et après les avoir développées, on les étendra le long des deux tranchées, en les recouvrant de terre, de façon néanmoins que les graines d'épines adhérentes aux tourons de ces cordes ne soient pas chargées de terre au point de ne pouvoir plus germer. Elles germeront en effet vers le trentième jour; et lorsqu'elles auront commencé à prendre quelque accroissement, on les habituera à se pencher du côté de l'intervalle qui sépare les tranchées. Il faudra ficher en terre au milieu de cet intervalle une haie d'osier, sur laquelle monteront les buissons de l'une et l'autre tranchée, et qui leur tiendra lieu, pour ainsi dire, d'une espèce de soutien contre lequel ils s'appuieront, jusqu'à ce qu'ils soient fortifiés. Il est visible qu'on ne pourra jamais venir à bout de détruire ce buisson, à moins qu'on ne veuille le déterrer jusqu'aux racines: d'ailleurs personne ne doute qu'il ne soit dans le cas de reprendre encore mieux, lorsqu'il aura été endommagé par le feu. Voilà donc la façon d'enclore un jardin qui a été le plus approuvée par les anciens. Au surplus, il faudra, si la situation de la terre ne s'y oppose point, choisir pour son emplacement un lieu qui soit dans le voisinage de la métairie: l'important est que ce lieu soit gras, et qu'il puisse être arrosé par un ruisseau dont les eaux couleront à travers, ou, s'il ne s'y trouve pas d'eau courante, par un puits à bonne source. Mais afin d'être assuré que ce puits ne manquera jamais d'eau, il ne faudra le creuser que lorsque le soleil sera dans les derniers degrés de la Vierge, c'est-à-dire au mois de septembre avant l'équinoxe d'automne, parce que le meilleur temps pour reconnaître la bonté d'une source d'eau, c'est

---

qua non magna opera hortum ab incursu hominum pecudumque munimus. Vetustissimi auctores vivam sepem structili prætulerunt, quia non solum minorem impensam desideraret, verumetiam diuturnior immensis temporibus permaneret: itaque vepris efficiendi consitis spinis rationem talem reddiderunt. Locum, quem sepire destinaveris, ab æquinoctio autumnali simulatque terra maduerit imbribus, circumvallandus est duobus sulcis tripedaneo spatio inter se distantibus. Modum altitudinis (et latitudinis) eorum abunde est esse bipedaneum: sed eos vacuos perhiemare patiemur præparatis seminibus, quibus obserantur. Ea sint vastissimarum spinarum, maximeque rubi, et paliuri, et ejus quam Græci vocant κυνόσβατον, nos sentem canis appellamus. Horum autem ruborum semina quam maturissima legi oportet, et ervi moliti farinæ immiscere: quæ cum est aqua conspersa, illinitur vel nauticis veteribus funibus, vel quibuslibet aliis restibus. Siccati deinde funiculi reponuntur in tabulato: mox ubi bruma confecta est, intermissis quadraginta diebus, circa hirundinis adventum, cum jam Favonius exoritur, post idus Februarias si qua in sulcis per hiemem constitit aqua, exhauritur, resolutaque humus, quæ erat autumno regesta, usque ad mediam sulcorum altitudinem reponitur. Prædicti deinde funes de tabulato prompti explicantur, et in longitudinem per utrumque sulcum porrecti obruuntur, sed ita, ut non nimium supergesta terra semina spinarum, quæ inhærent toris funiculorum, enasci possint. Ea fere circa trigesimum diem prorepunt: atque ubi cœperunt aliquod incrementum habere, sic insuesci debent, ut in id spatium, quod sulcis interjacet, inclinentur. Oportebit autem virgeam sepem interponere, quam superscendant sentes utriusque sulci, et sit quo interdum quasi adminiculo priusquam corroborentur, acquiescant. Hunc veprem manifestum est interimi non posse, nisi radicitus effodere velis. Cæterum etiam post ignis injuriam melius renasci, nulli dubium est. Et hæc quidem claudendi horti ratio maxime est antiquis probata. Locum autem eligi convenict, si permittat agri situs, juxta villam, præcipue pinguem, quique adveniente rivo, vel si non sit fluens aqua, fonte puteali possit irrigari. Sed ut certam perennitatis puteus habeat fidem, tum demum effodiendus est, cum sol ultimas partes Virginis obtinebit, id est mense Septemb. ante æquinoctium autumnale: siquidem tunc maxime explorantur vires fontium, cum ex longa siccitate æstatis terra caret hu-

lorsque les longues sécheresses de l'été ont absolument dénué la terre de toute eau de pluie. Il faut encore prendre garde que l'emplacement du jardin ne soit au-dessous de l'aire, de peur que lorsqu'on viendra à battre le blé, le vent ne fasse voler sur la superficie des pailles ou de la poussière, toutes choses funestes aux plantes potagères. On distingue deux saisons dans lesquelles on peut disposer le terrain et le façonner au *pastinum*, parce qu'il y a de même deux saisons dans lesquelles les plantes potagères peuvent être semées, la plus grande partie d'entre elles pouvant l'être en automne ainsi qu'au printemps. Il vaudra mieux néanmoins préparer le terrain au printemps dans les lieux arrosés, tant parce que la douceur du temps qui se fait sentir au commencement de l'année accueillera favorablement les semences au moment qu'elles germeront, que parce qu'on pourra remédier à la sécheresse de l'été, qui succédera à cette saison, par des eaux de source; au lieu que lorsque la nature du lieu ne permet point de fournir aux semences de l'eau naturelle ou artificielle, on n'a pas d'autre ressource que celle des pluies d'hiver. Ce n'est pas qu'on ne puisse faire de bonne besogne dans les lieux même les plus secs, pourvu qu'on y laboure le sol au *pastinum* plus profondément que dans les lieux arrosés : il faudra à cet effet le fouiller à trois pieds de profondeur, de façon que la terre qui se trouvera gonflée par le labour monte à la hauteur de quatre; lorsqu'on aura au contraire la faculté d'arroser, il suffira de retourner la terre crue avec une houe de petite dimension, c'est-à-dire, dont le fer n'ait pas tout à fait deux pieds de hauteur. Quoi qu'il en soit, on aura soin de façonner au *pastinum* pendant l'automne, vers les calendes de novembre, le terrain que l'on destinera à être ensemencé au printemps, et de retourner au contraire au mois de mai celui que l'on voudra couvrir en automne, afin que les mottes de terre aient le temps de se dissoudre aux froids de l'hiver et aux chaleurs de l'été, et que toutes les racines des herbes périssent. Il ne faudra pas le fumer longtemps d'avance; mais lorsque le temps de l'ensemencer approchera, on en arrachera les herbes cinq jours avant et on le fumera, après quoi on le binera avec l'attention nécessaire pour incorporer ce fumier à la terre. Au reste, le meilleur fumier pour cet usage est le crottin d'âne, parce que c'est celui qui engendre le moins d'herbes : vient ensuite celui des bêtes de somme ou des brebis, pourvu qu'il soit resté en tas pendant une année. Quant aux excréments humains, quoiqu'ils passent pour être excellents, il n'est pas néanmoins nécessaire de les employer, à moins que le terrain ne soit d'un gravier pur, ou d'un sable très-délié et sans aucune vertu; auquel cas il lui faudrait des aliments de la plus grande substance. Ainsi, après avoir bêché le terrain que l'on destinera à être ensemencé au printemps, on le laissera se consumer après l'automne par les froids du solstice d'hiver et par les bruines, parce que la violence du froid n'affine pas moins la terre et ne la dissout pas moins en la laissant fermenter, que ne le font les chaleurs de l'été par une raison contraire. On ne répandra donc le fumier sur ce terrain que lorsque le solstice d'hiver sera passé ; ensuite on le distribuera par planche, après l'avoir biné vers les ides de janvier. Il faut cependant avoir l'attention de ne donner à ces planches que la largeur nécessaire, pour que les ouvriers qui en arracheront les mauvaises herbes puissent aisément atteindre avec la main jusqu'au milieu, afin qu'en cherchant les herbes ils ne soient pas forcés de fouler aux pieds les semences ; mais qu'au contraire ils puissent arracher ces herbes des deux

more pluviali. Providendum est autem, ne hortus areæ subjaceat, neve per trituram venti possint paleas aut pulverem in eum perferre : nam utraque sunt oleribus inimica. Mox ordinandi pastinandique soli duo sunt tempora : quóniam duæ quoque olerum sationes sunt : nam et autumno et vere plurima seruntur ; melius tamen vere riguis locis, quoniam et nascentis anni clementia excipit prodeuntia semina ; et sitis æstatis restinguitur fontibus. At ubi loci natura neque manu illatam, neque suæ spontis aquam ministrari patitur, nullum quidem aliud auxilium est, quam hiemales pluviæ. Potest tamen etiam in siccissimis locis opus custodiri, si depressius pastinetur solum : ejusque abunde est gradum effodere tribus pedibus, ut in quatuor consurgat regestum. At ubi copia est rigandi, satis erit non alto bipalio, id est, minus quam duos pedes ferramento novale converti. Sed curabimus, ut ager, quem vere conseri oportet, autumno circa calend. Novembres pastinetur : quem deinde velimus autumno instituere, mense Maio convertemus, ut aut hiemis frigoribus, aut æstivis solibus et gleba solvatur, et radices herbarum necentur ; nec multo ante stercorare debebimus ; et cum sationis appropinquabit tempus, ante quintum diem exherbandus erit locus, stercorandusque, et ita diligenter fossione iterandus, ut fimo terra commisceatur. Optimum vero stercus est ad hunc usum asini, quia minimum herbarum creat ; proximum vel armenti vel ovium, si sit anno maceratum : nam quod homines faciunt, quamvis habeatur excellentissimum, non tamen necesse est adhibere, nisi aut nudæ glareæ, aut sine ullo robore solutissimæ arenæ, cum major scilicet vis alimenti desideratur. Igitur solum, quod vere conserere destinaverimus, post autumnum patiemur effossum jacere brumæ frigoribus et pruinis inurendum : quippe e contrario sicut calor æstatis, ita vis frigoris excoquit terram, fermentamque solvit. Quare peracta bruma tum demum stercus injicietur, et circa idus Januarias humus refossa in areas dividitur ; quæ tamen sic informandæ sunt, ut facile runcantium manus ad dimidiam partem latitudinis earum perveniant, ne qui prosequuntur herbas, semina proculcare cogantur : sed potius per semitas ingrediantur, et alterna

côtés des planches alternativement, en passant par les sentiers qui les borderont. Ce que nous venons de dire par rapport à ce qui concerne les opérations nécessaires avant l'ensemencement doit suffire. Nous allons à présent prescrire les genres de culture qu'il faut donner au terrain suivant les différentes saisons, et entrer dans le détail des semences qu'il y faut mettre, en commençant par traiter des graines que l'on peut semer dans les deux saisons, c'est-à-dire, en automne et au printemps. Ces graines sont celles du chou et de la laitue, de l'artichaut, de la roquette, du cresson alénois, de la coriandre, du cerfeuil, de l'anet, du panais, du chervi, du pavot. En effet, on peut les semer ou vers les calendes de septembre, ou encore mieux en février avant celles de mars, quoiqu'on puisse aussi les confier à la terre vers les ides de janvier dans les lieux secs ou tempérés, tels que sont les contrées maritimes de la Calabrie et de l'Apulie. Les plantes au contraire que l'on ne doit semer qu'en automne (pourvu même que l'on ait à cultiver un terrain maritime ou exposé au soleil) sont à peu près celles-ci : l'ail, les oignons, l'oignon de Cypre, la moutarde. Au surplus, nous allons aussi parcourir mois par mois les différents temps où chaque plante doit communément être confiée à la terre. On pourra donc semer très-bien le passerage aussitôt après les calendes de janvier. Au mois de février on mettra en terre, soit en plante, soit en graine, la rue et l'asperge, ainsi que la graine d'oignon et celle de poireau : on y mettra aussi la graine des racines de Syrie et celle des raves et des navets, si l'on veut en recueillir au printemps et en été. Quant à l'ail et à l'oignon de Cypre, ce temps est le dernier de ceux où l'on puisse les semer. On pourra néanmoins, dans les lieux exposés au soleil, transférer vers les calendes de mars le poireau (s'il est déjà un peu fort), de même que l'on pourra transplanter le panax à la fin du même mois, et vers les calendes d'avril le poireau, l'auxée et la plante de la rue qui aura été semée tard. Il faut aussi semer alors le concombre, la courge et le caprier, afin qu'ils viennent de bonne heure; car pour ce qui est de la graine de poirée, on ne la sème avantageusement que lorsque le grenadier est en fleur. On peut aussi transférer sans inconvénient les têtes de poireau vers les ides de mai. Passé ce temps, il ne faut plus rien mettre en terre à l'approche de l'été, si ce n'est la graine de céleri, pourvu néanmoins qu'on puisse l'arroser, parce qu'avec le secours de l'eau elle viendra très-bien pendant l'été. Au reste, le troisième des temps auxquels on pourra semer est le mois d'août, vers les fêtes de Vulcain : c'est même le meilleur temps pour semer les racines et les raves, ainsi que les navets, le chervi, et même le maceron. Voilà ce qui concerne les temps propres aux ensemencements. Je vais maintenant entrer dans le détail des plantes qui exigent des soins particuliers : celles dont je n'aurai point parlé seront censées n'avoir besoin d'aucun autre soin particulier, si ce n'est de celui qui consiste à arracher les mauvaises herbes ; et je dirai une fois pour toutes à ce sujet, qu'il faut travailler en tout temps à exterminer les mauvaises herbes. L'oignon de Cypre, que quelques personnes appellent ail punique, et que les Grecs appellent ἀφροσκόροδον, croît beaucoup plus que l'ail : il faut, avant de le mettre en terre, en partager la tête en plusieurs parties vers les calendes d'octobre, parce qu'il est composé comme l'ail de plusieurs gousses adhérentes : lorsqu'on aura désuni ces gousses, on les plantera par sillons, en les mettant sur les raies qui seront

---

vice dimidias areas eruncent. Hæc, quæ ante sationem facienda sunt, dixisse abunde est. Nunc quid quoque tempore vel colendum vel serendum sit, præcipiamus : et primum de his generibus loquendum est, quæ possunt duobus seri temporibus, id est autumno et vere. Sunt autem semina brassicæ et lactucæ, cinaræ, erucæ, nasturcii, coriandri, chærephylli, anethi, pastinacæ, siseris, papaveris : hæc enim vel circa calend. Septembres, vel melius ante calendas Martias Februario seruntur. Locis vero siccis, aut tepidis, qualia sunt Calabriæ et Appuliæ maritima, possunt circa idus Januarias terræ committi. Rursus quæ tantum autumno conseri debent (si tamen vel maritimum, vel apricum agrum incolimus) hæc fere sunt, allium, cepæ capitula, ulpicum, sinapi. Sed jam potius quo quidque tempore terræ mandari plerumque conveniat, per menses digeramus. Ergo post calendas Januarias confestim recte ponetur lepidium. Mense autem Februario vel planta vel semine ruta, atque asparagus, et iterum cepæ semen et porri ; nec minus si vernum et æstivum fructum voles habere, Syriacæ radicis et rapæ napique semina obrues. Nam allii, et ulpici ultima est hujus temporis positio. At circa calendas Martias locis apricis licet porrum (si jam ingranduit) transferre. Item panacem ultima parte Martii mensis. Deinde circa calendas Apriles æque porrum atque inulam, et serotinam plantam rutæ. Item ut maturius nascatur, cucumis, cucurbita, capparis serenda est. Nam semen betæ, cum Punicum malum florebit, tum demum optime seritur. Porri autem caput circa idus Maias tolerabiliter adhuc transfertur. Post hoc, nihil ingruente æstate obrui debet, nisi semen apii, si tamen rigaturus es. Sic enim optime per æstatem provenit. Cæterum Augusto circa Vulcanalia tertia satio est : eaque optima radicis et rapæ, itemque napi et siseris, nec minus oleris atri. Atque hæc sunt sationum tempora. Nunc de iis, quæ aliquam curam desiderant, singulis loquar, quæque præteriero intelligi oportebit nullam postulare operam nisi runcatoris : de qua semel hoc dicendum est, omni tempore consulendum esse, ut herbæ exterminentur. Ulpicum quod quidam allium Punicum vocant, Græci autem ἀφροσκόροδον appellant, longe majoris est incrementi quam allium : idque circa calend. Octobris, antequam deponatur, ex uno capite in plura dividetur. Habet enim velut allium plures

entre les sillons, afin qu'elles soient moins endommagées par les eaux de l'hiver. Ces raies ressemblent aux élévations de terre que les paysans ont soin de pratiquer dans les champs labourés, pour y placer le grain à l'abri de l'humidité; avec cette différence qu'il faut les faire moins larges dans les jardins que dans les champs. On arrangera donc sur le haut, c'est-à-dire sur le dos de ces raies, à un *palmus* de distance les unes des autres, les gousses d'oignon de Cypre ou celles d'ail (car on sème aussi ces dernières de la même façon). Les sillons qui sépareront ces raies seront à un demi-pied de distance les uns des autres. Lorsque ces gousses auront jeté par la suite trois fanes, on les sarclera : car plus cette opération sera répétée souvent, plus ces semences prendront d'accroissement. Il faudra ensuite, avant qu'elles forment une tige, tordre et recourber en terre tout leur fanage, afin que leurs têtes deviennent plus grosses. Mais, dans les pays sujets aux bruines, il ne faut semer ni l'une ni l'autre de ces plantes pendant l'automne, parce qu'elles périraient au solstice d'hiver : comme néanmoins la rigueur de cette saison s'adoucit communément au mois de janvier, le meilleur temps pour semer l'ail et l'oignon de Cypre dans les lieux froids, c'est vers les ides de ce mois. Au surplus, en tel temps qu'on sème ces plantes, ou qu'on les serre sur des planchers quand on les aura cueillies, on aura l'attention dans ces pays de ne les semer et de ne les déterrer que lorsque la lune sera sous terre, parce qu'on prétend qu'en s'y prenant de cette façon, elles n'ont pas le goût trop fort, et qu'elles n'empestent pas l'haleine de ceux qui les mangent. Il y a cependant bien des personnes qui les sèment au mois de décembre avant les calendes de janvier, au milieu du jour, lorsque la température douce de l'air et la nature du terrain le permettent. Il faut transférer le chou lorsqu'il aura six feuilles, en observant néanmoins de ne le mettre en terre qu'après en avoir enduit la racine avec du fumier liquide, et l'avoir enveloppé de trois petites bandes d'algue, parce qu'avec cette précaution il s'amollira plus tôt à la cuisson, et qu'on n'aura pas besoin de recourir au nitre pour lui faire conserver sa couleur verte. Au surplus, le meilleur temps pour le mettre en terre, c'est après les ides d'avril, pour les contrées froides et pluvieuses. Si, lorsque son pied aura pris racine en terre, le jardinier le sarcle et le fume aussi souvent qu'il lui sera possible, il s'en portera d'autant mieux, et donnera des tiges et des cimes plus grosses. Il y a des personnes qui le mettent en terre dans des lieux plus exposés au soleil, depuis les calendes de mars; mais pour lors il monte presque entièrement en cime, et quand on l'a une fois coupé, il ne donne plus par la suite de grandes feuilles en hiver. On peut aussi le transférer jusqu'à deux fois, lors même que sa tige est forte; et l'on prétend que de cette façon il donne plus de graines, et que cette graine est plus grosse. Il faut que la laitue ait autant de feuilles que le choux pour être transférée. On la met très-bien en terre dans les lieux exposés au soleil et maritimes, pendant l'automne; mais on aurait tort de le faire au milieu des terres et dans les pays froids : il n'est pas non plus avantageux de l'y mettre pendant l'hiver. D'ailleurs il faut aussi enduire sa racine de fumier, et elle demande plus d'eau que le chou, pour que ses feuilles deviennent tendres. Au reste, il y a plusieurs espèces de laitues, qu'il faut semer chacune en son temps. On sème à propos au mois de janvier

---

cohærentes spicas, eæque cum sint divisæ, liratim seri debent, ut in pulvinis positæ minus infestentur hiemis aquis. Est autem lira similis ei porcæ, quam in sationibus campestribus rustici faciunt, ut uliginem vitent : sed hæc in hortis minor est facienda, et per summam partem ejus, id est in dorso inter palmaria spatia spicæ ulpici vel allii, nam id quoque similiter conseritur, disponendæ sunt. Sulci lirarum inter se distent semipedali spatio. Deinde cum ternas fibras emiserunt spicæ, sarriantur. Nam quo sæpius id factum est, majus semina capiunt incrementum. Deinde ante quam caulem faciant, omnem viridem superficiem intorquere, et in terram prosternere conveniet, quo vastiora capita fiant. Regionibus autem pruinosis neutrum horum per autumnum seri debet : nam brumali tempore corrumpuntur : quod fere mense Januario mitescit : et idcirco frigidis locis tempus optimum est allium vel ulpicum ponendi circa idus prædicti mensis. Sed quandoque vel conseremus, vel jam matura in tabulatum reponemus, servabimus in iis locis, quibus aut obruentur, aut eruentur, ut luna infra terram sit. Nam sic sata, et rursus sic recondita, existimantur neque acerrimi saporis existere, neque mandentium halitus inodorare. Multi tamen hæc ante calend. Januarias mediis diebus serunt mense Decembri, si cæli tepor et situs terræ permittit. Brassica, cum vi foliorum erit, transferri debet, ita ut radix ejus liquido fimo prius illita, et involuta tribus algæ tæniolis pangatur. Hæc enim res efficit, ut in coctura celerius madescat et viridem colorem sine nitro conservet. Est autem frigidis et pluviis regionibus positio ejus optima post idus Apriljs; cujus depressæ plantæ cum tenuerint, quantum olitoris ratio patitur, sæpius sarrita et stercorata melius convalescit, plenioresque incrementi et coliculum facit et cymam. Nonnulli hanc eamdem locis apricioribus a calend. Martiis deponunt : sed major pars ejus in cymam prosilit, nec postea hibernum caulem amplum facit, cum est semel desecta. Possis autem vel maximos caules bis transferre. Idque si facias, plus seminis, et majoris incrementi præbere dicuntur. Lactuca totidem foliorum quot brassica transferri debet. Locis quidem apricis, et maritimis optime autumno ponitur, mediterraneis et frigidis contra : hieme non æque commode dispergitur. Sed hujus quoque radix fimo liniri debet, majoremque copiam desiderat aquæ, sicque fit tenerioris folii. Sunt autem complura lactucæ genera, quæ suo quidque tempore seri oportet :

celle dont la couleur est brune et comme pourprée, ou même la verte dont les feuilles sont frisées, de même que celle de Cécilius. Pour celle de Cappadoce, dont les feuilles sont pâles, peignées et épaisses, on la sème aussi au mois de février : vient ensuite la blanche et dont les feuilles sont très-frisées, qu'on voit dans la province de Bétique et sur les confins de Gadès ; on la sème très-bien au mois de mars. On recommande encore la laitue de Cypre, qui est d'un blanc tirant sur le rouge, et dont les feuilles sont lisses et très-tendres : on la sème commodément jusqu'aux ides d'avril. On peut néanmoins semer la laitue presque pendant toute l'année, dans les climats exposés au soleil, ainsi que dans les lieux où l'on a de l'eau en abondance. Pour l'empêcher de monter trop tôt en tige, on mettra au milieu de cette plante, lorsqu'elle aura déjà pris quelque accroissement, une petite brique, dont le poids venant, pour ainsi dire, à la resserrer, la contraindra de s'étendre en largeur. On suit aussi la même méthode par rapport à la chicorée, avec cette différence qu'elle supporte mieux l'hiver. C'est pour cette raison qu'on peut la semer au commencement de l'automne même, dans les pays froids. On fera bien de transplanter les œilletons d'artichaut pendant l'équinoxe d'automne, au lieu qu'il sera mieux d'en semer la graine vers les calendes de mars : mais quand on mettra les pieds d'artichaut en terre vers les calendes de novembre, on les fumera avec une grande quantité de cendre, parce que c'est l'espèce de fumier qui paraît la plus convenable à cette plante potagère. On laisse la moutarde et la coriandre, ainsi que la roquette et le basilic, à l'endroit même où on les a semés, sans les transplanter ; et la seule culture que ces plantes demandent consiste à être fumées et débarrassées des mauvaises herbes : du reste, on peut les semer non-seulement en automne, mais encore pendant le printemps. Néanmoins, si l'on transfère la moutarde en pied au commencement de l'hiver, elle donnera plus de cime au printemps. On sème le panax pendant les deux saisons dans une terre bien légère et bien labourée, et l'on a soin de le semer le moins dru que faire se peut, afin qu'il prenne plus d'accroissement. Il est cependant mieux de le semer pendant le printemps. Pour avoir des poireaux que l'on puisse couper souvent, ceux qui nous ont devancés ont prescrit de les semer drus, et de les laisser dans l'endroit où ils auront été semés, pour les couper ensuite lorsqu'ils seront devenus grands. Mais l'usage nous a appris qu'il était mieux de les transférer, pour les planter, comme les poireaux à tête, dans des intervalles modiques, c'est-à-dire de quatre doigts, et les couper lorsqu'ils seront devenus forts. Quant aux poireaux auxquels on veut procurer une grosse tête, il faut avoir soin, quand on les transplante, d'en couper toutes les petites racines, et de tondre l'extrémité supérieure de leur fane avant de les mettre en terre : après quoi on enterre de petites briques ou des coquilles sous leurs pieds, pour leur servir comme de siége, afin que leur tête prenne plus de largeur à mesure qu'ils croîtront. La culture du poireau à large tête consiste à être sarclé et fumé assidûment. Il n'y a cependant pas de culture différente pour celui que l'on veut couper souvent, si ce n'est qu'on doit l'arroser, le fumer et le sarcler toutes les fois qu'on le coupera. On en sème la graine dans les lieux chauds au mois de janvier, et dans les lieux froids au mois de février ; et pour lui faire prendre plus d'accroissement, on a soin d'en envelopper plusieurs graines dans de petits linges clairs, avant

earum quæ fusci, et veluti purpurei, aut etiam viridis coloris, et crispi folii, uti Cæciliana, mense Januario recte disseritur. At Cappadocia, quæ pallido et pexo densoque folio viret, mense Februario : quæ deinde candida est, et crispissimi folii, ut in provincia Bætica et finibus Gaditani municipii, mense Mart. recte pangitur. Est et Cyprii generis ex albo rubicunda, levi et tenerrimo folio, quæ usque in idus April. commode disponitur. Fere tamen aprico cæli statu, quibus locis aquarum copia est, pene toto anno lactuca seri potest : quæ quo tardius caulem faciat, cum aliquod incrementum habuerit, exiguam testam media parte accipiat, eo quasi onere coercita in latitudinem se diffundit. Eadem est ratio etiam intybi, nisi quod hiemem magis sustinet : ideoque vel frigidis regionibus primo autumno seri potest. Cinaræ sobolem melius per autumni æquinoctium disponemus ; semen commodius circa calendas Martias seremus ; ejusque plantam circa calend. Novemb. deprimemus, et multo cinere stercorabimus. Id enim genus stercoris huic oleri videtur aptissimum. Sinapi atque coriandrum, nec minus eruca et ocimum, ita uti sata sunt, sua sede immota permanent : ne-

que est eorum cultus alius, quam ut stercorata runcentur. Possunt autem non solum autumno, sed et vere conseri. Plantæ quoque sinapis prima hieme translatæ plus cymæ vere afferunt. Panax utroque tempore levi et subacta terra rarissime disseritur, quo majus incrementum capiat : melior tamen ejus verna satio est. Porrum si sectivum facere velis, densius satum præceperunt priores relinqui ; et ita cum increverit, secari. Sed nos docuit usus longe melius fieri, si differas, et eodem more, quo capitatum modicis spatiis, id est, inter quaternos digitos depangas, et cum convaluerit, desecas. In eo autem quod magni capitis efficere voles, servandum est, ut ante quam translationem deponas, omnes radiculas amputes, et fibrarum summas partes intondeas. Tum testulæ, vel conchæ, quasi sedes singulis subjectæ seminibus adobruantur, ut fiant capita latioris incrementi.

Cultus autem porri capitati assidua sarritio et stercoratio est. Nec alius tamen sectivi, nisi quod toties rigari, et stercorari, sarririque debet, quoties demetitur. Semen ejus locis calidis mense Januario, frigidis Februario seritur : cujus incrementum quo majus fiat, raris linteolis

de les couvrir de terre. Au reste, quand sa graine est levée, il faut, dans les lieux où l'on ne peut pas lui fournir d'eau, le transplanter vers l'équinoxe d'automne; au lieu qu'on peut le transplanter au mois de mai dans ceux où on pourra lui donner de l'eau. On peut aussi planter l'ache en pied comme en graine, mais c'est l'eau qui lui fait le plus de bien; aussi fait-on très-bien de la mettre auprès des fontaines. Si l'on veut qu'elle ait des feuilles larges, on enveloppera dans un petit linge clair ce que l'on pourra pincer de sa graine avec trois doigts; et en la semant ainsi sur des planches, elle se hérissera. Mais si l'on aime mieux qu'elle ait des feuilles frisées, on en mettra la graine dans un mortier; et après l'avoir écrasée avec un pilon de bois de saule et en avoir détaché les coques, on l'enveloppera de même dans de petits linges avant de la couvrir de terre. On peut aussi, sans prendre tant de précautions, la faire friser, de quelque façon qu'elle ait été semée, en réprimant les accroissements, lorsqu'elle sera levée, avec un cylindre que l'on roulera dessus. Le meilleur temps pour la semer, c'est depuis les ides de mai jusqu'au solstice, parce qu'elle aime la chaleur. C'est aussi à peu près dans le même espace de temps que l'on sème le basilic : lorsque sa graine est semée, on foule soigneusement la terre avec une hie ou avec un cylindre, parce que, si on la laissait dans son état de gonflement, il arriverait communément que cette graine se pourrirait. Le panais, le chervi et l'aunée prennent de la force dans un terrain labouré profondément au *pastinum* et bien fumé : mais il faut semer ces plantes très-clair, si l'on veut qu'elles prennent encore plus d'accroissement. Quant à l'aunée, il faut l'espacer de trois pieds en la semant, parce qu'elle donne de grandes tiges, et que ses racines s'étendent sous terre comme les yeux du roseau. Au reste, la culture de toutes ces plantes ne consiste qu'à les débarrasser des herbes en les sarclant : et on peut très-bien les mettre en terre au commencement de septembre ou à la fin d'août. Le maceron, que quelques Grecs appellent ἱπποσέλινον et d'autres σμύρνιον, veut être semé en graine dans un terrain façonné au *pastinum*, et surtout auprès des murailles, parce qu'il se plaît à l'ombre, et qu'il profite dans quelque lieu que ce soit. D'ailleurs, quand il est une fois semé, il dure éternellement, pourvu qu'on ne l'arrache pas absolument par les racines, mais que l'on en laisse successivement monter les tiges en graine; et il ne demande qu'une culture légère, qui consiste à le sarcler. On le sème non-seulement depuis les fêtes de Vulcain jusqu'aux calendes de septembre, mais encore au mois de janvier. La menthe veut trouver une moiteur douce dans la terre; c'est pourquoi il est bon de la mettre auprès des fontaines au mois de mars. S'il arrive qu'on manque de graine de menthe, on pourra prendre dans des jachères de la menthastre, et la planter en renversant sa cime par en bas : cette méthode lui ôte son goût sauvage, et en fait de la menthe cultivée. Il faut transférer au mois de mars, dans un lieu exposé au soleil, la rue dont on aura semé la graine en automne; on chargera son pied de cendre, et on arrachera les mauvaises herbes qui l'environneront, jusqu'à ce qu'elle soit fortifiée, de peur que ces herbes ne la suffoquent. Mais il faut avoir la main gantée pour faire cette opération, parce qu'autrement il y viendrait des ulcères dangereux. Si cependant, faute d'être instruit de ce danger, on a arraché ces mauvaises herbes avec la main

---

complura grana illigantur, atque ita obruuntur. Enatum autem in iis locis, quibus aqua subministrari non potest, differri debet circa æquinoctium autumni : at quibus possis humorem præbere, mense Maio recte transfertur. Apium quoque possis plantis serere, nec minus semine. [Sed] præcipue aqua lætatur, et ideo secundum fontem commodissime ponitur. Quod si quis id velit lati folii facere, quantum seminis possint tres digiti comprehendere, raro linteolo illiget, et ita in areolas dispositum releget. Vel si crispæ frondis id fieri maluerit, semen ejus inditum pilæ, et saligneo pilo pinsitum, expolitumque, similiter [in] linteolis ligatum obruet. Potest etiam citra hanc operam fieri crispum qualitercunque satum, si, cum est natum, incrementum ejus supervoluto cylindro coërceas. Satio ejus est optima post idus Maias usque in solstitium : nam teporem desiderat. Fere etiam his diebus ocima seruntur : quorum cum semen obrutum est, diligenter inculcatur pavicula vel cylindro. Nam si terram suspensam relinquas, plerumque corrumpitur. Pastinaca et siser atque inula convalescunt alte pastinato et stercorato loco : sed quam rarissime ponenda sunt, ut majora capiant incrementa. Inulam vero intervallo trium pedum seri convenit, quoniam vastos facit frutices, et radicibus, ut oculus harundinis, serpit. Nec est alius cultus horum omnium, nisi ut sarritionibus herbæ tollantur. Commodissime autem deponentur prima parte Septembris, vel ultima Augusti parte. Atrum olus, quod Græcorum quidam vocant ἱπποσέλινον, nonnulli σμύρνιον, pastinato loco semine debet conseri, maxime juxta maceriam : quoniam et umbra gaudet, et qualicunque convalescit loco : idque cum semel severis, si non totum radicitus tollas, sed alternos frutices in semen submittas, ævo manet, parvamque sarritionis exigit culturam. Seritur a Vulcanalibus usque in calendas Septembris, sed etiam mense Januario. Menta dulcem desiderat uliginem; quam ob causam juxta fontem mense Martio recte !ponitur. Cujus si forte semina defecerint, licet de novalibus silvestre mentastrum colligere, atque ita inversis cacuminibus disponere : quæ res feritatem detrahit, atque edomitam reddit : rutam autumno semine satam mense Martio differre oportet in apricum, et cinerem aggerare, runcareque donec convalescat, ne herbis enecetur. Sed velata manu debebit runcari : quam nisi contexeris, perniciosa nascuntur ulcera. Si tamen per ignorantiam nuda manu runcaveris et prurigo atque tumor

nue, et qu'il y soit survenu une démangeaison avec de l'enflure, on se la frottera de temps en temps avec de l'huile. La tige de cette plante se conserve intacte plusieurs années, à moins qu'une femme ne vienne à la toucher dans le temps de ses règles, auquel cas elle se dessèche. Ce sont plutôt ceux qui prennent soin des ruches, que les jardiniers, qui s'adonnent, comme je l'ai déjà dit dans un des livres précédents, à semer du thym, de l'origan d'outremer et du serpolet; mais nous pensons cependant qu'il n'est pas hors de propos d'en faire aussi venir dans les jardins pour s'en servir dans la cuisine, parce que ces plantes sont excellentes pour assaisonner quelques mets. Elles ne veulent point d'un terrain gras ni fumé, mais elles demandent qu'il soit exposé au soleil; d'autant qu'elles viennent d'elles-mêmes dans des lieux très-maigres, et communément dans les contrées maritimes. On les sème tant en graine qu'en pied vers l'équinoxe du printemps : il vaut cependant mieux planter de jeunes pieds de thym dans un terrain bien labouré; et pour qu'ils ne tardent pas à prendre, on fera infuser de l'eau un jour d'avance des tiges de thym broyées; et lorsque cette eau sera bien imprégnée de leur suc, on en arrosera les pieds qui seront en terre, jusqu'à ce qu'ils soient bien fortifiés. Quant à la sarriette, c'est une plante trop vivace, pour que l'on se donne beaucoup de peine à la soigner. Lorsque vous aurez transplanté le passerage avant les calendes de mars, vous pourrez le couper de temps en temps comme le poireau, quoique plus rarement; car il ne faudra pas le couper passé les calendes de novembre, parce qu'il mourrait pour peu qu'il fût maltraité pendant le froid; il rendra cependant assez bien pendant deux ans, si on le sarcle et qu'on le fume avec soin. Il y a même plusieurs pays où sa vigueur se prolonge jusqu'à dix ans. On sème la graine de poirée dans le temps que le grenadier est en fleur, et dès qu'elle a cinq feuilles, comme le chou; on la transplante en été, si l'on a un jardin arrosé; mais si le terrain est sec, il ne faudra la transplanter qu'en automne, quand les pluies auront commencé à tomber. On sème le cerfeuil et l'arroche potagère, que les Grecs appellent ἀτράφαξυς, vers les calendes d'octobre, dans un climat qui ne soit pas très-froid; car si le pays est sujet à des hivers rigoureux, il faut transférer ces plantes de l'endroit où elles auront été mises en masse après les ides de février, en les divisant. On suit la même méthode à l'égard du pavot et de l'aneth. On prépare, environ deux ans avant de les mettre en place, les pattes de l'asperge cultivée, ainsi que celles de l'asperge que les paysans appellent *corruda* : on en sème la graine après les ides de février, dans de petites fosses creusées sur un sol gras et fumé, de façon que chaque fosse en contienne autant que l'on pourra en pincer avec trois doigts. A peu près quarante jours après, les racines que ces graines auront jetées s'entrelacent ensemble, et font comme une seule masse : les jardiniers donnent à ces petites racines, ainsi entortillées et entrelacées, le nom de *spongiæ*. Au surplus, il faut les transférer au bout de deux ans dans un lieu exposé au soleil, et qui soit bien humecté et fumé. On les arrange dans des sillons séparés les uns des autres de la largeur d'un pied, et qui n'ont pas plus d'un *dodrans* de profondeur, de façon qu'elles puissent aisément germer lorsqu'elles seront couvertes de terre. Mais on a

---

incesserit, oleo subinde perungito. Ejusdem frutex pluribus annis permanet innoxius, nisi si mulier, quæ in menstruis est, contigerit eum, et ob hoc exaruerit. Thymum, et transmarina cunila, et serpyllum, sicut priore libro jam retuli, magis alvearia curantibus, quam olitoribus studiose conseruntur. Sed nos ea condimentorum causa (nam sunt quibusdam esculentis aptissima) non alienum putamus etiam in hortis habere. Locum neque pinguem neque stercoratum, sed apricum desiderant, ut quæ macerrimo solo per se maritimis plerumque regionibus nascantur. Hæ res et semine et plantis circa æquinoctium vernum seruntur. Melius tamen est thymi novellas plantas disponere; quæ cum subacto solo depressæ fuerint, ne tarde comprehendant, aridi thymi fruticem contundi oportet, atque ita pinsito pridie quam volueris uti, aquam medicare; quæ cum succum ejus perceperit, depositis fruticibus infunditur, donec eos recte confirmet. Ceterum cunila vivacior est, quam ut impensius curanda sit. Lepidium cum ante cal. Martias habueris dispositum, velut porrum sectivum demetere poteris : rarius tamen. Nam post cal. Novemb. secandum non erit, quoniam frigoribus violatum emoritur : biennio tamen sufficiet, si diligenter sarritum et stercoratum fuerit. Multis etiam locis viva-citatem suam usque in annos decem prorogat. Beta florente Punico malo semine obruitur, et simul atque quinque foliorum est, ut brassica, differtur æstate, si riguus est hortus : ac si siccaneus, autumno, cum jam pluviæ incesserint, disponi debebit. Chærephyllum, itemque olus atriplicis, quod Græci vocant ἀτράφαξυν, circa cal. Octob. obrui oportet non frigidissimo loco. Nam si regio sævas hiemes habet, post idus Februarias semina disserenda sunt, suaque de sede partienda. Papaver et anethum eandem habent conditionem sationis, quam chærephyllum et ἀτράφαξυς. Sativi asparagi, et quam corrudam rustici vocant, semina fere biennio præparantur. Ea cum pingui et stercoroso solo post idus Februarias sic obrueris, ut quantum tres digiti seminis comprehendere queunt, singulis fossulis deponas, fere post quadragesimum diem inter se implicantur, et quasi unitatem faciunt; quas radiculas sic illigatas atque connexas olitores spongias appellant. Easque post quatuor et viginti menses in locum apricum et bene madidum, stercoratumque transferri convenit. Sulci autem inter se pedali mensura distantes fiunt non amplius dodrantalis altitudinis, in quam ita spongiolæ deprimuntur, ut facile superposita terra germinent. Sed in locis siccis partibus sulcorum imis disponenda sunt

l'attention dans les lieux secs de les mettre au fond des sillons, afin qu'elles y restent immobiles comme dans de petites auges; au lieu que dans les lieux humides on les met au contraire sur le dos de la raie qui est entre les sillons, pour éviter que la trop grande humidité ne les endommage. Un an après qu'elles auront été plantées de cette manière, il faudra rompre les asperges qu'elles donneront; parce que si on voulait les arracher de terre, toute la masse de ces petites racines encore jeunes et faibles viendrait en même temps que les asperges. Les autres années, on ne les rompra plus, mais on les arrachera par les racines : autrement si l'on rompait les tiges, elles suffoqueraient les yeux des racines, et les aveugleraient, pour ainsi dire, au point de les empêcher de donner des asperges par la suite. Au reste, il ne faut pas arracher toutes les tiges qui seront venues les dernières pendant l'automne; mais il en faut laisser monter une partie en graine. Lorsqu'ensuite celles-ci auront formé des épines, on en cueillera la graine, et on brûlera les rafles telles qu'elles se comporteront, et sur le lieu même; après quoi on sarclera tous les sillons, et on en arrachera les herbes; ensuite on y jettera du fumier ou de la cendre, dont le suc, étant délayé par les pluies pendant tout l'hiver, pénétrera jusqu'aux racines de l'asperge. Enfin on bêchera la terre au printemps, avant qu'elles commencent à germer, avec des *capreoli*, qui sont des espèces d'instruments de fer à deux cornes, afin que les tiges lèvent plus facilement, et que, trouvant de l'aisance dans la terre, elles deviennent plus grosses. On sème très-bien deux fois l'an la graine de raifort, savoir au mois de février, lorsqu'on veut avoir de ces sortes de racines pendant le printemps; et au mois d'avril vers les fêtes de Vulcain, lorsqu'on veut en avoir dans le temps qui leur est propre : mais le dernier de ces ensemencements passe sans difficulté pour le meilleur. Tout le soin que cette racine exige consiste à être mise dans une terre fumée et labourée, et ensuite à être chargée de terre de temps en temps à mesure qu'elle prend de l'accroissement, parce que, lorsqu'elle surmonte la superficie de la terre, elle devient dure et spongieuse. Lorsque l'on a de l'eau à souhait, les concombres et les courges demandent peu de soin, parce que c'est l'eau qui les aide le plus à venir. Mais si l'on est forcé d'en semer dans des lieux secs, où l'on n'ait point la commodité de faire venir de l'eau pour les arroser, il faut faire au mois de février des sillons d'un pied et demi de profondeur, dans lesquels on étendra, après les ides de mars, jusqu'au tiers à peu près de leur profondeur, de la paille sur laquelle on entassera de la terre fumée jusqu'à la moitié du sillon; et après avoir déposé les graines dans cette terre, on les arrosera jusqu'à ce qu'elles lèvent. Quand elles auront commencé à se fortifier, il faudra les suivre dans leur accroissement, et continuer de remettre de la terre dans le sillon à mesure qu'elles croîtront, jusqu'à ce qu'il soit comblé. Avec une telle culture ces plantes se porteront assez bien pendant tout l'été, sans avoir besoin d'être arrosées, et elles donneront même un fruit de meilleur goût qu'il ne le serait si elles l'avaient été. Il faut mettre en terre la graine de ces plantes le plus tôt qu'on le pourra dans les lieux aqueux, pourvu que ce ne soit pas avant les calendes de mars, de façon qu'on puisse les transplanter après l'équinoxe. On ramassera la graine que l'on voudra semer dans le milieu même de la courge, et on mettra en terre la cime renversée, si l'on veut que les fruits qu'elle produira soient d'une grosseur énorme.

semina, ut tanquam in alveolis maneant. At uliginosis e contrario in summo porcæ dorso collocanda, ne humore nimio lædantur. Primo deinde anno, cum ita consita sunt, asparagum quem emiserint, infringi oportet. Nam si ab imo vellere volueris, adhuc teneris invalidisque radiculis, tota spongiola sequetur. Reliquis annis non erit decerpendus, sed radicitus vellendus. Nam nisi ita fiat, stirpes præfractæ angunt oculos spongiarum, et quasi excæcant, nec patiuntur asparagum emittere. Cæterum stilus, qui novissime autumnali tempore nascitur, non omnis [est] tollendus, sed aliqua pars ejus in semen submittenda est. Deinde cum spinam fecerit, electis seminibus ipsis, scopiones ita uti sunt, in suo loco perurendi sunt, et deinde sulci omnes consarriendi, herbæque eximendæ; mox vel stercus, vel cinis injiciendus, ut tota hieme succus ejus cum pluviis manans ad radicem perveniat. Vere deinde prius quam cœperit germinare, capreolis, quod genus bicornis ferramenti est, terra commoveatur, ut et facilius stilus emicet, et relaxata humo plenioris crassitudinis fiat. Raphani radix bis anno recte seritur, Februario mense, cum vernum fructum expectamus, et Augusto mense circa Vulcanalia, cum maturum. Sed hæc ratio sine dubio melior habetur. Cura est ejus, ut terra stercorata et subacta obruatur : post ubi cœperit aliquod incrementum, subinde aggeretur. Nam si super terram emerserit, dura et fungosa fiet. Cucumis et cucurbita, cum copia est aquæ, minorem curam desiderant : nam plurimum juvantur humore. Sin autem loco sicco seri debuerint, quo rigationem ministrare non expediat, mense Februario sesquipedali altitudine fossa facienda est. Post idus deinde Martias quasi tertia pars altitudinis sulci stramentis inditis tegenda, mox stercorata terra usque in dimidium sulcum agganda, postisque seminibus tam diu est aqua præbenda, donec enascantur : atque ubi convalescere cœperint, adjecta humo incrementa eorum prosequenda sunt, donec sulcus coæquetur. Sic exculta semina sine rigatione tota æstate satis valebunt, fructumque jucundioris saporis quam rigua præbebunt. Aquosis autem locis primo quoque tempore, non tamen ante calend. Mart. semen pronendum est, ut differri possit æquinoctio confecto. Idque de media parte cucurbitæ semen inverso cacumine ponito, ut fiat incrementi vastioris. Nam sunt ad usum vasorum satis idoneæ,

En effet, il y a des courges, telles que celles d'Alexandrie, qui sont assez grosses pour servir de vases lorsqu'elles sont desséchées. Si on les destine au contraire à être vendues comme provision de bouche, il faudra en prendre la graine dans la tête du fruit et la semer la cime droite, parce qu'il en viendra un fruit plus long et plus mince que le premier, et qui se vendra communément plus cher. Mais il faut éviter, le plus que l'on pourra, que des femmes n'approchent d'un endroit semé en concombres et courges, parce qu'il suffirait presque qu'elles touchassent à ces fruits quand ils sont le plus verts, pour les faire languir; et que même, si elles se trouvaient dans le temps de leurs règles, elles les feraient mourir par leur seul regard. Le concombre est tendre et très-agréable, lorsqu'on a trempé la graine dans du lait avant de la semer : quelques personnes même, pour le rendre encore plus doux, trempent la graine dans de l'hydromel. Au reste, quand on veut avoir des concombres hâtifs, on remplit des paniers, après le solstice d'hiver, de terre fumée que l'on arrose légèrement; et lorsque leur graine est levée dans ces paniers, on les met de jour en plein air dans un lieu où il fasse doux et où le soleil donne, et qui soit voisin du bâtiment, afin qu'ils soient à l'abri de tout vent ; et on les reporte ensuite à la maison pendant le froid et dans le mauvais temps. On suit cette méthode jusqu'après l'équinoxe du printemps, et l'on enfonce alors entièrement en terre ces paniers : c'est le moyen d'avoir du fruit hâtif. On peut même, si la chose en vaut la peine, ajuster des roulettes sous de très-grands vases, pour avoir moins de peine à les mettre à l'air et à les porter ensuite à la maison. Au surplus, indépendamment de ces précautions, il faudra encore couvrir ces vases de pierres transparentes, afin de pouvoir les mettre sans danger au soleil, même pendant les temps froids, quand le jour sera serein. C'est par ce moyen que l'on servait à Tibère César des concombres presque pendant toute l'année. Mais nous avons lu dans Bolus de Mendesium, auteur égyptien, une manière moins pénible de parvenir au même but. En effet, cet auteur ordonne d'avoir, dans un lieu du jardin qui soit exposé au soleil et fumé, des férules et des ronces plantées alternativement par rangées : il prescrit ensuite de couper après l'équinoxe ces ronces ou ces férules un peu au dessous de la superficie de la terre, et d'en ouvrir la moelle avec un stylet de bois ; et enfin, après avoir mis du fumier dans le trou qu'on y aura ainsi pratiqué, d'y insérer de la graine de concombre, afin qu'à mesure que les concombres croîtront, ils s'incorporent aux férules et aux ronces, et qu'ils ne tirent point leur nourriture de leurs propres racines, mais qu'ils la tirent pour ainsi dire de la racine de leur mère. Il prétend que ces plantes, ainsi entées, donnent des concombres même pendant les froids. Le second ensemencement de cette plante se fait communément aux *Quinquatria*. Le câprier vient de lui-même dans nombre de provinces au milieu des jachères; mais si l'on veut le semer dans des pays où il ne s'en trouve point, il faut lui choisir un terrain sec. On commencera par environner ce terrain d'un petit fossé, que l'on comblera de pierres et de chaux ou de mortier à la carthaginoise, pour former une espèce de parapet impénétrable aux tiges de cet arbrisseau, qui s'étendrait presque par tout le terrain, s'il n'était pas arrêté par quelque digue; et ce n'est pas même le plus grand inconvénient qu'il y aurait à craindre (puisqu'on pourrait arracher ces tiges de temps

---

sicut Alexandrinæ cucurbitæ, cum exaruerint. At si esculentæ merci præparabis, recto cacumine de collo cucurbitæ sumptum semen serendum erit, quo prolixior et tenuior fructus ejus nascatur, qui scilicet majus cæteris invenit pretium. Sed custodiendum est, ut quam minime ad eum locum, in quo vel cucumeres aut cucurbitæ consitæ sunt, mulier admittatur. Nam fere contactu ejus languescunt incrementa virentium. Si vero etiam in menstruis fuerit, visu quoque suo novellos fœtus necabit. Cucumis tener et jucundissimus sit, si ante quam seras, semen ejus lacte maceres. Nonnulli etiam quo dulcior existat, aqua mulsa idem faciunt. Sed qui præmaturum fructum cucumeris habere volet, confecta bruma stercoratam terram indutam cophinis obserat, modicumque præbeat humorem. Deinde cum enata semina fuerint, tepidis diebus et insolatis juxta ædificium sub divo ponat, ita ut ab omni afflatu protegantur. Ceterum frigoribus ac tempestatibus sub tectum referat : idque tamdiu faciat, dum æquinoctium vernum conflat. Postea totos cophinos demittat in terram. Sic enim præcoquem fructum habebit. Possunt etiam, si sit operæ pretium, vasis majoribus rotulæ subjici, quo minore labore producantur, et rursus intra tecta recipiantur. Sed nihilo minus specularibus integi debebunt, ut etiam frigoribus serenis diebus tuto producantur ad solem. Hac ratione fere toto anno Tiberio Cæsari cucumis præbebatur. Nos autem leviore opera istud fieri apud Ægyptiæ gentis Bolum Mendesium legimus, qui præcipit aprico et stercoroso loco alternis ordinibus ferulas, alternis rubos in hortis consitas habere : deinde eas confecto æquinoctio paululum infra terram secare, et ligneo stilo laxatis vel rubi vel ferulæ medullis stercus immittere, atque ita semina cucumeris inserere, quæ scilicet incremento suo coeant rubis et ferulis. Nam ita non sua, sed quasi materna radice aluntur : sicque insitam stirpem frigoribus quoque cucumeris præbere fructum. Satio secunda ejus seminis fere Quinquatribus observatur. Capparis plurimis provinciis sua sponte novalibus nascitur. Sed quibus locis ejus inopia est, si serenda fuerit, siccum locum desiderabit. Isque debebit ante circumdari fossula, quæ repleatur lapidibus et calce, vel Punico luto, ut sit quasi quædam lorica, ne possit eam perrumpere prædicti seminis frutices, qui fere per totum agrum vagantur, nisi munimento aliquo prohibiti sint. Quod tamen non tantum incommodum est (subinde enim possunt extirpari) quan-

en temps); mais il y aurait encore lieu de craindre que cet arbrisseau, qui renferme un poison pernicieux, ne rendît la terre stérile en lui communiquant ses sucs. Au reste, ou il ne demande aucune culture, ou il se contente de la plus légère; d'autant qu'il vient très-bien, même dans des terres abandonnées, sans aucun soin de la part du paysan. On le sème aux deux équinoxes. Les oignonneries demandent une terre qui soit plutôt labourée fréquemment que profondément. C'est pourquoi on lui donnera un premier labour après les calendes de novembre, afin qu'elle se dissolve aux froids et aux gelées de l'hiver; un second au bout de quarante jours, et un troisième vingt et un jours après; puis on la fumera sur-le-champ; ensuite on la distribuera par planches, après l'avoir fouillée uniformément à la houe, et en avoir extirpé toutes les racines. On choisira ensuite vers les calendes de février un jour serein, pour jeter la graine d'oignon sur ces planches, en l'entremêlant d'un peu de graine de sarriette, pour pouvoir se procurer cette dernière plante avec les oignons, tant parce qu'elle est agréable à manger verte, que parce qu'elle n'est point sans utilité pour l'assaisonnement des mets lorsqu'elle est sèche. Au reste, il faut sarcler les oignonneries au moins quatre fois, ou même plus souvent. Si l'on veut en avoir de la graine, on mettra en terre au mois de février de plus grandes têtes de l'oignon d'Ascalon, qui est celui de la meilleure espèce, en les éloignant de quatre doigts ou même de cinq; et quand elles auront commencé à germer, on les sarclera au moins trois fois. Ensuite, lorsqu'elles auront donné une tige, on mettra, dans les intervalles qui les sépareront, des espèces de petits *canterii* peu élevés, pour les tenir fermes, parce qu'à moins qu'elles ne trouvent beaucoup de roseaux en traverse qui les soutiennent, tels à peu près que ceux qui soutiennent les vignes attachées au joug, les tiges d'oignons seront abattues, et toute leur graine sera dispersée par le vent; d'autant qu'il ne faut pas attendre pour la cueillir qu'elle ait commencé à noircir en mûrissant. Il ne faut pas, dis-je, la laisser trop sécher sur pied ni tomber tout à fait; mais il faut au contraire cueillir les tiges bien entières, et les faire sécher au soleil. On sème les navets et les raves dans deux temps différents, et leur culture est la même que celle des raiforts. Cependant le meilleur temps pour les semer est au mois d'août : il faut quatre *sextarii* de graines pour en ensemencer un *jugerum*, pourvu qu'on y joigne une *hemina* de graines de racine de Syrie. Quand on sèmera ces racines en été, il faudra prendre garde que les moucherons qui seront engendrés par la sécheresse n'en mangent pas les feuilles toutes jeunes à mesure qu'elles pousseront : pour l'éviter, on prendra de la poussière ramassée sur les planches, ou même de la suie qui s'attache aux foyers dans les maisons; et on en mêlera avec la graine un jour avant de la semer, en versant de l'eau dessus, pour la laisser s'imbiber du suc de ces matières toute la nuit. En effet, la graine ainsi trempée est bonne à être semée le lendemain. Quelques anciens auteurs, et Démocrite entre autres, prescrivent de médicamenter toutes les graines avec le jus de l'herbe que l'on appelle *sedum*, et d'employer ce remède contre les insectes; mais quoique l'expérience nous ait confirmé la vérité de leur opinion, comme nous n'avons pas une assez grande quantité de cette herbe à notre disposition, nous prenons plus souvent de la suie et de la poussière dont nous venons de parler, et nous nous en servons assez

tum, quod noxium virus habent, succoque suo sterile solum reddunt. Cultu aut nullo aut levissimo contenta est. Quippe quæ res etiam in desertis agris citra rustici operam convalescit. Seritur utroque æquinoctio. Cepina magis frequenter subactam postulat terram, quam altius conversam. Itaque ex calendis Novembribus proscindi solum debet, ut hiemis frigoribus et gelicidiis putrescat, intermissisque quadraginta diebus tum demum iterari, et interpositis uno ac viginti diebus tertiari, ac protinus stercorari : mox bidentibus æqualiter perfossum in areas disponi, deletis radicibus omnibus. Deinde ad calendas Februarias sereno die conveniat semina spargi : quibus aliquod satureiæ semen intermiscendum erit, ut eam quoque habeamus. Nam et viridis esui est jucunda, nec arida inutilis ad pulmentaria condienda. Sed cepina vel sæpius, certe non minus debet quam quater sarriri. Cujus si semen excipere voles, capita maxima generis Ascalonii, quod est optimum, mense Februario disponito, quaternorum, vel etiam quinum digitorum spatiis distantia : et cum cœperint virere, ne minus ter consarrito : deinde cum fecerint caulem, humilioribus quasi canteriolis interpositis rigorem stilorum conservato. Nam nisi arundines transversas in modum jugatæ vineæ crebras disposueris, thalli ceparum ventis prosternantur, totumque semen excutietur : quod scilicet non ante legendum est, quam cum maturescere cœperit, coloremque nigrum habere. Sed nec patiendum est, ut perarescat, aut totum decidat, verum integri thalli vellendi sunt, et sole siccandi. Napus et rapa duas sationes habent, et eandem culturam, quam raphanus. Melior est tamen satio mensis Augusti. Jugerum agri quatuor sextarios seminis eorum poscit, sed ita ut radicis Syriacæ super hanc mensuram paulo plus, quam heminam seminis recipiat. Qui æstate ista seret, caveat, ne propter siccitates pulex adhuc tenera folia prorepentia consumat. Idque ut vitetur, pulvis [etiam,] qui supra cameram invenitur, vel etiam fuligo, quæ supra focos tectis inhæret, colligi debet : deinde pridie quam satio fiat, commisceri cum seminibus, et aqua conspergi, ut tota nocte succum trahant. Nam sic macerata postero die recte seruntur. Veteres quidam auctores, ut Democritus, præcipiunt, semina omnia succo herbæ, quæ sedum appellatur, medicare, eodemque remedio adversus bestiolas uti : quod verum esse nos experientia docuit. Sed frequentius tamen, quoniam hujus herbæ minus larga est facultas, fuligine et

heureusement pour conserver les plantes en bon état. Hyginus pense qu'il faut, quand le grain est battu, jeter de la graine de raves sur la paille même qui est restée étendue dans l'aire, parce qu'il prétend que ces racines deviendront plus grosses, vu que la dureté du sol s'opposera à ce qu'elles y pénètrent profondément. Mais comme nous avons fait cet essai inutilement, nous croyons qu'il vaut mieux semer les raves, les raiforts et les navets dans un terre bien ameublie. Au surplus, les agriculteurs religieux tiennent encore aujourd'hui à l'usage des anciens, qui consistait à prier les dieux, en semant ces racines, de les faire croître pour eux et pour leurs voisins. Dans les lieux froids, où l'on peut craindre que l'ensemencement qu'on en fera en automne ne soit brûlé par les gelées de l'hiver, on fait avec des roseaux des *canterii* peu élevés, et traversés par des baguettes posées dessus, sur lesquelles on étend de la paille, pour mettre les semences à l'abri de la bruine. Dans les pays, au contraire, exposés au soleil, lorsqu'il survient après les pluies de ces animaux pernicieux que nous appelons *erucæ*, et que l'on nomme en grec κάμπαι, il faut ou les ôter avec la main ou secouer les tiges des plantes potagères, parce qu'une fois que ces animaux, ainsi secoués pendant qu'ils étaient encore engourdis par le froid de la nuit, seront tombés à terre, ils ne pourront plus gagner en rampant la partie supérieure de ces tiges. Il est cependant inutile de prendre ces précautions lorsqu'on a trempé les graines, comme je l'ai dit ci-dessus, dans du jus de joubarbe avant de les semer, parce qu'une fois qu'elles ont été corrigées de cette manière, elles n'ont plus rien à craindre des chenilles. Mais Démocrite assure, dans le livre qu'il a intitulé Περὶ ἀντιπαθῶν, que ces insectes périssent tous, lorsqu'une femme a fait trois fois le tour d'une planche ensemencée, les cheveux épars et les pieds nus, dans le temps de ses règles, parce qu'après cette opération toutes les espèces de vermisseaux tombent à bas et perdent la vie. Jusqu'ici j'ai cru devoir donner des préceptes sur la culture des jardins et sur les devoirs du métayer. Mais quoique j'aie prétendu, au commencement de ce traité-ci, qu'un métayer devait connaître à fond tous les travaux rustiques; comme il arrive néanmoins assez communément que la mémoire nous échappe par rapport aux choses mêmes que nous avons apprises, et qu'en conséquence nous avons souvent besoin de journaux pour nous les rappeler, j'ai joint ci-dessous les sommaires de tous mes livres, afin que l'on puisse trouver aisément, quand le cas l'exigera, toutes les opérations indiquées dans chacun de ces livres, avec la manière de les faire.

LIVRE DOUZIÈME.

LA MÉTAYÈRE.

PRÉFACE.

Xénophon l'Athénien, P. Silvinus, dit, dans son livre intitulé *l'Économique*, que le mariage a été institué par la nature pour former la société de la vie non-seulement la plus agréable, mais encore la plus utile. Cicéron aussi remarque à ce sujet que le but de l'union de l'homme avec la femme ne se borne pas à empêcher que le genre humain ne périsse à la longue, mais qu'il tend encore à procurer aux mortels des secours

---

prædicto pulvere utimur, satisque commode tuemur his incolumitatem plantarum. Rapæ semina Hyginus putat post trituram jacentibus adhuc in area paleis inspergi debere, quoniam fiunt lætiora capita, cum subjacens soli duritia non patitur in altum descendere. Nos istud sæpe frustra tentavimus: itaque rapum, et raphanum, et napum melius existimamus subacta terra obrui. Servantque adhuc antiquorum consuetudinem religiosiores agricolæ, qui cum ea serunt, precantur, ut et sibi et vicinis nascantur. Locis frigidis, ubi timor est, ne autumnalis satio hiemis gelicidiis peruratur, arundinibus humiles canterii fiunt, iisque virgæ transversæ imponuntur, et virgis stramenta supra jaciuntur, et sic a pruinis semina defenduntur. Ubi vero apricis regionibus post pluvias noxia incesserunt animalia, quæ a nobis appellantur erucæ, Græce autem κάμπαι nominantur, vel manu colligi debent, vel matutinis temporibus frutices olerum concuti. Sic enim dum adhuc torpent nocturno frigore, si deciderint, non amplius in superiorem partem prorepunt. Id tamen supervacuum est facere, si ante sationem semina, uti jam prædixi, succo herbæ sedi macerata sunt. Nihil enim sic medicatis nocent erucæ. Sed Democritus in eo libro, qui Græce inscribitur Περὶ ἀντιπαθῶν, affirmat has ipsas bestiolas enecari, si mulier, quæ in menstruis est, solutis crinibus et nudo pede unamquamque aream ter circumeat: post hoc enim decidunt omnes vermiculos, et ita emori. Hactenus præcipiendum existimavi de cultu hortorum et officiis villici; quem quamvis instructum, atque eruditum omni opere rustico esse oporteat prima parte hujus exordii censuerim; quoniam tamen plerumque evenit, ut eorum quæ didicerimus, memoria nos deficiat, eaque sæpius ex commentariis renovanda sint, omnium librorum meorum argumenta subjeci, ut cum res exegisset, facile reperiri possit, quid in quoque quærendum, et qualiter quidque faciendum sit.

LIBER DUODECIMUS.

VILLICA.

PRÆFATIO.

Xenophon Atheniensis eo libro, P. Silvine, qui Œconomicus inscribitur, prodidit maritale conjugium sic comparatum esse natura, ut non solum jucundissima, verum etiam utilissima vitæ societas iniretur : nam primum, quod etiam Cicero ait, ne genus humanum temporis longinquitate occideret, propter hoc marem cum fœmina esse conjunctum : deinde ut ex hac eadem societate mortalibus adjutoria senectutis, nec minus propugnacula,

pour les aider dans leur vieillesse et pour les défendre. De plus, comme les provisions nécessaires à la nourriture et à l'entretien des hommes ne devaient point être préparées, comme celles des bêtes féroces, aux yeux de tout le monde et dans des lieux sauvages, mais dans des maisons et à l'abri, il a été nécessaire que l'un des deux sexes sortît au dehors et s'exposât aux injures de l'air, pour se procurer ces provisions par son travail et par son industrie, et que l'autre restât dans l'intérieur de la maison pour les y serrer et les garder. En effet, si d'un côté il était nécessaire de cultiver les champs, de voyager sur mer ou même de se livrer à tout autre genre de commerce pour pouvoir acquérir des biens; de l'autre côté il n'était pas moins essentiel, lorsqu'une fois on avait entassé à la maison les biens que l'on avait acquis, qu'il y eût une seconde personne destinée à les y garder, et à faire les autres ouvrages qui ne pouvaient être faits que dans l'intérieur. Les productions de la terre et les autres substances alimentaires avaient besoin d'un toit sous lequel on pût les mettre à couvert; et il fallait nécessairement garder dans un lieu clos non-seulement les petits et les fruits provenus des brebis et de tous les autres bestiaux, mais encore toutes les autres choses qui servent habituellement à nourrir comme à entretenir le genre humain. Or, comme les objets que nous venons d'énoncer exigeaient des soins et de l'attention, puisqu'on ne pouvait pas acquérir au dehors, sans beaucoup de peine, les choses qu'il fallait ensuite garder à la maison : c'est avec raison, comme je l'ai dit, que les travaux de la maison sont réservés à la femme, tandis que ceux du dehors appartiennent exclusivement à l'homme. Aussi la nature a-t-elle constitué le mari de façon à pouvoir supporter le chaud et le froid, ainsi que les voyages et les travaux tant de la paix que de la guerre, je veux dire ceux de l'agriculture et du service militaire; comme elle a départi à la femme le soin des affaires domestiques, en la rendant inhabile à d'autres fonctions. Et comme elle avait donné à ce sexe la vigilance en partage, elle l'a rendu plus timide que le sexe viril, parce que la timidité est ce qui contribue le plus à assurer la garde de quelque chose; au lieu qu'elle a rendu le mari plus hardi que la femme, parce qu'il devait souvent être dans le cas de repousser les injures, en cherchant sa nourriture au dehors et en plein air. Mais comme, d'un autre côté, la mémoire et l'attention étaient également nécessaires à l'homme et à la femme après l'acquisition des biens, elle n'a pas moins avantagé l'un que l'autre du côté de ces facultés. Bien plus, la simple nature n'ayant pas jugé à propos de donner à aucun être toute la perfection dont il était susceptible, elle a voulu que chacun des deux sexes eût besoin de l'autre, parce que communément ce qui manque à l'un des deux se trouve chez l'autre. Telles sont les réflexions utiles que Xénophon avait faites dans son *Économique*, et que Cicéron a répétées après lui, lorsqu'il a traduit cet auteur en latin, en le rapprochant des mœurs romaines. Aussi presque tous les travaux domestiques avaient-ils été départis aux femmes jusqu'à l'âge de nos pères, tant chez les Grecs que chez les Romains, qui s'étaient modelés sur ces peuples; et les chefs de famille ne s'en mêlaient en aucune façon lorsqu'ils revenaient auprès de leurs Pénates, comme pour se remettre de la fatigue qu'ils avaient essuyée au dehors. En effet, on voyait régner dans leur ménage le plus grand respect joint à la concorde et à l'exactitude; et les femmes, encouragées à la vigilance par l'effet d'une émulation admi-

præparentur. Tum etiam, cum victus et cultus humanus non uti feris in propatulo ac silvestribus locis, sed domi sub tecto accurandus erat, necessarium fuit alterutrum foris et sub dio esse, qui labore et industria compararet, quæ tectis reconderentur. Siquidem vel rusticari, vel navigare, vel etiam genere alio negotiari necesse erat, ut aliquas facultates acquireremus. Cum vero paratæ res sub tectum essent congestæ, alium esse oportuit, qui et illatas custodiret, et ea conficeret opera, quæ domi deberent administrari. Nam et fruges cæteraque alimenta terrestria indigebant tecto, et ovium cæterarumque pecudum fœtus, atque fructus clauso custodiendi erant, nec minus reliqua utensilia, quibus aut alitur hominum genus, aut etiam excolitur. Quare cum [et] operam et diligentiam ea quæ proposuimus, desiderarent, nec exigua cura foris acquirerentur, quæ domi custodiendi oporteret : jure, ut dixi, natura comparata est mulieris ad domesticam diligentiam, viri autem ad exercitationem forensem et extraneam. Itaque viro calores et frigora perpetienda, tum etiam itinera et labores pacis ac belli, id est rusticationis et militarium stipendiorum deus tribuit : mulieri deinceps, quod omnibus his rebus eam fecerat inhabilem, domestica negotia curanda tradidit. Et quoniam hunc sexum custodiæ et diligentiæ assignaverat : idcirco timidiorem reddidit, quam virilem. Nam metus plurimum confert ad diligentiam custodiendi. Quod autem necesse erat foris et in aperto victum quærentibus nonnumquam injuriam propulsare : idcirco virum quam mulierem fecit audaciorem. Quia vero partis opibus æque fuit opus memoria et diligentia, non minorem fœminæ quam viro earum rerum tribuit possessionem. Tum etiam quod simplex natura non omneis res commodas amplecti valebat, idcirco alterum alterius indigere voluit : quoniam quod alteri deest, præsto plerumque est alteri. Hæc in Œconomico Xenophon, (et) deinde Cicero, qui eum Latinæ consuetudini tradidit, non inutiliter disseruerunt. Nam et apud Græcos, et mox apud Romanos usque in patrum nostrorum memoriam fere domesticus labor matronalis fuit, tanquam ad requiem forensium exercitationum omni cura deposita patribusfamilias intra domesticos penates se recipientibus. Erat enim summa reverentia cum concordia et diligentia mista, flagrabatque mulier pulcherrima [di-

29.

rable, ne cherchaient qu'à augmenter par leurs soins les possessions de leur mari. On ne voyait rien de partagé dans la maison, rien que le mari ou la femme prétendissent avoir en propre, et tous deux au contraire coopéraient unanimement à la chose commune ; de sorte que l'exactitude de la femme dans les affaires du dedans allait de pair avec l'industrie du mari dans celles du dehors. En conséquence, les métayers ni les métayères n'avaient pas de grandes occupations dans ces temps heureux où les maîtres veillaient journellement à leurs biens, en les gouvernant par eux-mêmes. Aujourd'hui, au contraire, que la plupart des femmes s'abandonnent au luxe et à l'oisiveté, au point que, loin de daigner prendre le soin d'apprêter la laine, elles sont dégoûtées des vêtements qui sont faits à la maison, et qu'entraînées par leurs désirs déréglés, elles en extorquent de leurs maris, à force de caresses, d'autres qui sont plus précieux, puisqu'ils coûtent un argent énorme, et qu'ils absorbent des revenus presque entiers; il n'est point étonnant que le soin de la campagne ou des instruments rustiques leur pèse, et qu'elles regardent comme la chose la plus ignoble une résidence de quelques jours dans leurs métairies. L'ancien usage des mères de famille, tant Sabines que Romaines, étant donc non-seulement passé de mode, mais même absolument anéanti, il est devenu nécessaire que les soins de la métayère s'étendissent aux fonctions de la maîtresse qu'elle a remplacée, d'autant que les métayers ont aussi succédé aux propriétaires, qui ne se contentaient pas autrefois de cultiver les campagnes par eux-mêmes, puisqu'ils y faisaient encore leur résidence ordinaire conformément aux anciens usages. Au reste, comme je ne veux pas affecter de censurer hors de propos les mœurs de notre siècle, je vais à présent détailler les devoirs de la métayère.

I. Ainsi (pour ne pas nous écarter de l'ordre des matières que nous avons suivi dans le volume précédent) une métayère doit être jeune, c'est-à-dire qu'elle ne doit pas être trop petite fille, pour les raisons que nous avons déduites en parlant de l'âge du métayer. Il faut aussi que sa santé ne soit point altérée, et qu'elle ne soit ni difforme, ni d'une très-belle figure, parce qu'étant d'un côté dans une vigueur pleine et entière, elle suffira aux veilles et aux autres travaux, et que d'un autre côté sa laideur ne dégoûtera point le métayer qui doit vivre avec elle, comme sa trop grande beauté ne le rendra pas paresseux. Car si un métayer ne doit pas être volage et fuir le lit de sa compagne, il ne faut pas non plus que, retenu par elle à la maison, il soit toujours dans ses bras. Mais ce ne sont pas là les seules choses à observer dans une métayère. En effet, il faudra examiner entre autres si elle n'est point portée au vin, à la gourmandise, à la superstition, au sommeil; si elle n'a point de goût pour les hommes, et si elle sait s'occuper du soin des objets qu'elle doit se rappeler à la mémoire, ou de ceux qu'elle doit prévoir pour la suite, afin d'être en état de suivre à peu près les règles que nous avons prescrites pour le métayer; d'autant que presque tout doit être égal entre l'homme et la femme, et que si tous les deux doivent éviter de mal faire, ils ne doivent pas moins s'attendre à des récompenses quand ils se comporteront bien. Elle donnera de plus tous ses soins à ce que le métayer n'ait à travailler dans l'intérieur de la maison que le moins que faire se pourra; article d'autant plus important, que celui-ci doit sortir dès le matin avec les gens, et qu'il ne peut

ligentiæ] æmulatione, studens negotia viri cura sua majora atque meliora reddere. Nihil conspiciebatur in domo dividuum, nihil quod aut maritus, aut fœmina proprium esse juris sui diceret : sed in commune conspirabatur ab utroque, ut cum forensibus negotiis, matronalis industria rationem parem faceret. Itaque nec villici quidem aut villicæ magna erat opera, cum ipsi domini quotidie negotia sua reviserent atque administrarent. Nunc vero cum pleræque sic luxu et inertia diffluant, ut ne lanificii quidem curam suscipere dignentur, sed domi confectæ vestes fastidio sint, perversaque cupidine maxime placeant, quæ grandi pecunia et totis pene censibus redimuntur : nihil mirum est, easdem ruris et instrumentorum agrestium cura gravari, sordidissimumque negotium ducere paucorum dierum in villa moram. Quam ob causam cum in totum non solum exoluerit, sed etiam occiderit vetus ille matrumfamiliarum mos Sabinarum atque Romanarum, necessaria irrepsit villicæ cura, quæ tueretur officia matronæ : quoniam et villici quoque successerunt in locum dominorum, qui quondam prisca consuetudine non solum coluerant, sed habitaverant rura. Verum, ne videar Intempestive censorium opus objurgandis moribus nostrorum temporum suscepisse, jam nunc officia villicæ persequar.

I. Ea porro (ut institutum ordinem teneamus, quem priore volumine inchoavimus) juvenis esse debet, id est non nimium puella, propter easdem causas, quas de ætate villici retulimus : integræ quoque valitudinis, nec fœdi habitus, nec rursus pulcherrima. Nam illibatum robur et vigiliis et aliis sufficiet laboribus : fœditas fastidiosum, nimia species desidiosum faciet ejus contubernalem. Itaque curandum est, ut nec vagum villicum et aversum a contubernio suo habeamus, nec rursus intra tecta desidem, et complexibus adjacentem fœminæ. Sed nec hæc tantum, quæ diximus, in villica custodienda sunt. Nam in primis considerandum erit, an a vino, ab escis, a superstitionibus, a somno, a viris remotissima sit, et ut cura eam subeat, quid meminisse, quid in posterum prospicere debeat, ut fere eum morem servet, quem villico præcepimus : quoniam pleraque similia esse debent in viro atque fœmina, et tam malum vitare, quam præmium recte factorum sperare. Tum elaborare, ut quam minimam operam villicus intra tectum impendat, cui et primo mane cum familia prodeundum est, et crepusculo peractis

manquer d'être fatigué lorsqu'il rentre le soir à la fin de ses travaux. Cependant, en fixant les devoirs de la métayère, nous ne prétendons point exempter le métayer du soin de l'intérieur de la maison, mais simplement le soulager dans ce genre de travail, en lui donnant quelqu'un pour l'aider. En effet, il ne faut pas s'en rapporter uniquement à la femme pour les fonctions de l'intérieur, et on ne doit les lui confier qu'autant que le métayer y aura l'œil de temps en temps. C'est le moyen qu'elle soit plus exacte, lorsqu'elle se rappellera à l'esprit qu'il y a quelqu'un auprès d'elle à qui elle doit rendre un compte fréquent. Elle demeurera aussi convaincue qu'elle doit toujours rester à la maison, ou du moins le plus que faire se pourra; et qu'elle doit en faire sortir les esclaves que le travail appellera aux champs, et y retenir ceux qu'elle jugera nécessaires à quelque ouvrage dans la métairie. Elle prendra garde que ceux-ci ne fassent manquer la besogne par une trop longue inaction, et elle examinera attentivement si les choses qu'on apportera à la maison ne sont pas gâtées, pour ne s'en charger qu'après s'être bien assurée qu'elles sont en bon état, et pour laisser ensuite sous sa main celles qui seront destinées à la consommation, et mettre en réserve celles qui seront dans le cas d'être gardées, afin de ne pas consommer en un mois ce qui doit servir à la provision de l'année entière. Il faut encore, si quelqu'un des gens vient à tomber malade, qu'elle veille à ce qu'il soit soigné le mieux que faire se pourra, parce que ces sortes d'attentions ne contribuent pas moins à gagner leur bienveillance qu'à assurer leur obéissance; outre que, dès qu'ils sont rétablis, ils s'appliquent à leur service avec encore plus de fidélité qu'auparavant, lorsqu'on a bien pris soin d'eux pendant leur maladie.

II. Après cela, elle doit avoir présent à la mémoire que les choses qui auront été apportées à la maison doivent y être serrées dans les lieux convenables et salubres, pour y rester sans être exposées à se gâter. En effet, il n'y a pas de soin plus important à prendre que celui de préparer les endroits où l'on doit serrer chaque chose, pour l'en tirer dans le besoin. Nous avons déjà parlé des conditions requises pour ces sortes d'endroits, tant dans le premier volume de cet ouvrage, lorsque nous nous occupions de la construction de la métairie, que dans le onzième, lorsque nous traitions des devoirs du métayer; mais nous ne serons pas fâchés de les retracer ici en peu de mots. Les chambres les plus hautes seront donc destinées à la garde des ustensiles les plus précieux et à celle des habits; les greniers, pourvu qu'ils soient secs et aérés, semblent être convenables à la garde des blés; les celliers frais sont excellents pour celle du vin; les endroits bien éclairés sont réservés aux meubles fragiles, et aux opérations qui demandent beaucoup de jour. Ainsi, lorsque les lieux destinés à recevoir chaque chose seront préparés, on les enfermera toutes en commun dans l'endroit qui leur sera propre, et on en mettra même quelques-unes à part, afin de reprendre celles dont on pourra avoir besoin pour son usage habituel. Car, selon un vieux proverbe, il n'y a pas de pauvreté plus certaine que celle de ne pouvoir pas se servir des choses dont on a besoin, faute de savoir, quand on vient à les chercher, l'endroit où on les a jetées au hasard. Aussi la négligence est-elle plus laborieuse dans l'économie domestique que l'exactitude même.

operibus fatigato redeundum. Nec tamen instituendo villicam domesticarum rerum villico remittimus curam, sed tantummodo laborem ejus adjutrice data levamus. Cæterum munia, quæ domi capessuntur, non in totum muliebri officio relinquenda sunt, sed ita deleganda ei, ut identidem oculis villici custodiantur. Sic enim diligentior erit villica, si meminerit ibi esse, cui ratio frequenter reddenda sit. Ea porro persuasissimum habere debebit, aut in totum, aut certe plurimum domi se morari oportere: tum quibus aliquid in agro faciendum erit servis, eos foras emittere; quibus autem in villa quid agendum videbitur, eos intra parietes continere, atque animadvertere, ne diurna cessando frustrentur opera: quæ domum autem inferuntur, diligenter inspicere, ne delibata sint, et ita explorata atque inviolata recipere: tum separare, quæ consumenda sunt, et quæ superfieri possunt, custodire, ne sumptus annuus menstruus fiat. Tum siquis ex familia cœperit adversa valitudine affici, videndum erit ut is quam commodissime ministretur. Nam ex hujusmodi cura nascitur benevolentia, nec minus obsequium. Quinetiam fidelius quam prius servire student, qui convaluerint, cum est ægris adhibita diligentia.

II. Post hæc meminisse debebit, quæ inferantur, ut idoneis et salubribus locis recondita sine noxa permaneant. Nihil enim magis curandum est, quam præparare, ubi quidque reponatur, ut cum opus sit, promatur. Ea loca qualia esse debeant, et in primo volumine, cum villam constitueremus, et in undecimo, cum de officio villici disputaremus, jam dicta sunt. Sed ne nunc quidem demonstrare breviter pigebit. Nam quod excelsissimum est conclave, pretiosissima vasa et vestem desiderat : quod denique horreum siccum atque aridum, frumentis habetur idoneum : quod frigidum, commodissime vinum custodit : quod bene illustre, fragilem supellectilem atque ea postulat opera, quæ multi luminis indigent. Præparatis igitur receptaculis, oportebit suo quidque loco generatim, atque etiam specialiter nonnulla disponere : quo facilius, cum quid expostulabit usus, reperiri possit. Nam vetus est proverbium, paupertatem certissimam esse, cum alicujus indigeas, uti eo non posse, quia ignoretur, ubi projectum jaceat quod desideratur. Itaque in re familiari laboriosior est negligentia, quam diligentia. Quis enim dubitet nihil esse pulchrius in omni ratione vitæ dispositione atque ordine? quod etiam ludicris spectaculis licet sæpe cognoscere. Nam ubi chorus canentium non ad certos modos neque numeris præeuntis magistri consensit, dissonum

En effet, y a-t-il un homme qui ne soit pas convaincu qu'il n'y a rien de plus beau dans toute la conduite de la vie que l'ordre et l'arrangement; et n'est-ce pas même une remarque que l'on est à portée de faire souvent dans les spectacles des jeux publics? En effet, lorsqu'un chœur de chanteurs ne s'accorde pas sur des modes certains, et qu'il ne suit pas la mesure du maître qui le dirige, il semble aux auditeurs que le chant a quelque chose de discordant et de tumultueux; au lieu que lorsque les chanteurs sont d'accord, et qu'ils forment, pour ainsi dire, tous ensemble une unité de chant, dont la mesure et la prosodie sont bien marquées, non-seulement cet accord de voix fait entendre quelque chose de mélodieux et de flatteur aux chanteurs eux-mêmes, mais il charme encore les spectateurs et les auditeurs par l'effet d'une volupté délicieuse. C'est ainsi que dans une armée le soldat ni le général ne pourraient rien démêler faute d'ordre et d'arrangement, parce que, si tout y était pêle-mêle, les gens armés seraient confondus avec ceux qui seraient sans armes, les cavaliers avec les fantassins, et la cavalerie avec les chariots. On tire aussi un très-grand avantage de l'ordre et des préparatifs dans un vaisseau, parce que s'il est équipé convenablement, et qu'il survienne une tempête, les subalternes tirent, sans causer aucune alarme, les agrès de l'endroit où ils sont rangés en ordre, au moment que celui qui gouverne le vaisseau les leur demande. Par conséquent si l'ordre et l'arrangement font un si grand effet sur les théâtres, ou dans les armées, ou même sur les vaisseaux, il n'y a point de doute qu'ils ne soient également nécessaires dans les fonctions de la métayère, par rapport aux choses qu'elle doit serrer; parce que, lorsqu'elles sont à leur place marquée, elles frappent plus aisément la vue, et que si l'une se trouve égarée, le lieu qu'elle devait occuper se trouvant vide avertit lui-même dès lors qu'il faut la chercher. Outre cela, on remarque plus facilement ce qui peut avoir besoin d'être soigné ou rajusté, quand on fait la revue générale des choses qui sont en leur place. C'est pour cela que M. Cicéron, en se conformant à l'autorité de Xénophon dans son *Économique*, met ce qui suit dans la bouche d'Ischomachus, en réponse à des questions que Socrate lui faisait sur tous ces objets.

III. Nous avons commencé par distribuer les ustensiles et les meubles dans les lieux convenablement préparés à cet effet; et nous avons mis à part d'abord les choses que nous avons coutume d'employer aux sacrifices, ensuite les ajustements qui servent aux femmes les jours de fête, puis ce qui sert également à parer les hommes les jours solennels, et enfin les chaussures de l'un et de l'autre sexe; après quoi on mettait d'un côté les armes et les traits, et d'un autre côté les outils qui sont d'usage dans les ouvrages de laine. On mettait ensuite à sa place (suivant la coutume) la batterie de cuisine, puis les vases des bains ainsi que ceux de la toilette, et la vaisselle de table, tant celle à l'usage des jours ordinaires que celle à l'usage des grands repas. Quant aux choses d'une consommation journalière, nous en avons fait deux parts, l'une qui comprend la provision du mois, l'autre qui renferme celle de l'année : moyennant quoi on est à l'abri de toute erreur par rapport au temps où ces provisions doivent finir. Après avoir ainsi séparé toutes ces choses l'une d'avec l'autre, nous les avons encore arrangées chacune à leur place; après quoi nous avons donné les choses d'un usage habituel à chacun des esclaves subalternes qu'elles concernent, telles que celles qui servent aux ouvrages de laine, ou à la cuisson et à la préparation de la nourriture; et nous lui avons enseigné l'endroit où il devait les remet-

---

quiddam ac tumultuosum audientibus canere videtur : at ubi certis numeris ac pedibus velut facta conspiratione consensit atque concinuit, ex ejusmodi vocum concordia non solum ipsis canentibus amicum quiddam et dulce resonat, verum etiam spectantes audientesque lætissima voluptate permulcentur. Jam vero in exercitu neque miles neque imperator sine ordine ac dispositione quidquam valet explicare, cum armatus inermem, eques peditem, plaustrum equitem, si sint permisti, confundant. Hæc eadem ratio præparationis atque ordinis etiam in navigiis plurimum valet. Nam ubi tempestas incessit, et est rite disposita navis, suo quidque ordine locatum armamentum sine trepidatione minister promit, cum est a gubernatore postulatum. Quod si tantum hæc possunt vel in theatris vel in exercitiis vel etiam in navigiis : nihil dubium est, quin cura villicæ ordinem dispositionemque rerum, plauponit, desideret. Nam et unumquodque facilius consideratur, cum est assignatum suo loco, et siquid forte abest, ipse vacuus locus admonet, ut quod deest requiratur. Siquid vero curari aut concinnari oportet, facilius intelligitur, cum ordine suo recensetur. De quibus omnibus M. Cicero auctoritatem Xenophontis secutus in Œconomico sic inducit Ischomachum sciscitanti Socrati narrantem.

III. Præparatis idoneis locis instrumentum et supellectilem distribuere cœpimus : ac primum ea secrevimus, quibus ad res divinas uti solemus, postea mundum muliebrem, qui ad dies festos comparatur, inde ad (bella) virilem, item dierum solennium ornatum, nec minus calciamenta utrique sexui convenientia : tum jam seorsum arma ac tela seponebantur, et in altera parte instrumenta, quibus ad lanificia utuntur. Post quibus ad cibum comparandum vasis uti assolent constituebantur : deinde quæ ad lavationem, quæ ad exornationem, quæ ad mensam quotidianam, atque epulationem pertinent, exponebantur. Postea ex iis quibus quotidie utimur, quod menstruum esset seposuimus, annuum quoque in duas partes divisimus : nam sic minus fallit, qui exitus futurus sit. Hæc postquam omnia secrevimus, tum suo quæque loco disposuimus : deinde quibus quotidie servuli utuntur, quæ ad lanificia, quæ ad cibaria coquenda et conficienda per-

tre, en lui prescrivant de veiller à leur sûreté. Mais pour celles dont nous ne nous servons que les jours de fêtes ou à l'arrivée des hôtes et dans quelques cas rares, nous les avons mises entre les mains de l'économe, en leur assignant à toutes leur place. Nous comptions chaque pièce, et nous en tenions nous-même registre. Nous avons aussi prévenu l'économe de l'endroit où il trouverait tout ce dont on pourrait avoir besoin, en l'avertissant d'avoir des notes particulières pour se rappeler les effets qu'il aurait donnés, le temps où il les aurait donnés, et la personne qui les aurait reçus, afin de les remettre chacun à sa place, lorsqu'on les aurait rendus. Ainsi les anciens nous ont donné, dans la personne d'Ischomachus, les mêmes préceptes d'attention et de vigilance que nous donnons aujourd'hui à la métayère. Cependant elle ne doit pas borner ses soins à garder sous la clef ce qu'on lui aura apporté à la maison ; mais elle doit encore en faire la revue de temps en temps, et prendre garde que les meubles ou les habits ne dépérissent pour être ensevelis dans l'ordure, ou que les productions de la terre ainsi que les autres choses d'usage ne se perdent par sa négligence et par sa paresse. Il faut aussi qu'elle ait de la laine toute prête et cardée, tant afin de pouvoir tourner ses soins du côté des ouvrages de laine les jours de pluie, ou lorsque le froid ou la bruine empêcheront les femmes de vaquer en plein air aux travaux rustiques, qu'afin que ces ouvrages puissent être faits plus aisément quand elle y mettra la main, ou qu'elle donnera ses ordres. En effet, il ne sera pas mal que ses habits, ainsi que ceux des intendants et des autres esclaves distingués, soient faits à la maison, afin que les comptes que l'on rendra au chef de famille soient moins enflés. Voici encore une chose qu'elle ne manquera jamais d'observer : c'est de faire la visite dans la métairie dès que les gens en seront sortis, pour voir s'il n'en est pas resté de ceux qui devraient être dehors à travailler à la campagne, et si quelqu'un d'eux n'a pas trompé (comme il arrive quelquefois) la vigilance de son mari en tergiversant dans la maison. En ce cas elle lui demandera la raison de sa négligence ; elle examinera si c'est sa mauvaise santé qui l'a forcé de rester, ou si c'est par paresse qu'il s'est caché ; et elle le conduira sans retard à l'infirmerie, quand même elle s'apercevrait qu'il s'excuserait sur une maladie feinte ; parce qu'il vaut mieux laisser reposer un ou deux jours, en le gardant à vue, un esclave fatigué par l'ouvrage, que de l'exposer à une maladie réelle, en l'accablant par un travail excessif. Enfin elle restera le moins que faire se pourra dans la même place ; car son office n'est point sédentaire, et elle doit au contraire tantôt prendre un métier, pour montrer aux autres à faire de la toile si elle est la plus habile, sinon pour apprendre elle-même à en faire de ceux qui sont plus habiles qu'elle ; tantôt visiter ceux qui préparent le manger des gens, et avoir soin de faire nettoyer la cuisine, les étables à bœufs et les crèches. Elle doit aussi ouvrir de temps en temps les infirmeries, quand même il ne s'y trouverait point de malades, et en balayer les ordures, afin que, quand le cas l'exigera, les malades les trouvent bien arrangées, en bon état et saines. Il faut encore qu'elle soit présente toutes les fois que les pourvoyeurs et les dépensiers pèseront et mesureront quelque chose, ou que les pâtres tireront le lait dans les étables, ou qu'ils feront tetter les agneaux et les petits des autres bestiaux ; comme il faut qu'elle assiste à la tonte, qu'elle prenne soigneusement

---

tinent, hæc ipsis, qui his uti solent, tradidimus, et ubi exponerent, demonstravimus, et ut salva essent, præcepimus. Quibus autem ad dies festos et ad hospitum adventum utimur et ad quædam rara negotia, hæc promo tradidimus, et loca omnium demonstravimus, et omnia annumeravimus, atque annumerata ipsi exscripsimus, eumque admonuimus, ut quodcunque opus esset, sciret unde daret, et meminisset atque annotaret, quid et quando et cui dedisset, et cum recepisset, ut quidque suo loco reponeret. Igitur hæc nobis antiqui per Ischomachi personam præcepta industriæ ac diligentiæ tradiderunt, quæ nunc nos villicæ demonstramus. Nec tamen una ejus cura esse debebit, ut clausa custodiat, quæ tectis illata receperit, sed subinde recognoscat atque consideret, ne aut supellex vestisve condita situ dilabatur, aut fruges, aliave utensilia negligentia desidiaque sua corrumpantur. Pluviis vero diebus, vel cum frigoribus aut pruinis mulier sub dio rusticum opus obire non poterit, ut ad lanificium reducatur, præparatæ sint et pertitæ lanæ, quo facilius justa lanificio persequi atque exigere possit. Nihil enim nocebit, si sibi atque actoribus et aliis in honore servulis vestis domi confecta fuerit, quo minus patrisfamilias rationes onerentur. Illud vero etiam in perpetuum custodiendum habebit, ut eos, qui foris rusticari debebunt, cum jam e villa familia processerit, requirat, ac siquis, ut evenit, curam contubernalis ejus intra tectum tergiversans fefellerit, causam desidiæ sciscitetur, exploretque utrum adversa valetudine inhibitus restiterit, an pigritia delituerit. Et si compererit, vel simulantem languorem sine cunctatione in valetudinarium deducat : præstat enim opere fatigatum sub custodia requiescere unum aut alterum diem, quam pressum nimio labore veram noxam concipere. Denique uno loco quam minime oportebit eam consistere, neque enim sedentaria ejus opera est, sed modo ad telam debebit accedere, ac siquid melius sciat, docere : si minus, addiscere ab eo qui plus intelligat, modo eos qui cibum familiæ conficiunt, invisere : tum etiam culinam et bubilia, nec minus præsepia mundanda curare : valetudinaria quoque vel si vacent ab imbecillis, identidem aperire, et immunditiis liberare, ut cum res exegerit, bene ordinata [et ornata] et salubria languentibus præbeantur : promis quoque et cellariis aliquid appendentibus aut metientibus intervenire : nec minus interesse pastoribus in stabulis fructum cogentibus, aut fœtus ovium, aliarumve

la laine qui en reviendra, et qu'elle compare le nombre des toisons à celui des bestiaux ; enfin qu'elle force les esclaves chargés du soin des meubles de les tenir propres, de nettoyer et de polir les instruments de fer, et de donner aux artisans ceux qui auront besoin de réparation, afin qu'ils les mettent en état. Quoique tout soit ainsi réglé, je crois néanmoins que cette distribution ne sera encore d'aucune utilité, à moins que, comme je l'ai déjà dit, le métayer n'y ait souvent l'œil ; sans parler du maître et de la maîtresse, qui doivent aussi y regarder de temps en temps, et à moins qu'il ne veille au maintien de cet arrangement quand il sera une fois établi. C'est aussi ce que l'on a toujours pratiqué dans les villes policées : en effet, il n'a pas paru suffisant aux chefs et aux notables de ces villes de les pourvoir de bonnes lois, s'ils n'eussent en même temps commis la garde de ces lois à des citoyens très-exacts, que les Grecs appellent νομοφύλακας, et dont la fonction consistait à combler d'éloges et même d'honneurs ceux qui obéissaient aux lois, comme à punir ceux qui s'en écartaient. C'est précisément ce que font encore aujourd'hui les magistrats, qui maintiennent les lois en vigueur par l'exercice assidu de leur juridiction. Mais il suffit de ces préceptes pour ce qui concerne l'administration générale.

IV. Nous allons à présent donner des préceptes sur d'autres objets particuliers, dont nous n'avons point parlé dans les livres précédents, parce que nous nous réservions de le faire en traitant des fonctions de la métayère. Pour suivre un certain ordre, nous commencerons par le printemps, parce que les semailles, tant celles qui sont faites à temps que celles des trémois, se trouvant presque toutes finies dans cette saison, il reste des moments où l'on n'a rien à faire, et où l'on peut par conséquent s'occuper des pratiques que nous allons enseigner. La tradition nous apprend que les auteurs, tant carthaginois et grecs que romains, n'ont pas négligé le soin des petites choses : en effet, Magon le Carthaginois et Hamilcar, dont l'exemple paraît avoir été suivi par Mnaséas et Paxamus, auteurs grecs assez célèbres, n'ont pas dédaigné, quand les guerres leur en ont laissé le loisir, de payer une espèce de tribut à la subsistance des hommes. C'est ce qu'ont fait également plusieurs de nos compatriotes : témoin M. Ambivius, Mænas Licinius et C. Matius, qui se sont attachés à former, par les préceptes qu'ils leur ont donnés, des boulangers, des cuisiniers et des officiers chargés du soin des provisions de bouche. Or tous ces auteurs ont voulu que celui qui se mêlerait de ces emplois fût chaste et continent, parce qu'il est important que ce qui sert à la boisson ou à la nourriture ne soit touché que par des impubères, ou au moins par des personnes qui s'abstiennent tout à fait de l'acte vénérien ; de sorte que si un homme ou une femme mariés sont dans le cas de mettre la main aux provisions de bouche, ils prétendent qu'ils doivent préalablement se baigner dans un fleuve ou dans une eau courante ; et que par conséquent il faut nécessairement avoir recours au ministère d'un enfant ou à celui d'une petite fille, pour tirer les choses dont on aura besoin de l'endroit où elles seront serrées. A la suite de ce précepte, ils ordonnent de préparer un lieu et des vases convenables pour confire quelque chose que ce soit au sel et au vinaigre : ils veulent que ce lieu ne soit pas exposé au soleil, et qu'il soit très-frais et très-sec, afin que les provisions de bouche ne contractent ni moisissure ni odeur de relent ; que les vases dont

---

pecudum subrumantibus : tonsuris vero earum utique interesse, et lanas [etiam] diligenter percipere, et vellera ad numerum pecoris recensere : tum insistere atriensibus, ut supellectilem exponant, et ferramenta detersa nitidentur, atque rubigine liberentur, cæteraque quæ refectionem desiderant, fabris concinnanda tradantur. Postremo his rebus omnibus constitutis, nihil hanc arbitror distributionem profuturam, nisi, ut jam dixi, villicus sæpius, et aliquando tamen dominus aut matrona consideraverit, animadverteritque, ut ordinatio instituta conservetur. Quod etiam in bene moratis civitatibus semper est observatum; quarum primoribus atque optimatibus non satis visum est bonas leges habere, nisi custodes earum diligentissimos cives creassent, quos Græci νομοφύλακας appellant. Horum erat officium, eos qui legibus parerent, laudibus prosequi, nec minus honoribus : eos autem qui non parerent, pœna multare. Quod nunc scilicet faciunt magistratus, assidua jurisdictione vim legum custodientes. Sed hæc in universum administranda tradidisse abunde sit.

IV. Nunc de cæteris rebus, quæ omissæ erant prioribus libris, quoniam villicæ reservabantur officiis, præcipiemus, et ut aliquis ordo custodiatur, incipiemus a verno tempore, quoniam fere maturis atque trimestribus consummatis sationibus, vacua tempora jam contingent ad ea exequenda, quæ deinceps docebimus. Parvarum rerum curam non defuisse Pœnis Græcisque auctoribus atque etiam Romanis, memoria tradidit. Nam et Mago Carthaginiensis, et Hamilcar, quos secuti videntur Græcæ gentis non obscuri scriptores Mnaseas atque Paxamus, tum demum nostri generis, postquam a bellis otium fuit, quasi quoddam tributum victui humano conferre dedignati non sunt, ut M. Ambivius, et Mænas Licinius, tum etiam C. Matius; quibus studium fuit pistoris et coci, nec minus cellarii diligentiam suis præceptis instituere. Illis autem omnibus placuit, eum, qui rerum harum officium susceperit, castum esse continentemque oportere, quoniam totum in eo sit, ne contractentur pocula vel cibi, nisi aut ab impubi, aut certe abstinentissimo rebus venereis. Quibus si fuerit operatus vel vir vel fœmina, debere eos flumine aut perenni aqua, priusquam penora contingant, ablui. Propter quod his necessarium esse pueri vel virginis ministerium, per quos promantur, quæ usus postulaverit. Post hoc præceptum locum et vasa idonea salgamis præparari jubent : locum esse debere aversum a sole, quam frigidissi-

on se servira soient de terre cuite ou de verre ; que l'on en ait une grande quantité de petits, plutôt que d'en avoir de grands en moindre quantité ; et que de ces vases les uns soient enduits de poix comme il faut, et les autres propres, mais sans apprêt particulier, selon que la nature des choses que l'on doit confire l'exigera. Il faut faire exprès ces vases, de façon qu'ils aient une grande ouverture et qu'ils soient d'une même largeur du haut en bas, et que par conséquent leur forme ne ressemble point à celle des futailles, afin que, lorsqu'on en aura tiré des viandes confites pour son usage, tout ce qu'on y aura laissé soit également précipité au fond du vase, à l'aide d'un poids dont on chargera la superficie de ces viandes. Car pour conserver les provisions de bouche sans qu'elles se gâtent, il faut faire en sorte qu'elles ne surnagent point, mais qu'elles soient toujours recouvertes du liquide dans lequel on les conserve ; ce à quoi il serait difficile de parvenir, si elles étaient dans une futaille qui n'a point une forme régulière. Les mêmes auteurs ajoutent que le vinaigre et la saumure la plus forte sont d'un usage très-nécessaire pour ces opérations. Voici comme on fait l'une et l'autre.

V. Pour faire du vinaigre, mettez sur quarante-huit *sextarii* de vin évaporé ou gâté une livre de levain, trois *unciæ* de figues sèches et un *sextarius* de sel broyés ensemble, de façon néanmoins qu'avant de jeter ces ingrédients dans la mesure de vin que nous disons, ils aient été délayés dans un *quartarius* de miel. Quelques personnes jettent dans une pareille mesure de vin quatre *sextarii* d'orge grillée, quarante noix allumées, et une demi-livre de menthe verte. D'autres font chauffer des barres de fer jusqu'à ce qu'elles soient rouges comme du feu, et les plongent dans une pareille mesure de vin ; après quoi ils allument cinq ou six pignons sans amandes, et les y jettent tout enflammés. Il y en a qui font la même opération avec des pommes de sapin enflammées.

VI. Manière de faire de la saumure forte. On met dans la partie de la métairie la plus exposée au soleil une futaille dont l'ouverture soit très-grande, et on la remplit d'eau de pluie, qui est la meilleure pour cette opération, ou du moins, si l'on n'a pas d'eau de pluie, on la remplit d'eau de fontaine qui soit très-douce ; après quoi on suspend dans cette futaille un panier de jonc ou de genêt d'Espagne rempli de sel blanc, afin que la saumure soit plus blanche. Tant que l'on voit le sel se fondre pendant quelques jours, c'est une preuve que la saumure n'est pas encore assez faite. C'est pourquoi l'on continuera pendant quelque temps d'en mettre d'autre dans ce panier, jusqu'à ce qu'il y reste tel qu'on l'y aura mis, et sans souffrir aucune diminution. Lorsqu'on s'apercevra qu'il ne fond plus, on jugera dès lors que la saumure est à son point de perfection ; et si l'on veut en faire d'autre dans le même vase, on versera la première dans des vaisseaux bien enduits de poix, et on la tiendra couverte au soleil, parce que l'action du soleil en attirera toute la moisissure et lui fera contracter une bonne odeur. Il y a une autre manière de reconnaître si la saumure est à son point de perfection, qui consiste à y plonger du fromage mou : en effet, s'il tombe au fond, c'est une preuve qu'elle n'est pas encore faite ; au lieu que lorsqu'il surnage, on est sûr qu'elle est à son point de perfection.

VII. Quand on aura préparé du vinaigre et de la saumure, il faudra cueillir pour son usage vers l'équinoxe du printemps, et mettre à part

---

mum et siccissimum, ne situ penora mucorem contrahant. Vasa autem fictilia vel vitrea plura potius quam ampla, et eorum alia recte picata, nonnulla tamen pura, prout conditio conditituræ exegerit. Hæc vasa dedita opera fieri oportet patenti ore, et usque ad imum æqualia, nec in modum doliorum formata, ut exemptis ad usum salgamis quidquid superest æquali pondere usque ad fundum deprimatur, cum ea res innoxia penora conservet, ubi non innatent, sed semper sint jure submersa. Quod in utero dolii vix fieri posse propter inæqualitatem figuræ. Maxime autem ad hoc necessarium esse aceti et duræ muriæ usum, quæ utraque sic confieri.

V. Quemadmodum ex vino vapido acetum fiat. In sextarios duodequinquaginta fermenti libram, fici aridæ pondo quadrantem, salis sextarium subterito, et subtrita cum quartario mellis aceto diluito, atque ita in prædictam mensuram adjicito. Quidam ordei tosti sextarios quatuor, et nuces ardentes juglandes quadraginta, et mentæ viridis pondo selibram in eandem mensuram adjiciunt. Quidam ferri massas exurunt, ita ut ignis speciem habeant, easque in eandem mensuram demittunt. Tum etiam exemptis nucleis ipsas nuces pineas vacuas numero quinque vel sex incendunt, et ardentes eodem demittunt. Alii nucibus sapineis ardentibus idem faciunt.

VI. Muriam duram sic facito : dolium quam patentissimi oris locato in ea parte villæ, quæ plurimum solis accipit. Id dolium aqua cælesti repleto ; ea est enim huic rei aptissima ; vel si non fuerit pluvialis, certe fontana dulcissimi saporis. Tum indito sportam junceam, vel sparteam, quæ replenda est sale candido, quo candidior muria fiat. Cum salem per aliquot dies videbis liquescere, ex eo intelliges nondum muriam esse maturam. Itaque subinde alium salem tamdiu ingeres, donec in sporta permaneat integer, nec minuatur. Quod cum animadverteris, scias habere muriam maturitatem suam. Et si facere aliam volueris, hanc in vasa bene picata diffundes, et opertam in sole habebis. Omnem enim mucorem vis solis aufert, et odorem bonum præbet. Est et aliud muriæ maturæ experimentum. Nam ubi dulcem caseum demiseris in eam, si pessum ibit, scies esse adhuc crudam : si innatabit, maturam.

VII. His præparatis circa vernum æquinoctium herbas in usum colligi et reponi oportebit, cymam, caulem, capparim, apii coliculos, rutam, oleris atri cum suo colo

les herbes suivantes : savoir, des cimes et des tiges de chou, des câpres, des tiges d'ache, de la rue, des tiges de maceron cueillies avant que cette plante sorte de sa capsule, ainsi que des tiges de férules cueillies avant leur développement total, de la fleur nouvelle et des tiges de panais sauvage ou cultivé, de la fleur de couleuvrée cueillie avant son parfait développement, de la fleur tant d'asperge que de petit houx, de racine vierge, de digitale, de pouliot, de cataire, de lapsana, de la fleur et des tiges de cette battille que l'on appelle pied de Milan, et même de jeunes tiges de fenouil. On confit aisément toutes ces herbes ensemble dans la même sauce, c'est-à-dire, dans deux tiers de vinaigre et un tiers de saumure forte. Mais on peut aussi mettre à part, chacune dans leur bassin, la couleuvrée, le petit houx, la racine vierge, l'asperge, la lapsana, le panis, la cataire, la battille. Après avoir saupoudré ces herbes de sel, on les met deux jours à l'ombre, jusqu'à ce qu'elles rendent leur eau ; ensuite, si elles ont jeté assez d'eau pour pouvoir être lavées dans leur propre jus, on les y lave, sinon on les lave avec de la saumure forte que l'on verse dessus, puis on les comprime en les chargeant d'un poids ; après quoi on les met chacune dans un vase à part, puis on verse dessus une saumure, qui, comme je l'ai dit ci-dessus, sera composée de deux tiers de vinaigre et d'un tiers de saumure proprement dite ; et on les recouvre d'une bonne poignée de fenouil sec cueilli l'année précédente pendant la vendange, pour les comprimer au point que le liquide puisse remonter aux bords du flacon. Quand on aura cueilli le maceron, la férule et le fenouil, on étendra ces herbes à la maison, jusqu'à ce qu'elles soient fanées ; après quoi on en dépouillera les tiges de leurs feuilles et de toute leur écorce. Si ces tiges sont plus grosses que le pouce, on aura soin de les partager en deux morceaux, en se servant d'un roseau pour les couper. Il faudra aussi éparpiller les fleurs elles-mêmes et les fendre en deux avant de les mettre dans les vases, pour éviter qu'elles ne soient trop grosses. Ensuite on versera dessus la saumure que nous venons de prescrire, en y ajoutant quelques petites racines de ce laser que les Grecs appellent σίλφιον, et en recouvrant le tout d'une poignée de fenouil sec, de façon que la saumure remonte par-dessus. Il faut laisser sécher à la maison pendant plusieurs jours, jusqu'à ce qu'elles soient fanées, les cimes et les tiges de chou, de câprier, de pied de Milan, de pouliot, de digitale, et les confire ensuite de la manière dont on confit la férule, la rue, la sarriette et l'origan. Il y a des personnes qui se contentent de faire confire la rue dans de la saumure forte, sans y ajouter de vinaigre, et qui ensuite, pour s'en servir, la trempent dans de l'eau ou même dans du vin, et l'arrosent d'huile. On pourrait aisément conserver de la même manière la sarriette verte, ainsi que l'origan vert.

VIII. Manière de faire de l'*oxygala* (de la jonchée). On prend un pot de terre propre, que l'on perce vers le fond avec une tarrière ; ensuite on bouche avec un fosset le trou que l'on a fait, et l'on remplit ce vase de lait de brebis très-frais ; puis on y ajoute de petites bottes d'assaisonnements verts, consistant en origan, menthe, oignon et coriandre. On enfonce ces herbes dans le lait, de façon néanmoins que la ligature qui les retient y surnage. Cinq jours après, on retire le fosset qui servait à boucher le trou, et l'on vide le petit-lait. Ensuite, lorsque le lait même commence à cou-

---

florem antequam de folliculo exeat : item ferulæ cum coliculo silentem quam tenerrimum florem : pastinacæ agrestis vel sativæ cum coliculis silentem florem : vitis albæ et asparagi et rusci et tamni et digitelli et puleii et nepetæ et lapsanæ et battis et ejus coliculum, qui milvinus pes appellatur ; quin etiam tenerum coliculum fœniculi. Hæc omnia una conditura commode servantur, id est aceti duas partes, et tertiam duræ muriæ si miscueris. Sed vitis alba, ruscus, et tamnum et asparagus, lapsana et pastinaca et nepeta et battis generatim in alveos componuntur, et sale conspersa biduo sub umbra, dum consudent, reponuntur : deinde si tantum remiserint humoris, ut suo sibi jure ablui possint : si minus, superfusa dura muria lavantur, et pondere imposito exprimuntur : tum suo quidque vase conditur, et jus, ut supra dixi, quod est mistum duabus partibus aceti et una muriæ, infunditur, fœniculique aridi, quod est per vindemiam proximo anno lectum, spissamentum imponitur, ita ut herbas deprimat, et jus usque in summum labrum fideliæ perveniat. Olusatrum et ferulam et fœniculum cum legeris, sub tecto exponito, dum flaccescat : deinde folia et corticem omnem coliculorum detrahito. Caules si fuerint pollice crassiores, arundine secato, et in duas partes dividito. Ipsos quoque flores, ne sint immodici, diduci et partiri oportebit, atque ita in vasa condi. Deinde jus, quod supra scriptum est, infundi, et paucas radiculas laseris, quod Græci σίλφιον vocant, adjici, tum spissamento fœniculi aridi contegi, ut jus superveniat. Cymam, caulem, capparim, pedem milvi, puleium, digitellum, compluribus diebus sub tecto siccari, dum flaccescat, et tum eodem modo condiri convenit, quo ferulam, rutam, satureiam, cunilam. Sunt qui rutam muria tantum dura sine aceto condiant, deinde, cum usus exigit, aqua vel etiam vino abluant, et superfuso oleo utantur. Hæc conditura possit commode satureia viridis, et æque viridis cunila servari.

VIII. Oxygalam sic facito. Ollam novam sumito, eamque juxta fundum terebrato : deinde cavum, quem feceris, surculo obturato, et lacte ovillo quam recentissimo vas repleto, eoque adjicito viridium condimentorum fasciculos, origani, mentæ, cepæ, coriandri. Has herbas ita in lacte demittito, ut ligamina earum extent. Post diem quintum surculum, quo cavum obturaveras, eximito, et serum emittito. Cum deinde lac cœperit manare, eodem surculo cavum obturato, intermissoque triduo, ita ut sa-

ler, on rebouche le trou avec le même fosset, et au bout de trois jours on vide encore le petit-lait de la même manière que la première fois, et l'on jette à l'écart les bottes d'assaisonnements. Après quoi on ratisse sur le lait un peu de thym et d'origan secs, puis on y jette telle quantité que l'on juge à propos de poireaux qui se coupent à différentes reprises, après les avoir hachés par morceaux, en mêlant bien le tout ensemble; et au bout de deux jours on vide encore le petit-lait et on bouche le trou. Enfin on y ajoute autant de sel égrugé qu'il est nécessaire, en mêlant encore bien le tout; puis on met un couvercle sur le vase et on le bouche, pour ne l'ouvrir que lorsqu'on en aura besoin par la suite. Il y a des personnes qui, après avoir cueilli l'herbe du passerage soit cultivé soit même sauvage, la font d'abord sécher à l'ombre; après quoi, lorsqu'elles ont fait tremper un jour et une nuit dans la saumure les feuilles séparées des côtes et qu'elles les ont exprimées, elles les jettent dans le lait sans autre assaisonnement, en y ajoutant la quantité de sel qu'elles croient suffisante, et en observant pour le surplus ce que nous avons prescrit ci-dessus. D'autres mêlent dans un pot de terre des feuilles nouvelles de passerage avec du lait doux, et vident le petit-lait trois jours après, comme nous l'avons prescrit; après quoi ils y ajoutent de la sarriette verte hachée par morceaux, et même de la graine sèche de coriandre, d'aneth, de thym et d'ache, le tout bien broyé ensemble, et mêlé avec du sel bien cuit et bien criblé; après quoi ils observent pour le surplus ce que nous avons dit ci-dessus.

IX. Il faut saler dans un bassin des tiges de laitue épluchée depuis le pied jusqu'à l'endroit où l'on s'aperçoit que les feuilles commencent à être tendres, et les y laisser un jour et une nuit, jusqu'à ce qu'elles dégorgent la saumure; ensuite on les lavera dans cette saumure, et on les exposera sur des claies, après en avoir exprimé l'eau jusqu'à ce qu'elles soient séchées : cela fait, on mêlera ensemble de l'aneth sec et du fenouil, avec un peu de rue et de poireau haché par morceaux, et l'on en fera un lit sur lequel on étendra ces tiges lorsqu'elles seront sèches, en les arrangeant de façon qu'elles soient séparées par des haricots verts entiers, que l'on aura fait préalablement tremper un jour et une nuit dans de la saumure forte. Lors donc que ces haricots sont séchés de même, on les confit avec des bottes de laitue, en versant dessus une saumure composée de deux tiers de vinaigre et d'un tiers de saumure proprement dite, et en les chargeant ensuite d'une poignée de fenouil sec qui les retienne, de façon que la saumure remonte par-dessus. Pour la forcer de remonter et empêcher les herbes confites de se dessécher, la personne qui sera à la tête de cette besogne aura soin d'en verser souvent de nouvelle par-dessus la première. Elle essuiera aussi l'extérieur des vases avec une éponge propre, et les rafraîchira avec de l'eau de fontaine nouvellement puisée. Il faut assaisonner la chicorée et les cimes de ronces, aussi bien que les tiges de thym, de sarriette, d'origan, et même celles de grands raiforts, de la même manière que la laitue. Au reste, c'est au printemps que l'on fait ces sortes d'opérations.

X. Nous allons au contraire donner à présent des préceptes qui concernent les choses qu'il faut cueillir vers la moisson ou même après, pour les garder pendant l'été. Choisissez de l'oignon de Pompéi ou d'Ascalon, ou même de l'oignon simple du pays des Marses, que les paysans appel-

---

pra dictum est, serum emittito, et fasciculos condimentorum exemptos abjicito : deinde exiguum aridi thymi, et cunilæ aridæ super lac destringito, concisique sectivi porri quantum videbitur adjicito, et permisceto : mox intermisso biduo rursus serum emittito, cavumque obturato, et salis triti quantum satis erit adjicito, et misceto, deinde operculo imposito et oblinito, non ante aperueris ollam, quam usus exegerit. Sunt qui sativi vel etiam silvestris lepidii herbam cum collegerint in umbra siccent, deinde folia ejus abjecto caule die et nocte muria macerata expressaque, lacti misceant sine condimentis, et salis quantum satis arbitrantur adjiciant : tum cætera, quæ supra præcepimus faciant. Nonnulli recentia folia lepidii cum dulci lacte in olla miscent, et post diem tertium, quemadmodum præcepimus, serum emittunt : deinde compertam satureiam viridem, tum etiam arida semina coriandri atque anethi et thymi et apii in unum bene trita adjiciunt, saleumque bene coctum cribratum permiscent. Cætera eadem quæ supra faciunt.

IX. Conditura lactucæ. Caules lactucæ ab imo depurgatos eatenus, qua tenera folia videbuntur, in alveo salire oportet, diemque unum et noctem sinere, dum muriam remittant : deinde muria eluere, et expressos in cratibus pandere, dum assiccescant : tum substernere anethum aridum et fœniculum rutæque aliquid et porri concidere, atque ita miscere : tum siccatos coliculos ita componere, ut faseoli virides integri interponantur, quos ipsos ante dura muria die et nocte macerari oportebit, similiterque assiccatos cum fasciculis lactucarum condi, et superfundi jus quod sit aceti duarum partium atque unius muriæ : deinde arido spissamento fœniculi sic comprimi, ut jus supernatet. Quod ut fiat, is qui huic officio præerit, sæpe suffundere jus debebit, nec pati sitire salgama, sed extrinsecus munda spongia vasa pertergere, et aqua fontana quam recentissima refrigerare. Simili ratione intubum et cacumina rubi, qua lactucam condire oportet, nec minus thymi et satureiæ et origani tum etiam armoraciorum cymam. Hæc autem, quæ supra scripta sunt, verno tempore componuntur.

X. Nunc quæ per æstatem circa messem vel etiam exactis jam messibus colligi et reponi debeant, præcipiemus. Pompeianam, vel Ascaloniam cepam, vel etiam Marsicam simplicem, quam vocant unionem rustici, eligito : ea est autem, quæ non fruticavit, nec habuit soboles

lent *unio*, c'est-à-dire, de celui qui n'a pas monté en tiges et qui est sans caïeu. Faites-le d'abord sécher au soleil; ensuite, après qu'il aura été rafraîchi à l'ombre, arrangez-le dans un flacon sur un lit de thym ou d'origan; et après avoir versé dessus une saumure composée de trois quarts de vinaigre et d'un quart de saumure proprement dite, couvrez-le d'une botte d'origan, de façon que l'oignon soit bien enfoncé : lorsque l'oignon se sera bien imbibé de cette saumure, vous remplirez le vase du même liquide. C'est dans le même temps que l'on confit les cormes, les prunes de couleur d'onyx et les prunelles, ainsi que les poires et les pommes de toute espèce. Il faut cueillir les cormes dont on se sert pour confire les olives, ainsi que les prunelles et les prunes d'onyx, pendant qu'elles sont encore dures et avant leur maturité parfaite, pourvu néanmoins qu'elles ne soient pas trop vertes. Ensuite on les fait sécher un jour à l'ombre, puis on mêle ensemble par parties égales du vinaigre et du vin cuit jusqu'à diminution des deux tiers ou de moitié, et on verse ce mélange dessus. Il faudra aussi y ajouter un peu de sel, pour qu'il ne s'y engendre point de vermisseaux ni d'autres animaux. On les conservera cependant plus commodément en mêlant deux tiers de vin cuit jusqu'à diminution des deux tiers, avec un tiers de vinaigre. Lorsqu'on aura cueilli avant leur maturité, sans cependant qu'elles soient absolument vertes, des poires de Dolabella et de Crustumium, des poires royales, des poires de Vénus, des poires *volema*, des poires de Nævius et de lateritius, de Décimius, des poires *laurea* (qui sentent le laurier), des poires *myrapia* (des poires *parfums*) et des prunes pourprées, on examinera avec attention si elles sont saines, sans défaut et sans vers; ensuite on les arrangera dans un flacon de terre cuite enduit de poix, que l'on remplira soit de vin fait avec des raisins séchés au soleil, soit de vin cuit jusqu'à diminution de moitié, de façon que tout le fruit soit enfoncé dans la liqueur; après quoi on mettra dessus un couvercle que l'on enduira de plâtre. Je crois devoir donner comme une maxime générale, qu'il n'y a point de fruit que l'on ne puisse conserver dans du miel. C'est pourquoi comme les fruits qui sont confits dans le miel sont quelquefois salutaires aux malades, je pense qu'il en faut conserver au moins quelques-uns de cette manière, pourvu cependant qu'on en mette à part les différentes espèces, parce que si elles étaient mêlées toutes ensemble, l'une gâterait l'autre. Et puisque ceci nous a donné l'occasion de faire mention du miel, nous ajouterons que c'est dans le même temps qu'il faut châtrer les ruches et faire le miel et la cire : mais, comme nous avons déjà parlé de cette matière dans le neuvième livre, nous ne demanderons à présent rien autre chose au métayer, si ce n'est qu'il ait soin d'assister à la confection du miel et de la cire, et de veiller à la conservation de ses fruits.

XI. Au reste, comme c'est dans le même temps que l'on doit serrer le miel ainsi que l'hydromel, dans la vue de les laisser vieillir, on se rappellera qu'il faut casser la cire en petits morceaux dès que le second miel aura été extrait des rayons, et la faire tremper dans de l'eau de fontaine ou de pluie; ensuite, après en avoir exprimé l'eau, il faudra la passer, la faire bouillir dans un vase de plomb, et la purger de toutes ses immondices en l'écumant. Lorsqu'elle aura acquis par la cuisson l'épaisseur du vin cuit jusqu'à diminution de moitié, on la laissera refroidir, et on l'enfermera dans des flacons bien enduits de poix. On se sert de l'eau dans laquelle les rayons ont été trempés, en guise d'hydromel :

adhærentes. Hanc prius in sole siccato, deinde sub umbra refrigeratam substrato thymo vel cunila componito in fidelia, et infuso jure, quod sit cum aceti trium partium et unius muriæ, fasciculum cunilæ superponito, ita ut cepa deprimatur : quæ cum jus combiberit, simili mistura vas suppleatur. Eodem tempore corna, et pruna onychina, et pruna silvestria, nec minus genera pirorum et malorum condiuntur. Corna, quibus pro olivis utamur; item pruna silvestria, et pruna onychina adhuc solida nec maturissima legenda sunt, nec tamen nimium cruda. Deinde uno die umbra siccanda : tum æquis partibus acetum et sapa vel defrutum misceatur et infundatur. Oportebit autem aliquid salis adjicere, ne vermiculus aliudve animal innasci possit. Verum commodius servantur, si duæ partes sapæ cum aceti una parte misceantur. Pira Dolabelliana, Crustumina, regia, veneria, volema, Næviana, lateritiana, Deciminiana, laurea, myrapia, [pruna] purpurea, cum immatura, non tamen percruda legeris, diligenter inspicito, ut sint integra sine vitio aut vermiculo : tum in fictili picata fidelia componito, et auf passo aut defruto completo, ita ut omne pomum submersum sit, operculum deinde impositum gypsato. Illud in totum præcipiendum existimavi, nullum esse genus pomi, quod non possit melle servari. Itaque cum sit hæc res interdum ægrotantibus salutaris, censeo vel pauca poma in melle custodiri, sed separata generatim. Nam si commisceas, alterum ab altero genere corrumpitur. Et quoniam opportune mellis fecimus mentionem, hoc eodem tempore alvi castrandæ, ac mel conficiendum, cera facienda est : de quibus nono libro jam diximus : nec nunc aliam curam exigimus a villica, quam ut administrationibus intersit, fructumque custodiat.

XI. Cæterum cum eodem tempore mella nec minus aqua mulsa in vetustatem reponi debeat, meminisse oportebit, ut cum secundarium mel de favis fuerit exemptum, ceras statim minute resolvantur, et aqua fontana vel cælesti macerentur. Expressa deinde aqua coletur, et in vas plumbeum defusa decoquatur, omnisque spurcitia cum spumis eximatur : quæ decocta, cum tam crassa fuerit quam defrutum, refrigeretur, et bene picatis lagœnis condatur. Hac quidem mella pro aqua mulsa utuntur, nonnulli

quelques personnes l'emploient aussi au lieu de vin cuit jusqu'à diminution de moitié pour confire les olives; et je crois même qu'elle est plus propre que ce vin à cette destination, parce qu'elle a un goût plus nourrissant. D'ailleurs on ne peut pas la donner en remède aux malades au lieu d'hydromel, parce qu'elle engendre des vents dans l'estomac et dans les intestins de ceux qui en boivent.

XII. C'est pourquoi on mettra cette eau à part, et on la réservera pour s'en servir à confire les fruits; après quoi il faudra faire un hydromel particulier avec d'excellent miel. Mais il y a plusieurs façons de le faire. En effet, quelques personnes renferment dans des vases, plusieurs années d'avance, de l'eau de pluie, qu'elles tiennent à l'air exposée au soleil : ensuite, après l'avoir souvent survidée dans d'autres vases pour l'éclaircir (parce que toutes les fois qu'on la transvase, le fit-on même à différentes reprises pendant un très-long temps, on trouve toujours au fond du vase une matière épaisse semblable à de la lie), elles en mêlent un *sextarius* avec une livre de miel. Il y a cependant des personnes qui, pour donner à l'hydromel un goût plus âpre, ne délayent dans un *sextarius* d'eau que neuf *unciæ* de miel : ces mêmes personnes, après avoir rempli un flacon de cet hydromel ainsi composé et l'avoir enduit de plâtre, le laissent quarante jours au soleil pendant le lever de la Canicule, et ne le mettent qu'au bout de ce temps sur un plancher où la fumée puisse parvenir. D'autres, qui n'ont pas pris la précaution de faire vieillir de l'eau de pluie, en prennent de nouvelle qu'ils font bouillir jusqu'à diminution des trois quarts; ensuite, lorsqu'elle est refroidie, ils y mettent un *sextarius* de miel sur deux *sextarii* d'eau, s'ils veulent faire de l'hydromel bien doux ; ou neuf *unciæ* de miel sur un *sextarius* d'eau, s'ils veulent le faire plus âpre au goût. L'hydromel fait avec ces ingrédients est versé dans un flacon et exposé au soleil pendant quarante jours, comme je viens de dire, puis placé sur un plancher à la portée de la fumée.

XIII. Le temps le plus propre à faire du fromage pour la consommation de la maison, est celui où le fromage rend le moins de petit-lait, ainsi que le temps de l'arrière-saison où il n'y a plus guère de lait, et où par conséquent on ne trouverait pas son profit à perdre inutilement des journées pour porter ce genre de fruit au marché, puisque effectivement il arrive souvent qu'en y portant des fromages pendant la chaleur, ils s'aigrissent et se gâtent. Aussi est-ce le temps où il vaut mieux en faire pour son usage. Au reste, le soin de bien faire le fromage concerne le berger, auquel nous avons donné dans le septième livre les préceptes qu'il doit suivre à cet effet. Il y a aussi des herbes que l'on peut confire à l'approche de la vendange, telles que le pourpier, et la plante potagère de l'arrière-saison, à laquelle quelques personnes donnent le nom de bassille (*battis*). On épluche donc avec soin ces herbes, et on les étend à l'ombre ; ensuite au bout de quatre jours on les arrange chacune séparément sur un lit de sel posé au fond des flacons ; et après les avoir arrosées de vinaigre, on remet une couche de sel par-dessus, attendu que la saumure n'est pas bonne pour les herbes de cette espèce.

XIV. C'est dans le même temps, ou même au commencement du mois d'août, que l'on cueille les pommes et les poires les plus agréables au goût, dans le temps qu'elles ne sont en-

---

etiam pro defruto in conditaras olivarum ; quibus quidem magis idoneam censeo, quod cibarium saporem habet, nec potest languentibus pro aqua mulsa remedio esse : quoniam si bibatur, inflationem stomachi et præcordiorum facit. Itaque seposita ea et ad conditaras destinata, per se facienda erit optimo melle aqua mulsa.

XII. Hæc autem non uno modo componitur. Nam quidam multos ante annos cælestem aquam vasis includunt, et sub dio in sole habent : deinde cum sæpius eam in alia vasa transfuderunt et eliquaverunt (nam quoties aqua post longum tempus diffunditur, aliquod crassamentum in imo simile feci reperitur) veteris aquæ sextarium cum libra mellis miscent. Nonnulli tamen qui austeriorem volunt efficere gustum, sextarium aquæ cum dodrante pondo mellis diluunt ; ea portione repletam lagœnam gypsatamque patiuntur per Caniculæ ortum in sole quadraginta diebus esse ; tum demum in tabulatum, quod fumum accipit, reponunt. Nonnulli, quibus non fuit curæ cælestem inveterare aquam, recentem sumunt, eamque usque in quartam partem decoquunt : deinde cum refrixerit, sive dulciorem mulsam facere volunt, duobus aquæ sextariis sextarium mellis permiscent : sive austeriorem, sextario aquæ dodrantem mellis adjiciunt, et his portionibus factam in lagœnam diffundunt : eamque, sicut supra dixi, quadraginta diebus insolatam postea in tabulatum, quod suffumigatur, reponunt.

XIII. Caseo usibus domesticis præparando hoc maxime idoneum tempus est, quod et caseus seri minimum remittit : et ultimo tempore, cum jam exiguum lactis est, non tam expedit operas morari ad forum fructibus deferendis : et sane sæpe deportati per æstum acore vitiantur. Itaque præstat eos hoc ipso tempore in usum conficere. Id autem ut quam optime fiat opilionis officium est, cui septimo libro præcepta dedimus, quæ sequi debeat. Sunt etiam quædam herbæ, quas appropinquante vindemia condire possis, ut portulaca, et olus cordum, quam quidam [sativam] battim vocant. Hæ herbæ diligenter purgantur, et sub umbra expanduntur : deinde quarto die sal in fundis fideliarum substernitur, et separatim unaquæque earum componitur, acetoque infuso iterum sal superponitur : nam his herbis muria non convenit.

XIV. Hoc eodem tempore, vel etiam primo mense Augusto, mala et pira dulcissimi saporis mediocriter matura eliguntur, et in duas vel tres partes arundine vel

core que médiocrement mûres, et qu'après les avoir coupées en deux ou trois morceaux avec un roseau ou avec un petit couteau d'os, on les met au soleil jusqu'à ce qu'elles soient séchées. Si l'on en a une forte quantité, elles feront en grande partie la nourriture des paysans pendant l'hiver, en leur tenant lieu de bonne chère : il en est de même des figues, qui, étant serrées lorsqu'elles sont sèches, aident à les nourrir dans le même temps.

XV. Il faut pour cela choisir la figue dans le temps où elle n'est ni trop mûre ni trop verte, et l'étendre dans un lieu où le soleil donne toute la journée. On enfonce à cet effet des pieux en terre à la distance de quatre pieds les uns des autres, et on les assemble en forme de jougs avec des perches. On couvre ensuite ces jougs de roseaux travaillés exprès, que l'on éloigne de deux pieds de terre, afin que les figues ne puissent pas attirer l'humidité que la terre rend communément pendant la nuit; après quoi on arrange les figues sur ces roseaux, et l'on étend à terre, de droite et de gauche, des claies de berger tissues de chaume, de lèche ou de fougère, que l'on puisse relever quand le soleil se couchera, afin qu'étant rabattues l'une sur l'autre en forme de voûte comme les chaumières, elles préservent les figues, pendant qu'elles sèchent, de la rosée et quelquefois même de la pluie, qui gâtent l'une et l'autre cette espèce de fruit. Lorsqu'ensuite ces figues seront sèches, il faudra les renfermer, pendant qu'elles seront encore chaudes, dans des vaisseaux bien enduits de poix, et les y fouler avec soin pendant les chaleurs du midi, en prenant néanmoins la précaution d'étendre sous elles un lit de fenouil sec, et de les recouvrir d'un pareil lit lorsque les vases seront pleins. On couvrira sur-le-champ ces vases et on les bouchera ; puis on les mettra dans un grenier très-sec, afin que les figues se conservent mieux et plus longtemps. Il y a des personnes qui arrachent la queue des figues après les avoir cueillies, et qui les étendent au soleil ; ensuite, lorsqu'elles sont tant soit peu séchées, elles les entassent dans des bassins de terre cuite ou de pierre, avant qu'elles soient durcies; puis après s'être lavé les pieds, elles les foulent comme on foule la farine, en y mêlant du sesame grillé avec de l'anis d'Égypte, et de la graine tant de fenouil que de cumin. Quand elles ont bien foulé ces ingrédients aux pieds, et qu'elles n'en ont fait qu'une masse avec les figues déjà pulvérisées, elles en font des pâtes de moyenne grosseur qu'elles enveloppent dans des feuilles de figuier; et après les avoir liées avec du jonc ou avec toute autre herbe, elles les mettent sur des claies pour les faire sécher. Enfin, lorsque ces figues sont bien sèches, elles les enferment dans des vases enduits de poix. D'autres renferment la pâte même de ces figues dans des vaisseaux sans poix, et, après les avoir bouchées, ils la font sécher sous une tourtière ou dans un four, afin que toute son humidité se ressuie plus promptement; et lorsqu'elle est sèche, ils la mettent sur un plancher. Mais quand ils veulent s'en servir, ils sont obligés de casser le vase de terre cuite, attendu que lorsque la pâte des figues est une fois durcie, ils ne pourraient pas l'en retirer autrement. D'autres choisissent les figues les plus grasses dans le temps qu'elles sont vertes, et les étendent au soleil pour les faire sécher, après les avoir ouvertes avec un roseau ou avec les doigts. Lorsqu'elles sont bien sèches, ils les ramassent pendant la chaleur du midi, parce que c'est le temps où l'ardeur du soleil les ramollit; et après les avoir arrangées les unes auprès des autres, ils les pressent conformément à l'usage des Africains et des Espagnols, pour

osseo cultello divisa in sole ponuntur, donec arescant. Eorum si est multitudo, non minimam partem cibariorum per hiemem rusticis vindicant. Nam pro pulmentario cedit, sicuti ficus, quae cum arida seposita est, hiemis temporibus rusticorum cibaria adjuvat.

XV. Ea porro neque nimium vieta neque immatura legi debet, et in eo loco expandi, qui toto die solem accipiat. Pali autem quatuor pedibus inter se distantes figuntur, et perticis jugantur. Factae deinde in hunc usum cannae jugis superponuntur, ita ut duobus pedibus absint a terra, ne humorem, quem fere noctibus remittit humus, trahere possint : tunc ficus injicitur, et crates pastorales culmo vel carice vel filice textae ex utroque latere super terram planae disponuntur, ut cum sol in occasu fuerit, erigantur, et inter se acclines testudineato tecto more tuguriorum virescentem ficum a rore, et interdum a pluvia defendant. Nam utraque res praedictum fructum corrumpit. Cum deinde aruerit, in orcas bene picatas meridiano tepore calentem ficum condere et calcare diligenter oportebit, subjecto tamen arido foeniculo, et iterum vasis repletis superposito : quae vasa confestim operculare, et oblinire convenit, et in horreum siccissimum reponi, quo melius ficus perennet. Quidam lectis ficis pediculos adimunt, et in sole eas expandunt : cum deinde paulum siccatae sunt, antequam indurescant, in labra fictilia vel lapidea congerunt eas : tum pedibus lotis in modum farinae proculcant, et admiscent torrefacta sesama cum aniso Aegyptio et semine foeniculi et cymini. Haec cum bene proculaverint, et totam massam comminutae fici permiscuerint, modicas offas foliis ficulneis involvunt, ac religatas junco vel qualibet herba offas reponunt in crates, et patiuntur siccari : deinde cum perarueriut, picatis vasis eas condunt. Nonnulli hanc ipsam farinam fici orcis sine pice includunt, et oblita vasa clibano vel furno torrefaciunt, quo celerius omnis humor excoquatur : siccatam in tabulatum reponunt, et cum exegerit usus, testam comminuunt : nam duratam massam fici aliter eximere non possunt. Alii pinguissimam quamque viridem ficorum eligunt, et arundine vel digitis divisam dilatant, atque ita in sole viescere patiuntur, quas deinde hoc siccatas meridianis teporibus, cum calore solis

leur faire prendre la forme d'une étoile ou celle d'une petite fleur, ou la figure d'un pain; après quoi ils les font de nouveau sécher au soleil, et les serrent ensuite dans des vases.

XVI. Le raisin demande les mêmes soins. Il en faut cueillir de blanc, qui ait le goût très-agréable et dont les grains soient très-gros et peu serrés, quand la lune sera dans son déclin, et par un temps serein et sec, après la cinquième heure du jour; ensuite on l'étendra pendant quelque temps sur des tablettes, de façon que les grappes ne se froissent point les unes contre les autres et ne se compriment par leur propre poids; après quoi il faudra faire chauffer dans une chaudière, ou dans une grande marmite neuve de terre cuite, une lessive préparée avec de la cendre de sarment. Lorsqu'elle sera bouillante, on y versera un peu d'huile, de la meilleure qualité que faire se pourra, et on mêlera le tout ensemble; après cela on jettera dans la chaudière bouillante des grappes de raisin liées ensemble au nombre de deux ou trois, selon qu'elles seront plus ou moins grosses; et on les y laissera quelque temps jusqu'à ce qu'elles aient changé de couleur, sans leur donner cependant le temps de cuire, mais en usant de quelque modération et en prenant un certain milieu. Quand on les aura retirées, on les arrangera sur une claie, en les éloignant assez l'une de l'autre pour qu'elles ne se touchent point mutuellement. Trois heures après, on les retournera l'une après l'autre, en évitant de les remettre à la place qu'elles occupaient d'abord, de peur qu'elles ne se gâtent en séjournant dans l'eau qu'elles auront rendue. Il faut même les couvrir pendant la nuit comme les figues, afin qu'elles soient à l'abri de la rosée et de la pluie. Lorsqu'elles seront tant soit peu séchées, on les mettra dans un lieu sec, renfermées dans des vaisseaux neufs et sans poix, avec un couvercle enduit de plâtre. Il y a des personnes qui enveloppent le raisin dans des feuilles de figuier pour le faire sécher; d'autres couvrent les grappes, lorsqu'elles sont à demi-flétries, de feuilles de vigne, et d'autres encore de feuilles de platane, avant de les serrer dans des amphores. Il y en a qui brûlent de la paille de fèves, et qui font une lessive avec la cendre qui en résulte; après quoi ils mettent sur dix *sextarii* de cette lessive trois *cyathi* de sel et un d'huile, puis ils la font bouillir, et achèvent l'opération de la manière que nous avons indiquée. Si l'on s'aperçoit qu'il y ait trop peu d'huile dans la chaudière, on en ajoute de temps en temps ce qu'il en faut pour rendre le raisin plus gras et plus luisant. Mettez dans le même temps des cormes cueillies à la main et bien choisies dans de petites cruches enduites de poix avec des couvercles enduits de même, et bouchez-les avec du plâtre; ensuite enfoncez-les dans des fosses de deux pieds creusées à la maison dans un lieu sec, de façon que l'ouverture de ces cruches, qui seront par conséquent bien bouchées, soit renversée; enfin chargez-les de terre que vous foulerez légèrement aux pieds. Au reste, il vaudra mieux multiplier le nombre des fosses, que d'enterrer plusieurs vases à la fois dans la même; ce qu'on ne fera pas sans les éloigner les uns des autres, parce que s'il arrivait que, pour en ôter un, on en remuât d'autres, les cormes ne tarderaient pas à se gâter. Quelques personnes conservent aussi très-bien ce fruit dans du vin cuit jusqu'à diminution de moitié, en y ajoutant une bonne poignée de fenouil sec pour l'enfoncer dans les vases, de façon que le liquide ne cesse pas de le couvrir; ce qui n'empêche pas

emollitæ sunt, colligunt, et, ut est mos Afris atque Hispanis, inter se compositas comprimunt in figuram stellarum flosculorumque, vel in formam panis redigentes : tum rursus in sole assiccant, et ita in vasis recondunt.

XVI. Similem curam uvæ desiderant, quas dulcissimi saporis albas, maximis acinis, nec spissis, luna decrescente, sereno et sicco cælo post horam quintam legi oportet, et in tabulis paulisper porrigi, ne inter se pondere suo pressæ collidantur : deinde aheno vel in olla nova fictili ampla præparatam lixiviam cineris sarmenti cineris convenit; quæ cum fervebit, exiguum olei quam optimi adjici, et ita permisceri : deinde uvas pro magnitudine binas, vel ternas inter se colligatas in ahenum fervens demitti, et exiguum pati, dum decolorentur; nec rursus committere ut excoquantur : nam quadam moderatione temperamentoque opus est. Cum deinde exemeris, in crate disponito rarius quam ut altera alteram contingat. Post tres deinde horas unamquamque uvam convertito, nec in eodem vestigio reponito, ne in humore, qui defluxerit, corrumpatur : noctibus autem contegi debent quemadmodum fici, ut a rore vel pluvia tutæ sint. Cum deinde modice aruerint, in vasa nova sine pice operculata et gypsata sicco loco reponito. Quidam uvam passam foliis ficulneis involvunt et assiccant : alii foliis vitigineis, nonnulli plataninis semivietas uvas contegunt, et ita in amphoras recondunt. Sunt qui culmos fabæ exurant, et ex eo, quod cremaverint, cineream lixiviam faciant, deinde in lixiviæ sextarios decem salis tres cyathos et olei cyathum adjiciant, tum adhibito igne calefaciant, et cætera eodem modo administrent. Quod si videbitur in aheno parum inesse olei, subinde quantum satis erit adjiciatur, quo sit pinguior et nitidior uva passa. Eodem tempore sorba manu lecta curiose in urceolos picatos adjicito, et opercula picata imponito, et gypso linito, tum scrobibus bipedaneis sicco loco intra tectum factis, urceolos ita collocato, ut oblita ora eorum deorsum spectent : deinde terram congerito, et modice desuper calcato. Melius est autem pluribus scrobibus pauciora vasa distantia inter se disponere. Nam in exemptione eorum dum unum tollis, si reliqua commoveris, celeriter sorba vitiantur. Quidam hoc idem pomum in passo, quidam etiam in defruto commode servant, adjecto spissamente aridi fœniculi, quo deprimantur ita sorba, ut semper jus supernatet, ac nihilominus picata opercula diligenter gypso linunt, ne possit spiritus introire.

qu'on n'en bouche soigneusement avec du plâtre les couvercles qui seront enduits de poix, afin que l'air ne puisse pas y pénétrer.

XVII. Il y a tel pays où le vin manque, et où par conséquent on ne peut pas faire de vinaigre. Il faut donc cueillir au même temps dans ces pays-là des figues vertes très-mûres, ou même ramasser celles que les pluies auront fait tomber, au cas que les pluies soient déjà venues; et après les avoir ramassées, on les serrera dans des futailles ou dans des amphores, où on les laissera fermenter; lorsqu'elles seront aigries et qu'elles auront rendu leur eau, on passera avec soin tout ce qui s'y trouvera de vinaigre, et on le versera dans des vases qui sentent bien la poix dont ils auront été enduits. Cette liqueur tient lieu d'un bon vinaigre de première qualité, qui ne contracte jamais de relent ni de moisissure, pourvu qu'on ne le serre pas dans un lieu humide. Quelques personnes, qui visent plus à la quantité qu'à la qualité du vinaigre, versent de l'eau sur les figues, et en remettent de temps en temps de nouvelles très-mûres, qu'ils laissent se consumer avec les autres dans le même jus, jusqu'à ce que ce jus ait acquis le goût d'un vinaigre assez mordant; après quoi ils le passent dans de petits paniers de jonc ou dans des sacs de genêt d'Espagne, et le font bouillir ensuite, jusqu'à ce qu'il ne jette plus d'écume et qu'il ne s'y trouve plus d'immondices; puis ils y ajoutent un peu de sel grillé, pour l'empêcher d'engendrer des vers ou d'autres animaux.

XVIII. Quoique nous ayons déjà dit dans le livre précédent, intitulé *le Métayer*, ce qu'il faut préparer pour la vendange, il n'est pas cependant hors de propos de donner aussi à la métayère des préceptes sur la même matière, afin qu'elle n'ignore point que toutes les choses relatives à la vendange, qui doivent se faire à la maison, sont de son ressort. Si l'on possède une terre d'une grande étendue, et que l'on ait des vignobles ou des plants d'arbres mariés à des vignes considérables, il faut fabriquer continuellement, pendant tout le courant de l'année, des vaisseaux dont les uns contiennent dix *modii*, et les autres trois, faire de petits paniers et les poisser : il faut aussi préparer un très-grand nombre de faucilles et de serpettes, et les aiguiser, afin que les vendangeurs n'arrachent point les grappes avec la main, ce qui ferait tomber à terre une grande partie du fruit, attendu que les grains se détacheraient alors de la grappe : il faut encore attacher des cordes aux paniers, et des courroies aux vaisseaux qui contiennent trois *modii*. Ensuite on lavera les cuves dans lesquelles on foule le vin, les fosses où il doit couler à la sortie du pressoir, les aires des pressoirs et tous les vases, avec de l'eau de mer, si la mer n'est pas éloignée; sinon, avec de l'eau douce : puis on les essuiera et on les fera bien sécher, jusqu'à ce qu'il n'y reste plus d'humidité. Il faut encore bien balayer toutes les ordures dans la cave au vin, et la parfumer de bonnes odeurs, afin d'en écarter toutes les mauvaises, et de l'empêcher de sentir l'aigre. On fera aussi très-pieusement et très-chastement des sacrifices en l'honneur de Liber, de Libera, et des instruments du pressoir. On ne s'écartera pas, dans le temps de la vendange, du pressoir ni de la cave au vin, tant afin que ceux qui font le moût le fassent purement et proprement, qu'afin que les voleurs ne trouvent pas l'occasion de dérober le fruit dans l'un ou l'autre de ces endroits. Il faut aussi poisser les futailles, ainsi que les vaisseaux et tous les autres vases, quarante jours avant la vendange. Au reste, ceux qui sont enfoncés en terre se poissent

---

XVII. Sunt quædam regiones, in quibus vini ideoque etiam aceti penuria est. Itaque hoc eodem tempore ficus viridis quam maturissima legenda est, utique si jam pluviæ incesserunt, et propter imbres in terram decidit : quæ cum sublecta est, in dolium vel in amphoras conditur, et ibi sinitur fermentari : deinde cum exacuit, et remisit liquorem, quicquid est aceti diligenter colatur, et in vasa picata bene olida diffunditur. Hoc primæ notæ acerrimi aceti usum præbet, nec unquam situm aut mucorem contrahit, si non humido loco positum est. Sunt qui multitudini studentes aquam ficis permisceunt; et subinde maturissimas ficus recentes adjiciant, et patiantur in eo jure tabescere, donec satis acris aceti sapor fiat : postea in junceis fiscellis vel sparteis saccis percolant, liquatumque acetum exinaniunt : tum torridi salis aliquid adjiciunt, quæ res prohibet vermiculos aliave innasci animalia.

XVIII. Quamvis priore libro, qui inscribitur *Villicus*, jam diximus quæ ad vindemiam præparanda sunt, non tamen alienum est etiam villicæ de iisdem rebus præcipere, ut intelligat suæ curæ esse debere, quæcunque sub tecto administrantur circa vindemiam. Si ager amplus, aut vineta aut arbusta grandia sunt, perenne fabricandæ decemmodiæ et trimodiæ et fiscellæ texendæ et picandæ : nec minus falculæ, et ungues ferrei quamplurimi parandi et exacuendi sunt, ne vindemiator manu destringat uvas, et non minima fructus portio dispersis acinis in terram dilabatur. Funiculi quoque fiscellis aptandi sunt, et lora trimodiis : tum lacus vinarii et torcularii et fora omniaque vasa, si vicinum est mare, aqua marina, si minus, dulci eluenda sunt, et commundanda, et diligenter assiccanda, ne humorem habeant. Cella quoque vinaria omni stercore liberanda, et bonis odoribus suffienda, ne quem redoleat fœtorem acoremve. Tum sacrificia Libero Liberæque et vasis pressoriis quam sanctissime castissimeque facienda : nec per vindemiam ab torculari aut vinaria cella recedendum est, ut omnia, qui mustum conficiunt, pure mundeque faciant; nec furi locus detur partem fructuum intercipiendi. Dolia quoque et seriæ cæteraque vasa ante quadragesimum vindemiæ diem picanda sunt, atque aliter ea quæ demersa sunt humi, aliter quæ stant supra terram. Nam ea quæ demersa sunt, ferreis lampadibus ar-

autrement que ceux qui sont à rez terre. En effet, on échauffe les vases qui sont enfoncés en terre avec des lampes de fer allumées; et quand on a fait couler, à l'aide d'une de ces lampes, de la poix au fond du vase, on retire la lampe; après quoi on promène dans toute la capacité du vase la poix qu'on y a fait distiller, en détachant celle qui tient à ses parois avec un rable de bois et une ratissoire de fer courbée; ensuite on nettoie le vase avec un torchon, et on y verse de nouveau de la poix bien bouillante, pour l'en enduire avec un autre rable et un balai. Quant aux vases qui sont à rez terre, on les expose au soleil plusieurs jours avant de les poisser; et quand ils ont été suffisamment essorés, on les retourne pour les placer sur leur ouverture, de façon néanmoins qu'ils soient suspendus en l'air à l'aide de trois petites pierres sur lesquelles ils seront posés; ensuite on allume du feu par-dessous, et on le laisse brûler le temps nécessaire pour que la chaleur pénètre au fond du vase, au point de ne pouvoir pas être supportée si l'on y mettait la main. Enfin, on renverse la futaille à terre en la couchant sur le côté, puis on y verse de la poix très-bouillante, et on finit par la rouler, afin qu'elle en soit enduite dans toutes ses parties. Mais il faut faire cette opération un jour où il ne fasse pas de vent, de peur que les vases ne viennent à se casser, au cas que le vent donne dessus lorsque le feu sera allumé. Au reste, il suffit de vingt-cinq livres de poix dure pour enduire des futailles de la contenance d'un *culleus* et demi; et il est constant qu'en ajoutant au total de la poix qu'on fera cuire un cinquième de poix tirée du pays des *Brutii*, il en résultera un très-grand avantage pour toute la vendange qu'on mettra par la suite dans ces futailles.

XIX. Il faut aussi se donner des soins pour que le moût qu'aura rendu le raisin soit de longue garde, ou du moins pour qu'il se conserve jusqu'à la vente. Nous allons exposer tout de suite la manière dont il faut s'y prendre pour y parvenir, et nous montrerons les assaisonnements auxquels il faut avoir recours à cet effet. Quelques personnes réduisent le moût, en le faisant cuire dans des vases de plomb, les uns aux trois quarts, les autres aux deux tiers; mais il est constant qu'en le réduisant à moitié on aura de meilleur vin cuit, et que ce vin sera par conséquent plus utile pour les usages auxquels il est destiné : cela est même si constant, que, pour frelater le moût, on peut se servir de ce vin cuit jusqu'à diminution de moitié, au lieu de vin cuit jusqu'à diminution des deux tiers, pourvu qu'il provienne de vignes anciennes. Nous regardons comme le vin de la première qualité celui qui n'a pas besoin d'être frelaté pour durer longtemps; et nous croyons qu'il ne faut absolument y mettre aucune mixtion qui puisse en altérer le goût naturel, parce que ce qui peut plaire sans le secours de l'art est supérieur à tout. Mais quand le moût aura quelque mauvaise qualité, soit que cette qualité provienne du vice du terroir, soit qu'elle provienne de la jeunesse des vignes, il faudra choisir, pour en faire du vin cuit, un canton de vignes Aminées, si l'on est à portée d'en avoir; sinon, de vignes extrêmement vieilles qui donnent un vin agréable, et qui ne soient point plantées dans un terroir humide. Ensuite on observera le temps du déclin où la lune sera sous terre, et on cueillera alors par un jour sec et serein les grappes les plus mûres de ces vignes, et après les avoir foulées, on puisera dans la cuve le vin de mère-goutte, pour en remplir les vases qui servent à faire le vin cuit; ensuite on allumera le feu au fourneau, mais en observant de ne le faire d'abord et de ne l'entretenir qu'avec ces menus bois que les paysans appellent *cremia*, afin que le moût bouille à loisir. Celui qui

---

dentibus calefiunt, et cum pix ionum in fundum destillavit, sublata lampade, rutabulo ligneo et ferrea curvata radula ducitur, quod destillavit, aut quod in lateribus hæsit : deinde penicillo detergitur, et ferventissima pice infusa novo alio rutabulo et scopula picatur. At quæ supra terram consistunt, complures dies antequam curentur in solem producuntur. Deinde cum satis insolata sunt, in labra convertuntur, et subjectis parvis tribus lapidibus suspenduntur, atque ita ignis subjicitur, et tamdiu incenditur, donec ad fundum calor tam vehemens perveniat, ut apposita manus patiens ejus non sit : tum dolio in terram demisso, et in latus deposito, pix ferventissima infunditur, volutaturque, ut omnes dolii partes linantur. Sed hæc die quieto a ventis fieri debent, ne admoto igne cum afflaverit ventus vasa rumpantur. Sunt autem satis sesquiculleribus doliis picis duræ pondo vicenaquina. Nec dubium, quin si quinta pars picis brutiæ in universam cocturam adjiciatur, utilissimum sit omni vindemiæ.

XIX. Cura quoque adhibenda est, ut expressum mustum perenne sit, aut certe usque ad venditionem durabile. Quod quemadmodum fieri debeat, et quibus condituris adjuvari, deinceps subjiciemus. Quidam partem quartam ejus musti, quod in vasa plumbea conjecerunt, nonnulli tertiam decoquunt. Nec dubium, quin ad dimidium si quis excoxerit, meliorem sapam facturus sit, eoque usibus utiliorem, adeo quidem, ut etiam vice defruti, sapa, mustum, quod est ex veteribus vineis, condire possit. Quæcumque vini nota sine condimento valet perennari, optimam esse eam censemus, nec omnino quidquam permiscendum, quo naturalis sapor ejus infuscetur. Id enim præstantissimum est, quod suapte natura placere poterit. Cæterum cum aut regionis vitio, aut novellarum vinearum mustum laborabit, eligenda erit pars vineæ, si est facultas, Amineæ, si minus, quam bellissimi vini, quæque erit et vetustissima et minime uliginosa. Tum observabimus decrescentem lunam, cum est sub terra, et sereno siccoque die uvas quam maturissimas legemus, quibus proculcatis mustum quod defluxerit, ante quam prelo pes eximatur, satis de lacu in vasa defrutaria deferemus, lenique primum igne et tenuibus admodum lignis, quæ cremia rustici ap-

présidera à cette cuisson aura sous sa main des couloires de jonc ou de genêt d'Espagne cru, c'est-à-dire qui n'ait pas été battu, ainsi que des bâtons garnis par le bout de poignées de fenouil, avec lesquels il puisse parvenir jusqu'au fond des vases, à l'effet de remuer toute la lie qui s'y déposera, de la faire remonter à la superficie des vases, et d'ôter ensuite avec les couloires toutes les immondices qui s'y présenteront sur leurs bords; opération qu'il ne cessera pas de faire jusqu'à ce qu'il s'aperçoive que le moût, à force de s'éclaircir, est absolument sans lie. Alors il y mettra des coings, qu'il en retirera lorsqu'ils seront bien cuits, ou des odeurs convenables qu'il choisira à son gré, sans cesser de remuer le vin de temps en temps avec des bâtons garnis de fenouil, de peur que quelque chose ne s'attache au fond du vase de plomb, ce qui pourrait le faire crever. Lorsqu'ensuite le vase pourra supporter un feu plus ardent, c'est-à-dire, lorsque le moût sera déjà cuit en partie et qu'il bouillira intérieurement, il mettra par-dessous des bûches et de plus gros bois qu'auparavant, de façon néanmoins que ce bois ne touche point le cul du vase, parce qu'autrement il arriverait que le vase lui-même crèverait, ce qui n'est pas sans exemple, ou qu'au moins le moût brûlerait indubitablement, et contracterait dès lors une amertume qui l'empêcherait d'être d'aucune utilité pour les choses auxquelles il doit servir. Au surplus, avant de verser le moût dans les vases de plomb dont on se sert pour faire cuire le vin, il faudra les imbiber eux-mêmes intérieurement de bonne huile, et les en bien frotter. Cette précaution empêchera le vin cuit de brûler.

XX. Néanmoins, telle précaution que l'on ait prise en faisant le vin cuit, il arrive souvent qu'il s'aigrit comme le vin. Souvenons-nous en pareil cas de le frelater avec du vin cuit depuis un an, et dont la bonté ait déjà été éprouvée, parce qu'un mauvais correctif ne pourrait que gâter le fruit de la récolte. Quant aux vases dans lesquels on fait cuire le vin jusqu'à diminution des deux tiers ou de moitié, ils doivent plutôt être de plomb que de cuivre, parce que le vert-de-gris se détache de ces derniers dans la cuisson, et qu'ils corrompent eux-mêmes le goût des drogues qui entrent dans cette composition. Au surplus, les parfums que l'on fait cuire le plus communément avec le vin sont l'iris, le fenugrec, et la racine de jonc. Il faut jeter une livre de chacune de ces plantes dans un vase dans lequel on aura fait cuire quatre-vingt-dix amphores de moût, après que ce moût aura cessé de bouillir et qu'il sera purifié. Ensuite, si le moût est d'une nature légère, il faudra, lorsqu'il sera cuit jusqu'à diminution des deux tiers, retirer le feu du fourneau, et le rafraîchir aussitôt en jetant de l'eau dessus. Il est vrai qu'en suivant cette pratique, lorsque le vin cuit sera reposé, il se trouvera au-dessous du tiers même du vase; mais malgré ce déchet on y gagnera, en ce que plus il sera cuit (pourvu toutefois qu'il ne soit pas brûlé), plus il sera excellent et épais. En effet, il suffira, pour frelater du vin, de mettre sur chaque amphore un *sextarius* d'un vin cuit de la sorte. Au reste, si l'on fait cuire dans un vase la valeur de quatre-vingt-dix amphores de moût, on n'y mettra les drogues qu'au moment où il sera presque cuit jusqu'à diminution des deux tiers. Or ces drogues seront ou liquides ou résineuses, c'est-à-dire qu'elles consisteront en dix *sextarii* de poix

pellant, fornacem incendemus, ut ex commodo mustum ferveat. Isque qui præerit huic decoquendo, cola juncea vel spartea sed crudo, id est non malleato sparto præparata habeat : itemque fasciculos fœniculi fustibus illigatos, quos possit usque ad fundum vasorum demittere, ut quidquid fecis subsederit, exagitet et in summum reducat : tum colis omnem spurcitiam, quæ redundarit, expurget. Nec absistat id facere, donec videbitur eliquatum omni fece mustum carere. Tum sive mala cydonia, quæ percocta sublaturus sit, seu quoscunque voluerit convenientes odores adjiciat, et nihilo minus subinde fœniculo peragitet, nequid subsederit, quod possit plumbeum perforare. Cum deinde jam acriorem potuerit ignem vas sustinere, id est, cum aliqua jam parte mustum excoctum in se fervebit, tum codices et vastiora ligna subjiciantur, sed ita ne fundum contingant. Quod nisi vitatum fuerit, sæpe vas ipsum, [quod aliquando contingit,] pertundetur; vel si id factum non erit, utique aduretur mustum, et amaritudine concepta condituris fiet inutile. Oportebit autem antequam mustum in vasa defrutaria conjiciatur, oleo bono plumbea intrinsecus imbui, et bene fricari, atque ita mustum adjici. Ea res non patitur defrutum aduri.

XX. Quinetiam diligenter factum defrutum, sicut vinum, solet acescere : quod cum ita sit, meminerimus anniculo defruto, cujus jam bonitas explorata est, vinum condire. Nam vitioso medicamine fructus, qui perceptus est, vitiatur. Ipsa autem vasa, quibus sapa aut defrutum coquitur, plumbea potius quam ænea esse debent. Nam in coctura æruginem remittunt ænea, et medicaminis saporem vitiant. Odores autem vino fere apti sunt, qui cum defruto coquuntur, iris, fœnum Græcum, schœnum : harum rerum singulæ libræ in defrutarium, quod ceperit musti amphoras nonaginta, cum jam deferbuerit, et expurgatum erit, tum adjici debent. Deinde si natura tenue mustum erit, cum ad tertiam partem fuerit decoctum, ignis subtrahendus est, et fornax protinus aqua refrigeranda. Quod etiam si fecerimus, nihilo minus defrutum infra tertiam partem vasis considit. Sed id quamvis aliquid detrimenti habeat, prodest tamen : nam quanto plus decoquitur (si modo non est adustum) melius et spissius fit. Ex hoc autem defruto, quod sic erit coctum, satis est singulos sextarios singulis amphoris immiscere. Cum amphoras musti nonaginta in defrutario decoxeris, ita ut jam exiguum supersit de coctura [quod significat decoctum ad tertias] : tum demum medicamina adjicito, quæ sint aut liquida, aut resinosa, id est, picis liquidæ Nemeturicæ,

liquide tirée du pays des *Nemeturici*, que l'on aura délayée auparavant avec soin dans de l'eau de mer cuite, ou en une livre et demie de térébenthine. En mettant ces drogues on agitera beaucoup le vase de plomb, de peur qu'elles ne brûlent. Lorsqu'ensuite le vin sera réduit au tiers par la cuisson, on retirera le feu de dessous, et on remuera de temps en temps le vase de plomb, afin que les drogues se mélangent avec le vin cuit; après quoi, lorsque le vin paraîtra un peu tiédi, on le saupoudrera peu à peu avec d'autres aromates broyés et criblés, et on le fera remuer avec un râble de bois, jusqu'à ce qu'il soit refroidi. Si l'on ne brouillait pas les aromates de la manière que nous venons de prescrire, ils resteraient au fond du vase et brûleraient. Voici quels seront les parfums qu'il faudra employer pour la quantité de moût que nous avons indiquée : une feuille de nard ; une demi-livre tant d'iris d'Illyrie que de nard des Gaules, de costus, de palmier, de souchet et de racine de jonc, ou cinq *unciæ* de myrrhe ; une livre de canne ; une demi-livre de cannelle ; trois *unciæ* d'amome ; cinq de safran ; une livre de cette *cripa* qui ressemble aux pampres de la vigne. Il faut, comme je l'ai dit, prendre ces drogues sèches, les broyer et les piler avant de les employer, puis y ajouter du *rasis*, c'est-à-dire, d'une espèce de poix crue qui passe pour être d'autant meilleure qu'elle est plus vieille, parce que le temps l'ayant endurcie, il est plus facile de la réduire en poudre en la broyant, de sorte qu'elle s'amalgame mieux avec les autres drogues. Au reste, il suffira d'en mettre six livres sur la quantité de drogues que nous venons d'indiquer. On ne peut pas déterminer quelle sera la quantité de vin cuit composé de cette manière qu'il faudra mettre dans quarante-huit *sextarii* de moût pour le frelater, parce que c'est une chose qu'on ne peut estimer que d'après la qualité du vin, et qu'il faut prendre garde que le goût du vin n'annonce qu'il est frelaté, inconvénient qui éloignerait les acheteurs. Je suis cependant dans l'habitude d'en mettre sur deux amphores de moût (c'est-à-dire sur quatre urnes, l'urne étant de vingt-quatre *sextarii*) un *triens* lorsque la vendange a été humide, et un *quadrans* lorsqu'elle a été sèche. Je n'ignore pas que quelques agriculteurs en ont mis jusqu'à un *quadrans* par amphore : mais je sais aussi qu'ils ne l'ont fait que lorsqu'ils y ont été contraints par la trop grande faiblesse de leur vin, qui se serait à peine conservé pendant trente jours sans se gâter. Au reste, si l'on ne manque pas de bois, il sera encore mieux de faire bouillir le vin que l'on aura ainsi frelaté, et de le purger de sa lie en l'écumant, parce que quoiqu'il se trouve, en suivant cette méthode, un dixième de déchet sur le total, au moins ce qui en reste se conserve ensuite éternellement. Mais si l'on n'a pas du bois en abondance, on se contentera de mettre sur chaque amphore de vin une *uncia* de cette matière connue sous le nom de fleur de marbre ou de plâtre, ou deux *sextarii* de vin cuit jusqu'à diminution des deux tiers ; et quoique cette dernière méthode ne donne pas au vin la propriété de se garder éternellement, elle lui fait au moins conserver son goût jusqu'à la vendange suivante.

XXI. On fait cuire jusqu'à diminution des deux tiers un moût dont le goût soit très-agréable, et on lui donne le nom de *defrutum* lorsqu'il a passé par cette cuisson de la manière que j'ai détaillée ci-dessus : lorsqu'il est refroidi, on le transvase et on le serre pour s'en servir au bout d'un an. On peut néanmoins en mêler dans

---

cum eam diligenter ante aqua marina decocta perlueris, decem sextarios : item resinæ terebenthinæ sesquilibram. Hæc cum adjicies, plumbeum peragitabis, ne adurantur. Cum deinde ad tertias subsederit coctura, subtrahe ignem, et plumbeum subinde agitabis, ut defrutum et medicamenta coeant : deinde cum videbitur mediocriter calere defrutum, reliqua aromata contusa et cribrata paulatim insperges, et jubebis rutabulo ligneo agitari quod decoxeris, eousque dum defrigescat. Quod si non ita, ut præcepimus, permiscueris, subsident aromata, et adurentur. Ad prædictum autem modum musti adjici debent ii odores, nardi folium, iris illyrica, nardum gallicum, costum, palma, cyperum, schœnum, quorum singulorum selibræ satisfacient : item myrrhæ quincunx, calami pondo libram, casiæ selibram, amomi pondo quadrans, croci quincunx, cripæ pampinaceæ libram. Hæc, ut dixi, arida contusa et cribrata debent adjici, et his commisceri rasis, quod est genus crudæ picis : eaque quanto est vetustior, tanto melior habetur. Nam longo tempore durior facta, cum est contusa, in pulverem redigitur, et his medicaminibus admiscetur. Satis est autem prædictis ponderibus sex libras ejus misceri. Ex hac compositione, quantum in sextarios musti quadragenos octonos adjiciendum sit, incertum est, quoniam pro natura vini æstimari oportet, quod satis sit : cavendumque est, ne conditus sapor intelligatur. Nam ea res emptorem fugat. Ego tamen, si humida fuerit vindemia, trientem ; si sicca, quadrantem medicaminis in binas amphoras miscere solitus sum [ita, ut quatuor urnarum esset musti modus : urna autem quatuor et viginti sextariorum]. Nonnullos agricolas singulis amphoris quadrantem medicaminis indidisse scio, sed hoc coactos fecisse propter nimiam infirmitatem vini ejusmodi, quod vix triginta diebus integrum permanebat. Hoc tamen mustum, si sit lignorum copia, satius est infervefacere, et omnem spumam cum fecibus expurgare : quo facto decima pars decedet, sed reliqua perennis erit. At si lignorum penuria est, marmoris vel gypsi, quod flos appellatur, uncias singulas, item ad tertias decocti defruti sextarios binos singulis amphoris miscere oportebit. Ea res etiamsi non in totum perennem, at certe usque in alteram vindemiam plerumque vini saporem servat.

XXI. Mustum quam dulcissimi saporis decoquatur ad tertias, et decoctum, sicut supra dixi, defrutum vocatur ; quod cum defrixit, transfertur in vasa, et reponitur,

le vin, pour le frelater, dès le neuvième jour qui suivra sa cuisson ; mais il vaut mieux le laisser reposer un an. On en met un *sextarius* sur deux urnes de moût provenu de vignes plantées sur des coteaux ; au lieu qu'on en met trois *heminæ*, si le moût provient de vignes plantées en plat pays. Lorsque le moût est retiré de la cuve, on le laisse bouillir et se purger pendant deux jours, et l'on n'y met le vin cuit que le troisième. Ensuite, au bout de deux autres jours, lorsqu'il a cessé de bouillir avec ce vin cuit et qu'il s'est purgé, on y ajoute encore sur deux urnes de vin la quantité de sel grillé et broyé que peut contenir une *ligula*, ou une mesure de demi-*uncia* bien pleine. On jette à cet effet du sel très-blanc dans un pot de terre cuite non poissé, que l'on mastique ensuite soigneusement dans toute sa surface avec du mortier dans lequel il entre de la paille, et on le met en cet état auprès du feu pour l'y laisser griller tant qu'il pétillera ; et dès qu'il commence à ne plus faire de bruit, il est censé cuit. Outre cela, on fait tremper du fenugrec dans du vin vieux pendant trois jours ; quand on l'a retiré, on le fait sécher au soleil ; lorsqu'il est sec, on le broie, et on en met une cuillerée, c'est-à-dire le contenu du quart d'un *cyathus*, sur deux urnes de moût salé. Ensuite, lorsque le moût a cessé absolument de bouillir et qu'il est tranquille, on y met autant de fleur de plâtre qu'on y avait mis de sel ; après quoi on nettoie la futaille le lendemain, puis on couvre le vin après l'avoir ainsi nourri, et on le bouche. Telle était la méthode que suivait ordinairement Columelle, mon oncle paternel, qui était un célèbre agriculteur, pour frelater son vin dans les fonds de terre où il n'avait que des vignes marécageuses ; mais lorsqu'il frelatait du vin de coteaux, il y mettait au lieu de sel de l'eau salée, cuite jusqu'à diminution des deux tiers. Il est certain que cette eau fait foisonner le vin, et qu'elle lui fait acquérir une meilleure odeur ; mais d'un autre côté il y a du danger qu'elle ne le gâte, si elle est mal cuite. D'ailleurs, on la prend, comme je l'ai déjà dit, le plus loin du rivage qu'il est possible, parce que, plus elle est puisée en haute mer, plus elle est claire et pure. Si on la garde très-longtemps (comme faisait Columelle) en la transvasant d'abord au bout de trois ans après l'avoir éclaircie, et en ne la faisant cuire jusqu'à diminution des deux tiers que trois autres années après, elle sera bien meilleure pour frelater le vin, et il n'y aura plus de risque qu'elle le gâte. Au surplus, il suffit de mettre un *sextarius* d'eau salée sur deux urnes de moût, quoique bien des gens y en mettent deux, et d'autres jusqu'à trois ; et je ne serais pas éloigné moi-même de m'en tenir à cette quantité, si le vin se trouvait d'assez bonne qualité pour ne pas dévoiler par son goût cette mixtion d'eau salée. C'est pourquoi un chef de famille prudent, qui aura fait une nouvelle acquisition en fonds de terre, essayera, aussitôt après sa première vendange, trois ou quatre méthodes de frelater le vin sur trois ou quatre amphores de moût, afin de s'assurer combien le vin de son cru pourra supporter d'eau salée au plus, sans offenser le goût.

XXII. Pour apprêter et conserver le moût, on peut également se servir de poix liquide. Mettez une *metreta* de poix liquide, tirée du pays des *Nemeturici*, dans un bassin ou dans un vaisseau

---

ut post annum sit in usu. Potest tamen etiam post dies novem, quam refrixerit, adjici in vinum : sed melius est, si anno requieverit. Ejus unus sextarius in duas urnas musti adjicitur, si mustum ex vineis collinis est : sed si ex campestribus, tres heminæ adjiciuntur. Patimur autem, cum de lacu mustum sublatum est, biduo defervescere, et purgari. Tertio die defrutum adjicimus. Deinde interposito biduo, cum in mustum pariter cum defruto defbuerit, purgatur, et ita eo adjicitur in binas urnas ligula cumulata, vel mensura semunciæ bene plenæ salis cocti et triti. Sal autem quam candidissimus conjicitur in urceo fictili sine pice, qui urceus, cum receipt salem, diligenter totus oblinitur luto paleato, et ita igni admovetur, ac tamdiu torretur, quamdiu strepitum edit. Cum silere cœpit, finem habet cocturæ. Præterea fœnum Græcum maceratur in vino vetere per triduum : deinde eximitur, et in furno siccatur vel in sole : idque cum est aridum factum, molitur, et ex eo molito post salituram musti cochlear cumulatum, vel simile genus poculi ejus, quæ est quarta pars cyathi, adjicitur in binas urnas. Deinde cum jam perfecte mustum deferbuit et constitit, tantundem gypsi floris miscemus, quantum salis adjeceramus : atque ita postero die purgamus dolium, et nutritum vinum operimus atque oblinimus. Hac conditura Columella patruus meus, illustris agricola, uti solitus est in iis fundis, in quibus palustres vineas habebat. Sed idem, cum collina vina condiebat, aquam salsam decoctam ad tertias pro sale adjiciebat. Ea porro facit sine dubio majorem mensuram et odoris melioris : sed periculum habet, ne vitietur vinum, si male cocta sit aqua. Sumitur autem hæc, ut jam dixeram, quam longissime a littore. Nam liquidior et purior est, quantum altiori mari hausta est. Eam si quis (ut Columella faciebat) reponat, et post triennium in alia vasa eliquatam transfundat : deinde post alterum triennium decoquat usque ad partem tertiam : longe meliorem habebit conditutam vini, nec ullum periculum erit, ne vina vitientur. Satis est autem sextarios singulos adjicere salsæ aquæ in binas musti urnas : quamvis multi etiam binos immisceant, nonnulli etiam ternos sextarios : idque [ego] facere non recusem, si genus vini tantum valeat, ut aquæ salsæ non intelligatur sapor. Itaque diligens paterfamilias cum paraverit fundum, statim prima vindemia tres aut quatuor notas conditturæ totidem amphoris musti experietur, ut exploratum habeat, quantum plurimum salsæ vinum, quod fecerit, sine offensa gustus pati possit.

XXII. Picis liquidæ alterum medicamen, quo mustum condias. Picis liquidæ Nemeturicæ metretam adde in la-

quelconque, et versez dessus deux *congii* de lessive de cendre ; ensuite remuez le tout avec une spatule de bois. Lorsque cette mixtion sera reposée, videz l'eau de lessive, ensuite remettez-en autant que la première fois, puis remuez de même le tout et passez-le ; enfin répétez la même opération une troisième fois. La cendre fait passer l'odeur de la poix, et la purge de ses immondices. Ensuite prenez cinq livres de poix tirée du pays des *Brutii*, sinon, de telle autre poix que ce soit, pourvu qu'elle soit très-nette. Pilez-la bien menue et mêlez-la avec la poix tirée du pays des *Nemeturici*, puis versez dessus deux *congii* d'eau de mer qui soit ou très-vieille, si vous en avez de telle, ou nouvelle, mais cuite jusqu'à diminution des deux tiers. Laissez le bassin découvert au soleil pendant le lever de la Canicule, et remuez très-souvent ce qu'il contient avec une spatule de bois, jusqu'à ce que la poix que vous aurez ajoutée la seconde fois soit fondue dans la première, et qu'elles soient amalgamées ensemble. Il faudra cependant couvrir le bassin pendant la nuit, de peur qu'il n'y tombe de la rosée. Ensuite, lorsque l'eau de la mer que vous y aurez mise paraîtra évaporée au soleil, vous ferez porter le vase à la maison sans le vider. Il y a quelques personnes qui sont dans l'usage de mettre sur quarante-huit *sextarii* de vin le poids de trois *unciæ* de cette composition, et qui se contentent de cette quantité pour le frelater. D'autres en mettent trois *cyathi* sur la quantité de *sextarii* que nous venons de dire.

XXIII. On donne le nom de *corticata* à la poix dont les Allobroges se servent pour frelater le vin. On la fait très-dure, et plus elle est anciennement faite, meilleure elle est pour cet usage, parce qu'elle perd tout son gluant, et qu'il est dès lors plus aisé de la réduire en poudre et de la cribler. Il faut donc la broyer et la cribler avant tout ; ensuite, lorsque le moût aura bouilli par deux fois, ce qui se fait communément en quatre jours à compter du moment où on l'a tiré de la cuve, on le nettoie avec soin entre ses mains, et on en met un *sextans* et une *semuncia* sur quarante-huit *sextarii* de vin, puis on l'y mêle avec un râble de bois, après quoi on ne touche plus au vin tant qu'il bout ; il ne faut cependant pas le laisser bouillir plus de quatorze jours à partir du moment auquel il a été frelaté. Il faut au contraire le purifier au bout de quatorze jours, et s'il est resté de la lie aux bords ou aux parois des vases, les ratisser et les frotter, pour les couvrir et les boucher aussitôt après. Mais si l'on veut se servir de cette poix pour frelater le vin de toute une vendange, de façon qu'on ne puisse pas reconnaître à son goût s'il est poissé, il suffira d'en mettre six *scripula* sur quarante-huit *sextarii* de vin, ce qu'on ne fera qu'après que le moût aura cessé de bouillir et qu'il aura jeté sa lie. Il faudra néanmoins mettre en outre une *semuncia* de sel cuit et broyé sur la même quantité de moût. Au reste, ce n'est pas seulement dans le vin poissé qu'il faudra mettre du sel, mais on en mettra la même quantité, si faire se peut, sur telle espèce de vendange et en tel pays que ce soit, parce que cette précaution empêchera le vin de conserver aucune moisissure.

XXIV. La poix du pays des *Nemeturici* se fait dans la Ligurie. Pour la rendre propre à frelater le vin après qu'elle est faite, il faut prendre en pleine mer et très-loin du rivage de l'eau, que l'on réduira à moitié par la cuisson : lorsque cette

---

brum, aut in alveum, et in eodem infundito cineris lixiviæ congios duos, deinde permisceto spatha lignea. Cum requieverit, eliquato lixiviam : deinde iterum tantumdem lixiviæ addito, eodem pacto permisceto, et eliquato. Tertio quoque idem facito. Cinis autem odorem picis aufert, et eluit spurcitiam. Post eodem addito picis Brutiæ, si minus, alterius notæ quam purissimæ quinque libras. Hæc minute concidito, et admisceto pici Nemeturicæ. Tum aquæ marinæ quam vetustissimæ, si erit ; si minus, ad tertiam partem recentis aquæ marinæ decoctæ congios duos injicito. Apertum labrum sinito in sole per Caniculæ ortum, et spatha lignea permisceto quam sæpissime, usque eo, dum ea quæ addideris, in pice colliquescant, et unitas fiat. Noctibus autem labrum operire convenit, ne irroretur. Deinde cum aqua marina, quam addideris, sole consumpta videbitur, sub tectum vas totum ferre curabis. Hujus autem medicaminis quidam pondo quadrantem in sextarios XLVIII miscere soliti sunt, et hac conditura contenti esse. Alii cyathos tres ejus medicaminis adjiciunt in totidem sextarios, quot supra diximus.

XXIII. Pix corticata appellatur, qua utuntur ad condituras Allobroges. Ea sic conficitur, ut dura sit, et quanto facta est vetustior, eo melior in usu est. Nam omni lentore misso, facilius in pulverem resolvitur atque cribratur. Hanc ergo conteri et cribrari oportet : deinde cum bis mustum deferbuerit, quod plerumque est intra quartum diem, quam de lacu sublatum est, diligenter manibus expurgatur, et tunc demum prædictæ picis sextans et semuncia in sextarios quinque et quinquaginta adjicitur, et rutabulo ligneo permiscetur, nec postea tangitur, dum confervescat : quod tamen non amplius diebus quatuordecim a conditura patiendum est. Nam oportebit post hunc numerum dierum confestim vinum emundare, et si quid fecis aut labris vasorum aut lateribus inhæserit, eradi, ac suffricari, et protinus operculis impositis oblini. At si ex eadem pice totam vindemiam condire volueris, ita ne gustus picati vini possit intelligi, sat erit ejusdem picis sex scripula in sextarios quinque et quadraginta tum demum miscere, cum mustum deferbuerit, et feces expurgatæ fuerint. Oportebit autem salis decocti contritique semunciam in eundem modum musti adjicere. Nec solum huic notæ vini sal adhibendus est ; verum, si fieri possit, in omnibus regionibus omne genus vindemiæ hoc ipso pondere saliendum est : nam ea res mucorem vino inesse non patitur.

XXIV. Pix Nemeturica in Liguria conficitur. Ea deinde ut fiat condituris idonea, aqua marina quam longissime a

eau sera refroidie au point de ne plus brûler la main lorsqu'on l'y plongera, on en versera ce qu'on jugera suffisant sur cette poix, et on la remuera soigneusement avec une spatule de bois ou avec la main, afin de la délivrer de toutes les impuretés qui pourraient y être restées. Ensuite on laissera la poix tomber au fond, et on videra l'eau; après quoi on la lavera deux ou trois fois avec ce qui était resté d'eau cuite, et on la pétrira jusqu'à ce qu'elle devienne brillante : enfin, après l'avoir passée, on la laissera quatorze jours au soleil, afin que toute l'humidité qu'elle aura pu contracter dans l'eau se tarisse. Mais il faudra couvrir pendant la nuit le vase dans lequel on l'aura mise, de peur qu'il n'y tombe de la rosée. Lorsqu'on l'aura préparée de cette manière, et qu'on voudra frelater son vin, on mettra deux *cyathi* de cette poix sur quarante-huit *sextarii* de moût, après qu'il aura bouilli deux fois. Il faudra séparer à cet effet deux *sextarii* de moût sur le total de ce que l'on voudra frelater, pour les verser peu à peu sur un *sextans* de poix, et la pétrir ensuite à la main, comme on le pratique à l'égard du vin mêlé de miel, afin qu'elle s'amalgame plus aisément avec le moût. Mais quand ces deux *sextarii* seront entièrement amalgamés avec la poix, et qu'ils ne feront plus, pour ainsi dire, qu'une seule substance avec elle, il faudra pour lors les reverser dans le vase dont on les avait tirés d'abord, et en remuer le moût avec un rable de bois, afin qu'elle se mêle bien avec cette composition.

XXV. Comme quelques Grecs, pour ne pas dire tous, frelatent le moût avec de l'eau salée ou avec de la saumure, je n'ai pas cru devoir passer sous silence ce genre d'économie. Voici comme il faudra s'y prendre dans les pays qui sont situés au milieu des terres, et où l'on ne peut pas se procurer aisément de l'eau de mer, pour faire une saumure propre à ces sortes de mixtions. C'est l'eau de pluie qui est la plus convenable pour cette opération, et à son défaut celle qui coule d'une source très-limpide. On aura donc soin de mettre au soleil cinq ans d'avance une très-grande quantité de l'une ou l'autre de ces eaux, en la renfermant dans d'excellents vases : ensuite, lorsqu'elle sera pourrie, on la laissera reprendre d'elle-même son premier état. Quand elle l'aura repris, on aura d'autres vases dans lesquels on la passera doucement jusqu'à ce qu'on soit arrivé à la lie : car on trouve toujours un sédiment épais au fond d'une eau qui a été en repos. Après ces premiers soins, il faudra la faire bouillir jusqu'à diminution des deux tiers, comme du vin cuit : ensuite on mettra sur cinquante *sextarii* de cette eau douce un *sextarius* de sel avec autant d'excellent miel. Il faudra cuire tout ce mélange ensemble, et le purger de toutes ses immondices. Ensuite, lorsqu'il sera refroidi, on mettra ce qui en restera dans une amphore de moût. Si l'on a sa terre près de la mer, il faudra, pendant qu'il ne fera point de vent et que la mer sera bien calme, puiser de l'eau en pleine mer, et la faire bouillir jusqu'à diminution des deux tiers, en y ajoutant, si on le juge à propos, quelques aromates pris dans le nombre de ceux que j'ai détaillés ci-dessus, afin que, lorsqu'on l'emploiera dans le vin, elle lui donne plus d'odeur. Mais avant de tirer le moût de la cuve, on parfumera les vases dans lesquels on doit le mettre, soit avec du romarin, soit avec du laurier ou du myrte, et on les

---

littore de pelago sumenda est, atque in dimidiam partem decoquenda : quæ cum in tantum refrixerit, quantum ve contacta corpus urat, partem aliquam ejus, quæ satis videbitur, prædictæ pici immiscebimus, et diligenter lignea spatha vel etiam manu peragitabimus, ut si quid inest vitii eluatur. Deinde patiemur picem considere, et cum siderit, aquam eliquabimus : postea bis aut ter ex reliqua parte aquæ decoctæ tamdiu lavabimus et subigemus eam, donec rutila fiat : tum eliquatam in sole quatuordecim diebus patiemur esse, ut quisquis ex aqua humor remansit, assiccetur. Noctibus autem vas tegendum erit, ne irroretur. Cum hoc modo picem præparaverimus, et vina, cum jam bis defervuerint, condire voluerimus, in musti sextarios octo et quadraginta cyathos duos picis prædictæ sic adjiciemus. Ex ea mensura, quam condituri sumus, sextarios duos musti sumere oportebit, deinde ex his sextariis in picis sextantem paulatim mustum infundere, et manu tanquam mulsum subigere, quo facilius coëat. Sed ubi toti duo sextarii cum pice coierint, et quasi unitatem fecerint, tum eosdem in id vas, unde sumpseramus, perfundere, et ut permisceatur medicamen, rutabulo ligneo peragitare conveniet.

XXV. Quoniam quidam, immo etiam fere omnes Græci, aqua salsa vel marina mustum condiunt, eam quoque partem curæ non omittendam putavi. In mediterraneo, quo non est facilis aquæ marinæ invectio, sic erit ad condituras conficienda muria. Huic rei maxime est idonea cælestis aqua; si minus, ex fonte liquidissimo profluens. Harum ergo alterutram curabis quam plurimam et quam optimis vasis conditam ante quinquennium in sole ponere : deinde cum computruerit, tamdiu pati, donec ad pristinum modum perveniat. Quod cum factum fuerit, alia vasa habeto, et in ea sensim aquam eliquato, donec ad fecem pervenias. Semper enim in requieta aqua crassamen aliquod in imo reperitur. Sic curata cum fuerit, in modum defruti ad tertias decoquenda est. Adjiciuntur autem in aquæ dulcis sextarios quinquaginta, salis candidi sextarius, et mellis optimi unus sextarius. Hæc pariter decoqui, et omnem spurcitiam expurgari oportet. Deinde cum refrixerit, tum quantumcunque humoris est, tantum in amphoram musti portionem adjici. Quod si ager maritimus est, silentibus ventis de alto quam quietissimo mari sumenda est aqua, et in tertiam partem decoquenda, adjectis, si videbitur, aliquibus aromatis ex iis quæ supra retuli, ut sit odoratior vini curatio. Mustum autem antequam de lacu tollas, vasa rore marino vel lauro vel myrto suffu-

remplira jusqu'aux bords, afin que le vin se purge bien en bouillant; ensuite on frottera le bord des vases avec des pommes de pin. Il faudra frelater le vin le lendemain du jour qu'on l'aura tiré de la cuve, si on veut le rendre plus doux, et cinq jours après, si on veut l'avoir plus dur; on bouchera aussi les vases après les avoir remplis à mesure qu'ils auront souffert du déchet. Il se trouve des personnes qui, après avoir parfumé les cruches, commencent par y mettre les compositions dont ils se servent pour frelater le moût, avant de l'y verser lui-même.

XXVI. Dans les terroirs où le vin a coutume de s'aigrir, il faut, dès qu'on aura cueilli et foulé le raisin, et avant d'en porter le marc au pressoir, avoir soin de verser le moût dans un panier, et d'y ajouter un dixième d'eau douce tirée d'un puits creusé dans le terroir même; enfin de le cuire jusqu'à ce qu'il soit diminué d'une quantité pareille à celle de l'eau qu'on y aura ajoutée. Ensuite, lorsqu'il sera refroidi, on le versera dans des vases que l'on couvrira et que l'on bouchera; moyennant quoi il se conservera plus longtemps sans s'altérer en aucune façon. Il sera mieux d'y mettre de vieille eau que l'on aura gardée pendant plusieurs années, quoique le meilleur encore sera de n'en point mettre du tout, mais de le cuire jusqu'à diminution d'un dixième, et de le transvaser lorsqu'il sera froid, comme aussi d'y ajouter une *hemina* de gyp sur sept *sextarii* de moût, lorsqu'il sera refroidi après la cuisson. Quant au reste du moût qu'aura rendu le marc pressuré, il faudra le consommer au premier moment, ou le vendre.

XXVII. Manière de faire du vin très-doux. Étendez au soleil pendant trois jours les grappes de raisin que vous aurez cueillies; le quatrième jour foulez-les à midi pendant qu'elles seront chaudes, et prenez-en le vin de mère-goutte, c'est-à-dire, celui qui aura coulé dans la cuve avant que le raisin ait été pressuré : lorsqu'il aura cessé de bouillir, mettez-y une *uncia* d'iris bien broyée, mais pas davantage, sur cinquante *sextarii* de vin, et versez-le dans des vases après l'avoir purgé de sa lie en le passant. Ce vin ne sera pas moins agréable que durable et salutaire au corps.

XXVIII. Manière de composer d'autres sortes de mixtions excellentes pour frelater le vin, et le rendre durable. Broyez de l'iris très-blanche, faites infuser du fenugrec dans de vieux vin, puis exposez-le au soleil ou mettez-le au four, afin qu'il se sèche; après quoi vous le moudrez très-fin. Ensuite mêlez ensemble des parfums broyés, consistant en un *quincunx* et un *triens* à peu près d'iris criblée, autant de fenugrec, et un *quincunx* de racine de jonc; puis vous mettrez dans le vin une *uncia* et huit *scripula* de cette mixtion par cruches de la contenance de sept amphores, avec trois *heminæ* de gyp, si le moût provient de terroirs marécageux; un *sextarius*, s'il est fait avec du raisin de jeunes vignes, et une *hemina*, s'il est fait avec du raisin d'anciennes vignes plantées dans des terroirs secs. Il faut mettre ces ingrédients trois jours après que le raisin aura été foulé; mais avant de faire cette opération on survidera un peu de moût d'une cruche dans une autre, de peur qu'en bouillant avec la mixtion lorsqu'il sera frelaté, il ne s'enfuie. On mêlera dans un petit bassin ce qu'il faudra de gyp et d'autres espèces d'ingrédients pour chaque cruche, et après les y avoir délayés avec du moût, on les versera dans les cruches, où on les mêlera bien : dès que le vin aura cessé de bouil-

---

migato, et large repleto, ut in effervescendo vinum se bene purget. Postea vasa nucibus pineis suffricato. Quod vinum volueris dulcius esse, postero die; quod austerius, quinto die quam sustuleris, condire oportebit, et ita supplere, et oblinire vasa. Nonnulli etiam suffumigatis seriis prius condituram addunt, et ita mustum infundunt.

XXVI. In quo agro vinum acescere solet, curandum est, ut cum uvam legeris et calcaveris, prius quam vinacea torculis exprimantur, mustum in cortinam defundas, et aquæ dulcis puteanæ ex eodem agro partem decimam adjicias, et coquas, donec ea aqua, quam adjeceris, decocta sit. Postea cum refrixerit, in vasa defundas, et operias, et oblinas : ita diutius durabit, et detrimenti nihil fiet. Melius est, si veterem servatam compluribus annis aquam addideris; longeque melius si aquæ nihil addideris, et decimam musti decoxeris, frigidumque in vasa transtuleris, et si in sextarios vii musti heminam gypsi miscueris, posteaquam decoctum refrixerit. Reliquum mustum, quod e vinaceis fuerit expressum, primo quoque tempore absumito, aut ære commutato.

XXVII. Vinum dulce sic facere oportet. Uvas legito, in sole per triduum expangito, quarto die meridiano tempore calidas uvas proculcato, mustum lixivium, hoc est, antequam prelo pressum sit, quod in lacum musti fluxerit tollito : cum deferbuerit, in sextarios quinquaginta irim bene pinsitam nec plus unciæ pondere addito, vinum a fecibus eliquatum diffundito. Hoc vinum erit suave, firmum, corpori salubre.

XXVIII. Alia medicaminum genera vini conditoris et firmitati aptissima sic facito. Irim quam candidissimam pinsito, fœnum Græcum vetere vino macerato : deinde in sole exponito aut in furno, ut siccescat : tum commolito minutissime. Item odoramenta trita, id est, irim cribratam, quæ sit instar pondo quincuncem et trientem, fœni Græci pondo quincuncem et trientem, schœni pondo quincuncem in unum permisceto : tum in serias singulas quæ sint amphorarum septenum, addito medicaminis pondo unciam et scripula octo; gypsi, cum ex locis palustribus mustum erit, in serias singulas ternas heminas; cum de novellis vineis erit, sextarium; cum de veteribus et locis siccis, heminas singulas adjicito. Tertio die quam calcaveris, conditurum infundito, sed antequam condias, musti aliquantum in seriam de seria transferto, ne in condiendo cum medicamento effervescat et fluat. Sic autem curatum,

lir, on remplira les cruches et on les bouchera. Toutes les fois que vous aurez frelaté du vin, gardez-vous de le verser aussitôt dans des vases, mais laissez-le reposer dans les futailles ; et lorsque vous voudrez le transvaser des futailles ou des cruches dans d'autres vases, ayez soin que ceux-ci soient bien poissés et bien propres, et ne faites cette opération qu'au printemps, quand les roses seront en fleur, et que le vin sera purifié et parfaitement clair. Si vous voulez le garder longtemps, mettez sur un baril de la contenance de deux urnes un *sextarius* d'excellent vin, ou trois *sextarii* de lie de bon vin qui soit nouvelle ; ou si vous avez des vases dont vous ayez tiré récemment le vin, survidez-le dans ces vases. En suivant l'une ou l'autre de ces méthodes, le vin sera bien meilleur et bien plus durable : et pour peu que vous y ajoutiez en outre de bonnes odeurs, vous en écarterez toutes les mauvaises, ainsi que toutes les sortes de mauvais goût, parce qu'il n'y a rien qui attire plus les odeurs étrangères que le vin.

XXIX. Manière dont il faut s'y prendre pour faire que le moût soit toujours aussi doux que dans sa nouveauté. Avant de porter le marc au pressoir, mettez dans une amphore neuve du moût très-nouveau au moment que vous l'aurez tiré de la cuve, bouchez cette amphore, et enduisez-la bien exactement de poix, afin que l'eau ne puisse pas y pénétrer ; ensuite plongez-la, de façon qu'elle soit entièrement submergée, dans un réservoir dont l'eau soit fraîche et douce, et retirez-l'en quarante jours après ; vous aurez par ce moyen du vin qui se conservera doux pendant une année entière.

XXX. Du moment où l'on aura couvert les futailles jusqu'à l'équinoxe du printemps, Il suffira de soigner le vin une fois tous les trente-six jours ; au lieu que, passé l'équinoxe, il faudra le faire deux fois ou plus souvent, si les fleurs commencent à s'y mettre, de peur qu'elles ne tombent au fond des futailles, et qu'elles n'altèrent le goût du vin. Plus la chaleur sera grande, plus il faudra soigner le vin souvent, le rafraîchir et lui donner de l'air, parce qu'il se conservera toujours en bon état tant qu'on le tiendra bien frais. Toutes les fois que l'on soignera le vin, on frottera les bords ou les ouvertures des futailles avec des pommes de pin. Si vous avez des vins trop durs ou qui ne soient pas bons, soit par le vice du terroir, soit à cause des mauvais temps qui seront survenus, prenez de la lie de bon vin, et faites-en des pâtes que vous sécherez d'abord au soleil et que vous cuirez ensuite au feu ; après quoi vous les broierez et vous en mettrez un *quadrans* dans chaque amphore que vous boucherez, et le vin se bonifiera.

XXXI. Si quelque animal, tel qu'un serpent, un rat ou une souris, vient à tomber dans le moût et qu'il y perde la vie ; pour éviter qu'il ne fasse contracter au vin une mauvaise odeur, brûlez son corps tel que vous l'aurez trouvé, et jetez-en la cendre, quand elle sera refroidie, dans le vase où il sera tombé, puis mêlez-la avec un râble de bois : ce sera le vrai remède.

XXXII. Bien des personnes croient que le vin de marrube est bon pour toutes les maladies internes, et surtout pour la toux. Lorsque vous ferez la vendange, cueillez de jeunes tiges de marrube, principalement dans les terrains incultes et maigres, et faites-les sécher au soleil ; après quoi vous les lierez en petites bottes avec une

gypsum et medicamentum in labello permisceto, quantum seriis singulis fuerit necessarium, idque medicamentum musto diluito, et ipsa ad serias addito et permisceto : cum deferbuerit, statim repleto et oblinito. Omne vinum cum condieris, nolito statim diffundere, sed sinito in doliis liquescere : postea cum de doliis aut de seriis diffundere voles, per ver florente rosa, defecatum quam limpidissimum in vasa bene picata et pura transferto. Si in vetustatem servare voles, in cado duarum urnarum quam optimi vini sextarium, aut fecis generosæ recentis sextarios tres addito : aut si vasa recentia, ex quibus vinum exemptum sit, habebis, in ea confundito. Si horum quid feceris, multo melius et firmius erit vinum. Etiam si bonos odores addideris, omnem malum odorem et saporem prohibueris : nam nulla res alienum odorem celerius ad se ducit, quam vinum.

XXIX. Mustum ut semper dulce tanquam recens permaneat, sic facito. Antequam prelo vinacea subjiciantur, de lacu quam recentissimum addito mustum in amphoram novam, eamque oblinito, et impicato diligenter, ne quidquam aquæ introire possit : tunc in piscinam frigidæ et dulcis aquæ totam amphoram mergito, ita nequa pars exstet ; deinde post dies XL eximito : sic usque in annum dulce permanebit.

XXX. Ab eo tempore quo primum dolia operculaveris, usque ad æquinoctium vernum semel in diebus XXXVI vinum curare satis est, post æquinoctium vernum bis, aut si vinum florere incipiet, sæpius curare oportebit : ne flos ejus pessum eat, et saporem vitiet. Quanto major æstus erit, eo sæpius convenit vinum nutriri refrigerarique, et ventilari : nam quamdiu bene frigidum erit, tamdiu recte manebit. Labra vel fauces doliorum semper suffricari nucibus pineis oportebit, quoties vinum curabitur. Siqua vina erunt duriora aut minus bona, quod agri vitio aut tempestate sit factum, sumito fecem vini boni, et panes facito, et in sole arefacito, et coquito in igne : postea terito, et pondo quadrantem amphoris singulis infricato, et oblinito, bonum fiet.

XXXI. Si quod animal in mustum ceciderit, et interierit, uti serpens aut mus sorexve, ne mali odoris vinum faciat, ita ut repertum corpus fuerit, id igne adoleatur, cinisque ejus in vas, quo deciderat, frigidus infundatur, atque rutabulo ligneo permisceatur : ea res erit remedio.

XXXII. Vinum marrubii multi utile putant ad omnia intestina vitia, et maxime ad tussim. Cum vindemiam facies, marrubii caules teneros maxime de locis incultis et macris legito, eosque in sole siccato : deinde fasciculos facito, et tomice palmea aut juncea ligato, et in seriam

ficelle de palmier ou de jonc, et vous les mettrez dans une cruche de vin, de façon que la ligature ne soit pas plongée dans le vin. On met sur deux cents *sextarii* de vin doux, huit livres de marrube, qu'on laisse bouillir avec le moût; après quoi on les retire, et l'on bouche exactement ce vin ainsi médicamenté.

XXXIII. Manière de préparer le vin de scille, qui est bon pour aider la digestion, pour refaire le corps, ainsi que pour les toux anciennes et pour l'estomac. On cueille la scille quarante jours avant la vendange, et on la coupe comme des racines de raifort en très-petits morceaux, que l'on suspend à l'ombre afin qu'ils se sèchent : lorsqu'ils sont séchés, on en met une livre sur quarante-huit *sextarii* de moût Aminé, et on l'y laisse trente jours; après quoi on l'en retire, et on verse ce vin, après l'avoir éclairci, dans de bonnes amphores. D'autres auteurs veulent qu'on mette sur quarante-huit *sextarii* de moût une livre et un *quadrans* de scille sèche, ce que je ne désapprouve pas moi-même.

XXXIV. Ceux qui veulent faire du vinaigre de scille mettent la même quantité de scille que nous venons d'indiquer, sur deux urnes de vinaigre, et l'y laissent pendant quarante jours. Pour faire un *embamma* (vinaigrette), on met sur trois amphores de moût un *congius* de vinaigre mordant, ou deux fois autant s'il n'est pas mordant; et on fait cuire ce mélange dans une marmite jusqu'à ce qu'il soit diminué d'un *palmus*, (c'est-à-dire d'un quart, en supposant cette marmite de la contenance de trois amphores) ou d'un tiers, si c'est du moût qui ne soit pas doux. On a aussi soin de l'écumer; mais il faut que ce soit du moût de première serre, et qui soit clair.

XXXV. Manière de faire des vins d'absynthe, d'hysope, d'aurone, de thym, de fenouil et de pouliot. Faites cuire une livre d'absynthe du Pont dans quatre *sextarii* de moût, jusqu'à ce que ce moût soit diminué d'un quart, et mettez-en le reste, quand il sera refroidi, dans une urne de moût Aminé. Observez les mêmes procédés pour les autres plantes que nous venons de nommer. On peut aussi faire cuire trois livres de pouliot sec dans un *congius* de moût, jusqu'à ce qu'il soit diminué d'un tiers; et lorsque cette décoction est refroidie, on en retire le pouliot, et on la verse dans une urne de moût. Rien n'empêche d'en donner aussitôt à ceux qui sont enrhumés pendant l'hiver : cette espèce de vin s'appelle *glechonites* (pouliot).

XXXVI. Le vin de taille est celui que l'on exprime après la première serre, quand on a coupé alentour le tas du marc. On verse cette espèce de moût dans une amphore neuve, en la remplissant jusqu'aux bords; ensuite on y met de petites branches de romarin sec liées en bottes avec du lin, et on les laisse bouillir avec le vin pendant sept jours; après quoi on les en retire, et on enduit de plâtre les vases dans lesquels on enferme ce vin après l'avoir bien purifié. Au reste, il suffit de mettre une livre et demie de romarin sur deux urnes de moût. On pourra employer ce vin comme remède au bout de deux mois.

XXXVII. Manière de faire du vin semblable au vin grec. Cueillez des grappes de raisin hâtif qui soient très-mûres, et faites-les sécher au so-

---

mittito, ita ut vinculum exstet : in musti dulcis sext. cc., marrubii libras viii adjicito, ut simul cum musto defervescat : postea eximito marrubium, et purgatum vinum diligenter oblinito.

XXXIII. Vinum scilliten ad concoquendum, et ad corpus reficiendum, item ad veterem tussim et ad stomachum hoc modo condire oportet: Primum ante dies quadraginta quam vinum voles vindemiare, scillam legito, eamque secato quam tenuissime, sicut raphani radicem, taleolasque sectas suspende in umbra, ut adsiccentur : deinde cum aridæ erunt, in musti Aminei sextarios XLVIII, scillæ aridæ adde pondo libram, eamque inesse patere diebus XXX, postea eximito, et defecatum vinum in amphoras bonas adjicito. Alii scribunt in musti sextarios XLVIII, scillæ aridæ pondo libram et quadrantem adjici oportere : quod et ipsum non improbo.

XXXIV. Scillæ pondus, quod supra dixi, in aceti duas urnas adjiciunt, et per XL dies inesse patiuntur, qui scilliticum acetum facere volunt. Ad embammata. In tres amphoras musti mittis acetis congium aut duplum, si non est acre, et in ollam, quæ fert amphoras tres, decoquis ad palmum, id est, ad quartas : aut si non est dulce mustum, ad tertias : despumetur. Sed mustum desub massa et limpidum sit.

XXXV. Vinum absinthiten, et hyssopiten, et abrotoniten, et thymiten, et marathriten, et glechoniten sic condire oportet. Pontici absinthii pondo libram cum musti sextar. IV decoque usque ad quartas : reliquum quod erit, id frigidum adde in musti Aminei urnam. Idem ex reliquis [rebus] quæ suprascripta sunt, facito. Possunt etiam puleii aridi tres libræ cum congio musti ad tertias decoqui, et cum refrixerit liquor, exempto puleio in urnam musti adjici : idque mox tussientibus per hiemem recte datur : vocaturque vini nota glechonites.

XXXVI. Mustum tortivum est, quod post primam pressuram vinaceorum circumciso pede exprimitur. Id mustum conjicies in amphoram novam, et implebis ad summum. Tum adjicies ramulos rorismarini aridi lino colligatos, et patieris una defervescere per dies septem : deinde eximes ramulorum fasciculum, et purgatum diligenter vinum gypsabis. Sat erit autem rorismarini sesquilibram in duas urnas musti adjicere. Hoc vino post duos menses possis pro remedio uti.

XXXVII. Vinum simile Græco facere. Uvas præcoquas quam maturissimas legito, easque per triduum in sole siccato. Quarto die calcato, et mustum quod nihil habeat ex tortivo, conjicito in seriam, diligenterque curato, ut cum deferbuerit, feces expurgentur : deinde quinto die

tell pendant trois jours : foulez-les le quatrième jour, puis versez dans une cruche le moût qu'elles auront rendu, sans qu'il s'y trouve une seule goutte de vin de taille mêlée, et ayez bien soin de le purger de sa lie. Lorsqu'il aura cessé de bouillir, mettez-y, cinq jours après qu'il sera purifié, deux *sextarii* ou au moins un de sel grillé et criblé, sur quarante-neuf *sextarii* de moût. Il y a des personnes qui y mettent aussi un *sextarius* de vin cuit, et d'autres qui en mettent jusqu'à deux, quand ils croient que le vin est d'une qualité peu durable.

XXXVIII. Manière de faire du vin de myrte qui sera bon pour la dyssenterie, pour le flux de ventre et pour la faiblesse de l'estomac. Il y a de deux sortes de myrte, le noir et le blanc. On cueille les baies du myrte noir lorsqu'elles sont mûres ; après en avoir ôté la graine, on les fait sécher au soleil, et on les serre en un lieu sec dans un flacon de terre cuite. Ensuite on cueille au temps de la vendange, pendant que le soleil est ardent, soit dans un vieux plant de vignes mariées à des arbres, soit dans de très-anciens vignobles, du raisin Aminé bien mûr, dont on met le moût dans une cruche. Le même jour et avant que le moût fermente, on broie les baies de myrte que l'on avait serrées ; après quoi on en pèse une quantité de livres égale à la quantité d'amphores que l'on veut remplir de vin de myrte ; ensuite on tire un peu de moût de la cruche, et on le saupoudre avec toute la poudre que ces baies ont donnée, comme avec de la farine. Après quoi on fait de cette pâte plusieurs petites boulettes que l'on jette dans la cruche, en les laissant tomber doucement le long des parois du vase, de façon qu'elles ne puissent pas s'empiler les unes sur les autres. Lorsqu'ensuite le moût a bouilli deux fois, et qu'il a été clarifié autant de fois, on broie encore de la même manière qu'auparavant une quantité de baies pareille à celle que nous venons de marquer ; mais on n'en fait plus de même des boulettes, et l'on se contente de verser dans un petit bassin du moût tiré de la même cruche, et de le mêler avec la même quantité de poudre de myrte, de façon qu'il en résulte une espèce de bouillon épais, que l'on reverse dans la cruche après l'avoir bien mêlé, et que l'on y remue encore avec un râble de bois. Neuf jours après cette opération, on purifie le vin et on frotte la cruche avec des balais de myrte sec, puis on la couvre afin qu'il ne tombe rien dans le vase ; après quoi on purifie encore le vin au bout de sept jours, et on le verse dans des amphores bien poissées et de bonne odeur, en prenant la plus grande précaution pour le verser clair et sans lie. Autre façon de faire du vin de myrte. On fait bouillir trois fois du miel attique, et on l'écume autant de fois, ou, si l'on n'en a point, on choisit le meilleur miel possible, que l'on écume quatre ou cinq fois, parce que moins le miel est de bonne qualité, plus il est chargé d'impuretés. Lorsqu'ensuite le miel est refroidi, on cueille des baies de myrte blanc qui soient très-mûres, et on les écrase, en ménageant cependant la graine qu'elles contiennent ; après quoi on les met dans un petit panier de bois pour en extraire le jus, dont on mêle six *sextarii* avec un *sextarius* de miel bouilli ; et après avoir versé ce jus dans une petite bouteille, on la bouche. Mais il faut faire cette opération au mois de décembre, temps où la graine de myrte est communément mûre. On prendra

cum purgaveris mustum, salis cocti et cribrati duos sextarios, vel, quod est minimum, adjicito unum sextarium in sextarios musti XLIX. Quidam etiam defruti sextarium miscent : nonnulli etiam duos adjiciunt, si existimant vini notam parum esse firmam.

XXXVIII. Vinum myrtiten ad tormina, et ad alvi proluviem, et ad imbecillum stomachum sic facito. Duo sunt genera myrti, quorum alterum est nigrum, alterum album. Nigri generis baccae, cum sunt maturae leguntur, et semina earum eximuntur, atque ipsae sine seminibus in sole siccantur, et in fictili fidelia sicco loco reponuntur. Deinde per vindemiam ex vetere arbusto, vel si id non est, ex vetustissimis vineis Amineae bene maturae uvae sole calido leguntur, et ex his mustum adjicitur in seriam, et statim primo die antequam id ferveat, baccae myrti, quae fuerant repositae, diligenter conteruntur, et totidem earum libræ contusarum appendantur, quot amphorae condiri debent : tum exiguum musti sumitur ex ea seria, quam medicaturi sumus, et tanquam farina conspergitur, quidquid contusum et appensum est. Post haec complures ex ea massulae fiunt, et ita per latera seriae in mustum demittuntur, ne altera offa super alteram perveniat. Cum deinde bis mustum deferbuerit, et bis curatum est, rursus eodem modo, et tantundem ponderis baccae, sicut supra dixi, contunditur : nec jam ut prius massulae fiunt, sed in labello mustum de eadem seria sumitur, praedicto ponderi permiscetur, sic ut sit instar juris crassi : quod cum est permistum, in eandem seriam confunditur, et rutabulo ligneo peragitatur. Deinde post nonum diem quam id factum est, vinum purgatur, et scopulis aridae myrti seria suffricatur, operculumque superimponitur, ne quid eo decidat. Hoc facto post septimum diem rursus vinum purgatur, et in amphoras bene picatas et bene olidas diffunditur : sed curandum est, ut cum diffundis, liquidum et sine fece diffundas. Vinum aliud myrtiten sic temperato. Mel Atticum ter infervere facito, et toties despumato : vel si Atticum non habueris, quam optimum mel eligito, et quater vel quinquies despumato. Nam quanto est deterius, tanto plus habet spurcitiae : cum deinde mel refrixerit, baccae albi generis myrti quam maturissimas legito, et perfriato, ita ne interiora semina conteras. Mox fiscello lineo inclusas exprimito, succumque earum qui sit sextariorum sex, cum mellis decocti sextario immisceto, et in lagunculam diffusum oblinito. Sed hoc mense Decembri fieri debebit, quo fere tempore matura sunt myrti semina : custodiendumque erit, ut ante quam baccae legan-

garde aussi qu'il ait fait beau temps pendant les sept ou au moins pendant les trois derniers jours qui auront précédé la cueillette des baies de myrte ; en tous cas, ou évitera de les cueillir lorsqu'il aura plu quelques jours avant, ou qu'elles seront couvertes de rosée. Bien des personnes cueillent des baies de myrte, soit noir, soit blanc, dès qu'elles sont mûres ; et quand elles les ont un peu fait sécher en les laissant à l'ombre pendant l'espace de deux heures, elles les broient, en ménageant, autant que faire se peut, la graine qu'elles renferment ; ensuite elles expriment la quantité qu'elles en ont broyée à travers un tamis de lin, et enferment le jus qui en découle dans des petites bouteilles bien poissées, après l'avoir passé à travers une couloire de jonc, sans y mêler ni miel ni rien autre chose. Cette liqueur ne dure pas à la vérité aussi longtemps que l'autre composition de myrte ; mais d'un autre côté tant qu'elle se conserve sans s'altérer, elle est meilleure pour la santé. D'autres font cuire jusqu'à diminution des deux tiers le jus même qu'ils en ont exprimé, lorsqu'ils en ont une grande quantité ; et après l'avoir laissé refroidir, ils l'enferment dans de petites bouteilles poissées. Ce dernier se conserve plus longtemps que celui qui n'a pas été cuit, quoique celui-ci même puisse aller jusqu'à deux ans sans se gâter, pourvu qu'il ait été fait proprement et avec soin.

XXXIX. Voici la méthode que Magon prescrit pour faire d'excellent vin avec du raisin séché au soleil ; procédé que j'ai suivi moi-même. Il faut cueillir des grappes de raisin hâtif très-mûres, et en séparer les grains desséchés ou endommagés, puis enfoncer en terre, à la distance de quatre pieds en tous sens, des fourches ou des pieux, et les assembler avec des perches, afin qu'ils puissent soutenir des roseaux. Ces roseaux posés dessus, on y étendra les grappes de raisin au soleil, et on les couvrira pendant la nuit, de peur que la rosée ne tombe sur les grappes. Lorsqu'elles seront séchées, on les égrappera, et on en jettera les grains dans une futaille ou dans une cruche, dans laquelle on versera d'excellent moût, de façon que les grains de raisin en soient entièrement recouverts. Au sixième jour, lorsque ces grains seront bien imbibés de ce moût jusqu'à en être gonflés, on les mettra dans un petit cabas, et on les fera pressurer sous l'arbre du pressoir. Quand on aura pris le vin qu'ils auront rendu, on versera sur le marc qui restera du moût très-nouvellement fait avec d'autre raisin qui aura été exposé au soleil pendant trois jours, et on foulera ce marc. Lorsqu'il aura été bien mêlé dans ce moût, on le remettra sous l'arbre du pressoir, et on renfermera aussitôt le second vin qui résultera de ces raisins secs dans des vases bien bouchés, de peur qu'il ne devienne trop dur. Enfin au bout de vingt ou trente jours, lorsqu'il aura cessé de bouillir, on le survidera dans d'autres vases, dont on enduira aussitôt les couvercles de plâtre, et que l'on recouvrira d'une peau. Si l'on veut faire du vin avec du raisin muscat séché au soleil, on cueillera des grappes de ce raisin qui ne soient point endommagées, et on les nettoiera en jetant de côté les grains qui seront pourris ; après quoi on les suspendra à l'air sur des perches. Il faudra avoir soin que ces perches soient toujours au soleil. Quand ces grappes seront suffisamment flétries, on les égrappera, et on jettera dans une futaille les grains seuls et séparés de la rafle, puis on les foulera bien aux pieds. Lorsqu'on en aura fait un lit en les foulant, on arrosera ce lit de vieux vin ; après quoi on les foulera de nouveau, et on les arrosera encore de vin. On les foulera de même

tur, si fieri potest, septem diebus, sin autem, ne minus triduum serenum fuerit, aut certe non pluerit ; et ne rorulentæ legantur cavendum. Multi nigram vel albam myrti baccam, cum jam maturuit, destringunt, et duabus horis eam cum paululum in umbra expositam siccaverunt, perterunt ita, ut quantum fieri potest, interiora semina integra permaneant. Tum per lineum fiscum, quod pertriverant, exprimunt, et per colum junceum liquatum succum lagunculis bene picatis condunt, neque melle neque alia re ulla immista. Hic liquor non tam est durabilis, sed quamdiu sine noxa manet, utilior est ad valetudinem quam alterius myrtitis notæ compositio. Sunt qui hunc ipsum expressum succum, si sit ejus copiosior facultas, in tertiam partem decoquant, et refrigeratum picatis lagunculis condant. Sic confectum diutius permanet : sed et quod non decoxeris, poterit innoxium durare biennio, si modo munde et diligenter id feceris.

XXXIX. Passum optimum sic fieri Mago præcipit, ut et ipse feci. Uvam præcoquam bene maturam legere, acina mucida aut vitiosa rejicere : furcas vel palos, qui cannas sustineant, inter quaternos pedes figere, et perticis jugare : *tum insuper cannas ponere, et in sole pandere uvas, et noctibus tegere, ne irrorentur : cum deinde exaruerint, acina decerpere, et in dolium aut in scriam conjicere, eodem mustum quam optimum, sic ut grana submersa sint, adjicere : ubi combiberint uvæ, seque impleverint, sexto die in fiscellam conferre, et prelo premere, passumque tollere : postea vinaceos calcare adjecto recentissimo musto, quod ex aliis uvis factum fuerit, quas per triduum insolaveris : tum permiscere, et subactam brisam prelo subjicere, passumque secundarium statim vasis oblitis includere, ne fiat austerius : deinde post viginti vel triginta dies, cum deferbuerit, in alia vasa deliquare, et confestim opercula gypsare, et pelliculare. — Passum si ex uva Apiana facere volueris, uvam Apianam integram legito, acina corrupta purgato et secernito, postea in perticis suspendito. Perticæ uti semper in sole sint facito, ubi satis corrugata erunt acina, demito et sine scopionibus in dolium conjicito, pedibusque bene calcato. Ubi unum tabulatum feceris, vinum vetus spergito, postea alterum super-calcato, item vinum conspergito. Eodem modo tertium calcato, et infuso vino ita supernatare sinito dies quinque ;*

une troisième fois, et on versera du vin par-dessus jusqu'à ce qu'ils surnagent; après quoi on les laissera dans ce vin pendant cinq jours, ensuite on les foulera aux pieds et on les pressurera dans un cabas neuf. Quelques personnes préparent, pour faire ce vin, de vieille eau de pluie en la faisant bouillir jusqu'à diminution des deux tiers. Ensuite, lorsqu'elles ont fait sécher le raisin au soleil de la manière que nous venons de dire, elles l'arrosent avec cette eau au lieu de l'arroser avec du vin, et procèdent quant au reste de la manière que nous avons indiquée. Cette méthode est peu dispendieuse lorsqu'on a du bois en abondance, et même le vin obtenu par le second procédé est plus doux à boire que celui qui serait fait avec du raisin séché au soleil, suivant les méthodes précédentes.

XL. Manière de faire de très-bon vin de dépense. Comptez le nombre de *metretæ* que pourra remplir la dixième partie du vin que vous aurez fait en une journée, et mettez le même nombre de *metretæ* d'eau douce sur le marc dont vous aurez exprimé le vin pendant la journée : ajoutez-y de l'écume de vin cuit jusqu'à diminution de moitié ou des deux tiers avec de la lie prise au fond de la cuve, et mêlez le tout ensemble : vous laisserez tremper cette bouillie pendant la nuit, et le lendemain vous la foulerez aux pieds. Quand elle sera bien mêlée par cette opération, vous la mettrez sous l'arbre du pressoir; après quoi vous verserez dans des futailles ou dans des amphores le vin qu'elle aura rendu, et vous boucherez ces vases quand il aura bouilli : il est néanmoins plus commode de le garder dans des amphores. M. Columelle faisait ce vin de dépense avec de vieille eau, et il parvenait à le conserver quelquefois pendant plus de deux ans sans qu'il se gâtât.

XLI. Manière de faire d'excellent vin mêlé de miel. Prenez dans la cuve, aussitôt qu'il sera fait, le vin de mère-goutte qui aura coulé sans que le raisin ait encore été trop foulé; mais ayez soin que ce vin soit fait avec du raisin de vignes mariées à des arbres, qui ait été cueilli par un temps sec. Vous jetterez dix livres d'excellent miel dans une urne de ce moût, et, après l'avoir mêlé avec soin, vous le verserez dans un flacon que vous enduirez aussitôt de plâtre, et vous le ferez serrer sur le plancher. Si vous en voulez faire une plus grande quantité, vous proportionnerez la quantité de miel qu'il y faudra mettre à celle que nous venons de fixer. Il faudra ouvrir le flacon au bout de trente et un jours, et survider le moût, après l'avoir passé dans un autre vase qu'on bouchera, et qu'on mettra sur le four.

XLII. Recette (appelée διὰ ὀπώρας) contre la dyssenterie. On fait cuire dans une marmite neuve de terre, ou dans une marmite d'étain, une urne de moût de raisin Aminé cueilli sur des vignes mariées à des arbres, avec vingt gros coings épluchés, et la valeur de trois *sextarii* tant de ces grenades douces, connues sous le nom de grenades carthaginoises, que de cormes qui ne soient pas très-mûres : on laissera les grenades entières, mais on coupera les cormes en deux, et on en ôtera les semences. On cuit ces fruits jusqu'à ce qu'ils soient entièrement fondus dans le moût; il faut que pendant la cuisson un jeune esclave les remue avec une spatule de bois ou avec un roseau, pour les empêcher de brûler. Lorsqu'ils sont cuits au point que le sirop est presque entièrement tari, on les laisse refroidir et on les passe; ensuite on brôle avec soin jusqu'à le réduire en poudre ce qui est resté dans la passoire, et on le fait cuire de nouveau dans son propre jus sur de la braise et à petit feu, de peur qu'il ne brûle, jusqu'à ce qu'il s'épaississe

---

postea pedibus proculcato, et in fiscina nova uvas premito. Quidam aquam cælestem veterem ad hunc usum præparant et ad tertias decoquunt. Deinde cum sic uvas, ut supra scriptum est, passas fecerunt, decoctam aquam pro vino adjiciunt, et cætera similiter administrant. Hoc ubi lignorum copia est, vilissime constat, et est in usu vel dulcius, quam superiores notæ passi.

XL. Lora optima sic fit. Quantum vini uno die feceris, ejus partem decimam, quot metretas efficiat, considerato, et totidem metretas aquæ dulcis in vinacea, sed quibus unius diei vinum expressum erit, addito : eodem et spumas defruti, sive sapæ, aut fecem ex lacu confundito et permisceto, eamque intritam macerari una nocte sinito, postero die pedibus proculcato, et sic permistam prelo subjicito : quod deinde fluxerit, aut doliis aut amphoris condito, et cum deferbuerit, obturato. Commodius autem servatur in amphoris. Hanc ipsam loram M. Columella ex aqua vetere faciebat, et nonnunquam plus biennio innoxiam servabat.

XLI. Mulsum optimum sic facito. Mustum lixivium de lacu statim tollito : hoc autem erit, quod destillaverit antequam nimium calcetur uva. Sed de arbustivo genere, quod sicco die legeris, id facito. Conjicies in urnam musti mellis optimi pondo x, et diligenter permistum recondes in lagœna, eamque protinus gypsabis, jubebisque in tabulato reponi, si plus volueris facere, pro portione qua supra mel adjicies. Post trigesimum et alterum diem lagœnam aperire oportebit, et in aliud vas mustum eliquatum oblinire, atque in fumum reponere.

XLII. Compositio medicamenti ad tormina, quod vocatur διὰ ὀπώρας. In cacabo fictili novo, vel in stagneo coquitur musti arbustivi Aminei urna, et mala cydonea grandia expurgata viginti, et integra mala dulcia granata, quæ Punica vocantur, et sorba non permitia divisa exemptis seminibus, quæ sint instar sextariorum trium. Hæc ita coquuntur, ut omnia poma dehquescant cum musto, et sit puer, qui spatha lignea vel arundine permisceat poma, ne possint aduri. Deinde cum fuerint decocta, ut non multum juris supersit, refrigerantur et percolantur : eaque, quæ in colo subsederunt, diligenter contrita levigantur, et

en forme de lie. Mais avant de retirer cette marmelade du feu, il faut ajouter à tous les ingrédients dont elle est composée trois *heminæ* de sumac de Syrie broyé et tamisé, que l'on mêlera avec une spatule, afin que le tout s'amalgame bien. Ensuite, lorsque cette marmelade est refroidie, on la met dans un vase de terre neuf poissé, que l'on enduit de plâtre; après quoi on le suspend fort haut, de peur qu'elle ne moisisse.

XLIII. Manière de confire le fromage. Coupez en gros morceaux du fromage de brebis sec, et fait de l'année précédente: arrangez ces morceaux dans un vase propre, que vous remplirez ensuite d'un moût d'une très-bonne qualité, de façon qu'ils en soient recouverts, et qu'il y ait un peu plus de jus que de fromage. Car le fromage, en absorbant le jus, finirait par se corrompre s'il n'en était pas continuellement recouvert. Au reste, dès que vous aurez rempli le vase, vous l'enduirez de plâtre, et vous pourrez l'ouvrir au bout de vingt jours, pour vous servir du fromage dans tel ragoût que vous voudrez. Il ne sera pas même désagréable lorsqu'on le mangera seul.

XLIV. Aussitôt que l'on aura coupé sur le cep des grappes soit de raisin à gros grain, soit de maroquin ou de raisin pourpré, on enduira leur queue de poix dure; ensuite on remplira un bassin de terre cuite neuf de paille très-sèche, et scionée de façon qu'il n'y reste point de poussière. On étendra ces grappes sur cette paille, après quoi on couvrira ce bassin d'un second bassin, en enduisant les faux joints d'un mortier dans lequel il entrera de la paille. Enfin, lorsque ces bassins seront ainsi arrangés, on les enveloppera de paille sèche, et on les serrera sur un plancher très-sec. Au reste, il n'y a pas de raisin qu'on ne puisse conserver sans craindre qu'il se gâte, pourvu qu'on le cueille quand la lune sera dans son déclin, par un temps serein, et après la quatrième heure du jour, lorsqu'il sera déjà essoré et qu'il ne sera plus couvert de rosée. Mais il faudra faire du feu dans le sentier le plus voisin de la vigne, pour faire bouillir la poix dans laquelle on trempera la queue des grappes aussitôt qu'elles seront cueillies. Jetez une amphore de vin cuit jusqu'à diminution de moitié dans une futaille bien poissée ; ensuite arrangez en travers dans cette futaille des bâtons serrés les uns auprès des autres, sans qu'ils touchent au vin cuit; après quoi vous mettrez sur ces bâtons des plats de terre neufs, et vous arrangerez le raisin sur ces plats, de façon que les grappes ne se touchent point mutuellement; enfin vous les couvrirez et les enduirez. Sur ce premier lit vous en formerez un second pareil, puis un troisième et ainsi de suite, tant que la capacité de la futaille en comportera, et vous y arrangerez le raisin de la même manière. Ensuite vous imbiberez bien de vin cuit jusqu'à diminution de moitié le couvercle de la futaille, et quand elle sera couverte, vous la boucherez avec de la cendre. Quelques personnes se contentent, après avoir mis le vin cuit dans la futaille, de serrer les perches transversales les unes auprès des autres, d'y suspendre les grappes de façon qu'elles n'atteignent pas le vin cuit, et d'enduire ensuite le couvercle posé sur la futaille. D'autres, après avoir cueilli les grappes comme je viens de le dire, font sécher au soleil de petites futailles neuves non poissées, et, après les avoir fait refroidir à l'ombre, ils y mettent du son d'orge, sur lequel ils posent les grappes de manière qu'elles ne se compriment pas mutuellement; en-

iterum in suo sibi jure lento igni, ne adurantur, carbonibus decoquantur, donec crassamen in modum fecis existat. Prius tamen quam de igne medicamentum tollatur, tres heminæ roris Syriaci contriti et cribrati super omnia adjiciuntur, et spatha permiscentur, ut coeant cum cæteris. Tum refrigeratum medicamentum adjicitur in vas fictile novum picatum, idque gypsatum alte suspenditur ne pallorem trahat.

XLIII. Caseum sic condiemus. Casei aridi ovilli proximi anni frusta ampla facito, et in picato vase componito : tum optimi generis musto adimpleto, ita, ut superveniat, et sit jus aliquanto copiosius quam caseus. Nam caseus combibit, et fit vitiosus, nisi mustum semper supernatet. Vas autem cum impleveris, statim gypsabis : deinde post dies viginti licet aperias, et utaris qua voles adhibita conditura. Est [autem] etiam per se non injucundus.

XLIV. Uvas, ut sint virides usque ad annum, sic custodiemus : uvas bumastos vel duracinas vel purpureas cum desecueris a vite, continuo pediculos earum impicato dura pice : deinde labellum fictile novum impleto paleis quam siccissimis cribratis, ut sine pulvere sint, et ita uvas superponito : tum labello altero adoperito, et circumlinito luto paleato, atque ita in tabulato siccissimo composita labra paleis siccis obruito. Omnis autem uva sine noxa servari potest, si luna decrescente et sereno cælo post horam quartam, cum jam insolata est, nec roris quicquam habet, viti detrahatur. Sed ignis in proximo decumano fiat, ut pix ferveat, in qua pediculi uvarum statim demittantur. Aliter. In dolium bene picatum defruti amphoram conjicito, deinde transversos fustes arctato, ita ut defrutum non contingant : tum superponito fictiles novas patinas, et in his sic uvam disponito, ut altera alteram non contingat : tum opercula patinis imponito et linito. Deinde alterum tabulatum, et tertium, et quamdiu magnitudo patitur dolii, similiter superinstruito, et eadem ratione uvas componito. Deinde picatum operculum dolii defruto large linito, et ita compositum cinere obturato. Nonnulli adjecto defruto contenti sunt transversas perticas arctare, et ex his uvas ita suspendere, ne defrutum contingant : deinde operculum impositum oblinire. Quidam uvas cum ita, ut supra dixi, legerint, doliola nova sine pice in sole siccant. Deinde cum ea in umbra refrigeraverint, furfures ordeaceos adjiciunt, et uvas ita superponunt, ut altera alteram non comprimat : tum generis ejusdem furfures infundunt,

suite ils les recouvrent de ce même son, et forment de la même façon un second lit de grappes, en répétant la même opération jusqu'à ce qu'ils aient rempli les futailles alternativement de son et de raisin; après quoi ils enduisent leurs couvercles, et serrent ce raisin sur un plancher qui soit très-sec et très-frais. D'autres conservent de la même façon du raisin vert dans la sciure de bois de peuplier ou de sapin. Quelques-uns ensevelissent dans la fleur de gyp sèche des grappes qu'ils ont eu soin de cueillir avant qu'elles fussent trop mûres. D'autres, après avoir cueilli le raisin, coupent avec des ciseaux les grains gâtés qui peuvent s'y rencontrer, et le suspendent ainsi dans le grenier au-dessus du blé : mais cette méthode fait rider les grains, et rend le raisin presque aussi doux que s'il était séché au soleil. Marcus Columelle, mon oncle paternel, faisait faire, avec l'espèce d'argile dont on fait les amphores, de larges vases en forme de plats, qu'il revêtissait d'une bonne couche de poix tant en dedans qu'en dehors, et lorsqu'ils étaient ainsi préparés, il faisait cueillir le raisin pourpré, le raisin à gros grain, celui de Numidie et le maroquin, et faisait plonger aussitôt la queue des grappes dans la poix bouillante; ensuite il faisait mettre chacune de ces espèces de raisin dans des plats à part, de façon que les grappes ne se touchassent pas entre elles; après quoi il faisait couvrir ces plats, et les faisait enduire d'une bonne couche de gyp, et poisser avec de la poix dure fondue au feu, de manière que l'humidité n'y pût pénétrer : enfin il submergeait ces vases dans de l'eau de fontaine ou de citerne, en les chargeant d'un poids qui les empêchait de sortir de l'eau par aucun côté. Il est vrai que cette méthode est excellente pour conserver le raisin ; mais quand on vient à le retirer de l'eau, il est sujet à s'aigrir, à moins qu'on ne le consomme le jour même qu'on l'en aura retiré. Il n'y a cependant pas de méthode plus sûre pour conserver le raisin que celle qui consiste à fabriquer des vases de terre cuite, dont chacun puisse contenir une grappe à l'aise. Ces vases doivent avoir quatre anses, par lesquelles on puisse les attacher, à l'effet de les suspendre aux ceps de vignes : leurs couvercles doivent aussi être tels qu'ils puissent se séparer par le milieu, afin que lorsqu'on aura suspendu ces vases, et qu'on aura introduit dans chacun d'eux une grappe de raisin, les deux moitiés de leur couvercle puissent se rejoindre de l'un et de l'autre côté des grappes pour les couvrir. Il faut poisser avec soin ces vases ainsi que leurs couvercles, tant à l'intérieur qu'à l'extérieur; et lorsque les grappes y seront renfermées, on les recouvrira d'une grande quantité de mortier dans lequel il entrera de la paille. Au reste, en y renfermant les grappes adhérentes aux ceps, il faudra prendre garde qu'elles ne touchent aux parois des vases par aucun côté. Au surplus, pour renfermer les grappes de raisin dans ces vases, il faut communément choisir le temps où leurs grains sont gros, et où ils commencent à tourner : il faut aussi que le temps soit sec et le ciel serein. Nous prescrivons surtout comme une règle générale celle de ne point serrer de fruits pêle-mêle avec du raisin dans un même endroit, ni même dans deux endroits voisins l'un de l'autre, de crainte que l'odeur des fruits, en se communiquant au raisin, ne le gâte par la suite. Les différentes façons de conserver ce fruit, que nous avons données, ne conviennent pas néanmoins également toutes à tous les pays quels qu'ils soient; mais les unes conviennent à un pays, les

et alterum tabulatum uvarum eodem modo collocant : idque faciunt usque dum dolium alternis furfuribus et uvis compleant. Mox opercula imposita linunt, et uvas siccissimo frigidissimoque tabulato reponunt. Quidam eadem ratione arida populnea vel abiegna scobe virides uvas custodiunt. Nonnulli sicco flore gypsi obruunt uvas, quas non nimium maturas vitibus detraxerunt. Alii cum acinam uvam, siqua sunt in ea vitiosa grana forficibus amputant, atque ita in horreo suspendunt, in quo triticum suppositum est. Sed hæc ratio rugosa facit acina, et pene tam dulcia, quam est uva passa. Marcus Columella patruus meus ex ea creta qua fiunt amphoræ, lata vasa in modum patinarum fieri jubebat : eaque intrinsecus et exterius crasse picari : quæ cum præparaverat, tum demum purpureas et bumastos et Numisianas et duracinas uvas legi præcipiebat, pediculosque earum sine mora in ferventem picem demitti, et in prædictis patinis separatim sui cujusque generis ita componi, ne uvæ inter se contingerent : post hoc opercula superponi, et oblini crasso gypso : tum demum pice dura, quæ igni liquata esset, sic picari, ne quis humor transire posset : tota deinde vasa in aqua fontana vel cisternina ponderibus imposita mergi, nec ullam partem earum pati exstare. Sic optime servatur uva. Sed cum est exempta, nisi eo die consumitur, acescit. Nihil est tamen certius, quam vasa fictilia facere, quæ singulas uvas laxe recipiant. Ea debent quatuor ansas habere, quibus illigata viti dependeant : itemque opercula eorum sic formari, ut media divisa sint, ut cum suspensa vasa singulas uvas receperint, ex utroque latere appositi operculi duæ partes coëant, et contegant uvas. Et hæc vasa et opercula extrinsecus et intru diligenter picata esse debebunt : deinde cum contexerunt uvas, luto paleato multo adoperiri : sed uvæ dependentes a matre sic in pultariis condi debebunt, ne qua parte vasa contingant. Tempus autem quo includi debent, id fere est, quo adhuc siccitatibus et sereno cælo crassa variaque sint acina. Illud in totum maxime præcipimus, ne in eodem loco mala et uvæ componantur, neve in vicino, unde odor malorum possit ad eas pervenire. Nam hujusmodi halitus celeriter acina corrumpunt. Eæ tamen custodiendorum pomorum rationes, quas retulimus, non omnes omnibus regionibus aptæ sunt, sed pro conditione locorum et natura uvarum aliæ aliis conveniunt.

XLV. De ollaribus uvis. Antiqui plerumque sircitu

autres à un autre, suivant la nature des lieux et la qualité du raisin.

XLV. *Moyen de conserver les raisins dans des pots de terre.* Les anciens conservaient communément dans des vases le raisin *fircitula*, le *venucula*, le grand Aminé, celui des Gaules, et celui dont le grain est gros, dur et clair-semé : mais aujourd'hui c'est celui de Numidie qui passe pour le plus propre à être conservé de cette façon, surtout dans le voisinage de la ville. On le cueille avec le plus grand choix lorsqu'il est médiocrement mûr, par un temps serein, et quand il n'y a plus de rosée sur terre, à la quatrième ou à la cinquième heure du jour (pourvu que la lune soit dans son déclin et sous l'hémisphère); ensuite on le met sur des claies, de façon que les grappes ne se froissent pas mutuellement. Ce n'est qu'après ces premiers soins qu'on le porte à la maison, et qu'on en coupe avec des ciseaux les grains gâtés; après quoi, lorsque les grappes ont été un peu rafraîchies à l'ombre, on les met dans des pots de terre au nombre de trois ou de quatre, suivant la capacité de ces vases, dont on a soin de boucher bien exactement les couvercles avec de la poix, pour empêcher que l'humidité n'y pénètre. Ensuite on renverse un tas de marc de raisin qui ait été bien desséché sous l'arbre du pressoir; et après avoir un peu éparpillé les raffles et dégagé les peaux de ce raisin, on l'étend au fond d'une futaille, dans laquelle on arrange ces pots en les renversant par en bas, et en les éloignant les uns des autres de façon que l'on puisse entasser du marc dans les intervalles qui les séparent. Lorsqu'on a formé un premier lit de ce marc en le foulant bien, on arrange d'autres pots sur ce lit de la même façon que sur le premier, et on parvient par là à compléter une seconde couche de pots. Ensuite on remplit la futaille de la même manière de plusieurs couches de pots, en foulant bien le marc dans les intervalles; après quoi on entasse du marc jusqu'à ses bords, puis on la couvre aussitôt et on l'enduit de cendre préparée comme du plâtre. Il faut cependant prévenir celui qui sera chargé de faire l'emplette des vases, qu'il doit prendre garde à ne pas en acheter qui boivent l'eau ou qui soient mal cuits, parce que l'un et l'autre de ces défauts contribue également à gâter le raisin, en livrant un passage à l'humidité. Bien plus, il faudra, lorsqu'on retirera les pots pour son usage, en enlever une couche entière, parce que, dès qu'on vient à ébranler le marc qui est foulé entre eux, il s'aigrit promptement et gâte le raisin.

XLVI. Après la vendange, viennent les confitures des fruits d'automne, qui doivent aussi partager l'attention de la métayère. Je n'ignore pas que j'ai passé sous silence dans cet ouvrage bien des choses que C. Matius a traitées avec un très-grand soin. En effet, cet auteur, qui se proposait pour objet de son travail le service des tables de la ville, et les apprêts des festins les plus splendides, a donné trois livres, qu'il a intitulés *le Cuisinier, l'apprêteur de poissons et le Confiseur*; au lieu qu'il nous suffit de parler des choses que la simplicité rustique peut se procurer aisément et sans grands frais, telles que sont entre autres les fruits de toutes les espèces. Pour commencer par les grenades, il y a des personnes qui tordent la queue de ces fruits sur l'arbre même sans les déplacer, pour empêcher que la pluie ne les fasse crever, et qu'étant une fois entr'ouverts, ils ne viennent à se perdre. Elles les attachent ensuite à des branches plus fortes que celles qui les portent, afin qu'ils ne puissent s'entre-choquer; après quoi elles enveloppent l'arbre entier de filets de genêts d'Espagne, de peur que les corbeaux, les

---

las et venuculas et majores Amineas, et gallicas, quæque majoris et duri et rari acini erant, vasis condebant : nunc autem circa urbem maxime ad hunc usum Numisianæ probantur. Hæ sereno cælo, cum jam sol rorem sustulit, quarta vel quinta hora, si modo luna decrescit, et sub terris est, modico maturæ rectissime leguntur : statim pediculi earum picantur : deinde in cratibus ita ponuntur, ne altera alteram collidat. Tum demum sub tectum referuntur, et mucida vel vitiosa grana forficibus amputantur : et cum paululum sub umbra refrixerint, ternæ aut etiam quaternæ pro capacitate vasorum in ollas demittuntur et opercula diligenter pice obturantur, ne humorem transmittant. Tum vinaceorum pes bene prelo expressus proruitur, et modice separatis scopionibus, resoluta intrita folliculorum in dolio substernitur, et deorsum versus spectantes ollæ componuntur, ita distantes, ut intercalcari possit vinacea : quæ cum diligenter conspissata primum tabulatum fecerunt, aliæ ollæ eodem modo componuntur explentque secundum tabulatum. Deinde similiter doliis exstruuntur ollæ et spisse incalcantur. Mox usque ad summum labrum vinacea condensantur, et statim operculo superposito cinere in modum gypsi temperato dolium linitur. Monendus autem erit, qui vasa empturus est, ne bibulas aut male coctas ollas emat. Nam utraque res transmisso humore vitiat uvam. Quinetiam oportebit, cum ad usum promuntur ollæ, tota singula tabulata detrahi. Nam conspissata vinacea, si semel mota sunt, celeriter acescunt, et uvas corrumpunt.

XLVI. Sequuntur vindemiam rerum autumnalium compositiones, quæ et ipsæ curam villicæ distendunt. Nec ignoro plurima in hunc librum non esse collata, quæ C. Matius diligentissime persecutus est. Illi enim propositum fuit urbanas mensas et lauta convivia instruere. Libros tres edidit, quos inscripsit nominibus *Coci*, et *Cetarii*, et *Salgamarii*. Nobis tamen abunde sunt ea, quæ ex facili rusticæ simplicitati non magna impensa possunt contingere, uti sunt in primis omnium generum mala. Quidam, ut a granatis incipiam, pediculos punicorum, sicuti sunt in arbore, intorquent, ne pluviis mala rumpantur, et hiantia disperaent, eaque ad majores ramos religant, ut immota permaneant : deinde sparteis retibus arborem cludunt, ne aut corvis aut cornicibus aliisve avibus pomum

corneilles ou d'autres oiseaux ne becquètent ses fruits. Quelques-uns ajustent aux fruits qui pendent à l'arbre de petits vases de terre cuite, qu'ils laissent sur l'arbre après les avoir enduits d'un mortier dans lequel il entre de la paille : d'autres enveloppent chaque fruit à part de foin ou de chaume, qu'ils recouvrent d'une bonne couche de mortier dans lequel il entre de la paille, et les attachent ainsi à de plus grosses branches que celles qui les portent, afin, comme je l'ai dit, que le vent ne les ballotte point. Mais il faut faire cette opération, ainsi que je l'ai dit, lorsque le temps est serein et qu'il n'y a pas de rosée; quoiqu'il vaille encore mieux s'abstenir de la faire, parce que les arbrisseaux en souffrent; ou du moins ne pas la faire habituellement plusieurs années de suite, d'autant que l'on peut conserver ces fruits sans qu'ils se gâtent, même après les avoir cueillis. En effet, on peut encore faire à la maison, dans un endroit très-sec, de petites fosses de trois pieds, et, après y avoir mis tant soit peu de terre menue, on enfoncera dans cette terre de petites branches de sureau; ensuite on cueillera par un temps serein les grenades avec leurs queues, et on les fichera dans le sureau (car la moelle du sureau est si abondante et si molle qu'on peut aisément y introduire la queue de ces fruits). Mais il faudra avoir l'attention qu'elles ne soient pas à une distance de la terre moindre de quatre doigts, et qu'elles ne se touchent point entre elles. On couvrira ensuite la fosse, et on enduira les faux-joints de la couverture qu'on y aura mise avec un mortier dans lequel il entrera de la paille ; puis on entassera par-dessus la terre qui en avait été tirée en la fouillant. On peut faire la même opération dans une futaille, en la remplissant jusqu'à la moitié de sa capacité ou de terre pulvérisée à son choix, ou de sable de rivière que quelques personnes préfèrent en cette occasion, et en continuant de la même manière le reste de l'opération. Magon le Carthaginois prescrit de faire bien chauffer de l'eau de mer, et d'y plonger un instant les grenades en les attachant avec du lin ou du genêt d'Espagne, jusqu'à ce qu'elles aient perdu leur couleur, et, après les avoir retirées, de les faire sécher au soleil pendant trois jours ; ensuite de les suspendre dans un lieu frais : et enfin, lorsqu'on en aura besoin, de les faire tremper dans de l'eau douce froide pendant une nuit, et jusqu'au moment du lendemain où l'on voudra s'en servir. Mais le même auteur conseille aussi d'enduire les fruits nouveaux d'une bonne couche de terre à potier bien pétrie, et quand cette terre est séchée, de les suspendre dans un lieu frais ; ensuite de les tremper dans l'eau lorsqu'on en aura besoin, et de casser l'argile dont ils sont couverts. Par ce procédé les fruits conservent en quelque sorte leur fraîcheur primitive. Le même Magon ordonne d'étendre au fond d'un pot de terre neuf de la sciure de bois de peuplier ou d'yeuse, et d'arranger les fruits de façon que l'on puisse fouler la sciure dans les intervalles qui les séparent ; ensuite, après avoir fait une première couche de fruits, d'étendre de nouveau de la sciure par-dessus, et de les arranger de même jusqu'à ce que le pot soit rempli ; enfin, lorsqu'il sera plein, d'y mettre un couvercle, et de l'enduire exactement de mortier à une bonne épaisseur. Au reste, il faut toujours cueillir avec leurs queues les fruits que l'on veut conserver longtemps ; il faut même, quand on le peut faire sans nuire à l'arbre, les cueillir avec de petites branches, ce qui contribue beaucoup à leur durée. Il y a bien des personnes qui arrachent les fruits de l'arbre avec leurs petites branches, et qui les font sécher au soleil, après les avoir exactement couverts de

---

laceretur. Nonnulli vascula fictilia dependentibus malis aptant, et illita luto paleato arboribus hærere patiuntur : alii fœno vel culmo singula involvunt, et insuper luto paleato crasse linunt, atque ita majoribus ramis illigant, ne, ut dixi, vento commoveantur. Sed hæc omnia, ut dixi, sereno cælo administrari sine rore debent : quæ tamen aut facienda non sunt, quia læduntur arbusculæ : aut certe non continuis annis usurpanda, præsertim cum liceat etiam detracta arboribus eadem innoxia custodire. Nam et sub tecto fossulæ tripedaneæ siccissimo loco fiunt : eoque cum aliquantum terræ minutæ repositum est, infiguntur sambuci ramuli : deinde sereno cælo granata leguntur cum suis pediculis, et sambuco inseruntur [quoniam sambucus tam apertam et laxam medullam habet, ut facile malorum pediculos recipiat]. Sed cavere oportebit, ne minus quatuor digitis a terra absint, et ne inter se poma contingant. Tum factæ scrobi operculum imponitur, et paleato luto circumlinitur, eaque humo, quæ fuerat egesta, superaggeratur. Hoc idem etiam in dolio fieri potest, sive quis volet resolutam terram usque ad dimidium vas adjicere, seu, quod quidam malunt, fluvialem are- nam, cæteraque eadem ratione peragere. Pœnus quidem Mago præcipit aquam marinam vehementer calefieri, et in ea mala granata lino spartove illigata paulum demitti, dum decolorentur, et exempta per triduum in sole siccari : postea loco frigido suspendi, et cum res exegerit, una nocte et postero die usque in eam horam, qua fuerit utendum, aqua frigida dulci macerari. Sed et idem auctor est creta figulari bene subacta recentia mala crasse illinire, et cum argilla exaruit, frigido loco suspendere. Mox cum exegerit usus, in aquam demittere, et cretam resolvere. Hæc ratio tamquam recentissimum pomum custodit. Idem jubet Mago in urceo novo fictili substernere scobem populneam vel ligneam, et ita disponere, ut scobis inter se calcari possit : deinde facto primo tabulato rursus scobem substernere, et similiter mala disponere, donec urceus impleatur : qui cum fuerit repletus, operculum imponere, et crasso luto diligenter oblinire. Omne autem pomum quod in vetustatem reponitur, cum pediculis suis legendum est : sed, si sine arboris noxa fieri possit, etiam cum ramulis. Nam ea res plurimum ad perennitatem confert. Multi cum ramulis suis arbori detrahunt, et creta

terre à potier ; et si cette terre vient à se crevasser par la suite en quelque endroit, elles les enduisent de mortier, et les suspendent dans un lieu frais quand ce mortier est séché.

XLVII. Bien des personnes conservent les coings dans des fosses ou dans des futailles de la même manière que les grenades. D'autres enveloppent ces fruits de feuilles de figuier, après quoi ils pétrissent de la terre à potier avec de la lie d'huile pour les en enduire ; et, lorsque cet enduit est sec, ils les serrent sur un plancher en lieu frais et sec. D'autres les mettent sur des plats neufs qu'ils ensevelissent dans du gyp sec, de façon qu'ils ne se touchent pas mutuellement. Mais nous n'avons pas trouvé, toute expérience faite, de méthode plus sûre ni plus avantageuse pour conserver ces fruits, que celle qui consiste à les cueillir en bon état et non tachés, quand le ciel est serein et que la lune est dans son déclin, et à les arranger légèrement et de façon qu'ils soient à l'aise, afin qu'ils ne puissent pas se meurtrir, dans un flacon neuf dont l'ouverture soit très-large, après avoir essuyé le duvet dont ils sont couverts ; ensuite, lorsqu'ils sont arrangés jusqu'au col du vase, à les y contenir avec des baguettes d'osier mises en travers, de façon qu'ils soient légèrement comprimés, et qu'ils n'aient pas la liberté de se soulever lorsqu'on y aura versé la liqueur ; enfin à remplir le vase jusqu'aux bords d'excellent miel qui soit très-liquide, de façon que tout le fruit en soit recouvert. Non-seulement cette méthode est bonne pour conserver les fruits, mais elle procure en même temps une liqueur appelée *melomeli* (miel de fruit), qui a le goût du miel, et que l'on peut faire prendre de temps en temps sans danger aux personnes qui ont la fièvre. Mais il faut se garder de prendre des fruits qui ne soient pas mûrs pour les conserver dans du miel, parce que, lorsqu'ils ont été cueillis verts, ils s'y durcissent au point de n'être plus mangeables. Au reste, il est inutile de les ouvrir avec un couteau d'os pour en ôter les pepins, comme font bien des gens qui s'imaginent que ces pepins gâtent le fruit ; d'ailleurs la méthode que je viens de donner est si sûre, que quand même il se trouverait un ver dans ces fruits, ils seraient à l'abri de se gâter, dès qu'on les aurait mis dans la liqueur que nous avons prescrite. En effet, telle est la nature du miel qu'il arrête les progrès de la corruption ; et c'est par cette raison qu'il rend même un cadavre incorruptible pendant plusieurs années. On peut donc conserver dans cette liqueur toutes les autres espèces de pommes, telles que la pomme ronde, celle de Sestius, la pomme de paradis et celle de Matius. Mais comme les fruits que l'on conserve ainsi dans le miel, semblent acquérir un nouveau degré de douceur et perdre le goût qui leur est propre, il vaut mieux, pour les conserver, préparer de petites caisses de bois de hêtre ou de tilleul, semblables à celles dans lesquelles on enferme les habits dont on se pare pour sortir, et même un peu plus grandes, et mettre ces caisses sur un plancher très-frais et en un lieu très-sec, où il ne puisse parvenir ni fumée ni mauvaise odeur, de quelque nature qu'elle soit : après quoi on étendra ces fruits au fond de ces caisses, en les arrangeant de façon que leur nombril soit tourné par en haut et leur queue par en bas, conformément à la position dans laquelle ils étaient sur l'arbre, et en les éloignant assez les uns des autres pour qu'ils ne se touchent pas mutuellement. Il faudra avoir soin, en suivant cette méthode, de mettre chaque espèce de fruit séparément dans de petites

---

figulari cum diligenter mala obruerunt, in sole siccant : deinde si qua rimam creta fecit, luto linunt, et assiccata frigido loco suspendunt.

XLVII. Multi eadem ratione, qua granata, in scrobibus vel doliis servant cydonea. Nonnulli foliis ficulneis illigant, deinde cretam figularem cum amurca subigunt, et ea linunt mala, quæ cum siccata sunt, in tabulato frigido loco et sicco reponunt. Nonnulli hæc eadem in patinas novas sicco gypso ita obruunt, ut altera altera non contingant. Nihil tamen certius aut melius experti sumus, quam ut cydonea maturissima, integra, sine macula, et sereno cælo, decrescente luna, legantur, et in lagœna nova, quæ sit patentissimi oris, detersa lanugine quæ malis inest, componantur leviter et laxe, ne collidi possint : deinde cum ad fauces usque fuerint composita, vimineis surculis sic transversis arctentur, ut modice mala comprimant, nec patiantur ea, cum acceperint liquorem, sublevari. Tum quam optimo et liquidissimo melle vas usque ad summum ita repleatur, ut pomum submersum sit. Hæc ratio non solum ipsa mala custodit, sed etiam liquorem mulsei saporis præbet, qui sine noxa possit inter cibum dari febricitantibus, isque vocatur melomeli. Sed cavendum est, ne, quæ in melle custodire volueris, immatura mala condantur : quoniam cruda si lecta sunt, ita indurescunt, ut usui non sint. Illud vero quod multi faciunt, ut ea dividant osseo cultro, et semina eximant, quod putent ex eis pomum vitiari, supervacuum est. Sed ratio quam nunc docui, adeo quidem certa est, ut etiam si vermiculus inest, non amplius tamen corrumpatur malum, cum prædictum liquorem acceperint : nam ea mellis est natura, ut coerceat vitia, nec serpere ea patiatur : qua ex causa etiam exanimum corpus hominis per annos plurimos innoxium conservat. Itaque possunt etiam alia genera malorum sicut orbiculata, Sestiana, melimela, Matiana, hoc liquore custodiri. Sed quia videntur in melle dulciora fieri sic condita, nec proprium saporem conservare, arculæ faginæ vel etiam tiliaginæ, quales sunt in quibus vestimenta forensia conduntur, huic rei paulo ampliores præparari debent, eæque in tabulato frigidissimo et siccissimo, quo neque fumus neque teter perveniat odor, collocantur : deinde carta substrata prædicta poma sic componi ut flosculi sursum pediculi deorsum spectent, quemadmodum etiam in arbore nata sunt, et ne inter se alterum ab altero contingantur. Item observandum est, ut

caisses particulières, parce que, s'il s'en trouvait de différentes espèces renfermées ensemble dans la même caisse, ils ne s'accommoderaient pas de cette union, et ne tarderaient pas à se gâter. C'est précisément la raison pour laquelle le vin fait avec du raisin de différents plants n'est pas si durable que le vin Aminé pur conservé à part, ou le vin muscat, ou le vin des vignes *feciniæ*. Au surplus, lorsque ces fruits auront été arrangés avec attention de la manière que je viens de prescrire, on fermera ces petites caisses, et on les enduira d'un mortier dans lequel il entrera de la paille, afin que l'air ne puisse pas y pénétrer. Quelques personnes, pour conserver ces fruits, pratiquent aussi la méthode que nous avons déjà donnée par rapport à d'autres espèces de fruits, c'est-à-dire qu'elles mettent entre chaque fruit de la sciure de bois de peuplier; d'autres y mettent aussi de la sciure de bois de sapin. Il ne faut cependant pas cueillir ces fruits dans leur maturité, mais lorsqu'ils sont encore très-verts.

XLVIII. *Manière de confire l'aunée.* Lorsqu'on aura arraché de terre des racines d'aunée au mois d'octobre (temps auquel elles sont très-mûres), on ôtera, en les essuyant avec un morceau de grosse toile ou même avec un tissu de poil, tout le gravier dont elles seront couvertes; ensuite on les ratissera grossièrement avec un couteau très-tranchant, et l'on coupera les plus fortes en deux ou trois tronçons de la longueur du doigt, selon qu'elles seront plus ou moins grosses; après quoi on les fera cuire légèrement avec du vinaigre dans un chaudron de cuivre, en prenant garde qu'elles ne brûlent. Cette première opération faite, on les fera sécher pendant trois jours à l'ombre, et on les mettra ensuite dans un flacon poissé, dans lequel on versera la quantité nécessaire de vin fait avec du raisin séché au soleil, ou de vin cuit jusqu'à diminution de moitié, pour qu'elles en soient entièrement recouvertes : enfin, après les avoir couvertes d'une bonne poignée d'origan, on bouchera le vase et on l'enveloppera d'une peau. Autre façon de confire l'aunée. Après avoir ratissé les racines de cette plante, on les partagera comme ci-dessus en petits tronçons, que l'on fera sécher à l'ombre pendant trois ou même quatre jours; ensuite, lorsqu'ils seront secs, on les mettra dans des vases non poissés, avec de l'origan entre chaque tronçon. Quand l'origan y sera, on mêlera ensemble six parties de vinaigre sur une partie de vin cuit jusqu'à diminution des deux tiers, avec une *hemina* de sel grillé, pour en faire un jus dans lequel on fera tremper les tronçons de ces racines, jusqu'à ce qu'elles se soient entièrement défaites de leur amertume : ensuite on les retirera pour les faire sécher de nouveau à l'ombre pendant cinq jours; puis on mêlera ensemble dans une marmite trois parties de lie tant de vin épais que de vin mielé, avec une partie de bon vin cuit jusqu'à diminution de moitié; et lorsque la marmite bouillira, on y jettera les tronçons d'aunée; puis on retirera aussitôt la marmite du feu, et on remuera le tout avec une spatule de bois, jusqu'à ce qu'il soit absolument refroidi. Ce n'est qu'alors qu'on le mettra dans un flacon poissé que l'on couvrira, et que l'on enveloppera d'une peau. Troisième façon. Quand on aura ratissé avec soin les racines de l'aunée, on les fera tremper, après les avoir coupées en petits tronçons dans de la saumure forte, jusqu'à ce qu'elles se soient défaites de toute leur amertume. Ensuite on jettera la saumure, puis on pilera des cormes qui soient très-bonnes et très-mûres, dont on aura préalablement retiré les pepins, et on les mêlera avec l'aunée; après quoi on y ajoutera du vin fait avec du raisin sé-

---

unumquodque genus separatim propriis arculis reponatur. Nam cum una clausa sunt diversa genera, inter se discordant, et celerius vitiantur. Propter quod etiam conseminalium vinearum non tam est firmum vinum, quam si per se sincerum Amineum, vel Apianum, aut etiam fecinum condideris. Verum sicut supra dixi, cum diligenter mala fuerint composita, operculis arcularum contegantur, et luto paleato linantur opercula, ne introire spiritus possit. Atque ea ipsa nonnulli, sicut in aliis generibus supra jam diximus, populnea, quidam etiam abiegna scobe interposita, mala custodiunt. Hæc tamen poma non matura, sed acerbissima legi debent.

XLVIII. Inulæ conditura sic fiet. Cum ejus radicem mense Octobri, quo maxime matura est, e terra erueris, aspero linteolo vel etiam cilicio detergito quidquid arenæ inhæserit : deinde acutissimo cultello summatim eradito, et quæ fuerit radicula fuerit, pro modo crassitudinis in duas vel plures partes digiti longitudine diffindito : deinde ex aceto modice in cacabo æneo coquito, ita ne taleolæ semicrudæ sint. Post hæc in umbra triduo siccentur, et ita in fideliam picatam recondantur, adjecto passo vel defruto, quod supernatet, spissamentoque cunilæ imposito contectum vas pelliculetur. Alia inulæ conditura. Cum radices ejus eraseris, taleolas ut supra facito, et in umbra triduo vel etiam quatriduo siccato : deinde siccatas in vasis sine pice, interjecta cunila conjicito. Jus infundito, quod eam compositionem habeat, ut sex partibus aceti una pars sapæ misceatur cum hemina salis cocti. Eo jure macerentur taleolæ, donec quam minimum amaritudinis resipiant. Postea exemptæ iterum siccentur per dies quinque in umbra : tum crassamentum vini feculenti, nec minus, si sit, mulsi, et utriusque eorum quartam partem boni defruti confundito in ollam : quæ cum infebruerit, taleolas inulæ adjicito, et statim ab igne removeto, ac rudicula lignea peragitato, donec perfecte refrigescant. Postea transfundito in fideliam picatam, operculo tegito, tumque pelliculato. Tertia ejusdem inulæ conditura. Cum radiculas diligenter eraseris, minute concisas in muria dura macerato, donec amaritudinem dimittant. Deinde effusa muria, sorba quam optima et maturissima semine detracto contere, et cum inula misce. Tum sive passum seu quam optimum defrutum adjicito, et vas obturato. Quidam cum

ché nu soleil, ou d'excellent vin cuit jusqu'à diminution de moitié; et on bouchera le vase dans lequel on l'aura mise. Quelques personnes, après avoir fait confire l'année dans la saumure, la font sécher, et mêlent avec elle des coings pilés, préalablement bouillis dans du vin cuit jusqu'à diminution de moitié, ou dans du miel; ensuite elles versent par-dessus du vin fait avec du raisin séché au soleil, ou du vin cuit jusqu'à diminution de moitié; et après avoir couvert le vase qui la renferme, elles l'enveloppent d'une peau.

XLIX. Manière de confire les olives. Battez l'olive *pausia* au mois de septembre ou d'octobre, quand elle est encore acerbe et avant que la vendange soit finie; puis, après l'avoir fait un peu tremper dans de l'eau chaude, pressez-la et mettez-la dans un flacon, en y ajoutant de la graine de fenouil et de lentisque avec un peu de sel grillé; après quoi vous verserez dans ce flacon du moût très-nouveau, et vous y enfoncerez une petite botte de fenouil vert, qui comprimera les olives de façon que le jus les recouvre. On peut dès le troisième jour faire usage des olives confites de cette manière. Quand vous aurez battu l'olive *pausea* blanche, l'*orchis*, la petite olive longue ou la *regia*, vous commencerez par les plonger les unes ou les autres dans de la saumure froide, afin qu'elles ne perdent pas leur couleur; et après que vous aurez donné ce premier apprêt à la quantité d'olives qui sera nécessaire pour remplir une amphore, vous étendrez au fond de cette amphore une petite botte de fenouil sec. Vous aurez soin d'avoir dans une petite cruche de la graine de fenouil et de lentisque mondée, afin d'en jeter dans le vase où vous mettrez l'olive, après l'avoir tirée de la saumure et l'avoir pressée. Lorsque vous aurez mis des olives jusqu'au col du vase, vous les couvrirez de petites bottes de fenouil sec; après quoi vous verserez dans le vase deux parties de moût nouveau et une partie de saumure forte, mêlées ensemble. Vous pourrez aisément faire usage pendant toute l'année des olives confites de cette manière. Il y a des personnes qui ne battent point l'olive, mais qui la coupent par tronçons avec un roseau tranchant : ce procédé, quoique moins simple, mérite cependant la préférence sur le premier, en ce que l'olive est alors plus blanche que lorsqu'elle a souffert des meurtrissures qui l'ont couverte de taches livides. D'autres mêlent avec les olives, soit qu'ils les aient battues, soit qu'ils les aient coupées par tronçons, un peu de sel grillé mêlé avec les graines que nous venons de nommer; après quoi ils versent dessus du vin cuit jusqu'à diminution des deux tiers, ou du vin fait avec du raisin séché au soleil; ou même s'ils sont à portée de le faire, ils y versent de l'eau dans laquelle on a trempé des rayons de miel. Nous avons déjà donné dans ce livre même la façon de composer cette eau. Pour le reste on procède de la manière indiquée. Choisissez les olives *posiæ* ou les *regiæ* les plus blanches et les moins tachées que vous cueillerez à la main, et que vous jetterez ensuite dans une amphore, après y avoir étendu au fond du fenouil, mêlé par-ci par-là de quelques graines tant de lentisque que de fenouil. Lorsque le vase sera rempli jusqu'au col, vous y verserez de la saumure forte, et vous comprimerez les olives avec une bonne poignée de feuilles de roseaux, de façon qu'elles soient absolument plongées dans le jus; puis vous verserez encore dessus ce qu'il faudra de saumure forte, pour qu'il y en ait jusqu'aux bords de l'amphore. Il est vrai que l'olive ainsi préparée est peu agréable, si on la mange seule; mais aussi elle est très-propre à entrer dans les ragoûts des tables les

---

condiverunt inulam, muriaque maceraverunt, exsiccant, et malis cydoneis tritis, quæ in defruto vel melle decoxerant, miscent : atque ita superfundunt passum vel defrutum, et vas operculatum pelliculant.

XLIX. *Olivarum albarum conditure.* Acerbam pauseam mense Septembri, vel Octobri, dum adhuc vindemia est, contunde, et aqua calida paululum maceratam exprime, fœniculique seminibus et lentisci cum cocto sale modice permistam reconde in fideliam, et mustum quam recentissimum infunde. Tum fasciculum viridis fœniculi superpositum merge, ut olivæ premantur, et jus supermineat. Sic curata oliva tertio die possis uti. — Albam pauseam, vel orchitem, vel radiolum, vel regiam dum contundes, primam quamque, ne decoloretur, in frigidam muriam demerge, cujus cum tantum paratæ habueris, quantum satis fuerit implendæ amphoræ, fœniculi aridi fasciculum substerne in imo : deinde viridis fœniculi semina et lentisci destricta et purgata in urceolo habeto : tum exemptam de muria olivam exprimito, et permistam prædictis seminibus in vas adjicito : deinde cum ad fauces pervenerit ejus, fœniculi aridi fasciculos superponito, et ita recentis musti duas partes et unam duræ muriæ permistas adjicito. Hac conditura compositis olivis toto anno commode uteris. Quidam olivam non contundunt, sed acuta arundine insecant : idque operosius quidem, sed melius est, quia hæc candidior est oliva, quam ea quæ ex contusione livorem contrahit. Alii sive contuderint, sive insecuerint olivas, modico sale cocto et prædictis seminibus immiscent : deinde sapam vel passum vel, si est facultas, mellam infundunt. Mella autem quomodo fiat, paulo ante hoc ipso libro præcepimus. Cætera omnia similiter administrantur. Oliva alba ex muria. Posias olivas vel regias sine macula quam candidissimas manu destrictas eligito : deinde substrato fœniculo arido in amphoram conjicito : intermissis seminibus lentisci nec minus fœniculi : et cum ad fauces vas repleveris, adjicito muriam duram : tum spissamento facto de arundinis foliis olivam premito, ut infra jus mersa sit : et iterum infundito muriam duram, dum ad summum amphoræ labrum perveniat. At hæc oliva per se parum jucunda est; sed ad eas conditituras, quæ lautioribus

31.

plus magnifiques, puisque, lorsqu'on en veut faire usage, on peut la tirer de l'amphore, et l'employer, après l'avoir battue, à telle sauce que l'on jugera à propos. Néanmoins le plus grand nombre aime mieux hacher en petits morceaux des poireaux que l'on coupe à différentes reprises, et de la rue avec de l'ache tendre et de la menthe, et mêler ces substances avec les olives après les avoir battues; puis verser dessus un peu de vinaigre épicé, et tant soit peu de miel ou de vin mêlé de miel; enfin les arroser d'huile verte, et les couvrir d'une petite botte d'ache verte. Quelques-uns, après avoir cueilli de même l'olive, mettent trois *heminæ* de sel sur un *modius* de ce fruit, et, après avoir jeté au fond d'une amphore de la graine de lentisque et du fenouil, ils la remplissent d'olives jusqu'au col; après quoi ils y versent du vinaigre qui ne soit pas trop mordant; et lorsque l'amphore est presque remplie, ils y enfoncent l'olive à l'aide d'une bonne poignée de fenouil, et remettent du vinaigre jusqu'aux bords du vase : enfin, au bout de quarante jours, ils vident tout ce jus, et mêlent ensemble trois parties de vin cuit jusqu'à diminution des deux tiers ou de moitié, et une partie de vinaigre, pour faire un jus dont ils remplissent l'amphore. Il y a encore un autre procédé de confire les olives; ce procédé, qu'on approuve beaucoup, consiste à vider toute la saumure forte, dans laquelle on a fait macérer de l'olive *pausea* blanche, et à remplir l'amphore d'un mélange de deux parties de vin cuit jusqu'à diminution de moitié, et d'une partie de vinaigre. On pourrait aussi confire de même l'olive *regia* ou l'*orchis*. Quelques personnes mêlent ensemble une partie de saumure et deux parties de vinaigre, et font nager dans ce jus des olives *poseæ*. Si l'on veut alors les consommer telles qu'elles sont, sans aucun autre assaisonnement, on les trouvera assez agréables, quoiqu'elles puissent aussi, en sortant de la saumure, recevoir tel assaisonnement que l'on voudra. On cueille avec leurs queues les olives *poseæ* lorsqu'elles commencent à changer de couleur et avant qu'elles soient mûres, pour les conserver dans d'excellente huile. C'est même la meilleure méthode pour faire conserver aux olives leur goût de verdeur jusqu'à la fin de l'année. Aussi se trouve-t-il des personnes qui les servent comme fraîches au sortir de l'huile, après les avoir saupoudrées de sel égrugé. Voici encore une façon de les confire, appelée *epityrum*, qui est communément en usage dans les villes grecques : on cueille à la main par un temps serein l'olive *pausea* ou l'*orchis*, lorsqu'elles commencent à perdre leur blancheur et à jaunir, et on les étend à l'ombre sur des vans pendant une journée; après quoi on en arrache les queues, ainsi que les feuilles ou les petites branches qui peuvent y être adhérentes. Le lendemain on les crible, et après les avoir enfermées dans un cabas neuf, on les met sous l'arbre du pressoir, où on les presse fortement, pour leur faire rendre si peu qu'elles peuvent contenir d'huile. Quelquefois on les laisse, pour ainsi dire, suppurer sous le poids de l'arbre pendant toute une nuit et le lendemain; après quoi on relève l'arbre du pressoir, et l'on répand dessus un *sextarius* de sel grillé et égrugé par *modius* de fruit. On y ajoute aussi de la graine de lentisque, avec des feuilles de rue et de fenouil séchées à l'ombre, et coupées aussi menues que l'on juge à propos; puis on les laisse dans le sel pendant trois heures, jusqu'à ce qu'elles s'en soient imprégnées à un certain point. Alors on verse dessus autant de bonne huile

---

mensis adhibentur, idonea maxime est : nam cum res exigit, de amphora promitur, et contusa recipit quamcunque volueris conditurum. Plerique tamen sectivum porrum et rutam cum apio tenero et mentam minute concidunt, et contusis olivis miscent : deinde exiguum aceti piperati, et plusculum mellis aut mulsi adjiciunt, oleoque viridi irrorant, atque ita fasciculo apii viridis contegitur. Quidam sic lectæ olivæ in modios singulos ternas heminas salis permiscent, et adjectis seminibus lentisci fœniculoque substratam amphoram usque ad fauces replent olivis : deinde aceto non acerrimo infundunt, et cum jam pene amphoram impleverunt, fœniculi spissamento deprimunt baccam, et rursus acetum usque ad summum labrum adjiciunt. Postea quadragesimo die omne jus defundunt, et sapæ vel defruti tres partes cum aceti una permiscent, et amphoram replent. Est et illa probata compositio, ut cum muria dura pausea alba ubi commaturuerit, omne jus defundatur, et immissis duabus partibus defruti cum aceti una, repleatur amphora. Eadem conditura possit etiam regia componi vel orchita. Quidam unam partem muriæ et duas aceti miscent, eoque jure olivas poseas colymbadas faciunt : quibus si per se quis uti velit, satis jucundas experietur, quamvis et hæ, cum exeunt de muria, conditurum qualemcunque recipere possint. De olivis fuscis. Olivæ poseæ, cum jam decolorantur, antequam mitescant, cum petiolo leguntur, et in oleo quam optimo servantur. Hæc maxime nota etiam post annum repræsentat viridem saporem olivarum. Nonnulli etiam cum de oleo exemerunt, trito sale aspersas pro novis apponunt. Est et illud conditurae genus, quod in civitatibus Græcis plerumque usurpatur, idque vocant epityrum. Oliva pausea vel orchita cum primum ex albo decoloratur, fitque luteola, sereno cælo manu destringitur, et in cannis una die sub umbra expanditur : et siqui adhærent pediculi foliaque aut surculi, leguntur. Postero die cribratur, et novo fisco inclusa prelo supponitur, vehementerque premitur, ut exsudet quantulumcunque habet amurcæ. Patimur autem nonnunquam tota nocte et postero die pondere pressam baccam velut exaniari, tum resolutis corticulis eximimus eam, et in singulos modios olivæ triti salis cocti singulos sextarios infundimus : itemque lentisci semen rutæque et fœniculi folia sub umbra siccata, quanta satis videntur concisa minute admiscemus,

qu'il est nécessaire pour qu'elles soient noyées dedans, et on enfonce dans le vase une petite botte de fenouil sec, afin que le jus les recouvre. On prépare pour les confire ainsi des vases de terre cuite neufs, et qui ne soient pas poissés ; et, pour les empêcher de boire l'huile, on les imbibe d'une liqueur semblable à celle dont on imbibe les *metretæ* qui servent à mesurer l'huile ; apres quoi on les fait sécher.

L. Viennent ensuite les froids de l'hiver, pendant lesquels la cueillette des olives n'exige pas moins de soins de la part de la métayère que la vendange. Nous commencerons donc par donner des préceptes sur la façon de confire les olives (puisque nous avons entamé cet objet), après quoi nous passerons à la manière de faire l'huile. Ce sont les olives *pauseæ* ou les *orchites*, et dans quelques pays même celles de Nævius, que l'on apprête pour être servies dans les repas. Il faut donc cueillir et effet ces sortes d'olives à la main, par un temps serein, lorsqu'elles commencent à noircir et qu'elles ne sont pas encore tout à fait mûres, et les cribler ensuite ; puis mettre de côté celles qui paraîtront ou tachées, ou gâtées, ou trop petites. Ensuite on mettra sur un *modius* de fruit trois *heminæ* de sel qui n'ait reçu aucun apprêt, et, après avoir brouillé les olives avec ce sel dans des paniers d'osier, on répandra par-dessus une assez grande quantité de sel pour qu'elles en soient recouvertes, et on les laissera ainsi suer pendant trente jours, et jeter toute la lie d'huile qu'elles contiendront. Au bout de ce temps on les versera dans un bassin, et on essuiera le sel avec une éponge propre, de façon qu'il n'y en reste plus. Enfin on les serrera dans une amphore que l'on remplira de vin cuit jusqu'à diminution des deux tiers ou de moitié, et l'on y enfoncera par-dessus une poignée de fenouil sec pour les comprimer. Cependant il se trouve des personnes qui ajoutent une partie de vinaigre quelquefois sur deux parties, mais plus communément sur trois parties soit de vin cuit jusqu'à diminution de moitié, soit de miel, et qui les font ainsi confire dans ce jus. Quelques-uns, après avoir cueilli l'olive noire et y avoir mis du sel dans la proportion que nous venons de prescrire, la mettent dans des paniers en y entremêlant de la graine de lentisque, et en formant alternativement des couches d'olives et de sel jusqu'au haut des paniers. Quarante jours après, lorsque l'olive a jeté tout ce qu'elle pouvait contenir de lie d'huile, ils la versent dans un bassin, en la criblant pour en séparer la graine de lentisque, et l'essuient avec une éponge, afin qu'il n'y reste point de sel ; après quoi ils la jettent dans une amphore qu'ils remplissent ou de vin cuit jusqu'à diminution soit de moitié, soit des deux tiers, ou même de miel s'ils en sont fournis abondamment, et font pour le surplus ce que nous avons prescrit ci-dessus. Il faut mettre sur un *modius* d'olives un *sextarius* de graine d'anis et de lentisque mûre, avec trois *cyathi* de graine de fenouil, ou bien, à défaut de graine, la quantité de fenouil haché qu'on estimera suffisante ; ensuite ajouter par chaque *modius* trois *heminæ* de sel grillé et non égrugé ; après quoi on serrera ces olives dans des amphores que l'on bouchera avec de petites poignées de fenouil, et que l'on roulera tous les jours par terre ; enfin on jettera tous les trois ou quatre jours toute la lie d'huile qui pourra s'y trouver. Quarante jours après on versera les olives dans un bassin, en se contentant de les séparer du sel,

patimurque horis tribus, dum aliquatenus bacca salem combibat. Tum superfundimus boni saporis oleum, ita ut obruat olivam, et fœniculi aridi fasciculum deprimimus, ita ut jus supernatet. Huic autem conditurae vasa nova fictilia sine pice praeparantur : quae ne possint oleum sorbere, tanquam olivariae metretae imbuuntur liquida gummi et assiccantur.

L. Sequitur autem frigus hiemis, per quod olivitas, sicut vindemia, curam villicae repetit. Prius itaque (quoniam inchoavimus) de condituris olivarum praecipiemus, ac statim conficiendi olei rationem subjiciemus. Pauseae baccae vel orchitae, nonnullis regionibus etiam Næviae, conviviorum epulis praeparantur. Has igitur cum jam nigruerint, nec adhuc tamen permaturae fuerint, sereno caelo destringere manu convenit, lectasque cribrare, et secernere, quaecumque maculosae seu vitiosae minorisve incrementi videbuntur : deinde in singulos modios olivae salis integri ternas heminas adjicere, et in vimineos qualos confundere superposito copioso sale, ita uti olivam contegat, sicque triginta dies pati consudascere, atque omnem amurcam exstillare : postea in alveum diffundere, mundaque spongia salem, ne perveniat, detergere : tum in vas adjicere, et sapa vel defruto amphoram replere superposito spissamento aridi fœniculi, quod olivam deprimat. Plerique tamen tres partes defruti aut mellis et unam miscent aceti, aliqui duas partes et unam aceti, et eo, quo condiunt, jure. Quidam, cum olivam nigram legerunt, eandem portione, qua supra, saliunt, et sic collocant in qualis, ut immistis seminibus lentisci alterna tabulata olivarum et salis usque in summum componant : deinde post quadraginta dies, cum oliva quidquid habuit amurcae exsudavit, in alveum defundunt, et cribratam separant ab seminibus lentisci, spongiaque detergent, nequid adhaereat salis : tum in amphoram confundunt adjecto defruto vel sapa vel etiam melle, si est copia, caeteraque similiter faciunt. — In singulos modios olivae singulos sextarios maturi seminis anisi, lentiscique, et ternos cyathos seminis fœniculi ; si id non est, ipsum fœniculum concisum, quantum satis videbitur, adjici oportet : deinde in singulis modiis olivarum salis cocti, sed non moliti ternas heminas admisceri, et ita in amphoris condi, easque fasciculis fœniculi obturari, et quotidie per terram volutari : deinde tertio quoque aut quarto die quidquid amurcae inest, emitti. Post XL. dies in alveum diffundi, et a sale tantum

sans les essuyer avec une éponge; puis on les serrera dans une amphore telles qu'on les aura retirées du bassin, et sans les purger des parties de sel dont elles seront enveloppées ; et après les avoir couvertes de bonnes poignées d'herbes qui les contiendront, on les mettra à la cave pour s'en servir au besoin. Retirez de la saumure des olives que vous y aurez fait nager après les avoir cueillies mûres, et essuyez-les avec une éponge; ensuite coupez-les avec un roseau vert en deux ou trois morceaux, et faites-les tremper pendant trois jours dans du vinaigre; le quatrième jour, essuyez-les avec une éponge, et jetez-les dans une cruche ou dans un pot neuf, au fond desquels vous aurez mis auparavant de l'ache avec un peu de rue. Lorsque le vase sera plein d'olives ainsi coupées par morceaux, vous y verserez ensuite jusqu'aux bords du vin cuit jusqu'à diminution de moitié : enfin vous couvrirez les olives de tendrons de laurier, à l'effet de les enfoncer dans le vase, et vous en ferez usage au bout de vingt jours.

LI. On cueille les olives noires lorsqu'elles sont très-mûres, par un temps serein, et on les étend à l'ombre pendant une journée sur des roseaux, puis on met de côté toutes celles qui sont gâtés. On arrache aussi toutes les queues adhérentes au fruit, ainsi que les feuilles et les petites branches qui peuvent s'y trouver entremêlées. Le lendemain on les crible avec soin, afin d'en séparer toutes les ordures ; après quoi on les enferme dans un cabas neuf, et on les place sous l'arbre du pressoir, pour être pressurées pendant toute la nuit. Le lendemain on les met sous des meules très-propres, et qui sont suspendues afin qu'elles ne brisent pas le noyau ; et lorsqu'elles sont réduites en marc, on mêle ensemble entre les mains du sel grillé et égrugé avec d'autres assaisonnements secs, tels que du fenugrec, du cumin, de la graine de fenouil et de l'anis d'Égypte. Au reste, il suffira de mettre une *hemina* de sel par *modius* d'olives; ensuite on versera de l'huile dessus, de peur qu'elles ne se dessèchent, attention qu'il faudra même avoir toutes les fois qu'elles paraîtront commencer à se sécher. Il n'y a point de doute que ce ne soient les olives *posiæ* qui auront le meilleur goût lorsqu'elles seront confites de cette façon, quoique leur goût ne se conservera pas plus de deux mois sans s'altérer. Il y a néanmoins d'autres espèces d'olives qui paraissent plus propres à être confites ainsi, telles que celle de Licinius et la *culminea*, quoiqu'en général celle qui passe pour y être la plus propre de toutes soit celle que donne l'arbre de Calabre, que quelques personnes appellent petit olivier sauvage, à cause de sa ressemblance avec ce dernier arbre.

LII. C'est au commencement du mois de décembre que l'on fait communément la cueillette des olives, et c'est le temps où elle n'est ni prématurée ni tardive. En effet, c'est dans ce temps que l'on fait l'huile verte ; au lieu que l'huile acerbe, appelée huile d'été, se fait plus tôt, comme l'huile mûre se fait plus tard. Mais l'huile acerbe rendant peu, il n'est pas de l'intérêt d'un chef de famille d'en faire, à moins que les olives n'aient été abattues par les mauvais temps, et qu'on ne soit dans la nécessité de les ramasser, pour empêcher qu'elles ne soient mangées par les bêtes soit domestiques soit fauves. Il est au contraire très-important d'en faire de verte, tant parce que celle-ci rend abondamment, que parce qu'elle double presque le revenu du propriétaire, à cause du prix élevé dont elle se vend. Mais si l'on est en possession de plants d'oliviers qui soient d'une étendue immense, on est forcé d'en

modo separari, sic ne spongia detergeantur olivæ, sed ita ut erunt exemptæ, massulis salis mistis in amphoram condantur, et spissamentis impositis ad usus in cellam reponantur. — Maturam olivam in stratura factam colymbadem de muria tollito, spongia tergito : deinde canna viridi scindito duobus vel tribus locis, et triduo in aceto habeto : quarto die spongia extergito, in urceum aut cacabum novum mittito substrato apio et modica ruta. Conchis deinde pleno vase olivis immitte defrutum usque ad os. Lauri turiones in hoc usu mittito, ut olivas deprimant. Post dies viginti utere.

LI. Oliva nigra maturissima sereno cælo legitur, eaque sub umbra uno die in cannis porrigitur, et quæcumque est vitiosa bacca, separatur. Item siqui adhæserant pediculi, adimuntur, foliaque et surculi, quicumque sunt intermisti, eliguntur. Postero die diligenter cribratur, ut siquid inest stercoris separetur : deinde intrita oliva novo fisco includitur, et prelo subjicitur, ut tota nocte exprimatur. Postero die injicitur quam mundissimis molis suspensis, ne nucleus frangatur. Et cum est in sampsam redacta, tunc sal coctus tritusque manu permiscetur cum cæteris aridis condimentis. Hæc autem sunt, careum, cyminum, semen fœniculi, anisum Ægyptium. Sat erit autem totidem heminas salis adjicere, quot sunt modii olivarum, et oleum superfundere, ne exarescat : idque fieri debebit, quotiescumque videbitur assiccari. Nec dubium est, quin optimi saporis sit, quæ ex oliva posia facta est. Cæterum supra duos menses sapor ejus non permanet integer. Videntur autem alia genera huic rei magis esse idonea, sicut Liciniæ et culmineæ. Verumtamen habetur præcipua in hos usus olea Calabrica, quam quidam propter similitudinem oleastellum vocant.

LII. Media est olivitas plerumque initium mensis Decembris. Nam et ante hoc tempus acerbum oleum conficitur, quod vocatur æstivum, et circa hunc mensem viride premitur, deinde postea maturum. Sed acerbum oleum facere patrisfamilias rationibus non conducit : quoniam exiguum fluit, nisi bacca tempestatibus in terram decidit, et necesse est eam sublegere, ne a domesticis pecudibus ferisve consumatur. Viridis autem notæ conficere vel maxime expedit, quoniam et satis fluit, et pretio pene duplicat domini reditum. Sed si vasta sunt oliveta,

réserver quelque partie pour faire de l'huile mûre. Quoique nous ayons déjà décrit dans le premier volume le lieu dans lequel on doit faire l'huile, nous allons cependant rappeler quelques articles que nous avions d'abord omis, afin de compléter cette matière. Il faut avoir un plancher destiné à recevoir les olives. Il est vrai que nous avons un précepte qui ordonne de les mettre jour par jour sous les meules et sous l'arbre du pressoir, à mesure qu'elles sont récoltées. Mais néanmoins, comme il arrive quelquefois que le travail des pressureurs ne peut pas suffire à la quantité prodigieuse d'olives que l'on aura récoltées, il faut avoir un grenier plafonné dans lequel on les mettra, et dont le plancher sera semblable à ceux sur lesquels on pose les grains. Ce grenier doit aussi être distribué en tel nombre de cases que l'exigera la quantité d'olives que l'on aura, afin de mettre à part dans des cases particulières la cueillette de chaque jour. Il faut que le sol de ces cases soit pavé de terre ou de tuile, et qu'il aille en pente, afin que toute l'humidité s'en écoule promptement, à travers des canaux et des conduits qui y seront pratiqués, parce que la lie d'huile est très-contraire à cette liqueur, et que pour peu que l'olive y séjourne, elle gâte le goût de l'huile. C'est pourquoi, lorsqu'on aura construit ces cases de la manière que nous venons de prescrire, on posera sur leur superficie de petits soliveaux éloignés d'un demi-pied l'un de l'autre, sur lesquels on étendra des clisses de roseaux qui seront d'un tissu serré et travaillées avec soin, afin que les olives ne puissent pas passer à travers ces clisses, et que celles-ci puissent en soutenir le poids. Il faudra aussi qu'il y ait vis-à-vis ces cases, du côté par lequel s'écoulera la lie d'huile, et sous les conduits mêmes à travers lesquels elle passera, un pavé concave ou une pierre creusée en forme de petite fosse, dans laquelle s'arrêtera toute la liqueur qui s'écoulera, de façon qu'on puisse l'y puiser. Il faudra outre cela avoir des cuves et des futailles toutes prêtes à la maison, pour y déposer la lie d'huile de chaque espèce d'olive, soit que cette lie ait coulé naturellement et sans mélange, soit qu'elle n'ait coulé qu'après que l'olive aura été salée. En effet, l'une et l'autre de ces espèces de lie sont bonnes à différents usages. Au surplus, les meules valent mieux pour faire l'huile que le *trapète*, comme le *trapète* vaut mieux que le *canalis* et la *solea*. En effet, il est très-aisé de gouverner les meules, parce qu'on peut les baisser ou les remonter, suivant la quantité d'olives qu'on aura à mettre dessous, pour éviter d'en briser les noyaux, qui altéreraient le goût de l'huile. D'un autre côté, le *trapète* fait plus d'ouvrage, et le fait avec plus de facilité que la *solea* et le *canalis*. Il y a encore une machine, nommée *tudicula* (battoir), semblable à un traîneau relevé sur le côté, qui fait assez bien la besogne; si ce n'est qu'elle est sujette à se déranger souvent, et que, si l'on y met un peu plus d'olives qu'il n'en faudrait, son mouvement s'arrête. Il n'y a cependant aucune de ces machines dont on ne puisse se servir suivant la nature et l'usage des pays, quoique la meilleure de toutes soit la meule ou même le *trapète*. Il nous a fallu donner ce détail préliminaire, avant de parler de la façon de faire l'huile. Maintenant nous y allons passer, quoique nous ayons omis de faire mention de bien des choses qu'il faut préparer avant la récolte des olives, comme on le pratique avant la vendange, telles que le bois qu'il faut tenir prêt

necesse est ut aliqua pars eorum maturo [fructui] reservetur. Locus autem in quo confici oleum debet, etiam descriptus est priore volumine; pauca tamen ad rem pertinentia commemoranda sunt, quæ prius omiseram. Tabulatum, quo inferatur olea, necessarium est, quamvis præceptum habeamus, ut uniuscujusque diei fructus molis et prelo statim subjiciatur. Verumtamen quia interdum immodica multitudo baccæ torculariorum vincit laborem, (si labor est) esse oportet pensile horreum, quo importentur fructus: idque tabulatum simile esse debet granario, et habere lacusculos tam multos, quam postulabit modus olivæ, ut separetur et seorsum reponatur uniuscujusque diei coactura. Horum lacusculorum solum lapide vel tegulis oportet consterni, et ita eclive fieri, ut celeriter omnis humor per canales aut fistulas defluat. Nam est inimicissima oleo amurca, quæ si remansit in bacca, saporem olei corrumpit. Itaque cum lacus, quemadmodum diximus, exstruxeris, asserculos inter se distantes semipedalibus spatiis supra solum ponito, et cannas diligenter spisse textas injicito, ita ut in baccam transmittere queant, et olivæ pondus possint sustinere. Juxta omnes autem lacusculos, ea parte qua defluet amurca, sub ipsis fistulis in modum fossularum concavum pavimentum, vel canalem lapideum esse opportebit, in quo consistat, et unde exhauriri possit quidquid defluxerit. Præterea lacus vel dolia præparata sub tecto habere oportebit, quæ seorsum recipiant sui cujusque generis amurcam, sive quæ sincera defluxerit, sive etiam quæ salem receperit. Nam utraque usibus plurimis idonea est. Oleo autem conficiendo molæ utiliores sunt, quam trapetum; trapetum, quam canalis et solea. Molæ quam facillimam patiuntur administrationem; quoniam pro magnitudine baccarum vel submitti vel etiam elevari possunt, ne nucleus, qui saporem olei vitiat, confringatur. Rursus trapetum plus operis faciliusque quam solea et canalis efficit. Est et organum erectæ tribulæ simile, quod tudicula vocatur: idque non incommode opus efficit, nisi quod frequenter vitiatur, et si baccæ plusculum ingesseris, impeditur. Pro conditione tamen et regionum consuetudine prædictæ machinæ exercentur. Sed et optima molarum opus est, tum etiam trapeti. Hæc ante quam de oleo conficiendo dissererem, præfari necesse habui. Nunc ad ipsam rem veniendum est, quamquam multa omissa sunt, quæ sicut ante vindemiam, sic et ante olivitatem præparanda sunt, tamquam lignorum copia, quæ multo ante apportanda est, ne cum res desi-

longtemps d'avance, pour que les ouvriers ne soient pas détournés lorsqu'ils en auront besoin; telles que les échelles, les paniers, les mesures de dix *modii* et celles de trois, dans lesquelles on reçoit l'olive à mesure qu'elle est cueillie, les cabas, les cordes de chanvre et de genêt d'Espagne, les coquilles de fer avec lesquelles on puise l'huile, les couvercles des vases dans lesquels on la met, les grandes et les petites éponges, les cruches dans lesquelles on porte l'huile au dehors, les clisses de canne sur lesquelles on met l'olive, et tous les autres ustensiles qui ne me reviennent pas à la mémoire dans ce moment. Il faut donc être muni de tous ces ustensiles, et même en avoir beaucoup au delà du nécessaire, parce qu'il s'en use toujours une certaine quantité, et que le nombre en diminue à mesure qu'on s'en sert; d'autant que, si un seul vient à manquer au moment où l'on en aura besoin, l'ouvrage se trouvera interrompu. Mais je vais poursuivre l'objet que j'ai promis de traiter. Dès que les olives auront commencé à tourner, et qu'il s'en trouvera déjà quelques-unes de noires parmi le plus grand nombre de blanches, il faudra les cueillir à la main par un temps serein, après avoir étendu sous les arbres des clisses ou des roseaux; puis les cribler et les nettoyer. Quand elles auront été nettoyées avec soin, on les portera aussitôt au pressoir, et on les enfermera, avant qu'elles rendent leur huile, dans des cabas neufs que l'on mettra sous l'arbre du pressoir, de façon qu'elles n'y soient pressurées que le moins que faire se pourra. Ensuite, quand on aura relevé l'arbre du pressoir, il faudra les ramollir en répandant dessus deux *sextarii* de sel qui n'ait reçu aucun apprêt par *modius* de fruit, et en exprimer le marc à l'aide de réglets, si c'est la coutume du pays, ou du moins à l'aide de cabas neufs dans lesquels on les renfermera.

Ensuite celui qui est chargé de survider l'huile puisera aussitôt celle qui aura coulé la première dans le bassin (lequel bassin doit être rond, parce qu'étant de cette forme il est préférable à un vase de plomb carré ou à un bassin de briques à plusieurs fonds), et il la versera dans des bassins de terre cuite préparés pour la recevoir. Au reste, il faudra avoir dans le cellier à huile trois ordres de bassins, dont le premier servira à recevoir l'huile de la première qualité, c'est-à-dire celle du premier pressurage; l'autre servira à recevoir celle du second pressurage, et le dernier celle du troisième, parce qu'il est très-intéressant de ne pas confondre le second pressurage et encore moins le troisième avec le premier, attendu que l'huile qui coule comme une lessive, et sans un grand travail, de l'arbre du pressoir, est d'un bien meilleur goût que toutes les autres. Lorsqu'ensuite l'huile se sera reposée quelque temps dans les premiers bassins, il faudra que celui qui est chargé de la survider l'éclaircisse en la survidant d'abord dans les seconds bassins, et ensuite dans les suivants jusqu'aux derniers. Car plus on lui donnera d'air en la transvasant à différentes fois, et pour ainsi dire en la tourmentant, plus elle deviendra liquide, et moins elle sera chargée de lie. Il suffira néanmoins que chacun des trois ordres soit composé de trente bassins, à moins que les plants d'oliviers que l'on aura soient si considérables, qu'ils en demandent une plus grande quantité. Si le froid vient à congeler l'huile avec sa lie, il faudra sans contredit employer un peu plus de sel grillé que nous n'en avons exigé, parce que c'est le moyen de dissoudre l'huile et d'en séparer tout ce qui l'altère; d'autant qu'il n'y a pas lieu de craindre qu'elle devienne salée, puisque, telle quantité de sel qu'on y mette, elle n'en contracte jamais le goût. Il arrive quelquefois,

deraverit, operæ avocentur; tum scalæ, corbulæ, decemmodiæ, trimodiæ satoriæ, quibus destricta bacca suscipitur, fisci, funes cannabini, spartei, conchæ ferreæ, quibus depletur oleum, percula, quibus vasa olearia conteguntur, spongiæ majores et minores, urcei, quibus oleum progeritur, cannæ, tegetes, quibus oliva excipitur, et siqua sunt alia, quæ nunc memoriam meam refugiunt. Hæc omnia multo plura esse debent: quoniam in usu depereunt, et pauciora fiunt; quorum siquid suo tempore defuerit, opus intermittitur. Sed jam quod pollicitus sum exequar. Cum primum baccæ variare cœperint, et jam quædam nigræ fuerint, pluresque tamen albæ, sereno cælo manibus destringi olivam oportebit, et substratis tegetibus aut cannis cribrari et purgari. Tum diligenter emundatam protinus in torcular deferri, et integram in fiscis novis includi, prelisque subjici, ut quantum possit paulisper exprimatur. Postea resolutis corticulis et emollitis debebunt, adjectis binis sextariis integri salis in singulos modios, (et) aut regulis, si consuetudo erit regionis, aut certe novis fiscis sampsæ exprimi. Quod deinde primum defluxerit in rotundum labrum (nam id melius est, quam plumbeum quadratum, vel structile gemellar) protinus capulator depleat, in fictilia labra huic usui præparata defundat. Sint autem in cella olearia tres laborum ordines, ut unus primæ notæ, id est primæ pressuræ oleum recipiat, alter secundæ, tertius tertiæ. Nam plurimum refert non miscere iterationem, multoque minus tertiationem cum prima pressura: quoniam longe melioris saporis est, quod minore vi preli, quasi lixivum defluxerit. Cum deinde paululum in labris primis constiterit oleum, eliquare id capulator in secunda labra debebit, et deinde in sequentia usque ad ultima. Nam quanto sæpius translatione ipsa ventilatur, et quasi exercetur, tanto fit liquidius, et amurca liberatur. Sat erit autem in singulis ordinibus tricena componi labra, nisi si vasta fuerint oliveta, et majorem numerum desideraverint. Quod si frigoribus oleum cum amurca congelabitur, plusculo sale cocto utique utendum erit. Ea res resolvit oleum, et separat ab omni vitio. Neque verendum est, ne salsum fiat. Nam quantumcunque adjeceris salis, nihilominus saporem non recipit oleum. Solet autem ne sic

lorsqu'il survient de très-grands froids, que cette pratique même ne suffit pas pour la dissoudre. On grille alors du nitre, et, après l'avoir broyé, on en saupoudre les olives et on les en nourrit bien, afin qu'il parvienne à liquéfier la lie. Beaucoup de personnes, qui cependant passent pour faire l'huile avec soin, ne mettent jamais l'olive sous l'arbre du pressoir avant qu'elle ait rendu un peu d'huile d'elle-même, parce qu'elles s'imaginent qu'il s'en perd toujours alors quelque peu, attendu que, lorsque l'arbre du pressoir vient à peser dessus, la lie d'huile n'est pas la seule liqueur qui s'en écoule, puisqu'elle entraîne infailliblement avec elle un peu de liqueur grasse. Mais voici un précepte général que j'ai à donner : c'est de ne point laisser pénétrer de fumée dans le pressoir tant que l'on y fera de l'huile verte, comme de n'y point souffrir de suie, non plus que dans le cellier à huile, parce que ce sont deux choses très-contraires à ce genre de travail : aussi les plus habiles huiliers ne permettent-ils qu'avec peine de faire l'huile à la lumière d'une lampe. C'est pourquoi il faut que le pressoir et le cellier à huile soient placés du côté du ciel qui sera le moins exposé aux vents, parce que la vapeur du feu qu'on serait alors obligé d'y faire serait très-nuisible. Il ne faut pas se contenter de s'occuper du soin des futailles et des cruches dans lesquelles on doit mettre l'huile au temps seulement où l'on y est forcé par la récolte ; mais la métayère doit, dès que les vases ont été vidés par le marchand, s'appliquer à enlever aussitôt les immondices ou la lie d'huile qui peuvent y être restées au fond. Elle ne doit pas cependant employer à cet effet une lessive très-chaude, de peur que la cire ne se détache des vases ; mais elle doit les essuyer à différentes reprises, puis les frotter légèrement avec la main à l'eau tiède,

et les essuyer souvent avec une éponge pour en sécher toute l'humidité. Quelques personnes délayent dans de l'eau de la terre à potier, pour en faire une espèce de lie liquide ; et après avoir lavé les vases, elles les enduisent à l'intérieur de cette espèce de liqueur et les laissent sécher ; puis elles les lavent avec de l'eau pure lorsqu'elles en ont besoin. D'autres les lavent d'abord avec de la lie d'huile et ensuite avec de l'eau, et les font sécher ; après quoi elles examinent si ces vases n'ont pas besoin d'être enduits de cire nouvelle. Car les anciens prétendaient qu'il fallait enduire les vases de cire au bout de six récoltes d'olives à peu près, quoique je ne conçoive pas comment cela pourrait se faire. En effet, si des vases neufs reçoivent aisément la cire liquide lorsqu'on les a fait chauffer, je pense que d'anciens vases n'admettent pas une seconde fois la cirure (l'enduit de cire), à cause du suc huileux dont ils sont imprégnés. Au reste, les agriculteurs de nos jours ont même rejeté le premier enduit de cire, et ils ont pensé qu'il était plus à propos de laver les vases neufs avec de la gomme liquide, et de les parfumer de cire blanche lorsqu'ils seraient secs, pour les empêcher de contracter de la moisissure. Ils estiment aussi qu'il ne faut pas moins répéter cette fumigation à l'égard des vieux vases qu'à l'égard des neufs, toutes les fois qu'on les soigne dans la vue d'y mettre de l'huile nouvelle. Il se trouve bien des personnes qui, après avoir enduit une première fois d'une gomme épaisse les futailles ou les cruches neuves, se contentent pour toujours de cet unique enduit, parce qu'effectivement un vase de terre cuite qui a été une fois imbibé d'huile n'admet pas un second enduit de gomme, attendu que la graisse de l'huile ne s'accommode pas d'une matière d'une nature telle que celle de la gomme. Après le mois de dé-

---

quidem resolvi, cum majora frigora incesserunt : itaque nitrum torretur, et contritum inspergitur et commiscetur ; ea res eliquat amurcam. Quidam quamvis diligentes olearii baccam integram prelo non subjiciunt, quod existimant aliquid olei deperire. Nam cum preli pondus accepit, non sola exprimitur amurca, sed et aliquid secum pinguitudinis attrahit. Illud autem in totum præcipiendum habeo, ut neque fumus neque fuligo, quamdiu viride oleum conficitur, in torcular admittatur, aut in cellam olearium. Nam est utraque res inimica huic rei ; peritissimique olearii vix patiuntur ad unam lucernam opus fieri. Quapropter ad eum statum cæli et torcular et cella olearia constituenda est, qui maxime a frigidis ventis aversus est, ut quam minime vapor ignis desideretur. Dolia autem et seriæ, in quibus oleum reponitur, non tantum eo tempore curanda sunt, cum fructus necessitas cogit, sed ubi fuerint a mercatore vacuata, confestim villica debet adhibere curam, ut si quæ feces aut amurcæ in fundis vasorum subsederint, statim emundentur, et non calidissima lixivia, ne vasa ceram remittant, semel atque iterum eluantur : deinde aqua tepida leviter manibus defricentur, et sæpius eluantur, atque ita spongia omnis humor assiccetur. Sunt qui cretam figularem in modum liquidæ fecis aqua resolvant, et cum vasa laverint, hoc quasi jure intrinsecus oblinant, et patiantur arescere : postea cum res exigit, pura eluunt aqua. Nonnulli prius amurca, deinde aqua vasa perluunt, et assiccant. Tum considerant, numquid ceram novam dolia desiderent. Nam fere sexta quaque olivitate cerari oportere antiqui dixerunt. Quod fieri posse non intelligo. Nam quemadmodum nova vasa si calefiant, liquidam ceram facile recipiunt, sic vetera non crediderim propter olei succum ceraturam pati. Quam tamen et ipsam ceraturam nostrorum temporum agricolæ repudiaverunt, existimaveruntque satius esse nova dolia liquida gummi perluere, siccataque suffumigare alba cera, ne pallorem aut malum odorem capiant. Eamque suffitionem semper faciendam judicant quotiescunque vel nova vel vetera vasa curantur, et oleo novo præparantur. Multi cum semel nova dolia vel serias crassa gummi liverunt, una in perpetuum gummitione contenti sunt. Et sane quod semel oleum testa combibit, alteram gummitionem non recipit. Respuit enim olei pinguitudo talem materiam, qualis est

cembre il faudra cueillir l'olive vers les calendes de janvier de la manière que nous avons détaillée ci-dessus, et en extraire aussitôt l'huile, parce que, si on la laissait sur le plancher, elle ne tarderait pas à s'échauffer; d'autant que pendant les pluies d'hiver elle engendre plus de lie qu'en aucun autre temps, et que cette lie est très-contraire à ce genre d'opération. Il faut donc prendre garde de se réduire à la nécessité d'en faire de l'huile à manger qui ne serait bonne que pour les gens. Il n'y a qu'un seul moyen d'éviter cet inconvénient; ce moyen consiste à faire écacher l'olive et à la pressurer dès qu'elle est arrivée des champs, après l'avoir traitée de la manière que nous avons prescrite ci-dessus. La plus grande partie des agriculteurs s'était imaginé qu'en déposant l'olive à la maison, l'huile augmentait sur le plancher; mais ce système est aussi faux qu'il est faux que le blé croisse dans l'aire; et voici comme Porcius Caton l'Ancien réfute cette erreur. Il assure que l'olive se flétrit sur un plancher, et qu'elle s'y rappetisse; mais que lorsqu'un paysan a porté à la maison la mesure d'une pressurée, et qu'il veut la mettre sous les meules plusieurs jours après, comme il a oublié la quantité qu'il en avait apportée d'abord, il supplée ce qui manque à la pressurée en puisant dans les autres tas particuliers qu'il avait faits de même; d'où il arrive que l'olive qu'il avait laissée sur le plancher lui semble rendre plus d'huile que l'olive nouvelle, quoique dans la réalité il en ait employé beaucoup plus de *modii* qu'il ne se l'était imaginé. Au reste, quand ce système serait très-fondé, il y aurait toujours plus de profit à faire sur le prix de l'huile verte, qui se vend toujours très-cher, que sur l'augmentation du fruit. Aussi Caton a-t-il dit que, tel surcroît de poids ou de mesure que l'on suppose du côté de l'huile, on trouvera toujours une perte réelle plutôt qu'un profit véritable, si l'on veut supputer la quantité d'olives qu'on a été obligé d'ajouter pour compléter la pressurée. Ainsi nous ne devons pas balancer à écacher l'olive et à la mettre sous l'arbre du pressoir, au premier moment qu'elle aura été cueillie. Je conviens néanmoins qu'il faut aussi faire de l'huile à manger pour les gens; mais les olives qui sont tombées parce qu'elles étaient mangées des vers, ou celles que les mauvais temps ou les pluies ont jetées dans la boue, servent de ressource en cette occasion. A cet effet on fait chauffer de l'eau dans un chaudron pour laver ces olives, qui sont malpropres : il ne faut pas cependant employer dans ce cas de l'eau très-bouillante; il suffit qu'elle soit modérément chaude, si l'on veut que l'huile ait un goût plus supportable; parce que si on laissait cuire l'olive, l'huile contracterait dès lors le goût des vers, et des autres impuretés qu'elle renfermerait en elle-même. Au reste, lorsque les olives auront été lavées, il faudra, pour le surplus, se comporter de la manière que nous avons prescrite ci-dessus. Mais il ne faudra pas se servir des mêmes cabas pour le pressurage de la bonne huile et de celle que doivent manger les gens : l'on se servira de vieux cabas pour l'olive qui sera tombée d'elle-même, au lieu qu'on réservera les neufs pour l'huile ordinaire. Il faut aussi, dès qu'une pressurée est achevée, ne pas manquer de laver sur-le-champ les cabas deux ou trois fois dans de l'eau très-bouillante, et de les plonger ensuite dans de l'eau courante, si l'on en a, en les couvrant de pierres qui les retiennent au fond de l'eau par leur poids. Si l'on n'a pas de rivière à sa portée, on les fera tremper dans une marre ou dans un réservoir d'eau très-pure; ensuite on les battra

gummis. — Post mensem Decembrem circa calendas Januarias eadem ratione, qua superius, destringenda erit olea, et statim exprimenda. Nam si reposita in tabulatum fuerit, celeriter concalescet : quoniam hiemalibus pluviis amurcæ plus concipit, quæ est contraria huic rei. Cavendum est utique, ne fiat oleum cibarium. Quod uno modo vitari poterit, si protinus illata de agro bacca commolita et expressa erit, quæ sic administrata fuerit, ut supra diximus. Plerique agricolarum crediderunt, si sub tecto bacca deponatur, oleum in tabulato grandescere : quod tam falsum est, quam in area frumenta crescere; idque mendacium vetus ille Porcius Cato sic refellit. Ait enim in tabulato corrugari olivam, minoremque fieri. Propter quod cum facti unius mensuram rusticus sub tecto reposuerit, et post multos dies eam molere voluerit, oblitus prioris mensuræ quam intulerat, ex alio acervo similiter seposito quantumcumque mensuræ defuit supplet, coque facto videtur plus olei requieta, quam recens bacca reddere, cum longe plures modios acceperit. Attamen ut maxime id verum esset, nihilominus ex pretio viridis olei plus quam multitudine mali nummorum contrahitur.

Sed et Cato dixit : Et sic quidem quicquam ponderis aut mensuræ oleo accedit, si portiones velis in factum adjectæ baccæ computare. [Non proventum, sed detrimentum senties.] Quapropter dubitare non debemus lectam olivam primo quoque tempore commolere, preloque subjicere. Nec ignoro etiam cibarium oleum esse faciendum. Nam ubi vel exesa vermiculis oliva decidit, vel tempestatibus et pluviis in lutum defluxit, ad præsidium aquæ calidæ decurritur, abenumque calefieri debet, ut immundæ baccæ eluantur. Sed id non ferventissima fieri oportet, verum modice calida, quo commodior gustus olei fiat : nam ab excoctus est, etiam vermiculorum cæterarumque immunditiarum saporem trahit. Sed cum fuerit oliva elota, reliqua, sicut supra præcepimus, fieri debebunt. Fiscis autem non iisdem probum et cibarium oleum premi oportebit. Nam veteres ad cadncam olivam, novi autem ordinario aptari oleo, semperque cum expresserint facta, statim ferventissima debent aqua bis aut ter elui : deinde si sit profluens, impositis lapidibus, ut pondere pressi detineantur, immergi : vel si nec flumen est, in lacu, aut in piscina quam purissimæ aquæ maccrari, et postea virgis

de verges, afin d'en expulser les immondices et la lie; après quoi on les lavera encore une seconde fois, puis on les fera sécher.

LIII. Quoique ce ne soit pas dans ce temps-ci que l'on fait l'huile *gleucina* (huile vierge), j'ai cependant remis à en parler dans cette partie-ci de ce volume, pour ne pas interrompre mal à propos l'exposition des recettes pour frelater les vins, en y insérant la façon de faire cette huile. La voici donc. Il faut préparer un grand vase à mettre l'huile, qui n'ait pas encore servi, ou du moins qui soit très-solide, dans lequel on versera ensuite, pendant la vendange, soixante *sextarii* de moût excellent et très-nouveau, avec quatre-vingts livres d'huile; après quoi on enfermera, dans un petit filet de jonc ou de lin, des aromates qui ne soient ni criblés ni même broyés bien menus, mais simplement concassés légèrement : et on les enfoncera à l'aide d'un caillou peu pesant dans ce mélange d'huile et de moût. Voici quels seront les aromates qu'on emploiera en cette occasion, et les proportions qu'on suivra en les employant. On prendra du calamus, du jonc odorant, du cardamome, du baume de Judée, de l'écorce de palmier, du fenugrec qui aura été macéré dans de vieux vin, puis séché et même grillé, de la racine de jonc, ainsi que de l'iris grec, de l'anis d'Égypte ; le tout par parties égales consistant en une livre et un *quadrans* de chacun ; et on plongera ces aromates dans une *metreta*, après les avoir renfermés, comme nous l'avons dit, dans un petit filet ; puis on la bouchera. Au bout de sept ou de neuf jours, on ôtera avec la main la lie ou les impuretés qui pourront s'être attachées d'elles-mêmes au col de la *metreta*, et on l'essuiera. Ensuite on passera l'huile, et on la survidera dans de nouveaux vases ; après quoi on retirera le petit filet, et on broiera très-proprement les aromates dans un mortier. Lorsqu'ils seront broyés, on les remettra dans la même *metreta*, et on y versera autant d'huile que la première fois ; puis on la bouchera et on l'exposera au soleil. Sept jours après on videra l'huile, et on transvasera le moût dans un baril poissé. Ce qui en restera pourra servir de remède aux bœufs qui seront malades, ainsi qu'aux autres bestiaux, si on le leur fait boire. Pour l'huile qu'on aura mise en second lieu dans la *metreta*, et qui sera d'une odeur agréable, ceux qui seront tourmentés par des maladies de nerfs pourront s'en frotter tous les jours.

LIV. Manière de faire l'huile dont on se sert pour les parfums. Avant que l'olive noircisse, et dès qu'elle aura commencé à perdre sa couleur, sans cependant qu'elle soit encore tournée tout à fait, cueillez-la à la main, en choisissant de préférence celle de Licinius, si vous en avez, ou, à son défaut, la *regia*; et dans le cas où vous n'auriez pas même de cette dernière, la *Culminia*, et après l'avoir nettoyée, mettez-la sur-le-champ telle qu'elle est sous l'arbre du pressoir, et exprimez-en la lie. Ensuite broyez-la avec une meule suspendue, et renfermez-la soit entre des réglets, soit dans un cabas neuf, pour la remettre sous l'arbre du pressoir, où vous la pressurerez tant soit peu, sans cependant faire agir les leviers, mais en vous en tenant pour cela au seul poids de l'arbre. Lorsqu'il aura coulé de l'huile de cette manière, celui dont la fonction est de la survider la séparera aussitôt de la lie, et la transvasera avec attention dans différents bassins, jusqu'à ce qu'elle soit éclaircie. Le surplus de l'huile que l'on exprimera ensuite des olives pourra servir de nourriture, soit qu'on veuille la manger

verberari, ut sordes fecesque decidant, et iterum clui, siccarique.

LIII. Quamvis non erat hujus temporis olei gleucini compositio, tamen huic parti voluminis reservata est : ne parum opportune vini conditionibus interponeretur. Hac autem ratione confici debet. Vas olearium quam maximum, et aut novum aut certe bene solidum præparari oportet : deinde per vindemiam musti quam optimi generis et quam recentissimi sextarios sexaginta cum olei pondo octoginta in id confundi : tum aromata non cribrata, sed ne minute quidem contusa, verum leviter confracta in reticulum junceum aut lineum adjici, et ita [cum saxi pondusculo] in olei atque musti partem demitti. Sint autem iis portionibus pensata, quas infra subjicimus, calami, schœni, cardamomi, xylobalsami, corticis de palma, fœni Græci vetere vino macerati et postea siccati atque etiam torrefacti, junci radicis, tum etiam iridis Græcæ, nec minus anisi Ægyptii pari pondere, id est, uniuscujusque libram et quadrantem, ut supra diximus, reticulo inclusa demittito, et metrelam linito. Post septimum diem aut nonum apertæ metretæ siquid fecis aut spurcitiæ faucibus inhærebit, manu eximito, et detergito : deinde oleum eliquato, novisque vasis recondito. Mox reticulum eximito, et aromata in pila quam mundissime contundito, tritaque in eandem metretam reponito, et tantundem olei quantum prius infundito, et obturato, in sole ponito. Post septimum diem oleum depleto, et quod reliquum est musti picato cado recondito. Nam id si non exacuerit medicamentum, dabitur potandum imbecillis bubus et cætero pecori. Oleum autem secundarium non insuavis odoris quotidianam unctionem præbere poterit dolore nervorum laborantibus.

LIV. Oleum ad unguenta sic facito. Ante quam oliva nigrescat, cum primum decolorari cœperit, nec tamen adhuc varia fuerit, maxime Liciniam, si erit ; si minus, regiam ; si nec hæc fuerit, tunc Culminiam baccam manu stringito, et statim purgatam prelo integram subjicito, et amurcam exprimito : deinde suspensa mola olivam frangito, eamque vel in regulas, vel in novo fisco adjicito, subjectamque prelo sic premito, ne vasa intorqueas, sed tantum ipsius preli pondere quantulumcunque exprimi patiaris. Deinde cum sic fluxerit, protinus capulator amurcam separet, et diligenter seorsum in nova labra transferat, quousque eliquet. Reliquum olei, quod postea fuerit ex-

seule, soit qu'on veuille la mêler avec des huiles d'une autre qualité.

LV. Nous avons assez parlé jusqu'ici de l'huile: passons à des objets moins importants. Tel animal qu'on veut tuer, il faut l'empêcher de boire la veille, et surtout le porc, afin que sa chair soit plus sèche; parce que, si on le laissait boire, le salé qu'on en ferait serait plus humide. On le tuera donc dans un moment où il soit altéré; après quoi on le désossera bien, parce que c'est le moyen que le salé soit mieux fait et de plus longue garde. Lorsqu'il sera désossé, on le salera soigneusement avec du sel grillé, qui ne soit pas cependant trop menu; il suffira même qu'il soit broyé avec une meule suspendue : on en saupoudrera surtout copieusement les parties du corps qu'on n'aura point désossées; et après avoir arrangé sur un plancher les quartiers ou les petites pièces de chair, on les chargera de poids considérables, pour leur faire jeter leur humidité superflue. Le troisième jour on retirera les poids, et on frottera exactement le salé entre les mains; et lorsqu'on voudra le remettre sur le plancher, on le saupoudrera auparavant de sel égrugé bien menu : on ne laissera pas passer un seul jour sans le frotter entre les mains, jusqu'à ce qu'il soit à son point. Si le temps a été beau pendant les jours qu'on l'aura frotté, on ne le laissera dans le sel que l'espace de neuf jours; au lieu que si le temps a été nébuleux, ou qu'il ait plu, il ne faudra le porter que le onzième ou le douzième jour au réservoir, où on le lavera soigneusement avec de l'eau douce, après avoir secoué le sel de façon qu'il n'en reste aucune trace; et on fera sécher pour le suspendre ensuite au garde-manger, dans un endroit où il parvienne un peu de fumée, afin que le peu d'humidité qui pourra s'y trouver encore achève de se sécher. Le temps le plus commode pour faire le salé, c'est pendant le solstice d'hiver ou même au mois de février, avant les ides, quand la lune sera dans son déclin. Voici une autre façon de saler la viande, que l'on peut mettre en usage, même dans les lieux chauds, en quelque temps de l'année que ce soit. Après qu'on aura empêché les porcs de boire pendant une journée, on les tuera le lendemain, et on les pèlera, soit avec de l'eau bouillante, soit à une flamme de menu bois (car on peut le faire de l'une ou l'autre manière), et l'on coupera leur chair en plusieurs morceaux d'une livre chacun; après quoi on mettra dans une cruche une couche de sel grillé, mais qui ne soit que légèrement égrugé (comme nous l'avons dit ci-dessus) : ensuite on y arrangera tous les morceaux en les serrant les uns auprès des autres, et on fera alternativement plusieurs couches de sel et de morceaux de viande. Lorsqu'on sera parvenu au col de la cruche, on achèvera de la remplir de sel, et on y enfoncera la viande avec des poids dont on la chargera : cette viande se conservera toujours tant qu'on la laissera dans sa saumure, comme du poisson salé.

LVI. Choisissez les raves qui seront les plus rondes; essuyez-les si elles sont bourbeuses, et pelez-les avec un couteau; ensuite fendez-les en sautoir (suivant l'usage des confiseurs) avec un instrument de fer fait en forme de croissant, en évitant néanmoins de conduire ces fentes jusqu'en bas. Répandez ensuite entre ces fentes du sel qui ne soit pas trop menu, et arrangez les raves dans un bassin ou dans un cruche; puis, après les avoir saupoudrées d'une qualité de sel un peu

---

pressum, poterit ad escam vel cum alia nota mistum vel per se approbari.

LV. Hactenus de oleo dixisse abunde est; nunc ad minora redeamus. De sucidia et salsura facienda. Omne pecus et præcipue suem pridie quam occidatur, potione prohiberi oportet, quo sit caro siccior. Nam si biberit, plus humoris salsura habetit. Ergo sitientem cum occideris, bene exossato : nam ea res minus vitiosam, et magis durabilem salsuram facit. Deinde cum exossaveris, cocto sale nec nimium minuto, sed suspensa mola infracto diligenter salito, et maxime in eas partes, quibus ossa relicta sunt, largum salem infarcito, compositisque supra tabulatum tergoribus aut frustis vasta pondera imponito, ut exsanietur. Tertio die pondera removeto, et manibus diligenter salsuram fricato; eamque cum voles reponere, minuto et trito sale aspergito, atque ita reponito : nec desieris ejus quotidie salsuram fricare, donec matura sit. Quod si serenitas fuerit iis diebus, quibus perfricatur caro, patieris eam sale conspersam esse novem diebus : at si nubilum aut pluviæ, undecima vel duodecima die ad lacum salsuram deferri oportebit, et salem prius excuti, deinde aqua dulci diligenter elui, necubi sal inhæreat, et paululum assiccatam in carnario suspendi, quo modicus fumus perveniat qui, siquid humoris adhuc, continetur, siccare eum possit. Hæc salsura luna decrescente maxime per brumam, sed etiam mense Februario ante idus commode fiet. Est et alia salsura, quæ etiam locis calidis omni tempore anni potest usurpari [quæ talis est]. Cum ab aqua pridie sues prohibitæ sunt, postero die mactantur, et vel aqua candente, vel ex tenuibus lignis flammula facta glabrantur, (nam utroque modo pili detrahuntur) caro in libraria frusta conciditur : deinde in seria substernitur sal coctus, sed modice (ut supra diximus) infractus : deinde offulæ carnis spisse componuntur, et alternis sal ingeritur. Sed cum ad fauces seriæ perventum est, sale reliqua pars repletur, et impositis ponderibus in vas comprimitur : eaque caro semper conservatur, et tanquam salsamentum in muria sua permanet.

LVI. Rapa et napos quomodo condias. Rapa quam rotundissima sumito, eaque, si sunt lutosa, detergito, et summum cutem novacula decorpito : deinde (sicut consueverunt salgamarii) decussatim ferramento lunato incidito. Sed caveto, ne usque ad imum præcidas rapa. Tum salem inter incisuras raporum non nimium minutum aspergito, et rapa in alveo aut seria componito, et sale plusculo aspersa triduo sinito, dum exudent. Post

plus forte, laissez-les rendre leur eau pendant trois jours. Au bout du troisième jour, goûtez le milieu de leur filament, pour voir si elles ont bien pris le sel. Lorsque vous jugerez qu'elles l'auront suffisamment pris, vous les retirerez toutes de la cruche et vous les laverez dans leur propre eau; ou si elles n'en ont pas rendu beaucoup, vous y ajouterez de la saumure forte, dans laquelle vous les laverez. Ensuite vous les arrangerez dans un mannequin d'osier carré dont le tissu ne soit pas trop serré, mais qui soit cependant fait solidement, et avec de gros brins d'osier; après quoi vous mettrez par-dessus une planche qui y sera adaptée de façon que les raves puissent être enfoncées à l'aide de cette planche jusqu'au fond du mannequin, si le cas l'exige. Lorsque cette planche sera ainsi adaptée au mannequin, vous la chargerez de poids considérables, et vous laisserez sécher les raves pendant un jour et une nuit. Après quoi vous les arrangerez dans une futaille soit de terre cuite poissée, soit de verre, et vous verserez dessus de la moutarde et du vinaigre, de façon qu'elles en soient recouvertes. On pourra aussi confire des navets comme des raves, et dans le même jus; avec cette différence qu'on ne les coupera qu'au cas qu'ils soient trop gros. Au reste, il faut avoir soin de confire ces deux sortes de racines avant qu'elles montent en tiges ou en graine, et dans le temps où elles seront encore tendres. Jetez dans un vase de petits navets entiers, ou de grands coupés en trois ou quatre tronçons, et versez du vinaigre par-dessus, en y ajoutant un *sextarius* de sel grillé par *congius* de vinaigre, et vous pourrez en faire usage au bout de trente jours.

LVII. Nettoyez avec soin de la graine de moutarde, et criblez-la : ensuite lavez-la dans de l'eau froide, et, après qu'elle aura été bien lavée, laissez-la dans l'eau pendant deux heures. Ensuite videz l'eau; et après avoir exprimé cette graine entre vos mains, jetez-la dans un mortier neuf ou qui soit bien nettoyé, et broyez-la avec des pilons. Lorsqu'elle sera broyée, ramassez toute la bouillie qui en résultera au milieu du mortier, et aplatissez-la avec la paume de la main. Quand elle sera aplatie, faites-y plusieurs trous, et mettez dessus quelques charbons ardents sur lesquels vous verserez de l'eau nitrée, afin que cette bouillie jette toute son amertume et sa moisissure; après quoi vous soulèverez aussitôt le mortier, afin que toute l'humidité s'en écoule. Quand cela sera fait, vous verserez sur cette moutarde du vinaigre bien mordant, et vous la remuerez avec le pilon, puis vous la passerez. Cette moutarde sera très-bonne pour confire les raves. Au reste, si vous la voulez préparer à l'usage de la table, lorsque vous lui aurez fait jeter son amertume, vous y mettrez des pignons très-nouveaux et des amandes que vous broierez avec soin, en y versant du vinaigre par-dessus. Pour le surplus, vous suivrez la méthode que je viens de prescrire. Non-seulement cette moutarde sera d'un bon usage pour les sauces, mais elle sera encore belle à l'œil, puisqu'elle sera d'une blancheur singulière quand elle aura été faite avec attention.

LVIII. Avant que le maceron monte en tige, arrachez-en la racine au mois de janvier, ou même au mois de février, et frottez-la bien afin qu'il n'y reste point de terre, puis faites-la confire dans du vinaigre et du sel; ensuite vous la retirerez de ce jus au bout de trente jours; vous la pèlerez, et vous en jetterez l'écorce. Quant à la moelle qui restera, vous la couperez par tronçons, que vous mettrez dans un flacon de verre ou dans un flacon neuf de terre cuite, en y ajoutant

---

tertiam diem mediam fibram rapi gustato, si receperit salem. Deinde cum videbitur salis recepisse, exemptis omnibus, singula suo sibi jure eluito : vel si non multum liquoris fuerit, muriam duram adjicito, et ita cluito ; et postea in quadratam cistam vimineam, quæ neque spisse, solide tamen et crassis viminibus contexta sit, rapa componito : deinde sic aptatam tabulam superponito, ut usque ad fundum, si res exigat, intra cistam deprimi possit. Cum autem eam tabulam sic aptaveris : gravia pondera superponito, et sinito nocte tota, et uno die siccari. Tum in dolio picato fictili, vel in vitreo componito, et sic infundito sinapi et aceto, ut a jure contegantur. Napi quoque, sed integri, si minuti sunt, maiores autem insecti, eodem jure, quo rapa condiri possunt : sed curandum est, ut hæc utraque antequam caulem agant et cymam faciant, dum sunt tenera, componantur. — Napos minutos integros, aut rursus amplos in tres aut quatuor partes divisos in vas conjicito, et aceto infundito, salis quoque cocti unum sextarium in congium aceti adjicito. Post trigesimum diem uti poteris.

LVII. Semen sinapis diligenter purgato, et cribrato : deinde aqua frigida eluito, et cum fuerit bene lotum, duabus horis in aqua sinito. Postea tollito, et manibus expressum in mortarium novum aut bene emundatum conjicito, et pistillis conterito. Cum contritum fuerit, totam intritam ad medium mortarium contrahito, et comprimito manu plana. Deinde cum compresseris, scarificato, et impositis paucis carbonibus vivis aquam nitratam suffundito, ut omnem amaritudinem ejus et pallorem exsaniet. Deinde statim mortarium erigito, ut omnis humor eliquetur. Post hoc album acre acetum adjicito, et pistillo permisceto, colatoque. Hoc jus ad rapa condienda optime facit. Cæterum si velis ad usum conviviorum præparare, cum exsaniaveris sinapi, nucleos pineos quam recentissimos et amygdalam adjicito, diligenterque conterito infuso aceto. Cætera, ut supra dixi, facito. Hoc sinapi ad embammata non solum idoneo, sed etiam specioso uteris : nam est candoris eximii, si sit curiose factum.

LVIII. Priusquam olusatrum coliculum agat, radicem ejus eruito mense Januario vel etiam Februario, et diligenter defricato, nequid terreni habeat, et in aceto et sale componito : deinde post diem trigesimum eximito, et

un jus composé de la manière suivante : Prenez de la menthe, du raisin séché au soleil, et un peu d'oignon sec ; broyez le tout avec du blé grillé et un peu de miel ; après quoi vous y mélerez deux parties de vin cuit jusqu'à diminution des deux tiers ou de moitié, et une partie de vinaigre ; et vous verserez cette composition dans le même flacon, que vous boucherez et que vous envelopperez d'une peau. Lorsqu'ensuite vous voudrez en faire usage, vous tirerez des tronçons de ces petites racines avec leur jus, et vous y ajouterez de l'huile. Vous pourrez confire dans le même temps la racine de chervi de la manière que nous venons de prescrire : mais, lorsque vous en voudrez faire usage, vous la retirerez du flacon, et vous verserez dessus de l'oxymel avec un peu d'huile.

LIX. Mettez dans un mortier de la sarriette, de la menthe, de la rue, de la coriandre, de l'ache, du poireau qu'on coupe à différentes reprises, ou, à son défaut, de l'oignon vert, des feuilles de laitue et de roquette, du thym vert ou de la cataire, avec du pouliot vert, du fromage nouvellement fait et du fromage salé : broyez tous ces ingrédients ensemble en y mêlant un peu de vinaigre épicé, et mettez-les dans un petit plat, puis vous y verserez de l'huile par-dessus. Quand vous aurez broyé les plantes vertes que nous venons d'indiquer, vous écraserez ce que vous jugerez suffisant de noix épluchées, en y mêlant un peu de vinaigre épicé, et vous verserez de l'huile par-dessus. Vous broierez du sésame légèrement grillé avec les mêmes plantes vertes. Vous y mettrez aussi un peu de vinaigre épicé, sur lequel vous verserez de l'huile. Vous pilerez du fromage de Gaule ou de telle autre espèce de fromage que vous voudrez, après l'avoir coupé en petits morceaux, et vous mêlerez avec ces ingrédients des pignons, si vous en avez abondamment ; sinon des avelines grillées qui auront été préalablement pelées, ou des amandes, et vous ajouterez un peu de vinaigre épicé ; puis vous brouillerez tout ce mélange, et vous verserez de l'huile dessus. Si vous n'avez pas d'assaisonnements verts, vous broierez avec le fromage, soit du pouliot sec, soit du thym, de l'origan ou de la sarriette sèche, et vous y ajouterez du vinaigre épicé et de l'huile. On peut cependant se contenter de mêler avec le fromage une seule de ces plantes sèches, au cas que l'on n'en ait point d'autres. On mêlera avec du miel trois *unciæ* de poivre blanc, si l'on en a, sinon de noir, deux *unciæ* de graine d'ache, un *sescuncia* de cette racine de laser que les Grecs appellent σίλφιον, et un *sextans* de fromage ; puis, après avoir broyé et cassé ces ingrédients avec du miel, on les conservera dans un pot de terre neuf ; et lorsqu'on voudra en faire usage, on délayera le peu qu'on en voudra prendre dans du vinaigre et du *garum*. Vous pouvez prendre une *uncia* de sermontaine, un *sextans* de raisin séché au soleil, sans pepins, et un *quadrans* de poivre blanc ou noir, et mêler le tout avec du miel pour le conserver, si vous voulez ménager la dépense. Mais si votre intention est de faire un *oxyporum* à plus grands frais, vous mêlerez ces mêmes ingrédients avec la composition dont nous avons parlé plus haut, et vous serrerez ensuite ce mélange pour votre usage. Si vous n'avez point de laser, vous pourrez aussi y substituer une *semuncia* de miel.

---

corticem ejus delibratum abjicito. Cæterum medullam ejus concisam in fideliam vitream vel novam fictilem conjicito, et adjicito jus, quod sicut infra scriptum est fieri debebit : sumito mentam, et uvam passam, et exiguam cepam aridam, eamque cum torrido farre et exiguo melle subterito : quæ cum fuerit bene trita, sapæ vel defruti duas partes et aceti unam permisceto : atque ita in eandem fideliam confundito, eamque operculo contectam pelliculato. Cum deinde uti voles, cum suo jure concisas radiculas promito, et oleum adjicito. Hoc ipso tempore siseris radicem poteris eadem ratione, qua supra condire ; sed cum exegerit usus, eximes de fidelia, et oxymeli cum exiguo oleo superfunde.

LIX. Addito in mortarium satureiam, mentam, rutam, coriandrum, apium, porrum sectivum, aut si id non erit, viridem cepam, folia lactucæ, folia erucæ, thymum viride, [vel] nepetam, tum etiam viride puleium, et caseum recentem et salsum : ea omnia pariter conterito, acetique piperati exiguum permisceto. Hanc misturam cum in catillo composueris, oleum superfundito. Aliter. Cum viridia, quæ supra dicta sunt, contriveris, nuces juglandes purgatas, quantum satis videbitur, interito, acetique piperati exiguum permisceto, et oleum infundito. Aliter. Sesamum leviter torrefactum cum iis viridibus, quæ supra dicta sunt, conterito. Item aceti piperati exiguum permisceto, tum supra oleum superfundito. Aliter. Caseum gallicum vel cujuscunque notæ volueris minutatim conciditо et conterito, nucleosque pineos, si eorum copia fuerit ; si minus, nuces avellanas torrefactas adempta cute, vel amygdalas æque supra condimentum pariter misceto, acetique piperati exiguum adjicito, et permisceto, compositumque oleo superfundito. Si condimenta viridia non erunt, puleium aridum vel thymum vel origanum aut aridam satureiam cum caseo conterito, acetumque piperatum et oleum adjicito. Possunt tamen hæc arida, si reliquorum non sit potestas, etiam singula caseo misceri. Oxypori compositio. Piperis albi, si sit ; si minus, nigri unciæ tres, apii seminis unciæ duæ, laseris radicis, quod σίλφιον Græci vocant, sescunciam, casei sextantem : hæc contusa et cribrata melli permisceto, et in olla nova servato : deinde cum exegerit usus, quantulumcunque ex eo videbitur, aceto et garo diluito. Aliter. Ligustici unciam, passæ uvæ detractis vinaceis sextantem, mentæ aridæ sextantem, piperis albi vel nigri quadrantem : hæc, si majorem impensam vitabis, possunt melli admisceri, et ita servari. At si pretiosius oxyporum facere voles, hæc eadem cum superiore compositione miscebis, et ita in usum repones : quod si etiam Syriacum lasar habueris pro silphio, melius adjicies pondo semunciam.

Clausulam peracti operis mei P. Silvine non alienum

Pour conclusion de mon ouvrage, P. Silvinus, je crois qu'il n'est pas hors de propos de déclarer à ceux qui le liront (si toutefois il se trouve quelques personnes qui daignent prendre connaissance des matières qu'il renferme) que je ne doute point qu'il n'y ait presque une infinité de choses qui auraient pu entrer dans mon plan, mais que j'ai cru ne devoir laisser à la postérité que celles qui m'ont paru les plus nécessaires. D'ailleurs la nature n'a concédé à qui que ce soit, pas même aux personnes qui ont vieilli dans l'étude, la connaissance de toutes choses, puisqu'on dit même que si ceux qui ont passé pour être les plus sages entre les mortels en savaient beaucoup, ils ne les savaient cependant pas toutes.

DES ARBRES.

I. Comme nous croyons avoir suffisamment traité de la culture des champs dans la première partie de cet ouvrage, il ne sera pas hors de propos de nous occuper maintenant des arbres et des arbrisseaux. Le soin qu'on en doit prendre passe pour être l'une des parties les plus essentielles de l'économie rurale. Nous comptons donc avec Virgile deux espèces de rejetons : ceux qui viennent d'eux-mêmes, et ceux qui sont le fruit du travail de l'homme. Les premiers, qui viennent sans le secours de l'homme, sont plus propres à jeter du bois, tandis que ceux qui ont été cultivés sont plus propres à donner des fruits. Cette dernière espèce est la principale ; on la divise en trois ; car tout rejeton produit ou un arbre tel que l'olivier, le figuier, le poirier ; ou un arbrisseau tel que le rosier, le violier, et le roseau ; ou bien encore un troisième genre mixte, que je ne voudrais appeler proprement ni arbre ni arbrisseau, tel qu'est la vigne. Nous parlerons d'abord des vignes, puis nous traiterons de la culture des arbres et des arbrisseaux. Celui qui veut former des vignobles, ou des vignes mariées à des arbres, doit commencer par faire des pépinières ; c'est le meilleur moyen de connaître la qualité et l'espèce des ceps dont il voudra garnir sa terre. Celui qui achète des plants n'a point de garantie certaine de leur bonté ; car il aura toujours des doutes si celui qui les lui a vendus a mis les soins nécessaires pour les bien choisir. D'ailleurs toute production étrangère transplantée dans notre sol se trouve en quelque sorte dépaysée, et s'acclimate difficilement. Le mieux sera donc de former une pépinière sur le terrain même que vous voulez garnir de ceps, ou dans le voisinage. La nature du sol y est d'une grande importance ; car si ce sont des collines que vous voulez planter en vignes, soit échalassées, soit mariées à des arbres, il faudra avoir soin de choisir pour pépinière l'endroit le plus sec, afin d'habituer la vigne, pour ainsi dire dès son enfance, au manque d'humidité. Au contraire, si d'un endroit humide vous la transférez dans un sol sec, elle maigrira bientôt, privée qu'elle sera de sa nourriture habituelle. Si votre terre est en plaine, et si le sol en est humide, il sera bon de former votre pépinière dans un sol de même nature, afin d'habituer la vigne à l'abondance de l'humidité ; car si vous la transplantez d'un sol aride dans un terrain aqueux, elle ne tardera pas à pourrir. Quand le terrain destiné à la pépinière est plat et passablement humide, il suffira de le retourner avec la houe, ce que les paysans appellent *sestertium*. On fouille à cet effet la terre

---

puto indicem lecturis, si modo fuerint qui dignentur ista cognoscere, nihil dubitasse me pene infinita esse, quæ potuerint huic inseri materiæ : verum ea quæ maxime videbantur necessaria, memoriæ tradenda censuisse. Nec tamen canis natura dedit cunctarum rerum prudentiam. Nam etiam quicunque sunt habiti mortalium sapientissimi, multa scisse dicuntur, non omnia.

DE ARBORIBUS.

1. Quoniam de cultu agrorum abunde primo volumine præcepisse videmur, non intempestiva erit arborum virgultorumque cura, quæ vel maxima pars habetur rei rusticæ. Placet igitur, sicuti Virgilio, nobis quoque duo esse genera surculorum : quorum alterum sua sponte gignitur, alterum cura mortalium procedit. Illud, quod non ope humana provenit, materiæ est magis aptum : hoc cui labor adhibetur, idoneum fructibus. Unum hoc itaque præcipuum est, atque id ipsum genus tripartito dividitur : nam ex surculo vel arbor procedit, ut olea, ficus, pirus ; vel frutex, vt violæ, rosæ, arundines ; vel tertium quiddam, quod neque arborem neque fruticem proprie dixerimus, sicuti est vitis. Arborum et fruticum docebimus cultum, si prius de vitibus præceperimus. Qui vineam vel arbustum constituere volet, seminaria prius facere debebit : sic enim sciet cujus generis vitem positurus sit. Nam quæ pretio parata disponitur, certam generositatis fidem non habet : quoniam dubium est, an is qui vendidit, legendis seminibus adhibuerit diligentiam : tum etiam quod ex longinquo petitur, parum familiariter nostro solo venit, propter quod difficilius convalescit alienum exteræ regionis. Optimum est itaque eodem agro, quo vitem dispositurus es, vel certe vicino facere seminarium : idque multum refert loci natura. Nam si colles vineis vel arbustis occupaturus es, providendum est, ut siccissimo loco fiat seminarium, et jam quasi ab incunabulis vitis exiguo assuescat humori : aliter cum transtuleris de humido in aridum locum, viduata pristino alimento deficiet. At si campestres et uliginosos agros possidebis, proderit quoque seminarium simili loco facere, et vitem largo consuescere humori. Namque exilis cum in aquosum agrum transfertur, utique putrescit. Ipsum autem agrum, quem seminario destinaveris planum et succosum, sat erit bipalio vertere : quod vocant rustici sestertium.

à une profondeur d'un pied et demi, mais de moins de deux pieds. Cette opération exige pour un jugerum cinquante journées de travail. Quand le terrain est en pente, il faut le labourer au pastinum à deux pieds de profondeur au moins, et employer pour un jugerum soixante journées. Si l'on veut former la pépinière à l'endroit même où l'on disposera plus tard le vignoble, il faudra faire des labours de trois pieds de profondeur. Cette opération demande pour un jugerum soixante journées, si toutefois il n'y a sur le terrain ni pierre ni tuf, ni d'autre corps plus dur; car alors il est difficile de déterminer d'avance le nombre de journées qu'il faudra employer à ce travail. Pour nous, nous n'entendons parler que des terroirs en plaine.

II. Les fouilles faites, on procède au choix du plant vers le mois de février et dans la première moitié du mois de mars. Les meilleurs plants sont ceux qui proviennent de vignes choisies avec soin. A cet effet, celui qui tient à cœur de former de bonnes pépinières, marquera vers le temps des vendanges celles dont les grappes parvenues à leur maturité sont grosses et sans taches. Cette marque doit être faite avec de la sanguine mêlée de vinaigre, afin que les pluies ne puissent l'effacer. Il faut examiner les vignes non-seulement pendant une année, mais trois ou quatre ans de suite, afin de s'assurer si elles continuent d'être fécondes. C'est le meilleur moyen de connaître si cette fécondité provient de la qualité du plant, et non pas de l'abondance accidentelle de l'année. Lorsqu'un cep aura pendant plusieurs vendanges produit la même quantité de raisin, les plants que vous en aurez tirés donneront un vin abondant et généreux. En général, les grappes, sans aucune distinction d'espèce, qui sont arrivées au point de maturité entière et sans taches, donnent un meilleur vin que les grappes qui auront eu à souffrir de l'ardeur du soleil ou de toute autre cause.

III. Choisissez du plant qui donne de gros raisins d'une saveur douce, avec une enveloppe tendre et des pepins rares et petits. Le meilleur plant est tiré des reins de la vigne; le second, des épaules; au troisième rang vient le plant tiré des parties supérieures de la vigne, lequel prend facilement racine, et produit plus que les autres, mais pour vieillir plus promptement. Il ne faut point planter les brins de sarment dits pampres, parce qu'ils sont stériles. Mettez dans des plaines grasses et humides les vignes précoces, ainsi que celles qui ont peu de grappes, et des nœuds rapprochés, et des ceps peu robustes; car c'est le terrain qui convient le mieux à ces espèces de vignes. Dans les lieux arides, maigres et secs, au contraire, plantez la vigne naturellement vigoureuse et féconde, et qui a beaucoup de grappes. Si vous mettez une vigne de cette sorte dans un sol gras, elle s'épuisera en bois, et le peu de grappes qu'elle aura données ne parviendront pas à leur maturité; de même que les ceps naturellement faibles, plantés dans une terre maigre, ne profiteront guère, et donneront peu de fruit. Plantez les différentes espèces de vignes dans des carrés séparés; de cette manière vous pourrez faire en temps opportun la taille et la vendange pour chaque espèce en particulier. Le nouveau plant mis en terre avec le vieux sarment prend promptement racine, croît de même; mais il vieillit aussi en peu de temps. Si au contraire vous le plantez isolément, il a plus de peine à se

Ea repastinatio altitudinis habet plus sesquipede, minus tamen quam duos pedes. Ejusmodi bipalio jugerum agri vertitur operis quinquaginta. Collem autem et clivosum modum jugeri, sed ne minus duobus pedibus alte, repastinabis operis sexaginta : vel si eodem loco, quo vineam ordinaturus es, facere voles seminarium, tribus pedibus alte repastinabis jugerum operis octoginta : ita tamen si neque lapis, neque tophus aut alia materia difficilior intervenerit : quæ res, quot operas absumat, parum certum est. Nos autem de terreno loquimur.

II. Peracta repastinatione, mense Februario vel prima parte Martii semina legito. Sunt autem optima, quæ de vitibus notatis leguntur. Nam cui cordi est bona seminaria facere, circa vindemiam vites, quæ et magnum et incorruptum fructum ad maturitatem perduxerint, rubrica cum aceto, ne pluviis abluatur, permista denotat, nec hoc uno tantummodo anno facit, sed continuis tribus vel pluribus vindemiis easdem vites inspicit, an perseverent esse fœcundæ. Sic enim manifestum est generositate vitium, non anni ubertate fructum provenire. Si compluribus vindemiis eundem tenorem servarint, ex ejusmodi vitibus lecta semina multum bonumque vinum præbebunt. Namque qualiscunque generis uvæ, quæ integræ et incorruptæ ad maturitatem perveniunt, longe melioris saporis vinum faciunt, quam quæ præcipiuntur æstu, aut alia de causa.

III. Semina autem eligito grandi acino, tenui folliculo, paucis minutisque vinaceis, dulci sapore. Optima habentur a lumbis; secunda ab humeris; tertia a summa vite lecta, quæ celerrime comprehendunt, et sunt feraciora, sed ea quoque celeriter senescunt. Pampinaria sarmenta deponi non placet, quia sterilia sunt. Locis pinguibus et planis et humidis præcoquas vites serito, raris acinis, brevibus nodis, imbecillas : nam tali generi vitium ejusmodi ager aptus est. Locis aridis et macris et siccis vitem sere natura feracem et validam, crebrisque acinis. Quod in pingui agro validas vites deposueris, pampinis magis eluxuriabuntur, et qualemcunque fructum tulerint, ad maturitatem non perducent : rursus imbecillæ exili agro celeriter deficient, exiguumque fructum dabunt. Unumquodque genus vitium separatim serito : ita suo quoque tempore putabis, et vindemiabis. Semina novella cum vetere sarmento deposita cito comprehendunt, et valenter crescunt; sed celeriter senescunt : at quæ sine vetere sarmento panguntur, tardius convalescunt; sed tardius deficiunt. Semina quam recentissima terræ

fortifier, mais il dure plus longtemps. Mettez en terre les plants immédiatement après les avoir coupés. S'il y a eu quelque retard, couvrez-les bien, pour qu'ils soient à l'abri des vents et des pluies. Faites vos plantations depuis la nouvelle lune jusqu'au dixième jour, et depuis le vingtième jusqu'au trentième. C'est là le meilleur temps pour planter la vigne. Évitez surtout les vents froids. Voici la manière de planter la crocette. La branche dont vous voulez faire la crocette ne doit pas avoir plus de six bourgeons; cela suppose que l'espace entre deux nœuds est très-court. Prenez ensuite une serpette bien aiguisée, et coupez la branche près du nœud, par le bout que vous mettrez en terre, sans cependant léser les bourgeons, et de sorte que la section (la plaie) qui en résulte présente une surface ronde; puis vous l'enduirez immédiatement de fumier de bœuf. Enfoncez le sarment dans une terre bien labourée et bien fumée, de sorte qu'il n'y ait pas moins de quatre bourgeons cachés en terre. Il suffira de laisser entre les plants l'espace d'un pied en tout sens. Quand ils auront pris racine, ébourgeonnez-les, afin qu'ils n'aient pas à nourrir plus de branches qu'il ne faut. Bêchez-les le plus que vous pourrez, mais ne les touchez point avec le fer. Au bout de vingt-quatre mois coupez-les de nouveau, et les transplantez au bout de trente-six. — Mettez la vigne dans une terre reposée. Si vous la mettez dans un ancien vignoble, il faut attendre au moins dix ans; car plantée avant cette époque elle ne prend guère, et ne se fortifie jamais. Avant de garnir de ceps notre terrain, examinez d'abord le goût de la terre; car votre vin aura un goût analogue. Pour examiner le goût de la terre, vous n'avez (ainsi que nous l'avons montré dans les livres précédents) qu'à délayer une motte de terre dans de l'eau, que vous passerez par un tamis; après quoi vous la goûterez. Le sol le plus propre à la vigne est le sol sablonneux qui contient une humidité douce au goût; vient ensuite une terre où se trouve du tuf; une terre de déblai et passablement meuble est également bonne pour les vignes, de même qu'un sable sous lequel se trouve de l'argile douce. Toute terre gercée par la chaleur ne convient pas plus aux vignes qu'aux arbres. La couche inférieure de la terre entretient la vigne et l'arbre, de même que la couche supérieure les maintient. Les pierres répandues sur la superficie de la terre blessent les arbres aussi bien que les vignes; à une certaine profondeur, elles les rafraîchissent. Une terre d'une densité moyenne est la meilleure. Celle qui laisse passer les eaux de la pluie, ou qui les retient trop longtemps stagnantes à sa surface, doit être évitée. La plus fertile est celle qui est suffisamment légère en haut, et assez compacte autour des racines. Les vignes se fortifient difficilement sur les montagnes et sur les terrains en pente; mais le vin qu'elles donnent est d'un goût solide et franc. Elles sont plus vigoureuses dans les plaines humides; mais le vin en est sans force et ne se garde point. Nous avons traité jusqu'à présent du plant et de la nature du sol; passons maintenant aux différentes espèces de vignes.

IV. Les vignes se plaisent surtout à être soutenues par des arbres, parce que leur nature les porte à monter; elles donnent alors plus de bois, et leurs fruits mûrissent plus également. Cette espèce de vigne est appelée *arbustivum* (mariée aux arbres): nous en parlerons en son lieu avec

---

mandare convenit. Si tamen mora intervenerit, quo minus statim serantur, quam diligentissime obrui tota oportet eo loco, unde neque pluvias neque ventos sentire possint. Plantaria facito ab exoriente ad decimam lunam, et a vigesima ad tricesimam. Hæc melior est vitibus satio. Sed cum seris, frigidos ventos vitato. Malleolum sic deponito. Virgam malleolarem non amplius quam sex gemmarum esse convenit, ita tamen sunt, si brevia internodia habent. Ejus imam partem, quam in terram demissurus es, acutissima falce juxta nodum, sic ne gemmam lædas, rotunda plaga amputato, et statim fimo bubulo linito : tum in terram bene pastinatam et stercoratam rectum sarmentum defigito, ita ut ne minus quatuor gemmæ abscondantur. Pedale quoquoversus spatium sat erit inter semina relinqui ; cum comprehenderint, identidem pampinentur, ne plura sarmenta quam debent, enutriant. Item quam sæpissime fodiantur : ferro ne tangantur. Vigesimo et quarto mense resecentur : post trigesimum et sextum mensem transferantur. — In agro requieto vineam ponito. Nam ubi vinea fuerit, quod citius decimo anno severis, ægrius comprehendet, nec unquam roborabitur. Agrum antequam vineis obseras, explorato qualis saporis sit : talem enim etiam gustum vini præbebit. Sapor autem (sicuti primo docuimus volumine) comprehendetur, si terram aqua diluas, et cum colaveris, tum demum aquam degustes. Aptissima vitibus terra est arenosa, sub qua consistit dulcis humor : probus consimilis ager, cui subest tophus : æque utilis congesta et mota terra. Sabulum quoque, cui subest dulcis argilla, vitibus convenit. Omnis autem qui per æstatem finditur ager, vitibus arboribusque inutilis. Terra inferior alit vitem et arborem; superior custodit. Saxa summa parte terræ et vites et arbores lædunt, ima parte refrigerant. Et mediocri raritudine optima est vitibus terra : sed ea quæ transmittit imbres, aut rursus in summo diu retinet, vitanda est. Utilissima est autem superior modice rara, circa radices densa. Montibus clivisque difficulter vineæ convalescunt, sed firmum probumque saporem vini præbent. Humidis et planis locis robustissimæ, sed infirmi saporis vinum, nec perenne faciunt. Et quoniam de seminibus atque habitu soli præcepimus, nunc de genere vinearum disputabimus.

IV. Vites maxime gaudent arboribus, quia naturaliter in sublime procedunt, tum et materias ampliores creant, et fructum æqualiter percoquunt. Hoc genus vitium arbustivum vocamus, de quo pluribus suo loco dicemus.

plus de détail. On compte ordinairement trois espèces de vignes : les vignes appelées treilles, la vigne rampante, et enfin celle qui, s'élevant au dessus de la terre, se tient droite par elle-même, comme les arbres. Cette dernière espèce, comparée aux treilles, leur est inférieure sous quelques rapports, et les surpasse sous d'autres. Les treilles sont plus exposées à l'air ; le fruit en est plus élevé, et mûrit plus uniformément ; mais la culture en est plus difficile. L'autre espèce est disposée de telle sorte qu'on la puisse labourer à la charrue; et elle devient d'autant plus féconde qu'elle est cultivée plus assidûment et à moindres frais. La vigne rampante donne beaucoup de vin, mais ce vin n'est pas d'une bonne qualité. Une terre labourée au pastinum convient le mieux à la plantation de la vigne; cependant, en certains endroits il y a des avantages à la disposer par sillons, quelquefois aussi on la plante dans des fossés. Un jugerum de terre est, ainsi que je l'ai dit, labouré au pastinum à la profondeur de trois pieds dans quatre-vingt-dix journées ; on creuse dans une journée, si le terrain est léger, un sillon de deux pieds de profondeur et soixante-dix pieds de longueur. On fait dans une journée dix-huit fossés cubiques, c'est-à-dire qui ont trois pieds en tout sens. Si l'on veut planter les vignes plus profondément en terre, on n'aura qu'à creuser des fossés de quatre pieds en tout sens : on en fait douze dans une journée. Quant aux fossés de deux pieds en tout sens, on en fait vingt dans une journée. On remarquera encore que dans des terrains arides, et dans des terrains en pente, il faut planter la vigne plus profondément que dans des terres humides et dans des plaines. Qu'on plante la vigne dans des fossés ou des sillons, le meilleur sera toujours de faire les uns et les autres une année avant. L'espace le plus étroit laissé entre les vignes est de cinq pieds en tout sens ; on les plante aussi à sept et même à huit pieds d'intervalle les unes des autres ; la distance de douze pieds, qui rend le labour si facile, est extrêmement rare. Cette disposition sans doute prend plus de terrain ; mais elle est la meilleure sous le rapport de la fécondité et de la force des ceps. En mettant en terre le plant, promenez le hoyau au fond des fossés ou des sillons, afin d'ameublir davantage la terre. En attachant la vigne à son appui, faites en sorte qu'elle soit tournée vert l'orient. Mettez au fond des fossés des pierres de cinq livres environ, de sorte cependant qu'elles ne gênent en aucune façon les ceps, mais qu'elles se trouvent entre les racines de deux vignes. Mettez-y ensuite une hemina de marc de raisin blanc pour le raisin noir, et une hemina de marc de raisin noir pour le blanc ; et remplissez le fossé ou le sillon jusqu'à la moitié avec de la terre fumée. Dans les trois années suivantes vous comblerez peu à peu le fossé ou le sillon : de cette façon la vigne s'habitue insensiblement à jeter des racines du dehors au dedans. Les pierres, posées au fond, tracent en quelque sorte aux racines la route où elles doivent ramper ; dans l'hiver elles les mettent à l'abri des eaux, dans l'été elles y entretiennent la fraîcheur, et en favorisent beaucoup la croissance. Après avoir traité de la plantation des vignes, nous allons donner des préceptes sur la manière de les cultiver.

V. Laissez à la vigne nouvelle tous ses bourgeons ; mais dès que le pampre aura quatre

---

Vinearum autem fere genera in usu tria sunt, jugata, humi projecta, et deinde tertia, quæ est a terra subrecta, more arborum in se consistens. Id genus comparatum jugatæ quadam parte deficitur, quadam superat : jugata plus aëris recipit, et altius fructum fert, et æqualius concoquit, sed difficilior est ejus cultus : adhæc ita constituta est, ut etiam arari possit ; eoque ubertatem majorem consequitur, quod sæpius et minore impensa excolitur. At quæ protinus in terram projecta fert, multum sed non bonæ notæ vinum facit. Vinea optime repastinato agro ponitur, nonnumquam tamen vel melius quibusdam locis sulcis committitur : interdum etiam scrobibus deponitur. Sed ut dixi, repastinatur jugerum in altitudinem pedum trium operis octoginta ; sulcum autem terrenum pedum duorum altum, et longum septuaginta una opera effodit ; scrobes ternarios, id est quoquoversus pedum trium, una opera facit XVIII. Vel si cui cordi est laxius vites ponere, scrobes quaternarios, id est quoquoversus pedum quaternum, una opera XII facit ; vel bipedaneos quoquoversus una opera XX effodit. Curandum autem est, ut locis aridis et clivosis altius vites deponantur, quam si humidis et planis. Item si scrobibus aut sulcis vineam posituri erimus, optimum erit ante annum scrobes vel sulcos facere. Vinea, quæ angustissime conseritur, quoquoversus quinque pedum spatio interposito ponitur ; laxius vero inter pedes VII vel VIII ; sed quæ rarissime (ut etiam facile arari possit) inter denos pedes constituitur. Hæc positio vinearum modum sine dubio agri majorem occupat, sed valentissima et fructuosissima est. Cum semina depones, imum scrobem vel sulcum bidentibus fodito, mollemque reddito. Vitem quam ponis, fac ut ad Orientem spectet adminiculo religata. In imo scrobe lapides circa pondo quinque ita ponito, ne vitem premant, sed tamen juxta radices sint. Præterea post hæc vinaceæ heminam uvæ albæ in nigra, uvæ nigræ in alba ponito, atque ita scrobem vel sulcum cum stercorata terra ad medium completo. Triennio deinde proximo paulatim scrobem vel sulcum usque in summum completo : sic vites consuescent radices deorsum agere. Spatium autem radicibus, qua repant, lapides præbent, et hieme aquam repellunt, æstate humorem præbent, vinaceæ [que] et radices agere cogunt. Quoniam præcepimus quemadmodum vites ponendæ sint, nunc culturam earum docebimus.

V. Vineam novellam omneis gemmas agere sinito : simul atque pampinus instar quatuor digitorum erit, tum demum pampinato, et duas materias relinquito : alteram

doigts, alors ébourgeonnez-la, en n'y laissant que deux sarments : l'un que vous taillerez de façon à constituer la vigne, et l'autre qui vous servira de ressource, si le premier périt par une cause quelconque : aussi les paysans appellent-ils ce dernier gardien. L'année suivante, lorsque vous taillerez la vigne, vous y laisserez la branche qui vous paraîtra la meilleure, et vous ôterez toutes les autres dans la troisième année. Lorsque la vigne est encore tendre, vous la façonnerez, en lui donnant la forme que bon vous semblera. Si vous voulez en faire des treilles, vous laisserez un seul sarment, dont vous ratisserez avec une serpette bien aiguisée les deux bourgeons qui sont le plus près de la terre; vous y laisserez les trois autres bourgeons, et vous couperez tout le reste de la branche. Si vous voulez que la vigne se soutienne par elle-même, vous laisserez les branches de manière qu'elles forment en quelque sorte les bras de l'arbre, et vous lui donnerez autant que possible une forme circulaire; car tout corps qui présente cette forme est dans une position moins fatigante, et trouve en lui-même son centre de gravité, puisqu'il est maintenu de tous côtés dans un équilibre parfait. Lorsque vous taillerez la vigne pour la première fois, il suffira de laisser un bourgeon à chaque sarment, afin qu'elle ne soit pas trop chargée du poids de ses branches : cette taille faite, fouillez vos vignes à la houe, profondément et uniformément; ou bien, labourez-les à la charrue, s'il y a assez d'intervalle entre les ceps. Dès les ides d'octobre, commencez à déchausser la vigne; tâchez surtout qu'elle soit déchaussée avant le solstice d'hiver. Ne travaillez pas à vos vignes pendant le solstice d'hiver, à moins que ce ne soit pour couper les racines mises à jour par le déchaussement. C'est, en effet, le moment favorable pour les couper; mais dans cette opération prenez garde de blesser la souche, et que le fer ne s'en approche que jusqu'à un pouce. Toute racine coupée plus près cause une plaie qui nuit beaucoup à la vigne, outre que cette plaie, en se cicatrisant, donnerait naissance à de nouvelles racines. Le mieux sera donc de n'en laisser que la plus petite partie, et de couper toutes les petites racines qui se montrent à la surface, et que les paysans appellent *æstivas*, parce qu'elles poussent pendant l'été. Vous pouvez aussi couper les rejetons pendant le solstice d'hiver, d'autant que ces rejetons extirpés par les froids ne peuvent plus prendre de vigueur. Après le déchaussement, il faudra tous les trois ans, avant les froids de l'hiver, répandre sur les racines de la vigne au moins deux *sextarii* de fumier détrempé, ainsi que de la colombine (fiente de pigeon). Quant à cette dernière espèce de fumier, si vous en mettez plus d'une *hemina*, la vigne en souffrira. Après le solstice d'hiver, quand vous aurez déchaussé la vigne, fouillez alentour. Avant l'équinoxe du printemps, qui tombe au huit des calendes d'avril, nivelez le terrain, rendu inégal par le déchaussement. Après les ides d'avril, répandez de la terre de déblai autour des vignes. Dans l'été suivant, pulvérisez autant que possible les grosses mottes de terre qui s'y trouveront. Un *jugerum* de terre, planté de vignes, est déchaussé en cinq journées, fouillé également en cinq, et pulvérisé en trois. Un *jugerum* de vignes robustes et déjà toutes formées est taillé en quatre journées, et échalassé en six. Quant aux vignes mariées aux arbres, il est difficile de déterminer le nombre des journées qu'exigent les différentes opérations, à cause de l'inégalité même des

---

quam vitis constituendæ causa submittas, alteram subsidio habeas, si forte illa ordinaria interierit : hanc rustici custodem vocant. Proximo deinde anno, cum putabis vitem, meliorem unam virgam relinquito, alteras tollito, tertio anno vitem, in quam formam voles, dum tenera est, componito. Si jugatam eris facturus, unam materiam submittito, ita ut duas gemmas, quæ sunt proximæ a terra, falce acuta radas, ne possint germinare : deinde tres sequentes relinquas, reliquam partem virgæ amputes. Sin autem vitem in se consistere voles, sicuti arbori brachia submitti patieris, et dabis operam, ut in orbem quam rotundissime formetur. Nam præterquam quod speciem habet sic composita, tum etiam minus laborat, cum undique velut æquilibrio stabilita in se requiescit. Sat erit autem cum primo brachia submittentur, singulas gemmas singulis sarmentis relinqui, ne protinus onere gravetur. Post hanc putationem lectis sarmentis, bidentibus alte et æqualiter vineam fodito : vel, si ita late disposita erit, arato. Ab idus Octobris ablaqueare incipito, ante brumam ablaqueatam habeto. Per brumam vitem ne colito, nisi si voles eas radices, quæ in ablaqueatione apparebunt, persequi. Tum demum optime amputabis, sed ita ne codicem lædas, sed potius instar digiti unius a matre relinquas, et ita radicem reseces. Nam quæ propius abraditur, præterquam quod vulnus viti præbet, eoque nocet, tum etiam de ipsa cicatrice plures radices prorepunt. Itaque optimum est exiguam partem relinqui, atque ita summas partes, quas æstivas rustici appellant, resecare : quæ sic resectæ inolescunt, nec ultra vitibus obsunt. Possunt etiam soboles per brumam cædi, eo magis quod frigoribus extirpatæ minus recreantur. Peracta ablaqueatione ante brumam tertio quoque anno macerati stercoris, ne minus sextarios binos ad radices vitium sparsisse convenit, præterquam columbinum; quod si quo amplius quam heminam posueris, viti nocebit. Post brumam deinde ablaqueationem circumfodito. Ante æquinoctium vernum, quod est octavo cal. April. ablaqueationem adæquato. Post idus Aprilis terram ad vitem aggerato. Æstate deinde quam potes sæpissime occato. Jugerum vineæ quinque operis ablaqueatur, quinque foditur, tribus occatur. Jugerum valentis et jam constitutæ vineæ quatuor operis putatur, sex alligatur. Arbusto vitibus ejusmodi potest apte finiri, quoniam inæqualitas arborum non patitur operis justa comprehendi. Quibusdam placet vitem proximo anno translatam non putare,

arbres. Il y a des personnes qui ne taillent pas la vigne l'année qui suit sa transplantation ; ce n'est que l'année d'après qu'ils l'émondent, et qu'ils façonnent l'un de ses sarments en le taillant jusqu'au troisième bourgeon ; la troisième année, lorsque la vigne s'est bien fortifiée, ils coupent encore un bourgeon ; la quatrième année, ils en coupent deux. Ce n'est que la cinquième année qu'ils attachent la vigne aux échalas. Ce procédé de culture, que nous avons essayé, nous a paru excellent.

VI. Ne coupez pas une ancienne vigne dont les racines se trouvent à la superficie du sol ; car la vigne nouvelle qui renaîtrait à sa place n'aurait point de vigueur, les racines flottant en quelque sorte à la surface de la terre. Aussi le fruit qu'elle donnera ne sera point abondant, et elle-même vieillira de bonne heure. Le meilleur moyen de renouveler une vigne de cette espèce est de la coucher entièrement par terre dans des sillons faits exprès, à moins que le tronc ne soit tellement desséché qu'il ne puisse plus être courbé. Si la sécheresse du tronc rend impraticable ce procédé de culture, alors déchaussez la vigne la première année, sans cependant arracher ou blesser ses racines ; puis taillez-la, et ne lui laissez que peu de sarment d'une réussite certaine ; fouillez-la souvent, ébourgeonnez-la plus fréquemment encore, et ayez soin surtout qu'elle ne nourrisse pas de branches inutiles. Cultivée ainsi, elle donnera des sarments longs et fermes, qu'on provignera l'année suivante au moyen de fosses faites entre les rangées de ceps. Les trois années suivantes, pendant lesquelles la vigne se fortifiera, il faudra la fouiller souvent, et épuiser autant que possible la mère souche, sans vous soucier d'un plant que vous voulez faire disparaître. L'année d'après, vous arracherez la souche avec la racine, et vous disposerez la vigne nouvelle. Si une vigne ancienne, d'une bonne espèce d'ailleurs, a des racines tellement profondes qu'elles n'apparaissent pas même après avoir été déchaussées, vous pouvez la déchausser vers les calendes de mars, avant de la tailler. Lorsque vous l'aurez déchaussée à une profondeur suffisante, voici comment vous la taillerez. On laissera le tronc à la hauteur de quatre doigts à partir des racines ; on le sciera auprès d'un nœud, et on nettoiera la plaie avec un instrument bien aiguisé. Répandez-y ensuite de la terre menue et passablement fumée, en sorte qu'après avoir rechaussé la vigne, la plaie se trouve couverte au moins de trois doigts de terre. De cette manière le plant ne risquera pas d'être desséché par le soleil, et l'humidité de la terre lui fera jeter du bois. Quant à la vigne qui est d'une mauvaise espèce et peu fertile, et dont les parties supérieures sont moisies et rongées, il faudra la greffer, si toutefois elle a des racines profondes. Après l'avoir déchaussée, et mis à jour les parties intérieures, on la coupera tout près de la terre, de sorte qu'en la recouvrant ensuite de terre de ramas, on n'en laisse rien paraître au-dessus du sol.

VII. Il y a en général trois manières de provigner la vigne : la première consiste à coucher dans un sillon une branche sortie de la souche ; la seconde, à coucher en terre la souche elle-même, et à distribuer ses branches sur plusieurs échalas. La troisième manière consiste à fendre la vigne en deux ou trois parties, d'après le nombre des rangées où l'on veut la conduire : ce dernier

---

sequenti deinde anno purgare, et unam virgam, quam submittamus, ad tertiam gemmam resecare : tertio deinde si vitis recte convaluerit, una plus gemma submittere : quarto duas gemmas proximæ putationi adjicere, atque ita quinto demum anno vitem jugare. Hunc eundem ordinem culturæ nos quoque experti comprobavimus.

VI. Veterem vineam, si in summo radices habebit, resecare nolito : alioquin etiam novella vinea, quæ ex resectione enata fuerit, vim inutilem habebit, summa parte terræ natantibus radicibus. Quamobrem neque fructum uberem percipies, et nihilominus celeriter consenescet. Ejusmodi itaque vinea, si non peraridos habet truncos, et flecti potest, factis sulcis optime sternitur, atque ita renovellatur. Sin autem usque eo exaruit, ut curvari non possit, primo anno summatim, ita ne radices eruas aut lædas, ablaqueato, et stercus aut radices addito, atque ita putato, ut paucas et certas materias relinquas, et fodias diligenter, et sæpius pampines, ne omnino supervacua sarmenta nutriat. Sic exculta longas et firmas materias creabit, quas sequenti anno scrobibus inter ordines factis propagabis : ac deinde per triennium post, dum convalescet, sæpius fodies, matremque ipsam onerabis, nihil in posterum prospiciens ei quam sublaturus es. In postremum annum matrem radicitus tolles, atque ita novellam vineam ordinabis. Sin autem vetus vinea, dumtaxat generis boni radices alte positas habebit, ita ut ablaqueatæ non conspiciantur, eam vineam circa calend. Martias antequam reseces ablaqueato, et protinus cum alte ablaqueaveris, sic resecato. Quatuor digitos ab radicibus truncum relinquito, et si fieri poterit, juxta aliquem nodum serrula desecato, et plagam acutissimo ferro delevato. Deinde minutam terram mediocriter stercoratam ita superponito, ut adobruto trunco ne minus tres digiti terræ super plaga sint. Hoc idcirco, ne sole inarescat, et ut melius materias citet percepto humore, quem terra præbet. At quæ mali generis et infructuosa vinea est, summasque partes et mucidas et exesas habet, si radices ejus satis alte positæ sunt, optime inseretur ita ut ablaqueata et nudata pars ima secundum terram sic amputetur, ne cum aggerata fuerit, supra terram exstet.

VII. Propagationum genera tria sunt in usu maxime : unum quo virga edita a matre sulco committitur : alterum, quo ipsa mater prosternitur, atque in plureis palos per suas virgas dividitur : tertium, quo vitis finditur in duas vel tres partes, si diversis ordinibus diducenda est. Hoc genus tardissime convalescit, quia vitis divisa medullam

procédé est le moins propre à fortifier la vigne, parce qu'étant fendue elle perd sa moelle. Mais puisque nous avons proposé différentes manières de provigner, nous allons montrer comment on doit pratiquer chacune d'elles en particulier. Lorsque vous voulez coucher en terre une branche sortie de souche, faites un fossé de quatre pieds en tout sens, afin que le provin ne puisse être incommodé par les racines d'une autre vigne. Conduisez-le vers le milieu de la fosse, en y laissant quatre bourgeons qui lui fassent pousser des racines. Ratissez le reste de la branche qui est adhérente à la mère, afin qu'elle ne jette point de sarments inutiles; ne laissez à l'autre bout de la branche qui doit sortir de terre que deux ou tout au plus trois bourgeons. Ratissez tous les autres bourgeons qui sont cachés en terre, à l'exception des quatre d'en bas, pour que la vigne ne pousse pas de racines en haut. Cultivé ainsi, le provin se fortifie promptement; et à la troisième année il peut être séparé de la souche-mère. Si vous voulez coucher en terre la souche même, fouillez avec soin autour de la racine, sans blesser la vigne, et provignez-la ensuite de telle sorte que vous n'en cassiez point les racines. Lorsque vous l'aurez étendue à terre, et que vous aurez marqué jusqu'où elle doit atteindre, vous creuserez un sillon, et vous y coucherez la vigne tout entière. De ce sillon, vous conduirez des fossés, comme autant de bras, dans lesquels vous provignerez les branches de la vigne suivant leur position; puis vous les couvrirez de terre. Si vous voulez former plusieurs rangs avec une vigne qui n'a que peu de bois, de telle sorte qu'il faille la fendre pour la faire parvenir aux divers échalas, vous emploierez pour cette opération une serpette bien aiguisée, qui divisera le rameau à l'endroit où il présente une fourche; puis avec le même fer vous unirez la plaie, s'il s'y présente quelque inégalité. Divisée ainsi, elle pourra former plusieurs rangées. Nous avons aussi trouvé une manière de provigner la vigne qui n'est pas sans avantage. Lorsqu'il n'y a pas de souche pour former une rangée, et que la branche à provigner n'est pas assez longue pour qu'on puisse la conduire au fond du fossé, la recourber et la dresser ensuite, ne vous effrayez pas du peu de longueur : prenez une branche quelconque, dont le bout atteigne au fond du fossé; courbez-la, et la couvrez de terre. Laissez les bourgeons qui se trouvent le plus près de la souche mère, pour qu'ils jettent du bois de la partie supérieure. Ce n'est qu'au bout de trois ans que vous la séparerez de la souche mère; vous conduirez ensuite à son échalas cette partie séparée, et vous en formerez la tête de la vigne. Ne comblez le fossé où se trouve le provin que successivement, et pas avant trois ans. Coupez les racines qui sortent de la terre; fouillez souvent.

VIII. Lorsque vous voulez greffer la vigne, coupez de la souche mère, par un vent du midi, des branches à fruit, quand elles commenceront à pousser des bourgeons. Que le sarment qui doit servir de greffe soit coupé dans les parties supérieures de la vigne, qu'il soit rond, et qu'il ait plusieurs bons nœuds. Laissez-y les trois nœuds les plus intacts. Coupez-le ensuite en biseau au-dessous du troisième bourgeon, avec un fer très-affilé et très-mince, en ayant soin de ne pas blesser la moelle. Coupez ensuite la vigne que vous voulez greffer, unissez-en la plaie, et fendez-la;

---

amittit. Et quoniam genera proposuimus, unumquodque qualiter faciendum sit, demonstrabimus. Virgam cum a matre in terram deprimere voles, scrobem quoquoversus quatuor pedum facito ita, ut propago non lædatur alterius radicibus. Deinde quatuor gemmas, quæ in imum scrobem perveniant, relinquito, ut ex iis radices citentur. Reliquam partem, quæ continens matri est, adraudito, ne supervacua sarmenta procreet. Diversæ autem, quæ supra terram exstare debet, ne passus fueris plus quam duas aut ut maxime tres gemmas habere. Reliquas, quæ in terram abscondantur, exceptis quatuor imis, fac adradas, ne in summo radices vitis citet. Hoc modo propagata celeriter convalescet : et tertio anno a matre separabitur. Sin autem ipsam vitem sternere voles, juxta radicem ita, ne ipsam lædas, curiose fodito, et vitem ita supplantato, ne radicem abrumpas. Cum eam straveris, et videris quousque possit pertingere, sulcum facito unum, in quem vitem integram demittas : deinde ex eo sulco quasi ramos fossarum facies, per quos, uti quæque virga postulaverit, propagetur, atque ita terra adoperies. Sin autem vitis exiguam materiam habebit, et in diversos ordines diducenda erit, neque aliter potuerit palos, ad quos perducitur, pertingere, quam ut diffluat : curabis ut quam acutissima falce ab ea parte, qua bifurca est, findas eam, et eodem ferro acuto plagam emendes, sicubi inæqualiter findi videbitur. Sic diducta poterit in plures ordines dividi. Non inutilis est etiam illa propagatio, quam nos reperimus, si quando in ordinem vitis deest, neque est tam procera virga quæ cum in imum scrobem demissa fuerit, retorqueri et erigi supra terram possit : brevitatem ne reformidaveris, sed qualemcumque virgam, cujus cacumen in imum scrobem pervenit, deprimito et obruito : deinde gemmas, quæ secundum ipsam matrem sunt, submittito, ut materias a superiore parte citent. Tum demum post triennium a matre amputato, et ad suum palum eam partem, quam a matre præcideris, reducito, et caput vitis facito. Propaginis scrobem ne minus triennio paulatim completo : summas radices præcidito : crebro fodito.

VIII. Cum vitem inserere voles, optimi generis sarmenta fructuaria tum, cum gemmas agere incipient, vento Austro a matre præcidito. Sarmentum, quod inseris, de summa vite sit rotundum, bonis crebrisque nodis. Tres deinde nodos integerrimos relinquito : infra tertiam gemmam ex utraque parte duorum digitorum spatium in modum cunei tenuissimo scalpello acuito, ita ne medullam lædas. Vitem deinde, quam insiturus es, resecato, et pla-

introduisez dans la fente la petite branche après l'avoir raclée préalablement, de manière que l'écorce de la greffe s'adapte parfaitement à celle de la souche. Liez ensuite les greffes ainsi insérées avec du jonc et avec de l'écorce d'orme; bouchez la fente avec un enduit mêlé de paille et fortement attaché, afin que ni le vent ni la pluie n'y puisse pénétrer. Vous couvrirez ensuite l'enduit avec de la mousse, que vous lierez également. Ce moyen entretient la greffe dans une humidité continuelle, et l'empêche de se dessécher. Piquez de part en part la branche au-dessous de la greffe et près de la ligature, avec un instrument très-affilé, afin que la sève coule plutôt de cette piqûre que de l'incision première; car la sève s'écoulant de l'incision nuit à la vigne, et empêche les branches greffées de prendre. Quelques anciens ont mieux aimé perforer la vigne avec une vrille, et y introduire ensuite les petites branches ratissées auparavant. Nous avons employé un meilleur procédé pour atteindre au même but; car l'ancienne vrille produit de la sciure, et brûle la partie qu'elle perce, brûlure qui empêche la plupart du temps les greffes de prendre. Nous nous servons, quant à nous, de la vrille que nous appelons gauloise. Elle perce le tronc sans le brûler, parce qu'elle ne produit pas de sciure, mais des copeaux. Après avoir débarrassé le trou de ces copeaux, nous y introduisons les branches ratissées de tous côtés, et nous enduisons bien le tout (en termes d'agriculture, nous y mettons un lut). Cette greffe prend très-facilement. Ayez fini de greffer vos vignes vers l'équinoxe. Prenez les boutures de raisin blanc dans des terrains humides, et les boutures de raisin noir dans des terrains secs. Voici la manière de rendre fertiles des vignes naturellement peu productives. Arrosez les vignes qui donnent peu de raisins avec du vinaigre bien sûr, mêlé de cendres; et enduisez la souche avec le même mélange. Il y a des vignes dont les raisins se dessèchent avant de s'amollir et de parvenir à maturité: voici le moyen de remédier à cet inconvénient. Lorsque les grains seront parvenus à la grosseur de l'ers, coupez le tronc près de la racine, enduisez la plaie avec une composition de terre, mêlée à doses égales de vieille urine et de fort vinaigre; arrosez les racines avec la même préparation, et retournez souvent le sol. Ce travail fera pousser un bois qui portera des fruits.

IX. Il y a une sorte de greffe par laquelle nous obtenons sur la même vigne des raisins d'espèce de couleur et de goût différents. Voici comment on la pratique : prenez quatre ou cinq ou même plusieurs branches de différentes espèces; adaptez-les bien ensemble, et attachez-les avec une ficelle. Mettez-les ensuite dans un tuyau de terre cuite ou dans une corne qui les tienne bien serrées, de façon toutefois qu'elles ressortent par les deux bouts. Après quoi détachez un peu les bouts qui dépassent, mettez-les dans un fossé, couvrez-les de terre bien fumée, et arrosez-les jusqu'à ce qu'elles donnent des bourgeons. Lorsque les branches, au bout de deux ou trois ans, se seront jointes au point de ne présenter qu'un tout, brisez le tuyau, et sciez ces branches réunies en une seule par le milieu, à l'endroit où la cohésion est la plus forte. Unissez la plaie qui résultera de cette section, et mettez-y de la terre de ramas bien pulvérisée, de sorte que cette plaie se trouve couverte d'une couche de trois doigts d'épaisseur. Lorsque le tronc aura poussé

---

gam levato, atque ita findito, et paratos surculos in fissuram demittito, eatenus qua adrasi sunt, ita ut cortex surculi corticem vitis æqualiter contingat. Quidquid inserueris, vimine vel ulmi libro diligenter ligato, atque luto subacto paleato oblinito plagam, et alligato, ne aqua ventusve penetrare possit : deinde supra lutum muscum imponito, et ita religato : ea res præbet humorem, nec inarescere sinit. Infra insitionem et alligaturam falce acuta leviter vitem vulnerato ex utraque parte, ut ex his potius plagis humor defluat, quam ex insitione ipsa abundet; nocet enim nimius humor, nec patitur surculos insertos comprehendere. Quibusdam antiquorum terebrari vitem placet, atque ita leviter adrasos surculos demitti : sed nos meliore ratione hoc idem fecimus. Nam antiqua terebra scobem facit, et propter hoc urit eam partem quam perforat : perusta autem perraro unquam comprehendit insertos surculos. Nos rursus terebram, quam gallicam dicimus, huic insitioni aptavimus : ea excavat, nec urit, quod non scobem, sed ramenta facit. Itaque cavatum foramen cum purgavimus, undique adrasos surculos inserimus, atque ita circumlinimus. Talis insitio facillime convalescit. Igitur secundum æquinoctium perfectam vitium insitionem habeto : humida loca de uva alba : sicca de nigra inserito. Infructuosas vites fœcundas sic facito : vites quæ exiguum dant fructum, aceto acri cum cinere irrigato, ipsumque codicem eodem cinere linito. At si fructum quæ ostendunt, ad maturitatem non perducunt, sed priusquam mitescant, uvæ inarescunt, hoc modo emendabuntur. Cum instar ad ervi amplitudinem acini habuerint, radice tenus vitem præcidito, plagam acri aceto pariter ac lotio veteri permista terra linito, eodemque radices rigato, sæpe fodito. Hæc materias citant, eæque fructum perferunt.

IX. Est etiam genus insitionis, quod uvas tales creat, in quibus varii generis ac saporis colorisque reperiuntur acini. Hoc autem ratione tali efficitur : Quatuor vel quinque sive etiam plures voles virgas diversi generis sumito, easque diligenter et æqualiter compositas colligato, deinde in tubulum fictilem vel cornu arcte inserito, ita ut aliquantum exstent ab utraque parte, easque partes, quæ exstabunt, resolvito, in scrobem deinde imponito, et terra stercorata obruito, ac rigato, donec gemmas agant. Cum inter se virgæ cohæserint, post biennium aut triennium facta jam unitate, dissolves tubulum, et circa medium fere crus, ubi maxime videbuntur coisse, vitem serra præcidito, et plagam levato, terramque minutam aggerato, ita

des rejetons, choisissez les deux meilleurs, taillez-les, et coupez les autres. De cette manière vous obtiendrez des raisins tels que j'ai dit. Si vous voulez avoir des raisins sans grains, fendez une crocette sans blesser les bourgeons, ôtez-en la moelle; rapprochez ensuite les deux parties, et attachez-les avec une ficelle, sans cependant toucher aux bourgeons; vous mettrez ensuite cette crocette dans une terre bien fumée, que vous arroserez souvent. Lorsqu'elle commencera à pousser des rejetons, fouillez profondément et souvent. Quand cette vigne sera parvenue à sa croissance, elle donnera des raisins sans grains.

X. Les vendanges faites, commencez la taille; ne vous servez à cet effet que de très-bons instruments, et aussi tranchants que faire se pourra. Les plaies n'en seront que plus légères, et l'eau n'y sera point stagnante. Lorsque l'eau ne s'écoule pas promptement, elle gâte la vigne, et engendre des vers et d'autres animaux qui rongent le bois. Taillez toujours le bois en rond : de cette manière les plaies se cicatriseront plus vite. Coupez tous les sarments trop plats ou trop vieux, ainsi que ceux qui sont contournés ou rabougris. Taillez les sarments nouveaux, les branches à fruit, et quelquefois même les rejetons les plus beaux ; si la tête de la vigne n'est pas bonne, conservez-en les bras. Faites la taille le plus vite possible. Prenez une doloire bien tranchante pour les branches desséchées et vieilles, qui ne peuvent pas être coupées avec la serpette. Dans un terrain maigre et sec, commencez à tailler dès le solstice d'hiver, lorsque la vigne est encore faible. Répétez cette opération vers les calendes de février, pour la partie qui n'aura point été encore émondée. Depuis les ides de décembre jusqu'aux ides de janvier, n'approchez point le fer de la vigne ni d'un arbre quelconque. En taillant la vigne, faites toujours la section entre deux bourgeons. Si vous coupez trop près d'un bourgeon, la vigne souffrira, et ne jettera point de bois. La section doit toujours être oblique ; de cette manière la plaie ne souffrira ni des eaux de la pluie ni du soleil, et elle trouvera l'humidité qu'il lui faut. Plus le terrain sera gras et la vigne robuste, plus vous y laisserez de bourgeons et de branches. A l'endroit où vous voulez former ce que nous avons appelé les bras de la vigne, vous n'avez qu'à donner un ou deux coups de la pointe d'une serpette bien effilée, à la profondeur d'un doigt. Ne coupez jamais tout entier un bras de la vigne, à moins qu'il ne soit desséché. Une vigne nouvelle doit être déchaussée avant le solstice d'hiver, afin qu'elle puisse recevoir les pluies du printemps et le limon de la terre. Les vignes et les arbres en général seront d'autant plus robustes que vous les aurez déchaussés de bonne heure. Lorsque les vignes sont situées sur des hauteurs, il faudra en les déchaussant former dans la partie supérieure de petits lacs tout près de la souche, et dans la partie inférieure des tranchées plus profondes, qui puissent contenir plus d'eau et de limon. Quant aux vieilles vignes, il ne faut ni les déchausser, de crainte de faire dessécher les racines qui sortent de terre, ni les labourer à la charrue, de crainte de briser ces racines. Passez-les souvent à la houe, à une profondeur suffisante et égale, et répandez-y avant le solstice d'hiver du fumier ou de la paille. Si vous n'avez que légèrement déchaussé la vigne, vous pouvez la fumer tout à fait.

XI. Quand vous aurez bien taillé la vigne, il importe de l'ébourgeonner avec soin; car les

---

ut tribus digitis alte plagam operiat : ex eo codice cum egerit coles, duos optimos submittito, reliquos dejicito : sic uvæ nascentur, quales proposuimus. Ut autem uvæ sine vinaceis nascantur, malleolum scindito ita, ne gemmæ lædantur, medullamque omnem eradito, tum demum in se compositum colligato, sic ne gemmas allidas, atque ita terra stercorata deponito, et rigato. Cum coles agere coeperit, sæpe et alte refodito. Adulta vitis tales uvas sine vinaceis creabit.

X. Vindemia facta, statim putare incipito ferramentis quam optimis et acutissimis : ita plagæ leves fient, neque in vite aqua consistere poterit : quæ simulatque immorata est, corrumpit vitem, vermesque et alia creat animalia, quæ materiam exedunt. Plagas autem rotundas facito : nam celerius cicatricem ducunt. Sarmenta lata, vetera, male nata, contorta, omnia hæc præcidito : novella et fructuaria, et interdum sobolem idoneam, si jam superficies parum valebit, submittito brachiaque conservato. Quam celerrime poteris putationem perficito. Arida et vetera, falce quæ amputari non possunt, acuta dolabra abradito. In agro macro et sicco vineam imbecillam a bruma amputato : quam partem non deputaveris, circa calend. Febr. repetito : ab idibus Decemb. ad idus Januarias ferro tangi vitem et arborem non convenit. Cum vitem putabis, inter duas gemmas secato : nam si juxta ipsam gemmam secueris, laborabit, nec materiam citabit. Cicatrix autem semper deorsum spectet, ita neque aqua neque sole laborabit, humoremque recte capiet. In agro crasso validaque vinea plures gemmas et palmas relinquito, in exili pauciores. Sicubi in vite brachium desiderabis, falce acuta semel aut bis eo loco alte instar digiti mucrone ferito. Brachium quamvis longum cave totum tollas, nisi si totum aruerit. Vineam novellam ante brumam ablaqueatam habeto, ut omnes imbres limumque concipiat. Vites arboresque quo citius ablaqueaveris, erunt valentiores. Sed quæcunque in clivis erunt positæ, ita ablaqueandæ sunt, ut a superiore parte secundum codicem lacusculi fiant, ab inferiore autem pulvinuli altiores excitentur, quo plus aquæ limique contineant. Vinea vetus neque ablaqueanda est, ne radices, quas in summo habet, inarescant, neque aranda, ne radices abrumpantur. Bidentibus sæpe et alte fodito æqualiter, et stercore vel palea conspergito solum ante brumam, vel cum circum ipsam vitem summatim ablaqueaveris, stercorato.

XI. Vineam quam bene putare, tam diligenter pampi-

branches à fruit se fortifieront davantage, outre qu'on prépare et facilite ainsi la taille de l'année suivante. En général, l'ébourgeonnement ne laisse point de cicatrices à la vigne ; car lorsqu'on ne coupe dans un cep que du vert et du tendre, il se guérit promptement. Outre cela, les raisins mûrissent mieux. L'ébourgeonnement doit être terminé dix jours avant que la vigne commence à être en fleur. Enlevez tous les pampres superflus. Tous ceux qui seront sortis de la tête ou des bras de la vigne doivent être retranchés, bien entendu s'ils ne portent pas de raisin. Cassez les bouts des branches, pour empêcher l'excès de la végétation. Couvrez de leurs pampres les raisins tournés vers le midi ou le couchant, afin qu'ils ne soient pas brûlés par l'ardeur du soleil.

XII. Dès que le raisin commence à tourner, fouillez pour la troisième fois. Quand il commence à mûrir, fouillez avant les grandes chaleurs du midi ; quand il aura cessé de mûrir, fouillez après midi, et faites beaucoup de poussière : par là vous mettez la raisin à l'abri du soleil et du brouillard. Ne labourez ni ne fouillez une terre bourbeuse, parce qu'elle s'endurcit et se gerce facilement. Il vaut mieux retourner la terre avec des hoyaux qu'à la charrue. Le hoyau remue partout la terre également ; la charrue au contraire soulève de grosses mottes de terre, outre que les bœufs qui la tirent brisent souvent des branches, et quelquefois même des ceps tout entiers. Le nombre des fouilles n'est point déterminé ; car plus vous fouillerez une vigne, plus vous la rendrez féconde.

XIII. Faites en sorte que vers le commencement du printemps des tas de paille se trouvent placés entre les rangées de ceps. Si vous craignez que le froid n'arrive plus tôt que de coutume, mettez le feu aux tas de paille ; la fumée qui en résultera écartera des vignes le brouillard et la rouille.

XIV. Broyez du lupin, que vous mêlerez avec du marc d'olives ; répandez de ce mélange sur le pied de la vigne ; ou bien faites cuire du bitume avec de l'huile, et frottez-en également le pied de la vigne : c'est le moyen de la préserver des fourmis.

XV. Les vignes qui se trouvent près des bâtiments ont souvent à souffrir des rats et des souris : pour prévenir cet inconvénient, nous attendrons la pleine lune, lorsqu'elle sera dans le signe du Lion ou du Scorpion, ou du Sagittaire, ou bien encore du Taureau ; nous taillerons alors la vigne pendant la nuit, à la clarté de la lune. Il y a une espèce d'insectes appelées *lisettes* ; ces animaux rongent en général les jeunes pampres et les grappes : pour empêcher leurs ravages, frottez avec du sang d'ours, immédiatement après la taille, les serpettes dont vous vous êtes servi. Si vous possédez la peau d'un castor, essuyez-y les serpettes pendant la taille même, après les avoir aiguisées. Ce n'est qu'alors que vous commencerez à tailler les vignes. Comme nous avons suffisamment traité des vignes, nous allons passer aux plants d'arbres que l'on marie aux vignes.

XVI. L'arbre qui nourrit le plus la vigne est le peuplier ; vient ensuite l'orme, et enfin le frêne. L'aubier est repoussé par la plupart des agriculteurs, parce que son feuillage ne vaut rien à la vigne. L'espèce d'orme que les paysans appellent altinia est la meilleure et la plus riche ; elle donne en outre beaucoup de feuillage. Aussi faut-il la planter de préférence dans des terrains

---

nare utile est : nam et materiæ quæ fructum habent, melius convalescunt, et putatio sequentis anni expeditior, tum etiam vitis minus cicatricosa fit : quoniam quod viride et tenerum decerpitur, protinus convalescit. Super hæc quoque melius uvæ maturescunt. Ante dies decem quam vinea florere incipit, pampinatam habeto. Quidquid supervacui enatum fuerit, tollito. Quod in cacumine aut in brachiis natum erit, decerpito, duntaxat quæ uvam non habebunt. Cacumina virgarum, ne luxurientur, demutilato. Uvas, quæ meridiem aut occidentem spectabunt, ne perurantur, suo sibi pampino tegito.

XII. Simulatque uva variari cœperit, fodito tertiam fossuram : et cum jam maturescet, ante meridiem, priusquam calere incipiet ; cum desierit, post meridium fodito, pulveremque excitato : ea res et a sole et a nebula maxime uvam defendit. Lutulentam terram neque arare neque fodere oportet, quia valde durescit et finditur. Bidentibus terram vertere utilius est, quam aratro. Bidens æqualiter totam terram vertit : aratrum præterquam quod scamna facit, tum etiam boves, qui arant, aliquantum virgarum et interdum totas vites frangunt. Finis autem fodiendi vineam nullus est : nam quanto sæpius foderis, tanto uberiorem fructum reperies.

XIII. Palearum acervos inter ordines verno tempore positos habeto in vinea. Cum frigus contra temporis consuetudinem intellexeris, omneis acervos incendito, ita fumus nebulam et rubiginem removebit.

XIV. Lupinum terito, et cum fracibus misceto, eoque imam vineam circumlinito : vel bitumen cum oleo coquito, eo quoque inuas vites tangito, formicæ non exedent.

XV. Vites, quæ secundum ædificia sunt, a soricibus aut muribus infestantur. Id ne fiat plenam lunam observabimus, cum erit in signo Leonis vel Scorpionis vel Sagittarii vel Tauri, et noctu ad lunam putabimus. Genus est animalis, volucra appellatur ; id fere prærodit teneros adhuc pampinos et uvas : quod ne fiat, falces, quibus vineam putaveris, peracta putatione, sanguine ursino linito : vel si pellem fibri habueris, in ipsa putatione, quoties falcem acueris, ea pelle aciem detergito, atque ita putare incipito. Quoniam de vineis abunde diximus, de arbustis præcipiamus.

XVI. Vitem maxime populus alit, deinde ulmus, deinde fraxinus. Opulus, quoniam frondem non idoneam habet, a plerisque improbatur. Ulmus autem quam Atiniam vocant rustici, generosissima est et lætissima, multamque frondem habet : eaque maxime serenda est locis pinguibus

gras, ou même médiocres. S'il s'agit de garnir d'arbres des lieux âpres et arides, le peuplier et l'orme y conviennent mieux que les frênes. On prendra des frênes sauvages qui ont les feuilles un peu plus larges que les autres espèces de frênes; ce feuillage est pour le moins aussi bon que celui des ormes : les chèvres et les brebis le préfèrent à tout autre. Celui qui veut former une plantation pour la vigne, doit faire des fossés de quatre pieds en tout sens, une année avant de planter. Vers les calendes de mars, mettez dans la même fosse l'orme et le peuplier, ou bien le frêne, en sorte que si l'orme vient à manquer, l'aubier ou le frêne puissent le remplacer. Si tous les deux réussissent, ôtez l'un pour le transplanter dans un autre endroit. Les arbres à vigne doivent être plantés à quarante pieds les uns des autres : cette disposition les fortifie, et la vigne qu'on y attache donne de meilleurs fruits. Les grains semés dans les intervalles y seront moins incommodés par l'ombrage. Plus vous remuerez la terre autour de l'arbre, plus vite il s'accroîtra. N'en approchez point le fer pendant les trois premières années : ce temps écoulé, façonnez-le pour recevoir la vigne; c'est-à-dire, coupez-en les branches superflues, et échelonnez les autres en en laissant une sur deux, et les coupant alternativement d'année en année. La sixième année, lorsque l'arbre aura assez de force, vous le marierez à la vigne de la façon qui suit : Vous tiendrez la vigne éloignée du tronc de l'arbre à la distance d'un pied, et vous ferez un fossé de quatre pieds de long sur trois de profondeur, et deux et demi de largeur. Après avoir laissé pendant deux mois ce fossé exposé aux injures du temps, vous y coucherez la vigne que vous aurez tirée de la pépinière, et qui ne devra pas avoir moins de dix pieds. Étayez-la bien, et attachez-la à l'arbre. Ne la taillez point l'année suivante; à la troisième année réduisez-la à un seul sarment, et ne lui laissez que peu de bourgeons, afin qu'elle ne puisse pas monter avant de s'être fortifiée. Lorsqu'elle aura pris assez d'accroissement, distribuez ses sarments sur tous les étages de l'arbre; mais ayez soin de ne pas trop charger la vigne, et de tailler les brins qui vous paraîtront les plus vigoureux, et les plus propres à donner du fruit. Pour une vigne mariée à des arbres, il importe de faire les ligatures avec le même soin que la taille; car c'est de ce soin que dépend principalement le rapport de cette sorte de vigne. Une vigne qui aura été fortement attachée à l'endroit convenable se conserve plus longtemps. Il faut donc que toutes les années la taille soit faite de telle sorte que les liens soient renouvelés, et que la vigne soit distribuée sur les rameaux les plus propres à la recevoir.

XVII. L'olivier se plaît principalement sur les collines, et dans des terrains secs et argileux. Dans des terres humides et grasses, il donne beaucoup de feuillage sans fruit. Pour former une plantation d'oliviers, il vaut mieux prendre des troncs que des boutures. Magon veut qu'on plante l'olive dans des terrains secs, après l'équinoxe d'automne et avant le solstice d'hiver. Les agriculteurs de nos jours plantent l'olivier au printemps, vers les calendes de mai. Le fossé destiné à recevoir l'olivier doit avoir quatre pieds en tout sens : on met d'abord au fond du fossé de petites pierres et du gravier; puis on y jette de

---

vel etiam mediocribus : sed si aspera et siticulosa loca arboribus obserenda erunt, neque opulus neque ulmus tam idoneæ sunt quam orni : eæ silvestres fraxini sunt, paulo latioribus tamen foliis quam cæteræ fraxini, nec deteriorem frondem, quam ulmi præstant. Capræ quidem et oves vel ulmis libentius etiam hanc frondem appetunt. Igitur qui arbustum constituere volent, ante annum quam deponant arbores, scrobes faciant quatuor pedum quoquoversus. Deinde circa calen. Mart. in eandem scrobem ulmum et populum, vel fraxinum deponant, ut si ulmus defecerit, opulus vel fraxinus locum obtineant. Si autem utraque vixerint, altera eximatur, et alio loco deponatur. Arbustum inter quadragenos pedes dispositum esse convenit : sic enim et ipsæ arbores, et appositæ vites melius convalescent, fructumque meliorem dabunt. Segetes etiam, quæ in eo erunt, minus umbra laborabunt. Arborem, quam deposueris, sæpius circumfodito, quo celerius adolescat : et citra triennium ferro ne tetigeris. Completis sex et triginta mensibus, ad recipiendam vitem formabis, supervacuos ramos amputabis, alterna brachia in modum scalarum relinques, alternisque annis putabis. Sexto anno, si jam firma videbitur, maritabis hoc modo. Ab ipso arboris crure pedale spatium intermittito, deinde sulcum in quatuor pedes longum, in tres altum, in dupondium et semissem latum cum feceris, patere minime duobus mensibus eum tempestatibus verberari. Tum demum circa cal. Martias vitem de seminario ne minorem quidem decem pedum sternito, et adminiculato, arborique jungito : eam proximo anno ne putaveris : tertio vero ad unam virgam redigito, paucasque gemmas relinquito, ne antequam invaluerit, in altitudinem repat : deinde ubi amplum incrementum habuerit, per omnia arboris tabulata disponito ejus materias, ita tamen ne vitem oneres, sed certa et robustissima flagella submittas. Arbustivam vitem quam putare, tam alligare diligenter oportet. Nam in eo fructus maxime vis consistit, diutiusque perennat, quæ firmis toris et idoneis locis religata est. Itaque omnibus annis convenit subsequi putationem, ita ut tori renoventur, et vitis per idoneos ramos disponatur.

XVII. Olea maxime collibus, siccis et argillosis gaudet : at humidis campis et pinguibus lætas frondes sine fructu affert. Melius autem truncis quam plantis olivetum constituitur. Magoni placet siccis locis olivam autumno post æquinoctium seri ante brumam. Nostræ ætatis agricolæ fere vernum tempus circa calend. Maias servant. Oportet autem scrobem oleæ quoquoversus pedes quaternos patere, in imum scrobem lapidem glareamque abjicere, deinde super terram quatuor digitorum injicere, tum ar-

la terre à quatre doigts d'épaisseur, et enfin on y plante l'arbrisseau droit et à la moitié de sa hauteur, de sorte qu'il y en ait autant hors du fossé que dedans. Préservez l'arbuste des vents et des orages en l'étayant avec soin, et mêlez du fumier à la terre que vous remettez dans le fossé. L'intervalle entre les rangées doit être de soixante pieds, afin que les oliviers aient assez d'espace pour croître en largeur; car s'ils s'élançaient en hauteur, ils deviendraient grêles, et ne porteraient que peu de fruits. La meilleure olive est la Licinienne, puis la pausia pour l'abondance de l'huile, et l'orchis pour l'huile à manger. L'olive dite *royale*, ainsi que celle que l'on appelle *rayonnante*, ne sont pas sans apparence; mais ni l'une ni l'autre ne valent les premières, ni pour la quantité, ni pour la table. Si vous plantez un olivier à la place d'un chêne que vous aurez arraché, il ne tardera pas à mourir, parce que la racine du chêne engendre et alimente des vers, qui rongeraient celle de l'olivier. Si, dans un olivier, un rameau prend plus d'accroissement que les autres, il est à craindre qu'il ne le dessèche, si l'on n'a soin de couper ce rameau. Il est bon de marquer les jeunes arbres avec de la sanguine avant de les transplanter, afin de les placer du même côté vers lequel ils étaient tournés dans la pépinière; placés dans une position autre que celle à laquelle ils étaient habitués, ils souffriront du froid ou de la chaleur.

XVIII. Avant de faire un verger, il est bon d'entourer le terrain que vous y destinez de murailles ou d'un fossé, afin que ni les troupeaux ni même les hommes ne puissent y pénétrer, si ce n'est par la porte d'entrée, avant que les plants aient acquis une certaine force; car si les têtes en étaient souvent brisées par les hommes ou rongées par les bestiaux, elles seraient gâtées pour toujours. En disposant les arbres, il est bon de prendre garde que les faibles ne soient point opprimés par les forts; car les arbres n'étant pas tous de la même force ni de la même grandeur, ne prennent point un accroissement égal. La terre qui convient aux vignes convient également aux arbres.

XIX. Faites des fossés un an avant de disposer les arbres fruitiers; de cette façon le terrain se ramollira au soleil et à la pluie, et les plants y viendront plus vite. Mais si vous voulez planter vos arbres la même année que vous aurez fait vos fossés, il faudra creuser ceux-ci au moins deux mois d'avance, puis les remplir de paille, et y mettre ensuite le feu. Plus vous les ferez larges et ouverts, plus les fruits que vous recueillerez seront beaux et abondants. Ces fossés auront la forme des fours, dont le fond est plus large que l'ouverture, afin que les racines puissent s'étendre davantage, et que l'ouverture étant étroite, le froid de l'hiver ou la chaleur de l'été y pénètrent plus difficilement. On n'aura pas non plus à craindre, dans les terrains en pente, que la terre dont on aura comblé les fosses soit entraînée par les pluies. Plantez les arbres à de grands intervalles, afin qu'en grandissant ils trouvent un espace suffisant pour étendre leurs rameaux. En effet, si vous les plantez trop près les uns des autres, vous ne pourrez rien semer au-dessous, et les arbres eux-mêmes ne seront guère productifs, à moins que vous ne les éclaircissiez. Il est bon par conséquent de laisser entre les rangées un

busculam deponere ita rectam, ut quod a scrobe exstiterit, in medio sit. Arbusculam autem a tempestatibus tueri diligenter oportet adminiculando, et terræ, quæ in scrobe reponitur, stercora immiscere. Oleam docet inter sexagenos pedes disponi, ut spatium in latitudinem crescendi habeat : nam quæ in proceritatem extenduntur, evanidæ fiunt, parumque fructus ferunt. Optima est olea Liciniana, pausia secunda oleo, escæ orchis. Sunt et regiæ, et radii non sine specie, neque oleo nec esui tam gratæ, quam quas supra diximus. Si oleam posueris eo loco, unde quercus effossa est, emorietur, ideo quod vermes quidam sunt, qui in radice quercus nascuntur et educantur, iique maxime semina oleæ consumunt. Si in olea unus ramus aliquanto cæteris lætior est, nisi eum recideris, arbor tota fiet retorrida. Omnes arbusculas prius quam transferantur, rubrica notare convenit, ut cum serentur, easdem cæli partes aspiciant, quas etiam in seminario conspexerant : alioquin frigore vel calore laborabunt ab iis partibus, quas præter consuetudinem sub alio tractu expositas habuerint.

XVIII. Priusquam pomarium constituas, quam magnum habere voles circummunito maceria, aut fossa, ita ut non solum pecori, sed ne homini quidem transitus sit, nisi per ostium, dum adolescant semina. Nam si sæpius cacumina manu præfracta, aut a pecore prærosa fuerint, [quam adolescant,] in perpetuum corrumpuntur. Generatim autem arbores disponere utilius, maxime ne imbecillæ a valentioribus premantur, quæ nec viribus nec magnitudine sunt pares, neque pariter crescunt. Terra quæ vitibus apta est, eadem quoque utilis est arboribus.

XIX. Ante annum quam pomaria disponere voles, scrobes fodito : ita sole pluviaque macerabuntur, et quod posueris cito comprehendet. Sed si quo anno scrobes feceris, etiam semina ponere voles, minimum ante duos menses fodito scrobes, postea stramentis eos completo, et incendito. Quo latiores patentioresque scrobes feceris, eo lætiores erunt uberioresque fructus. Scrobis clibano similis esse debet, imus quam summus patentior, ut laxius radices evagentur, ac minus frigoris hieme, minusque æstate vaporis per angustum os terræ admittant : tum etiam clivosis locis terra, quæ in eum congesta est, pluviis non abluitur. Arbores raris intervallis serito, ut cum creverint, spatium habeant, quo ramos extendant. Nam si spisse posueris, neque infra quicquam serere poteris, nec sic ipsæ fructuosæ erunt, nisi eas interraseris. Itaque placet inter ordines quadragenos pedes, minimumque tricenos, relinqui.

XX. Semina lege, ne minus crassa, quam manubrium

intervalle de quarante pieds ou de trente au moins.

XX. Choisissez du plant qui ait au moins la grosseur d'un manche de hoyau; qu'il soit droit, lisse, haut, sans ulcère, et qu'il ait l'écorce intacte. Le plant choisi ainsi prendra bien, et promptement. Si vous le tirez d'arbres déjà formés, choisissez ceux qui rapportent toutes les années de bons fruits et en grande quantité. Ne manquez pas de reconnaître parmi ces branches celles qui sont exposées au levant. Le plant mis en terre avec de la racine prendra plus vite son accroissement que la bouture. L'arbre greffé donne plus de fruits que celui qui n'a point été greffé, c'est-à-dire qui a été planté par bouture. Avant de transplanter de jeunes arbres, faites-y une marque avec de la sanguine ou toute autre chose, afin de les présenter aux mêmes vents auxquels ils ont été exposés d'abord. Ayez soin surtout de les transférer toujours d'un terrain élevé, sec et maigre, dans un terrain plat, humide et gras. Que les jeunes plants aient une triple tige, et soient élevés de trois pieds au-dessus du sol. Si vous voulez mettre deux ou trois petits arbres dans la même fosse, prenez garde qu'ils ne se touchent, car ils seraient rongés par les vers. Lorsque vous mettrez vos plants en terre, enfoncez de droite et de gauche jusqu'au fond de la fosse des poignées de sarments de la grosseur du bras, de façon qu'ils en débordent un peu le niveau. Au moyen de ces sarments il vous sera facile de faire parvenir l'eau en été jusqu'aux racines des jeunes plants. Plantez vers les ides d'octobre les arbres ou les plants garnis de racines; pour les boutures ou les branches, mettez-les en terre au printemps, avant que la pousse n'ait commencé. Pour empêcher que les teignes n'incommodent les plants de figuiers, mettez au fond des fossés une bouture de lentisque, la cime renversée.

XXI. Ne plantez pas le figuier pendant les grands froids. Cet arbre aime naturellement les lieux exposés au soleil, pleins de cailloux ou de gravier, et parsemés quelquefois de rochers. Il se fortifie promptement dans un terrain de cette nature, pourvu qu'on le mette dans des fosses grandes et larges. Les figuiers de toutes les espèces, quoique différents entre eux par leur forme et le goût de leurs fruits, se plantent d'une seule et même façon, mais dans des terrains différents. Plantez les figuiers hâtifs dans les lieux froids où l'automne est humide, de sorte que vous puissiez en recueillir les fruits avant les pluies; mettez au contraire les figuiers d'hiver dans un sol naturellement chaud. Si vous voulez rendre un figuier tardif, arrachez-en les figues quand elles sont encore petites; celles qu'il donnera après ne mûriront que bien avant dans l'hiver. Il est souvent utile de couper avec un instrument très-aiguisé le bout des cimes, lorsque l'arbre commence à donner des feuilles; c'est le moyen de le rendre plus fort et plus productif. Mais ce qui sera toujours d'une grande utilité, c'est de répandre sur les racines, sitôt que la feuille commence à sortir, de la terre rouge détrempée dans de l'amourque, ainsi que du fumier provenant de l'homme: ce traitement rend le fruit plus abondant; la figue elle-même devient plus pleine, et d'une plus belle apparence.

XXII. Plantez l'amandier au lever de l'Ourse, ou vers les calendes de février; cet arbre bourgeonne avant tous les autres. Il demande surtout une terre dure, chaude et sèche. Planté dans un

---

est bidentis, recta, levia, procera, sine ulceribus, integro libro. Ea bene et celeriter comprehendunt. Semina si ex arboribus sumes, de iis potissimum sumito, quæ omnibus annis bonos et uberes ferunt fructus. Observabis autem ab humeris, qui sunt contra solem orientem, ut eadem decerpas. Sed si cum radice plantam posueris, incrementum citius fuerit, quam cæteris, quas severis. Arbos insita fructuosior est, quam quæ insita non est, id est, quam quæ ramis aut plantis ponitur. Priusquam arbusculas transferas, rubrica vel alia qualibet re signato, iisdem ventis, quibus ante steterunt, constituas eas: curamque adhibeto, ut ab superiore et sicciore et exiliore in planiorem, humidiorem, pinguiorem agrum transferas. Semina trifurca maxime ponito: ea exstent supra terram tribus pedibus. In eodem scrobe si duas aut tres arbusculas ponere voles, curato ne inter se contingant. Nam ita vermibus interimuntur. Cum semina depones, dextra ac sinistra singulis usque in imum scrobem fasciculos sarmentorum brachii humani crassitudine deponito, ita ut supra terram paululum exstent, per quos æstate parvo labore aquam radicibus subministres. Arbores aut radicata semina autumno serito circa id. Octobres. Taleas et ramos vere, ante quam germinare arbores incipiant, deponito.

Sed ne tinea molesta sit seminibus ficulneis, in imum scrobem taleam lentisci, ita ut cacumen ejus deorsum spectet, obruito.

XXI. Ficum frigoribus ne serito: loca aprica, calculosa, glareosa, interdum et saxosa amat. Ejusmodi agro cito convalescit, si scrobes amplos et idoneos feceris. Ficorum genera etiam si sapore et habitu differunt, tamen uno modo, sed dispari differentia agri, seruntur. Locis frigidis et autumni temporibus aquosis præcoques serito, ut ante pluviam fructum deligas: locis calidis hibernas serito. At si voles ficum, quamvis non natura, seram facere, cum grossuli minuti erunt, fructum decutito: ita alterum edet fructum, et in hiemem seram differet maturitatem. Nonnunquam etiam cum frondere cœperint arbores, cacumina fici acutissimo ferramento summa amputare prodest. Sic firmiores arbores et feraciores fiunt. Semper proderit simul ac folia agere cœperit ficus, rubricam amurca diluere, et cum stercore humano ad radicem infundere: ea res efficit uberiorem fructum, et farctum fici speciosius et plenius.

XXII. Nucem Græcam serito Arcturi signo, vel circa calend. Febr. quæ prima gemmascit. Agrum calidum durum et siccum desiderat. Nam in locis diversis natura

terrain d'une autre nature, il pourrit en peu de temps. Avant de semer l'amande, trempez-la dans de l'hydromel qui ne soit pas trop doux; par ce moyen, l'arbre, lorsqu'il sera grand, donnera du fruit de meilleur goût, et en attendant vous aiderez et accélérerez même son accroissement. Mettez trois amandes en triangle, de façon que leur pointe, d'où sortent les racines, soit renversée, et qu'elles soient éloignées d'une palme au moins l'une de l'autre. Celle qui forme le sommet du triangle doit être tournée vers le point du ciel d'où souffle le vent Favonius. Chacune des trois ne donnera qu'une seule racine et une seule tige : chacune de ces racines, arrivée au fond de la fosse, se recourbe à cause de la dureté de la terre qui s'oppose à son passage; dès lors elle jettera d'autres racines plus nombreuses, qui sembleront former autant de branches. Voici la façon de faire des amandes et des avelines de Tarente. Mettez, dans la fosse destinée à recevoir cet arbre, de la terre bien pulvérisée, à la hauteur d'un demi-pied, et répandez-y de la graine de férule. Lorsque la férule aura levé, fendez-la en deux pour mettre à nu sa moelle, et cachez-y une amande ou une aveline dépouillée de son écorce; puis couvrez le tout de terre. Faites cette opération avant les calendes de mars, ou mieux entre les nones et les ides de ce mois. C'est à la même époque qu'on plante les noix, la pomme de pin et les châtaignes.

XXIII. La meilleure époque pour planter le grenadier est depuis le commencement du printemps jusqu'aux calendes d'avril. Si son fruit est aigre ou peu doux, on le corrigera en répandant sur ses racines de la fiente de porc, des excréments humains, et de la vieille urine. Ce moyen, tout en augmentant la fertilité de l'arbre, rendra son fruit d'abord vineux, et par la suite le rendra doux, outre que les grains n'en seront point durs. Pour nous, nous prenons un peu de laser délayé dans du vin, et nous frottons de cette préparation les cimes du grenadier; par ce moyen nous sommes parvenus à corriger l'aigreur de leur fruit. On empêche les grenades de se fendre sur l'arbre, en enterrant trois pierres auprès de sa racine, lorsqu'on le plante. Mais si l'arbre est déjà tout planté quand on s'aperçoit de ce défaut, on sème de la scille auprès de sa racine. Lorsque les grenades sont déjà mûres, on emploie une autre méthode pour les empêcher de se crever. Cette méthode consiste à tordre la queue par laquelle elles pendent à l'arbre. On se sert du même moyen pour les garder toute l'année.

XXIV. Plantez les poiriers en automne, vingt-cinq jours avant le solstice d'hiver. Pour les rendre plus productifs, déchaussez-les profondément; quand ils auront grandi, fendez-en le tronc près de la racine, et introduisez dans cette fente un coin fait de bois gommeux de pin, que vous y laisserez toujours; le déchaussement fait, répandez de la cendre sur la terre près des racines.

XXV. Plantez les pommiers d'été, les cydoniens, les cormiers et les pruniers, depuis la seconde moitié de l'hiver jusqu'aux ides de février. La meilleure époque pour planter le mûrier est depuis les ides de février jusqu'à l'équinoxe du printemps. Plantez le carrougier, que quelques personnes appellent κεράτιον, ainsi que le pêcher, pendant l'automne, avant le solstice d'hiver. Si l'amandier produit peu, percez en le tronc, et enfoncez-y une pierre que vous laisserez se re-

ejusmodi si posueris nucem, protinus putrescet. Antequam nucem deponas, in aqua mulsa, nec nimis dulci macerato : ita jucundioris saporis fructum, cum adoleverit, præbebit, et interim melius atque celerius nascetur. Ternas nuces in trigonum statuito, pars que acutior inferior sit, quia inde radices mittit, nuxque a nuce minime palmo absit, et anceps ad Favonium spectet. Omnis nux unam radicem mittit, et simplici stilo prorepit. Cum ad scrobis solum radix pervenit, duritia humi coërcita recurvatur, et extensa in modum ramorum alias radices emittit. Nucem Græcam et Avellanam Tarentinam hoc modo facere poteris. In quo scrobe destinaveris nucem serere, terram minutam in modum semipedis ponito, ibique semen ferulæ repangito. Cum ferula fuerit enata, eam findito, et in medullam ejus sine putamine nucem Græcam vel Avellanam abscondito, et ita adobruito. Hoc ante cal. Mart. facito, vel etiam inter nonas et idus Martias. Hoc eodem tempore juglandem et pineam et castaneam serere oportet.

XXIII. Malum Punicum vere usque in cal. Apriles recte seritur. Quod si acidum aut minus dulcem fructum feret, hoc modo emendabitur. Stercore suillo et humano et lotio humano veteri radices rigato. Ea res et fertilem arborem reddet, et primitivos annos fructum vinosum, postea vero etiam dulcem et apyrenum facit. Nos exiguum admodum laser cyrenaicum vino diluimus, et ita cacumina arboris summa oblevimus : ea res emendavit acorem malorum. Mala Punica ne rumpantur in arbore, remedio sunt lapides tres, si, cum seres arborem, ad radicem ipsam collocaveris. At si jam arborem satam habueris, scillam secundum radices arboris serito. Alio modo, cum jam matura mala fuerint, antequam rumpantur, petiolos, quibus pendent, intorqueto. Eo modo servabuntur etiam anno toto.

XXIV. Piros autumno ante brumam serito, ita ut minime dies quinque et viginti ad brumam supersint. Quæ ut sint feraces, cum jam adoleverint, alte ablaqueato, et juxta ipsam radicem truncum findito, et in fissuram cuneum robustum laser adigito, et ibi relinquito : deinde obruta ablaqueatione cinerem supra terram spargito.

XXV. Mala æstiva, cydonea, sorba, pruna, post mediam hiemem usque in idus Febr. serito. Morum ab idibus Febr. usque in æquinoctium vernum recte seres. Siliquam Græcam, quam quidam κεράτιον vocant, item Persicum ante brumam per autumnum serito. Amygdala si parum feracia erunt, perforata arbore lapidem adigito : ita librum arboris inolescere sinito. Omnium autem generum ramos

couvrir de l'écorce de l'arbre. Après avoir labouré et fumé la terre dans les jardins, arrangez vers les calendes de mars des boutures de toutes espèces d'arbres sur des couches faites en planches. Lorsque les plants commencent à prendre de l'accroissement et à pousser de jeunes branches, il faut les épamprer pour ainsi dire, et les réduire à une seule tige la première année. A l'approche de l'automne, et avant que le froid brûle leurs cimes, arrachez-en toutes les feuilles, et ainsi dépouillés, couvrez-les avec des roseaux épais, auxquels vous aurez laissé d'un côté leurs nœuds, afin qu'ils servent comme de chapeaux à ces jeunes tiges, et qu'ils les défendent du froid et de la gelée. Deux années après, vous pourrez en toute sûreté les transplanter et les déposer en rangées, ou bien les greffer.

XXVI. On peut greffer tel rejeton que l'on veut sur quelque arbre que ce soit, pourvu que l'écorce du rejeton ne soit pas différente de celle de l'arbre; on le peut faire sans scrupule, si l'espèce à laquelle appartient le rejeton produit des fruits dans le même temps que l'arbre greffé. Les anciens nous ont enseigné trois espèces de greffe : l'une, par laquelle l'arbre, étant coupé et fendu, reçoit dans l'intérieur de son bois des scions coupés sur un autre arbre; la seconde, par laquelle l'arbre reçoit la greffe entre son écorce et son bois : ces deux sortes de greffes se font dans le printemps. La troisième est celle par laquelle l'arbre à greffer reçoit entre l'écorce et le bois des bourgeons avec une petite partie de leur écorce. Cette façon de greffer, que les cultivateurs appellent *enter en écusson* (emplastration), se fait en été. Après avoir traité de ces trois différentes greffes, nous indiquerons un autre procédé qui est notre découverte personnelle. Il faut greffer tous les arbres dès que les boutons commenceront à paraître, et dans le temps que la lune sera dans son croissant. Pour l'olivier, greffez-le depuis l'équinoxe du printemps jusqu'aux ides d'avril. L'arbre sur lequel vous voudrez prendre des greffes doit être jeune et de bon rapport, et avoir beaucoup de nœuds. Lorsque ses boutons commenceront à grossir, prenez vos greffes de l'épaisseur d'un petit doigt et à deux pointes, sur de petites branches d'un an qui soient bien intactes, et tournées vers le levant. Sciez avec précaution l'arbre que vous voudrez greffer, à l'endroit où il est le plus lisse et sans cicatrice, et prenez garde de blesser son écorce. Lorsqu'il sera coupé, unissez la plaie avec un instrument de fer bien tranchant; enfoncez ensuite un coin de fer ou d'os bien aiguisé entre l'écorce et le bois, au moins jusqu'à trois doigts, mais avec beaucoup de précaution, pour ne pas endommager ou rompre l'écorce. Ensuite ratissez par en bas avec une serpette bien tranchante les greffes que vous voulez enter, sur une longueur égale à celle de l'ouverture formée par le coin fiché dans l'arbre, de façon que vous n'endommagiez pas la moelle de ces greffes ni leur écorce, du côté que vous ne les aurez pas ratissées. Quand vos greffes seront prêtes, retirez le coin, et enfoncez-les aussitôt dans l'ouverture que vous aurez pratiquée par l'introduction du coin entre l'écorce et le bois. Insérez-les par le bout que vous aurez ratissé, de façon qu'elles ressortent de six doigts. Vous ferez bien de pratiquer dans le même arbre deux ou trois greffes à la fois, en laissant un intervalle de quatre doigts entre chacune. Il faudra régler le nombre des greffes sur la grandeur de l'arbre

circa calend. Martias in hortis, ubi et subacta et stercorata terra est, per pulvinos arearum disponere convenit : deinde cum creverint, danda est opera, ut dum teneros ramulos habent, veluti pampinentur, et ad unum stilum primo anno semina redigantur : et cum autumnus incesserit, ante quam frigus cacumina adurat, omnia folia decerpere expedit, et ita crassis arundinibus, quæ ab una parte nodos integros habent, quasi pileolos inducere, atque ita a frigore et gelicidiis teneras adhuc virgas tueri. Post quartum et vigesimum deinde mensem sive transferre et disponere in ordinem voles, seu inserere, satis tuto utrumque facies.

XXVI. Omnis surculus omni arbori inseri potest, si non est ei, cui inseritur, dissimilis cortice : si vero fructum etiam eodem tempore fert, sine ullo scrupulo optime inseritur. Tria autem genera insitionum antiqui tradiderunt : unum, cum resecta et fissa arbor recipit insertos surculos : alterum, quo resecta inter librum et materiam admittit semina : quæ utraque genera verni temporis sunt : tertium, cum ipsas gemmas cum exiguo cortice in partem sui delibratam recipit, quam vocant agricolæ emplastrationem. Hoc genus æstatis est. Quarum insitionum rationem cum tradiderimus, a nobis quoque repertam aliam docebimus. Omnes arbores simulatque gemmas agere cœperint, luna crescente inserito, olivam autem circa æquinoctium vernum usque in idus Apriles. Ex qua arbore inserere voles, et surculos ad insitionem sumpturus es, videto ut sit tenera et ferax, nodisque crebris : et cum primum germina tumebunt, de ramulis anniculis qui solis ortum spectabunt, et integri erunt, eos legito : crassitudine minimi digiti : surculi sint bisulci. Arborem, quam inserere voles, serra diligenter exsecato ea parte, quæ maxime nitida et sine cicatrice est, dabisque operam, ne librum lædas. Cum deinde truncum recideris, acuto ferramento plagam levato : deinde quasi cuneum ferreum vel osseum inter corticem et materiem, ne minus digitos tres, sed leniter demittito, ne lædas aut rumpas corticem. Postea surculos, quos inserere voles, falce acuta ab ima parte eradito tam alte quam cuneum demisisti, sed ita ne medullam neve alterius partis corticem lædas : ubi surculos paratos habueris, cuneum vellito, statimque surculos demittito in ea foramina, quæ cuneo adacto inter corticem et materiem facta sunt. Ea autem fine, qua adraseris, surculos demittito ita, ut sex digitis de arbore exstent. In una autem arbore duos aut tres ramulos figito, dum ne minus quaternum digitorum inter eos sit spatium. Pro

sur la qualité de son écorce. Lorsque vous aurez introduit dans un arbre toutes les greffes qu'il pourra recevoir, vous les lierez soit avec de l'écorce d'ormes, soit avec du jonc ou de l'osier; après quoi vous enduirez avec un lut mêlé de paille toute la plaie ainsi que l'espace qui se trouve entre les greffes, de façon néanmoins qu'il en reste découvert deux doigts; mettez ensuite par-dessus de la mousse que vous attacherez fortement, afin que la pluie ne puisse y pénétrer. Si l'arbre que vous voulez greffer est petit, coupez-le par en bas, de sorte qu'il n'en reste qu'un pied et demi hors de terre après l'avoir coupé; unissez la plaie avec soin, et fendez très-légèrement le tronc par le milieu avec un instrument bien tranchant, de façon que la fente n'ait que trois doigts de longueur. Insérez ensuite dans cette fente un coin, et enfoncez-y des greffes ratissées des deux côtés, de façon que l'écorce des greffes s'adapte complétement à celle de l'arbre. Lorsque vous les aurez ajustées avec soin, retirez le coin, liez l'arbre, et enduisez-le comme je l'ai indiqué plus haut. Entassez ensuite de la terre autour de l'arbre jusqu'à la greffe : c'est le meilleur moyen de le préserver des vents et de la chaleur. La troisième espèce de greffe, étant naturellement très-délicate, n'est point applicable à tous les arbres. Pour l'employer avec succès, il faut que l'arbre ait l'écorce humide, pleine de sève, et forte, comme le figuier. En effet, cet arbre rendant beaucoup de lait, et ayant l'écorce forte, on peut très-bien le greffer de la manière suivante. On choisit, sur l'arbre dont on veut tirer la greffe, de jeunes branches bien lisses. On trace autour du bourgeon qui a le plus d'apparence, et qui promet le plus sûrement de germer, une marque de deux doigts en carré, de façon que le bouton étant au centre de ce carré, on coupe l'écorce tout autour avec une lame bien affilée, et on l'enlève avec soin de dessus l'arbre, en prenant garde de l'endommager lui-même. On choisit également une branche très-lisse de l'autre arbre que l'on doit enter en écusson, on enlève de cette branche la même partie de l'écorce que pour la première branche; après quoi on applique sur cette partie dépouillée l'écusson qu'on avait préparé, de façon qu'il s'y adapte parfaitement. Cela fait, liez bien le tout autour du bourgeon, en prenant bien garde de le blesser. Enduisez ensuite d'un lut les joints et les ligatures, en vous arrêtant un peu avant le bourgeon, pour lui laisser la liberté de germer. Rognez les rejetons de l'arbre greffé, ainsi que ses branches supérieures, afin qu'il n'y reste rien qui puisse en détourner la sève au détriment de la greffe. Au bout de vingt et un jours, déliez avec l'écusson. On greffe de cette même façon l'olivier avec succès. Nous avons déjà montré la quatrième façon de greffer, lorsque nous avons traité des vignes; il est donc inutile de répéter le procédé que nous avons indiqué alors, et qui consiste dans l'emploi de la vrille gauloise.

XXVII. Les anciens ont prétendu qu'on ne pouvait pas enter toute sorte de scions sur toute sorte d'arbres; ils ont même regardé comme une loi invariable ce que nous avons dit nous-même de l'impossibilité de faire réussir d'autres greffes que celles qui sont prises d'un arbre semblable par l'écorce et le fruit, à l'arbre à greffer. Or, comme nous avons cru devoir détruire cette opinion erronée, nous allons donner à la postérité un

arboris magnitudine et corticis bonitate hæc facito. Cum omnes surculos, quos arbor patietur, demiseris, libro ulmi vel vimine arborem astringito : postea paleato luto bene subacto oblinito totam plagam, et spatium, quod est inter surculos, usque eo, ut duobus digitis insita exstent : supra lutum muscum imponito, et ita alligato, ne pluvia dilabatur. Si pusillam arborem inserere voles, juxta terram abscindito, ita ut sesquipedem a terra exstet. Cum deinde absciderís, plagam diligenter levato, et medium truncum aculeo scalpro modice findito, ita ut fissura trium digitorum sit. In eam deinde cuneum, quoad patietur, inserito, et surculos ex utraque parte adrasos demittito, ita ut librum seminis libro arboris æqualem facias. Cum surculos diligenter aptaveris, cuneum vellito : deinde arborem, ut supra dixi, alligato, et oblinito : dein terram circa arborem aggerato usque ad ipsum insitum. Ea res a vento et calore maxime tuebitur. Tertium genus insitionis, cum sit subtilissimum, non omni generi arborum idoneum est : et fere eæ recipiunt talem insitionem, quæ humidum succosumque et validum librum habent, sicuti ficus. Nam et lactis plurimum remittit, et corticem robustum habet. Optime itaque ea inseritur tali ratione. Ex qua arbore inserere voles, in ea quærito novellos et nitidos ramos. In his deinde observato gemmam, quæ bene apparebit, certamque spem germinis habebit : eam duobus digitis quadratis circumsignato, ut medio gemma sit, et ita acuto scalpello circumcidito, delibratoque diligenter, ne gemmam lædas. Deinde in qua arbore inserere voles, in ea nitidissimum ramum eligito, et ejusdem spatii corticem circumcidito, et materiam delibrato, et in eam partem, quam nudaveris, gemmam hanc, quam ex altera arbore sumpseras, aptato ita, ut emplastrum circumcisæ parti conveniat. Ubi hæc feceris, circa gemmam bene vincito, ita ne lædas : deinde commissuras et vincula luto oblinito, spatio relicto, qua gemma libere germinet. Materia, quam inseveris, si sobolem vel supra ramum habebit, omnia præcidito, ne quid sit quo possit succus avocari, aut cui magis quam insito serviat. Post unum et vigesimum diem solvito emplastrum. Hoc genere optime etiam olea inseritur. Quartum illud genus insitionis jam docuimus, cum de vitibus disputavimus : itaque supervacuum est hoc loco repetere jam traditam rationem terebrationis.

XXVII. Sed cum antiqui negaverint posse omne genus surculorum in omnem arborem inseri, et illam quasi finitionem, qua nos paulo ante usi sumus, veluti quandam legem sanxerint, eos tantum surculos posse coalescere, qui sint cortice ac libro et fructu consimiles iis arboribus,

moyen d'enter telle espèce de greffe que l'on voudra sur quelque arbre que ce soit. Et pour ne point fatiguer le lecteur par un long exorde, nous donnerons un exemple unique, à l'imitation duquel on pourra essayer de toutes sortes de greffes. Creusez d'abord une fosse de quatre pieds en tout sens autour d'un olivier, de telle sorte que les branches les plus allongées de cet arbre y puissent atteindre. Plantez dans cette fosse un petit figuier vigoureux et lisse. Trois ou cinq ans après, lorsque ce figuier aura pris assez d'accroissement, abaissez la branche d'olivier qui paraîtra la plus lisse, et attachez-la au pied du figuier. Coupez-en toutes les petites branches, et ne laissez que les cimes que vous voudrez employer comme greffes. Coupez ensuite le figuier, et après avoir uni la plaie, fendez le tronc par le milieu avec un coin. Ratissez des deux côtés les cimes de l'olivier, sans les détacher de la mère; insérez-les dans la fente du figuier, retirez le coin, et liez ces cimes avec soin, de sorte que le plus grand effort ne les puisse arracher. Au moyen de ce procédé, le figuier se fortifiera avec l'olivier en trois ans, et ce ne sera que la quatrième année, lorsqu'ils seront bien mariés ensemble, que l'on séparera les branches de l'olivier de la mère, de la même manière que les provins. On peut enter de cette façon telle greffe que l'on voudra sur quelque arbre que ce soit.

XXVIII. Multipliez autant que possible le cytise, que les Grecs appellent tantôt ζέα, tantôt καρνίκη, tantôt τρυφερή. Car c'est l'arbrisseau qui convient le plus aux poules, aux abeilles et aux chèvres, ainsi qu'aux bœufs et à toutes sortes de bestiaux, parce qu'il les engraisse en peu de temps, et qu'il donne beaucoup de lait aux brebis. Outre cela, on peut l'employer huit mois en fourrage vert, et les quatre autres mois en fourrage sec. Il prend très-promptement dans toutes sortes de terrains, quelque maigres qu'ils soient, et supporte sans inconvénient toutes les injures du temps. Si les femmes même manquent de lait, on fera tremper dans de l'eau du cytise sec; lorsqu'il y aura passé toute la nuit, on en exprimera le suc le lendemain, et on leur en donnera trois hémines à boire, en le coupant avec un peu de vin. Les femmes ne s'en trouveront que mieux, et leurs enfants se fortifieront par l'abondance du lait qu'elles seront en état de leur fournir. On plante le cytise en automne, vers les ides d'octobre, ou bien au printemps. Quand vous aurez bien labouré la terre, faites de petites planches, sur lesquelles vous sèmerez en automne la graine du cytise, comme on sème la dragée; ensuite arrangez les jeunes plantes au printemps, de façon qu'il y ait entre chacune quatre pieds d'intervalle en tout sens. Si vous n'avez pas de graine, mettez en terre au printemps des cimes de cytise, auprès desquelles vous entasserez de la terre que vous aurez fumée. Si la pluie se fait trop attendre, arrosez-les les quinze premiers jours. Sarclez-les dès qu'elles commenceront à montrer les premières feuilles, et trois ans après coupez-les pour les donner aux bestiaux. Il suffit de quinze livres de cytise pour le cheval, et de vingt livres pour le bœuf. On en donne aux autres bestiaux en proportion de leur force. On peut aussi le planter en bouture sur les lisières d'un champ. Si vous le donnez sec aux animaux, il faut faire les rations plus petites, parce qu'il a alors plus de force. Il

quibus inseruntur, existimavimus errorem hujus opinionis discutiendum, tradendamque posteris rationem, qua possit omne genus surculi omni generi arboris inseri. Quod ne longiori exordio legentes fatigemus, unum quasi exemplum subjiciemus, qua similitudine quod quisque genus volet omni arbori poterit inserere. Scrobem quoquoversus pedum quatuor ab arbore olivæ tam longe fodito, ut extremi rami oleæ possint eam contingere. In scrobem deinde fici arbusculam deponito, diligentiamque adhibeto, ut robusta et nitida fiat. Post triennium aut quinquennium, cum jam satis amplum incrementum ceperit, ramum olivæ qui videbitur nitidissimus, deflecte, et ad crus arboris ficulneæ religa : atque ita amputatis cæteris ramulis ea tantum cacumina, quæ inserere voles, relinquito : tum arborem fici detruncato, plagamque levato, et mediam cuneo findito. Cacumina deinde olivæ, sicut matri inhærent, utraque parte adradito, et ita fissuræ fici aptato, cuneumque eximito, et diligenter colligato, ne qua vi revellantur. Sic interposito triennio coalescet ficus olivæ: et tum demum quarto anno, cum bene coierint, velut propagines, ramulos olivæ a matre resecabis. Hoc modo omne genus in omnem arborem inseritur.

XXVIII. Cytisum, [quem Græci aut ζέας, aut καρνίκην, aut τρυφερήν vocant,] quamplurimum habere expedit, quod gallinis, apibus, ovibus, capris, bubus quoque, et omni generi pecudum utilissimus est, quod ex eo cito pinguescit, et lactis plurimum præbet ovibus : tum etiam quod octo mensibus viridi eo pabulo uti, et postea arido possis. Præterea in quolibet agro, quamvis macerrimo celeriter comprehendit, omnemque injuriam sine noxa patitur. Mulieres quidem, si lactis inopia premuntur, cytisum aridum in aqua macerari oportet : quod tota nocte permaduerit, postero die expressi succi ternas heminas permisceri modico vino, atque ita potandum dari : sic et ipsæ valebunt, et pueri abundantia lactis confirmabuntur. Satio autem cytisi vel autumno circa idus Octob. vel vere fieri potest. Cum terram bene subegeris, in modum horti areas facito, ibique velut ocimum semen cytisi autumno serito : plantas deinde vere disponito, ut inter se quoquoversus quatuor pedum spatio distent. Si semen non habueris, cacumina cytisorum vere disponito, stercoratam terram circa aggerato. Si pluvia non incesserit, rigato xv proximis diebus. Simulac novam frondem agere cœperit, sarrito. Post triennium deinde cædito, et pecori præbeto. Equo abunde est viridis pondo xv, bovi pondo xx. cæterisque pecudibus pro portione virium. Potest autem etiam circa sepem agri ramis seri. Aridum si dabis, exiguius dato, quoniam majores vires habet, priusque aqua mace-

faut même le faire tremper d'abord dans de l'eau et le mêler avec de la paille, après l'avoir retiré de l'eau. Quand vous voulez faire sécher du cytise, coupez-le vers le mois de septembre, lorsque sa graine commencera à grandir, et mettez-le au soleil pendant quelques heures, jusqu'à ce qu'il se fane ; faites-le ensuite sécher à l'ombre, et serrez-le.

XXIX. Plantez le saule et le genêt vers les calendes de mars, lorsque la lune est dans sa croissance. Le saule demande un terrain humide ; le genêt, au contraire, veut un sol sec. L'un et l'autre se plantent utilement auprès de la vigne, parce qu'ils donnent des liens pour en attacher les branches. La meilleure façon de planter le roseau est par les racines, que les uns appellent *oignons*, et les autres *yeux*. Après avoir bêché le terrain, coupez une partie de la racine avec une serpette fort aiguisée, et plantez-la par un temps de pluie. Il y a des personnes qui couchent le roseau tout entier en terre ; il en pousse alors d'autres de tous ses nœuds. Mais le roseau planté ainsi est grêle, maigre et peu élevé. Il vaut mieux suivre la méthode que nous avons exposée plus haut. Tous les ans, après avoir coupé les roseaux, remuez profondément et uniformément le terrain, et faites ensuite des irrigations.

XXX. Celui qui veut élever des violiers doit bien fumer la terre, puis la labourer au moins à un pied de profondeur, et distribuer ensuite le terrain par planches. Les jeunes plants de l'année devront être mis avant les calendes de mars dans de petites fosses d'un pied de profondeur. La graine du violier se sème comme celle des choux sur des planches, à deux époques de l'année, au printemps et en automne. On la cultive de la même manière que les autres espèces de légumes ; c'est-à-dire, on la bêche, on la sarcle, et quelquefois on l'arrose. Le rosier se met en graine et par bouture dans des fosses d'un pied, à la même époque que le violier. Il faut le labourer et le tailler avant les calendes de mars. Cultivé ainsi, il dure plusieurs années.

rato, et exemptum paleis permisceto. Cytisum aridum cum facere voles, circa mensem Septembrem cum semen ejus grandescere incipiet, cædito; paucis deinde horis, dum flaccescat, in sole habeto. Deinde in umbra adsiccato, et ita condito.

XXIX. Salicem et genistam crescente luna vere circa calendas Martias serito. Salix humida loca desiderat, genista etiam sicca : utraque tamen circa vineam opportune seruntur, quoniam palmitibus idonea præbent vincula. Arundo optime seritur radicibus, quas alii bulbos, alii oculos vocant. Simulatque terram bipalio repastinaveris, radicem arundinis acuta falce præsectam impendenti pluvia disponito. Sunt qui arundines integras sternant, quoniam ex omnibus nodis strata arundines emittat. Sed fere hoc genus evanidam exilemque et humilem arundinem affert. Melior itaque satio est ea, quam prius demonstravimus. Placet autem omnibus annis, simulac arundinem cecideris, locum alte et æqualiter fodere, atque ita rigare.

XXX. Violam qui facturus est, terram stercoratam et repastinatam ne minus alte pedem in pulvinos redigat. Atque ita plantas hornotinas scrobiculis pedalibus factis ante calendas Martias dispositas habeat. Semen autem violæ sicut olerum in areis duobus temporibus seritur, vere vel autumno. Colitur autem eo modo, quo et cætera olera, ut runcetur, ut sarriatur, ut interdum etiam rigetur. Rosam fructibus ac surculis disponi per sulcos pedales convenit per idem tempus, quo et viola. Sed omnibus annis fodiri ante calend. Martias et interputari oportet. Hoc modo culta multis annis perennat.

NOTES SUR COLUMELLE.

LIVRE I.

III, 1. *Porcius quidem Cato censebat in emendo.....* Tout ce que Columelle attribue ici à Caton ne se trouve pas dans cet auteur, mais dans Varron ; quelques interprètes en ont conclu que Columelle s'était trompé lorsqu'il a cité l'un de ces auteurs pour l'autre. Mais il est plus naturel de regarder ce passage comme une paraphrase de ce que dit Caton au commencement du premier chapitre de son *Économie rurale*.

2. *Nisi si Autolycus ille cuiquam.....* Cet homme que Columelle, d'accord avec Homère, peint comme un voleur insigne, était fils de Mercure ou de Deucalion, et grand-père maternel d'Ulysse.

3. *Aut Aventini montis incola Palatinis ullum gaudium finitimis suis Cacus attulit*. Cacus était fils de Vulcain ; il vomissait du feu, et fut tué par Hercule, dont il avait volé les bœufs. Servius, en expliquant le passage de l'Énéide où il est parlé d. Cacus, dit que c'était un esclave d'Évandre, très-méchant et très-fripon ; on l'avait même appelé Cacus à cause de cela, du mot grec κακὸν qui signifie mal.

4. *Suaque lege C. Licinius*. Columelle veut parler de C. Licinius Stolo, qui fut tribun en même temps que L. Sextius, et qui le premier fit décréter la loi agraire, d'après laquelle personne ne devait posséder plus de 500 jugera de terrain. Plus tard il fut lui-même condamné pour en avoir possédé mille, au mépris de sa loi.

VII, 1. *Veterem consularem virumque opulentissimum L. Volusium....* C'est L. Volusius Saturninus, qui mourut à l'âge de 90 ans (Pline, I, 38) passés, après avoir survécu à tous les sénateurs dont il avait pris les voix pendant son consulat.

IX, 1. *Mediastinus qualiscunque status.....* A la ville, on donnait le nom de *mediastini* aux esclaves qui étaient soumis à d'autres.

LIVRE II.

II, 1. *Alternisque versibus obliquum tenere aratrum*. Pour comprendre ce passage, que tous les commentateurs ont mal expliqué, il est nécessaire de bien se rendre compte du mécanisme de la charrue ancienne. La charrue employée par les Romains n'était pas faite de manière à retourner toujours la terre à droite, comme les nôtres, au moyen du versoir ; elle ne faisait que la remuer, lorsqu'on la tenait droite sans la pencher ni d'un côté ni de l'autre. Pour former un sillon bien ouvert, il fallait tenir la charrue obliquement ; le côté du soc contre le champ était élevé, et, par l'effet de cette position oblique du soc et du *buris*, la terre était retournée d'un côté. Avec cette charrue (nous dit Dickson, *Traité de l'agriculture des anciens*, 1, 402) de quelque manière qu'on la tînt, au lieu de faire le tour de la pièce en labourant, comme le font nos laboureurs, le Romain revenait dans le même sens, et, en inclinant sa charrue alternativement à droite et à gauche, il tournait toujours la terre du même côté. Mais pour rompre une terre nouvelle, ou pour donner le premier labour à une jachère, Columelle conseille de tenir la charrue dans une position tantôt oblique, tantôt droite.

IV, 1. *Quam terram rustici variam cariosamque appellant*. L'explication que nous donne Pline (XVII, 5) de ces deux mots, est plutôt une critique savante du mot *cariosus*, qu'une explication claire et simple de la pensée de Caton et de Columelle. Il est évident que notre auteur n'entend pas par *cariosus* une terre naturellement stérile, mais un sol qui n'est improductif que par l'effet d'une mauvaise culture.

2. *In liram satum redigitur, quadrante operæ*. La graine était, comme on le dit vulgairement, semée sous le sillon, c'est-à-dire semée d'abord, et ensuite enterrée avec la charrue. Mais dans l'agriculture romaine, elle était non-seulement enterrée par un labour, mais recouverte de manière à lever en rangs ou sillons, afin de faciliter l'opération du houage.

IX. 1. *Proximus est his frumentis usus ordei, quod rustici hexastichum, quidam etiam cantherinum appellant*. *Cantherinum* est dérivé de *cantherius*, qui veut dire cheval hongre. Bien qu'il nous soit impossible de faire connaître d'une manière certaine le nom des productions qui servaient à la vie commune chez les Romains, il y a lieu de croire que le *hordeum hexastichum* indique plutôt du seigle que de l'orge. En effet, toutes les qualités que Columelle attribue à ce grain sont les qualités propres à notre seigle. C'est le seigle qui tient le premier rang après le blé par sa bonté ; sa tige est faible, et son grain n'est couvert que par l'extrémité d'en bas ; il mûrit plus tôt que le blé, et on le moissonne plus tôt, de peur que le grain ne vienne à tomber ; on n'a point de peine à le battre dans l'aire, et il maigrit les terres dans lesquelles il est semé. Or, nous le répétons, nous n'avons point de grains à qui toutes ces qualités conviennent mieux qu'à notre seigle.

X, 1. *Paulatim ex eo ventilabris per longius spatium jactetur......* La manière d'opérer avec le *ventilabrum* montre que c'était une pelle ; le *vallus*, qui est l'autre instrument nommé par Varron, était probablement d'une forme différente, mais destiné au même usage, c'est-à-dire à jeter des grains, ou telle autre chose du même genre, d'un lieu dans un autre.

2. *Quæ septimontialis satio dicitur... Septimontialis*, de *septimontium*, qui était une fête que l'on célébrait à Rome au mois de décembre, un peu avant les Saturnales, c'est-à-dire, avant la mi-décembre, en mémoire du jour où l'on avait renfermé dans la ville la septième des collines dont elle était composée.

XIV, 1. *Ac si repastines, totum*, etc. *Repastinare* signifie littéralement retourner la terre au *pastinum*. Le *pastinum* était un instrument de culture à deux dents fort rapprochées l'une de l'autre, qui servait non-seulement à retourner la terre, mais à saisir les crocettes pour les y enfoncer.

XXI, 1. *Sed cum tam otii quam negotii rationem reddere majores nostri censuerint*. Cicéron, dans l'*oraison pour Plancius* (chapitre 21), cite avec éloge cette maxime,

en l'attribuant à Caton, qui l'avait inscrite au commencement de son livre *des Origines*.

2. *Feriis tantum denicalibus mulos jungere non licere, cæteris licere.* Ces fêtes se célébraient dans l'intérieur des familles, lorsqu'on avait à regretter la mort d'un parent. On croit qu'elles avaient été appelées ainsi parce qu'elles duraient dix jours. Ne pourrait-on pas attribuer à un reste de superstition à cet égard la défense que fait Justinien d'inquiéter les héritiers pendant les neuf premiers jours de leur deuil?

LIVRE III.

II, 1... *Quarum vocabulo propter hanc populationem cognominantur.* Ces raisins étaient appelée *apianæ* ab *apibus*, des abeilles, comme nous disons *muscat*, a *muscis*, des mouches.

X, 1 *Itaque custodiemus, ut ex prædictis locis, quos humeros rustici vocant... d'humerus*, épaule. Ressemblance tirée du corps de l'homme, auquel notre auteur compare souvent la vigne.

XI, 1. *Quam diximus pullam vocitari.* Ce mot *pullus*, employé par Caton, chap. cli de son *Économie rurale*, et par d'autres auteurs, peut à la vérité s'appliquer à une terre *noirâtre*; mais il pourrait très-bien s'entendre d'une terre douce et molle, quelle que soit d'ailleurs la couleur. En effet, Pline, xvi, 5, oppose la terre qu'il appelle *vieille*, *anus*, eu égard à sa stérilité, à la terre tendre, qu'il appelle *pulla*: par conséquent il y a lieu de croire que le nom de *pulla* ne lui vient pas tant à cause de sa couleur que de sa mollesse, et, de cet autre avantage que Varron appelle *teneritudo* (chap. xxxvi de *l'Économie rurale*, liv. I), qualités qui lui donnent l'apparence de la jeunesse, et qui la distinguent de celle que Pline appelle *anus*.

XIII, 1. *Nisi si statim uligo palustris obvia, sicut in agro Ravennate.* Ce sont ces eaux marécageuses qui produisaient les brouillards fréquents, d'après Pline, xiv, 2, et empêchaient la plupart des vignes de croître dans le territoire de Ravenne. C'est ce que Martial exprime assez heureusement dans une de ses épigrammes, en disant: qu'il aimerait mieux avoir à Ravenne une citerne qu'une vigne, parce que l'eau s'en vendrait bien plus cher que le vin. Quoi qu'il en soit, on prétend que le vin n'y est pas mauvais aujourd'hui, soit qu'on ait desséché ces marais, soit que les habitants se soient appliqués avec plus de soin à la culture de leurs vignes.

2. *Ad destinatam pastinationis altitudinem: sed protinus*, etc. On voit par là que le *pastinum* était un instrument qu'on jetait devant soi pour fouiller la terre; car ceux qui fouillent avec une bêche sur laquelle ils appuient le pied, poussent devant eux la terre à mesure qu'ils la remuent, et ne la jettent point derrière eux, puisqu'ils vont eux-mêmes à reculons.

XXI, 1. *Huic pares iis helvolæ respondeant.* Les grappes *helvolæ* sont celles dont la couleur est entre rouge et blanc.

LIVRE IV.

II. *Quia cratem factura sit.* C'est-à-dire qu'avant de monter perpendiculairement, comme fait le suc nutritif, dans les plantes, il commencerait par décrire une ligne transversale et parallèle à l'horizon, de sorte que ces deux directions formeraient une espèce de claie, ce qui arrive aussi dans les vignes conchées par terre.

VII, 1. *Et velut resecces relinquendi sunt, qui calaris*, etc... En effet, cette espèce de courson que Columelle appelle *unguis*, (un ergot), ne saurait être coupé sans dommage pour la vigne. Plus tard, on le retranche comme les autres sarments, lorsqu'il est devenu sec et inutile.

LIVRE V.

I. *At Galli candetum appellant in areis urbanis spatium centum pedum, in agrestibus autem pedum cl.. (quod aratores candetum nominant) semijugerum quoque arepennem vocant.* Schneider regarde les mots renfermés entre parenthèses comme ayant été intercalés; c'est aussi notre sentiment. En effet le sujet de la phrase *semijugerum quoque arepennem vocant* ne peut point être *aratores* en général, mais *Galli* (Gaulois) *de la phrase précédente*, puisque *arepennis* est évidemment un mot d'origine gauloise, qui s'est conservé jusqu'à nos jours (*arpent*, *arepennis*). L'ancienne traduction française (Les 12 livres de Columelle, des choses rustiques, traduits de latin en français par feu maistre Claude Cotereau, chanoine de Paris (1553) est plus explicite à cet égard. Voici comment le traducteur a rendu ce passage: *Les Gaulois appellent candetum un espace de 120 pieds ès villes, et ès champs de 150 davantage; ils appellent un demi jugerum arpent (arepenis), comme si l'arpent romain en tenait deux des Gaules.* Il en résulte clairement que l'*arepennis* ou arpent était dans l'origine un semi-jugerum, et que ce sont les Gaulois et non les cultivateurs romains qui se servaient de cette expression. Quant au mot *candetum*, c'est probablement le même que *cantroed*, usité encore aujourd'hui en Bretagne pour signifier une étendue qui embrasse cent métairies.

V, 1. *Quoniam plerumque dicti sideris tempore quædam partes ejus regionis sic infestantur Euro, quem incolæ Vulturnum appellant.* Les Apuliens appelaient *Volturnus* le vent qui soufflait du fleuve Volturnus, ainsi que le dit Florus, liv. II, 6. Dunker, dans ses *Commentaires de Florus* pense que les cultivateurs de la province Bétique avaient voulu désigner ce même vent par Vulturnus.

2. *Quod nostri agricolæ mergos, Galli candosuccos vocant.* Il est assez curieux de rechercher l'origine du mot gaulois *candosocci*. Il est évident qu'il se compose de deux racines fort distinctes. La première, *cand*, qui rappelle à notre esprit celle de *candetus* dont nous avons parlé plus haut, signifie, d'après Astruc (*Mémoires de l'Histoire naturelle de Languedoc*), un provin, tandis qu'on se sert dans ce pays du mot *soccus* pour désigner la tête ou le tronc de la vigne. En effet, ce dernier mot s'est conservé jusqu'à nos jours, puisque nous le retrouvons dans le mot souche. Gessner cite à l'appui de cette étymologie *Cangii Glossarium*.

VI, 1. *Ulmorum duo esse genera convenit, gallicum et vernaculum: illud Attinia, hoc nostras dicitur.* Pline parle également de ces deux espèces d'ormes, mais il ne donne point de nom particulier à l'orme de la Gaule, et il attribue à l'Italie l'espèce qui, d'après Columelle, est d'origine gauloise.

2. *Populus quia raram neque idoneam frondem pecori præbet....* Gessner, et avec lui Saboureux, lisent *opulus* (l'aubier) au lieu de *populus*. Mais la description que Columelle nous donne de cet arbre s'applique bien plus à *populus* qu'à *opulus*; et *Schneider*, s'appuyant sur le passage de Pline, xvii, 32, démontre clairement que la véritable leçon est *populus*.

X, 1. *Serendæ sunt præcipue Livianæ......, sulcæ*, ...

callistruthiœ. Les figuiers de Livie étaient ainsi appelés (d'après Pline, xv, 18) du nom de la femme d'Auguste, qui les aimait beaucoup : Dion, livre LVI, prétend qu'elle avait empoisonné son mari avec cette espèce de figue. Quant aux mots *sulcœ*, etc., on ne les trouve dans aucun auteur, et beaucoup de commentaires les regardent comme altérés. Ce qu'il y a de constant, c'est qu'il y a des figues très-célèbres, telles que celles de Chio et les figues folles, dont Columelle ne parle point ici, quoiqu'il juge à propos d'en faire mention ailleurs. Ne seraient-ce point ces dernières qu'il faudrait substituer aux autres, dont il n'est point question dans le livre x? Quant aux figues appelées *callistruthiœ* (de χάλλιστος, le plus beau, et στρουθός, moineau)', c'étaient probablement celles que les moineaux mangeaient de préférence aux autres.

2. *Ternas nuces in trigonum statuito*, etc..... Pour comprendre quelle sera dans un triangle rectangle celle de ces trois amandes qui formera le sommet du triangle, il faut supposer que l'une de ces amandes est posée sur une ligne perpendiculaire, et que la tête des deux autres est un peu inclinée vers sa pointe.

3. *Ea sunt crustumina, regia, signina, tarentina,* etc..... Pline (xv, 15) dit que quelques personnes les appelaient *testacea* à cause de leur couleur de terre cuite; en ce cas, le nom de *signina* ne leur viendrait point de ce qu'elles croissaient sur le territoire de cette ville, mais de ce qu'elles ressembleraient aux ouvrages qui s'y faisaient. Les poires *superbœ* (orgueilleuses) sont, d'après Pline (15, 15), celles qui viennent les premières. Suivant lui, on appelait *ordeaceœ* (d'orge) les poires qu'on cueillait au temps où l'on récoltait l'orge. Il est probable que les poires de Turannius doivent leur nom à Niger Turannius, que Varron cite dans la préface du livre II de son *Économie rurale* comme un homme qui se livrait avec succès aux travaux agricoles.

4. *Siliquam grœcam, quam quidam* κεράτιον *vocant*, etc... Le carrouger était appelé κεράτιον (de κέρας, corne), parce que son fruit a la figure d'une corne.

LIVRE VI.

IX. *Ex oleo et garo salivati more demitti*. Le *garum* était une sauce très vantée chez les anciens, qui se servaient pour la composer des intestins d'un poisson appelé *garus*. On mettait ces intestins dans un vase, et on les salait; puis on les exposait pendant longtemps au soleil, en ayant soin de les remuer souvent. Lorsque la chaleur du soleil les avait bien macérés, on couvrait le vase avec une passoire à travers laquelle s'écoulait le *garum*, de sorte qu'il ne restait plus au fond que la matière appelée *alex*. On lit ensuite le *garum* avec des maquereaux; et Pline dit, xxxi, 8, qu'il n'y avait pas de liqueur d'un plus haut prix que celle-là, à l'exception des parfums liquides.

XIV. *Quœ vocatur avia...* Le mot d'*avia* varie beaucoup dans toutes les éditions, et nul autre auteur que Columelle ne l'a employé; aussi personne n'a-t-il encore pu déterminer ce que c'était que cette herbe. Certains commentateurs ont cru que c'était de la fougère, et qu'elle était ainsi appelée *ab avibus*, parce que les feuilles ressemblaient à l'aile des oiseaux. En effet, c'est par cette raison que les Grecs donnaient à la fougère le nom de πτέρις, qui vient de πτέρον, aile. D'autres ont cru que c'était le seneçon, appelé par les Latins *senecio* (de *senesco*, vieillir); de sorte que la racine du mot *avia* serait *avus* (grand-père), parce que les aigrettes de la semence de cette plante représenteraient la tête d'un vieillard.

XVII, 1. *Musque araneus, quem Grœci* μυγαλῆν *appellant*. Μυγαλῆ, de μῦς, rat, et de γαλῆ, belette ou fouine, comme étant engendrée par ces animaux.

2. *Sal hispanus vel ammoniacus*. Le sel ammoniac des anciens était un sel naturel, ainsi nommé d'ἄμμος, qui veut dire sable, parce qu'on le trouvait sur le sable. On le tirait principalement d'Arménie, ce qui lui avait fait donner le nom d'*armeniacum*.

3. *Facit idem trita sepiœ testa*. *Sepia* est un poisson de mer, dont le dos est garni d'une espèce d'écaille connue dans la médecine sous le nom d'os de sèche.

XXVII. *Unde etiam veneno inditum est nomen* ἱπποεμανές. Ce mot grec se compose de ἵππος, cheval, et de μαίνομαι, être enragé, fou. Les anciens auteurs, qui prétendaient que l'hippomane excitait à l'amour, parlent tous d'une manière différente. Pline (xxviii, 11) dit que c'est une liqueur rendue par la cavale, dont la vertu est si grande que si elle se trouve avoir été mêlée dans de l'airain mis en fusion pour faire une statue de cavale, les mâles qui s'approcheront de cette statue auront la rage du coït. Le même auteur (viii, 42) dit que c'est une caroncule noire qui se trouve sur le front du poulain au moment de sa naissance, et que la cavale dévore aussitôt qu'il est né; sans quoi elle ne se laisserait pas téter par lui.

LIVRE VII.

I. *Sœpe enim, ut celeberrimus poeta memorat* etc. Columelle veut parler de Virgile; le passage qu'il cite se trouve dans le premier livre des Géorgiques.

II. *Ex quo Nomadum Getarumque plurimi* γαλακτοπόται *dicuntur*; c'est-à-dire qu'on les appelait *buveurs de lait*.

Sed etiam in tota ruris disciplina Virgilius prœcipit. Le passage cité par Columelle se trouve au second livre des Géorgiques.

X. *Cui succurritur, si fabricentur canales ex tamaricis et trunco*. Pline, xxiv, 9, va plus loin encore; il prétend qu'on faisait manger et boire les animaux, et même les hommes, qui avaient mal à la rate, dans des vases faits de tamaris. Le remède recommandé par Columelle et Pline ressemble assez au pain trempé dans du vin, ordonné par le médecin de Molière pour faire parler les muets.

LIVRE VIII.

V. *Glocientibus : sic enim appellant rustici....* Le mot de *glocientes*, employé, comme dit Columelle, par les paysans romains, a sans doute donné lieu au mot *glosser* ou *glousser*, que nous employons dans le même sens.

XIV. *Fruticibus aut solidioribus herbis obluctatur ita pertinaciter, ut collum abrumpat*. Tout surprenant que nous paraisse ce fait, il semble qu'on n'en puisse douter, du moins en ce qui concerne l'Italie, puisqu'il est confirmé par Varron, livre III, chap. x, et par Pline, x, 59.

XVI. *Et Ciminius lupos auratasque procreaverunt*. Les Grecs appelaient ce poisson ρυσῶπις, à cause de ses sourcils dorés. Quelques interprètes croient que c'est le poisson connu sous le nom de *dorade*; mais d'autres prétendent qu'il n'a rien de commun avec la dorade, et qu'il est inconnu sur les côtes de France.

2. *Saxatiles dicti sunt*. Toutes les espèces d'huîtres sont comprises sous ce nom.

3. *Balani;* ce nom leur vient sans doute de leur ressemblance avec le gland de chêne, qu'on nommait en grec βάλανος.

4. *Ut merulæ turdique.* Les turdi s'appellent aujourd'hui encore tordo en Italie; nous connaissons ce poisson sous le nom de *viella.*

5. *Nec minus melanuri.* Ce mot provient évidemment de μέλας, noir, et de οὐρα, queue, parce que le poisson connu sous ce nom a la queue noire: quelques interprètes veulent que ce soit *la perche de mer.*

6. *Eumque prisca consuetudine zeum appellamus.* Pline, IX, 18, et XXXII, 11, lui donne les deux noms; on prétend que c'est le poisson que nous appelons la *dorée,* à cause de la couleur dorée de sa queue; et que les Marseillais appellent *truie,* parce qu'il grogne comme un pourceau quand on le prend.

XVII. *Vel quidquid intestini pelamis.* Pline, IX, 15, nous apprend que le *pelamis* est le thon lui-même, qui, naissant en été, s'appelle *cordyla* jusqu'au printemps qui suit sa naissance; après quoi il s'appelle *pelamis* jusqu'à la fin de l'année, du mot πηλὸς, qui veut dire *bourbe,* parce qu'il se cache dans la bourbe; de sorte qu'il ne prend le nom de thon que l'année suivante.

LIVRE IX.

V. *Sicuti cancri nidor, cum est ignibus adustus.* On était dans l'usage de faire cuire des écrevisses non-seulement pour la table (inconvénient auquel Columelle ne paraît pas faire allusion dans ce passage), mais pour plusieurs remèdes usités en médecine (Pline 32), et notamment pour préserver les arbres de la brûlure et de la bruine (Pline, XVIII, 29).

VII. *Nec obscœnum scarabei vel papilionis genus.* Cette espèce particulière de papillons nuit aux ruches de plusieurs manières, comme nous l'apprend Pline, II, 19, soit en mangeant la cire, soit en laissant dans les ruches des excréments qui engendrent des teignes, soit en couvrant du duvet de ses ailes les toiles d'araignées qu'elle rencontre sur son passage.

VIII. *Atque, ut ille vates ait.* Columelle parle de Virgile; le passage qu'il cite se trouve au livre III des Géorgiques.

IX. *Nam ut idem ait.* Le passage cité par Columelle est encore tiré du livre IV des Géorgiques.

XIII. *Hyginus quidem in eo libro quem de apibus scripsit Aristomachus, inquit.* Cet auteur, natif de Stolas, avait une si grande passion pour les abeilles, qu'il passa la plus grande partie de sa vie à s'occuper de ces insectes. Pline, IV, 9.

XV. *Talis olla, cum est alveari objecta, spiritu admoto fumus ad apes promovetur.* Puisque les abeilles en sentant la fumée se retireront sur le devant de la ruche, et que souvent même elles en sortiront tout à fait, il faut supposer qu'on aura soulevé la ruche pour faire la fumée par-dessous, afin que les abeilles en fuyant remontent au haut de la ruche; autrement elles se jetteraient dans la fumée, et tomberaient dans le péril qu'elles veulent éviter.

LIVRE X.

Vers 4. *Et te magna Pales.* C'était la déesse des pâtres et des pâturages, que d'autres appellent *Vesta,* et d'autres la Mère des dieux. On prétend que le nom de Palès lui venait du mot *parere,* qui veut dire engendrer, comme si de *parere* on eût fait *Pales.* Ce qu'il y a de certain, c'est que la fête qui se célébrait le jour de la fondation de Rome s'appelait indifféremment *Parilia* et *Palilia.*

v. 4. *Nec non cœlestia mella.* Columelle dit que le miel est émané du ciel, soit pour se conformer à l'opinion des anciens, qui croyaient qu'il était formé par la rosée soit à cause de l'origine qu'ils attribuaient aux abeilles.

v. 20. *Mœstamque cicutam.* La ciguë est appelée mœsta, parce qu'à Athènes on condamnait les criminels à boire du jus de cette plante vénéneuse. Ce fut le genre de mort auquel fut condamné Socrate.

v. 32. *Numen venerare Ithyphalli terribilis membri.* Columelle n'imite guère ici la chasteté de Virgile, qu'il s'est proposé pour modèle. Il désigne sous ce nom le Priape que les anciens mettaient à la garde de leurs jardins.

v. 54. *Et adversos metuant Atlantides ortus.* Columelle, par cette crainte qu'il prête aux Pléiades (filles d'Atlas, et appelées de là Atlantides), veut désigner le temps où elles se couchent.

v. 57. *Tergoque Croti festinat equino.* C'est le Sagittaire; car on supposait que Crotus, fils d'Euphème, nourrice des Muses, avait été, à leur sollicitation, mis par Jupiter au nombre des astres après sa mort. On le peignait avec des flèches et avec une croupe de cheval, à cause de son amour pour la chasse.

v. 126. *Vimque suam idcirco profitetur nomine Graio.* Pline prétend (XX, 17) que cette plante avait la vertu d'effacer les cicatrices et les autres taches de la peau, comme elle l'annonce par son nom de *lepidium,* de λεπὶς, écaille, ou de λέπω, écorcer.

v. 173. *Et lacrymas imitata tuas.* Columelle entend, par cette myrrhe, la plante connue sous le nom de *maceron,* que les Latins appelaient *smyrnium* (de σμυρνα, myrrhe, parce que l'odeur et le goût de la racine de cette plante approchent de ceux de la myrrhe, (Pline, XIX, 12), ou même parce que sa racine répand, lorsqu'on y fait une incision, une larme semblable aux larmes de la myrrhe, suivant Columelle.

v. 175. *Acauli flores.* Ce sont les jacinthes. On prétend que lorsque Ajax se fut tué, son sang fut changé en cette fleur. Ajax, le plus brave des Grecs après Achille, se donna la mort à cause de l'injustice que commirent à son égard les juges, en adjugeant à Ulysse les armes d'Achille.

v. 191. *Premit ferali mense Lupercus,* c'est-à-dire au mois de février, temps auquel on célébrait les fêtes *Lupercalia,* instituées en l'honneur de Pan. Les prêtres qui les célébraient s'appelaient *Luperci :* ils couraient nus par toute la ville pendant la solennité de la fête, et donnaient des coups de lanière de bouc dans la main des femmes grosses qu'ils rencontraient, pour leur procurer un heureux accouchement. On faisait aussi des sacrifices en l'honneur des morts : ces cérémonies s'appelaient *feralia,* comme les fêtes dont nous venons de parler, et le mois de février *feralis.*

v. 251. *Nomine tum Graio ceu littera proxima primæ Pangitur.* C'est une allusion d'ailleurs assez peu piquante au nom latin de la poirée, qui est *beta,* et à celui de la seconde lettre de l'alphabet grec, qui est également βῆτα.

v. 316. *Et celebres Fortis Fortunæ dicite laudes.* La *Fors Fortuna* était une déesse différente de la *Fortuna,* dont la fête était célébrée par les gens de la basse classe qui n'avaient point de métier pour gagner leur vie, et qui avaient un temple à Rome au delà du Tibre.

v. 342. *Hinc mala rubigo*, etc. Les Romains avaient fait une déesse de la rouille (*rubigo*), afin de préserver les blés de cette maladie, par le culte qu'ils lui rendaient.

v. 345. *Tyrrhenus fixisse Tages in limite ruris.* Cicéron raconte, livre II, *de Divinat.*, qu'un paysan qui labourait son champ dans l'Étrurie vit sortir subitement, du milieu d'un sillon, un enfant qu'on nomma Tagès, et qui l'instruisit dans l'art des *aruspices*.

v. 414. *Et Caunis æmula Chiis.* Cicéron, livre II *de Divinat.*, dit à l'occasion de cette figue, que lorsque M. Crassus embarquait son armée à Brundusium (lors de sa malheureuse expédition contre les Parthes, Plin., xv, 19), un marchand criait sur le port des figues de Caunus à vendre. Comme ce cri latin était *Cauneas*, il prétend (ainsi que Plin. *ibid.*) que Crassus aurait dû le regarder comme un mauvais présage qui lui défendait de partir, *cave ne eas!* Le calembourg était déjà connu du temps de Cicéron.

LIVRE XI.

I. *Nam illud verum est M. Catonis oraculum.* Cet oracle attribué à Caton ne se trouve point dans son *Économie rurale.* Il paraît néanmoins qu'il s'y trouvait du temps de Columelle, ce qui prouve qu'elle ne nous est point parvenue en entier, comme nous l'avons déjà observé.

Quod ipsum expressius vetustissimus auctor Hesiodus hoc versu significat. Le passage cité par Columelle se trouve : Ἔργων, II, 31.

Serere ne dubites, encore tiré de Caton, chap. III.

II. *Nam frigidis vel a quinquatribus prata recte submittuntur.* C'étaient des fêtes que l'on célébrait au mois de mars en l'honneur de Pallas, à laquelle on avait dédié un temple sur le mont *Aventin* à pareille époque. Ces fêtes duraient cinq jours : le premier jour on faisait des sacrifices ; pendant les trois suivants on donnait des combats de gladiateurs ; et le cinquième on purifiait les temples. Toutefois, ce n'est pas à cause du nombre des jours que ces fêtes étaient appelées *quinquatria*, mais parce qu'on les célébrait cinq jours après les ides, et que le lendemain des ides était un jour *ater*, c'est-à-dire un jour que les anciens regardaient comme malheureux. *Quinquatria* signifie donc littéralement *quinque ab atro die.*

Ita tamen ut ipsis calend. Januariis auspicandi causa omne genus operis instaurent. C'était l'usage chez les Romains de faire quelque chose de sa profession ce jour-là, dans la vue de commencer heureusement l'année

LIVRE XII.

VIII. *Oxygalam sic facito.* Le mot *Oxygala* signifie proprement lait aigre (de ὀξύς, aigre, et γάλα, lait). Cette espèce de boisson est fort à la mode, à ce qu'on prétend, dans la Turquie ; les Turcs s'en servent pendant les grandes chaleurs, en la délayant avec de l'eau froide, et en la prenant avec du pain qu'ils émiettent.

XXIII. *Pix corticata appellatur, qua utuntur* etc. On donnait apparemment le nom de *corticata* à cette espèce de poix, parce que, tout en étant glutineuse de sa nature, elle ne laissait pas d'être friable, et comme revêtue d'une écaille en forme d'écorce. Au reste, on ne trouve point ce mot appliqué à la poire par d'autres auteurs que par Columelle.

DE ARBORIBUS

III, 1. *Semina novella cum vetere sarmento deposita cito comprehendunt.* Columelle fait sans doute allusion à ce passage du ch. III, 17, ainsi conçu : « Les anciens laissaient au nouveau sarment une partie du vieux lorsqu'il le plantaient en terre; mais l'expérience a condamné cette méthode, parce que tout ce qui restait de l'ancien bois pourrissait bientôt par l'effet de l'humidité. »

Remarquons cependant qu'il était impossible de séparer entièrement le nouveau sarment du vieux bois, qu'il en restait toujours une petite partie qui donnait au plant l'apparence d'un maillet; de là le nom de *malleolus* en latin et de crossette (de crosse) en français.

2. *Sapor autem (siculi primo docuimus volumine.)* Ce passage se trouve en effet au liv. II, 2. Columelle dit *primo volumine*, parce que ces deux premiers livres n'en formaient qu'un dans le principe, lequel était suivi du traité *de Arboribus*. Il paraît que Columelle a cru devoir adopter plus tard une nouvelle division.

V. *Summas partes quas æstivas* etc. Il résulte du livre IV, 8, que ces *summas partes* ne sont que les *radiculæ*, que Columelle appelle également *æstivæ* dans le passage que nous venons de citer.

VI. *Radicibus natantibus.* Columelle compare le terrain à une surface d'eau sur laquelle les racines ne feraient que *natare.* Il est à croire qu'il a voulu exprimer la même idée dans ce passage du livre VI, 22, où il dit que les racines sont *in summa labantes.*

X. *Falce acuta semel aut bis eo loco alte instar digiti mucro ferito.* Le *mucro* était une des parties de la serpette ancienne, qui se composait (d'après Columelle, IV, 25) du *culter* (couteau), du *scalprum* (bistouri), du *rostrum* (bec), de la *securis* (hache) et enfin du *mucro* (pointe). Le *mucro*, comme son nom l'indique, formait l'extrémité de la serpe, et était penché sur le devant en forme de pointe (*ejusque velut apex pronus imminens mucro appellatur*).

XV. *Quod ne fiat, falces quibus vineam putaveris, sanguine ursino linito.* Palladius nous recommande pour le même usage le *sevum ursinum.* Pline, 17, 47 nous vante également la vertu du sang de l'ours en nous disant qu'on n'aurait qu'à en frotter la serpette avant la taille pour empêcher les raisins d'être mangés par les oiseaux.

PALLADIUS.

NOTICE SUR PALLADIUS.

Palladius Rutilius Taurus Emilianus est le dernier parmi les écrivains latins qui ont traité de l'agriculture. Son ouvrage, intitulé *De re rustica*, renferme des extraits d'anciens livres, surtout de Columelle, qui souvent ; est littéralement copié. Cependant, Palladius traite d'une manière plus exacte que Columelle la partie des arbres fruitiers (à l'exception de l'olivier) et des jardins potagers, qu'il a extraite des ouvrages de Gargilius Martialis. Ce qu'il dit sur la manière de conserver les fruits et le vin est tiré des Géoponiques grecs, dont Palladius avait un exemplaire beaucoup plus complet que l'abrégé que nous en possédons

L'ouvrage de Palladius est divisé en quatorze livres. Le premier renferme une introduction générale; chacun des douze suivants porte le nom d'un des mois de l'année, et enseigne les travaux propres à chaque saison : le quatorzième livre est un poëme didactique en vers élégiaques sur la greffe des arbres. Le style de cet écrivain est incorrect et plein de néologismes. Les savants n'ont pu s'accorder sur le temps où Palladius a vécu ; les uns le placent au commencement du second siècle, les autres à la fin du quatrième. Quelques-uns croient le reconnaître dans ce parent dont le poëte Rutilius parle dans son *Itinéraire* ; d'autres ont observé que ce dernier était un jeune Gaulois envoyé par son père dans la capitale de l'empire, pour y étudier le droit, tandis que l'agronome avait des possessions en Italie et en Sardaigne; ils ont ajouté qu'on ne trouve pas le nom de ce Palladius parmi ceux des préfets et autres magistrats suprêmes de la première moitié du cinquième siècle, tandis que le titre de *Vir illuster* que porte notre agronome dans les manuscrits, indique qu'il a été revêtu de quelque haute dignité.

Wernsdorf a tenté une autre voie pour trouver le siècle de Palladius. Le quatorzième livre de son ouvrage étant dédié à un certain Pasiphilus, il s'agit de découvrir l'époque où a vécu celui-ci, qu'il appelle un homme savant et dont il loue la fidélité. Ammien Marcellin, en parlant de la conspiration contre Valens, qui fut découverte en 371, raconte que le proconsul Eutrope, qui était parmi les accusés, fut sauvé par le courage du philosophe Pasiphilus, auquel les tortures ne purent arracher une dénonciation. Ces circonstances répondent à l'éloge que fait Palladius de la fidélité de son ami; et si celui-ci est le même Pasiphilus qui, en 395, fut *rector* d'une province, comme on voit par une loi du code Théodosien, on peut supposer que le quatorzième livre de Palladius, où il n'est pas fait allusion à cette dignité, a été écrit entre les années 371 et 395. Il est vrai que parmi les magistrats de cette époque on ne trouve pas de Palladius, si ce n'est celui qui en 381 fut *magister officiorum*; mais celui-ci habitait Constantinople, et non l'Italie. A cette observation on peut répondre en disant qu'il n'est pas bien sûr que le nom de famille de notre agronome fût Palladius ; que Cassiodore et Isidore de Séville l'appellent Emilianus, et qu'il faudrait peut-être le chercher parmi les individus de ce nom, ou même parmi les Taurus.

(Extrait de Schoëll, *Histoire de la littérature romaine*).

R. T. ÆMILIANUS PALLADIUS.
DE L'AGRICULTURE.

LIVRE PREMIER.

I. La première condition de tout enseignement est de bien songer à qui l'on s'adresse. Pour former un cultivateur, par exemple, l'instituteur n'ira pas lutter, avec les rhéteurs de profession, d'artifice et de beau langage, ainsi que l'ont fait certains auteurs qui, à force d'être diserts avec les paysans, ont réussi à se rendre inintelligibles même aux gens instruits. Mais coupons court à cette préface; il ne faut pas imiter ceux que nous critiquons. Nous avons donc à traiter (avec l'aide d'en haut) des diverses espèces de culture, des bergeries, des constructions rurales, d'après les notions des hommes de l'art, de la découverte des sources d'eau, et en général de tout ce qui, choses ou individus, entre dans le matériel d'une exploitation agricole, en vue de l'agrément ou du profit; le tout avec méthode, et dans son lieu et place. Et pour première condition, je veux m'astreindre à suivre l'ordre des mois, et y traiter successivement de chaque plante et de son éducation.

II. D'abord les conditions d'un bon choix du terrain et d'une bonne culture se rapportent à quatre ordres différents d'idées, qui sont : l'air, l'eau, le sol, et le savoir-faire de l'exploitant; trois desquelles dépendent de la nature; la dernière est en nous. Il s'agit de pouvoir et de vouloir. Il faut s'assurer d'abord de ce qui dépend de la nature, à savoir si, dans les lieux que l'on se propose de cultiver, l'air est sain et tempéré; si l'eau y est salubre et obtenue commodément, soit qu'elle prenne sa source sur les lieux, vienne du dehors ou soit de formation pluviale; enfin si le sol est fertile et le site convenable.

III. On juge que l'air d'une contrée est sain, lorsqu'elle n'a point de vallées basses ni de nuits brumeuses, et que les caractères physiques de la population sont un teint de santé, la tête bien attachée sans roideur, la vue intacte, l'ouïe nette, et un gosier qui prête un passage libre aux sons d'une voix claire. C'est à ces signes que l'on reconnaît la bonté de l'air. Les signes opposés dénotent dans le climat une influence pernicieuse.

IV. Voici comment on reconnaît que l'eau est salubre. Il faut d'abord qu'elle ne provienne pas d'étangs ni de marais, et qu'elle ne prenne pas sa source dans des mines, mais qu'elle soit transparente, et ne soit imprégnée d'aucun goût ni d'aucune odeur; qu'elle ne dépose point de limon, et qu'elle puisse tempérer le froid par sa tiédeur, et calmer le feu de l'été par sa fraîcheur. Mais comme il arrive souvent que la nature, dont les

R. TAURI ÆMILIANI PALLADII
DE RE RUSTICA.

LIBER PRIMUS.

I. Pars est prima prudentiæ, ipsam, cui præcepturus sis, æstimare personam. Neque enim formator agricolæ debet artibus et eloquentia rhetores æmulari, quod a plerisque factum est : qui dum diserte loquuntur rusticis, hoc assequuntur, ut eorum doctrina nec a peritissimis possit intelligi. Sed nos recidamus præfationis moram, ne, quos reprehendimus, imitemur. Dicendum autem nobis est (si divina faverint) de omni agricultura et pascuis et ædificiis rusticis, secundum fabricandi magistros, et aquæ inventionibus, et omni genere eorum, quæ vel facere vel nutrire oportet agricolam ratione voluptatis et fructus, suis tamen temporibus per universa distinctis. Sane in primis hoc servare constitui, ut eo mense quo ponenda sunt singula cum sua omni exequar disciplina.

II. Primo igitur eligendi et bene colendi agri ratio, quatuor rebus constat, aëre, aqua, terra, industria. Ex his tria naturalia; unum facultatis et voluntatis. Naturæ est quod in primis spectare oportet, ut eis locis quæ colere destinabis, aër sit salutaris et clemens, aqua salubris et facilis, vel ibi nascens, vel adducta, vel imbre collecta : terra vero fœcunda et situ commoda.

III. Aëris igitur salubritatem declarant, loca ab infimis vallibus libera, et nebularum noctibus absoluta, et habitatorum considerata corpuscula, si eis color sanus, capitis firma sinceritas, inoffensum lumen oculorum, purus auditus, et si fauces commeatum liquidæ vocis exercent. Hoc genere benignitas aëris approbatur. His autem contraria noxium cæli illius spiritum confitentur.

IV. Aquæ vero salubritas sic agnoscitur. Primum ne a lacunis aut a palude ducatur : ne de metallis originem sumat; sed sit perspicui coloris, neque ullo aut sapore aut odore vitietur, nullus illi limus insidat, frigus tepore suo mulceat, æstatis incendia frigore moderetur. Sed quia solet

opérations sont toujours secrètes, cache dans les éléments des qualités pernicieuses sous les plus belles apparences, nous jugerons encore de la qualité de l'eau par la santé des habitants, en examinant si ceux qui en boivent ont la gorge libre, s'ils ont la tête saine, et si chez eux les affections pulmonaires ou gastriques sont rares ou fréquentes. Or, comme les maux du corps se communiquent ordinairement du haut en bas, s'il arrive que, dans un cas où la tête est malade, le principe morbide gagne les poumons ou l'estomac, c'est moins à l'eau qu'à l'air qu'il faut alors rapporter cet effet. Il faut encore examiner si le ventre, les entrailles, les flancs ou les reins n'éprouvent point de douleurs ou de gonflements, et si la vessie n'est point sujette à quelque accident. L'absence de ces symptômes et d'autres analogues une fois constatée, ni l'air ni les eaux ne doivent plus inspirer aucune défiance.

V. Ce qu'on demande à la terre, c'est la fécondité. Il faut que les mottes n'en soient ni blanches ni nues, et que ce ne soit ni un sable maigre et sans aucun mélange de terre, ni de l'argile pure, ni du caillou grossier, ni du gravier sec, ni une poussière jaune aussi maigre que la pierre même, ni une terre salée, amère ou bourbeuse, ni un tuf sablonneux et sec, ni une masse compacte et trop ferme, comme au fond des vallées. La substance de la glèbe doit être friable, tirant sur le noir, et spontanément productive d'une couche de verdure. Il en est aussi de couleur mélangée, qui rachètent par une propriété visqueuse ce qui leur manque en densité. La végétation naturelle du sol doit être fournie, vivace, pleine de sève, et consister principalement en yèble, jonc, roseau, gramen, trèfle touffu, ronces aux baies succulentes, et pruniers sauvages; tous indices d'une terre propre au blé. La couleur est, du reste, assez indifférente; ce qui importe, c'est que la terre soit grasse et douce. Voici à quels signes on reconnaîtra si une terre est grasse. Si, après avoir versé sur une petite motte de cette terre de l'eau douce et l'avoir pétrie entre les mains, on remarque qu'elle est gluante et que ses parties sont adhérentes entre elles, c'est une preuve sûre qu'elle renferme en elle de la graisse. De même si, après avoir fait un trou en terre, on vient à le remplir de la terre qu'on en avait tirée, et qu'il s'en trouve de reste, c'est une preuve que cette terre est grasse; comme, s'il n'y en a pas assez pour le remplir, c'est une preuve qu'elle est maigre; et s'il n'y en a précisément que ce qu'il en faut pour gagner le niveau du terrain, c'est une preuve qu'elle est de qualité mixte. On reconnaîtra qu'une terre est douce, au goût qu'elle aura lorsqu'on en aura pris une motte dans la partie du champ la plus suspecte, et qu'on l'aura fait détremper dans un vase de terre cuite, rempli d'eau douce. On reconnaît aussi que la terre est propre à la vigne, aux signes suivants : si elle n'est pas de couleur foncée, si elle a peu de consistance et s'égraine facilement; si les arbustes qu'elle produit, tels que les poiriers sauvages, les pruniers, les ronces et autres semblables, sont lisses, luisants, hauts de tige et portent fruit, et s'il ne s'en rencontre pas de tortus, de stériles, et de chétifs et rachitiques. Quant au plan du sol, il faut qu'il n'ait ni trop de niveau, l'eau y séjourne; ni trop d'inclinaison, elle ne fait qu'y glisser; ni de renfoncements abrupts où la terre végétale se précipite et s'amasse, ni d'exhaussement prononcé qui donne trop de prise à l'intempérie et aux ardeurs du

---

his omnibus ad speciem custoditis occultiorem noxam tectior servare natura, ipsam quoque ex incolarum salubritate noscamus. Si fauces bibentium puræ sunt, si salvo capite, in pulmonibus ac thorace aut nulla est aut rara causatio. Nam plerumque has noxas corporis ad inferiorem partem, quæ supra sunt corrupta demittunt : sed si vitiato capite ad pulmones vel stomachum morbi causa decurrat, tunc culpandus aër potius invenitur. Deinde si venter aut viscera vel latera vel renes nullo dolore aut inflatione vexantur; si vitia nulla vesicæ sunt. Hæc atque his similia si apud incolas pro majori parte constare videris, nec de aëre aliquid nec de fontibus suspiceris.

V. In terris vero quærenda fœcunditas : ne alba et nuda sit gleba, ne macer sabulo sine admistione terreni, ne creta sola, ne arenæ squalentes, ne jejuna glarea, ne aurosi pulveris lapidosa macies, ne falsa vel amara, ne uliginosa terra, ne tofus arenosus atque jejunus, ne vallis nimis opaca et solida : sed gleba putris et fere nigra, et ad tegendam se graminis sui crate sufficiens; aut misti coloris, quæ etsi rara sit, tamen pinguis soli adjunctione glutinetur. Quæ protulerit nec scabra sint nec retorrida, nec succi naturalis egentia. Ferat, quod frumentis dandis utile signum est, ebulum, juncum, calamum, gramen, trifolium non macrum, rubos pingues, pruna silvestria. Color tamen non magnopere quærendus est, sed pinguedo atque dulcedo. Pinguem sic agnoscis : Glebam parvulam dulci aqua cum spargis et subigis, si glutinosa est et adhæret, constat illi inesse pinguedinem. Item scrobe effossa et repleta, si superaverit terra, pinguis est : si defuerit, exilis : si convenerit æquata, mediocris. Dulcedo autem cognoscitur, si ex ea parte agri quæ magis displicet, glebam fictili vase dulci aqua madefactam judicio saporis explores. Vineis quoque utilem per hæc signa cognosces : si coloris et corporis rari aliquatenus atque resoluti est; si virgulta, quæ protulit, levia, nitida, procera, fœcunda sunt, ut piros silvestres, prunos, rubos, cæteraque hujusmodi, neque intorta, neque sterilia, neque macra exilitate languentia. Situs vero terrarum neque planus, ut stagnet; neque præruptus, ut defluat; neque obrutus, ut in imum dejecta valle subsidat; neque arduus, ut tempestates immodice sentiat et calores : sed ex his omnibus utilis semper est æquata mediocritas, et vel campus apertior, et humorem pluvium clivo fallente subducens; vel collis molliter per latera inclinata deductus;

soleil. Il faut qu'une terre participe de toutes ces conditions dans une juste mesure, de façon que ce soit ou une campagne ouverte dont la pente insensible laisse écouler les eaux de pluie; ou un coteau dont l'élévation soit douce; ou une vallée peu profonde, et où le courant de l'air ne se trouve point resserré; ou un plateau protégé contre les mauvais vents par l'interposition d'une cime plus élevée, ou par tel autre accident de terrain, ou qui soit couvert de forêts et d'herbes, au cas où il serait trop rude et trop élevé. Mais comme, en fait de terres, les espèces sont nombreuses; qu'il en est de grasses et de maigres, de compactes et de légères, de sèches et d'humides; que presque chaque propriété a son inconvénient, bien qu'elle réponde au besoin de quelque variété de semence; il faut choisir comme je viens de le dire, de préférence un terrain qui, étant tout à la fois gras et meuble, soit dans le cas de rendre beaucoup de fruits sans exiger un grand travail, et mettre en seconde ligne celui qui, étant compacte, ne laissera point de répondre à nos espérances, tout en exigeant beaucoup de travail. Mais le pire de tous les terrains est celui qui sera tout à la fois sec et dense, maigre et froid; et il ne faudra pas moins l'éviter qu'un terrain pestilentiel.

VI. Mais quand on aura observé avec la plus grande attention ces trois conditions, qui dépendent si exclusivement de la nature que la main de l'homme n'y peut rien, reste au savoir-faire à jouer son rôle. Sur toutes choses, on ne perdra jamais de vue les préceptes généraux ci-après, que j'ai extraits de tous les ouvrages écrits sur l'agriculture. Quand le maître est présent, la terre en vaut mieux. Qu'on ne s'attache pas à la couleur du sol, indice trop peu sûr de sa qualité. En fait de plants ou de semences, n'employez que ce qu'il y a de mieux, et toujours après essai. Expérimentez toujours avant d'opérer en grand. Le grain dégénère plus vite dans les lieux humides que dans les lieux secs; c'est pourquoi il faut de temps en temps remédier à cet inconvénient par le choix de la semence. Ayez toujours sur les lieux des ouvriers spéciaux en bois ou en fer, pour travailler aux futailles et aux cuves, afin que nul de vos gens ne soit distrait de la besogne des champs par la nécessité de courir à la ville. On plantera les vignobles du côté du midi dans les pays froids, et du côté du levant, ou même, s'il est nécessaire, du côté du couchant dans les pays tempérés. On ne peut pas, vu la prodigieuse diversité des terres, donner de règles certaines sur le nombre de journées qu'elles exigeront; c'est pourquoi l'usage du canton et celui de la province vous décideront aisément sur ce nombre en tout genre de culture, plant ou semence. Plante en fleurs ne doit pas être touchée. Le choix de la semence est mal fait, quand celui qui en est chargé en délègue le soin. En matière d'agriculture, l'exécution aux jeunes, la direction aux vieux. Il y a trois choses auxquelles il faut avoir égard dans la taille des vignes : l'espérance du fruit, le bois qui doit remplacer par la suite celui que l'on retranche, et l'endroit du cep où l'on voudra qu'il repousse. Si on taille la vigne de bonne heure, on aura plus de sarments; au lieu que si on la taille plus tard, on aura plus de fruit. Il faut transplanter la vigne ainsi que les arbres d'un plus mauvais terrain dans un meilleur. On taillera la vigne de plus près quand la vendange aura été bonne, et de moins près quand elle aura été modique. Pour greffer, tailler, couper, n'employez que de bons outils, et donnez-leur bien le fil. Achevez tout ce qu'il y a à faire aux vignes

---

vel vallis cum quadam moderatione et aëris laxitate submissa; vel mons alterius culminis defensus objectu, et a molestioribus ventis liber auxilio aliquo, vel sublimis, asper, sed nemorosus et herbidus. Sed cum sint genera terrarum plurima, ut pinguis aut macra, spissa vel rara, sicca vel humida, et ex his pleraque vitiosa, tamen propter seminum differentiam sæpe necessaria, maxime, sicut supra dixi, eligendus est pinguis ac resolutus ager, qui minimum laborem poscit, et fructum maximum reddit. Secundi meriti est spissus, qui labore quidem maximo, tamen ad vota respondet. Illud vero determinum genus est, quod erit siccum simul et spissum, et macrum vel frigidum : qui ager pestiferi more fugiendus est.

VI. Sed ubi hæc, quæ naturalia sunt, neque humana ope curari possunt, diligentius æstimaveris, exsequi te convenit partem, quæ restat industriæ : cujus hæc erit cura vel maxima, ut has, quas subjeci, ex omni opere rustico in primis debeas tenere sententias. Præsentia domini provectus est agri. Color terræ non magnopere desideretur, quia bonitatis incertus est auctor. Genera omnium surculorum vel frugum præclara sed terris tuis experta committe. In novo enim genere seminum ante experimentum non est spes tota ponenda. Locis humidis semina citius quam [siccis degenerant : quare subinde succurrat electio. Ferrarii, lignarii, doliorum cuparumque factores necessario habendi sunt, ne a labore solenni rusticos causa desiderandæ urbis avertat. Locis frigidis a meridie vineta ponantur; calidis, a septentrione; temperatis, ab oriente, vel, si necesse sit, ab occidente. Operarum ratio unum modum tenere non potest in tanta diversitate terrarum : et ideo soli et provinciæ consuetudo facile ostendet, qui numerus unamquamque rem faciat sive in surculis sive in omni genere satorum. Quæ florent, constat non esse tangenda. Bene eligi serenda non possunt, nisi hoc officium prius electus assumat. In rebus agrestibus maxime officia juvenum congruunt, imperia seniorum. In vitibus putandis tria consideranda sunt, fructuum spes, successura materies, locus qui servet ac revocet. Vitem si maturius putes, plura sarmenta : si serius, fructus plurimos consequeris. De locis deterrimis sicut arbores ita vites convenit ad meliora transferre. Post bonam vindemiam strictius, post exiguam latius puta. In omni opere inserendi, putandi ac recidendi duris et acutis utere ferramentis. In vite vel arbore quæ facienda sunt, perage

ou aux arbres avant que leurs fleurs s'ouvrent ou que leurs boutons se développent. Dans un vignoble, il faut que la bêche repasse sur les parties du terrain que le soc n'a pas touchées. Dans les lieux chauds, secs ou exposés au soleil, n'épamprez pas la vigne; elle y demande plutôt à être couverte. Quant à ceux où la vigne est brûlée par le Vulturnus, ou par quelque autre mauvais vent qui règne dans la contrée, on y couvrira la vigne avec de la paille, ou avec toute autre défense qu'on se procurera d'ailleurs. S'il se trouve au milieu d'un olivier une branche qui rapporte trop de fruits, ou qui soit trop verte ou stérile, il faut la retrancher, parce qu'elle est préjudiciable à l'arbre entier. Il ne faut pas moins éviter un canton stérile qu'un canton pestilentiel, encore que ces deux qualités ne s'y trouvent pas réunies ensemble. Il ne faut absolument rien mettre entre de jeunes plants de vigne dans un terrain façonné au pastinum : les Grecs ordonnent néanmoins d'y mettre la troisième année tout ce qu'on juge à propos, les choux exceptés. Tous les légumes doivent être semés, suivant les auteurs grecs, dans une terre sèche; la fève seule doit l'être dans une terre humide. Quiconque loue sa terre ou son champ à un propriétaire ou à un colon qui en possède déjà dans le voisinage, court à sa ruine et cherche des procès. Si l'on ne cultive pas les extrémités d'un champ, son intérieur court des risques. Tous les froments, après avoir été semés trois fois dans un sol, se convertissent en une espèce de *siligo*. Trois choses nuisent au même degré : la stérilité, les maladies, et les voisins. Quiconque plante en vignes une terre stérile, n'a guère de souci de ses peines ni de son argent. Les pays plats donnent du vin plus abondamment, mais les coteaux le donnent plus fin. L'aquilon fertilise les vignes par son souffle, et le vent du midi leur donne de la qualité. Ainsi nous avons le choix de récolter ou beaucoup, ou du bon. L'urgence ne connaît point de fêtes. Quoiqu'il faille semer quand la terre est humectée, cependant les semailles jetées en terre après une longue sécheresse s'y conservent, quand elles ont été hersées, plus sûrement même que dans des greniers. Les mauvais chemins sont aussi contraires à l'agrément qu'au profit. L'homme qui cultive traite avec un créancier à qui sans cesse il faut des intérêts, et dont il n'est jamais certain d'obtenir quittance. Quiconque, en traçant ses sillons, laisse intacts les interstices, nuit au revenu comme au renom de sa terre. Petit terrain bien cultivé est plus fertile que grand espace négligé. N'employez jamais de raisin noir, si ce n'est dans les provinces où l'on est dans l'usage de faire du vin *acinaticium*. Plus le support est haut, plus haut grimpe la vigne. Tant que la vigne est jeune et verte, n'en approchez pas le fer. Lorsque l'on taille un sarment, il faut que l'incision soit faite du côté opposé au bourgeon, de peur que la larme qui en découle ordinairement ne le fasse périr. Quand on taille la vigne, il faut lui laisser une quantité de sarments à nourrir proportionnée à sa maigreur ou à sa vigueur. En terre profonde (à ce qu'assurent les auteurs grecs) l'olivier pousse en bois, mais donne des fruits moindres, qui sont aqueux, tardifs, et font plus de marc que d'huile. Un air tempéré, rafraîchi par des vents légers, dont le souffle n'est ni violent ni froid, est favorable aux oliviers. Une vigne qu'on veut assujettir par le haut doit être élevée par degrés jusqu'à quatre pieds dans les climats contraires, et jusqu'à sept dans de plus doux. Jardin situé en bon climat, et traversé par un cours d'eau, n'exige presque aucune règle, aucune science de culture.

ante apertionem floris et gemmæ. In vineis aratro prætermissa fossor emendet. Locis calidis, siccis, apricis pampinandum non est, cum magis vitis optet operiri. Et ubi vineas Vulturnus exurit aut flatus aliquis regioni inimicus, vitem tegamus straminibus vel aliunde quæsitis. Ramus lætus, viridis et sterilis in media olea abscindendus est, velut totius arboris inimicus. Sterilitas et pestilentia æquo modo fugiendæ sunt, vel si secum utræque non fuerint. In pastinato solo inter novellas vites omnino nihil est conserendum. Græci jubent, exceptis caulibus, tertio anno quæ libebit, injungere. Omnia legumina Græcis auctoribus seri jubentur in sicca terra ; faba tantummodo in humida debet spargi. Domino vel colono confinia possidenti qui fundum vel agrum suum locat, damnis suis ac litibus studet. In agro periclitantur interiora, nisi colantur extrema. Omne triticum in solo uliginoso post tertiam sationem in genus siliginis commutatur. Tria mala æque nocent, sterilitas, morbus, vicinus. Qui terram sterilem vineis occupat, et laboribus suis et sumtibus est inimicus. Campi largius vinum, colles nobilius ferunt. Aquilo vites sibi objectas fœcundat, Auster nobilitat. Ita in arbitrio nostro est, [utrum] plus habeamus, an melius. Necessitas feriis caret. Quamvis temperatis agris serendum sit, tamen si siccitas longa est, semina occata tutius in agris, quam in horreis servabuntur. Viæ malitia æque et voluptati et utilitati adversa est. Qui agrum colit, gravem tributis creditorem patitur, cui sine spe absolutionis astrictus est. Qui arando crudum solum inter sulcos relinquit, suis fructibus derogat, terræ ubertatem infamat. Fœcundior est culta exiguitas, quam magnitudo neglecta. Nigras vites omnino repudies, nisi in provinciis, et ejus generis quo acinaticium fieri consuevit. Longius adminiculum vitis incrementa producit. Teneram et viridem vitem ferri acie ne recidas. Omnis incisura sarmenti avertatur a gemma, ne eam stilla, quæ fluere consuevit, extinguat. Pro macie vel soliditate vitium nutrienda sarmenta putator injungat. Terra profunda (quod Græci asserunt) oleæ grandes arbores efficit, fructus minores et aquatos ac seros, magisque amurcæ proximos. Aër oleas tepidus juvat, et ventis mediocribus sine vi et horrore perflabilis. Vitis quæ ad jugum colitur, per ætates ad hoc perducenda est, ut locis molestioribus quatuor pedibus a terra, placidioribus

Il faut lier par-dessous les grappes de raisin quand elles sont vertes, tant qu'il n'y a point de risque d'en faire tomber les grains ou de les écraser. Changez les liens de place, de peur que l'adhérence continue ne fasse plaie. Si les yeux de la vigne voient la bêche du vigneron lorsqu'ils sont ouverts, l'espérance de la vendange, quelque belle qu'elle soit, sera bientôt aveuglée. Ne labourez donc que lorsqu'ils sont fermés. Pour la culture des céréales, assurez-vous d'un fond de deux pieds, c'est assez pour produire. Pour les vignes et les arbres, il en faut quatre. De même qu'une jeune vigne croît aisément quand on lui prodigue ses soins avec affection, de même elle meurt promptement quand on la néglige. Lorsque vous entreprendrez une culture, prenez la mesure juste de vos facultés; car si elles se trouvent au-dessous des exigences, vous serez forcé de reculer avec déshonneur, après vous être avancé avec présomption. Il ne faut pas que des semences aient plus d'un an de date. Conservées plus longtems, il est à craindre qu'elles ne s'altèrent et ne viennent point. Le blé des coteaux donne à la vérité du grain plus robuste, mais il en rend en moindre quantité. Il faut jeter en terre toutes les semailles dans le temps que la lune croît et dans des jours tempérés, parce qu'une chaleur modérée fait lever les semences, et que le froid les resserre. Avez-vous une terre couverte de bois inutile? défrichez, et changez en guérets les meilleures parties; laissez le bois sur le reste. Les premières produiront par leur fertilité naturelle; vous féconderez les autres en y mettant le feu. Laissez après cela reposer cinq ans le sol incendié, et cette partie improductive pourra rivaliser avec les plus fertiles. Pour planter l'olivier et en cueillir le fruit, les Grecs recommandent de n'employer que de jeunes garçons intacts et des filles vierges; par respect, j'imagine, pour la chaste déesse qui préside à cet arbre. Il est inutile de rien prescrire sur les noms des blés, puisque de temps à autre ils changent de nature, suivant les lieux où ils sont semés, ou suivant leur âge. Ainsi il suffira de choisir ceux qui tiennent le premier rang dans le pays que nous cultiverons, ou d'éprouver ceux que nous aurons tirés d'ailleurs. Si l'on coupe le lupin et la vesce comme fourrage dans le temps qu'ils sont verts, et qu'aussitôt après on laboure sur leurs racines, ils féconderont les campagnes à l'instar du fumier. Mais si on les laisse sécher sur pied, ils absorberont le suc de la terre. Il faut beaucoup de fumier aux terrains humides; les terrains secs en exigent moins. Tous les travaux de la vigne se commencent plus tôt dans les climats chauds et secs, dans les localités fortement exposées au soleil, situées près de la mer ou en rase campagne; plus tard, dans les régions froides, humides, enfoncées dans les terres, boisées ou montueuses; précepte que je n'entends pas seulement des mois ou des jours, mais encore des heures. Toute prescription de temps en fait de travaux agricoles doit s'entendre ainsi: Quinze jours avant n'est pas trop tôt; quinze jours après n'est pas trop tard. Tous les blés se plaisent mieux dans une campagne ouverte et dégagée, ou dont la pente est tournée au soleil, que partout ailleurs. Une terre compacte, argileuse et humide fournit très-bien à la nourriture du blé et du froment. L'orge se plaît dans un sol meuble et sec; l'humidité la fait mourir. Les semailles des *tre-*

---

vero septem summitas ejus insurgat. Hortus qui cælo clementi subjacet, et fontano humore percurritur, prope est ut liber sit, et nullam serendi disciplinam requirat. Subligatio acerbis uvis facienda est, quando excutiendi aut rumpendi acini nulla formido est. Ligatura in vitibus locum debet mutare, ne unum semper assiduitas conterat vinculorum. Fossorem si apertus vitis oculus viderit, cæcabitur spes magna vindemiæ: et ideo, dum est clausus fodietur. Terræ altitudinem cum fœcunditate, si ad frumenta, duobus pedibus explora: quatuor vero, si ad arbusta vel vites. Vitis novella ut facile incrementum dilecta consequitur; ita interitum celerem, si negligatur, incurrit. Modum tene æstimatis facultatibus tuis in assumtione culturæ, ne superatis viribus, excedente mensura, turpiter deseras, quod arroganter assumis. Semina plusquam annicula esse non debent, ne vetustate corrupta non prodeant. Frumentum collis [quidem] grano robustius sed mensuræ minus refundet. Omnia quæ seruntur, crescente luna et diebus tepidis sunt serenda. Nam tepor evocat, frigus includit. Si tibi ager est silvis inutilibus tectus, ita eum divide, ut loca pinguia puras reddas novales; loca sterilia silvis tecta esse patiaris; quia illa naturali ubertate respondent, hæc beneficio lætantur incendii. Sed sic urenda distingues, ut ad incensum agrum post quinquennium revertaris: ita efficies, ut æqualiter vel sterilis gleba cum fœcunditate contendat. Græci jubent olivam, cum plantatur et legitur, a mundis pueris atque virginibus operandum: credo recordati arbori huic esse præsulem castitatem. Nomina frumentorum superfluum est præcipere, quæ aut loco subinde aut ætate mutantur. Hoc satis est, ut eligamus præcipua in ea regione quam colimus, vel exploremus advecta. Lupinus et vicia pabularis, si virides succidantur, et statim supra sectas eorum radices aretur, stercoris similitudine agros fœcundant: quæ si exaruerint ante quam proscindas, in his terræ succus aufertur. Ager aquosus plus stercoris quærit; siccus minus. Calidis, maritimis, siccis, apricis, campestribus locis omne opus vinearum maturius inchoetur; frigidis, mediterraneis humidis, opacis, montanis locis tardius: quod non solum de mensibus aut diebus dixerim, sed etiam de horis operandi. Omne opus rusticum, cum fieri præcipitur, neque cito est, si ante quindecim dies; neque tarde, si post quindecim fiat. Frumenta omnia maxime lætantur patenti campo et soluto, et ad solem reclivi. Spissa et cretosa et humida terra bene far et triticum nutrit; ordeum agro soluto delectatur et sicco: nam si in lutoso spargatur,

mois conviennent aux lieux froids, où il neige souvent et où l'été est humide; ailleurs ils réussissent rarement. On a meilleure chance toutefois si le climat n'est que tempéré, et si l'on ne sème qu'en automne. Vous faut-il opérer sur une terre salée? attendez, pour planter ou semer, la fin de cette saison. Délayé par les pluies d'hiver, le sol perdra de sa mauvaise qualité. Il faut encore le mélanger d'un peu de terre douce ou de sable de rivière, lorsqu'on veut y faire une plantation. On ne doit former de pépinières que dans une terre moyenne, afin que le plant gagne au change lorsqu'il sera transporté. Les pierres laissées à la superficie du sol sont glaciales en hiver, incandescentes en été, et nuisent aux arbustes et aux vignes. Leur présence au contraire est utile aux terres chaudes et sèches, quand elles sont enfouies et recouvertes. Quand on remue la terre auprès des arbres, il faut la changer alternativement de place, de façon que celle qui était d'abord dessous succède à celle qui se trouvait auparavant dessus. Pour fumer les arbres, on formera des couches alternatives de terre et de fumier, en commençant par appliquer de la terre à leur tronc et ensuite du fumier, et ainsi de suite jusqu'à la fin de l'opération. Pour régisseur, ne prenez jamais d'esclave favori, et choyé par vous dans sa jeunesse; car il regarderait vos privautés d'autrefois comme une assurance d'impunité pour le présent.

VII. Dans le choix ou l'acquisition d'une terre, examinez si une culture négligente n'en a pas altéré la fécondité naturelle; si l'on n'a pas laissé le sol dépenser ses forces pour une végétation dégénérée. Car, bien qu'on puisse raviver le plant par la greffe, toujours vaut-il mieux jouir actuellement, qu'attendre l'effet tardif d'une amélioration toujours incertaine. Pour le blé le remède est bientôt trouvé; c'est d'en semer d'autre. Pour ce qui est des vignes, il faudra surtout examiner si les cultivateurs ne sont point tombés dans la faute qu'ont commise bien des personnes qui, n'étant curieuses que de s'acquérir la réputation de posséder de vastes terrains façonnés au *pastinum*, ne les ont remplis que de plants de vignes stériles, ou de détestable produit. Si votre acquisition présente un tel inconvénient, vous aurez fort à faire pour y remédier. En fait d'exposition, choisissez dans les conditions que voici. Dans les pays froids, recherchez l'exposition du levant ou du midi; car si le champ est dominé de ces deux côtés, les hauteurs interposées lui interceptent toute chaleur; attendu que le soleil ne paraît jamais du côté du septentrion, et qu'il tarde jusqu'au soir à paraître du côté du couchant. Il faut au contraire choisir de préférence le côté du septentrion dans les climats chauds. C'est en effet le meilleur, tant pour le profit que pour l'agrément et pour la salubrité. S'il y a une rivière dans le voisinage de l'endroit où l'on se propose de placer les bâtiments, il en faut examiner la nature, parce qu'il arrive souvent qu'il en sort des exhalaisons funestes; auquel cas il faudrait s'en écarter pour bâtir. Pour les marais, il faut absolument les éviter, à cause de l'air pestilentiel qu'on respire dans leur voisinage, et des animaux pernicieux qu'ils engendrent, surtout quand ils sont au midi ou au couchant, et que d'habitude ils restent à sec pendant l'été.

VIII. Il faut que le bâtiment soit proportionné à la valeur du fonds et à la fortune du propriétaire,

---

moritur. Trimestris satio locis frigidis [et] nivosis convenit, ubi qualitas æstatis humecta est; cæteris raro respondet eventu. Semen trimestre locis tepidis melius respondebit, si seratur autumno : si necessitas coget in salsa terra aliquid operari, extremo autumno plantanda est vel conserenda, ut malitia ejus hibernis imbribus eluatur. Aliquid etiam terræ dulcis vel arenæ fluviatis subjiciendum est, si illi virgulta committimus. Seminarium mediocri terra instituere debemus, ut ad meliorem, quæ sata fuerint, transferantur. Lapides qui supersunt, hieme rigent, æstate fervescunt : idcirco satis arbustis et vitibus nocent; quæ tamen latentia prosunt in terris calidis et siccis dummodo eis terra supersit. Terra, quæ circa arbores movetur, ita est vicibus permutanda, ut ei quæ in summo fuerat, ima succedat. In lætandis arboribus crates facientus, terram prius trunco admoventes, et mox lætamen; ut sic opus natura beneficii alternante cumuletur. Agri præsulem non ex dilectis, [et] tenere [educatis] servulis ponas; quia fiducia præteriti amoris impunitatem culpæ præsentis expectat.

VII. In eligendo agro vel emendo considerare debebis, ne bonum naturalis fœcunditatis colentium depravaverit inertia, et in degeneres surculos uber soli feracis expenderit : quod quamvis emendari possit insitione meliorum, tamen harum rerum alia culpa melior usus est, quam cum spe corrigendi serus eventus. In seminibus ergo frumentorum præsens emendatio poterit esse. In vineis maxime considerandum atque vitandum est, quod plerique fecerunt studendo famæ tantum et latitudini pastinorum, semina vitium statuentes vel sterilia vel saporis indigni : quod grandi tibi labore constabit ut corrigas, si agrum compares vitiis talibus occupatum. Positio ipsius agri, qui eligendus est, ea sit. In frigidis provinciis Orienti, aut meridiano lateri ager esse debet oppositus, ne alicujus magni montis objectu his duabus partibus exclusus algore rigescat; aut per partem septentrionis remoto, aut per occidentis in vesperam sole dilato. In calidis vero provinciis, pars potius septentrionis optanda est, quæ et utilitati et voluptati et saluti æqua bonitate respondeat. Si vicinus est fluvius, ubi statuimus fabricæ sedem parare, ejus debemus explorare naturam, quia plerumque quod exhalat, inimicum est, a quo, si talis sit, conveniet refugere conditorem. Palus tamen omni modo vitanda est, præcipue quæ ab Austro est vel occidente, et siccari consuevit æstate, propter pestilentiam vel animalia inimica, quæ generat.

parce qu'il arrive communément, lorsque cette proportion a été dépassée, que les constructions sont plus difficiles à entretenir qu'à élever. On réglera donc sa grandeur de telle façon que, s'il survient quelque accident, le revenu d'une année de la terre, ou celui de deux tout au plus, suffise pour le réparer. Le corps de logis du propriétaire sera placé dans un lieu un peu plus élevé et plus sec que les autres parties du bâtiment, tant afin que les fondements n'en puissent être endommagés, que pour procurer une belle vue au propriétaire. On en fera les fondements de manière qu'ils débordent d'un demi-pied, tant d'un côté que de l'autre, le corps de la muraille qu'ils auront à porter. Si le hasard veut qu'en fouillant les fondations on rencontre de la pierre ou du tuf, il n'y aura pas de difficulté à les asseoir, puisqu'il suffira de creuser leur lit à la profondeur d'un ou deux pieds. Si l'on rencontre de l'argile qui soit ferme ou compacte, on leur donnera en profondeur la cinquième ou la sixième partie de la hauteur totale que le bâtiment doit avoir ; au lieu que si l'on ne trouve qu'une terre peu compacte, il faudra quelquefois les enterrer plus profondément, c'est-à-dire, jusqu'à ce que l'on rencontre l'argile pure, ne présentant aucun vestige de décombres ; quoique, si l'on ne trouve point absolument d'argile, il suffira toujours de leur donner en profondeur la quatrième partie de la hauteur du bâtiment. Il faut en outre faire en sorte de pouvoir environner le bâtiment de jardins, de vergers ou de prairies. Au surplus, la façade en sera exposée dans tout son développement au midi, de façon néanmoins que l'un de ses angles voie le levant d'hiver, et qu'elle se détourne tant soit peu du couchant de la même saison ; moyennant quoi elle se trouvera éclairée par le soleil pendant l'hiver, sans en sentir la chaleur pendant l'été.

IX. La distribution de bâtiment sera combinée de manière à ménager, sans prendre trop d'espace, des logements d'hiver et des logements d'été. Ceux d'hiver seront placés de façon à pouvoir être égayés par le soleil d'hiver presque durant toute sa course. Les planchers y seront établis en conséquence. Il faut avoir soin, par rapport à la construction de ces planchers, premièrement que la charpente en soit de niveau et solide, afin qu'elle ne tremble pas, faute d'être bien assurée, sous les pieds des allants et des venants ; en second lieu, qu'elle ne présente point de solives de chêne parmi les solives d'*æsculus* dont elle sera composée ; parce que le chêne qui a une fois pris de l'humidité se tourmente quand il commence à se sécher, et occasionne des crevasses dans les plafonds, au lieu que l'*æsculus* dure longtemps sans s'altérer. Si cependant l'on n'a point d'*æsculus* à sa disposition, et que l'on n'ait que du chêne, on le taillera en planches très-minces, que l'on superposera transversalement, en les attachant l'une à l'autre avec une grande quantité de clous. Les planchers de *cerrus*, de hêtre ou de frêne dureront très-longtemps, pourvu qu'on les couvre de paille ou de fougère, pour empêcher l'humidité de la chaux de pénétrer jusqu'au corps même du plancher. La carcasse du plancher faite, vous y établirez une couche de blocaille, composée de deux parties de pierres brisées, contre une partie de chaux. Quand cette couche sera parvenue à l'épaisseur de six doigts, et que vous aurez nivelé le terrain, il faudra, si ce sont des appartements d'hiver, la couvrir d'un

VIII. Ædificium pro agri merito et pro fortuna domini oportet institui : quod plerumque immodico sumtum, difficilius est sustinere quam condere. Ita igitur æstimanda est ejus magnitudo, ut si aliquis casus incurrerit, ex agro, in quo est, unius anni aut ut multum, biennii pensione reparetur. Ipsius autem prætorii situs sit loco aliquatenus erectiore et sicciore quam cætera, propter injuriam fundamentorum, et ut læto fruatur aspectu. Fundamenta autem hoc modo ponenda sunt, ut latiora sint ex utraque parte semipedis spatio, quam parietis [insuper struendi] corpus increscet. Si lapis vel tofus occurrat, facilis causa est collocandi, in quo sculpi tantum fundamenti forma debebit unius pedis altitudine vel duorum. [Et] si solida vel constricta invenietur argilla, quinta vel sexta pars altitudinis ejus, quæ supra terram futura est, fundamentis deputetur. Quod si terra laxior fuerit, modo majoris altitudinis obruantur, donec munda sine ruderum suspicione occurrat argilla ; quæ si omnino desit, quartam mersisse sufficiet. Studendum præterea ut hortis et pomariis cingi possit aut pratis. Sed totus fabricæ tractus unius lateris longitudine, in quo frons erit, meridianam partem respiciat, in primo angulo excipiens ortum solis hiberni, et paululum ab occidente avertatur hiemali. Ita proveniet, ut per hiemem sole illustretur, et calores ejus æstate non sentiat.

IX. Forma tamen debet esse ejusmodi, ut ad habitationem breviter collectas et æstati et hiemi præbeat mansiones. Quæ hiemi parantur ita sint constitutæ, ut possit eas hiberni solis totus propemodum cursus hilarare. In his pavimenta opportuna esse debebunt. Primum in fabricis planis earum observandum est, ut æqualis et solida contignatio fiat, ne gradus ambulantium tremorem fabricæ titubantis excutiat. Deinde ut axes quernæ cum æsculeis non misceantur. Nam quercus humore concepto cum cœperit siccari, torquebitur, et rimas in pavimento faciet : æsculus autem sine vitio durat. Sed si quercu suppetente æsculus desit, subtiliter quercus secetur, et transversus atque directus duplex ponatur ordo tabularum, clavis frequentibus fixus. De cerro aut sago aut farno diutissime tabulata durabunt, si stratis super paleis vel filice humor calcis nusquam ad tabulati corpus accedat. Tunc super statuminibus rudus, id est saxa contusa duabus partibus et una calcis temperatæ constituas. Hoc cum ad sex digitorum crassitudinem feceris, et regula exploraveris æquale, si loca hiemalia sunt, tale pavimentum debebis imponere, in quo vel nudis pedibus stantes ministri

pavé composé de telle manière que les valets puissent s'y tenir pieds nus, sans être transis de froid. Ce sera un composé de menus moellons ou de briques, cimenté avec du charbon pilé, du sable, de la cendre et de la chaux, à l'épaisseur de six pouces. Le tout bien régalé formera un plancher noirâtre, qui boira tout liquide épanché dessus par mégarde. S'agit-il d'appartements d'été? on les exposera au levant solsticial et au septentrion, et on les pavera, soit de briques (comme ci-dessus), soit avec des dalles ou carreaux de marbre, dont les angles se rapportent et forment une marqueterie régulière. A défaut de ces matières, on étendra sur le plancher une couche de stuc ou de sable menu, lié avec de la chaux.

X. Il faut en outre que celui qui veut bâtir sache quelle est la chaux et le sable qu'il pourra employer. Il y a de trois sortes de sables fossiles, le noir, le blanc et le rouge : ce dernier est bien supérieur aux deux autres, le blanc tient le second rang, et le noir est le pire. Tout sable qui craque lorsqu'il est pressé entre les mains est bon pour les ouvrages de maçonnerie. Il sera encore excellent lorsqu'il ne tachera point un morceau d'étoffe ou un linge blanc dans lequel on l'aura enveloppé pour le secouer, et qu'il n'y laissera point de crasse. Cependant, si l'on n'a point de sable fossile, on pourra se servir de sable de rivière ou de mer. Comme celui de mer est longtemps à se sécher, on ne l'emploiera pas immédiatement ; mais on laissera écouler un certain temps avant de s'en servir, de peur que son poids ne surcharge la maçonnerie et ne l'endommage. Son humidité salée dissout aussi les enduits des voûtes. Quant au sable fossile, la promptitude avec laquelle il se sèche fait qu'il est très-bon pour le ciment des murailles, comme pour les voûtes : mêlé avec la chaux au moment même de son extraction, il n'en vaut que mieux. S'il reste longtemps exposé au soleil, ou à la gelée, ou à la pluie, il perd de sa qualité. Celui de rivière convient mieux pour enduit. Si l'on est cependant forcé d'employer du sable de mer, il sera bon de le plonger auparavant dans de l'eau douce, où, étant bien lavé, il déposera le vice que le sel lui avait fait contracter. Pour faire de la chaux, on cuira des pierres blanches dures, ou de la pierre de Tibur, ou du caillou de rivière de couleur de pigeon, ou de la pierre rouge, ou de la pierre ponce, ou enfin du marbre. Celle qui aura été faite avec une pierre compacte et dure sera bonne pour la bâtisse, au lieu que celle qui proviendra d'une pierre spongieuse ou molle conviendra davantage aux enduits. Il faut toujours mettre une partie de chaux sur deux parties de sable. Si c'est du sable de rivière, l'on aura des ouvrages d'une solidité merveilleuse, en y ajoutant un tiers d'argile sèche criblée.

XI. Si l'on veut que les murailles du corps de logis qui sert à l'habitation du propriétaire soient en briques, on aura soin, lorsque la construction en sera achevée, de faire, sur l'extrémité de ces murailles qui joindra la couverture du bâtiment, une maçonnerie en briques de la hauteur d'un pied et demi avec des corniches saillantes, afin que si les tuiles ou les gouttières deviennent défectueuses, les gouttes d'eau de pluie qui filtreront à travers ne puissent pas pénétrer jusqu'au mur. Après quoi il faudra crépir ces murailles quand elles seront sèches et raboteuses, parce que l'enduit n'y tiendrait pas, si on l'y mettait pendant qu'elles sont humides et lis-

hieme non rigescant. Inducto itaque rudere vel testaceo pavimento, congestos et calcatos spisse carbones, cum sabulone et favilla et calce permiscebis, et hujus impensae crassitudinem sex unciis jubebis imponi : quod exaequatum nigra pavimenta formabit, et siqua fundentur ex poculis, velociter rapta desuget. Sed si aestivae mansiones sunt, orientem solstitialem et partem septentrionis aspiciant, et vel testaceo, sicut supra diximus, accipient pavimentum, vel marmora vel tesseras aut scutulas, quibus aequale reddatur angulis lateribusque conjunctis. Si haec deerunt, supra marmor tusum cernatur, aut arena cum calce inducta levigetur.

X. Praeterea scire est necessarium construenti, quae calcis et arenae natura sit utilis. Arenae ergo fossiciae genera sunt tria, nigra, cana, rufa : omnium praecipue rufa melior : meriti sequentis est cana : tertium locum nigra possidet. Ex iis quae compressa manu edit stridores, erit utilis fabricanti. Item si panno vel linteo candidae vestis inspersa et excussa nihil maculae reliquerit aut sordis, egregia est. Sed si fossilis arena non fuerit, de fluminibus [aut] glarea, aut littore colligetur. Marina arena tardius siccatur, et ideo non continue sed intermissis temporibus construenda est, ne opus onerata corrumpat : camerarum quoque tectoria salso humore dissolvit. Nam fossiles arenae tectoriis et cameris celeri siccitate utiles sunt, melioresque, si statim, cum effossae sunt, calci misceantur. Nam diutino sole aut pruina aut imbre vanescunt. Fluviales tectoriis magis poterunt convenire. Sed si uti necesse sit maris arena, erit commodum prius eam lacuna humoris dulcis immergi, ut vitium salis aquis suavibus elota deponat. Calcem quoque [ex] albo saxo duro vel Tiburtino aut columbino fluvialive coquemus, aut rubro aut spongia aut marmore postremo. Quae erit ex spisso et duro saxo, structuris convenit : ex fistuloso vero aut molliori lapide tectoriis adhibetur utilius. In duabus arenae partibus calcis una miscenda est. In fluviali vero arena si tertiam partem testae cretae addideris, operum soliditas mira praestabitur.

XI. Quod si latericios parietes in praetorio facere volueris, illud servare debebis, ut perfectis parietibus, in summitate, quae trabibus subjacebit, structura testacea cum coronis prominentibus fiat sesquipedali altitudine, ut si corruptae tegulae aut imbrices fuerint, parietem non possint stillicidia penetrare pluviam. Deinde providendum est, ut siccis et asperatis parietibus lateritiis inducatur tectorium, quod humidis ac levibus adhaerere non poterit ; et

ses. On commencera par conséquent par les revêtir de plâtre jusqu'à trois fois, afin que le dernier enduit qu'elles recevront ne souffre aucune altération.

XII. La chose à laquelle il faut le plus s'attacher dans les bâtiments rustiques, est à ce qu'ils soient bien éclairés, et que leurs distributions, réglées, comme je l'ai dit ci-dessus, sur les différentes saisons, soient exposées au côté du ciel qui leur conviendra, c'est-à-dire que les appartements d'été soient au septentrion, ceux d'hiver au midi, ceux de printemps et d'automne au levant. Pour déterminer la hauteur des salles à manger et des chambres à coucher, on prendra la moyenne de leurs deux autres dimensions.

XIII. Pour les voûtes et plafonds, on fera bien d'employer les matériaux les plus à portée. On les fera donc de planches ou de cannes, de la façon qui suit. On posera horizontalement des ais de bois des Gaules ou de cyprès, d'une grosseur uniforme, dans le lieu même où l'on doit faire la voûte, de façon qu'il se trouve un pied et demi d'intervalle entre chacun; après quoi on les assujettira à la charpente de la couverture à l'aide de chevilles de bois de genévrier, d'olivier, de buis ou de cyprès; puis on y attachera deux perches en traverse avec des cordes de jonc. Ensuite on étendra par-dessous une claie à mailles serrées, tissue avec des cannes de marais, ou de cette espèce moins menue dont on se sert communément, et que l'on aura préalablement battue. Quand cette claie sera attachée dans toute son étendue tant aux ais qu'aux perches, on commencera par la revêtir d'un enduit de pierre ponce que l'on unira avec la truelle, afin que les brins de canne soient bien resserrés entre eux; puis on la régalera avec du sable et de la chaux, et on finira par y étendre de la poudre de marbre broyé, mêlée avec de la chaux; et l'on polira cet enduit jusqu'à ce qu'on lui ait donné le plus beau luisant.

XIV. On se plaît aussi souvent à faire ces sortes d'ouvrages en stuc, dans la composition duquel on fait entrer de la chaux éteinte depuis longtemps. Or, pour que la chaux soit propre à ces sortes d'ouvrages, il faut qu'elle soit de consistance à être taillée, comme le bois, avec une hache. Si le tranchant de la hache ne rencontre aucun obstacle dans la chaux, et que les parties de chaux qui adhéreront à la hache soient molles et visqueuses, on est assuré qu'elle est bonne à être employée à ces sortes d'ouvrages.

XV. Voici comme on parviendra à rendre le crépi des murailles solide et luisant. On repassera souvent avec la truelle la première couche qu'on y aura mise. Lorsqu'elle commencera à se sécher, on y en mettra une seconde, puis une troisième; après quoi on les recrépira, la truelle à la main, avec de la poudre de marbre grossière, qui aura dû être gâchée jusqu'à ce qu'elle ne tienne pas au râteau dont on se sert pour remuer la chaux, et qu'on puisse au contraire l'en retirer propre et net. Lorsque cette couche de poudre de marbre grossière commencera à se sécher, il faudra encore la recouvrir d'une autre couche de poudre plus fine, qui assurera la solidité et le poli de cet enduit.

XVI. Il faut éviter une faute dans laquelle sont tombés bien des gens pour se procurer de l'eau, laquelle consiste à enfoncer ses métairies dans le bas des vallées, en préférant un bien-être de quelques jours à la santé des habitants. L'inconvénient qui en résulte est encore plus à craindre quand on soupçonne que la province

---

ideo tertio eos prius debebis obducere, ut tectorium sine corruptione suscipiant.

XII. In primis studendum est in agresti fabrica, ut multa luce clarescat : deinde ut partes temporibus divisas, sicut supra dixi, congruis partibus offeramus, id est æstivas septentrioni, hibernas meridiano, vernas et autumnales orienti. Mensura vero hæc servanda est in tricliniis atque cubiculis, ut quanta latitudo et longitudo fuerit, in unum computetur, et ejus medietas in altitudinem conferatur.

XIII. Cameras in agrestibus ædificiis ex ea materia utilius erit formare quæ facile invenietur. In villa itaque aut tabulis faciemus aut cannis hoc genere : Asseres ligni Gallici vel cupressi directos et æquales constituemus in eo loco, ubi camera facienda est, ita ordinatos, ut inter se sesquipedalis mensura sit vacua. Tunc eos catenis ligneis ex junipero aut oliva aut buxo aut cupresso factis ad contignationem suspendemus, et binas inter eos perticas dirigemus tomicibus alligatas. Postea palustrem cannam vel hanc crassiorem, quæ in usu est, contusam, facta et strictim juncta crate subnectemus, et per omne spatium cum ipsis asseribus et perticis alligabimus. Dehinc primo impensa pumicea induemus, et trulla æquabimus, ut inter se cannarum membra constringat. Post arena et calce coæquabimus. Tertio tusi marmoris pulverem mistum cum calce ducemus, et poliemus ad summum nitorem.

XIV. Opus quoque albarium sæpe delectat, cui calcem debebimus adhibere, cum multo tempore fuerit macerata. Ergo ut utilem probes, ascia calcem quasi lignum dolabis. Si nusquam acies ejus offenderit, et si quod asciæ adhæret, fuerit molle atque viscosum, constat albariis operibus convenire.

XV. Parietum vero tectura sic fiet fortis et nitida. Primo trullis frequentetur inductio. Cum siccari cœperit, iterum inducatur ac tertio. Post hæc tria coria ex marmoreo grano cooperiatur ad trullam; quæ inductio ante tam diu subigenda est, ut rutrum, quo calx subigitur, mundum levemus. Hæc quoque marmoris grani inductio cum siccari inceperit, aliud corium subtilius oportet imponi : sic et soliditatem custodiet et nitorem.

XVI. Vitandum est autem, quod plerique fecerunt aquæ causa, villas [in] infimis vallibus mergere, et paucorum dierum voluptatem præferre habitatorum saluti : quod etiam magis metuemus, si provincia quam colimus,

que l'on habite est sujette à des maladies pendant l'été. S'il ne se trouve donc dans le lieu ni fontaines ni puits, il faudra y construire des citernes, qui forment récipient de l'eau des toits. Or, voici la façon de faire ces citernes.

XVII. On leur donnera telle dimension que l'on jugera à propos, suivant ses facultés, pourvu qu'elles soient plus longues que larges, et on les clorra de murs construits en ouvrage de Signia. Le sol, sauf l'orifice du conduit d'écoulement, sera consolidé par une bonne épaisseur de blocaille, sur laquelle on étendra, pour la régaler, un ciment de brique qui tiendra lieu de pavé. On polira ensuite ce pavé, avec tout le soin possible, jusqu'à ce qu'il soit devenu luisant, en le frottant continuellement avec du lard gras que l'on aura fait bouillir. Lorsqu'il sera bien sec, et qu'on n'aura plus à craindre que l'humidité n'y cause de crevasse, on couvrira également les parois d'un même enduit; et lorsque le tout sera absolument sec depuis longtemps, on y fera entrer l'eau à demeure. On aura soin d'y jeter des anguilles et des poissons de rivière, que l'on y nourrira, afin que l'eau, quoique dans un état de stagnation, imite le mouvement de celle qui coule, lorsque ces animaux viendront à y nager. S'il arrive que l'enduit du pavé ou de la muraille périclite en quelque endroit, on le réparera avec un ciment propre à contenir l'eau qui cherchera à s'enfuir. Voici comme on réparera les crevasses et les cavités des citernes, des viviers ou des puits, ainsi que toute espèce d'infiltration de leur maçonnerie. On prendra telle quantité que l'on jugera à propos de poix liquide, à laquelle on ajoutera une quantité pareille de la graisse connue sous le nom de *vieux oing*, ou de suif. On jettera le tout ensemble dans une marmite, où on le fera cuire jusqu'à ce que l'écume monte; après quoi on le retirera du feu. Quand ce mélange sera refroidi, on le saupoudrera de chaux très-menue, et on le remuera fortement pour que la mixtion soit complète et arrive à l'état de pâte, qu'on roule avec les doigts; et l'on garnira de ce mastic les fissures et pertes d'eau, en l'y pressant et foulant bien. L'eau sera plus salubre si elle passe par des tuyaux de terre cuite pour se rendre dans ces citernes, et si ces dernières sont couvertes. Au reste, l'eau du ciel est si préférable à toutes les autres pour servir de boisson, que quand on pourrait s'en procurer de courante, on ne devrait l'employer qu'aux lavoirs et à la culture des jardins, pour peu qu'elle ne fût point saine.

XVIII. Il faut que le cellier au vin soit exposé au nord, frais, presque obscur, éloigné des bains, des étables, du four, des amas de fumier, des citernes et des eaux, et généralement de tout foyer d'exhalaisons méphitiques, et assez bien outillé pour suffire à toute exigence de récolte; qu'ainsi que l'estrade d'une basilique, le fouloir soit élevé de trois ou quatre degrés environ, et soit flanqué de deux côtés de réservoirs destinés à recevoir le vin. Des rigoles de maçonnerie ou des tuyaux de terre cuite partiront de ces fosses pour aboutir à l'extrémité des murs, et conduire le vin, à travers des passages pratiqués au bas de ces murs, dans des futailles qui y seront adossées. Si l'on a une grande quantité de vin, on destinera le centre du cellier aux cuves; et, de crainte qu'elles n'empêchent les passants d'aller et de venir, on pourra les monter sur de petites bases suffisamment hautes, ou sur des futailles enfouies en terre, en laissant entre chacune une distance assez grande pour que celui qui en prendra soin puisse, quand le cas l'exigera, en

---

de morbis æstate suspecta est. Cui si fons desit aut puteus, cisternas construere conveniet, quibus omnium conduci possit aqua tectorum. Fiunt autem hoc modo.

XVII. Signinis magnitudo ea, qua delectaris et cui sufficis, construatur longior magis quam latior. Hujus solum alto rudere solidatum relicto fusoriis loco testacei pavimenti superfusione levigetur. Hoc pavimentum omni cura terendum est ad nitorem, et lardo pingui decocto assidue perfricandum. Quod ubi deducto humore siccatum est, ne rimis in aliqua parte findatur, etiam parietes simili corio velentur obducti, et ita post diuturnam et solidam siccitatem, aquæ præbeatur hospitium. Anguillas sane piscesque fluviales mitti in his pascique conveniet, ut horum natatu aqua stans agilitatem currentis imitetur. Sed si aliquando in quocunque loco pavimenti vel parietis tectura succumbat, hoc genus malthæ adhibebimus, ut humor in exitum nitens possit includi. Rimas et lacunas cisternarum, et piscinas, vel puteos sarciemus hoc genere, et si humor per saxa manabit. Picis liquidæ quantum volueris, et tantundem sumes unguinis, quod vocamus axungiam, vel sevum. Tunc in olla utrumque miscebis et coques donec spumet; deinde ab igne removebis. Cum fuerit eadem refrigerata permistio, calcem minutim superadjicies, et ad unum corpus omnia mista revocabis. Cumque velut strigmentum feceris, inseres locis corruptis ac manantibus, et pressum summa densitate calcabis. Salutare erit aquas illuc per tubos fictiles duci, et opertis immeare cisternis. Nam cælestis aqua ad bibendum omnibus antefertur, ut et si fluens adhiberi possit, quæ salubris non est, lavacris debeat et hortorum vacare culturæ.

XVIII. Cellam vinariam septentrioni debemus habere oppositam frigidam, obscuram, vel obscuræ proximam, longe a balneis, stabulis, furno, sterquiliniis, cisternis, aquis, et cæteris odoris horrendi : ita instructam necessariis, ut non vincatur a fructu; sic autem dispositam, ut basilicæ ipsius forma calcatorium loco habeat altiore constructum; ad quod inter duos lacus, qui ad excipienda vina hinc inde depressi sint, gradibus tribus fere aut quatuor ascendatur. Ex his lacubus canales structi, vel tubi fictiles circa extremos parietes currant, et subjectis lateri suo doliis per vicinos meatus manantia vina defundant. Si copia major est, medium spatium cupis deputabitur, quas, ne ambulacra prohibeant, basellis altioribus impositas,

approcher librement. Si l'on destine au contraire un emplacement séparé aux cuves, cet emplacement sera, comme le fouloir, élevé sur de petites estrades, et consolidé par un pavé de terre cuite, afin que, si une cuve vient à fuir sans qu'on s'en aperçoive, le vin épanché ne soit point perdu, mais qu'il soit reçu dans la fosse qui sera au bas de ces estrades.

XIX. Non-seulement les greniers veulent absolument être du côté du septentrion, mais leur position doit encore être élevée, éloignée de toute humidité, ainsi que du fumier et des étables, fraîche, exposée au vent, et sèche. Il faut aussi les construire avec toute l'attention nécessaire, pour qu'ils ne puissent point se crevasser. On couvrira donc à cet effet le sol entier de dalles de terre cuite de deux pieds, ou plus petites, que l'on enfoncera dans un mortier de brique, en guise de pavé. Après quoi on établira des compartiments pour les différentes espèces de grains, si l'on est dans le cas d'espérer des récoltes abondantes. Si au contraire la stérilité de la terre ne promet pas de grandes récoltes, il faudra, ou diviser la totalité des greniers par des cloisons formées de claies, ou renfermer la récolte, si elle est absolument mince, dans de petits paniers d'osier. Lorsque les greniers seront construits, on enduira leurs murailles de marc d'huile mêlé avec un torchis de boue, dans lequel, au lieu de paille, on fera entrer des feuilles d'olivier sauvage sèches, ou des feuilles d'olivier franc ; et lorsque cet enduit sera sec, on le recouvrira encore de lie d'huile, et on attendra qu'elle soit séchée pour y serrer le blé. Cette préparation est utile contre les charançons, et contre les autres animaux pernicieux aux grains. Quelques personnes entremêlent avec le blé, afin qu'il se garde, des feuilles de coriandre ; mais il n'y a rien de plus favorable à sa conservation que de le rafraîchir pendant quelques jours, en le transportant de l'aire dans un autre endroit voisin, pour ne le porter que par la suite au grenier. Columelle prétend qu'il ne faut pas éventer le blé, parce qu'il arrive de là que les animaux pénètrent plus facilement dans le tas entier ; au lieu que si on ne l'agite pas, ils s'arrêtent à la superficie, et n'y pénètrent pas à plus d'une palme de profondeur ; de sorte qu'ils n'en gâtent que cette espèce de croûte, et que le reste se conserve intact. Le même auteur assure encore qu'il ne peut pas s'y engendrer d'animaux pernicieux au delà de cette épaisseur. De l'herbe aux moucherons, sèche, étendue sous le blé, lui procure une longue durée, à ce qu'assurent les Grecs. Au reste, le vent du Midi ne doit jamais donner sur les greniers.

XX. Le cellier à l'huile sera exposé au midi et protégé contre le froid, de façon que le jour n'y pénètre qu'à travers les transparents des fenêtres. Moyennant cette précaution, le grand froid n'y retardera pas le travail d'hiver, et le pressurage des olives s'y trouvera facilité par une chaleur modérée, sans que l'huile fige jamais. C'est à l'usage que l'on a l'obligation de la forme des *trapètes*, des roulettes, et de l'arbre du pressoir. Les récipients de l'huile seront toujours propres, de peur que la nouvelle n'y contracte un goût de rance par le séjour de l'ancienne. Pour plus de sûreté, on pratiquera sous le plancher des conduits de chaleur, dont le contact purifiera le cellier sans fumée ; ce qui n'est pas moins à redouter pour la couleur et la saveur du fruit.

XXI. Quoique les étables des chevaux ou des

vel supra obruta dolia possumus collocare spatio inter se largiore distantes, ut, si res exigat, curantis transitus possit admitti. Quod si cupis locum suum deputabimus, is locus ad calcatorii similitudinem podiis brevibus et testaceo pavimento solidetur, ut etiam si ignorata se cupa diffuderit, lacu subdito excipiantur non peritura vina quæ fluxerint.

XIX. Situs horreorum quamvis ipsam septentrionis desideret partem, et superior et longe ab omni humore et lætamine et stabulis ponendus est, frigidus, ventosus et siccus : cui providendum structuræ diligentia, ne rimis possit abrumpi. Solum igitur omne bipedis sternatur vel minoribus laterculis, quos suffuso testaceo pavimento debemus imprimere. Tunc divisas cellas (si magnus sperabitur seminum modus) grano cuique tribuemus. Et si terræ pauperies minora promittit, vel craticiis podiis erunt discernenda granaria, vel vimineis vasculis reditus tenues colligemus. Sed factis granariis, amurca luto mista parietes linuntur ; cui arida oleastri vel olivæ folia pro paleis adjiciuntur : quo tectorio siccato, rursus amurca respergitur : quæ ubi siccata fuerit, frumenta condentur. Hæc res gurgulionibus et cæteris noxiis animalibus inimica est. Aliqui coriandri folia frumentis miscent ad servandum profutura. Nihil tamen diu custodiendis frumentis commodius erit, quam si ex areis in alterum locum vicinum transfusa refrigerentur aliquantis diebus, atque ita horreis inferantur. Negat Columella ventilanda esse frumenta, quia magis miscentur animalia totis acervis. Quæ si non moveantur, in summitate intra mensuram palmi subsistent, et hoc velut corrupto corio cætera illæsa durabunt. Asserit idem, noxia animalia ultra prædictam mensuram non posse generari. Herba conyza sicca (ut Græci asserunt) substrata frumentis, addit ætati. Ab horreis tamen auster debet esse aversus.

XX. Olearis cella meridianis sit objecta partibus, et contra frigus munita, ut illi per specularia debeat lumen admitti. Ita et operas, quæ hieme futuræ sunt, nullus algor impediet : et oleum cum premetur, adjutum teporibus, frigore non valebit astringi. Trapetis, et rotulis et prælo nata est forma, quam consuetudo dictavit. Receptacula olei semper munda sint, ne novos sapores infecta veteri rancore corrumpant. At si quis majori diligentiæ studet, subjectis hinc inde cuniculis pavimenta suspendat, et ignem suggerat fornace succensa. Ita purus calor olei cellam sine fumi nidore vaporabit, quo sæpe infectum, colore corrumpitur et sapore.

bœufs doivent être exposées au midi, elles doivent cependant avoir aussi du côté du nord des fenêtres que l'on tiendra fermées pendant l'hiver, afin qu'elles n'incommodent point les animaux, et que l'on ouvrira pendant l'été pour les rafraîchir. Ces étables seront élevées au-dessus du sol, pour préserver les cornes de leurs pieds de l'humidité. Les bœufs se porteront mieux quand ils seront dans le voisinage de l'âtre, et qu'ils verront la lumière du feu. Huit pieds d'espace suffisent à une paire de bœufs lorsqu'ils se tiennent debout, et quinze, lorsqu'ils sont couchés. Les écuries seront planchéiées en chêne, sur quoi on étendra de la litière, afin que les chevaux aient à la fois une couche molle sous leurs flancs et un sol ferme sous leurs pieds.

XXII. La cour s'étendra vers le midi, et sera exposée au soleil, afin que la chaleur s'y fasse sentir plus aisément pendant l'hiver aux animaux qui la fréquenteront. Il faudra aussi, pour modérer la grande chaleur de l'été, préparer à ces animaux des espèces d'auvents fabriqués de fourches, d'ais et de feuillages, et couverts de bardeaux ou de tuiles, si l'on en a; sinon, de glaïeul ou de genet, ce qui simplifie la peine et la dépense.

XXIII. Il faut ménager des retraites à la volaille vers l'extrémité des murs de la cour, parce que la fiente est très-nécessaire en agriculture, à l'exception de celle des oies, qui est contraire à toute végétation. Quant aux autres oiseaux, il leur faut nécessairement des asiles pour chaque espèce en particulier.

XXIV. Le colombier peut être placé au haut d'une tourelle, dans le corps de logis du propriétaire. Les murailles en seront lisses et blanchies, et on y pratiquera, suivant l'usage, sur les quatre côtés de très-petites fenêtres, par où les pigeons ne puissent entrer et sortir qu'un à un. Les nids seront façonnés sur les murs mêmes dans l'intérieur du colombier. Les pigeons seront en sûreté contre les fouines, pour peu que l'on jette parmi eux des branches d'arbrisseau raboteuses et dégarnies de feuilles, ou une vieille bottine de genet qui aura servi à chausser des animaux, et pourvu que celui qui l'apporte soit seul, et n'ait été vu par personne. Il n'en mourra ni ne s'en perdra, pour peu qu'on ait soin d'attacher à chaque fenêtre un paquet quelconque de la corde ou des liens d'un pendu. Ils y amèneront d'autres pigeons lorsqu'on les nourrira assidûment de cumin, ou qu'on leur humectera le gousset de l'aile avec du baume. Ils pondront fréquemment, lorsqu'on leur donnera souvent à manger de l'orge grillée, ou des fèves, ou de l'ers. Au reste, il suffira, pour trente pigeons jouissant de leur liberté, de trois *sextarii*, soit de blé, soit de criblures, par jour, pourvu qu'on leur donne de l'ers pendant l'hiver pour favoriser leur ponte. Il faut suspendre en plusieurs endroits du colombier de petites branches de rue, pour écarter les animaux qui leur sont nuisibles.

XXV. Au-dessous du colombier seront pratiquées deux cellules, dont l'une, étroite et obscure, servira à loger des tourterelles. Ces oiseaux sont très-aisés à nourrir, puisqu'il leur suffit d'avoir toujours pendant l'été, seule saison où ils engraissent comme il faut, du blé ou du millet détrempé dans de l'hydromel. Un *semodius* de cette mangeaille suffit par jour pour cent vingt tourterelles; mais leur eau doit être fréquemment renouvelée.

XXI. Stabula equorum vel boum, meridianas quidem plagas respiciant, non tamen egeant a septentrione luminibus, quæ per hiemem clausa nihil noceant, per æstatem patefacta refrigerent. Ipsa stabula propter ungulas animalium, ab omni humore suspensa sint. Boves nitidiores fient, si focum proxime habeant, et ignis lumen intendant. Octo pedes ad spatium standi singulis boum paribus abundant, et in porrectione xv. Plauceæ roboreæ supponantur stationibus equorum cum stramine ut jacentibus molle sit, stantibus durum.

XXII. Cors ad meridiem pateat, et objecta sit soli, quo facilius hieme aliquem teporem concipiat, propter ea quæ insunt animalia, quibus etiam ad æstatis temperandum calorem porticus furcis, asseribus, et fronde formari debent, quæ vel scandulis, vel (si copia suppetit) tegulis, vel (si facilius et sine impensa placuerit) tegentur caricibus aut genistis.

XXIII. Circa parietes cortis extremos aviaria facienda sunt, quia stercus avium maxime necessarium est agriculturæ, excepto anserum lætamine, quod satis omnibus inimicum est. Sed habitacula cæterarum avium maxime necessario sunt.

XXIV. Columbarium vero potest accipere sublimis una turricula in prætorio constituta, levigatis ac dealbatis parietibus, in quibus a quatuor partibus, sicut mos est, fenestellæ brevissimæ fient, ut columbas solas ad introitum exitumque permittant. Nidi figurentur interius. A mustelis tutæ fient, si inter eas frutex virgosus sine foliis asper, vel vetus spartea projiciatur, qua animalia calceantur, ut eam secreto non videntibus aliis, unus attulerit. Non pereunt, neque locum deserunt, si per omnes fenestras aliquid de strangulati hominis loro, aut vinculo, aut fune suspendas. Inducunt alias, si cumino pascantur assidue, vel setosi hirci alarum balsami liquore tangantur. Fœtus frequentant, si hordeum torrefactum, vel fabam, vel ervum sæpe consumant. Triginta autem columbis volantibus diurni tres sextarii tritici sufficient, aut cretauræ, ita ut ervum fœtus gratia mensibus præbeamus hibernis. Rutæ ramulos pluribus locis oportet contra animalia inimica suspendere.

XXV. Sed columbarii cellæ duo subjecta cubicula fiant. Unum breve, et prope obscurum, quo turtures claudi possint, quos nutrire facillimum est. Nam nihil expetunt, nisi ut æstate, qua sola maxime pinguescunt, triticum vel milium mulsa maceratum semper accipiant. Semodius unus diurnus centum viginti turturibus sufficit. Aqua sane eis frequenter mundior debet offerri.

XXVI. Aliud vero cubiculum turdos nutriat. Qui si

XXVI. L'autre cellule servira à nourrir des grives. En engraissant ces oiseaux pour le temps où ils sont maigres en état de nature, on en fait un excellent manger, et l'on en tire un très-bon produit, car le luxe met du prix aux raretés. Il faut que cette cellule soit propre, claire, et bien polie partout; on y fichera des perches en travers, sur lesquelles ces oiseaux pourront se reposer, et qui les empêcheront de voler. On y mettra aussi des branchages verts que l'on changera souvent. On donnera avec profusion à ces oiseaux des figues sèches pilées avec de la fleur de farine; et pour prévenir le dégoût, on leur donnera de temps en temps, si on est à portée de le faire, de la graine de myrte, de lentisque, d'olivier sauvage, de lierre, d'arbousier, et surtout de l'eau propre. On les renfermera au moment qu'ils auront été pris, pourvu qu'ils ne soient point blessés, et l'on mettra parmi eux d'autres grives que l'on aura élevées précédemment, et dont la compagnie consolera leur captivité, et les encouragera à prendre de la nourriture.

XXVII. Il n'y a point de femme, pour peu qu'elle soit intelligente, qui ne sache élever des poules. Il suffira d'observer, touchant ces animaux, qu'il leur faut du fumier, de la poussière et de la cendre. Les poules doivent être préférablement noires ou dorées, mais on se gardera d'en avoir de blanches. Le raisin les rend stériles. L'orge à demi cuite les fait au contraire pondre souvent, et leur fait donner de plus gros œufs. Deux *cyathi* d'orge sont suffisants pour nourrir une poule qui a la liberté de courir. Quand on donne des œufs à couver aux poules, il faut toujours les leur donner en nombre impair, et dans le temps que la lune croît, c'est-à-dire, depuis son dixième jour jusqu'à son quinzième. Il arrive assez souvent qu'elles sont incommodées de la pépie, qui couvre l'extrémité de leur langue d'une pellicule blanche; auquel cas on arrache légèrement cette pellicule avec les ongles, et l'on met de la cendre sur la plaie; après quoi, lorsqu'elle est nettoyée, on y exprime du jus d'ail broyé. On peut aussi leur fourrer dans le gosier une gousse d'ail broyée dans de l'huile. Il est encore bon de mêler continuellement de l'herbe aux poux dans leur nourriture. S'il leur arrive de manger des lupins amers, on en voit aussitôt la graine paraître sous leurs yeux; et ce serait assez pour les faire mourir, si on ne l'en retirait pas, en leur perçant légèrement la peau avec une aiguille. Après cette opération, on leur bassine extérieurement les yeux, soit avec du jus de pourpier et du lait de femme, soit avec du sel ammoniac mêlé en parties égales avec du miel et du cumin. Pour leur ôter la vermine, on prend de l'herbe aux poux et du cumin grillé en parties égales, que l'on broie ensemble dans du vin trempé avec de l'eau dans laquelle on aura fait bouillir des lupins amers; et on les fomente avec le tout de façon à ce que la friction pénètre jusqu'à la racine de leurs plumes.

XXVIII. Il est très-aisé de nourrir des paons, à moins que l'on n'ait à craindre les voleurs, ou les espèces ennemies de ces volatiles. Ils trouvent communément eux-mêmes leur nourriture et celle de leurs petits en errant dans les champs, et se perchent le soir sur les plus hauts arbres. Il n'y a qu'une attention à avoir à leur égard, qui consiste à sauver du renard les femelles qui couvent, ce qu'elles font ordinairement dans les champs. Aussi a-t-on meilleure chance à les élever dans de petites îles. Cinq femelles suffisent à un mâle. Les mâles cassent leurs œufs et persécutent leurs petits, comme s'ils n'en étaient point les pères, jusqu'à ce que la crête qui les distingue des autres oiseaux leur soit venue. Ils

alieno tempore sagineutur, et voluptatem cibi, et reditum maximum praestant, parcitati beneficium ministrante luxuria. Sit autem locus mundus et lucidus, et undique levigatus. Transversae in hoc perticae figuntur, quibus possint post inclusum volatum sedere. Rami etiam virides saepe mutentur. Caricae tunsae mistis pollinibus largissime praebeantur. Myrti etiam, si facultas est, lentisci, oleastri, ederae, arbuti semina interdum ad excludenda fastidia, et maxime aqua munda, praebeatur. Claudantur illaesi et recenter capti, mistis aliquibus ante nutritis, quorum societate ad capiendos cibos pavidam novae captivitatis moestitudinem consolentur.

XXVII. Gallinas educare nulla mulier nescit, quae modo videatur industria. Hoc de his praecepisse sufficiat, ut fimo, pulvere utantur, et cinere. Sint praecipue nigrae aut flavi coloris, [sed] albae vitentur. Vinaceae cibo steriles cunt: ordeo semicocto et parere saepe coguntur, et reddunt ova majora; duobus cyathis ordei bene pascitur una gallina, quae sit vaga. Supponenda sunt his semper ova numero impari, luna crescente, a decima usque in quintamdecimam. Pituita his nasci solet, quae alba pellicula linguam vestit extremam. Haec leviter unguibus vellitur, et locus cinere tangitur, et allii trito plaga mundata conspergitur. Item allii mica trita cum oleo faucibus inseritur: staphis agria etiam prodest, si cibis misceatur assidue. Si amarum lupinum comedant, sub oculis illis grana ipsa procedunt. Quae nisi acu leviter apertis pelliculis auferantur, extinguunt. Oculos portulacae succo forinsecus, et mulieris lacte curemus, vel Ammoniaco sale, cui mel et cyminum aequale misceantur. Pediculos earum perimit staphis agria, et torrefactum cyminum pari pondere et pariter tunsa cum vino, et amari lupini aqua si penetret secreta pennarum.

XXVIII. Pavones nutrire facillimum est, nisi fures aut animalia inimica formides; qui plerumque per agros vagantes sponte se pascunt, pullosque educant, et altissimas vespere arbores petunt. Una [vero] his cura debetur, ut incubantes per agrum foeminas, quae hoc passim faciunt, a vulpe custodias. Ideo in insulis brevibus meliori sorte nutriuntur. Uni masculo foeminae quinque sufficiunt.

commencent à être en chaleur aux ides de février. Des fèves légèrement grillées les excitent à l'amour, pourvu qu'on les leur donne tièdes tous les cinq jours. Il suffira d'en donner six *cyathi* à chaque paon. Toutes les fois que le mâle recourbe autour de son corps la queue brillante dont il est revêtu, et qu'il étale l'extrémité de ses plumes garnies d'yeux, en courant et en jetant un cri aigu, c'est une preuve qu'il désire la femelle. Si l'on fait couver des œufs de paonnes à des poules, les mères que l'on exemptera par là de couver pourront pondre trois fois par an. Leur première ponte est communément de cinq œufs, la seconde de quatre, et la troisième de trois ou de deux. Mais quand on suit la méthode de faire couver des œufs de paonnes par des poules, il faut des poules de choix. On leur donnera neuf œufs à couver pendant neuf jours, à dater de celui où la lune commencera à croître, savoir, cinq de paonnes, et les autres de poules. Le dixième jour on retirera tous les œufs de poules, et on en remettra autant de nouveaux, afin que ces derniers œufs de poules puissent éclore avec ceux de paonnes au trentième jour de la lune, c'est-à-dire, trente jours pleins après le dépôt des premiers. On aura soin de retourner souvent avec la main les œufs de paonnes qui seront sous les poules, parce que celles-ci auraient de la peine à s'acquitter elles-mêmes de ce soin. On les marquera aussi d'un côté, pour se rappeler qu'on les aura retournés successivement. Il faut cependant choisir pour cette opération de très-grandes poules, parce que, si elles étaient petites, il faudrait leur donner moins d'œufs à couver. Si l'on veut transporter les paonneaux éclos sous plusieurs poules auprès d'une seule qui leur servira de nourrice, Columelle prétend qu'il suffit, dans ce cas, de lui en donner vingt-cinq : pour moi, il me semble que, si l'on veut qu'ils soient bien élevés, il suffit de lui en donner quinze. On donnera les premiers jours aux paonneaux de la farine d'orge arrosée de vin, ou une bouillie de quelque substance végétale que ce soit. On y ajoutera par la suite des poireaux hachés, ou du fromage nouveau qui soit bien égouté, parce que le petit lait leur est contraire. On peut aussi leur donner des sauterelles auxquelles on aura arraché les pattes. C'est ainsi qu'il faut les nourrir jusqu'à l'âge de six mois : passé ce temps, on pourra leur donner habituellement de l'orge. Cependant on peut les envoyer en toute sûreté aux champs dès le trente-cinquième jour après leur naissance, pour y chercher leur pâture dans la compagnie de leur nourrice, qui les rappellera à la métairie par ses gloussements. On les traite pour la pépie et les excès de nourriture de la même manière que les poules. C'est un temps de crise pour eux lorsque leur crête commence à pousser, car ils sont alors en langueur, ni plus ni moins que les enfants dans le temps que leurs petites dents travaillent à percer leurs gencives gonflées.

XXIX. Il faut avoir soin, quand on veut élever des faisans, d'en avoir de jeunes qui puissent être féconds, c'est-à-dire de ceux qui seront nés l'année précédente, parce que les vieux ne peuvent jamais l'être. Les faisans recherchent la femelle au mois de mars ou d'avril. Deux femelles suffisent à un mâle, cet oiseau étant moins lascif que les autres. Les femelles pondent une fois par an. Leur ponte se réduit ordinairement à vingt œufs. Les poules couveront ces œufs mieux que les faisanes elles-mêmes, pourvu qu'entre les

---

Masculi ova et pullos suos persequuntur velut alienigenas, priusquam illis cristarum nascatur insigne. Ab idib. Februariis calere incipiunt. Faba leviter torrefacta in libidinem provocantur, si eis quinto quoque die tepida præbeatur. Sex cyathi uni sufficiunt. Cupidinem coeundi masculus confitetur, quoties circa se amictum caudæ gemmantis incurvat, et singularum capita oculata pennarum locis suis excit cum stridore procurrens. Si ova pavonum gallinis supponantur, excusatæ matres ab incubatione tribus vicibus per annum fœtus edunt. Primus partus quinque ovorum, secundus quatuor, tertius trium vel duorum esse consuevit. Sed electæ, si hoc placuerit, nutrices gallinæ sint, quæ a primo incremento lunæ novem diebus habeant novem ova supposita, quinque pavonina, et cætera sui generis. Decima die [ova] omnia gallinacea subtrahantur, et alia item gallinacea totidem recentia supponantur, [quot ablata sunt,] ut trigesima luna, hoc est expletis triginta diebus, possint cum pavoninis ovis aperiri. Ova autem pavonum, quæ gallinæ subjecta sunt, sæpe manu convertantur, quia hoc ipsa facere vix valebit. Unam partem ovi notabis, ut te subinde convertisse cognoscas. Majores tamen gallinas oportet eligere; nam minoribus pauciora suppones. Natos [autem pullos] si ad unam transferre a pluribus velis, dicit Columella uni nutrici viginti quinque sufficere. Mihi vero, ut bene educi possint, videntur quindecim satis esse. Primis diebus far ordei conspersum vino pullis dabitur, vel undecunque cocta pulticula et refrigerata. Postea adjicietur porrum concisum, vel caseus recens, sed expressus : nam serum pullis nocet. Locustæ etiam pedibus ablatis præbentur. Ita pascendi sunt usque ad sextum mensem. Deinde ordeum poteris præbere solenniter. Trigesimoquinto tamen die postquam nati sunt, etiam in agrum tuto ejici possunt comitante nutrice pascendi, cujus singultu revocantur ad villam. Pituitas vero et cruditates iis remediis submovebis, quibus gallina curatur. Maximum illis periculum est, cum incipit crista produci : nam patiuntur languores infantum similitudine, cum illis tumentes gingivas denticuli aperire nituntur.

XXIX. In phasianis nutriendis hoc servandum est, ut novelli ad creandos fœtus parentur, id est qui anno superiore sunt editi : veteres enim fœcundi esse non possunt. Ineunt fœminas mense Martio vel Aprili. Duabus unus masculus sufficit, quia cæteras aves salacitate non æquant. Semel in anno fœtus creant. Viginti fere ovis pariendi ordo concluditur. Gallinæ his melius incubabunt, ita ut

œufs que l'on donnera à couver à une poule il n'y en ait que quinze de faisanes, et que les autres soient de poules. On observera, quant à la lune et aux jours, ce que nous avons prescrit par rapport aux autres volailles. Les petits écloront le trentième jour de l'incubation. On les nourrira pendant quinze jours de farine d'orge bouillie et tiède, arrosée de quelques gouttes de vin. Par la suite on leur donnera du froment concassé, des sauterelles et des œufs de fourmis. Il est constant qu'il faut les empêcher d'approcher de l'eau, si l'on ne veut point que la pépie les fasse périr. S'ils viennent à l'avoir, on leur frottera habituellement le bec avec de l'ail broyé dans de la poix liquide, ou bien on extirpera le mal par le même procédé que pour les poules. La méthode pour les engraisser consiste à les renfermer pendant trente jours, et à leur donner, pendant tout le temps de leur réclusion, un *modius* de farine de froment pétrie en très-petites boulettes; ou, si l'on veut leur donner de la farine d'orge, il en faudra un *modius* et demi pour les engraisser complétement pendant le temps que nous venons de prescrire. Néanmoins, il faut avoir soin que les boulettes qu'on leur introduira dans le gosier soient graissées d'huile, de crainte qu'elles ne s'arrêtent à la racine de leur langue, ce qui les ferait périr sur-le-champ. On aura aussi la plus grande attention à ne leur point donner de mangeaille nouvelle avant qu'ils aient digéré l'ancienne, parce qu'ils succombent très-facilement aux indigestions.

XXX. Sans herbe et sans eau, les oies ne profitent guère. Cet oiseau est pernicieux aux terrains ensemencés, parce qu'il nuit autant aux semences par sa morsure que par sa fiente. On tire un revenu de ses petits et de ses plumes, que l'on arrache dans l'automne et au printemps. Trois femelles suffisent à un mâle. S'il n'y a pas de rivière dans l'endroit où on les élève, on leur fera une mare d'eau; et si l'on manque d'herbes, on sèmera pour leur nourriture du trèfle, du fenugrec, de la chicorée sauvage et de petites laitues. Les oies blanches sont les plus fécondes; les mélangées ou les brunes le sont moins, parce qu'elles ont passé du genre sauvage à l'état de domesticité. Elles couvent depuis les calendes de mars jusqu'au solstice d'été. Elles pondront davantage si l'on prend des poules pour couver. Nous permettons cependant aux mères désormais hors d'âge d'élever les petits de leur dernière ponte. Lorsqu'elles sont prêtes à pondre, on les conduit à leur logette; et pour peu qu'on l'ait fait une seule fois, elles conserveront l'habitude d'y aller d'elles-mêmes. On fait couver aux poules des œufs d'oies de même que des œufs de paonnes; mais on met des orties sous ceux d'oies, de peur qu'ils ne soient endommagés. Il faut nourrir les oisons dans leur logette les dix premiers jours après leur naissance. Passé ce temps, on pourra les en faire sortir par un temps serein, pour les mener dans des endroits où il n'y ait point d'orties, parce qu'ils en redoutent les piquants. On les engraisse très-bien à l'âge de quatre mois, parce qu'ils engraissent mieux quand ils sont dans un âge tendre. On leur donnera à cet effet de la bouillie trois fois par jour. On les empêchera de circuler, en les renfermant dans un lieu obscur et chaud. En suivant cette méthode, les plus vieilles même engraisseront en deux mois, car les jeunes souvent sont grasses dès le trentième jour. On les engraissera encore mieux en leur donnant du millet trempé dans de l'eau, tant qu'elles en voudront. On peut

quindecim phasianina ova nutrix una cooperiat, [et] cætera sui generis supponantur. In supponendo de luna et diebus quæ sunt in aliis dicta serventur. Trigesimus dies maturos pullos in lumen emittet. Sed per quindecim dies discocto ac refrigerato leviter ordei farre pascentur, cui vini imber aspergitur. Post triticum fractum præbebis et locustas et ova formicæ. Sane ab aquæ prohibeantur accessu, ne eos pituita concludat. Quod si pituitam patientur phasiani, allio cum pice liquida trito rostra eorum debebis assiduus perfricare, vel vitium, sicut gallinis fieri consuevit, auferre. Saginandi hæc ratio est, ut unius modii triticea farina in brevissimas offulas redacta clauso phasiano per xxx dies ministrata sufficiat: vel, si ordeaceam farinam præbere volueris, unius et semissis modii farina per prædictos dies saginam replebit. Observandum sane est, ut offulæ ipsæ oleo levigentur asperso, et ita inserantur faucibus, ne sub infima linguæ parte mergantur: quod si evenerit, statim pereunt. Illud quoque magnopere curemus, ne præbeantur nova alimenta, nisi digestis aliis; quia eos facillime onus cibi hærentis extinguit.

XXX. Anser sane nec sine herba, nec sine aqua facile sustinetur: locis consitis inimicus est, quia sata et morsu lædit et stercore polluit: pullos præstat et plumas, quas et autumno vellamus et vere. Uni masculo tres fœminæ sufficiant. Si desit fluvius, lacuna formetur. Si herba non suppetit, trifolium, fœnum Græcum, agrestia intuba, lactuculas seremus alimento. Alibi fœcundiores sunt; varii vel fusci, minus: quia de agresti genere ad domesticum transierunt. Incubant a calendis Martii usque ad æstivum solstitium. Plus parient, si gallinis ova supponas. Extremum partum matribus jam vacaturis educare permittimus. Pariturae ad haram perducantur. Cum semel hoc feceris, consuetudinem sponte retinebunt. Gallinis sicut pavonina etiam anseris ova supponas. Sed anserina ova ne noceantur, suppositis subjiciatur urtica. Parvi semine papaveris primis decem diebus intus pascendi sunt, postea sereno eos poterimus educere, ubi urtica non fuerit, cujus aculeos formidant. Quatuor mensium bene saginantur: nam melius pinguescunt in tenera ætate. Polenta dabitur in die ter. Large vagandi licentia prohibetur. Loco obscuro claudentur et calido: sic majores etiam secundo mense pinguescunt. Nam parvuli sæpe die trigesimo. Saginantur melius, si ad satietatem milium præbeamus infusum.

mêler toutes sortes de légumes dans leur nourriture, à l'exception de l'ers. Il faut aussi prendre garde que leurs petits n'avalent des poils d'animaux. Les Grecs, pour engraisser les oies, font détremper dans de l'eau chaude deux parties de gruau et quatre parties de son, et leur donnent de cette nourriture à discrétion. Ils facilitent aussi leur engrais en les faisant boire trois fois par jour. Ils leur donnent même de l'eau au milieu de la nuit. Mais si l'on veut que leur foie s'attendrisse, on roulera en petites boulettes des figues sèches broyées et trempées dans de l'eau, et on leur en donnera au bout de trente jours d'engrais, et cela pendant vingt jours consécutifs.

XXXI. Ces arrangements faits, on pourvoira au reste. En effet, il faudra encore avoir auprès de la métairie deux réservoirs d'eau creusés dans le sol ou taillés dans la pierre, qu'il soit facile de remplir d'eau de fontaine ou de pluie. L'un servira aux bestiaux ou aux oiseaux aquatiques, et l'on mettra tremper dans l'autre les baguettes, les cuirs, les lupins, et toutes les autres choses que les paysans sont dans l'usage de plonger dans l'eau.

XXXII. Il n'importe en quel endroit on serrera le foin, la paille, le bois et les cannes, pourvu que cet endroit soit sec, ouvert à tout vent, éloigné de la métairie, dans la crainte du feu.

XXXIII. Le tas à fumier doit avoir sa place dans un lieu très-humide, et qui soit hors de la portée du corps de logis du propriétaire, à cause de la mauvaise odeur qu'il exhale. L'abondance de l'eau procurera au fumier l'avantage de faire mourir les graines d'épines qui pourront s'y trouver entremêlées. Le crottin d'âne est le premier de tous les fumiers, surtout pour les jardins. Vient ensuite celui des brebis, des chèvres et des bêtes de somme; mais la fiente de porc est le pire de tous. La cendre est un excellent fumier. Quoique la fiente de pigeon soit le fumier le plus chaud, celle des autres oiseaux ne laisse pas d'avoir son mérite, si l'on en excepte les oiseaux de marais. Un fumier qui aura pourri pendant une année sera bon pour les terres ensemencées, et n'engendrera point d'herbes; plus vieux, il serait moins bon. Un fumier nouveau sera excellent pour faire foisonner les herbes dans les prés. Les immondices de la mer lavées dans de l'eau douce et mêlées avec d'autres ordures tiendront aussi lieu de fumier. Il en est de même du limon qu'auront déposé les eaux de source ou les rivières en débordant.

XXXIV. Les jardins et les vergers doivent être très-près de la maison. Il faut que le jardin soit précisément au-dessous du tas à fumier, dont le suc seul le fertilisera, et très-éloigné de l'aire, parce que la poussière de la paille lui serait pernicieuse. Un terrain plat, légèrement incliné et arrosé par une eau courante, qui se partage en différents bras, est une heureuse position pour un jardin. Si l'on n'a pas d'eau de source, il faut ou creuser un puits en terre, ou, si l'on ne peut pas y parvenir, construire à la superficie un réservoir que la pluie fournira d'eau, afin que le jardin puisse être arrosé pendant les grandes chaleurs de l'été. A défaut de toutes ces ressources, labourez à trois ou quatre pieds au moins de profondeur, comme dans une terre qu'on façonnerait au *pastinum*. Le jardin qui aura reçu cette façon est à l'épreuve de toutes les sécheresses. Quoique toutes les espèces de terre conviennent à un jardin, pourvu qu'elles soient aidées de fumier à propor-

Inter anserum cibaria legumen omne porrigi potest, excepto ervo. Cavendum est etiam, ne pulli eorum setas glutiant. Græci saginandis anseribus polentæ duas partes et furfuris quatuor aqua calida temperant, et ingerunt pro appetentis voluntate sumenda. Tribus per diem vicibus potu adjuvant. Media quoque nocte aquam ministrant. Peractis vero xxx diebus, si ut jecur his teneratscat, optabis, tunsas caricas et aqua maceratas in offas volutabis exiguas, et per dies viginti continuos ministrabis anseribus.

XXXI. His ordinatis, cætera exequenda sunt. Nam piscinæ duæ vel solo impressæ, vel cavso lapide circa villam esse debebunt; quas facile est aut fonte aut imbre suppleri, ut una ex his usui sit pecoribus vel avibus aquaticis : alia madefaciat virgas et coria et lupinos, et si qua rusticitas consuevit infundere.

XXXII. Fœni, palearum, ligni, cannarum repositiones nil refert in qua parte [fiant,] dummodo siccæ sint atque perflabiles, et longe removeantur a villa propter casum surripientis incendii.

XXXIII. Stercorum congestio locum suum tenere debebit, qui abundet humore, et propter odoris horrenda a prætorii avertatur aspectu. Humor abundans hoc præstabit stercori, ut siqua insunt spinarum semina, putrefiant. Stercus asinorum primum est, maxime hortis; dein ovillum et caprinum et jumentorum; porcinum vero pessimum : cineres optimi; sed columbinum fervidissimum, cæterarumque avium satis utile [est] excepto palustrium. Stercus, quod anno requieverit, segetibus utile est, nec herbas creat : si vetustius sit, minus proderit. Pratis vero recentia stercora proficient ad uber herbarum. Et maris purgamenta, si aquis dulcibus eluantur, mista reliquis vicem stercoris exhibebunt, et limus, quem scaturiens aqua vel fluvii incrementa respuerint.

XXXIV. Horti et pomaria domui proxima esse debebunt. Hortus sit sterquilinio maxime subjectus, cujus eum succus sponte fœcundet. Ab area longe situs [sit.] Nam pulverem palearum patitur inimicum. Felix positio est, cui leniter inclinata planities cursus aquæ fluentis per spatia discreta derivat. Si fons desit, aut imprimendus est puteus : aut, si nequeas hoc, piscina superius construenda erit, ut illinc aquas pluvia conferente, hortus per æstivos rigetur ardores. Si hac omni facultate carueris, semper altius tribus vel quatuor pedibus ad pastini similitudinem fodies hortulum, qui sic cultus negligit siccitates. Sed huic quamvis contra necessitatem mista stercora

tion de leur besoin, il en est cependant telles espèces qu'il faut éviter dans le choix, telles que la craie que nous nommons argile, et la terre rouge. On aura aussi l'attention de distribuer en deux portions les jardins qui n'auront point la ressource d'une humidité naturelle, et d'exposer au midi celle que l'on voudra cultiver en hiver, au nord celle que l'on voudra cultiver en été. Les jardins doivent de plus être fermés; mais il y a plusieurs façons de les enclore. Les uns renferment de la vase entre deux planches qui lui servent de moule, et font ainsi des murs qui ressemblent à ceux de briques. Ceux qui en ont le moyen construisent des murailles de mortier et de pierres. Le plus grand nombre emploie des pierres régulièrement superposées, en se passant de mortier. Quelques-uns entourent de fossés le terrain qu'ils veulent cultiver. Mais c'est une méthode qu'il faut éviter, à moins que le terrain ne soit marécageux, parce que ces sortes de fossés attirent à eux toute l'humidité du jardin. D'autres font des haies avec de l'épine de plant ou de semence sur les bords du jardin, pour lui servir de rempart. Mais le meilleur procédé est de se procurer de la graine de ronce ou d'églantier quand elle est mûre. On la mêle avec de la farine d'ers détrempée. On couvre ensuite de cette préparation de vieux cordages de genêt d'Espagne, de façon que cette graine pénètre l'intérieur de ces cordages et s'y conserve jusqu'au commencement du printemps. Alors on creuse, dans l'endroit où l'on veut former une haie, deux tranchées d'un pied et demi de profondeur, éloignées l'une de l'autre de trois pieds, puis on étend au fond de chacune de ces tranchées les cordages saturés de leur graine, et on les recouvre légèrement de terre. Par ce moyen les pousses paraîtront le trentième jour, et, tant qu'elles seront jeunes, il faudra faciliter leur croissance avec des appuis, qui serviront à les réunir dans les intervalles qu'elles n'auront point remplis. Tout jardin doit être divisé en deux parties: l'une qu'on ensemence en automne et dont la terre doit être remuée dès le printemps; l'autre qui doit être ensemencée au printemps et labourée en automne. Par là les deux labours seront mûris, l'un par le froid, l'autre par le soleil. Il faut faire les planches longues et étroites, c'est-à-dire, qui n'aient que six pieds de large sur douze de long, afin qu'on puisse les partager en deux, pour les purger des mauvaises herbes tant d'un côté que de l'autre. Au reste, les bords en seront redressés à la hauteur de deux pieds dans les climats humides ou arrosés, au lieu qu'il suffira qu'ils soient élevés d'un pied dans les climats secs. Il faudra (si l'on est dans l'usage de faire couler l'eau sur les planches pour les arroser) que les espaces qui les sépareront soient plus élevés que la planche elle-même, afin que l'eau se rende plus aisément sur la planche lorsqu'elle viendra d'un lieu qui la dominera, et qu'après l'avoir bien abreuvée, elle puisse être détournée sur d'autres planches. Quoique nous assignions par la suite les temps de chaque ensemencement mois par mois, chacun se réglera cependant sur la nature du pays et du climat qu'il habite. L'ensemencement d'automne se fera de meilleure heure dans les pays froids que dans les pays chauds, et celui du printemps s'y fera plus tard; au lieu que l'ensemencement d'automne peut être fait plus tard dans les contrées chaudes, comme celui du printemps peut y être fait plus tôt. Il faut toujours semer pendant que la lune croît, et couper ou cueillir quand elle décroît.

XXXV. Remède contre les brouillards et contre

---

quælibet terra conveniat, tamen hæc genera sunt in electione vitanda, creta, quam argillam dicimus, atque rubrica. Illud quoque custodies in hortis, quos humoris natura non adjuvat, ut dividas per partes, et hieme ad meridiem, æstate ad septentrionem spatia colenda convertas. Debent etiam horti esse clausi: sed munitionis multa sunt genera. Alii luto inter formas clauso parietes *figuratos ex lateribus imitantur. Quibus copia suppetit,* maceriæs luto et lapide excitant. Pleriqæ sine luto congesta in ordinem saxa componunt. Nonnulli fossis spatia colenda præcingunt: quod vitandum est, quia horto subducit humores, nisi forte locus palustris colatur. Alii spinarum plantas et semina in munitione disponunt. Sed melius erit rubi semina et spinæ, quæ rubus caninus vocatur, matura colligere, et cum farina ervi ex aqua macerata miscere. Funes dehinc sparteos veteres hoc genere mistionis sic inducere, ut intra funes semina recepta serventur usque ad verni temporis initia. Tunc ubi sepes futura est, duos sulcos tribus a se pedibus separatos, sesquipedis altitudine faciemus, et per utrosque, funes cum seminibus obruemus levi terra. Ita trigesima die procedunt sentes, quos teneros adminiculis opus est adjuvare, quibus inter se [sentes] per spatia vacua relicta jungentur. Partes sane horti sic dividendæ sunt, ut eæ in quibus autumno seminabitur, verno tempore pastinentur: quas seminibus vere complebimus, autumni tempore debebimus effodere. Ita utraque pastinatio decoquetur beneficio algoris aut solis. Areæ faciendæ sunt angustiores et longæ, id est duodecim pedum longitudine, et sex latitudine ut sint propter spatia utrinque purganda divisæ. Margines vero earum locis humidis vel irriguis duobus pedibus erigantur, siccis uno extulisse sufficiet. Inter areas, si humor consuevit effluere, spatia altiora ipsis areis esse debebunt, ut facilius ingrediatur aream de superiore parte humor admissus, et ubi sitientem saturaverit, in alias possit exclusus averti. Serendi tempora licet per menses certa signemus, tamen secundum loci et cæli naturam unusquisque custodiat. Frigidis locis autumnalis satio celerior fiet, verna vero tardior: calidis autem regionibus et autumnalis serior fieri potest et verna maturior. Quæcunque serenda sunt, cum luna crescit, seminentur: quæ secanda sunt vel legenda, cum minuitur.

XXXV. Contra nebulas et rubiginem. Paleas et purgamenta pluribus locis per hortum disposita simul omnia,

la rouille : quand la brume paraît menacer, faites différents tas de toutes les pailles et immondices dispersées dans le jardin, et mettez-y le feu. Il y a de nombreux préservatifs contre la grêle, tels que d'envelopper une meule dans un morceau d'étoffe de couleur de rose; de lever contre le ciel, d'une façon menaçante, des haches ensanglantées; d'entourer tout le jardin de couleuvrée; d'attacher un hibou les ailes étendues; de frotter de suif d'ours les instruments de fer avec lesquels on doit travailler. Il y a des personnes qui conservent de la graisse d'ours battue dans de l'huile, et qui en frottent leurs serpettes avant de faire la taille. Mais cette pratique a besoin d'être tenue secrète, pour celui qui taille tout le premier. Au reste, l'on prétend que sa vertu est si grande, qu'en l'employant, on n'a rien à craindre des brouillards ni des insectes. Le tout est d'y mettre du mystère; autrement le charme est détruit. On répand du marc d'huile nouvelle ou de la suie prise aux voûtes, pour se débarrasser des moucherons et des limaçons. Préservatif contre les fourmis : si la fourmilière est dans le jardin même, on place auprès le cœur d'un hibou ; mais si les fourmis viennent du dehors, on trace une ligne autour du jardin avec de la cendre ou avec de la craie. Préservatif contre les chenilles. On trempe dans du jus de joubarbe ou dans du sang de chenilles les graines que l'on doit semer. Les pois chiches semés parmi les légumes leur servent de préservatif contre un grand nombre d'inconvénients. Il y a des personnes qui jettent sur les chenilles de la cendre de figuier, et qui sèment aussi ou du moins suspendent dans leur jardin de la scille. Quelques-uns, pour écarter les chenilles et autres insectes nuisibles, font faire le tour du jardin à une femme sans ceinture, les cheveux épars et les pieds nus, dans le temps de ses règles

D'autres attachent avec des clous, en différents endroits du jardin des écrevisses de rivière. Préservatif contre les insectes qui nuisent aux vignes. On plonge dans de l'huile les cantharides qui se trouvent communément sur les roses, et on les y laisse macérer. Ensuite, lorsque l'on veut tailler la vigne, on frotte de cette huile les serpettes dont on doit se servir. On fait mourir les punaises, soit avec de la lie d'huile et du fiel de bœuf, dont on frotte les lits ou les autres endroits qui en sont infectés, soit avec des feuilles de lierre broyées dans de l'huile, soit par l'odeur des sangsues brûlées. Pour empêcher que les légumes n'engendrent des animaux pernicieux, faites sécher dans l'écaille d'une tortue toutes les graines que vous aurez à semer, ou bien semez de la menthe en plusieurs endroits de votre jardin, et particulièrement entre les choux. On prétend qu'un peu d'ers semé, surtout dans les endroits où il doit venir des radis ou des raves, produit le même effet. On dit encore qu'en répandant sur les légumes de fort vinaigre mêlé avec du suc de jusquiame, on fait mourir les pucerons dont ces légumes sont infectés. On dit aussi qu'on chasse les chenilles en brûlant par tout le jardin des tiges d'ail sans têtes, et en en promenant çà et là les fumigations. Si l'on veut garantir les vignes de ces animaux, on prétend qu'il faut frotter les serpettes avec de l'ail broyé. On les empêche aussi de pulluler en allumant du bitume et du soufre autour des troncs d'arbres ou des pieds de vigne, ou en faisant bouillir dans de l'eau des chenilles prises dans le jardin voisin, et en arrosant ensuite le sien avec cette eau. Pour empêcher les cantharides de faire tort aux vignes, il faut en écraser sur la pierre qui sert à aiguiser les serpettes. Démocrite assure qu'aucune bête ne pourra nuire aux arbres ni à telle semence que ce soit, si

---

cum nebulas videris instare, combures. Contra grandinem (multa dicuntur.) Panno roseo mola cooperitur. Item cruentæ secures contra cælum minaciter levantur. Item omne horti spatium alba vite præcingitur : vel noctua pennis patentibus extensa suffigitur : vel ferramenta, quibus operandum est, sevo unguntur ursino. Aliqui ursi adipem cum oleo tusum reservant, et falces hoc, cum putaturi sunt, ungunt. Sed hoc in occulto debet esse remedium, ut nullus putator intelligat : cujus vis tanta esse perhibetur, ut neque nebula neque aliquo animali possit noceri. (Interest etiam ut res profanata non valeat.) Contra culices et limaces vel amurcam recentem vel ex cameris fuliginem spargimus. Contra formicas, si in horto habent foramen, cor noctuæ admoveamus; si foris veniunt, omne horti spatium cinere aut cretæ candore signemus. Contra erucas semina, quæ spargenda sunt, sempervivæ succo madefiant vel erucarum sanguine. Cicer inter olera propter multa portenta serendum est. Aliqui cinerem de fico super erucas spargunt. Item squillam vel in horto serunt, vel certe suspendunt. Aliqui mulierem menstruantem, nusquam cinctam, solutis capillis, nudis pedibus contra erucas et cætera hortum faciunt circumire. Aliqui fluviales cancros pluribus locis intra hortum clavis figunt. Contra animalia quæ vitibus nocent, cantharides, quas in rosis invenire consuevimus, oleo mersas resolvi paticris in tabem : et cum putandæ sunt vites, hoc oleo falces [putatorias] perunges. Extinguuntur cimices amurca et felle bubulo lectis aut locis peruncis, vel foliis ederæ tritis ex oleo, vel incensis sanguisugis. Ut olera animalia infesta non generent, in corio testudinis omnia semina, quæ sparsurus es, sicca : vel mentam locis pluribus, maxime inter caules, sere : hoc præstare fertur ervum aliquantulum satum, præcipue ubi radices et rapa nascuntur. Vel acre acetum succo hyoscyami mistum fertur olerum pulices necare, si spargas. Campas fertur evincere, qui fusticulos alii sine capitibus per horti omne spatium comburens nidorem locis pluribus excitarit. Si contra easdem vitibus voluerimus consulere, allio trito falces putatoriæ feruntur ungendæ. Nasci quoque prohibentur, si circa arborum vel vitium crura bitumen et sulfur incendas : vel si ablatas de horto vicino campas excoquas aqua, et per horti tui spatia universa diffundas. Ne cantharides vitibus noceant, in

l'on met dans un vase de terre cuite, plein d'eau et couvert, une grande quantité d'écrevisses de rivière, ou au moins dix de celles de mer, que les Grecs appellent παγούρους; qu'ensuite on expose le vase en plein air; pendant l'espace de dix jours, soumis à l'action du soleil, et qu'on arrose de cette eau tout ce que l'on voudra conserver intact; en répétant la même opération tous les jours, jusqu'à ce que les plantes que l'on veut avoir soient venues, et qu'elles aient acquis une certaine force. On chasse les fourmis en versant de l'origan et du soufre broyés sur l'ouverture de la fourmilière. Cette préparation nuit également aux abeilles. On obtient le même résultat en brûlant des coquilles de limaçons vides, et en bouchant les trous avec leurs cendres. On met en fuite les moucherons en jetant sur eux du galbanum ou du soufre, ainsi que les pucerons en répandant souvent sur le pavé du marc d'huile ou du cumin sauvage broyé dans de l'eau, ou de la graine de concombre sauvage seulement infusée, ou de l'eau dans laquelle on aura fait tremper des lupins mêlés avec de la couleuvrée blanche amère. Mettez dans un plat du marc d'huile bien épais : la nuit, les rats s'y prendront comme au piége. Saturez d'ellébore noir un morceau de fromage ou de pain, une certaine quantité de graisse ou de pâte; ce sera pour eux un poison. Apulée prétend qu'on préserve les graines des mulots en les faisant macérer dans du fiel de bœuf avant de les jeter en terre. Quelques personnes bouchent les trous de ces animaux avec des fleurs de laurier-rose, afin qu'après les avoir rongées, ils meurent des efforts qu'ils font pour sortir. Voici comment les Grecs font la chasse aux taupes. Ils font percer une noix ou toute autre espèce de fruit également solide, qu'ils remplissent de paille et de cire mêlées avec du soufre; après quoi ils font boucher bien exactement tous les petits passages des taupes et tous les conduits d'air extérieur, à l'exception d'un seul qui soit large, et à l'entrée duquel ils font mettre cette noix, laquelle est allumée en dedans, de façon qu'elle puisse recevoir d'un côté le vent qu'elle transmettra de l'autre côté; moyennant quoi les trous se trouvant remplis de fumée, les taupes s'enfuient aussitôt, ou meurent. Si l'on remplit de cendre de chêne les ouvertures des trous des rats sauvages, ils gagneront la gale à force de toucher souvent à cette cendre, et finiront par périr. On met les serpents en fuite avec presque toute sorte de matières amères; et toute fumée de mauvaise odeur est bienfaisante, en ce qu'elle préserve de leur souffle pernicieux. Brûlons donc du galbanum, ou du bois de cerf, ou des racines de lis, ou la corne du pied de chèvre : ce sont toutes matières qui écartent ces monstres venimeux. Les Grecs imaginent que lorsque des nuées de sauterelles s'élèvent tout à coup, il pourra arriver qu'elles passeront sans causer de dommage, si tout le monde se tient caché dans la maison, et que quand même les gens seraient en plein air lorsqu'ils les observeront, elles ne nuiront néanmoins à aucun fruit, pourvu qu'on se retire aussitôt tous à la maison. On dit aussi qu'un moyen sûr pour les chasser est de verser de l'eau dans laquelle on aura fait bouillir des lupins amers ou des concombres sauvages, en la mêlant avec de la saumure. Quelques personnes pensent qu'on peut mettre en fuite les sauterelles ou les scorpions, en brûlant quelques-uns de ces animaux au milieu de leurs semblables. D'autres combattent les chenilles avec de la cendre de figuier. Si ce moyen ne réussit pas, on en fait bouillir quelques-unes dans de l'urine de

cote, qua falces acuuntur, ipsæ sunt conterendæ. Democritus asserit neque arboribus neque satis quibuslibet noceri posse a quibuscunque bestiis, si fluviales cancros plurimos vel marinos, quos Græci παγούρους nominant, non minus quam decem fictili vasculo in aqua missos tegas, et sub dio statuas, ut decem diebus sole vaporentur. Postea quæcunque illæsa volueris esse, [ea aqua] perfundas, et octonis diebus peractis hoc repetas, donec solide, quæ optaveris, adolescant. Formicas abiges, si origano et sulfure tritis foramen asperges. hoc et apibus nocet. Item cochlearum vacuas testas si usseris, et eo cinere foramen inculces. Culices galbano infuso fugantur aut sulfure. Pulices amurca per pavimentum frequenter aspersa, vel cymino agresti cum aqua trito, vel si cucumeris agrestis semen aqua resolutum sæpe infundes, vel aquam lupinorum psilotri austeritatibus junctam. Mures, si amurcam spissam patinæ infuderis, et in domo nocte posueris, adhærebunt. Item necabuntur, si helleboro nigro caseum vel panem vel adipes vel polentam permisceas et offeras. Et agrestis cucumeris et colocynthidis suffusio sic nocebit. Adversus mures agrestes Apuleius asserit semina bubulo felle maceranda ante quam spargas. Nonnulli rhodadaphnes foliis aditus eorum claudunt, qui rosis his, dum in exitu nituntur, intereunt. Talpas Græci hoc genere persequuntur : Nucem perforari jubent, vel aliquod pomi genus soliditatis ejusdem. Ibi paleas et cedriam cum sulfure sufficienter includi. Tunc omnes parvulos aditus et reliqua spiramenta talparum diligenter obstrui, unum foramen, quod amplius sit, reservari, in cujus aditu nucem intus incensam sic poni, ut ab una parte flatus possit accipere, quos ab alia parte diffundat : sic impletis fumo cuniculis talpas vel fugere protinus, vel necari. Mures rusticos, si querneo cinere aditus eorum satures, attactu frequenti scabies occupabit ac perimet. Serpentes prope omni amaritate fugantur, et nocentes spiritus innocentia fumi graveolentis exagitat. Uramus galbanum vel cervi cornua, radices lilii, capræ ungulas. Hoc genere monstra noxia prohibentur. Opinio Græcorum est, his nubes locustarum repente surrexerint, latentibus intra tecta cunctis hominibus, eam posse transire : quod si inobservantes homines sub aere deprehendant, nulli fructuum noceri, si continuo omnes ad tecta confugiant. Pelli etiam dicuntur amari lupini vel agrestis cucumeris aqua decocta, si muriæ mista fundatur. Existimant aliqui locustas vel scorpios fugari posse,

bœuf et du marc d'huile mêlés ensemble par parties égales ; et lorsque cette liqueur est refroidie, on en arrose tous les légumes. Les Grecs donnent le nom de πραςοχούριδες aux animaux qui causent ordinairement du dommage dans les jardins. Il faudra couvrir légèrement de terre, dans l'endroit où ces animaux se seront le plus multipliés, le ventricule d'un mouton à l'instant qu'il aura été tué, et sans le vider. Deux jours après, on y trouvera ces animaux rassemblés par tas; et, pour peu que l'on répète cette opération deux ou trois fois, on détruira toutes ces espèces malfaisantes. On croit qu'on peut se garantir de la grêle en portant autour de ses domaines une peau de crocodile, ou d'hyène, ou de veau marin, et en la suspendant à l'entrée de la métairie ou de la cour, lorsque le fléau paraîtra imminent. On prétend aussi que si l'on se promène dans les vignes en portant dans la main droite une tortue de marais renversée sur le dos, qu'à son retour on la pose à terre dans la même situation, en remplissant la concavité de sa carapace de mottes de terre, pour l'empêcher de se retourner et la forcer de rester couchée sur le dos, les nuées les plus dangereuses ne feront que passer sur l'endroit muni de ce préservatif. Il y a des personnes qui, aussitôt qu'elles se voient menacées de ce péril, reçoivent l'image de la nuée dans un miroir qu'elles lui présentent en face, et viennent à bout de la détourner par ce moyen (soit que le nuage se déplaise à voir se réfléchir sa figure, soit qu'il pousse plus loin, croyant la place occupée par son double). On croit aussi qu'une peau de veau marin, jetée sur un petit cep au milieu d'un vignoble, a quelquefois préservé le vignoble entier des accidents qui le menaçaient. On prétend que toutes les semences d'un jardin ou d'un champ sont à l'abri de tout accident et de toute bête malfaisante, lorsqu'on les a fait macérer, avant de les jeter en terre, avec des racines de concombre sauvage broyées. Il faut aussi mettre dans son jardin le crâne d'une cavale qui ait souffert les approches de l'étalon, ou même celui d'une ânesse, parce que l'un et l'autre passent pour féconder par leur présence tout ce qui les environne.

XXXVI. L'aire doit être voisine de la métairie, tant pour faciliter le transport du blé, qu'afin de le mettre plus à l'abri de la fraude; parce qu'on supposera que le maître ou l'agent ne sont pas loin. Il faut que le sol en soit pavé de cailloux, ou qu'elle soit taillée dans le roc, ou que ce soit un terrain qui ait été affermi, vers le temps où le blé doit être battu, tant par les pieds des bestiaux que par l'eau dont on l'aura imbibé. Elle doit de plus être close et munie de forts barreaux, à cause des bêtes de somme qu'on y fera entrer dans le temps où l'on battra le blé. Il faut avoir dans son voisinage un autre terrain plat et bien découvert, dans lequel on puisse transporter les blés pour y prendre l'air avant d'être serrés dans les greniers ; précaution utile pour qu'ils se gardent longtemps. On pratiquera aussi auprès de l'aire, n'importe de quel côté, surtout dans les contrées humides, un couvert sous lequel on mettra les blés à la hâte, dans le cas de pluies imprévues (si la nécessité y contraint), battus ou à moitié battus. Quant à l'aire elle-même, elle sera placée dans un lieu élevé, et où le vent donne de tous les côtés; pourvu néanmoins qu'elle soit éloignée des jardins, des vignes et des vergers, parce que, si le fumier et la paille sont utiles aux racines des arbrisseaux, d'un autre côté, lorsque ces matières s'attachent à leurs feuilles, elles les percent et les dessèchent.

---

si aliqui ex eis urantur in medio. Campas nonnulli ficulneo cinere persequuntur. Si permanserint, urina bubula et amurcæ æqualiter mista conferveant, et ubi refrixerint, olera omnia hoc imbre consperge. Πρασοχούριδες Græci vocant animalia, quæ solent hortis nocere. Ergo ventriculum vervecis statim occisi plenum sordibus suis spatio, quo abundant, leviter debebis operire. Post biduum reperies ibi animalia ipsa congesta. Hoc cum bis vel tertio feceris, genus omne, quod nocebit, extingues. Grandini creditur obviare, si quis crocodili pellem vel hyænæ vel marini vituli per spatia possessionis circumferat, et in villæ aut cortis suspendat ingressu, cum malum viderit imminere. Item si palustrem testudinem dextra manu supinam ferens vineas perambulet, et reversus eodem modo sic illam ponat in terra, et glebas dorsi ejus objiciat curvaturæ, ne possit inverti, sed supina permaneat. Hoc facto fertur spatium sic defensum nubes inimica transcurrere. Nonnulli ubi instare malum viderint, oblato speculo imaginem nubis accipiunt, et hoc remedio nubem (seu ut sibi objecta displiceat, seu tanquam geminata alteri cedat) avertunt. Item vituli marini pellis in medio vinearum loco uni superjecta viticulæ creditur contra imminens malum totius vineæ membra vestisse. Omnia semina horti vel agri feruntur ab omnibus malis ac monstris tuta servari, si agrestis cucumeris tritis radicibus ante macerentur. Item equæ calvaria sed non virginis intra hortum ponenda est, vel etiam asinæ. Creduntur enim sua præsentia fœcundare, quæ spectant.

XXXVI. Area longe a villa esse non debet, et propter exportandi facilitatem, et ut fraus minor timeatur, domini vel procuratoris vicinitate suspecta. Sit autem vel strata silice, vel saxo montis excisa, vel sub ipso trituræ tempore ungulis pecorum et aquæ admistione solidata; clausa deinde et robustis munita cancellis propter armenta, quæ, cum teritur, inducimus. Sit circa hanc locus alter planus et purus, in quem frumenta transfusa refrigerentur, et horreis inferantur : quæ res in eorum durabilitate proficiet. Fiat deinde [undecunque] proximum tectum, maxime in humidis regionibus : sub quo propter imbres subitos frumenta (si necessitas coëgerit) raptim vel munda vel semitrita ponantur. Sit autem [area] loco sublimi et undecunque perflabili, longe tamen ab hortis, vineis, atque pometis. Nam sicut radicibus virgultorum prosunt lætamen et paleæ, ita insidentes

XXXVII. On placera le domicile des abeilles près du corps de logis du propriétaire, dans un coin du jardin retiré, exposé au soleil, à l'abri des vents, et très-chaud. La forme en sera quadrangulaire, comme moins favorable aux voleurs et moins accessible aux passants et aux bestiaux. Il faut que les fleurs y abondent : c'est pourquoi on s'attachera à les multiplier, soit en herbes, soit en arbustes, soit en arbres. Il y aura, en fait d'herbes, de l'origan, du thym, du serpolet, de la sarriette, de la mélisse, des violettes sauvages, de l'asphodèle, de la citronelle, de la marjolaine, de cette jacinthe que l'on appelle *iris* ou *gladiolus* à cause de sa ressemblance avec un petit glaive, du narcisse, du safran, et d'autres herbes d'odeur et de saveur douces. En fait de plantes à haute tige, des roses, des lis, des fèves, du romarin, du lierre. En arbres francs, des jujubiers, des amandiers, des pêchers, des poiriers et d'autres arbres fruitiers, dont la fleur ne rende aucune amertume lorsqu'on la suce. En arbres sauvages, des chênes qui produisent le gland, des térébinthes, des lentisques, des cèdres, des tilleuls, des petites yeuses et des pins. Mais on en écartera les ifs, qui sont nuisibles à ces insectes. Le suc du thym donne la première qualité de miel; la thymbre, le serpolet ou l'origan, la seconde ; le romarin et la sarriette, la troisième. Les autres plantes, telles que l'arbousier et les légumes, donnent un miel d'un goût sauvage. Les arbres seront plantés du côté du nord. On arrangera les arbrisseaux et les arbustes par ordre sous les murailles, et l'on sèmera les herbes dans le surplus du terrain au delà des arbustes. Il faut y amener une fontaine ou un ruisseau, dont le cours soit lent, et fréquemment interrompu par des bas-fonds, sur lesquels s'étendront des branches clair-semées, où les abeilles puissent se poser en sûreté lorsqu'elles viendront y boire. Mais il faut que les ruches soient éloignées de tout ce qui exhale une mauvaise odeur, comme bains, étables, éviers. Il faut les garantir en outre de leurs ennemis naturels, tels que lézards, cloportes, et autres semblables. On effrayera aussi les oiseaux avec des épouvantails et des sonnettes. Le gardien des abeilles s'en approchera souvent en observant d'être propre et chaste dans le temps qu'il les visitera, et d'avoir de nouvelles ruches prêtes à recevoir les jeunes essaims encore sans expérience. Éloignez-les de l'odeur de la fange ou de l'écrevisse brûlée, aussi bien que du voisinage d'un écho. On se gardera d'avoir des herbes de tithymalle, d'ellébore, de tapsie, d'absynthe, de concombre sauvage, ou aucune plante amère; tous éléments antipathiques à la préparation du miel.

XXXVIII. Les meilleures ruches sont celles qui sont faites d'écorce de liège, parce qu'elles sont impénétrables au chaud comme au froid. On peut néanmoins en faire de férules, ou, à défaut de férules, on emploiera des baguettes d'osier, ou l'excavation d'un tronc d'arbre, ou on les fabriquera avec des douves, comme l'on fait des cuves. Les ruches de terre cuite sont les pires de toutes, parce qu'elles sont glaçantes en hiver, et brûlantes en été. Au reste, il faudra construire, dans l'enclos même dont nous avons parlé, des murs à hauteur d'appui, c'est-à-dire, de trois pieds d'élévation, que l'on revêtira d'un mortier de brique, et que l'on crépira avec du stuc bien poli, pour parer aux dommages que causent ordinairement les lézards et les autres reptiles. On

---

frondibus [eas] perforant, atque arere compellunt.

XXXVII. Apibus stationem non longe a domini ædibus in horti parte secreta et aprica et a ventis remota et calidiore locare debemus, quæ in quadratam constituta mensuram fures et accessus hominum pecudumque submoveat. Sit abundans floribus, quos in herbis vel infruticibus, vel in arboribus procuret industria. Herbas nutriat origanum, thymum, serpyllum, satureiam, melisphyllum, violas agrestes, asphodilum, citraginem, amaracum, hyacinthum, qui iris vel gladiolus dicitur similitudine foliorum, narcissum, crocum, cæterasque herbas suavissimi odoris et floris. In fruticibus vero sint rosæ, lilia, fabæ, rosmarinus, ederæ : in arboribus ziziphus, amygdalus, persicus, pirus pomiferaque arbores, quibus nulla amaritudo respondet flore desucto. Silvestria vero, glandifera robora, terebinthus, lentiscus, cedrus, tilia, ilex minor, et pinus. Sed taxi removeantur inimicæ. Primi saporis mella thymi succus effundit. Secundi meriti thymbra, serpyllum vel origanum tertii meriti rosmarinus et satureia. Cætera, ut arbutus et olera saporem rustici mellis efficiunt. Sint autem arbores a septentrionali parte dispositæ. Frutices atque virgulta ordines suos sub maceriis exequantur. Herbas deinde in plano post frutices conseremus. Fons vel rivus huc conveniat otiosus, qui humiles transeundo formet lacunas, quas operiant rara et transversa virgulta, sedes tutas apibus præbitura cum sitient. Sed ab his apium castris longe sint omnia odoris horrendi, balneæ, stabula, coquinæ fusoria. Fugemus præterea animalia quæ sunt apibus inimica, lacertos, blattas et his similia. Aves etiam pannis et crepitaculis terreamus. Purus custos frequens et castus accedat, habens nova alvearia præparata, quibus excipiatur examinum rudis juventus. Vitetur odor cœni, et cancer adustus, et locus qui ad humanam vocem falsa imitatione respondet. Absint et herbæ tithymalus, helleborum, thapsia, absinthium, cucumis agrestis, et omnis amaritudo conficiendæ adversa dulcedini.

XXXVIII. Alvearia meliora sunt, quæ cortex formabit raptus ex subere, quia non transmittunt vim frigoris aut caloris. Possunt tamen et ex ferulis fieri. Si hæc desint, salignis viminibus fabricentur, vel ligno cavatæ arboris, aut tabulis, more cuparum. Fictilia deterrima sunt, quæ et hieme gelantur, et æstate fervescunt. Sed inter ea loca, quæ muniri debere præcepimus, podia ternis alta pedibus fabricentur inducta testaceo et albario opere levigata, propter lacertorum cæterorumque anima-

mettra ensuite les ruches sur ces murs, de façon que la pluie ne puisse pénétrer jusqu'à elles, avec l'attention de laisser entre elles de petits intervalles. Il faut cependant que l'ouverture des ruches soit étroite, pour que les essaims ne souffrent ni du froid ni du chaud. Il leur faut encore la protection d'un mur plus élevé, qui réfléchira le soleil sur le domicile des abeilles, en le protégeant contre les vents froids. Toutes les ouvertures des ruches seront en face du soleil d'hiver, et il en faudra deux ou trois dans chaque panier, dont la largeur n'excède pas la grosseur du corps d'une abeille; parce que la petitesse du passage empêchera les animaux malfaisants de le forcer; et s'ils attendent les abeilles pour les attaquer à leur sortie, celles-ci pourront sortir par un côté différent de celui où ils seront à l'affût.

XXXIX. Lorsque l'on fera emplette d'abeilles, on aura soin de n'acheter que des ruches qui soient bien remplies. Or, on sera assuré qu'elles le sont, soit à l'inspection même de la ruche, soit au murmure considérable qui s'y fera entendre, soit aux rentrées ou aux sorties fréquentes de l'essaim. Il faudra aussi les acheter dans le voisinage plutôt que dans un canton éloigné, de peur que le changement d'air ne les incommode. Si cependant l'on est dans le cas d'en faire venir de loin, on apportera les ruches pendant la nuit, en se gardant de les mettre en place ou de les ouvrir avant la chute du jour. On examinera ensuite, pendant trois jours de suite, si l'essaim ne sort point tout à la fois, parce que ce serait un signe de désertion. Nous donnerons par détail ce qu'il y aura à faire chaque mois, pour obvier à cet accident et à d'autres. On croit cependant que les abeilles ne prennent jamais la fuite, lorsqu'on a frotté les ouvertures des paniers avec la fiente d'un veau premier-né.

XL. Le chef de famille fera bien, s'il a de l'eau en suffisance, de songer à construire une salle de bains, parce que c'est une chose qui contribue beaucoup à l'agrément et à la santé. Cette salle sera placée à portée de la chaleur du fourneau, mais à l'abri de l'humide vapeur qui s'en exhale. On lui donnera des jours du côté du midi et de celui du couchant d'hiver, afin que les rayons du soleil y arrivent tout le jour, et l'égayent. Voici comme on fera le souterrain au-dessus duquel les bains seront placés. On commencera par en couvrir l'aire de dalles de deux pieds, convergentes vers le centre dans un degré d'inclinaison tel, qu'une balle jetée dessus doive nécessairement rouler jusqu'au foyer. C'est le moyen que la flamme, dont la direction est naturellement verticale, échauffe davantage les bains. On construira sur ce pavé des piliers de petites briques liées entre elles avec un mortier d'argile et de crin, espacés entre eux d'un pied et demi, et élevés de deux pieds et demi. On établira sur ces piliers deux tuiles de deux pieds l'une sur l'autre, que l'on couvrira d'un mortier de terre cuite qui servira de pavé; après quoi on y mettra du marbre si l'on en a suffisamment. Quant au *miliarium* de plomb, qui sera assis sur un plateau de cuivre, on le mettra directement au-dessus du fourneau, et on le fera passer entre les bains. Il y aura un tuyau dirigé vers ce *miliarium*, pour y conduire l'eau froide; et il en partira un autre de même calibre que le premier qui sera dirigé vers le bain, pour y porter autant d'eau chaude que le premier tuyau aura porté d'eau froide dans le *miliarium*. Les salles de bains seront disposées de

lium noxam, quibus est moris irrepere : et supra hæc podia alvearia collocentur, ita ut non possint imbre penetrari, spatiolis inter se patentibus segregata. Angustus tamen aditus admittat examina propter frigoris et caloris injuriam. Sane ventis frigidioribus altus paries resistat, qui locum possit defensis sedibus apricare. Aditus omnes soli opponantur hiberno, qui in uno cortice duo vel tres esse debebunt ea magnitudine, quæ apis formam non possit excedere. Sic enim noxiis animalibus ingressu resistetur angusto : vel si apes obsidere voluerint exeuntes, alio, (ubi non fuerint,) utentur egressu.

XXXIX. Apes si emendæ sunt, provideamus ut plena alvearia comparentur : quam rem vel inspectio vel murmuris magnitudo vel frequentia monstrat commeantis ac remeantis examinis : [et] ex vicina potius quam [ex] longinqua regione, ne aëris novitate tententur. Si vero longius advehendæ sunt, nocte collo portentur : nec collocare nec aperire alvearia nisi vespere instante, debemus. Speculemur deinde per triduum, ne omne januas suas egrediatur examen. Hoc enim signo fugam meditantur assumere. Contra hæc et cætera, suo unumquodque mense reddemus. Tamen creduntur non fugere, si stercus primogeniti vituli adlinamus oribus vasculorum.

XL. Non alienum est, si aquæ copia patiatur, patremfamilias de structura balnei cogitare; quæ res et voluptati plurimum confert et saluti. Itaque balneum constituemus in ea parte, qua calor futurus est, loco ab humore suspenso, ne uligo eum fornacibus vicina refrigeret. Lumina ei dabimus a parte meridiana et occidentis hiberni, ut tota die solis juvetur et illustretur aspectu. Suspensuras vero cellarum sic facies : aream primo bipedis sternis, inclinata sit tamen stratura ad fornacem, ut si pilam miseris, introstare non possit, sed ad fornacem recurrat. Sic eveniet ut flamma altum petendo, cellas faciat plus calere. Supra hanc straturam pilæ laterculis argilla subacta et capillo constructæ fiant distantes a se spatio pedis unius et semissis, altæ pedibus binis semis. Super has pilas bipedæ constituantur binæ in altum, atque his superfundantur testacea pavimenta, et tunc, si copia est, marmora collocentur. Miliarium vero plumbeum, cui ærea patina subest, inter soliorum spatia forinsecus statuamus fornace subjecta, ad quod miliarium fistula frigidaria dirigatur, et ab hoc ad solium similis magnitudinis fistula procedat, quæ tantum calidæ ducat interius, quantum fistula illi frigidi liquoris intulerit. Cellæ autem sic disponantur, ut quadræ non sint, sed, (verbi gratia) si xv pedibus longæ fuerint, x

façon qu'elles ne forment pas le carré, mais que si elles ont, par exemple, quinze pieds de long, elles n'en aient que dix de large, parce que la chaleur sera plus intense dans un lieu étroit. La forme du siége qui sera dans le bain sera à la volonté de chacun. Les salles de bains d'été recevront le jour du côté du septentrion, et celles d'hiver le recevront du côté du midi. Il faut, si faire se peut, qu'elles soient situées de façon que leur décharge s'écoule tout entière à travers les jardins. Les voûtes de ces salles, qui seront faites en ouvrage de Signia, seront les plus solides; mais si on les fait de planches, ces planches seront soutenues avec des arcs de fer traversés par des verges de fer. Si on ne veut point que ces voûtes soient faites en planches, on mettra sur ces arcs et sur ces verges des tuiles de deux pieds, rassemblées par des crampons de fer, et liées entre elles avec un mortier de crin et d'argile; après quoi on les revêtira par-dessous d'un enduit de terre cuite, qu'on embellira ensuite avec du stuc bien poli. On peut aussi, si l'on consulte ses intérêts, faire ses appartements d'hiver au-dessus des bains, c'est le moyen d'entretenir la chaleur sous son habitation, et d'épargner des fondations.

XLI. Puisque nous en sommes sur le chapitre des bains, il est bon de connaître le ciment dont on se sert pour réparer les ouvrages destinés à contenir l'eau, tant chaude que froide; parce que si les bains viennent à se crevasser, on pourra y remédier sur-le-champ. Voici la composition du ciment qu'on emploie pour réparer les ouvrages destinés à contenir de l'eau chaude. On prend de la poix dure, de la cire blanche, de l'étoupe, de la poix liquide, de la terre cuite réduite en poudre et de la fleur de chaux, de façon que le poids de la cire blanche soit égal à celui de la poix dure, et que celui de la poix liquide soit moitié du poids total de ce mélange. On mêle toutes ces matières ensemble; et après les avoir broyées dans un mortier, on fait remplir les crevasses de cette composition. Autre recette : On broie avec un pilon du sel ammoniac réduit en poudre, des figues, de l'étoupe et de la poix liquide, et on enduit les crevasses de cette composition. Autre recette : On enduit les crevasses de sel ammoniac et de soufre réduits l'un et l'autre en poudre, ou bien on les en remplit. On les enduit aussi de poix dure et de cire blanche mêlées ensemble et saupoudrées de sel ammoniac, et l'on fait passer le cautère par-dessus cet enduit. On les enduit encore de fleur de chaux et d'huile mêlées ensemble, et l'on se garde bien d'y mettre de l'eau aussitôt après. Autre recette : On mêle de la fleur de chaux avec du sang de taureau et de l'huile, et l'on enduit les fentes avec cette composition. On broie encore ensemble des figues, de la poix dure et des écailles d'huîtres sèches, et on enduit avec attention les fentes avec ce mélange. Voici aussi le ciment qu'on emploie pour réparer les ouvrages destinés à contenir de l'eau froide. On broie ensemble avec un pilon du sang de bœuf, de la fleur de chaux et du mâchefer, et on en fait une espèce de cérat, dont on enduit ces ouvrages. On empêche également l'eau froide de filtrer entre des fentes, en les enduisant de suif fondu, mêlé avec de la cendre passée au crible.

XLII. Si l'on fait une grande consommation d'eau dans les bains, il faut en diriger l'écoulement vers les boulangeries, où l'on établira des moulins à eau; ce qui sera une grande économie de travail pour les hommes et les bêtes.

XLIII. On se pourvoira de tout l'attirail nécessaire à la campagne. Voici en quoi il consiste : des

latæ sint : fortius enim vapor inter angusta luctabitur. Soliorum forma pro uniuscujusque voluntate fundetur. Piscinales cellæ in æstivis balneis a septentrione lumen accipiant, in hiemalibus a meridie. Si fieri potest, ita constituantur balneæ, ut omnis earum per hortos decurrat eluvies. Cameræ in balneis [si] signinæ [fiant,] fortiores sunt. Quæ vero de tabulis fiunt, virgis ferreis transversis, et ferreis arcubus sustinentur. Sed si tabulas nolis imponere, super arcus ac virgas bipedas constitues ferreis ancoris colligatas, capillo inter se atque argilla subacta cohærentes, et ita impensam testaceam subter inducis : deinde albarii operis nitore decorabis. Possumus etiam, si compendio studemus, hiberna ædificia balneis imponere : hinc et habitationi teporem submittimus, et fundamenta lucramur.

XLI. Scire convenit, quoniam de balneis loquimur, quæ sunt malthæ calidariæ vel frigidariæ, ut siquando in soliis scissa sunt opera, possit repente succurri. Calidariæ compositio talis est : Picem duram, ceram albam ponderibus æquis, stupam, picis liquidæ totius ponderis dimidiam partem, testam minutam, florem calcis, omnia simul mista in pila contundes, et juncturis curabis inserere. Aliter : Ammoniacum remissum, ficum, stupam, picem liquidam tundis pilo, et juncturas oblinis. Aliter : Ammoniacum et sulfur utrumque resolutum line, vel infunde juncturis. Item picem duram, ceram albam et ammoniacum super remissum simul juncturis adline, et cautere cuncta percurre. Item florem calcis cum oleo mistum juncturis illine, et cave ne mox aqua mittatur. Aliter : Sanguini taurino et oleo florem calcis admisce, et rimas conjunctionis obducito. Item ficum et picem duram, et ostrei testas siccas simul tundes. His omnibus juncturas diligenter adlines. Item malthæ frigidariæ, sanguinem bubulum, florem calcis, scoriam ferri, pilo universa contundes, et ceroti instar efficies, et curabis adlinire. Item sevum liquefactum cribellato cineri admistum frigidæ aquæ inter rimas labenti, si adlinatur, obsistet.

XLII. Si aquæ copia est, fusuras balnearum debent pistrina suscipere; ut ibi formatis aquariis molis, sine animalium vel hominum labore frumenta frangantur.

XLIII. Instrumenta vero hæc, quæ ruri necessaria sunt, paremus. Aratra simplicia, vel si plana regio permittit,

charrues simples, ou , si l'on cultive un pays plat qui en permette l'usage, des charrues à oreilles, par le moyen desquelles on fasse les raies du labour plus élevées, afin que les semences pendant l'hiver souffrent moins du séjour des eaux ; des hoyaux, des bêches, des serpettes pour tailler les arbres et la vigne. *Item*, des faux, tant pour la moisson que pour la fenaison ; des houes, des *lupi*, c'est-à-dire, des scies emmanchées tant grandes que petites, dont les plus grandes n'aient pas cependant plus d'un *cubitus*, afin de pouvoir être introduites facilement dans les troncs d'arbres ou dans les ceps de vigne, à l'effet de les couper, ce qui serait impraticable avec une scie commune ; des alênes pour enfoncer les sarments dans les terres façonnées au *pastinum* ; des serpettes tranchantes par le dos, et faites en forme de croissant. *Item*, de petits couteaux recourbés, avec lesquels on puisse couper aisément les rejetons secs des jeunes arbres, ou ceux qui empiètent sur le tronc. *Item*, de très-petites faucilles à dents, avec lesquelles on est dans l'usage de couper la fougère; de plus petites scies que celles dont nous avons parlé, des houes, des outils pour extirper les épines, des haches simples ou faites en forme de doloires, des sarcloirs simples ou à deux fourchons, ou des haches dont le dos ressemble à des râteaux. *Item*, des cautères, des instruments de fer, tant pour la castration que pour la tonte, ou pour le traitement des animaux malades ; des tuniques de peau avec des capuchons, des guêtres et des gants de peau qui puissent servir non-seulement dans les forêts, mais encore dans les buissons, tant aux travaux rustiques qu'à la chasse. Après avoir achevé tout ce qui concerne les préceptes généraux, nous allons à présent détailler les travaux de chaque mois de l'année, en commençant par celui de janvier.

LIVRE SECOND.

JANVIER.

I. Il faut déchausser les vignes ce mois-ci dans les climats tempérés; c'est ce que les Italiens appellent *excodicare* (essarter). Cette opération consiste à ouvrir, avec précaution, la terre à l'aide de la doloire autour du tronc de la vigne, et à y laisser des espèces de rigoles circulaires après en avoir bien nettoyé toutes les racines, afin que la chaleur du soleil et la pluie l'excitent à pousser.

II. C'est le moment de nettoyer les prés et de les mettre à l'abri des insultes des bestiaux, dans les lieux exposés au soleil, ou maigres, ou secs.

III. On peut déjà donner le premier labour et les premiers apprêts aux terrains gras ou secs; mais il vaut mieux attacher les bœufs au joug par le cou que par la tête. Lorsque les bœufs seront arrivés au bord du sillon, le laboureur, avant de les faire retourner, les retiendra, et poussera le joug en avant, afin que leurs cous se rafraîchissent. Un sillon de labour ne doit pas avoir plus de cent vingt pieds de long ; et il faut prendre garde de laisser de la terre entre les sillons sans la retourner. On brisera toutes les mottes de terre avec la doloire. Pour reconnaître si la terre a été remuée également partout, on sonde les sillons transversalement avec une perche ; et cette précaution réitérée souvent empêche les bouviers de tomber dans la négligence sur ce point. Il faut observer de ne pas labourer un champ lorsqu'il est bourbeux, ou lorsqu'il est humecté d'une pluie légère après de longues sécheresses (comme

---

aurita, quibus possint contra stationes humoris hiberni sata celsiore sulco attolli. Bidentes, dolabras, falces putatorias, quibus in arbore utamur et vite. Item messorias vel fœnarias, ligones, lupos, id est serrulas manubriatas minores majoresque ad mensuram cubiti, quibus facile est, quod per serram fieri non potest, resecando trunco arboris, aut vitis interseri : acus, per quas in pastinis sarmenta merguntur : falces a tergo acutas atque lunatas : cultellos item curvos minores, per quos novelli arboribus surculi aridi aut extantes facilius amputentur. Item falciculas brevissimas tribulatas, quibus filicem solemus abscindere ; serrulas minores, vangas, runcones, quibus vepreta persequimur ; secures simplices vel dolabratas ; sarculos vel simplices vel bicornes, et ascias in aversa parte referentes rastros. Item cauteres, castratoria ferramenta atque tonsoria, vel quæ ad animalium solent pertinere medicinam. Tunicas vero pellicias, cum cucullis, et ocreas manicasque de pellibus, quæ vel in silvis, vel in vepribus, rustico operi et venatorio possint esse communes. Expletis his quæ ad generale pertinent præceptum, nunc operas suas singulis mensibus explicabimus, et a mense Januario faciemus initium.

LIBER SECUNDUS.

I. Januario mense locis temperatis ablaqueandæ sunt vites, qua Itali excodicare appellant, id est circa vitis codicem dolabra terram diligenter aperire, et purgatis omnibus velut lacus efficere, ut solis teporibus et imbribus provocentur.

II. Apricis, aut macris, aut aridis locis prata jam purganda sunt, et a pecore vindicanda.

III. Pingues et sicci agri proscindi et apparari jam possunt. Sed boves melius collo quam capite junguntur; quos ubi ad versuram venerint, arator retineat, et jugum propellat, ut eorum colla refrigerentur. Sulcus autem in arationibus longior, quam centum viginti pedum esse non debet. Servandum vero est, ne inter sulcos non mota terra relinquatur. Glebæ omnes dolabris dissipandæ sunt. Sed æqualiter terram motam esse cognoscis, si transversam per sulcos perticam mittas : quæ res sæpius facta, bubulcos ad hæc negligentia submovebit. Observandum est, ne lutosus ager aretur, aut, quod sæpe sit, post longas siccitates levi imbre perfusus. Nam terra quæ lutosa tractatur in primordio, fertur toto anno non posse trac-

il arrive fréquemment); car on prétend qu'une terre à laquelle on a touché pour la première fois, dans le temps qu'elle était bourbeuse, ne peut plus être maniée de toute l'année; et l'on assure que lorsqu'on en laboure une pendant que sa superficie est légèrement humectée et que l'intérieur en est sec, elle devient stérile pour trois ans. C'est pourquoi il ne faut donner le premier labour qu'à des terres qui soient médiocrement humectées, sans être ni bourbeuses ni sèches. Si ce sont des collines, on y fera les sillons en travers sur les pentes, et on observera la même marche lorsqu'on les ensemencera.

IV. Lorsque l'hiver n'aura point été rude, on sèmera dans les climats tempérés, vers les ides de janvier, de l'orge de Galatie, qui est un grain pesant et blanc. Il en faudra huit *modii* pour ensemencer un *jugerum*.

V. On sème la gesse ce mois-ci dans un terrain gras, sous un climat humide. Il en faut trois *modii* pour ensemencer un *jugerum*. Mais cette espèce de semence réussit rarement, parce que les vents du midi ou la sécheresse, qui sont des accidents presque inévitables au temps qu'elle fleurit, en font tomber la fleur.

VI. On sème à la fin de ce mois-ci la vesce que l'on a intention de ne pas couper en fourrage, et de récolter en graine. Il en faut six *modii* pour ensemencer un *jugerum*. Il faut la semer après la seconde ou la troisième heure du jour, lorsque la rosée, qu'elle ne peut pas supporter, aura disparu, et dans une terre qui ait reçu le premier labour. Mais on aura l'attention de la couvrir aussitôt de terre, parce que, si elle restait à découvert pendant la nuit, l'humidité la corromprait. On observera de ne pas la semer avant le vingt-cinquième jour de la lune; autrement les limaçons la dévoreraient.

VII. Nous semons en Italie le fenugrec que nous devons récolter en graine à la fin du mois de janvier, vers les calendes de février. Six *modii* suffisent pour ensemencer un *jugerum*. Il faut que les sillons de la terre dans laquelle on le sème soient serrés, mais non profonds, parce qu'il vient difficilement quand il est enfoncé de plus de quatre doigts en terre. C'est pourquoi il y a des personnes qui ne se servent que de charrues très-petites pour donner le premier labour à la terre dans laquelle elles le sèment, et qui le recouvrent aussitôt de terre avec des sarcloirs.

VIII. On peut aussi semer l'ers à la fin de ce mois-ci dans un terrain sec et maigre. On en sème cinq *modii* par *jugerum*.

IX. Il faut profiter des jours secs et sereins de ce mois-ci pour sarcler les blés, quand il ne gèle point. La plupart des auteurs prétendent que c'est une opération qu'il ne faut jamais faire, parce qu'elle découvre ou qu'elle coupe les racines des blés, de façon qu'ils périssent aux froids qui viennent ensuite; mais il me semble qu'on peut la faire, pourvu que ce ne soit que dans des terrains pleins d'herbes. Au surplus, on sarcle le froment et le blé *ador* quand ils ont quatre feuilles; l'orge, quand elle en a cinq; les fèves et les légumes, lorsqu'ils sont élevés de quatre doigts au-dessus de terre. Pour le lupin, qui n'a qu'une seule racine, il périrait si on le sarclait. D'ailleurs il n'exige pas qu'on lui donne ce soin, parce qu'il fait mourir les herbes lui-même, et sans le secours du cultivateur. Quant à la fève, si on la sarcle deux fois, elle profitera d'autant mieux, et produira des fruits aussi recommandables par leur grosseur que remarquables par leur quantité, puisqu'il n'en faudra presque pas plus pour combler la mesure d'un *modius* lorsqu'ils seront moulus,

---

tari : quæ autem supra leviter infusa est, et subter sicca, si tunc aretur, asseritur per triennium sterilis fieri. Et ideo mediocriter infusus ager, ut nec lutosus nec aridus sit, proscindi debet. Si collis est, transversus per latera sulcetur. Quæ forma tunc servanda est, cum semen accipiet.

IV. Si clemens fuerit hiems, ordeum Galaticum, quod grave et candidum est, circa idus Januarias seramus locis temperatis. Octo modiis jugerum complebitur.

V. Cicercula mense hoc seritur loco læto, cælo humido. Tres modii jugerum complent. Sed hoc genus seminis raro respondet, quia decipitur austro, vel siccitate dum floret; quod tunc prope necesse est evenire.

VI. Hoc mense ultimo colligendi seminis causa, non pabuli secandi, vicia seritur. Jugerum sex modii occupant. Serenda est in terra proscissa post horam secundam vel tertiam, cum ros esse desierit, quem ferre non potest. Sed statim cooperienda est ante noctem. Nam si nuda manserit, noctis humore corrumpitur. Observandum est ne ante vigesimamquintam lunam seratur; quia sic satam limaces persequuntur.

VII. Fœnum græcum in Italia colligendi seminis causa mense Januario ultimo circa Februarias calend. serimus. Sex modii jugero sufficiunt. Arandum est spisse, sed non alte. Nam si plus quam quatuor digitis obruatur, difficile nascitur. Idcirco quidam minimis aratris proscissa prius terra seminant, et sarculis statim sata cooperiunt.

VIII. Ervum seri et hoc mense novissimo potest loco sicco et macro. In jugero quinque modii seruntur.

IX. Hoc mense serenis et siccis diebus, dum gelicidium non est, sunt sarculanda frumenta. Quod opus plerique negant fieri debere, quia radices eorum detegantur aut incidantur, et necentur frigore subsecuto. Mihi autem videtur herbosis locis tantum esse faciendum. Sed triticum et far sarritur quatuor foliorum, ordeum quinque; faba et legumina, cum supra terram quatuor digitis fuerint. Lupinus vero, quia unam radicem habet, si sarculetur, extinguitur; quod nec desiderat, quia herbas præter auxilium cultoris affligit. Faba autem si bis sarculetur, proficiet, et multum fructum et maximum afferet; ut ad mensuram modii complendi fresa propemodum sicut integra respondeat. Si siccas segetes sarculaveris, aliquid con-

35.

qu'il n'en faudrait s'ils étaient en cosses. En sarclant les plantes dans le temps qu'elles sont sèches, c'est un petit secours qu'on leur procure contre la rouille. L'orge surtout doit être sarclée quand elle est sèche.

X. C'est à présent le temps de façonner la terre au *pastinum*; ce qui se fait de trois façons, ou en remuant toute la superficie du terrain, ou en y faisant des tranchées, ou en y creusant des fosses. Il faut fouiller un terrain dans toute son étendue quand il est en friche, afin de le débarrasser des souches et des racines de fougère, ou d'autres mauvaises herbes. Mais quand ce sont des jachères qui ne sont point embarrassées, il faut les façonner au *pastinum* en y creusant des fosses, ou mieux des tranchées, parce que ces dernières livreront passage à l'eau, de façon qu'elle abreuvera tout le terrain. On fera donc ces tranchées de la longueur que l'on voudra donner aux planches, et de deux pieds et demi ou de trois pieds de largeur, de façon que deux travailleurs la creusent ensemble au hoyau, en se réglant sur une ligne qui sera marquée au cordeau, et cela à la profondeur de trois pieds ou de deux pieds et demi. Après quoi, s'il s'agit d'un vignoble qui doive être cultivé à mains d'homme, ils laisseront sans le remuer un intervalle de terrain égal à celui qu'ils auront labouré, et creuseront une autre tranchée de la même façon que la première; au lieu que s'il s'agit de vignobles qui doivent être labourés à la charrue, ils laisseront entre chaque tranchée un intervalle de cinq ou six pieds sans le fouiller. Si l'on veut faire des fosses, on leur donnera trois pieds de profondeur, deux pieds et demi de largeur, et trois pieds de longueur. Soit que l'on cultive les vignobles à mains d'homme, soit qu'on les cultive avec des bœufs, on laissera entre ces fosses, dans l'un ou l'autre cas, les mêmes intervalles que ceux que nous avons prescrits à l'égard des tranchées. Mais il ne faut pas donner aux fosses plus de trois pieds de profondeur, de peur que les sarments qu'on y plantera ne soient incommodés par le froid. Il faut que les côtés des fosses soient coupés à pic, de peur que si le cep s'y trouvait posé obliquement, il ne vînt à être blessé par suite des efforts que ferait le fossoyeur pour pénétrer au fond de la terre avec ses outils. Quant aux terrains façonnés au *pastinum*, dont on voudra remuer la terre dans toute leur étendue, on les fouillera à la profondeur de trois pieds ou de deux pieds et demi, et l'on prendra garde que l'ouvrier ne dissimule par fraude des parties de terre non labourées. C'est à quoi veillera le gardien, en sondant de temps en temps le terrain à mesure qu'il sera fouillé, avec une verge sur laquelle sera marquée la mesure de la profondeur que nous venons de prescrire. On fera aussi rejeter sur la superficie du terrain toutes les racines et toutes les immondices, et principalement celles qui proviennent de ronces ou de fougère. Il faut prendre ces soins dans tous les terrains, quelle que soit leur position, et par tout pays.

XI. Pour ce qui est de la distribution du terrain en planches, le propriétaire suivra son goût, ou se réglera sur l'exigence du lieu, pour la faire, soit en formant des planches d'un *jugerum* entier, soit en les faisant d'un *semijugerum*, soit enfin en ne faisant que des planches *quartanariæ*, c'est-à-dire, des planches carrées qui ne contiendront que le quart du *jugerum*.

XII. Voici la mesure de terre façonnée au *pastinum* que contiendra la planche carrée d'un *jugerum* entier. Chacun de ses côtés aura cent quatre-vingts pieds de longueur, lesquels, mul-

---

tra rubiginem præstitisti. Maxime ordeum siccum sarrietur.

X. Pastinum fieri nunc tempus est : quod fit tribus generibus, aut terra in totum fossa, aut sulcis, aut scrobibus. Terra tota debet effodi, ubi ager immundus est, ut silvestribus truncis et radicibus filicis, vel herbarum noxiarum spatia liberentur. Ubi autem mundæ sunt novales, scrobibus pastinemus aut sulcis : sed sulcis melius erit, quia humorem velut in totum spatia pastinata transmittunt. Fiunt ergo sulci tanta longitudine, quantam destinaveris tabulæ; latitudine pedum duorum et semis, vel trium, ita ut juncti duo fossores designatum linea spatium bidentibus persequantur altitudine trium vel duorum et semis pedum. Deinde si ligonibus per homines vinea colenda est, tantum crudi soli relinquimus, et sic alter sulcus imprimitur. Si vero arandæ sunt vineæ, quinque vel sex pedum spatia, quæ non sunt fodienda, in medio relinquemus. Quod si scrobes fieri placeat; faciemus tribus pedibus altas, duobus semis latas, tribus longas. Sive fossoribus colantur vineta, seu bubus, eadem spatia, quæ inter sulcos sunt dicta, servemus. Ultra tres vero pedes altius fodiendæ scrobes non sunt, ne laborent frigore sarmenta quæ pangimus. Latera scrobibus æqualiter incisa sint, ne obliqua vitis saucietur alte nitentibus ferramentis cum fossor incumbet. Pastini vero, quod omne versabitur, trium vel duorum semis pedum altitudine terra universa fodietur. In quo est adhibenda diligentia, ne crudum solum fraude occulta fossor includat. Quam rem subinde custos virga, in qua prædictæ altitudinis modus designatus est, per spatia quæ fodiuntur, exploret. Radices omnes et purgamenta, maxime rubi et filicis, in summum regeri faciat. Quæ cura in omni positionis genere et ubique servanda est.

XI. Tabulas autem pro domini voluntate vel loci ratione faciemus sive integrum jugerum continentes, seu medium; seu quartanariam tabulam, quæ quartam jugeri partem quadrata conficiet.

XII. Mensura vero pastini hæc est, [ut] in tabula quadrata jugerali centeni octogeni pedes per singula latera dirigantur, qui [in se] multiplicati trecentos vigintiquatuor decempedas quadratas per spatium omne complebunt. Secundum hunc numerum omnia quæ volueris pastinare,

tipliés l'un par l'autre, donneront, pour toute sa superficie, trois cent vingt-quatre perches carrées de dix pieds chacune. Or, on estimera, d'après ce calcul, tous les terrains que l'on voudra façonner au *pastinum*, puisque dix-huit perches de dix pieds chacune, multipliées par dix-huit, en donneront trois cent vingt-quatre. Ainsi cet exemple apprendra à mesurer tous les terrains, selon qu'ils seront plus ou moins grands.

XIII. Le terrain qu'on destine à la vigne doit n'être ni trop compacte ni trop meuble, mais tenir plutôt de la dernière condition. Il ne le faut ni maigre ni gras tout à fait, mais quelque chose d'approchant; ni plat ni abrupte, mais légèrement exhaussé; point sec, encore moins marécageux, mais arrosé modérément; enfin, qu'il ne soit ni salé ni amer, parce que tous ces défauts corrompent le vin et le rendent désagréable au goût. Il faut aussi une température moyenne, mais plutôt tiède que froide, plutôt sèche qu'humide. Mais ce que la vigne redoute le plus, ce sont les tempêtes et les vents. Quand on voudra façonner un terrain au *pastinum*, on en choisira un de préférence qui soit inculte, ou entièrement couvert de broussailles. La pire de toutes les qualités qu'il pourrait avoir serait d'avoir été anciennement planté en vignes. Si cependant l'on est forcé par la nécessité de tourner son choix sur un terrain pareil, il faudra commencer par le tourmenter par de fréquents labours, afin d'extirper les racines des anciens ceps, et de détruire tout ce qu'ils laissent après eux de détritus et de pourriture, avant de lui confier le jeune plant. Le tuf ou tel autre terrain d'une espèce même plus dure, quand ils sont ramollis par l'action successive de la gelée et du soleil, portent de très-belles vignes, parce qu'ils maintiennent leurs racines fraîches en été, et qu'ils conservent bien l'humidité. Pour le roc qui est couvert de terre, il n'expose jamais les racines de la vigne à souffrir la soif pendant l'été, parce qu'il est frais et qu'il conserve bien l'humidité. Il en est de même d'un gravier résolu en poussière, d'un terrain plein de cailloux et de pierres mouvantes (pourvu néanmoins que toutes ces natures de terrains soient mélangées de quelques mottes de terre qui soient grasses), ainsi que des terrains sur lesquels la terre s'éboule des hauteurs voisines, ou des vallées engraissées par les dépôts de limon que les eaux y ont formés; quoique tout ceci ne doive s'entendre que des lieux qui n'ont à craindre ni la gelée ni les brouillards. La terre mêlée d'argile est encore bonne pour la vigne; mais l'argile pure lui est très-contraire, ainsi que les autres choses que j'ai détaillées dans les préceptes généraux. Pour les terrains qui n'auront jamais produit que de misérables broussailles, ou qui seront marécageux, ou salés, ou amers, ou altérés et secs, il faut y renoncer. Le sable noir ainsi que le rouge sont bons, pourvu qu'ils soient mêlés de terre forte. Le charbon maigrit les vignes, à moins qu'il ne soit fumé. Elles prennent difficilement dans la terre rouge. Il est vrai que par la suite elles y trouvent suffisamment de nourriture. Mais cette espèce de terre est rebelle à la culture, parce que, pour peu que l'humidité ou le soleil s'y fassent sentir, elle se détrempe ou se dessèche trop. Au surplus, le meilleur sol est celui qui tient le milieu entre tous les extrêmes, et qui approche plutôt d'un terrain léger que d'un terrain compacte. Il faut que la vigne soit exposée, dans les pays froids, au midi; dans les pays chauds, au nord; dans les pays tempérés, au levant: pourvu cependant que la contrée ne soit point sujette à des vents de midi ou d'est qui soient malfaisants; auquel cas on fera mieux d'exposer ses vignobles au vent d'aquilon ou au *Favonius*. Il faut commencer par débar-

---

discuties. Decem et octo enim decempedæ, decies et octies supputatæ, trecentas vigintiquatuor explebunt. Quo exemplo docebris in majore agro vel minore mensuram.

XIII. Sed solum vineis ponendis nec spissum sit nimis nec resolutum; propius tamen resoluto : nec exile, nec lætissimum; tamen læto proximum : nec campestre, nec præceps; sed potius edito campo : nec siccum nec uliginosum; modice tamen roscidum : nec salsum nec amarum, quod vitium sapore corruptio vina contristat. Cælum mediocris qualitatis, tepidum tamen magis quam frigidum, siccum potius quam nimis imbridum. Sed ante omnia vitis procellas ventosque formidat. Ad pastinandum rudes agros potius eligamus, vel maxime silvestres. Ultima conditio est ejus loci, in quo fuerunt vetusta vineta. Quod si necessitas coegerit, prius multis arationibus exerceatur, ut abolitis radicibus prioris vineæ, et omni ejus carie et squalore depulso, novella vitis tutius possit induci. Tofus et alia duriora, ubi gelu relaxantur et solibus, pulcherrimas vineas ferunt, refrigeratis æstate radicibus, et humore detento. Sed et soluta glarea et calculosus ager et mobiles lapides, si tamen hæc omnia glebis se pinguibus miscuere, et silex, cui terra superposita est, quia frigidus est et humoris tenax, radices æstate sitire non patitur. Item loca, ad quæ de cacuminibus terra decurrit, vel valles, quas fluminum saturabit aggestio : sed hoc in iis locis, quæ gelu et nebulis infesta esse non possunt. Argillosa terra commoda est, argilla autem sola graviter inimica, et cætera quæ in generalibus dixi. Nam locis, qui minus virgulta produxerit, vel uliginosus vel salsus vel amarus vel siticulosus et aridus improbatur. Niger sabulo et rubeus utilis est, sed cui fortis terra permista est. Carbunculus, nisi stercoretur, macras vineas reddit. In rubrica difficilius comprehendunt, quamvis postea nutriantur. Sed hoc genus terræ operibus inimicum est, quia parvo vel humore vel sole aut nimis madescit aut siccatur. At maxime utile solum est, quod inter omnes nimietates temperamentum tenebit, et raro proximum, quam denso fuerit. Plagam cæli vinea spectare debet locis frigidis meridianam, calidis septentrionalem, tepidis orientem; si tamen Austros vel Euros regio non habeat inimicos. Quod si hoc est vitium,

rasser le terrain que l'on voudra façonner au *pastinum*, de tous les obstacles qu'on y pourra rencontrer, et de tous les arbres qui s'y trouveront brisés, de peur que, lorsque la terre aura été fouillée, elle ne se raffermisse par la suite à force d'être foulée aux pieds. Si le terrain est plat, on le labourera au *pastinum* à la profondeur de deux pieds et demi; si c'est une petite éminence de terre, on la labourera à la profondeur de trois pieds; si c'est une colline escarpée, on la labourera à la profondeur de quatre pieds, de peur que la terre n'en soit trop tôt entraînée; enfin si c'est une vallée, on la labourera à la profondeur de deux pieds. Mais il ne faut pas donner plus d'un pied et demi au labour dans un terrain marécageux, d'où l'on verrait jaillir l'eau s'il était fouillé plus profondément, tel que le territoire de Ravenne. Des expériences suivies m'ont appris que les vignes viennent mieux lorsqu'elles sont plantées, soit au moment que la terre vient d'être fouillée, soit peu de temps après, c'est-à-dire, avant que le gonflement de la terre, occasionné par le labour au *pastinum*, soit affaissé, et qu'elle ait repris sa fermeté. J'ai fait la même remarque à l'égard des tranchées ou des fosses, surtout quand la terre était de moyenne qualité.

XIV. Il faut semer la laitue au mois de janvier ou de décembre, pour la transplanter au mois de février. On la sème aussi au mois de février, pour pouvoir la transplanter au mois d'avril. Mais il est certain qu'on peut très-bien la semer dans tout le courant de l'année, pourvu que ce soit dans un terrain gras, fumé et arrosé. On en coupera les racines également, et on les enduira de fumier liquide avant de la planter; ou si elle est déjà plantée, on les mettra à jour pour leur donner du fumier. Cette plante veut un terrain qui soit bien remué, gras, humide et fumé. Il faut arracher les herbes qui croîtront entre les laitues avec la main, et non pas avec le sarcloir. La laitue deviendra plus épaisse si on la sème clair, ou si, après avoir coupé légèrement sa tige lorsqu'elle commencera à pousser, on la comprime avec une motte de terre ou avec une tuile. On croit qu'on fait blanchir les laitues en jetant fréquemment sur la planche du sable de rivière ou de mer, et en rassemblant leurs feuilles pour les lier. Si la laitue vient à durcir par le vice du terrain, ou par l'effet de la température ou de la mauvaise qualité de la graine, on la déterrera et on la replantera de nouveau, pour la rendre plus tendre. Elle aura aussi plusieurs goûts différents, si, après avoir creusé délicatement, avec une alêne, une crotte de chèvre, et avoir inséré dedans de la graine de laitue, de cresson alénois, de basilic, de roquette et de raifort, on enveloppe cette crotte dans du fumier, et qu'on l'enfonce dans une petite fosse creusée sur un terrain soigneusement cultivé. En effet, le raifort se portera vers la racine de laitue, et les autres plantes s'élanceront par en haut ainsi que la laitue elle-même, qui les absorbera en conservant le goût de chacune d'elles. D'autres obtiennent le même résultat par le procédé que voici: ils déterrent une laitue, enlèvent les feuilles qui tiennent à ses racines, et, après les avoir piquées à l'endroit par où elles y tiennent avec un scion d'arbre, ils y insèrent les graines que nous venons de nommer, à l'exception de celle du raifort, et les recollent avec du fumier; après quoi ils remettent en terre cette laitue ainsi greffée, et qui croît entourée de toutes ces diverses semences. On a donné à la laitue le nom de *lactuca*, parce qu'elle contient une grande quantité de lait. Il est constant qu'il faut semer dans ce mois-ci, comme en tout autre temps, le cresson alénois, n'importe en quel lieu ni sous

---

melius in Aquilonem vel Favonium vineta dirigimus. Sed locus qui pastinandus est, prius impedimentis et omnibus (elisis) liberetur arboribus, ne post calcata assiduo terra effossa solidetur. Si campus est, duobus semis pedibus pastinetur; si clivus, tribus; collis praeruptus quatuor, ne citius terra decurrat; vallis vero duobus pedibus. Sed ager uliginosus, qui humores altius fossus cructat, sicut Ravennatis soli, non amplius quam in pedem semis effodiatur. Illud experimentis assiduis comprehendi, vites melius provenire, si vel statim fossae terrae, vel non longe ante, pangantur, cum tumor pastini nondum repetita soliditate subsedit. Haec quoque in faciendis sulcis et scrobibus approbavi, maxime ubi mediocris est terra.

XIV. Mense Ianuario lactuca serenda est, vel Decembri, ut planta ejus Februario transferatur. Itemque Februario seritur, ut possit Aprili mense transferri. Sed certum est eam toto anno bene seri, si locus sit laetus, stercoratus, irriguus. Antequam pangatur, radices ejus resecemus aequaliter, et liquido fimo linamus: (vel) quae jam pactae sunt, nudatae laetamen accipiant. Amant solum subactum, pingue, humidum, stercoratum. Inter has herba manu evellenda est, non sarculo. Latior fit, si rara ponatur, vel cum producere incipiet caulem, eo leviter inciso gleba prematur aut testa. Candidae fieri putantur, si fluminis arena vel litoris frequenter spargatur in medias, et collectis ipsae foliis alligentur. Si vitio loci vel temporis vel seminis cito lactuca durescit, planta ejus avulsa et denuo posita teneritudinem consequetur. Item multis seminibus condita nascetur, si caprini stercoris baccam subula subtiliter excavaveris, et in ea semen lactucae, nasturtii, ocimi, erucae, radicis immiseris, et tunc involutam fimo baccam terra optime culta, brevi scrobe demerseris. Raphanus nititur in radicem. Caetera semina in summo, lactuca pariter emergente, prosiliunt, singulorum sapore servato. Alii hoc ita assequuntur: Avulsae lactucae folia carpunt, quae radicibus juncta sunt, et in eisdem gradibus surculo punctis, praeter raphanum, semina supradicta deponunt, ac fimo adlinunt. Sic obruta iterum lactuca praedictorum seminum caulibus ambietur. Lactuca dicta est, quod abundantia lactis exuberet. Hoc mense nastur-

quel climat. Il ne veut point de fumier ; et quoiqu'il aime l'eau, il s'en passe aisément. On dit qu'en le semant avec la laitue, il vient à merveille. Ne tardez pas à semer la roquette à présent, ainsi que dans tel mois et en tel lieu qu'il vous plaira. On peut aussi semer les choux dans ce mois-ci, comme pendant toute l'année, quoiqu'il sera mieux de les semer dans les autres mois que nous leur avons assignés dans le courant de cet ouvrage. On sème aussi très-bien l'ail et l'oignon de Cypre ce mois-ci ; mais l'ail profite mieux dans une terre blanche que partout ailleurs.

XV. On sème très-bien les cormes au mois de janvier, de février et de mars dans les pays froids, et dans les pays chauds, aux mois d'octobre et de novembre, en les mettant en terre dans une pépinière quand elles sont mûres. J'ai personnellement éprouvé que des arbres venus naturellement de leurs propres fruits avaient souvent très-bien réussi, et que non-seulement ils croissent heureusement, mais qu'ils rapportent beaucoup. Cependant on peut à son gré en obtenir du plant, pourvu qu'on le mette en terre dans les pays chauds au mois de novembre, dans les pays tempérés aux mois de janvier ou de février, et dans les pays froids vers la fin du mois de mars. Ces sortes de fruits aiment les lieux humides, montagneux, et qui tiennent plus du froid que du chaud. Ils veulent aussi un terrain qui soit très-gras, qualité dont on aura un indice certain, lorsqu'il en viendra une grande quantité par tout le terrain. Il faut transférer les cormiers en pied quand ils sont devenus forts. Ils veulent être plantés dans une fosse profonde, et séparés l'un de l'autre par de larges intervalles, afin que l'agitation continuelle du vent (qui leur est très-utile) les aide à croître. S'ils sont tourmentés par certains vermisseaux malfaisants, ordinairement roux et poilus, qui s'insinuent dans l'intérieur de leur moelle, on arrache de l'arbre quelques-uns de ces animaux, sans l'endommager ; et on les brûle dans son voisinage. C'est, dit-on, le moyen de les chasser ou de les faire périr. Lorsque cet arbre commence à rapporter moins de fruit, on insère dans ses racines un coin de bois de pin, ou bien l'on pratique au pied une fosse, que l'on remplit ensuite d'un amas de cendre. On greffe les cormiers au mois d'avril sur eux-mêmes, sur coignassier et sur épine blanche sauvage, et on les greffe tant sur le tronc qu'entre l'écorce. Voici la manière de conserver les cormes. On les cueille dans le temps qu'elles sont encore dures, et on les serre ; lorsqu'ensuite elles commencent à mûrir, on en remplit jusqu'aux bords de petites cruches de terre que l'on recouvre de gypse, et que l'on enterre, la gueule renversée par en bas, dans une fosse de deux pieds, creusée dans un endroit sec et exposé au soleil ; après quoi on les recouvre avec de la terre que l'on foule aux pieds. On les coupe aussi par quartiers, et on les fait sécher au soleil, à l'effet de les conserver dans de petits vaisseaux, pour l'hiver. Lorsqu'on veut ensuite en faire usage, on les met tremper dans de l'eau bouillante, et elles reprennent toute leur saveur agréable. Quelques personnes les cueillent vertes avec leurs queues, et les suspendent dans des lieux ombragés et secs. On dit aussi que l'on fait du vin ainsi que du vinaigre avec des cormes mûres, de même qu'avec des poires. D'autres disent que l'on peut conserver longtemps des cormes dans du vin cuit jusqu'à diminution de moitié. L'amande se sème aux mois de janvier et de février, et dans les pays chauds, aux mois d'octobre et de novembre, tant en nature qu'en rejetons que l'on arrache de la racine d'un grand amandier. Mais la meilleure

---

tium constat et omni tempore esse ponendum, loco quali placebit, et cælo : fimum non desiderat : humorem quamvis diligat, tamen deesse non curat. Si cum lactuca seratur, nasci fertur egregie. Et nunc et mensibus quibus volueris et locis, erucam serere ni moreris. Hoc etiam mense caules et toto anno seri possunt, sed melius aliis quibus adscriptum est. Hoc etiam mense allium et ulpicum bene seritur : sed allio alba terra proficiet.

XV. Mense Ianuario, Februario et Martio locis frigidis, calidis vero Octobri et Novembri sorba seruntur egregie, ita ut matura in seminario ipsa poma pangantur. Ego expertus sum multas arbores ex pomis sponte progenitas et in crescendo et in ferendo extitisse felices. Plantas etiam si quis ponere voluerit, habebit arbitrium, dummodo calidis locis mense Novembri, temperatis Ianuario vel Februario, frigidis Martio inclinante disponat. Amat loca humida, montana et frigidis proxima, et solum pinguissimum : cujus indicium certissimum facit, si frequens ubicumque nascatur. Planta est transferenda robustior ; scrobem desiderat altiorem, et spatia largiora, ut, quod illi maxime prodest, a ventis frequentibus agitata grandescat. Si vermes patietur infestos, qui in ea rufi ac pilosi solent medullæ interna sectari, aliquos ex his sine arboris injuria detractos, vicino crememus incendio. Creduntur hoc genere vel fugere vel perire. Si minus ferre cœperit, tedæ cuneus ejus radicibus inseratur, vel circa partem ultimam fossa facta cumulo ingesti cineris adaquetur. Mense Aprili sorba inserantur in se, in cydoneo, in spina alba, vel in trunco, vel cortice. Sorba servantur hoc genere : Lecta duriora, ac posita, ubi mitescere cœperint, fictilibus usque ad plenum clauduntur urceolis, gypso desuper tectis, et bipedanea scrobe loco sicco sub sole merguntur ore perverso, et desuper spissius terra calcatur. Item secta per partes siccantur in sole, et servantur in vasculis in hibernum. Cum voluerimus uti, aqua ferventi macerata revirescunt sapore jucundo. Aliqui cum pediculis suis viridia lecta suspendunt locis opacis et siccis. Item ex sorbis maturis sicut ex piris vinum fieri traditur et acetum. Alii sorba in sapa asserunt diu posse servari. Amygdalus seritur Ianuario et Februario, item locis calidis Octobri et Novembri, semine et plantis, quæ de majoris radice tolluntur. Sed in hoc genere arboris nihil utilius est quam

méthode, à l'égard de cette espèce d'arbre, est d'en faire des pépinières. On fouillera donc une superficie quelconque de terrain à la profondeur d'un pied et demi, et on y enterrera des amandes, en ne les couvrant pas de plus de quatre doigts de terre; de façon qu'elles soient fichées en terre par la pointe, et séparées de deux pieds l'une de l'autre. Les amandiers aiment un terrain dur, sec et plein de gravier, ainsi qu'un climat très-chaud, parce qu'ils ont coutume de fleurir de bonne heure. Il faut les disposer de façon qu'ils soient exposés au midi. Lorsqu'ils auront pris quelque croissance dans la pépinière, on y laissera le nombre de pieds suffisants pour la remplir, et on transplantera les autres au mois de février. Mais on choisira, pour les mettre en terre, des amandes nouvelles et qui soient grosses; et avant de les y mettre, on les fera tremper la veille dans de l'hydromel qui ne soit pas trop miellé, de peur que l'acidité du miel ne fasse mourir le germe. D'autres commencent par les faire macérer dans du fumier liquide pendant trois jours; après quoi ils les laissent pendant un jour et une nuit dans de l'hydromel, qui n'ait cependant qu'un soupçon de douceur. Lorsque l'on aura arrangé des amandes dans une pépinière, s'il survient de la sécheresse, on les arrosera trois fois par mois, et on les débarrassera souvent des herbes qui croîtront autour d'elles, en les bêchant. La terre de la pépinière doit être mêlée de fumier. Il suffira de laisser vingt ou vingt-cinq pieds d'intervalle entre ces arbres. Il faut les tailler au mois de novembre, et en retrancher les branches superflues, sèches et trop drues. Il faut les mettre à l'abri des insultes des bestiaux, parce que, en les rongeant, ils rendent leurs fruits amers. Il ne faut jamais les bêcher quand ils sont en fleur, autrement la fleur tomberait.

Ils rapportent davantage quand ils sont vieux. S'ils ne sont pas fertiles, on fichera dans leur racine, après l'avoir percée avec une tarière, un coin de bois gommeux de pin, ou bien on y insérera un caillou, de façon que l'écorce le recouvre par la suite. Martialis dit que voici la manière de les préserver dans les pays froids des gelées blanches qui y sont à craindre. On découvre leurs racines avant qu'ils soient en fleur, et on accumule autour de ces racines de très-petites pierres blanches mêlées de sable, que l'on couvre d'abord de terre, et que l'on retire par la suite, lorsque le temps où ils doivent germer paraît approcher. Il prétend aussi que l'amandier donnera des amandes tendres, si on déchausse ses racines avant qu'il soit en fleur, et qu'on les arrose d'eau chaude pendant quelques jours. D'amères que sont les amandes, on les rend douces, soit en bêchant le pied de l'amandier à trois doigts de distance de sa racine, et en pratiquant sur le tronc une ouverture à travers laquelle filtrera l'humeur qui lui fait tort; soit en le perçant par le milieu avec une tarière, en fichant dans ce trou un coin de bois enduit de miel; soit en répandant autour de ses racines de la fiente de porc. Les amandes avertissent du moment où elles sont mûres et bonnes à être cueillies; c'est celui où elles quittent leur écorce. Elles se conservent longtemps, sans aucun soin de la part de l'homme. Si leur peau s'enlève difficilement, elle se relâchera bientôt, pour peu qu'on les ensevelisse dans de la paille. De même si, après les avoir dépouillées de leur peau, on les lave dans de l'eau de mer ou dans de l'eau salée, elles blanchissent et se conservent plus longtemps. On greffe les amandiers au mois de décembre ou au mois de janvier, vers les ides, et même au mois de février dans les pays froids, pourvu cependant que l'on ait eu soin de serrer d'avance

---

seminarium facere. Fodiemus ergo altam pede uno semis aream, in qua obruemus amygdala, non amplius quatuor digitis, ita ut cacumina figamus in terra spatio inter se binorum pedum separata. Amant agrum durum, siccum, calculosum, cælum calidissimum, quia mature florere consueverunt. Ita statuendæ sunt arbores, ut ad meridiem spectent. Cum in seminario adoleverint, relictis ibi quæ spatio sufficiant plantis, alias transferemus mense Februario. Sed ipsa amygdala ad ponendum et nova legamus et grandia, quæ antequam ponamus, pridie mulsa aqua, ita ut ne nimis, maceremus, ne germen extinguat ex multo melle mordacitas. Alii prius fimo liquido per triduum nuces eas macerant: deinde die et nocte esse patiuntur in mulsa, sed quæ suspicionem tantum possit habere dulcedinis. Cum in seminario amygdala disponimus, si siccitas intercesserit, ter in mense rigemus, et herbis nascentibus circumfodiendo sæpe purgemus. Terra seminarii lætamen habere debet admistum. Spatia inter arbores viginti aut vigintiquinque pedum dedisse sufficiat. Putandæ sunt Novembri mense, ut superflua et arida et densa tollamus. Servandæ sunt a pecore; quia, si rodantur, amarescunt.

Circumfodi non debent quoties florent, quia inde flos ejus excutitur. In vetustate plus affert : Si ferax non est, tedæ cuneum terebrata radice mergamus, vel silicem sic inseramus, ut libro tegente claudatur. Locis frigidis, ubi metus est de pruina, Martialis dicit hoc remedio subveniri : Antequam floreant, radices nudantur, et albi lapides minutissimi misti arenis congeruntur, et ubi jam tutum videbitur ut debeant germinare, effossi iterum lapides submoventur. Teneras nuces amygdalus creabit (ut dicit) si ante florem radicibus ablaqueatis per dies aliquot calida aqua ingeratur. Ex amaris dulces fiunt, si circumfosso stipite tribus digitis a radice fiat caverna, per quam noxium desudet humorem, vel medius truncus terebretur, et cuneus ligni melle oblitus imprimatur; vel [si] circa radices suillum stercus affundas. Amygdala ad legendum maturitatem fatentur, cum fuerint spoliata corticibus. Hæc sine cura hominis servantur in longum. Si difficulter corium dimittent, paleis obruta continuo relaxabunt. Item decoriata si aqua marina lavemus aut salsa, et candida fiunt, et plurimum durant. Mense Decembri et Ianuario circa Idus amygdalus inseritur : locis vero frigidis et Februa-

les scions que l'on emploiera avant qu'ils germent. Les meilleurs scions sont ceux que l'on prend sur le sommet de l'arbre. On les greffe non-seulement sous l'écorce, mais encore dans le tronc, tant sur eux-mêmes que sur pêcher. Les Grecs assurent qu'il viendra des amandes sur lesquelles il y aura des caractères gravés, si l'on prend une amande saine, et qu'après l'avoir dépouillée de sa peau pour écrire dessus ce que l'on voudra, on la mette en terre enveloppée de boue et de fiente de porc. On sèmera la noix à la fin de janvier ou de février. Le noyer aime les lieux montagneux, humides et froids, et communément ceux où les pierres abondent. On peut cependant en élever aussi dans les pays tempérés, avec le secours de l'eau. Il faut semer la noix en nature de la même manière que l'on sème les amandes, et dans les mêmes mois. Mais quand on la sème au mois de novembre, on la fait sécher quelque temps au soleil, afin d'en faire exhaler l'humidité, qui est un vrai poison. Pour celles que l'on sèmera au mois de janvier ou de février, il suffira de les avoir fait tremper la veille dans l'eau. On les mettra en terre transversalement, de façon que leur flanc, c'est-à-dire, la carène formée par leur coquille, soit couchée en terre, et l'on dirigera leur pointe du côté du nord. Il faut aussi mettre dessous une pierre ou une tuile, afin qu'elles ne s'en tiennent pas à produire une seule racine, mais que celle qui germera la première, étant repoussée par la résistance qu'elle trouvera, se divise en plusieurs autres. Le noyer devient plus beau quand on le transplante souvent. Il faut le transplanter dans les pays froids à l'âge de deux ans, et dans les pays chauds à l'âge de trois. Quand on plante cet arbre en pied, il ne faut pas en couper les racines (comme on a coutume de le pratiquer à l'égard des autres arbres),

mais il faut les tremper dans de la fiente de bœuf. On fera encore mieux de répandre de la cendre dans les fosses où on le déposera, de peur que la chaleur du fumier ne le brûle ; d'autant que la cendre attendrit son écorce, et qu'elle lui fait rapporter une plus grande quantité de fruits. Cet arbre se plaît dans de grandes fosses, eu égard à sa grandeur ; et il demande à être séparé de tout autre arbre par de larges intervalles, parce que l'eau qui dégoutte de ses feuilles nuit aux arbres qui l'avoisinent, fussent-ils de son espèce. Il faut quelquefois bêcher la terre autour de son tronc, de peur qu'il ne se cave en vieillissant ; et s'il vient à se pourrir, il faut creuser une longue rigole depuis le haut du tronc jusqu'en bas, moyennant quoi le soleil et le vent feront durcir les parties qui tendaient à la pourriture. Quand un noyer est dur ou plein de nœuds, il faut couper son écorce autour du tronc, pour détourner l'humeur vicieuse qui cause cet accident. D'autres coupent l'extrémité de ses racines ; d'autres percent sa racine avec une tarière, et enfoncent dans le trou qu'ils y ont fait un morceau de buis, ou un clou, soit de cuivre, soit de fer. Si l'on veut avoir des noyers de Tarente, il ne faut mettre en terre dans la pépinière que la pulpe seule de la noix, après l'avoir enveloppée de laine à cause des fourmis. Si l'on veut qu'un arbre qui porte déjà des noix se change en cette espèce de noyer, on l'arrose trois fois par mois pendant une année entière avec de l'eau de lessive. Quand la noix quitte son brou, c'est une preuve qu'elle est mûre, et bonne à être semée. On conserve les noix, soit en les ensevelissant dans de la paille, ou dans du sable, ou dans des feuilles de noyer sèches ; soit en les renfermant dans une caisse de bois de noyer ; soit enfin en les mêlant avec des oignons, auxquels en revanche elles font perdre leur âcreté. Martialis

---

rio : si tamen surculos colligas et condas antequam germinent. Utiles sunt, qui de summitate sumuntur. Inseruntur et sub cortice et in trunco. Inseruntur in se et in persico. Græci asserunt nasci amygdala scripta, si aperta testa nucleum sanum tollas, et in eo quodlibet scribas, et iterum clausum luto et porcino stercore involutum reponas. [Tit. XVI.] Nucem [juglandem] seremus extremo Ianuario vel Februario. Amat loca montana, humida et frigida, plerumque lapidosa. Potest tamen et locis temperatis juvante humore nutriri. Serenda est nucibus suis eo more, quo (et) amygdala seruntur, et iisdem mensibus. Sed quas Novembri mense disponis, aliquatenus in sole siccabis, ut exsiccetur noxium virus humoris. Quas vero mense Ianuario vel Februario positurus es, aqua simplici pridie macerabis. Ponemus autem transversas, ut latus id est carina ipsa figatur in terra. Cacumen ipsum, cum ponimus nucem, in aquilonis partem dirigemus. Lapis subter vel testa ponenda est, ut radicem non simplicet, sed repercussa respergat. Lætior fiet, si sæpius transferatur. In frigidis locis bima in calidis trima transferri debet. Radices plantarum, sicut in aliis arboribus solemus, in hoc

genere resecare non debes. Fimo bubulo ima planta tingenda est. Sed melius cinis spargetur in scrobibus, ne calore stercoris aduratur : nam cinis creditur vel corticis teneritudinem procurare, vel fructuum densitatem [afferre]. Altis scrobibus delectatur pro arboris magnitudine, et desiderat intervalla majora, quia stillicidiis foliorum suorum proximis vel sui generis nocebit arboribus. Debet aliquando circumfodi, ne cava fiat vitio senectutis : [quæ si vitietur,] canalis longus a summo trunco ad imum debet excudi : sic beneficio solis et venti durescunt, quæ in putredinem transibant. Si dura nux erit vel nodosa, cortex circumcidendus erit, ut vitium mali deducat humoris. Alii radicum summa præcidunt : alii terebratæ radici palum de buxo imprimunt, vel cuprinum clavum vel ferreum. Si Tarentinam facere volueris, solam nucis carnem lana propter formicas obvolutam in seminario debebis obruere. Si ferentem jam in hoc genus velis mutare, lixivo per annum continuum ter rigabis in mense. Cortex in nuce dimissus maturitatis indicium est, qualis debet et poni. Nuces servantur vel paleis obrutæ vel arena vel foliis suis aridis, vel arca ex ligno suo facta inclusæ,

assure, et prétend l'avoir éprouvé par lui-même, que si l'on plonge dans du miel des noix vertes, sans autre apprêt que celui de les débarrasser de leurs coquilles, elles sont encore vertes au bout d'un an, et que ce miel devient lui-même si médicinal, que, pris en potion, il peut servir de remède contre les maladies qui attaquent les artères et la gorge. On greffe le noyer (suivant presque tous les auteurs) au mois de février sur l'arbousier; mais, suivant d'autres, il est mieux de le greffer sur le prunier ou sur lui-même, et d'insérer la greffe dans le tronc. C'est dans ce mois qu'on greffe le jujubier sur le coignassier; c'est aussi le moment de mettre en terre les noyaux de pêches dans les pays tempérés. Quant à l'arbre qui produit ce fruit, on le greffe sur lui-même, sur l'amandier et sur le prunier; au lieu qu'on ne greffe l'abricotier, ainsi que le pêcher, qui donne la pêche précoce, que sur le prunier seul. C'est encore le temps de greffer le prunier avant qu'il jette sa gomme. On le greffe sur lui-même, ou sur le pêcher. C'est aussi l'époque de greffer le cerisier sauvage.

XVI. C'est dans ce mois, comme le dit Columelle, que l'on marque d'une empreinte les agneaux venus à terme, et en général les produits tant du grand que du petit bétail. C'est aussi le temps de faire le lard, de saler le hérisson, de confire les raves, et de faire les jambons.

XVII. On fait dans ce mois de l'huile avec des baies de myrte, de la manière suivante : on met une *uncia* de feuilles de myrte sur une livre d'huile, avec une *hemina* de vieux vin astringent sur dix *unciæ* des mêmes feuilles, et on les fait bouillir avec l'huile. Si on les asperge de vin, c'est pour éviter qu'elles ne soient frites avant d'avoir bouilli.

XVIII. On fait encore du vin de myrte avec les mêmes baies de la manière suivante. On met sur dix *sextarii* de vin vieux, mesure de ville, trois *sextarii* de graine de myrte concassée, même mesure, et on laisse le tout infuser pendant dix-neuf jours. Ensuite on passe cette graine en l'exprimant, et l'on met dans le vin un demi-scrupule de safran, avec un scrupule de feuille indienne; enfin on tempère cette mixtion avec dix livres du meilleur miel.

XIX. On fait aussi de l'huile des baies de laurier. En voici la recette. On fait bouillir dans de l'eau chaude une grande quantité de baies de laurier, parvenues au dernier degré de grosseur et de maturité; et quand elles ont bouilli longtemps, on recueille légèrement avec une plume l'huile qui s'en exprime et qui surnage, et on la transvase ensuite.

XX. C'est aussi le temps de faire de l'huile de lentisque. Or, voici comme on s'y prend. On ramasse le plus qu'on peut de graine de lentisque mûre, et on la laisse en tas pendant un jour et une nuit. Ensuite on pose sur plusieurs petits vases des corbeilles remplies de cette graine, et, après l'avoir arrosée avec de l'eau chaude, on la foule pour l'exprimer; après quoi on ramasse l'huile de lentisque qui surnage sur l'eau qui coule de ces corbeilles, ainsi que l'on fait pour l'huile de laurier. Mais on se souviendra d'arroser cette graine avec de l'eau chaude, pour empêcher l'huile de se figer.

XXI. Les poules reprennent leur fécondité ce mois, après s'être reposées pendant le solstice; et l'on commence à leur faire couver des œufs pour avoir des poussins à élever.

XXII. C'est aussi dans ce mois qu'il faut couper le bois de construction pendant que la lune

---

vel cæpis mistæ, quibus hanc vicissitudinem reddunt, ut eis acredinem tollant. Martialis [asserit, et] expertum se ait, virides nuces tantum liberas putaminibus suis melle demergi, et post annum virides esse, et ipsum mel ita medicabile fieri, ut ex eo facta potio arterias curet et fauces. Inseritur, ut plerique [asserunt,] mense Februario in arbuto : sed melius in trunco, ut aliqui, et in pruno vel in se. Hoc mense tuberes inseruntur cydoneo. Nunc locis temperatis Persicorum ossa ponuntur. Et inseritur eadem Persicus in se, in amygdalo, in pruno : sed pruno Armenia inseremus et præcoqua. Nunc etiam prunus inserenda est antequam gumminet, in se et [in] persico. Et cerasus opportune inseretur agrestis.

XVI. Hoc mense (sicut Columella dicit) maturi agni et animalia omnia minora atque majora character signentur. Hoc tempore lardi, echini salsi, raporum condiendorum et pernarum justa confectio est.

XVII. Hoc mense ex baccis myrti oleum conficies hoc modo : Unciam foliorum per olei libram unam mittes, et per uncias x vini veteris styptici heminam, et cum oleo bullire facies. Idcirco autem vino respargentur folia, ne frigantur antequam decoquantur.

XVIII. Item eisdem baccis vinum myrtite sic facies : In vini veteris sextariis urbicis x mittis grana myrti confracta sextarios urbicos iii, quæ sint decem et novem diebus infusa. Postea expressis myrti granis colabis, et in eo vino medium croci scrupulum et folii unum scrupulum mittis, et ex mellis optimi decem libris omnia temperabis.

XIX. Item [ex] lauri baccis oleum conficietur hoc modo : Lauri baccas quam plurimas et maturitate turgentes in aqua calida bullire facies : et ubi diu ferbuerint, olei, quod ex se dimiserint, supernatantis undam pennis leviter cogentibus in vasa transfundes.

XX. Lentiscini etiam olei matura confectio est, quæ fit taliter : Grana matura lentisci quamplurima colliges, et una die ac nocte supra se acervata esse patieris. Deinde sportam granis eisdem plenam cuicunque vasculo superpones et calida aqua calcabis, et exprimes. Tunc ex eo humore, qui defluxerit, supernatans oleum lentiscinum sicut laurinum colligetur. Memento autem (ne rigore possit astringi) aquam calidam sæpe suffundere.

XXI. Gallinarum partus fœcunditatem repetit hoc mense post brumalem quietem; et incipiunt ad educandos pullos ova supponi.

est dans son déclin, et qu'il faut faire des échalas et des pieux.

XXIII. Ce mois-ci s'accorde avec celui de décembre par rapport à la durée des heures. En voici les mesures rassemblées :

A la première et à la onzième heure, le gnomon donne vingt-neuf pieds d'ombre.

A la seconde et à la dixième, il en donne dix-neuf.

A la troisième et à la neuvième, il en donne quinze.

A la quatrième et à la huitième, il en donne douze.

A la cinquième et à la septième, il en donne dix.

A la sixième, il en donne neuf.

LIVRE TROISIÈME.

FÉVRIER.

I. On commencera pendant ce mois à garder les prés dans les pays tempérés, après les avoir engraissés, s'ils sont maigres, avec du fumier qu'on y étendra pendant le croissant de la lune. Il faut le répandre sur la partie la plus élevée du terrain, afin que le suc se distribue aux parties inférieures. Plus le fumier est nouveau, plus l'herbe sera fournie.

II. On donnera ce mois le premier labour aux coteaux gras dans les pays chauds, ou dans tout autre pays, lorsque le temps aura été doux et sec.

III. Il faut semer ce mois-ci toutes les espèces de grains trémois.

IV. On sèmera encore ce mois la petite lentille en terrain léger et friable, ou même en terrain gras, pourvu qu'il soit très-sec, parce qu'en terre forte ou humide cette graine s'altère. On la sème très-bien jusqu'au douzième jour de la lune; et si l'on veut qu'elle lève de bonne heure et qu'elle profite ensuite, il faut la mêler avec du fumier sec, et la laisser quatre ou cinq jours dans cet état avant de la semer. Un *modius* de graine suffira pour ensemencer un *jugerum*. C'est aussi le temps de semer la gesse dans les terrains que je viens de dire, et de la façon que j'ai prescrite.

V. On sèmera le chanvre à la fin de ce mois dans une terre grasse, fumée et arrosée, ou dans une campagne plate, humide, et labourée profondément. On met six grains sur un pied carré de terrain.

VI. Il faut donner à présent le second labour aux champs que l'on doit ensemencer en luzerne (herbe dont nous examinerons la nature lorsqu'il sera question de la semer), et les herser avec soin, après les avoir épierrés. Et quand ils seront labourés à la manière des jardins, on y fera, vers les calendes de mars, des planches auxquelles on donnera dix pieds de largeur et cinquante de longueur, afin qu'il soit facile de les arroser et d'en arracher les mauvaises herbes en se tenant sur les deux côtés. Ensuite on répandra de vieux fumier sur ces planches, et, après cette préparation, on les laissera reposer jusqu'au mois d'avril.

VII. On peut encore semer l'ers dans tout le courant de ce mois. Il ne faut pas le semer au mois de mars, de peur qu'il n'incommode les bestiaux et ne rende les bœufs fous.

XXII. Hoc etiam mense cædenda materies est ad fabricam, cum luna decrescit, et ridicæ vel pali faciendi.

XXIII. Hic mensis in horarum spatio cum Decembri mense convenit, quarum sic mensura colligitur.

Hora	I	et	XI	pedes	XXIX.
Hora	II	et	X	pedes	XIX.
Hora	III	et	IX	pedes	XV.
Hora	IV	et	VIII	pedes	XII.
Hora	V	et	VII	pedes	X.
Hora	VI			pedes	IX.

LIBER TERTIUS.

I. Februario mense locis temperatis prata incipient custodiri, quæ prius, si macra sunt, sparso lætamine saturentur, quod ejiciendum est luna crescente. Quanto recentius fuerit, tanto plus nutriendis herbis valebit, quod a superiori parte fundatur, ut succus ejus per totum possit elabi.

II. Locis tepidis, aut si clemens tempus et siccum fuerit, colles pingues vel hoc mense proscinde.

III. Hoc mense serendum omne trimestrium genus.

IV. Hoc etiam mense lenticulam seres solo tenui et resoluto, vel etiam pingui; sed sicco maxime: quia luxuria et humore corrumpitur. Usque ad duodecimam lunam bene seminatur, quæ ut cito exeat atque grandescat, prius cum fimi ariditate miscenda est : atque ubi ita requieverit quatuor diebus aut quinque, tunc spargitur. Jugerum modii unius semen implebit. Hoc etiam mense cicercula seritur, loco et modo quo ante descripsi.

V. Hoc mense ultimo cannabum seres terra pingui, stercorata, rigua, vel plana atque humida et altius subacta. In uno pede quadrato sex ejusdem seminis grana ponuntur.

VI. Nunc ager qui accepturus est medicam (de cujus natura, cum erit serenda, dicemus) iterandus est, et purgatus lapidibus, diligenter occandus. Et circa Martias cal. subacto sicut in hortis solo, formandæ sunt areæ latæ pedibus X, longæ pedibus quinquaginta, ita ut eis aqua ministretur, et facile possint [ex utraque parte] runcari. Tunc injecto antiquo stercore in Aprilem mensem reserventur paratæ.

VII. Hoc mense toto ervum adhuc seri potest; quia Martio serendum non est, ne pastu suo pecoribus noceat, et boves reddat insanos.

VIII. Si l'on jette à présent de l'urine gardée au pied des arbres fruitiers et des ceps de vigne, ils rapporteront des fruits remarquables par leur quantité et par leur beauté. Si ce sont des oliviers notamment, il sera bon d'y mêler du marc d'huile sans sel. Mais il faut faire cette opération quand les jours seront encore froids, et avant que la chaleur commence à se faire sentir. On sèmera aussi dans les pays froids, vers les calendes de mars, l'orge de Galatie, qui est un grain blanc et pesant.

IX. C'est dans ce mois que l'on garnit de vignes toutes les sortes de terrains façonnés au *pastinum*, soit qu'on y ait préparé des tranchées, soit qu'on y ait préparé des fosses. Au reste, la vigne est une plante de nature à supporter les climats et les sols de toutes les espèces, pourvu que les différents genres de raisin leur soient adaptés convenablement. On plantera donc dans une campagne plate l'espèce de vignes qui soutient les brouillards et les gelées; sur les coteaux, celle qui supporte la sécheresse et les vents; dans un terrain gras, les vignes grêles et peu fécondes; dans un terrain maigre, les vignes productives et robustes; dans un terrain compacte, les vignes fortes et chargées de feuilles; dans un terrain froid et sujet aux brouillards, celles qui devancent l'hiver par la prompte maturité de leur raisin; ou celles qui, ayant le grain dur, fleurissent sans danger au milieu des brouillards; dans un terrain exposé aux vents, les vignes stables et tenaces; dans un terrain chaud, celles dont le grain sera tendre et humide; dans un terrain sec, celles qui ne peuvent pas supporter la pluie. Et, pour ne pas nous étendre davantage sur cette matière, nous nous contenterons de dire en général qu'il faut toujours choisir les vignes dont les défauts annoncent clairement qu'elles se plairont dans les lieux opposés à ceux dans lesquels elles ne pourraient pas subsister. Il n'est pas douteux qu'un climat où l'air est toujours calme et le ciel serein recevra sans danger quelque espèce de vigne que ce puisse être. Il est inutile de les détailler toutes. Mais personne n'ignore qu'il faut réserver pour la table le raisin dont les grappes sont les plus grosses et les plus belles à l'œil, et dont les grains sont durs et secs; comme il faut garder pour faire du vin les vignes les plus fertiles, celles dont les raisins ont la peau tendre et le goût distingué, et principalement celles qui quittent leur fleur de bonne heure. Le changement de terrain influe sur la nature de la plupart des vignes. Il n'y a que les *aminées* qui donnent toujours de très-bon vin, en quelque lieu qu'elles soient plantées; quoiqu'elles supportent cependant plutôt un climat chaud qu'un climat froid, et qu'elles ne puissent passer d'un terrain gras dans un terrain maigre, à moins qu'on ne les aide de fumier. Il y en a de deux espèces, savoir, la grande et la petite. Mais la petite quitte mieux sa fleur que l'autre, et de meilleure heure; ses entre-nœuds sont aussi moins longs, et le grain de son raisin est plus petit. Si on la marie à l'arbre, elle demande une terre grasse; au lieu que si on la cultive plantée par rangées, elle en veut un médiocre. Elle s'inquiète peu des pluies ou des vents, qui font souvent périr la grande pendant qu'elle est en fleur. Le raisin muscat est encore un raisin distingué. Il suffit d'avoir cité ces espèces : un homme intelligent choisira celles qu'il aura éprouvées, et ne les confiera qu'à des terres qui aient quelque analogie avec celles d'où elles auront été tirées; moyennant quoi chacune conservera sa qualité particulière. Mais il vaut mieux transférer ainsi la vigne que les arbres d'un terrain maigre dans un gras, parce qu'on n'en pourrait pas attendre de fruits, si on les transférait d'une terre grasse dans une maigre. Il faut

VIII. Nunc pomis et vitibus vetus urina si affundatur, et numero fructuum præstat et formæ : cui proderit ut amurcam misceamus insulsam, maxime in oleis : sed hoc frigidioribus diebus antequam fervor incipiat. Etiam nunc ordeum galaticum, quod grave est candidum est, seretur locis frigidis circa Martias calendas.

IX. Hoc mense omnia genera pastinati soli, seu sulci seu scrobes vitibus compleantur. Natura autem vitis cælum omne solumque sustentat, si genera convenienter aptentur. Plano igitur loco statues vitem, cujus genus nebulas sustinet et pruinas; collibus, quod siccitatem durat et ventos; pingui agro graciles atque infœcundas; macro feraces et solidas; denso validas atque frondosas; frigido et nebuloso, quæ hiemem celeri maturitate præveniunt, aut quæ duris acinis inter caligines securius florent; ventoso stabiles et tenaces; calido grani tenerioris et humidi; sicco eas, quæ pluvias ferre non possunt : et ne multa dicamus, eligenda sunt genera, quæ professione vitiorum suorum contraria loca diligunt iis, in quibus durare non poterunt. Placida sane regio et serena tuto genus omne suscipiet. Vitium genera numerare non attinet. Sed notum est, majores uvas pulchræ speciei, grani callosi et siccioris, ad mensam; feracissimas vero et cutis tenerioris, et sapore nobiles, et maxime quæ citius deflorescunt, vindemiis esse servandas. Loca naturam plerisque vitibus mutant. Solæ Amineæ ubicunque sint, vinum pulcherrimum reddunt. Calidum statum potius quam frigidum sustinebunt. De pingui ad macrum transire non possunt, nisi stercus adjuverit. Harum duo genera sunt, major et minor. Sed minor melius deflorescit et citius, internodiis minoribus et grano breviore. Si arbori applicetur, pinguem terram; si colatur in ordines, mediocrem desiderat. Imbres contemnit et ventos : nam major sæpe vitiatur in flore. Sunt et Apianæ præcipuæ. Satis est genera ista dixisse : industrius vir probata deligat, et terris talibus mandet, quæ imitari eas possint unde sumuntur : sic merita sua quæque servabit. Sed vitem vel arborem melius erit de exili ad pinguem transferre. Nam si a pingui terra ad solum exile transierit, utiles esse non possunt. Eligenda sunt sarmenta, quæ pangimus, de vite media, neque de sum-

choisir les sarments que l'on doit planter dans le milieu d'un cep, et ne les prendre ni sur l'une ni sur l'autre de ses extrémités, parce qu'ils ne dégénèrent pas aisément quand ils ont été pris dans cette place pour être transplantés. Ces sarments doivent sortir du bois vieux à une longueur de cinq à six boutons; mais il faut les prendre sur une vigne féconde. Et qu'on ne s'imagine pas que des bras de vigne soient féconds pour avoir porté une ou deux grappes chacun, puisqu'il est nécessaire, pour qu'ils soient réputés l'être, qu'ils soient courbés sous le poids des grappes. En effet, il peut arriver qu'un cep de vigne fécond ait des bras qui soient plus féconds les uns que les autres. Ce sera encore une marque de fécondité lorsque la vigne portera du fruit sur quelque partie de son bois dur, de même que lorsque les branches qui seront venues sur son extrémité inférieure en donneront beaucoup. C'est de quoi il faudra prendre note pendant la vendange, en mettant des marques aux ceps qui seront dans ce cas, pour ne pas les confondre. Il faut choisir, pour la planter, une jeune branche sur laquelle il ne reste point de bois dur ni de vieux sarment; autrement il lui arriverait souvent de se gâter quand ce bois viendrait à pourrir. On négligera les extrémités des fouets, ainsi que les rejetons qui n'auront point donné de preuves de fertilité, quoique nés dans un bon endroit du cep. Quand même un pampre, né sur bois dur, aurait porté quelques fruits, il ne faudra pas en conclure qu'il en rapportera beaucoup; parce que, s'il a pu être fécondé par sa mère dans la place qu'il occupait sur elle, il se trouvera affecté, dès qu'il sera transféré, du vice de stérilité qu'il tient du sort de sa naissance. Il ne faut pas tordre ni tourmenter d'aucune manière la tête du sarment que l'on met en terre, dans la crainte que si sa partie la plus féconde se trouve absolument enterrée, il n'y ait plus hors de terre que ce qui se trouvera le plus voisin de sa partie stérile; ajoutez qu'il ne serait pas possible de le tordre sans le tourmenter; tandis que la partie dont on attend des racines ne doit souffrir aucun genre de dommage contre lequel elle soit obligée de lutter avant de pouvoir prendre en terre. On plantera la vigne par un temps chaud et dans un jour calme. Il faut prendre garde que les sarments ne soient brûlés par le soleil ou par le vent quand on les plantera, et par conséquent les planter aussitôt qu'on les aura tirés du cep; ou les conserver jusqu'à ce qu'on les plante, en les enfouissant sous terre. C'est à commencer de ce mois-ci, jusqu'à la fin du printemps, qu'il faudra planter la vigne dans les contrées froides et sujettes aux brouillards, ainsi que dans les campagnes grasses et dans les provinces humides. On donnera un *cubitus* de longueur au sarment que l'on mettra en terre. Quand la terre sera grasse par sa nature, on laissera de plus grands intervalles entre les ceps. Quand elle sera maigre, on en laissera de moindres. C'est pour cela qu'en distribuant des ceps sur toute la superficie d'un terrain façonné au *pastinum*, il y a des personnes qui laissent trois pieds d'intervalle en tout sens entre chacun de ces ceps. Or, en se réglant sur cette distribution, il y aura trois mille six cent sarments de plantés dans une planche d'un *jugerum*; au lieu que si l'on ne veut laisser que deux pieds et demi d'intervalle entre chaque cep, il y en aura cinq mille cent quatre-vingt-quatre. Mais voici la manière dont on s'y prendra pour les planter en ordre. On fera sur une ficelle des marques blanches, ou de quelque autre couleur que ce soit, en se réglant sur les intervalles que l'on voudra garder; ensuite, après avoir étendu cette ficelle à travers la planche, on fichera en terre des jalons de bois ou des roseaux à toutes les places où il faudra

ma neque de infima, quinque vel sex gemmarum spatio a veteri procedentia, quia non facile degenerant, quæ de locis talibus transferuntur. Sumantur autem de vite fœcunda. Neque putemus brachia esse fertilia, quæ uvas singulas aut binas producunt, sed quæ multa ubertate curvantur. Nam potest ferax vitis feraciores in se habere materias. Erit et hoc signum fertilitatis, si de duro aliquo loco fructum citabit, si fœtu impleverit ramulos ex ima parte surgentes. Sed hoc signis positis per vindemias est notandum. Ad pangendum novellus palmes debet eligi, duri in se nihil habens et veteris sarmenti, quia hoc putrescente sæpe corrumpitur. Summa flagella repudiemus ac surculos, qui licet bono loco nati sint, tamen feracitatis beneficio caruerunt. Pampinarius qui de duro nascitur, etiam si attulerit fructus, pro frugifero non est ponendus: in suo enim loco fœcundatur a matre, translatus vero tenet sterilitatis vitium, quod nascendi conditione suscepit. Caput sarmenti cum deponitur, torquendum non est, nec aliquo modo vexandum, ne demersa penitus fœcundiore parte, quod sterili proximum est, supra terram relinquatur: deinde quoniam ipsa tortura vexatio est: et pars ea de qua radix futura præsumitur, injuriæ nulli subjicienda est, cum qua contendere cogatur ante quam teneat. Ponendæ sunt vites placidis diebus ac tepidis, curandumque ne sarmenta sole urantur aut vento, sed vel statim ponantur, vel obruta reserventur. Hoc mense ac deinceps toto vere vinea ponenda est regionibus frigidis, pluviosis, pinguibus campis, et humidis provinciis. Sit autem mensura sarmenti cubitus unus. Ubi pinguis est natura terrarum, majora inter vites spatia relinquemus; ubi exilis, angusta. Nonnulli itaque in iis vitibus, quas toto solo pastinato disponunt, ternos pedes inter singulas vites quoquoversus dimittunt. Sed hoc genere divisionis in jugerali tabula pangentur tria millia vicena sarmenta. Quod si duos semis pedes inter vites relinqui placuerit, in eadem tabula ponentur vites quatuor millia quingentæ septuaginta octo. Sed ad ponendum utemur hoc ordine: Lineam, servatis iis spatiis, quæ placuerit custodire, candidis signis vel quibuscumque notabimus: tunc tensa per tabulam linea in eis locis surculos vel calamos figemus, ubi vitis unaquæque

planter un cep, de façon que la superficie de la planche soit entièrement couverte d'un nombre de jalons correspondant au nombre de ceps qui devront y être plantés, et que celui qui doit les planter ne puisse pas se tromper, lorsqu'il n'aura qu'à mettre en terre les sarments déposés auprès de ces jalons. Observez de plus qu'il ne faut pas que tout un terrain façonné au *pastinum* soit rempli d'une seule espèce de vigne, de peur que, s'il survenait une année qui fût contraire à l'espèce que l'on aurait choisie, toute l'espérance de la vendange ne se trouvât détruite. C'est pourquoi on plantera des sarments de quatre ou cinq sortes de vignes de bonne qualité, et il sera très-utile d'en réunir les espèces différentes dans des planches particulières, qui seront séparées les unes des autres par des sentiers; à moins que l'on ne soit rebuté par la difficulté de cette distribution. Si l'on a d'anciens vignobles cependant, il est aisé de planter dans des planches séparées des rejetons pris sur toutes les espèces qu'ils contiennent, et de parvenir par conséquent à la forme de culture que nous prescrivons; forme qui est belle et avantageuse, puisqu'elle procure à toutes les espèces de vignes, qui ont chacune leurs époques particulières de floraison et de maturité, l'avantage de fleurir et de mûrir dans le temps qui leur est propre. En effet, on s'exposerait à un dommage réel, si l'on était obligé de cueillir le fruit mûr en même temps que le vert, parce qu'ils se trouveraient réunis sur une même planche; puisqu'on ne pourrait pas se régler sur la vendange de telle ou telle espèce de vigne qu'il serait temps de faire, sans courir le danger de donner un goût de verdeur à son vin; comme on ne pourrait pas, d'un autre côté, attendre la maturité tardive de telle autre espèce de vigne, sans perdre la vendange de celles qui seraient mûries les premières. Ajoutez à ces avantages que les vendanges de chaque espèce de vigne se succédant par degrés les unes aux autres, suivant leur différente nature, il faudra moins d'ouvriers, en suivant notre méthode, pour les expédier toutes, et pour les serrer par classes. D'ailleurs chaque sorte de vin conservera mieux le goût qui lui est propre, quand ce goût ne sera pas combattu par le mélange d'un vin différent. Si cette pratique paraît difficile, il faut au moins ne pas planter ensemble d'autres vignes que celles dont le goût, la fleur et la maturité ont quelque analogie ensemble. Mais la méthode que nous venons de donner par rapport à la plantation des vignes est celle que l'on suivra dans les terrains façonnés au *pastinum*, ou dans les tranchées. Quant aux sarments que l'on mettra dans des fosses, il faudra les y mettre aux quatre coins, et, comme le prescrit Columelle, jeter dans la fosse, au moment qu'on les y mettra, du marc de raisin mêlé avec du fumier; et, si le terrain est maigre, de la terre grasse ou de la terre rapportée. Au surplus, lorsqu'on arrangera un pied de vigne ou un mailleton dans une fosse, on les y mettra en travers. Il faut aussi que le terrain soit médiocrement humide, et plutôt sec que bourbeux, et que le plant ait deux boutons hors de terre, afin qu'il prenne plus aisément.

X. Si c'est votre goût d'avoir des vignes mariées aux arbres, il faudra commencer par élever dans une pépinière du plant de bonne qualité, que vous transporterez, lorsqu'il aura pris racine, dans des fosses creusées au pied de chaque arbre. J'appelle pépinière une planche labourée uniformément à la profondeur de deux pieds et demi. On dépose des sarments en terre, à très-peu de distance les uns des autres, dans cette planche, que l'on fait plus ou moins grande, suivant le nombre des ceps ou boutures d'autre plant que l'on veut y mettre ; et si cette planche est située

ventura est. Ita spatium totius tabulæ surculis complebitur ad numerum vitium futurarum : atque is qui puncturus est projecta circa surculos sarmenta sine ullo errore deponet. Præterea non est uno genere vitium omne pastinum conserendum, ne annus iniquus generi spem vindemiæ totius extinguat. Et ideo quatuor aut quinque eximii generis sarmenta pangemus. Sed maxime expedit genera tabulatim disponi, et decumanis dividi, nisi deterreat operis difficultas. Quod si est vetus vinea, singulorum generum surculis tabulatim poterimus inserere : et facile hoc genus colendi, quod est pulchrum atque utile, consequemur. Ita et maturitatis et floris tempora, quæ in vite diversa sunt, suis temporibus opportunius obtinere poterimus. Nec parvo constabit, si legatur maturitas cum acerbitate, dispendiosum unius tempestivam vindemiam sequi, permista cruditate vitiosam, et alterius seras maturitates expectare damnificum. Huic commodo adjicitur, quod pro generum diversitate per gradus accedente vindemia, minor operarum numerus eam poterit expedire, et generatim condere, ac melius puro sapore, sine luctamine alterius generis unaquæque vina servare. Hoc si difficile videbitur, non alias simul conseras, quam quæ et sapore et flore et maturitate conveniunt. Sed hæc in pastinis vel sulcis ratio erit : in scrobibus vero per angulos IV sarmenta deponis. Sed (ut asserit Columella) vinaceam stercori mistam simul sparges, et si exile solum fuerit, pinguem terram scrobi inferes vel aliunde portatam. Cum vero plantam vel malleolum disponimus, modice humido solo, sed potius arido quam lutoso, duabus gemmis supra terram relictis, sarmenta ponemus obliqua; sic facilius comprehendat.

X. Quod si arbustum te habere delectat, plantam generosæ vitis prius in seminario nutrire debebis, ut inde radicata transferatur ad scrobem, cui arbor injuncta est. Seminarium vero dicimus æque fossam tabulam pedum duorum semis altitudine. In hac, quam pro numero ponendarum vitium vel qualiumcunque plantarum protendis aut contrahis, brevissimo spatio distantia inter se sarmenta depones : si vallis aut humectus est campus, trium gemmarum exceptis minutis, quas habebit inferius. Et ubi convaluerint, hinc post biennium radicatas vites vel ar-

dans une vallée ou dans une campagne plate qui soit humide, on laisse trois gros boutons à ces sarments, indépendamment des petits dont leur extrémité inférieure sera garnie. Ensuite, quand ils auront pris la forme de petits ceps ou de petits arbres garnis de racines, on les transférera au bout de deux ans, temps auquel ils auront pris une certaine consistance; et lorsqu'on les mettra dans la fosse qui leur sera destinée, on les réduira à un seul jet, en coupant toutes leurs parties galeuses, et en émondant leurs racines, au cas où il s'en trouve d'endommagées. Au surplus, quand on veut marier des vignes aux arbres, on met deux de ces ceps pourvus de racines dans la même fosse; mais, pour empêcher qu'ils ne se touchent par le pied, on les sépare avec des pierres d'environ cinq livres pesant, et on les applique aux côtés opposés de la fosse. Magon assure qu'il ne faut pas remplir la fosse de terre la première année, mais qu'il ne faut la combler que successivement et par intervalle, afin que les racines de la vigne y pénètrent plus profondément. Cependant cette méthode ne peut convenir que dans les contrées sèches; car dans un sol humide le plant pourrirait si la fosse n'était pas aussitôt comblée, et qu'on laissât le temps à l'eau de la noyer. Celui qui veut former un plant d'arbres mariés à des vignes doit choisir parmi les espèces suivantes, si elles abondent dans le canton, savoir, le peuplier, l'orme, et le frêne dans les terrains montagneux et escarpés, où l'orme ne viendrait pas bien. Columelle prétend qu'il faut aussi élever ces arbres dans des pépinières. Mais comme il n'y a point de province qui n'en produise d'une ou d'autre de ces espèces, sans culture, il me semble qu'il vaut mieux mettre en ce temps-ci, auprès des ceps qui seront déposés dans les fosses, des pieds d'arbres d'une certaine grandeur, que l'on transférera à cet effet de quelque endroit que ce puisse être, ou même des troncs d'arbres avec leurs racines, que l'on choisira dans le nombre des espèces que nous venons de nommer. Si le sol sur lequel on opère est une terre à blé, on laissera quarante pieds d'intervalle entre chaque arbre, afin de pouvoir ensemencer ce terrain, et vingt pieds seulement si le terrain est maigre. Quant au cep qui sera planté dans la fosse, il doit être éloigné de son arbre à la distance d'un pied et demi, parce que, s'il en était trop proche, l'arbre en croissant absorberait sa substance. Il faut aussi encager le cep pour le protéger contre les insultes des bestiaux qui chercheront à le ronger, et l'attacher dès le premier moment à son arbre. Voici encore une autre méthode expéditive pour transférer un cep d'un plant d'arbres mariés à des vignes : on fait un petit panier d'osier d'environ un pied de diamètre ou un peu moins, que l'on porte auprès de l'arbre auquel la vigne est mariée, et l'on en perce le fond par le milieu, à l'effet de faire passer un sarment par cette ouverture. Après avoir donc introduit dans ce panier un sarment du cep dont on veut transporter du plant, on suspend le panier même à quelque coin de l'arbre, et on le remplit de terre végétale, de façon que ce sarment, que l'on a soin de tordre auparavant, puisse y être entièrement caché. Avec ces précautions, le sarment renfermé dans ce petit panier y jette des racines au bout d'un an ; et quand il y a pris racine, on le coupe dessous le panier, pour le porter avec le panier même à l'endroit que l'on veut remplir de ceps mariables à des arbres, et on l'y enterre auprès des racines de l'arbre auquel on a intention de le marier. On transférera par cette méthode tel nombre de ceps que l'on voudra, sans avoir à craindre qu'ils ne prennent point.

XI. En fait de vignobles, chaque localité a son

busculas transferas : quas cum depones in scrobe, ad singulas materias rediges, putatis omnibus quæ scabra sunt, curtatis etiam radicibus, si quas potueris invenire vexatas. In scrobe autem ad arbustum faciendum duas radicatas vites deponis, hoc servans, ne se in radice contingant : sed lapides quinum prope librarum medios inter utramque constitues, et ipsas vites ad scrobis latera discreta conjunges. Mago asserit, scrobem non primo anno esse complendam, sed subinde coæquandam : quæ res vitem faciet altius fundare radices. Sed hoc aridis provinciis forte conveniet : humidis autem sata putrefient recepto humore, nisi statim terra cumuletur. Sed arbusta qui faciet, plantas arborum de his generibus ponat, si agro suppetit abundantia, populo, ulmo : fraxino in montanis et asperis, in quibus ulmus minus læta est. Has etiam Columella dicit seminario debere nutriri. Mihi videtur, quod nulla provincia est, quæ non ex his quamcunque sponte producat, plantas etiam majores de locis quibuscunque translatas, vel eorum generum truncos radicatos, hoc tempore circa scrobem vitis oportere constitui. Sed si ager frumentarius fuerit, ubi arbusta disponis, quadragenos pedes inter arbores relinque, ut seri possit; in exili autem vicenos. In scrobe vero vitis ab arbore sua sesquipedis spatio distare debebit. Nam vitis multum subjecta arbori, incremento arboris opprimetur. Cavets etiam munienda est adversum pecoris appetentis injurias, et arbori suæ protinus alliganda. Est et aliud de transferenda ex arbusto vite compendium : Fit ex vimine parva corbicula, quæ mensuram pedis, vel aliquanto minus circini spatio possit amplecti. Hæc ad arborem, cui vitis inhæret, fertur, et in fundi media parte pertunditur, quo sarmenti virgam possit admittere. Inducto itaque sarmento vitis ejus, de qua transferre disponis, corbicula ipsa ex aliqua arboris parte suspenditur, et viva terra repletur, ut sarmentum terra possit includi; quod sarmentum prius intorqueatur. Ita exacto annui temporis spatio, sarmentum, quod clausum est ; radices creabit intra prædictam corbiculam. Tunc sub fundo corbis incisum radicatum sarmentum cum ipsa corbe portabitur ad locum quem vitibus arbustivis destinabis implere, ibique obruetur circa arbo-

mode de culture; mais la meilleure consiste à avoir des ceps qui se tiennent sur une tige très-courte, comme de petits arbres. On commence par les faire tenir à l'aide d'un roseau, jusqu'à ce qu'ils soient bien affermis; mais il ne faut pas que ces ceps aient plus d'un pied et demi de hauteur. Quand ils seront devenus forts, ils se tiendront tout seuls. Il y a une autre méthode, qui consiste à distribuer plusieurs roseaux autour d'un cep, dont on lie les sarments à ces roseaux, pour les arrondir en forme de cercles. La pire de toutes les positions pour la vigne, est d'être renversée et couchée à terre. Toutes ces différentes espèces de vignes se plantent dans des fosses et dans des tranchées.

XII. C'est en ce mois qu'il est temps de tailler la vigne dans les pays froids jusqu'à un certain dégré, ainsi que dans les pays tempérés. Mais quand on a beaucoup de vignes, on les partage en deux portions, dont on taille au printemps celle qui est exposée au nord, et en automne celle qui l'est aux autres côtés du ciel qui sont plus doux. Attachons-nous toujours, dans la taille, à donner de la force au pied de la vigne, et à ne jamais laisser deux bois durs à une jeune vigne tant qu'elle est faible. Il faut retrancher les sarments qui rapportent beaucoup, ainsi que ceux qui sont tors, faibles, et nés dans un mauvais endroit du cep. Il faut aussi couper le sarment qui sera né sur un cep entre deux de ses bras. Mais s'il est déjà fortifié au point d'affaiblir l'un de ces bras, c'est ce dernier qu'il faut couper, en laissant subsister l'autre. Il faudra néanmoins qu'un homme intelligent dans l'art de la taille ménage toujours les sarments inférieurs qui seront nés dans un bon endroit, pour les employer à renouveler la vigne; et qu'il les laisse sur le cep en les rognant jusqu'au premier ou au second bouton. On pourra laisser à la vigne la liberté de s'étendre par en haut dans les climats doux; au lieu qu'il faudra la ravaler dans les terrains maigres ou dans les climats plus chauds, ainsi que dans les terrains en pente ou sujets aux tempêtes. On laissera dans les terres grasses deux fouets à chaque bras d'un cep; mais il est d'un homme prudent d'apprécier les forces de la vigne. En effet, celle que l'on cultive dans l'intention de la faire monter en haut, et qui est féconde, ne doit pas avoir plus de huit branches à fruit, sans compter le courson, que l'on conservera toujours dans sa partie inférieure. Il faut couper tout ce qui sera venu autour du pied de la vigne, à moins qu'elle n'ait besoin d'être renouvelée. Si le tronc d'une vigne est creusé, soit par la violence du soleil ou des pluies, soit par des animaux malfaisants, on retranche tout le bois mort, et on enduit la plaie, qui résulte de cette opération, de marc d'huile et de terre, précaution excellente pour obvier aux accidents qui pourraient s'ensuivre. On ôte aussi l'écorce qui s'est détachée du cep, et qui pend à terre; et cette attention diminue la quantité de lie qu'aurait autrement le vin. On ratisse la mousse partout où il s'en trouve. Au surplus, les plaies que l'on fera à la vigne sur son bois dur seront obliques et rondes. En retranchant, ainsi que je l'ai prescrit ci-dessus, tous les sarments qui seront nés dans un mauvais endroit du cep, ou ceux qui seront vieux, on conservera les jeunes, ainsi que ceux qui porteront du fruit. On coupera aussi les ergots des coursons quand ils seront desséchés, et qu'ils auront un an, de même que tout ce qui se trouvera de vieux ou de galeux sur un cep. On laissera quatre bras aux vignes que l'on cultive, dans l'intention de

ris maritandæ radices. Hoc genere quantum volueris numerum vitium transferes, sine ambiguitate prehendendi.

XI. Vineæ in provinciis multis generibus fiunt : sed optimum genus est, ubi vitis velut arbuscula stat brevi crure fundata. Hæc primo calamo juvatur, donec solidetur : sed altior sesquipede esse non debet : ubi robusta fuerit, sola consistet. Aliud genus est, in quo cannis pluribus circa dispositis ipsa vitis per cannas sarmentis ligatis in orbiculos flectitur se sequentes. Ultimæ positionis vitis est, quæ per terram projecta discumbit. Illæ omnes et scrobibus ponuntur, et sulcis.

XII. Hoc mense locis frigidis aliquatenus et temperatis vitium justa putatio est. Sed, ubi multæ sunt vineæ, dividantur, et pars earum quæ septentrionem respiciet, verno putetur; alia pars adversa clementioribus plagis, recidatur autumno. Sed in putatione semper nitamur, ut vitis fiat in crure robustior, ne [ve] debili viticulæ duo duramenta servemus. Auferenda sunt lata, intorta, debilia, malis locis nata sarmenta. Focaneus etiam, qui inter duo brachia medius, nascitur, debet abradi : qui si pinguitudine sua brachium quodcunque proximum debilitaverit, illi deciso ipse succedat. Erit tamen optimi putatoris, inferius sarmentum, quod bono loco natum fuerit, reparandæ vitis causa semper tueri, et ad unam vel duas gemmas relinquere. In locis lætis et clementioribus altius vitem licebit expandere : in exilibus aut æstuosis aut declivibus aut procellosis, humilior est habenda. Locis pinguibus singulis brachiis vitium bina flagella dimitte. Sed erit sapientis æstimare vim vitis. Nam quæ altius colitur, et fœcunda est, plus quam octo palmites habere non debet, ita ut conservemus semper in inferiore parte custodem. Circa crus quidquid nascitur, amputandum est, si non desideret vinea revocari. Quod si truncus vitis sole aut pluviis aut noxiis animalibus est cavatus, purgamus quidquid est mortuum, plagasque eas amurca linimus et terra : quod proderit adversum prædicta. Cortex etiam recisus et pendens a vite tollatur : quæ res minorem fecem reddit in vino. Muscus radatur ubicunque repertus. Sed plagæ, quas in duro vitis accipiet, obliquæ et rotundæ esse debebunt. Decisis, sicut supra dixi, male natis omnibus et veteribus novellos et fructuarios serva. Ungues etiam custodum siccos et annotinos recide, et omnia quæ vetera vel scabra reperies. Illæ quæ altius coluntur, ut in jugo

les laisser monter, ainsi qu'à celles qui sont au joug ou en treilles, dès qu'elles seront élevées de quatre pieds sur terre. On laissera un fouet par bras à une vigne maigre, et deux à une vigne grasse. Mais il faut avoir l'attention que les sarments qu'on laissera sur un bras ne soient pas tous sur le même côté, auquel cas la vigne se dessécherait comme si elle eût été frappée de la foudre. Il ne faut pas laisser de sarments sur le bois dur de la vigne, non plus qu'à son extrémité supérieure, parce que les premiers, semblables à des pampres inutiles, ne rapportent point de fruits, et que les seconds sont à charge au cep par la trop grande quantité des leurs, outre qu'ils le font monter trop haut. C'est donc dans le milieu du corps de la vigne qu'il faudra choisir les sarments qu'on lui laissera. La plaie de la taille ne doit jamais être faite auprès d'un bouton, mais il faut la faire un peu au-dessus, et du côté opposé au bouton, à cause des pleurs qu'elle répandra.

XIII. Culture de la vigne mariée aux arbres. On coupera le premier bois que cette vigne aura jeté, jusqu'au second ou au troisième bouton; ensuite on laissera croître insensiblement tous les ans un peu de bois qui montera à travers les rameaux de l'arbre, en dirigeant toujours un fouet vers son sommet. Ceux qui veulent avoir une très-grande quantité de fruits laissent un grand nombre de fouets s'étendre à travers les rameaux de l'arbre, au lieu que ceux qui visent à avoir de meilleur vin attirent les sarments vers son sommet. Il faut mettre plus de sarments sur les rameaux de l'arbre qui seront les plus forts, et en mettre moins sur les plus faibles. Voici la façon de tailler cette espèce de vigne : on coupera tous les sarments qui auront porté du fruit la première année, et on laissera subsister les nouveaux, en coupant les tendons et les petites branches inutiles dont ils seront environnés. Mais il faut avoir l'attention de délier et de relier chaque année cette espèce de vigne, pour la rafraîchir. Il faut ajuster les rameaux des arbres qui soutiennent une vigne, de façon qu'ils ne soient pas étagés en ligne perpendiculaire. Si le terrain est gras, il faut que l'orme soit sans rameau jusqu'à huit pieds de terre, et jusqu'à sept pieds dans un terrain maigre. Dans les pays sujets à la rosée et aux brouillards, on dirigera par la taille les rameaux de l'arbre qui soutient la vigne vers les côtés du levant et du couchant, afin que ses flancs étant découverts, la vigne puisse être exposée aux rayons du soleil dans toutes ses parties. Il faut aussi faire en sorte que la vigne ne soit pas trop fournie sur l'arbre. Dès qu'il commencera à manquer quelques arbres, il faudra leur en substituer d'autres. Dans les pays montueux, il faudra tenir les rameaux des arbres plus bas, au lieu qu'on les tiendra plus hauts dans les pays plats et humides. Il ne faut pas attacher à l'arbre les branches à fruit de la vigne avec un osier trop dur, de peur qu'une pareille ligature ne les coupe ou ne les froisse. C'est une attention d'autant plus importante à avoir, que la branche à fruit couvre toujours de grappes la portion d'elle-même qui pend par delà la ligature; au lieu qu'elle réserve celle qui est au-dessous de la ligature pour donner du bois l'année suivante.

XIV. Si l'on veut former, à la mode des provinces, de ces espèces de vignes dont j'ai parlé, qui se tiennent sur leurs pieds comme de petits arbres, on leur laissera des bras de quatre côtés, et on conservera sur ces bras le plus grand nombre de sarments que la vigne puisse supporter. Pour celles que l'on arrondit à l'aide de roseaux, on les taillera de la même manière que celles qui

---

vel pergula, ubi quatuor pedibus supra terram levatæ steterint, quaterna brachia habeant. Si macra vitis erit, (in) singulis brachiis singula flagella dimittimus : si pinguis, bina. Sed providendum, ne in una parte sint sarmenta, quæ servas : quod cum fit, vitis, tamquam si fulgure tangatur, arescit. Relinquenda sunt sarmenta neque circa durum neque in summo : quia hæc velut pampinaria minus afferunt, illa vitem nimietate fœtus onerant, et longius ducunt. Quare in medio loco servanda sunt, (quæ tuemur). Plaga non juxta gemmam, sed aliquanto superius fiat, et avertatur a gemma propter lacrymam defluentem.

XIII. Vitis quæ in arbore collocatur. Prima ejus materia ad secundam vel tertiam gemmam præcidatur; deinde omnibus annis aliquid per ramos crescere subinde patiamur, unam materiam semper ad cacumen arboris dirigentes. Sed qui fructum volunt maximum, materias plures per ramos submittunt; qui vinum melius, sarmenta in cacumen extendunt. Fortioribus ramis arborum plures materiæ, debilioribus imponendæ sunt pauciores. Putandi autem ratio talis est, ut et vetera sarmenta, quibus primi anni fructus pependit, omnia recidantur, et nova circumcisis capreolis et ramulis inutilibus dimittantur. Sed providendum est, omnibus annis vitem resolvi ac religari, quia refrigeratur. Ita formandi sunt rami arborum vitiferarum, ne alter sub alterius linea dirigatur : sed loco pingui ulmus a terra octo pedibus, gracili vero septem sine ramo relinquenda sit. In solo roscido et nebuloso, rami arboris vitiferæ in orientem et occidentem putatione dirigantur, ut latera vacua solis radiis membra totius vitis ostendant. Agendum est autem, ut vitis spissa non sit in arbore, et deficientibus primis arboribus substituendæ sunt aliæ. In loco clivoso humilius rami arborum servandi sunt; in plano et uliginoso altius. Palmites ad arborem non duro vimine ligentur, ne eos vinculum præcidat aut atterat. Hoc autem noveris, quia palmes, quod extra ligaturam pendens habuerit; fructu induet : quod infra ligaturam, materia sequentis anni deputabit.

XIV. Vites, quas provinciali more velut arbusculas stare dixi, si instituere velis, ramos a quatuor partibus his relinques, et in eis brachiis sarmenta pro vitis possibilitate servabis. Vites autem, quæ cannis in orbem coguntur,

sont appuyées sur des échalas ou sur des pieux. Quant à celles qui sont couchées à terre sans aucun soutien, procédé auquel il ne faut avoir recours qu'à défaut de mieux, ou pour obéir à quelque nécessité locale, on ne leur laissera la première année que deux boutons; au lieu qu'on leur en laissera un plus grand nombre les années suivantes. Au reste, les vignes de cette dernière espèce doivent être taillées de très-court.

XV. Columelle dit qu'il faut commencer dès la première année à façonner une jeune vigne sur son seul et unique jet, et qu'il ne faut pas la couper tout entière au bout de la seconde année, comme cela se pratique d'ordinaire en Italie, parce que les vignes meurent quand elles sont ainsi coupées tout entières, ou ne produisent que des sarments peu féconds; attendu que, lorsque leur tronc est coupé, elles ne peuvent plus s'élancer que d'une partie de bois dur, à la manière des pampres inutiles. Nous pensons donc qu'il faut laisser un ou deux boutons auprès de la commissure même du vieux sarment : et c'est notamment la méthode qu'il faut observer à l'égard d'une jeune vigne dès qu'elle est un peu forte, en l'aidant d'ailleurs pendant son enfance avec des roseaux ou avec de petits pieux jusqu'à la troisième année, où elle en peut recevoir de plus forts; d'autant que si elle est dans un terrain gras, on fera bien de la contraindre à élever trois jets dès l'âge de quatre ans. Aussitôt après la taille, on retirera des vignobles les sarments qui auront été abattus, ainsi que les ronces et tout ce qui pourrait gêner le labour.

XVI. C'est aussi le mois où se propage la vigne; mais il sera mieux de renouveler en sautelle les vignes vieilles et ruinées, dont le bois dur aura pris trop d'accroissement, comme dit Columelle, que de les enfouir tout entières ; ce qui ne manquerait pas d'attirer le blâme de tout agriculteur. Nous appelons sautelle la partie d'un cep fiché en terre par les deux bouts, qui s'élève en arceau au-dessus du sol. Lorsqu'on enterre toute la vigne, elle s'épuise, comme l'observe Columelle, par la multitude de racines qui sortent de toutes les parties de leur corps. On coupera au bout de deux ans les sautelles sur l'arc qui est hors de terre, sans déranger les ceps dont on les avait abaissées, quoique, si l'on en croit les agriculteurs, lorsqu'on les coupe au bout de deux ans, elles n'ont encore pour l'ordinaire que de faibles racines, et ne tardent pas à périr.

XVII. Ce mois est très-propice à la greffe dans les lieux chauds et exposés au soleil : cette opération se fait de trois manières, dont deux seulement sont praticables à cette époque de l'année. La troisième se pratique seulement en été. On peut greffer ou sous l'écorce, ou sur le tronc, ou en écusson. Voici comme on s'y prend pour greffer sous l'écorce : on scie le tronc d'un arbre ou l'une de ses branches, en ménageant l'écorce, à un endroit qui paraisse très-lisse et qui soit sans cicatrices ; après quoi on ragrée la plaie avec des instruments de fer bien tranchants. Ensuite on enfonce, à la profondeur d'environ trois doigts, entre l'écorce et le bois (mais avec beaucoup de circonspection, de peur que la bande de l'écorce n'éclate) une espèce de coin mince, soit de fer, soit d'os, et particulièrement d'os de lion ; et après avoir retiré ce coin de l'endroit où on l'avait enfoncé, on insère aussitôt dans la fente qu'il aura faite un scion que l'on prend la précaution de tailler d'un côté, en ménageant non-seulement sa moelle, mais encore l'écorce dont il est couvert du côté opposé à celui qui est taillé ; côté qui doit rester en saillie sur l'arbre à la

sic putentur, quemadmodum eæ quæ nituntur ridicis aut palis. Illæ vero quæ sine adminiculis jacent, quod pro sola indigentia faciendum est vel necessitate provinciæ, primo anno duas gemmas, deinde plures habebunt. Sed hujus generis vinea strictius est putanda.

XV. Novellam vitem Columella dicit a primo anno ad unam materiam esse formandam, nec recidendam totam, sicut Italiæ consuetudo est, anno secundo expleto, quia vel interount vites in totum recisæ, vel infœcunda sarmenta producant, quæ amputato capite velut pampinaria de duro coguntur exire : quare juxta ipsam commissuram veteris sarmenti, unam vel duas gemmas [censemus] relinquendas : quod est merito in viticula fortiore servandum, et sane excipiendam calamis novellam vel exiguis palis, ut tertio anno robustiores possit accipere. Nam quadrima novella, ubi lætum solum est, tres materias merito nutrire cogetur. Statim post putationem sarmenta decisa [a] vineis et rubi et impedimentum fossoris omne tollatur.

XVI. Hoc etiam mense propagandæ sunt vites : sed vetus et exesa vinea cujus duramenta longe processerunt, ut Columella dicit, mergis melius reparabitur, quam si infossione totius corporis obruatur. Quod agricolis certum est displicere. Mergum dicimus, quoties velut arcus supra terram relinquitur, alia parte vitis infossa. Nam (ut ait Columella) cum totæ stratæ sunt, plurimis radicibus totius corporis fatigantur. Mergi vero post biennium reciduntur in ea parte, quæ supra est, et in loco justas vites relinquunt. Sed (ut agricolæ asserunt) post biennium si recidas, plerumque infirmas habent radices et repente simul pereunt.

XVII. Hoc mense calidis et apricis locis optime celebratur insitio, quæ fit tribus generibus. Sed ex his duo nunc fieri possunt; tertium reservatur æstati. Sunt autem genera inserendi hæc aut sub cortice, aut in trunco, aut emplastro. Inseremus ergo sic : Arborem vel ramum in loco, qui nitidus est et sine cicatrice, serra recidemus non læso cortice. Post ferraturam, plagam ferramentis acutis incidamus. Inde quasi cuneum tenuem ferreum vel osseum, maxime leoninum, inter corticem et lignum tribus prope digitis consideranter deponimus, ne corticis fascia dissipetur; et in eum locum subducto cuneo, statim surculum

hauteur de six ou huit doigts. On met deux ou trois greffes sur le même arbre, ou même un plus grand nombre, suivant la qualité de l'arbre, en les séparant l'une de l'autre par un intervalle de quatre doigts ou plus; après quoi on les resserre avec du jonc, de l'orme ou de l'osier, et on les enveloppe d'un enduit de limon recouvert de mousse, que l'on y applique de façon que la greffe puisse sortir de quatre doigts au-dessus. Il y a des personnes qui aiment mieux fendre par le milieu le tronc de l'arbre, qu'ils ont coupé après l'avoir serré bien fort avec des liens, et enfoncer dans cette fente des scions ratissés des deux côtés en forme de coins, sans que la moelle en soit altérée, après y avoir introduit préalablement un petit coin, afin que, lorsque ce coin sera retiré de l'arbre, la greffe que l'on y aura enfoncée puisse être resserrée par le bois même qui se rapprochera à l'endroit de la plaie. On emploie ces deux façons de greffer au printemps, lorsque la lune croît, et que les boutons des arbres commencent à grossir. Il faut que les branches d'arbres que l'on doit employer en greffes soient jeunes, fécondes et pleines de nœuds, qu'elles soient nées sur un rameau qui ne soit point vieux, et coupées sur le côté de l'arbre qui sera exposé au levant. Il faut aussi qu'elles aient un petit doigt d'épaisseur, et qu'elles soient garnies de deux ou trois cornes et d'un grand nombre de boutons. Si l'on veut enter sur un petit arbre (et c'est incontestablement la greffe qui prend le mieux), on le coupera près de terre, on insérera la greffe entre son bois et son écorce, et on la liera. Il y a des personnes, qui enfoncent au milieu de l'arbre qu'elles veulent greffer, une petite branche ratissée des deux côtés, et d'une grosseur proportionnée à celle de l'arbre, de façon que l'écorce de cette petite branche adhère exactement à celle de l'arbre dans toute sa circonférence. Au surplus, quand on greffe un jeune arbre, il faut labourer la terre à son pied, et la ramasser pour l'entasser jusqu'à la greffe même, afin de protéger celle-ci contre le vent et la chaleur. Un agriculteur très-attentif m'a assuré que toutes les espèces de greffes prenaient sans difficulté, lorsqu'en les insérant dans l'arbre on enfonçait en même temps dans la plaie de la glu non détrempée, afin que cette glu fît, pour ainsi dire, l'effet d'une espèce de colle, et qu'elle amalgamât les sucs de l'un et de l'autre bois. Nous parlerons de la greffe en écusson dans le mois où on la pratique. Columelle a donné une quatrième façon de greffer, que voici : il prescrit de percer un arbre jusqu'à sa moelle avec une tarière gauloise, dans une direction légèrement oblique; on nettoie le trou, et on y insère de vive force un cep de vigne ou une branche d'arbre, dont on aura proportionné le volume à la largeur du trou en la ratissant; mais il faut que cette branche soit pleine de sève et humide, et qu'elle déborde l'arbre d'un ou de deux boutons : on recouvre ensuite exactement d'argile et de mousse l'endroit où est la greffe. On peut se servir de cette méthode pour greffer la vigne sur un orme. Un Espagnol m'a enseigné le nouveau genre de greffe que voici, en m'assurant qu'il en avait fait l'essai sur un pêcher. Il veut que l'on perce avec une tarière le milieu d'une branche de saule, qui soit de l'épaisseur du bras, forte, et longue de deux *cubiti* ou plus, et que l'on fasse passer par le trou que l'on y aura pratiqué un pied de pêcher, sans l'arracher de la terre à laquelle il tient par ses racines, après l'avoir dépouillé de toutes ses branches pour ne lui laisser que sa tige; que l'on courbe alors en forme d'arc cette branche de saule pour l'enfoncer en terre

mergimus ab una parte decisum salva medulla, et cortice partis alterius, qui supra arborem sex vel octo digitis emineat. Duos vel tres vel plures surculos pro trunci qualitate constituimus : quaternis digitis vel amplius inter eos spatium relinquemus : tunc junco aut ulmo aut vimine stringemus, et super lutum musco tectum ponemus, ac ligabimus, ut quatuor digitis supra lutum possit surculus eminere. Plerosque delectat strictum primo sectæ arboris truncum vinculis arctioribus in medio findere, et ibi surculos ex utraque parte rasos in modum cunei, ut integra sit medulla, demergere, præmisso ante cuneolo, quo subducto, depositus surculus redeunte in plagam materia, possit adstringi. Sed hoc utrumque genus vernum est, et fit crescente luna, ubi incipit gemma arborum turgescere. Surculi autem, qui inserendi sunt, sint novelli, fertiles, nodosi, de novo nati, ab orientali arboris parte decisi, crassitudine digiti minoris, bifurci vel trifurci, gemmis pluribus uberati. Si arborem minorem desiderabis inserere, in qua sine dubio meliora incrementa proveniunt, circa terram secato : et quod melius est, surculos inter lignum corticemque depone, tunc stringe. Quidam rasum ex utraque parte surculum convenientem soliditati arboris inserendæ sic in medio deponunt, ut cortex surculi undique cortici arboris reddatur æqualis. Sed in novella arbore terra mota usque ad ipsum insitum colligatur; quæ eam res a vento et calore defendet. Mihi asservit diligens agricola omne insitum sine dubio comprehendere, si depositis surculis viscum non temperatum in ipsa plaga pariter mergamus, quasi glutino quodam succos materiæ utriusque misturum. De emplastratione suo mense dicemus. Quartum genus Columella sic retulit. Gallica terebra usque ad medullam arborem perforandam, plaga interius leviter inclinata. Ibi educto omni scobe, vitem vel ramum ad modum foraminis impressi delibratum, succidum tamen et humentem, stricte imprimi, una aut duabus gemmis foris relictis. Tunc argilla et musco locum diligenter operiri; ita et vites in ulmo inseri posse [commissas.] Hispanus quidam mihi hoc genus novæ insitionis ostendit, quod ex persico se asscrebat expertum. Salicis ramum brachii crassitudine, solidum, longum cubitis duobus aut amplius, terebrari jussit in medio, et plantam persici in eodem loco in quo consistit, spoliatam ramis omnibus, solo

par ses deux extrémités, et que l'on bouche le trou par lequel passe le pêcher avec du limon et de la mousse, le tout bien lié; qu'ensuite on coupe au bout d'un an le pêcher au-dessous de la branche de saule, dès que sa tige sera suffisamment rejointe en cet endroit avec le saule, pour que ces deux plantes n'en fassent plus qu'une seule; enfin qu'on transporte le pêcher, et qu'on entasse assez de terre auprès de lui pour pouvoir en recouvrir non-seulement l'arc formé par le saule, mais encore la pointe du pêcher qui sort de cet arc par en haut; et il prétend qu'en conséquence de cette opération le pêcher donnera des fruits sans noyaux. Mais il ajoute que cette sorte de greffe ne convient qu'aux terrains humides ou arrosés, et qu'il faut même aider le saule par des arrosements, afin que ce bois, qui aime naturellement l'humidité, puisse prendre assez de force pour suffire à la nutrition d'un arbre qui est d'une nature différente de la sienne, en partageant avec lui le surperflu de son suc vital.

XVIII. C'est dans ce mois que l'on formera des plants d'oliviers dans les pays tempérés, auquel cas il faudra ou planter ces arbres dans des terrains labourés au *pastinum*, de façon qu'ils bordent l'extrémité des planches, ou leur affecter un terrain particulier. Si on les plante dans un terrain labouré au *pastinum*, on profitera du moment où la terre sera gonflée par le labour, pour y faire un trou avec un pieu, dans lequel on les déposera sur des grains d'orge, en pieds garnis de leurs racines, après leur avoir coupé la tête ainsi que les bras, et avoir réduit leur tronc à la hauteur d'un *cubitus* et un *palmus*. On commencera donc par délivrer ces arbres de tout ce qui pourra s'y trouver de pourri ou de séché, après quoi on leur coupera la tête, qu'on recou-

vrira de limon et de mousse; et on finira par les resserrer avec des liens d'orme, ou avec telle autre espèce de ligature suffisante pour les affermir. Mais une des choses qui peuvent le plus contribuer à les faire profiter et grandir, c'est de marquer avec de la sanguine les côtés du ciel auxquels ils étaient exposés dans le temps qu'ils étaient en terre, afin de les mettre sous la même exposition. On les disposera à quinze ou vingt pieds de distance les uns des autres. On arrachera de temps à autre toutes les herbes qui croîtront alentour; et chaque fois qu'il aura plu, on les excitera à pousser par de très-petites fouilles, très-souvent réitérées. On prendra aussi de temps en temps de la terre à leurs pieds, et après l'avoir remuée et brouillée, on l'entassera auprès de leur tronc jusqu'à une certaine hauteur. Si l'on veut destiner un terrain particulier à des plants d'oliviers, on choisira à cet effet les genres de terre que voici : une terre mêlée de gravier, et composée d'une solution d'argile mêlée de sable; ou bien un sol qui soit d'une nature compacte et humide. Il faut rejeter absolument l'argile que les potiers emploient, ainsi que les terres marécageuses dans lesquelles l'eau séjourne, le sable maigre et le gravier pur, parce que, bien que l'olivier y prenne, il n'y acquiert jamais de force. On peut aussi les planter dans des terrains qui auront porté précédemment des arbousiers ou des yeuses; car pour ce qui est du *cerrus* et de l'*œsculus*, lors même qu'ils sont abattus, ils laissent dans la terre des racines perfides, qui sont un poison pour les oliviers. Cet arbre se plaît, dans les climats brûlants, sur les coteaux exposés au nord; dans les climats froids, sur ceux qui sont exposés au midi; et il aime, dans les climats tempérés, les terrains élevés. Il ne s'accommode ni des fonds ni des

capite relicto per ipsum saligni manubrii foramen induci : tunc eundem salicis ramum terrae capite utroque demerso, in arcus similitudinem debere curvari, foramen luto, musco, vinculis stringi : anno deinde exempto, ubi intra medullam salicis caput plantae sic cohaeserit, ut unitas sit ex duobus mista corporibus, plantam subter incidi atque transferri, et aggerari terram, quae arcum salicis cum persici cacumine possit operire : hinc persici poma sine ossibus nasci : sed hoc locis humidis convenire vel riguis, et salices aquationibus adjuvandas, ut et natura ligni vigeat, quae delectatur humore, et superfluentem copiam succi germinibus ministret alienis.

XVIII. Hoc mense locis temperatis instituemus oliveta, quae vel pastinis conserenda sunt, ut extremas circa decimanum tabulas cingant, vel suum locum tenebunt. Si ponuntur in pastino, radicatae plantae decisis capitibus et brachiis, et in truncum redactae usque ad mensuram cubiti unius et palmi in fermento terrae fossae defigantur, locum palo antea deprimente : ordei grana subterjaciantur, et amputetur iis quidquid putridi inventum fuerit aut aren-

tis : et tunc (amputata) capita luto velentur et musco, ulmeis vinculis vel tenacibus quibuscunque constricta. Sed maximum beneficium est, ut proficiat incremento, si rubrica partes notentur, quibus obversae steterunt, et contra eas simili ratione ponantur. Sint a se discretae pedibus quindecim vel viginti. Omnis subinde circa eas herba vellatur : et quoties sub imber infuderit, brevissimis ac frequentissimis fossionibus solicitentur, et subinde ducta a trunco terra atque permista in aliquanto altiores cumulos congeratur. Quod si olivetum suo loco facere volueris, haec genera terrarum sequeris : terram cui mista sit glarea, aut cretam sabulonis conjunctione resolutam, aut pinguem sabulonem, aut terram naturae densioris et humidae. Creta figuli omnino repudianda est et uliginosa et in qua semper humor assistit, et sabulo macer et nuda glarea : quamvis enim comprehendat tamen non convalescit. Potest seri et ubi arbutus aut ilex steterat. Nam cerrus et aesculus excisa radices noxias relinquit, quarum virus oleam necat. Locis aestuosis Septentrionali colle, frigidis, meridiano gaudet, mediis, clivis delectatur. Neque imum locum neque

escarpements, et préfère les petites éminences, telles que celles du pays Sabin et de la Bétique. On compte bien des espèces d'olives, qui ont chacune leur nom propre, telles que la *pausia*, l'*orchis*, l'olive longue, la *sergienne*, la *Licinienne*, la *Cominienne*, et d'autres qu'il est inutile de nommer. L'huile que rend la *pausia* est excellente tant qu'elle est verte, mais ne tarde pas à se gâter, pour peu qu'elle soit gardée. L'olive *Licinienne* donne d'excellente huile, la *Sergienne* en donne une grande quantité. Mais il suffira de dire en général, de toutes ces espèces d'olives, que les plus grosses sont bonnes à manger, et que les plus petites sont propres à faire de l'huile. Si l'on destine le terrain que l'on plante en oliviers à rapporter du blé, on mettra ces arbres à quarante pieds les uns des autres; au lieu que si c'est un terrain maigre, la distance ne sera que de vingt-cinq pieds. Il vaut mieux que les rangées d'oliviers soient tournées du côté d'où souffle le vent *Favonius*. Lorsqu'on les plantera, il faudra les mettre dans des fosses sèches, creusées à quatre pieds de profondeur, et avec la terre desquelles on mêlera du fumier, ainsi que du gravier lorsqu'on manquera de pierres. Si le lieu est clos, on les enterrera de façon qu'il n'en sorte qu'une petite portion hors de terre; mais si l'on a les insultes du bétail à craindre, il faut donner aux troncs plus de hauteur. On les arrosera aussi dans les provinces sèches quand il ne tombera pas de pluie. Si la contrée manque d'oliviers, et que l'on ne sache d'où en faire venir en pieds pour les planter, on en fera une pépinière, c'est-à-dire qu'on fouillera une planche de terre de la manière que j'ai donnée plus haut, pour y déposer, comme le prescrit Columelle, des branches d'oliviers de la longueur d'un pied et demi, coupées avec une scie; après quoi on pourra en transférer des pieds d'arbres qui seront devenus forts au bout de cinq ans, et les planter dans le courant de ce mois dans les pays froids. Je sais que bien des personnes, vu la facilité et l'utilité de cette pratique, sont dans l'usage de distribuer, soit dans une pépinière, soit dans un plant d'oliviers, suivant leur goût, des racines de ces sortes d'oliviers qui se trouvent communément dans les forêts ou dans les lieux déserts, après les avoir coupés de façon à ne leur laisser qu'un *cubitus* de longueur. En effet, si on aide leur développement en mêlant du fumier avec la terre, il arrivera que ces racines, prises sur un seul pied d'arbre, donneront par la suite un très-grand nombre d'arbres.

XIX. On peut aussi, dans les terrains façonnés au *pastinum*, exposer au nord les espèces d'arbres à fruit dont nous traiterons spécialement plus tard, les espèces d'arbres à fruit sur lesquels nous donnerons par la suite des préceptes particuliers. La terre qui convient aux vignes convient également aux fruits. Mais on fera pour les arbres à fruit des fosses plus grandes que pour la vigne, précaution essentielle au bois comme au fruit. Si l'on veut avoir un verger, on laissera trente pieds d'intervalle entre les rangées d'arbres à fruit, et on n'y mettra que des pieds d'arbres qui soient garnis de leurs racines; c'est en effet la meilleure méthode. Mais on prendra garde qu'ils ne soient étêtés par la main des passants ou la dent des bestiaux, ce qui les empêcherait de croître. On destinera à chaque espèce d'arbre sa rangée particulière, de peur que les plus faibles ne soient opprimés par les plus forts. On fera aussi une marque aux pieds d'arbres que l'on transportera, afin de les tourner du côté du ciel auquel ils étaient exposés avant d'être transplantés. On les transférera toujours d'un coteau sec et maigre dans un terrain plat, gras et humide.

---

arduum patitur; magis modicos clivos diligit, sicut est regio Sabina vel Bætica. Baccarum genus numerosum est et plurium vocabulorum, sicut Pausia, Orchis, Radius, Sergia, Licinia, Cominia, et cæteræ quas nominare non attinet. Pausia tamen oleum quod reddit, dum viride est, optimum est, sed cito vetustate corrumpitur. Optimum Licinia dat, plurimum Sergia. Sed de his hæc generaliter præcepisse sufficiet, majores baccas cibo, minores oleo profuturas. Si frumentarius ager est, quem conserimus oliveto, quadragenis inter se pedibus distent : si macer, vicenis quinis. Melius faciemus, si ordines in Favonium dirigamus. Cum deponentur, in scrobes siccas constituantur quaternis pedibus fossas. Glarea etiam, ubi lapides defuerint, misceatur et stercus. Si clausus locus est, modice supra terram, quæ ponuntur, emineant. Si pecora formidantur, altiores trunci esse debebunt. In siccis vero provinciis cum pluviæ desunt, rigare conveniet. Si provincia indiget olivetis, et non unde planta sumatur, seminarium faciendum est, id est tabula effossa, sicut superius dixi, ut ibi (sicut Columella dicit) rami serra incisi in modum sesquipedalem deponantur. Inde post quinquennium poterit valida planta transferri, et locis frigidis hoc mense plantari. Scio plerosque, quod facilius atque utilius est, radices olearum quæ in silvis plerumque sunt aut in locis desertis, in cubitalem mensuram recisas, aut in seminario, si placuerit, aut in oliveto solere disponere, et admistione stercoris adjuvare. Qua re proveniet, ut ex unius arboris radicibus numerosa planta nascatur.

XIX. Etiam pomiferas arbores possumus in pastinis a Septentrionali regione disponere, de quibus sigillatim dicemus, quæ specialiter sunt tenenda. Nam pomis eadem convenit terra, quæ vitibus. Scrobes autem majores facies, ut materiæ prosis et fructui. Si pomarium facies, inter ordines tricenos pedes relinques. Plantas statues radicatas, quod est melius. Sed servabis, ne cacumina aut manu fracta aut erosa non crescant. Unumquemque ordinem suo generi deputabis, ne infirmæ a valentioribus opprimantur. Plantas similiter notabimus, ut ipsis quibus steterant cardinibus opponamus. De clivo sicco et exili, in planum, pinguem et humidum transferemus. Si truncos ponere

Si on veut mettre en terre des troncs d'arbres tout formés, on aura soin qu'ils soient élevés d'environ trois pieds au dessus du sol. Quand on mettra deux plantes dans une même fosse, on prendra garde qu'elles ne se touchent; autrement les vers les feraient mourir. Mais les arbres sont, ainsi que l'observe Columelle, de meilleur profit quand ils viennent d'essence, c'est-à-dire de noyau ou de pepin, que lorsqu'on les a plantés en pieds ou en boutures. Quand le pays est trop sec, on les aide à croître en les arrosant.

XX. Il faut bêcher la vigne en ce temps dans les pays chauds et dans les régions maritimes, ou y mettre la charrue (si c'est l'usage de la province). Il faut aussi l'échalasser et la lier dans les mêmes contrées avant que ses bourgeons paraissent; car il suffit d'un frottement ou d'une secousse pour causer un grand dommage. On donne à présent du fumier aux oliviers ainsi qu'aux autres arbres, dans le temps que la lune est dans son déclin. Un *vehis* de fumier suffira pour un grand arbre, et un demi-*vehis* pour un petit. Pour mettre ce fumier, on écartera la terre du pied de l'arbre, et après l'avoir mêlée de fumier, on la rapprochera de ses racines. Il faut fouiller le pied des arbres qui sont dans les pépinières, et en couper les branches superflues, ou les petites racines qui seront poussées hors de terre autour de leurs troncs.

XXI. C'est le temps de cultiver les roses qu'on fait venir de plant ou de graines, au moyen de petites fosses ou tranchées. Mais qu'on n'aille pas croire que la graine soit cette espèce de pollen couleur d'or que l'on voit au cœur de la rose. La rose donne des baies qui ressemblent à une très-petite poire, et qui sont remplies de graine. Ces baies sont communément mûres après la vendange, et l'on reconnaît leur maturité à la couleur et à la mollesse de leur enveloppe. Si l'on a des rosiers anciennement plantés, on les fouillera aussi par le pied avec des sarcloirs ou avec des doloires, et l'on coupera tout ce qui pourra s'y rencontrer de sec. On peut aussi renouveler à présent celles de ces anciennes plantations qui seront trop clair-semées, en attirant des branches de rosiers pour les propager. Si l'on veut avoir des roses de très-bonne heure, on fera une fouille en forme de cercle autour des rosiers, à deux *palmi* de distance de leurs pieds, et on les arrosera deux fois par jour avec de l'eau chaude. C'est encore le moment de mettre en terre les oignons de lis, et de sarcler ceux qui y sont déjà; ce qu'il faut faire avec beaucoup de précaution, afin de ne pas endommager les yeux qui seront venus autour de leurs racines, ni leurs petits caïeux, lesquels serviront à former de nouveaux plants de lis, lorsqu'on les aura séparés de leur mère pour les mettre dans de nouvelles rangées. Il faut aussi planter les pieds de violettes et les bulbes de safran, et remuer délicatement la terre autour des plantations déjà existantes.

XXII. Il y a des personnes qui sèment dans ce mois-ci dix *modii* de graine de lin par *jugerum* de terre dans un sol gras, et qui en récoltent du lin très-fin.

XXIII. On fera dans ce temps-ci des plants de cannes en creusant de très-petites fosses, et en enterrant dans chacune de ces fosses des yeux de cannes, que l'on éloignera d'un demi-pied les uns des autres. Si l'on cultive la terre dans une province chaude et sèche, on destinera à ces plants des vallées qui soient humides ou arrosées. Mais si la contrée est froide, on les placera à mi-côte, et dans des lieux où puissent se rendre les eaux qui s'écouleront des métairies. On peut aussi jeter de la graine d'asperge entre les can-

---

volueris, supra terram prope tribus pedibus erigantur. Ubi duas in una scrobe plantas deponis, cavendum est, ne se contingant. Nam vermibus interibunt. Sed (ut Columella dicit) feraciores sunt, quæ seminibus, hoc est nucibus suis, quam quæ plantis ponuntur aut ramis. Ubi regio siccior est, aquationibus adjuventur.

XX. Nunc locis maritimis et calidis fodiendæ sunt vites: vel si hæc provinciæ consuetudo est, exarandæ, et in eisdem locis palandæ aut ligandæ sunt vineæ prius quam gemma procedat; cujus concussione vel attritu incurritur grande dispendium. Nunc oleæ cæteræque arbores lætamen accipiunt decrescente luna. Sufficiet autem majori arbori vehes una, minori, media; ita ut subducta a radicibus terra et fimo permista revocetur. Tempore hoc quæ sunt in seminariis plantæ, circumfodiendæ sunt, et amputandi eis rami superflui vel radiculæ, quas circa in superiore parte miserunt.

XXI. Hoc mense rosaria conseremus, quæ sulco brevissimo aut scrobibus ponenda sunt, vel virgultis, vel etiam semine. Semina autem rosarum non putemus medios flosculos esse aurei coloris, quæ rosæ fuerunt, sed baccas nutriunt, quas in brevissimi piri similitudinem plenas seminibus post vindemiam reddunt maturas, quarum tamen maturitas ex colore fusco et mollitie poterit æstimari. Siqua etiam sunt antiqua rosaria, hoc tempore circumfodiuntur sarculis vel dolabris, et ariditas universa reciditur. Nunc et quæ rara sunt proposito ducta virgarum propagine reparari. Si rosam temperius habere volueris, duobus palmis ab ea gyrum fodies, et aqua calida bis rigabis in die. Nunc et liliorum bulbos ponemus, vel lilia ante habita sarriemus summa diligentia, ne oculos circa radicem nascentes et minores bulbulos sauciemus, qui a matre subtracti, atque in alios digesti ordines nova lilieta formabunt. Item violarum plantæ et croci bulbi serendi sunt, vel subtiliter, si fuerant ante, fodiendi.

XXII. Hoc mense aliqui lini semen læto solo in jugerum x modios spargunt, et lina consequuntur exilia.

XXIII. Tempore hoc canneta ponenda sunt factis brevissimis scrobibus, et oculis cannarum per singulas scrobes obrutis, qui semipedis spatio inter se distare debebunt. Si calidæ et siccæ provinciæ studemus, valles humidas vel irriguas opus est deputare cannetis; si frigida regio

nes, afin que ces deux plantes viennent ensemble, parce que l'une se cultive comme l'autre, et qu'on met également le feu à toutes deux. Mais si l'on a d'anciennes cannaies, on les sarclera dans ce temps-ci, après avoir coupé tout ce qui pourra gêner leurs racines, c'est-à-dire, les parties qui seront pourries, celles qui s'étendront mal, et celles qui n'auront point d'yeux capables de reproduire. On piquera à présent des pieds de saules, et, à leur défaut, de genêt, ou de telle autre plante qui fournisse des liens pour les vignes. On fera aussi des pépinières pour les baies de myrte et pour celles de laurier, ou bien on cultivera celles qui auront été faites précédemment.

XXIV. Il faut faire, vers les ides de février, des haies de jardins au moyen de cordes saturées de graine d'épine, de la manière que nous avons indiquée en parlant des différentes façons de clore les jardins. Les Grecs prescrivent aussi de couper de grosses branches de ronces en petits morceaux, que l'on enterre dans des fosses d'une palme, que l'on entretient en les fouillant, et en les arrosant tous les jours jusqu'à ce qu'elles poussent des feuilles. On sème la laitue dans ce mois-ci, afin de pouvoir la transplanter au mois d'avril. On y sème aussi, de même que dans le mois de novembre, le cardon, le cresson des jardins, la coriandre et le pavot, ainsi que l'ail et l'oignon de Cypre. On sème à présent la sarriette, en l'entremêlant de ciboule, dans un champ gras, et qui ne soit pas fumé, mais qui soit exposé au soleil ou, ce qui est encore mieux, voisin de la mer. On sème aussi la ciboule dans ce mois-ci; mais il est constant qu'il en faut semer en automne comme au printemps. Si on la sème en graine, elle donnera une grosse bulbe, mais elle rendra moins de graine; au lieu que si on en plante la bulbe, elle n'aura, à la vérité, qu'une bulbe maigre, mais elle donnera beaucoup de graine. Les oignons demandent une terre grasse, qui soit bien remuée, arrosée et fumée. On leur fera des planches que l'on débarrassera de toutes les herbes et de toutes les racines. On les sèmera dans un jour calme et serein, et surtout lorsque le vent du midi ou de l'est souffleront. Ceux qui sont semés dans le déclin de la lune viennent plus petits et plus âcres que ceux qui le sont quand elle croît; Ceux-ci au contraire sont plus forts et ont un goût plus adouci. Il faut les semer clair, arracher souvent les mauvaises herbes qui croissent avec eux, et les sarcler de même souvent. Si l'on veut qu'ils aient de grosses bulbes, il faudra arracher toutes leurs feuilles, afin que tout le suc nourricier se porte par en bas. On étayera les tiges dont on veut recueillir la graine lorsqu'elles commenceront à monter. Lorsque la graine en sera noire, ce sera un signe de sa maturité. Il faut en arracher les tiges garnies de leur graine avant qu'elles soient tout à fait sèches, et les faire sécher en cet état au soleil. C'est dans ce mois-ci qu'on sèmera l'aneth dans les pays froids. Il se fait à toutes sortes de climats, mais il préfère les plus tempérés. On l'arrosera, s'il ne pleut pas. On le sèmera clair. Il y a des personnes qui n'en couvrent pas la graine de terre, parce qu'elles imaginent qu'aucun oiseau n'y touche. On peut aussi semer à présent la moutarde. On sèmera encore dans ce mois-ci les choux, ce qu'on peut faire au surplus dans tout le cours de l'année. Ils aiment un sol gras et qui soit suffisamment labouré, et redoutent l'argile et le gravier. Ils ne se plaisent ni dans le sablon, ni dans le sable, à moins qu'ils n'y trouvent la ressource d'une eau toujours courante. Ils s'accommodent de toute espèce de climats, mais

---

est, locis mediis instituantur, sed succo villarum subditis. Inter hæc asparagorum etiam semina spargere possumus, ut mista nascantur, quia et asparagi coluntur et incenduntur eo more quo cannæ. Sed si qua sunt antiqua canneta, hoc tempore sarclentur, recisis quæ in radice purganda sunt, id est putribus, male porrectis, et si qua gignendi oculos non habent. Nunc salicis plantas et omnium generum, quæ arbusto applicandæ sunt, vel genestæ, ubi decrit, obruemus. Ex baccis etiam myrti et lauri seminaria faciemus vel, si fuerant, excolemus.

XXIV. Circa idus Februarias sepes hortorum ex congesto in funibus spinarum semine faciendæ sunt, sicut dictum est, cum de munimine loqueremur hortorum. Item Græci dicunt de crassa rubi virga fieri debere particulas, et palmaribus scrobibus obrui, et quotidie, donec frondeant, fossione et rigatione nutriri. Hoc mense lactuca seritur, ut possit Aprili mense transferri. Item carduus seritur et nasturtium et coriandrum et papaver, sicut mense Novembri, et allium et ulpicum. Nunc satureia seritur pingui agro non stercorato sed aprico, vel melius mari proximo, et cum cepullis mista seminatur. Hoc etiam mense cepullas seres: sed constat et vere et autumno esse seminandas. Si semen ejus severis, in caput crescit, et minus reddit in semine: si capitulum ponas, ipsum macescit, et multum semen educit. Terram cepæ desiderant pingues, vehementer subactam, irriguam, stercoratam. Ibi areas faciemus omnibus herbis et radice purgatas. Seremus placido et sereno die, maxime Austro vel Euro flantibus. Si minuente luna serantur, tenues et acriores proveniunt: si crescente, robustæ et saporis humecti; rarius sunt seminandæ; runcandæ ac sarculandæ sunt sæpius. Si capita voluerimus his esse majora, folia omnia debemus auferre, [et] sic succus ad inferiora cogetur: de quibus vero semina colligenda sunt, juventur adminiculis, ubi caulem cœperint excitare. Cum niger color seminis fuerit, præferunt maturitatis indicia. Vellendi sunt thalli adhuc semisicci cum semine, et sic in sole siccandi. Hoc mense anethum seres locis frigidis. Omnem cæli statum patitur, sed tepidiore lætatur. Rigetur, si se imber abstineat. Seratur rarius. Aliqui semen ejus non obruunt, opinantes quod a nulla ave tangatur. Nunc et sinapi serere possumus. Hoc etiam mense caules seremus; qui et toto anno seri possunt. Solum pingue et satis subactum diligunt: argillam et glaream timent: sabulone

ils préfèrent les climats froids. Exposés au midi, ils rapportent plus tôt; au nord, ils rapportent plus tard; mais ceux qui viennent à cette exposition l'emportent sur les premiers par leur goût et par la force de leur tige. Ils aiment les plants inclinés; c'est pourquoi il faut, quand on les transplante, les mettre sur l'ados des planches. Ils se plaisent à être fumés et sarclés. Quand ils sont clair-semés, ils acquièrent plus de force. Ils cuisent plus tôt, et sans rien perdre de leur verdeur, si, au moment où ils n'ont encore que trois ou quatre feuilles, on les saupoudre de nitre broyé et passé au tamis, ce qui les fait paraître couverts de frimas. Columelle dit qu'il faut envelopper les racines de cette plante d'algue marine pour lui faire conserver sa verdeur, en les couvrant en même temps de fumier. Il faut que les pieds de choux qu'on met en terre soient d'une certaine grosseur, parce que, quoiqu'ils prennent alors plus tard, ils deviennent plus forts. On les plantera, si l'on est en hiver, lorsque le jour commencera à être tempéré; si l'on est en été, lorsque le soleil sera prêt à se coucher. Ils deviendront plus gros si on les couvre assidûment de terre. La graine de chou se change en raves, quand elle est vieille. On commencera, après les ides de ce mois, à former de nouvelles pattes d'asperges avec la graine de ce légume, ou à en planter d'anciennes. Il me paraît également utile et plus expéditif de jeter dans un terrain inculte, ou du moins pierreux, une grande quantité de racines d'asperges sauvages qui rapporteront immédiatement, attendu que ce terrain n'aura eu précédemment aucune production à nourrir. On en brûlera les rafles toutes les années, afin que le fruit monte en plus grande quantité, et qu'il soit plus fort. Cette espèce d'asperges est celle qui a le goût le plus agréable.

On peut aussi semer à présent la mauve. On plantera aussi la menthe en pied ou en racines dans un terrain qui soit humide, ou autour des eaux. Cette plante veut être dans un terrain exposé au soleil, qui ne soit ni gras ni fumé. On sèmera ce mois le fenouil dans un terrain exposé au soleil et légèrement pierreux. On sème au commencement du printemps le panais en graine, ou on le plante en pied, dans un terrain gras, résolu en poussière, et façonné profondément au *pastinum*. Il faut qu'il soit clair-semé, pour prendre des forces. On sème aussi à présent l'origan, et on le cultive de la même manière que l'ail ou la ciboule. On sèmera à présent le cerfeuil dans les pays froids, après les ides. Cette plante demande un champ qui soit gras, humide et fumé. On sème la poirée dans ce mois, quoiqu'on puisse aussi la semer pendant tout le courant de l'été. Elle aime un champ qui soit ameubli, humide et gras. Il faut la transplanter quand elle aura quatre ou cinq feuilles, en enduisant ses racines de fumier nouveau. Elle aime à être fréquemment bêchée, et saturée de fumier. Il faut semer le poireau dans ce mois. Si l'on veut qu'il soit bon à être coupé à différentes reprises, on pourra le couper deux mois après qu'il aura été semé, en le laissant sur sa planche; quoique Columelle assure que celui même qu'on voudra couper à différentes reprises durera plus longtemps et sera meilleur, lorsqu'on le transplantera et qu'on l'aidera à croître avec de l'eau et du fumier, toutes les fois qu'on le coupera. Si l'on veut au contraire qu'il se forme en bulbe, il faudra le transplanter en octobre, quand il aura été semé au printemps. Il faut le semer dans un terrain gras, et surtout en plaine, sur une planche plate, façonnée profondément au *pastinum*, et qui ait été

et arenis non delectantur, nisi perennis unda succurrat. Omnem cæli statum caulis patitur, frigidum magis. Contra austrum positi citius ferunt; contra septentrionem, serius. Sed hic et sapore caulis vincit et robore. Clivis delectatur, et ideo ponendæ sunt plantæ per pulvinos arearum. Gaudet stercore et sarculatione. Rarius positus convalescit. Celerius coquitur virore servato, si, dum est trium vel quatuor foliorum nitrum tritum cribello desuper spargas, ut speciem pruinæ canentis imitetur. Columella dicit plantarum radices alga marina involvendas servandæ viriditatis causa, fimo simul adhærente. Ponendæ sunt plantæ majoris incrementi, quia licet serius comprehendant, tamen fortiores fient. Si hiems est, tepido jam die; si æstas, cum sol in vesperam declinatur, planta pangenda est. Vastior fiet, si terra operiatur assiduo. Semen brassicæ vetustum mutatur in rapa. Hoc mense post idus spongias asparagorum vel novas formare incipiemus ex semine, vel antiquas ponemus. Mihi etiam illud utile videtur ac diligens, ut asparagi agrestis radices plurimas in unum locum congeramus incultum, vel certe saxosum, quæ statim fructum dent ex loco, qui aliud nil alebat, et has annis omnibus incendamus in scopis, ut fructus frequentior surgat et fortior. Hoc autem genus est sapore jucundius. Nunc etiam malva seri potest. Mentam quoque sere plantis vel radicibus loco humido vel circa aquas. Apricum solum nec pingue nec stercoratum desiderat. Hoc mense fœniculum seres loco aprico et modice saxoso. (Seritur primo vere) pastinaca et semine ponetur et plantis loco pingui, soluto, altius pastinato: raram statues, ut robur accipiat. Cunela etiam nunc seritur, et colitur eo more quo allium vel cepulla. Nunc cærefolium locis frigidis post idus seratur: desiderat agrum lætum, humidum, stercoratum. Hoc mense betam seremus, quamvis possit et tota æstate seminari. Amat agrum putrem, humidum, lætum. Transferenda est quatuor aut quinque foliorum, radicibus fimo recenti oblitis. Amat frequenter effodi, et multo stercore saturari. Hoc mense porrus serendus: quem si sectilem velis, post duos menses, quam satus est, poteris desecare manentem in areis suis: quamvis asserat Columella etiam sectivum diutius duraturum, melioremque, si transferatur; et quoties seminabitur, aqua juvetur et stercore. Si capitatum facere velis, quod vere severis, Octobri mense transferre debebis. Serendus est loco læto et maxime campestri, area plana, pastinata alte, et diu

bêchée et fumée depuis longtemps. Si l'on veut qu'il soit bon à être coupé à différentes reprises, on le sèmera dru ; au lieu que si l'on veut qu'il se forme en bulbe, on le sèmera plus clair. Il faut lui faire sentir souvent le sarcloir, et le purger des mauvaises herbes. Lorsqu'il aura un doigt d'épaisseur, on le transplantera, en coupant préalablement ses feuilles par le milieu, et en tronquant ses racines ; après quoi on l'enduira de fumier liquide, et on le mettra en terre, en l'espaçant de quatre ou cinq doigts. Lorsqu'il aura pris racine, il faudra le saisir légèrement avec le sarcloir pour le soulever de terre, afin qu'étant comme suspendu, il se trouve contraint de remplir, par la grosseur de sa bulbe, le vide qui sera sous lui. Si l'on met en terre plusieurs graines de poireaux jointes ensemble, il en naîtra un seul poireau, qui sera très-gros. On dit aussi que si, avant de le planter, on insère dans sa bulbe de la graine de raves sans se servir d'un instrument de fer pour l'y faire entrer, il grossira beaucoup. Il sera encore mieux de répéter souvent cette opération. On sème l'aunée dans ce mois-ci, qui est celui dans lequel on forme des plants de cannes. On en met les yeux en terre, comme on y met ceux des roseaux ; et il faut couper ces yeux, et les couvrir légèrement de terre, en les arrangeant sur des planches dressées au cordeau dans un terrain bêché et bien remué, où on les espacera de trois pieds. On mettra, ce mois, en terre les bulbes des fèves d'Égypte. Elles aiment un lieu qui soit humide, gras et très-arrosé. Elles se plaisent aux environs des fontaines et des ruisseaux, et la qualité du sol leur importe très-peu, pourvu qu'on les entretienne d'eau, sans les en laisser jamais manquer. Elles sont presque toujours en état de donner des feuilles quand on les abrite contre le froid, en les couvrant comme on couvre les plants de citronniers. On sème dans ce mois-ci le cumin et l'anis dans une terre bien labourée, dans laquelle on aura mêlé du fumier. Il faut délivrer assidûment ces plantes des mauvaises herbes, quand elles sont semées.

XXV. On mettra les pieds de poiriers en terre au mois de février dans les pays froids, et au mois de novembre dans les pays chauds : mais il faut semer les pepins au mois de novembre dans les pays tempérés, afin qu'ils y trouvent la ressource d'un sol arrosé. C'est le moyen que ces arbres donnent beaucoup de fleurs, et que leur fruit devienne très-gros. Quoique les poiriers se plaisent dans un terrain pareil à celui que nous avons dit convenir aux vignobles, un terrain gras aura cependant cet avantage, qu'il donnera des arbres forts, et qui rapporteront beaucoup de fruits. On croit que les poires pierreuses perdent ce défaut quand elles sont semées dans des terres molles. Il est vrai que lorsqu'on plante le poirier en pied, il tarde communément à venir. Mais néanmoins ceux qui préféreront cette méthode à d'autres, par la raison qu'un plant dont la qualité sera excellente ne se trouvera par là mélangé d'aucune âpreté sauvage, auront soin de déposer dans de grandes fosses, comme on le pratique à l'égard des oliviers, du plant de deux ou trois ans, garni de ses racines, en lui laissant trois ou quatre doigts d'élévation sur terre, après l'avoir étêté, et avoir recouvert la plaie de mousse mêlée d'argile. Si on sème des pepins de poires, ils viendront sans doute. Le germe en éprouve tôt ou tard l'action fécondante de la nature, patiente parce qu'elle est éternelle. Mais longueur de temps s'accommode mal avec la brièveté de la vie humaine, et dans ce cas la production dégénère, outre qu'elle est retardée. Il vaut donc mieux planter au mois de novembre des pieds de poiriers

---

subacta et stercorata. Si sectivum velis, spissius. Si capitatum, rarius seres. Sarculo frequentandus est, et herbis liberandus. Cum digiti crassitudinem habuerit, a media parte præcisis foliis et truncatis radicibus transferatur : oblitus fimo liquido quaternis vel quinis digitis separetur. Cum radices agit, modice comprehendendus et allevandus est sarculo, ut suspensus a terra, quod spatii vacuum subter invenerit, capitis vastitate cogatur implere. Item plura semina in unum ligata si deposueris, grandis porrus nascetur ex omnibus. Item si capiti ejus rapæ semen immittas sine ferro et pangas, multum fertur increscere : melius si frequenter hoc facias. Hoc mense inula seritur, quo canneta ponuntur. Seritur oculis sicut calami, quos abscindere et terra leviter debemus obruere, terra fossa et subacta, excitatis ad lineam pulvinis, quibus ejus oculos oportet infodere. Trium pedum inter se spatio separatur. Hoc mense colocasiæ bulbos ponemus. Amant humidum locum, pinguem, maxime irriguum. Circa fontes lætantur et rivos, nec de soli qualitate curant, si perpetuo foveantur humore. Frondere prope semper possunt, si tanquam citreta tegumentis defendantur a frigore. Hoc mense cyminum et anisum seritur loco bene subacto, et cui lætamen admisceas. Quod satum est, herbis purgetur assidue.

XXV. Plantas pirorum mense Februario locis frigidis ponemus ; calidis vero Novembri : sed mense Novembri pira locis tepidis conserenda sunt, ut solo juventur irriguo. Ita et florem plurimum proferent, et magnitudinem pomi turgentis acquirent. Nasci tamen tuli solo maxime diligunt, quale vinetis diximus convenire : sed læto solo et validas arbores et fructus plurimos consequemur. Lapidosi generis pira vitium mutare creduntur, si terris mollibus conserantur. Sed pirum plantis serere prope tardus eventus est : tamen quibus hoc placuit, et semina generosa nihil sibi de agresti asperitate permisceant, plantas bimas aut trimas eo more quo oleæ ponuntur, radicatas magnis scrobibus ponant, supra terram tribus altas vel quatuor pedibus, quarum decisa cacumina argilla mista muscus debet operire. Nam si quis pirorum semen aspergat, nasci quidem necesse est, originem suam refovente natura, cujus æternitati nulla tarditas potest afferre fastidium : sed homini hoc expectare longinquum est, cum et sero veniant, et

sauvages garnis de leurs racines dans des fosses bien labourées, et les greffer ensuite quand ils y auront pris. Ceux qui seront venus de plants différeront de ceux qui auront été greffés sur d'autres arbres, en ce que le fruit des premiers conservera à la vérité sa douceur et sa mollesse, mais ne sera pas de garde, au lieu que celui des autres se gardera très-longtemps. On laissera trente pieds d'intervalle entre ces arbres. Si l'on veut qu'ils profitent, il faut les cultiver en les arrosant souvent, et en béchant continuellement la terre à leur pied. Ces fouilles leur sont en effet si avantageuses, que si on les en aide dans le temps même où ils ont coutume d'être en fleur, on croit qu'ils ne perdront pas une seule des fleurs qu'ils auront montrées. Il y a aussi beaucoup de profit à leur donner, au bout d'un an, de quelque espèce de fumier que ce puisse être. On prétend néanmoins que la fiente de bœuf leur fera produire des fruits abondants, et qui seront très-gros. Il y a des personnes qui y mêlent de la cendre, dans l'idée où elles sont qu'elle donnera au fruit un goût plus fin. Je crois qu'il est inutile de détailler toutes les différentes sortes de poires, puisqu'il n'y a aucune différence entre elles toutes quant à leur plantation et à leur culture. Lorsqu'un poirier est languissant, il faut ou percer sa racine avec une tarière après l'avoir déchaussée, et y enfoncer un pieu de bois, ou introduire dans son tronc, après l'avoir également percé avec une tarière, un coin de bois gommeux de pin, ou un coin de chêne à défaut de pin. On tue les vers qui s'attachent à cet arbre, et on empêche qu'il n'en revienne de nouveaux, en versant souvent sur ses racines du fiel de taureau. On l'empêche de même de languir quand il est en fleurs, en répandant pendant trois jours sur ses racines de la lie de vieux vin. Quand les poires sont pierreuses, on retire de dessous l'arbre qui les donne la terre sur laquelle est couchée l'extrémité de ses racines, ainsi que toutes les petites pierres qui peuvent s'y trouver, et l'on y substitue d'autre terre passée au crible. Mais ce remède ne produit son effet qu'au cas où l'on ne cesse pas d'arroser l'arbre. On greffe le poirier aux mois de février et de mars, sous son écorce et sur son tronc, conformément à la méthode que nous avons donnée en parlant de la greffe. On le greffe sur le poirier sauvage et sur le pommier. Il y a des personnes qui le greffent sur amandier et sur prunier sauvage. Virgile veut qu'on le greffe sur le figuier sauvage, sur le frêne et sur le coignassier. D'autres veulent qu'on le greffe sur le grenadier, mais il faut alors le greffer en fente. Lorsqu'on le greffera avant le solstice, on emploiera une greffe qui ait un an, et avant de l'insérer dans l'arbre, on la dépouillera de ses feuilles et de tout le bois tendre qui en fera partie; au lieu que si on le greffe après le solstice, on insérera dans l'arbre la partie de la greffe sur laquelle sera venu le dernier de ses boutons. Le poirier se greffe de toute manière. Il faut confire les poires dans un jour calme et quand la lune est dans son déclin, depuis son vingt-deuxième jour jusqu'à son vingt-huitième. On renferme encore ces fruits dans un vase enduit intérieurement de poix, après les avoir cueillis à la main dans un temps où ils étaient secs, depuis la seconde heure du jour jusqu'à la cinquième, ou depuis la septième jusqu'à la dixième, en séparant avec soin ceux qui seront sains, presque durs et un peu verts, de ceux qui seront tombés d'eux-mêmes. Ensuite on met un couvercle sur ce vase, et on l'enterre, la gueule renversée par en bas, dans une petite fosse creusée dans un lieu arrosé par quelque eau de source. De même, après avoir entassé des poi-

---

de generis nobilitate decedant. Melius ergo hoc mense Novembri fiet, ut pirorum plantas radicatas seramus agrestium subactis bene scrobibus, ut, cum prehenderint, inserantur. Hoc autem interest, quod quæ plantis suis seruntur, dulcedinem ac teneritatem servant, diu tamen servata non durant: insita vero moram temporis sustinebunt. Spatia inter piros triginta pedum mensura discernat. Genus hoc arboris ut proficiat frequenti humore et assiduis fossionibus est colendum, usque adeo, ut tempore, quo florere consuevit, nihil perditura credatur de flore prolato, si eam tunc fossor adjuverit. Multum prosicis, si interjecto anno quale libet laetamen adjungas: sed bubulum spissa et gravia poma generare fertur. Aliqui cinerem miscent, credentes hinc contrahi pomis argutos sapores. Generum varietates exsequi supervacuum puto, cum in ponendis vel excolendis nulla sit distantia. Si languida arbor est piri, vel ablaqueatæ radicem terebras, et ibi ligneum palum deprimis, vel in trunco similiter terebrato ex teda cuneum figis, vel, si hæc desit, ex quercu. Vermes ejus arboris et nati necantur et nasci prohibentur, radicibus felle taurino frequenter infusis. Item fæces vini veteris recentes, si radicibus affundantur per triduum, diutius [arbores] in floribus laborare non faciunt. Si lapidosa pirus est, ab extremis radicibus terram priorem levabis, et secernes omnes lapillos; quibus diligenter remotis alteram terram cribro cretam in loco ejus infundes. Sed hoc proderit, si rigare non cesses. Mense Februario et Martio pirus inseritur more, quo dictum est, cum de insitione loqueremur, sub cortice et in trunco. Inseritur autem piro agresti, malo, ut nonnulli amygdalo et spino; ut Virgilius, orno et fraxino et cydonio; ut aliqui, et Punico, sed fisso ligno. Surculus piri, qui inseritur ante solstitium, anniculus esse debet, et prius quam figatur, foliis et omni tenera parte privari: post solstitium vero eum figis, qui summum germen inclusit. Pirus omni genere inseritur. Condienda sunt pira [ita] die placido decrescente luna a vigesima secunda usque in octavam. Eadem poma sicca et manu lecta ab hora secunda in quintam vel a septima in decimam, a caducis diligenter electa integra et prope dura, et aliquanto viridia in picato vase clauduntur, quod operculo tegitur, et deorsum eo ejus inclinatur, atque [brevi scrobe] obruitur in eo loco, circa quem perennis aqua de-

res à chair et à peau dures, on les enferme, lorsqu'elles commencent à s'amollir, dans un vase de terre bien cuit, et bien enduit de poix au dedans et de gypse au dehors, sur lequel on met un couvercle; après quoi on l'enfonce dans une petite fosse creusée dans un lieu où le soleil donne tous les jours. Bien des personnes ont conservé des poires ensevelies dans de la paille ou dans du blé. D'autres les ayant renfermées, aussitôt après les avoir cueillies avec leurs queues, dans des cruches enduites de poix, bouchées avec la même matière ou avec du gypse, les ont exposées au plein air, en les couvrant de sable. D'autres ont conservé des poires dans du miel, en évitant tout contact entre elles. On fait aussi sécher au soleil des poires coupées par morceaux, et purgées de leurs pepins. Il y a des personnes qui écument de l'eau salée lorsqu'elle commence à bouillonner au feu, et qui plongent ensuite dans cette eau, quand elle est refroidie, les poires qu'elles ont intention de conserver; après quoi elles les retirent de l'eau au bout de quelque temps, et les renferment dans une cruche dont elles bouchent l'orifice. Ou bien elles les laissent pendant un jour et une nuit dans de l'eau salée; après quoi elles les mettent tremper pendant deux jours dans de l'eau pure, et les gardent ensuite plongées dans du vin cuit jusqu'à diminution des deux tiers, ou dans du vin fait de raisin séché au soleil, ou dans du vin doux. On fait du poiré en pilant le fruit renfermé dans un sac à mailles très-larges, et en le pressurant à l'aide d'un poids dont on le charge, ou sous l'arbre du pressoir. Cette boisson se conserve durant tout l'hiver, mais elle s'aigrit au commencement de l'été. Manière de faire du vinaigre de poires. On laisse en un tas pendant trois jours des poires sauvages, ou d'un acabit âcre, qui soient mûres; après quoi on les renferme dans un petit vase rempli d'eau de fontaine ou d'eau de pluie, qu'on laisse couvert pendant trente jours. On y remettra au fur et à mesure autant d'eau que l'on en tirera de vinaigre par la suite pour son usage, afin de suppléer au déchet de cette liqueur. Manière de faire le poiré rafraîchissant. On foule des poires saines et très-mûres avec du sel; et lorsque la chair en est réduite en bouillie, on la renferme dans de petites barriques ou dans de petits vases de terre enduits de poix. Au bout de trois mois on suspend cette préparation, pour lui faire rendre une liqueur qui est, à la vérité, d'un goût agréable, mais dont la couleur est blanchâtre. C'est pourquoi il sera bon, pour parer à cet inconvénient, de mêler avec les poires un peu de vin foncé en couleur, dans le temps qu'on les salera. On plantera des pommiers aux mois de février et de mars, et si le pays est chaud et sec, aux mois d'octobre et de novembre. Ces arbres sont de plusieurs espèces qu'il est inutile de détailler. Ils aiment un sol gras et fertile, et qui soit fourni d'eau, plutôt néanmoins par la nature elle-même que par le secours des arrosements; quoique, s'ils sont plantés dans du sable ou dans de l'argile, il faudra avoir recours à l'irrigation artificielle. Il faut les exposer au midi dans les pays montueux. Ils viennent fort bien dans les pays froids, pourvu qu'il n'y ait pas d'âpreté dans l'air. Ils ne refusent non plus les lieux incultes et humides. Dans un terrain maigre et sec, leurs fruits sont sujets à être attaqués de vers et à tomber. On les plante de toutes façons, comme les poiriers. Ils ne demandent ni à être labourés, ni à être bêchés; c'est pourquoi les prés leur conviennent plus que tout autre terrain. Le crottin de brebis, ou seul ou mêlé avec de la cendre, est le seul engrais dont ils s'accommodent, quoiqu'ils puissent

---

currit. Item quæ dura sunt in carne et cute prius in acervo posita, ubi se mollire cœperint, in vas fictile bene coctum picatumque ponuntur, et operculo superveniente gypsantur. Vas brevi scrobe demergitur in eo loco, qui quotidie sole tangatur. Plurimi pira obruta vel in paleas aut frumenta servarunt. Alii statim lecta cum tenacibus suis picatis urceis condiderunt, et oribus vasculorum gypso vel pice clausis ipsa sub divo obruta sabulone texerunt. Alii pira, quæ se non contingerent, in melle servarunt. Item mcoin et purgata granis in sole siccanunt. Aliquanti aquam salsam, cum cœperit undare calefacta, despumant, et ei post jam frigidæ pira servanda demergunt. Tunc exemta post tempus exiguum condunt urceo, et ejus ore lito conservant : vel nocte et die in frigida salsa manere patiuntur : post in aqua pura biduo macerant, deinde in sapa vel passo vel dulci vino mersa custodiunt. Vinum de piris fit, si contusa et sacco rarissimo condita ponderibus comprimantur aut prelo. Hieme durat, sed prima acescit æstate. Acetum sic fit de piris : Pira silvestria vel asperi generis matura in cumulo reservantur per triduum. Deinde mittuntur in vasculo, cui fontana aut pluvialis aqua miscetur, et opertum vas per triginta dies relinquitur, ac subinde quantum sublatum fuerit aceti ad usum, tantum redditur aquæ ad reparationem. Liquamen de piris castimoniale sic fiet : Pira maturissima cum sale calcantur integra. Ubi carnes eorum fuerint resolutæ, vel in cupellis vel in vasculis fictilibus picatis condiuntur. Post mensem tertium, suspensæ eæ carnes liquorem dimittunt saporis jucundi, sed coloris albiduli. Contra hoc illud proderit, ut tempore, quo saliuntur, pro aliqua parte vina nigella permisceas. Mense Februario et Martio locis frigidis mala seramus : si calida et sicca regio est, Octobri et Novembri. Eorum plura sunt genera, quæ numerare superfluum est. Amant pingue ac lætum solum, et cui humorem non tam rigatio quam natura suppeditat. Et si [in] arena vel argilla sit, rigationibus adjuvetur. Montanis locis debent ad meridiem versa constitui. Et frigido solo proveniunt, si cœli tepor adjuverit : nec in asperis et humectis sedem recusant. Macrum et aridum solum poma vermiculosa efficit et caduca. Seruntur omni genere, sicut piri : neque exarari neque effodi desiderant. Idcirco eis magis prata conveniunt. Stercus (ovillum tantum) non exigunt qui-

s'en passer. Ils aiment à être arrosés modérément. La taille leur est bonne, et principalement à l'effet d'en retrancher les branches sèches, ou celles qui sont nées dans une mauvaise place sur l'arbre. Ils vieillissent de bonne heure, et dégénèrent dans leur vieillesse. Quand leur fruit est sujet à tomber, on introduit une pierre dans la racine que l'on fend à cet effet, et cette précaution le retient sur l'arbre. On les préserve de la pourriture en enduisant leur cime de fiel de lézard vert. On fait mourir les vers qui s'y attachent, avec de la fiente de porc mêlée d'urine humaine, ou avec du fiel de bœuf. Quand il y en aurait une multitude immense autour de l'arbre, on est sûr qu'il n'en reviendra point de nouveaux une fois qu'on les aura ratissés avec un bistouri de cuivre, pourvu qu'on enduise de fiente de bœuf l'endroit d'où on les aura fait tomber. Si les branches sont chargées d'une trop grande quantité de fruits, il faut en arracher les plus mauvais par-ci par-là, afin que la séve de l'arbre suffise à la nutrition des autres, et cesse de s'épuiser pour un luxe stérile. Le pommier peut être greffé sur toutes les mêmes espèces d'arbres que le poirier. On le greffe aux mois de février et de mars, ainsi qu'aux autres mois auxquels on greffe le poirier, tant sur le pommier que sur le poirier, sur le prunier sauvage, sur le prunier, sur le cormier, sur le pêcher, sur le platane, sur le peuplier et sur le saule. Il faudra choisir avec attention les pommes que l'on voudra garder, et les disposer par tas séparés, dans des lieux obscurs et où l'air ne pénètre point, avec de la paille étendue sur une claie. On en multipliera les tas de façon que chacun d'eux ne soit pas trop fort. Il y a des personnes qui ont donné des méthodes différentes pour les garder. Ces méthodes consistent ou à les enfermer dans de petits vases de terre poissés et bouchés, ou à les envelopper d'argile, ou à en enduire simplement leurs queues, ou à les arranger sur des planches, en les y étendant sur de la paille, et jetant d'autre paille par-dessus. On peut, sans se donner aucun soin, conserver pendant toute l'année les pommes rondes que l'on appelle *orbiculata*. Il y a des personnes qui renferment des pommes dans des vases de terre enduits de poix et fermés hermétiquement, qu'ils plongent ensuite dans un puits ou dans une citerne. D'autres, après avoir cueilli des pommes saines, et en avoir plongé la queue dans de la poix bouillante, les rangent sur des planchers, où ils les étendent sur des feuilles de noyer. La plupart jettent entre les pommes de la sciure de peuplier ou de sapin. Il est constant qu'il faut les poser de façon que leur queue soit renversée, et n'y pas toucher avant le temps où elles nous paraîtront nécessaires pour notre usage. On fait du cidre ainsi que du vinaigre avec les pommes, de la manière que j'ai donnée ci-dessus en parlant des poires. Les auteurs varient pour la plupart par rapport au temps auquel ils prétendent qu'on doit planter les cognassiers ; quant à moi, j'ai remarqué, d'après l'expérience que j'en ai faite, que des cognassiers, plantés avec leurs racines en Italie, dans les environs de Rome, au mois de février ou au commencement de mars, dans un terrain façonné au *pastinum*, avaient si heureusement pris, que souvent ils avaient rapporté des fruits dès la seconde année. Quand ils avaient été plantés déjà grands. On les plantera dans les pays secs et chauds à la fin d'octobre ou au commencement de novembre. Les cognassiers aiment les terrains froids et humides. S'ils sont plantés dans un terrain chaud, il faut les aider à venir par des arrosements. Ils supportent néanmoins la température intermédiaire, et ne vien-

---

dem, sed libenter assumunt, vel si cineris pulveres misceantur. Amant modestas rigationes. Putatio illis apta est, sed maxime ut arida aut male nata tollantur. Citius senescit hæc arbor, et in senectute degenerat. Si caduca sunt poma, fissæ radici lapis injectus poma retinebit. Lacertæ viridis felle si langantur cacumina, non putrescit. Vermes ejus suillo stercore misto humanæ urinæ aut felle bubulo extinguuntur : qui si plures circa arborem sunt, æreo scalpro semel rasi non ultra nascentur, si ea loca, unde rasi sunt, bubulum stercus obducat. Si spissa poma ramos onerabunt, interlegenda sunt quæque vitiosa, ut alimentum cæteris succus æquiparet, et generosis abundantiam ministret, quam numerosa vilitate perdebat. Malus omni generi inseri potest, quo pirus. Mense Februario, Martio et aliis, quibus pirus, inseritur in malo, in piro, in spino, pruno, sorbo, persico, platano, populo, salice. Diligenter legenda sunt mala, quæ volumus custodire. Ea in locis obscuris, ubi ventus non sit, stramentis prius in crate subjectis, in cumulos secreta disponimus : qui cumuli frequenti divisione separentur. Aliqui diversa dixerunt, [vel singula] in vasculis fictilibus picatis atque oblitis claudi, vel argilla involvi, vel solos pediculos creta adlini, vel in tabulis substrata palea disponi, et stramentis de superiore parte cooperiri. Mala rotunda, quæ orbiculata dicuntur, sine cura toto anno servari possunt. Alii in puteo vel in cisterna mergunt vasa fictilia, quibus diligenter picatis et clausis mala committuntur. Alii ex arbore mala illæsa sumserunt, et pediculis eorum pice ferventi mersis supra tabulatum per ordinem disponunt, nucum foliis subter expositis. Plerique scrobem populi vel abietis inter mala diffundunt. Constat mala sic ponenda, ut pediculorum partes deorsum facias, neque ante quam usui necessaria videantur esse, contingas. Vinum et acetum fit ex malis, sicut ex piris ante præcepi. Cydoniis serendis plerique tempora diversa dixerunt : tamen mihi usu compertum est, in Italia circa Urbem mense Februario vel inchoante Martio plantas cydoniorum radicatas in pastinato solo tenuisse adeo feliciter, ut sæpe sequentis anni fruge gauderent, si posita majoris status fuissent. Locis siccis et calidis extremo Octobri vel Novembri inchoante ponantur. Amant cydonii locum frigidum, humectum. Si in tepido statuuntur, opus est illis rigatione succurri. Ferunt tamen statum mediu-

nent pas moins dans les terrains plats que dans ceux qui sont inclinés, quoiqu'ils préfèrent ces derniers. Il y a des personnes qui les plantent en cimes et en boutures, mais ils tardent à venir par l'un ou l'autre de ces procédés. Il faut les espacer de telle manière que, si le vent vient à les secouer, l'eau ne dégoutte pas des uns sur les autres. Quand on les plante, et même tant qu'ils sont petits, il faut les aider de fumier. Mais quand ils sont devenus plus grands, il suffit de répandre une fois par an sur leurs racines de la cendre ou de l'argile assez sèche pour pouvoir être réduite en poussière. L'humidité continuelle fera mûrir promptement leurs fruits, et les rendra plus gros. Il faut les arroser toutes les fois que le ciel refuse de la pluie, et bêcher leur pied dans les pays chauds aux mois d'octobre et de novembre, et, dans les pays froids, aux mois de février et de mars ; parce qu'à moins de prendre assidûment ce soin, ou ils deviennent stériles, ou leurs fruits dégénèrent. Il faut les tailler, d'après ce que j'ai éprouvé moi-même, et les débarrasser de tout ce qu'ils peuvent avoir de vicieux. Quand ils sont malades, il faut verser sur leurs racines du marc d'huile coupé d'eau par moitié, ou enduire leur tronc, soit de chaux vive détrempée avec de l'argile, soit de résine de mélèse mêlée avec de la poix liquide : Ou bien, après les avoir déchaussés, on mettra autour de leurs racines un nombre impair de coings proportionné à la grandeur de l'arbre, que l'on assujettira à l'endroit où on les aura mis en les couvrant de terre. Cette pratique observée toutes les années préservera à la vérité l'arbre de toute maladie, mais d'un autre côté elle l'empêchera de vieillir : on greffe les cognassiers au mois de février. Il est mieux de les greffer sur le tronc que sous l'écorce. Il n'y a presque point de greffe qu'ils ne reçoivent,

tant celle du grenadier que celle du cormier, ainsi que celle de tous les pommiers qui donnent le meilleur fruit. S'ils sont jeunes et qu'ils aient de la séve, on les greffe sous l'écorce ; mais s'ils sont plus grands, il sera mieux de les greffer près de la racine, lieu où leur écorce et leur bois sont humides, grâce à la terre qui y est adhérente. Il faut cueillir les coins quand ils sont mûrs, pour les conserver, soit en les mettant entre deux tuiles, dont on rejoint les bords avec un lut, soit en les faisant bouillir dans du vin cuit jusqu'à diminution de moitié, ou dans du vin fait avec du raisin séché au soleil. D'autres les conservent en les enveloppant dans des feuilles de figuier, lorsqu'ils sont gros. D'autres se contentent de les serrer dans des endroits secs, où l'air ne pénètre point. D'autres, après les avoir coupés par quartiers avec un roseau ou avec un couteau d'ivoire, et en avoir ôté le cœur, les couvrent de miel dans un vase de terre. D'autres les mettent également dans du miel tout entiers ; mais quand on veut les confire de cette manière, il faut les choisir suffisamment mûrs. D'autres les couvrent de millet, ou les ensevelissent séparément dans de la paille. D'autres les mettent dans de petits vases remplis d'excellent vin, ou les conservent dans un mélange égal de vin cuit jusqu'à diminution de moitié, et de vin sans apprêt. D'autres les plongent dans des futailles de moût, qu'ils bouchent ensuite, ce qui donne en même temps du bouquet au vin. D'autres enfin les mettent chacun à part dans un plat neuf qu'ils couvrent de gypse sec. On met la semence ou le plant du carrouge en terre aux mois de février et de novembre. Quoiqu'il aime les contrées voisines de la mer, chaudes, sèches et plates, il produit davantage dans les pays chauds quand on lui donne de l'eau, ainsi que je m'en suis convaincu par

cris situs inter naturam frigoris et caloris, et in planis et in declivibus proveniunt, magis tamen inclinata et devexa desiderant. Seruut aliqui cacuminibus et talea, sed tardus est in utroque proventus. Ita ponendæ sunt largæ arbores cydonii, ne alteram quatiente vento stillicidium tangat alterius. Dum minor est, vel quando ponitur, juvetur stercore : major vero, cinere vel cretæ pulvere semel toto anno radicibus misso. Poma in his et cito matura et majoris incrementi assiduus humor efficiet. Rigandæ sunt, quoties cælestis negatur infusio, et circumfodiendæ locis calidis Octobri mense et Novembri ; frigidis vero Februario vel Martio. Nisi [enim] circumfodiantur assidue, aut steriles efficiuntur, aut earum poma degenerant. Putandæ sunt, sicut probavi, et a vitiosis omnibus liberandæ. Si arbor ægra est, amurca aquæ æqualiter mista radicibus debet affundi, aut calx vivas temperata cum creta, vel resina locularis pici liquidæ mista trunco arboris adlini, vel ablaqueatæ arbori circa radices imparis numeri poma cydonia pro magnitudine ejus ponenda et obruenda firmantur : quod annis singulis factum custodiet a vitiis, sed arboris longæ derogabit ætati. Mense Februario cydonia inseruntur

melius in trunco quam cortice in se ipsa. Recipiunt in se surculos prope omnis generis, Punici, sorbi, omnium malorum, quæ meliora producunt. Inseruntur autem novellæ arbores, quibus succus est, in cortice : si major est, circa radicem melius inseretur, ubi cortex et lignum beneficio soli adhærentis humescit. Legenda sunt matura cydonia, quæ hoc more servantur, vel inter binas tegulas posita, si luto ex omni parte claudantur, vel si defruto incoquantur, aut passo. Alii quæ majora sunt, fici foliis involuta custodiunt. Alii tantum locis siccis reponunt, a quibus ventus excluditur. Alii canna vel ebore in quatuor partes divisa sublatis omnibus, quæ in medio sunt, in vase fictili melle obruunt. Alii in melle sic integra demittunt, in quo genere condiendi satis matura deliguntur. Alii milio obruunt, vel paleis separata demergunt. Alii plenis vino optimo vasculis immittunt : vel vini et defruti ad servanda cydonia, æquum corpus efficiunt. Alii doliis musti immergunt, atque ita claudunt, quod odoratum reddit et vinum. Alii in patina nova sicco gypso obruunt separata cydonia. Siliqua Februario mense seritur et Novembri et semine et plantis : amat loca maritima, calida,

ma propre expérience. On peut aussi le planter en boutures. Il lui faut une fosse large. Il y a des personnes qui croient qu'on peut le greffer au mois de février sur le prunier ou sur l'amandier. On conserve très-longtemps les gousses qu'il produit, en les exposant sur des claies. Le mûrier est ami de la vigne. On peut faire venir cet arbre de graine, mais en ce cas son fruit dégénère ainsi que son bois. Il faut donc le planter en boutures ou en cimes. Mais il vaut encore mieux le planter en boutures d'un pied et demi de longueur, qui soient bien ragréées des deux côtés, et enduites de fumier. Ainsi, après avoir fait d'abord un trou en terre avec un pieu, on les enfoncera dans ce trou, et on les recouvrira de cendre mêlée de terre, qu'on n'entassera cependant pas à plus de quatre doigts d'épaisseur. On plante le mûrier depuis le milieu de février jusqu'à la fin de mars. Mais quand le pays est chaud, on le plante à la fin d'octobre ou au commencement de novembre; quoiqu'il vaille encore mieux le planter au printemps, le neuf des calendes d'avril. Cet arbre aime les terrains chauds et sablonneux, et plus communément les contrées voisines de la mer. Il prend difficilement dans le tuf ou dans l'argile. On croit que l'humidité continuelle ne lui est pas bonne. Il aime à être bêché et fumé. Il faut en tailler au bout de trois ans les branches pourries et sèches. On en transfère le plant, lorsqu'il est fort, aux mois d'octobre ou de novembre; et, lorsqu'il est jeune, aux mois de février et de mars. Ces arbres veulent être plantés dans des fosses profondes, et séparés les uns des autres par de grands intervalles, afin qu'ils ne se nuisent pas réciproquement par leur ombre. Cet arbre vient plus haut, dit-on, et donne plus de fruit, si l'on en perce le tronc d'outre en outre en y insérant deux coins, un de térébinthe d'un côté, un de lentisque de l'autre. Il faut déchausser le mûrier vers les calendes d'octobre, et verser sur ses racines de la lie de vin vieux très-nouvelle. On le greffe sur le figuier et sur lui-même, mais on ne le greffe que sous l'écorce. Si on le greffe sur un orme, la greffe prend à la vérité, mais il en résulte de grands accidents. Il faut semer les avelines en nature, et ne pas les recouvrir de terre à plus de deux doigts d'épaisseur. J'ai cependant éprouvé que les aveliniers viennent encore mieux de plant et de rejetons. On en met le plant ou les amandes en terre au mois de février. Ils se plaisent dans un terrain maigre, humide, froid et sablonneux. Les avelines sont mûres vers les nones du mois de juillet, pourvu cependant que le pays soit chaud. C'est à présent que l'on sème les noyaux de sébestes sous un climat tempéré, et dans une terre réduite en poussière et médiocrement humide, en les mettant dans un vase, où on les laisse jusqu'à ce que leur pousse ait acquis la consistance de plante. On greffe les arbres qui portent ce fruit au mois de mars, sur des cormiers ou sur des pruniers sauvages. C'est aussi à présent que l'on greffe les jujubes, que l'on met en terre les presses en noyaux ou en plant, qu'on les transfère et qu'on peut les greffer; enfin que l'on greffe le néflier, et que l'on sème les noyaux de prunes. On peut aussi planter à présent le figuier dans les pays tempérés, semer la corme, couvrir de terre l'amande sur des planches, et greffer l'amandier au commencement de ce mois-ci dans les pays tempérés, et à la fin du même mois dans les pays froids; pourvu cependant qu'on prenne la greffe avant qu'elle ne germe. On peut aussi mettre à présent en terre du plant de pistachier, ou greffer cet arbre, de même qu'on

sicca, campestria : tamen, ut ego expertus sum, in locis calidis fœcundior fiet, si adjuvetur humore : potest et taleis poni. Scrobem desiderat largiorem. Inseri etiam posse mense Februario credunt aliqui in pruno vel amygdalo. Siliquæ servantur diutissime, si expandantur in cratibus. Amica est morus et vitis. Mori nascuntur ex semine; sed et poma et virgulta degenerant. Serenda est taleis vel cacuminibus, melius autem taleis sesquipedalibus ex utraque parte levigatis ac fimo oblitis. Cum locum palo ante fecerimus, immergimus ac tegimus cinere terræ admisto. Non amplius quam quatuor digitis operimus. Seremus locis temperatis a medio Februario et toto Martio; locis vero calidioribus Octobri postremo vel Novembris initio; sed verno maxime die nono calendas Apriles. Amant loca calida, sabulosa, et plerumque maritima. In tofo vel argilla vix comprehendunt. Humor assiduus [moris] prodesse non creditur : fossionibus lætatur et stercore. Putria in his et arida post triennium sunt putanda. Plantam, si robusta [est,] transferes mense Octobri vel Novembri : si tenera, Februario et Martio. Scrobes desiderant altiores, intervalla majora, ne altera umbris prematur alterius. Feracem lætioremque arborem mori fieri aliqui tradiderunt, si perforato hinc inde trunco singulos cuneos inseramus terebinthi (hinc inde lentisci.) Circa Octobres calendas morus ablaquanda est, et radicibus ejus vini veteris recentissimæ fæces infundendæ. Inseritur autem in fico et in se tantum sub cortice. Ulmo insita comprehendit : sed parturit magnæ infelicitatis argumenta. Avellanæ ponendæ sunt nucibus suis non amplius supra terra ducenda est, quam crassitudine digitorum duorum. Plantis tamen et sobole expertus sum melius provenire. Mense Februario seu planta seu semen exponitur. Gaudent loco macro, humido, frigido, et sabuloso. Mense Julio circa nonas avellana matura est : [locis tamen calidis.] Nunc seruntur myxa ex nucleis in aliquo vase positis, donec plantæ induant firmitatem, cælo tepido, terra soluta, humore moderato. Inseruntur mense Martio sorbis vel spinis. Etiam nunc tuberes seruntur et inseruntur, et ossa duracinorum, vel plantæ ejusdem generis ponuntur, et transferuntur, et inseri possunt : et mespilus inseretur, et ossa ponentur prunorum. Ficus etiam locis temperatis nunc poni potest, et sorbus hoc etiam mense seri, et amygdali semina in areis obrui, et locis temperatis nunc inseri mense inchoante, frigidis vero exeunte, conditis tamen surculis

peut semer des châtaignes, mettre des noix dans des pépinières, et greffer le noyer. Enfin on peut encore faire à présent des plants de pin dans les contrées froides et humides.

XXVI. C'est surtout à présent qu'il faudra faire couvrir les truies. On choisira à cet effet des verrats grands et forts, dont le corps soit plus arrondi qu'allongé, qui aient le ventre et les fesses amples, le groin court, et le chignon bien fourni de petites glandes, qui soient lascifs et qui n'aient qu'un an. Ils pourront être employés à ce service jusqu'à l'âge de quatre ans. On choisira des truies qui aient les flancs allongés, et un ventre d'une grande capacité, et qui se prête à soutenir le poids de leur portée : quant au reste, il faudra qu'elles ressemblent aux verrats. Ces animaux doivent avoir le poil épais et noir dans les pays froids : dans les pays chauds, leur couleur est indifférente. Les femelles sont fécondes jusqu'à l'âge de sept ans, et commencent à l'être à un an. Les truies mettent bas au bout de quatre mois, c'est-à-dire, au commencement du cinquième. Or, comme elles conçoivent, ainsi que je viens de le dire, au mois de février, leurs petits pourront se nourrir des herbes qui seront déjà fortes au moment de leur naissance, et de la paille qui viendra après ces herbes. Quand on a la faculté de se défaire des cochons de lait, on les vend à mesure qu'ils sont nés, afin de mettre plus promptement les mères en état de donner d'autres portées. On peut avoir de ce bétail dans toutes sortes de lieux, quoiqu'il réussisse mieux dans des campagnes marécageuses, dans celles notamment où abondent les arbres fruitiers, qui, mûrissant successivement les uns après les autres, fourniront à ces animaux leur pâture pendant toute l'année. Ils se nourrissent au mieux dans des terrains fertiles en herbes, et mangent très-bien les racines de la canne ou du jonc. Mais lorsque la pâture vient à leur manquer pendant l'hiver, il faut leur donner de temps à autre du gland, de la châtaigne, ou de vieilles criblures de quelques grains que ce soit; principalement au printemps, car alors la verdure nouvelle, qui est pleine de lait, les incommode ordinairement. On ne renferme pas les truies par troupeau comme les autres bestiaux; mais on fait des toits sous des appentis où l'on renferme chaque mère à part, afin qu'étant elles-mêmes en sûreté, elles puissent garantir du froid le troupeau qu'elles auront à nourrir. Ces toits auront une ouverture dans leur partie supérieure, afin que le gardien puisse faire aisément la revue des petits, et leur porter souvent du secours, en les retirant de dessous leurs mères quand ils seront en danger d'en être écrasés. Mais il aura l'attention de renfermer chaque portée séparément avec sa mère. Une truie ne doit pas nourrir plus de huit porcs, suivant ce que dit Columelle. Pour moi, il me paraît plus à propos, d'après ma propre expérience, de ne lui en donner que six à nourrir ou plus quand la pâture ne lui manquera pas, parce que, quoiqu'à la rigueur elle puisse en élever davantage, elle s'épuiserait si elle donnait à téter à un plus grand nombre. Il y a un autre profit à retirer des porcs, qui consiste à les envoyer dans les vignes avant qu'elles soient en boutons, ou après la vendange, parce qu'ils font la guerre aux herbes aussi exactement que le meilleur ouvrier.

XXVII. On fera au commencement de ce mois du vin de myrte d'une façon différente de celle que nous avons donnée. On mettra dans un flacon dix *sextarii* de vin vieux, dans lequel on jettera

---

antequam germinent. Et pistaciæ planta vel nunc statui aut inseri potest, et castanearum semina spargi. Nuces quoque juglandes etiam nunc seminariis recondi, et ipsum genus inseri; et frigidis et humectis locis nunc poterunt pineta seminari.

XXVI. Nunc verres maxime feminas inire debebunt. Legendi sunt vasti et ampli corporis, sed rotundi potius quam longi, ventre et clunibus magnis, rostro brevi, cervice glandulis spissa, libidinosi, anniculi, qui usque ad quadrimos inire feminas possunt. Scrofas vero longi lateris debemus eligere, et quibus ad sustinendum fœturæ onus magnus se venter effundat, cætera verribus similes. Sed in regionibus frigidis, densi et nigri pili, in tepidis qualescunque provenerint. Femina (ad creandum), usque in annos septem partus onera gestare sufficiet : ad concipiendum annicula debet incipere. Quarto exemto mense pariunt, ubi quintus incipiet. Incipiunt autem, sicut dixi, mense Februario, ut solidioribus herbis nati et stipula succedente pascantur. Ubi facultas est transigendi, venditis qui subinde nati sunt, celerior matribus fœtura reparatur. Genus hoc omnibus locis haberi potest; melius tamen agris palustribus, quam siccis, præcipue ubi arborum fructuosarum silva suppetit, quæ subinde maturis fructibus alterna per annum mutatione succurrat. Maxime locis graminosis, et cannarum vel junci radice nutriuntur. Sed deficientibus alimentis per hiemem nonnumquam præbenda sunt pabula glandis, castaneæ, vel frugum vilia excrementa cæterarum : verno magis, cum lactent novella virentia, quæ porcis solent nocere. Neque gregatim claudendæ sunt porcæ more aliarum pecudum, sed haras sub porticibus faciemus, quibus mater unaquæque claudatur, et alumnum gregem tutior ipsa defendat a frigore. Quæ haræ a superiori parte detectæ sint, ut libere numerum pastor exploret, et oppressis a matre fœtibus sæpe subveniat subtrahendo. Curabit autem ut fœtus proprios cum unaquaque procludat. Plus vero quam octo, sicut Columella dicit, nutrire non debet. Mihi vero utilius probatur experto, porcam, cui pabula suppetunt, ut plurimum sex nutrire debere, quia licet plures possit educare, tamen frequentiore numero sucta deficiet. In porcis etiam illud est commodum, quod immissi vineis needum turgentibus, vel exacta vindemia gramine persecuto, diligentiam fossoris imitantur.

XXVII. In hujus mensis initio aliter myrtitem sic fa-

cinq livres de baies de myrte. Quand on les aura laissées pendant l'espace de vingt-deux jours dans ce vase, que l'on aura soin d'agiter tous les jours, on passera ce mélange à travers une corbeille de palmier, et on ajoutera sur ces dix *sextarii* cinq livres d'excellent miel, extrêmement broyé.

XXVIII. Manière de faire une vigne antidote, dont le vin, le vinaigre, le raisin, et, jusqu'à la cendre provenant de ses sarments, soient un spécifique contre tout poison animal. On fait au bas du sarment que l'on veut planter une fente de trois doigts de longueur, et on en retire la moelle, à laquelle on substitue une dose de thériaque; puis on le met en terre, en l'assujettissant bien avec un lien. Il y a des personnes qui, après avoir saturé le sarment de la substance médicale, le cachent dans un oignon de scille, et le mettent en terre de la manière que nous venons de dire. D'autres versent la thériaque sur les racines de la vigne. Il n'est pas douteux que si l'on prend un sarment d'une vigne apprêtée de la sorte pour le transférer, il n'aura pas la vertu médicinale qu'avait la souche. Il est également vrai que cette vertu s'affaiblit à la longue, et qu'il faut la renouveler de temps à autre en réitérant l'infusion.

XXIX. Il y a une belle espèce de raisin qui ne renferme point de pepins : aussi peut-on en avaler avec grand plaisir une grappe entière, comme si elle ne formait qu'un corps, et sans trouver d'obstacle qui arrête. Or on obtient ce raisin, suivant les auteurs grecs, en appelant comme suit l'art au secours de la nature. Il faut faire au sarment que l'on veut planter une fente d'une longueur égale à celle du bois qui sera en terre, et, après en avoir ôté toute la moelle et l'avoir creusée exactement, on en rapprochera les bords, et on le mettra en terre en les assujettissant avec un lien. Ces auteurs assurent néanmoins qu'il faut que ce lien soit de papyrus, et que le sarment soit mis, après ces préparatifs, dans une terre humide. Il y a des personnes qui, après avoir lié exactement ce sarment sur toute la longueur qui en aura été fendue, l'enfoncent dans un oignon de scille, parce qu'ils assurent que cet oignon aide toutes les plantes à prendre plus aisément. D'autres creusent le plus profondément qu'ils peuvent, dans le temps même de la taille, une branche à fruit d'un cep qu'ils viennent de tailler, pour en retirer la moelle; après quoi ils l'attachent à un roseau fixé auprès de cette branche, afin qu'elle ne puisse pas se renverser. Ensuite ils versent dans le trou qu'ils y ont fait de la liqueur que les Grecs appellent ὀπὸς κυρηναϊκὸς (suc de Cyrène), après l'avoir détrempée avec de l'eau jusqu'à ce qu'elle ait acquis la consistance du vin cuit à l'évaporation des trois quarts; et ils recommencent l'opération tous les huit jours, jusqu'à ce que les bourgeons de la vigne paraissent. Les Grecs assurent qu'on peut faire la même chose sur les grenadiers et sur les cerisiers. C'est une expérience à faire.

XXX. Quand les vignes se dessèchent par la trop grande abondance de la séve qui monte, et qu'à force de pleurer elles privent le fruit de la vertu que renferme leur bois, les Grecs ordonnent de déchirer leur tronc pour y faire une poche; et si ce remède est sans effet, de couper le bois le plus épais de leurs racines, afin que cette blessure guérisse leur maladie. Mais on aura soin de frotter la partie blessée avec du marc d'huile sans sel, réduit par la cuisson de moitié, en attendant qu'il soit refroidi, et de répandre de fort vinaigre sur la plaie.

cies. Mittes vini veteris decem sextarios in lagænam, et baccarum myrti libras v miscebis. Cum xx et duorum dierum spatium confusa transegerint, per quos vas quotidie convenit agitari, tunc palmea sporta colabis, et prædictis decem sextariis mellis optimi fortiter triti pondo v miscebis.

XXVIII. Theriacam vitem sic facies, cujus iste profectus est, ut vinum ejus vel acetum vel uva vel sarmentorum cinis proficiat contra morsus omnium bestiarum. Fit autem sic : Sarmentum, quod pangendum est, trium digitorum spatio in ima parte findatur, et sublata medulla ad ejus vicem theriacæ medicamen addatur. Tunc terræ mandetur vinculo diligenter astrictum. Aliqui eadem sarmenta jam medicamine satiata intra squillæ bulbum recondunt, et terris prædicta ratione committunt. Aliqui antidoti ejus affusione radices vitis infundunt. Sane sarmentum si de hac vite sumatur ad transferendum, potentiam materni medicaminis non tenebit. Oportebit autem theriacæ infusione assidua vim succi senescentis iterare.

XXIX. Est pulchra species uvæ, quæ granis interioribus caret. Hinc efficitur, ut summa jucunditate sine impedimento sorberi possit, velut unum omnium corpus uvarum. Fit autem Græcis auctoribus hac ratione per artem succedente natura : Sarmentum, quod obruendum est, quantum latebit in terra, tantum findere debebimus, et medulla omni sublata ac diligenter exsculpta, membra iterum divisæ partis adunare, et vinculo constricta deponere. Vinculum tamen papyro asserunt esse faciendum, et sic in humida terra esse ponendum. Diligentius quidam sarmentum revinctum quantum excisum est, intra scillæ bulbum demergunt, cujus beneficio asserunt sata omnia comprehendere posse facilius. Alii tempore quo vites putant, sarmentum fructiferum putatæ vitis in ipsa vite, quam possunt de alto sublata medulla excavant non divisum, et calamo affixo alligant, ne possit inverti. Tunc ὀπὸν κυρηναϊκὸν, quod Græci sic appellant, in excavata parte suffundunt, ex aqua prius ad sapæ pinguedinem resolutum, et hoc transactis octonis diebus semper renovant, donec vitis germina novella procedant. Et in granatis malis fieri hoc posse firmatur a Græcis, et in cerasis. Opus est experiri.

XXX. Vites quæ lacrymarum nimietate tabescunt, et deplorando vim roboris sui avertunt fructu, trunco earum lacerato Græci sinum fieri jubent. Si hoc minus proderit,

XXXI. Les Grecs prescrivent encore de composer du vin de myrte de la manière suivante : On mettra dans un linge huit *unciæ* de baies de myrte mûres, que l'on aura broyées après les avoir fait sécher à l'ombre, et on suspendra ce paquet dans le vin ; après quoi on couvrira le vase, et on le bouchera. Quand ces baies seront restées plusieurs jours dans le vin, on les en retirera pour en faire usage. Il y a des personnes qui foulent aux pieds ou qui expriment entre leurs mains des baies de myrte, qu'elles ont cueillies dans leur maturité par un temps sans pluie et dans des terrains très-secs, et qui en mettent la valeur de huit *cotulæ* sur une amphore de vin. Ce vin s'emploie aussi en médecine, quand on est dans le cas d'avoir recours aux astringents : son effet ordinaire est de fortifier les estomacs délabrés, de couper court aux crachements de sang, d'arrêter le flux de ventre, et de durcir efficacement les matières qui occasionnent les douleurs de la dyssenterie.

XXXII. On prétend que les vignes donneront d'elles-mêmes du vin, soit d'absinthe, soit de rose ou de violette (de façon que l'on recevra de la nature ce que l'on doit ordinairement à l'industrie), pour peu que l'on plonge des sarments dans un vase rempli jusqu'à moitié de l'une de ces essences, en y faisant dissoudre en même temps de la terre végétale en manière de lessive, et qu'on les y laisse jusqu'à ce que leurs yeux commencent à paraître ; après quoi on mettra ces sarments où on voudra quand ils bourgeonneront, ainsi qu'on le pratique à l'égard de toute autre vigne.

XXXIII. Voici la méthode que les Grecs ont prescrite pour faire produire au même cep des grappes de raisin blanc et des grappes de raisin noir : si l'on a un cep de raisin blanc et un de raisin noir qui soient voisins l'un de l'autre, on joint ensemble, au temps de la taille, des sarments pris sur chacun de ces ceps, et fendus en deux, de façon que, lorsqu'ils seront joints, les boutons qui sont au milieu de ces sarments semblent être sur un seul et même sarment ; après quoi on les lie ensemble avec du papyrus amolli, pour les resserrer ; et on a soin de les enduire de terre humide, et de les arroser de trois jours l'un, jusqu'à ce que le germe de la feuille nouvelle paraisse. A dater de la fin de ce mois, on pratiquera, si l'on veut, cette méthode sur plusieurs sarments.

XXXIV. Ce mois-ci s'accorde avec celui de novembre pour la durée des heures : les voici rassemblées sous cette proportion de nombres.

A la première et à la onzième heure, le gnomon donne vingt-sept pieds d'ombre.

A la seconde et à la dixième, il en donne dix-sept.

A la troisième et à la neuvième, il en donne treize.

A la quatrième et à la huitième, il en donne dix.

A la cinquième et à la septième, il en donne huit.

A la sixième, il en donne sept.

LIVRE QUATRIÈME.

MARS.

I. La taille de la vigne, dont nous avons amplement parlé au mois de février, se fait au mois

---

radicum robur pingue rescindi, ut afferat medicinam vulnus impressum. Tunc insulsa amurca ad medietatem decocta et refrigerata plagæ excisio perlinetur, et sub hac acetum acre fundatur.

XXXI. Græci item myrtitem sic præcipiunt temperari : Myrti baccas maturas in umbra siccatas, et postea tusas, uncias octo mittis in linteo, et suspendis in vino, et vas cooperies ac linibis : et cum plurimis diebus sic fuerit, auferes et uteris. Aliqui myrti baccas sine pluvia collectas maturas et locis siccioribus calcant, vel exprimunt, et vino miscent VIII cotularum mensuram per amphoram vini. Quod vinum medicinæ quoque proderit, ubi stypticis est utendum. Stomachum solidare titubantem solet, rejectiones sanguinis inhibere, fluorem ventris astringere, limum dysentericæ passionis medicabiliter asperare.

XXXII. Conditum vel absinthiatum, vel rosatum, vel violatum procedere sponte fertur ex vitibus (ut natura suscipiat, quod procurare suevit industria) si sarmenta in vas aliquod semiplenum supradictis potionibus mersa serventur, et vivam terram simul resolvas ad lixivii modum, donec oculi sarmentorum nitantur exire : tunc eadem sarmenta gemmantia in quo volueris loco, vitium cæterarum more deponas.

XXXIII. Ut vitis botryones et albos afferre possit et nigros, Græci sic fieri debere jusserunt : Si vicinæ sunt vites nigra et alba, cum putantur, sarmenta utriusque inter se divisa sic junges, ut medios utriusque generis oculos æquando reddere possis unitati : tunc papyro ligabis stricto et molli, atque humida terra curabis adlinire et interjectis ternis diebus adaquare, donec germen novæ frondis erumpat. Hinc exemto tempore, si libuerit, genus efficies per plura sarmenta.

XXXIV. Hic mensis in horarum mensura cum Novembri mense concordat, quas hac numeri ratione colligimus :

Hora I	et XI	pedes XXVII.
Hora II	et X	pedes XVII.
Hora III	et IX	pedes XIII.
Hora IV	et VIII	pedes X.
Hora V	et VII	pedes VIII.
Hora VI		pedes VII.

de mars dans les pays froids, tant qu'il n'y a point de risque d'endommager les bourgeons par cette opération. Il faut greffer à présent les ceps, au moment où les larmes qu'ils répandront, au lieu d'être claires comme de l'eau, seront épaisses. On aura deux choses à observer en ce cas : premièrement, que le cep que l'on voudra greffer soit solide et plein de sucs nourriciers, sans être desséché, soit par la vétusté, soit par les mauvais traitements qu'il aura pu éprouver; secondement, que les rejetons que l'on y insérera lorsqu'on l'aura coupé soient fermes, ronds, et bien fournis de boutons multipliés les uns auprès des autres; quoiqu'il suffira d'y en laisser trois, quand on les emploiera en greffes. Il faudra donc les ratisser sur une longueur de deux doigts, en conservant leur écorce sur un de leurs côtés. Il y a des personnes qui n'en laissent pas mettre la moelle à jour, mais qui se contentent de les ratisser légèrement, de façon que la partie ratissée soit terminée insensiblement en pointe, et que celle qui reste garnie de son écorce puisse être adaptée à l'écorce de sa mère future. Le dernier bouton doit être enfoncé dans le cep de manière à y être incorporé : ce bouton sera tourné en dehors du cep, et assujetti avec une ligature de saule, et on étendra dessus, pour le recouvrir, un lut dans lequel il entrera de la paille ; puis on le protégera, à l'aide de quelque corps étranger dont on le couvrira, contre le vent et contre le soleil, de peur qu'il ne soit agité par l'un ou brûlé par l'autre. Si la chaleur commence à se faire sentir de bonne heure, il faudra verser vers le soir et à différentes reprises, à l'aide d'un pinceau, un peu d'eau sur la ligature même de la greffe. Cette irrigation y entretiendra la vie, malgré l'action brûlante de la température. Lorsque le bouton sera parti, et que le fouet aura pris quelque accroissement, on l'attachera à un roseau pour l'aider à se tenir, de peur que quelque mouvement ne vienne à l'ébranler tant qu'il sera dans un âge fragile ; au lieu que, lorsqu'il aura acquis une certaine consistance, on coupera tous ses liens, de peur que son adolescence ne soit gênée par la dureté d'un nœud trop serré pour un germe aussi tendre. Il y a des personnes qui, après avoir déchaussé un cep à un demi-pied de profondeur, et y avoir inséré des rejetons, recouvrent ceux-ci d'un amas de terre, afin que cette terre fournisse de son côté des aliments aux sarments nouvellement entés sur le cep nourricier, indépendamment de ceux qu'ils tireront de lui. D'autres assurent qu'il est mieux de greffer un cep vers la superficie de la terre, parce que quand les greffes sont trop enfoncées en terre, elles prennent difficilement. On plantera des vignes dans les pays froids jusqu'aux ides de ce mois-ci, ou jusqu'à l'équinoxe, soit dans un terrain façonné au *pastinum*, soit dans une tranchée ou dans des fosses, conformément à la méthode que nous avons donnée.

II. Il faut nettoyer à présent les prés et les garder dans les pays froids. On y défrichera aussi les coteaux gras ainsi que les campagnes marécageuses, et on leur donnera le premier labour. Il faudra encore repasser les guérets qui auront été mis en état au mois de janvier.

III. On sèmera le panis et le millet dans les contrées chaudes et sèches. Ces plantes demandent une terre légère et ameublie, et viennent non-seulement dans le sablon, mais dans le sable même, pourvu que le climat soit humide et le sol arrosé : elles redoutent cependant un terrain

---

LIBER QUARTUS.

I. Martio mense locis frigidis putatio vinearum celebratur, de qua abunde Februario mense locuti sumus, usque quo incipit gemma esse suspecta. Nunc oportet vineas inserere, cum vites non aquato sed spisso humore lacrymabunt. Servabimus ergo ut truncus, qui inseritur, solidus sit, et alimento humoris exuberet, neque ulla vetustate aut injuria laceratus arescat. Tunc decisæ viti surculi qui inserendi sunt, sint solidi, rotundi, gemmis spissis et pluribus oculati. Tres tamen oculi in insitione sufficient. Radendum est ergo sarmentum ad mensuram digitorum duorum, ut ab una parte sit cortex. Aliqui non patiuntur nudare medullam, sed leviter radunt, ut incisura sensim possit in acumen exire, et corticata pars cortici novæ matris aptetur. Intimus oculus ita infigendus est, ut trunco junctus adhæreat, qui oculus exteriorem partem debet aspicere, vinculo salicis infuso et paleato luto desuper, alligari : tegumento quoque aliquo a ventis et a sole defendi, ne hi quatiant, hic adurat. Ubi calor temporis cœperit, ligaturæ ipsi penicillo circa vesperam tenuis debet frequenter humor affundi, ut hoc alimento contra vim cæli torrentis animetur. Cum ergo germen eruperit, et aliquod ceperit incrementum, calami adjutorio debet annecti, ne motus aliquis fragilem procedentis sarmenti quasset ætatem. Ubi soliditas quantumcunque processerit, vincula oportet abscindi, ne adolescentia mollissimi germinis nodo duræ constrictionis angatur. Aliqui infra terram semipedis spatio effossæ viti surculos inserunt, et beneficio congestionis accumulant, ut hoc quoque novis sarmentis præter nutricis alimenta subveniat. Nonnulli circa terras melius asserunt inserendum, quia in altiori difficilius comprehendunt. Usque ad idus vel æquinoctium vites locis frigidis pangendæ sunt seu pastino seu sulco seu scrobibus more quo dictum est.

II. Nunc locis frigidis prata purganda atque servanda sunt. Locis gelidis colles pingues et agros uliginosos proscindere atque exarare conveniet. Vervacta etiam, quæ Januario mense sunt facta repetere.

III. Calidis et siccis regionibus panicum seremus et milium. Levem et solutam terram desiderant : nec in sabulone solum, sed in arena quoque proveniunt, dummodo cælo humido et solo serantur irriguo : quia siccum et

sec et argileux. On aura soin de les délivrer assidûment des mauvaises herbes : cinq *sextarii* suffisent pour la semence d'un *jugerum*.

IV. Il faut semer à présent les deux espèces de pois chiches dans un terrain qui soit très-gras, et sous un climat humide, après les avoir fait tremper la veille dans l'eau, afin qu'ils lèvent plus tôt. Trois *modii* sont la mesure d'un *jugerum*. Les Grecs disent que les pois viendront plus gros, lorsqu'on les aura arrosés d'eau chaude la veille du jour où on les sèmera. Ils ajoutent qu'ils aiment les terrains voisins de la mer, et qu'ils viennent de meilleure heure quand ils sont semés en automne.

V. On sèmera aussi le chanvre ce mois, jusqu'à l'équinoxe du printemps, de la manière que nous avons détaillée en février.

VI. On sème à présent la cicerole, qui ne diffère de la gesse que par sa couleur obscure et noire, dans un terrain gras qui aura reçu le premier ou le second labour. Un *jugerum* en aura assez de quatre *modii*; mais on peut se contenter d'y en semer trois, ou même deux.

VII. On commence à présent à écraser les mottes de terre dans les vignobles ; ce qu'il faut faire tant aux calendes de ce mois qu'à celles de tous les autres mois qui le suivront, jusqu'à celui d'octobre, non-seulement pour extirper les mauvaises herbes, mais encore pour empêcher que la terre, étant trop endurcie, n'étrangle le plant qui est encore tendre. On extirpera jusqu'aux racines du gramen, qui causent un grand dommage aux vignes. Il faut bêcher à présent les vignobles dans les pays froids, et y échalasser les ceps et les lier, en observant d'employer pour les jeunes vignes des liens qui soient flexibles, parce que, s'ils étaient durs, ils les couperaient indubitablement, d'autant qu'elles sont très-tendres.

On appuiera les grands ceps sur un pieu fort, et les petits sur un plus mince. Ce pieu sera posé en face de l'aquilon, et du côté du ciel d'où vient le froid, attendu l'incommodité que son ombre occasionnerait au cep, s'il était posé autrement. Il sera d'ailleurs éloigné du cep, à la distance de quatre doigts ou d'un demi-pied, afin qu'on puisse bêcher librement autour du cep. Il y a des personnes qui tronquent à présent les vieux ceps à une certaine élévation de terre, dans la vue de les renouveler. Mais cette méthode est vicieuse ; car il arrive presque toujours qu'une plaie de cette nature pourrit au soleil et à la pluie, parce qu'elle est trop considérable. C'est pourquoi il vaudra mieux les renouveler de cette façon-ci : On commencera par les déchausser profondément, jusqu'à ce que leurs racines soient à découvert ; ensuite on les coupera en terre au-dessus de ces racines, afin qu'étant recouverts de terre par la suite, ils n'aient rien à craindre du froid ni du soleil : encore n'en viendra-t-on à cette extrémité que lorsqu'il s'agira de ceps d'une excellente espèce, et dont les racines seront très profondes ; autrement il vaudra mieux les greffer avec des sarments d'une bonne qualité. Tout ce que nous venons de dire doit être fait au commencement du mois dans les pays chauds, et après les ides dans les pays froids. On bêchera le pied des ceps qui seront malades, ou dont le fruit sèchera, et on les arrosera d'urine gardée. On mettra aussi sous la terre qui les porte de la cendre de sarment ou de chêne, mêlée de vinaigre ; ou bien, après les avoir coupés près de terre, on les réchauffera avec du fumier, et on en laissera croître les pousses qui paraîtront les plus fortes. Lorsqu'un cep aura été blessé par la houe ou par un instrument de fer quelconque, si la plaie est près de terre, enduisez-la de crottin de

---

argillosum agrum reformidant. Herbis liberentur assidue ; quinque sextariis spatium jugeri complebitur.

IV. Nunc cicer utrumque serere debemus loco lætissimo, cælo humido. Macerandum est pridie, ut possit citius nasci. Jugerum tribus modiis conseretur. Cicer grande nasci Græci dicunt, si infundatur aqua tepida pridie : amare etiam loca maritima : temperius provenire, si seratur autumno.

V. Hoc etiam mense cannabum serimus usque in æquinoctium vernum, hac ratione, qua in Februario disputatum est.

VI. Nunc cicera seritur, quæ distat a cicercula solo colore, quo sordet, et nigrior est, primo sulco vel secundo, solo læto. Jugerum quatuor vel tribus vel etiam duobus modiis implebimus.

VII. Hoc mense novella vinea incipiat pulverari ; quod nunc ac deinceps per omnes calendas usque ad Octobres faciendum est, non solum propter herbas, sed ne tenera adhuc semina solidata terra constringat. Graminum radices, quæ plurimum vitibus nocent, extirpandæ sunt. Nunc locis frigidis vinearum fossio celebranda est : et

palandæ atque ligandæ sunt vites : sed novellam mollibus vinculis alligemus ; quia eam teneram vincula duriora præcidunt. Palus majoribus vitibus solidus, minoribus ponatur exilis. Propter umbræ molestiam statuatur ab Aquilone et plaga frigida, spatio quatuor digitorum vel semipedis remotus a vite, ut possit ex omni parte circumfodi. Vineas veteres nunc aliqui a terra altius truncant, studentes reparationi : sed vitiosum est ; nam plerumque vastior plaga sole putrescit et roribus. Quare hoc genere reparetur : Prius ablaqueabitur altius, donec ejus nodus appareat : deinde infra terram supra nodum recidatur, ut operta de frigore et sole nihil timeat. Hoc faciendum, si optimi generis vitis sit et alte posita ; alioquin generosis melius erit inserenda sarmentis. Omnia supra dicta locis calidis primo mense ; frigidis vero post idus ipsius exequemur. Ægras vites, vel quibus fructus arescit, circumfodies, et urinam veterem suffundes, item cinerem sarmenti aut quernum aceto mixtum subjice, aut incisas circa terram lætamine refoveto, et quæ germinant fortiora dimitte. Cum vitis bidente læditur aut ferro, plagam, si terræ juncta est, adline stercore ovillo vel caprino :

brebis ou de chèvre, que vous y assujettirez avec des ligatures, et que vous recouvrirez de terre prise à son pied. Si c'est la racine d'un cep qui a été blessée, ajoutez à cet enduit du fumier liquide, lorsque vous recouvrirez la plaie.

VIII. On versera du marc d'huile sans sel autour des racines des oliviers malades. Il n'en faudra que six *congii*, suivant Columelle, pour les plus grands arbres, quatre pour les arbres de moyenne taille, et plus ou moins pour les autres, à proportion de leur grandeur. D'autres jettent sur leurs racines de la paille de fèves jusqu'à la concurrence de deux *quali* pour un grand arbre. D'autres, après avoir préalablement couvert le tronc de l'arbre, répandent dessus la quantité de vieille urine d'homme qu'ils jugent suffisante, en faisant en même temps à son pied une excavation propre à la contenir, surtout dans les lieux secs. On percera avec une tarière gauloise un olivier stérile, après quoi on prendra du côté du midi, sur un autre arbre qui produise beaucoup, deux branches également longues, que l'on enfoncera dans ce trou par chacun de ses côtés, de façon qu'elles s'y trouvent resserrées; et, après avoir coupé les portions de ces branches qui déborderont de l'un et de l'autre côté du trou, on aura soin de les recouvrir avec un lut dans lequel il entrera de la paille. Si, au contraire, les arbres sont de belle venue, mais qu'ils ne rapportent point de fruits, on enfoncera dans leurs racines, soit un pieu d'olivier sauvage, soit des pieux de pin ou de chêne. C'est aussi à présent que ceux qui sont dans l'usage de sarcler les blés doivent le faire pour la seconde fois. On formera à présent, dans les pays froids, les pépinières de baies et d'autres semences dont nous avons parlé au mois de février, et on donnera les derniers soins aux plants de rosiers au commencement du mois.

IX. Il est bon de commencer à présent à s'occuper de la culture des jardins. On sème l'artichaut au mois de mars. Ce légume aime une terre fumée et meuble, quoiqu'il lui soit plus aisé de venir dans une terre grasse. Il sera à propos, si on veut le mettre à l'abri des taupes, de le semer dans une terre qui soit compacte, afin que ces animaux pernicieux ne viennent pas aisément à bout de la fouiller. Il faut semer les artichauts dans le temps que la lune croît, et sur une planche préparée d'avance à cet effet, en laissant un demi-pied d'intervalle entre chaque graine. Il faut prendre garde que leur graine ne soit pas en terre dans une position renversée, parce qu'elle ne donnerait que des artichauts qui seraient petits, courbés et durs. Il ne faut pas non plus l'enterrer profondément, mais on la tiendra entre trois de ses doigts, que l'on enfoncera dans la terre jusqu'au niveau de la première articulation; après quoi on la recouvrira légèrement de terre, et on ne manquera pas de la délivrer assidûment par la suite des mauvaises herbes, jusqu'à ce que les tiges qu'elle produira soient fortifiées, et de l'arroser s'il survient de la chaleur. Si l'on brise la pointe de la graine, il en viendra des artichauts sans épines; de même que si on la met tremper pendant trois jours dans de l'huile de laurier ou de nard, ou dans du baume blanc, ou dans de l'eau-rose, ou dans du mastic, et qu'on ne la mette en terre qu'après l'avoir fait sécher, il en viendra des artichauts qui auront le goût de celui de ces parfums dont elle aura été abreuvée. Il faut chaque année enlever quelques branches à la tige principale, tant pour la soulager que pour multiplier le plant. On les arrachera néanmoins avec une portion de leurs racines. Quant aux artichauts que l'on réservera pour en tirer de la graine, il faudra, après les avoir débarrassés de tous leurs rejetons, les couvrir d'un vase

---

tunc terra mista circumfossa ligare curato. Si in radice læsa est, operiens liquidum lætamen admisce.

VIII. Nunc oleis laborantibus circum radices insulsa amurca fundetur. Maximis arboribus (quod Columella dicit) sex congii, mediocribus quatuor, cæteris pro æstimatione sufficiunt. Alii paleas fabæ, binos per majorem arborem qualos; alii veteris urinæ humanæ trunco quantum satis videtur affundunt, et arbori mortarium statim faciunt, maxime locis siccis, trunco ante cooperto. Oleam sterilem terebra Gallica perforabis. Tunc duos frugiferæ arboris ab australi parte ramos ejusdem magnitudinis tollis, et stricte in foramen utrinque conjicies vel lapidem, vel pini vel querci palos, et abscisso eo quod superabit, luto paleato curabis occulere. [Sed] si sine fruge luxuriant, oleastri palum vel lapidem vel pini vel querci palos radicibus ejus infige. Nunc etiam quibus moris est, frumenta iterum sarrire conveniet. Nunc locis frigidis seminaria, quæ Februario mense dicta sunt, baccarum et seminum fiant, et rosaria in mensis initio percolantur.

IX. Nunc horti optime sumunt cultionis initia. Mense Martio carduus seritur. Terram stercoratam et solutam diligit, quamvis in pingui possit melius provenire, et hoc illi contra talpas prodest, si pangatur in solido, ne terra ab inimicis animalibus facilius perforetur. Serendi sunt cardui luna crescente, in area jam parata, semina spatio semipedis sint discreta. Cavendum est ne semina inversa ponantur. Nam debiles, incurvos et duros creabunt. Non alte imprimenda sunt, sed tribus digitis comprehensa mergantur, donec ad primos articulos terra perveniat. Tunc leviter operiantur, et herbis liberentur assidue, donec plantaria solidentur, et rigentur si æstus intervenit. Si acumina seminum confringas, spinis carebunt : Item si semina eorum madefeceris per triduum laurino oleo, vel nardino, vel opobalsamo, vel succo rosæ, vel mastichino, et postea siccata depresseris, ejusdem saporis orientur, cujus unguentum semina combiberunt. Singulis sane annis a codice auferendæ sunt plantæ, ut nec matres fatigentur, et soboles per alia spatia digeratur : cum aliqua tamen radicis parte vellendæ sunt. Quas reservabis ad semina

de terre ou d'une écorce, parce que le soleil ou la pluie en font communément mourir la graine. Il est bon d'avoir souvent des chats au milieu des plants d'artichauts, pour les garantir des taupes. Il y a des personnes qui ont à cet effet des belettes apprivoisées. Quelques-unes remplissent les trous de taupes de terre rouge et de jus de concombre sauvage. D'autres pratiquent auprès plusieurs excavations pour y faire pénétrer le jour, ce qui met les taupes en fuite. La plupart mettent à l'ouverture de leurs trous des pieges suspendus avec des fils de soie. On sème aussi très-bien ce mois-ci, dans les pays froids, l'oignon de Cypre, l'ail, la ciboule et l'origan, ainsi que l'aneth. On peut aussi très-bien semer ou transplanter à présent la moutarde et les choux. On sème encore la mauve et le grand raifort, et l'on transplante l'origan : on peut semer la laitue, la poirée, le poireau et les câpres, ainsi que la fève d'Égypte, la sarriette et le cresson alénois. Il y a des personnes qui sèment aussi à présent la chicorée et les raiforts, quand elles veulent en avoir pour l'été. Il faut semer à présent les melons. Comme il ne faut pas qu'ils soient trop pressés, on en mettra les graines à deux pieds de distance l'une de l'autre dans des terrains labourés ou façonnés au *pastinum*, et principalement dans du sable. On aura soin de faire tremper auparavant ces graines pendant trois jours dans du vin mêlé de miel et dans du lait, pour ne les mettre en terre que lorsqu'elles seront séchées. Cette précaution contribuera à donner aux melons une saveur agréable. Mais si l'on veut qu'ils aient aussi de l'odeur, on laissera la graine, quand elle sera séchée, pendant plusieurs jours entre des feuilles de roses. On sème encore à présent les concombres dans des sillons écartés les uns des autres, auxquels on donne un pied et demi de profondeur et trois pieds de largeur. On laissera, sans le labourer, un intervalle de huit pieds entre ces sillons, sur lequel les concombres pourront s'étendre. Comme l'herbe leur fait du bien, il n'est pas nécessaire de l'arracher ni de les sarcler. Si l'on en fait tremper la graine dans du lait de brebis et dans de l'hydromel, ils seront doux et blancs; de même que si l'on met à deux *palmi* de distance sous eux un large vase rempli d'eau ; ils deviendront tendres, et s'allongeront en cherchant à gagner cette eau. Ils n'auront point de graine, lorsqu'avant d'en semer la graine on l'a enduite d'huile du pays des Sabins, ou frottée avec de l'herbe connue sous le nom de *culex*, broyée. Il y a des personnes qui mettent dans un roseau, après en avoir percé tous les nœuds pour le creuser, une fleur de concombre avec le bout de son tenon, de sorte que le concombre qui vient dans ce roseau s'étend jusqu'à une longueur immense. Ce légume redoute si fort l'huile, que si l'on en mettait auprès de lui, il se recourberait en forme de crochet. Il se retourne aussi toutes les fois qu'il tonne, comme par un effet de la peur. Si l'on renferme sa fleur, sans la séparer de son tenon, dans un moule de terre cuite bien attaché, le concombre qui en naîtra prendra la forme de l'homme ou de l'animal que représentera ce moule. Tous ces faits sont attestés par Gargilius Martialis. Columelle prétend que si l'on a des ronces ou des férules dans un lieu qui soit exposé au soleil et fumé, et qu'après les avoir coupées près de terre, passé l'équinoxe d'automne, on les creuse avec un stylet de bois pour y enfoncer du fumier dans la moelle, et y mettre ensuite une graine de concombre, le légume qui en naîtra pourra résister même aux plus grands froids. On sèmera les

---

colligenda, liberatas omnibus pullis testa supertegere debebis aut cortice. Nam solent semina sole vel imbribus interire. Contra talpas prodest catos frequenter habere in mediis carduetis. Mustelas habent plerique mansuetas. Aliqui foramina earum rubrica et succo agrestis cucumeris impleverunt. Nonnulli juxta cubilia talparum plures cavernas aperiunt, ut illæ territæ fugiant solis admissu. Plerique laqueos in aditu earum setis pendentibus ponunt. Hoc etiam mense ulpicum bene et allium seremus, et cepullas, et cunilam locis frigidis, et anethum. Nunc et sinapis, et caules optime seruntur vel plantantur : et malva seritur et armoracea, et origani planta transfertur. Lactuca et beta et porrus, et capparis seri possunt, et colocasia et satureia et nasturtium. Intyba etiam et raphanos nunc aliqui serunt, quibus utantur æstate. Nunc melones serendi rarius. Distent inter se semina pedibus duobus, locis subactis vel pastinatis, maxime arenis. Semina eorum mulso et lacte per triduum maceranda sunt, et tunc jam siccata ponenda : hinc suaves efficientur. Odorati autem fiunt, si eorum semina multis diebus inter rosæ folia sicca mergantur. Nunc et cucumeres seminantur rare, sulcis factis altitudine sesquipedali, latitudine pedum trium. Inter sulcos VIII pedum spatium crudum relinques, ubi possint vagari. Herbis juvantur, ideo sarculo et runcatione non indigent. Semina si ovillo lacte et mulsa maceres, dulces nascentur et candidi. Longi et teneri fiunt, si aquam in patenti vasculo sub eis ponas, duobus palmis inferiorem, ad quam festinando tales efficientur. Sine si semine nascentur, si prius eorum semina oleo Sabino perungantur, et herba ea quæ culex dicitur, trita confricentur. Aliqui florem cucumeris cum viticulæ suæ capite cannæ inserunt, cui prius omnes nodos perforaverint : ibi cucumis nascetur in nimiam longitudinem tensus. Oleum sic metuit, ut si juxta posueris, velut hamus plicetur. Quoties tonat, velut timore perterritus convertitur. Si ejus florem sicut in sua vite est, in forma fictili clauseris ac ligaveris, qualem vultum forma vel hominis vel animalis habuerit, talem cucumis figuram præstabit. Hæc omnia Gargilius Martialis asserrit. Columella dicit, loco aprico et stercoroso si rubos habeamus aut ferulas, post autumni æquinoctium his juxta terram recisis et excavatis ligneo stilo, inter medullas lætamen immittamus, et cucumeris semen addamus : hinc nasci fructus, qui possint et inter frigora non necari. Hoc mense asparagos seremus circa Apriles

asperges ce mois, vers les calendes d'avril, dans un terrain gras, humide et labouré. Il faudra à cet effet mettre, dans de petites fosses alignées au cordeau, deux ou trois graines d'asperge, en les espaçant d'un demi-pied ; après quoi on couvrira le sol de fumier, et on en arrachera de temps en temps les herbes, ou bien on étendra dessus pendant l'hiver de la paille que l'on ôtera au commencement du printemps ; moyennant quoi il en viendra des asperges au bout de trois ans. Mais il sera plus court de mettre en terre des pattes d'asperges, qui rapporteront immédiatement. Voici comme on se procurera ces pattes. On creusera des fosses sur un terrain gras et fumé, dans chacune desquelles on mettra, après les ides de février, ce qu'on pourra pincer de graine d'asperge avec trois de ses doigts, en la recouvrant légèrement de terre ; et toutes ces graines, venant à se réunir, formeront une racine complexe à laquelle on donne le nom de *spongia*. Cependant cette racine souffre elle-même des retards, puisqu'il faut l'entretenir pendant deux ans dans sa pépinière avec du fumier, et en arracher souvent les mauvaises herbes ; et qu'on ne la transfère qu'après l'équinoxe d'automne, pour recueillir des asperges au printemps. C'est pourquoi on trouvera mieux son compte à acheter ces racines toutes venues, qu'à les attendre longtemps en les élevant soi-même. Au reste, de quelque façon qu'on se les soit procurées, on les arrangera sur le milieu de l'ados des planches, si le terrain est sec, et sur la pointe de leur élévation, s'il est humide. Il faut que l'eau ne fasse que passer sur les pattes d'asperges, pour les arroser sans s'y arrêter. On n'arrachera pas les asperges que ces pattes auront produites la première année, mais on les rompra, de peur d'ébranler les pattes elles-mêmes qui sont encore faibles ; au lieu qu'il faudra les arracher les années suivantes, afin que les yeux qui doivent en produire de nouvelles soient découverts. En effet, si on continuait de les rompre, il arriverait que des terrains ordinairement fertiles se trouveraient frappés de stérilité, par les racines d'asperges qu'on y aurait laissées. Au surplus, c'est au printemps qu'on pourra les consommer, et on réservera pour l'automne celles dont on voudra cueillir la graine. Quand cette graine sera cueillie, on mettra le feu aux fannes ; après quoi on couvrira les pattes de fumier et de cendre vers l'hiver. On sème ce mois-ci la rue dans des lieux exposés au soleil. Cette plante se contente d'avoir de la cendre répandue sur elle. Elle demande des terrains élevés, hors desquels l'eau puisse s'écouler aisément. Si l'on en met les graines en terre sans les tirer de leurs capsules, il faudra les y mettre avec la main les unes après les autres ; au lieu que si elles sont dépouillées de leurs capsules lorsqu'on les sèmera, il faudra les jeter par-ci par-là, et les recouvrir avec un râteau que l'on fera passer dessus. Les tiges qui viendront de la graine qui aura été semée avec sa capsule seront plus fortes que les autres, mais d'un autre côté elles seront plus tardives. Les petites tiges que l'on arrachera de cette plante au printemps avec une partie de son écorce tiendront lieu de plant ; au lieu qu'elle périrait si on la transférait entière. Il y a des personnes qui insèrent ces petites tiges dans une fève percée ou dans une bulbe quelconque, avant de les mettre en terre, afin qu'elles s'y conservent à l'aide de la vigueur que leur procureront ces corps étrangers. On profère aussi des injures contre cette plante, et on aime mieux la mettre dans une terre de brique dissoute, ce qui lui est effectivement avantageux. Mais elle viendra encore mieux (suivant ce qu'on assure) quand elle aura été volée. Elle aime à se reposer sous

---

cal. Pingui loco, humido, subacto, ita ut minoribus, fossulis ad lineam directis bina aut terna grana semipedis spatio discreta ponantur. Dehinc stercore solum tegatur, et herbæ subinde vellantur, vel per hiemem supra stramina jaciantur primo vere tollenda. Hinc post triennium nascentur asparagi. Sed expeditior ratio est, si asparagorum spongias ponas, quas cito fructum ministrent. Hæ sic fient : Semina asparagi quanta tribus digitis comprehendere possis, post idus Febr. Pingui et stercorato solo in singulis fossis pones, et leviter obrues. His coeuntibus radix connexa nascetur, quæ appellatur spongia. Sed et hæc moras habet. Nam per biennium in seminario suo est stercore et assidua runcatione nutrienda. Deinde post æquinoctium autumni transferetur, ut vere asparagum dabit. Has erit utilius comparare, quam longa expectatione nutrire. Eas tamen in sulcis disponemus. Si loca sicca sunt, inter medios sulcos ; si humida, in summitate sulcorum. Humor spongias asparagorum transitu suo debet tantum rigare, non sistere. Asparagum, quem primo protulerint, confringere debemus non avellere, ne adhuc invalidam moveamus spongiam : cæteris annis avellendus est, ut oculos suæ germinationis aperiat : quia si deinceps refringas, loca quæ fœcunda esse consueverunt, remanente asparagi radice claudentur. Ministrabunt autem vere : et autumno reservabis eum, de quo sumturus es semina. Postea scopas ejus incendes, tunc circa hiemem spongiis adjicies stercus et cinerem. Hoc mense ruta seritur locis apricis, solius cineris inspersione contenta. Loca desiderat altiora, unde humor elabitur. Si ponas semina ejus adhuc clausa folliculis, singulatim manu debebis affigere. Si jam minuta sunt, sparsa jactabis, et rastro obducta cooperies. Caules ejus, qui inclusis seminibus nati fuerint, fortiores erunt, sed sero nascentur. Ramuli ejus cum aliqua corticis parte convulsi verno tempore pro plantis tenebunt : tota vero translata morietur. Nonnulli ramulos ejus pertusæ fabæ inserunt vel bulbo, atque ita obruunt alieno vigore servandos. Prosequuntur etiam maledictis, et maxime in terra soluti lateris ponunt, quod prodesse

l'ombre du figuier. Elle ne souffre pas qu'on déracine l'herbe auprès d'elle, mais elle veut qu'on l'arrache. Elle craint d'être touchée par une femme dans le temps de ses règles. On sème la coriandre depuis ce mois-ci jusqu'à la fin d'octobre. Cette plante se plaît dans une terre grasse, quoiqu'elle vienne également dans un terrain maigre. On croit que plus sa graine est vieille, meilleure elle est. Elle aime l'eau. Une fois semée, elle vient avec toutes sortes de plantes potagères. Il faut semer les courges ce mois. Ces plantes aiment un terrain gras, humide, fumé et meuble. Elles ont ceci de remarquable, que les graines que l'on tire de leur col donnent des courges longues et frêles; au lieu que celles que l'on tire de leur ventre en donnent de plus grosses, comme celles que l'on tire de leur extrémité inférieure en donnent de larges, pourvu qu'on les mette en terre la cime renversée. Quand les courges ont commencé à prendre une certaine consistance, on leur donne des appuis pour les aider à croître. On laisse pendre à leurs tenons jusqu'en hiver celles que l'on conserve dans la vue d'en avoir de la graine; après quoi on les enlève, et on les met au soleil ou à la fumée; sans quoi leur graine se pourrirait et périrait. On sème ce mois-ci la blette dans quelque terrain que ce puisse être, pourvu qu'il soit cultivé. Il ne faut ni délivrer des mauvaises herbes ni sarcler cette plante potagère. Quand une fois elle sera venue, elle se renouvellera d'elle-même pendant une suite de siècles, en répandant à terre sa semence; de façon qu'il ne sera pas facile, quand même on le voudrait, de la détruire. On sème aussi à présent le serpolet, tant en plant qu'en graine. Celle-ci est toujours meilleure lorsqu'elle est vieille. Cette plante sera plus garnie de feuilles quand elle sera semée auprès d'une mare d'eau ou d'un étang, ou sur le bord d'un puits. On sème aussi très-bien à présent l'anis et le cumin. Ces deux plantes réussissent mieux dans des terrains fertiles, quoiqu'elles viennent également dans d'autres, pourvu qu'on les aide avec de l'eau et du fumier.

X. On sèmera la grenade au mois de mars ou d'avril dans les climats tempérés, et au mois de novembre dans ceux qui seront chauds et secs. Le grenadier aime un terrain argileux et maigre, quoiqu'il ne réussisse pas moins dans un terrain gras. Les pays chauds lui sont favorables. On le sème en boutures détachées de la racine d'un grand arbre. Il y a plusieurs façons de le semer, mais la meilleure consiste à coucher obliquement dans une fosse une branche de cet arbre de la longueur d'un *cubitus* et de la grosseur d'un manche d'instrument, qui aura été amincie par les deux bouts avec une serpette bien tranchante, et que l'on aura eu soin d'enduire auparavant de fiente de porc, tant par en haut que par en bas. On peut encore l'enfoncer profondément à l'aide d'un maillet dans un terrain non labouré. Quand la branche qu'on mettra en terre aura été prise sur l'arbre dans le temps qu'il était déjà garni de boutons, elle prendra beaucoup mieux. Si on a soin, en la mettant dans la fosse, de charger sa racine de trois petites pierres, on pourvoira par là à ce que son fruit ne se fende pas. Il faut prendre garde de ne pas la mettre en terre la tête renversée. On croit que les fruits de cet arbre deviennent aigres quand on l'arrose trop assidûment, d'autant que la sécheresse les rend doux et les fait multiplier en abondance. Pour empêcher néanmoins qu'il n'en vienne une trop grande quantité, il faudra opposer un peu d'eau à leur abondance excessive. Il faut bêcher le pied de cet arbre tant en automne qu'au printemps. S'il

---

certissimum est. Sed (ut asserunt) melius furtiva proveniet. Sub fici arboris umbra libentius acquiescit. Non effodi herbas, sed optat avelli. Immundæ mulieris formidat attactum. Ab hoc mense usque in Octobrem totum coriandrum seritur. Amat terram pinguem, sed ex macro solo nascitur. Semen melius putatur, quod vetustius fuerit : delectatur humore satum bene cum olere quocumque nascetur. Hoc mense cucurbita serenda est. Amat solum pingue, humidum, stercoratum, solutum. Hoc in cucurbitis insigne est, quod longas pariunt et exiles semina, quæ in earum cervice nascuntur : quæ in ventre fuerant, cucurbitas faciunt crassiores : quæ in fundo, latas, si inversis cacuminibus obruantur. Ubi adolescere cœperint, adminiculis adjuventur. Quæ servantur ad semina, usque ad hiemem in sua vite dependeant, deinde sublatæ in sole ponantur, aut fumo : aliter semina putrefacta depereunt. Hoc mense blitus seritur solo qualicumque, sed culto. Olus hoc neque runcandum est neque sarculandum. Cum semel natum fuerit, ipsum se per multa secula seminis sui dejectione reparabit, ut, etiam si velis, vix possit aboleri. Nunc etiam serpyllum seritur plantis et semine, sed vetustate meliori. Lætius frondebit, si juxta piscinam vel lacum vel putei margines conseratur. Anisum quoque et cyminum nunc bene seritur. Locis lætioribus melius provenit, itemque cæteris, si humore juvetur et stercore.

X. Locis temperatis mense Martio vel Aprili mala punica seremus; calidis vero et siccis, Novembri : amat hæc arbor solum cretosum, macilentum, sed in pingui etiam provenit. Regio illi est apta, quæ calida est. Seritur plantis de matrum radice devulsis. Sed quamvis multis generibus seratur, melius tamen ramus ejus cubitalis incisus manubrii crassitudine, et capite utroque acuta falce levigatus, scrobi velut obliquus immergitur : prius tamen porcino stercore et in capite et in parte, quæ ima est, oblinatur, vel in crudo solo malleo cogatur ad inferiora defigi. Melius proveniet, si ponendus ramus gemmante jam matre sumatur. Sed qui in scrobe deponit, si tres lapillos in ipsa radice constituat, providebit, ne poma findantur. Curandum ne virgulta inversa deponas. Creduntur acida fieri, si rigentur assidue : nam siccitas in his et suavitatem præstat et copiam. Cujus tamen nimietati aliquid debet humoris opponi. Circumfodi autumno debet et verno. Si

donne naturellement des fruits aigres, on répandra sur sa cime un peu de laser broyé dans du vin; ou bien l'on enfoncera un clou de bois gommeux de pin dans ses racines, après les avoir déchaussées. D'autres enterrent de l'algue marine auprès de ses racines, et quelques-uns y ajoutent de la fiente d'âne et de porc. S'il ne garde pas bien sa fleur, on mêlera de vieille urine avec de l'eau par parties égales, pour en verser trois fois par an sur ses racines. Il suffira d'en verser une *amphora* sur chaque arbre. On pourra encore employer du marc d'huile sans sel, ou mettre de l'algue auprès de ses racines, et l'arroser deux fois par mois; ou bien il faudra entourer d'un petit cercle de plomb le tronc de l'arbre quand il sera en fleur, ou l'envelopper d'une peau de serpent. Si ses fruits se fendent, on mettra une pierre au milieu de sa racine, ou on sèmera de la scille dans son voisinage. Lorsque ses fruits auront été tordus sur l'arbre même dans le temps qu'ils y étaient attachés par la queue, ils se conserveront toute l'année sans se gâter. S'ils sont attaqués par les vers, on frotte les racines de l'arbre avec du fiel de bœuf, et ces vers meurent aussitôt. Il est rare aussi qu'il en revienne quand on les a ratissés avec un clou de cuivre. De l'urine d'âne mêlée avec de la fiente de porc les empêche également de s'y mettre. De la cendre répandue fréquemment autour d'un tronc de grenadier, avec de l'eau de lessive, rend cet arbre beau et fertile. Martialis assure que les grains de son fruit seront blancs, pour peu que l'on mette sur ses racines, pendant trois ans de suite, un mélange composé d'un quart de gypse contre trois quarts d'argile et de craie. Il dit aussi qu'il donnera des grenades énormément grosses, si l'on enterre, dans son voisinage, une marmite de terre dans laquelle on aura enfermé une de ses branches avec sa fleur. En effet, lorsqu'on aura attaché cette branche à un pieu pour l'empêcher de se rapprocher de l'arbre, et que l'on aura couvert la marmite pour la préserver de l'eau qui pourrait y entrer, les fruits que l'on y trouvera en automne seront de la grandeur de la marmite même. Il prétend encore qu'un grenadier donnera beaucoup de fruits, lorsqu'on aura enduit son tronc de jus de tithymale et de pourpier mêlés ensemble par parties égales, avant que les boutons paraissent. Il assure qu'on peut le greffer en joignant des branches de deux arbres voisins les unes avec les autres, de façon que les branches tant d'un arbre que de l'autre étant fendues, elles se réunissent du côté de la moelle. On ne peut le greffer que sur lui-même à la fin du mois de mars, vers les calendes d'avril. Mais aussitôt qu'on aura coupé son tronc pour cette opération, il faudra y insérer un rejeton très-récent, de peur que si on tardait à le faire, le peu d'humidité que ce rejeton contiendrait ne s'évaporât. On conserve les grenades en les mettant par rangées suspendues par la queue, que l'on aura préalablement enduite de poix. Autre manière : Quand on les a cueillies saines, on les plonge dans de l'eau de mer ou dans de la saumure bouillante, afin qu'elles s'en imbibent. Trois jours après on les fait sécher au soleil, sans les laisser en plein air pendant la nuit, après quoi on les suspend dans un lieu frais; et lorsqu'on veut en faire usage par la suite, on les fait tremper la veille dans de l'eau douce. On prétend qu'elles ne le cèdent pas alors en bonté aux grenades fraîches. Il en est de même lorsqu'elles ont été ensevelies dans de la paille, séparées les unes des autres, de façon à ne pouvoir se toucher. On fait encore un long fossé; et après avoir préparé une écorce de la grandeur de ce fossé, on

---

acida nascantur, modicum laseris cum vino tritum per summa arboris cacumina oportet infundi, vel ablaqueatis radicibus tedæ clavus infigi. Alii algam marinam obruunt ad radices, cui nonnulli stercus miscent asininum atque porcinum. Si florem non continet, urinam veterem cum pari mensura aquæ temperabis, et ter per annum (in) radicibus infundes. Uni arbori amphora ingesta sufficiet. Vel amurcam mittes insulsam, vel algam radicibus junges, et bis rigabis in mense; vel arboris florentis truncum plumbeo circulo debebis includere, vel corio anguis involvere. Si crepant poma, lapidem in media arboris radice supponis, vel squillam circa arborem seris. Et si, dum pendent poma, tenacibus, sicut in arbore habentur, intorseris, in totum annum sine corruptione servabis. Si vermibus laborant, tangis radices felle bubulo, et continuo moriuntur : aut clavo æneo si vermes eosdem purges, difficile nascentur : vel asini urina stercori admista porcino vermibus obviabit. Cinis cum lixivio circa Punici truncum frequenter infusus, læta et fructuosa reddit arbusta. Asserit Martialis candida in his grana fieri, si argillæ et cretæ quartam partem gypsi misceas, et toto triennio hoc genus terræ radicibus ejus adjungas. Idem dicit miræ magnitudinis poma fieri, si olla fictilis obruatur circa arborem Punici, et in ea ramus cum flore claudatur, ne resiliat ligatus ad palum : tunc cooperta olla contra aquæ muniatur incursus. Autumno patefacta suæ magnitudinis poma redhibebit. Multa in Punico ipse asserit poma procedere, si tithymali et portulacæ succus æqualiter mixtus ante quam germinet, trunco arboris adlinatur. Inseri posse affirmat ex ramorum connexione, ut medulla utrinque divisa se jungat. In se tantum inseri potest circa Apriles calend. mense Martio ultimo. Sed secto trunco surculus recentissimus statim debet inseri, ne mora exiguum, qui inest, siccet humorem. Punica mala servantur, si picatis pediculis ordinata suspendas. Aliter : Lecta integra in aqua marina vel muria fervente mergantur, ut combibant. Post triduum sole siccentur, ut sub dio nocte non maneant : post in loco frigido suspendantur. Cum volueris uti, aqua dulci pridie macerabis. Feruntur hæc pomis recentibus æmulari : item, si a tactu invicem separata paleis obruantur. Item fossa fit longa, et cortex ejusdem magnitudinis paratur, cui mala acutis surculis suis affiguntur. Tunc

fiche les grenades sur cette écorce par la pointe du rejeton auquel elles sont attachées ; après quoi on renverse l'écorce sur le fossé, afin qu'elle garantisse de l'humidité les grenades, qui se trouvent dès lors suspendues sous la terre sans la toucher. On les conserve encore en les couvrant d'argile, et en les suspendant dans un lieu frais quand cette argile est séchée ; ou en les enfonçant dans un petit vaisseau de terre rempli de sable jusqu'à moitié, qu'on laissera en plein air, après avoir fiché la queue de chaque grenade dans un roseau ou dans des baguettes de sureau, et les avoir ainsi enfoncées dans le sable, séparées les unes des autres, de façon qu'elles soient élevées de quatre doigts au-dessus du sable. On peut aussi mettre ce vaisseau dans une fosse de deux pieds de profondeur faite à la maison. Pour les garder dans l'un et l'autre cas, il sera mieux de les cueillir avec une longue branche. Autre manière de les conserver : On les suspend dans un petit vaisseau de terre rempli d'eau jusqu'à moitié, de façon qu'elles ne touchent pas l'eau ; et l'on ferme ce vaisseau, de peur que l'air ne s'y introduise. On les arrange encore dans une futaille pleine d'orge, de façon qu'elles ne se touchent pas, et l'on couvre la futaille. Manière de faire du vin de grenade : on met des grains mûrs nettoyés avec soin dans un cabas de palmier, pour les pressurer dans un pressoir à vis ; après quoi on fait cuire à petit feu le jus qu'ils ont rendu, jusqu'à ce qu'il soit réduit à moitié ; et quand il est refroidi, on le renferme dans de petits vaisseaux enduits de poix en dedans et de gypse par dehors. Il y a des personnes qui, au lieu de le faire cuire, mettent une livre de miel sur un *sextarius* de jus, avant de le renfermer dans les vaisseaux que nous venons de dire, pour le garder. On sème le citronnier au mois de mars, de quatre façons ; savoir, en pepins, en branches, en boutures et en billes. Cet arbre aime à se trouver dans une terre peu compacte, sous un climat humide, et à ne jamais manquer d'eau. Si on veut le semer en pepins, voici comme il faudra s'y prendre : On bêchera la terre à deux pieds de profondeur, et après y avoir mêlé de la cendre on formera de petites planches séparées par des rigoles, à travers lesquelles l'eau s'écoulera de part et d'autre. Ensuite on creusera avec les mains sur ces planches une fosse d'un *palmus*, dans laquelle on mettra trois pepins joints ensemble, la pointe renversée ; puis on les recouvrira de terre, et on les arrosera tous les jours. Ils seront moins lents à venir si on les arrose avec de l'eau tiède, qui leur fera beaucoup de bien. Dès qu'ils seront une fois levés, on ne cessera pas d'arracher l'herbe autour d'eux. On peut les transplanter quand ils auront trois ans. Si on veut mettre en terre une branche de citronnier, il ne faudra pas l'y enfoncer à plus d'un pied et demi de profondeur, de peur qu'elle n'y pourrisse. Mais il est plus à propos d'en planter une bille de la grosseur d'un manche d'instrument et de la longueur d'un *cubitus*, que l'on amincira par les deux bouts, et dont on ôtera les nœuds et les piquants, en laissant néanmoins sur le dos de la bille les boutons qui promettent un germe futur. Les personnes qui portent l'attention plus loin enduisent de fiente de bœuf le dos de la bille dans tout son contour, ou en couvrent les deux bouts d'algue marine ou d'argile pétrie, avant de la déposer dans un terrain façonné au *pastinum*. La bouture peut être moins grosse et plus courte que la bille, mais on l'enterre de la même manière ; avec cette différence qu'elle doit sortir de terre à la hauteur de deux *palmes*, au lieu que l'on enterre la bille entière. Il n'est pas nécessaire de laisser de grands intervalles entre les citronniers. Il ne faut pas les associer avec d'au-

---

inversus cortex supra fossam ponitur, ut mala sine terræ tactu subterpendentia ab humore defendat. Item si induantur argilla, et ea siccata loco frigido pendeant. Item si seriola sub dio obruatur, quæ habeat arenas usque ad medium, et mala cum tenacibus lecta imprimantur caunis singulis, vel sambuci virgulis, et ita separata in arenis figantur, ut ipsa quatuor digitis emineant ab arena. Hoc et sub tecto in scrobe bipedanea fieri potest, et utilius est ad servandum, si cum ramo longiôre tollantur. Aliter : In seriola cui ad medium aqua mittatur, suspenduntur mala, ne humorem tangant, et seria clauditur, ne ventus irrumpat. Item in dolio intra ordeum sic ordinantur, ne se invicem tangant : et dolium desuper operitur. Vinum de malis granatis conficies hoc modo : Grana matura purgata diligenter in palmea fiscella mittis, et in cochlea exprimis, et lente coques usque ad medietatem : cum refrixerit, picatis et gypsatis vasculis claudes. Aliqui succum non excoquunt, sed singulis sextariis libras mellis singulas miscent, et in prædictis vasculis ponunt et custodiunt. Mense Martio citri arbor quatuor modis seritur, semine, ramo, talea, clava. Amat terram rarioris naturæ, cælum calidum humoremque continuum. Si granis velis serere, ita facies : Terram in duos pedes fodies, cinerem miscebis, breves areas facies, ut utrinque per canales aqua discurrat. In his areis palmarem scrobem manibus aperies, et tria grana deorsum verso acumine juncta constitues, et obruta quotidie rigabis. Citius procedent, si beneficio aquæ tepentis utaris. Natis germinibus semper proxima herba runcetur. Potest hinc trima planta transferri. Si ramum velis ponere, non amplius sesquipede debebis immergere, ne putrescat. Clava seri commodius potest, quæ sit manubrii crassitudine, longitudine cubitali, ex utraque parte levigata, nodis et aculeis recisis, sed integra summitate gemmarum, per quas spes futuri germinis intumescat. Diligentiores et fimo bubulo adlinunt utrinque, quod summum est, vel marina alga vestiunt, vel argilla subacta partis utriusque extrema cooperiunt, atque ita in pastinato solo deponunt. Talea et gracilior et brevior esse potest ; quæ similiter ut clava mergetur. Sed talea palmis duobus supersit : clava omnis obruitur. In spatio non desiderat

tres arbres. Ils se plaisent dans les lieux chauds, pourvu qu'ils soient arrosés, et principalement quand ils sont voisins de la mer et que l'eau n'y manque pas. Si l'on veut cependant forcer cet arbre à venir dans une contrée froide, il faudra le placer dans un lieu muni de murailles ou exposé au midi ; encore le couvrira-t-on pendant l'hiver de grosse paille, de façon qu'il soit entièrement caché ; et, dès que l'été sera venu, on le découvrira sans risque, pour le remettre à l'air. On en plante les boutures ou les billes, dans les climats très-chauds, en automne. J'en ai planté dans des climats très-froids aux mois de juillet et d'août ; et en les animant par des arrosements répétés tous les jours, je suis parvenu à les voir croître très-bien, et rapporter du fruit. On croit que le citronnier vient mieux quand on sème des courges auprès de lui, et que la cendre de leurs fannes est bonne pour cet arbre. Il aime à être bêché assidûment, et cette culture lui fait donner de plus gros fruits. On ne le taille que très-rarement, et on n'en retranche alors que les branches desséchées. On le greffe au mois d'avril dans les pays chauds, et au mois de mai dans les pays froids. On ne le greffe pas sous l'écorce, mais on en fend le tronc dans le voisinage de ses racines. On le greffe sur le poirier, suivant la pratique de quelques personnes, et sur le mûrier ; mais il ne faut pas manquer d'en couvrir les greffes d'un panier ou d'un petit vaisseau de terre cuite. Martialis assure que cet arbre n'est jamais sans fruit chez les Assyriens ; et j'ai remarqué la même chose dans des terres que je possède au territoire de Naples et en Sardaigne, où le sol et le climat sont chauds, et où l'eau abonde. En effet, les fruits de cet arbre se succèdent toujours les uns aux autres comme par degrés ; de sorte que les fruits mûrs sont remplacés par des fruits verts, et que le temps de ceux-ci étant passé, il leur en succède d'autres qui sont en fleur, la nature ayant, pour ainsi dire, avantagé cet arbre d'une succession continue de fécondité. On prétend que la pulpe de ces fruits, d'aigre qu'elle est, devient douce lorsque l'on a fait tremper pendant trois jours dans de l'hydromel, ou encore mieux dans du lait de brebis, les pepins que l'on devait mettre en terre. Il y a des personnes qui percent au mois de février le tronc de cet arbre avec une tarière de bas en haut, de façon que ce trou soit oblique, et n'ait pas d'orifice supérieur ; et elles assurent qu'en laissant couler la séve par ce trou jusqu'à ce que les fruits soient formés, et en le bouchant ensuite avec un lut, la pulpe de ces fruits devient douce. On peut conserver les citrons sur l'arbre même qui les porte, presque pendant toute l'année. Il sera cependant mieux de les renfermer dans de petits vases quelconques. Si on veut les cueillir pour les conserver, il faudra le faire de nuit, et quand la lune sera cachée, sans les séparer des petites branches d'où ils pendront, auxquelles on laissera leurs feuilles ; après quoi on les arrangera chacun à part. Les uns les renferment chacun dans un vase particulier, ou les couvrent de gypse, et les gardent après les avoir arrangés ainsi dans un lieu ombragé. La plupart les conservent en les ensevelissant dans de la sciure de cèdre, ou dans de la litière menue, ou dans de la paille. Les néfliers se plaisent particulièrement dans les pays chauds, pourvu qu'ils soient arrosés ; quoiqu'ils viennent également dans les pays froids, surtout s'ils sont plantés dans un sable gras, dans une terre de gravier et mêlée de sable, ou dans de l'argile mêlée de cailloux. Il faut les planter en boutures au mois de mars ou de novembre, dans un terrain qui soit fumé et labouré, et de façon que

---

intervalla majora. Aliis arboribus non debet annecti. Calidis locis, sed irriguis et maritimis maxime gaudet, quibus humor exundat. Sed si quis hoc genus, ut in regione frigida nutriatur, extorquet, loco vel parietibus munito vel in meridianam partem verso disponat hanc arborem. Sed hibernis mensibus tectam, stramine velet agresti : ubi æstas refulserit, aeri arbor nuda et secura reddatur. Talea sive clava ejus calidissimis regionibus et per autumnum ponitur : frigidissimis Julio et Augusto positas et quotidianis rigationibus animatus ipse usque ad poma et magna incrementa perduxi. Citreum juvari creditur, si cucurbitæ vicinis locis serantur : quarum vites etiam combustæ utilem citri arboribus cinerem præbent. Gaudent assidua fossione. Hinc proveniunt poma majora. Nisi quæ arida sunt, rarissime debemus abscindere. Inseritur mense Aprili locis calidis, Maio frigidis, non sub cortice, sed fisso trunco circa ipsas radices. Inseritur et piro, ut quidam volunt, et moro, sed insiti surculi qualo desuper omnino muniendi sunt, vel fictili vasculo. Asserit Martialis apud Assyrios pomis hanc arborem non carere : quod ego in Sardinia et in territorio Neapolitano in fundis meis comperi (quibus solum et cælum tepidum est, et humor exundans) per gradus quosdam sibi semper poma succedere, cum maturis se acerba substituant, acerborum vero ætatem florentia consequantur, orbem quemdam continuæ fœcunditatis sibi ministrante natura. Feruntur acres medullas mutare dulcibus, si per triduum aqua mulsa semina ponenda macerentur, vel ovillo lacte, quod præstat. Aliqui mense Februario truncum obliquo foramine ab imo terebrant, ita ut altera parte non exeat : ex hoc humorem fluere permittunt, donec poma formentur : tunc foramen luto replent : sic, quod est medium, fieri dulce confirmant. Citreum et in arbore potest per totum annum propemodum custodiri : melius si vasculis quibuscunque claudatur. Si velis legere atque servare, nocte luna latente debebis cum ramis foliatis carpere, et secreta disponere. Alii singula vasia singulis claudunt, vel gypso adlinunt, et opaco loco ordinata custodiunt. Plerique in cedri scobe vel in straminibus minutis vel in paleis tecta servant. Mespili locis calidis maxime gaudent, sed irriguis ; tamen frigidis quoque proveniunt : magis sabulone pingui, atque glareosa terra, cui arena permista est vel argilla cum saxis. Serenda est

les deux extrémités de la bouture soient recouvertes de fumier. Les accroissements de cet arbre sont très-tardifs. Il aime à être taillé et béché autour de son pied, ainsi qu'à être ranimé souvent avec un peu d'eau pendant les sécheresses. On en sème aussi les osselets, mais alors il faut en attendre longtemps la venue. Les vers attaquent cet arbre : il faut l'en débarrasser avec un stylet de cuivre, et les asperger de lie d'huile, ou de vieille urine d'homme, ou de chaux vive, mais cependant avec ménagement, de peur de porter préjudice à l'arbre lui-même ; ou enfin verser sur eux de l'eau dans laquelle on aura fait bouillir des lupins. Si l'on craint que ces remèdes n'aient rendu l'arbre stérile, on lui rendra sa fertilité en répandant sur ses racines du fumier et de la cendre de vigne. Si les fourmis le molestent, on les fera périr avec de la terre rouge, mêlée de vinaigre et de cendre. Si ses fruits tombent, on fichera au milieu de son tronc un morceau de sa racine ; que l'on coupera à cet effet. On le greffe au mois de février, sur lui-même, sur le poirier et sur le pommier. Il faut cependant prendre la greffe que l'on emprunte de cet arbre au milieu de son tronc, parce qu'elle ne vaudrait rien si elle était prise sur ses extrémités. Il faut le greffer en fente dans le tronc même, parce que la maigreur de son écorce, qui n'a aucune séve, ne pourrait pas fournir à la nourriture de la greffe. Quand on veut garder des nèfles, on les cueille avant qu'elles soient mûres, quoiqu'elles ne laisseront pas de se conserver assez longtemps sur l'arbre même ; et on les renferme dans de petites cruches enduites de poix ; ou on les suspend par rangées, ou enfin on les fait confire, suivant la méthode de quelques personnes, dans de l'oxycrat ou dans du vin cuit, jusqu'à diminution des deux tiers. Il faut les cueillir au milieu d'un jour serein, et les enfouir dans de la paille, en les séparant les unes des autres, de peur qu'elles ne se gâtent en se touchant ; ou bien on les cueillera à demi mûres avec leurs queues, et, après les avoir fait tremper pendant cinq jours dans de l'eau salée, on continuera de les en arroser souvent, afin qu'elles nagent toujours dans cette eau. On les conserve aussi dans du miel, pourvu qu'on les ait cueillies avant qu'elles fussent mûres. Le figuier se reproduit de plant pourvu de racines qu'on met en terre au mois de novembre, dans les pays chauds ; en février, dans les pays tempérés ; en mars, ou mieux encore en avril, dans les pays froids. Si c'est une bouture ou une cime de figuier que l'on veut mettre en terre, il faut l'y mettre à la fin d'avril, lorsqu'elle est abreuvée par la nouvelle séve. Lorsqu'on met du plant enraciné dans une fosse, il faut remplir de pierres le fond de cette fosse, et mêler du fumier avec la terre dont on recouvrira ses racines. Si le pays est froid, on en mettra la cime à l'abri du froid, en la couvrant de morceaux de roseaux qui seront coupés à cet effet entre deux nœuds. Si l'on veut mettre en terre une cime de figuier, il faudra couper sur le côté de l'arbre exposé au midi une branche de deux ou trois ans, garnie de trois cornes, et la couvrir de terre de façon que ces cornes se trouvant partagées par la terre qui sera entassée entre elles, elles semblent autant de rejetons distincts. Si c'est une bouture que l'on veut mettre en terre, on s'y prendra de la même manière que pour les autres plantes, si ce n'est qu'on en fendra légèrement l'extrémité inférieure, pour y insérer une pierre. J'ai mis en Italie dans un terrain façonné au *pastinum*, à la fin du mois de février ou de mars, des pieds de figuiers déjà forts, qui ont rapporté du fruit dans l'année même, comme pour payer leur bienvenue. Il faut choisir du plant de figuier qui soit chargé de beaucoup de

---

taleis mense Martio vel Novembri, sed solo stercorato et subacto, ita ut utrumque caput taleæ stercus obducat. Sunt ejus incrementa tardissima. Amat putari atque circumfodi, et parco humore inter siccitates sæpe refoveri. Seritur et semine, sed in longiorem speratur ætatem. Si vermibus occupatur, stilo æreo purgandi sunt, et amurca vel humana vetere urina vel viva calce perfundendi, sed parcius propter arboris noxam, vel aqua decocti lupini. Sed putatur hinc arbor sterilis fieri. Fimus et cinis vitium simul si radicibus infundantur, fertilem reddunt. Si formicæ molestæ sunt, rubrica cum aceto et cinere temperata necabuntur. Si poma labuntur, frustum de ejus radice præcisum in media trunci parte figatur. Inseritur mense Februario in se et in piro et in malo. Surculus tamen ejus ex arbore media debet assumi : nam de summitatibus vitiosus est. In trunco fisso inferenda est : nam corticis macies jejuna nil nutriet. Mespila ad servandum leguntur needum mitia, quæ et in arbore diu durabunt, vel in urceolis picatis, vel in ordinem suspensa, vel, ut quidam, posca [vel sapa] condita. Die serena legantur ac media, et paleis obruantur discreta, ne ea vicissim tactus afficiat. Vel cum pediculis lecta semimatura, et salsa aqua per dies quinque macerata postea sapæ infundantur, ut innatent. Servantur et melle, sed si minus matura collegeris. Calidis locis fici planta radicata Novembri mense, temperatis Februario, frigidis melius Martio vel Aprili ponenda est : si taleam vel cacumen ponas, ultimo Aprili, cum ei se viridior succus infuderit. Plantæ in scrobe depositæ lapides substituendi sunt ad radicem ; fimo terra miscenda est. Si loca frigida sunt, plantarum cacumina divisis cannæ internodiis defendantur a frigore. Si cacumen velis ponere, trisulcum ramum bimum vel trimum ab australi parte decides, et sic obrues, ut divisa cacumina terra interjacente velut tres surculos reddant. Taleam sic ponemus, ut cætera, cui leviter ab infima parte divisæ lapidem mergemus in fisso. Ego mense Februario ultimo vel Martio in Italia plantas grandes ficorum per pastinatum solum disposui, et eo anno poma peperere supra comprehendendi felicitatem velut tributa reddentes. Legendæ sunt plantæ, in quibus frequens nodus exuberat : steriles creduntur,

nœuds. On regarde comme stérile celui qui est lisse, et dont les yeux sont séparés les uns des autres par de longs entre-nœuds. Si l'on commence par élever le plant de figuier dans une pépinière, et qu'on ne le transfère dans une fosse que lorsqu'il sera avancé, il produira de meilleurs fruits. Il y a des personnes qui assurent qu'il est fort utile d'insérer le plant de figuier dans une bulbe de scille coupée en deux, et de l'y garrotter avec des ligatures. Cet arbre demande des fosses profondes, des espacements considérables, et une nature de terre dure, maigre et sèche, afin que ses fruits acquièrent un bon goût. Il vient aussi dans des terrains pierreux et raboteux, et même il n'y a presque point d'endroits où l'on ne puisse le planter. Comme les figues qui viennent dans les pays montagneux et froids ont moins de lait que d'autres, elles ne peuvent pas se conserver longtemps sèches ; aussi les consomme-t-on quand elles sont vertes, temps où elles sont plus grosses et d'un goût plus fin, au lieu que celles qui viennent dans des campagnes et dans des pays chauds sont plus grasses, et se conservent très-longtemps sèches. Si l'on voulait compter toutes les espèces de figues, le nombre en serait immense. Il nous suffira donc de dire que la culture est la même pour toutes les espèces, mais que cependant quand on veut les faire sécher, ce sont les blanches qu'il faut choisir de préférence, parce qu'elles se conservent mieux que les autres. Plantons dans les pays froids des figues précoces, afin qu'en venant de bonne heure elles puissent prévenir la saison des pluies ; plantons au contraire dans les pays chauds et brûlants des figues tardives. Le figuier aime à être bêché assidûment. Il sera bon de le fumer en automne, et surtout avec du fumier de volière. Il faut en retrancher les branches pourries, ou celles qui seront mal venues, et le tailler de telle façon qu'étant ravalé, il puisse s'étendre sur les côtés. La figue a un goût émoussé dans les terrains humides. Il faut, pour obvier à cet inconvénient, répandre un peu de cendre sur les racines de l'arbre, après les avoir rognées. Il y a des personnes qui plantent un figuier sauvage dans leurs figueries, pour se dispenser de la nécessité d'en suspendre les fruits à chaque figuier, par manière de préservatif. C'est au mois de juin vers le solstice que l'on fait la caprification, c'est-à-dire que l'on suspend aux figuiers des figues sauvages vertes, enfilées en forme de guirlandes. Si l'on n'a pas de figues sauvages, on y suspendra une branche d'aurone, ou bien on enterrera autour des racines du figuier de ces vessies qui se trouvent sur les feuilles des ormes, ou des cornes de bélier ; ou enfin on scarifiera le tronc du figuier dans l'endroit où il sera gonflé, afin que l'humeur puisse s'en écouler. Pour empêcher les vers de se mettre à un figuier, on mettra en terre, avec le plant de cet arbre, une branche de térébinthe ou une bouture de lentisque, la cime renversée. On ratissera ceux qui s'y seront établis avec des crochets de cuivre. D'autres versent sur ses racines, après les avoir déchaussées, du marc d'huile. D'autres y répandent de vieille urine. D'autres enfin enduisent les retraites de ces animaux de bitume et d'huile, ou simplement de chaux vive. S'il est molesté par les fourmis, il faut enduire son tronc d'un mélange de terre rouge, de beurre et de poix liquide. D'autres assurent que, pour le préserver des fourmis, il faut suspendre à ses branches un de ces poissons connus sous le nom de *coracini*. Lorsqu'un figuier laisse tomber ses fruits, comme s'il était attaqué de quelque maladie, les uns le frottent de terre rouge ou de marc d'huile sans sel, mêlé avec de l'eau ; les au-

quæ nitidæ sunt, et oculos suos per longa internodia distulerunt. Si plantam fici prius nutrias in seminario, et maturam transferas in scrobem, poma generosiora producet. Aliqui multum prodesse confirmant, si plantam fici diviso squillæ bulbo intersitam strictamque vinculis collocemus. Scrobes amat altas, intervalla majora, terræ genus durum et gracile, et siccum pro utili sapore pomorum. Provenit et petrosis atque asperis : tamen potest locis prope omnibus seri. Quæ in montanis et frigidis locis nascuntur, quia minus lactis habent, ad siccitatem durare non possunt : usus illis in viridi est, melioris magnitudinis et saporis arguti. Quæ nascuntur in campis et locis calidis, et pinguiores sunt et in siccitate durabiles. Si genera numerare velimus, immensum est : sufficit, quod omnibus æqua cultura est. Illa distantia est, quod in Caricis melius alba servatur : in locis nimie frigidis præcoquas ficus seramus, quæ cito veniant, ut ante imbres genus hoc possit occurrere ; calidis vero et æstuosis eas, quæ sero maturant. Gaudet assidua fossione. Per autumnum proderit, si stercus admoveas, præcipue de aviariis. Recidenda sunt in ea quæ aut putria aut male nata repereris : et ea ratione putanda est, ut inclinata per latera possit expandi. In locis humectis ficus saporis obtusi est, cui circumcisis contra hoc radicibus aliquantus cinis debet affundi. Aliqui inter ficarias caprificas arborem serunt, ut non sit necesse per singulas arbores pro remedio eadem poma suspendi. Mense Junio circa solstitium caprificandæ sunt arbores fici, id est, suspendendi grossi ex caprifico lino velut serta pertusi. Si hoc desit, abrotoni virga suspenditur, aut callum, quod in ulmeis foliis invenitur, aut arietina cornua circa radices arboris obruuntur ; vel truncus arboris, quo loco turget, scarificandus est, ut possit humor effluere. Ne vermes patiatur, ramum terebinthi vel lentisci taleam cum plantis fici cacumine ponemus inverso. Uncinis æreis tollendi sunt vermes ex fico. Alii amurcam alii veterem urinam ablaqueatis radicibus miscent. Alii bitumen et oleum aut solam calcem vivam latebris vermium alliniunt. Si formicæ molestæ sunt, rubrica butyro et pice liquida mista circa truncum debet induci. Alii coracinum piscem contra formicas in arbore suspendendum esse confirmant. Si fructus suos velut ægra projiciet, alii rubrica aut amurca insulsa mista aqua arborem liniunt ; vel cancrum

ttes suspendent à ses branches, soit une écrevisse avec une branche de rue, soit de l'algue marine, soit une botte de lupins : d'autres enfin fichent un coin dans sa racine, après l'avoir percée avec une tarière, ou font plusieurs incisions à son écorce avec une hache. Si l'on veut que les figuiers donnent du fruit en abondance, et que ce fruit soit gras, lorsqu'ils commenceront à produire des feuilles, on abattra, dès que les nouveaux germes paraîtront, l'extrémité de leurs cimes, ou simplement la cime du milieu. Si l'on veut qu'un figuier qui n'est pas tardif le devienne, on arrachera les figues qui y seront venues les premières, quand elles seront de la grosseur d'une fève. Pour faire mûrir promptement les figues, on les frottera, dans le temps qu'elles seront vertes et qu'elles commenceront un peu à rougir, avec du jus d'oignon long, mêlé d'huile et de poivre. Il faut greffer les figuiers au mois d'avril entre leur écorce, ou en fente si ce sont de jeunes arbres, en prenant néanmoins la précaution de couvrir sur-le-champ la greffe et de la lier, de peur que l'air n'y pénètre. Les greffes prendront mieux sur ces jeunes arbres, lorsque avant de les greffer on les aura coupés près de terre. Il y a des personnes qui les greffent aussi au mois de juin. Il faut choisir pour l'employer en greffe un rejeton d'un an : plus ou moins vieux, il serait regardé comme inutile. On pourra enter les figuiers en écusson au mois d'avril dans les terrains secs ; mais il sera mieux de les enter de cette façon au mois de juin dans les terrains humides, et au mois d'octobre dans les pays chauds. On peut aussi propager le figuier avec ses branches. Au surplus, on le greffe sur le figuier sauvage, sur le mûrier et sur le platane, tant en employant des yeux qu'en employant des rejetons. On peut conserver des figues vertes, soit en les arrangeant dans du miel de façon qu'elles ne se touchent pas, soit en les renfermant chacune séparément dans une courge verte que l'on aura creusée à cet effet, et que l'on refermera ensuite avec le morceau même que l'on aura coupé pour la creuser ; après quoi on suspendra cette courge dans un endroit où il ne pénètre ni feu ni fumée. D'autres cueillent avec leurs queues des figues nouvelles avant qu'elles soient mûres, et les renferment dans un vase de terre neuf, en les séparant les unes des autres ; après quoi ils suspendent ce vase dans une futaille pleine de vin, et l'y laissent nager. Martialis prétend que l'on peut faire sécher les figues de plusieurs façons, pour les conserver ; mais comme une seule suffit, on préférera celle-ci, qui est usitée par toute la Campanie : On les étendra donc sur des claies jusqu'à midi, et, tandis qu'elles seront encore molles, on les mettra dans un panier ; après quoi, lorsque le four aura le degré de chaleur qu'on lui donne pour faire cuire le pain, on y renfermera ce panier posé sur trois pierres, afin que le feu n'y prenne pas, et on le fermera. Lorsque les figues seront cuites, on les renfermera toutes chaudes dans un vase de terre bien enduit de poix, en les comprimant fortement, et en les entremêlant de feuilles de figuier ; puis on bouchera exactement le vase avec un couvercle. S'il pleut trop souvent pour que les claies soient exposées à l'air, on les étendra à la maison en les élevant au-dessus du sol d'un demi-pied, afin qu'elles puissent être échauffées avec de la cendre chaude qu'on mettra dessous, et qui fera le même effet que le soleil. Mais on aura l'attention de les retourner de temps en temps, pour les mettre alternativement sur leurs deux côtés, dont la séparation est marquée par la nature, afin que leur peau se sèche, et que, lorsqu'on aura ensuite rapproché leur pulpe, elles puissent se conserver dans de petites boîtes ou dans des cais-

---

fluvialem cum ramo rutæ suspendunt ; vel algam marinam, vel fascem lupinorum ; vel radici terebratæ cuneum figunt, vel securi arboris corium sæpe proscindunt. Cum folia producere incipiunt fici, ut fructum multum et pinguem ferant, in principio germinis cacumina summa decutimus, vel illud tantum cacumen, quod ex arboris mediaetate procedit. Si maturam ficum vis serotinam facere, incipientes grossos decute, cum illis fabæ fuerit magnitudo. Ut ficus cito maturet, succo cepæ longioris cum oleo et pipere mixto unge poma, quando grossi incipiunt subrubere. Aprili mense ficum debemus inserere inter corticem : vel si novellæ arbores sunt, fisso ligno, quod statim operiendum est et ligandum, ne ventus introeat. Melius comprehendunt, si circa terram recisa inserantur arbusta. Aliqui mense ficum inserunt. Surculus legendus est anniculus : inutilis enim creditur majoris vel minoris ætatis. Inoculari ficus locis siccis Aprili, humidis melius Junio mediante poterit, Octobri mense locis tepidis. Propagari ficus ramis potest. Inseritur autem in caprifico, in moro, in platano, et oculis et surculis. Ficus virides servari pos-

sunt vel in melle ordinatæ, ne se invicem tangant, vel singulæ intra viridem cucurbitam clausæ, locis unicuique cavatis, et item tessera, quæ secatur, inclusis, suspensa ea cucurbita, ubi non sit fumus vel ignis. Alii missas ficus recentes minus maturas in novo vase fictili lectas cum pediculis et se ac separatas recludunt, et in dolio vini pleno vas natare permittunt. Martialis dicit Caricas per genera multa servari, cum ratio una sufficiat. Ergo hoc genere, quo Campania tota custodit, servare debemus. In cratibus ficus expanditur usque ad meridiem, et adhuc mollis in qualum refunditur. Tunc calefacto furno ad panis coquendi modum, suppositis tribus lapidibus, ne ardeat qualus includitur, et clauso furno ubi discocta ficus fuerit, sicut est calida, interpositis foliis suis in vas fictile conditur bene picatum, densius pressa, et operculo integente obducitur. Si pluviis abundantibus crates non possis expandere, sub tecto eas ita ponis, ut semipede erigantur a terra, et eas ad vicem solis, cinis calidus subjectus vaporet, et subinde ficus, sicut est divisa, vertatur, ut licorum coria siccentur et pulpæ tunc duplicatæ in cistellis serventur aut loculis.

ses distribuées en cases. D'autres étendent sur des claies des figues médiocrement mûres, après les avoir partagées en deux pour les faire sécher pendant une journée entière, en prenant le soin de les rentrer la nuit à la maison. On met utilement en terre dans ce temps-ci des cimes de figuiers, lorsque ces arbres commencent à germer, pour se procurer du plant de figuier, au cas que l'on en manque. Quand on veut qu'un seul et même figuier donne des fruits de différentes espèces, on lie ensemble en les tordant les branches de deux figuiers, l'un rouge, l'autre blanc, afin de contraindre leurs germes à se réunir ; après quoi on les met en terre arrangées ainsi : on les fume et on leur donne de l'eau pour favoriser leur développement ; et, dès qu'elles commencent à pousser, on colle entre eux, avec quelque matière visqueuse, les yeux qui paraissent les premiers. Ces germes ainsi collés montrent par la suite deux couleurs divisées dans un seul fruit, et réunies par la séparation que la nature a marquée sur ce fruit. On peut aussi greffer et planter à présent les poiriers ou les pommiers, ainsi que les cognassiers. On greffe encore le prunier. On met aussi en terre les cormes et les mûres le neuvième jour des calendes d'avril, et l'on greffe les pistachiers. On sème aussi la graine de pin dans les pays froids.

XI. Il faut se pourvoir d'attelages dans le mois où nous sommes : soit que l'on tire les bœufs de ses propres troupeaux, soit qu'on les achète au dehors, ce moment est de tous le plus favorable. Les bœufs, en effet, n'ont pas encore pris l'embonpoint de la saison qui aide à déguiser leurs défauts et les fraudes du vendeur ; ils ne sentent pas encore leur force, et en sont moins enclins à résister au joug. Voici cependant les qualités qu'il y aura à rechercher dans ces animaux, soit qu'on les choisisse dans ses propres troupeaux, soit qu'on les tire d'ailleurs : Il faudra qu'ils soient jeunes, qu'ils aient les membres carrés et gros, le corps plein, les muscles et les nerfs saillants par tout le corps, les oreilles grandes, le front large et crépu, les babines et les yeux noirs, les cornes fortes et arquées, sans cependant que la courbure en soit exagérée ; les narines ouvertes et camuses, le chignon plein de muscles et épais, le fanon large et tombant jusqu'aux environs du genou, la poitrine ample, les épaules vastes, le ventre assez grand, les flancs allongés, les reins larges, le dos droit et plat, les jambes solides, nerveuses et courtes, les ongles grands, la queue longue et bien garnie de poils, le poil dru et court par tout le corps, et dont la couleur soit surtout rousse ou brune. Au reste, il vaut mieux acheter des bœufs dans son voisinage, parce qu'alors le changement de sol et de climat ne les incommodera point ; et s'il ne s'en trouve pas dans le voisinage, on en fera venir de contrées dont les caractères physiques soient analogues. Il faut surtout avoir soin qu'ils soient bien appariés du côté de la force nécessaire pour tirer, de peur que la vigueur du plus fort n'entraîne la ruine du plus faible. Quant à leurs dispositions, voici ce qu'il y aura à examiner : il faudra qu'ils soient fins et doux, qu'ils aient peur de la voix et de la main, et soient de bon appétit. Il n'y a point de nourriture qui leur soit meilleure que le fourrage vert, quand la nature du pays permettra de leur en donner ; mais lorsqu'on en manquera, on ne leur en donnera qu'autant que l'abondance de ce genre de pâture le permettra, ou que le surcroît du travail l'exigera. On se pourvoira aussi à présent de taureaux, quand on aura à cœur de faire multiplier les troupeaux ; ou bien on laissera croître

---

Alii maturas mediocriter ficus et divisas in cratibus expandunt toto sole siccandas, et recipiunt eas nocte sub tecta. Nunc ficulnea cacumina obruuntur utiliter, cum tumescunt, ut plantas faciant, si earum copia non abundat. Ut etiam varios fructus una ficus exhibeat, ramos duos nigræ et albæ arborum inter se ita vinculo stringis ac torques, ut germina miscere cogantur. Sic obruti et stercorati et humoribus juti, ubi prodire cœperint, germinantes oculos aliqua sibi annexione conglutina. Tunc germen adunatum parturiet duos colores, quos unitate dividat, divisione conjungat. Nunc et pirus vel malus inseri ac seri potest, et cydonia et prunus inseritur, et sorba ponuntur et morus, nono calendas Apriles die, et inseruntur pistacia, et locis frigidis pini semen aspergitur.

XI. Hoc mense comparandi sunt boves, qui, tamen, sive de nostris capiantur armentis, sive emantur, idcirco nunc comparabuntur utilius, quia necdum sagina temporis pleni aut celare possunt fallaciam venditoris et vitia sua, aut repugnando domituræ contumaciam pleni roboris exercere fiduciam. Hæc tamen signa spectanda sunt in bobus, seu de nostro seu de alieno grege fuerint comparandi : ut sint boves novelli, quadratis et grandibus membris, et solidi corporis, musculis (ac toris) ubique surgentibus, magnis auribus, latæ frontis et crispæ, labris oculisque nigrantibus, cornibus robustis ac sine curvaturæ pravitate lunatis, patulis naribus, et resimis, cervice torosa atque compacta, palearibus largis et circa genua fluentibus, pectore grandi, armis vastis, ventre non parvo, porrectis lateribus, latis lumbis, dorso recto et plano, cruribus solidis, nervosis et brevibus, ungulis magnis, caudis longis ac setosis, pilo totius corporis denso ac brevi, rubei maxime coloris aut fusci. Melius autem boves de vicinis locis comparabimus, qui nulla soli aut aëris varietate tenentur ; aut si hoc deest, de locis similibus ad similia transferamus. Illud ante universa curandum est, ut viribus ad trahendum comparentur æquales, ne valentioris robur alteri procuret exitium. In moribus hæc consideranda sunt. Sint arguti, mansueti, timentes hortamen clamoris ac verberis, cibi appetentes. Sed si regionis ratio patitur, nullus melior cibus est, quam viride pabulum. Ubi vero deest, eo ordine ministretur, quo pabuli copia et laborum coget accessio. Nunc tauros quoque (quibus cordi est armenta

dans ses propres troupeaux, dès leur jeunesse, ceux qui seront dans les conditions suivantes, c'est-à-dire, de haute taille et fortement membrés, de moyen âge et plutôt au-dessus qu'au-dessous, l'aspect terrible, les cornes petites, le chignon vaste et plein de muscles, et le ventre serré. C'est aussi principalement à présent que l'on se pourvoira de vaches; mais on en choisira qui aient la taille très-haute, le corps allongé, le ventre d'une grande capacité, le front haut, les yeux noirs et grands, les cornes belles et particulièrement noires, l'oreille velue, le fanon très-long ainsi que la queue, les ongles courts, les jambes noires et petites. Leur meilleur âge sera celui de trois ans, tant parce qu'elles pourront donner de bonnes portées jusqu'à l'âge de dix ans, que parce qu'il ne faut pas les laisser couvrir avant trois ans. Mais un homme attentif ne négligera pas de se défaire de ses vieilles vaches, et d'en acheter de temps en temps de nouvelles, ainsi que de reléguer celles qui seront stériles à la charrue et au travail. Les Grecs assurent que, pour leur faire concevoir des mâles, il faut lier le testicule gauche du taureau dans l'acte du coït, et que pour leur faire concevoir des femelles, il faut lui lier le testicule droit; pourvu cependant que le taureau se soit abstenu de cet acte longtemps d'avance, afin que, lorsqu'il en sera temps, il s'y livre avec d'autant plus d'ardeur que sa jouissance aura été plus différée. Au reste, il faut avoir, pour ce genre de bétail, des terrains voisins de la mer et exposés au soleil, où on le mettra pendant l'hiver; et des terrains ombragés et frais et surtout montagneux, où on le mettra pendant l'été; parce que les lieux où il trouve le mieux sa pâture sont ceux qui sont plantés en arbrisseaux, et où l'herbe croît entre ces arbrisseaux, bien qu'ils paissent aussi volontiers sur les bords riants des rivières. Plus les eaux sont chaudes, plus elles sont favorables aux vaches qui portent; c'est pourquoi il est fort utile de les tenir dans des endroits où l'eau de pluie forme des mares chaudes, quoique ce genre de bétail supporte bien le froid, et qu'il puisse aisément passer l'hiver en plein air. Il est à propos de procurer aux vaches des enclos d'une grande étendue, parce qu'autrement celles qui seraient pleines courraient le risque d'être blessées. Quant à leurs étables, il faudra qu'elles soient pavées en pierres ou couvertes de gravier ou de sable, et d'un plan légèrement incliné, afin que l'humidité n'y séjourne pas. On les exposera aussi au midi, afin de les garantir des vents froids, au passage desquels on opposera même quelque barrière.

XII. Il faut dompter à la fin de ce mois des bœufs de trois ans; passé cinq ans, ils ont acquis trop de dureté, et ne sont plus traitables. On les domptera donc aussitôt qu'on les aura pris, pourvu qu'on ait commencé à les apprivoiser d'avance en les maniant fréquemment dans leur jeunesse. Il faudra que l'étable dans laquelle on mettra les nouveaux bœufs soit bien spacieuse, et que l'emplacement qui la précédera ne soit point resserré, afin que, lorsqu'on viendra à les en faire sortir, ils ne trouvent rien sur leur chemin qui puisse les blesser. Cette étable sera traversée par des soliveaux fixés aux murs à sept pieds d'élévation de terre, auxquels on attachera les bœufs qui ne seront pas encore domptés. On choisira ensuite un jour où il fasse beau temps, et qui soit libre de tout empêchement, pour conduire à cette étable les bœufs que l'on aura pris. S'ils sont trop méchants, on les apaisera en les tenant attachés pendant un jour et une nuit, sans leur donner à manger. Ensuite le bouvier s'approchant d'eux, non pas de côté ni par derrière,

---

construere) comparabit, aut his signis a tenera ætate submittet; ut sint alti atque ingentibus membris, ætatis mediæ, et magis quæ juventute minor est, quam quæ declinat in senium : torva facie, parvis cornibus, torosa vastaque cervice, ventre substricto. Vaccas etiam nunc maxime parabimus. Sed eligemus forma altissima, corporis longi, uteri capacis et magni, lata fronte, oculis nigris et grandibus, pulchris cornibus et præcipue nigris, aure setosa, palearibus et caudis maximis, ungulis brevibus, et cruribus nigris et parvis, ætatis maxime trimæ, quia usque ad decennium fœtura ex his procedet utilior. Nec ante ætatem trimam tauros his oportet admitti. Sed erit studium diligentis amotis senioribus, novellas subinde conducere, et steriles aratro ac laboribus deputare. Græci asserunt, si mares creare velis, sinistrum tauri in coitu ligandum esse testiculum ; si fœminas, dextrum : tamen tauros diu ante abstinendos, ut, cum tempus est, acrius in causas dilati fervoris incumbant. Sed his armentis hieme maritima et aprica loca, æstate opaca pariemus ac frigida, montana maxime : quia melius frutetis, et his herba internascente saturantur. Quamvis circa fluvios recte propter amœna loca pascantur : fœtura tamen aquis tepidioribus adjuvatur, unde (magis) utilius habentur, ubi pluvialis aqua tepentes format lacunas. Tolerat tamen frigus hoc armenti genus, et potest facile hibernare sub dio : quibus tamen septa fieri propter injuriam gravidarum convenit laxiora. Stabula vero utilia sunt strata saxo aut glareis aut arenis, devexa aliquatenus, ut humor possit elabi, parti meridianæ obversa propter flatus glaciales, quibus aliquis resistere debet objectus.

XII. Hoc mense ultimo domandi sunt trimi boves, quia post quinquennium bene domari non possunt ætatis repugnante duritia. Capti ergo statim domentur, qui quidem prius, cum teneri sunt, frequenti manus attrectatione mansuescant. Sed stabulum novi boves largioribus spatiis habere debebunt, ut et ante stabulum loca nullis concludantur angustiis, et producti non aliqua vitientur offensa. In ipso vero stabulo asseres transversi a terra septem pedibus alti configantur, ad quos boves ligentur indomiti. Tunc eligis absolutam tempestatibus et impedimentis omnibus diem, qua capti perducantur ad stabulum. Quorum si nimia fuerit asperitas, uno die ac nocte inter vincula miti-

mais en face, les caressera tant par la douceur de sa voix que par l'appât de la nourriture qu'il leur présentera, et leur maniera les narines et le dos, en y versant de temps en temps du vin pur. On prendra néanmoins garde qu'ils ne frappent quelqu'un du pied ou de la corne, parce qu'ils conserveraient cette habitude vicieuse, s'ils s'apercevaient qu'elle leur eût réussi dans les commencements. Lorsqu'ils seront adoucis, on leur frottera la gueule et le palais avec du sel, puis on leur jettera dans la gueule des morceaux de graisse très-salée du poids d'une livre, et on leur versera à la corne dans le gosier un *sextarius* de vin par tête. Cette méthode, observée pendant trois jours de suite, fera tomber toute leur fureur et leur méchanceté. Il y a des personnes qui les attellent ensemble, et qui leur apprennent à porter des fardeaux légers. En effet, il est très-utile, lorsqu'on les destine au labour, de commencer à les exercer dans un sol déjà labouré, afin que ce nouveau genre de travail n'ébranle pas leurs cous, qui sont encore délicats. Mais le moyen le plus facile pour dompter ces animaux, est d'en atteler un rebelle avec un apprivoisé et fort, qui montrera au premier ce qu'il aura à faire, et qui viendra à bout de le forcer à remplir sa tâche. Si, après avoir été dompté, un bœuf vient à se coucher au milieu d'un sillon, il ne faut point le réveiller par le feu ou par les coups; mais il vaut mieux lui attacher les pieds avec des liens pendant qu'il est à terre, de façon qu'il ne puisse ni marcher, ni se tenir sur ses jambes, ni paître. A force de souffrir ainsi de la faim et de la soif, il se défera de cette vicieuse habitude.

XIII. C'est dans ce mois qu'il faut faire saillir les cavales de choix par de bons étalons bien engraissés et bien repus, qu'on reconduira à leurs étables lorsque les femelles seront pleines. On ne doit pas cependant faire saillir le même nombre de cavales à tous les étalons, mais on estimera les forces de chacun d'eux, et on leur en fera saillir plus ou moins à proportion, afin qu'ils durent longtemps. Mais quelque jeune que soit un étalon, et quelque confiance que l'on ait dans sa vigueur et dans sa figure, on ne lui fera jamais saillir plus de douze ou quinze cavales. Du reste, on se règlera pour les autres suivant leurs forces. Il y a quatre choses à examiner dans un étalon, savoir, la forme, la couleur, les moyens, la beauté. Les conditions en ce qui touche la forme sont celles-ci : taille élevée, membres robustes et bien proportionnés, flancs allongés, croupe charnue et arrondie, poitrine large et ouverte, les muscles partout en saillie, le pied sec, ferme, chaussé très-haut, et la corne concave. Les traits de beauté dans un cheval sont la tête petite et sèche, la peau presque adhérente aux os, les oreilles courtes et pointues, les yeux grands, les narines ouvertes, la crinière et la queue bien fournies, le sabot rond, ferme et bien attaché. Un cheval de moyens a l'allure hardie, le pied léger, des membres qui tressaillent, ce qui dénote le courage. Il faut encore qu'il soit aussi aisé de l'exciter à la suite du plus grand repos, que de le retenir après une course précipitée. La vitesse se reconnaît à la forme de ses oreilles; son courage, au tremblement de ses membres. Voici les couleurs préférables : le bai, le doré, le gris-blanc, le couleur de feu, le couleur de myrthe, le poil de cerf, le cendré, le pommelé, le blanc, le moucheté, le très-blanc et le noir foncé. Viennent ensuite les poils mélangés de couleurs agréables : le mêlé de noir, de blanchâ-

gentur atque jejunia : tunc appellationibus blandis, et illecebris oblatorum ciborum, non a latere, neque a tergo, sed a fronte accedens bubulcus admulceat nares, et terga pertractet, mero subinde conspergens : hac tamen cautione, ne aliquem calce contingat aut cornu : quod vitium, si in primordiis effectui sibi cessisse senserit, obtinebit. Tunc mitigatis os et palatum salibus frica, et in gulam demitte præsulsæ adipis librales offas, et vini sextarios singulos cornu infundente per fauces : quæ res intra triduum totius sævitiæ iram resolvet. Aliqui eos inter se jungunt, ac docent onera tentare leviora, et quod utile est, si arationi parantur, subacto prius solo exercendi sunt, ut novus labor tenera adhuc colla non quasset. Expeditior autem ratio est domandi, ut asperum bovem mansueto et valido bovi conjungas, quo ostendente facile ad omnia cogetur officia. Si post domituram decumbit in sulco, non afficiatur igne, vel verbere : sed potius, cum decumbit, pedes ejus ita ligentur vinculis, ut non possit progredi aut stare vel pasci. Quo facto siti ac fame lassatus carebit hoc vitio.

XIII. Hoc mense saginati ac pasti ante admissarii generosis equabus admittendi sunt, et repletis foeminis iterum ad stabula colligendi. Neque tamen æqualem numerum omnibus debemus adhibere, sed æstimatis viribus uniuscujusque admissarii, submittenda sunt pauca vel numerosa conjugia, quæ res efficiet admissarios non parva ætate durare. Juveni tamen equo et viribus formaque constanti non amplius quam duodecim vel quindecim debemus admittere, cæteris pro qualitate virium suarum. Sed in admissario quatuor spectanda sunt, forma, color, meritum, pulchritudo. In forma hoc sequemur, vastum corpus et solidum, robori conveniens altitudo, latus longissimum, maximi et rotundi clunes, pectus late patens, et corpus omne musculorum densitate nodosum, pes siccus et solidus, et cornu concavo altius calciatus. Pulchritudinis partes hæ sunt : ut sit exiguum caput et siccum, pelle propemodum solis ossibus adhærente, aures breves et argutæ, oculi magni, nares patulæ, et erecta cervix, coma densa, et cauda profusior, ungularum solida et fixa rotunditas. Meritum, ut sit audax animo, pedibus alacris, trementibus membris, quod est indicium fortitudinis, quique ex summa quiete facile concitetur, vel ex citata festinatione non difficile teneatur. (Motus autem equi in auribus intelligitur, virtus in membris trementibus.) Colores hi præcipui, badius, aureus, albineus, russeus, murteus, cervinus, gilbus, scutulatus, albus, guttatus, candidissimus, niger, pressus. Sequentis meriti, varius cum pulchritudine, nigro vel albineo vel badio mistus, canus

tre ou de bai, le blanc mêlé de quelque couleur que ce soit, le couleur d'écume, le taché, le poil de souris, le poil clair. Mais en fait d'étalons choisissons de préférence les couleurs claires et sans aucun mélange, et rejetons toutes les autres, à moins qu'un mérite distingué ne couvre les défauts de la couleur. L'examen que nous venons de prescrire tombe également sur les cavales; mais il faut surtout qu'elles aient du corps et du ventre. Au surplus, toutes ces prescriptions s'appliquent seulement aux bêtes de choix. Pour les autres, on les fera saillir indifféremment pendant tout le courant de l'année, et au milieu même des pâturages, par les mâles qui seront dans leur compagnie. Il est de la nature des cavales de porter l'espace de douze mois. On aura soin d'éloigner les étalons à quelque distance les uns des autres, à cause des insultes qu'ils pourraient se faire mutuellement dans leur fureur. D'ailleurs on choisira pour ce bétail les pâturages les plus gras; encore faudra-t-il que ces pâturages soient exposés au soleil pendant l'hiver, frais et ombragés pendant l'été, et que le terrain qui les produira ne soit pas assez mou pour que la fermeté du sabot de ces animaux y sente rien d'inégal. Si une cavale ne veut pas souffrir les approches du mâle, on excitera son tempérament en lui frottant les parties génitales avec de la scille broyée. Dès que les cavales seront pleines, on ne les pressera point de travail, on ne les exposera point aux risques de souffrir la faim ni le froid, et on prendra garde de les resserrer dans des lieux étroits, où elles pourraient avoir le ventre comprimé. Il ne faut faire saillir que de deux années l'une les cavales précieuses à qui on laisse nourrir leurs poulains, afin qu'elles puissent leur transmettre la vigueur qu'un lait pur et abondant doit nécessairement leur procurer : pour les autres, on les fera saillir indifféremment en tou° temps. L'âge de la monte pour un étalon commence avec sa cinquième année. La femelle pourra concevoir à deux ans, parce que, passé dix, elle ne donnera plus que des produits énervés et sans ressort. Il ne faut pas imposer les mains aux poulains; un attouchement continu les blesse. On les garantit du froid autant que faire se peut. Les observations que j'ai prescrit de faire par rapport aux pères ou aux mères seront aussi des preuves d'un bon naturel dans les poulains, et il faudra s'occuper d'un examen pareil par rapport à eux, en tenant compte de leur âge. La gaieté, la vivacité et l'agilité sont encore des indices. Il faut dompter en ce temps-ci les poulains qui auront deux ans passés. On examinera s'ils ont le corps grand, élancé, bien fourni de muscles et fin, les testicules petits et bien appareillés, ainsi que les autres qualités que nous avons exigées pour les pères. Voici les signes auxquels on connaît leur âge : à deux ans et demi, les dents supérieures du milieu de la bouche tombent; à quatre ans, les canines changent; avant la sixième année, les molaires supérieures tombent; dans le cours de la sixième année, celles qui ont changé les premières se remplissent, et à la septième année elles sont toutes pleines. Passé ce temps, on n'a plus d'indices certains de leur âge, si ce n'est que lorsqu'ils sont avancés en âge leurs tempes commencent à se caver, leurs sourcils se blanchissent, et leurs dents deviennent communément saillantes. Il faudra châtrer dans ce mois tous les quadrupèdes, et principalement les chevaux.

XIV. Si l'on tient à former une race de mulets, on choisira une cavale qui ait le corps grand, les os solides et la figure belle, sans s'embarrasser

---

cum quovis colore, spumeus, maculosus, murinus, obscurior. Sed in admissariis præcipue legamus clari et unius coloris : cæteri vero despiciendi, nisi magnitudo meritorum culpam coloris excuset. Eadem in equabus consideranda sunt, maxime ut sint longæ et magni ventris et corporis : sed hoc in generosis servetur armentis. Cæteræ passim toto anno inter pascua dimissis secum maribus impleantur. Equarum natura est partum spatio duodecimi mensis absolvere. Illud in admissariis servandum est, ut mediis aliquibus spatiis separentur, propter noxam furoris alterni : sed his armentis pascua legamus pinguissima, hieme aprica, frigida et opaca (provideamus) æstate, nec adeo mollibus locis nata, ut ungularum firmitas de asperitate nil sentiat. Si equa marem pati noluerit, trita squilla naturalia ejus infecta libidinem contrahunt. Deinde gravidæ non urgeantur, nec famem vel frigus tolerent, nec inter se loci comprimantur angustiis. Generosas equas et quæ masculos nutriunt alternis annis submittere debebimus, ut pullis puri et copiosi lactis robur infundant; cæteræ passim replendæ. Ætas incipientis admissarii quinti anni initio esse debebit. Fœmina recte bima concipiet, quia post decennium iners ex ea soboles et tarda nascetur. Pulli equarum nati manu tangendi non sunt, quia eos tactus lædit assiduus : quantum ratio patitur, defendantur a frigore. In pullis pro ætatis merito ea sunt consideranda, quæ signum bonæ indolis monstrant, quæ in patribus vel matribus spectanda præcepi. Dabit et hilaritas, alacritas agilitasque documentum. Nunc domandi sunt pulli, ubi tempus bimæ ætatis excesserint. Consideranda sunt magna, longa, musculosa et arguta corpora, testiculi pares et exigui : et cætera quæ in patribus dicta sunt. Mores, ut vel ex summa quiete facile concitentur, vel ex incitata festinatione non difficile teneantur. Ætatis consideratio talis est : Bimo et sex mensium dentes medii superiores cadunt. Quadrimo canini mutantur. Infra sextum annum molares superiores cadunt. Sexto anno quos primo mutavit, exæquat. Septimo anno omnes dentes ejus explentur. Latent ab hinc ætatis notæ : sed provectioribus tempora cavari incipiunt, supercilia canescere, dentes plerumque prominere. Hoc mense omnia quadrupedia maxime equos castrare debemus.

XIV. Si quem mulorum genus creare delectat, equam magni corporis, solidis ossibus, et forma egregia debet eligere : in qua non velocitatem sed robur exquirat. Ætas

si elle est vite, pourvu qu'elle soit forte. C'est précisément l'âge de quatre ans qui conviendra à cette fonction jusqu'à dix ans. Si l'âne qu'on approche de la cavale en paraît dégoûté, on commence par lui montrer une ânesse, qu'on lui laisse jusqu'à ce que le désir soit excité chez lui; après quoi on la lui retire. Dans cet état, il ne dédaignera plus la cavale, et, provoqué par les caresses que lui aura faites une bête de son espèce, il consentira à s'accoupler avec celle d'une espèce étrangère. S'il mord les cavales qu'on lui présentera, on ralentira sa fureur en le faisant travailler. Les mulets viennent d'une cavale et d'un âne, soit commun, soit sauvage; mais les meilleurs sont ceux qui sont produits par un âne commun. Il viendra cependant de bons étalons d'un âne sauvage et d'une ânesse, et l'agilité ainsi que la force de leurs père et mère se transmettront à leur postérité. Pour qu'un âne soit bon étalon, il faut qu'il ait le corps ample, solide et plein de muscles, les membres serrés et forts, le poil noir, ou encore mieux de couleur de souris ou de feu : si néanmoins il avait des poils de différentes couleurs aux paupières ou dans les oreilles, il arriverait souvent que sa postérité serait de poil mélangé. Il ne faut pas le faire saillir avant l'âge de trois ans, ni passé celui de dix. Il faut sevrer les mules à un an, et les mener paître sur des montagnes rudes, afin qu'étant endurcies à la peine dès l'âge le plus tendre, elles se montrent indifférentes par la suite aux difficultés des routes. Pour les ânons, ils sont très-nécessaires dans les campagnes, parce qu'ils supportent très-bien le travail, et qu'ils se passent facilement de soins.

XV. Les abeilles sont communément malades ce mois plutôt qu'en tout autre; parce qu'après la diète dont elles ont eu à souffrir pendant l'hiver, elles recherchent avec trop d'avidité les fleurs amères du tithymale et de l'orme, qui viennent avant les autres; et qu'elles gagnent un flux de ventre dont elles périssent, à moins qu'on ne leur administre promptement des remèdes efficaces. On leur donnera donc des grains de grenades broyés dans du vin Aminée, ou du raisin séché au soleil avec du sumac de Syrie et du vin dur; ou bien on pulvérisera toutes ces drogues ensemble, et on les fera bouillir dans du vin dur; et quand elles seront refroidies, on les leur présentera dans des canaux de bois. On fait aussi bouillir du romarin dans de l'hydromel, et on en met le jus dans une tuile creuse lorsqu'il est refroidi. Si elles paraissent hérissées et rapetissées, et qu'elles restent comme engourdies dans un morne silence, ou qu'elles portent souvent hors de leurs ruches les cadavres de leurs compagnes qui seront mortes, il faudra verser dans des canaux de roseaux du miel cuit, avec de la poussière de noix de galle ou de rose sèche. S'il se trouve dans une ruche des portions de rayons qui soient pourries, ou des cires vides que l'essaim, réduit par quelque accident à un trop petit nombre, ne puisse pas remplir, on ne manquera pas surtout de les couper avec des instruments de fer bien tranchants, et avec beaucoup de dextérité, de peur que l'ébranlement des autres parties des rayons ne contraigne les abeilles à abandonner leur domicile. La prospérité devient souvent funeste aux abeilles. En effet, si l'année est trop abondante en fleurs, comme elles ne s'occupent alors que du soin de porter du miel à leurs ruches, elles ne pensent point à leur postérité; et, faute de travailler à la renouveler, il arrive que la peuplade s'épuise, et entraîne la perte de toute la génération. C'est pourquoi, lorsqu'on verra une exubérance de miel occasionnée par une ré-

---

quadrima usque in decennem huic admissurae justa conveniet. Si asinus visam equam fastidit admissus, ostensam prius asinam (donec coeundi voluptas solicitetur) postea subducimus; et tunc equam libido incitata non spernet, et raptus illecebris generis sui in permissionem consentiet alieni. Si morsu furens laedit objectas, aliquatenus labore mitescat. Creantur ex equa et asino, vel onagro et equa muli. Sed generosius nullum est hujusmodi animal, quam quod asino creante nascetur. Utiles tamen admissarii nascentur ex onagro et asina : qui post in sobole secutura agilitatem fortitudinemque restituant. Admissarius tamen asinus sit hujusmodi, corpore amplo, solido, musculoso, strictis et fortibus membris, nigri vel murini maxime coloris aut rubei : qui tamen si discolores pilos in palpebris aut auribus geret, colorem sobolis plerumque variabit. Minor trimo, major decenni non debet admitti. Annicula mula debet a matre depelli, et per montes asperos pasci, ut itineris laborem in tenera aetate solidata contemnat. Minor vero asellus maxime agro necessarius est, qui et laborem non recusat et negligentiam tolerat.

XV. Hoc mense maxime apibus solet morbus incumbere. Nam post hiberna jejunia tithymali et ulmi amaris floribus, qui prius nascuntur, avidius appetitis solutionem ventris incurrunt et pereunt, nisi affueris velocitate remedii. Praebebis ergo mali granati cum vino Amineo grana contrita, vel uvae passae cum rore Syriaco et austero vino, vel simul omnia levigata et incocta vino aspero. Quae deinde in ligneis canalibus refrigerata ponantur. Item rosmarinus aqua mulsa decoctus congelatur, et in imbrice ponitur succus hujusmodi. Quod si horridae videntur atque contractae torpere silentio, et mortuarum corpora frequenter efferre, canalibus ex canna factis mel cum gallae pulvere vel siccae rosae coctum debebis infundere. Illud ante omnia expedit, ut putres partes favorum vel vacuas ceras, quas aliquo casu examen ad paucitatem redactum non valebit implere, semper recidas acutissimis ferramentis subtiliter, ne mota alia pars favorum cogat apes domicilia concussa deserere. Nocet apibus plerumque felicitas sua. Nam si nimiis floribus annus exuberat, dum solam curam gerendi mellis exercent, de prole nil cogitant, cujus omissa reparatione populus idem labore confectus extinguitur,

colte de fleurs abondante et continuelle, on les empêchera de sortir, en bouchant l'ouverture de leurs ruches de trois jours l'un, ce qui les forcera de s'occuper de la propagation. Il faut soigner les ruches en ce temps-ci vers les calendes d'avril, en retirant toutes les immondices et les ordures qui s'y seront amassées pendant l'hiver; ainsi que les vermisseaux, les teignes et les araignées, qui corrompent les rayons, et les papillons, dont les excréments produisent des vermisseaux. On fera brûler alors de la fiente de bœuf sèche, parce que cette fumée est excellente pour procurer la santé aux abeilles; et on aura soin d'y avoir fréquemment recours jusqu'en automne. En suivant toutes ces pratiques et d'autres pareilles, on aura l'attention d'être chaste et sobre, et on prendra garde de n'exhaler aucune odeur, soit de parfums à l'usage des bains, soit de nourritures âcres et d'une odeur immonde, soit de salaisons, de quelque espèce qu'elles puissent être.

XVI. Ce mois-ci s'accorde avec celui d'octobre pour l'indication des heures.

A la première et à la onzième heure, le gnomon donne vingt-cinq pieds d'ombre.

A la seconde et à la dixième, il en donne quinze.

A la troisième et à la neuvième, il en donne onze.

A la quatrième et à la huitième, il en donne huit.

A la cinquième et à la septième, il en donne six.
A la sixième, il en donne cinq.

LIVRE CINQUIÈME.
AVRIL.

I. Il faut semer la luzerne au mois d'avril, sur des planches qu'on aura préparées d'avance de la manière que nous avons indiquée. Cette herbe une fois semée dure dix ans, et on peut la faucher jusqu'à quatre et six fois par an. Elle fume les terres, donne de l'embonpoint aux animaux, et les guérit quand ils sont malades. Un *jugerum* de luzerne est plus que suffisant pour fournir à la nourriture de trois chevaux pendant toute une année. Il faut un *cyathus* de cette graine pour ensemencer une planche de cinq pieds de largeur sur dix de longueur. Mais dès qu'elle sera jetée sur terre, il faudra la recouvrir de terre avec des râteaux de bois, sans quoi le soleil ne tarderait pas à la brûler. Quand elle est semée, on ne peut plus en approcher le fer; mais on se sert de râteaux de bois pour la débarrasser souvent des mauvaises herbes, afin que celles-ci ne l'étouffent point dans le temps qu'elle est encore jeune. On la récolte tard la première fois, afin que sa graine se disperse un peu sur terre; au lieu qu'on pourra la moissonner les autres fois aussi promptement que l'on voudra, pour la donner aux bestiaux. Il faut néanmoins, quand ce fourrage est dans sa nouveauté, ne leur en donner d'abord qu'avec ménagement, parce qu'il les gonfle et qu'il leur fait faire beaucoup de sang. Quand cette herbe aura été fauchée, il faudra l'arroser souvent, et arracher toutes les autres herbes quelques jours après qu'elle aura commencé à repousser. Avec de pareils soins on pourra la récolter six fois par an, et elle se conservera pendant dix années de suite.

II. C'est à présent que l'on greffe les oliviers dans les climats tempérés. On les greffe entre l'écorce et le bois comme les arbres à fruit, et de la façon que nous avons donnée ci-dessus. Mais si l'on veut empêcher qu'il ne revienne des oli-

---

totius generis exitio, itaque cum mellis nimietatem videris ex florum grandi et continua messe defluere, interjectis ternis diebus, clauso foramine non eas patiaris exire. Ad ad generandam sobolem se conferent. Nunc circa calend. Apriles curandi sunt alvei, ut omnia purgamenta tollantur et sordes, quas tempus contraxit hibernum, et vermiculi et tineæ et araneæ, quibus corrumpitur usus favorum, et papiliones, qui vermiculos stercore suo faciunt nasci. Tunc fumus incensi [et sicci] bubuli stercoris adhibeatur, qui aptus est apium saluti. Quæ purgatio frequenter usque in autumni tempora celebretur. Hæc omnia cæteraque efficiet custos castus et sobrius, et alienus ab alliis et cibis acribus, et odoris immundi, atque omnibus salsamentis.

XVI. Hic mensis ad deprehendendas horas consentit Octobri.

Hora	I	et	XI	pedes	XXV.
Hora	II	et	X	pedes	XV.
Hora	III	et	IX	pedes	XI.
Hora	IV	et	VIII	pedes	VIII.
Hora	V	et	VII	pedes	VI.
Hora	VI			pedes	V.

LIBER QUINTUS.

I. Aprili mense in areis, quas ante (sicut diximus) præparasti, medica serenda est. Quæ semel seritur, decem annis permanet, ita ut quater vel sexies possit per annum recidi. Agrum stercorat, macra animalia reficit, curat ægrota. Jugerum ejus toto anno tribus equis abunde sufficit. Singuli cyathi seminis occupant locum latum pedibus quinque, longum pedibus decem. Sed mox ligneis rastellis obruantur jacta semina, quia sole citius comburuntur. Post sationem ferro locum tangi non licet, sed rastris ligneis frequenter herba mundetur, ne teneram medicam premat. Prima messis ejus tardius fit, ut aliquantum semen excutiat. Cæteræ vero messes quam volueris cito peragantur, et jumentis præbeantur. Sed primo parcius præbenda est novitas pabuli: inflat enim, et multum sanguinem creat. Ubi secueris, sæpius riga. Post paucos dies, cum fruticare cœperit, omnes alias herbas runcato: ita et sexies per annum metis, et annis decem poterit manere continuis.

II. Nunc locis temperatis oliva inseratur; quæ inseritur inter corticem more pomorum, sicut supra dictum est. Sed ut oleastro inseras, contra illud, quod ex oliveto insito et

viers sauvages infructueux dans un plant d'oliviers francs qui aura été brûlé par accident, voici la manière dont on s'y prendra pour les greffer. On commencera par mettre des branches d'oliviers sauvages dans les fosses où l'on se proposera de les greffer, et on remplira ces fosses de terre jusqu'à moitié. Lorsque ces branches auront pris, on les greffera au fond des fosses, à moins qu'on ne les ait mises en terre toutes greffées, et l'on entretiendra la greffe un peu au-dessous de la superficie du sol; après quoi on entassera de la terre auprès d'elles à mesure qu'elles croîtront. Moyennant cela la commissure de la greffe se trouvant cachée au fond de la terre, s'il arrive qu'on vienne par la suite à brûler ces arbres ou à les couper, rien ne les empêchera de se reproduire fructueusement, parce qu'ils joindront à l'heureuse faculté de repousser, qu'ils emprunteront de l'olivier franc qui sera hors de terre, la fertilité de l'olivier sauvage caché en terre, auquel ils seront unis. Il y a des personnes qui greffent les oliviers dans leurs racines mêmes, et qui les déterrent ensuite, quand ils ont pris, avec une partie de ces racines, pour les transférer comme des pieds d'arbres. Les Grecs prescrivent de greffer ces arbres depuis le huitième jour des calendes d'avril jusqu'au troisième des nones de juillet, en observant de les greffer plus tard dans les pays froids, et plus tôt dans les pays chauds. Il faudra achever de bêcher les vignes avant les ides de ce mois-ci dans les pays qui seront très-froids, et terminer les opérations du mois de mars qui auront pu demeurer imparfaites. On greffera aussi les vignes. On délivrera des mauvaises herbes les pépinières qui auront été formées précédemment, et on y bêchera légèrement le pied des arbres. On sème à présent le millet ainsi que le panis dans les lieux médiocrement secs. Passé les ides de ce mois-ci, on donne le premier labour aux terrains plats et gras, ainsi qu'aux terres qui retiennent longtemps l'eau, parce qu'elles sont alors dans le cas d'avoir produit tout ce qu'elles ont à produire d'herbes, et que la graine de ces herbes n'est pas encore consolidée par la maturité.

III. C'est aussi à la fin de ce mois, et presque vers la fin du printemps, que l'on peut semer les choux que l'on voudra laisser monter, attendu que le temps de les faire pommer est passé. Il est bon de semer à présent l'ache, soit dans les pays chauds, soit dans les pays froids, et même en telle terre que l'on voudra, pourvu qu'elle ne manque jamais d'eau ; quoique cette plante ne se refuse pas, en cas de besoin, à venir même dans un terrain sec, et qu'il n'y ait presque pas de mois, à dater du commencement du printemps jusqu'à la fin de l'automne, où elle ne puisse être semée. On range dans la classe de l'ache le maceron, qui est cependant une plante plus dure et plus amère qu'elle, ainsi que l'ache de marais, qui a la feuille molle et la tige tendre, et qui vient dans les mares d'eau, et le persil, qui croît principalement dans les lieux incultes. Les personnes soigneuses peuvent se procurer toutes ces espèces d'aches. On aura de l'ache plus grande, si l'on renferme dans un linge clair autant de graine qu'on en pourra pincer avec trois doigts, et qu'on l'enterre dans une petite fosse, parce qu'alors les germes de toutes ces différentes graines se noueront ensemble pour ne former qu'une unique tête, qui sera très-solide. On en aura aussi de crêpue, si l'on bat ces graines avant de les semer; de même que si on roule quelque poids sur les planches où elles seront, ou qu'on les foule aux pieds quand elles seront levées. La graine d'ache vient plus tôt quand elle est vieille, plus tard quand elle est nouvelle. Pourvu qu'on puisse arroser l'arroche, on pourra la semer ce

---

casu incenso renascitur oleaster infelix, sic providendum est. Positis prius oleastri brachiis in scrobe, in qua disponemus inserere, scrobes ita replebimus, ut mediæ vacuæ sint. Cum comprehenderit oleaster, inseremus in infimo, vel insitum ponemus : et insitionem prope infra terram nutriemus. Deinde sicut adolescit, terram subinde colligimus. Ita commissura in profundo latente, quisquis urit aut cædit, olivæ locum non aufert pullulandi : quæ et apertam redeundi felicitatem de olea, et occultam valendi feracitatem de oleastri connexione retinebit. Aliqui oleas in radicibus inserunt, et ubi comprehenderint, cum aliqua parte radicis avellunt, et transferunt novella plantarum. Græci oleas ab octavo calendas Apriles die usque in tertium nonas Julias inseri debere præcipiunt : ita ut locis frigidis serius, calidis maturius inserantur. Locis frigidissimis nunc vinearum fossio ante idus peragenda est, et siqua de Martio mense restabunt, vites quoque inseremus. Seminaria quæ sunt ante facta, herbis liberentur, et leniter circumfodiantur. Nunc locis mediocriter siccis milium serimus et panicum. Hoc mense pingues campi et agri, qui diu aquam tenent, proscindantur post idus, cum et omnes herbas protulerunt, et earum semina nondum maturitate firmata sunt.

III. Hoc etiam mense ultimo et prope vere transacto brassicam serere possumus, quæ cauli serviet, quia cymæ tempus amisit. Nunc apium bene seritur locis calidis et frigidis, terra quali volueris, dummodo ibi sit humor assiduus; quamvis nasci, si necesse fuerit, et in siccitate non deneget, et prope omnibus mensibus a primo vere [usque] ad autumnum seratur extremum. Ex ipsius genere est hipposelinon, durius tamen et austerius, et helioselinon molli folio et caule tenero; quod nascitur in lacunis : et petroselinum maxime locis asperis. Hæc omnia genera possunt habere diligentes. Apios majores facies, si semen quantum tribus digitis comprehendi potest, linteolo clauseris rariore, et brevi fossa obrueris. Ita omnium seminum germen capitis unius soliditate nectetur. Crispi fiunt, si semina ante tundantur, vel si super areas nascentes aliqua pondera volutentur, aut pedibus proculcentur enata. Apii semina vetustiora citius nascuntur; quæ no-

mois-ci ainsi qu'au mois de juillet, et dans tous les autres mois qui le suivront jusqu'en automne. Cette plante demande de l'eau à satiété. Il faudra en couvrir la graine de terre aussitôt qu'elle aura été semée, et arracher de temps en temps les herbes qui croîtront avec elle. Il ne sera pas nécessaire de la transplanter quand elle aura été bien semée, quoiqu'elle croîtra beaucoup mieux lorsqu'elle aura été semée clair, et qu'on aura eu soin de lui donner du fumier et de l'eau pour l'aider à venir. Il faut cependant avoir la précaution de la couper toujours avec le fer, si l'on veut qu'elle ne cesse pas de repousser. On sème à présent le basilic. On dit que cette plante vient promptement, quand elle a été arrosée avec de l'eau chaude aussitôt après avoir été semée. Voici un fait relatif au basilic, qui, tout surprenant qu'il est, est attesté par Martialis : c'est qu'il donne des fleurs tantôt pourprées, tantôt blanches, tantôt couleur de rose ; et que, lorsque la graine en a été semée plusieurs fois, elle finit par se changer tantôt en serpolet, tantôt en sisymbrium. On sème encore ce mois-ci les melons et les concombres, ainsi que les poireaux : on met encore en terre au commencement du mois les câpriers, le serpolet et les pieds de fève d'Égypte. On sème aussi la laitue, la poirée, la ciboule et la coriandre, ainsi que la chicorée, que l'on sème alors pour la seconde fois, à l'effet de la consommer en été. Enfin on plante les courges et la menthe, soit en racines, soit en pieds.

IV. On met en terre le jujubier au mois d'avril dans les pays chauds, et aux mois de mai ou de juin dans les pays froids. Cet arbre aime les lieux chauds exposés au soleil. On peut en semer le noyau, ou le planter en bouture ainsi qu'en pied. Il croît très-lentement. Mais, lorsqu'on le plante en pied, il vaut mieux le faire au mois de mars dans une terre molle ; au lieu que, lorsqu'on en sème le noyau, le plus sûr est d'en mettre trois ensemble dans une fosse d'un *palmus*, de façon que leur cime soit renversée. On répandra dans ce cas-là du fumier et de la cendre, tant au fond de la fosse que sur sa superficie ; et, dès que la plante sera levée, on la débarrassera des herbes qui croîtront avec elle, en les arrachant à la main. Lorsqu'elle sera de la grosseur du pouce, on la transférera dans un terrain façonné au *pastinum*, ou dans une fosse. Cet arbre se plaît dans les terres qui ne sont pas trop fertiles, et il aime celles qui sont légères et presque maigres. On lui fera du bien si l'on entasse des pierres pendant l'hiver auprès de son tronc, pourvu qu'on ait soin de les retirer en été. S'il est malade, il faudra, pour l'égayer, le ratisser avec une étrille de fer, ou verser fréquemment, mais néanmoins avec ménagement, de la fiente de bœuf sur ses racines. On cueille les jujubes lorsqu'elles sont mûres, et on les garde dans un long vase de terre cuite que l'on bouche, et que l'on met dans un lieu sec ; ou bien on les arrose de quelques gouttes de vin vieux aussitôt qu'elles sont cueillies, et on parvient par là à empêcher qu'elles ne deviennent difformes en contractant des rides. On les conserve aussi avec leurs branches, que l'on coupe sur l'arbre, ou en les enveloppant dans leurs propres feuilles et en les tenant suspendues.

V. On plante encore et greffe ce mois-ci dans les pays tempérés les grenadiers, de la façon que nous avons indiquée. On peut enter le pêcher en écusson vers les calendes de mai, comme le figuier, et de la manière que nous avons prescrite en parlant de la greffe de ce dernier arbre. On greffe ce mois-ci le citronnier dans les pays chauds, ainsi que je l'ai expliqué ci-dessus. On

---

vella sunt, serius. Hoc mense atriplicem seremus, si rigare poterimus, et Julio, et cæteris usque ad autumnum mensibus. Amat assiduo humore satiari. Semen statim cum spargitur obruendum est ; herbæ ei subinde vellantur. Transferri necessarium non est, cum bene seritur ; tamen potest melius adolescere, si spatio rariore pangatur, et juvetur succo lætaminis et humoris. Ferro tamen recidendum semper est, quia ita pullulare non cessat. Nunc ocimum seritur : cito nasci dicitur, si statim cum severis, aqua calida perfundas. Rem miram de ocimo Martialis affirmat, quod modo purpureos modo albos flores modo roseos pariat, et si ex eo semine frequenter seratur, modo in serpyllum modo in sisymbrium mutetur. Hoc etiam mense melones et cucumeres seruntur et porrus, et in primordio capparis et serpyllum et colocasiæ plantaria ponemus, et lactucas, et betas et cepullas et coriandrum seremus, et intyba secunda satione, quibus utamur æstate, et cucurbitas, et mentam radice vel planta.

IV. Locis calidis Aprili mense ziziphum conseremus, frigidis vero Maio vel Junio. Amat loca calida, aprica. Seritur ossibus et stipite et planta. Crescit tardissime. Sed si plantam ponas, Martio magis [in] terra molli, si ossibus seras, in scrobe palmari, ita ut terna grana per scrobem cacuminibus ponantur inversis. Quibus in imo et in summo affundatur lætamen et cinis, et herbis adnascentibus manu planta liberetur crumpens. Cum pollicis soliditati similis fuerit, transferatur in locum pastinatum vel in scrobem. Terram diligit non nimis lætam, sed proximam tenui atque jejunæ. Per hiemem prodest illi, ut circa codicem lapidum cumulus aggeretur, qui æstate debet auferri. Si arbor hæc tristis est, ferrea strigili subrasa hilarior fiet, vel si fimum bubulum radicibus modice et frequenter affundas. Ziziphia collecta matura in longo vase fictili servantur oblito, et loco sicciore composito : vel recenter lecta poma, si guttis vini veteris perfundas, efficitur, ne ea rugarum deformet attractio. Servantur etiam decisa cum ramis suis, aut fronde sua involuta atque suspensa.

V. Hoc etiam mense locis temperatis mala granata ponuntur, ea ratione qua dictum est, et inseruntur. Nam circa calendas Maias persicus inoculari potest, quo more emplastratur ficus, sicut diximus, cum de insitione lo-

formera à présent dans les pays froids des plants de figuiers, en se conformant à la méthode que nous avons donnée ci-dessus. Il faut aussi greffer à présent le figuier en fente, ou entre l'écorce et le bois, comme je l'ai prescrit précédemment, et l'enter en écusson dans les climats secs. Il faut planter à présent, dans les climats qui sont exposés au soleil et chauds, les pieds de palmiers que nous appelons *cephalones*. On pourra greffer le cormier ce mois-ci, tant sur lui-même que sur le cognassier et sur l'épine blanche.

VI. Mêlez ensemble autant d'*unciæ* de violettes que de livres d'huile, et laissez ce mélange pendant quarante jours en plein air. Il faudra ensuite, sur cinq livres de violettes essuyées au point qu'il n'y reste plus d'humidité, verser dix *sextarii* de vin vieux, et y ajouter au bout de trente jours dix livres de miel.

VII. Les veaux naissent communément ce mois-ci. Il faudra venir à l'aide des mères en leur donnant du fourrage abondamment, afin qu'elles soient en état de fournir le tribut qu'on exige alors d'elles, tant du côté du travail que du côté de la nourriture de leurs petits. Quant aux veaux, on leur donnera, en forme de *salivatum*, du millet grillé, moulu avec du lait. On tondra à présent les brebis dans les pays chauds, et on marquera ce mois-ci les agneaux qui seront nés tard. C'est aussi à présent que l'on fait saillir les béliers pour la première fois. Ce premier accouplement est le meilleur, parce que les agneaux qui en résultent sont déjà fortifiés quand l'hiver arrive.

VIII. On cherchera ce mois-ci des abeilles dans des lieux exposés au soleil. Au surplus, elles indiquent elles-mêmes les cantons qui sont propres au miel. En effet, comme elles trouvent très-souvent leur pâture auprès des fontaines, si l'on n'en voit qu'un petit nombre dans leur voisinage, c'est une preuve que l'endroit est peu propre au miel; au lieu que si elles y viennent boire en foule, voici la manière dont on pourra parvenir à trouver l'endroit où seront les essaims. On commencera par s'assurer de la distance où ils pourront être : à cet effet, on portera avec soi un petit vase rempli de terre rouge liquide, et, après avoir observé les fontaines et les eaux voisines, on marquera le dos des abeilles qui viendront y boire avec une petite paille trempée dans cette liqueur, et l'on se tiendra tranquille dans l'endroit où l'on aura fait cette opération. Si celles que l'on aura teintes de cette manière ne tardent pas à revenir, on sera assuré dès lors que leur domicile est dans le voisinage; au lieu que si elles tardent, ce sera une preuve qu'il sera plus éloigné, et l'on pourra juger de son éloignement par le temps qu'elles auront mis à revenir. Il sera aisé de parvenir aux domiciles des abeilles qui se trouveront dans le voisinage; mais voici la manière dont on s'y prendra pour arriver à ceux qui seront plus éloignés. On coupera un morceau de roseau garni d'un nœud à chacune de ses extrémités, et on y pratiquera une ouverture sur le côté, par laquelle on y introduira un peu de miel ou du vin cuit jusqu'à diminution de moitié, et on le laissera auprès de la fontaine. Lorsque les abeilles se seront rassemblées dans cet endroit, et que, guidées par l'odeur, elles seront entrées dans le roseau, on en bouchera l'ouverture avec le pouce, pour n'en laisser sortir qu'une seule abeille à la fois, et l'on suivra la route qu'elle prendra dans sa fuite. Cette abeille vous mettra sur la voie du lieu où doit être son domicile. Dès qu'on cessera de la voir, on en lâchera une autre que l'on suivra de même, et en les lâchant ainsi successivement on arrivera sous leur conduite jusqu'au lieu de résidence de l'essaim. Il y a des

---

queremur. Hoc mense calidis locis citri arbor inseritur, sicut supra memoravi. Nunc locis frigidis fici plantaria disponemus, servantes eam, quæ supra dicta est, disciplinam. Nunc etiam ficum debemus inserere in ligno vel sub cortice, sicut ante præcepi, et eam locis siccis inoculare. Nunc planta palmarum, quam cephalonem vocamus, locis apricis et calidis est ponenda. Hoc mense sorbum poterimus inserere in se, in cydonio, in spina alba.

VI. Tres violæ uncias [infundas,] quot olei libras miseris, et diebus xL sub dio habere debebis. Violæ purgatæ, ut de rore nihil habeant, libras quinque vini veteris x sextariis debebis infundere, est post xxx dies x mellis ponderibus temperare.

VII. Hoc mense vituli nasci solent, quorum matres abundantia pabuli juventur, ut sufficere possint tributo laboris et lactis. Ipsis autem vitulis tostum molitumque milium cum lacte misceatur salivari more præbendum. Nunc locis calidis tondeantur oves, et serotini fœtus hoc mense signentur. Nunc etiam prima est admissura, quæ excellit, arietum, ut agnos jam maturos hibernum tempus inveniat.

VIII. Hoc mense locis apricis apes quæremus. Sed loca mellifica indicant apes, si circa fontes frequentissimæ pascantur : nam si rariores videbuntur, in his locis mellificari utiliter non potest. Quod si frequentes aquantur, ubi sint examina earum, hoc genere possumus invenire. Ac primo quam longe aut prope sint, exploremus. Rubricam liquidam brevi vasculo infusam geramus, et observemus fontes aut aquas vicinas : tunc dorsa apum bibentium tangamus illo liquore tincta festucula, atque ibidem moremur. Si cito reversæ fuerint, quas diuximus, hospitia earum proxima esse noscemus : si tarde, spatio longiore submota, quod pro mora temporis æstimamus. Ad proxima facile venies; ad longinqua hoc genere perduceris. Cannæ unum internodium cum suis recides articulis, et in latere aperies. Ibi mel exiguum vel defrutum mittes, et juxta fontem pones. Cum ad eum convenerint apes, atque ingressæ fuerint post odorem, foramen pollice claudes apposito, et unam tantum patieris exire, cujus fugam persequere. Ea tibi partem demonstrabit hospitii. Cum ipsam cœperis non videre, alteram continuo dimittis, et sequeris. Ita singulæ subinde dimissæ te facient usque ad locum examinis pervenire. Aliqui mellis brevissimum circa aquam

personnes qui mettent un très-petit vase de miel aux environs de l'eau, parce que, lorsqu'une abeille a goûté de ce miel en venant boire, et qu'elle a regagné les pâturages où sont ses compagnes, elle en amène d'autres par la suite, dont la foule augmente en peu de temps; de sorte qu'on peut les suivre jusqu'à l'endroit où sont les essaims, en remarquant le côté par lequel elles s'en retourneront. Si l'essaim est caché dans un trou, on l'en chassera par le moyen de la fumée que l'on fera; et lorsqu'il sera sorti on l'effrayera en faisant retentir du cuivre, jusqu'à ce qu'il se soit accroché à quelque arbrisseau ou à quelque branche d'arbre, d'où on puisse le recevoir dans une ruche qu'on en approchera à cet effet. Mais s'il est sur la branche d'un arbre creux, on pourra, après avoir coupé cette branche, tant par en haut que par en bas, avec une scie très-tranchante, l'envelopper dans un morceau d'étoffe propre, et l'emporter pour la placer au rang des ruches que l'on aura déjà. Au surplus, c'est le matin qu'il faut chercher des abeilles, afin d'avoir toute la journée pour les suivre, parce qu'une fois qu'elles ont fini leur tâche, elles ne reviennent plus d'ordinaire à l'eau. Mais il faut avoir soin de frotter les ruches dans lesquelles on veut les recevoir, avec de la citronelle ou des herbes agréables, et de les arroser d'un peu de miel. En faisant cette opération au printemps, et en mettant des ruches parfumées de cette manière aux environs des fontaines et dans les endroits où il y aura beaucoup d'abeilles, il s'en amassera une multitude qui viendront d'elles-mêmes dans ces ruches, pourvu néanmoins qu'on puisse les préserver des voleurs. Il faut aussi nettoyer les ruches ce mois-ci ainsi que le mois précédent, et tuer les papillons, qui se multiplient principalement dans le temps que la mauve est en fleur. Voici la manière de les prendre : On pose le soir entre les ruches un vase de cuivre semblable à un vase milliaire, c'est-à-dire qui soit profond et étroit, et on met au fond de ce vase une lumière; de sorte que les papillons venant à se rassembler dans ce vase et à voltiger autour de la lumière, le peu de largeur du vase les met dans la nécessité de se brûler au feu, dont ils sont trop près.

IX. Les heures de ce mois-ci sont égales à celles du mois de septembre, suivant la proportion de ce calcul.

A la première et à la onzième heure, le gnomon donne vingt-quatre pieds d'ombre.

A la seconde et à la dixième, il en donne quatorze.

A la troisième et à la neuvième, il en donne dix.

A la quatrième et à la huitième, il en donne sept.

A la cinquième et à la septième, il en donne cinq.

A la sixième, il en donne quatre.

LIVRE SIXIÈME.

MAI.

I. On sèmera le panis et le millet au mois de mai dans les climats froids et humides, de la façon que j'ai indiquée. Presque toutes les semences sont en fleur dans ce temps-ci, et le cultivateur ne doit point y toucher. Or voici la manière dont elles fleurissent : les blés et l'orge, ainsi que les semences qui ne sont point partagées en deux lobes, sont en fleur pendant huit jours, et lorsque la fleur de ces semences est passée, elles grossissent pendant quarante jours jusqu'à ce qu'elles soient parvenues à leur maturité; au lieu que les

---

vasculum ponunt, de quo cum apis aquando gustaverit, ad commune pabulum pergens alias exhibebit : quarum frequentiam subinde crescentem, notata revolantium parte, usque ad examina persequeris. Quod si est examen in spelunca reconditum fumo ejicietur, et cum exierit, æris sonitu territum in frutice vel in aliqua silvæ se parte suspendet, et ita admoto vasculo recipietur. Si vero in cavæ arboris ramo fuerit, acutissima serra idem ramus supra infraque decisus et munda veste coopertus poterit afferri et inter alvearia collocari. Vestigantur autem mane, ut tota dies sufficiat ad sequendum. Nam vespere peracto opere ad aquam plerumque non redeunt. Vasa autem, quibus recipiuntur, perfricanda sunt citragine, vel herbis suavibus, et conspergenda imbre mellis exigui : quod si verno fiat, et circa fontes alvearia sic tincta ponantur, locis quibus apum frequentia est, multitudinem sibi sponte conducent, si tamen servari a furibus possunt. Hoc etiam mense, sicut supra, purganda sunt alvearia sordibus, et necandi papiliones, qui maxime abundant florentibus malvis, quos hoc genere intercipiemus. Vas æneum miliario simile, id est altum et angustum, vespere inter alvearia collocemus, et in fundo ejus ponamus lumen accensum. Illuc papiliones convenient, et circa lumen volitabunt, et angustia vasculi ab igne proximo interire cogentur.

IX. Hujus mensis horæ, horis mensis Septembris æquantur hoc genere.

Hora				pedes	
Hora	I	et	XI	pedes	XXIV.
Hora	II	et	X	pedes	XIV.
Hora	III	et	IX	pedes	X.
Hora	IV	et	VIII	pedes	VIII.
Hora	V	et	VII	pedes	V.
Hora	VI			pedes	IV.

LIBER SEXTUS.

I. Maio mense locis frigidis et humectis panicum seremus et milium, more quo dixi. Nunc omnia prope, quæ sata sunt, florent, neque tangi a cultore debebunt. (Florent autem sic :) frumenta et ordeum et quæ sunt seminis singularis, octo diebus florebunt, et deinde per dies XL grandescent floro deposito usque ad maturitatis eventum.

semences qui sont partagées en deux lobes, telles que les fèves, les pois et les autres légumes, sont en fleur pendant quarante jours, et mettent le même temps à grossir. On fauchera ce mois-ci les foins dans les climats secs, chauds, ou voisins de la mer, sans cependant attendre qu'ils soient desséchés. Si lorsque le foin est fauché il vient à être pénétré par la pluie, il ne faudra pas le retourner avant que la superficie en soit séchée.

II. Il faut examiner à présent les sarments qu'auront donnés les jeunes vignes, afin de n'en laisser qu'un petit nombre de ceux qui seront forts. Il faut aussi soutenir ces vignes avec des appuis, jusqu'à ce que les bras qu'elles auront produits soient consolidés. Quand on aura coupé une jeune vigne, et qu'elle viendra à repousser, on ne lui laissera pas plus de deux ou trois jets, que l'on liera au corps de la vigne, pour les mettre à l'abri des accidents du vent. J'ai dit qu'il fallait y laisser trois jets, parce que, si on en laissait moins dans ces commencements, et que les vents vinssent à les briser, il n'en resterait aucun. Il faudra épamprer ce mois-ci ; mais cette opération ne sera avantageuse qu'autant qu'elle aura été faite dans le temps où les jeunes branches se détachent sans difficulté sous le doigt qui les presse. Au reste, elle est utile pour faire grossir les grappes, et préparer leur maturité en livrant un passage au soleil.

III. C'est aussi à présent qu'on donne le premier labour aux terrains gras et où l'herbe abonde. Mais lorsqu'on veut donner ce labour à des terres incultes, il faut examiner auparavant si elles sont sèches ou humides, couvertes de bois ou de gramen, d'arbrisseaux ou de fougère. Si elles sont humides, on les desséchera en y creusant partout des fosses. Il n'y a personne qui ne connaisse les fosses apparentes ; mais voici la manière de s'y prendre pour faire des fosses cachées. On creuse à travers le champ des fossés de trois pieds de profondeur, que l'on remplit ensuite jusqu'à moitié de petites pierres ou de gravier ; après quoi on les régale par-dessus avec la terre que l'on avait enlevée par la fouille. Mais l'extrémité de ces fossés doit aboutir en pente à une bosse apparente, dans laquelle toute leur humidité se rendra, sans entraîner avec elle la terre du champ. Si l'on n'a point de pierres, on étendra au fond de ces fossés des sarments ou de la paille, ou des broussailles de quelque nature qu'elles soient. Si au contraire le terrain est couvert de bois, il faudra, pour le cultiver, extirper les arbrisseaux, ou n'en laisser qu'un petit nombre. S'il est pierreux, on pourra le nettoyer en faisant ramasser à la main les pierres dont il sera couvert, pour en construire des murailles qui lui serviront de défense. On parviendra à le débarrasser du jonc, du gramen et de la fougère, en multipliant les labours. On fera notamment disparaître la fougère en peu de temps, pour peu qu'on sème souvent dans le champ qui la porte des fèves ou des lupins, ou qu'on la fauche de temps en temps à mesure qu'elle repoussera.

IV. Ce mois-ci est le temps convenable pour *remblayer*, c'est-à-dire, recouvrir de terre les arbres et les ceps qui auront été déchaussés. On coupera à présent le bois propre à faire des verges d'office, quand il sera garni de toutes ses feuilles. Or, voici la mesure de ce qu'un homme pourra en couper. Si c'est un excellent ouvrier, il doit expédier la valeur d'un *modius* de bois de haute futaie ; un ouvrier médiocre en expédiera un tiers de moins. On bêche aussi assidûment les pépinières dans ce temps-ci. On taille les oliviers, et on ratisse la mousse qui s'y atta-

---

Quæ vero duplicis seminis sunt, sicut faba, pisum cæteraque legumina, XL diebus florent simulque grandescunt. Hoc mense in locis siccis, calidis sive maritimis fœna recidantur, prius tamen quam exarescant. Quod si pluviis infusa fuerint, converti ante non debent quam pars eorum summa siccata sit.

II. Nunc consideremus novella vitis quæ protulit sarmenta, et ei pauca et solida relinquamus, et adminiculis firmemus, donec brachia prolata durescant. Non autem amplius resectæ et pullulanti viticulæ, quam duæ vel tres materiæ relinquantur, et alligentur propter injuriam venti. Ideo autem tres materias dixi debere dimitti, ne dissipantibus ventis nulla remaneat, si in primordio reliqueris pauciores. Hoc mense pampinari conveniet. Sed tunc est opportuna pampinatio, cum teneri rami digitis stringentibus crepabunt sine difficultate carpentis. Hæc res uvas efficit pinguiores, et maturitati consulit solis admissu.

III. Nunc quoque pingues agri et herbosi proscindantur. Sed si agros incultos volueris aperire, considerabis, siccus an humidus sit ager, silvis aut gramine, frutetis vestitus aut filice. Si humidus erit, fossarum ductibus ex omni parte siccetur. Sed apertæ fossæ notæ sunt, cæcæ vero hoc genere fiunt. Imprimuntur sulci per agrum transversi altitudine pedum ternum : postea usque ad medietatem lapidibus minutis replentur aut glarea, et super terra, quam egesseramus, æquatur. Sed fossarum capita unam patentem fossam petant, ad quam declives decurrant : ita et humor deducetur, et agri spatia non peribunt. Si defuerint lapides, sarmentis vel stramine subjecto cooperiantur vel quibuscunque virgultis. Sed si nemorosus est, extirpatis aut raro relictis arboribus excolatur. Si lapidosus, per macerias saxorum turba collecta et purgari poterit, et inde muniri. Juncus et gramen et filices frequenti aratione vincentur. Sed filicem, si sæpe fabam conseras vel lupinos, et si subinde nascentem mucrone falcis incidas, intra exiguum tempus absumes.

IV. Hoc mense arbores et vites quæ ablaqueatæ fuerant, occare, hoc est, operire jam convenit. Nunc ad rudem faciendam silva cædatur, quando omni fronde vestita est. Cædendi autem hic modus est, ut optimus operarius in alta silva modii spatium, mediocris vero tertia minus possit abscindere. Nunc et seminaria fodiuntur assidue, et locis prægelidis et pluviosis oleæ putantur, et eis mus-

che, dans les climats très-froids et pluvieux. Si l'on a semé des lupins dans la vue de fumer ses terres, il faudra les reverser à présent en terre à l'aide de la charrue.

V. Il faut façonner à présent au *pastinum* le terrain des jardins que l'on destine à être couverts, en automne, de semences ou de pieds d'arbres. Il est bon de semer l'ache de marais ce mois-ci, comme nous l'avons déjà dit ci-dessus. On pourra encore mettre en terre la coriandre, les melons, les courges, l'artichaut, les raiforts et la rue. On transférera aussi le poireau en pied, et on l'excitera ensuite à croître en l'arrosant.

VI. Les grenadiers commencent à fleurir à présent dans les pays chauds. Ainsi, si l'on enferme, comme le dit Martialis, une branche de grenadier avec sa fleur dans un vase de terre cuite enfoncé en terre auprès de l'arbre, en attachant cette branche à un pieu, afin qu'elle ne s'élance pas hors du vase, elle donnera en automne un fruit dont la grosseur sera moulée sur la capacité de ce vase. On peut aussi enter en écusson le pêcher ce mois-ci dans les pays chauds. On greffe à présent dans les pays froids le citronnier, conformément à la méthode que nous avons donnée. On plantera à présent le jujubier dans les pays froids, et l'on y greffera le figuier. C'est aussi dans ce mois-ci que l'on plante les pieds de palmiers.

VII. Il faut châtrer à présent les veaux, ainsi que Magon le prescrit, dans le temps qu'ils sont jeunes, en comprimant leurs testicules avec une férule fendue, et en les froissant peu à peu pour les détacher. Mais il ordonne de ne faire cette opération qu'au printemps ou en automne, et dans le déclin de la lune. D'autres, après avoir attaché le veau au travail, saisissent avec deux règles d'étain étroites, comme avec des tenailles, les nerfs mêmes, appelés en grec χρεμαστῆρες, et coupent avec un instrument de fer les testicules après les avoir tirés à eux, en laissant intacte une portion de l'extrémité de leurs nerfs; précaution qui arrête la perte du sang, et qui empêche les jeunes bœufs d'être absolument énervés, puisqu'ils ne perdent pas dans ce cas-là toute leur masculinité. Il n'est pas tolérable de contraindre les veaux à saillir après la castration, comme on le voit pratiqué par bien des personnes; parce qu'il est constant que, quoiqu'ils demeurent prolifiques, l'effort leur cause un flux de sang qui les fait périr. On frottera les plaies occasionnées par la castration avec de la cendre de sarment et de l'écume d'argent. On empêchera l'animal nouvellement châtré de boire, et on ne lui permettra la nourriture qu'en petite quantité, en lui donnant, dans les trois jours qui suivront l'opération, des cimes d'arbres tendres, des arbustes mollets, et des feuilles d'herbes vertes légèrement humectées de rosée ou d'eau de rivière. Il faut panser ces plaies soigneusement au bout de ces trois jours, avec de la poix liquide mêlée de cendre et d'une petite quantité d'huile. Mais l'expérience a fait trouver récemment une manière de châtrer, qui est meilleure que les anciennes. Après avoir garrotté le jeune bœuf et l'avoir renversé par terre, on renferme ses testicules dans la peau qui leur sert d'enveloppe, et que l'on tend à cet effet; puis, en les comprimant avec une règle de bois, on les coupe soit avec des haches brûlantes, soit avec des doloires, ou, ce qui vaut encore mieux, avec un instrument de fer fait exprès pour cette opération, et qui a la forme d'un glaive. En effet, en suivant cette méthode, le tranchant du fer qui est brûlant pénètre auprès de la règle même; de sorte que l'opération, devenue plus rapide, en est moins

cus abraditur. At si quis lupinum stercorandi agri causa seminavit, aratro illum nunc debebit evertere.

V. Hortorum spatia, quæ per autumnum seminibus implenda destinantur, aut plantis, nunc conveniet pastinare. Hoc mense apium bene seritur, sicut jam ante dictum est, vel coriandrum, et melones, et cucurbitæ, carduus, et radices, et ruta pangantur. Porri quoque planta transfertur, ut rigationibus animetur.

VI. Locis calidis nunc mala Punica florere incipiunt. Ramus ergo cum flore (sicut Martialis dicit) si obruto circa arborem fictili vase claudatur, et ne resiliat, ligetur ad palum, pro vasculi magnitudine pomum reddit autumno. Hoc etiam mense locis calidis emplastrari Persicus potest. Locis frigidis nunc citri arbor inseritur, et ea, quæ dicta est, disciplina servetur. Nunc frigidis locis zizyphum conseremus, et ficum inserimus. Hoc etiam mense palmæ planta disponitur.

VII. Nunc castrandi sunt vituli, sicut Mago dicit, tenera ætate, ut fissa ferula testiculi comprimantur, et paulatim confracti resolvantur. Sed hoc luna decrescente verno vel autumno fieri debere præcipit. Alii ligato ad machinam vitulo, duabus angustis regulis stanneis sicut forcipibus ipsos nervos apprehendunt, qui Græce χρεμαστῆρες dicuntur. His comprehensis tentos testiculos ferro resecant, et ita recidunt, ut aliquid de his capitibus nervorum suorum dimittatur hærere. Quæ res et sanguinis nimietatem prohibet, et non omnino juvencos subducto robore virilitatis effœminat. Nec admittendum est, quod plerique faciunt, ut statim castratos coire compellant. Nam certum est ab eis generari, sed ipsos fluxu sanguinis interire. Vulnera vero castraturæ cinere sarmentorum et spuma lineantur argenti. Castratus abstineatur a potu, et cibis pascatur exiguis, et sequenti triduo præbeantur ei teneræ arborum summitates, et frutecta mollia, et herbæ viridis coma dulciore sagina roris aut fluminis. Pice etiam liquida misto cinere et modico oleo post triduum vulnera diligenter unguenda sunt. Sed melius genus castrationis sequens usus invenit. Alligato enim juveno atque dejecto, testiculi stricta pelle claudantur, atque ibi lignea regula premente decidantur ignitis securibus vel dolabris, vel, quod est melius, formato ad hoc ferramento, ut gladii similitudinem teneat. Ita enim circa ipsam regulam ferri

douloureuse, et que la cicatrice, qui se forme aussi promptement que la plaie, empêche l'effusion du sang.

VIII. Il faut faire à présent la tonte des brebis dans les pays tempérés. Mais, lorsqu'elles auront été tondues, on les pansera avec l'onguent dont voici la composition : On mêlera ensemble par portions égales de la décoction de lupins, de la lie de vin vieux et du marc d'huile, et on les frottera de cet onguent quand ces drogues seront bien amalgamées ensemble. Trois jours après, si l'on est à proximité de la mer, on les y plongera sur le bord du rivage; au lieu que si c'est dans l'intérieur des terres qu'on nourrit ces bestiaux, il faudra, dès qu'ils auront été tondus et frottés d'onguent, leur jeter sur le corps, en plein air, de l'eau de pluie tant soit peu bouillie avec du sel. On prétend que le bétail qui aura été soigné de la sorte sera préservé de la gale pour toute l'année, et que sa laine acquerra de la longueur et du moelleux.

IX. On fera cailler ce mois-ci du lait pur, pour en faire du fromage, soit avec de la présure d'agneau ou de bouc, soit avec cette membrane intérieure qui est adhérente aux ventres des poulets, soit avec des fleurs de chardon sauvage, soit avec du lait de figuier. Il faudra extraire du fromage tout le petit-lait, et même le comprimer en le chargeant de poids. Quand il commencera à être ferme, on le mettra dans un lieu ombragé ou frais; et, après l'avoir comprimé en y ajoutant de temps en temps de nouveaux poids pour le raffermir de plus en plus, il faudra le saupoudrer de sel égrugé et torréfié, et le comprimer plus qu'il ne l'aura encore été, quand il sera devenu plus ferme. Quelques jours après, les pains de fromage étant bien durcis, on les arrangera sur des claies, de façon qu'ils ne se touchent pas. Il faut mettre le fromage dans un lieu clos et où l'air ne pénètre pas, si l'on veut qu'il se conserve tendre et gras. Il sera défectueux toutes les fois qu'il sera sec ou spongieux; ce qui arrivera lorsqu'il n'aura pas été assez comprimé, ou qu'il aura été trop salé, ou brûlé par l'ardeur du soleil. Il y a des personnes qui broient sur le fromage, lorsqu'elles commencent à le faire, des pignons verts, et qui en jettent dans le lait avant de le faire prendre. D'autres y ajoutent, au moment qu'il prend, du thym broyé et tamisé à diverses reprises. On pourra même donner au fromage tel goût que l'on jugera à propos, en y ajoutant des assaisonnements, tels que du poivre ou quelque autre épice que ce soit.

X. Les essaims commencent à se peupler ce mois-ci, et il se forme des abeilles plus grandes que les autres dans les extrémités des rayons. Quelques personnes prennent ces abeilles pour les rois des ruches. Mais les Grecs leur donnent le nom d'οἴστρους, et ils ordonnent de les tuer, parce qu'elles troublent le repos des essaims. Les papillons sont à présent très-multipliés, et il faudra les tuer de la manière que j'ai prescrite.

XI. C'est vers la fin de ce mois qu'il faut établir le plancher des terrasses; constructions que la gelée et les frimas sont sujets à miner et à détruire dans les pays froids, ainsi que dans ceux où il règne des brouillards. Néanmoins, si on veut en faire, on commencera par poser deux rangées de planches transversales, sur lesquelles on étendra de la paille ou de la fougère, que l'on régalera bien avec une pierre dont la grosseur puisse remplir la main. Ensuite on couvrira ce lit de

---

acies ardentis imprimitur, unoque ictu et moram doloris beneficio celeritatis absumit, et ustis venis ac pellibus fluxu sanguinis (strictis, plagam) cicatrix quodammodo cum ipso vulnere nata defendit.

VIII. Locis temperatis nunc ovium celebranda tonsura est. Sed tonsas oves hoc unguine medicemur. Succum decocti lupini, feces vini veteris, et amurcam pari mensura miscebis, et in unum corpus omnia redacta curabis allinire. Post triduum deinde, si mare vicinum est, litori mergantur extremo : si in mediis terris pascimus, aqua cælestis cum sale paululum decocta sub dio debebit pecorum tonsa et uncta membra diluere. Hoc enim modo curatum pecus toto anno nec scabrum fieri dicitur, et prolixas lanas creare fertur, ac molles.

IX. Hoc mense caseum coagulabimus sincero lacte coagulis vel agni vel hædi, vel pellicula, quæ solet pullorum ventribus adhærere, vel agrestis cardui floribus, vel lacte ficulneo, cui serum debet omne deduci, ut et ponderibus urgeatur. Ubi solidari cœperit, loco opaco ponatur aut frigido, et pressus subinde adjectis pro acquisita soliditate ponderibus, trito ac torrefacto sale debet aspergi, et jam durior vehementius premi. Post aliquot dies solidatæ jam formulæ per crates ita statuantur, ne invicem se unaquæque contingat. Sit autem loco clauso et a ventis remoto, ut teneritudinem servet atque pinguedinem. Vitia casei sunt, si aut siccus sit aut fistulosus : quod eveniet, aut si parum prematur, aut sales nimios accipiat, aut calore solis uratur. In recenti caseo conficiendo aliqui nucleos virides pineos terunt, atque ita misto lacte gelant. Aliqui thymum tritum et frequenter colatum congelant. Qualemcumque etiam saporem velis efficere poteris, adjecto, quod elegeris, condimento seu piperis seu cujuscunque pigmenti.

X. Hoc mense incipiunt augeri examina, et in extremis favorum partibus majores creantur apiculæ, quas aliqui reges putant; sed Græci eos οἴστρους appellant, et necari jubent, quia requiem concutiunt quiescentis examinis. Nunc papiliones abundant, quos necemus, more quo dixi.

XI. Nunc circa extremum mensem pavimenta in solariis fiunt : quæ in frigidis regionibus et ubi pruinæ sunt, glacie suspenduntur et pereunt. Sed si hoc placuerit, sternemus duplices ordines tabularum transversos atque directos, et paleam vel filicem substernemus, et (æqualiter) æquabimus saxo, quod manum possit implere. Pedaneum super rudus inducimus, et assiduo vecte densamus : tunc,

mortier à un pied d'épaisseur, et l'on chargera ce mortier d'une quantité de barres de bois; après quoi, sans attendre que le mortier soit sec, on appliquera dessus des tuiles de deux pieds, creusées sur tous leurs côtés de la profondeur d'un doigt, et l'on remplira de chaux vive détrempée avec de l'huile les interstices; puis l'on couvrira tout le mortier de cet assemblage de tuiles, afin que, lorsque tout cet apprêt sera sec, il ne forme qu'une seule masse à travers laquelle l'humidité ne pourra point pénétrer. Ensuite on étendra sur ce pavé six doigts d'épaisseur de mortier de brique, que l'on battra fréquemment avec des verges, afin qu'il ne s'y forme point de crevasses; après quoi on enfoncera dans ce mortier de larges carreaux de briques, ou des tablettes de marbre quelconques, ou enfin des pierres carrées; et l'on aura une construction que rien n'est capable d'endommager.

XII. Il faut faire ce mois-ci des briques, soit avec de la terre blanche, soit avec de l'argile ou de la terre rouge. En effet, celles que l'on fait en été se sèchent à la superficie, parce que cette partie se trouve trop subitement affectée de la chaleur, tandis que l'humidité se tient renfermée en dedans, ce qui occasionne des crevasses. Or voici la manière de les faire : On passera l'argile avec soin, et on la purgera de tout grumeau; ensuite, après l'avoir mêlée avec de la paille, on la laissera fermenter longtemps, et on en remplira des moules de la forme d'une brique. Enfin on la laissera sécher au soleil, en la retournant de temps en temps. Au surplus, les briques doivent être de deux pieds de longueur sur un pied de largeur, et d'une épaisseur de quatre *unciæ*.

XIII. Composition du vin rosat. On jette cinq livres de roses, épluchées dès la veille, dans dix *sextarii* de vin vieux ; et après avoir ajouté au bout de trente jours dix livres de miel écumé sur cette composition, on pourra s'en servir.

XIV. Composition de l'huile de lis. On fait infuser dix lis dans une livre d'huile, et on met le vase de verre qui renferme cette composition pendant quarante jours en plein air.

XV. Composition de l'huile de roses. On met sur une livre d'huile une *uncia* de roses épluchées, et on suspend cette composition pendant sept jours, tant au soleil qu'au clair de la lune.

XVI. Composition du miel rosat. On mêle une livre de miel avec un *sextarius* de suc de roses, et on suspend cette composition pendant quarante jours au soleil.

XVII. On viendra à bout de conserver des roses en boutons en fendant un roseau vert sur son pied, et en les renfermant dans sa cavité, de façon que la fente puisse s'en joindre; ensuite on coupera le roseau quand on voudra avoir des roses fraîches. Il y a des personnes qui les enterrent à l'air après les avoir renfermées dans un pot qui soit propre, et qui les conservent en les garantissant par là de tout accident.

XVIII. Le mois de mai répond à celui d'août, en ce qui concerne la durée des heures.

A la première et à la onzième, le gnomon donne vingt-trois pieds d'ombre.

A la seconde et à la dixième, il en donne treize.

A la troisième et à la neuvième, il en donne neuf.

A la quatrième et à la huitième, il en donne six.

A la cinquième et à la septième, il en donne quatre.

A la sixième, il en donne trois.

---

antequam rudus siccetur, bipedas, quæ per omnia latera canaliculos habeant digitales, jungemus, ita ut calce viva ex oleo temperata, bipedarum canales, qui inter se connectendi sunt, impleantur, et earum conjunctione rudus omne cooperiatur. Nam siccata omnis materia unum corpus efficiet, et nullum transmittet humorem. Postea sex digitorum testaceum superfundemus, et frequenter virgis verberabimus, ne rimis possit aperiri. Tunc tessellas latiores vel tabellas qualescunque marmoreas aut paginas imprimemus, et hanc constructionem res nulla vitiabit.

XII. Hoc mense lateres faciendi sunt ex terra alba vel creta vel rubrica. Nam qui æstate fiunt, celeritate fervoris in summa cute siccantur, interius humore servato : quæ res scissuris eos faciet aperiri. Fiunt autem sic. Terra creta diligenter et omni asperitate purgata, mista cum paleis diu macerabitur, et intra formam lateri similem deprimetur. Tunc ad siccandum relicta subinde versabitur ad solis aspectum. Sint vero [lateres] longitudine pedum duorum, latitudine unius, altitudine quatuor unciarum.

XIII. [*De rosato.*] Quinque libras rosæ pridie purgatæ in vini veteris x sextarios merges, et post xxx dies x despumati mellis libras adjicies, et uteris.

XIV. [*De oleo liliaceo.*] Per olei libras singulas dena lilia curabis infundere, et vas vitreum XL diebus locare sub dio.

XV. [*De oleo roseo.*] In olei libras singulas, rosæ purgatæ singulas uncias mittes, et VII diebus in sole suspendes et luna.

XVI. [*De rhodomeli.*] In succi rosæ sextariis singulis libras singulas mellis admisces, et diebus XL sub sole suspendis.

XVII. Rosas nondum patefactas servabis, si in canna viridi stante fissa recludas, ita ut fissuram coire patiaris : et eo tempore cannam recidas, quo rosas virides habere volueris. Aliqui olla rudi conditas ac bene munitas sub dio obruunt, ac reservant.

XVIII. In horarum mensuris Maius respondet Augusto.

Hora	I	et	XI	pedes	XXIII.
Hora	II	et	X	pedes	XIII.
Hora	III	et	IX	pedes	IX.
Hora	IV	et	VIII	pedes	VI.
Hora	V	et	VII	pedes	IV.
Hora				pedes	III.

LIVRE SEPTIÈME.

JUIN.

I. Il faut apprêter au mois de juin l'aire à battre le blé. On commencera à cet effet par bien nettoyer un terrain, en arrachant toutes les herbes qui s'y trouveront; ensuite on le bêchera légèrement, et on l'aplanira après y avoir mêlé avec la terre de la paille et du marc d'huile sans sel, ce qui garantira les blés des rats et des fourmis. Cela fait, on comprimera le sol avec une pierre cylindrique ou un fût de colonne, qu'on roulera dessus pour le consolider; puis on le laissera sécher au soleil. Il y a des personnes qui arrosent les aires d'eau après les avoir nettoyées, et qui y mènent promener le menu bétail pendant un temps considérable, afin qu'il les foule bien aux pieds; et quand la terre en a été bien comprimée par ce moyen, on attend qu'elle soit absolument sèche pour se servir de l'aire.

II. On ne commence qu'à présent la récolte de l'orge, mais il faut l'achever avant que le grain tombe à terre; ce à quoi il est sujet quand l'épi est sec, parce que ce grain n'est point enfermé dans une capsule comme celui du froment. Un habile moissonneur peut expédier en une journée cinq *modii* de terrain bien rempli; un médiocre en expédiera trois; il n'y a que le pire des ouvriers qui en fasse moins. Mais on aura soin de laisser quelque temps sur terre le chaume de l'orge, parce qu'on prétend que c'est le moyen de la faire renfler. On fait aussi à présent la récolte du froment vers la fin du mois dans les pays voisins de la mer, chauds et secs. On connaît que cette moisson est prête à faire, lorsque tous les épis sont uniformément teints d'une couleur jaune qui annonce leur maturité. Les habitants des pays plats de la Gaule ont une méthode de moissonner qui épargne la main-d'œuvre, puisqu'elle n'exige que la journée d'un bœuf pour expédier tout un canton. Ils ont un chariot monté sur deux petites roues. La surface de ce chariot, qui est carrée, est garnie de planches renversées en dehors, de sorte que sa partie supérieure est plus large que l'inférieure. Ces planches sont moins hautes sur le devant du chariot que par derrière. Sur ces planches sont distribuées par ordre de petites dents clair-semées, dont le nombre est proportionné à la quantité des épis. Ces dents sont recourbées par en haut. On adapte au derrière de ce chariot deux brancards très-courts, semblables à ceux des litières dans lesquelles les femmes se font porter; et l'on attelle à ces flèches, à l'aide d'un joug et avec des courroies, un bœuf qui a la tête tournée vers le chariot. Il faut sans contredit que ce bœuf soit doux, et qu'il n'aille pas plus vite qu'on ne le pousse. Le bœuf promenant ce chariot à travers la moisson, tous les épis se trouvent saisis par les petites dents dont il est garni, et s'accumulent par conséquent dans le chariot, en se séparant de la paille qui reste en dehors. Le bouvier, qui suit par derrière, dirige la marche du chariot en l'élevant ou en le baissant, suivant l'exigence du cas; et il ne faut que quelques heures d'allées et venues pour expédier toute une moisson. Cette méthode est bonne pour les pays plats et dont le terrain est égal, ainsi que pour ceux où l'on ne considère pas la paille comme objet de nécessité.

III. On fera à présent dans les climats très-froids les opérations qui auraient dû être faites au mois de mai. On donnera également les premiers labours aux terres dans les cantons pleins d'herbes et qui auront été gelés. On hersera les

LIBER SEPTIMUS.

I. Junio mense area paranda est ad trituram, cujus primo terra radatur : deinde effossa leviter mistis paleis et amurca æquatur insulsa. Quæ res a muribus et formicis frumenta defendit. Tunc premenda est rotundo lapide, vel columnæ quocunque fragmento, cujus volutatio possit ejus spatia solidare, dehinc sole siccetur. Aliqui mundatis areis aquam spargunt, et minuta ibi pecora diu spatiari ac proculcare compellunt. Et cum terra ungulis stricta fuerit, spectant solidam siccitatem.

II. Nunc primo ordei messis incipitur, quæ consummanda est antequam grana arefactis spicis lapsa decurrant, quia nullis, sicut triticum, folliculis vestiuntur. Quinque modios recidere potest pleni agri opera una messoris experti, mediocris vero tres, ultimi etiam minus. Sed ordei culmos jacere in agris aliquantulum sinamus, quia fertur hoc more grandescere. Nunc etiam mense postremo locis maritimis et calidioribus ac siccis tritici messis abscinditur. Quam paratam esse cognosces, si æqualiter spicarum populus maturato rubore flavescat. Pars Galliarum planior hoc compendio utitur ad metendum, et præter hominum labores, unius bovis opera spatium totius messis absumit. Fit itaque vehiculum, quod duabus rotis brevibus fertur. Hujus quadrata superficies tabulis munitur, quæ forinsecus reclines in summo reddunt spatia largiora. Ab ejus fronte carpenti brevior est altitudo tabularum. Ibi denticuli plurimi ac rari ad spicarum mensuram constituuntur in ordinem, ad superiorem partem recurvi. A tergo vero ejusdem vehiculi duo brevissimi temones figurantur, velut amites basternarum. Ibi bos capite in vehiculum verso jugo aptatur et vinculis, mansuetus sane, qui non modum compulsoris excedat. Hic ubi vehiculum per messes cœpit impellere, omnis spica in carpentum denticulis comprehensa cumulatur, abruptis ac relictis paleis; altitudinem vel humilitatem plerumque bubulco moderante, qui sequitur. Et ita per paucos itus ac reditus brevi horarum spatio tota messis impletur. Hoc campestribus locis vel æqualibus utile est, et iis, quibus necessaria palea non habetur.

III. Nunc frigidissimis locis, quæ Maio sunt prætermissa faciemus. Agros æque proscindemus. Herbosis et gelidis partibus vineta occabimus. Colligemus viciam. Fœnum Græcum resecabimus ad pabulum. Hoc mense

vignobles; on récoltera la vesce; on fauchera le fenugrec qui doit servir de fourrage. Il faut achever dans le courant de ce mois-ci la récolte des légumes dans les pays froids. Il sera bon de conserver les lentilles que l'on récoltera alors, soit en les mêlant avec de la cendre, soit en les serrant dans les vases à huile, ou dans des caques destinées aux salaisons, que l'on enduira aussitôt de gypse. On cueillera aussi les fèves au déclin de la lune, pourvu que ce soit avant le jour; et on les serrera avant que cette planète soit dans son croissant, après les avoir battues et les avoir fait rafraîchir, afin que le charançon ne les endommage point. On récolte les lupins dans ce mois, et rien n'empêche de les semer aussitôt qu'on les aura tirés de l'aire, si on le juge convenable. Si on veut cependant les garder, il faudra les serrer dans des greniers éloignés de toute humidité. C'est le moyen de les conserver très-longtemps, surtout quand la fumée donnera continuellement sur ces greniers.

IV. On sèmera les choux ce mois-ci vers le solstice, afin de pouvoir les transplanter au commencement du mois d'août, soit dans un lieu arrosé, soit dans un lieu détrempé par les pluies qui commenceront alors à tomber. On pourra semer également bien l'ache, les poirées, les raiforts, les laitues et la coriandre, pourvu qu'on ne leur épargne pas l'eau.

V. On pourra aussi, comme nous l'avons dit ci-dessus, renfermer dans ce mois-ci une branche de grenadier dans un petit vase de terre cuite, afin de lui faire donner des fruits dont la grosseur soit moulée sur la capacité de ce vase. Il faut décharger à présent les branches des poiriers ou des pommiers qui seront trop chargés de fruits, en arrachant par-ci par-là toutes les poires ou les pommes défectueuses, afin que la sève de ces arbres, qui pourrait se consumer en vain à nourrir ces mauvais fruits, se reporte à de meilleurs. On pourra aussi semer ce mois-ci le jujubier dans les pays froids. Il faudra faire à présent la caprification des figuiers, de la manière que nous avons exposée en donnant la méthode de culture de cet arbre. Il y a des personnes qui les greffent aussi ce mois-ci. On ente en boutons le pêcher dans les pays froids. On bêche le pied des palmiers. On ente dans ce mois-ci ou dans celui de juillet les arbres fruitiers, suivant la méthode que l'on appelle *emplastratio*. Cette méthode ne convient qu'aux arbres dont l'écorce contient une séve grasse: tels sont les oliviers et d'autres semblables, comme dit Martialis; tel est aussi le pêcher. Or, voici comme se fait cette opération : On choisit sur de jeunes branches, nettes et fécondes, un bouton qui promette de venir à bien, et on le cerne à la distance de deux doigts en carré, de façon qu'il se trouve au centre de quadrature; après quoi, au moyen d'un bistouri bien tranchant, on enlève l'écorce avec dextérité, et sans endommager le bouton. On enlève de la même manière un écusson garni de son bouton sur une partie de l'arbre à greffer, qui soit nette et féconde. Alors on attache le premier écusson sur ce dernier arbre d'une façon convenable, en le liant autour du bouton, pour le bien assujettir sans que le bouton soit endommagé, et de façon que le bouton de l'écusson substitué remplace celui qu'on aura enlevé; après quoi on enduit le tout par-dessus d'un lut qui doit laisser le bouton en liberté. On coupera les branches supérieures de l'arbre ainsi que ses souches, et, en ôtant au bout de vingt et un jours les ligatures qui retenaient l'écusson, on s'apercevra que le bouton d'une semence étrangère s'est incorporé merveilleusement dans un autre arbre.

---

locis frigidis peragenda est leguminum messis : itaque lenticulam collectam, cineri mistam, bene servabimus, vel vasis oleariis aut salsamentariis repletis statimque gypsatis. Nunc et faba luna minuente velletur, ante lucem sane; et antequam luna procedat, excussa et refrigerata reponatur. Ita gurguliones non patietur infestos. Hoc mense lupinus colligitur, et si placuerit, statim seritur ex area : sed longe ab humore est ponendus in horreis. Sic enim diutissime custoditur, maxime si granaria ejus afflaverit fumus assiduus.

IV. Hoc mense circa solstitium brassicam seremus, quam inchoante transferemus Augusto, vel irriguo loco, vel pluvia initiante madefacto. Apium quoque bene serere poterimus, betas et radices et lactucas et coriandrum, si rigemus.

V. Hoc etiam mense ramus Punici (sicut supra diximus) poterit intra fictile vasculum claudi, ut ad ejus magnitudinem poma restituat. Nunc pira vel mala, ubi ramos multa poma densabunt, interlegenda sunt quæcunque vitiosa, ut succus qui ingrate his posset impendi, ad meliora vertatur. Hoc etiam mense locis frigidis ziziphum serere poterimus. Nunc caprificandæ sunt arbores fici, sicut in ejus narravimus disciplina. Aliqui eas et hoc mense inserunt. Locis frigidis Persicus inoculatur : palmæ planta circumfoditur. Hoc mense vel Julio celebratur insitio in pomis, quæ emplastratio dicitur. Solis arboribus convenit, quibus pinguis succus in cortice est, ut ficis et oleis ac similibus, ut Martialis dicit, et Persico. Fit autem sic : ex novellis ramis et nitidis ac feracibus gemmam, quæ bene apparebit sine dubio processura, duobus digitis quadratis circumsignabis ut ipsa statuatur in medio, et ita subtiliter corticem levabis acutissimo scalpro, ne gemma lædatur. Item ex ea arbore, cui gestimus inserere, similiter cum gemma tollitur emplastrum, nitido tamen atque uberi loco. Tunc ibi convenienter astringitur, et pressum circa gemmam vinculis cogitur sine germinis læsione cohærere, ut ea quæ appositæ redditur, locum gemmæ prioris includat. Tunc luto superlinis, et liberam gemmam relinques. Ramos superiores ejus arboris secabis ac stirpes : et ab uno et viginti diebus exactis resoluto vimine vinculorum, reperies externi seminis gemmam mire in arboris alienæ membra transisse.

VI. Il est encore bon de châtrer les veaux ce mois-ci, comme il a été dit ci-dessus. On a aussi raison de prendre ce temps pour la confection des fromages, et de tondre les brebis quand le pays est froid.

VII. C'est en ce mois qu'il faut châtrer les ruches. Il y a un très-grand nombre de signes pour reconnaître quand il est temps de récolter le miel. D'abord, aussitôt que les ruches sont bien pleines, les abeilles ne font plus entendre qu'un très-léger bourdonnement. Dans les ruches en effet, comme dans l'intérieur d'un édifice, le vide augmente l'intensité des sons ; et par conséquent si le bourdonnement des abeilles semble rauque et considérable, c'est une preuve que les gâteaux de cire ne sont pas en état d'être récoltés. De même, lorsqu'on voit les abeilles se donner beaucoup de mouvement pour expulser les bourdons, qui sont des mouches plus grosses qu'elles, elles annoncent par là qu'il est temps de récolter le miel. Au surplus, on châtrera les ruches dans la matinée, temps où les abeilles sont engourdies, et où elles ne sont pas encore irritées par la chaleur. On fera parvenir dans les ruches de la fumée de galbanum et de bouse de vache sèche, qu'on entretiendra avec du charbon placé dans un fourneau de telle forme qu'il puisse renvoyer la fumée par une ouverture étroite, et semblable à celle d'un entonnoir renversé, parce que cette fumée chassera les abeilles, et que l'on pourra dès lors couper les rayons de miel sans difficulté. Lorsqu'on récolte les rayons dans ce temps-ci, il en faut laisser la cinquième partie pour servir de nourriture à l'essaim, en ayant soin d'enlever surtout ce qui est moisi ou défectueux. On fera le miel à présent en enveloppant plusieurs rayons dans un linge très-propre, et en les y exprimant avec soin. Mais, avant de les exprimer, on en retranchera les parties gâtées ou celles qui contiendront des petits, parce qu'elles corrompraient le miel et lui donneraient un mauvais goût. Il faut laisser pendant quelques jours le miel nouvellement fait dans de petits vases ouverts, et l'écumer jusqu'à ce que sa chaleur se calme et qu'il cesse de bouillir, ainsi que cela se pratique pour le moût. Le miel qui coulera comme de lui-même, avant d'avoir été exprimé à différentes reprises, sera le meilleur. On fera aussi la cire dans ce mois. On commencera par l'amollir, en jetant dans un vase de cuivre plein d'eau bouillante le reste des rayons qu'on aura cassés en petits morceaux ; après quoi on la fera fondre dans d'autres petits vases dans lesquels on ne mettra point d'eau, et on lui donnera telle forme que l'on voudra. S'il arrive que les nouveaux essaims sortent dans ce temps-ci à la fin du mois, il faudra que le gardien y ait attentivement l'œil, parce que les jeunes abeilles, que leur âge rend vagabondes, s'enfuiraient si on ne les gardait pas à vue. Comme elles restent à l'entrée de leurs ruches pendant un ou deux jours lorsqu'elles en veulent sortir, il faudra se hâter de les recevoir dans de nouvelles ruches. Ainsi un gardien vigilant les observera jusqu'à la huitième ou à la neuvième heure du jour, parce qu'il est assez rare qu'elles s'enfuient ou qu'elles fassent des émigrations plus tard, quoiqu'il s'en trouve quelques-unes qui prennent le parti de s'en aller aussitôt qu'elles sont sorties de leur ruche. Voici à quels signes on reconnaît que la désertion est imminente. Elles feront entendre deux ou trois jours auparavant un tumulte et un bourdonnement plus considérable qu'à l'ordinaire. Ainsi, dès que l'observateur en aura fait la remarque en approchant souvent son oreille de la ruche, il faudra qu'il redouble de précaution pour éviter tout accident.

VI. Hoc etiam mense vituli recte (ut dictum est ante) castrantur. Nunc etiam caseum jure conficimus, et oves in frigida regione tondemus.

VII. Hoc mense alvearia castrabuntur, quæ matura esse ad mellis reditum signis (quam) pluribus instruemur. Primum si plena sunt, apum subtile murmur audimus. Nam vacuæ sedes favorum velut concava ædificia voces, quas acceperint, in majus extollunt. Quare cum murmuris sonus magnus et raucus est, agnoscimus non esse idoneas ad metendum crates favorum. Item cum fucos, qui sunt apes majores, a sedibus suis, grandi intentione deturbant, matura mella testantur. Castrabuntur autem alvearia matutinis horis, cum torpent apes, nec caloribus asperantur. Fumus admovetur ex galbano et arido fimo bubulo, quem in pultario factis carbonibus convenit excitare : quod vas ita figuratum sit, ut velut inversi infundibuli angusto ore fumum possit emittere. Atque ita cedentibus apibus mella recidentur. Ad examinis pabulum hoc tempore pars favorum debet quinta dimitti : sane putres ac vitiosi favi de alveariis auferantur. Nunc mella conficimus congestis in mundissimum sabanum favis ac diligenter expressis. Sed antequam premamus, partes favorum corruptas, vel pullos habentes recidemus : nam malo sapore mella corrumpunt. Mel recens paucis diebus apertis vasculis habendum est, atque in summitate purgandum, donec refrigerato calore musti (more) deferveat. Nobilius mel erit, quod ante expressionem secundum velut sponte profluxerit. Hoc etiam mense ceram conficimus, quæ in vase æneo ferventi aqua pleno minute concisis favorum reliquiis mollietur, et deinde in aliis vasculis sine aqua resoluta digeretur in formas. Nunc si mense ultimo nova egrediuntur examina, custos esse debebit attentus, quia novellæ apes vagantibus animis juventute nisi serventur, effugiunt. Exeuntia in aditu suo morantur uno aut duobus diebus, quæ statim novis alveariis excipienda sunt. Observabit autem custos assiduus usque in octavam vel nonam horam, quia post hæc tempora non facile fugere aut emigrare consueverunt, quamvis aliquæ statim et procedere et abire non dubitent. Signa futuræ fugæ hæc sunt. Ante biduum vel triduum acrius tumultuantur et murmurant. Quod ubi apposita frequenter aure explorator agnoverit, solicitior adversum hæc esse debebit. Solent hæc

Ce sont également les signes précurseurs d'une bataille. Mais on met fin à la mêlée par quelques grains de poussière, ou quelques gouttes d'hydromel, que l'on jette sur les combattants ; la douceur de cette liqueur étant très-efficace pour ramener la concorde parmi le peuple qui l'a produite. Puis, lorsque les bataillons seront pacifiés par ce moyen, et que les abeilles seront suspendues à une branche d'arbre, ou quelque part ailleurs que ce soit, on examinera si elles forment alors un seul groupe ; auquel cas ce sera une preuve qu'il n'y a qu'un roi parmi elles, ou qu'elles sont réconciliées, et que la concorde règne entre elles. Si au contraire le peuple est suspendu sous la forme de deux ou de plusieurs mamelons, c'est une preuve qu'elles sont divisées entre elles, et qu'elles ont autant de rois parmi elles qu'il y aura de ces espèces de mamelons. On cherchera par conséquent ces rois dans les groupes d'abeilles qui paraîtront les plus nombreux, après avoir frotté à cet effet sa main de mélisse ou d'ache de marais. Au reste, ces rois sont un peu plus gros et plus longs, et ont les pattes plus droites que les autres abeilles. Leurs ailes sont aussi plus petites ; leur couleur est belle et luisante, et ils sont lisses et sans aucun poil, à l'exception d'une espèce de gros cheveu qui leur sort du ventre, et dont ils ne se servent néanmoins jamais pour offenser. Il y en a d'autres qui sont noirs et hérissés. Il faut les tuer tous, à l'exception du plus beau d'entre eux, que l'on conservera. Et si celui-ci vagabonde souvent avec ses essaims, on lui arrachera les ailes, afin qu'il se fixe dans la ruche, parce qu'alors aucune abeille ne s'écartera de lui. Si les essaims d'une ruche ne multiplient point, on pourra y joindre les abeilles de deux ou trois autres ruches ; auquel cas il faudra avoir la précaution de les y tenir renfermées pendant trois jours, de les asperger de quelque liqueur douce, de leur donner du miel pour nourriture, et de ne laisser à la ruche que de petites ouvertures pour que l'air y puisse entrer. Lorsqu'on voudra repeupler une ruche dévastée par quelque maladie contagieuse, en y faisant passer d'autres abeilles, on examinera attentivement dans d'autres ruches bien peuplées si les cires des rayons, et surtout leurs extrémités, qui renferment les petits, ont la marque distinctive à laquelle on reconnaît qu'il doit en naître un roi ; et lorsqu'on y trouvera cette marque, on coupera le rayon où elle se rencontrera avec la postérité qu'il renferme, pour le porter dans la ruche qu'on veut repeupler. La marque à laquelle on reconnaît qu'il doit naître un roi d'un rayon, c'est lorsque dans le nombre des alvéoles qui contiennent des petits, il s'en trouve une plus grande et plus longue que les autres, qui a la forme d'un mamelon. Au surplus, il ne faut transporter les rayons que dans le temps où les petits, déjà prêts à naître, s'efforcent, après avoir rongé leurs enveloppes, d'en dégager leurs têtes ; parce que si on les transférait avant qu'il en fût temps, ils périraient. S'il arrive qu'un essaim s'élève subitement en l'air, on l'effrayera par le bruit qu'on aura soin de faire avec du cuivre ou avec un petit vase de terre, et il retournera aussitôt à sa ruche, à moins qu'il ne se suspende aux feuillages voisins ; auquel cas on l'en tirera avec la main ou avec une cuiller, pour le mettre dans une nouvelle ruche frottée avec les herbes accoutumées et aspergée de miel, laquelle ruche on laissera sur place ; et l'on attendra le soir pour la ranger parmi les autres.

VIII. On fera encore en ce mois des pavés de plates-formes ainsi que de la brique, de la manière que j'ai indiquée.

IX. Les Grecs assurent que les Égyptiens font les essais suivants pour s'assurer du succès des dif-

---

signa et cum pugnaturæ sunt, facere : quarum pugnam compescit pulvis aut mulsæ aquæ imber aspersus. Inest illi ad originis suæ reparandam concordiam dulcis auctoritas. Sed cum se agmina sic pacata in ramo aut loco quocunque suspenderint, si unius uberis eductione pendebunt, noris aut unum regem esse universis, aut reconciliatis omnibus manere concordiam. Si vero duo vel plura ubera suspendens se populus imitatur, et discordes sunt, et tot reges esse, quot velut ubera videris, confiteberis. Ubi globos apium frequentiores videris, uncta manu succo melissophylli vel apii reges requiras. Sunt autem paulo majores, et oblongi magis quam cæteræ apes, rectioribus cruribus, neque grandibus pennis, pulchri coloris et nitidi, leves sine pilo, nisi forte plenioris quasi capillum gerunt in ventre, quo tamen non utuntur ad vulnus. Sunt alii fusci atque hirsuti, quos oportet extingui, et pulchriorem relinqui. Qui si frequenter vagatur cum examinibus, exectis alis reservetur : hoc enim manente nulla discedet. Sed si nulla nascantur examina, duorum vel trium multitudinem vasculorum in unum conferre possumus : dulci tamen liquore conspersas apes atque inclusas per triduum tenebimus, apposito cibo mellis, et exigua tantum spiracula relinquemus in cella. Quod si velis alvearium, cui per aliquam pestem multitudo subducta est, populi adjectione reparare, considerabis in aliis abundantibus ceras favorum et extremitates, quæ pullos habent, et ubi signum nascituri regis inveneris, cum sobole sua recides, et in id alvearium pones. Est autem hoc futuri regis signum : inter cætera foramina, quæ pullos continent, unum majus ac longius velut uber apparet. Sed tunc transferendi sunt, quando erosis coopericulis ad nascendum maturi capita nituntur exerere : nam si immaturos transtuleris, interibunt. Si autem se subitum levabit examen, strepitu æris terreatur, aut testulæ : tunc ad alvearium redibit, aut in proxima fronde pendebit, et inde in novum vas herbis consuetis et melle conspersum manu attrahatur, aut trulla, et cum in eo loco requieverit, vespere inter alia collocetur.

VIII. Hoc etiam mense pavimenta faciemus sub divo et lateres, more quo dixi.

férentes semences. Ils cultivent dans ce temps-ci un petit espace de terrain pris sur un champ labouré et humide, et y sèment des graines de toutes les espèces de blés et de légumes, sur des planches séparées les unes des autres. Ensuite ils examinent au lever de la Canicule, que les Romains placent au quatorzième jour des calendes d'août, quelles sont celles de ces semences que cette constellation brûlera, et celles auxquelles elle ne portera point de préjudice, pour se garder par la suite de semer les premières, et pour s'en tenir aux autres, parce que cette constellation brûlante pronostique, soit en consumant ces plantes, soit en les épargnant, le succès bon ou mauvais qui les attend l'année suivante.

X. On prend le cœur de la camomille dans le temps que cette herbe est en fleur, avec la précaution d'arracher les feuilles blanches qui en couronnent la fleur, pour ne conserver que la partie dorée de celle-ci; et on en fait infuser la valeur d'une *uncia* sur une livre d'huile, puis on laisse cette infusion exposée pendant quarante jours au soleil.

XI. Confection de fleur de lambrusque. On cueille du raisin sauvage dans le temps qu'il est en fleur, et qu'il n'y a point de rosée sur terre. On l'étend au soleil, afin que toute son humidité s'évapore, et que sa fleur, étant séchée, se détache plus aisément. Alors on la passe par un petit crible serré, afin que les grains n'en glissent pas à travers, et que la fleur tombe seule en bas. On conserve cette fleur infusée dans du miel; et lorsqu'elle y a été confite pendant trente jours, on l'assaisonne par le même procédé que le vin rosat et avec les mêmes ingrédients.

XII. Composition de l'*alica*. On liera en bottes de l'orge à demi mûre, puis on la fera griller dans un four, afin qu'elle puisse aisément être moulue. Ensuite on aura soin de mêler une certaine quantité de sel par *modius* d'orge, en la faisant moudre, et on la conservera après l'avoir préparée ainsi.

XIII. Les mois de juin et de juillet se ressemblent sous le rapport de la durée des heures.

A la première et à la onzième heure, le gnomon donne vingt-deux pieds d'ombre.

A la seconde et à la dixième, il en donne douze.

A la troisième et à la neuvième, il en donne huit.

A la quatrième et à la huitième, il en donne cinq.

A la cinquième et à la septième, il en donne trois.

A la sixième, il en donne deux.

LIVRE HUITIÈME.

JUILLET.

I. On bine vers les calendes de juillet les terres qui ont reçu le premier labour au mois d'avril. On achève à présent la moisson du froment dans les pays tempérés, en suivant la méthode que nous avons donnée. Il sera très-bon de débarrasser les terrains incultes des arbres et des broussailles dont ils seront couverts, quand la lune sera dans son déclin, en les coupant par les racines et en les brûlant. On charge de terre ce mois-ci, après la moisson, le pied des arbres qui sont plantés au milieu des champs moissonnés, dans la vue de les garantir de la trop grande ardeur du soleil. La journée d'un homme suffit pour en charger vingt des plus grands. Il faut aussi bêcher à présent les jeunes vignes, tant le

---

IX. Græci asserunt Ægyptios hoc more proventum futuri cujusque seminis experiri : aream brevem loco subacto et humido nunc excolunt, et in ea divisis spatiis omnia frumenti vel leguminum semina spargunt. Deinde in ortu Caniculæ, qui apud Romanos quartodecimo calendas Augusti die tenetur, explorant quæ semina ortum sidus exurat, quæ illæsa custodiat; his abstinent, illa procurant; quia indicium noxæ aut beneficii per annum futurum generi unicuique sidus aridum præsenti exitio vel salute præmisit.

X. Per olei libras singulas chamæmeli herbæ florentis auream medietatem, projectis albis foliis, quibus flos ambitur, unciarum singularum pondus infundis, et quadraginta diebus in sole constitues.

XI. [*De œnanthe.*] Silvestres uvas, cum florent, sine rore colligimus, et expandimus in sole, ne quid restet humoris, et flos ad excutiendum siccior appareat. Tunc cribello spisso cernimus, ut grana non transeant, sed flos solus decidat. Hunc in melle servamus infuso : et cum diebus triginta fuerit conditum, temperamus eo genere et more, quo rosatum moris est temperare.

XII. Alica [*Alfita.*] Ordeum semimaturum, cui adhuc superest aliquid de virore, per manipulos ligabis, et torrebis in furno, ut facile mola possit infringi, et in modio uno salis aliquantum, dum molitur, miscere curabis ac servabis.

XIII. Junius ac Julius horarum sibi æqua spatia contulerunt.

Hora	I	et	XI	pedes	XXII.
Hora	II	et	X	pedes	XII.
Hora	III	et	IX	pedes	VIII.
Hora	IV	et	VIII	pedes	V.
Hora	V	et	VII	pedes	III.
Hora	VI			pedes	II.

LIBER OCTAVUS.

I. Julio mense agri qui Aprili proscissi fuerant, circa calendas iterantur. Nunc locis temperatis tritici messis expletur, more quo dictum est. Silvestres agri utilissime extirpabuntur arboribus atque virgultis', cum luna decrescit, desectis radicibus atque combustis. Hoc mense arbores, quæ in messe steterant, sectis messibus obruantur aggestione terrarum propter nimios solis ardores. Opera una xx

matin que le soir quand la chaleur est tombée, pulvériser la terre à leurs pieds, et en écarter le gramen. Il sera bon d'extirper la fougère et la lêche ce mois-ci ou avant les jours caniculaires.

II. On sème aussi ce mois-ci, la ciboule dans les pays qui sont arrosés et froids, ainsi que le raifort et l'arroche quand on peut les arroser. On sème encore le basilic, la mauve, la poirée, la laitue et les poireaux, qu'il faudra aussi arroser. On sèmera ce mois-ci les navets et les raves dans un lieu arrosé, dont la terre soit grasse et ameublie, sans être compacte. Ces sortes de racines se plaisent dans les lieux humides et en pleine campagne. Mais les navets sont meilleurs quand ils viennent dans un terrain sec, presque maigre, incliné et sablonneux. La qualité du sol change l'une de ces graines en l'autre. En effet, si l'on sème des raves dans un terrain pendant deux ans, elles s'y changent en navets; comme ceux-ci se changent en raves dans un autre. Ces racines veulent que le terrain où on les sème soit labouré, fumé et remué, ce qui sera également profitable aux grains que l'on y sèmera la même année. Quatre *sextarii* de raves et cinq de navets suffisent pour ensemencer un *jugerum*. Si ces racines sont trop pressées, on en arrachera quelques-unes, afin que les autres se fortifient. Pour faire grossir les raves, on les déterrera, et, après avoir arraché toutes leurs feuilles, on en coupera la tige à l'épaisseur d'un demi-doigt; après quoi on les remettra dans des sillons bien labourés, en les espaçant de huit doigts; puis on les recouvrira de terre, et on les foulera aux pieds, ce qui les fera grossir.

III. On peut aussi enter en écusson ce mois-ci de la manière que j'ai enseignée ci-dessus. J'ai même observé, d'après l'expérience que j'en ai faite, que des poiriers ou des pommiers qui avaient été entés à présent dans des pays humides avaient très-bien profité. Il faut aussi cueillir ce mois-ci les mauvais fruits, dont la quantité excessive charge les branches des arbres fruitiers tardifs, comme je l'ai dit ci-dessus, afin que la séve de ces arbres tourne à la nourriture de fruits meilleurs. Il m'est arrivé de planter à présent dans des pays froids et dans un terrain arrosé une bouture de citronnier; et je me rappelle qu'après l'avoir animée en l'arrosant tous les jours, j'ai eu le bonheur de la voir répondre à mes vœux, tant par sa belle venue que par son rapport. On peut enter à présent le figuier en bouton, et greffer le citronnier dans les terrains humides. On peut bêcher au milieu du mois les pieds de palmiers. Les amandes sont à présent bonnes à être cueillies dans les pays tempérés.

IV. C'est principalement à présent qu'il faut faire couvrir les vaches par les taureaux. En effet, comme elles portent pendant dix mois, elles se trouveront dèslors en état de vêler au printemps. Et d'ailleurs il est certain qu'elles demandent ardemment le mâle, quand les engrais du printemps ont excité le tempérament chez elles. Columelle assure que quinze vaches peuvent suffire à un taureau, et qu'il faut avoir soin qu'elles ne soient pas, par excès d'embonpoint, hors d'état de concevoir. Lorsque le pays où l'on élève ces bestiaux est abondant en fourrage, on peut faire couvrir les vaches tous les ans. Mais, lorsque le fourrage y est rare, il ne faut les faire remplir que de deux années l'une, surtout si l'on est dans l'habitude de les employer à quelque travail. On choisira des béliers très-blancs et qui aient la laine douce, pour les faire saillir ce mois-ci. Et la blancheur de la robe n'est pas la seule qualité

---

maximas obruet. Nunc et novellæ vites mane et vespere jam calore deposito effodi debent, et averso gramine pulverari. Hoc mense utiliter vel ante caniculares dies filices extirpabis et caricem.

II. Hoc etiam mense cepullas serimus, irriguis ac frigidis locis, et radices et atriplicem, si rigare possumus, et ocimum, malvas, betas, lactucas, et porros rigandos. Hoc mense loco irriguo napos seremus et rapa, solo putri et soluto nec spisso. (Rapa) locis humidis lætantur et campis. Sed napus in sicco et prope tenui atque devexo et sabuloso melior nascitur. Loci proprietas utrumque semen in alterum mutat. Nam rapa in alio solo per biennium sata mutantur in napos; alio vero napus transit in rapum. Subactum solum stercoratum versatumque conquirunt, quod et ipsis et segetibus proderit, quæ ibi anno eodem serentur. Jugero raporum quatuor sextarii, napi autem quinque sufficiunt. Si spissa sunt, intervelles aliqua, ut cætera roborentur. Ut vero semina majora redigantur, eruta rapa foliis omnibus purgabis, et ad dimidii digiti crassitudinem in caule succides. Tunc in sulcis diligenter subactis octonis digitis separata obrues, et injicies terram, et calcabis. Ita magna nascentur.

III. Hoc etiam mense emplastratio celebrari potest, sicut ante demonstravi, et pirus vel malus locis humidis nunc insita me explorante processit. Hoc etiam mense in pomis serotinis, quæ ubertate nimia ramos oneraverunt (sicut prædixi) interlegenda sunt, si qua vitiosa repereris, ut arboris succum vertamus ad meliorum nutrimenta pomorum. Nunc citri taleam loco irriguo frigidis regionibus me plantasse memini, et quotidianis animasse liquoribus, quæ et nascendo et afferendo votum felicitatis æquavit. Hoc tempore locis humidis inoculari ficus et inseri citrius potest: mense jam medio palmæ planta circumfodi. Nunc locis temperatis amygdala matura sunt ad legendum.

IV. Hoc tempore maxime tauris submittendæ sunt vaccæ, quia decem mensium partus sic poterit maturo vere concludi; et certum est eas post vernam pinguedinem gestientes veneris amare lasciviam. Uni tauro quindecim vaccas Columella asserit posse sufficere, curandumque ne concipere nequeant nimietate pinguedinis. Si abundantia pabuli est in regione, qua pascimus, potest annis omnibus in fœturam vacca submitti: si vero indigetur hoc genere, alternis temporibus onerandæ sunt, maximeque, si eædem vaccæ alicui operi servire consueverunt. Hoc mense arie-

qu'il faille rechercher en eux ; celle de leur langue n'est pas moins importante. En effet, pour peu que cette partie de leur corps soit obscurcie par quelques taches, le mélange de couleurs qu'on y apercevra se transmettra à leurs produits. Un bélier blanc donne assez souvent un produit d'une autre couleur; au lieu que, comme le dit Columelle, il ne peut jamais venir un agneau blanc d'un bélier noir. On choisira les béliers hauts et de grande taille, avec ventre bas et couvert de laine blanche, la queue très-longue, la toison épaisse, le front large, les testicules gros, et qui soient dans la troisième année de leur âge; quoiqu'ils puissent saillir fructueusement jusqu'à l'âge de huit ans. Il faut faire couvrir les brebis à l'âge de deux ans. Elles peuvent porter jusqu'à celui de cinq, mais elles dépérissent la septième année. On choisira des brebis qui soient d'une grande taille, qui aient la toison longue et très-douce, et le ventre bien laineux et d'une grande capacité. Mais il faut avoir l'attention de ne point laisser manquer ce bétail de fourrage, et de le mener paître loin des buissons, qui détruiraient sa laine et lui déchireraient la peau. Il faut faire couvrir les brebis au mois de juillet, afin que leurs petits soient fortifiés avant l'hiver. Aristote assure que si on veut leur faire concevoir une plus grande quantité de mâles que de femelles, il faut choisir un temps sec et un jour où le vent du septentrion souffle, pour les faire couvrir pendant qu'elles paîtront vis-à-vis ce vent. Au lieu que si l'on veut avoir plus de femelles que de mâles, il faut chercher les vents du midi, pour les faire couvrir pendant qu'elles paîtront du côté de ce vent. Il faut substituer de nouveaux agneaux aux brebis mortes ou défectueuses. On vendra en automne toutes celles qui se trouveront affaiblies, de peur que le froid de l'hiver ne les emporte, vu leur faiblesse. Il y a des personnes qui empêchent les béliers de saillir pendant les deux mois qui précèdent le temps de leur accouplement, afin que le délai du plaisir allume de plus en plus en eux le feu de la passion. D'autres les laissent saillir sans ménagement, afin d'en avoir des produits pendant tout le cours de l'année.

V. Les Grecs assurent que si l'on arrache le gramen ce mois-ci, quand le soleil sera dans le signe de l'Écrevisse, et que la sixième lune sera dans celui du Capricorne, ses racines ne reprendront point, et qu'il mourra. La même chose arrivera si on l'extirpe avec des houes de cuivre préalablement chauffées au four, et refroidies non pas avec l'eau, mais avec du sang de bouc, dans lequel on les aura fait tremper.

VI. On fait ce mois-ci du vin de scille de la manière que voici : on fait sécher loin du soleil, vers le lever des Canicules, de la scille cueillie dans des pays montagneux ou voisins de la mer. On en jette une livre dans une amphore de vin, après en avoir retranché les parties superflues, et avoir jeté de côté les feuilles dont l'extrémité de cette plante est couverte. D'autres font infuser ces feuilles mêmes dans du vin, en les y plongeant après les avoir suspendues au bout d'un fil, afin de pouvoir les en retirer quarante jours après, sans qu'elles aient trempé dans la lie. Cette espèce de vin combattra la toux, purgera le ventre, divisera la pituite, soulagera de mal la rate, rendra les yeux perçants, et aidera à la digestion.

VII. Composition de l'hydromel. On prendra au commencement des jours caniculaires de l'eau de fontaine propre. Le lendemain, on mettra dans

---

tes candidissimi eligendi et admittendi sunt mollibus lanis, in quibus non solum corporis candor considerandus est, sed etiam lingua : quæ si maculis fuscabitur, varietatem reddit in sobole. De albo plerumque nascitur coloris alterius : de fuscis nunquam (sicut Columella dicit) potest albus creari. Eligemus arietem altum, procerum, ventre promisso, et lanis candidis tecto, cauda longissima, velleris densi, fronte lata, magnis testibus, ætatis trimæ, qui tamen usque in octo annos potest utiliter inire. Fœmina debet bima submitti, quæ usque in quinquennium fœturæ necessaria est, anno septimo deficit. Eligenda est vasti corporis et prolixi velleris ac mollissimi, lanosi et magni uteri. Sed providendum est in hoc genere, ut pabuli ubertate saturetur, et longe pascatur a sentibus, qui et lanam minuunt, et corpus incidunt. Admittendi sunt mense Julio, ut nati ante hiemem convalescant. Aristoteles asserit, si masculos plures creari velis, admissuræ tempore siccos dies, et halitum Septentrionis eligendum, et contra eum ventum greges esse pascendos : si fœminas generari velis, Austri captandos flatus, et in eum pascua dirigenda, ac sic ineundas matres, [ut] mortuarum vel vitiosarum numerus novella sobole reparetur. Autumno debiles quæque pretio mutentur, ne eas imbecillas hibernum frigus absumat. Aliqui duobus ante mensibus arietes a coitu revocant, ut facem libidinis augeat dilatio voluptatis. Quidam coire sine discretione permittunt, ut hoc eis genere per annum totum fœtura non desit.

V. Hoc mense, cum sol Cancri tenebit hospitium, luna sexta in Capricorni signo posita, gramen ablatum Græci asserunt nihil de radicibus redditurum. Item si bidentes cyprei fiant, et sanguine tingantur hircino, et post fornacis ardores non aqua sed eodem sanguine temperentur, per eos erutum gramen extingui.

VI. Hoc mense vinum scillite sic facimus : scillam de montanis aut maritimis locis sub ortu Canicularum lectam procul a sole siccamus. Ex hac in vini amphoram unius libræ mensuram mittimus, recisis ante tamen superfluis et abjectis foliis, quibus pars extrema velatur. Quidam velamina ipsa filo inserta suspendunt, ut vino infusa mergantur, et non admista fecibus post XL dierum spatium serta quæ appensa sunt auferantur. Hoc vini genus tussi resistet, ventrem purgabit, flegma dissolvet, spleneticis proderit, acumen præstabit oculorum, concitabit digestionis auxilia.

VII. [De hydromelli.] Inchoantibus Canicularibus diebus aquam puram pridie sumis ex fonte. In tribus aquæ

trois *sextarii* de cette eau un *sextarius* de miel non écumé ; et après avoir partagé ce mélange avec soin dans des vases propres à faire le vin cuit jusqu'à diminution d'un tiers, on le fera agiter continuellement pendant cinq heures par des enfants impubères, qui remueront les vases à cet effet ; après quoi on le laissera exposé à l'air pendant quarante jours et quarante nuits.

VIII. Composition du vinaigre de scille. Après avoir jeté de côté toutes les parties dures d'une scille blanche et crue, on en coupera en petits morceaux le plus tendre du cœur, dont on plongera la valeur d'une livre et six *unciæ* dans douze *sextarii* de vinaigre très-mordant. On bouchera le vase, pour le laisser exposé pendant quarante jours au soleil. Ensuite, après avoir jeté la scille, on passera soigneusement ce vinaigre, et on le surversera dans un vase bien enduit de poix. Autre vinaigre bon pour la digestion et pour la santé : On met dans un petit vase huit drachmes de scille et trente *sextarii* de vinaigre, avec une *uncia* de poivre et une légère dose de menthe et de cannelle, pour s'en servir quelque temps après.

IX. On fait réduire en poudre un *sextarius* et demi de graine de moutarde ; on mêle avec cette poudre cinq livres de miel, une d'huile d'Espagne, et un *sextarius* de vinaigre mordant ; et quand le tout a été bien broyé, on l'emploie à son usage.

X. Les heures de juillet et de juin sont d'une égale durée.

A la première et à la onzième heure, le gnomon donne vingt-deux pieds d'ombre.

A la seconde et à la dixième, il en donne douze.

A la troisième et à la neuvième, il en donne huit.

A la quatrième et à la huitième, il en donne cinq.

A la cinquième et à la septième, il en donne trois.

A la sixième, il en donne deux.

LIVRE NEUVIÈME.
AOUT.

I. On commence à la fin du mois d'août, vers les calendes de septembre, à labourer les terrains plats, humides et maigres. On presse en ce moment les préparatifs de la vendange dans les pays voisins de la mer. On herse aussi les vignes dans les pays très-froids.

II. Si l'on a des terrains plantés en vignes qui soient maigres, et que la condition des ceps ne soit pas meilleure, on y sèmera dans ce mois trois ou quatre *modii* de lupins par *jugerum* ; après quoi on les hersera. Quand ces lupins seront venus, on en couchera la tige sur la terre ; c'est un excellent engrais pour la vigne. Tout autre lui est contraire, et vicie la qualité du vin.

III. On épampre à présent dans les pays froids ; au lieu qu'il vaut mieux laisser de l'ombre aux grappes dans les pays brûlants et secs, afin que l'ardeur du soleil ne les dessèche point ; ce qu'on ne pourra néanmoins pratiquer que lorsque le peu d'étendue des vignobles, ou la facilité de trouver des ouvriers, le permettra. On peut aussi arracher la fougère et la lèche ce mois-ci.

IV. Il faut mettre à présent le feu aux prairies, afin que les tiges des herbes qui montent trop vite soient rapprochées de leurs racines, et

---

sextariis unum sextarium non despumati mellis admisces, ac diligenter per carenarias divisum quinque horarum spatio continuo per investes pueros curabis agitare vasa ipsa concutiens. Tunc XL diebus ac noctibus patieris esse sub cælo.

VIII. [*De aceto scillitico.*] Squillæ albæ crudæ projectis duris atque extrinsecus positis omnibus, teneram medietatem ad libram et sex uncias per minutas partes recides, et in aceti acerrimi duodecim sextariis merges. Vas signatum quadraginta diebus patieris esse sub sole ; post abjecta squilla acetum diligentius excolabis, et in bene picata vasa transfundes. Aliud acetum digestioni et saluti accommodum : Squillæ dragmas VIII, aceti sextarios XXX mittis in vasculo, et piperis unciam unam, mentæ et casiæ aliquantum, et post [aliquod] tempus uteris.

IX. Sinapis semen ad modum sextarii unius et semis, redigere curabis in pulverem, cui mellis pondo V, olei Hispani unam libram, aceti acris unum sextarium misces, et tritis omnibus diligenter uteris.

X. Julii et Junii horas par mensurarum libra composuit.

Hora	I	et	XI	pedes	XXII.
Hora	II	et	X	pedes	XII.
Hora	III	et	IX	pedes	VIII.
Hora	IV	et	VIII	pedes	V.
Hora	V	et	VII	pedes	III.
Hora	VI			pedes	II.

LIBER NONUS.

I. Augusto mense ultimo circa calendas Septembres ager planus, humidus, exilis incipiat exarari. Nunc maritimis locis vindemiæ apparatus urgetur. Hoc etiam mense locis frigidissimis occatio vinearum fit.

II. Hoc tempore, si terra exilis in vinea est, et vinea ipsa miserior, tres vel quatuor lupini medios in jugero spargis, atque ita occabis. Quod ubi fruticaverit, evertitur, et optimum stercus præbet in vineis, quia lætamen propter vini vitium non convenit inferre vinetis.

III. Nunc locis frigidis pampinatur, locis vero ferventibus ac siccis obumbratur potius uva, ne vi solis arescat, si aut vineæ brevitas aut facultas operarum permittit. Hoc etiam mense extirpare possumus carecta atque filecta.

IV. Nunc urenda sunt pascua, ut et altorum fruticum festinatio reprimatur ad stirpes, et incensis aridis nova lætius herba succedat.

que les herbes sèches étant brûlées, il leur en succède de nouvelles avec plus d'abondance.

V. Il faut encore semer à la fin de ce mois des raves et des navets dans les pays secs, en s'y prenant comme je l'ai indiqué plus haut. On sème à la fin de ce mois-ci dans les pays secs les raiforts destinés à la consommation de l'hiver. Ces racines ainsi que les raves aiment une terre grasse, ameublie et labourée longtemps. Elles craignent le tuf et le gravier, et se plaisent sous un ciel nébuleux. Il faut les semer sur de grandes planches qui soient bêchées profondément. Les meilleures sont celles qui viennent dans les sables. On les sèmera peu de temps après la pluie, à moins qu'on ne soit à portée de les arroser. Dès qu'elles seront semées, on les recouvrira de terre à l'aide d'un sarcloir léger. Il en faut deux *sextarii* ou quatre, suivant la pratique de quelques personnes, pour ensemencer un *jugerum*. On ne leur donnera pas de fumier, parce qu'il les rendrait spongieuses; et il vaudra mieux les couvrir de paille. Elles deviendront plus agréables, quand elles seront arrosées souvent avec de l'eau salée. On regarde comme les femelles celles de ces racines qui sont les moins âcres, qui ont les feuilles les plus larges et les plus lisses, et dont la verdure est d'un aspect plus agréable. Ce sera donc la graine de celles-ci que l'on ramassera. On croit qu'elles grossiront davantage, lorsqu'on aura arraché toutes leurs feuilles, en ne leur laissant qu'une simple tige, et qu'on les aura souvent couvertes de terre. Si lorsqu'elles sont trop âcres on veut les rendre plus douces, on en fera infuser la graine pendant un jour et une nuit dans du miel, ou dans du vin fait avec du raisin séché au soleil. Au surplus, il est constant que le raifort est ennemi de la vigne, ainsi que le chou, puisque, dès qu'il est semé auprès d'elle, celle-ci se recule par l'effet d'une antipathie naturelle. On sèmera aussi ce mois-ci des panais.

VI. On ente aussi à présent les arbustes en écusson. Presque tout le monde greffe à présent le poirier et le citronnier dans les terrains arrosés.

VII. Les frelons sont à charge ce mois-ci aux ruches; aussi faut-il leur faire la guerre et les détruire. On fera aussi à présent tout ce qu'on aura négligé de faire en juillet.

VIII. Si l'on manque d'eau, il faudra en chercher à présent. Or voici par quelle méthode on parvient à en trouver : Quand on voudra chercher de l'eau dans un endroit, on tournera la vue, avant le lever du soleil, du côté du levant, en se tenant couché sur le sol tout de son long, le menton appuyé contre terre. Si l'on voit alors s'élever une vapeur légèrement nébuleuse, et qui se résout, on remarquera bien l'endroit où paraîtra ce phénomène, en guidant son observation à l'aide de quelque souche ou de quelque arbre du voisinage; car cette observation est l'indice constant d'une source cachée. Mais on observera aussi la nature du terrain, afin de pouvoir juger de la quantité d'eau plus ou moins grande qui pourra s'y trouver. La craie ne donnera que des veines maigres, et d'une eau peu agréable. Dans le sable on ne trouve que des filets d'une eau également peu potable, fortement chargée, et enfoncée sous le sol à des profondeurs considérables. La terre noire ne donnera qu'une très-petite quantité d'eau, qui filtrera goutte à goutte, et qui ne sera que le résultat des pluies et de l'humidité de l'hiver; mais cette eau sera d'un goût excellent. Le gravier donnera des veines médiocres et incertaines, mais leurs eaux l'emporteront sur toutes

---

V. Hoc etiam mense ultimo siccis locis rapa et napus serenda sunt hac ratione qua ante dictum est. Hoc mense ultimo locis siccioribus radices seruntur, quæ hieme sui usum ministrent. Amant terram pinguem, solutam, et diu subactam, qualem rapa. Tofum et glaream reformidant. Gaudent cæli statu nebuloso. Serendæ sunt spatiis grandibus et alte fossis. Meliores proveniunt in arenis. Serantur post novam pluviam, nisi possint forte rigari. Quod satum est, statim debet operiri levi sarculo. Jugerum duo sextarii, vel, ut quidam, quatuor, cum seruntur, implent. Lætamen non est ingerendum, sed potius paleæ : quia inde fungosæ sunt. Suaviores fiunt, si eas aqua salsa frequenter aspergas. Radices fœminini generis putantur, quæ minus acres sunt et habent folia latiora [et] levia, et cum jucunditate virentia. Ex his ergo semina colligemus. Majores fieri creduntur, si sublatis omnibus foliis, et solo tenui caule dimisso sæpe terris operiantur. Si ex nimis acra dulcem fieri velis, semina die et nocte melle macerabis aut passo. Raphanum tamen sicut brassicam constat esse vitibus inimicam. Nam si circa se serantur, natura discordante refugiunt. Hoc etiam mense pastinacas seremus.

VI. Etiam nunc emplastrantur arbusta. Pirum nunc plerique inserunt, et locis irrigais arborem citri.

VII. Hoc mense crabrones molesti sunt alveariis apum, quos persequi ac necare debemus. Nunc etiam quæ Julio non occurrimus facere, exequamur.

VIII. Nunc si deerit aqua, eam quærere ac vestigare debebis, quam taliter poteris invenire. Ante ortum solis iis locis quibus aqua quærenda est, æqualiter pronus mento ad solum depresso jacens in terra spectabis orientem, et in quo loco crispum subtili nebula aerem surgere videbis, et velut rorem spargere, signo aliquo vicinæ stirpis aut arboris prænotabis. Nam constat siccis locis, ubi hoc fiet, aquam latere. Sed terrarum genus considerabis, ut possis vel de tenuitate vel de abundantia judicare. Creta tenues nec optimi saporis venas creabit; sabulo solutus exiles, insuaves, limosas, et spatio altiore submersas; nigra terra humores et stillicidia non magna ex hibernis imbribus et liquore collecta, sed saporis egregii; glarea mediocres et incertas venas, sed suavitate præcipuas; sabulo masculus et arena et carbunculus certas et ubertate copiosas : in saxo rubro bonæ et abundantes sunt. Sed providendum est, ne inventæ inter rimas refu-

les autres par leur goût agréable. Le sable ferme, ainsi que le gravier et les couches de charbon, donneront des veines certaines et qui seront inépuisables. Il s'en trouvera de bonnes, et qui seront abondantes dans les roches rouges. Mais il faut prendre garde que les eaux que l'on aura trouvées ne s'échappent par les pores de la terre. Les eaux sont abondantes, fraîches et salubres au pied des montagnes, ainsi que dans les cailloutages; au lieu qu'elles sont saumâtres, lourdes, tièdes et désagréables au goût dans les pays plats. Et quand elles s'y trouvent d'un goût excellent, c'est une preuve qu'elles proviennent originairement d'une montagne. Au surplus, elles peuvent acquérir, même en pleine campagne, la douceur des eaux qui prennent leur source dans les montagnes, pour peu qu'elles soient cachées sous des arbrisseaux qui les couvrent de leur ombre. Voici d'autres indications propres à guider dans la recherche des sources cachées, auxquelles on pourra avoir confiance toutes les fois qu'il n'y aura point de mares d'eau dans l'endroit, qu'il n'y aura pas d'eau stagnante ou d'écoulement habituel : c'est la présence du jonc ordinaire, du saule des forêts, de l'aune, du poivrier sauvage, du roseau, du lierre, et des autres plantes qui se plaisent dans l'eau. On creusera donc l'endroit où se trouveront les indications que nous venons de donner, jusqu'à cinq pieds de profondeur, sur une largeur de trois pieds; et quand le soleil sera prêt à se coucher, on mettra dans cette fosse un vase de cuivre ou de plomb propre et graissé par dedans, dont l'ouverture sera tournée vers le fond de la fosse. Ensuite on étendra, en l'appuyant sur les bords de la fosse, une claie tissue de baguettes et de branchages, et l'on recouvrira le tout de terre. Si, lorsqu'on viendra à ouvrir la fosse le lendemain, on trouve que le vase sue pardedans, ou que l'eau en dégoutte, il n'y a point de doute que cet endroit ne renferme de l'eau. De même si l'on met dans cette fosse un vase de terre sec et non passé au feu, et qu'on le recouvre de la même manière, on le trouvera le lendemain dissous par l'humidité dont il aura été imprégné, lorsqu'il y aura une veine d'eau dans le voisinage. Un flocon de laine mis également dans une fosse, et recouvert de même indique aussi la présence de l'eau en abondance, s'il en exprime quand on vient le presser le lendemain. Un endroit renfermera encore de l'eau toutes les fois qu'on aura mis dans une fosse, en la recouvrant, une lampe allumée et pleine d'huile, et qu'on la trouvera éteinte le lendemain, quoiqu'il y reste encore de l'huile. De même, si l'on fait du feu quelque part, et si, lorsque la terre sera échauffée, elle répand une fumée humide et nébuleuse, autre preuve de l'évidence de l'eau. Une fois ces indices reconnus, et leur certitude bien constatée, on creusera un puits pour chercher la source de l'eau; ou, s'il y a plusieurs sources, on les réunira en une seule. Il faut chercher les eaux particulièrement au pied des montagnes et du côté du nord, parce qu'elles y sont plus abondantes et meilleures que partout ailleurs.

IX. Mais il faut examiner s'il n'y a point de danger pour les ouvriers qui travaillent à creuser les puits, parce que le sol dégage souvent des miasmes de soufre, d'alun et de bitume, dont le mélange empeste l'air, remplit les narines des ouvriers, qui n'échappent au danger de suffoquer que par une prompte fuite. En conséquence, avant d'atteindre le fond de l'excavation, on y déposera une lampe allumée. Si cette lampe ne s'éteint pas, c'est une preuve qu'il n'y aura aucun danger à craindre. Mais si elle s'éteint, il

giant, et per intervenia dilabantur. Sub radicibus montium, et in saxis silicibus uberes, frigidæ, salubres : locis campestribus salsæ, graves, tepidæ, insuaves : quarum sapor si optimus fuerit, noveris eas sub terris exordium de monte sumsisse. Sed in mediis campis montanorum fontium suavitatem consequentur, si umbrantibus tegantur arbustis. Sunt et hæc signa vestigandæ aquæ, quibus tunc credimus, si neque lacuna est, neque aliquis ibi ex consuetudine humor insidet aut præterit. Juncus tenuis, salix silvatica, alnus, vitex, arundo, edera cæteraque, si qua humore gignuntur. Locus ergo, ubi supradicta signa repereris, fodiatur latitudine pedibus tribus, altitudine pedibus quinque, et proxime solis occasum, mundum vas ibi æreum vel plumbeum interius unctum inversum ponatur in solo ipsius fossionis. Tunc supra fossæ labra crate facta de virgis ac frondibus, additaque terra, spatium omne cooperiatur. Sequenti die aperto loco, si in eodem vase sudores [intrinsecus] invenientur aut stillæ, aquas ibi esse non dubites. Item si vas figuli siccum, neque coctum, eadem ratione ponatur, ac similiter operiatur; altero vero die, si aquarum vena est in præsenti, vas concepto humore solvetur. Item vellus lanæ æque positum et coopertum, si tantum colligit humoris, ut alia die fundat expressum, copias inesse testabitur. Item lucerna oleo plena et accensa, si ibi similiter tecta ponatur, et secuto die inveniatur extincta superantibus alimentis, aquas idem locus habebit. Item si in eo loco focum feceris, et terra vaporata humidum fumum nebulosumque ructaverit, aquas inesse cognosces. His itaque repertis, certa signorum firmante notitia, puteum fodies, et aquæ caput requires : vel si plura sunt, in unum colliges. Tamen maxime sub radicibus montium in Septentrionali parte quærendæ sunt aquæ, quia in his locis magis abundant, utilioresque nascuntur.

IX. Sed in fodiendis puteis cavendum est fossorum periculum, quoniam plerumque terra sulfur, alumen, bitumen educit, quorum spiritus misti anhelitum pestis exhalant, et occupatis statim naribus extorquent animas, nisi quis fugæ sibi velocitate succurrat. Prius ergo quam descendatur ad intima, in eis locis lucernam ponis accensam, quæ si extincta non fuerit, periculum non timebis ; si vero extinguetur, cavendus est locus, quem spiritus

faut s'abstenir de pousser plus loin la fouille, car là réside un méphitisme mortel. Si néanmoins on ne peut pas trouver d'eau ailleurs, on creusera des puits auprès de cet endroit, tant de droite que de gauche, jusqu'à ce qu'on soit parvenu au niveau de l'eau ; et l'on pratiquera dans l'intérieur de ces puits des soupiraux ouverts de côté et d'autre en forme de narines, et par lesquels l'exhalaison funeste s'évaporera ; après quoi on soutiendra les parois des puits à l'aide d'une maçonnerie. Au reste, il faut que la largeur d'un puits soit de huit pieds en tout sens, sur lesquels la maçonnerie en prendra deux. Cette maçonnerie sera soutenue d'espace en espace avec des barres de bois, et construite en tuf ou en moellon. Quand l'eau est limoneuse, on la corrige en y jetant du sel. Si, lorsqu'on creuse un puits, la terre, trop meuble de sa nature, vient à s'ébouler, ou que l'eau vienne à la délayer, on la contiendra de tous côtés à l'aide de planches appuyées verticalement contre elle, et soutenues avec des barres mises en travers, pour empêcher que l'éboulement n'ensevelisse les travailleurs.

X. Voici la manière de faire l'essai d'une eau qu'on aura nouvellement trouvée : On en versera dans un vase de cuivre bien poli, et, si elle n'y laisse point de tache, c'est une preuve qu'elle est bonne. Elle est également bonne, lorsque, après avoir été bouillie dans un petit vase de cuivre, elle n'y dépose ni sable ni limon, lorsque les légumes y cuisent promptement, lorsque ni mousse ni impureté d'aucune sorte n'en altère la limpidité. Au surplus, quand les puits sont creusés sur une hauteur, on pourra en faire jaillir l'eau par en bas comme celle d'une fontaine, en perçant les terres jusqu'à son lit, si la configuration du terrain inférieur n'y apporte aucun empêchement.

XI. Quand il s'agit de conduire l'eau d'un lieu à un autre, on a recours à un canal construit en maçonnerie, ou à des tuyaux de plomb, ou à des canaux de bois, ou enfin à des tuyaux de terre cuite. Si on la conduit dans un canal construit en maçonnerie, il faut que ce canal soit bien solide, afin qu'elle ne s'échappe point à travers les joints des pierres qui entrent dans sa construction. La largeur de ce canal sera proportionnée à la quantité d'eau que l'on y fera couler. Si ce canal doit traverser dans sa route un terrain plat, on lui donnera, en le construisant, une pente insensible d'un pied et demi sur soixante ou cent pieds de longueur, afin de procurer à l'eau un écoulement suffisant. S'il doit rencontrer une montagne sur sa route, il faudra diriger l'eau et la détourner vers les côtés de cette montagne, ou lui ouvrir à travers le mont un passage à son niveau au moyen d'un aqueduc. Mais s'il se trouve une vallée sur son chemin, on élèvera des piliers ou des arcs jusqu'à la hauteur de la pente que doit suivre l'eau, ou bien on la laissera tomber au fond de la vallée en la renfermant dans des tuyaux de plomb, pour la faire remonter ensuite quand elle l'aura traversée. Lorsqu'on conduira l'eau dans des tuyaux de terre cuite, méthode qui est la plus salutaire et la plus avantageuse de toutes, on donnera à ces tuyaux une épaisseur de deux doigts, en les rétrécissant par un de leurs côtés, afin qu'ils puissent s'emboîter l'un dans l'autre de la longueur d'un *palmus*, et on en garnira les joints avec de la chaux vive pétrie à l'huile. Mais avant d'introduire dans ces tuyaux l'eau qu'on veut y faire couler, on y fera passer de la cendre chaude mêlée d'un peu d'eau, pour souder les défectuosités qui peuvent se rencontrer dans ces tuyaux. La pire de toutes les méthodes consiste à conduire l'eau dans des tuyaux de plomb. Elle rend en effet l'eau dangereuse à

---

mortifer occupabit. Quod si alio loco aqua non potest inveniri, dextera lævaque puteos fodiemus, usque ad aquæ ipsius libramentum, et ab his foramina hinc inde patefacta velut nares intus agemus, qua nocens spiritus evaporet : quo facto latera puteorum structura suscipiat. Fodiendus est autem puteus, latitudine octo pedum quoquoversum, ut binos pedes structura concludat ; quæ structura vectibus ligneis subinde densetur, et structa sit lapide tofacio, vel silice. Si aqua limosa fuerit, salis admistione corrigatur. Sed dum foditur puteus, si terra non stabit vitio generis dissoluti, aut humore laxabitur, tabulas objicies directas undique, et eas transversis vectibus sustinebis, ne fodientes ruina concludat.

X. Aquam vero novam sic probabis : in vase æneo nitido spargis, et si maculam non fecerit, probabilis judicetur. Item decocta æneo vasculo, si arenam vel limum non relinquit in fundo, utilis erit. Item si legumina cito valebit excoquere, vel si colore perlucido carens musco, et omni labe pollutionis aliena. Sed qui in alto sunt putei, perforatis usque ad intimam partem terris ad loca inferiora, possunt vice fontis exire, si vallis subjectæ natura permittat.

XI. Cum vero ducenda est aqua, ducitur aut forma structili, aut plumbeis fistulis, aut canalibus ligneis, aut fictilibus tubis. Si per formam ducetur, solidandus est canalis, ne per rimas aqua possit elabi : cujus magnitudo pro aquæ mensura facienda est. Si per planum veniet, inter centenos vel sexagenos pedes sensim reclinetur structura in sesquipedem, ut vim possit habere currendi. Si quis mons interjectus occurrerit, aut per latera ejus aquam ducemus obliquam aut ad aquæ caput speluncas librabimus, per quarum structuram perveniat. Sed si se vallis interserat, erectas pilas vel arcus usque ad aquæ justa fastigia construemus, aut plumbeis fistulis clausam dejici patiemur, et explicata valle consurgere. Sed, quod est salubrius et utilius, fictilibus tubis cum ducitur, duobus digitis crassi, et ex una parte reddantur angusti, ut palmi spatio unus in alterum possit intrare : quas juncturas viva calce oleo subacta debemus illinire. Sed antequam in iis aquæ cursus admittatur, favilla per eos mixta exi-

boire, parce que le plomb, à force d'être frotté, décharge de la céruse, qui est une matière nuisible au corps humain. C'est à l'art à construire les réservoirs de façon à ce que le plus petit filet d'eau procure une abondante réserve.

XII. Voici la quantité de plomb qui doit entrer dans la fabrication des tuyaux. Il en faut douze cents livres pour une feuille de cent doigts de largeur sur une longueur de dix pieds; neuf cent soixante pour une feuille de quatre-vingts doigts; six cents pour une feuille de cinquante doigts; quatre cent quatre-vingts pour une feuille de quarante doigts; trois cent soixante pour une feuille de trente doigts; deux cent quarante pour une feuille de vingt doigts, et quatre-vingt-seize pour une feuille de huit doigts.

XIII. Manière de confire le verjus dans du miel. Versez deux *sextarii* de miel bien broyé sur six de jus de raisin à demi vert, et laissez ce mélange se cuire au soleil pendant quarante jours.

XIV. Il n'y a point de différences, quant à la marche du soleil, entre le mois d'août et celui de mai.

A la première et à la onzième heure, le gnomon donne vingt-trois pieds d'ombre.

A la seconde et à la dixième, il en donne treize.

A la troisième et à la neuvième, il en donne neuf.

A la quatrième et à la huitième, il en donne six.

A la cinquième et à la septième, il en donne quatre.

A la sixième, il en donne trois.

LIVRE DIXIÈME.
SEPTEMBRE.

I. On labourera pour la troisième fois au mois de septembre les terrains gras, ainsi que ceux qui sont dans l'habitude de conserver longtemps l'humidité; et l'on s'y prendra même plus tôt quand l'année aura été humide. On bine et l'on ensemence à présent les terrains humides, plats et maigres, auxquels nous avons dit qu'il fallait donner le premier labour au mois d'août. Il faut labourer à présent pour la première fois les coteaux maigres, et les ensemencer aussitôt après, vers l'équinoxe. On fumera à présent les terres, mais on aura soin de resserrer les tas de fumier les uns auprès des autres sur les collines; au lieu qu'on les espacera davantage dans les plaines. Si l'on fait cette opération au déclin de la lune, ce sera le moyen d'empêcher les herbes d'y croître. Columelle assure que vingt-quatre *carpenta* de fumier suffisent pour fumer un *jugerum* de terre, et qu'il n'en faut que dix-huit en terrain plat. Au surplus, il faudra avoir soin de n'éparpiller en un jour que la quantité de fumier qu'on pourra recouvrir de terre le même jour par le labour, de peur que ce fumier, venant à se dessécher, ne perde sa vertu. On peut encore fumer en quelque temps de l'hiver que ce soit; mais lorsque quelque raison aura empêché de le faire dans un temps convenable, on y remédiera soit en répandant sur les terres, avant de les ensemencer, du fumier pulvérisé de la manière dont on y répand la graine, soit en y jetant à la main du crottin de chèvres, qu'on incorporera ensuite avec la terre à l'aide des sarcloirs. Il n'est pas à propos de fumer beaucoup à la fois, et il vaut mieux le faire modérément et plus souvent. Une terre aqueuse demande plus de fumier qu'une terre sèche. Si cependant l'on n'est pas riche en grais, ce sera une excellente méthode de répandre, en guise de fumier, sur les terres sablonneuses, de la craie ou de l'argile, comme de semer

---

gno liquore decurrat, ut glutinare possit, si qua sunt vitia tuborum. Ultima ratio est, plumbeis fistulis ducere : quæ aquas noxias reddunt. Nam cerusa plumbo creatur attrito, quæ corporibus nocet humanis. Diligentis erit aquarum receptacula fabricari, ut copiam inops vena procuret.

XII. Mensura vero fistularum plumbo servetur hujusmodi. Centenaria x pedum mille ducentas libras habeat. Octogenaria nongentas lx. Quinquagenaria similiter x pedum pondo sexcenta. Quadragenaria pondo quadringenta lxxx. Tricenaria pondo trecentasexaginta. Vicenaria pondo xl. Octonaria pondo nonaginta sex.

XIII. [*De omphacomeli.*] In uvæ semiacerbæ succi sextariis sex mellis triti fortiter duos sextarios debebis infundere, et sub solis radiis diebus xl decoquere.

XIV. Augustum Maio par solis cursus æquavit.

Hora	I	et	XI	pedes	XXIII.
Hora	II	et	X	pedes	XIII.
Hora	III	et	IX	pedes	IX.
Hora	IV	et	VIII	pedes	VI.
Hora	V	et	VII	pedes	IV.
Hora	VI			pedes	III.

LIBER DECIMUS.

I. Septembri mense ager pinguis, et qui diu tenere consuevit humorem, tertia vice arabitur, quamvis humido anno possit et antea tertiari. Nunc ager humidus, planus, exilis, quem primo Augusto arari diximus, iteratur et seritur. Graciles clivi nunc primum arandi et serendi sunt statim circa æquinoctium. Agri nunc stercorandi sunt, sed in colle spissius, in campo rarius lætamina disponentur, cum luna minuitur : quæ res si servetur, herbis officiet. Uni jugero asserit Columella xxiv stercoris carpenta sufficere; in plano vero xviii. Sed iidem cumuli tot dissipandi sunt, quot eadem die poterunt inarari, ne stercora exsiccata nihil prosint. Ejiciuntur quidem lætamina, et qualibet hiemis parte. Sed si tempore suo ejici aliqua ratione non poterunt, ante quam seras, more seminis per agros pulverem stercoris sparge, vel caprinum manu projice, et terram sarculis misce. Nec prodest nimium stercorare uno tempore, sed frequenter et modice. Ager aquosus plus stercoris, siccus vero minus requirit. Sed si lætaminis copia non abundat, hoc pro stercore optime cedit, ut sa-

du sable sur les terres argileuses ou trop compactes. Outre que cette méthode est favorable aux moissons, elle rend encore les vignes très-belles, d'autant qu'en donnant du fumier à celles-ci, on altère souvent la qualité du vin.

II. On sèmera ce mois-ci vers l'équinoxe, quand le temps sera au beau fixe, le froment ainsi que le blé *adoreum* dans les terrains marécageux, ou maigres, ou froids, ou ombragés, afin que les racines de ces blés puissent prendre quelque consistance avant l'hiver.

III. La terre rend souvent une humidité amère qui fait périr les blés. Il faut répandre sur les endroits où cela arrivera, de la fiente de pigeon ou des feuilles de cyprès, et les labourer en même temps, afin que ce genre de fumier s'amalgame avec la terre. Mais le meilleur remède est de détourner cette humidité pernicieuse au moyen d'une saignée qui la portera ailleurs. On ensemencera un *jugerum* d'une terre médiocre avec cinq *modii* de froment, et la même quantité de blé *adoreum*. Il n'en faut que quatre pour une terre grasse. On assure que ces semences viendront à bien, lorsqu'on aura recouvert d'une peau d'hyène le *modius* dont se servent les semeurs, et qu'on aura laissé le grain pendant quelque temps dans ce semoir. Comme il arrive assez souvent que certains animaux qui vivent sous terre font périr les blés en les coupant par la racine, il sera également bon, pour prévenir cet accident, de faire tremper les grains une nuit, avant de les semer dans du jus de l'herbe appelée *sedum* (joubarbe), mêlé avec de l'eau, comme d'exprimer du jus de concombre sauvage, ou de faire infuser dans de l'eau la racine broyée de cette plante, pour y tremper ensuite les grains que l'on aura à semer. Il y a des personnes qui, dès qu'elles voient leurs moissons attaquées de cet accident, versent sur les sillons et sur les charrues, sans attendre que le mal ait fait de plus grands progrès, du marc d'huile sans sel, ou de l'eau dont nous venons de faire mention.

IV. On sème à présent dans les terrains maigres l'orge *cantherinum*. Il en faut cinq *modii* par *jugerum*. On laissera reposer les terres qui auront porté cette espèce de grain, à moins qu'on n'aime mieux les fumer.

V. On sème à présent ou un peu plus tôt les lupins en quelque terre que ce soit, ne fût-elle pas même labourée. Il sera à propos qu'ils soient semés avant que les froids commencent. Ils ne réussissent point dans les terres limoneuses, et craignent l'argile; ils se plaisent au contraire dans les terres maigres, ainsi que dans les terres rouges. Il en faut dix *modii* pour ensemencer un *jugerum*.

VI. On sèmera les pois à la fin de ce mois. Ils aiment une terre légère et qui ne soit point compacte, un pays chaud et humide. Il suffira d'en semer trois ou quatre *modii* par *jugerum*.

VII. On sème à présent le sésame dans un terrain friable, ou dans des sables gras, ou dans des terres rapportées. Il en faudra semer quatre *sextarii* ou six par *jugerum*. On labourera pour la première fois à la fin de ce mois les terres où l'on voudra semer de la luzerne.

VIII. C'est à présent que l'on fait le premier ensemencement de la vesce et du fenugrec, quand on les destine à servir de fourrage. Sept *modii* de graine tant de vesce que de fenugrec seront suffisants pour un *jugerum*. On sème aussi les herbages que l'on doit couper avant leur maturité, dans un terrain auquel on aura fait produire toutes les années sans se reposer,

---

bulosis locis cretam id est argillam spargas, cretosis ac nimium spissis sabulonem. Hoc etiam segetibus proficit, et vineas pulcherrimas reddit. Nam lætamen in vineis saporem vini vitiare consuevit.

II. Hoc mense uliginosis locis aut exilibus aut frigidis aut opacis circa æquinoctium triticum et adoreum seretur, dum serenitas constat, ut radices frumenti ante hiemem convalescant.

III. Solet terra humorem salsum vomere, qui segetes necat. Ubi hoc fit, columbinum stercus aut cupressi folia oportet inspargere, et ita, ut eadem misceantur, inarare. Melius tamen omnibus remediis erit, si aquarius sulcos noxium deducat humorem. In mediocris agri jugero v tritici modios et adorei totidem conseremus. Nam quatuor [ager] pinguis accipiet. Si modium, quo seretur, hyænæ pelle vestieris, et ibi aliquamdiu quod serendum est, esse patiaris, sata bene provenire firmantur. Item quoniam quædam animalia subterranea sectis radicibus necant plerumque frumenta, contra hæc proderit, si herbæ, quæ sedum dicitur, succus aquæ mistus una nocte madefaciat quæ spargenda sunt semina : vel agrestis cucumeris humor expressus et ejus radix trita si aqua diluatur, et eodem quæ serenda sunt macerentur humore. Aliqui ubi hæc segetes suas perferre senserint, inter initia vitiorum insulsa amurca vel prædicta aqua sulcos et arata perfundunt.

IV. Nunc gracili solo ordeum seritur cantherinum modiis v per jugerum. Post hoc genus agros cessare patieris, nisi forte lætamen aspergas.

V. Nunc vel maturius aliquanto lupinus seritur in qualicunque terra vel crudo solo : cui hoc proderit, ut seratur ante quam frigus incipiat. Limoso agro non nascitur : cretam reformidat : amat exilem terram atque rubricam : x modiis jugeri mensura completur.

VI. Hoc mense postremo pisum seremus, terra facili et soluta, loco tepido, cælo delectabitur humecto. Jugero quatuor modios vel tres sparsisse sufficiet.

VII. Nunc sisamum seritur putri solo vel pinguibus arenis vel terra congesticia. Jugero quatuor vel sex sextarios sevisse conveniet. Hoc mense postremo prima vice agros proscindemus, qui habituri sunt medicam.

VIII. Nunc viciæ prima satio est et fœni Græci, cum pabuli causa seruntur. Viciæ vii modii jugerum æque et fœni Græci semen implebit. Farrago etiam loco restibili stercorato seritur : ordei cantherini in jugero x modios

et que l'on aura fumé; auquel cas il faudra y semer dix *modii* d'orge *cantherinum* par *jugerum*, et le faire vers l'équinoxe, afin que ce grain se trouve fortifié avant l'hiver. Si on veut le faire paître souvent par les bestiaux, il pourra suffire à leur pâture jusqu'au mois de mai; au lieu que si l'on veut en retirer du grain, il ne faudra le leur laisser paître que jusqu'aux calendes de mars, et, passé ce temps, leur en interdire la pâture.

IX. On sème vers les ides de ce mois-ci des lupins, pour fertiliser les terres maigres; et, dès qu'ils sont venus, on les verse en terre, afin qu'ils y soient coupés par le soc de la charrue, et qu'ils y pourrissent.

X. On peut faire à présent de nouvelles prairies, si on le juge à propos. Lorsqu'on aura le choix du terrain, on préférera pour cette destination, soit un terrain gras où la rosée séjourne, uni ou légèrement incliné, soit une vallée dont la position soit telle, que l'eau ne soit pas dans le cas d'y tomber par une chute précipitée, ni d'y rester stagnante. On peut encore mettre en prairies un terrain meuble et maigre, pourvu qu'on ait soin de l'arroser. On arrachera donc, pour dégager ce terrain, tout ce qui pourra l'embarrasser, tant les herbes hautes et dures que les arbrisseaux dont il sera couvert. Ensuite, lorsqu'il aura été souvent remué et ameubli par des labours multipliés, on en ramassera les pierres, et on en pulvérisera toutes les mottes; après quoi on le fumera avec du fumier récent, dans le temps que la lune croîtra. On aura le plus grand soin d'en écarter les bêtes de somme, surtout quand il fera humide, de peur qu'en imprimant leurs pas sur le sol, elles ne le rendent inégal en différents endroits. Mais lorsque de vieux prés seront couverts de mousse, il faudra les gratter, et répandre de la graine de foin dans les parties qui en auront été grattées. On y répandra encore souvent de la cendre, qui est un excellent préservatif de la mousse. Si une portion de prairies est devenue stérile par moisissure, négligence ou vétusté, on la labourera et on l'aplanira de nouveau. En général, il faudra labourer souvent les prés stériles. On pourra aussi semer des raves dans les prairies nouvelles; et quand on les aura recueillies, on achèvera les opérations que nous venons de détailler, pour y semer ensuite de la graine de foin, en la mêlant toutefois avec de la vesce. Il ne faudra point arroser ces semences avant qu'elles aient consolidé le sol en croissant, de peur que l'eau venant à couler sur une terre peu solide, n'en enlève la superficie.

XI. Il faut faire la vendange ce mois-ci dans les pays chauds et voisins de la mer, et se préparer à la faire dans les pays froids. On reconnaît que le temps est venu de faire la vendange, lorsqu'en exprimant les pepins renfermés dans les grains de raisin, il s'en trouve de gris ou tout à fait noirs, ce qui est le signe de la maturité du fruit. Voici la quantité de poix qu'on emploiera pour l'apprêt des futailles : il en faudra douze livres pour enduire les futailles de deux cents *congii* de contenance, et moins à proportion pour celles d'une plus petite contenance. Ceux qui veulent raffiner mêlent une livre d'excellente cire sur dix livres de poix; ce mélange est bon pour procurer de l'odeur et de la saveur au vin, parce que la douceur de la cire tempère la poix, et l'empêche de s'écailler pendant les froids. Il faut cependant goûter la poix pour s'assurer de sa douceur, parce qu'il arrive souvent que son amertume gâte le vin.

XII. On récolte à présent dans quelques can-

---

spargimus circa æquinoctium, ut ante hiemem convalescat. Si depasci sæpius velis, usque in Maium mensem ejus pastura sufficiet. Quod si ex ea semen etiam redigere, usque ad Martias calendas, et dehinc pecora prohibebis.

IX. Hoc mense, ut loca fœcundentur exilia, lupinus circa idus seritur, et ubi creverit, vertitur vomere, ut putrefiat excisus.

X. Nunc prata, si libuerit, possumus novella formare. Si eligendi facultas est, locum pinguem, roscidum, planum, leniter inclinatum, vel hujusmodi vallem deputabimus, ubi humor nec statim præcipitari cogitur, nec diu debet inhærere. Potest quidem et soluto et gracili solo prati forma, si rigetur, imponi. Extirpandus est itaque locus hoc tempore, et liberandus impedimentis omnibus, vel herbis latioribus et solidis atque virgultis. Deinde cum frequenter exercitatus fuerit, ac multa aratione resolutus, submotis lapidibus, et glebis ubique confractis, stercoretur luna crescente recenti lætamine. Ab ungulis jumentorum summa intentione servetur intactus, præcipue quoties humescit, ne inæquale solum reddant multis locis impressa vestigia. Sed si prata vetera muscus obduxerit, abradendus est, et scalptis eisdem locis fœni spargenda sunt semina, et quod ad necandum muscum prodest, cinis sæpius ingerendus. Quod si sterilis factus est locus carie, incuria, vetustate, exaretur, ac de novo rursus æquetur. Nam prata sterilia plerumque arare conveniet. Sed in novo prato rapa conserere possumus, quorum messe finita, cætera quæ dicta sunt, exequemur. Viciam tamen fœni seminibus mixtam post hæc spargemus. Rigari vero antequam durum solum fecerit, non debebit, ne ejus cratem minus solidam vis interfluí corrumpat humoris.

XI. Hoc mense locis tepidis maritimisque celebranda vindemia est, frigidis apparanda. Sed maturitatem vindemiæ cognoscimus hoc genere : si expressa uva vinacia, quæ in acinis celantur (hoc est grana), sint fusca, et nonnulla propemodum nigra : quam rem naturalis maturitas facit. In doliis picandis hic modus erit, ut dolium ducentorum congiorum XII libris picetur, deinde pro minoris æstimatione subducas. Diligentiores optimæ ceræ in decem picis libras unam libram miscent, quæ et odori proficit et sapori, et picem lenitate permulcens, frigoribus eam non patitur dissilire. Picis tamen gustu exploranda dulcedo est, quia sæpe vina ejus amaritudine vitiantur.

XII. Nunc quibusdam locis panicum metetur et mi-

tons le panis et le millet. On sèmera dans ce temps-ci les haricots que l'on destine pour la table. On apprête à présent les perches nécessaires pour la chasse aux hibous, ainsi que les autres parties de l'appareil. Le temps de cette chasse est vers les calendes d'octobre.

XIII. On sème à présent le pavot dans les pays secs et chauds. On peut aussi le semer avec d'autres herbes potagères. On prétend qu'il vient mieux dans les terrains sur lesquels on a brûlé des baguettes et des sarments. C'est dans ce temps qu'il y a le plus d'avantage à semer les choux, afin de les transférer en pieds au commencement de novembre, et de pouvoir les récolter en feuilles pendant l'hiver, et en cimes au printemps. Il faudra labourer au *pastinum* ce mois-ci, à trois pieds de profondeur, les planches des jardins, que l'on doit ensemencer pendant le printemps, et les fumer au déclin de la lune. On sèmera le thym à la fin de ce mois. Il viendra mieux quand il sera planté en pied que lorsqu'il aura été semé en graine, quoiqu'il puisse aussi venir de cette dernière façon. Il aime les terrains exposés au soleil, maigres et voisins de la mer. On sèmera l'origan dans ce temps, vers l'équinoxe. Il demande à être fumé et arrosé jusqu'à ce qu'il ait pris une certaine consistance. Il se plaît dans les lieux sauvages et au milieu des rochers. On sème à la même époque le câprier. Cette plante serpente au loin, et son suc nuit aux terres. C'est pourquoi, pour l'empêcher de s'étendre trop, on la sèmera dans un terrain sec et maigre, que l'on environnera d'un fossé, ou d'une muraille construite avec de la boue. Le câprier fait de lui-même la guerre aux herbes. Il fleurit en été, et se dessèche vers le coucher des Pléiades. Il est à propos de semer la nielle à la fin de ce mois-ci.

On sèmera ce mois-ci le cresson alenois et l'aneth dans les pays tempérés ainsi que les pays chauds; les raiforts, dans les pays secs; les panais et le cerfeuil, vers les calendes d'octobre; les laitues, la poirée, la coriandre, les raves et les navets, dans les premiers jours du mois.

XIV. On sèmera au mois de septembre vers les calendes d'octobre, ou au mois de février, les pêches-noix, soit en rejetons, soit en noyaux. L'enfance de cet arbre exige des soins minutieux. On arrachera un rejeton de l'arbre avec ses racines, et on l'enduira de fiente de bouc; puis on l'enterrera en grande partie dans un sol gras et labouré, en le posant sur des coquilles et de l'algue marine. D'autres mettent en automne, dans une terre grasse et soigneusement passée au crible, les noyaux de ce fruit séchés au soleil, en les joignant trois par trois; et l'on prétend que les germes de ces noyaux se réunissent entre eux pour ne former qu'un seul arbuste, dont il faut aider la croissance en l'arrosant souvent, et en grattant légèrement avec la bêche le sol qui le porte, pour lui donner de la vigueur dans le temps de sa jeunesse. On transfère ensuite au bout d'un an, ou un peu plus tard, la plante qui est résultée de ces semences; moyennant quoi elle donne des fruits plus doux qu'ils n'auraient été sans cette attention. Les rejetons de cet arbre profitent à merveille, lorsqu'ils sont greffés sur le cognassier à la fin du mois de janvier ou au mois de février. On les greffe aussi sur toutes les espèces de pommiers, sur les poiriers, sur les pruniers, et sur l'épine sauvage. Il est mieux de les greffer en fente sur le tronc que sous l'écorce. On couvre l'arbre, quand il est ainsi greffé, d'un panier ou d'un vase de terre cuite, que l'on remplit de terre labourée et mêlée de

---

lium. Tempore hoc faselus ad escam seratur. Nunc in amitibus apparetur aucupium noctuæ, cæteraque instrumenta capturæ, ut circa calendas exerceatur Octobres.

XIII. Nunc papaver seritur locis siccis et calidis : potest et cum aliis oleribus seminari. Fertur utilius provenire, ubi virgæ et sarmenta combusta sunt. Tempore hoc brassicam seres utilius, ut plantas ejus Novembri inchoante transponas : de quibus et hieme olus et vere possit cyma produci. Hoc mense spatia hortorum, quæ per vernum seminibus impleturus es, alte tribus pedibus pastinare debebis, et luna decrescente (his) stercus inferre. Hoc mense ultimo thymum seremus; sed melius plantis nascitur, quamvis possit et semine. Agrum diligit apricum, macrum, maritimum. Nunc circa æquinoctium seres origanum : stercorari ac rigari, donec convalescat, appetit. Amat loca aspera atque saxosa. Iisdem diebus seritur capparis : late serpit : succo suo terris nocet. Serendum est ergo, ne procedat ulterius, circumveniente fossato, vel luto structis parietibus, solo sicco et gracili : herbas sponte persequitur : floret æstate. Sed occasu Vergiliarum capparis arescit. Gith hoc mense ultimo bene

seritur. Hoc mense nasturtium seremus et anethum locis temperatis et calidis, et radices locis siccis, et pastinacas et cærefolium circa Octobres calendas, et lactucas et betas et coriandrum, et primis diebus rapa et napos.

XIV. Mense Septembri circa calendas Octobres vel Februario tuberes seremus sobole vel nucleis, cujus tenera diligenter nutriri debet infantia. Sumatur cum radicibus planta divulsa : bubulo fimo linatur ac luto : statuatur pingui terra et subacta, subditis conchis et marina alga : terris magna sui parte condatur. Alii pomis stadiim grana decussa et sole siccata pingui et probe cribrata terra autumno tria simul ponunt, quæ feruntur in unum coire virgultum : quod assidua rigatione juvandum est atque fossura, quæ solum leviter scalpens teneritudini robur inducat. Post annum deinde vel aliquanto tardius, quæ fuerit de semine planta transfertur : et hoc genere fructus efficit dulciores. Mense Januario ultimo vel Februario tuberum surculo mirabiliter proficit cydonio insitus. Inseritur autem malis omnibus (et piris), et prunis et Calabrici : melius trunco fisso quam cortice. Desuper qualo vel fictili vase munitur, repletis usque prope summitatem surculi terra subacta cum stercore. Prosunt

fumier, presque jusqu'à l'extrémité supérieure de la greffe. Les soins que j'ai dit être profitables aux pommiers, le sont aussi aux pêches-noix. On conservera ces fruits en les ensevelissant dans du millet, ou en les renfermant dans de petites cruches enduites de poix et bouchées.

XV. On fera aussi ce mois-ci des pavés pour les plates-formes, ainsi que de la brique, de la manière que j'ai décrite au mois de mai.

XVI. Composition du sirop de mûres. On fera bouillir tant soit peu du jus de mûres sauvages ; après quoi on mêlera deux tiers de ce jus avec un tiers de miel, et l'on fera bouillir ce mélange jusqu'à ce qu'il ait acquis l'épaisseur du miel.

XVII. Quand on voudra garder du raisin, on cueillera des grappes bien saines, dont les grains ne soient ni fermes jusqu'à la verdeur, ni amollis jusqu'à l'excès de maturité. Il les faut transparents à la lumière et élastiques au toucher. S'il se trouve dans ces grappes des grains corrompus ou défectueux, on les coupera. On rejettera aussi ceux dont la verdeur insurmontable aura résisté sans s'adoucir aux caresses du soleil d'été. Ensuite on coupera la queue de ces grappes, et, après les avoir trempées dans de la poix bouillante, on les suspendra dans un endroit sec, frais, obscur, et impénétrable à la lumière.

XVIII. Il faut épamprer sur les côtés, trente jours avant la vendange, les ceps dont le fruit pourrira par trop d'humidité, et ne leur laisser que les feuilles dont ils seront garnis par en haut. Elles serviront à garantir leur cime de la trop grande ardeur du soleil.

XIX. Les jours de septembre et d'avril se ressemblent entre eux par rapport à l'égalité des heures.

A la première et à la onzième heure, le gnomon donne vingt-quatre pieds d'ombre.

A la seconde et à la dixième, il en donne quatorze.

A la troisième et à la neuvième, il en donne dix.

A la quatrième et à la huitième, il en donne sept.

A la cinquième et à la septième, il en donne cinq.

A la sixième, il en donne quatre.

LIVRE ONZIEME.
OCTOBRE.

I. On sèmera le blé *adoreum*, ainsi que le froment, au mois d'octobre. Le temps préfix pour semer ces grains est depuis le dix des calendes de novembre jusqu'au six des ides de décembre, pour les contrées tempérées. C'est aussi le temps de charrier et d'étendre le fumier dans les champs. On sèmera encore ce mois l'orge appelée *cantherinum*. Ce grain se sème en terrain maigre et sec, ou dans une terre très-grasse. En effet, il a la propriété de faire maigrir les guérets. Or cette vertu malfaisante sera surmontée par une terre grasse, ou bien elle ne pourra faire grand mal à une terre que sa maigreur met déjà hors d'état de rapporter autre chose. Il faut donc fumer le champ quand on le sème à cette époque. On sèmera aussi à présent l'ers, les lupins, les pois et le sésame, comme je l'ai dit. Le sésame se sème, ainsi que le haricot, jusqu'aux ides d'octobre, pourvu que ce soit dans une terre grasse, et qui rapporte tous les ans sans se reposer. Un *jugerum* en demande quatre *modii*.

Hora	I	et	XI	pedes	XXIV.
Hora	II	et	X	pedes	XIV.
Hora	III	et	IX	pedes	X.
Hora	IV	et	VIII	pedes	VII.
Hora	V	et	VII	pedes	V.
Hora	VI			pedes	IV.

LIBER UNDECIMUS.

I. Octobri mense adoreum seremus ac triticum. Justa satio est a decimo calendas Novembres, usque ad sextum idus Decembres regionibus temperatis. Nunc etiam laetamen effertur ac spargitur. Hoc etiam mense seremus ordeum, quod dicitur cantherinum. Seritur macra et sicca terra, vel multum pingui. Nam quia hoc semine macescunt arva, pingui vincitur agro : alteri non habet quod amplius nocere possit, cum propter macritatem semen aliud ferre non valeat. Laeto agro nunc est serendum. Etiam nunc ervum, lupinum et pisum et sisamum seremus (ut dixi) : sisamum usque ad idus Octobres, et faselum, tamen terra pingui aut restibili agro : quatuor modiis jugerum complebimus.

II. On sèmera la graine de lin ce mois, si on le juge à propos ; quoiqu'il vaille mieux renoncer à cette plante, qui épuise les forces de la terre. Si on veut néanmoins en avoir, on en sèmera huit *modii* par *jugerum*, dans un terrain très-gras et médiocrement humide. Il y a des personnes qui en sèment une plus grande quantité dans un terrain maigre, et qui obtiennent un lin plus fin par cette méthode.

III. C'est à présent le temps favorable pour faire la vendange ; c'est aussi celui d'observer quels sont les ceps les plus féconds, et de les marquer de façon à les reconnaître, afin de pouvoir choisir sur ces ceps des sarments propres à être mis en terre. Columelle soutient qu'on ne peut pas s'assurer de la fécondité d'un cep en une année, mais qu'il en faut quatre pour y parvenir ; et que ce n'est qu'après ce nombre d'années écoulées que l'on connaît, à ne s'y point méprendre, la bonté d'un rejeton.

IV. Il est très à propos de planter des vignes à la fin de ce mois-ci dans les contrées à température chaude et sèche, à terres légères et meubles, à coteaux abrupts et dégarnis. J'ai traité cette matière tout au long dans le mois de février. C'est à présent le meilleur temps pour faire, dans les terrains secs, chauds, maigres, peu fertiles, sablonneux et exposés au soleil, toutes les opérations que nous avons détaillées précédemment, par rapport aux façons des terres au *pastinum*, à la plantation des vignes, à leur taille, à la manière de les previguer et de les réparer, et à la formation des plants d'arbres mariés aux vignes, afin que les pluies d'hiver rendent ces opérations profitables, en dépit de la maigreur de ces sortes de terres ; ce qui ne pourra manquer d'arriver, parce que les plantes y trouveront de l'humidité quand elles seront altérées, et qu'elles y seront à l'abri d'être brûlées, ne pouvant être ni sciées par les glaçons, ni ensevelies sous eux, attendu que les frimas sont chose inconnue en ces régions.

V. Il faut déchausser après les ides d'octobre toute la jeune vigne dans les vignobles plantés, soit au *pastinum*, soit par voie de fosses et tranchées, à l'effet de couper les racines superflues qu'elles auront jetées pendant l'été. En effet, si ces dernières venaient à se fortifier, elles finiraient par faire périr les racines les plus profondes ; de sorte que la vigne resterait comme suspendue sur la superficie du sol, et se trouverait exposée par là au froid comme à la chaleur. Il ne faut pas cependant couper ces petites racines jusqu'auprès du tronc, de peur qu'il n'en sorte une plus grande quantité de la plaie, ou que cette plaie, qui s'attaque au corps même de la vigne, ne la rende dans les premiers temps trop sensible à l'impression du froid qui suivra cette opération. On leur conservera donc en les coupant une longueur de doigt, après quoi on laissera les vignes à découvert, si l'hiver est doux dans le pays ; au lieu que, s'il est rude, on aura soin de les recouvrir avant les ides de décembre ; et même, s'il est excessivement froid, on répandra à l'approche de l'hiver un peu de fiente de pigeon au pied des jeunes vignes ; ce que Columelle veut que l'on pratique pendant cinq années entières, pour obvier aux trop grands froids.

VI. C'est à présent le meilleur temps pour proviguer dans les climats dont j'ai parlé, parce que toute la séve se porte aux racines, se trouvant débarrassée du soin de donner des branches à fruit.

VII. Il y a des personnes qui sont dans l'usage de greffer ce mois-ci les vignes ainsi que les arbres dans les pays très-chauds.

II. Hoc mense lini semen seremus, si placet, quod tamen pro malitia sui serendum non est, nam terræ uber exhaurit. Sed si velis loco pinguissimo et modice humido, seretur in jugero VIII modiis. Aliqui macro solo spissum serunt : ita assequuntur ut linum subtile nascatur.

III. Nunc opportuna vindemia est, cujus tempore notanda est fœcunditas vitium et notis quibuscunque signanda, ut ex his ad ponendum sarmenta possimus eligere. Asserit autem Columella explorari fœcunditatem uno anno non posse, sed quatuor : quo numero cognoscitur vera generositas surculorum.

IV. Hoc mense postremo, ubi calidi ac sicci aeris qualitas est, ubi exilis et aridus [est] campus, ubi collis præruptus aut macer, vites utilissime ponuntur, de quibus satis mense Februario disputavi. Nunc locis siccis, calidis, exilibus, macris, arenosis, aridis, quæcunque de pastinis, de vitibus ponendis, putandis, propagandis, reparandis, vel arbusto faciendo ante dicta sunt, rectius fiunt, ut contra exilitatem glebæ hibernis imbribus adjuventur. Sic et humorem sitientibus conferunt, et recisa vel mersa glacie non adurunt, quia talibus locis pruinarum vis et natura nescitur.

V. Post idus Octobris ablaqueanda est omnis novella vinea seu in pastino, seu in scrobibus aut sulcis, ut amputentur radices supervacuæ, quas produxit æstate : quæ si convaluerint, inferiores radices faciunt interire, et ita remanebit vitis in summitate suspensa : quæ res eam frigori obnoxiam faciet et calori. Sed hæ radiculæ non ad siccum debent recidi, ne aut plures inde nascantur, aut nova plaga corpori vitis impressa vi secuti algoris utatur. Recidemus autem relicto digiti spatio : et si placida ibi hiems est, apertas relinquemus vites : si violenta, ante Decembres idus operiemus : si præfrigida, aliquantum columbini stercoris sub ipsa hieme circa viticularum vestigia largiemur, quod contra frigus nimium Columella dicit toto faciendum esse quinquennio.

VI. Hoc tempore idcirco locis quibus dixi propagatio melior est, quia firmandis radicibus vitis incumbit, cum proferendi palmitis eam cura non permovet.

VII. Hoc mense aliqui vites et arbores locis calidissimis inserere consueverunt.

VIII. On formera aussi à présent, dans les pays chauds et les localités exposées au soleil, des plants d'oliviers de la manière que nous avons donnée dans le mois de février, et en observant l'arrangement que nous avons prescrit. On plantera également dans le même temps et dans les mêmes pays des pépinières d'oliviers, et l'on procédera aux soins de toute nature qu'exige la culture de cet arbre. On confira aussi les olives blanches de la manière que nous donnerons par la suite. Il faut déchausser à présent les oliviers dans les provinces sèches et chaudes, afin que leurs pieds puissent être humectés par l'eau qui tombera de leur tête. Columelle ordonne d'arracher tous les rejetons de ces arbres. Pour moi, il me semble qu'il faut toujours laisser quelques jets robustes, dont on puisse faire choix pour remplacer la mère quand elle sera vieillie, ou que l'on puisse transférer de bouture, lorsque après avoir été bien élevés, à l'aide de la terre qu'on aura entassée auprès d'eux, ils auront acquis des racines en propre, et qu'on pourra se procurer par leur secours des plants d'oliviers, sans avoir pris la peine d'en former des pépinières. Il faut, si le cas échoit, fumer à présent dans les pays très-froids les oliviers, qui ne doivent cependant l'être que de trois en trois ans. Six livres de crottin de chèvre ou un *modius* de cendre suffiront pour chaque arbre. On ne cessera cependant pas de ratisser la mousse de ces arbres. On les taillera aussi quand ils auront passé l'âge de huit ans, suivant Columelle. Pour moi, je pense qu'il faut en couper chaque année les branches sèches, ainsi que celles qui ne produisent rien pour avoir été trop faibles dans leur principe. Si un olivier ne rapporte point de fruit, quoiqu'il se porte bien, on le percera avec une tarière gauloise, de façon que le trou que l'on y fera pénètre jusqu'à la moelle, et on y enfoncera avec effort une bouture informe d'olivier sauvage qui remplisse exactement le trou; après quoi on déchaussera l'arbre, et on l'arrosera avec du marc d'huile sans sel, ou de l'urine gardée. En effet, aucune stérilité ne résiste à ce genre de fécondation; mais il ne faut pas attendre pour greffer l'arbre que le vice ait disparu. On nettoiera ce mois-ci les fossés et les ruisseaux.

IX. Les Grecs ordonnent de transvaser le mout qui aura commencé à bouillir, lorsque le raisin dont il aura été exprimé aura trop souffert de la pluie. Entraînée par sa pesanteur spécifique, l'eau se précipitera au fond du vase nouveau; et le vin, dégagé de ce mélange hétérogène, se conservera mieux.

X. On fera à présent l'huile verte, de la manière qui suit. On cueillera les olives les plus nouvelles, lorsqu'elles seront tournées; et si on a mis quelques jours à les cueillir, on les étendra, de peur qu'elles ne s'échauffent. On séparera du tas celles qui pourront se trouver pourries ou desséchées; et lorsqu'on en aura amassé la quantité que le pressoir en peut contenir, on les saupoudrera de sel égrugé ou en grains, ce qui vaut encore mieux, à raison de trois *modii* de sel sur dix d'olives; puis on les moudra d'abord; après quoi on les mettra avec leur sel dans des paniers, et on les y laissera pendant toute la nuit, afin qu'elles en contractent le goût; on les livrera ensuite au pressoir le lendemain matin, et l'on en obtiendra une huile salée du meilleur goût. Il faudra sans contredit laver avant tout à l'eau chaude les canaux à travers lesquels l'huile coulera, ainsi que tous les réservoirs dans lesquels elle se rendra, afin qu'ils ne conservent point l'odeur de relent que leur aura laissée l'huile de l'année précédente. On n'approchera pas non plus le feu de l'huile,

de peur que la fumée n'en corrompe le goût. Dans les pays secs et chauds, c'est à la fin de ce mois que l'on cueille les baies de laurier pour en faire de l'huile.

XI. Il faut semer au mois d'octobre la chicorée que l'on voudra consommer en hiver. Cette plante aime l'humidité et les terres meubles. Elle monte très-haut dans les terrains sablonneux, salés et voisins de la mer. On lui préparera des planches aplaties, de peur que ses racines ne viennent à se découvrir, au cas que la terre s'éboule. Quand elle aura quatre feuilles, on la transplantera dans un terrain fumé. On plante à présent les artichauts en pied. On coupe avec le fer l'extrémité de leurs racines en les mettant en terre, et on trempe ces racines dans du fumier. On en met deux ou trois pieds ensemble dans des fosses profondes d'un pied, qu'on éloigne de trois pieds l'une de l'autre, pour que le plant croisse mieux. On répand souvent sur ces plantes de la cendre et du fumier, à l'approche de l'hiver, dans les temps secs. On sèmera la moutarde ce mois-ci. Cette plante se plaît dans une terre qui a été labourée, et, si faire se peut, rapportée, quoiqu'elle vienne également bien partout. Il faut la sarcler assidûment, afin qu'elle soit toujours couverte de poussière ; ce qui contribuera à l'échauffer, quoiqu'elle n'en aime pas moins l'humidité. On laissera dans l'endroit même où on l'aura semée la moutarde dont on se proposera de cueillir la graine ; au lieu qu'on fera renfler, en la transférant, celle qu'on destinera à être mangée. La vieille graine de moutarde n'est bonne ni pour l'ensemencement ni pour la table. On est sûr qu'elle est nouvelle, lorsque étant cassée entre les dents elle paraît verte à l'intérieur ; au lieu que si elle paraît blanche, c'est une preuve qu'elle est vieille. Il faut semer la mauve ce mois-ci, parce que la venue de l'hiver l'empêcherait de prendre accroissement. Cette plante se plaît dans les terrains gras et humides ; elle aime le fumier. On la transfère en pied quand elle commence à avoir quatre ou cinq feuilles. Le plant en prend mieux quand il est jeune. En effet, si on la transférait quand elle est déjà grande, elle languirait. Elle a meilleur goût quand elle n'a pas été transplantée. Au reste, pour l'empêcher de monter trop promptement en tige, on cache au milieu de cette plante des mottes de terre légères ou de petits cailloux. Il faut la semer clair. Elle aime être sarclée assidument. Il faut la débarrasser des herbes qui l'environnent, sans ébranler ses racines. Elle pommera, si on noue ses racines lorsqu'on la transplantera. On sèmera aussi à présent l'aneth dans les climats tempérés et chauds. On seme encore ce mois-ci les ciboules, la menthe, le panais, le thym et l'origan, de même que la câpre au commencement du mois. On sèmera également la poirée dans les terrains secs, ainsi que le grand raifort ; ou bien on transplantera ce dernier d'une terre inculte (car c'est un véritable raifort sauvage) dans un terrain cultivé, afin qu'il s'y améliore. Il faudra transférer à présent le poireau qui aura été semé au printemps, afin que sa tête grossisse. Il n'est pas douteux qu'il ne faille sarcler assidument les poireaux, et les soulever, en les saisissant comme avec des liens, afin qu'à mesure que leur tête prendra de l'accroissement, elle remplisse le vide que cette opération aura laissé sous leurs racines. On sèmera aussi à présent le basilic. On prétend qu'il viendra plus tôt dans ce temps-ci, quand il aura été trempé légèrement dans du vinaigre, avant d'être semé.

XII. Celui qui veut travailler pour les siècles

---

saporem fumus inficiat. Nunc mense postremo locis siccis et calidis ad oleum faciendum lauri baccas legemus.

XI. Mense Octobri serenda sunt intyba, quæ hiemi serviant. Amant humores et terram solutam. Arenosis et salsis locis atque maritimis summa proveniunt. Area his planior appareat, ne radices eorum terra fugiente nudentur. Quatuor foliorum transferantur ad locum stercoratum. Nunc plantæ cardui ponuntur quas cum ponemus, radices earum summas ferro resecamus, ac fimo tingimus : ternum pedum spatio separamus incrementi causa, pedali scrobe depositas binas aut ternas. Cinerem sæpe sub hieme diebus siccis fimumque miscebimus. Hoc mense sinapim seremus. Terram diligit aratam, et si fieri potest, congesticiam, quamvis ubicunque nascatur. Sarculari debet assidue ut respergatur pulvere, quo fovetur. Non minus gaudet humore. De quo semen legere disponis, suo loco esse patieris ; quod ad escam parabis, robustius facies transferendo. In sinapi vetus semen inutile est vel sationi vel usui : quod dentibus fractum si intus viride videbitur, novum est : si album fuerit, vetustatem fatetur. Hoc mense malva serenda est, quæ occursu hiemis ab incrementi longitudine reprimetur. Loco pingui delectatur et humido : gaudet lætamine. Transferuntur plantæ ejus, cum cœperint folia quatuor habere vel quinque. Melius comprehendit ejus planta quæ tenera est : major enim translata languebit. Sapor illis est melior, si non transferantur. Sed ne cito erigantur in caulem, in medio earum glebulas constitues aut lapillos. Rara ponenda est, sarculo delectatur assiduo. Si liberandæ sunt herbis, ne motum sentiant in radice. Si transferendis plantis nodum facias in radice sessiles fient. Nunc etiam locis temperatis et calidis anethum seremus. Cepullæ seruntur etiam hoc mense, vel menta et pastinaca, thymum et origanum, et capparis mensis initio. Item betam locis sicciorib us, necnon armoraceam seremus, vel transferemus ad culta, ut melior fiat : nam hæc agrestis est raphanus. Nunc porrum verno satum transferre debemus, ut crescat in caput. Sane sarculis circumfodiatur assidue, et comprehensa porri planta velut tenacibus allevetur, ut inanitas spatii, quæ radicibus suberit, incremento capitis suppletur. Ocimum quoque etiam nunc seremus, quod citius nasci fertur hoc tempore, si aceti imbre leviter spargatur infusum.

XII. Cui placet curas agere sæculorum, de palmis cogitet conserendis. Hoc igitur mense dactylorum non vete-

à venir peut s'occuper de la plantation des palmiers; auquel cas il lui faudra mettre en terre ce mois-ci des noyaux fraîchement extraits de dattes qui ne soient pas trop anciennes, mais fraîches et pleines, et mêler de la cendre avec la terre dans laquelle il les déposera. Si l'on en veut faire venir de plant, il faut s'y prendre dès avril et mai. Cet arbre se plaît dans les terrains exposés au soleil et à la chaleur. Il faut l'entretenir d'eau pour le faire croître. Il demande une terre meuble ou du sable, quoiqu'il veuille aussi avoir, soit autour de lui, soit sous lui, de la terre grasse au moment qu'on le plante en pied. On le transplante au bout d'un an ou deux, au mois de juin ou au commencement de juillet. On le bêchera assidument au pied, pour faciliter les fréquents arrosements qu'il faudra lui donner, et qui lui feront braver les chaleurs de l'été. L'eau salée à un certain degré lui est salutaire; c'est pourquoi il faudra en imprégner de sel à cet effet, quand on n'en aura pas qui soient naturellement salées. Si cet arbre vient à se mal porter, on le déchaussera, et on l'arrosera avec de la lie de vin vieux, ou bien on coupera l'excédant du chevelu de ses racines; ou enfin on y enfoncera un coin de bois de saule, en les mettant à jour à cet effet. Au surplus, il est constant que tout endroit où il croît naturellement des palmiers n'est bon pour presque aucune sorte de fruits. On plante les pistaches en automne au mois d'octobre, soit en rejetons, soit en amandes, quoiqu'il soit encore mieux de mettre en terre les pistaches elles-mêmes, tant le mâle que la femelle, en les accouplant. On appelle pistache mâle celle dont l'écorce renferme des noyaux qui ressemblent à des testicules allongés. Veut-on raffiner sur la culture de cette plante? on se procurera de petits verres percés, qu'on remplira de terre fumée, et dans lesquels on mettra trois pistaches ensemble, afin que toutes les trois donnent à la fois un germe; après quoi, lorsque la plante qui résultera de ces germes aura pris des forces, il sera plus facile de la transplanter, ce qu'il faudra faire au mois de février. Le pistachier aime les terrains chauds, pourvu qu'ils soient humectés; aussi faut-il l'arroser et le mettre au soleil. On le greffe sur térébinthe au mois de février ou de mars, quoique d'autres assurent qu'on peut le greffer sur amandier. Le cerisier aime les climats froids, ainsi que ceux que leur position rend humides. Il profite peu dans les contrées tempérées, et ne peut venir en climat chaud. Il se plaît dans les contrées montagneuses ou sur les collines. Il faudra transplanter au mois d'octobre ou de novembre des pieds de cerisiers sauvages, que l'on greffera au commencement de janvier, quand ils auront pris en terre. On peut aussi former des pépinières de cerisiers, en mettant en terre, dans les mêmes mois, des cerises qui y prendront avec la plus grande facilité. L'expérience m'a montré combien il est aisé de faire venir cet arbre, puisque je puis certifier que j'ai vu monter en arbres des baguettes de cerisiers que j'avais enfoncées en terre dans des vignobles, pour y servir de soutiens aux ceps. On peut encore semer les cerises au mois de janvier. Il sera mieux de greffer le cerisier au mois de novembre, ou, s'il est nécessaire, à la fin de janvier. Il y a même des auteurs qui ont dit qu'il fallait le greffer en octobre. Martialis prescrit de greffer les cerisiers en fente dans le tronc de l'arbre; mais je me suis toujours bien trouvé de les avoir greffés entre l'écorce et le bois. Ceux qui les grefferont en fente dans le tronc de l'arbre, comme le veut Martialis, auront soin d'ôter tout le duvet dont il sera

---

rum sed novorum ac pinguium recentia ossa debebit obruere, terræ cinerem miscere. Si plantam velit, ponenda est Aprili mense vel Maio. Locis delectatur apricis et calidis. Fovenda est, ut crescat, humore. Terram solutam vel sabulonem requirit, ita tamen, ut quando planta deponitur, circa eam vel sub ea pinguis terra fundatur. Annicula transferatur aut bima Junio mense vel Julio incipiente. Circumfodiatur assidue et rigatione continuos æstatis vincat ardores. Aquis palmæ aliquatenus salsis juvantur, quæ infici debent salibus, etiam si tales eas natura non præbuit. Si ægra est arbor, feces vini veteris ablaqueatæ oportet infundi, vel radicum supervacua capillamenta decidi, vel cuneum salicis interfossis radicibus imprimi. Constat autem locum prope nullis utilem fructibus, in quo palmæ sponte nascuntur. Pistacia seruntur autumno mense Octobri, (et) sobole et nucibus suis : sed melius ipsa pistacia juncta ponuntur mas ac fœmina. Marem dicunt, cui sub corio velut ossei longi videntur latere testiculi. Qui diligentius facere voluerit, pertusos caliculos, et stercorata terra repletos parabit, et in his pistacia terna constituet, ut ex omnibus germen quodcunque procedat : quod ubi convaluerit planta, hinc facilius transferatur mense Februario. Amat locum calidum, sed humectum, et rigatione gaudet et sole. Inseritur terebintho mense Februario vel Martio : at alii amygdalo inseri posse firmarunt. Cerasus amat cæli statum frigidum, solum vero positionis humectæ. In tepidis regionibus parva provenit. Calidum non potest sustinere. Montana vel in collibus constituta regione lætatur. Cerasi plantam silvestram transferre debemus mense Octobri vel Novembri, et eam primo Januario, cum comprehendit, inserere. Plantaria vero creari possunt, si prædictis mensibus sparganturpoma, quæ summa facilitate nascentur. Ego sic hujus arboris facilitatem probavi, ut virgulta ex ceraso pro adminiculis per vineam posita in arborem prosiluisse confirmem. Et Januario mense seri potest. Inseritur mense Novembri melius, vel, si necesse sit, extremo Januario. Alii et Octobri inserenda esse dixerunt. Martialis in trunco inseri jubet. Mihi inter corticem et lignum feliciter semper evenit. Qui in trunco inserunt, sicut Martialis dicit, omnem lanuginem, quæ circa est, auferre debebunt; quam si remanserit, insitis nocere manifestat. In cerasis hoc servandum est, et in

environné, parce que cet auteur prouve que ce duvet nuirait aux greffes, si on le laissait. Il faut observer, à l'égard des cerisiers et de tous les autres arbres qui portent de la gomme, de ne les greffer que dans le temps où ils n'ont point encore de gomme, ou quand elle a cessé de couler. On greffe le cerisier sur lui-même, sur le prunier, sur le platane, et, selon quelques auteurs, sur le peuplier. Il aime des fosses profondes, des espacements larges, des fouilles fréquentes. Il faudra en retrancher les branches pourries et sèches, ou celles qui seront trop serrées les unes auprès des autres, afin de les éclaircir. Il n'aime pas le fumier, qui le fait effectivement dégénérer. Voici la manière dont Martialis dit qu'il faut s'y prendre pour faire venir des cerises sans noyaux. On coupera un jeune arbre à deux pieds de terre, et on le fendra jusqu'à la racine; ensuite on aura soin de ratisser avec un fer la moelle des deux parties, et aussitôt après on les resserrera l'une auprès de l'autre avec des liens; enfin on enduira de fumier tant la partie supérieure de l'arbre que les joints qui seront sur les côtés. Au bout d'un an, alors que la cicatrice sera consolidée, on greffera cet arbre avec des rejetons qui n'aient pas encore rapporté de fruits, et il en viendra, si l'on en croit cet auteur, des cerises qui n'auront point de noyaux. Si un cerisier vient à pourrir par suite de l'humidité qu'il renfermera dans son tronc, on y fera un trou par lequel elle puisse s'écouler. S'il est tourmenté par les fourmis, il faudra verser dessus du jus de pourpier coupé par moitié avec du vinaigre, ou en frotter le tronc avec de la lie de vin pendant la floraison de l'arbre. S'il se trouve accablé par la chaleur de la canicule, on fera verser sur ses racines, après le coucher du soleil, trois *sextarii* d'eau, dont chacun sera puisé dans une fontaine différente, en évitant de lui administrer ce remède quand la lune paraîtra; ou bien on entortillera son tronc avec de la jusquiame tordue en forme de couronne, ou enfin on étendra à son pied un lit de la même herbe. Il n'y a pas d'autre façon de conserver les cerises, que de les faire sécher au soleil jusqu'à ce qu'elles soient ridées. Il y a des personnes qui plantent au mois d'octobre les pommiers dans les contrées chaudes et sèches, qui mettent en terre dans des pépinières, vers les calendes de novembre, les coins, ainsi que les cormes ou les amandes, et qui y sèment de la graine de pin. Il faut confire les fruits ce mois-ci, et les conserver à mesure qu'ils mûriront, de la manière que l'on trouvera expliquée sous les titres qui concernent chacun d'eux.

XIII. On châtrera aussi les ruches ce mois-ci, de la façon que nous avons donnée. Il faut cependant faire attention à la quantité de miel qui s'y trouvera, afin de n'en pas laisser, dans le cas où il y en aura abondamment; d'en laisser la moitié pour subvenir à la disette de l'hiver dans le cas où il n'y en aura qu'une quantité médiocre; et de n'en point ôter du tout dans le cas où les alvéoles paraîtront en manquer. Nous avons déjà donné plus haut la façon de faire le miel, ainsi que celle de faire la cire.

XIV. Pour ne rien omettre de ce que j'ai trouvé dans les livres que j'ai lus, je vais faire connaître les pratiques imaginées par les Grecs par rapport à la façon de frelater le vin. Voici les distinctions qu'ils établissent entre les différentes espèces de vins, et les divers effets qu'ils prétendent en résulter. Ils soutiennent qu'un vin doux est lourd; qu'un vin blanc et tant soit peu salé est bon pour la vessie; qu'un vin qui flatte par sa couleur de safran est digestif; qu'un vin blanc

---

omnibus gummatis, ut tunc inserantur, quando his vel non est vel desinit gumma effluere. Cerasus inseritur in se, in pruno, in platano; ut alii, in populo. Amat scrobes altas, spatia largiora, assiduas fossiones. Putari in ea putria et sicca debebunt, vel quæ densius arctata protulerit, ut rarescat. Fimum non amat, atque inde degenerat. Cerasa ut sine osse nascantur, ita fieri Martialis hoc dicit. Arborem teneram ad duos pedes recides, et eam usque ad radicem findes, medullam partis utriusque ferro curabis abradere, et statim utrasque patres (in se) vinculo stringis, et oblinis fimo (et) summam partem et laterum divisuras. Post annum cicatrix ducta solidatur. Hanc arborem surculis, qui adhuc fructum non attulerunt, inseres, et, ut asserit, ex his sine ossibus poma nascentur. Si cerasus concepto humore putrescit, in tronco foramen accipiat, quo possit educi. Si formicas patitur, succum portulacæ debebis infundere cum aceti media parte permixtum, vel vini fecibus truncum arboris florentis adlinire. Si æstu Caniculæ fatigatur, trium fontium singulos sextarios sumtos post solis occasum radicibus arboris jubeamus influere sic, ne remedium luna deprehendat vel herbam symphoniacam circa arboris truncum torquebimus in coronam, vel ex ea juxta imum codicem cubile faciemus. Cerasa non aliter quam in sole usque ad rugas siccata servantur. Mense Octobri aliqui mali arborem calidis et siccis regionibus ponunt, et cydonia circa Novembres calendas, et sorbum vel amygdala in seminariis obruunt, et pini semen aspergunt. Hoc mense poma condienda sunt, atque servanda eo more, quo in singulorum titulis continetur, vel ut quæque matura processerint.

XIII. Hoc etiam mense alvearia castrabuntur, more quo dictum est. Quæ tamen oportet inspicere, et si abundantia est, demere: si mediocritas, partem mediam relinquere pro hiemis inopia: si vero sterilitas apparet in cellis, nil prorsus auferre. Mellis vero et ceræ superius est demonstrata confectio.

XIV. Ne lecta prætereant, quæ Græci sua fide media de condiendi vini genere disputarunt, demonstrare curavi: qui vini naturam tali ratione discernunt, et hanc in eo volunt esse distantiam, ut quod dulce est, gravius dicant; quod album, et aliquatenus salsum, convenire vesicæ; quod croceo colore blanditur, digestioni accommodum;

et astringent est propre aux estomacs relâchés; que le vin d'outre-mer rend pâle, et diminue la masse du sang; que le raisin noir donne du vin fort; que le raisin rouge en donne d'agréable au goût; et que le raisin blanc en donne communément de médiocre. Il y a des peuples grecs qui, pour frelater le vin, y ajoutent du moût cuit jusqu'à diminution de moitié ou des deux tiers. D'autres ordonnent de puiser un an d'avance, dans un endroit où la mer soit pure et calme, de l'eau propre, pour la mettre en réserve; et ils prétendent que la nature de cette eau est telle, que ce temps suffit pour lui faire perdre son goût salé ou son amertume et son odeur, de façon qu'elle s'adoucit en vieillissant. En conséquence ils en mêlent une quatre-vingtième partie avec le moût, en y joignant une cinquantième partie de gypse; ils remuent fortement ce mélange au bout de trois jours, et garantissent que cette opération fait gagner au vin non-seulement de l'âge, mais encore une couleur brillante. Au surplus, il faut remuer le vin et le soigner tous les **neuf jours**, ou au moins tous les onze jours, parce qu'en y regardant souvent on sera en état de juger s'il faut le vendre ou le garder. Il en est qui jettent dans une futaille trois *unciæ* de résine sèche broyée, qu'ils remuent ensuite avec soin, et veulent persuader qu'on peut donner aux vins une vertu diurétique par cette méthode. Voici la manière dont ils ont prescrit de soigner le moût, quand les pluies fréquentes l'ont trop délayé, défaut dont on pourra s'assurer en le goûtant. Ils ordonnent de le faire cuire en entier, jusqu'à évaporation du vingtième. Ils prétendent même qu'il sera encore mieux d'y ajouter une centième partie de gypse. Mais les Lacédémoniens le font cuire jusqu'à diminution d'un cinquième, et ne le boivent que lorsqu'il est à sa quatrième feuille. Pour adoucir un vin dur, ils prescrivent de mettre dans un petit vase de vin deux *cyathi* de fleur de farine d'orge, pétrie avec du vin, et de l'y laisser l'espace d'une heure. Il y a des personnes qui y mêlent de la lie de vin doux; d'autres y ajoutent un peu de réglisse sèche, et ne boivent le vin qu'après l'y avoir fait incorporer en remuant longtemps les vases. Ils disent aussi que lorsqu'on jette dans un tonneau des baies sèches de myrte sauvage, cueillies sur des montagnes, après les avoir pilées, le vin contracte une excellente odeur en peu de jours, pour peu qu'on le laisse reposer pendant dix jours, et qu'on le passe avant de le boire. On amassera aussi des fleurs de vignes mariées à des arbres, que l'on fera sécher à l'ombre, et, après les avoir bien pilées et criblées, on les conservera dans un vase propre, pour en mettre, quand on le jugera à propos, la valeur de la mesure appelée par les Syriens *chœnica*, sur trois tonneaux de vin. On bouchera ensuite ces tonneaux, et on ne les ouvrira que le sixième ou le septième jour suivant pour son usage. On prétend que l'on peut rendre du vin agréable à boire, en y plongeant une quantité suffisante de fenouil ou de sariette, et en remuant le tout; ou en mettant dans un vase deux amandes de pignons grillées et enveloppées dans un linge, pourvu que l'on bouche ensuite le vase, et que l'on ne boive ce vin qu'au bout de cinq jours. On prétend encore que l'on peut donner à du vin nouveau la qualité des vins vieux, en concassant et en broyant ensemble telle quantité que l'on jugera suffisante d'amandes amères, d'absinthe, de gomme de prunelier portant fruit, et de fenugrec, pour en mettre dans ce vin la valeur d'un *cyathus* par amphore,

quod album et stypticum, prodesse stomacho laxiori; transmarinum, pallorem facere, et tantum sanguinem non creare : uvis nigris fieri forte, rubeis suave, albis vero plerumque mediocre. In condiendo ergo vino aliqui Græcorum mustum decoctum ad medietatem vel tertiam partem vino adjiciunt. Alli Græci ita jubent, aquam marinam mundam de puro et quieto mari, quam anno ante compleverint, reservari : cujus talem esse naturam, ut et salsedine vel amaritudine per hoc tempus careat et odore; et dulcis fiat ætate. Ergo ejus octogesimam partem musto admiscent, et gypsi quinquagesimam. Post tertiam deinde diem fortiter commovent, ac pollicentur non ætatem solum vino, sed splendorem quoque coloris afferre. Oportet autem nona quaque die vinum moveri atque curari : vel si tardius, undecima. Frequens enim respectus faciet judicare, utrum vendenda sit species an tenenda. Quidam resinæ siccæ tritæ uncias tres dolio immergunt et permovent, et vina diuretica sic fieri posse persuadent. Mustum vero, quod per pluvias frequentes leve est, sic curari [debere] jusserunt, quod probari gustu ipsius poterit. Omne mustum decoqui jubent, donec pars ejus vigesima possit absumi : melius quoque fieri, si centesimam partem gypsi adjicias. Lacedæmonios vero eousque decoquere, donec vini quinta pars pereat, et quarto anno usibus ministrare. Suave vinum de duro fieri docent, si ordeacei pollinis cyathos duos simul cum vino subactos mittas in vini vasculo, et hora una ibi esse patiaris. Aliqui feces vini dulcis admiscent. Aliqui addunt glycyrrhizæ siccæ aliquantulum, et utuntur, cum diu vasorum commotione miscuerint. Vinum quoque intra paucos dies optimi odoris effici, si baccas myrti agrestis montanas siccas et tunsas mittas in cadum, et decem diebus requiescere patiaris : tunc coles et utaris. Vitis etiam flores arbustivæ collectos in umbra siccare curabis. Tunc diligenter tunsos et cretos habebis in vasculo novo, et cum volueris, tribus cadis unam floris mensuram, quam Syri (cadum, Græci) chœnicam vocant, adjicies, et superlines dolium, et sexta vel septima die aperies et uteris. Vinum fieri ad potandum suave ita dicunt : Fœniculi vel satureiæ singulorum congruum modum vino immergi atque turbari, vel fructum quem duæ nuces pineæ produxerint, torrefactum et linteo ligatum mitti in vasculo, ac superliniri, et usui esse quinque diebus exactis. Vinum autem velut vetus effici de novello, si amygdala amara, absinthium, pini frugiferi comam, fœ-

et que c'est le moyen d'en faire du vin de première qualité. Si l'on craint que ce vin n'ait quelque vice, on mêlera du miel dans cette composition avec de l'aloès, de la myrrhe et du marc d'huile de safran; le tout broyé par parties égales et réduit en poudre, pour en mettre la valeur d'un *cyathus* par amphore de vin que l'on voudra frelater. Veut-on que le vin de l'année paraisse vieux? on broie et l'on crible une *uncia* de mélilot, trois de réglisse et de nard celtique, et deux d'aloès hépatique; et l'on met six cuillerées de cette composition sur cinquante *sextarii* de vin renfermé dans un vase que l'on expose à la fumée. On assure qu'on peut faire changer du vin rouge de couleur de la manière suivante: On jette dans ce vin de la farine de fèves, ou l'on introduit, dans une bouteille qui en est pleine, trois blancs d'œuf qu'on remue longtemps, et le vin se trouve blanc le lendemain. Si on y jetait de la farine de pois d'Afrique, il pourrait changer de couleur dans le jour même. On dit aussi que la vigne a cette propriété, que si l'on réduit en cendre des ceps qui produisent du raisin blanc ou de ceux qui en produisent de rouge, et qu'on mette cette cendre dans le vin, il prendra la couleur du raisin dont la vigne aura donné cette cendre; de façon qu'il deviendra rouge avec la cendre de la vigne qui porte du raisin rouge, et blanc avec celle de la vigne qui en porte de blanc; pourvu qu'on ait l'attention de mettre sur une futaille de dix amphores la valeur d'un *modius* de cendre de sarment brûlé, et qu'après avoir laissé cette cendre pendant trois jours dans le vin, on le tienne couvert et bouché; et, en effet, on le trouvera au bout de quarante jours blanc ou rouge, selon la couleur qu'on aura jugé à propos de lui donner. On assure encore que l'on peut donner de la force à du vin faible en suivant la méthode que voici: On y mettra soit des feuilles, soit des racines ou de jeunes tiges d'*althœa*; c'est-à-dire, de guimauve ordinaire, après les avoir fait bouillir. On y pourra encore mettre du gypse, ou deux *cotulœ* de pois chiches, ou trois noix de cyprès, ou une poignée de feuilles de buis, ou de la graine d'ache de marais, ou de la cendre de sarments que l'action du feu aura dépouillée de toute partie ligneuse, et réduite à l'état de poudre impalpable. On assure aussi qu'un vin âpre deviendra clair et excellent en un jour, lorsqu'on aura broyé ensemble, dans une petite quantité de vin, dix grains de poivre et vingt pistaches, pour les mettre dans six *sextarii* de ce vin. En effet, si après avoir remué longtemps ce mélange on le laisse reposer, et qu'on passe ensuite le vin, on pourra le boire sur-le-champ. On dit également que du vin trouble ne tardera pas à s'éclaircir, si l'on y met sept pignons sur un *sextarius* de liquide, et qu'on le remue longtemps. En effet, dès qu'on l'aura laissé reposer quelque temps, il deviendra clair, et sera potable après avoir été passé. On dit encore (et l'on prétend même que c'est un secret qui a été montré aux habitants de la Crète par l'oracle d'Apollon Pythien), que le vin deviendra blanc, et qu'il contractera un goût de vin vieux, si l'on y jette les drogues suivantes, après les avoir broyées ensemble et les avoir réduites en poudre très-fine, en les secouant à l'aide d'un crible: ces drogues sont quatre *unciœ* de jonc odorant et autant d'aloès hépatique, une *uncia* d'excellent mastic, et autant de casse et de poivre, une *semi-uncia* de spica-nard, et une *uncia* tant d'excellente myrrhe que d'encens mâle qui ne soit pas rance. Ces drogues mises dans le moût, on le fera bouillir; et

num Græcum simul frigas quantum sufficere æstimaris, et pariter tundas, et ex his unum cyathum per amphoram mittas, et magna vina conficies. Si vero senseris peccatura, huic confectioni aloën, myrrham, crocomagma, singula modis æqualibus tunsa et in pulverem redacta cum melle miscebis, et uno cyatho unam amphoram condire curabis. Anniculum quoque vinum ut longam simulare videatur ætatem, meliloti unciam unam, glycyrhizæ uncias tres, nardi celtici tantundem, aloës epatices uncias duas tundis et cernis, et in sextariis quinquaginta cochlearia sex reconde, et vas ponis in fumo. In album colorem vina fusca mutari asserunt, si ex faba lomentum factum vino quis adjiciat, vel ovorum trium lagœnæ infundat alborem, diuque commoveat, sequenti die candidum reperiri: quod si ex Afra pisa lomentum adjiciatur, eadem die posse mutari. Vitibus quoque hanc esse naturam, ut alba vel nigra si redigantur in cinerem, vinoque adjiciantur, ei unamquamque formam sui coloris imponere, ut ex nigra fuscum, candidum vero reddatur ex alba; ea ratione scilicet, ut combusti sarmenti cineris modii unius mensura mittatur in dolio, quod habebit amphoras x, et triduo sic relictum post operiatur ac lutetur: album vel (si ita visum fuerit) nigrum reperiri quadraginta diebus exactis. Vinum quoque asserunt ex molli forte sic fieri: Altheæ, hoc est, ibisci, folia vel radices, aut ejus caulem tenerum decoctum mitti, aut gypsum, aut ciceris cotulas duas, aut cupressi pilulas tres, aut buxi folia, quantum manus ceperit, aut apii semen, aut cinerem sarmentorum, cui vis flammæ corpus reliquit exile omni soliditate detracta. Vinum vero eadem die ex austero lympidum atque optimum fieri, si grana piperis decem, pistacia viginti adjecto modico vino simul conteras, et in sex vini sextarios mittas, diu omnibus ante commotis, tunc requiescere patiaris, et coles unius mox futurum. Item feculentum statim lympidum reddi, si vii pini nucleos in (unum) vini sextarium mittas, diuque commoveas, et paululum cessare patiaris · mox sumere puritatem, colarique debere, et in usum referri. Item (quod Cretensibus oraculum Pythii Apollinis monstrasse memoratur) fieri sic candidum, et sumere vetustatis saporem, si squinanthos uncias quatuor, aloës epaticæ uncias quatuor, mastici optimi unciam unam, casiæ fistulæ unciam unam, piperis unciam unam, spicæ Indicæ semunciam, myrrhæ optimæ unciam unam, thuris masculi non rancidi unciam unam: tundis universa, et in tenuis-

après qu'il aura bouilli on l'écumera, et l'on jettera de côté tous les pepins de raisin qui auront surnagé en bouillonnant. Ensuite on mettra, sur dix amphores de vin, trois *sextarii* italiques de gypse broyé et criblé, après avoir cependant transvasé la quatrième partie du vin que l'on voudra frelater, de façon que l'on n'ajoutera ce gypse que dans le vin qui restera; après quoi on agitera fortement la futaille, pendant deux jours, avec un roseau vert et garni de ses racines. Le troisième jour, on fera couler bien doucement dans dix amphores de vin la valeur de quatre cuillerées de la poudre dont nous venons de parler, et l'on remettra par-dessus la quatrième partie de ce vin qui avait été transvasée, comme nous l'avons dit ci-dessus, pour remplir la futaille, que l'on aura soin de remuer encore longtemps, afin que toute la masse du moût soit imprégnée de la vertu de ces drogues. Ensuite on couvrira la futaille, et on la bouchera, en y laissant néanmoins une petite ouverture qui servira à donner de l'air au vin pendant qu'il bouillira. Enfin, au bout de quarante jours on bouchera cette ouverture; après quoi on pourra boire de ce vin quand on le jugera à propos. Une chose qu'il ne faut pas perdre de vue, c'est d'avoir l'attention, toutes les fois que le vin aura besoin d'être remué, qu'il le soit par la main d'un enfant impubère, ou d'une personne chaste. Il ne faudra pas non plus couvrir l'enduit avec lequel on aura bouché une futaille avec du gypse, mais avec de la cendre de sarments. On donne encore une méthode pour faire du vin qui préservera des maladies contagieuses, et qui sera bon pour l'estomac. Cette méthode consiste à mettre dans une *metreta* d'excellent moût, avant qu'il bouille, huit *unciæ* d'absinthe broyée, que l'on enveloppe dans un linge; on fait ensuite retirer cette absinthe du vin au bout de quarante jours, et on transvase le vin dans de petites bouteilles pour le boire. Ceux qui sont dans l'usage de frelater le vin avec du gypse le font à présent, lorsque le moût écume et qu'il a jeté son premier bouillon. Au reste, quand le vin est naturellement trop doux et d'un goût aqueux, il suffit d'y mettre deux *sextarii* de gypse sur cent *congii* de vin. Quand il est ferme de sa nature, on peut se contenter de la moitié de cette dose pour pareille mesure de vin.

XV. On fera à présent du vin rosat sans roses, de la manière suivante: On descend dans un vase de moût, avant qu'il commence à bouillir, des feuilles de citronnier vertes, enfermées dans un panier de palmier; puis on bouche le vase, et, après y avoir ajouté du miel, au bout de quarante jours on s'en sert en guise de vin rosat, quand on le juge à propos.

XVI. On fait ce mois-ci des vins avec tous les fruits dont nous avons parlé en leur lieu.

XVII. Composition du vin miellé. On prend la quantité que l'on juge à propos de moût provenant de belles vignes et de bon cru, vingt jours après sa sortie de la cuve, et l'on y mêle un cinquième de miel excellent et non écumé, après l'avoir fortement broyé jusqu'à ce qu'il soit blanchi; puis on l'agite fortement avec un roseau garni de ses racines, durant quarante ou mieux cinquante jours de suite; et cela, après l'avoir couvert d'un linge propre, à travers lequel il puisse prendre l'air quand il viendra à bouillir. Au bout des cinquante jours on enlèvera avec la main, après l'avoir lavée, tout ce que l'ébullition aura rejeté à la surface; puis on le mettra dans un vase que l'on bouchera bien avec du gypse, et il

---

simum pulverem cribro excutiente deducis. Cum vero mustum ferbuerit, despumabis, et omnia uvarum grana, quæ fervor in summum rejecit, expelles. Tunc gypsi triti atque cribrati tres Italicos sextarios mittis in vini amphoras decem, prius tamen partem quartam vini condiendi in alia vasa transfundes, et ita gypsum adjicies, et dolium viridi ac radicata canna per biduum fortiter agitabis. Tertia vero die, ex suprascriptis pulveribus quaterna cochlearia completa modestius in denas vini amphoras mittes, et vini, sicut supradictum est, quartam partem, quam alibi diffuderas, superadjicies, et dolium replebis, et item diu agitare curabis, ut specierum vis omne musti corpus inficiat. Tunc operies atque oblinies, relicto brevi foramine, quo æstuantia vina suspirent. Sed exemtis quadraginta diebus, et hoc spiraculum claudis, et deinde ut libuerit, gustas. Illud memento servare præ cæteris, ut quoties vinum movetur, investis puer hoc, aut aliquis satis purus efficiat. Linimentum quoque dolii non gypso sed sarmentorum cinere debebis inducere. Item vinum, quod salutare contra pestilentiam sit, et stomacho prosit, fieri hoc genere fertur: in optimi musti metreta una ante quam fervcat, tunsi absinthii octo uncias linteo involutas demittes, et exactis xL diebus curabis auferre. Id vinum refundis lagœnis minoribus, et uteris. Nunc condiunt, primo amne musti spumantis egesto, quibus moris est gypso vina medicari. Sed si natura lenius vinum est, et saporis humecti, in congiis centum duos gypsi sextarios misisse sufficiet. Quod si vinum nascitur virtute solidius, medietas abunde prædictis poterit satis esse mensuris.

XV. Nunc rosatum sine rosa facies sic. Folia citri viridia sporta palmea missa in musti nondum ferventis vase depones, et claudes, et exemtis quadraginta diebus melle addito ad modum rosati, cum placebit, uteris.

XVI. Hoc mense, omnia quæ locis suis leguntur, ex pomis vina conficies.

XVII. [*De œnomelle*]. Mustum de majoribus et egregiis vitibus post xx dies, quam levatum fuerit ex lacu, quantum volueris sumis, et ei mellis non despumati optimi quintam partem (prius) tritam fortiter, donec albescat, admisces, et agitabis ex canna radicata vehementer. Movebis autem sic per dies XL continuos, vel quod est melius, quinquaginta, ita ut cum moveris, mundo linteo tegas, per quod facile confectio æstuabunda suspiret. Post dies autem quinquaginta munda manu purgas quodcumque

se conservera très-vieux. Il sera cependant mieux de le survider au printemps suivant dans de plus petits vases enduits de poix, que l'on couvrira après les avoir bien bouchés avec du gypse, afin de les mettre au frais soit dans un caveau souterrain, soit dans du sable de rivière, ou de les enfoncer en partie sous le sable au fond d'une rivière. Ce vin ne se gâtera jamais, à quelque vieillesse qu'il parvienne, pourvu qu'il ait été fait avec soin.

XVIII. On fera à présent le *defrutum*, le *carœnum* et la *sapa*. Tous ces vins se font également avec du moût, mais la façon n'est pas la même ; de là différence de noms et de propriétés : ainsi le *defrutum*, qui tire son nom du mot *defervere*, est censé fait, lorsque le moût a été fortement écumé jusqu'à ce qu'il soit épaissi ; le *carœnum*, lorsqu'il est réduit aux deux tiers ; et la *sapa*, lorsqu'il est réduit à un tiers. Ce dernier sera cependant meilleur quand on l'aura fait cuire avec des coings, sur un feu de bois de figuier.

XIX. On fera à présent, avant la vendange, le *passum* (vin de raisin séché au soleil), qu'on a partout en Afrique, le secret de rendre si moelleux et si agréable, et qui, employé en guise de miel pour confire, devient un préservatif contre les vents. On cueillera donc une très-grande quantité de grappes de raisin, que l'on fera sécher au soleil ; et, après les avoir renfermées dans de petits paniers de jonc à claires voies, on commencera par les fouetter vigoureusement avec des verges. Ensuite, lorsque tous les grains seront amollis par les coups, on soumettra le panier à l'action du pressoir. Le jus qui s'en exprimera sera le *passum*, qu'on renfermera dans un petit vase pour le conserver comme du miel.

XX. Manière de faire le cotignac. Après avoir pelé des coings mûrs, on les coupe en petits morceaux très-minces, en jetant de côté les parties dures qui se trouvent dans l'intérieur de ce fruit. Ensuite on les fait bouillir dans du miel, jusqu'à ce que cette composition soit réduite à moitié, en les saupoudrant de poivre fin pendant qu'ils cuisent. Autre manière : On mêle ensemble deux *sextarii* de jus de coings, un et demi de vinaigre et deux de miel ; puis on fait bouillir tout ce mélange jusqu'à ce qu'il devienne aussi dense que du miel pur ; après quoi on y fait mêler deux *unciæ* de poivre broyé et de gingembre.

XXI. Manière de conserver du levain pour faire des gâteaux au vin doux. On fait une pâte avec du froment nouveau bien épluché, que l'on arrose avec du moût de première pression, en mettant une *lagena* de moût sur un *modius* de farine. Ensuite on fait sécher cette pâte au soleil, après quoi on l'arrose encore de la même façon, et on la fait sécher de même. Quand on a répété cette opération jusqu'à trois fois, on fait avec cette pâte de très-petits pains de même forme que les gâteaux, et, après les avoir fait sécher au soleil, on les serre dans des vases de terre cuite bien nets, que l'on enduit de plâtre. On s'en sert au lieu de levain, dans la saison où l'on veut faire des gâteaux au vin doux.

XXII. Manière de faire du raisin sec à la façon des Grecs. On tordra sur le cep même les grappes du raisin qui paraîtra le meilleur, le plus doux et le plus transparent, et on les y laissera sécher d'elles-mêmes ; ensuite, lorsqu'on les aura cueillies, on les suspendra à l'ombre ; puis on les attachera plusieurs ensemble pour les mettre dans des vases, où on les posera sur des pampres frais sans aucune humidité, et où on les foulera avec

---

supernatabit, et in vasculo gypso diligenter inclusis, et ad vetustatem reservas. Melius tamen si in minora et picata vascula proximo vere transfundas, et gypsata diligenter operias, et in terrena et frigida cella recondas, vel arenis fluvialibus vel eodem solo vascula ex aliqua parte submergas. Hoc nulla vitiatur ætate, si tamen diligenter efferis.

XVIII. Nunc defrutum, carœnum, sapam conficies. Cum omnia uno genere conficiantur ex musto, modus his et virtutem mutabit et nomina. Nam defrutum a defervendo dictum, ubi ad spissitudinem fortiter despumaverit, effectum est. Carœnum, cum tertia perdita duæ partes remanserint. Sapa, ubi ad tertias redacta descenderit ; quam tamen meliorem facient cydonia simul cocta, et igni supposita ligna ficulnea.

XIX. Passum nunc fiet ante vindemiam, quod Africa suevit universa conficere pingue atque jucundum, et quo ad conditum si utaris mellis vice, ab inflatione te vindices. Leguntur ergo uvæ passæ quamplurimæ, et in fiscellis clausæ junco factis aliquatenus rariore contextu, virgis primo fortiter verberantur. Deinde ubi uvarum corpus vis contusionis exsolverit, cochleæ supposita sporta comprimitur. Hinc passum est quicquid effluxerit, et conditum vasculo mellis more servatur.

XX. [*De cydonite*]. Abjecto corio mala cydonia matura in brevissimas ac tenuissimas particulas recides, et projicies durum, quod habetur interius. Dehinc in melle decoques, donec ad mensuram mediam revertatur, et coquendo piper subtile consperges. Aliter : Succi cydoniorum sextarios duos, aceti sextarium unum semis, et mellis duos sextarios miscebis, et decoques donec tota permistio pinguedinem puri mellis imitetur. Tunc triti piperis atque zinziberis binas uncias miscere curabis.

XXI. [*De fermento musteorum servando.*] Ex novo tritico purgato farriculum facies, et ex musto de sub pedibus rapto curabis infundere, ita ut modio farris lagœnam musti adjicias : deinde sole siccabis, et item similiter infundis ac siccas. Hoc cum tertio feceris, panes ex eo brevissimos admodum facies musteorum, et in sole siccatos vasculis novis fictilibus recondis et gypsas. Pro fermento, quo tempore anni musteos facere volueris, hoc uteris.

XXII. Uvam passam Græcam sic facies. Melioris acini et dulcis et lucidi botryones in ipsa vite torquebis, et patieris sponte inarescere, deinde sublatos in umbra suspendis, et uvam constrictam componis in vasculis, substernis pampinos sicco algore frigentes, et manu comprimis, et ubi vas impleveris, item desuper pampinos addis (ni-

la main : quand les vases seront pleins, on recouvrira encore le raisin de pampres qui ne soient pas moins frais que les premiers; puis on couvrira ces vases, et on les mettra dans un lieu sec, mais frais, où la fumée ne puisse pénétrer.

XXIII. La projection de l'ombre en octobre est égale à celle de mars.

A la première et à la onzième heure, le gnomon donne vingt-cinq pieds d'ombre.

A la seconde et à la dixième, il en donne quinze.

A la troisième et à la neuvième, il en donne douze.

A la quatrième et à la huitième, il en donne huit.

A la cinquième et à la septième, il en donne six.

A la sixième, il en donne cinq.

LIVRE DOUZIÈME.

NOVEMBRE.

I. On sème au mois de novembre le froment et le blé : c'est même le véritable temps des semailles et de l'ensemencement annuel. Il faut cinq *modii*, tant de l'un que de l'autre grain, pour ensemencer un *jugerum*. Il sera également temps à présent de semer l'orge. On sème les fèves au commencent de ce mois. Elles demandent un terrain qui soit très-gras ou fumé, ou une vallée fertilisée par les eaux des hauteurs voisines. On commence par jeter les fèves sur terre, ensuite on donne un premier labour; après quoi on les pare en sillons. Il faut les herser sans ménagement, afin qu'elles puissent être couvertes de terre le plus possible. Il y a des personnes qui prétendent que lorsqu'on sème des fèves dans les terrains froids, il ne faut pas en briser les mottes, afin que les germes de ces semences puissent être protégés contre le froid, en se tenant à l'abri sous ces mottes pendant les gelées. Si les semailles de cette nature de grains font peu de tort à la terre, au moins ne la fertilisent-elles point, comme le veut l'opinion commune. Aussi Columelle prétend-il qu'une terre qui sera restée en jachère l'année précédente sera plus convenable au blé que celle dont on aura récolté une moisson de fèves. Il faut six *modii* de fèves par *jugerum* quand la terre est grasse, et une plus grande quantité quand elle est médiocre. Elles réussissent très-bien dans un terrain compacte, et ne peuvent s'accommoder d'un sol maigre ni d'un ciel nébuleux. Il faut surtout avoir soin de les semer au quinzième jour de la lune, pourvu que cette planète ne soit pas encore frappée des rayons du soleil. C'est pour cela que quelques personnes prétendent qu'il vaut mieux choisir à cet effet le quatorzième jour de la lune. Les Grecs assurent qu'il ne croîtra point d'herbes nuisibles aux fèves, lorsque celles-ci auront été trempées dans du sang de chapon avant d'être semées; qu'elles pousseront plus tôt quand on les aura fait macérer dans l'eau un jour avant de les semer; et qu'enfin, si on les arrose d'une solution de nitre, elles cuiront aisément. On fait à présent les premiers ensemencements de lentilles de la manière qui a été donnée au mois de février. On pourra aussi semer de la graine de lin dans tout le courant de celui-ci.

II. C'est surtout au commencement de ce mois que l'on peut former de nouveaux prés, de la façon qui a déjà été expliquée. Il faudra aussi planter des vignes, pendant toute sa durée, dans les terrains chauds et secs, ou exposés au soleil. Il sera encore à propos de les provigner, comme de

hilo minus non calentes,) et operculabis, ac statues in loco frigido sicco, quem nullus fumus infestet.

XXIII. October Martium similibus umbris sibi fecit æquari.

Hora	I	et	XI	pedes	XXV.
Hora	II	et	X	pedes	XV.
Hora	III	et	IX	pedes	XI.
Hora	IV	et	VIII	pedes	VIII.
Hora	V	et	VII	pedes	VI.
Hora	VI			pedes	V.

LIBER DUODECIMUS.

I. Novembri mense triticum seremus et far satione legitima, (ac semente solenni.) Jugerum utriusque seminis modiis quinque tenebitur. Nunc et ordeum maturum adhuc seremus. In hujus principio fabam spargimus, quæ pinguissimum vel stercoratum desiderat locum, vel vallem, quam succus veniens a summitate fœcundet. Primo seritur, deinde proscinditur, et tunc sulcatur. Occanda est large, ut tegi plurimum possit. Aliqui locis frigidis dicunt in fabæ satione glebas non esse frangendas, ut per eas gelicidiorum tempore possint germina obumbrata defendi. Satione ejus generis, sicut opinio habet, non fœcundatur terra, sed minus læditur. Nam Columella dicit agrum frumentis utiliorem probari, qui anno superiore vacuus fuerit, quam qui calamos fabaceæ messis eduxit. Pingue jugerum sex modii occupant; mediocre, amplius. Spisso bene provenit : macrum solum nebulosumque non patitur. Curandum est præcipue, ut luna XV seratur, si adhuc ictum solis repercussa non sensit. Aliqui dicunt quartamdecimam potius eligendam. Sanguine caponis Græci asserunt fabæ semina macerata herbis adversantibus non noceri. Aqua pridie infusa citius nasci, nitrata aqua respersa cocturam non habere difficilem. Nunc seritur prima lenticula, sicut Februario mense narratum est. Hoc etiam toto mense poterit lini semen aspergi.

II. In hujus maxime [mensis] principio, possumus instituere nova prata, more quo dictum est. Hoc etiam toto mense locis calidis et siccis vel apricis erit vitium coler-

bêcher la terre au pied des jeunes ceps, et de les recouvrir de terre, ainsi que les plants d'arbres dans les pays froids, tant à présent qu'avant les ides. On sévrera à présent les marcottes des ceps, c'est-à-dire, les arceaux que forment les provins; ce qu'on ne doit faire que trois ans après qu'ils auront été couchés en terre.

III. C'est à présent et dans les temps postérieurs à celui-ci qu'on déchaussera, pour les saturer de fumier, les vieilles vignes attachées à des jougs, ou soutenues sur des treilles, quand leur tronc sera robuste et sain; qu'on les taillera de près, en les rognant avec le tranchant d'un fer aigu, à la distance de trois ou quatre pieds de terre, dans la partie où leur écorce sera la plus verte, en les excitant à venir par des fouilles fréquentes; parce qu'il sortira d'ordinaire un germe de cette plaie, ainsi que l'assure Columelle, et qu'à l'approche du printemps elles jetteront du bois, qui pourra servir à réparer les vieux ceps.

IV. On fait à présent la taille d'automne tant des vignes que des arbres, surtout dans les provinces où la douceur de la température y invite. On taille aussi les plants d'oliviers, et on récolte les olives dont on doit faire la première huile, lorsqu'elles commencent à tourner. En effet, quand elles sont absolument noires, elles perdent en qualité, mais en revanche le rendement augmente. La taille des oliviers ainsi que celle des autres arbres sera fructueuse, pourvu que la méthode du pays n'y soit pas contraire, lorsqu'on en coupera les cimes, et qu'on leur fera jeter des rameaux qui s'étendront sur les côtés de l'arbre, lesquels côtés seront eux-mêmes inclinés vers la terre. Si l'on habite au contraire un pays qui ne soit ni fréquenté ni cultivé, il faudra d'abord faire en sorte que le tronc de l'arbre soit entièrement dépouillé de ses branches à la portée des animaux, de façon que ceux-ci ne puissent point lui nuire, et qu'on n'ait à soigner que des arbres qui soient déjà à l'abri de toute injure par leur seule élévation.

V. On forme aussi à présent des plants d'oliviers dans les terrains chauds et dans les contrées sèches, de la manière qui a été détaillée au mois de février. Ces arbres aiment à être plantés dans les lieux élevés, pour être à l'abri de l'humidité; de même qu'ils se plaisent à être ratissés assidument, à être engraissés avec un fumier abondant, et à être doucement agités par des vents qui les fertilisent. On appliquera aussi ce mois-ci aux oliviers stériles les remèdes que nous avons prescrits ci-dessus. Rien n'empêche de faire à présent des paniers, des pieux et des échalas. C'est aussi le temps propice pour faire l'huile de laurier dans les climats tempérés.

VI. Il est à propos de semer l'ail ce mois-ci, ainsi que l'oignon de Cypre, principalement dans des terres blanches, bêchées et labourées, pourvu qu'elles ne soient pas fumées. On tracera donc sur des planches des sillons, dans la partie la plus élevée desquels on mettra ces semences, en les séparant de quatre doigts l'une de l'autre, et sans les enfoncer trop en terre. Ou les sarclera souvent, afin qu'elles croissent davantage. Si on veut que l'ail donne une forte tête, on le foulera aux pieds quand sa tige commencera à monter, et dès lors la sève refluera vers les gousses de cette plante. On prétend que l'ail sera sans mauvaise odeur quand on l'aura semé dans le temps où la lune est cachée sous la terre, pourvu qu'on le cueille dans le même temps. On le conservera, soit en l'ensevelissant dans de la paille, soit en le suspendant à la fumée. On peut aussi semer à

---

branda positio. Nunc et propago jure ducetur, et locis frigidis novellas vites et arborum plantas circumfodere atque operire conveniet; et ante Idus nunc mergus, hoc est propaginis curvatura, post triennium, quam pressa fuerat, recidetur a vite.

III. Nunc ac deinceps vinea vetus, quæ in jugo est vel pergula, si robusto et integro trunco sit, ablaqueata fimo satietur, et angustius putata inter quartum et tertium pedem a terra viridissima parte corticis acuto ferramenti mucrone feriatur, ac fossa frequentius incitetur. Nam (sicut asserit Columella) ex eo loco germen plerumque producit, et veniente vere fundit materiam, qua vitis reparetur antiqua.

IV. Nunc putatio autumnalis celebratur in vitibus et arboribus, maxime ubi invitamur tepore provinciæ: et putantur oliveta: et oliva, cum varia creperit esse, colligitur, ex qua primum fiet oleum. Nam cum tota nigrescet, quod speciei merito posteravit, fundendi ubertate compensat. Sed utilis olearum putatio, cæterarumque arborum, si loci patitur disciplina, ut decisis cacuminibus, rami fluentes per latera prona fundantur. Quod si regio insolens et incustodita contigerit, agendum prius toto arboris corpore ab inferiore parte purgato, ut altitudine animalium supergressa modus transcendatur injuriæ, et arbor jam spatio suo tuta curetur.

V. Nunc etiam locis calidis ac siccis regionibus oliveta ponuntur, sicut Februario disputatum est. Amat hæc arbor arduo locorum situ mediocriter ab humore suspendi, scalpi assidue, lætaminis ubertate pinguescere, feracibus ventis clementer agitari. Hoc etiam mense oleis sterilibus quæ supradicta sunt remedia faciemus. Nunc et corbes et pali et ridicæ bene fieri possunt. Etiam nunc locis temperatis est laurini olei justa confectio.

VI. Hoc mense allium bene seritur et ulpicum in terra maxime alba fossa et subacta sine stercore. Sulcos in areis facies, et semina in locis altioribus pones IV digitis separata, neque altius pressa. Sarculabis frequenter, inde plus crescent. Si capitatum facere volueris, ubi creperit caulis prodire, proculca; ita succus revertetur ad spicas. Fertur, si luna sub terris posita seratur, et item sub terris luna latente vellatur, odoris fœditate cariturum. Vel paleis condita allia, vel fumo suspensa durabunt. Nunc et cepulla seri potest, et carduorum planta disponi, et armoracea seritur et cunela.

présent la ciboule ; de même qu'on peut planter des pieds d'artichauts, et semer le grand raifort et l'origan.

VII. On choisira ce mois-ci dans les pays chauds, et le mois de janvier dans les autres, pour mettre en terre des noyaux de pêche dans des planches façonnées au *pastinum*, en les éloignant de deux pieds l'un de l'autre, afin que lorsque les plantes qu'ils donneront auront pris quelque croissance, elles puissent être transférées. Mais on aura soin d'en tourner la pointe par en bas lorsqu'on les mettra en terre, et de ne pas les enfoncer à plus de deux ou trois doigts de profondeur. Il y a des personnes qui commencent par faire sécher les noyaux quelques jours avant de les mettre en terre, et qui les gardent ensuite dans des paniers qu'elles remplissent d'une terre bien pulvérisée, mêlée de cendre. Pour moi, j'en ai souvent gardé, sans aucune précaution, jusqu'au temps où je les ai mis en terre. Les pêchers réussissent, à la vérité, dans quelque endroit qu'ils soient plantés ; mais ils rapportent davantage et durent plus longtemps quand ils rencontrent un climat chaud et un sol sablonneux et humide ; au lieu qu'ils périssent dans les pays froids, surtout lorsque ces pays sont sujets aux vents, à moins qu'on ne mette quelque corps étranger devant eux pour les abriter. Tant que les germes de ces arbres seront tendres, on les bêchera souvent, pour les débarrasser des herbes qui croissent autour. On pourra très-bien les transférer en pieds dans une petite fosse, quand ils auront deux ans. Il ne faut pas alors les éloigner beaucoup les uns des autres, afin qu'ils se protégent mutuellement contre l'ardeur du soleil. On les déchaussera pendant l'automne, et on les fumera avec leurs propres feuilles. Il faut tailler le pêcher en automne, mais on n'en retranchera que les baguettes qui seront sèches et pourries ; parce que si on lui coupait quelque partie verte, il se dessécherait. Quand cet arbre sera malade, on l'arrosera avec de la lie de vieux vin coupée avec de l'eau. Les Grecs assurent qu'il viendra des pêches sur lesquelles on remarquera des caractères gravés, lorsqu'on aura couvert de terre des noyaux, et que sept jours après, quand ils auront commencé à s'entr'ouvrir, on les aura ouverts pour en ôter l'amande, et écrire telle chose qu'on aura jugé à propos avec du cinabre ; pourvu qu'avant de remettre ces amandes en terre, on les ait recouvertes de leur enveloppe, en l'assujettissant de façon qu'elle ne puisse se séparer. Les différentes espèces de pêches sont les pêches fermes, les pêches précoces de Perse, et celles d'Arménie. Si l'ardeur du soleil vient à dessécher un pêcher, on entassera souvent de la terre auprès de son tronc, on l'arrosera le soir pour le soulager, et l'on interposera quelque obstacle à l'intensité des rayons. Il est encore bon de suspendre à ses branches une peau de serpent. Pour préserver un pêcher de la bruine, il faut lui donner à présent du fumier, ou de la lie de vin coupée avec de l'eau, ou du bouillon de fèves, qui vaut encore mieux. S'il est tourmenté par les vers, on les fera mourir, soit avec de la cendre détrempée de lie d'huile, soit avec de l'urine de bœuf coupée avec un tiers de vinaigre. Si le fruit de cet arbre est sujet à tomber, on enfoncera un coin de lentisque ou de térébinthe, soit dans sa racine qu'on découvrira à cet effet, soit dans son tronc ; à moins qu'on n'aime mieux percer l'arbre par le milieu, pour y enfoncer ensuite un pieu de saule. Si l'arbre donne des fruits qui soient ridés ou pourris, on en coupera l'écorce vers le bas du tronc, et, après qu'il en sera sorti une certaine quantité d'humidité, on recouvrira la plaie avec de l'argile, ou avec un lut dans lequel il entrera de la paille. Un pêcher donnera de gros fruits si on l'arrose, dans le temps qu'il sera en fleur, pendant trois jours, avec trois *sextarii* de lait de

VII. Hoc mense locis calidis, cœteris vero Januario Persici ossa in pastinatis areis sunt ponenda, binis a se pedibus separata, ut cum ibi plantæ excreverint, transferantur. Sed ossa ponantur acumine deorsum verso, et non amplius quam duobus aut tribus palmis obruantur. Ossa vero quæ ponenda sunt, aliqui siccata prius paucis diebus cineris mistione terra soluta in qualis reservant. Ego vero usque ad serendi tempus sine ulla cura sæpe servavi. Locis quidem qualibuscumque proveniunt. Sed et pomis et frondibus et durabilitate præcipua sunt, si cœlum calidum, solum arenosum et humidum fortianter : frigidis vero et maxime ventosis nisi objectu aliquo defendantur, intereunt. Dum tenera sunt germina, sæpe herbis circumfossa liberentur. Bimam plantam recte transferemus scrobe brevi. Nec a se longe statuendæ sunt, ut invicem se a calore solis excusent. Ablaqueandæ sunt per autumnum, et suis stercorandæ foliis. Putanda persicus in autumno est, utarida et putrida tantum virgulta tollantur : nam siquid viride resecamus, arescit. Languenti arbori veteris vini feces aquæ mistas oportet infundi. Affignantibus Græcis Persicus scripta nascetur, si ossa ejus obruas, et post dies VII, ubi patefieri cœperint, apertis his nucleos tollas, et his cinnabari, quod libebit inscribas. Mox ligatos simul cum suis ossibus obruas diligentius adhærentes. [Genera eorum sunt hæc, duracina, præcoqua Persica, Armenia.] Si hæc arbor ardore solis inarescit, frequenti aggestione cumuletur, vespertino juvetur humore, et objectis defendatur umbraculis. Juvat in ea et spolium serpentis appendi. Nunc jam contra pruinas stercus ingeratur Persico, vel feces vini cum aqua permistæ, vel quod magis prodest, aqua in qua faba decocta est. Si vermes Persicus patitur, cinis eos amurcæ mistus extinguit, vel bovis urina cum aceti tertia parte confusa. Si poma caduca sunt, nudata radici ejus vel trunco lentisci aut terebinthi cuneus affigitur, vel terebratæ in medio palus salicis imprimetur. Si poma rugosa creabit aut putrida, circa imum truncum cortex recidatur, et cum inde modicus humor effluxerit, argilla vel paleato luto plaga retegatur. Magna poma Per-

chèvre. Quand un pêcher a des défauts, il est bon d'y attacher du genêt d'Espagne, ou d'en suspendre à ses branches. On greffera le pêcher au mois de janvier ou de février dans les pays froids, et au mois de novembre dans les pays hauds. On le greffera particulièrement auprès de terre, et l'on emploiera en greffes les scions les plus forts qui seront poussés au pied de l'arbre, parce que ses cimes ne prendraient point, ou que si elles prenaient, elles ne pourraient pas durer longtemps. On le greffera sur lui-même, sur l'amandier et sur le prunier. Mais les pêchers d'Arménie ainsi que les précoces prennent mieux sur les pruniers; de même que ceux qui donnent des pêches fermes prennent mieux sur les amandiers, et y parviennent à un âge avancé. On peut greffer en écusson le pêcher au mois d'avril ou de mai dans les pays chauds. On le greffe de cette manière en Italie à la fin de l'un et de l'autre de ces mois, ou au mois de juin; c'est ce qu'on appelle *emplastrare*. Cette greffe se fait sur le tronc même, que l'on a soin de couper auparavant par en haut, et auquel on applique plusieurs boutons, suivant la méthode que nous avons donnée. Cet arbre donne des fruits rouges quand il a été greffé en fente sur le platane. On conserve les pêches fermes en les faisant confire dans de la saumure et de l'oxymel, ou en les suspendant pour les faire sécher au soleil comme des figues, après en avoir ôté les noyaux. J'ai encore vu confire dans du miel des pêches fermes dont on avait ôté les noyaux, et elles avaient un goût agréable. On les conserve encore fort bien en leur bouchant l'ombilic avec une goutte de poix chaude, et en les faisant ensuite nager dans du vin cuit jusqu'à diminution des deux tiers, dont on remplit un vase que l'on ferme hermétiquement. On croit que le pin est favorable à toutes les plantes qui croissent sous son ombre. On sème les pignons au mois d'octobre ou de novembre dans les contrées chaudes et sèches, et au mois de février ou de mars dans celles qui sont froides et humides. Cet arbre aime les terrains maigres, et ordinairement ceux qui sont voisins de la mer. C'est sur les montagnes et au milieu des rochers qu'il atteint son plus grand développement. Le vent et l'humidité lui sont favorables; mais en quelque endroit qu'on veuille le planter, soit sur des montagnes, soit partout ailleurs, on lui destinera des terres qui ne puissent pas convenir à d'autres arbres. Ainsi, après avoir labouré ces terrains avec attention, on les nettoiera, et l'on y sèmera les pignons comme on sème le blé, en prenant soin de les recouvrir de terre avec un léger sarcloir, parce qu'ils ne doivent pas être enfoncés en terre de plus d'un *palmus*. Dans son enfance il faut le garantir des bestiaux, de peur qu'ils ne le foulent aux pieds dans le temps qu'il est encore faible. Il profitera très-bien quand on aura trempé les pignons dans de l'eau trois jours avant de les semer. Quelques personnes prétendent que le fruit de cet arbre s'adoucit quand il a été transplanté, mais voici les soins qu'elles emploient. Elles commencent par enfoncer, dans de petits verres remplis de terre et de fumier, une grande quantité de pignons; et lorsque ces pignons sont venus, elles ne conservent que le plus fort, et retirent tous les autres. Quand celui-ci a pris un accroissement convenable, elles le transfèrent en pied à l'âge de trois ans, sans le retirer du verre, qu'elles brisent ensuite, pour donner aux racines la liberté de s'étendre dans la fosse où l'arbrisseau est planté. Elles mêlent d'ailleurs avec la terre de cette fosse du crottin de cavale, en faisant des couches tant de terre que de crottin qui s'élèvent alternativement les unes sur les autres. Il faut cependant avoir soin que la racine de cet arbre, qui est unique, et dont la direction est

---

sicus affert, si florenti per triduum ternos sextarios caprini lactis ingesseris. Contra vitia Persici proficit spartum ligatum vel spartea suspensa de ramis. Mense Januario vel Februario locis frigidis, Novembri calidis Persicus inserátur, maxime circa terram surculis plenioribus et prope arborem natis. Nam cacumina vel non tenebunt, vel diu duzare non poterunt. Inseritur in se, in amygdalo, in pruno: sed Armenia vel præcoqua prunis, duracina amygdalis melius adhærescunt, et tempus ætatis acquirunt. Mense Aprili vel Majo locis calidis, in Italia vero utroque exeunte vel Junio Persicus inoculari potest, quod emplastrari dicitur præciso super trunco, et emplastratis pluribus gemmis, more quo dictum est. Persicus rubescit, si platano inserta figatur. Duracina servantur, condita muria et oxymelle, vel detractis ossibus ficorum more in sole siccantur ac pendent. Item sæpe vidi detractis ossibus duracina melle condiri, et saporis esse jucundi. Item bene servantur, si umbilicum pomi gutta picis calentis oppleveris, ut sic sapæ innatare cogantur vase concluso. Pinus creditur prodesse omnibus quæ sub ea seruntur. Pinum seremus nucleis suis calidis et siccis regionibus mense Octobri vel Novembri; frigidis et humectis Februario vel Martio. Amat locum gracilem, sæpe maritimum: inter montes et saxa vastior et procerior invenitur: ventosis et humidis, arborum fiunt incrementa lætiora. Sed sive montes velis conserere, seu spatia quæcunque, hæc huic generi deputabis, quæ alteri utilia esse non possunt. Exarabis ergo ea loca diligenter, atque purgabis, et frumenti more semen asperges, ac levi sarculo curabis operire: nec enim plusquam palmo debet abscondi. Defendenda est tenera arbor a pecore, ne calcetur invalida. Proficiet, si nucleos aqua ante triduum macerabis. Aliqui dicunt fructum pineum translatione mitescere: sed plantas hoc modo procurant, ut prius multa semina in caliculis terra et fimo repletis obruant, quæ ubi processerint, relicto eo quod solidius est, auferunt alia: ubi justum ceperit incrementum, trinam plantam cum ipsis caliculis transferunt, quibus fractis in scrobe indulgent radicibus largitatem. Terræ tamen equæ stercus admiscent, facientes straturam alterno ordine subinde crescentem. Servandum est tamen, ut ra-

droite, puisse être transférée saine et entière d'une extrémité à l'autre. La taille avance les jeunes pins (ainsi que je l'ai éprouvé moi-même) au point que la rapidité de leur croissance en est double. On peut aussi laisser les pignons sur l'arbre jusqu'à présent pour les cueillir plus mûrs, quoiqu'il faille néanmoins les cueillir avant qu'ils ne s'ouvrent. Les amandes ne s'en peuvent pas conserver à moins qu'elles ne soient pelées. Cependant il y a des personnes qui assurent qu'on peut les garder, en les mettant avec leurs coques dans des vases neufs de terre cuite, remplis de terre. Si l'on plante en automne des noyaux de prunes, il faudra les enfouir à la profondeur de deux *palmi*, au mois de novembre, dans un terrain bien meuble et bien retourné. On les met aussi en terre au mois de février. Mais il faut alors les faire tremper pendant trois jours dans de l'eau de lessive, pour les contraindre de germer promptement. On plante encore les pruniers en rejetons tirés du tronc de l'arbre à la fin du mois de janvier ou vers les ides de février, en enduisant de fumier leurs racines. Ils se plaisent dans un terrain fertile et humide, et réussissent mieux sous un climat chaud, quoiqu'ils puissent supporter les climats froids. Si on les aide avec du fumier dans les terrains pierreux et pleins de gravier, où ils n'auraient, sans ce secours, que des fruits sujets à tomber et à être piqués des vers, ils se corrigeront de ce vice. Il faudra arracher les rejetons qui sortent de leurs racines, à l'exception des plus droits, que l'on conservera pour les planter. Lorsqu'un prunier est languissant, il faut répandre sur ses racines du marc d'huile avec de l'eau ou de l'urine de bœuf pure, ou de vieille urine humaine coupée avec deux tiers d'eau, ou enfin des cendres prises au four, et surtout des cendres de sarment. Si ses fruits sont sujets à tomber, on enfoncera dans sa racine, que l'on percera à cet effet avec une tarière, une cheville de bois d'olivier sauvage. En le frottant avec de la terre rouge et de la poix liquide, on fera mourir les vers et les fourmis qui le tourmentent; mais la friction doit être ménagée de façon à ne pas entamer l'arbre, autrement le remède serait pire que le mal. Des arrosements fréquents et des fouilles assidues l'aideront à croître. On greffe le prunier à la fin de mars ou au mois de janvier, avant qu'il commence à jeter sa gomme. Il est mieux de le greffer en fente sur le tronc que sous l'écorce. On l'ente sur lui-même, et il reçoit la greffe du pêcher, ou de l'amandier, ou du pommier, quoique ce dernier le fasse dégénérer et le rende petit. On sèche les prunes au soleil, en les disposant sur des claies dans un endroit sec : ce sont là les prunes que l'on appelle *Damascena*. D'autres plongent des prunes nouvellement cueillies dans de l'eau de mer ou dans de la saumure bouillante, et après les en avoir retirées, ils les font sécher dans un four échauffé, ou au soleil. Les châtaigniers se sèment tant en plant qui vient de lui-même, qu'en graine. Mais quand on les a semés en plant, ils sont si maladifs, que l'on est souvent dans le cas de douter pendant deux ans s'ils vivront ou non. Il faut donc semer les châtaignes elles-mêmes, c'est-à-dire la graine du châtaignier, aux mois de novembre et de décembre, ainsi qu'au mois de février. Pour semence, il faut choisir les plus nouvelles, les plus grosses et les plus mûres. Rien de plus facile en novembre; c'est l'époque où ce fruit donne. Mais si l'on veut semer les châtaignes en février, voici ce qu'il faudra faire pour les conserver jusque-là : on les fera sécher en les éten-

---

dix ejus, quæ una et directa est, usque ad summitatem suam possit integra et illæsa transferri. Putatio novellas pini arbores tantum promovet (quod expertus sum) ut quæ speraveras incrementa, duplicentur. Nuces pineæ et usque in hoc tempus in arbore esse possunt, et maturiores legentur. Prius tamen legendæ sunt quam patescant. Nuclei nisi purgati durare non possunt. Tamen aliqui in vasis fictilibus novis et terra repletis cum testis suis missos asserunt custodiri. Pruna si ossibus serantur autumno, mense Novembri solo putri et subacto duobus palmis obruantur ossa. Eadem ponantur et mense Februario. Sed tunc prius lixivio sunt maceranda per triduum, ut cito germinare cogantur. Ponuntur et plantis, quas sumemus ex codice mense Januario exeunte, vel Februario circa idus, radicibus fimo oblitis. Gaudent loco læto et humido : cælo tepido melius proferunt, tamen queunt et frigidum sustinere. Locis lapidosis et glareosis si juvantur lætamine, excusant ne poma caduca et vermiculosa nascantur. Extirpandæ sunt soboles a radice, exceptis rectioribus, quæ servabuntur ad plantas. Si languida pruni arbor est, amurca cum aqua æqualiter temperata radicibus debet infundi, vel bubulum lotium solum, vel humanum vetus cum duabus aquæ partibus mixtum, vel cineres ex furno, maxime sarmentorum. Si poma decurrant, oleastri epiurum terebratæ intige radici. Vermes ejus atque formicas rubrica cum pice liquida si adlinatur extinguet : sed modestius propter arboris noxam, ne idem faciat remedium quod venenum. Juvatur frequenti humore et assidua fossione. Mense Martio extremo prunus inseritur melius trunco fisso quam cortice, vel mense Januario, antequam incipiat gumen lacrymare. Inseritur in se, et Persicum recipit, vel amygdalum vel malum, sed eam degenerem reddit et parvam. Pruna siccantur in sole per crates loco siccore disposita. Hæc sunt quæ Damascena dicuntur. Alii in aqua marina vel in muria fervente recens lecta pruna demergunt, et inde sublata aut in furno tepido faciunt aut in sole siccari. Castanea seritur et plantis, quæ sponte nascuntur et semine. Sed quæ plantis seritur, ita ægra est, ut biennio de ejus vita sæpe dubitetur. Serenda est ergo ipsis castaneis, hoc est seminibus suis, mense Novembri et Decembri, item Februario. Eligendæ sunt castaneæ ad ponendum recentes, grandes, maturæ : quas si Novembri mense seramus, facilem se præsentia fructus ipsius præstat. Si vero Februario ponamus, ut usque tunc durent, ita fa-

dant à l'ombre ; après quoi on les transportera dans un lieu étroit et sec, où on les mettra par tas, en les couvrant toutes exactement de sable de rivière. Au bout de trente jours, on les retirera du sable pour les faire tremper dans de l'eau fraîche. Alors celles qui seront saines iront au fond, et toutes celles qui seront défectueuses surnageront. On enfoncera de même dans le sable celles qu'on aura déjà éprouvées, et on les éprouvera encore de la même façon au bout de trente autres jours. Quand on aura répété cette opération par trois fois jusqu'au commencement du printemps, il faudra semer celles qui se seront maintenues en bon état. Il y a des personnes qui les conservent dans de petits vases qu'elles remplissent également de sable. Les châtaigniers aiment un sol meuble et friable, mais non pas aréneux. Ils viennent dans le sable, pourvu qu'il soit humide. La terre noire leur convient, de même que le charbon et le tuf, quand il est pulvérisé avec soin. Ils viennent difficilement dans une terre compacte, ainsi que dans la terre rouge, et point dans l'argile ni dans le gravier. Ils aiment les pays froids, mais ils ne refusent pas les climats tempérés quand ils sont humides. Ils se plaisent sur les coteaux, de même que dans les cantons ombragés, et principalement dans ceux qui sont exposés au nord. Il faudra façonner en *pastinum*, à la profondeur d'un pied et demi ou de deux pieds, le terrain que l'on destinera à cet arbuste, soit en donnant cette façon à toute l'étendue du terrain, soit du moins en y traçant avec la charrue des sillons qui seront dirigés parallèlement entre eux, ou qui se croiseront en différents sens. Lorsque ce terrain sera saturé de fumier et bien dissous, on y mettra les châtaignes, sans les enfoncer au delà d'un *dodrans* de pied, en observant de planter un piquet auprès de chacune, afin de reconnaître l'endroit où elles seront. Il faudra en mettre trois ou cinq à la fois dans le même trou, en éloignant tous ces petits tas l'un de l'autre de quatre pied. Ceux qui voudront transplanter les châtaigniers en pieds attendront nécessairement qu'ils aient deux ans. Au reste, la châtaigneraie sera garnie de rigoles qui serviront à l'écoulement des eaux, de peur que, si elles venaient à y séjourner, le limon qu'elles y déposeraient ne fît périr le germe des châtaignes. On pourra, si on le veut, propager les châtaigniers à l'aide des rejetons inférieurs qui sortent de leurs racines. Il faut bêcher assidument les nouveaux plants de châtaigniers. Ces arbres profitent davantage quand ils sont aidés par la taille aux mois de mars et de septembre. On greffe le châtaignier (ainsi que je l'ai éprouvé moi-même) sous son écorce, au mois de mars ou au mois d'avril ; quoiqu'il réponde également à nos soins quand il est greffé sur le tronc. On peut aussi le greffer en écusson. On le greffe sur lui-même et sur le saule. Mais quand il est greffé sur le saule, son fruit est plus tardif et d'un goût plus âpre. On conserve les châtaignes soit en les disposant sur des claies, ou en les enfonçant dans du sable, de façon qu'elles ne se touchent point mutuellement, soit en les enfermant dans de petits vases neufs de terre cuite, et en les ensevelissant sous terre dans un lieu sec, soit en les serrant dans des coffres faits avec des baguettes de hêtre et enduits de lut, de façon qu'ils n'aient aucune ouverture, soit enfin en les couvrant de paille d'orge très-menue, ou en les enfermant dans des mannequins faits avec des herbes de marais, et dont le tissu soit très-serré. On plante ce mois-ci, dans des terrains chauds et sous un climat sec, des pieds de poiriers sauvages que l'on greffe par la suite, ainsi que des

ciendum est : in umbra castaneæ siccentur expansæ : tunc in angustum et siccum locum translatæ cumulum faciunt : et eas omnes fluvialis arena diligenter operiat. Post dies xxx eas remota arena in aquam frigidam mittis. Quæ sanæ sunt, merguntur : supernatat quæcunque vexata est. Item quas probasti, similiter obrues, et post xxx dies æque probas. Hoc cum tertio feceris, usque ad veris initium, serere debebis quæ manserint illibatæ. Aliqui in vasculis servant, arena pariter immissa. Amant solum molle et solutum, non tamen arenosum. In sabulone proveniunt, sed humecto : nigra terra illis apta est et carbunculus et tofus diligenter infractus : in spisso agro et rubrica vix provenit : in argilla et glarea non potest nasci : diligit cœli statum frigidum, sed et tepidum non recusat, si humor assenserit : delectatur clivis et opacis regionibus ac maxime in Septentrionem versis. Pastinari ergo locus debebit, qui huic destinatur arbusto, altitudine pedis unius semis vel duorum vel totus, vel sulcis in ordinem destinatis, aut certe aratris resolvi hinc inde findentibus : qui fimo satiatus ac redactus in pulverem castanearum semen accipiat non amplius pedis dodrante demersum. Unicuique semini propter notam surculus debet affigi. Ipsa semina singulis locis simul terna vel quina ponantur, et inter se quatuor pedum spatio separentur. Quibus transferre placuerit, bimas plantas transferre debebunt. Locus tamen deductoria liquoris accipiat, ne humor insidens limo germen extinguat. Cui placet, potest castaneæ in propaginem ducere ima virgulta, quæ in radice nascuntur. Novum castanetum circumfodi debet assidue. Mense Martio et Septembri incrementum majus acquirit, si putationibus adjuvetur. Castanea inseritur (sicut probavi ipse) sub cortice mense Martio vel Aprili, tamen genere utroque respondet. Potest et inoculari. Inseritur in se et in salice, sed ex salice tardius maturat, et fit asperior in sapore. Castaneæ servantur vel in cratibus dispositæ, vel intra sabulonem ne invicem tangantur immersæ ; vel in vasculis fictilibus novis conditæ, et loco sicciore defossæ ; vel inclusæ virgeis ex fago receptaculis et lutatæ, ut spiracula non relinquas ; vel ordei paleis minutissimis obrutæ, vel palustri ulva figuratis densioribus, sportis reclusæ. Hoc mense locis calidis ac siccis regionibus agrestium pirorum plantas ponimus, quas postea possimus inserere, et malorum, vel mali Punici,

pieds de pommiers ou de grenadiers, de coignassiers, de citronniers, de néfliers, de figuiers, de cormiers et de caroubiers. On plante aussi des pieds de cerisiers sauvages que l'on greffe ensuite, et des boutures de mûriers. Enfin on sème des amandes et des noix dans des pépinières, suivant la méthode que nous avons donnée.

VIII. Les abeilles font du miel au commencement de ce mois-ci avec des fleurs de tamarin et d'autres plantes sauvages ; mais il ne faut pas leur enlever ce miel, qui est leur provision d'hiver. Il faut purger les ruches des immondices dans le courant du même mois, parce qu'il n'est pas à propos de les remuer ni de les ouvrir de tout l'hiver. Mais on choisira, pour faire ces opérations, un jour où il fasse soleil et qui soit chaud, et on nettoiera toutes les parties intérieures de la ruche où la main ne pourra pas atteindre, en employant de préférence à cette opération des plumes de grands oiseaux, qui aient de la roideur, ou quelque autre instrument analogue. On bouchera ensuite, avec de la boue et de la fiente de bœuf mêlées ensemble, toutes les fentes qui paraîtront à l'extérieur des ruches ; et on pratiquera au-dessus des espèces de portiques avec du genêt ou d'autres matières propres à les couvrir, afin qu'elles puissent être à l'abri du froid et des mauvais temps.

IX. Il faudra tailler à présent de près, dans les terrains chauds et exposés au soleil, les vignes qui, dépourvues de fruits, mais exubérantes en feuilles, compensent la disette des uns par le luxe des autres. Cette taille se fera dans les terrains froids au mois de février. Si ce vice ne se corrige pas, il faudra, après les avoir bêchées, entasser à leur pied du sable de rivière ou de la cendre. Quelques personnes insèrent des pierres entre les sinuosités de leurs racines.

X. Quand la vigne aura été stérile, les Grecs prescrivent de la soigner aux mêmes temps, de la manière qui suit. On introduit une pierre dans son tronc, après l'avoir fendu, et l'on répand autour d'elle quatre *cotulæ* d'urine humaine gardée, de façon que cet arrosement pénètre jusqu'à ses racines. Ensuite on y ajoute du fumier mêlé de terre, et l'on retourne en entier le sol autour de ses racines.

XI. Quoique février soit le mois des rosiers, on peut cependant en planter en novembre dans les terrains chauds, exposés au soleil et voisins de la mer. Si l'on manque de plant, et qu'on veuille se procurer beaucoup de rosiers avec le peu qu'on en aura, il faudra couper des rejetons de quatre doigts garnis de leurs boutons avec leurs nœuds, les coucher en terre comme des provins, et les aider à venir avec du fumier et des arrosements. Quand ils auront plus d'un an, on les transférera dans un autre endroit, où ils seront espacés d'un pied. C'est ainsi qu'on remplira de rosiers le terrain que l'on destinera à ce genre de culture.

XII. Les Grecs assurent que pour conserver du raisin sur le cep même jusqu'au commencement du printemps, il faudrait faire auprès de ce cep, quand il est chargé de fruits, une fosse de trois pieds de profondeur et de deux pieds de largeur, dans un lieu ombragé, et y étendre du sable dans lequel on fichera des roseaux ; après quoi on entortillera avec soin ces roseaux avec des sarments chargés de fruits qu'on y attachera, sans endommager les grappes, et de façon qu'elles ne touchent pas au fond de la fosse ; puis on recouvrira le tout, afin que la pluie n'y puisse pas pénétrer. Ils prescrivent encore, lorsque l'on veut conserver longtemps des grappes sur un cep ou des fruits sur un

---

et cydonii, et citri, et mespili, fici, sorbi, siliquæ, et plantas agrestis cerasi, post inserendas, et mori taleas, et amygdali semina, et nuces juglandes, si in seminariis (quo dictum est more) pangantur.

VIII. Hujus mensis initio apes ex tamarisci floribus reliquisque silvestribus mella conficiunt : quæ auferenda non sunt, quia servantur hiberno. Eodem mense sordibus liberandi sunt alvei, quia tota hieme eos movere aut aperire non decet. Sed hæc die aprico tepidoque facienda sunt, et pennis maxime avium majorum, quæ habent rigorem, vel aliquo simili omnia interiora mundentur, quo manus non valebit attingere. Tum rimas omnes, quæ sunt extrinsecus, luto et fimo bubulo mistis linamus : et insuper genestis vel aliis tegumentis similitudinem porticus imitemur, ut possint a frigore et tempestate defendi.

IX. Locis calidis et apricis vites, quæ fructu carent, fronde luxuriant, et pauperiem fœtuum compensant ubertate foliorum, nunc putare pressius conveniet : frigidis vero mense Februario. Si permanebit hoc vitium, circumfossas arena fluviali vel cinere debebimus aggerare. Quidam lapides inserunt inter flexuosa radicum.

X. Hisdem temporibus et locis vitem quæ sterilis fuerit, Græci ita præcipiunt esse curandam. Trunco ejus fisso lapidem asserunt includendum, et ibi urinæ veteris humanæ quatuor cotulas circa truncum debere suffundi, ut ad radices instillatio ipsa descendat. Tunc adjiciendum terra lætamen admista, et circa radices solum omne vertendum.

XI. Quamvis mense Februario sint conserenda rosaria, tamen locis calidis, apricis atque maritimis hoc etiam mense poterimus instituere roseta. Quæ si indigus plantarum volueris ex paucis virgulis habere copiosa, quaternorum digitorum surculos geminantes cum geniculis suis debebis excidere, [et] in modum propaginis sternere [et] stercore ac rigationibus adjuvare : ubi anni ætatem compleverint, pedis spatio inter se transferre disjunctos, atque ita solum quod huic generi deputabis implere.

XII. Græcis asserentibus, ut uvam serves in vite usque ad veris initia, circa ipsam vitem quæ fructu plena est, loco umbroso scrobem fodies, altitudine trium pedum, latitudine duorum, et mittis sabulonem, et ibi calamos figis, in quibus retorquebis assidue sarmenta fructibus plena, et illæsis botryonibus alligabis, ut solum non contingant, et cooperies, ut imber eo penetrare non possit. Item Græcis docentibus uvas in vite, aut poma in arbore si diu

arbre, de les laisser suspendus à leurs branches en les renfermant dans de petits vases de terre cuite percés par le bas et bien fermés par en haut, quoique cette méthode soit assez inutile par rapport aux fruits, puisqu'on les conserve aussi très-longtemps en les couvrant de gypse.

XIII. C'est dans ce mois-ci que naissent les premiers agneaux. Dès qu'un agneau sera né, on l'approchera du pis de sa mère, en observant néanmoins de tirer auparavant à celle-ci avec la main un peu de lait, parce que les premières gouttes, qui sont d'une nature trop épaisse, et que les bergers appellent *colostrum*, incommoderaient l'agneau, si l'on n'en débarrassait pas la mère. On commencera par enfermer les nouveau-nés avec leurs mères pendant deux jours; après quoi on se contentera de les retenir dans des clos obscurs et chauds, de façon qu'ils soient séparés des brebis, quand on enverra celles-ci aux pâturages. Il suffira de permettre aux agneaux de teter leur mère le matin avant la sortie, et le soir au retour de la pâture. On les nourrira dans l'étable, jusqu'à ce qu'ils aient pris de la force, avec du son ou de la luzerne, qu'on mettra devant eux, ou avec de la farine d'orge, si l'on en a une grande provision; et on leur continuera ce genre de nourriture jusqu'à l'âge où ils sont capables de suivre la mère au pâturage. Les pâturages qui conviennent aux brebis sont ceux qui croissent dans les jachères ou dans les prairies sèches. Ceux des marais leur sont funestes, et ceux des forêts sont pernicieux pour leur laine. Au reste, il faut provoquer leur appétit en saupoudrant souvent de sel leur pâture, et en en mêlant à leur breuvage. Pour nourriture d'hiver, si l'on manque de foin, on leur donnera de la paille ou de la vesce, ou, ce qu'on se procure plus aisément, des feuilles d'orme ou de frêne que l'on aura gardées à cet effet. Pendant l'été les brebis paîtront au commencement de la journée, moment où l'herbe attendrie par la rosée est le plus savoureuse. A la quatrième heure du jour, temps où il fera chaud, on leur fera boire de l'eau puisée dans une rivière pure, ou tirée d'un puits ou d'une fontaine. Une vallée ou un arbre touffu les garantiront de l'ardeur du soleil au milieu du jour. Lorsque ensuite la chaleur commence à s'adoucir, et que les premières gouttes de la rosée du soir auront mouillé la terre, on conduira de nouveau le troupeau aux pâturages. Mais lorsqu'on mènera paître les brebis pendant les jours caniculaires, et même dans tout le courant de l'été, il faudra avoir soin que leur tête soit toujours tournée du côté opposé au soleil. Elles ne doivent point aller paître en hiver, ni au printemps avant que le givre soit fondu, parce que l'herbe couverte de frimas occasionne des maladies à ce bétail. Il suffira aussi de les mener boire une seule fois par jour dans ces deux saisons. Les Grecs, comme les Asiatiques ou les Tarentins, sont dans l'usage de nourrir leurs brebis plutôt à l'étable qu'aux champs, et de former le sol de l'étable de planches percées à jour, afin que l'humidité ait un écoulement. L'habitation du bétail en devient plus salubre, et leur toison, supérieure à celle des autres brebis, reste intacte. Il faudra frotter les brebis à trois reprises différentes dans le courant de l'année avec de l'huile et du vin, par un jour de soleil, et après qu'elles auront été lavées. Pour chasser les serpents qui se glissent parfois sous la crèche, on y brûlera souvent du cèdre, ou du galbanum, ou des cheveux de femmes, ou de la corne de cerf. Il faut faire saillir à présent les boucs, afin que leurs petits puissent être élevés au commencement du printemps. Mais

---

servare volueris, vasculis clausa fictilibus ab ima parte pertusis diligenter a summo tecta suspende, quamvis poma et gypso cooperta in longam serventur ætatem.

XIII. Hoc mense agnorum prima generatio est. Sed agnus statim natus uberibus maternis admovendus est manu. prius tamen exiguum lactis, in quo spissior est natura, mulgendum est, quod pastores colostram vocant : namque hoc agnis, nisi auferatur, nocebit. Ac primo per biduum natus cum matre claudatur. Tunc septis obscuris servetur et calidis : ita secluso parvulorum grege matrices mittantur in pascua. Sufficiet autem, priusquam procedant matrices mane, et cum saturæ revertuntur ad vesperam, agnis ubera haurienda permittere. Qui donec firmentur, intra stabulum furfuribus vel medica herba, vel (si est copia) farina ordei pascantur ingesta, donec concepto paulisper robore ætatis, pascuum matribus possint habere commune. Pascua ovillo generi utilia sunt, quæ vel in novalibus vel in pratis siccioribus excitantur : palustria vero noxia sunt, silvestria damnosa lanatis. Salis tamen crebra conspersio vel pascuis mista vel canalibus frequenter oblata debet pecoris levare fastidium. Nam per hiemem, si penuria est, fœnum, vel palea, vel vicia, vel facilior victus ulmi servatis frondibus præbeatur aut fraxini. Æstivis mensibus pascantur sub lucis initio, cum graminis teneri suavitatem roris mistura commendat. Quarta hora calescente potus puri fluminis aut putei præbeatur aut fontis. Medios solis calores vallis aut arbor umbrosa declinet. Deinde ubi flexo jam die ardor infringitur, et solum primo imbre vespertini roris humescit, gregem revocemus ad pascua. Sed Canicularibus et æstivis diebus ita pascenda sunt oves, ut capita gregis semper avertantur a solis objectu. Hieme autem vel vere nisi resolutis gelicidiis ad pascua prodire non debent : nam pruinosa herba huic generi morbos creabit. Ac tunc semel adaquare sufficiet. Græcas oves sicut Asianas vel Tarentinas moris est potius stabulo nutrire quam campo, et pertusis tabulis solum, in quo claudentur, insternere : ut sic tuta cubilia propter injuriam pretiosi velleris humor reddat elabens. Sed tribus per annum (totum) diebus aprico die lotas oves ungere oleo oportebit et vino. Propter serpentes, qui plerumque sub præsepibus latent, cedrum vel galbanum vel mulieris capillos aut cervina cornua frequenter uramus. Nunc hirci admittendi sunt, ut fœtum primi veris fovere possit exortus. Sed caper eligendus est, cui sub maxillis duæ viden-

il faut choisir, pour cette opération, des boucs qui aient deux petites verrues qui leur pendent sous les mâchoires, le corps grand, les jambes épaisses, le chignon court et plein, les oreilles courbées et lourdes, la tête petite, le poil lisse, épais et long. Ces animaux sont propres à la propagation même avant d'avoir atteint l'âge d'un an; mais ils ne vont pas au delà de six ans. Il faut choisir des chèvres dont le corps soit semblable à celui des boucs, et qui aient le pis développé. On ne renfermera pas cependant, dans le même enclos, une aussi grande quantité de chèvres que de brebis, et on aura soin qu'il n'y ait ni boue ni fumier dans cet enclos. Outre le lait, dont on ne laissera pas manquer les chevreaux, il faudra encore leur donner souvent du lierre et des cimes d'arbousier et de lentisque. Les chèvres peuvent très-bien nourrir leurs petits à trois ans. On vendra ceux dont les mères seront plus jeunes, et on ne gardera pas celles-ci au delà de huit ans, parce que ce bétail devient stérile en avançant en âge.

XIV. Il faut s'occuper dans ce temps-ci du soin de ramasser et serrer le gland. Ce soin peut facilement être confié aux femmes et aux enfants, ainsi que celui de ramasser les fruits tombés.

XV. Il faut couper à présent le bois de construction, quand la lune sera dans son déclin. Mais, avant de mettre bas un arbre, il faudra le laisser quelque temps sur pied, après avoir entaillé le tronc jusqu'à la moelle, afin que s'il reste de la sève dans ses vaisseaux, elle s'écoule par cette plaie. Voici les arbres qui sont les plus utiles : le sapin, que l'on appelle *gallica*, est léger et ferme, et il dure éternellement lorsqu'il est travaillé et employé à sec. L'utilité du larix est inappréciable. Si l'on soutient les tuiles d'un bâtiment avec des lattes faites de ce bois, tant sur la face qu'aux extrémités des toits, on n'aura pas à craindre les incendies, parce que ce bois ne s'enflamme ni ne se carbonise. Le chêne est de durée quand il soutient des ouvrages de terre; on en fait encore des pieux qui sont aussi de résistance. L'*æsculus* est un bois propre à la construction, et bon pour faire des échalas. Le châtaignier dure très-longtemps, et sa solidité est admirable, soit qu'on l'emploie dans les champs, soit qu'on l'emploie pour les toits et pour les autres ouvrages de l'intérieur. Il n'a d'autre défaut que son poids. Le hêtre est bon à être employé à sec; l'humidité le pourrit. Les deux espèces de peupliers, le saule et le tilleul sont des bois de sculpture. L'aune ne saurait entrer dans la construction, mais on ne peut s'en passer pour les pilotis. L'orme et le frêne se roidissent en séchant; verts, on peut les courber pour en faire des chevrons. Le charme est de bon usage. Le cyprès est excellent. Le pin ne dure pas, s'il n'est employé à sec. J'ai vu employer le procédé que voici, en Sardaigne, contre son altération trop rapide. On submergeait entièrement, dans une mare, des poutres faites avec ce bois, pendant une année entière, avant de les mettre en œuvre, ou bien on les enfonçait dans le sable sur le bord de la mer, de façon que le flux pût baigner le sable dont elles étaient couvertes, dans son retour alternatif après le reflux. Le cèdre est durable, à moins que l'humidité ne l'atteigne. Tous les arbres coupés du côté du midi sont les meilleurs. Ceux qui sont coupés du côté du nord sont, à la vérité, les plus hauts, mais ils se gâtent aisément.

XVI. On transplantera ce mois ci les arbres à haute tige plantés dans les terrains secs, chauds et exposés au soleil, après avoir rogné leurs branches, sans endommager leurs racines; et on

---

tur pendere verruculæ, magni corporis, crassis cruribus, brevi plenaque cervice, auribus flexis et gravibus, parvo capite, nitido spisso et longo capillo. Ad ineundas fœminas et ante anniculum congruus. Non autem durat ultra sexennium. Capella similis corporis, sed magnis uberibus est eligenda. Non tamen ita multæ capræ, ut oves una statione claudantur, quam luto et stercore carere conveniet. Hædis supra lactis abundantiam edera et arbuti et lentisci cacumina sunt sæpe præbenda. Trimæ educare optime possunt; quod teneriores matres generant, transigendum est. Sed ultra octo annos servandæ non sunt matrices, quia genus hoc longiore sterilescit ætate.

XIV. Hoc tempore glandis legendæ ac servandæ cura nos excitet; quod opus fœmineis ac puerilibus operis celebrabitur facile more baccarum.

XV. Nunc materies ad fabricam cædenda est, cum luna decrescit. Sed arbores quæ cædentur usque ad medullam securibus recisas aliquandiu stare patieris, ut per eas partes humor, siquis in venis continetur, excurrat. Utiles autem sunt hæ maxime : abies quam Gallicam vocant, nisi perluatur, levis, rigida, et in operibus siccis perenne durabilis. Larix utilissima, ex qua si tabulas suffigas tegulis in fronte atque extremitate tectorum, præsidium contra incendia contulisti. Neque enim flammam recipiunt, aut carbones creare possunt. Quercus durabilis si terrenis operibus obruatur, et aliquatenus palis. Æsculus ædificii et ridicis apta materies. Castanea mira soliditate perdurat in agris et tectis et operibus cæteris intestinis, cujus solum pondus in vitio est. Fagus in sicco utilis, humore corrumpitur. Populus utraque et salix et tilia in scalpturis necessariæ. Alnus fabricæ inutilis, sed necessaria, si humidus locus ad accipienda fundamenta palandus est. Ulmus et fraxinus si siccentur, rigescunt, ante curvabiles, catenis utiles habentur. Carpinus utilissima. Cupressus egregia. Pinus nisi in siccitate non durans, cui contra celerem putredinem comperi in Sardinia hoc genere provideri, ut excisæ trabes ejus aut in piscina qualibet anno toto mersæ laterent, post operi futuræ, aut arenis obruentur in littore, ut aggestionibus, qua tectæ essent, alternis æstibus reciprocans fluctus allueret. Cedrus durabilis, nisi humore tangatur. Quæcunque autem ex parte meridiana cæduntur, utiliores sunt : quæ vero ex Septentrionali, proceriores, sed facile vitiantur.

XVI. Hoc mense locis siccis, calidis et apricis majores

les aidera par la suite à venir, en les fumant beaucoup et en les arrosant.

XVII. Voici les préceptes qu'ont donnés les Grecs pour la confection de l'huile : Il faut cueillir en un jour autant d'olives qu'on en pourra pressurer la nuit suivante. La meule doit être légèrement suspendue pour extraire la première huile, parce que si elle brisait les noyaux, ceux-ci corromperaient l'huile. Aussi la première huile doit être faite avec la seule pulpe du fruit. Il faut aussi que les paniers soient confectionnés avec des baguettes de saule, parce qu'on prétend que le bois de cet arbre est favorable à l'huile. La meilleure huile sera celle qui coulera d'elle-même. Ils ordonnent ensuite de mêler du sel et du nitre avec l'huile nouvelle, afin que ce mélange la dispose à s'épaissir; après quoi, lorsqu'elle aura déposé sa lie, on la transvidera pure, au bout de trente jours, dans des vases de verre. La seconde huile se fait de la même manière que la première, mais il faut briser les olives avec une meule plus forte.

XVIII. Les Grecs assurent qu'on fait une première huile qui ressemble à celle de Liburnie, en mêlant dans d'excellente huile verte de l'année sèche, des feuilles de laurier, et du souchet; le tout broyé ensemble, et passé par un crible fin avec du sel grillé et égrugé, et en remuant longtemps ce mélange, pour se servir de cette huile lorsqu'elle sera reposée, au bout de trois jours ou un peu plus tard.

XIX. Si l'huile est trouble, ils prescrivent d'y jeter du sel grillé pendant qu'il est encore chaud, et de la couvrir avec soin; moyennant quoi elle s'épure en peu de temps.

XX. Si l'huile a quelque mauvaise odeur, ils ordonnent de battre des olives vertes sans noyaux, et d'en mettre deux *chœnicæ* dans une *metreta* d'huile. Si l'on n'a pas d'olives, il faut battre de la même manière des tiges d'olivier très-tendres. Quelques personnes mêlent des olives avec ces tiges, en y ajoutant même du sel. Elles enveloppent ces matières dans un linge, et les suspendent ainsi dans le vase d'huile. Ensuite elles les retirent au bout de trois jours, et transvasent l'huile. D'autres y mettent de vieille brique torréfiée. La plupart y plongent de petits pains d'orge enveloppés dans un linge clair, en les changeant de temps en temps pour leur en substituer de nouveaux; et, après avoir répété cette opération deux ou trois fois, ils y mettent du sel; puis ils transvasent l'huile, et la laissent reposer pendant quelques jours. S'il arrive par hasard que quelque animal soit tombé dans l'huile, et qu'il l'ait corrompue en pourrissant, les Grecs ordonnent de suspendre une poignée de coriandre dans la *metreta* d'huile, et de l'y laisser quelques jours. Si l'infection ne diminue pas, il faut changer la coriandre, jusqu'à ce qu'on soit venu à bout de corriger ce vice. Mais il sera très à propos de survider l'huile au bout de six jours dans des vases propres, qui n'en vaudront que mieux s'ils ont contenu du vinaigre. Il y a des personnes qui mêlent de la graine de fenugrec, sèche, et broyées dans l'huile, ou qui y font éteindre souvent des charbons de bois d'olivier enflammés. Si l'huile sent l'aigre, ils ordonnent d'y plonger la partie acide des grappes de raisin, que les Grecs appellent γίγαρτον, après l'avoir pilée et réduite en pâte.

XXI. Les Grecs assurent qu'on peut corriger l'huile rance de la manière suivante. On jette

---

arbores transferemus truncatis ramis, illæsis radicibus, multo stercore et rigationibus adjuvandas.

XVII. Græci in conficiendi olei præceptis ista jusserunt. Tantum legendum esse olivæ, quantum nocte veniente possimus exprimere. Molam primo oleo debere leviter esse suspensam. Ossa enim confracta sordescunt : quare de solis carnibus sit prima confectio. [Et de] saligneis canistris fieri debere virgultis, quia genus hoc olivam sibi adjuvare. Nobilius erit quod sponte defluxerit. Sales deinde ac nitrum jubent novo oleo misceri, ut hæc res spissitudinem ejus absolvat : deinde cum amurca subsederit, oleum purum xxx diebus exactis, in vitrea vasa transferri. Secundum, simili disciplina fieri, sed mola fortiore quassari.

XVIII. Oleum primum Liburnico simile fieri asserunt Græci, si in optimo viridi [oleo] inulam siccam et lauri folia et cyperum, omnia simul tusa, et subiliter creta permisceas cum salibus torrefactis ac tritis, et diu oleo injecta perturbes, deinde tribus aut aliquanto amplius [decursis] diebus, cum quieverit, utaris.

XIX. Si sordet oleum, frictos et adhuc calentes sales injici jubent, et diligenter operiri. Ita mundum reddi post tempus exiguum.

XX. Si fuerit odoris horrendi, virides olivas sine ossibus tundi, et in olei metreta chœnicas duas mitti. Si baccæ defuerint, caules tenerrimos oleæ similiter esse tundendos. Nonnulli utraque permiscent, adjecto etiam sale. Sed omnia intra linteum clausa suspendunt, atque ita in vas olei demittunt. Postea tribus diebus exemtis auferunt, et oleum in alia vasa transfundunt. Quidam mittunt vetustum laterem torrefactum. Plerique ordeaceos panes breviter figuratos et raro linteo involutos mergunt, et novos subinde permutant : ubi hoc bis aut tertio fecerint, sales mittunt, et in alia vasa translatum per paucos dies subsidere patiuntur. Quod si aliquod animal forte deciderit, et oleum putredine ac nidore vitiaverit, jubent Græci coriandri manipulum in olei metreta suspendi, atque ita paucis diebus manere. Si nihil de nidore discusserit, mutandum est coriandrum, donec superetur hoc vitium. Sed maxime proderit, post senos dies in vasa munda transferre; melius, si acetum ante vexerunt. Quidam fœni Græci semen siccum tritumque permiscent, vel incensos oleaginos carbones in ipso oleo frequenter extinguunt. Si acerbus odor fuerit, uvæ excrementa, quæ Græci γίγαρτα vocant, præcipiunt tusa et in massam redacta mersari.

XXI. Oleum rancidum Græci asserunt sic posse curari. Albam ceram mundo et optimo oleo resolutam et adhuc

dans cette huile de la cire blanche fondue dans de l'huile propre et excellente, tandis qu'elle est encore liquide, et ensuite on y ajoute du sel grillé pendant qu'il est chaud; puis on la couvre et on l'enduit de gypse; moyennant quoi l'huile se purge, et change de goût et d'odeur. Au reste, il faut conserver les huiles de toutes les espèces dans des caveaux pratiqués sous terre. Telle est la nature de cette liqueur, que le soleil ou le feu l'épurent, ainsi que l'eau bouillante quand elle est mêlée avec elle dans le même vase.

XXII. On confira aussi les olives ce mois-ci. On s'y prend de différentes façons. Voici la manière de faire des olives qui nagent dans un jus : On étend sur des claies des olives et du pouliot alternativement par couches, et l'on verse, entre chaque couche, du miel, du vinaigre, et un peu de sel. On étend encore les olives sur des tiges de fenouil, d'aneth ou de lentisque, en mettant dessous de petites branches d'olivier; on verse par-dessus une *hemina* de sel avec de la saumure, et l'on multiplie ces couches jusqu'à ce que le vase en soit rempli. Autre manière de les confire : on fera macérer dans de la saumure des olives de choix; quarante jours après on jettera toute la saumure; après quoi on mettra dans le vase deux tiers de vin cuit jusqu'à diminution de moitié, et un tiers de vinaigre, avec de la menthe hachée par petits morceaux; puis on remplira le vase d'olives, de façon que la liqueur, que l'on y aura versée en quantité suffisante, les surmonte. Autre manière : on laisse, pendant une nuit entière, exposées à la vapeur d'un bain, des olives cueillies à la main, et étendues sur une planche ou sur une claie; ensuite, après les avoir retirées le matin, on les saupoudre de sel broyé, et on en fait usage. Mais on ne pourra pas garder les olives ainsi préparées plus de huit jours. Autre manière :

On commence par mettre dans de la saumure des olives saines; quarante jours après on les en retire, et on les coupe avec un roseau tranchant : puis on verse dessus deux tiers de vin cuit jusqu'à diminution des deux tiers, et un tiers de vinaigre, quand on veut qu'elles soient douces; ou deux tiers de vinaigre et un tiers de vin pareil, quand on veut qu'elles soient plus aigres. Autre manière : Après avoir mêlé ensemble un *sextarius* de vin fait avec du raisin séché au soleil, plein les deux mains de cendre bien criblée, un *semi-sicilicus* de vin vieux, et une petite quantité de feuilles de cyprès, on verse tout ce mélange sur les olives, que l'on foule, et que l'on sature de cette composition, de manière à ce qu'une espèce de croûte se forme sur chaque couche d'olives, dont le vase doit être rempli à comble. Autre manière : On ramasse des olives tombées à terre, et racornies au point de se couvrir de rides; on les étend au soleil, après les avoir saupoudrées de sel, et on les y laisse jusqu'à ce qu'elles soient séchées; ensuite on dispose plusieurs couches de laurier et d'olives alternativement, en commençant par la couche de laurier; après quoi on fait jeter deux ou trois bouillons à du vin cuit jusqu'à diminution de moitié, qu'on a mis sur le feu à cet effet avec une petite botte de sarriette; et lorsque ce vin est tiédi, on en verse sur les olives qu'on a arrangées par couches, en y mêlant un peu de sel. Enfin, après avoir jeté dans le vase une botte d'origan, on verse dessus tout le reste de ce jus. Autre manière : On confit des olives aussitôt après qu'elles ont été cueillies sur l'arbre, on les arrange par couches, entre chacune desquelles on étend de la rue et du persil, en remplissant les vides, qui se trouvent entre les couches de sel égrugé, avec du cumin, dont on les saupoudre, puis on verse

---

liquentem mitti in oleo jubent. Tunc sales frictos calentes addi, operiri, atque gypsari. Sic fieri ut oleum purgetur sapore et odore mutato. Oleum tamen omne in terrenis locis esse servandum, et eam ejus esse naturam, ut sole vel igne purgetur, vel aqua ferventi, si simul misceantur in vasculo.

XXII. Hoc etiam mense olivas condiemus. Harum genera sunt diversa. Colymbades olivæ fiunt sic : alternis cratibus olivarum puleium spargis et mel et acetum et sales modice, stratura intercedente, suffundes. Item sternes olivas supra surculos fœniculi vel anethi sive lentisci, et ramulis olivæ subditis aceti heminam et muriam superfundes, et has constructiones usque ad vasculi plenitudinem patieris insurgere. Aliter. Electas olivas muria naturabis, post XL dies muriam fundis universam : tunc duas defruti partes, aceti unam, mentham minute incisam vasculo adjicies, et olivis replebis, ut justa infusione liquor supernatet. Aliter. Olivas manu lectas una nocte integra in balnei vapore esse patieris tabulæ vel crati superpositas : mane balneis exemtas salibus tritis conspergens et uteris : quæ non amplius quam VIII dies poterunt custodiri. Aliter. Oli-

vas illæsas primo mittis in muria : post dies XL levabis, atque intercides acuto calamo : et, si dulciores habere volueris, duas sapæ partes et aceti unam; si acriores, aceti duas et sapæ unam debebis infundere. Aliter. Passi sextarium unum, cineris bene creti quantum manus utraque gestabit, vini veteris unum semisicilicum, et aliquantum cupressi foliorum : mistis omnibus olivas infundis, inculcas, et subinde crustam faciendo saturabis, donec ad vasculorum summa ora perveniat. Aliter. Olivas quas jacentes repereris, rugis contrahentibus crispas colliges, et salibus tritis respersas expandis, donec sole inarescant. Tunc substrato lauro alternas crates baccarum sæpius ordinabis : tunc defrutum cum satureiæ fasciculo duabus aut tribus undis fervere patieris : et postquam tepuerit, supra compositas baccas refundes admisto sale paululo, et origani fasce conjecto, supra jus omne perfundes. Aliter. Lectas baccas ex arbore statim condies, rutam et petroselinum sternes inter spatia structionis, et subinde cyminati salis aspersione cumulabis. Postremum mel et acetum superfundes. Novissime optimi olei quantumcunque miscebis. Aliter. Legis olivas ex arbore nigras, et compositas muria

par-dessus du miel et du vinaigre; après quoi on y ajoute tant soit peu d'huile excellente. Autre manière : On cueille des olives noires sur l'arbre ; après les avoir arrangées, on les arrose de saumure; ensuite on met dans une marmite deux sixièmes de miel, un sixième de vin, et une moitié de vin cuit jusqu'à diminution de moitié, et l'on fait bouillir le tout ensemble; après quoi on retire la marmite du feu, on la secoue, et on y ajoute du vinaigre; et lorsque ce jus est refroidi, on étend sur les olives des rejetons d'origan, et on le verse tout entier dessus. Autre manière : On verse de l'eau pendant trois jours sur des olives cueillies à la main avec leurs queues, ensuite on les fait tremper dans de la saumure, et, après les en avoir retirées au bout de sept jours, on les met dans un vase avec une dose égale de vin doux et de vinaigre; et lorsque le vase est rempli, on le couvre, en y laissant quelque ouverture pour lui donner de l'air.

XXIII. Les heures du jour sont d'une égale durée dans les mois de novembre et de février.

A la première et à la onzième, le gnomon donne vingt-sept pieds d'ombre.

A la seconde et à la dixième, il en donne dix-sept.

A la troisième et à la neuvième, il en donne treize.

A la quatrième et à la huitième, il en donne dix.

A la cinquième et à la septième, il en donne huit.

A la sixième, il en donne sept.

LIVRE TREIZIEME.
DÉCEMBRE.

I. On sème au mois de décembre les blés, le froment, l'*adoreum* et l'orge, quoiqu'il soit déjà tard pour ce dernier grain. On peut encore semer les fèves vers la *septimontium* (fête des sept monts); car on aurait tort de le faire après le solstice d'hiver. On pourra aussi semer la graine de lin ce mois-ci jusqu'au sept des ides de décembre.

II. On commencera à présent, pourvu que ce ne soit pas avant les ides, à façonner la terre au *pastinum* pour y planter des vignes de la manière que nous avons exposée ci-dessus. Il sera encore à propos de couper le bois ce mois-ci. On fabriquera aussi des pieux, des paniers et des échalas. On fera encore, dans les pays froids, de l'huile de laurier. On brisera les baies de myrte et de lentisque, pour en extraire l'huile; et l'on fera infuser de nouveau du myrte dans le vin, de la façon que nous avons donnée précédemment.

III. Il faut semer la laitue dans ce temps-ci, afin de la transplanter au mois de février. On pourra aussi semer dès à présent l'ail, l'oignon de Cypre, la ciboule, la moutarde et l'origan, suivant la méthode et de la manière que nous avons données précédemment.

IV. Les *hypomélides* sont (ainsi que Martialis l'assure) des fruits semblables à la corme, qui viennent sur un arbre de moyenne hauteur, dont la fleur est blanchâtre. Ces fruits ont quelque douceur, et un arrière-goût piquant. On les sème au mois de décembre, en mettant leurs noyaux dans de petits vases. Mais on les transplante au mois de février, temps où ils ont acquis une certaine force, et où ils sont de la grosseur du pouce, pour les planter dans une très-petite fosse, creusée sur un terrain rendu bien meuble, dans laquelle on met beaucoup de fumier. Il faut protéger cet arbre contre les vents, dont le souffle dessécherait bientôt ses racines. Il s'accommode de quelque sol

diluis : tunc ollæ adjicis mellis partes duas, vini unam, defruti dimidium, et ubi simul deferbuerint, deponis, ac permoves, et acetum misces : cum refrixerint super olivas origani surculos sternis, et supra jus omne diffundes. Aliter. Olivas manu lectas cum pediculis aqua spargis tribus diebus : deinde mittis in muria, et post VII dies exemtas in vase adjicis cum musti et aceti æquis ponderibus. Et impletum vas ita operies, ut aliqua spiramenta dimittas.

XXIII. Novembrem et Februarium ratio temporis per horas dierum fecit æquales.

Hora	I	et	XI	pedes	XXVII.
Hora	II	et	X	pedes	XVII.
Hora	III	et	IX	pedes	XIII.
Hora	IV	et	VIII	pedes	X.
Hora	V	et	VII	pedes	VIII.
Hora	VI			pedes	VII.

LIBER DECIMUS TERTIUS.

Decembri mense seruntur frumenta, triticum, far, ordeum : quamvis ordei satio jam sera sit. Et faba circa septimontium seri potest. Nam post exactam brumam male seminatur. Hoc etiam mense adhuc lini semen spargi poterit, usque ad VII idus Decembres.

II. Nunc ad instituendas vites, sed post idus pastina inchoemus effodere, sicut ante tractatum est. Et materiem bene hoc mense cædemus : palos quoque et corbes faciemus et ridicas. Et locis frigidis oleum faciemus ex lauro, et myrti baccas atque lentisci in olei sui confectione quassabimus, et vinum myrtitem, sicut dictum est ante, tingemus.

III. Hoc tempore serenda est lactuca, ut planta ejus Februario transferatur. Et jam nunc allium et ulpicum et cepullæ et sinapi et cunela seri poterunt disciplina et more, quo ante narratum est.

IV. Hypomelides poma sunt (ut Martialis asserit) sorbo similia. Mediocri arbore nascuntur, et flore candidulo. Dulcedo huic fructui cum acuto sapore commista est. Seritur mense Decembri nucleis in vasculis positis. Mense autem Februario hypomelidis planta sed pollicis magnitudine robusta transfertur brevissimo scrobe, soluta terra, plurimo stercore. Sed munienda est, quia cito arescit, si

que ce soit. Il aime les climats chauds, exposés au soleil et voisins de la mer ; souvent même il se plaît au milieu des rochers. Il craint les climats froids. On ne peut pas le greffer, et il vit peu de temps. On conserve ses fruits dans de petites cruches enduites de poix, ou dans de la sciure de peuplier, ou dans des pots de terre pleins de marc, et placés parmi des grappes de raisin.

V. On s'occupe en ce temps de plonger, pour les confire, dans de la moutarde détrempée avec du vinaigre (suivant l'usage), des raves coupées en petits morceaux et légèrement cuites, après les avoir bien fait sécher pendant toute une journée, pour qu'il n'y reste aucune humidité. Quand on en aura rempli des vases, on les bouchera, et on n'en tirera pour son usage qu'après y avoir goûté au bout de quelques jours. On pourra aussi faire la même chose aux mois de janvier et de novembre.

VI. Ceux qui auront l'avantage de la proximité de la mer feront aussi confire à présent, dans du sel, de la chair de hérisson de mer, quand l'accroissement de la lune favorisera cette opération ; parce que c'est le temps où cette planète fait grossir les membres de tous les êtres vivants que la mer renferme dans son sein, poissons et coquillages. Au reste, cette opération se fait de la manière accoutumée. Elle se pratique également bien pendant tout l'hiver. On fait aussi des jambons, et on sale du lard non-seulement ce mois-ci, mais dans le courant de tous les mois d'hiver dans lesquels le froid est rigoureux. Il faudra tendre dans ce temps-ci des pièges au milieu des bois taillis et des plants d'arbustes féconds en baies, pour y prendre des grives et d'autres oiseaux. Cette chasse dure jusqu'au mois de mars.

VII. Le mois de décembre ressemble, pour la durée des heures, à celui de janvier par des raisons contraires, puisque les jours de l'un de ces mois croissent dans la même proportion que ceux de l'autre décroissent.

A la première et à la onzième heure, le gnomon donne vingt-neuf pieds d'ombre.

A la seconde et à la dixième, il en donne dix-neuf.

A la troisième et à la neuvième, il en donne quinze.

A la quatrième et à la huitième, il en donne douze.

A la cinquième et à la septième, il en donne dix.

A la sixième, il en donne neuf.

LIVRE QUATORZIÈME.

AU TRÈS-DOCTE PASIPHILUS.

Recevez, comme un nouveau gage de l'affection que je vous ai vouée, ce poëme relatif à l'art de la greffe. Cette addition à mon premier envoi est une façon de payer l'intérêt de mon retard. Si vous avez attendu plus longtemps que vous ne le désiriez ces volumes relatifs aux travaux agricoles, n'en accusez que la lenteur du copiste ; c'est un défaut pour lequel je me montre toujours assez indulgent. Connaissant par expérience les manœuvres de ceux qui nous servent, j'aime mieux attendre, afin de pouvoir compter sur de meilleure besogne. Je ne sais si j'ai cela de commun avec les autres maîtres, mais je remarque que le caractère des esclaves est de donner toujours dans les extrêmes. Tant il est vrai que dans cette condition les meilleurs penchants se dénaturent, et

---

radices ejus ventus afflaverit. Terram qualemcunque non respuit. Amat loca tepida, aprica, maritima, et sæpe saxosa. Statum rigidum reformidat. Inseri non potest, exigua durat ætate. Poma ejus aut in picatis et minutis urceolis, aut scobe populi, aut in ollis inter uvas vinaceis obruta servabuntur.

V. Nunc rapa in partes minutas recisa et leviter cocta et tota die diligentius exsiccata, nequid reservent humoris, sinapi ex aceto (sicut moris est) temperato, mergere et condire curabimus, et repleta vasa claudemus, ac post aliquantos dies gustibus explorata proferemus usuri. Quam rem Januario quoque et Novembri mense poterimus efficere.

VI. Nunc etiam quibus litus in fructu est, ubi lunæ juvabit augmentum, quæ omnium clausorum maris animalium atque concharum jubet incrementum suo membra turgere, echini carnes salibus condire curabunt. Quod solito more conficitur. Hanc quoque rem per omnes menses bene faciemus hibernos. Pernas etiam et lardum conficimus non solum mense hoc, sed omnibus, quos hiemalis algor astringit. Tempore hoc per humiles silvas et baccis fœcunda virgulta ad turdos et cæteras aves capiendas laqueos

expedire conveniet. Hoc usque in Martium mensem tendetur aucupium.

VII. Decembrem Januario in horis causa dispar adjunxit, cum linea simili ille augeatur, iste decrescat.

Hora	I	et	XI	pedes	XXIX
Hora	II	et	X	pedes	XIX
Hora	III	et	IX	pedes	XV
Hora	IV	et	VIII	pedes	XII
Hora	V	et	VII	pedes	X
Hora	VI			pedes	IX

LIBER DECIMUS QUARTUS.

AD PASIPHILUM VIRUM DOCTISSIMUM.

Habes aliud indultæ fidei testimonium. Pro usura temporis hoc opus de arte insitionis adjeci. Sed quod volumina hæc ruris colendi serius quam jusseras, scripta sunt, librarii manus segnior fecit, cujus ego tarditatem nunquam maligne æstimo. Scio enim, quo frequenter inclinet argutia famulorum. Malo operam ejus expectare potius quam timere. Nescio utrum commune sit dominis : mihi difficile

qu'il n'est pas de qualité qui ne puisse y devenir défaut. Une nature prompte chez eux est toujours près du mal. La paresse du moins a l'allure de la bonhomie. Plus on incline à l'indolence, et moins on est propre au crime. Du reste, mon hésitation à vous offrir cet ouvrage est celle d'un bon serviteur. J'ignore à la vérité si votre esprit se sent porté vers ces minuties, mais votre attention va les grandir et les élever au niveau de votre attente. Aussi, pour peu que vous pensiez avantageusement de ces bagatelles, je n'hésiterai pas à y mettre moi-même le plus grand prix. Le curieux, en contemplant une médaille, ne tient pas compte de la poussière qui la couvre; il ne voit que l'effigie, portrait en raccourci de quelque grand personnage d'autrefois.

DES GREFFES.

Pasiphilus, type de l'amitié, dépositaire, à si juste titre, de tous les secrets de mon âme, vous louez, vous prisez et vous chérissez ces quatorze petits livres sur l'agriculture; œuvre vulgaire, anti-poétique s'il en fut, affranchie de tout rhythme, qui n'emprunte rien de la source d'Hippocrène, et n'a pour tout mérite que sa simplicité rustique. Mais la rusticité même vous plaira chez un ami. Ma présomption est accrue de cette confiance, et j'ose offrir aujourd'hui ce petit poëme à votre approbation. Au reste, le but de ma muse n'a rien que de louable, puisqu'elle se propose de traiter d'une opération rustique, que l'on peut regarder comme urbaine, qui consiste à joindre ensemble des arbres heureux, par un mariage devant douer leur progéniture des avantages de tous deux; à revêtir un arbre incorporé à un autre d'un ombrage qui lui soit analogue; à ennoblir le résultat de cette union par un double feuillage; enfin à réunir des sucs agréables par l'effet d'une alliance charmante, et à confondre deux saveurs dans un même fruit. J'enseignerai donc quels sont les arbres qui donnent l'hospitalité à d'autres; à quels arbres ils la donnent, et comment ceux-ci vont parer leur front d'une chevelure adoptive. Le modérateur du ciel, qui fait errer les étoiles brillantes, qui a affermi la terre sur ses fondements, et qui donne l'écoulement aux eaux de la mer, aurait pu revêtir lui-même les branches des arbres de différentes espèces de fleurs, et orner une forêt chargée de fruits d'un feuillage varié. Mais, daignant donner à nos travaux l'occasion de se signaler en cette partie, il a voulu que l'art formât une seconde nature. Je ne crois pas que l'entreprise de ma muse soit sans fruit, ni que ce petit ouvrage manque absolument de grâce et d'utilité. On voit bien la curiosité humaine allier l'ardente cavale à l'âne paresseux, bien qu'il ne sorte de cette alliance qu'une progéniture rétive et stérile, un rejeton inhabile à transmettre à d'autres la vie qu'il a reçue. Pourquoi un arbre infructueux ne serait-il pas fécondé par le moyen d'un autre germe, en retour de l'hospitalité qu'il lui a donnée? Pourquoi ne deviendrait-il pas plus brillant en partageant les honneurs d'une fleur étrangère? J'entre en matière, en me conformant dans mon travail à tous les écrits des

contigit, in servilibus ingeniis invenire temperiem. Ita sæpissime natura hæc vitiat commodum si quod est, et miscet optanda contrariis. Velocitas procurrit in facinus; segnities figuram benignitatis imitatur, et tantum recedit ab agilitate, quantum recessit a scelere. Diu tamen apud te pudorem meum distuli, sed hoc quasi bonus famulus feci. Verum nescio, si tuum ad has modo minutias inclinetur ingenium. Grande erit, et par desiderio suo, quod studii tui quæret affectio. Et licet de his nugis favorabiliter sentias, ego meas opes æstimare non differo. Non est magni loci assibus intuendis oculos duxisse per pulverem, quia nescio quomodo notæ sunt quædam maximarum personarum minuta compendia.

DE INSITIONIBUS.

Pasiphile ornatus fidei, cui jure fatemur,
    Siquid in arcano pectoris umbra tegit,
Bis septem parvos, opus agricolare, libellos,
    Quos manus hæc scripsit, parte silente pedum,
Nec strictos numeris, nec Apollinis amne fluentes,   5
    Sed pura tantum rusticitate rudes,
Commendas, dignaris, amas, et rustica dicta
    Affectu socii sollicitante colis.
Nunc ideo modicum crescens fiducia carmen
    Obtulit, arbitrio lætificanda tuo.   10
Est nostræ studium non condemnabile musæ,
    Urbanum fari rusticitatis opus :
Sub thalami specie felices jungere silvas,
    Ut soboli mistus crescat utrinque decor :
Connexumque nemus vestire affinibus umbris,   15
    Et gemina partum nobilitare coma :
Fœderibus blandis dulces confundere succos,
    Et fetum duplici fruge saporis ali :
Quæ quibus hospitium præstent virgulta docebo
    Quæ sit adoptivis arbor onusta comis.   20
Ipse poli rector, quo lucida sidera currunt,
    Quo fixa est tellus, quo fluit unda maris,
Cum posset mistos ramis inducere flores,
    Et varia gravidum pingere fronde nemus,
Dignatus nostros hoc insignire labores,   25
    Naturam fieri sanxit ab arte novam.
Non segne officium nostræ reor esse camœnæ,
    Aut operis parvi gratia fiet inops.
Si velocis equæ pigro miscetur asello
    Ardor, ut in sterilem res cadat acta gradum,   30
Fœcundumque genus productus deleat hæres
    Et sibi defectum copia prolis agat :
Cur non arbor inops pinguescat ab hospite gemma,
    Et decus externi floris adepta micet ?
Incipiam, quidquid veteres scripsere coloni,   35
    Sacraque priscorum verba labore sequar.

agriculteurs qui m'ont précédé, et aux paroles consacrées par les anciens.

Dans l'origine, l'active industrie a inventé bien des sortes de greffes, et a voulu qu'une main habile les mît en œuvre. En effet, les méthodes suivantes apprennent à tout arbre paré de feuilles étrangères à porter les fruits qu'on lui confie : ou l'on enfonce de nouveaux germes entre son écorce, que l'on en sépare à cet effet; ou on le fend à l'extrémité supérieure de son tronc, pour recevoir ces germes; ou enfin on adapte les yeux verdissants d'un bouton étranger et humide à l'un de ses bourgeons, qui resserre le premier dans son sein humide de sève.

La branche à fruit de l'arbuste de Bacchus l'Échionien est la première à qui l'on ait appris à se marier, afin que la grappe de raisin fût gonflée par un vin étranger. Les membres féconds de la vigne sont entrelacés de bourgeons entortillés autour d'elle; et, dès qu'elle est adulte, elle nourrit ceux de l'espèce qu'elle a reçue entre ses bras : de sorte qu'un pampre doux couvre de son ombre un pied de vigne dont le feuillage est d'une autre nature que le sien, et que cette plante se courbe sous le poids du dieu replet.

Les rameaux de l'arbre de Pallas embellissent les chênes des forêts, et la superbe olive ennoblit des fruits sauvageons. L'olivier sauvage, tout stérile qu'il est, féconde celui dont nous recueillons les olives grasses, et lui apprend à donner des fruits qu'il ne saurait produire lui-même.

Le poirier au germe blanc prête sans jalousie ses fleurs de couleur de neige, et s'unit amoureusement à un bois différent du sien. Tantôt il arrache les armes cruelles de ses sœurs épineuses, et apprend aux poiriers indomptés à déposer leurs traits; tantôt il produit des pommes dont la rondeur se termine en une pointe insensible, et fait fléchir les rameaux du frêne en le revêtant de nouveaux honneurs. Il apprend en outre à Phyllis à porter des fruits plus doux et d'un plus gros volume, et prête ses membres à la peau dure dont elle est couverte. Il dote les pruneliers stériles, ainsi que l'orme sauvage qui ne produit aucuns fruits, et les force à chérir un honneur qui leur était inconnu. Ses branches, entées sur le cognassier, changent la nature de celui-ci, et, son odeur se confondant avec celle de ce dernier, il lui fait procréer des fruits charmants. Il dépouille les fruits du châtaignier de l'écorce piquante qui les enveloppe, et change le poids dont ils sont chargés en un fardeau plus doux. Il dépouille le néflier menaçant de son appareil de guerre, étouffant ses mauvais desseins sous une écorce paisible. Ses germes, dit-on, s'unissent aux branches de l'arbre de Libye, et, fécondés par lui, peuvent jouir d'un éclat empourpré.

Le grenadier, qui dédaigne pour son fruit l'importation d'un goût nouveau, et pour ses rameaux une parure empruntée, augmente de lui-même le nombre de boutons en changeant de semence, et se plaît à être peint d'une rougeur qui a de l'affinité avec ses teintes propres.

Le pommier, enté sur de plus hautes branches que les siennes, continue de croître, et change à l'amiable le poirier qu'on lui a associé. Il s'exhorte lui-même à laisser dans les forêts ses mœurs sauvages, et se plaît à porter un fruit plus distingué. Il rend lisses les pruneliers garnis d'épi-

---

Principio multas species industria solers
　Protulit, et doctam jussit inire manum.
Nam quæcunque virens alienis frondibus arbos
　Comitur, his discit credita ferre modis. 40
Aut nova discreto figuntur germina libro,
　Aut aliud summo robore fissa capit,
Aut virideis oculos externi gemma tumoris
　Accipit, et lento stringitur uda sinu.
Primus Echionii palmes se jungere Bacchi 45
　Novit, et externo tenditur uva mero.
Nexilibus gemmis fœcundos implicat artus
　Vitis, et amplexum pascit adulta genus
Degenerisque comæ vestigia mitis inumbrat
　Pampinus, et pingui curvat onusta deo. 50
Robora Palladii decorant silvestria rami,
　Nobilitat partus bacca superba feros;
Fœcundat sterilis pingues oleaster olivas,
　Et quæ non novit munera ferre docet.
Germine cana pirus, niveos haud invida flores 55
　Commodat, et varium nectit amore nemus.
Nunc rapit hirsutis horrenda sororibus arma,
　Et docet indomitas ponere tela piros.

Nunc teretem pingui producit acumine malum,
　Fraxineasque novo flectit honore manus. 60
Phyllida quin etiam grandi mitescere fructu
　Instituens, duræ dat sua membra cuti.
Et steriles spinos, et inertem fœtibus ornum
　Dotat, et ignotum cogit amare decus.
Hujus et immissi vertere cydonia rami, 65
　Pomaque confusus blanda creavit odor.
Castaneæ septos aspro velamine fœtus
　Exuit, et placido pondere mutat onus.
Mespilaque exarmat pugnacibus horrida membris,
　Et mala tranquillo cortice vota premit. 70
Creditur et Libycis sua germina nectere ramis,
　Lætaque puniceo posse decore frui.
Punica non alios unquam dignata sapores
　Mala, nec externis associata comis,
Ipsa suas augent mutato semine gemmas, 75
　Et sibi cognato picta rubore placent.
Insita proceris pergit concrescere ramis,
　Et sociam mutat malus amica pirum.
Seque feros silvis hortatur linquere mores,
　Et partu gaudet nobiliore frui. 80

nes, ainsi que les chênes armés de piquants, et les revêt en croissant d'une belle chevelure. Il sait gonfler d'un suc agréable la petite corme, et faire descendre le fruit de l'arbre qui la donne à la portée des mains qui le désirent. Il se plaît à changer de nom sur les souches du saule, et à répandre ses fleurs sur des forêts agréables aux Nymphes. Il apprend au platane, cet arbre sympathique de Bacchus, à rougir, chargé d'un fruit nouveau. Le pêcher admire son feuillage, auquel il n'était point accoutumé ; et la chevelure du peuplier porte ses dons éblouissants par leur blancheur. La nèfle lui obéit, et, changeant ses entrailles pierreuses, elle grossit et rougit en se remplissant d'une liqueur blanche. Au lieu des pieux lourds et des armes grossières qu'ils fournissaient auparavant, les châtaigniers donnent de nouveaux fruits, qui leur font honneur par leur couleur jaune.

Le pêcher charge lui-même ses branches d'un meilleur germe, et associe sa nature au prunier. Il couvre d'ombres légères le tronc de Phyllis, et apprend à devenir lui-même plus fort par cette transmigration.

Quoique l'arbre qui produit des coings jaunes se prête à donner l'hospitalité à toutes sortes de fruits, il ne se confie à aucun autre arbre pour le recevoir. Il est fier, et méprise l'écorce d'un bois étranger, convaincu qu'il n'y a point d'arbre qui puisse ajouter quelque chose à ses avantages particuliers. Mais, offrant à ses propres branches des lits qu'elles connaissent, il se contente d'ennoblir un bien qui lui appartient.

Le dur néflier, rival du poirier sauvage, se greffe sur des pommiers dont on rebute le fruit, et se trouve en sûreté quand son germe y est reçu, parce que de doubles armes le rendent alors plus redoutable qu'auparavant ; de sorte que son bois cruel épouvante les mains avides.

Les branches du citronnier souffrent aussi qu'on leur prête les enfants élevés par le mûrier sous son écorce pleine, et changent les piquants dont les poiriers sont ordinairement armés, pour nourrir les fruits odoriférants de ceux-ci d'un suc flatteur.

Les pruniers ajoutent à leurs propres membres d'heureux germes, et portent des présents fertiles dans un corps analogue au leur. Lorsqu'on les force d'habiter dans le châtaignier, ils désarment à la vérité son fruit, mais ils arment ses bras.

Les caroubiers accoutument leurs fruits à s'amollir avec le secours d'un suc vert, et nourrissent tous les autres fruits dans leur sein.

Le figuier détermine les mûres à quitter leur couleur noire, et fait la loi aux branches dont il s'est emparé. Il s'admire aussi lui-même lorsqu'un suc mieux nourri le fait grossir, et se réjouit de voir ses fruits excéder leur grosseur ordinaire. Le noble platane, cher aux amis de la table, dont la chevelure se prête avec amour aux entrelacements de la vigne, le platane ouvre aussi les bras au figuier, qui trouve un abri désiré sous son écorce nourrissante, et remplit en croissant le sein qui l'a adopté.

Le figuier entretient en outre un commerce réciproque avec la mûre, et prodigue sa substance au germe qu'elle lui offre à nourrir. Le frêne

  Spiniferas prunos, armataque robora sentes
    Levigat, et pulchris vestit adulta comis.
  Exiguam sorbum dulci distendere succo
    Novit, et ad cupidas flectere poma manus.
  Stipitibus gaudet nomen mutare salignis,   85
    Et gratum Nymphis spargere flore nemus.
  Robora thyrsigero platani concordia Baccho
    Fœtibus instituit plena rubere novis.
  Illius insolitas miratur persicus umbras,
    Populeæque ferunt candida dona comæ.   90
  Mespilus huic paret, lapidosaque viscera mutans
    Tenditur, et niveo plena liquore rubet.
  Pro sudibus fœtis, et pro prægnantibus armis
    Castaneæ fulvum dant nova mala decus.
  Ipsa suos onerat meliori germine ramos   95
    Persicus, et pruno scit sociare genus.
  Imponitque leves in stipite Phyllidis umbras,
    Et tali discit fortior esse gradu.
  Cum præstet cunctis se fulva Cydonia pomis,
    Alterius nullo creditur hospitio.   100
  Roboris externi librum aspernata superbit,
    Scit tantum nullo crescere posse decus.
  Sed propriis pandens cognata cubilia ramis,
    Stat, contenta suum nobilitare bonum.

  Æmula dura piri despecti mala saporis   105
    Mespilus admisso germine tuta subit.
  Et geminis sese violentior inserit armis,
    Atque avidas terrent robora sæva manus.
  Nec non et citrei patiuntur mutua rami
    Pignora, quæ gravido cortice morus alit.   110
  Pomaque pasturi blando redolentia succo
    Armatis mutant spicula nota piris.
  Pruna suis addunt felicia germina membris,
    Donaque cognato corpore læta ferunt.
  Exarmat fœtus, sed brachia roboris armat   115
    Castaneæ prunus jussa tenere larem.
  Assuescunt siliquæ viridi mollescere succo,
    Et gremio pascunt cætera poma suo.
  Persuadet moris tetrum mutare colorem
    Ficus, et invasis dat sua jura comis.   120
  Se quoque miratur pingui grandescere succo,
    Et solitum gaudet vincere poma modum.
  Insignes foliis platanos, felicia mensis
    Brachia, gaudentes vitis honore comas,
  Ingrediens pingui se cortice maxima ficus   125
    Servat, et optatos implet adepta sinus.
  Mutua quin etiam moris commercia ficus
    Præstat, et oblatum robore germen alit.

prête aussi ses membres à cette sœur avide ; et, se voyant alors baigné de sang, il redoute ses nouveaux enfants. Le hêtre géant reçoit aussi la teinture du mûrier. La châtaigne hérissée, ce fruit à l'enveloppe dure et piquante, apprend de lui à devenir noire comme de la poix, et, nourrie de ce suc nouveau, voit s'augmenter son volume. Le térébinthe, dont l'odeur est si agréable, obéit au mûrier, et produit alors des fruits dont le mérite est double.

Le cormier a l'avantage d'augmenter, en se renouvelant de lui-même, la beauté de son fruit, et l'arbre se courbe alors sous le noble effort de ce surcroît de production. Cet arbre dépouille de leurs piquants les membres durs de l'épine, et cache les armes de cette plante sous de douces écorces. Il se plaît à unir le coing doré avec son propre fruit, et chérit des présents d'une couleur étrangère.

Les cerisiers se greffent sur le laurier, et le fruit qu'ils le contraignent de donner teint d'une pudeur adoptive les joues de cette vierge. Il force les platanes ombragés, ainsi que le prunier hérissé, à revêtir sa luisante écorce. Et le peuplier s'ennoblit d'une adoption qui nuance d'un rouge flatteur la blancheur de ses rameaux.

Phyllis, cachée entre l'écorce d'un prunier fendu, en couvre les membres parfumés de fleurs précoces, et change les fruits du pêcher en y ajoutant une enveloppe, et en leur apprenant à prendre une couverture dure qui leur sert de peau. Elle arrondit sous une moindre forme le fruit du caroubier lorsqu'il se gonfle, et enrichit d'une belle odeur les feuilles sauvages de cet arbre : Elle dépouille la châtaigne de son enveloppe cruelle, et force l'arbre à admirer la peau lisse de son fruit.

Les pistaches se glissent entre les branches de l'amandier, et le moindre fruit devient alors le plus recherché. Le térébinthe aussi leur offre son ombre paternelle, et les ennoblit par son adoption.

Les membres élevés du châtaignier fécondent le saule des rivières, et prennent de la force lorsqu'ils sont abreuvés d'une grande quantité d'eau.

Le vaste noyer s'empare sous son ombre des feuilles de l'arbousier, et rapporte des fruits qui sont en sûreté sous leur double écorce.

On a essayé d'autres procédés, qu'une expérience habile pourra perfectioner avec le temps. Mais pour un poëte qui n'est habitué qu'à retourner la terre, c'est déjà beaucoup d'avoir énoncé ceux-ci en vers même médiocres Lisez-les ces vers, fabriqués parmi les instruments du labourage. Ils sont rudes, mais d'une rudesse que tempère l'utilité de leur objet.

Fraxinus huic avide confert sua membra sorori,
   Et metuit fœtus sparsa cruore novos. 130
Proceras fagos, et poma hirsuta virentis
   Castaneæ, duris aspera mala comis
Inficiens, monstrat piceo nigrescere partu,
   Et succo pascit turgida poma novo.
Obsequitur moris blando terebinthus odore, 135
   Et geminis veniunt munera mista bonis.
Sorba suos partus merito majoris honestant
   Seminis, et pulchro curva labore nitent.
Hæc arbos spinæ duros mucronibus artus
   Exuit, ac libris mitibus arma tegit. 140
Aureaque annexo miscere cydonia fœtu
   Gaudet, et externi dona coloris amat.
Inseritur lauro cerasus, partuque coacto
   Tinguit adoptivus virginis ora pudor.
Umbrantes platanos, et iniquam robore prunum 145
   Compellit gemmis pingere membra suis.
Populeasque novo distinguit munere frondes,
   Sic blandus spargit brachia cana rubor.
Phyllis odoratos primævis floribus artus

Discissi pruni cortice fixa tegit. 150
Pomaque permutat velamine persica misto,
   Duritiemque docet tegminis esse loco.
In modicam tornat siliqua tendente figuram,
   Et frondes pulchro ditat odore feras.
Castaneamque trucem depulsis cogit echinis 155
   Mirari fructus levia poma sui.
Quin et amygdaleos subeunt pistacia ramos
   Et meritum majus de brevitate petunt.
Hæc et cognato cingens terebinthus amictu
   Nutrit adoptivis nobilitanda comis. 160
Flumineam salicem fœcundant ardua membra
   Castaneæ, et multo pasta liquore vigent.
Arbuteas frondes vastæ nucis occupat umbra,
   Pomaque sub duplici cortice tuta refert.
Cætera, quæ solers processu temporis usus 165
   Exprimet, exemplis instituere novis.
Hæc sat erit tenui versu memorasse poetam,
   Quem juvat effossi terga movere soli.
Carmina tu duros inter formata bidentes
   Aspera, sed miti rusticitate, leges. 170

NOTES SUR PALLADIUS.

LIVRE I.

I. *Quod a plerisque factum est.* Le trait paraît dirigé contre le style de Columelle. Mais Palladius est assez souvent, et très-ridiculement, tombé dans le même défaut.

IV. *De metallis originem.* L'observation peut être vraie si le mot *metallis* est pris dans le sens général de produit fossile. Dans le sens restreint de mines, elle a contre elle l'expérience.

VI. *Vulturnus.* Nom donné par les habitants de la Bétique au vent du sud-est.
Impastinato solo. Voir l'*Économie rurale* de Columelle, liv. XIII, chap. 3, touchant la manière de façonner un terrain au *pastinum*.
Acinaticium. Vin fin qui ne se fabriquait qu'avec les grains de raisin séparés de la rafle. Le mot est dérivé d'*acinum*, grain de raisin.
Cœcabitur spes magna vindemiæ. C'est-à-dire qu'il ne faut pas bêcher la vigne pendant qu'elle bourgeonne, parce qu'on risque d'en faire tomber les boutons et de ruiner l'espérance de la vendange. Jeu de mots sur les yeux de la vigne, où l'auteur exagère le défaut de simplicité qu'il a lui-même critiqué.

IX. *Quernæ cum Æsculeis non misceantur.* L'Æsculus était l'espèce de chêne consacrée à Jupiter. C'est celle dont Virgile a dit : *tantum radice ad auras œthereas, tantum radice in tartara tendit.*
De Cerro. Le père Hardouin dit, dans ses notes sur Pline, que cette espèce de chêne ne vient point en France, et, conséquemment, n'a pas de nom dans notre langue.

XVII. *Signinis.* Voir le mot *signia* à la table des villes, etc., de Columelle.

XVIII. *Ut basilicæ ipsius forma.* Le nom de basilique fut donné primitivement aux édifices où se rendait la justice. Les tribunaux y tenaient leurs séances dans des salles voûtées, où les juges étaient placés sur une estrade. Double conformité qui aura donné à Palladius l'idée de ce rapprochement avec les celliers où se déposait le vin.

XX. *Per specularia.* Ces transparents se formaient de pierres taillées en feuilles minces et diaphanes, et qui tenaient lieu de nos vitres. Les meilleurs venaient de la Cappadoce et de l'Espagne Citérieure. On lit dans Pline que l'usage de ces pierres ne remontait qu'au temps d'Auguste. Il paraît que c'était une espèce de tôle. Mais on n'a conservé aucune notion précise de leur description, ni du nom qu'on leur donnait.
Trapetis et rotulis. Trapète. Voir la description de cette machine, *Économie rurale* de Caton, chap. xx, xxi et xxii.

XXIV. *Spartea, qua animalia calceantur.* Voir l'emploi de ces bottines, *Économie rurale* de Columelle, liv. VI, chap. xii et xv.
De strangulati hominis loro. Cette superstition de l'antiquité qui s'étendait à tout ce qui avait servi comme instrument de supplice, et lui prêtait une vertu efficace, a traversé les siècles pour arriver jusqu'à nous. Aujourd'hui même encore une locution proverbiale en consacre l'existence ou le souvenir.

XXVI. *Alieno tempore saginentur.* C'est-à-dire à la fin de l'automne.

XXVIII. *Capita oculata.* Notre langue a conservé aux mouchetures des plumes de la queue du paon, le nom d'yeux, qui est à la fois pittoresque et traditionnel.

XXXIV. *Quæ rubus caninus vocatur.* Littéralement *rose à chien*. C'est le rosier dans l'état de nature. La fleur et le fruit ont chez nous, dans la langue du bas peuple, des dénominations encore plus malhonnêtes.
Propter spatia utrinque purganda. Le jardinier peut ainsi, de chaque côté de la planche, étendre la main à trois pieds pour arracher les mauvaises herbes, sans courir le risque d'endommager ce qui se trouve planté sur ses bords.

XXXV. *Vel incensis sanguisugis.* L'odeur de la punaise brûlée produit, suivant Columelle (liv. VI, chap. xviii) l'effet réciproque sur les sangsues.
Πρασοκουρίδας *Græci vocant.* Espèce de pucerons qui s'attaquent surtout aux poireaux. De πράσον, poireau, et κείρειν, tondre.

XXXVII. *Qui iris vel gladiolus.* Littéralement *petit glaive*. C'est vraisemblablement *l'iris bulbeux* de l'Émery.

XL. *Miliarium.* C'est le nom du vase où l'on faisait chauffer l'eau des bains.
Cui ærea patina subest. Ce plateau de cuivre servait probablement à défendre le *miliarium*, qui était de plomb, de l'action immédiate du feu.

XLII. Palladius est le seul des écrivains agronomiques qui ait fait mention de moulins mus par l'eau. Comment ce procédé, une fois connu, n'a-t-il pas été mis généralement en usage? Il l'était du temps de Pline, qui nous apprend que la plus grande partie du blé de l'Italie se broyait encore à force de bras. Cette singularité ne peut guère s'expliquer que par la nécessité d'occuper la multitude des esclaves.

LIVRE II.

X. *Ne laborent frigore sarmenta.* Parce que la chaleur du soleil pénètre difficilement la terre à plus de trois pieds de profondeur.

XI. *Tabulas autem.* Le mot *tabula* que nous traduisons par planche, et auquel les jardiniers de l'antiquité n'attachaient, non plus que les nôtres, aucun sens de mesure, s'entendait dans la langue technique de l'arpentage d'une superficie de soixante-douze perches carrées.

XII. *Tabula quadrata jugerali.* La planche du *jugerum* entier ne devrait contenir que deux cent quatre-vingt-huit perches ou vingt-huit mille huit cents pieds carrés, la perche étant supposée de dix pieds. Mais Palladius procède ici tout autrement dans ses calculs. Il prend la moyenne proportionnelle entre la longueur du *jugerum*, qui est de deux cent quarante pieds, et sa largeur qui est de cent vingt pieds; cette moyenne est cent quatre-vingts, dont le carré trente-deux mille quatre cents pieds, ou trois cent vingt-quatre perches, d'où il résulte une mesure plus considérable que la véritable.

XIII. *Ne citius terra decurrat.* Il faut un labour plus profond sur un sol en plan incliné, afin d'offrir à l'entrât

nement de la terre végétale par les eaux une résistance plus considérable.

XV. *Tædæ cuneus radicibus ejus inseratur.* Cette insertion d'un morceau de bois, ou d'une matière également dure, est souvent recommandée par les ouvrages agronomiques comme remède à la stérilité des arbres. On serait tenté de n'y voir qu'une pratique absurde; une parodie de l'acte de la génération, parodie à laquelle la superstition antique aurait attribué la même vertu de fécondation qu'à l'acte lui-même. Toutefois en y réfléchissant, il n'est pas impossible d'en trouver une explication rationnelle. En effet, la présence d'un corps étranger, qui resserre les fibres de l'arbre à l'endroit de son intromission, opposant une résistance au cours de la séve, doit lui imprimer un mouvement accéléré lorsqu'elle a trouvé un libre passage, et la porter plus rapidement aux extrémités de la plante.

Martialis dicit hoc remedio subveniri. Gargilius Martialis, auteur supposé du livre *de Arboribus* qui appartient à Columelle. Nous n'avons aucune notion sur sa personne, ni sur le lieu de sa naissance. Mais Lampride nous apprend qu'il vivait sous l'empereur Alexandre Sévère, et l'on voit par d'autres auteurs qu'il avait écrit sur l'histoire, et aussi sur le jardinage et sur l'art vétérinaire. Gesner a même donné dans sa collection un fragment de lui, qui est relatif au traitement des bœufs. C'est tout ce qui reste de cet écrivain, encore le fragment est-il si mutilé qu'il ne mérite aucune attention.

XVIII. *Sextariis urbicis.* On voit par ce passage que la mesure du *sextarius* n'était pas la même à Rome que dans le reste de l'Italie.

XXIII. *Hic mensis in horarum spatio.* Palladius ne dit pas à quel cadran il a rapporté les mesures absolues qu'il indique pour ce mois et pour les mois suivants. Comme la longueur de l'ombre est subordonnée à l'élévation du corps qui la projette, il faut croire que ses observations ont été faites sur un gnomon d'une mesure déterminée et connue, et qui servait en quelque sorte de régulateur.

LIVRE III.

IX. *Ne quod sterili proximum est supra terram relinquatur.* En effet, lorsqu'on recourbe le sarment pour l'enterrer, il ne reste au dessus du sol que l'extrémité supérieure, à laquelle on donnait le nom de *sagitta* en agriculture, et qu'on regardait comme absolument stérile. (Voir l'*Économie rurale* de Columelle, liv. III, ch. xii.)

Minor operarum numerus eam poterit expedire. On conçoit que dans un vignoble, partagé en planches d'espèces différentes, qui mûrissent successivement, il faille relativement un moins grand nombre de mains pour la vendange, que dans ceux où la maturité de toutes les vignes est simultanée.

Ut asserit Columella. Ce passage tiré du chap. iv *de Arboribus*, et cité par Palladius comme appartenant à Columelle, est une preuve que cet économiste est l'auteur du livre.

X. *Mago asserit scrobem.* Virgile dit la même chose dans le livre II des Géorgiques. C'est pourquoi quelques commentateurs ont voulu lire ici *Maro* au lieu de Virgile. Mais Virgile a pu le dire d'après Magon, et il est probable que Palladius aura cité l'auteur didactique de préférence au poëte.

XV. *Novellam vitem Columella.* Ce passage n'est pas textuellement dans Columelle. Tout au plus trouve-t-on des principes qui aient pu servir de fondement à l'observation de Palladius.

XVII. *Quartum genus Columella sic retulit.* Voir le livre *de Arboribus*, chap. viii.

XIX. *Sed (ut Columella dicit) feraciores.* On ne trouve rien de semblable dans Columelle. Aurons-nous perdu quelque chose de cet auteur?

XIV. *Semen brassicæ vetustum mutatur in rapa.* Cette observation est bien suspecte. Elle se fonde probablement sur l'erreur de quelque jardinier qui, en semant, aura pris l'une pour l'autre entre deux graines dont la différence est peu sensible.

XXIX. Ὀπὸς Κυρηναϊκός, suc de Cyrène, autrement dit laser.

LIVRE IV.

VIII. *Stricte in foramen utrinque conjicies.* Il faut supposer, l'arbre étant foré diamétralement d'outre en outre, que ces branches introduites en sens inverse par les deux ouvertures, sont ensuite tirées fortement de chaque côté, à peu près comme les cordonniers tirent leurs fils, en sorte que le bout le plus mince de l'une s'adapte réciproquement avec le gros bout de l'autre.

IX. *Herba ea quæ culex dicitur.* Le père Hardouin croit que c'est *l'herbe aux puces.* (Notes sur Pline, liv. XIX, chap. v.)

Prosequuntur etiam maledictis. Il subsiste encore de nos jours des pratiques de superstition non moins extravagantes que celle-là.

X. *In Sardinia et in territorio neapolitano.* Il ne faut pas confondre cette ville, située en Sardaigne, avec la capitale du royaume actuel de ce nom. Le nom de Naples (νέα πόλις) fut donné dans l'origine à plusieurs villes. Il en existe encore aujourd'hui une troisième, sous le nom moderne de *Nauplie,* ou *Napoli de Romanie.*

Alii Coracinum piscem. Ce nom paraît être donné à ce poisson, à cause de sa couleur noire, analogue à celle du corbeau. On l'appelle même encore aujourd'hui *corbeau* dans quelques-unes de nos provinces, ainsi que l'observe le père Hardouin dans ses notes sur Pline.

XII. *Absolutam impedimentis omnibus diem.* Palladius, qui a tiré tout ceci de Columelle, veut apparemment désigner ici un jour non férié, comme l'exige cet auteur. (liv. VI, ch. 2.)

LIVRE V.

V. *Quam cephalonem vocamus.* De κεφαλή, tête. Ce qui veut dire que le principe de vie, pour cet arbre, réside dans sa cime, et non dans ses racines. C'est en ce sens que Pline appelle *Cerebrum,* cerveau, la partie supérieure du palmier.

LIVRE VI.

IV. *Modii spatium.* Le *modius* était le tiers de *jugerum.* C'était par conséquent un espace de 80 pieds de long, sur 40 de large.

Græce χρεμαστῆρες *dicunt.* De κρεμάζω ou κρεμάω, je suspends; parce que les testicules sont suspendus à ces nerfs.

XII. *Altitudine quatuor unciarum.* Palladius donne aux divisions du pied les noms de celles de la livre. Ainsi quatre *unciæ* sont le tiers d'un pied.

LIVRE VII.

V. *Quare emplastratio dicitur.* C'est ce que nous appellons la greffe en écusson.

XII *Alica.* Espèce de bière. Le mot *ale* des Anglais en est peut-être dérivé.

LIVRE IX.

IX. *Si aqua limosa fuerit, salis admistione corrigatur.* On lit, dans le deuxième livre des Rois, chap. II, que le prophète Élisée corrigea les eaux de Jéricho en y jetant du sel. On pourrait mettre en question, d'après notre auteur, s'il opéra un miracle en qualité de prophète, ou s'il ne fit que se servir d'un secret de la physique.

XII. *Mensura fistularum plumbo.* etc. Les anciens auteurs ont prétendu que ces noms de nombre désignaient le diamètre des tuyaux. Mais nous avons suivi l'interprétation de Vitruve qui dit qu'un tuyau de plomb quelconque emprunte toujours son nom de la largeur de la feuille qu'on roule pour le fabriquer. De sorte que si une feuille a cinquante doigts de largeur, le tuyau qui en sera formé s'appellera Quinquagenaria fistula; et ainsi des autres. Quant au rapport du poids au diamètre, on ne saurait reconnaître la justesse de la progression établie par Palladius, bien qu'elle soit appuyée de l'autorité de Pline et de Vitruve. Cette progression suppose en effet une épaisseur identique pour toutes les dimensions de tuyaux, ce qui est évidemment inadmissible.

LIVRE X.

Carpenta. Littéralement *charretées.* Mais ce mot ne présente à l'esprit aucune idée précise de contenance. Aussi avons-nous transporté dans notre traduction le mot latin qui exprime une mesure déterminée.

LIVRE XI.

III. *Asserit autem Columella.* Ce passage ne se trouve pas dans l'*Économie rurale*, mais il est tiré du livre *de Arboribus.* Nouvelle preuve que ce livre est bien de Columelle.

XIV. *Chœnica*, Palladius fait venir ce mot du syrien, il est purement grec. Χοῖνιξ était en effet, chez les Grecs, une mesure, tant pour les solides que pour les liquides, laquelle équivalait, suivant la plupart des auteurs, à la huitième partie du *modius*, et au double du *sextarius;* c'est ce qui fait qu'on donnait le nom de *chœnica* à la ration de nourriture que chaque esclave recevait par jour chez les Romains, parce que cette ration était de quatre *modii* par mois, ce qui revenait à peu près à un huitième de *modius.* Il paraît cependant qu'il y avait des *chœnicæ* de différentes contenances; puisqu'il se trouve d'anciens auteurs qui prétendent que cette mesure contenait trois *cotylæ*, équivalentes à un *sextarius* et demi; et d'autres qui veulent qu'elle contint jusqu'à quatre *sextarii.*

XVIII. *Defrutum, carœnum* et *sapa.* Ce sont tous vins cuits, de diverses compositions, et par divers procédés.

LIVRE XII.

I. *Si adhuc ictum solis repercussa non sentit*, c'est-à-dire avant la pleine lune. Parce que quand la lune est dans son plein, on la voit encore sur l'horizon au moment où le soleil se lève, et que, conséquemment, elle est alors frappée de ses rayons.

IV. *Per latera prona fundantur.* Notre auteur veut que les arbres donnent plutôt sur la largeur que sur le haut de leurs branches, afin que leurs fruits présentent un coup d'œil plus agréable, et soient plus aisés à cueillir. Avantage réalisé plus efficacement chez nous par l'introduction des arbres nains.

VII. *Damascena.* C'est la prune de *Damas.* Nom de la ville d'où provient originairement ce fruit.

Pedis dodrante demersum. Le *dodrans* équivaut a neuf *unciæ*, ou aux trois quarts du pied, suivant l'usage d'appliquer à toute division de mesure les noms de fractions de la livre.

XIII. *Quod pastores colostram vocant.* Nous donnons aussi le nom de *colostram* à ces premières gouttes de lait, ainsi qu'à la maladie que ce lait, qui est toujours caillé, occasionne tant aux enfants qu'aux petits des animaux.

XV. *Gallica.* Sapin des Gaules.

Larix. Cet arbre n'est pas celui auquel les botanistes donnent aujourd'hui le même nom, et qu'ils identifient au mélèse. En effet le mélèse est un arbre résineux. Or, la propriété attribuée ici au larix par Palladius ainsi que par Pline, et qui consiste à résister au feu, paraît directement opposée à la nature d'un arbre résineux : outre que cette propriété ne se rencontre pas effectivement dans le mélèse. Quel arbre est-ce donc que le larix ?

XXII. *Unum semi sicilicum.* Le *sicilicus* était le quart de l'*uncia*, et par conséquent la quarante-huitième partie de la livre. En appliquant cette division à l'amphore qui était l'unité de mesure pour les liquides, le *sicilicus* sera la quarante-huitième partie de cette contenance, ou le *sextarius*, et, par conséquent, le *demi-sicilicus* doit valoir la moitié du *sextarius*, ou, ce qui revient au même, une *hemina.*

LIVRE XIII.

I. *Septimontium.* Voir ce que c'était que cette fête dans la note 4 du chap. x. de Columelle.

IV. *Hypomelides.* On ne trouve le nom de ce fruit dans aucun autre ancien auteur. Serait-ce l'espèce de nèfle dont parle Dioscoride, et qu'il appelle ἐπιμηχίς.

LIVRE XIV.

Habes aliud indultæ fidei testimonium. Pour comprendre le sens de l'expression *nouveau gage*, il faut supposer que Palladius a donné deux éditions de son traité, et que l'une de ces éditions, comprenant quatorze livres, tous en prose, avait été envoyée à Pasiphilus, comme un premier gage d'amitié. Il est même vraisemblable que ce premier envoi était précédé d'une épître que le temps ne nous a pas conservée. Le second gage dont il parle ici, consisterait donc, dans cette hypothèse, à adresser à son ami, en vers, le quatorzième livre que celui-ci n'avait d'abord reçu qu'en prose avec les treize autres. Columelle aussi a traité des jardins en vers dans le dixième livre de son *Économie rurale*, et en prose dans le onzième. L'idée de ce double mode de composition est donc commune aux deux économistes, et seulement chez Columelle la prose a suivi les ver , et c'est le contraire chez Palladius.

Pro usura temporis. Palladius considère ce quatorzième livre en vers comme l'intérêt dû à Pasiphilus pour le temps qu'il lui avait fait attendre les quatorze livres en prose.

Quasi bonus famulus feci. C'est-à-dire comme un serviteur qui craint de n'avoir pas assez bien fait.

Quos manus scripsit parte silente pedum. La main est ici mise en opposition avec les pieds des vers. Jeu de mots intraduisible, et dont la perte n'est pas à regretter.

Urbanum fari rusticitatis opus. Palladius donne à l'opération de la greffe l'épithète d'*urbaine*, dans le même sens que les Romains donnaient le nom d'*urbanæ* aux arbres francs, pour les distinguer des sauvageons.

Sub thalami specie. En effet de même que, dans le mariage, un père et une mère, nés de familles différentes, coopèrent à la génération du même enfant, deux arbres entés l'un sur l'autre concourent à la production d'un seul et même fruit.

Primus Echionii. Échion était un des compagnons de Cadmus, premier roi de Thèbes et père de Sémélé, qui donna naissance à Bacchus.

Pingui curvat onustæ deo. Bacchus, dieu du vin, est représenté dans les anciennes statues avec un gros ventre.

Germine cana pyrus. Les rejetons et les germes du poirier ont une teinte de blancheur à leur extrémité.

Indomitas ponere tela pyros. Les épines du poirier sauvage disparaissent quand il a reçu une greffe prise du poirier franc.

Phyllida quin etiam. Phyllis était une reine des Thraces, éprise de Démophon, fils de Thésée; se croyant méprisée de son amant, elle se pendit de désespoir, et fut changée en amandier.

Libycis sua germina credere ramis. L'arbre de Libye, nom poétique du grenadier.

Nec externis associata comis. Palladius a dit plus haut que le poirier se greffait sur le grenadier. Mais il suffit, pour qu'il n'y ait pas contradiction, que le grenadier ne puisse pas se greffer réciproquement sur le poirier.

Seque feros silvis hortatur linquere mores. C'est-à-dire qu'on greffe le pommier franc sur le pommier sauvage.

Ad cupidas flectere poma manus. C'est-à-dire que le poids, plus lourd des pommes, fait fléchir les branches du cormier.

Robora platani concordia Bacchus. Allusion à l'usage où étaient les anciens de chercher pour boire l'ombre d'un platane, ou à celui d'arroser cet arbre de vin.

TABLE DES MATIÈRES

CONTENUES DANS CE VOLUME.

Avertissement des éditeurs............... 1

M. P. CATON.
Traduction de feu Antoine, professeur à la ferme modèle de Roville.

Notice sur M. Porcius Caton............ III
ÉCONOMIE RURALE.................... 1
Notes sur l'ÉCONOMIE RURALE de Caton... 49

VARRON.
Traduction de M. Wolf.

Notice sur Varron...................... 55
DE L'AGRICULTURE. Livre I............. 61
Livre II............................. 100
Livre III............................ 129
Notes sur le Traité d'agriculture de Varron. 156

L. J. MODERATUS COLUMELLE.
Traduction de Saboureux de la Bonnetterie, revue.

Notice sur Columelle................... 167
DE L'AGRICULTURE. Livre I............. 169
Livre II............................. 192
Livre III............................ 222
Livre IV............................ 254
Livre V............................. 282
Livre VI............................ 309

Livre VII........................... 337
Livre VIII.......................... 360
Livre IX............................ 386
Livre X............................. 408
Livre XI............................ 418
Livre XII........................... 450
Traité des Arbres.................... 495
Notes sur le Traité d'Agriculture de Columelle, et sur le Traité des Arbres....... 513

R. T. ÆMILIANUS PALLADIUS.
Traduction de Saboureux de la Bonnetterie, revue.

Notice sur Palladius................... 521
DE L'AGRICULTURE. Livre I............. 523
Livre II............................. 546
Livre III............................ 555
Livre IV............................ 577
Livre V............................. 595
Livre VI............................ 599
Livre VII........................... 604
Livre VIII.......................... 608
Livre IX............................ 611
Livre X............................. 615
Livre XI............................ 619
Livre XII........................... 629
Livre XIII.......................... 640
Livre XIV........................... 641
Notes sur Palladius................... 647

FIN DE LA TABLE.

www.ingramcontent.com/pod-product-compliance
Lightning Source LLC
Chambersburg PA
CBHW050325240426
43673CB00042B/1541